Gerhard Besier
Der SED-Staat und die Kirche

GERHARD BESIER

DER SED-STAAT UND DIE KIRCHE 1969-1990

Die Vision vom »Dritten Weg«

PROPYLÄEN

© 1995 by Verlag Ullstein GmbH, Berlin · Frankfurt am Main
Propyläen Verlag

Umschlaggestaltung: Hansbernd Lindemann
Satz: OLD-Satz digital, Neckarsteinach
Druck: Wiener Verlag, Himberg bei Wien
Printed in Austria

ISBN 3 549 05454 8

Gedruckt auf alterungsbeständigem Papier
mit chlorfrei gebleichtem Zellstoff.

Die Deutsche Bibliothek – CIP-Einheitsaufnahme

Besier, Gerhard:
Der SED-Staat und die Kirche 1969-1990:
die Vision vom »dritten Weg« / Gerhard Besier. –
Berlin; Frankfurt am Main: Propyläen, 1995
ISBN 3-549-05454-8

INHALT

Kapitel 4 · Neue Krisen und Kompromisse – Vom gemeinsamen »Wort zum Frieden« (August 1979) bis zum Regierungswechsel in Bonn (1979-1982)

Kapitel 5 · Westgeld – Devisen zur Erhaltung volkskirchlicher Strukturen, für
humanitäre Hilfe und Sonderbauprogramme (1969-1989)

Kapitel 6 · Protestantische Kaderbildung – Zur Geschichte der Theologischen
Sektionen (1969-1989)

Anhang

»*Gewiß, gegen die Mächtigen war oft wenig auszurichten, und es gab erzwungene Anpassung. Aber es gab auch eine freiwillige Loyalität.*«
Günter Nooke, MdL (Bündnis) am 16. Juni 1994 vor dem Brandenburgischen Landtag.

»*Ich habe die DDR lieb; nur viele merken es nicht.*«
Gottfried Forck, Bischof von Berlin-Brandenburg, 1988.

»*Ich habe nicht geglaubt, wie stark kommunistische Ideologie auch in westdeutschen Köpfen und Herzen zu Haus ist.*«
Steffen Heitmann, Staatsminister der Justiz des Freistaates Sachsen.[1]

Am 16. Juni 1994 hielt Günter Nooke – immer wieder unterbrochen von Zwischenrufen vor allem aus der SPD und der PDS – vor dem Brandenburgischen Landtag seine wohl letzte Parlaments-Rede zum Fall Stolpe. Sie ist einerseits ein historisches Zeugnis für den politischen Niedergang jener, die den Umbruch in der DDR aktiv vorangetrieben haben. Andererseits illustriert sie die menschliche Neigung zu Feigheit und Opportunismus sowie das menschliche Geschick, die aus solchen Schwächen erwachsenen Handlungen als sozial erwünschte, humane Akte hinzustellen.

Nooke tat nichts anderes, als noch einmal an die Ergebnisse des Untersuchungsausschusses zu erinnern und die Beweggründe einzelner anzudeuten, warum sie nicht den Fakten entsprechend urteilten. Dafür erntete er Zwischenrufe wie »Das ist doch krankhaft« oder »Haben Sie sich nicht ein bißchen verrannt?«[2].

Unbeirrt fuhr Nooke fort:

»Es gibt massenhaften Opportunismus. Herr Minister Platzek, lieber Matthias – ich lasse das nicht weg –, Du gehörst wohl auch dazu [...] Herr Justizminister Bräutigam, ich appelliere auch an Sie: Meineid und uneinheitliche Falschaussagen vor dem Untersuchungsausschuß sind Offizialdelikte.«

Als die Bündnis-Fraktion im März 1994 aus der Ampelkoalition ausschied, blieb Platzek als parteiloser Minister im Kabinett Stolpe. Nach dem überwältigenden Wahlsieg Stolpes im September 1994 behielten die parteilosen Minister Platzek und Bräutigam ihre Ämter[3]. Wie hatte Ministerin Regine Hildebrandt doch Nooke im Juni 1994 zugerufen: »Hauptsache, es ist jetzt vorbei.«

Diese Einschätzung mag für das politische Überleben des Hauptakteurs und seiner Getreuen zutreffen. Die von Nooke genannten Schäden für die junge Demokratie in Brandenburg sind indes unabsehbar und werden noch die nächste Generation überschatten: die Auseinandersetzung um die Person Stolpe vertiefte die Kluft zwischen Ost und West, weil Stolpe es verstand, sich zum Kollektivsubjekt des DDR-Menschen zu stilisieren, der sich gegen existentielle Bedrohungen aus dem Westen zur Wehr setzen muß. Damit, so Nooke, habe er mittelbar auch der PDS zu ihren Wahlerfolgen verholfen. »[...] diese Aktionseinheit hat nicht der SPD genutzt, sondern all denen, die die Geschichte umschreiben wollen.«

Im Blick auf die evangelische Kirche urteilte Nooke:

»Die PDS sagt – etwas verkurzt gesprochen –, Manfred Stolpe könnte gar nicht anders, weil die ganze Kirche es so wollte. Entweder gibt es jetzt einen Aufschrei meiner Kirche, oder sie muß sich klarwerden, daß damit die Diktatoren von damals weiterhin die Bedingungen diktieren, zum Beispiel eben, wie es ›wirklich‹ war. Die evangelische Kirche wird zu Recht als ganze schuldig gesprochen, wenn sie nicht bereit ist, sich von einzelnen, die zu weit gegangen sind, und das heißt auch von Manfred Stolpe, öffentlich zu distanzieren.«

Die evangelische Kirche hat Stolpe gegenüber mehrfach Loyalitätserklärungen abgegeben und schließlich geschwiegen. Sie hat kirchliche Untersuchungskommissionen und historische Arbeitsgruppen eingesetzt, die bislang kaum Ergebnisse vorlegen konnten. Sie hat die Landeskirchlichen Archive der östlichen Gliedkirchen nicht geöffnet, aber zuverlässige Oberkirchen- und Konsistorialräte in die »Gauck«-Behörde geschickt, um in Erfahrung zu bringen, was noch auf sie zukommen könne. Sie hat sich im Juni 1994 ungehalten über die Untersuchungsergebnisse der Parlamentarischen Untersuchungsausschüsse in Bund und Ländern geäußert, weil diese sich angemaßt hätten, über die Kirche zu urteilen. Einige der SPD nahestehende Kirchenmänner und Theologen sowie sozialdemokratische Bundestagsabgeordnete haben schließlich mit Empörung reagiert[4], als die Mehrheit der Enquete-Kommission des Deutschen Bundestages zu »Aufarbeitung von Geschichte und Folgen der SED-Diktatur in Deutschland« formulierte:

»Der Kampf der ›Bekennenden Kirche‹ gegen die nationalsozialistisch verformte Ideologie der ›Deutschen Christen‹ fand seinen prägnanten Ausdruck in der ›Theologischen Erklärung‹ der Barmer Synode der ›Bekennenden Kirche‹ von 1934, in der einerseits jede Privatisierung des Glaubens abgelehnt und andererseits betont wurde, daß der Christ sich in der Wahrnehmung seiner Verantwortung in Gesellschaft und Staat nicht christusfremden Gesetzlichkeiten unterwerfen darf. Der Kirche ist es deshalb unmöglich, ihre Botschaft und Ordnung vom Wechsel der herrschenden weltanschaulichen und politischen Überzeugungen abhängig zu machen. Dem Staat wies die Barmer Theologische Erklärung die Funktion eines Instruments zur Bewahrung von Recht und Frieden zu. Über die verfassungsmäßige Ausgestaltung des Staates wurde in diesem Bekenntnis nichts ausgesagt, unmißverständlich war jedoch die theologische Absage an jeden totalitären Staat. Da die Barmer Theologische Erklärung [...] als Bekenntnisschrift betrachtet und in vielen evangelischen Kirchen im Ordinationsgelübde zitiert wird, müssen sich die Kirchen auch nach den klaren Normen fragen lassen, die hier aus den Erfahrungen mit der nationalsozialistischen Diktatur formuliert worden waren. Weshalb diese Einsichten späterhin nur noch in Teilen der evangelischen Kirchen normativ wirkten, muß weiter gefragt und noch umfassend aufgeklärt werden.«[5]

In offiziösen EKD-Organen wie den »Evangelischen Kommentaren« und dem epd wurden von wohlgelittenen Persönlichkeiten aus der EKD außerordentlich kritische Kommentare veröffentlicht. Die Kritik bezog sich auch auf die angeblich zu wohlwollende Beurteilung der katholischen Kirche. Am 7. September 1994 informierten Mitglieder der Enquete-Kommission (Rainer Eppelmann, Superintendent Martin-Michael Passauer und Professor Peter Maser) die Kirchenkonferenz der EKD[6]. Mit ihrer Sicht der Dinge stießen sie bei den versammelten Kirchenleuten auf heftigen Widerspruch[7]. Man warf den drei Theologen vor, sie argumentierten einseitig und schadeten der Kirche. Der Magdeburger Bischof Demke plädierte dafür, »die Aufarbeitung der DDR-Kirchengeschichte der nächsten Generation zu überlassen. Der rheinische Präses Peter Beier (Düsseldorf) habe erklärt, die ›Kirche im Sozialismus‹ sei nur als Ortsbeschreibung zu verstehen.«[8]

Es fiel der Volkskirche offenbar schwer, sich von den gewählten Volksvertretern Fragen stellen zu lassen, die an die Nieren gingen. Sie hat sich offenbar zu sehr an die umgekehrte, die »Wächteramts«-Fragerichtung gewöhnt[9].

Die letzten zwanzig Jahre deutscher und insbesondere DDR-Kirchengeschichte lassen sich ohne den Sekretär des Kirchenbundes und nachmaligen Konsistorialpräsidenten Manfred Stolpe nicht schreiben, denn er nimmt in dieser Zeit eine Schlüsselrolle ein. Aber als Stolpe die kirchendiplomatische Bühne betrat, befand sich die Kirche schon längst auf ihrem politischen »Sonderweg«.

Seit Ende der 40er Jahre strebte eine einflußreiche Gruppierung innerhalb des deutschen Protestantismus – im Umfeld von Martin Niemöller, Gustav Heinemann und anderen – einen »Dritten Weg« an. Deutschland sollte weder in den »kapitalistischen« Westen integriert werden noch dem sowjetischen Kommunismus anheimfallen. Doch in den Kirchen wie in der bundesrepublikanischen Gesellschaft insgesamt gewannen Westorientierung und eine milde, demokratisch und sozialstaatlich verankerte Restauration die Oberhand. Für diesen Kurs standen Hermann Ehlers, Eugen Gerstenmaier, Otto Dibelius und andere[10].

Nach dem Scheitern des Heinemann-Konzepts eines neutralisierten vereinigten Deutschland und dem Aufgehen des protestantischen Flügels der Gesamtdeutschen Volkspartei (GVP) in der SPD setzte der bei der Gesellschaftsgestaltung ins Hintertreffen geratene linkspolitische Protestantismus nun seine ganzen Hoffnungen auf einen tiefgreifenden sozialen und kulturellen Wandel unter einer christlich überprägten, sozialdemokratischen Regierung. Ende der 50er/Anfang der 60er Jahre hatten die protestantischen Zirkel in dieser Partei bereits einen solchen Einfluß gewonnen, daß die SPD in ihrer Programmatik wie in ihrem Auftreten gegenüber den Zeiten Kurt Schumachers als eine völlig andere Partei erschien[11]. Parallel zu diesem Wandel – und bedingt durch die beginnenden personellen Verflechtungen – gewann die Sozialdemokratie immer mehr Anhänger unter den Amtsträgern der evangelischen Kirche. Die Wahl Kurt Scharfs, eines engen Freundes der SPD, zum Ratsvorsitzenden der EKD markierte definitiv den Umbruch vom »Christdemokratismus« zum »Sozialdemokratismus« in der evangelischen Kirche. Die »Ära Adenauer« – in der evangelischen Kirche die »Ära Dibelius« – war damit unwiderruflich zu Ende gegangen.

Die spätere Ostpolitik der sozialliberalen Regierung Brandt/Scheel war nicht nur durch die »Ostdenkschrift« der EKD von 1965 vorbereitet[12], sondern ruhte insgesamt auf einer mentalen Forcierung protestantischer Aufbruchsvisionen: Angesichts der durch antikommunistische Ressentiments politisch verkrusteten und der durch die »kapitalistischen« Wirtschaftsmechanismen sozial zutiefst ungerechten Gesellschaftsordnung in der Bundesrepublik – so die Analyse jener die Bewegung tragenden Kräfte –, mußten weitreichende Reformen eingeleitet werden. Es war gewiß kein Zufall, daß Egon Bahr erstmals in einer Evangelischen Akademie vom »Wandel durch Annäherung« sprach.

Diese brisante Mischung aus politischen und religiösen Visionen von einer neuen Gesellschaft erzeugte vor allem unter den Intellektuellen eine euphorische Aufbruchstimmung und besaß auch für die Menschen in der DDR einige Faszination. Die »Willy, Willy«-Ovationen in Erfurt, Brandts Kniefall in Warschau und die charismatischen Versöhnungsgesten sich als Propheten gerierender Persönlichkeiten entrückten die SPD mehr und mehr in einen metapolitischen Raum. Insbesondere auf Massenveranstaltungen wie den Evangelischen Kirchentagen verschwammen zusehends die Grenzen zwischen der »evangelischen Partei«[13] und ihrer Kirche. Vielleicht am prägnantesten kommt diese Art des Politiktreibens im Medium religiöser Erlösungshoffnungen in einem Wahlaufruf des damaligen Professors für Systematische Theologie und heutigen Bischofs von Berlin-Brandenburg, Wolfgang Huber, aus dem Jahr 1987 zum Ausdruck, den das EKD-offiziöse »Deutsche Allgemeine Sonntagsblatt« damals abdruckte. In dem Aufruf heißt es:

»*Johannes Rau* ist als Herausforderer dieser ›Wende‹ von persönlicher Glaubwürdigkeit. Der Zusammenhang von Macht und Moral ist ihm wichtig. Ich kenne den brüderlichen Grundzug des *Christen* Rau und bin überzeugt von den Führungsfähigkeiten des *Politikers* Rau. Johannes Rau steht in der Tradition der Barmer Bekenntnissynode von 1934 und des Lebenswerks von Gustav Heinemann. Dies sind für viele evangelische Christen Marksteine eines gemeinsamen Weges, der heute weitergegangen werden muß. *Mit Johannes Rau würde etwas vom Geist der Bergpredigt in die Politik unseres Landes einziehen.*«[14]

Rau war nach dieser Darstellung eben nicht nur ein kompetenter Politiker, sondern mehr. Und umgekehrt erschien das Kabinett Kohl angesichts wirklich oder vermeintlich ungelöster Probleme nicht einfach nur erbärmlich schlecht – ein Urteil, das in einem Wahlkampf hinzunehmen wäre –, nein, »*die gegenwärtige Regierung hat sich darangemacht, die Zuordnung von Macht und Moral aufzuheben*«[15]. Hätte Kohl einem solchen Verdikt abgrundtiefer Verkommenheit auf derselben religiös gesättigten Ebene etwas entgegensetzen wollen, wäre ihm hienieden nur noch die Bitte um höheren Beistand aus Rom geblieben.

Die SED, geplagt von Furcht vor dem Einfluß und der Infiltration des »Sozialdemokratismus« auch in der DDR, begegnete der ihr ideologisch zweifellos näherstehenden neuen Bundesregierung 1969 zunächst mit großen Vorbehalten. Unter dem Eindruck des hohen Nutzens, den die DDR aus Brandts

Ostpolitik zog, und infolge der Minderung einer allzu hohen Popularität nach Brandts Sturz schwanden jedoch die alten Ängste. Es wurden hinüber und herüber Kontakte geknüpft, an deren Zustandekommen wie Pflege kirchenleitende Persönlichkeiten in Ost und West einen erheblichen Anteil hatten. Den Höhepunkt der gegenseitigen Annäherung bildete das gemeinsame Ideologie-Papier von SED und SPD aus dem Jahr 1987, das freilich auch innerhalb der Sozialdemokratischen Partei auf heftigen Widerspruch stieß[16].

Bald nach 1969 etablierten DDR-Kirchenbund und EKD – mit Wissen und Willen beider deutschen Regierungen – eine diplomatische Nebenbühne, auf der sondiert, informiert und auch konspiriert wurde. Hier agierten auf östlicher Seite vornehmlich Manfred Stolpe und Albrecht Schönherr, aber auch andere Bischöfe und der anhaltische Kirchenpräsident Natho, auf westlicher Seite die EKD-Bevollmächtigten in Bonn, einige Bischöfe und Persönlichkeiten mit partei-kirchlicher Doppelfunktion wie Mitglieder des Kirchentagspräsidiums und des Rates der EKD. Der Staatssekretär für Kirchenfragen und die Ständigen Vertretungen in Ost-Berlin und Bonn nahmen eine gewisse Moderatorenfunktion wahr. Als prominente Gäste erschienen Ministerpräsidenten, der Bundeskanzler, der Bundespräsident und der Staatsratsvorsitzende der DDR. Hinter den Kulissen wirkte das Ministerium für Staatssicherheit.

Trotz einer gewissen Abkühlung des Verhältnisses von SPD und EKD unter der nüchtern-technokratischen Amtsführung des konservativen Sozialdemokraten Helmut Schmidt wechselte die Mehrheit der führenden Protestanten nicht zu den Grünen über. Vielmehr sorgten SPD-Christen wie Erhard Eppler, Johannes Rau und Jürgen Schmude weiterhin für kontinuierlichen Beistand und Rückhalt in evangelischen Pfarrhäusern, in Kirchenleitungen und auf theologischen Lehrstühlen. Nicht der Mangel an sozialistischer oder sozialreformerischer Orientierung führte schließlich zum Sturz Schmidts durch die eigene Partei, sondern der Verlust an wertbezogenen Visionen, an einer lebensreformerischen Kultur- und Zivilisationskritik.

Obwohl sich die SED – bis hin zu wählerwirksamen bilateralen Aktionen – redlich bemühte, den sozialdemokratischen Einfluß in der Bundesrepublik aufrechtzuerhalten, konnte die SPD nach der ›Wende‹ 1982 keine Mehrheit mehr erringen. Sie begann nun eine »Neben-Außenpolitik«, in der sie wiederum von den Kirchen unterstützt wurde. In vieler Hinsicht hatte das Feindbild wieder an klaren Konturen gewonnen, wie die Anti-Strauß-Kampagnen 1980 illustrieren[17]. Nicht wenigen Protestanten in Ost und West, die in der Brandt-Ära schon das neue Gesellschaftsmodell für Deutschland hatten aufleuchten sehen, erschien unter dem Eindruck der Nachrüstungs- und Friedensdebatte jetzt die DDR als das reformwilligere Deutschland. Der Kirchenbund verknüpfte die Friedens- mit der Staatsbürgerschaftsfrage, bekundete der DDR-Regierung gegenüber »Grundvertrauen« und attackierte gemeinsam mit Persönlichkeiten aus der EKD die christdemokratisch geführte Bundesregierung – unter Heranziehung religiös-moralischer Kategorien.

Die greifbar nahe Chance einer beinahe geschlossenen reformsozialistisch-christlichen Allianz verspielte das SED-Regime jedoch mit seinem Beharren auf der ungeteilten Macht im Land. Gerne ließ sich die DDR-Regierung vom

Kirchenbund unterstützen, wenn es um das Erringen außenpolitischer Erfolge ging oder wenn das Renommee der Diktatur im Ausland wieder einmal aufpoliert werden sollte. Sobald die Kirche aber auch nur bescheidenen Anteil an der gesellschaftlichen Gestaltung des »ersten Arbeiter- und Bauernstaates auf deutschem Boden« nehmen wollte, wurde sie brutal zurückgestoßen und auf ihre geduldete Nischenexistenz als »Kultkirche« verwiesen. Dennoch versuchte der Kirchenbund in immer neuen Anläufen – Loyalitätsbekundungen und »gesellschaftsbezogenen Urteilen« – »seinen Staat« davon zu überzeugen, wie nützlich eine Zusammenarbeit sein könne. Um das Staat-Kirche-Verhältnis nicht zu gefährden, disziplinierten Kirchenleitungen unruhige Pfarrer und Bürgerrechtler, suchten mit Hilfe der EKD auf westliche Pressemeldungen über die DDR und den Kirchenbund Einfluß zu nehmen, das Regime vor menschenrechtsbezogenen Anschuldigungen aus dem »nichtsozialistischen Ausland« zu schützen und immer mehr Devisen ins Land zu bringen. Doch trotz dieser »kritischen Solidarität« mochte die SED nicht über die ideologische Hemmschwelle einer wirklich »friedlichen Koexistenz« zwischen realexistierendem Sozialismus und Kirche springen. Sie meinte durch Infiltration, »innere Differenzierung« und »Lernprozeß unter sozialistischen Bedingungen« aus der Kirche ein ebenso willfähriges Instrument machen zu können wie aus den Blockparteien. Die unter erheblichen psychosozialen Pressionen entstandenen »Lernwege« ursprünglich wenig kompromißbereiter Bischöfe – hier wäre vor allem an Fränkel, Krusche und Hempel zu denken – verdienten eingehende sozialwissenschaftliche Analysen. Trotz der völlig unterschiedlichen theologischen, kulturellen und geopolitischen Ausgangsbedingungen schwebte den Religionspolitikern der SED als langfristig zu erreichendes Vorbild das Staat-Kirche-Verhältnis in der Sowjetunion vor. Tatsächlich erzielte die SED mit Hilfe des Ministeriums für Staatssicherheit beachtliche Erfolge bei der Okkupation der Kirche von innen heraus. Ob sie ihr Ziel je erreicht hätte, bleibt ungewiß. Jedenfalls genügte der Zeitraum von vierzig Jahren nicht.

Nach dem Zusammenbruch der DDR blieb der Sozialismus als christliche Hoffnung lebendig[18]. Warum man für die Arbeit an der »Beseitigung konkreter Übel« anstatt »mit direkten Mitteln« unbedingt an »abstrakten Ideen über die ideale Form des sozialen Lebens«[19] festzuhalten wünschte, bedarf der eigentlichen Klärung. Evangelische Bischöfe und christliche Bürgerrechtler setzten sich gleichermaßen für den Erhalt einer reformsozialistischen Alternative DDR und für die Beibehaltung des Kirchenbundes ein – darin unterstützt von Linken aus der Bundesrepublik. Trotz des Scheiterns dieses neuerlichen Versuchs, ein gegenüber der alten Bundesrepublik »besseres« Deutschland zu etablieren, bleibt die latente Bedrohung durch den linkspolitischen Protestantismus bestehen, mit Hilfe einer sozialistischen Sammlung die neue Bundesrepublik ihren Träumen entsprechend umzugestalten. Die Diskussionen um Religionsunterricht, Kirchensteuern und Militärseelsorgevertrag belegen nur allzu deutlich, daß auch die Kirche von einer solchen Umgestaltung nicht verschont bleiben würde. Angesichts der seit Jahren bestehenden Leitungsschwäche und Desorientierung der EKD ist ein Widerstehen von dieser Seite nicht zu erwarten[20]. Vielmehr scheint sich in einer so unsicheren Geisteslage gerade eine Art säkularer Chiliasmus zu empfehlen, der dem christlichen gleichsam als natürlicher Verbündeter im Kampf gegen das Schlechte in der Welt hilfreich zur Seite tritt. Auf der verzweifelten Suche nach glaubwürdigkeitsfestigenden Manifestationen der eschatologischen Revolution schon hinieden liebäugelt der politische Protestantismus mit den Revolutionen der Unterprivilegierten als einem willkommenen Wink der Heilsgeschichte[21].

Der vorliegende Band gibt auf breiter Quellen-Grundlage eine chronologische Darstellung der Entwicklung des Verhältnisses von Staat und Kirche in den Jahren zwischen 1969 und 1982. Die systematischen Kapitel fünf und sechs über die »Geldgeschäfte« der Kirche und die Theologischen Sektionen an den Universitäten reichen bis 1990. In einem dritten Band, der im August des Jahres erscheinen wird, folgen die Jahre bis zum Ende des Kirchenbundes 1991. Der hier vorliegende Band schildert eingehend die einzelnen Etappen der Einpassung des Kirchenbundes in das »sozialistische« Gesellschaftssystem. Diesem Prozeß leisteten der weltweite Entspannungskurs, das Antirassismus-Programm des Ökumenischen Rates der Kirchen, Teile der Friedensbewegung sowie der reformsozialistisch orientierte Protestantismus im Westen Vorschub. Spätestens seit dem Mauerbau waren Deutschlands Nachbarn an einer Lösung der Deutschen Frage – gar um den Preis, einen militärischen Konflikt zu riskieren – nicht interessiert, denn sie sahen im vereinigten Deutschland eher eine potentielle Bedrohung des Friedens[22]. Auch der Ökumenische Rat der Kirchen (ÖRK) ließ sich auf das neue Konzept eines »Wandels durch Annäherung« ein, zumal die Kirchen des Ostblocks auf den Weltkonferenzen dafür Sorge trugen, daß jeder Protest gegen Menschenrechtsverletzungen in der Zweiten Welt im Keim erstickt wurde. Es begann die globale Strategie des Wegsehens, Beschönigens, Verschweigens, der einseitigen Wahrnehmung von sozialistischen Errungenschaften und der ebenso einseitigen Betonung von Defiziten im westlichen Gesellschaftssystem. Nachdem es der DDR schließlich gelungen war, immer eindeutigere Loyalitätserklärungen von den Kirchen zu erhalten, suchte sie den Kirchenbund – mit Erfolg – zugunsten der internationalen Anerkennung und Aufwertung der DDR einzuspannen. In der Prager Christlichen Friedenskonferenz (CFK), der von Moskau gesteuerten Ost-Ökumene, gelang sogar die Durchsetzung der Drei-Staaten-Theorie auf deutschem Boden: DDR – Bundesrepublik – »Westberlin«. Mit der Berufung des CFK-Mitgliedes Emilio Castro zum Generalsekretär des Ökumenischen Rates der Kirchen in Genf war der Prozeß einer kontinuierlichen ideologischen Annäherung auch personalpolitisch sinnfällig geworden.

1969 wurde der Kirchenbund in der DDR – unter Federführung von Albrecht Schönherr und im Hintergrund Manfred Stolpe – als eigenständige Größe und theologisch qualifizierter Neuanfang gegründet. Für die Ökumene wie »fortschrittliche« Kreise in Ost und West verkörperte er bald die »bessere« Kirche Deutschlands[23]. Als ein wichtiger Grund für diese Beurteilung wurde immer wieder – mit verächtlichem Seitenblick auf die EKD – die vollendete Trennung von Staat und Kirche genannt. Aber in Wahrheit trugen die Staat-Kirche-Beziehungen in der DDR – in freilich eigentümlich einseitiger

Ausprägung – den Charakter staatskirchlicher Verhältnisse. Auf Bundesebene gab es kaum noch eine wichtige Sach- oder Personalentscheidung, die nicht zuvor mit SED- und Staatsfunktionären »beraten« worden wäre. Umgekehrt gelang es der Kirche freilich nicht, etwa auf dem Bildungssektor auch nur bescheidenen Einfluß zu nehmen. Die nächste Station bildete das »Spitzengespräch« zwischen Honecker und dem Kirchenbund-Vorstand am 6. März 1970. Trotz neuerlicher Enttäuschungen verließ der Kirchenbund diesen Weg nicht, sondern zelebrierte mit dem Staat den »6. März« als Grunddatum eines neuen Staat-Kirche-Verhältnisses. Landesbischof Johannes Hempel gelang als Kirchenbunds-Vorsitzendem die gewünschte Wiederholung eines 6. März nicht. Immerhin war ihm im Februar 1985 ein »kleiner Gipfel« – das persönliche Gespräch mit Honecker, dem »großen Staatsmann« – vergönnt. Ein Jahr zuvor hatte der sächsische Bischof das Wort vom »Grundvertrauen« zwischen Staat und Kirche geprägt. Sein Nachfolger an der Spitze des DDR-Kirchenbundes, Landesbischof Leich, fragte gar nach der »Zumutbarkeit« kirchlichen Handelns für den Staat.

Im Laufe der Zeit profitierte das SED-Regime immer stärker von dem positiven Image des Kirchenbundes. Der »Friedenskampf« in den 80ern und das »Auftreten der Kirchenvertreter im Sinne der DDR« hoben schließlich das ehemals »schlechtere« Deutschland zu seiner »besseren« Kirche empor. Das religiös-politische Gegenmodell zur kapitalistischen, faschistoiden Ellenbogengesellschaft mit ihrer industrie- und militärhörigen Kirche schien geboren – eben jene Illusion vom »anderen« Deutschland.

Bei den Quellenzitaten wurden Orthographie und Interpunktion den heute gültigen Regeln vorsichtig angeglichen und offensichtliche Fehler stillschweigend verbessert. In den Fällen, in denen die Abweichung von der richtigen Schreibweise besonders groß oder signifikant war, wird in eckigen Klammern darauf aufmerksam gemacht. Von dem Verfasser eingefügte Zusätze stehen ebenfalls in eckigen Klammern.

Bei den Arbeiten in den Archiven erhielten der Verfasser und seine Mitarbeiter wichtige Unterstützung. Zu nennen sind insbesondere Frau Fruth (Bundesarchiv, Abt. Potsdam), Frau Dr. Inge Pardon (ehem. Institut für die Geschichte der Arbeiterbewegung, Zentrales Parteiarchiv der SED), Frau Dr. Christa Stache (Evangelisches Zentralarchiv Berlin), Frau Karin Kopka und Herr Rüdiger Stang (Abt. Bildung und Forschung der Behörde des Bundesbeauftragten für die Unterlagen des Staatssicherheitsdienstes der ehemaligen DDR), die Mitarbeiterinnen im Sächsischen Hauptstaatsarchiv Dresden und in den ehemaligen PDS-Bezirksarchiven Leipzig und Dresden, Herr Dr. Manfred Agethen (Archiv für Christlich-Demokratische Politik der Konrad-Adenauer-Stiftung), Herr Dr. Joachim Fohrenkamm (Landesparteiarchiv Halle der PDS) und Herr Dr. Hans Otte (Landeskirchliches Archiv Hannover). Ihnen bin ich sehr zu Dank verpflichtet.

Dieses Buch hätte nicht ohne die Hilfe meiner Mitarbeiterinnen und Mitarbeiter geschrieben werden können. Neben eigenen Archiv-Recherchen brachten sie Berge von Material zusammen. In Archiven arbeiteten für mich neben Gerhard Lindemann auch Michael Glatter und Theo Spielmann. Christian Binder, Jessica Demolski, Michael Losch, Anke Marholdt und Hans-Georg Ulrichs schafften Literatur heran, betreuten die Bibliographie, stellten das Personenregister zusammen, übten Kritik, wiesen auf Lücken hin und beteiligten sich schließlich am Korrekturlesen. Rosy Baier und Karin Kubessa-Nassri gaben Texte ein, vervollständigten das Literaturverzeichnis und gaben technische Unterstützung; Olaf Lange stellte wie immer zuverlässig und rasch die Druckvorlage her. Bernd Kolf vom Ullstein Verlag begleitete den Entstehungsprozeß des Buches mit Geduld und freundlichem Verständnis. Ihnen allen schulde ich Dank. Ein ganz besonderer Dank aber gilt meinem Assistenten Gerhard Lindemann, der mir immer mit Sachkenntnis, Fleiß, konstruktiver Kritik und tatkräftiger Mitarbeit zur Seite stand.

Stanford (California/USA), im November 1994   Gerhard Besier

Die neue DDR-Verfassung, die Okkupation der ČSSR, die Verselbständigung der lutherischen Kirchen in der DDR und die Gründung des Kirchenbundes (1967-1972)

Die Aushöhlung des EKD-Einheitsbeschlusses von Fürstenwalde (1967)

In den evangelischen Landeskirchen auf dem Territorium der DDR gab es seit dem Mauerbau 1961 Kräfte, die – aus unterschiedlichen Motiven – einer Verselbständigung von der Evangelischen Kirche in Deutschland (EKD) das Wort redeten. Doch diejenigen, die an der gemeinsamen Klammer EKD festhalten wollten – vornean der Greifswalder Bischof Friedrich-Wilhelm Krummacher –, behielten – trotz unübersehbarer Erosionserscheinungen im Bereich des innerkirchlichen Zusammenhalts –[1] noch bis zur Fürstenwalder EKD-Synode 1967 die Oberhand[2]. Erst mit der neuen DDR-Verfassung vom 6. April 1968 trat eine grundlegende Veränderung der Situation ein[3].

In Gegenwart des Präsidenten der Kirchenkanzlei der EKD, Walter Hammer, und von Theodor Schober, Präsident der Zentralstelle des Diakonischen Werkes, fand am 12. März 1968 eine Sitzung der Konferenz der Kirchenleitungen (KKL) in der DDR statt, in deren Verlauf Krummacher nochmals bekräftigte, man wolle an der Einheit der EKD festhalten.

»Krummacher deutete an, daß die gesamtkirchlichen Gremien damit befaßt seien, eine Verbesserung der kirchlichen Gesetzgebung zu erarbeiten, damit Einheit und Gemeinsamkeit der Kirchen in ihrem Handeln, nicht eine Uniformität, gewährleistet bleiben. Er zitiert die Erklärung zur Einheit in Fürstenwalde und unterstreicht noch einmal, daß Einheit nicht Uniformität sei. (Nähere Andeutungen, in welcher Richtung die Erwägungen der ›Verbesserung‹ laufen, macht er nicht. Aus Andeutungen anderer wurde deutlich, daß die gesamtkirchlichen Büros in der Auguststraße offensichtlich Sorge um ihren Fortbestand nach Inkrafttreten der DDR-Verfassung haben).«[4]

Gleichzeitig suchte er in diesem Kreis eine Diskussion über Mitzenheims Ausspruch auf einer Bürgerversammlung in Weimar am 29. Februar 1968 anzustoßen, der im Zusammenhang mit dem Verfassungsentwurf formuliert hatte: »Die Staatsgrenzen der Deutschen Demokratischen Republik bilden auch die Grenze für die kirchlichen Organisationsmöglichkeiten.«[5]

Mitzenheim erklärte, er stehe hinter dem, was er in Weimar gesagt habe. »Hier habe er nichts mehr dazu zu sagen. Falls es Fragen gebe, sei er bereit, diese zu beantworten.«[6] Nach Abschluß der Sitzung führten Krummacher und Mitzenheim ein Gespräch außerhalb der Tagesordnung. Darin erklärte der Greifswalder Bischof, »wie positiv er selbst zum Staat der DDR stehe, machte ihm aber gleichzeitig Vorwürfe, daß er sich [...] in einem so breiten Rahmen für die Spaltung der EKD ausgesprochen«[7] habe. Mitzenheim entgegnete ihm, Krummacher sei in seinem Interview mit dem epd »ja noch viel weiter gegangen. [...] Daraufhin meinte Krummacher, daß aber jeder in der Kirche wisse, ›wie schwer er es gegenwärtig‹ habe«[8].

Unter Leitung von Bischof Albrecht Schönherr hatte ein kleiner Kreis Vorarbeiten zur Formulierung eines Briefes an Seigewasser geleistet, in dem zum Verfassungsentwurf Stellung genommen und Veränderungsvorschläge eingebracht wurden. Daneben suchte insbesondere Mitzenheim in Gesprächen mit Vertretern der Ost-CDU Einfluß auf die Endgestalt der neuen DDR-Verfassung zu nehmen. Zwei Tage nach der KKL-Sitzung vom 12. März 1968 richtete er einen Brief an den CDU-Vorsitzenden Gerald Götting, in dem er sich für die Umformulierung zentraler Artikel aussprach, um das Eigenrecht der Kirchen und der christlichen Weltanschauung schärfer zu fassen[9]. Vierzehn Tage später gab er dann allerdings dem CDU-Organ »Neue Zeit« ein Interview[10], das nach einer Mitteilung von Oberkirchenrat Ingo Braecklein »besonders von jungen Pfarrern« seiner Landeskirche heftig kritisiert worden sei[11].

»Besonders die Bemerkungen des Bischofs, daß er erwarte, daß auch die christlichen Mitbürger ihr ›Ja‹ zu unserer neuen Verfassung geben, hätte dem Bischof eine Reihe von Pfarrern übelgenommen. Einige junge Pfarrer hätten zum Ausdruck gebracht, eine Demonstration zum Pflugensberg[12] zu organisieren und zu verlangen, der Bischof solle von seinem Amt abtreten.«[13]

Auf der thüringischen Frühjahrssynode referierte der juristische Oberkirchenrat Gerhard Lotz, als Inoffizieller Mitarbeiter (IM) der Staatssicherheit[14] ein bedeutender Einflußagent und inoffiziell wie offiziell hochdekorierter Bürger des SED-Staates[15], über das Thema »Zum Entwurf der Verfassung der DDR«[16]. Er verteidigte die Vorlage, wies alle Kritik aus dem Raum der Kirche zurück und schloß seinen Vortrag mit einem persönlichen Wort:

»In der Verfassungsdiskussion sollte die Kirche Gelassenheit an den Tag legen. Wir sollten in unseren Gedankengängen etwas tiefer graben, als dies gewöhnlich geschieht, und nüchtern zur Kenntnis nehmen, daß bestimmte Krücken des Staatskirchentums nunmehr wegfallen. Verfassungsbestimmungen können der Kirche das Leben erleichtern oder erschweren. Die wichtigen Dinge jedoch entscheiden sich anderswo. Auf die innere Verfassung der Gemeinden, auf die innere Verfassung der Predigt kommt es an. Die privilegierte Kirche hat schon oft den Weg des Menschen zu Gott verstellt. Gerade die lutherische Kirche hat allen Grund, auf ihre Selbständigkeit bedacht zu sein. Ob die Kirche weiter besteht oder nicht, darüber entscheidet die Kirche selbst. Vielleicht geht der Platzregen des Wortes Gottes weiter, vielleicht zu denen, die unter den Splitter- und Napalmbomben christlicher Invasoren ihr Kreuz tragen. – Die Thüringer Kirche handelt nicht aus Opportunismus oder aus Bequemlichkeit. Die Politik ist die Kunst des Möglichen. Wichtig ist die Frage, wer Aussicht hat, die kirchlichen Anliegen wirksam zu vertreten. Wer versucht, den Thüringer Landesbischof links zu überholen, muß damit rechnen, daß von staatlicher Seite seine Stellungnahme als der Versuch einer krummen Tour mißverstanden wird. – Der Thüringer LKR vertritt die Kirche nach außen. Er bedarf dazu keiner Anstöße.«[17]

In seinem Schlußwort vor der Synode ging Lotz nochmals auf Fragen im Zusammenhang mit dem Verfassungsentwurf ein, darunter die Menschenrechtsproblematik und das Elternrecht:

»Zur Charta der Menschenrechte: Sie ist nicht geltendes Völkerrecht, sondern Empfehlung der UN. In keinem Staat ist diese Charta in vollem Umfang rechtsgültig. – Zum Recht der Eltern auf Erziehung ihrer Kinder ist Art. 37 des Entwurfs zu beachten. – Nach Verabschiedung der Verfassung werden allerdings eine Reihe konkreter Regelungen zwischen Kirche und Staat getroffen werden müssen. Zur Frage von Freizügigkeit und Auswanderung: Es gibt auch andere Staaten, die diese Rechte nicht haben. Ein Staat, der sein Verhältnis zu kapitalistischen Staaten als Ausdruck des Klassenkampfes betrachtet, wird keine Gelegenheit zum Überlaufen geben.«[18]

Während der CFK-Tagung in Prag Anfang April 1968[19] schlug Lotz dem Berliner Bischofsverwalter Schönherr vor, »die immer noch bestehenden Vereinbarungen und Gemeinsamkeiten mit der EKD ›einfrieren‹ zu lassen. Das neu in der DDR zu schaffende Gremium der Evangelischen Kirchen soll unter Leitung von Bischof Schönherr stehen.«[20]

Durch die Bischofskonferenz am 18. April 1968 trat zwar nochmals eine Verzögerung dieser Entwicklung ein, aber die Tage des Greifswalder Bischofs Friedrich Wilhelm Krummacher als KKL-Vorsitzender waren gezählt[21]. Am 1. August 1968 wählte die KKL den Mecklenburger Landesbischof Niklot Beste für eine Interimszeit zu seinem Nachfolger[22].

Am 9. April sowie am 3. und 18. Mai 1968, also in dichter Folge, verhandelten verschieden zusammengesetzte ost- und gesamtkirchliche Gremien über Strukturveränderungen der EKD. Krummacher und Propst Siegfried Ringhandt suchten – im Benehmen mit westlichen EKD-Vertretern – ein »Zwillingsmodell« zur EKD durchzusetzen, das mit eigener Kirchenleitung und Bischofskonferenz einerseits den Forderungen des Staates Rechnung trug, andererseits aber durch gemeinsame Ausschüsse mit der EKD etc. an der gesamtkirchlichen Struktur festhielt. Mitzenheim und Schönherr opponierten offen gegen diesen Entwurf, weil sie darin mit Recht keine wirkliche Verselbständigung der evangelischen Kirchen in der DDR sahen. Obwohl zwischen allen Beteiligten strikte Vertraulichkeit vereinbart war, erschien ein Bericht über die »Zwillingskirche« in den »Evangelischen Kommentaren«[23]. Am 18. Mai wies »Krummacher [...] erneut darauf hin, daß der Inhalt dieser Besprechung streng geheim zu halten sei, damit staatliche Stellen nicht vorzeitig Kenntnis von den geplanten Maßnahmen erhalten«[24]. Das Ministerium für Staatssicherheit erhielt drei Tage danach auch das Protokoll dieser Besprechung – mitsamt der darin enthaltenen Bitte Krummachers um strenge Vertraulichkeit. Namentlich Oberkirchenrat Gerhard Lotz und Oberkirchenratspräsident Konrad Müller (Schwerin, GM »Konrad«) hatten dem Staat gegenüber laufend für Transparenz gesorgt[25].

Lotz legte namens seiner Landeskirche der KKL einen alternativen Kirchen-Verfassungsentwurf vor, der von einer Weiterentwicklung der Konferenz der Bischöfe und Kirchenleitungen in der DDR ausging[26]. Dieser Entwurf sah vor, die Bischofskonferenz mit einem Exekutivkomitee, einem Generalsekretariat und einer beratenden Versammlung auszubauen[27].

Die »Gefährdung« des »Thüringer Weges« durch die Vergreisung Bischof Mitzenheims

Die staatsnahen Kirchenleute befanden sich im Sommer 1968 – von Prag einmal ganz abgesehen – auch darum in einer schwierigen Lage, weil der nunmehr siebenundsiebzigjährige Moritz Mitzenheim endlich in den Ruhestand treten wollte und auch sollte, da er – so Lotz – »unkontrollierbares Zeug schwätze [...] und in seiner Senilität« so »vieles kaputt« mache, »was er mühsam in den Jahren mit aufgebaut habe«[28]. Wenn auch Lotz der eigentliche Betreiber des »Thüringer Weges« war, so nahm Mitzenheim die wichtige Rolle der bischöflichen Galionsfigur für diesen Kurs wahr. Außer Oberkirchenrat Walter Saft (IM »Salzmann«)[29], dem Lotz zu diesem Zeitpunkt allerdings in der Thüringischen Synode noch keine Chance gab, kam als Nachfolger nur Oberkirchenrat Ingo Braecklein (IM »Ingo«)[30] in Frage.

»Nach der Rückkehr von OKR Braecklein von der Vollversammlung des Ökumenischen Rates in Uppsala/Schweden[31] führten Bischof Mitzenheim und OKR Lotz mit Braecklein interne Gespräche. Dabei erklärte Braecklein seine Bereitschaft, die Bischofsnachfolge anzutreten und die positiven Traditionen der Landeskirche Thüringen fortzusetzen. OKR Braecklein hat in Uppsala sich von der EKD distanziert. So wurde bekannt, daß er in Uppsala eine sehr harte Auseinandersetzung mit Bischof Scharf/Westberlin geführt hat. In dieser Auseinandersetzung verwahrte sich Braecklein entschieden gegen alle Einmischungsversuche Scharfs und anderer EKD-Vertreter in die Belange der Kirchen in der DDR. Des weiteren sprach er Scharf das Recht und die Fähigkeit ab, irgendwelche Vorgänge in der DDR und der DDR-Kirche beurteilen zu können. Scharf bestand auf der EKD-Konzeption bei den gegenwärtigen Strukturveränderungen der evangelischen Kirchen in der DDR.«[32]

Aus einem staatlichen Bericht über ein Gespräch zwischen dem Stellvertreter des Staatssekretärs für Kirchenfragen, Fritz Flint, und Lotz Ende Juli 1968 geht hervor, daß man den bereits zweiundsechzigjährigen Braecklein nur als Übergangsbischof für sechs Jahre zu installieren gedachte, um in der Zwischenzeit »einen jüngeren Kandidaten für dieses Amt ›aufzubauen‹, und zwar [...] Saft«[33].

Sorge bereitete Lotz, daß von den »negativen Kräften immer wieder Pfarrer Leich« für die Bischofskandidatur ins Spiel gebracht werde und daß Braaeckleins Stellung in der Verfassungsdiskussion und zur Frage der Rüstzeiten die Arbeit erschweren werde[34].

Die Haltung der Kirchen zu den Ereignissen in der ČSSR

Mitten hinein in die Frage der kirchlichen Neuordnung spielten die Ereignisse in der ČSSR. Sie forderten von den staatlichen Stellen einen vollen Einsatz, um die Landeskirchen daran zu hindern, gegen die Okkupation Stellung zu beziehen[35].

Noch vor der Okkupation, Mitte August 1968[36], trafen sich Scharf und

Schönherr in der ČSSR. Gesprächsgegenstand waren die Verselbständigung der evangelischen Kirchen in der DDR von der EKD, aber auch die Situation in dem Gastland. Nach seiner Rückkehr am 22. August erklärte Scharf, es sei die Hoffnung der christlichen Kirchen in der ČSSR, daß überall in der Welt Sympathiekundgebungen und Fürbittgottesdienste stattfänden. Sodann reiste er nach Genf, um dem Ökumenischen Rat der Kirchen eine Botschaft des Synodalrates der Evangelischen Kirche der Böhmischen Brüder zu überbringen[37].

Nachdem der neue Vorsitzende der Konferenz evangelischer Kirchenleitungen in der DDR, Niklot Beste (Mecklenburg), Ende August 1968 vergeblich ein einheitliches Vorgehen aller Landeskirchen in der ČSSR-Frage gefordert hatte[38], drängte er seine Kirchenleitung, wenigstens für die mecklenburgische Landeskirche etwas zu unternehmen. In einem MfS-Bericht heißt es dazu:

»Er begründete dies damit, daß sich eine Reihe von Pfarrern an ihn gewandt hätten, um zu veranlassen, eine Sympathieerklärung mit den Prager ›Reformern‹ und einen Protest gegen die Schutzmaßnahmen der sozialistischen Länder zu verfassen.« Der Schweriner Oberkirchenratspräsident Konrad Müller »lehnte diese Pläne kategorisch ab. Als der Bischof sich nicht nachgiebig zeigte, rief [...] [Müller] die Superintendenten zusammen und legte diesen einen [...] Entwurf vor, wo in allgemeiner Form für die Erhaltung des Friedens gesprochen wurde und das Wort ČSSR nicht erschien.« Müller »legte den Superintendenten seinen Standpunkt dar (die Kirche ist nicht befugt, politische Vorgänge in diesem Ausmaß zu beurteilen, kein Kirchenvertreter ist imstande, auf Grund ihrer Informationen die Lage objektiv zu beurteilen).«[39]

Die Superintendenten sprachen sich für Müllers politisch unverfänglichen Entwurf aus und lehnten den ihres Bischofs ab.

In Berlin-Brandenburg lagen die Dinge eher umgekehrt. Von den massiven Drohungen des Staatssekretärs für Kirchenfragen eingeschüchtert, neigte Bischofsverwalter Albrecht Schönherr dazu, die Vorlage seiner Kirchenleitung abzuschwächen und das Gremium von dem Vorhaben abzubringen, den Brief von den Kanzeln verlesen zu lassen[40]. Doch Propst Siegfried Ringhandt, Schönherrs Widersacher[41], wußte das zu verhindern.

»Dem MfS wurde bekannt, daß im Anschluß an die Aussprache beim Staatssekretär für Kirchenfragen eine interne Konsultation zwischen Bischof Schönherr und dem Mitglied der Kirchenleitung Berlin-Brandenburg, Propst Ringhandt, stattgefunden hat, während der Ringhandt über die Aussprache mit dem Staatssekretär für Kirchenfragen informiert wurde. Schönherr äußerte die Absicht, noch am gleichen Tage eine außerordentliche Kirchenleitungssitzung einzuberufen, da er nicht die alleinige Verantwortung für den Versand des Briefes tragen wolle. Der Staatssekretär habe ihm unmißverständlich erklärt, daß der Brief an die ČSSR-Kirchen eine Einmischung in die Außenpolitik der DDR sei. Ringhandt vertrat jedoch den Standpunkt, daß der Brief von der Kirchenleitung beschlossen, unmittelbar nach der Sitzung am 5.9.1968 abgeschickt und auch nicht mehr rückgängig zu machen sei. Es sei ja gerade die Absicht gewesen, den Staat vor vollendete Tatsachen zu stellen. Er sei absolut nicht bereit, irgendwelche Konzessionen zu machen; denn sonst würde es zur Gewohnheit werden, daß der Staat ständig um Erlaubnis gefragt werden müsse. Die Kirche sei ein eigenständiges und selbständiges Gebilde und regele ihre inneren Angelegenheiten ohne Einmischung von außen. Unabhängig von der Meinung der Kirchenleitung sei die staatliche Weisung bezüglich der

Rückgängigmachung des Verlesens in den Kirchen zu spät gekommen, da dies schon rein technisch überhaupt nicht möglich wäre. Es sei lediglich zu erwarten, daß die Räte der Bezirke die Superintendenten unter Druck setzen werden. Die Kirchenleitung werde jedoch in ihrer Entscheidung und in ihren Weisungen ›hart‹ bleiben.«[42]

Damit war die Geschichte aber noch nicht ausgestanden, denn nun wollten die Bischöfe von Görlitz und Magdeburg, Schönherr und seiner Kirchenleitung beispringen, indem sie sich solidarisierten. Stolpe berichtete dem Ost-CDU-Funktionär Quast, »daß am 20.9. in Berlin nach vorausgegangener Bischofskonferenz die Konferenz der Kirchenleitungen in Berlin tagen wird. Bei dieser Tagung sollen nach Mitteilung von Stolpe folgende Probleme behandelt werden: a) Auf Betreiben der Vertreter der Görlitzer Kirche, aber auch von Vertretern der Kirchenprovinz Sachsen, soll eine Solidaritäts-Bewegung für die Landeskirche Berlin-Brandenburg seitens der übrigen Landeskirchen organisiert werden. In diesem Zusammenhang soll angestrebt werden, daß der von Schönherr unterschriebene Brief der Berlin-Brandenburgischen Kirchenleitung von den anderen Landeskirchen übernommen bzw. ähnliche Initiativen ergriffen werden. Gegen diese Absichten will Bischof Schönherr angeblich auf der Sitzung der Kirchenkonferenz auftreten, da er eine zu starke Kompromittierung befürchtet (seiner Person).«[43] Zu den beabsichtigten Solidaritätsakten kam es nicht. Im Gegenteil. Sowohl Mitzenheim als auch Krummacher warfen dem Ost-Berliner Bischofsverwalter vor, sich nicht mit der Bischofskonferenz abgestimmt zu haben[44].

Vor der thüringischen Synode Anfang Dezember 1968 lehnte Mitzenheim das Verhalten der Berlin-Brandenburgischen Kirche strikt ab und setzte hinzu: »Hoffentlich leidet Schönherrs Gesprächsmöglichkeit nicht darunter.«[45]

Die provinzsächsische Kirchenleitung verabschiedete am 26. August eine Erklärung »An den Staat«, die an die Superintendenten, Pfarrer und Gemeinden gehen sollte. Nach einer »Aussprache« mit dem Vorsitzenden des Rates des Bezirkes Magdeburg zog der scheidende Bischof Jänicke dann jedoch die bereits versandte Erklärung wieder zurück und bat die Geistlichen, den Inhalt des Wortes nicht zu verwenden[46].

Der Dresdener Bischof Noth gab an alle Superintendenten und Pfarrer ein Bischofswort heraus, das als Grundlage für die Predigten zum Weltfriedenstag am 1. September 1968 dienen sollte. Darin erinnerte er seine Geistlichen, »daß uns als Pfarrer von unserem Amt her Zurückhaltung in unseren Äußerungen geboten ist, gleichviel, ob man eine Stellungnahme von uns erwartete oder ob wir meinen, persönlich Partei ergreifen zu müssen«. Am Schluß warnte er nochmals vor »Lieblosigkeit, Unversöhnlichkeit, Aufgeregtheit und vorschnelles Urteil über den Bruder«. Dazwischen heißt es, daß »Gewalt keine Verheißung hat« und in jeder Auseinandersetzung »die Freiheit und Würde der anderen zu respektieren« sei. Schließlich rief Noth zunächst zur Fürbitte für das tschechoslowakische Volk und seine christlichen Kirchen auf, um dann fortzufahren: »Laßt uns beten für die leidenden Völker in aller Welt und dabei besonders denken an Vietnam, Israel und seine arabischen Nachbarvölker, Nigeria und Biafra, Rhodesien und Südafrika.«[47]

Natürlich gefiel dem SED-Staat auch dieses »Bischofswort« nicht, aber es war doch immerhin so vorsichtig gehalten, daß Noths »Aussprache« mit einem Vertreter des Rates des Bezirks Dresden im Vergleich zu den Berliner Ereignissen moderat ausfiel. Der sächsische Pfarrer Manfred Haustein, zugleich »Geheimer Informator« (GI »Cornelius«) des MfS, von seinem Führungsoffizier Leutnant Günther um eine persönliche Stellungnahme gebeten, bezeichnete das Wort »als sehr besonnen«[48].

Selbst der Regionalausschuß West-Berlin der Prager Christlichen Friedenskonferenz konnte zu der Okkupation nicht schweigen und sandte am 25. August 1968 einen Protestbrief an Walter Ulbricht, in dem der Vorsitzende des Staatsrates aufgefordert wurde, die Maßnahmen rückgängig zu machen. Noch bevor das Schreiben bei Ulbricht und den Mitgliedern des DDR-Regionalausschusses anlangte, besaß das MfS schon eine Abschrift davon[49].

Berichte aus der Arbeit der BEK-Strukturkommission

Im Sommer 1968 wurden eine Struktur- und eine Verhandlungskommission gebildet – erstere zur Ausarbeitung einer Neuordnung für die acht östlichen Gliedkirchen der EKD[50]. Kurz darauf legte Krummacher sein Amt als KKL-Vorsitzender nieder. Auf seinen Vorschlag hin wurde – wie bereits erwähnt – Bischof Beste (Schwerin) gewählt[51].

Bei der KKL-Sitzung am 20. September 1968 gab Schönherr in seiner Funktion als Vorsitzender der Strukturkommission einen kurzen Bericht über deren Arbeit. Gegen die darin zum Ausdruck kommende Intention, keine wirkliche Trennung von der EKD vornehmen zu wollen, hatte sich Oberkirchenrats-Präsident Müller (IM »Konrad«) bereits vor der Kirchenleitung der Landeskirche Mecklenburg ausgesprochen. »Konsistorialrat Stolpe«, so berichtete er seinem Führungsoffizier, »äußerte in einem internen Gespräch [...] die gleiche Meinung«[52].

Ende Oktober 1968 sprach Stolpe, Leiter der Geschäftsstelle der Konferenz der Ev. Kirchenleitungen in der DDR, mit Gerhard Quast (IM »Otto«)[53], dem Leiter der Ost-CDU-Abteilung für Kirchenfragen. Stolpes Vermerk zufolge warf der Blockpartei-Funktionär dem Kirchenmann vor, die Strukturkommission Schönherrs arbeite »im Auftrag und auf Weisung der EKD«; wenn das so weitergehe, könne sich der Staat aus »Sorge vor einer Super-Kirche [...] zu einer radikalen Lösung gegen die EKD mit dem Endziel der Verhandlung nur mit selbständigen Landeskirchen entschließen«[54]. Des weiteren fragte Quast, ob Stolpe wisse, woher die diffamierenden Briefe gegen Krummacher kämen. »Es seien in diesen Briefen Hinweise enthalten, die den DDR-Stellen neu waren. Er könne nur erklären, daß gegenwärtig hier kein Interesse an einer Kampagne gegen Krummacher bestünde, zumal er offenbar im Westen attakkiert würde.«[55] Stolpe schrieb in seinem Vermerk, er habe »den deutlichen Eindruck, daß Herr Quast in dieser Mitteilung den eigentlichen Hauptpunkt des Gesprächs sah«[56]. Dieser Vorgang ist darum merkwürdig, weil die anonymen Briefaktionen und Schmähartikel – auch wenn sie im Westen versandt bzw. veröffentlicht wurden – aus der Werkstatt des MfS stammten[57].

Am 10. Dezember 1968 eilte Oberkirchenratspräsident Konrad Müller von der Sitzung der »Konferenz Evangelischer Kirchenleitungen in der DDR«[58] zu dem vereinbarten Treff mit seinem Führungsoffizier Franz Sgraja. Hier gab er zwischen 19 und 22 Uhr einen noch ganz frischen Bericht über den Stand der Verhandlungen in Sachen Bundesgründung.

Nach Müller verwies Bischof Beste auf »den streng vertraulichen Charakter dieser Sitzung« und »verlangte […], daß der westdeutsche Gast[59] keinerlei Informationen nach außen gibt«[60]. Entsprechend dürftig fiel das kirchenoffizielle Protokoll aus[61], während dem Geheimdienst reichlich Informationen zuflossen.

Schönherr legte dem Gremium eine Auswertung der Voten der einzelnen Landeskirchen zum zweiten Verfassungsentwurf eines »Bundes der evangelischen Kirchen in der DDR« vor.

»Von den eingegangenen Stellungnahmen, so sagte Schönherr, ist niemand, der eine klare Absage an die EKD fordert, obwohl die Eingaben von Thüringen und Mecklenburg am schärfsten sind. […] Bischof Mitzenheim sprach als nächster, der vor allem eine klare Stellungnahme zur EKD verlangte. Mitzenheim bemängelte, daß in der Strukturdebatte die Juristen zu wenig eingesetzt sind; die Juristen der einzelnen Landeskirchen sollten sich über den Entwurf ebenfalls eine Stellungnahme erarbeiten.«[62]

Offenbar hatte Lotz seinem Bischof aufgetragen, die Kirchenjuristen stärker ins Spiel zu bringen. Wenn ihm wohl auch unbekannt war, daß mindestens zwei seiner Kollegen – nämlich Hans-Joachim Weber (Greifswald, IM »Bastler«)[63] und Konrad Müller – wie er für das MfS arbeiteten, so muß ihm aus Gesprächen mit anderen Kirchenjuristen doch deutlich geworden sein, daß vornehmlich in ihren Reihen Verbündete seiner Kooperationspolitik mit dem SED-Staat saßen.

Major Sgraja hatte in diesen Tagen kaum eine ruhige Minute, denn neben Müller mußte er auch die Informationen anderer kirchenleitender Persönlichkeiten verarbeiten – z. B. die seines Spitzenmannes Gerhard Lotz.

Dieser hatte ebenfalls an der Konferenz der Evangelischen Kirchenleitungen in der DDR, aber auch an der Bischofskonferenz einen Tag zuvor teilgenommen und entsprechend viel zu berichten.

An dieser DDR-Bischofskonferenz beteiligten sich erstmals weder Vertreter der EKD-Kirchenkanzleien noch EKD-Ratsmitglieder. Stolpe präsentierte den Bischöfen eine schriftliche Vorlage zur Strukturdebatte. Sie bestand aus einer Auswertung der Stellungnahmen der evangelischen Landeskirchenleitungen in der DDR zum Entwurf einer Bundes-Ordnung und aus einer vergleichenden Übersicht der Stellungnahmen.

Nach dem Bericht Lotz', den er seinem Führungsoffizier Sgraja zu Protokoll gab, hatten sich die meisten Kirchenleitungen für eine Auflösung aller EKD-Dienststellen ausgesprochen, was der Thüringer Oberkirchenrat so interpretierte, daß man sich nun die Forderungen seiner Landeskirche zu eigen gemacht habe[64].

Beste erinnerte den Kreis noch einmal daran, daß die »Vorlagen [...] nur zur persönlichen Information der Bischöfe bestimmt«[65] seien und nicht weitergegeben werden dürften.

Als dritter Verhandlungspunkt der DDR-Bischofskonferenz vom 9. Dezember 1968 stand der Entwurf eines Protestbriefes an Walter Ulbricht auf der Tagesordnung. Bischof Fränkel (Görlitz) legte das Konzept vor und führte in den Problemkomplex ein. Dabei soll er gesagt haben:

»Ich kann das Gerede von der politisch-moralischen Einheit nicht mehr hören. Auf uns kommt eine neue Welle des Kirchenkampfes zu wie zu Rosenbergs Zeiten.«[66]

Da Beste, Mitzenheim und auch Schönherr einen derartigen Brief an den Staatsratsvorsitzenden ablehnten, kam es zu keiner weiteren Diskussion mehr; über die Annahme des Vorschlages wurde gar nicht mehr abgestimmt. Daraufhin sandte der Görlitzer Bischof seinen Brief unter dem 12. Dezember als persönliche Eingabe an den Staatsrat ab.

Die Spaltung der Vereinigten Evangelisch-Lutherischen Kirche Deutschlands (1968)

Im weiteren Verlauf der Sitzung wurde ein weiteres Konfliktfeld zwischen den DDR-Bischöfen deutlich, das den Zusammenhalt beeinträchtigte: Die Lutheraner waren der EKD und den Unierten zuvorgekommen, indem sie auf ihrer Synode Ende November 1968 eine Trennung der Vereinigten Evangelisch-Lutherischen Kirche (VELKD) in Ost und West beschlossen hatten.

Schönherr machte »den drei lutherischen Bischöfen Mitzenheim, Noth und Beste den Beschluß der Synode der [...] VELKD in der DDR vom 30.11.1968 in Freiberg über die Verselbständigung der Evangelisch-Lutherischen Kirchen der DDR zum Vorwurf. Dieser Beschluß käme einem Dolchstoß gleich, da die Evangelische Kirche der Union (EKU) von diesem Vorhaben der VELKD in der DDR nicht informiert gewesen sei. Dieser Beschluß würde den Bestrebungen der ›EKD‹ (Bildung einer sogenannten Zwillingskirche) zuvorkommen und den Prozeß zur Bildung eines ›Bundes der Evangelischen Kirchen in der DDR‹ beschleunigen. Dieses Beispiel könne schnell Schule machen und zu unüberlegten Schritten führen.«[67]

Beste wies Schönherrs Vorwurf zurück, indem er darauf hinwies, daß der Präsident der EKU-Kirchenkanzlei, Franz-Reinhold Hildebrandt, sehr wohl in drei Konsultationen über das Trennungsvorhaben informiert worden sei. Mitzenheim nannte den VELKD-Beschluß gar als Beispiel, »wie den Realitäten Rechnung zu tragen sei«[68].

Tatsächlich lag schon Ende Februar 1968 der regionalen Kirchenleitung der Vereinigten lutherischen Kirche in Ost-Berlin der allerdings streng vertrauliche »Entwurf eines Memorandums über die Situation der Vereinigten Kirche und die kirchliche Gesamtsituation« vor, der vor allem »organisatorische Überlegungen« enthielt, die weniger vom theologischen Auftrag als »von der

29

politischen Situation bestimmt« waren[69]. Helmut Zeddies, Referent im lutherischen Kirchenamt Berlin (Ost), verteidigte den von ihm, und seinen Kollegen Heidler und Pabst erarbeiteten Entwurf, indem er darauf hinwies, daß sie versucht hätten, »die kirchlich-theologische und die politische Situation gleichermaßen zu erfassen«[70]. Die »besondere Bedeutung des lutherischen Bekenntnisses für die Gegenwart und der gegenwärtige Auftrag der Vereinigten Kirche gegenüber den anderen Kirchen in der DDR [sei] sehr schwer zu artikulieren«[71]. Heidler sprang seinem Kollegen bei, beklagte, daß durch die deutsche Zweistaatlichkeit »kirchliche Entscheidungen [...] stets in das Zwielicht politischer Motive« gerieten, und fuhr fort:

»Die für die Vereinigte Kirche zu planenden Maßnahmen müßten anders und besser sein, als sie 1961 geschaffen wurden. Schon damals wäre eine bessere Planung nötig gewesen. Um nicht unter Zwang handeln zu müssen, sei heute ein Eventualfall von vornherein ins Auge zu fassen. OKR Frank habe deshalb ein Kirchengesetz zur Ergänzung des Kirchengesetzes über die regionale Gliederung der Organe der VELKD vorgeschlagen. Darin sollte ein § 4 a aufgenommen werden, demzufolge regionale Tagungen für ihren Bereich voneinander abweichende Regelungen treffen können. Den Zeitpunkt des Inkrafttretens dieser Beschlüsse sollte die Kirchenleitung durch übereinstimmende Beschlüsse feststellen, wobei dies jedoch die eigentliche Schwierigkeit darstelle, und das wurde auch von Landesbischof Noth betont.«[72]

Nach Schluß der Aussprache wurde der Beschluß gefaßt, Präsident Johannes (Dresden) und OLKR Frank (Hannover) zu bitten, »für eine eventuell erforderlich werdende organisatorische Trennung in eine Vereinigte Kirche in der BRD und DDR Überlegungen anzustellen und Entwürfe vorzubereiten.«[73] Die Weichen waren also bereits im Februar 1968 auf Trennung gestellt! Nach einer Niederschrift über die regionale VELK-Kirchenleitungssitzung in der DDR vom 9. April 1968 sollte von den Beschlüssen allerdings »die aus Vertretern der gesamtkirchlichen Zusammenschlüsse bestehende Konsultativgruppe [...] über die für die Vereinigte Kirche geplanten Maßnahmen unterrichtet«[74] werden. Danach konnten eigentlich weder EKU noch EKD vom weiteren Verlauf der Ereignisse überrascht worden sein.

Auch auf der regionalen VELK-Kirchenleitungssitzung am 7. Juni 1968 bildeten organisatorische Überlegungen eine zentrale Rolle. Bischof Beste sprach sich zwar für eine größere Beweglichkeit aus, lehnte aber eine Trennung innerhalb der EKD ab. Wie schon im Februar wurde die Frage angesprochen, »ob die konfessionelle Aufgliederung weiterhin notwendig sei«. Die für Mitte Juni geplante regionale Tagung der Generalsynode wurde wegen der insgesamt unklaren Lage auf den Herbst verlegt[75].

Am 2. September erläuterte Oberkirchenrat Frank der VELK-Kirchenleitung West den allen Anwesenden ausgehändigten Entwurf eines Kirchengesetzes über die Vereinigte Evangelisch-Lutherische Kirche im Bereich der DDR, der in einer Besprechung mit Landesbischof Noth, Präsident Johannes und Oberkirchenrat Heidler am 17. Juli erarbeitet worden war. »Der Entwurf wird nach langer Aussprache als wohl unvermeidlich gebilligt, wobei der Leitende Bischof [Hanns Lilje, Hannover] erneut die Frage nach der zwingenden Notwendigkeit für eine solche Regelung stellt.«[76] Am Nachmittag desselben

Tages vollzog die regionale VELK-Kirchenleitung Ost den entscheidenden Schritt zur Trennung. »Gegenüber kritischen Fragen wird daran festgehalten, daß der Schritt notwendig sei; ob er auch richtig sei, könne man nicht sicher vorhersagen.«[77]

»In der vom Entwurf vorgesehenen Verselbständigung der Gliedkirchen in der DDR wird eine Fortführung der regionalen Ordnung von 1963 gesehen. Von allen Anwesenden werden die Notwendigkeit und der Wille unterstrichen, im Rahmen des Möglichen an der Gemeinschaft und am gemeinsamen Handeln der Organe und Gremien festzuhalten. Landesbischof Beste stellt fest, daß über den von der Vereinigten Kirche angestrebten Weg kein Zweifel gelassen werden dürfe, daß man aber andererseits auch die Entwicklungen in der Gesamtheit des deutschen Protestantismus abwarten wolle. In diesem Sinne wird der Entwurf als Vorlage für die Novembertagung der Generalsynode beschlossen.«[78]

Während der Mecklenburgischen Landessynode im November 1968 hielt Oberkirchenratspräsident Müller seinem Bischof vor, daß Beste bereits auf der VELK-Kirchenleitungssitzung am 2. September 1968 – zusammen mit kirchenleitenden Persönlichkeiten Sachsens und Thüringens und in Anwesenheit des hannoverschen Kirchenjuristen Johann Frank – »verfahrensrechtliche Voraussetzungen« geschaffen habe, die »den VELK-Zusammenschluß in der DDR besiegelte[n]; er bezeichnete es als bewußte Täuschung des Staates, wenn man dem Staat gegenüber die VELK DDR betone und innerkirchlich die Verbindung zur VELKD hervorhebe (man koche in zwei Töpfen, nämlich in der VELK DDR und in der VELKD, wobei die VELKD gleichzeitig das Dach für beide sei)«[79].

Im übrigen wurde die Gründung der VELK DDR nicht in die mecklenburgische Kirchenordnung aufgenommen. Noch 1981 hieß es im dortigen Paragraphen 1: »Die Evangelisch-Lutherische Landeskirche Mecklenburg ist Gliedkirche der Vereinigten evangelisch-lutherischen Kirche Deutschlands. Unter Wahrung ihres Bekenntnisstandes und ihrer Selbständigkeit hält sie Gemeinschaft mit den übrigen evangelischen Kirchen Deutschlands.«[80]

Die Tonbandmitschrift der nichtöffentlichen Tagung der VELK-Generalsynode Ost, die am 28. November 1968 abends in Freiberg begann, belegt, daß trotz großer Einfühlsamkeit in die Situation, die Braecklein durchaus bewies, entschlossener Widerspruch gegen das Trennungsgesetz laut wurde. Als Superintendent Hermann Klemm um mehr Informationen bat und zunächst »über die Vorgänge in der EKD des DDR-Bereichs« in Kenntnis gesetzt werden wollte, legte Braecklein ein persönliches Bekenntnis zu den Einheits-Beschlüssen der EKD-Synode in Fürstenwalde 1967 ab und konzentrierte seine Argumentation zunächst darauf, daß im »Schicksalsjahr« 1968 »vom politischen Raum her die Kirche einen Eingriff erleiden muß, der ihr die Verbindung mit den bestehenden kirchlichen Gemeinschaften [...] erschwert oder unmöglich macht«[81]. Gleichzeitig betonte er aber auch das lutherische Anliegen und erwähnte, daß in der Strukturkommission für den entstehenden Kirchenbund »gesagt wird, die EKD ist eine Stufe gewesen, und vielleicht will Gott durch das, was er uns jetzt auferlegt hat, dazu führen, daß wir DDR-Kirchen nun zu einer größeren Gemeinschaft innerhalb der DDR kommen, so als eine Art ›Typ eines Kirchwerdens‹, wie er später dann auch einmal von den Westkirchen nachvollzogen werden kann.«[82] Daraufhin wurde seitens einiger Synodaler eingewandt, durch die Begründung einer VELK DDR würde dieser auch ökonomisch wünschenswerte engere Zusammenschluß doch eher verhindert. Beste suchte nun dagegenzuhalten, indem er unterstrich, wie wichtig es sei, wenn die lutherischen Kirchen in ihrer Eigenart erhalten blieben. Schließlich meldete sich noch Mitzenheim zu Wort, der betonte, institutionelle Fragen könnten niemals den Charakter von Bekenntnisfragen annehmen. Im Mittelpunkt lutherischen Denkens stünden Schrift und Bekenntnis; »das wichtigste ist [...] sola scriptura, nicht sola structura«[83]. Aber auch Befürchtungen höchst materieller Art, die freilich gar nicht laut geworden waren, suchte der Thüringer Landesbischof zu zerstreuen.

»Es ist mir interessant gewesen, daß also eines Tages Herr Geißel aus Stuttgart bei mir zu einem Besuch war [...] und sagte: Wenn hier Änderungen organisatorischer Art kommen im Zusammenhang mit der EKD oder auch mit der VELK, und es wird die Nachricht verbreitet jetzt, daß das dann auch finanzielle Auswirkungen haben würde für die Kirchen in der DDR, dann möchte er mir nur sagen, daß solche Nachrichten nicht aus Westdeutschland kämen. Es sei eigentlich beleidigend für sie drüben. Selbstverständlich gingen auch die finanziellen Dinge weiter, was für eine Organisation und Institution nun die Kirchen hier nach bestem Wissen und Gewissen sich schaffen würden. Die gingen weiter.«[84]

Braecklein hielt es nun für richtig, die Aussprache zu beschleunigen. Unter Hinweis auf die Geschäftsordnung kürzte er die Redezeit auf fünf Minuten pro Votum und erreichte bald ein Versiegen der Diskussion. Ohne ernsthafte Einwände wurde nunmehr die Trennungsvorlage beschlossen[85].

Auf ihrer Sitzung am 11. Dezember 1968 stellte die Kirchenleitung der Vereinigten Kirche in der DDR deren Rechtsnachfolge für die VELKD mit allen Verbindlichkeiten fest. Am Ende der Sitzung wurde Zeddies »in Würdigung von dessen Arbeit in den vergangenen 3½ Jahren [...] die Amtsbezeichnung ›Kirchenrat‹ [...] verliehen.«[86]

Im Bedenken der neuen Situation führte Bischof Beste unter anderem aus: »Der Kirchenkampf hat gelehrt, daß die Kirche sich nicht sklavisch staatlichen Verhältnissen anpassen muß, daß sie aber die Freiheit hat, immer wieder nach angemessenen Formen für ihre Arbeit zu suchen.«[87]

Bereits einen Tag nach der Kirchenleitungssitzung der Vereinigten Kirche berichtete Braecklein dem Staatssekretär für Kirchenfragen über die Ergebnisse der Freiberger Synodaltagung.

Auf der Konferenz der Evangelischen Kirchenleitungen in der DDR am 10. Dezember bekräftigte Oberkirchenrat Heidler vom Lutherischen Kirchenamt Berlin nochmals, daß der EKU-Mann Hildebrandt über den Plan der Verselbständigung der lutherischen Kirchen in der DDR »vor der Beschlußfassung« in Kenntnis gesetzt worden sei und »nichts dazu gesagt hat. Der Beschluß von Freiberg«, so führte er weiter aus, »ist ein objektiver Prozeß, dem sich die anderen Kirchen in der DDR nicht verschließen können. Es ist keinesfalls eine Abkapselung gegenüber anderen Kirchen in der DDR.«[88]

Beste soll Heidlers Ausführungen »energisch unterstrichen« haben, »indem er auf die Existenz von zwei deutschen Staaten und die sich daraus ergebenden Konsequenzen hinwies«[89]. Noth (Dresden), der Bischof der größten lutherischen Landeskirche in der DDR, hatte bis dahin geschwiegen. Nun griff er in die Diskussion ein, indem er ohne Beachtung der historisch-politischen Zeitumstände den alten politisch-konfessionellen Gegensatz zwischen sächsischen Lutheranern und preußisch Unierten revitalisierte. »Die preußische Union«, bemerkte er, »sei nicht das Modell, in welchem sich die Kirche darstellen kann«[90].

Der Gegensatz zwischen Lutheranern und Unierten spiegelte sich auch in den Stellungnahmen der Kirchenleitungen zum zweiten Verfassungsentwurf eines DDR-Kirchenbundes wider. Denn im Unterschied zu den unierten Kirchen hatten Thüringen, Mecklenburg und Sachsen in ihren Voten eine klare juristische Abgrenzung gegenüber der EKD verlangt, insbesondere die Auflösung der EKD-Kirchenkanzlei in Berlin (Ost) sowie das Erlöschen der Funktionen der EKD-Ratsmitglieder und -Synodalen.

Schönherr erklärte nun, daß der geplante Kirchenbund weder in verfassungsrechtlicher noch in konfessioneller Hinsicht als zentralistische »Superkirche« geplant sei. Auch halte er ein Nebeneinander zwischen EKD- und Kirchenbund-Organen nicht für möglich. Über die geistliche Nachbarschaft beider Bünde könne in die Präambel der dritten Fassung eine entsprechende Formulierung aufgenommen werden. Diesen dritten Entwurf stellte er den Landeskirchen für Januar 1969 in Aussicht.

Aufgrund der zahlreichen kritischen Anfragen aus dem kirchlichen Raum zu den Freiberger Entscheidungen beschloß die Kirchenleitung der Vereinigten Lutherischen Kirche auf ihrer Sitzung am 14. Januar 1969, das Lutherische Kirchenamt mit der Anfertigung eines »interpretierenden Kommentar[s] zu dem Kirchengesetz« zu beauftragen – nur »für den innerkirchlichen Gebrauch«[91].

Wenige Tage zuvor hatte Beste im Blick auf die Übernahme der noch ungeklärten Funktion des Leitenden Bischofs der VELK DDR[92] gegenüber Heidler geklagt:

»In unserer Landeskirche, namentlich in unserem Oberkirchenrat, ist der Widerstand gegen die Freiberger Regelung sehr groß. Ich bin ziemlich isoliert und muß deshalb allerlei genau prüfen, was Vorwürfe gegen mein Verhalten einbringen kann. Ich habe ja, wie Sie wissen, manche Bedenken gegen die Notwendigkeit dieser Schritte häufig ausgesprochen, aber doch dem Freiberger Vorgehen schließlich zugestimmt und meine auch, daß die Landessynode jetzt darüber nicht befinden sollte.«[93] Offenbar voller Angst vor einer Niederlage in der eigenen Synode, bat er den Leiter des Lutherischen Kirchenamtes:

»Es wäre gut, wenn Sie, lieber Bruder Heidler, an der Landessynode vom 19. bis 23. März 1969 bei uns in Schwerin teilnehmen würden.«[94]

Die Kontroversen um die Gründung der VELK DDR sollten ein Nachspiel haben. Auf der Generalsynode VELK DDR im Juli 1969 in Eisenach wurde eine Entschließung gefaßt, die über die Freiberger Beschlüsse noch hinausging[95]. Die DDR-Lutheraner unterstrichen hier, daß ihr kirchlicher Zusammenschluß »nach vorne hin offen sein« wolle und konkretisierten diese Aussage durch die Empfehlung, »intensiv im Bund [...] mitzuarbeiten« und durch die Absichtserklärung, Aufgaben der VELK DDR durch Organe des Bundes wahrnehmen zu lassen.

Letzte Diskussionen um Form und Inhalt der Kirchenbundgründung (1969)

Am 27. Februar 1969 befaßte sich die DDR-Bischofskonferenz mit dem dritten Entwurf der Strukturkommission zur Bildung eines »Bundes der Evangelischen Kirchen in der DDR«.

Bischof Mitzenheim verlangte eine Abänderung des Artikels 4, Absatz 4, der sich mit dem Verhältnis des zukünftigen Kirchenbundes zur EKD befaßte.

Er lautete zu diesem Zeitpunkt:

»In der Mitverantwortung für diese Gemeinschaft nimmt der Bund Aufgaben, die alle evangelischen Kirchen in der DDR und in der BRD gemeinsam betreffen, in partnerschaftlicher Freiheit durch seine Organe wahr.«

Nach einer Information, die das MfS von Lotz erhalten hatte, war Propst Siegfried Ringhandt wesentlich an der Formulierung dieses Artikels beteiligt gewesen[96].

Mitzenheim wandte sich gegen diese Formulierung und erbat sich eine Bedenkzeit bis zum 5. März – dem Tag, an dem die Konferenz der Evangelischen Kirchenleitungen in der DDR über den dritten Entwurf beraten und beschließen sollte.

Entsprechend dem weiteren Terminplan, der auch eingehalten wurde, sollten die Synodalen der EKD dann vom 7. bis 9. März zu einer »Informationstagung« nach Magdeburg gebeten werden. Danach sollten die Synoden der einzelnen Landeskirchen Stellung nehmen und die Annahme der Kirchenverfassung beschließen.

Auf der Frühjahrstagung 1969 der Evangelisch-Lutherischen Kirche in Thüringen prallten die kirchenpolitischen Gegensätze so heftig aufeinander wie kaum je zuvor. Synodalpräsident Rudolf Lotz hielt ein Referat, in dem er noch einmal zur Kirchenbund-Gründung mit allen Begleiterscheinungen Stellung nahm und dabei mit Polemik nicht sparte, was Superintendent Schwalm in der nachfolgenden Aussprache beklagte.

Lotz sagte unter anderem:

»In der B[undes]R[epublik] wurde der Bund bereits reichlich kommentiert und diffamiert. So wurden die Staatsorgane in der DDR zurückhaltend und mißtrauisch. – Es geht nicht um das Anfangsstadium einer Unionskirche, um keine von einer Berliner Zentralbürokratie gegängelte Superkirche. [...] Über die Zuordnung zur EKD findet sich [sc. in dem Verfassungsentwurf des Kirchenbundes] keine klare Aussage. Art. 4,4 ist unglücklich formuliert. Dadurch werden die Arbeitsmöglichkeiten des Bundes erschwert. Der Bund ist kein Derivat der EKD und gründet sich nicht auf EKD-Recht. Der Bund ist kein Zusammenschluß innerhalb der EKD. Er verhält sich zur EKD nicht wie die NATO zur UNO. – Der Bund ist auch kein Zwilling der EKD. Der Bund ist gegenüber der EKD ein aliud. Vielleicht wäre in Fürstenwalde noch etwas anderes möglich gewesen. – Nunmehr ist die Bezeichnung EKD unrichtig geworden. Sie müßte EKBR heißen. [...] Fürstenwalde brachte peinliche Vermischung von geistlichen und juristischen Argumenten. Jetzt müssen klare Konsequenzen gezogen werden. Nunmehr teilt sich die EKD in zwei Bünde. [...] Nichts ist gesagt über die Aufgaben der Kirche in der sozialistischen Umwelt (Die sächsische Bruderschaft äußerte sich dazu). Die Ordnung des Bundes ist ein ausbalanciertes System von Spielregeln.«[97]

Braecklein äußerte daraufhin, er sei von Lotz' Referat »etwas erschlagen«[98]. Er stünde zur »gesamtdeutschen Klammer« und zu Fürstenwalde. Die Trennung erfolge jetzt »aus politischen Gründen«. »Von uns aus kündigen wir Gemeinschaft nur aus Gründen der Häresie.«

Oberkirchenrat Stegmann berichtete von seinem Besuch der letzten Synode der Kirchenprovinz Sachsen, Bischof Krusche habe dort ausgeführt, er halte den Weg der VELK für richtig und trete auch für die Gründung eines Bundes der evangelischen Kirchen in der Bundesrepublik ein. In der Synode der Provinz Sachsen sei lediglich die »Geheimhaltung der Vorbereitung [des Kirchenbundes] kritisiert« worden.

Oberkirchenrat Saft unterstützte mindestens mittelbar Lotz' Position, indem er ausführte:

»Schade, daß es erst des äußeren Druckes bedurfte, um den Bund zum Entstehen zu bringen. Wir leben schon lange in zwei Welten. Die evangelischen Akademien zogen schon vor 12 Jahren die entsprechenden Konsequenzen. Je klarer die organisatorische Trennung erfolgt, um so fester kann die Bruderschaft im Glauben sein.«

Das zweite brisante Thema der thüringischen Synode bildete eine Eingabe der Lutherischen Bekenntnisgemeinschaft, die diese auf ihrer Mitgliederversammlung am 25. Februar 1969 in Weimar einstimmig beschlossen hatte. Darin wurde über »öffentliche Äußerungen kirchlicher Amtsträger zu politischen Tagesfragen [...] ohne vorherige Absprache mit den Brüdern im gleichen Amt«[99], also den Bischöfen und Oberkirchenräten anderer Landeskirchen, Beschwerde geführt. Dieser Angriff galt in erster Linie den kirchenpolitischen Alleingängen von Mitzenheim und Lotz. Sofort sprang Herbert von Hintzenstern seinem Bischof bei, indem er behauptete, mancher sei froh gewesen, »sich um eine Stellungnahme drücken zu können, weil Bischof Mitzenheim das Wort ergriff. Viele haben sich zögernd die Mitzenheimsche Praxis abgeguckt, strittige Dinge am Ort zu regeln. [...] Wenn unsere heutige Synodaldebatte in die Öffentlichkeit dringt, kann das sehr mißverstanden werden«[100].

Neben Synodalvizepräsident Werner Leich, der in die Eingabe eingeführt hatte, verteidigte sie auch Pfarrer Ludwig Große:

»Beschwerlich ist, daß in den letzten Jahren keine Generalkonvente mehr zustande kamen. Ein Thüringer Pfarrer sagte: Wenn ich von meiner Kirchenleitung etwas hören will, dann muß ich in die Zeitung sehen.« Er dachte vermutlich an die »Neue Zeit«, das Zentralorgan der Ost-CDU.

Nun hob Mitzenheim – in fataler Fehlinterpretation lutherischer Gedanken – zu einer Verteidigungsrede an, obwohl er bestritt, eine solche halten zu

wollen, und stellte sich in eine Reihe mit Luther, Wichern und Bodelschwingh:

»Christen können nicht Gott und dem Mammon dienen, aber Gott und dem Staat. Unsere lutherische Haltung gründet sich auf die Lehre von den beiden Regimenten. Beide
Regimente haben einen verschiedenen Auftrag. Unsere politischen Auffassungen sind
verschieden, aber dem Andersdenkenden darf nicht mit Mißtrauen begegnet werden.
Warum hat die Lutherische Bekenntnisgemeinschaft nicht vor ihrer Eingabe mit mir
gesprochen? Bedauerlich, daß die Angelegenheit nun vor das Plenum der Synode kam.
Wenn Gemeindeglieder unruhig werden, welche Motive stecken dahinter? [...] Meine
anfänglich kritisierten Äußerungen fanden oft hinterher Zustimmung. Warum haben
Alleingänge in einer lutherischen Kirche einen solchen Beigeschmack (Luther, Wichern, Bodelschwingh)? [...] Politische Diakonie ist nicht Deklamation, nicht Akklamation, sondern Proklamation. Althaus sagte 1957: Es kann heute kein absolutes Nein zur
Revolution geben. Der Theol. Studienausschuß des N[ational]K[omitees] des L[uther-
schen]W[elt]B[undes] in der DDR sagte zum Thema ›Christsein in nachchristlicher
Gesellschaft‹: Wir haben zur Gesellschaft weithin kein Verhältnis gefunden. Wir sollten
von der guten Welt Gottes sprechen. Mitmenschen sind Gottes Geschöpfe, auch wenn
sie Atheisten sind. Wir sind frei zur Kooperation. Die soziale Verantwortung hat den
grenzüberschreitenden Impuls der missio Dei. Die Rolle der Gemeinde bleibt vom Wort
bestimmt. Die gesellschaftliche Verantwortung ist eine persönliche Aufgabe. Muß man
wirklich in die Zeitung sehen, wenn man etwas von seiner Kirchenleitung hören will?
Haben wir nicht Amtsblatt, Glaube und Heimat, Rundbriefe des Landesbischofs?«[101]

Nichts belegte deutlicher als Großes Reaktion, daß die Ära Mitzenheim zu
Ende ging[102]. Offenbar unbeeindruckt von den Ausführungen seines Bischofs,
stellte er den Antrag: »Die Synode wolle an den LKR die Bitte richten, vor
politischen Äußerungen möchte das Gespräch mit den Brüdern im gleichen
Amt gesucht werden.«[103]

Im Anschluß an die Konferenz der evangelischen Bischöfe und Kirchenleitungen am 10. Juni 1969 trafen sich die acht Bischöfe noch einmal in Schwerin, um ganz intern wichtige Personalfragen im Zusammenhang mit der
Bundesgründung zu besprechen[104]. Auf einer Fahrt mit dem Motorschiff »Elfriede« über den Schweriner See einigten sie sich auf Bischof Schönherr als
Kirchenbund-Vorsitzenden. Nach einer intensiven Diskussion wollten sie
schließlich Oberkirchenrat Walter Pabst (Berlin)[105] für die Funktion des »Generalsekretärs« des Bundes vorschlagen. Pabst, der durch einen Mittelsmann
daraufhin befragt wurde, erklärte auch sein Einverständnis, das Amt anzutreten. Doch es sollte anders kommen. Stolpe wurde Leiter des Sekretariats des
Bundes, Pabst nur sein Stellvertreter; außerdem übernahm er das Referat
Theologie und ökumenische Fragen.

Hamels Protest gegen die Kirchenbundgründung

Am 29. Juni 1969 richtete Johannes Hamel, Dozent am Katechetischen Oberseminar in Naumburg, einen Brief an die Mitglieder der Kirchenleitung der
Evangelischen Kirche der Kirchenprovinz Sachsen und des Propstkollegiums,
der in kaum überbietbarer Schärfe die Kirchenbundgründung kritisierte:

»Den Weg in den Bund der Ev. Kirchen in der DDR halte ich für eine verhängnisvolle Fehlentscheidung, vergleichbar der Gründung der DEK 1933. Auch sie erfolgte s. Z. in größter Einmütigkeit aller Kirchenparteien und Leitungsgremien. Von den Gründern der DEK erkannten die einen ab 1934 diese Fehlentscheidung[106] und gingen in ganz anderer Richtung voran, die anderen resignierten oder versuchten, die ev. Christenheit organisatorisch und ideologisch zu pervertieren. Für meinen, sicher irrtumsfähigen Eindruck von der heutigen Situation sprechen m. E. folgende Fragen, auf die ich bis jetzt keine Antwort höre:

1. Wie konnte der organisatorische Ersatz für die 1948 proklamierte EKD anders geplant, beschlossen und verwirklicht werden als in *gemeinsamer* Beratung, Beschlußfassung und in *gleichzeitiger* Realisierung von *allen* Gliedkirchen dieser EKD?

2. Wie konnten Planung, Beschlußfassung und Verkündung des Bundes in der DDR erfolgen, ohne daß den Gemeinden darüber Rechenschaft gegeben wurde, inwiefern die Kirchen der DDR zu einem wesentlichen Teil die Erklärung von Fürstenwalde 1967 damit preisgaben? Wie konnte stattdessen – vgl. das von unserer Synode einstimmig beschlossene Begleitwort im April – der Schein erweckt werden, als wenn die Gründung des Bundes nur in Kontinuität mit Fürstenwalde erfolge?

3. Wie konnte – in eben diesem Begleitwort – den Gemeinden die harte Wahrheit nicht in aller Deutlichkeit mitgeteilt werden, daß mit der Gründung dieses Bundes – statt Regionalgliederung der EKD – sich die Kirchen dem Druck und den Drohungen unserer Regierung beugen zu müssen meinten?

4. Wie konnte dieser Bund geplant, beschlossen und verkündet werden, ohne mindestens Pfarrkonvente und Kreissynoden spätestens im Januar umfassend zu informieren mit dem ausgesprochenen Ziel, ihre *vorherige* Stellungnahme zu erfahren, da doch mit dem Bund eine grundsätzliche Entscheidung getroffen worden ist, deren – positive oder negative – Folgen wir alle zu spüren bekommen werden? Was bedeutet denn die Rede von mündiger Gemeinde, wenn bis zum Januarinterview (durch das faktisch die Entscheidung vollzogen war)[107] nicht einmal die Provinzialsynoden über den Plan beraten hatten?

5. Wie konnte Art. 4,4 der Ordnung des Bundes beschlossen werden, ohne *zugleich* rechtliche Präzisierungen betr. der gemeinsamen Arbeit der Kirchen in Ost und West festzulegen, zu beschließen und zu verkünden, während dagegen sowohl der Vorsitzende der Strukturkommission in seinem Januarinterview als auch Herr Bischof D. Mitzenheim mit seinen beiden ersten Mitarbeitern in seinem Maiinterview in der NZ[108] diese aufzunehmende gemeinsame Arbeit auf rein theologisch-kirchliche Fragen ökumenischer Art eingrenzten (der Erstere sogar mit dem Satz: ›Es wird *noch* eine Reihe von Problemen gemeinsam gelöst werden müssen.‹) und die Thüringer Kirchenführer ankündigten, daß Art. 4,4 entweder sogleich auf rein geistlich-theologische Fragen limitiert oder gar abgeändert werden müsse?

6. Wie konnte die mit dem Beschluß über die Unterzeichnung der Ordnung des Bundes durch die Synode gestellte Rechtsfrage, ob es sich um eine Entscheidung mit verfassungsändernder Qualität oder nicht handelte (vgl. GO Art. 144 Abs. 3), auf der Synode in der Schwebe gelassen werden?

7. Wie konnte es von der Konferenz der Kirchenleitungen am 10. Juni ertragen werden, daß sie dem Interview der Thüringer Kirchenführer nur konferenzintern oder in persönlichem Gespräch, nicht aber *öffentlich* (d. h. durch Schreiben an alle Gemeindekirchenräte mit Abkündigungsempfehlung) widersprachen?

8. Wie konnte es ertragen werden – vgl. ena vor einigen Wochen und danach –, daß die Redeweise der halben Wahrheiten, die doch ganze Lügen sind, und der verhüllenden Zweideutigkeiten, die unsere Verkündigung und unseren Auftrag bei den Kindern der Welt diskreditieren und die ev. Christenheit verwirren, seit dem Januarinterview

weiter und weiter gebraucht wird, und zwar nicht mehr nur allein von Herrn Bischof D. Mitzenheim?

9. Wie konnte und kann es ertragen werden, daß die laufenden Verleumdungen und Beschimpfungen unserer kirchenleitenden Brüder im Westen (z. B. Scharf und Beckmann, aber auch andere), erst im Rundfunk und in der Tagespresse, dann in dem Maiinterview der Thüringer Kirchenführer und anschließend dann – von kompetenter kirchlicher Stelle dazu autorisiert, wie es hieß – auch von ena nicht in dem unseren Kirchenleitungen möglichen Maß *öffentlich* zurückgewiesen werden? Wo bekunden unsere *Kirchenleitungen öffentlich* ihre Solidarität mit den angegriffenen Brüdern im Westen?

10. Wie kann es angesichts dieses Tatbestandes verantwortet werden, daß die Kirchen in der DDR sich in einem, die bekannten Zuwendungen von jährlich 30-40 Millionen Mark weit übersteigenden Maß von den Kirchen in der BRD unterhalten lassen, ja sogar weiterhin um diese Hilfe bitten?

Diese Fragen könnten noch fortgesetzt werden betr. des Wortlauts der Ordnung des Bundes und der mit dieser Ordnung gegebenen innerkirchlichen Struktur, betr. der Art und Weise der Beschlußfassung, der m. E. unzureichenden Diskussion auf den Sitzungen der KL über den Bund seit jener Septembersitzung (wo nach $3^1/_2$ Stunden die Grundentscheidung fiel) u. a. m. Ich habe seit September 68 in dem mir gegebenen Maß versucht – vgl. die Beschlüsse des synodalen theologischen Ausschusses vom Febr. 1969 und meine verschiedenen Voten in den letzten Monaten –, diese Fragen zu stellen.

Kirchenleitung und Synode haben sich einmütig bzw. mit ganz großer Mehrheit für den Bund entschieden. Wenn ich an das Verhalten etwa der Württembergischen Kirchenleitung 1934-1945 denke, so habe ich die gute Zuversicht, daß auch unsere Provinzialkirche unter Ihrer Leitung den Weg, der mit dem Communiqué 1958 begann und in diesem Jahr zu einem gewissen Ziel geführt hat, kraft des Evangeliums auch wieder verlassen und die zu erwartenden viel schwereren Entscheidungen in fröhlichem Gehorsam treffen wird. Wo Gottes Wahrheit rein, d. h. nicht mit gespaltener Zunge bezeugt wird, wo auch den Trägern politischer Verantwortung mit dem freien Wort dann widerstanden wird, wenn sie das Recht brechen und Menschen unbarmherzig behandeln, und wo mit Liebe und Entschiedenheit auch den neuen Thüringer Irrlehrern widersprochen wird bis hin zum Bruch nach 2. Johannes V. 10 und 11, dürfen wir gewiß hoffen, daß die Dynamis[109] des Evangeliums sich immer wieder durchsetzt. Ist es doch jedem einzelnen unter uns in seinem Leben so gegangen, daß er immer wieder aus Gnaden auf den rechten Weg heimgeholt worden ist und wird.«[110]

Nicht nur gewichtige kirchliche Kräfte kritisierten die Kirchenbundgründung[111]. Auch die SED war mit dem Ergebnis nicht so zufrieden, daß sie meinte, den neuen Zusammenschluß sofort anerkennen zu können. Am 25. Juli 1969 beschloß das ZK der SED, die Vorlage ihres für Kirchenfragen zuständigen Spitzenfunktionärs Willi Barth zu bestätigen[112]. Danach wurde das »Kompromiß«-Produkt »Kirchenbund« als Fortschritt gewürdigt, insofern eine Trennung von der EKD erfolgt und eine weitere »Differenzierung« der kirchlichen Kräfte eingeleitet worden sei. Dennoch wolle der Staat am »Prinzip der landeskirchlichen Organisationsform« festhalten, da die Trennung der Kirche Berlin-Brandenburgs von West-Berlin und die Trennung der EKU entsprechend der Grenze beider deutschen Staaten noch nicht erfolgt sei. Außerdem forderte man die Präzisierung der in Art. 4,4 der Bundesverfassung proklamierten »besonderen Gemeinschaft« mit der EKD und befürchtete auch, daß die Zentralisierung vorgenommen worden sei, um als »Kirche dem Staat in größerer Geschlossenheit entgegentreten zu können«[113].

Die Bestellung Manfred Stolpes zum Leiter des Kirchenbund-Sekretariats

Zur Vorbereitung der ersten Bundessynode in Potsdam-Hermannswerder im September 1969 vereinbarte das MfS mit Oberkirchenratspräsident Müller, »daß eventuell der IM die op[erative] Technik mitnimmt«[114]. Gerhard Lotz erhielt weitergehende Aufträge, wie aus einem Treffbericht Sgrajas vom 16. Juli 1969 hervorgeht:

»Der IM wird in ›Glaube und Gewissen‹ einen Grundsatzartikel über die Bildung des Bundes schreiben. In diesem Artikel, der noch vor Beginn der Synode erscheint, wird dargelegt, daß die Bildung des Bundes in seiner jetzigen Form der erste Schritt zur voll-kommenen (juristischen, politischen und ideologischen) Trennung von der EKD ist, daß aber noch ungeklärte Fragen bestehen, so der Artikel 4,4, der vollkommen gestrichen werden muß, und das Problem der Ev. Kirche von Berlin-Brandenburg. [...] Der IM wird sich dafür einsetzen, daß Präsident der Synode der OKR Braecklein aus Thüringen wird. Ferner sollen Braecklein u. OKR Heidler in den Vorstand der Konferenz der Kir-chenleitungen kommen. Als Generalsekretär wurde vereinbart, daß es OKR Pabst aus Berlin wird. Pfarrer Saft aus Thüringen soll in eine Kommission gewählt werden. Der IM wird sich dafür einsetzen, daß Vorsitzender des Bundes Schönherr wird. [...] Der IM arbeitet bis September 1969 eine Prognose für das gemeinsame Vorgehen gegen-über dem Bund aus.«[115]

Überraschend ist, daß auch in diesem Bericht von Stolpe – für den nach Infor-mationen des MfS ab Oktober 1969 eigentlich das Amt des Konsistorialpräsi-denten in Berlin-Brandenburg (Ost) vorgesehen war[116] – als möglichem Leiter des Sekretariats noch keine Rede ist. Im Verlauf der nächsten beiden Monate muß es dann zu einem plötzlichen Sinneswandel, sowohl in der Kirche als auch beim Staat, gekommen sein – und zwar nur in bezug auf diese eine Personal-frage. Die Recherche des Bundesbeauftragten vom 31. März 1992 geht davon aus, daß zwischen Dezember 1969 und Juni 1970 der seit langem bestehende IM-Vorlauf abgeschlossen und die Werbung Stolpes zum IM vollzogen wur-de[117]. Aus dem Untersuchungsbericht des Brandenburgischen Landtages geht hervor, daß »Anfang der 60er Jahre«[118] von der Abteilung XX/4 der Bezirks-verwaltung Potsdam ein IM-Vorlauf zu Stolpe angelegt wurde. Die Berufung Manfred Stolpes zum Leiter der »Geschäftsstelle« der östlichen Gliedkirchen erfolgte im Januar 1962[119]. Wahrscheinlich erhielt die MfS-Hauptabteilung XX/4 Mitte Juni 1970 den Vorlauf und legte eine IM-Akte »Sekretär« an. Von Mai 1970 bis Januar 1971 hielt der MfS-Offizier Hans Buhl den Vorgang in Händen, bis Januar 1978 betreute Franz Sgraja den »Sekretär«, danach Klaus Roßberg. Unter Roßberg reüssierte »Sekretär« dann auch vom einfachen IM zum IMV bzw. IMB – also zum Inoffiziellen Mitarbeiter, der Personen bearbei-tete, die »im Verdacht der Feindtätigkeit« standen[120].
Es ist zwar richtig, daß der Leiter des Sekretariats nach der Ordnung des

Bundes nur eine gehobene Verwaltungsfunktion wahrnahm[121], doch auf seiten des Staates schenkte man dieser Funktion während des Planungsprozesses
ebensoviel Aufmerksamkeit wie der Besetzung der Stelle des Kirchenbund-
vorsitzenden. Noch in der SED-Einschätzung der ersten BEK-Synode durch
die Arbeitsgruppe Kirchenfragen im ZK der SED vom 20. Oktober 1969 heißt
es nach einer positiven Würdigung der Wahl von Schönherr und Braecklein
bedauernd.

»Dagegen wurden die Funktionen der stellvertretenden Vorsitzenden und des Leiters
des Sekretariates des Bundes mit Kräften besetzt, die negative oder schwankende Positionen einnehmen. Als Stellvertreter wurden Bischof Noth, Dresden, und Oberkonsistorialrat Juergenson, Görlitz, und als Leiter des Sekretariats des Bundes Oberkonsistorialrat Stolpe gewählt.«[122]

Doch etwa zur gleichen Zeit läßt sich bereits eine veränderte Einstellung
Lotz' gegenüber Stolpe beobachten. Galt ihm der Berliner Konsistorialrat bis
dahin als Mann des »reaktionären« Krummacher, den es zu verhindern galt,
bemühte er sich nun – mit anderen staatsnahen kirchlichen Persönlichkeiten[123] – um eine intensive Förderung des 1969 erst 33jährigen Kirchenjuristen. So riet er Ende August 1970 Bischof Schönherr in einem vertraulichen
Gespräch, um das ihn der Berlin-Brandenburgische Bischof gebeten hatte,
weil er weder beim Staat noch im Kirchenbund selbst den erhofften Durchbruch hatte erzielen können, Folgendes:

»Lotz erklärte, daß die Bildung des Bundes der Evangelischen Kirchen in der DDR und
die bisher vom Bund gegenüber der Öffentlichkeit gegebenen Erklärungen gut gewesen seien, daß jedoch Bischof Schönherr selbst sich bisher in seiner Funktion als Vorsitzender des Bundes zu schwach gezeigt habe. Er habe versäumt, sich genügend Verbündete zu schaffen. Vor allem müsse er darauf Einfluß nehmen, daß sowohl er als auch
sein Sekretär, Oberkonsistorialrat Stolpe, mehr ihrer leitenden Funktion in kirchenpolitischer Hinsicht gerecht werden und nicht nur schlechthin Verwaltungsaufgaben
durchführen und erfüllen.«[124]

Formal nahm Stolpe als Leiter des Sekretariats nur beratend an den KKL-Sit-
zungen teil, tatsächlich aber reichte sein Einfluß in kirchenpolitisch wichtigen
Fragen sehr viel weiter[125]. So kam ihm und seinem Sekretariat bei der Themen-
wahl und bei der Vorbereitung der Bundessynoden eine Schlüsselrolle zu[126].
Von daher war es mehr als ein Zufall, daß im kirchlichen Sprachgebrauch über
Stolpes Amtsbezeichnung von vornherein Verwirrung herrschte: Die offizielle
Mitteilung Ringhandts vom 2. Februar 1970 an den BEK, daß die Kirchenleitung der Evangelischen Kirche in Berlin-Brandenburg nun den Beschluß gefaßt habe, dem Verwalter des Bischofsamtes, Schönherr, »die Anrede *Bischof*
zuzuerkennen«, ist an den »Herrn Generalsekretär Stolpe« gerichtet[127].
  Im Januar 1970 hatte Lotz von seinem Führungsoffizier den Auftrag erhalten, »ein Gespräch mit Oberkonsistorialrat Stolpe zu vereinbaren, um dadurch mit Einfluß auf die Veränderung der Grundordnung [der Landeskirche
Berlin-Brandenburg] zu nehmen.«[128] Das über die Kontakte zum MfS ge-
pflegte Verhältnis zwischen den beiden Kirchenjuristen mußte also inzwi-

schen so gut sein, daß Major Sgraja eine Einflußnahme Lotz' auf Stolpe für durchaus möglich hielt.

Wie sehr der Staat den Leiter des BEK-Sekretariats schätzte und förderte, kam im September 1970 zum Ausdruck. Schönherr und Braecklein, die zum Staatsakt anläßlich des 21jährigen Bestehens der DDR am Abend des 6. Oktober eingeladen waren, an den Feierlichkeiten in der Staatsoper unter den Linden teilzunehmen, mußten »wegen Terminschwierigkeiten« absagen. Als Vertreter für Schönherr schlug der Kirchenbund »Landesbischof D. Noth oder OKR Juergensohn oder Pfarrer Kramer oder OKR Stolpe [vor], der allerdings erst noch versuchen müsse, sich terminlich freizumachen«. Hauptabteilungsleiter Hans Weise vom Staatssekretariat für Kirchenfragen teilte daraufhin Oberkirchenrat Walter Pabst mit, man wolle »gern OKR Stolpe einladen«[129]. Pabst vertrat an diesem Abend Braecklein.

Der Kampf um die staatliche Anerkennung des BEK (1969-1971)

Über den Verlauf der 1. Synode des BEK, die vom 10. bis 14. September 1969 in Potsdam-Hermannswerder tagte, »äußerten die beiden Staatsfunktionäre [Weise und Boje vom Staatssekretariat für Kirchenfragen] ihre Befriedigung«[130], wie Oberkirchenrat Pabst in einem Aktenvermerk festhielt. Besonders sei begrüßt worden, daß die Amtsträger der EKD in der DDR das Ende ihrer Funktion erklärt hätten. »Ref. Boje gab zu erkennen, daß die Staatsorgane auch die Wahl des Pfarrers Kramer, eines Mitglieds des Regionalausschusses der CFK, in den Vorstand der Konferenz mit positivem Interesse zur Kenntnis genommen hatten.«[131]

Nach einem Bericht Quasts fand am 5. Oktober 1969 »ein internes Gespräch zwischen Schönherr und Carl Ordnung statt.«

»Schönherr hatte bei Ordnung telefonisch darum ersucht und erschien kurze Zeit nach dem Telefonanruf bei Ordnung in der Wohnung. Sch. brachte zunächst zum Ausdruck, daß er trotz seiner neuen Funktion weiterhin in der CFK mitarbeiten möchte. Er hätte Befürchtungen gehabt, daß er wegen seiner neuen Funktion als Vorsitzender des Bundes ev. Kirchen in der DDR in der CFK nicht mehr erwünscht sei. Er bat um Verständnis, daß seine weitere Mitarbeit durch d. Belastung bei ihm nicht constant aktiv sein kann. Dann versuchte Schönherr zur Lage in Berlin-Brandenburg Stellung zu nehmen. Auf der nächsten Synode der Landeskirche Berlin-Brandenburg im März 1970 sei eine Abgrenzung zum Westberliner Teil zu erwarten. In der Bischofsfrage könne jedoch keine Lösung getroffen werden. Man könne von ihm nicht erwarten, daß er gegen seinen eigenen Bischof, den er selbst mit gewählt hat, antritt. Er wird sich jedoch dafür einsetzen, die Selbständigkeit der Region in der Landeskirche in der DDR auch nach außen hin sichtbar zu machen.«[132]

Am 25. Oktober 1969 tagte erstmals die neu konstituierte Konferenz der Evangelischen Kirchenleitungen (KKL) des Bundes. Sie beschloß die Bildung von zehn Kommissionen[133] und legte deren Besetzung fest.

Ferner gab Schönherr für den Kirchenbund-Vorstand einen Bericht über dessen Besuch bei Staatssekretär Seigewasser[134] und entwickelte »eine Reihe von Reiseplänen. Er begründete sie damit, daß der Bund in das Bewußtsein der Kirchen gebracht werden müsse«[135]. Eher informell am 9. November und dann offiziell am 18. November 1969 teilte Hans Weise vom Staatssekretariat für Kirchenfragen dem überraschten Oberkirchenrat Pabst mit, daß vor der institutionellen Trennung der Kirche Berlin-Brandenburg und der EKU auch der Kirchenbund nicht als offizieller Gesprächspartner des Staates anerkannt werden könne. Er möge bei der Wahl seiner Briefköpfe diesen Sachverhalt berücksichtigen[136]. Ende März 1970 vereinbarten die Vertreter der DDR-Landeskirchen bei einer »Besprechung betr. Nomenklatur«, durch verfassungsändernde Kirchengesetze ihre Mitgliedschaft in der EKD zu tilgen[137].

Aus Anlaß einer Beratung mit dem Staatsamt für Kirchenfragen der ČSSR Anfang Februar 1970 in Prag informierte Willi Barth seine tschechischen Genossen über die erfolgte Kirchenbundgründung. Darin heißt es:

»Die Bildung dieses Kirchenbundes steht im engsten Zusammenhang mit unserem Kampf um die Zurückweisung der Bonner Alleinvertretungsanmaßung. [...] Es gab eine Reihe Ursachen, die 1968/69 die Diskussion und die innerkirchliche Auseinandersetzung um eine kirchenorganisatorische und -rechtliche Trennung von den westlichen Kirchen in Gang brachten. Das war *erstens* die wachsende Stärke, Stabilität und internationale Anerkennung der DDR. Das war *zweitens* die Aufnahme der sozialistischen Verfassung der DDR durch die überwältigende Mehrheit der Bürger der DDR, einschließlich der Christen. [...] Die positiven Kräfte in den Evangelischen Kirchen der DDR drängten nach der Annahme der sozialistischen Verfassung auf die Trennung von den westdeutschen Kirchen und die Schaffung eines selbständigen Kirchenbundes in der DDR.«[138]

Barth erwähnte im Kreise der Genossen auch, »was wir offiziell nicht sagen, aber was wir sehen«[139], nämlich, daß mit der Bundesgründung die inhaltliche und ökonomische Zusammenarbeit mit dem Westen nicht aufhöre und »reaktionäre Kräfte« sich von dem Zusammenschluß die Möglichkeit einer effektiveren Opposition gegen die sozialistische Entwicklung erhofften. Daher praktiziere die SED weiterhin die »strategische Linie«[140], alle Staat-Kirche-Verhandlungen mit den einzelnen Landeskirchen zu führen. Im Blick auf die ökumenischen Beziehungen akzeptiere man allerdings eine Vertretung des Bundes, um die EKD hier nicht als Dachorganisation auch der DDR-Landeskirchen fungieren zu lassen.

Um dem Ziel einer Anerkennung näher zu kommen, bemühten sich die Repräsentanten des Kirchenbundes um positive Signale an den SED-Staat und intensivierten auch das Gespräch mit der Ost-CDU wieder[141]. So fragte Quast den Ökumene-Referenten Pabst in einem Gespräch »unter vier Augen, [...] ob die DDR-Kirchen behilflich sein könnten bei der Aufnahme der DDR in UNO-Gremien«[142]; der Kirchenmann zeigte Bereitschaft, für seinen Staat die Initiative zu ergreifen. Zum Verhältnis Ost-CDU – Kirche sagte Pabst beim Festempfang anläßlich der 25. Wiederkehr des Gründungstages der CDU am 26. Juni 1970 in Berlin:

»Es ist klar, daß unsere Stellungnahmen aus verschiedenen Aspekten ergehen: Sie äußern sich als politische Partei, wir aber als christliche Kirche. Doch über solche Unterschiedlichkeit dürfen wir keinesfalls aus dem Auge verlieren, was uns als Christen miteinander verbindet, nämlich der Geist der Humanität, in dem wir für das Wohl unserer Bürger eintreten. Wir hoffen, durch die Arbeit unseres noch jungen Kirchenbundes in wachsendem Maße eine Hilfe geben zu können für die Bewährung unserer Gemeindeglieder im aktiven Einsatz an den uns gemeinsam gestellten gesellschaftlichen Aufgaben. Bei ihren Bemühungen um Frieden und soziale Gerechtigkeit kann die CDU jederzeit der Unterstützung unserer Kirche gewiß sein.«[143]

Der Wortlaut des Grußwortes war mit Stolpe abgestimmt worden, der darauf bestanden hatte, daß »vor den zu erwartenden staatlichen und gesellschaftlichen Vertretern vom Bund die Rede sein sollte«[144].

Mitte Juni 1970 teilte Seigewasser dem BEK-Vorsitzenden Schönherr in einem Gespräch, um das dieser nachgesucht hatte, mit, daß »das offizielle Verhältnis des Staates zum Bund [...] noch nicht endgültig geklärt« sei. »Die EKU und Berlin-Brandenburg hätten die notwendigen Entscheidungen nicht getroffen, und es gäbe Versuche, über Artikel 4 (4) der Bundesordnung den Bund umzudeuten. Sehr massiv seien die Ausführungen von D. Fränkel und D. Hamel gewesen. Sie stünden im Kontext zu den Entscheidungen der Stuttgarter EKD-Synode[145], den Namen EKD zu belassen«[146].

Gegen Fränkels und Hamels Ausführungen auf der ersten Tagung der 4. Synode der EKU Ende Mai 1970 hatten nicht nur der DDR-Staatssekretär für Kirchenfragen und die SED Einwände[147]; auch einige Synodale schienen mit den Darlegungen ihrer Spitzentheologen nicht recht zufrieden zu sein.

»In der Plenardebatte«, so berichtete Lewek, »wurde der Bericht [Fränkels] als eine große, auch theologische Leistung gewürdigt. Dabei wurde jedoch mehrfach, auch von Ratsmitgliedern, betont, daß es der Bericht des Ratsvorsitzenden, der von ihm allein verantwortet werde, aber nicht ein Ratsbericht sei. Widerspruch entzündete sich insbesondere an der von Fränkel entwickelten Ekklesiologie und den daraus von ihm gezogenen Schlußfolgerungen für die Einheit der EKU in der DDR und BRD. Im sachlichen Zusammenhang mit dem Bericht des Ratsvorsitzenden stand eine Vorlage des Öffentlichkeitsausschusses, die von Dozent Dr. Hamel [...] eingebracht wurde. [...] In geschlossener Sitzung wurde der Synode am 24.5. mitgeteilt, daß der Stellvertreter für Inneres beim Rat des Bezirks die Mitglieder des Präsidiums der Synode davon informiert habe, daß in der Einbringung der Vorlage der Versuch erblickt werde, die Synode zu einer einseitig gegen die DDR gerichteten positiven Stellungnahme zu veranlassen, und daß eine Weiterverbreitung dieses Papiers in der kirchlichen Öffentlichkeit nicht erfolgen darf.«[148]

Heidler betonte in seinem Grußwort für die VELK DDR, daß weder seine lutherische Kirche noch die EKU etwas Endgültiges darstellten. »Beide müssen sich selbst aufgeben und in den Bund der Evangelischen Kirchen integrieren, der dann Kirche wird. Die VELK DDR ist dazu bereit.«[149] Diese Bereitschaft schlug sich bald auch in einem »vertraulichen Bericht« Zeddies' »über den Stand des Lehrgesprächs in der DDR« vom 12. März 1971 nieder[150]. Die aus Lutheranern und Unierten gemischt besetzte Kommission sollte »durch eine richtungweisende Beschreibung der Grundlagen der Verkündigung die Voraussetzungen für die Kirchengemeinschaft der im Bund Evangelischer Kirchen zusammengeschlossenen Landeskirchen [...] schaffen.« Der Lutheraner

Zeddies mußte in seinem Bericht zwar konstatieren, daß es bisher zu keiner ausreichenden Verständigung gekommen sei, führte die Differenzen aber auf »nichttheologische‹ Faktoren« zurück.

Bei einer innerkirchlichen Informationsbesprechung Ende Mai 1970 zur Vorbereitung der 2. Tagung der Bundessynode in Potsdam äußerte Braecklein im Zusammenhang mit einer Diskussion über die EKU, der SED sei »alles willkommen, was Akkreditierung des Bundes aufhält«[151]. Natho berichtete über »latenten Widerstand gegen Bund in Gemeinden, geschürt vom Westfernsehen: Spaltung, Abtrennung. Das waren Männer der Kirche, die müssen von uns informiert werden. Was geschieht hier? Wie steht es mit Anerkennung durch Staat?«[152] Man vereinbarte, die »EKU-Problematik aus Potsdam heraushalten«[153] zu wollen. Bei einer anderen Informationsbesprechung in Vorbereitung der Bundessynode mit Synodalen und ihren Stellvertretern in Karl-Marx-Stadt (Chemnitz) wurde unter anderem die Frage erörtert: »Sollte die Synode bei ihrer nächsten Tagung nicht ein Wort an die Gemeinden richten, um den Eindruck zu zerstreuen, die Gründung des Bundes sei lediglich eine Kapitulation vor staatlichen Forderungen gewesen?«[154]

Der Staat war von der 2. Tagung der BEK-Synode Ende Juni 1970 enttäuscht, da die Lösung dringlicher Probleme zugunsten prognostischer Überlegungen verschoben worden sei und man die zweideutige Formel von der »besonderen geistlichen Gemeinschaft« nicht eindeutig interpretiert habe. Immerhin wurde die Erklärung gegen westdeutsche Einmischungsversuche begrüßt und hervorgehoben, daß sich für sie »besonders Pfarrer Natho und Pfarrer Günther eingesetzt« hätten[155].

In fein gedrechselten Wendungen wußte sich Stolpe in dieser Zeit die Zuneigung der kirchenleitenden Persönlichkeiten in der DDR zu erwerben. Zur Wahl Nathos zum Kirchenpräsidenten schrieb er diesem unter anderem:

»Mit Ihnen übernimmt erstmalig ein Mann der jüngeren Generation ein leitendes Amt, einer, der nicht mehr so stark durch den Kirchenkampf in der NS-Zeit geprägt ist, dafür aber um so mehr die Fragen der Jugend heute kennt. So erhoffen wir von Ihnen sehr viel.«[156]

Gleichzeitig gab er aber auch zu erkennen, daß er von den Problemen des Hoffnungsträgers wohl wußte:

»Möchten Sie auch in der Gemeinschaft Ihres Landeskirchenrates bald eine gute Position gewinnen und so dazu beitragen, daß die gewissen Schatten, die bei der Neuwahl des Landeskirchenrates aufgetreten sind, bald weichen.«[157]

Natho hatte von vornherein mit dem Problem zu kämpfen, daß die SED ihn für einen der ihren hielt und im Raum der Kirche so mancher unter seiner Offenheit dem Regime gegenüber litt. Mit Stolpes Hilfe ließ er darum ein Dementi gegenüber der »Neuen Zeit« in KKL-Kreisen verbreiten und versicherte gleichzeitig dem BEK-»Sekretär«, den ihm in den Mund gelegten Satz, für ihn sei »der Sozialismus die humanistischste Gesellschaftsordnung«, habe er nie gebraucht[158].

In den ersten Jahren seines Bestehens hatte der Kirchenbund nicht nur we-

gen der staatlichen Nichtanerkennung einen schweren Stand. Auch die innerkirchliche Opposition gegen das über Nacht entstandene, von Traditionen
kaum berührte Zentralgebilde war beträchtlich. Während der »Informations-
tagungen« mit Synodalen vor den Bundessynoden mußten die Befürworter
des BEK heftiger Kritik standhalten. Neben der Befürchtung, es sollten »Su-
perstrukturen« aufgebaut werden, »ein Wasserkopf in Berlin«[159], spielte auch
der Anspruch des Bundes, nicht nur »Koordinierung des Bestehenden« leisten
zu wollen, sondern auch »gemeinsam nach *neuen* Wegen zu suchen«, eine
wichtige Rolle[160]. »Die Stimmung der Synodalen«, heißt es in einem Vermerk
von Zeddies und Grengel, »war kühl, distanziert oder lau. Einige gaben ihrem
Unmut darüber Ausdruck, daß sie so wenig Möglichkeiten haben, bei der
Wahl des Themas der Synode mitzubestimmen.«[161] Dem weniger durch die
Synoden als durch die Berliner Spitze geprägten Kirchenbund wohnte ein die
ekklesialen Strukturen und Inhalte veränderndes Prinzip inne, gegen das Repräsentanten der alten Landeskirchen noch einige Zeit opponieren sollten.
Erst nach etwa drei Jahren trat ein gewisser Gewöhnungsprozeß ein; die Ra-
dikalkritik an dem Kirchenbund und seiner Arbeit ebbte danach deutlich ab.

Nach eineinhalb Jahren kirchlichen Wartens und Werbens war es endlich
auch im Blick auf die DDR-Regierung soweit: Der SED-Staat bequemte sich
zur offiziellen Anerkennung des Kirchenbundes – letztlich, weil Schönherr
und Stolpe am 3. November 1970 glaubwürdig erklärt hatten, eine völlige
Anerkennung durch die Ökumene setze die staatliche Anerkennung voraus[162]. Das Terminangebot – 24. Februar 1971 – für ein Gespräch beim Staatssekretär für Kirchenfragen kam für den Bund dennoch völlig überraschend.

Hinter den Kulissen hatte sich freilich schon seit Ende Oktober 1970 eine
Veränderung der SED-Kirchenpolitik angebahnt. In einer Rede vor den für
die staatliche Kirchenpolitik Verantwortlichen am 30. Oktober 1970 hatte
Paul Verner das ideologische Terrain abgesteckt und in diesem Rahmen Mög-
lichkeiten einer neuen kirchenpolitischen Initiative des Staates aufgezeigt.
Darin heißt es:

»In unserer Auseinandersetzung mit der imperialistischen Ideologie kommt es nicht
zuletzt darauf an, das imperialistische Klassenwesen der mit Friedens- und Verständi-
gungsphrasen und mit nationalistischer Demagogie getarnten Ideologie des Sozialdemokratismus aufzudecken. Gewisse historisch bedingte politisch-geistige Verwandt-
schaft zwischen Sozialdemokratismus und Protestantismus und bestimmte Verbindungen bewirken, daß die Ideologie des Sozialdemokratismus und besonders die von den
rechten Sozialdemokraten aufgegriffene imperialistische Konvergenztheorie bei kirchlichen Amtsträgern Einfluß und Anhängerschaft findet. Dieser Einfluß zeigt sich in
kirchlichen Verwaltungen, Dokumenten und Materialien. Eine Reihe von Denkschriften und Materialien, die zum Teil unter Beteiligung von Kirchenvertretern aus der
DDR entstanden, reden eindeutig der Konvergenz das Wort und sollen Schrittmacher-
dienste für die Ostpolitik der SPD leisten. Dazu gehören solche kirchlichen Dokumente
wie die sogenannte ›Vertriebenendenkschrift‹ (1965) und die Studie ›Friedensaufgaben
der Deutschen‹ (1968), die von der Kammer der EKD für öffentliche Verantwortung
herausgegeben wurden.[163] Ein neues Pamphlet ist die ›Vorlage des Öffentlichkeitsausschusses der EKU‹, die auf der diesjährigen EKU-Synode in Magdeburg von Herrn Hamel vorgetragen wurde. Die Grundtendenz solcher kirchlichen Dokumente besteht, wie

bei der sozialdemokratischen Ostpolitik, in der Absicht, die DDR ideologisch zu unterwandern, ihre politischen und gesellschaftlichen Verhältnisse zu verändern und die Einheit der sozialistischen Staatengemeinschaft aufzubrechen. [...] Der Prozeß der Verselbständigung der Kirchen in der DDR hat auch günstige Möglichkeiten geschaffen, den Kirchen sozialistischer Staaten in den Weltkirchenorganisationen größere Unterstützung bei der Zurückdrängung reaktionärer Kräfte und Initiativen zu geben. Das insgesamt positive Auftreten der Delegierten der lutherischen Kirchen der DDR auf der 5. Vollversammlung des Lutherischen Weltbundes in Evian/Frankreich deutet auf diese Möglichkeit hin. In Evian hatten die Vertreter der DDR-Kirchen zusammen mit Geistlichen anderer sozialistischer Staaten Resolutionen und Erklärungen für die Durchführung einer europäischen Sicherheitskonferenz und für die Aufnahme der DDR und der BRD in die UNO erwirkt. [...] Nachdem bestimmte Schritte der Neuorientierung in Organisationsfragen gegangen wurden, rückt nunmehr die Neuorientierung in inhaltlichen Fragen der gesellschaftlichen Existenz der Kirchen in den Vordergrund. Das heißt, die Kirchen und Religionsgemeinschaften in der DDR stehen vor der Aufgabe, ihre Stellung zum Sozialismus neu zu durchdenken [...] Wir sind von der Richtigkeit des von Marx und Engels vorausgesagten Absterbens der Religion überzeugt, verschließen aber nicht die Augen vor der realen Lage, daß es unter den Bedingungen der sozialistischen Gesellschaft noch religiösen Glauben und Institutionen auf lange Zeit gibt und daß die Kirche noch ein bestimmter gesellschaftlicher Faktor ist. [...] Ein geregeltes Verhältnis zwischen unserem sozialistischen Staat und den Kirchen, der Übergang kirchlicher Amtsträger von früher abwartenden, skeptischen oder gar antisozialistischen auf unsere Gesellschaft bejahende Positionen kann selbstverständlich nicht als eine beiderseitige Zurücknahme ideologisch-weltanschaulicher Prinzipien oder – was auf dasselbe hinausläuft – als Harmonisierung im weltanschaulichen Bereich verstanden werden. Der Gegensatz zwischen Marxismus-Leninismus und Christentum in Fragen der Weltanschauung, insbesondere der Anthropologie, der Moral und Ethik ist unüberbrückbar. Wir machen es den Christen nicht zur Bedingung, daß sie ihre religiöse Überzeugung aufgeben, um vertrauensvoll mit uns Marxisten zusammenzuarbeiten. Niemand kann auch von uns erwarten, daß wir auf die Verbreitung unserer wissenschaftlichen Weltanschauung verzichten. Sich die wissenschaftliche Gesellschaftstheorie des Marxismus-Leninismus weltanschauungsfrei – gewissermaßen als reine Wissenschaft – vorzustellen, ist unreal und läuft auf die alte Forderung nach Trennung von Wissenschaft und Weltanschauung hinaus. Die Geschichte des gemeinsamen Kampfes von Marxisten und Christen gegen Imperialismus, Faschismus und Krieg, für Frieden, Demokratie und Sozialismus hat bewiesen, daß die existierenden Gegensätze in weltanschaulichen Fragen kein Hinderungsgrund im Kampf für die gemeinsamen Lebensinteressen darstellen. Unsere Erfahrungen bestätigen, daß gegenseitiges Vertrauen, gegenseitige Achtung und gemeinsames Handeln gerade deshalb zu großen Erfolgen geführt haben, weil unsere Partei in weltanschaulichen Fragen keine Konzessionen gemacht hat. Das Hochspielen wie das Verwischen der nicht zu überbrückenden weltanschaulichen Gegensätze zwischen Marxisten und Christen hat – dafür kennt die Geschichte genügend Beispiele – immer den Feinden des Friedens und des gesellschaftlichen Fortschritts genützt. Überlegungen über den Platz der Kirche im Sozialismus sollten davon ausgehen, daß der sozialistische Staat die Religionsausübung verfassungsmäßig schützt, die Glaubens- und Gewissensfreiheit gewährleistet und es damit auch ernst meint. Eines muß jedoch klar sein: Im Gegensatz zu früheren Gesellschaftsformationen ist im Sozialismus kein Platz für eine privilegierte Stellung der Kirche [...] Völlig unbegründet und abwegig ist das Festhalten mancher Amtsträger am sogenannten Wächteramt der Kirche über die Gesellschaft. Dieses Wächteramt enthält die anmaßende Prämisse, daß die Kirche im Besitz einer höheren Einsicht, einer absoluteren Wahrheit, einer vollkommeneren Gerechtigkeit, einer umfassenderen Freiheit sei. [...] Die Kirchen der DDR werden uns eines Tages dankbar sein, daß wir sie unterstützt haben, sich aus der organisatorischen Verklammerung mit der westdeutschen Militärkirche zu befreien. [...] Die Kirche wird in dem Maße, in dem sie ihr Verhältnis zum Sozialismus eindeutig und in positiver Weise gestaltet, nicht mehr der Gefahr ausgesetzt sein, im Widerspruch zu vielen ihrer Anhänger zu stehen, die als Bürger ihres Staates sich dem Sozialismus verbunden fühlen und alles zu seiner Stärkung tun. Die Kirche gewinnt endgültig die Freiheit, in keiner Weise dem politischen Mißbrauch ihres Auftrages, der politischen und ideologischen Manipulierung ausgesetzt zu sein.«[164]

Diese nichtöffentliche programmatische Rede, die auch deutliche Anknüpfungspunkte für Elemente einer Theologie der »Zeugnis- und Dienstgemeinschaft« bot, bildete die Grundlage für Paul Verners Grundsatzrede vor dem Präsidium des Hauptvorstandes der Ost-CDU am 8. Februar 1971. Hier erklärte er, eine sozialistische Überprägung der christlichen Lehre habe es »bisher nicht gegeben« und werde »es auch in Zukunft nicht geben«[165]. Zu dieser Veranstaltung waren auch Persönlichkeiten aus dem Kirchenbund eingeladen gewesen. Doch der KKL-Vorstand hatte sich gegen eine Teilnahme entschieden:

»Der Einladung soll jetzt nicht gefolgt werden. Dabei ist in geeigneter Weise weiterzugeben, daß der Referent Paul Verner weder persönlich noch in seiner Funktion Anlaß oder Ursache solcher Absagen ist. Sollte sich in den nächsten Tagen eine Einladung an den Vorstand insgesamt ergeben, würde ein Referent, z. B. Borgmann, der Einladung folgen können. Eine Teilnahme von Stolpe oder Pabst erscheint nicht sinnvoll.«[166]

Drei Tage nach der Verner-Rede lud Abteilungsleiter Hans Wilke im Namen des Staatssekretärs für Kirchenfragen den KKL-Vorstand auf den 24. Februar zu einem offiziellen Gespräch in die Hermann-Matern-Straße ein[167]. »Die Regierung sei der Auffassung, daß nunmehr die Zeit für eine offizielle Begegnung reif sei.«[168] Stolpe nahm das Gesprächsangebot »erfreut« entgegen, machte aber Einwände wegen des kurzfristigen Termins. Daraufhin bot Wilke am 16. Februar als Ausweichtermin den 5. März an.

Hans Wilke arbeitete – wie die meisten in der Hermann-Matern-Straße – nicht nur für die Behörde des Staatssekretärs. Als GHI »Horst« war er auch für die Hauptabteilung XX/4 des MfS tätig[169]. Anfang der 50er Jahre hatte er sich im »Christlichen Verein Junger Männer« (CVJM) und in der »Evangelischen Studentengemeinde« (ESG) engagiert. Da er im Prozeß gegen die Studentenmission zu deren Gunsten aussagte, betrachteten ihn kirchliche Kreise als ihren Mann. 1954 unterschrieb er zwei Verpflichtungserklärungen für das MfS. Sein vorrangiges Einsatzfeld waren CVJM und ESG. Dafür erhielt er 50,– DM West pro Monat Unterstützung. »Auf der Linie des CVJM« in West-Berlin erwies er sich als so tüchtig, daß das MfS ihm zwei »Geheime Informanten« unterstellte. Vor seiner Einstellung als Referent in die Behörde des Staatssekretärs 1958 ließ er sich von Pfarrer Rudolf Schade und Propst Heinrich Grüber seelsorgerlich beraten.[170] Wilke zeigte den beiden Geistlichen das Stellenangebot und wurde besorgt gefragt, ob er der »seelischen Belastung« gewachsen sei, als bekennender Christ an dieser Stelle für den atheistischen Staat zu arbeiten. Andererseits rieten ihm die beiden Kirchenmänner auch zu, die Stelle anzutreten, weil sie sich davon natürlich eine Unterstützung der kirchlichen Position erhofften. Wilke hielt auch in der neuen Funktion engen Kontakt zu Pfarrer Rudolf Schade, der Generalsuperintendent Fritz Führ zuarbeitete und als persönlicher Vertrauter von Präses Kurt Scharf galt. Im Auftrag des MfS knüpfte er weitere »operative Verbindungen« zu kirchlichen Persönlichkeiten, die bis heute im Berliner Raum tätig sind. Das MfS war so zufrieden mit Wilkes Arbeit, daß es ihn laufend belobigte. Seine geheimdienstliche Tätigkeit füllt viele Bände. Auch zu Oberkonsistorialrat Manfred Stolpe baute Wilke persönliche Beziehungen auf, wie sein Besuch mit Ehefrau im Hause Stolpe am 6. Juni 1981 zeigt[171].

Der Multifunktionär Wilke also hatte den Leiter des Sekretariats am 8. Februar 1971 nicht darüber im Zweifel gelassen, welche Erwartungen der Staat mit dem von ihm anberaumten Gesprächstermin nur vierzehn Tage später verband.

»Der Staatssekretär [...] erwartet, daß seitens des Vorstandes eine grundsätzliche Erklärung zum Verständnis des Bundes in der sozialistischen DDR erfolgt. [...] Gleichzeitig bat er [Stolpe] darum, daß in der nächsten Woche zwischen unserer Dienststelle und ihm eine persönliche Abstimmung darüber erfolgen solle, was von seiten des Bundes vorgetragen werden würde. Es wurde ihm entgegnet, daß es im beiderseitigen Interesse liege, bei diesem 1. Gespräch positive politische Ergebnisse zu erreichen und im Anschluß daran eine entsprechende gemeinsame Pressemitteilung zu verfassen.«[172]

Tags darauf interpretierte Wilke dem Ökumene-Referenten Pabst die Verner-Rede. Der ZK-Sekretär habe »die Verpreußung der Kirchen ab[ge]lehnt und eine alsbaldige Standortbestimmung in der sozialistischen Gesellschaft [ge]fordert.«[173] Pabst teilte mit, daß OKR Stolpe große Schwierigkeiten sähe, bis zum 24. Februar eine »gutdurchdachte kirchliche Verlautbarung für das Gespräch beim Staatssekretär zustande zu bekommen«[174]. Wilke nannte Pabst die kirchlichen Verlautbarungen der letzten Zeit, auf die sich der Bund bei seiner Erklärung stützen könne – die ökumenischen Aktivitäten, die 2. Bundessynode, die wegweisenden Worte Schönherrs Weihnachten 1970, das Anti-Rassismus-Dokument etc. – und fügte leicht drohend hinzu: »Es wäre anzuraten, sich wirklich zu bemühen, im Verlaufe der nächsten Woche, wie auch mit OKR Stolpe besprochen, entsprechende Materialien vorzubereiten. Der Termin 24. Februar sollte möglichst gehalten werden.«[175] Pabst sagte zu, »in dieser Hinsicht noch einmal seinen Einfluß geltend zu machen.«[176]

Was der SED-Staat genau von der Kirche wollte, geht aus Wilkes Entwurf einer Gesprächskonzeption für Seigewasser hervor:

»Es liegt im Interesse aller Bürger des sozialistischen Staatsvolkes unserer Republik und auch im wohlverstandenen Interesse der Christen in der DDR, wenn sich die führenden Repräsentanten der Kirchen offen für eine Europäische Sicherheitskonferenz, die Aufnahme der DDR und der BRD in die UNO und für die völkerrechtliche Anerkennung der DDR einsetzen [...] Kirchen und vor allem ein solcher Zusammenschluß wie der ›Bund der ev. Kirchen in der DDR‹, die die humanistischen Ziele und die Friedenspolitik des sozialistischen Staates bewußt unterstützen mit ihrem Handeln, besonders auch im Raum der Ökumene, sein Ansehen stärken helfen werden, dazu beitragen, daß ihnen der Staat als politisches Organ der Arbeiter-und-Bauern-Macht größeres

Vertrauen entgegenbringt. Das kann sich fruchtbar darauf auswirken, Sachfragen zwischen dem Staat und den Kirchen zu klären.«[177]
Auf seiten der Kirchen setzte nun eine hektische Betriebsamkeit ein. Am 18. Februar unterrichtete Stolpe seinen Ansprechpartner Wilke davon, »daß er mit Bischof Schönherr zu einer einheitlichen Auffassung darüber gekommen sei, was am 24.2. beim Staatssekretär vorgetragen werden soll«[178]. Detailliert schilderte der Kirchenbund-Sekretär Struktur und Inhalt der geplanten Erklärung. Wilke war mit Stolpes Plänen sehr zufrieden:

»Dabei soll zum Ausdruck kommen, daß die Verfassung und das Referat des Gen. Verner eine klare Linie geben. Sie halten viele Regelungen in bezug auf Bausoldaten, EOS [Erweiterte Oberschule], Zulassung zu Hochschulen und der Veranstaltungsordnung [sic!] als angemessene Regelungen entsprechend der garantierten Gewissens- und Glaubensfreiheit. Sie wollen einige Einzelfragen nennen, aber mit der gerade genannten positiven Position schließen.«[179]

Stolpe ließ seinen Gesprächspartner auch wissen, mit welchen Schwierigkeiten er und Schönherr in den eigenen Reihen zu kämpfen hatten.

»Stolpe und Schönherr sind mit ihrer Konzeption gegenwärtig einem ziemlichen Druck der reaktionären Kräfte ausgesetzt, die vermutlich versuchen werden, bei dem Gespräch mit dem Staatssekretär die Situation zu verschärfen. Aus diesem Grund wird am Sonnabend, d. 20.2., eine Sonderkonferenz der Konferenz der Kirchenleitungen in der DDR einberufen. Dabei soll versucht werden, die hier vorgetragene Konzeption bestätigen zu lassen. Schönherr will vermeiden, daß er sich isoliert [...] Es wurde vereinbart, daß OKR Stolpe für einen absoluten Veröffentlichungsstopp der Kirchen bis zu Beginn des Gesprächs Sorge zu tragen hat. OKR Stolpe ist bereit, sich am Sonntag [...] mit Koll. Dr. Wilke zusammenzusetzen, um eine Auswertung des Gesprächs der Konferenz der Kirchenleitungen vorzunehmen und notwendige Festlegungen weiterzuführen.«[180]

Einen Tag nach dem Treffen Stolpes mit Wilke fand im Konspirativen Objekt »Wendenschloß« eine zweistündige Unterredung zwischen IM »Sekretär« und dem MfS-Offizier Franz Sgraja statt[181].
Schönherr hatte gleich am 11. Februar für Samstag, den 20. Februar 1971, eine außerordentliche KKL-Sitzung einberufen und sich dafür sofort die Kritik des provinzsächsischen Bischofs Werner Krusche eingehandelt.

»Er erhob den Vorwurf, viel zu schnell auf den Terminvorschlag des Staatssekretärs eingegangen zu sein. Es wären genug Gründe für ein Verschieben bzw. Hinausschieben des Gesprächs vorhanden gewesen. Krusche verwies in diesem Zusammenhang auf die Abwesenheit von Bischof Noth (Rentnerreise nach WD) u. auf die Erkrankung Bischof Braeckleins. Er brachte des weiteren zum Ausdruck, daß der Bund viel zu lange vom Staat ignoriert worden sei. Jetzt, wo es offenbar der Staat eilig hat, sollte man die Taktik umdrehen.«[182]

Da zunächst Krusche wenig Unterstützung fand, nutzte Schönherr den entstandenen Freiraum, um den Entwurf seiner geplanten Erklärung gegenüber dem Staatssekretär zu verlesen und zur Diskussion zu stellen. Krusche, Ringhandt, Fränkel und Predigerseminarsdirektor Heino Falcke kritisierten an Schönherrs Entwurf, daß er zu staatsbejahend und positiv sei. Sie vermißten das offene Ansprechen von »Erschwernissen« und »Behinderungen« der kirchlichen Arbeit durch staatliche Stellen und stellten den Antrag zur Bildung eines Formulierungsausschusses. Lotz rettete die Situation. Er wies nicht nur die ihm angetragene Mitarbeit in einem solchen Ausschuß zurück, sondern sprach sich auch gegen dessen Einsetzung überhaupt aus. Der Schönherrsche Entwurf sei »ausgezeichnet«, und inhaltliche Veränderungen könnten ihn »nur verschlechtern«[183]. Auch Schönherr lehnte Abänderungsvorschläge rundweg ab, »verteidigte in sehr entschiedener Form seine Ausarbeitung und wandte sich dabei besonders gegen Bischof Krusche. Schönherr führte u. a. aus, daß er sich nicht auf einen Schleudersitz setzen wolle u. nicht daran denke, die sich jetzt langsam öffnende Tür wieder zuzuschlagen«[184].

Doch die Kritiker ließen sich so nicht abspeisen. Abschnitt für Abschnitt wurde die Erklärung verlesen, entsprechende Korrekturvorschläge vorgebracht und schriftlich festgehalten. Der Vorstand erhielt den Auftrag, auf dieser Grundlage den endgültigen Entwurf zu formulieren. Krusche stellte die Frage, inwieweit er für die Endfassung mitverantwortlich sei, und brachte damit seine nach wie vor bestehenden Vorbehalte zum Ausdruck.

Auf die Frage von Lotz' Führungsoffizier Roßberg, warum sich der Dessauer Kirchenpräsident Natho in der Diskussion so auffällig zurückgehalten habe, erläuterte der Thüringer Oberkirchenrat, »daß auf der Bischofsrüste in Bad Saarow [...] Natho unter Druck gesetzt u. massiv beeinflußt wurde, nicht offen pos[itiv] in Erscheinung zu treten«[185].

Am Sonntagnachmittag darauf berichtete Stolpe dem Staatsfunktionär Wilke über die turbulente KKL-Sitzung des Vortages. Er nannte zwar keine Namen, beschrieb ihm aber auf Nachfragen recht präzise die Oppositionsgruppe.

»Auf Befragen gab Stolpe zu, daß es die um die EKU-Leitung gruppierten negativen Kräfte waren, [die] darauf hinwiesen, daß die DDR mit diesem Gespräch eine ›Gleichschaltung‹ der Kirchen in der DDR mit dem Sozialismus erreichen wolle. Man habe große Sorgen um den Weg der Kirchen in der DDR und wolle mit internen Handreichungen und Memoranden einen Standpunkt dagegen formulieren und in die Diskussion bringen. [...] Nach dem Vortrag der Konzeption für die Rede des Vorsitzenden durch Bischof Schönherr habe es eine umfassende Diskussion gegeben. [...] Man habe prinzipiell diskutiert, wie man unter den Bedingungen der DDR denn ›Römer 13‹ zu verstehen habe.«[186]

Eine endgültige Abstimmung der Formulierungen könne erst am Vorabend der Begegnung vorgenommen werden, da Bischof Noth noch nicht wieder in der DDR sei. »Es sei aber zu vermuten«, so Stolpe dem Wilke-Bericht zufolge, »daß es keine wesentlichen Änderungen geben wird. Sollte das doch passieren, wird OKR Stolpe Dr. Wilke am Dienstag abend oder Mittwoch früh sofort unterrichten«[187].

Es passierte nicht mehr viel, wie ein Vergleich der genauen inhaltlichen Mitteilungen Stolpes an Wilke mit dem Endprodukt, der Schönherrschen Erklärung vom 24. Februar, ergibt.

Was dem Staatsfunktionär wichtig war, hielt er im Protokoll – entsprechend dem Aufbau der kirchlichen Ansprache – in sieben Punkten fest:

»1. Es soll das Selbstverständnis des Bundes in formaler Hinsicht dargelegt werden. Der

Bund sei keine Superinstitution, sondern befürworte das föderalistische Prinzip. Seine Tätigkeit wird entsprechend organisiert werden.
2. Es wird die Selbständigkeit des Bundes als ›Zeugnis- und Dienstgemeinschaft‹ noch einmal formuliert werden. Dabei soll deutlich werden, daß man sich von westlichen Interpretationen abgrenze.
3. Es wird zu ökumenischen Prinzipien gesprochen. Ausgangspunkt sollen die Beschlüsse von Evian und das Antirassismus-Dokument des ›Bundes‹ sein. Dabei soll über die Aufnahme der beiden deutschen Staaten in die UNO, die europäische Sicherheit gesprochen werden. Zur Frage der völkerrechtlichen Anerkennung der DDR habe man sich noch nicht auf eine Formulierung einigen können. Man wolle aber versuchen, hier noch weiter zu klären. […] Es soll eine Präzisierung des Artikels 4/4 erfolgen, um ihn gegen Mißdeutungen zu schützen.
4. Es soll formuliert werden, wie sich die Kirche in der DDR als Kirche im Sozialismus versteht. Dabei wird die Formulierung ›Kirche in der sozialistischen Gesellschaft‹ Aufnahme finden.
5. Zu einer Reihe von Einzelfragen soll von der Rede des Genossen Verner und von den Darlegungen des Genossen Matern vor dem Hauptvorstand der CDU ausgehend gesprochen werden. Man will von der Verfassung her begrüßen, daß Gewissens- und Glaubensfreiheit besteht und daß die Republik die Religionsausübung schützt. Die weltanschaulichen Gegensätze sollen in der DDR nicht verwischt werden. Man verstehe die Fragen des Wehrdienstes, der Veranstaltungsverordnung, der Schulbildung in diesem Sinne. Ohne Forderungen an den Staat zu stellen, solle in diesem Zusammenhang erklärt werden, daß hier auftretende Einzelfragen und offene Probleme sich sicherlich auf der Grundlage der Verfassung und der Ausführungen des Genossen Verner mit dem Staat klären lassen. […]
7. Ausgehend von den ›gemeinsamen Blutopfern von Christen und Marxisten im Faschismus‹, soll über die Gemeinsamkeiten gesprochen werden. Damit soll die Erklärung ausklingen.«[188]

In dem von Stolpe verfaßten kirchlichen Protokoll über den gesamten Vorgang heißt es, am 21. Februar hätten Wilke und der Leiter des Kirchenbundsekretariats »die technischen Einzelheiten des vorgesehenen Gespräches verabredet. Als Gesprächsdauer wurde die Zeit von 10-12 Uhr vorgesehen. Weiter wurde verabredet, nur dann eine Information an die Presse zu geben, wenn über den Wortlaut Übereinstimmung erzielt werden konnte«[189].

Wer diesen »vertraulichen Vermerk« las, konnte daraus kaum entnehmen, daß Schönherrs Erklärung bis in die Einzelheiten hinein mit dem Mann vom Staatssekretariat vorbesprochen worden war. Die Erklärung, die Schönherr schließlich schriftlich verlas, entsprach tatsächlich ganz den staatlichen Vorgaben.

»Ziel des Zusammenschlusses ist […] nicht eine zentralistisch geleitete Superkirche, die nach den Erfahrungen früherer Zeiten doch nur in Bürokratismus ausarten würde. […] Auch wenn die Bemühungen, noch immer bestehende konfessionelle Spaltungen zu beseitigen, zum Erfolg führen sollten, wird es nach unserer Einsicht weiterhin Landeskirchen geben. […]
›Der Bund nimmt die gemeinsamen Aufgaben der in ihm zusammengeschlossenen Gliedkirchen selbständig und unabhängig wahr‹ (Art. 4,2). […] Diese ›Selbständigkeit und Unabhängigkeit‹ wird auch dadurch unterstrichen, daß durch Beschluß des Zentralausschusses in Addis Abeba im Januar dieses Jahres die Kirchen des Bundes nunmehr direkt und selbständig Mitgliedskirchen des Ökumenischen Rates der Kirchen

geworden sind.[190] [...] Es ist in der kurzen Zeit, in der der Bund besteht, deutlich geworden, daß er die Verbundenheit der Weltchristenheit in der ökumenischen Bewegung im Mitdenken und Mithandeln ernstzunehmen gewillt ist. Ich begnüge mich mit dem Hinweis auf den am 9.1.1971 gefaßten Beschluß der Konferenz der Kirchenleitungen zum Antirassismusprogramm des Ökumenischen Rates.[191] Die Vertreter der Evangelischen Kirchen in der DDR waren maßgeblich beteiligt am Zustandekommen der Entschließung der Vollversammlung des Lutherischen Weltbundes in Evian, ebenso wie sie zur Vorbereitung der Vollversammlung der KEK in Nyborg wesentlich beitragen. Es ist für unsere Kirchen von großer Wichtigkeit, ihre Stimme auch in die Weite der Ökumene für Ziele erheben zu können, die im Interesse des Friedens zwischen allen Völkern und der Durchsetzung der Allgemeinen Menschenrechte liegen. So heißt es in der Entschließung von Evian: ›Um die Ablösung der lebensbedrohenden Militärsysteme durch weltweite Sicherheits- und Rechtssysteme zu fördern, sollten die Gemeinden und Kirchen vor allem die UNO stärken und unterstützen: [...] bei der Bemühung der Aufnahme aller Staaten in die UNO‹.[192] [...] Mit den Evangelischen Kirchen in der Bundesrepublik verbindet uns die geistliche Gemeinschaft der *einen* Kirche Christi im Heiligen Geist, wie sie in der Ökumenischen Bewegung zeichenhaft Gestalt gewinnt. Mit ihnen verbindet uns aber auch eine jahrhundertelange gemeinsame Geschichte – ich nenne nur die Namen Luther und Lessing, Francke und Wichern, Harnack und Niemöller – und kirchliche Tradition – deutsche Bibel, Gesangbuch, Liturgie, Landeskirchentum und ev. Vereinswesen –, gleiches Bekenntnis und – in diesem Maße wohl einzigartig – die Pflicht, gemeinsam auf uns geladene Schuld abzutragen. In diesem Sinn allein und nicht als kirchliche Variante einer bestimmten politischen Konzeption ist der Art. 4,4 der Bundesordnung zu verstehen. Die letzte Synode in Potsdam-Hermannswerder hat in ihrer Stellungnahme zum Bericht der Konferenz eindeutig erklärt: ›Wir weisen alle Versuche zurück, die bestehende geistliche Gemeinschaft zu entleeren oder sie so zu interpretieren, daß dadurch die organisatorisch-rechtliche und institutionelle Selbständigkeit des Bundes in Frage gestellt wird.‹[193] [...] Es ist kein billiger Opportunismus, sondern innere Verpflichtung des Christen, wenn er der Stadt und des Staates Bestes wünscht, für sie betet und seine Verantwortung handelnd wahrnimmt. Die Kirche wird sich darum allen Versuchen widersetzen, diesen Staat zu diskriminieren, und wünscht ihm, daß er auch rechtlich den Platz in der Völkerwelt einnehmen möge, der ihm die volle Mitarbeit an den Problemen des Weltganzen, besonders im Rahmen der UNO und ihrer Gliederungen ermöglicht.

Art. 1 der Verfassung kennzeichnet die DDR als einen sozialistischen Staat deutscher Nation. ›Sie ist die politische Organisation der Werktätigen in Stadt und Land, die gemeinsam unter Führung der Arbeiterklasse und ihrer marxistisch-leninistischen Partei den Sozialismus verwirklichen‹. In der wichtigen Rede Paul Verners vom 8.2.71 werden die Kirchen aufgerufen, ›ihre Tätigkeit in Übereinstimmung mit den Grundlinien der sozialistischen Gesellschaft‹ auszuüben. Zur Interpretation dieser Aussagen ist von großer Bedeutung, daß in derselben Rede von den ›nicht überbrückbaren weltanschaulichen Gegensätzen zwischen Christen und Marxisten‹ die Rede ist, die weder hochzuspielen noch zu verwischen seien, und daß es in diesem Zusammenhang wörtlich heißt: ›Eine Sozialisierung der christlichen Lehre hat es bisher nicht gegeben und wird es auch in Zukunft nicht geben‹. Wir erinnern uns an dieser Stelle auch an die entsprechenden Ausführungen des unlängst verstorbenen stellvertretenden Präsidenten der Volkskammer, Hermann Matern, vom 25.9.1969, die er im Zusammenhang der Erläuterung des marxistischen Religionsbegriffes gemacht hat: ›Wenn wir sagen, daß das Christentum und die sozialen Prinzipien des Sozialismus keine Gegensätze sind, so bezieht sich das auf die konkreten Fragen der gesellschaftlichen Verhältnisse, nicht aber auf die Weltanschauung der Arbeiterklasse bzw. des Christentums‹.

Gerade solche Äußerungen sind für die Herstellung einer klaren Atmosphäre wichtig. Zu solcher Klarheit glauben wir beizutragen, wenn wir darauf hinweisen, daß ›christliche Lehre‹ oder ›Weltanschauung des Christentums‹ nach unserem Verständnis nicht eine philosophische Meinung, sondern die den ganzen Menschen in allen seinen Beziehungen umfassende Bindung an das Wort seines Herrn ist, die sein Reden und Tun bestimmt und begrenzt. Ihr Herr erlaubt den Christen freilich nicht, sich einer individualistischen Pflege ihrer Frömmigkeit hinzugeben, sondern ruft sie in seine Nachfolge und damit in den Dienst an den Menschen, in den Dienst für sein ewiges Heil und für sein irdisches Wohl. In diesem Horizont ist der Satz aus dem Beitrag der evangelischen Bischöfe zur Verfassungsdebatte im Brief vom 15.2.1968 aus Lehnin zu verstehen:[194] ›Als Staatsbürger eines sozialistischen Landes sehen wir uns vor die Aufgabe gestellt, den Sozialismus als eine Gestalt gerechteren Zusammenlebens zu verwirklichen.‹ Als Christen lassen wir uns daran erinnern, daß wir es nicht unterlassen dürfen, ›die Sache der Armen und Entrechteten gemäß dem Evangelium von Gottes kommenden Reich zur Sache der Christenheit zu machen‹ (aus dem Darmstädter Wort des Bruderrates[195]).

Die gemeinsame Arbeit an den konkreten Fragen der gesellschaftlichen Zusammenarbeit zu erlernen, ist nach der leidvollen Geschichte des Verhältnisses von christlicher Kirche und Sozialismus nicht leicht. Viel Unsicherheit ist zu überwinden, um so mehr gemeinsame Bemühung ist nötig.

Auch bei der Entwicklung ›neuer moralischer Beziehungen und Verhaltensweisen‹ beim Aufbau der sozialistischen Gesellschaftsordnung handelt es sich – so Paul Verner – ›um einen langen und komplizierten Prozeß‹. Nicht weniger kompliziert ist es für den Christen, seine Überzeugung in einer ihm noch nicht vertrauten Gesellschaftsordnung so zu artikulieren, daß Glaube und Liebe, Wort und Tat, Überzeugung und Eintreten für die Überzeugung konkret zusammenstimmen. Beide Seiten aber gehören zusammen. Denn der einzelne Christ und die christliche Gemeinde können ihren Gottesdienst nur als Gottesdienst des ganzen Lebens, nicht lediglich als Abwicklung eines gewiß ehrwürdigen, aber – da vom weltlichen Leben isoliert – sterilen Kultus verstehen.

Es ist daher nicht zu verwundern, daß im Verhältnis beider Verhaltensweisen zueinander noch allerlei Mißverstehen und Mißtrauen abzubauen ist. Auch in diesem Zusammenhang wäre an den Brief aus Lehnin zu erinnern, der an dieser Stelle eine Wendung Landesbischof Mitzenheims aufnimmt: ›Wir bitten, daß die neue Verfassung so erstellt wird, daß die Christen und diejenigen Mitbürger, die die Weltanschauung der führenden Partei nicht teilen, an der Verantwortung für unser Staatswesen mit unverletztem Gewissen teilhaben können‹.

Es war ein wichtiges Ergebnis der Verfassungsdebatte, daß ein Satz über die Gewissens- und Glaubensfreiheit in den Text der Verfassung aufgenommen wurde.

Das Grundrecht der Gewissens- und Glaubensfreiheit für alle Menschen ohne Ausnahme ist eine der kostbarsten Errungenschaften der Neuzeit. Es drückt den unbedingten Respekt vor den in der Tiefe ihres Wesens verankerten Entscheidungen, seien sie religiös oder nichtreligiös begründet, und damit vor ihrer Menschenwürde aus. Paul Verner unterstreicht: ›Unser sozialistischer Staat schützt verfassungsgemäß die Religionsausübung, gewährleistet die Gewissens- und Glaubensfreiheit und meint es damit auch ernst‹. In der Anordnung über die Aufstellung von Baueinheiten wird das praktiziert. Diese Anordnung eröffnete manchem Wehrpflichtigen, der sich gerade darin gebunden weiß, ohne Waffe für die Sicherung des Friedens einzutreten, einen gangbaren Weg.

In unserer Verfassung steht der Satz von der Gewissens- und Glaubensfreiheit in engem, innerem Zusammenhang mit dem nachdrücklich betonten Prinzip der Gleichberechtigung aller Bürger, einschließlich des gleichen Rechtes auf Bildung.

In den Gesprächen mit Verantwortlichen des Staatsapparates muß von kirchlicher

Seite immer wieder auf Benachteiligungen von jungen Christen bei der Zulassung zur EOS[196] oder zu anderen Bildungseinrichtungen, die zur Hochschulreife führen, hingewiesen werden. Wenn auch in einer Reihe von Fällen Abhilfe geschaffen wurde, so ist die Zahl der immer noch betroffenen Jugendlichen nicht klein. Wir werden nicht ablassen, solche Tatsachen, die uns sehr beunruhigen, zur Sprache zu bringen. Oft engagieren sich die jungen Christen für das Wohl der Gesellschaft in sehr intensiver Weise, freilich in einer Form, wie sie sie von ihrem Glauben her als geboten ansehen.

Es beschwert uns auch sehr, daß jungen Bürgern unseres Staates, die von der gesetzlichen Möglichkeit Gebrauch machen wollen, ihren Wehrdienst als Bausoldaten zu leisten, die Aufnahme an unseren Hoch- und Fachschulen verwehrt wird.

Die Verfassung der DDR gewährleistet den christlichen Bürgern in unserem Staat, ›sich zu einem religiösen Glauben zu bekennen und religiöse Handlungen auszuüben‹. Entsprechend dem reformatorischen Bekenntnis äußert sich unser christlicher Glaube im Hören des Wortes und im Tun, das dem gehörten Wort entspricht. Es gehört zu den biblisch begründeten Traditionen der reformatorischen Kirchen, die durch nun glücklich überwundene staatskirchliche Entwicklungen lediglich verdunkelt werden konnten, daß die Gemeindeglieder, die mitten im allgemeinen Berufsleben stehen, also die sogenannten ›Laien‹, dabei eine erhebliche Mitverantwortung haben und ihnen demgemäß eine volle Mitarbeit zuzubilligen ist. Wir sehen die ganze Fülle kirchlichen Lebens – von Einzelseelsorge, Hauskreisen, Unterweisung an Kindern, Jugendlichen und Erwachsenen bis hin zu großen kirchlichen Feiern und Kirchentagen – nicht als Veranstaltung eines privilegierten geistlichen Amtes, sondern als Ausdruck der gemeinsamen Aktivität aller Gemeindeglieder an. Das heutige Gespräch eröffnet nach unserer Überzeugung gute Möglichkeiten für ein besseres gegenseitiges Verstehen. Wir befinden uns in einem Prozeß. In der schon mehrfach zitierten Rede Paul Verners heißt es: ›Es war ein Prozeß des gleichzeitigen Veränderns der Verhältnisse und der eigenen Veränderung. Besonders die aus dem Bürgertum stammenden Menschen mußten viele neue Einsichten gewinnen, aber auch wir Marxisten lernten in dieser Zusammenarbeit manches hinzu. Im Blick auf den zurückgelegten Weg können wir mit Fug und Recht sagen: Indem wir grundlegend die gesellschaftlichen Verhältnisse änderten, änderten wir uns selbst‹. Der Zusammenhang macht deutlich, daß hier gerade auch an das Verhältnis zu den *christlichen* Mitbürgern gedacht ist.

Der Prozeß wurde eingeleitet durch ›den gemeinsamen Kampf von Marxisten und Christen in der Nacht des Faschismus‹, an den Hermann Matern und nun auch Paul Verner erinnert, indem er die Blutopfer von Ernst Thälmann, Rudolf Breitscheid ebenso wie die von Pastor Schneider, Dietrich Bonhoeffer und des Berliner Dompropstes Bernhard Lichtenberg nennt.

Die Christen haben das Zusammenleben und das Zusammenarbeiten mit Marxisten als Schule Gottes erfahren. Sie lernten die Wirklichkeit und Wirksamkeit gesellschaftlicher Verhältnisse für das Ziel, ein gerechteres Zusammenleben unter den Menschen zu ermöglichen, besser einzuschätzen. Wir würden es als eine gute Frucht unseres Dienstes ansehen, wenn der marxistische Partner das Handeln des Christen als unverdächtig und hilfreich ansehen könnte, wenn er die Begründung dieses Handelns schon nicht mitvollziehen kann. Andeutungen in dieser Richtung vermögen wir aus der Äußerung Hermann Materns zu entnehmen, daß ›vorhandene weltanschauliche Gegensätze nicht im Range eines grundlegenden gesellschaftlichen Antagonismus, die die Mitarbeit der Christen in der DDR an der Entwicklung des umfassenden Systems des Sozialismus verhindert‹, anzusehen sind. Im Sinne dieses Prozesses dürfen wir wohl auch die Worte des Herrn Vorsitzenden des Staatsrates vom 21.6.1968 werten: ›In der gemeinsamen Arbeit wurde das frühere Mißtrauen und wurden Vorurteile auf beiden Seiten abgebaut, wuchsen das Vertrauen und gegenseitige Wertschätzung‹.

Es wäre unwahrhaftig gewesen, wenn ich bei dieser wichtigen Begegnung nicht auch auf einige der bestehenden Differenzen hingewiesen hätte. Es wäre ein großer Schritt voran, wenn solche Differenzen künftig von vornherein vermieden oder aber nunmehr leichter beseitigt werden könnten.

Wir haben vor allem die Hoffnung auf eine wachsende Zusammenarbeit auf den Gebieten, auf die uns Christen unser Herr selbst weist: bei der Arbeit an einer gerechteren, friedlichen und damit erfreulicheren Welt.«[197]

Die SED war mit dieser Erklärung recht zufrieden und sah in ihr »gute Ansatzpunkte für eine vernünftige Entwicklung des Bundes und für die Regelung einer Reihe Sachfragen«[198]. Das war kein Wunder, denn Schönherr hatte sich Punkt für Punkt an die Vorgaben des SED-Funktionärs Wilke gehalten. Die innerkirchliche Opposition bezeichnete Schönherrs Erklärung denn auch als »Magna Charta der Anpassung«.

Dieser Ausspruch stammte von Siegfried Ringhandt und fand durch Olaf Lingner auch in den westlichen Gliedkirchen weite Verbreitung.

Am 31. März 1971 berichtete Lingner den neuberufenen Mitgliedern der »Beratergruppe« in einem einführenden Brief über die Situation des Kirchenbundes. Darin heißt es:

»Nach einer einigermaßen Aufsehen erregenden Rede des ZK-Mitgliedes Verner und des Vorsitzenden der CDU Gerald Götting hat Staatssekretär Seigewasser den Vorstand der Konferenz der Kirchenleitungen zum offiziellen Antrittsbesuch aufgefordert. Damit ist der Bund der Kirchen in der DDR vom Staat zum ersten Mal de jure anerkannt. Bisher hatten die staatlichen Stellen zu erkennen gegeben, daß sie den Bund faktisch hinnehmen würden, ohne ihn rechtlich anerkennen zu können. Bischof Schönherr hat bei dem Antrittsbesuch eine etwa siebenseitige Rede verlesen, deren Inhalt vorher mit den Herren der Konferenz der Kirchenleitungen abgesprochen worden war. Auf dieser Sitzung ging es einigermaßen heftig zu. Ringhandt und Krusche hatten sich zunächst sehr stark dafür ausgesprochen, der Aufforderung für einen Antrittsbesuch nicht nachzukommen. Ringhandt sprach von einer ›Magna Charta der Anpassung‹. Bischof Krusche ist seit langer Zeit von verschiedenen staatlichen Stellen heftiger Kritik ausgesetzt.«[199]

In der Folgezeit wiederholte sich, was Kennern der SED-Kirchenpolitik eigentlich keine Überraschung mehr bieten konnte: Kaum hatten die Kirchen erklärt, was der Staat von ihnen verlangte, blieb – abgesehen von der »Akkreditierung«[200] des Kirchenbundes bei der Diktatur – alles beim alten. Stolpe bemühte sich zwar um eine Klärung der »in der Grundsatzerklärung genannten Fragenkomplexe«, insbesondere um das Problem der »Veranstaltungsverordnung« (VVO)[201], erhielt aber nur hinhaltende Bescheide.

Bemühungen der Kirche um »gesellschaftliche Mitgestaltung« und daraus resultierende Konflikte (1971/72)

Auf der dritten Tagung der BEK-Synode Anfang Juli 1971 in Eisenach gingen die kirchenleitenden Persönlichkeiten bis an die Grenze des ihnen theologisch Möglichen, indem sie gezielt Themenstellungen wie UNO-Mitgliedschaft, KSZE, völkerrechtliche Anerkennung und Ähnliches aufnahmen, die durch den VIII. Parteitag der SED festgelegt worden waren, und indem sie sich bei ihren Ausführungen direkt auf die Reden von Erich Honecker und Paul Verner bezogen. Dieser »Kurs der Anpassung an die gesellschaftlichen und politischen Bedingungen in der DDR«[202] wurde seitens der Arbeitsgruppe Kirchenfragen beim ZK der SED auch positiv gewürdigt. Man argwöhnte aber, die neue Haltung, die etwa auch im Gebrauch des Begriffs »Partnerschaft« zur Charakterisierung des Staat-Kirche-Verhältnisses zum Ausdruck komme, solle vor allem der Aufwertung der gesellschaftlichen Rolle der Kirche dienen. »Die Materialien und Beratungen der Synode haben deutlich gezeigt, daß die im Bund zusammengeschlossenen evangelischen Kirchen nicht bereit sind, sich mit der Rolle einer Kultkirche abzufinden.«[203] Ungeteilte Zustimmung fand auf seiten der Staatsvertreter Braecklein, der den offiziell geladenen Staatsvertreter, Hans Weise vom Staatssekretariat für Kirchenfragen, nach seiner Meinung über den Verlauf der Synode befragte und ihn »über interne Dinge [...] informierte«[204]. Schönherr war den Staatsvertretern – wie meist – zu diplomatisch gegenüber den »reaktionären Kräften«.

Die Nichtveränderung der grundsätzlich distanziert-feindlichen Haltung des SED-Staates gegenüber den Kirchen und Christen – etwa im Blick auf die Benachteiligungen von Kindern kirchlich gebundener Eltern beim Schulbesuch[205] – stärkte auf seiten nicht weniger kirchlicher Amtsträger wieder die Kritik an dem totalitären Regime und den Willen zur Selbstbehauptung. So vereinbarte man in der Konferenz der Kirchenleitungen am 7. und 8. Januar 1972, die neue Veranstaltungsverordnung vom 26. November 1970 einfach zu ignorieren.

Lotz berichtete seinem Führungsoffizier, die reaktionären Kräfte drängten erneut auf eine Machtprobe, und forderte über seinen Ansprechpartner vom MfS den Staat mehrfach auf, »eine prinzipielle Haltung zu zeigen«[206]. Dieser Auffassung sei auch Bischof Braecklein, der erwarte, daß die Nichteinhaltung der VVO bestraft werde.

Vor kirchlichen Gremien äußerte sich Braecklein freilich anders. In seiner Funktion als Leitender Bischof der VELK DDR gab er am 12. November 1971 in seinem Bericht zur kirchlichen Gesamtsituation folgende Darstellung:

»Zur Praktizierung der Veranstaltungs-Verordnung liegt offenbar eine interne Dienstweisung an die VP-Kreisämter vor. Gegen kirchliche Mitarbeiter wurden Geldstrafen verhängt wegen Durchführung kirchlicher Veranstaltungen, die bisher nicht angemeldet zu werden brauchten. Schwierigkeiten ergaben sich besonders bei kirchenmusikalischen Veranstaltungen, bei ›Gottesdiensten einmal anders‹ und bei Bibelrüsten der Jungen Gemeinde.«[207]

Wenig später sagte Braecklein auf der Herbsttagung der Synode der Evangelisch-Lutherischen Kirche in Thüringen, in der Kirche gehe »es nicht um Restauration oder Konservierung, auch nicht um Anpassung, sondern sie hat um ihre Identität zu ringen«[208].

Trotz der vertragsrechtlichen Vereinbarungen zwischen den beiden Machtblöcken und zwischen der Bundesrepublik und der DDR, die der Diktatur die faktische Anerkennung brachten, verschärfte der SED-Staat im Jahr 1972 die

Strategie der ideologischen Abgrenzung noch. Die Betonung des Zusammenhangs zwischen staatlicher Koexistenz und ideologischer Auseinandersetzung, zur Verwirklichung der Beschlüsse des VIII. Parteitages von SED-Propagandisten immer wieder gefordert[209], mußte auch auf dem Gebiet der Kirchenpolitik zu neuen Konfrontationen führen[210]. Schönherr konnte nicht umhin, die abermalige Verschlechterung der Staat-Kirche-Beziehungen vor der Berlin-Brandenburgischen Synode zu benennen[211].

Am 12. Januar 1972 beschloß der Vorbereitende Ausschuß der Synode des Bundes »nach Abwägung aller Momente«[212] einstimmig, Heino Falcke um das Hauptreferat zu bitten und von einer erneuten Anfrage an Bischof Werner Krusche abzusehen. Als Thema formulierte der Ausschuß bei einer Enthaltung »Christus befreit – darum Kirche für andere«. Zur nächsten Sitzung des Vorbereitenden Ausschusses brachte Falcke einen ersten Entwurf seines Referates in einer Kurz- und einer Langfassung mit und erläuterte seine Vorlage. »Im allgemeinen billigen die Anwesenden die Grundkonzeption des Referates, erklären sich jedoch nicht imstande, dezidierte Fragen und Wünsche nach einem ersten Lesen anzumelden.«[213]

Während der KKL-Vorstandssitzung am 25. Januar 1972 wurde unter anderem auch über das Verhältnis des Kirchenbundes zur »Christlichen Friedenskonferenz« (CFK) gesprochen. Im Protokoll heißt es hierzu:

»Die Kirchen in der DDR haben keine Veranlassung, gegenwärtig als Kirche in der Christlichen Friedenskonferenz mitzuarbeiten. Dessenungeachtet ist jeder Einzelne frei zu tun, was ihm richtig erscheint. Von seiten der Kirchen wird nichts unternommen. Man muß die Entwicklung abwarten, ob die vorhandenen Traumata abgebaut werden können.«[214]

Auf der Konferenz der Kirchenleitungen des Bundes evangelischer Kirchen in der DDR am 11. März 1972 wurde vereinbart, zur Synode des Kirchenbundes nach Dresden (30. Juni bis 5. Juli 1972) eine große Zahl ökumenischer Gäste einzuladen.

Schönherr, Natho und Stolpe warfen in diesem Zusammenhang nochmals das Problem des Verhältnisses zur CFK auf. Die Konferenz entschied, am Status quo nichts zu ändern. Wie bisher sollte offiziell keine Landeskirche der CFK beitreten; einzelnen Persönlichkeiten sei es selbstverständlich freigestellt, mitzuarbeiten.

»Als Haupthindernis für eine Mitarbeit wurde die Person Bassarak angesehen. Bassarak habe keinerlei Legitimation für seine Funktion als internationaler Sekretär. Er vertrete lediglich sich selber. Mit ihm wolle niemand zusammenarbeiten. Er sei überheblich, würde nur an seine persönlichen Interessen denken und habe keinerlei Vertrauen in Kirchen. Auch die Person von Carl Ordnung und dessen Arbeitskreise wurden hart kritisiert. Ordnung sei auch kein kirchlicher Repräsentant, aber er sei [...] noch ein Sektenprediger. Es wurde mitgeteilt, daß Ordnung im Namen des Regionalausschusses der CFK in der DDR alle Bischöfe angeschrieben hat; die Bischöfe seien darin aufgefordert worden, die Forderung der DDR nach gleichberechtigter Teilnahme an der Stockholmer Umweltschutzkonferenz aktiv zu unterstützen.«[215]

Ordnungs Ansinnen, die DDR-Bischöfe möchten sich für die gleichberechtigte Behandlung ihres Staates einsetzen, wurde von Schönherr zunächst mit dem Hinweis abgelehnt, »daß die ev. Kirche in der DDR z. Zt. wegen der innenpolit. Verschärfung in außenpolit. Aktivitäten gehemmt sei«[216]. Doch Lotz konnte die Versammelten umstimmen. Bei der Verabschiedung des Kirchenbund-Vorstandes in Berlin vor seiner Abreise nach Genf oder in Genf selbst wolle man eine Erklärung des Bundes zur Unterstützung der DDR-Forderung abgeben.

Zum ökumenischen Seminar der CFK-Regionalkonferenz delegierte die KKL die Pastorin Christa Grengel. Mit der Entsendung der untergeordneten Kirchenbundmitarbeiterin wollte man einerseits eine Aufwertung der Veranstaltung verhindern und andererseits durch ihre formelle Teilnahme Voraussetzungen für die Genehmigung anderer Auslandsreisen sicherstellen. Stolpe äußerte sich kritisch zur Tabarzer CFK-Konferenz und erwähnte, die CFK habe von Metropolit Nikodim die Auflage erhalten, aktiver zu werden.

Zum Staat-Kirche-Verhältnis konstallierte die KKL , daß »z. Zt. ›ein sehr kühles Klima‹ herrsche«[217]. Diese allgemeine Einschätzung versahen Oberkirchenrat Krause (Magdeburg) und Bischof Rathke (Schwerin) mit konkreten Beispielen.

Hinsichtlich der Rüstzeiten stellte die KKL befriedigt fest, daß der Staat die Nichtanmeldungen hinnehme; darin sah man einen Beweis, daß man Erfolge erringen könne, wenn man nur hart bleibe[218]. Tatsächlich sollte die SED-Führung im Mai 1973 ihre Verordnung abschwächen.

Im Blick auf das am 9. März 1972 von der Volkskammer beschlossene Gesetz zur Schwangerschaftsunterbrechung – übrigens bei vierzehn Gegenstimmen und acht Enthaltungen von seiten der Ost-CDU – beabsichtigten die Bischöfe, an die kirchlichen Krankenhäuser[219] zu schreiben. Stolpe wies in diesem Zusammenhang darauf hin, daß die Kirchen durch das Staatssekretariat für Kirchenfragen davor gewarnt worden seien, das Gesetz zu diskreditieren oder auch nur seine Diffamierung zu dulden.

Weiterhin teilte der Leiter des Kirchenbund-Sekretariats mit, daß sich am 18. Februar eine interne Tagung kirchenleitender Persönlichkeiten mit ernsthaften Zukunftsproblemen der Kirche befaßt habe. Dabei verwies er auf die Weiterführung der Leuenberger Lehrgespräche und die finanzielle Abhängigkeit der DDR-Kirchen vom Geld des Westens.

Im Anschluß an die Tagung der Konferenz der Kirchenleitungen fand eine interne Besprechung der Bischöfe und ihrer Stellvertreter statt. Breiten Raum nahm eine epd-Meldung über eine CDU/CSU-Äußerung ein, wonach sich die Christen in der DDR angeblich eine Nichtratifizierung der Ostverträge wünschten. Bischof Krusche, der nicht anwesend sein konnte, hatte in einem Brief an den Kreis gefordert, gegen diese falsche Darstellung etwas zu unternehmen. Damit rannte er offene Türen ein, denn wiewohl die kirchenleitenden Persönlichkeiten in der DDR nicht öffentlich zugunsten der einen oder anderen Partei in Westdeutschland Stellung nehmen wollten, verfolgten sie mit innerer Anteilnahme und großer Sympathie die Deutschlandpolitik der SPD. Doch angesichts der neuen Situation vereinbarte man, im Zusammenhang mit der Reise des BEK-Vorstandes nach Genf eine Erklärung abzugeben, daß seitens der Christen in der DDR eine baldige Ratifizierung der Ostverträge dringend erwünscht sei. Ähnlich hatten sich bereits Rathke und Natho in einem Gespräch mit Sepp Schelz vom epd geäußert. Zum Schluß teilte Schönherr mit, daß auf Ersuchen der Bischöfe hin diesen künftig die Protokolle des BEK-Vorstandes zur Verfügung gestellt würden.

»Er mahnte jedoch zur strengsten Vertraulichkeit. Diese Protokolle dürften nicht aus der Hand der Bischöfe gegeben werden. Bei den geringsten Anzeichen der Verletzung dieser Anordnung wird er diese rückgängig machen.«[220]

Staatlicherseits galt in dieser Phase der kirchenpolitischen Auseinandersetzungen neben Johannes Hamel der provinzsächsische Bischof Werner Krusche als gefährlichster Gegner, da man in ihm – nicht zu Unrecht – einen Protagonisten des »Sozialdemokratismus« in der DDR sah[221].

Am 26. April 1972 trafen sich Oberkirchenrat Lotz und MfS-Major Otto an konspirativem Ort, um sich über die Thüringische Kirche und den BEK auszutauschen. Die familiäre Atmosphäre der Begegnung wurde auch dadurch unterstrichen, daß Otto dem Kirchenmann nachträglich zum 61. Geburtstag gratulierte und »ihm herzliche Grüße von Franz [Sgraja] und Klaus [Roßberg] übermittelt[e]. Er (Lotz) bedankte sich für Grüße und Geschenk«[222].

Zur Sache berichtete Lotz, daß er im Blick auf die Vorbereitung der Bundessynode interveniert habe, weil die Kommission »Kirche und Gesellschaft« Themen wie »Mensch und Leistungsgesellschaft« und »Freiheit und Leistungszwang« habe auf die Tagesordnung setzen wollen – also »Probleme, die sich in der Endkonsequenz gegen unseren Staat richten können«[223]. Sein Thüringer Bischof, Ingo Braecklein, sei verärgert, weil er noch immer keine Einfuhrgenehmigung für seinen VW erhalten habe; er trage sich mit dem Gedanken, seine Funktion als Präses der Bundessynode niederzulegen.

Am 23. April 1972 beschloß die Magdeburger EKU-Synode ihre Aufgliederung in den »Bereich Bundesrepublik Deutschland und Berlin (West)« und in den »Bereich DDR«[224]. Befriedigt berichtete Fritz Heidler, Leiter des Lutherischen Kirchenamtes in Berlin (Ost), der als Gast in Magdeburg zugegen war, auf der Kirchenleitungssitzung der VELK DDR über die »Regionalisierung« der EKU in zwei Bereichssynoden, zwei Bereichsräte und zwei selbständige Kanzleien. »Es wird begrüßt, daß die EKU damit eine ähnliche Entscheidung getroffen hat wie seinerzeit [1968] die Vereinte Kirche in Freiberg.«[225] In einer »Information« über die Magdeburger Synode rekapitulierte das MfS noch einmal den mühevollen Prozeß der »Regionalisierung«. Oberkonsistorialrat Ammer, Bischof Fränkel und Johannes Hamel hatten bis zuletzt zäh für die Beibehaltung eines einheitlichen Rates der EKU gekämpft, während Schönherr und der reformierte Moderator Heinz Langhoff für die Schaffung von »Bereichsräten« eintraten und sich damit schließlich durchsetzen konnten. Im Verlauf der überaus heftigen Auseinandersetzungen während dieser Synode soll Hamel auf das Votum des Hallenser Universitätstheologen Eberhard Winkler, der die Verwirklichung der allgemeinen Menschenrechte in der DDR gerühmt hatte, erwidert haben: »Wenn [...] Winkler am Sozialismus noch etwas Gutes finden würde, dann würde er die

gleiche Position beziehen wie die Leute, die heute noch ›von Hitlers Auto-
bahnprojekt begeistert‹ seien.«[226] Hierauf forderte Natho den Naumburger
Dozenten auf, »diese Worte zurückzunehmen und sich bei Prof. Winkler zu
entschuldigen. Hamel tat dies mit der Bemerkung, ihm seien die Worte ›nur
so herausgerutscht‹, er habe sie nicht ernsthaft überdacht.«[227] Der scheidende
Präsident Hildebrandt verabschiedete sich mit den Worten: »Die letzte Phase
der Entwicklung der EKU-Synode, die ich miterlebe, bereitet mir innere Not.
Ich habe Sorge um den weiteren Weg«[228].

Repressalien, Proteste, Zugeständnisse und Überlegungen zu einem »verbesserlichen« Sozialismus (1972)

Im Anschluß an die KKL-Tagung am 12. und 13. Mai 1972 berichtete Lotz
seinem Führungsoffizier Roßberg wieder über die dort erfolgten »Angriffe
und Diffamierungen der DDR«[229]. Auf der Tagesordnung der Kritik standen
nicht nur Behinderungen der Arbeit der Jungen Gemeinde und moderner
Gottesdienste, sondern auch die Überführung der privaten Betriebe in
»Volkseigentum« – nicht zuletzt darum, weil ein Mitglied der Konferenz von
den Enteignungen persönlich betroffen war. Bischof Fränkel (Görlitz) »bezeichnete die Maßnahmen als einen blanken Hohn auf Sozialismus u. Humanismus. Er forderte, die Selbstmordziffern in den Landeskirchen zu ermitteln,
um einen Überblick über das Ausmaß der seelischen Not zu bekommen.«[230]
Doch nun traten Hartmut Grüber, als Nachfolger von Ringhandt Jugendbe-
auftragter, und Stolpe auf den Plan: »Er könne sich nicht für Restbestände des
bürgerlichen Kapitalismus einsetzen«, sagte der Sohn des ehemaligen EKD-
Bevollmächtigten in Pankow, »u. die Kirche dürfe das auch nicht. OKR Stolpe
unterstützte diese Haltung, indem er auf Probleme hinwies, die sich aus der
Realisierung der führenden Rolle der AKl [Arbeiterklasse] ergeben«.

Bischof Hempel (Dresden) verstärkte die Argumentation Fränkels und anderer Kritiker, indem er auf die unlauteren Methoden der Protokollierung
von Gesprächen mit dem Staat verwies:

»Positive Ausführungen von ihm zur DDR seien unmäßig aufge-
schwemmt u. die kritischen Auffassungen zur DDR seien summarisch zusammengefaßt u. damit zum Sterben gebracht worden.«[231]

Ausgehend von dem Gespräch des Vorstandes mit dem Staatssekretär für
Kirchenfragen vom 10. Mai 1971, sollte ein drittes Gespräch vorbereitet werden, in dem die Repräsentanten des Kirchenbundes alle Beschwernisse vorbringen wollten, die sich aus der Veranstaltungsverordnung und der SED-
Schulpolitik ergaben.

»Auf jeden Fall soll verhindert werden, die Kirche als ›außenpolit. Propagandatrupp‹ zu
nutzen, während im Innern sich alles verschärft. Aus diesen Erwägungen heraus wurde
eine Teilnahme von Oberkirchenrat Pabst, Berlin, am Weltfriedensforum in Brüssel abgelehnt. Bei der Ablehnung traten besonders negativ die Bischöfe Fränkel u. Hempel in
Erscheinung.«[232]

Hier zeichnete sich ein Junktim ab, das seit dem Spitzengespräch vom 6. März 1978 zu voller Geltung gelangen sollte: Für ein gewisses Entgegenkommen des Staates auf innenpolitischer Ebene stützte der Kirchenbund auf internationalem Parkett bestimmte Pfeiler der DDR-Außenpolitik. Aber noch war man nicht soweit, noch überwogen die eher kritischen Voten, wenn auch, wie im Falle der Brüsseler Veranstaltung, nur noch um eine Stimme.

»Von den reaktionären Kräften wurde auch die Entscheidung des Sekretariats des Bundes zum Moskauer Patriarchat angegriffen (der reakt. Pfr. Dietrich, der als ›Ostspezialist‹ mitfahren u. das Gustav-Adolf-Werk vertreten sollte, wurde gegen Bischof Krusche ausgetauscht). Bischof Hempel erklärte, daß er empört darüber ist, sich so ohne weiteres den Vorstellungen der Russen anzupassen. Die evang. Kirche sei keine Metropoliten- und Hierarchenkirche. Er fordere die Teilnahme von Pfarrern aus den Gemeinden u. v. Diakonen.«[233]

In Abwesenheit von Kirchenpräsident Natho und Bischof Krusche vertrat Hempel auf dieser Konferenz – zusammen mit Fränkel – eine Position der Unabhängigkeit und Widerstandsbereitschaft der Kirche gegenüber den Anmaßungen der Diktatur. Der von SED-Kadern immer wieder beschriebene »Lernprozeß unter realsozialistischen Bedingungen« sollte diese Position dann gründlich revidieren.

Wenige Tage vor Beginn der Bundessynode fand auf Wunsch des BEK-Vorstandes ein Gespräch mit Seigewasser statt, an dem sein Stellvertreter Flint und weitere Mitarbeiter der Behörde sowie Eberhard Hüttner vom ZK der SED teilnahmen. Vor den Versammelten gab Schönherr in Gestalt einer Grundsatzerklärung nochmals eine Art Loyalitätsbekräftigung ab. Dem staatlichen Protokoll zufolge sagte der Vorsitzende des Kirchenbundes unter anderem:

»Die Kirchen anerkennen zum Verhältnis von Staat und Kirche die Ausführungen von Paul Verner zu den humanistischen Zielen und dem Vertrauen des Staates. Die Kirche sagt ja dazu. Sie erkennen auch, daß die Kirche keine dem Sozialismus vergleichbare Ideologie besitzt, denn die Kirche hat keine politischen Aufgaben. Es gibt aber viele humanistische Ziele in ihr, die weithin mit den Zielen der sozialistischen Gesellschaft übereinstimmen, auch wenn die Begründungen anders sind. Es wird für die Kirchen immer deutlicher, daß sie das mit vollem Herzen vertreten können. Die Kirche spricht nicht zu politischen Tagesfragen, aber zu Grundsatzfragen, wie völkerrechtliche Anerkennung der DDR, Aufnahme in die UNO und Europäische Sicherheitskonferenz sowie Ratifizierung der Verträge. Das sind nicht Lippenbekenntnisse und Anpassung, sondern echte Mitarbeit. Es gibt auch weitgehende Übereinstimmung, wenn die Marxisten in der Geschichte den Klassenkampf sehen. Hier haben die Kirchen viel gelernt, wenn es um die Lebensrechte des Menschen geht. Auch dort, wo es um bewaffnete Auseinandersetzungen geht – Anti-Rassismus-Programm. Der Marxismus stellt ernste Fragen an das Christentum, die er aus den negativen Erfahrungen mit der Religion formuliert. Es scheint nicht nur so, daß sich heute Christentum und Marxismus annähern. Paul Verner hat großes Verständnis für die Christen geäußert. Die Frage ist nur, ob das in der Wirklichkeit auch so ist. Er habe den Eindruck, es gibt noch zuviel Mißtrauen, das historisch berechtigt ist, aber aktuell abgebaut werden muß. Die Christen arbeiten beim Aufbau des Sozialismus mit, wenn die Gewissens- und Glaubensfreiheit gewährt ist. Der Staatssekretär hat formuliert, daß die Kirche ihren Rahmen ausweite. Versteht er darunter, daß die Kirche den Sozialismus unterwandern will, gegen ihn polemisiert, dann habe der Staatssekretär recht, daß die Kirche das nicht darf. Die Kirchenleitungen wollen das nicht, sie sind Kirchen im Sozialismus, und der größte Teil der Kirchenleitungen bejaht das auch. Die ökumenischen Reisen wurden nicht dazu mißbraucht, sich abzusetzen. Er selber könne sich nicht vorstellen, Geistlicher in der BRD zu sein, in einer Welt mit soviel unklaren Verhältnissen.«[234]

Diese Art Ergebenheitsadressen waren ganz nach dem Geschmack der SED-Funktionäre. Wer schon so viel gelernt hatte, dem konnte auch noch Weiteres zugemutet werden. Folglich wiederholte Seigewasser in aller Härte die ihm schriftlich vorliegenden Grundsatzerklärungen seiner Partei zum »Platz der Kirchen in der sozialistischen Gesellschaft der DDR«, die keinesfalls die von der Kirche offerierte »Mitarbeit« akzeptierten, sondern die Beschränkung auf eine Kultkirche forderten. Hüttner bekräftigte, das Dargelegte finde »die Billigung der Partei der Arbeiterklasse«, und sprach Schönherr ein Lob aus: »Der Ton des Vortrages und das gesellschaftliche Engagement des Bischofs habe ihn gefreut.«

Nun rückte Schönherr auch noch von dem Begriff des »Wächteramtes« ab, den er als »unglücklich« bezeichnete und der historisch in die Zeit des Kirchenkampfes gehöre. Statt dessen suchte er den Staatsvertretern den Begriff der »kritischen Solidarität« nahezubringen und führte als Beispiel die mögliche Hilfe des Pfarrers an, »daß die Familien den Mut haben müssen, geistig behinderte Kinder richtig zu behandeln«. Außerdem nannte er die Bereiche von Kultur und Volksbildung, worauf Seigewasser sofort erklärte, »in der sozialistischen Kulturpolitik« gebe es »kein Mitspracherecht der Kirchen«.

Die 4. Tagung der BEK-Synode in Dresden vom 30. Juni bis 4. Juli 1972 fand auf seiten des Staates vor allem wegen Falckes Synodalreferat eine insgesamt negative Einschätzung. In Willi Barths »Information vom 5. Juli« heißt es:

»Mit Hilfe des Hauptreferates von Pfarrer Dr. Falcke, Gnadau, sollte offensichtlich getestet werden, inwieweit es im Zusammenhang mit der Standortbestimmung der Kirchen im Sozialismus möglich ist, Theorien und Auffassungen der bürgerlichen Ideologie, besonders des Sozialdemokratismus und Revisionismus, zur Geltung zu bringen. In diesem Referat hat eine Gruppe von Kirchenvertretern, die in besonderem Maße für die Bonner Ostpolitik anfällig sind, ihre Position dargelegt. Sie ist vor allem im Bereich der Kirchenprovinz Sachsen (Magdeburg) konzentriert. [...] Das Referat Falckes ist ein Versuch der klerikalen Auseinandersetzung mit Grundpositionen der marxistisch-leninistischen Weltanschauung. So werden geschickt und, vorsichtig formuliert, Alternativvorstellungen dargelegt gegen die marxistische Auffassung vom Menschen, von der Arbeit, von der führenden Rolle der Partei, vom Wesen des Sozialismus und dem demokratischen Zentralismus. [...] Es wird die Hoffnung nach einem ›verbesserlichen‹ Sozialismus ausgesprochen, in welchem der ›Spielraum an offener Diskussion erweitert‹ und mehr Partnerschaftlichkeit und Pluralismus gewährt werden. Bestandteil eines ›verbesserten‹ Sozialismus soll es sein, daß Christen besonders dort mitarbeiten, ›wo die sozialistische Gesellschaft enttäuscht und das sozialistische Ziel entstellt oder unkenntlich wird‹.«[235]

Positiv wurden dagegen der Tätigkeitsbericht der Konferenz der Kirchenleitungen, das Beschlußdokument zum Bericht der Kirchenleitung und Philip Potters (Ökumenischer Rat der Kirchen) Auftreten in Genf erwähnt. Potters hohes Interesse an der gesellschaftlichen Wirklichkeit des Sozialismus und seine deutliche Sympathie für die DDR waren den SED-Funktionären eine deutliche Bestätigung für das »positive Auftreten« kirchenleitender Persönlichkeiten in der Ökumene. Trotz der scharfen Verurteilung des Falckeschen Referates und der Forderung, »die konstruktive Linie der 3. Bundessynode 1971 in Eisenach« weiterzuführen, sah die SED in dem Konflikt keine grundsätzlich neue Qualität. Immerhin konnte sie befriedigt feststellen, daß namhafte Persönlichkeiten aus dem Kirchenbund »gegen die negativen Seiten des Referates« Stellung bezogen hatten.

Stolpe drängte im Sommer 1972 auf eine theologische Fundamentierung der Kirchenpolitik des Bundes. Ohne Falckes Synodalreferat[236] auch nur zu erwähnen, das ja nicht allein von den Staatsvertretern sehr kritisch bewertet worden war, sondern auch im kirchlichen Raum heftigen Widerspruch ausgelöst hatte[237], sprach er anläßlich eines Besuchs bei der Schweriner Kirchenleitung drei Wochen später

»von einem Mißstand, die theologische Abstinenz räche sich. Es könne nicht nur bei Aktionen bleiben, die Lehrgespräche behalten Bedeutung, auch im Hinblick auf die Kirchenpolitik. Von welchem theologischem Verständnis her treibt der Bund Kirchenpolitik? An welcher Stelle wird zu dieser Frage gearbeitet? Im theol. Ausschuß? Im Bischofskonvent? In den Konventen der Kirchenleitung? In einer Gesprächsstunde für theol. Referenten?«[238]

So als habe er von Stolpe das Stichwort empfangen, gab SED-Politbüro-Mitglied Albert Norden am 12. Oktober 1972 in seinem Grußwort vor dem XIII. Ost-CDU-Parteitag eine Definition zum richtigen Verständnis des Christen als sozialistischem Staatsbürger:

»Ihr Wille und Ihre Haltung werden daran sichtbar, daß Sie – ohne Bekenner der marxistisch-leninistischen Weltanschauung zu sein – den Sozialismus bejahen, daß Sie von den Aussagen Ihres Glaubens und Ihrer Ethik aus einen schöpferischen Beitrag zur Festigung der sozialistischen Ordnung, insbesondere auch in der Menschenbildung, leisten [...] Wer so seine gesellschaftliche und geistige Entscheidung gefällt hat und sie tagtäglich in der Praxis unseres Lebens nachvollzieht, der hat seinen festen Platz in unserer Gemeinschaft und der wird in der Zukunft in unserer Gesellschaft seine Heimat haben. Es ist dies der Platz *sozialistischer Staatsbürger christlichen Glaubens*, die alle ihre geistigen und sittlichen Kräfte dem Kampf des Volkes zur Verfügung stellen.«[239]

Die Formel vom »sozialistischen Staatsbürger christlichen Glaubens« geisterte für zwei Jahre als von der SED sanktionierte Grunddefinition durch CDU-Vorträge, aber auch durch die Reden kirchlicher Amtsträger[240].

Mitte November 1972 tagte erstmals der von der Bundessynode eingesetzte Sonderausschuß, der über »den unbefriedigenden Zustand des Bundes« beriet[241]. Zu den empfindlichsten Kritikpunkten zählte das mangelhafte Zusammenspiel zwischen Bund und Gliedkirchen, das Desinteresse der Gemeinden am Bund, die ungenügende Informationspolitik des Bundes und seine synodalfeindliche, konsistorial verfaßte Struktur und Arbeitsweise. Während der zweiten Sitzung des Sonderausschusses befaßten sich die Mitglieder mit den Überprüfungsergebnissen der Ausschüsse. Zum Ausbildungsausschuß heißt es: »Es fehlen eine echte Bedarfsforschung und zugleich eine Prognose der Gemeinde von 1980. Es ist eine Basisfremdheit festzustellen. Zwar werden Kader ausgebildet, aber es liegt kein Gesamtkonzept vor.«[242] Insgesamt wurde eine Richtlinienkompetenz der Synode gefordert sowie eine Reform der Arbeitsweise der Bundessynode.

Das »Spitzengespräch« zwischen Erich Honecker und dem Vorstand des DDR-Kirchenbundes am 6. März 1978 und seine Vorgeschichte

Die Veranstaltungsverordnung (VVO), der Kampf Bischof Fränkels und die letzten Jahre des Thüringer Oberkirchenrats Gerhard Lotz im Dienste des MfS (1973/74)

Auch nach der »Anerkennung« des Kirchenbundes durch das SED-Regime im Frühjahr 1971 sollten der BEK und seine Gliedkirchen vom Ministerium für Staatssicherheit kontinuierlich weiter beeinflußt werden. Bis Mai 1975 gehörte Oberkirchenrat Gerhard Lotz zu den wichtigsten Einflußagenten des Staates in der Kirche. Allerdings verlor er in den letzten Jahren im Raum der Kirche zunehmend an Bedeutung. Ende 1972 wurde sein Bruder Rudolf vom Amt des thüringischen Synodalpräses abgewählt, Braecklein förderte durch seine eher abwartende Haltung mittelbar auch konservative Kräfte, so daß Lotz bereits zu diesem Zeitpunkt den Aufstieg des Lobensteiner Superintendenten Werner Leich voraussah[1]. Allerdings betrachtete er diese mögliche Personalentscheidung nicht als dramatisch. Nach dem Bericht seines Führungsoffiziers soll er sich am 24. Mai 1974 so geäußert haben:

»Leich sei sehr ehrgeizig und schiele schon lange nach dem Bischofsamt. Er hat es verstanden, eine beachtliche Zahl von Synodalen und kirchlichen Amtsträgern hinter sich zu bringen. Seit er sich mit dem Gedanken, Bischof zu werden, beschäftigt, ist bei ihm eine spürbare Abwendung von reaktionären Aktivitäten festzustellen. Der IM [Lotz] schätzte Leich als etwas dümmlich ein. Dies sei jedoch kein Hinderungsgrund für eine führende Funktion, da solche Personen sich leichter beeinflussen lassen.«[2]

Gleichwohl richtete sich im Blick auf die Nachfolge Braeckleins das Hauptinteresse des Staates auf Kirchenrat Walter Saft. Um diesem noch eine Frist zur weiteren Profilierung zu gewähren – er war »in den zurückliegenden Jahren zu links aufgetreten«[3] –, bedrängte Lotz den inzwischen achtundsechzigjährigen Braecklein, er möge noch eine Zeitlang im Amt bleiben. Zur Aufbesserung von Safts Image hielt Lotz »eine Dozentur bzw. Professur an der Theologischen Sektion in Jena für eine unumgängliche Notwendigkeit«[4]. Saft erhielt das akademische Amt, verlor 1977 aber dennoch die Bischofswahl gegen Leich[5].

Lotz' Bemühen, staatliche Positionen zu vertreten, ging so weit, daß er die MfS-Offiziere beschwor, einmal getroffene politische Entscheidungen nicht im nachhinein durch die Kirche aufweichen zu lassen. So berichtete er am 3.

April 1973 seinem Führungsoffizier Roßberg, daß die Praktizierung der Veranstaltungsverordnung (VVO) nach wie vor im Mittelpunkt kirchlichen Interesses stehe.

»Der IM [Lotz] warnte eindringlich vor einem Nachgeben staatlicherseits. Er empfahl,
– nichts am Text der VVO zu verändern
– die anzumeldenden Veranstaltungen besser [zu] definieren
– Rüstzeiten als religiöse Unterweisungen an[zu]erkennen und dadurch Exerzitien gleich[zu]setzen
– die Praxis [zu] vereinheitlichen und diese [zu] verbessern, indem nicht so kleinlich verfahren wird
– die Kompetenzen nicht zu verändern.«[6]

Lotz beriet das Regime also durchaus so, daß Konflikte zwischen Staat und Kirche minimiert werden sollten, ohne die Position des Staates ins Hintertreffen geraten zu lassen. Das Grundproblem staatlicher Kirchenpolitik sah er in Uneinheitlichkeit, Inkonsequenz und unentschlossenem Handeln. Darum vermerkte sein Führungsoffizier drohend:

»Wenn der Staat weitergehende Zugeständnisse bzw. Kompromisse macht, betrachtete IM [Lotz] sich und Bischof Breacklein [sic!] als exponiert und gegenüber den Scharfmachern vom Staat im Stich gelassen. Er würde sich in Zukunft schwer überlegen, sich nochmals für staatliche Belange so massiv einzusetzen. Wenn eine Rückgängigmachung der Praxis der Anmeldung von Rüstzeiten bei der VP erfolge, käme es zu einem riesigen Triumph bei den reaktionären Kräften. Sie würden sofort neue Forderungen stellen.«[7]

Zu Stolpe vermerkte Lotz, daß dieser im Blick auf die VVO zu den »Scharfmachern« gehöre, aber nun zu resignieren beginne.

Doch der SED-Staat war an einer offenen Konfrontation mit internationalen Auswirkungen nicht interessiert. Auf das Gerücht hin, kirchliche Kreise planten eine Eingabe an die UNO-Menschenrechtskommission, die Aufnahme der DDR in die UNO solange zu sistieren, bis das Versammlungsrecht für die Kirchen wieder in Kraft gesetzt sei, schlug Paul Verner am 15. März 1973 Erich Honecker vor, künftig wieder auf die polizeiliche Anmeldung von Bibelrüstzeiten zu verzichten und zur früheren Praxis formloser Information zurückzukehren. Das Sekretariat des ZK stimmte am 28. März 1973 der »internen Handhabung der VVO«[8] zu. Eine gute Woche später informierte Seigewasser Schönherr und Stolpe über diese Entscheidung[9].

Wenige Tage vor diesem Gespräch hielt der Görlitzer Bischof Hans-Joachim Fränkel vor seiner Synode einen Vortrag zur »öffentlichen Verantwortung der Kirchen«[10], in dem er Positionen bezog, die Schönherr für den Kirchenbund schon geräumt hatte. Er begründete theologisch den Anspruch der Kirche, sich zu politischen Fragen äußern zu können, und sprach erneut vom Wächteramt der Kirche in der Gesellschaft. Dabei nahm er häufig Bezug auf Erklärungen aus der Zeit des Kirchenkampfes, wodurch gewisse Parallelen zwischen der ersten und zweiten Diktatur assoziiert wurden. Die VVO bezeichnete er als Kampfmaßnahme gegen die Kirche und äußerte sich zu deutschlandpolitischen Fragen ganz im Sinne des Bonner Grundgesetzes. Die Aufnahme der

DDR in die UNO wendete er so, daß sie damit eine neue Weltverantwortung auf sich genommen habe, die nicht ohne Einfluß auf ihr Staats- und Menschenrechtsverständnis bleiben könne. Unter der Problemstellung »Einheitsgesellschaft in der DDR« setzte er sich kritisch mit dem »sozialistischen« Bildungssystem auseinander und wiederholte den Vorwurf, die Kinder christlich gebundener Eltern würden in diesem System benachteiligt.

Für den SED-Staat war diese Rede ein Rückfall in den Kalten Krieg. Die Arbeitsgruppe Kirchenfragen beim ZK der SED schätzte ein, Fränkel versuche »den positiven Prozeß der Anpassung der Kirche an die sozialistische Gesellschaft zu verhindern und die Kirche in die Rolle einer politischen Opposition gegen den Sozialismus zu drängen«[11]. Er kämpfe gegen die führende Rolle der Partei und rede einem »ideologischen Pluralismus« das Wort.

Fränkels Vortrag ermutigte die konservativen Kräfte, auf der 5. Tagung der 1. BEK-Synode Ende Mai 1973 kritische Fragen zu stellen. Diese bezogen sich strukturell auf den Leitungsstil des Kirchenbund-Vorstandes und inhaltlich auf die sozialistische Volksbildung. Schönherr hatte unmittelbar vor Beginn der Synode in geschlossener Sitzung über die staatliche Entscheidung im Blick auf die VVO berichtet und die Reaktionen der SED auf Fränkels Rede geschildert. Dabei übte er keine inhaltliche Kritik an den Ausführungen seines Görlitzer Kollegen, sondern stimmte ihm in einem Punkt – der Kritik an dem sozialistischen Bildungssystem – sogar zu. Diesen Kritikpunkt hatte er auch in den Bericht der Konferenz der Kirchenleitungen aufgenommen, während ansonsten der Tenor ganz an dem der Eisenacher Synode orientiert war. Insbesondere wurde die Stellung der Kirche in der sozialistischen Gesellschaft so beschrieben, daß der Staat daran keinen Anstoß nehmen konnte. Für den ökumenischen Bereich wurde die besondere Verbundenheit der Kirchen in den sozialistischen Gesellschaften hervorgehoben sowie das diakonische Engagement des BEK für Vietnam und für das Antirassismusprogramm des ÖRK.

»Wir sind dem Ökumenischen Rat dankbar, daß er mit dem Programm zur Bekämpfung des Rassismus für alle Kirchen und damit auch für die unseren den Anstoß gegeben hat, sich der Frage der Parteinahme für Brüder und Schwestern in der Menschheitsfamilie, denen Grundrechte menschlicher Gemeinschaft vorenthalten werden, konkret zu stellen. In den zwei Jahren der Beteiligung am Antirassismusprogramm haben wir unsere Position ständig neu überprüft. Wir sind in dieser Zeit wacher, aufmerksamer und noch entschiedener in der Erkenntnis geworden, daß es hier für die Kirche Jesu Christi um eine geht, die in ihrer Gewichtigkeit nur noch mit der beim Aufkommen kapitalistischer Ausbeutung des 19. Jahrhunderts zu vergleichen ist.«[12]

Staats- und Parteifunktionäre hatten vor der Synode und danach Gespräche mit den leitenden BEK-Persönlichkeiten geführt. Dabei mußte sich Schönherr »seine mangelnde Bereitschaft zu notwendigen Auseinandersetzungen mit reaktionären Positionen, die auch der Kirche selbst Schaden zufügen«[13], vorhalten lassen. Daß der BEK-Vorsitzende gar keine andere als eine integrative Haltung einnehmen konnte, wenn er nicht riskieren wollte, allen Einfluß zu verlieren, wurde nicht offen thematisiert. Landesbischof Braecklein (Eisenach), Landesjugendpfarrer Günther (Potsdam), Dozent Martin Seils (Naumburg), Landessuperintendent Schröder (Parchim), Pfarrer Hartmut Grüber (Hohenbruch) und OKR Werner Gerhard (Dessau) erhielten im Bericht Willi Barths eine ausgesprochen positive Beurteilung[14]. Günther hatte von der Volksbildungsfrage ablenken wollen, indem er auf die seines Erachtens gewichtigeren Fragen wie die Sicherheitskonferenz, den Berliner Vertrag und die Bombardierung Kambodschas verwies.

Nach einem Bericht Lotz' über die Konferenz der Kirchenleitungen am 21. und 22. Juli 1973 spielte neben dem Gerangel zwischen Staat und Kirche, wenn es um die Betreuung ökumenischer Gäste ging, vor allem das Problem ausreisewilliger Pfarrer eine wichtige Rolle.

»Es wird berichtet, daß lawinenartig die Wünsche aus der Pfarrerschaft auf Ausreisen aus kirchlichen Gründen in die Bundesrepublik anwachsen. OKR Pabst braucht einen Hilfssachbearbeiter.«[15]

Mitte September 1973 führte Schönherr wieder ein Gespräch mit Seigewasser[16], am 24. Oktober 1973 traf sich Roßberg drei Stunden lang mit IM »Sekretär«[17]; Ende Oktober 1973 fand in Elbingerode die Bundessynode statt[18].

Am 30. Oktober 1973 faßte das Politbüro einen Beschluß zur Einschätzung der BEK-Führungskräfte und stimmte den vorgeschlagenen Maßnahmen zu.

Die SED-Einschätzung erfaßt zutreffend die SPD-nahen deutschlandpolitischen Ansichten profilierter Persönlichkeiten wie die des Magdeburger Bischofs Werner Krusche. Außenpolitisch nahmen die Bischöfe »auch im kapitalistischen Ausland« zu Grundanliegen der DDR – völkerrechtliche Anerkennung, Aufnahme in die UNO, Einberufung der KSZE – in einer Weise Stellung, daß sie »durch ihr Auftreten zur Popularisierung der DDR und ihrer Friedenspolitik beitragen«[19]. Auch die Zusammenarbeit des Metropoliten Juvenali und des Oberlandeskirchenrates Ulrich von Brück (Dresden)[20] in Genf bei der Verhinderung der Aufnahme »antisozialistische[r] und antisowjetische[r] Passagen« in ein Dokument, das dem Zentralausschuß des ÖRK vorlag, wird anerkennend vermerkt.

Für die Politik des Kirchenbund-Vorsitzenden vermochte die SED nur sehr bedingt Verständnis aufzubringen:

»Bischof Schönherr, der selbst eine schwankende, opportunistische Haltung einnimmt, gab in persönlichen Aussprachen zu verstehen, daß er wegen bestimmter positiver Entscheidungen starker Kritik, ja Feindseligkeiten aus Kirchenkreisen ausgesetzt sei. [...] Er bemüht sich, einen eigenständigen Kurs der Kirchen in der DDR zu markieren und reaktionäre Verstöße aus kirchlichen Kreisen abzuschwächen. [...] Andererseits gibt er häufig dem Druck reaktionärer Elemente nach und versucht, seine kirchliche Autorität und Position durch Zugeständnisse an diese Kreise zu erhalten.«[21]

Sehr viel positiver erschien den SED-Funktionären das Auftreten des thüringischen Landesbischofs Braecklein und des Dessauer Kirchenpräsidenten Natho. Als Anhänger sozialdemokratischer Brandt-Politik bildeten in SED-Perspektive die Theologen Heino Falcke, Werner Krusche und Hans-Joachim Fränkel den »reaktionären« Flügel im BEK. Ihnen wurde vorgeworfen, sie verträten eine »sozialdemokratische Partnerschaftstheorie« zwischen Staat und Kirche, propagierten den ideologischen »Dialog zwischen Marxismus und Religion«, suchten eine »kritische Solidarität« zur sozialistischen Gesellschaft einzunehmen, machten sich zu Fürsprechern »einer umfassenden Gewährleistung der Menschenrechte« und hielten an der »Fortexistenz der ›einheitlichen deutschen Nation‹« fest.

Als Maßnahmen zur Durchsetzung der SED-Kirchenpolitik empfahl Paul Verner dem Politbüro, eine »kontinuierliche und differenzierte Einflußnahme auf die Führungskräfte, die Synodalen und anderen Amtsträger in den evangelischen Landeskirchen«, wobei die Ost-CDU Unterstützung geben sollte; vor Auslandsreisen kirchenleitender Persönlichkeiten sollte eine entsprechende außen- und kirchenpolitische Unterrichtung durch staatliche Organe erfolgen. Ein weiteres Ziel bestand in der Erarbeitung einer »Grundsatzerklärung des Kirchenbundes anläßlich des 25. Jahrestages der Gründung der DDR«.

Am 8. November 1973 hielt Fränkel auf Einladung des Landesbruderrates der Bekennenden Kirche Sachsens in der Dresdener Annenkirche einen aufsehenerregenden Vortrag mit dem Thema »Was haben wir aus dem Kirchenkampf gelernt?«[22] Darin sah der SED-Staat eine unerhörte Provokation und suchte nun auf allen Ebenen dem Problem Fränkel beizukommen. Den öffentlichen Teil der Auseinandersetzung führten SED-nahe Theologen in der DDR-Publizistik[23]. Ein offenes Vorgehen gegen die Görlitzer Kirche, etwa den Vorschlag, ihr Staatszuschüsse zu streichen, lehnte Paul Verner ab[24]. Doch im Hintergrund wurde das MfS tätig.

Am 16. Januar 1974 übernahm Oberkirchenrat Lotz von seinem Führungsoffizier den »Auftrag, eine Konzeption zur Einflußnahme auf Bischof Fränkel, Görlitz, zu entwickeln.« Es wurden mit ihm »Maßnahmen beraten, die im Rahmen einer Konzeption gegenüber Bischof Fränkel zur Durchführung kommen sollen«[25]. In diesem Zusammenhang warnte Lotz ungefragt vor Zeddies, Grengel, Lewek, Schwerin und Borgmann, die er Roßberg zufolge als »negative Gruppierung [...] im Apparat des [Kirchen-]Bundes« bezeichnete.

Etwa gleichzeitig mit Lotz wurden weitere Inoffizielle Mitarbeiter auf den Görlitzer Bischof angesetzt. Am 2. April 1974 berichtete IM »Prinz« – es handelte sich um den Ökumene-Referenten der EKU-Kirchenkanzlei, Oberkirchenrat Ernst-Eugen Meckel – über folgende Maßnahmen:

»Am 28.3.1974 haben Mitglieder der Leitung des Bundes der Evangelischen Kirchen in der DDR und des Rates der Evangelischen Kirche der Union (EKU), u. a. Bischof Schönherr, Berlin, Bischof Hempel, Dresden, Oberkonsistorialrat Stolpe, Berlin, Oberkirchenrat Meckel, Berlin, mit Bischof Fränkel, Görlitz, eine interne Aussprache geführt. Das Ziel habe darin bestanden, Fränkel von seinem geplanten provokatorischen Auftreten auf der am 29.3.1974 beginnenden Frühjahrssynode der Görlitzer Landeskirche abzuhalten. Fränkel sei zunächst nicht bereit gewesen, von seiner ursprünglichen Position abzugehen. Es sei ihm dann jedoch mit aller Deutlichkeit klargemacht worden, daß der Rat der ›EKU‹ einen Beschluß herbeiführen werde, um Fränkels Verhalten zu mißbilligen und staatlichen Stellen gegenüber das Bedauern über sein Auftreten zum Ausdruck zu bringen. Bischof Hempel habe darüber hinaus erklärt, daß Fränkel nicht wieder bei Veranstaltungen der Evangelischen Landeskirche Sachsens auftreten dürfe. Fränkel habe daraufhin geäußert, daß er die Meinung von Bischof Schönherr respektiere. Er sei daher betrübt nach Görlitz zurückgekehrt und habe dann seine am 29.3.1974 gehaltene Rede vervielfältigen und entgegen den sonstigen Gepflogenheiten erst im Nachgang am 30.3.1974 verteilen lassen. Diese Angaben des IM ›Prinz‹ wurden vom IM ›Sekretär‹ bestätigt, der noch hinzufügte, daß es Bischof Schönherr schwergefallen sei, in dieser Art mit Bischof Fränkel zu sprechen. Die Meinungsbildung unter den Mitgliedern des Bundes und des Rates der ›EKU‹ zu Fränkel sei insbesondere im Hinblick auf viele ›mahnende Stimmen‹ aus den Landeskirchen Görlitz und Sachsen sowie aus Westdeutschland erfolgt. Diese Information der IM ›Prinz‹ und ›Sekretär‹ wird in der kommenden Woche vervollständigt.«[26]

Kämpfe um eine »ideologische Koexistenz« (1974/75)

Am 23. Januar 1974 sprach der KKL-Vorstand mit staatlichen Vertretern in der Behörde des Staatssekretärs für Kirchenfragen über das Staat-Kirche-Verhältnis in der DDR. Dem staatlichen Protokoll zufolge lag Schönherr vor allem an der Durchsetzung einer Erklärung über die »ideologische Koexistenz« von Kirche und Staat, die das SED-Regime freilich bis zuletzt ablehnte[27].

Zur Erreichung seines Zieles skizzierte der BEK-Vorsitzende einerseits einen Prozeß der beiderseitigen Annäherung und unterstrich andererseits die wachsende Distanz des BEK zu den »imperialistischen« Staaten. Vor diesem Hintergrund beklagte er dann allerdings die mangelhafte Realisierung von SED-Grundsatzerklärungen bei der Behandlung von Christen vor Ort, wobei er sich besonders auf deren Benachteiligung in der Volksbildung berief.

»Der Christ suche des Staates und der Stadt Bestes. Die Formulierung, daß sie Kirche im Sozialismus sein wollen, hat die Billigung des Staates gefunden. Früheres Mißtrauen und Vorurteile konnten auf beiden Seiten abgebaut werden. Hier bezog er sich u. a. auf Ausführungen des Genossen Breschnew. Schönherr habe in der letzten Zeit die Reden von Matern, Verner und Norden zum Verhältnis von Staat und Kirche noch einmal durchgesehen. Er habe dabei eine Reihe interessanter Entwicklungen festgestellt. Im Jahr 1969 habe Hermann Matern formuliert, daß in vielen Teilen der Welt Gläubige antiimperialistische Positionen beziehen und sich im Kampf den kommunistischen Parteien annähern. Das geschähe, weil sie gesellschaftliche Entscheidungen treffen. Paul Verner sähe die Grundlage für das Engagement der Christen in der Gesellschaft in den ursprünglichen Idealen und christlichen Motivationen begründet. Albert Norden bestätigt, daß ethische Entscheidungen des Christen ihre politische Haltung begründen. Der Bischof habe in der letzten Zeit den Marxismus-Leninismus studiert. Die Christen verstehen den letzten weltanschaulichen Gegensatz nicht. Es wird aber auch deutlich, daß die gesellschaftliche Seite sieht und anerkennt: Die Motive des Christen, für eine bessere Welt einzutreten, liegen im Glauben selbst. Er sei voll mit Paul Verner einverstanden, der festgestellt hat: Indem wir die gesellschaftlichen Verhältnisse ändern, ändern wir uns selbst. Genauso stimme er der Feststellung Albert Nordens zu, daß man, ohne Bekenner des Marxismus-Leninismus zu sein, vom Glauben her die DDR stärken und einen Beitrag zur Menschenbildung leisten könne. So hat der sozialistische Staatsbürger christlichen Glaubens seinen Platz in der DDR. [...] Seit Jahren versuche er, das Verhältnis zwischen Staat und Kirche zu klären. Immer wieder stelle sich ihm die Frage nach der ›ideologischen Koexistenz‹. Lenin hat den Begriff formuliert aus seinen Friedensüberlegungen. [...] Man soll Christentum und Marxismus nicht durcheinanderbringen, aber beide sind doch Brüder. Der Marxismus-Leninismus wäre ohne das Christentum nie entstanden. Er habe Wahrheitsmomente des Christentums übernommen, aber auch die Gegensätze erkannt. Es wird behauptet durch die Marxisten-Leninisten, religiöses Bewußtsein sei falsche Widerspiegelung der objektiven Realität. So gibt es natürlich keine Brücke des Christentums zum Marxismus-Leninismus. Die Christen sagen, der Unterschied besteht zwischen Glauben und Unglauben, aber zu Jesus gehören alle, ob sie glauben oder nicht. Hier ist die Brücke.«

Die SED-Vertreter wiesen nicht nur die Möglichkeit einer »ideologischen Koexistenz« zurück, sondern erinnerten im Zusammenhang mit der Volksbildung auch an die strikte Trennung von sozialistischem Staat und Kirche. Solange die Kirche in Konventen und Synoden »Aggressivitäten […] und […] Fehlinterpretationen […] bei der gesellschaftlichen Beurteilung von Grundsatzentwicklungen« zulasse, besitze sie »nicht die Glaubwürdigkeit, Kirche im Sozialismus zu sein«. Gleichzeitig gab er eine Anregung, bei welcher Gelegenheit die Kirche ihre gesellschaftliche Position eindeutig zum Ausdruck bringen könne: zum 25. Geburtstag der DDR. »Keine Kirche in einem anderen sozialistischen Land«, so Seigewasser, »würde ein solches Ereignis unbeantwortet lassen«.

Braecklein bekräftigte die kirchliche Überzeugung, die DDR sei »kein Provisorium«, sondern man habe es »mit einem stabilen Staat und einer stabilen Gesellschaft zu tun«. Sodann führte der BEK-Präses aus, der Sozialismus werde von seiten kirchlicher Amtsträger »zunehmend besser verstanden«.

Der Magdeburger Pfarrer Martin Kramer wandte sich gegen den Versuch des Staates, zwischen den Kirchen und ihren Amtsträgern eine »innere Differenzierung« vorzunehmen. Daraufhin beharrte Seigewasser, der zuvor »den freundschaftlichen Grundtenor des Gespräches« hervorgehoben hatte, auf dem Differenzierungsprozeß. »In staatsbürgerlicher Konsequenz gibt es keine Einheit der Kirche mehr. […] Der Staat braucht in der sozialistischen Gesellschaft Klarheit in der Aussage. Jede Formulierung, die unsere Feinde gebrauchen können, muß zurückgewiesen werden.«[28]

Die Bereitschaft der Kirche zur Kooperation mit dem SED-Staat unter der Voraussetzung ihrer Anerkennung als einer akzeptierten gesellschaftlichen Kraft wurde von seiten der Staatsvertreter klar zurückgewiesen. Was die SED erwartete, war eine völlige Ergebenheit bis hin zur Selbstaufgabe. Offenbar meinte sie es sich leisten zu können, der Kirche ihren kompromißlosen Kurs zu diktieren. Nur so läßt sich erklären, daß Seigewasser den von Stolpe präsentierten Entwurf der »Geburtstagsadresse« zum DDR-Jubiläum in einem Gespräch mit dem Leiter des BEK-Sekretariats brüsk zurückwies. Er bedauerte, Stolpe auf diese Möglichkeit einer Begegnung mit dem Staatsratsvorsitzenden überhaupt hingewiesen und »ihnen viele Fingerzeige für eine gute Grußadresse«[29] gegeben zu haben. Weitere Bemühungen zur Verbesserung des Textes halte er für unnötig. Elemente des Textes könnten allenfalls in einer Gesamtgrußadresse der Konferenz der Kirchenleitungen Platz finden. Liest man die nach Stolpes Aussagen von Schönherr und Hempel verfaßte Adresse, so erscheint Seigewassers harscher Bescheid völlig unverständlich. Zwar enthielt der Text eine Reihe von theologischen Begründungen, die Stolpe gegenüber Seigewasser nicht ganz zu Unrecht als »etwas schwerfällig formuliert« bezeichnete, aber die politischen Aussagen des Textes waren alles in allem ein summarisches Dokument außenpolitischer Übereinstimmung zwischen Staat und Kirche unter dem Stichwort »Frieden«, ein Zeugnis für die Friedens- und Entspannungspolitik der DDR insgesamt und ein rundes Lob für die sozialpolitischen Errungenschaften der Diktatur im Inneren. Neben der Anerkenntnis eines »erheblichen Schuldanteil[s]« der Kirchen an den schweren Belastungen im »Verhältnis von christlichem Glauben und marxistischer Überzeugung, von christlichen Kirchen und sozialistischer Partei« betonte der Text freilich auch den Anteil von Christen am Aufbau der sozialistischen Gesellschaft. Die Erklärung schließt mit einigen zurückhaltenden Andeutungen über noch bestehende Differenzen. Dominant aber blieben die Aussagen der Anerkennung und Wertschätzung des Systems sowie das Verlangen, Mitverantwortung übernehmen zu dürfen. Dieses Streben nach gesellschaftlicher Beteiligung und die Tatsache, daß die Aussagen eigentlich nicht wesentlich über frühere Loyalitätsbekundungen hinausgingen, mögen die ablehnende Reaktion des Staatssekretärs bewirkt haben. Das Regime fühlte sich durch seine außen- und innenpolitischen Erfolge in seinem harten Kurs eher bestätigt[30] und konnte offenbar gut auf eine Akklamation seitens der ständig schrumpfenden Kirche verzichten, wenn diese etwas kosten sollte. Allein ein Umstand bereitete den SED-Funktionären noch Sorge, nämlich »daß in der Öffentlichkeit oder in der Westpresse über diese Aussprache und deren Ergebnis informiert würde«. Darum drohte Wilke in Gegenwart einer Zeugin für den Fall einer solchen Indiskretion mit einer »ernsten Belastung« des Staat-Kirche-Verhältnisses, was Stolpe zu der Versicherung veranlaßte, entsprechend »orientieren« zu wollen.

Für den kläglichen Ausgang der Geburtstagsadresse waren weder Stolpe noch die anderen an der Aktion Beteiligten verantwortlich. Aus einem Maßnahmeplan der MfS-Hauptabteilung XX/4 vom 29. Juli 1974 geht hervor, wie stark sich zahlreiche Inoffizielle Mitarbeiter in ihren Landeskirchen für die »Organisierung einer positiven Bewegung zum 25. Jahrestag von der Basis [...] her«[31] engagiert hatten. Einerseits wurde »über den IM ›Orion‹[32] [...] gesichert«, daß die Greifswalder Landeskirche mit der Erklärung vorpreschte, »sie werde in würdiger Form den 25. Jahrestag der DDR begehen«, andererseits wollten sechs IM, darunter »Detlef«[33], »Prinz« und »Sekretär«, dafür Sorge tragen, daß die »reaktionären Kräfte« Werner Krusche und Hans-Joachim Fränkel »unter Kontrolle« blieben.

»Die Erarbeitung einer Erklärung und Übergabe am 1.9.1974 an den Staat wird wie folgt organisiert: – Über die IM ›Karl‹, ›Orion‹ und ›Sekretär‹ wurde bereits gesichert, daß sich die Konferenz der Kirchenleitungen bei ihrer Tagung vom 12. bis 13.7.1974 in Berlin für die Abfassung einer Erklärung zum 25. Jahrestag aussprach und die ersten Thesen festlegte. Der Vorstand der Konferenz der Kirchenleitungen wurde beauftragt, einen Entwurf zu erarbeiten. – Auf die Abfassung dieses Entwurfs wird durch die IM ›Sekretär‹ und ›Karl‹ Einfluß genommen. Diesen IM wurde die Konzeption für eine solche Erklärung erläutert. Sie dient auch als Grundlage für eine Einflußnahme auf andere Qualifizierte IM (als Anlage beigefügt).«[34]

Auch die Einflußnahme auf den Bericht der Bundessynode in Potsdam-Hermannswerder, die unmittelbar vor dem »Geburtstags«-Ereignis stattfand, hatte das MfS sorgfältig geplant. Für alle drei Teile waren – neben den offiziell dafür zuständigen Bischöfen Rathke, Hempel und Braecklein – den Sachgebieten jeweils drei Inoffizielle Mitarbeiter zugeteilt. Für den wohl wichtigsten Teil III – Staat und Gesellschaft – ergab sich die aparte Konstellation, daß der offiziell beauftragte Bischof Braecklein mit dem inoffiziell verantwortlichen IM »Ingo« identisch war. Ihm standen »Sekretär« und »Karl« zur Seite.

Auf die Zurückweisung des BEK-Entwurfes am 8. August 1974 folgte unter anderem eine gemeinsame Stellungnahme der Landeskirche Sachsen und der Evangelischen Kirchenprovinz Sachsen vom 25. August 1974, die den »inneren Differenzierungsprozeß« zwischen den Kirchen weiter verschärfte.

»Am 14. September 1974 kam es auf der Tagung der Konferenz der Kirchenleitungen des Bundes zu heftigen Auseinandersetzungen. Die positiven Kräfte forderten eine klare Stellungnahme zum Staat. Bischof Braecklein legte der Konferenz eine dreiseitige positive Stellungnahme vor (von ihm und OKR Lotz verfaßt) und forderte, diese in den Bericht der Konferenz der Kirchenleitungen an die Synode (anläßlich der Tagung vom 27.9.-1.10.74 in Potsdam) einzuarbeiten. Dagegen sprachen sich die Bischöfe Krusche, Fränkel und Hempel sowie weitere Vertreter aus diesen Landeskirchen aus. Sie diffamierten diese Ausarbeitung als einseitig und Verfälschung von Tatsachen. Sie forderten, das Jubiläum zum Anlaß zu nehmen, die ›Behinderungen christlicher Menschen‹ in der DDR aufzuzeigen und die ›Wahrung der Menschenrechte‹ zu fordern. Im Ergebnis der Auseinandersetzungen wurde einstimmig beschlossen, ein Telegramm am 4.10.1974 an den Vorsitzenden des Staatsrates zu senden und am 6.10.1974 in allen Kirchen der DDR eine Kanzelabkündigung zu verlesen. In beiden Materialien sind keine Angriffe enthalten.«[35]

Die massive Einflußnahme des MfS, verbunden mit der strikten Behauptung der ungeteilten Machtposition der führenden Partei, schien dem SED-Staat auch gegenüber den Kirchen nur Vorteile zu bringen. Nachdem der BEK auch über seinen ökumenischen Einfluß die außenpolitischen Anliegen der DDR unterstützt und dafür sogar Konflikte mit den Gemeinden auf sich genommen hatte[36], wiederholte die Bundessynode in Potsdam-Hermannswerder Ende September/Anfang Oktober 1974 ihre positive Einschätzung der DDR-Sozialpolitik[37]. Damit fuhren die DDR-Kirchen fort, einseitig Segmente der Innen- und Außenpolitik der DDR zu goutieren, ohne sie in den gesamtgesellschaftlichen Rahmen der Diktatur zu stellen. Mit diesem Verhalten, das von der SED sorgfältig registriert wurde[38], bestärkten sie die Partei der »Arbeiter- und Bauernmacht« in ihrer kontinuierlichen Kirchenpolitik der bedingungslosen Unterwerfung. Auch in Sachen DDR-Geburtstagsadresse schien der Erfolg die SED-Strategie zu bestätigen. In der Jahresanalyse des Staatssekretärs für Kirchenfragen heißt es:

»Die Zurückweisung dieser Konzeption führte zu einer Auseinandersetzung in der Kirchenleitung, in deren Ergebnis ein akzeptables Grußtelegramm an den Vorsitzenden des Staatsrates zum Jahrestag zustande kam.«[39]

Vergleicht man vor diesem Hintergrund den zurückgewiesenen BEK-Entwurf nochmals mit der MfS-Konzeption[40], so wird man überrascht feststellen, daß diese in jenem durchaus enthalten war und die Kirchenmänner sich lediglich um eine stärkere theologische Einbettung bemüht hatten als die MfS-Offiziere.

Die eigentliche Schwäche der SED-Kirchenpolitik lag in dem brutalen Ausspielen ihrer Stärke, die dem »Partner« eine Kooperation in relativer Selbständigkeit nicht gestattete, und in dem permanenten Mißtrauen gegenüber der Kirche, sie könne gewonnene Spielräume sofort ausnutzen, um der DDR zu schaden. Dieser Argwohn, der sich in einem nahezu unbegrenzten Kontrollbedürfnis niederschlug, war völlig unbegründet, bewirkte aber immer wieder tiefe Verunsicherungen und innere Distanzierungen auf seiten kirchenleitender Persönlichkeiten und hemmte so den angestrebten »Lernprozeß« unter realsozialistischen Bedingungen erheblich.

Kaum war der 25. Geburtstag der DDR vorüber, erschien am Horizont ein neuer Anlaß, der wieder eine gute Gelegenheit bot, die Kirchen zu einer kapitalismuskritischen und sozialismusaffinen Stellungnahme zu bewegen: eine »Veranstaltung mit kirchlichen Amtsträgern zum 30. Jahrestag der Befreiung vom Hitlerfaschismus«. Am 28. Januar 1975 beschloß das Sekretariat des ZK der SED eine entsprechende Vorlage, die auch das thematische Schwergewicht vorgab: »Die Befreiungstat der UdSSR – Voraussetzung und Verpflichtung für einen Weg des Friedens und des gesellschaftlichen Fortschritts«[41]. Aus der Begründung wurde deutlich, daß die vom Nationalrat der Nationalen Front und dem Staatssekretär für Kirchenfragen getragene Veranstaltung der engeren Zusammenarbeit zwischen BEK und Russ.-Orth. Kirche dienen und den Differenzierungsprozeß zwischen den »fortschrittlichen« und den »reaktionären« Kräften in den DDR-Landeskirchen verschärfen sollte.

Seigewasser oblag es, Schönherr für die delikate Aufgabe zu gewinnen. Dazu nutzte er ein Gespräch unter vier Augen, um das der BEK-Vorsitzende gebeten hatte. Dem staatlichen Protokoll zufolge leistete Schönherr eingangs förmlich Abbitte für den unzumutbaren Entwurf der Geburtstagsadresse zum 25. Jahrestag der DDR und versicherte seinem Gegenüber: »Heute würde ich dieses Grußwort so nicht mehr schreiben.«[42] Damit bot er Seigewasser einen willkommenen Einstieg, sein aktuelles Anliegen vorzutragen. Schönherr erklärte seine persönliche Bereitschaft, im Rahmen des geplanten Symposions neben dem Exarch Filaret das ihm zugedachte Referat zu übernehmen, obwohl ihm sichtlich die Einbeziehung auch der westlichen Siegermächte lieber gewesen wäre, bat aber um Verständnis dafür, daß er sich vor einer Zusage mit dem BEK-Vorstand abstimmen müsse. Um kein Aufsehen zu erregen, wolle er dafür keine Sondersitzung einberufen, sondern den regulären Termin Ende Februar abwarten. Gegen den Veranstaltungsort Dresden wandte er ein, dies »würde viele Schwierigkeiten mit sich bringen« und sein »Auftreten ausgerechnet in Dresden als Affront wirken«, und brachte dann eine Reihe von Beschwernissen über die Benachteiligung von Christen in der DDR vor.

Im Verlauf des Gesprächs über die Gedenkveranstaltung hatte Seigewasser erwähnt, ihm sei bekannt, daß Generalsuperintendent Gottfried Forck (Cottbus) und Bischof Werner Krusche (Magdeburg) den 8. Mai »als einen Tag des Leidens, der Kapitulation, des Besiegtseins, der Morde und Vergewaltigungen, der Vertreibungen und anderer völkerrechtswidriger Verbrechen an den Deutschen« betrachteten. Offenbar bestand die Befürchtung, eine solche Beurteilung könnte an die Öffentlichkeit gelangen. Denn kurz darauf berichtete Lotz seinem Führungsoffizier über ein Gespräch mit Stolpe. Darin ging es um Gerüchte über eine Meditation zum 8. Mai, wonach auch Vergewaltigungen durch Angehörige der Sowjetarmee zur Sprache kommen sollten. »Stolpe bezeichnete diese Gerüchte als Greuelpropaganda.«[43] Immerhin war Lotz' Führungsoffizier so beunruhigt, daß er unter anderem folgende »Maßnahmen« anordnete: »Beschaffung der Meditation zum Himmelfahrtstag durch Einsatz von IM ›Dietrich‹[44] [...] Einsatz des IM ›Sekretär‹ zur Klausurtagung der [K]KL vom 7.-9.3.1975 in Buckow.«[45]

Im nachhinein und ohne vorherige Rücksprache mit Schönherr wurde das »Symposion« durch weitere Elemente angereichert, die seinen politischen Charakter eindeutig unterstrichen. Schönherr ließ dieses Verfahren zwar nicht unwidersprochen, zog aber auch seine Zusage nicht zurück[46].

Am 3. April 1975 fand eine Konferenz der evangelischen Bischöfe in der DDR statt, an der zeitweise auch Bischof Hermann Kunst (Bonn) teilnahm. Unmittelbarer Anlaß des Treffens war der Versuch, eine einheitliche Haltung der Kirchenleitungsorgane im Blick auf die Teilnahme an der offiziellen Veranstaltung des Nationalrates und des Staatssekretärs für Kirchenfragen anläßlich des 30. Jahrestages der Kapitulation am 15. April 1975 herzustellen. Braecklein, der Greifswalder Bischof Horst Gienke und Eberhard Natho erklärten, sie nähmen an der Veranstaltung teil und seien von ihren Kirchenleitungen dazu auch bevollmächtigt worden. »Bischof Schönherr stellte dazu fest, daß seine Teilnahme durch die Übernahme des Referats u. die diesbezügliche Billigung durch den Vorstand d. Konf. d. KL außer Debatte steht. Diese Erklärungen bewirkten, daß Bischof Rathke seine Teilnahme zusagte.«[47]

Bischof Werner Krusche entschuldigte sein Fernbleiben mit einer Dienstreise nach Paris zu einer Tagung der Konferenz Europäischer Kirchen. Fränkel teilte mit, daß er persönlich durchaus bereit gewesen wäre teilzunehmen, aber durch die Übermittlung der Einladung derart brüskiert worden sei, daß ihm ein Kommen nicht möglich sei. Auch Hempel erklärte seine persönliche Bereitschaft zur Teilnahme, aber die Kirchenleitung seiner Landeskirche habe seiner Teilnahme nicht zugestimmt. »Seine Gegenspieler hätten diese Entscheidung durchgesetzt.«

Zum Mittelpunkt der Konferenz gestaltete sich ein heftiger Disput zwischen Bischof Kunst und Bischof Krusche.

Auf Krusches Frage an Kunst, wie dieser das Kanzelwort der Magdeburger Kirchenleitung vom 9. März 1975[48] beurteile, tat Kunst so, als habe er diese nicht gehört. Kurz darauf wiederholte Krusche seine Frage, worauf Kunst ihm »in aufgebrachter Weise« Folgendes geantwortet haben soll:

»Wenn Kr[usche] so hartnäckig nach dem Echo bzw. nach einer Beurteilung seines Hirtenwortes frage, so zeige das, daß Kr[usche] sich wahrscheinlich immer noch etwas darauf einbilde. Er, Kunst, müsse ihm aber erklären, daß dieses Hirtenwort absolut verfehlt sei. Er habe genügend Kontakte mit staatl. Vertretern der DDR u. wisse bestens, daß die staatl. Kirchenpol. auf eine Normalisierung des Verhältnisses zw. Staat und Kirche u.

auf eine [...] Tolerierung loyaler kirchl. Tätigkeit gerichtet sei. Kr[usche] habe die Tuch-fühlung mit der Praxis verloren u. schüre künstlich Spannungen. Die Kirchen der DDR müßten endlich folgende Alternative begreifen: Entweder sie konstituieren sich als Opp.-Partei u. müssen dann entspr. staatl. Maßnahmen in Kauf nehmen oder sie begreifen endlich, daß ihre Perspektive nur in Respektierung der gesellschaftl. Verhältnisse u. stärkeren innerkirchl. Lebens gesichert sei. Das ›Wächteramt‹ müsse jeder Staat als Herausforderung verstehen. Er habe diese Haltung schon vor 15 Jahren den DDR-Bischöfen klar zu machen versucht. Aber nur einer habe ihn verstanden und die notw. Schlußfolg. gezogen: Bischof Mitzenheim.«

Die Wiedergabe dieser spontanen Rede des Bonner Militärbischofs erscheint kaum glaubhaft. Als MfS-Quelle kommt in erster Linie Lotz in Frage, der sich auf Braecklein berief, da er ja selbst nicht teilgenommen haben konnte. Entsprechend heißt es am Schluß des Vermerks:

»Bischof Braecklein stellte [...] in einem sehr internen Gespräch fest, daß die Ausführungen von Bischof K[unst] bei Krusche große Betroffenheit u. Verwirrung hervorriefen. Kr[usche] habe offensichtlich von K[unst] ein Lob erwartet. Auch Bischof Fränkel habe offensichtlich die richtigen Schlußflg. im Zusammenhang mit der unmittelbar danach stattfindenden Synode d. Görl[itzer] Kirchengebiets gezogen.«[49]

Auf dem nächsten Bischofskonvent in der dritten Maiwoche 1975 habe, so Lotz, Bischof Rathke seinen Berliner Kollegen Schönherr wegen dessen Rede am 15. April »angegriffen«[50]. Der Wortlaut aller Beiträge und Grußworte sowie eine Teilnehmerliste erschienen noch im selben Jahr im Ost-Berliner Staatsverlag.[51] Das Kirchliche Jahrbuch kommentierte:

»Muß es nicht überraschen, vielleicht sogar befremden, wenn Schönherr in seinem Referat ›Erinnerung und Vermächtnis – Gedanken eines Christen zum 8. Mai 1945 und 1975‹ seine speziell christliche Erinnerung mit Briefen eines Kommunisten, eines Christen und noch einmal eines Marxisten belegt und sein christliches Verständnis von Frieden an Hand von Zitaten aus den Reden Breschnews erläutert?«[52]

Während der Konferenz der Kirchenleitungen in Eisenach vom 9. bis 10. Mai 1975 berichtete Natho empört über den Aufenthalt einer Delegation des Kirchenbundes in den Niederlanden einen Monat zuvor. Die Situation sei »von großer Zerstrittenheit und antikommunistischer Einstellung gekennzeichnet« gewesen. »Für die Delegation aus der DDR habe es teilweise unerquickliche Situationen gegeben. Einige holländische Kirchenführer hätten unangebrachte Witze über die DDR und ihre Repräsentanten erzählt, worauf sich Kirchenpräsident Natho dies verbeten habe. Von ihm sei erklärt worden, daß man einer niederländischen Delegation in der DDR auch keine Witze über die Königin erzählen würde.«[53] Hier wuchs im kirchlichen Raum ein DDR-Patriotismus heran, der sich von der Diktatur außenpolitisch nutzen ließ.

Am 17. Oktober 1975 bestätigte das Sekretariat des ZK der SED eine Vorlage über die »Teilnahme einer Delegation der evangelischen Kirchen in der DDR an der V. Vollversammlung des Ökumenischen Rates der Kirchen in Nairobi (Kenia)«[54]. Aus dem Beschlußentwurf und seiner Begründung geht hervor, welche Aufgaben die DDR der 24köpfigen Delegation des BEK zugedachte:

»In der politisch-ideologischen Vorbereitung der DDR-Vertreter auf die Vollversammlung wird vor allem dahin gewirkt, daß die Kirchendelegierten klare Positionen zur Außenpolitik der DDR und in Fragen des Rassismus und der Menschenrechte beziehen und politisch mit den Kirchenvertretern aus den anderen sozialistischen Ländern zusammengehen.«[55]

Die Mehrheit der Teilnehmer vertrete »politisch vernünftige Positionen«, und es werde erwartet, daß der Delegationsleiter, Bischof Hempel, Mitglied des neuen Zentralausschusses werde.

Obwohl im allgemeinen die Koordination in außenpolitischen Fragen zwischen Staat und Kirche vorzüglich funktionierte, kam es im November 1975 zu einem schweren Eklat, weil die leitenden Geistlichen in der DDR es gewagt hatten, sich zu einer auch von der DDR getragenen UNO-Resolution vom 10. November 1975 kritisch zu äußern[56]. Darin war eine Gleichsetzung von Zionismus und Rassismus vorgenommen worden, die das Antirassismusprogramm des ÖRK gefährden mußte. Auch der BEK hätte unmöglich die PLO mit kirchlichen Geldern gegen Israel unterstützen können. In einem Krisengespräch zwischen Schönherr und Stolpe auf der einen und Seigewasser, Flint und Dohle auf der anderen Seite, das am 4. Dezember 1975 stattfand, klagten die Staatsvertreter, der BEK habe mit seiner Erklärung der DDR erheblichen außenpolitischen Schaden zugefügt. In seiner Verteidigung berief sich Schönherr auf die Schuldverhaftung der Deutschen gegenüber Israel, verurteilte dem staatlichen Protokoll zufolge aber auch die Politik des kleinen Staates im Nahen Osten als »falsch und grausam«. Weiter hob er hervor, was der BEK – in Übereinstimmung mit den außenpolitischen Grundsätzen der DDR – schon für »freiheitsliebende Völker getan« habe. »Unsere Kirchen hätten dafür viel Kritik, auch aus den Kirchen der BRD, hinnehmen müssen.«[57]

Trotz des Debakels um die UNO-Resolution zog die Arbeitsgruppe Kirchenfragen im ZK der SED Anfang Dezember 1975 eine insgesamt positive Bilanz über ihre Kirchenpolitik in den vergangenen vier Jahren.

»Die seit dem VIII. Parteitag erreichten Erfolge bei der Gestaltung der entwickelten sozialistischen Gesellschaft, die Stabilität der DDR, die soziale Sicherheit und der wachsende Wohlstand ihrer Bürger führten dazu, daß die meisten Kirchenvertreter sich veranlaßt sahen, ihre bisherige Stellung zum Sozialismus in der DDR zu überdenken und einen Kurs verstärkter Anpassung an die gesellschaftlichen und politischen Verhältnisse einzuschlagen. Die Frage nach Stellung und Auftrag der Kirche in der sozialistischen Gesellschaft ist Gegenstand fortwährender Erörterung in den Kirchen und Religionsgemeinschaften der DDR.«[58]

Allerdings heißt es einschränkend:

»Die Option für den Sozialismus gilt bei der Mehrheit der Geistlichen – auch bei denen, die an einem guten Verhältnis zum Staat interessiert sind – dem Sozialismus als sozial-ökonomische Gesellschaftsformation, betrifft vor allem seine Wirtschafts-, Sozial- und Außenpolitik. Gegen die Entwicklung im ideologischen Bereich, insbesondere gegen die sozialistische Persönlichkeitsentwicklung und Lebensweise, bestehen nach wie vor erhebliche Vorbehalte. Nach wie vor ist die Konzeption eines ›demokratischen‹ und ›pluralistischen‹ Sozialismus in kirchlichen Kreisen verbreitet.«

Das konnte nach Lage der Dinge nicht anders sein, wenn die Geistlichen Pastoren ihrer Kirche bleiben und nicht zum Marxismus-Leninismus konvertieren wollten. Mit ihrer rigiden weltanschaulichen Abgrenzungspolitik und der Ablehnung einer Beteiligung der Kirchen an der gesellschaftlichen Mitverantwortung schuf die SED selbst den Nährboden für den sich immer mehr ausbreitenden »Sozialdemokratismus« innerhalb der Kirche.

Am 13. März 1976 reagierte die KKL auf den im Januar veröffentlichten Entwurf eines neuen Parteiprogramms der SED, das auf ihrem IX. Parteitag verabschiedet werden sollte. Vierzehn Tage nach der Sitzung sandte Schönherr dem Staatssekretär für Kirchenfragen mit Begleitschreiben die »Meinungsbildung« genannte KKL-Stellungnahme zu. Darin wurde festgestellt, daß im Unterschied zum Parteiprogramm von 1963 »jeder Hinweis auf Religion und unterschiedliche Weltanschauungen« fehle und stattdessen die Ideologie des Marxismus-Leninismus mit großer Intensität für die ganze Gesellschaft verpflichtend gemacht werde[59].

»Das muß zu der Besorgnis Anlaß geben, daß die Gewissens- und Glaubensfreiheit für alle diejenigen Bürger nicht mehr eindeutig garantiert ist, die sich nicht an die Weltanschauung des Marxismus-Leninismus binden können. Die Besorgnis wird dadurch noch größer, daß im Programmentwurf die weltanschauliche Erziehung zum Marxismus-Leninismus in der Einheit aller seiner Teile für die ganze Gesellschaft und die Erziehung aller junger Menschen, ausgehend von den Prinzipien der kommunistischen Erziehung, ausdrücklich betont wird. Die unleugbare Tatsache, daß es in unserer Gesellschaft Menschen verschiedener weltanschaulicher Überzeugungen gibt, verlangt gegenseitige Achtung, wie sie in Äußerungen führender Parteifunktionäre durchaus spürbar ist. In den für die Zukunft Europas bedeutsamen Beschlüssen von Helsinki ist diese Achtung ›als wesentlicher Faktor für den Frieden, die Gerechtigkeit und das Wohlergehen‹ ausdrücklich betont worden. Für die Zusammenarbeit von Menschen verschiedener Weltanschauungen und Gewissensbindungen in der Zukunft wird es von großer Wichtigkeit sein, daß dies auch in den endgültigen Parteidokumenten deutlicher zum Ausdruck kommt.«

Nicht nur die Berufung auf die KSZE-Schlußakte von Helsinki, sondern auch der Hinweis auf unterschiedliche Positionen innerhalb der SED-Führung selbst trafen ins Schwarze. Als Reaktion auf zahlreiche Eingaben auch aus dem nichtkirchlichen Raum blieben die bisher zitierfähigen Formeln im Blick auf die Gewährleistung der Bürgerrechte – unabhängig von Weltanschauung, Rasse und sozialer Stellung – erhalten[60]. Erich Honecker gehörte zu denen, die zunächst intern und dann öffentlich von einem harten ideologischen Kurs Abstand nahmen[61]. Allerdings gelang es den ideologischen Hardlinern im Bereich der Volksbildung, eine forcierte kommunistische Erziehung zu proklamieren, was für die Kirchen gravierende Folgen haben mußte.

Ohne das eigentliche ideologische Ziel, eine kommunistische Gesellschaft ohne Religion, aus den Augen zu verlieren, votierten die auf internationales politisches Ansehen bedachten SED-Funktionäre für eine pragmatische Kirchenpolitik und setzten dafür ein Signal scheinbarer Verständigung: die begrenzte Genehmigung von kirchlichen Mehrzweckbauten in großen Neubaugebieten. Die Realisierung der Projekte wurde an die Bedingung geknüpft, daß sie auf Valutabasis finanziert werden müßten, daß nur realistischen bzw.

positiven kirchlichen Führungskräften die Genehmigung für ein Bauvorhaben erteilt werden dürfe, daß die Wirkungsmöglichkeiten der Kirche sich durch den Neubau nicht allzu stark ausweiteten und damit schwer kontrollierbare Hauskreise verhindert würden[62]. Unter den zahlreichen SED-Funktionären, die für diese kompromißbereite Haltung überhaupt kein Verständnis aufbrachten, war auch Hans Seigewasser[63]. Nichtsdestoweniger mußten er und Gerald Götting am 14. Juni 1976 Schönherr mitteilen, »daß unsere Parteiführung bereit ist, in neuen Städten und großen Neubaugebieten Boden freizuhalten, um Kirchen zu errichten«[64]. Allerdings wurden von 36 angemeldeten Bauvorhaben 29 abgelehnt, fünf in der Schwebe gehalten und nur zwei wirklich genehmigt. Was den Kirchen als Indiz für ein beginnendes ideologisches Tauwetter erschien, war in Wahrheit ein taktisches Manöver, das auch innerhalb der SED schwer zu vermitteln war.

»Die Genossen haben gegenüber den Vertretern der Kirche richtig argumentiert, daß die Mehrzahl unserer Bürger nicht verstehen würde, wenn statt dringend benötigtem Wohnraum ein kirchliches Gemeindezentrum gebaut würde. Um so weniger, als in vielen Wohngebieten noch notwendige Nachfolgeeinrichtungen fehlen. Berechtigt ist auch der Hinweis auf fehlende Baukapazitäten und darauf, daß es in den Städten zumeist genügend Kirchen gibt, deren Kapazität bei weitem nicht ausgelastet wird. Dazu kommt, daß unser Verkehrsnetz so dicht geworden ist, daß es keine Schwierigkeit macht, eine Kirche zu erreichen. Hinzu kommt selbstverständlich die berechtigte Auffassung, die Ausweitung kirchlicher Tätigkeit nicht zuzulassen. Dieser Standpunkt ist richtig und bleibt richtig.«[65]

Das Wort des Vorstandes der Konferenz der Kirchenleitungen aus Anlaß des einjährigen Bestehens der KSZE-Schlußakte am 5. August 1976 zeugt von der Bereitschaft der evangelischen Kirche, vor dem Hintergrund einer vermeintlichen Liberalisierung des Systems den innen- und außenpolitischen Kurs der DDR-Regierung zu unterstützen[66].

Die Ausbürgerung Wolf Biermanns[67] und die staatlichen Reaktionen auf die Selbstverbrennung des Rippichaer Pfarrers Oskar Brüsewitz am 18. August 1976 belegten freilich, daß der SED-Staat vor harten Maßnahmen nicht zurückschreckte, wenn Machtverlust im Inneren drohte.

Der »Fall« Brüsewitz als Gefährdung des Staat-Kirche-Verhältnisses in der DDR und der Ost-West-Entspannung (1976/77)

Der »Fall Brüsewitz«[68] wurde im Zusammenhang mit der Diskussion um die Rolle der Kirche in der DDR – aus unterschiedlicher Perspektive – recht umfassend dokumentiert[69]. Da er in eine Phase des Staat-Kirche-Verhältnisses fiel, die mit der offiziellen Anerkennung des Kirchenbundes 1971 begann und die mit dem Grundsatzgespräch vom 6. März 1978 ihren Höhepunkt erfuhr, kam er beiden Seiten höchst ungelegen. Folglich bemühten sich zunächst alle Beteiligten um eine geräuscharme Beseitigung des potentiellen Konfliktfeldes. Auch nach der Eskalation, verursacht durch die Kommentare im »Neuen Deutschland« und in der »Neuen Zeit« vom 31. August 1976, die eine Gegendarstellung der Kirchenleitung am 2. September unausweichlich machten[70], blieb das Grundanliegen bestehen, den drohenden Flächenbrand zu lokalisieren und zu ersticken. Dabei mußte die SED ihre kompromißlosen Marxisten in die Schranken weisen, die Kirche aber bis zu einem gewissen Grade der Unruhe an der Basis Rechnung tragen. Nach dem Mitschrieb eines lutherischen Teilnehmers begann der erste Redner, Oberkonsistorialrat Harald Schultze, seine Darstellung der Ereignisse bei der Vorbesprechung der KKL-Sitzung am 5. September[71] mit der Erwähnung einer zunehmenden Zahl an Zuschriften, die scharfe Kritik am Verhalten der Kirchenleitung übten[72]. Stolpe gehörte zu denen, die ein seelsorgerliches Wort an die Pfarrer empfahlen.

Einer von MfS-Major Roßberg unterschriebenen Auszahlungsanordnung zufolge erhielt IMV »Sekretär« am 10. September 1976 eine »Zuwendung«[73].

Dem staatlichen Protokoll zufolge soll sich Schönherr während der KKL-Tagung am 10. und 11. September 1976 dezidiert gegen einen »Brief an die Gemeinden« ausgesprochen haben, der im Entwurf bereits vorlag, aber in der präsentierten Fassung aus ganz unterschiedlichen Motiven abgelehnt wurde.

»Zu Beginn der Diskussion sprach sich Bischof Schönherr grundsätzlich gegen einen Brief an die Gemeinden aus und vertrat die Meinung, die Konferenz der Kirchenleitungen sollte lediglich ein kurzes Wort zum Abschluß der Diskussion zum Fall Brüsewitz verfassen. Dieses Wort sollte höchstens 10 Zeilen umfassen und einen Schlußpunkt unter die Auseinandersetzungen setzen. Der vorliegende Entwurf, meinte er, könne vom Staat als Verschärfung der Konfrontation aufgefaßt werden.«[74]

Der in einer mehrfach überarbeiteten Version schließlich doch verabschiedete »Brief an die Gemeinden«[75] vom 11. September 1976 war nach dem Urteil eines kritischen Pfarrers so formuliert, daß sein Inhalt »nicht einmal Mitarbeiter beim ersten Hören« verstehen konnten. »Wie soll dann eine Gemeinde, die kein Kirchendeutsch gewöhnt ist, diesen Brief verstehen [...] Es scheint, daß diese Eindeutigkeit nur von Pfarrern, Mitarbeitern und Eltern erwartet wird, aber die Konferenz der Kirchenleitungen in diesem Fall weiter differenziert und unentschieden sein darf. [...] Nach dem Lesen eines solchen Briefes kann man mehr denn je Bruder Brüsewitz verstehen. [...] Uns, den Gemeinden, wurden Erklärungen und Informationen zugesichert. Diesen Brief sehe ich weder als das eine noch das andere an; deshalb ist es mir auch nicht möglich, am Sonntag diesen Brief vorzulesen.«[76] Der Protest nicht weniger Pfarrer in der DDR gegen die Informationspolitik des Kirchenbundes und die einseitige Stellungnahme der Kirche gegen Menschenrechtsverletzungen außerhalb des Ostblocks[77] deuteten auf das immer noch vorhandene Oppositionspotential gegen die Gründung wie die Politik des Kirchenbundes. Zwar erhielt Pfarrer Martin Onnasch den Auftrag, eine »Dokumentation zu Leben und Dienst von Oskar Brüsewitz«[78] anzufertigen, aber nach deren Fertigstellung in der zweiten Jahreshälfte 1977 wollte die provinzsächsische Kirchenleitung keine schlafenden Hunde mehr wecken. Oberkonsistorialrat Detlef Hammer berichtete über ein Gespräch mit OKR Harald Schultze von Mitte

März 1977, in dem dieser gesagt haben soll, es »wäre [...] das beste, wenn zur Zeit keinerlei Veröffentlichungen über den Vorfall Brüsewitz von uns ausgehen würden«[79]. Bereits am 7. Januar 1977 hatte in Krusches Wohnung ein Gespräch unter vier Augen zwischen ihm und Seigewasser stattgefunden, über das Stillschweigen vereinbart worden sei und das dem Abbau gegenseitigen Mißtrauens habe dienen sollen[80].

An einer Beruhigung der politischen Situation waren aber nicht nur der BEK und die DDR-Regierung, sondern auch die EKD und die Bundesregierung interessiert. Die Phase des Entspannungsprozesses zwischen Ost und West, an dem durch die Ostverträge und vor allem durch den Grundlagenvertrag auch beide deutsche Staaten unmittelbar beteiligt waren, sollte durch Turbulenzen um den Tod Brüsewitz' nicht unterbrochen werden. Die EKD spielte in diesem Annäherungsprozeß eine gesellschaftspolitisch wichtige Rolle, indem sie seit 1965 die mentale Umorientierung im deutschen Protestantismus wesentlich mit befördert hatte. Insofern bildete der »Fall« Brüsewitz für alle Beteiligten einen Störfaktor, den es im Interesse der höheren Ziele rasch zu überwinden galt. Darum war man sich in der Empörung über die westliche »Sensations«-Berichterstattung schnell einig und suchte gemeinsam politische Weiterungen im Westen zu unterdrücken. Auch ein Gespräch zwischen Schönherr und dem EKD-Ratsvorsitzenden, Bischof Helmut Claß (Stuttgart), in Österreich im September 1976 sollte offenbar diesem Ziel dienen[81].

An diese Deeskalationsstrategie um beinahe jeden Preis hielten sich freilich einzelne Persönlichkeiten aus den Oppositionsparteien CDU/CSU und einige konservative Repräsentanten der Kirche nicht.

Die Vorgänge zur Verhinderung des »Brüsewitz-Zentrums«[82] gehörten zur Abschirmungsstrategie der Entspannungspolitik seitens der SPD/FDP-Koalition und der Kirchen. Außerdem gab es im Blick auf das Zentrum eine gewisse Interessenübereinstimmung mit dem SED-Regime, die eine Drahtzieherrolle des MfS eigentlich unnötig machte[83].

EKD und Kirchenbund distanzierten sich von der Initiative. Im Protokoll der 76. Sitzung des Vorstandes der Konferenz der Evangelischen Kirchenleitungen in der DDR am 29. April 1977 heißt es:

»Alle Mitglieder des Rates der EKD haben sich von dem geplanten Informationszentrum mit dem Namen Oskar Brüsewitz distanziert. Die Sorge des Vorstands soll an den Rat der EKD weitergegeben werden, hier würden wohl politische Ziele christlich verbrämt.«[84]

Man kann sich des Eindrucks kaum erwehren, daß die kirchenleitenden Persönlichkeiten hier den Initiatoren des Brüsewitz-Zentrums Motive unterstellten, die ihnen selbst – unter umgekehrten Vorzeichen – nicht fremd waren.

Ein Mitglied der Kirchenleitung der VELKD aus Bayern, Peter W. Höffkes, gehörte freilich zu den prominenten Teilnehmern der Gründungsversammlung für das Brüsewitz-Zentrum und störte damit das Bild der kircheneinheitlichen Ablehnung des Vorhabens[85].

Auch Bischof Krusche betrieb die Distanzierung der EKD vom »Brüsewitz-Zentrum«. Sein erster Entwurf an den Ratsvorsitzenden der EKU, den rheinischen Präses Karl Immer, in dieser Sache soll »so emotional und affektgeladen« gewesen sein, daß »das Kollegium es ablehnte, einen solchen Brief weiterzusenden«[86].

Der Vizepräsident der EKD-Kirchenkanzlei, Erwin Wilkens, schrieb am 26. Juli 1977 an den Bundestagsabgeordneten Olaf von Wrangel einen grundsätzlichen Brief in der Angelegenheit Brüsewitz-Zentrum. Dazu benutzte er als Aufhänger eine epd-Notiz, wonach von Wrangel die Vermittlung von Gesprächen zwischen dem Brüsewitz-Zentrum und der evangelischen Kirche beabsichtige. Eine Kopie des Briefes schickte Wilkens mit herzlichen Grüßen an Manfred Stolpe. In dem Schreiben heißt es:

»Es wäre sicherlich zu begrüßen, wenn es gelänge, Männern wie Filbinger, Albrecht und anderen hier zu nennenden führenden Persönlichkeiten der CDU dazu zu verhelfen, einen möglichst lautlosen Rückzug anzutreten. Dies wäre auch kirchlicherseits m. E. zu begrüßen, weil es uns dann gelingen könnte, von der kommenden Synodaltagung im November in Saarbrücken eine Diskussion über diesen Gegenstand fernzuhalten. Man kann sich kaum einen kirchlichen und politischen Nutzen davon versprechen, auf der Synodaltagung eine öffentliche Diskussion über das ›Brüsewitz-Zentrum‹ zu halten, die ja dann auf dieses eigentliche Vorhaben nicht beschränkt bleiben kann. In der ganzen Diskussion um das ›Brüsewitz-Zentrum‹ geht es ja in Wahrheit um die sehr viel umfassenderen Fragebereiche der politischen, gesellschaftlichen und menschlichen Situation in der DDR, um die Möglichkeit kirchlicher und christlicher Selbstbehauptung in der DDR, um das Verhältnis zwischen der Bundesrepublik Deutschland und der DDR, schließlich um die z. Zt. ja innenpolitisch so sehr umkämpfte Frage der Prozeduren und Zielsetzungen für die Deutschlandpolitik überhaupt. Es liegt ja am Tage, daß die Brüsewitz-Diskussion in diesen großen Zusammenhang hineingeraten ist. Und wir sind nun einmal der Auffassung, daß wir Fragen der kirchlichen Lebensmöglichkeit in der DDR nicht vordergründig auf der politischen Ebene abhandeln dürfen.«[87]

Die EKD hatte 1969 endgültig dem sozialliberalen deutschlandpolitischen Konzept den Zuschlag gegeben, das sie nun veranlaßte, gegen die konservativen Gründer des Brüsewitz-Zentrums zu argumentieren.

In ihrem Brief an die Gemeinden vom 11. September 1976 hatte die KKL eine Klärung grundsätzlicher Fragen mit dem Staat – insbesondere auf dem Gebiet des »sozialistischen Bildungssystems« – als dringend erwünscht herausgestellt[88]. Bei der Übergabe des Briefes an die Dienststelle des Staatssekretärs für Kirchenfragen – vertreten durch Horst Dohle – wurde dieses Anliegen nicht wiederholt, wohl aber offerierte Schönherr in seinem Begleitbrief Seigewasser ein Gespräch »zu den Vorgängen um die Selbstverbrennung von Pfarrer Brüsewitz«[89].

Am 14. September 1976 befaßte sich das Politbüro des ZK der SED mit diesem Brief. Als Gegenmaßnahme wurde Paul Verner mit der Ausarbeitung einer »Argumentation« beauftragt, die belegen sollte, »in welch breitem Umfang die christliche Bevölkerung der DDR an der allgemeinen Entwicklung der DDR teilhat und daß sie volle Freiheit der Religionsausübung hat«[90]. Honeckers Fernschreiben vom 15. September 1976 an die Ersten Sekretäre der Bezirksleitungen der SED über die Einschätzung des KKL-Briefes trug der Uneinigkeit innerhalb der SED zwischen religionspolitischen Pragmatikern und Ideologen voll Rechnung. Einerseits sprach er von Provokation und einem der »größten konterrevolutionären Akte gegen die DDR«, andererseits differenzierte er mehrfach zwischen den »negativen Kräften«, die sich dieses Mal durchgesetzt hätten, und einer »Reihe von Teilnehmer[n] der Konferenz« [...], die »grundsätzliche Bedenken gegen den Brief« erhoben hätten[91]. Dessen Veröffentlichung wurde zwar verboten[92], aber gezielt auf eine weitere Konfrontation verzichtet[93]. Vor dem Hintergrund des Kirchentages der provinzsächsischen Kirche in Halle und ihrer Synode im September bzw. Oktober 1976 gewannen die pragmatisch orientierten SED-Funktionäre den klaren Eindruck, Bischof Krusche und seine Kirchenleitung seien bemüht, jede »Provokation« zu vermeiden und den Konflikt nun rasch beizulegen[94].

Nicht nur das SED-Regime war von der staatskritischen Resonanz, die auf Brüsewitz' Selbstmord folgte, völlig überrascht worden. Auch viele Kirchenleitungen und der BEK-Vorstand hatten mit derart heftigen Reaktionen und Kritik an ihrem Verhalten nicht gerechnet. Die daraus resultierende Verunsicherung der Kirchenleitungen schlug sich in den Synodalverhandlungen nieder. In der Thüringer Synode etwa wurde die »Frustration von Pfarrern« erörtert, »die meinen, nicht mehr gebraucht zu werden. [...] Gefahr, daß durch unsere Äußerungen zu politischen Fragen unser Vertrauen bei den Gemeindegliedern zerstört wird (Appell zu einem Rede- und Äußerungsstopp)«[95]. »Es kommt jetzt in besonderer Weise darauf an«, heißt es im Bericht des Landesbischofs Breacklein, »daß die Spannungen zwischen Kirchenleitung und Gemeinde abgebaut werden und wir uns nicht durch eine dritte Seite ›auseinanderdividieren‹ lassen.«[96]

Als das »Neue Deutschland« nach dem 3. Oktober die Namen derjenigen Bischöfe veröffentlichte, die an den Volkskammerwahlen teilgenommen hatten, hagelte es wieder Proteste von der Basis. Als ein Beispiel hierfür kann das Schreiben des emeritierten Superintendenten Johannes Böer aus Reichenbach (Vogtland) an Schönherr vom 17. November 1976 dienen:

»Nun kamen am 17. Oktober die Wahlen zur Volkskammer und zu den Bezirkstagen in der DDR. Im Laufe des Tages vernahm die Öffentlichkeit durch Rundfunk und Fernsehen die Namen der leitenden Männer der Kirchen, die sich an der Wahl beteiligt hatten – darunter auch Ihren Namen. Ich lasse dahingestellt, was eine solche Veröffentlichung noch mit den viel zitierten ›geheimen‹ Wahlen zu tun hat. Nun ist gewiß die Entscheidung, die einer bei einer Wahl trifft, seine persönliche Angelegenheit. Ich frage aber, ob sie das für leitende Männer der Kirche auch bleiben konnte nach allem, was die Kirche seitens des Staates in der Behandlung der Angelegenheit Brüsewitz in den Wochen zuvor erfahren hatte. Besonders bestürzt aber war ich, in diesen Tagen erfahren zu müssen, daß eine derartige Frage nicht vorher im Bruderkreis der leitenden Männer der Kirche besprochen worden ist. Das Anliegen, das gerade in letzter Zeit immer wieder zum Ausdruck kam, nämlich einander durchschaubarer zu werden, ist damit nicht verwirklicht worden. Und das läßt leider befürchten, daß sich nach einem heilsamen Erschrecken leider nichts in der Praxis des Bundes geändert hat. Im Gegenteil, mit dieser Wahlentscheidung ist es nun erneut dem Staat gelungen, die Kirchen auseinanderzudividieren, in fünf ›gute‹ und drei ›böse‹ [...]. Ich will Ihnen zum Schluß nicht verheimlichen, daß ich persönlich mich auch dieses Mal außer Stande gesehen habe, mich an den Wahlen zu beteiligen, die leider das nicht gehalten haben, was auch noch bei der Veröffentlichung des

Wahlergebnisses von ihnen behauptet wurde, daß sie ›freie‹ und ›geheime‹ Wahlen gewesen seien. Im Gegenteil, ich befürchte, daß diese Wahlen in ihrem Akklamationscharakter ganz in der Nähe des Kaiserkults im alten Rom stehen, den bekanntlich die ersten Christen meinten nicht mitmachen zu können. Auch nicht aus Gründen der Opportunität. Ich bitte Sie, hochwürdiger Herr Bischof, mein offenes Wort anzunehmen als das eines Bruders, der zwar im Ruhestand lebt, aber doch noch mitten in der Gemeinde steht und durch mancherlei Dienst in ihr glaubt, ›Die Stimme der Gemeinde‹ zu kennen.«[97]

Schönherr antwortete im Namen des Bischofskonvents auf Böers Brief am 5. Januar 1977 – nachdem er sich für die Zusendung bedankt hatte und die Bedeutung des »gegenseitigen Vertrauens« hervorhob – Folgendes:

Es »scheint […] mir vollkommen deutlich zu sein, daß die staatliche Reaktion auf die Selbstverbrennung von Bruder Brüsewitz nicht als Affront gegen die Kirche, sondern ausschließlich als Reaktion auf die westlichen Massenmedien gedacht war. Daß dieser Affront objektiv eingetreten ist, hat die Verantwortlichen stark beunruhigt. Darum wurden in der Wahlvorbereitung ungewöhnlich viele positive Stimmen zum christlichen Glauben, auch im Rahmen des ND, geäußert. Darum auch die Liste der Wahlteilnehmer am 3.10. […] Über die Veröffentlichung der Namen der Bischöfe, die sich an der Wahl beteiligt haben, waren wir natürlich alle sehr betroffen. Ich habe vor einer Reihe von Jahren meine Beteiligung an der Wahl davon abhängig gemacht, daß diese Tatsache keinesfalls veröffentlicht werden dürfe, damit niemand durch meine Entscheidung beeinflußt werden könnte. Ich werde eine künftige Beteiligung jedenfalls von der Versicherung abhängig machen, daß das nicht wieder geschieht.«[98]

Und der unmittelbar darauf folgende Schlußabsatz dieses ungewöhnlichen Briefes lautet:

»Die Veröffentlichung der Namen der ›Wähler‹ hatte nicht den Sinn, die Bischöfe oder gar deren Kirchen in ›gute‹ und ›böse‹ aufzuspalten. Das weiß ich aufgrund nachfolgender Gespräche und staatlicher Handlungen genau. Daß drei der Bischöfe nicht gewählt haben, war dem Staat keine Überraschung. Sie hatten es bisher auch nicht getan. Ich glaube auch, daß dem Staat unsere Gemeinschaft zu fest ist, als daß er sich für solche Versuche auf Dauer Erfolg versprechen könnte. Zu erinnern ist daran, daß die jahrelange Ignorierung und Isolierung von Bischof Fränkel durch den Staat unserer Gemeinschaft keinerlei Schaden gebracht hat. Inzwischen ist das Verhältnis des Staates zur Görlitzer Kirche ausgesprochen ›normal‹.«

Am 26. Oktober 1976 offerierte Stolpe dem Staatssekretär für Kirchenfragen ein Gespräch mit der Leitung des BEK »in Auswertung der Ereignisse der letzten zwei Monate«. Dem staatlichen Protokoll zufolge interpretierte er die Vorgänge so, daß die Behandlung des Falles Brüsewitz in der Westpresse auch einen Teil der DDR-Pfarrerschaft und einige Kirchenleitungen »aus dem ›Tritt‹ gebracht« hätte. »Das wirft erneut die Frage auf, was es bedeutete, Kirche im Sozialismus zu sein.«[99] Auch im Blick auf die bevorstehende Synode der provinzsächsischen Kirche bat er um einen Gedankenaustausch, damit die dortige Kirchenleitung, von Synodalen zu einer weiteren Stellungnahme aufgefordert, argumentieren könnte, es solle »nichts unternommen werden […], weil eine Klärung im persönlichen Gespräch angestrebt wird«.

Seigewasser zeigte nicht das geringste Interesse, nochmals über den Fall Brüsewitz zu reden, den er als eine vom Westen politisch mißbrauchte, persönliche Tragödie menschlichen Scheiterns einstufte. »Es kann nur darum gehen, Gedanken auszutauschen über die Stellung der Kirchen in einer sozialistischen Gesellschaft, also nach vorne zu orientieren. Die wiederholten Erklärungen, daß man Kirche im Sozialismus sein wolle, sind noch nicht inhaltlich ausgefüllt. Das muß von Ihnen besser begründet werden.« Auf der anderen Seite dämpfte er allzu hohe Erwartungen an ein solches Staat-Kirche-Gespräch: »Es wäre einfach zu glauben, daß in einem Gespräch alles geklärt werden kann. Wir sind bereit, über konkrete Fälle zu verhandeln. Aber es wird kein Gespräch mit Minister [Margot] Honecker zu Volksbildungsfragen geben. Am sozialistischen Bildungssystem wird kein Abstrich vorgenommen.« Gleichwohl könne man in einem konstruktiven Gespräch, über dessen Inhalte zuvor klare Vorstellungen zum Ausdruck gebracht worden seien, vieles erreichen.

Darauf soll Stolpe bemerkt haben, auch für die Kirchen gehe es nicht unmittelbar um den Fall Brüsewitz. Aber in seinem Zusammenhang seien schwere Versäumnisse erkennbar geworden. »Von der Konferenz der KL wurde eingeschätzt, daß nicht nur einzelne Stimmen laut wurden, sondern daß sich eine Welle der Unruhe breit machte. Hier zeigt sich der unterschiedliche Bewußtseinsstand. Die Kirchenleitungen haben sich zu wenig um die Basis gekümmert, das ist auch unsere Erkenntnis. Die Situation war Mitte September sehr ernst geworden. Es fehlten nur noch Menschen, die sich an die Spitze stellten, und eine Art ›Bekennende Kirche‹ hätte sich gebildet.« Angesichts derjenigen, die im Land umherreisten und die negative Stimmung schürten, diene ein Staat-Kirche-Gespräch der »Stärkung der Bischöfe«. Über Volksbildungsfragen solle nicht geredet werden.

»Am meisten bewegt uns die Frage, was bedeutet es, Kirche im Sozialismus zu sein. Es wäre für die Bischöfe hilfreich, wenn der Staatssekretär eine Gesprächsbereitschaft erkennen ließe. Die Formel Kirche im Sozialismus muß mit Inhalt gefüllt werden. Das Verhältnis Staat/Kirche darf nicht nur deklamatorischen Charakter tragen, sondern muß an die Basis kommen. Wir müssen mehr darum kämpfen. Die entscheidende Frage für uns ist, wie erklären wir uns gegenüber den Gemeinden, daß ein Mißbrauch der Kirchen nicht in unserem Interesse liegt.«

Das Gespräch endete mit der erklärten Bereitschaft Seigewassers, Mitte November 1976 mit dem Bischofskonvent und den Mitgliedern des BEK-Präsidiums einen Gedankenaustausch »über gesellschaftliche Fragen« zu führen. Stolpe präzisierte: über »den Weg der Kirche in einer sozialistischen Gesellschaft« und stellte dem Staatssekretär in Aussicht, ihm in wenigen Tagen »einen Vorschlag [...] mit einer konkreten Themenbezeichnung für das Gespräch« zu überreichen.

Am 28. Oktober fuhr Stolpe zur Synode der Kirchenprovinz Sachsen nach Magdeburg, um dort in geschlossener Sitzung über den Stand der Dinge zu informieren und mitzuteilen, daß der Staatssekretär für Kirchenfragen demnächst den Vorstand des Bundes zu einem Gespräch empfangen werde[100]. Sieben Tage später unterzeichnete Major Roßberg mit Bezug auf IMV »Sekretär« eine Auszahlungs-Anordnung für die »op. Auslagen in Mgdbg«[101] über 150,– Mark.

Zur Enttäuschung Schönherrs und Braeckleins wurde das Gespräch von Seigewasser aber vertagt[102]. In einem Gespräch mit Stolpe am 23. November 1976 nannte er als Begründung vorgängig notwendige Gespräche mit einzelnen Kirchenleitungen und Vorbehalte gegen Bischof Krusche als Teilnehmer.

»Ich [Seigewasser] betonte, daß ich ein sachliches, d. h. politisches, wie aber auch ein persönliches Interesse daran habe, daß Gespräche dieser Art in positivem Sinne verlaufen. Er – Stolpe – möge Herrn Bischof Schönherr klarmachen, daß wir alles versuchen, um gerade seine Position wie auch die Position der Bischöfe Braecklein und Gienke zu stützen.«[103]

Dem staatlichen Protokoll zufolge soll Stolpe zwar ein gewisses Verständnis geäußert, aber in bezug auf Schönherr um staatliche Unterstützung bei den Neuwahlen des BEK-Vorstandes 1977 gebeten haben.

»Soweit er – Stolpe – Schönherr beurteilen könne, würde dieser noch Wert darauf legen, wiederum Vorsitzender des Bundes zu werden, möchte aber deshalb entsprechende Unterstützung für seine Wünsche bei den staatlichen Organen haben.«

Mitte Dezember 1976 gab Schönherr in einem Schreiben an Seigewasser nochmals dem Wunsch des BEK-Vorstandes nach einem »Grundsatzgespräch« Ausdruck.

»Der Vorstand, in dem wir diese Frage noch einmal sorgfältig erwogen haben, vertritt dieselbe Meinung. Er hält es nicht nur für wünschenswert, sondern im Interesse eines entspannten Verhältnisses von Staat und Kirche für notwendig, daß das Grundsatzgespräch möglichst bald, am besten noch vor der Sitzung der Konferenz der Kirchenleitungen am 15./16.1.1977, folgt. Die Kirchenleitung der Kirchenprovinz Sachsen hatte in der Hoffnung auf ein solches Grundsatzgespräch des Vorstandes ihre eigenen formulierten Vorstellungen der besonders bedrängenden Probleme zurückgestellt, da sie – und dem stimmt der Vorstand zu – ein mündliches Gespräch schriftlichen Äußerungen vorgezogen hätte. Durch die Verschiebung hat sie sich nun nicht in der Lage gesehen, ihre Meinung zurückzuhalten.«[104]

Doch auf seiten der Genossen herrschte Konfusion über den nun einzuschlagenden Kurs. Die von Paul Verner anhand eines Fragenkatalogs[105] in Auftrag gegebene Beschlußvorlage für das ZK der SED wurde Mitte Dezember 1976 nicht bestätigt. Eine Modifikation der SED-Kirchenpolitik ließ sich daraus denn auch nicht ablesen, wohl aber war der Gedanke aufgenommen, daß durch »einen Empfang des Vorstandes des Bundes der Evangelischen Kirchen und des Präsidiums der Synode des BEK beim Vorsitzenden des Staatsrates der DDR der Prozeß der Konsolidierung in den evangelischen Kirchen unterstützt werden kann«[106].

Ein ideologisches Grundproblem in den Augen der SED-Funktionäre blieb der anhaltende »Sozialdemokratismus bei kirchenleitenden Persönlichkeiten und in Leitungsgremien der protestantischen Kirchen in der DDR«[107]. Wie alle revisionistischen Übel, so kam auch dieses aus dem Westen:

»Es wurden und werden Sozialismusvorstellungen entwickelt, die mehr oder weniger bewußt am Sozialdemokratismus orientiert sind, von bestimmten Grundelementen des Sozialdemokratismus ausgehend, und mit Erwartungen und Illusionen verbunden sind, den realen Sozialismus in diese Richtung ›verbessern‹ zu können. Das hat sich verstärkt, seit die Politik der BRD durch die sozialliberale Koalition bestimmt wurde und die SPD-Führung im Zuge dieser Entwicklung mehr Einfluß auch auf die Leitung der EKD und deren Politik gegenüber den Kirchen in der DDR gewann, bzw. die Leitung der EKD sich ihrerseits stärker auf diese Regierungspolitik einstellte.«[108]

Mitte Januar 1977 rief Stolpe in der Dienststelle des Staatssekretärs Hans Weise an, um ihm »eine vertrauliche Mitteilung zu machen«. Daraufhin in die Hermann-Matern-Straße gebeten, berichtete er, daß ein Mitarbeiter von der Ständigen Vertretung der Bundesrepublik ihn um seine Meinung im Blick auf die Kontrollmaßnahmen seiner Dienststelle durch DDR-Organe gefragt habe.

Er habe daraufhin erklärt, »daß es sich s. E. um Maßnahmen handelt, die zur Aufrechterhaltung der Sicherheit und Ordnung nötig sind, auch im Sinne der Ständigen Vertretung, weil deren ›Beratungstätigkeit‹ [...] gegenüber Bürgern der DDR nicht hilft, sondern ihnen Flöhe ins Ohr setzt und Dinge auslöst, die die Bonner Vertretung nicht im Griff halten und bewältigen kann. – Das würde Mißverständnisse gegenüber Helsinki heraufbeschwören, wenn auf diese Weise der ›Korb III‹ herausgerissen wird. Das geschehe nur zum Schaden von Helsinki [...] die Regierung in Bonn solle daraus kein Prestige machen und von sich aus die Sache nicht hochschaukeln. [...] Auf die Frage Stolpes, wie er sich denn v. Stahr [richtig: Staar] gegenüber weiter verhalten soll, teilte ich ihm mit, daß ich seine Ausführungen dem Vertreter des MfAA mitteilen werde, wie Stolpe das in der Angelegenheit des Bonner Journalisten Löwe gewünscht hatte. Er soll abwarten, was ich ihm übermitteln kann.«[109]

Einmal vorausgesetzt, die Dinge hätten sich so zugetragen, wie Weise berichtete, dann hätte der Leiter des Kirchenbund-Sekretariats einen Beweis seiner Loyalität erbracht. Aber Weise war mißtrauisch, vermutete, daß Stolpe ihm nicht alles gesagt habe, über bessere Kontakte zur Ständigen Vertretung verfüge als zugegeben und ihn auf Anweisung eines Auftraggebers aufgesucht habe.

Wenige Tage später brachte Schönherr in einem Gespräch mit Weise »den Wunsch zum Ausdruck, alle Fragen, die das Staat-Kirche-Verhältnis betreffen, auch in Zukunft auf dem Wege gegenseitiger Aussprachen zu klären. Die Kirchen in der DDR hätten keine Absicht [...], irgendwie das Verhältnis zu trüben.«[110]

Anfang Februar 1977 bestätigte das Politbüro des ZK der SED Rudi Bellmann als Nachfolger des aus Altersgründen ausgeschiedenen Leiters der Arbeitsgruppe Kirchenfragen im ZK, Willi Barth. Während derselben Sitzung dokumentierte der von Bellmann und Seigewasser verantwortete Beschlußentwurf über die »Errichtung von Kirchenbauten in Neubaugebieten«[111] – trotz der personellen und situativen Veränderungen – eine klare Kontinuität in der SED-Religionspolitik: Keine Beteiligung der Kirchen an der Gestaltung der sozialistischen Gesellschaft und keinen Disput über Fragen der Weltanschauung und Volksbildung, aber gelegentliche Zugeständnisse in eher peripheren Bereichen, um sich mittelfristig die außen- und innenpolitische Unterstützung der langfristig doch absterbenden Institution zu sichern.

Zu den entgegenkommenden Gesten des Staates an die Kirche gehörte auch die Berücksichtigung der mehr als 40 000 Mitarbeiter in den Kirchen, Kirchengemeinden, Werken und Einrichtungen bei der Formulierung des neuen Arbeitsgesetzbuches. Dem ging ein Briefwechsel zwischen Schönherr und Honecker voraus. Dabei versäumte es der BEK-Vorsitzende nicht, die »Weiterentwicklung der Sozialpolitik unseres Staates« zu würdigen und alle Schritte zu begrüßen, »die eine weitere Verbesserung der sozialen Bedingungen im Interesse der Gesellschaft und jedes einzelnen ermöglichen«[112].

Auf der anderen Seite lud der Friedensrat der DDR – als Reaktion auf den Brief an die Gemeinden in Sachen Brüsewitz – keine Vertreter des Kirchenbundes zu seinen Veranstaltungen und zu internationalen Kongressen mehr ein und machte bereits ausgesprochene Einladungen wieder rückgängig. Daraufhin wurde OKR Christa Lewek am 8. Februar 1977 bei Albert Norden vorstellig, bat um die Möglichkeit der Mitwirkung bei den Aktivitäten der Weltfriedensbewegung und um eine Einladung des Kirchenbundes zur Weltversammlung der Friedenskräfte im Mai 1977 in Warschau[113]. Auch von anderen internationalen bzw. ökumenischen Begegnungen wurden Kirchenbundvertreter ferngehalten. So führte Walter Pabst am 25. April 1977 im Staatssekretariat für Kirchenfragen Gespräche, weil OLKR von Brück keine Ausreisegenehmigung zu einem Besuch beim Nationalen Friedensrat in Moçambique erhalten hatte und die Ausreiseanträge zur Teilnahme an der Sechsten Vollversammlung des LWB in Daressalam ebenfalls ohne Bescheid geblieben waren[114]. Offenbar meinte man zu diesem Zeitpunkt, auf die aktive Beteiligung des BEK an der internationalen Friedens- und Abrüstungsbewegung verzichten zu können, und nutzte Nichteinladungen bzw. Ausreiseverbote als Disziplinierungsinstrumente. Umgekehrt wünschte der Staat ausdrücklich, daß der Kirchenbund mit einer offiziellen Delegation an der Moskauer Tagung religiöser Friedenskräfte im Juni 1977 teilnehme. Im BEK durchsetzbar war aber nur eine Teilnahme einer Delegation im Beobachterstatus[115]. Stolpe erklärte dazu dem persönlichen Referenten des Staatssekretärs, Horst Dohle:

»Das sei ein realistischer Kompromiß, der berücksichtigt, daß im Oktober 1977 die Neuwahl des Vorstandes des BEK stattfindet und man deshalb die Fronten nicht unnötig aufreißen wolle. Wenn im Oktober Gienke, Braecklein, Schönherr und Natho 35 Prozent der Stimmen auf ihrer Seite haben, die anderen aber 65 Prozent, dann sei das nicht gut. Gegenwärtig stünden die Chancen für eine Wiederwahl Schönherrs günstig, aber es gäbe genug Leute, die das auf jeden Fall verhindern wollen.«[116]

Am 1. März 1977 schrieb Eberhard Hüttner von der Arbeitsgruppe Kirchenfragen an Paul Verner:

»Wie festgelegt, wurden in den letzten Monaten durch den Staatssekretär für Kirchenfragen und andere Funktionäre des Staates mit leitenden Geistlichen [...] Einzelgespräche [...] geführt [...]. Diese Einzelgespräche trugen dazu bei, das Verhältnis von Staat und Kirche seit den Ereignissen vom August 1976 zu normalisieren. Gleichzeitig wurde die Absicht reaktionärer Kräfte vereitelt, ein Gespräch im größeren Kreis zu Angriffen gegen den Staat zu benutzen. Bei Gelegenheit solcher Gespräche brachten realistische Kirchenvertreter wie Schönherr, Braecklein und OKR Stolpe zum Ausdruck, daß den leitenden Geistlichen des Kirchenbundes nach wie vor an einem Grundsatzgespräch mit Vertretern des Staates sehr viel liege. [...] Ohne Zweifel würde ein Gespräch auf höchster Ebene die Position Bischof Schönherrs festigen, der erneut für das höchste kirchliche Amt kandidiert und dessen Wiederwahl von den reaktionären Kräften angefochten wird. Als möglicher Gegenkandidat käme Bischof Krusche (Magdeburg) in Frage, was im Falle seiner Wahl eine ernste Verschlechterung der kirchenpolitischen Situation bedeuten würde.«[117]

Bei einem Kontaktgespräch zwischen der Greifswalder Kirchenleitung und dem Rat des Bezirks Rostock am 30. März 1977, an dem auch Seigewasser teilnahm, stellte Bischof Horst Gienke laut kirchlichem Protokoll seinen Gesprächsbeitrag »unter den Gedanken, wie die Standortbestimmung unserer Kirche als Kirche im Sozialismus inhaltlich ausgefüllt werden könne, und wies dazu auf nächste Schritte hin, die getan werden müßten. Als Bereiche, in denen solche Schritte besonders notwendig seien, und als Beispiele nannte er die Erziehung der Jugend und allgemein den Bereich Volksbildung, Probleme bei der sinnvollen Berufstätigkeit der Pfarrfrauen außerhalb der Kirche, Probleme der Einordnung christlicher Lehrlinge in ihre Brigaden, Schwierigkeiten, die sich bei der Aufgabe von Todesanzeigen christlicher Bürger in der SED-Presse ergeben haben. Als einen Bereich, in dem die Existenz der Kirche im Sozialismus ebenfalls dringend einer Ausgestaltung bedarf, nannte er auch die ökonomische Basis der Kirche, besonders die Einordnung ihres Eigentums in das Rechts- und Wirtschaftssystem der DDR.«[118]

Die Oberkonsistorialräte Harder und Plath ergänzten die Ausführungen ihres Bischofs, wobei Plaths Beitrag auch darum interessant ist, weil er gleich eine Interpretation der anhaltenden Diskriminierung anbot.

Nachdem der Stellvertreter des Vorsitzenden des Rates des Bezirkes Rostock für Inneres, Steinbach, zum Ausdruck gebracht hatte, er sähe gar nicht ein, warum christliche Lehrlinge aus sozialistischen Brigaden ausgeschlossen werden müßten, nahm Plath »diese Ausführungen auf und betonte die Notwendigkeit der gegenseitigen vertrauensvollen Zusammenarbeit. Er betonte aber auch, daß dies ein gegenseitiger Prozeß sei und als problematisch empfunden und beobachtet würde, daß auf höheren Ebenen erzielte Einvernehmen zu langsam oder gar nicht auf die Ortsebene übertragen würden. Dies sei eine bedauerliche Feststellung angesichts des sonst gut funktionierenden Leitungsmechanismus von Staat und Partei.«[119]

Nach einer Reihe von Gesprächen mit Seigewasser schrieb Stolpe diesem Ende März 1977 einen Brief, in dem er als Hauptthema für ein Gespräch »Grundfragen des Zusammenlebens von Christen und Marxisten in der sozialistischen Gesellschaft der DDR«[120] vorschlug. Als entscheidendes Problem nannte er das vermeintliche »Auseinanderklaffen von Generallinie der Partei und Regierung einerseits und Alltagsproblemen andererseits«.

Am 12. April 1977 führte Seigewasser ein Gespräch mit Schönherr, das die Einladung Kurt Scharfs zur Synode der Berlin-Brandenburgischen Kirche und die Teilnahme des Bischofs an einer Veranstaltung aus Anlaß des 60. Jahrestages der Großen Sozialistischen Oktoberrevolution zum Gegenstand hatte[121]. Ein mögliches Grundsatzgespräch zwischen Staat und Kirche wurde nicht thematisiert. Am selben Tag schrieb der Staatssekretär für Kirchenfragen aber an Verner und schlug ihm vor, im Blick auf die bevorstehende Bundessynode einem Grundsatzgespräch kirchenleitender Persönlichkeiten mit ihm, Seigewasser, zuzustimmen[122]. Anfang Mai 1977 schrieb Verner schließlich an Honecker, stellte ihm die Situation dar, unterließ aber jede direkte Stellungnahme. Allerdings bemerkte er:

»Die realistisch denkenden Kräfte im Kirchenbund versprechen sich von dem Gespräch wie auch im Hinblick auf die Synode in Görlitz und auf die Neuwahl der leitenden Organe des BEK im Oktober 1977 eine Stärkung ihrer Positionen.«[123]

Noch am selben Tag setzte Honecker handschriftlich sein »einverstanden E.H.« unter den Brief, womit das Gespräch höchstmöglich abgesichert war.

Auch Seigewasser ging kein Risiko ein, indem er sich bei dem Gespräch mit den Kirchenvertretern, das schließlich am 11. Mai 1977 stattfand, exakt an die von Paul Verner tags zuvor festgelegte Linie hielt[124]. Ebenfalls am 10. Mai 1977 erhielt IMV »Sekretär« eine »Zuwendung« in Höhe von 300,– Mark[125].

Auf staatlicher Seite nahmen an dem vierstündigen Gespräch neben Seigewasser sein Stellvertreter Flint, Hauptabteilungsleiter Hans Weise, Abteilungsleiterin Schumann-Fitzner, Abteilungsleiter Wilke und Referent Dohle teil. Die kirchliche Seite war durch die Bischöfe Braecklein und Schönherr, Präses Schröder, Präsident Domsch, Pfarrer Kramer und Stolpe vertreten.

In seinem zwanzigminütigen Eingangsstatement hob Seigewasser hervor, daß die Menschenrechte in der DDR umfassend verwirklicht seien, und suchte anhand von Zahlen auch die Normalität der Reisetätigkeit zu dokumentieren. Zwischen 1972 und 1976 seien 32,5 Millionen Bundesbürger in die DDR eingereist und 12 Millionen DDR-Bürger in »kapitalistische Staaten«[126]. Sodann hob er die Beteiligung der Kirchen an dem KSZE-Prozeß hervor und leitete damit zu der »großzügige[n] Haltung der Regierung gegenüber den Kirchen« über. Nicht immer honorierten Glieder der Kirche diese Haltung, sondern verhielten sich feindselig gegenüber dem Staat und mißbrauchten die gegebenen Möglichkeiten. Zur sozialistischen Bildungspolitik, die von den Kirchen so häufig kritisiert werde, meinte er, sie sei international anerkannt. Aus volkswirtschaftlichen Gründen könnten freilich nicht alle die Erweiterte Oberschule besuchen, aber »der Anteil aus christlichen Häusern, insbesondere Pfarrhäusern, [sei] größer als der prozentuale Anteil an der Bevölkerung«.

Dem kirchlichen Protokoll zufolge antwortete Schönherr zweiunddreißig Minuten lang. Er sprach von der Schaffung eines »Umgangs- und Arbeitsvertrauens« zwischen Staat und Kirche, einer »Atmosphäre ohne Furcht und Mißtrauen«, in der das »Gespräch« die Form des Miteinanders bestimme. In diesem Zusammenhang versicherte er den Staat der grundsätzlichen Loyalität der Kirche und stellte in Aussicht: »Die Kirchen könnten gute Partner sein.« Sodann machte er auf die Differenz zwischen Leitungs- und Basiserfahrungen aufmerksam. »Der positiven Erfahrung auf der Leitungsebene stünden Erfahrungen der einfachen Bürger gegenüber.« Diese seien von Diskriminierungen wegen ihres Christseins geprägt. Beispielsweise habe Olof

Klohr in seinem Buch »Was ist Kommunismus?« zur Religion erklärt, sie sei »grundsätzlich nicht fähig, eine positive Rolle zu spielen«.

Der kirchliche Protokollant Stolpe notierte auch Schönherrs Klage: »Mit Sorge müsse man feststellen, daß sich in den letzten Monaten das Ministerium für Staatssicherheit intensiver mit der Kirche befasse, daß es kirchliche Mitarbeiter in Gespräche und nicht nur in Gespräche ziehe.« Der Kirchenbund-Vorsitzende meinte schließlich, die Kirchen wollten keinen Staatsvertrag, sondern nur einige Verbesserungen: Respekt vor dem christlichen Bekenntnis eines Menschen, Mitsprachemöglichkeiten unter Einschluß konstruktiver Kritik, Raum für die Christenlehre und einen zur EOS alternativen Bildungsweg durch Abitur mit Berufsausbildung für Hochbegabte in kirchlicher Verantwortung. Auf diese klare Rede folgte eine zwanzigminütige Stellungnahme Braeckleins, die in ihren Loyalitätsbekundungen weiterging als Schönherrs Ausführungen, da der Thüringer Bischof gar die Sorge der Kirche um den Bestand der sozialistischen Gesellschaft artikulierte.

»Es geht uns und Ihnen um die Erhaltung der Republik. Wir haben keine Angst um die Kirchen! In einer Zeit, wo der Sozialismus in einer weltweiten Auseinandersetzung steht, haben wir die Sorge, daß unterschwellige Dinge die nötige Basis zerstören, die diese Gemeinschaft dringend braucht.«

Braeckleins Stichwort »in Sorge um die Republik« aufnehmend und richtigstellend, äußerte Domsch nach fünfundzwanzig Minuten Pause »Sorge um diese Gesellschaft«, weil sie ökonomisch unvertretbar Menschen brach liegen lasse, nur weil sie nicht der Partei angehörten und Christen seien. In den folgenden kirchlichen Voten wurden die bereits genannten Punkte mit weiteren Beispielen und Beobachtungen illustriert. Domsch äußerte sich nochmals zum Problem der MfS-Aktivitäten:

»Besondere Sorge mache die verstärkte Aktivität des Ministeriums für Staatssicherheit gegenüber kirchlichen Mitarbeitern. Einerseits funktionierten in auffälliger Weise die Telefone nicht mehr einwandfrei. Andererseits würden vor allem auch verstärkt Versuche gemacht, kirchliche Mitarbeiter ständig in den Dienst zu nehmen. Auf Grund des Vertrauens, welches die Mitarbeiter der Kirche genießen, kann das nicht zugelassen werden. Aufgrund des Primats der Seelsorge im kirchlichen Dienst sei das in besonderer Weise ein unzumutbares Vorgehen. Dabei seien Versuche zu beobachten, ihnen Vergehen zu unterstellen, um sie zur Mitarbeit zu gewinnen. Besonders bedenklich seien auch Versuche der Einflußnahme auf kirchliches Handeln, indem Kirchenvorstehern und anderen Mitgliedern kirchlicher Organe Hinweise für Entscheidungen gegeben würden bzw. Entscheidungen aufgenötigt werden sollen. Dieses Vorgehen störe empfindlich das nötige Vertrauen zwischen Staat und Kirche.«[127]

Stolpe dankte für die Einstufung kirchlichen Eigentums als eine besondere Form des Eigentums und nicht als kapitalistisches Privateigentum. Damit verband er einige Wünsche, so z. B. die Entrichtung einer Gebühr für die sozialistische Nutzung kirchlicher Anbauflächen und eine Naturalentschädigung durch Ersatzland für die Inanspruchnahme von kirchlichem Grundbesitz.

Seigewasser erklärte, er sei dankbar für alles, was gesagt worden wäre, auch wenn er nicht zu allem Stellung nehmen könne. So müsse er beispielsweise erst mit den Verantwortlichen für das MfS sprechen. Die Bildung eines Brüsewitz-Zentrums sah er als Beleg dafür, daß der »modifizierte Revanchismus [...] eine Realität« sei. Nach Auffassung der SED – nicht aller kommunistischer Parteien – sei der Atheismus integraler Bestandteil des Marxismus-Leninismus. Das hindere aber nicht an einer »vertrauensvollen täglichen Zusammenarbeit und gegenseitigen Respektierung«. Die SED habe »den Menschen in eine Zukunftsvision gezeigt«. Zahlreiche Christen, aber auch Amtsträger der Kirchen, hätten »bei diesem Prozeß mitgeholfen«; dafür sei die Partei dankbar. Alle geäußerte Kritik und Wünsche nehme man »sehr ernst« und werde »alles sorgfältig prüfen«.

Flint hatte die Stirn, schlecht funktionierende Telefone nicht als Indiz für die Aktivitäten des MfS gelten zu lassen. Auch im Staatssekretariat litten sie unter der veralteten Telefontechnik. »Jeder müsse auch bei sich selbst Mißtrauen abbauen.«

Jetzt lief Braecklein zu großer Form auf, indem er wörtlich bemerkte: »›Seit dem Fall Guillaume haben wir unbegrenztes Zutrauen in den Staatssicherheitsdienst. Man sagt, er sei der beste der Welt.‹ Es gebe aber auch Auswirkungen, die den Kirchenleitungen große Sorgen machten.«

Schönherr stimmte Seigewasser im Blick auf das »Brüsewitz-Zentrum« uneingeschränkt zu, indem er bemerkte, hier »werde mit einem Namen Schindluder getrieben«. Unter Anspielung auf die von Honecker am 17. Februar selbst bestätigten Ausreiseanträge von etwa 10 000 DDR-Bürgern[128] versicherte Schönherr dem kirchlichen Protokoll zufolge, die »Kirchen seien gegen eine extensive Auslegung von Helsinki; sie träten einer Ausreisepsychose entgegen. Es gebe Einzelfälle, in denen Menschen zerbrächen, wenn man ihrem Wunsche auf Ausreise nicht entspräche. Seelsorge aber habe Priorität.«[129] Weiter führte er aus, ihm bereite der »Schwundsatz in der Kirchenmitgliedschaft [...] Sorge«. Vor diesem Hintergrund erscheine es wünschenswert, wenn der Staat in perspektivischer Aussage die Christen als Minderheit anerkenne. »Es scheine für manche in der Politik die Meinung zu bestehen, heute müssen wir uns damit abfinden, daß Christen da sind, aber in Zukunft soll das nicht so sein. Wie kann durch flankierende Äußerungen dem entgegengewirkt werden?«

Kramer stellte nochmals klar, daß die Anregungen für eine »Umgestaltung des Alltags« nicht als kirchliche Klagen verstanden werden dürften; es gehe vielmehr um »ein gesellschaftliches Problem«.

Stolpe wies auf die ökumenischen Ausreiseverbote der letzten Zeit hin und bemerkte: »Es sei [...] nicht zu verhindern, daß bei kirchlichen Amtsträgern der Verdacht aufkomme, kirchliche Aktivität sei nur so lange willkommen, wie sie bei der Außenpolitik förderlich sei.« Weise entgegnete, in allen Fällen hätten die Gastgeberländer Schwierigkeiten gemacht, nicht das DDR-Außenministerium.

Abschließend bedankte sich Seigewasser mehrfach »für den Freimut des Gesprächs«, bekräftigte nochmals, daß man über alles nachdenken werde, und nannte die ROK als Beispiel für eine gelungene Zusammenarbeit der Kirche mit dem Staat. Zeugte diese Bemerkung von gänzlichem Unverständnis für den Anspruch einer protestantischen Kirche, so gab ein Satz darauf den Kirchenleuten wieder Hoffnung: »Ein Mitspracherecht [scil. der Kirche] müsse eingeräumt werden. Das müsse noch einmal besprochen werden, da ich nicht genau weiß, was damit gemeint ist. Es ginge nicht, daß die Christen sagten: Wir können gesellschaftlich nur dann mit, wenn der Sozialismus menschlicher oder pluralistischer ist.«

Einvernehmlich wurde auf ein Pressekommuniqué verzichtet, da man dieses Gespräch nur als Einstieg zu einer ganzen Gesprächsserie verstehen wollte.

Vergleicht man das ausführliche, vierzehneinhalb Seiten umfassende kirchliche Protokoll mit dem weniger als die Hälfte umfassenden staatlichen, so entspricht dieses ziemlich genau dem auch in jenem wiedergegebenen Gesprächsverlauf. Die erste Fassung der staatlichen Aufzeichnungen stammte wohl von Dohle und wurde von Seigewasser eigenhändig korrigiert und unterzeichnet[130]. Die letzte Fassung stellte Rudi Bellmann her, der ein Exemplar dieser geglätteten, inhaltlich jedoch kaum veränderten Version am 17. Mai 1977 an Seigewasser zurückreichte[131]. Daß die kirchlichen Vertreter auch Dinge sagten, die trotz der Länge nicht in ihrem Protokoll festgehalten wurden, legt beispielsweise die Beobachtung nahe, daß Schönherr laut staatlichem Protokoll sich noch ausführlicher als im kirchlichen Bericht vom Brüsewitz-Zentrum distanzierte, indem er einen Journalisten der »Frankfurter Rundschau« zitierte, der von »Leichenfledderei« gesprochen habe. Das Interesse der kirchlichen Seite lag auf der eingehenden Wiedergabe der gesellschaftskritischen Passagen, das des Staates auf der detaillierten Beschreibung der gesellschaftsbejahenden Äußerungen. Der BEK-Vorstand mußte angesichts der bevorstehenden Synode seinem Umfeld zeigen, daß er in der Lage und couragiert genug war, den SED-Funktionären die kirchlichen Beschwerden ungeschminkt nahezubringen. Der Staatssekretär hinwiederum mußte akzentuieren, daß angesichts der Grundübereinstimmung maßgebender Kirchenvertreter zur sozialistischen Gesellschaft das Gespräch sinnvoll und der SED-Religionspolitik förderlich war. Darum heißt es in der staatlichen Letztfassung:

»Insgesamt ist festzustellen, daß in der Unterredung das positive Element überwog und daß es für die Vertiefung der Beziehungen, vor allem für die Stärkung der realistischen Kräfte, nützlich gewesen ist.«[132]

Das war nicht die Unwahrheit. Allerdings wurde verschwiegen, daß Seigewasser versprochen hatte über das kirchliche Verlangen nach mehr gesellschaftlicher Beteiligung nachzudenken. Oder hatten die Kirchenvertreter hier mehr gehört, als gesagt wurde? Jedenfalls notierte Wilke mit Bezug auf das Gespräch vom 11. Mai sechs Wochen später, auf »Probleme, die sich auf eine partnerschaftliche Stellung der Kirche zum Staat beziehen«, auf Fragen zur sozialistischen Bildungspolitik und auf die Erwartung, die atheistische Erziehung einzuschränken, »sollte es keine ›Antworten‹ an die Kirchen geben«[133]. Man könne der Kirche allenfalls entgegenkommen, indem man kirchliche Invalidenrentner in die Bundesrepublik reisen ließe und zu besonderen kirchlichen Feiertagen religiöse Sendungen in den Medien zuließe.

Die Beschwerden der Kirchenleute über das MfS hatten innerhalb dieses

Ministeriums ein Nachspiel. Generalmajor Mittig gab eine Niederschrift der einschlägigen Gesprächssegmente an alle MfS-Bezirksverwaltungen, erinnerte an seine Ausführungen über die Arbeit mit kirchlichen Amtsträgern vom 3. und 27. September 1976[134] und gab folgende Anweisung:

»Die von den kirchlichen Amtsträgern dargelegten Sachverhalte sind zu überprüfen. Bei der Überprüfung ist auch festzustellen, welche operativen Maßnahmen zu der Reaktion der kirchlichen Amtsträger geführt haben können.«[135]

Zwei Tage nach dem hochoffiziellen Staat-Kirche-Gespräch vom 11. Mai beim Staatssekretär begann die fünfte Tagung der zweiten Bundessynode in Görlitz[136]. In der Wahrnehmung des Staates spiegelte ihr Verlauf das positive Verhältnis von Staat und Kirche sowie die Akzeptanz der gesellschaftlichen Verhältnisse durch die Kirche wider.

»Die realistischen Kräfte bestimmten weitgehend das Ergebnis der Synode. Sie haben ihre Position stärken können. Bischof Schönherr hat sich im gesamten Verlauf kämpferisch verhalten und sich als ein Kirchenvertreter gezeigt, der konsequent den Weg guter Beziehungen zwischen Staat und Kirche zu gehen gewillt ist. Bischof Fränkel hat seine positiven Positionen zu politischen Grundfragen in den Dokumenten der Synode zur Geltung bringen können. Er hat seine seit einiger Zeit sichtbar gewordene vernünftige Haltung erneut unter Beweis gestellt. Die reaktionären Kräfte befanden sich auf der Synode nicht in der Offensive. Sie versuchten, die positive Linie des Berichtes in Frage zu stellen. Zu diesem Zweck wurde von ihnen die gleichberechtigte Stellung der Christen in der sozialistischen Gesellschaft in Zweifel gezogen und Kritik an der parteilichen und klassenmäßigen Erziehung der Jugend in den Schulen geübt. Insgesamt aber wurden in der Diskussion und in der abschließenden Stellungnahme zum Bericht die positiven Seiten des Berichtes der Konferenz der Kirchenleitungen bekräftigt.«[137]

Ende Mai 1977 sprach Seigewasser mit Schönherr über die Veranstaltung am 5. Juli in Potsdam aus Anlaß des 60. Jahrestages der Oktoberrevolution in Rußland. Sie stand unter dem Thema »Unsere gemeinsame Verantwortung für Frieden, Sicherheit und sozialen Fortschritt«; dabei meinte er eine weitgehende konzeptionelle Übereinstimmung mit dem Bischof feststellen zu können[138]. Auch hinsichtlich des Kirchentages in Berlin (West) bestand insofern Einvernehmen, als Schönherr die »Position des Staatssekretärs […] unterstützte, […] daß auch nach seiner Meinung die EKD besser beraten wäre, wenn sie diesen Kirchentag in einer Stadt der BRD […] durchgeführt hätte. Er habe das sowohl dort als auch gegenüber dem Präsidenten des Kirchentages, Dr. Simon, zum Ausdruck gebracht. Der habe ihm zugesagt, daß die Kirchentagsleitung kein Interesse hat, daß es zu Provokationen während der Veranstaltung gegen die DDR komme.«[139]

Am 15. Juli 1977 kam auf Wunsch von Stolpe ein Gespräch mit der Arbeitsgruppe Kirchenfragen im ZK der SED zustande, an dem Bellmann und Hüttner teilnahmen. Als äußeren Anlaß für seinen Besuch bei den SED-Genossen hatte der Leiter des BEK-Sekretariats seine Übermittlung von Glückwünschen sowie die Schönherrs an Bellmann für dessen Berufung gewählt. Sehr schnell kam Stolpe aber dann zur Sache.

»OKR Stolpe bat […] darum, einige Probleme vortragen zu dürfen, die die Verantwortlichen im Kirchenbund im Blick auf die Wahlsynode des Kirchenbundes im Oktober in Herrnhut bewegen. Er gab zu verstehen, daß er diese Gedanken mit Bischof Schönherr abgestimmt habe. Er legte unaufgefordert und offen die Kaderprobleme und -vorstellungen dar, die im Zusammenhang mit der Wahl der leitenden Organe des Kirchenbundes auf der Herrnhuter Bundessynode stehen. St. ging davon aus, daß der jetzige Vorstand des Kirchenbundes (fünf Personen) gelegentlich Mühe gehabt habe, seine Vorstellungen in der Konferenz der Kirchenleitungen (dem höchsten Leitungsorgan des Kirchenbundes) durchzusetzen, weil darin solche Kirchenvertreter wie Bischof Krusche und Bischof Hempel starke Positionen hätten. Sie wären darum der Meinung, daß es auch im Interesse der Wiederwahl von Bischof Schönherr günstig wäre, einige Opponenten in den Vorstand zu nehmen. Gedacht sei an Bischof Krusche als Stellvertreter des Vorsitzenden der Konferenz, an Präsident Domsch (Sächsische Landeskirche), evtl. auch an Bischof Rathke (Mecklenburgische Landeskirche). Er und andere Vertreter des Bundes würden alles tun, damit Schönherr wieder als Vorsitzender der Konferenz der Kirchenleitungen gewählt wird. Natürlich gäbe es auch andere Gedanken. Im Gespräch seien vor allem Bischof Krusche und Bischof Rathke (in letzter Zeit weniger genannt). Der Bund wird einen neunköpfigen Nominierungsausschuß aus Vertretern aller Landeskirchen einsetzen, der die entsprechenden Vorschläge vorbereitet. Als mögliche Mitglieder des Nominierungsausschusses nannte OKR Stolpe u. a. Bischof Fränkel (Görlitzer Landeskirche); OKR Petzold (Innere Mission); Pfarrer Hanff (Landeskirche Sachsen-Anhalt)[140]; die Synodalen Schultheiß (Landeskirche Thüringen) und Fuhrmann (Landeskirche Greifswald). Man werde versuchen, daß nur ein Kandidat für den Vorsitzenden der Konferenz der Kirchenleitungen aufgestellt wird. Es sei aber nicht auszuschließen, daß aus der Konferenz der Kirchenleitungen heraus ein zweiter Kandidat nominiert wird. Dann käme es möglicherweise zu einer Entscheidung zwischen Schönherr und Krusche. Stolpe will Schönherr nahelegen, daß er – auch wenn er nur eine knappe Mehrheit erhält – die Funktion des Vorsitzenden der Konferenz annimmt. Ganz offen sei noch die Wahl des neuen Präses der Synode. Im Gespräch sei Generalsuperintendent Dr. Forck. Dies würde aber nicht gehen, wenn Schönherr Vorsitzender wird, weil beide aus der gleichen Kirche kommen. St. sagte: ›Wir werden eine Kandidatur Forcks als Präses zu verhindern suchen; denn wer für Forck als Präses ist, ist faktisch gegen Schönherr als Vorsitzenden.‹

Genosse Bellmann dankte für die ihm übermittelten Glückwünsche. Er unterstrich die Absicht unserer Partei, auf dem Gebiet der Kirchenpolitik Kontinuität zu wahren. Die Entwicklung nach dem IX. Parteitag habe gezeigt, daß Partei- und Staatsführung eine Politik zum Wohle aller unserer Bürger verwirklichen, daß eine Politik fortgesetzt werde, die von großem Verständnis für das religiöse Anliegen der Kirchen getragen sei. Daran habe insbesondere der Generalsekretär der SED, Genosse Erich Honecker, persönlich einen hohen Anteil. Unsererseits wurde für die offene und vertrauensvolle Darlegung der Probleme gedankt. St. wurde verdeutlicht, daß eine konstruktive, für alle Seiten vorteilhafte Kirchenpolitik günstig beeinflußt wird, wenn Männer an der Spitze der Kirche stehen, die sich im Engagement für Frieden und Entspannung und im Bemühen um gute Beziehungen von Staat und Kirche bewährt haben, und daß wir es darum sehr begrüßen würden, wenn es zur Wiederwahl Bischof Schönherrs käme. Es wurde darauf hingewiesen, daß es gegenwärtig mehr denn je darum geht, nicht zuletzt im kirchlichen Interesse, die Position der politisch vernünftigen Kräfte im Kirchenbund und in den Landeskirchen gegen jene zu verteidigen, die auf Konfrontation mit dem Staat gehen wollen.

Auf die Frage, was von unserer Seite zur Stärkung der Position Bischof Schönherrs und der Anhänger seiner Linie getan werden könne, sagte er: Das Beste sei die Weiterführung der kontinuierlichen Politik gegenüber den Kirchen. Er habe überlegt, ob eine

Begegnung zwischen Schönherr sowie einigen Herren des Kirchenbundes mit dem Vorsitzenden des Staatsrates vor der Herrnhuter Synode sinnvoll und nützlich sei. Er sei der Auffassung, daß dies hinsichtlich des nicht feststehenden Ausganges der Wahlen problematisch sei. Für den Fall der Wiederwahl Schönherrs wäre ein Antrittsbesuch beim Vorsitzenden des Staatsrates eine gute Sache, die große Wirkung hätte. Die inhaltliche Seite einer solchen Begegnung müßte vorher genau abgesprochen werden (was geht und was nicht geht). Man brauche keine großen philosophischen Probleme über das Verhältnis von Marxismus und Religion ansprechen. Vielleicht wäre es möglich, ein paar Positionen gemeinsamer Interessen oder auch von gesamtgesellschaftlicher Bedeutung darzulegen. ›Wir möchten gern unsere Positionen zwischen Helsinki und Belgrad darlegen: Wir würden evtl. darum ersuchen, daß uns zu den bewilligten zehn Kirchenbauten weitere drei genehmigt werden. Vielleicht könnten wir die Bitte vorbringen, daß in wenigen – nur in echten Fällen – der Übersiedlung geholfen wird. Aber wie gesagt, das muß genau abgesprochen werden.‹

OKR Stolpe ging im weiteren auf die Zweckmäßigkeit politischer Veranstaltungen mit Kirchenvertretern ein. Einen sehr positiven Widerhall hätten die Informationsgespräche des Staatssekretärs mit den Kirchenvertretern des Kirchenbundes, auf denen Fachleute verschiedener Bereiche wichtige Informationen vermitteln. Sie seien deshalb daran interessiert, daß noch im September ein weiteres Gespräch zu außenpolitischen Fragen stattfindet. Problematischer seien für sie Veranstaltungen mit öffentlich-propagandistischem Charakter zu gesellschaftlichen oder politischen Höhepunkten. OKR Stolpe wurde Berücksichtigung seiner Gedanken zugesichert.

Abschließend fragte OKR Stolpe an, ob eine Gratulation zum 65. Geburtstag des Generalsekretärs und Vorsitzenden des Staatsrates erwünscht sei. Kirchlicherseits bestehe Bereitschaft, Glückwünsche zu überbringen.

Das Gespräch wurde von beiden Seiten sehr offen und vertrauensvoll geführt.«[141]

Diese in der Tat erstaunlich offenen Mitteilungen kirchlicher Interna eines Kirchenvertreters an SED-Funktionäre standen am Anfang einer ganzen Serie ähnlicher »Hintergrundsgespräche«[142]. Sie sollten wohl die Bereitschaft des BEK-Vorstandes zu enger Kooperation signalisieren, indem sie den Eindruck vermittelten, Stolpe weihe Partei- und Staatsfunktionäre in die geheimsten kirchenpolitischen Winkelzüge ein und verbünde sich mit Parteikadern gegen die »reaktionären« Kräfte in der Kirche.

Später war in der Beratergruppe kurz mitgeteilt worden, daß die Geburtstagsglückwünsche der Kirche zu Honeckers 65. Geburtstag in der DDR-Berichterstattung einen hervorgehobenen Platz – sie wurden an fünfter Stelle genannt – erhalten hätten. Nach Stolpes Vorfühlen bei Bellmann hatte der KKL-Vorstand festgelegt, Lewek möge einen von Schönherr zu unterzeichnenden Glückwunschbrief entwerfen, der, sollte der Staat keine Delegation des Bundes zur Gratulation einladen, im Staatsratsgebäude am Geburtstag abzugeben sei. Für den anderen Fall war vorgesehen, ein Kunstgeschenk im Wert vom 100 bis 250 DDR-Mark zu beschaffen[143]. Das Schreiben Schönherrs hatte den Wortlaut:

»Sehr geehrter Herr Vorsitzender!
Zu dem Tage, an dem Sie Ihr 65. Lebensjahr vollenden, erlaube ich mir, Ihnen die besten Wünsche des Bundes der Evangelischen Kirchen in der Deutschen Demokratischen Republik zu übermitteln. Sie begehen dieses wichtige persönliche Datum zu einem Zeitpunkt, da die Völker Europas mit großer Hoffnung den durch die Konferenz von

Helsinki eingeleiteten Entspannungsprozeß verfolgen. Als höchstem Repräsentanten unseres Staates ruht auf Ihnen eine besondere Verantwortung in der Weiterführung dieses Prozesses. Unsere Wünsche gelten Ihnen als Träger dieser Verantwortung: Mögen Ihnen stets die Kräfte und Einsichten zur Verfügung stehen, die Sie benötigen. Unsere Wünsche gelten aber auch Ihrem persönlichen Leben, für das wir Ihnen Gesundheit, Freude und Wohlergehen erbitten.«[144]

Während des Sommers 1977 richtete sich die Aufmerksamkeit des Staates auf das Verhalten des möglichen Gegenkandidaten zu Schönherr: Bischof Werner Krusche, Magdeburg. Dabei fällt auf, daß die SED-Funktionäre ihr Urteil modifizierten. Erschien Krusche Mitte April 1977 noch als einer der »raffiniertesten Gegner unserer Gesellschaft« und die provinzsächsische Kirche als Hort des Sozialdemokratismus[145], so heißt es Ende Juli in einer Information über eine Tagung Dohles mit den Leitern der Sektoren Kirchenfragen der Räte der sächsischen Bezirke Leipzig, Karl-Marx-Stadt und Dresden, der Magdeburger Bischof habe »in der letzten Zeit durch seine klare Haltung deutlich an Profil gewonnen. Er wandte sich entschieden gegen die provokatorische Bildung des Brüsewitz-Zentrums in der BRD [...]. Die Kirchenleitung der Kirchenprovinz Magdeburg protestierte ebenfalls gegen diese Bildung, auch im Namen der Witwe Brüsewitz.«[146] Wenige Tage zuvor hatten der Generalstaatsanwalt der DDR, Streit, und Seigewasser an Honecker geschrieben und ihm vorgeschlagen, eine halbe Million Mark, die 1958 illegal eingeführt und darum beschlagnahmt worden seien, an die provinzsächsische Kirche zurückzugeben[147]. Neben der rechtlichen Problematik, das Geld ohne Prozeß weiter einzubehalten, heißt es in der Begründung:

»Außerdem beurteilen die örtlichen Organe, daß sich das Verhältnis der evangelischen Kirchenleitung der Kirchenprovinz Sachsen zu den staatlichen Organen positiv gewandelt habe, was z. B in der wiederholten Würdigung der Schlußakte von Helsinki durch Bischof Dr. Werner Krusche sichtbar werde.«[148]

Auch in der Konzeption der Arbeitsgruppe Kirchenfragen im ZK der SED zur Einflußnahme auf die 1. Tagung der 3. BEK-Synode heißt es. »Ausreichend profiliert [für das Amt des BEK-Vorsitzenden] wäre Bischof Krusche, der sich in jüngster Zeit durch seine Haltung in der Auseinandersetzung um das Brüsewitz-Zentrum und durch größere Gesprächsbereitschaft mit dem Staat in eine günstige Position gebracht hat.«[149]

Dieses Urteil mag auch durch die Berichterstattung des Magdeburger Oberkonsistorialrates Detlef Hammer (IM »Günther«) mitgeprägt worden sein, der seit den Brüsewitz-Ereignissen eine deutliche Standortveränderung des Bischofs meinte feststellen zu können und Anfang September 1977 folgende Einschätzung über ihn gab:

»Krusche befindet sich gegenwärtig in einer Situation, wo er häufiger in den westdeutschen Zeitungen erscheint als die Bischöfe der dortigen Landeskirche. Er wird mehrfach als der ›rote Bischof‹ bezeichnet, und man unterstellt ihm, daß er seine Meinungen nur nach dem Willen des Staates hier in der DDR brummen [sic!] würde und daß er nur im Auftrage des Staates und nicht für die Gemeinden tätig ist. Alle diese Diskussionen und das Bild von Krusche in den westdeutschen Zeitungen und vor allem die Reden anläßlich der Errichtung des Brüsewitzzentrums und der Arbeitsgemeinschaft ›13. August‹ veranlaßt den Krusche, auch hier in der DDR zu den Vorfällen in der BRD Stellung zu nehmen [...]. Krusche hat sich bereit erklärt, [dem Deutschlandfunk ein] [...] Interview zu geben, nachdem er vorher Kontakt mit Henkys, epd, aufgenommen hat.«[150]

Auf den Schmähbrief eines provinzsächsischen Pfarrers gegen die DDR und Honecker (»Chef des größten KZ der Welt«) habe Krusche ihm, Hammer, gegenüber empört reagiert und gemeint, »gegen einen solchen Pfarrer [müsse] ein Disziplinarverfahren eröffnet werden [...], weil es seine Pflichten, die aus der Ordination und in der Ordination begründet sind, verletzen würde [...] eine solche Stellungnahme von Krusche«, so Hammer, wäre »vor einem Jahr noch nicht möglich gewesen«[151].

Krusche verlor also in dieser Phase offenbar den Ruf eines revisionistischen Schreckgespenstes und erschien den SED-Funktionären nun ganz passabel. Trotzdem blieb für den Staat Schönherr natürlich der Favorit. Im Zusammenhang mit der Geldrückgabe an die provinzsächsische Kirche heißt es in einer Aktennotiz Hermann Kalbs:»Schö[nherr] war dankbar dafür, daß die Sache über ihn geht. Er rechnet sich Autoritätszuwachs gegenüber Kr[usche] aus. Argumentiert entsprechend den Hinweisen.«[152] Ganz anders stellt freilich Schönherr in seinem Vermerk die Sache dar:

»Auf meine Frage, warum ich mit dieser Angelegenheit befaßt werde, erhalte ich die Auskunft: es handele sich um eine zwar einmalige, aber grundsätzliche Entscheidung, die nicht auf der Ebene der Landeskirchen erledigt werde. Ich werde gebeten, Herrn Bischof Dr. Krusche zu verständigen.«[153]

Die konstituierende Tagung der 3. BEK-Synode in Herrnhut vom 21. bis 23. Oktober 1977 führte im Blick auf die personellen Konstellationen zu Ergebnissen, die aus staatlicher Perspektive kaum positiver hätten sein können.

Zum Synodalpräses wurde – so die Arbeitsgruppe Kirchenfragen – »der für uns günstigste Kandidat«[154], nämlich der Synodale Wahrmann aus der Evangelisch-Lutherischen Landeskirche Mecklenburg, gewählt. Wahrmann, von Beruf Kaufmann, betrieb als Kommissionshändler ein Textilgeschäft und profilierte sich gesellschaftlich in der Arbeitsgruppe »Christliche Kreise« beim Stadtausschuß der Nationalen Front Wismar und pflegte als IMS »Lorenz« – wie sein Vorgänger im Amt des Synodalpräses – enge Kontakte zum MfS[155].

Ebenfalls neu im Präsidium der Bundessynode war Erwin Walter, seit 1973 Bundessynodaler, Synodaler der EKU und Mitglied des Präsidiums der Konferenz der Kirchentage in der DDR. 1974 hatte ihn auch die Provinzialsynode seiner Görlitzer Kirche zum Synodalen gewählt, 1978 rückte er in die Kirchenleitung des Görlitzer Kirchengebietes auf. Das ungewöhnlich hohe Engagement des Industriekaufmanns und Ingenieurökonomen für seine evangelische Kirche geschah in voller Übereinstimmung mit dem MfS, das Walter als IMF »Winter« führte[156]. Um dem überlasteten Synodalen seine Kirchenbürde etwas zu erleichtern, entschied die Stasi Anfang der 80er, er möge seine Funktionen in der EKU aufgeben. Walter versorgte den Geheimdienst mit allerlei Hintergrundinformationen, die er meist auf Band diktierte[157]. Für seine Bemühungen erhielt er – neben Geschenken und Prämien – monatlich 200,– DDR-Mark.

Die Wahl der sieben synodalen Mitglieder für die Konferenz der Evangelischen Kirchenleitungen führte 1977 allerdings zu einer eher kirchenbundkritischen Mehrheit, was künftige Schwierigkeiten bereits vorausahnen ließ. Der Vorstand und der Vorsitzende der KKL wurden unter Vorsitz von Fränkel in geschlossener Sitzung gewählt. Da der Görlitzer Bischof sich für die Wiederwahl Schönherrs aussprach, wurde kein Gegenkandidat aufgestellt. Mit 20 Stimmen bei vier Gegenstimmen wurde der Berlin-Brandenburgische Bischof zum dritten Mal Vorsitzender des Kirchenbundes. Als seine Stellvertreter wurden Bischof Werner Krusche und Präsident Kurt Domsch (Dresden) bestellt, als Mitglieder Präses Wahrmann und Christina Schultheiß (Stadtroda). Sehr einverstanden waren die SED-Funktionäre auch über Schönherrs Stellungnahme zum »Fall« Defort[158] und zur Tätigkeit der »Zentralen Erfassungsstelle« in Salzgitter. Während einer Pressekonferenz wies er in diesem Zusammenhang nämlich auf die Unvereinbarkeit der Einmischung westdeutscher Institutionen mit den Prinzipien von Helsinki hin. Bischof Krusche äußerte sich politisch natürlich weniger eindeutig, gab aber im Zusammenhang mit der Frage der Übersiedlungsanträge in die Bundesrepublik den Journalisten immerhin die Antwort, er sei der Auffassung, daß die Christen ihren Platz in der DDR hätten.

Das »Spitzengespräch« vom 6. März 1978

Unmittelbar nach Schönherrs Wiederwahl sprach Stolpe den als Gast an der Synode teilnehmenden Mitarbeiter in der Dienststelle des Staatssekretärs für Kirchenfragen, Hans Weise, an und erneuerte seine Bitte, Honecker möge den Vorstand des Kirchenbundes zu einem Antrittsbesuch empfangen.

Paul Verner reichte am 27. Oktober das Protokoll an Honecker weiter, der zur Frage des BEK-Empfangs sein »Einverstanden E.H.« setzte und das Schriftstück dann am 26. November in Umlauf für das Politbüro gab[159].

Inzwischen hatte Stolpe schon am 8. November Bellmann mitgeteilt, der BEK erwäge, ob der gesamte Vorstand oder nur zwei bis drei Vorstandsmitglieder an dem Empfang teilnehmen sollten. »Für Schönherr wäre sicher eine möglichst breite Teilnahme günstig. Zu diesem Antrittsbesuch solle nichts behandelt werden, wo es keine vorher abgestimmte Position gebe.«[160] Dann nannte der Leiter des Kirchenbundsekretariats neben »Grundfragen«, die er nicht weiter spezifizierte, noch einige »handliche Punkte«:

»– Fragen der Gestaltung des 500. Geburtstages von Martin Luther im Jahre 1983.
– Die Möglichkeit gelegentlicher religiöser bzw. kirchlicher Sendungen im Fernsehen der DDR, etwa in der Weise, wie das früher in Einzelfällen mit dem verstorbenen Landesbischof Mitzenheim stattgefunden hätte.
– Eigentumsprobleme, d. h. vor allem noch offene Fragen in bezug auf jenen landwirtschaftlichen Grundbesitz der Kirchen, der von der LPG genutzt werde. Für 100 000

ha sei eine Abgeltung in Form von Nutzungsgebühren (40 Mark pro ha jährlich) geregelt, für etwa 50 000 ha stehe eine solche Regelung noch aus.

– Der BEK wolle im Gespräch erneut seine Genugtuung über die Regelung arbeitsrechtlicher Fragen für Arbeiter und Angestellte der Kirchen im Arbeitsgesetzbuch zum Ausdruck bringen, die nach dem Schriftwechsel mit dem Generalsekretär des ZK, Genossen Honecker, erfolgt ist. Für den BEK sei die Frage relevant, welche Konsequenzen aus dem AGB evtl. auch für die Sozialversicherung der Pfarrer gezogen werden könnten. Einige Vertreter des BEK würden es für überlegenswert halten, für Pfarrer ein staatliches Sozialversicherungsverhältnis einzugehen. Der im Arbeitsgesetzbuch fixierte besondere arbeitsrechtliche Status müsse natürlich dabei erhalten bleiben, aber es könne z. B. erwogen werden, ob nicht eine Nachversicherung der gegenwärtig amtierenden Pfarrer möglich sei. Für sie müsse dann eine Einstandssumme gezahlt werden, aber dabei würden sich sicher auch ökumenische Kräfte engagieren. Auf meine Frage, wie das zu verstehen sei, bemerkte Stolpe, daß er damit die Bereitstellung von Valutamitteln gemeint habe. Die Kirchen in der DDR würden Geldmittel durch Fortfall der bisher zu zahlenden Altersversorgung einsparen und damit die Pfarrergehälter anheben können; denn das Durchschnittsgehalt eines Gemeindepfarrers würde gegenwärtig etwa 700 Mark betragen.

– Man könne auch über Fragen der theologischen Ausbildung in der DDR sprechen. Aber diese Fragen seien kompliziert, und das Ergebnis solcher Gespräche könnte nur ein Auftrag sein, gemeinsam darüber nachzudenken.«[161]

Laut Protokoll der 83. Sitzung des BEK-Vorstandes vom 11. und 12. November legte Stolpe unter TOP 12 einen »Aufriß für Spitzengespräch vor. Nach Überprüfung und Ergänzung durch die Vorstandsmitglieder wird dieser Aufriß vorläufige Arbeitsgrundlage. Vorsitzender und Leiter des Sekretariats sollen sondieren.«[162] Dieses Material reichte er vierzehn Tage später mit folgenden Bemerkungen an Bellmann:

»Der Aufriß ist das Arbeitspapier für Vorbereitungsgespräche. Er geht davon aus, daß in einem Antrittsbesuch des neugewählten Vorstandes der Konferenz beim Vorsitzenden des Staatsrates einige Verhandlungsgegenstände angesprochen werden sollten, die abschließend geklärt oder zur Klärung weiterverwiesen werden. Über die Verhandlungsgegenstände sollte vor dem Gespräch Übereinstimmung erreicht werden. Es ist nicht erforderlich, daß alle Gegenstände ausführlich verhandelt werden.

Das Gespräch sollte im Dezember 1977 oder im Januar 1978 stattfinden. Ein Zeitpunkt nach der Märztagung der Konferenz der Kirchenleitungen (10.-12.3.1978) würde eine Überprüfung des Arbeitspapiers erforderlich machen (Kein Antrittsbesuch mehr).

Die Vorbereitung des Gespräches ist dem Vorsitzenden der Konferenz und dem Leiter des Sekretariats übertragen.«[163]

Der »Aufriß« enthielt folgende Punkte und Stichworte:

»AUFRISS SPITZENGESPRÄCH

1. GEGENSTÄNDE ZUR ABSCHLIESSENDEN KLÄRUNG
1.1. Gemeinsame Verantwortung für die Menschen
1. Erweiterung der Reisemöglichkeiten in dringenden Familienangelegenheiten.
Konfirmation und Jubiläumsgeburtstage ab 60. als Reiseanlässe zulassen.
Zehn Besuchstage jährlich zum Besuch Verwandter ersten und zweiten Grades für Bürger ab 50. Lebensjahr (Wehrpflichtalter) zulassen.

2. *Gleiche Chancen für alle Bürger unabhängig von der Weltanschauung und dem religiösen Bekenntnis.*
Dank für erklärte Perspektivzusage.
Bitte um erneute öffentliche Bekräftigung. Denn Durchsetzung auf allen Ebenen erfordert Bewußtseinsprozeß bei Christen und Marxisten, der erneuten Anstoßes bedarf.
3. *Dank für gewachsene Gesprächsoffenheit und Ermunterung von konstruktiver Kritik.*
Ermunterung zur Fortsetzung dieser Linie einschließlich größerer Durchschaubarkeit der Entscheidungen und Offenlegung der Probleme; gerade auch im Blick auf die Jugend, bei der z. T. Anlaß zur Sorge besteht.
1.2. Dienst der Kirche an den Gläubigen.
1. *Kirchliche Bauvorhaben*
Dank für Neubauten und Rekonstruktionen
2. *Kirchliche Sendungen im Rundfunk und Fernsehen*
Anlage 1
3. *Kirchliche Kindergärten*
Erläuterung des prinzipiellen Interesses der Kirchen an dieser ihrer spezifischen diakonisch-pädagogischen Aufgabe
4. *Lutherjubiläumsjahr 1983*
Anlage 2
5. *Strafanstaltsseelsorge*
Anlage 3
1.3. Zu Fragen des kirchlichen Eigentums
1. *Zahlung angemessener Nutzungsgebühren für alle kircheneigenen landwirtschaftlichen Nutzflächen, die von sozialistischen Landwirtschaftsbetrieben genutzt werden.*
Anlage 4
2. *Gleichbehandlung der kircheneigen bewirtschafteten Land- und Forstwirtschaftsbetriebe mit sozialistischen Betrieben.*
Anlage 5
3. *Kirchliche Friedhöfe*
Anlage 6

2. Gegenstände zur Verweisung zwecks weiterer Klärung
2.1. Altersversorgung für auf Lebenszeit angestellte kirchliche Mitarbeiter
Anlage 7
2.2. Theologiestudium an den Universitäten
Die Kirchen sind an der Gestaltung des Theologiestudiums an den Universitäten prinzipiell interessiert. Sie bitten um Beteiligung, sofern Veränderungen vorgesehen werden.
2.3. Literatur- und Zeitschriftenimport
Die starke internationale Position der DDR-Kirchen erfordert Kenntnis von wichtigen Buchveröffentlichungen und Zeitschriften des westlichen Auslandes.
Eine angemessene Erweiterung der Sondergenehmigungen zugunsten aller neun Kirchenleitungen erscheint angebracht.
2.4. Fragen der Druckgenehmigung theologischer Literatur.«[164]

Am 25. November erklärte Stolpe seinem Verhandlungspartner Bellmann in einer persönlichen Unterredung, Schönherr stünde für ein Gespräch mit Verner über die Inhalte der geplanten Spitzenbegegnung bereit und könnte bei dieser Gelegenheit auch »ausführlicher über seine Gespräche in der BRD informieren«[165]. Grundsätzlich sollten bei der Begegnung mit Honecker »nur lösbare Probleme behandelt werden, über die man sich vorher einig geworden«[166] sei. Sodann berichtete Stolpe ausführlich über Schönherrs Gespräche mit führenden Politikern der BRD im Zusammenhang mit seinem Besuch der Synode der EKD in Saarbrücken[167].

Anfang Dezember 1977 fand dann das auf Stolpes Vermittlung hin vereinbarte Gespräch Schönherrs mit Verner statt[168].

Bei dieser Gelegenheit teilte erstmals ein hoher SED-Funktionär einem Kirchenvertreter mit, »der Vorsitzende des Staatsrates werde sicherlich dieser Bitte [um eine Begegnung mit dem BEK-Vorstand] entsprechen«, und ging dann auf Stolpes »Aufriß« ein:

> »Eine Reihe der in diesem Aufriß dargelegten Probleme können sicherlich vorher geklärt werden, eine große Zahl der aufgeworfenen Fragen sind durch Gesetze und Verordnungen geregelt, und eine Reihe von Fragen sind weder zeitgemäß noch gerechtfertigt.«

In den Mittelpunkt seiner Ausführungen stellte Verner den notwendigen Kampf des Sozialismus für Frieden und Abrüstung angesichts »der Forcierung der Rüstung durch die NATO«. In diesem Zusammenhang verwies er auf die Bedeutung der »Erziehung der Jugend zur Verteidigungsbereitschaft« und pries die Jugendpolitik von Partei und Regierung. »Manche Besucher und Delegationen aus dem westlichen Ausland beneiden uns um unsere Jugend, die ohne Sorge um einen Lehrplatz und späteren Arbeitsplatz, mit sicherer Perspektive, ohne Arbeitslosigkeit und ohne Rauschgift aufwächst.« Diese und andere Ausführungen – etwa zu »Menschenhändlerbanden« – waren jeweils durch Bitten Schönherrs veranlaßt: Jugendliche zu amnestieren, die am 7. Oktober demonstriert hatten, Reisemöglichkeiten zu erweitern und Chancengleichheit für alle Bürger zu verwirklichen. Dem Protokoll zufolge lehnte Verner ziemlich abrupt die meisten Gesprächsvorschläge ab und sprach im Zusammenhang mit Bischof Krusche von »bedenklichen Positionen«, weil dieser »die Wehrerziehung in der DDR« angegriffen habe[169]. Bezüglich einer Regelung der Theologenausbildung meinte er, nicht die Sektionen, sondern die kirchlichen Ausbildungsstätten bildeten das Problem, weil hier das Ministerium für Hoch- und Fachschulwesen keinerlei Einflußmöglichkeiten habe. Es blieben lediglich vier Punkte, die positiv aufgenommen wurden:

– eine Koordinierung der staatlichen und kirchlichen Maßnahmen anläßlich des Lutherjahres 1983;
– religiöse Fernsehsendungen aus Anlaß hoher kirchlicher Feiertage;
– Zahlung von Nutzungsgebühren für kircheneigene Landwirtschaftsflächen;
– staatliche Altersversorgung kirchlicher Mitarbeiter auf Valutabasis.

Trotzdem soll Schönherr sich nach dem staatlichen Vermerk für Honeckers Bereitschaft, den BEK-Vorstand zu empfangen, bedankt haben. Dann markierte der BEK-Vorsitzende die anvisierte Bedeutung der geplanten Spitzenbegegnung, indem er sie mit dem Wartburg-Gespräch zwischen Walter Ulbricht und Bischof Mitzenheim vom 18. August 1964 verglich[170]. Allerdings habe Mitzenheim damals nur für seine Landeskirche sprechen können, der

BEK-Vorstand aber habe die Legitimation, für alle evangelischen Landeskirchen der DDR zu sprechen. Überdies sei das Gespräch damals aus einem Spannungsverhältnis zwischen Staat und Kirche zustandegekommen, während es sich dieses Mal »in eine Phase der positiven Entwicklung der Beziehung von Staat und Kirche«[171] einordne.

»Bischof Schönherr bat zu verstehen, daß der von ihm und seinen Freunden beschrittene Kurs in den evangelischen Kirchen noch umstritten sei. Darum müsse das Gespräch auch einige Ergebnisse zeitigen, die ihm helfen könnten, sich mit jenen auseinanderzusetzen, die ihm ständig unkritische Anpassung vorwerfen. Schönherr bestätigte, daß zu den Kräften, die ihn stützen, auch Bischof Fränkel gehört. Es wäre gut, so führte der Bischof aus, wenn beim Antrittsbesuch nicht nur schöne Worte gewechselt würden, sondern etwas gesagt wird, was Wirkung hinterläßt. Er seinerseits werde nichts sagen, was zur Konfrontation Anlaß geben könnte. ›Wir gehen davon aus, daß das Gespräch dem Ziel dienen muß, daß die christlichen Bürger unseres Staates ihren Weg in der DDR finden.‹«

Verner würdigte abschließend die »Offenheit, Sachlichkeit« und »vertrauensvolle Atmosphäre« des »nützlichen« Gesprächs und versicherte Schönherr, er werde Honecker darüber unterrichten.

Obwohl die Vorbereitungen für das Spitzengespräch zwischen Staat und Kirche nun in eine konkrete Phase eintraten, war dies für die SED-Funktionäre offenbar kein Grund, gegenüber dem BEK-Vorsitzenden ideologische Nachsicht zu üben. Zwölf Tage nach Schönherrs Gespräch mit Verner erhielt dieser von Bellmann eine Hausmitteilung. Darin teilte der Leiter der Arbeitsgruppe Kirchenfragen dem Genossen im Politbüro mit, Schönherr weigere sich, einen Teil der beanstandeten Textpassagen zur sozialistischen Bildungspolitik im Manuskript seiner Sammelarbeit, die bei der Evangelischen Verlagsanstalt erscheinen solle[172], entsprechend den gegebenen Empfehlungen zu verändern.

»Bischof Schönherr weist darauf hin, daß einige der strittigen Textstellen bereits früher in kirchlichen Publikationen veröffentlicht wurden. Das Problem scheint für Schönherr zu einer innerkirchlichen Prestigefrage geworden zu sein. Er befürchtet offensichtlich, daß ihm Nachgeben in dieser Sache Kritik von rechts einbringt. Unseres Erachtens besteht keine Veranlassung, die Entscheidung des Ministeriums für Kultur zu korrigieren.«[173]

Am 22. Dezember führten Stolpe und Christa Lewek ein weiteres Gespräch mit Bellmann. Darin teilte der Leiter des BEK-Sekretariats mit, man habe mit Bedauern den Punkt »Erweiterung der Besuchsreisen nach der BRD« fallengelassen und werde bis zum 6. Januar 1978 eine überarbeitete Fassung des Aufrisses vorlegen. »Dabei soll im Ergebnis der heutigen Aussprache im ersten Teil das Problem der Stellung der Kirchen in der sozialistischen Gesellschaft der DDR klarer formuliert werden.«[174]

Christa Lewek nannte einige Gesichtspunkte, die der BEK seitens des Staates für erwähnenswert halte: Honeckers Aussagen vor der Volkskammer zur konstruktiven Gestaltung von Beziehungen zwischen Bürgern unterschiedlicher Weltanschauung; Hervorhebung des prozessualen Charakters der Staat-

Kirche-Beziehungen; Fragen auf nationaler und internationaler Ebene, an deren Lösung Staat und Kirche gleichermaßen gelegen sei; Versicherung, daß das »sachliche, vertrauensvolle Klima« auch an der Basis wirksam werde. Bellmann erklärte seinerseits, in dem kirchlichen Entwurf fehle noch die »Anerkennung der großen Wirkungsmöglichkeiten der Kirchen in der DDR, die verwirklichte Religionsfreiheit«. Honecker erhielt diese Niederschrift und zeichnete sie am 8. Januar 1978 ab[175].

Die auf der 84. Sitzung des BEK-Vorstandes am 21. Dezember 1977 gutgeheißene zweite Fassung des »Aufrisses«[176] wurde am 10. Januar 1978 von der Abteilungsleiterin im Staatssekretariat für Kirchenfragen, Elfriede Schumann-Fitzner, auf neue Aspekte hin analysiert. Dabei gelangte sie zu dem Ergebnis, daß in der »neuen Fassung keine neuen *sachlichen* Anliegen enthalten«[177] seien. Immerhin hob sie aber als Neuformulierungen die gewünschte öffentliche Anerkennung der positiven Rolle der Kirche für die Gesellschaft hervor. Außerdem betonte sie die »eigengeartete Teilhabe von Staat und Kirche an der gemeinsamen Verantwortung für die Zukunft der Menschen« und die »Möglichkeit der Partizipation der Kirche an gesellschaftlichen und politischen Entwicklungen im Dienste des Menschen in Form eigenständiger kirchlicher Beiträge«. Dies waren in der Tat die ideologisch wunden Punkte.

Während der Bischofskonferenz in Bad Saarow vom 9. Januar abends bis 12. Januar 1978 abends wurde das »in Aussicht genommene Spitzengespräch [...] diskutiert.«[178] Mehr vermerkt das Protokoll nicht, was zeigt, daß die ganze Angelegenheit mit allergrößter Diskretion behandelt werden sollte. Doch die staatliche Seite war über alle Einzelheiten der kirchlichen Beratungen bestens unterrichtet. Unter Berufung auf IM »Sekretär« fertigte die MfS-Hauptabteilung XX/4 am 16. Januar eine Information über diese Tagung an, die unverzüglich dem ZK bzw. dem Staatsratsvorsitzenden zugeleitet wurde[179]. Insgesamt fünfzehn Informationsberichte – meist unter Berufung auf IM »Sekretär« – belegen, wie genau das MfS über jeden Schritt des Kirchenbundes vor und nach dem 6. März informiert war[180]. Ein großer Teil dieser IM-Berichte wurde zur zentralen Auswertung gegeben und erreichte so – unter Wahrung des Quellenschutzes – die Partei und den Staatssekretär für Kirchenfragen[181].

Auf der 53. Tagung der Evangelischen Kirchenleitungen in der DDR am 13./14. Januar 1978 trug Schönherr erstmals »die Absicht des neugewählten Vorstandes vor, ein Erstgespräch des neugewählten Vorstandes beim Vorsitzenden des Staatsrates zu machen. Der Themenkatalog enthält Grundsatz- und Einzelfragen.«[182] Die Konferenz gab einstimmig ihr Plazet für das Gespräch; eine Berichterstattung über den Tagesordnungspunkt erfolgte nicht.

Am 13. Februar fragte Schönherr, der aus einem ganz anderen Anlaß ein Gespräch mit dem Stellvertreter ders Staatssekretärs für Kirchenfragen, Hermann Kalb hatte, »wegen Termin Gipfelgespräch, er müsse doch disponieren. Kalb: Ich bin überfragt.«[183]

Einen Tag später, nämlich am 14. Februar 1978, sandte der Sekretär des Staatsrates der DDR, Hans Eichler, dann an Schönherr die offizielle Einladung Honeckers an den KKL-Vorstand »zu einer Zusammenkunft mit ihm am 6. März 1978, 10.30, im Amtssitz des Staatsrates«[184]. Einen Tag später versandte Stolpe eine Kopie des Eichler-Schreibens an die Eingeladenen und bat zu einem Vorgespräch am 5. März um 17.00 Uhr. Unter dem 20. Februar bestätigte der Leiter des BEK-Sekretariats dann den Eingang des Einladungsbriefes, sagte das Kommen des BEK-Vorstandes zu und ergänzte: »Soweit über den bekannten Sachstand hinaus noch vorbereitende Klärungen erforderlich werden, stehe ich Ihnen gern zur Verfügung.«[185] Zwischen dem 23. Februar und 1. März hielt sich Schönherr in Moskau auf[186].

Am 27. Februar 1978 sandte Stolpe an Bellmann »dreifach einen 1. Entwurf von unserer Seite. Natürlich müssen nun noch Ihre Vorstellungen hinein. Ich denke, daß eine Verständigung möglich ist. Entscheidend ist, daß es eine abgestimmte Mitteilung wird. Für evtl. Rückfragen stehen ich und in meiner Vertretung Frau Lewek gern zur Verfügung.«[187] Bis hin zu einer genauen Sitzordnung wurde auch technisch der genaue Ablauf zwischen Bellmann und Stolpe abgestimmt[188]. Die letzte Information über den Stand der Vorbereitungen auf seiten der Kirche erhielt der Staat am 3. März durch eine Information des MfS[189].

Darin heißt es:

»Bisher wurde von diesem Kreis in Erwägung gezogen, entsprechend den gegebenen Umständen u. a. möglicherweise folgende Standpunkte anzusprechen:

Bischof Schönherr, Oberkonsistorialrat Stolpe und Präses Wahrmann wollen der großen politischen Bedeutung des Gespräches damit Rechnung tragen, indem sie das gute Verhältnis Staat-Kirche hervorzuheben beabsichtigen.

Bischof Krusche und Präsident Domsch gehen in derzeitigen persönlichen Gesprächen davon aus, es sei wünschenswert, wenn nicht nur Bischof Schönherr als Leiter der Kirchendelegation Gelegenheit zu Meinungsäußerungen erhalte, sondern alle Vorstandsmitglieder, die an dem Gespräch teilnehmen.

Bischof Krusche beabsichtigt in diesem Falle, zum Problem ›partnerschaftliche Beziehungen‹ Staat/Gesellschaft – Kirche und der Respektierung konstruktiver Kritik bei gleichzeitiger schöpferischer Mitarbeit am sozialistischen Aufbau kirchlicherseits zu sprechen. Er wolle sich im Fall einer positiven Regelung in bezug auf erweiterte ›Mitbenutzung‹ von Rundfunk und Fernsehen der DDR durch die Kirche bedanken.

Präsident Domsch habe beabsichtigt, in einem eventuellen Diskussionsbeitrag zu Baufragen zu sprechen. Er wolle dabei die Bitte vorbringen, daß der Staat der Eigenbeteiligung von jeweils einem Drittel der Kosten der Kirchengemeinden bei den jeweiligen Neubauten (im Rahmen des laufenden kirchlichen Sonderprogrammes) zustimmt und den örtlichen Organen diesbezügliche Instruktionen in Abstimmung mit den Außenhandelsorganen gegeben werden.

Weiter wurde bekannt, daß Bischof Schönherr, Oberkonsistorialrat Stolpe und Präses Wahrmann bis zum 6.3.1978 Konsultationen beabsichtigen, in denen sie auf Bischof Krusche und Präsident Domsch Einfluß nehmen wollen, daß beide Personen in eventuellen Diskussionsbeiträgen der großen politischen Bedeutung des Gespräches voll Rechnung tragen. In gleicher Weise soll Frau Schultheiß, Stadtroda, angetragen werden, besonders anläßlich des bevorstehenden Internationalen Frauentages einige positive Ausführungen zur Rolle der christlichen Frauen in Gesellschaft und Kirche der DDR zu machen. Im Vorstand der Konferenz der Kirchenleitungen des Bundes Evangelischer Kirchen in der DDR ist gegenwärtig im Gespräch, nach dem 6.3.1978 zwei Fassungen zur Presseveröffentlichung vorzubereiten. Eine kurze sachliche Mitteilung soll für die politische Tagespresse und eine ausführlichere Mitteilung für die kirchliche Presse zur Verfügung gestellt werden.«

Im Zusammenhang mit dem bevorstehenden Gespräch erscheint folgende Entwicklung beachtenswert:

»Bei Bischof Krusche – der in den letzten Jahren z. T. einen verfestigten negativen bis feindlichen Standpunkt gegenüber dem Staat und der sozialistischen Gesellschaftsordnung vertreten hatte – ist in letzter Zeit festzustellen, daß er realistischere Positionen gegenüber den Problemen der sozialistischen Gesellschaft vertritt. Die sich wandelnde Haltung Krusches ist von Bedeutung, da er über erhebliches Ansehen und Einfluß in- und außerhalb der DDR verfügt. Es sollte deshalb erwogen werden, Bischof Krusche und den anderen Mitgliedern des Vorstandes des Bundes Gelegenheit zu geben, ihre Ansichten vorzutragen.«[190]

Diese »Information«, die »wegen Quellengefährdung« als »Streng geheim!« eingestuft war, erhielt auch Bellmann, dem aufgrund der intensiven Vorbereitungsgespräche mit Stolpe eigentlich klar sein mußte, um welche »Quelle« es sich handelte.

Am 6. März war es dann endlich soweit. An dem fast dreistündigen Gespräch im Staatsratsgebäude nahmen neben Honecker auch Paul Verner, Rudi Bellmann, der Sekretär des Staatsrates, Eichler, und der Stellvertreter des Staatssekretärs für Kirchenfragen, Hermann Kalb, teil. Mit den Bischöfen Schönherr und Krusche, Präsident Kurt Domsch, Präses Siegfried Wahrmann, Synodalpräsidiumsmitglied Christina Schultheiß war der gesamte KKL-Vorstand erschienen. Außerdem nahm von kirchlicher Seite BEK-Sekretariatsleiter Stolpe am Gespräch teil. In der Begrüßungsansprache Honeckers fielen dem ausführlichen kirchlichen Protokoll zufolge[191] eine ganze Reihe jener Stichworte, die Christa Lewek bei Bellmann als wünschenswert herausgestellt hatte – etwa, daß der Staat die Tätigkeit der Kirche schätze und daß das Verhältnis von Staat und Kirche in der gemeinsamen Verantwortung für die Menschen und ihre Zukunft sich wohltuend auf die Lösung der Hauptaufgabe, die Sicherung des Friedens, auswirke. Honecker würdigte das ökumenische Engagement der Kirchen gegen Rassismus und Neokolonialismus, verhieß Kooperation zwischen Staat und Kirche, erinnerte an seine Volkskammerrede über die Möglichkeit gleichberechtigten Mitwirkens aller Bürger an der Gestaltung der sozialistischen Gesellschaft, unterstrich die Chancengleichheit aller und beschwor den »Geist der Toleranz«, in dem alle entstehenden Probleme gelöst werden sollten. Dann ging er auf die von Stolpe und Bellmann vorbesprochenen Sachfragen ein, über die schon im Prinzip positive Entscheidungen getroffen worden seien, die er jetzt bekanntgebe: Kirchliche Bauvorhaben, kirchliche Sendungen in Rundfunk und Fernsehen, Lutherjubiläum 1983, weitergehende seelsorgerliche Betreuung in Strafvollzugseinrichtungen, Altersversorgung kirchlicher Mitarbeiter, Einfuhr von Literatur und Zeitschriften, Unterstützung kirchlicher Kindergärten, Bewirtschaftung kirchlicher Landwirtschaftsbetriebe, angemessene Gebührenregelung für kirchliche Friedhöfe, religiöse Handlungen in staatlichen Senioren- und Pflegeheimen.

Darauf folgte Schönherrs Ansprache, die freilich keinem der anwesenden

Funktionäre aus Partei und Staat neu sein konnte, da Stolpe sie bereits am 27. Februar 1978 im Wortlaut an Rudi Bellmann geschickt hatte[192]. Umgekehrt war die Honecker-Rede den Kirchenvertretern allerdings nicht zugestellt worden.

Der Kirchenbundvorsitzende bekundete einerseits die Zustimmung der Kirche zu den innen- und außenpolitischen Zielsetzungen des Staates, mahnte aber andererseits Rechtssicherheit für die Christen sowie Transparenz und Offenheit der gesellschaftlichen Vollzüge ein. Mit den Worten der 73er Bundessynode definierte er »Kirche im Sozialismus« als Kirche, die dem christlichen Bürger helfe, den Weg in der sozialistischen Gesellschaft zu finden. Was Kirche im Sozialismus wirklich sei, bewähre sich daran, ob der Bürger in der sozialistischen Gesellschaft als bewußter Christ jetzt und in Zukunft leben könne. Schließlich vollzog er den Beschluß der 84. Sitzung des BEK-Vorstandes und wiederholte den später immer wieder zitierten Satz des Görlitzer KKL-Berichtes: »Das Verhältnis von Staat und Kirche ist so gut, wie es der einzelne christliche Bürger in seiner gesellschaftlichen Situation vor Ort erfährt.«

Domsch und Krusche gingen auf die schulischen und beruflichen Benachteiligungen christlicher Bürger in der DDR ein; letzterer sprach sich für weitere Reiseerleichterungen aus und plädierte dafür, dringenden Ausreiseanträgen zu entsprechen, in den Fällen aber, wo ein Ausreiseantrag abgelehnt worden sei, mehr für die Reintegration der Bleibenmüssenden zu tun.

Honecker führte am Schluß noch einmal aus, daß er sehr für eine Normalisierung des Verhältnisses zwischen der DDR und der Bundesrepublik eintrete. Hinderlich bleibe die Nichtanerkennung der DDR als Ausland seitens der Bonner Regierung. Es müßten die DDR-Bürger aber auch vor der Drogenszene in Berlin-West und vor dem militanten Antikommunismus in der Bundesrepublik geschützt werden. Ferner gelte es, den Abwerbungen von Fachleuten aus der DDR zu begegnen. Jährlich gäbe es vier- bis fünftausend legale Familienzusammenführungen. Der BEK habe gut daran getan, die Politik der DDR gutzuheißen. Das Eintreten für Glaubens- und Gewissensfreiheit sei für Kommunisten nichts Neues. »Er erinnerte an Äußerungen der KPD vom Jahre 1933 und Wilhelm Piecks, die er am 15.4.1944 zum Nationalkomitee ›Freies Deutschland‹ gemacht hat: ›Wir Kommunisten halten die Zusammenarbeit von Kommunisten und Christen nicht für möglich, sondern für dringend notwendig.«[193]

Schönherr bedankte sich für die Begegnung und meinte, dieses Gespräch müsse ja nicht das letzte sein; vielleicht könne der Staatsratsvorsitzende seine Einladung zum Besuch einer neugebauten Kirche annehmen. Er war so angetan von dem Treffen, daß er am darauffolgenden Tag – die »Gemeinsame Pressemitteilung« über das Gespräch stand auf der Titelseite des »Neuen Deutschland«[194] – an Honecker schrieb:

»Es lag mir am Herzen, Ihnen noch einmal für die gute Begegnung am gestrigen Tage und die Atmosphäre zu danken, die von Ihnen ausgegangen ist. Nun gibt es darüber hinaus aber einen sehr traurigen, auch uns bewegenden Anlaß, Ihnen zu schreiben. Ich hörte von dem Unglücksfall, durch den Sie das Mitglied des Politbüros, Herrn Lamberz, verloren haben. Immer wieder habe ich seine außerordentlichen Fähigkeiten rühmen hören, und ich glaube nicht fehlzugehen, daß sich an seine Person große Erwartungen geknüpft haben. Ich möchte mir erlauben – und ich bin sicher, daß die Mitglieder des Vorstandes und die Leitung unserer Kirche mit mir darin übereinstimmen – Sie, sehr geehrter Herr Vorsitzender des Staatsrates, unserer aufrichtigen Anteilnahme zu versichern.«[195]

Das MfS verfügte durch zwei hochrangige Quellen – Stolpe und Präses Wahrmann (IMS »Lorenz«)[196] – bereits wenige Stunden nach der Begegnung über interne Rückmeldungen, denn es fertigte eine Information über erste Reaktionen von kirchlichen Teilnehmern an dem Gespräch[197]. Aus der Belegliste des Konspirativen Objekts »Wendenschloß« geht hervor, daß sich Roßberg am 6. März zwischen 17 und 18 Uhr dort mit dem IM »Sekretär« getroffen hatte[198].

Sehr angetan bis begeistert waren die BEK-Vorständler nach dieser Darstellung von Honeckers Kompetenz und menschlicher Wärme[199]. Frau Schultheiß soll gar deutlich geworden sein, »daß ›der Mensch Honecker und der Staatsmann eine Einheit bilden‹«. Hervorgehoben worden sei auch das »sehr harmonische Zusammenspiel« zwischen Honecker und Verner. Die Teilnehmer meinten, sie »hätten ›eine große Bereitschaft vorgefunden‹, die Probleme der Kirche anzuhören; dieses Maß der Fairneß sei nicht erwartet worden.«[200] So viel Blumen hatten die Funktionäre gewiß nicht erwartet und werden sich insgeheim über die Naivität ihrer »vertrauensvollen Partner« gewundert haben.

Über die »Operation 6. März« heißt es im Jahresbericht 1978 des MfS:

»Politisch-operativer Schwerpunkt im Berichtszeitraum war die Absicherung des Gespräches des Generalsekretärs des ZK der SED und Vorsitzenden des Staatsrates der DDR, Genossen Erich Honecker, mit dem Vorstand der Konferenz der Evangelischen Kirchenleitungen in der DDR am 6.3.1978 sowie die Gewährleistung des Informationsflusses über die Reaktionen und Auswertungen des Gespräches in den verschiedenen kirchlichen Leitungsgremien. Diesem Gespräch ging eine langfristige Steuerung zahlreicher IM in Spitzenpositionen voraus, durch die geplante Redekonzeptionen und beabsichtigte Forderungen kirchlicher Leitungsgremien an die Vertreter des Staates beschafft werden konnten. Durch den zielgerichteten Einsatz der IM ›Sekretär‹ und ›Lorenz‹ (BV Rostock) gelang es, das Gespräch kirchlicherseits in seiner politischen Aussagekraft positiv zu beeinflussen und geplante negative Absichten zurückzudrängen. Bereits wenige Stunden nach diesem Gespräch informierten die IM ›Sekretär‹ und ›Lorenz‹ über die erste interne Auswertung durch den Vorstand des Bundes.«[201]

Am 14. März 1978 legte Paul Verner dem Politbüro den »Bericht über das Gespräch des Generalsekretärs des ZK der SED und Vorsitzenden des Staatsrates der DDR, Genossen Erich Honecker, mit dem Vorstand der Konferenz der Evangelischen Kirchenleitungen in der DDR am 6.3.1978«[202] vor. Der Text ist sehr viel knapper und betont die innen- und außenpolitischen Übereinstimmungen stärker als die Problemanzeigen etwa in Fragen der Chancengleichheit im Bildungs- und Berufsleben. Das gilt insbesondere für Honeckers Rede. Auf der anderen Seite waren dem Kurzbericht als Anlage Schönherrs Rede im vollen Wortlaut und Honeckers Beantwortung der gelösten Fragen ebenfalls wörtlich beigegeben, so daß sich jeder Funktionär, der das Papier in die Hand bekam, ein durchaus zutreffendes Urteil über den Stand der Staat-Kirche-Beziehungen bilden konnte. Bischof Krusches im staatlichen Protokoll wörtlich zitierter Satz »Wir haben es Ihnen nicht immer leicht gemacht, Vertrauen zu haben« steht im kirchlichen Protokoll so nicht. Alle anderen Passagen der Krusche-Rede stimmen in beiden Protokollen im wesentlichen überein.

Das Politbüro nahm den Bericht zustimmend zur Kenntnis, beschloß seine Vermittlung an die verantwortlichen Mitarbeiter auf Bezirksebene und eine entsprechende Information an die Ost-CDU zu geben. Daß Gerald Götting weder von seiten der SED noch der Kirche in die Vorbereitungen zu dem »Spitzengespräch« einbezogen worden war oder wenigstens über das Ereignis vorinformiert wurde, fiel in Ost und West auf und schürte die Existenzängste der Blockpartei[203].

Am 22. März wies Paul Verner selbst während einer Arbeitsberatung vor den stellvertretenden Vorsitzenden für Inneres der Räte der Bezirke und den für Kirchenpolitik Verantwortlichen aus den Bezirksleitungen der SED – etwa fünfzig Personen – in die »Auswertung« des Spitzengesprächs ein[204].

Während auf staatlicher Seite Irritationen strammer Marxisten über die SED-Religionspolitik nicht bekannt wurden und sich auf seiten der Genossen tatsächlich eine gewisse Entkrampfung, wenn auch keine ideologische Aufweichung, im Umgang mit den Kirchen einstellte, hatte es der BEK-Vorstand schwer, die freundliche Begegnung mit den Machthabern zu verteidigen.

Kritik wurde vor allem an der streng geheimen Vorgehensweise der Hauptdrahtzieher – Schönherr, Stolpe und Lewek – laut, die man bereits bei der Vorbereitung zur Trennung von der EKD erlebt hatte[205]. Schönherr informierte die Berlin-Brandenburgische Kirchenleitung erst drei Tage vor dem Gipfelgespräch über dessen Stattfinden. Reinhard Steinlein, Mitglied der Berlin-Brandenburgischen Kirchenleitung, urteilt:

»Für verhältnismäßig geringe Zugeständnisse erreichte Honecker, daß vor der in- und ausländischen Öffentlichkeit der Eindruck entstand, als sei die DDR ein toleranter Staat, der auch den Christen Achtung der Menschenrechte zukommen ließ. Geschickt hatte es die staatliche Seite eingerichtet, daß die Teilnehmer in einem Augenblick fotografiert wurden, wo sie fröhlich lächelnd ein Bild völliger Harmonie boten. Diese Großaufnahme erschien am nächsten Morgen auf der ersten Seite aller Zeitungen. Damit war für Honecker ein Hauptzweck des Unternehmens erfüllt: Alle Welt sollte erkennen, daß Kritiker nur noch als Außenseiter zu betrachten waren [...] Mir wurde klar, daß hier eine Bahn beschritten worden war, die zu einer bündnisähnlichen Beziehung zwischen Staat und Kirche führen mußte.«[206]

Nachdem Schönherr am 10. März 1978 in der Berlin-Brandenburgischen Kirchenleitungssitzung über das Spitzengespräch berichtet hatte[207], stand Steinlein spontan auf und erklärte seinen »sofortigen Austritt aus Kirchenleitung und Synode«[208]. Nach den Aufzeichnungen der Schönherr-Sekretärin, Anita Steinmetzger, soll Steinlein dem BEK-Vorsitzenden vorgeworfen haben, »daß Verrat an der Kirche geübt worden sei und sich nunmehr die Kirche mit dem totalitären Staat liiert habe. Den Preis, den die Kirche dafür zu zahlen habe, könne man nicht absehen«[209]. Generalsuperintendent Forck dagegen soll geäußert haben, »daß er dankbar sei für das geführte Gespräch mit dem Staatsratsvorsitzenden und daß er die Reaktionen von Steinlein und Knecht nicht verstehen«[210] könne.

In der schriftlich nachgereichten Begründung seines aufsehenerregenden Schrittes sprach Steinlein im Zusammenhang mit dem ökumenischen und außenpolitischen Gleichklang von BEK und DDR von »Honorierung politischen Wohlverhaltens« und »Neokonstantinismus«[211].

Wie so oft mußte nun Stolpe in die Bresche springen, um seinen angefochtenen Bischof – die Galionsfigur der schillernden »Kirche im Sozialismus« – aus dem Feuer zu holen. Vor der Berlin-Brandenburgischen Frühjahrssynode zog der versierte Kirchenpolitiker beinahe alle Register rhetorischer Kunst. Dabei ging er – wie alle, die diese »Gesprächspolitik« für gut hießen – von der Fiktion aus, es handele sich um einen Rechtsstaat, auf dessen Zusagen man sich verlassen könne. Angesichts der kontinuierlichen Erfahrungen mit der DDR seit dem »Spitzengespräch« von 1958 bewirkte diese Selbsttäuschung – nach außen gewendet – bei der Bevölkerung die völlig unbegründete Hoffnung auf politische Veränderungen.

»Das Gespräch vom 6. März 1978 ist Symbol einer Normalisierung, die sich auf der Spitzenebene vollzogen hat. In gleichberechtigtem Gespräch sind Offenheit und Durchsichtigkeit als Barometer des Vertrauens genannt sowie Sachlichkeit und Freimütigkeit als Regeln der Verhandlungsführung zwischen Staat und Kirche praktiziert worden. Das muß auf allen Ebenen des Gesprächs zwischen Staat und Kirche für beide Seiten gelten und wahrgenommen werden. In dem sorgfältig vorbereiteten und verbindlich geführten Gespräch ist die klare Trennung von Staat und Kirche und die Beibehaltung dieses Grundsatzes selbstverständliche Voraussetzung aller Überlegungen gewesen. Es gibt kein neues Bündnis von Thron und Altar. Nüchtern muß auch gesehen werden, daß zwischen dem marxistisch-leninistisch geführten Staat und der christlichen Kirche große weltanschauliche Unterschiede bleiben! Unterschiede, die nicht ausgeräumt werden können und in denen es auch keinen Wandel durch Annäherung geben wird! Es geht aber auch um das alltägliche Leben der Menschen. Staat und Kirche haben es mit demselben Menschen zu tun. Diese Menschen sind nicht teilbar und dürfen nicht zwischen antagonistischen Grundauffassungen zerteilt oder zerrieben werden. Und diese Menschen dürfen auch nicht mit administrativen Mitteln zu einer anderen Weltanschauung genötigt werden; auch nicht in der Schule. Gleichberechtigung und Gleichachtung aller Bürger und die Möglichkeit für jeden Bürger, gerade auch jeden Jugendlichen, zu hoher Bildung, Ausbildung und Entwicklung zu gelangen, sind am 6. März 1978 vom Staatsratsvorsitzenden zu einer für alle verbindlichen Norm erklärt worden und müssen durchgeführt werden. Das ist das Ergebnis eines kontinuierlichen beiderseitigen Lernprozesses. Dazu gibt es keine vernünftige Alternative. Denn in diesem Land sind Bürger unterschiedlicher Weltanschauung auf Gegenseitigkeit aufeinander angewiesen, und hohe wirtschaftliche und sozialpolitische Aufgaben lassen sich nur durch das Mitwirken aller bewältigen. Die Kirchenleitungen begrüßten Maßnahmen des Staates zum Wohle aller und deren Unterstützung durch christliche Bürger. Diese Mitwirkung wird um so mehr geschehen können, je deutlicher jedem einzelnen Christen ist, daß er hier ungestört seinem Glauben leben kann. Natürlich ist das ein dialektischer Zusammenhang. Aber die Kirchenleitungen sehen darin kein Junktim. Und wir begrüßen es, daß in den Tagen des Abschlusses von Belgrad die Staatsführung der DDR in verbindlicher Form das Menschenrecht der Glaubens- und Gewissensfreiheit als Recht der Gleichberechtigung und Gleichachtung für alle interpretiert hat. Auch nach dem 6. März 1978 werden die Kirchen keine sozialistischen Massenorganisationen sein. Aber es ist für die Gläubigen und alle Bürger wichtig, daß die Kirchen real als eigenständige Größen für die Menschen unseres Landes heute und künftig anerkannt sind. Dabei sollte uns nicht bekümmern, daß der Atheist heute die Bedeutung der Kirche an ihrem gesamtgesellschaftlichen Nutzen mißt. Wir sollten im Gegenteil z. B. der diakonischen Arbeit dankbar dafür sein, daß sie im Handeln die Botschaft erkennbarer machte. Wir sollten aber auch alle bedenken, daß Zeugnis heute sehr stark Zeugnis durch Vorleben mit ganzer Existenz ist. Und wir sollten uns weiter voll gefordert sehen, für andere, für Behinderte und Benachteiligte, da zu sein.«[212]

Dann spielte Stolpe seine entscheidende Trumpfkarte aus – Fränkels positive Einschätzung des Gesprächs, die er teilweise wörtlich zitierte:

»1. Die Kirchen haben die Möglichkeit gehabt, in Freiheit als selbständige Partner zu reden.

2. Die Kirchen wollten nicht ihr Schärflein ins trockene bringen, sondern haben bei klarer Trennung von Staat und Kirche ihre eigene Verantwortung für die Gesellschaft und die Menschen wahrgenommen.

3. Beiden Seiten ging es darum, daß dieses Gespräch prägende Kraft für die Beziehungen der Menschen hat und die Achtung der Überzeugung des anderen sich durchsetzt, gegen Resignation und Widerstand zum Wohle aller. Das ist die Hauptfrage, die sich aus diesem Gespräch ergibt. Sie ist nur lösbar, wenn sich ihr alle stellen.«[213]

Fränkel, der bis 1974 zu den schärfsten Kritikern des SED-Regimes gezählt und sich gegen jegliche Kooperation zwischen Staat und Kirche ausgesprochen hatte, diente in dieser Phase als Kronzeuge für Stolpes Kirchenpolitik. Er war neben Gerhard Lotz auch von den IM »Prinz« und »Sekretär« so lange bearbeitet worden, bis er sich »gezwungen« sah, »seine offene Hetze gegen die DDR einzustellen«[214] und »vernünftige Positionen« einzunehmen[215].

Nach einem Tonbandbericht des juristischen Dezernenten in der Magdeburger Kirchenleitung, Detlef Hammer (IM »Günther«), über die Sitzung der Kirchenleitung der evangelischen Kirchenprovinz Sachsen Mitte April 1977 soll sich Bischof Krusche über die erstaunlichen Veränderungen Fränkels so geäußert haben:

»In einer etwas abfälligen Bemerkung legte er [Krusche] dar, daß Fränkel sich dieses [Teilnahme von offiziellen Gästen aus der BRD an der Görlitzer Synode] auch sehr verdient habe, und verwies dabei auf das Interview, das Fränkel mit dem ZDF gehabt hätte, welches nach Meinung von Krusche nicht verantwortbar war. Auch einige andere Bemerkungen der letzten Zeit von Fränkel würden Krusche sehr in Erstaunen versetzen, und er selbst würde Fränkel, wie er ihn früher gekannt hatte, nicht wiedererkennen. Er könne dafür keine Erklärung geben, dieses sei ihm jedoch schon bei dem Bischofskonvent aufgefallen. Krusche sagte, daß Fränkel nunmehr alle anderen Bischöfe von links überholen würde.«[216]

Zum Schluß seiner Rede appellierte Stolpe an die Synodalen, den 6. März als ermutigendes Zeichen zu verstehen und entsprechend weiterzusagen.

»Ich möchte Sie, verehrte Synodale, alle bitten, die Ergebnisse des 6. März ernst zu nehmen und sie im einzelnen abzurufen. Argumentationshilfen werden vorbereitet. Auch in Zukunft wird uns nichts geschenkt. Das Verhältnis von Staat und Kirche ist so gut, wie es der einzelne christliche Bürger in seiner gesellschaftlichen Situation vor Ort erfährt. Dieser positive Satz darf nicht passiv verstanden werden. Das Verhältnis hängt auch von uns ab. Bieten wir Vertrauen. Machen wir überall Mut zum Freimut, Sachlichkeit und Durchschaubarkeit von Entscheidungen, und machen wir es vor! Und ich möchte Sie ganz persönlich bitten, vom 6. März als einer Ermutigung weiter zu berichten. Eine Ermutigung, fester zu glauben und fröhlicher zu bekennen. Und darauf, vor allem, kommt es an!«[217]

Mitte März ließ sich die Konferenz der Evangelischen Kirchenleitungen in einer Klausurtagung in Bad Saarow über Vorgeschichte und Verlauf des »Spitzengesprächs« unterrichten. Bei seinem Bericht stützte sich Schönherr auf eine 13 Seiten umfassende Niederschrift Bischof Krusches, die MfS-Major Roßberg ebenfalls in Händen hielt. Schönherr bezeichnete nach den Informationen von IMV »Sekretär« und IMV »Ingo« das »Gipfeltreffen« als »das bisher größte kirchenpolitische Ereignis«[218]. Der KKL-Klausurtagung war am 9. März eine interne Bischofskonferenz vorausgegangen, während der alle Bischöfe das »Spitzengespräch« begrüßten. Braecklein konnte es offenbar nicht lassen, den anderen die Kontinuität des »Thüringer Weges« bis zu dem Ereignis vor Augen zu führen.

»Dieser Weg habe beispielgebend bewirkt, daß die realistisch denkenden Kräfte in den anderen Landeskirchen sich mehr und mehr durchsetzen und sich im Ergebnis dessen die Bemühungen zwischen Staat und Kirche kontinuierlich festigen und verbessern konnten. Er betrachte deshalb das Gespräch als einen Teil des Vermächtnisses des verstorbenen Bischofs Mitzenheim, des im Ruhestand sich befindenden Oberkirchenrates Dr. Lotz, Eisenach, und als Ergebnis seines eigenen Wirkens in diesem Sinne.«[219]

Mit dieser Interpretation hielt er seinen Bischofskollegen den Spiegel vors Gesicht.

Die Einschätzung des »Spitzengesprächs« wurde in Bad Saarow zu einer Stellungnahme zusammengefaßt, die eine Redaktionsgruppe, bestehend aus Falcke, Rathke, Lewek und Christoph Demke, formulierte. Diese Stellungnahme und die Niederschrift des Vorstandes wurden auf Beschluß der Konferenz allen Kirchenkreisen zur Verfügung gestellt[220].

Bei seiner 87. Sitzung Ende März 1978 tauschte sich der Vorstand »über innerkirchliches Echo zum Spitzengespräch aus. Staatlicherseits wird Wert darauf gelegt, daß das Gespräch in der Kontinuität der kirchenpolitischen Linie liege (›kein neuer Kurs‹) und die Trennung von Staat und Kirche selbstverständlich sei (›kein neues Bündnis von Thron und Altar‹). Dem kann gefolgt werden. Die Kirche muß den Gemeindegliedern und Amtsträgern das Gespräch als Ermutigung und Argumentationshilfe zugänglich machen. Änderungen und Verbesserungen vor Ort müssen konkret abgerufen werden. Es ist nötig, mit den Gemeinden viele Gespräche zu führen. Vorstand sieht vor, in Junisitzung eine erneute Einschätzung vorzunehmen.«[221] Ansonsten ging man daran, die vom Staat getroffenen Zusagen einer Einlösung zuzuführen[222].

Im Monatsbericht März 1978 der MfS-HA XX/4 vom 8. April 1978 heißt es über das Zustandekommen der letztlich positiven Aufnahme des 6. März durch die kirchenleitenden Organe:

»Mit Hilfe der qualifiziertesten IM erfolgte nach dem 6.3.1978 die politisch-operative Sicherung der Ergebnisse des Gespräches. Durch vier IM in Spitzenpositionen konnte ein positives Votum des Bischofskonvents (9.3.1978 in Berlin) und der Konferenz der Kirchenleitungen (11. bis 12.3.1978 in Bad Saarow) zum genannten Gespräch erreicht werden. Auf der Grundlage dieser Ergebnisse erfolgte mit Unterstützung weiterer IM der HA XX/4 und der Linien XX/4 der BV's die Auswertung des Gespräches in den Kirchenleitungen und in anderen kirchlichen Gremien, die überwiegend positiv verliefen. Entsprechende Informationen wurden für die Leitung der Hauptabteilung erarbeitet.«[223]

Die für Kirchenfragen zuständigen Partei- und Staatskader auf der Bezirksebene versammelte Paul Verner am 22. März 1978, um diese über Verlauf, Ergebnisse und Bedeutung des Spitzengesprächs zu informieren:»Die kirchenleitenden Persönlichkeiten würdigen dieses Ereignis als sehr bedeutsam für die nächsten Jahre. Das Gespräch macht deutlich, daß sich in den Reihen der kirchenleitenden Persönlichkeiten ein Umdenkungsprozeß vollzog und weiter vollzieht und sich in der Erkenntnis widerspiegelt, daß die DDR stabil und in der Welt geachtet ist und unwiderruflich den Weg zum Sozialismus beschreitet[224]. [...] Das Gespräch des Genossen Erich Honecker ist organisch in die Politik des IX. Parteitages einzuordnen. Die fortgeschrittenen Kirchenleitungen erklären ihre Übereinstimmung zur Hauptaufgabe der SED in ihrer Einheit von Wirtschafts- und Sozialpolitik und bekundeten ihre Verantwortung, mitzutun und mitzuarbeiten«, wertete Verner.

Innerkirchlich, so Verner, hatte das Gespräch die Bedeutung, daß diejenigen in den Kirchenleitungen,»die die Linie des guten Einvernehmens« verfolgten, ihre bislang betriebene Politik als richtig darstellen könnten.»Der deutliche kirchenpolitische Gewinn für den Staat sei offensichtlich.« Gesamtpolitisch stehe die Begegnung im Kontext der Belgrader Konferenz. Überhaupt sei es»ein Ergebnis der Prinzipienfestigkeit, Ausdruck der Kontinuität der Kirchenpolitik unserer Partei und des Staates, die sich einordnet in die Gesamtpolitik und entgegen anderen Auffassungen keine Wende in der Kirchenpolitik darstellt. [...] Es schuf Klarheit über das Scheitern der Bemühungen unserer Gegner,»mit der Kirche als Speerspitze die DDR schwächen zu wollen‹. Ausdruck hierfür sind solche in der BRD geschaffene Einrichtungen wie das ›Brüsewitzzentrum‹ und ›Glaube in der 2. Welt‹. Beides sind antikommunistische Institute, die sich in die inneren Angelegenheiten der DDR und der anderen sozialistischen Staaten einmischen. [...] In letzter Zeit sei Ernüchterung bei Pfarrern über die Entwicklung in der BRD zu verzeichnen«. Hervorgehoben wurde auch, daß Werner Krusches Beitrag sehr distanziert zu den Ausreiseantragstellern Position bezog[225]. Verner kam zu dem vorläufigen Schluß:»Das Vorhandensein von Illusionen, pazifistischer und auch naiver Vorstellungen zu Fragen des Friedens und der Abrüstung dürfen uns nicht hindern, weiter zusammenzuwirken. Das sind keine Marxisten, wir müssen Geduld haben. [...] Wir brauchen jeden Gedanken und jede Hand. Es gibt die erklärte Bereitschaft der Kirchenvertreter, mitzuwirken an der Gestaltung der DDR ungeachtet ideologischer Grenzen. [...] Das hat nichts zu tun mit der Ausübung bzw. Teilnahme an der politischen Macht. [...] Die Grenzen enden dort, wo sich Kirche in staatliche Angelegenheiten einmischt«[226].

Auch auf einem Kurs der Bezirksparteischule »Georg Wolff« am 21. September 1978 in Dresden wurde die Bedeutung des Gesprächs klar gemacht: Die

»Kirchen und die Religion [stellten] nach wie vor einen politischen Faktor dar[.], der in der politischen Arbeit unbedingt zu beachten ist. Unser Partei- und Klassenauftrag besteht auf diesem Gebiet darin, durch unsere Arbeit dafür zu sorgen, daß von diesem Bereich keine Störungen ausgehen, die uns innen- bzw. außenpolitisch belasten könnten. [...] Wir wissen, daß weit in die näch- sten Jahrzehnte hinein die Religion und Kirchen vorhanden sein werden.«

Des weiteren wurde den anwesenden Genossen eröffnet, die weltanschau- lichen Gegensätze würden durch den 6. März 1978 und die dort erzielten Er- gebnisse keineswegs aufhören zu bestehen: »Marxistische Weltanschauung und religiöser Glaube bilden einen antagonistischen Widerspruch, der nur durch Überwindung der Religion gelöst werden kann. Jede andere Auffassung würde einer Preisgabe von Grundpositionen des Marxismus-Leninismus das Wort reden.«[227]

Eberhard Hüttner äußerte im Dezember 1978: »Die Konsolidierung der Haltungen von Kirchenleitungen in bezug auf das Vertrauensverhältnis zum sozialistischen Staat ist offensichtlich. Nicht zu übersehen sei vor allem die Entwicklung des Kräfteverhältnisses in den Kirchen zugunsten realistischer bzw. progressiver Kräfte. Wir müssen es immer besser verstehen, in der kir- chenpolitischen Arbeit von der mobilisierenden Wirkung dieses Gespräches auszugehen.«[228]

Wie wenig das »Spitzengespräch« vom 6. März die Verhältnisse zwischen Staat und Kirche wirklich verändert hatte, zeigte die Auseinandersetzung um den »Wehrunterricht« (WU), von dessen bereits im Februar 1978 beschlosse- ner Einführung zum 1. September des Jahres die Kirchen im März noch überhaupt nichts wußten[229].

Trotzdem bekundete die Kirche öffentlich eine zunehmende Akzeptanz des »Spitzengesprächs« auf der Ebene der Pfarrer und Gemeinden[230]. Wie Schön- herr schon ein Jahr später persönlich über das »Gipfeltreffen« denken mußte, dürfte aus einem privaten Vorkommnis hervorgehen, das sich im Juli 1979 zutrug. Sein Sohn Johannes, inzwischen Biologe, hatte bereits als Schüler – nicht zuletzt wegen des Berufs seines Vaters – manche Schwierigkeiten durchzustehen gehabt[231]. Nun gab es wieder erhebliche Probleme, weil der Kaderleiter des Amtes für Atomsicherheit und Strahlenforschung in Berlin- Karlshorst eine dort freigewordene Planstelle lieber unbesetzt ließ als sie dem Sohn des Bischofs zu geben. Dies tat er unter empörenden Umständen, indem er ihn zu einem vereinbarten Vorstellungsgespräch erst gar nicht empfing, sondern ihm nach einiger Wartezeit über den Pförtner bestellen ließ, die Stel- le sei nicht frei. Daraufhin schrieb Schönherr an Bellmann einen Beschwerde- brief, in dem er zudem noch nachwies, daß die Planstelle tatsächlich immer noch frei war. In dem Schreiben heißt es:

»Ich habe, aus einem ganz bestimmten Grunde, solche Entscheidungen, wie sie vorlie- gen, nie für möglich gehalten. Nach dem 6. März widersprechen sie ausdrücklich dem Wort des Staatsratsvorsitzenden.«[232]

Die Diktatur reagierte klassisch: Bellmann sorgte dafür, daß der Kaderleiter einen Verweis erhielt, weil er die Form nicht gewahrt und den Bischofssohn nicht empfangen hatte. Außerdem ließ er die Planstelle eilends besetzen, um den Skandal im nachhinein zu vertuschen. Unter dem 10. Juli 1978 schrieb der Sekretär der Berliner Bischofskonferenz, Paul Dissemond, an Christa Lewek, entgegen anderslautenden Berichten wolle er »klarstellen und Ihnen gegenüber bestätigen, daß die Berliner Bischofskonferenz über das seinerzeit bevorstehende Gespräch zwischen dem Vorsitzenden des Staatsrates der DDR und dem Vorstand der Konferenz der Evangelischen Kirchenleitungen in der DDR am 6. März 1978 mit Schreiben vom 2. März 1978 vorinformiert wurde. Die Bischofskonferenz wurde darüber unterrichtet, daß bei diesem Gespräch beide Seiten interessierende Grundfragen, aber auch Einzelfragen angesprochen werden sollten. Aufgrund einer gemeinsamen Terminvereinbarung wurde der Sekretär der Berliner Bischofskonferenz von Ihnen über den Verlauf und Inhalt des Gespräches am 15. März informiert. Darüber hinaus hatte Herr Bischof D. Schönherr angeboten, Herrn Kardinal Bengsch persönlich über das Gespräch vom 6. März 1978 zu informieren; dies erfolgte am 31. März 1978 im Amtssitz von Herrn Kardinal Bengsch.«[233]

Die Verleihung der Verdienstmedaille an Stolpe und andere Auswirkungen des »Spitzengesprächs«

Im Herbst 1978, vermutlich Mitte November, erhielt Stolpe als Anerkennung für seine Verdienste bei der Vorbereitung und Durchführung des »Spitzengespräches« eine Verdienstmedaille des Staates[234]. Er selbst behauptet, sie von Seigewasser ausgehändigt bekommen zu haben[235], sein Führungsoffizier Klaus Roßberg dagegen beeidet, sie ihm mitsamt dem Geldbetrag von 1 000 Mark in einer konspirativen Wohnung, dem »Wendenschloß«, bei einem festlichen Essen übergeben zu haben[236]. Tatsächlich ist auf der Belegliste des Objektes für den 21. November 1978 zwischen 14 und 17 Uhr eine Begegnung zwischen Wiegand, Roßberg und »Sekretär« verzeichnet[237]. In seiner eidesstattlichen Versicherung vom 11. Oktober 1992[238] stellt Roßberg den Vorgang im Detail so dar:

»Ich wurde 1978 mit der Verdienstmedaille der DDR ausgezeichnet. Dies geschah aus Anlaß des 7. Oktober, schon eine Weile nach dem Gespräch zwischen Staat und Kirche im März desselben Jahres. Ich war der Meinung, und in unserer Abteilung und in der Leitung der Hauptabteilung war man auch der Meinung, daß, wenn ich als maßgeblicher Vorbereiter dieses Gesprächs eine Auszeichnung bekomme, dann hat Herr Manfred Stolpe dasselbe Recht, eine solche Auszeichnung zu bekommen. Schließlich hatte Herr Stolpe auf kirchlicher Seite in Zusammenarbeit mit meiner Person wesentlichen Anteil an der Vorbereitung und für den Staat erfolgreichen Durchführung dieser Konferenz. Es wurde besprochen, daß auch Herr Stolpe die Verdienstmedaille der DDR als eine Auszeichnung des Ministerrates bekommen soll. Ich habe dann im Herbst 1978 die Aufgabe übernommen, Herrn Stolpe den Orden zu übergeben. Ich habe die Verleihungsurkunde blanko erhalten. Ich habe sie beschriftet, weil nur ich das durfte. Andere Urkunden sind im Technischen Bereich ausgefüllt worden – Vorname, Dienstgrad, Familienname. Da jedoch niemand im Technischen Bereich den Klarnamen wissen durfte, habe ich die Urkunde namentlich ausgefüllt: In Anerkennung usw. wird Herr Manfred Stolpe – dann kam der gedruckte Text – mit der Verdienstmedaille der DDR ausgezeichnet. Links unten stand das Datum – blanko: Berlin den … Dort mußte das Datum eingesetzt werden. In das Blankoformular habe ich das Datum 7.10.1978 eingesetzt. Ich habe mit einer 1½ mm Atofeder den Namen von Herrn Stolpe und das Datum in einer altdeutschen, nicht mehr üblichen Kunstschrift eingetragen. Ich war in großer Eile, als ich die Eintragung mit schwarzer Tusche vornahm und nicht Zeit hatte zu warten, bis die Tusche endgültig getrocknet war. Beim Wegradieren der Behelfslinie sind zwar geringfügige, aber sichtbare Verwischungen entstanden. Das Original der Urkunde ist ein Faltpapier gewesen. Die Schrift heißt Fugma-Kunstschrift. Wie bei allen Auszeichnungen wurde auch in diesem Falle ein Geldbetrag überreicht. Es war üblich, daß das Geld in einem nicht zugeklebten Umschlag, der der Urkunde beigefügt war, mit übergeben wurde. Manfred Stolpe hat das Geld in Empfang genommen. Er hat den Geldbetrag nicht für sich behalten, sondern ihn an einen kirchlichen Kindergarten in Potsdam überwiesen. Er hat mir als Beleg eine Ablichtung der Geldüberweisung zukommen lassen. Die Verleihung des Ordens war feierlich. Ich und Herr Wiegand, der noch hinzukam, haben in maßvollen Worten seinen Anteil am Werden der Beziehung zwischen Staat und Kirche gewürdigt. Anschließend haben wir darauf und auf die Ordensverleihung mit einem Glas Sekt angestoßen. Danach hat Herr Stolpe ein paar freundliche Worte gesagt. Wir haben uns an den Tisch gesetzt und ein kleines festliches Essen eingenommen. Wie üblich sind wir vom Verwalter des Gästehauses bewirtet worden. Das Essen bestand aus Vorgericht, Suppe, Hauptgericht und Dessert. Wir kannten die Gewohnheiten von Herrn Stolpe, seine Zigarrenmarke. Im Anschluß an das Essen haben wir noch bei einem Cognac, er bei einer Zigarre, zusammengesessen. Dieses Treffen fand in einem Dienstobjekt des MfS in der Ekhofstraße 17 in Berlin-Köpenick statt. Es war nicht das erste Mal, daß wir uns dort getroffen haben. Dieses konspirative Dienstobjekt wurde aus praktischen Gründen gewählt: Es war mit der Bewirtung verbunden, es besaß größere Räume, wir konnten uns dort bedienen lassen. Es gab mehrere Zimmer: ein Speisezimmer, einen Wohnraum, einen Clubraum, den man durch eine Schiebetür erweitern konnte. Im Haus befanden sich: Herr Wiegand, Herr Stolpe, ich und das Hausmeister-Ehepaar, das uns betreut hat.«[239]

Dieser Darstellung widerspricht unter Eid der damalige Leiter der MfS-Hauptabteilung XX/4 Joachim (»Jochen«) Wiegand und stützt in wesentlichen Teilen Stolpes Darstellung[240]. Rudi Bellmann behauptete am 23. Oktober 1992, Seigewasser habe in einem Gespräch mit Paul Verner den Vorschlag gemacht, Stolpe auszuzeichnen. »Ich [Bellmann] habe dem zugestimmt, es gab allgemeine Zustimmung zu dieser Auszeichnung.«[241] Die ehemaligen Mitarbeiter im Staatssekretariat für Kirchenfragen, Horst Dohle und Hans Wilke, beide als Inoffizielle Mitarbeiter des MfS geführt[242], stützen die Seigewasser-Version ebenfalls[243].

Aufgrund der aufgefundenen Unterlagen steht jedenfalls fest, daß Mielke durch »Befehl Nr. K 3612/78« die Anordnung zur Auszeichnung gegeben hat[244] und der Vollzug der Ehrung in der zuständigen MfS-Abteilung registriert wurde[245]. Seigewasser war weder an der unmittelbaren Vorbereitung des Treffens beteiligt, noch nahm er – wegen Erkrankung – an diesem selbst teil.

Während man im Untersuchungsausschuß die Glaubwürdigkeit der Roßbergschen Aussage wegen dessen materieller Interessen offen anzweifelte[246], kamen die möglichen »ideellen« Motive für eine potentielle Falschaussage Wiegands nicht zur Sprache. Im Bericht der HA XX/4 »Zur Lage der Kirchen der DDR vom 10. November 1989« kam die »große Sorge zuverlässiger IM aus der Kirche hinsichtlich des Schutzes ihrer Person, des sicheren Umgangs mit ihren Arbeitsergebnissen und in bezug auf die weitere Gewährleistung der Konspiration durch das MfS zum Ausdruck«[247]. Wiegand, der Leiter der MfS-Abteilung XX/4, fühlt sich bis heute seinen IM gegenüber in der Pflicht[248].

Ausweislich der aufgefundenen MfS-Unterlagen blieb es nicht bei der 78er Auszeichnung. In dem dritten Recherchebericht des Bundesbeauftragten zum IM »Sekretär« vom 12. April 1994 heißt es:

»Auszeichnungen von IM mit Sachgeschenken im Wert von über 300,– M waren in der HA XX mit einem schriftlichen Vorschlag zur Auszeichnung verbunden. Daß diese Verfahrensweise auch im Zusammenhang mit der Auszeichnung des IM ›Sekretär‹ im Jahre 1980 eingehalten wurde, belegt der in der Auszahlungs-Anordnung vom 24.7.1980 über 4 140,– M unter der Rubrik Zweckbestimmung vorgenommene Eintrag ›vom Ltr. d. HA bestätigte Auszeichnung mit Sachgeschenk‹. Die Auszahlungs-Anordnungen vom 22.5.1985 und 20.4.1986 (mit dem ausdrücklichen Hinweis, Geburtstagspräsente für den IM ›Sekretär‹) sind ebenfalls vom Leiter der HA XX, General Kienberg, persönlich abgezeichnet worden, dem damit die Tatsache der Existenz eines IM ›Sekretär‹ und möglicherweise dessen Identität bekannt sein müßte. Aus der Durchsicht mehrerer tausend Finanzbelege der HA XX hat sich ergeben, daß Auszahlungs-Anordnungen für Operativgelder über Beträge von 4 140,– M und 2 985,– M zur Auszeichnung von IM mit Sachgeschenken, wie sie auch unter Bezugnahme auf den IM ›Sekretär‹ abgebucht wurden, eine absolute Ausnahme darstellten.«[249]

Mitte Dezember 1978 fand ein weiteres Gespräch zwischen Paul Verner und Schönherr statt, um das der Bischof gebeten hatte. Sein Anliegen bestand darin, einen ersten Meinungsaustausch über die Auswirkungen des »Spitzengesprächs« vorzunehmen und über seine Gespräche mit westlichen Politikern zu berichten.

Dem staatlichen Protokoll zufolge hätten sich die Unionspolitiker Olaf v. Wrangel und Paul Mikat vom Brüsewitz-Zentrum distanziert und ihm gegenüber zum Ausdruck gebracht, daß nur noch einige wenige katholische CDU/CSU-Politiker – Bernhard Vogel und Otto v. Habsburg – das Unternehmen stützten.

Egon Bahr habe sich positiv über den Verkehrs- und Grenzvertrag geäußert, aber darauf verwiesen, daß man sich durch die harte Behandlung der in der DDR akkreditierten Journalisten aus der Bundesrepublik diese zu Gegnern mache.

Mit Herbert Wehner habe er über die Möglichkeit eines Besuchs von Bundeskanzler Schmidt in der DDR gesprochen. »Er, Schönherr, sei der Meinung, daß es gar nicht schlecht wäre, wenn Schmidt in absehbarer Zeit – vor den Wahlen in der BRD – einen Besuch in der DDR machen würde.«[250] »Zur Frage der Staatsbürgerschaft sei ihm, Schönherr, gesagt worden, man könne natürlich nicht ›herunter von der Verfassung‹, aber man handele in diesen Fragen doch ziemlich offen. Wenn die DDR Konsularverträge mit Staaten abschließe, die mit der BRD befreundet seien, ergäben sich doch Fragen nur dann, wenn einzelne Bürger der DDR sich beim Konsulat der BRD meldeten.« Auf Schönherrs Frage an Wehner, was er zum »Spitzengespräch« vom 6. März sage, soll dieser geantwortet haben: »Wehner habe achtungsvolle Worte gegenüber der Regierung der DDR gebraucht und zum 6. März gesagt: ›Nehmen Sie zur Kenntnis: Das liegt ganz in der Politik von Erich Honecker, das ist seine Linie.‹ Schönherr habe Wehner gegenüber betont, daß man eine Sache von solchem Ausmaß auch nicht des Augenblicks wegen mache.«

Gibt das Protokoll den Gesprächsinhalt einigermaßen zutreffend wieder, dann hätten hochrangige Politiker der Bundesrepublik Schönherr in seiner Kirchenpolitik und in den Erwartungen, die er an das »Spitzengespräch« herantrug, noch bestätigt.

Verner freilich peilte schon die nächste Etappe im angestrebten Unterwerfungsprozeß der Kirchen unter das Regime an. Er verwies auf den 30. Jahrestag der DDR-Gründung und bemerkte gegenüber dem BEK-Vorsitzenden, er habe gehört, »daß es von seiten des Kirchenbundes Überlegungen dahingehend gibt, aus diesem Anlaß ein Wort zu sagen, das über bisher Gesagtes hinausgehe, in dem Anerkennung, Vertrauen und Bekenntnis der Kirchen zu ihrem sozialistischen Staat, der DDR, zum Ausdruck komme. Das läge ganz im Sinne des Gesprächs vom 6. März dieses Jahres.«[251]

Schönherr bestätigte, daß es solche Überlegungen im Kirchenbund gebe.

Die von der »Arbeitsgruppe Kirchenfragen« gefertigte und unter dem 29. Dezember herausgegangene »Information zu den Wirkungen des Gesprächs« zwischen Honecker und dem KKL-Vorstand trug ebenfalls einen überwiegend positiven Tenor. Nach der Wiedergabe einiger zustimmender Voten zu dem Ereignis heißt es, die »positiven Kräfte« in den Kirchenleitungen könnten sich jetzt stärker gegen die »reaktionären« durchsetzen, was durch Beispiele unterlegt wurde.

Zur Koordination der Friedenspolitik des Ostblocks mit der der Kirchen heißt es:

»Insgesamt hat das Gespräch vom 6. März günstige Voraussetzungen geschaffen, um die Kirchen wirksam in die Verwirklichung des konstruktiven Programms der Friedenssicherung einzubeziehen, wie es in der Deklaration der Teilnehmerstaaten des Warschauer Vertrages vom 23. November 1978 festgelegt ist.«[252]

Interessant sind die Ausführungen zur »innerkirchlichen Klärung, der Frage nach der Stellung der Kirche in der sozialistischen Gesellschaft«. Der 6. März habe bewirkt, »daß die bereits vor dem Gespräch fixierte Position der Kirchenleitung […] in Richtung einer weiteren Präzisierung und Konkretisierung überdacht wird«. Völlig nüchtern heißt es, die realistischen kirchenleitenden Kräfte wiesen auf die Notwendigkeit hin, »daß die Kirche im Prozeß ihrer Anpassung an den realen Sozialismus Kirche« bleiben müsse und nicht »sozialistische Kirche« werden könne. »Andererseits bemühen sie sich um eine theologisch begründete konkretere und positivere Bestimmung ihrer Stellung zum sozialistischen Staat«[253]. Genau diese treffend formulierte Art

»theologischer« Bemühungen war es, die in West und Ost häufig Kritik provozierte[254].

Die Arbeitsgruppe Kirchenfragen nennt auch das von ihr angestrebte Ziel jener theologischen Denkbemühungen:

»›Kirche im Sozialismus‹ in Gestalt einer patriotischen Haltung zur sozialistischen Heimat ist existent im Beispiel der russisch-orthodoxen Kirche oder der reformierten Kirche in Ungarn, deren uneingeschränktes Ja zum Sozialismus und zur Politik des sozialistischen Staates feststeht.«[255]

Angesichts der völlig andersgearteten Geschichte des deutschen Protestantismus, »der Klassenkampfbedingungen an der Nahtstelle zum Imperialismus und bedingt durch weiter existierende materielle Abhängigkeiten von den Kirchen in der BRD« könne man solche Verhältnisse – so heißt es vollkommen realistisch – freilich nur »als Fernziel« anstreben. Gegenwärtig verhalte sich die Kirche noch so, »daß ihre Haltung weder als Akklamation noch als Opposition gegenüber dem Staat aufgefaßt werden« könne.

Neben den positiven Wirkungen des Gesprächs vom 6. März werden auch negative genannt. Kirchliche Kräfte pflegten gezielt die Fehlinterpretation, »daß die Kirche durch das Gespräch [...] als gleichberechtigter Partner des sozialistischen Staates anerkannt worden sei«. Die Kirche wolle »ihren Handlungsspielraum und ihre Öffentlichkeitswirksamkeit weiter erhöhen« und streue, daß das Gespräch einen Widerspruch zwischen Verfassungsrecht und Verfassungswirklichkeit habe korrigieren müssen. Mit dieser im großen und ganzen zutreffenden Einschätzung aus Anlaß des 6. März waren die Dauerkonfliktpunkte auch für die Zukunft präzise benannt.

In einer Arbeitssitzung der HA XX/4 wurde betont, daß sich aus dem »Spitzengespräch« »eine Fülle von Schlußfolgerungen für jeden von uns besonders in der Arbeit mit unseren IM ergebe«[256]. Die positive Resonanz in den kirchlichen Gremien müsse »in unserer tschekistischen Arbeit« voll ausgenutzt werden, »besonders in der Zusammenarbeit mit den IM zur Stärkung ihrer Positionen«[257].

»Selbst die Westpresse mußte einräumen, daß das Gespräch nicht als Kniefall der Kirche vor Partei und Staat zu bewerten sei. Durch das Spitzengespräch sei das Ansehen der Partei und Regierung unter den Christen und Kirchen im nationalen und internationalen Maßstab wesentlich gestiegen. Das Gespräch sei ein Ausdruck dafür, daß die Partei sehr viel gelernt habe. Gleichzeitig dürfe man aber nicht verkennen, daß auch die Kirchen und Christen viel hinzulernen müßten. Mit der Formel Kirche im Sozialismus sei ein neuer Weg in der DDR gefunden worden und lege neue Maßstäbe.«[258]

»Für jeden Tschekisten gilt«, schließt das Papier, »wichtiges von unwichtigem zu unterscheiden – Feind operativ bzw. in Vorgängen zu bearbeiten und damit Diff.Prozeß voranzutreiben«[259].

Zur Menschenrechts-, Friedens- und Deutschlandpolitik des DDR-Kirchenbundes im Zeichen von Antirassismusprogramm und KSZE (1969-1978)

Die Bildung der »Beratergruppe« (1969) und ihre Probleme

Die Verfassung des DDR-Kirchenbundes vom 10. Juni 1969 hatte in Artikel 4, Abs. 4 an der »besonderen Gemeinschaft [...] mit der ganzen evangelischen Christenheit in Deutschland« festgehalten[1]. Die EKD versuchte im Rahmen der von ihr zwischen 1970 und 1976 angestrengten Struktur- und Verfassungsreform[2] ihrer Grundordnung von 1948 in diese eine entsprechende Formulierung aufzunehmen[3]. Nach dem Scheitern des Reformversuchs wurde 1983 das Anliegen »der besonderen Gemeinschaft« und »der Mitverantwortung für diese Gemeinschaft« in die alte Grundordnung eingefügt[4]. Auch der – vor dem Hintergrund der Leuenberger Konkordie[5] theologisch möglich erscheinende – Verfassungsentwurf für einen engeren kirchlichen Zusammenschluß innerhalb des DDR-Kirchenbundes vom 29. Januar 1979 hielt an der besonderen Gemeinschaft der Kirchen in Ost und West fest[6].

Als »das erste spezielle Instrument« zur Verständigung »über die Aufgaben, die sich aus der gemeinsamen Verantwortung für die ›besondere Gemeinschaft‹«[7] ergaben, schufen EKD und Kirchenbund im Dezember 1969 die sogenannte »Beratergruppe«, ein gemischt besetztes Gremium, bestehend aus je fünfzehn Mitgliedern der beiden kirchlichen Zusammenschlüsse[8].

Bereits auf der ersten Sitzung des neuen KKL-Vorstandes am 26. September 1969 hatte Stolpe den Auftrag erhalten, dem Rat der EKD die Bitte zu übermitteln, er »möge Bevollmächtigte benennen, die zu gemeinsamen Sitzungen mit dem Vorstand in Ostberlin zusammenkommen«[9]. Die erste Sitzung sollte möglichst noch im November oder Dezember des Jahres 1969 stattfinden. Wie schwierig die Lage im Kirchenbund eingeschätzt wurde, geht aus Stolpes zweiter Bitte hervor: »Der Vorstand hat im Zusammenhang damit gebeten, der Rat der EKD möge ein möglicherweise bestehendes Mißtrauen gegenüber dem Bund zurückstellen. Es sei dem Vorstand mit der praktizierten und geordneten Partnerschaft im Rahmen von Art. 4 Abs. 4 der Ordnung des Bundes ernst.«[10] Auf seiner Sitzung am 23./24. Oktober 1969 beschloß der Rat der EKD, die bisherige »Besuchergruppe« zu einem neuen Provisorium umzubilden und aufzustocken. Dem fünfköpfigen Gremium sollten das Ratsmitglied Präses i. R. Ernst Wilm (Bielefeld), Bischof Gerhard Heintze (Wolfenbüttel), Bischof Alfred Petersen (Schleswig), Vizepräsident Armin Füllkrug (Kassel-Wilhelmshöhe) und Oberkirchenrat Otto Schmitz angehören[11]. Als Termin für die erste Sitzung wurde der 15. Dezember vereinbart. Auf der Tagesordnung standen Lageberichte aus Ost und West, Arbeitsplanung des Ausschusses und Festlegung der nächsten Termine. »Zu der Arbeitsplanung wird eine Unterrichtung gehören«, heißt es im Einladungsschreiben Olaf Lingners, des Leiters der Berliner Stelle der Kirchenkanzlei der EKD, an die westlichen Teilnehmer, »auf welchen Wegen und auf welchen Ebenen die geistliche Gemeinschaft zwischen den östlichen und westlichen Kirchen in der Vergangenheit gepflegt worden ist und in der Zukunft gepflegt werden soll«[12].

In den nun über zwanzig Jahre hinweg etwa alle sechs Wochen stattfindenden Besprechungen des jetzt »Beratergruppe« genannten Gremiums sollte es hinsichtlich der allgemeinen kirchlichen Ost-West-Angelegenheiten immer wieder zu Mißstimmungen und Kontroversen kommen.

Zwischen den westlichen »Beratern« und den Mitgliedern des KKL-Vorstandes bestand von vornherein ein Mißverhältnis im Status, weil erstere sich nicht aus EKD-Ratsmitgliedern – diese durften nicht nach Ost-Berlin einreisen –, sondern nur aus Bevollmächtigten des Rates zusammensetzte. »Diese Vollmacht«, wurde seitens des Rates betont, »sei aber nicht eine Art Generalvollmacht. Zu verbindlichen Absprachen seien die ›Berater‹ generell nicht ermächtigt. Jede konkrete Absprache bedürfe einer besonderen Bevollmächtigung durch den Rat.«[13] Die »Beratergruppe« erhielt fortan die Ratsprotokolle der EKD und EKU sowie die Berichte über die KKL-Sitzungen[14]. Der genaue Arbeitsauftrag der gemeinsamen Besprechungen blieb unklar[15], zumal man zur »Vermeidung politischer Schwierigkeiten in der DDR« auf »eine Institutionalisierung der Gruppe« verzichten wollte[16]. Lingner, der als Geschäftsführer des neugebildeten Gremiums fungierte, sah schon früh die Gefahr, »daß aus den Treffen mit der Zeit ein ›bloß‹ brüderliches Gespräch wird«[17].

Doch trotz dieser Skepsis fertigte der voll ausgebildete Theologe und Jurist ausführliche Vermerke und Rundschreiben – er beherrschte auch Stenographie – über die Arbeit der »Beratergruppe«.

Schon aus dem Protokoll der ersten Sitzung am 15. Dezember 1969 geht hervor, wie weit sich beide Seiten – nicht zuletzt aufgrund der östlichen Separation – voneinander entfernt hatten[18]. Schönherr führte gleich eingangs aus, es sei »der Zusammengehörigkeit zwischen Ost und West dienlicher […], wenn das Wort ›Deutschland‹ in der EKD interpretiert würde«, und nannte als hilfreiches Beispiel die Formel »EKD (BR)«[19]. Die Westler wichen aus und erklärten, eine Änderung der Nomenklatur werfe viele Grundsatzfragen auf und erfordere dementsprechend viel Zeit.

Inzwischen hatte das SED-Regime schon über die nächsten Schritte nachgedacht. Der Staatssekretär für Kirchenfragen, Hans Seigewasser, erklärte während einer Dienstbesprechung Ende Oktober 1969, wie es nach der organisatorischen Trennung, die er im übrigen prinzipiell als Erfolg wertete, weitergehen sollte: »Jetzt komme es darauf an, die Entwicklung im positiven Sinne zu beeinflussen, bis auch die geistige, d. h. die politisch-ideologische Trennung vollzogen wird«; allerdings gestalte sich diese Aufgabe schwierig[20]. Doch die mit der Gründung des Kirchenbundes erweiterten Problemzonen zwischen den Kirchen in Ost und West waren ganz dazu angetan, die »innere Differenzierung« im Sinne des SED-Staates zu befördern.

Zu einer offenbar scharfen Kontroverse zwischen der EKD und dem neuen Kirchenbund führte die Erörterung über den KKL-Beschluß vom 22. November 1969, der festlegte, daß mit der »Annahme der Ordnung des Bundes durch die Synoden der Landeskirchen« und der »Konstituierung der Organe des Bundes [...] die evangelischen Kirchen in der DDR nicht mehr Gliedkirchen der EKD« seien[21]. Dieser Beschluß hatte den Rat der EKD völlig unerwartet getroffen; man hatte ihn vorher nicht unterrichtet. Die Erläuterungen der Kirchenbundrepräsentanten betrafen wohl die entstandene Zwangslage – die thüringische Landeskirche hatte angekündigt, im Alleingang ihre Verfassung entsprechend verändern zu wollen[22] –, nicht aber den Sachverhalt, daß die EKD über den notwendig erscheinenden Schritt nicht vorab informiert worden war. Aber auch die genannten Gründe für den angeblich erzwungenen Schritt hielten die Gäste aus dem Westen für »juristisch [...] wenig überzeugend«. Der Ärger war so groß, daß das Protokoll vermerkt: »Bei einigen kirchenleitenden Herren (West) sei der Eindruck erweckt worden, daß die verantwortlichen Männer des Bundes mit verdeckten Karten spielen wollten.«[23]

Bei der entsprechenden KKL-Sitzung war es unter den kirchenleitenden Persönlichkeiten im Bund selbst bereits zu schweren Unstimmigkeiten gekommen. Die Bischöfe Krusche und Noth, aber auch andere Personen hatten sich vehement gegen eine Änderung der Kirchenverfassungen der durch sie repräsentierten Landeskirchen zur Wehr gesetzt, mußten letztendlich jedoch nachgeben[24].

Das gespannte Gesprächsklima zwischen den Kirchen in Ost und West blieb nicht ohne Folgen. Die Mitglieder der Beratergruppe der EKD vereinbarten, künftig vor den offiziellen Gesprächen in der Ost-Berliner Augustraße 80 ein »Vorgespräch in Westberlin« führen zu wollen – offenbar, um sich vor der Begegnung mit den östlichen Teilnehmern auf gemeinsame Verhandlungspositionen zu einigen. Darüber hinaus versorgte Lingner die West-Teilnehmer der »Beratergruppe« fortlaufend mit Materialien und Lageberichten, die den Vorbesprechungen zugrundegelegt wurden[25].

Die Aufgliederung der Evangelischen Kirche der Union (EKU) in zwei Bereiche

So informierte Lingner die »Beratergruppe« über die Kontroversen innerhalb der Evangelischen Kirche der Union. Dieser letzte, über die deutsch-deutschen Grenzen hinweg bestehende kirchliche Zusammenschluß stand vor der Alternative, sich nach dem Vorbild der Lutheraner oder der EKD per Kirchengesetz förmlich zu trennen oder nur mit einer Verordnung zur Abänderung der Regionalordnung von 1968 den politischen Gegebenheiten Rechnung zu tragen[26]. Während die Bischöfe Schönherr, Krummacher und Werner Krusche sowie der Anhaltische Kirchenpräsident Müller für ein striktes Trennungsgesetz eintraten[27], kämpften die westlichen EKU-Ratsmitglieder Thimme, Danielsmeyer, Immer, Quass und Locher zusammen mit ihren östlichen Kollegen Hildebrandt, Koch (Magdeburg), Ringhandt und Lahr für Aufrechterhaltung der Einheit.

»Die ›Gesetzesgegner‹ aus dem Ostbereich waren der Meinung, man dürfe den Forderungen des Staates nicht entgegenkommen. Der Staat hätte bisher keinerlei Zwang oder ernsthaften Druck ausgeübt. Es sei nicht zu verantworten, auf einen kleinen Fingerzeig unmaßgeblicher staatlicher Äußerungen so etwas Entscheidendes wie die EKU preiszugeben. Die Befürworter des Kirchengesetzes – also die vier leitenden Geistlichen – meinten, daß nach dem Weg der EKD, VELKD und dem in Aussicht genommenen Weg der Kirche in Berlin-Brandenburg für die EKU keine andere Möglichkeit bliebe, als in etwa gleichzuziehen. Sie glaubten nicht, daß der Mut zum Einheitsbekenntnis bleiben würde, wenn der Staat die Zügel etwas straffer halten würde.«[28]

Auf der vom 22. bis zum 24. Mai 1970 in Magdeburg tagenden EKU-Synode-Ost wurde zum Ärger der DDR-Behörden kein Trennungsbeschluß verabschiedet[29], wofür das Regime vor allem Hildebrandt, Fränkel, Ringhandt, Kreyssig und auch Hamel verantwortlich machte. Allerdings gelang es, solche Personen in leitende Ämter zu wählen, die seitens des SED-Staates als loyal bzw. positiv eingeschätzt wurden, etwa den Magdeburger Rechtsanwalt Waitz, den Erfurter Rektor Gutjahr (»schwankend[.]«), Gisela Fengler, Berlin, sowie den reformierten Moderator Heinz Langhoff. Außerdem wurde ein Ausschuß eingesetzt, der die Grundordnung überarbeiten sollte. Aus diesem durchaus ambivalenten Ergebnis zog die staatliche Seite das Fazit:

»Wenn es auch nicht gelang, unsere maximale Forderung auf Verselbständigung der EKU-Kirchen in der DDR durchzusetzen, so ist aber für die reaktionären Kräfte auch ein Festhalten am kirchlichen gesamtdeutschen Status quo nicht möglich gewesen.«[30]

Während der Synodaltagung hob der gastweise anwesende Oberkirchenrat Fritz Heidler vom Lutherischen Kirchenamt in Ost-Berlin die Bereitschaft der VELK hervor, ihre Eigenständigkeit zugunsten der Integration in eine Bundeskirche aufzugeben, und forderte Gleiches auch von der EKU[31].

Ein halbes Jahr später versicherte Schönherr seinen SED-Gesprächspartnern Willi Barth und Eberhard Hüttner zwar, er trete für eine Trennung der EKU ein, wie sie auf gesamtkirchlicher Ebene 1969 auch mit der Bundesgründung vorgenommen worden sei. Allerdings bemerkte er einschränkend, »er könne sich aber nicht dafür verbürgen, daß dies von der EKU auch getan würde«[32].

Die Genossen Barth und Hüttner vom ZK der SED gehörten zu jenen Partei- und Staatsfunktionären, die Schönherr zu seiner sogenannten »Kleinen Hausmusik« im Advent 1972 in seine Privatwohnung einlud. Zur Atmosphäre dieser Begegnungen heißt es in einem Bericht der Schönherr-Sekretärin Anita Steinmetzger:»Kurze Begrüßungsworte wurden ausgetauscht und danach individuelle Gespräche bei Wein und Cognac geführt. Drei Personen musizierten. Besondere Probleme wurden nicht bekannt.«[33]

Der gesamtdeutsch besetzte EKU-Ausschuß zur Überarbeitung der Grundordnung wurde laut staatlicher Einschätzung von den westdeutschen

Vertretern (außer Locher) sowie aus der DDR Ringhandt, Hildebrandt, Hamel, Fränkel, Pietz auf »eine[.] Zementierung der organisatorisch-rechtlichen Einheit der EKU« bzw. »eine etwas weitergehende Regionalisierung« hin »orientiert«. Dies wurde von seiten dieser Gruppe zum einen mit der besonderen Geschichte der EKU begründet, zum anderen führte man an, aufgrund des zahlenmäßigen Ost-West-Verhältnisses der einzelnen EKU-Gliedkirchen bestehe die Gefahr einer westlichen Dominanz ohnehin nicht. Weiter notierten die SED-Funktionäre über die Argumentation der kirchenleitenden Persönlichkeiten von der EKU:

> »– Die organisatorische Einheit der EKU müsse erhalten bleiben, weil nur sie gewährleiste und gewährleistet, daß die Kirchen in der DDR eine gewisse Bewegungsfreiheit haben. Im Falle der Preisgabe der organisatorischen Einheit würden die gleichen Verhältnisse wie in anderen sozialistischen Staaten herbeigeführt.
> – Wenn die organisatorische Einheit aufgegeben werde, drohe der Kirche die Gefahr der ideologischen Gleichschaltung. Die Kirche in der DDR sei durch eine neue Irrlehre bedroht.
> – Der Staat möge die Trennung der EKU administrativ verfügen. Wir können sie nur erleiden, aber nicht selbst herbeiführen.«[34]

1972 kam es dann zu einer Aufgliederung in zwei Bereiche, ohne jedoch eine förmliche Kirchentrennung zu vollziehen[35]. Auf der Sitzung des Rates der EKU am 7. März 1972 gab es heftige Meinungsverschiedenheiten zwischen Schönherr und Krummacher auf der einen und dem »Apparat der EKU« auf der anderen Seite. Die Bischöfe setzten sich für eine stärkere Eigenständigkeit der in der DDR liegenden Gliedkirchen ein und bezeichneten den bislang verfolgten Kurs als zu starr[36]. Auf der vom 21. bis 23. April 1972 in Magdeburg tagenden EKU-Synode Ost wandten sich Fränkel, Waitz, Pietz, Juergensohn, Hamel sowie Hildebrandt gegen eine größere Verselbständigung, während sich vor allem Schönherr, Natho, Langhoff, Lahr, Hanfried Müller und der Hallenser Theologieprofessor Winkler dafür aussprachen[37].

Bischof Braecklein »wertet[e] die [...] Maßnahmen als einen ungenügenden ›Schein-Schritt‹«. Erst wenn es zu einer wirklichen institutionellen Verselbständigung der EKU-Bereiche gekommen sei, könne man das Projekt einer Bundeskirche in Angriff nehmen[38]. Bis zum Zusammenbruch der DDR gelang es nicht, die EKU förmlich zu spalten.

Zwischen Distanz und Nähe: EKD und BEK

Unter den Kirchenbund-Materialien der ersten Zeit fanden die westlichen Kirchenleute auch ermutigende Zeugnisse von Brüdern aus dem Osten, die ihnen das Gemeinsame in klaren Worten vor Augen stellten. Johannes Hamel, der schon im Sommer 1969 die Gründung des Kirchenbundes für eine »verhängnisvolle Fehlentscheidung, vergleichbar der Gründung der DEK 1933«[39], gehalten hatte, stellte im Zusammenhang mit der Aussprache über den Bischofsbericht der Synode der Evangelischen Kirche der Kirchenprovinz

Sachsen Mitte November 1969 noch einmal unangenehme Fragen im Blick auf die Versuchung einer »›geographisch‹ bestimmten Theologie« und übte scharfe Kritik am Verhalten des Bundes und einzelner Kirchenmänner. So warf er Mitzenheim und Lotz vor, das Evangelium zu verfälschen.

»Hier wird – wieder einmal – von Thüringen her ein politischer Enthusiasmus in die Kirche hineingetragen, dem es zu widerstehen gilt – um der Kirche willen, aber auch um unseres Staates willen. Auch ist die Deutung des Bundes, wie sie verschiedentlich von den führenden Männern der Thüringer Kirche publiziert worden ist [...], abzulehnen [...] Es geht nicht länger an, daß die ›Musik‹ zum Bund von Thüringen gespielt wird, während die Synode des Bundes schweigt [...] Wir haben in Fürstenwalde den Zusammenhang zwischen Evangelium und kirchlicher Organisation zweifellos anders bestimmt, als es heute geschieht, wo der Satz ›Grenzen des Staates sind auch Grenzen kirchlicher Organisationsmöglichkeiten‹ dogmatisiert wird.«[40]

Obwohl Propst Münker und Bischof Krusche bei grundsätzlicher Zustimmung bemängelten, daß »das Vorgetragene nicht ›in der Liebe‹ gesagt sei«, erhielt Hamel für seine Rede von den Synodalen lebhaften Beifall und wurde kurz darauf mit dem höchsten Stimmenergebnis unter den theologischen Kandidaten zum Synodalen der EKU gewählt[41]. Solche Informationen machten den westlichen »Beratern« deutlich, auf welch schwankendem Boden die Befürworter der Trennung und der Kirchenbund insgesamt noch standen. Auf einer Informationsbesprechung von Bundessynodalen in Halle am 30. Mai 1970 sprach Eberhard Natho von einem unterschwelligen Widerstand in den Gemeinden gegen die Bundesgründung, wofür er das »Westfernsehen«, das von »Spaltung, Abtrennung« sprach, verantwortlich machte. Natho forderte deshalb eine transparentere Informationspolitik[42]. Auf der am gleichen Tag in Karl-Marx-Stadt (Chemnitz) abgehaltenen Informationsbesprechung des anderen Teils der Bundessynodalen wurde erwogen, die Synode möge »bei ihrer nächsten Tagung [...] ein Wort an die Gemeinden richten, um den Eindruck zu zerstreuen, die Gründung des Bundes sei lediglich eine Kapitulation vor staatlichen Forderungen gewesen«[43].

Anders als die Repräsentanten des Kirchenbundes achteten die EKD-Vertreter peinlich genau auf eine Abstimmung ihrer Schritte mit dem BEK, wenn sie die Schwesterkirche betrafen. So lud der Präses der EKD-Synode, Puttfarcken, nicht nur Schönherr und weitere Vertreter aus dem Kirchenbund zur 4. Synode der EKD Mitte Mai 1970 nach Stuttgart ein[44], sondern ließ dem KKL-Vorstand auch die Entwürfe der Grundsatzerklärung der EKD-Synode zur Frage der Gründung des Bundes zugehen. Nach einem Gespräch mit Stolpe hielt Lingner in einem Vermerk fest, daß die Art der Synodalerklärung das künftige Verhältnis zwischen Bund und EKD beeinflussen werde. Für die Möglichkeit der Aufnahme offizieller Beziehungen sei es von entscheidender Bedeutung, »daß das Verhältnis von Bund und EKD eindeutig gleichberechtigt« sei. Darum spreche sich der Vorstand für den ersten Entwurf aus. Die EKD-Synode solle sich an die Empfehlung halten[45]. Am 22. April bedankte sich Schönherr bei Puttfarcken für die Einladung zur Stuttgarter EKD-Synode. »Nach eingehender Erörterung und sorgfältiger Prüfung mußte der Vorstand jedoch zu der Auffassung gelangen, daß es nicht zuletzt auch im Interesse der Entwicklung unserer Beziehungen nicht möglich erscheint, der Einladung bereits zu diesem Zeitpunkt zu folgen.«[46] Sondierungen bei staatlichen Stellen hätten zudem ergeben, daß mit einer Genehmigung von Reiseanträgen in die Bundesrepublik derzeit nicht gerechnet werden könne.

Tatsächlich bewertete die Dienststelle des DDR-Staatssekretärs für Kirchenfragen die EKD-Einladung an den BEK als Versuch, die vorgenommene Trennung im nachhinein wieder zu bagatellisieren:

»So wird immer wieder betont, daß es bei der Trennung lediglich um äußere Formen gehen solle, um damit auszudrücken, daß die inhaltliche Kontinuität beibehalten werden soll. Das wurde anläßlich der Stuttgarter Synodentagung auch dadurch unterstrichen, daß seitens der Synode eine Einladung an den ›Bund der Evangelischen Kirchen in der DDR‹ erging, die vom Vorstand des Bundes beantwortet wurde. [...] Hier werden bewußt Erwartungen und Illusionen wachgehalten und hervorgerufen, als stehe nach einer organisatorischen Trennung jetzt einem politisch-ideologischen Zusammenwirken der ehemaligen EKD-Gliedkirchen in beiden deutschen Staaten in neuen Formen weniger entgegen. Damit wird darauf orientiert, die EKD-Politik wieder aufleben zu lassen.«[47]

Wenige Wochen vor der EKD-Synode in Stuttgart legte Puttfarcken seine Ämter als Präses und Synodaler nieder, »weil er die ins Auge gefaßten Weichenstellungen nicht gewissensmäßig mitverantworten und mit seiner Rechtsauffassung vereinbaren zu können glaubte«[48]. An seiner Stelle wählte die Synode den Tübinger Kirchenrechtler Ludwig Raiser[49]. Ebenfalls neu in den Rat wurden Richard von Weizsäcker, Bischof Petersen und Gerta Scharffenorth (Heidelberg)[50] gewählt. Die Synode beschloß ein Kirchengesetz, das die ursprüngliche Zahl von zwölf Ratsmitgliedern wiederherstellte, und ein zweites über die Neuverteilung der Synodalsitze und die Auffüllung der Synode auf 120 Synodale. Ferner setzte sie einen Ausschuß ein, der unter anderem auch zur Frage einer eventuellen Namensänderung eine Vorlage fertigen sollte[51].

Die mit Kirchenfragen befaßten SED-Funktionäre registrierten sorgfältig alle Veränderungen in der EKD, die aufgrund der Trennung vorgenommen wurden. So formulierte die Dienstelle des Staatssekretärs für Kirchenfragen folgende Einschätzung zur Stuttgarter EKD-Synode:

»Die vorgesehenen Reformen werden an den eigentlichen Ursachen der inneren Krise, nämlich dem grundlegenden Tatbestand der Bindung an ein reaktionäres Gesellschaftssystem und seine Politik nichts ändern. – Es wäre zudem völlig falsch, bestimmte, im Rahmen des Reformprogramms des Führungszentrums der westdeutschen Kirchen vor sich gehende personelle und programmatische Veränderungen so zu deuten, als würde damit ein engerer Kontakt zum Kirchenbund der DDR möglich. Angesichts der inneren Krise der westdeutschen Kirche, die in der jetzigen Situation um notwendige Reformen deutlicher als je zutage tritt, ist zudem der Anspruch, in irgendeiner Form eine Führungsrolle gegenüber der Kirche der DDR spielen zu wollen, auch insofern widersinnig, als die westdeutsche Kirche bei allem äußeren Wohlstand gegenwärtig nicht in der Lage ist, mit ihren eigenen Problemen fertig zu werden.

So hat die Stuttgarter Synodentagung insgesamt einmal mehr bewiesen, daß die Staatspolitik in Kirchenfragen in der DDR auf der Grundlage und in Verbindung mit der gesamten Politik von Partei und Regierung in der Frage der EKD das Gesetz des Handelns bestimmt und der klerikalen Variante der Bonner Politik gegenüber der DDR eine empfindliche Niederlage bereitet hat, von der sie sich noch nicht wieder erholen konnte. Doch zeichnet sich bereits die Neufassung der Strategie und Taktik der klerikalen Führungskräfte ab, die mit Zähigkeit auf anderem Wege die alten Ziele verfolgen, auch wenn sie u. U., um ihr Programm zu retten, den Namen EKD preisgeben sollten.«[52]

Vizepräsident Weeber brachte den Synodalentwurf einer Erklärung zur Gründung des DDR-Kirchenbundes ein, der im Ganzen dem des Rates – vorabgesprochen mit dem KKL-Vorstand – entsprach[53]. Darin heißt es:

»Der neu gegründete Bund der Evangelischen Kirchen in der Deutschen Demokratischen Republik hat seine Organe gebildet. Er hat die Verantwortung für die Gemeinschaft der acht Gliedkirchen der Evangelischen Kirche in Deutschland in der Deutschen Demokratischen Republik übernommen. Die in der Deutschen Demokratischen Republik amtierenden Mitglieder des Rates der Evangelischen Kirche in Deutschland haben festgestellt, daß ihre Funktionen und ihre Tätigkeit als Mitglieder des Rates der Evangelischen Kirche in Deutschland beendet sind. Gleichzeitig hat das Präsidium der regionalen Tagung der Synode der Evangelischen Kirche in Deutschland im Bereich der Deutschen Demokratischen Republik erklärt, daß auch die Funktionen der Mitglieder der Synode in der Deutschen Demokratischen Republik ihr Ende gefunden haben […] Synode, Kirchenkonferenz und Rat bekennen sich zu der besonderen Gemeinschaft der ganzen evangelischen Christenheit in Deutschland. In der Mitverantwortung für diese Gemeinschaft nehmen sie die Aufgaben, die sich daraus ergeben, für ihren Bereich in freier Partnerschaft mit dem Bund der Evangelischen Kirchen in der Deutschen Demokratischen Republik wahr.«[54]

Die Synode des DDR-Kirchenbundes antwortete auf diese Entschließung mit der Erklärung:

»Im Blick auf das Verhältnis zu den Kirchen der EKD haben wir von der Erklärung der Synode in Stuttgart vom Mai 1970 Kenntnis genommen und sind wie die Konferenz der Auffassung, daß ›die nunmehr vorhandene organisatorische Trennung ebenso klar anerkannt (ist) wie die weiterbestehende geistliche Gemeinschaft‹. Nach Meinung der Synode ist mit dieser Aussage des Konferenzberichtes die einzig legitime Interpretation des Artikels 4,4 der Bundesordnung gegeben. Wir weisen alle Versuche zurück, die bestehende geistliche Gemeinschaft zu entleeren oder sie so zu interpretieren, daß dadurch die organisatorisch-rechtliche und institutionelle Selbständigkeit des Bundes in Frage gestellt wird. Es ist allein Sache des Bundes, verbindliche Aussagen über Selbstverständnis und Auftrag des Bundes der Evangelischen Kirchen in der DDR zu machen.«[55]

Die klare Hervorhebung der Selbständigkeit des Kirchenbundes gegenüber der EKD muß vor dem Hintergrund eines Gespräches gesehen werden, das Seigewasser am 10. Juni 1970 mit Schönherr und Stolpe geführt hatte. In der Erklärung des Staatssekretärs hieß es,

»es gäbe Versuche, über Artikel 4 (4) der Bundesordnung den Bund umzudeuten. Sehr massiv seien die Ausführungen von D. Fränkel und D. Hamel gewesen. Sie stünden im Kontext zu den Entscheidungen der Stuttgarter EKD-Synode, den Namen EKD zu belassen […] Bezeichnend sei es auch, daß die Regionalsynode West der EKU ihre Tagung gerade in Westberlin durchführe. So werde versucht, die positiven Ansätze der Bundesbildung rückgängig zu machen. Die Bildung des Bundes sei ein revolutionärer Akt gewesen und habe eine neue kirchenpolitische Situation geschaffen. Aber der Bund könne nach wie vor unterschiedlich interpretiert werden. Das wäre ausgeschlossen gewesen, wenn in seiner Ordnung, etwa wie bei den ungarischen Kirchen, in einer Präambel Klarheit geschaffen worden wäre. [...] Es könne keinen dritten Weg geben, wer ihn vertrete, vertrete objektiv die Konterrevolution. Die DDR sei kein Provisorium, und es gäbe keine Wiedervereinigung mit einem spätkapitalistischen Staat.«[56]

Mit seiner auf der zweiten BEK-Synodaltagung Ende Juni 1970 in Potsdam-Hermannswerder dann verabschiedeten Erklärung wollte der Kirchenbund freilich auch westlichen Interpretationsbemühungen – vor allem denen von Bischof Scharf und Präses Beckmann – entgegentreten, wonach die vollzogene Trennung als nicht ganz so eindeutig erklärt wurde.

Zu einer solchen Klarstellung auch nach dieser Seite hin hatten Staatssekretär Seigewasser[57] sowie das Ost-CDU-Organ »Neue Zeit« Schönherr ausdrücklich aufgefordert[58]. Aus staatlicher Perspektive hatte man vor Beginn der Synodaltagung die folgende Ausgangssituation vorgefunden:

»Der Bund stand vor der Alternative, sich den Anmaßungen westdeutscher EKD-Kreise und bestimmter reaktionärer Kräfte in den Kirchen in der DDR zu beugen oder seine Selbständigkeit zu bekräftigen.«[59] Außerdem wurde, als sich während der Synodaltagung abzeichnete, daß dem staatlichen Anliegen nicht in genügendem Maße nachgekommen werde, Pabst seitens des Staatssekretariats darauf aufmerksam gemacht, Schönherr und Stolpe hätten »eine eindeutige Abgrenzung von den Äußerungen von Scharf und eine Präzisierung der politischen Position des Bundes zugesagt«[60].

Diese staatliche Intervention wird nicht ohne Einfluß auf den oben zitierten Text geblieben sein.

Der Arbeitsgruppe Kirchenfragen beim ZK der SED hielt den Synodenbeschluß allerdings immer noch für zu unscharf:

»Die Inkonsequenz dieser Erklärung besteht darin, daß nicht klar gesagt ist, wer den Artikel 4/4 im Sinne der Nichtanerkennung der organisatorischen, rechtlichen und institutionellen Selbständigkeit interpretiert. Der Begriff ›entleeren‹ richtet sich gegen unsere Argumentation.«

Überhaupt kritisierte man, daß »die Formel von der ›geistlichen Gemeinschaft‹ mit den Christen in der Bundesrepublik beibehalten« wurde. Man würdigte jedoch die vorgenommene Bekräftigung der »vollständige[n] organisatorische[n] und rechtliche[n] Verselbständigung der Kirchen der DDR« sowie die vorgenommene Revozierung »westdeutsche[r] Einmischungsversuche«.

Darüber hinaus wurde erwähnt, »daß im Unterschied zu Artikel 4/4 der Bundesordnung in keiner der Reden und Dokumente mehr von der ›besonderen Gemeinschaft‹ mit den Kirchen in der BRD die Rede ist, sondern nur noch der Terminus ›geistliche Gemeinschaft‹ gebraucht wird. Dies ist nicht unwesentlich, weil die Fiktion einer ›besonderen Gemeinschaft‹ mit nationalen Phrasen wie ›gemeinsame Geschichte‹, ›gemeinsame Kultur‹, ›gemeinsame Tradition‹, ›gemeinsame Schuld‹ usw. begründet wurde.«[61]

Insgesamt meinte die Partei sagen zu können, daß ein kirchlicher Wandlungsprozeß eingesetzt habe[62].

Wie zäh auf westlicher Seite für eine Interpretation gekämpft wurde, die das Gemeinsame beider Bünde in den Vordergrund stellte, zeigt das Bemühen Kurt Scharfs. Am 20. Juni 1970 hatte der epd folgende Äußerungen des (West-) Berliner Bischofs auf der Spandauer Regionalsynode seiner Kirche am Vortag veröffentlicht:

» [...] aus einer Option für eine bestimmte Konzeption und Methode in der Deutschland- und Ostpolitik ergeben sich nicht zwangsläufig Konsequenzen für eine zu bewahrende oder preiszugebende übergreifende gemeinsame Organisation einer Landeskirche oder Kirchengemeinschaft im innerdeutschen Bereich! Wer im politischen Feld für eine völkerrechtliche Anerkennung der DDR eintritt, braucht deswegen ganz und gar nicht eine Spaltung der Kirche und eine voneinander geschiedene rechtliche Gestalt der Kirchen zu fordern.«[63]

Drei Tage später äußerte der Berliner Bischof, angesichts der »eingetretenen Entspannung im politischen Feld« sei es »ökumenisch anachronistisch und auch politisch falsch«, eine Spaltung der Kirche zu postulieren[64]. Am 25. Juni 1970 verbreitete der epd folgenden Spitzensatz Scharfs während des 10. »Tremsbütteler Gesprächs«: »Das Festhalten an der Einheit der Kirche ist politische Diakonie im Dienst am Frieden in der Welt.«[65]

Daraufhin führte der KKL-Vorstand am 2. Juli 1970 heftige Beschwerde über den Vorgang. Lingner berichtete an den Präsidenten der EKD-Kirchenkanzlei in Hannover, Walter Hammer:

»Mit größtem Nachdruck haben sich alle Mitglieder des Vorstandes gegen die im epd veröffentlichten Äußerungen von Bischof D. Scharf gewandt. Die Brüder im Osten sehen sich vor der Alternative, entweder Bischof Scharf öffentlich und namentlich zu widersprechen oder aber von ihrer Leitungsfunktion zurückzutreten (so Schönherr). Aufgrund der dauernden Veröffentlichungen von angeblichen oder tatsächlichen Äußerungen von Bischof Scharf sehen sich die Kirchen in der DDR in einer äußerst schwierigen Lage dem Staat gegenüber. Sie fürchten, daß die Praktizierung von Art. 4,4 akut gefährdet ist.«[66]

Auch der SED-Staat hatte Scharfs Äußerungen aufmerksam registriert und gelangte zu folgender Interpretation:

»Vor Stattfinden der Synode [des Kirchenbundes in Potsdam-Hermannswerder] hatten westdeutsche EKD-Kreise die Beschlüsse der 1. Tagung der Synode des Kirchenbundes (1969) zur organisatorischen und rechtlichen Verselbständigung durch zahlreiche Erklärungen in Zweifel zu ziehen gesucht. Insbesondere Bischof Scharf hatte auf verschiedenen Synoden und Tagungen unter Mißbrauch des zweideutigen Artikels 4/4 der Bundesordnung [...] versucht, die organisatorische und rechtliche Verselbständigung der evangelischen Landeskirchen zu verwässern.«[67]

Bedauert wurde seitens des Staates, daß Schönherr Scharfs »Einheitskonzeption«« auf der Bundessynodaltagung nicht klar genug widersprochen hatte[68]. Die Gründe für diese Zurückhaltung mochten in den Kirchen der DDR selbst liegen.

Im Unterschied zu der kirchlichen Führungsspitze im BEK sympathisierte nämlich eine große Zahl der Pfarrer im östlichen Deutschland mit der Position Scharfs, was anscheinend auch ausgesprochen wurde. Nach Auffassung vieler Geistlicher war die »Einheit der EKD weiterhin vorhanden«, die Bildung des Bundes habe die Gemeinschaft der Christen in Deutschland nicht beeinträchtigt[69].

Durchaus doppelbödige Hinweise wie der auf die gefährdete Gemeinschaft einerseits und der auf die Schwierigkeiten, die dem Kirchenbund durch das SED-Regime bei mangelnder Abgrenzung gegenüber dem Westen drohten, andererseits charakterisierten fortan die ungleichartige Ausgangslage in den kirchlichen Ost-West-Verhandlungen. Der Kirchenbund konnte diesen unkontrollierbaren Außenfaktor jederzeit ins Spiel bringen und geriet damit gegenüber den westlichen Partnern in die stärkere Position. Denn seine Argumentation besaß einerseits eine durchaus hohe Plausibilität, entzog sich aber andererseits nahezu völlig den Urteilsmöglichkeiten westlicher Kirchenmänner.

Scharf war nach seinen öffentlichen Einheits-Äußerungen an einer Begegnung mit Schönherr gelegen, um die Mißverständnisse auszuräumen. Doch Mitte August ließ Schönherr seinem Berliner Bischofsbruder ausrichten, es sei ihm »nicht möglich gewesen [...], aus seinem Urlaubsort zu versuchen, mit Bischof Scharf zusammenzutreffen. Bischof Schönherr ist mit gesteigerter Gastfreundschaft behandelt worden. Die Unterscheidung zwischen Überwachung und Gastfreundschaft ist nicht immer ganz eindeutig zu treffen.«[70]

In der Beratergruppen-Sitzung am 15. September 1970 wiederholte Schönherr unter Hinweis auf ideologische Verhärtungen in der DDR noch einmal seine dringende Bitte, »dafür Sorge zu tragen, daß solche Fehlinterpretationen nicht noch einmal veröffentlicht werden«[71].

Dem SED-Staat reichten die von seiten des Kirchenbundes vorgenommenen Abgrenzungsversuche allerdings nicht aus. Das 1970 vorgenommene Fazit fiel dementsprechend skeptisch aus:

»Es muß in Rechnung gestellt werden, daß die Bildung des ›Bundes evangelischer Kirchen in der DDR‹ und die damit vollzogene Trennung von der EKD nicht zugleich auch die Ausschaltung der Einflußnahme der EKD auf die Kirchen der DDR bedeutet. Die Anzeichen mehren sich, daß der Kirchenbund und die Kirchenleitungen in der DDR, zwar graduell unterschiedlich, aber generell einig, bestrebt sind, sich in der politischen und gesellschaftlichen Stellungnahme nur innerhalb des Rahmens zu bewegen, der von der EKD abgesteckt [ist] und regierungskonform zu Bonn verläuft.«[72]

Auf seiten der Berliner Stelle der EKD-Kirchenkanzlei war man sich durchaus darüber im klaren, daß die Aktivitäten zwischen den beiden Kirchenbünden dem Staat genauestens bekannt sein mußten[73]. Als der neue Oberkirchenrat Martin Lindow seinen Dienst im Lutherischen Kirchenamt der VELKD in Hannover antrat, schrieb ihm Lingner einen einführenden Brief über »die Verbindungen zum Osten«. Darin heißt es:

»Der Kreis der Informationsempfänger ist [...] in der Zwischenzeit so groß geworden, daß mit einer ernsthaften Vertraulichkeit doch nicht mehr gerechnet werden kann.«[74]

Im Blick auf die Kirchenjuristentreffen wurde Lingner in seiner Beschreibung noch deutlicher:

»Vielleicht wissen Sie, daß OKR Lotz Abgeordneter der Volkskammer ist und sich in der Vergangenheit sehr stark zusammen mit Mitzenheim mit den staatlichen Vorstellungen der DDR identifiziert hat. Der Kontakt zwischen westlichen und östlichen Juristen wird durch seine Teilnahme sozusagen unter der Hand legalisiert. Wenn er keinen grundsätzlichen Einspruch einlegt, wird für die Zukunft sichergestellt sein, daß solche Treffen nicht behindert werden. Natürlich wird man damit rechnen müssen, daß er die zuständigen staatlichen Stellen über das Treffen ausführlich informiert. Aus diesem Grunde wird man gut beraten sein, mehr zu schweigen als zu reden.«[75]

Am 21. Januar 1971 berichtete Lingner Bischof Kunst über die Sitzung der Beratergruppe vom 8. Januar. Dort hatte offenbar die Entwicklung an der Theologischen Sektion in Berlin (Ost) eine Rolle gespielt, denn dem Brief lag als »Vorinformation« das theologisch unvertretbare »Bild eines Absolventen der Sektion Theologie der Humboldt-Universität zu Berlin«[76] bei. Außerdem bestellte Lingner herzliche Grüße von dem neuen Thüringer Landesbischof Ingo Braecklein, der während der Sitzung erzählt hatte, wie Kunst ihm »nach Rückkehr aus der Gefangenschaft zu einem ersten Pfarramt verholfen«[77] habe und die Hilfsbereitschaft des Bonner Militärbischofs über alle Maßen pries. Die Selbstdarstellung des ehemals tiefbraunen, aber unter Mitzenheim gründlich gewendeten Haudegen[78] muß auf Lingner nicht ohne Eindruck geblieben sein, denn er gab Kunst folgende Charakteristik: »Bischof Braecklein macht auf mich je länger je mehr den Eindruck eines taubensanften und schlangenklugen Kirchenführers. Wenn er verschmitzt berichtete, wie er auf staatliche Forderungen nach Stellungnahmen reagiert, so muß man seine Freude daran haben.«[79]

Schließlich teilte Lingner dem EKD-Bevollmächtigten in Bonn mit, daß Schönherr sich in einer Randbemerkung für eine Namensänderung der EKD ausgesprochen habe, da »es sicher gut sei, wenn alle auch nur scheinbaren Anstöße aus dem Weg geräumt werden könnten«[80].

Da Petersen und Wilm die Einreise nach Ost-Berlin verwehrt wurde, mußte der Rat der EKD für sie andere Persönlichkeiten in die Beratergruppe berufen[81]. Mitglieder des Vorstandes der Konferenz der Kirchenleitungen des Bundes nannten als Wunschkandidaten die Professoren Manfred Seitz (Erlangen) und Theodor Strohm (Kirchliche Hochschule Berlin), Propst Sigo Lehming (Pinneberg) und Oberkirchenrat Ottokar Basse (Stuttgart)[82]. Mitte Februar 1971 beschloß der Rat der EKD, neben Basse Oberkirchenrat Ludwig Scheib (Speyer), den Neutestamentler Erich Gräßer (Bochum) und Prälat Hans Bornhäuser (Freiburg/Br.) zu berufen[83]. Darüber hinaus bat Stolpe im Auftrag des Vorstandes der KKL darum, zusätzlich jeweils einige »leitende juristische und geistliche Herren aus dem Westbereich zum Zwecke des gegenseitigen Kennenlernens«[84] zu den Treffen zu entsenden. Kirchenpräsident Helmut Hild, der sich daraufhin für die September-Sitzung 1971 anmeldete, erhielt von Lingner folgende Hintergrundinformationen:

»Mit dieser Notlösung [nämlich dem Institut der Berater] entstand eine etwas schwierige Situation, die auch von den Brüdern im Osten als unangemessen empfunden wird. Während aus dem Bereich der Kirchen in der DDR sozusagen das ›1. Glied‹ zu den Gesprächen antritt, können die Kirchen aus dem Bereich der EKD lediglich das ›2. Glied‹ zu den Gesprächen schicken [...] Noch ein weiteres Problem möchte ich anschneiden: Sie wissen, daß die Gespräche schon eine ganze Zeit praktiziert werden [...] Die Frage nach dem Sinn und Zweck ist gelegentlich in aller Offenheit erörtert worden. Die Kirchen in der DDR und die Kirchen der EKD gehen nun ihre eigenen Wege [...] Trotz aller grundsätzlichen Kritik ist aber – bis heute – die Meinung geblieben, daß die partnerschaftlichen Gespräche notwendig sind.«[85]

Die gegenseitigen Informationen waren nicht immer vollständig, so daß einige der Beteiligten aus anderen Quellen oft mehr wußten. So scheinen Braecklein und Schönherr nichts über die internen Auseinandersetzungen im Zusammenhang mit der Anerkennung des Kirchenbundes durch den Staat – am 24. Februar 1971 hatte Staatssekretär Seigewasser den Vorstand der KKL zu einem Gespräch empfangen[86] – berichtet zu haben, die Lingner freilich längst bekannt waren. Die beiden BEK-Vorständler beschränkten sich vielmehr darauf, die »Wendung« des Staat-Kirche-Verhältnisses zum Positiven hin zu beschreiben.

»In allen offiziellen Äußerungen fällt auf, daß die bisherige Berufung auf DDR-nahe kirchliche Persönlichkeiten oder Gruppen zurückgetreten ist. Offenbar sieht sich der Staat doch genötigt, mit der offiziellen Kirche einen modus vivendi zu suchen.«[87]

Die ebenfalls mögliche Erklärung, daß die »offizielle Kirche« eine andere geworden[88], der Staat jedoch der alte geblieben war, stand offenbar nicht zur Diskussion. Unmittelbar darauf mußten die Kirchenbund-Repräsentanten freilich über ihre Schwierigkeiten im Zusammenhang mit der staatlichen Veranstaltungsverordnung (VVO) berichten[89].

Diese angeblichen Widersprüche entsprachen genau der staatlichen »Konzeption für eine langfristige Einflußnahme auf den Bund der Evangelischen Kirchen in der DDR« vom 2. September 1970:

»Da davon ausgegangen werden muß, daß die Kriterien für eine konsequente organisatorische, juristische und institutionelle Verselbständigung der evangelischen Kirchen der DDR in ein bis zwei Jahren erfüllt sein werden und es jetzt darum geht, den Bund der Evangelischen Kirchen in der DDR schrittweise auf die Position der Bejahung der sozialistischen Ordnung in der DDR zu bringen, wird vorgeschlagen, über einen längeren Zeitraum Konsultationen und Gespräche zwischen Vertretern des Bundes Evangelischer Kirchen in der DDR und Vertretern des Staates zu führen mit dem Ziel, geregelte Beziehungen zwischen Bund und Staat herbeizuführen. Es erscheint zweckmäßig, mit einem solchen Schritt nicht zu warten, bis der Bund seinerseits bestimmte Tatsachen seiner Struktur und Politik geschaffen hat, sondern ihn rechtzeitig auf eine solche Entwicklungsrichtung, einen solchen gesellschaftlichen Status festzulegen, der den Entwicklungsbedingungen der sozialistischen Gesellschaft am besten entspricht. Im Zuge dieser Verhandlungen [...] muß erreicht werden, daß bestimmte Bereiche der staatlichen Arbeit wie: kirchliches Ausbildungswesen, kirchliche Jugendarbeit, strukturelle Veränderung u. a. stärker unter die Kontrolle der staatlichen Organe kommen.«[90]

Für die Delegation von deutschen Theologen zu den Leuenberger Lehrgesprächen schlug der Kirchenbund ein Verhältnis EKD-BEK von zwei zu eins und eine Beschränkung auf höchstens zwölf bzw. sechs Delegierte vor, damit die Konferenz »nicht zu einem innerdeutschen Gespräch werde«[91].

Die allmählich größer werdende Distanz des BEK zur EKD ließ sich auch auf der Eisenacher Bundessynode Anfang Juli 1971 beobachten. Das für solche Entwicklungstendenzen natürlich sensible Staatssekretariat für Kirchenfragen gelangte zu folgender Einschätzung:

»Die Synode tagte selbständig und unabhängig von direkten Einflüssen westdeutscher kirchlicher Kreise. Die Formel von den ›besonderen‹ kirchlichen Beziehungen zu den westdeutschen Kirchen spielte im Unterschied zu den vorangegangenen Tagungen keine Rolle. Die Zusammenarbeit mit den westdeutschen Kirchen wurde lediglich einmal im Zusammenhang mit Fragen der kirchlichen Lehre erwähnt. [...] Wenn auf der Synode der Artikel 4/4 der Ordnung des Bundes in den Diskussionen keine Bedeutung hatte, so wurde er doch durch viele Aussagen der Referate weiter inhaltlich ausgehöhlt. Es kann festgestellt werden, daß die Bemühungen, eigenständige Positionen der Kirchen in der DDR zu finden, in echtem Sinne Christen und Kirchen darauf orientierten, ihrer staatsbürgerlichen Verantwortung nachzukommen. [...] Um der gesellschaftlichen Isolierung zu entgehen, wurde auf der 3. Tagung der Bundessynode verstärkt der Kurs der Anpassung der Kirche an die gesellschaftlichen und politischen Bedingungen in der DDR eingeschlagen. Auf der Synode ist es zu einer vorbehaltlosen Option für den Sozialismus zweifellos noch nicht gekommen. Aber es ist nicht zu übersehen, daß die Synode dazu beigetragen hat, Ressentiments bei den Kirchen gegen die sozialistische Gesellschaft weiter abzubauen. Dominierte früher die Verketzerung des Sozialismus, so tritt jetzt stärker die Würdigung der Erfolge der DDR, die Anerkennung der ›positiven Seiten‹ des Sozialismus in Erscheinung. An die Stelle kritikloser Glorifizierung der bürgerlichen Demokratie und Freiheit trat auf dieser Synodaltagung stärker die Anerkennung der sozialistischen Demokratie als eine Möglichkeit vielseitiger Mitarbeit der Christen an der Gestaltung des Sozialismus.«[92]

Gewürdigt wurde auch, daß der von Schönherr verlesene KKL-Bericht sich für die Aufnahme der DDR in die UNO einsetzte[93].

Am 30. Juni 1971, also unmittelbar vor Beginn der Bundessynode, war Mecklenburgs Landesbischof Rathke, der das Hauptreferat zu halten hatte, vom Rat des Bezirkes Schwerin aufgefordert worden, »bei allem, was er in Eisenach vortragen wird, zu bedenken, daß es darum geht, den Prozeß der weiteren Verselbständigung der evangelischen Kirchen in der DDR und der Abgrenzung von der westdeutschen EKD sowie den Prozeß der eigenen Standortbestimmung der evangelischen Kirchen in der DDR im Raum der sozialistischen Gesellschaft positiv zu beeinflussen. Landesbischof Dr. Rathke wurde nahegelegt, sich nicht von rechten Kräften in eine Position gegen den Staat bringen zu lassen.« Dem staatlichen Protokoll zufolge »hinterließ Dr. Rathke [...] den Eindruck, daß er in Eisenach positiv aufzutreten gedenkt.«[94]

Nicht nur die SED, auch im Westen beheimatete Kirchenjournalisten registrierten Positionsveränderungen des BEK, was wiederum in der Arbeitsgruppe Kirchenfragen beim ZK der SED größte Aufmerksamkeit fand. So soll Reinhard Henkys am 7. Juli 1971 im RIAS Berlin über die Bundessynode in Eisenach geurteilt haben:

»Deutlicher läßt sich kaum sagen, daß der Kirchenbund der Oppositionsrolle den Abschied gibt, in der sich die Kirchen praktisch lange Zeit befunden haben.«[95]

Ähnlich lautete das staatliche Resümee aus dem Jahr 1972, das die Jahre seit der Trennung in das Urteil mit einbezog:

»Mit der Bildung des Bundes hat der Übergang der Kirchen von früheren Antihaltungen zu einem Kurs der Anpassung an den Sozialismus eine Beschleunigung erfahren.«[96]

An anderer Stelle schränkte man diese Einschätzung unter deutschlandpolitischer Perspektive allerdings wieder ein wenig ein:

»Aber es muß auch davon ausgegangen werden, daß zunehmend die Anpassung an den Sozialismus als ein Mittel aufgefaßt wird, um die Kirchen im Sinne der Brandtschen Ostpolitik zu mißbrauchen.«[97]

Auf einer innerkirchlichen Vorbesprechung am 18. Januar 1971 hatte man vereinbart, die Eisenacher Bundessynode nicht an dem von Werner Krusche eingebrachten Leitbegriff »Fremdlingschaft«[98] auszurichten, obwohl man an der biblischen Fundierung dieses Gedankens kaum zweifeln konnte. Vielmehr waren die an der Vorplanung Beteiligten mehrheitlich darauf bedacht, »der Gemeinde Mut zu machen, ihren Auftrag in der Welt als Dienst an anderen zu erfüllen«[99].

In der Vorbereitungsphase erklärten allerdings einige Synodale »ihr Befremden« über das gewählte Thema »Kirche für andere – Zeugnis und Dienst der Gemeinde«. Sie befürchteten eine »›Zerreißprobe des Bundes‹« und gaben zu bedenken, »daß gerade dieses Thema unter uns kontrovers ist. Können wir dieses Thema schon jetzt auf einer Synode behandeln?!«[100]

Diese binnenkirchliche Diskussion im Zusammenhang mit der Eisenacher Bundessynode illustrierte noch einmal, wie uneinig sich die DDR-Theologen in den ersten Jahren des Kirchenbundes über dessen Kurs noch waren.

Unterdessen nahm auf konservativer kirchlicher Seite im Westen das Mißtrauen gegen kirchliche Persönlichkeiten im Osten weiter zu. Man unterstellte den Brüdern entweder, sie unterstützten aus Überzeugung eine eher sozialismusaffine Entwicklung in ihrer Kirche, oder aber, sie beschönigten – gezwungenermaßen und entgegen ihrer eigenen Wahrnehmung – die Unterdrückungsmaßnahmen des SED-Staates gegenüber der Kirche.

So riet beispielsweise der West-Berliner Superintendent Reinhold George am 9. Oktober 1971 in einem Kurzreferat vor fünfzig Pädagogen aus Schleswig-Holstein den Tagungsteilnehmern, einen Bericht über den DDR-Kirchenbund, den sie während eines Besuchs in Ost-Berlin hören sollten, kritisch aufzunehmen, da man »drüben nicht offen sprechen« könne und »zur Vorsicht gezwungen« sei. Daraufhin schrieb Lingner – unter Berufung auf seine Verantwortung für die kirchlichen Ost-West-Kontakte – einen geharnischten Brief an Bischof Scharf und forderte ihn auf, Schritte zu unternehmen, »um derartige diffamierende Äußerungen über Vertreter der Kirchen in der DDR vor westdeutschen Besuchern künftig zu verhindern«[101].

George hatte seine Kritik freilich nicht nur auf östliche Theologen beschränkt. Er hatte ebenfalls gesagt, »Jünger des linken Flügels der SED gibt es auch in West-Berlin […] Es gibt Kräfte, die die Kirche zerbrechen wollen und die Mauer kirchlich legitimieren wollen«[102]. Dabei nannte er Namen und Institutionen – die Evangelische Akademie[103] und das Evangelische Publizistische Zentrum, dessen Leiter zunächst Sepp Schelz[104], später dann Reinhard Henkys war. Wegen eines Streites mit dem Publizistischen Zentrum sei Axel Springer sogar aus der Landeskirche ausgetreten[105]. Nach der Aktennotiz, die Joachim Schmidt vom Publizistischen Zentrum ohne Wissen Georges für Lingner gefertigt hatte, meinte der streitbare Superintendent in seinem Referat auch, »die Agenten der DDR sind ja gerade im Westen«[106].

Am 3. November 1971 führte Konsistorialpräsident Georg Flor in dieser Angelegenheit ein Gespräch mit George, in dessen Verlauf der Superintendent folgende Erklärung zur Weitergabe auch an Lingner abgab:

»1. Er sei erstaunt, daß über die Veranstaltung am 9. Oktober ohne sein Wissen eine Aktennotiz gefertigt und als Unterlage für eine Pressemeldung verwendet worden sei.

2. Die Meldung gebe seine Ausführungen nicht zutreffend wieder und erwecke daher irrige Vorstellungen.

3. Es habe ihm selbstverständlich ferngelegen und liege ihm weiterhin fern, ›die Art der Berichterstattung von Vertretern der Kirchen in der DDR‹ in irgendeiner Weise zu diffamieren.«[107]

Scharf gab diese Erklärung an Lingner weiter und meinte, »daß wir die Angelegenheit nach Lage der Dinge nunmehr auf sich beruhen lassen können«[108].

Bei dem Treffen der Beratergruppe mit den Kirchenbund-Vorständlern Mitte November 1971 spielte die Episode – entgegen den Befürchtungen Lingners[109] – keine Rolle. Im Vordergrund standen die Spannungen zwischen Staat und Kirche im Blick auf Schulfragen[110] und der kirchliche Boykott der Veranstaltungsverordnung[111], den die Arbeitsgruppe Kirchenfragen beim ZK der SED als Ausdruck der mangelnden kirchlichen Bereitschaft wertete, »sich mit der Rolle einer Kultkirche abzufinden. Sie möchten ihren gesellschaftlichen Einfluß durch Anpassung, durch Strukturveränderungen, durch Mitarbeit in den verschiedensten gesellschaftlichen Bereichen erweitern. [...] Demnach wird diese Verordnung als eine Maßnahme empfunden, die legitime kirchliche Tätigkeit einengt.«[112]

Auf westlicher Seite bereitete das mangelnde Engagement an den Ost-West-Begegnungen schwere Sorgen. Wilm und Lingner mußten dem Rat der EKD berichten, daß »die ursprüngliche Gruppe stark zusammengeschrumpft« sei. In seiner Sitzung am 19. und 20. Januar 1972 beschloß der Rat daraufhin, den personellen Umfang der Beratergruppe auf sieben Mitglieder zu erhöhen und sich in jeder zweiten oder dritten Ratssitzung berichten zu lassen. Mit dem letzten Beschluß und der Beauftragung Lingners, ständig als Referent zu dem Tagesordnungspunkt »Bericht zur Lage« gehört zu werden, wollte der Rat die Begegnungen offenkundig aufwerten[113].

Ein gemeinsames Band zwischen Ost und West:
Der kirchliche »Sozialdemokratismus«

Seit 1969 betrachtete der SED-Staat mit wachsender Sorge die Sympathien der DDR-Kirchen für den neuen Bonner Kurs. Staatssekretär Seigewasser führte am 23. Oktober 1969 während einer Dienstbesprechung aus:

»Viele neue Illusionen werden aufkommen, schon einfach aus der Tatsache heraus, daß ein solcher Mann wie Heinemann auf dem Posten des Präsidenten der Bundesrepublik und Brandt auf dem Stuhl des Bundeskanzlers sitzt. Die Zahl der Geistlichen, die darin eine Symbolisierung des angeblich Neuen in der Bundesrepublik sehen, wird nicht gering sein. Unsere Aufgabe wird es sein müssen, nachzuweisen, daß trotz aller Veränderungen in Bonn kein ›Machtwechsel‹ vor sich gegangen und keine grundsätzliche ›Entscheidung‹ für einen völlig neuen Kurs gefallen ist. Schon jetzt wird aus den Verlautbarungen sichtbar, daß die Politik des Eindringens in das sozialistische Lager, die Politik der Aufweichung, insbesondere gegen die DDR, weitergeführt werden soll. Es handelt sich um die alte Strategie, die mit neuen Mitteln forciert werden soll. Die DDR wird nach wie vor als die geistige Einflußzone der Bonner Machthaber betrachtet. Alles spricht also dafür, daß wir künftig mehr als bisher mit der Konzeption der Heinemann, Brandt und Scharf konfrontiert werden. Um so überzeugender müssen wir es verstehen, die Geistlichen und kirchlichen Amtsträger an alle die Fragen heranzuführen, die sich aus der Existenz der DDR als sozialistischer Staat auf deutschem Boden ergeben.«[114]

Horst Hartwig, Referent im Staatssekretariat für Kirchenfragen, gelangte in einer Studie zu folgenden Ergebnissen:

»Aufgrund der wachsenden inneren und äußeren Widersprüche und der Krisenhaftigkeit des imperialistischen Herrschaftssystems werden klerikale Ideologie und klerikaler Apparat immer stärker den Herrschafts- und Machtinteressen des staatsmonopolistischen Kapitalismus untergeordnet. In diesem Prozeß, der sich mit der weiteren Veränderung des Kräfteverhältnisses zugunsten des Sozialismus noch beschleunigen wird, nimmt die klerikale Ideologie zunehmend Doktrinen der aktuellen bürgerlichen Ideologie in sich auf und durchdringt ihrerseits in einem wechselseitigen Integrationsprozeß andere Bereiche der spätbürgerlichen Ideologie. Sie verbindet sich dabei immer enger mit dem Sozialdemokratismus und anderen revisionistischen Theorien und versucht, den krisenhaften Bedingungen angepaßt, für das imperialistische Herrschaftssystem stabilisierend nach innen als auch in der ideologischen Auseinandersetzung nach außen stabilisierend gegen den Sozialismus zu wirken. In diesem Zusammenhang wird für die Kirchenpolitik von wachsender Bedeutung der ständig enger werdende Zusammenarbeit der SP-Führung mit den klerikalen Führungsspitzen. Diese Entwicklung, die bereits mit der Annahme des Godesberger Programms der SP akut wurde und dann mit der Bildung der CDU/SP-Koalitionsregierung und schließlich jetzt unter der neuen SP/FDP-Bundesregierung in Westdeutschland fortgesetzt wird, muß in ihrer kirchenpolitischen Auswirkung untersucht werden. [...] Der Zwang zur Anpassung in der Taktik und in den Methoden der ideologischen Diversion wird sich verstärken (z. B. ›Totlieben‹, ›Humanisieren‹ und ›Verbessern des Sozialismus‹). [...] Dabei ist das Bestreben zur weiteren Abstimmung der politisch-ideologischen Konzeption der DDR-Kirchen mit der politisch-ideologischen Strategie der imperialistischen und klerikalen Führungszentren des Westens in Betracht zu ziehen.«[115]

Insgesamt stellte man fest, »daß kirchliche Kräfte sich mit sozialdemokratischen Lösungen liieren.«[116]

Seigewasser informierte am 13. November 1970 während einer Dienstbesprechung im Staatssekretariat für Kirchenfragen auch über den »Sozialdemokratismus unter den Geistlichen in der DDR«:

»Dieser ›kirchliche‹ Sozialdemokratismus zeige sich vor allem in der Fehleinschätzung der Politik der Bonner SPD/FDP-Koalitionsregierung. Er werde aber auch in dem Schweigen der Geistlichen zu den staatlichen und gesellschaftlichen Bemühungen sichtbar, kirchliche Amtsträger in die sozialistische Menschengemeinschaft einzubeziehen. […] Einerseits haben die letzten Veranstaltungen mit Geistlichen und kirchlichen Amtsträgern den klaren Beweis erbracht, daß der Prozentsatz der kirchlichen Amtsträger, die politisch-ideologisch zu uns stoßen, immer größer wird, andererseits sei aber auch nicht zu verkennen, daß es eine gewisse Sammlung der Kräfte auf der ›Linie Dubček‹ gibt, die sich Illusionen von der Möglichkeit eines gesellschaftlichen und politischen Pluralismus hingeben.«[117]

Ende 1970 warnte der Staatssekretär in einer weiteren »Information« vor den sozialdemokratisch inspirierten »Dritte Weg«-Träumen und Konvergenztheorien der Kirchen:

»Eine zahlenmäßig noch starke, aber nicht einheitliche Gruppe von Geistlichen und Amtsträgern hat sich auf eine ›mittlere Position‹ zwischen Reaktion und Fortschritt zurückgezogen. Diese Geistlichen setzen ihre Hoffnungen auf die Versprechungen der Brandt-Scheel-Regierung, die mit ihrer ›neuen Ostpolitik‹ das Verhältnis der beiden deutschen Staaten ›entkrampfen‹ und über besondere ›innerdeutsche Regelungen‹ unter Ausschluß der völkerrechtlichen Anerkennung der DDR zu einer ›sicheren Friedensordnung in Europa‹ kommen will. Ihrer Haltung liegt der Wunsch nach Befreiung von der Entscheidung zwischen Sozialismus und Imperialismus und die Illusion zugrunde, der Menschheit im allgemeinen und der Bevölkerung der DDR und der BRD im besonderen würde sich noch ein ›Dritter Weg‹ in die Zukunft, der Weg über die Verwirklichung der spätbürgerlichen Konvergenztheorie eröffnen. […] Der erhöhte Schwierigkeitsgrad der politisch-ideologischen Arbeit mit Geistlichen und kirchlichen Amtsträgern liegt in dem Umstand, daß diese Personengruppe nur die sogenannte Politik der Versöhnung der Brandt-Scheel-Regierung sieht und andererseits ihren demonstrativen Antikommunismus nicht wahrnehmen will. Dazu kommt, daß der politische Klerikalismus protestantischer Prägung in der Bundesrepublik zum großen Teil auf die Positionen des Sozialdemokratismus übergewechselt ist und die Gesamtpolitik der ›Neuen Ostpolitik‹ Bonns aktiv unterstützt.«[118]

Schließlich hieß es in einer ergänzenden Einschätzung:

»Besonders aber im Zusammenhang mit den Gesprächen des Vorsitzenden des Ministerrates der DDR, Gen. Willi Stoph, mit dem westdeutschen Bundeskanzler Brandt in Erfurt und Kassel traten starke politisch-ideologische Schwankungen unter größeren Kreisen der Geistlichen auf. Es führte zu Illusionen über die Möglichkeit eventueller schneller Klärung von Grundproblemen zwischen der DDR und der BRD und zu einer Unterschätzung der Gefährlichkeit des westdeutschen Imperialismus. Vielfach wurde der Personenwechsel in der Regierung als Machtwechsel falsch verstanden. Konzeptionen der westdeutschen Sozialdemokratie, Thesen zur ideologischen Aufweichung der DDR, Theorien der Konvergenz und des politischen Pluralismus wurden [1970] breit vertreten.«[119]

Während einer Besprechung beim Staatssekretär für Westfragen, an der auch Hans Weise von der Behörde Seigewassers teilnahm, wurde die politisch-ideologische Auseinandersetzung mit dem Westen als Hauptaufgabe gegenwärtiger SED-Politik bestimmt. Dabei unterschied die Parteistrategie klar zwischen der CDU/CSU, den bürgerlichen und den »fortschrittlichen« Sozialdemokraten: »Wir unternehmen nichts, was die Position der Brandt/Scheel-Regierung schwächen könnte«, berichtete Weise über den Sitzungsverlauf und fuhr fort:

»In allen unseren Aktionen gegen den Antikommunismus der SPD und für die Durchsetzung einer Politik im Geiste des Moskauer Vertrages über Gewaltverzicht müssen wir beachten, daß die CDU/CSU-›Opposition‹ der Hauptfeind ist. Die Brandt/Scheel-Regierung führt einen von opportunistischen Motiven diktierten Einfrontenkrieg gegen die DDR, während sie nach der Seite der CDU/CSU eine Politik des Nachgebens und der Gemeinsamkeit erstrebt. Im Wesen handelt es sich darum, daß die CDU/CSU für die sofortige, die SPD für eine spätere Änderung des Status quo in Europa eintritt, d. h. die Zielsetzung ist die gleiche, der Unterschied liegt in der Strategie der gegenwärtigen Bonner Regierung und der ihr gegenüberstehenden Opposition. Es kommt also darauf an, den progressiven Kräften in der SPD zu helfen, stärkeren Einfluß in der SPD zu gewinnen. Unser Kampf ist auf die Durchsetzung der friedlichen Koexistenz von Staaten mit verschiedenen gesellschaftlichen und politischen Systemen auch im Verhältnis der beiden deutschen Staaten zueinander gerichtet. Das bedeutet nicht, daß wir der ideologischen Auseinandersetzung mit der rechten SPD-Führung ausweichen oder auf sie verzichten. Im Gegenteil, für uns ist und bleibt der ideologische Kampf unbedingter Bestandteil des Klassenkampfes. In der Beratung wurde auf die Verlautbarung der SPD-Führung über ihr Verhältnis zum Kommunismus (Löwenthal-Dokument) verwiesen, in dem klar zum Ausdruck gebracht wird, daß die rechte SPD-Führung alles daransetzen will, um weiterhin auf ihren antikommunistischen Positionen zu verharren. Im Zusammenhang damit stehen die verstärkten Bemühungen der SPD-Regierung, den Kommunismus von innen heraus aufzuweichen und ideologisch zu zersetzen.«[120]

Auf der Dienstbesprechung am 18. Dezember 1970 machte Seigewasser deutlich:

»Wer vom Klassenstandpunkt ausgeht, weiß, daß es keine Konvergenz der beiden Systeme, sondern nur ihre fortschreitende Abgrenzung voneinander gibt. […] Gerade in diesen Fragen [Aufrechterhaltung der ›Fiktion von der Einheit der Nation‹] müssen wir aber damit rechnen, daß sich solche Amtsträger der Kirchen wie Bischof Dr. Krusche u. a. zu Verbreitern der bürgerlichen Ideologie in der DDR machen. Der Sozialdemokratismus, der der kirchenpolitischen Konzeption von Bischof Dr. Krusche[121] zugrunde liegt, tritt offen zutage. Insgesamt gesehen liegt die Gefährlichkeit des Sozialdemokratismus darin, daß er es darauf anlegt, die Arbeiterklasse im Interesse der Bourgeoisie ideologisch zu entwaffnen, um sie dann der bürgerlichen Ideologie auszuliefern.«

Wilke, der von einem mit einem Pfarrkonvent in Zwickau geführten Gespräch berichtete, »betonte, daß die Zerschlagung von Vorstellungen in Kreisen von Geistlichen, die zum Sozialdemokratismus neigen, die Hauptfrage der nächsten Zeit sein werde.« Das Zwickauer Gespräch »habe deutlich werden lassen, daß noch viele Geistliche in solchen Vorstellungen befangen sind. Manche glauben sogar, ihre Sympathien für Auffassungen des Sozialdemokratismus kämen der DDR zugute. Andere Gruppen von Geistlichen stehen dagegen auf dem Standpunkt, der Sozialdemokratismus sei eine zu ›linke Sache‹, als daß man dazu positiv eingestellt sein könne. Großen Eindruck hat der Kniefall Kanzler Brandts vor dem Ghetto-Ehrenmal in Warschau auf solche kirchliche Amtsträger gemacht, die nicht in der Lage sind, die Rolle Brandts im System der westdeutschen imperialistischen Konzepte zu durchschauen.«[122]

Gegen Ende des Jahres 1971 mußte man feststellen:

»Die Politik der Regierung der BRD, vor allem die Verleihung des Nobel-Preises an Brandt führte und führt zu verstärkten Illusionen über die Möglichkeiten einer Friedenssicherung in Europa und der Beziehungen zwischen der DDR und der BRD auf der Basis der Politik der SPD. Geistliche, die mit bürgerlichen und liberalen Vorstellungen über Freiheit und Demokratie die gesellschaftliche Entwicklung in der DDR betrachten, entwickeln spekulative Vorstellungen über eine angebliche Möglichkeit, den Sozialismus inhaltlich zu verändern.«[123]

Ähnlich hieß es, auf die EKD bezogen, 1973:

In »der Endkonsequenz muß man die Anpassungspolitiker in der ›EKD‹, die eindeutig die Linie der SPD/FDP in der Kirchenpolitik verfolgen, als gefährlicher einschätzen […]. Sie haben für ihre flexibleren Diversionsabsichten mehr Kirchenvolk hinter sich, und sie finden mit ihren Brückenschlagslosungen auch mehr Gehör bei der Jugend und bei den politisch engagierten Protestanten in ökumenischen Gremien, was nicht ohne Wirkung bleibt, auch unter progressiven Kirchenkreisen (z. B. CFK).«[124]

Ende 1973 lautete das Urteil:

»Ein entscheidendes Hindernis für die Entwicklung des Bundes und der Geistlichen ist der Sozialdemokratismus. Es zeigt sich, daß sie [scil. die Pfarrer] im wesentlichen Brandt jene Aktivitäten für den Abschluß der Verträge zuschreiben. Die Verfilzung des Sozialdemokratismus und der Kirche führen zur Vertiefung der Einbeziehung der Kirchen in die Ostpolitik. Das zeigen auch die Studien der evangelischen Kirchen in Deutschland (der weltanschauliche Verrat der SPD gefällt ihnen besser als unsere Auffassung, daß Religion Opium für das Volk ist). Jene Auffassung […] vom verbesserlichen Sozialismus ist eine weitverbreitete Auffassung, und sie bestärkt kirchliche Amtsträger hinsichtlich ihrer Meinungen über den pluralistischen Staat.«[125]

Angesichts solcher Befürchtungen seitens der SED konnte ein Reflex über die mentalen Auswirkungen der sozialliberalen Koalition auf die Kirchen in beiden deutschen Staaten auch in der Beratergruppe natürlich nicht ausbleiben. Während des Ost-West-Treffens am 24. Januar 1972 berichtete Pfarrer Martin Kramer u. a. über die »neuen Definitionen der ›Nation‹« in der DDR, die Aufgabe des Begriffs der »humanistischen Menschengemeinschaft« im Interesse einer stärkeren Angleichung an die anderen sozialistischen Staaten und die Auswirkungen der Ostverträge auf das Staat-Kirche-Verhältnis in der DDR. »Immer habe es ideologische Verhärtungen gegeben, wenn politische Entspannungen zwischen Ost und West realisiert werden konnten.«[126] Gleichwohl begrüßten 90 % der jüngeren Theologen in der DDR Brandts Ostpolitik, weil sie darin ein Bewußtsein für die Realität erblickten.

»Für Brandt kann man gelegentlich eine fast schwärmerische Verehrung feststellen. Diese Verehrung steht in deutlichem Gegensatz zu der Haltung gegenüber Barzel und Strauß. Beide werden in der Regel emotional abgelehnt. Die Befürwortung der Ostverträge bedeutet nicht, daß die jüngeren Theologen glauben, für ihren Bereich ›käme etwas dabei heraus‹. Gleichwohl kann man ihre Meinung dahingehend charakterisieren, daß sie glauben, daß Verträge dieser Art fällig seien.«[127]

Daß nicht nur jüngere, sondern auch ältere evangelische Theologen aus der DDR mit größter innerer Zustimmung Brandts Ostpolitik begleiteten, belegt ein Brief Günter Jacobs vom 23. März 1972 an den Bundeskanzler. Nach der Wendung, Brandt werde ihm nicht unterstellen, »im Auftrag irgendwelcher nichtkirchlicher Instanzen eine ›bestellte Arbeit‹ zu liefern«, schrieb sich der Cottbusser Generalsuperintendent seine ganze tiefe Abneigung gegen die Adenauer-Ära von der Seele:

»1. Ich danke Ihnen, daß Sie den großen Mut hatten, trotz des furchtbaren Erbes aus der Adenauer-Ära und trotz einer weithin noch immer an irreale Vorstellungen von ›Wiedervereinigung‹ in Emotionen fixierten ›öffentlichen Meinung‹ in der BRD den Weg zu Verhandlungen mit der Sowjetunion, mit Polen und auch mit der DDR zu eröffnen und diesen Weg unbekümmert um alle Verleumdungen bis zur Fertigstellung der Verträge und des vierseitigen Abkommens über Berlin zu gehen.

2. Die Gesamtaspekte Ihrer Ostpolitik im Blick auf Frieden und Entspannung brauche ich hier nicht zu würdigen. Ich möchte nur meiner großen Dankbarkeit auch für die im Zusammenhang mit diesen Verträgen und Abkommen erreichten Erleichterungen in den zwischenmenschlichen Beziehungen Ausdruck geben. Wir sehen die Dinge durchaus realistisch und nüchtern, aber wir wissen jede Erleichterung für Kommunikation und Begegnung zu schätzen.

3. Mir fehlt jedes Verständnis für die gefährliche Obstruktionspolitik der CDU. Über viele Jahre hin hat die CDU geglaubt, uns Bürger in der DDR mit irrealen ›Durchhalteparolen‹ und hohlen Deklamationen hinhalten zu können. Jetzt, wo durch Ihre Ostpolitik und durch die Überwindung eines ›Kalten Krieges‹ sich endlich Möglichkeiten auch für gar nicht zu unterschätzende menschliche Erleichterungen abzeichnen, versucht eben diese CDU, diese neuen und verheißungsvollen Ansätze wiederum mit den sattsam bekannten Phrasen einer längst bankrotten ›Politik der Stärke‹ zu blockieren.

4. Mit Genugtuung habe ich, soweit ich die Debatte im Bundestag verfolgen konnte, zur Kenntnis genommen, daß keiner der Sprecher der Opposition es gewagt hat, diese Obstruktionspolitik auch mit einer Berufung auf die ›Brüder und Schwestern im Osten‹, wie es früher oft nicht ohne sentimentale Untertöne hieß, zu begründen. Hier ist man wenigstens ehrlich geblieben. Ich glaube die Behauptung verantworten zu können, daß die Mehrheit der Bevölkerung in der DDR, und zwar ganz unabhängig von dem jeweiligen parteipolitischen Standort und ganz unabhängig von der jeweiligen Beurteilung der Politik unsres Staates, im einzelnen dringend hofft, daß der Bundestag die Ratifizierung der Verträge vollziehen wird.

5. Wenn sich jemand auf ein positives Votum der Bürger und auch der Christen in der DDR berufen kann, so sind Sie es, Herr Bundeskanzler, wie ich aus einer Fülle von Gesprächen weiß. Mit diesem persönlichen Brief möchte ich Ihnen ein Argument gegen diejenigen in die Hand geben, die nach bekannter Methode alle in Presse und Rundfunk der DDR publizierten diesbezüglichen Stimmen sofort als ›gesteuert‹ und ›bestellt‹ abwerten. Aus diesem Grunde werde ich diesen Brief hier in der DDR nicht zur Veröffentlichung freigeben. Ihnen, Herr Bundeskanzler, möchte ich es aber ausdrücklich freistellen, sich auf diesen Brief auch unter Nennung meines Namens zu berufen, falls Sie dies in irgendeiner Konstellation für nützlich ansehen sollten. Für die nächsten Wochen bis zur Zweiten Lesung darf ich Ihnen einen langen Atem

und eine innere Gelassenheit wünschen. Sie dürfen überzeugt sein, daß auch bei uns sehr viele Menschen in diesen schweren Wochen Ihrer in Dankbarkeit und mit dem leidenschaftlichen Wunsch gedenken, daß das von Ihnen in der Ostpolitik gesteckte Ziel allen Widerständen zum Trotz erreicht werden kann.«[128]

Noch im Januar 1972 hatte Kramer die Dinge nüchterner gesehen. Die Zustimmung der DDR-Bevölkerung zu den Ost-Verträgen schätzte er mit 70 Prozent deutlich geringer ein als die der Pfarrerschaft. Da man sich von den Verträgen kaum persönliche Vorteile verspreche, sei das Interesse an diesen Verträgen insgesamt eher gering[129].

Als Folge der Ostverträge beobachtete das Staatssekretariat für Kirchenfragen unter den Geistlichen in der DDR auch eine deutliche Abwendung von der CDU/CSU:

»Die Gruppe, die offen oder versteckt die Positionen der CDU/CSU vertritt, wird immer mehr in den Hintergrund gedrängt. Dabei folgt von der Mehrzahl der Geistlichen keine offene Ablehnung dieser reaktionären und antihumanistischen Konzeption, sondern sie wird vor allem darum negiert, weil sie bei den christlich gebundenen Bürgern kaum noch Zustimmung findet und keine tragfähige Basis für die kirchliche Tätigkeit in der DDR darstellt.«[130]

Kirchenbund und KSZE, Ostverträge und Ökumene

Auf Anfrage des westfälischen Präses Wilm nach dem Verhältnis des Kirchenbundes zur Christlichen Friedenskonferenz (CFK) erklärten die Kirchenbund-Vorstandler, es bestünde »keine offizielle Verbindung zur CFK […] Lediglich einige Vertreter (u. a. Schönherr und Kramer) haben sich zur CFK gezählt. Aufgrund der verschiedensten Vorfälle hätten die Vertreter aus den Kirchen in der DDR je länger je mehr eine starke Zurückhaltung gezeigt.«[131]

Einen Tag später gab der Vorstand der KKL zu Protokoll:

»Die Kirchen in der DDR haben keine Veranlassung, gegenwärtig als Kirche in der Christlichen Friedenskonferenz mitzuarbeiten. Dessenungeachtet ist jeder Einzelne frei zu tun, was ihm richtig erscheint. Von seiten der Kirchen wird nichts unternommen. Man muß die Entwicklung abwarten, ob die vorhandenen Traumata abgebaut werden können.«[132]

Für die kommende Sitzung der Beratergruppe mit dem KKL-Vorstand regte Wilm an, über die Haltung beider Kirchen zur »Konferenz für europäische Sicherheit« zu sprechen[133]. Lingner fragte in Ost und West an, ob er zu diesem Punkt Reinhard Henkys hinzuziehen könne. »Herr Henkys ist in dieser Frage über die Überlegungen innerhalb des Bereichs der EKD hinreichend unterrichtet. Er hat verschiedentlich in dieser Sache mit OKR Wilkens korrespondiert.«[134] Gegenüber Wilm erläuterte er diesen Umstand noch weiter: »Dies hängt damit zusammen, daß Herr Henkys für Herrn Wilkens die Haltung der Kirchen in der DDR in dieser Frage überprüfen sollte.«[135]

Mitte März 1972 berichtete Braunschweigs Landesbischof Heintze dem Rat der EKD, der Kirchenbund lege weiterhin großen Wert auf die Praktizierung des Artikels 4,4; darum halte er eine personelle Erweiterung der Beratergruppe für angemessen. Zur inneren Entwicklung des Kirchenbundes führte er aus:

»Das Selbständigkeitsbewußtsein des Bundes der evangelischen Kirchen in der DDR ist im letzten Jahr gewachsen: z. B. Intensivierung der ökumenischen Beziehungen, offizielle Besuche in Genf[136], unmittelbare Mitarbeit in der KEK[137] und nach wie vor im nordisch-deutschen Kirchenkonvent. Die evangelischen Kirchen in der DDR bejahen die Position in ihrem Staat und halten gleichzeitig fest an der geistlichen Gemeinschaft mit der EKD.«[138]

Jedenfalls im Blick auf die Ökumene-Beziehungen entsprach diese Beschreibung ganz den staatlichen Erwartungen der DDR an den Kirchenbund:

»Die Grundlage für die Verhandlungsführung der Vertreter des Bundes [auf ökumenischer Ebene] kann nur sein, daß diese von der völkerrechtlich begründeten Existenz zweier selbständiger souveräner Staaten und des besonderen Territoriums Westberlin ausgehen. […] Die künftigen Beziehungen […] zum Ökumenischen Rat werden so geregelt, daß diese [die Ev. Kirchen in der DDR] als selbständige, unabhängige und gleichberechtigte Vertretungen durch den Ökumenischen Rat anerkannt und behandelt werden.«[139]

Anfang Februar 1970 entwickelte Seigewasser in Prag die Konzeption seiner Dienststelle für die Stellung des BEK in der Genfer Ökumene:

»Hinsichtlich der Vertretung der Landeskirchen im ÖRK verfolgen wir die Linie, keine Diskriminierung gegenüber den westdeutschen Kirchen zuzulassen. Daraus folgt, daß der Bund in ökumenischen anders als in innenpolitischen Fragen zu behandeln ist. Es muß verhindert werden, daß die EKD im ökumenischen Bereich als Dachorganisation der Landeskirchen der DDR angesehen wird. Deshalb fordern wir, daß der Bund in ökumenischen Gremien gleichberechtigt mit der EKD vertreten ist.«[140]

Auf der Fünften Vollversammlung des Lutherischen Weltbundes in Evian Mitte Juli 1970[141] verhielt sich die DDR-Delegation – gewiß auch, weil dies den Wünschen des BEK entsprach – so, daß die SED darin eine Beherzigung ihrer Vorgaben sah:

»Das Auftreten der DDR-Teilnehmer zeigte, daß sie insgesamt als bewußte Bürger unseres sozialistischen Staates handelten. Die sozialistische Entwicklung in allen Bereichen des gesellschaftlichen Lebens in der DDR und die Erfolge unserer Außenpolitik führten auch unter diesen Kreisen zu einer erheblichen Bewußtseinsveränderung. Das wirkte sich in klaren Stellungnahmen zu allen politischen Fragen aus. Davon waren die Vertreter der reaktionären Gruppierungen im LWB überrascht. Bei den DDR-Vertretern muß auch beachtet werden, daß der größte Teil erstmalig im kapitalistischen Ausland an einer derartigen Tagung teilnahm.«[142]

Als weitergehende Zielvorgabe für die künftige Ökumene-Politik proklamierte die SED jetzt eine Verbreiterung der kirchlichen Basis:

»Bei der weiteren Einflußnahme auf die ökumenische Tätigkeit der Kirchen ist davon auszugehen, daß zunehmend mehr ausreisende Geistliche und kirchliche Amtsträger die außenpolitische Konzeption der DDR offen unterstützen müssen.«[143]

Am 3. November 1970 spielte in einem Gespräch zwischen Willi Barth und

Hüttner auf der einen sowie Schönherr und Stolpe auf der anderen Seite auch das Thema Ökumene eine wichtige Rolle. Im staatlichen Protokoll dazu heißt es:

»Die Arbeit des Bundes in der DDR fände großes internationales Interesse. Besonders deswegen, weil hier in einem überwiegenden protestantischen Lande, in einem sozialistischen Staat, kirchliche Existenz praktiziert würde. Die kirchlichen Gesprächspartner betonten mehrmals, daß die DDR eine elastische Politik, eine kluge Bündnispolitik betreibe und die staatliche Macht ausgewogen einsetze. Das alles sei für das Ausland von großem Interesse. Es bestünde von seiten des Bundes das Bedürfnis, seine ökumenischen Beziehungen besonders zu den Kirchen sozialistischer Staaten zu entwickeln. Bischof Schönherr und OKR Stolpe wurde deutlich gemacht, daß viel davon abhängt, wie sie dafür sorgen, daß der Mitgliedsstatus der Kirchen der DDR und des Bundes im Ökumenischen Rat der Kirchen auf der Basis völliger Gleichberechtigung mit den Kirchen der BRD erfolgt. Bischof Schönherr meinte, darüber seien sie sich mit Genf völlig einig. Auf unseren Einwand, daß es doch eine unzulässige Abstufung zuungunsten der Kirchen der DDR bedeute, wenn außer den westdeutschen Landeskirchen die EKD Vollmitglied sei, der Bund jedoch nicht, wurde geäußert, daß man sich das nicht getraut habe, weil der Bund offiziell vom Staat noch nicht anerkannt sei, man sich aber einer solchen Forderung nicht verschließen könne.«[144]

1972 konnte die SED befriedigt feststellen, »daß der Bund in der Ökumene einen vollkommen selbständigen Status hat.« Nun müsse eine verstärkte Orientierung auf die Nachbarkirchen im Ostblock hin stattfinden, »denn dort haben die evangelischen Kirchen meist eine klare Position zur sozialistischen Gesellschaft und zur Politik ihres Staates bezogen.«[145]

Im Blick auf das deutsch-deutsche Verhältnis bedeutete diese Entwicklung, »daß der Charakter der Beziehungen der Kirchen der DDR zu den Kirchen in der BRD mit Konsequenz dem Charakter von Beziehungen zu Kirchen dritter Staaten entspricht – es kann sich nur um normale ökumenische Beziehungen handeln, ohne jede spezifische Qualität. Als ökumenischer Bezugspunkt ergibt sich Genf und nicht Bonn«, führten Willi Barth und Hans Seigewasser im Spätsommer 1972 aus[146].

Aus einer Besprechung mit Stolpe am 25. April 1972 nahm Lingner mit, wie wichtig für die Kirchen in der DDR eine Ratifizierung der Ostverträge sei.

»Wenn eine Ratifizierung erfolgen sollte, muß der Staat in der Zeit bis zur Entscheidung über die Aufnahme in die UNO und bis zur Anerkennung der DDR durch westliche Staaten ein gewisses Wohlverhalten zeigen. Diese Zeitspanne müßte die Kirche für sich nutzen, um zwischen Staat und Kirche ein erträgliches Verhältnis zu stabilisieren. Scheitern die Verträge, so braucht der Staat mit Sicherheit keine Rücksicht auf sein Ansehen zu nehmen. Das gilt besonders, weil die BRD dann ohnehin den Schwarzen Peter zugeschoben bekommt [...] Der Bund möchte die Kontakte zu den Kirchen der EKD intensivieren [...] Die Kontakte zur EKD und ihren Gliedkirchen werden allerdings nur dann intensiviert werden können, wenn die Ostverträge ratifiziert werden. Das ist eine selbstverständliche Voraussetzung. Fallen die politischen Entscheidungen in der BRD anders aus, so werden sich die Kirchen in der DDR zunächst größere Zurückhaltung auferlegen müssen.«[147]

Auch bat Stolpe, für die KEK-Tagung Ende September 1972 in der DDR[148] »bei der Auswahl von Teilnehmern zu bedenken, daß möglichst solche Personen benannt werden, die auch eine Einreise erhalten können«[149]. Hier bahnte sich eine Praxis an, die auf personalpolitische Entscheidungen auch in der EKD Einfluß nehmen sollte: Harte Kritiker des SED-Regimes aus dem Raum der Kirche waren in bestimmten Bereichen zunehmend weniger tragbar und wurden daher seltener.

Für die Gemeinsame Sitzung mit den KKL-Vorständlern am 31. Mai 1972 erhielten die Mitglieder der Beratergruppe einen Auszug aus einem Diskussionsbeitrag Werner Krusches auf der Frühjahrssynode der Evangelischen Kirche der Kirchenprovinz Sachsen in Magdeburg am 6. Mai 1972.

Krusche teilte darin mit, was er bei der Zusammenkunft seiner Kirchenleitung mit Staatsvertretern am 9. Februar[150] diesen zur Deklaration des Politisch Beratenden Ausschusses der Teilnehmerstaaten des Warschauer Vertrages über Frieden, Sicherheit und Zusammenarbeit in Europa gesagt hatte. Er würdigte die positive Einschätzung der Ostverträge durch die Deklaration sowie das Bestreben, die Spaltung des Kontinents in militärisch-politische Gruppierungen zu überwinden.

Außerdem berichtete er über ein Gespräch mit dem Präsidenten und dem Generalsekretär des DDR-Komitees für europäische Sicherheit, den Professoren Steenbeck und Doernberg. Die ihm schon vorher persönlich bekannten Herren hätten sich für einen Wettbewerb der sich gegenüberstehenden Gesellschaftssysteme »unter Verzicht auf Infiltration, auf subversive Tätigkeit, auf ferngesteuerte Gruppen« ausgesprochen[151]. »Die Gesellschaftsordnung in einem anderen Staat könne nur so geändert werden, daß von Kräften innerhalb dieser Gesellschaftsordnung selber die Impulse zu Veränderungen kommen.«[152] Darauf habe er, Krusche, geantwortet:

»Attraktiv wird die sozialistische Gesellschaftsordnung nur dann, wenn in ihr ein höchstes Maß an Toleranz, an Freiheit, an Menschenrechten gewährt wird, und hier stehe es im Augenblick jedenfalls bei uns nicht unbedingt zum Besten.« Es »wird bei uns einfach manches besser gemacht werden müssen. Das heißt nicht, daß wir einen anderen Sozialismus wollen [...], daß wir nicht die Absicht haben, einen eigenen Begriff von Sozialismus zu entwickeln. Aber innerhalb dieses bei uns aufgebauten Sozialismus bleiben nun allerdings positive Anfragen an diesen Sozialismus.«[153]

Krusche stand mit dieser Bewertung nicht allein, wie aus einem staatlichen Papier hervorgeht:

»Es kann auch eingeschätzt werden, daß die Deklaration des Politisch Beratenden Ausschusses der Mitgliedsstaaten des Warschauer Vertrages vom 26.1.1972 über ›Frieden, Sicherheit und Zusammenarbeit in Europa‹ ein positives Echo in der Leitung der Kirchen und des Bundes gefunden hat.«[154]

Die Beratergruppe hatte die Botschaft wohl verstanden. Vor dem Rat der EKD am 7. und 8. Juni 1972 berichtete Lingner, bei der letzten Ost-West-Begegnung hätten die Kirchenvertreter des Bundes über ein Staat-Kirche-Gespräch berichtet. In diesem hätten sie »deutlich gemacht, daß sie aus innerer Überzeugung bereit sind, im Westen für die Sicherheitskonferenz und die UNO-Aufnahme beider deutschen Staaten einzutreten, daß sie aber wenig Aussicht auf Gehör im westlichen Ausland haben, solange man sie für staatsabhängig hält. Um diesen Eindruck aufzuheben, sollte die Möglichkeit bestehen, mit dem Staat auch über die Situation innerhalb der DDR zu sprechen. Das wurde zugesagt.«[155]

Auch staatliche Stellen hoben das Engagement der DDR-Kirchenvertreter zugunsten der internationalen Anerkennung ihres Staates hervor:

»Bei verschiedenen Anlässen haben leitende Geistliche und Organe des Bundes Erklärungen abgegeben, in denen die Durchführung der europäischen Sicherheitskonferenz unterstützt und die Aufnahme der DDR in die UNO und deren Spezialorganisationen befürwortet wurden. [...] Positive Stellungnahmen zu Grundfragen unserer Außenpolitik wurden von Vertretern des Bundes in jüngster Zeit auch im kapitalistischen Ausland abgegeben. [...] Durch die geschilderte kirchenpolitische Entwicklung [Gründung des Kirchenbundes] sind u. E. günstigere Bedingungen entstanden für die Mitwirkung der Kirchen der DDR in der ökumenischen Arbeit im Sinne der Außenpolitik der sozialistischen Staatengemeinschaft.«

Allerdings sah man auch die sich hieraus ergebende innerkirchliche Problematik:

»Von einigen konservativen Kräften in den Kirchen der DDR wird diese Position der kirchenleitenden Geistlichen des Bundes diskreditiert und als Akklamation gegenüber dem Staat bezeichnet.«[156]

Der Kirchenbund setzte also darauf, daß der SED-Staat den Kirchen einen größeren Freiraum gewähre, wenn der BEK dem Regime bei der Erreichung seiner internationalen Ziele diplomatische Unterstützung gebe. Wollte die EKD das Schicksal der Schwesterkirche erleichtern, mußte sie wohl oder übel die außenpolitischen Anliegen der DDR mit unterstützen.

Am 26. Juni 1972 fand ein lange in Aussicht gestelltes Gespräch zwischen dem Vorstand der KKL und Vertretern des Staatssekretariats für Kirchenfragen sowie Hüttner von der Arbeitsgruppe Kirchenfragen beim ZK der SED statt[157]. Schönherr nutzte die Begegnung, um gerade auch auf dem Felde der Außenpolitik Interessenübereinstimmungen zwischen zahlreichen christlichen Intentionen und Zielstellungen des DDR-Staates hervorzuheben. Dabei gehe es der Kirche nicht um »Lippenbekenntnisse und Anpassung«, sondern um »echte Mitarbeit. [...] Er selber könne sich nicht vorstellen, Geistlicher in der BRD zu sein, in einer Welt mit soviel unklaren Verhältnissen.«[158]

Für das Staat-Kirche-Verhältnis in der DDR wählte er den Begriff der kritischen Solidarität: »Die Begriffe der kritischen Distanz sind nicht richtig«. Allerdings übte Schönherr an der Veranstaltungsverordnung deutliche Kritik. Unabhängig davon zeigte sich Hüttner vom »Ton des Vortrags und [...] gesellschaftliche[n] Engagement des Bischofs« sehr erfreut. Wilke jedoch genügte die Annäherung noch immer nicht:

»Der Begriff der kritischen Solidarität reicht nicht aus. Wenn man sich in der Gesellschaft engagiert, kann man doch nicht mit sich selbst solidarisch sein. Man stellt sich also selbst außerhalb der Gesellschaft und redet von dort her. Alle Begriffe, die mit ›kritisch‹ eingeleitet werden, unterstellen außerdem, daß die anderen Glieder in der Gesellschaft nur akklamieren.«[159]

Auf ihrer September-Sitzung 1972 berichtete Schönherr der Beratergruppe über die Schwerpunkte der letzten Bundessynode in Dresden, insbesondere über das dort von Heino Falcke gehaltene Grundsatzreferat, das »von staatlichen Vertretern kritisch beurteilt«[160] worden sei. Es bleibe für die Kirche schwierig, »den ihr eigenen Weg im Verhältnis zum Staat zu finden. Sie muß sich vor Opportunismus ebenso hüten wie vor einer antisozialistischen Haltung«[161].

Trotz der kritischen Ansätze der Synodaltagung gab es Kritik aus den Gemeinden, die vor allem die tiefe Kluft, die zwischen den hohen Ebenen der Kirchenbundpolitik und der rauhen Wirklichkeit an der Basis herrschte, deutlich werden ließ. Hermann Gerathewohl aus Langebrück bei Dresden schrieb am 7. Juli 1972 an Schönherr:

»Aber wäre nicht das Thema ›Zeugnis- und Dienstgemeinschaft, Christus befreit, deshalb Kirche für die anderen‹ schon viel, viel früher dran gewesen? Weshalb kümmern wir uns als Kirche oftmals recht spät – zu spät – um entscheidende Fragen unseres Christseins? Ich habe den Eindruck, daß selbst diese letzte Synodaltagung nicht ausreichte, um alle Fragen christlicher Existenz in einer vom Marxismus-Leninismus geprägten Welt auch nur annäherungsweise zu klären. Nun wäre dies eben ein Akt der Liebe, ein Akt der Barmherzigkeit all den Gliedern unserer Kirchen gegenüber gewesen, die im Alltag in mancherlei Zerreißproben stehen. Nun, einiges wurde ja deutlich. Was wir heute mehr denn je brauchen, ist ein Leben aus Hoffnung, um all der Resignation, die unter Christen herrscht, begegnen zu können. Ob sich nicht einmal eine Synode damit beschäftigen kann, was es heißt, heute und morgen aus der Hoffnung christlichen Glaubens zu leben? Ich hielte dies für wichtig. – Nun aber noch etwas anderes. Ich meine das Echo der letzten Synodaltagung in den Kirchgemeinden. Es war einfach erschreckend, wie wenig Glieder unserer Gemeinden um Dresden und aus der Stadt selbst mit Anteilnahme und Interesse, mit persönlichem Engagement die [...] Beratungen verfolgten. Ob man sich nicht einmal in Berlin Gedanken darüber machen kann, wie die Resonanz in den Gemeinden verstärkt werden kann? [...]
Und dann natürlich die vielen ungelösten Fragen, auf die man als Gemeindeglied kaum eine Antwort erhält von der Kirche, der man ja nicht nur nominell und kirchensteuermäßig angehören möchte. Was sagen wir zu den ideologischen Fragen des Marxismus-Leninismus? Als Stichworte nenne ich Klassenkampf, Menschenbild, Weltverständnis, Idealismus-Materialismus, [...] Geschichtsverständnis (Geschichte eine Geschichte von Klassenkämpfen oder Gott der Herr der Geschichte?), Leistungsprinzip, Absolutheitsanspruch des Christentums (das NT: Christus spricht, ich bin der Weg, die Wahrheit und das Leben, wer nicht sammelt, der zerstreut, wer nicht für mich ist, der ist wider mich) und des Marxismus (Lenin: Der Marxismus ist allmächtig, weil er wahr ist). All das sind ja Fragen durchaus nicht nur intellektueller Art, sondern erheischen eine praktische Antwort. Weshalb kümmern wir uns so wenig darum? Inwieweit können wir mit Kommunisten zusammenarbeiten, wenn es darum geht, etwas Gutes und dem Menschen Dienliches zu verwirklichen. Wo ist der status confessionis gegeben, wenn wir nicht unser Christsein verleugnen wollen. All diese praktischen und theoretischen Fragen gilt es zu klären. Denken Sie bitte auch an die Studenten an den Hoch- und Fachschulen, die sehr gern von ihren Gemeinden Wegweisung und Hilfe erhalten möchten, was sie denn im Blick auf das Studium des Marxismus-Leninismus akzeptieren können und was nicht. Wo liegt die Grenze zwischen Kennen und Bekennen? Ob es nicht möglich wäre, hierfür Handreichungen zu erarbeiten, die als hilfreiche Gesprächsgrundlage in den Gemeinden dienen könnten. Welche Erfahrungen gibt es bei den Christen, unse-

ren Schwestern und Brüdern in der SU hinsichtlich dieser Konflikte? [...] Können wir uns aber lediglich auf die ethischen Konsequenzen des Glaubens konzentrieren, wie dies etwa die Organe der CDU tun, wo fast der Eindruck besteht, Christsein wird in Friedens- und Nächstenliebe aufgelöst? Oder ist dies eine neue Form des Christseins? Was sagen unsere Kirchen dazu?«[162]

Trotz aller außenpolitischen Unterstützung und klarer Bekundungen solidarischen Handelns mißtraute man staatlicherseits der Entwicklung des Kirchenbundes und befürchtete weiterhin dessen »legale« Opposition:

»Das Neue in der Kirchenpolitik besteht darin:
– daß die ideologische Unterwanderung durch die Kirchen auf legaler Basis geschieht, wir keine Abschirmung mehr machen können, sondern nur offensiv mit unseren Argumenten auftreten müssen;
– daß die antisowjetische Tätigkeit der Kirchen nicht mehr in Verteidigung gesamtdeutscher Strukturen stattfindet, sondern es darauf ankommt, die Kirchen unter Eigenständigkeit direkt in den Dienst der Bonner Ostpolitik zu stellen. Die Kirchen sollen sich nicht mehr an gesamtdeutsche Fiktionen klammern. Daher gab es auf der Synode kein Anspielen auf die ›innerdeutsche Variante‹.«[163]

Auf die Frage westlicher »Berater«, ob die Sitzung des Zentralausschusses des ÖRK 1974 in Berlin-West stattfinden könne, bezeichneten die Kirchenbundleute die Ortswahl als schwierig, rieten aber dazu, abzuwarten und keinen Einfluß zu nehmen. Im übrigen empfahlen sie, die ökumenischen Fragen im bilateralen Kontakt der dafür zuständigen Ökumene-Vertreter aus beiden Kirchenbünden zu beraten[164].

Auf der Dezember-Sitzung der Beratergruppe schilderte der Kirchenpräsident der Evangelischen Kirche in Hessen und Nassau (EKHN), Hild, die Problematik der DKP-Zugehörigkeit von zehn bis zwölf Pfarrern und ebensovielen Kandidaten seiner Kirche. Die hessische DKP-Landesleitung habe auf eine Anfrage der EKHN zum Verhältnis von Kirche und Marxismus so nichtssagend geantwortet, daß die EKHN nun wohl nicht daran vorbeikomme, die Unvereinbarkeit zwischen pfarramtlichem Dienst und DKP-Mitgliedschaft zu erklären[165]. Über eine Aussprache zu dieser Mitteilung vermerkt das Protokoll nichts. In Lingners Bericht an den Rat der EKD heißt es zu diesem Punkt:

»Ein steigendes Interesse zeigen die Vertreter der Kirchen in der DDR an dem Problem der Mitgliedschaft von Pfarrern in der DKP. Der äußere Anlaß ist damit gegeben, daß sie damit rechnen, daß staatliche Stellen ein Verbot der DKP-Mitgliedschaft in der EKD den Kirchen in der DDR bei Gelegenheit vorhalten werden. Neben diesem äußeren Anlaß steht das Bedürfnis, theologisch die Fragen des Verhältnisses von Mitarbeitern im Verkündigungsdienst zu politischen Parteien abzuklären.«[166]

Die Vertreter der DDR-Kirchen berichteten der Beratergruppe über die ideologische Akzentverschiebung von der Wendung »gemeinsame humanistische Verantwortung von Christen und Marxisten« zur Formel »sozialistischer Staatsbürger christlichen Glaubens«[167]. Damit verbinde der Staat die Forderung, daß sich auch Christen mit dem sozialistischen Staat identifizieren müßten. Gleichzeitig bringe die Formel zum Ausdruck, daß die Auseinandersetzung mit dem imperialistischen Klassenfeind Vorrang vor dem ideologischen Gegenüber von Christentum und Marxismus habe. Entsprechend hatte auch eine staatliche Konzeption für die Politik gegenüber den Kirchen im Jahre 1972 gelautet:

»Nachdem die Eisenacher Tagung erste Schritte zur Bestimmung des Standortes der Kirchen im Sozialismus getan hatte, kommt es jetzt darauf an, die positiven Ansätze weiterzuführen, die zu weiterer Abgrenzung von den Kirchen in der BRD führen.«[168]

Mitte Februar 1973 mußte Lingner dem Rat der EKD erneut berichten, daß die Beratergruppe »funktionsunfähig geworden« sei, da zwei Teilnehmern – Bischof Petersen und Oberkirchenrat Schmitz – die Einreise nach Ost-Berlin verweigert worden sei und Vizepräsident Füllkrug »in der Regel aus Termingründen« verhindert sei. In merkwürdiger Spannung zu dieser Mitteilung stand der Vorschlag Stolpes, »die Zusammensetzung der Berater-Gruppe zu überprüfen und ggf. neu festzulegen. Nach dem Inkrafttreten der Verträge zwischen der DDR und der Bundesrepublik werden auch Ratsmitglieder an den Sitzungen teilnehmen können. Es wird sich empfehlen, für einen konkreten Vorschlag des Kirchenbundes offen zu sein.«[169] Wer als Gesprächspartner willkommen war, sollte also der Kirchenbund sagen. Darüber hinaus gab Lingner dem Rat die Empfehlung: »Besonders aber sind Funktionen und Arbeitsweise dieser Gruppe neu zu bedenken, um über eine weithin unverbindlich bleibende gegenseitige Information hinauszukommen.«[170]

Zur Synodaltagung des Kirchenbundes im Mai 1973, zu der erstmals ein EKD-Vertreter eingeladen werden konnte, entsandte der Rat den Präses der EKD-Synode, Ludwig Raiser. Dabei hatte es der KKL-Vorstand der EKD überlassen, einen Vertreter zu benennen:

»Jeder von der EKD Entsandte ist als Gast bei uns willkommen; wir können jedoch keine Auswahl treffen. Bei Anfrage muß den staatlichen Stellen erklärt werden, etwaige Publizität einer Ablehnung könne von uns nicht verantwortet werden und sei nach Lage der Dinge unvermeidlich.«[171]

Am 2. April 1973 teilte Lingner den Mitgliedern der Beratergruppe mit, »daß ein Vermerk über die letzte Sitzung von dem Unterzeichneten gefertigt wurde. Dieser kann in der Kirchenkanzlei – Berliner Stelle – der EKD eingesehen werden. Die an den Gesprächen beteiligten Vertreter der Kirchen in der DDR haben kürzlich darum gebeten, die Sitzungsvermerke nicht an den an den Sitzungen beteiligten Personenkreis zu verschicken. Sie befürchten, daß die Vermerke in unrechte Hände gelangen könnten.«[172] Vielleicht gab es einen konkreten Anlaß für diese Maßnahme. Es besteht aber auch die Möglichkeit, daß den Vertretern des Kirchenbundes Bedenken kamen, als sie Lingners Vermerk über die Sitzung am 22. März 1973 lasen. Dort heißt es:

»Die Kirchenpolitik der DDR ist durch und durch unemotional und langfristig durchreflektiert. Man kann zwei Grundaussagen aufstellen, die das Verhältnis von Kirche und Staat kennzeichnen:
a) der ideologische Gegensatz zwischen dem marxistisch-leninistischen Staat und der

Kirche ist erträglich, solange zwischen Kirche und Staat eine ethische Kongruenz gegeben ist;
b) nach der klassisch marxistisch-leninistischen Auffassung gilt der Satz, daß die ethische Kongruenz zwischen Staat und Kirche verdächtig ist. Wer diese Kongruenz für politisch harmlos hält, leugnet den Klassenkampf und hängt der Kongruenz-Theorie an.
Es kann kein Zweifel sein: Das unter b) gekennzeichnete Programm ist das eigentliche. Das bedeutet nicht, daß vorübergehend auch der Grundsatz entsprechend a) zur Leitlinie einer konkreten Politik werden kann.
Die Kirchen in der DDR stehen in der Auseinandersetzung mit dem Staat vor einer schwierigen Situation, weil sich die Angriffe gegen die Kirche als ›stille Prozesse‹ erweisen, ohne dabei wirkungsloser zu sein. Die Kirchen hätten in ihrer Geschichte Auseinandersetzungen noch nicht gehabt. Den Kirchen fehlt es einfach an Erfahrung, wie sie sich in solchen Situationen zu verhalten haben.«[173]

Wie richtig Lingner mit der Annahme lag, dem Staat gehe es um ein kalkulierbares Vorgehen gegen die Kirche, zeigt die staatliche Feststellung vom Herbst 1973, daß nur noch 20 % der Kirchenmitglieder auch Kirchensteuerzahler waren. Von den in der DDR lebenden Jugendlichen waren nur noch zwischen 15 und 25 % auf religiöse Fragestellungen ansprechbar (Vergleichszahl von 1964: 42 %), bei lediglich 6 bis 8 % konnte man noch von einer deutlich ausgeprägten religiösen oder kirchlichen Bindung reden[174].

Außerdem hatte sich eine tiefe Ernüchterung über die Auswirkungen der Ostverträge auf den Spielraum der Kirchen in der DDR breitgemacht, die der Vermerk Lingners im Blick auf den deutsch-deutschen Kirchenkontakt durchaus spiegelte. Die DDR-Kirchenvertreter mußten nämlich darauf hinweisen, daß ihre Beziehungen zu den Westkirchen nach dem Willen des Staates keine anderen sein dürften als die zur Ökumene überhaupt.

So sagte Hans Seigewasser auf der am 26. Juni 1972 mit dem Vorstand der KKL geführten Unterredung:

»Zielsetzungen über Zeugnis und Dienst der Kirche lassen sich nur realisieren, wenn davon ausgegangen wird, daß sie Kirche in einem souveränen Staat ist, der fest integriert ist in die Gemeinschaft der sozialistischen Staaten. Ich sage dies auch angesichts bestimmter Spekulationen, denen zufolge das Vierseitige Abkommen zwischen der DDR und der BRD bzw. dem Senat von Westberlin angeblich neue Möglichkeiten für kirchliche Kontakte eröffnet. Wenn bestimmte kirchliche Kreise in der BRD und Westberlin meinen, normale völkerrechtliche Beziehungen zwischen der DDR und der BRD – wozu ja nur erste Schritte gegangen wurden – für die Organisierung der Zusammenarbeit mit kirchlichen Kreisen des Westens mißbrauchen zu können, wird sich das bald als Trugschluß erweisen. Es öffnet sich kein Weg, keine Tür für derartige Absichten.
Wenn die verantwortlichen Politiker in der BRD Vernunft annehmen, und es werden Schritte möglich zu einem friedlichen Nebeneinander zwischen der DDR und der BRD oder gar solche, die das Prädikat ›gutnachbarlich‹ verdienen, so können das nur Beziehungen auf völkerrechtlicher Grundlage sein. Die Beziehungen zwischen DDR und der BRD können nur auf der Grundlage der friedlichen Koexistenz zwischen Staaten mit antagonistischer Gesellschaftsordnung beruhen.
Daraus ergibt sich, daß der Charakter der Beziehungen der Kirchen der DDR zu den Kirchen in der BRD dem Charakter von Beziehungen zu Kirchen dritter Staaten ent-

spricht – um es kurz zu sagen – es kann sich nur um normale ökumenische Beziehungen handeln, ohne jede spezifische Qualität. Als ökumenischer Bezugspunkt ergibt sich Genf und nicht Bonn.

Wir verkennen keineswegs, daß die Kirchen in der DDR und in der BRD gleiche Bekenntnis- und Glaubensgrundlagen haben, daß es eine längere kirchengeschichtliche und theologische Tradition gibt, von der sie herkommen, aber das ist bekanntlich kein Sachverhalt, der ausschließlich Kirchen der BRD und der DDR eigen ist und der spezifische ökumenische Beziehungen rechtfertige. Mag diese Sicht der Dinge manchen noch ungewohnt sein, die Entwicklung der Kirchen in der DDR wird einen Verlauf nehmen, der durch Eigenständigkeit und ökumenische Weite geprägt sein wird. So wie es im politischen Raum keine ›innerdeutschen Beziehungen‹ gibt, so kann es auch keine kirchlichen Beziehungen geben, die unter Berufung auf besondere ›Gemeinsamkeiten‹ eine andere Qualität beanspruchen, als sie ökumenischen Beziehungen zukommt.«[175]

Schon im Mai 1972 hatte die zuständige Abteilung bei der SED gemerkt, daß die Kirchen aus den Ostverträgen trotz aller Loyalitätsbekundungen auch für ihr Verhältnis zur EKD Kapital schlagen wollten:

»Diese Auffassung [der Versuch, den Sozialismus zu ›humanisieren‹] ist eine im Bund verbreitete Meinung, hinter der auch realistisch denkende kirchenleitende Kräfte stehen. Unter den Bedingungen der ratifizierten Verträge ist diese Konzeption besonders problematisch. Es muß damit gerechnet werden, daß sich Illusionen über die Politik und die Rolle Brandts und über Möglichkeiten verstärkter kirchlicher ›Kommunikationen‹ zwischen den Kirchen in der DDR und der BRD zeigen werden. Gewisse Kräfte spekulieren darauf, die Perspektive eines gutnachbarlichen Miteinanders zwischen der DDR und der BRD für die Aktivierung ›innerdeutscher kirchlicher Beziehungen‹ mißbrauchen zu können.«[176]

In einem Arbeitsplan für das erste Halbjahr 1973 war von »konsequenter Abgrenzung« gegenüber der Bundesrepublik als Folge der Entspannungspolitik die Rede[177].

Ähnlich hatte im übrigen auch der durch Bischof Schönherr an die vom 3. bis zum 7.11.1972 tagende Synode in Berlin-Brandenburg (Regionalsynode Ost) erstattete Bericht der Kirchenleitung gelautet:

»Es wäre unrealistisch, aus der Tatsache der Entspannungen und dem Programm der friedlichen Koexistenz, die ein gewisses Maß von Kooperation und gutnachbarlichen Beziehungen einschließt, die Folgerung zu ziehen, daß es nunmehr zu einem unkontrollierten Hin und Her, ja, zum Überspielen staatlicher Grenzen kommen könnte. Nach Lage der Dinge entspricht der Entspannung die politische und die ideologische Abgrenzung.«[178]

Der staatliche Kommentar hierzu lautete:

»Dieser Standpunkt [...] deckt sich weitgehend mit den Realitäten, von denen der sozialistische Staat ausgeht. Er entspricht z. B. dem Buchstaben und Geist der Verträge, die zwischen der DDR und der BRD ausgehandelt worden sind, vor allem dem Vertrag über die Grundlagen der Beziehungen zwischen der DDR und der BRD. Die Formulierung trägt darüber hinaus auch der Viermächte-Vereinbarung über Westberlin Rechnung.«[179]

Auch Ende 1973 hieß es:

»Den Prozeß der kirchenpolitischen Abgrenzung müssen wir weiter im Blick haben, weiter und zu Ende führen.«[180]

Anders als Schönherr, der diese Äußerung allerdings gegenüber Seigewasser leicht zurechtrückte[181], hatte sich der Leiter der EKU-Kirchenkanzlei, Reinhold Pietz, gemeinsam mit Kirchenrat Hafa gegenüber Hans Weise[182] und Hans Wilke gegen eine weitere Abgrenzung von den Kirchen in der Bundesrepublik ausgesprochen und die in Magdeburg vollzogene Aufgliederung der EKU in zwei Bereiche als völlig ausreichend und endgültig hingestellt:

»Die engsten ökumenischen Beziehungen gebe es mit den Kirchen in der BRD. Sie könnten die Attacken des Staates gegen den Artikel 4/4 aus diesem Grunde nicht verstehen. Alles deutet darauf hin, daß man die Beziehungen zwischen den Kirchen der DDR und der BRD verstärken müsse.«

Im weiteren Verlauf des Gesprächs stellten Pietz und Hafa dem staatlichen Gegenüber die Frage, »wie denn die Kirchen in der DDR ihre geistige Heimat finden sollen, wie wir [Staat und Partei] es von ihnen fordern.«[183]

Positiv wertete die Behörde des Staatssekretärs für Kirchenfragen die Ausführungen Schönherrs auf dem vom Exarchen der Russischen Orthodoxen Kirche am 30. April 1973 gegebenen Osterempfang:

»Bischof Schönherr ließ keinen Zweifel daran, daß die Verträge von Moskau, Warschau und Berlin mit der Regierung der DDR weder ein Unterwandern noch ein Überspielen zulassen. [...] Koll. Weise unterstrich, daß Bischof Schönherr auf dem ROK-Osterempfang nicht deklariert, sondern sehr betont und zielgerichtet gesprochen habe. Falsch wäre es, daraus aber die Schlußfolgerung zu ziehen, unsere Argumentation zur Notwendigkeit der Abgrenzung im Zusammenhang mit der Durchsetzung der Politik der friedlichen Koexistenz sei schon durchgerungen. Tatsache ist hingegen, daß gerade kirchliche Amtsträger im Zusammenhang mit der Normalisierung der Beziehungen der BRD zur DDR Illusionen haben und eine ›große Wende‹ bzw. eine ›politische Auflockerung‹ der Lage erhoffen. Die Schlagworte der westlichen Propaganda zum ›freien Austausch von Informationen und Meinungen‹, von ›Freizügigkeit‹ und ›mehr Menschlichkeit‹ werden gerade in den Kreisen kirchlicher Amtsträger immer wieder hochgespielt.«[184]

Während des Treffens der Beratergruppe am 5. Juni 1973 berichtete Kramer über die vergangene Bundessynode in Schwerin[185]. Als eines der Probleme benannte er die starke Fluktuation der Synodalen. »Von den bisherigen Synodalen werden 27 das synodale Amt in der neuen Synode nicht mehr wahrnehmen; lediglich 23 Synodale der bisherigen Synode werden auch in der kommenden Synode dabei sein.«[186] Außerdem heißt es: »An mehr oder weniger gezielten politischen Einflüssen war auch diese Synode nicht frei. Ein Brief von sechs Direktoren der Sektion Theologie verschiedener Universitäten mußte entgegengenommen werden. Er wird die Konferenz der Kirchenleitungen noch weiter beschäftigen.«[187] Dabei verschwiegen die DDR-Vertreter, daß es noch weitere Einflußversuche gab, die mit Befürchtungen zusammenhingen, der Görlitzer Bischof Fränkel könnte auf der Schweriner Bundessynode seine DDR-kritische Position laut werden lassen:

»Das konnte verhindert werden, indem vor Stattfinden der Synode auf der Grundlage einer einheitlichen Argumentation Gespräche mit kirchenleitenden Persönlichkeiten und Synodalen geführt worden waren, in denen sich mit den gegen die Politik unseres Staates gerichteten Positionen Fränkels auseinandergesetzt wurde.«

Zudem wurden keine Konzessionen an sozialdemokratische Positionen gemacht[188]. Auf der Synode mußten sich die Kirchenbundfunktionäre dann auch vorwerfen lassen, sie zeigten gegenüber staatskritischen Brüdern und Schwestern nicht genügend Solidarität[189].

Staatlicherseits hatte man geplant, die Schweriner Bundessynode über die von Eisenach (1971) einen Schritt hinaus tun zu lassen. Um dieses Ziel zu erreichen, werde Seigewasser »entsprechende Gespräche mit Bischöfen unter ›vier Augen‹ führen. Vom Auftreten und Verhalten der Bischöfe Schönherr und Braecklein auf der Synode werde im Ergebnis alles abhängen. In der Synodenvorbereitung werden keine Illusionen zugelassen.«[190] »Die weiteren Schritte des Kirchenbundes in Richtung der Abgrenzung gegenüber imperialistischen Ideologien bleiben wichtigste Zielsetzung«, hieß es einen Monat später[191]. Der in Schwerin vorgelegte KKL-Bericht führte zu der wohlwollenden staatlichen Feststellung, daß dieser »konstruktive Gedanken über die Stellung der Kirche in der sozialistischen Gesellschaft [enthalte], wobei bewußt an die Eisenacher Synode angeknüpft« werde[192]. Dresden wurde also nur als Episode, nicht als Markstein für die »Wegfindung« der »Kirche im Sozialismus« verstanden.

Darüber hinaus hoben die SED-Beobachter zufrieden hervor:

»Ausgehend von der positiven Entwicklung auf unserem Kontinent, der Ratifizierung des Berliner Vertrages zwischen der DDR und der BRD, wird im Konferenzbericht nicht mehr von einer fiktiven ›besonderen Gemeinschaft‹ gesprochen, sondern von selbständigen unabhängigen Kirchen der DDR gegenüber der Evangelischen Kirche Deutschlands (EKD), von ›normalen bilateralen Beziehungen‹. Die an den Realitäten orientierte Neuformulierung des Verhältnisses zwischen den DDR-Kirchen und den Kirchen der BRD ist zwar günstiger, aber ihre Verwirklichung ist das andere.«[193]

Die bislang erzielte Unabhängigkeit der DDR-Kirchen von der EKD reichte der Arbeitsgruppe Kirchenfragen beim ZK freilich noch längst nicht aus:

»Die kirchlichen Amtsträger der evangelischen Kirchen in der DDR stehen trotz organisatorischer Trennung von den Kirchen in der BRD noch im bedeutenden Maße ideologisch unter dem Einfluß imperialistischer und klerikaler Ideologien. Bürgerliche, insbesondere sozialdemokratische Auffassungen über die Gesellschaft, den Menschen, Freiheit und Demokratie, wie sie in der westlichen Theologie und klerikalen Literatur, aber auch in ökumenischen Dokumenten anzutreffen sind, beeinflussen das Denken vieler Geistlicher. Trotz der Fortschritte, die mit der organisatorisch-rechtlichen Selbständigkeit der Kirchen in der DDR erreicht wurden, trotz bestimmter Anfänge bei der Herausbildung eines eigenständigen politischen Profils haben die im BEK [...] zusammengeschlossenen Kirchen nicht aufgehört, – wenn auch in verdeckter Form – auf geistigem und philosophisch-weltanschaulichem Gebiet den Kampf gegen unsere marxistisch-leninistische Weltanschauung zu führen.«[194]

Das Antirassismusprogramm des ÖRK und die deutschen Kirchen in Ost und West

Außer über die Schweriner Bundessynode berichteten auf der Juni-Beratergruppensitzung die Bischöfe Albrecht Schönherr und Werner Krusche auch über den Besuch des ÖRK-Generalsekretärs Philip Potter[195] vom 31. Mai bis 3. Juni 1973 in Ost-Berlin, Wittenberg und Leipzig. Abgesehen vom Begleitprogramm – unter anderem Empfänge beim stellvertretenden Vorsitzenden des Ministerrates, Horst Sindermann, und beim stellvertretenden Oberbürgermeister von Ost-Berlin –, stand die Frage des Beitrags der Kirchen aus den sozialistischen Ländern für die Dritte Welt im Mittelpunkt der Beratungen.

»Potter wurde dargelegt, daß das Eintreten der Kirchen in der DDR für das Antirassismus-Programm des Ökumenischen Rates[196] nicht problemlos sei, weil jedenfalls der Eindruck entstehen könne, daß die Kirchen im Fahrwasser der Außenpolitik der DDR mitschwimmen. Im weiteren Gespräch meinte Potter, daß der Dialog zwischen den Marxisten und den Christen weitergehen werde. Der Beitrag der Kirchen in der DDR zur ökumenischen Bewegung könne darin liegen, daß die Kirchen in der DDR nach einer Antwort auf die Frage nach dem möglichen Einfluß einer Kirche ohne Macht suchen. Er wertet den Verdacht ab, daß der Ökumenische Rat als Vorspann einer kommunistischen Weltbewegung angesehen werden könne.«[197]

Im Zusammenhang mit einem Treffen mit Vertretern der Arbeitsgemeinschaft christlicher Kirchen sprach Potter »seine Verwunderung darüber aus, daß die christlichen Kirchen in der DDR vom Kirchenkampf angefangen bis heute in schwierigsten Situationen gewesen seien, ohne ihren Zusammenhalt auf der Grundlage ihres Glaubens profilieren zu können.«[198]
Während eines Besuchs der LPG Eutzsch bei Wittenberg äußerte Potter laut staatlichem Protokoll,

»froh und glücklich zu sein, daß er gerade während der Woche der Solidarität mit den afrikanischen Völkern in der LPG sein kann. Er wisse, Solidarität an Hand seines persönlichen Lebens und des Schicksals vieler Menschen mit dunkler Hautfarbe zu schätzen. (Er verwies dabei auf seinen Vater.) Er sei aber vor allem deshalb glücklich, weil der Frieden in der Welt entscheidend mit davon abhängt, wie die Menschen lernen, zusammenzuhalten und zusammenzuarbeiten. Er bezeichnete das als einen Prüfstein auch für die Arbeit seiner Organisation. Wichtig für das Wohl der Menschen sei auch, wie sie mit der Natur und dem Lande umgehen, in dem sie leben. Alle müßten lernen, beides zum Nutzen und zum Wohle der Menschen auszunutzen.
Er interessierte sich besonders für den Bildungsstand auf dem Lande und die Möglichkeiten für die Genossenschaftsbauern, ihren geistig-kulturellen Interessen nachzugehen. In dieser Beziehung könne er sehr viel lernen.
Die Organisation, die er vertrete, habe sich als eine Aufgabe gestellt, den Menschen in den verschiedensten Teilen der Welt zu helfen, sich Wissen und Bildung anzueignen. Es soll sie befähigen, das Land, das sie seit Jahrhunderten bebauen, auch mit Verstand zu nutzen. Auf diesem Gebiet wäre die Hilfe solcher Genossenschaftsbauern von Eutzsch und anderer sehr willkommen.
Abschließend erklärte Dr. Potter, er habe den guten Eindruck, daß die Menschen hier sehr glücklich sind. Er sehe das an der Vorsitzenden, die jeden kenne und von jedem gekannt und gegrüßt wird.

Während des Empfangs brachte er zum Ausdruck, daß er sich als Teil der Genossenschaft fühle.«[199]

Am 9. Januar 1971 hatte der Kirchenbund in einem Schreiben an den damaligen ÖRK-Generalsekretär Eugene Carson Blake mitgeteilt, man werde sich an dem Antirassismusprogramm des ÖRK in Form einer Sonderspendensammlung unter Schirmherrschaft der Aktion »Brot für die Welt« beteiligen. Die gesammelten Gelder sollten für zweckgebundene Projekte im Bereich von Ausbildung, Sozial- und Gesundheitswesen bestimmt sein. Man sprach sich vehement dagegen aus, Gewaltanwendung seitens der Befreiungsbewegung mit diesen Geldern zu unterstützen. Es blieb jedoch offen, wie man diesen Mißbrauch völlig ausschließen konnte, wenn man zugleich auf eine Kontrolle der konkreten Verwendung der Spendenmittel vor Ort verzichtete[200]. In dem Aufruf an die Gemeinden vom 28. Februar 1971 erklärten die Verantwortlichen, daß mit Hilfe der gesammelten Gelder »Mathematikbücher, Wandtafeln, Schulhefte, Schreibgeräte, [...] Impfstoffe, Injektionsspritzen, Medikamente, orthopädische Hilfsmittel, [...] Betten und Decken, Textilien und konzentrierte Nahrungsmittel« angeschafft werden sollten[201].

Diesen Schritt des Kirchenbundes zugunsten des Antirassismus-Programms des ÖRK hatte auch die staatliche Seite angemahnt: Oberkirchenrat Pabst war am 26. Oktober 1970 in einem Gespräch im Staatssekretariat für Kirchenfragen unter Hinweis auf die kritische Haltung der EKD zur Frage des Antirassismus-Programms signalisiert worden, »die DDR-Kirchen müßten in dieser Hinsicht aktiver werden«. Gefordert sei die »moralische Unterstützung der Befreiungsbewegungen durch die Kirchen in der DDR«[202].

Einige Landes- bzw. Provinzialsynoden nahmen allerdings Korrekturen vor: Der Görlitzer Bischof Fränkel räumte vor der Synode seiner Landeskirche zwar ein, die KKL habe »die Frage nach der Unterscheidung des Engagements der Christen und der Kirchen« nicht genügend reflektiert:

»Die spezifische Aufgabe der Kirche ist die Verkündigung des Evangeliums, durch welches wir von den gottlosen Bindungen dieser Welt befreit werden zu dankbarem Dienst an Gottes Geschöpfen (c. f. Barmen II). In diesen Dienst hat die Kirche die Christen einzuweisen, indem sie den Rahmen absteckt, innerhalb dessen im Glauben verantwortliche Entscheidungen möglich sind, aber die Kirche kann ihren Gliedern diese Entscheidungen nicht abnehmen. Denn solche Entscheidungen sollen wohl im Glauben geschehen, aber sie sind nicht unmittelbar aus dem Evangelium ableitbar, sondern auch immer an bestimmte Sachkenntnisse und das Maß der Einsicht in die Weltzusammenhänge wie an das politische Kalkül gebunden. Darum ist es auch grundsätzlich möglich, daß Christen bei Übereinstimmung in den Grundsätzen zu verschiedenen Entscheidungen kommen können. Die Kirche hat darüber zu wachen, daß solche Entscheidungen innerhalb der Grenzen des im Glauben verantwortbaren Dienstes bleiben und daß sie nicht die Gemeinschaft des Leibes Christi sprengen.«

Andererseits bejahte er das »Anliegen des Anti-Rassismus-Programms, das Nein des Evangeliums gegenüber dem Rassismus sichtbar zu machen und an die Seite der Entrechteten zu treten«. Der KKL-Aufruf dürfe aber »nicht im Sinne einer politischen Identifizierung mit revolutionären Bewegungen verstanden« werden, »sondern als ein Angebot an unsere Gemeindeglieder, den rassisch Unterdrückten und den um ihre Freiheit und Menschenwürde Ringenden in speziellen Nöten eine ausschließlich humanitäre Hilfe zu leisten.«

In Konsequenz des bischöflichen Berichts leitete die Görlitzer Kirche den KKL-Aufruf mit folgendem Begleittext an die Gemeinden weiter:

»Wir haben als Kirche für allseitige und nicht einseitige Geltung der Allgemeinen Menschenrechte einzutreten. Die Überwindung des Rassismus ist auch für uns ein Modellfall der Verwirklichung der Allgemeinen Menschenrechte. Darum geben wir den Aufruf an unsere Gemeinden weiter. Wir bestimmen aber, daß die von unseren Gemeinden aufgebrachten Spenden nur solchen Bewegungen zugute kommen, die nicht die Methoden der Geiselnahme oder des Geiselmordes anwenden und bei denen der Ökumenische Rat erwarten darf, daß sie nicht eine Tyrannei durch eine andere ablösen werden, sondern eine gerechtere und freiere Gesellschaftsordnung schaffen wollen als die bisher in ihrem Land bestehende.«

»Es gibt heute in der Welt einen so erschreckenden Terrorismus, daß die Kirche dazu ein klares Nein sagen muß«, erläuterte der Görlitzer Bischof diesen Brief[203].

Die Kirchenleitung der Kirchenprovinz Sachsen hielt »befreiende Gewalt« nur in dem Fall für angebracht, »wo sie notgedrungen nach dem Scheitern aller anderen Versuche als letztes und äußerstes Mittel zur Herstellung eines den Menschenrechten entsprechenden Zustandes« geschieht. Wo Gewaltanwendung sich als notwendig erweise, müsse das »Schießen auf Wehrlose, [die] Geiselnahme von Frauen und Kindern [sowie] Racheaktionen« ausgeschlossen bleiben. Zudem müsse gewährleistet sein, daß sich »die Entmachtung des Gegners so vollzieht, daß dabei die zukünftige Gemeinschaft mit ihm im Blick ist.«[204]

Auch Thüringens Landesbischof Braecklein mußte einräumen, daß die Kirchengemeinden bislang ungenügend informiert worden seien und das Programm des BEK im übrigen auf Gemeindeebene zum Teil auch negative Reaktionen hervorgerufen habe[205].

Nach einer Information Stolpes hatte sich die sächsische Kirchenleitung zwischenzeitlich sogar gegen das Vorgehen des Kirchenbundes ausgesprochen[206]. Insgesamt spendeten die Gemeindeglieder in der Passionszeit 1971 900 000,– DDR-Mark, was die kirchlichen Erwartungen nahezu um das Doppelte übertraf. Über ein Drittel dieses Betrags kam aus der sächsischen Landeskirche[207], was zum Teil wohl darauf zurückzuführen war, daß hier noch relativ intakte volkskirchliche Strukturen bestanden.

Der SED-Staat würdigte an diesem kirchlichen Schritt vor allem, daß hierdurch »die unterschiedlichen Konzeptionen in dieser Problematik von Kirchen in der sozialistischen DDR und der imperialistischen BRD« offenbar geworden seien[208]. Andererseits kam man gegen Ende des Jahres 1972 nicht umhin festzustellen,

es »mehr[t]en sich die Anzeichen, daß es reaktionären kirchenleitenden Gremien in der BRD und der DDR gelungen ist, das Antirassismusprogramm politisch auszuhöhlen. Es gibt vielfältige Initiativen, zu erklären und zu organisieren, man solle sich als Kirche mehr um die Verhältnisse in der DDR kümmern und daß Befreiungsbewegungen nicht in jedem Fall zu unterstützen sind.«[209]

In einer abschließenden Auswertung sah das Staatssekretariat für Kirchenfragen den Potter-Besuch 1973 in einem engen Zusammenhang zur Antirassismus-Politik des ÖRK.

Potter »verband mit dem Besuch die Erwartung, Unterstützung beim Bund für seine Linie zu finden und zugleich negativen Einflüssen der Kirchen aus der BRD gegen das Antirassismusprogramm entgegenzuwirken. In diesem Zusammenhang ist beachtenswert, daß sein Besuch in der DDR zeitlich vor dem in Westberlin erfolgte. [...]
Die Leitung des Bundes verfolgte mit der Einladung von Dr. Potter vor allem die Absicht, einen Beitrag zur eigenen ökumenischen Aufwertung zu leisten. Zum anderen waren sie bemüht, der Reise selbst einen innerkirchlichen Charakter zu verleihen. Bestimmte Kräfte des Bundes wollten darüber hinaus die zeitliche Aufeinanderfolge der Reise in die DDR und anschließend nach Westberlin dafür nutzen, die Berlin-Brandenburgische Kirche über die Ökumene als Klammer zwischen der ›EKD‹ und dem Bund der Evangelischen Kirchen in der DDR herauszustellen.
In Beachtung dieser teils sehr unterschiedlichen Absichten war es notwendig, seitens der staatlichen Organe auf das Besuchsprogramm aktiven Einfluß auszuüben, vor allem in der Richtung, die Reise politisch auf- und auszuwerten. Es galt, den Absichten entgegenzuwirken, ihm ein einseitiges Bild von der realen Wirklichkeit in unserer Republik zu vermitteln und das Verhältnis von Staat und Kirchen in der DDR tendenziös und negativ darzustellen.
In Würdigung der politischen Bedeutung dieser Reise« hatte das Gespräch zwischen Potter und Sindermann stattgefunden. Es »verlief in einer herzlichen und aufgeschlossenen Atmosphäre, von der Dr. Potter nachhaltigst beeindruckt war. Es fand ein breiter Meinungsaustausch zu beiderseits interessierenden Fragen statt. Genosse Sindermann unterstrich, daß die Regierung der DDR in Übereinstimmung mit ihrer aktiven Friedenspolitik jede echte Friedensinitiative unterstützt und das Bemühen des ÖRK zur Verwirklichung ihres Antirassismusprogramms große Beachtung widmet. [...] Auf einer Pressekonferenz in Westberlin, die von allen westlichen Nachrichtenagenturen stark beachtet wurde, würdigte Dr. Potter das Verhältnis von Staat und Kirche in der DDR. Er brachte zum Ausdruck, daß dieses Verhältnis in der DDR ›ausreichend nah‹ sei. ›Die Partner sprächen offen und ernsthaft miteinander. Er würde es begrüßen, wenn das auch anderswo so wäre. Für die USA könne er nur feststellen, daß die Kirchen mit den Behörden über ihre Sorgen oft nicht einmal sprechen könnten‹. Besonders tief beeindruckt zeigte sich Dr. Potter von den Gesprächen mit Horst Sindermann, den Mitgliedern der LPG in Eutzsch und mit den afrikanischen Studenten in Leipzig. Hinter diesen Eindrücken und Aussagen blieb der kurze Besuch Dr. Potters bei Schütz [Regierender Bürgermeister] in Westberlin relativ wenig beachtet und ohne tiefere Aussage.
Der Besuch hat auch auf die Kirchen in der DDR positiv gewirkt. [...] Bischof Schönherr erklärte unmittelbar nach dem Besuch vor der Konferenz der Kirchenleitungen in der DDR, daß sich auch die Kirchen in der DDR entsprechend deutlicher profilieren müssen. Wie uns vertraulich mitgeteilt wurde, sagte er u. a.: ›Wir müssen an viele Dinge anders herangehen als bisher. Wir dürfen die Entwicklung in der internationalen Politik nicht übersehen und müssen vermeiden, ins Hinterfeld der Entwicklung zu geraten. [...] Als Kirche in einem sozialistischen Staat erwartet man von uns andere Haltungen als von den Kirchen in den kapitalistischen Staaten.‹ Generalsekretär Potter hatte in den Aussprachen mit den Kirchenleitungen die positive Rolle der sozialistischen Staaten hervorgehoben und bei der Erläuterung des Antirassismusprogramms darauf hingewiesen, daß es nur deshalb Aussicht auf Erfolg habe, weil es sich auf die Solidarität der sozialistischen Staaten stützen kann, die auch in der UNO die entscheidende Triebkraft der Beschlüsse gegen Rassismus und Neokolonialismus sind.«[210]

Anläßlich des Todes von Walter Ulbricht schickte Potter am 10. August 1973 eine Art Kondolenzschreiben an Schönherr:

»Verehrter, lieber Bruder Schönherr,
gestern, am Tage seiner Beisetzung, erreichte mich die Anzeige vom Tode des Staatsratsvorsitzenden der DDR, Walter Ulbricht, übersandt von der Regierung der DDR. Diese unmittelbare Benachrichtigung hat mich überrascht und bewegt. Ich anerkenne sie als einen Ausdruck des ernsthaften Bemühens der Regierung der DDR, die Beziehung zu den christlichen Kirchen nicht nur auf nationaler, sondern auch auf internationaler Ebene zu vertiefen. Sollten Sie eine Ihnen geeignet erscheinende Gelegenheit finden, diese Reaktion weiterzugeben, wäre ich Ihnen dankbar.

Sie selbst, verehrter Bruder Schönherr, haben in einem Wort des Gedenkens an die Formulierung des verstorbenen Staatsratsvorsitzenden erinnert, die er im Wartburggespräch 1961 prägte: ›Sozialisten, Kommunisten und Christen gehören unbeschadet ihrer verschiedenen Weltanschauungen bei der Gestaltung des Lebens und der Gesellschaft und der Sicherung des Friedens auf dieser Erde zusammen und müssen einfach zusammenarbeiten.‹ Sie bringt eine Haltung zum Ausdruck, der auch viele Christen von ihrem Standpunkt aus zustimmen und an deren praktischer Verwirklichung auch die ökumenische Bewegung lebhaft interessiert ist: Es ist die Haltung des Dialogs mit Menschen anderen Glaubens und anderer Ideologie.

Ich denke dankbar daran, daß gerade die Kirchen und Christen in der DDR das christliche-marxistische Gespräch in einer existentiellen Situation eingeübt und den Christen und Kirchen in anderen gesellschaftlichen Bedingungen vorexerziert haben und noch vorexerzieren. Sie bringen damit einen relativ neuen wesentlichen Faktor in das Leben der ökumenischen Bewegung ein, den wir zunehmend nötig haben werden.

Das für Ihren Staat einschneidende Ereignis des Todes seines Staatsratsvorsitzenden sollte nicht vorbeigehen, ohne daß ich Sie und die Kirchen in der DDR aus diesem Anlaß unserer Dankbarkeit für Ihr Zeugnis und unserer Verbundenheit versichere.

Der Direktor unserer Abteilung für Internationale Angelegenheiten hat dem Toten gestern seinen Respekt erwiesen und das ausgelegte Kondolenzbuch signiert.
Mit brüderlichen Grüßen
Ihr Philip A. Potter
Generalsekretär«[211].

»Pax sovjetica« versus Vietnam: Wachsende Übereinstimmung zwischen SED-Staat und Kirchenbund – Unmut in den Kirchengemeinden

Auf der Septembersitzung 1973 der Beratergruppe teilte Lingner mit, daß diese eine neue Zusammensetzung erhalten solle. Als ständige Berater würden künftig drei Mitglieder des Rates und drei andere Persönlichkeiten aus dem EKD-Bereich berufen. Darüber hinaus könnten zu jeder Sitzung jeweils bis zu drei Gäste eingeladen werden, die von Mal zu Mal zu bestimmen seien[212].

Die DDR-Kirchenvertreter informierten die Berater darüber, daß Kirchenpräsident Natho, Bischof Gienke[213] und Oberkirchenrätin Christa Lewek[214] im Oktober 1973 zum Weltkongreß der Friedenskräfte nach Moskau entsandt würden[215], und empfahlen auch eine Teilnahme von Kirchendelegierten aus dem Westen, einschließlich der Bundesrepublik. Frau Bé Ruys aus Berlin-West habe eine Einladung erhalten und ihr Kommen zugesagt.

Den Kirchenreferenten beim Rat des Bezirkes Rostock, Steinbach, informierte Gienke am 11. Oktober 1973 über seine Delegierung nach Moskau und betonte die einhellige Unterstützung dieser Entscheidung durch die Greifswalder Kirchenleitung. Weiterhin bekundete der Bischof gegenüber dem chilenischen Militärputsch und »der aggressiven Politik Israels« seine eindeutige Ablehnung.

»In diesem Zusammenhang brachte er die Genugtuung dieser wirklichen Friedenspolitik unseres Staates zum Ausdruck. Die Politik unseres Staates zur politischen Abgrenzung gegenüber der BRD wurde unterstützt. Dabei wurde die Notwendigkeit der Abgrenzung der Kirchen in der DDR von denen in der BRD unterstrichen. [...] Freimütig erklärte er, daß ihm bekannt sei, daß es nach wie vor in der BRD Kräfte gibt, die die Großzügigkeit unserer Regierung mißbrauchen, u. a. durch fingierte Telegramme. Deshalb ist es nach wie vor notwendig, daß die Wachsamkeit der staatlichen Organe nicht nachläßt, aber die Arbeiterklasse verfüge ja über genügend Erfahrungen der Machtausübung. Dabei wurde die führende Rolle der Arbeiterklasse und ihrer Partei seinerseits eindeutig hervorgehoben.« Außerdem charakterisierte Gienke das Verhältnis zur Greifswalder Partnerkirche in Schleswig-Holstein »als rein ökumenische Beziehung[.] [...] und nicht als innerdeutsche. [...] Die staatlichen Organe möchten verstehen, daß die Infiltration durch die westdeutschen Kirchen in die Kirchen der DDR vorbei sei. Die gesellschaftlichen Verhältnisse in beiden deutschen Staaten seien so grundsätzlich verschieden, daß sich dieser Erkenntnisprozeß auch immer mehr bei Kirchenvertretern in der BRD durchsetzt. Er habe Informationen, daß realistisch denkende Kirchenmänner in der BRD die Auffassung vertreten, daß sie von den Kirchen in der DDR eine Menge lernen könnten.« Daraufhin legten die staatlichen Vertreter ihre Position zur Funktion der EKD in der Bundesrepublik, »besonders ihrer nach wie vor unrealistischen und anmaßenden Politik«, dar und stießen hierbei von seiten des Bischofs auf keinerlei Widerspruch.[216]

Am 30. Dezember 1974 äußerte sich Gienke nach Beendigung einer Fahrt nach Dänemark, die er wegen der Erkrankung seiner in der Bundesrepublik lebenden Mutter sogar mit dem PKW antreten durfte, »abfällig über die Grenzabfertigung durch die Organe der BRD.«[217]

Eine ähnlich staatskonforme Position hinsichtlich des Verhältnisses zur EKD vertrat zur gleichen Zeit die anhaltische Landeskirche unter Eberhard Natho:

»Diese Haltung [als Kirche in einem sozialistischen Staat zu wirken] [...] wurde – vor allem durch Kirchenpräsident Natho – im Bund der Evangelischen Kirchen der DDR und der EKU vertreten. So nimmt die Evangelische Landeskirche Anhalt auch weiterhin einen positiven Einfluß in so wichtigen Fragen wie der Abgrenzung der DDR-Kirchen von den Kirchen der BRD.«[218]

Bei der Verabschiedung der DDR-Delegation nach Moskau richtete Honecker einige Worte an die Gruppe, die zwar unveröffentlicht blieben, aber von grundsätzlicher Bedeutung waren:

»Im Grunde genommen erhielten die Bischöfe der DDR vom Ersten Sekretär des

ZK [...] das Mandat übertragen, im Auftrag der Deutschen Demokratischen Republik zu handeln. Diese Ausführungen sind von programmatischer Bedeutung.«[219]

Die drei Moskauer Delegierten des BEK wurden am 21. Juni 1974 durch das SED-Politbüromitglied Albert Norden im Palais Unter den Linden zu einem internen Gespräch empfangen. Norden würdigte die »neue Stufe der Zusammenarbeit«, die hiermit erreicht worden sei:

»Sie ist von beiderseitigem Nutzen, weil sie der Verbreiterung wichtiger gesellschaftlicher Bewegungen im internationalen wie im Maßstabe der Republik dient und weil sie zugleich auch die Autorität des Bundes gehoben hat. Hervorzuheben ist auch die positive Auswirkung der engeren Gestaltung der Beziehungen des Bundes zu anderen gesellschaftlichen Kräften.«

In diesem Zusammenhang regte er eine kirchliche Erklärung zum 25. Jahrestag der DDR an.

Norden führte weiter aus:

»Gegenwärtig sind bereits zahlreiche Vertreter der Kirchen der DDR in übernationalen ökumenischen Zentralen tätig. In letzter Zeit haben Vertreter der BRD und aus anderen NATO-Staaten in solchen Gremien verstärkt versteckte und offene Angriffe gegen die DDR vorgetragen und gleichzeitig auch die Evangelische Kirche der DDR, die angeblich verfolgt sei, diskreditiert. Wir regen an, auch im Interesse der Kirchen selber, solchen unsachlichen Ausfällen entschieden und offensiv entgegenzutreten. [...] Die verstärkten Angriffe reaktionärer Kreise aus der BRD gegen die DDR finden leider Unterstützung durch einige kirchliche Amtsträger unseres Landes. Als Beispiel verwies Genosse Norden auf eine Veröffentlichung von Herrn Johannes Hamel, z. Zt. Lehrer an der Ausbildungsstätte für evangelische Pfarrer in Naumburg, in einem 1974 in Westdeutschland erschienenen Buch (»Barmen II«, Gütersloh 1974[220]). Dort bezeichnet Hamel die Existenz von zwei deutschen Staaten als ›wider die göttliche Ordnung‹ und nennt es eine der ›gegenwärtigen Aufgaben der Kirchen in der DDR‹, der SED zu zeigen, ›welche Grenzen‹ ihrer Führungsrolle ›gesetzt werden sollten und wie diese Führung in concreto geübt werden könnte‹. Genosse Norden verwies darauf, daß solche Ausfälle von kirchlichen Amtsträgern sich auch gegen die Kirche selber richten. Er regte an, es sei an der Zeit, daß fortschrittliche Kräfte des Bundes offen solche Ausfälle selber zurückweisen sollten. [...] Im Zusammenhang mit der positiven Entwicklung der Zusammenarbeit zwischen dem Friedensrat der DDR und der Leitung des Bundes der Evangelischen Kirchen warf Genosse Norden die Frage auf, ob es nicht zeitgemäß wäre, einen weiteren Schritt nach vorn zu tun und anstelle des bisherigen Gaststatus als offizielle Mitglieder im Friedensrat der DDR mitzuarbeiten. [...]
Die Vertreter des Bundes [erklärten] [...]:
Die evangelische Kirche entwickelt sich – und das gilt nicht nur für die DDR – von einer Volks- zu einer Freiwilligkeitskirche. Das ist mit Auseinandersetzungen verbunden, mit einem starken Differenzierungs- und Polarisierungsprozeß. Dieser Prozeß vollziehe sich zwischen den realistischen Kräften und den noch an der Vergangenheit festhaltenden. Er habe besonders im Zusammenhang mit der Beteiligung am Weltkongreß und an der letzten Tagung des Weltfriedensrates zugenommen. Die Leitung des Bundes und seine Vertreter, die an diesen Veranstaltungen teilnahmen, wären vielen Anfeindungen aus den eigenen Reihen ausgesetzt.
[...] Den Hinweisen des Genossen Norden, die Auseinandersetzungen nicht zu fürchten, sondern sie auch im Interesse der progressiven Kreise der Kirche offensiv zu führen, wurde zwar nicht widersprochen, aber doch mit verschiedenen Ausflüchten be-

gegnet. Die Kirchenvertreter sagten in diesem Zusammenhang, sie müßten stets die Einheit in den Reihen der Kirche im Auge haben, andere Meinungen achten und baten uns, negatives Auftreten Einzelner nicht zu überschätzen.

Von den Vertretern der Kirche wurde zum Ausdruck gebracht, daß für sie mit dem starken politischen Engagement auch eine Reihe praktische, darunter auch ökonomische, Fragen verbunden seien. Diese Probleme könne die Kirche nicht unterschätzen und müsse sie in Rechnung stellen. Die stärksten Auseinandersetzungen über das politische Engagement der Leitung des Bundes gäbe es in der sogenannten ›Kerngemeinde‹, die vor allem Teile der Kirchenleitung, der Pfarrer, der aktiven Kirchgänger, der regelmäßigen Kirchensteuerzahler umfasse. Die Kirche müsse weitere Austritte und auch Steuereinbußen verhindern und ihre Schritte auch unter diesem Gesichtspunkt abwägen.

[…] Die Vertreter des Bundes baten im Verlaufe der Unterhaltung um eine Erläuterung der Formel vom ›sozialistischen Staatsbürger christlichen Glaubens‹ und fragten, warum nach dem Parteitag der Begriff von der ›sozialistischen Menschengemeinschaft‹ abgeschafft worden wäre. Das habe in kirchlichen Kreisen bis in unsere Tage hinein schockierend gewirkt. Viele Gläubige und Amtsträger hätten das so verstanden, als damit die Mitarbeit anderer Bevölkerungskreise gewissermaßen abgeschrieben worden sei und es für Gläubige keine Perspektive in der sozialistischen DDR gäbe. Vereinzelt sei dies sogar als Auftakt für eine Art antikirchlichen Feldzuges gewertet worden.

[…] Die Vertreter des Bundes bedankten sich ausdrücklich für die Ratschläge zur Auseinandersetzung mit reaktionären Kreisen, in der Leitung des Bundes werde man darüber nachdenken. Was den erwähnten Herrn Hamel betreffe, so gäbe es auch seitens progressiver Kreise der Kirchenleitung Auseinandersetzungen mit ihm. Herr Hamel würde jetzt turnusgemäß die Leitung der kirchlichen Ausbildungsstätte in Naumburg übernehmen. Man bitte, das nicht als einen Affront zu betrachten.«

Norden äußerte abschließend:

»Die Formel vom sozialistischen Staatsbürger christlichen Glaubens sei nichts anderes als eine Konkretisierung der Losung, daß der Sozialismus alle braucht und für alle Platz hat. […] Was den Begriff von der sozialistischen Menschengemeinschaft anbelange, so würden die Vertreter der Kirchen von einem Mißverständnis ausgehen. Dieser Begriff werde deshalb nicht mehr benutzt, weil er weder heute noch in nächster Zukunft dem tatsächlichen Entwicklungsstand Rechnung trage. Eine solche Menschengemeinschaft würden wir anstreben, aber es sei falsch und würde von den gegenwärtigen Aufgaben ablenken, wenn wir sie als schon vorhanden betrachten würden.«[221]

Daß der kirchliche Hinweis auf scharfe Kritik aus den eigenen Reihen nicht an den Haaren herbeigezogen war, zeigt ein Brief des Evangelischen Kreiskirchenrats des Kirchenkreises Niesky (Görlitzer Kirchengebiet) an die KKL:

»Die Kreissynode des Kirchenkreises Niesky befaßte sich auf ihrer Tagung 1973 mit dem Thema der Bundessynode in Dresden ›Christus befreit – darum Kirche für andere‹. Die Botschaft von der Freiheit durch Christus hat uns damals froh gemacht.

Heute müssen wir erklären, daß die Evangelischen Kirchen in der Öffentlichkeit der DDR bis in die Kirchengemeinden hinein das Bild zunehmender Gebundenheit bieten.

Darum fragen wir: Warum sah sich die Konferenz der Kirchenleitungen verpflichtet, eine Delegation zur Moskauer Konferenz der Friedenskräfte zu entsenden, deren Prägung doch vorauszusehen war? Hat die Konferenz der Kirchenleitungen in dieser Sache die Beratung mit dem Ökumenischen Rat der Kirchen und mit der römisch-katholischen Kirche gesucht? Hatten die Delegierten des Bundes die Freiheit, das Unrecht beim Namen zu nennen, das nicht nur in Chile und Moçambique zum Beispiel, sondern auch in unserem Lebensbereich die Koexistenz der Menschen behindert und den Frieden gefährdet? Warum haben die Delegierten des Bundes in Moskau – aus der Berichterstattung zu folgern – so gut wie geschwiegen? Ist das Evangelium vom Frieden und der Befreiung durch Christus auf der Moskauer Konferenz durch andere christliche Teilnehmer laut geworden? Welche Überlegungen hat die Konferenz der Kirchenleitungen angestellt über die Möglichkeit, daß die Beteiligung an jener Konferenz auf Befremden in den Gemeinden stoßen könnte, wie es nun auch geschehen ist bis hin zu Kirchenaustrittsdrohungen? Warum werden die Kirchengemeinden nicht besser informiert über die Verhandlungen, die Vertreter des Bundes mit Staatsvertretern führen in erfreulichen wie in beschwerlichen Angelegenheiten? Welchen Stellenwert hat für die Konferenz der Kirchenleitungen die Sorge der Kirche um ihre Selbsterhaltung, zum Beispiel bei der Rücksichtnahme auf den staatlichen Gesprächspartner, bei der Annahme von Einladungen, bei der Entsendung von Delegationen? Was wird die Konferenz der Kirchenleitungen zum 25. Jahrestag der Gründung der DDR tun?

Die Gemeinden erwarten von der Konferenz der Kirchenleitungen ein starkes geistliches Wort, das sie ermutigt zur Freiheit durch Christus. Wir hoffen, mit unseren Fragen helfen zu können. Helfen Sie uns und allen anderen Gemeinden in der DDR durch Klarheit und Einigkeit in Wort und Tat. Gott helfe uns allen durch seinen heiligen Geist.«[222]

Werner Krusche äußerte seinem eigenen Protokoll zufolge im April 1974 gegenüber Seigewasser[223]:

»Man habe [in den Gemeinden] weithin den Eindruck, daß die Kirchenleitungen sich mit den staatlichen Organen arrangierten, während die Gemeinden und die einzelnen Christen ›unten‹ auf die Füße getreten würden. Die Gemeinden wüßten ja doch und hätten es mannigfaltig erfahren, daß die Kirche in unserem Staat nicht gern gesehen sei und daß man ihren Aktionsradius laufend einschränke[224]. [...] Er [Seigewasser] müsse wissen, daß es durchaus in der Pfarrerschaft Kritik an den Kirchenleitungen gebe in der Richtung, daß nicht mehr die volle Wahrheit gesagt würde, z. B. habe sich im Blick auf die Teilnahme von drei Vertretern des Bundes an dem Moskauer Kongreß für die Friedenskräfte erhebliche Kritik ergeben. Man sage uns, es sei z. B. auf örtlicher Ebene unmöglich, daß Vertreter der Kirche in einem kommunalen Ausschuß, etwa zur Vorbereitung von lokalen Gedenktagen, beteiligt würden, während hier die Vertreter der Kirche plötzlich in einer DDR-Delegation Platz gefunden hätten.«[225]

Auch Anhalts Kirchenpräsident Natho signalisierte 1975 den Staatsfunktionären, daß es Probleme bei der Vermittlung der hohen Kirchenpolitik an die Basis gebe, zeigte jedoch keinerlei Sympathie für die Kritiker:

»Kirchenpräsident Natho erklärte, daß es viele Mitarbeiter in der Kirche gibt, die sich im Sozialismus noch nicht zurechtfinden und damit die Arbeit der Kirche behindern.«[226]

Im einzelnen ging Natho vor seiner Landessynode auf seinen Besuch in der Kirchengemeinde Weißwasser (Görlitzer Kirchengebiet) ein:

»Er stellte fest, daß er sich wie vor der ›Inquisition‹ gefühlt habe. Die anwesenden Pfarrer und kirchlichen Mitarbeiter hatten Zeitungsausschnitte mit Äußerungen von ihm gesammelt und fielen mit provokatorischen Fragen über ihn her. Kirchenpräsident Natho verwahrte sich gegen diese Art und Weise der Behandlung eines eingeladenen Gastes.«[227]

Horst Dohle berichtete 1975:

»Vor über einem Jahr ist Bischof Dr. Hempel von einem jungen Mann aus einer sächsischen Gemeinde die Frage gestellt worden, ob die Christen der DDR ihre Bischöfe nur noch sektglasschwenkend auf dem Fernsehschirm zu sehen bekommen.«[228]

Während der Beratergruppensitzung im September 1973 gab Lingner bekannt, daß die Kirchen in der DDR die Kirchen der EKD daran erinnert hätten, die »frühere Abmachung zwischen den Kirchen [...] bei der Ausreise von Pfarrern aus der DDR«[229] zu beachten.»Die Vertreter des Bundes weisen darauf hin, daß unter Pfarrern eine gewisse Unruhe über die Ausreise von bestimmten Pfarrern entstanden ist.«[230]

Im Blick auf die Sitzung des ÖRK-Zentralausschusses in Berlin-West gab es gewisse Ungereimtheiten. Obwohl der DDR-Jugenddelegierte, Diplom-Physiker Münnich[231], sich in den ökumenischen Gremien[232] vehement gegen den Tagungsort Berlin (West) ausgesprochen hatte, blieben Schönherr und die anderen Kirchenbundvertreter dabei, daß sie Münnich keine entsprechende Instruktion gegeben hätten und sie trotz erheblicher Bedenken des Staates bei ihrer Position blieben, keinen Einspruch gegen den Tagungsort zu erheben[233]. Lingner sah sich dennoch auf der Beratergruppensitzung am 19. Dezember 1973 veranlaßt, an die Kirchenbundvertreter die eindringliche Bitte zu richten, »von der Kirche aus jede Gegenpropaganda zu vermeiden«[234].

Staatlicherseits befürchtete man, Berlins Bischof Scharf habe es auf eine ökumenische Aufwertung West-Berlins abgesehen[235].

Im Juni 1973 legte der Facharbeitskreis III (Ökumenische Diakonie) des Kirchenbundes ein Papier mit dem Titel »Vietnam und wir«[236] vor, das in den Gemeinden der DDR verteilt werden sollte. Lingner war über den Inhalt so alarmiert, daß er an seinen Kollegen Erwin Wilkens von der EKD-Kirchenkanzlei in Hannover schrieb:

»Besonders diese Information bedrückt mich. Werden hier Tendenzen sichtbar, daß der Bund der Evangelischen Kirchen in der DDR in offiziellen Stellungnahmen sich zum Anwalt der DDR-Politik macht? Sie wissen, daß ich nicht zu denen gehöre, die in bezug auf das Vietnam-Problem Amerika von Schuld freisprechen möchten. Aber es scheint mir doch bedenklich zu sein, wenn in der Darstellung mit keinem Wort erwähnt wird, daß auch Nordvietnam an dem Krieg beteiligt gewesen ist. Ebenso läßt die Darstellung nicht erkennen, daß das Elend des Krieges durch beide kriegführenden Seiten hervorgerufen worden ist.«[237]

Auf der gemeinsamen Beratersitzung am 19. Dezember 1973 wurde daraufhin »die Frage erörtert, ob nicht eine gewisse Einseitigkeit in der Darstellung politischer Ereignisse auch aus den kirchlichen Verlautbarungen spricht«[238]. Offenbar kam man mit diesem Thema aber nicht weiter, sondern schob Lingner die Last der Argumentation zu, »für die nächste Zusammenkunft aufzuzeigen, in welchen Berichten oder Reden nach seiner Ansicht Einseitigkeiten zu verzeichnen sind«[239]. Nicht nur das Vietnam-Papier, auch die ebenfalls auf der Dezembersitzung vorliegenden Resolutionen der Moskauer Weltfriedenskonferenz ließen die Gefahr erkennen, »daß die offiziellen Beschlüsse und Erklärungen [...] die Grundlinien der ›pax sovjetica‹«[240] aufnahmen. Allerdings konnten in diesem Falle die Delegierten des Kirchenbundes auf ihre sehr beschränkten Einflußmöglichkeiten verweisen. Erst Anfang Februar 1974 antwortete Erwin Wilkens, der auch von Christa Lewek auf das Vietnam-Papier angesprochen worden war. Ohne die Vorlage zu kennen, schrieb der Lutheraner an den EKD-Mann in Berlin (West):

»Je einseitiger sich unsere Freunde in der DDR in politischen Stellungnahmen entwickeln, desto schwieriger wird ja auch eine konstruktive Kommunikation. Und vielleicht ist es ja auch Aufgabe der Kommunikation, einer solchen einseitigen Entwicklung wiederum entgegenzuwirken. Im Grunde genommen geht es dabei ja um die mich seit langem wieder neu beschäftigende Frage, bis zu welcher Grenze kirchliche Äußerungen in politischen Angelegenheiten kirchlich-theologisch legitimiert sind. Was nämlich kirchlich-theologisch nicht zu legitimieren ist, das sollten wir auch in kirchlichen Äußerungen nicht vertreten.«[241]

Auch innerhalb der DDR-Kirchen gab es scharfe Kritik. So schrieb Hermann Gerathewohl aus Langebrück, Kreis Dresden, Oberkirchenrat Heidler in einem nachträglichen Glückwunschschreiben zu dessen 65. Geburtstag neben einer Würdigung der Entspannungsbemühungen und der Brandtschen Ostpolitik:

»Erschütternd ist jedoch – BRD-Medien berichteten davon –, daß es kürzlich wieder zu einer Schießerei an der Mauer, der Staatsgrenze, kam, und zwar nur deshalb, weil Menschen aus der DDR nach Westberlin flüchten wollten. Hier wäre die Frage zu stellen, was denn unsere Evangelische Kirche zum Schießbefehl sagt, also zu dem, daß es durchaus möglich ist, Menschen abzuknallen wie Hunde, weil sie von einem ins andere Deutschland wollen, aus welchen Gründen auch immer. Für den Mord an der Staatsgrenze, lieber Bruder Heidler, gibt es für mich keine Rechtfertigung, die den Anspruch erheben könnte, humanistisch genannt zu werden. Wer so etwas begeht, macht sich in eindeutiger Weise an Menschen schuldig. Hier sollte unsere Evangelische Kirche nicht müde werden, Unrecht Unrecht zu nennen, um es beseitigen zu helfen. Zu intervenieren und vorstellig zu werden, wo immer dies nur möglich ist. Wir verstehen uns zu Recht – ich stehe voll und ganz dahinter – als Zeugnis- und Dienstgemeinschaft in der Ordnung der DDR, haben den Menschen in diesem Land das Evangelium Jesu Christi in Wort und Tat zu bezeugen. Dies schließt aber nicht aus, daß wir um der Menschen willen gegen Terror, gegen Brutalität und Grausamkeit, wer immer sie auch verüben mag, auftreten sollten. Freilich kann dies nicht in demonstrativer Absicht geschehen, sondern so, daß dabei unsere Bemühungen, Kirche Jesu Christi in der DDR zu sein, in positiver Hinsicht erkennbar werden. Ich bitte Sie, mir mitzuteilen, was seitens der Kirche, einer Lutherischen oder einer anderen, unternommen wurde, um in der makabren Angelegenheit bei Regierungsstellen vorstellig zu werden. Mit Akklamationen ist ja doch niemand geholfen, wohl aber, wenn man auf geschehenes Unrecht hinweist und mit den gegebenen Möglichkeiten versucht, dem Schießen an der Staatsgrenze einen Riegel vorzuschieben. Freilich wollen wir immer wieder versuchen, für die Menschen dazusein, auch wenn Nöte, Leiden und Kümmernisse auftreten. Hier ist unser konkreter Einsatz um Jesu willen gefordert.«[242]

Die Auseinanderentwicklung zwischen den Kirchen in beiden deutschen Staaten und die sich hieraus ergebenden Aspekte wurden auch in einem am 30. Oktober 1973 gefaßten Beschluß des SED-Politbüros thematisiert:

»Auf der Grundlage der allseitigen Stärkung der Deutschen Demokratischen Republik, der Entwicklung unserer sozialistischen Gesellschaftsordnung und der konsequenten Politik der Abgrenzung der sozialistischen DDR von der kapitalistischen BRD konnte in langwierigen Auseinandersetzungen mit und in den evangelischen Kirchen der DDR ihre organisatorisch-rechtliche Lostrennung von den Kirchen in der BRD, ihre Herauslösung aus der EKiD (Evangelische Kirche in Deutschland) und die Bildung eines eigenständigen Kirchenbundes durchgesetzt werden. Eine sehr positive Rolle nahm dabei Bischof Mitzenheim ein, der den Grundsatz vertrat: ›Die Grenzen des Staates sind auch die Grenzen kirchlicher Organisationsmöglichkeiten‹.

Diese neue Lage zwang die evangelischen Kirchen, sich mit der realen politischen und gesellschaftlichen Wirklichkeit, in der sie existieren, zu beschäftigen. Das führte vor allem bei den Leitungen der evangelischen Kirchen und des Kirchenbundes selbst zu Überlegungen über die Stellung der Kirchen in der sozialistischen Gesellschaft und zu einem Prozeß der Umorientierung auf die neue Lage. Dieser Prozeß verläuft in den Kirchen kompliziert und widersprüchlich. Er hat die Auseinandersetzungen zwischen den verschiedenen Kräftegruppierungen im BEK (Bund der Evangelischen Kirchen in der DDR), unter den leitenden Kräften in den acht evangelischen Landeskirchen verstärkt und in jüngster Zeit eine spürbare Zuspitzung erfahren.

Bei den die Entwicklung realistisch einschätzenden Führungskräften der evangelischen Kirchen, bei vielen Geistlichen finden die Friedenspolitik und die humanistische, dem Wohl des Menschen dienende Aufgabenstellung des VIII. Parteitages[243] Zustimmung, Anerkennung und Bereitschaft zur Mitarbeit. So hat der Bund mehrmals zu politischen Grundfragen wie der völkerrechtlichen Anerkennung der DDR, ihrer Aufnahme in die UNO, der Einberufung der Konferenz für Sicherheit und Zusammenarbeit positiv Stellung genommen. Leitende Geistliche des Bundes haben auch im kapitalistischen Ausland zu diesen Fragen klare Positionen bezogen und durch ihr Auftreten zur Popularisierung der DDR und ihrer Friedenspolitik beigetragen.

Während sich in der Zeit des kalten Krieges die kirchenleitenden Gremien gegenüber aktuellen politischen Fragen des Friedenskampfes zurückhaltend oder negativ verhielten, ist seit der Gründung des BEK ein positiveres Engagement unverkennbar. Die Teilnahme des Bundes durch zwei Bischöfe in der Delegation der DDR zum Weltkongreß der Friedenskräfte in Moskau macht diese Wandlung deutlich.

Eine weitere positive Seite dieser Entwicklung ist die vorbehaltlose Unterstützung des gegen den Rassenterror gerichteten Hilfsprogramms des Ökumenischen Rates der Kirchen (Weltkirchenrat) durch den Bund, das auch die Unterstützung derjenigen Befreiungsbewegungen vorsieht, die den bewaffneten Kampf führen. Insgesamt haben die im BEK zusammengeschlossenen Kirchen zwischen 1969 und 1972 *10 830 000,– Mark* aufgebracht, die sie über das Afro-asiatische Solidaritätskomitee bzw. das Rote Kreuz der DDR für die Unterstützung der DRV, des Volkes von Bangladesh, der Befreiungsbewegungen von Moçambique, Guinea-Bissau und Angola zur Verfügung stellten.

Diese Linie realistischer Kirchenvertreter beginnt sich in der letzten Zeit auch im Auftreten von leitenden Geistlichen aus der DDR im Weltkirchenrat und anderen ökumenischen Gremien auszuwirken. (Etwa 25 zum Teil wichtige Funktionen in den ökumenischen Leitungsgremien werden gegenwärtig von Kirchenvertretern aus der DDR besetzt.) Durch das gemeinsame und energische Auftreten des Vertreters der russisch-orthodoxen Kirche, Metropolit Juvenali, und des Oberlandeskirchenrates von Brück (Dresden) während der letzten Zentralausschußsitzung des Weltkirchenrates in Genf wurde erreicht, daß antisozialistische und antisowjetische Passagen aus einem zur Beratung stehenden Dokument zu Fragen der Gewalt entfernt wurden.[244]

Komplizierter als in Fragen der Friedenspolitik vollzieht sich der Prozeß, selbst bei diesen Kreisen, in bezug auf die sozialistische Gesellschaft und ihre Entwicklung in der DDR. Den evangelischen Kirchen und ihren Leitungen ist heute vollständig klar, daß die DDR ein dauerhafter, stabiler, festgefügter sozialistischer Staat ist. Mehrfach wurde offiziell erklärt, daß die in ihm zusammengeschlossenen Kirchen die sozialistische Gesellschaft als ›ihren Platz‹ und die DDR als ›ihren Staat‹ betrachten und für ›der Stadt Bestes‹ eintreten. Was bei manchen Kirchenführern nur bloße Worte sind, ist bei der übergroßen Mehrheit der Bürger christlichen Glaubens ehrliche Haltung. Sie arbeiten in den Betrieben, in der Landwirtschaft, in Institutionen aktiv mit an der Verwirklichung der Aufgaben, die der VIII. Parteitag stellte. Die Konferenz der Kirchenleitungen als oberstes Leitungsorgan des BEK hat erklärt, daß sie den Sozialismus im Vergleich zum Kapitalismus als die gerechtere Form des Zusammenlebens der Menschen betrachtet.

Diese erst im Anfang stehende positive Entwicklung unter kirchlichen Führungskräften und in Kirchenleitungen wird von reaktionären Kirchenvertretern angegriffen. Sie versuchen, einen Kurswechsel zu erzwingen. Bischof Schönherr, der selbst eine schwankende, opportunistische Haltung einnimmt, gab in persönlichen Aussprachen zu verstehen, daß er wegen bestimmter positiver Entscheidungen starker Kritik, ja Feindseligkeiten aus Kirchenkreisen ausgesetzt sei.

Die reaktionären Kreise in den Organen des Bundes und in den Leitungen der Landeskirchen suchen die Konfrontation mit dem Staat und betreiben eine Politik der Diskriminierung der DDR. Bischöfe wie Fränkel (Görlitz) und Krusche (Magdeburg) und ihre Anhänger versuchen, die neue internationale Stellung der DDR, ihre Aufnahme in die UNO sowie den Grundlagenvertrag auszunutzen, um Druck auszuüben sowohl zur Erweiterung des Spielraumes der Kirchen als auch zur ideologischen Diversion.

Diese reaktionären Kreise in den Kirchenleitungen richten ihre Hauptangriffe vor allem gegen den Bildungsinhalt und das Erziehungsziel der sozialistischen Schule, gegen die Erziehung der Jugend im Geiste des Marxismus-Leninismus. [...]

Solche Angriffe gegen die Bildungs- und Jugendpolitik der DDR gipfelten in der Behauptung einer angeblichen Bedrohung der Glaubens- und Gewissensfreiheit und der Einschränkung der Verfassung der DDR[245]. In der gleichen Richtung liegen jüngste kirchliche Stellungnahmen gegen das neue Jugendgesetz, dem man u. a. ideologisch-weltanschauliche Einseitigkeit vorwirft[246].

Bischöfe wie Schönherr und Braecklein[247], die keine Konfrontation mit dem Staat wollen, geben in diesen Fragen dem Druck reaktionärer Kräfte nach, mildern bestenfalls deren Angriffe, weisen sie aber nicht prinzipiell zurück.

Das Zurückweichen dieser Kreise hat eine seiner Ursachen auch in ihren eigenen Befürchtungen, daß durch die Erhöhung des Bildungsniveaus, die Ausrüstung der Jugend mit der wissenschaftlichen Weltanschauung der Arbeiterklasse und durch die Verstärkung der klassenmäßigen Erziehung der Jugend der Existenz der Kirchen Grundlagen entzogen werden und eine Generation heranwächst, die immer weniger Zugang zur Religion und zu den Kirchen findet. So erweisen sich diese kirchlichen Angriffe auf die sozialistische Bildungspolitik als ein Teil ihres Ringens um die Zukunft der Kirche.

In den evangelischen Kirchen in der DDR wirken acht evangelische Bischöfe. Sieben von ihnen wurden in den letzten Jahren neu gewählt. Vier der Bischöfe sind gerade 40 Jahre alt, so daß von einem Generationswechsel unter den kirchenleitenden Personen gesprochen werden kann. Für die Rolle dieser leitenden Geistlichen und deren politisch-ideologischen Standort ist zu beachten, daß drei der Bischöfe – D. Krusche (Magdeburg), D. Hempel (Dresden) und D. Fränkel (Görlitz) – ihre theologische Ausbildung in der BRD erhielten und um die 50er Jahre herum in die DDR übersiedelten. Krusche und Hempel nahmen hier zunächst in kirchlichen Ausbildungsstätten Lehrämter wahr, bevor sie in ihre jetzigen kirchenleitenden Funktionen gewählt wurden.

Ein Zentrum reaktionärer kirchenpolitischer Positionen und Aktivitäten ist eine Gruppe von kirchenleitenden Kräften im Konsistorium der Evangelischen Kirche der Kirchenprovinz Sachsen (Magdeburg) unter Bischof D. Krusche. Ihnen zur Seite stehen kirchenleitende Kräfte der Görlitzer Kirche unter Bischof D. Fränkel und dessen Stellvertreter Oberkonsistorialrat Juergensohn. Die Konzeption dieser reaktionären Gruppe ist darauf gerichtet, die Kirche gegen den Staat zu stellen. Die Kirche soll als ›kritisches Korrektiv‹ in der sozialistischen Gesellschaft wirken, eine Art ›Wächteramt‹ gegenüber Staat und Gesellschaft ausüben.

Mit diesen Positionen liierten sich auch eine Reihe kirchlicher Führungskräfte der Evangelisch-Lutherischen Landeskirche Sachsen (Dresden) mit Bischof D. Hempel. Diese Kreise sind auf einen politischen Kurs gerichtet, der sich gleichermaßen gegen die Politik unseres sozialistischen Staates wie auch gegen die Haltung und die Entscheidungen politisch vernünftiger kirchlicher Führungskräfte und Gremien richtet.

Einige Bischöfe lehnen diese Politik ab und wollen ein möglichst normales Verhältnis zwischen Staat und Kirche, wobei auch sie bestrebt sind, den ›Lebensraum der Kirchen‹ zu erhalten und, wenn möglich, zu erweitern. Dazu zählt – trotz vieler Schwankungen – der Vorsitzende des Bundes der Evangelischen Kirchen in der DDR, Bischof Schönherr. Er bemüht sich, einen eigenständigen Kurs der Kirchen in der DDR zu markieren und reaktionäre Vorstöße aus kirchlichen Kreisen abzuschwächen. Er verspricht sich von einer Konfrontation zwischen Staat und Kirche keinen Nutzen für die Kirche. Er möchte sich auch nicht die mit der Bildung des BEK erworbene selbständige ökumenische Position nehmen lassen. Andererseits gibt er häufig dem Druck reaktionärer Elemente aus den Leitungen und Apparaten der Kirchen in der DDR nach und versucht, seine kirchliche Autorität und Position durch Zugeständnisse an diese Kreise zu erhalten. Hinzu kommt, daß Bischof Schönherr auf Grund einer langen persönlichen Freundschaft mit dem Westberliner Bischof D. Scharf nach wie vor von ihm beeinflußt wird[248]. Scharf, der ein Vertreter der Brandt-Politik ist, versucht, die Westberliner Kirchenleitung zu einem Instrument der Infiltration dieser Politik gegenüber evangelischen Kirchenleitungen in der DDR auszubauen.

Der Schweriner Bischof Rathke und der Greifswalder Bischof Gienke sind ebenfalls an einer Konfrontation zwischen Staat und Kirche nicht interessiert und sind für eine konstruktive Mitarbeit an den humanistischen Aufgaben unseres Staates. Besonders Bischof Gienke hat sich in der letzten Zeit für diese Position stärker engagiert.

Beim Thüringischen Landesbischof D. Braecklein ist die Bereitschaft, sich für die Entwicklung guter Beziehungen zu den staatlichen Organen einzusetzen, am ausgeprägtesten. Man kann bei ihm und auch beim Dessauer Kirchenpräsidenten Natho das Bemühen feststellen, den Standort in der sozialistischen Gesellschaft der DDR und das Verhältnis ihrer Kirchen zum sozialistischen Staat positiv zu gestalten.

In den evangelischen Kirchen der DDR, besonders in Kreisen von Kirchenleitungen wirken jedoch weiterhin westliche Einflüsse, insbesondere Auffassungen des Sozialdemokratismus und der Brandt-Politik. [...]

Es geht aber den reaktionären Kreisen in den Kirchenleitungen um mehr; einige von ihnen treten im Mantel von ›Verbesserern des Sozialismus‹ auf, um gegen den real existierenden Sozialismus Stellung zu beziehen. [Falcke, Fränkel 30.3.1973][249] [...] [Kirchliches Mitspracherecht; Menschenrechte]

Die staatliche Souveränität der DDR wird, was mit der Position realistischer Politiker der SPD übereinstimmt, von keinem der Bischöfe mehr in Frage gestellt. Sie sind auch – mit Unterschieden – bereit, diese Positionen im Ausland zu vertreten. Gleichzeitig aber akzeptiert die Mehrheit die sozialdemokratische These von der Fortexistenz der ›einheitlichen deutschen Nation‹. Es wird unter Bezug auf sogenannte gemeinsame geistige und geschichtliche Traditionen die Entwicklung einer sozialistischen Nation bezweifelt.

Obwohl mit der Gründung des Kirchenbundes die organisatorisch-rechtliche Verselbständigung der evangelischen Kirchen in der DDR vollzogen worden ist, existieren und wirken gegenwärtig vielfältige Bindungen, Verbindungen, sogenannte Patenschafts- und andere -beziehungen zwischen den kirchlichen Institutionen beider deutscher Staaten weiter. Besonders seit dem Inkrafttreten des Grundlagenvertrages zwischen der DDR und der BRD wird von den Leitungen der Kirchen versucht, solche Kontakte zu festigen und bis in die Kirchengemeinden hinein effektiver zu gestalten. Sie sollen vor allem dazu genutzt werden, um den Einfluß auf Kirchenleitungen, ihre Apparate und Anhänger der Kirchen in der DDR zu erhalten und, wenn möglich, zu festigen. Im Zusammenhang mit Illusionen und von einigen Kirchenführern bewußt falschen Auslegungen zum Grundlagenvertrag wird die Trennung der Kirchen in der DDR von denen in der BRD als nicht endgültig interpretiert. Reaktionäre kirchenleitende Kreise versuchen damit die vollzogene organisatorisch-rechtliche Verselbständigung zu untergraben und ihre weitere Entwicklung zu hintertreiben.«[250]

Unterschiedliche Wahrnehmung der weltpolitischen Konflikte

Im Dezember 1973 beschloß der Rat der EKD für die Beratergruppe – entsprechend dem Vorschlag Lingners – eine neue personelle Zusammensetzung[251]. Der Gruppe gehörten jetzt als ständige Berater die Ratsmitglieder Kirchenpräsident Helmut Hild (Darmstadt), Landesbischof Eduard Lohse (Hannover) und Bischof Alfred Petersen (Kiel) an; außerdem Landesbischof Heintze (Wolfenbüttel), Oberkirchenrat Greifenstein (München) und Oberlandeskirchenrat Kaulitz (Wolfenbüttel). Da Konsistorialpräsident Georg Flor von der Evangelischen Kirche in Berlin-Brandenburg (Berlin-West) nicht wieder berufen worden war und er sich weigerte, gastweise teilzunehmen, war der Eklat da[252]. Lingner bat den Rat der EKD, Flor in die Beratergruppe nachzuberufen, was dieser auch sofort tat[253].

Während der Beratergruppen-Sitzung am 21. März 1974 berichtete Hild »über die Lage in Südafrika und die Bemühungen der EKD, eigene Aktivität auf diesem Gebiet zu entfalten; er gibt einen Überblick über die politischen Aspekte, soweit sie das Verhältnis von Kirche und Staat angehen. Dabei berichtet er über einen Besuch des Rates bei Bundespräsident Heinemann und legt dessen Sorgen dar«[254].

Der theologische Referent in der Kirchenkanzlei der EKU, Alfred Burgsmüller, berichtete von Tagungen, »die mit jungen Theologen aus der DDR und aus der BRD mehrtägig durchgeführt worden sind. Auf den Tagungen zeigte es sich, daß zwischen den Theologen aus der DDR und den Theologen aus der BRD Verstehensschwierigkeiten feststellbar sind. Die verschiedene Umwelt prägt die Menschen bis in ihr Vokabular.«[255]

Im Mittelpunkt der Begegnung stand das Referat Lingners zum Thema »Konkretes politisches Reden der Kirche« und die sich daran anschließende Aussprache. Aufgrund der Berichte und Stellungnahmen des seit fünf Jahren bestehenden Kirchenbundes suchte der EKD-Mann behutsam, aber nichtsdestoweniger deutlich, zu vermitteln, daß – auch unter Berücksichtigung der gesellschaftspolitisch schwierigen Situation – die Kirche im östlichen Deutschland zu Vorgängen außerhalb der DDR manchmal charakteristisch geredet und zu Vorgängen innerhalb der DDR gelegentlich ebenso charakteristisch geschwiegen habe:

»Nicht immer ist es in der Kirche gelungen, zwischen einer unkritischen Solidarität und einer bloßen Provokation einen dritten Weg des gesellschaftlichen Dialogs zu finden. Nicht geglückt ist eine ausgewogene Aussage in dem Papier ›Vietnam und wir‹, ebenfalls scheinen Stellungnahmen zu den Vorgängen in Chile nicht differenziert genug abgegeben worden zu sein. In beiden Fällen entsteht der Eindruck, als ob die staatliche Schelte von der Kirche nachgesprochen wird. Andere Beispiele gibt es, wo offensichtlich der Versuch unternommen worden ist, sozusagen unanstößig zu reden (zum Grundvertrag, zum Konflikt Israel/Arabien u. a.). Hervorgehoben werden muß aber die Klarheit, mit der in den kirchenleitenden Berichten bestimmte Themen innerhalb der DDR aufgenommen worden sind. Bei aller Vorsicht und aller Sachlichkeit lassen die Äußerungen an Deutlichkeit nicht zu wünschen übrig. Allerdings wird man fragen müssen, ob die Kirche zu allen Themen gesprochen hat, zu denen sie hätte sprechen sollen. Man wird hier darauf achten müssen, welche Fragen von den kirchlichen Vertretern nicht angesprochen, sozusagen ausgeklammert worden sind. Das Schweigen zu bestimmten Themen ist durchaus kennzeichnend. Selbstverständlich darf nicht übersehen werden, daß es gerade um der Möglichkeit einer deutlichen Rede willen töricht wäre, lediglich als nörgelnder Kritiker aufzutreten. Die Kirchen waren (als Kirche im Sozialismus) genötigt, positive Leistungen der DDR als solche hervorzuheben.«[256]

Eine deutliche Position zu der Vietnam-Thematik hatte der Leiter der EKU-Kanzlei, Pietz, am 8. Januar 1973 in einem Gespräch mit Hans Wilke und Hans Weise vertreten: »Im Ausland würde man ein Votum auch in der Frage der USA-Aggression in Vietnam als Pflichtübung ansehen.« Außerdem müsse man im Fall einer solchen Äußerung auch zu drängenden innenpolitischen Problemen wie Bildungsfragen und der Veranstaltungsverordnung klare Kritik äußern[257].

Gegenüber Braecklein kritisierte Hans Weise am 14. Dezember 1973 in einem Vier-Augen-Gespräch, daß die KKL sich bislang noch nicht deutlich zu den chilenischen Vorgängen geäußert habe[258]. Im September 1974 sollte die KKL den chilenischen Kirchen und Christen eine Solidaritätserklärung zukommen lassen, die auch im KKL-Bericht erwähnt wurde[259].

Folgt man Lingners Protokoll der Aussprache – immerhin ergab sich die Schwierigkeit, daß seine eigenen Ausführungen Gegenstand der Diskussion waren –, dann stimmten Krusche, Hempel und Schönherr seiner Analyse zu. Man habe seine »Beurteilung [...] für zutreffend gehalten«, notierte Lingner und gab wieder, daß die kirchenleitenden Persönlichkeiten aus der DDR es als bedrückend empfänden, daß ihre »Hauptaufgabe [...], das Evangelium glaubwürdig zu bekennen und zu bezeugen, durch ihre Stellungnahmen zu den Vorkommnissen in der DDR und in der Welt belastet«[260] würden. »Die Glaubwürdigkeit ihrer Evangeliumsverkündigung wird immer wieder gemessen an ihrer Aufrichtigkeit in ihren Stellungnahmen zu den Tagesfragen von Politik und Gesellschaft.«[261]

Der sächsische Landesbischof Hempel hatte am 22. April 1974 in einem Gespräch mit dem Stellvertreter des Vorsitzenden für Inneres beim RdB Dresden, Ullmann, bei dem auch die sächsischen LKA-Vertreter Ulrich von Brück, Kurt Johannes sowie von staatlicher Seite Horst Dohle zugegen waren, betont:

»Ich hoffe, daß Sie meinen Satz [...] verstanden haben, daß die Kirche auf einer letzten Freiheit von allen Bindungen bestehen muß, auch von staatlichen Bindungen. Es wird wohl deshalb auch künftig immer einmal Konfliktfälle geben. Wir sehen aber tatsächlich für uns eine gewisse Gefahr der ideologischen Vereinnahmung.«[262]

Die Reaktionen der kirchenleitenden Persönlichkeiten, die auch anmerkten, sie müßten dafür Sorge tragen, daß sie ihre praktischen Möglichkeiten zur Hilfeleistung nicht durch unbedachte Stellungnahmen verspielten, deuteten bereits den Weg an, den sie beschreiten mußten, um Dissonanzen zwischen ihrem Verhalten und der Außenwahrnehmung dieses Verhaltens zu überwinden. Erklärte nicht die sich zunehmend abzeichnende sachliche Übereinstimmung des Kirchenbundes mit dem außen- und innenpolitischen »Friedenshandeln« der DDR einerseits und die Hinneigung der Westkirche zum »aggressiven« »kapitalistischen« Gesellschaftsmodell andererseits einen gut Teil der wahrgenommenen Differenzen? Und welche Kirche war in ihrem Reden letztlich glaubwürdiger? Diejenige, die von dem in ihrem Bereich herrschenden Gesellschaftssystem weltanschaulich wie materiell profitierte, oder die andere, die sich in einer »ideologischen Diasporasituation« ohne materielle Unterstützung durch ihren Staat behaupten mußte? Darüber hinaus gab es nicht wenige Stimmen aus dem Westen, die den Kirchenbund in seiner Beurteilung der weltpolitischen Konflikte noch bestärkten.

Davon, daß das Leben im SED-Staat sich auch hinsichtlich der Wahrnehmung des anderen politischen Lagers entscheidend bemerkbar machte, zeugt eine Äußerung des Greifswalder Bischofs Gienke über eine USA-Reise gegenüber dem Stellvertreter des Vorsitzenden für Inneres beim RdB Rostock, Steinbach. Gienke erklärte,

»daß er aus den USA mit Sorge über die politische Entwicklung in diesem Land zurückgekommen sei. Er ist zu der Erkenntnis gelangt, daß die USA ein unstabiler Faktor in der Weltpolitik ist. Er könne die Publikationen, die bei uns über die USA verbreitet würden, nur bestätigen. Nach seinen Eindrücken ist die USA ein reiches Land, aber dieser Reichtum konzentriert sich in den Händen weniger. Es gäbe einen krassen Unterschied zwischen arm und reich. Technisch würde in den USA viel geschaffen, aber auf menschlich-humanistischem Gebiet wird durch die Gesellschaft nichts getan. Daher wären die Kirchen in den USA bemüht, das Kapital zu maßvollem Handeln gegenüber den Ausgebeuteten im eigenen Land und in den Entwicklungsländern zu veranlassen. Alle Bemühungen der Kirchen in den USA für Frieden, Antirassismus und Beseitigung der Armut hätten nur geringe politische Auswirkungen, weil die Kirchen in diesem Land sehr zersplittert sind und keine gesellschaftliche Breite erreichen.«[263]

Dem staatlichen Protokoll zufolge sagte Sachsens Landesbischof Hempel am 10. Januar 1975 gar:

»Ich war kürzlich in Dänemark und weiß auch aus anderen kapitalistischen Ländern, wie katastrophal die Lage ist. Die DDR ist stark und reich.«[264]

In einem Kontaktgespräch zwischen den kirchlichen Dienststellen Berlins am 23. September 1974, an dem Stolpe, Behm, Helmut Zeddies, Christa Grengel und Olaf Lingner teilnahmen, machte die für Gemeindeaufbau zuständige Referentin im Sekretariat des Bundes deutlich, »daß bei den Referenten des Bundes Vorbehalte gegen die Tätigkeit der Beratergruppe bestehen«[265].

»Eine gewisse Enttäuschung darüber, daß von der Beratergruppe keine Anregungen ausgehen, sei spürbar. Man erwarte eigentlich, daß die Beratergruppe stärker auf die Arbeit des Sekretariats des Bundes mit seinen Kommissionen, Ausschüssen und Facharbeitskreisen eingeht. Eine gewisse Organisation der Beteiligung von EKD-Kirchen an den Arbeiten des Bundes müsse doch möglich sein. Im übrigen sei es durchaus so, daß westliche Teilnehmer in den Ausschüssen und Kommissionen mitarbeiten. Diese aber stehen in keiner Verbindung zur Kirchenkanzlei der EKD oder zur Beratergruppe. Bezeichnend sei z. B., daß OKR Stolpe sich in zunehmendem Maße aus der Beratergruppe zurückzieht. Dies sei ein Hinweis dafür, daß er von der Beratergruppe keine wesentlichen Anstöße für die Arbeit des Bundes erwartet.«[266]

Aus einer Gesprächsskizze für eine Besprechung mit dem Sekretariat des Bundes geht hervor, daß gemeinsame Anliegen, die einer Erörterung und Abstimmung zwischen dem Kirchenbund und der EKD bedurft hätten, erst so spät ins Gespräch gekommen waren, daß die Ergebnisse nicht mehr hatten aufgenommen werden können. Daraus abgeleitet wurden eine Reihe von Fragen gestellt, die auf eine rückhaltlose Klärung der Verhältnisse abzielten[267]. So stellte man die Beratergruppe als Gesprächsforum ebenso zur Disposition wie den für die Treffen Verantwortlichen. Andererseits wurde gefragt, ob die Praktizierung einer »geordneten Partnerschaft« wirklich gewünscht werde, ob es eine Illusion sei, daß es »gemeinsame Anliegen« gäbe und ob der Bund »Informationen nicht preisgeben« wolle, weil er meine, sich vor deren Mißbrauch schützen zu müssen. Das Papier schließt mit einem Appell an die Verantwortlichen, sich zu einer klaren Regelung durchzuringen. Von großer Bedeutung scheint der Satz: »Das Ziel einer gemeinsamen Beratung von Sachanliegen muß nicht in jedem Fall die Erarbeitung gemeinsamer Ansichten sein. Es kann auch nützlich sein, einen Dissens in Sachfragen festzustellen und zu begründen.«[268] Wahrscheinlich lag das Problem in der ersten Phase des Bestehens zweier Kirchenbünde gerade in dem Bemühen beider Seiten, die schwierige Partnerschaft nicht durch das Hervortreten allzu großer Gegensätze weiter belasten zu wollen.

Am 6. November 1974 fand im Sekretariat des Kirchenbundes eine Aussprache über Funktion, Aufgabe und Arbeitsweise des Kirchenbundes statt[269], in deren Verlauf man sich die »Gesprächsskizze« inhaltlich zu eigen machte. »Übereinstimmung bestand darin«, so heißt es gleich eingangs, »daß der derzeitige Zustand unbefriedigend ist, daß aber der Beratergruppe bei richtigem Funktionieren eine wesentliche Bedeutung für beide Seiten zukommen kann.«[270] Gefordert wurden eine langfristige Planung, die Befassung mit Themen, die beide Bünde vereinbaren sollten, eine klare personelle Zusammensetzung und eine angemessene Auswertung.

Offensichtlich ging die Unzufriedenheit mit der Beratergruppe auf beiden Seiten nicht so weit, zur Pflege der »besonderen Gemeinschaft« eine völlige Neukonstruktion anzuregen.

Differenzen und Übereinstimmungen in der Menschenrechtsfrage

Unabhängig von diesen Grundsatzüberlegungen im Hintergrund hatte die Beratergruppe ihre Sitzung vom 1. Oktober 1974 dazu genutzt, um eine Konsultation der ÖRK-»Kommission der Kirchen für Internationale Angelegenheiten«, die vom 21. bis 26. Oktober in St. Pölten/Österreich stattfinden sollte[271], vorzubereiten. Es ging um die brisante Frage der Menschenrechte. Aus beiden Bereichen waren Fachleute hinzugezogen worden. Zur Vorbereitung hatte man den Teilnehmern die Thesenreihe der EKD-Kammer für Öffentliche Verantwortung[272] und das Arbeitsergebnis des Theologischen Studienausschusses des Nationalkomitees des Lutherischen Weltbundes in der DDR »Sorge um eine menschliche Welt – Normativität und Relativität der Menschenrechte«[273] zugesandt. Ulrich Scheuner, der seit 1948 als EKD-Sachverständiger für diesen Themenkomplex tätig war, führte in das Thema ein[274]. Er wies darauf hin, daß die Diskussion sehr stark von den jungen Kirchen in Afrika und Lateinamerika geprägt sein werde und daß die Kirchen der sozialistischen Welt die revolutionären Bestrebungen der Schwesterkirchen in der Dritten Welt unterstützten. Allerdings gebe es zwischen der Zweiten und Dritten Welt hinsichtlich der Durchsetzung von Menschenrechten auch Differenzen. Während die sozialistischen Staaten davon ausgingen, daß die Gestaltung und Gewährung der Menschenrechte ausschließlich in die nationale Verantwortung gehöre, wünschten viele Vertreter aus der Ersten und der Dritten Welt eine internationale Garantie der Menschenrechte.

»Die Überzeugung hat sich überall durchgesetzt, daß die unterschiedlichen Lebensbedingungen zu einer unterschiedlichen Gestalt und Verwirklichung der Menschenrechte führen. Auch die Prioritäten werden jeweils anders zu setzen sein. Die staatliche und lebensbedingte Wirklichkeit kann also nicht von der Konkretion der jeweiligen Menschenrechte absehen. Ebenso gehört es heute zu der gemeinsamen Überzeugung, daß die einzelnen Menschenrechte, ihre Gestaltung und Interpretation, der geschichtlichen Bedingtheit unterliegen. Sie sind in gewisser Weise relativ. Es ist bekannt, daß im westlichen Europa (von England ausgehend) die Menschenrechte als individuelle Rechte der einzelnen gegenüber dem Staat verstanden worden sind; in den letzten Jahren hat man auch im westlichen Teil Europas erkannt, daß die soziale Frage unter dem Aspekt des Menschenrechtsgedankens (Gleichheit) eine steigende Bedeutung hat. Die sozialistischen Staaten haben von ihrem Denken her die Menschenrechte stets gesellschaftsbezogen gesehen. Die Menschenrechte sind nach Sicht der sozialistischen Staaten von der Gesellschaft zu garantierende und zu verwirklichende Rechte ökonomischer, kultureller und politischer Natur. Hier zeichnen sich Annäherungen ab. In St. Pölten wird die Frage nach den Formen der Durchsetzung der Menschenrechte eine besondere Rolle spielen. In diesem Zusammenhang führt kein Weg an der Frage der Gewaltanwendung vorbei.«[275]

Hier manifestierte sich der Gedanke einer grundsätzlichen Gleichrangigkeit von individuellen und sozialen Menschenrechten, wobei man unterstellte, die unaufhebbare Spannung zwischen beiden Grundrechten sei in der Ersten Welt zu Lasten der sozialen, in der Zweiten aber zu Lasten der individuellen Menschenrechte entschieden worden.

Der zweite EKD-Sachverständige, der Bonner Systematische Theologe

Martin Honecker, hob in seiner Erläuterung der von der Kammer für Öffentliche Verantwortung erarbeiteten Thesenreihe hervor, daß sich in der Bundesrepublik die Grundrechte über individualrechtliche Ansätze hinaus entwickelt hätten. Auch das EKD-Papier anerkannte die Legitimität einer Ausgestaltung und Wandlung der Menschenrechte entsprechend den historisch-gesellschaftlichen Entwicklungen und Bedingungen.

Zeddies erläuterte die Vorlage des Theologischen Studienausschusses, Christa Lewek berichtete über die Arbeit einer ad-hoc-Gruppe des Kirchenbundes, die auf einer Expertise des Theologischen Studienausschusses, der sich in drei Unterausschüssen mit dem Thema befaßt hatte, fußte[276]. Für die Unterausschüsse berichteten Semper, Sabine Rackow und Günter Krusche.

Da das EKD-Papier, von Honecker ausdrücklich als erste Überlegungen relativiert, verhältnismäßig wenig hergab, fanden die ausführlichen theologischen Reflexionen aus dem östlichen Deutschland in der anschließenden Diskussion um so mehr Anerkennung. Unter Berufung auf Luthers Haltung im Bauernkrieg[277] betonten die Teilnehmer, daß Christen vor allem für die Durchsetzung der Rechte anderer, nicht der eigenen einzutreten hätten.

Die abschließende Beurteilung Lingners läßt Kritik an Inhalt und Verlauf des Gedankenaustausches nicht erkennen – im Gegenteil:

»Die Arbeiten in der DDR haben nachdrücklich gezeigt, daß die Vertreter der Kirchen sehr wohl um die Nöte von einzelnen (besonders Christen) wissen und reden, die unter den gesellschaftlichen Zwängen und dem staatlichen Druck leiden. Sie wissen darum, daß Verletzungen der Menschenrechte hingenommen werden. Wahrscheinlich werden die anderen Kirchen in den sozialistischen Ländern mit dieser Klarheit die Defizite im eigenen Lande nicht sehen, nicht zugestehen, jedenfalls nicht darstellen. Es wäre darum falsch zu meinen, daß insoweit zwischen den Kirchen in der DDR und den Kirchen der EKD Gegensätze in der Beurteilung der Menschenrechtsfrage bestehen. Man wird in der EKD zugeben müssen, daß die Menschenrechtsverletzungen in der DDR, die im wesentlichen Randgruppen treffen (Christen), qualitativ und quantitativ nicht mit denen zu vergleichen sind, die z. B. in Südafrika oder in Chile vorkommen. Das eigentliche Problem im Zusammenhang mit den Menschenrechten würde verschüttet, wenn eine Gegensätzlichkeit zwischen den Kirchen der EKD und den Kirchen in der DDR künstlich hochgezüchtet würde. Sie gibt es im Grunde nicht.«[278]

Scheuners Aufzeichnungen halten immerhin offenbar vorhandene Differenzen fest, die er – ohne irgendeine Wertung vorzunehmen – auf Standortbindungen im Kontext verschiedener politischer Systeme zurückführt:

»Im Ergebnis trat hervor, daß bei Unterschieden, die sich aus der verschiedenen gesellschaftlichen Lage in der BRD und DDR ergeben, doch auch gemeinsame Grundlagen über die theologischen Überlegungen hinaus bestehen.«[279]

Das Menschenrechtspapier der lutherischen DDR-Kommission war von staatlicher Seite auf scharfe Kritik gestoßen. Hans Weise bezeichnete die Handreichung gegenüber Oberkirchenrat Heidler als ein ›Pamphlet‹, das auch in der Ökumene auf Kritik stoße. Insgesamt nehme es mit der Formel von der »kritischen Solidarität« einen Hauptgedanken des Dresdner Falcke-Referats wieder auf. »Es sei ihm unverständlich, daß die lutherischen Kirchen sich mit einem solchen Dokument an die Öffentlichkeit wagten«, insbesondere ohne zuvor mit dem Staatssekretariat Rücksprache genommen zu haben. »Der Kern der [staatlichen] Kritik sei darin zu sehen, daß die Handreichung eine Einmischung in die innen- und außenpolitischen Angelegenheiten der DDR darstelle.« Fitzner bemerkte, »das Ganze der Studie erinnere an die Ereignisse in der ČSSR 1968. Aber der Sozialismus werde nicht in Frage gestellt werden können, schon gar nicht durch diese Studie. Diese Studie mache einer Kirche im Sozialismus keine Ehre. [...] Weise betonte, der Staat wolle, daß die Kirche Kirche bleibe und sich nicht in die innen- und außenpolitischen Angelegenheiten des Staates einmische.«

Heidler »verwies [...] auf die lutherische Zwei-Reiche-Lehre und sagte, daß der Staat seine Kompetenz überschreite, wenn er über seinen Auftrag hinausgehe und die Menschen ideologisch formen wolle. Der Staat habe den Auftrag, das äußere Leben der Menschen in Gerechtigkeit und Frieden zu erhalten; die Kirche habe den Auftrag, den Menschen den Sinn des Lebens zu vermitteln, der in einem Leben im Glauben an Gott liege. Da dieser Gott auch Herr über das Reich der Welterhaltung sei, müsse die Kirche den Willen Gottes auch für diesen Bereich verkünden. Aber damit sei keine politische Absicht der Diffamierung des sozialistischen Staates und der Gesellschaftsordnung verbunden. [...] Ich [Heidler] versuchte deutlich zu machen, daß wir Christen differenzieren zwischen der wirtschaftlichen, gesellschaftlichen, politischen Seite des Sozialismus einerseits und der atheistischen Ideologie, dem dialektischen und historischen Materialismus, andererseits. Wenn wir uns gegen letzteren wenden, weil er den Menschen zur Daseinsverfehlung erziehe, so bedeute das nicht, daß wir uns gegen die sozialistische Weltgestaltung wenden. [...] Weise erwiderte, der Kern der Studie sei eine Distanzierung von der Gesellschaft, der mit einer theologischen Hülle umgeben werde.«[280]

Insgesamt beurteilte man staatlicherseits die Menschenrechtsdebatte mit deutlichem Mißtrauen gegenüber der Kirche:

»Die Kirchen versuchen ihre Positionen in den letzten Jahren durch ein verstärktes ›Engagement‹ für Menschenrechte zu festigen. Sie geben sich dabei den Anschein, die humanitären Interessen aller Menschen zu vertreten, obwohl es ihnen insbesondere um Rechte für die Tätigkeit der Kirchen geht. Vor allem soll den Kirchen in den sozialistischen Staaten der Spielraum erweitert werden.«[281]

Leuenberger Konkordie und Kirchwerdung des BEK

Zur Vorbereitung auf die Beratergruppe am 17. Dezember 1974 versandte Lingner einen ausführlichen Brief an deren westliche Mitglieder. Darin behandelte er insbesondere die Arbeitsergebnisse des Ausschusses Kirchengemeinschaft zur Frage der Kirchwerdung des Bundes. Unter dem Titel »Zwischen Konkordie und Kirche«[282] reflektierte der Kirchenbund-Ausschuß darin die Konsequenzen der Zustimmung aller Gliedkirchen des Bundes zur Leuenberger Konkordie. Im abschließenden theologischen Urteil des Arbeitsberichtes heißt es:

»Die ekklesiologische Problematik des Bundes kann [...] nicht aus den noch fortwirkenden Kräften der zu Ende gehenden Epoche des Konfessionalismus und der durch sie geformten Geschichte evangelischer Einigungsbemühungen ihre Lösung finden, sondern nur vom Anbruch ökumenischer Wiederbegegnung her. Um Kirche zu sein, muß der Bund weder den Anforderungen einer Bekenntniskirche entsprechen noch darf er Bekenntnis verneinen. Er braucht also weder durch eine Lehrerklärung konstituiert zu werden noch auf Lehrerklärungen zu verzichten. Sein Kirchencharakter muß verstanden werden als Teilverwirklichung eines verpflichtenden Zusammenlebens von Kirchen«[283].

Indem der Kirchenbund darauf hinarbeitete, theologische Ergebnisse aus der Leuenberger Konkordie im Blick auf sein Kirchenverständnis zu ziehen und indem er den »nichtdogmatischen Faktoren« in ihrer gestaltenden Kraft eine erhebliche Bedeutung beimaß, steuerte er konsequent auf einen engeren Zusammenschluß der DDR-Kirchen hin – zur »Vereinigten Evangelischen Kirche«[284]. Für die Teilnehmer aus der Bundesrepublik waren diese Überlegungen auch vor dem Hintergrund eigener Bemühungen um eine Reform der EKD von erheblichem Gewicht[285]. Doch wegen ungenügender Vorbereitung und weil die Fachleute für diesen Komplex an einer Sitzung des gleichzeitig anberaumten Ausschusses Kirchengemeinschaft teilnehmen mußten, wurde das Thema für die Begegnung am 17. Dezember abgesetzt.

Auf der Märztagung des folgenden Jahres fragten die EKD-Vertreter unter Berücksichtigung eigener Erfahrungen dann erstaunt, »ob es nicht auch in der DDR so etwas wie Angst vor einer Zentralisation der kirchlichen Arbeit gäbe«[286] und ob keine Schwierigkeiten zwischen den Landeskirchen aufträten. Stolpe äußerte im Blick auf die Leuenberger Konkordie und die folgenden Lehrgespräche, daß diese »eine politische Relevanz hätten und von den staatlichen Stellen mit Mißtrauen betrachtet würden«. Damit markierte er die unterschiedliche Problemstellung zwischen beiden Kirchenbünden: Während die EKD unter inneren kirchenpolitisch-theologischen Friktionen litt, bildete für den Kirchenbund die argwöhnische Kontrolle durch den SED-Staat das Kernproblem innerkirchlicher Reformversuche.

Am 17. Juni 1975 fand eine gemeinsame Beratung des Rates der EKU-Bereich DDR- und der Kirchenleitung der VELK DDR in Berlin statt. Während dieser Sitzung kritisierte Superintendent Werner Leich, Lobenstein, an dem obengenannten Dokument, der »ekklesiologische Stellenwert der Leuenberger Konkordie werde entgegen ihrer eigenen Intention überzogen. Die Schlußfolgerungen, die der Ausschuß aus der Konkordie für die Kirchwerdung des Bundes gezogen habe, seien kritisch zu befragen.« Positiv war hingegen die Wertung auf seiten der EKU[287].

Die Fünfte Vollversammlung des ÖRK in Nairobi (1975)

Christa Lewek berichtete auf der Dezembersitzung 1974 den »Beratern« über die Eindrücke der DDR-Teilnehmer von der Menschenrechtskonsultation in St. Pölten[288]. Als positiven Ertrag bewertete man den Versuch, die Alternative zwischen den kollektiven oder sozialen und den individuellen Menschenrechten aufzulösen.

»In diesem Zusammenhang ist – nicht unbestritten – festgestellt, daß es in Situationen gesellschaftlichen Wandels, die zu mehr Menschlichkeit in einer Gesellschaft führen sollen, dazu kommen kann, daß Rechte ›weniger betont‹ werden. Insbesondere könnte das Recht auf Freizügigkeit und Information gewissen Einschränkungen unterliegen.«[289]

Damit sanktionierte der ÖRK eine Suspendierung von Menschenrechten im höheren Interesse eines angeblich humanistischen »gesellschaftlichen Wandels«. Mit diesem »Ertrag« paßte die Feststellung zusammen, in St. Pölten habe »offensichtlich kein Interesse [bestanden], die Menschenrechtsverwirklichung oder Menschenrechtsverletzungen in den sozialistischen Ländern zu erörtern«[290].

Der Ökumene-Referent des Kirchenbundes, Pabst, berichtete über die Vorbereitungen für die Fünfte Vollversammlung des ÖRK in Nairobi 1975[291]. Schönherr informierte darüber, es stehe zu erwarten, »daß die Kirchen in den sozialistischen Ländern [...] mit den Kirchen in der DDR Kontakt aufnehmen werden, um gemeinsame Fragen in bezug auf die Tagung in Nairobi abzustimmen«[292].

Was das hieß, geht aus einem sowjetischen Geheimdienstbericht hervor. Die Kirchen des Ostblocks sollten auf die »Nichtzulassung der Annahme von Problemen [...] orientiert« werden, »die sich nachhaltig für unsere Staaten auswirken können, wie z. B. [...] Fragen der Menschenrechte wie auch [...] die beiderseitigen Bemühungen zum Vordringen unserer Staaten in die verschiedensten Organe und den Apparat des ÖRK.«[293]

Eine Konsultation mit den Delegierten aus der EKD, so die Kirchenbund-Leute, werde »zwar für nützlich, aber aus terminlichen Gründen für kaum durchführbar gehalten«[294]. Doch Lingner mahnte eindringlich:

»Wenn mich nicht alles täuscht, muß auf jeden Fall vermieden werden, daß die Thematik von Nairobi zwischen den Kirchen der EKD und den Kirchen in der DDR ebenso belastend wird wie die Thematik des Antirassismusprogramms. Wenn schon gegensätzliche Auffassungen möglich und wahrscheinlich sind, sollten sie vorher soweit abgeklärt werden, daß die Kirchen weder von politischen noch von kirchlichen Stellen gegeneinander ausgespielt werden können. Mir ist völlig bewußt, daß von Frankfurt aus die Verbindung zu den Kirchen in der DDR weder gehalten werden kann noch gehalten werden sollte. Die Zuständigkeit insoweit liegt bei der Kirchenkanzlei, Berliner Stelle. Die Zuständigkeit sollte auch beachtet werden. Seit geraumer Zeit vertritt für die EKD ökumenische Fragen im Bund Oberkirchenrat Groscurth von der Kirchenkanzlei der EKU. Ich meine, daß ein Weg gefunden werden kann und muß, der eine Abstimmung bei der Vorbereitung der Tagung in Nairobi zwischen den Kirchen der EKD und den Kirchen des Bundes ermöglicht.«[295]

Daraufhin zeigte sich der Kirchenbund auf der Sitzung am 25. März 1975 an einem gemeinsamen Vorbereitungstreffen der Delegationen von EKD und Kirchenbund interessiert[296]. Die anvisierte Begegnung fand am 29. und 30. August 1975 dann auch in Form einer Konsultation statt und verlief spannungsfrei.[297]

Schließlich gab Schönherr bekannt, daß der Bischofskonvent des Bundes an Bischof Claß (Württemberg) ein Schreiben gerichtet habe, das die Ausreise von Pfarrern aus der DDR zum Gegenstand habe[298].

Leweks unkritischer Bericht über St. Pölten gelangte über Lingner an Wilkens. Dieser erhob in einem Schreiben vom 24. Februar 1975 geharnischten Protest[299], den Lingner in einem Brief an Schönherr weitergab.

»Eine solche Alternative [soziale versus individuelle Menschenrechte] verzerrt nach Meinung der westlichen Beobachter die eigentliche Problematik. Auch diejenigen, die in der europäischen Tradition des Menschenrechtsverständnisses stehen, haben längst das aufgenommen, was man abgekürzt die ›sozialen Menschenrechte‹ nennen kann [...] Wilkens meint, daß in Genf eine Tendenz spürbar sei, die eigentliche Problematik der Menschenrechte zugunsten allgemeiner politischer und gesellschaftspolitischer Postulate zu verfälschen.«[300]

Am 14. Januar 1975 mußte Lingner den Mitgliedern der Beratergruppe mitteilen, daß sein Vortrag vor der Kammer für öffentliche Verantwortung im Kirchenbund auf lebhaftes Mißfallen gestoßen war.

»In der Zwischenzeit ist mir von einigen Herren in der DDR gesagt worden, daß sie über diesen Vortrag sehr betroffen sind. Sie halten ihn für eine jedenfalls teilweise Verzeichnung der Motivation kirchlicher Äußerungen in der DDR. Außerdem glauben sie, daß ihre Bereitschaft zum Dialog mit den Kirchen in der EKD von mir unterschätzt worden ist.«[301]

Ungeachtet der »Termingründe«, die Schönherr schon Mitte Dezember 1974 als Hindernis für eine gemeinsame Konsultation der Nairobi-Delegierten aus der DDR und denen aus der Bundesrepublik genannt hatte, war die Vereinbarung zustandegekommen, sich am 30. April 1975 zu treffen. Doch Anfang März 1975 platzte die geplante Begegnung. Stolpe nannte als Grund für die Absage eine Anfrage des ZDF, ob es das gemeinsame Treffen aufzeichnen und kommentierend auswerten könne. Lingner nutzte die irgendwie zustandegekommene Indiskretion, um darauf hinzuweisen, daß für die Herstellung von Verbindungen zwischen beiden Kirchenbünden allein seine Dienststelle zuständig sei und daß die Regierung der DDR die zwischenkirchlichen Kontakte »mit zunehmendem Mißtrauen«[302] verfolge. Mit vorgeschobenen Gründen würden gemeinsame kirchliche Sitzungen abgesagt, und aufgrund der Verteilung der Dokumentation über die Kirchen in den sozialistischen Ländern in St. Pölten stünde zu befürchten, daß »Vertreter der e[va]ng[e]lischen Kirche nur noch sehr schwer eine Einreise in die DDR erhalten werden«[303].

Erst Ende August 1975 kam es dann endlich doch noch zu dem »Erfahrungsaustausch« der Nairobi-Delegierten aus der EKD und dem Kirchenbund, den Uwe-Peter Heidingsfeld in einem vertraulichen Vermerk trotz aufgetretener Differenzen um Antirassismusprogramm und anderen Fragen insgesamt positiv bewertete – unter anderem, weil von vornherein klar gewesen sei, daß die Begegnung »keiner Absprache hinsichtlich der Behandlung bestimmter Themen in Nairobi« habe dienen sollen[304].

Am 8. Dezember 1975 legte der Weisungsausschuß für Grundsatzfragen der ÖRK-Vollversammlung unter anderem eine Resolution zum KSZE-Abkommen zur Debatte und Abstimmung vor. Der Schweizer Jacques Rossel beantragte, darin unterstützt von dem Schotten Richard Holloway, folgenden Zusatz:

»Der Ökumenische Rat der Kirchen ist besorgt über die Einschränkungen der Religionsfreiheit, besonders in der Sowjetunion. Die Vollversammlung bittet die Regierung der UdSSR mit vollem Respekt, Punkt sieben der Grundsätze von Helsinki in Kraft treten zu lassen.«[305]

Damit war genau die Situation – unter Einschluß des brisanten Themas – da, auf die hin der sowjetische Geheimdienstbericht seine Vorbereitungen getroffen hatte. Sofort sprachen sich die Metropoliten Juvenaly und Nikodim von der russisch-orthodoxen Kirche gegen die Änderung aus. Nach heftigen Auseinandersetzungen wurde schließlich die ganze Vorlage an den Ausschuß zurücküberwiesen und diesem der Auftrag erteilt, einen Text zu erarbeiten, der konsensfähig sei. Tags darauf lag ein solcher Text vor. Auch er wurde lebhaft diskutiert und schließlich verabschiedet, wobei sich die russisch-orthodoxe Delegation der Stimme enthielt – nicht wegen des Inhalts, sondern aus Mißbilligung über den ganzen Vorgang. In dem neuen Text hieß es nun:

»Die Vollversammlung hat auf die Debatte über die angebliche Verweigerung der Religionsfreiheit in der UdSSR beträchtliche Zeit verwandt. [...] Die Vollversammlung stellt fest, daß die Kirchen in den verschiedenen Teilen Europas unter ganz unterschiedlichen Bedingungen leben und wirken [...] Die Solidarität aus dem Glauben an unseren gemeinsamen Herrn ermöglicht es Christen, Freude und Leid miteinander zu teilen, und verpflichtet sie, sich gegenseitig zu korrigieren. Christen dürfen nicht schweigen, wenn andere Glieder des Leibes Christi, wo immer in der Welt, Probleme zu bewältigen haben. Was immer auch gesagt oder getan wird, muß jedoch aus gegenseitiger Beratung hervorgehen und Ausdruck christlicher Liebe sein.«[306]

Das Staatssekretariat für Kirchenfragen gelangte über das Verhalten der DDR-Delegation in Nairobi zu einer ausgesprochen positiven Einschätzung:

»Soweit bekannt, hielt sich die Delegation an die durch den Staatssekretär (MfAA) anläßlich ihrer Verabschiedung gegebene politische Linie. Die Delegationsmitglieder traten in Nairobi bewußt als Vertreter der Kirchen in der DDR auf und wiesen die Versuche der BRD-Delegation, sich ›gesamtdeutsch‹ vereinnahmen zu lassen, zurück. In wichtigen politischen Fragen, zu denen entsprechende Abstimmungen im Plenum erforderlich waren, entschieden sich die Kirchenvertreter der DDR im progressiven Sinne. Dies wurde vor allem zum Komplex ›Antirassismusprogramm‹ deutlich, für dessen uneingeschränkte Fortsetzung sich die Delegation aktiv einsetzte. Hervorzuheben ist hierbei das positive Engagement von Elisabeth *Adler* (Berlin), die als stellvertretende Vorsitzende der Subsektion ›Rassismus‹ tätig war[307]. Das Verhalten der Delegation hinsichtlich der Nah-Ost-Problematik war realistisch. Dafür spricht besonders ihr politisch verantwortungsbewußtes Handeln bezüglich des Briefes der DDR-Bischöfe zum Verhältnis Zionismus-Rassismus[308]. [...] Insgesamt hatte die DDR-Delegation Kontakte zu den Abordnungen der sozialistischen Staaten. Eine Zusammenarbeit im Sinne gemeinsamer Absprachen und Festlegungen kam trotz der Vorgespräche in Budapest, Berlin und Moskau nicht zustande. Es kann jedoch eingeschätzt werden, daß sich die DDR-Delegation in den meisten politischen Entscheidungen in Übereinstimmung mit den Auffassungen der Vertreter aus den anderen sozialistischen Staaten befand.«[309]

Etwas kritischer fiel die Einschätzung der Arbeitsgruppe Kirchenfragen beim ZK der SED aus:

»Die Delegation aus der DDR unter Leitung von Landesbischof Hempel, Dresden, zählte

24 Mitglieder. [...] Die Vertreter der westdeutschen EKiD, die seit Jahren versuchen, den antiimperialistischen Charakter dieses Programms zu eliminieren, gehörten auch in Nairobi zu den schärfsten Gegnern des Antirassismus-Programms. Sie versuchten durch politische Diskriminierung und durch einen kaum verhüllten finanziellen Druck (die EKiD ist mit 38,6 % am Haushalt des ÖRK beteiligt und drohte mehrmals mit rigorosen Kürzungen ihrer Zuwendungen) dieses Programm zu stoppen. [...] Bereits die Auswahl der Delegierten des Bundes Evangelischer Kirchen in der DDR (BEK) für die Weltkirchenratstagung war, zumindest was die führenden Leute (Bischof Hempel, Dresden, und Generalsuperintendent Forck, Cottbus[310]) und die vorgesehene Wahl dieser beiden in Funktionen der Leitungsgremien des ÖRK betrifft, Ausdruck des Zurückweichens vor reaktionären Kirchenkreisen und einer Politik der Zugeständnisse an reaktionäre Positionen. Es war z. B. kein Teilnehmer am Weltkongreß der Friedenskräfte (1973) unter den Delegierten. Das Auftreten der Delegierten in Nairobi war uneinheitlich und, sieht man vom positiven Verhalten des Gnadauer Rektors Hinz gegen die antisowjetischen Machenschaften ab, wenig profiliert. Oberlandeskirchenrat von Brück (Dresden) unterstützte einen ÖRK-Appell an die Westmächte zur Abrüstung. Synodalpräsident Cieslak (Dresden) berichtete, daß die evangelischen Kirchen in der DDR seit der letzten Weltkirchenratstagung in Uppsala (1968) eine Million Mitglieder verloren haben. Das habe letztlich geistliche Gründe. Kirchlicherseits sei nicht verstanden worden, die Gläubigen an sich zu binden. Er plädierte für die Aktivierung der Laienarbeit. [...] Der Beitrag des Rektors Hinz beinhaltete ein grundsätzliches Bekenntnis zur Mitarbeit in der sozialistischen Gesellschaft und eine Zurückweisung von Einmischungen in innere Angelegenheiten. Der Delegierte Affeld, Lehrer und Synodalpräses in Greifswald, berichtete in einer Sektion über die Erfolge im Bildungswesen der DDR und auch über die hierbei sich bewährende Zusammenarbeit von Christen und Marxisten.

Am 27.11.1975 – d. h. während der Weltkirchenratstagung in Nairobi – verfaßten die Bischöfe der evangelischen Kirchen in der DDR anläßlich eines Bischofskonvents in Halle eine Erklärung gegen die UNO-Resolution über den Zionismus, u. a. gegen die Feststellung, daß der Zionismus eine Form des Rassismus ist[311]. [...] Durch die Leitung des Kirchenbundes wurde diese Erklärung von Westberlin aus nach Nairobi telegraphiert und dort in die Hände von Journalisten aus der BRD gespielt. Die Leitung der Delegation aus der DDR hat verhindert, daß diese Erklärung in den Sektions- und Plenumsberatungen erwähnt wurde. Auch eine offizielle Vergabe an die Presse wurde verhindert. Es entbehrt nicht der Ironie, daß der reaktionäre Dresdener Bischof Hempel damit Gelegenheit erhielt, gegen die politische Unvernunft schwankender Kräfte um Bischof Schönherr und damit zugleich gegen Positionen des Bundes Evangelischer Kirchen in der DDR zu polemisieren. Leitende Vertreter des Weltkirchenrates empfanden diese Erklärung als störend und blockierten ihre Publizierung. Sie ließen ihre Beziehungen zum PLO-Exekutivkomitee nicht trüben. Generalsekretär Dr. Potter, der sich selbst vorher gegen die UNO-Resolution im Sinne israelischer Interessen ausgesprochen hatte, verlas eine Grußbotschaft von Yasser Arafat, in der dieser der Ökumene für ihren Einsatz für Frieden und Gerechtigkeit im Nahen Osten dankte. Der Direktor der ÖRK-Kommission für Internationale Angelegenheiten, Dr. Niilus, reagierte verärgert auf die Erklärung der DDR-Bischöfe mit dem Bemerken, diese Bischöfe sollten nicht versuchen, ihre unbewältigte Vergangenheit in die ökumenische Diskussion hineinzutragen[312]. Das Programm der Vollversammlung sah auch bilaterale und regionale Begegnungen vor. In diesem Rahmen wurde inoffiziell bekannt, daß auch zwei Treffen zwischen Mitgliedern der Delegationen aus der BRD und der DDR stattgefunden haben, über deren Inhalt bisher nichts in Erfahrung gebracht werden konnte.«[313]

Gegenüber den Staatsämterkollegen aus der Sowjetunion und der ČSSR äußerte sich auch Seigewasser (selbst)-kritisch:

»Genosse Seigewasser bemerkt, daß wir in der Vergangenheit leider wenig Information über die Vorgänge in Nairobi bekommen haben. Die Delegation aus der DDR war nicht einheitlich. Die Mehrheit der Teilnehmer aus der DDR hat nicht einzuschätzen vermocht, welcher Art die Auseinandersetzungen waren. Keiner war wohl bereit, sich vor die antikommunistische Kampagne zu stellen. Aber sie sind auch nicht soweit, daß sie Solidarität mit den Vertretern aus anderen sozialistischen Ländern empfinden. Die Konsultation der Vertreter aus sozialistischen Ländern wurde von den Teilnehmern aus unseren Kirchen nicht gepflegt und nicht gefördert. Symptomatisch ist trotzdem, daß Dr. Hinz (Magdeburg), der bei uns nicht als progressiv gilt, sich auf dem Höhepunkt der antikommunistischen Kampagne gegen die Diskriminierung der Sowjetunion gewandt hat.«[314]

Dem staatlichen Protokoll zufolge äußerte der Dresdener Oberlandeskirchenrat Ulrich von Brück gegenüber Horst Dohle, die Kirchen des Ostblocks sowie die der DDR hätten »an Bedeutung zugenommen. Natürlich sind wir auch auf unsere Probleme als Kirche in der DDR angesprochen worden. Wir haben sachlich darauf geantwortet und nicht schwarz-weiß gemalt, als gäbe es bei uns gar keine Probleme, denn damit wären wir nicht glaubwürdig gewesen.«[315] Hempel ergänzte:

»Was […] unsere Probleme als Kirche in der DDR betrifft, so haben wir deutlich gemacht, daß sie nicht durch Hilfen von außen zu klären sind. In Nairobi war kennzeichnend, daß mehrere Tage lang die USA und andere kapitalistische Länder unter sehr starker Kritik standen, vor allem durch Vertreter junger Nationalstaaten.«[316]

In der Spannung zwischen »Wächteramt« und Solidarität: Unbehagen am kooperativen Weg des BEK mit dem SED-Regime (1975)

Mitte März 1975 führte Lingner mit den Referenten des Kirchenbundsekretariats eine grundsätzliche Aussprache über die Kooperation zwischen EKD und BEK. Allein die Notwendigkeit für Gespräche dieser Art zeigte deutlich, daß es mit der Pflege der »besonderen Gemeinschaft« nicht zum besten stand. Das Sekretariat bat darum, »die Beziehungen zwischen den Kirchen zu intensivieren und zu systematisieren«[317], äußerte aber gleichzeitig Befürchtungen, daß internes Material durch Indiskretionen nach draußen gelange. Lingner betonte demgegenüber, die »Organe der EKD könnten ihre Bereitschaft, mit den Kirchen in der DDR verbindliche Gespräche zu führen, nur verwirklichen, wenn sie für solche Gespräche einschlägiges Material an die Hand bekommen«[318]. Trotz des guten Willens auf beiden Seiten war abzusehen, daß sich in dieser Grundsatzfrage immer wieder Konflikte ergeben würden. Tatsächlich profitierte bald darauf der RIAS von einer undichten Stelle[319].

Aber auch wachsende theologisch-ethische Differenzen ließen sich kaum mehr überbrücken. Lingner, der ohne weiteres zugestand, »daß zwischen den

Kirchen in der DDR und den Kirchen der EKD im Zusammenhang mit dem Antirassismusprogramm eine gewisse Spannung aufgetreten ist«[320], schien die Haltung des Kirchenbundes unter anderem auf mangelnde Information zurückzuführen. Darum unternahm er erhebliche Anstrengungen, der Schwesterkirche Material über die Menschenrechtsfrage, das Antirassismusprogramm und die »Theologie der Befreiung« zukommen zu lassen, um deutlich zu machen, daß diese Themen theologisch wie politisch zu einem Komplex gehörten[321].

Nach sechs Jahren der Unterbrechung gab die provinzsächsische Kirche im Frühjahr 1975 wieder eine Kanzelabkündigung heraus, die auf seiten des Staates Beunruhigung auslöste, aber auch im kirchlichen Raum auf unterschiedlich motivierten Widerspruch stieß.

Bemühungen staatlicher Stellen, das Verlesen der Kanzelabkündigung zu verhindern, scheiterten[322]. In dem Kanzelwort wurde »gegen Intoleranz, für Zusammenarbeit von Christen und Marxisten«[323] aufgerufen und in diesem Zusammenhang die Diskriminierung junger Christen in Schule und Beruf bedauert. Dieses Wort wies einerseits auf Mißstände hin, bot aber andererseits auch Anknüpfungsmöglichkeiten für ein kooperatives Miteinander von Christen und Marxisten in der real-sozialistischen Gesellschaft[324]. Anhalts Kirchenpräsident Natho sprach sich auf der Dessauer Landessynode gegen das Kanzelwort seines Magdeburger Kollegen Krusche aus und »erklärte [...], daß es in seiner Kirche keine Volksbildungsprobleme gäbe, die nicht zu klären seien.«[325]

Ähnlich kritisch hatte sich gegenüber Staatsvertretern der Greifswalder Bischof Gienke geäußert – allerdings unter Bezugnahme auf ein katholisches Hirtenwort[326], das er »als unangebracht« bezeichnete. »In dieser Weise können solche anmaßenden Äußerungen das Verhältnis zwischen Staat und Kirche nicht fördern.« Im gleichen Zug sprach er aber auch Benachteiligungen von christlichen Kindern in der Schule an[327].

Die staatliche Wertung des Magdeburger Wortes lautete:

»Die reaktionären Kräfte werden aktiviert und erkennen eine mögliche Chance, den Entspannungsprozeß für ihre ideologische Diversion zu nutzen. So hat sich u. a. Bischof Schönherr mit dem Hirtenwort Krusches solidarisiert. Die Folge der Tatsache ist, daß der Bund (BEK) zur Bildungsfrage nichts verschärft hat, aber auch nichts beendet.«[328]

Schönherr hatte Seigewasser am 7. März 1975 einen Brief geschrieben, in dem es heißt:

»Sie hatten mich am Ende unserer Zusammenkunft am Dienstag in Potsdam gebeten, mit Herrn Bischof Dr. Krusche wegen des Magdeburger Wortes zu Erziehungsfragen, das am kommenden Sonntag verlesen werden soll, zu sprechen. Ich habe das bereits am nächsten Tage getan und konnte das Wort auch selbst lesen. Ich habe Herrn Bischof Dr. Krusche Ihre Bedenken übermittelt, die sich, wenn ich Sie richtig verstanden habe, vor allem auf die Form der Verbreitung richteten.

Ich habe erfahren, daß für die Abfassung des Wortes ein Auftrag der Synode vorliegt, dem sich die Kirchenleitung und der Bischof nicht entziehen konnten. Als Zeitpunkt sei die Passionszeit als eine Zeit ernster Besinnung gewählt worden. Eine Gedankenverbindung zu irgend einem anderen Tage bestehe nicht. Es sei, außer an die

Verlesung von den Kanzeln, keineswegs an eine weitgehende öffentliche Behandlung des Wortes gedacht, sondern lediglich an eine Besprechung in den Gemeindekreisen. Das Wort sei bewußt unemotional, informatorisch und seelsorgerlich gehalten. Es baue keine prinzipiellen Gegensätze auf. Das Gespräch mit Bischof Dr. Krusche zeigte mir, daß hinter der Entscheidung der Magdeburger Kirchenleitung keine politische Intention steht oder sich hier gar eine Verhärtung abzeichnet. Ich wäre, sehr geehrter Herr Staatssekretär, sehr froh, wenn Sie sich dieser Einschätzung anschließen und sie ggf. unterstützen könnten.

Meine eigene Lektüre bestätigte mir, daß das Wort mindestens so zurückhaltend zu den Erziehungsfragen spricht, wie das viele Synodalworte der letzten Jahre tun, die ja auch in der Öffentlichkeit gesprochen werden. Es ist ja doch nicht zu leugnen, daß die Durchsetzung des Erziehungsziels einer in allen Inhalten marxistisch-leninistisch geprägten Persönlichkeit eine christliche Erziehung theoretisch ausschließt und praktisch weithin in Frage stellt. Ich bedaure, daß wir dies immer wieder zur Sprache bringen müssen. Nach unserem Verständnis ist das keine Einmischung in ausschließlich staatliche Belange. Es geht uns dabei nicht nur um den Fortbestand unserer Kirche, auch nicht nur um Rechtsstandpunkte, sondern um die letzte Bindung des christlichen Glaubens und um die Geborgenheit unserer Kinder in Gott und damit um ihr Heil, um das wir uns vor Gott mitverantwortlich wissen. Insofern bitten wir um Verständnis dafür, daß uns von unseren Voraussetzungen aus die Sorge um unsere Kinder umtreibt und auch zu solchen Äußerungen führt wie das hier vorliegende Wort.«[329]

An Anknüpfungspunkten für eine Zusammenarbeit mit Marxisten war dem am 18. Juni 1975 verfaßten Thesenpapier des Gemeindepfarrers Martin Köstlin aus Schönebeck-Elbe, der einen verbesserlichen Sozialismus einklagte, nicht sehr gelegen[330]. Seine »Bemerkungen zum Verhältnis Staat-Kirche in der DDR« – Lingner zitierte das Papier auszugsweise, ohne den Verfasser namentlich zu nennen – mußten die Vorbehalte einzelner Theologen aus der Beratergruppe gegen den Weg des Kirchenbundes eher noch verstärken. Gegenstand kirchenleitender Beratungen waren diese »Bemerkungen« nicht, aber nach dem Urteil Lingners gaben sie »eine verbreitete Meinung unter der Pfarrerschaft«[331] wieder. In dem Thesenpapier heißt es:

»Seit dem 15. April 1975, seit dem Staatsakt anläßlich des 8. Mai[332], ist das Unbehagen am Weg des Bundes der Ev. Kirchen in der DDR erheblich gewachsen, ein Unbehagen, das nicht nur ich habe, sondern das ich auch aus unzähligen Gesprächen herausgehört habe. Was bisher nur geahnt werden konnte (z. B. Weltfriedenskonferenz in Moskau, 25. Jahrestag der DDR[333], UNO-Konferenz über die Situation der Frau in Berlin u. ä.) ist jetzt zur traurigen Gewißheit geworden, da zum ersten Mal der volle Wortlaut der gehaltenen Reden veröffentlicht worden ist […] Das Verhältnis des Staates zur Kirche ist von Taktik bestimmt. Dies darf aber nicht Anlaß sein, auch das Verhältnis der Kirche zum Staat von Taktik bestimmt sein zu lassen. Der Staat hat das Recht, mehr als nur Taktik von der Kirche zu erwarten […] Der bereits geäußerte Verdacht, die Kirche wolle ›durch Anpassung überwintern‹, ist zu vermeiden. Eher ist eine finanzielle Unabhängigkeit der Kirche anzustreben, auch auf Kosten der Kürzung von Gehältern etc. […] Der Staat erwartet von der Kirche Akklamation zwecks innen- oder außenpolitischer Aufwertung. Es ist klar, daß die Kirche ihm diese nicht geben kann und darf […] Man kann darüber streiten, ob eine Beteiligung an Staatsakten richtig ist oder nicht. Wenn man diese Frage bejaht, dann muß allerdings sichergestellt sein, daß die Kirche dabei ihr Proprium sagen kann […] Das Auftreten der Kirche muß so beschaffen sein, daß ihr Wort auch ohne exegetische Feinarbeit jedermann verständlich ist. Es muß sich deutlich von anderen Voten abheben [...] Das einseitige Geschichtsbild der DDR, die sich aus der Verantwortung heraus auf die Seite der Sieger mogelt, hätte [...] korrigiert werden müssen [...] die Kirche [...] darf sich nicht vor den Wagen irgendeiner Ideologie spannen lassen, sie darf weder östlich noch westlich reaktionär sein [...] Sicherlich gibt es viele, die von der Kirche den Widerstand erwarten, den sie selbst nicht leisten können oder wollen, aber es gibt auch viele, die in ihrem Rahmen Widerstand leisten und auf die es befremdend wirkt, wenn die Kirche ihren Freiheitsraum nicht ausnutzt [...] Dient das Auftreten der Kirche dazu, Menschen wachzurütteln und zu aktivieren oder um sie im Sinne einer Ideologie einzuschläfern? Dient es dazu, Lebensverhältnisse, und das heißt hier immer: den Sozialismus, zu verbessern, oder dient es dazu, herrschende Systeme, den Status quo oder dergleichen zu stabilisieren? [...] Hat nicht das Auftreten leitender Kirchenmänner Signalwirkungen auf den ›Klerus minor‹? (Erklärungen von Pfarrern und Superintendenten bei allen möglichen und unmöglichen Gelegenheiten, Grußworte bei CDU-Delegiertenkonferenzen usw.) [...] Dem Argument, daß durch ein öffentliches Auftreten der Kirche in der erlebten Weise Schlimmeres verhindert würde, daß weitergehenden Ansinnen des Staates (z. B. Telegramm an den sowjetischen Botschafter) nicht stattgegeben worden wäre, darf nicht unwidersprochen bleiben. Solche Argumentationsreihen und ihre Folgen dürften den Älteren noch aus der Zeit des Dritten Reiches in unrühmlicher Erinnerung sein. Ebenso muß der Erklärung widersprochen werden, daß es Aufgabe der leitenden Kirchenmänner sei, durch angedeutete Ergebenheitsgesten einen Schutzschirm über das pluralistische Leben kirchlicher Gruppen zu breiten, die auf andere Weise das Evangelium zu leben versuchen [...] Eine solche Aufgabenteilung macht die Kirche unglaubwürdig. Wenn ›oben‹ Annäherung und Umarmung zelebriert werden, darf ›unten‹ nicht mit Dynamit hantiert werden. ›Oben‹ und ›unten‹ müssen in einem Boot sitzen [...] In dem Maße, wie von kirchenleitender Seite aus Anpassung signalisiert worden ist, erlahmte auch das Stehvermögen kirchlicher Gruppen [...] Es ist offensichtliches Ziel des Staates, die Kirche zu spalten. Unter diesem Aspekt ist die Reisetätigkeit der Kirche in das westliche Ausland kritisch zu hinterfragen [...] Jede solche Reise erweckt den Anschein, als sei die DDR ein normaler Staat mit normalen zwischenstaatlichen Beziehungen und Verbindungen, erweckt den Eindruck einer heilen Welt. Jede Reise dient damit – gewollt oder ungewollt – der Propaganda [...] Jede Reise vergrößert die Kluft zwischen ›Reisekadern‹ und anderen [...] Jeder Reisende desolidarisiert sich von denen, die nicht reisen dürfen, nicht einmal in dringenden Familienangelegenheiten [...] Um jeden Eindruck einer vatikanischen Geheimdiplomatie zu vermeiden, sollte, wenn ein Kurswechsel angezeigt erscheint, eine breite Meinungsbildung in der gesamten Kirche stattfinden. Es sollte nicht übersehen werden, daß auf Grund der Situation der Kirche in der DDR alle kirchlichen Angestellten in besonderer Weise von den Kirchenleitungen abhängig sind. Eine demokratische Meinungsbildung in diesem Punkte stünde der Kirche wohl an [...] M. E. befindet sich die Kirche in der DDR auf einer abschüssigen Bahn, auf der es schwierig sein wird, zu halten und umzukehren. Neue Daten, die Akklamationen heischen, stehen ins Haus (30 Jahre Vereinigungsparteitag und damit Führungsanspruch der SED, 15 Jahre ›antifaschistischer Schutzwall‹ usw.). Eine Neubesinnung tut uns dringend not.«[334]

Einige Bemerkungen während einer Beratung der »verantwortlichen Genossen des Partei- und Staatsapparates am 10. April 1975« spiegelten diese Beobachtungen des Gemeindepfarrers aus der entgegengesetzten Perspektive:

»In den evangelischen Kirchen der DDR wird eine stärkere Anpassung an den Sozialismus deutlich. Das äußerte sich in der Erklärung des Bundes der evangelischen Kirchen zum 25. Jahrestag der DDR und der Veranstaltung mit kirchlichen Amtsträgern zum

30. Jh. d. Befreiung (15.4.1975). [...] Die Tendenz der stärkeren Anpassung an die Politik des VIII. Parteitags zeigt sich auch in der Stellung der evangelischen Kirchen zur Außenpolitik. Wenn sie früher völlig gegen die Außenpolitik unseres Staates auftraten, so zeigt sich heute, daß sie in wesentlichen Grundfragen der Friedenssicherung und der Entspannungspolitik mit unserer Politik übereinstimmen. Das zeigte sich in der Teilnahme der Bischöfe Gienke und Natho am Weltkongreß der Friedenskräfte in Moskau. [...] Das Neue besteht heute darin, daß kirchliche Kreise frühere Vorbehalte gegen die Friedenspolitik überwunden haben. Andererseits gibt es reaktionäre Bischöfe wie Fränkel und Hempel[335], die gegen die Teilnahme am Weltkongreß der Friedenskräfte polemisierten.

Es gibt natürlich auch bei Genossen Meinungen, daß die Mitarbeit der Kirchen an der Friedensarbeit gut und schön sei, aber auf eine Aufwertung der Kirchen hinauslaufe. Aber wenn richtig ist, daß die Hauptfront des Klassenkampfes zwischen Sozialismus und Imperialismus verläuft, daß die Arbeiterklasse verpflichtet ist, alle friedliebenden Kräfte in den Kampf für Frieden und Sozialismus und gegen den Imperialismus zu führen, dann bedeutet das auch die Einbeziehung der Christen. [...] Natürlich ist uns verständlich, daß die BRD-Kirchen mit dieser Entwicklung der Kirchenpolitik in unserem Staat nicht einverstanden sind. Deshalb gab es auch nicht wenige reaktionäre Stimmen, um die (christlichen) Bürger zu verunsichern und nachzuweisen, daß der VIII. Parteitag einen härteren Kurs gegenüber den Kirchen gebracht habe. [...] So wird deutlich, daß auch die internationale Stellung der DDR die Kirchen angeregt hat zum Nachdenken. Die internationale Position der DDR bedingt auch in unserer Politik, prinzipienfest und elastisch diesen neuen Anforderungen gerecht zu werden.«[336]

Hans Wilke urteilte am 4. Juli 1975:

»Im Verlauf des 1. Halbjahres 1975 hat die verstärkte politisch-ideologische Auseinandersetzung mit den Grundfragen des 30. Jahrestages der Befreiung vom Hitlerfaschismus dazu geführt, daß eine weitere Differenzierung und Polarisierung unter den kirchenleitenden Kräften und den Geistlichen und kirchlichen Amtsträgern erfolgte. Auch in der Konferenz der Kirchenleitungen gab es umfangreiche Auseinandersetzungen zu diesen Fragen. Im Ergebnis dieser Entwicklung wird deutlich, daß in den Kirchen die Frage ›Befreiung wovon‹ im Sinne des Aufrufs der Partei, des Staates und der Nationalen Front erkannt und beantwortet wird. Bei der Frage ›Befreiung wofür‹ brechen politisch grundsätzliche Kontroversen auf.«

Auf den Frühjahrssynoden der Landeskirchen Berlin-Brandenburg, Thüringen[337] und Anhalt, so berichtete der Staatsfunktionär weiter, »konnten sich die realistischen Kräfte [...] durchsetzen und eine positive Aussage zum 30. Jahrestag der Befreiung erreichen. [...] In Görlitz gab es erstmals Zustimmung zum Antirassismusprogramm.«[338] In sämtlichen Kirchenleitungsberichten – für die Kirchenprovinz Sachsen wurde ein solcher nicht angefertigt – »zeigte sich [...] stärkeres Interesse, die Beziehungen zum Staat zu verbessern. Das ist für die Görlitzer Kirche ein Novum, da von dort bisher offene politische Provokationen erfolgten. Überall wird betont, daß sich die Situation versachlicht habe und daß gute Gespräche möglich sind.« Sogar in der Bildungsfrage seien »einige kirchenleitende Kräfte bemüht [...], realistischere Positionen zu vertreten. Sie spüren in den Gemeinden wenig Resonanz auf negative Aussagen gegen den Sozialismus und wollen nicht in die Isolierung geraten. Die negativen Kräfte in den sogenannten Kerngemeinden sind eine zu schwache Basis für eine breite Auseinandersetzung mit dem sozialistischen Staat. Bischof Schönherr führte aus, daß man sich trotz eines ›teilweise grimmigen Atheismus‹ und einer ›harten Durchsetzung des sozialistischen Erziehungszieles‹ nicht von der guten gemeinsamen Arbeit von Christen und Marxisten abbringen lassen soll. Es handele sich hier um objektive Prozesse und Gegensätze, ›von denen man sich nicht fixieren lassen solle‹. Bischof Braecklein stellte auf der Tagung der Synode der VELK DDR fest, daß die Kirchen die Fragen der ›marxistischen‹ Umwelt ›geistlich‹ sehen müssen. Bischof Fränkel lobte die Arbeit vieler Lehrer.«[339]

Am 25. Juli 1975 übersandte Lingner seinen überarbeiteten Bericht über die Beziehungen der EKD zum Bund der Evangelischen Kirchen in der DDR an Hammer und Wilkens nach Hannover. Er habe versucht,»die Einwände und Wünsche von Ihnen zu berücksichtigen«[340], heißt es in dem Begleitschreiben.

Unter Hinweis auf die Formel der Eisenacher Bundessynode 1971 definierte Lingner das Selbstverständnis des Kirchenbundes als einer Kirche im Sozialismus, die einerseits »mit der DDR und ihrer sozialistischen Gesellschaft solidarisch sein«, aber andererseits auch »ihre legitime kirchlich-kritische Funktion (Wächteramt) nicht preisgeben« wolle.

»Die Bemühungen der Kirchen in der DDR, in Solidarität zum sozialistischen Staat zu stehen, stellt sie in neuer und andersartiger Weise vor die alte Versuchung, eine Verbindung von ›Thron und Altar‹ einzugehen. Es ist kein Wunder, daß gelegentlich unkirchliche, aber aufmerksame Beobachter das Auftreten der Kirche in der DDR als verwirrend empfinden. Sie gewinnen den Eindruck, daß die Kirchen einerseits als in die sozialistische Gesellschaft eingepaßte Kirchen auftreten, andererseits – in einem spannungsvollen Gegenüber zu Staat und Gesellschaft stehen.«[341]

Überaus kritisch wurde von staatlicher Seite die »Wächteramts«-Theorie bewertet. So hieß es in einer Einschätzung vom Januar 1971:

»Gleichzeitig ist man bemüht, das antiquierte und historisch überholte sogenannte ›Wächteramt‹ der Kirchen gegenüber dem Staat neu zu formulieren. Es wird behauptet, daß unter der Voraussetzung der gemeinsamen Verantwortung von Christen und Marxisten das Christentum dem Marxismus-Leninismus als Ideologie gleichberechtigt sei. In ethischen Fragen und besonders bei der Entwicklung der menschlichen Kommunikationen in den Städten, Gemeinden, in der DDR und über die Grenzen hinweg gäbe es nur die Möglichkeit, über die geistigen Anliegen der Kirche und mit Hilfe ihrer Amtsträger den Sozialismus ›weiterzuentwickeln‹. Repräsentanten der Kirchen auf allen Ebenen versuchen immer wieder, sich als Vertreter jener Bürger aufzuspielen, die mit der Entwicklung des Sozialismus nicht zurechtkommen, noch immer politische oder persönliche Vorbehalte gegenüber unserer Entwicklung haben. Es sollen Sammlungspunkte für alle die entstehen, die ihre geistige Heimat in der DDR noch nicht gefunden haben. Es werden ein eigenes Geschichtsbewußtsein und ein antisozialistisches Menschenbild entwickelt. Diese politisch-ideologisch sehr gefährliche Konzeption der reaktionären Geistlichen wird von bestimmten Teilen der Amtsträger noch nicht richtig eingeschätzt. Sie begreifen es unter dem Vorzeichen einer allgemeinen bürgerlichen Ideologie – speziell unter dem Einfluß der spätbürgerlichen westdeutschen sozialdemokratischen und klerikalen Form – als eine ›Echte Hilfe‹ bei der Entwicklung der sozialistischen Menschengemeinschaft. Die Auseinandersetzung mit diesen Problemen stellt an die staatlichen Organe und gesellschaftlichen Kräfte hohe Anforderungen.«[342]

Die kirchliche Solidarität bei konkreten, insbesondere außenpolitisch wichtigen Anlässen und Äußerungen, so fuhr Lingner in seiner Ausarbeitung fort[343], korrespondiere mit der staatlichen Einbeziehung der Kirche in repräsentative und gesellschaftspolitisch bedeutsame Vorgänge. Auf der anderen Seite gebe es unüberbrückbare ideologische Differenzen, deren grundsätzliche Bedeutung von Staat und Kirche immer wieder hervorgehoben würde.

Die wachsende Eigenständigkeit des Bundes von der EKD beurteilte Lingner positiv als emanzipatorischen Prozeß, dem allerdings die finanzielle Abhängigkeit des Ostens vom Westen[344] hinderlich im Wege stünde. Insbesondere gegenüber dem Ökumenischen Rat der Kirchen werde auf Unabhängigkeit von der EKD Wert gelegt. »Die Beziehungen zu den Kirchen in den sozialistischen Ländern, die sich für die Kirchen in der DDR nahelegen, prägen selbstverständlich das Kirche-Sein in der DDR.«

Außerordentlich skeptisch bewertete Lingner die Zusammenarbeit der Kirchenbünde im Blick auf die besondere Gemeinschaft der ganzen evangelischen Christenheit in Deutschland. Auch der Beratergruppe sei es nicht gelungen, ihren speziellen Auftrag zu erfüllen, was nicht zuletzt mit der vagen Aufgabenbeschreibung zusammenhänge. Positiver schätzte er die Kooperation zwischen den EKU- und VELKD-Kirchen ein sowie die Partnerschaften zwischen Landeskirchen und einzelnen Gemeinden.

Oberkirchenrat Heinrich Foerster von der Berliner Stelle des Lutherischen Kirchenamtes der VELKD mahnte in einer neun Seiten umfassenden Stellungnahme zu dem Lingner-Papier verschiedene Differenzierungen an und stieß sich insbesondere an dem Begriff des »Wächteramtes« der Kirche[345].

»Das Verhältnis zum Staat kann mit diesem Begriff nicht umschrieben werden, weil er zur Voraussetzung hat, daß an ein partnerschaftliches Verhältnis zwischen Staat und Kirche gedacht wird. Im Kirchenkampf, in der Auseinandersetzung mit der Ideologie des Dritten Reiches, war dies noch der Fall, weil die Partei niemals die Formel vom positiven Christentum zurückgenommen hat. In der Ideologie des Marxismus-Leninismus ist das Christentum eine überlebte Erscheinung des gesellschaftlichen Lebens, das der grundsätzlich atheistische Staat noch toleriert. Das ändert aber nichts daran, daß die Religion zu den vorübergehenden Erscheinungen des gesellschaftlichen Lebens gehört, wenn sich erst der Kommunismus zum Sozialismus entwickelt [sic!] hat.«[346]

Dies wurde von staatlichen DDR-Stellen – wenn auch aus anderer Perspektive – ähnlich gesehen. In einer Studie vom 9. Januar 1970 wurde hierzu ausgeführt:

»Die Kirchen [...] sind kein Bestandteil des entwickelten Systems des Sozialismus und seiner Teilbereiche. [...] Die weitere Entwicklung des Systems des Sozialismus beinhaltet notwendig die Zurückdrängung des klerikalen Einflusses insgesamt. [...] Es ist davon auszugehen, daß die ›Ideologie nicht ein Teilsystem der sozialistischen Gesellschaft neben anderen ist, sondern alle Bereiche des menschlichen Lebens durchdringt und natürlich auch von ihnen beeinflußt wird.‹ (Kurt Hager, 10. Plenum, S. 61) Ferner ist zu berücksichtigen, daß die weiteren Möglichkeiten der Staatspolitik in Kirchenfragen wesentlich von der gesamten ideologischen Situation in unserer Republik abhängig sind.

Eine planmäßige Einschränkung des Einflusses der Kirchen und der klerikalen Ideologie sowie eine gezielte Steuerung der Bewußtseinsentwicklung der Geistlichen und kirchlichen Amtsträger im Rahmen eines umfassenden Systems der ideologischen Tätigkeit müssen folglich den Gesamtkomplex maßgeblicher Veränderungen in der weiteren Entwicklung der sozialistischen Gesellschaft, den Einfluß und die Wechselwirkung einer Reihe ökonomischer, innen- und außenpolitischer, ideologischer und geistig-kultureller Faktoren berücksichtigen. [...] Die Staatspolitik in Kirchenfragen ist auf die Einschränkung der Wirksamkeit der Kirchen als Organisationen und Institutionen gerichtet. [...] Insgesamt wird sich der Einfluß des sozialistischen Bewußtseins kontinuierlich in den noch verbleibenden Einflußbereich der Kirchen hinein ausdehnen und die weitere Zersetzung der klerikalen Ideologie fördern. [...] Bei der Masse der konfessionell gebundenen Bürger wird sich der Prozeß der Loslösung von der Kirche, wenn auch teilweise mit persönlichen Konflikten verbunden, im allgemeinen als allmählicher, undramatischer Vorgang auf der Grundlage der Aufhebung der sozialen Ursachen der Religiosität [...] vollziehen. Das entspricht völlig den Interessen unserer Staatspolitik und wird weiterhin die grundlegende, allgemeine Frage der Aufhebung des ideologischen Widerspruchs sein. Die kontinuierliche Lösung kirchlicher Bindungen ist unter diesen Umständen nichts weiter als eine Auswirkung der positiven Entwicklung der wissenschaftlichen Weltanschauung auf der Grundlage sozialistischer Lebensbedingungen. [...] Wesentlich für die offensive Auseinandersetzung mit den verschiedenen Formen der klerikalen Ideologie, für ihre Zurückdrängung und für die Vertiefung ihres Zersetzungsprozesses ist, daß im Zuge der weiteren Gestaltung des entwickelten Systems des Sozialismus nach den wissenschaftlich begründeten prognostischen Aussagen der Dokumente der SED folgende Faktoren stärker wirksam werden: [...] Die objektiven Bedingungen der sozialistischen Gesellschaft negieren die weitere Entstehung und Reproduktion jeder Art von Religiosität. [...] Das verstärkte Einwirken dieser komplexen Faktoren wird dazu führen, daß sich der Zwang zur Anpassung der Kirche objektiv vergrößert. Ein wesentlicher Fakt wird sein, daß sich im Prognosezeitraum (bis 1985) die Anzahl der eingetragenen Kirchenmitglieder im Verhältnis zur nichtkonfessionell gebundenen Bevölkerung auf eine Minderheit verringern wird. [...] Alle diese Veränderungen werden objektiv den Zwang zur Anpassung in politischen und z. T. ideologischen Fragen bis hin zur klerikalen Kaderpolitik verstärken. Sie werden den ›Realismus‹ der reaktionären Kräfte fördern, sie fortgesetzt zu neuen taktischen Varianten ihrer Politik und der ideologischen Auseinandersetzung und der verdeckteren Formen des Vorgehens veranlassen, wie es sich jetzt z. B. abzeichnen bei der Errichtung des Bundes Evangelischer Kirchen in der DDR, in der Konzeption einer ›kritischen Mitarbeit‹ und der Formierung einer ›legalen Opposition‹.«

Dabei stellte sich auch die folgende Aufgabe:

»Es ist zu klären, welche ideologische Funktion in der weiteren Entwicklung eine ›fortschrittliche‹ Theologie haben soll und kann, die einerseits zwar reaktionäres theologisches Denken zurückdrängen hilft, andererseits aber geeignet ist, kirchliche Bindungen von Werktätigen, die bewußte sozialistische Staatsbürger sind, zu festigen. Unter diesem Gesichtspunkt ist die Frage zu behandeln, inwieweit eine ›progressive‹ Theologie jeweils den Weg zur wissenschaftlichen Weltanschauung erschwert bzw. erleichtern kann.«[347]

1972 wurde vermerkt:

»In der weiteren Entwicklung zeigte es sich, daß im Bund der Evangelischen Kirchen in der DDR keine realistischen Vorstellungen über den gesellschaftlichen Status der Kirchen im Sozialismus existieren. Auf der einen Seite behaupten sie, nicht auf der Position einer herrschenden, sondern der einer dienenden Kirche zu stehen. Auf der anderen Seite fordern sie das Mitspracherecht zu grundlegenden Fragen der gesellschaftlichen Entwicklung wie Bildung und Erziehung, Wehrdienstfragen und einzelne Gesetze. Sie überschätzen dabei ihre gesellschaftliche Funktion. Sie fordern ›Chancengleichheit‹ für die religiöse Ideologie und ideologischen Pluralismus.«[348]

Zum Begriff der Partnerschaft wurden an anderer Stelle folgende Bemerkungen gemacht:

»Er soll offenbar stärker als der bisher verwendete Begriff der ›kritischen Distanz‹ den Aspekt der konstruktiven Mitarbeit, der Übernahme von Verantwortung im gesellschaftlichen und beruflichen Leben zum Ausdruck bringen. Der Begriff der Partnerschaft enthält aber auch die illusionäre Erwartung, die gesellschaftliche Rolle der Kirchen könne in einem Partnerschaftsverhältnis zum Staat aufgewertet werden.«[349]

Auch der Begriff der »›Standortfindung der Kirche‹« wurde kritisiert, »da er der entwickelten sozialistischen Gesellschaft der DDR widersprechen kann. […] Die Formulierung […] würde Partnerschaft von Staat und Kirche und eine unzulässige Aufwertung bedeuten.«[350]

Selbst Schönherr gestand während eines Treffens mit dem sächsischen Ephorenkonvent am 14. März 1974 in Dresden zu, »daß es dem Staat letztlich darum geht, die Kirche zu liquidieren«, nachdem ihm Superintendent Stiehl, Leipzig, Senior des Konvents, die kritische Frage gestellt hatte, »ob Schönherr nicht wisse, daß lt. der Konzeption von Marx im Sozialismus kein Platz für die Kirche vorgesehen ist, wieso sich Schönherr angesichts dessen auf solche Dinge wie den Moskauer Weltkongreß einlassen könne.« Schönherr fügte seiner Antwort jedoch hinzu:

»Er sei aber überzeugt, daß das Evangelium stärker sei als alle anderen Mächte. Schönherr gab in diesem Zusammenhang zu bedenken, daß es in der Ökumene eine sehr große Aufgeschlossenheit gegenüber dem Sozialismus gebe und daß es deshalb der Kirche in der DDR nicht möglich sei, von vornherein als Staatsgegner aufzutreten. Er verwandte folgendes Gleichnis: Das Verhältnis von Staat und Kirche sei das gleiche wie das von Katz und Maus. Die Maus habe nur zwei Möglichkeiten: Entweder sie verkriecht sich in ihr Loch oder sie tritt der Katze gegenüber und überzeugt sie davon, daß es gegenwärtig nicht opportun ist, die Maus zu fressen.«[351]

Empfindlichkeiten des BEK, Abgrenzungsbemühungen gegenüber der EKD wie der CFK und Regionalisierungstendenzen (1975/76)

Dem schwebenden Zustand der Beratergruppe wollten Lingner und Hammer wieder einmal dadurch abhelfen, daß sie in einer Beschlußvorlage für den Rat konkretere Aufgabenbeschreibungen für den Kreis zu formulieren suchten[352].

Die geringe Beteiligung des KKL-Vorstandes hatte während der Beratergruppen-Sitzung am 17. Juni 1975 auf westlicher Seite heftige Irritationen ausgelöst. Oberkirchenrat Behm notierte:

»Es fiel auf, daß drei Mitglieder des Vorstandes, D. Schönherr, D. Braecklein, Dr. Hempel, nicht anwesend waren, nur von einem lag eine Begründung vor. In Pausengesprächen wurden wir sehr eingehend befragt, welchen Stellenwert der Bund der Beratergruppe zuweist. Daß bei Terminkollisionen die Beratergruppe automatisch hinten runterfällt, daß die Leiter der Dienststellen so gut wie niemals teilnehmen, zeige, daß der Bund in der Beratergruppe doch mehr ein unverbindliches Gremium zum Austausch von Informationen sähe. Ob dazu die Vertreter der EKD die oft sehr weite Anreise in Zukunft unternehmen werden, sei fraglich. Sie erwarteten mehr von solchen Begegnungen. Es ist möglich, daß der Bischofskonvent sich demnächst mit dieser Frage befassen wird. Die Situation war für die Teilnehmer aus der DDR am 17.6. etwas bedrückend.«[353]

Die politischen Konstellationen und der von Lingner erwähnte Wille des Kirchenbundes zur Unabhängigkeit von der EKD setzten dem Versuch, der Beratergruppe ein höheres Maß an Verbindlichkeit zu geben, recht enge Grenzen. Man konnte gelegentlich sogar den Eindruck gewinnen, daß die strikte SED-Trennungspolitik gegenüber dem Westen auf seiten des Kirchenbundes nicht als beschwerlich angesehen wurde, sondern seinen Intentionen, auch als Argumentationshilfe, eher entgegenkam.

Der Ratsbeschluß vom September 1975 über den Auftrag der Beratergruppe löste aus formalen Gründen denn auch wieder Empfindlichkeiten aus. Die Kirchenbund-Vertreter monierten, es dürfe »nicht der Eindruck entstehen, als ob die Kirchen in der DDR keine gleichberechtigten Partner für die Kirchen in der EKD sind. Es dürfte auch zu empfehlen sein, den Namen ›Beratergruppe‹ fallenzulassen. Tatsächlich handelt es sich um eine Konsultation von zwei Gruppen, die jeweils von ihren Kirchen entsandt werden. Auch wird daran Anstoß genommen, daß der Beschluß des Rates ›unter Vorbehalt der Zustimmung der Kirchen in der DDR‹ gefaßt worden ist. Die Kirchen in der DDR haben einen eigenen Beschluß zu fassen und nicht fremden Beschlüssen zuzustimmen.«[354]

Am 8. Oktober 1975 berichteten Pabst und Schönherr in der Beratergruppe über die Tagung des Fortsetzungsausschusses (AFA) der Christlichen Friedenskonferenz (CFK) in Ungarn[355]. Schönherr hatte die ihm persönlich zugedachte Einladung an Pabst und Garstecki übergeben, die dann auch – nicht gerade zur Zufriedenheit der CFK – nach Ungarn fuhren. Im Unterschied zu den ostdeutschen Bischöfen nahm der Präses der Evangelischen Kirche im Rheinland, Karl Immer, als Gast an der CFK-Sitzung teil, worüber während der Beratergruppen-Sitzung auch eine längere Aussprache stattfand[356]. Der Berlin-Brandenburger Bischof erläuterte das Verhältnis der Kirchen im Sozialismus zur Ost-Ökumene.

»Mit Albanien sind die Kirchen in der DDR die einzigen aus den sozialistischen Ländern, die nicht korporativ in der CFK vertreten sind. Allerdings ist auch die katholische Kirche Polens nicht Mitglied der CFK. Die bestimmende politische Linie der CFK entspricht der der UdSSR. Die staatlichen Stellen der DDR möchten auch die Kirchen der DDR auf diese Linie festlegen[357]. Die Kirchen in der DDR werden bedrängt; die bisher immer wieder gefundenen ›Ausreden‹ werden schwächer.«[358]

Sachsens Landesbischof Hempel äußerte gegenüber Horst Dohle am 11. Mai 1976:

»Ich habe etwas gegen jede Form von letzter Vereinnahmung, besonders einer institutionellen Vereinnahmung. Obwohl ich die Friedenspolitik der DDR für sehr glaubhaft halte und zu ihr ja sage, möchte ich mich nicht generell für die Politik der DDR vereinnahmen lassen. Es gehört zu meinen Kernthesen, daß wir als Kirche von Fall zu Fall entscheiden sollten, ob wir uns politisch äußern oder nicht. Deshalb tun wir uns auch alle zusammen sehr schwer bei der Frage, ob wir als Kirchen der CFK beitreten sollen. Wir sehen wohl, daß wir damit die einzige Ausnahme unter den sozialistischen Ländern sind, und wir wissen auch, daß das für uns unangenehme Fragen der Bischöfe aus anderen sozialistischen Ländern mit sich bringt. Wir wissen im letzten nicht, wie lange wir diese Ausnahmesituation durchhalten können, aber wir wollen jetzt deshalb nicht beitreten, weil wir darin eine Form institutioneller Vereinnahmung sehen und weil die CFK auf ein ganz bestimmtes Programm festgelegt ist. Dieses Programm ist ja nicht schlecht, aber es ist eben festgelegt. Für Ungarn und die ČSSR sind solche Entscheidungen einfacher, weil, besonders für Ungarn, der Beginn des Sozialismus für dieses Land auch der Beginn echter nationaler Souveränität war. Für uns ist das schwerer. Ich will dabei nicht so verstanden werden, als würde ich romantisch dem Gesamtdeutschland nachtrauern, ich gehörte schon als Studentenpfarrer zu den überzeugten Verfechtern der Zwei-Staaten-Theorie. Aber zur Kenntnis nehmen muß man eben, daß derartige Entscheidungen dadurch für uns schwerer sind als für die Ungarn.«[359]

So mußte der SED-Staat auch Ende 1976 festhalten:

»Trotz gelegentlicher Unterstützung für die CFK lehnen maßgebliche Vertreter des BEK noch immer eine korporative Mitgliedschaft in dieser Bewegung ab und wenden sich auch gegen die Mitarbeit einzelner Vertreter des BEK.«[360]

Die andere interessante Nachricht auf der Oktobersitzung der Beratergruppe bestand in der Beschreibung eines Trends innerhalb der einzelnen Kirchen in der DDR, »der sich gegen eine Stärkung des Bundes richtet«[361].

Dies mag auch auf der Tagung der Bundessynode vom 26. bis 30. September 1975 spürbar geworden sein, von der die AG Kirchenfragen berichtete:

»Es erfolgten keine Angriffe auf die DDR und ihre Politik [...] Für die in den Berichten sichtbare Zurückhaltung gegenüber politischen Grundfragen gibt es folgende Erklärung:
Seit längerer Zeit mißbilligen reaktionäre Kreise, speziell in der Landeskirche Sachsen[362], das politische Engagement der Leitung des BEK in der DDR. Der Druck dieser Geistlichen hat bewirkt, daß die realistischen Führungskräfte im Bund, die auf vorausgegangenen Synoden die Linie des politischen Engagements der Kirchen, der verstärkten Anpassung an den Sozialismus und die Anerkennung der Friedens- und Sozialpolitik der DDR bezogen hatten, ihre Positionen nicht ausreichend zur Geltung bringen konnten. Anderseits mußten die Vertreter des Kurses der Konfrontation mit dem Staat Angriffe unterlassen. Bemerkenswert ist in diesem Zusammenhang, daß Bischof Fränkel, Görlitz, erstmalig auf dieser Synode nicht provokatorisch aufgetreten ist. Auf der diesjährigen Synodaltagung traten jene Kräfte stärker in Erscheinung, die die Linie vertreten, daß der Bund ›entpolitisiert‹ und die Kirche den Weg zwischen ›Akklamation und Konfrontation‹ beschreiten müsse. Dementsprechend gaben die Synodalen aus der Sächsischen Landeskirche und der Provinzsächsischen Kirche (Magdeburg) sehr stark den Ton an. Die Verstärkung ihrer Positionen hängt mit der Unentschlossenheit und der kompromißhaften Haltung der realistischen Führungskräfte um die Bischöfe Schönherr, Braecklein, Gienke und Natho zusammen.«[363]

Über die Synodaltagung wurde am 2. Oktober 1975 während der nachmittäglichen Dienstbesprechung im Staatssekretariat für Kirchenfragen beraten: Dohle, nunmehr Persönlicher Referent Seigewassers, äußerte, man benötige

»angesichts des Verlaufs der Synode neue strategische Überlegungen über unseren Einfluß auf den Bund.« Dem stimmte Wilke zu:

»Derartige Überlegungen werden nach der Staatsämtertagung gegen Jahresende angestellt werden. Sie sind besonders angesichts neuer Frontbildungen gegen den Bund notwendig, z. B. angesichts des gemeinsamen Vorgehens von Thüringen, Sachsen und einigen Laien gegen den Bund.«[364]

»Friedenskampf« und Sicherheit gehen vor Zusammenarbeit (1975/76)

Lingner hatte in seinem Bericht über die Kirchen in der DDR vom Juli 1975[365] über seine eigene Dienststelle geschrieben, ihre Aufgabe bestehe im Sammeln, Beobachten, Bereitstellen, Auswerten und Koordinieren. In Wahrnehmung dieser Funktion versandte er seit Ende 1975 an einen kleinen Kreis »Berichte der Berliner Stelle«. Deren Ziel sollte es sein, »über die Kirchen in der DDR und den politischen sowie gesellschaftlichen Kontext zu informieren«[366]. Interessant an diesen Berichten sind nicht nur die Informationen selbst, sondern auch die Schilderung der Schwierigkeiten, an sie zu gelangen. Sie beschreiben damit die latenten Spannungen zwischen EKD und Kirchenbund, eine Atmosphäre des Mißtrauens, deren Existenz man nach außen hin entschieden abstritt, und zwar auf beiden Seiten.

»Die Informationen aus dem kirchlichen Bereich gehen vielfach mit zeitlicher Verspätung ein. Teilweise werden Informationen aus verschiedenen Gründen zurückgehalten (z. B. ein Vortrag von Kirchenpräsident Natho, der eine Veröffentlichung im Westen vermeiden möchte) [...] Am 4.9. fand in der Dienststelle des Staatssekretärs für Kirchenfragen [...] ein Gespräch mit dem Vorstand der KKL und dem Präsidium und staatlichen Vertretern statt. Über das Gespräch ist ein schriftlicher Vermerk ausgearbeitet worden[367] [...] Es ist bedauerlich, daß Vermerke solcher Art gar nicht oder nur auf mehrfaches Drängen zur Einsicht ausgehändigt werden. Auch werden Berichte über solche Gespräche nicht ohne Anstoß gegeben. Über das Gespräch veröffentlichte die FAZ am 6.9. einen detaillierten Bericht. Zu diesem Zeitpunkt waren kirchliche Stellen über das durchgeführte Gespräch nicht unterrichtet.«[368]

Offenbar vermieden es die Kirchenbund-Vertreter immer gezielter, der Schwesterkirche über Kontakte zu ihrem Staat, aber auch über binnenkirchliche Äußerungen zu berichten, die aus einem anderen, dem real-sozialistischen Kontext stammten, ihnen vor den westlichen Brüdern womöglich unangenehm waren und jedenfalls in westlichen Medien[369] nicht wiedergegeben werden sollten.

Staatlicherseits fürchtete man trotz alledem für 1976 eine Zunahme der Versuche von westlicher Seite, »über vielfältige Kontakte auf die Kirchen in der DDR Einfluß zu nehmen.« Es gebe deutliche Hinweise auf die Intensivierung der »Tätigkeit klerikal-antikommunistischer Institutionen in der BRD, vor allem durch den Einfluß der CDU/CSU auf die Kirchen«[370].

Inhaltlich wurden in den Berichten Lingners die immer zahlreicher werdenden Begegnungen zwischen Staat und Kirche auf landeskirchlicher und Bundesebene notiert, auf die wachsende Bedeutung der Friedensfrage im Kirchenbund aufmerksam gemacht und dessen Haltung gegenüber der KSZE-Gipfelkonferenz in Helsinki Ende Juli/Anfang August 1975 beschrieben. »Bischof Schönherr neigt in seinen offiziellen Stellungnahmen dazu, die Interpretation der DDR ›Sicherheit vor Zusammenarbeit‹ in gewisser Weise zu unterstützen.«[371]

In der Konferenz der Kirchenleitungen hatte sich der Antrag, nun auch unter Berufung auf Helsinki ein eindeutigeres Recht auf Wehrdienstverweigerung einzufordern, nicht durchsetzen können, da, wie die Mehrheit meinte, »diese Frage im Kampf um Frieden und Sicherheit zu eng gestellt sei.« Die Priorität sollte eher dem kirchlichen Einsatz für eine globale Abrüstung und die Reduzierung der Rüstungsausgaben gelten[372]. Auch Kirchenpräsident Hild (Hessen-Nassau) interpretierte vor der im September 1975 in Eisenach tagenden Bundessynode die Helsinki-Dokumente zur Zufriedenheit der Arbeitsgruppe Kirchenfragen beim ZK der SED:

»Hild sah sich veranlaßt, Helsinki in positiver Weise zu würdigen. Er unterließ es, die im Korb 3 der Dokumente enthaltenen sogenannten humanitären Aspekte hochzuspielen. Hild zeigte sich in seinem ganzen Auftreten sehr anpassungsfähig und flexibel.«[373]

Es wird auch vermerkt, daß der Kirchenbund »nach anfänglichem Zögern« zugesagt habe, an einer Konsultation von Kirchenvertretern aus den sozialistischen Staaten in Budapest teilzunehmen.

Ostern 1976 äußerte der EKD-Ratsvorsitzende und württembergische Landesbischof Helmut Claß in einer Fernsehsendung, das Amt des Pfarrers sei unvereinbar mit einer Mitgliedschaft in der DKP[374]. Anschließend bat er Lingner, sich nach den kirchlichen Reaktionen in der DDR auf sein Votum zu erkundigen. Lingner sprach am 19. Mai 1976 mit Stolpe, dem allerdings die Fernsehsendung gar nicht bekannt war. Gleichwohl interessierte er sich für die Problematik und stellte sie in den europäischen Kontext. Vor dem Hintergrund der politischen Verhältnisse in Frankreich und Italien legte er den Kirchen in der Bundesrepublik ein Umdenken in dieser Frage nahe. Lingner berichtete an Claß:

»Auch die Kirchen in der DDR sahen sich genötigt, ein positives Verhältnis zu ihrer Regierung zu finden, obwohl diese vom Programm her atheistisch ausgerichtet ist[375]. Zu dem positiven Verhältnis gehört auch die Toleranz, politische Aktivitäten kirchlicher Mitarbeiter bis hin zur Zugehörigkeit zu politischen Organisationen und auch Parteien hinzunehmen, solange eine klare Bindung an das Evangelium von den betreffenden Mitarbeitern nicht preisgegeben wird. Die Kirchen in der DDR halten es für möglich, daß die Kirchen in Italien und Frankreich[376] ggf. einen vergleichbaren Weg gehen können, selbst wenn in einer Zeit des Übergangs Unsicherheiten in dieser Frage auftreten. Für die Kirchen der EKD würde sich dann möglicherweise eine neue Situation ergeben. Zu der Problematik insgesamt gehört eine zusätzliche Überlegung, die von den Kirchen in der DDR angestellt wird. Sie fragen sich, ob die atheistische Komponente lediglich ein historisches oder ein konstitutives Moment des Marxismus ist.«[377]

Danach scheint es so, als habe der Kirchenbund eine Reform des östlichen

Kommunismus und eine ideologische Annäherung der sozialistischen Staatsparteien des Ostblocks an den westlichen Reformkommunismus in Frankreich oder Italien für möglich gehalten.

Dafür spricht auch die Äußerung Hempels nach Beendigung seiner Nairobi-Reise, »daß der afrikanische Sozialismus doch besser sei als unserer [der DDR], weil es in afrikanischen Ländern, die auf dem Weg zum Sozialismus sind, weniger ganz reiche und weniger ganz arme Menschen gibt, sondern ein gesundes Mittelmaß an Besitz verbreitet ist.« Der sächsische Oberkirchenrat Mendt bekundete hingegen deutliche Sympathien gegenüber dem Sozialismus in einem anderen afrikanischen Land, nämlich in Tansania[378].

Bezüglich der DKP nahm Martin Niemöller während eines in Dresden geführten Gesprächs, an dem u. a. Pfarrer Walter Feurich[379] sowie die SED-Kirchenfunktionäre Gerhard Lewerenz[380] und Walter Breitmann teilnahmen, eine positive Haltung ein:

»Gegenüber den politischen Verhältnissen in der BRD äußerte er sich besorgt. Aus diesem Grunde habe er auch dem Parteitag der DKP eine Grußadresse übersandt, auch habe er mit dem Vorsitzenden Mies gesprochen. Warum solle er das nicht. Es sind schließlich Menschen, die Gutes wollen, und als Christ begrüße ich eine solche Aktivität. Er betonte, daß er nach wie vor seine ganze Kraft dem Friedenskampf widmen werde, wenn ihm auch bedingt durch sein Alter Grenzen gesetzt sind. So habe er bereits mehrere Funktionen niedergelegt.«[381]

Während der Beratergruppen-Sitzung vom 30. Juni 1976 berichtete Schönherr von einem positiv verlaufenen Gespräch zwischen Götting, Seigewasser und ihm über die Frage von Kirchbauten in Neubaugebieten der DDR. Eine finanzielle Mithilfe von seiten der westlichen Kirche werde man allerdings erbitten müssen[382]. »Die EKD-Vertreter begrüß[t]en den Plan sehr und reg[t]en an, daß in diesem Fall die Partnerbeziehungen der Kirchen zur Geltung gebracht« würden[383].

Intern setzte Paul Verner das Ziel, die Errichtung von Kirchen zu gestatten, bei größeren Gemeindezentren jedoch mit Baugenehmigungen eher zurückhaltend zu sein: »Wir sind gegen kirchliche Kulturhäuser.« Andererseits seien Gemeindeveranstaltungen in kirchlichen Gebäuden im Gegensatz zu in Privatwohnungen durchgeführten sogenannten Hauskreistreffen besser kontrollierbar[384].

Die EKD-Vertreter teilten während der Juni-Beratung mit, ein Gespräch mit Bundespräsident Scheel sei unbefriedigend verlaufen[385].

Der Moskauer Weltkongreß vom Juni 1977

Ebenfalls im Juni 1976 informierte Christa Lewek die »Berater« über den geplanten zweiten Weltkongreß der religiösen Friedenskräfte. Als Bedingung für die Teilnahme des Kirchenbundes nannte sie eine Klärung des Verhältnisses zum Ökumenischen Rat der Kirchen sowie das Zugeständnis seitens der

Konferenzleitung, Minderheitenvoten abgeben zu dürfen, die dann auch gemeinsam mit den Konferenzpapieren veröffentlicht würden[386].

Am 24. November 1976 wurde in der Arbeitsgruppe Kirchenfragen beim ZK der SED eine Konzeption verfaßt, die darauf hinweist, welch hohen Stellenwert man einer hochrangigen kirchlichen Repräsentanz bei der Moskauer Konferenz einräumte[387]:

»Die Vorbereitung der Weltkonferenz religiöser Friedenskräfte bildet in den kommenden Monaten den *Schwerpunkt* der internationalen kirchenpolitischen Arbeit. [...] Diese Konferenz soll nicht nur und nicht vorwiegend Vertreter der bereits tätigen religiösen Friedensbewegungen (CFK, BK) umfassen. Sie ist vielmehr auf die Teilnahme von Repräsentanten offizieller *Kirchen* gerichtet. Es müssen deshalb die Maßnahmen zur Vorbereitung der Weltkonferenz in der DDR in besonderer Weise auf den Bund Evangelischer Kirchen in der DDR und die Leitungen der Landeskirchen gerichtet werden. Das muß unter Beachtung der aktuellen kirchenpolitischen Situation, der sich gegenwärtig in den Kirchen vollziehenden Auseinandersetzungen und des weiterzuführenden Prozesses der Differenzierung der Führungskräfte in den evangelischen Kirchen der DDR geschehen. Die Frage der Teilnahme in hoher Repräsentanz kann und muß zu einem Kriterium dieses Differenzierungsprozesses gemacht werden. Ein erster Schritt in dieser Richtung ist mit der Kooptierung von Frau Oberkirchenrätin Christa *Lewek* als Vertreterin des BEK in den Internationalen vorbereitenden Ausschuß getan worden. [...] Es geht andererseits um die Zerschlagung antisowjetischer Äußerungen reaktionärer Kirchenkräfte dahingehend, daß sich die russisch-orthodoxe Kirche einen Führungsanspruch anmaße, dem man nicht zustimmen könne; und man wisse sich darin einig mit Positionen einiger westeuropäischer kommunistischer Parteien (Ge.Sup. Forck, Cottbus). Gegen diesen klerikalen Antisowjetismus sollen Theologen und kirchliche Amtsträger selbst öffentlich die Auseinandersetzung führen. [...] Es sind Möglichkeiten zu prüfen und wahrzunehmen, mit denen den Friedenskräften in der BRD, besonders den Freunden in den Regionalausschüssen der CFK in der BRD, Unterstützung bei der Formierung einer repräsentativen Delegation zur Weltkonferenz gewährt werden kann; d. h. insbesondere, wie neben Kirchenpräsident i. R. Martin Niemöller, Oberkirchenrat i. R. D. Heinz Kloppenburg, Pfarrer Dr. Herbert Mochalski, auch offizielle Vertreter der Kirchen in der BRD, wie z. B. Kirchenpräsident Hild, für die Teilnahme gewonnen werden können.«[388]

Schönherr informierte den Staatssekretär Ende Dezember, die KKL werde im Januar beraten, ob der Kirchenbund sich an der Konferenz beteiligen könne.

Seigewasser »erklärte ihm, daß es im ökumenischen Interesse wie auch im allgemeinen Interesse des Bundes der Evangelischen Kirchen in der DDR liegen würde, wenn diese Konferenz sich zur Teilnahme entschließen und wenn sie außerdem den Beschluß fassen würde, Bischof Schönherr als Leiter der Delegation festzulegen. Schönherr nahm diese Bemerkung mit ausdrücklicher Zustimmung zu einer solchen Eventualität auf.«[389]

Von dem Präsidium der anhaltischen Landessynode und Kirchenpräsident Natho war am 18. März 1976 in einem Gespräch beim Bezirk Halle die Einberufung der Konferenz begrüßt und zugleich hervorgehoben worden, »daß ihre Kirche auch zukünftig zur Beendigung des Wettrüstens, für Frieden und für Abrüstung tätig sein« werde. Jedoch brachte Natho die Frage vor, »ob eine solche Konferenz nicht eine Isolierung der religiösen Friedenskräfte und eine

Schwächung der breiten Front bedeute. Die Auffassungen und Kontakte der Religionen seien sehr verschieden und unterschiedlich entwickelt.«[390] Im Dezember 1976 erklärte er sich dann aber bereit, auf der KKL-Sitzung im Januar für die Entsendung einer repräsentativen Vertretung des Kirchenbundes nach Moskau einzutreten[391].

Sachsens Landesbischof Hempel hatte im Frühjahr 1976 gemeint, es falle »schwer, von vornherein ja zu sagen, weil wir der Auffassung sind, daß es nicht richtig ist, wenn wir auf diesem Kongreß nur bestimmte politische Forderungen religiös untermauern sollen. Wenn nur das von uns erwartet wird, wäre eine Sachargumentation zu Aspekten der Friedenserhaltung nützlicher. Man muß auch sehen, daß gemeinsame Aussagen des Kongresses angesichts der verschiedenen dort zu erwartenden weltreligiösen Richtungen sehr kompliziert werden.«[392] Gegenüber Dohle wiederholte er am 11. Mai 1976, was er zuvor auf der KKL-Sitzung geäußert hatte:

»Wir erklären nicht von vornherein, daß wir gegen diesen Kongreß und gegen unsere Teilnahme daran sind, aber wir wollen über den Kongreß konzeptionell mehr wissen, bevor wir entscheiden. Wir wissen z. B. thematisch zu wenig. […] Hinzu kommt, daß wir keinerlei Erfahrungen in der Arbeit mit Moslems und Buddhisten haben und nicht wissen, wie wir mit ihnen auf einen Nenner kommen sollen. Ich erkläre noch einmal, daß wir die beste Entscheidung in bezug auf diesen Kongreß wollen und konstruktiv dazu stehen. Aber ich muß doch z. B. wissen, ob der Weltkirchenrat daran teilnimmt, ich komme doch sonst als Mitglied des Zentralausschusses in eine unmögliche Lage […] Unklar ist uns auch die Zusammensetzung des Vorbereitungskomitees, in welchem sich jetzt nur Leute von der ROK befinden. Wir wissen auch nicht, wie gegenüber anderen interessierten Teilnehmern verfahren wird, ob beispielsweise die Kirchen Westeuropas gleichberechtigt teilnehmen können. Alle diese Fragen sind für uns bis jetzt nicht klar.«[393]

Noch erheblich skeptischer hatte sich Werner Krusche geäußert: Die »Bischöfe bezweifeln, daß eine Konferenz der religiösen Friedenskräfte neue Aspekte für den Friedenskampf bringen kann.«[394]

Der Kirchenreferent beim Rat des Bezirkes Rostock, Steinbach, beraumte für den Nachmittag des 22. Dezember 1976 – zwei Tage vor dem Heiligen Abend – ein vierstündiges Gespräch mit dem Greifswalder Bischof Gienke und Oberkirchenrat Plath[395] an, um diese in ihrer Funktion als KKL-Mitglieder dazu zu bringen, sich in der entscheidenden Januarsitzung der Konferenz für die Teilnahme des Kirchenbundes an der Moskauer Konferenz einzusetzen.

»Bischof Gienke erklärte in diesem Zusammenhang, daß er glücklich darüber ist, daß unsere Regierung eine so kontinuierliche Politik in allen Bereichen des gesellschaftlichen Lebens durchführt. Es gäbe keine andere Alternative gegenüber unserer Politik, und dafür ist seine Kirche dankbar […] er erachte es aus vielen Gründen für erforderlich, daß sich der Bund aktiv an der Vorbereitung und Durchführung dieses politisch bedeutsamen Welttreffens beteiligt. Unter anderem war er der Meinung, wenn sich die Kirchen in der DDR zu Kirchen im Sozialismus profilieren wollen, müssen sie sich auch aktiv im weltweiten Friedenskampf engagieren. Da diese bedeutsame Konferenz in Moskau stattfindet, muß mit besonderem Respekt dem Gastgeberland gegenüber eine aktive Mitarbeit durch den Bund der Evangelischen Kirchen in der DDR gesichert werden. Auch der befreundeten russisch-orthodoxen Kirche als Einlader und Träger der

Konferenz müsse sich der Bund besonders verpflichtet fühlen und eine repräsentative Teilnahme und aktive Mitarbeit sichern. Gienke und Dr. Plath versicherten, in der Konferenz der Evangelischen Kirchenleitungen im Januar 1977, wo dazu die entscheidenden Beschlüsse gefaßt werden, konsequent ihren Standpunkt zu vertreten. Diese Auffassung begründete Gienke auch damit, daß der Bund der Evangelischen Kirchen in der DDR auch eine Verantwortung bei der Vorbereitung der Belgrader Konferenz mittragen müsse, dies könne er am wirkungsvollsten bei einer aktiven Mitarbeit an der Moskauer Weltkonferenz religiöser Friedenskräfte.«[396]

In einer Anfang 1977 vorgenommenen staatlichen Einschätzung heißt es im Blick auf das kirchliche Engagement bei der Moskauer Tagung vorsichtig:

»Der BEK nahm an den Tagungen des Vorbereitungskomitees zunächst als Beobachter teil, später als ordentliches Mitglied. Über den Status seiner Vertreter während des Moskauer Kongresses selbst gibt es jedoch in kirchlichen Kreisen Meinungsverschiedenheiten. Offensichtlich dringen politisch-konservative Kräfte darauf, den Beobachterstatus wiederzubeleben.«[397]

Am Weltkongreß, der vom 6. Juni bis zum 10. Juni 1977 in Moskau stattfand[398], nahm der Kirchenbund – wie auch der Vatikan, der ÖRK und der LWB – lediglich mit einer von Mecklenburgs Bischof Rathke geleiteten Beobachterdelegation teil, der außerdem noch Heino Falcke, Christa Lewek, der sächsische Superintendent Reinhold Fritz (Karl-Marx-Stadt) und Rektor Günter Schulz (Naumburg) angehörten. Zu dieser Lösung war der Kirchenbund gegen das Votum der Bischöfe Braecklein, Gienke und Schönherr, der die Berlin-Brandenburgische Kirchenleitung nicht auf seiner Seite hatte, sowie des Kirchenpräsidenten Eberhard Natho gelangt, die sich allesamt für eine reguläre Teilnahme der DDR-Kirchenvertreter am Kongreß ausgesprochen hatten[399].

Über die entscheidende KKL-Sitzung heißt es in der staatlichen Darstellung:

»Bei der Entscheidung über die Teilnahme des Bundes der Evangelischen Kirchen an der Konferenz der religiösen Friedenskräfte in Moskau zeigten sich die gegensätzlichen Positionen deutlich. In der Konferenz der Kirchenleitungen wollte man sich nicht festlegen, als offizielle Delegierte an dem Kongreß teilzunehmen. Die Kirchen wollten sich nicht in die Abhängigkeit von der russisch-orthodoxen Kirche begeben und dazu verpflichtet sein, die sozialistische Außenpolitik durchsetzen zu helfen. Die Kirchenleitungen in Greifswald, Thüringen und Anhalt[400] beauftragten ihre Bischöfe, sich für eine offizielle Delegation einzusetzen. Demzufolge sprachen sich die Bischöfe dieser Kirchen auch in diesem Sinne aus. Obwohl Bischof Schönherr nicht das Placet seiner Kirchenleitung für den Delegiertenstatus erhielt, plädierte er in der Konferenz der Kirchenleitungen dafür. Die anderen Vertreter blieben bei der Abstimmung jedoch in der Überzahl, so daß die Konferenz sich entschloß, nur mit einem Beobachterstatus an dieser Weltkonferenz teilzunehmen. Hinzu kommt, daß Bischof Rathke, der für seine politisch zwiespältige Haltung bekannt ist, als Delegationsleiter eingesetzt wurde.«[401]

Von Hans Weise am 14. Januar 1977 befragt, hatte Stolpe hinsichtlich der für den folgenden Tag angesetzten KKL-Sitzung geschickt die Bandbreite der möglichen Beschlußfassung angezeigt, indem er äußerte, »alles könnte geschehen, nur nicht eine negative Entscheidung hinsichtlich der Teilnahme der

Kirchen. Es gäbe eine Reihe von Kirchenleitungen, die eine positive Haltung zur Moskauer Tagung einnehmen; einige würden mit ihrer Entscheidung noch zögern, wobei Stolpe keine Namen nannte.«[402]

Stolpe kannte wohl bereits das Ergebnis der Bischofsrüste, die vom 11. bis zum 14. Januar 1977 im brandenburgischen Bad Saarow stattgefunden hatte. Dort war eine Teilnahme im Beobachterstatus als Minimalkonsens festgehalten worden. Man hatte sich zudem darauf geeinigt, über diese Frage in der KKL-Sitzung geheim abzustimmen[403].

Im Unterschied zu den DDR-Kirchen beteiligten sich aus Ungarn, Rumänien, Polen und der ČSSR jeweils mehrere Bischöfe an dem Kongreß[404]. Hauptabteilungsleiter Hans Weise äußerte gegenüber Schönherr, die am 15. Januar getroffene KKL-Entscheidung über die Form der Beteiligung der DDR-Kirchen am Kongreß sei »ein Novum [...], da die Kirchen der anderen sozialistischen Länder alle offizielle Delegierte entsenden werden und es doch eigenartig anmutet, wenn die DDR mit einem Beobachterstatus in Moskau in Erscheinung trete.« Schönherr »ließ sich nicht darauf ein, mit dazu beizutragen, daß er sich selbst dafür einsetzt, damit die Kirchen der DDR offiziell vertreten sind.« Der Berlin-Brandenburgische Bischof bemerkte, daß es besser sei, aus dem Westen auch Kirchen anstatt nur Einzelpersönlichkeiten einzuladen. Ansonsten nähme die Konferenz doch eher den Charakter einer »Ost-Ökumene« an:

»Wenn z. B. Mochalski aus der Bundesrepublik eingeladen würde, der doch keine Kirche hinter sich hat, wäre es schwer für die EKD, eine Einladung anzunehmen.«[405]

Da Schönherr in Aussicht gestellt hatte, vor einer endgültigen Entscheidung noch ein Gespräch mit Metropolit Filaret (Berlin-Karlshorst) sowie dem Moskauer Metropoliten Juvenali zu führen[406], stattete Seigewasser am 24. Januar 1977 dem Karlshorster orthodoxen Würdenträger einen Besuch ab, um ihn über die Lage zu informieren. Braecklein, Gienke, Natho sowie Schönherr seien zwar für eine vollgültige Teilnahme der DDR-Kirchen in Moskau, würden aber die Ansicht tolerieren, man müsse zunächst noch die dem Kongreß zugrundeliegende Konzeption zur Kenntnis nehmen und sich erkundigen, ob man auch Kirchen aus westeuropäischen Ländern offiziell eingeladen habe.

»Seigewasser machte Metropolit Filaret klar, daß sich hinter vermeintlich theologischen Argumenten von der Unmöglichkeit, daß Moslems, Hindus, Buddhisten, Christen und Juden eine gemeinsame Plattform finden könnten, politische Vorbehalte verstecken. Filaret solle Schönherr eindringlich deutlich machen, daß eine lediglich beobachtende Kongreßteilnahme durch die DDR-Kirchen seitens der ROK auf ein erhebliches Maß an Unverständnis stoßen würde.«[407]

Am 8. Februar 1977 fragte Horst Dohle bei Manfred Stolpe an, warum der BEK noch nicht mit Filaret gesprochen habe. Stolpe erwiderte, Schönherr wolle während der KKL-Vorstandssitzung am 10. Februar vorschlagen, am 1. oder 2. März mit Filaret und dem Sekretär des Patriarchats der ROK, Bujewski, ein Zusammentreffen zu arrangieren. Hierfür sei eine Zustimmung des kirchlichen Spitzengremiums sicher zu erwarten. Im übrigen versuchte Stolpe, den staatlichen Erwartungsdruck abzuschwächen:

»Zur Grundsatzfrage meinte Stolpe, daß nach seiner Auffassung die Frage nach dem Status der Vertretung des BEK zu hoch gespielt werde. Aus anderen Gesprächen mit den Einladern habe Stolpe den Eindruck gewonnen, daß ihnen die Ranghöhe der Teilnehmer wichtiger sei als der Status. Ein Bischof als Beobachter gelte genauso viel oder mehr als rangniedere Experten, selbst wenn diese als Delegierte erscheinen. Das Ziel sei, einen leitenden Geistlichen und vielleicht zwei bis drei Experten zu schicken. Der gegenwärtigen Lage nach aber könnten sie mit dem Status eines Beobachters dabei sein. Das sei ein realistischer Kompromiß, der berücksichtigt, daß im Oktober 1977 die Neuwahl des Vorstandes des BEK stattfindet und man deshalb die Fronten nicht unnötig aufreißen wolle. Wenn im Oktober Gienke, Braecklein, Schönherr und Natho 35 Prozent der Stimmen auf ihrer Seite haben, die anderen aber 65 Prozent, dann sei das nicht gut. Gegenwärtig stünden die Chancen für eine Wiederwahl Schönherrs günstig, aber es gäbe genug Leute, die das auf jeden Fall verhindern wollen.«[408]

Vor dem nunmehr auf den 1. März angesetzten Gespräch zwischen BEK- und ROK-Vertretern klärte Seigewasser Bujewski über das Kräfteverhältnis in der KKL auf. Gegen eine Teilnahme sei allerdings keine der Landeskirchen eingestellt.

»Auf die Frage von Bujewski, warum der Bund denn auf dem Beobachterstatus beharrt, wurde ihm erklärt, daß dies ursächlich mit der Haltung der EKD im Zusammenhang steht, die nach unseren Informationen auch nur Beobachter entsenden wird. Außerdem besteht bei einigen kirchenleitenden Persönlichkeiten die Meinung, daß diese Tagung eine Gegenökumene wird, weil sich der ROK dafür so verwendet.«[409]

An dem Gespräch nahmen von seiten des Bundes Stolpe, Falcke und Kramer teil. Bujewski, der nach Beendigung der Unterredung über deren Ergebnisse im Staatssekretariat für Kirchenfragen berichtete, zeigte sich sehr zufrieden, obwohl die Frage des Status der DDR-Delegation weiterhin offen bleiben mußte. Zum Mißfallen der ROK-Vertreter stellte Kramer die Teilnahme von Kirchenpräsident Eberhard Natho an der Konferenz in Frage; dieser hatte 1973 anscheinend einen überaus guten Eindruck hinterlassen[410].

Auch die Hauptabteilung XX/4 des MfS war an den Vorbereitungen beteiligt und entwickelte einen »Maßnahmeplan für den operativen Einsatz« zur »Weltkonferenz [...] in Moskau«, der Mitte März vorlag[411].

»Die hervorragende Bedeutung dieser Veranstaltung ist dadurch gekennzeichnet, daß die verschiedensten Weltreligionen, wie Christen, Buddhisten, Moslems, Juden u. a. unmittelbar vor der Nachfolgekonferenz der KSZE in Belgrad in dem Bestreben zusammengeführt werden sollen, einen verstärkten Beitrag zur Festigung des Weltfriedens durch religiöse Kräfte zu geben. Bereits in der Vorbereitungsphase der Weltkonferenz werden gegnerische Kräfte aktiv, die mit Störungen und Boykott beabsichtigen, negativ auf die Konferenz Einfluß zu nehmen. Dazu zählen solche Versuche wie die Durchführung eines ›Weltkongresses für religiöse Freiheit‹ (20.-23.3.77 in Amsterdam) und die Verhinderung einer offiziellen Delegation des ›Bundes der Evangelischen Kirchen in der DDR‹ in Moskau.«

Als Störfaktoren werden »die sog. Osteinrichtungen aus politisch-klerikalen Zentren westeuropäischer Länder (z. B.: ›Glaube in der 2. Welt‹, ›Ostkommission bei Pax-Christi/BRD‹, ›Weltkirchenrat‹ u. a.)« genannt, die vor allem die Menschenrechtsfrage in den sozialistischen Ländern thematisieren wollten und zur Verhinderung solcher Pannen ein Riesenaufgebot an Inoffiziellen Mitarbeitern mobilisierten.

Zur »Feststellung geplanter Störungen und anderer negativer Aktivitäten sowie zur Aufklärung von Teilnehmern am Weltkongreß […] kommen nachstehend genannte IM zum Einsatz«:

»IMF ›Verleger‹ – Beschaffung von Dokumenten in Vorbereitung auf den Weltkongreß; Aufklärung von Aktivitäten der […] (EKD); IMF ›Tulpe‹ – Aufklärung von Aktivitäten des ›Weltkongresses für religiöse Freiheit‹ […] Haltung der Westberliner Kirchenleitung zum Weltkongreß in Moskau; IMF ›Schwalbe‹ – Pläne und Absichten von ›Glaube in der 2. Welt‹ (Zürich/Schweiz); IMF ›Thomas‹ – Pläne und Absichten der Ostkommission beim ›Pax-Christi-Präsidium‹ der BRD; Vorbereitung profilierter Personen von ›Pax-Christi‹ BRD für eine Nutzung zur Durchsetzung der Ziele des Weltkongresses; IMF ›Vogtländer‹ – Pläne und Absichten des Weltkirchenrates; Einfluß auf die Teilnahme profilierter Vertreter des Weltkirchenrates in Moskau; IMF ›Gerd‹ – Pläne und Absichten von Missionsbund ›Licht im Osten‹ und anderer feindlich-klerikaler ›Osteinrichtungen‹; IMV ›Hubert‹ – Aufklärung der Informationsinteressen der ›Katholischen Nachrichtenagentur‹, (KNA), Westberlin; Pläne und Absichten von KNA bei der Berichterstattung über den Weltkongreß; IMF ›Günter‹ – Pläne und Absichten evangelischer Kirchenjournalisten aus dem Operationsgebiet bei der Berichterstattung über den Weltkongreß. Weiter werden mit der komplexen Auftragskonzeption zur Informationsbeschaffung und der gezielten Kontaktierung operativ-interessierender Personen Personen folgende IM zum Einsatz gebracht: IMF ›Bill‹, IMF ›Markus‹, IMV ›Ehrlich‹, IMV ›Bus‹, IMV ›Harry‹ […] Der gezielte Einsatz der IM ›Ingo‹, ›Karl‹, ›Sekretär‹, ›Prinz‹, ›Dietrich‹, ›Mensen‹, ›Vogtländer‹ und ›Burg‹ erfolgt, um die Teilnahme von mindestens einem Bischof der Evangelischen Landeskirchen, eines Oberkirchenrates und des Bischofs der Evangelisch-Methodistischen Kirche in der DDR, Armin Härtel, zu gewährleisten […] Zur Durchsetzung der politisch-operativen Hauptaufgaben zur Weltkonferenz in Moskau werden folgende IM mit nachstehend genannten Detailaufgaben am Tagungsort zum Einsatz gebracht: IMV ›Barkhoff‹ – Dolmetscher; Aufklärung von Plänen und Absichten linker christlicher Gruppen, die der KPI, der KPF und der KPÖ nahestehen; IMV ›Bus‹ – Theologe, leitender Mitarbeiter der ›Christlichen Friedenskonferenz (CFK)‹; Pläne und Absichten von Professor Gollwitzer (Westberlin) unter Kontrolle halten; aktiven Einfluß auf positive Aussagen von G. zum Weltkongreß nehmen: Profilierte Aussage der CFK unterstützen; IMF ›Dietrich‹ – leitender Mitarbeiter des ›Bundes der Evangelischen Kirchen in der DDR‹ und des ›Ökumenischen Jugendrates‹ in Europa; Aktivitäten der DDR-Teilnehmer unter Kontrolle halten; eigenständigen positiven Beitrag des Jugendrates formulieren; IMV ›Dornburg‹ – Theologe, leitender Mitarbeiter der CFK; perspektivvolle Kontakte zu operativ interessierenden Personen aus dem Operationsgebiet entwickeln; operative Kontrolle der CFK-Mitglieder aus dem Operationsgebiet, insbesondere aus den USA, der BRD, Österreich und der Schweiz; IMV ›Ehrlich‹ – Journalist; Informationsbeschaffung über Pläne und Absichten westlicher Delegierter; operative Kontrolle und Einflußnahme auf die Vertreter des Weltkirchenrates und anderer ökumenischer Gremien; IMV ›Günter‹ – Journalist; Leitender Mitarbeiter der evangelischen Presse; Aufklärung der Pläne und Absichten bei der Berichterstattung über Moskau durch West-Journalisten; Kontrolle der Aktivitäten des Ökumenischen Arbeitskreises für Information in Europa; Aufklärung von Plänen und Absichten der ›Ostmissionen‹ in der BRD; IMV ›Heino‹ – Theologe; Aufklärung der Pläne und Absichten von Theologen aus der BRD und Westberlin; IMV ›Hubert‹ –

Journalist; Leitender Mitarbeiter der katholischen Presse; Aufklärung der Pläne und Absichten der Berichterstattung von KNA Westberlin; Kontrolle von Aktivitäten der Vertreter von ›Pax-Christi‹-BRD und ›Pax-Christi-International‹; IMV ›Prinz‹ – Leitender Mitarbeiter des ›Bundes der Evangelischen Kirchen in der DDR‹; operative Kontrolle und positive Einflußnahme auf die Aktivitäten der Delegierten aus der DDR; Aufklärung der Pläne und Absichten von Vertretern der ›Evangelischen Kirche der Union‹ in der BRD und Westberlin; IMF ›Vogtländer‹ – Mitarbeiter der CFK und anderer ökumenischer Gremien; Operative Kontrolle und Einflußnahme auf die Vertreter des Weltkirchenrates (gezielt Dwain Epps und Leopoldo Niilus – Abteilung für Internationale Angelegenheiten des Weltkirchenrates); IMV ›Waltraud‹ – persönliche Einladung durch sowjetische Intellektuelle; Aufklärung der Pläne und Absichten westlicher Teilnehmer bei Kontakten zu Bürgern der UdSSR; IMV ›Wilhelm‹ – Publizist; Experte für die Tätigkeit kleiner Religionsgemeinschaften; Kontrolle von Aktivitäten der ›Christlichen Ostmission‹ und anderer ›Osteinrichtungen‹.«[412]

Zur Koordinierung des Einsatzes der Inoffiziellen Mitarbeiter sowie zur aktiven Einflußnahme auf einen positiven Verlauf der Moskauer Tagung wurde eine operative Einsatzgruppe unter Leitung der MfS-Offiziere Roßberg und Heinrich gebildet. Die Durchsetzung einer Teilnahme des BEK in Gestalt einer offiziellen Delegation gehörte offenbar nicht zum Maßnahmeplan. Für Mai war eine Absprache mit der V. Verwaltung des Komitees für Staatssicherheit der UdSSR in Moskau geplant, um die inhaltliche wie technische Zusammenarbeit zu vereinbaren.

Am 12. April 1977 äußerte Schönherr gegenüber Seigewasser sein Bedauern über den Beschluß der KKL, lediglich eine beobachtende Delegation nach Moskau zu entsenden[413].

Die abschließende Wertung der Tagung durch Hans Weise lautete:

»Das Auftreten der Delegation des Bundes war sehr differenziert. Dr. Falcke und Frau Lewek[414] traten sachlich und positiv in den Diskussionen der Arbeitsgruppen auf. [...] Sie setzten ihre positive Haltung aus der Zeit der Vorbereitung des Weltkongresses fort. Bischof Dr. Rathke und Superintendent Fritz traten mit negativ zu wertenden Beiträgen zur Lage der Kirchen und zum Friedensdienst der Christen in der sozialistischen Gesellschaft auf[415] [...] Metropolit Juvenali würdigte auf einer Pressekonferenz den Einsatz der Vertreter aus der DDR«[416].

Bemängelt wurde staatlicherseits, daß die Kirchenleitungen nach Beendigung der Konferenz keine gezielte Öffentlichkeitsarbeit vorgenommen hatten[417].

Während einer Konsultation des ÖRK mit Kirchenvertretern aus den sozialistischen Ländern in Budapest im Frühjahr 1977 sprach ein sowjetischer »Beauftragter« Schönherr an und fragte ihn, warum der Kirchenbund nur Beobachter und keine Delegation nach Moskau schicken werde. Laut Protokoll soll der BEK-Vorsitzende darauf geantwortet haben:

»Schönherr erklärte daraufhin, daß man im Staatssekretariat von ihnen buchstäblich forderte: ›Sie müssen auf jeden Fall zu der Konferenz fahren!‹ Und als Reaktion auf diesen Druck wurde ein derartiger Entschluß gefaßt. Indem er sich von unserer Quelle verabschiedete, sagte er: ›Bei uns hat man es immer noch nicht gelernt, sich in angemessener Form an uns zu wenden.‹«[418]

Unruhe, Menschenrechtsdiskussion und Intensivierung deutsch-deutscher Kirchenbeziehungen als Folge der Selbstverbrennung des Pfarrers Oskar Brüsewitz (Sommer/Herbst 1976)

Besorgt stellte die Arbeitsgruppe Kirchenfragen beim ZK der SED im Sommer 1976 eine Zunahme von kirchlichen West-Ost-Kontakten auf deutschdeutscher und auch gesamtökumenischer Ebene fest:

»Wir sehen uns mit dem Sachverhalt konfrontiert, daß insbesondere nach Helsinki seitens klerikaler Kreise versucht wird, eine Öffnung der DDR für vielfältige Kontakte und Informationen zwischen Kirchen und kirchlichen Institutionen kapitalistischer Staaten (insbesondere der BRD und der USA) und den Kirchen und Religionsgemeinschaften in der DDR zu erreichen. Es häufen sich die Anträge von kirchlichen Kreisen des kapitalistischen Auslandes auf zum Teil langfristige Besuchs- und Informationsreisen in die DDR. Ausgeprägt ist das Bestreben, kirchlich-ökumenische Tagungen in die DDR zu verlagern. Solche ökumenischen Veranstaltungen sind meist mit Presseaktivitäten verbunden. [...] Die antisozialistische Menschenrechtskampagne ist in starkem Maße darauf gerichtet, Verleumdungen über die Religionsfreiheit und die Existenzbedingungen der Kirchen in den sozialistischen Staaten zu verbreiten. Die klerikal-antikommunistischen Kräfte haben zu diesem Zweck den kirchlichen Informations- und Propagandaapparat weiter ausgebaut und aktiviert. 1975 wurde das Evangelisch Publizistische Zentrum in Westberlin aufgebaut, das den Nachrichtendienst ›Kirche im Sozialismus‹ herausgibt. Seit 1972 erscheint die Zeitschrift ›Glaube in der zweiten Welt‹, die ausschließlich der bewußten Entstellung der Lage der Christen und Kirchen im Sozialismus dient. Die zahlreichen westlichen klerikalen Ostforschungsinstitute haben ihre Tätigkeit in einem Fachrat koordiniert, d. h. der Westen hat sein kirchenpolitisches Informationssystem ausgebaut, um kirchenpolitische Informationen aus der DDR und den anderen sozialistischen Staaten abzuschöpfen und einen ständigen gezielten Informationsfluß in die DDR zu organisieren.«[419]

Ähnlich lautete eine staatliche Einschätzung aus dem Frühjahr 1977:

»In jüngster Zeit haben sich die Einmischungsversuche aus der BRD und Westberlin in die Kirchen der DDR verstärkt. Die ehemaligen ›Patenschaftsbeziehungen‹ wurden zu ›Partnerbeziehungen‹ umfunktioniert, ohne ihren Inhalt zu verändern. Nach wie vor tagen die Bereichsräte der Evangelischen Kirche der Union in der DDR und der BRD gemeinsam, gibt es enge Verbindungen der Westberliner und der Berlin-Brandenburger Kirche in der DDR, und die ›Partnerschaftstreffen‹ von Gemeinden aus der DDR mit solchen aus der BRD finden regelmäßig in der Hauptstadt Berlin statt. Solche direkten politischen Einmischungen in die Situation der Kirchen in der DDR, wie sie der Rat der EKD im Fall Brüsewitz vornahm, wurden jedoch vorher und auch danach vermieden. In diesem Zusammenhang muß auch die verstärkte Besuchstätigkeit westdeutscher kirchenleitender Persönlichkeiten auf Landessynoden in der DDR gesehen werden, die damit faktisch ›gesamtdeutschen‹ Ressentiments Vorschub leisten.«[420]

Seigewasser hatte im Januar 1976 Schönherr vorgehalten, er pflege Kontakte zum Leiter der Ständigen Vertretung der Bundesrepublik in der DDR, Günter Gaus – Seigewasser bezeichnete den Staatssekretär gar als »Botschafter der Bundesrepublik«. Schönherr beschwichtigte sein mißtrauisches Gegenüber, indem er ausführte, es habe bislang lediglich zwei Begegnungen gegeben – zum einen habe Gaus ihm einen Antrittsbesuch abgestattet, zum anderen sei er ihm während eines Empfangs der Britischen Botschaft begegnet[421]. Auch Stolpe war schon einige Male Gast der Ständigen Vertretung in der Hannoverschen Straße gewesen[422].

Auf einer Beratung der kirchenpolitischen Mitarbeiter der SED-Bezirksleitungen und Stellvertreter der Vorsitzenden für Inneres der Räte der Bezirke am 22. Juli 1976 im ZK-Gebäude am Werderschen Markt in Berlin (Ost) hielt Paul Verner ein Grundsatzreferat. In seiner Rede ging er davon aus, daß in absehbarer Zeit mit einem Aussterben von Kirche und Religion nicht zu rechnen sei[423]. Gegenüber den staatlichen Kirchenbeauftragten der für die Kirchenprovinz Sachsen zuständigen Bezirke Magdeburg, Halle, Erfurt und Leipzig erläuterte Eberhard Hüttner am 14. September 1976 – die Selbstverbrennung des Pfarrers Oskar Brüsewitz in Zeitz lag etwas mehr als drei Wochen zurück –, der SED-Kirchenpolitik müsse an der »weitere[n] Einbeziehung der Kirchen« gelegen sein. Die kirchenpolitische Lage dürfe sich nicht weiter zuspitzen. Der Fall Brüsewitz habe deutlich gemacht, wie die einzelnen Landeskirchen, Pfarrer und sonstige kirchliche Mitarbeiter zur DDR stünden. Dies gelte auch für die Kirchenprovinz Sachsen:

»Zuerst war die Leitung der Kirche […] schockiert, dann hat sie laviert, dann hat sie sich gegen uns gewandt.« Ein Schwerpunkt der Ausführungen zu diesem Punkt lag auf der Reaktion in der Bundesrepublik:

»Der Selbstmord Brüsewitz wurde für die CDU in der BRD sofort als Wahlmunition verwandt[424]. Die Massenmedien in der BRD wollten Brüsewitz als Märtyrer abstempeln. Die Deutsche Demokratische Republik sollte vor allem kirchenpolitisch diskreditiert werden. Hauptaufgabe der Verleumdungskampagne war, die Kirchen in der DDR in Opposition zum Staat zu bringen.«

Zugleich sei es um die »Forcierung des Antikommunismus [sowie die] Störung der Beziehungen DDR-BRD« gegangen: Der »Beweis sollte erbracht werden, daß die DDR ein inhumaner Staat ist, mit dem die Bundesrepublik nicht verhandeln kann.« Für die DDR-Kirchen stellte Hüttner fest, sie hätten »insgesamt die Prüfung nicht bestanden: Sie sind zumeist auf die Position der Gegner übergegangen. Die reaktionären Kräfte in den Kirchen kamen mehr ins Spiel und haben an Boden gewonnen.«[425] Hüttner stellte fest, eigentlich gehe es nun eher um das Staat-Kirche-Verhältnis als um den Fall Brüsewitz. Insbesondere bekämen »reaktionäre[.] Kräfte« nun Oberwasser und würden verstärkt innenpolitische Probleme wie die Bildungspolitik vorbringen.

»In dieser Situation ist es wichtig, eine kluge Differenzierungspolitik zu machen. Wir müssen den Vertretern der Kirchen helfen, die sich von dieser Kirchenpolitik distanzieren und die in ihrer Haltung schwanken. Es ist einzuschätzen, daß die ev. Kirchen Thüringens, Brandenburg, Greifswald eine vernünftige Haltung einnehmen.«[426]

Ähnlich lautete die Analyse, die Stolpe am 26. Oktober 1976 Seigewasser vortrug:

»Ich habe den Eindruck, daß sich jetzt eine Art Gegenbewegung artikuliert, und zwar von Menschen, die sich immer noch in einer ›Überwinterung‹ befinden. Der ungehemmte Mißbrauch der Kirchen in der Westpresse im Fall Brüsewitz hat diese Menschen auf den Plan gerufen. Die Reaktionen unter einem Teil der Pfarrerschaft haben einige Kirchenleitungen aus dem ›Tritt‹ gebracht. Das wirft erneut die Frage auf, was es bedeutet, Kirche im Sozialismus zu sein. Jetzt machen wir die Erfahrung, daß auf verschiedenen Ebenen in dieser Beziehung Vorbehalte angemeldet werden. [...] Von der Konferenz der KL wurde eingeschätzt, daß nicht nur einzelne Stimmen laut wurden, sondern daß sich eine Welle der Unruhe breit machte. [...] Die Kirchenleitungen haben sich zu wenig um die Basis gekümmert, das ist unsere Erkenntnis. Die Situation war Mitte September sehr ernst geworden. Es fehlten nur noch Menschen, die sich an die Spitze stellten, und eine Art ›Bekennende Kirche‹ hätte sich gebildet. Wir hoffen, daß die Bundessynode einen Schlußstrich unter Brüsewitz gesetzt hat. Aber wir wissen, daß Leute im Lande umherfahren, die schüren und die wir nicht unter Kontrolle bekommen.«[427]

Der staatlicherseits angestrebte Differenzierungsprozeß war bereits auf der Tagung der Bundessynode vom 24. bis zum 28. September 1976 in Züssow sichtbar geworden. In der staatlichen Einschätzung heißt es:

»Die Synode wurde unter komplizierten kirchenpolitischen Bedingungen durchgeführt. [...] Namentlich in dem ›Brief der Konferenz der Kirchenleitungen an die Gemeinden‹ vom 11.9.1976[428] hatte sich gezeigt, daß die reaktionären kirchenleitenden Kräfte ihren Einfluß im BEK stärken und sich gegenüber den realistischen Kirchenvertretern durchsetzen konnten. [...] Den realistischen Vertretern aus der Konferenz der Kirchenleitungen und unter den Synodalen gelang es weitgehend, auf den Verlauf der Synode Einfluß zu nehmen. Die reaktionären Kräfte in der Synode überstimmten sie jedoch in der letzten Phase der Tagung. [...] Bischof Schönherr [...], der sich zum ersten Mal entschlossen zeigte, seinen kirchenpolitischen Kurs gegen reaktionäre Kräfte durchzusetzen. Auf die Vermeidung einer erneuten Belastung des Verhältnisses von Staat und Kirche waren außerdem die Bischöfe Gienke, Braecklein und Fränkel bedacht. [...] Bischof Fränkel äußerte, daß er die Tat von Brüsewitz, die mitten in den Prozeß der Entspannung falle, für keinen Zufall halte. Er könne sie weder menschlich noch theologisch billigen. Er distanzierte sich von Dr. Kühn, Leipzig, der in der Eröffnungsandacht versucht hatte, die Tat von Brüsewitz theologisch zu rechtfertigen. Bischof Gienke distanzierte sich sogar öffentlich davon, indem er im Gottesdienst am 26.9. 1976 im Dom zu Greifswald vor ca. 800 Besuchern sagte: ›Die Klage zu Gott gehört nicht auf den Marktplatz.‹ [...] Auch das Auftreten der ökumenischen Gäste, einschließlich Bischof Claß, war einem normalen Verlauf der Synode dienlich. Der Vorsitzende des Rates der EKD hielt eine Begrüßungsansprache, die keinerlei Angriffe auf die DDR enthielt. Er nahm auch keinen Bezug auf die Modalitäten seiner Einreise in die DDR.«[429]

Für den »op. Einsatz Sept. BEK/Züssow« hatte Roßberg eine Auszahlungs-Anordnung für Operativgelder über 300 Mark im Zusammenhang mit IM »Sekretär« unterschrieben[430]. Offenbar reichte die Summe nicht, denn unter dem 4. Oktober 1976 unterzeichnete er für den »op. Einsatz Syn. Züssow« nochmals eine Auszahlungsanordnung über 250,– Mark[431].

Kaum nach Stuttgart zurückgekehrt, schrieb der EKD-Ratsvorsitzende Claß, spürbar um eine Verbesserung des Klimas zwischen SED-Staat und EKD bemüht, Seigewasser einen freundlichen Brief:

»Sehr geehrter Herr Staatssekretär, bei Gelegenheit der Synode des Bundes [...] hätte ich meine Freude über die Möglichkeit meiner Teilnahme an der Synodaltagung gerne Ihnen persönlich gegenüber zum Ausdruck gebracht. Herr Hauptabteilungsleiter Weise, dem ich meine Grüße zu übermitteln bitte, wird Ihnen von unserer Begegnung berichtet haben. Ich würde es begrüßen, wenn sich ein nächster Besuch von mir in Berlin mit einem Besuch bei Ihnen in Ihrer Dienststelle verbinden ließe, und wäre Ihnen sehr verbunden, wenn dies zu gegebener Zeit vereinbart werden könnte. Herrn Oberkirchenrat Lingner habe ich gebeten, meinen Brief an Sie persönlich zu überbringen. Mit vorzüglicher Hochachtung bin ich Ihr D. Claß.«[432]

Unmittelbar darauf bat Lingner im Staatssekretariat um einen Gesprächstermin. Nach Rücksprache mit Willi Barth von der Arbeitsgruppe Kirchenfragen beim ZK der SED wurde entschieden, daß Hauptabteilungsleiter Hans Weise den Berliner EKD-Mann empfangen möge. Die kurze Unterredung fand am 12. Oktober 1976 statt. Willi Barth berichtete Paul Verner am gleichen Tag:

»Lingner äußerte dabei anerkennende Worte über die gesellschaftlichen Verhältnisse in der DDR, besonders im Blick auf soziale Sicherheit und die Rolle der Frau in der Gesellschaft. Er äußerte z. B., daß die Misere in der BRD u. a. darin bestehe, daß eine Frau, die zeitweilig aus dem Beruf ausscheide, nie wieder Beschäftigung finde. Es sei weiter ein großer Vorteil für Bürger der DDR, daß das Recht auf Arbeit verwirklicht sei. Dies seien wirkliche Fragen der Menschlichkeit.«[433]

Die Beratergruppen-Sitzung vom 20. Oktober 1976 stand ganz unter dem Thema der Selbstverbrennung des Pfarrers Oskar Brüsewitz und der Reaktionen der EKD und des Kirchenbundes darauf.

Der Kirchenbund war offenbar wenig erfreut über die Stimmen aus der EKD zu diesem Fall[434], denn es wurde »besonders die Frage aufgeworfen, ob und wie die Kirchen der EKD und einzelne kirchenleitende Persönlichkeiten in der EKD zu Vorgängen in der DDR Stellung nehmen sollen. Besonders interessiert dabei die Frage, ob und wann solche Stellungnahmen hilfreich oder schädlich für die Kirchen in der DDR sein können.«[435]

»Bei der Gelegenheit wird noch einmal das Ratswort zum Fall Brüsewitz[436] zum Gegenstand der Erörterung gemacht. Man hat in der DDR vermißt, daß vor einem solchen Wort eine Verbindung zu den Kirchen in der DDR gesucht worden ist. Man hat Verständnis dafür gezeigt, daß die Kirchen der EKD in ihrer Situation genötigt sein können, zu Vorgängen in der DDR für ihre Gemeinden in der EKD Stellung zu nehmen. Natürlich habe sich das Ratswort nicht an die Christen oder Kirchen in der DDR richten wollen. Wenn die Kirchen in der DDR und die Kirchen der EKD sich gegenseitig etwas zu sagen hätten, so würde dies sicher nicht im Wege von offiziellen Verlautbarungen geschehen, sondern im Wege der gegenseitigen Fühlungnahme und Aussprache. Der Eindruck des Protokollanten [Lingner] geht dahin, daß bei einigen Teilnehmern eine gewisse Verärgerung über das Ratswort in verhaltener Weise nachklang. So hat z. B. OKR Stolpe darauf hingewiesen, daß sich die Kirchen in der DDR über den Umgang der Kirchen in der EKD mit kommunistischen Pfarrern auch jeder Stellungnahme enthielten. Auch wenn Hild sachlich erwidern konnte, daß es Probleme in dieser Richtung z. Zt. nicht in der Weise gäbe, wie sie offensichtlich von Stolpe vermutet werden, bleibt der Eindruck, daß das Ratswort ein wenig als Einmischung in die Angelegenheiten der Kirchen in der DDR angesehen worden ist.«[437]

Die Reaktion gerade Stolpes zeigt den Grad der Empfindlichkeit und Verunsicherung des Kirchenbundes in der Angelegenheit Brüsewitz. Die versteckten Vorwürfe gegen das Ratswort entbehrten jeglicher Grundlage, denn dessen Tenor entsprach ganz dem Anliegen des Kirchenbundes: Man stellte sich unter anderem deutlich hinter die Stellungnahme der Magdeburger Kirchenleitung[438]. Angesichts der Haltung Lingners zu dem Gesamtkomplex – er gab u. a. dem Magdeburger Bischof Werner Krusche die Anregung, »Frau Brüsewitz nicht mehr ohne Assistenz mit Vertretern der westlichen Publizistik sprechen«[439] zu lassen, und reichte den Briefwechsel an Stolpe und Christa Lewek weiter – kann eine verzerrte Darstellung in seinem Vermerk kaum angenommen werden.

Krusche berichtete den »Beratern« dann über ein Gespräch der Magdeburger Kirchenleitung mit Einsendern von Briefen in Sachen Brüsewitz am 4. Oktober 1976 in Halle[440]. Bei der Kirchenleitung seien etwa achtzig Briefe eingegangen. In diesen wie in der Aussprache »wurde Kritik am ersten Wort der Kirchenleitung[441] geübt und an der Tatsache, daß Bäumer nicht die Beerdigung gehalten hat. An der Kritik sei sicher richtig gewesen, daß das erste Wort der Kirchenleitung die gesellschaftspolitische Seite des Todes von Brüsewitz nicht angesprochen habe. Andererseits müsse man sehen, daß bis zur Stunde die Hintergründe der Selbstverbrennung von Brüsewitz unklar geblieben sind. Brüsewitz wollte sicher ein doppeltes Zeichen setzen. Ein Zeichen gegenüber der Gesellschaft und ein Zeichen gegenüber der Kirche.«[442]

Neben Krusches Darstellung spielte die von Landesbischof Johannes Hempel (Dresden), dem stellvertretenden Vorsitzenden der Konferenz der Kirchenleitungen in der DDR, vertretene Position eine wichtige Rolle[443]. Vor der Synode der Evangelisch-Lutherischen Landeskirche Sachsens, die vom 16. bis 20. Oktober 1976 in Dresden tagte, ging Hempel in seinem Eingangsreferat auf die Probleme der kirchlichen Situation im Zusammenhang mit dem Fall Brüsewitz ein. Dabei suchte er den Vorwürfen zu begegnen, die »als seit langem aufgestaute Bekümmerungen in unseren Gemeinden wie eine Woge herausbrachen«[444].

Die Gemeinden klagten unter einem Informationsdefizit und litten unter dem Eindruck, die leitenden Geistlichen kümmerten sich nicht um sie. Die Kirchenleitungen verhielten sich »gegenüber dem Staat allzu diplomatisch«, führten ein privilegiertes Leben und beschrieben die Situation mit »schönen Worten«.

Hempel versuchte gar nicht erst, diese Vorhaltungen zu entkräften, sondern appellierte an alle, mehr miteinander zu sprechen und die Fragen und Konflikte, die aufgebrochen seien, »redlich anzupacken«. »Nur so kann Vertrauen gewahrt werden«, meinte er[445] und bezeugte mit seiner Rede in aller Offenheit die tiefe Vertrauenskrise, die zwischen den Kirchenleitungen und den Gemeinden im Laufe der Jahre gewachsen war[446].

Bereits am 21. Januar 1976 hatte Schönherr auf Seigewassers Vorwurf, seine Haltung dem Staat gegenüber sei distanzierter geworden, erwidert, dies liege darin begründet, »daß unsere Pfarrer und Gemeinden mit täglichem Ärger konfrontiert würden und den Eindruck hätten, daß wir in den Kirchenleitungen davon verschont seien. Meine Aufgabe als Bischof sei es, die Vertrauensbasis auch zu den Kritikern beizubehalten.«[447]

Der Fall Brüsewitz hatte die starke Krise der Kirchen in der DDR offenbart und in der Beratergruppe wie ein befreiendes Gewitter gewirkt. So offen wie nie zuvor gaben Hempel[448] und Schönherr in der Sitzung vom 15. Dezember 1976 Auskunft über Inhalte und Strukturen der Gespräche mit staatlichen Stellen und über die prekäre Situation des Pfarramts. Im Mitteilen ihrer schweren Sorgen praktizierten sie erstmals – soweit sich das aus den Protokollen ablesen läßt – eine »besondere Gemeinschaft« zwischen Kirchenbund und EKD. Es war eine Sternstunde der Beratergruppe.

Absolut zutreffend schilderte der sächsische Landesbischof die typisierte Gesprächsstruktur und die geringe Bereitschaft des Staates, auf die Argumente der kirchlichen Gesprächspartner wirklich einzugehen:

»Es beginnt mit Ausführungen der staatlichen Vertreter. Auf sie antworten die kirchlichen Vertreter mit einigen konkreten Rückfragen. Dann erhalten die kirchlichen Vertreter Gelegenheit, Grundsätzliches zu erklären. Das Schlußwort liegt wieder bei den staatlichen Vertretern. In diesem wird nur am Rand auf die Fragen der Kirchen eingegangen.«[449]

Schönherr berichtete, daß bei »den Pfarrern in der DDR […] eine unübersehbare Resignation festzustellen«[450] sei, die sich zum Teil als Verzweiflung, zum Teil als offenes Aufbegehren äußere. Der Pfarrer habe das Gefühl, nicht mehr wirklich gebraucht zu werden[451], und müsse seine Dienstleistungen anbieten. Weder der Pfarrkonvent noch seine Familie könnten ihm mehr den nötigen Halt bieten. Daraus und aus dem Verlust seiner sozialen Anerkennung resultierten Überempfindlichkeit, aggressive Reaktionen oder große Niedergeschlagenheit[452]. Einen Zielpunkt pastoraler Kritik bildeten die Bischöfe, von denen die Pfarrer meinten, es ginge ihnen in jeder Hinsicht besser. Sie sähen die Bischöfe im Besitz eines Machtvorsprungs, der in ihrem Informationsvorsprung bestehe, und wünschten »eine Neuverteilung der kirchlichen Macht, wobei sie kaum konkrete Vorstellungen entwickeln, wie diese aussehen könnte«[453].

Bischof Hempel teilte den »Beratern« mit, auf staatlicher Seite bestehe der Eindruck, im kirchlichen Bereich finde eine intensive Sammlung »reaktionäre[r] Kräfte« statt. Als Beispiel wurden Veranstaltungen von Kirchengemeinden mit dem Schriftsteller Reiner Kunze[454] angeführt, in denen über die Ausweisung des Liedermachers Wolf Biermann[455] gesprochen und Unterschriften gegen diesen staatlichen Schritt gesammelt wurden. Schönherr verwies auf die wachsende Unruhe unter Jugendlichen und jungen Erwachsenen, die staatlicherseits mit Sorge betrachtet werde[456]. Braecklein sprach offen von der Verhaftung des Jugendwarts Auerbach in Jena durch das MfS, weil er für Biermann Unterschriften gesammelt hatte. Schönherr berichtete von Verhaftungen in Berlin und Vernehmungen in Fürstenwalde. Daß auch innerkirchlich versucht wurde, zu renitent auftretende Jugendliche zurechtzuweisen, mußte den Anwesenden an der Schilderung Nathos über ein Gespräch mit Jugendgruppenleitern, die Biermann-Lieder vorgespielt hatten, nur allzu deutlich werden:

»Natho hat den Gruppenleitern die Sorglosigkeit vorgehalten, mit der sie auf Tonträgern, die aus dem Westen kommen, solche Veranstaltungen durchführen. Es muß doch in solchen Fällen befürchtet werden, daß die Tonträger bei der Gelegenheit kassiert werden.«[457]

Abschließend gelangte die Beratergruppe zu dem Urteil, »daß die staatlichen Stellen in der DDR keine Verhaftungen durchführen, wenn Einzelpersonen von der offiziellen Linie abweichen. Anders verhält sich der Staat erst dann, wenn sich Gruppen zu bilden scheinen.«[458]

Die hier gezeigte Offenheit blieb den staatlichen Stellen wohl nicht verborgen. Der Rostocker Bezirksreferent für Kirchenfragen, Steinbach, nahm sich vor, wegen einer Reise der Landesbischöfe Gienke und Rathke zur Gründungsveranstaltung der nordelbischen Kirche Anfang Januar 1977 zu erreichen, »daß Gienke auf Rathke so einwirkt, daß Rathke polemische Äußerungen zur Politik unseres Staates unterläßt und beide Bischöfe mit einheitlichen positiven Standpunkten als Staatsbürger der DDR auftreten.« Gienke zeigte für die staatlicherseits gehegten »Bedenken volles Verständnis und würde auf Rathke mit seinen Möglichkeiten einwirken, damit er seine Probleme mit den zuständigen Vertretern des Staates der DDR klärt und nicht mit verschiedenen Leuten in der BRD.«[459]

Die kirchenpolitischen Probleme des Jahres 1976 mögen Anlaß gewesen sein, den Wissenschaftlichen Mitarbeiter im Staatssekretariat, Hartwig, mit der Ausarbeitung einer Studie »Zur Konzeption des klerikalen Antikommunismus im ÖRK (Menschenrechte und Religionsfreiheit)« zu beauftragen. Das am 8. November 1976 fertiggestellte Papier ging davon aus, daß die auf der Prämisse der friedlichen Koexistenz beruhende Entspannungspolitik auch in westlichen Kirchen unterstützt würde.

»Die entspannungsfeindlichen imperialistischen Kräfte unternehmen demgegenüber seit einigen Jahren verstärkte Anstrengungen, durch Anheizen des klerikalen Antikommunismus die Bereitschaft der Christen für gemeinsame Aktionen mit Marxisten zu mindern, den Sozialismus und seine Friedenspolitik in der Weltöffentlichkeit zu diffamieren und das Verhältnis von Staat und Kirche im Sozialismus zu stören. Eine hervorragende Rolle spielen dabei die konservativ-reaktionären, mit rechtsorientierten kirchlichen Führungskräften verbundenen politischen Kreise in der BRD, die vor allem in der CDU/CSU konzentriert sind und durch Leute wie F.J. Strauß, A. Dregger, H.M. Schleyer[460] und A.C. Springer repräsentiert sind. Sie sind aber auch in den Regierungsparteien anzutreffen, die ebenfalls über regelmäßige und institutionalisierte Kontakte zu den kirchlichen Führungskräften auf das gegenwärtige ideologische Profil der Kirchen in der BRD Einfluß nehmen. Während, initiiert von F.J. Strauß, die CDU/CSU ihren diesjährigen Bundestagswahlkampf unter die demagogische Losung stellten ›Freiheit oder Sozialismus‹ und die CSU in ihrem neuen Grundsatzprogramm gegen die ›einseitig betriebene Entspannungspolitik‹ Stellung nahm, wurde von den Unionsparteien gleichzeitig in ihrem Wahlprogramm nachdrücklich das Offenhalten der deutschen Frage rechtlich und politisch gefordert. Dazu versuchen sie, sich für dies politische Konzept in den westeuropäischen Staaten mehr Rückhalt zu verschaffen, und forcieren die Tätigkeit der Europaunion Christlicher Demokraten unter dem Präsidenten Kai Uwe von Hassel. Sie förderten die Gründung einer Europäischen Volkspartei in Brüssel im April dieses Jahres und treten für einen ›Europäischen Bundesstaat‹ unter westdeutscher Hegemonie ein. Der Generalsekretär der CDU, Biedenkopf, erklärte dazu, daß ›die Auseinandersetzung mit dem Sozialismus in ganz Europa geführt werden‹ müsse. Um diese angesichts des veränderten Kräfteverhältnisses von vornherein zum Scheitern verurteilte politische Stoßrichtung gegen die Entspannung und gegen den sozialen Fortschritt im Interesse multinationaler Monopole, insbesondere des militärisch-industriellen Komplexes, ideologisch zu unterstützen und ihr eine breitere Basis zu verschaffen, versuchen reaktionäre klerikale Führungskräfte in der EKD, im Weltkirchenrat und anderen Leitungsgremien der Kirchen verstärkt unter Ausnutzung der weltanschaulichen Gegensätze die Kirchen in eine deutlichere Frontstellung zum Sozialismus und zur Friedenspolitik der sozialistischen Staaten zu manövrieren.«

Dies geschehe vor allem unter Aufgreifung des Menschenrechtsgedankens, wobei drei Ziele vorrangig seien:

»– Das politisch-moralische Ansehen und Gewicht der Kirche im nationalen und internationalen Bereich bei Gläubigen und Nichtgläubigen zu erhöhen.
– In Verbindung damit durch einen verstärkten Kampf um die Religionsfreiheit, d. h. die Festigung und Erweiterung kirchlicher Positionen als eines allgemeinen Menschenrechtes insbesondere gegenüber den sozialistischen Staaten eine günstigere Position für die Kirchen herbeizuführen.
– Auf diese Weise für die Kirchen bessere Voraussetzungen zur weltanschaulichen Auseinandersetzung mit dem Kommunismus und eine breitere Basis für den klerikalen Antikommunismus zu schaffen.«

Abschließend ging Hartwig noch auf die jüngste Entwicklung in der DDR ein: Der Fall Brüsewitz sei für die westdeutsche Presse ein willkommener Anlaß zu einer Kampagne gegen die DDR gewesen.

»Gleichzeitig wird jetzt mit dem Bestreben, kirchliche Oppositionsgruppen in der DDR politisch zu profilieren und in Bewegung zu bringen, der Versuch unternommen, wie das Auftreten von Wolf Biermann in einer kirchlichen Veranstaltung zeigte, bestimmte Intellektuellen- bzw. Literatenkreise, die schon seit Jahren eine widersprüchliche Haltung zur DDR-Politik einnehmen, mit den entsprechenden kirchlichen Kreisen zu verbinden.

Hinzu kommt das angestrengte Bemühen, mit allen Mitteln der Demagogie eine Kampagne anzukurbeln, um die Anzahl von *Ausreiseanträgen* in die BRD, die von Bürgern der DDR gestellt werden, zu erhöhen und auf dieser Basis ebenfalls gegen die Politik unseres Staates gerichtete Interessengruppen zu bilden. Kirchliche Kreise geben dazu ideologische Hilfestellung, indem zuerst eine Reihe von Geistlichen selbst in verstärktem Maße Ausreiseanträge gestellt haben[461], wobei aus verständlichen Gründen die Kirchenleitungen diesen Prozeß stoppten. Aber von einer Reihe von Geistlichen wird in spezifischer Interpretation der Schlußakte von Helsinki die Frage der Freizügigkeit so diskutiert, daß daraus leicht unter Ignorierung der staatlichen Souveränitätsrechte, die ja bekanntlich durch die Prinzipien von Helsinki ausdrücklich bekräftigt werden, eine Handhabe für das Wiederaufleben von Formen des Kalten Krieges gegen die DDR entstehen kann.

In diesen Zusammenhang eingeordnet, gelang es im Fall Brüsewitz, wie es in der klerikalen Gesamtkonzeption der Menschenrechtsfrage vorgesehen ist, auch den Weltkirchenrat mit einem entsprechenden Schreiben des Generalsekretärs Dr. Philip Potter einzuspannen. [...] Daß die EKD dazu Stellung nahm, war nach ihrem Auftreten in den letzten Jahren sowohl in der BRD selbst wie in der Ökumene, der wachsenden Aktivität rechtsgerichteter Kreise in ihren Reihen in Verbindung mit dem Einfluß entspannungsfeindlicher politischer Kräfte auf die Kirchen der BRD kaum anders zu erwarten. Kernpunkt dieser Machenschaften ist, der nach innen und außen spürbaren Anziehungskraft der zutiefst humanistischen Politik der sozialistischen DDR das Schreckgespenst von ›Christenverfolgungen‹ oder ›Erziehung zum Haß‹ entgegenzusetzen. Die Springer-Presse gefällt sich in diesem Zusammenhang in solch übersteigertem Vokabular und hysterischen Ausfällen des Kalten Krieges wie ›Verknechtung der Kinder und Jugendlichen‹, ›menschenverachtendes atheistisches System‹, ›Ohnmacht des Volkes‹ etc. Damit wird einmal mehr deutlich, daß von reaktionären Kräften der klerikalen Menschenrechtskonzeption zugearbeitet wird und umgekehrt die Kirchen mit dieser Konzeption der reaktionärsten Politik Hilfestellung leisten.«[462]

Hans Seigewasser legte fest, man habe »den Geistlichen offensiv zu beweisen, daß die elementarsten Menschenrechte bei uns garantiert sind, angeführt vom Recht des Menschen auf den Frieden«[463].

Zur innenpolitischen Situation führte der Staatssekretär aus, »der Fall Brüsewitz [habe] gezeigt [...], daß man das Bewußtsein der Geistlichen nicht ohne weiteres mit dem der übrigen Staatsbürger messen oder gleichsetzen kann. Selbst wenn wir eingeschätzt haben, daß die Mehrheit der Geistlichen loyale Bürger sind, hat doch diese Affäre die Fragwürdigkeit und Labilität ihres loyalen Standpunktes gezeigt. Angesichts der sich abzeichnenden Auseinandersetzungen mit Biermann muß damit gerechnet werden, daß wir unter den Geistlichen erneut derartige Schwierigkeiten erleben werden. Das Auftreten Biermanns in der Kirche von Prenzlau[464] erscheint uns in einem ganz neuen Licht und wirft die Frage auf, ob Teile unserer Kirchen die Feinde der DDR in den Kirchen dulden bzw. den Mißbrauch der Kirchen für sie ermöglichen. Angesichts dieser verstärkten antikommunistischen Kampagne in der BRD ist offensive Arbeit gegenüber den Kirchen in der DDR dringendstes Gebot. Nur so zwingen wir die Kirchen, eindeutig Position zu beziehen. [...] Textvergleiche [hätten] ergeben, daß z. B. Biermann in vielen Gedanken das gleiche ausspricht wie Propst Falcke oder Bischof Krusche.«[465]

Das Staatssekretariat für Kirchenfragen sprach sich Anfang 1977 für die Anwendung von scharfen Sanktionen aus, sollte es zu weiteren Auftritten von Dissidenten in Kirchen kommen:

»Keinesfalls darf Nachsicht in derartigen Fällen geübt werden, wo nachweislich Gottesdienste dazu genutzt werden, um Personen auftreten zu lassen, die den Gottesdienst politisch mißbrauchen (das Auftreten von Biermann in der Kirche von Prenzlau). Das gilt auch für Veranstaltungen, in denen Schriftsteller wie z. B. Reiner Kunze zu Wort kommen. Mit derartigen Handlungsweisen beweisen die kirchlichen Veranstalter, daß sie sich mit Menschen wie Biermann und Kunze und deren Auffassungen solidarisieren und die Kirche die Funktion einer ›Schutzzone‹ für ›Andersdenkende‹, am Rande der sozialistischen Gesellschaft Stehende übernehmen will.«[466]

Beeinflussung des BEK durch den Westen oder Anpassung an die gesellschaftliche Entwicklung des realen Sozialismus? SED-Einschätzungen 1976/77

Auch Willi Barth machte sich zum Jahresende gegenüber Paul Verner seine Gedanken zur jüngsten kirchenpolitischen Entwicklung. Zu den Westkontakten des Kirchenbundes schrieb er:

»In jüngster Zeit haben sich die Versuche der Einmischung kirchlicher Kreise aus der BRD und Westberlins verstärkt. Sie erfolgt unter der Bezeichnung ›Partnerschaft‹ zwischen den Kirchen der BRD und der DDR. Die Verselbständigung der DDR-Kirchen, die man nach außen zur Schau trägt, ist lediglich ›de jure‹ erfolgt. Faktisch hat sich in den Beziehungen nicht viel geändert. [...] Andererseits wurden durch die Beziehungen zu Kirchen aus den kapitalistischen Staaten stärker bürgerliche Epochen- und Gesellschaftsauffassungen in den Kirchen wirksam. Bestimmte ökumenische Kreise, insbesondere aus der BRD und den USA, verfolgen die Absicht, die Kirchen der DDR auf eine ›kritische‹ Stellung zur sozialistischen Umwelt, auf die Positionen einer bürgerlichen Freiheits- und Demokratieauffassung festzulegen und deren Vorbehalte gegen den realen Sozialismus als modellhaftes Wirken der Kirche im Sozialismus hinzustellen.«[467]

Im Blick auf die sächsische Landeskirche beklagte die SED-Bezirksleitung Leipzig, daß deren ökumenische Beziehungen auf allen Ebenen immer noch auf den Westen, vor allem auf die Bundesrepublik, ausgerichtet seien.

»Es ist bisher nicht gelungen, die Geistlichen auf ökumenische Kontakte verstärkt zu den Kirchen der sozialistischen Staatengemeinschaft zu lenken. Dahingehend besteht wenig Interesse, das zeigt sich auch darin, daß die Landeskirchenleitung noch keine eindeutige Stellungnahme für die Konferenz religiöser Friedenskräfte in Moskau abgegeben hat.«[468]

Kurz vor Weihnachten beschwor Seigewasser seinen Gast Schönherr in einem Vier-Augen-Gespräch:

»Sie wissen selbst, daß es im Bereich der Kirche Kräfte gibt, die auf Konfrontation ausgehen. Wir schätzen Sie persönlich nicht nur wegen ihrer Verdienste bei der Gründung des Bundes der Evangelischen Kirchen in der Deutschen Demokratischen Republik, sondern besonders wegen Ihrer Profilierung als Vorsitzender des Bundes, der seinen ganzen Einfluß aufbietet, um das Verhältnis zwischen Kirche und Staat normal, korrekt und vertrauensvoll zu gestalten. Wir wissen selbstverständlich, daß neben Ihnen auch andere Bischöfe in gleicher Richtung tätig sind – Bischof Gienke zum Beispiel, Bischof Braecklein und in gewisser Hinsicht Kirchenpräsident Natho.«[469]

Schönherr selbst setzte den Staatssekretär erstmals davon in Kenntnis, »daß unmittelbar nach der Gründung des Bundes der Evangelischen Kirchen in der DDR westdeutsche Kirchenmänner an verantwortliche Repräsentanten der Kirchen in der DDR herangetreten sind mit dem Hinweis, daß sie – die Kirchen in der DDR – nun bald erfahren werden, in welchem Ausmaße sie von der sozialistischen Gesellschaft für deren Zwecke vereinnahmt werden. Dieses Argument habe eine lange Zeit hindurch in gewissen Überlegungen kirchenleitender Männer in der DDR eine Rolle gespielt. Er – Schönherr – habe sich niemals davon beeinflussen lassen, obwohl er auch anonyme Briefe bekommen hätte, in denen er als Verräter an der Sache der Kirche bezeichnet worden sei.«[470]

Daß Seigewasser dem BEK-Vorsitzenden nach wie vor nicht ganz über den Weg traute, zeigt folgender Vorgang: Am 20. Januar 1977 suchte Hauptabteilungsleiter Hans Weise den Berliner Bischof in dessen Weißenseer Dienstsitz auf, um ihm deutlich zu verstehen zu geben, daß er während seines bevorstehenden Bonn-Besuchs – Bischof Kunst feierte am 21. Januar seinen 70. Geburtstag – »sich nicht dazu hergeben sollte, [...] Interviews westlichen Journalisten zu geben oder anderweitig Erklärungen abzugeben, wie er es bei der Amtseinführung von Bischof Kruse in Westberlin getan hat.« Schönherrs Ausführungen im westlichen Teil der Halbstadt seien »entstellt und tendenziös wiedergegeben« worden. Er möge »sich doch vor den Journalisten hüten, die derartiges immer wieder versuchen, um Stimmung gegen die DDR zu erzeugen.«

Schönherr versprach, sofort nach dem Empfang den Leiter der Ständigen Vertretung der DDR in Bonn, Michael Kohl, aufzusuchen. Während des Empfangs für Kunst werde er hervorheben, wie der Bischof »den DDR-Kirchen als Gesprächspartner mit Stellen in der DDR geholfen hat, ihr Bauprogramm und den Wiederaufbau des Berliner Doms in Angriff zu nehmen. Er will nichts erwähnen, was zu Komplikationen im Verhältnis zwischen Staat und Kirche in der DDR führen könnte.«[471]

Die Jahresanalyse 1976 des Staatssekretariats für Kirchenfragen gelangte zu einem insgesamt versöhnlichen Ergebnis:

»Die Entwicklung in den evangelischen Kirchen in der DDR war durch einen Prozeß der weiteren Anpassung an die gesellschaftliche Entwicklung des realen Sozialismus gekennzeichnet. Zu einem großen Teil nehmen kirchenleitende Kräfte realistische Positionen ein.«

Jedoch mußte man hinsichtlich der Beurteilung der internen Lage im Kirchenbund auch feststellen:

»Auf dem Weg zur Einheit der ev. Kirchen ist der BEK im Verlauf des letzten Jahres kaum ein Stück vorangekommen. Vor allem die gezeigten politischen Gegensätze im Bund und die Polarisierung unter den verschiedenen politischen Gruppen haben besonders nach der Tat von Brüsewitz zu ernsten Zerreißproben in den Leitungen der Kirchen geführt. Man spricht von ›Bundesmüdigkeit‹ und ›Leitungskrise‹. Es ist eindeutig, daß insbesondere die Landeskirche Sachsen den Kurs der realistischen Kräfte im Bund blockieren will und bestrebt ist, das sich wieder stabilisierende realistisch orientierte Verhältnis von Kirche und Staat zu hemmen.«[472]

Um die kirchenpolitische Situation zu stabilisieren, hatten die Funktionäre des SED-Staates mit den Bischöfen intensive Einzelgespräche geführt, um Kritik gegenüber dem Staat, die in der Gegenwart von kirchlichen Begleitern wohl leichter fiel, gar nicht erst groß aufkommen zu lassen[473].

Bei einem solchen Gespräch betonte der Magdeburger Bischof Krusche Anfang Januar 1977 nach dem Protokoll Seigewassers,

»daß er bei aller Kritik an bestimmten Verhaltensweisen von Vertretern der Staatsmacht für sich persönlich niemals die Konsequenz ziehen werde, eine Konfrontation der Kirche mit dem Staat bzw. der Gesellschaft herbeizuführen. Er verstehe sich voll und ganz als Staatsbürger der DDR und sprach in diesem Zusammenhang mehrmals von ›unserem Staat‹ bzw. ›unserer Gesellschaft‹. [...] Als ich [Seigewasser] an ihn die Frage stellte, ob die Generallinie unserer Politik kritisiert werden müßte, z. B. die Rentenerhöhung, das gigantische Wohnungsbauprogramm, die Mutterschutzgesetzgebung wie etwa der verlängerte Schwangerschaftsurlaub, die lohnpolitischen Maßnahmen, die besonders das Leben der Schichtarbeiter verbessern, antwortete er klar, daß er selbstverständlich alle diese Maßnahmen als sehr positiv einschätzen müsse. Er sei der Auffassung und habe dies auch bei verschiedenen Gelegenheiten auf seinen ökumenischen Reisen erklärt, daß der sozialistische Staat und die sozialistische Gesellschaft gegenüber der kapitalistischen Gesellschaft und den auf ihr basierenden Staaten größere, wesentlichere Vorteile aufzuweisen habe.«

Allerdings wies Krusche auch darauf hin, »daß es doch staatliche Maßnahmen gäbe, die zumindest in ihrer objektiven Wirkung die Kirche bedrängen [...] er ließ immer wieder die Frage offen, ob nicht z. B. die Möglichkeit bestünde, über Volksbildungsfragen mit den Vertretern der Volksbildung, dem Bezirksschulrat oder sogar mit Vertretern des Ministeriums zu sprechen.« Seigewasser meinte, es gebe nun einmal keine Konfessionsschulen, so daß hier auch kein Gesprächsbedarf bestehe.

»Nach einigem Zögern gab Krusche zu, daß darin eine Berechtigung liege und daß er deshalb auch nicht mehr wie in früherer Zeit so stark auf ein Gespräch mit dem Volksbildungsministerium dränge.«[474]

In einem internen Referat vor SED-Genossen gab der Redner aus streng marxistischer Perspektive zu erkennen, daß er den Widerspruch von kirchlicher Seite gegen die Bildungspolitik des Staates wohl verstand:

»Die Kirchen richten ihre Angriffe, ihre Polemiken, sowohl evangelischer- als auch katholischerseits gegen die Bildungs- und Jugendpolitik der Partei, gegen das sozialistische Bildungssystem. *Es gibt kaum eine Synode oder ein Pfarrergespräch, wo nicht Kritik geübt wird wegen angeblicher Benachteiligung, Intoleranz, Druck auf Kinder aus kirchlich gebundenen Elternhäusern.* [...] In dieser Frage gibt es kaum Unterschiede zwischen vernünftigen und reaktionären Kirchenvertretern. *Das, liebe Genossen, muß uns nicht sonderlich verwundern.* Es ist klar, daß wir mit der Verwirklichung der von der Partei beschlossenen Schulpolitik, mit der Vermittlung eines wissenschaftlichen Weltbildes, mit der Erziehung der Jugend zu parteilichem, klassenmäßigem Verhalten die Religion hinsichtlich ihrer Fortexistenz objektiv einschränken.«[475]

Ein Gespräch Seigewassers mit dem KKL-Vorstand fand am 11. Mai 1977 statt[476]. Dort erklärten Schönherr und Braecklein »ihre Dankbarkeit für die Grundpositionen des Staates im Verhältnis zu den Kirchen.« Allerdings meinte Schönherr, es ließe sich noch ein größeres Maß an gegenseitigem Vertrauen herstellen, als bislang vorhanden sei:

»Bei uns wächst das Verständnis dafür, daß die DDR ihren eigenen Weg so geht, wie sie ihn geht. Je mehr Sie uns Anteil geben an dieser Entwicklung durch die bisherigen Gespräche, um so mehr Verständnis dürfen Sie erwarten. [...] Es müsse eine Mitsprachemöglichkeit auch kritischer Art für Christen geben. Er erläuterte diesen Wunsch unter Bezugnahme auf den Staatsratsvorsitzenden, der zu konstruktiver Kritik ermuntert habe. Den Kirchen gehe es dabei nicht um laute, demonstrative Dinge. Für den Vorstand des BEK sei es schwer genug, dem innerkirchlichen Ansinnen nach lautem Reden und demonstrativen Akten gegen den Staat zu widerstehen.«

Ausführlich sprach Schönherr schulische Behinderungen von Christen an[477]. Im kirchlichen Protokoll heißt es hierzu: »Der positiven Erfahrung auf der Leitungsebene stünden Erfahrungen der einfachen Bürger gegenüber.«[478] Außerdem sagte Schönherr: »Mit Sorge müsse man feststellen, daß sich in den letzten Monaten das Ministerium für Staatssicherheit intensiver mit der Kirche befasse, daß es kirchliche Mitarbeiter in Gespräche und nicht nur in Gespräche ziehe.« Zudem nannte der BEK-Vorsitzende konkret die schwierige Situation an der Gemeindebasis beim Namen:

»Der Gegensatz zwischen den Erklärungen und den Erfahrungen an der Basis werde als sehr belastend empfunden. Gemeindeglieder und Mitarbeiter fragten Bischöfe: Ist euch nicht deutlich, daß es hier nur um Sterbehilfe für die Kirche geht? Weil die Zukunft ja doch ohne Kirche gedacht sei, will man die gegenwärtige Kirche in Ruhe sterben lassen. Oder: Ihr habt uns verraten! Ihr laßt euch über das Ohr hauen! Ihr habt euch auf unsere Kosten arrangiert! So käme es dann zu Ausbrüchen wie im Vorjahr. Die Kirchenleitungen werden zu ›starken Worten‹ aufgefordert, wie etwa das Hirtenwort der katholischen Bischöfe. Die Kirchenleitungen wollten aber nicht über die Westpresse mit der Regierung verhandeln.«[479]

Auch Sachsens LKA-Präsident Kurt Domsch sprach laut kirchlichem Protokoll »die verstärkte Aktivität des Ministeriums für Staatssicherheit gegenüber kirchlichen Mitarbeitern« an[480]. Seigewasser forderte von den Kirchen, »zu Grundfragen unserer Politik im außen- und innenpolitischen Bereich klarere Positionen zu beziehen, besonders auch dem Mißbrauch der Kirchen zu antikommunistischen Zwecken – siehe [Brüsewitz]-Zentrum in Bad Oeynhausen/BRD – entschlossen zu widerstehen.«[481] Außerdem ging der Staatssekretär kurz auf die das MfS betreffenden kirchlichen Vorhaltungen ein:

»So könne er nichts zu den Äußerungen im Blick auf das Ministerium für Staatssicherheit sagen. Er müsse darüber mit dem Verantwortlichen sprechen.«[482]

Kirchliche Beteiligung am 60. Jahrestag der russischen Revolution: Das Potsdamer Symposium vom Juli 1977

Auf der Juli-Sitzung 1977 der Beratergruppe wurde unter anderem mitgeteilt, daß Martin Kramer, Günter Krusche und Christa Lewek an einer Veranstaltung zum Thema »Unsere gemeinsame Verantwortung für Frieden, Sicherheit und sozialen Fortschritt« teilgenommen hätten, zu der der Staatssekretär für Kirchenfragen am 5. Juli nach Potsdam eingeladen habe[483]. Zunächst sei Seigewasser düpiert gewesen, daß der Kirchenbund keine Leitenden Geistlichen entsandt habe, aber die Angelegenheit werde wohl keine nachteiligen Folgen haben.

Die Potsdamer Veranstaltung war außer von Seigewasser auch vom Nationalrat der Nationalen Front initiiert worden und fand, was das Protokoll Lingners nicht erwähnt, anläßlich des 60. Jahrestages der russischen Oktoberrevolution statt. Seigewasser hatte als Zielvorgabe formuliert:

»Die Veranstaltung dient dem Ziel, die Rolle der Sowjetunion als Pionier des Menschheitsfortschritts und als konsequente Vorkämpferin für Frieden, Abrüstung und Entspannung zu würdigen. Sie soll genutzt werden, um die Friedenspolitik des XXV. Parteitages der KPdSU und die konstruktiven Vorschläge der Bukarester Tagung der Mitgliedstaaten des Warschauer Vertrages zur Fortsetzung des Entspannungsprozesses und zur Abrüstung zu erläutern. Ausgehend von der Stärkung des Sozialismus seit der siegreichen Oktoberrevolution ist der enge Zusammenhang von Sozialismus und Frieden zu verdeutlichen. Die Veranstaltung soll die Überzeugung vermitteln, daß die Verteidigung der errungenen Fortschritte auf dem Wege der Entspannung und die Weiterführung des Entspannungsprozesses im harten Kampf gegen jene imperialistischen Kreise erfolgt, die zum kalten Krieg und zur Politik des Rollback zurückkehren wollen. Die Tagung dient der Auswertung des Weltkongresses religiöser Friedenskräfte in Moskau und des Welttreffens der Erbauer des Friedens in Warschau. Ausgehend von diesen Tagungen, soll sie die Mitverantwortung der Kirchen und Religionsgemeinschaften im Kampf für die Weiterführung der Entspannung und die Durchsetzung der friedlichen Koexistenz deutlich machen.«[484]

In einem Dresdener Referat hieß es:

»Wenn in diesem Jahr der 60. Jahrestag der Großen Sozialistischen Oktoberrevolution den politischen Höhepunkt bildet, dann gilt das natürlich auch für die kirchenpolitische Arbeit. Diese Problematik bildet gewissermaßen ein doppeltes Kriterium: Die Aussagen der Kirchen und kirchlichen Amtsträger dazu sind ein Ausdruck dafür, wie weit staatsbürgerliches Bewußtsein entwickelt ist. Gleichzeitig erkennen wir aber auch, in welchen Fragen wir in unserer Arbeit erfolgreich waren und an welchen Positionen wir in Zukunft verstärkt arbeiten müssen.«[485]

Über seinen Plan, die Kirchen an den kommunistischen Revolutionsfeierlichkeiten zu beteiligen, hatte Seigewasser am 12. April 1977 Albrecht Schönherr in Kenntnis gesetzt. Der BEK-Vorsitzende entgegnete dem staatlichen Protokoll zufolge, er »habe im Prinzip nichts gegen eine derartige Veranstaltung, würde aber darum bitten, daß ausnahmslos alle Bischöfe und über sie auch Kirchenleitungsmitglieder zum Besuch der Veranstaltung eingeladen würden. Es sei allerdings damit zu rechnen, daß nicht jeder der Bischöfe die Teilnahme zusage. Er würde empfehlen, daraus nicht politische Schlußfolgerungen zu ziehen, die zu einer Verhärtung in der Konferenz der Kirchenleitungen führen könnten.«

Als kirchlichen Hauptredner schlug Schönherr Heino Falcke vor, der dann auch über die auf dem Moskauer Weltkongreß erzielten Resultate informieren könne. »Bischof Rathke als Leiter der Beobachtergruppe wäre ihm auch zu problematisch für eine solche Diskussionsrede.« Bevor er konkrete Schritte ergreife, wollte der Bischof jedoch mit dem Vorstand der KKL Rücksprache nehmen. »Insgesamt beurteilte Bischof Schönherr das Anliegen dieser Veranstaltung positiv«, konnte Seigewasser immerhin festhalten[486].

Ungefähr zwei Wochen später, am 28. April, erschien Stolpe im Staatssekretariat bei Weise, um den Potsdamer Termin zu bestätigen.

»Er bemerkte dabei, daß es jedoch bei einigen Bischöfen noch Fragen gäbe, die geklärt werden sollten. Sie haben Befürchtungen, daß diese Tagung mit der Auswertung der Konferenz religiöser Friedenskräfte und dem bevorstehenden 60. Jahrestag der Oktoberrevolution gekoppelt wird. Eine derartige Verkopplung wäre behindernd.«

Stolpe schlug vor, »›eine Auswertung im Lichte der großen Oktoberrevolution‹ vorzunehmen«, was hieß, die Veranstaltung unter die Globalthemen »Frieden, Sicherheit und Entspannung« zu stellen. So habe er es auch leichter, die Bedenken der Kirchenleitungen zu zerstreuen. »Im Bunde gäbe es Verklemmungen. Bischof Schönherr habe es klarer gesehen, andere Bischöfe seien zu verklemmt«, flocht Stolpe entschuldigend ein[487]. Für die 48. KKL-Tagung am 29. und 30. April 1977 stand auch die Potsdamer Veranstaltung auf der Tagesordnung. Im Protokoll heißt es dazu:

»Vorstand hat durch Stolpe im Staatssekretariat mitteilen lassen, daß eine Koppelung von Auswertung des Weltkongresses der religiösen Friedenskräfte und 60. Jahrestag der Oktoberrevolution für die Kirche unannehmbar sei. Z. Zt. ist noch keine Entscheidung gefallen. Konferenz ist sehr beunruhigt«[488].

Die KKL beriet nochmals auf einer außerordentlichen Sitzung am 16. Mai in Görlitz über das kirchliche Procedere. Während der Sitzung vertrat eine Reihe kirchenleitender Persönlichkeiten die Auffassung, die kirchliche Vertretung dürfe personell nicht zu hoch angesiedelt werden[489].

Ein weiteres Gespräch zwischen Seigewasser, Schönherr und Stolpe fand am 31. Mai statt. Nachdem die staatliche Seite das von Stolpe ja de facto mit konzipierte Thema genannt hatte, »wurde völlige Übereinstimmung erzielt, daß diese Veranstaltung auch von den Kirchen als bedeutungsvoll anerkannt und unterstützt wird.«

Allerdings heißt es in Seigewassers Information:

»Bischof Schönherr schränkte nur insofern ein, als er erklärte, niemand in den Kirchen werde den historischen Fakt der Oktoberrevolution und ihre Bedeutung für die Weiterentwicklung der Menschheit negieren, es gäbe aber, wie wir verstehen sollten, zu manchen Erscheinungen innerhalb des revolutionären Prozesses der 60 Jahre – er verwies dabei auf Chruschtschows Politik gegenüber den Kirchen – Probleme, die in den Kirchen ihren Widerhall finden.«

Hinsichtlich der Teilnahme von Bischöfen an der Veranstaltung konnte Schönherr noch keine definitive Auskunft geben. Er versprach jedoch dem Staatssekretär, ihm bis zum 10. Juni endgültig einen Bescheid zukommen zu lassen[490].

Der KKL-Vorstand beschloß am 2. Juni 1977 nach intensiver Aussprache, daß eine »Vertretung der Gliedkirchen des Bundes sich an der Tagung beteiligen möge.« Dabei wurde den einzelnen Landeskirchen die Entscheidung überlassen, ob aus ihrem Bereich Teilnehmer gemeldet werden sollten. Im Blick auf die Inhalte war daran gedacht, daß die kirchliche Delegation Sachbeiträge zur kirchlichen Friedensverantwortung, zur Haltung der Kirche zur KSZE, zum ökumenischen Engagement oder auch zur kirchlichen Beteiligung am Moskauer Weltkongreß beisteuern könne[491].

Die sog. »Kleine Kirchenleitung« Sachsens, bestehend aus Hempel, Cieslak und Heimbold, faßte am 10. Juni 1977 den Beschluß, keinen sächsischen Vertreter nach Potsdam zu schicken. Besonders verärgert war man darüber, daß aus dem kirchlichen Teilnehmerkreis auch Redebeiträge beigesteuert werden sollten. Den Leiter der Theologischen Studienabteilung beim BEK, Christof Ziemer, bat man, Stolpe auszurichten:

»1. Man sieht keine Möglichkeit, eine Teilnahme an der Veranstaltung am 5. Juli vor der Gemeinde glaubwürdig zu vertreten. 2. Die Thematik der Veranstaltung lasse keine spezifische Zielrichtung erkennen, die eine Teilnahme rechtfertigen würde. 3. Mit drei Sachbeiträgen und evtl. einem vierten Beitrag zur Moskauer Konferenz sei das Engagement von seiten des Bundes unangemessen hoch.«[492]

Ähnlich lautete das Stolpe durch einen Kurier übermittelte Votum des Görlitzer Oberkonsistorialrats Eberhard Völz vom 9. Juni 1977. Im Unterschied zu Sachsen schrieb Völz jedoch, Görlitz könne sich zwar nicht beteiligen, werde die Entsendung der Delegation jedoch tolerieren. Man hoffe allerdings nicht, daß Seigewasser noch auf die Idee kommen werde, den Landeskirchen Einzeleinladungen zustellen zu lassen. In diesem Falle müsse man nämlich absagen. Stolpe wurde geraten, die Görlitzer Nichtteilnahme dem Staatssekretariat mit dem Hinweis zu verkaufen, daß eine Berücksichtigung aller Gliedkirchen für die Delegation aus der Sicht des Sekretariats nicht zwingend gewesen sei[493].

Am 18. Juni 1977 fand eine außerordentliche Sitzung der KKL statt, auf der hauptsächlich das kirchliche Verhalten hinsichtlich der Potsdamer Veranstaltung Verhandlungsgegenstand war. Dabei erklärten sich fünf Gliedkirchen mit dem Vorstandsbeschluß einverstanden, obwohl in Anbetracht einer negativen Reaktion der Basis gewisse Bedenken und auch Vorbehalte geäußert wurden. Zwei Landeskirchen konnten die kirchliche Beteiligung tolerieren, baten aber darum, selbst nicht an der Delegation partizipieren zu müssen. Eine Landeskirche opponierte völlig gegen die getroffene Entscheidung.»Die Ambivalenz der Stellung der Kirchen zum Phänomen der Revolution ist unverkennbar«, notierte das Protokoll[494]. Stolpe teilte das Sitzungsergebnis dem Staatssekretariat am 21. Juni 1977 mit, ohne dort auf Widerspruch zu stoßen[495].

Werner Krusche soll in einem Gespräch beim Rat des Bezirkes Magdeburg zwar unterstrichen haben, »daß mit Beginn dieser Revolution eine neue Zeit anbrach. Die Menschen in der Sowjetunion wurden frei und die Unterdrückung dieser Menschen wurde beendet. Er hob auch hervor, daß die Große Sozialistische Oktoberrevolution für andere Völker ein Fortschritt sei. Er unterstützte auch die Anstrengungen der Sowjetunion im Kampf um den Frieden seit ihrem Bestehen.« Andererseits sagte der Bischof jedoch auch:

»Aber was die Würdigung des 60. Jahrestages der Großen sozialistischen Oktoberrevolution[496] anbetrifft, so könnte dies doch nicht Sache der Kirche sein. Der Staat kann nicht erwarten, daß die Kirche sich zum Propagandist für diesen historischen Tag macht.
Er führte dann weiter aus, wenn der Nationalrat der Nationalen Front und der Staatssekretär für Kirchenfragen bei der Regierung der DDR solch eine Veranstaltung am 5.7.1977 in Potsdam vorbereiten und durchführen wollen, warum hat es da keine Vorgespräche mit uns (BEK) gegeben. Vollkommen unvorbereitet wurden die Kirchenleitungen mit Einladungen zu dieser Veranstaltung überrascht. Da aber der Exarch des Moskauer Patriarchats der russisch-orthodoxen Kirche für Berlin und Mitteleuropa auf

dieser Veranstaltung das einleitende Referat hält, wollen sie diesen nicht brüskieren und nehmen deshalb als Magdeburger Kirche unter Leitung des Propstes Münker (Halle) teil.«[497]

Die von Kramer, Günter Krusche und Lewek in Potsdam gehaltenen Referate wurden in der DDR nicht publiziert[498].

Nach der Potsdamer Veranstaltung sprach Stolpe am 15. Juli gegenüber dem neuen Leiter der Arbeitsgruppe Kirchenfragen beim ZK, Rudi Bellmann, »die Zweckmäßigkeit politischer Veranstaltungen mit Kirchenvertretern« an. Problematischer als interne Sachgespräche mit Fachleuten seien für die Kirchenleitungen »Veranstaltungen mit öffentlich-propagandistischem Charakter zu gesellschaftlichen und politischen Höhepunkten.« Bellmann versicherte seinem kirchlichen Gesprächspartner, er wolle diesen Einwand überdenken[499].

Welche Resonanz öffentliche Äußerungen kirchenleitender Persönlichkeiten auf Gemeindeebene bewirkten, zeigt ein Brief Johannes Gäbels an Christa Lewek vom 25. Juli 1977, der sich auf einen Rundfunkkommentar der Oberkirchenrätin vom Vortag bezog. Gäbel gab zu bedenken:

»Nur wenn es gelingt, die Marxisten zu überzeugen, daß ihr Klassenkampfgedanke auch die Befriedigung [sic!] der Welt aufhält, kann es Frieden in der Welt geben. Aufgrund der Bergpredigt Jesu sind wir Christen berufen, dieses Thema anzupacken. Wir müssen die Marxisten fragen: Warum keine friedliche Koexistenz auf ideologischem Gebiet? Jesus fordert: Nicht mehr wie die Alten: Auge um Auge, Zahn um Zahn, geht aufeinander zu, versöhnt euch. Modern ausgedrückt: Praktiziert friedliche Koexistenz. Leider wird diese Tatsache bei den Friedensgesprächen ›ausgeklammert‹! Wir Christen haben keine Veranlassung, die Marxisten bei ihrer angeblichen ›geschichtlichen Aufgabe‹, die Welt zu beherrschen, zu unterstützen. Ich habe den Eindruck, daß viele Christen nicht erkennen, daß sie durch die Unterstützung des Marxismus, der nicht allein für soziale Verhältnisse eintritt, Gott zum asozialen Vater degradieren.«[500]

Der BEK im Visier westlicher Massenmedien und Image-Hilfen durch die EKD

Am 5. Mai 1977 informierte Anhalts Kirchenpräsident Natho Staatsvertreter über die Ratssitzung der EKU vom Vortag, auf der das geplante Brüsewitz-Zentrum in Bad Oeynhausen scharfer Kritik unterzogen worden war:

Der Rat habe festgestellt, »daß die Initiatoren dieses Zentrums nicht aus kirchlichen, sondern aus vordergründig politischen Motiven handeln. Der Rat sieht in diesen Aktivitäten außerdem einen neuen Versuch, sich in die inneren Angelegenheiten der Kirche in der DDR einzumischen. Bischof Dr. Krusche habe erklärt, daß hier ein Toter politisch mißbraucht werden solle für Zwecke, die der Politik der Entspannung abträglich seien. Er wolle mit der Frau des Brüsewitz sprechen und sie veranlassen, gegen diesen Mißbrauch Stellung zu beziehen.« Die Frage, »ob die Kirche aus Anlaß der einjährigen Wiederkehr des Todes von Brüsewitz irgendwelche Aktivitäten plane, beantwortete er [Natho] mit einem klaren Nein. Die Kirche wolle alles vermeiden, was die eingetretene Ruhe wieder stören könne.«[501]

Der Verlauf des 17. Deutschen Evangelischen Kirchentages in Berlin (West)[502] zerstreute seitens der DDR gehegte Befürchtungen, hier könnte harte Kritik an dem östlichen deutschen Teilstaat geübt werden:

»Die Leitung des Kirchentages war durchgängig bestrebt, offene antikommunistische Provokationen, Angriffe auf die DDR und andere sozialistische Staaten zu verhindern. Versuche reaktionärer Gruppierungen, die Angelegenheit Brüsewitz erneut hochzuspielen, scheiterten, nicht zuletzt durch das Auftreten der Kirchenvertreter aus der DDR[503]. [...] Bischof Scharf, Bischof Kruse[504] und der Kirchentagspräsident Simon argumentierten politisch zurückhaltend. Sie berücksichtigten dabei offenbar auch Hinweise von Kirchenvertretern aus der DDR.«[505]

Zur Angelegenheit Brüsewitz auf dem Kirchentag sagte Werner Krusche, »daß er zwei Tage an diesem Kirchentag in Westberlin teilnehmen sollte, aber auf Grund des Rummels um die Magdeburger Kirche, des Auftretens amerikanischer Gruppen, des Kommentars von Löwenthal (ZDF) hat er es vorgezogen, nach einem Tage Westberlin wieder zu verlassen.«[506]

Dabei hatte der Berliner Bischof Martin Kruse beim Publizistenempfang vor Eröffnung des Kirchentages gewissermaßen prophylaktisch erklärt:

»Vielleicht noch ein Wort zur Mitarbeit von Bischof Krusche auf dem Kirchentag. Vertreter von Kirchen der DDR, auch wenn sie mit offizieller Reiseerlaubnis ihrer Regierung erscheinen, sind nicht Diplomaten mit gebundener Marschroute. Dies möchte ich deshalb bemerken, weil gerade die Magdeburgische Kirchenleitung, der Bischof Krusche vorsitzt, in letzter Zeit ins Zwielicht gerückt worden ist, als habe sie im Fall Brüsewitz eine Art Auftragsarbeit für den Staatssicherheitsdienst geleistet. Wer die zugänglichen Fakten zur Kenntnis nimmt, kann dies Urteil nur als Diffamierungsversuch empfinden.«[507]

Krusche kritisierte die westlichen Medien auch am 7. Februar 1978 während eines Gesprächs im Rat des Bezirkes Magdeburg. Zum einen zeigte er sich empört darüber, daß über eine von ihm aus Anlaß der Verleihung der theologischen Ehrendoktorwürde in Basel am 25. November 1977 gehaltene Rede lediglich in Auszügen und verzerrt berichtet worden sei[508]. Man habe im wesentlichen nur solche Passagen aus seinem Vortrag übernommen, die sich gegen die DDR verwenden ließen. Außerdem berichtete Krusche:

»Vertreter der Schweiz machten dem Bischof zum Vorwurf, daß er als Vertreter einer Kirche betonte, in einem sozialistischen Staat Bischof der Kirchenprovinz Sachsen zu sein. Das wäre, so Vertreter der Schweiz, eine Beleidigung.«

Zum anderen habe er in der Bundesrepublik gerade Gespräche geführt, an denen auch Richard von Weizsäcker teilnahm.

»Krusche nutzte die Gelegenheit und wandte sich im Namen seiner Kirchenleitung gegen die ständige Hetzkampagne der westlichen Massenmedien. [...] Er verwahrte sich [...] dagegen, daß nur Negatives dargestellt wird und dies der Kirche in der DDR in keiner Weise dienlich ist.«

Von Krusche auf das Oeynhausener Brüsewitz-Zentrum angesprochen, beruhigte Weizsäcker seinen Gesprächspartner, »dieses sog. Zentrum ist im Aussterben begriffen.«

Krusche hob hervor, er werde »im Ausland stets für die Belange der DDR eintreten«[509].

Vor diesem Hintergrund äußerte sich Bischof Krusche Anfang Juli 1977 in der Beratergruppe »einigermaßen erschrocken« über »publizistische Angriffe in der Presse der Bundesrepublik auf Kirchenleitungen in der DDR«, die er anläßlich der Einführung von Präses Heinrich Reiß in Bielefeld zur Kenntnis habe nehmen müssen[510].

> »Er fragt die anwesenden Vertreter aus dem Bereich der EKD, ob die Kirchenleitungen dort dieses Mißtrauen gegenüber den Kirchenleitungen in der DDR teilten. Er bittet, die Antworten ohne Schönfärberei geben zu wollen. Von Keler, Petersen und Heintze bitten Krusche zu bedenken: 1. Diese publizistischen Angriffe[511] werden nur in einem Teil der hiesigen Presse geführt. 2. Die Kirchenleitungen teilen diese Einschätzungen nicht. 3. Das Verhalten und Engagement einzelner Pfarrer dabei (Motschmann, Latk u. a.) darf nicht mit der Haltung der EKD und der Gliedkirchen identifiziert werden.«[512]

Der Ulmer Prälat Hans von Keler war von Krusches Anfrage so berührt, daß er an Lingner schrieb, »wir sollten darauf nicht nur mit Bekundungen der Bruderschaft reagieren, sondern eben diese angerufene Brüderlichkeit durch ein offenes Gespräch unter vier Augen bewähren«[513].

Wie Lingner diesen nicht ganz eindeutigen Brief verstanden haben mag, geht aus einer Aktion hervor, die er in anderem Zusammenhang eine Woche später Christa Lewek vorschlug. Zwar gehörte Lingner selbst zu den mitunter schärfsten innerkirchlichen Kritikern der »Kirche im Sozialismus«, doch sobald Kritik von außerhalb seiner Subkultur laut wurde, markierte er einen so entschiedenen Schulterschluß mit den Brüdern im Osten, daß Frau Lewek über die ihr gewiß von anderer Seite vertrauten Töne nicht schlecht gestaunt haben muß. Der Kasus:

Konrad Löw, seit 1972 Ordinarius für Politikwissenschaft in Bayreuth, katholisch und unzweifelhaft ein Konservativer, hatte in seinem Buch »Die Grundrechte. Verständnis und Wirklichkeit in beiden Teilen Deutschlands« unter anderem geschrieben:

> »Die raffiniertesten Mittel der *psychologischen Kriegsführung gegen die Kirche* sind der Versuch, sie zu denaturieren und zu sterilisieren. Die Kirchen sind nicht mehr länger Verkünder ihrer Glaubensüberzeugung, sondern – wie die sogenannten kleinbürgerlichen Parteien der DDR – Transmissionsriemen der Staatspartei, um auch die Christen über ihre eigenen Kirchen ganz in ihren Griff zu bekommen und um außenpolitisch ein zunächst glaubwürdiges Sprachrohr zu besitzen [...] Die Trennung von Staat und Kirche soll dadurch beendet werden, daß die neue Kirche als Hilfsorgan der Staatspartei zur Anbetung des Himmelreichs ›Kommunismus‹ aufruft. Das aber ist nur Etappenziel, nicht Endziel. Auf die Dauer haben die Kirchen ebensowenig Existenzberechtigung wie die sog. kleinbürgerlichen Parteien.«[514]

Daraufhin hatte sich Uwe-Peter Heidingsfeld in einem Brief an Löw gewandt und eine Rezension zu seinem Buch verfaßt[515]. In dem Brief heißt es unter anderem:

> »Ihre Berichterstattung über kirchliche Verhältnisse in der DDR und die dem Staat dort gegenüber entstehenden Schwierigkeiten halte ich für unausgewogen [...] S. 226

schreiben Sie von ›Verächtlichmachung der Religion‹. Ich weiß nicht, was Sie darunter verstehen, aber ich kenne aus längerer und unmittelbarer Vergangenheit nichts, was in diese Richtung weist.« Löws Diktum, die Kirche sei »Transmissionsriemen der Staatspartei«, hält er entgegen: »M. Stolpe, Leiter des Sekretariats des Kirchenbundes, hat anläßlich einer Pressekonferenz während der Synode des Bundes der Evangelischen Kirchen in der DDR in Züssow (September 1976) ausgeführt, daß die Kirche in der DDR weder ein ›Transmissionsriemen der Partei‹ noch ein trojanisches Pferd der Konterrevolution‹ aus sich machen lasse […] Ich habe keinen Anlaß, an der Richtigkeit und Ehrlichkeit dieser Aussagen zu zweifeln.«[516]

Außerdem verwies er den Politikwissenschaftler auf den epd und das Ende 1973 gegründete, von Reinhard Henkys herausgegebene Periodikum »Kirche im Sozialismus« (KiS). Dieser Materialdienst zu »Entwicklungen in der DDR« – wie Lingner versicherte, inhaltlich unter fester Kontrolle der kirchlichen Zusammenschlüsse[517] – hatte durch das Angebot von Hintergrundinformationen gerade verhindern sollen, was nach dem »Fall« Brüsewitz unaufhaltsam eingetreten war: Ein verheerender Image-Einbruch des DDR-Kirchenbundes im Westen.

Lingner sah in der Löwschen Veröffentlichung mit Recht ein grundsätzliches Problem und wollte es daher bei der Heidingsfeldschen Kritik an dem Buch nicht bewenden lassen. So schrieb er an Christa Lewek:

»Es scheint mir eine Überlegung wert zu sein, wie im Interesse des Bundes der Evangelischen Kirchen in der DDR u. a. auf Veröffentlichungen dieser Art reagiert werden soll und kann. Der Stellungnahme von Herrn Heidingsfeld, die teilweise im Stil recht scharf gehalten ist, ist dem Inhalt nach voll zuzustimmen. Es mehren sich offensichtlich die Fälle, in denen Veröffentlichungen dieser Art in der Bundesrepublik erscheinen. Das Schlimme an ihnen ist, daß sie im Gewand wissenschaftlicher Objektivität von Wissenschaftlern vorgelegt werden. Die Wirkung solcher Bücher sollte sicher nicht überschätzt werden. Allerdings wäre es leichtfertig, über Veröffentlichungen dieser Art achselzuckend hinwegzugehen. Natürlich besteht die Möglichkeit, mit mehr oder weniger ›privaten‹ Eingaben, Stellungnahmen oder Rezensionen Gegenpositionen aufzubauen. Es geht aber nicht so sehr um Belehrungen der jeweiligen Verfasser, sondern um eine mögliche Korrektur des Eindrucks, den Bücher dieser Art bei ihren Lesern hervorrufen können. Mein Vorschlag ist der, sich ein gemeinsames taktisches Konzept zu überlegen. Es könnte an der Zeit sein, mit einer ›kirchenamtlich gesteuerten‹ Veröffentlichung (Buch) zu versuchen, eine solide Information über politische und kirchliche Aspekte in der DDR für unseren Bereich zu erarbeiten. Dieses Buch müßte in einem seriösen Verlag erscheinen, so daß kein ernstzunehmender Wissenschaftler an den Aussagen vorbeigehen kann. Denkbar wären natürlich auch gesteuerte Reaktionen anderer Art.«[518]

Tags darauf sprach Lingner mit Heidingsfeld über die Themen für das kommende Treffen der Beratergruppe. Ohne ausführliche Erörterung sollte die »Kommunismusdebatte in Westeuropa und die Reaktion der sozialistischen Länder auf diese Diskussion« angeschnitten werden. Außerdem wollte Lingner auf das Buch von Löw eingehen.

»Hier ist auf das einschlägige Schreiben an Frau Lewek zu verweisen. Es geht um die Frage‹, ob ein kirchenamtlich gesteuertes und finanziertes Buch über die Kirchen in der DDR erscheinen soll und kann. Herr Henkys hat im Auftrag des Ministeriums für Innerdeutsche Beziehungen ein Gutachten zur Frage der wissenschaftlichen Veröffentlichungen über die Kirchen in der DDR abgegeben und dabei zum Ausdruck gebracht, daß es keine hinreichenden Untersuchungen auf diesem Gebiet gibt.«[519]

Neben einer Wiederholung dessen, was bereits in dem Brief an Christa Lewek stand, hielt Lingner im Zusammenhang mit dem Buch von Löw auch den Schritt des SPD-nahen Kirchenjournalisten Reinhard Henkys fest, den dieser unternommen hatte, um das Defizit im dafür zuständigen Bundesministerium gutachtlich anzumahnen – ein fehlendes Buch.

Spätestens seit der Gründung des von Henkys herausgegebenen Magazins »Kirche im Sozialismus« gewann der Leiter des Berliner Publizistischen Zentrums – von der Arbeitsgruppe Kirchenfragen beim ZK der SED lapidar als »publizistische[r] ›DDR-Experte‹ der EKD« bezeichnet[520] – in deutsch-deutschen Kirchenangelegenheiten zunehmend eine Schlüsselrolle. Als ständiger Gast in der Beratergruppe und anderen kirchlichen Gremien verfügte er über das Insiderwissen eines »Pressesprechers«, ohne in der EKD offiziell diese Funktion wahrzunehmen. Wohl aber schrieb er – wie im Falle Brüsewitz – nicht immer sofort, was er wußte[521], sondern verpackte im Auftrag seiner Kirche prekäre Dinge so geschickt, daß weitere Nachfragen zunächst meist ausblieben[522]. Diese Kombination von exklusivem Herrschaftswissen im Bereich des kirchlichen Journalismus und absoluter Loyalität den Kirchenleitungen gegenüber schien sich für eine entsprechende Darstellung der Kirchen in den Printmedien auszuzahlen. Denn Henkys wurde auch gerufen, wenn es galt, eine den Kirchen eher abträgliche Berichterstattung zurechtzurücken. Dies tat er ohne besondere Skrupel – listenreich, und ausdauernd. »[…] an Theologie als wirklichkeitsgestaltende Kraft« glaubte er nicht, sondern hielt sich lieber an die Zynismen der Macht[523].

Als dritten Punkt für eine Besprechung nannte Lingner die Frage des Magdeburger Bischofs »Wie denkt man über uns?«[524]

»Es geht wahrscheinlich darum, darauf hinzuweisen, daß u. a. durch den Einfluß der Massenmedien im Westbereich eine Antwort differenziert ausfallen muß. Natürlich wird es in kirchenleitenden Gremien nur wenige geben, die den kirchlichen Repräsentanten in der DDR mit Mißtrauen begegnen (sicher wird das auch vorkommen). An der ›Basis‹ dürfte sich das Bild etwas anders darstellen. Schon die zahlreichen Briefe mit Kirchenaustrittsdrohungen u. a. zeigen, daß der Meinungsbildungsprozeß an der Basis durch die Massenmedien beeinflußt wird. Das kann dazu führen, daß ein Kreis von zahlenmäßig nicht zu bestimmenden Gemeindegliedern einen negativen Eindruck von den kirchenleitenden Persönlichkeiten in der DDR hat«[525].

Diese Skepsis gegenüber den DDR-Kirchen hätte sich gewiß noch verschärft, wenn man einen am 17. Mai 1977 vor dem Sekretariat des Bezirksausschusses der Nationalen Front in Dresden gehaltenen Vortrag gekannt hätte:

»Die Erfolge unserer Außen- und Innenpolitik seit dem VIII. Parteitag der SED, die beharrliche und erfolgreiche Erfüllung der auf dem IX. Parteitag der SED beschlossenen Aufgaben, vor allem die Ergebnisse unserer Wirtschafts- und Sozialpolitik, veranlassen eine zunehmende Zahl kirchlicher Amtsträger, im Sozialismus die dem Imperialismus gegenüber vorzuziehende Gesellschaftsordnung zu sehen. Das bedeutet in vielen Fällen freilich noch nicht die Bereitschaft zum gesellschaftlichen Engagement und zu aktiver Mitarbeit. Dabei darf keinesfalls übersehen werden, daß die Erfolge des realen Sozialismus gleichzeitig auch Ursache für die Besorgnis der Kirchen über ihre Zukunft sind. Daraus resultiert weitgehend Pessimismus, der für Positionen reaktionärer Kräfte günstigen Nährboden bildet. Eine echte Kompensierung dieses Pessimismus durch Mutmachen mit dem Thema ›Die Chance der kleinerwerdenden Gemeinde‹ ist nicht möglich.«[526]

Zur Vorbereitung auf das Beratergruppen-Treffen am 3. Oktober 1977 schrieb Lingner den westlichen Teilnehmern einen Brief, in dem er von der Kritik an den DDR-Kirchen ausging und dann nachzuweisen suchte, daß diese unberechtigt sei.

»Im Zusammenhang mit den ›Dissidenten‹ in der DDR und ihrem Eintreten für die Verwirklichung von Menschenrechten werden die Kirchen in der DDR zunehmend in den westlichen Medien kritisch gesehen [...] Es ist eben keine Lösung, die lautesten ›Schreier‹ unter den Dissidenten erst einzusperren und dann (teilweise gegen ihren Willen) abzuschieben. Das Problem wird damit keineswegs bewältigt. Man sieht doch auch, wie der Funke des Widerspruchs von den Regimegegnern auf die Befürworter des Sozialismus übergesprungen ist und nun bis in die Reihen der Funktionäre gezündet hat (Rudolf Bahro, ›Die Alternative‹ – ein übrigens lesenswertes Buch!). Der Protest [von seiten der Dissidenten] breitet sich aus, gewinnt an Qualität und – darin liegt natürlich seine Gefährlichkeit – enthält sich jeder Polemik. Die Kirchen werden dies sorgfältig beobachten und sehen müssen. Sie waren schließlich die ersten, die Kritik an den bestehenden Zuständen geübt haben, ohne zu Konterrevolutionären werden zu wollen (vgl. ›Sorge um eine menschliche Welt‹ [1973], Stellungnahme der Konferenz der Kirchenleitungen zur Verurteilung des Zionismus als Rassismus durch die UNO, Propst Falcke: ›Verbesserlicher Sozialismus‹, Frage der Bausoldaten, Frage der Ungerechtigkeiten auf dem Bildungssektor, Fragen an die alles umfassende Ideologie des Marxismus-Leninismus – die Aufzählung kann beliebig fortgesetzt werden: Die Kirchen haben eben nicht geschwiegen; sie haben den DDR-Staat als ihren Partner kritisch angesprochen).«[527]

Andererseits meinte Lingner im Blick auf die verhafteten Dissidenten freilich auch, die Kirchen seien jetzt gefragt. »Wenn sie beharrlich schweigen, setzen sie sich auch in Kreisen der eigenen Gemeinden dem Verdacht eines Opportunismus, einer billigen Anpassung[528] u. a. aus. Reden sie, können sie sehr schnell als konterrevolutionäre Institution dastehen.«[529]

Obwohl die Kirchenleitungen an sich bemüht waren, wegen der Dissidenten keinen Konflikt mit dem Staat zu riskieren, äußerte der Leiter der Arbeitsgruppe Kirchenfragen im ZK der SED, Rudi Bellmann, doch scharfe Kritik am Auftreten von Dissidenten in Kirchengebäuden:

Der SED-Funktionär wies laut dem von ihm verfaßten Gesprächsvermerk Stolpe am 9. November 1977 eindringlich darauf hin, »daß sich kirchliche Einrichtungen weigern, die Veranstaltungsverordnung einzuhalten. Das träfe in letzter Zeit besonders auf Veranstaltungen zu, in denen Schriftsteller auftreten und Lesungen veranstalten. Die Pflicht zur Anmeldung solcher Veranstaltungen sei doch eindeutig, da es sich keinesfalls um gottesdienstliche Veranstaltungen handele. Die Weigerung, solche Veranstaltungen bei den zuständigen Organen ordnungsgemäß anzumelden, führe zu ständig wiederkehrenden Auseinandersetzungen, die auch im kirchlichen Interesse vermieden werden sollten. Stolpe teilte die Meinung, daß diese Veranstaltungen anmeldepflichtig seien, und hat sich meinen Hinweis notiert. Stolpe warf ein, daß es sich dabei wohl um ›bestimmte‹ Schriftsteller handele. Ich habe geantwortet, daß mein Hinweis der Einhaltung der Gesetzlichkeit bei der Vorbereitung solcher Veranstaltungen gelte.«[530]

Am 25. November 1977 sicherte Stolpe dem SED-Mann »zu, daß er in geeigneter Weise darauf hinwirken werde, diesbezüglich keine Verschärfungen zuzulassen.«[531]

Der anhaltische Oberkirchenrat Egon Bitzmann äußerte Interesse an einem ausführlichen Gespräch mit dem Staat, »wie die Gesellschaft mit ihren ›schwarzen Schafen‹ fertig werden kann. Dies sei auch für die Kirche ein kompliziertes Problem.«[532]

In seinem Brief an die Berater berichtete Lingner auch, daß Kritik am »real existierenden Sozialismus« nun nicht mehr allein von Gruppierungen wie der Springer-Presse geübt werde (»Polemik ohne fundierte Sachkenntnis«)[533], sondern neuerdings auch von Sachkennern der DDR-Verhältnisse. Diese von westeuropäischer, auch eurokommunistischer Seite vorgebrachte, substantiierte Kritik am östlichen Sozialismus müsse den DDR-Kirchen zur Kenntnis gebracht werden.

Gewisse Einflüsse des Eurokommunismus auf die DDR-Kirchen hatte die Dienststelle des DDR-Staatssekretärs für Kirchenfragen bereits Anfang 1977 diagnostiziert:

»Doch wurden hier [auf kirchlicher Seite] Illusionen über den Charakter des Imperialismus und über einen Abbau der antagonistischen Widersprüche zwischen Sozialismus und Imperialismus deutlich. Nicht unwesentlich wurden diese Auffassungen unterstützt durch die Reden der Genossen aus Frankreich, Italien und England auf der Berliner Konferenz der kommunistischen und Arbeiterparteien.«[534]

Dieser Einschätzung entsprach die vor der Görlitzer Synode im Frühjahr 1977 unter Berufung auf Helsinki vorgebrachte Forderung Fränkels, von besagter Konferenz alle Dokumente zu veröffentlichen[535].

Seinem Brief an die Berater legte Lingner einen Literaturüberblick zum »real existierenden Sozialismus« aus der Feder Heidingsfelds bei[536]. Löws Buch übrigens fand weder bei Lingner noch bei Heidingsfeld Erwähnung.

Offenbar wollte man zunächst in kleinerem Kreis das Image-Problem des Kirchenbundes anpacken. Am 23. September 1977 schrieb Lingner an Henkys, Heidingsfeld, Groscurth, Burgsmüller, Reuer und Röder. In dem Brief beschrieb er nochmals den Handlungsbedarf und die ersten Maßnahmen.

»In unseren Massenmedien setzt sich langsam die Meinung durch, daß die Kirchen in der DDR auf dem Gleis des Opportunismus und der Anpassung[537] leben. Es wird behauptet und von den meisten ›Konsumenten‹ der Medien bereits als Tatsache hingenommen, daß die Kirchen in der DDR sich im wesentlichen durch Schweigen zu kritischen Punkten des Verhältnisses zu Staat und Kirche auszeichnen. Wir müssen auch im Interesse der Kirchen in der DDR dieser objektiv falschen Berichterstattung entgegentreten. Dazu bedarf es einer Übersicht über kirchliche Äußerungen zu kritischen Fragen des Verhältnisses Kirche und Staat in der DDR. Herr Henkys hat uns bei Gelegenheit mitgeteilt, daß die Arbeitsgemeinschaft kirchlicher Publizistik halbtags eine Pastorenfrau beschäftigt. Sie soll u. a. eine Darstellung des kirchlichen Profils der mecklenburgischen Landeskirche erstellt haben. Ich schlage vor, dieser Dame einen entsprechenden Auftrag zu erteilen. Es würde sich dabei empfehlen, Herrn Heidingsfeld, Herrn Röder, den Unterzeichneten u. a. vor Inangriffnahme der Arbeit den Aufgabenkreis erläutern zu lassen.«[538]

Ende Oktober meldete sich auch Christa Lewek bei Lingner und begrüßte seine »Initiative im Blick auf ein ›solides Buch‹. Die Notwendigkeit dieser seriösen Information über politische und kirchliche Aspekte in der DDR wird immer evidenter.«[539] Auch sie schlug eine Besprechung in »kleinerem Kreis über eine mögliche Konzeption« vor. Ihren Brief an Lingner hatte sie Stolpe vorab zur Kenntnis gegeben und bald darauf Lingner um eine Terminangabe gebeten. In einem Gespräch zwischen Lingner und Lewek am 18. November 1977 wurde dann über die Teilnehmer des Kreises und mögliche Themenfelder des Buches gesprochen[540]. Heidingsfeld schlug vor, eine Planungs- und Autorengruppe zu bilden, nannte als Vorbild für Inhalt und Struktur des projektierten Buches Heßlers Veröffentlichung »Protestanten und ihre Kirche«[541], plädierte für die Vergabe der Federführung des historischen Teils an Henkys und des Teils über Ausbildungsfragen an den Theologieprofesser Peter C. Bloth.

»Eine ›amtlich autorisierte Darstellung‹ halte ich aus optischen, inhaltlichen und zeitlichen Gründen für kaum durchführbar. Wenn schon, dann läge mir an einem ›offiziösen‹ Charakter (wie das bei der Broschüre ›Leiden von Christen in der Welt‹[542] geschehen ist).«[543]

1982 erschien im Chr. Kaiser Verlag das von Reinhard Henkys herausgegebene und persönlich verantwortete Buch »Die evangelischen Kirchen in der DDR«.

Das Problem der ersten Flut von Ausreiseanträgen (1976/77)

Lingner sprach in seinem Schreiben an die Mitglieder der Beratergruppe vom September 1977 auch die ökonomische Krise in der DDR an und vor allem die vorhandene Unruhe und Verärgerung in dem Teil der DDR-Bevölkerung, der keine Möglichkeit hatte, sich D-Mark West – also »richtiges Geld« – zu verschaffen und in den jetzt auch für DDR-Bewohner freigegebenen Intershops das zu kaufen, was es für Ost-Mark eben nicht gab. »Ein neues Klassensystem auf wirtschaftlichem Sektor wird hier gezüchtet«, lautete sein Urteil, ja sogar: »Fast könnte man von einer sozialistischen Variante des Rassismus sprechen.« Es herrsche der Eindruck einer Konzeptionslosigkeit der verantwortlichen DDR-Politiker vor[544].

Nicht zuletzt diese offenkundigen Widersprüche zwischen Anspruch und Wirklichkeit veranlaßten eine zunehmende Zahl von DDR-Bewohnern, ihr Nein zur sozialistischen DDR-Gesellschaft mit einem Ausreiseantrag zu dokumentieren. Am 14. Januar 1977 hatte Manfred Stolpe im Staatssekretariat für Kirchenfragen den SED-Funktionär Hans Weise von einem Besuch in Kenntnis gesetzt, den ihm der Mitarbeiter in der Ständigen Vertretung der Bundesrepublik Deutschland, Winfried Staar[545], abgestattet hatte, um Stolpe nach seiner Meinung zu den durch die DDR in jüngster Zeit vorgenommenen Einschränkungen des Besucherverkehrs in der Ständigen Vertretung zu fragen.

Im Zuge von Helsinki hatten viele DDR-Bewohner hinsichtlich der erfolgreichen Betreibung eines Ausreiseantrags in der bundesdeutschen Behörde um Rat gefragt. Stolpe äußerte,»daß es sich s. E. um Maßnahmen handelt, die zur Aufrechterhaltung der Sicherheit und Ordnung nötig sind, auch im Sinne der Ständigen Vertretung, weil deren ›Beratungstätigkeit‹ [...] gegenüber Bürgern der DDR nicht hilft, sondern ihnen Flöhe ins Ohr setzt und Dinge auslöst, die die Bonner Vertretung nicht im Griff halten und bewältigen kann. – Das würde Mißverständnisse gegenüber Helsinki heraufbeschwören, wenn auf diese Weise der ›Korb III‹ herausgerissen wird. Das geschehe nur zum Schaden von Helsinki.« Weiter hatte Stolpe ausgeführt,»die Regierung in Bonn sollte daraus kein Prestige machen und von sich aus die Sache nicht hochschaukeln.«[546]

Die vom 11.-14. Januar 1977 in Bad Saarow tagende Bischofsrüste hatte die Frage der Zunahme von Ausreiseanträgen auf ihre Tagesordnung gesetzt:»Es ist festzustellen, daß eine staatliche Tendenz zu einer großzügigen Genehmigung ebensowenig zu vermerken ist wie eine stärkere Restriktion. Auffallend war, daß im Monat Dezember alle Aussiedlungsanträge abgelehnt worden sind«, heißt es in Schönherrs Vermerk[547].

Zur Frage der Ausreisewilligen soll Werner Krusche zwar kritisiert haben, daß man die Betreffenden staatlicherseits z. B. in den Betrieben zur Rede stelle, hielt aber auch fest,»daß sich die Eingaben vieler Bürger an ihn und sein Konsistorium häufen. Die Bürger bitten um Rechtsauskünfte, sie bitten um Schutz, sie bitten darum, daß sich die Kirche für sie gegenüber dem Staat einsetzt usw. Bischof Dr. Krusche vertrat dazu den Standpunkt, daß er und seine Kirche diese Aufgabe nicht übernehmen kann und wird.«[548]

Weitaus schärfer soll sich der Dessauer Kirchenpräsident Eberhard Natho geäußert haben. Gegenüber staatlichen Vertretern nannte er nach deren Aufzeichnungen die Namen kirchlicher Mitarbeiter und eines Pfarrers, die einen Ausreiseantrag gestellt hatten, und führte aus:

»Diese Leute sind verkeilt. Wir als Kirche werden mit ihnen eine Aussprache führen und fordern, daß wir als Kirche aus derartigen Sachen rausgelassen werden. Wir sind grundsätzlich dagegen, daß Bürger der DDR übersiedeln. Jeder hat in der DDR seine Arbeit und sein Auskommen. Wir argumentieren nicht aus Gefälligkeit, sondern aus der Überzeugung, daß jeder bei uns gebraucht wird. Einige mißbrauchen die Kirche als Sprungbrett für ihre Absicht zu übersiedeln. Ihnen geht es nicht darum, im kirchlichen Raum zu arbeiten. Wir haben das Gefühl, daß diese Aktionen von reaktionären Kräften in der BRD gesteuert werden. Es gibt unter den Kirchenleitungen eine solche Abmachung, daß keine Bürger in die kirchliche Arbeit eingestellt werden, die einen Antrag auf Übersiedlung gestellt haben. (Aus diesem Grund hat der Landeskirchenrat es abgelehnt, die Frau [...] als Sekretärin dort einzustellen.) [...] Der junge Pfarrer [...] ›begründet‹ seine Absicht damit, zu seiner Verlobten überzusiedeln, die aus Rumänien in die BRD umgesiedelt ist. Die Landeskirche ist aus den vorher aufgezeigten Gründen dagegen. Sie ist dafür, daß die Verlobte in die DDR kommt. In diesem Sinne wird die Aussprache mit dem Pfarrer [...] geführt werden.«[549]

Im Februar 1977 hatte Natho der Dessauer Oberbürgermeisterin Thea Hauschild versichert:

»Wir als Kirche verurteilen mit aller Entschiedenheit die Antragstellungen von Bürgern der DDR zur Übersiedlung in die BRD und nach Westberlin, und wir werden dem mit den uns gebotenen Möglichkeiten entgegentreten. Es gibt auch im Dienst der Kirche einzelne Personen, die so etwas getan haben. Wir haben ihnen deutlich zu verstehen gegeben, der Platz aller Christen, die Glieder der ev. Landeskirche Anhalt sind, ist in der DDR. Jeder Bürger hat in unserem Staat eine gesicherte Gegenwart und Zukunft. Dies wissen wir und treten dafür ein. Es ist mir ein Bedürfnis, ihnen dieses nochmals versichern zu dürfen. Oberkirchenrat Schulze unterstr[ich]: Ich habe die Erkenntnis machen dürfen, daß sich unsere staatlichen Organe und besonders auch die Betriebe sehr um diese Bürger sorgen, was doch ein sehr humanes Handeln und Ringen um jeden Menschen ist. Auch daran ist zu erkennen, daß in der DDR der Mensch im Mittelpunkt aller Tätigkeit steht.«[550]

Auf einer gemeinsamen Sitzung der Kirchenleitungen aller EKU-Kirchen in Deutschland Anfang Februar 1977 waren hinsichtlich der Behandlung aus der DDR geflohener Pfarrer und Theologiestudenten durch die westlichen Kirchenleitungen folgende Festlegungen getroffen worden:

»Mitglieder der Kirchenleitungen der EKU beider Bereiche (Bischöfe, Präsides, leitende Kirchenjuristen) besprachen am 1.2.1977 in der Dienststelle Auguststraße in Berlin die Frage, unter welchen Voraussetzungen und in welcher Weise Pfarrer und andere Mitarbeiter und Theologie-Studenten aus dem Bereich DDR im Dienst der westlichen Gliedkirchen der EKU – Bereich BRD und Berlin-West – wieder verwendet werden können.
Die Besprechung ergab folgende Empfehlungen für eine gemeinsame Festlegung:

I.
1. Pfarrer, die ohne Zustimmung gemäß § 76, Absatz 2 Pfarrerdienstgesetz die DDR verlassen, werden nicht eingestellt.
2. Pfarrer, die unter Verlust der in der Ordination begründeten Rechte und Pflichten die DDR verlassen, werden nicht in einem Dienst verwandt, der die Ordination oder eine vergleichbare geistliche Ermächtigung, z. B. Vokation, voraussetzt.
3. Die Kirchenleitungen im Bereich Bundesrepublik und Berlin-West werden die Frage, ob dem früheren Pfarrer die Rechte und Pflichten aus der Ordination erneut übertragen werden sollen, nicht vor Ablauf von zwei Jahren nach dem Verlassen der DDR prüfen. Beabsichtigen sie die erneute Übertragung, so werden sie bei der Kirchenleitung der Heimatkirche anfragen, ob dem widersprochen wird. Dabei werden sie über das Verhalten des Betroffenen berichten.
4. Vorstehendes gilt auch für ordinierte Pastoren im Hilfsdienst.
II. Die Theologie-Studenten der Gliedkirchen im Bereich DDR, die die DDR verlassen haben, können in die Liste der Theologie-Studenten ohne Beteiligung der Heimatkirche aufgenommen werden.
III. Für Vikare und noch nicht ordinierte Pastoren im Hilfsdienst bedarf es einer besonderen Vereinbarung
IV. Kirchenbeamte aus dem Bereich DDR können nur in das Kirchenbeamtenverhältnis berufen werden, wenn die Kirchenleitung der Heimatkirche zustimmt. Abschnitt I,3 findet entsprechende Anwendung.
V. Sollen sonstige ehemalige Mitarbeiter einer Gliedkirche des Bereichs DDR im kirchlichen Dienst verwendet werden, empfiehlt es sich, ein Votum der Heimatkirche einzuholen.

VI. Es soll geprüft werden, ob das Pfarrerdienstgesetz und das Kirchenbeamtengesetz durch eine Bestimmung mit etwa folgendem Inhalt ergänzt werden soll: Verläßt ein Pfarrer bzw. ein Kirchenbeamter ohne Zustimmung der zuständigen Stelle sein Amt, so scheidet er aus dem Dienst aus. Ein Pfarrer verliert damit die in der Ordination begründeten Rechte und Pflichten.

VII. In der Konferenz der Kirchenleitungen bzw. in den zuständigen Organen der EKD soll angeregt werden, die unter I bis VI gemachten Anregungen aufzunehmen und zu einer einheitlichen Regelung zu machen. Nach Auskunft von Mitgliedern der Kirchenleitungen aus dem Bereich DDR erhält die Kirchenkanzlei der EKD in Hannover in Zukunft Kenntnis von jedem Fall, in dem ein Pfarrer die DDR verlassen hat.

Ergänzend wird insbesondere festgehalten, daß Abschnitt VI auch für ordinierte Pastoren im Hilfsdienst usw. Gültigkeit haben muß.«[551]

Auf ihrer Sitzung am 9. März 1977 in Berlin (Ost) beschlossen die Bereichsräte der EKU, über die Betroffenen kein dauerhaftes Berufsverbot zu verhängen[552].

Später behandelten einige Kirchenleitungen einen »illegalen« Übersiedlungsantrag als Ausschlußkriterium für die Bewerbung um eine Stelle bei der Kirche.

Thüringens Landesbischof Leich sagte am 22. Juli 1980 gegenüber dem Rat des Bezirkes Erfurt,»daß sie die Einrichtungen angewiesen hätten, bei Neueinstellungen die Bürger zu fragen, ob sie einen rechtswidrigen Antrag auf Übersiedlung gestellt haben bzw. beabsichtigen, einen solchen zu stellen. In solchen Fällen würde die Kirche von einer Einstellung Abstand nehmen. Da ich ihm anhand von Unterlagen nachweisen konnte, daß aus den kirchlichen Einrichtungen ein beachtlicher Teil von Antragstellern sich rekrutieren erklärte er sich bereit, mit diesem Personenkreis in Abstimmung mit Oberkirchenrat Mitzenheim persönliche Gespräche zu führen, daß diese ihre gestellten Anträge zurückziehen«, vermerkte der Stellvertreter des Vorsitzenden für Inneres, Hartmann[553]. Auch Anhalts Kirchenpräsident Natho versprach, in solchen Fällen ähnlich zu verfahren[554].

Der Fall Defort

Am 3. Oktober 1977 referierten zunächst Helmut Aichelin und Christof Ziemer über die charismatische Bewegung in den beiden deutschen Staaten[555].

Im weiteren Verlauf der »Beratergruppen«-Sitzung vom Herbst 1977 konzentrierte sich das Gespräch auf den »Fall Defort«[556]. Der wegen versuchter Republikflucht inhaftierte und aus der Haft entflohene Wolfgang Defort – so berichteten Schönherr und Stolpe – habe sich einem Pfarrer anvertraut, der wiederum zwei Kollegen zu Rate zog. Einer der beiden benachrichtigte die Volkspolizei und nannte auch den Aufenthaltsort des Flüchtigen, um ihn »vor Schlimmerem zu bewahren«[557]. Mit Ausnahme von Schönherr[558] verurteilten alle Anwesenden – soweit sie zur Sache das Wort nahmen – das Verhalten der Pfarrer und regten disziplinarische Maßnahmen an. Claß las einen Brief des inzwischen in den Westen entlassenen Defort an ihn vor und wies darauf hin,

»daß er sich zu diesem Brief stellen muß«[559]. Der Berlin-Brandenburgische Bischof räumte ein, daß bei dem Verhalten der Pfarrer vielleicht auch Ängstlichkeit eine Rolle gespielt haben mochte.

»Es dürfte aber sicher sein, daß die Pfarrer letztlich nicht aus Angst und noch weniger aus einer falschen Solidarität zum Staat heraus gehandelt haben [...] Für die Kirchen in der DDR ergibt sich aber die Frage, warum Herr Defort ein solches Interesse an einer Verfolgung der Pfarrer zeigt [...] Schönherr erläutert noch einmal die Gründe, warum die Kirchenleitung in Berlin-Brandenburg eine ›Ehrenerklärung‹ für die Pfarrer abgegeben hat. Die Pfarrer hat belastet, daß sie als Denunzianten hingestellt werden. Sie hatten einen solchen Vorwurf in der Tat nicht verdient. Die Kirchenleitung wollte diesen Punkt gegenüber der Berichterstattung und den Anklagen herausstellen. Dabei ist offensichtlich die Fragwürdigkeit des Verhaltens der Pfarrer zu kurz gekommen. Hier wird einiges nachzuholen sein. Die Lösung muß geistlich-theologisch gesucht werden. Eine juristische Regelung des Vorfalles dürfte sich kaum empfehlen. Vielleicht ergibt sich die Möglichkeit, daß die Pfarrer oder die Kirchenleitung oder er selbst ein Wort der Verzeihung an Herrn Defort richtet.«[560]

Der wissenschaftliche Mitarbeiter im Staatssekretariat für Kirchenfragen, Hartwig, sah in der seitens der westlichen Presse geäußerten Kritik am kooperativen Verhalten der Lausitzer Pfarrer eine Fortsetzung der »Angriffe auf eine realistische, ein normales Verhältnis zwischen Staat und Kirche bestärkende Haltung der Kirchenleitungen in der DDR« und stellte einen engen Zusammenhang zwischen dem Zeitpunkt der Kritik und der in Herrnhut anstehenden Wiederwahl Schönherrs zum KKL-Vorsitzenden her:

»Defort war wegen Staatsverleumdung der DDR inhaftiert und aus der Haftanstalt bei Cottbus ausgebrochen. Als er von einem protestantischen Pfarrer Fluchthilfe forderte, war von diesem, nachdem er sich mit zwei weiteren Amtsbrüdern konsultiert hatte, angesichts der offensichtlichen Aussichtslosigkeit und Lebensgefährlichkeit einer Flucht entschieden worden, die Staatsorgane zu verständigen. Defort hat nun in der BRD Strafantrag gegen die drei Geistlichen, gegen seine Richter und den Staatsanwalt gestellt und beschuldigt Bischof Schönherr, weil er das Verhalten der Pfarrer billigt. Dieser an sich so belanglose Vorgang wird aus politischen Gründen in westdeutschen Massenmedien hochgespielt. Man gibt Defort Gelegenheit, mit seinen diffamierenden Äußerungen an die Öffentlichkeit zu treten und auf kirchlichen und anderen Veranstaltungen zu sprechen. Sein letztes Auftreten war in Dortmund im Rahmen eines Seminars zum Thema ›Die DDR und die Menschenrechte‹, das die Paderborner Bistumsstelle von Pax Christi durchführte.«[561]

Das Haus am Checkpoint Charlie der »Arbeitsgemeinschaft 13. August« richtete durch seinen geschäftsführenden Vorsitzenden Rainer Hildebrandt am 30. September 1977 an Schönherr einen Brief, in dem der Bischof aufgefordert wurde, »unverzüglich diejenigen Geistlichen aus dem Kirchendienst zu entlassen, welche den aus dem Zuchthaus Cottbus am 13.1.1975 entflohenen Ingenieur Wolfgang Defort an die Sicherheitsorgane der DDR ausgeliefert haben. [...] Zugleich werden Sie, Herr Bischof, aufgefordert, die Namen der Verräter bekanntzumachen. Die Menschen in der DDR brauchen vor allem Schutz, und die Christen erwarten diesen besonders von Geistlichen. [...] Wolfgang Defort wurde wegen seiner Flucht aus dem Gefängnis mit weiteren

10 Monaten bestraft und mußte – was noch weit schlimmer war – diese in einer Kellerisolation verbringen mit einer Gehfläche von 2 qm. Trotz einer schweren Ischias-Erkrankung und solchen Kreislaufstörungen, daß er sein Testament gemacht hatte, mußte er unter diesen unmenschlichen Bedingungen dahinvegetieren. Von seiner Gesamtstrafe von 4½ Jahren waren ihm nur 30 Tage erlassen worden. ›Es ist ein Hohn‹, sagte Defort, ›nun auch noch den Erlaß von 30 Tagen als einen Erfolg der drei Geistlichen zu bezeichnen.‹«[562]

Stolpe riet Schönherr, nachdem er sich mit Lewek und Demke abgestimmt hatte: »Zunächst nicht antworten. Hildebrandt ist nicht seriös, wie u. a. Verlauf der Veranstaltung am 18.8.1977 erwies (Tonbandnachschrift von Henkys). Die ›Arbeitsgemeinschaft‹ ist obskur, es ist nicht sicher, wie mit einer ernsthaften Antwort von Ihnen umgegangen wird – Mißbrauch etc. wahrscheinlich. Der Ton, in dem hier gefragt wird, verbietet Antwort eigentlich.«[563]

Auch Anhalts Kirchenpräsident Natho arbeitete, allerdings laut Aktenlage bei kriminellen Delikten, in Angelegenheiten des Strafvollzuges bisweilen mit dem SED-Staat zusammen. So heißt es in einem 1980 gefertigten Gesprächsvermerk:

»Durch Natho wurde kritisch angemerkt, daß eine Person […], wohnhaft in Dessau, wegen eines kriminellen Deliktes abgeurteilt ist, seine Haftstrafe aber noch nicht angetreten hat. Diese Person hält sich überwiegend dort auf, wo es Alkohol gibt, geht offensichtlich keiner geregelten Arbeit nach und steht häufig unter starkem Alkoholgenuß. […] ist dabei ständig mit einer anderen Person zusammen, die ebenfalls eine Gefängnisstrafe anzutreten hat. Entsprechende Einflußnahme über den Rat der Stadt wurde zugesagt.«[564]

Olaf Lingners Pullacher Referat vom Sommer 1977 vor dem Hintergrund der SED-Einschätzungen und westlicher »Normalisierungsakte«

Mitte Oktober 1977 thematisierte Lingner in Absprache mit Hammer wieder einmal das Problem einer rechtzeitigen Abstimmung gemeinsamer Anliegen in der Beratergruppe, wobei er gleich deutlich machte, daß dies bislang nicht recht gelungen sei, und die Frage aufwarf, ob das Gremium überhaupt das geeignete Gesprächsforum für gemeinsame Belange sei[565]. In die Problematisierung eingeschlossen war seine eigene Person, denn er hatte aus Andeutungen Hammers entnommen, daß ihm gegenüber inzwischen »ein Meinungsumschwung«[566] stattgefunden habe. Jedenfalls betonte Lingner, daß die an ihn gelangenden Informationen für eine Beurteilung der Problemfelder nicht ausreichten, und schlug zur Abhilfe dieser Lücke unter anderem seine Teilnahme an den Sekretariats-Besprechungen des Kirchenbundes vor[567].

Daß Lingners zuweilen kritische Haltung gegenüber dem DDR-Kirchenbund dort auf Unbehagen stieß, macht deutlich, wie ungern man sich mindestens von westlicher Seite etwas sagen ließ. Vermutlich rührte der Ärger von einem Vortrag, den Lingner im Sommer 1977 in Pullach gehalten hatte, denn

Hans von Keler bat um dessen Zusendung[568]. Die Hintergrundsbeschwerden über Lingner blieben übrigens nicht ganz ohne Erfolg. Es läßt sich anhand der Protokolle durchaus beobachten, daß der EKD-Mann im Laufe der Zeit immer vorsichtiger wurde.

In seinem Pullacher Vortrag analysierte der Berliner EKD-Mann anhand von Beispielen die Gratwanderung der DDR-Kirchen zwischen dem Bemühen um kirchlich zu verantwortende Solidarität mit »ihrem« real-sozialistischen Staat und einer bloßen Anpassung an dessen Erwartungen. Im Falle Brüsewitz zum Beispiel meinte er, durch die westliche Berichterstattung hätten sich die Kirchen bemüßigt gefühlt, »unberechtigte Angriffe gegen den Staat zurückzuweisen. Zu dieser Loyalität fühlten sie sich verpflichtet. Dabei kam die kritische Ansprache an den Staat zu kurz«[569]. Die Kirchenleute in der DDR müßten lernen, mit dem Sachverhalt umzugehen, daß westliche Journalisten beinahe alles an den Tag brächten. Aus den Pfarrämtern und Gemeinden erreichten den Kirchenbund zahlreiche Anfragen, die das Problem der Glaubwürdigkeit kirchlichen Redens und Handelns beträfe. Angesichts der freimütigen Kritik von DDR-Schriftstellern fragten Gemeindeglieder, warum sich nicht auch die Kirchen entsprechend äußerten.

»Auch fragen Christen und Gemeindeglieder, warum die Kirche in dem Fall Biermann und in anderen Fällen, in denen es zu Verhaftungen gekommen ist, sich nicht eingeschaltet hat[570]. Die kritischen Stimmen aus dem Lager der Poeten und Schriftsteller werden zu einer Anfrage an die Kirchen in der DDR.«[571]

Diese Einschätzung Lingners beruhte nicht auf westlicher Standortbindung. Vielmehr traf sie sich auch mit kirchlichen Stimmen aus der DDR selbst. Auf der sächsischen Synode wurde z. B. die Forderung erhoben, die Kirche habe »für die ›Randsiedler in der Gesellschaft‹ da [zu] sein.«

In Schwerin versuchten Synodale, einen Brief zur Verabschiedung zu bringen, »der ›auf die Nöte der Menschen‹ in Übersiedlungsfragen von DDR-Bürgern in die BRD öffentlich hinweisen sollte.« Vor allem der Einsatz des Rostocker Theologieprofessors Ernst-Rüdiger Kiesow trug dazu bei, daß die Synode sich dieses Papier nicht zu eigen machte[572].

Der Staat hatte aufmerksam registriert, daß Anfang Oktober 1977 in Berlin eine Mitarbeitertagung des Evangelischen Jungmännerwerks angesetzt war, auf der Johannes Hamel am 7. Oktober – dem Jahrestag der DDR-Gründung – ein Referat zum Thema Leiden halten sollte. Außerdem waren Diskussionen über brisante politische Themen wie Schule, Wehrdienstverweigerung und Menschenrechte geplant. Daraufhin stellte Hans Wilke Stolpe, der seine Teilnahme zugesagt hatte, zur Rede. Der Leiter des Bundessekretariats »erklärte […] sich bereit, mit dafür zu sorgen, daß hier keine provokatorischen Dinge geschehen. Es wurde der Vorschlag unterbreitet, wenn die genannten Arbeitsgruppen nicht zu verhindern sind, sie zu einer unter dem Thema ›Kirche und Gesellschaft‹ zusammenzufassen und dort mit geeigneten Leuten dafür zu sorgen, daß die negativen Kräfte keine bestimmenden Positionen einnehmen können.« Außerdem versprach Stolpe, auf den ebenfalls bei der Tagung anwesenden Generalsuperintendenten Gottfried Forck »so Einfluß zu nehmen, daß hier keine Konfrontation zum Staat zugelassen wird.«[573]

Dies ist mit das erste Beispiel für den staatlichen Versuch, kritische Veranstaltungen im kirchlichen Bereich mit Hilfe kirchlicher Verantwortlicher zu kontrollieren bzw. zumindest zu kanalisieren. In Radebeul bei Dresden hatte die sächsische Landeskirche 1976 auf staatliches Betreiben hin die Versetzung des dort an der Weinbergskirche tätigen Pfarrers Frieder Burkhardt in eine Landgemeinde im Erzgebirge vorgenommen[574], da Burkhardts Jugendarbeit dem Staat ein Dorn im Auge war:

>»Alle Jugendveranstaltungen wurden modern mit Songs, Beat, Laienspiel, Gitarren u. a. durchgeführt. Dabei war die Kirche meist voll von Jugendlichen, es wurde getrampelt, geklatscht, gesungen und geschrien. Neben rein kirchlichen Texten konnten auch Texte festgestellt werden, die gegen die Politik unseres Staates gerichtet waren, z. B. ›Spiel doch mit Puppen und im Sand und wirf den Spielzeugpanzer an die Wand‹. Danach wurden Spielszenen geboten, die Angehörige der NVA diffamieren. Burckhardt führte eine Jugendveranstaltung durch, in der im Garten getanzt und von den Jugendlichen Bier getrunken wurde. Die Nachbarschaft wurde durch überlaute Beatmusik mit Elektrogitarren gestört. [...] Ein Jugendlicher [...], der Berufsoffiziersbewerber war, zog nach Teilnahme an den Veranstaltungen seine Bewerbung zurück und wollte Pfarrer werden. [...] Pfarrer Burkhardt sammelte um sich gefährdete, asoziale und straffällig gewesene Jugendliche und erdreistete sich, diese Jugendlichen, wenn sie bummelten, in den Betrieben und Schulen oder bei den staatlichen Organen zu vertreten. Die Weinbergskirche wurde zum Zentrum der kirchlichen Jugendarbeit in der Stadt und für die umliegenden Gemeinden.«[575]

Den Kurs der in Radebeul verfolgten Jugendarbeit setzte das Landeskirchenamt allerdings auf Betreiben des Gebietsdezernenten Knauf fort, indem Pfarrer Christoph Wonneberger (später Lukaskirche, Leipzig) Burkhardts Nachfolger wurde[576].

Die SED-Ideologen notierten eine Intensivierung der kirchlichen Jugendarbeit, wobei festgehalten wurde, daß es sich bei 90 % der dort Engagierten um FDJ-Mitglieder handelte. Offen gestand man ein, die Jungen Gemeinden »nutz[t]en hierbei unsere eigenen Schwächen bei der Gestaltung des Jugendlebens. [...] Kein Ruhmesblatt für uns bedeutet, daß an den Hoch- und Fachschulen etwa 60 evangelische und ebenso viele katholische Studentengemeinden vorhanden sind, die eine Ausstrahlung auf ca. 20 000 Studenten haben, die jährlich die Veranstaltungen der ESG, KSG besuchen. [...] Mit Verboten und administrativem Einschreiten ist da wenig getan. Der Hauptweg kann nur sein, mit hoher Qualität unsere Weltanschauung zu vermitteln und ein anspruchsvolles, niveauvolles und interessantes Jugendleben zu organisieren.«[577]

Auch Lingners Bemerkung, insbesondere im ökumenischen Bereich wünsche »der Staat mit Nachdruck ein Eintreten für die DDR-Belange«[578], läßt sich durch entsprechende Forderungen des Staatssekretariats und anderer Stellen substantiieren.

So formulierte Hans Weise vom Staatssekretariat für Kirchenfragen am 21. November 1977.

»Es geht uns um den politischen, das heißt klassenmäßigen Kern der Sache. Auch in ihrer ökumenischen Arbeit werden die kirchlichen Amtsträger und Laien aus der DDR mit den sozial-ökonomischen und politischen Umwälzungen unserer Epoche des Übergangs vom Imperialismus zum Sozialismus konfrontiert. Sie erkennen die große Anziehungskraft des Sozialismus besonders für die Vertreter aus Entwicklungsländern und müssen es sich gefallen lassen, an ihrem gesellschaftlichen Engagement für ihren Staat gemessen zu werden. Sie werden aber auch Zeugen des Versuchs reaktionärer Kräfte aus imperialistischen Staaten, den Sozialismus zu diskreditieren und die auf Frieden, Verständigung und Entspannung gerichtete Politik der sozialistischen Länder zu torpedieren. All das fordert zur Stellungnahme, zur Parteinahme heraus und unterstreicht die Wichtigkeit unserer Arbeit in diesem Bereich; nämlich dafür zu sorgen, daß Amtsträger und Laien in bestimmtem Maße Träger der Außenpolitik der sozialistischen Staaten werden, wie es die CFK seit beinahe 20 Jahren ist. [...]

Unsere Arbeit ist – wie eingangs gesagt – an der Außenpolitik unseres Landes und der anderen sozialistischen Staaten orientiert. Daraus erwachsen natürlich spezifische Aufgaben. Das sind: Die politische Arbeit mit ökumenisch tätigen Amtsträgern und Laien ist im Sinne einer gezielten Einflußnahme zu verstärken. [...] Über das Gespräch mit Amtsträgern und Laien, ein besseres Wissen über ihren politischen Standort, müssen wir zu einer ›ökumenischen Kaderarbeit‹ gelangen. Die Verwirklichung dieser Aufgaben würde einen bedeutenden Beitrag zur Verwirklichung unseres Zieles leisten, dafür zu wirken, daß innerhalb der Ökumene ein Anteil zur weiteren Durchsetzung der Prinzipien der friedlichen Koexistenz in den internationalen Beziehungen geleistet wird.«[579]

Die Widersprüche in der staatlichen Kirchenpolitik, so Lingner weiter, »sollten das Bewußtsein bei den Kirchen in der DDR wachhalten, daß der Marxismus-Leninismus einen gesellschaftlichen Zustand erstrebt, in dem es keinen Platz mehr für Religion irgendeiner Art gibt.«[580]

In einem vor SED-Mitgliedern gehaltenen Referat hatte der auch für Kirchenpolitik zuständige Mitarbeiter der Abteilung Staat und Recht bei der SED-Bezirksleitung Dresden seine Zuhörer an das folgende Lenin-Zitat erinnert:

»»Der Marxist muß Materialist sein; das heißt, ein Feind der Religion, aber ein dialektischer Materialist, der den Kampf gegen die Religion nicht abstrakt, nicht auf dem Boden einer abstrakten, rein theoretischen, sich stets gleichbleibenden Propaganda, sondern konkret auf dem Boden des Klassenkampfes führt, wie er in Wirklichkeit vor sich geht und der die Massen am meisten und am besten erzieht. Der Marxist muß es verstehen, die konkrete Gesamtsituation zu berücksichtigen, stets die Grenze zwischen Anarchismus und Opportunismus zu finden.‹«[581]

Offenbar hatte der West-Berliner Beobachter den Eindruck, daß solche Erinnerungen nottaten. Allerdings konnten sich die DDR-Kirchenvertreter auch durch ein am 7. November 1977 im ZDF ausgestrahltes Interview des hannoverschen Landesbischofs Lohse bestärkt fühlen, in dem dieser u. a. geäußert haben soll:

»›Auf Grund meiner Besuche bei Kirchenleitungen und Gemeinden in der DDR habe ich den Eindruck, das Verhältnis von Kirche und Staat in der DDR hat sich in der Tat geändert. Es hat sich zunehmend versachlicht von beiden Seiten.‹ Der Staat sei ›daran interessiert, ein sachliches Verhältnis zu den christlichen Bürgern zu gewinnen und bei ihnen nicht ›das Gefühl aufkommen zu lassen, als ob sie Bürger minderen Ranges wären.‹«[582]

Während seines »Antrittsbesuchs« beim Leiter der Ständigen Vertretung der

DDR in Bonn, Michael Kohl, am 21. Juni 1977 hatte der neu ernannte EKD-Bevollmächtigte in Bonn, Heinz-Georg Binder, laut Protokoll Kohls »von sich aus [erklärt], daß er das Verhältnis zwischen Staat und Kirche in der DDR als korrekt betrachte.«[583]

Doch nicht nur der offizielle EKD-Vertreter in Bonn erschien beim inoffiziellen Botschafter der DDR; auch der rheinische Präses Immer stattete am 5. Januar 1978 der Ständigen DDR-Vertretung in Bonn aus eigener Initiative einen Besuch ab, wobei es zu einem ausgiebigen Gespräch kam. Immer wurde nach dem in Telegrammform verfaßten Protokoll Michael Kohls als »aufgeschlossener Partner, der etwa Positionen Bischof Schönherr vertritt«, charakterisiert. Dabei hob der Gast »langjährige gute Beziehungen zu Kirchen und staatlichen Stellen in sozialistischen Ländern hervor.« Weiter heißt es:

»I.[mmer] trat für Entspannungspolitik zwischen BRD und DDR ein, Grenzen müßten respektiert werden. Er setzte sich deshalb für Angleichung kirchlicher an staatliche Grenze auch seitens katholischer Kirche ein. Verhältnis zwischen Kirche und Staat in DDR habe sich erheblich verbessert. Dazu hätte auch Generationswechsel in Leitung Bistümer [hiermit sind die evangelischen Kirchenleitungen gemeint] beigetragen. Bei Auseinandersetzungen um Konfirmation und Jugendweihe sei Kirche erwartungsgemäß unterlegen. Jetzige Situation wäre aber akzeptabel. Lage und Perspektive Jugend sei generelles Problem, auch für DDR. Unverkennbar seien aber besonders Schwierigkeiten in BRD (Jugendarbeitslosigkeit, Jugendkriminalität). Oft stimmten Verfassungswirklichkeit und Grundgesetz nicht überein.«

Die Ursachen für den Terrorismus führte Immer – Michael Kohls Protokoll zufolge – auf die Unfähigkeit der älteren Generation zurück, der »Jugend glaubhafte Ideale zu vermitteln«. Unter dem Siegel der Vertraulichkeit unterrichtete er den Bonner DDR-Repräsentanten über seinen Besuch bei den RAF-Mitgliedern Baader, Meinhoff und Haag im Gefängnis. Nachdem er die Sozialstruktur der rheinischen Kirche dargelegt hatte, hob er hervor, daß nahezu alle führenden Persönlichkeiten der SPD wie auch des DGB Mitglieder der evangelischen Kirche seien. Weiter erwähnte er seine Einladung nach Görlitz und versicherte, er wolle den dort anwesenden Pfarrern einschärfen, »an dem Ort tätig zu sein, wo sie hingestellt wurden.«

In dem ansonsten recht positiven Urteil Michael Kohls über Immer, der den DDR-»Botschafter« gar zu einem Gegenbesuch nach Düsseldorf einlud, heißt es freilich einschränkend:

»Insgesamt realistisches Auftreten von I. fand Grenze dort, wo Glaubensfragen berührt wurden. So versteht I. Arbeit Kirche als Ausfüllung ›ideologiefreien Raumes‹ und sieht Hauptanliegen darin, ›Freiheitsraum des einzelnen‹ zu erweitern. Akzeptiert allerdings, daß dadurch ›Freiheitsraum‹ anderer nicht eingeengt werden darf.«[584]

Im Mai 1978 erhielt Michael Kohl die Einladung Immers zu einem Gespräch nach Düsseldorf, an dem sich auch Mitglieder der rheinischen Kirchenleitung beteiligen würden. Dabei sollte es inhaltlich vor allem um die Auswirkungen der Begegnung zwischen Honecker und dem KKL-Vorstand vom 6. März 1978 gehen. Michael Kohl bat daraufhin Seigewasser und Seidel von der Abteilung BRD des DDR-Außenministeriums um Tips[585].

Da das Staatssekretariat keine Reaktion zeigte, rief Michael Kohl am 23. Mai in der Berliner Hermann-Matern-Straße an, anscheinend um die Dringlichkeit seines Anliegens hervorzuheben. Daraufhin sagte man ihm zu, der persönliche Referent des Staatssekretärs für Kirchenfragen, Horst Dohle, werde ihn am folgenden Tag morgens in seiner Privatwohnung anrufen[586]. Am 25. Mai 1978 erhielt Michael Kohl folgende Einschätzung zu Immer:

»Immer wird von uns als realistischer, vernünftiger und zugänglicher Vertreter«[587]. [eingeschätzt]

Am 7. Juni suchte Michael Kohl den rheinischen Präses in dessen Diensträumen auf. Gleich zu Eingang des Gesprächs meinte der Gastgeber, das Staat-Kirche-Verhältnis in der DDR scheine sich überaus positiv zu entwickeln.

»So habe Kirchenpräsident Natho in kircheninternen Veranstaltungen zur DDR-Kirchenpolitik positiv Stellung genommen. Immer vertrat dazu die Auffassung, daß die DDR in Kirchenvertretern wie Natho gute Interpreten fände, die zur Schaffung eines realen Bildes über die DDR beitragen würden. Bei derartigen Veranstaltungen habe man kein Interesse an der Repräsentanz der Presse der BRD, da man die durch tendenziöse Veröffentlichungen in der Presse möglicherweise entstehenden negativen Momente von vornherein vermeiden wolle.«[588]

Bei seinem Besuch der anhaltischen Kirche im Frühjahr 1979 hob Immer hervor, daß durch die kirchliche Politik im ökumenischen Bereich »die Situation entsteht, daß zum Großteil Monopolunternehmen bestimmte Aktionen der Kirche finanzieren, wie z. B. das Antirassismusprogramm, und damit indirekt Prozesse unterstützen, die ihren wirtschaftlichen Interessen entgegenstehen können. [...] Immer erwarb sich durch sein selbstverständliches, sachliches, ›redliches‹ Auftreten die Sympathie einiger Pfarrer, wobei er als relativ progressiv eingeschätzt wird.« Jedoch gestalte sich Immers Auftreten aus staatlicher Perspektive »in gewissem Maße [...] negativ für Natho, da er dessen Grenzen deutlich zeigte, sowohl im geistigen wie geistlichen Bereich.«[589]

Außerordentlich scharf kritisierte Lingner in seinem Pullacher Referat die Dokumentation des Kirchenbundes zu Chile- und Vietnam[590] aus den Jahren 1973 und 1974.

Beide zeigten »eine starke Parteilichkeit zugunsten der entsprechenden Außenpolitik der DDR. Es fällt schwer, in diesen Aussagen kircheneigene Linien einer Beurteilung zu finden. Die politische Akklamation herrscht durchgehend vor.«

Positiv hebt er dagegen eine Reihe anderer Stellungnahmen – zum Beispiel die Israel-Arbeit (1976)[591] und die Aussagen über das Antirassismus-Programm des ÖRK[592] – hervor, bei denen er die Gratwanderung als geglückt bezeichnet. Auch im innenpolitischen Bereich nennt er eine Reihe von Themen, zu denen die DDR-Kirchen Wichtiges gesagt hätten. Ausführlich geht er auf die Studie des Theologischen Studienausschusses des Nationalkomitees des Lutherischen Weltbundes in der DDR[593] ein und bemerkt, daß hier erstmals »in mehr oder weniger offiziöser Weise zum Thema der ›Parteilichkeit im Klassenkampf als Herausforderung an die christliche Gemeinde‹ Stellung genommen« worden sei. Dabei sei man zu Formulierungen gelangt, »die sicher noch bedacht werden müssen«.[594]

Über das veränderte Kräfteverhältnis zumindest unter den Pfarrern in der DDR hatte am 11. April 1977 Generalsuperintendent Gottfried Forck im Rat des Bezirkes Cottbus Auskunft erteilt:

»Befragt, wie der Begriff ›Kirche im Sozialismus zu sein‹ nach der Synode 1971 in Eisenach inhaltlich gefüllt wurde, äußerte Forck, daß die Kirche nicht Vorkämpfer für den Sozialismus sein könne, sondern daß es darauf ankommt, sich in der sozialistischen Umwelt zu bewähren. Nach Auffassung von Forck haben sich innerhalb der Kirche zwei Richtungen herausgebildet. Die eine vertritt die stärkere vorbehaltlose Bejahung des Sozialismus, wogegen die andere im Auftrag der Kirche zum Sozialismus Stellung nehmen und einen eigenständigen Beitrag zur Gestaltung desselben einbringen will. Er selbst sieht den Sozialismus als die bessere und gerechtere soziale Ordnung an, der die Zukunft gehört. So wie er denken nach Meinung von Forck 70-80 % der Pfarrer.«[595]

Gemeinsames Wort beider Bünde zur KSZE-Thematik (1977)

Mitte November 1977 verhandelten Schönherr – auf der Bundessynode in Herrnhut in seinem Amt als Vorsitzender des KKL-Vorstandes bestätigt[596]–, Claß, Roman Herzog, Wilkens und Lingner auf Anregung des BEK über die Möglichkeit eines Gemeinsamen Wortes beider Kirchenbünde zur KSZE-Schlußakte[597] und Belgrad. Als vorrangiges politisches Problem wurde herausgestellt, daß ein solches »seelsorgerliches Wort an die Politiker« nicht unter den Verdacht gerate, man wolle »eine[.] ›gesamtdeutsche[.]‹ Aktion«[598] in Szene setzen. Um das Mißverständnis zu vermeiden, es handele sich um »eine Forderung nach politischer Gemeinsamkeit«, müsse »von Kirchen in zwei deutschen Staaten die Rede sein, die politisch durch eine ›heiße Grenze‹ voneinander getrennt«[599] seien. Inhaltlich wollten die Kirchen mit diesem »Christlichen Aufschrei« ihre Bereitschaft zum Ausdruck bringen, »in ›Loyalität‹ zu der eigenen Gesellschaft (›Kontext-verbunden‹)«[600] alle Schritte zu unterstützen, die zu weiterer Entspannung und Frieden in Europa führten. Man war sich freilich auch darüber im klaren, daß der politische Streit um die Abrüstung sowie die unterschiedliche Interpretation der Bedeutung von »Korb I« und »Korb III« des Helsinki-Abkommens kaum übergangen werden könnten und somit ein gravierendes Problem darstellten. Um Fehldeutungen möglichst zu vermeiden, erwog man, auf das KEK-Wort von Jasi und die Aussagen der Görlitzer Bundessynode[601] zurückzugreifen.

Der die Fragen der Abrüstung betreffende Bereich der KSZE-Thematik war auch Gegenstand eines am 7. Juli 1977 geführten Sachgespräches zwischen dem Kirchenbund und Experten der DDR-Regierung gewesen[602]. Dazu heißt es in der von Seigewasser am 19. Juli gefertigten Information:

»Am 7. Juli 1977 fand ein weiteres vierstündiges Informationsgespräch mit Vertretern des DDR-Kirchenbundes statt, diesmal auf Wunsch Schönherrs zu Fragen der Abrüstung.

Daran nahmen kirchlicherseits teil:

Die Bischöfe Schönherr, Krusche, Gienke, Fränkel, Frau OKR Lewek[603], OKR Petzold (Direktor von IM und Hilfswerk), Frau Dr. med. Blumenthal und Udo Semper (für den Ausschuß ›Kirche und Gesellschaft‹), KR Schnoor (Mecklenburg), Frau Schultheiß (Thüringen), Pfarrer Kramer und OKR Dr. Schulz (Magdeburg), Präses Wahrmann (Greifswald), Präses Bitzmann (Anhalt) und der Stellvertreter des Bischofs OKR Ihmels (Dresden)[604], außerdem Unitätsdirektor Hickel (Herrnhut).

Von staatlicher Seite waren der Staatssekretär, sein Stellvertreter und verantwortliche Mitarbeiter der Dienststelle anwesend.

Einleitend informierte Botschaftsrat Ernst, Abt. Grundsatzfragen beim MfAA, ausführlich über Aspekte der Abrüstungsverhandlungen, über die Konsequenzen der sowjetischen Abrüstungsvorschläge und über die Haltung der DDR-Regierung zu diesen Fragen. Seine Ausführungen wurden mit gespannter Aufmerksamkeit und großem Interesse aufgenommen.

Bischof Schönherr dankte dafür und betonte, daß angesichts dieser Fakten großer Optimismus bei der Erziehung zum Frieden notwendig sei, daß die Kirche jeden auch noch so kleinen Fortschritt in der Abrüstung begrüßte und unterstützte, daß sie zur Festigung der Überzeugung beitragen wolle, daß Krieg kein Mittel zur Lösung politischer Konflikte sei.

Gleichzeitig wandte er sich gegen den ›Götzen Militarismus‹, gegen die Überzeugung, durch militärische Potenz Sicherheit zu schaffen, weil jede Militärregierung und Rüstung zu einem Verlust an Demokratie führe, da dann der Stil des militärischen Gehorsams das öffentliche Leben bestimmt.

Er wandte sich gegen einen Automatismus von Feindbildern. (›Warum müssen sich beide Großmächte automatisch als Feinde betrachten?‹)

Ihm sei heute erneut klar geworden, daß politische Abstinenz für die Kirchen eine unmögliche Haltung ist.

Bischof Krusche betont, daß es für die europäischen Kirchen vor allem ein theologisches Motiv für die Zustimmung zu Helsinki gibt: Die Hoffnung auf das Reich Gottes ohne Haß und Tod.

Nachdem er Aktivitäten der KEK zur Unterstützung von Helsinki noch einmal referiert hatte, stellte er fest, daß die Kirchen noch am Anfang der Aneignung des Inhalts der KSZE stünden. Es gehe ihnen um Bewußtseinsbildung und um ein offenes Diskussionsklima über die KSZE-Probleme.

Man hoffe, daß auch eventuelle unrichtige Berufungen von DDR-Bürgern auf die Schlußakte nicht als rechtswidrig abgestempelt werden.

Zur jüngsten KEK-Tagung in Jasi erklärt er:

Man sei sich dort einig gewesen, daß Sicherheit nicht als ausschließlich militärisches Problem verstanden werden darf, daß der Einsatz für Menschenrechte in einem gespannten Verhältnis zum Prinzip der Nichteinmischung steht, daß präzisere Methoden gefunden werden müssen, um die Verletzung der Menschenrechte ohne propagandistischen Nutzen zur Sprache zu bringen. Den Gemeindemitgliedern sage man immer wieder, daß sie von Helsinki nichts Unmögliches verlangen sollen, daß sie aber auch dort laut reden sollen, wo aus unverständlichen Gründen die Staatsorgane etwas nicht ermöglichen, was laut Helsinki möglich ist.

An der KSZE sei für die Kirchen besonders die Glaubens- und Gewissensfreiheit interessant, die die Kultkirchen schon bei der Möglichkeit von Gottesdiensten gewährleistet sehen, während andere Kirchen darunter viel mehr Lebensäußerungen verstehen.

Krusche übergibt anschließend das Dokument von Jasi und Auszüge aus dem Bericht der KKL an die jüngste Bundessynode dem Staatssekretär.

Bischof Fränkel begann seine Diskussion mit der Feststellung, daß jeder Staat, auch die DDR, ein Recht auf Sicherheit hat. Die Frage sei, wie das Eigen- und das Sicherheitsinteresse mit der Abrüstung verknüpft werden kann. Ist beispielsweise eine stärkere gegenseitige Kooperation möglich, die flankierend zur Abrüstung das Interesse beider Seiten an der Sicherheit erhöht?

Die in Helsinki erwähnten vertrauensbildenden Maßnahmen halte ich für besonders wichtig, um politische Unwägbarkeiten abzubauen.

Eine weitere Frage: In den Gemeinden wird häufig die Politik der friedlichen Koexistenz angezweifelt und der Verdacht ausgesprochen, daß sich das sozialistische Grundziel damit nicht vertrage. Man hat Angst, daß der Staat uns auf subversivem Weg langsam den Boden entzieht.

Bitte geben Sie Interpretationshilfen und authentische Sätze, daß Ihre Politik der friedlichen Koexistenz ehrlich ist.

Ich persönlich bin davon überzeugt und habe das auch gegenüber westlichen Reportern immer wieder gesagt, daß der Frieden nur mit den Kommunisten zu gewinnen ist, nicht gegen sie oder mit einem heimlichen antikommunistischen Vorbehalt. Daß und wie wir in der DDR miteinander reden, ist schon ein Stück Realisierung von Helsinki[605].

Pfarrer Kramer will einen Widerspruch zwischen der seinerzeitigen Aussage von Botschafter Dr. Bock über die bevorstehende erfolgreiche Beendigung der Wiener Verhandlungen und den heutigen Aussagen von Botschafter Ernst konstruieren.

Dr. Schulz fragt, welche effektiven Formen der Bewußtseinsbildung für den Frieden generell und speziell für die Kirchen in der DDR zur Verfügung stehen, wo doch in der Öffentlichkeit die Erziehung zur Verteidigungsbereitschaft den absoluten Vorrang hat, z. B. bei der Zulassung zum Studium. Zwar gibt es den waffenlosen Dienst, aber in der vormilitärischen Ausbildung wird auf die Möglichkeit eines andersseitigen Friedenszeugnisses gar nicht hingewiesen.

Bischof Gienke stellt fest, daß die jüngste LWB-Vollversammlung in Daressalam dringlich zur Abrüstung Stellung genommen und auf den Zusammenhang von Veränderung gesellschaftlicher Strukturen mit der Abrüstung hingewiesen hat.

Genosse Ernst und Genosse Seigewasser gingen sehr grundsätzlich und ausführlich auf die aufgeworfenen Fragen ein.

Dem schlossen sich während des Mittagessens noch zahlreiche Zusatzfragen der kirchlichen Vertreter an.«[606]

Im Unterschied zu den Kirchenleitungen kam es an der kirchlichen Basis zu einer anderen Betrachtung der Helsinki-Dokumente. So hieß es aus Dresden:

»Zu beachten ist ferner, daß es einem nicht geringen Teil kirchlicher Amtsträger offensichtlich schwer fällt, politische Ereignisse in ihren Zusammenhängen zu werten. Hier sei nur beispielhaft auf die Interpretation und Wertung der Dokumente von Helsinki verwiesen, besonders auf die Überbetonung der individuellen Menschenrechte und ihre Herauslösung aus dem gesellschaftlichen Kontext. Dadurch kann es geschehen, daß, obwohl subjektiv nicht beabsichtigt, Positionen bezogen werden, die letzten Endes im Fahrwasser des Antikommunismus münden.«[607]

Auf der Herbsttagung der provinzsächsischen Synode stellte Pfarrer Hans-Jochen Tschiche nach dem Bericht des staatlichen Synodenbeobachters den Antrag, die Synode möge den Beschluß fassen,

»eine Arbeitsgruppe in der Kirchenprovinz Sachsen zu bilden, die die praktische Beachtung und Durchführung der Schlußakte von Helsinki in der DDR beobachtet; die Kirchenleitung zu beauftragen, prüfen zu lassen, ob auch in der DDR die weltweit zu beobachtende Tendenz der Militarisierung des öffentlichen Lebens vorhanden ist; die

Synode solle beschließen, daß, angeregt durch die Evangelische Kirchenleitung der Kirchenprovinz Sachsen, die zuständigen Gremien des Bundes der Evangelischen Kirchen in der DDR den Tag der Selbstverbrennung von Brüsewitz als Bußtag der evangelischen Kirchen in der DDR zu begehen[608]. Tschiche, der am Freitag im Plenum seinen Antrag noch einmal selbst begründete, sprach sich gegen die Kirchenleitung aus, die nach seiner Auffassung in der jetzigen komplizierten Situation gesetzte Notsignale durch ›Bedrückte und Bedrängte‹ nicht genügend wahrnimmt.«

Werner Krusche meinte hierzu während der Synodaltagung am 5. November 1977 gegenüber dem Staatsvertreter Bellstedt:

»Nach seiner Auffassung würde eine Zustimmung des Antrages Tschiche durch die Synode die Kompetenzen der Synode der Kirchenprovinz Sachsen überschreiten. Ihm wurde in diesem Gespräch bewußt, daß mit einer Beschlußfassung und Billigung der von Tschiche genannten Punkte sich zweifellos das Verhältnis Staat/Kirche verschlechtere. Bischof Krusche gab zu erkennen, daß er das Vorhaben des Tschiche zu verhindern wisse, das bezieht sich auf sein Wirken im Berichtsausschuß und, wenn es notwendig wird, im Plenum der Synode. Bischof Krusche gab den Hinweis, daß wir in dieser Sache keine Aktion von staatlicher Seite auslösen sollten, denn dieses würde seinen Bemühungen zuwider laufen, und wir würden in der Synode den Eindruck hervorrufen, hinter ihm und den Synodalen stehe der Staat.«

Weiter heißt es im staatlichen Protokoll:

»Propst Bäumer, Vorsitzender des Berichtsausschusses, sprach zum Antrag des Tschiche. Er vertrat die Meinung, daß im Bericht der Kirchenleitung ausführlich zu diesem Problem Stellung genommen wurde. Zu Punkt 1 des Antrages von Tschiche sagte er, daß die Kirchenleitung sich vorbehält, sich selbst dieser Probleme anzunehmen, und deshalb wäre es unverantwortlich, eine solche Arbeitsgruppe zu bilden. Er regte an, daß eine Gruppe für die Kirchenleitung gebildet werden sollte, die schrittweise die Kirchenleitung zu bestimmten gesellschaftlichen Problemen vertrete. Zu 2. sagte Bäumer, daß zu diesem Problem alles im Kirchenleitungsbericht erwähnt ist. Zu 3. sagte Bäumer, daß die Kirche in der Vergangenheit ausführlich und intensiv sich mit dem Fall Brüsewitz befaßt hat und Brüsewitz nicht vergessen ist. Die Aufarbeitung ist nur in einem kontinuierlichen Prozeß möglich. Diesen an einen bestimmten Tag zu binden, ist ungünstig, da damit Mißbrauch auch durch westlichen Einfluß möglich ist. Er bittet damit die Anträge als erledigt zu betrachten.
Tschiche dankte dem Berichtsausschuß und äußerte die Absicht, seine Anträge zurückzuziehen. Vom Präsidium der Synode, Dr. König, wurde darauf verwiesen, daß die Zurücknahme nicht nötig ist, da der Berichtsausschuß bereits gegen die Annahmen votierte. Damit endete die Aussprache zum Antrag des Tschiche.«

Im Resümee des Berichts verbuchten die SED-Funktionäre ihr Agieren in dieser Angelegenheit als vollen Erfolg:

»Abschließend kann festgestellt werden, daß durch die gezielte Einflußnahme entsprechend des Auftrages der Parteiführung die Vertreter der staatlichen Organe erreichten, daß der politisch-provokatorische Antrag des Tschiche nicht durch die Synode beschlossen wurde.«[609]

Am 8. Dezember 1977 kam es zur ersten »Gemeinsamen Erklärung« zwischen EKD und Kirchenbund seit der Trennung 1969[610]. Dort heißt es u. a.:

»[…] die Vertreter des Rates der EKD und des Vorstandes des Bundes der Evangelischen

Kirchen in der DDR erinnern daran, daß das Zeugnis für das Evangelium des Friedens (Epheser 6,15) von den Kirchen gemeinsames Handeln vor dem Hintergrund und unter den Bedingungen der politischen Entspannung in Europa verlangt. Als Vertreter von Kirchen, die an den politischen Veränderungen in ihren Gesellschaften auf je spezifische Weise Anteil nehmen und die an der Grenze zwischen den beiden großen Gesellschaftssystemen in Europa leben, vereint sie die Sorge um den Fortgang des politischen Entspannungsprozesses in Europa. Die Fünfte Vollversammlung des Ökumenischen Rates der Kirchen hat das Zustandekommen der Schlußakte von Helsinki ›ein Zeichen der Hoffnung‹ genannt ›in einer Welt, die durch einander widersprechende Ideologien zerrissen und durch Interessenkonflikte gespalten ist‹. Die Völker Europas haben die Prinzipien der Schlußakte, die Grundsätze des Friedens und der internationalen Zusammenarbeit, der Sicherheit, des Gewaltverzichts und der Menschenrechte in ihrem unteilbaren Zusammenhang mit Dankbarkeit und Hoffnung aufgegriffen. Die Kirchen erkennen es als ihre Aufgabe an, diese Hoffnung wachzuhalten. Sie ermutigen die Politiker, zur weiteren Entspannung in Europa beizutragen, z. B. durch Minderung der Rüstungsausgaben und dadurch, daß die angestrebte Zusammenarbeit zwischen den Staaten noch mehr und sichtbarer als bis jetzt den Menschen zugute kommt. Die Teilnehmer an dem [der gemeinsamen Erklärung zugrunde liegenden] Gespräch rufen die Gemeinden auf zur wachen und geduldigen Begleitung des durch die Schlußakte von Helsinki eingeleiteten Prozesses und zum Gebet für den weiteren Fortgang der Entspannung zwischen Ost und West um des Wohles der Völker und der Menschen willen.«[611]

Lingner kommentierte das Zustandekommen der gemeinsamen Erklärung:

»Der Vorgang der gemeinsamen Erklärung ist äußerst bedeutsam. Er signalisiert einen neuen Anfang im Miteinander der deutschen Kirchen: Man kann wieder gemeinsame Erklärungen abgeben. [...] Natürlich drängt sich die Frage auf, ob die gemeinsame Erklärung eine Ausnahme bleiben wird oder ob mit ihr ein neuer Anfang gesetzt worden ist.«[612]

Bemerkenswert ist auch, daß der von beiden Kirchenbünden gemeinsam verantwortete Text, der immerhin die Unteilbarkeit der Menschenrechte hervorhob und damit einem Gegeneinanderausspielen von unterschiedlichen Menschenrechts-Dimensionen begegnen wollte[613], noch vor dem »Spitzengespräch« mit Honecker am 6. März 1978 möglich war.

Bereits im Juni 1977 hatte Hans Wilke vom Staatssekretariat für Kirchenfragen die Äußerung eines bayerischen Gastes auf der Landessynode der Partnerkirche Mecklenburg aufmerksam registriert, wonach die Zusammenarbeit zwischen den Kirchen in beiden deutschen Staaten intensiviert werden müsse[614].

Auch die Begegnung zwischen führenden BEK- und EKD-Vertretern am 8. Dezember, auf der der Text der »Gemeinsamen Erklärung« verabschiedet werden sollte, war den staatlichen Stellen nicht verborgen geblieben. Am späten Abend des 6. Dezember hatte Stolpe Hans Weise telefonisch mitgeteilt, in zwei Tagen würden der EKD-Ratsvorsitzende Claß[615], dessen Stellvertreter Hild und zwei weitere Ratsmitglieder dem neuen KKL-Vorstand einen Antrittsbesuch abstatten. Dabei wolle man auch die Lage nach Helsinki und Belgrad besprechen. Diskussionsgrundlage solle die in Buckow verabschiedete KEK-Resolution sein[616].

Stolpe hatte zwar über den Zweck der Beratung nichts verlauten lassen, doch den Staatsvertretern mußte deutlich sein, daß es sich um ein außerordentliches Treffen handelte, da sonstige kirchliche Ost-West-Treffen für gewöhnlich nicht bei den staatlichen Stellen angemeldet wurden. Wenige Tage später führte Hans Seigewasser während einer Dienstbesprechung aus,

»daß die antikommunistischen Auswirkungen gerade jener Aktivitäten besonders gefährlich sind, deren Vertreter in der BRD formal auf dem Boden der friedlichen Koexistenz stehen. Es muß ganz deutlich betont werden, daß von dort gefährliche, weil verdeckte Versuche der Aufweichung sozialistischer Positionen kommen können. Das Treffen zwischen Vertretern des Rates der EKD und des BEK am 8.12.1977 in der Hauptstadt der DDR weist in die gleiche Richtung.«[617]

Auf eine Verstärkung der »besonderen Gemeinschaft« sogar im Bereich der Thüringer Kirche deutete auch die Wahl des neuen Landesbischofs Werner Leich hin[618]. In einer staatlichen Einschätzung heißt es:

»Landesbischof Leich zählt zu *den* Kräften der Thüringer Kirche, die großen Wert auf ein enges Verhältnis zur BRD-Kirche legen. Es muß eingeschätzt werden, daß seit seiner Reise im Jahre 1973 die Beziehungen zur Stuttgarter Kirche enger gestaltet sind, und zwar nicht nur in den Kreis Lobenstein hinein. So haben sich z. B. die Einreisen von Geistlichen aus der BRD in den Kreis Lobenstein im Jahre 1976 um 70 Prozent erhöht.«[619]

Am Rande der VELK-Synode, die vom 27. Oktober bis zum 1. November 1978 in Weimar tagte, soll Leich vor DDR-Pressevertretern freilich geäußert haben, »daß der Thüringer Weg der Kirche auf höherem Niveau fortgesetzt werden müßte. Heute würde er erst richtig verstehen, was Bischof Mitzenheim geleistet habe.«[620]

Ein weiteres »Informationsgespräch« zwischen Staat und Kirche zum Thema »Zwischen Helsinki und Belgrad«, das nach dem Wunsch Stolpes noch vor der Herrnhuter Bundessynode hätte stattfinden sollen, wurde staatlicherseits zunächst auf Eis gelegt[621].

Auf der Sitzung der Beratergruppe im Dezember 1977 stand neben dem Schwerpunktthema Abrüstung, zu dem Garstecki und Krüger referierten, auch ein Bericht Schröders über das deutsch-deutsche Kirchentreffen vom 8. Dezember auf der Tagesordnung sowie eine Wertung des gemeinsamen KSZE-Wortes:

»Die Tatsache, daß es gemeinsam ist, ist für unsere [staatliche] Seite weniger erfreulich. Hingegen ist die Tatsache, daß es zu Helsinki und Belgrad erfolgt ist, für die andere Seite weniger erfreulich.«

Außerdem erzählte Hempel, die Staatsfunktionäre würden in den Gesprächen mit kirchlichen Vertretern neuerdings auch eigene Schwächen offenbaren. Schließlich ging es bei dieser Beratergruppen-Begegnung wieder um die Intershops und die nunmehrige Gliederung der DDR-Gesellschaft in Westgeldbesitzer, Inhaber von viel Ostgeld »und in solche, die beides nicht haben.«

Endlich berichtete Lingner von einem Gespräch, das er und der West-Berliner Oberkonsistorialrat Uwe Runge mit Defort geführt hätten. Es habe verdeutlicht, »daß Herr Defort verletzlich geblieben ist – mit dem Akzent, Pfarrer haben seinen Willen nicht akzeptiert. Herr Defort, der seine Lage durchaus kritisch einzuschätzen vermag, hat ihnen gegenüber erklärt, daß er Hilfe in Beruf, Wohnung und anderem von den verschiedensten Seiten erfahren habe, ebenso auch Angebote und Zuwendungen an ihn. Herr Lingner schätzt die Lage nach dem Gespräch so ein, daß dieses doch einiges Positive gewirkt hat.«[622]

Schönherrs Besuch in der Bundesrepublik im November 1977

Zur Vorbereitung auf die Beratergruppen-Sitzung am 14. März 1978 gab Lingner – wie häufig – den westlichen Teilnehmern in einem Brief noch einige Hintergrundinformationen: Als Nachspiel zu dem Fall Defort denke der Kirchenbund daran, eine Ausarbeitung zur Frage der Amtsverschwiegenheit bzw. des Beichtgeheimnisses anfertigen zu lassen. Am Auftreten Schönherrs in den Medien aus Anlaß der EKD-Synode in Saarbrücken[623] sei von seiten östlicher Pfarrer »erhebliche Kritik« geäußert worden.

Schönherr war während seines Aufenthaltes in der Bundesrepublik ein begehrter Gast westdeutscher Politiker gewesen. Im letzten Augenblick, Schönherr weilte bereits in Saarbrücken, war Stolpe im Auftrag des Bischofs[624] bei Bellmann erschienen, um den SED-Funktionär über die Situation zu informieren und um schon einmal vorzufühlen, wie die Reaktion von Partei und Staat über das lebhafte Kontaktverhalten des BEK-Vorsitzenden in der Bundesrepublik ausfallen würde.

Bellmann schrieb:

»Der Sekretär des BEK, OKR Stolpe, bat telefonisch um ein Gespräch, das am 8.11.1977 stattgefunden hat, und in dessen Verlauf er über folgendes informierte:
Bischof Schönherr, der sich z. Zt. als Gast der EKD-Synode in Saarbrücken aufhält, sei gefragt worden, ob er zu einem Gespräch mit Persönlichkeiten des öffentlichen Lebens, die politisch Verantwortung tragen, bereit sei. Auf meine Frage, um wen es sich dabei handele, nannte er Wehner, Brandt, Genscher und – aber das sei noch unsicher – auch Kohl. Schönherr habe sich dazu bereit erklärt. Es sei ihm nicht klar, ob solche Gespräche mit allen Genannten realisiert würden. Schönherr habe gemeint, daß er sich ›von seinem Verständnis her‹ diesen Gesprächen nicht entziehen habe können. Auf meine Frage, ob der Wunsch ausschließlich von den Gesprächspartnern ausgegangen sei, meinte Stolpe, daß dies wohl von beiden Seiten her erfolgt sei.
Schönherr wolle jeweils folgende Punkte ansprechen:
1. Er will auf die Probleme der letzten Wochen in der BRD (Terrorismus, Schleyer) eingehen und – etwa im Sinne seiner kürzlichen Predigt in Lübeck[625] – menschliches Verständnis äußern.
2. Er möchte zum Ausdruck bringen, daß die Kirchen in der DDR die Entwicklung seit Helsinki außerordentlich positiv sehen. Er will die Meinung kundtun, daß die Konferenz in Belgrad mit einem positiven Ergebnis zum Abschluß gebracht werden sollte; daß es gut wäre, die Linie der KSZE fortzusetzen, und daß sich dabei niemand beirren lassen solle.
3. Er will die Gelegenheit nehmen, die ›geistliche Situation‹ der Kirchen in der DDR,

ihre Chancen und Möglichkeiten, darzulegen, besonders im Blick auf die Kampagnen um Brüsewitz[626] und die Angelegenheit Defort.

4. Er will erläutern, warum trotz der Verselbständigung der Kirchen in der DDR durch die Gründung des Kirchenbundes die ökumenischen Hilfen von seiten der Kirchen in der BRD ihre Berechtigung haben; daß es sinnvoll und berechtigt sei, nach wie vor Mittel – wie zum Beispiel für den Berliner Dom u. a. – zur Verfügung zu stellen, und daß es wichtig sei, wenn die Kirchen in der BRD bei diesen Aktionen durch ihren Staat nicht behindert werden. Auf meine Frage, ob es solche Anzeichen gäbe, meinte Stolpe, daß solche Gefahren im Zusammenhang mit der EWG existierten und daß sich auch die Auswirkungen der Rezession bemerkbar machen würden.

5. Abschließend will Schönherr im Zusammenhang mit Helsinki und Belgrad deutlich machen, daß die Kirchen ihren Teil dazu beitragen werden, daß diese positive Entwicklung fortgesetzt wird.

Bischof Schönherr habe gesagt, daß ihm sehr daran läge, daß diese Gespräche diskret behandelt werden, vor allem ohne Öffentlichkeit und ohne Publikation in der Presse der BRD. Er wolle zwar keine Heimlichtuerei; es sei ihm zum Beispiel klar, daß wir davon informiert werden. Auf meinen Zweifel über die Realisierbarkeit solcher Absichten meinte Stolpe, daß man Pannen natürlich nicht ausschließen könne. Es bestehe immer die Gefahr, daß dieser oder jener die Sache hochspielen könne, um daraus politisch Kapital zu schlagen. Schönherr habe aber zum Beispiel von Wehner eine klare Zusage bekommen, daß das Gespräch vertraulich behandelt werde. Schönherr wolle ohnedies nur hingehen, wenn ihm das zugesichert werde.

Stolpe wies darauf hin, daß diese Gespräche voraussichtlich am 9. und 10.11. stattfinden. Es könne aber sein, daß dieses oder jenes Gespräch aus Termingründen bei den Gesprächsteilnehmern nicht zustande kommen könne.«[627]

Michael Kohl, dem Ständigen DDR-Vertreter in Bonn, verriet Schönherr während eines Essens im Saarbrückner Hotel ›Haus Berlin‹, an dem auch der Präsident des Mecklenburger Oberkirchenrates, Peter Müller, teilnahm, nicht, welchen westdeutschen Politikern er begegnet war. Im Auto des Mitarbeiters der Vertretung, Alexander Martin, der den Bischof nach Frankfurt brachte, äußerte Schönherr hinsichtlich des CSU-Politikers Franz-Josef Strauß, »man solle nicht alles so ernst nehmen, was Strauß gegen die DDR sagt. Er wäre ein Vollblutpolitiker und würde von realen Einschätzungen ausgehen.« Den baden-württembergischen Ministerpräsidenten Hans Filbinger charakterisierte der Bischof »als ›kalten Krieger‹«. Weiter heißt es im Protokoll des Fahrers: »In den Fragen Familienzusammenführung zwischen beiden deutschen Staaten äußerte Herr Schönherr die Auffassung, daß man in bestimmten dringenden Fällen die Ausreise genehmigen solle[628]. Er bekomme auch aus der Bevölkerung Bitten vorgetragen, bei Familienzusammenführungen und Ausreisen zu helfen. Im Gespräch erwähnte Herr Schönherr, daß er Kontakte zwischen der Ständigen Vertretung der DDR und Vertretern der evangelischen Kirche in der BRD empfehle.«[629]

Im Unterschied zu Michael Kohl erhielt Rudi Bellmann am 25. November 1977 durch Stolpe detaillierte Informationen über Schönherrs Begegnungen. Bellmann berichtete über die Ausführungen des Kirchenbund-Sekretärs:

»Bischof Schönherr habe bei Anlaß seines Aufenthaltes in Saarbrücken die Gelegenheit zu Gesprächen mit führenden Politikern der BRD wahrgenommen, die an neutralem Ort stattgefunden hätten. Dabei habe nicht Schönherr die Initiative ergriffen, sondern seine Gesprächspartner. Durch seine Wiederwahl als Vorsitzender des Kirchenbundes in der DDR sei er ein ›gefragter Mann‹ gewesen. Schönherr habe ein mehr als zweistündiges Gespräch mit *Wehner* gehabt, an dem auch für eine Stunde Bundeskanzler *Schmidt* teilgenommen habe. Ein weiteres Gespräch habe mit dem CDU-Vorsitzenden *Kohl* stattgefunden. Vorgesehene Gespräche mit Brandt und Genscher seien nicht zu terminieren gewesen. Bischof Schönherr habe außerdem zweimal Kontakte mit dem Leiter der ständigen Vertretung der DDR in der BRD, Michael *Kohl*, gehabt.

Zum Gespräch Wehner/Schmidt:

Dies sei ein sehr konstruktives Gespräch gewesen. Schönherr habe für seine Positionen zu politischen Problemen und zu kirchlichen Belangen sehr viel Verständnis gefunden. Wehner sei im Gespräch der aktivere Teil gewesen. Schönherr habe den Eindruck gewonnen, daß Schmidt und Wehner gut aufeinander abgestimmt seien.

Schmidt habe in Anspielung auf Carters Politik gesagt, daß die BRD-Regierung sich nicht davon abbringen lasse, den Entspannungsprozeß weiterzuführen und Belgrad vernünftig zu Ende zu bringen. Ein Abschluß auf der Ebene der Regierungschefs sei zweckmäßig, da dies alle Beteiligten stärker auf die Weiterführung der politischen Linie der KSZE festlege. Schönherr habe den Eindruck, daß dies in den Köpfen der SPD-Politiker klar sei. Probleme gebe es nur in der praktischen Durchführung.

Ferner sei auf Probleme der Beziehungen zwischen beiden deutschen Staaten eingegangen worden. Schmidt habe gesagt, er überlege, ob er einmal zu Erich Honecker fahren sollte, und habe Schönherr gefragt, wie das wohl bei der Bevölkerung der DDR ankommen würde. Schönherr habe geantwortet, daß er dazu nur seine persönliche Auffassung sagen könne: Er würde es für sinnvoll halten.

Schönherr habe auch das Problem der Anerkennung der DDR-Staatsbürgerschaft durch die BRD angesprochen. Hierin sei sich Schönherr mit Bischof Krusche einig, und zwar dahingehend, daß dies die Kirchen unterstützen müßten. Wehner und Schmidt hätten darauf nicht negativ reagiert. Schönherr habe den Eindruck gewonnen, daß die SPD-Politiker zu Fragen der Verbesserung der Beziehungen zwischen den beiden deutschen Staaten hörbereit und interessiert seien.

OKR Stolpe bemerkte, daß Bischof Schönherr sicher im persönlichen Gespräch zu diesen Fragen, insbesondere zur Staatsbürgerschaftsproblematik, ausführlicher berichten würde.

Zum Gespräch mit Kohl (CDU):

Kohl sei sehr entgegenkommend und höflich gewesen. Aber es sei ein Mann, der weniger zuhören könne und sich im Gespräch ständig selbst produziert. Zu Fragen der Entspannung habe Kohl vernünftig argumentiert. Er sei mehrfach bemüht gewesen, Strauß zu entlasten. Eine Alternative zu Wehner und Schmidt habe Schönherr bei Kohl nicht feststellen können. Kohl habe auf Schönherr keinen starken Eindruck gemacht. Kohl habe abschließend Interesse für einen Besuch bei Schönherr in der DDR geäußert, worauf Schönherr nicht ablehnend, aber zurückhaltend geantwortet habe.

Insgesamt habe sich Schönherr überall bewußt als Bürger der DDR bewegt und dabei Verständnis gefunden. Was die weitere Sicherstellung der materiellen Unterstützung durch BRD-Kirchen betrifft, habe es von seiten bestimmter EWG-Kreise Rückfragen gegeben. Die materielle Unterstützung laufe aber weiter wie bisher. Das sei für sie wichtig gewesen, damit sie sich bei bestimmten Vorhaben nicht übernehmen.«[630]

Am 8. März 1978 teilte Lingner den »Beratern« mit, aus einem im Oktober 1976 gehaltenen Vortrag des Rektors der Pädagogischen Hochschule in Güstrow, Hans Lutter, zur Konzeption der Ökumene gehe hervor, »wie stark das politische Interesse sozialistischer Länder an der Verhandlung bestimmter Themen ist«[631]. Lutter habe das veränderte Kräfteverhältnis in der Ökumene zugunsten der Zweiten und Dritten Welt[632] thematisiert und als besonders wichtige Themen das Antirassismus-Programm, die Schlußakte von Helsinki[633], Menschenrechte, Arbeitslosigkeit, Nahostkonflikt, Zionismus und Kritik am Kapitalismus genannt. Weiter berichtete Lingner über einen Beitrag der Theologischen Studienabteilung beim DDR-Kirchenbund zum marxistischen Religionsverständnis und über Anzeichen für eine Wandlung hin zur Koexistenz zwischen Christentum und Marxismus.

Am 2. März 1978 hatte der Däne Paul Hansen, Europasekretär des LWB, begleitet von Helmut Zeddies, mit Hermann Kalb ein Gespräch geführt, in dem er sich lobend über die Mitarbeit der DDR-Kirchen im LWB äußerte. Darüber hinaus vertrat er nach dem Protokoll eines Mitarbeiters im Staatssekretariat für Kirchenfragen die Auffassung,

»daß die Entwicklung ökumenischer Beziehungen sich hinsichtlich der sachlichen Information über die Situation von Kirchen in sozialistischen Staaten außerordentlich nützlich erwiesen hat. In diesem Zusammenhang lehnte Hansen die einseitige Arbeit sogenannter Ostmissionen und Forschungsstellen ab. Er vertrat die Auffassung, daß insbesondere die Behandlung der ›Dissidenten-Problematik‹ durch diese Einrichtungen der ökumenischen Arbeit keinen Nutzen gebracht hat. [...] In dem Gespräch unterstrich Hansen den Wunsch eines Besuchs von Staatssekretär Seigewasser in Genf. Nach seiner Auffassung sind Arbeitsgespräche erforderlich, weil die ökumenischen Beziehungen einen neuen Stand erreicht haben.«[634]

Die Beurteilung des »Spitzengesprächs« vom 6. März 1978 in west-östlicher Perspektive

Schließlich informierte Lingner in seinem Rundschreiben vom 8. März 1978 über das zwei Tage zuvor stattgefundene »Spitzengespräch« zwischen dem BEK-Vorstand und Erich Honecker[635]. Die Formulierung der Gesprächspunkte sei »mit dem staatlichen Partner in der Endfassung abgesprochen« worden[636]. Einige Sachfragen hätten mit dem Staatsratsvorsitzenden abschließend besprochen werden können, andere seien zwecks weiterer Klärung an andere Organe verwiesen worden.

»Eine Analyse der Gesprächsnotizen für das ›Spitzengespräch‹ zeigt sehr deutlich, daß die Kirchen die Absicht haben, keine ›heißen Eisen‹ auszuklammern. Zwar haben sie darauf verzichtet, das besondere Problem der theologischen Ausbildung an den staatlichen Universitäten anzusprechen. Hier war wohl überlegt worden, ob man in dem Spitzengespräch die Bitte der Kirche vortragen könnte, bei der Studienplanung, bei Dozentenberufungen u. a. ein Mitwirkungsrecht zu erhalten. Man hat dieses Thema aber nicht in den Themenkatalog aufgenommen [...] Mit Deutlichkeit versucht die Kirche, vom Staat nun auch selbst als Institution anerkannt zu werden. Bisher galt staatlicherseits der Grundsatz, daß man mit Christen zusammenarbeiten kann und muß, aber von Kirchen war in solchen Zusammenhängen fast nie die Rede. Nun bitten die Kirchen darum, daß ihre ›positive Rolle‹ in der Gesellschaft eine angemessene Anerkennung findet.«[637]

Am 2. März 1978 hatte Lingner in der ursprünglichen Sitzungseinladung den

Mitgliedern der Beratergruppe sowie deren Stellvertretern folgendes zum bevorstehenden »Spitzengespräch« geschrieben:

»Mit Sicherheit wird der Bericht aus dem Bereich des Bundes auf das geplante Gespräch mit Honecker eingehen. Dies soll am 6. März stattfinden. Wir sind über die Planung bis in die Punkte der Tagesordnung unterrichtet und haben auch bereits einen Kommuniqué-Entwurf des Bundes einsehen können. z. Zt. läßt sich natürlich noch nicht übersehen, ob die Gespräche so verlaufen, wie sie im Vorfeld der Verhandlungen zwischen Staat und Kirche abgesprochen worden sind. Von seiten der Kirche sollen einige aktuelle und einige mittel- bzw. langfristige Probleme angeschnitten werden. Es kommt der Kirche darauf an, daß sie selbst als Institution und nicht nur die Christen als (kritischer) Partner des Staates anerkannt werden. Sie wünschen eine möglichst weitgehende Klärung auf dem Gebiet des Erziehungs- und Bildungsproblems. Die Frage der Seelsorge in den Strafanstalten steht auf dem Programm und einiges mehr. Von seiten des Staates dürfte ein Interesse an diesem Spitzengespräch darum bestehen, weil nach dem geringen Erfolg der KSZE-Folgekonferenz die DDR international dokumentieren möchte, daß sie in ihrem Bereich die Menschenrechte achtet und auch mit den ideologischen Minderheiten sachgerecht umgeht. Innenpolitisch scheint sich Honecker ebenfalls von dem Spitzengespräch mit den Kirchen einiges zu versprechen. Immer wieder hört man aus dem Bereich der DDR, daß seine Position nicht unumstritten ist. Der ganze Komplex mit den Intershop-Läden, der Einfuhr der VW-Autos u. a. hat offensichtlich in höheren Funktionärs-Kreisen Widerspruch ausgelöst. Zu den Problemen gehören natürlich auch die Dissidenten. Innenpolitisch kann es für Honecker von Bedeutung sein, wenn er aufzeigt, daß er mit ideologisch Andersdenkenden reden kann.«

Kritisch merkte Lingner für die Gesprächsführung in der Beratergruppe an, es sollte von westlicher Seite »in diesem Zusammenhang die Frage angeschnitten werden, ob Spitzengespräche dieser Art von den Gemeinden ›verkraftet‹ werden können. Liegen hier nicht Gefahren eines Mißverständnisses? Immer wieder ist auch von führenden Sprechern der Kirchen in der DDR davor gewarnt worden, zu stark einen Weg der Anpassung zu gehen. Die Gefahr, dabei das eigene Profil zu verlieren, ist nicht ganz von der Hand zu weisen.«[638]

Aus einem Brief Lingners an Eduard Lohse vom 10. März 1978 geht hervor, daß die Unterlagen über das »Spitzengespräch« den westlichen Kirchenvertretern »vertraulich zugespielt« worden waren. »OKR Stolpe hatte mir lediglich die Akten mit den einschlägigen Unterlagen zur Einsicht zur Verfügung gestellt. Daraufhin habe ich [Lingner] die Materialien u. a. abstenographiert«[639]. Er bat darum den hannoverschen Landesbischof, er möge »bei keiner Gelegenheit zu erkennen geben, daß Ihnen die Unterlagen bekannt sind«[640]. Bei der bevorstehenden Sitzung der Beratergruppe, so meinte Lingner, wäre es »interessant zu erfahren, warum das vorgeschlagene gemeinsame Kommuniqué[641] so stark verändert worden ist [...] Allerdings habe ich Zweifel, daß die Brüder in der DDR in dem Konferenzraum sehr unbefangen reden werden. Mit Sicherheit wird in der Auguststraße damit gerechnet, daß das Zimmer von OKR Stolpe abgehört wird.«[642] Außerdem informierte Lingner den hannoverschen Landesbischof darüber, daß auf seiten der Pfarrer einzelne kritische Stimmen über das Gespräch laut geworden seien, vor allem darüber, daß sie und die Landeskirchen von der Begegnung erst über die Presse erfahren hätten.

»Natürlich stellen sich hier einige zusätzliche Fragen: Welches Mandat nimmt der Vorstand der Konferenz der Kirchenleitungen bei einem solchen Gespräch wahr, wenn er ohne Rückkoppelung mit den Kirchenleitungen und ohne Information Gespräche dieser Art plant und durchführt. Man kann weiterhin fragen, welches Verständnis von Kirchenleitung steht hinter einem solchen Vorhaben.«[643]

Außerdem empfahl Lingner, die in sechs Fragen gefaßte Stellungnahme des Rates der EKD vom 24./25. Februar 1978[644] zu dem sog. Sjollema-(Hintergrunds-)Papier des ÖRK[645] bekanntzugeben und ein Gespräch darüber zu führen. Die hier diskutierte Frage der Gewaltanwendung im Falle einer »gerechten Auflehnung« und ihrer theologischen Rechtfertigung vor dem Hintergrund der Bekämpfung der Apartheid im südlichen Afrika gehörte zu jenen ökumenischen Themen, für die sich das SED-Regime besonders interessierte.

Während des Treffens der Beratergruppe am 14. März 1978[646] berichtete Domsch über das Spitzengespräch[647] und hob insbesondere hervor, im Unterschied zu vorangegangenen Begegnungen auf höchster Ebene habe diesmal die Aufgabe nicht in der Bereinigung einer scharfen Auseinandersetzung zwischen Staat und Kirche bestanden. Über die Gesprächsatmosphäre wußte der sächsische LKA-Präsident folgendes mitzuteilen:

»Das Gespräch fand an einem runden Tisch statt. Üblicherweise finden Gespräche vergleichbarer Art an einem Langtisch statt, der es erlaubt, die Gesprächspartner gegenüberzusetzen. Allerdings wurde auch an dem runden Tisch das Gegenüber gewahrt (eine ›bunte Reihe‹ gab es nicht). Als Erfrischung wurde lediglich Saft angeboten. Die üblichen Rauchwaren standen bereit. Die sparsame Gastlichkeit beeinflußte das Gespräch und seine Atmosphäre nicht. […] Honecker hielt eine persönliche Rede. Er hatte sie offensichtlich selbst ausgearbeitet. Es war kein bloßes Statement. Es war keine ›papierene Rede‹. Erstaunlich war zu beobachten, wie gründlich sich Honecker auf die Thematik vorbereitet hatte. Er muß viele kirchliche Papiere gelesen haben.[648] Er war sehr frei und ungehemmt. Bei der Zubilligung von kirchlichen Wünschen zeigte er sich souverän. Das Gespräch begann mit einer etwa einstündigen Rede von Honecker und endete ebenfalls mit einer einstündigen Antwort von Honecker auf die verschiedenen Reden der kirchlichen Gesprächspartner. Die übrigen staatlichen Vertreter nahmen das Wort nicht. Lediglich Verner hatte hier und da ein Wort eingeworfen; die anderen schwiegen.«[649]

Schönherr benannte zu dem ersten »Rundtischgespräch« in der DDR-Geschichte »drei Hauptpunkte, um die es den kirchlichen Gesprächspartnern ging: Chancengleichheit der Christen, Anerkennung der Kirche als Partner des Staates bei der Kooperation von Kirche und Staat, Mitsprache- und Fürsprachrecht der Kirche für Menschen […] Das Gespräch kann ein Stück dazu beigetragen haben, das Verhältnis von Staat und Kirche als eine Art der ›freien Partnerschaft‹ zu gestalten. Atmosphärisch darf doch nicht übersehen werden, daß bei aller Freundlichkeit doch eine Distanz blieb. Aber diese Distanz hat den staatlichen Wunsch nach Mitarbeit der Christen und der Kirche nicht aufgehoben oder eingeschränkt.«

»In der Diskussion [der Beratergruppe] wurde einmütig die Meinung vertreten, daß die Gesprächsoffenheit von Honecker nicht als bloße Taktik zu kennzeichnen sei. Das schließt nicht aus, daß dies Gespräch für Honecker auch politisch wichtig ist. Im ganzen wird man aber davon ausgehen können, daß die Zugeständnisse an die Kirche und auch die Offenheit des Gesprächs ehrlich gemeint gewesen sind.«

Die Kirchenbundleute informierten die »Berater« aus dem Westen auch über die Stimmung an der kirchlichen Basis. So berichtete Fränkel »von Reaktionen tiefer Resignation besonders bei Jugendlichen. Sie glauben an nichts und halten es für ausgeschlossen, daß sich irgend etwas ändern wird. Auf Grund ihrer Erfahrungen im Umgang mit staatlichen Stellen können sie nicht daran glauben, daß Honecker aufrichtig gewesen ist. Fränkel weist darauf hin, daß Honecker betont hat, jedem Bürger (auch dem Nicht-Marxisten) in der DDR ein Heimischwerden zu ermöglichen und Geborgenheit zu bieten. Darauf kommt es an. Hier muß man die Vertreter des Staates beim Wort nehmen. Es besteht der Eindruck, daß Honecker einen Sozialismus verwirklichen möchte, in dem es sich leben läßt. [...] Eine andere Frage ist es natürlich, ob Honecker auch die Macht hat, seine Vorstellungen durchzusetzen.«[650]

Natho erzählte, daß in einem Gespräch mit Pfarrern, Katecheten und Synodalen in Anhalt »Resignation (und mehr als Resignation) vorherrschend« gewesen sei.

»Es wurde keine Neigung sichtbar, der Regierung oder einem Vertreter der Regierung Glauben zu schenken. Man fühlt sich betrogen; man ist sicher, daß die Wahrheit verschwiegen wird. Bezeichnend war die Reaktion der Gesprächsteilnehmer, als Natho sie fragte, wie sie die Mitglieder des Vorstandes der Konferenz der Kirchenleitungen bei dem Spitzengespräch beurteilen: keine Antwort. Von daher legt sich die Frage nahe (Henkys), ob nur den Vertretern des Staates oder auch den Bischöfen der Kirchen nicht mehr geglaubt wird. Für die ›Basis‹ wird das Gespräch darum so schwer glaubhaft, weil die Praxis im Widerspruch zu dem proklamierten Einvernehmen steht.«[651]

Domsch hingegen konnte berichten, das »Spitzengespräch« sei von der sächsischen Kirchenleitung wie auch den Superintendenten bei aller Nüchternheit verständnisvoll aufgenommen worden. Auch die erzielten Resultate seien auf Zustimmung gestoßen[652].»Es muß nun darum gehen, die Menschen wieder daran zu gewöhnen, ihre Meinung auch im Widerspruch zu vertreten«, lautete nach Domschs Auffassung das jetzt anzustrebende Ziel. Die anderen DDR-Kirchenvertreter äußerten übereinstimmend, es komme nun darauf an, auch auf unterer Ebene die staatliche Seite auf das Gesprächsresultat hinzuweisen.

»Resignation oder Widerspruch bei Christen oder Gemeindegliedern muß seelsorgerlich begegnet werden. Man wird dafür Verständnis aufbringen müssen, daß nach einer 20jährigen bitteren Erfahrung ein Vertrauen nicht plötzlich aus dem Nichts wachsen kann. Bei der seelsorgerlichen Bemühung sollte man aber auch die Christen darauf ansprechen, daß sie es in der Vergangenheit an Glaubensmut haben fehlen lassen. Man muß versuchen, den Gemeinden und Christen deutlich zu machen, daß es sich bei dem Gespräch nicht um ein taktisches Manöver von Honecker gehandelt hat. Es muß die Bereitschaft wachsen, auf der Grundlage des Gesprächs in größerem Freimut den Glauben zu leben und zu vertreten.«[653]

Die DDR-Bischofskonferenz hatte am 11. März getagt und die Unterredung mit Honecker dahingehend interpretiert, daß ihr eine »längere[.], wirksame[.] Ausstrahlung« zukommen werde[654].

Nach staatlichen Informationen wurden im Kreis der Pfarrer auch Vorbehalte dahingehend geäußert, »daß die Kirchenvertreter bei dem Gespräch zu allem ja gesagt hätten«. Vermißt habe man zum Beispiel ein deutliches Wort hinsichtlich der fehlenden kirchlichen Einflußmöglichkeiten auf den Volksbildungsbereich oder der nicht vorhandenen Möglichkeit, Christenlehre in schulischen Räumen zu erteilen[655]. Ein Leipziger Superintendent soll geäußert haben »Oben Sekt, unten Magenbitter'«, womit er auf die Diskrepanz zwischen den Spitzenbegegnungen und den Erfahrungen vor Ort hinwies[656]. Bei dieser Kritik hatte man wohl auch Werner Krusche im Auge, der dem Magdeburger Kirchenreferenten Steinbach versicherte, »'wir lassen uns von unserem eingeschlagenen Kurs nicht abbringen, auch wenn man uns Verrat an der Kirche vorwirft.'«[657]

Mit Unbehagen und Kritik reagierten auch Innere Mission und Hilfswerk auf das Gespräch und die dort erzielten Resultate. Zum einen war man verärgert, daß die Beteiligung an der Gesprächsvorbereitung nur in einem unbefriedigenden Maße verlief und »echte[.] Prioritäten« nicht erörtert worden seien. Die Diakonie habe »den 6. März 1978 nicht nötig gehabt [...] In den sie betreffenden wichtigen Fragen sei nichts in Bewegung gekommen, was nicht ohnehin schon in Bewegung gewesen wäre. Außerdem hätten sich die ev. Freikirchen, mit denen sich I[innere]M[ission]H[ilfs]W[erk] in einer gewachsenen Gemeinschaft befinde, am 6. März nicht vertreten fühlen können.«[658]

Auf den folgenden Landessynoden wurde zumeist zustimmend zum Spitzengespräch Stellung genommen[659]. Die EKU-Synode allerdings ging in dem verabschiedeten Schlußdokument überhaupt nicht auf den 6. März ein[660]. Die vom 22. bis zum 26. September 1978 in Berlin-Weißensee tagende Bundessynode nahm nach staatlicher Einschätzung eine positive Haltung zum 6. März ein[661]. Es wurde allerdings auch »die Tendenz sichtbar, das Gespräch vom 6.3. und seine Ergebnisse einseitig im Interesse der Kirche zu interpretieren und Zugeständnisse zur Ausweitung kirchlicher Tätigkeit zu erreichen.«[662] Als unmittelbare Folge des Gesprächs, so schätzten die Genossen ein, sei eine »deutlich [...] zunehmende Aufgeschlossenheit gegenüber der Entwicklung in der sozialistischen Gesellschaft zu spüren«. Die »realistischen Aussagen« des KKL-Berichts wurden durch die Plenarbeiträge von Stolpe, Hertzsch, Pfarrer Wutzke, von Brück sowie partiell auch Ludwig Große noch übertroffen.

»Zum Gesamtverlauf der Aussprache auf der Synodaltagung ist festzuhalten, daß sich dieses Mal eine breitere Gruppe von Synodalen zu politisch und kirchenpolitisch positiven Aussagen bereit fand. Sie polemisierten gegen negative Auffassungen anderer Synodaler, trugen dadurch dazu bei, daß der Gesamtgehalt der Diskussionen – bis auf die gesondert ausgewiesene Problematik und Polemik – den gesellschaftlichen Realitäten Rechnung trug.«[663]

Auch bei dieser Bundessynode war das MfS präsent. Für die »op. Aktion v. 22.-26.9.1978 in Berlin mit WBV« unterzeichnete Roßberg eine Auszahlungs-Anordnung für Operativgelder in Höhe von 1 000,– M an IMV »Sekretär«[664].

Die Herbstsynoden der einzelnen Landeskirchen notierten eine deutliche Klimaverbesserung zwischen Staat und Kirche, die auf den 6. März zurückgeführt wurde[665]. Der Görlitzer Bischof Fränkel gab – dem staatlichen Protokoll zufolge – im Dezember 1978 zu verstehen, daß die DDR-Kirchenleitungen nunmehr ziemlich einhellig zu der Auffassung gelangt seien, »daß der Staatsratsvorsitzende, Erich Honecker, im Gespräch am 6.3.1978 hinsichtlich der Lage der Kirche in der DDR das gesagt hat, was Partei und Staat auch echt meinen. Der Inhalt des Gesprächs ist eine echte Basis für den Abbau von Spannungen zwischen Staat und Kirche.«[666]

Pfarrer Johannes Seebaß aus Stiege im Harz schrieb hingegen an den BEK:

»Johannes Seebaß
Pfarrer   Stiege, den 12. April 1978
3721 Stiege

Bund der Evangelischen Kirchen in der DDR,
Sekretariat
104 Berlin
Auguststraße 80

Betr.: ›Kirche im Sozialismus‹

In dem Gespräch am 6. März hat Herr Bischof Schönherr die Meinung geäußert, das Stichwort ›Kirche im Sozialismus‹ habe ›weithin Zustimmung gefunden‹. Diese Meinung des Bischofs kann sicher durch eine Vielzahl zustimmender Äußerungen gestützt werden. Offenbar haben aber diejenigen, die diesem Stichwort kritisch oder ablehnend gegenüberstehen, bisher großenteils geschwiegen. Ich halte es deshalb für meine Pflicht, Ihnen einige kritische Gedanken zum Stichwort ›Kirche im Sozialismus‹ mitzuteilen. Dabei bin ich überzeugt, daß viele Amtsbrüder und Gemeindeglieder ähnlich wie ich Ihrem Stichwort nicht zustimmen.

Vielleicht können die folgenden Ausführungen dazu beitragen, innerhalb der Kirche ein Gespräch über diese Fragen in Gang zu bringen.

1. Die Bezeichnung ›Kirche im Sozialismus‹ ist nach maßgebender Interpretation (z. B. in den kürzlich veröffentlichten ›Informationen‹ des Landeskirchenamtes Dresden‹) mehr als eine geographische Standortbestimmung. Als solche wäre sie auch völlig überflüssig, weil es selbstverständlich ist, daß die kirchliche Arbeit nicht im luftleeren Raum geschieht, sondern an bestimmten Menschen eines bestimmten Lebensbereiches. Handelt es sich bei dieser Bezeichnung aber um mehr als eine überflüssige Standortbestimmung, so tritt sie in Konkurrenz zum Glaubensbekenntnis und erhebt den Anspruch, selbst als Teil eines Credo akzeptiert zu werden. Es soll offenbar nicht mehr genügen, sich zu der heiligen christlichen Kirche zu bekennen, sondern es wird ein Bekenntnis zur ›Kirche im Sozialismus‹ erwartet, von der es nur noch ein sehr kleiner Schritt ist zur ›sozialistischen Kirche‹ (wie sie in einem aufschlußreichen lapsus linguae des Bischofs Schönherr in dem Fernsehinterview des Saarländischen Rundfunks schon namhaft gemacht wurde!).

2. Noch nie in ihrer langen Geschichte hat die Kirche sich selbst und ihre Aufgabe definiert, indem sie auf das jeweils herrschende Staats- oder Weltanschauungssystem hinwies. Es gab zur Zeit der Offenbarung des Johannes keine ›Kirche im Kaiserkult‹; es gab in der Reformationszeit keine ›Kirche im Feudalismus‹; es gab trotz des Bünd-

nisses von Thron und Altar keine ›Kirche in der Monarchie‹, und nicht einmal die hitlerfreundlichen Christen sprachen von einer ›Kirche im Nationalsozialismus‹. Durch die Bezeichnung ›Kirche im Sozialismus‹ entsteht der irreführende Eindruck, als würde die Kirche in ihrem Wesen und ihrem Auftrag durch das in unserm Lande herrschende Macht- und Weltanschauungssystem bestimmt. Dieser Eindruck kann auch durch anderslautende Erklärungen und Ausführungen nicht gelöscht werden, weil Schlagworte immer wirksamer sind als Erklärungen. Deshalb sollte dieses mißverständliche und irreführende Schlagwort unbedingt gemieden werden.

3. In seinen Ausführungen am 6. März zitiert Herr Bischof Schönherr Formulierungen der Bundessynode von 1973 über ›Kirche im Sozialismus‹. In diesen Sätzen der Bundessynode werden die Worte ›Sozialismus‹ und ›sozialistisch‹ genau so unkritisch benutzt wie in allen mir bekannt gewordenen späteren Verlautbarungen bis heute. Können wir es uns als verantwortlich sprechende Christen erlauben, ein mit so vielfältiger historischer und philosophischer Deutung beladenes Wort wie ›Sozialismus‹ zu gebrauchen, ohne uns selbst und anderen zuvor Rechenschaft zu geben, was wir unter ›Sozialismus‹ verstehen? Müssen nicht auch gute und richtige Aussagen über die Aufgaben der Christen heute, über die Freiheit aus der Bindung des Glaubens u. s. w. fragwürdig werden durch den unkritischen Gebrauch des Wortes ›Sozialismus‹? Auch das geistreich scheinende Spiel mit den Präpositionen (gegen, neben, in) enthebt nicht der Verpflichtung, zunächst einmal zu klären: Was ist Sozialismus? Bei einem unkritischen Gebrauch dieses Begriffs wird fälschlicherweise vorausgesetzt, daß in den Staaten des Warschauer Paktes der Sozialismus zu finden ist. Das Stichwort ›Kirche im Sozialismus‹ leistet diesem Irrtum Vorschub. Sein Gebrauch macht deshalb mitschuldig an der mörderischen Grenzziehung zwischen Ost und West und verleugnet trotz anderslautender Äußerungen über ›Entspannung‹ und ›Kooperation zu Gunsten aller Menschen‹, die ›über Grenzen hinweg zusammenkommen‹ möchten, die Kraft der grenzüberschreitenden, weltumspannenden Kreuzesbotschaft. Das unkritische Reden von einer ›Kirche im Sozialismus‹ bedeutet Hohn gegen alle, die in sich sozialistisch nennenden Staaten um ihrer sozialistischen Überzeugung willen schwerste Repressalien erdulden müssen.

4. Die Kirche leistet den in unserem Lande lebenden Menschen einen schlechten Dienst, wenn sie ›Friede, Friede‹ sagt, wo kein Friede ist; wenn sie die Gewissen einschläfert, indem sie einem im Augenblick herrschenden Macht- und Weltanschauungssystem den Schein der Rechtmäßigkeit gibt, nach dem alle Diktaturen gierig sind, um ihre Schande zu verdecken. Wer ein Macht-und Weltanschauungssystem mit der Behauptung rechtfertigt, es sei gottgewollt, spricht entweder eine gedankenlose Banalität aus, die auch dadurch nicht an Gewicht gewinnt, daß sie aus dem Munde eines Kirchenführers kommt, oder er kehrt zurück zu der sattsam bekannten Pseudotheologie, die Gottes Willen nicht mehr aus der biblischen Offenbarung, sondern aus der ›Geschichte‹ ablesen will. Als Konsequenz aus solchen Behauptungen ergibt sich, daß auch ein Regime wie das in Südafrika oder in Chile als gottgewollt anzuerkennen ist, ebenso wie das Hitler-Regime und alle anderen.

Wer sich zu der ›Kirche im Sozialismus‹ bekennt, leitet damit eine Entwicklung ein, die zur Trennung von der heiligen christlichen Kirche und zur Gründung einer auf Propaganda-Schlagworten beruhenden Sonderkirche führt.

Hiermit erkläre ich, daß ich einer ›Kirche im Sozialismus‹ niemals angehört habe und auch niemals angehören werde.

Johannes Seebaß«

Zur Südafrika-Diskussion: Reaktionen auf das Sjollema-Papier in West und Ost

Während der Beratergruppen-Sitzung im März 1978 informierten die östlichen Teilnehmer auch über den für Mai in Leipzig geplanten Kirchentagskongreß, für dessen Abschlußveranstaltung man kirchlicherseits mit 15 000 Teilnehmern rechnete. Der Staat habe die Bereitstellung von zwei Messehallen zugesagt. Auch in Erfurt sollte Anfang Juni ein Kirchentagskongreß stattfinden, wobei die Schlußversammlung, zu der bis zu 20 000 Menschen erwartet wurden, auf dem Erfurter Domplatz stattfinden sollte[667].

Ein weiterer Verhandlungsgegenstand des März-Treffens war die Reaktion der EKD auf das sog. Sjollema-Papier des ÖRK zur Frage »gerechter Gewalt«[668]. Nachdem Lohse nämlich seinen Bericht gegeben hatte, übte der Ökumene-Referent der EKU-Kirchenkanzlei (West), Reinhard Groscurth, sowohl inhaltliche als auch formale Kritik an den Ausführungen des Ratsvorsitzenden. Ihm schien die »Auskunft nicht ganz ausreichend«[669]. Außerdem erinnerte er an die Vereinbarung zwischen Kirchenbund und EKD, sich vor einer Stellungnahme im ökumenischen Bereich miteinander abzusprechen. Schließlich monierte er – unterstützt von Karlheinz Schmale, dem Leiter der Berliner Stelle der VELKD –, daß die evangelische Kommission für das Südliche Afrika nicht konsultiert worden sei. Auch Georg Flor hielt in einem Vermerk fest, Groscurth habe eine »außerordentlich scharfe Attacke gegen Inhalt und vor allem Stil der Stellungnahme des Rates« geritten; Lohse habe »etwas gequält« erwidert, »da er mit den Vorgängen offenbar im einzelnen nicht näher vertraut war«[670].

Die östlichen Mitglieder der Beratergruppe erklärten, das Sjollema-Papier werde vor Abfassung einer BEK-Stellungnahme zunächst im Sekretariat von Christa Lewek bearbeitet[671]. Obwohl Lingner Groscurths Kritik nicht teilte, hielt er den vor den Ohren der Kirchenbundleute laut gewordenen Dissens »für durchaus sachgerecht [...] Herr Groscurth hat insofern die Meinung der ›anderen Seite‹ treffend repräsentiert.«[672]

Es wurde beschlossen, das Sjollema-Papier des ÖRK und die Haltung der beiden Kirchenbünde dazu zum Hauptthema der Beratergruppen-Sitzung am 12. Juni 1978 zu machen.

In seinem vorbereitenden Brief zu dieser Sitzung erinnerte Lingner an die theologische Thesenreihe der EKD zu »Gewalt und Gewaltanwendung in der Gesellschaft«[673] aus dem Jahr 1973. Außerdem brachte er zur Sprache, daß die Stellungnahme der EKD zu dem Sjollema-Papier im Kontext der jahrelangen Spannungen gesehen werden müsse, die in diesen Fragen zum ÖRK bestünden. »Das gilt auch für Verfahrensfragen, bei denen sich die EKD bisweilen brüskiert gefühlt hat und fühlt.«[674] Schließlich machte er darauf aufmerksam, daß die Teilnehmer aus dem Kirchenbund über die Frage möglicherweise anders dächten.

»Die Kirchen in der DDR scheinen den Argumenten des Ökumenischen Rates (Hintergrundpapier) aufgeschlossener gegenüberzustehen als die EKD [...] Es wäre sicher interessant zu erfahren, ob die Kirchen in der DDR den 12 theologischen Thesen der EKD-Denkschrift zustimmen können oder ob sie die Gewaltfrage theologisch anders werten.«[675]

In einem Vermerk an Groscurth wurde Lingner noch deutlicher:

»Problematisch kann möglicherweise das Verhältnis zur DDR werden. Von dort ist eine ›Zwischenantwort‹ gekommen, die gerade die Gewaltfrage in sehr aufnahmebereiter Weise für diskussionswürdig hält. Was im Zusammenhang mit dem Sonderfonds mühsam kaschiert werden konnte, könnte jetzt offen zutage treten: Die Kirchen in der DDR und die Kirchen in der EKD kommen in einer sehr grundsätzlichen theologischen Frage zu widersprüchlichen Aussagen und Meinungen. Hier kann die Glaubwürdigkeit der theologischen Position der protestantischen Kirchen in Frage gestellt werden.«[676]

OKR Werner Hoerschelmann vom Kirchlichen Außenamt der EKD, der vor der Beratergruppe am 12. Juni 1978 über das Sjollema-Papier und die Stellungnahme der EKD zur Investitionsfrage referieren sollte, erhielt von Lingner die Vorläufige Stellungnahme des Kirchenbundes zu dem Problemkomplex. Er fügte jedoch hinzu: »Bitte lassen Sie in Ihrem Vortrag nicht erkennen, daß ich Ihnen die Stellungnahme ausgehändigt habe.«[677] Er machte ihn auch darauf aufmerksam, daß er auf östlicher Seite mit Widerspruch rechnen müsse: »Ich halte es nicht für ausgeschlossen, daß zwischen dem Bund einerseits und der EKD andererseits hier eine kontroverse Sicht der Dinge aufbrechen wird.«[678]

In der Diskussion über den Bericht von Hoerschelmann über die Situation in Südafrika und die geplanten Reaktionen der EKD auf diese Problematik erklärten die Teilnehmer aus der DDR, »daß sie über die sechs Fragen der EKD an den ÖRK ein wenig betroffen gewesen seien. Die ›schulmeisterliche Haltung‹ (›Der deutsche Präzeptor erhebt den Finger‹) stünde uns Deutschen nicht zu; die formalen Fragen seien zu stark in den Vordergrund gestellt. Es sei der Eindruck erweckt worden, als ob mit den sechs Fragen eine mehr oder weniger abschließende Stellungnahme des Rates zu dem Sjollema-Papier abgegeben worden sei. Es wird auch gefragt, ob finanzielle Abhängigkeiten der EKD bei ihrer Haltung eine Rolle spielen oder gespielt haben. Es wird eingeräumt, daß die Breitenstreuung des Sjollema-Papiers eine Herausforderung gewesen ist. Auch sei der Versuch, zwischen der Lage in Südafrika und im Dritten Reich eine Parallele zu ziehen, verfehlt. Ebenso zweifelhaft sei der Gebrauch des Begriffs ›status confessionis‹«[679].

Claß wies die Vermutung, es hätten finanzielle Abhängigkeiten eine Rolle gespielt, in aller Deutlichkeit zurück. Unter dem Druck gewisser Gruppierungen habe der Rat aber vielleicht zu rasch reagiert. Die weitere Diskussion konzentrierte sich – vor dem Hintergrund der Empfehlungen des Südafrikanischen Rates der Kirchen[680] – auf die Frage nach einem Investitionsstopp in Südafrika und nach der Beurteilung der Anwendung von Gewalt.

Obwohl in der Diskussion die Gegensätze zwischen den beiden Bünden deutlich hervortraten, schienen die westlichen Teilnehmer eher erleichtert, denn sie hatten angesichts des BEK-Zwischenbescheids nach Genf vom 17. Mai 1978[681] und der darin enthaltenen positiven Würdigung des »gerechten

Kampfes«[682] eine weit schärfere Kontroverse befürchtet. Allerdings hatte der Görlitzer Bischof Fränkel dem EKD-Mann Erwin Wilkens am Rande des Treffens signalisiert, daß es wegen des Papiers in der Konferenz der Kirchenleitungen selbst bereits zu »harten Kontroversen«[683] gekommen sei, weil der BEK-Facharbeitskreis Ökumenische Theologie das Schreiben ohne Kenntnis der KKL versandt habe. Über die Unterstellungen hinsichtlich der Motive, die die EKD leiteten, herrschte auf westlicher Seite allgemein Verärgerung. Wilkens schrieb an Claß:

»Nicht verschwiegen werden darf die große Skepsis bei Brüdern in der DDR gegenüber der in der EKD von ihnen vermuteten Motivation von Stellungnahmen in afrikanischen Fragen. So verletzend habe ich es eigentlich noch nie gehört, daß es der EKD nur um ihr Geld gehe.«[684]

Immerhin bekräftigten beide Seiten, daß sie sich vor einer endgültigen Stellungnahme zum Sjollema-Papier gegenseitig unterrichten wollten[685].

Einen Tag, nachdem Christa Lewek den BEK-Zwischenbescheid in Sachen Sjollema-Papier nach Genf abgesandt hatte, und drei Tage nach seinem 42. Geburtstag erhielt IMV »Sekretär« eine »Zuwendung« von 1 000,– Mark[686].

Die Einführung des Wehrunterrichts (WU) in den DDR-Schulen

Während sich Schönherr im Blick auf die Südafrika-Frage gegenüber den Ausführungen der Genfer Ökumene eher skeptisch äußerte, gab er Mitte Juni 1978 vor den Beratern eine optimistische Einschätzung zu den Auswirkungen des »Spitzengesprächs« vom 6. März 1978. Die »ursprünglich vorhandenen scharfen Vorbehalte« auf seiten der Pfarrer und Gemeinden hätten inzwischen abgebaut werden können. »Auf staatlicher Seite ist ein großer Ernst und eine entsprechende Mühe zu beobachten, die Zusagen des 6.3. einzulösen.«[687]

Außerdem gab Schönherr bekannt, daß eine KKL-Sondersitzung zusammentreten werde, um ein Wort an die Gemeinden wegen der geplanten Einführung des Faches Wehrerziehung zu verabschieden[688]. Die staatliche Seite wolle um jeden Preis das Fach einführen, das im Jahr vier Doppelstunden umfassen solle und auch zwei je 14tägige Lageraufenthalte beinhalte. Der Staat habe einen zunehmenden Unwillen bei jungen Menschen festgestellt, den NVA-Dienst anzutreten. Zudem litten Jugendliche nach staatlicher Auffassung an Disziplinlosigkeit und müßten außerdem auf Krisensituationen vorbereitet werden. Daß es immerhin zu einem Gespräch mit dem Staatssekretariat für Kirchenfragen am 1. Juni gekommen sei, in dessen Verlauf die kirchlichen Vertreter den Rat erteilt hätten, auf die Durchsetzung dieses Faches zu verzichten, sei möglicherweise als eine Folge des 6. März anzusehen. Die KKL werde zwar »nicht zur Opposition dagegen aufrufen, aber unmißverständlich ihren Standpunkt verdeutlichen.«

Der Wehrunterricht beruhte auf der am 1. Februar 1978 ausgegebenen und von Volksbildungsministerin Margot Honecker persönlich unterzeichneten Direktive Nr. 3 des Ministeriums für Volksbildung. Dort hieß es u. a.:

»Der Wehrunterricht dient der sozialistischen Wehrerziehung der Jugend und ist fester Bestandteil des Bildungs- und Erziehungsprozesses an der Schule. Er fördert die Entwicklung der Wehrbereitschaft und Wehrfähigkeit der Schüler« und galt für Jungen und Mädchen im 9. und 10. Schuljahr[689].

Während die sächsische Landeskirche bald starke Proteste anmeldete, soll sich der Görlitzer Bischof Fränkel vor der Synode seiner Landeskirche sehr viel staatsloyaler geäußert haben[690].

Wie es in einer staatlichen Einschätzung heißt, halte er »die Erziehung zum Frieden für unerläßlich, lehnt aber die Wehrerziehung deshalb nicht ab. Man müsse die Spannung, in der jede Wehrerziehung stehe, so durchhalten und bewältigen, daß der Vorrang des Friedens auch emotional gewahrt bleibe. Die These, Wehrdienst sei Friedensdienst, sei rational einsichtig, aber es gehe darum, sie in der Spannung existentiell so durchzuhalten, daß die mit jeder Wehrerziehung verbundenen emotionalen Elemente nicht heimlich die Priorität des Friedens bewußtseinsmäßig verdrängen. Ebenso müsse das Freund-Feind-Denken in jener Relativität gehalten werden, die den Absturz in blinden Haß verhindere. In der Diskussion zu diesem Problem begründete Fränkel, daß Wehrdienstverweigerung oder Verweigerung des Dienstes mit der Waffe[691] vom Evangelium her nicht zu begründen sei.«

Zweck dieses Vortrags war, so Fränkel unter vier Augen, einer intensiven Debatte auf Gemeindeebene vorzubeugen[692]. Auf den anderen Landessynoden gab es überaus kritische Stellungnahmen[693]. Thüringens Landesbischof Leich nahm – zumindest für einen längeren Zeitraum – nicht öffentlich Stellung zum Wehrkundeunterricht[694].

Der Magdeburger Bischof Krusche stellte am 3. April 1978 beim Rat des Bezirks Magdeburg die Anfrage, »ob [...] die Einführung des Faches ›Wehrkunde‹ in den Schulen nicht zu einer bestimmten Militarisierung der Menschen führen könnte«.

»Wörtlich sagte er: ›Ich kenne meine Pappenheimer, da gibt es bestimmt einige, die Wirbel machen werden. Bis jetzt liegen mir fünf Informationen vor.‹ Man möge das Fach doch einfach in das bestehende Unterrichtsfach Staatsbürgerkunde integrieren«[695].

Das Staatssekretariat für Kirchenfragen verfaßte für diesen Fragekomplex eine spezielle Argumentationshilfe[696]. Am 5. Mai hatte Schönherr Seigewasser schriftlich über die große kirchliche Besorgnis wegen des staatlichen Vorhabens, das mit der Friedenspolitik der DDR und auch der Schlußakte von Helsinki nicht zu vereinbaren sei, zum Ausdruck gebracht[697]. Auf der folgenden Sitzung der KKL wurde nach einer Information des Greifswalder Oberkirchenrats Plath entschieden, den Brief Schönherrs der Öffentlichkeit zu übergeben, falls bis zum Ende des Monats keine staatliche Antwort erfolgt sei[698].

Die von Schönherr bereits erwähnte Aussprache am 1. Juni[699] war eine unmittelbare Folge seines an Seigewasser gerichteten Briefes und wohl auch der KKL-Sitzung.

Seigewasser unterrichtete einführend über das mit dem Wehrunterricht verbundene staatliche Anliegen[700]. Dafür bedankte sich Schönherr »und wertete diese Information als gutes Ergebnis des Gesprächs vom 6.3.1978.«[701]

Magdeburgs Bischof Krusche »äußerte Bedauern darüber, daß sie erst jetzt darüber informiert werden[702], daß sie deshalb in eine unangenehme Lage gegenüber den Kritikern des 6.3.1978 im kirchlichen Raum gekommen wären, weil ihnen diese vorwerfen, daß sie auch nach dem 6.3.1978 von wichtigen gesellschaftlichen Entscheidungen nicht vorinformiert würden. [...] Zur Einführung des Wehrunterrichtes selbst sehe er für sein ökumenisches Auftreten zukünftig Schwierigkeiten. Er habe zwar bei jeder Gelegenheit im Ausland erklärt und werde das auch weiter tun, daß von der DDR kein Krieg ausgehen wird. Er rechne aber mit heftigen Gegenargumenten, weil unsere Beweisführung, wonach Wehrerziehung gleich Friedenserziehung sei, für viele in der Ökumene nicht verstehbar wäre und als Militarisierung des Denkens, als Absage an die vertrauensbildenden Maßnahmen im Sinne von Helsinki verstanden werden könne. Er werde wohl in der Ökumene manches nicht mehr so unbeschwert sagen können wie bisher.

[...] Seine Hauptsorge sei aber, ob 14jährige Kinder [nicht] zu jung und in der Lage sind, die dialektische Spannung zwischen Verteidigungsbereitschaft und Erziehung zum Frieden auszuhalten oder ob nicht ihre technische und abenteuerliche Neugier sie zu einer vordergründigen Verherrlichung von allem Militärischen schlechthin veranlasse. Die Selbstverständlichkeit des Militärischen halte er für nicht gut, sie sei aber in den Kinderzeitungen und in den Schulbüchern der DDR schon genügend vorhanden. Deshalb sei die Information über Wehrerziehung in anderen Fächern nach seiner Auffassung ausreichend. Nach seiner Information sei die Einführung des Wehrunterrichtes ohne vorherige Diskussion von vielen Bürgern so verstanden worden, als ob sie entmündigt sind und vor vollendete Tatsachen gestellt werden. Außerdem sehe er eine Konfliktsituation im Verhältnis von Staat und Kirche kommen, da es ›eisern entschlossene Eltern‹ gibt, die ihre Kinder auch nicht zum obligatorischen Wehrerziehungsunterricht schicken werden. Die Kirche müsse sich auf die Seite dieser Eltern stellen. Schließlich sei mit der Freiwilligkeit der geplanten Ausbildung von Jungen in Lagern eine dritte Kategorie von gesellschaftlichen Beurteilungen neben der Zugehörigkeit zur FDJ und der Teilnahme an der Jugendweihe geschaffen, durch die Christen, ohne es zu wollen, wieder einmal ins Abseits geraten.

Besondere Sorge bereite ihm der Kirchentag in Erfurt, weil er dort mit Sicherheit nach dem heutigen Gespräch gefragt werde. Nach einer energischen Intervention der staatlichen Vertreter erklärte Krusche, daß er keinesfalls die Situation in Erfurt anheizen werde, er habe auch bisher die Heißsporne in seiner Kirche von Aktionen abgehalten, um unsere Gesprächsatmosphäre nicht zu belasten. Er könne aber andererseits in Erfurt nicht schweigen oder den staatlichen Standpunkt zustimmend übernehmen. Er nehme zur Kenntnis, daß sich an der staatlichen Entscheidung nichts mehr ändert, nicht einmal der Name des Unterrichtes, obwohl doch ›Friedenserziehung‹ ein denkbarer Begriff wäre[703]. [...]

Schönherr erklärte [...], daß die Kirchen niemals behauptet haben, daß der Wehrunterricht völlig neu oder außerhalb gesetzlicher Regelungen liege. Vormilitärische Ausbildung habe es bisher gegeben, und die bestehenden Gesetze lassen auch die Einführung des Wehrunterrichtes zu. Was er nicht verstehe, sei der jetzige Zeitpunkt für die Einführung des neuen Unterrichtsfaches und die demonstrative Art, in der das geschehe. [...] [Er] betonte, daß es gegenwärtig vorrangig um die Abrüstung und um Vertrauen gehe, und ausgerechnet jetzt werde bei uns der Wehrunterricht eingeführt. Ihm und uns allen stecke noch der 2. Weltkrieg in den Knochen, und wir kennen alle die Auswirkungen eines Atombombeneinsatzes. Jeder von ihnen in der Kirche an diesem Tisch hat zur Abrüstung beigetragen (er verwies auf jüngste ökumenische Tagungen), deshalb seien sie aus Gründen des Ansehens der DDR über die Einführung des Wehrunterrichtes etwas ›frustriert‹. Keinesfalls stelle die Kirche das Recht zur Verteidigungsbereitschaft in Frage oder beschuldige die DDR der Kriegstreiberei. Sie hielten auch die These für Unsinn, wonach wir allein abrüsten und andere Staaten hochgerüstet bleiben sollen. Aber unklar sei ihnen, wie man 14jährigen klarmacht, Waffen gebrauchen zu lernen, um sie nicht zu gebrauchen. Fraglich sei auch, ob man 14jährigen Feindbilder in der erforderlichen Differenziertheit nahebringen könne.«

Schönherr bedauerte die schon in der Gesprächsführung erkennbare staatliche Festlegung; sie habe den Kirchenvertretern nicht die Möglichkeit eingeräumt, Veränderungen zu erwirken. Er kündigte den Staatsfunktionären an, daß sich die KKL nunmehr eventuell. mit einem Wort an die Gemeinden wenden werde:

»An die ›Auslandsglocke‹ wollen sie die Angelegenheit keinesfalls hängen. Aber sicher müsse sich die Kirche um der Gewissensfreiheit willen auf die Seite jener wenigen Eltern stellen, die ihre Kinder nicht zum Wehrunterricht schicken werden«, schloß der Bischof[704].

Im internen Kreis ließ Seigewasser verlauten: »Diese Leute waren [...] nicht zu überzeugen.« Ein zweiter Brief, den das Staatssekretariat nach diesem Gespräch erhielt, wurde gar nicht erst beantwortet[705].

Mit einiger Besorgnis mußten die Staatsfunktionäre aber feststellen, daß ›reaktionäre Kräfte‹ innerhalb der Kirche im gesamten Gebiet der DDR gegen den Wehrunterricht protestierten. Wie Krusche vorausgesehen hatte, wurde die Frage des Wehrkundeunterrichts auch auf den Kirchentagen in Erfurt und Leipzig thematisiert, wobei nach SED-Erkenntnissen die kirchenleitenden Persönlichkeiten allerdings »diszipliniert« auftraten[706]. Dennoch kam es in Leipzig zu einer Unterschriftensammlung gegen das Fach Wehrkunde, deren Zahl in die Hunderte ging[707]. Christen reagierten mit Protestschreiben an staatliche Stellen und traten auch in Elternversammlungen auf, ohne allerdings die Mehrzahl der Eltern auf ihre Seite bringen zu können. In einzelnen Fällen kam es sogar zu Plakataktionen und der Verteilung von Flugblättern in Hausbriefkästen[708]. Deutlicher als auf kirchenleitender Ebene protestierten viele Pfarrer und Katecheten, zahlreiche Junge Gemeinden[709], Evangelische Studentengemeinden[710] und kirchliche Ausbildungsstätten gegen das neue Unterrichtsfach[711].

Die Wehrerziehung wurde auch zum Streitpunkt an der Sektion Theologie der Berliner Humboldt-Universität, da der ansonsten getreue SED-Gefolgsmann Gerhard Bassarak – nach einer Auskunft seines Kollegen Hanfried Müller wegen seines siebenjährigen Dienstes bei der Wehrmacht im Zweiten Weltkrieg mit einem »äußersten Komplex gegen alles Militärische« behaftet – überraschend die Parteilinie verließ und gegen den Wehrunterricht Bedenken erhob. Daraufhin attackierten ihn Müller, Fink und andere scharf, indem sie »[...] auf seine Verantwortung als Erzieher hin[.]wiesen«[712].

Vor der KKL-Sitzung am 14. Juni 1978, auf der man den Brief an die Gemeinden verabschieden wollte, waren auf Bezirksebene Gespräche mit den Bischöfen und deren Stellvertretern vorgesehen, um die Kirchenleute von ihrem Vorhaben abzubringen. Seigewasser gab jedoch auch die Anweisung, die eingetretenen Spannungen im Staat-Kirche-Verhältnis nicht weiter zu schüren und »Konfrontationen [...] zu vermeiden«, da ein solches Vorgehen im Widerspruch zum 6. März stehe[713]. An diese Prämisse hielten sich auch die Kirchen.

Natho berichtete, die KKL-Sitzung vom 14. Juni[714] »habe jede Konfrontation mit dem Staat vermieden und war davon getragen, die Begegnung von Vertretern der Konferenz der Kirchenleitungen mit dem Ministerpräsidenten am 19. Juni 1978 nicht zu belasten. [...] Der Inhalt d[.]er Information an die Gemeinden, sagte Natho, besteht darin, daß die Kirchengemeinden ermutigt werden, am Friedensengagement der Kirchen weiter zu arbeiten. Sie sei frei von Emotionen und enthalte ›keine Festlegungen und aufregende Vokabeln‹.«[715]

Im Namen der KKL richtete Schönherr am 15. Juni 1978 einen Brief an Seigewasser, in dem es heißt:

»Die Konferenz der Evangelischen Kirchenleitungen bedauert, daß der im Schreiben vom 5. Mai 1978 geäußerten Bitte, von der Einführung eines solchen Faches Abstand zu nehmen, nicht entsprochen worden ist, und daß Vorbereitungen zur Durchführung der Wehrerziehung an den Schulen angelaufen sind. Die Konferenz der Evangelischen Kirchenleitungen bittet nach gründlichem Bedenken der von staatlicher Seite vorgetragenen Argumente trotzdem zu überprüfen, ob die vorgesehene Wehrerziehung für Schüler der 9. und 10. Klassen eingeführt werden muß.«

Als Begründung für die ablehnende Haltung der Kirchen gegenüber dem neuen Fach brachte der Brief folgende Argumente vor:

»Ein von Angst und Bedrohung bestimmtes Sicherheitsdenken stellt nach unserer Überzeugung keinen Schritt auf mehr Frieden dar, weil es zu Handlungen führt, die auf der Gegenseite ebenfalls Angst erzeugen und zur Gegendrohung verleiten. Weil der beabsichtigte Unterricht Teil dieses gefährlichen Mechanismus zu werden droht, erscheint er uns als Mittel der Friedenssicherung wenig geeignet. [...] Abrüstung wird nur möglich sein, wenn sie wirklich gewollt und im Denken einer jeden Gesellschaft fest verankert wird. Wir sehen die Gefahr, daß obligatorische Wehrerziehung Minderjähriger zu einer Gewöhnung an militärische Mittel der Konfliktlösung führt, die sich langfristig als Hindernis für wirkliches Abrüstungsbewußtsein erweisen könnte. Um der Abrüstung willen brauchen wir eine Erziehung, die Menschen zu gewaltlosen Formen der Beilegung von Streit fähig macht. Junge Menschen, die die Schrecken des Krieges nicht kennen und zu einem differenzierten Urteil über die Risiken militärischer Friedenssicherung im nuklearen Zeitalter nicht in der Lage sind, werden durch den beabsichtigten Unterricht, der die Möglichkeit einer bewaffneten Auseinandersetzung zwischen Ost und West als selbstverständlich voraussetzt und die Vorbereitung darauf zum Inhalt hat, in ihrer Friedensfähigkeit ernsthaft gefährdet. [...]
Die Deutsche Demokratische Republik bekennt sich konsequent zur Friedens- und Entspannungspolitik. Wir befürchten, daß die Glaubwürdigkeit dieser Politik im Ausland durch die Einführung des Wehrunterrichtes Schaden leidet. Die weltweiten Bemühungen um die Schaffung nicht-militärischer Sicherheitssysteme können nicht zum Erfolg führen, solange innerhalb der Staaten einseitig auf militärische Sicherheit hin erzogen und ausgebildet wird. Das Ziel einer Welt ohne Waffen, dem der Sozialismus sich verpflichtet weiß, sollte nach unserer Auffassung gerade im Bereich der schulischen Erziehung und Bildung deutlicher hervortreten. Die Ökumene erwartet von Vertretern aus Kirchen in sozialistischen Ländern hier eine spezifische Hilfe und Wegweisung.«[716]

Den »Brief an die Gemeinden« hielt Rudi Bellmann für ausgewogen, die Kirchenleitungen und Bischöfe seien an einer Verschärfung der Lage nicht interessiert und wollten vor allem die Ergebnisse des 6. März nicht aufs Spiel setzen.

»Wegen der Wehrerziehung lassen wir uns nicht den 6.3. wegdrehen, das will der Gegner. Diese Kreise wollen die Kirchenpolitik belasten; wir dürfen uns nicht herausfordern lassen, damit das nicht ins Gegenteil umschlägt.«

Anschließend zog der Leiter der Abteilung Kirchenfragen beim ZK der SED aus der Zeitdifferenz den Schluß, daß die eine Maßnahme die andere kaum berühre: »Am Sonntag, d. 25.6., wird der Brief an die Gemeinden in den Kirchen verlesen; den Wehrunterricht führen wir am 1.9. ein.«[717]

Seigewasser urteilt: »Der Brief [...] enthält anrüchige Formulierungen, wobei zu beachten sei, daß rechte Kräfte von unten versuchen, das nachzuholen, was die Rechten oben nicht geschafft hätten.« Diese Einschätzung hing mit der Feststellung des Staatssekretärs zusammen, seit dem 6. März sei der »Druck von rechts« auf die Bischöfe gewachsen. Diese seien aber an einer Auseinandersetzung mit dem Staat nicht interessiert[718].

In Thüringen wurde die Kanzelabkündigung nur im Bereich Saalfeld verlesen, wo das KKL-Mitglied Große den Text selbst an die Pfarrer weitergab. Erst nach dem 25. Juni verließ die Abkündigung den Landeskirchenrat in Eisenach, so daß der Text nicht am dafür vorgesehenen Tag an die Gemeinden übermittelt werden konnte. Darüber hinaus überließ man es jedem Pfarrer selbst, ob er das Wort noch an einem späteren Sonntag abkündigen wollte. Bischof Leich meinte im internen kirchlichen Kreis, die Landeskirche werde gegen den Wehrunterricht nicht aktiv werden. Kirchenrat Martin Kirchner meinte gar, dieser staatliche Schritt sei »längst fällig gewesen. In vier bis sechs Wochen würden sich die Gemüter darüber beruhigt haben.«[719]

Anders verhielt sich die Kirchenbundleitung während einer Pressekonferenz am 20. Juni 1978 – einen Tag nach dem Gespräch des KKL-Vorstandes mit Ministerpräsident Stoph über Fragen der Abrüstung und Friedenserziehung[720]. In dem Gespräch hatten sie zwar eine grundsätzliche Übereinstimmung mit der DDR-Militärpolitik[721] konstatiert; auf ausdrücklichen Wunsch der KKL[722] wurden aber auch die kirchlichen Sorgen wegen des Wehrunterrichtes vorgebracht. Stoph ging hierauf nur mit dem Hinweis ein, der Wehrunterricht sei seit der Unterredung bei Seigewasser am 1. Juni nicht mehr Gegenstand von Staat-Kirche-Gesprächen[723].

Die westlichen Journalisten Horstmeyer (SFB), Henkys (epd) und Winters (FAZ) stellten während der BEK-Pressekonferenz die Frage, ob auch über die Problematik des Wehrkundeunterrichts gesprochen worden sei. Daraufhin erwiderte Stolpe scharf, solche internen Fragen gingen westliche Journalisten überhaupt nichts an:

»Die Kirchen stünden mit der Regierung in einem sachlichen Gespräch. Stolpe meinte, die Journalisten sollten doch auch über die Stellung der Kirchen der DDR zur Abrüstung und zur Neutronenbombe informieren.«

Ähnlich reagierte Christa Lewek[724].

Stolpe rief am 26. Juni 1978, einen Tag nach der Verlesung der Kanzelabkündigung, gegen 7.00 Uhr morgens bei Hans Wilke in dessen Privatwohnung an und berichtete über die Verärgerung des KKL-Vorstandes wegen der Darstellung des Wehrkundekonfliktes in den westlichen Medien. Kirchliche Texte würden entstellt wiedergegeben bzw. unter Nichtbeachtung der Sperrfristen schon vorab präsentiert.

»Die Kirchenleitungen erwägen Maßnahmen, wie man diese Entwicklung abblocken könne, um weitere Schauermärchen zu unterbinden.« Stolpe fügte hinzu, »bei dem größten Teil der Kirchenleitungen und in den Gemeinden [spiele] der Wehrunterricht nur eine zweit- bzw. drittrangige Rolle. Die Bereitschaft, das gute Miteinander zwischen Staat und Kirche fortzusetzen, hat Vorrang und dominiert fast überall.« Die Kirchenleitung erwäge, »gegebenenfalls einen demonstrativen Akt zu vollziehen, um weitere negative Absichten zu durchkreuzen.« Für sich persönlich machte der Leiter des Kirchenbund-Sekretariats außerdem deutlich, daß seine eigene Auffassung in dieser Frage sich von der kirchenoffiziellen Haltung unterscheide. Darum habe er sich in den vergangenen zwei Wochen auch nicht mehr zum Wehrunterricht geäußert. »Er ließ deutlich werden, daß er unsere Positionen teilt«, notierte Wilke: »Jetzt könne er wieder sprechen und tue das auch, denn der Gegner habe ganz bewußt seine Kampagne gegen die DDR aus den innerkirchlichen Materialien, die nur eine Hilfe für die Gemeinden darstellen sollten, gemacht.«[725]

Stolpes eigenes Auftreten in den DDR-Medien stieß bei Pfarrer Günther Grigoleit aus Langengrassau bei Uckro (Kirchenkreis Luckau) auf scharfe Kritik. Am 25. Juni, dem Sonntag der Verlesung der Kanzelabkündigung zum Wehrkundeunterricht, hatte Stolpe im DDR-Rundfunk einen Kommentar abgegeben, der sich mit der Stoph-Begegnung befaßte. Grigoleit bekundete zunächst völlige Übereinstimmung mit den Ausführungen Stolpes und hob hervor, seine Rundfunkkommentare würden sich von denjenigen, die ansonsten zu hören seien, wohltuend unterscheiden. Doch dann kritisierte der Lausitzer Pfarrer die verblüffende Tatsache, daß Stolpe über Frieden und Abrüstung reden konnte, ohne auch nur mit einem Wort auf die Kanzelabkündigung einzugehen, die am selben Tag von den Pfarrern verlesen werden sollte.

»Aber mir geht es sehr ernsthaft um das, was nicht gesagt wurde. Sie nahmen im zweiten Teil Ihres Kommentars Bezug auf das Gespräch von Vertretern des Vorstandes beim Ministerpräsidenten am 19.6.1978. Wenn auch nicht ›protokollarisch‹, so ging es doch auch in diesem Gespräch um die Einführung des Unterrichtsfaches ›Sozialistische Wehrerziehung‹. Ich halte es für bedenklich, wenn gerade an dem Sonntag, an dem wir eine Kanzelerklärung des Bundes zu diesem Thema verlesen, in einem Kommentar von kirchenamtlicher Seite über Frieden und Abrüstung gesprochen wird, ohne auf das derzeit bei uns brennendste Problem einzugehen. Ich kann nicht beurteilen, ob eine Information, wie sie in der kirchlichen Presse erfolgte, im Rundfunk möglich gewesen wäre. Allerdings bin ich der Überzeugung, daß man, wäre dies nicht möglich gewesen, zu dem Gespräch beim Vorsitzenden des Ministerrates hätte schweigen müssen. Geben wir sonst nicht kund, daß wir unsere Befürchtungen selbst nicht so ganz ernst nehmen?«[726]

Zum weiteren staatlichen Vorgehen riet Hans Seigewasser Ende Juni 1978:

»Die Erregung wird sich verlaufen, ohne die Aktivitäten dieser Leute zu unterschätzen oder in der politischen Arbeit nachzulassen. Es kommt darauf an, keine unbedachten

Handlungen vorzunehmen oder die Nerven zu verlieren. Offenbar wartet die BRD-Reaktion darauf. Wir tun alles, die Ergebnisse vom 6.3. zu festigen, und dürfen nicht zulassen, daß die Kirchen zum Kampf gegen die DDR durch die BRD mißbraucht werden.«[727] Außerdem habe die DDR »an einer maximalen Breite der Friedensbewegung interessiert [zu] sein«[728].

In einem Gespräch zwischen Verner und Schönherr, das am 3. Juli 1978 stattfand, ging es ebenfalls um den Wehrkundeunterricht. Verner bezeichnete es unter Verweis auf das Wort an die Gemeinden und die vom BEK herausgegebene Orientierungshilfe als »empörend«, daß »die Kirchenleitung die Glaubwürdigkeit der Friedenspolitik der DDR in Zweifel zieht«. Außerdem kritisierte er die Übergabe dieser Papiere an die Westmedien:

»Offenbar sind einige Herren des BEK an einer Konfrontation der Kirche mit dem Staat interessiert. Den Gegnern der Entspannung wurde für ihre Hetze gegen die DDR Wasser auf die Mühlen getrieben. Der BEK habe sich damit selbst geschadet.«

Schönherr erwähnte, Werner Krusches Äußerung vor der EKU-Synode, das Wort an die Gemeinden ziele auf keine Auseinandersetzung mit dem Staat, sei mit ihm abgesprochen gewesen.

»›Ich gebe der Einschätzung recht, daß es skandalös ist, wie man die ganze Sache in den westlichen Medien ausgeschlachtet hat. Jene Leute, denen der 6. März nicht paßt, hatten offensichtlich gemeint, ihre Stunde sei gekommen.‹ Diese Leute würden sich irren.«[729]

Es sei dem Kirchenbund darum gegangen, gewisse Reaktionen auf der Kirchengemeindeebene abzufangen.

»Wir hatten Bedenken, sagte er, daß uns der Glaube an die Friedenspolitik der DDR nicht mehr abgenommen werden könnte. Wir haben uns gemeinsam über Helsinki gefreut. Wir müssen im Ökumenischen Rat der Kirchen an den Fragen vertrauensbildender Maßnahmen stellen. Wir wollen da glaubwürdig bleiben. [...] Wir wollten deutlich machen, daß wir nicht um eine Befreiung junger Menschen vom obligatorischen Unterricht kämpfen würden. Aber wir wollten zeigen, was getan werden sollte für eine sinnvolle Friedenserziehung in der Gemeinde, in den Familien.«

Abschließend äußerte Schönherr: »›Sie dürfen darauf zählen, daß es dabei bleibt, daß wir in Fragen der Friedenssicherung Verbündete sind.‹ Vielleicht habe man nicht alles genügend durchdacht.«

Verner äußerte, Zweck des Gespräches sei gewesen zu verdeutlichen, daß die Ergebnisse des 6. März nicht gefährdet werden sollten. »Das erfordere vor allem, unbedachte und impulsive Schritte zu vermeiden.«[730]

Die staatliche Einschätzung der Bundessynode Ende September in Berlin-Weißensee hielt fest: »Die Kirche erkennt, daß an der Durchführung des Wehrunterrichts nichts mehr zu ändern ist.«[731]

Das Regime sah diese Schlacht also für gewonnen an. Unterstrichen wurde der staatliche Sieg noch durch die Tatsache, daß sich DDR-weit von 190 000 Betroffenen[732] nur 101 Schüler – davon 24 aus dem Bezirk Dresden und 27 aus dem Bezirk Karl-Marx-Stadt[733] – nicht am Wehrkundeunterricht beteiligten[734].

Der Vorstand der KKL bat auf seiner Sitzung am 16. Oktober 1978 die

Gliedkirchen, darauf hinzuwirken, daß bei Nichtteilnahme an diesem Unterricht weder Ordnungsstrafen verhängt würden noch ein nachteiliger Vermerk im Schulzeugnis erfolgen sollte[735]. Ende November faßte der Vorstand einen Beschluß, mit dem er der volkskirchlichen Realität Rechnung trug:

»Dem Eindruck, die Kirchen hätten mit ihren bisherigen Stellungnahmen und Verhandlungen ausschließlich für Nichtbeteiligung am Wehrunterricht plädiert, muß entgegengewirkt werden. Gerade auch für Eltern, deren Kinder am Unterricht teilnehmen, muß eine konkrete Beratung gegeben werden.«[736]

Gemeinsame Geschichte: 40 Jahre Reichspogromnacht (8. November 1978)

Während der Beratergruppensitzung am 2. Oktober 1978 wurden die verschiedenen Stellungnahmen und Entwürfe zum 40. Jahrestag der sog. »Reichskristallnacht« erörtert[737]. Versuche, zu einem Gemeinsamen Wort beider Kirchenbünde zum 9. November 1978 vorzustoßen, scheiterten an der politischen Bedeutung des Datums für die DDR[738].

Auf der Bundessynode Ende September hatte Ludwig Große nach einem staatlichen Bericht geäußert, in der DDR hätte lediglich eine »geographische Bewältigung« der NS-Vergangenheit stattgefunden.

»Auch gegenüber den Juden und Polen verhielten sich Bürger der DDR nicht gut und treten überheblich auf. Wir melden bei uns nur Erfolge und nehmen nicht Anteil an der schweren Lage unseres Nachbarn.«[739]

Außerdem benannte Große anhand konkreter Fälle ausländerfeindliches Verhalten einiger DDR-Bürger[740]. Schönherr warf zwar ein, »daß ›sich unsere Gesellschaft bemüht, das schreckliche Erbe des Faschismus zu überwinden‹, z. B. im Schulunterricht, in Schulbüchern. ›Objektive Voraussetzungen‹ sind in unserem Staat für solches negatives Verhalten nicht vorhanden, aber ›es kommt noch immer hoch‹. ›Jugendliche spielen aus seltsamen Gründen so eine Art Judenpogrome oder so etwas‹, fügte er dann hinzu. Christen müssen dazu beitragen, daß solche ›Giftblasen‹, die ›irgendwo in der Tiefe der Seele des Menschen schlummern‹, nicht hochkommen. Dazu wolle er das Gespräch mit ›unseren staatlichen Partnern‹ führen.«[741]

Empört reagierte Schönherr auf Berichte von westlichen Medien, vor allem der Tageszeitung »Die Welt«, der Bischof solle von »»faschistischem Denken in der DDR‹ gesprochen habe[n]«. Die Beiträge Großes und Schönherrs wurden kirchlicherseits lediglich in Auszügen veröffentlicht[742].

Auch auf der Herbstsynodaltagung der Kirchenprovinz Sachsen (Magdeburg) wurde auf antisemitische und neonazistische Tendenzen in der DDR hingewiesen. Berlin-Brandenburg hielt anläßlich der Wiederkehr der Pogromnacht, die im übrigen alle Herbstsynoden der Landeskirchen beschäftigte, fest, »daß die DDR ihre Vergangenheit ›noch nicht bewältigt‹ habe und ›faschistische Tendenzen‹ vorhanden seien.«[743]

Schönherr schickte am 16. Oktober 1978 in seiner Funktion als KKL-Vorsitzender dem Vorsitzenden des Verbandes jüdischer Gemeinden in der DDR, Helmut Aris, Dresden, einen Brief, dem er das von der KKL einstimmig verabschiedete Wort an die Gemeinden zum Pogromnachtgedenken[744] beilegte: »Vielfach ist von evangelischen Christen auch die Anregung gegeben worden, an Orten, wo Synagogen gestanden haben, die in der sogenannten Kristallnacht zerstört wurden, einen Kranz niederzulegen oder in anderer Weise das Gedenken zu bezeugen«, schrieb Schönherr und schloß: »Nehmen Sie das Schreiben bitte als Zeugnis einer Verbundenheit, die, einer leidvollen und schuldbeladenen Vergangenheit bewußt, eine bessere Zukunft in unserem Verhältnis zueinander anstrebt.«[745]

Im Zusammenhang mit Überlegungen, ein gemeinsames Wort zum 9. November zu verfassen, kam bei der Beratergruppensitzung zum ersten Mal auch der Gedanke auf, zum 1. September 1979 eine gemeinsame Erklärung von Kirchenbund und EKD zu verabschieden, wobei Schönherr vorschlug, auch die österreichische Kirche mit einzubeziehen[746].

Die zweite Selbstverbrennung eines Pfarrers: Rolf Günther aus Falkenstein (17. September 1978)

Die SED-Funktionäre registrierten in der EKU 1978 eine Intensivierung der gesamtdeutschen Zusammenarbeit. Verstärkt tagten die Bereichsräte sowie einzelne Ausschüsse gemeinsam, wobei sich die Verantwortlichen während der EKU-Synode Ost auf den Grundlagenvertrag beriefen[747]. Doch es blieb nicht allein bei den Gremien der EKU. Ähnliche Beobachtungen machte die Abteilung I des Staatssekretariats für Kirchenfragen auch bei der Analyse der Synodaltagungen des Kirchenbundes, der VELK DDR, Berlin-Brandenburgs[748] und anderer Landeskirchen[749].

Bei seinem Antrittsbesuch bei Seigewasser am 10. Januar 1978 hatte der neue Präsident der Kirchenkanzlei der EKU (Ost), Joachim Rogge, den Ausdruck »Bereich DDR« als problematisch bezeichnet, aber beruhigend hinzugefügt, »die relativ häufigen Konsultationen beider Bereiche haben keinerlei gesetzgebenden Charakter. Es haben sich sogar in der Praxis der letzten Zeit eine Reihe von Möglichkeiten ergeben, den Vertretern der westlichen EKU Hinweise zu geben, daß sie keine falschen politischen Entscheidungen treffen – z. B. beim Brüsewitz-Zentrum.«[750]

Christof Ziemer informierte die Beratergruppe auf ihrer Sitzung Anfang Oktober 1978 über die Tätigkeit und die ungedruckten Arbeitsergebnisse der Theologischen Studienabteilung des Kirchenbundes. Ulrich von Brück gab eine ausführliche Darstellung der Selbstverbrennung des Falkensteiner Pfarrers Rolf Günther während des Gottesdienstes am 17. September 1978 vor dem Altar seiner Kirche. »In der Diskussion wird noch einmal mit Nachdruck unterstrichen, daß bisher keinerlei Anhaltspunkte bekannt sind, die die Tat von Pfarrer Günther als eine politische erscheinen lassen.«[751] Die zunächst befürchtete Parallele zu Brüsewitz konnte also zur allgemeinen Erleichterung ausgeschlossen werden.

In einer ersten SED-Information hatte es geheißen:

»Am Gottesdienst nahmen 250-300 Personen teil. Im Zusammenhang mit der Selbstverbrennung wurde ein Tonband abgespielt. Der Text ist noch nicht bekannt. Zur gleichen Zeit wurde ein Transparent in den vorderen Bankreihen enthüllt mit der Aufschrift ›Wacht endlich auf!‹«[752]

Ließ diese Vorgangsbeschreibung noch alles offen, gab Domsch bereits einen Tag nach der Tat in einer offiziellen Mitteilung des sächsischen Landeskirchenamtes politische Entwarnung:

»Hinsichtlich der Motive für das Handeln unseres Bruders Günther gibt es keinerlei Anhaltspunkte dafür, daß sie im politischen Bereich zu suchen sind. Sie liegen in menschlich persönlichen Belastungen und rein innerkirchlichen Spannungen in Glaubensfragen. Ein Kernproblem waren nicht bewältigte Verschiedenheiten in der Frömmigkeitspraxis und in der Gestaltung christlichen Lebensvollzugs in seiner Gemeinde. Bruder Günther ist dabei zunehmend vereinsamt. Es hatte immer Bemühungen gegeben, sich ihm zuzuwenden.«[753]

Einer mit Domsch abgestimmten Presseveröffentlichung des 1. Parteisekretärs Siegfried Lorenz zufolge kam es während des Gottesdienstes »zu einem Brand, in dessen Folge der Altar und die Sakristei erheblich zerstört wurden. Die am Gottesdienst teilnehmenden Bürger konnten sich durch besonnenes Verhalten der ihnen drohenden Gefahr entziehen [...] die bisher geführten Untersuchungen ergaben, daß es sich um Brandstiftung durch den diensttuenden Pfarrer G. handelt, der trotz des mutigen Einschreiten des Kirchenvorstandsmitgliedes Kebschull seinen Verletzungen erlag«[754].

Das Krisenmanagement entsprach ganz dem im Falle Brüsewitz. Am 18. September in der Frühe rief Schönherr in der Hermann-Matern-Straße an und teilte Dohle mit, Domsch habe sich am 17. den ganzen Mittag über in Falkenstein »umgetan« und in Erfahrung gebracht, »daß es heftige Streitigkeiten zwischen Pfarrer Günther und den Kirchenvorständen gegeben« habe. Nach seinem Eindruck lägen keine politischen Gründe vor. Weiterhin stellte er dem Funktionär in Aussicht, ihm noch im Laufe des Nachmittags über die Vormittags-Sondersitzung der Landeskirchenleitung Dresden, an der auch Stolpe teilgenommen habe, zu berichten. »Erforderlichenfalls kommt Bischof Schönherr mit OKR Stolpe am Nachmittag zum Stellvertreter des Staatssekretärs, Kollegen Hermann Kalb.«[755]

Kurz nach Günthers Selbstmord hatte die Bundessynode getagt, wo die Mehrheit der Synodalen mit großer Betroffenheit auf die traurige Nachricht reagierte. Sachsens LKA-Präsident Kurt Domsch interpretierte Günthers Handlung, indem er den Versammelten mitteilte, der Falkensteiner Pfarrer sei »an seiner Gemeinde und am Glauben verzweifelt[.]«. Für die Tat ließen sich weder politische noch kirchenpolitische Beweggründe anführen. Diese Interpretation wurde durch Stolpe und Opitz unterstützt, die damit kritischen Äußerungen einzelner Synodaler entgegentraten[756].

Staatlicherseits gelangte man zu der Einschätzung, daß es den »realistischen Kräfte[n]« in der KKL gelungen sei, sich auf der Synodaltagung durchzusetzen. »Alle Bischöfe erklären, daß noch bestehende Probleme im Verhältnis von Staat und Kirche auf keinen Fall das gute Ergebnis des 6.3. in Frage stellen dürfen.« Nicht alle staatlichen Erwartungen an die Kirche seien nach dem 6. März erfüllt worden. So werde Schönherrs Äußerung, die Christen wollten die der DDR-Gesellschaft innewohnenden Gesetze befolgen, in kirchlichen Verlautbarungen nicht mehr erwähnt[757].

Zur Diskussion über Südafrika: Überlegungen und Feststellungen des Rates der EKD vom September 1978 – Deutungen des BEK und der SED

Mitte Oktober 1978 fand eine Sonderkonsultation zwischen Vertretern des Kirchenbundes und der EKD zur Frage der Gewaltanwendung und ihrer theologischen Beurteilung angesichts der Diskussion um das Sjollema-Papier statt. Einen guten Monat zuvor war die offizielle Stellungnahme der EKD erschienen[758]. Bei aller Anerkennung im Blick auf die theologische Ausgewogenheit der EKD-Stellungnahme identifizierten die DDR-Teilnehmer das Schriftstück »als westdeutsches Papier. Firmengespräche und Gespräche mit der Regierung können die Kirchen in der DDR nicht führen und darum auch nicht reflektieren.«[759] Kritisch wurde angemerkt, das EKD-Papier enthalte zwar eine klare Ablehnung der Gewalt als Mittel zur Veränderung gesellschaftlicher Verhältnisse, biete aber keine überzeugende Alternative. Inhalt und Duktus ließen eine gewisse »Befangenheit der EKD« erkennen. In Südafrika verstünde man die Stellungnahme als Rat, »das Bestehende mehr oder weniger hinzunehmen und zu ertragen«[760]. Der Münchener Systematische Theologe Trutz Rendtorff, der auf westlicher Seite das Wort führte, entgegnete, daß Ratschläge zu bestimmtem politischem Handeln nicht zu den der Kirche anvertrauten Gnadenmitteln gehörten. Im Kern handele es sich bei der Verweigerung bzw. der Verwirklichung von Partizipationsrechten um ein verfassungsrechtliches Problem. In der anschließenden Diskussion ergab sich ein gewisser Konsens darüber, »daß die Kirche ihren Gliedern einen geistlichen Rat auch im politischen Bereich schuldig ist, wenn dieser erbeten wird«[761].
Schönherr stellte die Frage, ob bei einer Regierung, die nicht mehr für Recht und Frieden sorge, noch eine Legitimation im Sinne von Römer 13 gegeben sei. Günter Krusche bezeichnete die Südafrikanische Republik als Unrechtsstaat, Michael Beintker sah hinter der »Blockade in der Gewaltfrage« tiefere Ursachen; Helmut Zeddies hielt es gar für »fraglich, ob unsere Allergie gegen Gewalt nur theologisch motiviert ist. Da stecken Reste von obrigkeitsstaatlichem Denken drin«[762].
Wenn Beintker betonte, daß es »für in der DDR Lebende schwieriger« sei, »den Standpunkt oberhalb der Parteien beizubehalten«[763], sprach er an, was bei den vorhandenen Differenzen eine wichtige Rolle spielte, ohne es freilich klar zu benennen. Meinten die DDR-Theologen, sie selbst lebten in einem

Unrechtsstaat und fühlten sich daher mit den Unterdrückten in Südafrika solidarischer als ihre Kollegen aus dem Westen? So jedenfalls faßten diese die geäußerten Einwände nicht auf, sondern eher als theologisches Votum im Kontext sozialistischer Weltveränderungstheorien. Wieder einmal nahm Lingner in einem Informations-Brief an Bischof Petersen kein Blatt vor den Mund. Er schrieb:

»In der Gewaltfrage im Blick auf Südafrika wird die theologische Differenz zwischen den maßgebenden Sprechern der Kirchen in der DDR und den maßgebenden Sprechern der Kirchen in der EKD, die im Zusammenhang mit den Stellungnahmen zum Sonderfonds im Grunde sichtbar geworden ist, offen zutage treten. Das Gespräch hat mir den Eindruck vermittelt, daß die Brüder in der DDR (mit Ausnahme von Präsident Domsch) sich stark bemühen, die Gewalt im Zusammenhang mit einer Befreiung in Südafrika theologisch zu rechtfertigen [...] Beintker war wohl am ehesten bereit, die Gewaltanwendung in bestimmten Fällen im politischen Bereich als unanstößig hinzunehmen. Sie dürfe als ›letztes Mittel‹ ethisch (oder kirchlich-theologisch) weder verurteilt noch verdächtigt werden. Auch die Frage nach dem Subjekt einer ›Änderungsgewalt‹ im Südlichen Afrika schien ihm beantwortbar: Gruppen (doch wahrscheinlich Befreiungsbewegungen) seien die Subjekte der Änderungsgewalt; sie handeln im Interesse der breiten Masse, die ihre wahren Interessen nicht vertreten, nicht einmal richtig sehen kann. Das erinnert mich an die marxistisch-leninistische Lehre von der führenden Rolle der Partei als die kämpferische Vorhut der Arbeiterklasse, deren wahre Interessen sie vertritt u. a.«[764]

Am Ende der Sitzung wurde beschlossen, sich am 9. Januar 1979 wieder zu treffen, um über den Vorentwurf der Antwort des Bundes auf das Sjollema-Papier zu reden. Dessen Inhalt war auch für die EKD wichtig, denn es gab im Westen ebenfalls zahlreiche Persönlichkeiten, die so dachten wie die Repräsentanten des Kirchenbundes und die darum nur darauf warteten, mit östlicher Unterstützung die Haltung der EKD in dieser Frage zu kippen. Auch diesen Aspekt der Problematik brachte Lingner in wünschenswerter Deutlichkeit in seinem Brief an Petersen zum Ausdruck:

»Sollten die Kirchen der DDR in der Gewaltfrage zu einem anderen Urteil kommen als der Rat der EKD, würde dies auch im Bereich der EKD Auswirkungen haben. Es würde die Stimmen derer verstärken, die mit der Stellungnahme des Rates so nicht einverstanden sind und dazu neigen, nach schärferen Maßnahmen und nach deutlicheren Worten zu rufen. Sie könnten sich dann evt. auf offizielle Stellungnahmen der Kirchen in der DDR berufen.«[765]

Mit der Haltung der DDR-Kirchen zur Südafrika- und Gewaltproblematik hatte sich am 9. August 1978 eine Studie der Abteilung Internationale Beziehungen beim Staatssekretariat für Kirchenfragen befaßt. In ihr wurde scharf kritisiert, daß der BEK bis zum Juni 1978 mit einer schriftlichen Äußerung zum ÖRK-Hintergrundpapier gewartet habe. Das Antirassismusprogramm des ÖRK werde zwar unterstützt, allerdings »ohne dabei seinen gesellschaftspolitischen Inhalten in der vorgegebenen Prägnanz zu folgen oder ihnen die Bedeutung zuzumessen, die nötig wäre.«

Bezüglich »grundsätzlicher politischer Fragen wie der Haltung zum bewaffneten Kampf gibt es keine klaren Aussagen. Insgesamt ist augenscheinlich, daß die Vertreter des BEK offensichtlich unter dem Druck der EKD die Auseinandersetzung um gesellschaftspolitisch relevante Fragen des Antirassismusprogramms nicht öffentlich führen, sondern zum Teil neutralistische Positionen beziehen. Die am 26. Juni 1978 in Genf veröffentlichte Erklärung des BEK macht in dieser Hinsicht keine Ausnahme. Damit wird ein deutlicher Akzent gegen die von der Dienststelle des Staatssekretärs für Kirchenfragen gegebene Orientierung auf ein Bündnis mit antiimperialistischen Kräften in den Kirchen der Staaten im südlichen Afrika gesetzt. Unter der Flagge des Antirassismus wurde vom BEK auf der Grundlage eines wachsenden Bilateralismus in den Beziehungen vor allem zu Kirchen in Tansania, Moçambique, Sambia, Zaire und Äthiopien[766] eine Politik betrieben, die durchaus alternativ zur Außenpolitik der DDR und anderer sozialistischer Staaten aufzufassen ist.«[767]

Am 30. November 1978 schrieb der Detmolder Landessuperintendent Fritz Viering an Lingner, grundsätzliche Memoranden und Stellungnahmen beider Kirchenbünde müßten vorab miteinander besprochen werden.

»Es ist ja schon einmal der Skandal passiert, daß der Rat der EKD und der Bund der evangelischen Kirchen in der DDR völlig entgegengesetzte Stellungnahmen zu ein und derselben ökumenischen Frage abgegeben haben, so daß mit Händen zu greifen war, daß beide Kirchen sich ganz schön ihren Gesellschaftssystemen angepaßt hatten, ohne es zu wissen. Im übrigen meine ich, daß die Leitung des Bundes der evangelischen Kirchen in der DDR gegenüber ihrem Staat freier ist als der Rat der EKD gegenüber unserer Regierung. Wir schweigen ganz schön zu Vorgängen, zu denen wir etwas sagen müßten. Was die Kirchen in der DDR zur dortigen Wehrerziehung gesagt haben, nötigt mir Bewunderung ab.«[768]

Lingner nahm diese selbstkritischen Fragen des westlichen Kirchenmannes auf, zumal sie auf der Beratergruppensitzung Anfang Dezember auch »von den Brüdern in der DDR mit Nachdruck gestellt«[769] wurden. »Inwieweit sind die Kirchen in der EKD von den politischen Kräften und Strukturen der Bundesrepublik abhängig (besonders Bischof Krusche), und sind nicht manche theologischen Urteile auch der Kirchen in der EKD beeinflußt von dem politischen Umfeld, dem sie verpflichtet sind?«[770]

Während Lingner und die meisten westlichen Teilnehmer immer wieder die unglückliche Konstruktion Beratergruppe für manche Mißverständnisse zwischen den Kirchenbünden verantwortlich machten und ständig auf Verbesserungen dieser formalen Konstellation drängten, sahen die Kirchenleute aus der DDR vor allem inhaltliche Ursachen – nämlich den unterschiedlichen gesellschaftlichen Kontext – für die Differenzen. Dabei legten sie den EKD-Vertretern zunehmend deutlicher ihre Interpretation nahe, die Westkirche nehme bei ihrem Reden Rücksichten auf die Bundesregierung, das Bankenwesen[771] und die Industrie, während der BEK sehr viel unabhängiger Stellung beziehe. Einige Kirchenleute aus dem Westen neigten je länger je mehr zur Übernahme dieser Interpretation.

Doch der SED reichte die hier zum Ausdruck kommende Auseinanderentwicklung bei weitem noch nicht. Aus der Perspektive der marxistischen Ideologie hieß es, die Kirchenleitungen seien »Träger und Verbreiter [...] ideologischer Auffassungen [...], die [...] ihre Quellen in der imperialistischen BRD haben (vor allem sozialdemokratische Theorien). Ideologisch sind sie trotz kirchenrechtlicher Trennung von der EKD nach wie vor auf vielfältigste Weise verbunden.«[772]

Ende der Beratergruppe nach zehn Jahren?

Die am 19. März 1979 tagende Beratergruppe wollte sich auf Wunsch der östlichen Mitglieder einen Bericht über das Kirchensteuersystem und die Finanzsituation der EKD und ihrer Gliedkirchen geben lassen[773]. Außerdem war ein Gespräch über die Sitzung des ÖRK-Zentralausschusses in Jamaika geplant[774].

Bei einer Begegnung der Präsidien beider Kirchenbünde am 3. Februar 1979 unterstrich EKD-Präses und CDU-Mitglied[775] Cornelius von Heyl »die problematische Situation der EKD im Verhältnis zum ÖRK. Der Bund hat die Chance, sowohl beim ÖRK als auch bei der EKD gehört zu werden. Er sollte diese Chance nutzen, damit nicht schwerer Schaden für das ökumenische Engagement der EKD eintritt. Das würde auch dem Bund schaden.«[776] Offenbar war über der Südafrika-Frage und anderen Streitpunkten der Dissens zwischen Hannover und Genf so weit fortgeschritten, daß man meinte, die Vermittlungsdienste der wohlgelittenen Schwesterkirche aus der Zweiten Welt in Anspruch nehmen zu müssen.

Anfang März 1979 griff Lingner in einem Brief an Christa Lewek den Gedanken einer abgestimmten Äußerung beider Kirchen zum 40. Jahrestag des Kriegsbeginns wieder auf[777]. Es wurde vereinbart, diese Frage bei der Begegnung zwischen Mitgliedern des BEK-Ausschusses Kirche und Gesellschaft mit denen der EKD-Kammer für öffentliche Verantwortung am 17. April 1979 unter Vorlage von Textentwürfen zu erörtern[778].

Im Zusammenhang mit den anstehenden Aufgaben einerseits und dem inneren Zustand der Beratergruppe andererseits dachte man erneut über mögliche Umgestaltungen dieses Gremiums nach. Kritik an der Zusammensetzung und Arbeitsweise der Beratergruppe war nie ganz verstummt. Was aber jetzt laut wurde, übertraf die früheren Monita doch erheblich. Lingner notierte über ein Gespräch mit Lewek und Demke:

»Sachlich erscheint ein Informationsforum wie das der Beratergruppe nicht mehr so dringend geboten zu sein wie früher. Neben den Gesprächen auf den Ebenen der EKU und der VELK/VELKD sind in der Zwischenzeit intensive bilaterale Beziehungen zwischen Gliedkirchen der EKD und Gliedkirchen des Bundes geknüpft worden. Der Informationswert der Gespräche in der Beratergruppe ist für die Beteiligten kaum noch von Belang. Die Zusammensetzung der Beratergruppe erschwert die Erfüllung der Aufgabe, Entscheidungsprozesse in den Leitungsgremien des Bundes und den Leitungsgremien der EKD beratend vorzubereiten. Die Teilnehmerzahl ist zu groß; ihre Zusammensetzung im einzelnen ist von Diskontinuität gezeichnet. Die inhaltliche Vorbereitung der Beratungsgespräche muß als unzureichend bezeichnet werden. Sie wird im wesentlichen im Alleingang von der Kirchenkanzlei und dem Sekretariat des Bundes erledigt, ohne daß Anregungen für Themen aus dem Beraterkreis selbst kommen. Die Beratergespräche erwecken den Eindruck, als ob es keine gemeinsamen Anliegen zwischen dem Bund und der EKD gäbe, die einer Abstimmung bedürften. Nach der Sicht der Kirchenkanzlei – Berliner Stelle – und des Sekretariats ist dies falsch.«[779]

Ferner wurde im Blick auf das Verhältnis zwischen EKD und ÖRK geplant, eine Konsultationsgruppe einzuberufen, die sich theologisch wie kirchenrechtlich mit der Frage der Konsensbildung in ökumenischen Gremien und zwischen den Mitgliedskirchen des ÖRK befassen sollte.

Mitte Juni 1979 sandte Walter Hammer an Lingner eine Beschlußvorlage für den Rat der EKD, die Nachfolgeorganisation der Beratergruppe betreffend. Danach sollte jede Landeskirche in Ost und West je einen »Verbindungs-Beauftragten« auf kirchenleitender Ebene benennen. Diese um Persönlichkeiten aus beiden Bünden ergänzte Gruppe sollte in Konferenzen alle gemeinsamen Sachfragen – auch finanzielle – erörtern und gegebenenfalls ad-hoc-Arbeitsgruppen für zeitlich begrenzte Vorhaben einsetzen[780].

Als Lingner jedoch bei der nächsten Beratergruppensitzung am 2. Juli 1979 über die Beschlußvorlage für den Rat berichtete, sprachen sich alle Teilnehmer aus der DDR ohne Ausnahme für die Fortsetzung der Beratergruppe aus und bestritten, daß sie sich je kritisch über das Unternehmen geäußert hätten. Ihre Bitte ging lediglich dahin, in das Gremium drei Ratsmitglieder und drei kirchenleitende Mitglieder zu berufen, die regelmäßig an den Begegnungen teilnehmen könnten. Offensichtlich ging es ihnen lediglich um eine personelle »Aufwertung« der Gruppe. Aus einem Nachgespräch mit Demke und Stolpe wurde deutlich, daß der BEK vor dem Hintergrund einer Vermahnung durch den Staatssekretär für Kirchenfragen keinen weiteren Ausbau der Beziehungen mehr riskieren wollte, sondern nur noch auf »Besitzstandswahrung«[781] aus war. Da die Unterredung mit Seigewasser unmittelbar vor der Beratergruppensitzung stattgefunden hatte, stand diese noch »stark unter der Wirkung« der staatlichen Vorwürfe, was unter anderem auch dadurch zum Ausdruck kam, daß Schönherr sehr ausführlich und ohne diplomatische Rücksichten berichtete. Seigewasser, so der Berlin-Brandenburgische Bischof, habe im Auftrag höchster Regierungsstellen eine Reihe von Gesprächen mit kirchenleitenden Persönlichkeiten geführt. Ihm habe der Staatssekretär mitgeteilt, man befürchte, »daß die Kirchen sich ins Schlepptau der Bundesrepublik nehmen lassen«[782]. Dabei habe er auf eine Empfehlung der Konferenz der Kirchenleitungen verwiesen, wonach im Zusammenhang mit dem sog. »24-Ausschuß« auch von »mitarbeitenden Gästen« aus EKD, EKU und VELKD gesprochen worden sei[783]. An dieser Stelle des Schönherr-Berichtes fiel der Satz: »Es ist immer wieder belastend, daß staatliche Stellen Protokolle von vertraulichen Sitzungen auf dem Tisch haben!«[784]. Mit anderen Worten: Allen Anwesenden aus Ost und West war spätestens seit diesem Zeitpunkt klar, daß vertrauliche, innerkirchliche Protokolle wiederholt in die Hände des SED-Staates gelangten. In der anschließenden Diskussion ging nach Lingners Protokoll nur der sächsische LKA-Präsident Domsch[785] auf die Nebenbemerkung ein. Er fragte, »wie der Staatssekretär an die vertraulichen Protokolle herangekommen«[786] sei, erhielt aber von keiner Seite irgendeine Antwort.

Stolpe hätte es eigentlich wissen müssen, denn er hatte die Arbeitsgruppe Kirchenfragen eingehend über die kirchlichen Planungen informiert[787].

Auch Natho, neuerdings Ratsvorsitzender der EKU, berichtete, Seigewasser habe ihn auf das kirchliche Ost-West-Verhältnis angesprochen und »davor gewarnt, in die ›Zeiten vor 1971‹ (das ist der Zeitpunkt der Anerkennung des Bundes durch den Staat) zurückzufallen. Man solle sich davor hüten, eine ›gesamtdeutsche Konzeption‹ durchzuführen. Die Gefahr sei beim Bund und bei der VELK nicht so groß – wohl aber bei der EKU. Er bat um Erläuterung des Begriffs ›Partnerkirche‹. Zur Beteiligung westdeutscher Kirchenvertreter bei dem 24-Ausschuß meinte Seigewasser: ›Dabeisein‹– das ist etwas anderes als ›das Wort nehmen können‹. Man ›müsse den Anfängen wehren‹, ›es gehe um ein eminent politisches Problem; man wolle darum im Gespräch bleiben‹. Auch Natho hatte den Eindruck, daß das Gespräch von höchster Stelle angeordnet sei. Er beurteilte es so: ›Ich verhehle Ihnen nicht, daß mir der Verdacht gekommen ist, daß wir uns als normal eingeredet haben, was nicht normal ist. Was wir hier – auch jetzt an diesem Tisch – tun, ist völlig unnormal.‹«

Weiter habe sich der Staatssekretär gegenüber Schönherr über die kirchliche Unterstützung für dissidierende Schriftsteller wie Stefan Heym beschwert. »Die Kirche lasse ihn in kirchlichen Veranstaltungen auftreten«. Dieses Verhalten zerstöre das Vertrauensverhältnis zwischen Staat und Kirche[788].

Auf den Bericht hin, den Lingner am 6. Juli 1979 vor dem Rat der EKD abgab, beschloß dieser, »Grundsatzfragen der Arbeit und der Zusammensetzung der Beratergruppe zunächst« zurückzustellen und die »weitere Entwicklung [...] abzuwarten«[789]. Außerdem erfolgte eine Neuzusammensetzung, die den Wünschen nach kirchenleitender Repräsentanz Rechnung trug. Obwohl Hans von Keler die Ratsmitglieder, die zur Beratergruppe gehörten, noch während der Ratsitzung darum bat, sie möchten die Termine der Beratergruppen-Begegnungen vorrangig beachten[790], sollte sich zeigen, daß nach wie vor nur ganz wenige der Veranstaltung Priorität einräumten[791]. Regelmäßig erschien der Ulmer Prälat Hans von Keler, der eher inoffiziell so etwas wie die Funktion eines »Vorsitzenden« der westlichen Beratergruppe übernahm[792].

Zehn Tage nach diesem Beschluß und dem Votum der Konferenz der Evangelischen Kirchenleitungen in der DDR »zur Frage der Gewaltanwendung im Kampf gegen den Rassismus im südlichen Afrika«[793] unterbreitete Lingner dem Präsidenten der EKD-Kirchenkanzlei, Hammer, einen alternativen Vorschlag, der die Beratergruppe unerwähnt ließ. Vor dem Hintergrund der Theologischen Konsultation zu dem sog. Sjollema-Papier des Ökumenischen Rates hatten Lewek, Zeddies, Demke, Lothar Coenen und Lingner Überlegungen angestellt, solche Konsultationen seitens ihrer Dienststellen häufiger zu organisieren. In diesen Konsultationen sollten theologische Grundsatzfragen behandelt werden, die »sich aus der ökumenischen Arbeit ergeben [...] Der Ökumene-Bereich (Welt-Ökumene) ist weitgehend nicht abgedeckt. Hier besonders wünscht der Bund eine stärkere gegenseitige Information und gemeinsame Beratung.«[794]

Hans Weise vom Staatssekretariat für Kirchenfragen gab hinsichtlich der jüngsten ökumenischen Aktivitäten des BEK die folgende Wertung ab:

»Insgesamt wurde [...] deutlich, daß der BEK an seinen grundsätzlichen Auffassungen zur Friedensfrage, den Problemen der Abrüstung und Sicherheit an Europa sowie in seiner Haltung zur Apartheidpolitik im südlichen Afrika festhält. Sie sind gekennzeichnet durch vielfältige Versuche, ein spezifisch christliches Friedensverständnis zu entwickeln, sich von der weltweiten Friedensbewegung im politischen Sinne zu separieren und über eine individualistische Philosophie die gerade in der Friedensfrage aufbrechenden Klassengegensätze zu absorbieren.

Die im Juli vom ›Arbeitskreis für ökumenische Diakonie‹ beim BEK verabschiedete Stellungnahme zu Fragen des Kampfes gegen die Apartheidpolitik reaktionärer Regimes im südlichen Afrika trägt dagegen deutlich antiimperialistische Aspekte und eröffnet die Möglichkeit einer besseren Zusammenarbeit.«[795]

Gegen die implizite Abwertung der Beratergruppe erhob der theologische Referent in der Kirchenkanzlei der EKU, Alfred Burgsmüller, Bedenken, indem er das Beratergremium den theologischen Konsultationen und gemeinsamen ad-hoc-Arbeitsgruppen vorordnete. Aus den Beratungen und Informationen der Beratergruppe ergäben sich dann entsprechende »Aufträge« an die Konsultationen[796].

Dichterlesungen in Kirchen (1979)

Am 12. Juni 1979 sprach Seigewasser mit Schönherr wegen zweier geplanter kirchlicher Veranstaltungen mit dem Schriftsteller Stefan Heym im Berliner Raum; eine davon sollte am 17. Juni 1979 stattfinden[797]. Im Verlauf der Aussprache empfahl der Staatssekretär dem Bischof, »eine *kirchliche* Entscheidung gegen das illegitime Auftreten von Stefan Heym in kirchlichen Räumen herbeizuführen. Ich habe dabei«, so Seigewasser, »die Erwartung ausgesprochen, daß derartige Veranstaltungen in Zukunft unterbleiben, und habe ihm gleichzeitig erläutert, daß die Auftritte Heyms, der über ausländische Medien in Wort und Schrift die DDR verleumdet, der vorsätzlich die Gesetze unseres Staates bricht, mit kirchlichen Interessen oder Aufgaben in der DDR nicht in Übereinstimmung zu bringen sind. Ich machte Bischof Schönherr auftragsgemäß klar, daß die Verantwortlichen für diese Veranstaltung nur dem guten Einvernehmen von Staat und Kirche schaden, und verwies darauf, daß bisher unterlassen wurde, entsprechend der Veranstaltungsverordnung die Zusammenkunft anzumelden«.

Hinsichtlich der für den 17. Juni geplanten Veranstaltung soll Schönherr von einer Instinktlosigkeit gesprochen und zugesagt haben, mit dem Pfarrer dahingehend zu reden, daß der Abend nicht stattfinde. Im übrigen verwies er darauf, daß er in solchen Dingen keine Weisungsbefugnis besitze, da die Vergabe kirchlicher Räume dem jeweiligen Gemeindekirchenrat obliege. Außerdem sagte der Bischof: »Ein Schriftsteller habe die Hand am Leben und könne unter Umständen auch der Kirche sehr viel sagen.« Auf Seigewassers »dringlich erhobenen Einwände, daß Stefan Heym und einige wenige andere im Zwielicht des gesellschaftlichen Lebens stehen und die Realitäten in der DDR verzerrt wiedergeben, antwortete [Schönh]er[r], das sei wohl richtig, aber die Kirche könne nicht die gleichen Maßstäbe anlegen wie Staat und Gesellschaft.«[798]

Drei Wochen später hielt Seigewasser dem Berliner Bischof mehrere Veranstaltungen mit Heym und deren hohe Besucherzahlen vor. So hatte Heym am 15. Juni 1979 in Eichwalde bei Berlin vor 500 Teilnehmern und am 26. Juni 1979 in der Ostberliner Bartholomäuskirche vor 400 – wie auch in der vorangehenden Veranstaltung – überwiegend jugendlichen Zuhörern geredet.

»Genosse Seigewasser schlußfolgerte, daß der Verlauf wie auch der außergewöhnliche Besuch dieser Veranstaltungen den fatalen Eindruck aufkommen lassen, Heym unter Mißbrauch kirchlicher Möglichkeiten als Fahne des Widerstandes weiterzureichen.«

Der Staatssekretär vertrat die Auffassung, im kirchlichen Bereich sei man an solchen Autoren besonders interessiert, die »mit unserem sozialistischen Staat in Konflikt geraten sind.« Er wies in diesem Zusammenhang darauf hin, daß auch ein ARD-Korrespondent in der Sendung »Report« von der Bartholomäuskirche berichtet habe und »den Standpunkt vertrat, daß die Kirche in der DDR für den Sozialisten Heym so etwas wie eine letzte Zufluchtstätte geworden sei.«

»Seigewasser knüpfte daran die Frage, ob die Verantwortlichen für diese Vorgänge bewußt darauf abzielten, über den Weg der Konfrontation die Kirche hinter den 6. März 1978 zurückzumanövrieren. Der Staat sei gegen jeden Konflikt in der Regelung der Beziehungen zu den Kirchen, auch gegen Teilkonflikte an der Basis. Von der Kirche müsse allerdings erwartet werden, daß sie es nicht als legitime Aufgabe ansehe, Bürgern, die mit der Gesellschaft in Konflikt geraten sind, ›Freiräume‹ anzubieten. Es sei zu wünschen, daß insbesondere die Gemeindepfarrer die von Bischof Schönherr am 6. März apostrophierten Vor-Ort-Beziehungen im Sinne der Aussagen dieser Begegnung praktizieren. […] Heym […] habe es sich zu seiner Aufgabe gemacht, den Sozialismus als Gesellschaftsordnung zu diffamieren und die Früchte schöpferischer Arbeit der Millionen Werktätigen unseres Volkes anzuzweifeln. […] Bischof Schönherr brachte in seiner Erwiderung zunächst seine Dankbarkeit für die Offenheit zum Ausdruck, mit der der Staatssekretär seinen Standpunkt dargelegt habe. Auch ihn, Schönherr, bewegten ernste Sorgen. So müsse er sich im innerkirchlichen Raum in oftmals harten persönlichen Auseinandersetzungen des Vorwurfs erwehren, mit dem 6. März die Verpflichtung zum ›Wohlverhalten‹ gegenüber dem Staat eingehandelt zu haben.« Dabei wies der Bischof auf »das labile Kräfteverhältnis innerhalb seiner Kirche, insbesondere das Ausmaß der Anfechtung seiner Person« hin. »Für sein Amt sei es angesichts der gegebenen Situation wichtig, nach allen Seiten hin Zeichen zu setzen, d. h. gelegentlich auch den öffentlich Angefochtenen beizustehen.« In den letzten Jahren, insbesondere seit der auf dem VIII. Parteitag der SED gegenüber dem Geistes- und Kulturleben angekündigten Liberalisierung, »habe sich zwischen der Kirche und nicht wenigen Schriftstellern ein ›interessiertes Verhältnis‹ herausgebildet. So gesehen würden es wohl viele als ›schäbig‹ empfinden, angefochtene Schriftsteller jetzt fallenzulassen. […] Schönherr erwähnte, daß er vor Monaten mit Heym zu einem persönlichen Gespräch zusammengetroffen sei. Auf den Gesprächsinhalt ging er nicht ein.« Nochmals wies der Bischof auf seine mangelnde Weisungsbefugnis gegenüber den Gemeinden und auch den Pfarrern hin[799].

Wohl gegenüber staatlichen Stellen hatte Sachsens Bischof Hempel seine Besorgnis wegen der Ereignisse um einige Schriftsteller geäußert. Im Ausland müsse er z. B. Rede und Antwort wegen des Ausschlusses von Heym und auch Rolf Schneider aus dem Schriftstellerverband stehen, obwohl ihm die Gründe des Ausschlusses nicht bekannt seien und auch nicht transparent gemacht wurden. Kurt Domsch fügte hinzu, »er habe den Eindruck, daß kritische Werke nicht gefragt seien.«[800]

Zusammenfassend heißt es in einem Vermerk des Staatssekretariats für Kirchenfragen: »Besonders in den Monaten vor dem 30. Jahrestag der DDR häuften sich Auftritte von politisch negativ eingestellten Künstlern in Kirchen.«[801]

Hierüber sprach Hermann Kalb mit Schönherr am 1. September 1979, wobei er sich auf die zuvor stattgefundenen beiden Gespräche zwischen Seigewasser und dem Bischof bezog. Kalb wies darauf hin, »daß seitdem in zunehmender Zahl Schriftstellern und anderen Autoren kircheneigene Räume für provozierende, auf die Verleumdung unseres Staates und seiner Repräsentanten gerichtete Auftritte zur Verfügung gestellt worden sind und werden.« Als Beispiele nannte der Stellvertreter des Staatssekretärs Stefan Heym,« Klaus Schlesinger und Bettina Wegner[802]. Kalb wies darauf hin, »daß in keinem der aufgeführten Fälle ein legitimes kirchliches Anliegen erkennbar sei, sondern eindeutig kirchliche Räume zu politischen Demonstrationen gegen unseren Staat und die sozialistische Gesellschaftsordnung mißbraucht worden sind.« Dieses Verhalten widerspreche den Vereinbarungen vom 6. März. Außerdem seien »unausbleibbare Belastungen der ›Vor-Ort‹-Beziehungen« die Folge. »Schließlich könne den Staatsorganen nicht länger zugemutet werden, auf Provokation und Konfrontation gerichtete Gesetzesverletzungen stillschweigend hinzunehmen.« Schönherr erklärte, er nehme »die vorgetragenen Fälle sehr ernst [...]. Allerdings müsse er als Mann der Kirche manches aus einer anderen Sicht der Dinge sehen, einordnen und werten. So habe er davon auszugehen, daß es sich bei den genannten Fällen hinsichtlich der Mitwirkung oder des Fehlverhaltens von Geistlichen um eine verschwindende Minderheit handelt. Die überwältigende Mehrheit der Pfarrer verhalte sich korrekt und achte die Gesetze. Freilich wolle er diese Haltung nicht absolut gleichsetzen mit einem uneingeschränkten Bekenntnis zu unserem Staat. Zum anderen müsse man den Kirchengemeinden das Recht einräumen, sich mit den geistigen Fragen und Problemen unserer Zeit auseinanderzusetzen und in diese Diskussionen auch Gegenwartsliteratur einzubeziehen, die Fragen an Staat und Gesellschaft aufwirft, Mißstände, menschliches Versagen und Fehlentwicklungen beim Namen nennt und Antworten offen läßt. Dies treffe zum Beispiel auf Stefan Heym zu.«

Kalb hielt abschließend fest, »daß es im wohlverstandenen Interesse der Kirche selbst liegt, sich von jenen Elementen nicht mißbrauchen zu lassen, die sich von unserem Staat losgesagt haben, ihn verteufeln und zumeist im Sold des Gegners stehen. Bischof Schönherr gab [...] daraufhin die Zusicherung, daß er noch am gleichen Tag (Sonnabend) einen leitenden Herrn des Bundes zu sich bitten und veranlassen werde, [...] auf die Leitungen der Landeskirchen im Sinne unseres [des staatlichen] Anliegens einzuwirken. Darüber hinaus will er persönlich die nächste Zusammenkunft der Superintendenten zum Anlaß klärender Gespräche nehmen«, bemerkte Kalb befriedigt[803].

Am 4. Oktober 1979 fand zu dem Problemkomplex Dichterlesungen in

Kirchen eine Sondersitzung der Berlin-Brandenburgischen Kirche statt, an der auch diejenigen Superintendenten und Kreisjugendpfarrer teilnahmen, in deren Verantwortungsbereich bereits derartige Veranstaltungen stattgefunden hatten. Eine Mehrzahl der Kirchenleitungsmitglieder, gerade auch solche eher konservativer Provenienz, vertrat die Auffassung, daß Pfarrer in erster Linie das Evangelium zu verkünden und keine antimarxistischen Auftritte zu organisieren hätten. Dem staatlichen Protokoll zufolge heißt es weiter:

»Bischof Schönherr – unterstützt durch seine in der Kirchenleitung vertretenen Amtsbrüder – äußerte sich dahingehend, daß er nicht länger bereit sei, als Gottesdienste deklarierte Auftritte von mit dem Staat in Konflikt geratenen Kräften zu decken. In solchen Fällen müsse rigoros die Veranstaltungsverordnung angewandt werden. Daraufhin brachten mehrere der als Gäste eingeladenen Pfarrer zum Ausdruck, daß sie einen Bischof ablehnen, der sich als ›verlängerter Arm der Staatssicherheit‹ offenbare.«[804]

Ende Oktober versicherte Schönherr gegenüber Kalb, »daß er alles in seinen Kräften Stehende unternehme, um solchen Vorgängen und Tendenzen entgegenzutreten. In verschiedenen Gesprächen mit nachgeordneten kirchlichen Stellen und Persönlichkeiten habe er es in dieser Richtung an Deutlichkeit nicht missen lassen. Allerdings müsse man staatlicherseits bedenken, daß ein Bischof keine durchgängige und absolute Weisungsbefugnis habe, und man dürfe nicht außer acht lassen, daß mancher von Staat und Gesellschaft kritisch beurteilte Vorgang aus der Sicht der Kirche als legitimes Anliegen verstanden wird. Mit dieser einschränkenden Bemerkung wolle er sich allerdings nicht begründeten Einsprüchen entziehen.«[805]

In geschlossener Sitzung befaßte sich auch die Herbstsynodaltagung der Kirchenprovinz Sachsen, ausgehend von einer Kritik an dem »Wort des Kirchenbundes an die Gemeinden«[806], mit diesen Aspekten. Hans Wilke berichtete:

»Man setzte sich für solche Typen wie Bahro und Biermann ein, polemisierte gegen das sozialistische Feindbild, forderte, daß die kirchlichen Mitarbeiter den ›Freiraum‹ nutzen sollten, den sie haben, um für Benachteiligte einzutreten. Pfarrer Kramer (Magdeburg) allerdings warnte aus ›taktischen Gründen‹ vor diesem letzten Vorschlag. Zum Feindbild heißt es: ›Wir sollten uns die wohlbekannten Feindbilder in ihrer Verzerrung und Verteufelung des Gegners nicht länger gefallen lassen.‹«[807]

Allerdings unterstütze der Kirchenbund hauptsächlich Regimegegner, die sich in Freiheit befanden. Auf diesen Sachverhalt machte der Greiffenberger Pfarrer Dietrich Ninnemann aufmerksam, indem er dem BEK-Sekretariat am 10. Januar 1979 schrieb:

»Wenn ich richtig informiert bin, sind alle Gefangenen, die auf unsere Fürbittenliste kommen, wegen Verweigerung des Wehrdienstes in Haft. Dies scheint mir eine unvertretbare Eingrenzung, denn vor einer Reihe von Jahren war dies noch völlig anders. Warum wird der Mitarbeiter des Jungmännerwerkes in Dresden, der über Wehrunterricht durch Handzettel informiert hat, oder der Theologiestudent, der mit einem Plakat demonstriert hat mit der Aufschrift: ›Freiheit für Rudolf Bahro‹, nicht auf die Fürbittenliste genommen? Ich greife hier wahllos zwei Fälle heraus, es wären sicher noch viele andere zu nennen, die Ihnen ja auch bekannt sein müssen. Ob Sie mir bitte mitteilen, welche theologischen oder sonstigen einsichtigen Gründe die Verantwortlichen dazu führen, solche Eingrenzungen vorzunehmen.«[808]

Stolpe antwortete am 19. Januar, der betreffende Student sei vor einigen Wochen aus der Haft entlassen worden, ohne daß eine Verurteilung erfolgt sei. Im Fall Uwe Reimanns aus Görlitz habe das Konsistorium Görlitz innerkirchlich am 11. Januar 1979 informiert[809]. Stolpe schloß den Brief: »In beiden Fällen sehen die Kirchenleitungen nach Lage der Dinge keine Möglichkeit, um allgemeine Fürbitte in allen Kirchen nachzusuchen.«[810] Eine Begründung blieb Stolpe schuldig.

Die Künstler durften auch weiterhin in kirchlichen Räumen auftreten, allerdings wurde der äußere Rahmen so eng gesteckt, daß eine spektakuläre Wirkung in der Öffentlichkeit vermieden werden konnte. Zum Teil sprach man auch exklusive Einladungen, z. B. an kirchliche Mitarbeiter, aus[811].

Unruhe unter der Jugend (1979)

Während der Juli-Sitzung 1979 der Beratergruppe berichtete Schönherr über die innere Verfassung junger Menschen in der DDR:

»Unter den jungen Menschen gärt eine erhebliche Unruhe. Natürlich kommen die vielen jungen Menschen zu den kirchlichen Veranstaltungen nicht aus Freude am Evangelium. Es geht ihnen um ein Stück Freiheit bzw. Befreiung von der herrschenden Ideologie. Die kirchlichen Veranstaltungen für junge Menschen (z. B. Jugendsonntage – jetzt in Hermannswerder mit 3 500 Teilnehmern) sind fast immer überlaufen. Die jungen Menschen suchen Freiheit, aber eine Freiheit, die sie meinen.«[812]

Dieser freimütigen Darstellung Schönherrs standen jedoch Vereinbarungen entgegen, die zwischen dem Staat und der Berlin-Brandenburgischen Kirchenleitung anläßlich des FDJ-Jugendfestivals zu Pfingsten 1979 in Ostberlin bezüglich der Marienkirche im Stadtzentrum getroffen worden waren:

»In der Marienkirche befindet sich eine Ausstellung über Kirche in der DDR, die Ökumene und das Antirassismusprogramm. Hier steht eine Gruppe von jungen Christen zur Verfügung, die die Führung übernehmen und Gespräche führen. Sie sind durch progressive Kräfte wie Pfarrer Gutsch[813] und OKR Stolpe auf ihren Einsatz vorbereitet worden. Die Aufsicht in der Kirche haben Pfarrer Orphal und Frau Winter (Frau des Propstes). Sollte durch bestimmte Kräfte versucht werden, die Marienkirche zu einem politischen Diskussionszentrum zu machen, wird der ganztägig anwesende Organist durch Spielen auf der Orgel dafür Sorge tragen, daß keine langanhaltenden Gespräche möglich sind. [...] Während der Zeit des Festivals ist Propst Dr. Winter ›Pfarrer vom Dienst‹. Ihm wurde von staatlicher Seite mitgeteilt, daß er mit seinen Geistlichen die volle Verantwortung für die Einhaltung der Ordnung in den kirchlichen Gebäuden der Hauptstadt trägt.«[814]

Wie im übrigen eine kirchliche Veranstaltung mit Jugendlichen auf staatliche Stellen wirkte, zeigt eine Information Hans Wilkes über einen Jugendgottesdienst der Ende September 1979 in der Ostberliner Samariterkirche stattfand:

»Bereits vor Beginn des Einlasses, der ab 19.05 Uhr erfolgte, hatte sich eine größere

Menge Jugendlicher versammelt. Vereinzelt wurde dabei Alkohol genossen. [...] Die Kirche war bereits 15 Minuten vor Beginn der Veranstaltung überfüllt. Es wurde zum Zusammenrücken aufgerufen, um Stehenden Platz zu machen. Die Seitenschiffe und die Orgelempore wurden geöffnet. Trotzdem waren Kirche und Kirchenvorraum von dichtgedrängten Teilnehmern gefüllt. Es waren etwa 1 000 Teilnehmer anwesend. Die Jugendlichen, überwiegend im Alter von 16-20 Jahren, kamen in Jeanskleidung und machten äußerlich einen verwahrlosten Eindruck (lange Haare, abgetragene Kleidung, z. T. angetrunken). [...] Es gab keine Zwischenfälle, obwohl im Vorraum der Kirche geraucht wurde und die Jugendlichen in der Vorhalle und in der Kirche selbst Alkohol genossen. [...]

Zu Beginn der Veranstaltung wurden Dias gezeigt, die in der Grundaussage die Harmonie in Natur und menschlichen Beziehungen widerspiegeln. Dazu wurde erst Beat, dann besinnliche Musik gespielt. Anschließend trat, ohne sich wesentlich vorzustellen, Kreisjugendpfarrer Eppelmann auf. Er führte in seiner Ansprache sinngemäß aus, daß das Leben so schön sein könne wie auf den Dias, wenn die Menschen nicht unter Leistungsstreß stehen würden. Aber die Menschen würden bei uns oft zu Dingen gezwungen, die sie gar nicht tun wollten. So entstünden Konflikte der Jugendlichen mit der Gesellschaft. Es trat dann ein Jugendlicher auf, der darüber sprach, daß alle nur Forderungen stellten, an deren Erfüllung die Jugendlichen selbst gar nicht interessiert seien (die Schule besuchen, auf der Arbeit etwas zu leisten usw.). [...]

Anschließend trat die Wegner auf, die als Sängerin vorgestellt wurde. Sie wurde mit stürmischem Beifall begrüßt. [...] Alle Lieder, die während des [...] Auftritts von der Wegner gesungen wurden, richten sich an die Jugendlichen, die als von der Gesellschaft Ausgestoßene bezeichnet werden und sich dem Druck der Gesellschaft widersetzen und für deren Änderung kämpfen sollten.« In einer anschließenden 10minütigen Predigt – einige Teilnehmer hatten zuvor die Kirche verlassen – sprach sich Eppelmann gegen den Leistungsdruck aus.»Die Jugendlichen gingen geordnet auseinander. In kleineren Gruppen wurde auf dem Heimweg noch diskutiert.«[815]

Reflexionen über das Staat-Kirche-Verhältnis in der DDR ein Jahr nach dem 6. März

Trotz aller noch bestehenden Schwierigkeiten urteilte Schönherr während der Beratergruppensitzung im Juli 1979, das Staat-Kirche-Verhältnis habe sich seit dem 6. März spürbar verbessert. Hempel ergänzte, der 6. März habe zu einer merklichen Entlastung der kirchlichen Arbeit geführt[816]. Selbstkritisch bemerkte der sächsische Bischof:

»Jetzt stehen wir vor der Frage, wie wir ›Kirche für andere‹ sein wollen, können und müssen. ›Für andere‹, d. h. auch für ›Leute, die uns nicht darum gebeten haben‹ – was können und müssen wir für sie sagen oder tun? Natürlich ist es für uns als Kirchen leichter, zu Maßnahmen etwas zu sagen, die sich gegen Christen richten. Zu den ›Maßregelungen gegenüber den Schriftstellern‹ ist es für uns viel schwieriger, Stellung zu nehmen. So ergibt sich für uns nach dem 6. März das Problem: Können wir noch ›Kirche für andere‹ sein, für andere eintreten?«[817]

Eine staatliche Einschätzung aus dem Bezirk Dresden kam zu einem ähnlichen Ergebnis wie Schönherr:

»Bei Betrachtung und Einschätzung des Verhältnisses Staat und Kirche nach Ablauf eines Jahres kann generell gesagt werden, daß das Gespräch von den Ev. Kirchenleitungen und Amtsträgern sowie von den Freikirchen und Religionsgemeinschaften sehr hoch gewertet und als

- weiterer Schritt nach vorn
- Meilenstein für die Zukunft
- Ergebnis eines Entwicklungsprozesses im Verhältnis zwischen Staat und Kirche bezeichnet wird, das ›programmatischen Charakter‹ trage.

Durch dieses Zusammentreffen habe sich nach Meinung von Amtsträgern die ›Verkrampfung zwischen Staat und Kirche gelöst‹, sei ›ein höherer Grad in der Zusammenarbeit‹ begonnen worden. [...]

Bei aller Zustimmung und Anerkennung gab und gibt es auch zweifelnde Stimmen, abwartende Haltungen, wie sich das Gespräch an der Basis auswirken werde. [...]

Aus den geäußerten Vorbehalten wurden folgende zwei Tendenzen deutlich:

- Eine übertriebene Erwartungshaltung, die davon ausgeht, daß staatlicherseits alle Wünsche und Forderungen von Kirchen und einzelnen Amtsträgern erfüllt werden müßten und
- Abwartehaltungen: erst einmal sehen, wie es weitergeht.

[...] der Kreis der realistisch denkenden Kräfte ist angewachsen und trägt zur positiven Veränderung des innerkirchlichen Kräfteverhältnisses bei. Das Gespräch stellte einen Höhepunkt in der kirchenpolitischen Entwicklung dar, aber keinen Wendepunkt, wie einige Amtsträger es versuchen darzustellen. [...] Es muß aber auch gesagt werden, daß nach dem Gespräch vom 6.3. die Vorstellungen von Partnerschaft zwischen Staat und Kirche, einschließlich des sogenannten Wächteramtes, verstärkt spürbar wurden. In nicht wenigen Äußerungen wird das Gespräch so ausgelegt, als sei damit die Kirche als gesellschaftliche Kraft anerkannt und ihr das Recht zugesprochen, alle Christen vertreten bzw. für sie eintreten zu können.«[818]

Auf der Görlitzer Frühjahrssynode kritisierte Pfarrer Havenstein (Daubitz, Kreis Weißwasser) den Bericht Fränkels, der den 6. März ebenfalls positiv gewürdigt hatte[819]:

»Er halte das Gespräch bestenfalls für ein Zeichen des Tauwetters, aber nicht als Ausdruck eines Sinneswandels. Außerdem hielte er es für selbstverständlich, denn 25 Jahre sei die Kirche beschimpft und beleidigt worden. Schüler hätten die Erweiterte Oberschule nicht besuchen können, weil sie Christen seien. [...] Havenstein polemisierte ferner gegen die Kirchenleitung, weil sie dem Staat zum Munde rede. Sie solle vielmehr ihr Wächteramt ausüben.«[820]

Fränkel nahm die scharfe Kritik, die in weniger brüsker Form auch durch die Superintendenten Maiwald (Weißwasser) und Hellmann (Niesky) vorgetragen wurde, zum Anlaß, der Synode die Vertrauensfrage zu stellen. Das Plenum gewährte ihm die notwendige Unterstützung[821].

Auch Christoph Demke, stellvertretender Leiter des BEK-Sekretariats, bekam während seiner Teilnahme an der Kreissynode Finsterwalde den Druck der dort anwesenden Basis zu spüren. Anläßlich der Behandlung des Themas »1 Jahr danach«, wozu Demke referierte, »wurde deutlich, daß bei den Laien fast durchgehend Skepsis gegenüber den Aussagen vom 6. März besteht. Unter den Mitarbeitern ist die Einschätzung des Gespräches umstritten.« Dabei wurde anhand von Einzelfallschwierigkeiten auf die weiterhin vorhandenen Benachteiligungen für Christen vor Ort und auch Behinderungen der kirchlichen Arbeit hingewiesen[822].

Nach einem Bericht Walter Pabsts war auf der Thüringer Frühjahrssynode 1979 Landesbischof Leich »von Synodalen auf politische Äußerungen hin angesprochen [worden], die er in letzter Zeit in der Öffentlichkeit getan hat und die ein unterschiedliches Gemeindeecho gefunden haben. Eine Synodale stellte den Antrag [...], daß bei politischen Äußerungen immer darauf hingewiesen werden sollte: ›Ich spreche jetzt als Privatperson‹ – soweit solche Äußerungen überhaupt angebracht erscheinen.« Der Synodale Modersohn »ging [...] auf Gespräche über polit. Fragen und polit. Äußerungen von kirchenleitenden Persönlichkeiten in der Öffentlichkeit und deren Wirkungen und Auswirkungen in den Gemeinden ein. Er stelle die Frage nach dem, was von solchen Gesprächen in den Gemeinden ankommt, und macht darauf aufmerksam, daß das, was ankommt, zunächst das ist, was in politischen Organen publiziert wird. Er sagte u. a.: ›Wenn der Bischof von wechselseitiger Vertrauensvorgabe spricht, dann löst das Fragen aus. Wechselseitige Vertrauensvorgabe – das stimmt so nicht. Die Erfahrungen der unteren Ebene decken sich sicherlich nicht immer mit den Erfahrungen der ›oberen Ebene‹. Die Auswirkungen des 6. März werden unterschiedlich erfahren. Durch Enttäuschung in der Erfahrung vor Ort wächst die Resignation. Der Schaden, den solche Äußerungen – auf dem Hintergrund wechselseitiger Vertrauensvorgabe – anrichten, ist größer als der Nutzen solcher Gespräche.‹«[823]

Leich stellte klar, öffentliche Äußerungen von Kirchenvertretern »zu politischen Fragen [könnten] immer nur in ihrem eigenen Namen und nicht im Namen der Kirche« abgegeben werden[824].

Greifswalds Bischof Gienke hatte auf einem westdeutschen Pfarrertag in Eutin 1979, wo er ein Referat hielt, Kritik an der Entwicklung des Staat-Kirche-Verhältnisses in der DDR seit dem 6. März hinnehmen müssen. Gegenüber dem Rat des Bezirkes Rostock berichtete er: »Teilnehmer des Vortrags hätten ihm die Frage gestellt, ob die Kirchen in der DDR durch ihr Verhalten den Staat stabilisieren wollen. Für ihn habe es nur eine eindeutige Antwort geben können: ›Ja, das wollen wir auch‹.« Gienke sagte außerdem: »Nach seiner Auffassung sei es immer erschreckend, wie wenig Kenntnisse über die Realitäten in der DDR in der BRD vorhanden sind.‹«[825]

Während der Beratergruppensitzung führte Schönherr manche Kritik am 6. März und den Staat-Kirche-Beziehungen in der DDR auf die Einführung des Wehrunterrichts zurück; er habe »inhaltlich das gebracht, was zu befürchten war. Von einer Erziehung zum Frieden[826] könne nicht die Rede sein. Dennoch gibt es – wie verabredet – keine Diskriminierungen von jungen Leuten, die nicht am Unterricht teilnehmen. Es erfolgt lediglich eine Eintragung ins Zeugnis.« Auf den Herbstsynoden des Jahres 1979 war jedoch davon die Rede, daß im Falle des Unterrichtsboykotts Strafen zwar nicht verhängt, wohl aber angedroht würden[827].

Insbesondere verwies Schönherr auf das Sachgespräch vom 21. Juni 1979 mit Regierungsvertretern zum Thema »Ökonomische Entwicklung und sozialistische Lebensweise«. Erstmals habe man eine ethische Fragestellung behandelt und sei dabei zu einen ideologischen Gedankenaustausch gekommen[828].

Zu dieser Thematik gab es unter Pfarrern zahlreiche kritische Stimmen:

»– Die ökonomischen Erfolge hätten bei den meisten Bürgern ein ›Wohlstandsdenken‹ erzeugt, wie es für die westlichen Länder schon lange typisch sei. Egoismus und Rachsucht würden sich immer mehr ausbreiten, Kollegialität und der Blick für den Nächsten immer mehr zurückgedrängt.

– Im ›Nord-Süd-Konflikt‹ gehöre die DDR zu den ›reichen‹ Ländern, sie müßte viel mehr zur Unterstützung der ›armen‹ Länder tun. In der DDR müsse der ›Mut zum einfachen Leben‹ entwickelt werden. Dabei könne der Kirche eine wichtige Rolle zufallen.

– Die materiellen Erfolge möchte man zwar nicht missen, aber es herrsche ein starker ›Leistungsdruck‹. Man könne das Tempo der Entwicklung doch verlangsamen, dann würden wir immer noch gut leben. Dieser ›Leistungsdruck‹ bewirke, daß die Alten, Kranken und Schwachen an den Rand gedrängt würden.

– Der Wohlstand sei die eine Seite, aber es herrsche Angst und Unsicherheit unter der Bevölkerung. Sie traue sich nicht, die Meinung offen zu sagen.«[829]

Schließlich berichtete Schönherr der Beratergruppe über die Visitation, die eine Delegation des ÖRK in DDR-Gemeinden vornahm und die bei den entsprechenden Gemeinden auf großes Interesse stieß. Er kündigte an, daß der ÖRK-Zentralausschuß 1981 in Dresden tagen werde[830].

Der BEK-Vorsitzende informierte außerdem über »den Stand der Überlegungen zur Vereinigten Ev. Kirche in der DDR«. »Der Meinungsbildungsprozeß ist mühsam und verläuft nicht einheitlich. Neben Zustimmung gibt es Rückfragen und Kritik oder abwartende Zurückhaltung.«[831]

Vom gemeinsamen »Wort zum Frieden« (August 1979) bis zum Regierungswechsel in Bonn (1979-1982)

Das Wort zum Frieden, der Beginn der Nachrüstungs-Debatte und Konflikte um eine Unterschriftensammlung der Nationalen Front

Ende August 1979 lag – zehn Jahre nach der kirchlichen Trennung – zum zweiten Mal eine gemeinsame Erklärung der deutschen Kirchen in Ost und West vor[1]. In diesem von BEK und EKD gemeinsam verantworteten »Wort zum Frieden« aus Anlaß der 40. Wiederkehr des Kriegsbeginns am 1. September 1939 sprachen beide Kirchenbünde »heute im Bewußtsein ihrer gemeinsamen Betroffenheit und Schuld. An der Nahtstelle zweier Weltsysteme bekennen sie sich gemeinsam zu ihrer besonderen Verantwortung für den Frieden«[2]. In einem Brief an Hans von Keler äußerte sich Lingner erstaunt darüber, daß das SED-Regime die gemeinsame Erklärung nicht zum Anlaß genommen habe, »um ihre früher stets vertretene Forderung nach ›Abgrenzung‹ der DDR-Kirchen von der ›NATO-Kirche‹ der EKD oder den ›imperialistischen Kirchen in der EKD‹ zu wiederholen«[3].

Andererseits erwog Lingner, von Keler möge bei seinem Grußwort vor der Dessauer Bundessynode »das Politikum der Gemeinsamkeit nicht zu sehr hochspielen.« Man müsse damit rechnen, »daß die Gemeinsamkeit der Erklärung zum 1.9. den Politikern in der DDR ein Dorn im Auge war.« Er fügte hinzu: »Im Zusammenhang mit dem gemeinsamen Wort wäre sicher ein wichtiger Hinweis, daß bei der Abfassung des Textes ein gegenseitiger Lernprozeß in Gang gekommen ist, angebracht. Dabei hat sich herausgestellt, daß das Verbindende des gemeinsamen Evangeliums stärker ist als das Trennende der politischen und gesellschaftlichen Umwelt. Vielleicht kommt hier auf die Kirchen eine politische Verantwortung zu, der sie nicht ohne weiteres ausweichen dürfen. Die Kirchen vor allem haben die Möglichkeit, trotz der bestehenden Gegensätze in den politischen Blöcken als Christen miteinander im Gespräch zu bleiben.«

Schönherr hatte bereits am 30. Juli 1979 mit dem folgenden Brief Seigewasser über das deutsch-deutsche kirchliche Projekt informiert und dem Staatssekretär die gemeinsame Erklärung schmackhaft zu machen versucht:

»Gestatten Sie, daß ich Sie von folgendem Vorhaben in Kenntnis setze:
In unserer Sorge um Frieden und Sicherheit in Europa messen wir dem Gedenken des 40. Jahrestages des Kriegsausbruches am 1. September 1979 besondere Bedeutung bei. Wir haben deshalb die Initiative ergriffen, um mit den evangelischen Kirchen in der Bundesrepublik Deutschland und in Österreich zu einem Wort zum Frieden zu

kommen. Von den Evangelischen Kirchen in Österreich fehlt bisher eine Stellungnahme, ob und in welcher Weise sie sich beteiligen können. Die Evangelischen Kirchen in der Bundesrepublik Deutschland haben sich bereit erklärt. [...] Wir freuen uns besonders, daß die Evangelische Kirche in Deutschland sich in dem ›Wort‹ zu wichtigen Einschätzungen, Sichtweisen und Zielvorstellungen bekennt, von denen die Friedensarbeit des Bundes der Evangelischen Kirchen in der Deutschen Demokratischen Republik bestimmt ist. So die positive Bewertung der ökumenischen Bewegung als ein Instrument des Friedens, die Notwendigkeit der Vertiefung der Entspannungspolitik im Sinne der Schlußakte von Helsinki, die Vordringlichkeit der Einstellung des Wettrüstens und des Beginns der Abrüstung sowie die Forderung, eigene Interessen in das Hauptinteresse des Friedens für alle Völker einzuordnen. Hier sehen wir einen Erfolg von Bemühungen um Vertrauensbildung, wie denn der ganze Vorgang nach unserer Meinung als ein gutes Modell für Vertrauensförderung im Sinne der Schlußakte von Helsinki angesehen werden kann.«[4]

Daraufhin entwickelte Seigewassers Stellvertreter Hermann Kalb wenige Tage später, am 3. August 1979, eine Handlungskonzeption zu dem Text, in den der BEK nach seiner Ansicht lediglich eine »›Minimalposition‹« habe einfließen lassen. So sei zu prüfen, inwieweit die DDR-Presse über das gemeinsame Wort berichten solle.

»Im Falle einer Veröffentlichung sollte angestrebt werden, zeitgleich oder unmittelbar danach im Zentralorgan der CDU ›Neue Zeit‹ aus der Feder eines namhaften Theologen einen Beitrag zu publizieren, in dem die Friedenspolitik unseres Staates und die Initiativen der sozialistischen Staaten zur Abrüstung und Normalisierung der Beziehungen zwischen Staaten unterschiedlicher Gesellschaftsordnungen gewürdigt werden und der in diesem Zusammenhang auf Aktivitäten kirchlicher Gruppierungen und christlicher Persönlichkeiten verweist. Ein solcher ›Nachtrag‹ würde die gemeinsame Erklärung im Blick auf die unterschiedlichen Positionen der jeweiligen Staaten und die sich daraus ergebenden Wirkungsmöglichkeiten für Kirchen und christliche Bürger entsprechend differenzieren.«

Als mögliche Autoren schwebten Kalb Gerhard Lotz, Gert Wendelborn, Herbert Trebs und Walter Bredendiek vor. Weiterhin solle versucht werden, mit Horst Gienke ein ADN-Interview zu Fragen der Abrüstung aus ökumenischer Perspektive zu führen. »Im Falle einer auszugsweisen Wiedergabe der kirchlichen Stellungnahme im STANDPUNKT [von Günter Wirth herausgegebene Monatszeitschrift] sollte darauf orientiert werden, eine größere Zahl profilierter Theologen über einen längeren Zeitraum hinweg zum Abrüstungskomplex zu Wort kommen zu lassen.« Zudem sei, sollte das gemeinsame Wort von BEK-Seite am 15. August auf einer Pressekonferenz vorgestellt werden, »die Teilnahme geeigneter Vertreter der DDR-Presseorgane zu gewährleisten und durch entsprechende Anfragen den Vertretern des Bundes Gelegenheit zu geben, das vorliegende Material aus der Sicht als Kirche in unserem sozialistischen Staat zu präzisieren.«[5]

Daß das »Neue Deutschland« das Wort überhaupt kommentierte, mußte Horst Dohle vor seinen Dresdener Genossen rechtfertigen. Ziel des Kommentars sei einzig und allein die »Unterstützung der westdeutschen progressiven Kräfte« gewesen[6].

Hans Weise urteilte Ende August nicht nur über das gemeinsam verantwortete Wort, sondern auch über das Verhältnis zwischen den beiden Kirchenbünden:

»Die im August veröffentlichte ›Gemeinsame Erklärung‹ des BEK und der EKD zum 40. Jahrestag des Beginns des 2. Weltkrieges signalisiert nicht schlechthin einen gewissen ›Stand‹ im Verhältnis BEK-EKD, sondern macht deutlich, wie die These von der ›besonderen geistlichen Einheit‹ die Funktion einer ›gesamtdeutschen Klammer‹ erhält. In der Praxis wird, vereinfacht, nach der Formel verfahren: ›Den Vorrang haben Kontakte, die die Einheit festigen – weniger lautstarke Deklarationen.‹ Gerade während der letzten Monate wurde deutlich, daß dabei der BEK in der praktischen Ausformung seiner Beziehungen zur EKD in Bereiche vorgestoßen ist – Männerarbeit, Frauen-, Kinder- und Konfirmandenarbeit, deren Profil die Charakterisierung ›ökumenisch‹ kaum noch oder nicht mehr verdient. Eine umfassende kirchenpolitische Analyse dieser Entwicklung ist unbedingt erforderlich.«[7]

Am 1. September führte Hermann Kalb mit Schönherr in dessen Berliner Büro ein Gespräch, in dem Kalb nach eigenem Bericht zum Ausdruck brachte, er stimme »in einer Reihe von Grundhaltungen« mit dem Papier überein, »soweit sie die Friedensbestrebungen der Kirchen und die auf Frieden und Entspannung gerichtete Politik der sozialistischen Staaten betreffen. Unerwähnt bleiben könne jedoch nicht, daß dieses ›Wort‹ in seinen Aussagen insgesamt hinter Positionen zurückbleibt, die in den zurückliegenden Jahren von kirchlichen Gremien und verantwortlichen Persönlichkeiten der evangelischen Kirchen in der DDR öffentlich vertreten worden sind. Und schließlich sei angesichts der Kommentierung dieser Erklärung durch Massenmedien und namhafte Politiker der BRD das vorgegebene Anliegen in Frage gestellt. Unter Verweis auf Presseveröffentlichungen und Rundfunkkommentare führte ich Schönherr die politische Verfälschung des als gemeinsame Bekundung ausgegebenen Dokumentes vor Augen mit dem Hinweis darauf, daß bis zur Stunde kirchlicherseits weder Widerspruch eingelegt worden noch eine Distanzierung erfolgt sei. Sollten die von westlichen Massenmedien (Rundfunk/Fernsehen) verbreiteten gesamtdeutschen Thesen, Spekulationen und Unterstellungen auf kirchliche Kreise in der DDR übergreifen, wäre ihm zu raten, gelegentlich des Empfangs des Staatssekretärs Seigewasser während der Dessauer Bundessynode eindeutig die Position des Bundes hierzu zum Ausdruck zu bringen.«[8]

Kritisiert wurde auch die Passage:

»Wir wissen: Lange bevor ein Krieg ausbricht, hat er in den Gedanken und Herzen der Menschen schon begonnen. Mißtrauen und Angst und das Gefühl der Bedrohung löschen alle anderen Hoffnungen aus. Darum haben wir jetzt für eine konsequente Erziehung zum Frieden zu sorgen.«

Hierzu hieß es:

»Von dieser Position aus wird nach wie vor gegen jedes ›Freund-Feind-Denken‹ Front gemacht. […] Die ganze Problematik von Krieg und Frieden wird auf eine Frage der Erziehung reduziert. Die ökonomischen Ursachen für Krieg und Rüstung werden völlig ausgeblendet. Nach kirchlicher Auffassung liegen Kriegsursachen in der Sündhaftigkeit der Menschen.«[9]

Im übrigen konnte staatlicherseits nach dem Ende der Bundessynode festgestellt werden:

»Die Eigenständigkeit der Kirchen der DDR, die in letzter Zeit durch verschiedene Vorkommnisse (versuchte Hereinnahme von Vertretern westdeutscher Kirchen in die Vorbereitungsgruppe zur Bildung der VEK [Vereinigte Evangelische Kirche], gemeinsames ›Wort zum Frieden‹) fragwürdig zu werden drohte, ist durch den Bericht und weitere Aussagen der Synode bekräftigt worden. Der Vertreter der EKD, Prälat von Keler, betonte in seinem Grußwort, daß die Selbständigkeit der Kirchen der DDR außerhalb jeder Erörterung stehe.«[10]

Über die Herbstsynoden auf Landeskirchenebene hieß es allerdings: »Durch alle Synodaltagungen zog sich das verstärkte Bestreben, gesamtdeutsche Positionen in der kirchlichen Arbeit zu erhalten, auszubauen und möglichst bei der Bildung der VEK festzuschreiben.«[11]

In diversen, an die Teilnehmer gerichteten Vorbereitungs-Briefen zur Beratergruppen-Sitzung am 8. Oktober 1979 thematisierte Lingner wieder eine Reihe von Problemkomplexen und gab dazu Hintergrundinformationen.

Von besonderer Bedeutung erschien ihm die wiederholte Verärgerung der DDR-Kirchen über die westlichen Medien. Dabei standen zwei konkrete Anlässe im Vordergrund: Ein SFB-Frühkommentar im Zusammenhang mit der Veröffentlichung des Wortes zum 1. September und die sechsteilige ZDF-Fernsehserie »Freiheit, die ich meine«.

Lingner berichtete Hans von Keler, mit dem er einen sehr engen und vertrauensvollen Meinungsaustausch pflegte[12], Christa Lewek habe »mit spitzer Zunge gefragt, ob es überhaupt einen Sinn hätte, den kirchlichen Medien in der Bundesrepublik einen Informationsvorsprung zu geben, wenn diese so geringen Einfluß auf die Berichterstattung ausüben können. Mir selbst scheint die Kritik völlig abwegig zu sein. Besonders der inkriminierte Kommentar des SFB dürfte ernsthaft nur wenig zu beanstanden sein.«[13]

Was die DDR-Kirchen an dem Kommentar Ingolf Karnahls im SFB vom 24. August 1979 störte, war freilich leicht auszumachen: Der Journalist hatte mit Bezug auf den Wehrkundeunterricht vom Verhalten der atheistischen Staatsmacht gesprochen, von ihrer Weigerung, Mitverantwortung für die NS-Vergangenheit zu übernehmen und in Gegensatz dazu das mutige Zeugnis des Kirchenbundes gestellt.

Was die Fernsehserie betraf, so konnte diese Kritik Leweks an dem kirchlichen Journalismus eigentlich nicht gelten, denn hier hatte Reinhard Henkys in Gestalt einer scharfen Rezension zugeschlagen[14], wenngleich natürlich die Frage der Auswirkungen solcher Kritiken auf die öffentliche Meinung als eher gering eingeschätzt werden muß. Hier wurde einmal mehr deutlich, daß nach dreißig Jahren SED-Herrschaft ein völlig anderes Verhältnis zu den Medien gewachsen war. Stand hinter der Kritik auf seiten des Kirchenbundes nicht eigentlich die Frage an die EKD: Warum habt ihr das nicht verhindern können?

Ein zweiter Komplex betraf das KKL-Votum zum Sjollema-Papier[15] und das Rahmenkonzept »Erziehung zum Frieden«[16] vor dem Hintergrund eines

Vorlesungsmanuskripts des marxistischen Atheismus-Theoretikers Olof Klohr zum Thema Marxismus-Leninismus, Atheismus, Religion.[17] In der EKD gebe es eine geteilte Meinung über die Stellungnahme des Kirchenbundes.

»Das Wort der Konferenz zum ›Sjollema-Papier‹ wird besonders von Erwin Wilkens mit herber Kritik versehen [...] Mir selbst [Lingner] gefällt das Wort der Konferenz auch nicht. Man spürt den Kompromißcharakter und den untauglichen Versuch, es allen recht zu machen [...] Die Ausarbeitung ›Erziehung zum Frieden‹ [...] enthält einige Passagen, die die Kritik von Erwin Wilkens sehr viel eher rechtfertigen könnten als das Votum der Konferenz zum Sjollema-Papier. Da wird von der Legitimität der Gewalt als letztes Mittel zur Herstellung sozialer Gerechtigkeit gesprochen[18]. Da wird in einer gefährlichen Schönfärberei Partei für die Befreiungsbewegungen in Ländern ergriffen. Aber man darf nicht verkennen, daß gerade die Ausarbeitung ›Erziehung zum Frieden‹ auch ganz andere Abschnitte enthält, die im scharfen Widerspruch zur Politik der DDR stehen.«[19]

Eine Woche später gab Lingner in einem Brief an Hans von Keler diesem eine ausführliche Darstellung des Klohrschen Manuskripts – wußte er doch, daß »Ihresgleichen nicht mehr zum Lesen, sondern nur noch zum Reden da«[20] ist. Er referierte die bei Klohr klar hervortretende Aporie zwischen dem Gegensatz von Marxismus-Leninismus und Christentum einerseits und der Forderung nach freundschaftlicher Zusammenarbeit von Christen und Marxisten andererseits. Daran schloß er einige Zitate aus der BEK-Arbeit »Erziehung zum Frieden« an, die er zwar insgesamt für »ungewöhnlich gut« hielt, nicht aber im Blick auf »die Frage des Einsatzes von Gewalt zur Erreichung sozialer Ziele«. Hier, meinte Lingner, setzten die kritischen Fragen Erwin Wilkens' an die Haltung des Kirchenbundes ein.

»Er möchte gerne klarer wissen, welche Position die Kirchen in der DDR vertreten. Ihm geht es nicht um irgendein Besserwissen. Er möchte gerne erkennen können, ob und inwieweit die kirchlichen Voten in Übereinstimmung stehen mit den Forderungen eines marxistisch-leninistischen Denkens in der DDR, wie sie von Olof Klohr als vorbildlich hingestellt worden sind. Gibt es so etwas wie ein Bündnis zwischen Marxisten und Christen im Kampf gegen Imperialismus u. a.? Das ist wohl die Frage, um die es Erwin Wilkens geht.«[21]

Mit anderen Worten: Wilkens – und doch wohl auch Lingner, der eigene Unsicherheiten unter Berufung auf seinen hannoverschen Kollegen thematisierte, aber auch Karlheinz Schmale von der Berliner Stelle des Lutherischen Kirchenamtes der VELKD[22] – hielten ein auf die Herstellung sozialer Gerechtigkeit begrenztes Bündnis zwischen Kirchenbund und Kommunisten für denkbar.

Ein dritter Komplex zur Vorbereitung auf die »Beratergruppe« betraf einen internationalen Dialog zwischen marxistischen Philosophen und christlichen Theologen. Die kirchliche Mitteilung über die Veranstaltung ging auf einen Artikel des Praktischen Theologen Hans-Hinrich Jenssen von der Berliner Humboldt-Universität zurück, den dieser am 25. Juli 1979 im Ost-CDU-Blatt »Neue Zeit« veröffentlicht hatte. »Interessant ist«, so der Kommentar Lingners, »daß hier ein Bericht eines evangelischen Theologen abgedruckt wird, der in seinen Zusammenhängen den evangelischen Kirchen in der DDR nicht bekannt war. Wie muß das Verhältnis von Universität zu Kirche aussehen, wenn so wichtige internationale Veranstaltungen an der Kirche vorbeiorganisiert werden?«[23]

Schließlich machte Lingner den Kreis auf die möglichen Folgen des Dritten DDR-Strafrechtsänderungsgesetzes vom 28. Juni 1979 aufmerksam. Danach könne zukünftig jedes Sammeln und Weitergeben öffentlich zugänglicher Informationen strafbar sein, »wenn es zum Nachteil der Interessen der DDR« (§ 99) geschehe. Ähnlich verhalte es sich mit den Straftatbeständen »Staatsfeindliche Hetze« (§ 106) und »Öffentliche Herabwürdigung« (§ 220). »Die DDR hat sich hier ein weitreichendes Instrumentarium der Disziplinierung der eigenen Bevölkerung und der Abgrenzung gegenüber westlichen Einflüssen geschaffen. Hier wäre interessant zu erfahren, wie die Kirchen in der DDR die veränderte Fassung des Strafgesetzbuches beurteilen.«[24]

Die Begegnung am 8. Oktober begann mit einer Einleitung durch den Mitarbeiter des Publizistischen Zentrums, Hans-Jürgen Röder, der künftig als akkreditierter Journalist des epd in der DDR arbeiten sollte[25]. Die sich anschließende Diskussion über »die Kirchen des Bundes in den Medien der Bundesrepublik« erbrachte eine unterschiedliche Wertung in Ost und West. Während sich die Teilnehmer aus dem BEK eine differenziertere Berichterstattung auch seitens des epd wünschten und der Kirche abträgliche Einseitigkeiten, Konfliktberichterstattung, Nachrichtenfiltrierung und Überbetonung des Politischen beklagten, werteten die EKD-Vertreter die westliche Berichterstattung über die DDR-Kirchen »im ganzen als positiv [...] Die Kirchen in der DDR wären schlecht beraten, wenn sie wegen der z. T. mit Recht beanstandeten Berichterstattung Informationen zurückhalten. Fehlende Informationen führen zu Spekulationen. Letztere sind ganz sicher nicht unproblematischer als eine z. T. subjektive Berichterstattung.«[26]

Im Meinungsaustausch über das Gemeinsame Wort zum 1. September 1979 wurde die Vermutung ausgesprochen, dieses könne im Zusammenhang mit dem Besuch Breschnews in Ost-Berlin aus Anlaß des 30. Jahrestages der DDR[27] noch an Aktualität gewinnen. In der Aussprache zum Beschluß der Bundessynode über die europäischen Mittelstreckenraketen (»Raketenbeschluß«)[28] brachten die BEK-Vertreter ihre Sorgen über die westliche »Nachrüstung« zum Ausdruck[29].

»Die Rede von Breschnew hat gezeigt, daß eine westliche ›Nachrüstung‹ nicht ohne Konsequenzen bleiben wird. Nach dem Urteil der Kirchen in der DDR wäre die Situation dann als außerordentlich ernst anzusehen. Das Angebot von Breschnew zeigt an, daß es noch Lösungen gibt, die Schlimmes verhindern können. Das setzt allerdings eine Bereitschaft auch der Staaten der NATO voraus, einzulenken und in Verhandlungen mit der UdSSR einzutreten. Aus westlicher Sicht reicht es nicht, einen begrenzten Willen zur Reduzierung von Streitkräften oder Waffen kundzutun. Es muß auch sichergestellt sein, daß sich die politischen Machtblöcke gegenseitig ideologisch tolerieren. Ohne ›ideologische Koexistenz‹ werden politische Bemühungen um Abrüstung sehr viel schwerer durchsetzbar sein.«[30]

Hans Wilke vom Staatssekretariat für Kirchenfragen hatte in einem internen Papier, das den Raketenbeschluß der Bundessynode gewürdigt und als neuen Akzent in den Äußerungen des BEK bezeichnet hatte, festgelegt:

»Die Kirchen müssen sich zur neuen Friedensinitiative der Sowjetunion äußern. Wir sind hier in einer Offensivposition und sollten daher so schnell als möglich positive Voten leitender Kirchenleute organisieren. Sie sollten in ihrem Grundgehalt sehr eindringlich formuliert sein, um eine mögliche Breite in der Aussage zu erhalten. In diesem Zusammenhang werden sich im imperialistischen Lager Differenzierungen zeigen, die wir in der Argumentation nutzen müssen.

Solche Sätze des Gen. Breschnew, der vorschlägt, das Jahr 1980 zum Jahr der Befreiung der Menschheit von der Geißel des Wettrüstens zu machen, entsprechen auch dem Denken vieler Geistlicher. Es liegt völlig auf der Linie unserer Kirchenpolitik, wenn die Delegation des BEK auf der Tagung in Kreta gegen die Stationierung von Mittelstreckenraketen in der BRD sprechen wird (Auftrag der Bundessynode).

Eine neue Stufe des Friedensengagements der Kirchen ist nötig. Die CFK[31], die BK und andere Einrichtungen haben hier eine neue Verantwortung zu übernehmen. Es ist zu prüfen, wie man den BEK enger an die ROK und ihre Positionen in der Friedensarbeit heranführen kann. Ein in dieser Weise vorgetragenes offensives Argumentieren führt zu einer offenen Polemik gegen die These von einer angeblichen ›Bedrohung‹ aus dem Osten und nützt direkt unserer sozialistischen Außenpolitik und dem Kampf um die Abrüstung.«[32]

An anderer Stelle wurde der Wert der ökumenischen Aktivitäten der BEK-Kirchen für den SED-Staat festgehalten:

»Die Positionen der Kirchen aus der DDR zu politischen Problemen sind für viele westliche Kirchenvertreter zur authentischen nichtkatholischen kirchlichen Meinung aus den sozialistischen Staaten geworden.«[33]

Nach Auskunft Eberhard Nathos waren die Vertreter des BEK auf der 8. Vollversammlung der KEK vom 18.-25.10.1979 auf Kreta »Angriffen seitens westlicher Delegierter wegen ihres Eintretens für eine positive Wertung der Initiative der Sowjetunion ausgesetzt«[34].

Am Rande der Beratergruppen-Sitzung bat Schönherr Lingner, er möge dem EKD-Bevollmächtigten in Bonn, Heinz Georg Binder, ausrichten, »daß er (Bischof Schönherr) am 5.11.1979 nachmittags und evtl. abends in Bonn für Gespräche mit wichtigen Politikern zur Verfügung stehen wird. Einzelheiten erbittet Bischof Schönherr mit dem Superintendenten von Moers[35] abzusprechen«[36].

»Am 10.10. hat Prälat Binder die Nachricht erhalten. Er möchte vor irgendwelchen Absprachen mit dem Ratsvorsitzenden Verbindung aufnehmen. Notwendig wird es wahrscheinlich sein, mit Bischof Schönherr zu klären, an welche Gesprächspartner aus dem politischen Bereich er konkret gedacht hat. Mit dem Bundeskanzler einen Termin zu vereinbaren, dürfte so gut wie unmöglich sein. Der Ratsvorsitzende hatte über ein halbes Jahr warten müssen, bis er vom Bundeskanzler empfangen wurde. Dies hängt einfach mit der Terminnot zusammen und hat keine anderen Gründe.«[37]

Hans von Keler war offenbar von dem Bericht über Breschnews Rede[38] – Schönherr hatte dem Festakt gemeinsam mit Kirchenpräsident Natho beigewohnt[39] – so beeindruckt, daß er mit Wilkens darüber telefonierte und diesem mitteilte, Schönherr habe »die große Bedeutung dieses Angebots hervorgehoben und eine kirchliche Stellungnahme dazu empfohlen. Schönherr denkt dabei an eine gemeinsame Stellungnahme des Kirchenbundes und der EKD, etwa vergleichbar mit der gemeinsamen Erklärung zum 1. September 1979.«[40] Am 7. Oktober 1979 soll Schönherr in seiner Predigt in der Ostberliner Marienkirche die Äußerungen Breschnews begrüßt haben[41]. Im Staatssekretariat soll er über den sonntäglichen Aufmarsch wie folgt berichtet haben:

»Wegen der Parade mußte er am Alexanderplatz aussteigen und fühlte sich dafür verantwortlich, den Christen im Gottesdienst zu erklären, welche Wechselwirkung es zwischen Frieden und Verteidigung gibt. Er habe dabei von zwei Staatsbürgern gesprochen, die einen, die draußen für die Verteidigung demonstrieren, und die anderen, die hier mit für den Frieden beten. Beide haben den Frieden und die Abrüstung als Ziel. In diesem Zusammenhang bezeichnete Schönherr die Rede von L. Breschnew als ein tief bewegendes Dokument; er bezeichnete es als politisches Testament eines großen Staatsmannes.‹«[42]

Wilkens und von Keler stimmten darin überein, »daß dieser Vorschlag von Schönherr ernstlich zu bedenken sei, zugleich waren wir der Auffassung, daß hier nichts überstürzt werden dürfe«[43]. Auf jeden Fall wollte man nicht vor der Ratssitzung am 16./17. November 1979 handeln und beauftragte Lingner, im Sekretariat des Kirchenbundes zu erkunden, »woran man dort ganz konkret denkt«. Überdies sollte Binder am 5. November in Bonn mit Schönherr die Angelegenheit weiter besprechen. Nun war deutlich, warum der Vorsitzende des Kirchenbundes durch Binder in Bonn hatte streuen lassen, er stünde für Gespräche mit »wichtigen Politikern« zur Verfügung. Schönherr wollte seine Vermittlungsdienste anbieten und deutsch-deutsche Friedenspolitik machen.

Der BEK-Vorsitzende hatte ähnliche diplomatischen, Interventionen – wenn auch auf niedrigerer Ebene – bereits während seines USA-Besuchs Anfang September 1979 versucht. Vor Reiseantritt hatte Hermann Kalb dem Bischof »die jüngsten Aufrüstungspläne der NATO und ihre Zielrichtung gegen die Sowjetunion und die anderen sozialistischen Staaten vor Augen [geführt].« Kalbs Protokoll zufolge nahm Schönherr »diese Information dankbar auf mit dem Bemerken, daß er durch seinen Auslandsurlaub leider keine Möglichkeit gehabt habe, die Entwicklung zu verfolgen. Es sei für ihn im Blick auf die bevorstehenden Gespräche in den USA wichtig, den Standpunkt unserer Regierung zu diesen Fragen zu kennen.«
Kalb setzte den BEK-Vorsitzenden schließlich noch davon in Kenntnis, daß die von Schönherr geleitete Kirchendelegation vor dem Abflug in Schönefeld in einem Sonderraum bevorzugt abgefertigt werde[44]. Es waren diese kleinen Gesten, die den Abstand zum Volk und die Nähe zur Nomenklatura dokumentieren sollten.
Aus der DDR-Botschaft in Washington berichtete Botschafter Grunert an Seigewasser, Schönherr, »der sich zu einem Dialog über Abrüstungsfragen mit dem Nationalen Christenrat der USA aufhält«, habe ihm am Vortag einen Besuch abgestattet:

»Er trat sehr konstruktiv auf, bewegte sich eindeutig als Bürger der DDR und versprach, mir bei der Vermittlung von Kontakten zu Vertretern christlicher Kirchen der

USA behilflich zu sein. Ich werde, wenn Sie einverstanden sind, künftig den Aufenthalt von Vertretern christlicher Kirchen der DDR zu nutzen versuchen, um durch die Organisierung von gesellschaftlichen Veranstaltungen die Kontakte zu hiesigen christlichen Kreisen auszuweiten«, bemerkte der Botschafter und fügte hinzu: »Die Information über anreisende Vertreter des kirchlichen Lebens erhalte ich bekanntlich auf dem üblichen Wege. Vielleicht wäre es aber möglich, von Ihrer Dienststelle noch zusätzliche Hinweise zu bekommen, wer für solche Zwecke besonders geeignet oder ungeeignet ist. Wichtig ist allerdings, daß diese Personen auch dem Beispiel des Bischofs folgen und sich in der Botschaft melden, wenigstens telefonisch. Das tun aber nach unseren Erfahrungen nur wenige. Vielleicht ließe sich das verändern.

Übrigens ist interessant, daß Herr Schönherr vorgestern mehrere Stunden Gast von verantwortlichen Mitarbeitern des State Department war. Sch. sagte mir, die Gesprächspartner hätten ihm gegenüber das Interesse der USA an der Entwicklung der Beziehungen zur DDR betont. Zugleich seien sie bestrebt gewesen, seine Eindrücke von Verbindung Kirche und Staat in der DDR kennenzulernen. Er habe herausgestellt, wie sich die Situation besonders nach dem Gespräch des Genossen Honecker mit kirchlichen Vertretern weiter wesentlich verbessert habe.«[45]

Die USA-Reise trug neben anderen positiven Äußerungen des Bischofs vor dem 30. Jahrestag der DDR dazu bei, daß das DDR-Presseamt die Lizenz für ein Berlin-Brandenburgisches Amtsblatt[46] erteilte. Außerdem könne man Schönherr auf diese Weise behilflich sein, »die Kommunikation mit den Gemeinden zu intensivieren [...] [sowie] seine [eigene] Position innerhalb des Bundes wie insbesondere in der Berlin-Brandenburgischen Kirche zu festigen.« Im Gespräch über diese Probleme äußerte Schönherr, »daß ja wohl bekannt sei, daß seine Haltung innerkirchlich nicht unangefochten ist. Nicht wenig Kraft müsse er darauf verwenden, die Ewiggestrigen in die Schranken zu weisen und ihren Einfluß zurückzudrängen.«[47]

Das staatliche Ansinnen, eine von der Nationalen Front initiierte Unterschriftensammlung zur Unterstützung des Breschnew-Vorschlags unter der DDR-Bevölkerung zu starten, stieß allerdings seitens des BEK auf Widerspruch[48]. Am 1. November 1979 schrieb der KKL-Vorsitzende Schönherr in dieser Angelegenheit an Willi Stoph. Nachdem er im gleichen Schreiben zunächst die Breschnew-Vorschläge »als ein Zeichen der Hoffnung« begrüßt hatte, fuhr er fort:

»Der Nationalrat der Nationalen Front hat sich jetzt entschlossen, an alle Bürger der Deutschen Demokratischen Republik mit dem Appell zur Unterzeichnung einer Willenserklärung heranzutreten, die die Initiative Leonid Breschnews unterstützen soll. Gerade weil es um die Schaffung von Vertrauen geht, können wir nicht verhehlen, daß diese vom Nationalrat der Deutschen Demokratischen Republik in Gang gesetzte Unterschriftenaktion uns wenig geeignet scheint, Vertrauen als Grundlage für Verhandlungen zu erzeugen. Darum wird es Bürger der Deutschen Demokratischen Republik geben, die der Sache selbst zustimmen, sich aber nicht in der Lage sehen, an einer solchen Unterschriftenaktion teilzunehmen. Auch eine solche Entscheidung muß respektiert werden. Wir halten es für unabdingbar, daß die Freiwilligkeit bei der Unterschriftensammlung in jeder Weise gewahrt bleiben muß.
Ein Wort an die Gemeinden erlauben wir uns mit der Bitte um Kenntnisnahme beizufügen.
In dem aufrichtigen Wunsch, daß die Initiative Leonid Breschnews dem Entspan-

nungsprozeß im Geiste der Schlußakte von Helsinki neuen und wirksamen Auftrieb gibt, verbleiben wir mit vorzüglicher Hochachtung«[49].

Nach den Worten Horst Dohles handelte es sich bei diesem Brief um die »härteste Geschichte, die uns in diesem Jahr geboten wurde.«[50] Während der KKL-Sitzung waren der verabschiedete Brief und das Wort an die Gemeinden von dem Thüringer Oberkirchenrat Hartmut Mitzenheim[51] sowie Landesbischof Leich scharf kritisiert worden[52]. Man beschloß auf Anregung Leichs, sich im Frühjahr 1980 auf einer Klausurtagung des KKL-Vorstandes mit der Frage auseinanderzusetzen, »welche Situationen zur Abfassung von ›Worten an die Gemeinden‹ berechtigen und welche Grundsätze dabei zu beachten sind.« Vor der Thüringer Landessynode soll Leich sich dagegen verwahrt haben, »daß politische Bedenken gegen bestimmte Entscheidungen ›christlich motiviert‹« würden[53].

Für den 6. November 1979 wurden Schönherr und Lewek von Hermann Kalb in das Staatssekretariat für Kirchenfragen zu einer Aussprache bestellt, die den Brief Schönherrs an Stoph zum Gegenstand haben sollte. Kalb »brachte das äußerste Befremden der Regierung über die darin getroffene Behauptung […] zum Ausdruck, daß die Willenserklärung […] den Kirchen nicht geeignet erscheine, Vertrauen als Grundlage für Verhandlungen zu schaffen. […] Wider besseres Wissen werden […] die Anstrengungen der sozialistischen Staaten für Abrüstung und Entspannung angezweifelt.« Schönherr entgegnete, er sei von den Ausführungen des sowjetischen Parteichefs tief beeindruckt gewesen.

»In der Unterschriftenaktion sehe er jedoch eher eine Verkleinerung der Vorschläge der Sowjetunion. Man solle den Brief der Kirchen nicht gegen die Willenserklärung gerichtet sehen. Die Kirchen hätten lediglich Bedenken gegen die Form der Unterschrifteneinholung. Es sei anzuzweifeln, ob auf diese Weise eine Vertiefung des Vertrauens und der Wirksamkeit der Abrüstungsvorschläge erreicht werden könne. Er, Schönherr, sei weder gegen die Abrüstungsinitiativen der Sowjetunion noch gegen unseren Staat, sondern ihm gehe es ausschließlich um eine hohe Effektivität der Bemühungen zur Verwirklichung der Abrüstungsvorschläge. Außerdem sei die Mehrheit der Bürger der DDR nicht kompetent genug, in solchen komplizierten Fragen zu entscheiden. Es sei das legitime Recht und die Pflicht der Kirche, sich vor solche Menschen zu stellen, die nicht bereit seien, der Unterschriftenaktion beizutreten. Die Kirche mache sich aber deren negative Argumente nicht zu eigen. Breschnews Aktion fünf Minuten vor zwölf solle mit allen Mitteln verstärkt werden. Der Bischof informierte darüber, daß er persönlich interne Schritte bei westlichen Politikern eingeleitet habe, in der Absicht, noch vor der NATO-Ratstagung die Vorschläge Breschnews mit der Autorität der Kirchen zu unterstützen. Dabei müsse er sich vor dem Verdacht schützen, daß er einen Regierungsauftrag ausführe.«

Lewek hob hervor, daß man sich kirchlicherseits mit diesem Anliegen immerhin intern an den Ministerpräsidenten und nicht gleich an die Öffentlichkeit gerichtet habe. Das »Wort an die Gemeinden« sei schwächer formuliert worden. Eine explizite Freigabe an die Presse sei auch hier nicht erfolgt.

Kalb und Hans Wilke, der ebenfalls zugegen war, hielten den kirchlichen

Gästen vor, sie hätten den Eindruck, die kirchlichen Aktivitäten sollten eine Verweigerungshaltung der Christen herbeiführen.

»Schönherr gestand zu, daß ›möglicherweise die Formulierungen im ›Wort an die Gemeinden‹ nicht voll durchdacht waren‹. Er würde es sehr bedauern, wenn die Aussagen der Kirche mißverstanden würden. [...] Die Vorschläge Breschnews seien Symbol ihrer Großartigkeit und bedürften nicht der Zustimmung des einzelnen DDR-Bürgers.«

Kalb äußerte, man dürfe sich nicht »der Meinung hingebe[n], ein Protest gegen die den Frieden bedrohenden Aktivitäten der NATO sei moralisch nur vertretbar und glaubwürdig, wenn er sich gleichermaßen auch gegen die sozialistischen Staaten richtet«.

Am Schluß des Protokolls heißt es:

»Der Bischof bestätigte nochmals Übereinstimmung in Grundpositionen. Auf die Frage, ob er bereit sei, den Extrakt des Gesprächs in verbindliche Schlußfolgerungen zusammenzufassen, entgegnete Schönherr, daß er sich dazu außerstande sehe. Er hoffe jedoch, daß die Aussprache bewirkt habe, aufgetretene Mißverständnisse auszuräumen, und bat um Verständnis dafür. daß er ›eine Sache, die‹ er ›persönlich für richtig ansehe‹, im nachhinein nicht zurücknehmen könne.«[54]

Anhalts Kirchenpräsident Natho soll Anfang November auf einem Forum zu Fragen der Zeit im Gemeindehaus der Dessauer Johanniskirche vor Jugendlichen geäußert haben:

»Ich werde diese Willenserklärung nicht unterschreiben, da ich mich mit meiner Unterschrift mit der Gesamtpolitik unseres Staates einverstanden erklären würde. D. h. aber nicht, wenn ich nicht unterschreibe, daß dann auch nicht die anderen Christen unterschreiben sollten.‹«

Außerdem hoffe er, mit Margot Honecker über den Wehrkundeunterricht persönlich sprechen zu können. Weiterhin berichtete Natho über ein Gespräch mit westlichen Militärs:

»Bei seinen Reisen in das NSW habe er mit führenden Militärs gesprochen und dabei den Eindruck gewonnen, daß auch diese Menschen eine Friedenspolitik betreiben. Dazu machte er die wörtliche Bemerkung: ›Das sage ich hier ganz offen, obwohl ich nicht weiß, wer hier in diesem Raum sitzt!‹«[55]

Staatlicherseits zur Rede gestellt, äußerte Natho »sein Mißfallen, daß durch diese Jugendlichen ihm eine solche Erklärung abverlangt wurde, da im evangelischen Bereich der Kirche jeder für sein Gewissen selbst verantwortlich ist.« Außerdem gab er zu bedenken:

»Bei einer Unterzeichnung würde man mit seinem Namen Politik machen. Er benötige für sein Amt unabhängige und freie Willensäußerung. In der Ökumene würde er [sein] Gesicht verlieren, wenn dort der Eindruck entstünde, daß er nicht aus eigenem Antrieb redet, schreibt und handelt.«

Man könne Westeuropa kaum, wie in der Willenserklärung geschehen, unterstellen, uneingeschränkt Kriegspolitik zu betreiben. Zudem drückte er seine Verärgerung über den Versuch der Nationalen Front Dessau aus, ihn in seiner Privatwohnung zu einer Unterschriftleistung zu bewegen. Die staatlichen

Gesprächspartner gaben die Wertung ab, leitende Persönlichkeiten des BEK würden in dieser Frage von seiten westlicher Kirchen unter Druck gesetzt[56].

Die KKL-Papiere wurde von den staatsloyalen kirchlichen Gruppen und Kreisen scharf attackiert. Dabei trat erstmals auch der Weißenseer Arbeitskreis mit einer Gegenerklärung auf[57] und bezeichnete das Wort an die Gemeinden als unverantwortlich:

»In einer Situation, in der gefährliche Kräfte zur Politik der Stärke zurückkehren wollen, fällt es denen in den Rücken, die die Politik der Entspannung und Abrüstung verteidigen.‹«[58]

Außerdem wandten sich die Niederländische Ökumenische Gemeinde in der DDR, die Gossner-Mission und auch der Fortsetzungsausschuß des Evangelischen Pfarrertages gegen die BEK-Position[59]. Der Evangelische Nachrichtendienst (ena) berichtete über das »Wort an die Gemeinden« nur gefiltert – durch die Wiedergabe einiger der zuvor genannten Erklärungen sowie der Stellungnahme der Synode Greifswald[60].

Auf den Herbstsynoden der Landeskirchen im November und Dezember 1979 – in Berlin-Brandenburg und Görlitz fanden keine Tagungen statt – war nach einer Zusammenfassung Hans Wilkes »ein breites positives Echo« zu den Breschnew-Vorschlägen zu verzeichnen[61].

Nur die sächsische Synode »schwieg völlig zu dieser Lebensfrage. Daher sah sich OKR Stolpe (BEK) dazu veranlaßt, hier ein positives Votum für die Berliner Vorschläge abzugeben.«[62] Die Greifswalder Synode unterstützte sogar die vom Kirchenbund zurückgewiesene Willenserklärung[63], die in den anderen Landeskirchen entweder mit Schweigen übergangen oder, so in der Kirchenprovinz Sachsen, wo auf die »Militarisierung des Lebens« in der DDR hingewiesen wurde, gar kritisch behandelt wurde. Auch Eberhard Natho gelang es, durch ein dezidiert ablehnendes Votum eine synodale Zustimmung zu der staatlichen Kampagne zu verhindern. Hans Wilke bemerkte:

»Mit dieser Haltung wird objektiv die von den Kirchen erklärte Bereitschaft zur Unterstützung der Abrüstungsmaßnahmen in Frage gestellt.«[64]

Dennoch unterzeichneten DDR-weit immerhin 60-75 % der kirchlichen Amtsträger die Erklärung[65]. Die damit dokumentierte Zustimmung führte staatlicherseits zu der Schlußfolgerung, »daß negative Kräfte in den Kirchen deutlich auf der Ebene kirchenleitender Kräfte und auf der Ebene der Superintendenturen zu finden sind.«[66]

Nicht nur Schönherr, sondern auch Manfred Stolpe betätigte sich auf dem Bonner Parkett als Diplomat in Sachen Raketenrüstung. Am 15. Dezember 1979 schrieb er an Rudi Bellmann, er habe sich zwei Tage zuvor wegen notwendiger Verhandlungen mit EKD-Vertretern über die Rentenfinanzierung für DDR-Pfarrer in Bonn aufgehalten. Dabei hätten ihn ohne sein Zutun unter anderem die Politiker Egon Bahr, Richard von Weizsäcker und Günter Huonker um ein Gespräch gebeten. Stolpe berichtete weiter:

»Ich habe die Gespräche wahrgenommen. Überwiegend ging es um die Nato-Beschlüsse. Man wußte von meinem Rundfunk-Kommentar und versuchte, die BRD-Haltung zu erläutern. Völlig neue Gesichtspunkte ergaben sich m. E. nicht.«

Stolpe bot an, falls von Bellmann gewünscht, »mündlich noch weitere Informationen nachzuliefern.«[67]
Am 12. November 1979 berichtete Lingner seinem Kollegen Wilkens über ein Gespräch mit Demke. Der stellvertretende Kirchenbundsekretär habe eine zweite Theologische Konsultation über »Fragen der Abrüstung u. a. im Zusammenhang mit dem Friedensdienst der Kirchen«[68] vorgeschlagen. Für diesen Plan suchte der Berliner EKD-Mann, dem die erste Theologische Konsultation über Fragen der Gewalt und Gewaltanwendung sehr zugesagt hatte, obwohl als Ergebnis kein Abschlußdokument zustandegekommen war, auch Hans von Keler zu gewinnen[69].

Erste Kontroversen in der Staatsbürgerschaftsfrage und SPD-Connections in den Ostblock (1978/79)

Mitte Dezember 1979 fand ein Treffen zwischen den Mitgliedern der EKD-Kammer für Öffentliche Verantwortung und Mitgliedern des BEK-Ausschusses Kirche und Gesellschaft statt. Von westlicher Seite nahmen Scheuner, Zilleßen, Meyer (Hannover) und Lingner teil, von östlicher Sabine Rackow, Christa Lewek, Küstner, Günter Krusche, Kramer und Stolpe. Gesprochen wurde über die ÖRK-Weltkonferenz »Glaube, Wissenschaft und die Zukunft«[70], wobei insbesondere einer der dort verhandelten Leitgedanken – der der »Partizipation« – in seinem Verhältnis zum Begriff »Solidarität« diskutiert wurde. Nach einem längeren Bericht von Christa Lewek zum Tagesordnungspunkt »Menschenrechtsprogramm der Kirchen im Helsinkiraum«[71] kamen – gleichsam als Ouvertüre für die Kirchenpolitik der 80er Jahre – die Tagesordnungspunkte »Staatsbürgerschaft« und »Friedensfragen« zur Verhandlung. Was sich in der Diskussion abgespielt haben muß, gibt das Protokoll – gewiß eher abgeschwächt – folgendermaßen wieder:
»Die Brüder aus der DDR bohren an der Frage der Staatsbürgerschaft. Es müsse hier eine ›Formel‹ gefunden werden, die den Bürger der DDR nicht ›diskriminiert‹. Scheuner erläuterte die Grenzen eines möglichen Entgegenkommens (Problem Berlin u. a.); andere westl. Teilnehmer bezweifelten, ob eine Anerkennung der DDR-Staatsbürgerschaft Reisen von DDR-Bürgern in die Bundesrep. erleichtern würden. Nach dem Grundverständnis des Bundesrep. Rechts sei es unmöglich, die Rückkehr von Reisenden mehr oder weniger zu garantieren (Abschiebung in die DDR? – das geht nicht!). Der Wunsch der ›Brüder‹ blieb: Man möchte sich dafür einsetzen (wer?), daß bis zur doppelten Staatsbürgerschaft alles getan wird, um die brisante Frage zu regeln. Es wäre eine Hilfe, wenn deutlich wird, daß die Bundesrep. die Staatsbürgerschaft der DDR toleriert, konsularische und andere Vertretung nur dezent anbietet und praktisch DDR-Pässe als Legitimationspapiere akzeptiert. Einzelheiten wurden hin und her erörtert. Sie mögen hier anstehen. Vielleicht wird es notwendig sein, die ›Brüder‹ einmal genau über die in der Bundesrep. gängige Praxis zu unterrichten [...] Hier [Friedensfragen] wurde es – seitens der ›Brüder‹ – sehr eindeutig und deutlich. Trotz einer kurzen, aber klaren Einführung von Herrn Scheuner wurde der NATO-Beschluß einer starken Kri-

tik unterzogen. Herr Kramer wies auf eine DDR-Zeitung hin, die gemeldet hätte, daß die SS 20-Raketen eine wesentliche Verbesserung der Nuklearbewaffnung bedeuteten – der Westen hätte also nicht gelogen! Frau Rackow: Es ist ›infam‹, daß die Deutschen die ›Einpeitscher‹ des NATO-Beschlusses waren, wie es ›infam‹ war, daß DDR-Truppen in die ČSSR 1968 einmarschiert seien. Frau Lewek wiederholte ihre These bzw. ihre Frage: Sicherheit durch Aufrüstung – stimmt die Formel heute noch? Herr Stolpe meinte, nun wäre es gut, wenn der Westen ›vertrauensbildende Maßnahmen‹ anbieten würde – am besten auf ›ökonomischem Gebiet‹; sonst könnten die Entspannungsgegner die Oberhand bekommen. Hier soll kirchlich zwischen Ost/West weiter gedacht werden.«[72]

Mindestens Lingners Distanzierung von den Kollegen aus dem östlichen Deutschland wurde daran deutlich, daß er – im Unterschied zum sonstigen Gebrauch – den Begriff »Brüder« in Anführungszeichen setzte. Er sah in ihnen eben nicht nur das, sondern auch Diplomaten im Dienste der DDR. Zusammen mit dem Schönherr-Besuch in Bonn vor dem Hintergrund der Breschnew-Offerte konnte man im Vorgehen der östlichen Kirchenleute eine klare politische Leitlinie erkennen. Nach den vom ÖRK in Genf inspirierten, internationalen kirchlichen Anstrengungen zugunsten revolutionärer Befreiungsbewegungen in der Dritten Welt, die den »imperialistischen« Westen in die Defensive, den »sozialistischen« Staaten aber weltweite Anerkennung brachten, ging es seit 1978 an die Friedens- und Deutschlandpolitik. Auf beiden Feldern – das hatte man im Zusammenhang mit der Diskussion um das Antirassismusprogramm gut verfolgen können – mußten die offenen westlichen Gesellschaften gleich an zwei Fronten die Auseinandersetzung führen: Neben den »Friedens«-Vorschlägen und Anerkennungs-Forderungen aus dem Ostblock sahen sie sich mit entsprechenden Anliegen »linker« Gruppen im eigenen Lande konfrontiert, die an politischem Gewicht gewinnen konnten. Sozialismusaffine Kreise in der evangelischen Kirche bildeten beachtliche Teile dieser »inneren Front«.

Auch die beiden EKD-Vertreter Immer und Hild sollen am 2. Juni 1979 gegenüber dem Leiter der Ständigen Vertretung der DDR in Bonn, Ewald Moldt, geäußert haben, sie stünden sehr aufgeschlossen zu dem Gedanken einer Anerkennung der DDR-Staatsbürgerschaft. Botschaftsrat Schindler berichtete nach Ost-Berlin:

»Das Treffen fand auf Einladung des Botschafters im Rahmen eines Mittagessens in der Residenz des Botschafters statt. [...]
Immer und Hild sprachen sich anerkennend über das gegenwärtige Verhältnis zwischen Staatsorganen und evangelischer Kirche in der DDR aus. Sie äußerten, daß sich hierbei insbesondere das Zusammentreffen des Vorsitzenden des Staatsrates Erich Honecker mit Kirchenvertretern im März 1978 positiv ausgewirkt habe. Das sei ihr Eindruck, den sie bei vielen Reisen in die DDR gewonnen hätten.
Immer und Hild brachten zum Ausdruck, daß nach ihrer Meinung die evangelische Kirche in der DDR in Zusammenarbeit mit der Kirche in der BRD einen guten Beitrag leistet, um die DDR in christlichen Kreisen der BRD darzustellen. Das geschehe durch das Auftreten von Kirchenvertretern der DDR. Hild hob dabei besonders das Auftreten von Bischof Werner Krusche hervor. Er kündigte an, daß er sich beim nächsten Aufenthalt von Krusche in der BRD um ein Zusammentreffen mit Botschafter Moldt bemühen werde.

Immer und Hild äußerten sich sehr besorgt über die Rolle der Massenmedien in der BRD. Hild erklärte, daß die Medien und ihre Journalisten immer stärker zu einer selbständigen politischen Kraft werden und mit Erfolg der breiten Bevölkerung vorschreiben, wie gesellschaftliche Werte zu beurteilen sind. Hinzu käme, daß die Politiker in ihrer Entscheidung immer mehr von der Presse abhängig werden.

Am Rande des Gespräches brachte Präses Immer folgendes Problem vor: Von seinen häufigen Reisen in die DDR wisse er, daß es in kirchlichen Kreisen der DDR viele Frauen aus der BRD geben würde, die vor 20 und mehr Jahren Männer in der DDR geheiratet haben. Diese Frauen würden sich in der Mehrzahl voll als Bürger der DDR verstehen und engagieren. Sie hätten aber den Wunsch, ihre Heimatstädte in der BRD zu besuchen. Da sie noch nicht im Rentenalter wären, bestehe hierfür keine Möglichkeit. Die Kirche würde es sehr begrüßen, wenn die DDR dabei großzügiger verfahren könnte.

Gen. Moldt erläuterte, warum die DDR in Fragen des Reiseverkehrs angesichts der völkerrechtswidrigen Staatsbürgerschaftsgesetzgebung der BRD nicht großzügiger sein kann.

Immer und Hild erklärten, daß sie die Haltung der DDR verstehen, und erkundigten sich, ob die BRD noch immer Staatsbürger der DDR in Anspruch nimmt. Das wurde von Botschafter Moldt aufgrund von Beispielen erläutert.

Das Gespräch verlief insgesamt in einer sachlichen und freundlichen Atmosphäre. Beide Kirchenvertreter sprachen eine Gegeneinladung für den Botschafter aus, die noch konkretisiert werden soll.«[73]

Im Dezember 1979 war es freilich nicht das erste Mal gewesen, daß Theologen aus der DDR in der Staatsbürgerschaftsfrage »gebohrt« hatten. Vielmehr begannen diese Anstrengungen schon im Vorfeld des »Spitzengesprächs« vom 6. März 1978 und wurden von da an kontinuierlich fortgesetzt.

Am 17. März 1978, sieben Tage nach Fertigstellung des kirchlichen Protokolls über das »Spitzengespräch« vom 6. März 1978 zwischen Erich Honecker und dem Vorstand des DDR-Kirchenbundes, sandte der Leiter des Sekretariats des Kirchenbundes, Manfred Stolpe, die Niederschrift dem EKD-Bevollmächtigten in Bonn, Prälat Heinz-Georg Binder, zu; in dem beigefügten Handschreiben an Binder heißt es:

»In der Anlage ein Exemplar der ausführlichen Niederschrift vom 6.3. Ich hätte keine Bedenken, wenn Sie hinsichtlich der Deutschlandpolitik Herrn Wehner informieren. Nach meinem Eindruck spielte Herr Honecker auch ganz gezielt den Kontakt Schönherr-Wehner an.«[74]

Der SPD-Politiker Herbert Wehner unterhielt nicht nur zur evangelischen Kirche in beiden deutschen Staaten, sondern seit 1967 – dem Jahr der entscheidenden Annäherung zwischen beiden deutschen Staaten[75] – auch zur SED intensive Geheimkontakte[76]. Lange davor, nämlich im Sommer und Herbst 1956, hatte sich Wehner schon einmal auf kurzzeitige Kontakte mit der SED eingelassen, obwohl damals seitens der SPD noch uneingeschränkt die Doktrin galt, eine Zusammenarbeit mit der stalinistischen Einheitspartei komme prinzipiell nicht in Frage. Das SED-Politbüro-Mitglied Hermann Matern war dagegen an einer diskreten Kontaktaufnahme zu den Sozialdemokraten durchaus interessiert, denn er hielt die SPD für die »weichste Stelle« in der Bundesrepublik.

»In dem Moment, wo es gelingt, mit der Führung der SPD zu verhandeln, geht unten das Eis ab. Dann geht die Zusammenarbeit unten los […] Das ist gar keine Frage, weil wir ohne die Sozialdemokraten nicht weiter kommen und die Dinge nicht lösen können.«[77]

Das geplante Treffen Wehners mit Matern im Hause von Propst Heinrich Grüber, dem EKD-Bevollmächtigten bei der DDR-Regierung, scheiterte schließlich dennoch an der Absage Materns. Der SED-Politiker und Sekretär des »Ausschusses für deutsche Einheit«, Wilhelm Girnus, urteilte nach der von Geheimdienstchef Markus Wolf am 10. November 1956 in Berlin-West arrangierten Begegnung mit Wehner über den ehemaligen Kommunisten und nachmaligen Sozialdemokraten:

»Wehner ist mit seiner Vergangenheit nicht fertig, hat keinen festen inneren Halt in dem politischen Milieu, in dem er gegenwärtig lebt, geht von der Voraussetzung aus, daß es eines Tages zu Verhandlungen zwischen Ost und West kommen wird, auch in der Deutschland-Frage und in Deutschland. Er ist bemüht, sich für diesen Fall eine Art Schlüsselstellung zu schaffen, die ihm zum gegebenen Zeitpunkt vielleicht die Möglichkeit bietet, sich in dieser oder jener Weise von der Last der Vergangenheit zu befreien.«[78]

Auch bei seiner späteren »Hintertreppenpolitik«[79] seit 1967 mußte der Minister für Gesamtdeutsche Fragen in der Bonner Großen Koalition und Mitbetreiber einer »neuen Ostpolitik« wissen, daß in den Archiven von Moskau und Ost-Berlin Spitzelberichte von seiner Hand aus den 30er Jahren lagerten, die – würden sie veröffentlicht – ihn völlig desavouierten[80].

Herbert Wehner und Willy Brandt blieben in der alten Bundesrepublik – je auf ihre Weise – geheimnisumwittert und legendenumwoben. Sie galten vielen konservativen Politikern als unsichere Kantonisten, als unpatriotische »Emigranten« eben, die nach 1945 aus dem Dunkeln gekommen waren. Ihr fremdes Leben in einer anderen Welt außerhalb der nationalsozialistischen Diktatur gab über viele Jahre hinweg Stoff für Wahlkämpfe. Brandt gelang es spätestens im Zusammenhang mit seiner Kanzlerschaft, aus dem Zwielicht herauszutreten und für einige Jahre zur verehrten Lichtgestalt deutscher Nachkriegspolitik zu werden. Wehner schaffte das nie. In seiner Zeit als zentrale politische Figur der deutschen Sozialdemokratie kultivierte er seine mißtrauische Verschlossenheit im Blick auf die Preisgabe von Persönlichem in einem solchen Maße, daß der Eindruck entstehen konnte, er wolle den um seinen Lebensweg wuchernden Gerüchten noch weitere Nahrung geben.

Franz Josef Strauß, einer der schärfsten Wehner-Gegner in der alten Bundesrepublik, schrieb in seiner 1989 postum erschienenen Autobiographie:

»Die Beurteilung Wehners als Urgestein der deutschen Politik, als der verläßliche Block der SPD, hat mich nie sehr beeindruckt. Mein Mißtrauen gegen die Konversion Wehners war immer stärker als meine Bereitschaft oder meine Selbstverpflichtung, einen Dialog mit ihm zu suchen. Ich habe an seine Wandlung vom stalinistischen Kommunisten zum demokratischen Sozialisten über viele Jahre hin nicht recht geglaubt.«[81]

Mitte der 80er Jahre suchte Rüdiger Reitz – Theologe und langjähriger Kirchenreferent beim SPD-Parteivorstand – in dem an Konversionen so reichen Leben des in der SPD hochgeachteten Wehner eine Kontinuität herauszuarbeiten, die kaum mehr überbietbar war: Herbert Wehner als Vertreter eines ethischen Sozialismus aus christlicher Verantwortung.

Damit ordnete Reitz ihn in die Gruppe jener SPD-Politiker ein, die nach seiner historischen Rekonstruktion endlich die längst fälligen »Konsequenzen aus einem Erbe«[82] gezogen hätten – nämlich daß Christentum und demokratischer Sozialismus zusammengehörten. Zur »sozialdemokratischen Führungsschicht«[83], die nach über hundertjährigen Irrungen und Wirrungen diesen entscheidenden Durchbruch bewirkt habe, zählte er Adolf Arndt, Fritz Erler, Adolf Grimme, Gustav Heinemann und Georg Leber. Für die SPD-Politiker der zweiten Generation nennt er Hans Apel, Erhard Eppler, Hans Koschnick, Diether Posser, Johannes Rau, Jürgen Schmude und Hans-Jochen Vogel. »Die SPD hat«, so Reitz 1983, »mit dem Konzept Christen in der SPD heute eine Alternative zum Konzept der ›christlichen‹ Partei, wie sich die CDU versteht, aufgebaut.«[84]

Wie der Partei-Theologe Reitz Wehners Verhaftung im christlichen Glauben aus dem alten Haudegen scheinbar »herausfragte«, könnte als Paradestück für gelenkte Kommunikationen gelten. Die Zielvorgabe formulierte Wehner im sieben Zeilen umfassenden Vorwort des 1985 erschienenen Buches mit seinen »Reden, Schriften und Interviews zum Verhältnis Sozialdemokratie und Kirchen bzw. zu zentralen Fragen christlicher Existenz [...] Mögen sie dem Leser zeigen, daß für mich [Wehner] Politik nicht alles im Leben war«[85].

Am Beispiel der Biographie Wehners erhärtet Reitz die Grundthese seiner historischen Rekonstruktion: Wehner habe aus dem Geist der Bergpredigt heraus sein christliches Bekenntnis mit dem politischen zum Sozialismus verbunden. Er sei, so Wehner in dem Reitz-Interview, 1927 aus der Kirche ausgetreten, »weil das damals eine Bedingung dieser KPD war. Später war es das nicht mehr, aber da war ich schon nicht mehr in der KPD«[86]. Nach seinem Austritt aus der kommunistischen Partei im Jahre 1942 habe er dann den Wiedereintritt »noch in Schweden vollzogen, nachdem ich dort aus dem Gefängnis gekommen bin«[87].

Reitz lag daran, im Verlauf des Gespräches mit Wehner festzustellen, daß es »kein taktischer Schwenk« war, den die SPD mit ihrer Wandlung von der Klassen- zur Volkspartei vollzog, »als sie ihre Einstellung zu Christentum und Kirche zu revidieren begann«[88]. Und er bescheinigt Wehner: »Du selbst gehörst zu den Männern der ersten Stunde, die diese Wende eingeleitet haben«. Und Wehner: »Ja, das sage ich ohne weitere Zusätze; ja, so war das.«[89]

1986 hat Günther Scholz in einem Kapitel seines Wehner-Buches unter der Überschrift »Ein Christ von Anfang an« die Lesart Rüdiger Reitz' voll übernommen.[90] In der Stilisierung des alten Sozialdemokraten versteigt er sich gar zu dem Satz: »Seine wortgewaltige Formulierungskraft erinnert an Martin Luther, Landsmann und Vorbild auch in politischer Hinsicht, was das Staatsverständnis angeht.«[91] Scholz läßt – wie Reitz – keinen Zweifel daran, welches konfessionspolitische Image seine Partei ausstrahlen soll: »Bei der SPD dominieren die Protestanten bei weitem, so daß diese Partei, wenn sie will, als die eigentliche evangelische Partei auftreten kann. Die Verflechtungen, Kontakte und Berührungspunkte zwischen SPD und evangelischer Kirche sind enger als zur katholischen Seite«[92]. Über die Konfessionalisierung seiner Partei hat sich auch Willy Brandt in seinen »Erinnerungen« einige Bemerkungen erlaubt, in denen allerdings erfrischende Ironie und wohl auch eine Spur Kritik mitschwingen[93]. Der Altbundeskanzler hat nie zu den »christlichen Kreisen« in der SPD gehört, und es blieb Eppler vorbehalten, den Agnostiker nach seinem Tod ausgerechnet in einem »Spiegel«-Nachruf heimholen zu wollen[94].

Der Brandt-Freund und SPD-nahe Bischof der Berlin-Brandenburgischen Kirche, Kurt Scharf, schrieb 1976 – aus Anlaß des 70. Geburtstages Wehners – über diesen, er sei »nach dem Eindruck, den ich von ihm aus der Distanz und aus der Nähe, einer ›brüderlichen Nähe‹, gewonnen habe, ein Politiker und ein Christ, für den politisches Handeln und christliches Gewissen nicht – von vornherein – im Streit miteinander sind.«[95] Scharf war sichtlich tief beeindruckt von dem außerordentlichen humanitären Engagement Wehners in Fragen des Freikaufs, der Familienzusammenführung und der Ausreisegenehmigungen aus der DDR in die Bundesrepublik. Er sah in den persönlichen Initiativen des Gesamtdeutschen Ministers »die Verpflichtung gegenüber dem Mitmenschen, an den er sich von Gott gewiesen weiß«[96]. Heinz-Georg Binder, der EKD-Bevollmächtigte in Bonn, verglich Ende Januar 1990 in einem Nachruf auf Wehner dessen Einsatz für menschliche Einzelschicksale mit der Tätigkeit eines guten Pastoren für seine Gemeindeglieder. Eine besondere Rolle habe für ihn die Kirche in der DDR gespielt. »Sie erschien ihm glaubwürdig, und er wußte, daß sie zur Stelle war, wenn es galt, einzelnen Menschen möglichst unspektakulär zu helfen, die durch staatliche Gewalt und die Teilung Deutschlands in Not geraten.«[97]

Angesichts dieser Zeugnisse nimmt es wunder, daß der sozialdemokratische Historiker Hartmut Soell in seiner 1991 publizierten Arbeit über den »jungen Wehner« dessen kontinuierliche Verankerung im christlichen Glauben nicht nur nicht zu einem tragenden Leitmotiv seiner Darstellung machte, sondern Wehners religiöse Seite so gar nicht zum Klingen bringt. Entstammte Wehner nach Reitz einer christlichen Handwerkerfamilie, so zitiert Soell einen Ausspruch Wehners, er komme aus einer »richtigen Arbeiterfamilie«[98]. Wohl wird erwähnt, daß der Zwölfjährige im Kirchenchor mitsang, aber nur, um von seiner ersten revolutionären Tat an kirchlichem Ort im November 1918 zu berichten: Der »Proletenbengel« hatte im Gemeindehaus das Kaiserbild von der Wand genommen und umgedreht – für den nationalen Pastor eine »schlimme Sache«[99].

Der Anarchist, der Funktionär der »Roten Hilfe« und Kommunist stalinistischer Prägung, dem die SPD als die »Partei des Arbeiterverrats« ein »besonderer Dorn im Auge«[100] war – all das gewiß nicht unkritisch[101] –: So konturiert Soell sein Wehner-Bild. In Wehners 1946 verfaßter Schrift »Selbstbesinnung und Selbstkritik«[102] entdeckt Soell »eine bewußtere Hinwendung zu einer Ethik der gegenseitigen Hilfe«[103] auf der Grundlage des Menschenrechtsgedankens, die er auf den Einfluß des Sozialdemokraten Willy Strzelewicz zurückführt. Strzelewicz war neben Willy Brandt Redakteur der Exilzeitschrift »Sozialistische Tribüne«[104].

In der schwedischen Haft soll Wehner um folgende Bücher gebeten und sie auch erhalten haben: Hölderlin, die Bibel, Kierkegaard, Schopenhauers »Die Welt als Wille und Vorstellung«, ein Buch des Schriftstellers Eugen Diesel und Langbehns »Rembrandt als Erzieher«. Nur auf Wehners Schopenhauer-Interesse geht Soell ein: »Es spricht manches dafür, daß er – seiner eigenen Erfahrung eingedenk – die Schopenhauersche Skepsis gegen die große Idee und die sie begleitenden erhabenen Gefühle wenn nicht teilte, so doch als Orientierungshilfe zu schätzen begann.«[105]

Kann einer alles, was Wehner je gewesen war, sein und all das »als Christ von Anfang an«? Wehners »Predigtvortrag«[106] in der Hamburger Michaeliskirche Mitte Oktober 1964 ist ihm »als Opportunismus gedeutet worden«[107]. Solche Verdächtigungen führen nicht weiter, denn in das Innere eines Menschen kann man nicht blicken. Es steht freilich fest, daß Wehner in politischen Reden, Schriften, Interviews und vertraulichen Gesprächen mit kirchenleitenden Persönlichkeiten sein Christsein wohl ins Spiel zu bringen wußte – nicht zuletzt auch, um die politische Position seiner Partei zu stärken. Zunächst ging es ihm darum, gegen den so empfundenen, religiösen »Alleinvertretungsanspruch« der CDU auch die SPD für Christen als durchaus wählbar erscheinen zu lassen, dann die evangelische Kirche für die Unterstützung der neuen Deutschlandpolitik zu gewinnen. Schließlich führte Wehner mit DDR-Bischöfen vertrauliche politische Gespräche über alle Aspekte der »Deutschen Frage« und trug einigen Ratsmitgliedern der EKD Anfang Dezember 1979 im Zusammenhang mit dem NATO-Doppelbeschluß persönlich vor, welche ökumenischen Bemühungen im Interesse der Friedenserhaltung anzustellen seien[108].

In einem Kommentar zur Verteidigung der sog. »Ost-Denkschrift« der evangelischen Kirche aus dem Jahr 1965 sagte Wehner – seine Partei hatte die Bundestagswahlen gerade wieder einmal verloren –, die SPD habe in ihrem Godesberger Grundsatzprogramm »ausdrücklich festgestellt, daß sie es begrüßt, wenn Menschen aus ihrer religiösen Bindung heraus sich zur Verantwortung in der Gesellschaft bekennen.«[109]

Vor dem 13. Deutschen Evangelischen Kirchentag in Hannover Ende Juni 1967 warb Wehner – inzwischen Gesamtdeutscher Minister im Kabinett der Großen Koalition – für deutsch-deutsche Gespräche. »Die Bundesregierung, die in diesen Monaten und Wochen neue und manchem vielleicht ungewöhnlich erscheinende Wege zur Überwindung der Erstarrung im Verhältnis der Teile Deutschlands zueinander eingeschlagen hat, tut das nicht etwa, weil sie sich vielleicht mit dem SED-Regime abgefunden hätte. Aber sie läßt sich von dem Pflichtbewußtsein leiten, ihren Beitrag zum Zustandekommen einer gerechten Friedensordnung in Europa zu leisten. Im Zustand der Verkrampfung wären die Deutschen nicht imstande, einen solchen Beitrag zu leisten.«[110]

Im Juli 1968 veröffentlichte Wehner in den »Lutherischen Monatsheften« einen Beitrag über »Evangelische Kirche und deutsche Wiedervereinigung«. Darin ermutigte er die Kirchen, in bezug auf die staatliche Spaltung »segensreich zu wirken«[111].

Es ging Wehner jeweils um eine Einstimmung der evangelischen Bevölkerung auf die nächsten politischen Schritte, mit denen die SPD zunehmend von dem abrückte, was über zwanzig Jahre hinweg in ihrer Deutschlandpolitik Geltung besessen hatte. Und er warb mit Ermutigungen, Zeichen der Hochachtung für evangelische Bischöfe und religiös formulierten Grundanliegen um die Unterstützung seiner Politik durch die Kirchen. Dabei verstand er es, politisches und christliches Handeln in einer Weise zu verknüpfen, daß die Deutschlandpolitik der sozialliberalen Koalition geradezu religiöse Weihen erhielt und eine Alternative unter ethischen Gesichtspunkten vollkommen ausgeschlossen erschien.

War Wehner wirklich der alle anderen überragende Parteistratege, der durch viele politische Schulen und Käfige gleichermaßen sensibilisierte wie abgebrühte Politprofi, dann muß seinem Tun ein klares Konzept zugrunde gelegen haben. Sollte es am Ende so gewesen sein, daß der Wehner-Bewunderer Rüdiger Reitz nur nachträglich das Drehbuch zu einem Stück über »Sozialdemokratisierung der evangelischen Kirche« aufschrieb, das ihm »Onkel Herbert« in all den Jahren laut vorgedacht hatte? Die nächste SPD-Generation meinte für ihre »zweite Ostpolitik« nur dem alten Stück einen neuen Akt hinzufügen zu müssen, der schließlich mit dem SED/SPD-Papier von 1987[112] den vorläufig letzten dramaturgischen Höhepunkt erhielt. Im Juli 1986 schrieb der KKL-Vorsitzende Werner Leich an den SPD-Politiker:

»Sehr geehrter Herr Wehner!
Am 11. Juli vollenden Sie Ihr 80. Lebensjahr.
Im Namen des Bundes der Evangelischen Kirchen in der DDR gratuliere ich Ihnen herzlich zu diesem Tage. In Dankbarkeit erinnern wir uns an Ihr vielseitiges Wirken für die Menschen im geteilten Deutschland. Sie haben den Dialog zwischen den Politikern in Ost und West in Gang gesetzt und immer darauf geachtet, daß politische Bemühungen in menschliche Verbindungen und Erleichterungen für mich erlebbar wurden. In Ihrem Wirken für den Frieden und die Menschen wissen wir uns Ihnen in besonderer Weise verbunden. Deshalb haben wir auch mit großer Aufmerksamkeit Ihre anregenden Gedanken zur Bergpredigt, zum Christentum und Sozialismus zur Kenntnis genommen und hoffen hier noch weitere Denkanstöße von Ihnen zu erfahren.
Wir danken unserem Herrgott, daß er der gefährdeten Welt und den deutschen Menschen einen Mann mit Ihrer Weisheit, Tatkraft und Menschlichkeit geschenkt hat, dessen Wirken noch lange deutlich sein wird.
Gott behüte Sie!«[113]

Nach einem persönlichen Gespräch zwischen Binder und Stolpe im Mai 1978, in dem es – als eine Konsequenz aus dem »Spitzengespräch« vom 6. März – um konkrete Schritte bei der Erleichterung im deutsch-deutschen Reiseverkehr ging, sondierte der Leiter des Kirchenbund-Sekretariats bei seiner Regierung, unter welchen Bedingungen dazu Bereitschaft bestünde[114]. Am 7. Juli 1978 konnte er Binder berichten, es gebe »deutliche Anzeichen dafür, daß im Zusammenhang mit dem angestrebten Besuch von Bundeskanzler Schmidt in der DDR positive Entscheidungen möglich wären. Allerdings wohl nicht ohne Gegenleistung im Bereich praktischer Schritte in Sachen Staatsbürgerschaft.«

»Dabei«, so Stolpe, »werden keine Maximalforderungen erhoben, sondern vorweisbare Ergebnisse angestrebt, die praktisch den ›Alleinvertretungsanspruch‹ reduzieren. Im

Verfahren gibt es anscheinend Unsicherheiten hinsichtlich des staatlichen Weges. Angestrebt wird präzise, verbindliche und diskrete Vorabklärung. Kirchliche Mittlerschaft scheint erwünscht, aber es gibt dazu hier keine Aufträge. Inhaltlich wäre zum Gelingen wichtig zu klären, was die Bundesregierung wirklich leisten könnte. Kann die Erfassungsstelle Salzgitter geschlossen werden? Kann die konsularische Tätigkeit gegenüber DDR-Bürgern abgeschafft werden? Sicher gibt es noch andere praktikable Möglichkeiten. Mir liegt daran, daß Sie von diesen Dingen wissen und vielleicht an geeigneter Stelle Überlegungen anstoßen könnten. Für eine Fortführung gibt es sicher verschiedene Wege. Wenn es hilfreich ist, könnten Bischof Schönherr oder ich auch dort eingeschaltet werden.«[115]

Fünf Tage später schrieb Binder an Staatsminister Jürgen Wischnewski in einem als »persönlich/vertraulich« gekennzeichneten Vermerk:

»Die Bemühungen der Evangelischen Kirchen in der DDR um Erleichterungen im Reiseverkehr sind bekannt. Erwünscht ist dort eine Senkung des Reisealters auf 50 Jahre und die Ausdehnung der Fälle von dringenden Angelegenheiten.«[116]

Ohne dies kenntlich zu machen, folgt dann – als Vermerk Binder! – der von ihm im Wortlaut übernommene Stolpe-Brief. Binder nennt in dem Vermerk auch seinen Informanten nicht, sondern schreibt am Schluß: »Zwei führende Persönlichkeiten der Evangelischen Kirchen in der DDR können eingeschaltet werden, wenn dieses sinnvoll erscheint.«[117]

Im Dezember 1978 führte Schönherr im ZK-Gebäude ein Gespräch mit Paul Verner, wobei man auch auf die Deutschlandpolitik zu sprechen kam. Nach den Aufzeichnungen des Berliner Bischofs sagte Verner:

»Herr Verner machte einige Bemerkungen zur Bonner Politik. Er beanstandete, daß die SPD nicht wirklich kämpfe, sondern eine Schaukelpolitik betreibe. Damit brächte sie sich um viel Sympathie bei der Bevölkerung. Bezüglich eines Besuches des Bundeskanzlers in der DDR meinte er, daß bei dem Besuch etwas herauskommen müsse, und zwar was nicht zu unseren Lasten geht. Es müsse um eine echte Normalisierung der Beziehungen gehen: Die BRD müsse etwas tun gegen den Mißbrauch der Transitwege. In der Frage der Staatsbürgerschaft solle die BRD nicht in Drittländern konsularisch für DDR-Bürger eintreten. Daß eine Änderung des Grundgesetzes nicht möglich sei, war ihm natürlich bewußt. In der Frage der Elbgrenze müsse es zu einer endgültigen Regelung kommen. Im übrigen sei aber die schon geschehene Grenzregelung ein großer Schritt, auch in der grundsätzlichen Beziehung der beiden deutschen Staaten zueinander.«[118]

Das sich bereits abzeichnende Ende der Entspannungsphase zwischen den beiden Machtblöcken – unübersehbar schließlich markiert durch den Einmarsch der Sowjetunion in Afghanistan und die Verabschiedung des NATO-Doppelbeschlusses im Dezember 1979 – verhinderte vorerst einen Fortschritt in den deutsch-deutschen Verständigungsbemühungen[119], ohne daß freilich das seitens der Kirchen vermittelte und moderierte Gespräch zwischen den beiden deutschen Staaten jemals ganz abgebrochen wäre[120]. Im Gegenteil: Führende Kirchenmänner aus Ost und West bemühten sich – im Verein mit einigen SPD- und SED-Politikern – weiterhin darum, den Begriff der »Deutschen Nation« so zu modifizieren, daß eine DDR-Staatsbürgerschaft mit allen Konsequenzen in den Bereich des Möglichen rückte. Emissäre des SPD-Präsidiums –

Wehner, Koschnick und Eppler – trugen am 7./8. Dezember 1979 dem in Berlin (West) tagenden Rat der EKD ihre Sorgen um den gefährdeten Frieden vor und baten um Einflußnahme der Kirche auf ökumenischer Ebene[121].

Das Urteil des Bundesverfassungsgerichts zum Grundlagenvertrag schien allen Bestrebungen zur Durchsetzung eines DDR-Staatsbürgerrechts – natürlich im Interesse der Friedenserhaltung und Entspannung – enge Grenzen zu setzen. Dort hieß es:

»Aus dem Wiedervereinigungsgebot folgt: Kein Verfassungsorgan der Bundesrepublik Deutschland darf die Wiederherstellung der staatlichen Einheit als politisches Ziel aufgeben, alle Verfassungsorgane sind verpflichtet, in ihrer Politik auf die Erreichung dieses Zieles hinzuwirken – das schließt die Forderung ein, den Wiedervereinigungsanspruch im Inneren wachzuhalten und nach außen beharrlich zu vertreten – und alles zu unterlassen, was die Wiedervereinigung vereiteln würde [...] Art. 16 GG geht davon aus, daß die ›deutsche Staatsangehörigkeit‹, wie auch in Artikel 116 Abs. 1 GG Bezug genommen ist, zugleich die Staatsangehörigkeit der Bundesrepublik Deutschland ist. Deutscher Staatsangehöriger im Sinne des Grundgesetzes ist also nicht nur der Bürger der Bundesrepublik Deutschland [...] Ein Deutscher hat, wann immer er in den Schutzbereich der staatlichen Ordnung der Bundesrepublik Deutschland gelangt, einen Anspruch auf den vollen Schutz der Gerichte der Bundesrepublik Deutschland und aller Garantien der Grundrechte des Grundgesetzes.«[122]

In einem »Spiegel«-Gespräch Anfang 1977 mit dem Leiter der Ständigen Vertretung der Bundesrepublik Deutschland in Berlin (Ost), Staatssekretär Günter Gaus, sagte dieser:

»[...] wir müssen uns davor hüten, das Karlsruher Urteil als Fessel und nicht als Rahmen zu nehmen. Ein ziemlich hoher Mann in der DDR hat gelegentlich gesagt, daß die beiden Staaten besser miteinander fahren, wenn sie die Fähigkeit entwickeln, unüberbrückbare Grundmeinungsverschiedenheiten auszuklammern [...] Beispielsweise ist die Staatsangehörigkeitsfrage eine solche Grundmeinungsverschiedenheit. Wir können von der DDR mit größerem Nachdruck und größerer Erfolgsaussicht verlangen, daß sie bestimmte Dinge unterläßt und bestimmte Dinge tut, wenn auch wir – durchaus im Einklang mit dem Grundgesetz – für die Staatsangehörigkeitsfrage Lösungen und Verhaltensweisen finden, die nicht immer wieder neue politische Konflikte zwischen den beiden Staaten heraufbeschwören.«[123]

Während des West-Berliner Kirchentages im Sommer 1977 erklärte der Bischof der Kirchenprovinz Sachsen, Werner Krusche,

die Kirchen »könnten Tabu-Themen, die die Politiker aus bestimmten Rücksichtnahmen nach innen und außen nicht aussprechen können oder wollen, miteinander vordenken und ein Klima vorbereiten helfen, in dem eine sachliche Erörterung möglich wird. Ich denke, daß die sogenannte Ost-Denkschrift der EKD ein Beispiel hierfür ist: Sie hat den Boden vorbereiten helfen zur Verständigung und den Vertrag zwischen der Bundesrepublik Deutschland und der Volksrepublik Polen ermöglicht. Ähnliches wird man von Gesprächen in der Konferenz Europäischer Kirchen oder dem Nordisch-Deutschen Kirchenkonvent über die Anerkennung der DDR sagen können, die zur Versachlichung und Entemotionalisierung beigetragen haben. Ich könnte mir denken, daß zum Beispiel auch einmal zwischen Kirchen ein Problem wie das der deutschen Staatsbürgerschaft leidenschaftslos miteinander bedacht wird, da dies für Politiker offenbar ein zu heißes Eisen ist, um angefaßt werden zu können.«[124]

Zwei Jahre später unternahm Krusche, wieder auf einem Kirchentag, einen weiteren Vorstoß:

»Wenn von Hoffnungen zwischen Ost und West gesprochen werden soll, muß auch auf die Erzeugung unnüchterner und die Propagierung falscher Hoffnungen eingegangen werden. Und erlauben Sie mir bitte, daß ich als Christ aus der DDR zu Ihnen als Christ in der BRD spreche, wobei ich freilich nur für mich selbst zu sprechen beanspruche. Ich denke, daß es gefährlich ist, die Hoffnung auf die Beseitigung von Grenzen und die Wiedergewinnung der staatlichen Einheit Deutschlands zu nähren und dabei gleichzeitig für das Verbleiben in den bestehenden militärischen Bündnissystemen zu votieren. Ich halte die Propagierung dieser Hoffnung für gefährlich, weil sie bei uns Deutschen abwechselnd Depressionen und Aggressionen erzeugt und bei den europäischen Nachbarn Ängstigungen mit allen ihren Begleiterscheinungen und Folgen. Ich denke (und ich sage das nicht ganz ohne Schmerzen): Das Zurückstellen der Hoffnung auf eine staatliche Einheit Deutschlands ist das Opfer, das wir Deutsche um des Friedens in Europa willen zu bringen haben. Die Suspendierung dieser Hoffnung schließt freilich ein, daß die Hoffnung auf eine ungehinderte – möglichst wenig eingeschränkte – Gemeinschaft der Menschen in den beiden deutschen Staaten lebendig erhalten und Schritt um Schritt in die Wirklichkeit umgesetzt wird.«[125]

Vor dem Nürnberger Kirchentag hatte Schönherr gegenüber Paul Verner die Frage angesprochen, ob es staatlicherseits Einwendungen gegen die Beteiligung einer Delegation aus der DDR gebe.

»Herr Verner hatte nichts dagegen, wenn sich diese Delegation im Rahmen halten würde. Dazu gehörte auch, daß der Kirchentag und der Besuch einer DDR-Delegation nicht zu einer gesamtdeutschen Angelegenheit gemacht werden dürfe. Es müsse deutlich bleiben, daß DDR und BRD zwei verschiedene Staaten mit diametral entgegengesetzter Gesellschaftsordnung seien. Es müsse deutlich bleiben, daß unsere Vertreter Vertreter aus Kirchen der *DDR* sind und bleiben. Wir sollten den Antrag stellen, wenn es soweit ist. Über die Größenordnung sagte Herr Verner nichts. Es schien mir aber möglich zu sein, den Kreis etwas größer zu halten als im vergangenen Jahr für Westberlin.«[126]

Im Mai 1980 führte der damalige Ratsvorsitzende der EKU (Bereich DDR) und Kirchenpräsident der Anhaltischen Kirche, Eberhard Natho, in seinem Synodalbericht aus:

»Die weltpolitische Entwicklung hat uns in den beiden deutschen Staaten die schwere Aufgabe aufgebürdet, auf eine Wiedervereinigung in einem von Menschen absehbaren Zeitraum zu verzichten – um des Friedens willen! Aber Trennung kann nicht bedeuten: Beziehungslosigkeit. Darum kommt es darauf an, *wie* diese Beziehungen aussehen und ausgestaltet werden.«[127]

Im Oktober 1980 formulierte SED-Chef Erich Honecker in einer Rede zur Eröffnung eines Partei-Lehrjahres in Gera seine »Geraer Forderungen«. Dieses deutschlandpolitische Programm enthielt vier Punkte:
– Anerkennung der DDR-Staatsbürgerschaft;
– Auflösung der zentralen Erfassungsstelle für Menschenrechtsverletzungen in der DDR (eine Einrichtung der Länderjustizverwaltungen in Salzgitter);
– Umwandlung der ständigen Vertretungen zwischen der BRD und der DDR in Botschaften;

– Festlegung des Grenzverlaufs auf der Elbe (zwischen Schnakenburg und Boitzenburg) in der Mitte der Wasserstraße[128].

Doch die Zeit war noch nicht reif für derlei Signale. Sie verfehlten weithin ihre Wirkung – auch, weil bis Mitte der 80er Jahre eher konservative Persönlichkeiten in der Führungsspitze der westdeutschen evangelischen Kirche noch eine Art Sperrminorität bildeten. So endete beispielsweise auch ein Gespräch zwischen dem »Bonn-Botschafter« der DDR, Ewald Moldt, dem EKD-Ratsvorsitzenden, Eduard Lohse, und dem EKD-Bevollmächtigten in Bonn, Prälat Binder, zu dem Moldt am 24. Februar 1981 eingeladen hatte, ergebnislos[129]. Über die Aufhebung der zentralen Erfassungsstelle in Salzgitter, die Anerkennung der DDR-Staatsbürgerschaft und der Elb-Mitte als Staatsgrenze ließ sich mit Leuten wie Lohse nicht reden.

Erst nach einer mehrjährigen Phase stagnierender »Normalisierung« sorgte die Ära Gorbatschow für neue Impulse. Die deutsch-deutschen »Grundmeinungsverschiedenheiten« waren aber im wesentlichen dieselben geblieben.

Olaf Lingners Persönliche Betrachtungen nach 15 Jahren Beratergruppe (1984)

Der langjährige Sekretär der Beratergruppe und Leiter der Berliner Stelle des Kirchenamts der EKD, Olaf Lingner, konnte die doch erheblichen Differenzen zwischen Ost und West nicht einmal anläßlich des fünfzehnjährigen Bestehens des Kreises und der aus diesem Anlaß Mitte Juni 1985 zelebrierten Erinnerungsveranstaltung verschweigen. Ein Jahr vor seinem vorzeitigen Ausscheiden führte er aus:

»In knapp 10 Jahren wird des 25jährigen Bestehens der B'Gr [Berater-Gruppe] gedacht werden – ich bin sicher, daß man sich dann auch der ersten Geschäftsführer erinnern wird, der Herren Behm und Lingner. Schon heute lagern bei uns präzis 20 Akten, die über die bewegte Geschichte der B'Gr Auskunft geben. Es begann genau am 11.10.1969 mit einem Vermerk, dem unsere Registratur – mit der unvergessenen Frau Hesselbarth als Leiterin – sofort eine eigene Nummer gab: 0202. Sie ahnte, das bleibt nicht bei dem einen Vermerk. Der Vermerk hält eine Bitte des Vorstandes der Konferenz fest, die der damalige OKR Stolpe übermittelt hatte. Bitteschön – benennt bei Euch in der EKD Männer von Rang und Gewicht, die mit unseren Männern – von nicht minderem Rang und Gewicht – zu Beratungen zusammentreten können. Die Ordnung des Bundes in Art. 4, Abs. 4 will es so, und wir müssen das jetzt tun. Es ging also um die Umsetzung einer (Grund)ordnungsaussage in die kirchliche Praxis. Das war damals – 1969 – so, das ist heute nicht anders. So wurde die B'Gr geboren. Das schnell zur Welt gebrachte gemeinsame Kind wurde von den kirchlichen Eltern in Ost und West nicht mit Herzlichkeit angenommen, es teilte das Schicksal der unerwünschten Kinder. Das zeigte sich schon an der Verlegenheit, für das Kind einen rechten Namen zu finden. ›Besuchergruppe‹ – fanden die einen ganz hübsch, ›Beratergruppe‹ – wurde von anderen favorisiert, ein Kompromiß meinte: Nennt das Kind doch einfach ›Gruppe‹, der Rat der EKD schlug vor, dem Frischgeborenen gar keinen Namen zu geben, das Ding da namenlos zu lassen. Das Ergebnis ist Ihnen bekannt. ›Beratergruppe‹ nennt man bei uns die Sache; wobei die Vorläufigkeit des Namens dadurch kenntlich gemacht wird, daß man ›Bera-

tergruppe‹ in Anführungsstriche setzt. Vor Jahren konnte man am Wochenende eine Sendung hören, die sich – wenn ich es recht erinnere – ›Peter Sander öffnet seinen Plattenschrank‹ nannte. Es wurden alte Platten aufgelegt. Ich fand das gut. In Analogie zu der Sendung damals möchte ich Sie einladen zu einem kleinen Beitrag mit der Überschrift: Ein Geschäftsführer öffnet seinen Aktenschrank. Drei Abschnitte sollen dabei helfen, die alten Geschichten ein wenig zu ordnen:
1. Erinnerung,
2. Bilanz,
3. Nörgeleien.

Erinnerung
Der erste Abschnitt könnte ganz kurz ausfallen – aber ich meine, man sollte Namen und Eigentümlichkeiten nicht ganz übergehen, wenn man so die Akten durchblättert. Fünf westliche Besucher/Berater/Gruppenangehörige bzw. Namenlose wurden berufen: Die Herren Wilm, Petersen (als Mitglied des Rates) und die Herren Heintze, Schmitz (Westfalen) und Füllkrug. Sie machten sich zum ersten Mal am 15. Dezember 1969 auf, um hier in der Auguststraße die Brüder vom Bund zu treffen. Erwartet wurden sie von den Herren: Schönherr, Noth, Braecklein, Juergensohn, Kramer und – natürlich – Stolpe. Da saß man nun beieinander und überlegte, was man denn so gemeinsam zu besprechen hätte. Auf den Inhalt komme ich noch zurück und zwar im Zusammenhang mit dem dritten Abschnitt: Nörgeleien.
Zur Erinnerung gehört auch, daß die Zusammenkünfte unter gewissen Störungen litten. Nicht ganz ein Jahr später wurde deutlich, daß die Herren Wilm, Schmitz und Petersen ihre Reisen jeweils am Übergang beenden mußten. Der Vermerk vom 15.9.1970 über die Zusammenkunft notiert unter dem Stichwort: ›Anwesend aus dem Bereich der EKD‹: Heintze. Damit der Name nicht ganz alleine dasteht, wurde ergänzt: Lingner. Füllkrug mußte zwar seine Reise nicht am Übergang abbrechen, aber er – so heißt es in einem Schreiben des Geschäftsführers West – war in der Regel verhindert. Der Wahrheit die Ehre – beim Durchblättern der Vermerke über die Sitzungen muß nachträglich festgestellt werden: Der Geschäftsführer tat ihm unrecht – er war etliche Male dabei. Was sollte man tun? Neue Namen wurden genannt – nun aber nannte man gleich ein ganzes Bündel, 13 Namen:
Wilm, Heintze und Füllkrug standen weiterhin auf der Wunschliste. Hinzu kamen: OKR Basse (Stuttgart), Prof. Gräßer, Kirchenpräsident Hild und Dr. Johnsen, Bischof Lohse und Landessuperintendent Schnübbe, Dr. Viering, Bischof Claß und aus Bayern Greifenstein und Grethlein. Eine beachtliche Schar, die auch Vertretungsmöglichkeiten sichern sollte. Ich weiß nicht, ob Ihnen auffällt: Es fehlen die Nordlichter – sie wurden nie aufgefordert, ihr Kirche-Sein, das wie ihr Land meerumschlungen ist, in die Beratungen einzubringen.
Im Januar 1974 wurde die Liste neu geschrieben. Die Grundlagenverträge (1972) versprachen neue Chancen. An den Übergängen wurden die Mitglieder des Rates nicht mehr – fast automatisch – mit der Bemerkung ›Unerwünscht‹ zurückgewiesen. Nunmehr gehörten drei Ratsmitglieder mit je einem Vertreter und drei weitere Mitglieder, auch mit je einem Vertreter, zu dem Kreis der Berufenen. Claß, Lohse, Petersen mit den Vertretern Frau Schneider (eine Frau!), Eßer und Hofmann – das waren die Ratsmitglieder. Heintze, Greifenstein, Viering mit den Vertretern Kaulitz, von Keler, Schnübbe – das waren die übrigen Mitglieder. Berlin wurde ein Sonderrecht zugebilligt: Dr. Flor zusätzlich berufen. In dieser Zusammensetzung blieb der Westteil bis 1979/80. Seither besteht die Gruppe West in der bekannten Zusammensetzung. Von heute ab wird alles anders – das ist Gegenwart und Zukunft und rubriziert nicht unter dem Abschnitt ›Erinnerung‹.

Bilanz

Diesem Stichwort möchte ich zuordnen, was so in der B'Gr besprochen und wie sie ihre Aufgabe gesehen und in welcher Weise ihr Aufgaben zugeschrieben worden sind. Ich fange mit dem Zweiten an:

Aufgabe und Status

Die Vermerke über die Zusammenkünfte, aber auch über Besprechungen zwischen den Geschäftsführern und zwischen den Kanzleien sowie Briefe von und an verschiedene Herren verraten: Da ist ein gewisses Maß an Unsicherheit und Unbestimmtheit verbunden mit dem Gefühl von Unzufriedenheit (siehe auch: Abschnitt ›Nörgeleien‹). Das eindeutigste Zeichen für den Eindruck, hier herrscht nicht die Fülle, sondern der Mangel, war der Versuch unseres verehrten Präs. Hammer, mit einem revolutionären Akt die Sache neu zu ordnen. Die Kräfte der Konterrevolution – beim Bund der Ev. Kirchen in der DDR – erwiesen sich aber als stärker. Der Hammersche Versuch verschwand als Material in den Akten und wurde erst viel später in veränderter Form und mit anderen Namen unauffällig eingeführt (wer Präs. Hammer kennt, weiß die Beharrlichkeit zu schätzen, mit der er seine Niederlagen in Siege verwandelt). So uninteressant ist das Modell Hammer nicht. Seine Vorstellung: Beide Seiten der kirchlich Beteiligten, der Bund und die EKD, benennen je einen verantwortlichen ›Verbindungsbeauftragten‹, die zusammen mit weiteren Beauftragten aus den Landeskirchen eine ›Konferenz der Verbindungsbeauftragten‹ bilden. Die Konferenz erhält bestimmte Aufgaben zugewiesen. Daneben sollte eine weitere Gruppe gebildet werden, die sich dadurch von der Konferenz abhebt, daß sie klein ist und damit Vertraulichkeit und gegenseitiges Kennen gewährleistet. Für diese kleine Gruppe wählte Präs. Hammer den Namen ›Kleiner Gipfel‹ – na ja, der Name ›Konsultationsgruppe‹ wurde erst später erfunden. Der Vermerk über die Juli-Zusammenkunft 1979 der B'Gr enthält über das Für und Wider des Modells einige Notizen. Genau gesagt: Zum ›Für‹ sagt der Vermerk gar nichts, aber vieles mehr zum ›Wider‹. Ich lasse es anstehen – die Revolution schlug fehl. Bis heute nun gilt eine Festschreibung des Auftrags der B'Gr, die durch Ratsbeschluß vom September 1975 und durch einen Beschluß des Vorstandes der Konferenz herbeigeführt worden ist. Hier will ich zitieren und wähle dabei die Fassung des Beschlusses des Vorstandes der Konferenz.

›Die Beratergruppe hat folgende Aufgaben:

a) Sie berichtet gegenseitig über die kirchliche Arbeit und besondere Probleme aus dem Bereich der EKD und dem Bereich des Bundes der Ev. Kirchen in der DDR;

b) sie regt theologische Gespräche über wichtige kirchliche Themen zwischen den Kirchen in der EKD und denen des Bundes an und fördert diese;

c) sie erörtert Fragen, die die ganze ev. Christenheit in Deutschland angehen, und trägt dazu bei, daß die Organe der EKD und des Bundes der Ev. Kirchen in der DDR in partnerschaftlicher Freiheit ihre jeweilige Mitverantwortung für die besondere Gemeinschaft der ganzen ev. Christenheit in Deutschland wahrnehmen können‹.

Das ist der Aufgabenkatalog. Welches Bilanzergebnis zeigen die Vermerke angesichts der Aufgaben? Vorab sei gesagt: Der Punkt b) (Anregung theologischer Gespräche) fand keine Beachtung, mit – vielleicht – zwei Ausnahmen. 1979/80 setzte sich eine Konsultation zum Thema Gewalt und Gewaltanwendung zusammen und beriet die Thematik ausführlich anhand von Referaten. In der gemeinsamen Vorbereitungsgruppe nach den Eisenacher Empfehlungen gab es eine Untergruppe IV. In dieser Untergruppe waren als mitarbeitende Gäste die Herren Kraske, Schmale und Lingner. Im übrigen aber läßt sich nicht feststellen, daß die B'Gr Anregungen für theologische Gespräche gegeben hat. Was tat sich sonst? Die Beratungsgegenstände lassen sich in vier Gruppen einteilen: Hauptthemen, Probleme und Berichte, Zeitungsumschau, Berichte aus den Landeskirchen. Ich gehe im folgenden nur auf zwei der vier Gruppen ein:

Hauptthemen und Probleme/Berichte. Daß aus den Landeskirchen Berichte gegeben worden sind, brauch' ich hier nicht zu sagen. An die ›Zeitungsumschau‹ von Herrn Kramer möchte ich hier lediglich erinnern. Sie fiel – warum, habe ich nie begriffen – eines Tages sang- und klanglos weg. Die Leute aus ›Wessi-Land‹ hatten sich immer wieder amüsiert, wenn Herr Kramer das in den Zeitungen Geschriebene beim Wort nahm und unbewegten Gesichtes vortrug.

Die Hauptthemen, ich rufe sie einfach auf:

Denkschrift: Dienst der Kirche auf dem Lande (1970), Sexualethische Denkschrift (1971), Lehrgespräche in der DDR (1971), Theologische Erklärungen zu den Herausforderungen der Zeit (1971), Kirche und Staat in der DDR – die Schulsituation (1973), Die EKD-Statistik (Rohde aus Hannover) (1973), MR-Problematik (AE ›Sorge um eine menschliche Welt‹) (1974), AE ›Zwischen Konkordie und Kirche‹ (1974), Theologie der Befreiung (Gutiérrez-Thesen von Lg) (1975), GO EKD (1976).

Hier muß ich unterbrechen. In dem Vermerk über die Zusammenkunft am 20.12.1972 heißt es schon zu diesem Thema: »Mit großer Aufmerksamkeit verfolgen die Kirchen in der DDR die Entwicklung für eine neue Grundordnung in der EKD. Man glaubt und hofft, in GO IV Modelle für eine künftige Verfassung des Bundes [...] finden zu können.« Wie jedermann weiß, haben die Kirchen in der DDR dann tatsächlich die Entwicklung in der EKD für eine neue GO modellhaft für ihre eigene Situation kopiert. Ein gelungener Akt besonderer Gemeinschaft!

Ich fahre fort: Charismatische Gruppen und Bewegungen (Aichelin/Ziemer) (1977), Das Sjollema-Papier (hier gab es Aufregung) (1978), Die Kirchen in der DDR in den Medien der BR (Röder) (1979), Die AE der ThSA ›Ökonomie – Leistung – Persönlichkeit‹ (1980), Kirche als Gesprächspartner von Politikern (Kalinna/Kramer) (1981), Thesen zur Kirchengemeinschaft (H. Schnell) (1981), Konfession und Ökumene – Konziliare Gemeinschaft oder versöhnte Verschiedenheit (Lg) (1982), Tradition und Erbe (Verbindendes und Trennendes in der gemeinsamen Geschichte) (Sander/Schulze) (1982), Kirchliche Verkündigung und kommunistische Erziehung (Schwerin) (1982), Von Accra nach Lima (Prof. Neuser) (1983), Deutsche Staatsangehörigkeit (Prof. Zieger) (1983), ›Wie stabil ist die Kirche‹ (Schloz) (1983), Das öffentliche Reden kirchlicher Vertreter bei Reisen zu anderen Kirchen [...] (von Heyl/Forck) (1984).

In dieser Auflistung sind nicht enthalten eine Reihe von Denkschriften bzw. AE (z. B. Grundwerte und Gebot Gottes) sowie die speziellen theologischen Themen: Apostolikum und Vaterunser (Textänderungen), Nachrevision des NT u. a.

Probleme/Berichte – in knapper Auswahl nenne ich aus den Vermerken:

Wie denkt die Bevölkerung in der DDR über die Grundlagenverträge (1972) und wie ist die Lage nach den Verträgen (einige Monate später), gegenseitige Besuchsmöglichkeiten aus Anlaß von u. a. Synoden (1973) (damals – im März – meinte man noch, davon abraten zu müssen. Im selben Jahr konnte Prof. Lohff die Bundessynode, OKR Pabst die EKD-Synode besuchen), Übersiedlung von Pfarrern (1974), zur Finanzsituation der EKD (Hammer) (1979), und daneben laufen aktuelle Vorkommnisse wie politische und/oder kirchliche Wahlen u. a. Die Bilanz insgesamt – ich breche die Auflistung hier ab – bietet eine imponierende Übersicht. Das waren keine Themen, die man als ›Allotria‹ abtun könnte. Nun stellt sich die Frage, muß man da nicht bei der Bilanzsumme anerkennend zugeben: alle Achtung, Donnerwetter, gut gemacht Ihr da aus Ost und West! Die Frage läßt sich – einmal gestellt – nicht so einfach beantworten. Da hat jeder so seine Erinnerungen. Damit leite ich zu dem letzten Abschnitt über:

Nörgeleien

Es ging gleich auf der ersten Sitzung los. In dem Vermerk/Protokoll über die Zusammenkunft heißt es: ›Bei einigen kirchenleitenden Herren (West) ist der Eindruck erweck worden, verantwortliche Männer des Bundes spielen mit verdeckten Karten‹. Es ging damals um die Frage, ob die Kirchen des Bundes weiterhin Gliedkirchen der EKD sein könnten und sein wollten. Die Auskünfte waren etwas unklar und widersprüchlich. Auch in späteren Vermerken und Briefen finden sich Hinweise, daß es mal der einen, mal der anderen Seite nicht so ganz leicht fiel, unverblümt und mit aller Deutlichkeit zu sagen, was man denn so denkt. In einem Vermerk (1975) über ein Gespräch zwischen den Kanzleien steht ganz bestimmt nicht zufällig: ›Im gegenseitigen Vertrauen sollten die jeweiligen Standpunkte, Argumente und Motivationen offen dargelegt werden‹. Und in diesem Zusammenhang ist es nicht verfehlt, an das Grußwort von Präsident Stolpe vor der Synode der EKD 1974 zu erinnern, in dem er darauf hinwies, daß man in den vergangenen Jahren einem Sachdialog ausgewichen ist. Der Eindruck, daß nicht immer offen gesprochen wird, hat sich belastend auf die Beratungen ausgewirkt. Vielleicht liegt hier ein Grund dafür, daß die Effektivität der Zusammenkünfte mit einem Fragezeichen versehen wurde. In einem Einladungsschreiben (197. schon) an die Herren Scheib, Gräßer und Basse heißt es: ›Es läßt sich nicht sagen, daß die bisherigen Besprechungen sehr viel Früchte getragen haben‹, zum Trost wurde in dem Schreiben an Kirchenpräsident Hild noch angefügt, ›menschlich aber ist es immer sehr nett‹. Es gab auch Stimmen, die eine allzu ungenierte Offenheit zwischen den Partnern nicht für hilfreich hielten. So las es Bischof Kruse in einem Brief, der sich – wie vieles – in den Akten befindet: ›Im ganzen habe ich den Teil des Gesprächs (es ging um das Sjollema-Papier) als etwas peinlich empfunden [...] Ich halte es doch für bedenklich, wenn derartig brisante Themen [...] an solcher Stelle zur Sprache kommen‹. Andere jedoch haben gerade den plötzlich aufbrechenden Streit als befruchtend angesehen. So heißt es in einem anderen Brief zur selben Sache: ›Unsere letzte Begegnung [...] halte ich für einen Gewinn, gerade weil es zum Schluß noch zu einer unnötigen Differenz kam‹. Das Gewitter in einer Beratung bereinigt häufig ein schwüldrückendes Klima. Der Verfasser des Briefes war über das reinigende Gewitter froh – es war ihm gleich, ob der Anlaß das Gewitter gerechtfertigt hat. Die Frage Konsens-Dissens spielte immer wieder eine gewisse Rolle. Ich zitiere aus einem Brief des Geschäftsführers an ein Mitglied der westlichen Gruppe: ›Was im Zusammenhang mit dem Sonderfonds mühsam kaschiert werden konnte, könnte jetzt offen zutage treten. Die Kirchen in der DDR und die Kirchen in der EKD kommen in einer sehr grundsätzlichen Frage zu widersprüchlichen Aussagen und Meinungen‹ (auch hier ging es um das Sjollema-Papier). Natürlich kann ein Dissens auch einmal weh tun. Vizepräsident Erwin Wilkens schrieb an Bischof Claß: ›So verletzend habe ich es eigentlich noch nie gehört, daß es der EKD nur um ihr Geld gehe.‹ Nein, zufrieden war man mit der B'Gr eigentlich nie so recht und sagte das auch. In dem schon einmal zitierten Vermerk über ein Gespräch der Geschäftsstellen heißt es: ›Übereinstimmung bestand darin, daß der derzeitige Zustand unbefriedigend ist, daß aber der B'Gr bei richtigem Funktionieren eine wesentliche Bedeutung für beide Seiten zukommen kann‹. Und dann heißt es weiter: ›Partnerschaftliche Freiheit verlangt nicht in allen Punkten einen Konsens, sondern schließt auch die Möglichkeit eines Dissenses ein‹. Etwas boshaft fragt einer (brieflich): Es müßte deutlicher werden, was die Runde will, wie sie sich selbst versteht. Ist sie nur ein ›Bischofsstammtisch‹? Ähnlich steht es auch in einem anderen Schreiben von einem anderen Verfasser: Es geht um ›die Prinzipienfrage, was dieser Austausch bewirken soll: Für unverbindliche Informationen und zur Vermittlung eines Gesamtklimas kann man getrost so weitermachen wie bisher‹. Die logische Folge eines solchen Urteils steht dann in einem anderen Brief desselben Verfassers: ›Ich nehme es Ihnen nicht übel, wenn Sie mir gelegentlich sagen, daß ich getrost zu Hause bleiben kann‹. Aber nicht nur der Briefschreiber zieht Konsequenzen dieser Art in Erwägung. Beim Sekretariat des Bundes wurde festgestellt und als Vermerk in unseren Akten festgehalten: ›Es ist bezeichnend, daß OKR

Stolpe sich in zunehmender Weise aus der B'Gr zurückzieht. Dies ist ein Hinweis dafür, daß er von der B'Gr keine wesentlichen Anstöße für die Arbeit des Bundes erwartet‹. Das langjährige und verstorbene Mitglied Dr. Viering äußerte sich 1978 in einem Schreiben. Er fragt nach der Realität der ›besonderen Gemeinschaft‹ und fährt fort: ›In Wirklichkeit leben wir nebeneinander […] Wir nutzen nicht die Chance, daß Kirchen in unterschiedlichen Gesellschaftssystemen gemeinsam Fragen besprechen können, die alle angehen. […] Es ist ja schon einmal der Skandal passiert, daß der Rat […] und der Bund völlig entgegengesetzte Stellungnahmen zu ein und derselben ökumenischen Frage abgegeben haben, so daß mit Händen zu greifen war, daß beide Kirchen sich ganz schön in ihren Gesellschaftssystemen angepaßt hatten, ohne es zu wissen. Im übrigen meine ich, daß die Leitung des Bundes der Ev. Kirchen in der DDR gegenüber ihrem Staat freier ist als der Rat der EKD gegenüber unserer Regierung.‹ In der B'Gr war einmal angeregt worden, genau der Frage, die Dr. Viering in seinem Schreiben angesprochen hatte, nachzugehen. Man wollte anhand von Voten, synodalen Entschließungen, Denkschriften oder Ausarbeitungen prüfen, ob es nicht zutrifft, daß sich die Kirchen von ihrem politischen Kontext her so beeinflussen lassen, daß nicht nur der Inhalt, sondern auch die Sprachgestalt kirchlichen Redens von dem jeweiligen politischen Umfeld bestimmt ist. Diese Aufgabe sollte eine kleine Arbeitsgruppe bekommen. Es kam aber nicht dazu. Als letztes in der Reihe ›Nörgeleien‹ möchte ich erinnern, was 1976 zwischen den Gesprächsgruppen zur Sprache kam. In dem Vermerk über die Zusammenkunft wird die Frage aufgeworfen, ob und wie die Kirchen der EKD und einzelne kirchenleitende Persönlichkeiten in der EKD zu Vorgängen in der DDR Stellung nehmen sollen. Besonders interessierte dabei die Frage, ob und wann solche Stellungnahmen hilfreich oder schädlich für die Kirche in der DDR sein können. Wörtlich heißt es in dem Vermerk: ›Wenn die Kirchen in der DDR und die Kirchen der EKD sich gegenseitig etwas zu sagen hätten, so würde dies sicher nicht im Wege von offiziellen Verlautbarungen geschehen, sondern im Wege der gegenseitigen Fühlungnahme und Aussprache‹. Der Anlaß war s. Zt. eine Presseverlautbarung der EKD zu dem Fall Brüsewitz. Nun – 1984 wurde das Thema mit umgekehrtem Vorzeichen diskutiert. Jetzt waren es EKD-Kirchen, die als Frage anmeldeten, in welcher Weise Kirchenmänner aus der DDR bei ihren Reisen und bei ihrem Auftreten in der Bundesrepublik zu Vorgängen in der EKD Stellung nehmen können und dürfen. Die Ausarbeitung von Herrn von Heyl als Ergebnis der Aussprache wird allen noch geläufig sein.

Ich schließe die Übersicht ab. Die Durchsicht der Akten hat sicher einen Vorteil. Die negativ oder positiv besetzten Erinnerungen erhalten ein gewisses Korrektiv. Gerade die ›Nörgeleien‹ zeigen, daß es den Kritikern um eine Sache gegangen ist, die sie gerne verbessern, aber ganz sicher nicht vom Tisch fegen wollten. Zum Abschluß möchte ich meine eigenen Eindrücke nach Durchsicht all der Akten nicht verschweigen: Der Geschäftsführer (West) – der war ich ja nun seit 1969 – hat mit einer fröhlichen Unbefangenheit in Briefen und Vermerken niedergeschrieben, was den Nachgeborenen – wenn denn die Akten zur Prüfung und Forschung freigegeben werden – einiges Kopfschütteln abnötigen wird. Ich bin aber sicher, daß mir in diesem Kreis Nachsicht und – wenn nötig – auch Vergebung zugesprochen wird, so daß ich über mich selbst urteilend feststellen kann: Im Dienst der B'Gr in Ehren ergraut.«[130]

Mitte November 1985 – vor seinem Ausscheiden aus dem Dienst – formulierte Lingner »Erfahrungen – Perspektiven des Referenten« der »Berliner Stelle« von 1970 bis 1985[131]. Das Papier gibt sowohl einen guten Überblick über die Fülle der Arbeit dieser Dienststelle als auch über die Rolle des Dienststellenleiters. Es handelte sich – mit Lingner gesprochen – um eine »Arbeit im Winkel«.

Mitte 1986 wurde Uwe-Peter Heidingsfeld, zuvor Oberkirchenrat für Ökumene und Auslandsarbeit im Kirchlichen Außenamt der EKD, Leiter der Berliner Stelle des Kirchenamtes der EKD. Der Liebhaber warmer weicher Eier – nahezu jeder seiner offiziellen [sic!] Reiseberichte begann mit einem unnachsichtigen Urteil über das gereichte Frühstück – zeigte hinsichtlich seiner Einschätzung mancher Äußerungen aus dem Kirchenbund eine eher noch schärfere Tonart als Lingner[132]. Das mochte unter anderem auch daran liegen, daß zwischen 1979 und 1989 objektive Veränderungen im Blick auf das Kommunikationsverhältnis von BEK und EKD eintraten.

In den ersten zehn Jahren – von 1969 bis 1979 – war die »besondere Gemeinschaft« zwischen beiden Kirchenbünden – verglichen mit dem nächsten Jahrzehnt – noch eher zurückhaltend praktiziert worden[133]. Erst nach dem Spitzengespräch vom 6. März 1978 begannen die DDR-Kirchen mit der offensiveren Ausgestaltung der besonderen Beziehung zur westlichen Schwesterkirche. Dabei favorisierten sie zunehmend Themen, die für die DDR ideologisch hochbesetzt und besonders für deren Außenpolitik von großer Bedeutung waren: Antifaschismus, Frieden, Nach- bzw. Abrüstung, Alleinvertretungsanspruch der Bundesrepublik, Anerkennung der DDR-Staatsbürgerschaft[134], Akzeptanz der gleichberechtigten Existenz zweier »Gesellschaftsordnungen«, Verurteilung des »Antikommunismus« und generell die deutsch-deutschen Beziehungen unter Einschluß der politisch-ökonomischen Dimension. Unter der Hand und mit ausdrücklicher oder stillschweigender Duldung beider deutschen Staaten errichteten die Kirchen – in kaum übersehbarem Widerspruch zum Verfassungsgrundsatz der Trennung von Kirche und Staat – eine diplomatische Nebenbühne, deren sich Ost-Berlin und Bonn nicht nur gelegentlich gern bedienten.

Ein erster Versuch auf diesem neuen Weg war 1979 das gemeinsame »Wort zum Frieden« aus Anlaß des 40. Jahrestages des Beginns des Zweiten Weltkrieges[135].

Die Gründung der »Konsultationsgruppe«

Im Herbst 1979 führte Bischof Schönherr mit SPD-Politikern und Bischöfen aus der Bundesrepublik eine Serie von Spitzengesprächen, um sie von Breschnews Friedensinitiative zu überzeugen. Über eine Geburtstagsfeier für den Bonner Bischof Heinz-Georg Binder im Hause Schönherrs am 22. November 1979 heißt es in einem MfS-Bericht:

»Bischof Schönherr legte seine Position zu den Abrüstungsvorschlägen des Genossen Breschnew dar, machte mit allem Ernst darauf aufmerksam, daß besonnene Reaktionen auf allen Seiten erforderlich seien und das Angebot zu Verhandlungen unbedingt genutzt werden müsse. Er appellierte an die Bischöfe Kunst und Binder, ihren Einfluß geltend zu machen, damit jetzt vorhandene Chancen nicht verpaßt und dadurch negative Auswirkungen im Verhältnis der beiden deutschen Staaten eintreten könnten.
Intern wurde dazu weiter bekannt, daß Bischof Schönherr sich an die ihm von Genossen Verner in einem individuellen Gespräch gegebene politische Orientierung hielt.

Durch dieses Gespräch sei er in seinen Auffassungen gestärkt und gefestigt worden, und es sei für ihn für seine Haltung sehr wertvoll gewesen. Bischof Schönherr erwähnte in dieser Runde allerdings offiziell nicht, daß er ein Gespräch mit Paul Verner hatte.«[136]

Im Verlauf der »aufgelockerten« Geburtstagsfeier teilte Binder seinem Gastgeber mit, er habe in dieser Angelegenheit mit verschiedenen Politikern gesprochen. »Gegenwärtig gebe es innerhalb der SPD eine Gruppe um Eppler/Baden-Württemberg, die Verhandlungen fordert.«[137]

Zwei Tage später suchte Schönherr den EKD-Ratsvorsitzenden, Landesbischof Eduard Lohse, zu bewegen, die Moskauer Friedensinitiative zu unterstützen.

»Bischof Lohse betonte in seinen Ausführungen, daß er mehrere Gespräche mit dem Bundeskanzler Schmidt gehabt hätte, der in einem sehr starken Zugzwang stehe. Die Argumente von Bundeskanzler Schmidt gründeten sich auf die Bündnisverpflichtungen der BRD innerhalb der NATO und den bevorstehenden Wahlkampf. Nach den Ausführungen von Lohse sei Bundeskanzler Schmidt sehr besorgt, die bevorstehende Wahl zu gewinnen, und befürchtet, daß Strauß sich als starker Mann aufspielt.«[138]

Wiederum zwei Tage später sprach Schönherr mit Brandt, der hernach erklärte, in seinen Auffassungen von dem Bischof noch bestärkt worden zu sein.

»Brandt vertrat den Standpunkt, eine mittlere Lösung zu finden. Darunter versteht er, eine NATO-Beschlußfassung zu den Vorschlägen von Breschnew anzustreben und die Nachrüstung auf Null zu drehen, wenn Verhandlungen der NATO mit den Warschauer Vertragsstaaten in einem bestimmten Zeitraum zum Ergebnis führen würden.«[139]

Er, Brandt, baue auf die Gruppe um Eppler und habe mit Mühe den Bundeskanzler für seine Linie gewinnen können.

Mitte Dezember 1979 gab es dann noch einmal zwei Spitzenbegegnungen. Im Hause von Bischof Binder trafen sich am 13. Dezember der Leiter des Bundeskanzleramtes, Staatssekretär Schüler, Richard von Weizsäcker, Egon Bahr, Ministerialdirektor Hermann Kreuzer vom Bundesministerium für innerdeutsche Beziehungen und der Staatsminister im Bundeskanzleramt, Günter Huonker. In diesem Kreis bestand darüber Einvernehmen, die Kirchen beider deutscher Staaten in die politischen Bemühungen um Entspannung mit einzubeziehen[140].

Am 17. Dezember kamen Bischöfe und kirchenleitende Persönlichkeiten aus EKD und BEK zu einer Beratung in Ost-Berlin zusammen.

»Bischof Lohse machte Ausführungen zu den NATO-Beschlüssen und zu der daraus entstandenen politischen Situation. Er hob hervor, daß dies wichtige politische Aussagen seien, welche die Kirche beachten und auf der Synode der ›Evangelischen Kirche Deutschlands‹ im Januar 1980 in Garmisch-Partenkirchen behandeln müsse. Lohse bekundete seine Absicht, dazu im Bericht auf der Synode Stellung zu beziehen. Er wolle seinen Standpunkt vortragen, um den Haltungen der Christen Rechnung zu tragen. Die sich seit Helsinki in Europa vollziehende Entspannungspolitik sei gefährdet, und es bedürfe großer Anspannung, diese Entspannungspolitik fortzusetzen. Die Kirchen müßten lernen, für den Frieden einzutreten, ohne daß dies als kommunistische Propaganda abgetan würde. Die Kirchen müßten sich diesen Problemen ernster stellen. Lohse schlug vor, daß der Bund der Evangelischen Kirchen in der DDR im Januar einen Brief an den Bund der ›Evangelischen Kirchen Deutschlands‹ schickt, wo er seine Sorgen im Zusammenhang mit den NATO-Beschlüssen zum Ausdruck bringt.«[141]

Anknüpfend an diese Spitzengespräche sowie an Vorverhandlungen zwischen der Berliner Stelle der EKD-Kirchenkanzlei und dem BEK-Sekretariat Ende 1979 und nach einer exakten Vorbesprechung am 11. und 12. Januar 1980 in der KKL[142] und einer weiteren Konsultation mit westdeutschen Bischöfen in Ost-Berlin, richtete Schönherr am 24. Januar 1980 das verabredete Schreiben an Lohse. Gleichzeitig gab der Kirchenbund eine »Erklärung zur gegenwärtigen weltpolitischen Situation« heraus, die in erster Linie der Beeinflussung einer ÖRK-Konsultation mit Mitgliedskirchen aus sozialistischen Ländern Ende Januar 1980 in Budapest dienen sollte[143].

IMV »Sekretär«, IMV »Krone«[144] und IM-Vorlauf »Direktor«[145] berichteten dem MfS über jene KKL-Verhandlungen Mitte Januar 1980:

»Bischof Schönherr wurde empfohlen, der am 24.1.1980 in Garmisch-Partenkirchen beginnenden Synode der ›EKD‹ in einem Brief seine Auffassungen zu wichtigen, beide Kirchen betreffenden Fragen in Zusammenhang mit der Erhaltung des Friedens darzulegen. Es wurde weiterhin festgelegt, mit der ›EKD‹ zu Abrüstungsfragen im Gespräch zu bleiben. Als kompetente Personen seitens des Bundes für solche Gespräche sollen fungieren Bischof Schönherr (Berlin), Bischof Gienke (Greifswald), Präsident Domsch (Dresden), Propst Falcke (Erfurt), Superintendent Große (Saalfeld) und OKR Stolpe (Berlin). Die Entscheidung der EKD dazu müsse abgewartet werden. Es wurde jedoch vorgeschlagen, eine solche konsultative Gesprächsrunde in der DDR durchzuführen. Bischof Schönherr wurde in diesem Zusammenhang bevollmächtigt, Konsultationsgespräche mit Vertretern der Partei- und Staatsführung der DDR durchzuführen. Gegen diese Feststellung bzw. gegenüber diesem zu beschreitenden Weg meldete Bischof Krusche (Magdeburg) Bedenken an. Er konstatierte in bezug auf seine eigene Position Ratlosigkeit und Resignation. Kirchenpräsident Natho (Dessau) sprach sich nach Krusche sehr stark für einen ›deutsch-deutschen Dialog‹ aus. Nach etlichen Konsultationen mit dem ›Nationalen Christenrat der USA‹ und in anderen Bereichen der Ökumene sei es jetzt Zeit, endlich deutlich mit der ›EKD‹ ins Gespräch zu kommen. Der ›allgemeine Frost‹ in den internationalen Beziehungen dürfe sich nicht auf die Beziehungen zwischen den zwei deutschen Staaten und den zwei Kirchen in diesen Staaten auswirken. Oberkonsistorialrat Stolpe sprach zum Problem Kirche und Gesellschaft. Er hob hervor, daß der Bund in der folgenden Zeit den Beschluß der Dessauer Bundessynode zur Stationierung von Mittelstreckenraketen in Westeuropa noch stärker in den Vordergrund rücken werde. Nach den NATO-Beschlüssen von Brüssel habe sich die internationale Lage zugespitzt. Auf Wunsch der DDR-Bischöfe seien Vertreter des ›Rates der EKD‹ bei der Bonner Regierung vorstellig geworden. Man habe leider im Ergebnis dessen keine modifizierte Stellungnahme der Bundesregierung zu Brüssel erreicht. Der Bund wolle seinerseits alles tun, daß die Auffassung in den Gemeinden der DDR zurückgedrängt wird, mit Brüssel sei nun alles kaputt. Die Konferenz der Kirchenleitungen müsse beraten, was die Kirche gegenüber der ›EKD‹ zur Sitzung des ›Ökumenischen Rates der Kirchen‹ demnächst in Budapest zu sagen habe. Stolpe betonte, daß beim weiteren Kurs der Kirche davon auszugehen sei, daß sowohl das ZK der SED als auch das neue Staatssekretär für Kirchenfragen in letzter Zeit mehrfach deutlich gemacht haben, den bisherigen Kurs fortzuführen. Die Staats- und Parteispitze wollten Ruhe und Konsolidierung. Es komme darauf an, dies endlich auch auf die Kirche zu übertragen, da in den regionalen Bereichen die Gegner dieses Kurses ›Gewehr bei Fuß‹ stehen.«[146]

Sollte dieser Bericht die Diskussion zutreffend wiedergegeben haben, dann hätte der BEK, in enger Absprache mit Staats- und Parteistellen, die EKD auf ihren Friedenskurs bringen und gegen die Politik der Bundesregierung einnehmen wollen. Die EKD sollte die Bundesregierung von der Notwendigkeit einer von den USA eigenständigen Friedenspolitik überzeugen. Dieser Eindruck verstärkt sich noch aus der Lektüre des MfS-Protokolls über die Ost-West-Bischofsbegegnung. Dabei handelte es sich um ein Treffen mit vielen leitenden kirchlichen Persönlichkeiten, insgesamt vierundsiebzig Personen. Im Protokoll heißt es:

»Auf die internationale Lage eingehend, stellte er [Schönherr] fest, daß eine große Beunruhigung zu verzeichnen ist. Er wolle ganz klar sagen, daß er betroffen gewesen ist über die Art und Weise, wie man im Westen auf die Breschnew-Initiative reagiert habe. Es hätte geantwortet werden müssen. Nach der NATO-Ratstagung in Brüssel habe es unzweifelhaft eine Veränderung der militärpolitischen Lage gegeben. Aus der Sicht der SU hätten die jüngsten NATO-Beschlüsse nichts mit Nachrüstung zu tun. Man könne den derzeitigen Konflikt nicht zurückführen auf Westeuropa – Sowjetunion, sondern der Kern sei der Konflikt USA – Sowjetunion. Die Sowjetunion habe jedoch ihre Raketen vom amerikanischen Kontinent (Kuba) abgezogen, wogegen die USA Raketen nach Westeuropa bringen wollen. In Afghanistan sei die Konterrevolution niedergeschlagen worden. Wenn man z. B. die Entwicklung in Somalia analysiert, sei der Schritt der SU gegenüber Afghanistan zu erwarten gewesen. Schönherr warnte vor einem Aufleben des kalten Krieges in Europa. Auch vor jeglicher Resignation müsse man sich wehren. Die Hauptpunkte weiterhin sind: polemikfreie Vorbereitung und Durchführung der KSZE-Tagung in Madrid sowie die Durchführung der Besuche von Bundeskanzler Schmidt in der DDR und in der Sowjetunion. Es gehe um die Bildung von Vertrauen als eine der wichtigsten Aufgaben der Kirchen in den Staaten der Nahtstellen der Weltsysteme. Daraus ergeben sich klar umrissene Aufgaben zur Sicherung des Friedens, zur Fortführung der Entspannungspolitik und zur Verhinderung des Wettrüstens. Der Bund habe sich seinerseits verpflichtet, sich diesen Problemen zu stellen. Sich an die Gäste wendend, stellte er fest, daß man einander verpflichtet sei, an den heißen Nahtstellen Entspannung zu praktizieren.«[147]

Lohse erwiderte, er habe aus den Kontakten zwischen den Geistlichen in Ost und West »wichtige Gesichtspunkte zur Beurteilung der Lage und von Geschehnissen gewonnen«.

»Diese Begegnungen hätten ihn darin bestärkt, seine Auffassungen an den Bundeskanzler heranzutragen und dies bei seiner nächsten Begegnung am 16.1.1980 wieder zu tun. Die Bundesregierung habe große Sorgen. Sie stehe in einem schweren Spannungsfeld. Dies bezieht sich auf die Notwendigkeit der Fortsetzung der Entspannungspolitik in Europa und eines besseren Verhältnisses zur SU und DDR einerseits und ihren Bündnisverpflichtungen und der Gebundenheit an die USA andererseits. Es würden jedoch Bemühungen laufen, eine etwas modifiziertere Haltung der Bundesregierung den USA zu erläutern. Die Evangelische Kirche in der BRD sei ebenfalls für die Durchführung von Madrid, für den Besuch von Schmidt bei Erich Honecker, auch wenn wir wissen, daß es dazu Gegner in unserem Land gibt. Schmidt wird es schwer haben, ohne konkrete Ergebnisse diese Reisen zu absolvieren. Trotzdem mißt die ›EKD‹ dem DDR-Besuch von Schmidt höchsten Stellenwert bei.«[148]

In seinem formellen Schreiben an Lohse vom 24. Januar 1980 schlug Schönherr vor, »bilaterale vertrauliche Konsultationen zur Aufgabe der Kirchen für die Sicherung des Friedens, gegen das Wettrüsten und für die Fortführung der Entspannungspolitik aufzunehmen. Diese Konsultationen sollten vor allem einem klärenden Gedankenaustausch dienen. Aktionen des Bundes der Evangelischen Kirchen in der DDR und der EKD in ihrem jeweiligen Verantwortungsbereich – vielleicht auch gemeinsame – könnten sich daraus ergeben. Die Konferenz hält es der Bedeutung der Materie für angemessen, daß diese Konsultationen von Vertretern der Leitungsebene geführt werden, und hält die Beauftragung von sechs Mitgliedern der Konferenz, zu denen ich gehören würde, für angemessen.«[149]

Wenige Tage später tagte die EKD-Synode in Garmisch-Partenkirchen[150]. Als Vertreter der Bundesregierung ging Verteidigungsminister Hans Apel am 29. Januar 1980 in seinem an die Synode gerichteten Grußwort auch auf die gespannte Weltlage ein. Vor dem Hintergrund des im Monat zuvor gefaßten NATO-Doppelbeschlusses führte der konservative SPD-Politiker aus:

»Ich warne Christen davor zu meinen, es wäre eine christliche Tat, einseitig vorzuleisten. Eine christliche Tat ist es allein schon deshalb nicht, weil das den Frieden nicht bewahrt, sondern nur den Krieg näher bringt, weil nämlich die Einladung zur Aggression mit der einseitigen Vorleistung verbunden ist, weil die Reaktion auf einseitige Vorleistungen sein wird, das kriegerische Abenteuer doch einmal zu versuchen, der Irrationalität die Türen zu öffnen.« Positiv äußerte sich der Minister über die gemeinsame Erklärung von BEK und EKD: »Ich denke, diese Erklärung hat auch heute noch Gültigkeit. Insbesondere dann, wenn wir sie auf den zentralen Punkt zurückführen, der zwar so in dieser Erklärung nicht steht, aber der nach meiner Auffassung der zentrale Punkt ist: Vertrauensbildung. Worauf es in dieser Phase ankommt, ist, mehr voneinander zu wissen, rationaler die Zukunft der Menschheit zu sehen und zu entwickeln, die Gesprächsmöglichkeiten, die es gibt, nicht abreißen zu lassen. Hans Küng hat einmal in einem seiner Bücher ›Christ sein‹ heißt es[151] – in Abwandlung eines marxistischen Zitats gesagt, Christen sollen die Welt nicht nur interpretieren, sondern verändern. Ich habe dem nichts hinzuzufügen. In der heutigen Zeit kann man abgewandelt sagen: Christen müssen eintreten gegen Alarmismus und Panik, gegen Angst und Haß, für Gerechtigkeit überall in der Welt, für Vertrauen, für Nächstenliebe.«[152]

Am 5. Februar, bald nach Abschluß der EKD-Synode, antwortete Lohse auf Schönherrs Schreiben vom 24. Januar 1980, man nehme seitens der EKD die Anregung gerne auf, »eine gemeinsame Kommission zu bestellen, die zu bilateralen vertraulichen Konsultationen zusammenkommt. Ein solcher Kontaktkreis könnte die Aufgabe haben, die Verbindung zwischen den Kirchenleitungen des Bundes und des Rates verbindlich und konstant zu halten, für einen Austausch von Überlegungen und Anregungen zu sorgen und beiden Seiten Vorschläge für kirchenleitendes Handeln zu machen [...] Es ist unsere Bitte, die Kommission möchte bei ihrer ersten Sitzung die Bestimmung ihrer Aufgabe besprechen und deutlicher fixieren, damit dann die beiden entsendenden Kirchenleitungen über den weiteren Auftrag der Beratungen informiert werden können und den Auftrag der Kommission verbindlich feststellen.«[153] Schließlich bat er darum, das Verhältnis der neuen Kommission zur Beratergruppe zu klären. Als Sprecher der EKD-Teilnehmer an der Konsultationsgruppe nannte Lohse nicht sich selbst, sondern den württembergischen Landesbischof Hans von Keler. Auch fällt auf, daß er – allerdings in Aufnahme des Titels der BEK-Erklärung – als vorläufige Beschreibung des Aufgabenbereiches nur die »gegenwärtige weltpolitische Situation«[154] benannte und – anders als Schönherr – darauf verzichtete, von einer besonderen Verantwortung der Kirchen für den Frieden zu reden. Der Friedensbegriff taucht erst in der Pressemeldung über die erste Sitzung der Konsultationsgruppe wieder auf:

»Unter dem Vorsitz von Bischof D. Albrecht Schönherr (Berlin) und Landesbischof Hans von Keler (Stuttgart) fand am Donnerstag, dem 13. März 1980, in Berlin zwischen Beauftragten des Bundes der Evangelischen Kirchen in der DDR und der Evangelischen Kirche in Deutschland (EKD) eine Konsultation statt, die sich mit der Frage beschäftigte, wie die beteiligten Kirchen ihre Mitverantwortung für den Frieden in der gegenwärtigen weltpolitischen Situation wirksam und in der ihnen gemäßen Weise wahrnehmen können.«[155]

Der Wechsel von Seigewasser zu Gysi und die Begegnung Gysi-Lohse

Zu Beginn des Jahres 1980 besuchte erstmals ein EKD-Ratsvorsitzender den DDR-Staatssekretär für Kirchenfragen. Eigentlich hatte Landesbischof Eduard Lohse den Besuch Hans Seigewasser abstatten wollen. Dieser war jedoch am 18. Oktober 1979 überraschend gestorben. Noch am Todestag Seigewassers gab Schönherr eine Erklärung ab, die sofort an ADN und epd weitergeleitet wurde:

»Im Namen des Bundes der Evangelischen Kirchen in der DDR möchte ich unserer tiefen Betroffenheit über den plötzlichen Tod des von uns allen hochverehrten Staatssekretärs für Kirchenfragen, Hans Seigewasser, Ausdruck geben. Wir haben an diesem Staatsmann nicht nur seine profunde Kenntnis der kirchlichen Situation, sondern auch sein großes Einfühlungsvermögen wohltätig empfunden. Wir verdanken der Tatsache, daß er als kommunistischer Widerstandskämpfer viele Jahre mit Christen zusammen im Gefängnis und Konzentrationslager hat zubringen müssen, daß der Verstorbene stets eine tiefgegründete Achtung vor der Überzeugung des andern verspüren ließ. Staatssekretär Hans Seigewasser hat in seiner langen Amtszeit wesentlich dazu beigetragen, daß das Verhältnis von Staat und Kirche sich entkrampft und in Richtung auf geordnete und rechtlich beständige Verhältnisse hin entwickelt hat. Wir werden sein Andenken in hohen Ehren halten.«[156]

Einen Tag später ließ Landesbischof Eduard Lohse, zugleich EKD-Ratsvorsitzender[157], Schönherr einen Brief zukommen, in dem er dem östlichen Kollegen kondolierte:

»Gestern abend erhielt ich die Nachricht, daß Herr Staatssekretär Seigewasser in Rom plötzlich verstorben ist. Im Gedenken an den Heimgegangenen weiß ich mich Ihnen und dem Bund Evangelischer Kirchen in der Deutschen Demokratischen Republik aufrichtig verbunden. Ich bin Herrn Staatssekretär Seigewasser in den vergangenen Jahren bei verschiedensten kirchlichen Anlässen – so bei der Einführung von Landesbischof Dr. Hempel in Dresden und bei der Beisetzung von Landesbischof D. Mitzenheim in Eisenach – begegnet und konnte dabei auch persönliche Gespräche mit ihm führen. Ich hatte gehofft, ihn demnächst zu einem intensiveren Gedankenaustausch treffen zu können. Das kann nun nicht mehr sein. Ich weiß aber aus unseren Begegnungen, daß Herr Staatssekretär Seigewasser in den schweren Jahren des Dritten Reiches die Erfahrung gemacht hatte, daß Menschen sowohl aufgrund politischer Überzeugung wie auch aus der Kraft des christlichen Glaubens dem Angriff des nationalsozialistischen Staates Widerstand geleistet haben. Diese Erfahrung hat es ihm ermöglicht, dazu zu helfen, daß die Christen in der sozialistischen Gesellschaft als verantwortliche Bürger anerkannt und geachtet werden. Mir ist bewußt, daß in letzter Zeit eine wesentliche Verbesserung im Verhältnis zwischen Kirche und Staat erreicht wurde. Dazu hat Staatssekretär Seigewasser einen wesentlichen Beitrag geleistet. Auch hat er die Möglichkeiten zu brüderlicher Zusammenarbeit zwischen unseren Kirchen und im ökumenischen Bereich verständnisvoll begleitet. Mit Ihnen sind wir dankbar für diese Entwicklung und bewahren daher dem Heimgegangenen ein von Achtung getragenes Andenken.«[158]

ÖRK-Generalsekretär Philip Potter telegraphierte an Willi Stoph:

»Die Nachricht vom Tod von Staatssekretär Hans Seigewasser erfüllt uns mit Anteilnahme. Der Ökumenische Rat der Kirchen und seine Mitgliedskirchen in der Deutschen Demokratischen Republik sind ihm zu Dank verpflichtet für seine verständnisvolle Förderung der ökumenischen Zusammenarbeit. Im Namen des Ökumenischen Rates spreche ich Ihnen unser aufrichtiges Beileid für diesen Verlust aus.«[159]

Für den Lutherischen Weltbund schickte Generalsekretär Carl Mau ein Kondolenzschreiben an die DDR-Regierung:

»Wir haben die Nachricht vom Ableben Hans Seigewassers [...] mit Trauer erfahren. Der Lutherische Weltbund hat den Verstorbenen bei zahlreichen Begegnungen über viele Jahre hinweg kennengelernt. Wir sind oft mit ihm in Gedankenaustausch gestanden über das kirchliche Leben in der DDR. Als ein überzeugter Vertreter seiner Weltanschauung hat Hans Seigewasser zusammen mit bekennenden Christen während der Zeit der nationalsozialistischen Herrschaft in Deutschland gelitten. Er verdient unsere Hochachtung für die Klarheit und Ehrlichkeit seiner Überzeugungen. Wir haben in diesem Mann einen fairen und aufrichtigen Partner gehabt, ungeachtet der Tatsache, daß unsere Ansichten nicht in allem übereinstimmen konnten. Wir werden das Andenken Hans Seigewassers in Ehren halten und sprechen der Regierung der Deutschen Demokratischen Republik sowie den Angehörigen des Verstorbenen unser Beileid aus.«[160]

Der am 25. Oktober in Berlin tagende Bischofskonvent beschloß die Teilnahme einer zwanzigköpfigen Delegation des Bundes an der Trauerfeier für den Staatssekretär. Dabei werde man namens des Bundes gemeinsam einen Kranz niederlegen[161].

Auch im Staatssekretariat für Kirchenfragen äußerte sich Schönherr gegenüber Hermann Kalb über den verstorbenen Seigewasser. Kalbs Protokoll zufolge vermerkte der BEK-Vorsitzende positiv:

»Abschließend kam das Gespräch auf den unerwarteten Tod von Staatssekretär Seigewasser. Schönherr würdigte die überragende Rolle Seigewassers bei der Ausprägung vertrauensvoller Beziehungen zwischen Staat und Kirche. Er, Schönherr, verkenne nicht, daß der Staatssekretär für Kirchenfragen Ausführender seiner Partei und der Regierung gewesen ist. Dennoch verdiene in seinem Falle die Rolle der Persönlichkeit Hervorhebung. Die Vergangenheit erbringe viele Beweise dafür, daß gute politische Absichten sich erst im Überzeugungsprozeß voll verwirklichen lassen.«[162]

Für die Thüringer Kirche kondolierten am 20. Oktober im Staatssekretariat

Leich, Schultheiß, Hartmut Mitzenheim und Zilz. Dabei schrieb Leich[163] ins Kondolenzbuch:

»Wir gedenken als Vertreter der Ev.-Luth. Kirche in Thüringen des verstorbenen Staatssekretärs für Kirchenfragen Hans Seigewasser. Unser herzliches Gedenken steht unter der besonderen Verbundenheit, die sich seit Beginn seiner Tätigkeit zwischen ihm und unserer Kirche entwickelt hat. Sie ist erwachsen aus dem Suchen nach einem Weg, der dem Auftrag der Kirche gemäß der gemeinsamen Verantwortung für den Frieden und das Wohl des Volkes dient, wurde weiter gefördert durch das persönliche freundschaftliche Verhältnis, das seit Landesbischof Mitzenheim[164] ihn mit vielen unter uns verbunden hat, und wird getragen vom gegenseitigen Verständnis und Vertrauen, zu dem er uns aus seiner humanistischen Gesinnung heraus entgegenkam.«[165]

Die Trauerfeier am 5. November auf dem Friedhof der Sozialisten in Berlin-Friedrichsfelde wurde von den Bischöfen der Gliedkirchen und weiteren kirchlichen Vertretern besucht. Wie zuvor vereinbart, legte die Delegation des Kirchenbundes einen gemeinsamen Kranz nieder und kondolierte Seigewassers Witwe persönlich[166]. In einem kirchlichen Aktenvermerk Stolpes heißt es zur Begründung für die außergewöhnliche Anteilnahme der Kirche am Tode des kommunistischen Staatsfunktionärs:

»Die hohe kirchliche Beteiligung (nach dem Protokoll wären drei Bischöfe bereits Spitzenbesetzung) wurde von Bischof Schönherr gegenüber H. Kalb mit der persönlichen Verbundenheit gegenüber dem Verstorbenen begründet.«[167]

Ohne lange Vakanz wurde bald darauf Klaus Gysi, zuletzt Generalsekretär des DDR-Komitees für Europäische Sicherheit und Zusammenarbeit, zu Seigewassers Nachfolger bestellt[168].

Kirchenpräsident Natho sagte über Seigewassers Amtszeit resümierend, »daß sich ein enges Vertrauensverhältnis zwischen Kirche und Staat herausgebildet habe […] [und] daß die Aussprachen mit Paul Verner sowie mit dem verstorbenen Staatssekretär Hans Seigewasser sachlich, prinzipiell und so konstruktiv gewesen sind, daß man immer wisse, woran man ist. Es sei für sie auch eine Ehre, daß solch ein erfahrener Staatsfunktionär wie Klaus Gysi zum Staatssekretär für Kirchenfragen berufen wurde.«[169]

Am 22. Januar 1980 teilte Stolpe Hans Weise mit, Lohse werde auf Einladung des Berliner Generalsuperintendenten Hartmut Grünbaum am 17. März vor den Ostberliner Pfarrern über das Thema »Fragen der Frömmigkeit« referieren. Am 18. März wolle er dann mit Schönherr zusammentreffen. Dabei sei der Ratsvorsitzende auch an einem offiziellen Besuch bei Staatssekretär Gysi interessiert. Mit einer Pressemitteilung über diesen Vorgang sei der Bischof ebenfalls einverstanden und hätte nichts gegen die Teilnahme eines höherrangigen DDR-Regierungsvertreters einzuwenden. »Es sei auch kein Problem, wenn ein Vertreter des Ministeriums für Auswärtige Angelegenheiten dabei« sei, fügte Stolpe hinzu. Weise wies darauf hin, daß im Falle des Zustandekommens einer solchen Begegnung »klar sein muß, daß Fragen, die das Verhältnis Staat-Kirche in der DDR betreffen, nicht mit dem Vorsitzenden des Rates der EKD besprochen werden.« Stolpe bemerkte, dies habe Lohse auch nicht beabsichtigt[170]. Man legte staatlicherseits fest, die Einreise des

EKD-Ratsvorsitzenden auf jeden Fall zu genehmigen, über einen eventuellen Besuch bei Gysi aber erst Anfang März zu entscheiden[171]. Das Gespräch zwischen Lohse, Schönherr und Gysi fand am 17. März 1980 statt. Im Vermerk Gysis, der an Honecker und Verner weitergeleitet wurde, heißt es:

»Hauptgegenstand des Gesprächs war die internationale Lage. Nach meinen einleitenden Ausführungen äußerte sich Lohse zunächst sehr anerkennend über die Entwicklung der Kirchenpolitik in der DDR in den letzten Jahren und ging dann sofort zu internationalen Fragen über. Er beteuerte, daß in der BRD er und die mit ihm verbundenen kirchenleitenden Persönlichkeiten alles tun würden, um die Friedensbemühungen der Kirche verstärkt fortzusetzen. Ihm sei klar, daß die Hauptfrage die Verhinderung der Realisierung der Brüsseler NATO-Beschlüsse sei [...] Sein Eindruck sei, daß in der BRD der überwiegende Teil der ›vernünftigen‹ Politiker – wobei er die SPD hervorheben wolle – sowie der größere Teil der Bevölkerung, darunter viele maßgebende Persönlichkeiten, gegen die Realisierung der Brüsseler Beschlüsse seien. Sie hofften, daß sie durch günstige Fortschritte der Abrüstungsgespräche verhindert werden könnten. Zugleich sei jedoch eine große ›Hilflosigkeit‹ bei vielen Menschen, auch bei vielen Politikern nicht zu übersehen. Sie ständen einer Lage gegenüber, die sie mit wachsender Sorge erfülle, aber sähen nicht, wie sie sie ändern könnten. Mein Eindruck war, daß Lohse tatsächlich verstanden hat, daß ohne Verhinderung der Brüsseler Beschlüsse nichts laufen kann und eine sehr kritische Periode beginnt«, resümierte der Staatssekretär abschließend.

Nach Gysis Gesprächsprotokoll äußerte sein Gast weiter:

»Dann kam er zu dem eigentlichen Punkt seines Besuches: Er habe am Mittwoch letzter Woche Bundeskanzler Schmidt gesprochen. Dieser habe ihn beiseite genommen und ihm gesagt, daß er nach wie vor von sich aus entschlossen sei, das Treffen mit Genossen Honecker zu haben, sobald die Umstände und Termine das möglich machten. Das sei und bleibe seine Absicht[172].
Zum Schluß fragte er [Lohse], ob er mich [Gysi] wieder aufsuchen dürfe, wenn er wieder nach Berlin käme. Ich habe geantwortet: ja, falls die Umstände es erforderten und erlaubten und ich zeitlich disponibel sei, könne das evtl. möglich sein, obwohl wir an sich geschäftsmäßig nichts miteinander zu schaffen hätten.«[173]

Am Abend desselben Tages waren alle drei – wohl gemeinsam mit noch weiteren Persönlichkeiten – bei Günter Gaus eingeladen. Auch dort seien Lohse und Schönherr im Blick auf die Brüsseler Beschlüsse genauso »vernünftig« aufgetreten, ohne daß Gaus oder andere Mitglieder der Vertretung widersprochen hätten, berichtete Gysi. »Gaus versuchte uns erneut zu überzeugen, daß die BRD aus Bündnisgründen, ob sie wolle oder nicht, gezwungen sei – falls sich nichts ändere –, nicht zur Olympiade zu gehen. Bischof Schönherr nahm an diesem Abend sehr vernünftig Stellung – auch in bezug auf die Olympiade[174]. Bischof Lohse assistierte ihm im wesentlichen.«[175]
Der von dem hessen-nassauischen Kirchenpräsidenten Helmut Hild unternommene Versuch, auf unterer Ebene ein ähnliches Gespräch zu führen – nämlich gemeinsam mit dem Magdeburger Bischof Krusche beim Stellvertreter des Vorsitzenden für Inneres im Bezirk Magdeburg, Steinbach –, scheiterte am Einspruch Gysis. Dieser schrieb am 3. April 1980 an Paul Verner:

»Meines Erachtens handelt es sich um den Versuch, analog des Besuches von Landesbischof Lohse mit Bischof Dr. Schönherr bei mir dasselbe in Sachsen zu wiederholen. Ich wüßte nicht, was Hild mit Steinbach zu besprechen hätte, es sei denn, man hält ihm einen Vortrag über unsere Kirchenpolitik. Der Antrag ist m. E. ein Versuch von Krusche und Hild, sich und ihr Treffen auf diese Weise in der BRD aufzuwerten und das Ganze für eine gesamtdeutsche Ausdeutung der rein ökumenischen Beziehungen zwischen den Kirchen beider deutscher Staaten zu mißbrauchen. Da Genosse Steinbach sowieso am 30.5. in Urlaub geht, hat er das einfachste Argument, den Wunsch abzulehnen.«[176]

Entsprechend wurde dann auch, nachdem Verners Bestätigung erfolgt war, verfahren[177].

Dagegen empfing Gysi im April 1980 – gemeinsam mit Bischof Schönherr – den rheinischen Präses Immer. Das Treffen gestaltete sich nach Gysis Auskunft »politisch sehr aufgeschlossen und sehr konstruktiv.«[178] Auch der Brite Paul Oestreicher war nach eigenen Angaben zu einem Gespräch über »Fragen der bilateralen Zusammenarbeit« Gast im Staatssekretariat gewesen. Der englische Kirchenmann »bezeichnete die Begegnung als sehr fruchtbar und vorwärtsweisend für den Ausbau der Beziehungen zwischen der Kirche beider Länder.«[179] Das Staatssekretariat rückte diesen Eindruck etwas zurecht. Hans Weise schrieb, der Besuch Oestreichers habe »lediglich informativen Charakter« getragen und sei im eigentlichen Sinne ein »Höflichkeitsbesuch« gewesen. »Angelegenheiten ›der bilateralen Zusammenarbeit‹« seien nicht behandelt worden. Gleiches gelte für das Verhältnis zwischen den britischen und den DDR-Kirchen. »Das Gespräch fand auf dieser Ebene statt, um auch die ökumenische Funktion des Gastes zu respektieren.«[180]

Hilds Amtsvorgänger Martin Niemöller war an dessen 88. Geburtstag in seiner Wiesbadener Wohnung durch den Leiter der Ständigen DDR-Vertretung in Bonn, Moldt, im Namen Honeckers der Orden »Großer Stern der Völkerfreundschaft« verliehen worden[181]. Niemöller dankte »für die Würdigung seiner Tätigkeit im Rahmen der Friedensbewegung der BRD und über deren Grenzen hinaus«. Außerdem sprach Niemöller den Wunsch aus, anläßlich eines bevorstehenden Westberlinbesuches mit Staatssekretär Gysi in dessen Dienststelle zusammentreffen zu können. Der greise Kirchenpräsident wurde darüber hinaus zu einem Besuch in den Dienstsitz Moldts nach Bonn eingeladen[182].

Spannungen zwischen EKD und Kirchenbund – Annäherungen der Kirchen im Ostblock

Die zur Durchsetzung der sowjetischen Friedenspolitik vom SED-Staat geduldeten, manchmal sogar geförderten Spitzenbegegnungen zwischen Bischöfen und Politikern aus West und Ost besaßen den Nachteil, daß sie zu Aufweichungserscheinungen des ideologischen Abgrenzungsbemühens der DDR von der Bundesrepublik führten. Das galt im besonderen Maße für das Verhältnis des Kirchenbundes zur EKD. So erregte ein Interview Schönherrs im SFB am 19. April 1980 die Aufmerksamkeit seiner Obrigkeit, weil der Bischof dort »entgegen unserer staatlichen Konzeption die ›besondere Gemein-schaft‹ der evangelischen Kirchen in der DDR und der BRD [hervorhob], die in dem gemeinsamen ›Wort zum Frieden‹ vom 1.9.1979 zum Ausdruck ge-kommen sei und in regelmäßigen Konsultationen zur politischen Situation eine neue Stufe erreicht hätte.«[183]

Dabei war das Verhältnis zwischen den beiden Kirchenbünden so innig nicht. Nach einer am Vortag erfolgten Beratung zwischen Stolpe, Rogge und Zeddies bat der Kirchenbund durch Demke in einem Gespräch am 2. Februar 1980 Lingner dringlichst, seinen für die Festschrift für Wolfgang Güldenpfen-nig geplanten und bereits fertiggestellten Beitrag nicht zu veröffentlichen. »Eine regelrechte Intervention gegen die Veröffentlichung wird von unserer Seite als nicht der Art der Gemeinschaft angemessen beurteilt.« Für den Fall, daß es dennoch zu einer Veröffentlichung kommen sollte, machte man Ver-besserungsvorschläge, darunter den, auf die vollständige Aufzählung der DDR-Teilnehmer an der Beratergruppe zu verzichten[184].

»Lingner wird Hammer, Lohse, Schober davon unterrichten, daß sein Beitrag für die Festschrift [...] von den drei Dienststellenleitern so beurteilt wird, daß seine Veröffent-lichung die Praktizierung der besonderen Gemeinschaft zwischen den Kirchen gefähr-den könnte. Der Grad der Wahrscheinlichkeit einer Gefährdung wird als hoch einge-schätzt. Eine ausdrückliche Bitte um Rücknahme des Artikels erfolgt nicht, weil man nicht in die andere Seite ›hereinregieren‹ will. Lingner selbst versteht die Bitte als Auf-forderung zu versuchen, den Beitrag zurückzuziehen. Lingner macht Demke darauf aufmerksam, daß die Rücknahme des Artikels Verärgerung geben wird. Man wird da-mit rechnen müssen, daß für die vorgebrachten Bedenken kein Verständnis besteht.«[185]

Ebenso kritisch wie Lingners Beitrag zur Festschrift Güldenpfennig beurteilte man seitens des Bundes das EKD-Vorhaben, einen Band mit Kundgebungen der Evangelischen Kirche in Deutschland seit 1958 zu publizieren. Zum einen stieß man sich an dem Titel – statt des Begriffes »Kundgebungen« sollte eher die Bezeichnung »Dokumente« gebraucht werden –, zum anderen war man nicht damit einverstanden, daß die von der KKL verfaßten Texte oder die von Mitzenheim an Grotewohl gerichteten Briefe als EKD-Verlautbarungen ver-einnahmt werden sollten. Für diese Texte schlug man einen separaten Teil mit dem Titel »›Dokumente der Gliedkirchen der EKD in der DDR‹« oder die Wahl eines Gesamttitels »›Dokumente aus der EKD‹« vor. Im übrigen fiel auf, daß für die Jahre 1958 und 1959 ausschließlich und für 1960 überwiegend Texte aus der DDR zur Veröffentlichung vorgesehen waren[186].

Das für den Band verantwortliche Münchener Kirchenrechtliche Institut der EKD antwortete Lingner im November 1980 durch den Mitarbeiter Joa-chim Christoph. In dem Demke auszugsweise zugänglich gemachten Schrei-ben zeigte man sich über die geäußerten Bedenken verwundert, »weil bis 1969/1970 wohl doch noch von einer Einheit der EKD gesprochen werden muß.« Außerdem lasse »es sich [...] historisch gesehen wohl nicht leugnen, daß durch das damals [1958] neu einsetzende Gespräch Staat-Kirche in der DDR eine aus sachlichen Gründen bedingte stärkere Repräsentation von Quellen aus dem dortigen Bereich sich ergibt.« Auf eine Änderung des Ge-samttitels könne man sich aber ohne Probleme einlassen[187].

Demke antwortete am 12. Februar 1981:

»Es muß vermieden werden, daß die Evangelische Kirche in Deutschland als Subjekt von Verlautbarungen und Erklärungen erscheint, die nicht von deren Organen oder Institutionen abgegeben wurden. An diesem Punkt besteht eine hohe Sensibilität, wie Sie wissen. Nicht die Einheit der EKD bis 1968 soll in Frage gestellt, sondern die Unterscheidung von Organen bzw. Institutionen der EKD einerseits und denen der Gliedkirchen sollte gewahrt werden.«[188]

Erst 1994 konnte Joachim E. Christoph die »Kundgebungen, Worte, Erklärungen und Dokumente der EKD« für die Zeit zwischen 1959 und 1969 herausgeben[189].

Der Leiter des Kirchenrechtlichen Instituts der EKD, Axel von Campenhausen, kommentierte den Vorgang im Rheinischen Merkur zurückhaltend, aber deutlich:

»Der späte Erscheinungstermin ist durch die von der DDR erzwungene Spaltung der EKD mitbedingt. Der damals entstehende Bund der Evangelischen Kirchen der DDR (BEK) bestritt der EKD die Verfügung über ihre eigenen Dokumente.«[190]

Ende Januar 1980 fand die zweite Konsultation der Kirchen aus sozialistischen Ländern in Budapest statt. Im Aide-mémoire, das der Kirchenbund der EKD-Kirchenkanzlei vertraulich zur Kenntnis gab, heißt es: »Das Verhältnis zwischen Kirche und Staat entwickelt sich in einer konstruktiven Weise.«[191]

»Die Konsultation fand in einem besonderen historischen Kontext statt. Eine Anzahl von Ereignissen während der vergangenen Monate – besonders die NATO-Entscheidung im Blick auf die Lagerung von Atomwaffen in Westeuropa, die Konflikte, die mit den Ereignissen im Iran und Afghanistan verbunden sind, usw. – offenbaren eine rasche Destabilisierung der Weltsituation. Es gibt ein bemerkenswertes Anwachsen der Spannungen in den Beziehungen zwischen den wichtigsten Weltmächten. Viele fürchten, daß die Situation des kalten Krieges wiederkehrt – sichtbar am falschen Einsatz von Sanktionen und Boykotten –, oder daß es sogar zu einer direkten militärischen Konfrontation kommt. Obwohl dieser Zustand von globaler Bedeutung ist, betrifft er im besonderen die Länder und Völker in Europa, die es riskieren, die Früchte ihrer Bemühungen um Entspannung während der letzten Jahre zu verlieren. Die Konsultation nahm von einer ›Erklärung zur gegenwärtigen weltpolitischen Situation‹[192] Kenntnis, die vom Bund der Evangelischen Kirchen in der DDR verfaßt wurde.«[193]

Zur »Einheit der Kirche« heißt es in dem Aide-mémoire, der »Übergang ihrer Gesellschaften zum Sozialismus« habe die Kirchen in diesem Bereich »alle auf eine ähnliche Ebene gerückt und [...] einen starken Antrieb zur Versöhnung unter den Kirchen gegeben«[194]. Osteuropa biete eine »einzigartige Gelegenheit zur Begegnung zwischen den drei Hauptrichtungen christlicher Tradition: Orthodoxe, römische Katholiken, Protestanten«[195].

In einem Vermerk für die Beratergruppe unterrichtete Lingner die Teilnehmer über ein Interview des Präsidenten der CFK, Károly Tóth. Im Zusammenhang mit der bevorstehenden Tagung des CFK-Ausschusses für die Fortsetzung der Arbeit in Eisenach im Oktober 1980 erklärte er, in den letzten Jahren sei die Atmosphäre zwischen der CFK und den evangelischen Kirchen in der DDR viel besser geworden[196]. Tóth hatte am 3. und 4. Januar mit dem

CFK-Generalsekretär, Lubomir Mirejewski (Prag), und dem Vorsitzenden des Fortsetzungsausschusses, Metropolit Filaret (Kiew), den CFK-Regionalausschuß in der DDR besucht. Aus diesem Anlaß statteten sie – in Begleitung des CFK-Vizepräsidenten Gerhard Bassarak und des Regionalausschuß-Vorsitzenden Karl-Heinz Bernhardt – auch dem neuen Staatssekretär für Kirchenfragen, Klaus Gysi, einen Antrittsbesuch ab. Außerdem empfing sie der Ost-CDU-Vorsitzende Gerald Götting[197].

Ende Februar 1980 schrieb Lingner einen Vorbereitungsbrief an die Mitglieder der »Beratergruppe«. Darin verwies er auf das Engagement der Kirchen in der DDR im Blick auf die »gegenwärtige weltpolitische Situation«[198] und stellte die Frage, ob die Friedensaktivitäten der EKD und des Kirchenbundes »zumindest in den Grundzügen [...] konsensfähig«[199] seien.

»Bisher scheint es so, daß sich die Kirchen in der DDR in der Friedensfrage stärker engagieren als die Kirchen der EKD [...] Interessant ist in diesem Zusammenhang, daß die DDR-Politiker das Eintreten der DDR-Kirchen für den Frieden nicht nur tolerieren, sondern offensichtlich auch wünschen. Dabei wird von den Kirchen weder verlangt noch erwartet, daß sie die offizielle politische Linie der sozialistischen Staaten vertreten. Es wird ihnen ein ›eigenständiger‹ und ›profilierter Beitrag‹ zugestanden.«[200]

Auseinandersetzungen um die Blues-Messen Rainer Eppelmanns, Friedensseminare in Sachsen und die kommunistische Erziehung an den Schulen – die Kirche und die Jugend

Es war also tatsächlich gelungen, auch kundigen westlichen Beobachtern den Eindruck zu vermitteln, der Kirchenbund dürfe ein vom Staat unabhängiges Friedensengagement betreiben. Doch dieses Bild konnte nicht lange bestehen bleiben. Wenige Monate später berichtete Demke im Zusammenhang mit Eppelmanns Blues-Messen in der Ostberliner Samariterkirche[201]: »Der Staat übt erheblichen Druck aus. Es ist schwer für die Kirchenleitung, mit den jungen Menschen umzugehen und sie ›zurückzuweisen‹.«[202] Sowohl um die Ostberliner Blues-Messen als auch um die Thüringer Veranstaltung JUNE '79 soll es in den jeweiligen Kirchenleitungen harte Auseinandersetzungen gegeben haben[203].

In einer staatlichen Einschätzung hieß es zu dieser Thematik[204]:

»Eine ernste Belastung für die Kirchenleitung[205] sind die Auseinandersetzungen über die Blues-Messen. Obwohl der Propst [Friedrich Winter][206] als verantwortliches Kirchenleitungsmitglied für die Jugendarbeit und als Vorsitzender der Landesjugendkammer alles tut, um solche Formen der Jugendarbeit wie die Blues-Messen zu fördern, ist er doch bestrebt, Konfrontationen zu vermeiden. Die realistischen Kräfte in der Kirchenleitung konnten sich bisher noch nicht gegen die Blues-Messen durchsetzen.«

Vor der am 29. Februar 1980 durchgeführten Blues-Messe hatte die Arbeitsgruppe für Staats- und Rechtsfragen beim Staatssekretariat für Kirchenfragen dem 1. Sekretär der SED-Bezirksleitung Berlin, Konrad Naumann, mitgeteilt, in Übereinstimmung mit dem MfS halte man ein Verbot des Gottesdienstes nicht für sinnvoll, da Eppelmann insofern Entgegenkommen gezeigt habe, als er den staatlichen Stellen einen detaillierten Zeitplan der Veranstaltung vorlegen wollte. Doch zu diesem kooperativen Schritt kam es nicht, weil der Pfarrer von seiner Kirchenleitung zurückgepfiffen wurde. Generalsuperintendent Grünbaum teilte ihm mit, Gottesdienste unterlägen nicht der staatlichen Anmeldepflicht, weshalb dem Staat Einmischungen in kirchliche Veranstaltungen dieses Genres auch nicht zukämen[207].

Am 9. April richtete Staatssekretär Gysi an Schönherr eine unzweideutige Mahnung:

»Die Kirche muß sich ihrer Position im Rahmen der Verfassung und der Gesetze der DDR bewußter werden. Es ist dafür Sorge zu tragen, daß die in der Samariterkirche im Rahmen von Blues-Messen gegen den Sozialismus gerichteten und vor allem mit politisch feindlichen Darbietungen durchgeführten Kabarettveranstaltungen unterbleiben. Außerdem ist die Veranstaltungsverordnung einzuhalten. Dafür zu sorgen, sei auch Aufgabe des zuständigen Bischofs.«[208]

Auch am 5. Juni 1980 stand der »Fall« Eppelmann wieder im Mittelpunkt des Gesprächs zwischen Gysi und Schönherr. Der Staatssekretär für Kirchenfragen berichtete darüber:

»Ich habe Bischof Schönherr sehr ernst über die Hintergrundaktivitäten von Pfarrer Eppelmann (Samariter-Kirche Berlin) informiert und ihn auf die Gefahren hingewiesen, die dadurch entstehen. Es sei möglich, daß die Kirche völlig die Kontrolle über die von ihr heranorganisierten Jugendlichen verliere, wofür sie natürlich die volle Verantwortung trage. Das gelte für Ordnung und Sicherheit innerhalb wie außerhalb der Kirche. Ich habe ihn nicht im Zweifel darüber gelassen, daß sich nach unserer Meinung die Aktivitäten von Pfarrer Eppelmann gegen die Substanz der März-Begegnung 1978 richten. Offensichtlich seien sie ebenso gegen uns wie gegen die realistische Linie in der Kirchenleitung und Schönherr persönlich gerichtet.«

Mit dieser Einordnung der Geschehnisse versuchte Gysi den Schulterschluß mit Schönherr herzustellen. Das Protokoll fährt fort:»Die Gefahr einer kritischen Situation sei durchaus gegeben.« Die Veranstaltungen trügen keinen gottesdienstlichen Charakter und seien eigentlich anmeldepflichtig. »Bischof Schönherr war offensichtlich sehr erschüttert«, vermerkte Gysi.

»Er wußte natürlich nichts von der Flüsterpropaganda und den Aktivitäten der Gruppe um Pfarrer Eppelmann in der DDR und damit auch nichts von der Gefahr, daß ein paar tausend anreisende Jugendliche auf der Straße stehen bleiben. Er hat sich sehr für diese vertrauliche Information und unsere Haltung in dieser Sache bedankt. Das war ohne Zweifel ehrlich. Er hat sich viel notiert.«

Abschließend wurden gemeinsam Handlungsmöglichkeiten skizziert bzw. von Schönherr über bereits erfolgte Reaktionen der Kirchenleitung berichtet:

»Ich [Gysi] habe ihn noch darauf hingewiesen, daß die Zusammenarbeit zwischen den vernünftigen Kräften in der Kirche generell sehr schwach sei. Auch das hat er bestätigt. Bei dieser Gelegenheit berichtete er, daß sie nach einer dreistündigen Diskussion mit Pfarrer Eppelmann ein paar vernünftige Leute in die Organisationsgruppe bei ihm hineingedrückt hätten. Außerdem sei mit ihm abgemacht worden, daß Veranstaltungen

*Tagung »Union und Ökumene« aus Anlaß des 150jährigen Bestehens der EKU vom 2.-
5.11.1965:* Präsident D. Wischmann, Leiter des Kirchlichen Außenamtes der Evangelischen
Kirche in Deutschland, bei seinem Grußwort. *(Foto: EZA Berlin)*

*Tagung »Union und Ökumene« aus Anlaß des 150jährigen Bestehens der EKU vom 2.-
5.11.1965:* Tischgespräche, r. Präses Dr. Kreyssig. *(Foto: EZA Berlin)*

Tagung »Union und Ökumene« aus Anlaß des 150jährigen Bestehens der EKU vom 2.-5.11.1965: Präsident Hammer, Leiter der Kirchenkanzlei der Evangelischen Kirche in Deutschland, während seines Grußwortes. *(Foto: EZA Berlin)*

Tagung »Union und Ökumene« aus Anlaß des 150jährigen Bestehens der EKU vom 2.-5.11.1965: Generalsekretär Dr. Blake (Genf) während seiner Aussprache über sein Referat »Einheit als ökumenische Aufgabe«, rechts neben ihm Bischof D. Scharf. (Foto: EZA Berlin)

Tagung der Synode der EKD 1967 in Fürstenwalde/Spree: Blick in den Plenarsaal. *(Foto: EZA Berlin)*

Tagung der Synode der EKD 1967 in Fürstenwalde/Spree: Kirchenkonferenz (v. l. n. r.): Oberkonsistorialrat Kusch, Greifswald, Unitätsdirektor Forster, Herrnhut, Landesbischof D. Dr. Mitzenheim, Eisenach, Bischof D. Fränkel, Görlitz, Präsident D. Hildebrandt, Berlin, Bischof D. Jänicke, Magdeburg. *(Foto: EZA Berlin)*

Tagung der Synode der EKD 1967 in Fürstenwalde/Spree: Vizepräsident D. Zimmermann, Berlin während seines Grußwortes für die Vereinigte Evangelisch-Lutherische Kirche. *(Foto: EZA Berlin)*

Tagung der Synode der EKD 1967 in Fürstenwalde/Spree: Die neugewählten Ratsmitglieder, die ihren Wohnsitz in der DDR haben: Bischof D. Dr. Krummacher, Greifswald, Oberin Lundbeck, Ludwigslust, Studiendirektor Lic. Watzel, Wittenberg, Landesbischof D. Noth, Dresden. *(Foto: EZA Berlin)*

Tagung der Synode der EKD 1967 in Fürstenwalde/Spree: Landesbischof D. Dr. Beste, Schwerin, Generalsuperintendent Schmitt, Berlin, Oberkirchenrat Behm, Berlin. *(Foto: EZA Berlin)*

Tagung der Synode der EKD 1967 in Fürstenwalde/Spree: Landesbischof D. Gottfried
Noth, Dresden. *(Foto: EZA Berlin)*

Tagung der Synode der EKD 1967 in Fürstenwalde/Spree: Bischof D. Jänicke, Magdeburg, Kirchenpräsident Dr. Müller, Dessau. *(Foto: EZA Berlin)*

Tagung der Synode der EKD 1967 in Fürstenwalde/Spree: Kraftfahrer Hüttl, Eisenach, Landesbischof D. Dr. Mitzenheim, Eisenach. *(Foto: EZA Berlin)*

Tagung der Synode der EKD 1965 in Magdeburg: Konsistorialpräsident Dr. Thiele im Gespräch mit Präses Superintendent Figur. *(Foto: EZA Berlin)*

Tagung der Synode der EKD 1965 in Magdeburg: Kirchenpräsident Dr. Müller, Schwerin, Landesbischof D. Dr. Mitzenheim, Eisenach, Bischof D. Jänicke, Magdeburg, Missionsdirektor D. Brennecke, Berlin. *(Foto: EZA Berlin)*

Tagung der Synode der EKD 1965 in Magdeburg: Oberkirchenrat Pabst, Berlin, Bischof D. Dr. Krummacher, Greifswald. *(Foto: EZA Berlin)*

Tagung der Synode der EKD 1965 in Magdeburg: Bischof D. Dr. Krummacher – Greifswald (Mitglied des Rates der EKD). *(Foto: EZA Berlin)*

Tagung der Synode der EKD 1965 in Magdeburg: Generalsuperintendent D. Dr. Jacob, Cottbus, Landesbischof D. Dr. Mitzenheim, Eisenach. *(Foto: EZA Berlin)*

Tagung der Synode der EKD 1965 in Magdeburg: Pfarrer Dr. Zabel, Studiendirektor Dr. Krusche. *(Foto: EZA Berlin)*

Tagung der Synode der EKD 1965 in Magdeburg: Der Stellvertreter des Präses, Fritz Figur (l.), Oberkirchenrat Pabst. *(Foto: EZA Berlin)*

Tagung der Synode der EKD 1965 in Magdeburg: Präsidium (v. l.n. r.): Rechtsanwalt Dr. Rudolf Lotz, Eisenach, der Stellvertreter des Präses, Figur, Berlin, Dozent Nuschke, Leipzig; Rat der EKD: Landesbischof D. Dr. Beste, Bischof D. Dr. Krummacher, Präsident D. Mager. *(Foto: EZA Berlin)*

Tagung der Synode der EKD 1965 in Magdeburg: Bischof D. Dr. Krummacher, Dr. W.A. Visser't Hooft, Pastor Dr. G.G. Williams. *(Foto: EZA Berlin)*

Tagung der Synode der EKD 1965 in Magdeburg: Missionsdirektor D. Brennecke (.), Berlin, Dr. W.A. Visser't Hooft. *(Foto: EZA Berlin)*

Tagung der Synode der EKD 1965 in Magdeburg: Landesbischof D. Dr. Beste, Bischof D. Dr. Krummacher, Synodalpräsident D. Mager. *(Foto: EZA Berlin)*

Tagung der Synode der EKD 1965 in Magdeburg: Bischof D. Fränkel, Görlitz, Pastor Beyer, Potsdam-Babelsberg, Missionsdirektor D. Brennecke, Berlin, Frau Oberin Huberta Müller, Potsdam-Babelsberg, Generalsuperintendent Schmitt, Berlin, Präsident D. Hildebrandt, Berlin. *(Foto: EZA Berlin)*

Tagung der Synode der EKD 1965 in Magdeburg: Synodalprasident D. Mager, Dresden, Generalsuperintendent Schmitt, Berlin. *(Foto: EZA Berlin)*

nach Form und Inhalt der Kirchenleitung zu melden seien, die damit die Verantwortung mittrage. Offenbar habe die Diskussion nicht ausgereicht, und von Pfarrer Eppelmann und seinen Mitarbeitern sei die Abmachung weitgehend umgangen worden. Jedenfalls reiche das bisher von ihm und anderen Unternommene nicht aus.«[209]

Vor einer für den 4. Juli 1980 angesetzten weiteren Blues-Messe fand zwei Tage zuvor ein Gespräch zwischen dem Kirchenreferenten beim Ostberliner Magistrat, Günter Hoffmann, und dem Ostberliner Generalsuperintendenten Grünbaum statt. Die gerade drei Wochen zurückliegende letzte Blues-Messe vom 13. Juni wertete Grünbaum uneingeschränkt als Gottesdienst und warf den staatlichen Stellen vor, »Dinge aus dem Zusammenhang [zu] reißen. Ihm scheint«, so führte Grünbaum weiter aus, »daß es für die Sprache, die aus dem Volke kommt, bei uns [scil. beim Staat] wenig Verständnis gibt. Staatliche Organe sollten kritische Töne in der Kirche nicht destruktiv sehen. Sie wären gut beraten, wenn sie auf solche Töne nicht sauer reagieren. [...] Die Kirche sieht eine große Aufgabe darin, verunsicherte Jugendliche zu erfassen und auf ihre Probleme einzugehen.« Allerdings legte auch Grünbaum das Versprechen ab, auf einen »positiveren« Charakter der Jugendgottesdienste hinzuwirken[210].

Mit anscheinend fingierten Stimmen aus der Bevölkerung versuchte man staatlicherseits, den Generalsuperintendenten in seinem Urteil umzustimmen:

»In der Samariterkirche werden seit einiger Zeit sogenannte ›Blues-Messen‹ durchgeführt. Diese Veranstaltungen, die mit kirchlicher Seelsorge nichts zu tun haben, sind in ihrer Wirkung nach außen zu Veranstaltungen der Verletzung von Ordnung und Sicherheit im Wohnbezirk geworden. [...] Unsere Bürger sind empört darüber, daß mehr als 1 000 Jugendliche lautstark unter Einnahme von Alkohol die öffentliche Ruhe, Ordnung und Disziplin im Bereich Bänschstraße/Ecke Samariterstraße stören. [...] Dabei wurden leere Flaschen auf die Gehwege geworfen und die Hausflure, Höfe und Keller als Toiletten benutzt. In wenigen Stunden wurden die Leistungen unserer Bürger, die in der volkswirtschaftlichen Masseninitiative für Ordnung und Sauberkeit in den Häusern sorgen, zunichte gemacht. [...] Wir sind sehr verwundert, daß sich die Kirche zu solchen Dingen hergibt, und es ist uns völlig unverständlich, daß Veranstaltungen solchen Ausmaßes, die wohl mit einer Kirchenmesse nichts mehr zu tun haben, auf den öffentlichen Straßen durchgeführt werden, dabei Ruhe, Ordnung und Sicherheit gröblichst verletzt werden.«[211]

Am 10. September 1980 forderte der Staatssekretär für Kirchenfragen Schönherr auf, »die Blues-Messen in Berlin endlich so unter Kontrolle zu bringen, daß sie das Verhältnis von Staat und Kirche nicht mehr belasten.«[212]

In Sachsen sei ein junges Gemeindeglied, das Friedensseminare mit Lehrlingen und Arbeitern veranstalte, strafrechtlich belangt, jedoch aus der Haft entlassen worden, so Demke gegenüber Lingner[213]. Es handelte sich um den Elektriker und Kirchenvorsteher Hans-Jörg Weigel aus Königswalde (Kirchenbezirk Werdau). Sachsens Landesbischof Hempel soll hierzu in einem Interview mit dem SFB-Korrespondenten Horstmeyer während der Leipziger Bundessynode in aller Distanz erklärt haben, »die Verurteilung von Weigel sei nicht gegen die Friedensarbeit der Kirche gerichtet. Christen sollten sich zuerst von der Bibel her orientieren und ihren Auftrag und ihre Möglichkeiten genau überdenken. Von daher sei ein Prozeß des Umdenkens auch in Königswalde notwendig.«[214]

Das sächsische Landeskirchenamt (LKA) hatte in einem von Hempel und Domsch unterzeichneten Rundschreiben am 8. August die Pfarrämter über die Aussetzung der Strafe auf Bewährung ohne besondere Auflagen – Weigel durfte weiterhin Friedensarbeit treiben – und die zwei Tage zuvor erfolgte Haftentlassung Weigels informiert. In diesem Zusammenhang wurde darauf hingewiesen, daß die Landeskirche sich von Anfang an für die Freilassung Weigels eingesetzt habe. Zum einen habe Hempel in einem Brief an Gysi Weigels Persönlichkeit positiv gewürdigt, zum anderen habe das LKA »auf die Wichtigkeit des kirchlichen Dienstes Weigels hingewiesen«[215].

Gegenüber Hermann Kalb brachte Schönherr am 10. Juli 1980 den kirchlichen Wunsch vor, mit Vertretern zentraler Rechtspflegeorgane ein Sachgespräch vor allem über Fragen des Jugendstrafrechts führen zu können: »Die in jüngster Zeit bekanntgewordenen Verhaftungen und Verurteilungen von Jugendlichen hätten in Leitungsgremien der Kirchen Diskussionen und Anfragen ausgelöst. Es sei nicht auszuschließen, daß auch die kommende Bundessynode damit belastet werde«, begründete der Bischof sein Anliegen. Kalb entgegnete, »daß es dem Wunsch nach *Sachinformationen* durch verantwortliche Stellen des Staates entgegenwirke, wenn dem *unsachliche* Unterstellungen bis zur Grenze der Staatsverleumdung vorausgingen.«[216]

Demke unterrichtete Lingner, daß in allen Landeskirchen die kommunistische Schulerziehung thematisiert werde[217].

Im Namen des KKL-Vorstandes hatte Schönherr gegenüber Gysi den vom Politbüro am 18. März 1980 gefaßten Beschluß kritisiert, in dem es unter anderem heißt:

»Die Studenten und der wissenschaftliche Nachwuchs sind zu befähigen, jederzeit und unter allen Bedingungen den Marxismus-Leninismus und die Politik der Partei zu vertreten und sich mit der bürgerlichen Ideologie auseinanderzusetzen. Die sozialistische Wehrerziehung und die Aneignung militärischer Kenntnisse und Fertigkeiten sind untrennbar in den gesamten Studienprozeß einzuordnen.«[218]

Schönherr schrieb: »Formulierungen mit einem solcherart umfassenden Anspruch haben Besorgnisse ausgelöst. Wir befürchten, daß durch die sich hier abzeichnende Tendenz die allen Bürgern, unabhängig von Alter und Geschlecht, Weltanschauung und religiösem Bekenntnis zugesicherte Chancengleichheit für das Hochschulwesen in Frage gestellt werden kann. Dem gemeinsam angestrebten Ziel eines gedeihlichen Zusammenlebens von Menschen verschiedener Weltanschauung und Gewissensbindung in unserem Land, für das Gleichberechtigung und Gleichachtung aller Bürger seitens des Herrn Staatsratsvorsitzenden als Norm bezeichnet worden sind, können solche absolut erscheinenden Zielsetzungen für die Hochschulpolitik doch wohl kaum dienlich sein.

Angesichts solcher Fragen und Sorgen würden wir, sehr geehrter Herr Staatssekretär, eine Interpretation des Beschlusses für außerordentlich hilfreich halten.«[219]

Vorausgegangen war diesem Schreiben ein Brief der DDR-Studentenpfarrerkonferenz an den KKL-Vorstand vom 30. April 1980, verfaßt vom stellvertretenden Vorsitzenden der Konferenz, Edelbert Richter. Darin hieß es konkret:

»Für christliche Studenten ergeben sich aus dieser Zielstellung Konflikte, durch die ihr Studium außerordentlich belastet wird.

1. ›Jederzeit, unter allen Bedingungen den Marxismus-Leninismus als Weltanschauung zu vertreten‹ wird für einen Christen von der Sache her nicht möglich sein.
2. Die im obigen Zitat zu erkennende Tendenz der durchgängigen Militarisierung des Hochschulstudiums beunruhigte uns stark. Wir halten eine Vertretung dieser Tendenz auf dem Hintergrund der gegenwärtigen weltpolitischen Entwicklung für friedensgefährdend. Darüber hinaus gibt es junge Christen, die aus Gewissensgründen nur bestimmte Formen des Wehrdienstes ableisten und deswegen der Anforderung, sich militärische Kenntnisse und Fertigkeiten anzueignen, nur bedingt nachkommen können.«

Durch diese ideologischen Festlegungen sei eine Chancengleichheit im Bildungsbereich stark gefährdet. Darum bat die Studentenpfarrerkonferenz die KKL, gegenüber dem Staat in dieser Frage vorstellig zu werden[220].

Eine im Staatssekretariat für Kirchenfragen verfaßte Einschätzung der kirchlichen Jugendarbeit wiederholte Altbekanntes, bemerkte aber auch:

»Der überwiegende Teil der religiös geprägten Jugendlichen, unter den Bedingungen der sozialistischen Gesellschaft in der DDR aufgewachsen, paßt sich an den Sozialismus an und sucht den eigenen Glauben mit engagiertem Handeln in der Gesellschaft zu verbinden. Dieser Anpassungsprozeß findet seinen Niederschlag auch in der kirchlichen Jugendarbeit, von der junge Christen Orientierungshilfen für ihr Leben in der sozialistischen Gesellschaft erwarten. Kirchliche Jugendveranstaltungen, die dem Rechnung tragen, greifen bewußt religiöse und gesellschaftliche Probleme auf, führen die Diskussion dazu auf jugendgemäße Art und mit den spezifischen Ausdrucksformen der Kirche, lassen die intensiven weltanschaulichen Auseinandersetzungen mit der sozialistischen Umwelt aber nicht zu politischen Angriffen gegen Staat und Gesellschaft in der DDR mißbrauchen. Sie sind heute z. T. positives politisches Engagement, gleichzeitig aber auch Verstärkung religiöser Vorstellungen. So gesehen paßt sich kirchliche Jugendarbeit sowohl vom Inhalt als auch von der Form her organisch in das kirchliche Leben ein, vollzieht sie sich überwiegend unauffällig, ist traditions-, aber noch mehr situationsbezogene kirchliche Arbeit.

Dieser Form kirchlicher Tätigkeit steht in den letzten Jahren eine deutliche Aktivierung der Arbeit mit solchen Jugendlichen gegenüber, die der sozialistischen Gesellschaft in der DDR politisch indifferent oder negativ gegenüber stehen, oft eine asoziale Lebensweise zeigen und zu einem großen Teil nicht Glieder der Kirchen sind. Diese Seite kirchlicher Jugendarbeit schafft einen latenten Konfrontationszustand zwischen Kirche und Staat. Indem sich einige der für die kirchliche Jugendarbeit Verantwortlichen zu Fürsprechern der genannten Gruppen aufwerfen, diesen dazu verhelfen, untereinander Verbindung aufzunehmen und sich öffentlich zu artikulieren, versuchen sie bewußt eine Kirche gegen den Sozialismus zu gestalten. In dieser aktiven, öffentlichkeitsorientierten Arbeit der Jugendmitarbeiter vor allem aus dem Bereich von bestimmten Provinzialjugendpfarrern und -diakonen des Evangelischen Jungmännerwerkes werden gesellschaftliche Anliegen, Fragen der Moral und Ethik, der Verteidigung und schließlich nach dem Sinn des Lebens gestellt und Antworten formuliert, die als Alternative zu den in der sozialistischen Gesellschaft gültigen Normen und Werten angeboten werden. Hier geschaffene Konflikte und Spannungen werden zwar weltanschaulich motiviert, sind aber vorrangig politischer Natur. Unter Umgehung der Veranstaltungsordnung organisierte und auf Konfrontation mit Staat und Gesellschaft in der DDR ausgerichtete sogenannte gottesdienstliche oder Gemeindeveranstaltungen, wie z.

B. die Blues-Messen in Berlin, wie Schriftstellerlesungen[221] z. B. mit Stefan Heym, der allerdings in jüngster Zeit in kirchlichen Veranstaltungen mit politischer Zurückhaltung argumentiert, sowie Auftritte sogenannter ›Liedermacher‹ sollen differenziert weitere Zielgruppen unter den Jugendlichen ansprechen. Es werden antisozialistische Programme für solche Jugendliche veranstaltet, die bereits von sich aus keine geistige Heimat im Sozialismus haben und denen man feindliche politisch-ideologische Inseln in der sozialistischen Gesellschaft schafft. [...] Das Wirken der beschriebenen zahlenmäßig kleinen, aber offensiv und z. T. aggressiv negativ wirkenden kirchlichen Jugendmitarbeiter ist im Blick auf die gegenwärtige allgemeine politische und ideologische Offensive des Imperialismus gegen die sozialistischen Staaten und besonders gegen das gesellschaftliche System in der DDR zu sehen und wird entsprechend in westlichen Massenmedien behandelt.«

Dabei würden auch neue, bislang von der Kirche nicht bearbeitete Themen wie der Umweltschutz[222] oder eine Sozialdiakonie aufgegriffen. Die Zahl der regelmäßigen Teilnehmer am Leben der Jungen Gemeinden habe trotz des gesellschaftlichen Engagements jedoch nicht zugenommen:

»Angewachsen ist die Zahl derjenigen, die mehr oder minder zufällig und nicht als Glieder der Kirche an kirchlichen Jugendveranstaltungen teilnehmen, die bei der Suche nach Antworten auf sie bewegende Fragen ihres eigenen und des gesellschaftlichen Lebens in der Kirche einen Freiraum zu finden hoffen, der ihnen scheinbar politisch wertneutrale Orientierungen gibt.«

Auch die Zahl überregionaler Veranstaltungen sowie deren Besucher sei angestiegen.

Außerdem wurde kritisiert, die Kirche nehme die Rolle eines »Jugendreisebüro[s]« ein, indem sie für andere Ostblockstaaten Urlaubs- und Freizeitenpartner vermittle. Darüber hinaus organisiere sie »Post- und Besuchsverkehr einzelner Jugendlicher aus der BRD zu gleichgesinnten Jugendlichen in der DDR.« Eine Schlußfolgerung lautete, daß die kirchliche Jugendarbeit vor allem dort stark sei, wo die FDJ eine nicht jugendgemäße und bevormundende Arbeit leiste.[223]

Zur Frage der Reiseerleichterungen und ein »Welt«-Interview Eberhard Nathos

Demke berichtete den »Beratern« im Frühjahr 1980, daß der KKL-Bericht für die kommende Bundessynode sich hauptsächlich mit der Friedensverantwortung befassen werde. Auch die Frage der Reisemöglichkeiten solle kurz angeschnitten werden, um hier evtl. eine Diskussion anzustoßen.

Zu der letztgenannten Problematik gab Natho am 19. Mai 1980 der westdeutschen Tageszeitung »Die Welt« ein Interview, in dem er nach staatlicher Interpretation »provokatorisch Erleichterungen für den Ost-West-Reiseverkehr« forderte und sich gegen die Abgrenzungspolitik der DDR sowie die Darstellung der Bundesrepublik in den DDR-Medien wandte[224].

Ganz auf derselben Linie hatte Schönherr am 9. April 1980 bei Gysi angefragt:

»Wie kann man Erschwernisse überwinden, die es gibt, wenn bei schweren Erkrankungen von Angehörigen in der BRD eine Besuchsreise für DDR-Bürger nicht gewährt wird. Der Besuch erst im Todesfall läßt viele Fragen offen. Dabei gehe es nicht um Geistliche, die sehr großzügig behandelt würden, sondern mehr um Fälle christlicher Bürger. Weiter stellte der Bischof die Frage, ob man nicht großzügiger mit Erlaubnissen verfahren könne, wenn Menschen, die aus der Staatsbürgerschaft der DDR entlassen wurden, die DDR wieder besuchen wollen.«[225]

Trotz seiner grundsätzlichen Übereinstimmung mit dem anhaltischen Kirchenpräsidenten in der Frage »Reiseerleichterungen« gab Schönherr nach den öffentlichen Forderungen Nathos dem Staatssekretär für Kirchenfragen die Zusage, mit Natho ein Gespräch über dessen Zeitungsinterview führen zu wollen, »und zwar sowohl über ›Die Welt‹ als politisch unmöglichen Interviewpartner wie über den Inhalt der Äußerungen von Natho. [...] Zur Einschätzung von Natho erklärte er, daß dieser an einer außerordentlich starken Profil-Neurose leide. Er hätte keine theologische, keine wissenschaftliche oder politische Substanz anzubieten und versuche nun auf diese Weise ständig durch billige oppositionelle Äußerungen sich ein eigenes Profil zu schaffen.«[226]

Auch Gysi selbst sprach am 2. Juli 1980 mit Natho über sein »Welt«-Interview. Der Staatssekretär berichtete:

»Das Gespräch fand auf meine Veranlassung statt. Ich habe sofort mit dem ›Welt‹-Interview Nathos vom 19.5.1980 begonnen und ihm erklärt, daß ich seine Äußerungen politisch nicht nur als falsch, sondern auch als gegen den Geist der März-Begegnung 1978 gerichtet einschätzen muß. Ein solches Interview in ›Die Welt‹, dem Leibblatt von Strauß, Hetzblatt gegen die DDR und gegen die Entspannung, gegen die Sowjetunion, aber selbst auch gegen Schmidt und Bischof Lohse schade der DDR nicht nur international, sondern schade auch dem Verhältnis von Staat und Kirche bei uns. Das ganze Interview bestehe aus Forderungen an die Regierung und Attacken gegen die Regierung der DDR, die von der BRD aus gegen uns lanciert und in der BRD voll in die Hetzkampagne gegen uns integriert würden. Dann habe ich ihn auf die politische Verantwortung eines Kirchenpräsidenten in der DDR hingewiesen, der sich entsprechend verantwortlich äußern muß. Im übrigen wies ich hin auf die Notwendigkeit, Interviews dieser Art vorher abzusprechen. Soweit das nicht möglich ist, müssen sie eindeutig und auf keinen Fall gegen die DDR formuliert sein. Vor allem entspreche es dem Geist der Begegnung vom März 1978, auftauchende Fragen hier in der Republik zwischen der Regierung und den Bischöfen zu besprechen und zu klären, aber nicht eine Serie von Vorwürfen und Forderungen über die Westpresse an unsere Adresse zu richten. Das belaste eindeutig das Verhältnis zwischen Staat und Kirche. Zum Schluß habe ich ihm gesagt, daß ich das Interview als einen ernsthaften Verstoß betrachte und ihn bitten muß, die Dinge genau zu überdenken.

Kirchenpräsident Natho erwiderte, er sei sehr betroffen, aber in Dessau hätte man leider keine Vorstellung von dem politischen Charakter der Presse in der BRD, und ihm sei diese Einschätzung von ›Die Welt‹ nicht bekannt gewesen. Im übrigen habe ihm Dr. Rogge bei einer Sitzung in Berlin Pressemeldungen aus der Westpresse zum 17. Juni gezeigt, und er sei über diesen massiven Revanchismus, der in dieser Presse zum Ausdruck gekommen sei, auf das tiefste erschrocken. Leider habe er aber sonst keine genügende Erfahrung mit dieser Presse. Er sei auch erschrocken über die Polemik gegen positive Äußerungen unserer Bischöfe. Im ›Welt‹-Interview mit Karutz sei er etwas ›reingelegt‹ worden. Seine Frau habe während ihres Aufenthaltes in der Casa Locarno in der Schweiz ›Die Welt‹ zu Gesicht bekommen und ihm gleich gesagt, daß er damit Ärger bekommen müsse. Zum Schluß erklärte er, er werde in Zukunft vorsichtiger sein, nicht so unüberlegt handeln und sich alles, was ich ihm gesagt habe, gut bedenken. Er habe das alles überhaupt nicht so gemeint, wie ich es ihm nun dargelegt hätte. Im übrigen wäre er sehr froh, wenn ich die Zeit fände, mit ihm einmal ein mehrstündiges Gespräch über diese Fragen und die sonstigen Probleme zu führen. Er sei überzeugt, daß er noch viel lernen müsse.«[227]

Verhandlungen über die Gründung einer Vereinigten Evangelischen Kirche (VEK) zwischen 1978 und 1980

In einem Brief an Hans von Keler machte Lingner darauf aufmerksam, daß sich sowohl die »Berater«- als auch die auf den folgenden Tag gelegte »Konsultationsgruppe« bei nahezu identischer personeller Besetzung mit dem Thema »weltpolitische Situation« befassen würden.

»Grundsätzlich stehe ich ein wenig verlegen vor der Aufgabe, den einen Gesprächskreis organisieren zu sollen, ohne von dem anderen seitens des Rates oder der Kirchenkanzlei unterrichtet worden zu sein. Ich hoffe sehr, daß sich bald eine Lösung findet, die in eindeutiger Weise die Funktion der Beratergruppe auch im Gegenüber zur Funktion des Kontaktkreises beschreibt und bestimmt.«[228]

Den Mitgliedern der Beratergruppe teilte Lingner mit, die »Kirchen in der DDR haben sich mit Nachdruck dafür ausgesprochen, in der gegenwärtigen politischen Situation nicht zu schweigen«[229].

Während der Zusammenkunft der Beratergruppe[230] am 12. März 1980 berichtete Stolpe, daß die Bildung einer engeren Gemeinschaft der DDR-Kirchen zur Vereinigten Kirche im Sinne der »Eisenacher Empfehlungen« unter anderem deshalb ins Stocken geraten sei, weil die Stellungnahme des Staates zu den kirchlichen Plänen noch völlig unklar sei. Als weitere Probleme nannte er die Haltung der EKU aufgrund ihrer spezifischen Tradition und Gemeinschaft mit den westlichen Gliedkirchen, die Rolle des Bekenntnisses und den Wunsch der Landeskirchen nach mehr Eigenständigkeit. »Nach den letzten Stellungnahmen (EKU und Thüringen) ist fraglich geworden, welches Ziel noch zu verwirklichen ist«, meinte Stolpe.

Die Zusammenlegung der DDR-Landeskirchen zu einer Vereinigten Evangelischen Kirche war nicht zuletzt aus finanziellen Gründen erwogen worden. Eine Analyse der kirchlichen Finanzstrukturen hatte ergeben, daß die kontinuierlich sinkenden Kirchensteuereinnahmen immer stärker durch »Fremdmittel« – gemeint waren vor allem die Hilfen aus der EKD und den westlichen Gliedkirchen – ausgeglichen werden müßten. Vor dem geschilderten Hintergrund stellte sich die Frage, ob unter diesen Umständen das Nebeneinanderbestehen von EKU, VELK und BEK mit jeweils einem eigenen Verwaltungsapparat noch verantwortbar war: »Aus Gesichtspunkten der Kräfte- und Finanzökonomie liege ein planmäßiges und schrittweises Zusammenwachsen der EKU, der VELK und des Bundes zu einem gesamtkirchlichen Zusammenschluß nahe.«[231]

»Die objektiven Ursachen sind jedoch in den gesamtgesellschaftlichen Bedingungen einer Kirche im Sozialismus zu sehen und in der Tatsache, daß der Säkularisierungsprozeß weiter fortschreitet«, urteilte Hans Wilke vom Staatssekretariat für Kirchenfragen[232].

Die Kirchenleitung der VELK traf sich vom 8.-10. November 1978 zu einer Klausurtagung, die unter der Frage »Was haben wir einzubringen?« stand. Hier wurde festgehalten, daß es nicht sinnvoll sei, in teilweise drei verschiedenen Leitungsgremien parallele Sitzungen und Tagungen zu gleichen Themenkomplexen abzuhalten. Offen blieben die Fragen eines möglichen Finanzausgleichs, die der Vermeidung eines Eingriffs in die Gesetzgebungskompetenz der einzelnen Landeskirchen, die der Lehrhoheit und der Stellung der Bekenntnisse[233].

Auf einer gemeinsamen Sitzung zwischen den Kirchenleitungen der EKU und der VELK am 7. Dezember 1978 in Berlin wurde von seiten der EKU auf die unterschiedliche Geschichte im Kirchenkampf, die jeweils auch auf die verschiedenen Traditionen in der Auslegung des Bekenntnisses zurückzuführen sei (Fränkel), sowie auf das differierende Gemeinschaftsverhältnis zu den bundesdeutschen Schwesterzusammenschlüssen, wie es in Freiberg (1968) bzw. Magdeburg (1972) vereinbart worden sei, hingewiesen (Krusche). Fränkel brachte die Dinge dann auf den Punkt: »Die unterschiedlichen Entscheidungen im Ablauf der Geschichte – steht dahinter nicht ein bestimmtes theologisches Denken? Im Verständnis von Gesetz und Evangelium könnte ein Differenzpunkt bestehen.« Schönherr meinte gegenüber Fränkels Äußerung einschränkend, man müsse doch die Frage stellen, wie die VELK heute ihr Verhältnis zu dem kirchenpolitischen Vorgehen der intakten Landeskirchen im NS-Staat sehe und wie sie zu einer Dogmatik – z. B. der von Paul Althaus – stehe, die auf einer Konzentration auf dem 1. Artikel des Glaubensbekenntnisses beruhe. Unter Verweis auf Hans Asmussen bemerkte er, es habe immerhin auch lutherische Theologen gegeben, die Barmen unterzeichnet hätten[234]. In Präzisierung seines zuvor gegebenen Votums gab Krusche jedoch zu bedenken:

»Ordnungen können Verkündigung glaubhaft und unglaubhaft machen. Denken wir an die Entscheidung der VELK 1968 in Freiberg, so ist festzuhalten, daß die Rückkoppelung mit der EKU nicht erfolgt ist. Wird die Verkündigung von der Versöhnung, der grenzüberschreitenden Liebe Gottes nicht durch die Entscheidung der VELK 1968 in Freiberg durchgestrichen?«

Domsch erwiderte, er »stehe nach wie vor zu der Entscheidung, die 1968 in Freiberg getroffen worden ist. Ordnung muß tiefer gesehen werden – sie darf nicht übergeordnet geschehen. Durch Ordnung soll Verkündigung ermöglicht werden. Ordnung hat eine dienende Funktion für die jeweils gegebene Zeit.«

Zeddies fügte hinzu:

»Bedenken wir die Entscheidung von Magdeburg 1972 und das Verhältnis EKU heute zur EKU West. Der Verweis auf Barmen bezüglich der Entscheidung von 1972 in Magdeburg überzeugt mich nicht. Die Ordnung der Kirche muß davon Zeugnis ablegen, daß Kirche Eigentum des Herrn ist. Hat sich die VELK 1968 mit ihrer Entscheidung etwa in die Hände des Staates begeben? [...] Die Generalsynode von Freiberg gab eine Erklärung zur geistlichen Gemeinschaft ab, an der sie festhalten wollte. Diese geistliche Gemeinschaft wird ohne viel Aufhebens vielfältig praktiziert. Das Verlangen von außen war nicht viel anders als 1972 bei der EKU.«

Hempel »fragt[e] an, ob die VELK die Beziehung der EKU zur BRD für hinderlich hält. Er gesteht, daß er das nicht genau sagen kann. Weiter führt er aus: Es wäre wohl gut, wenn wir hier gleichartige Verbindungen hätten. Hinter unterschiedlich geordneten Verbindungen können gleichgeartete Beziehungen stehen.« Dazu merkte Krusche an, ihm scheine es zwischen VELK DDR und VELKD »nur wenig institutionell geordnete Beziehungen« zu geben. Zeddies bestätigte indirekt Krusches Vermutung, indem er meinte: »Wir haben herausgefunden, wo wir zusammenarbeiten sollten: in liturgischen und theologischen Fragen und in Fragen, die auf der Ebene des LWB liegen.«

Schönherr stellte an die VELK-Vertreter die eindringliche Frage: »Würden Sie eine Kirche ertragen, die Westkontakte pflegt so wie bisher? Halten Sie das für unmöglich oder stark hinderlich?«

Krusche verwies auf die in Magdeburg eingegangene Verpflichtung beider Bereichsräte zur regelmäßigen Kontaktpflege und richtete an Zeddies die kritische Anfrage:

»Geistliche Gemeinschaft ist auf Dauer nicht durchzuhalten ohne ein Minimum an gemeinsamen Aufgaben. Die beiden Räte der EKU treffen sich zu gemeinsamen Beratungen – von zeitweiligen Unterbrechungen abgesehen – einmal monatlich. Es werden bei diesen Zusammenkünften zwar keine Beschlüsse gefaßt, aber Beschlüsse in den Bereichsräten vorbesprochen. Einmal jährlich sprechen sich die Leitungen der Gliedkirchen von hier und drüben.«

Rogge ergänzte:

»Beide Kanzleien arbeiten so zusammen, daß sie sich mindestens alle zwei Monate treffen. Es besteht ein gemeinsamer Theologischer Ausschuß, der mit der Aufarbeitung von Barmen befaßt ist. Dazu kommen viele ad-hoc-Ausschüsse. Gemeinsame Beratung ist für uns verpflichtend.«

Präses Manfred Becker (Berlin-Brandenburg)[235] machte auf die im allgemeinen identische Themenstellung der Bereichssynoden aufmerksam. Rogge fügte hinzu: »Im staatlichen Bereich werden die EKU-Gliedkirchen als die letzten ›Gesamtdeutschen‹ angesehen.«[236]

Krusche faßte zusammen:

»Die Gemeinschaftsfrage ist im Blick auf die gemeinsame Geschichte, die gemeinsame Schuld, die gleiche gesellschaftliche Situation anzugehen. Das Aufgeben von Bindungen hat auch für den Partner etwas zu bedeuten. Was wird aus den EKU-Kirchen in der BRD? Wir haben die Sorge: Wenn wir die Beziehungen zur EKU in der BRD nur auf geistliche Gemeinschaft beschränken, dann kann das ohne institutionelle Verflechtung schnell zurückgehen. Einen Verzicht auf alle institutionelle Verflechtung können wir uns nicht vorstellen.«

Fränkel bekräftigte:

»Möglicherweise waren uns nicht alle Konsequenzen so bewußt, und wir haben falsche Erwartungen geweckt. Die reformierten Brüder und das besondere Verhältnis zu den Westkirchen können wir nicht aus dem Auge lassen.«[237]

Auf ihrer Kirchenleitungssitzung am 12. Januar 1979 in Berlin (Ost) wertete die VELK DDR das Gespräch aus:

»Erstaunen hat bei den Mitgliedern der Kirchenleitung der Stellenwert hervorgerufen, den die EKU ihren Beziehungen mit den Gliedkirchen in der BRD beimißt. Es erscheint ekklesiologisch nicht hinreichend reflektiert. Einig war man sich darüber, daß die geistliche Gemeinschaft zwischen den Kirchen der BRD und den Kirchen der DDR nötig ist. Institutionalisieren der Beziehungen ist nötig. Es ist aber die Frage, ob es so und nur so, wie es [die] EKU hat, geschehen muß: Es wurde aber auch deutlich, daß der, der eine bessere Gemeinschaft der Evangelischen Kirchen in der DDR haben will, sich in sie einbringen muß.«[238]

Nach staatlicher Einschätzung engagierten sich die Lutheraner, allen voran Landesbischof Leich, so stark für die Strukturveränderungen, weil sie hofften, »das Gewicht der großen lutherischen Landeskirchen (die sächsische Kirche ist die größte evangelische Landeskirche in der DDR) zu nutzen, um dem lutherischen Glaubens- und Kirchenverständnis in der angestrebten verbindlicheren Gemeinschaft größeren Einfluß zu sichern.«[239]

Am 28. Januar 1979 beschloß eine in Eisenach tagende Delegiertenversammlung, bestehend aus Vertretern aller acht Gliedkirchen des BEK, Empfehlungen zu einer schrittweisen Vereinigung der drei kirchlichen Zusammenschlüsse BEK, EKU und VELK. Bereits 1981 sollten gemeinsame Leitungsorgane, Synoden und Dienststellen gebildet werden. Der Abschluß des Vereinigungsprozesses war für 1985 vorgesehen[240].

Im Bereich der EKU äußerten die westlichen Mitglieder des Rates, vorgetragen durch Immer, ihr Bedauern über mangelnde oder in einigen Fällen ganz ausbleibende Informationen in bezug auf den Verhandlungsstand. Außerdem stellte man gemeinsam mit den östlichen Mitgliedern die Frage:

»Ist gegenüber 1972 eine Situation entstanden, die ein neues Überdenken der Gemeinschaft erfordert (Aufrechterhaltung der vorhandenen Gemeinschaft um der Glaubwürdigkeit des Zeugnisses willen)?«

Die Realisierung der »Eisenacher Empfehlungen« würde die Aufgabe »der Gemeinschaft Ost/West in der bisherigen Form« zur Folge haben[241].

Auf staatlicher Seite zog man zur Jahresmitte 1979, nachdem sechs Landessynoden und die VELK-Synode sich mit den »Eisenacher Empfehlungen« befaßt hatten, eine Zwischenbilanz über die Vereinigungs-Debatte. Man meinte, »ein prinzipielles Ja zu einer einheitlichen Kirche« feststellen zu können:

»Als Hauptmotivation für die Notwendigkeit der Vereinheitlichung wird die sozialistische Umwelt bzw. der atheistische Charakter der Gesellschaft in den Vordergrund gestellt. […] Es gibt viele theologische Streitigkeiten, die bis zu offenen Kontroversen führen. Letztlich werden sie aber immer wieder überwunden, weil man sie gegenüber der ›Notwendigkeit einer einheitlichen Reaktion gegenüber der Umwelt‹ zurückstellt.«

Die Ordnung des geplanten Zusammenschlusses sollte föderativ sein. Vermerkt wurde zudem:

»Die ›besonderen Beziehungen‹ zu den Kirchen in der BRD werden nicht nur in der bisher geübten Praxis genannt, sondern es wird versucht, darüber hinaus Festschreibungen vorzunehmen, wie wieder engere Verflechtungen von Kirchen in der DDR und in der BRD erfolgen können.«[242]

Auf der Dessauer Bundessynode im September 1979 war das Interesse der Synodalen an einer zügigen Realisierung der »Eisenacher Empfehlungen« bis ca. 1981 deutlich zu spüren[243]. Im übrigen wurde von staatlicher Seite beobachtet, daß die Bildung der VEK vor allem auf der Leitungsebene vorangetrieben wurde, »während in den Gemeinden ein ausgeprägtes Desinteresse« vorherrschte. Vor allem die »politisch negativen Kräfte« engagierten sich stark für eine schnelle Durchführung der »Eisenacher Empfehlungen«[244].

Hans Wilke hielt fest:

»Wir haben kein Interesse daran, diesen Prozeß zu beschleunigen[245]. Aus diesem Grunde nehmen wir den gedämpften Trommelschlag beim BEK und in den Landeskirchen zur Kenntnis. […] Mit den Mitgliedern der Fortsetzungsgruppe ist intensiv zu arbeiten und die Ausformung der Kirche in der sozialistischen Gesellschaft zu unterstützen. Die Eigenständigkeit muß durchgehalten und bei einer Neubildung ausformuliert werden. Hier darf es unsererseits keine Kompromisse geben.«[246]

Auch die Herbstsynoden der Landeskirchen bestätigten 1979 »die ›Tendenz von Eisenach‹, stellten aber die kritische Anfrage, ob die VEK wirklich die kirchliche Arbeit stärke. Auch Bekenntnisfragen wurden wieder angesprochen[247]. Die im Frühjahr 1980 tagende Görlitzer Synode votierte zwar ebenfalls für die Gründung einer VEK, sprach sich aber auch dafür aus, die EKU in reduzierter Gestalt beizubehalten[248]. Hans Wilke urteilte weiter:

»In den Diskussionen zeigte sich das gleiche Bild wie auf den Synoden des BEK und der VELK DDR: Die politisch realistischen Kräfte bremsen den Prozeß der schnellen Herausbildung einer VEK, während die negativen Vertreter an einer Forcierung interessiert sind und dabei sowohl in Bekenntnisfragen wie in Problemen der Struktur und Organisation zu Kompromissen bereit sind, um eine einheitliche Kirche gegenüber der ›säkularisierten, atheistischen Umwelt‹ zu schaffen.«[249]

Im Januar 1980 schätzte Hans Wilke ein, daß die VEK in ihrer Struktur zwar so stark von der EKD differiere, daß wirklich von einer organisatorisch-kirchenrechtlichen Eigenständigkeit die Rede sein könne; andererseits habe man bei den Einigungsverhandlungen die gesellschaftliche Dimension des Vorhabens völlig ausgeklammert. Auch gebe es keine wirklichen Abgrenzungsbestrebungen von der EKD bzw. ihren Gliedkirchen. Vor allem sei darauf hinzuarbeiten, daß der Begriff »Kirche im Sozialismus« inhaltlich positiv bestimmt werde. Außerdem müsse auf eine Beibehaltung des »föderative[n] Prinzip[s]« gedrungen und eine Intensivierung des Verhältnisses zur EKD oder gar dessen schriftliche Fixierung verhindert werden[250].

Aus den EKU-Kirchen war unter Verweis »darauf, daß in der Praxis der DDR-Kirchen über die Festlegung des Artikels 4/4 der BEK-Ordnung hinaus weitergehende deutsch-deutsche Formen kirchlicher Arbeit entstanden« seien, der Vorschlag laut geworden, den Bereichsstatus der EKU auf die Struktur der VEK zu übertragen. Dieser Gedanke stieß aber nicht nur in den Gliedkirchen auf keine ausreichende Akzeptanz, sondern alarmierte auch die staatlichen Stellen[251].

Am 9. Mai 1980 stellte die Kirchenleitung der VELK fest, die Bekenntnisbestimmtheit der Gliedkirchen einer zu gründenden »Evangelischen Kirche in der DDR« – so sollte nach Auffassung der Lutheraner der Name des neuen Zusammenschlusses lauten – müsse gewahrt bleiben[252]. Die kirchliche Koordinierungsgruppe verabschiedete am 28. Mai 1980 einen Zwischenbericht, aus dem hervorging, daß zwar weiterhin weitgehende Einigkeit über die Bildung einer VEK bestehe, bis zu deren Realisierung allerdings doch noch mit einer größeren Zeitspanne als ursprünglich angenommen zu rechnen sei[253]. Am 29. Mai 1980 faßte Heinrich Rathke, Leitender Bischof der VELK, gegenüber Klaus Gysi die Position der Lutheraner nochmals knapp zusammen. Hans Wilke vermerkte:

»Der Leitende Bischof der VELK DDR, Dr. Rathke, erläuterte eingangs die Überlegungen seiner Kirchen, wie sie sich die zukünftige Tätigkeit der lutherischen Kirchen in der DDR hinsichtlich ihres Bekenntnisses vorstellen. Bezüglich einer weiteren Zusammenführung der Landeskirchen zu einer ›Vereinigten Kirche‹ betonten die Kirchenvertreter, daß sie als erste der kirchlichen Gruppierungen eigenständig waren. Sie sind auch nicht bereit, dahinter wieder zurückzugehen. Hierin unterscheiden sie sich von der EKU.«[254]

Anhalts Kirchenpräsident Natho lehnte unumwunden die Bildung einer VEK ab:

»Seiner Ansicht nach ist eine VEK nicht billiger, nicht einfacher, nicht überschaubarer, also nicht von Vorteil gegenüber den jetzigen Formen. Derzeit ist aber niemand bereit, den ›Schwarzen Peter‹ der Ablehnung zu übernehmen, so daß auch ihm unklar ist, wie das Projekt weitergeführt werden wird.«[255]

Im Herbst 1980 trafen sich die kleineren Gliedkirchen der EKU – Anhalt, Görlitz und Greifswald – zu einer Konsultation, in der festgehalten wurde, daß die Existenz der kleinen Landeskirchen durch den neuen Zusammenschluß – auch während des Vorbereitungsprozesses – nicht in Frage gestellt werden dürfe. Andernfalls habe das Bemühen um ein engeres Zusammengehen ein vorzeitiges Ende gefunden. Eberhard Natho erläuterte vor dem Bereichsrat DDR der EKU:

»Die Treuepflicht gegenüber der eigenen Vergangenheit und gegenüber der eigenen Tradition ist sehr beachtenswert. Auch die Verpflichtung, Gewachsenes und Gewordenes nicht irgendwelchen Zeitströmungen zu opfern, muß im Rahmen der verantwortbaren Weiterarbeit bedacht werden. Die Treupflicht gegenüber der Geschichte ist besonders hinsichtlich der drei kleineren Kirchen von Bedeutung. [...] Nach 35 Jahren sehen die beiden Kirchen Görlitz und Greifswald durchaus ihre Aufgabe, die sich aus der kirchlichen Existenz in der Vergangenheit mit herleitet. An ein Verschwinden dieser Kirchen kann nicht gedacht werden, weil sie durch die Jahrzehnte bisher eine besondere Prägung behalten haben, die viel Impulse in die EKU eingebracht hat.«[256]

Im Hintergrund dieser Argumentation stand der definitive Plan, daß in der KKL der VEK zukünftig nicht mehr alle Landeskirchen vertreten sein sollten. So fürchteten diese Kirchen eine noch stärkere Majorisierung durch die großen Landeskirchen, als dies im BEK bereits der Fall war. Deshalb forderten sie »vertrauensfördernde Strukturen«[257].

Im September 1980 lag auch ein Entwurf der gemeinsamen Vorbereitungsgruppe hinsichtlich der Präambel bzw. der grundlegenden Artikel der vorgesehenen Ordnung der VEK vor. Zur Frage nach der Stellung der Kirche in der Gesellschaft hieß es im Artikel 9:

»Weil das Evangelium von Jesus Christus allen Menschen gilt, weiß sich die Vereinigte Evangelische Kirche beauftragt, es jedermann zu bezeugen. Sie sieht darum die Gesellschaft, in der sie mit ihren Gliedkirchen und Gemeinden lebt, als den ihr von Gott zugewiesenen Ort zur Bewährung ihres Glaubens, ihrer Hoffnung und ihrer Liebe an. In der aus der Bindung an das Wort Gottes erwachsenen Freiheit nimmt die Vereinigte Evangelische Kirche ihre Verantwortung für das Leben der Gesellschaft wahr. Sie fördert das Bemühen der Christen, sich gemeinsam mit Menschen anderer Überzeugung für das Wohl der Menschen, für ihre Grundrechte und für eine Gesinnung des Friedens einzusetzen. Die besondere Aufmerksamkeit gilt dabei denen, die Not leiden oder in ihrem Gewissen bedrängt sind.«[258]

Hans Wilke wertete das Papier als Versuch »eine[r] weithin neutralistische[n] Bestimmung«, der »jeder konkreten Bezugnahme auf die sozialistische Gesellschaft ausgewichen« sei, jedoch »das Friedensbemühen« aufnehme[259].

Im Februar 1981 sah Hans Wilke in der Bildung einer VEK dann eher doch Vorteile:

»Hinsichtlich der Abgrenzung von den Kirchen in der BRD wäre die Herausbildung einer einheitlichen Kirchenstruktur ein eigenständiger kirchenorganisatorischer und -rechtlicher Weg; das ökumenische Gewicht der Aussagen einer vereinigten Kirche könnte ansteigen. Hinsichtlich innen- und außenpolitischer Entwicklungen würden Voten eines solchen kirchlichen Zusammenschlusses mit größerer Verbindlichkeit erfolgen. Es böte sich die Möglichkeit, kirchenpolitische Konzeptionen stärker durchzusetzen. Das würde dem staatsbürgerlich loyalen Kurs wichtiger Leitungskräfte aus dem Bereich vom BEK, EKU und VELK entgegenkommen und dazu beitragen, die Wirksamkeit politisch negativer kirchlicher Vertreter zurückzudrängen. […] Staatlicherseits kann der Gesamtprozeß der Vereinheitlichung in der Kirche nicht verhindert werden, es ist daher aus der Differenziertheit der Situation die Aufgabe abzuleiten, die Anpassung der Kirchen an den real existierenden Sozialismus, die Vertiefung loyaler staatsbürgerlicher Verhaltensweisen und die vertrauensvollen Beziehungen zum Staat, wie sie am 6.3.1978 zum Ausdruck kamen, kontinuierlich zu vertiefen sowie Konfrontation und Störversuche zurückzuweisen. Die Linie der differenzierten Zusammenarbeit mit den einzelnen Landeskirchen muß kontinuierlich fortgesetzt werden, um realistische politische Positionen zu festigen und zu verhindern, daß hier erreichte Einsichten und politisch progressive Aktivitäten im Prozeß der Herausbildung einer VEK eliminiert werden. In der Arbeit mit progressiven Kräften an der Basis muß deutlich gemacht werden, daß sich hier kirchliche Existenz im Sozialismus bewährt. […]
Für die *staatliche Konzeption und Tätigkeit* muß eindeutig festliegen, daß bei der Bildung eines Gesamtzusammenschlusses der evangelischen Kirchen in der DDR die Bedeutung der Landeskirchen mit ihrem theologischen, historischen, politischen und kirchenpolitischen Profil wächst. So kann dem Versuch einer von oben organisierten Manipulierung der Landeskirchen begegnet werden.«
Hinsichtlich des Verhältnisses zur EKD schrieb Wilke: »Bei der Bildung der VEK soll nach der bisherigen Konzeption die Eigenständigkeit gegenüber den BRD-Kirchen

nicht weiter ausgestaltet werden. Es besteht dagegen die Tendenz, den Artikel 4/4 der GO des BEK nicht nur zu konservieren, sondern verstärkt gesamtdeutsche Arbeitsformen zu artikulieren, zu praktizieren und dann in der Folge festzuschreiben. Hier stützt man sich auf ›Erfahrungen‹ der EKU bei der Zusammenarbeit mit BRD-Kirchen. Die im Artikel 3/8 der Eisenacher Empfehlungen bezogene Position, daß es eine ›besondere Gemeinschaft mit den evangelischen Christen und Kirchen in der BRD‹ gibt und daß die Beziehungen zwischen BEK und BRD-Kirchen so auszugestalten sind, daß sie ›dem Zeugnis des Evangeliums in den unterschiedlichen Gesellschaftsordnungen dienen‹, trägt nicht dazu bei, die weitere Profilierung einer ›Kirche im Sozialismus‹ zu fördern.

Durch die *staatlichen Organe* muß durch geeignete Gespräche auf zentraler Ebene erreicht werden, daß eine den Rechtsprinzipien der DDR gemäßere Fassung für die Eigenständigkeit der evangelischen Kirchen in der DDR erarbeitet wird. Eine öffentliche Polemik würde hier nicht weiterführen. Es gilt, auch in Betracht zu ziehen, daß die materielle Abhängigkeit von den BRD-Kirchen nach wie vor stark ist.«

Das Fazit Wilkes lautete:
»Die Kirchen richten sich als ›Diasporakirche‹ inhaltlich und strukturell auf eine langdauernde Existenz in der sozialistischen Gesellschaft ein.« Der Staat müsse an einer föderativen Ordnung der VEK interessiert sein. Hinsichtlich des Verhältnisses zur EKD dürfe auf keinen Fall »hinter erreichte Einsichten und kirchenpolitische Normen« zurückgegangen werden[260].

Hinsichtlich des Verhältnisses zur EKD setzte Schönherr Ende Januar 1981 auf der Sitzung der Gemeinsamen Vorbereitungsgruppe durch, daß in dem entsprechenden Artikel des Ordnungsentwurfs die Eigenständigkeit und Unabhängigkeit der DDR-Kirchen fest verankert wurde[261].

Erste Vorbereitungen für das Luther-Jahr 1983

Demke informierte auf der März-Sitzung der Beratergruppe über die Arbeit des kirchlichen Luther-Komitees zur Vorbereitung des Luther-Jubiläums 1983 und über die Bildung eines staatlichen DDR-Lutherkomitees[262]. Die Kirchen hätten sich nicht dazu entschließen können, letzterem als Mitglieder anzugehören. Als Gäste nähmen an den Sitzungen jedoch Leich, Werner Krusche, Zeddies und Rogge teil[263]. Erich Honecker werde anläßlich der Konstituierung des staatlichen Lutherkomitees eine programmatische Rede halten[264] und die Bedeutung des Reformators für die Kulturerbe-Rezeption der DDR hervorkehren. Danach werde Thüringens Landesbischof Werner Leich reden[265].

Von seiten der kirchlichen Basis war bereits im Vorfeld die Befürchtung geäußert worden, das Lutherjahr könne endgültig ein neues Bündnis zwischen Thron und Altar herbeiführen[266]. Hempel erläuterte hierzu gegenüber dem SFB, »seit dem 6.3.1978 [sei] die Gefahr der Entfremdung der Kirche von den einfachen Menschen auf der Straße gewachsen«, weil die Kirchen die Politik ihrer Regierung zu sehr zu ihrer eigenen Sache machten[267].

Nicht nur der sächsische Bischof, sondern die Lutheraner insgesamt reagierten auf den sich anbahnenden Luther-Rummel mit verhaltener Skepsis. So äußerte die neugewählte Kirchenleitung der VELK am 29. Mai 1980[268] gegenüber Gysi »Bedenken, ob sie die Lutherkonzeption der DDR unterstützen können. Leider habe man ›Fehlinterpretationen‹ erlebt und wolle nun nicht in die Situation kommen, gegen bestimmte staatliche Positionen angehen zu müssen. Man stellte die Frage danach, ob es auch Korrekturen zum Lutherbild in den Schulbüchern der DDR geben würde. Es wurde darum gebeten, daß nach Gründung des DDR-Komitees ein Gedankenaustausch zwischen Vertretern des kirchlichen Lutherkomitees und dem der DDR erfolgen könne, um die beiderseitigen Standpunkte kennenzulernen. Genosse Staatssekretär sagte eine wohlwollende Überprüfung zu.«[269]

Gegenüber dem Rat des Bezirkes Erfurt erklärte Leich am 22. Juli 1980 nach der Konstituierung des staatlichen Lutherkomitees, »daß die Rede des Staatsratsvorsitzenden, Herrn Honecker, für ihn persönlich bedeutungsvoll war und große Beachtung im kirchlichen Raum gefunden habe. Die Kirchen würden mit großer Hochachtung die geschichtliche Aufarbeitung der marxistischen Geschichtswissenschaftler beachten. In der Thüringer Kirche wie in allen anderen Kirchen der DDR sei diese Tagung als bedeutungsvoll und als Fortsetzung der Politik vom 6.3.1978 empfunden worden. Nach seiner Kenntnis habe die Sitzung des Lutherkomitees auch bei den Kirchen in der Bundesrepublik Verständnis und Beachtung gefunden.«[270]

Die Kirchenleitung der VELK DDR hielt fest, »daß die Art der Beteiligung kirchlicher Vertreter bei der Konstituierung des staatlichen Lutherkomitees ihren Vorstellungen entsprochen hat. Die Ausführungen von Landesbischof Leich werden von der Kirchenleitung inhaltlich voll getragen. In Zukunft sollte bei ähnlichen Veranstaltungen die Frage der propagandistischen Auswertung, insbesondere der Bildberichterstattung, vorher gründlich bedacht werden«, hieß es jedoch einschränkend. Außerdem sei die »Wahrung der Eigenständigkeit des ›Kirchlichen Lutherkomitees‹ im Auge [zu] behalten«. Strategisch dachte man auch an die Breitenwirkung der Feierlichkeiten, indem vermerkt wurde, »eine angemessene Würdigung Luthers muß im weiteren Rahmen geschehen und sich bis in den Sektor der Volksbildung hinein auswirken«[271].

Das kirchliche Lutherkomitee faßte am 23. September 1980 den Beschluß, künftig »die protokollarischen Absprachen noch unmittelbarer mit den Trägern der jeweiligen Veranstaltung vorzunehmen [...] Den Relationen in der optischen Berichterstattung, besonders beim Fernsehen, muß besondere Beachtung geschenkt werden. Die beharrlichen Vorbereitungsgespräche haben sich bewährt, so daß die von Anfang an erstrebte Veröffentlichung des vollen Wortlauts aller Beiträge in der Tagespresse möglich wurde.«

Allerdings gab es auch weiterhin »kritische und skeptische Reaktionen bei kirchlichen Mitarbeitern und Gemeindekreisen [...] Verschiedentlich wird die Sorge zum Ausdruck gebracht, daß die Kirche sich die Würdigung Luthers aus der Hand nehmen lasse.« Man beschloß, »daß die kirchlichen Aktivitäten und die Arbeit des kirchlichen Lutherkomitees stärker in das Bewußtsein der kirchlichen Öffentlichkeit gerückt werden müssen«. Abschließend wurde Demke sogleich mit der Abfassung einer Pressemeldung über die Komiteesitzung beauftragt[272].

Albrecht Schönherr äußerte Anfang 1981 gegenüber dem Ost-CDU-Funktionär Günter Wirth, in der Vorbereitung und Durchführung des Luther-Jahres »bestehe die große Chance, gemeinsam zu neuen Ergebnissen, zur Gemeinsamkeit zu gelangen. ›Das ist besser als ein Dialog, wie er szt. in der ČSSR versucht worden ist‹«, sagte Schönherr[273].

Am 4. November 1980 erläuterte Binder in der Ständigen Vertretung der DDR in Bonn die Vorhaben der EKD, die sich »im Vergleich zu denen, die die DDR plane, eher bescheiden [ausnahmen]. Die BRD-Regierung werde sich, soweit erkennbar, nur bedingt zu einer Luther-Ehrung bereit finden. Der Luther-Geburtstag werde weitgehend nur den protestantischen Kirchen in der BRD überlassen. Zu beachten sei, daß die Wirkungsstätten Luthers eben kaum auf dem Territorium der BRD zu finden sind, sondern in der DDR liegen. Auch davon ausgehend sei eine Selbstbeschränkung geboten. Die protestantischen Kirchen in der BRD würden es jedoch außerordentlich begrüßen, wenn die DDR bei ihrer Einladungs-Politik zur Luther-Ehrung die Interessenten in der BRD großzügig bedenken könnte.« Weiter berichtete Binder über die geplanten Hauptaktivitäten in der Bundesrepublik. Hier stieß, wie aus der Randbemerkung des zuständigen Referenten hervorgeht, der geplante »Festakt der EKD, zu dem die Spitzen der Regierung und andere eingeladen werden« sollten, auf die besondere Aufmerksamkeit der DDR-Stellen[274].

Im folgenden wurde für Fragen des »Luther-Jahres« ein ständiger Gesprächskontakt zwischen der Bonner Vertretung der DDR und Oberkirchenrat Hermann Kalinna, der rechten Hand Binders, vereinbart. Gleich bei der ersten Begegnung mit dem 1. Sekretär der Vertretung, Klötzer, am 25. November sagte Kalinna zu, am 18. Dezember über eine Anfang des kommenden Monats stattfindende EKD-Sitzung zur Lutherjahrvorbereitung zu informieren.

»Das Gespräch an diesem Tage verspreche interessant zu werden, da ihm ein Abgeordnetengespräch unmittelbar vorangehe, insbesondere mit Abgeordneten, die mit der DDR-Problematik vertraut seien, wie Uwe Ronneburger, dem neuen Vorsitzenden des Bundestagsausschusses für ›innerdeutsche Fragen‹.« Kalinna berichtete weiter, es gebe im Bereich der EKD zwei unterschiedliche Vorstellungen zur Gestaltung des Lutherjahres im Westen. Die einen sagten, »daß man mit Rücksicht auf die eigentliche Luther-Heimat, die DDR, möglichst wenig machen sollte. Es sei nicht zweckmäßig, sich um die vorhandenen Exponate zu streiten oder sich Konkurrenz in dem zu erwartenden internationalen Tourismus zu machen. Der DDR solle der Vorzug eingeräumt bleiben. Die zweite, jetzt plötzlich stärker gewordene Argumentation«, so fuhr Kalinna fort, »gehe davon aus, daß im Ergebnis des Papst-Besuches die Evangelische Kirche in der BRD einen Auftrieb bitter nötig habe. Man könne die Gelegenheit eines Luther-Jahres nicht verschenken. Wie dieser Streit auch ausgehe, auf keinen Fall werde Konkurrenz zu den Aktivitäten der DDR geplant.«

Kalinna ließ erkennen, daß er der zweiten Alternative den Vorzug einräumte, indem er dieser eigentlich abschließenden Wertung noch hinzufügte:

»Für eine größere Luther-Ehrung spreche neben einer notwendigen Auseinandersetzung mit einer übereifrigen Katholischen Kirche, daß die junge Generation mit dem

Namen Luther nichts mehr anzufangen wisse. Hierbei sei kein antimarxistischer Feldzug geplant. Der Evangelischen Kirche der BRD liege vielmehr daran, weiter zu versuchen, Spannungen zu mildern und dazu u. a. auch das Luther-Jahr zu nutzen.«[275]

Der Kirchenbund in der Ost-Ökumene – Aktivitäten in Menschenrechts-Fragen (1980)

Christa Lewek teilte während der Beratergruppen-Sitzung vom Februar 1980 die Bedingungen mit, deren Erfüllung für den Kirchenbund Voraussetzung waren, damit er an dem zweiten Treffen in Budapest habe teilnehmen können: Veranstalter müsse der ÖRK sein, Einladungen ergingen an die Kirchen, und die Tagungen dürften nicht zu einer Fraktionsbildung von Kirchen in sozialistischen Ländern führen.

»Erfreulich sei die Atmosphäre auf der Tagung gewesen; sie war offen und vertrauensvoll, es gab keine ›Tabu-Fragen‹. Der Generalsekretär des ÖRK, Potter, drängte in seinen Beiträgen auf Konkretionen (in bezug auf Menschenrechte und Religionsfreiheit u. a.). Dabei blieb die eine oder andere Frage unbeantwortet im Raum stehen; sicher war es auch nicht immer einfach, das Spezifische eines Kirche-Sein im Sozialismus zu formulieren […] Auffallend war, daß die Vertreter der ROK nicht als Verteidiger der Außenpolitik ihres Landes aufgetreten sind (Afghanistan), sie waren nicht ›Sprachrohr‹ ihrer Politiker. Das gleiche galt für andere Kirchenvertreter aus sozialistischen Ländern. Der Bund hat die Bedeutung von Gesprächen über den Friedensdienst der Kirchen zwischen dem Bund selbst und den Kirchen der EKD im Rahmen der bestehenden besonderen Gemeinschaft hervorgehoben.«[276]

Nach einer – allerdings unvollständigen – Einschätzung der Abteilung Intern. Beziehungen im Staatssekretariat für Kirchenfragen hieß es:

»Die Beziehungen zu den […] internationalen Gremien bilden einen fundamentalen Bestandteil der ökumenischen Arbeit des BEK und der evangelischen Landeskirchen. Seit Jahren weist die Mitarbeit der DDR-Kirchen in diesen Organisationen einen großen Umfang auf.«[277]

Das Verhältnis des BEK zur Russisch-Orthodoxen Kirche wurde am 30. September 1980 durch Hans Weise folgendermaßen eingeschätzt:

»– Die Beziehungen zwischen BEK und ROK (Russisch-Orthodoxe Kirche) lassen sich als stabil charakterisieren. […] Das Interesse des BEK an der Pflege von Beziehungen findet seine wesentlichen Gründe im folgenden:
- Als größte Mitgliedskirche des ÖRK und der KEK nimmt die ROK eine wichtige Position in diesen Organisationen ein.
- Wegen ihres weitsichtigen, prinzipiellen Auftretens, besonders in Fragen der Sicherung des Friedens und der Fortsetzung der Entspannungspolitik genießt die ROK ein hohes Ansehen in der Ökumene.
- Als größte Kirche der Sowjetunion nimmt die ROK eine gewisse Orientierungsposition gegenüber anderen Kirchen und Religionsgemeinschaften der UdSSR in wichtigen internationalen politischen Fragen ein.
- Daraus resultiert, daß der BEK nicht nur nicht an der ROK vorbei kann, sondern auch an Beziehungen zu ihr als einer ›kirchlichen Großmacht‹ interessiert ist.

- Die Kontakte zur ROK nehmen eine gewisse Alibifunktion gegenüber möglichen Hinweisen staatlicher Stellen ein, die ökumenischen Beziehungen des BEK wären zu stark auf Kirchen imperialistischer Länder orientiert.
- Die Beziehungen zur ROK sollen eine Basis für die Herstellung von Kontakten zu anderen Kirchen in der Sowjetunion bilden. Dabei sind die Aktivitäten des BEK die[,] mit der EKD und dem LWB abgestimmt zu werden.
- Die Beziehungen des BEK in die UdSSR zielen besonders auf lutherische Kirchen und Kirchgemeinden hin. Besonderes Interesse gilt dabei deutschsprachigen Bevölkerungsgruppen in der Sowjetunion.
- Wiederholt wurden die bei der Entwicklung dieser Kontakte gesammelten Erfahrungen von Vertretern des BEK in kirchlichen Kreisen der DDR in politisch negativem Sinn verbreitet und interpretiert.«[278]

Im Blick auf die kirchliche Haltung zur Frage der Menschenrechte hatte der Wissenschaftliche Mitarbeiter im Staatssekretariat für Kirchenfragen, Hartwig, im Februar 1981 eine umfangreiche Studie fertiggestellt, in der er den Beitrag der DDR-Kirchen zur Menschenrechtsproblematik »als überwiegend konstruktiv, als ein[en] Aktivposten auf dem Weg der Profilierung einer ›Kirche im Sozialismus‹« einschätzte. Verwiesen wird hierbei auf die Publikation des Sekretariats des BEK »Menschenrechte in christlicher Verantwortung«[279]. Das Vorwort Schönherrs zu diesem Band, der im übrigen die kritische Studie des LWB-Nationalkomitees »Sorge um eine menschliche Welt. Normativität und Relativität der Menschenrechte«[280] nicht enthielt, wertete Hartwig als »eine ausdrückliche Absage an alle Bestrebungen imperialistischer und entspannungsfeindlicher Kräfte, die Kirchen in der DDR in eine antikommunistische und interventionistische Menschenrechtskonzeption einzubeziehen. Das Gewicht dieser Haltung in der gegenwärtigen außenpolitischen Situation steht außer Frage.«
Zu Stolpes Beitrag hieß es:

»Stolpe weist auf die bahnbrechende Rolle der Sowjetunion hin, die sozialen Bezüge des Menschenrechtes erstmalig im Verfassungsrecht zu fixieren und den Zusammenhang von politischen und sozialen Rechten herzustellen (a.a.O., S. 10). Er hebt als ein Grundprinzip der UNO die unantastbare Souveränität des Staates und Nichteinmischung in innere Angelegenheiten hervor und führt aus, daß die ›konkrete Regelung der Rechte und Freiheiten des Menschen innere Angelegenheit des Staates ist und in der Form erfolgen muß, wie es in der innerstaatlichen Gesetzgebung vorgesehen ist‹ (a.a.O., S. 12). Stolpe verteidigt die DDR gegenüber den Vorwürfen, hier herrsche ein ›Defizit‹ an Menschenrechten (a.a.O., S. 59-60) und erklärt in bezug auf die Menschenrechtskonzeption von 1966: ›Es muß dankbar begrüßt werden, daß die DDR dafür bereits alle rechtlichen Voraussetzungen erfüllt hat.‹ In seinen Thesen zur LWB-Konsultation formulierte er als Schwerpunkte der Menschenrechtsfragen:
– das Engagement für den Weltfrieden;
– die Unterstützung des Antirassismusprogramms;
– das Eintreten für die Schwachen und Hilfsbedürftigen im eigenen Lande (a.a.O., S. 51).
Stolpe macht deutlich, daß er in der sozialistischen Menschenrechtskonzeption den historischen Fortschritt sieht […] Er weist auf kirchliche Traditionen (Thomas Müntzer) hin, die über den nur individuellen Ansatz der Menschenrechte hinausgehend eine Ordnung ohne diskriminierende Unterschiede postulierten.«[281]

Allerdings gestaltete sich die kirchliche Menschenrechts-Diskussion im BEK aus staatlicher Sicht nicht ungebrochen positiv:

»Während von *M. Stolpe*, von *G. Krusche*[282] u. a. vertretene Grundpositionen deutliche Züge der Eigenständigkeit einer ›Kirche im Sozialismus‹, eine gewisse Parteilichkeit und Kampfbereitschaft für die eigenen, sich in verschiedener Hinsicht den sozialistischen annähernden Auffassungen erkennen lassen, legt Herr *Garstecki* das Schwergewicht mehr auf systemindifferente Positionen, die er mit theologischen Argumenten zu fundieren sucht[283]. Hier zeigt sich bereits die Differenziertheit der Menschenrechtskonzeption der Leitung des BEK. Eine deutliche Verschiebung der Prioritäten hin zu jener Systemindifferenz in der Menschenrechtsfrage zeigt sich im ›Sachstandsbericht‹ des BEK ›*Die Menschenrechte und die Verantwortung der Kirchen für Frieden und Vertrauensbildung*‹«[284], für die Christa Lewek federführend gewesen sein soll.

Demgegenüber wird positiv das Eintreten der Studie für eine Fortsetzung der Entspannungspolitik hervorgehoben. Andererseits fielen »vereinfachte Kausalbeziehungen zwischen Menschenrechten und militärischer Abrüstung« negativ ins Gewicht, aber auch eine Kritik an der Mindestumtauscherhöhung, die »als ›Rückschlag gegen die Entspannungspolitik‹ bewertet wurde, wodurch ›bereits gewährte Menschenrechte und Verbesserungen auf dem Gebiet der menschlichen Erleichterungen‹ zurückgenommen würden«. Es handele sich um die Konstruktion eines »›ganzheitliche[n]‹, systemneutrale[n] Menschenrechtsmodell[s], das sozialistische und bürgerliche Auffassungen unter der Losung ›Freiheit und Gerechtigkeit gehören zusammen‹, vereinigen soll. [...] Von Bedeutung für die weitere ökumenische Diskussion ist, daß in dieser ›ganzheitlichen‹ Menschenrechtskonzeption des Bundes der soziale Aspekt fest verankert ist, daß auf der anderen Seite aber die Frage der Religionsfreiheit in Verbindung mit bürgerlichen Freiheitsvorstellungen wieder eine höhere Bewertung erfährt.« Zudem gehe aus der Aufforderung, »an die Politiker des eigenen Landes heranzutreten, um ›die vorhandenen Defizite beim Namen zu nennen‹«, hervor, »daß unter Bejahung des Entspannungsprozesses und der sozialen und politischen Entwicklung der DDR bestimmte Vertreter des Bundes auf eine vertiefte innere – unterhalb der Schwelle der Konfrontation verlaufende – Auseinandersetzung orientieren wollen. Dabei geht es um die gesamte Bandbreite der Menschenrechtsthematik, von der Friedensfrage bis zur Religionsfreiheit, und ihren inneren Zusammenhang.« Diese Schrift »erleichtert eine gemeinsame Plattform mit den Kirchen in der BRD und bedeutet ein Abrücken von einigen in den 70er Jahren bereits konstruktiver formulierten Positionen des Bundes, wie sie in der besagten Broschüre zusammengefaßt wurden.«

Hartwig sah allerdings keinen Anlaß zu kirchenpolitischem Pessimismus:

»Trotzdem verbleiben m. E. eine Reihe konstruktiver Ansatzpunkte, die in der politischen Arbeit mit Vertretern der Kirche zu bestärken sind. Vor allem aber verdienen die in der Broschüre festgehaltenen und durch den ›Sachstandsbericht‹ nicht aufgehobenen Positionen mehr Beachtung in der politischen Arbeit mit geistlichen und kirchlichen Amtsträgern, weil sie ein Beitrag zur Profilierung der ›Kirche im Sozialismus‹ sind. Auch die Broschüre beinhaltet eine Weichenstellung. Beide Komponenten sind charakteristisch für das gegenwärtige Kräftespiel in der Führungsspitze des BEK.«

Im EKD-Bereich hätten einige »Kräfte [...] in den 70er Jahren ihren Einfluß in ökumenischen Gremien zu nutzen [versucht], um die ökumenische Menschenrechtskonzeption antikommunistisch auszuprägen.« Vor allem dachte Hartwig hier an Roman Herzog, Vorsitzender der Kammer für öffentliche Verantwortung, »eine Schlüsselfigur für den Einfluß der CDU auf die Leitung der EKD. [...] Insgesamt kann aber davon ausgegangen werden, daß sich in der BRD im Bereich der Menschenrechtsfragen differenzierte Positionen entwickeln«[285].

Zusammenarbeit EKD – Kirchenbund in Sachen Lutherjahr, Beratergruppe und Konsultation – Gemeinsamkeiten und Unterschiede in der Einschätzung der USA durch die Kirchen

Die EKD-Vertretung im kirchlichen Luther-Komitee übernahm Präsident Walter Hammer selbst, der sich ständig von Lingner vertreten ließ. Ob diese Regelung dem ambitionierten Nachfolger von Erwin Wilkens, Hartmut Löwe, recht war, oder ob er selbst gerne diesen Platz eingenommen hätte, geht aus der Korrespondenz nicht eindeutig hervor. Jedenfalls hatte sich Löwe schon am 1. April 1980 bei Lingner nach dem Stand der Dinge erkundigt und benachrichtigte ihn dann am 22. Juli über die getroffene Vertretungs-Regelung. In dem Brief heißt es:

»Ich hatte schon neulich in der Auguststraße den Eindruck, daß Ihnen diese Lösung sehr willkommen ist. Den einen oder anderen Termin kann ich vielleicht nach Absprache mit Ihnen wahrnehmen.«[286]

Allerdings ist fraglich, ob die EKD wirklich kontinuierlich an den Sitzungen teilnahm, da Namen westlicher Vertreter in den wichtigsten Protokollen des Jahres 1980 fehlen. Außerdem schrieb Lingner am 21. November 1980 an Löwe:

»Zur Sitzung am 11./12. November 1980 in Berlin[287] wurde kein westlicher Teilnehmer gebeten. Es scheint etwas unklar zu sein, ob westliche Teilnehmer eingeladen werden sollen. Dr. Demke hatte mir mitgeteilt, daß die Sitzungen des Komitees in der Regel außerhalb Berlins stattfinden werden. Das würde bedeuten, daß eine Teilnahme von westlichen Vertretern mehr oder weniger ausgeschlossen ist. Ob es dann sinnvoll ist, bei den wenigen Sitzungen, die in Berlin stattfinden, dabeizusein, muß man abwarten. Meinerseits werde ich keinen Anstoß unternehmen, um eine Einladung zu den Sitzungen des Komitees sicherzustellen. Sollten Sie hier eine andere Vorstellung haben, bitte ich, mir dieses mitzuteilen.«[288]

Karlheinz Schmale von der Berliner Stelle des Lutherischen Kirchenamtes der VELKD warf in einem Schreiben an Lingner vom 10. April 1980 die Frage nach dem Status der »Kanzlisten« in der »Beratergruppe« auf. Er habe »keine große Lust und auch nicht die Zeit«, sich »an Dingen und Sitzungen zu beteiligen, wo man das Gefühl nicht los wird, daß man eigentlich nicht dabei sein sollte«[289]. Nach einigem Hin und Her[290] schlug Lingner vor, »für eine be-

grenzte Zeit pragmatisch zu verfahren und den Herren Schmale, Heidingsfeld, Groscurth und Henkys die Teilnahme an den Zusammenkünften der
›Beratergruppe‹ nahezulegen, bis in dieser Sache eine Entscheidung herbeigeführt werden kann«[291].

Während des dritten Treffens der »Konsultationsgruppe« am 12. Juni 1980
stand der Gedanke der friedlichen Koexistenz als Grundprinzip des Zusammenlebens im Nebeneinanderbestehen unterschiedlicher Gesellschaftssysteme im Vordergrund. Schönherr legte dazu Gesichtspunkte über den Zusammenhang von Koexistenz und Friedenssicherung vor. Präses Cornelius von
Heyl wurde gebeten, für das nächste Mal Grundgedanken zusammenzustellen, »die in der BRD die Notwendigkeit des Nebeneinanderbestehens unterschiedlicher Gesellschaftssysteme unterstreichen«[292].

Während der IV. Nach-Helsinki-Konferenz der KEK vom 29. Mai bis 3.
Juni 1980 hatte Herbert Bertsch, Professor am Institut für Internationale Politik und Wirtschaft der DDR, bei führenden Kirchenvertretern aus dem Westen antiamerikanische Attitüden und scharfe Kritik an der US-Administra-
tion feststellen können:

»Unverkennbar zeigten sich bei mehreren Kirchenvertretern aus dem Westen US-kriti-
sche bis offen anti-amerikanische Tendenzen. So sprach der Direktor des CCIA (Kommission der Kirchen für internationale Angelegenheiten beim Weltkirchenrat), Niilus,
intern und in der Konsultation von der ›Unfähigkeit‹ Carters und der Notwendigkeit
›für Europa‹, sich nicht ›bedingungslos an die Weltmachtinteressen der USA anzuhän-
gen‹. Der offizielle Vertreter der EKD, der Landesbischof von Württemberg, von Keler,
äußerte sich intern ähnlich und bezog sich dabei auch auf ein Gespräch von Ende Februar mit Bundeskanzler Schmidt. Carter sei als Person und Politiker unakzeptabel.
Kirchenpolitisch gibt es dazu den Hintergrund, daß die Vertreter des amerikanischen
und des kanadischen Kirchenbundes mit dem Hinweis darauf, KEK sei der östlichen Position näher als der der USA, ihre Teilnahme zunächst in Frage gestellt hatten.«[293]

Schon am 9. April 1980 hatte Staatssekretär Gysi dem BEK-Vorsitzenden
Schönherr eindringlich vor Augen geführt, daß die »Verschärfung der internationalen Situation, besonders durch Präsident Carter, […] ein auch politisch
klares Friedensengagement der Kirchen immer notwendiger«[294] mache.

Aufschlußreich ist in diesem Zusammenhang der Bericht, den Rathke und
Zeddies dem Staatssekretär für Kirchenfragen über ihren USA-Besuch im
Frühjahr 1980 gaben. Unter anderem waren die beiden Kirchenmänner auch
mit dem Vizepräsidenten Walter Mondale zusammengetroffen. Im Protokoll
Wilkes ist hierüber zu lesen:

»Sie brachten ihre Betroffenheit darüber zum Ausdruck, daß der Kapitalismus bis tief in
die Kirchen hinein eine herrschende Auffassung sei. ›Man bekomme überall zu hören,
das Ziel jeder Arbeit sei der Erwerb von möglichst viel Geld, und je mehr man davon er-
lange, um so größer werde der Einfluß sein.‹ Als deutsche Protestanten waren die Mitglieder unserer Kirchendelegation natürlich sehr überrascht, ›daß es in den USA eine absolute Trennung von Staat und Kirche gäbe und nicht mal einen direkten staatlichen
Partner für sie, wie bei uns den Staatssekretär für Kirchenfragen. Die Kirchen müßten
jede einzelne Frage bei den verschiedenen Institutionen und Behörden selbst klären.‹
Auf diesem Wege kam es zum Abschluß dieser Reise durch verschiedene Kirchen

und Gemeinden der USA auch über die presbyterianische Kirche zu einem Gespräch mit dem Vizepräsidenten der USA, Mondale, der Presbyterianer ist. Über das Gespräch wurde wie folgt informiert:

Der Vizepräsident Mondale begrüßte sie als ›Vertreter der Kirchen aus der DDR‹, obwohl sie sonst zumeist zunächst als ›Ostdeutsche‹ angesprochen wurden. Offensichtlich war er über die Lage der Kirchen in der DDR vorher etwas informiert worden und beschränkte sich zu Beginn der Unterredung auf wenige Kontrollfragen zu diesem Thema. So wollte er z. B. wissen, ob und wie die Kirchen in der DDR ihren geistlichen Nachwuchs ausbilden können. Laut Bischof Rathke zeigte er sich über die positiven Antworten der DDR-Kirchenvertreter ›überrascht und befriedigt‹.

Dann ging Mondale über zur internationalen Lage. Er brachte seine Haltung zur Folgetagung in Madrid folgendermaßen zum Ausdruck: Er und seine Freunde erhofften positive Ergebnisse im Sinne von Helsinki. Man solle aber die schwierige Situation der ›Besonnenen‹ in den USA erkennen und berücksichtigen. Die Kirchen in den USA, aber vor allem auch in Europa, sollten weiter alle Möglichkeiten dazu nutzen, ihren Beitrag für Frieden und Entspannung zu leisten. So hätten sie echte Chancen, auf friedliche Entwicklungen in der Welt positiv Einfluß zu nehmen. Im Gespräch habe Mondale deutlich gemacht, daß es zwischen seinem christlichen Gewissen und seiner politischen Aufgabe durchaus Widersprüche gäbe. Soweit das, was zunächst über diese Begegnung zu erfahren war.

In diesem Zusammenhang erwähnten Bischof Rathke und Dr. Zeddies, daß sie überrascht gewesen seien über Manifestationen Tausender von Christen in den USA, die auf dem Höhepunkt der Hysterie sich gegen eine neue Etappe der Aufrüstung gewandt hätten und in Erklärungen an Carter in bezug auf Afghanistan und die Geiselfrage im Iran zur Besonnenheit und zur Zurückhaltung aufgefordert hätten. Das habe sie sehr darin bestärkt, auch als Kirchen in der DDR ihre Aufgabe darin zu sehen, sich im Geiste des Friedens und der Entspannung zu engagieren.«[295]

Im Unterschied zu dieser überwiegend negativen Schilderung erlaubte sich Anhalts Kirchenpräsident Eberhard Natho gar die Frage, ob die DDR-Politik nicht mit ihrer Behauptung, die USA gefährdeten den Frieden, übertreibe:

»Meinen wir nicht auch, daß die derzeitige Politik Carters vorwiegend wahltaktischer Natur sei und nach den Wahlen in den USA sich die Dinge wieder anders darstellen?«[296]

Er wußte aus den Erfahrungen mit seiner eigenen Kirche nur allzu gut, was es hieß, Wahlen gewinnen zu müssen[297].

»Mißbrauch« von und Auseinandersetzungen um kirchliche Reisen in den Westen

In einer Unterredung zwischen Lingner, Demke, Stolpe und Franke, die am 30. September 1980 stattfand, wurde neben einigen Routineverabredungen – unter anderem auf Wunsch des BEK-Pressereferenten Günther die Vermittlung eines Gespräches mit Dietrich Sattler vom »Deutschen Allgemeinen Sonntagsblatt« – ein prekärer Punkt besprochen: Der »Mißbrauch« von Reisemöglichkeiten in den Westen durch Kirchenleute. Kurz hintereinander waren ein Superintendent, ein Mitarbeiter des EKU-Archivs und ein Mitarbeiter des Berlin-Brandenburgischen Konsistoriums von ihrer Dienstreise in den Westen nicht mehr zurückgekehrt. Das Staatssekretariat für Kirchenfragen habe zwar erkennen lassen, daß der Staat die Angelegenheit nicht hochspielen wolle, aber man müsse damit rechnen, daß in der nächsten Zeit Dienstreisen in den Westen erschwert würden[298]. Auf der Sitzung der »Beratergruppe« am 9. Oktober 1980 wurde das Problem nochmals erörtert und daran erinnert, »daß keine personengebundenen Einladungen ausgesprochen werden sollen, damit die Leitungen in den Kirchen des Bundes eine Steuerungsmöglichkeit haben«[299].

Daß die kirchliche Reisepraxis an der Basis nicht unumstritten war, zeigt der auf der Herbsttagung der provinzsächsischen Synode 1980 in Halle eingebrachte Antrag des Pfarrers Axel Noack, wonach kirchliche Mitarbeiter der Landeskirche »generell auf ökumenische Ausreisen ins westliche Ausland verzichten [sollten] [...], weil das Privileg, daß kirchliche Mitarbeiter solche Reisen unternehmen können, ›unfrei macht und die Kirche Solidarität mit den Menschen üben muß, die nicht reisen dürfen.‹ Die Kirche sollte andere Möglichkeiten der ökumenischen Tätigkeit ausschöpfen. Er verwies darauf, daß in den Betrieben die Sicherheitsbestimmungen so verstärkt sind, daß berufliches Weiterkommen schon bei Briefkontakten in die BRD eingeschränkt ist.«[300]

Wohl auch aufgrund solcher Kritik versuchte der BEK verstärkt Laien in die kirchlichen Reisemöglichkeiten mit einzubeziehen, was im Staatssekretariat für Kirchenfragen natürlich auffallen mußte. Gysi kritisierte am 13. Februar 1981 gegenüber Schönherr[301] die neue Reisekader-Politik des BEK, indem er darauf hinwies, daß man aus der Kirche kein »Reisebüro« machen dürfe. Glieder der Kirche unterständen genauso wie andere Bürger den DDR-Gesetzen. »Bei Laien erhöhe sich die Bearbeitungsdauer automatisch, und hier müßten außerdem in allen Fällen die Sonderregelungen der verschiedenen Berufszweige gewahrt werden.« Als Schönherr darauf entgegnete, in bestimmten Fällen erweise sich die Delegierung von Laien als notwendig, bestand Gysi darauf, daß es sich nur um Einzelfälle handeln dürfe; er betrachtete das Ganze als »eine neue Tendenz [...], sich Westreisen mit Hilfe der Kirche zu organisieren.«[302]

Am 27. Januar 1982 beklagte sich Ökumenereferent Will vom Staatssekretariat für Kirchenfragen bei BEK-Vertreter Helmut Tschoerner, daß kirchliche Dienstreisen in den Westen häufig über ihre Gültigkeitsdauer hinaus ausgedehnt und für private Zwecke mißbraucht würden, wobei auch von der gewöhnlichen Reiseroute zum oder vom Zielort abgewichen werde. Außerdem »sei festzustellen, daß Personen für kirchliche Dienstreisen delegiert würden, die nicht in der Lage seien, die bei der Reise gewonnenen Eindrücke richtig zu verarbeiten.«[303]

Demke machte wenig später deutlich, daß es dem reformatorischen Anspruch der Kirche entspräche, wenn man von BEK-Seite vorhabe, die ökumenischen Reisekontakte auch bis auf die Gemeindeebene auszuweiten[304].

Am 25. Juni 1982 wurde den Kirchenvertretern eröffnet, die Dienstreisen würden nun auf dem gegenwärtigen Stand eingefroren, da ihre Zahl im Vergleich zu anderen Institutionen und gesellschaftlichen Bereichen unverhältnismäßig hoch sei. »Die Leistungsfähigkeit der Dienststelle ist an ihre oberste Grenze gekommen.« Außerdem wurde nochmals unterstrichen, daß die außenpolitischen Interessen der DDR auch für die ökumenischen Beziehungen bestimmend seien. Schließlich bat man den BEK, Erstreisende besonders sorgfältig auszuwählen »und sie in der Regel in einer Delegation mit einem erfahrenen Delegationsleiter zu entsenden, der Verantwortung für öffentliches Auftreten übernimmt (Interviews!).« Als problematisch bezeichnete man auch den Sachverhalt, daß nahezu 50 Prozent aller kirchlichen Ausreisen in die Bundesrepublik gingen. Laien sollten fortan nur noch reisen dürfen, wenn sie höhere Ämter in der Kirche bekleideten[305]. Wenige Monate zuvor hatten Stolpe und Demke ein Dauervisum für Westreisen erhalten – unter der Bedingung, daß das Staatssekretariat über jede damit unternommene Reise unterrichtet würde[306]. Sie akzeptierten.

Der Aufbruch in Polen 1980 und die Kirchen. Spannungen zwischen Staat und Kirche in der DDR nach der Leipziger Bundessynode

Auf der Beratergruppen-Sitzung im Oktober 1980 wurde auch über die jüngste Entwicklung in Polen gesprochen[307].

In einer staatlichen Einschätzung hieß es zu dem kirchlichen Interesse an den gesellschaftspolitischen Umbrüchen in dem östlichen Nachbarstaat:

»Die Ereignisse in der VR Polen haben erwartungsgemäß auch in kirchlichen Kreisen lebhaftes Interesse gefunden. Die Argumente der Geistlichen zeigen, daß sie sich vorwiegend auf westliche Informationsquellen stützen.«

Zwar werde von den Kirchen meist das politische Kampfmittel des Streiks abgelehnt, da dies wenig geeignet sei, wirtschaftliche und andere Probleme zu beseitigen, aber einige Geistliche hielten die Gründung freier Gewerkschaften für eine gute Sache. Auch die DDR-Gewerkschaften müßten sich für die Belange ihrer Mitglieder, vor allem auch der Christen unter ihnen, stärker einsetzen.

»Während ein Teil der Geistlichen die Reaktionen und Aktionen seitens imperialistischer Kräfte als Einmischung in die Angelegenheiten Polens erkennt und sie als grobe Verletzung der Schlußakte von Helsinki verurteilt, wird von anderen Amtsträgern völlig negiert und sogar bestritten, daß die Unruhen unter den Arbeitern in einigen Zentren Volkspolens für konterrevolutionäre Aktivitäten mißbraucht wurden. Ein Teil der Geistlichen bejaht die Ereignisse uneingeschränkt. Dort hätten ›die Arbeiter endlich was auf die Beine gestellt‹. Vereinzelt zeigte sich in den Gesprächen auch die Tendenz, ›die Polen sollten lieber mehr arbeiten, dann ginge es ihnen auch besser‹.«

In Gottesdiensten gingen die Pastoren bis dahin kaum auf die Ereignisse ein[308].

Am 23. Oktober äußerte Schönherr gegenüber Gysi, ihm »persönlich sei unverständlich, wie die polnische Führung eine solche globale Opposition, wie sie sich um die freien Gewerkschaften herum entwickle, dulden könne.«[309]

Während der Beratergruppensitzung im Oktober berichtete Schönherr, der Staat habe auf die Behandlung brisanter Themen wie Reiseerleichterungen und Afghanistan[310] auf der vom 19. bis zum 23. September 1980 im Gemein-

dehaus der Paul-Gerhardt-Kirche in Leipzig-Connewitz tagenden Bundessynode empfindlich und nervös reagiert[311].
Im staatlichen Bericht zur Synodaltagung hieß es u. a.:

»Da bereits im Vorfeld der Synode einige zwischen Staat und Kirche anstehende Probleme (neue Veranstaltungsverordnung[312], Fragen des 3. Strafrechtsänderungsgesetzes) einer sachlichen Klärung zugeführt werden konnten und die Entwicklung konstruktiver Beziehungen zwischen Staat und Kirche durch die Bildung des Luther-Komitees der DDR einen neuen positiven Anstoß erhalten hatte, waren die vernünftigen Kräfte im Kirchenbund bestrebt, der Synode ein Gepräge zu geben, das sich in die kirchenpolitische Entwicklung seit dem IX. Parteitag einfügt. Das gilt im besonderen für den Bericht der Konferenz der evangelischen Kirchenleitungen (KKL) und für das Auftreten der Mehrheit der Synodalen. Demgegenüber traten einzelne Kirchenvertreter, die mit der kirchenpolitischen Entwicklung nach dem 6.3.1978 nicht einverstanden sind, wie Generalsuperintendent Forck, Cottbus, Oberlandeskirchenrat von Brück, Dresden, und die Synodale Kahl, Oberfrauendorf, mit Positionen auf, durch die die Politik der DDR diffamiert wird.«

Zum KKL-Bericht notierte man: »Unter der Voraussetzung, daß die jeweilige Eigenständigkeit bewahrt bleibt, wird das Verhältnis von Staat und Kirche mit dem Begriff der *Partnerschaft* beschrieben. Partnerschaft wird vor allem als das Recht der Beteiligung (Partizipation) der Kirchen an ›gesellschaftlichen Beratungs- und Entscheidungsprozessen‹ verstanden, wobei der Kirche eine ›konstruktiv-kritische Rolle‹ zukomme. [...]
Die Beschränktheit ihres Friedensengagements zeigt sich besonders darin, daß der Zusammenhang von Frieden und Sozialismus unzureichend erkannt wird, Friedenserziehung der Wehrerziehung gegenübergestellt bzw. als Alternative dazu verstanden wird.
[...] zeichnet sich ein Feld künftiger Auseinandersetzungen ab, weil es den Kirchen nicht nur um den eigenen christlichen Lebensstil geht, sondern mehr oder weniger offen die Richtigkeit unserer Wirtschafts- und Sozialpolitik, die Orientierung auf ökonomischen Leistungszuwachs und wachsenden Volkswohlstand bestritten wird[313]. [...]
Im Bericht und in der Diskussion wurde auch zur Bildung des Luther-Komitees der DDR und zur Teilnahme von Mitgliedern des kirchlichen Luther-Komitees im DDR-Komitee Stellung genommen. Der etwas unterkühlten Berichterstattung zu diesem Thema war anzumerken, daß es innerkirchlich von rechten Kräften kritische Anfragen gegeben hat. Nach Meinung dieser Kräfte war die Kirche in der Zusammenarbeit zwischen Staat und Kirche in dieser Frage zu weit gegangen. [...] In der Plenardebatte zum Bericht der KKL zeigten sich wenig abweichende Positionen. Ausfälle gegen unseren Staat und seine Politik waren seltener als sonst. Eine Ausnahme bildete der Beitrag des Oberlandeskirchenrats von Brück, Dresden, der in provokatorischer Weise unsere Medienpolitik verunglimpfte, ihr einseitige Berichterstattung unterstellte und sogar die Manipulierung von Wahlergebnissen behauptete, wodurch das Mißtrauen in der Bevölkerung wachse. Die Vertrauensbildung zwischen Staat und Kirche werde behindert, weil die Toleranz gegenüber Gewissensentscheidungen verletzt werde, behauptete von Brück[314].
Dagegen traten konstruktiv im Sinne der Anerkennung und Fortführung der positiven Entwicklung seit dem 6.3.1978 die Synodalen Heilmann, Caputh, Prof. Hertzsch, Jena, und Bischof Schönherr u. a. auf. [...] In einem Pressegespräch unter Anwesenheit von Westjournalisten kam es zu einer heftigen Kontroverse zwischen Bischof Schönherr und Generalsuperintendent Forck, Cottbus. Während Schönherr die Klärung von Volksbildungsfragen zwischen Staat und Kirche sachlich darstellte und eine Besserung seit dem 6.3.1978 feststellte, behauptete Forck, daß sich nichts geändert habe, nach wie

vor Benachteiligungen von Kindern christlicher Eltern an der Tagesordnung seien und daß dies die wahre Linie der Regierung und nicht die Entgleisungen niederer Funktionäre sei.«[315]

Hempel erklärte in einem Interview mit dem SFB, es sei in Anbetracht der gegenwärtigen Situation utopisch, auf Waffen zu verzichten; allerdings »forderte [er], daß die Kirchen in der Friedensfrage ihre institutionelle Selbständigkeit wahren sollten. Sie hätten die Aufgabe, sich für die ›Bildung von Vertrauen‹ einzusetzen sowie einer Überschätzung des Militärs entgegenzuwirken.«[316]

Kritische Äußerungen einzelner Synodaler zur Informationspolitik, zur positiven Berichterstattung über militärische Manöver, Wahlfälschungen[317] und fehlende Reisefreiheit wurden natürlich auch von westlichen Medien aufgegriffen[318].

Daraufhin teilte Gysi sowohl Schönherr als auch Stolpe am 30. September 1980 mit, er halte es für unerträglich, daß »die Kirchen über feindliche Medien Forderungen an die Regierung der DDR richte[te]n«[319]. Dies verstoße gegen den 6. März[320]. Weiter führte Gysi aus:

»Wir seien der Meinung, daß wir ihnen [den Kirchen] in einem wesentlichen Punkt helfen müßten. Seit 1976 sei den BRD-Korrespondenten gegenüber sehr großzügig in bezug auf Einreisegenehmigungen für Synoden verfahren worden. Eine Reihe von Journalisten hätten sich inzwischen angewöhnt zu machen, was sie wollen, und auch ohne Genehmigung kirchliche Veranstaltungen, besonders Synoden, zu besuchen. Nach diesen Erfahrungen erscheint es unseren zuständigen Behörden notwendig, wieder auf die strikte Anwendung der staatlichen Verordnung gegenüber der BRD-Presse zu bestehen. Wir hielten das für eine wichtige Hilfe, um unsere Kirche vor Mißinterpretation und Verleumdung zu schützen. Auch sie müßten inzwischen erkannt haben, daß dieser Presse an religiösen und kirchlichen Belangen überhaupt nichts liege und sie nur an Hetze gegen die DDR und an einer Störung des Verhältnisses von Kirche und Staat interessiert seien.«

Außerdem ermahnte er Schönherr und Stolpe, dafür zu sorgen, »daß die Kirche feindlicher Propaganda keine Munition liefere bzw. sich nicht dafür mißbrauchen lasse und schon ganz und gar von der Praxis abginge, diese Massenmedien als Tribüne gegen uns oder zum Gespräch mit uns zu benutzen.« Er erinnerte sie daran, daß sämtliche kirchlichen Amtsträger »Staatsbürger der DDR seien und den entsprechenden Verordnungen und Gesetzen für Staatsbürger der DDR unterliegen. [...] Wir müssen auch erwarten, daß ein Geistlicher sich der Bedeutung dessen, was er spricht, bewußt ist. Er trägt schließlich eine Verantwortung durch seine Stellung in unserer Republik.«

Weiterhin machte Gysi darauf aufmerksam, »daß die sogenannte ›kritische Partnerschaft‹ darauf hinausläuft, daß die Partnerschaft verschwindet und die Kritik zur Hetze gegen uns wird.« Abschließend ordnete der Staatssekretär seine Ausführungen in die allgemeine kirchenpolitische Linie ein, indem er ausführte:

»Das alles sage ich im Interesse der Fortsetzung des bisherigen Normalisierungsprozesses und der Beziehungen zwischen dem Staat und unseren Kirchen. In ihrem Interesse möchte ich, daß sie klar verstehen, was bei uns geht und was auf keinen Fall zugelassen werden wird. Zur internen Verständigung zwischen uns dürfe es bei ihnen keine Unklarheiten über unsere Positionen und unsere Reaktionen in diesen Fragen geben. Das sei ich uns schuldig, weil es um die Grundvoraussetzung für die Fortführung und Verbesserung unserer Beziehungen gehe. Das sei der eigentliche Sinn des Gespräches.«

Schließlich ging Gysi noch auf den Abschlußbericht der Leipziger Bundessynode ein und bezichtigte ihn des »Antisowjetismus« und hinsichtlich der Einforderung nach Erleichterung zwischenmenschlicher Begegnungen »letzten Endes [als] Wahlhilfe für Strauß«[321].

Daraufhin sicherten die beiden kirchlichen Gesprächspartner Gysi zu, die Akkreditierung von Pressevertretern zu Synodaltagungen künftig vorsichtiger handhaben zu wollen (Vorschlag Stolpe). Zugleich schlugen sie ihm vor, schon im voraus und in Abstimmung mit dem Staat eine Auswahl der zur Teilnahme zugelassenen Journalisten zu treffen[322].

Beide schimpften über die Abschlußpressekonferenz, auf der die westdeutschen Korrespondenten bestimmend gewesen seien:

»Hauptwortführer der Pressekonferenz sei der ›Welt‹-Korrespondent Karutz gewesen und neben ihm Pleitgen. Das MfAA bzw. die Abteilung Journalistische Beziehungen sei sehr großzügig in ihren Einreisegenehmigungen, aber die Kirchen hätten dann den ›schwarzen Peter‹ (Stolpe). Schönherr sagte offen, sie seien solchen Trommelfeuern von Fragen wie von Karutz gar nicht gewachsen, ohne daß einige ›Fehlleistungen‹ unterliefen. Es sei auch eine gewisse innere Schwierigkeit für sie, weil sie selbst nichts gegen die DDR sagen möchten, aber auch nicht den Eindruck erwecken wollten, als ob sie mit allem einverstanden seien oder einen Maulkorb trügen. Sie hätten auch inzwischen erkannt, daß einige West-Korrespondenten Politik auf ihre Kosten machten. Stolpe betonte, daß die Kirche von der Westpresse als Freiwild betrachtet werde und nur das Negative gebracht und gewertet würde. Es fiele ihnen schwer, den richtigen Weg zu finden. Er sei der Meinung, daß die BRD-Presse diesmal mit der Absicht gekommen sei, so oder so aus der Synode eine Polen-Synode zu machen und mit Name und Hausnummer auf den Tisch zu bringen. Da in der Synode das Wort Polen nicht gefallen sei, hätten sie dann auf indirekte Weise auf der Pressekonferenz über die in ihren Fragen angeschnittenen Themen ›die Kirche hinterfragt‹, um so ein analoges Modell hochzuspielen.«[323]

Einige Wochen später forderte Gysi den Sekretär des Kirchenbundes und seinen Vorsitzenden auf, »eine klare Position zur BRD-Presse als eine[r] der DDR feindlichen ausländischen Presse« zu beziehen[324]. Gegenüber Hermann Kalb hatte Schönherr am 10. Juli 1980 noch geäußert, »er sehe jedoch auch für die Zukunft keine Möglichkeit, Verzerrungen oder Fehlinterpretationen auszuschließen. Auch mit diesem Risiko müsse es den Synodalen gestattet bleiben, sie bedrängende Anfragen [auf einer Synodaltagung] an die Öffentlichkeit zu richten.«[325] Wegen des dort geplanten Abdrucks »der konterrevolutionären Forderungen im Abschlußdokument der Synode« wurde über die entsprechende ena-Ausgabe Nr. 39 ein staatliches Veröffentlichungs-Verbot verhängt[326]. Auch die »Mecklenburgische Kirchenzeitung« und der sächsische »Sonntag« waren von der Pressezensur betroffen[327]. Zur sächsischen Landessynode, die vom 18. bis 22. Oktober in Dresden tagte, versagte der Staat drei westlichen Journalisten die Zulassung[328].

Zum ena-Verbot beschloß die KKL:

»Die Konferenz beauftragt den Vorstand, den zuständigen Stellen deutlich zu machen, daß die erfolgte Behinderung der kirchlichen Presse in der DDR kein Verständnis gefunden hat. Die Konferenz sieht vor, Fragen der Berichterstattung bei ihrer nächsten Tagung zu verhandeln.«[329]

Anscheinend protestierte der BEK auch zum ersten Mal offiziell gegen die Berichterstattung westlicher Medien. Staatlicherseits wurde moniert, daß der Rat der EKD – aus gutem Grund – sich hierzu nicht äußerte[330].

Anlaß war eine Falschmeldung in der Tageszeitung »Die Welt«, wonach Stoph ein für den 17. November 1980 geplantes Sachgespräch mit dem BEK abgesagt habe. Horst Dohle vermerkte, erstmalig habe der BEK einen westlichen Presseartikel offiziell zurückgewiesen[331].

Bereits am 25. April hatte Gysi den BEK-Vorsitzenden darauf hingewiesen, bei ihm habe es in der letzten Zeit »eine Interviewschwemme gegeben«, von der er als Staatssekretär zuvor nicht in Kenntnis gesetzt worden sei. Gysi berichtete hernach über das Gespräch:

»Bischof Schönherr reagierte etwas verlegen und sagte, das sei zumeist sehr plötzlich gekommen, und er hätte es für uns für politisch besser gehalten, solche Wünsche nicht zurückzuweisen. Ich habe geantwortet, daß das für manche, aber nicht für alle Fälle zutreffen kann, die in letzter Zeit bei ihm zu vermerken waren, daß es aber in Zukunft notwendig sei, auch vor Reisen sich mit mir abzustimmen, auch über die inhaltliche Seite. Er erklärte, daß er versuchen würde, diese Zusammenarbeit zu verbessern.«[332]

Am 5. Juni 1980 stieß Gysi nach und erinnerte Schönherr daran, daß seine Ermahnungen bei dem Bischof offenbar noch kein Gehör gefunden hätten[333].

Bischof Hempel sagte im November 1980, im »Westen gebe es nicht nur Springer-Journalisten, es seien auch anständige darunter. In Hinsicht auf die Presse gebe es Verschwommenheit, was erlaubt sei und was nicht. Es sei ihm beispielsweise nicht klar, ob es genehmigungspflichtig sei, wenn er einem Journalisten aus dem Westen ein Interview geben wolle. Einer Genehmigungspflicht füge er sich nicht. Natürlich würde er sich den Journalisten vorher ansehen.«[334]

Die gemeinsame Friedensdekade 1980: Bittgottesdienst und Bußtagsläuten

Einen Tag nach der Beratergruppensitzung tagte die vierte Konsultation. Hier konnte bekanntgegeben werden, daß die Leitungsorgane beider Kirchenbünde den Empfehlungen der dritten Konsultation gefolgt waren und ein gemeinsames Formular für einen »Bittgottesdienst zum 9. November 1980« verabschiedet hatten[335].

Schönherr plante, wie er Gysi mitteilte, am 18. November Landesbischof Eduard Lohse in Hannover einen Besuch abzustatten und am Bußtag, dem 19. November, im nicht weit entfernten Nienburg einen Gottesdienst abzuhalten[336]. Den Reiseantrag zog Schönherr dann am 27. Oktober telefonisch ohne Angabe einer näheren Begründung zurück[337]. Wenige Tage später schien der Grund klar zu sein. Am 29. Oktober gelangte nämlich folgende Information an die Öffentlichkeit:

»Der Gesprächskreis ›SPD und Kirche‹ der Sozialdemokraten veranstaltet am 18. November in Hannover eine Friedenskonferenz, an der die führenden Bischöfe der evangelischen Kirchen beider deutscher Staaten Albrecht Schönherr (Ost-Berlin) und Prof. Eduard Lohse (Hannover) teilnehmen. Dies teilte die SPD am Mittwoch in Hannover mit. Die SPD wird durch ihren Bundesgeschäftsführer *Egon Bahr* und den Niedersächsischen Landesverbandsvorsitzenden Karl Ravens vertreten.«[338]

Schönherr mag der Termin schon zuvor bekannt gewesen sein, nun aber, nachdem Paul Verner gerade die Intensivierung der Beziehungen zwischen BEK und EKD kritisiert hatte, schien er kalte Füße bekommen zu haben[339]. Wie Bellmann in Erfahrung brachte, wurde die Konferenz nach Schönherrs Rückzug abgesagt[340].

Ausgiebige und für den SED-Staat überraschende, da zuvor nicht abgesprochene West-Kontakte Schönherrs hatte Staatssekretär Gysi bereits am 25. April 1980 moniert. Der Staatsfunktionär wies Schönherr darauf hin, seine Begegnungen mit Kardinal Höffner und Ministerpräsident Johannes Rau seien dem BEK-Vorsitzenden schon zuvor bekannt gewesen, aber er habe in seinem offiziellen Reiseantrag diese Gesprächstermine nicht angegeben. Anders verhielt es sich bei Schönherrs Treffen mit Bundespräsident Karl Carstens, das wirklich völlig überraschend zustandegekommen war. Gysi berichtete über Schönherrs Darstellung der Begegnung:

»Zum Inhalt seines Gesprächs mit Carstens erklärte er, es habe nur einen höflich-formalen Charakter gehabt. Er habe ihn auf seine Bitte hin informiert über die Position der Kirche bei uns, das sei sicher sehr nützlich gewesen, da er [Schönherr] klar für uns gesprochen habe. Der Bundespräsident hätte nichts erwidert. In bezug auf die Frage des kirchlichen Einsatzes für eine Politik des Friedens und der Entspannung habe er [Schönherr] auf die offizielle Stellungnahme unserer Kirche verwiesen, hinter der er nach wie vor stünde, und habe auch hingewiesen auf die wohlwollende Aufnahme bei uns. Ähnlich seien die anderen Gespräche gewesen, und er sei der Meinung, daß er in jeder Weise positiv für uns gewirkt habe.«[341]

Der 1. Sekretär der SED-Bezirksleitung Potsdam, Günther Jahn, berichtete Bellmann, daß es für den November noch ein weiteres gemeinsames Vorhaben zwischen beiden Kirchenbünden gebe:

»Durch interne Information ist uns bekannt geworden, daß wahrscheinlich geplant ist, am 19.11.1980 neben einem Bittgottesdienst in allen evangelischen Kirchen auf der Grundlage einer zwischen dem BEK und der EKD abgestimmten Liturgie eine politische Provokation vorzubereiten.

Danach sollen am Bußtag, dem 19.11.1980, gegen 13.00 Uhr, nach dem turnusmäßigen Ertönen der Sirenen die Glocken in allen evangelischen Kirchen geläutet[342] und damit eine Schweigeminute für ›Friedens- und Abrüstungsbesinnung‹ eingeleitet werden, in die sogar die Christen in Betrieben und Schulen einbezogen werden sollen. Über Gestaltung und Ablauf der sogenannten Abrüstungsdekade der Kirche soll am 2.11.1980 in der Zeitschrift ›Potsdamer Kirche‹ informiert werden.

Wir wollen die verbleibende Zeit nutzen, um in Gesprächen mit den Pfarrern zu erreichen, daß sie in den Gottesdiensten am 9.11.1980 den Zusammenhang von Frieden und Sozialismus betonen. Wenn sich die vorerst noch streng interne Information über das Vorhaben, am 19.11.1980 die Glocken als Signal für Christen in Betrieben und Schulen zu läuten, bestätigt und es zentral nicht gelingen sollte, die Kirchenleitung davon abzubringen, werden wir die oben genannten persönlichen Gespräche auch nutzen, um die Pfarrer durch die Darlegung unserer Positionen von einer Realisierung dieser Empfehlung abzuhalten. Zu diesem Zweck erbitten wir eine Rückäußerung.«[343]

Bei dem von Jahn erwähnten Plan, den IM »Sekretär« mitsamt der liturgischen Vorlage dem MfS zur Kenntnis gegeben hatte[344], handelte es sich um eine von den Landesjugendpfarrern ausgehende Initiative[345], welche die für den Bereich aller evangelischen Gemeinden in beiden deutschen Staaten für die Zeit vom 9. bis 19. November geplante Friedensdekade beenden sollte.

Daraufhin forderte Klaus Gysi am 20. Oktober 1980 Stolpe und Schönherr ausdrücklich dazu auf, diese »öffentliche Provokation und Demonstration« zu unterlassen. Dabei ging es wohl vor allem darum, daß die Glocken gleich nach der Sirenenprobe läuten sollten. Gysi kündigte »belastende Auswirkungen weit über das Verhältnis von Staat und Kirche hinaus« an, sollte die Kirche bei diesem Vorhaben bleiben[346].

»Ein solcher Vorschlag müsse als öffentliche Manifestation außerhalb der Kirche, als eine Gegendemonstration gegen die Landesverteidigung (Sirenenprobe) verstanden werden. [...] Der Bußtag in der DDR sei Arbeitstag, und die Gedenkminute nach 13.00 Uhr gehöre weder in die Schule noch in den Betrieb noch auf die Straße. Außerdem sei eine gemeinsame Aktion in der BRD und der DDR eine Vertuschung der Tatsache, daß in ihnen zwei gegensätzliche Ordnungen und politische Ziele herrschten.«

Schönherr erläuterte, man müsse den längst vor der polnischen Krise ins Auge gefaßten Gottesdienst am 9. November – angeregt durch die EKU-Synode und von BEK und EKD als »eine verantwortliche Aktion der Kirchen an dieser Grenze in Mitteleuropa« geplant – von dem Gottesdienst und den Aktionen am Bußtag, der von der kirchlichen Jugendarbeit initiiert worden sei, trennen. Dem Bußtagsprojekt »lag der Wunsch der Jugend zugrunde, daß die Jugend in der ganzen Welt etwas Spektakuläres für den Frieden und die Abrüstung tun solle.« Schönherr betonte, daß die KKL sich gegen diese Aktion ausgesprochen habe. Dennoch sei die Jugendarbeit bei diesem Vorhaben geblieben.

»Mehr widerwillig hätten dann die Kirchenleitungen dem Vorhaben zugestimmt, wobei sie aber öffentliche Wirkungen wie die vom Staatssekretär aufgeführten in keiner Weise im Sinn gehabt hätten.«[347]

Stolpe sagte, ein Rückzug sei für die Kirchenleitung mit einem dramatischen Gesichtsverlust verbunden, da das Vorhaben schnell in den Gemeinden publik geworden sei.

Gysi machte nochmals »deutlich, daß das kirchliche Vorhaben aufs höchste provokant und in dieser Form nicht statthaft sei.« Stolpe schlug dann vor, Gebet und Glockenläuten einfach auf den frühen Abend um 18.00 Uhr zu verlegen. Dieses Angebot akzeptierte Gysi, so daß Stolpe versprach, in der KKL-Sitzung auf die Verwirklichung dieser Variante hinzuarbeiten[348].

Die KKL beschloß hierzu am 23. Oktober 1980 ohne Gegenstimme:

»Die Konferenz nimmt das Vorhaben der Landesjugendpfarrer zur Gestaltung des Bußtages 1980 zustimmend zur Kenntnis. Sie sieht darin den Ausdruck erklärten christlichen Friedensengagements und weist andere Interpretationen zurück. Die Konferenz begrüßt insbesondere die Anregung, das Friedensgebet zum Mittagsläuten wieder zu einer ständigen Einrichtung werden zu lassen. Die Konferenz ist der Auffassung, daß der Versöhnungsauftrag der Kirche gerade auch in einer komplizierten internationalen Situation wirksam werden muß.

5. Die Konferenz empfiehlt den Gemeinden, am Bußtag (19.11.) ein Friedensgebet (Friedensminute) im Zusammenhang mit einer gottesdienstlichen Handlung – zum Beispiel, wie bereits empfohlen, um 13.15 Uhr oder verbunden mit dem Tagesläuten – zu halten. Da sich die Verbindung des Glockenläutens mit der Sirenenprobe als mißverständlich erwiesen hat, ist davon abzusehen.

Dieser Beschluß ist für die innerkirchliche Information freigegeben. Der Beschluß unterliegt einer unbegrenzten Sperrfrist, die nur von der Konferenz selbst aufgehoben werden kann.«[349]

Mit dieser Entscheidung hatte sich die KKL deutlich hinter die Jugendpfarrer gestellt, zugleich aber ein unmittelbar im Anschluß an den vorgesehenen Probealarm zeitlich synchron gehendes Glockenläuten vermieden. Außerdem war man den von Gysi erhobenen Forderungen weitgehend nachgekommen, obwohl Stolpe sich mit seinem Vorschlag, das Läuten um einige Stunden zu verschieben, nicht ganz durchzusetzen vermochte. Für Stolpes Vorschlag scheint sich auch Thüringens Landesbischof Leich starkgemacht zu haben[350].

Das Sitzungsergebnis teilte Stolpe am 24. Oktober im Staatssekretariat Gysi mündlich mit[351]. Stolpe bezeichnete sein Vorgehen als

»ein Novum in den Beziehungen Staat-Kirche, das die Bereitschaft dokumentiere, in wichtigen Fragen die Regierung unverzüglich zu informieren. Das mache deutlich, daß die Haltung der Kirchenleitungen in komplizierten Situationen positiver geworden sei als bei vergleichbaren Situationen der Vergangenheit. Die Konferenz sei sich im klaren darüber gewesen, daß die Kompliziertheit der gegenwärtigen Situation mit der vom Sommer und Herbst 1976 vergleichbar sei. Die Mitglieder der Konferenz seien von zwei Fragen ausgegangen:
– Was sind wir als Kirche unseren Gemeinden schuldig?
– Worin besteht unsere Verantwortung als Kirche in dieser Gesellschaft, für den äußeren und inneren Frieden und damit die innere Stabilität der DDR? Daß die Leitung diese Fragen so stelle, sei ein Ergebnis des 6. März 1978. Die Leitung sei sich klar darüber gewesen, daß mit dem Gespräch, welches Bischof Schönherr im Hause des Zentralkomitees hatte[352], nicht die gesamte bisherige Entwicklung zu Ende sein dürfe. Man sehe auf kirchlicher Seite inzwischen auch, daß es sehr verstärkte Bemühungen der Westpresse gäbe, das Verhalten der Kirchen in der DDR massiv zu beeinflussen und offen und unverblümt zu steuern. Man verlange von den Kirchen, sich endlich gegen den Staat zu äußern und jedes ›Duckmäusertum‹ gegenüber dem Staat abzulegen. In der kirchlichen Führung gäbe es leider noch nicht genügend klarsehende, kaltblütige Persönlichkeiten, die sich von solchen zu Provokationen nicht verleiten ließen. Auf kirchlicher Seite sehe man, daß die gegenwärtige Konfliktsituation noch nicht vorüber sei. Man wolle unbedingt Kirche bleiben und sei sich zugleich der Mitverantwortung für die sinnvolle Bewältigung der gegenwärtigen Situation bewußt. Man wünsche, daß die Entspannung weitergehe, daß in ihrem Gesamtrahmen auch die Normalisierung zur BRD weitergehe, und man wisse auch, daß man in der DDR keine Schaffung, Unterstützung oder Eskalation von Unruhe unter der Bevölkerung zulassen dürfe.

Nach diesen persönlichen Vorbemerkungen erläuterte Stolpe die Sondersitzung der Konferenz vom 23.10.1980:

Der Ausgang der Sitzung sei durchaus offen gewesen. Es habe handfeste Anträge gegeben, einen Brief an die Regierung zu schreiben und ihn gleichzeitig – auch in der BRD- und Auslandspresse – zu veröffentlichen. Es gab auch Anträge, eine inhaltliche Information über die Sondersitzung sofort an die Journalisten zu geben. Diese Anträge wurden abgelehnt. Es habe keine Anträge für die Abfassung eines entsprechenden Wortes an die Gemeinden gegeben. Im Ergebnis der Sitzung sei einstimmig ein Beschluß gefaßt worden, der den Charakter einer innerkirchlichen Orientierung habe. Er habe auch das Ziel, die in Kürze bevorstehenden Landessynoden so zu orientieren, daß sie auf eigene mehr oder weniger durchdachte Erklärungen verzichten. Der Beschluß sei für den innerkirchlichen Gebrauch bestimmt und unterliegt einer unbegrenzten Sperrfrist. Landessynoden können ihn nur in geschlossener Sitzung und mit dem Ziel behandeln, auf eigene Beschlüsse zu verzichten. Vorgesehen sei nur eine formale Mitteilung an die Öffentlichkeit darüber, daß die Sondersitzung stattgefunden habe, daß man sich über aktuelle Fragen verständigt habe, daß die ordentliche Sitzung der Konferenz am 7. und 8.11.1980 sich mit Informationsfragen befassen werde, daß die Sitzung sich auch mit dem Bußtag befaßt habe. Der Text dieser offiziellen Mitteilung gehe dem Staatssekretär rechtzeitig zu. Über den Inhalt des Beschlusses werden in ihr keine Aussagen gemacht. […]

Den Beschlußtext zum Bußtag erläuterte Stolpe mit folgenden Hinweisen:

Ein Friedensgebet und damit die Gedenkminute dürfe nur im Zusammenhang mit einer gottesdienstlichen Handlung – also nicht öffentlich – erfolgen. Es gäbe dafür keinen einheitlichen Zeitpunkt mehr, sondern es solle je nach den örtlichen Gegebenheiten stattfinden. Eine Verbindung von Glockengeläut und Sirene sei nicht zulässig. Wer das veranlassen wolle, verstieße gegen die Festlegung des Beschlusses. Die Konferenz hoffe, dadurch alle wilden Aktionen ausgeschlossen zu haben.

Genosse Gysi dankte für die Information und wies zunächst mit großem Nachdruck auf die ›unbegrenzte Sperrfrist‹ hin. Angesichts der Tatsache, daß das vertrauliche Gespräch vom 20.10. bei ihm bereits am 22.10. im ›Tagesspiegel‹ stand und über die Sächsische Landessynode in der gleichen Zeitung am 24.10. ausführlich berichtet wurde, sei für ihn die Festlegung der Sperrfrist eine äußerst zweifelhafte Angelegenheit. Das sei aber ein Kernpunkt der gegenwärtigen Konflikte, denn diese Praxis, ständig zu versuchen, über Westmedien die eigene Regierung unter Druck zu setzen und auf die Bevölkerung im oppositionellen Sinn einzuwirken, das sei unerträglich und stelle einen schweren Vertrauensbruch dar. […] Die Bußtagsregelung scheine ein akzeptabler Schritt, aber es gäbe Signale aus Sachsen und Berlin-Brandenburg, wonach der alte Vorschlag für den Druck in den Kirchenzeitungen vorbereitet werde. Die Kirchenleitungen müßten selbst dafür sorgen, daß der Beschluß nach unten gelange, bevor desorientierende Meldungen in die Zeitungen kämen. Nachdem das Presseamt die Mecklenburgische Zeitung deshalb gestoppt habe, werde es in anderen Fällen sicher ebenso verfahren.

Stolpe sicherte zu, daß er versuchen werde, es zu verhindern.

Genosse Gysi kam noch einmal auf die sogenannte ›unbegrenzte Sperrfrist‹ zurück und fügte hinzu, daß man sich in den Kirchenleitungen eine prinzipiell andere Haltung zur Westpresse erarbeiten müsse. Das setze allerdings auch eine andere politische Haltung zur BRD-Regierung voraus. Die Westmedien seien entschlossen, den Bruch zwischen Staat und Kirche in der DDR herbeizuführen. Die Kirchenleitungen seien in Gefahr, sich in eine breite Hetzkampagne einordnen zu lassen. Es könne immer wieder unterschiedliche Standpunkte zwischen Staat und Kirche geben. Aber es gäbe für die Kirche nur eine zuständige Regierung, die unsere. Solche Meinungsverschiedenheiten über die Westpresse auszutragen, sei eine klare Abkehr vom März 1978. Die staatliche Seite will ihre Kirchenpolitik fortsetzen, aber die Kirchen müssen ihren Verpflichtungen voll nachkommen. Das sei noch nicht geschehen. Wenn der Satz gelte: Vertrauen gegen Vertrauen, dann sei unser Vertrauen eindeutig getäuscht worden.

Stolpe erklärte, daß sie Vorkehrungen für die Sperrfrist des Beschlusses getroffen hätten, aber es sei leider eine Tatsache, daß die akkreditierten Journalisten sich in den vergangenen Jahren sehr geschickt eigene Informationsquellen erschlossen hätten, besonders feste und ergiebige offenbar in Sachsen.

Die ›Tagesspiegel‹-Meldung vom 22.10. über das Gespräch vom 20.10. beim Staatssekretär sei nicht aus dem Haus des BEK hervorgegangen. Er vermute, daß seine Gespräche auf der Sächsischen Landessynode, in denen er, um gefährliche Beschlüsse der Sachsensynode zu verhindern, auf das kommende Gespräch am 20.10. hingewiesen habe, zu dieser verfälschten Spekulation mißbraucht worden seien. Die abgelehnten drei BRD-Journalisten hätten sich trotz der Ablehnung in Dresden aufgehalten, wenn auch nicht in der Synode.

Genosse Gysi sprach nochmals die Erwartung aus, daß man den Beschluß überprüfe und auf kirchlicher Seite eine prinzipiell andere Haltung zu den Westmedien einnehme. Schließlich seien alle Mitglieder der Konferenz Staatsbürger der DDR mit allen Rechten, aber auch mit allen Pflichten. Er sei sehr einverstanden, den gewünschten engeren Kontakt in schwierigen Situationen zu halten, aber daraus müßten sich auch positive Resultate ergeben. Bei der Verabschiedung überreichte OKR Stolpe ›vertraulich‹ ein Exemplar des Berichtes, der ›nur in sehr wenige Hände‹ käme. So konnte ich den Bericht im Wortlaut erst nach seinem Weggang lesen. Er ist weitaus fordernder und schroffer uns gegenüber, als es nach Stolpes Bericht klang. Ich habe ihm telefonisch meine Meinung gesagt.«[353]

Am 27. Oktober 1980 schrieb Stolpe den Mitgliedern der KKL und hob insbesondere auf die Westmedien ab:»Der Vorstand hat mich am 23.10. beauftragt, den Staatssekretär für Kirchenfragen über die Beschlußfassung der außerordentlichen Tagung der Konferenz vom gleichen Tage zu informieren. Am 24.10. hatte ich Gelegenheit, dem Staatssekretär für Kirchenfragen ausführlich die Beschlußfassung der Konferenz vorzutragen. In dem etwa einstündigen Gespräch, das ich ausdrücklich im offiziellen Auftrag des Vorstands führte [auffällig ist die Duplizierung dieses Hinweises], war es möglich, alle von der Konferenz beschlossenen Sachfragen umfassend darzulegen.

Der Staatssekretär dankte für die Information und wertete ihre Tatsache als Ausdruck des Vertrauens und der Bereitschaft zur Zusammenarbeit. Er gab zu verstehen, daß er die Position der Kirche zu den angegebenen Sachfragen weitergeben würde. Er betonte, daß es die feste Absicht der Regierung sei, die Entspannungspolitik fortzusetzen. Auch an der bewährten Kirchenpolitik solle festgehalten werden. Die Gefahr bestünde gegenwärtig darin, daß die westlichen Medien geradezu ein Trommelfeuer entfachten, um die ev. Kirche in die unmittelbare gemeinsame Front gegen die DDR hineinzudrücken. Die Kirche habe es doch eigentlich nicht nötig, sich über die Westmedien zu profilieren. Man könne wirklich über alles reden, aber es müsse vermieden werden, den westlichen Medien Munition zu liefern. Die Festlegungen der Konferenz zum Bußtag könnten nach Auffassung des Staatssekretärs geeignet sein, aufgetretene Befürchtungen und Mißdeutungen auszuräumen.

Von mir wurde das dringende Interesse der Konferenz an den angesprochenen Sachfragen herausgestellt und die Bereitschaft zu konstruktiven Gesprächen betont. Verabredungen wurden nicht getroffen. Wir werden Sie sofort unterrichten, wenn sich neue Gesichtspunkte ergeben.«[354]

Einige Kirchenleitungen in der DDR, so Greifswald und Thüringen – dort widersetzten sich jedoch sechs Gemeinden der kirchenamtlichen Anordnung –, verlegten tatsächlich das Glockenläuten auf den Abend des 19. November und verbanden es mit schlecht besuchten Abendgottesdiensten. In Berlin-Brandenburg sollten laut Konsistorialerlaß bereits um 12.00 Uhr die Glocken erklingen. Nur in dem von Superintendent Furian geleiteten Kirchenkreis Zossen fand das Glockenläuten zum ursprünglich vorgesehenen Termin um 13.15 Uhr statt. Mittagsgottesdienste gab es auch in dieser Landeskirche nur in wenigen Gemeinden. Überdies waren sie eher mäßig – hauptsächlich von älteren Frauen – besucht[355]. Ebenfalls setzte Görlitz das Bußtagsläuten auf 12.00 Uhr an. Dabei gab es im Bezirk Cottbus Pfarrer, die um Punkt 13.00 Uhr oder unmittelbar im Anschluß an die Sirenenprobe die Kirchenglocken in Betrieb setzten. »Diese Provokation fand aber unter den Gläubigen wenig Resonanz«, fügten die staatlichen Berichterstatter hinzu. In der Kirchenprovinz Sachsen fanden insbesondere in städtischen Ballungsgebieten mittägliche Bußtagsgottesdienste statt, wobei mancherorts um 13.00 Uhr auch die Glocken läuteten. In Magdeburg bezeichneten Pfarrer »die Friedensdekade als ›Brückenschlag der Versöhnung‹ zur BRD«.

Das sächsische LKA hielt an dem Mittagstermin um 13.15 Uhr fest, wobei auch um 13.00 Uhr ein Gottesdienst gehalten wurde, der allerdings ebenfalls zumeist schwach besucht war. In der 10. Klasse einer Oberschule in Böhlitz-Ehrenberg (Kreis Leipzig) gelang es den Schülern gar, um 13.00 Uhr den Unterricht zu unterbrechen. Ihr Jugenddiakon habe sie zu diesem Schritt aufgefordert, »weil in dieser Zeit in ganz Deutschland an den Frieden gedacht würde«, äußerten die Jugendlichen zur Begründung ihres nicht ungefährlichen Schrittes[356].

Rudi Bellmann führte die sächsische Resistenz gegenüber dem staatlichen Druck auf »die Haltung Domschs« zurück, die er »immer mehr als hemmend gegenüber vernünftigen Beziehungen zum Staat« betrachtete[357]. Der sächsische Referent Lewerenz hatte Domsch in einem Telefonat fälschlicherweise auf die Nichtübereinstimmung des sächsischen Vorgehens mit dem KKL-Beschluß aufmerksam gemacht. Domsch wies darauf hin, das »Glockenläuten um 13.15 Uhr sei in ausreichender zeitlicher Entfernung zur Sirenenprobe, um unnötige Assoziationen zu verhindern.« Horst Dohle riet davon ab, Domsch in den Rat des Bezirkes zu einem Gespräch mit Ullmann zu zitieren[358].

In Mecklenburg wurden die Pfarrer sogar in einem von OKR Walter Schulze unterzeichneten Rundschreiben verpflichtet, um 13.15 Uhr die Glocken zu läuten. Dabei fand in Grevesmühlen, Klütz und Wismar das Läuten genau während des Probealarms statt. Auch hier war der Gottesdienstbesuch gering[359].

Anhalts Kirchenpräsident Natho, zu dessen Landeskirche keine Angaben gemacht werden konnten, bezeichnete den Friedensfürbittgottesdienst, die Schweigeminute sowie das Glockengeläut als inhaltlich »fraglich«[360].

Anhand dieses konkreten Ereignisses hatte der Staat die Gelegenheit erhalten, über den jeweiligen Standpunkt der einzelnen Landeskirchen Klarheit zu gewinnen.

Während der Friedensdekade wurde zwar die Ablehnung der Brüsseler Raketenbeschlüsse durch die Mehrzahl der Pfarrer manifest, andererseits bezeichneten sie den Schritt der NATO im Gegensatz zur offiziellen DDR-Propaganda als »›Nachrüstung« und zeigten keinerlei Bereitschaft, »eine klare Stellungnahme gegen die Behauptung einer ›sowjetischen Bedrohung des Friedens‹ abzugeben.«[361]

Insgesamt fiel die im Staatssekretariat für Kirchenfragen gezogene Bilanz der Friedensdekade aus der Perspektive der Behörde gar nicht so negativ aus. Abgesehen von einem regional unterschiedlichen Verlauf konnte konstatiert werden,

»daß es den negativen Kräften in den Landeskirchen nicht gelungen ist, die kirchlichen Veranstaltungen in diesem Zeitraum umfassend für Angriffe gegen die Politik von Staat und Regierung in der DDR zu mißbrauchen und damit eine ernsthafte Belastung des Verhältnisses von Staat und Kirche zu provozieren. Hier hat sich positiv ausgewirkt, daß im Vorfeld und während der Friedensdekade durch die Vertreter staatlicher Organe intensive Gespräche mit kirchlichen Amtsträgern und Laien geführt und diesen die Beschränktheit und politische Instinktlosigkeit der ursprünglich zur Friedensdekade geplanten kirchlichen Aktivitäten nachdrücklich erläutert wurden.

Der Versuch negativer Kräfte in den Kirchen, mit der Durchführung der Friedensdekade die Entspannungs- und Friedenspolitik der DDR abzuwerten und ihr eine mit der EKD abgestimmte kirchliche Konzeption des Kampfes für den Frieden gegenüberzustellen, die von pazifistischen Positionen ausgehend eine ›Taktik der kleinen Schritte‹, der ›Bildung von Vertrauen zwischen den Menschen‹ als Voraussetzung für die Erhaltung des Friedens und die Weiterführung der Entspannungspolitik im Weltmaßstab proklamiert, konnte abgewehrt werden. Dabei hat sich der Polarisierungsprozeß unter den Geistlichen weiter vertieft. Es zeigte sich aber, daß die vom BEK für die Gottesdienste am 9.11.1980 vorgegebene Liturgie von der überwiegenden Mehrzahl der Geistlichen in allen Landeskirchen unverändert übernommen wurde[362]. [...] Es konnte aber meist nicht erreicht werden, daß auf die der staatlichen Außenpolitik zuwiderlaufende Betonung der ›besonderen Gemeinschaft‹ der Kirchen in der DDR und der BRD und der angeblich daraus resultierenden besonderen Verantwortung für die Erhaltung des Weltfriedens verzichtet wurde.«[363]

Kirchliche Reaktionen auf die Geldumtauscherhöhung für westliche Besucher und die »Herbstkrise« 1980

Auf der Oktobersitzung der Konsultationsgruppe wurde auch über die Erhöhung der Mindestumtauschsätze für westdeutsche Besucher durch die DDR-Behörden gesprochen. Diese Maßnahme sei in die gegenwärtige politische Gesamtlage einzuordnen. Sollte die Neuregelung auch die Rentner betreffen, wäre dies sehr bedauerlich.

Am 20. Oktober 1980 fand auf Wunsch der kirchlichen Vertreter ein Gespräch zwischen Schönherr, Stolpe und Gysi statt, nachdem es Schönherr gelungen war, eine von aufgebrachten KKL-Mitgliedern erzwungene Sondersitzung der Konferenz doch noch vom zunächst festgelegten 16. Oktober um eine Woche zu verschieben. Auf diese Weise erhielt Schönherr die Gelegenheit, zuvor noch mit dem Staatssekretär zu sprechen[364].

In dem Gespräch mit dem Staatsfunktionär erklärte der BEK-Vorsitzende gleich einleitend, er habe den Eindruck, »das Ende der Entspannung sei gekommen. Dieser Eindruck gründe sich auf die Rede des Staatsratsvorsitzenden in Gera[365], auf die Veränderung des Mindestumtauschsatzes, den er angesichts dieser Zusammenhänge und des Zeitpunktes nicht mehr als eine bloß währungstechnische Entscheidung verstehen könne. Für die kirchliche Haltung spielten auch humane Gesichtspunkte eine Rolle, da beispielsweise viele ärmere Bürger aus der BRD und Westberlin die neuen Sätze nicht mehr zahlen könnten. Er komme relativ ratlos zu diesem Gespräch, möchte aber doch verteidigen, was in der DDR geschieht«.

Gysi hielt ihm darauf vor, er mache sich »die Hauptthese der laufenden BRD-Hetze zu eigen [...] Unsere Rentner brauchten nicht die der BRD zu unterstützen.« Doch Schönherr gab nicht nach. So beharrte er auf seiner Frage, ob nicht wenigstens Rentner und Kinder die Möglichkeit erhalten könnten, nicht verbrauchtes Geld zurückzutauschen. Ähnlich werde auch in Polen verfahren.

Ganz anders als der Bischof reagierte Stolpe. Er wies »darauf hin, daß es im kirchlichen Raum aufgeregte Diskussionen über diese Maßnahme gebe[366] und daß die Konferenz der Kirchenleitungen sich dem stellen müsse und deshalb auch bei dem heutigen Gespräch um Hilfe dafür bitte. Er habe hohen Respekt davor, wie die Regierung der DDR in komplizierten Maßnahmen richtige Entscheidungen treffe. Er sei froh über die [auch von Gysi vorgebrachte staatliche] Argumentation, daß der Mindestumtausch eine interne finanztechnische Maßnahme sei und stehe zu dieser Argumentationsreihe.«

»Er sei froh, daß wir diese Maßnahme nicht als Abrücken der DDR von der Entspannung interpretierten. Auch die Argumentation, die DDR sei schließlich kein Protektorat der BRD, und die Argumente gegen die westdeutsche Medienpolitik erschienen ihm einleuchtend und im kirchlichen Raum effektiv verwendbar. Einige Nebenaffekte des Mindestumtausches beunruhigen ihn. Dies seien folgende:
– Die finanztechnische Maßnahme sei sehr gut überlegt, aber die Begründung hätte besser sein können. So hätte das bei vielen Leuten im kirchlichen Raum den Verdacht bestärkt, es gäbe dahinter andere, von der Regierung nicht öffentlich ausgesprochene Gründe.
– Die Maßnahme habe in der BRD auch bei gutwilligen Leuten Verprellung ausgelöst. Diese Leute, die für vernünftige Beziehungen zwischen der DDR und der BRD seien, seien ins Hintertreffen gekommen.«[367]

Schönherr wiederholte die kirchliche Hoffnung auf »humanitäre Differenzierungsverfahren beim Mindestumtausch«, wie Dohle das Verlangen des Bischofs in dem von ihm angefertigten Protokoll formulierte.[368]

Am 31. Oktober 1980 kritisierte auch Landesbischof Rathke im Rat des Bezirkes Rostock gegenüber dem dortigen Stellvertreter des Vorsitzenden für Inneres, Steinbach, die Geraer Forderungen. Steinbach vermerkte: »Er sagte, daß sie zu scharf geführt seien und viele Bürger in der BRD vor den Kopf stoßen.«

Rathke erwähnte, »daß Wehner und eine Gruppe im BRD-Bundestag diese Änderung [Anerkennung der DDR-Staatsbürgerschaft] auf die Tagesordnung stellen wollten, aber

355

keine Mehrheit bekommen würden, und daß eben die Ausführungen des Gen. Honekker auch diese Initiatoren vor den Kopf gestoßen haben. Die Mehrheit der Bürger in der BRD würde damit nicht angesprochen. Deshalb bemühe sich die Kirche, eine realistische Position zu vertreten.

[...] Bei dieser Auseinandersetzung [auch Mindestumtausch] kam wieder seine Position zum Ausdruck, die, wenn auch versteckt, die Klammer- und Brückenfunktion der Evangelischen Kirche in den beiden deutschen Staaten begründet.« Der Mecklenburgische Landesbischof habe während des Gespräches wiederholt den Versuch unternommen, »die Politik der BRD zu rechtfertigen«[369], vermerkte Steinbach.

Wegen der Mindestumtauschregelung hatte Rathke bereits am 18. Oktober 1980 einen Brief an Klaus Gysi geschrieben:

»Ich weiß aus persönlicher Erfahrung, nicht zuletzt als Vater einer großen Kinderschar, wie in letzter Zeit in scharfer Weise von staatlichen Vertretern die Abgrenzung gegen den Westen propagiert wird und Menschen in diesem Bereich generell als Feinde bezeichnet werden, gegen die man sich für einen bevorstehenden Krieg zu rüsten habe. In diesem Zusammenhang bekümmert uns die Erhöhung des Umtauschsatzes für Besucher aus westlichen Ländern. Ich schreibe dies auch unter dem Eindruck vieler Gespräche, die ich jetzt mit verschiedenen Gruppen in unserer Kirche hatte. Es wird Gründe für unseren Staat geben, im Bereich der Umtauschsätze auf Veränderungen zuzugehen. Menschen, denen an Frieden und Verständigung liegt, werden bereit sein, ihren Besuch teurer als bisher zu bezahlen.

Bedauerlich empfinde ich es, mit welchen Argumenten man uns Bürgern diese Regelung zu begründen versucht. Ich kann nicht abschätzen, in welchem Maße der Wert der DDR-Mark gegenüber der D-Mark gestiegen ist. Wenn aber in der Gegenüberstellung [in der DDR-Presse] auf Waren der DDR hingewiesen wird, die es zu diesem Preis für den Käufer in der Regel gar nicht, vielleicht in bestimmten Läden zum vielfachen Preis gibt, so empfinde ich dies als eine Mißachtung der Mündigkeit unserer Bürger. Solche und ähnliche Argumente können doch nur Mißstimmung hervorrufen oder noch vermehren. Zum andern empfinde ich diese neue Umtauschregelung als ausgesprochen unsozial. Nun werden auch Kinder in die Umtauschregelung einbezogen. Rentnern wird der volle Umtauschsatz zugemutet.

Muß diese Regelung im Endergebnis nicht als ein Versuch verstanden werden, Kontakte zwischen den Menschen zu verhindern? Ich empfinde es als schmerzlich, wenn unser Staat in der gegenwärtigen Situation, die mehr denn je Entspannung braucht, in dies Licht kommt und dies auch noch durch entsprechende Äußerungen unterstreicht. Daher bitte ich Sie, auch für viele betroffene Menschen, sich im staatlichen Bereich dafür einzusetzen, daß diese Regelung überdacht und alles getan wird, damit nicht weitere Verhärtungen und Spannungen entstehen oder provoziert werden. [...]

Verstehen Sie meinen Brief bitte aus der Sorge um ein gutes, offenes Miteinander in unserer Gesellschaft und für den Abbau von Spannungen nach außen.«[370]

Für den 22. Oktober 1980 bat Paul Verner den Kirchenbund-Vorsitzenden ins ZK-Gebäude. Unmittelbarer Anlaß war wohl ein Bericht im »Tagesspiegel« über zwei zuletzt mit Gysi geführte Gespräche[371]. Im Bericht der Arbeitsgruppe Kirchenfragen beim ZK heißt es:

»In letzter Zeit mischten sich leitende Amtsträger und Tagungen von Synoden der evangelischen Kirchen der DDR auf verschiedene Weise grob in Angelegenheiten unseres Staates ein. Das geschah vor allem durch Stellungnahmen gegen die Anordnung über die Erhöhung des Mindestumtausches für Besucher aus kapitalistischen Ländern und Westberlin.

Der Vorsitzende des Bundes der Evangelischen Kirchen in der DDR, Bischof Schönherr, wurde in einem Gespräch am 22.10.1980 im Hause des Zentralkomitees der SED prinzipiell mit Nachdruck darauf verwiesen, daß diese kirchlichen Einmischungsversuche eine schwere Belastung des Verhältnisses zwischen unserem Staat und den evangelischen Kirchen darstellen. Sie widersprechen dem Geist und dem Buchstaben des Gespräches, das der Generalsekretär des ZK der SED und Vorsitzende des Staatsrates der DDR am 6.3.1978 mit dem Vorstand der Konferenz der Evangelischen Kirchenleitungen in der DDR geführt hat. In diesem Gespräch wurden bekanntlich den Kirchen Zusicherungen in religiösen und sozialen Angelegenheiten gemacht. Es wurde ihnen kein Recht eingeräumt, sich in staatliche Angelegenheiten einzumischen.

Es wurde ferner deutlich gemacht, daß das fortgesetzte Unterlaufen der organisatorischen Trennung der evangelischen Kirchen in der DDR von denen in der BRD[372] die Unterstützung unseres Staates für Belange der evangelischen Kirchen in der DDR in Frage stellt. Es gilt der Grundsatz, daß diese Beziehungen zu den BRD-Kirchen so zu gestalten sind wie zu Kirchen des übrigen Auslandes. Es gilt, auch in diesen Fragen, für kirchenleitende Kräfte, Staatsbewußtsein zu beweisen.«[373]

»Unter Bezug auf die ›Frankfurter Allgemeine‹ vom 4.11.80, in der sich der Ratsvorsitzende der EKD, Lohse, ausdrücklich zum kapitalistischen Staat bekannte, wurde Schönherr auch darauf aufmerksam gemacht, daß die Kirchen der BRD Kirchen im Kapitalismus und die Kirchen in der DDR Kirchen im Sozialismus sind. Demzufolge können die Beziehungen auch nur wie die zu Kirchen in ›dritten Staaten‹, also auf ökumenischer Basis, geregelt werden.« Paul Verner mahnte Schönherr eindringlich: »»Halten Sie ein, sich als verlängerter Arm der EKD zu fühlen.‹«[374]

Weiter hieß es im Bericht über das Verner-Schönherr-Gespräch:

»Offensichtlich geht es reaktionären Kräften in den Leitungsgremien der Kirchen darum, die Belastbarkeit der Staat/Kirche-Beziehungen zu testen. Sie wollen ausloten, wie weit sie mit ihren Forderungen an den Staat und mit Versuchen der Einmischung in staatliche Angelegenheiten haben gehen können. Wir haben darauf orientiert, das nicht zu dulden und zurückzuweisen. Wir wirken darauf hin, daß dies in den Leitungen der Kirchen erkannt wird. Sie sollen begreifen, daß sie anderenfalls viel aufs Spiel setzen. Es geht um die Fortsetzung der Beziehungen zwischen Staat und Kirche auf der Linie des Gespräches vom 6. März 1978 unter Beachtung des Grundsatzes der Trennung von Staat und Kirche und bei strikter Einhaltung der in diesem Gespräch festgelegten Prinzipien.«[375]

Rudi Bellmann urteilte, »daß in dieser prinzipiellen Art und Weise bisher noch nicht mit Bischof Schönherr gesprochen wurde.«[376] Auf das Gespräch zwischen Verner und Schönherr folgte ein von Verner ausgearbeitetes Fernschreiben Honeckers an die 1. Sekretäre der Bezirks- und Kreisleitungen der SED vom 23.10.1980, in dem er auf die kirchlichen Aktivitäten gegen die Erhöhung der Umtauschsätze aufmerksam machte und auf das Ergebnis des Gesprächs zwischen Verner und dem KKL-Vorsitzenden aufmerksam machte. Weiter führte der Generalsekretär aus: »Ihm wurde ferner bedeutet, daß das fortgesetzte Unterlaufen der organisatorischen Trennung der evangelischen Kirchen in der DDR in Frage stellt.«[377]

Am 23. Oktober 1980 kam die KKL dann zu ihrer Sondersitzung zusammen und faßte einstimmig den folgenden Beschluß:

»Die Konferenz beauftragt den Vorstand, gegenüber der Regierung hinsichtlich der Erhöhung der Mindestumtauschsätze folgende Gesichtspunkte, die im Auftrage der Kirche liegen, weiterhin geltend zu machen:
- die negativen Auswirkungen dieser Maßnahmen auf den Prozeß der Entspannung und Vertrauensbildung im Sinne der KSZE und die Folgen für die Konferenz in Madrid[378];
- die Auswirkungen auf die persönlichen Begegnungen zwischen den Menschen beider deutscher Staaten (vgl. Synodenbeschluß Bundessynode Leipzig);
- die Belastung besonders der sozial schwachen Gruppen;
- die Erschwerung der Gastfreundschaft;
- die Art der öffentlichen Begründung;
- die Hoffnung auf Änderung im Zuge der Bemühungen um die Weiterführung des Entspannungsprozesses.«[379]

Einen Tag später übermittelte Stolpe dem Staatssekretär für Kirchenfragen diesen Beschluß und erläuterte sein Zustandekommen:

»Im zweiten Punkt, der sich mit dem Mindestumtausch befasse, habe man alle Punkte abgelehnt, die die Kirche nichts angingen. Stolpe machte deutlich, daß man den Gesamttext des Beschlusses aus einer Reihe von unausgegorenen, alles ablehnenden Vorstellungen und aus Vorschlägen, die der Position der Regierung nahekämen, als Kompromiß herausgefiltert habe. Man habe manchmal einen provokatorischen Antrag nur dadurch ablehnen können, daß man auch auf eine positive Formulierung verzichtete.« Gysi wertete: »In der Frage des Mindestumtausches sei die ablehnende Beurteilung der Maßnahme erhalten geblieben. Er könne ihnen von dieser Haltung nur mit allem Ernst abraten. Er könne nur hoffen, daß die Kirchenleitungen mit ihrem Versuch, das nicht zu einer Konfrontation zu machen, sondern streng vertraulich zu behandeln, Erfolg haben. Aber er zweifle stark. Im übrigen könne er nur feststellen, daß sie in die Westhetze gegen die DDR einstimmten.«[380]

Gysi sagte gegenüber Schönherr am 24. Oktober, »daß der Beschluß der Konferenz der Kirchenleitungen vom Vortag schädlich sei und eine hohe Belastung unserer Beziehungen bedeute.« Damit meinte er wohl auch den Teil des Beschlusses, der die Bußtagsaktion betraf. »Oberkonsistorialrat Stolpe habe ihn sehr liebenswürdig interpretiert« – ein hohes Lob für Stolpes diplomatische Künste –, »aber nach Kenntnisnahme sei weder Inhalt noch Ton akzeptabel. Ein Hauptproblem bleibe die sogenannte Sperrfrist, deren Durchsetzung doch offensichtlich nicht in ihren Händen liege. Wenn das ein Kompromiß sei, dann ein Kompromiß in Richtung derer, die eine Zuspitzung der Konfrontation wollen.« Schönherr entgegnete resigniert, er habe alles getan, was er hätte tun können.
»Das sei das Beste, was zu erreichen gewesen sei. Er bat mich [Gysi], ihm wenigstens das zu glauben. [...] Schönherr fügte hinzu, er sei wirklich sehr betroffen und mitgenommen.«[381]
Einen Tag nach der KKL-Sitzung, an der er nicht teilgenommen hatte, aber durch seinen Oberkirchenrat Plath informiert worden war, erschien der Greifswalder Bischof Horst Gienke im Rat des Bezirkes Rostock und bemerk-

te einleitend: »»Es ist gut zu wissen, wenn man von Freunden in komplizierten politischen Situationen nicht alleine gelassen wird.‹« In der KKL-Sitzung sei es »gelungen, das Schlimmste abzuwenden.« Auch Gienke wußte von dem Verner-Schönherr-Gespräch. Unter Bezug auf die scharfe Vermahnung des BEK-Vorsitzenden äußerte er die Befürchtung, »daß die Ergebnisse des Gesprächs vom 6.3.1978 ihre Gültigkeit verloren« hätten. Weiter hieß es im staatlichen Vermerk:

»Er wolle aber alles tun, damit das erreichte Vertrauen, das sich besonders seit dem 6.3.1978 entwickelt hat, unter allen Umständen erhalten bleibt. Ihm ist bekannt, daß leitende Kirchenmänner den 6.3.1978 bis heute nicht verstehen wollen oder nicht verstehen wollen und die Ergebnisse im nachhinein leichtfertig aufs Spiel setzen. Die Greifswalder Kirche wolle aber konsequent daran festhalten. Die Notwendigkeit ergibt sich auch durch die im letzten Jahr entstandene außen- und innenpolitische Situation. Bischof Dr. Gienke war der Meinung, daß für ihn die Erhöhung des Mindestumtausches – obwohl es auch in seine Familie eingreift – nicht die Frage Nummer 1 wäre, für ihn steht die Sicherung und Fortsetzung des Friedenskurses im Vordergrund. Er wisse aber auch darum, daß nicht alle leitenden Amtsträger sich mit seiner Meinung einverstanden erklären. Das Recht des Staates sowie seine Souveränität müssen nach seiner Auffassung auch durch die Kirchen respektiert werden. Auf die Frage an Bischof Dr. Gienke, wie die Synode der Landeskirche, die in der Zeit vom 14. bis 16.11.1980 stattfindet, auf diese Probleme reagieren wird, äußerte er sich dahingehend, daß er unter allen Umständen am bestehenden Vertrauensverhältnis zum Staat festhalten will. Er sei davon überzeugt, daß die DDR alles unternimmt, Frieden und Entspannung durch ihre aktive Innen- und Außenpolitik durchzusetzen. Trotzdem meint er, daß die Synode die Frage des Mindestumtausches nicht völlig ignorieren kann. Allein aus dem Grund, daß die Greifswalder Kirche die Solidarität mit anderen Kirchen nicht aufkündigen kann. Er versicherte, daß aber nichts geschehen wird, was vorher nicht mit den staatlichen Organen des Bezirkes abgesprochen ist. Bischof Dr. Gienke bat deshalb darum, daß er vor der Synode der Landeskirche die Möglichkeit erhält, mit dem 1. Sekretär der Bezirksleitung, Genossen Timm, und dem Vorsitzenden des Rates des Bezirkes ein Gespräch führen zu können. Am 10.11.1980 wird er sich melden, um den Termin abzustimmen.«[382]

In einer am Tag des KKL-Beschlusses fertiggestellten staatlichen Einschätzung heißt es:

»Die Erhöhung des Mindestumtauschsatzes hat in kirchlichen Kreisen lebhafte Reaktionen ausgelöst. Auf Grund der entsprechenden Orientierung durch die Konferenz der Evang. Kirchenleitungen werden Geistliche und kirchliche Amtsträger bei den staatlichen Organen auf allen Ebenen vorstellig, um zusätzliche Informationen zu erhalten. In den Gesprächen zeigen Begriffe wie ›Zwangsumtausch‹ und Argumente wie ›das trifft vor allem die sozial Schwachen‹, daß kirchliche Kreise auch zu dieser Problematik sich voll auf die Argumentation westlicher Massenmedien eingestellt haben. Vereinzelt sind bereits konkrete Forderungen nach Rücknahme bzw. Modifizierung der staatlichen Maßnahmen erhoben worden. Die Anordnung ›erschwere das Zueinanderkommen der Menschen aus beiden deutschen Staaten‹, sie bedeute ein ›zusätzliches Moment erhöhter Spannung‹.«[383]

Eine Einschätzung vom Januar 1981 akzentuierte den deutsch-deutschen Aspekt der Kontroverse noch schärfer:

»Die Anordnung (AO) zur Neuregelung des Mindestumtauschsatzes hat in kirchlichen

Kreisen zu einer Ausweitung politisch negativer Positionen geführt. Die Mehrheit der Geistlichen steht der staatlichen Maßnahme ablehnend gegenüber, ist in der Argumentation jedoch zurückhaltend. [...] Die Meinungsäußerungen zeigen fast durchgängig ein mangelndes Verständnis gegenüber dieser staatlichen Maßnahme. [...] Die Maßnahme wurde auch als eine ›Einschränkung der menschlichen Beziehungen und des Reiseverkehrs‹, als ›gegen Entspannung und menschliche Kontakte gerichtet‹ bezeichnet, die die Konzeption der evangelischen Kirche zur ›Normalisierung der Beziehungen zwischen der DDR und der BRD durch Annäherung und Versöhnung‹ gefährdet, sowie als eine ›verschärfte Art der Abgrenzung‹, die ›nicht im Sinne von Helsinki‹ sein könne. Es wird deutlich, daß die Beziehungen zwischen der DDR und der BRD nicht wie die zwischen anderen Staaten gesehen werden, sondern daß hier die ›deutsch-deutsche‹ Konzeption und die Illusion der Kirche über ihre angebliche Funktion als ›letzte gesamtdeutsche Klammer‹ Grundlage dieser politischen Fehleinschätzung sind. [...] Nur von wenigen Amtsträgern wurde erklärt, daß diese Maßnahme ›keine vorrangige Frage‹ darstelle, sondern ›im Vordergrund die Sicherung und Fortsetzung des Friedenskurses‹ stehe und durch die Kirchen ›das Recht und die Souveränität des Staates respektiert‹ werden müsse.«[384]

Als weitere deutschlandpolitische Maßnahme auf dem Feld der Kirchenpolitik ließ Generalsekretär Honecker an die ersten Sekretäre der Bezirks- und Kreisleitungen der SED eine Orientierung herausgehen[385], die sich vor allem auf das Gespräch zwischen Verner und Schönherr bezog[386].

Auch in der Evangelischen Landeskirche Anhalts gab es scharfe Kritik an der Umtauschregelung, wobei Natho auf einer Pfarrerzusammenkunft »den negativen Diskussionen entgegengetreten sein« soll.

»Natho habe von den Pfarrern verlangt, sie sollen sich darauf besinnen, daß sie Christen und Kirchen in der DDR sind und als solche die Gesetze und Anordnungen, die die Regierung der DDR erläßt, zu achten haben. Er forderte sie auf, als Christen in der DDR hier ihre Aufgabe zu sehen und zu erfüllen.«

Ein Kreisoberpfarrer erzählte, »daß ihm eine Welle der Empörung zum Mindestumtausch aus verschiedenen Bevölkerungskreisen entgegenwogt. [...] Er könne die Notwendigkeit dieser Maßnahme seinen ökumenischen Gästen (zum Beispiel aus der Schweiz) nicht erklären. [...] Man solle den Finger an den Puls der Bevölkerung legen, um zu wissen, was los ist.«

Ein anderer Kreisoberpfarrer beklagte, »daß es wohl jetzt dazu käme, daß seine Verwandten nicht mehr so häufig kommen würden, da der Aufenthalt in der DDR teurer geworden sei.«[387]

Wie angespannt das Staat-Kirche-Verhältnis in diesen Wochen war, zeigt auch die staatliche Entscheidung, Präsident Domsch die Ausreise zur EKD-Synode nach Osnabrück zu verweigern[388].

Schönherr und Wahrmann schickten daraufhin am 3. November 1980 ein Telegramm an die EKD-Synode:

»Der Bund der Evangelischen Kirchen in der Deutschen Demokratischen Republik grüßt die Synode der Evangelischen Kirche in Deutschland mit dem Lehrtext des heutigen Tages: Die Gnade unseres Herrn Jesus Christus sei mit eurem Geist. Wir bedauern, daß es unseren Vertretern nicht ermöglicht wurde, unsere Grüße bei dieser Synodaltagung persönlich zu überbringen. Um des gemeinsamen Auftrages willen hoffen wir, daß unsere Begegnungen bei nächsten Synodaltagungen wieder stattfinden können, auch im Interesse des Friedens und der Entspannung. Wir sind dankbar, daß wir in den Gottesdiensten unserer Gemeinden am nächsten Sonntag im Gebet für den Frieden verbunden sind.«[389]

Am 31. Oktober 1980 hatte Stolpe noch einen Klärungsversuch im Staatssekretariat unternommen. Hans Weise berichtete über die Begegnung:

»Auf Bitten von Herrn Stolpe fand dieses Gespräch statt. Er wollte, wie angekündigt, Aufschluß darüber erhalten, weshalb die beantragte Reise des Präsidenten der Ev.-Luth. Landeskirche Sachsen, Domsch, zur Teilnahme an der EKD-Synode in Osnabrück abgelehnt sei. Zu Beginn des Gesprächs bat OKR Stolpe im Auftrag von Bischof Schönherr folgendes zu erklären: Bischof Schönherr möchte versichern, daß in der gegenwärtigen Situation vor allem Verständnis dafür aufgebracht werden müsse im Aufeinanderzugehen. Das sei jetzt von großer Bedeutung. Er wird sich nicht irritieren lassen bei seinem weiteren Weg zur Verständigung mit dem Staat und der führenden Partei. Dazu gehöre, weiteres Vertrauen zu schaffen, denn die Kirche will beim 6. März bleiben, müsse aber auch weiterhin ›Modalitäten finden, um dem gerecht zu werden‹. Nach dieser Einleitung dankte Stolpe dafür, daß er so kurzfristig wegen der ›Ablehnung‹ der Reise von Domsch zur EKD-Synode in die BRD empfangen wurde. Er sei sich im klaren darüber, daß dieser Reisevorgang nicht wie sonst üblich behandelt wird. Es ist mit Domsch vereinbart gewesen, nur ein Grußwort zu sprechen, in dem zum Ausdruck gebracht wird, daß die Kirche in der DDR den Weg des Friedens und der Entspannungspolitik so weiter beibehalten wird. Mit der Westpresse und Reportern sollten keinerlei Berührungen oder Begegnungen stattfinden. Um aber dem Westen den Propagandaeffekt zu nehmen, will der Bund mitteilen, daß es gegenwärtig nicht möglich ist, einen Vertreter des Bundes zur EKD-Synode zu delegieren. Es könnte allerdings der Fall eintreten, so Stolpe, daß dieses Fernbleiben als Mißtrauen des Staates gegen den Bund der Ev. Kirchen gedeutet wird. Der Westpresse ist zuzutrauen, daß sie daraus weitere Abgrenzungsmaßnahmen der SED gegen die BRD ableitet. Schönherr und er, Stolpe, selbst machten sich Kopfschmerzen darüber, wie sich dies bei ihren eigenen Leuten auswirken wird. Bis jetzt sei der Beschluß der Konferenz der Kirchenleitungen aus der vergangenen Woche, obwohl er in 50 Exemplaren verteilt wurde, nicht in die Öffentlichkeit gedrungen. In diesem Fall der Ablehnung der Reise von Domsch weiß man allerdings nicht, wie sich das bei den negativen Leuten auswirkt. Für die Position der besonnenen Leute ist es schwer. Stimmen werden laut, daß seitens des Staates auf Konfrontation gegen die Kirche gegangen wird.

Ich sagte Herrn Stolpe, daß dies jeder Grundlage entbehrt; dem muß entgegengetreten werden. Nach diesen Ausführungen von Stolpe erklärte ich ihm, daß die Entscheidung, Herrn Domsch die Ausreise nicht zu gestatten, von den zuständigen Organen getroffen wurde. Hierbei spielt allerdings seine Person eine Rolle, und er sollte doch mal darüber nachdenken, was der Anlaß sein könnte. Erinnert sei an den Verlauf der Synoden in Leipzig und Dresden. Dabei gibt es Dinge, die sich nicht nur gegen uns richten, sondern auch wesentlich gegen die Kirchen selbst.

Danach Stolpe: Domsch würde sich hundertprozentig an die Abmachungen halten. Er, Stolpe, sieht aber ein, daß die Ausreise nicht möglich ist. Von sich aus entwickelte Stolpe dann den Gedanken, ob nicht Schönherr für einen Tag zur Synode fahren könnte. Er wird dies Bischof Schönherr unterbreiten, der sich z. Zt. in Greifswald bei Bischof Gienke aufhält. Damit könne ›Dampf abgelassen‹ und auch ›innerkirchlich Ruhe geschaffen werden‹. Stolpe will, wenn er mit Schönherr gesprochen hat, hier anrufen.

Ich habe ihm gesagt, daß ich mich zu diesem Vorschlag nicht äußern kann, sondern dies dem Staatssekretär unterbreiten werde.

Zwischenzeitlich rief Stolpe an und teilte mit, daß Schönherr oder der Präses der

Synode des Bundes der Ev. Kirchen, Herr Wahrmann, reisen könnte. Darüber müßte am Montag, d. 3.11., beim Bund entschieden werden. [...]
Stolpe rief um 15.30 Uhr nochmals an, wie unsere Haltung zu dem Vorschlag sei. Ich antwortete, daß es bei der Entscheidung bleiben muß, die die FAZ unmißverständlich mitgeteilt hat, daß zu dieser Synode auch der Ministerpräsident des Landes Oldenburg [sic!] erwartet wird und somit auch vom Thema her der politische Hintergrund dieser Tagung eindeutig ist. Herr Bischof Schönherr möge dafür Verständnis aufbringen, wenn es dabei bleibt, der Teilnahme eines Vertreters des BEK an dieser Synode nicht zu entsprechen. OKR Stolpe bedankte sich und wird evtl. am Montag, d. 3.11., nochmals darauf zurückkommen, wie der Vorstand des Bundes darauf reagiert. Das Gespräch dauerte 35 Minuten; es wurde unter vier Augen geführt und verlief in einer aufgeschlossenen Atmosphäre. Stolpe war bei seinen Bemerkungen sehr offen. Er betonte nochmals, daß es Schönherr und ihm ehrlich darum gehe, daß sich das angebahnte gute Verhältnis zwischen Staat und Kirche fortsetzen möge.«[390]

Am 27. Oktober 1980 hatte Eberhard Natho den 1. Sekretär der SED-Bezirksleitung Halle, Werner Felfe, um eine Unterredung gebeten: »Hauptsächlicher Gesprächsgegenstand würde von meiner Seite aus sein: die doch stark veränderte Situation in der Welt, im speziellen Verhältnis der beiden deutschen Staaten zueinander und offensichtlich auch im Verhältnis zwischen Staat und Kirche. Gerade weil ich den Eindruck habe, daß sich das bisher zunehmend verbesserte Verhältnis von Staat und Kirche nicht mehr aus den zunehmenden Spannungen heraushalten läßt, ist mir an einer Begegnung mit Ihnen dringlich gelegen«, schrieb der Dessauer Kirchenpräsident[391].

Während des Gespräches, das am 5. November 1980 stattfand, erwähnte Natho,

»daß die Mitglieder der Konferenz der Kirchenleitung[en] [...] über den ›schroffen‹ Verlauf des Gesprächs Paul Verners mit Bischof Schönherr erschrocken seien. [...] Dabei fragte er an, ob die 10jährige Entwicklung des Bundes der Evangelischen Kirchen in der DDR in Abrede gestellt würde. Er fügte hinzu, daß es bei einigen Mitgliedern der Konferenz der Kirchenleitung[en] Zweifel an der Fortsetzung der Linie vom 6. März gebe; er, Natho, und andere Mitglieder der Kirchenleitung seien an der Fortführung des Geistes vom 6. März interessiert und möchten die 10jährige Entwicklung des Bundes der Evangelischen Kirche[n] der DDR nicht missen. [...] Weiter fragte er, ob das Gespräch des Genossen Paul Verner mit Bischof Schönherr nicht ein wenig im Zusammenhang mit den Ereignissen in der Volksrepublik Polen stünde. Zu dem Problemkreis, daß bei strikter Einhaltung des Prinzips der Trennung von Staat und Kirche die Kirche nicht das Recht habe, sich in die inneren Angelegenheiten des Staates einzumischen, äußerte Natho, ob die Kirche nicht das Recht habe, in bestimmten Problemen anzufragen oder ob heute das Anfragen der Kirche eine Einmischung in die inneren Angelegenheiten des Staates sei. Wenn es heißt: Arbeite mit – plane mit – regiere mit!, was heißt das dann für die Kirche? Er sei für Loyalität und Souveränität.«[392]

Das Schönherr-Verner-Gespräch schlug auch international hohe Wellen. Mark Brayne aus London kommentierte am 4. November 1980 im BBC, man habe »Schönherr ins ZK zitiert und kräftig davor gewarnt, daß die staatliche Seite sich notfalls nicht mehr an die Vereinbarungen vom 6. März 1978 über eine Entspannung Staat-Kirche gebunden fühlen würde, wenn die Kirche ihre Stimme nicht dämpfe.«[393]

Auch auf der Pfarrers-Ebene schien Schönherr das Gespräch mit Verner nicht verschwiegen zu haben. So berichtete er darüber am 12. November 1980 während eines Pfarrkonvents in Ziltendorf (Kreis Eisenhüttenstadt) und gab an, er habe die von Verner erhobenen Vorwürfe umgehend zurückgewiesen[394]. Die Pastoren reagierten empört und brachten ihre Entrüstung auch gegenüber ihren staatlichen Gesprächspartnern deutlich zum Ausdruck.

So soll der Neutrebbiner Pfarrer Hanke am 13. November 1980 geäußert haben:

»Das Gespräch ist für den Bischof eine unerhörte Beleidigung, weil es vor der Tür im Stehen geführt wurde und nur ein Abkanzeln war. Herr Hanke ist der Meinung, daß das den Beziehungen Kirche-Staat nur schadet. Ihm persönlich tut es leid um den Bischof, weil er derjenige ist, der für die DDR wirklich etwas getan hat. Mit dieser ihm unverständlichen Haltung Herrn Verners haben alle die Pfarrer die Oberhand bekommen, die nicht mit der DDR einverstanden sind. Klar sei doch, daß sich diese Behandlungsweise herumspricht.«

Auch Superintendent Worrack, Beeskow, äußerte sich »ablehnend über das Gespräch zwischen Paul Verner und Bischof Schönherr. Er sei informiert, daß dieses Gespräch in sehr heftiger und krasser Form geführt worden sein soll.«[395]

Kirchlicherseits sprach man von einer »›Eiszeit‹ in der DDR-Kirchenpolitik.«[396]

Landesbischof Hempel äußerte, »es sei sehr hart gewesen, was man Bischof Schönherr gesagt habe, und zum Schluß habe es sogar eine Drohung gegeben.« Zum gemeinsamen Wort zum Frieden mit der EKD sagte er:

»›Wir werden uns dafür nicht schuldig erklären. In dieser Hinsicht habe ich auch nicht die Absicht hinzuzulernen.‹ Anfragen werde er gegebenenfalls prüfen. Er sei gegen ›gesamtdeutsches Gekunkel‹, ›aber hier wird das Zentrum unseres Glaubens berührt.‹«[397]

Auch der Görlitzer Bischof Hans-Joachim Wollstadt fragte besorgt, »ob sich das Klima im Verhältnis Staat/Kirche grundsätzlich verändert habe. Er bezog sich dabei auch auf die Aussprache, die Gen. Paul Verner mit Bischof Dr. Schönherr geführt hatte. Bischof Dr. Schönherr sei doch ein integrer Mann, der immer viel Verständnis für die Belange des Staates gezeigt habe.« Der staatliche Gesprächspartner Lewerenz machte Wollstadt klar, das Gespräch bei Verner habe sich nicht gegen Schönherr persönlich gerichtet, sondern sei mit ihm in seiner Funktion als Vorsitzender der KKL geführt worden[398].

Wie empfindlich der Staat in jener Zeit war, zeigt auch folgende Episode. Für den 24. Oktober 1980 bestellte Gysi den Berlin-Brandenburgischen Bischof in sein Büro:

»Veranlassung zum Gespräch war eine ADN-Information über eine Meditation von Bischof Schönherr im ARD am diesjährigen Reformationstag, in die auch Bemerkungen zur kirchlichen und staatlichen Vorbereitung in der DDR zum Lutherjahr 1983 einbezogen seien.« Gysi begann das Gespräch autoritär: »Ich habe Bischof Schönherr die ADN-Meldung auf den Tisch gelegt und ihn um Stellungnahme ersucht. Meines Wissens sei er zuerst und vor allem Staatsbürger der DDR und dann Bischof. Er sei an entsprechende Verordnungen ebenso gebunden wie jeder andere Bürger. Genosse Verner habe mit aller Eindringlichkeit kürzlich mit ihm darüber wieder gesprochen. Wie oft wir beide über Auftreten in der Westpresse gesprochen haben, könne ich nicht mehr zählen. Jetzt liege die Meldung auf dem Tisch, als ob es keine Gespräche gegeben habe, und er würde wieder einmal im gleichen Kanal mit Strauß und Schmidt auftreten.«

Gysis Protokoll zufolge war »Bischof Schönherr [...] sehr betroffen (wie meistens).« Das Ganze entpuppte sich dann als eine Lappalie, da die geistliche Meditation bereits zwei Monate zuvor aufgezeichnet worden war, nachdem der Südwestfunk auf dem ordnungsgemäßen Wege um eine staatliche Erlaubnis nachgesucht und diese auch erhalten hatte. »Er könne sich nicht vorstellen, daß irgendein Wort so aufgefaßt werden könne, als ob es gegen uns gerichtet sei. Im Gegenteil«, meinte der Bischof. Gysi grummelte noch, Schönherr habe es versäumt, vor zwei Monaten von sich aus das Staatssekretariat von dem Vorhaben in Kenntnis zu setzen; außerdem sei die Sendung für den Hessischen Rundfunk als Fernsehreportage über die Biographie des Bischofs geplant gewesen, während er, Gysi, davon ausgegangen sei, daß es sich um einen Rundfunkbeitrag des Bischofs handle. »Jedenfalls würden die Christen in der DDR ihren Bischof einmal mehr im Westfernsehen erleben.«[399]

Um zu sondieren, wie das Staat-Kirche-Verhältnis nunmehr einzuschätzen sei, machte sich Stolpe am 7. November 1980 auf den Weg ins ZK und führte dort mit Rudi Bellmann ein 90minütiges Gespräch. Am selben Tag traf sich IMV »Sekretär« zwischen 11 und 13 Uhr mit seinem Führungsoffizier Roßberg im konspirativen Objekt »Wendenschloß«[400]. Bellmann berichtete über das Gespräch mit Stolpe:

»OKR Stolpe bemerkte einleitend, daß er für dieses Gespräch keine Sachprobleme habe. Es ginge ihm vielmehr um die ›strategische Frage‹, welche Modalitäten in Erwägung gezogen werden könnten, um die Linie des 6. März fortzusetzen. Es ginge ihm auch darum, daß die Möglichkeit von Gesprächen mit mir offen bleibe. OKR Stolpe wurde erklärt, daß wir davon ausgehen, daß die Beziehungen auf allen Ebenen auf der Grundlage der Linie des 6. März fortgeführt werden. Gegenteilige Positionen würden gegenwärtig nur durch die BRD-Massenmedien suggeriert. Nur sie berichteten von einer Veränderung des kirchenpolitischen Kurses von Partei und Staat bei uns. Das Gespräch des Genossen Paul Verner mit Bischof Schönherr am 22.10.1980 sei ja von der Erhaltung der Möglichkeiten zur Fortsetzung des bewährten Kurses ausgegangen. Es seien darin prinzipiell und klar die Erfordernisse beim Namen genannt worden, die für eine Weiterführung des 6. März vorausgesetzt werden müssen. Es seien jene Fragen im Verhalten der Kirchen in der letzten Zeit angesprochen worden, die mit dem Geist und dem Buchstaben des 6. März unvereinbar sind. Die Beendigung der Stör- und Einmischungsversuche sei sehr wesentlich für die Weiterführung der Beziehungen auf der Grundlage der am 6.3.1978 bekräftigten Prinzipien. Es gebe in allerjüngster Zeit Informationen von seiten westlicher Massenmedien, die die Hinweise der Genossen Verner im Gespräch mit Bischof Schönherr vollauf bestätigten:
– ›Friedenskonferenz‹ des Arbeitskreises SPD und Kirche in Hannover, die sofort abgesetzt worden ist, nachdem Bischof Schönherr seine Teilnahme absagte [...];
– Kommentar des BBC-Korrespondenten Mark Brayne, London (deutsch), vom 4.11.1980 [...].
Stolpe versicherte, daß er davon nichts gewußt habe. Mit der SPD-Zusammenkunft in Hannover habe man den Bischof offensichtlich hereinlegen wollen. Und der Hinweis auf den Kommentar im Londoner Rundfunk mache deutlich, daß sich Westjournalisten

irgendwelche noch nicht identifizierte Informationsquellen im kirchlichen Apparat erschlossen haben müssen. Er bat zu glauben, daß solche Informationen weder durch Schönherr noch durch ihn nach außen gegeben würden. Ich gab ihm zu verstehen, daß wir ihm das glauben, daß dies aber an den Tatsachen nichts ändere.

Stolpe bemerkte, daß Bischof Schönherr noch nicht verwunden habe, daß gerade mit ihm durch Genossen Verner ein solch hartes Gespräch geführt worden wäre. Ich entgegnete ihm mit der Gegenfrage, mit wem sonst hätte gesprochen werden können. Bischof Schönherr sei als Vorsitzender der KKL der einzig mögliche Gesprächspartner gewesen. Stolpe meinte, daß dies Staatssekretär Gysi mit dem Verhältnis von Schuld und Verantwortung erklärt habe; der Bischof trage wohl keine Schuld, aber die Verantwortung.

Stolpes Gesprächswunsch stand offenbar im Zusammenhang mit der Tatsache, daß am nächsten Tag (8.11.) die KKL tagte. Er berichtete, daß folgende drei Fragen in der KKL-Sitzung eine Rolle spielen würden:
– Die Verweigerung der Reisegenehmigung für Kirchenpräsident Domsch (Dresden) zur EKD-Synode nach Osnabrück. Er, Stolpe, halte das für keine prinzipielle, sondern eher für eine punktuelle Entscheidung. Das habe er auch in der Kirchenleitung so interpretiert;
– Die kirchliche Informationstätigkeit im Zusammenhang mit der Nichtauslieferung der ›Mecklenburgischen Kirchenzeitung‹ (Schwerin) und des ›Sonntag‹ (Dresden) durch den Postzeitungsvertrieb;
– Die Verweigerung der Genehmigung zur Berichterstattung von drei akkreditierten Journalisten aus der BRD und Westberlin anläßlich der Synode der Landeskirche Sachsen in Dresden.
Diese drei Probleme sollten nach Ansicht Stolpes im Gespräch beim Staatssekretär Gysi am 10.11.1980 gründlich zur Sprache gebracht werden, damit sie, wie er sagte, vom Tisch kommen. Denn es gebe in den kirchlichen Leitungsgremien auch Leute, die die KKL veranlassen wollen, deshalb ein Schreiben an den Staatssekretär bzw. an das Zentralkomitee zu richten.

OKR Stolpe wurde, um auf seine eingangs geäußerte Fragestellung nach den Modalitäten der Fortführung der Linie des 6. März zurückzukommen, deutlich darauf hingewiesen, daß es unseres Erachtens vor allem darauf ankomme, die Stör- und Einmischungsversuche, von denen am 20.10. die Rede war, schnell zu beenden und alles zu unterlassen, was die Lage in den Beziehungen zwischen Staat und Kirche weiter belasten und komplizieren könnte. Das trifft, so wurde ihm gesagt, sowohl auf den Verlauf der KKL-Sitzung am nächsten Tag als auch auf die Absichten zum Buß- und Bettag (19.11.) zu. Der Staatssekretär sei über die entsprechenden Empfehlungen der KKL informiert worden. (Kein Glockenläuten im Zusammenhang mit der Sirenenprobe; Friedensgebet anläßlich einer gottesdienstlichen Handlung.) Es lägen aber bereits jetzt Hinweise darauf vor, daß von bestimmten kirchlichen Kräften diese Empfehlungen mißachtet und Störversuche provoziert werden sollen. Stolpe erwiderte darauf, daß nach seiner Meinung in 95 % aller Kirchengemeinden die Einhaltung der KKL-Empfehlungen gesichert sei. Es sei aber tatsächlich nicht auszuschließen, daß es hier und dort zu Abweichungen von diesen Empfehlungen kommen könne. Ihm wurde gesagt, daß eine solche Prozentrechnung in Fragen der Gesetzesverletzung nicht akzeptabel sei. Stolpe bedankte sich für das Gespräch mit dem Hinweis, es sei klar und deutlich gewesen. Er bat darum, daß auch künftig die Möglichkeit solcher Gespräche bestehen bleiben möge. Das wurde ihm zugesichert.«[401]

Am 10. November 1980 sprach Gysi mit dem Vorstand der KKL und machte den Anwesenden in einer 90minütigen Rede[402] nochmals deutlich, daß die Kirche sich nicht in staatliche Entscheidungen einmischen dürfe. Zugleich müßte sie ihre organisatorische Unabhängigkeit gegenüber der EKD wahren und in der Friedensfrage ›eigenständig‹ bleiben[403]. Der Staat sei bereit, die Linie des 6. März fortzusetzen[404]. Gysi betonte:

»Die DDR ist entschlossen, ihre Friedenspolitik wie bisher weiterzuführen. Sie wird es nicht alleine tun können, sondern rechnet mit der Unterstützung der Kirche. Die Grundlage dafür ist: Vertrauen gegen Vertrauen. [...] Es wird in der Kirche die Tendenz betont, man wolle einen Rückfall in die Allianz von ›Thron und Altar‹ vermeiden. Gelöst wurde sie nach dem Thronwechsel, als die Arbeiterklasse die Macht übernahm. Dabei zeigt sich, daß man sich jetzt aber mit einem ›Thron‹ auf der anderen Seite koaliert hat.«[405]

Laut Protokoll Wilke ging aus dem Gespräch deutlich hervor, »daß Bischof Schönherr, Präses Wahrmann und OKR Stolpe eindeutig bemüht waren, realistische kirchenpolitische Positionen zu betonen und zu festigen und sich bereit zeigten, kirchliche Fehlhaltungen und Gegenpositionen zum Teil zurückzunehmen. Sie äußerten die Bitte, daß die positive Weiterentwicklung der Beziehungen zwischen Staat und Kirche durch die Auseinandersetzungen nicht blockiert würde.«[406] Doch es gab aus staatlicher Perspektive auch Widerstände:

»Präsident Domsch trat dagegen – sehr vorsichtig und sehr zurückhaltend – mit den bekannten negativen Positionen zu Fragen des Bildungswesens und der Verteidigungsbereitschaft auf, unterstellte abermals mangelnde Gleichberechtigung der Christen im Sozialismus und verteidigte ›ihre nur aus humanitären Erwägungen‹ herrührenden Angriffe gegen den Mindestumtausch und die Kontakte mit der Westpresse. Frau Schultheiß unterstellte ebenfalls an den Schulen eine verhärtete Haltung gegenüber christlichen Kindern und stimmte in die Kritik am Bildungswesen ein.«

Schönherr soll betont haben:
»Wir haben als Kirchen trotz einer marxistisch bestimmten Staatsführung ein Maß an Freiheit in der DDR, das erstaunlich ist‹«.
»Präses Wahrmann [...] ging von den Aktionen der Kirchen für den Frieden aus, um die ›Konsultationen mit den Kirchen in der BRD‹« – hier ging man von seiten des Kirchenbundes in die Offensive – »zu erklären. Dabei fühlen sich die DDR-Kirchen ›als Gebende, nicht als Nehmende‹«[407].
Domsch betonte die Selbständigkeit des BEK gegenüber der EKD[408]: »Wir sind Kirche im Sozialismus nicht nur als Standortauffassung, sondern als Aufgabe‹«. Dann kritisierte der LKA-Präsident die Nichtzulassung westlicher Journalisten zur sächsischen Landessynode[409] und die Pressezensur bei DDR-Kirchenzeitungen.

»Im Bildungsbereich scheine sich die vernünftige Linie des 6.3.1978 nicht durchzusetzen, der Begriff der kommunistischen Erziehung diene nicht der Klärung der Probleme vor allem in den Schulen und bestimmten volkseigenen Betrieben. Er sei für den Dialog mit dem Staat, lehne aber Befehlsempfang ab. Zur Frage des Mindestumtausches bleibe er bei seiner Sicht, die auf die humanitäre Seite der Besuche orientiert sei.«[410]

Christina Schultheiß äußerte ihr Erschrecken über die gegenwärtige Einschätzung der Kirchen als Gegner.

»In Schulen und in einem Gerichtsverfahren werde die Kirchenzugehörigkeit seit 14 Tagen wieder politisch negativ gewertet. ›Die Kirche habe die DDR nie abwerten wollen, sondern immer zu ihrer Aufwertung beigetragen‹«, hob sie hervor. Stolpe, dem der Kurs des ZK ja gut bekannt war, sprach die Erwartung aus, »daß die ›Linie des 6. März 1978 so gut sei, daß sie solche Härtetests bestehen müßte‹. Friedensarbeit und z. B. internationales Engagement in der Antirassismusfrage würden die Kirchen auch weiter fortsetzen.«

Gysi bekräftigte zum Abschluß des Gespräches nochmals, an eine Abkehr vom 6. März sei staatlicherseits nicht gedacht[411].

Für das am 17. November durchgeführte »Informationsgespräch« zur DDR-Außenpolitik und zur KSZE-Problematik wurde staatlicherseits festgehalten, daß die DDR-Kirchenvertreter »sich um eine positive Aussage zur Friedenspolitik bemühten, aber dabei versuchten, die Haltung der Kirchen zu den Friedensfragen – auch in ihrer ›gesamtdeutschen‹ Ausprägung und mit zum Teil pazifistisch-illusionären Tendenzen – als ›eigenständigen Beitrag der Christen und Kirchen in der DDR‹ zu charakterisieren. [...] Ihre Positionen zum Friedensengagement, die zum Teil von Ergebnissen ökumenischer Tagungen her formuliert wurden, ließen erkennen, daß trotz der Bejahung unserer außenpolitischen Konzeption ihr Bemühen darauf gerichtet ist, die Notwendigkeit der Erhöhung der Verteidigungsbereitschaft in Zweifel zu ziehen und mit Hilfe einer ›Friedenserziehung‹ und durch Erbitten von ›Vorleistungen‹ in der Abrüstungsfrage einer Verurteilung der imperialistischen Rüstungspolitik auszuweichen.« Schönherr äußerte, auch »Afghanistan habe das politische Gespräch [...] erschwert.« Mit der Friedensdekade habe der BEK »manches zur Bewußtseinsbildung unter der Jugend getan. Es muß auch deutlich werden, daß Friede vor der Haustür den Frieden im Hause bedingt.«[412] Eberhard Hüttner sagte während dieser Begegnung zu den kirchlichen Vertretern: »›Ohne diplomatisch geschult zu sein, haben Sie in der Ökumene einen wertvollen Dienst für den Frieden getan.«[413]

Rudi Bellmann gab vor SED- und Staatsfunktionären am 12. November folgende Einschätzung zur kirchenpolitischen Situation:

»Wir haben davon auszugehen, daß die imperialistischen Kreise der BRD mittels der Massenmedien und unter Nutzung kirchenfeindlicher Kräfte in den evangelischen Kirchen in der DDR darauf hinwirken, die Gestaltung der Beziehungen von Staat und Kirche [...] [von] der Grundlage der Linie des 6. März abzubringen. Das Gespräch vom 6. März war ein Schlag gegen jene Kräfte, die für die Konfrontation mit dem Staat auftreten. Tendenzen der Konfrontation sind schnell und prinzipiell entgegenzuwirken. Durch die Stör- und Einmischungsversuche der evangelischen Kirchen in der DDR ist nicht zu vermeiden, daß wir unsererseits mal die Linie für die Weiterführung des 6. März aus dem Blick verlieren. Das würde aber nur den reaktionären Kräften Auftrieb geben. [...] Gerade zu Zeiten verschärfter internationaler Klassenauseinandersetzungen ist es notwendig, konsequent unsere Linie des 6. März fortzusetzen.«[414]

Stolpe, der sich seiner Sache anscheinend noch nicht ganz sicher war, erschien am 15. Dezember 1980 mit dem gleichen Anliegen wie wenige Wochen zuvor wieder im ZK und führte mit Rudi Bellmann und Eberhard Hüttner[415] eine weitere Unterredung:

»Stolpe unterstrich das Interesse der leitenden Geistlichen des BEK an einer Fortset-

zung der kirchenpolitischen Linie, wie sie im Gespräch vom 6.3.1978 beschritten worden sei. Er warf die Frage auf, wie man besonders bei komplizierten Vorgängen Regelungen finden kann, die die Fortsetzung der genannten Entwicklung nicht gefährden, wie das z. B. im Zusammenhang mit der Erhöhung des Mindestumtauschsatzes leider geschehen sei. Ihm kam es offenbar darauf an zu ergründen, unter welchen Modalitäten die Partei bereit ist, ihren kirchenpolitischen Kurs fortzusetzen. Er gestand ein, daß der BEK offensichtlich bei der Durchführung der Leipziger Synode (September) leichtfertig und ohne genügende Berücksichtigung der veränderten weltpolitischen Konstellation verfahren sei. Insbesondere habe man die damit verbundene massive Einvernahmetaktik der westlichen Medien unterschätzt. Es wäre auch besser gewesen, wenn sich die Leitung des BEK in Sachen Mindestumtausch über die Motive dieser staatlichen Anordnung ausreichender informiert hätte. In den Auseinandersetzungen über die Fragen sei bei den leitenden Geistlichen des BEK klar geworden:
– Die Verwirklichung der kirchenpolitischen Linie des 6.3. sei eine zweiseitige Sache. Die Kirche könne nicht nur den Hut hinhalten, sondern müsse mehr Bereitschaft zum Mittragen der Politik der DDR an den Tag legen.
– Die evangelische Kirche werde sich durch niemanden in die Rolle einer politischen Opposition drängen lassen. Sie verstünde sich nicht als Gegengewicht zum Staat.
– Mitverantwortung der Kirche könne nur im Interesse der inneren Stabilisierung der DDR verstanden und praktiziert werden.
– Das Interesse der Kirche an einer Weiterführung der Gespräche mit Partei- und Staatsfunktionären bestünde weiter, wobei die Gespräche mit Funktionären des Parteiapparates besonders wichtig seien (Zentrale, 1. Sekretäre der BL).
Im Zusammenhang mit diesen Fragen wurde Stolpe deutlich gemacht, daß Partei und Staat nicht von der kirchenpolitischen Linie des Gesprächs vom 6.3.1978 abgehen wollten. Es wurde unsererseits gleichzeitig klargestellt, daß es der Sache nicht dienlich sein könne, würden die realistischen Kräfte im BEK nach den jüngsten Ereignissen allzuschnell zur Tagesordnung übergehen. Nach unserer Meinung bestünden in den Leitungsgremien sehr große Unterschiede über die Frage, wie es weiter gehen soll und welche Schlußfolgerungen zu ziehen sind. Genosse Bellmann wies darauf hin, daß nach wie vor Kirchenleitungsberichte von Synoden in westlichen Medien abgedruckt werden, daß BBC London (Mark Wood) bis in die Formulierungen hinein Kenntnis vom Gespräch zwischen Genossen Verner und Bischof Schönherr erhalten hat, so daß die Frage des Vertrauens in den Beziehungen nach wie vor steht. Stolpe meinte, daß man alles tun wollte, um vertrauenswürdig zu sein.«

Stolpe wurde zudem »nachdrücklich deutlich [ge]mach[t], daß gemeinsame Friedensaktionen des BEK mit der EKD eine Fiktion seien, da beide deutsche Staaten gegensätzliche Haltungen zu den Grundfragen der Friedenssicherung einnehmen würden und es die Kirchen mit unterschiedlichen politischen Realitäten zu tun hätten. Stolpe wurde an Hand neuer Veröffentlichungen und Stellungnahmen der EKD nachgewiesen, daß die Kirchen in der BRD völlig eingebunden sind in das NATO-Konzept der Konfrontationspolitik. [...] Das Gespräch wurde sehr offen und verbindlich geführt. Stolpe bekundete sein Interesse an der Weiterführung dieser Gespräche. Dies wurde ihm zugesichert.«[416]

Im Unterschied zum protestantischen Bereich konnte Rudi Bellmann vor SED-Funktionären erklären: »Gegenwärtig gibt es keine Probleme mit der katholischen Kirche in der DDR. [...] In bezug auf aktuelle Probleme der Beziehungen zwischen Staat und Kirche erklärten leitende Kirchenleute: ›Seien Sie versichert, wir nehmen an den Querelen der anderen Konfessionen nicht teil.‹« Außerdem hob Bellmann positiv wertend hervor, Schaffran und Meisner beteiligten sich nicht an den Sitzungen der Fuldaer Bischofskonferenz[417].

Internationale Lage und Ökonomie: Konsultationen und Beratungen im Oktober und Dezember 1980

Auf der Konsultation im Oktober 1980 wurde ebenfalls darüber informiert, daß der BEK sich am »Weltparlament der Völker« Ende September in Sofia beteiligt habe, da eine eigenständige Wirkungsmöglichkeit der kirchlichen Delegierten garantiert worden sei[418]. Über das Treffen in Sofia hatte Gysi am 10. September 1980 mit Schönherr gesprochen und eine hochrangige Delegation des BEK gefordert. Trotz dieses deutlichen Winkes beschloß die KKL, lediglich Plath und Lewek zu entsenden, die aber zur vollen Zufriedenheit des SED-Staates auftraten[419].

Auf der Grundlage von Anmerkungen Cornelius von Heyls und einer überarbeiteten Fassung der Schönherrschen Sätze zum Begriff der friedlichen Koexistenz gelangte das Gremium in einer »lebhaften Aussprache« zu dem Ergebnis, »daß eine positive Anknüpfung an das Prinzip der friedlichen Koexistenz erwünscht wäre«[420]. Als eines der künftigen Themen wurde »Freiheit und Bindung der Kirche in ihren jeweiligen gesellschaftlichen Systemen (Große/von Keler)« verabredet.

Kurz darauf, am 4. November 1980, machte Heinz-Georg Binder in der Bonner Ständigen Vertretung deutlich, die EKD habe die feste Hoffnung, daß der unterbrochene Dialog zwischen den Supermächten USA und UdSSR nur eine kurze Episode bleiben möge.

»Die Haltung der EKD sei streng darauf ausgerichtet, sich aus den gegenwärtigen Auseinandersetzungen herauszuhalten und größte Zurückhaltung zu üben. Die EKD glaube zu erkennen, daß der BEK in der DDR ähnlich denke. Zugleich wisse man, daß bei der gegenwärtigen Verhärtung der Beziehungen die Kirchen nicht ungeschoren davonkommen könnten. Die EKD müsse sich von den Äußerungen ihrer Anhänger aus artikulieren. Sie werde sonst unglaubwürdig. Man hoffe auf eine baldige Fortführung der Gespräche BRD-DDR. Man baue darauf, daß im Verhältnis zwischen beiden Staaten das in den letzten Jahren errichtete Fundament und mehr erhalten bleibe. Darauf könne man den Bau des begonnenen Gebäudes fortführen. Die EKD würde dazu gern einen Beitrag leisten. Gesamtdeutsches Denken liege ihr fern.«[421]

Für die Zusammenkunft der »Beratergruppe« am 10. Dezember 1980 hatten sich die Teilnehmer einen Vergleich der Ausarbeitung der Theologischen Studienabteilung beim BEK über »Ökonomie – Leistung – Persönlichkeit«[422] mit der entsprechenden EKD-Denkschrift »Leistung und Wettbewerb«[423] vorgenommen. Als zentrale Fragestellung, unter der die Texte miteinander verglichen werden sollten, formulierte Lingner, »ob sich die unterschiedliche wirtschaftliche, politische und geistige Umwelt der Kirchen in den kirchlichen Äußerungen niederschlägt«[424]. Dem EKD-Präses, Cornelius von Heyl, schrieb Lingner dazu:

»Das Ziel – wenn ich es recht verstanden habe –, das man sich mit der Thematik gestellt hat, soll ›entlarvender‹ Art sein. Man möchte sich gegenseitig die Augen öffnen über Art und Ausmaß der vielleicht ungewollten und unbewußten Bindung an die eigene Gesellschaft. Ist die Kritikfähigkeit an den Zuständen in der eigenen Gesellschaft nur begrenzt vorhanden? Fehlt es den Kirchen möglicherweise an Freiheit und Mut, Kritik zu üben? Wir haben uns im Bereich der EKD – wenn ich es recht sehe – angewöhnt, davon auszugehen, daß wir frei sind von allen Einbindungen und darum unserer Gesellschaft und unseren Politikern zu jeder Zeit die volle Wahrheit vorhalten können. Unsere Brüder aus der DDR sind sich nicht sicher, ob das so stimmt [...] ich schreibe das alles sehr ungeschützt und unausgewogen. Mir liegt daran, daß Sie die Grundfragen kennen, mit denen unsere Brüder in der DDR unsere Verlautbarungen oder Denkschriften in die Hand nehmen.«[425]

Eine staatliche Einschätzung beurteilte die Haltung der DDR-Geistlichen im Blick auf die Wirtschaftsentwicklung des SED-Staates folgendermaßen:

»Während ein Teil von ihnen anerkennt, daß der Lebensstandard durch die Erhöhung der Arbeitsproduktivität gesichert werden kann, sprechen sich andere Kirchenvertreter für einen ›einfacheren Lebensstil‹ aus und empfehlen ›mehr Bescheidenheit in materiellen Bedürfnissen‹. Bei einer Anzahl von Geistlichen werden Zweifel an der Fortsetzung unserer Sozialpolitik und spekulative Äußerungen hinsichtlich ›notwendiger Korrekturen‹ des Lebensstandards und der Preise vorgebracht. In der Diskussion um Versorgungsfragen zeigt sich häufig eine einseitig negative und pessimistische Sicht.«[426]

Im Blick auf den zuletzt angeführten Punkt hieß es im Januar 1981, trotz vieler anerkennender Äußerungen zur Wirtschafts- und Sozialpolitik der DDR seitens vieler Geistlicher werde »von einem Teil der kirchlichen Amtsträger verstärkt zu Versorgungsschwierigkeiten Stellung genommen, die zu ›Unzufriedenheit im Lande‹ führen. Die Ursachen dafür sehen sie in Engpässen in der Wirtschaft, in einem steigenden materiellen Bedarf für die Rüstung und schließlich im System des Sozialismus überhaupt. Man erwarte endlich ein ›Eingestehen‹ von Versorgungsproblemen. Aus Kritiken an unserer Informationspolitik wird die Forderung abgeleitet, ›die Regierung solle mehr Vertrauen zu ihren Bürgern haben und offener über Probleme informieren. Das würde richtig verstanden und beuge dem Entstehen von Gerüchten vor‹.«[427]

Am 10. Dezember 1980 führten Tilmann Winkler (EKD-Kirchenkanzlei), der als Geschäftsführer des zuständigen EKD-Ausschusses die Denkschrift begleitet und Götz Planer-Friedrich, »der die Ausarbeitung der Theologischen Studienabteilung im wesentlichen verfaßt«[428] hatte, die »Beratergruppe« in das Thema ein.

Winkler referierte kritische Stimmen zur EKD-Denkschrift und stellte im Vergleich fest, daß sie dem System der sozialen Marktwirtschaft weniger kritisch gegenüberstünde als der Beitrag der theologischen Studienabteilung dem »real-sozialistischen«. Die Ausarbeitung der DDR-Theologen stehe freilich einer auch in der Bundesrepublik auszumachenden »Szene« recht nahe, die »dort sehr pauschal [...] als ›Neue Linke‹ bezeichnet wird«[429].

Planer-Friedrich ging in seinen Thesen mit der EKD-Denkschrift zunächst scharf ins Gericht. Sie verwende eine Begrifflichkeit, die in der bundesrepublikanischen Gesellschaft politisch hoch besetzt sei und »in der sozialistischen Gesellschaft zur ideologischen Munition des Klassengegners gezählt«[430] werde. Ähnliches konstatierte er freilich – unter umgekehrten Vorzeichen – für die Arbeit der Theologischen Studienabteilung, um daraus den Schluß zu ziehen:

»Es fällt offensichtlich leichter, die ideologische Anpassung auf der anderen Seite nachzuweisen, als sie selbstkritisch im eigenen Denken und Reden zu erkennen. Das ist insofern verständlich, als eine gewisse Identifizierung mit der gesellschaftlichen Umwelt unbewußt geschieht.«[431]

Die EKD-Denkschrift argumentiere nur dann theologisch, wenn sie sich »gegen negative Auswirkungen des bestehenden Systems« wende; »soweit der Kirche die Aufgabe zufällt, diese zu minimieren, dient sie ausdrücklich als Stabilisator des bestehenden Systems«. Ferner blende die Denkschrift zentrale Probleme wie Arbeitslosigkeit aus und leite »negative Emotionen auf das sozialistische System« ab.

»Jede Kirche entwickelt in ihrem gesellschaftlichen Kontext gewisse Anpassungsstrategien, die mit theologischen Begründungen einhergehen, ohne daß die Koppelung von gesellschaftlicher Motivation und theologischer Argumentation immer bewußt wird.«[432]

Die theologische Grundlegung »des Prinzips der Parteilichkeit [...] in Fragen ökumenischer Diakonie«, formulierte Planer-Friedrich im Blick auf sein eigenes Papier, »konkordiert mit dem Schlüsselbegriff für gesellschaftliches Engagement im real-existierenden Sozialismus«. Umgekehrt enthalte das Prinzip »demokratischer Ausgewogenheit« der EKD-Denkschrift »eine Konzession an den alles nivellierenden Pluralismus in der BRD-Gesellschaft«.

In seiner letzten These gelangte der theologische Kirchenbund-Stratege schließlich selbst zu dem »ausgewogenen« Urteil, »Mut zur Einseitigkeit und zum Widerspruch gegen den gesellschaftlichen Trend« lasse sich für den Kirchenbund wie die EKD nachweisen. »Es wäre also unzutreffend, die jeweilige Anpassungsstrategie als ›typisch‹ zu bezeichnen.«[433]

Mit diesen und ähnlichen Argumentationsfiguren suchten Planer-Friedrich und andere DDR-Theologen eine gesellschaftsethische Egalisierung zwischen westlichen Demokratien und östlichen Diktaturen durchzusetzen. Danach waren in beiden »Systemen« Vor- und Nachteile feststellbar. Eine besondere Dignität kam nach Planer-Friedrich daher solchen Worten aus dem Raum der Kirche zu, die sich »gegen den gesellschaftlichen Trend« richteten. In immer neuen Exempeln wurde so der Weg zur »Normalisierung« geplant.

Ein anderes Feld solcher Bemühungen bot das Thema »Reisevorhaben zwischen den deutschen Staaten«, das tags darauf in der »Konsultationsgruppe« behandelt wurde. Im Protokoll Stolpes heißt es dazu:

»Der Zusammenhang des Reisevorhabens mit Sicherheit und Zusammenarbeit in Europa und der Friedensverantwortung ist eindeutig. Hauptkonsens der Kirche ist die Sorge um die Menschen[434]. Unter Beachtung der staatlichen Zuständigkeiten sollten die Probleme versachlicht, Emotionen abgebaut, Vertragspolitik gefördert, der Prozeß der Normalisierung zwischen den deutschen Staaten gefördert werden, um langfristig zu einem normalen Verhältnis zwischen einem sozialistischen und einem kapitalistischen Staat zu kommen.«[435]

Gegen Ende des Jahres 1980 wurde im Staatssekretariat für Kirchenfragen ein Papier mit dem Titel »Informationsmaterial Zusammenarbeit BEK-EKD« angefertigt und lag am 29. Dezember vor. Darin hieß es auch:

»Seit 1979/80 hat sich eine ›Konsultationsgruppe‹ aus dem Rat der EKD und dem Vorstand des BEK zu gemeinsamen Beratungen gebildet und regelmäßig zusammengefunden. Diese dienstlichen Einreisen erfolgen unter Mißbrauch der privaten Einreisemöglichkeiten in die Hauptstadt der DDR.«[436]

Man war also staatlicherseits über alle Aktivitäten dieses Gesprächskreises wohlinformiert. Auf die kurze Pressemeldung über den Arbeitsbeginn der Konsultationsgruppe war das Regime nicht angewiesen[437].

Für die Beratergruppen-Sitzung am 12. März[438] 1981 war vorgesehen, vor dem Hintergrund eines Urteils des Bundesgerichtshofes aus dem Jahr 1980[439] über »die Frage der Staatsbürgerschaft und der Strafverfolgung von Taten in der Bundesrepublik, die DDR-Bürger im Bereich der DDR begangen haben, zu berichten«[440]. Lingner war die Brisanz des Themas nur allzu deutlich. Darum bat er Cornelius von Heyl, mit eigenen Beiträgen die Diskussion zu beleben. »Sie wissen, daß ich über die Diskussionsfreudigkeit bzw. Diskussionsbereitschaft in der Beratergruppe manchmal etwas klage. In diesem Kreis wird mehr verschwiegen und geschwiegen als wirklich gesprochen.«[441] Möglicherweise wurde das Thema dann doch abgesetzt, weil man entweder Sprachlosigkeit oder aber heftige Kontroversen fürchtete.

Albrecht Schönherr soll am 25. April 1980 gegenüber Klaus Gysi bemerkt haben, »daß die Schwierigkeit [in dieser Angelegenheit] bei der BRD läge, die sich weigere, unsere Staatsbürgerschaft anzuerkennen.«[442] Am 20. Oktober 1980 äußerte er seine Zustimmung zu der Forderung, »daß die Staatsbürgerschaftsfrage endgültig geklärt werden müsse, aber das sei sicher noch ein weiter Weg, denn selbst der Bundeskanzler habe ihm im Gespräch erklärt, daß er da auf die Verfassung der BRD festgelegt sei und daß eine verfassungsändernde Mehrheit nicht im Bereich des Realen liege.«[443] DDR-Kirchenvertreter sprachen demnach über dieses Thema auch schon mit höchsten Bonner Politikern. Jahre später soll Bischof Forck gegenüber Staatsvertretern geäußert haben:

»Positive Erfahrungen habe es in der Vergangenheit gegeben, wenn ökumenische Kontakte zur Durchsetzung politisch vernünftiger Positionen benutzt wurden. Zum Beispiel habe Altbischof Schönherr ökumenische Kontakte wirksam für eine diplomatische Anerkennung der DDR genutzt.«[444]

Um die Reichweite der Staatsbürgerschaftsproblematik für die DDR-Bevölkerung abzutasten, fragte Eberhard Natho Staatsfunktionäre, ob eine Anerkennung der DDR-Staatsbürgerschaft »durch die BRD tatsächlich eine umfangreichere Reisetätigkeit in die BRD und andere westliche Länder möglich« machen würde[445]. Das war der »humanitäre« Hebel, um die Diskussion über die Haltung der Bundesrepublik in Gang zu bringen.

Gedanken über das Staat-Kirche-Verhältnis und Sondierungen über ein neues »Spitzengespräch« mit Honecker im September 1981

Breiten Raum nahm auf der März-Sitzung der Beratergruppe ein relativ optimistischer Bericht über das Staat-Kirche-Verhältnis in der DDR ein; gleich zu Beginn meinte der Berichterstatter, daß die Beziehungen »nach dem Gespräch vom 6.3.1978 durch eine zunehmende Gesprächsbereitschaft auf allen Ebenen[446] gekennzeichnet« seien[447]. Dieser Einsatz bei dem drei Jahre zurückliegenden Ereignis[448] verwundert, weil er an das Ritual von Staat-Kirche-Gesprächen erinnert, das nun offenbar auch auf das Kirche-Kirche-Gespräch übertragen werden sollte. Weiter heißt es:

»In solchen Gesprächen gibt es Möglichkeiten, Steine des Anstoßes aus dem Weg zu räumen, soweit es sich um konkrete Vorfälle handelt [...] Zu grundsätzlichen Klärungen in Streitfragen sind die staatlichen Stellen offensichtlich nicht bereit. Sie zeigen zwar eine Bereitschaft, im konkreten Einzelfall nachzugeben. In Absprachen Grundsatzerklärungen herbeizuführen, ist nicht möglich. Für die Kirchen und ihre repräsentativen Sprecher ist es auch nicht oder kaum möglich, öffentlich zu Problemen der Gesellschaft kritisch Stellung zu nehmen. ›Unter vier Augen‹ kann man dem staatlichen Partner nahezu alles sagen.«[449]

Am 16. Februar 1981 wurde Stolpe wegen eines Spitzengespräches über die weitere Entwicklung der Staat-Kirche-Beziehungen bei Rudi Bellmann im ZK vorstellig. Nach Bellmanns Protokoll faßte der Chefdiplomat des Bundes noch einmal die Irritationen des vergangenen Herbstes zusammen und interpretierte sie:

»Der BEK sei von den Auseinandersetzungen im Oktober des vergangenen Jahres überrascht worden. Es habe sich kirchlicherseits inzwischen die Erkenntnis durchgesetzt, daß durch den Kirchentag besonders im Zusammenhang mit der Bundessynode in Leipzig die veränderte weltpolitische Lage ungenügend berücksichtigt worden sei. Dies sei von der Westpresse weitestgehend ausgenutzt worden. Hinzugekommen seien die Aktivitäten der Friedensdekade und zum Mindestumtausch. Es habe sich aber bereits im Dezember gezeigt, daß die Leute um Bischof Schönherr in dieser komplizierten Zeit mit einer relativ starken Gruppe besonnener Kirchenvertreter rechnen konnten. Die Situation sei im wesentlichen durch die Konferenz der Kirchenleitungen bewältigt worden. Man habe besonders nach den Gesprächen im Oktober vergangenen Jahres, die Stolpe als einen Härtetest für die Politik des 6. März 1978 bezeichnete, gelernt, auf der Grundlage der am 6.3. bekräftigten Prinzipien auch durch diese kirchenpolitische Schlechtwetterlage hindurchzukommen. Es müsse möglich sein, den Kurs des 6.3.1978 kontinuierlich auch in das Jahr 1982 hineinzubringen.«

Bellmann antwortete, »daß sich unserer Meinung nach in den vergangenen Monaten die nachhaltige Wirkung des Gesprächs vom 6.3.1978 unter den Bedingungen einer nicht unkomplizierten Situation gezeigt habe«, und zeigte sich zuversichtlich, daß sich das Staat-Kirche-Verhältnis wieder auf gutem Kurs befinde[450].

Stolpe fragte außerdem an, ob man nicht für das Jahr 1981 »›einen kirchenpolitischen Höhepunkt«« planen könne, »der die Kontinuität der Entwicklung seit dem 6.3.1978 für die Folgezeit festschreiben könne. Das sei besonders durch die personellen Wechsel in den Leitungen wichtig.« Er dachte an eine Begegnung Honeckers mit Schönherr, Werner Krusche und ihm selbst oder auch mit dem gesamten KKL-Vorstand. Ihm bzw. dem BEK schwebe »eine Gesprächsrunde ohne umfassende inhaltliche Vorbereitung und protokollarische Formen« im August oder September vor.

Bellmann reagierte sichtlich reserviert:

»Ich habe Stolpe darauf hingewiesen, daß man über solche Pläne gründlich nachdenken und auch die Entwicklung der nächsten Monate abwarten müsse. Wir würden zu gegebener Zeit auf diese Anregungen zurückkommen.«

Eher indirekt verknüpfte Bellmann die Vergabe für den gewünschten Gesprächstermin auch mit einer Beendigung der Eppelmannschen Blues-Messen[451].

Als Stolpe am 11. Mai 1981 nochmals nachfragte, beschied ihn Bellmann, man werde von seiten des Staates und der Partei »auf diese Gedanken zu gegebener Zeit zurückkommen«[452].

Schönherr erkundigte sich noch im gleichen Monat bei Bellmann nach dem Stand der staatlichen Überlegungen in Sachen »Spitzengespräch«.

»Es ginge ihm darum, zum Zeitpunkt des personellen Wechsels in der Leitung des BEK die Kontinuität der kirchenpolitischen Entwicklung seit dem Gespräch am 6. März 1978 fortzuschreiben. Ihm sei klar, daß ein solches Vorhaben gut vorbereitet sein müsse. Deshalb erinnere er schon jetzt daran. Er betrachte die Begegnung vom 6.3.1978 mit dem Vorsitzenden des Staatsrates in gewissem Sinne als die ›Krone seines Lebens‹. Er stimme übrigens völlig mit dem überein, was Staatssekretär Gysi dazu in London[453] gesagt habe, als er diese Politik ein ›großes historisches Experiment‹ genannt habe.«

Bellmann reagierte auf Schönherrs Anfrage freundlicher als bei Stolpe, blieb aber zurückhaltend: »Ich habe Bischof Schönherr um Verständnis gebeten, daß mir eine konkrete Antwort gegenwärtig nicht möglich sei, und ihm versichert, daß wir in absehbarer Zeit auf dieses Anliegen zurückkommen werden.«[454]

Doch der Kirchenbund ließ nicht locker. Am 6. August 1981 wurde im BEK der Entwurf eines Aufrisses für das angestrebte Spitzengespräch erarbeitet und informell dem Staatssekretariat zugestellt. Neben der Bekräftigung des mit dem 6. März erreichten Standes der Staat-Kirche-Beziehungen sollte es inhaltlich um die Themen atheistisches Bekenntnis bei der Jugendweihe, Martin-Luther-Forschungswerk[455], staatliche Finanzhilfe bei der Erhaltung denkmalgeschützter und vom Verfall bedrohter Kirchen und um die Übernahme der Diakonissen in die staatliche Rentenversicherung[456] gehen. Als kirchlicher Teilnehmerkreis waren der alte und der neue KKL-Vorstand, aber nicht mehr als acht Personen, vorgesehen. Sogar einen Gesprächstermin brachte das Papier in Vorschlag: die letzten zehn Tage im September; am günstigsten seien für die Kirchenleute der 23., 24. oder 25. September[457].

Anfang September 1981 richtete Stolpe an den Stellvertreter des Staatssekretärs, Hermann Kalb, die Bitte, er möge dafür Sorge tragen, daß der aus dem Amt scheidende Schönherr, dem sehr viel daran liege, sich bei Honecker persönlich verabschieden dürfe. Der Abschiedsbesuch könne entweder in Begleitung des KKL-Vorstandes oder Krusches, Demkes und ihm selbst oder auch nur gemeinsam mit Demke und Stolpe stattfinden. Dabei bestehe dann auch die Möglichkeit, über das geplante Institut für theologische Forschung sowie über die Altersversorgung der Diakonissen zu sprechen.

Kalb gab zu bedenken, »daß im Blick auf die programmatische Bedeutung der Begegnung vom 6. März 1978 eine erneute Zusammenkunft des Vorstandes der Konferenz der Kirchenleitungen mit dem Vorsitzenden des Staatsrates nicht gewollte und gewiß auch nicht zu erfüllende Erwartungen hinsichtlich weitergehender Sachentscheidungen wecken könnte. Schon aus dieser Sicht sei zu raten – vorausgesetzt, der Vorsitzende des Staatsrates entspricht dem Anliegen von Bischof Schönherr –, dieser Begegnung den Charakter einer Abschieds- bzw. Antrittsvisite zu geben. Stolpe entgegnete hierauf, daß Bischof Schönherr für jede Empfehlung offen sei.«[458]

Aus der Abschiedsbegegnung zwischen Schönherr und Honecker wurde letztendlich nichts. Ein letzter, aber gewiß nicht ausschlaggebender Faktor hierfür war das Auftreten Werner Krusches vor der provinzsächsischen Herbstsynode im November 1981[459].

BEK und EKD vor Lutherjahr und Friedensfrage

Auf der gemeinsamen Sitzung BEK-EKD im März 1981 wurde auch über einen katholischen Fastenhirtenbrief innerhalb der DDR informiert, der in den Gemeinden verlesen wurde. »Die westlichen Medien haben offensichtlich von dem Fastenhirtenbrief nichts gewußt. Auch KNA hat keine Meldung gebracht«, stellte man fest[460].

Außerdem berichtete von Heyl von Planungen für die EKD-Synode im Lutherjahr 1983, wobei man auf »eine repräsentative Beteiligung von Vertretern aus den Kirchen aus der DDR« hoffte. Ein deutlicher Hinweis auf das Gesprächsklima zwischen beiden Kirchenbünden liegt in der folgenden Protokollnotiz Lingners über die Ausführungen des EKD-Präses: »Umgekehrt besteht auch der Wunsch, bei den kirchlichen Luther-Feiern in der DDR mit repräsentativen Gruppen vertreten zu sein.« Die westdeutsche Schwesterkirche mußte sich also selbst einladen[461].

Heinz-Georg Binder teilte im Dezember 1981 in der Bonner DDR-Vertretung mit, die EKD werde bei der Planung ihrer Veranstaltungen für 1983 auf jeden Fall Überschneidungen mit Terminen in der DDR vermeiden. Weiter führte er aus:

»Man verfolge die Vorbereitungen der DDR mit hohem Interesse. Dazu gehöre die hohe Anerkennung, die man dem von der DDR-Staatsführung entwickelten Luther-Bild zolle. Luther wurde darin in seiner Zeit gesehen. In der BRD habe das Interesse der Parteien, der Regierung und der EKD selbst am Luther-Jahr zugenommen. Dazu gehöre das wachsende Interesse an Einladungen aus der DDR zum Luther-Jahr. Die EKD würde eine Einladung des Rates der EKD oder von Mitgliedern des Rates sehr begrüßen. Es bestehe auch ein hohes Interesse an Informationen über den Stand und weitere Details der Vorbereitung des Luther-Jahres in der DDR.«[462]

Am 9. Juli 1981 teilte OKR Demke dem Präsidenten im Kirchenamt der EKD, Hartmut Löwe, mit, Einladungen an EKD-Vertreter könnten erst zum Jahresende ausgesprochen werden. Die EKD sagte finanzielle Unterstützung für die kirchlichen Lutherfeierlichkeiten in der DDR zu. Außerdem lud Löwe den KKL-Vorsitzenden ein, während des in Worms geplanten Festaktes zum Lutherjahr ein Grußwort zu sprechen, wies aber darauf hin, daß auch Bundespräsident und Bundeskanzler sprechen würden. Demke äußerte, ein aktives Auftreten des BEK-Vertreters in diesem Rahmen sei nicht unproblematisch, könne aber wohl doch von seiten des BEK realisiert werden[463]. Als die offizielle Einladung an Hempel vorlag, empfahl der KKL-Vorstand deren Annahme und bat die EKD, sich mit dem BEK über die Reihenfolge der für den Festakt vorgesehenen Ansprachen zu verständigen[464].

Nachdem die sechste Konsultation am 12. März 1981 über Thesen Demkes zum »Friedensauftrag der Kirche« diskutiert hatte[465], trug Heino Falcke auf der siebten Konsultation am 20. Mai in Schwäbisch-Hall Bemerkungen zur gegenwärtigen Diskussion um den christlichen Friedensauftrag vor[466]. Anschließend stellte Cornelius von Heyl Überlegungen zur Verschiebung der ethischen Fragestellung in der gegenwärtigen Diskussion um Friedenssicherung und atomare Rüstung an. Beide lehnten die Abschreckungsstrategie als zunehmend fragwürdig ab. Falcke bezeichnete als Ursache für die innerkirchlichen Spannungen die unterschiedliche Situation in Kirchenbund und EKD, meinte aber, diese Situation könne gegenseitig weiterhelfen und dem jeweiligen Friedenszeugnis dienlich sein. In der anschließenden Diskussion wurde er gefragt, »ob er [Falcke] den Gottesfrieden und den Frieden der Welt nicht zu nahe beieinander stelle [...] Es bestehe die Gefahr, über der Friedensfrage das Christentum zu ideologisieren.«[467] Klar wurde herausgestellt, daß eine gradualistische Vorleistung des Westens diesen einseitig benachteilige.

In einer staatlichen Einschätzung vom August 1980 hatte man bei den Geistlichen in der DDR »zunehmend mehr pazifistisch geprägte Argumentationen« festgemacht. Die meisten von ihnen hätten die ausschließliche Friedensgefährdung durch die Politik des »imperialistischen« Westens noch nicht zureichend erkannt. »Daraus resultiert eine verbreitete Ablehnung der sozialistischen Verteidigungsbereitschaft sowie die Auffassung, daß kirchliches Friedensengagement vorwiegend in einer ›allgemeinen Erziehung zum Frieden‹ verwirklicht werden muß.« Der Gegensatz zwischen den Gesellschaftsordnungen werde negiert, und christliches Versöhnungsdenken werde als Lösung gesehen:

»Diese Haltung führt in der Folge zur Ablehnung unseres Feindbildes sowie zur Kritik an der Durchsetzung des Wehrunterrichts wie aller Formen der vormilitärischen Ausbildung und vereinzelt zu Versuchen, sich der Wehrpflicht zu entziehen.«

So habe Gottfried Forck die Möglichkeit eines zivilen Wehrersatzdienstes in sozialen Einrichtungen gefordert, aus dessen Wahl dem Sozialdienstleistenden keine gesellschaftlichen Nachteile erwachsen dürften. »Gleichzeitig ist eine Überbewertung von ›vertrauensbildenden Maßnahmen‹ zu verzeichnen, die einseitig in der verstärkten Pflege von kirchlichen und persönlichen Beziehungen zwischen Gruppen und Bürgern aus unserer Republik und der BRD gesehen werden.« Die militärpolitischen Maßnahmen der DDR würden nur von einer Minderheit der Geistlichen unterstützt[468].

Mißfallen erregte auch ein Vortrag Werner Krusches vor der in Berlin (West) tagenden EKU-Synode-West am 12. Juni 1980[469]. Zwar habe Krusche mit Recht festgehalten, die Kirche könne »zu einem Krieg mit Massenvernichtungsmitteln [...] nur radikal nein sagen«. Jedoch müsse man die vom Bischof vertretene Auffassung, die »seit 1959 in den evangelischen Kirchen aufgestellte Formel, daß sowohl mit wie ohne Waffen christliche Liebe geleistet werden könne, sei heute nicht mehr anwendbar, [...] als Antithese gegenüber der sozialistischen Verteidigungspolitik und Wehrerziehung« werten[470].

Im Staatssekretariat für Kirchenfragen war im April 1981 durch den Wissenschaftlichen Mitarbeiter, Horst Hartwig, eine umfangreiche Studie »Zur Haltung der Kirchen in der Frage des Friedens und der Abrüstung« verfaßt worden:

»Im Laufe der 70er Jahre haben im Gefolge der Durchsetzung der Politik der friedlichen Koexistenz und der politischen Entspannung ökumenische Gremien, die Katholische Kirche, nationale Kirchenleitungen, kirchliche Verbände und Gruppierungen, Theologen und engagierte Laien nicht nur ein wachsendes Interesse am Prozeß der Entspannung gezeigt, sondern auch, von kirchlichen Motivationen und Zielvorstellungen ausgehend, mit ihren spezifischen Mitteln versucht, Alternativen zum Wettrüsten, zur Politik der Konfrontation und des Kalten Krieges aktiv zu fördern. Damit vergrößerte sich ständig ihre Potenz im Rahmen der weltweiten Bewegung für den Frieden. Bei aller Widersprüchlichkeit im Detail wurden konstruktive Grundpositionen im ganzen gefestigt.«

Allerdings meinte Hartwig auch festhalten zu können:

»Die Klassenbasis kirchlicher Friedensbewegungen, die zum großen Teil durch bürgerlich-liberale, bürgerlich-demokratische und kleinbürgerlich-intellektuelle Schichten geprägt wird, die Differenziertheit ihrer Vorstellungen sowie das vor allem in den Kirchen der kapitalistischen Staaten vorherrschende Unvermögen, den bürgerlichen Klassenhorizont in der Friedensfrage zu überschreiten, bedingen beständig und auch zukünftig Widersprüche und Probleme im Zusammenwirken mit diesen Kräften. [...] Andererseits verkörpern die kirchlichen Friedenskräfte einen Teil jener Widersprüche, die im Gesamtsystem des Imperialismus und insbesondere gegenüber der gegenwärtig konzipierten Politik der Konfrontation der imperialistischen Hauptmächte der NATO hervortreten. Obgleich bestimmte kirchliche Positionen zugleich auch mehr oder weniger die Funktion haben, diese Widersprüche weitgehend zu überdecken, gelingt dies immer weniger.« Die ökumenische Position zur Friedensfrage zeichne sich aus durch eine »Systemindifferenz, die verbunden wird mit illusionären Vorstellungen eines ›Dritten Weges‹, einer ›illusionären Weltgemeinschaft‹, in der imperialistische Machtstrukturen unangetastet bleiben. Hier berühren sich ökumenische Auffassungen mit denen der Sozialistischen Internationale«[471].

»Da in der kirchlichen Tradition stets eine der wichtigsten ideologischen Funktionen darin besteht, Klassenwidersprüche auszusöhnen, wird kirchliches Friedensengagement unter dem Gesichtspunkt, einen eigenständigen Beitrag zu leisten, auch von diesen Traditionen bestimmt, zum Teil bestärkt durch verschiedene Richtungen bürgerlicher Friedensforschung.«

Die DDR-Kirchen seien »noch immer durch die Konzeption des 6.3.1978 insgesamt stärker auf ein konstruktives Mitwirken und nach außen auf ein wirkungsvolles Friedensengagement orientiert worden. Einerseits eine besondere Belastung für ihr Friedensengagement, andererseits eine besondere Chance und Aufgabe resultiert aus ihrer starken Bindung an die Kirchen in der BRD, an deren Loyalität gegenüber der aktiv die NATO-Politik fördernden BRD-Regierung kein Zweifel besteht. Die in den letzten Jahren angestrebte gemeinsame Positionsbestimmung wird jetzt fragwürdiger werden.«

Für den Staat ergab sich die folgende Handlungsperspektive:

»Unter diesen Bedingungen und unter diesem Gesichtspunkt der sich ankündigenden und zu erwartenden neuen und tieferen Differenzierungen in der Ökumene, nicht zuletzt in den Kirchen der BRD, bedarf es einerseits differenzierterer Maßstäbe, um die Friedensaktionen der Kirchen in der DDR in ihrer Wirkung nach außen und im Bereich der DDR selbst politisch richtig bewerten zu können und andererseits dann in geeigneter Weise bestimmte Tendenzen zu fördern oder abzuschwächen. Dabei müssen politisch ambivalente Positionen eingeordnet und Prioritäten neu bestimmt werden. Der Wirkung der protestantischen Kirchen in der DDR auf den gegenwärtigen Differenzierungsprozeß in der Ökumene ist sicher ein hoher Stellenwert beizumessen.

Die Kriterien für die Bewertung der ökumenischen Auswirkungen der Haltung des BEK sind andere als die, die angelegt werden müssen, wenn es um den Einfluß kirchlicher Friedenskonzeptionen auf die Bürger der DDR, insbesondere auf die Jugendlichen, geht. Angesichts des gegenwärtig neu aufbrechenden, die Ökumene und nationale Kirchen ergreifenden Polarisierungsprozesses, in dem die Kirchen der DDR ihren Platz noch genauer bestimmen müssen, können neue Wertungen noch nicht oder nur begrenzt vorgenommen werden«.

Zur Situation in der EKD urteilte Hartwig:

»Die Bindung [der Bundesregierung] an die Politik der USA bringt in diesem Zusammenhang gegenwärtig eine schwere Belastung für die ideologische Integrationsfähigkeit der EKD mit sich, zumal die SPD gegenwärtig selbst immer größere Risse aufweist, die zum Teil noch verstärkt werden durch den Differenzierungsprozeß in der Sozialistischen Internationale. [...] Es hat sich als notwendig erwiesen, für eine Arbeitsgruppe der EKD ein Grundsatzpapier zur Verantwortung der Kirche für den Frieden in Auftrag zu geben, um die in der EKD weit auseinanderbrechende Polarisierung wieder auf eine gemeinsame Plattform zurückzuführen.«

Die Friedensfrage werde auf nahezu allen Synodaltagungen der westdeutschen Landeskirchen behandelt, stellte die Studie richtig fest und gab hinsichtlich der Auswirkungen eine realistische Einschätzung:

Es sei aber »sicher nicht zu erwarten [...], daß sich irgendein Bischof in der BRD direkt gegen die NATO-Politik und den Dienst in der Bundeswehr stellen wird. Das Höchste, was die Loyalität der EKD-Bischöfe gegenüber dem Staat der BRD an Kritik gegenwärtig zuläßt, ist eine mehr oder weniger begrenzte Toleranz gegenüber anwachsenden Aktivitäten der Basis, was auch Taktik sein kann. Die Positionsbestimmung der EKD kann sich außerdem nicht unabhängig von der Situation in der Ökumene und der Haltung der Kirchen in der DDR vollziehen. Seit anderthalb Jahrzehnten ist der mehr realistisch eingestellte Flügel der EKD-Führung, der bis jetzt dominiert, auf die flexiblere Politik der SPD, auf Entspannung und Friedenssicherung eingeschwenkt, dabei in den letzten Jahren die Bewegung der SPD-Führung nach rechts zur verstärkten Hochrüstung der NATO unterstützend. Das Problem für die EKD wie die SPD besteht jetzt darin, daß sie auf diesem Wege an einem Punkt angelangt sind, wo die ideologische Integrationsfähigkeit überfordert wird. Zu den Repräsentanten des realistischeren Flügels der EKD gehören: Landesbischof D. Eduard Lohse, Ratsvorsitzender der EKD, sein Stellvertreter, Kirchenpräsident Hild (Hessen-Nassau), Altpräses Immer (Rheinland), Präses Reiß (Westfalen), Landesbischof Heintze (Braunschweig), Landesbischof von Keler (Württemberg), Bischof Kruse (Westberlin)[472].

Der konservativere Flügel der EKD wird repräsentiert durch: Bischof D. Harms (Oldenburg), Bischof Wölber (Hamburg) und Bischof Hanselmann (Bayern). [...] Dieser konservative Flügel kann sich auf eine Reihe evangelikaler Gruppierungen an der Basis stützen. [...]

Kennzeichnend für die Entwicklung des Kräfteverhältnisses in der EKD-Spitze ist, daß 1979 als ein Vertreter der CDU Prof. Roman Herzog, Innenminister von Baden-Württemberg und Vorsitzender des EAK der CDU/CSU, in eine Schlüsselposition aufgerückt ist und Leiter der Kammer für öffentliche Verantwortung der EKD wurde. Damit können CDU-Kreise stärker Einfluß auf die gesellschaftspolitischen Grundsatzpapiere, die Denkschriften der EKD, nehmen, die von dieser Kammer ausgearbeitet werden. Sie wirkt maßgeblich an dem Papier mit, das gegenwärtig von der EKD zur Friedensfrage formuliert wird.«[473]

Die 6. Konsultation vom März 1981 beschloß, auch im laufenden Jahr wieder eine gemeinsame Friedensdekade durchzuführen und den Volkstrauertag als Friedenssonntag zu begehen[474]. Die am gleichen Tag tagende Beratergruppe befaßte sich ebenfalls mit dieser Thematik, war sich allerdings über ein gemeinsames Vorgehen noch nicht ganz schlüssig. Das Protokoll vermerkt:

»Die Frage steht an, ob für das Jahr 1981 wieder eine gemeinsame Aktion für kirchlichen Friedensdienst vorgesehen werden soll und kann. Das liturgische Formular des Jahres 1980 kann – evtl. nach einer Überarbeitung – für Friedensgottesdienste wieder Verwendung finden. Offen bleibt, ob für solche Gottesdienste in den Kirchen ein gemeinsamer Termin vorgesehen werden soll. Ein anderer Vorschlag regt an, 1981 eine gemeinsame Friedensdekade festzulegen, ohne Inhalte oder Zeitpunkte für besondere Veranstaltungen aufeinander abzustimmen. Die Synode der Evangelischen Kirche in Berlin-Brandenburg (Berlin West) hat bereits eine Friedenswoche festgelegt.«[475]

Die Schwierigkeiten für ein abgestimmtes Vorgehen beider Kirchenbünde lagen nicht bei der EKD. Am 27. März 1981 richtete die Kirchenkanzlei ein von Hammer unterzeichnetes Schreiben an die Gliedkirchen, in dem ein 20. März gefaßter Ratsbeschluß mitgeteilt wurde:

»Nach Fühlungnahme mit dem Bund der Evangelischen Kirchen in der DDR sowie nach Beratung und einmütiger Empfehlung durch die Kirchenkonferenz am 19. März 1981 hat der Rat beschlossen:
1. Die Evangelische Kirche in Deutschland empfiehlt ihren Gliedkirchen und den im Bereich der EKD mit Friedensfragen befaßten Einrichtungen, ihre besonderen Veranstaltungen, die sich auf den Frieden beziehen, in der Zeit vom drittletzten Sonntag des Kirchenjahres bis zum Buß- und Bettag (im Jahr 1981: vom 8.-18.11.) abzuhalten.
2. Ein Friedenssonntag sollte entweder am drittletzten Sonntag des Kirchenjahres oder am vorletzten Sonntag im Kirchenjahr (Volkstrauertag) gehalten werden.
3. Die Evangelische Kirche in Deutschland ist bereit, sich an Überlegungen zu beteili-

gen, die sich auf eine Verbesserung der liturgischen Ausgestaltung eines Friedens-
sonntags beziehen.
4. Die Evangelische Kirche in Deutschland würde sich freuen, wenn die gemeinsamen
Bitten um Frieden auch von Kirchen übernommen werden würden, die außerhalb
des Bereichs der EKD liegen.«

Hammer fügte hinzu:

»Für die EKD und den BEK-DDR empfiehlt sich als gemeinsamer Zeitraum die Zeit
vom drittletzten Sonntag des Kirchenjahres bis zum Buß- und Bettag. Innerhalb dieses
Zeitrahmens geben wir uns vorläufig gegenseitig frei, den Friedenssonntag zu bestimmen. Während sich in der DDR dafür der drittletzte Sonntag empfiehlt, legt sich für
den Bereich der EKD eine bewußte Verbindung mit dem Volkstrauertag nahe (sog.
›Schrägstrich-Lösung‹: Volkstrauertag/Friedenssonntag). Das Thema ›Volkstrauertag‹
braucht als umgreifenden Horizont das Thema ›Frieden‹; vom Frieden sollte nicht ohne
Rückblick in unsere jüngste Geschichte gehandelt werden. [...] Auf längere Sicht ist
auch im Bereich der DDR-Kirchen der vorletzte Sonntag im Kirchenjahr als ›Friedenssonntag‹ nicht undenkbar.«[476]

Die 7. Konsultation zwischen BEK und EKD am 20. Mai 1981 in Schwäbisch-
Hall bestätigte zwar den zeitlichen Rahmen der Friedensdekade, rückte aber
vom Volkstrauertag als Friedenssonntag ab und empfahl, diesen einen Sonntag davor zu begehen[477]. Weiter hieß es: »Die KEK und einzelne befreundete
Kirchen sind wegen einer Beteiligung anzufragen.« Außerdem wurde zusätzlich vermerkt, das Friedensmittagsgebet wieder in Erinnerung zu bringen[478].

Am 4. Juni 1981 faßte der KKL-Vorstand einen den Konsultationsergeb-
nissen entsprechenden Beschluß[479].

Um Bellmann zu beruhigen, hatte Schönherr dem alten SED-Haudegen
nach der Konsultation am 28. Mai vorsorglich mitgeteilt, man beabsichtige,
»eine ›europaweite‹ Bewegung für einen ›Friedenssonntag‹ im Herbst durchzuführen; unter Einschluß der Kirchen Frankreichs, der ČSSR, der UVR [Un-
garn] und der BRD, um die gesamtdeutsche Optik wegzubekommen.«[480]

Auch bei den Pfarrern in der DDR schien die Idee, den drittletzten Sonntag
des Kirchenjahres als Friedenssonntag zu begehen, nicht auf ungeteilte Zustimmung zu stoßen. Im Bezirk Cottbus richteten sich nur 50 % der Pfarrer
nach dem BEK-Vorschlag. Die anderen kündigten an, am Bußtag einen Friedensgottesdienst halten zu wollen[481]. Der Bischofskonvent nahm den Vorschlag auf, am Bußtag möge ein Friedensgedenken beim regulären Mittagsläuten um 12.00 Uhr stattfinden[482].

Am 17. März 1981 sprachen Schönherr und Lewek mit Gysi nochmals
über den Wehrunterricht an den Schulen[483]. In dieser Unterredung vertrat
der BEK-Vorsitzende die Auffassung, daß nach seinem Informationsstand
Schüler, die den Unterricht besuchten, keiner Diskriminierung unterlägen.
»Schönherr anerkenne durchaus die Notwendigkeit des Wehrdienstes und
verstünde auch die Notwendigkeit des Wehrunterrichtes. Der Eindruck sei
nicht zutreffend, daß sich die evangelischen Kirchen in der DDR einseitig auf
Pazifismus[484] orientieren.«[485] Schönherr fügte jedoch hinzu: »Sehr wohl aber
vertritt sie [die Kirche] die unbedingte Notwendigkeit eines wirksamen Eintretens für Entspannung und Frieden.«[486] Andererseits kritisierte Christa Le-

wek das in diesem Unterricht vermittelte »Feindbild und seine[.] Heldenmentalität«. Diese Diskrepanz »zur Gesamtpolitik der sozialistischen Staaten mit ihren immer neuen Vorschlägen zur politisch-friedlichen Konfliktbeilegung sei für Jugendliche nicht immer durchschaubar, sie unterlägen einer vordergründigen Faszination der militärisch-technischen Perfektion.«[487]

Außerdem kritisierten die kirchlichen Vertreter, in der unterrichtlichen Praxis werde

»zu einseitig eine militärische Lösung von Konflikten in den Vordergrund gerückt und zu wenig über die Möglichkeiten gesprochen, den Frieden mit politischen Mitteln zu erhalten. Dadurch werde die Wertigkeit der militärischen Faktoren überbetont und bei den Jugendlichen, die ohnehin leicht einer Faszination gegenüber allen technischen, besonders militärtechnischen Dingen unterlägen, könnte der Eindruck entstehen, daß die gewaltsame Konfliktlösung Vorrang vor einer friedlichen Regelung habe. [...] Dadurch und durch eine starke Werbung für Militärberufe an den Schulen sei die Gefahr gegeben, daß Jugendliche durch den Wehrunterricht in einer einseitigen Betonung des Militärischen bestärkt würden. Es sei auch die Gefahr nicht von der Hand zu weisen, daß junge Christen, die einen anderen Standpunkt zu dieser Problematik in der Schule vertreten, Schwierigkeiten bekämen.«

Handel konstatierte abschließend in dem von ihm angefertigten Vermerk:

»Es muß hervorgehoben werden, daß Bischof Schönherr und in geringerem Maße auch OKR Lewek mehrfach ihre volle Einsicht in die Notwendigkeit der NVA, einer entsprechenden militärischen Bereitschaft und Erziehung und auch des Wehrunterrichtes erklärten. Es ginge ihnen um Akzente und das Schicksal junger Christen in der Schule.«[488]

Im Gegensatz zu Schönherrs Einschätzungen der Lage kam es im März 1981 wieder zu Disziplinierungsmaßnahmen gegen Eltern, deren Kinder nicht am Wehrunterricht teilnahmen. In den Bezirken Dresden, Karl-Marx-Stadt und Rostock meinte man, eine gewisse Häufung von Unterrichtsverweigerern feststellen zu können. Im Grunde handelte es sich um unbedeutende Größenordnungen – etwa 30 bis 40 Elternhäuser in den sächsischen Bezirken – wobei aus den staatlichen Angaben noch nicht einmal hervorgeht, ob die Zahl nicht für beide Bezirke in ihrer Gesamtheit erhoben wurde; außerdem weigerten sich 18 Familien im Bezirk Rostock, ihre Kinder zum Wehrkundeunterricht zu schicken. Trotz dieser geringen Zahlen ordnete Staatssekretär Lorenz vom Volksbildungsministerium nach Absprache mit Ministerin Margot Honecker an, die Direktoren der Schulen sollten die betreffenden Eltern »darüber belehr[en], daß ihr Kind mit der Nichtteilnahme am Wehrunterricht gegen die Schulpflicht und Verfassungsgrundsätze verstößt. Eine Diskussion soll nicht erfolgen. Die Belehrung wird im Klassenbuch eingetragen.« Von dieser Aktion erhoffte sich die Staatsführung eine einschüchternde Wirkung auf die Betroffenen und eventuelle Nachahmer[489].

Das Vorgehen im Bezirk Rostock war offenbar so hart, daß die Kirche – allerdings vergeblich – gegen die Maßnahmen protestierte. Das regional unterschiedliche staatliche Vorgehen blieb dabei den Kirchen nicht verborgen[490].

Klaus Gysi begründete Schönherr gegenüber am 7. April die verschärften Maßnahmen mit einem angeblich rasanten Anstieg der Verweigererzahlen.

»Er habe die Volksbildung in diesen Bezirken nicht überzeugen können, bei dem bisherigen Kurs zu bleiben.«[491] Werner Krusche beklagte am 21. Juni 1981 auf dem Kreiskirchentag Bad Liebenwerda die Nichteinhaltung der ursprünglich gegebenen staatlichen Zusage, Unterrichtsverweigerern werde nicht viel passieren, außer daß die Fehlstunden im Zeugnis vermerkt würden[492]. »Mitteilungen aus allen Teilen der Republik zeig[t]en«, daß Christen wegen Nichtteilnahme am vormilitärischen Unterricht benachteiligt würden. »Es hat uns zutiefst enttäuscht.«[493]

Der SED-Staat über das Verhältnis zwischen den Kirchen in Ost und West (1981)

Unter dem Thema »Freiheit und Bindung der Kirche in ihren jeweiligen gesellschaftlichen Systemen« erläuterte der Saalfelder Superintendent Ludwig Große in Schwäbisch-Hall die Entwicklung des Begriffs »Kirche im Sozialismus«[494] durch die Bundessynode. Da Kirche und Gesellschaft in Bewegung seien, werde die Konkretisierung immer wieder notwendig, um eine mißbrauchgefährdete Leerformel zu verhindern. Der Korreferent, Hans von Keler, soll nach dem Protokoll Stolpes – das immerhin alle Teilnehmer erhielten – unter anderem ausgeführt haben:

»Zwischen den Kirchen und dem jeweiligen gesellschaftlichen System, in dem sie leben, gibt es eine tiefe Affinität. Das Christentum hat mehrere Systeme hervorgebracht, die durchaus bei aller verschiedenen Ausformung auch gemeinsame Wurzeln besitzen. Der Kapitalismus als Wirtschaftssystem beruht auf Eigenverantwortung – ›liberty and competition‹. Unabhängigkeitserklärung 1776 (Gleichheit aller Menschen, Recht auf Leben und Freiheit, Streben nach Glück). Letztlich reformatorisch ist auch die Überzeugung von der Sündhaftigkeit des Menschen: Dem Menschen muß Kultur abgerungen werden, er muß angereizt werden. Im Sozialismus sind christliche Zielvorstellungen lebendig: Vorrang des Gemeinwohls, die Hoffnung auf eine brüderliche Welt. Wir lernen uns selbst erst über den anderen genauer kennen: Bei Konfliktfällen werden Unterschiede bewußt. In der Bundesrepublik wird Widerspruch nötig angesichts einer überzogenen Rüstung. Auch gegenüber einer übertriebenen Toleranz, die zwar Humanismus beansprucht, aber letztlich unmenschlich wirkt. Auch gegen den unverantwortlichen Gebrauch des Reichtums. Auch gegen die unsichere Beurteilung der Technik, die einmal übertrieben hoch geschätzt und andererseits angstvoll verdammt wird [...] Europa hat mit dieser Energie des Aufbruches und seiner Zielstrebigkeit Weltgeschichte gemacht. Tiefer betrachtet sitzen Ost und West so in einem Boot.«[495]

Eine 1981 durch das Staatssekretariat für Kirchenfragen vorgenommene Einschätzung Hans von Kelers fiel verhalten positiv aus:

»Innerhalb des Rates der EKD zeichnet sich gegenwärtig eine wachsende Differenzierung bzw. Polarisierung in der Friedensfrage ab; inwieweit von Keler auf der Seite der realistisch denkenden Kräfte steht, kann momentan nicht exakt beantwortet werden. Es kann jedoch nach den bisherigen Erfahrungen davon ausgegangen werden, daß er bereit ist, sich vor allem in der Frage der Friedenserhaltung auf Positionen zu begeben, die denen des Krefelder Appells[496] nahe kommen (Aussagen von Kelers zu dieser Problematik liegen jedoch aus jüngster Zeit nicht vor).«

Positiv wurde dem württembergischen Landesbischof außerdem angerechnet, daß die Synode seiner Landeskirche – übrigens die Partnerkirche von Thüringen – bereits 1979 an den Rat der EKD die Aufforderung gerichtet habe, »sich gemeinsam mit den DDR-Kirchenleitungen für Maßnahmen zur Abrüstung einzusetzen. Hans von Keler erklärte, daß dabei mit ›besonnenem Verstand‹ für den Frieden argumentiert werden müsse.« Zwar habe er Mitte 1980 die Intervention der UdSSR in Afghanistan verurteilt, andererseits »sprach [er] jedoch die Überzeugung aus, daß die UdSSR ›ernsthaft am Frieden interessiert ist‹.«[497]

Rechtzeitig vor der 7. Konsultation hatte Hans Weise im Staatssekretariat für Kirchenfragen eine Information zum Verhältnis von BEK und EKD vorgelegt:

»Die langjährige Tendenz der ständigen Erweiterung der Kontakte zwischen BEK und EKD sowie ihren Einrichtungen zeigt deutlich, daß mit der organisatorischen Trennung und der Begrenzung der EKD auf das Territorium der BRD die Vielzahl von Bindungen und Verbindungen zwischen den evangelischen Kirchen in beiden deutschen Staaten nicht beseitigt werden konnte. Unter Berufung auf die ›besondere Gemeinschaft der ganzen evangelischen Christenheit in Deutschland‹ werden bestehende Partnerschaftsbeziehungen über die Grenzen hinweg nicht nur konserviert, sondern in immer größerem Umfang ausgebaut und neuentwickelt. (Entwicklung sogenannter Partnergemeinden, Einflußnahme über Kontakte durch Besuche – dienstlich –, Tourismus-Privatreisen, Austausch offizieller Delegationen von Landeskirchen[498], Erhöhung des Laienelements in der Reisetätigkeit.)
    Im Prozeß der Bildung der VEK gibt es bisher keine erkennbare Bereitschaft zur Veränderung dieser Grundkonzeption gegenüber der EKD: [...] In allen Beratungen zur Bildung der VEK ist bisher zum Ausdruck gebracht worden, daß diese ›besondere Gemeinschaft‹ in der bisherigen Weise erhalten werden muß. [...]
    Die Praxis beweist, daß sich in der internationalen Ökumene besonders die evangelischen Kirchen in der DDR und der BRD zielstrebig und hartnäckig um beiderseitige Zusammenarbeit, um einen ausgeprägten und ständig in Erweiterung begriffenen Besuchs- und Reiseverkehr, um Vortragstätigkeit sowie den Erfahrungsaustausch bemühen. Unter Berufung auf die ›Einheit im Glauben‹, nationale und kirchliche Traditionen und kirchliche Ziele versuchen BEK und EKD auf der Grundlage dieses gemeinsamen Glaubens gesamtdeutsch zu agieren. So wird seit Gründung des BEK die Beziehung zu den evangelischen Kirchen in der BRD nicht wie die zu Kirchen in dritten Ländern betrachtet. Die Wertung der Zusammenarbeit mit Kirchengremien innerhalb der EKD taucht bis heute auch in Berichten der Kirchenleitungen des BEK, der EKU/Bereich DDR, der VELK DDR sowie der acht Landeskirchen nicht unter dem Punkt ›Ökumene‹, sondern eigenständig auf [...]
    Der BEK hält an dem Prinzip fest, Beschlüsse und Synodenkonzeptionen mit ›Gästen‹ aus der BRD und Westberlin zu beraten und abzustimmen. An Sitzungen der Konferenz der Kirchenleitungen, des Vorstandes und einzelner kirchenleitender Gremien nehmen vielfach Vertreter der EKD teil. Leitende Geistliche der ›Partnerkirchen‹ (Landeskirchen der EKD und BEK) führen regelmäßig gemeinsame Beratungen durch. [...]
    Allerdings muß an dieser Stelle darauf verwiesen werden, daß sich der Ökumeni-

sche Jugenddienst und eine Reihe der Mitglieder des Ökumenischen Jugendrates in der DDR von dieser Politik abgrenzen und somit im Widerspruch zum Standpunkt des BEK und seiner Mitgliedskirchen stehen (u. a. maßgebliche Kräfte in der Kommission für kirchliche Jugendarbeit).

Selbst der überwiegende Teil von Geistlichen im BEK mit einer im wesentlichen klaren staatsbürgerlichen Position ist jedoch bisher in der Diskussion um die VEK nicht zu weitergehenden inhaltlichen Abgrenzungsschritten bereit. Das heißt, trotz der organisatorischen Trennung gelingt es der EKD durch das Festhalten des BEK an dieser ›besonderen Gemeinschaft‹ nach wie vor, ihr gesamtdeutsches Konzept fortzusetzen. Wenn man auch einschätzen muß, daß sich in Kreisen der EKD – bis hinauf in die Führungsspitze – wachsender politischer Realismus mit einem unumstrittenen Einfluß abzeichnet, so wird die EKD-Politik in ihren Grundzügen bestimmt von der Politik der SPD-FDP-Regierung gegenüber der DDR.

In einem Interview des epd mit dem SPD-Vorsitzenden W. Brandt Anfang 1980 wurde dies bekräftigt: Ein entscheidendes Element für die Gestaltung des innerdeutschen Dialogs seien die Beziehungen der evangelischen Kirchen in der DDR und in der BRD. Dieser Beitrag zur Entspannung dürfe nicht ungenutzt bleiben. (epd-Dok Nr. 17/80) Dieses Konzept entspricht auch der Einflußnahme des Evangelischen Arbeitskreises der CDU/CSU auf die EKD, der hier eine Vielzahl von Aktivitäten entwickelt. So kann eingeschätzt werden, daß die EKD in die politisch-ideologische Gesamtstrategie des Imperialismus gegen die sozialistische Staatengemeinschaft integriert ist und dieser Funktion auch gerecht wird. [...]

Seitens der EKD wird nach wie vor das Staat-Kirche-Verhältnis in der DDR in ihren Beziehungen zum BEK in den Mittelpunkt gerückt, d. h. ihre strategische Aufgabe ist die Unterwanderung des Status ›Kirche nicht neben, sondern im Sozialismus‹. Dadurch sollen die evangelischen Kirchen in der DDR, die sich auf der Eisenacher Synode 1971 zur Kirche im Sozialismus bekannten, in eine Position gedrängt werden, die zu Spannungen zwischen Staat und Kirche führte. Diese Zielsetzung wird jedoch durch zunehmende realistische Einstellungen der DDR-Geistlichen zum sozialistischen Staat, durch die Vertiefung des sozialistischen Staatsbewußtseins kirchlicher Amtsträger erschwert. Die Haltung vor allem bestimmter reaktionärer Kräfte vor allem in den Landeskirchen und in Leitungsgremien des BEK zu spezifischen Fragen der gesellschaftlichen Entwicklung, zur Außenpolitik der DDR, zur Einschätzung der internationalen Lage (erstrangig zur militärischen Entspannung) lassen jedoch die Feststellung zu, daß sie zum ›verlängerten Arm‹ der EKD werden. Das betrifft die Selbstdarstellung als Korrektiv (sprich Partner) auf staatliche Entscheidungen auf der Grundlage von ›Partnerschaftsverhältnissen‹ zwischen Staat und Kirche oder der Ausübung des ›Wächteramtes‹ als moralische Instanz (Vorbehalte gegen die konsequente Friedenspolitik und Angriffe gegen den Wehrunterricht, das sozialistische Bildungssystem, die sozialistische Demokratie, das sozialistische Leistungsprinzip[499]). Bereits auf der EKD-Synode im Jahr 1980 wies Günter Krusche in seinem Referat ›Missionarische Kirche heute‹ darauf hin, daß sich in der DDR der gesellschaftliche Spielraum für die Christen erweitert habe und ›daß die Kirche wieder attraktiv werde für Menschen, die Antwort suchen auf Fragen, die man sonst nicht mehr stellen kann‹.[500] [...] Dem verfolgten Ziel der EKD, die protestantischen Kirchen in der DDR auf eine Position zu drängen, die eine Konfrontation zwischen Staat und Kirche erzeugt bzw. bestehende Probleme forciert, wird durch die Festigung realistischer Positionen innerhalb des BEK in zunehmendem Maße entgegengewirkt. Dadurch sieht sich die EKD veranlaßt, diese politischen Ziele und Inhalte zu ›verschleiern‹. Diese Taktik ermöglicht allerdings die Vertiefung und Weiterentwicklung der ›besonderen geistlichen Gemeinschaft‹ auf allen Ebenen; vom BEK über die Landeskirchen bis in die Kirchengemeinden und zu Gemeindegliedern. Das führte in den letzten Jahren zur Ausweitung der ›Patenschaftsbeziehungen‹, die nun unter der Bezeichnung ›Partnerbeziehungen‹[501] eine neue Formulierung und durch das Bestreben der Landeskirchen, ihre Positionen in der Zusammenarbeit mit der EKD und ihren Landeskirchen auszubauen, auch eine qualitative und quantitative Ausweitung erhielt.

Wenn auch nur oberflächlich, so zeigt die EKD vor allem in letzter Zeit Bereitschaft, von den Kirchen in der DDR ›zu lernen‹, bestimmte Aktivitäten zu übernehmen bzw. sie als Integrationsfaktor für ihre Ziele zu verwenden. So bezeichnete der bisherige rheinische Präses Karl Immer vor der EKD-Synode in Osnabrück (November 1980) die ›eindeutige Stellungnahme der evangelischen Kirchen in der DDR zur Frage der Wehrdienstverweigerung als einen Stachel in der EKD‹ (hinsichtlich der Synoden-Debatte ›Friedensdienst mit und ohne Waffe‹).«[502]

Zur Konsultationsgruppe bemerkte Weise:

»Als eine der besonderen ›gesamtdeutschen‹ Verantwortung an der Nahtstelle zweier Gesellschaftssysteme entspringende Verpflichtung bezeichneten BEK und EKD ihren Dialog und ihre Aktivitäten für Frieden und Abrüstung. Dazu fungiert eine gemeinsame Kommission unter der Verantwortung der Bischöfe Schönherr und Lohse, die in regelmäßigen Abständen zusammentrifft. Der württembergische Landesbischof Hans von Keler, der die sechsköpfige EKD-Delegation bei den regelmäßigen Konsultationen mit dem BEK leitet (Keler ist gleichzeitig vom Rat der EKD mit der Zusammenarbeit mit dem BEK beauftragt), führte dazu im Mai 1980 aus: ›Die beiden Kirchen an der Nahtstelle zweier Weltsysteme müßten ein besonderes Maß von Verständnis für die Situation des anderen aufbringen und hätten in der jetzigen kritischen Situation die Kontakte zu festigen und zu halten‹. (epd-Dok Nr. 87) Diese Aussage, wenn auch hier speziell auf das Friedensengagement bezogen, macht doch die Rolle der EKD als ›grenzüberschreitende Kraft‹ des innerdeutschen Dialogs sichtbar. Dieser Dialog verfolgt das Ziel, dem BEK neben dem Staat-Kirche-Verhältnis vor allem in der Friedensfrage eine systemneutrale Position abzuringen und ihn in eine betonte Distanzhaltung gegenüber dem Staat zu bringen. Mit dem gemeinsam von BEK und der EKD verfaßten ›Wort zum Frieden‹ (24.8.1979) wurde vom BEK dazu ein weiterer wichtiger Schritt gegangen, wurde deutlich, daß er sich damit auf die Position der EKD begibt, die nach wie vor Staatsdisziplin und militärische Verteidigungsbereitschaft (Bundeswehr hat für die Gewährleistung des Friedens ihre notwendige Berechtigung) von ihren Gemeindegliedern fordert. [...] Der Bittgottesdienst nach einer gemeinsam erarbeiteten Ordnung, den EKD und BEK als gesamtdeutsche Friedensaktivität am 9.11.1980 durchführten, setzte diese Linie fort.«

Anders gestalte sich die Situation in der Ökumene:

»Hinsichtlich der Arbeit des BEK und der EKD in der internationalen Arena der Ökumene (u. a. im ÖRK) treten zunehmend unterschiedliche, zum Teil sogar kontroverse Positionen zu Tage. Der BEK hat sich in den letzten Jahren in der Ökumene profiliert. Er verfügt als Kirche in einer sozialistischen Umwelt bei einer Reihe von Kirchen hauptsächlich in Afrika, Asien und Lateinamerika, aber auch bei Kirchen Nord- und Westeuropas, über eine große Ausstrahlungskraft, was nicht zuletzt durch sein aktives Engagement für das Antirassismus-Programm des ÖRK und die Durchsetzung der Menschenrechte auf der Grundlage der Schlußakte von Helsinki gefördert wird [...]. Diese Tatsache gibt dem BEK die Möglichkeit, seine Eigenständigkeit gegenüber der EKD in der internationalen Ökumene zu stabilisieren.«[503]

Im Blick auf die gemeinsamen Konsultationen zwischen EKD und BEK bemerkte Stolpe am 11. Mai 1981 gegenüber Rudi Bellmann:

Hier »werde zunehmend klar, daß das Maß der Gemeinsamkeiten beschränkt sei. Er, Stolpe, habe den Auftrag, auf der nächsten Zusammenkunft in Schwäbisch-Hall (BRD) den Antrag einzubringen, daß die Zusammenkünfte dieser Kommission in größeren Zeitabständen stattfinden sollen (bisher tagten sie in Abständen von 2-3 Monaten)[504]. Man wolle auch weg von gemeinsamen Aktionen. Auch während der Friedensdekade im November 1981 sollen ›gesamtdeutsche‹ Aktionen unterbleiben. Stolpe meinte, man versuche, von Aktionen überhaupt herunterzukommen.«[505]

Neue Probleme zwischen westlichen Journalisten und Kirchenbund (1981)

Am 24. März 1981 beschwerte sich Joachim Sobotta von der Chefredaktion der »Rheinischen Post« in Briefen an den Ratsvorsitzenden und die Bischöfe in der DDR über die staatliche Ablehnung einer Teilnahme ihres in Berlin akkreditierten Journalisten an den Landessynoden der DDR-Kirchen.

»Während das Außenministerium es dem Vertreter der Evangelischen Pressedienstes (epd) gestattete, sich lediglich aus Berlin zu den Frühjahrssynoden abzumelden, wurde eine ähnliche Abmeldung von uns zurückgewiesen und erklärt, auf Grund der gesetzlichen Bestimmungen bestehe Antragspflicht. Der entsprechende Antrag wurde dann abgelehnt [...] Sie ersehen aus dieser Sachlage, daß auf der Grundlage der gleichen gesetzlichen Bestimmungen von Staats wegen eine Selektion vorgenommen wird, wer über kirchliche Veranstaltungen berichten darf und wer nicht [...] Die DDR-Berichterstattung des epd gerät in den unschönen Schein staatlicher Protektion und damit wohl oder übel in den Verdacht, mit einem gewissen Wohlverhalten erkauft werden zu müssen [...] Wir meinen, daß es im allergrößten Interesse der Kirchen selbst und ihrer ständig betonten ›Eigenständigkeit‹ im DDR-Staat liegt, die geschilderten Probleme aus der Welt zu schaffen.«[506]

Lingner, von Kurt Briest aus der Hannoverschen Kirchenkanzlei der EKD über die Hintergründe befragt, konnte nur wenig Informationen beisteuern. Von Reinhard Henkys habe er erfahren, daß Stolpe im Auftrag der Bischöfe einen Brief an die »Rheinische Post« gerichtet habe. Auch Oberkirchenrat Sattler sei unterrichtet. Henkys habe überdies darauf hingewiesen, daß die Darstellung der »Rheinischen Post« nicht im vollen Umfange zutreffe.

»Leider kommt es häufiger vor, daß in so wichtigen Angelegenheiten der Kirchenkanzlei – Berliner Stelle – Informationen vorenthalten werden.«[507]

Wie Lingner erst sehr viel später erfuhr, hatten Rolf-Dieter Günther, zuständig für Presse und Information im Sekretariat des Kirchenbundes, und Stolpe am 5. Mai 1981 gemeinsam an die Chefredaktion der »Rheinischen Post« geschrieben und darüber informiert, daß auch Röder vom epd im nachhinein von den Synoden ausgeschlossen worden sei. Im übrigen tagten die Synoden zwar öffentlich, aber die Kirchen hätten keinen Anteil an den Maßnahmen des Ministeriums für Auswärtige Angelegenheiten[508].

Sobottas Argwohn wird durch eine staatliche Notiz zu den 1981 durchgeführten Kirchentagen bestätigt. Dort hieß es:

»*Vertreter westlicher Massenmedien* wurden lediglich zu den Kirchentagen in Dessau und Stralsund zugelassen, wo die Korrespondenten Röder bzw. Wensierski die Genehmigung zur Berichterstattung erhielten. Dadurch wurde eine Differenzierung zwischen den Westmedien deutlich gemacht und eine relativ sachliche Berichterstattung gewährleistet.«[509]

Den Briefwechsel mit Sobotta machte Günther dem Staatssekretariat für Kirchenfragen mündlich bekannt. Zugleich teilte er mit, das BEK-Sekretariat habe die Beantwortung des an alle acht Bischöfe gerichteten Briefes an sich gezogen.

Außerdem berichtete Günther, die westlichen Journalisten hätten sich darauf verständigt, bei in Berlin (Ost) tagenden, öffentlich zugänglichen kirchlichen Veranstaltungen nicht mehr im Außenministerium zwecks Einholung einer Genehmigung vorstellig zu werden. Er klagte:

»Wenn man die Berichterstattung über die DDR-Kirchen in Bayern, Württemberg und in der Schweiz beobachtet, dann stellt man fest, daß hier besonders gegen den Schönherr-Kurs polemisiert wird. Man versuche mit allen Mitteln, die guten Beziehungen zwischen Staat und Kirche zu diskriminieren bzw. zu unterlaufen. Die Berichterstattung ist daher zum Teil so offen antikommunistisch, daß selbst Mitglieder der KKL sich dagegen gewandt haben.«

Hinsichtlich der Praxis der Synodenzulassung gab er die Anregung, loyal eingestellten Nachrichtenagenturen, Zeitungen und Pressesendern doch die Berichterstattung zu gewähren. Abschließend bat Günther, falls man von staatlicher Seite »noch spezielle Hinweise für ihn habe[.], wie er sich während der [bevorstehenden] EKU-Synode [gegenüber Westjournalisten] verhalten solle, ihn [zu] informieren.«[510]

Nach Rücksprache mit dem für Medienfragen zuständigen Politbüromitglied Joachim Herrmann forderte Gysi den Präsidenten der Ostberliner EKU-Kirchenkanzlei, Joachim Rogge, am 22. Mai 1981 auf, sich noch am gleichen Tag im Staatssekretariat einzufinden. Dort äußerte Rogge – Gysis Protokoll zufolge –, daß »nach seiner Meinung die BRD-Korrespondenten an der Kirche und dem kirchlichen Leben in keiner Weise interessiert seien.«

»Seine Formulierungen zu diesen Punkten deckten sich mit denen von Bischof Schönherr, die er im Gespräch mit mir [Gysi] nach der Berlin-Brandenburgischen Synode eingenommen hat, wonach die Westpresse versuche, Staat und Kirche in eine Konfrontation zu drücken und die Kirche zu einer politischen Partei umzufunktionieren[511]. [...] Auf meinen Hinweis darauf, daß man über West-Medien mit uns weder sprechen noch verhandeln, geschweige denn uns unter Druck setzen könne, erwiderte Dr. Rogge lapidar, daß er sich von einer solchen Haltung selbstverständlich völlig distanziere, daß aber im übrigen alle einigermaßen vernünftigen Amtsträger das inzwischen begriffen hätten. Vor einem Jahr sei das noch nicht so gewesen.

Abgesehen von seiner im allgemeinen zustimmenden, aber sehr glatten Haltung äußerte er die Bitte, daß im Staatssekretariat auch ein Gespräch mit dem Präses der Synode, Becker, geführt werden solle, damit dieser die Situation richtig einschätzen könne.«[512]

Knapp zwei Stunden später sprach Gysi dann nochmals mit Rogge und Becker gemeinsam über West-Journalisten auf der EKU-Synode. Gysi vermerkte:

»Beim Herausgehen blieb Dr. Rogge zurück und bedankte sich für das Gespräch mit Präses Becker, das seine Einwirkung sehr erleichtere.«[513]

In Verhandlungen mit dem Presseamt der DDR suchte der britische Filmproduzent Bill Stevenson 1983 die Funktionäre von der Unsinnigkeit ihrer Bemühungen zu überzeugen, das Staat-Kirche-Verhältnis in der DDR nach außen als problemfrei hinzustellen. Als sie seine Arbeiten dirigistisch beschneiden wollten, machte er sie darauf aufmerksam, »daß die Schilderung des kirchlichen Lebens in der DDR in einem konfliktfreien Raum völlig unglaubwürdig wäre.«

»In jeder Gesellschaft ist die kirchliche Existenz auch mit Konflikten verbunden. Das war zur Zeit der lutherischen Reformation noch viel akuter der Fall als heute. Auch im gegenwärtigen Großbritannien kann ich mir christliche Existenz ohne Konflikte innerhalb der Kirche und zwischen der Kirche und ihrer Umwelt nicht vorstellen. In der DDR scheint mir dies nicht anders zu sein. Deshalb muß das auch gedanklich und bildlich in unserem Film zum Ausdruck kommen. Das bedeutet aber keineswegs, daß sich der Film auf Probleme beschränken würde.«[514]

Kritische Stimmen zum X. Parteitag der SED, zu Gesprächen mit der Russisch-Orthodoxen Kirche (ROK) und zur »Partnerschaft« von Staat und Kirche (1981)

Während der Beratergruppen-Sitzung am 3. Juni 1981 berichtete Kramer über den X. Parteitag der SED (11. bis 16. April 1981 in Berlin [Ost]) und gab die Einschätzung des Kirchenstaatssekretärs Gysi wieder, daß das Staat-Kirche-Verhältnis sich leicht verschlechtert habe. In dem von Erich Honecker vorgetragenen Rechenschaftsbericht des ZK der SED sei das Verhältnis nicht mehr als »vertrauensvoll«, sondern nur noch als »verständnisvoll« charakterisiert worden[515].

Gysi, der am Parteitag als Gast teilgenommen hatte, führte am 29. April 1981 mit leitenden Persönlichkeiten des BEK und der Landeskirchen ein Informationsgespräch über das gesellschaftspolitische Ereignis[516]. Das Treffen hatten Stolpe und Wilke am 12. Februar 1981 miteinander vorbereitet.

»OKR Stolpe begrüßte das Vorhaben sehr und bat darum, möglichst bald nach dem Parteitag einen Termin zu finden. Dann ›muß man nicht erst gegen falsche Interpretationen angehen. Unsere Leute hören doch zuerst auf den falschen Sender‹«, begründete der Oberkonsistorialrat sein Interesse[517].

Zur Beruhigung seiner kirchlichen Klientel bemerkte Gysi schon am 7. April 1981 zu Schönherr, »daß von dem kommenden Parteitag der SED keine größeren Änderungen der Politik zu erwarten seien. Alles sei auf Kontinuität eingestellt. Man wolle das Erreichte festhalten.« Nach wie vor sei Polen die Hauptsorge der Genossen[518].

Nach Beendigung des Parteitages und Freigabe des Parteitagsmaterials – hier dürfte es sich wohl vor allem um das in der Sonderausgabe des ND vom

12. April 1981 abgedruckte Referat Honeckers gehandelt haben, um dessen gründliche Lektüre mit anschließendem Gedankenaustausch Wilke gebeten hatte[519] – gab Stolpe dem Staatsfunktionär bereits am 13. April die Rückmeldung, er habe die Unterlagen studiert. Bei einer Lagebesprechung in der Auguststraße, der Zentrale des Kirchenbundes, sei »festgestellt [worden] – und so nehme er, Stolpe, das auch wahr –, daß der Abschnitt über Staat und Kirche als ›sehr hilfreich empfunden‹ werde. ›Das ist wirklich gut‹, war seine Meinung«, so Wilke[520].

An der Basis waren die Reaktionen anders. So notierte die SED unter den Pfarrern im Bezirk Dresden »eine große Zurückhaltung«[521].

Auf seiner Sitzung am 9. April 1981 bestätigte der KKL-Vorstand das »Informationsgespräch« mit Gysi über den Parteitag und kündigte der Behörde des Staatssekretärs an, man werde am 29. April mit etwas mehr als zwanzig Vertretern erscheinen[522]. Außerdem teilte das BEK-Sekretariat vor Gesprächsbeginn einige Problemanzeigen mit: das »Fehlen der Formel ›Gleichachtung und Gleichberechtigung‹ in der Passage über das Verhältnis von Staat und Kirche«, den Verzicht auf die Behandlung der Schwierigkeiten mit Jugendlichen und die fehlende Erwägung der Ökologie-Thematik. Schließlich vermißten die Kirchenleute in den Parteitagsunterlagen ein offenes Ansprechen der Versorgungsmängel einerseits und des Konsumdenkens und Strebens nach einem hohen individuellen Lebensstandard andererseits[523].

Über den Verlauf des Gesprächs am 29. April, bei dem sich Schönherr für die Aussagen des X. Parteitages bedankt haben soll[524], zeigte sich Gysi äußerst zufrieden[525].

Greifswalds Bischof Gienke äußerte am 6. April 1981 gegenüber dem Rostocker Stellvertreter des Vorsitzenden für Inneres, Steinbach:

»Wenn auch so ein herausragendes politisches Ereignis in erster Linie für die Mitglieder der SED von großer politischer Tragweite ist, gehe er als Bischof davon aus, daß die SED die führende Kraft in der sozialistischen Gesellschaft ist. Dementsprechend sind die Beschlüsse des X. Parteitages für alle Bürger der DDR und somit auch für die Christen von großer Bedeutung für die weitere Ausgestaltung der Politik in der DDR. Zu dieser Einschätzung müßte jeder kommen, der nicht eine ›Vogel-Strauß-Politik‹ betreibt.«[526]

Nach dem X. Parteitag versammelte Rudi Bellmann die Mitarbeiter für Kirchenfragen der SED-Bezirksleitungen. Er führte aus, daß sich insbesondere nach dem 6. März 1978 »die realistische Haltung kirchlicher Amtsträger zu den Grundfragen unserer gesellschaftlichen Entwicklung trotz Hemmnisse und Widersprüche vertieft hat. Es vollzieht sich ein Prozeß der objektiv unbedingten Anpassung der Kirchen an den Sozialismus, der unterschiedlich verläuft.«

Es sei bislang gelungen, daß »die unvermeidlichen Gegensätze zwischen Staat und Kirche unterhalb der Schwelle der politischen Konfrontation gehalten werden, was unter den Bedingungen der Verschärfung der internationalen Lage große Bedeutung hat.«

Bellmann erwies sich in diesem Referat als klarer Dialektiker. Ein gutes

Verhältnis zwischen Staat und Kirche schloß Spannungen nicht aus, letztere waren sogar unabdingbar. So gesehen mußte positiv gewürdigt werden, daß auch die Krise des Herbstes 1981 die guten Staat-Kirche-Beziehungen nicht hatte trüben können.

Wieder einmal erklärte Bellmann den SED-Kirchenpolitikern die Funktion ihrer Machtmittel:

»Aus der internationalen Verantwortung der DDR ergibt sich die Aufgabe, das Auftreten kirchlicher Vertreter im Ausland, in der Ökumene stärker zu beeinflussen und für die Darlegung der realen Bedingungen des Wirkens der Kirchen in der DDR zu nutzen.« Man müsse sich darüber im klaren sein, »daß kirchenpolitische Entscheidungen über Personen, Veranstaltungen, Druckgenehmigungen stets staatspolitischen Charakter tragen«, instruierte Bellmann seine Zuhörer[527].

Während der Beratergruppen-Sitzung Anfang Juni 1981 berichtete Demke über die Gespräche mit der Russisch-Orthodoxen Kirche (Sagorsk IV)[528], die vom 10. bis zum 13. Mai 1981 in Güstrow stattgefunden hatten[529]. Die ROK-Delegation wurde durch den Leiter des ROK-Außenamtes, Metropolit Filaret (Minsk) – es handelte sich um seine erste Reise ins Ausland seit seinem Amtsantritt –, angeführt[530]. Thematisch ging es um die Frage der Christusnachfolge im Leben des einzelnen Christen. Dabei zeigten sich erhebliche Differenzen im Umgang mit den biblischen Texten. Werner Krusche kritisierte:

»Ein empfindlicher Mangel des Gespräches war es, daß zwar [...] über die sozialen Aspekte der Nachfolge Christi gesprochen worden ist, daß es aber kaum zu Konkretionen gekommen ist.«

Die ROK-Persönlichkeiten vertraten die Position, »die gegenwärtige soziale Wirklichkeit in der Sowjetunion biete glücklicherweise den Christen in großem Umfang Wirkungsgebiete, die nicht durch ethische Probleme kompliziert sind – vor allem die soziale Tätigkeit des Christen zum Wohl der Gesellschaft und des Friedens in allen ihren Formen. Die ehrliche, selbstlose Arbeit zum Wohl der Gesellschaft empfange besonders hoffnungsvolle Züge unter den Bedingungen des Sozialismus.«

Von DDR-Seite wurde versucht, eine Konkretion des Versuchs der Wahrnehmung von Nachfolge in der gesellschaftlichen Wirklichkeit der DDR vorzunehmen, »etwa am Beispiel unseres Verhaltens zu Menschen, die aus irgendeinem Grund in die BRD übersiedeln wollen.« Hierauf ging die andere Seite überhaupt nicht ein[531].

Flor gab auf derselben Beratergruppensitzung eine ausführliche Analyse über den Wahlerfolg der CDU in Berlin (West)[532]. Den neuen Berliner Regierenden Bürgermeister Richard von Weizsäcker lud Stolpe für den 10. Oktober 1981 nach Potsdam zu einem Essen ein. In diesem Zusammenhang fragte der Kirchenbund-Politiker beim DDR-Außenministerium an, ob er einige Personen des öffentlichen politischen Lebens zu der Begegnung hinzubitten könne. Nach einem Gespräch zwischen Gysi und Außenminister Fischer wurde entschieden, daß man zwar die Einreise Richard von Weizsäckers nicht verhindern wolle; eine Beteiligung von DDR-Politikern an dem Empfang komme jedoch nicht in Frage[533].

Hans von Keler gab eine Vorschau auf die EKD-Synode[534], zu der der BEK Domsch und den Görlitzer Ingenieur Erwin Walter als Mitglied des BEK-Synodalpräsidiums delegierte. Da es sich bei beiden um Nichttheologen handelte, konnte der von seiten des EKD-Präsidiums ausgesprochenen Bitte, ein BEK-Vertreter möge einen Abendmahlsgottesdienst übernehmen, nicht entsprochen werden[535].

Als Einführung in das Hauptthema der »Beratergruppe« am 3. September 1981 – »Kirche als Gesprächspartner oberster Staatsorgane und anderer gesellschaftlicher Gruppierungen« – fertigte Lingner Thesen zum Verhältnis von Staat, Kirche und Gesellschaft in der Bundesrepublik. Darin begründete er unter Heranziehung entsprechender offizieller kirchlicher Äußerungen einmal den Öffentlichkeitsauftrag und -anspruch der Kirche; zum anderen stellte er den Begriff der »Partnerschaft« als sachgemäße Beschreibung des Verhältnisses von Staat und Kirche in der pluralistischen bundesrepublikanischen Gesellschaft (»Verbändestaat«) in Frage. Als essentielle Voraussetzung für die Glaubwürdigkeit und Wirksamkeit in den gesellschaftlichen und politischen Bereich hinein formulierte er zwei Sätze:

»1. Ob und wie die Kirche in ihrem eigenen Bereich modellhaft praktiziert, was sie als ihren Beitrag in das gemeinsame gesellschaftliche Leben einzubringen gedenkt. 2. Ob es ihr gelingt, Menschen zum Glauben zu gewinnen und durch diesen Glauben zu befähigen, in ›distanzierter Beteiligung‹ (Schmidtchen) Gesellschaft und Politik verantwortlich mitzugestalten.«[536]

Der »Partnerschaftsbegriff« spielte als Beschwörungsformel auch im Staat-Kirche-Verhältnis der DDR eine wichtige Rolle; seine Grundlagen waren aber kaum ähnlich zu beschreiben wie die in der Bundesrepublik.

Kramer berichtete auf der Beratergruppensitzung am 3. September über die seit 1973 praktizierten »Sachgespräche« zwischen Staat und Kirche:

»Sie können als spezifisches Merkmal für das praktizierte Verhältnis von Staat und Kirche (und umgekehrt) gelten. Die Kirchen erwarten bei Gelegenheit der Gespräche, Sachfragen und Positionen geltend machen zu können, die in Entscheidungen der Regierung (oder der Verwaltung oder sonstigen politischen Praxis in den verschiedensten Bereichen) nicht oder nicht ausreichend zur Geltung kommen. Die Kirchen möchten auch Spannungen und Widersprüche zwischen Wirklichkeit und Programm (SED) bzw. Verfassung ansprechen und besondere kirchliche Probleme (z. B. im Bildungsbereich)[537] vortragen. Die Regierung verfolgt bei den Gesprächen ihr gemäße Ziele: Sie möchte die Gespräche mehr als ›Informationsgespräche‹ verstanden wissen. Sie will über politische Sachverhalte unterrichten und dabei auch Hintergrundinformationen bekanntgeben oder Entscheidungen aus der Sicht der Regierung erläutern. An ›Sachgesprächen‹ mit dem Ziel, Maßnahmen der Regierung zur Diskussion zu stellen, liegt ihr nicht. Dies ist einer der Gründe dafür, warum es bisher nicht gelungen ist, mit Vertretern des Ministers für Volksbildung ein ›Sachgespräch‹ über die die Kirche interessierenden Fragen (›Kommunistische Erziehung‹) zu führen. [...] Zur Struktur solcher Gespräche gehört, daß die Vertreter der Kirche wichtige ökumenische Dokumente überreichen[538] und somit der Regierung offiziell zur Kenntnis bringen. [...]« Die anderen Teilnehmer ergänzten: »In der zunehmenden Offenheit der Gespräche liegt für die staatlichen Vertreter ein Reiz. In den Gesprächen wirkt sich aus, daß die Kirche die einzige unabhängige gesellschaftliche Gruppe in der DDR ist, die auch kritische Fragen vortragen kann. [...] Für den Staat haben die Gespräche einen hohen Stellenwert. Dies läßt die Bereitschaft der staatlichen Seite erkennen, sich regelmäßig auf die – von der Kirche erbetenen – Gespräche einzulassen, [sic!] an der personellen Zusammensetzung der staatlichen Gesprächsgruppe und an der Tatsache, daß die kirchlichen Beiträge sehr sorgfältig analysiert werden.«

Im Blick auf die Auswirkungen solcher Gespräche im Raum der Kirche selbst bemerkte Kramer:

»Schwierig ist die – durchaus verständliche – Reaktion der kirchlichen ›Basis‹, die bisweilen nicht frei von Mißtrauen bleibt, wenn sie über die Gespräche in den Zeitungen liest.«[539]

Einen deutlichen Wechsel des Klimas bei Gesprächen mit Staatsvertretern glaubte Hempel zu erkennen, wie er dem Ratsvorsitzenden des Bezirkes Karl-Marx-Stadt, Lothar Fichtner, mitteilte:

»Seit dem 6.3.1978 sei vieles gewachsen, dafür spreche schon die Atmosphäre des heutigen Gesprächs. Vor zehn Jahren noch wären sicherlich ausformulierte Erklärungen auf beiden Seiten vorgelesen worden, mit denen man sich gegenseitig ›angehupt‹ hätte. Er sei froh über das gewachsene Verhältnis auf beiden Seiten, das es möglich mache, seinen Standpunkt ohne Furcht zu artikulieren, vom Gesprächspartner von vornherein abqualifiziert zu werden.«[540]

Die Bewegung für einen Sozialen Friedensdienst (SoFd)

Auf der September-Sitzung der Berater-Gruppe informierten die DDR-Vertreter »über die spontane ›Bewegung‹ ›SoFd‹«:

»Ein Initiativkreis von Jugendlichen in der sächsischen Landeskirche hat mit Unterstützung anderer Kreise in anderen Landeskirchen junge Menschen mit einer Erklärung aufgefordert, sich mit einem Aufruf an ihre Synoden zu wenden, um diesen nahezulegen, mit der Regierung über einen Friedensdienst zu verhandeln. Dieser soll statt des Wehrdienstes abgeleistet werden können (24 Monate SoFd anstelle von 18 Monaten Wehrdienst). Die Methode der Initiativgruppe war originell und wirkungsvoll (Aufruf abschreiben und weiterschicken). Staatliche Funktionäre haben die Sache bei ihrer Kritik dramatisiert. Sie fürchten wohl eine ›Bewegung‹, die nur schwer kontrollierbar und steuerbar ist. Die bisherigen Reaktionen der Kirchen lassen sich so skizzieren:
– der besondere kirchliche Versöhnungsauftrag schließt ›eigengeartete‹ Stellungnahmen von Christen ein;
– im Rahmen der kirchlichen Friedenserziehung gibt es legitime Friedensbemühungen besonderer Art von Christen;
– die Eingaben an die Synoden sind kirchlich der gebotene und legitime Weg.
Vielleicht kann in Verhandlungen mit dem Staat erreicht werden, daß der Einsatz der Bausoldaten im Sinne des Appells als Sozialer Friedensdienst gestaltet wird. Die Kirchen in der DDR erfüllt die Verstärkung der Militarisierung in den verschiedensten Bereichen mit Sorge. Dies wird in den ›Sachgesprächen‹ mit Vertretern der Regierung anzusprechen sein.«[541]

Die Idee war während einer Tagung des Christlichen Friedensseminars in Königswalde, Kreis Werdau/Sachsen, wo auch regelmäßig Material aus der Bundesrepublik kursierte[542], entstanden. Dort hatte sich im März 1981 eine Initiativgruppe unter Leitung des Superintendenten Wetzel, Dresden, sowie der Pfarrer Wonneberger[543] und Burkhardt gebildet. Beide galten aus staatlicher Perspektive »als ausgewiesene politisch negative Kräfte«[544]. Im April und Mai 1981 fand jeweils ein Treffen der Gruppe statt. Die von ihr aufgegriffene Thematik wurde auf einer Sitzung des BEK-Ausschusses »Kirche und Gesellschaft« in Brandenburg beraten. Die sächsische Kirchenleitung[545] scheiterte mit dem Versuch, die KKL auf deren Mai-Sitzung zu einer Zustimmung für das Zivildienstprojekt zu bewegen[546], vor allem an den von Schönherr[547] und Stolpe gegen das Projekt erhobenen Einwänden. Die staatlichen Stellen, anscheinend durch kirchliche Informanten hiervon in Kenntnis gesetzt, beobachteten den Diskussionsverlauf, ohne einzugreifen[548]. Nachdem der Bischofskonvent am 22. Mai das Anliegen der Initiative behandelt hatte, beschloß er, dieses »bei jeder sich bietenden Gelegenheit bei staatlichen Stellen« vorzubringen[549].

Ende Mai verließen die Initiatoren des Projektes dann den Bereich binnenkirchlicher Gremien und traten mit ihrem Vorhaben an die Öffentlichkeit. Dies geschah durch das Verteilen von Materialien, öffentliche Unterschriftensammlungen – der Antrag mit den gesammelten Unterschriften sollte am 1. September, dem Weltfriedenstag, der DDR-Volkskammer und auch der UNO überreicht werden – und Diskussionen über das ursprüngliche Papier[550], wodurch dieses noch einige Verschärfungen erfuhr. Eine Ausnahme bildete nur Dresden, wo es bei dem Ausgangspapier blieb.

Im Unterschied zu dem Dresdener Vorschlag wurde beispielsweise in Jena nun auch eine von den Initiatoren der Bewegung noch zugestandene Kasernierung bzw. Gemeinschaftsunterbringung der Zivildienstleistenden, eine Erste-Hilfe-Ausbildung durch das Rote Kreuz der DDR – wegen der dort üblichen Uniformierung –, eine Ausbildung im Katastrophenschutz, die als Form der Zivilverteidigung galt, abgelehnt, und auch eine zeitliche Gleichstellung des Dienstes mit dem normalen Wehrdienst bei der NVA gefordert.

Im Juni fanden intensive Diskussionen in den Studentengemeinden Rostock, Magdeburg[551], Jena und Berlin – dort auch an der Theologischen Sektion der Humboldt-Universität[552] –, auf sogenannten Werkstatt-Tagungen der Jungen Gemeinde in Halle und Jena, auf den Kirchentagen in Görlitz[553] und Dessau, während der Landesjugendtage in Güstrow und Potsdam[554] sowie in Eppelmanns Berliner Blues-Messe statt. Vor allem der Diakon Lothar Rochau (Halle) und die Pfarrer Walter Schilling (Braunsdorf), Koch (Rudolstadt) und Eppelmann (Berlin) engagierten sich zunehmend in dieser Frage.

In der kirchlichen Öffentlichkeit gab es zu den SoFd-Anstrengungen auch kritische Äußerungen kirchenleitender Persönlichkeiten. So sagte Anhalts Kirchenpräsident Eberhard Natho auf dem Dessauer Kirchentag, SoFd »›sei gegenwärtig wenig aussichtsreich‹«[555]. Sachsens Bischof Hempel, der – wie im übrigen auch LKA-Präsident Domsch[556] – in seiner eigenen Landeskirche für das Projekt eintrat, äußerte auf der im Juni 1981 im thüringischen Gera tagenden VELK-Synode, man dürfe »mit SoFd nicht die Christen verunsichern [...], die mit der Waffe in der NVA dienen. Bei aller Schwärmerei für den Frieden dürfe man die Apokalypse nicht vergessen.« Diese Äußerung stufte der Staat allerdings nur als taktische Schutzmaßnahme des Bischofs ein, um kritischen Anfragen seitens staatlicher Gesprächspartner mit dem Hinweis auf seine Geraer Bemerkungen geschickt ausweichen zu können[557]. Mecklenburgs Bischof Rathke unterstützte auf der gleichen Synodaltagung die Initiative, indem er sich für die Anerkennung eines »zivilen Friedensdienst[es] als gleichberechtigte Möglichkeit einer Erhaltung des Friedens‹« aussprach[558]. Auch der Vizepräses der VELK-Synode, Ingenieur Heinrich aus Saupersdorf/Kreis Zwickau, distanzierte sich in späteren Gesprächen mit Staatsvertretern nicht von der Initiative, da nach seiner Auffassung eine Durchbrechung der Rüstungsspirale unbedingt nötig war[559].

Das Projekt zog bald die besondere Aufmerksamkeit des Staates auf sich. Bereits Ende Mai hatte der BEK-Vorsitzende Schönherr Staatssekretär Gysi auf eine intensive Diskussion dieser Fragen im innerkirchlichen Bereich vorbereitet, indem er anmerkte, »daß die Dinge bei uns sicher nicht leichter, sondern schwieriger werden würden. Solche Diskussionen, wie die über Bausoldaten, Rücktritt vom Fahneneid, Reservistendienst würden sicher noch stärker werden.« Diese Entwicklung sei nicht ausschließlich auf westliche Einflüsse zurückzuführen.

»Es ginge sehr stark um die Neigung der Jugend für Lösungen ganz prinzipieller Natur. Die Jugendlichen hätten Angst, echte Angst vor der Zukunft. ›Gemeint ist: vor dem Krieg‹. Für die Kirchenleitungen werde es immer schwieriger, diese Tendenzen zu begrenzen und mit ihnen fertig zu werden. Auch die Zahl der sogenannten ›Verweigerer‹ wachse. Die Jugend insgesamt werfe den Kirchenleitungen zu große Kompromißbereitschaft vor.«[560]

Eine knappe Woche später ließ sich der Berliner Bischof auch bei Bellmann über die Situation der Jugend aus.

»Er habe große Sorge, daß durch das Verhalten von Jugendlichen Konflikte auf uns zukommen könnten, die nicht einfach zu lösen seien.« Wie in anderen Ländern gebe es auch unter der DDR-Jugend eine Verweigerungshaltung, die sich im Unterschied zu anderen Gesellschaften hier hauptsächlich gegen den Staat richte. Diese Beobachtung gelte nicht nur für Jugendliche mit kirchlicher Bindung, sondern beschreibe ein Gesamtphänomen.

»Zunehmend werde die Kirche mit Forderungen konfrontiert: ›Ihr müßt etwas sagen gegen den Wehrdienst‹, oder ›Irgend etwas in der Welt ist faul‹. Er, Schönherr, sehe da Konflikte heraufkommen. Er hat den Eindruck, daß unter den Jugendlichen die Frage der Wehrdienstverweigerung zunehme. Die Kirche werde sich weiterhin vor Menschen stellen müssen, die in diesen Fragen das Gewissen bindet, aber sie sei nicht gegen den Wehrdienst, sondern vertrete die Meinung, daß man als Christ in der NVA seinen Dienst tun kann, ob als Soldat oder Bausoldat. Er, Schönherr, habe große Hochachtung davor, wie man diese Dinge in der NVA behandelt. Es gehe zwar nicht immer nach den Wünschen der Kirche, aber man habe dort viel Verständnis bewiesen. Er, Schönherr, fürchte, daß junge Leute dabei sind, die Dinge hochzuspielen, und das komme nicht nur aus dem Westen.«

Bellmann erwiderte, Schönherrs Bild von der DDR-Jugend sei falsch.

»Sie arbeite fleißig, gescheit und bewußt in unseren Betrieben und Institutionen, hat ein gutes Verhältnis zum sozialistischen Staat und seiner Politik und beweise ihre Bereitschaft, ihren Staat und seine Errungenschaften zu verteidigen. Das bestätigt sich im täglichen Leben.«[561]

Hans Wilke schrieb im Juli 1981, nachdem er sich zunächst in allgemeinen politischen und kirchenpolitischen Ausführungen erging:

»In der Zeit höchster Gefährdung des Friedens durch die NATO-Hochrüstungsbeschlüsse, einer Zeit offensiver antikommunistischer und antisowjetischer Propaganda, in der die Lüge von der Bedrohung aus dem Osten permanent wiederholt und dazu benutzt wird, die Bevölkerung der NATO-Staaten psychologisch auf einen Kernwaffenkrieg vorzubereiten, ist die Verteidigungsfrage eine Lebensfrage. Die Erhaltung des Friedens hat gegenwärtig absolute Priorität. Das sozialistische Lager muß seinen militärischen Schutz gewährleisten. [...]
Die evangelischen Kirchen haben sich in der Frage der Erhaltung des Friedens sowohl im nationalen als auch im internationalen Rahmen engagiert. [...] Aber es wird eine bedenkliche politische Einseitigkeit bei den kirchlichen Friedensaktivitäten deutlich. Die evangelischen Kirchen in der DDR lehnen eine Mitarbeit in der CFK ab. Im kirchlichen Raum gibt es eine starke Zurückhaltung gegenüber den konkreten Abrüstungsvorschlägen des XXVI. Parteitages der KPdSU und des X. Parteitages der SED. Die ›Willenserklärung‹ gegen den NATO-Raketenbeschluß wird negiert. Für die Eskalation der Rüstungsanstrengungen werden ›die beiden Großmächte‹ UdSSR und USA verantwortlich gemacht, zwischen denen man nicht differenziert und so die prinzipielle Friedenspolitik der Sowjetunion auf eine Stufe mit offen vorgetragenen Aggressionsabsichten der USA stellt. Über die inhaltliche Ausformung einer ›gesamtdeutschen kirchlichen Friedenskonzeption‹ wird versucht, die Abgrenzung der evangelischen Kirchen in der DDR gegenüber denen in der BRD zu unterlaufen und die Kirchen als letzte ›gesamtdeutsche Klammer‹ zu profilieren. Gegen die massive öffentliche staatsbejahende Propaganda der Leitung der westdeutschen Kirchen, die auch für eine Stärkung der Bundeswehr eintreten, sowie gegen die Wiederholung der Bedrohungslüge durch führende Kirchenvertreter der BRD und die Diffamierung von engagierten Friedenskräften in den Kirchen der EKD wird geschwiegen.
Nach dem Willen der negativen kirchlichen Kräfte in der DDR und revanchistischen Vorstellungen aus der BRD sollen die Kirchen des BEK eingeordnet werden in eine Konzeption der ›leisen Konterrevolution‹ und der ideologischen Diversion. In den letzten Jahren nehmen Versuche negativer kirchlicher Kräfte zu, sich in unterschiedliche gesellschaftliche Bereiche und staatliche Entscheidungen einzumischen. Es werden Aktionen durchgeführt, die eine bestimmte Breite in der kirchlichen Öffentlichkeit erreichen und von den westlichen Massenmedien zur Hetze gegen die DDR und die anderen sozialistischen Staaten benutzt werden. Auch loyale Geistliche erkennen in diesen Kampagnen oft nicht die Gefährlichkeit und deren antisozialistischen Charakter und unterstützen sie (z. B. in den Fragen eines geforderten generellen Pazifismus).«

Diese Bewegungen redeten von »einer ›zunehmenden Militarisierung des Lebens in der DDR‹«.
Zwar fehle es den kirchlichen Aktivitäten wie dem Bußtagsschweigen, der Kritik am Wehrunterricht oder der Forderung eines sozialen Friedensdienstes nicht am humanistischen Grundgedanken der Friedenserhaltung, jedoch würden sie »erst durch das politisch negative Profil ihrer Initiatoren, die gegen die sozialistische Gesellschaft auftreten, eindeutig politisch einschätzbar.« Als Be-

leg für diese These zitierte er aus den Ausführungen des Magdeburger Theologen Hans-Jochen Tschiche in der westdeutschen Zeitschrift »Literatur«:

»In den sozialistischen Ländern wächst aus dem Gefühl der Sinnentleerung der einstigen Ideale die Unzufriedenheit [...] Diese Vorgänge weisen auf eine innere Krise in unserem Lande hin. Der entscheidende Beitrag der evangelischen Christen und Kirchen in der DDR, dem Frieden zu dienen, besteht darin, daß wir in mühevoller Kleinarbeit unter dem Einsatz unserer persönlichen und organisatorischen Existenz hier in der DDR für ein innenpolitisches Klima eintreten, das Toleranz, Vertrauen, Bereitschaft zum Umdenken und Einsichten in eigene Fehlentwicklungen von einzelnen, Gruppen, Organisationen und der ganzen Gesellschaft wachsen läßt. Ich denke, die Kirche hat zuerst Kirche *der* DDR-Bürger zu sein, deren Kontaktmöglichkeiten auch für längere Zeit eingeschränkt bleiben werden. Wenn die Kirchen in unserem Land sich für den Frieden zwischen den Staaten einsetzen wollen, ist das nur überzeugend, wenn sie sich mehr als bisher gegen die Militarisierung und ideologische Uniformierung im innenpolitischen Leben wenden. Ich nenne diese Haltung: Eintreten für den innenpolitischen Frieden, der das Einübungsfeld für außenpolitische Friedensschritte ist.«[562]

Leute wie Tschiche verstanden das Reden der SED-Funktionäre vom globalen Frieden als gezieltes und geschicktes Ablenkungsmanöver von den innergesellschaftlichen Problemen einer Diktatur, deren Aufweichung, wenn nicht gar Beseitigung erst eine wirkliche Friedenslösung bringen konnte. Diese Gedankengänge wurden von den EKD- und Kirchenbundstrategen in ihren Konsultationen nicht bedacht.

Wilke fuhr fort:

»Der Vorschlag für einen sozialen Friedensdienst wäre in einer Phase der sich auch auf militärischem Gebiet vollziehenden Entspannung und durchgeführter erster Abrüstungsschritte positiv zu erörtern, denn er könnte dazu beitragen, wesentliche Bedürfnisse z. B. im Gesundheitswesen zu erfüllen. Unter den gegenwärtigen Bedingungen der imperialistischen Konfrontationspolitik ist die Forderung nach einem sozialen Friedensdienst eindeutig gegen die Sicherung der sozialistischen Landesverteidigung gerichtet und zielt darauf ab, die Verteidigungsgemeinschaft der sozialistischen Länder zu untergraben. Nach dem X. Parteitag der SED läßt sich eine Eskalation pazifistischer Aktionen und Argumentationen in den Kirchen nachweisen. [...] Unter dem Vorwand, daß man nach dem 6.3.1978 mit dem Staat über alle Fragen sprechen und verhandeln könne, ja sogar im Interesse der Gesellschaft verhandeln müsse, werden solche Probleme, die zu einer Konfrontation zwischen Staat und Kirche führen können, bewußt aufgegriffen. Die Kirche soll nach dem Willen politisch negativer Kräfte wieder zum kritischen Korrektiv gegenüber Staat und Gesellschaft werden.«

Den sozialen Friedensdienst charakterisierte Wilke als »Versuch einer organisierten Bewegung mit jugendlichen Wehrpflichtigen, die sich gegen die Verfassung der DDR, das Gesetz zum Schutz des Friedens und das Verteidigungsgesetz richtet, sich in Belange des Staates einmischt und dazu den Friedenswillen junger DDR-Bürger mißbraucht.«

Die Forderung nach einem sozialen Friedensdienst (SoFd) dient in der gegenwärtigen Ausrichtung der Erfassung und Organisierung solcher Jugendlicher, die Vorbehalte gegen den Sozialismus haben oder sogar der Gesellschaft feindlich gegenüberstehen[563]. Es ist der Versuch der Schaffung einer organisierten Bewegung mit dem Ziel, 300 000 Unterschriften zu sammeln, die dabei erfaßten Personen in ihrer Einstellung zur Verteidigungspolitik zu manipulieren und Druck auf die Volkskammer der DDR auszuüben. [...] So soll die Regierung ›von unten‹ und durch internationale Gremien unter Druck gesetzt werden.«

Wilke schlug als Handlungsperspektive vor, »die Diskussion um einen SoFd zurückzudrängen, die Tätigkeit der Initiativ-Gruppe zu beenden und die verantwortlichen Initiatoren weitgehend zu isolieren.« Dabei müsse man auch ein strafrechtliches Vorgehen in Erwägung ziehen, da deren Vorhaben »eindeutig gegen die sozialistische Landesverteidigung« gerichtet sei. »Der humanistische Gedanke eines zivilen Friedensdienstes verliert wesentlich seinen Wert durch die antisozialistische Konzeption seiner Initiatoren und den Zeitpunkt seines Auftretens.« Gysi möge in dieser Richtung tätig werden und sich beim Generalstaatsanwalt nach der strafrechtlichen Relevanz der Initiative erkundigen. Außerdem sollten die Bezirke informiert werden. Mit der BEK-Spitze sollte ein Gespräch geführt werden, zu dem ein führender Vertreter des Verteidigungsministeriums hinzuzuziehen sei. Ziel des Gespräches müsse die Distanzierung der KKL von dem Vorhaben unter Hinweis auf die außenpolitische Lage und deren eigenständiges Hinwirken auf eine Beendigung der Aktivitäten sein. Auf Bezirksebene sei mit den Bischöfen und den leitenden Kirchenjuristen zu sprechen. Außerdem war vorgesehen, in den betreffenden Hochschulen mit den als Befürworter der Aktion aufgetretenen Studierenden zu reden und die progressiven kirchlichen Gruppierungen zu theologischen Stellungnahmen zu bewegen[564].

Bereits am 12. Mai 1981 hatten die Ostberliner Theologieprofessoren Hanfried Müller und Rosemarie Müller-Streisand, die sich im übrigen von der Initiative distanzierten, erklärt, nach ihrer Auffassung gehe es den für die SoFd-Bewegung Verantwortlichen um zweierlei: Zum einen wollten sie die Reaktion des Staates testen, zum anderen in Erfahrung bringen, wieviel Menschen sich durch eine solche Aktion mobilisieren ließen[565]. Den Initiatoren sei wohl selbst nur allzu deutlich, daß sie ihre propagierten Ziele kaum würden durchsetzen können.

Am 20. Juli 1981 nahm Gysi persönlich weitere Präzisierungen an der staatlichen Handlungskonzeption vor. Dabei vertrat der Staatssekretär die Auffassung, daß eine Lösung des Problems mit Hilfe der zuverlässigen Mitglieder in den Kirchenleitungen der jeweiligen Kirchen eigenständig gefunden werden müsse:

»Die Zurückweisung der Forderung nach einem sozialen Friedensdienst muß vor allem durch loyale und realistische Kräfte in den Kirchen selbst erfolgen, wobei den Kirchenleitungen eine besondere Verantwortung zukommt. In kurzfristig zu realisierenden Gesprächen ist daher ausgewählten kirchenleitenden Kräften zu erläutern, daß mit der Forderung nach einem SoFd der Boden der der Kirche gesetzlich garantierten Aktivitäten völlig verlassen wird und sich diese Bewegung direkt gegen die in der Verfassung der DDR verankerte allgemeine Wehrpflicht und damit gegen die Verfassung richtet. Ziel der Aktion ist offenbar, die Kirche auf einen Kurs der Konfrontation mit dem sozialistischen Staat zu drängen, der die Linie des 6.3.1978 sprengen soll. Das ist klar gegen die Friedenspolitik der DDR und auf die Schwächung der Friedenskräfte gerichtet, kann nur von der Nachrüstungspolitik und den dadurch verursachten Gefahren sowie dem Sozialabbau in USA und der BRD ablenken und das internationale Ansehen der DDR untergraben, die in der Frage der Wehrpflicht die großzügigste Regelung Europas in ihren Bestimmungen über die Baueinheiten hat.

Zur Zurückweisung der SoFd-Kampagne werden folgende kurzfristige Maßnahmen vorgeschlagen:

1. Im Gespräch des Staatssekretärs mit OKR Stolpe am 20.7. werden die Positionen des Staates zum geforderten SoFd dargelegt und die möglichen Konsequenzen für die Kirche aufgezeigt, um zu erreichen, daß sich Stolpe mit seiner Autorität im Apparat des BEK für die Zurückweisung der SoFd-Bewegung engagiert.

2. In Gesprächen des Staatssekretärs mit den Bischöfen Schönherr, Hempel, Leich, Natho, Rathke und Gienke wird eine politische Wertung der Forderung nach einem SoFd gegeben und deren Einordnung in die internationale Situation vorgenommen. Es wird begründet, daß es sich hier eindeutig um eine politische Forderung handelt, für die es keine theologische Begründung gibt. Den Bischöfen wird ihre persönliche Verantwortung zur Zurückweisung der SoFd-Kampagne deutlich gemacht und dargelegt, daß dies im wohlverstandenen Interesse der Sicherung des Friedens, der Kirchen und des Staates liegt und kein Gegenstand für Diskussionen auf den Herbstsynoden sein kann und darf. Die gegen die Verfassung gerichtete Zielsetzung und auch die gesetzwidrige Unterschriftensammlung sind eindeutig darzulegen. Ebenso ist die Unverzichtbarkeit der in der Verfassung verankerten Sicherung der DDR durch die allgemeine Wehrpflicht zu betonen.« Außerdem sollten auf Bezirksebene mit Befürwortern der Aktion ebenso wie »mit realistischen Kräfte Gespräche geführt werden«[566].

Am gleichen Tag legte Gysi gegenüber Stolpe »ausführlich klar und scharf« seine Position zur SoFd-Initiative dar. Gysi berichtete hernach über die Unterredung:

»Er [Stolpe] hörte sehr genau und sehr sorgenvoll zu. Aus seiner Haltung ging hervor, daß er sehr gut orientiert war. Meiner Absicht, mit den Bischöfen zu sprechen, stimmte er voll zu. Er betonte die Zweckmäßigkeit von Einzelgesprächen. Als wichtigste Gesprächspartner bezeichnete er Hempel, Krusche, Rathke. Diese drei seien am anfälligsten. Wichtig sei auch, wie rasch es geschehe, bevor evtl. in einer Konferenz der Kirchenleitungen weitere Festlegungen erfolgen. Er stimme meinen Ausführungen zu, müsse aber bekennen, daß er die Zusammenhänge und Zielsetzungen vorher auch nicht in dieser Weise klar gesehen habe und auch die evtl. Konsequenzen nicht so erkannt hätte. Er sagte zu, unseren Standpunkt zu unterstützen.«[567]

Wilkes Mitarbeiter Handel präzisierte die staatliche Argumentation, die in Gesprächen mit Kirchenvertretern präsentiert werden sollten, weiter:

Mit der Bausoldaten-Verordnung habe die DDR »(als einziges sozialistisches Land) eine gesetzliche Regelung geschaffen, die es ermöglicht, auch pazifistisch geprägte Traditionen der Weltfriedensbewegung aufzunehmen.« Dabei müsse sich der Ersatzdienstleistende – im Unterschied zur Bundesrepublik – nicht einmal einer Gewissensprüfung unterziehen. Bei der SoFd-Initiative handele es sich um »eine eindeutig politische Forderung, die den der Kirche gesetzlich garantierten Rahmen der freien Religionsausübung überschreitet und sich gegen die in der Verfassung verankerte allgemeine Wehrpflicht richtet. Es ist bezeichnend für den Charakter der Kampagne um einen SoFd, daß deren Initiatoren, bei denen es sich um ausgewiesene politisch negative Kräfte handelt, von vornherein auf eine theologische Begründung ihrer Forderungen verzichtet haben. [...] Die Forderung nach einem SoFd dient in der gegenwärtigen Ausrichtung der Erfassung, Organisierung und Manipulierung solcher Jugendlicher, die in der DDR ihre geistige und soziale Heimat noch nicht gefunden haben oder ihr sogar feindlich gegenüberstehen. Hier wird der Versuch unternommen, eine organisierte Bewegung mit dem Ziel zu schaffen, ca. 300 000 Unterschriften zu sammeln, um so Druck auf den Staat und loyale Kräfte in den Kirchen auszuüben.«[568]

Am 30. Juli 1981 fand eine kurzfristig einberufene Dienstberatung der Sektorenleiter Kirchenfragen aus den Bezirken im Staatssekretariat statt. Hier äußerte Gysi, es »bestehe immer die Gefahr, daß Bürger in der DDR in subjektiv ehrlicher Absicht, aber von falschen politischen Prämissen ausgehend, positiv zu wertende Normen des Protestes in imperialistischen Staaten unreflektiert und ohne die Bezüge der unterschiedlichen gesellschaftlichen Ordnungen zu berücksichtigen in die sozialistische Gesellschaft übertragen wollen.« Zudem beargwöhnte der Staatssekretär in bezug auf die SoFd-Initiative, »daß die Idee dazu nicht auf dem Boden der DDR gewachsen ist und daß eine Regie dahinter steckt.« Schließlich wies Gysi auf Widersprüche hin, die eine gute innerkirchliche Differenzierungsmöglichkeit zu bieten schienen:

»Schon der Begriff ›Sozialer Friedensdienst‹ ist eine Diffamierung des Ehrendienstes in der NVA, denn das Gegenstück zu einem SoFd wäre ein ›Unsozialer Kriegsdienst‹. Wir können eine Diskriminierung derjenigen nicht dulden, die ihren Dienst in der NVA tun. Darunter sind ja auch viele Christen.« Zugleich stellte Gysi fest: »Mit der ›SoFd‹-Initiative wird der den Kirchen verfassungsmäßig gewährte Raum überschritten. Die Kirche begibt sich in den Status einer politischen Organisation.« Er »wies darauf hin, daß die Distanzierung leitender Kirchenvertreter von SoFd nicht ausreicht. Sie müssen selbst in der Kirche dagegen auftreten.«

Als direktes Ziel gab er den unmittelbaren Stopp der Initiative vor. Eine Verabschiedung von Beschlüssen zur SoFd-Initiative auf den Herbstsynoden müsse auf jeden Fall verhindert werden[569].

Anfang August erhielt Gysi von den Bezirken Gesprächspartnerlisten zugesandt[570].

Der Geraer Kreiskirchenrat Martin Kirchner, 1990 für kurze Zeit Generalsekretär der Ost-CDU und bei der Stasi als IMB »Hesselbarth« geführt[571], äußerte, alle Positionen zum Wehrdienst – ob nun Dienst bei der NVA, bei den Bausoldaten oder ziviler Ersatzdienst –, ließen sich theologisch begründen. Scharf wandte er sich gegen die Wächteramtsauffassung, die er als kirchliche Anmaßung bezeichnete. Kirchner »anerkannte, daß die politische Lage geradezu dazu zwingt, angesichts der Hochrüstung durch die NATO jedwede Beeinträchtigung der Verteidigungsbereitschaft und -fähigkeit zurückzuweisen. Ihm sei dies völlig klar. Der gegenwärtige Zeitpunkt sei schlecht gewählt«. Er vermutete im übrigen, daß Landesbischof Leich die Initiative unterstützen werde[572]. Außerdem bemerkte Kirchner, man wüßte ja auch staatlicherseits, »welche negativen Leute es im Bezirk in der Kirche gebe und daß sich unter diesen bis heute noch kirchliche Mitarbeiter befinden, die mit dem 6.3.1978 nicht einverstanden sind, die sich ein Wächteramt anmaßen.« Hiermit meinte er wohl vor allem Superintendent Große[573] und Christina Schultheiß. »Seine Bedenken zur Einführung eines SoFd müsse er in den richtigen kirchlichen Rahmen stellen, weil man sonst von Anfang an Gefahr laufe, abgestempelt zu werden, isoliert zu werden«, gab Kirchner abschließend zu bedenken und wies sich mit diesem Vorgehen als gewiefter Taktiker aus[574].

Landesbischof Leich wandte sich zwar gegen die Idee des sozialen Friedensdienstes, meinte aber, man müsse auf jeden Fall für diejenigen, die auch den Bausoldatendienst nicht mit ihrem Gewissen vereinbaren könnten, eine Lösung finden[575]. Thüringens Synodalvizepräsident Zunkel äußerte: »Soldatenleben habe noch keinem geschadet, wenn die Jugend Disziplin und Ordnung lernt, kann das nur in Ordnung sein«, sprach sich gegen einen waffenlosen Wehrersatzdienst aus und sagte eine Unterstützung der staatlichen Linie zu[576]. Von Landesjugendpfarrer Spengler wurde das SoFd-Vorhaben hingegen begrüßt und als »lobenswert« bezeichnet. Er erklärte, sich hierfür auch engagieren zu wollen[577].

Dem Thüringer Landeskirchenrat lagen bereits mehrere Anträge[578] mit der Bitte um Stellungnahme zu der Friedensinitiative vor. Darunter waren auch Synodenanträge, die Superintendent Große während der Herbstsynodaltagung unterstützen wollte[579]. Auch in Magdeburg waren bei dem Synodalpräses Reinhard Höppner bereits entsprechende Anträge für die in Halle stattfindende provinzsächsische Herbstsynode eingegangen[580]. Der Merseburger Kreisjugend- und Studentenpfarrer Axel Noack äußerte, »neue Aktionen und Gedanken [seien] nötig, und SoFd ist eine solche Erscheinungsform. Trotzdem sieht er SoFd skeptisch an und hält diese Sache für unausgegoren.«[581] Außerdem war in der Kirchenprovinz Sachsen die Initiative noch Mitte August nicht in allen Kirchenkreisen der Basis bekannt[582]. Auch im Bezirk Leipzig kannte die Mehrheit der Pfarrer und Synodalen zu diesem Zeitpunkt das SoFd-Papier noch nicht. Daraus schlossen die staatlichen Stellen, daß die Kirchenleitung oder andere zentrale kirchliche Stellen das Papier nicht weitergaben[583]. Ähnlich sah es im Thüringer Bezirk Erfurt aus, wo der Mehrzahl der Superintendenten die Aktion nicht bekannt war und sich auch über etwaige Unterschriftensammlungen nichts in Erfahrung bringen ließ[584]. Allerdings waren der Thüringer Landesjugendpfarrer Spengler und der Landesmännerpfarrer Wulff-Woesten über die Initiative genau informiert und hatten den Dresdener Rundbrief gelesen.

Im Bezirk Karl-Marx-Stadt war Ende August das Papier immerhin 54 von 81 Pfarrern, mit denen staatliche Beauftragte gesprochen hatten, bekannt. Von den 54 gaben sich 12 offen als SoFd-Befürworter zu erkennen, zwei hatten auch Unterschriften gesammelt, 18 wiesen sich als Gegner aus, »alle anderen hielten sich bedeckt oder bekundeten Neutralität[585].

In Anhalt sagten Synodalpräses Kootz[586], Kreisoberpfarrer Schindler und der Bundessynodale Hanff, beide Köthen, den SED-Funktionären zu, offensiv gegen die Initiative auftreten zu wollen. Immerhin gebe es in Anhalt auch noch keine Jugenddelegierten auf der Synode, was von systemkritischen Jugendpfarrern seit einiger Zeit gefordert werde[587].

Der Eberswalder Generalsuperintendent Erich Schuppan äußerte am 5. August 1981 nach einer Sitzung der Kirchenleitung Berlin-Brandenburg mit Bischof Schönherr:

»›Obwohl der Wunsch dieser jungen Leute menschlich verständlich ist, muß man sich klar darüber sein, daß ein absoluter Pazifismus, so wie ihn sich diese jungen Leute denken und sicher auch viele wünschen, angesichts der Weltlage eine Illusion ist. Es wäre auch unreal – und sicher auch vergeblich –, in dieser Weltsituation von der Volkskammer eine Änderung des Wehrdienstgesetzes zu verlangen‹.«[588]

Der Greifswalder Bischof Gienke bezeichnete die Initiative »als nicht ›ernstzunehmende Aktion‹«. Im Gespräch mit dem Funktionär Brüssow vom RdB Rostock wurde ihm aber klar, daß es sich eindeutig um ein »Politikum« mit erheblichen kirchenpolitischen Folgen handelte. »Er gab zu verstehen, daß zur Einführung des ›SoFd‹ keine Notwendigkeit in der DDR bestehe und er in diesem Sinne auch handeln wird.« Ähnlich reagierten die Oberkonsistorialräte Harder und Plath; letzterer sagte zu, die Kirchenleitung werde sich im staatlichen Sinne engagieren[589]. Im Laufe des August stellte sich heraus, daß nur in der Greifswalder Studentengemeinde die SoFd-Idee begeistert aufgegriffen worden war, im übrigen Bereich der Landeskirche die Lage aber ruhig blieb. Allerdings waren bei Synodalpräses Dietrich Affeld bereits vier Briefe eingegangen, die die im Herbst tagende Landessynode um Unterstützung des Dresdener Papiers baten. Hierzu meinte Affeld gegenüber Staatsvertretern, er habe nichts gegen einen freiwilligen sozialen Friedensdienst im kirchlichen Bereich. »Die Forderungen, den ›SoFd‹ mit der Wehrgesetzgebung der DDR zu verbinden oder im Zusammenhang mit dem Wehrersatzdienst zu nennen, wäre jedoch politisch anrüchig und zeige die wahren Absichten der Initiatoren. Davon müßte sich die Kirche distanzieren.« Insgesamt war festzustellen, daß die Greifswalder Kirchenleitung an einer direkten Unterstützung der Initiative kein Interesse zeigte. Staatliche Stellen machten deutlich, daß den Plänen offensiv begegnet werden müsse.

Allen kirchlichen Gesprächspartnern war klar, daß Kompromisse oder gar ein Eingehen auf das Vorhaben schwere Konflikte mit dem Staat nach sich zöge[590].

In Mecklenburg versprach BEK-Synodalpräses Wahrmann, sich gegen entsprechende Aktivitäten auf der Landessynode und auch der Bundessynode stark zu machen, »da ein Eingriff in die Belange des Staates der Kirche nicht zusteht.« Landessuperintendent Goldenbaum (Rostock) äußerte, er »halte es für unverantwortlich, wenn das bestehende Vertrauensverhältnis zwischen Staat und Kirche durch einige ›Amtsbrüder‹ gefährdet wird, die möglicherweise die gesamte politische Tragweite ihres Eintretens für den ›SoFd‹ nicht erkennen oder nicht erkennen wollen.«[591] Die Mecklenburger Kirchenleitung war auf ihrer Sitzung am 7. August 1981 zu der Auffassung gelangt, die Kirche habe nicht »über Dinge zu diskutieren, die in die ausschließliche Kompetenz des Staates fallen.«[592]

Ein staatlicher Teilerfolg gelang dem Dresdener SED-Kirchenreferenten Gerhard Lewerenz am 11. August 1981 im Gespräch mit einem der Initiatoren des Projekts, Superintendent Wetzel. Dieser erklärte, »daß er sich in der gegenwärtigen weltpolitischen Lage wahrscheinlich überlegen würde, eine solche Initiative auszulösen.« Die scharfe staatliche Reaktion auf das Papier hatte Wetzel nicht erwartet. »An eine Aufhebung der allgemeinen Wehrpflicht sei nicht gedacht, auch nicht an eine Massenbewegung, zumal sich ja auch nicht jeder zu einem ›Sozialen Friedensdienst‹ eigne. Man habe vielmehr an ein ›Zeichen‹ gedacht, wie es beispielsweise Mutter Theresa gebe.« Ursprünglich habe man auch keine Unterschriftensammlung beabsichtigt, sondern sei lediglich an Synodaleingaben und -initiativen interessiert gewesen.

Lewerenz notierte über seinen Gesprächserfolg weiter:

»Dr. Wetzel meinte, die ›Initiative‹ sei mehr als Versuch gedacht (nach der Methode ›trial and error‹), wenn daraus nichts wird, könne man sie wieder fallenlassen. Den Vorwurf meinerseits, daß das eine völlig unverantwortliche politische Handlungsweise sei, nahm er entgegen und räumte ein, daß die Konsequenzen sehr unzureichend bedacht gewesen seien. Dr. Wetzel war sichtlich beeindruckt, als ihm aufgezeigt wurde, daß die SoFd-Aktion die große Gefahr der Konfrontation zwischen Staat und Kirche in sich birgt.«

Wetzel meinte, es sei nicht unbedingt notwendig, daß es auf der sächsischen Herbstsynode zu einer Beschlußfassung komme; die Einsetzung eines Ausschusses, der auf die Eingaben reagieren solle, reiche aus[593].

Mit Kirchenpräsident Natho und den Bischöfen Schönherr, Hempel, Gienke, Rathke und Krusche sprach Gysi im Sommer 1981 persönlich[594]. Horst Dohle faßte die Gesprächsergebnisse zusammen:

»Bei aller Unterschiedlichkeit dieser Gespräche wird klar, daß die Bischöfe sich nach ihren eigenen Worten die staatsrechtlichen Konsequenzen von SoFd nicht bis zu Ende überlegt haben, aus SoFd auch keine Konfrontation zwischen Staat und Kirche entstehen lassen wollen. Sie meinen auch, daß sich SoFd in der von seinen Initiatoren vorgeschlagenen Form nicht verwirklichen lasse. Alle halten freilich Anträge in dieser Sache an die Landessynoden für unvermeidlich. Diese kirchenpolitische Gefahr ist also noch nicht abgewendet, zumal die Westpresse (Welt vom 11.8.1981) sich nunmehr mit der suggestiven Fragestellung, die Bundessynode werde sich wohl dazu äußern, in die Auseinandersetzung eingegriffen hat.«[595]

Über sein Gespräch mit Natho notierte Gysi:

»Kirchenpräsident Natho stimmte mir in jedem Punkt bei und sagte seine volle Unterstützung zu. […] Dann schilderte er mir, wie er die Plakatierung eines SoFd-Anschlages bei einem Kirchentreffen verhindert habe, und betonte, daß die Verfechter sich innerhalb der Kirche zumindest regelwidriger Methoden bedienten, ›um die Sache anzuschieben‹.«[596]

Vor Kreisoberpfarrern seiner Landeskirche äußerte Natho jedoch Anfang September, »daß der Staat Verständnis dafür haben müsse, daß junge Leute solche Gedanken entwickeln, die Jugend sei in sich eben revolutionär.« Er gestand aber ein, daß er den Aufruf der Initiative noch nicht in den Händen gehabt habe. Im übrigen könne er sich kaum vorstellen, daß diese Ideen eine breite Zustimmung finden würden[597]. Vor der Dessauer Synode im Frühjahr 1982 zeigte sich Natho enttäuscht von der staatlichen Haltung zur SoFd-

Kampagne, da dieser Gedanke bereits 1965 in der Handreichung zur Seelsorge an Wehrpflichtigen[598] enthalten gewesen sei[599].

Der KKL-Vorsitzende Schönherr gab zu verstehen, »er teile« die staatliche Position »in wesentlichen Punkten«. Er äußerte die Meinung (wie auch Natho), daß das Auftreten einzelner ›wilder Männer‹ auf Synoden immer möglich bleibe. Es komme aber vor allem darauf an, sich vorher damit auseinanderzusetzen, um eine Position zu haben und zu verhindern, daß es in irgendwelche Synoden-Kommissionen oder -Papiere Eingang fände. Sonst bestünde die Gefahr, daß in den Kirchenleitungen die ›bekannten Einwände‹ kämen, um vor den Gläubigen nicht als ›Staatsknecht‹ oder als ›feige‹ zu erscheinen. Deshalb werde er seine Position klarmachen und dafür eintreten, die Dinge rechtzeitig abzustoppen. Vor allem dürften sie ›nicht sich selbst unter Druck setzen und setzen lassen‹. Das hätten sie oft genug erlebt. Die Art des Vorgehens der Initiatoren innerhalb der Kirche sei im übrigen unüblich und regelwidrig.«[600]

Sachsens Landesbischof Hempel äußerte zwar ebenfalls seine Zustimmung zu der von Gysi gegebenen politischen Analyse und betrachte das Vorhaben der Unterschriften-Sammlung als Gesetzesverstoß. Der Bischof setzte jedoch hinzu, »die psychologische Situation sei leider mit der politischen nicht deckungsgleich. Seine Schwierigkeit sei, für die jungen Leute, die sich solche Ideen in den Kopf gesetzt haben, die überzeugenden Antworten zu finden. […] Unter dieser Jugend sei viel guter Willen und Idealismus.« Diese positiven Ansätze müsse der Staat produktiver nutzen.

»Ihm sei [aber] völlig klar, daß das SoFd-Projekt nicht real sei. Eventuell könnten jedoch Bausoldaten unter militärischer Aufsicht stärker als bisher für den sozialen Dienst eingesetzt werden«, schlug der Bischof vor und »betonte abschließend noch einmal, daß er politisch mit mir [Gysi] voll übereinstimme und alles tun werde, damit es nicht zu Weiterungen komme, auch wenn das schwierig sei.«[601]

Im August 1981[602] wurden auf Leipziger Straßen sogar Unterschriften zur Unterstützung eines Sozialen Friedensdienstes gesammelt[603]. Das Regime geriet durch diese politische Aktion in gewisse Schwierigkeiten, denn das Staatssekretariat für Kirchenfragen mußte auf entsprechende Anfragen hin feststellen, daß Unterschriftensammlungen nicht genehmigungspflichtig seien. Diese Rechtsauskunft wurde durch das Innenministerium und auch den Leiter der Bibliothek beim Obersten Gericht bestätigt. Ordnungsstrafen könnten nur wegen Belästigung verhängt werden – und auch nur dann, wenn »sich Bürger durch die Aufforderung zur Unterschriftenleistung belästigt fühlten und um Hilfe bei Angehörigen der VP nachsuchten.«[604]

Schon seit einiger Zeit bestanden in Leipzig Gruppen, denen insbesondere Mitglieder der Jungen Gemeinden[605] und der ESG Leipzig[606] angehörten. Diese befaßten sich mit Fragen der Friedenserziehung, der Erarbeitung von Alternativen zum Militär (»Frieden schaffen ohne Waffen«)[607] und einem zivilen Wehrersatzdienst. Sie unterstützten die SoFd-Initiative und versuchten, Jugendliche, auch Nichtchristen, anzusprechen, die ihren Wehrdienst unmittelbar vor sich oder gerade abgeschlossen hatten, um zu demonstrieren, daß die Betroffenen einen zivilen Ersatzdienst im Sozialbereich befürworteten[608].

Während der ÖRK-Zentralausschußsitzung in Dresden stellten bei einer Veranstaltung der Dresdener Reformierten Gemeinde, der Ökumenischen Gemeinde in der DDR, der Kirchlichen Bruderschaft Sachsens[609] und der CFK mit Erzbischof Cyrill (Leningrad) kirchliche Mitarbeiter kritische Fragen zur Friedensproblematik.

»Eine Anfrage eines Jugendlichen aus Leipzig an Erzbischof Cyrill zur Stellungnahme, wie die russisch-orthodoxe Kirche Einfluß nimmt auf die Abrüstung in der UdSSR, und eine Frage zur Wehrdienstverweigerung empfanden die Diskussionsteilnehmer des Abends als eine provokatorische Fragestellung, die Erzbischof Cyrill aus seiner Sicht beantwortete.«

In einem weiteren Statement bezeichnete der Ostberliner Theologe Bassarak »die Fragestellung des Jugendlichen aus Leipzig als beschämend«, berichtete ein Beobachter der Ost-CDU[610].

Auf der Pressekonferenz während der Dresdener ÖRK-Tagung erkundigten sich vor allem Pressevertreter aus der Bundesrepublik nach dem Stand der Dinge in Sachen SoFd, stießen aber seitens der kirchenleitenden Persönlichkeiten auf große Zurückhaltung. Hempel soll wörtlich geäußert haben:

»Wir sind mit dem Staat im Gespräch, wurden allerdings von staatlicher Seite darauf aufmerksam gemacht, daß die allgemeine Wehrpflicht in der Verfassung der DDR verankert sei. Dieses müsse man den entsprechenden Jugendlichen auch sagen.‹«[611]

Der Vorstand der KKL zeigte in einem während der Dresdener Tagung gefaßten Beschluß zwar »Verständnis für das Anliegen der Jugendlichen, ›Friedensdienst‹ zu praktizieren«, wollte die ganze Sache jedoch auf die BEK-Ebene ziehen und wandte sich gegen eine Beschlußfassung der Landessynoden in dieser Angelegenheit[612]. Damit wäre der ganzen Initiative der Boden entzogen gewesen, denn deren Wirksamkeit beruhte gerade auf den Eingaben an die Synoden der einzelnen Landeskirchen.

Stolpe teilte Hermann Kalb mit, die Bischöfe seien übereingekommen, während der Bundessynodaltagung und auch sonst »mit allen Mitteln eine Kirche-Staat-Konfrontation abzuwenden.«

»Sie wären entschlossen, den verfassungsmäßigen Standpunkt zu vertreten, daß jeder Bürger zum Dienst und zu Leistungen für die Verteidigung der DDR entsprechend den Gesetzen verpflichtet ist. Stolpe fügte dem hinzu, daß diese prinzipielle Feststellung die Kirchenleitung freilich nicht entpflichten könne, den Jugendlichen Verständnis entgegenzubringen, die nach weitergehenden Formen des Friedensdienstes suchen. Ihnen gegenüber wolle sich die Kirchenleitung darauf beschränken, auf die Möglichkeit des Dienstes als Bausoldat zu verweisen unter Hervorhebung, daß dieses gesetzlich verfügte Recht auch im internationalen Vergleich persönlichen Gewissensentscheidungen voll Rechnung trage. [...]
Stolpe bestätigte, daß den Bischöfen voll bewußt sei, daß die weitere Ausgestaltung der Staat-Kirche-Beziehungen wesentlich mit davon bestimmt werden wird, daß Verlauf und Ergebnisse der Bundessynode die positive Haltung der DDR-Kirchenvertreter auf der Tagung des Zentralausschusses des ÖRK in Dresden hinsichtlich ihrer Aufrich-

tigkeit im nachhinein nicht in Frage stellen, daß im Zusammenhang mit der SoFd-Bewegung von Randgruppen ausgehende Provokationen von der Kirche selbst abgewehrt werden.«[613]

Die im September 1981 in Güstrow tagende Bundessynode traf nach einer staatlichen Einschätzung »keine verbindlichen Aussagen zur Zurückweisung dieser Forderungen [...], sondern [versuchte] nur sehr verschwommen [...], diese Initiativen bestimmter Gruppen unter Kontrolle zu halten und möglichst im Rahmen der Gesetzlichkeit zu bleiben«[614].

Von Synode und KKL beauftragt, sondierten Stolpe und Demke am 12. Oktober bei Gysi, ob der KKL-Vorstand zu einem Gespräch über die SoFd-Problematik, die Möglichkeit eines Bausoldatendienstes für reguläre Reservisten sowie über einen veränderten Modus dieses Wehrdienstes ohne Waffe[615] empfangen werden könne.

Die Unterredung fand noch nicht einmal 14 Tage später, am 23. Oktober 1981, statt. Gysi machte jedoch unmißverständlich deutlich, daß es in allen drei Punkten nichts zu verhandeln gebe, und warnte ausdrücklich vor der Illusion, durch weitere Gespräche in dieser Angelegenheit einen Sinneswandel auf seiten des Staates herbeiführen zu können. Horst Dohle notierte:

»Die Mitglieder des Vorstandes, die im Gespräch durchaus realistische und loyale Positionen einnahmen, waren von der prinzipiellen Ablehnung ihrer Anliegen enttäuscht [Werner Krusche, Nachfolger Schönherrs im KKL-Vorsitz, äußerte: ›Das waren drei klare Njet‹[616]]. Sie befürchteten negative Reaktionen auf den [noch ausstehenden] Herbstsynoden.«[617]

Von den Ausführungen Gysis unbeeindruckt, unterstützte Domsch weiterhin die SoFd-Initiative und äußerte sich kritisch zur Rolle des Militarismus in der DDR:

»Der wachsende ›Vorrang des Militärischen‹ in der DDR führe zu einer Verunsicherung bei vielen christlichen Bürgern. Im Erziehungsbereich werde die Einstellung zum Militär mit der Einstellung zum Staat und der sozialistischen Gesellschaft der DDR schlechthin verabsolutiert. Dafür könnten viele Beispiele genannt werden. Dazu gehöre die an die Bereitschaft zum Reserve-Offizier gebundene Vergabe des Leistungsstipendiums[618], die vormilitärische Ausbildung in der 11. Klasse, die Gestaltung von Übungen der Zivilverteidigung usw. Er halte den SoFd für einen Ausdruck gesellschaftlichen Engagements für den Frieden, auch wenn die Initiatoren wissen, daß sie dadurch den Frieden nicht schaffen können. Diese jungen Menschen hätten in keinem Fall etwas gegen die DDR, sie seien in keiner Hinsicht Gegner.«

Daraufhin machte Gysi seinen Gesprächspartnern nochmals die Grenzen kirchlicher Wirkungsmöglichkeiten deutlich:

»Natürlich seien Staat und Kirche über viele Fragen im Gespräch, aber in den Kirchen dürfe man das nicht in Verbindung mit der Illusion bringen, als könne sich an der dargestellten grundsätzlichen Haltung des Staates etwas ändern. Außerdem dürften die Gespräche nicht zu tibetanischen Gebetsmühlen werden.«[619]

Die kirchlichen Vertreter hoben hervor, daß die Synoden wie die auf ihnen gefaßten Beschlüsse in Güstrow und Dresden – mehr Synoden hatten vor der

Begegnung noch nicht staatgefunden –»maßvoll und loyal« verlaufen seien. Außerdem sei es gelungen, die ursprünglich vorgesehenen Eingaben an die Volkskammer zu verhindern. Die betonharte Reaktion des Staates werde freilich die Resignation junger Menschen, die sich in Frustration, Verweigerung oder gar Ausreiseanträgen[620] äußern könnte, nur verstärken.

In einem letzten Anlauf fragten die enttäuschten Kirchenmänner, ob sie nicht wenigstens den noch tagenden Landessynoden mitteilen dürften, gesetzliche Veränderungen wären gegenwärtig nicht möglich, um zumindest eine Perspektive offen zu lassen. Außerdem wollten sie bekanntgeben, daß die Urheber der Initiative staatlicherseits keine Diskriminierung oder Kriminalisierung befürchten müßten. Gysi sagte zu, er werde sich diese Vorschläge durch den Kopf gehen lassen.

Als die Bitte geäußert wurde, hinsichtlich der den Waffendienst verweigernden Reservisten in Einzelfällen doch menschlich zu handeln, kam es zwischen dem neuen Stellvertretenden KKL-Vorsitzenden, Gienke – er war an Schönherrs Stelle in den Vorstand nachgerückt –, und Domsch in Gegenwart des Staatssekretärs sogar zu einer offenen Kontroverse. Gienke versuchte den Vorschlag als gegenstandslos hinzustellen, indem er behauptete, es werde in diesen Fällen bereits großzügig verfahren. Dem widersprach Sachsens LKA-Präsident[621] heftig und »erklärte, alle, die die Reserveübungen mit der Waffe verweigern, würden zu Haftstrafen verurteilt.« Werner Krusche bezeichnete abschließend »die drei glatten Nein« als einen »schlechte[n] Start als Nachfolger von Schönherr.«[622]

Nach den enttäuschenden Verhandlungen mit Gysi kamen die Kirchenleute überein, in weiteren Gesprächen mit dem Staatssekretär auf eine Modifizierung des Bausoldatendienstes in Richtung eines sozialen Einsatzes drängen zu wollen[623].

Im Bereich der gesamten DDR war es nach staatlichen Informationen zu etwa drei- bis viertausend Unterschriften gekommen[624] – im Dezember 1981 sprach man von einer Zahl von ca. 4 500 Eingaben an die Synodaltagungen mit wohl noch mehr Unterschriften[625] –, wobei der Schwerpunkt eindeutig in Sachsen lag[626]. Das gesteckte Ziel war aber nicht erreicht worden und zeigte – nach den Auseinandersetzungen um den Wehrunterricht 1978 – wieder einmal, daß die kirchlichen Basisbewegungen sich auf ein sichtbares Engagement der Christen in begrenzten politischen Fragen nicht verlassen konnten.

Deshalb meinte Gysi auch, den KKL-Vorstand bei der Begegnung am 23. Oktober fragen zu können, wen man denn mit den beim Gespräch vorgebrachten »›Anfragen‹ eigentlich repräsentierte[.] Die bisherigen Unterzeichner solcher Eingaben repräsentierten nicht einmal einen minimalen Bruchteil der aktiven Kirchgänger, geschweige denn der Christen.«[627]

Zufrieden konnte der Staatssekretär an Verner schreiben:

»Gemessen an den Absichten des Gegners hat die SoFd-Kampagne bisher nur eine sehr begrenzte Wirkung erreicht, auch deshalb, weil wir rechtzeitig eine breite Gegenarbeit begonnen haben. Sie hat die Tagung des ÖRK in Dresden nicht beeinträchtigen können und auch danach nur eine begrenzte Ausdehnung […] erreicht.«

Kritisch fügte er freilich hinzu:

»Das sind natürlich 3 000 Unterschriften zuviel. Die Kampagne bleibt durch ihre Ansteckungsgefahr, durch die organisierte Arbeit einer Reihe von Gegnern in der Kirche und ihre Forcierung aus der BRD sehr gefährlich, und es liegt auf der Hand, daß der Gegner alles tut, um sie bei uns hochzuspielen.«

Gysi führte weiter aus, daß auf den von Werner Krusche geäußerten Wunsch, den Initiatoren ehrliche Absichten zu bescheinigen, nicht eingegangen werden könne, denn dann würde der Legitimierung der Bewegung Tür und Tor geöffnet.

»Es war sicher richtig, diese sogenannten Initiativen nicht zu kriminalisieren, und ist es wohl noch[628]. Auf keinen Fall aber darf man sie legitimieren. Das ist eine ganz andere Qualität. Solche Legitimierung ist zweifellos bei Domsch und auch bei Krusche beabsichtigt, wobei sie sich durch die Friedensbewegung im Westen abgedeckt glauben. [...] Jedenfalls kann ich m. E. ihnen als Staatssekretär diesen von Krusche gewünschten Persilschein auf keinen Fall global ausstellen. Das bedeutet, daß ich mich zu dem Thema gar nicht äußere. Wir müssen m. E. den Druck auf die Leitungen weiter verstärken und darauf bestehen, daß sie die Dinge vor und auf den Landessynoden dieses Herbstes definieren und in Ordnung bringen.«

Gysi stellte außerdem fest, daß es nicht möglich sei, über die übliche Realisierung der Bausoldatenregelung hinauszugehen – diese Lösung hatte Krusche als Kompromiß vorgeschlagen –, auch wenn solche Erleichterungen innerhalb der gültigen Gesetze den Kirchenleitungen tatsächlich mehr Spielraum gegenüber der Basis einräumen würden. Gysi schlug aber vor, man könne unter Berücksichtigung der kommenden Herbstsynoden »zumindest den Vorschlag einer abgestimmten Formulierung überlegen«[629].

Auch ein solcher Text kam nicht zustande. Gysi ließ dem BEK-Sekretariat Anfang November 1981 telefonisch mitteilen, es bleibe »bei den drei ausgesprochenen Neins«. Die Formulierung »ein[es] abgestimmte[n] Text[es] [werde] nicht für nötig gehalten«[630].

Da die BEK-Synode – zur Unzufriedenheit Klaus Gysis[631] – keine eindeutigen Beschlüsse gefaßt hatte, gab es nach staatlicher Einschätzung für die einzelnen Landessynoden auch keine Orientierung für einen eigenen Umgang mit den Initiativanträgen.

In Sachsen blieben »politische[.] Provokationen« aus, obwohl 850 Eingaben mit ca. 2 300 Unterschriften beim Synodalpräsidium eingegangen waren. »Im Bericht der KL wurde der SoFd nicht erwähnt. Sowohl Bischof Dr. Hempel[632] wie auch andere leitende Geistliche, vor allem aber Laiensynodale, erreichten im wesentlichen politisch loyale Aussagen und verhinderten den Beschluß solcher Dokumente, die sich gegen unsere Politik richten«, konnten die Funktionäre des SED-Staates beruhigt feststellen.

»Die Christen wurden aufgefordert, diejenigen Jugendlichen zu unterstützen, die Dienst mit der Waffe leisten, die großzügige Regelung des Bausoldatendienstes zu nutzen. In der Diskussion zu Fragen im Verhältnis von Staat und Kirche wurden ›Bedrängnisse und Härtefälle‹ sowie Probleme beim Wehrunterricht und der Zivilverteidigung relativ zurückhaltend erwähnt, ohne daß es zu Konfrontationshaltungen gegenüber dem Staat kam«[633].

Auf einer im Herbst 1981 durchgeführten Sitzung der sächsischen Landesjugend- und Studentenpfarrer soll Hempel die Frage gestellt haben:

»Ob sich denn dieser Kreis nicht dazu verstehen könnte, anzunehmen, daß es die SU mit ihren Abrüstungsvorschlägen wirklich ernst meint. Hempel habe weiter erklärt, daß man, statt die Diskussion über SoFd und Friedensengagement fortzusetzen, sich vielleicht erst einmal darüber verständigen müßte, wie man zur DDR steht.«[634]

Zu den anderen Synodaltagungen – mit Ausnahme Thüringens und Berlin-Brandenburgs, die noch nicht stattgefunden hatten – hieß es in der staatlichen Einschätzung:

»Auf der Tagung der *Greifswalder* Synode wurde die SoFd-Problematik nur im Bericht genannt. Es gab vereinzelt politisch-negative Forderungen nach einer Verstärkung dieser Aktivitäten. Vor allem durch das Auftreten von Bischof Dr. Gienke und OKR Dr. Plath fand der politisch realistische Weg dieser Landeskirche seine Bestätigung. Das Abschlußdokument hält sich in seinen Aussagen im Rahmen des Beschlusses der BEK-Synode von Güstrow. Die Tagung beschäftigte sich als einzige primär mit religiösen Fragen (Abendmahl, synodale Verantwortung). Der anwesende Gast aus der BRD, der Präses der Synode der nordelbischen Kirche, hob die Verantwortung der Kirche für Frieden und Verständigung hervor, sprach von der staatsbürgerlichen Verantwortung der Christen und hob hervor, daß der Christ auch mit der Waffe dem Frieden dienen kann und es auch eine staatsbürgerliche Raison der Christen gäbe.«[635]

In Anhalt[636] – hier lagen überhaupt keine Eingaben vor[637] – wurde über »SoFd [...] informiert, ohne den Begriff zu verwenden. An anfragende Jugendliche wurde appelliert, ›Nüchternheit und Augenmaß für das Mögliche‹ zu behalten. Die Kirche werde mit dem Staat im Gespräch bleiben.«[638]

Zu Görlitz, wo der Synode 90 Eingaben vorlagen[639], notierten die staatlichen Beobachter:

»Die als politisch negativ bekannten Pfarrer Havenstein und Sup. Maiwald traten negativ zur SoFd-Problematik auf und erhoben die Forderung, daß Christen nur ohne Waffen Dienst für den Frieden tun könnten. [...] Es wurde erreicht, daß die SoFd-Problematik nicht breit erörtert wurde. Es wurde ein zurückhaltender, für uns loyaler Brief an die Eingeber verfaßt und die Erklärung des Weltkirchenrates zum Frieden bestätigt.«[640]

Problematischer gestaltete sich die Situation in Mecklenburg, weil hier Positionen, die einen Ersatzdienst unterstützten, stärker zu Wort kamen:

»Präses Wahrmann[641], das Präsidium der Synode und loyale Kräfte im Berichtsausschuß verhinderten kontroverse Formulierungen gegenüber der Staatspolitik. Trotzdem kam es zu verzerrten Darstellungen und in einzelnen Fällen zu Ablehnungen unserer Verteidigungs- und Sicherheitspolitik. Das betraf Zweifel an der Möglichkeit und Notwendigkeit der Zivilverteidigung. Diese Einmischungsversuche in die Politik der DDR wurden mit dem Hinweis auf das christliche Gewissen und die christliche Verantwortung zu rechtfertigen versucht. Der Begriff SoFd wurde fallengelassen. Dafür sprach man jetzt vom Wehrersatzdienst im sozialen Bereich, um mit dem neuen Begriff nach neuen Gesprächsmöglichkeiten mit dem Staat zu suchen. Die Synode stellte sich mit einem Brief hinter die Jugendlichen, die Eingaben zur Problematik gemacht hatten[642].

Im Brief gibt es keine provokatorischen Aussagen dazu. Der Forderung einzelner negativer Kräfte nach Schaffung eines besonderen Referates der Landeskirche für einen sogenannten ›Friedensdienst‹ wurde auf Antrag des Bischofes nicht entsprochen. Landesbischof Dr. Rathke ermahnte mehrfach zu politischer Besonnenheit, ohne seine bereits bei anderen Synoden zu Tage getretenen Zweideutigkeiten zu überwinden.«

Lediglich »auf der Tagung der Synode der Ev. Kirche der Kirchenprovinz Sachsen [kam es] zu massiven politisch-negativen und provokatorischen Auftritten gegen die sozialistische Verteidigungspolitik.«

»Es wurde primär zu politischen Problemen Stellung genommen, wobei z. T. so diskutiert wurde, als seien hier politisch oppositionelle Gruppen oder Organisationen aktiv. Es wurden Versuche deutlich, bisher formulierte negative Standpunkte weiter zu entwickeln und zu verschärfen. Durch verzerrte oder demagogische Darstellungen bestimmter Bereiche des gesellschaftlichen Lebens (Volksbildung, Friedenskampf) sollte der Eindruck einer ›zunehmenden Militarisierung des Lebens in der DDR‹ erweckt werden. Christen sollten mobilisiert werden, stärker als bisher gegen ›Personen oder Zustände‹ aufzutreten, die ›ihren Vorstellungen‹ widersprechen. Offene und anmaßende Forderungen bis hin zu provokatorischen Angriffen und Verleumdungen gegen unseren Staat und die sozialistische Gesetzlichkeit gab es von Synodalen zu Fragen der Wehrerziehung, der Volksbildung und zum Verhältnis zur VR Polen. Die bereits im Kirchenleitungsbericht[643] getroffenen politisch-negativen Aussagen wurden von einigen Synodalen genutzt, um in provokatorischer Weise die Probleme zuzuspitzen. Abgesehen von einem zaghaften Versuch eines Synodalen, derartige Praktiken zurückzuweisen, haben Synode und KL dem nicht widersprochen. Bischof Krusche erklärte, daß er hinter dem KL-Bericht stehe. Krusche formulierte folgende Positionen zum SoFd: Er bewege sich im Rahmen der Gesetzlichkeit, sei ein Hoffnungsschimmer für die Friedensarbeit und er, Krusche, hoffe, daß die Redner ›der heutigen Tagung auf Grund ihrer Aussagen keine Schwierigkeiten in der Gesellschaft‹ haben werden.

Nach dem Gespräch mit dem Genossen P. Verner u. a. auf dem Empfang in der SU-Botschaft versuchte Bischof Krusche politische Schärfen abzuschwächen und generell zu beschwichtigen.«[644]

Wie berechtigt das Reden von einer zunehmenden Militarisierung der DDR war, zeigt ein Brief von Georg Meusel, einem Gemeindeglied aus dem sächsischen Werdau[645], an Oberkirchenrätin Christa Lewek vom 16. Dezember 1981:

»In der Schule gibt es manche Not. Im 8. Schuljahr werden die Jungen einzeln aus dem Unterricht geholt und allein ohne Zeugen einer massiven Einzelwerbung durch Erwachsene für Berufssoldaten ausgesetzt. [...] Im September [...] wurde in unserem Wohngebiet eine komplexe ZV [Zivilverteidigungs]-Übung durchgeführt. In der Schule und einigen Wohnhäusern waren Luftschutzkeller durch Einziehen von Zwischenwänden als ›Schleusen‹ eingebaut worden. Alle Einwohner mußten die Fensterscheiben mit Klebstreifen als ›Splitterschutz‹ versehen und zuhängen. Meine Frau lehnte das ab, wurde mit einem Gesetz bedroht, aber nicht bestraft. Sie hängte gemeinsam mit den Kindern weiße Friedenstauben in alle Fenster. Während des Manövers war das Wohngebiet hermetisch abgeriegelt, außer den aktiv Beteiligten, zu denen auch die 10. Klassen der Schule gehörten, durfte niemand von 24.00 Uhr bis 12.30 [Uhr] das Haus verlassen. Die Kaufhalle war geschlossen. Die Verkäuferinnen mußten alle Lebensmittel in Plaste verpacken und die Schaufenster weiß anstreichen. In den Straßen standen Trinkwasserwagen, Sirenenalarm wurde gegeben, ein Autowrack angezündet, Rauchpatronen abgeschossen, ›Verseuchte‹ und ›Verwundete‹ geborgen.«[646]

Paul Verner informierte am 10. November 1981 Generalsekretär Honecker über die Synodaltagungen, wobei er vor allem die provinzsächsische Synode und die »aktive Rolle« Werner Krusches hervorhob. Nach Rücksprache mit Gysi schlug Verner ein Gespräch zwischen Gysi und Krusche, Unterredungen mit allen Bischöfen auf Bezirksebene und eine durch Gysi zu initiierende Breitenarbeit mit Pfarrern und Synodalen im Gebiet der Kirchenprovinz Sachsen vor[647].

Erich Honecker hielt die Synodenergebnisse anscheinend für so brisant, daß er, ohne die Tagungen in Thüringen und Berlin-Brandenburg abzuwarten, am 10. November 1981 ein Telegramm an die Ersten Sekretäre der SED-Bezirks- und Kreisleitungen richtete:

»Auf diesen Tagungen erfolgten provokatorische Angriffe gegen die Politik unseres Staates und die sozialistische Gesetzlichkeit. In besonders krassem Ausmaß geschah dies auf der Synode der Kirchenprovinz Sachsen (Magdeburg), deren Bischof Dr. Krusche seit kurzem als Nachfolger von Bischof Schönherr die Funktion des Vorsitzenden des Kirchenbundes ausübt. Gesetzwidrige Forderungen dieser Synoden bezogen sich vor allem auf die organisierte Kampagne zur Einführung eines ›Sozialen Friedensdienstes‹, der gegen die in der Verfassung festgelegte Wehrpflicht gerichtet ist. In die gleiche Richtung zielt die Forderung nach einer Änderung des Bausoldatendienstes. Weiter wandte man sich gegen Maßnahmen und Übungen der Zivilverteidigung.

Es handelt sich um Forderungen, die aus dem Arsenal der Imperialisten stammen, und um eine Kampagne, die vom Westen gesteuert wird. Besonders deutlich wird dies bei dem Verlangen nach einseitigen Abrüstungsvorschlägen durch die Sowjetunion (z. B. Reduzierung der SS-20-Raketen und Abbau der Panzerüberlegenheit)[648].«

Des weiteren kritisierte der SED-Generalsekretär kirchliche Anfragen an das Bildungssystem[649], die er als Einmischungen in rein staatliche Angelegenheiten zurückwies, sowie an die Berichterstattung über die Lage in Polen durch die DDR-Medien[650].

»Das alles geschah, obwohl den Kirchenleitungen und Bischöfen in wiederholten Gesprächen unsere Friedenspolitik erläutert und die eindeutige Zurückweisung ihrer Forderungen durch das Staatssekretariat für Kirchenfragen erfolgte. Sie wurden darauf hingewiesen, daß ein Beharren auf ihren Positionen ungesetzlich ist und nur zur Konfrontation mit dem Staat führen könne.«

Gleiches – so Honecker – sei nun auch an der kirchlichen Basis zu tun:

»Es geht darum, daß sich die realistischen Kreise unter den Bischöfen, in den Kirchenleitungen und an der kirchlichen Basis nicht vom Weg des 6. März 1978 durch negative Kräfte abbringen lassen und dafür wirken, daß die Kirchen ihre Möglichkeiten für die Friedenspolitik der DDR und unsere Politik zum Wohle aller Bürger einsetzen.«[651]

Nach Rücksprache mit Paul Verner[652] führte Gysi am 11. November 1981 ein Gespräch mit Werner Krusche, in dem er dem Bischof »mit großem Ernst verdeutlichte[e], daß mit seinen eigenen Aussagen und mit dem Gesamtverlauf der Synode den Gegnern eines geordneten Staat-Kirche-Verhältnisses[653] in die Hand gearbeitet wurde. Krusche rückte unter der Schwere dieser Kritik[654] nachträglich von einigen Detailaussagen der Synode[655] und seines eigenen Berichtes ab, versuchte aber gleichzeitig mit einem großen Maß an politischer Naivität[656] besonders gravierende Passagen zu ›erklären‹, abzumildern und dabei nachdrücklich seine Treue zu Geist und Buchstaben des 6.3.1978 zu bekräftigen.«[657]

Zum letzten Punkt äußerte der Bischof nach Gysis Protokoll:

»Zutiefst erschüttert habe ihn meine Frage, ob das Treffen vom 6. März 1978 für ihn noch verbindlich sei. Er könne nur darauf antworten, dieses Treffen sei die Grundlage seines gesamten Wirkens und Dienstes. Er habe nie beabsichtigt, in irgendeiner Hinsicht unserem Staat zu schaden. Der Gedanke an eine Gefährdung des 6. März 1978 ›sei für ihn schrecklich‹. Er hätte angenommen, diese Grundlage sei fest und eine Infragestellung nicht möglich.«[658]

Nach Abschluß aller Landessynoden[659] kam die im Staatssekretariat vorgenommene abschließende Einschätzung zu dem Resultat:

»Auf allen Synoden wurden solche Beschlüsse gefaßt, die der gesetzwidrigen Forderung nach Einführung eines Wehrersatzdienstes im sozialen Bereich Verständnis und Sympathie bekundeten und die Kirchenleitungen beauftragten, trotz der eindeutigen Ablehnung durch den sozialistischen Staat diese Frage weiter im Gespräch mit den Staatsvertretern zu halten. Während sich jedoch alle anderen Synoden mit ihren Beschlüssen, vor allem zur Forderung nach Einführung des sogenannten Sozialen Friedensdienstes, unterhalb der Konfrontation zum Staat hielten[660], wurden auf der Synode der Kirchenprovinz Sachsen schon in den Kirchenleitungsbericht verschärft und damit den uneinsichtigen und reaktionären Kräften die Möglichkeit gegeben, die Politik des sozialistischen Staates zu diffamieren und zu verleumden und in besonders krasser, provozierender Weise gesetzwidrige Forderungen zu erheben.«[661]

Die Tagung des ÖRK-Zentralausschusses in Dresden (August 1981)

Sachsens Landesbischof Johannes Hempel berichtete auf der Beratergruppen-Sitzung im September 1981 über die Dresdener Zentralausschuß-Tagung vom 16. bis 26. August 1981[662], »dem ›Jahrhundertereignis‹ für die DDR-Kirchen«[663]:

»Ökumenische Gäste sind immer voll des Lobes über die Kirchen in der DDR. Man brauche um die Kirchen in der DDR keine Sorge zu haben, in ihnen gäbe es ›weder Helden noch Verkaufte‹, sie ›haben ihre Sünden und Gaben‹ (wobei beides besser und klarer gesehen werden müßte), die Lasten – im Vergleich zu Kirchen in anderen Ländern und Erdteilen – ›sind tragbar, aber nicht exzeptionell‹. Mit dem Lob der Kirchen in der DDR schwingt jedenfalls eine Kritik an den Kirchen der EKD mit[664]. Es ist nicht einfach, Kritik an der EKD und ihren Kirchen glaubwürdig entgegenzutreten. In den Kirchen der DDR fragt man sich, ob die so unterschiedliche Bewertung der deutschen Kirchen durch den Ökumenischen Rat eine Entfremdung zwischen Bund und EKD nach sich ziehen kann.«

Weiter behandelte Hempel den von Potter erstatteten Bericht und das in

Dresden behandelte Friedensthema. Dies sei für die DDR-Kirchen wegen ihres Programms »Erziehung zum Frieden« von großer Bedeutung gewesen. »Die staatlichen Hilfen bei der Ausrichtung der Tagung waren qualitativ nicht anders als sonst, aber quantitativ besser.« Außerdem bemerkte Hempel:

»Einige westliche Journalisten wurden (wieder einmal) als problematisch erlebt. Eine bestimmte Art westlichen Journalismus kann auch die Kluft zwischen den Kirchen in Ost und West größer werden lassen. Für die Mehrzahl der westlichen Journalisten gilt diese Kritik nicht. Sie leisten eine wichtige und – auch für die Kirchen in der DDR – wertvolle Arbeit.«[665]

Wie schon so oft versicherten die anwesenden EKD-Vertreter nachdrücklich und einmütig, das Urteil des ÖRK gefährde in keiner Weise das Verhältnis zwischen den deutschen Kirchen[666]. In der Analyse der Genfer Haltung gelangte man zu folgenden Schlußfolgerungen:

»– die maßgebenden Sprecher im Ökumenischen Rat sind angelsächsisch oder französisch geprägt mit einem antideutschen Vorurteil. Die DDR wird – bei aller Kritik – als eine Korrektur gesehen zu dem Deutschlandbild, das ihnen auf ihrem Bildungsweg vermittelt worden ist;
– die Mitglieder in den Stäben des Ökumenischen Rates sind Kritik gegenüber nur wenig belastbar; hinzu kommt, daß die finanziellen Beiträge der EKD und ihrer Gliedkirchen für die Arbeit des Ökumenischen Rates der Kirchen zu einer gewissen Abhängigkeit des ÖRK von der EKD und ihren Gliedkirchen zu führen scheint, die das Verhältnis negativ beeinflußt (›Ich brauche ihn nicht zu hassen, denn ich habe ihm nichts zu danken‹ – chinesisches Sprichwort);
– wegen des pluralistischen Erscheinungsbildes der Kirchen in der Bundesrepublik kann sich die EKD dem ÖRK nicht als Kirche im eindeutigen Sinne darstellen. Es ist kein Zufall, daß die bilateralen ökumenischen Beziehungen von Belastungen und Spannungen viel freier sind;
– im politischen Bereich gelten die DDR und die Bundesrepublik in dem jeweiligen Bündnissystem als die ungeliebten ›Musterschüler‹. Auf den kirchlichen Bereich übertragen kann dies dazu führen, daß die jeweils eine Seite in der deutschen Kirche des anderen Lagers den sympathischen Deutschen sieht.«[667]

Bereits im März 1981 hatte das Kirchliche Außenamt der EKD moniert, der BEK informiere zu wenig über seine ökumenischen Kontakte. »Man hält es für bedauerlich«, so Lingner, »wenn z. B. über geplante Besuchsreisen nach Moskau und Prag nichts bekanntgegeben wird. Umgekehrt bemüht sich das KA [Kirchliches Außenamt], über vergleichbare Reisen den Bund rechtzeitig zu informieren und ihm auch das Programm bekanntzugeben. Das KA war bisher davon ausgegangen, daß hier ein gegenseitiges Informationsinteresse besteht«[668].

Die Dresdener Tagung, die vor allem der Vorbereitung auf die Vollversammlung des ÖRK in Vancouver 1983 dienen sollte[669], war im Januar 1981 zwischen dem Staatssekretariat für Kirchenfragen und dem sowjetischen Rat für religiöse Angelegenheiten vorbesprochen worden. Hans Weise[670] berichtete:

»An den Gesprächen nahmen seitens des Rates für religiöse Angelegenheiten Genosse W.W. Fizew (Stellvertreter des Vorsitzenden) und Genosse W. Gribaritsch (Mitarbeiter

in der Abteilung I B) teil. Weiterhin trafen Genosse Weise und Genosse Dr. Will mit Genossen W.A. Kurojedow (Vorsitzenden des Rates) und Genossen W.P. Makarzew (Stellvertreter des Vorsitzenden) zusammen. Es wurden folgende Probleme behandelt:
1. Vorbereitung und Durchführung der Zentralausschußtagung 1981 in Dresden: Genosse Weise [...] unterbreitete einen Plan zur Organisierung der internationalen staatlichen Einflußnahme auf die Vorbereitung und Durchführung der ZA-Tagung [...] Genosse Fizew stimmte der gegebenen Übersicht zu. Er äußerte Verständnis für K. Raiser, amtierender Generalsekretär des ÖRK, der in einem Brief an Metropolit Juvenali, Präsident des Außenamtes der ROK, Befürchtungen über eine mögliche Verletzung der Menschenrechte, speziell des Rechtes auf Religionsfreiheit, in der UdSSR geäußert hatte. Dieser Brief sei zurückhaltend gewesen und auf äußeren Druck zustande gekommen. [...] Er [Fizew] erklärte die Bereitschaft des sowjetischen Staatsamtes, auf der für Ende März in Berlin vorgesehenen Tagung von Mitarbeitern der Staatsämter der europäischen RGW-Länder zur Vorbereitung der ZA-Sitzung das Hauptreferat zu halten. [...] Genosse Fizew regte weiterhin an: [...]
• die DDR sollte Gespräche mit den sozialistischen Staaten führen, damit deren Vertreter im ÖRK entsprechend auftreten (ČSSR-Prof. Smolík, Generalbischof Michalko, UVR-Bischof Tóth, VRB-Prof. Sabew).
• den Besuch von Genossen aus der DDR in den baltischen Republiken, um mit den dort zuständigen staatlichen Stellen und lutherischen Kirchenvertretern und Bischöfen Aktivitäten zur Einflußnahme auf die Vertreter der lutherischen Kirchen in der DDR zu beraten [...]
• K. Raiser in die DDR einzuladen, um mit ihm die inhaltlichen und organisatorischen Fragen des Zentralausschusses in Dresden zu beraten sowie Raiser weiter positiv in Vorbereitung der Tagung zu beeinflussen«[671].

In seinem Berliner Referat gab Fizew während der Staatsämtertagung am 24. und 25. März 1981 eine besorgte Analyse der Situation im ÖRK und schreckte auch vor Drohungen nicht zurück:

»In letzter Zeit ist die Leitung des Weltkirchenrates immer mehr nach rechts abgerutscht[672]. Generalsekretär Potter arbeitet bereits seit einem halben Jahr nicht mehr. Die Leitung hat Konrad Raiser in die Hände genommen. Raiser geht auch nach rechts, ist konservativ. Diese Kräfte betreiben die Umwandlung des Weltkirchenrates in ein Organ des Geistes des Imperialismus. [...] Die Annahme von Resolutionen gegen uns würde uns in eine komplizierte Lage bringen. Das würde dazu führen, daß kirchliche Kontakte dann eingeschränkt würden. Es ist anzunehmen, daß die Leitung des Weltkirchenrates das zu verhindern versucht.«[673]

Im Frühjahr 1981 war Gysi nach Genf gereist[674]. Zuvor hatte er am 23. März 1981 mit Zeddies gesprochen[675]. Die Staatsämter für Kirchenfragen führten abschließende Konsultationen zur Dresdener Tagung am 24. Juni 1981 in Budapest durch[676]. Am 31. Juli 1981 empfing der Staatssekretär für Kirchenfragen Schönherr, Hempel, Natho, Domsch und Stolpe zu einem vorbereitenden Gespräch[677].

An der ÖRK-Tagung, die in der Christus-Kirche in Dresden-Strehlen sowie weiteren kirchlichen Räumlichkeiten stattfand[678], bemängelten staatliche Stellen, daß die kirchliche Gruppe es auf der Plenarsitzung am 20. August 1981, wo sie Leben und Tätigkeit der evangelischen Kirchen in der DDR vorstellen sollte, unterließ, den 6. März zu erwähnen, die Teilung Deutschlands bedauerte, im Blick auf das Luther-Jahr 1983 nur die kirchlichen Vorhaben und Pläne vorstellte und die Existenz einer »Kirche im Sozialismus« nicht einmal erwähnte[679]. Andererseits hieß es in einer späteren Information der SED-Bezirksleitung:

> »Es wurde dabei das Bemühen deutlich, eine offene und sachliche Darstellung der Wirkungsmöglichkeiten einer Kirche im Sozialismus vorzunehmen und Konfrontationsdenken zu vermeiden. […] Den ausländischen Gästen wurde bei der Selbstdarstellung der DDR-Kirchen deutlich vor Augen geführt, über welche Möglichkeiten des Wirkens die Kirchen in der DDR verfügen, was insbesondere Delegationen aus der 3. Welt dazu veranlaßte, auf die soziale Ungerechtigkeit, die Not und Unterdrückung der Menschen in ihren Heimatländern deutlich hinzuweisen.«[680]

Insgesamt konnte die SED-Bezirksleitung bereits während der Tagung telegrafisch einen positiven Bericht nach Berlin durchgeben:

> »Die anwesenden 130 Mitglieder des Zentralausschusses des Ökumenischen Rates der Kirchen sowie 460 mitarbeitende Gäste zeigten sich beeindruckt über die großzügige Unterstützung, die durch die staatlichen Organe gewährt wird. Viele leitende Kirchenvertreter erklärten, daß ein solches Entgegenkommen nicht zu den selbstverständlichen Erfahrungen bei der Durchführung solcher Tagungen gehört. Besonders beeindruckt waren die Mitglieder des Zentralausschusses von der Grußadresse des Vorsitzenden des Staatsrates der DDR, Genossen Erich Honecker[681]. In der Geschichte der Durchführung von Tagungen des Ökumenischen Rates der Kirchen sei es bisher erstmalig gewesen, daß ein Staatsoberhaupt eine solche Botschaft übermittelt. […] Viele Mitglieder des Zentralausschusses, die zum ersten Mal mit dem Sozialismus konfrontiert werden, zeigen sich beeindruckt, wie die Kirchen im sozialistischen Staat frei und ungehindert ihr kirchliches Leben durchführen können[682]. […]
>
> Die Diskussion im Plenum und in der Mehrzahl der Ausschüsse macht deutlich, daß sich die progressiven Kräfte entschieden mit jenen Versuchen auseinandersetzen, den Ökumenischen Rat als Tribüne der Rechtfertigung antisozialistischer Positionen und der Rechtfertigung der gegenwärtigen Konfrontationspolitik der USA-Regierung und ihrer Helfer zu mißbrauchen.«

Zitiert wurde die Äußerung des Chefstewards der Tagung, Roger Williamson, der dem britischen Kirchenrat angehörte:

> »Man empfindet hier einfach überall, daß keine Mühen gescheut wurden, um diese Tagung zu einem besonderen Ereignis werden zu lassen. Die Kunstschätze und das reiche kulturelle Angebot sind sehr große Anziehungspunkte, mir persönlich gefällt auch die Prager Straße sehr gut. Aber ich glaube, es gibt noch etwas Wichtigeres zu sagen: Diese im Zweiten Weltkrieg so schwer zerstörte Stadt ist geradezu eine Herausforderung zum Frieden! Hier können wir von der Geschichte lernen, um den künftigen echten Frieden anzustreben, hier finden wir Anlaß zu einer wahren menschlichen Verständigung.‹ […]
>
> Von den Teilnehmern wird auch immer wieder ihr Erstaunen zum Ausdruck gebracht, daß unsere sozialistische Presse mit großer Ausführlichkeit über diese Tagung berichtet. Es war anfangs zu verzeichnen, daß die ›ND‹-Exemplare sofort vergriffen waren, was durch erhöhte Bereitstellung ausgeglichen wurde. Insgesamt äußern die Teilnehmer ihre tiefe Befriedigung über die sehr guten Bedingungen zur Durchführung ihrer Tagung, einschließlich der Gastfreundschaft in Dresden. Dies bestätigten ausdrücklich z. B. der Landesbischof Dr. Hempel und der Präsident des Landeskirchenamtes Sachsen Domsch, indem sie sinngemäß erklärten, daß es keine Mitglieder des

Zentralausschusses oder des Exekutivkomitees gibt, die sich nicht anerkennend darüber aussprechen.«[683]

Nach Beendigung der Tagung würdigte der SED-Staat die Dresdener Erklärung zur sofortigen Beendigung der Herstellung von Neutronenbomben[684], einen Vorschlag für eine Begegnung der führenden Politiker beider Militärbündnisse zur Einleitung ernsthafter Abrüstungsverhandlungen[685], die Solidaritätserklärung mit Namibia, die Anerkennung der SWAPO als legitimer Vertreterin des namibischen Volkes und – einmal wieder – die Verurteilung der rassistischen Politik Südafrikas und dessen militärisches Vorgehen in Angola[686].

Das Exekutivkomitee war am 16. August durch Gysi empfangen worden. Am 23. August folgte die gleiche Prozedur für alle Mitglieder des Zentralausschusses. Außerdem führte der Staatssekretär auch zahlreiche Einzelgespräche mit Mitgliedern des ökumenischen Spitzengremiums[687].

Die absolute Krönung bildete ein abschließender Empfang, den Honecker für eine aus drei ausländischen Gästen und drei DDR-Bischöfen bestehende Delegation gab – nämlich für Erzbischof Edward Walter Scott (Kanada), ÖRK-Generalsekretär Philip Potter[688], seinen Stellvertreter Konrad Raiser, Johannes Hempel, Eberhard Natho und Albrecht Schönherr, für den die Einladung so etwas wie ein Ersatz für das nicht gewährte Abschiedsgespräch war.

Scott verwies nach dem staatlichen Protokoll einleitend »darauf, daß nicht wenige Länder, so auch Kanada, in der internationalen Informationsvermittlung auf die Medien der USA angewiesen seien. Dadurch sei ihr Weltbild einseitig geprägt. Um so wichtiger wäre es, sich durch unmittelbare Kontakte vom Leben und der Wirklichkeit außerhalb dieser Grenzen ein eigenes Urteil bilden zu können.« Potter würdigte, daß Honecker einmal wieder deutlich gemacht habe, »wie sehr ihm Frieden und Gerechtigkeit am Herzen liegen. [...] Heute gelte es, eine breite Bewegung gegen die Neutronenwaffe zu entfachen«, äußerte der ÖRK-Generalsekretär[689]. Allerdings sagte Potter auch, »die Neutronenwaffe sei gewiß eine sehr schreckliche Waffe, aber es gäbe Waffensysteme auf beiden Seiten, die noch weit schrecklicher seien.«[690] Honecker, der von seinen Erfahrungen mit Nachkrieg und Zweitem Weltkrieg berichtete und sich für die Zerstörung aller Atomwaffen und den Verhandlungsweg als einziges Mittel zur Konfliktlösung aussprach, stellte nach Aufforderung in Aussicht, zu einem geplanten ÖRK-Hearing über Fragen der atomaren Bewaffnung auch Abrüstungsexperten der DDR zu entsenden. Schönherr wies abschließend auf innerkirchliche Probleme mit der Jugend hin und bat Honecker, »Vertrauen zu haben, daß die Kirchen damit selbst fertig werden.«

Gysi, der die kirchlichen Gesprächspartner abschließend zu einem Essen einlud, stellte fest, die ausländischen Gäste seien von Honeckers Darlegungen »außerordentlich beeindruckt« gewesen. Hervorgehoben wurde von ihnen die Substanz, Offenheit und Ungezwungenheit der soeben geführten Unterhaltung. »Das Gespräch bedeutete für die ausländischen Teilnehmer die autoritativste Bestätigung dessen, was sie vorher über die DDR erfahren und was sie vor und während der Tagung in Dresden an Eindrücken gewonnen hatten.« Auch für Natho[691] und Hempel handelte es sich nach Auffassung des Staatssekretärs um »eine bedeutsame, neue politische Erfahrung.«[692]

Bei der ÖRK-Tagung sei »ein neues Element des Vertrauens zwischen Staat und Kirche sichtbar geworden. [...] Es käme nun alles darauf an, diese Atmosphäre und dieses Niveau zu halten. Es ginge darum, immer im Gespräch zu bleiben«, bemerkte Gysi im September 1982 vor Kirchenvertretern[693].

Auf der Staatsämtertagung vom 19.-21. Januar 1981 in Prag äußerte sich der Staatssekretär auch zur Rolle der DDR-Kirchen in der Ökumene:

»Die richtige Orientierung unserer Kirchen auf die entscheidenden Forderungen eines realistischen Friedenskampfes ist die unerläßliche Voraussetzung, um in der Ökumene ihr Engagement positiv wirksam zu machen. Unser Einfluß auf die Ökumene ist so groß, wie wir es verstehen, über unsere Kirchen diesen Einfluß zu realisieren. Natürlich sind unsere sowjetischen Genossen mit ihrer russisch-orthodoxen Kirche hier in einer weit besseren Lage als wir. Die große Aufgabe, vor der wir hier stehen, wird daran sichtbar, daß unsere Kirchen (BEK) im Bereich der sozialistischen Länder die einzigen sind, die nicht in corpore in der CFK mitarbeiten. Diese Lage zu verändern, ist ein Hauptanliegen unserer Arbeit. Andererseits genießt der BEK in der Ökumene bei den progressiven Kräften großes Ansehen und übt insgesamt gesehen dort auch eine progressive Wirkung aus.«[694]

In den sächsischen Kirchengemeinden fand eine Rezeption der Tagung nahezu überhaupt nicht statt[695].

Wachablösung im »Bund« und in Berlin-Brandenburg im Herbst 1981

Am 9. Oktober 1981 kündigte Stolpe in der »Konsultationsgruppe« einen entscheidenden personellen Wechsel an: Anstelle von Bischof Schönherr werde künftig Bischof Krusche als neuer KKL-Vorsitzender die Treffen wahrnehmen; für ihn selbst rücke der neue Leiter des Sekretariats, Christoph Demke, nach. Außerdem werde Christa Lewek künftig, sofern die Friedensfrage auf der Tagesordnung stünde, mitarbeiten[696].

Daß man Stolpe das Amt des Konsistorialpräsidenten in Berlin-Brandenburg angeboten hatte, war schon zu Beginn des Jahres 1980 ein offenes Geheimnis.

Kirchenpräsident Natho hatte bereits Anfang Februar 1980 gegenüber Wilke verlauten lassen, Stolpe stehe diesem Ansinnen nicht ablehnend gegenüber, da »»viele Leute‹ versuchen, ihm im ›Bund‹ die Arbeitsmöglichkeiten zu beschränken, ihm auch sein Titel ›Generalsekretär‹ auf Bitten von Schönherr – ›der keine solche Funktionsbezeichnung ertragen kann‹ – in ›Leiter des Sekretariats‹ verändert wurde und er in vielen innerkirchlichen Dingen keine positive Entwicklung erkennen kann«. Stolpe habe bis März um Bedenkzeit gebeten, und ihm sei zudem vom Bischofskonvent nahegelegt worden, sein Amt im BEK nicht niederzulegen[697].

Der KKL-Vorstand befaßte sich am 7. Februar 1980 in Halle mit der Angelegenheit. Nachdem Schönherr den deutlichen Hinweis gegeben hatte, Berlin-Brandenburg erwarte eine möglichst unverzügliche Entscheidung, vertrat Werner Krusche die Interessen des Bischofskonvents. Dieses Leitungsgremium bat Stolpe nach den Worten des Magdeburger Bischofs »sehr dringlich, im Sekretariat zu bleiben. Dienstzeit und Dienststellung müßten angemessen geregelt werden.«[698] Auch der Bischofskonvent führte am 20. März 1980 einen »Gedankenaustausch über die Frage [...], wie sich nach September 1981 einige wichtige Personalfragen im Bunde gestalten könnten.«[699]

Ende März 1980 teilte Stolpe dem KKL-Vorstand mit, er werde im Sekretariat bleiben. Das Sitzungsprotokoll vermerkt:

»Stolpe teilt mit, daß er keine Möglichkeit sieht, die Berufung durch die Kirchenleitung Berlin-Brandenburg anzunehmen, obwohl eine Annahme dieser Berufung bei Berücksichtigung des Gedankens der föderativen Gemeinschaft naheliegen würde. Der Vorstand nimmt die Mitteilung zustimmend und mit Dank zur Kenntnis.«[700]

Im Spätherbst 1980 beschloß die Kirchenleitung Berlin-Brandenburg fast einstimmig, Stolpe eindringlich um die Übernahme des Präsidentenamtes zu bitten. Wilke schrieb:

»Die progressiven Kräfte engagieren sich hier sehr stark, denn sie wünschen sich Stolpe dann als ›Gegengewicht‹ zu dem vermutlich dann neu gewählten Bischof Dr. Forck.«[701]

Nach der Sitzung des Bischofswahlkollegiums[702] am 21. November 1980 schien sich abzuzeichnen, daß Forck die besten Aussichten hatte, ins Bischofsamt gewählt zu werden[703].

In dem bereits erwähnten Gespräch mit Wilke informierte Natho auch über Schönherrs Demissionsabsichten, wofür er aber schon das Jahr 1980 angab. Neuer KKL-Vorsitzender solle Hempel werden[704], der gegenüber dem Staat zwar keineswegs auf eine Konfrontation hinauswolle, aber andererseits könnten viele Dinge politisch komplizierter werden[705]. Da den »»ganz Rechten‹« jedoch an einer weiteren Mitgliedschaft von Domsch im Vorstand gelegen sei, gäbe es die Erwägung, einen anderen Kandidaten zu protegieren. Weiterhin berichtete der Kirchenpräsident, Werner Krusche werde sich 1982/83 zur Ruhe setzen[706].

Stolpe wies gegenüber der AG Kirchenfragen beim ZK Anfang April 1980 »darauf hin, daß Bischof Schönherr ab September 1981 nicht mehr Vorsitzender des Kirchenbundes und Bischof von Berlin-Brandenburg sein werde. Man solle in Erwägung ziehen, ob nicht [noch] zu seiner Amtszeit ein demonstrativer Akt wie etwa der 6. März 1978 erfolgen könne, der über den Wechsel in der Leitung hinaus wirksam sein könne, denn nach dem Weggang Schönherrs folge sicher eine gewisse ›Durststrecke‹. Es werde zwar keine katastrophalen Dinge geben, aber es sei auch kein Nachfolger in Aussicht, der nahtlos die Linie Schönherrs weiter verfolge.«[707]

Schönherr eröffnete dem Staatssekretär am 24. Oktober 1980, er halte Leich

»für den geeignetsten Nachfolger und sei durch die letzte Konferenz der Kirchenleitungen [gemeint ist die Sitzung vom 23. Oktober 1980] darin bestärkt worden. Leider sei Bischof Leich noch nicht so weit innerhalb der Kirche aufgebaut und durchgesetzt, daß diese Lösung jetzt schon möglich wäre.«[708]

Am 15. Januar 1981 traf sich Stolpe mit Dohle im Staatssekretariat zu einem Vier-Augen-Gespräch und teilte Gysis Intimus mit, er werde zum 1. Januar des kommenden Jahres als Präsident in das Berlin-Brandenburger Konsistorium wechseln. Stolpe führte nach Dohles Protokoll weiter aus:

»Nachdem die Berufung nunmehr durch die Landeskirche das zweite Mal erfolgt sei, habe er zugesagt, eine frühere Berufung habe er, einem Wunsch der KKL folgend, abgelehnt. Er glaube die jetzige Entscheidung verantworten zu können, weil im Apparat des BEK inzwischen genug Leute vorhanden seien, die die Garantie für die Fortsetzung der bisherigen konstruktiven und weithin von Stolpe selbst geprägten Linie geben (Rogge, Demke, Lewek, Günther). Stolpe werde unter Umständen in Berlin-Brandenburg nötiger gebraucht als im Bund, weil die Nachfolge Schönherrs in dieser Landeskirche noch unklar sei, weil es im Bischofswahlkollegium verrückt zugehe und weil diese Landeskirche in der KKL eine gewisse Schlüsselfunktion habe. Stolpe weise immer kirchliche Argumente zurück, die behaupten, er übernehme diese Funktion in Berlin-Brandenburg nur, um später Stellvertreter des Vorsitzenden der KKL und Verbindungsmann der KKL zu den Staatsorganen zu werden. Diese Lesart sei falsch.« Bereits 1982 sollte Stolpe dann diese Funktion bekleiden.

Der Leiter des BEK-Sekretariats fuhr fort: »Hätte er die Berufung der Berlin-Brandenburgischen Kirche jetzt erneut abgelehnt, dann hätten sich dort Argumente gegen ihn verstärkt, wonach er Berufungen der ihn delegierenden Landeskirche ausschlägt, nur um im BEK weiter große Politik zu machen. Dies aber würde ihm selbst in seiner Stellung schaden.

Zur Zeit werden in einem kleinen Kreis im BEK Tätigkeiten Schönherrs ausgewertet mit dem Ziel, ein System von strukturellen Entscheidungen für die Zukunft zu treffen, um damit strukturelle Voraussetzungen für die Fortsetzung von Schönherrs Kurs zu schaffen.

Dabei wird unter anderem eine Zusammenfassung und Konzentration der Aufgaben im BEK in einer solchen Weise diskutiert, daß der Vorsitzende des BEK künftig nur wenig allein entscheiden kann. Es sollen Strukturen geschaffen werden, die den Vorsitzenden ständig veranlassen, Entscheidungen gegenüber der Öffentlichkeit mit einem sachkundigen Gremium vorher zu beraten. Es werden also gegenwärtig Versuche unternommen, strukturell die realistische Linie des BEK festzuschreiben, um nach dem Ausscheiden Schönherrs Nachfolgerkämpfe zu verhindern. Die nächste Legislaturperiode im BEK bis Ende 1983 werde etwas unruhiger werden als die bisherige. Es gebe in der KKL aber einige vernünftige Kräfte, die die Fortsetzung des bisherigen Kurses gewährleisten (Gienke, Leich, Wollstadt, Stolpe). Diese Kräfte nehmen darauf Kurs, als Nachfolger im Vorsitz des BEK Bischof Dr. Krusche zu gewinnen. Er erscheine als der profilierteste nach Schönherr. Damit sind alle in der KKL, auch die Sachsen, einverstanden. Krusche selbst hat dem auch zugestimmt, aber die Bedingung gestellt, daß Stolpe dann im Amt als Leiter des Sekretariats des BEK bleibt. Dies ist angesichts seiner Berufung nach Berlin-Brandenburg aber nicht möglich. Stolpe hat als einziger Nichtmagdeburger von Krusche die Erlaubnis erhalten, ihn zu dienstlichen Zwecken im Krankenhaus in Haldensleben zu besuchen. Krusche soll dabei davon überzeugt werden, daß er die Funktion des BEK-Vorsitzenden annimmt, auch wenn Stolpe am 1.1.1982 aus seiner jetzigen Funktion ausscheidet. Ziel ist dann weiter, Krusche von seinen Magdeburger Beratern zu trennen, weil die ihn politisch sehr schlecht beraten. Krusche sei aber nicht ein so hochgradig politischer Mensch, daß er die Bösartigkeit dieser Ratschläge schnell durchschaue, es bestehe dann vielmehr die Gefahr, daß er schnell und unüberlegt öffentlich redet.

Es werde also daran gearbeitet, daß Krusche sich vor öffentlichen Äußerungen mit dem Stab des BEK berät. Der BEK werde auch im Fall der Wahl Krusches nicht von Magdeburg, sondern von Berlin aus geleitet.

Stolpe bittet darum, wenn Gefahr im Verzuge ist, sofort um Verständigung mit den Staatsorganen und um Beratung im kleinen Kreis. Diese Praxis habe sich bewährt.

Angesichts der zu erwartenden leisen Unruhe in der nächsten Legislaturperiode komme dem Lutherkomitee als stabilisierendem kirchenpolitischen Faktor hohe Bedeutung zu. Für die Legislaturperiode nach 1983 ist Stolpe auch personell optimistisch. Wenn die jetzt genannten strukturellen Überlegungen zu einem gewissen Abschluß gekommen sind, will Stolpe erneut zu einem Gespräch unter vier Augen erscheinen. Wir haben uns auf die erste Märzhälfte vereinbart.«[709]

Stolpe hatte also mitgeteilt, daß er nunmehr doch Konsistorialpräsident werden wolle, die Nachfolge Schönherrs war ebenfalls nicht mehr offen. Es ging nur noch darum, Krusche zu überreden, den Posten anzunehmen, auch wenn Stolpe nicht mehr im Sekretariat tätig sein werde. Außerdem offerierte er dem Staatssekretariat eine kirchliche Zähmungsstrategie für den Magdeburger Bischof.

Am 12. Februar erzählte der scheidende Kirchenbund-Sekretär dem Staatsfunktionär Wilke, als Kandidaten für seine Nachfolge in der Leitung des BEK-Sekretariats seien Rogge, Zeddies und Demke im Gespräch; der Letztgenannte sei ihm am liebsten.

Deutlicher geklärt war zu diesem Zeitpunkt bereits die Schönherr-Nachfolge im BEK. Da Krusche in Magdeburg noch bis zum Ende der Lutherfeierlichkeiten 1983 als provinzsächsischer Bischof im Amt bleiben wolle, hätten sich Stolpe und Schönherr nun auf ihn als nächsten BEK-Vorsitzenden verständigt. Stolpe habe Krusche mit diesem Anliegen besucht, und Schönherr wolle ihn am 13. und 14. Februar während der Tagungen von Bischofskonvent und KKL-Vorstand entsprechend »>bearbeiten<«. »Die Wahl von Hempel als Nachfolger komme für sie nicht in Frage«, so Stolpe, »da der durch seine persönliche Haltung und Hektik in der Arbeit den Kirchenbund nicht vorwärts bringen würde. ›Wir müssen das Schiff ja in Balance halten‹«. Weiteres könne man ja im Mai in seiner Potsdamer Privatwohnung besprechen, bot Stolpe dem Staatsfunktionär an[710].

Gysi wertete am 13. Februar die Lage bereits als Übergangssituation:

»Einerseits schiebt er [Schönherr] eine Reihe offener Fragen seinem Nachfolger zu bzw. will diesem zumindest die Möglichkeit zur Weiterdiskussion bestimmter Fragen (Komplex: Volksbildung, Verteidigungsbereitschaft etc.) offen lassen. Andererseits versucht er seine Linie nach Möglichkeit zu stabilisieren und zu untermauern.«[711]

Am 16. Februar 1981 suchte Stolpe auch Rudi Bellmann für das geplante kirchliche Personalkarussell zu gewinnen. Zusätzlich zu bereits Bekanntem führte er aus, Krusche sei zweifellos innerkirchlich nach Schönherr der einflußreichste Mann. »Jeder andere hätte es schwer mit und neben ihm.« Um eventuelle Vorbehalte Bellmanns zu beschwichtigen, äußerte der Oberkonsistorialrat, er sei »der Überzeugung, daß man mit Krusche reden könne und daß er politisch Einsicht zeigen werde, wenn man kontinuierlich mit ihm arbeitet.«

Außerdem machte Stolpe auch Andeutungen über weitere Perspektiven der Personalentwicklung: Krusche werde Ende 1983 in den Ruhestand gehen. »Dann könne man für längere Zeit planen; und Krusche habe selber gesagt: ›Wollen wir mal sehen, wie sich Bischof Leich bis dahin entwickelt.‹« Leich wurde also durch Stolpe zum zweiten Mal ins Gespräch gebracht, nachdem Schönherr sich schon einmal entsprechend gegenüber Gysi geäußert hatte.

Bellmann nahm, wie er es mit Gysi und wohl auch mit dem ZK vereinbart hatte, Stolpes Ausführungen zu innerkirchlichen Personalfragen unkommentiert entgegen und äußerte gegenüber dem Staatssekretär die Vermutung, der Leiter des Sekretariats sei vorgeschickt worden, um die Haltung der Partei zu den anstehenden Veränderungen in Erfahrung zu bringen[712].

Auf seiner Sitzung am 6. März 1981 äußerte der Bischofskonvent einstimmig den Wunsch, der nicht anwesende Krusche möge in der kommenden Legislaturperiode den KKL-Vorsitz übernehmen[713]. Die Formulierung deutet darauf hin, daß man Krusche nicht nur als Übergangskandidaten sehen und ihm dies auch zu verstehen geben wollte.

Am 10. April 1981 informierte Stolpe Hans Wilke darüber, daß man sich im BEK nun endgültig auf Krusche als Schönherrs Nachfolger geeinigt habe. Dieser habe unter der Voraussetzung zugestimmt, daß die Magdeburger Kirchenleitung und sein Arzt keine Einwände erheben würden. Stolpe wollte in den nächsten Tagen nach Magdeburg reisen, »um die Kirchenleitung in diesem Sinne zu beeinflussen. Es wird aber keinen ›Einzelleiter‹ mehr geben. Um ihn werden zwei Vertreter gruppiert«, stellte Stolpe in Aussicht. Über deren Namen werde nachgedacht, wenn Krusches endgültige Zusage vorliege. Zudem sei daran gedacht, den für Schönherr freiwerdenden Platz im KKL-Vorstand mit dem Greifswalder Bischof Gienke zu besetzen, der auch die Funktion der Stellvertretung Krusches übernehmen solle. Zugleich sei daran gedacht, schon jetzt Werner Leich (Thüringen) als Krusches Nachfolger aufzubauen, zumal es sich bei ihm um einen Lutheraner handele[714].

Da Schönherr und Krusche unierten Kirchen angehörten, war nach dem Rücktritt des Magdeburger Bischofs ein Lutheraner als dezidierter Vertreter der anderen protestantischen Konfessionsrichtung an der Reihe.

Nochmals wies Stolpe den Staatsfunktionär Wilke auf die Möglichkeit eines Gesprächs unter vier Augen an einem Wochenende in seiner Potsdamer Wohnung hin. Daraufhin vergewisserte sich Wilke erst einmal bei Gysi, daß sein Vorgesetzter keine Einwände gegen die Wahrnehmung eines solchen privat-dienstlichen Termins hatte[715].

Im Mai 1981 wurde Demke, nachdem er nicht zum Berlin-Brandenburger Bischof gewählt worden war, von der KKL zum Nachfolger Stolpes im Sekretariat des BEK nominiert[716]. Krusches offizielle Einführung in sein Amt war für den 14. November 1981 vorgesehen. Auf Schönherrs Anfrage hin – er verwies darauf, daß Seigewasser bei diesen Anlässen stets zugegen war – sagte Gysi seine Teilnahme zu[717].

Wie verabredet stattete Wilke am 6. Juni gemeinsam mit seiner Frau dem

Ehepaar Stolpe in dessen Potsdamer Wohnung einen Besuch ab. »Das Gespräch wurde bewußt privat gehalten und verlief aufgeschlossen und freundschaftlich«, erinnerte sich Wilke in dem von ihm verfaßten Protokoll. Danach berichtete ihm Stolpe über die weitere Entwicklung im BEK folgendes:

»Bischof Krusche hat auf Grund des Drucks bestimmter Kräfte seiner Kirchenleitung noch nicht endgültig zugestimmt, bis 1983 Nachfolger von Bischof Schönherr im Bund zu sein. Vor allem Propst Bäumer versucht ihn davon abzuhalten und ihn zu bewegen, nur bis zur Sondersynode zu Beginn des Jahres 1982 diese Funktion als Vorsitzender der KKL auszuüben. So macht jetzt Bischof Krusche seine endgültige Entscheidung von seinem Gesundheitszustand zum Jahresende abhängig.

Der Plan der Sächsischen Landeskirche, anstelle von Stolpe einen Vertreter der sächsischen Kirche (wahrscheinlich Präsident Domsch) als Sekretär des Bundes in Berlin zu etablieren, konnte auf der KKL-Sitzung in Krummhennersdorf abgebogen werden. Jetzt steht Dr. Demke auf der Liste der für diese Funktion in Frage Kommenden an erster Stelle. Aber auch bei ihm gibt es einen Druck aus der Magdeburger Kirche. Da Demke selbst zur theologischen Arbeit neigt, will man ihn als Leiter des Predigerseminars in Gnadau einsetzen. Diesen Wunsch hat Demke auch. Stolpe versucht jetzt, ihn als seinen Nachfolger zu gewinnen und einzuarbeiten. Er soll das für drei Jahre machen. Dann geht Generalsuperintendent Grünbaum (Berlin) in den Ruhestand, für ihn soll er dann der Nachfolger werden[718].

Für die Funktion des Sekretärs würde in diesen drei Jahren der bisherige Jugendmitarbeiter Dorgerloh aufgebaut. Gelänge das nicht, würde eine Doppelbesetzung durch die OKR Dr. Zeddies und Dr. Rogge ins Auge gefaßt. Dann wäre Dr. Zeddies der Gesprächspartner für die staatlichen Organe.

Sollte es gelingen, Bischof Krusche bis 1983 als Vorsitzenden der KKL amtieren zu lassen, müßte es zu erreichen sein, daß Bischof Leich sein Nachfolger wird. Dazu gibt es bereits jetzt eine deutliche Zustimmung bestimmter Teile der KKL.

Als Nachfolger für Generalsuperintendent Forck (Cottbus) ist Sup. Richter aus Berlin vorgesehen. Er gehört zu den loyalen Kräften[719].

Stolpe schätzte hoch ein, daß sich die staatlichen Organe nicht in die Bischofswahl in Berlin-Brandenburg eingemischt haben. Die KKL vertritt die Auffassung, daß sich hier sachliche und vertrauensvolle Zusammenarbeit bewährt hat.

Das Gespräch endete wieder im persönlichen Bereich. Es wurde weder davon gesprochen, die Fakten vertraulich zu behandeln noch das Gespräch fortzusetzen. Da aber alle Informationen unter vier Augen erfolgten, durfte Stolpe davon ausgehen, daß eine breitere Nutzung durch mich nicht zur Diskussion steht.«[720]

Ende Juni teilte Krusche endgültig mit, er wolle den KKL-Vorsitz nur bis Ende Januar 1982 wahrnehmen[721]. Am 20. August 1981 stellte Stolpe in Aussicht, die KKL zwecks Neuwahl des KKL-Vorsitzenden bereits während der Bundessynode für den 21. September einzuberufen. Dann sei es möglich, Krusche bei dem von Gysi gegebenen Synodenempfang am Mittag des 21. bereits als neuen KKL-Vorsitzenden vorzustellen. Auch Wahrmann halte dies für einen guten Weg[722].

Die KKL tagte am 20. September 1981 und wählte in geheimer Abstimmung Werner Krusche bei zwei Stimmenthaltungen zum Vorsitzenden. Schwieriger gestaltete sich die Wahl Gienkes zu Krusches Stellvertreter. Nur 14 der 24 anwesenden Konferenzmitglieder stimmten für den Greifswalder Bischof, sechs Anwesende stimmten gegen ihn, zwei enthielten sich, zwei

weitere Stimmen waren ungültig. Das Protokoll hielt fest:»Mit der Wahl ist keine Vorentscheidung für die nächste Legislaturperiode der Konferenz verbunden. Sie gilt für den Zeitraum 1.10.1981 bis 1.2.1982.«[723]
Am 11. September 1981 richtete Staatssekretär Gysi an Schönherr ein Glückwunschschreiben:

»Sehr geehrter Herr Bischof Schönherr!
Es ist mir eine Freude, Ihnen zu Ihrem 70. Geburtstag in guter Verbundenheit sehr herzlich zu gratulieren.

In der vergleichsweise kurzen Zeit meiner jetzigen Funktion habe ich Sie als einen weitsichtigen Interpreten und Gestalter eines kirchlichen Selbstverständnisses kennengelernt, das die realen Möglichkeiten und die Wirklichkeit christlicher Existenz in unserer sozialistischen Gesellschaft umfaßt. Stets war es Ihr Anliegen, zur Wahrnehmung dieses Christseins ebenso zu ermutigen wie zur Übernahme staatsbürgerlicher Verantwortung. Mit konsequenter Beharrlichkeit, mit Geduld und Verständnis für die Realitäten und Erfordernisse unserer Zeit waren Sie auch in komplizierten Situationen immer um konstruktive, die legitimen Interessen Ihrer Kirche wie unseres Staates wahrende Lösungen bemüht. Diese Haltung ist gewiß wesentlich mitgeformt von einer auch im antifaschistischen Widerstand gehärteten Verantwortung für die Zukunft unseres Landes.

Sehr geehrter Herr Bischof!
Das hohe Maß an gesamtkirchlicher Verantwortung, dem Sie in den vergangenen 12 Jahren gerecht zu werden hatten und wurden – lassen Sie mich das an diesem heutigen Tag einmal sagen –, wird in die Kirchengeschichte unserer Republik als der Weg der evangelischen Landeskirchen zu einer Zeugnis- und Dienstgemeinschaft, zu einer ›Kirche im Sozialismus‹, eingehen, der ohne Ihren persönlichen Anteil nicht darzustellen sein wird. Und schließlich verdient Würdigung, daß in das Engagement der Kirchen in der DDR für Frieden, Abrüstung und Entspannung unübersehbar viele Ihrer persönlichen Impulse und Anregungen Eingang gefunden haben.

Hohe Wertschätzung bringen wir Ihrem so verdienstvollen und weithin beachteten Wirken in der Ökumene entgegen. Auch in diesem ökumenischen Dienst waren neue Wege zu gehen – und mit der organisatorisch-rechtlichen Selbständigkeit der Kirchen in der DDR möglich geworden –, die durch Ihre persönlichen Aktivitäten mit markiert wurden. Zugleich kam auch dabei die Übereinstimmung mit jener internationalen Solidarität – im weitesten Sinne – zum Ausdruck, die ein unverzichtbares Grundelement der Außenpolitik unseres Staates bildet.

Wenn wir heute zwischen Staat und Kirche eine weitgehend übereinstimmende Bewertung in der historischen Bedeutung des Gesprächs zwischen dem Vorsitzenden des Staatsrates der DDR, Erich Honecker, und dem Vorstand der Konferenz der Kirchenleitungen am 6. März 1978 feststellen können und wenn der X. Parteitag der SED die Aussage treffen konnte, daß die Beziehungen an Offenheit, Verständnis und Bereitschaft zu konstruktiven Regelungen gewonnen haben, so ist das nicht zuletzt Ihrem persönlichen Einsatz zuzuschreiben.

Meinen Dank für dieses Ihr Wirken über Jahrzehnte hinweg, für einen persönlichen Einsatz, dem Sie im Grunde ein Leben gewidmet haben, verbinde ich mit den besten Glückwünschen für Sie und die Ihren und mit der Hoffnung auf weitere vielartige Zusammenarbeit.
Mit vorzüglicher Hochachtung in aufrichtiger Verbundenheit
Ihr Klaus Gysi.«[724]

Eigentlich bestand seitens des Staates die Absicht, Schönherr zu seinem Geburtstag mit einem Orden auszuzeichnen. Dem baute Stolpe jedoch bereits am 16. Februar 1981 im Gespräch mit Bellmann vor: »Der Bischof habe erhebliche Hemmungen, staatliche Orden entgegenzunehmen. Es habe in den Kirchen die Ordensverleihung an kirchliche Schwestern anläßlich des Tages des Gesundheitswesens Unruhe ausgelöst.«

Auf Bellmanns »Frage, ob dies bedeute, daß Bischof Schönherr staatliche Auszeichnungen prinzipiell ablehne, meinte Stolpe, daß er wahrscheinlich solche Auszeichnungen annehmen würde, wenn man ihm sage, daß dies aus bestimmten Gründen zwingend sei. Wenn er aber Entscheidungsmöglichkeiten habe, würde er bitten, das nicht zu tun.«[725]

Am 30. Juli 1981 sprach Gysi den Bischof direkt darauf an, »ob er bereit sei, eine staatliche Auszeichnung anläßlich seines 70. Geburtstages sowie seines Ausscheidens aus dem Amt entgegenzunehmen. Ich habe ihm angedeutet, daß es sich wahrscheinlich um eine Auszeichnung für Verdienste um die Völkerverständigung handeln könnte«, berichtete der Staatssekretär. Schönherr »bat darum, sich das überlegen zu dürfen. Er wolle nicht einfach ablehnen, hätte aber auch Bedenken, daß es falsch verstanden werden könne. Er bäte noch um etwas Geduld.«[726]

Am 2. September, kurz vor Schönherrs Geburtstag, bat Kalb nochmals Stolpe, er möge sich nun verbindlich zu der Frage äußern, ob bei dem Berliner Bischof die Bereitschaft bestehe, an seinem Geburtstag einen Orden entgegenzunehmen. Stolpe erwiderte, »daß Schönherr zu bedenken gäbe, daß aus kirchlicher Sicht eine staatliche Auszeichnung mißgedeutet werden könne. Mit Rücksicht darauf bitte er, sie nicht in Erwägung zu ziehen.«[727]

Schönherr hatte während der Dresdener ÖRK-Sitzung den KKL-Vorstand in das staatliche Vorhaben eingeweiht, ihn mit dem Orden »Stern der Völkerfreundschaft« auszuzeichnen. Der Vorstand riet:

»Keine Annahme von Orden im Kontext des Geburtstages. Stattdessen ist die Betonung des Lebenswerkes durch eine Sachaussage, die für das Leben der Christen in der DDR relevant ist (z. B. Toleranzaussage)[…], zu erwägen.«[728]

Zu Schönherrs Verabschiedung, die mit seinem 70. Geburtstag zusammenfiel, publizierte der BEK eine Sammlung von Dokumenten aus der zehnjährigen Kirchenbund-Geschichte[729]. Lingner schrieb hierzu am 17. September 1981 an Hammer:

»Mir scheint das Buch rundherum so gelungen zu sein, daß ich zu überlegen bitte, ob nicht eine Verpflichtung besteht zu versuchen, allen Ratsmitgliedern und vielleicht allen Gliedkirchen der EKD ein Ex[emplar] zu beschaffen. […] Und in der Tat sind die [in dem Band] genannten Themen für die Geschichte des Bundes von 1969 bis 1981 prägend gewesen. Hinzu kommt, daß diese ersten zehn Jahre des Bundes mit dem Namen Bischof Schönherr stark verbunden sind.«[730]

Insgesamt wurde sogar beschlossen, allen EKD-Synodalen, den Mitgliedern der Kirchenkonferenz und auch den bei der Fellbacher EKD-Synode anwesenden Journalisten das Buch auf Synodenkosten zu schenken[731]. Letztendlich wurde aus diesem Plan aber nichts. Lingner vermerkte am 12. Oktober:

»Nachdem Frau Hindersmann alles in größter Eile in die Wege geleitet hatte, um die Wünsche rechtzeitig zu erfüllen, kommt ein telephonischer Bescheid: es sei kein Geld da. Die Sache habe sich erledigt. Na, das sind einige Probleme! Verfügung besonders.«[732]

Die Wahl Gottfried Forcks zum Bischof von Berlin-Brandenburg

Die Überlegungen des MfS zur Berliner Bischofswahl 1981 wurden am 8.12.1980 in einer Koordinationsberatung festgehalten. Das Ziel der Sitzung bestand in der Erarbeitung einer Konzeption[733].

MfS-Hauptmann Rintorf (BV Potsdam) und MfS-Major Eversmeyer (KD Templin) erstatteten zunächst einen Bericht über die zweite Tagung des Bischofswahlkollegiums am 21. November 1980. Sie nannten die sieben Kandidaten, die in die engere Wahl gekommen waren. Danach erhielt Generalsuperintendent Forck (Cottbus) 17 Stimmen, Oberkirchenrat Demke (Berlin) 16 Stimmen, Propst Falcke (Erfurt) 12 Stimmen, Generalsuperintendent Bransch (Potsdam) 9 Stimmen, Superintendent Richter (Berlin) 9 Stimmen, Propst Winter (Berlin)[734] und Direktor Ziegler (Berlin) jeweils 7 Stimmen.[735]

In dem Protokoll heißt es dann:

»In der Diskussion über die Kandidaten wurde festgelegt: Die 3 IM, die Mitglieder des Bischofswahlkollegiums sind, werden beauftragt (Potsdam 2, Templin 1), bei der nächsten Wahl für die engere Auswahl zu verhindern, daß Propst Falcke-Erfurt sowie Propst Winter-Berlin nicht mehr nominiert werden. Beide dürfen auf keinen Fall in die engere Wahl einbezogen werden. Es wurde weiter orientiert, in der Reihenfolge folgende Personen zu unterstützen: Demke-Berlin, Bransch-Potsdam, Richter-Berlin und Ziegler-Berlin. Da Generalsup. Forck-Cottbus zu den aussichtsreichsten Kandidaten zählt für das Amt des Bischofs, soll im Rahmen eines Langzeitprogramms Forck gewonnen werden. Es muß alles getan werden, um Forck nicht auf einen Konfrontationskurs zu zwingen.«[736]

Im Blick auf die Einflußmöglichkeiten der Synodalen durch das MfS heißt es, daß unter den 110 Synodalen 12 Inoffizielle Mitarbeiter (IM) seien. Durch weitere IM bestünden zwar Möglichkeiten der direkten Beeinflussung, doch sei es nicht möglich, »auf direktem Wege die Wahl direkt in unserem Sinne zu beeinflussen«[737].

Von den MfS-Dienststellen, die für die jeweiligen Kandidaten zuständig waren, wurden Auskunftsberichte angefordert. Darüber hinaus sollte Hauptmann Rintorf feststellen, aus welchem Grund der »negative Propst Winter« einen Tag vor der nächsten Sitzung dieses Gremiums die Mitglieder des Bischofswahlkollegiums zu einer Teestunde in seine Wohnung eingeladen habe.

Weiterhin sollte der Weißenseer Arbeitskreis einen Rundbrief über die bevorstehende Bischofswahl mit dem Tenor organisieren, es müsse ein Bischof gewählt werden, »der den eingeschlagenen Weg des bisherigen Bischofs Schönherr fortsetzt«[738]. Außerdem sollte Forck zu einem Vortrag vor diesem Kreis eingeladen werden, um nach außen hin zu dokumentieren, daß er sich den Weißenseern verbunden fühle.

Die Niederländisch-Ökumenische Gemeinde[739] sollte um eine Betrachtung mit der vorgegebenen Zielsetzung gebeten und Bischof Schönherr über Inoffizielle Mitarbeiter »dahingehend beeinflußt werden, daß er seine bisherige Inaktivität zur Bischofsnachfolge aufgibt. Schönherr muß überzeugt werden, daß es in seinem Sinne sein müsse, einen Bischof zu wählen, der seinen Weg fortsetzt und die Ergebnisse des Grundsatzgespräches vom 6.3.1978 weiterführt«[740].

Am 28. November 1980 führte IMV »Sekretär« – ausweislich der Belegungsliste des konspirativen Objekts »Wendenschloß« – ein zweieinhalbstündiges Gespräch mit Wiegand und Roßberg[741].

Vier Wochen später fand eine weitere »Koordinierungsberatung« statt. Wie beim Treffen zuvor erstattete Rintorf wieder Bericht über die Tagung des Bischofswahlkollegiums, die diesmal am 16. Januar 1981 stattgefunden hatte. Gleich eingangs wurde hervorgehoben:

»Als wichtigstes Ergebnis dieser Tagung sind die Rücktritte von der Bischofskandidatur durch Propst Falcke (Erfurt), Propst Winter (Berlin) und Superintendent Richter (Berlin) zu bewerten. Damit ist ein wesentliches Ziel der operativen Maßnahmen, die Wahl von Propst Falcke oder Winter zu verhindern, erreicht worden.«[742]

Bei der erneuten Abstimmung im Bischofswahlkollegium über die noch verbliebenen vier Kandidaten erhielt Demke 22 Stimmen, Forck 18, Ziegler 13 und Bransch 9 Stimmen. Allerdings wurde die Wahl für ungültig erklärt und ihre endgültige Wiederholung auf den 27. März 1981 vertagt, da ein Mitglied des Bischofswahlkollegiums nicht hatte teilnehmen können und sein Stellvertreter nicht eingeladen worden war. Die Probeabstimmung war für das MfS dennoch von großer Bedeutung, weil »unter Berücksichtigung der von IM wiedergegebenen Stimmungen und der Stimmverteilung vom 16.1.1981 ein gewisser Trend für Oberkirchenrat Demke als Bischofsnachfolger abzulesen ist, während bezüglich Generalsuperintendent Forck ein gewisser Rückgang feststellbar ist.«[743] Dieser Trend entsprach ganz den Wünschen der SED und sollte auch mit den Mitteln des Geheimdienstes weiter verstärkt werden:

»Es wurde im Ergebnis der Diskussion festgelegt, durch gezielten IM-Einfluß diese Tendenz für Demke weiter zu verstärken, um eine Wahl von Generalsuperintendent Forck nach Möglichkeit zu verhindern.«[744]

Die vorsichtige Zuversicht der MfS-Offiziere, daß ihr Wunschkandidat die Wahl für sich entscheiden möge, wird durch eine interessante Überlegung ergänzt, die den Ausgang der Bischofswahl in seiner kirchenpolitischen Bedeutung entscheidend relativierte:

»Darüber hinaus wurde eingeschätzt, daß die Übernahme der Funktion des Konsistorialpräsidenten der Ev. Kirche in Berlin-Brandenburg durch Oberkonsistorialrat Stolpe ab 1.1.1982 die Kontinuität des von Bischof Schönherr eingeschlagenen Weges im Verhältnis zum Staat gewährleistet, unabhängig davon, wer als neuer Bischof gewählt wird. Dies um so mehr, da man möglicherweise Stolpe als 2. Mann in die Konferenz der Evangel. Kirchenleitungen des Bundes zu wählen beabsichtigt.«[745]

Mit anderen Worten: Sollte die Bischofswahl nicht das erhoffte Ergebnis zeitigen, meinte man dies verkraften zu können, weil man Stolpe als Garanten für die Fortsetzung des bisherigen kirchenpolitischen Kurses betrachtete. Das

MfS sah die Berlin-Brandenburgische Bischofswahl vom April 1981 und Stolpes Dienstantritt als Konsistorialpräsident derselben Kirche nur ein dreiviertel Jahr später jedenfalls in einem engen Zusammenhang[746]. Nach außen hin – und das hieß in diesem Falle auch gegenüber dem Staatssekretariat für Kirchenfragen – sollte der Eindruck erweckt werden, als kümmere sich der Staat gar nicht um die Bischofswahl:

»Über die HA XX/4 wird beim Staatssekretariat für Kirchenfragen darauf eingewirkt, daß seitens staatlicher Organe bezüglich der Bischofswahl in Berlin-Brandenburg keine Gespräche mit kirchlichen Vertretern geführt werden. Sollten Kirchenvertreter diese Problematik selbst ins Spiel bringen, ist von staatlicher Seite darauf hinzuweisen, daß die Bischofsnachfolge eine innerkirchliche Angelegenheit ist.«[747]

Der Staatssekretär für Kirchenfragen, Klaus Gysi, ging seit Herbst 1980 von der Wahl Forcks aus. Nach den ihm zugegangenen Informationen war Demke gar nicht bereit, in Berlin zu kandidieren. Propst Falcke habe hingegen die Absicht, sich in der Kirchenprovinz Sachsen um das Bischofsamt zu bewerben. »So bleiben de facto Dr. Forck und Generalsuperintendent Bransch. Die Tendenzen stehen aber positiver für Dr. Forck.«[748]

Am 15. Januar 1981, also einen Tag vor der Zusammenkunft des Bischofswahlkollegiums, gab Stolpe auf eigenen Wunsch dem persönlichen Referenten des Staatssekretärs für Kirchenfragen, Horst Dohle[749], »unter vier Augen ... Informationen mit der Begründung ..., daß er wünsche, daß unser Haus [scil. die Behörde des Staatssekretärs] sie intern wisse und diskret verwende«[750].

Bei der anschließend für ungültig erklärten Wahl des Bischofswahlkollegiums am 16. Januar 1981 hatten Demke und Ziegler je 6 Stimmen mehr erhalten als bei der Wahl im Herbst 1980. Da sich das Bischofswahlkollegium darauf geeinigt hatte, nur die Kandidaten auf die Wahlliste zu setzen, die bei der Märzsitzung 1981 mehr als 50 % der Stimmen dieses Gremiums – jedes Mitglied verfügte wohl über mehrere Stimmen – erhielten, genügte der immerhin beachtliche Zuwachs für Ziegler, der nun 13 Stimmen auf sich vereinigen konnte, immer noch nicht. Deshalb vereinbarten die MfS-Offiziere, »durch IM im Bischofswahlkollegium [...] darauf Einfluß zu nehmen, daß Direktor Ziegler [...] 50 % der Stimmen erhält«[751]. Auf Bransch, der bei der Januar-Wahl nur 9 Stimmen auf sich vereinigen konnte, wollte man wohl verzichten.

Daß außer Demke auch Forck auf die Wahlliste kommen würde, ließ sich nach dem Stand der Dinge nicht verhindern. Um seine Wahlchancen im April 1981 dennoch zu verringern, vereinbarten die MfS-Offiziere folgende Strategie:

»Durch IM der BV Potsdam im Bischofswahlkollegium wird angeregt, unmittelbar nach der Zusammenkunft am 27.3.1981 die auf die Wahlliste gesetzten Bischofskandidaten den Synodalen mitzuteilen. Dadurch ergeben sich Möglichkeiten, im Rahmen einer Diskussion vor dem eigentlichen Wahlakt Forcks Chancen weiter einzuschränken. Zu diesem Zwecke ist insbesondere das von Forck verbreitete Gerücht zu nutzen, wonach er auf eine Kandidatur zur Bischofswahl verzichten würde. Eine Veröffentlichung der Wahlliste mit Forcks Namen würde offensichtlich im Widerspruch zu seiner bekundeten Absicht stehen, so daß dies bei geschickter innerkirchlicher Verbreitung mittels IM zu Stimmeinbußen für ihn führen könnte.«[752]

Auch aus einem Gespräch Döllings vom Bezirk Cottbus mit Superintendent i. R. Paul Schüler (ehemals Cottbus) vom 20. Januar 1981 nahm jener den Eindruck mit, daß es »bei der Abstimmung sicher auf einen Zweikampf Demke/Forck«[753] hinauslaufe, wobei Schüler keinen Zweifel an seiner Wertschätzung für Demke und seiner Geringschätzung für Forck ließ. Dölling berichtete im einzelnen:

»Sch. erklärte im Gespräch zur Frage der Bischofswahl:
›Noch nie haben die dafür Verantwortlichen so dichtgehalten, so daß Konkretes bei mir nicht bekannt ist und ich nur von Vermutungen sprechen kann. Die Wahlkommission arbeitet, und am Ende müßte ein Ergebnis von 3-4 Kandidaten herauskommen, die aus folgenden Ämtern kommen müßten:
1 Generalsuperintendent
1 Theologie-Professor
1 Superintendent oder Propst
1 Pfarrer.‹
Nach seiner Meinung stehe Forck als Generalsuperintendent, Demke als Theologie-Professor, Falcke als Propst mit hoher Wahrscheinlichkeit fest. Aus der Pfarrerschaft könne er mit keinem Namen dienen. Falcke würde seiner Meinung nach aus dem Kandidatenkreis ausscheiden, da er sicher als Nachfolger von Bischof Krusche seitens der Magdeburger Kirche zurückgehalten werde. Demke wäre ein Mann, der sicher große Chancen hat, da er 1. der jüngeren Generation angehört, 2. breitenmäßig einen hervorragenden Unterbau für das Bischofsamt habe und 3. pfarramtsberechtigt ist. Wenn Falcke aus den genannten Gründen nicht kandidiere, käme es bei der Abstimmung sicher auf einen Zweikampf Demke/Forck an, da #h2/3 Mehrheit erforderlich ist. Forck selbst ist nach Meinung von Sch. im Blick auf seine Fähigkeiten verunsichert, die mit dem Bischofsamt verbundenen politischen Aufgaben zu bewältigen.
Sch. ist der Meinung, wenn Forck gewählt werden sollte, würde vieles von dem, was Bischof Schönherr auf politischem Gebiet an Vertrauen zu Staat und Gesellschaft und umgekehrt aufgebaut habe, in Frage gestellt, da Forck einfach nicht das Geschick und das Wissen von Schönherr mitbringe und sich auch selbst zu kontrollieren schwer in der Lage ist. Natürlich müsse man bei ihm auch einen gewissen Ehrgeiz sehen und das Wissen, altersmäßig so zu stehen, daß die Möglichkeit, Bischof zu werden, für ihn kaum wieder gegeben ist.«[754]

Nach Gottfried Forcks Wahl zum Bischof auf der Berlin-Brandenburger Frühjahrssynode 1981 äußerte Schönherr gegenüber Gysi über die Persönlichkeit seines Nachfolgers, dieser besitze »den Fehler […], zu scharf, zu spontan und zu unüberlegt zu reagieren. Aber auf der Synode habe er sich sehr besonnen gezeigt und sehr qualifizierte Äußerungen gegeben.« Letzteres konnte der Staatssekretär bestätigen[755].

Eine staatliche Einschätzung vom Oktober 1980, die am 2. Mai 1981 in handschriftlich ergänzter und überarbeiteter Form vorlag, hielt fest:

»Trotz der vorhandenen Widersprüchlichkeit muß F. insgesamt als ein politischer Gegner des real existierenden Sozialismus in der DDR eingeschätzt werden, der mit sozialdemokratischen Modellvorstellungen den Sozialismus ›menschlicher‹ gestalten will. Dazu möchte F. die Kirche als gesellschaftliche Kraft in der DDR etablieren und sie als kritisches Korrektiv gegenüber unserem sozialistischen Staat benutzen. [...] Er ist ein Feind des realen Sozialismus und unternimmt alles, um ihn zu schwächen und letztlich zu beseitigen.«[756]

Die Arbeitsgruppe Kirchenfragen beim ZK nahm die Bischofswahl zum Anlaß, eine deutliche Profilierung des »Weißenseer Arbeitskreises« mit dem Ziel der »Zurückdrängung negativer Kräfte in der Landeskirche« zu fordern[757].

»Diese Gruppierungen sind und bleiben für uns wichtige Instrumente, die in der Kirche verankert und bemüht sind, auch am sinnvollsten die Aufgabe, Kirche im Sozialismus sein zu wollen, umzusetzen«, hieß es in einem weiteren Strategiepapier der Partei[758]. Am 4. Januar 1982 wandte sich der Ostberliner Theologieprofessor Hanfried Müller[759] vom MfS als IM »Hans Meier« geführt[760], mit einem besonderen Anliegen an Hauptabteilungsleiter Peter Heinrich im Staatssekretariat für Kirchenfragen, der zugleich auch für das MfS als OibE tätig[761] war. Der »Weißenseer Arbeitskreis« habe vor, ab Frühjahr 1982 ein Mitteilungsblatt zu publizieren:

»Wir wollen, wie mit unserer bisherigen Arbeit, so auch mit dem Blatt, jedoch noch effektiver, die Offenheit in der Kirche für den real existierenden Sozialismus und das Engagement im Friedenskampf im Sinne der Weltfriedensbewegung kirchenpolitisch fördern und dies mit ernsthafter theologischer Arbeit und Diskussion verbinden.«

Gedacht sei an eine Finanzierung der 250 Exemplare umfassenden Auflage mit Hilfe von Spenden. Die Herstellung werde durch ein Trocken-Vervielfältigungsgerät erfolgen, während die verkleinerten Vorlagen von befreundeten Westberlinern vorgenommen werden sollten. Weitere materielle Hilfe werde durch die Rheinische Bruderschaft erfolgen.

Heinrich wurde gebeten, bei der Erlangung der Einfuhrgenehmigung für das Gerät, bei der Zuweisung einer Registriernummer und bei der Erteilung eines Dauervisums für Müller nach Berlin (West), um dort die kostensparenden Verkleinerungen vornehmen zu können, behilflich zu sein[762].

Unmittelbarer Anlaß für die Planung dieses Blattes war der von Robert Havemann und Pfarrer Eppelmann verfaßte »Berliner Appell«[763]. Mit Hilfe des Müller-Organs wollte man einer Spaltung der DDR-Friedensbewegung entgegenwirken[764]. Die Weißenseer Blätter erschienen, wie vorgesehen, erstmals im Frühjahr 1982[765]. Nach dem Erscheinen zweier Ausgaben nahm die SED-Bezirksleitung Dresden im August 1982 eine erste Analyse vor:

»Zur Unterstützung und Förderung vernünftiger Staat-Kirche-Beziehungen und des Differenzierungsprozesses innerhalb der Kirchen sowie zur Herbeiführung eines größeren gesellschaftlichen Engagements wurden diese Blätter ins Leben gerufen. [...] Die Herausgabe dieser Blätter wird kirchenpolitisch begrüßt, wobei nicht Personen vordergründig wirken, sondern mit schriftlichen Darlegungen Stellung zur Haltung von Kirchenleitungen und kirchlichen Persönlichkeiten genommen wird. Die Herausgeber sind deshalb zu unterstützen, und es ist ihnen zu helfen, das richtige Maß zu finden, nicht zu weit nach vorn zu prellen, gründlicher zu differenzieren und sich nicht von den kirchlichen Leitungen zu isolieren. [...] Verfasser in der Nr. 2/82 sind u. a. Theologieprofessoren wie das Ehepaar Müller/Streisand, die als sehr progressiv und auch zuweilen ungeduldig eingeschätzt werden. Ein anderer Autor dieses Heftes, Dick Boer, ist ein bekannter holländischer Theologe, ein Förderer und Organisator in der Friedensbewegung, und nennt sich selbst einen linken Theologen. Eine Beteiligung der Nationalen Front in der DDR gibt es nicht, das würde entsprechend den gegenwärtigen Verhältnissen den Arbeitskreis unglaubwürdig machen und von der Kirche isolieren. [...] Insgesamt ist dieses Heft die Widerspiegelung des ehrlichen Bemühens progressiver kirchlicher Kräfte, die Diskussion zu den Grundfragen unserer Zeit und die Verantwortung der Kirchenleitungen und deren Amtsträger zu fördern. Die Beiträge zeugen vom starken Bemühen, Affronthaltungen zum sozialistischen Staat abzubauen, einen Beitrag in die gemeinsame und einheitliche Friedensbewegung der DDR einzubringen und sich als Staatsbürger der DDR zu bewähren.«[766]

Noch im Herbst 1982 erschien eine weitere Ausgabe dieses Periodikums, die das besondere Lob des Staatssekretariats für Kirchenfragen fand. Hier »zeigte sich deutlicher, daß sie mit konstruktiven Beiträgen in die Kirche hineinwirken können und wollen. Das zeigte sich auch in publizierten Lesermeinungen.« Dieses Lob übermittelte man den Herausgebern zu einem späteren Zeitpunkt auch mündlich[767]. Neben der Kirchlichen Bruderschaft Sachsens taten sich auch der Weimarer Arbeitskreis[768], eine Gruppe von Pfarrern in der Stadt Brandenburg und ein Kreis um den Bautzener Superintendenten und späteren sächsischen Landesbischof Volker Kreß mit Kontakten zur dortigen CFK-Gruppe Königswartha als nach staatlicher Einschätzung »progressive« Gruppen hervor[769].

Der neugewählte Berlin-Brandenburger Bischof Forck schien im Spätsommer 1981 das Staatssekretariat weniger zu schrecken als noch ein Jahr zuvor. Beruhigt notierte Barbara Janott, »daß nach Auffassung der Mehrheit der Geistlichen [im Bezirk Frankfurt/Oder] der neugewählte Bischof Dr. Forck die bewährte Linie von Bischof Schönherr fortsetzen« werde[770]. Auf der anderen Seite sorgte eine Äußerung Forcks während der Bundessynode in Güstrow auf der Pressekonferenz gegenüber dem ARD-Korrespondenten Robert Röntgen zum Staat-Kirche-Verhältnis für staatliche Irritation:

»Er [Forck] fürchtet, daß es in dem zentralgeleiteten Staat eine interne Weisung gibt, wonach die Praxis vor Ort anders zu handhaben sei, als es in den offiziellen Erklärungen zum Ausdruck komme. Viele Staatsfunktionäre der mittleren und unteren Ebene spielen eine unechte Rolle. Das ist beschwerlich. Neulich habe ihn eine Frau angesprochen und in bezug auf seine Wahl zum Landesbischof gesagt: ›Hoffentlich sind Sie nicht so dicke mit dem Staat.‹ Er könne sich gut vorstellen, daß die DDR-Führung das Ziel habe, die Kirchenleitung und die Basis auseinanderzudividieren.«[771]

Am 15. Oktober 1981, also noch vor Forcks offizieller Amtseinführung am 14. November[772], empfing Gysi den neuen Bischof zu einem immerhin zweistündiges Kennenlerngespräch, um das Forck nachgesucht hatte. Der Staatssekretär notierte:

»Forck machte einen gehemmten, unsicheren Eindruck. Obwohl er um das Gespräch gebeten hatte, äußerte er sich kaum und hielt sich außerordentlich zurück.« Er stehe »ohne jede Einschränkung fest zum März 1978«. Gysi machte ihm deutlich, »daß sein örtlicher Partner in Berlin natürlich der Magistrat sei. Aber als Hauptstadt gäbe es auch viele Fragen zentraler Bedeutung für seine Arbeit in Berlin.« Deshalb unterbreitete Gysi das Angebot, »sich in solchen wesentlichen Fragen mit mir [Gysi] zu beraten, und zwar so rechtzeitig, daß keine vollendeten Tatsachen vorliegen. Das erfordere natürlich eine ehrliche, vertrauensvolle, konstruktive Haltung und Atmosphäre.« Forck stellte seinerseits ständige Gesprächsbereitschaft in Aussicht. »Das sei für seine neue Arbeit eine große Hilfe, die er dankend akzeptierte.« Außerdem wies Gysi ihn darauf hin, »daß in bezug auf die politische und gesellschaftliche Bedeutung den Äußerungen eines Bischofs ein wesentlich höherer Stellenwert als denen eines Superintendenten zukomme. Deshalb seien sie nicht nur sorgfältiger zu formulieren, sondern, soweit es Auslandsmedien betreffe, sei vorher rechtzeitig alles abzusprechen.«

Gysis abschließende Gesprächseinschätzung lautete:

»Forck war außerordentlich zurückhaltend. Einerseits vermied er es, offen seine Meinung zu sagen, andererseits fühlt er sich meines Erachtens tatsächlich sehr unsicher und ist vorsichtig. Meinem Eindruck nach ist er von seiner Persönlichkeit her keineswegs so stark, wie er sich den Anschein gibt, und hat schon halb und halb verstanden, daß er als Bischof in einen neuen Lernprozeß eintritt, in dem er auch einige Positionen verändern muß. Auf jeden Fall kommt es darauf an, von Anfang an intensiv mit ihm zu arbeiten und an ihm ›dran zu bleiben‹, denn er ist keineswegs das, was man eine fertig geprägte Persönlichkeit nennt. Wahrscheinlich hat er sogar einen Hang zum Lavieren.«[773]

Im übrigen handelte es sich bei Forck um den ersten DDR-Bischof, der während Gysis Amtszeit sein kirchenleitendes Amt antrat. Horst Dohle wertete, »der kirchenpolitische Ertrag hinsichtlich des Profils von Forck [war] noch gering«[774].

Anläßlich der Einführung Forcks sprach Gysi ein Grußwort, in dem er den neuen Bischof zur beständigen Fortführung der von Schönherr eingeschlagenen kirchenpolitischen Linie ermutigte[775].

Bei Werner Krusche beargwöhnte das Staatssekretariat für Kirchenfragen ein Interesse an einer Profilierung gegenüber Schönherr, da Krusche auf der provinzsächsischen Herbstsynode von einer »›unterschiedenen Mitarbeit‹« der Kirchen in der DDR-Gesellschaft gesprochen hatte[776].

Neben dem Wechsel in Berlin-Brandenburg und zwei Schlüsselfunktionen im BEK endete 1981 auch die 3. Periode der Bundessynode. Ende November 1981 nahm das Staatssekretariat analysierend einige Tendenzen bei der Zusammensetzung der im Januar 1981 erstmals zusammenkommenden neuen BEK-Synode wahr:

»Die Mehrzahl der bisherigen Bundessynodalen wurde wiedergewählt. Bei den Synodalen der 4. Synode des BEK überwiegen wiederum loyale, aber zumeist wenig pol. profilierte Vertreter der Landeskirchen. Es zeigt sich, daß positiv auftretende Laiensynodale gegen unprofiliertere loyale Kräfte ausgetauscht wurden.«

Das politische Kräfteverhältnis werde sich gegenüber der letzten Synode allerdings nicht verändern[777].

Auch Mitte Dezember 1981 hatte sich Werner Krusche noch nicht entschieden, ob er auf der konstituierenden BEK-Synode im Januar 1982 wieder für den KKL-Vorsitz kandidieren würde. Demke informierte Hans Wilke darüber, daß Wahrmann sich wohl wieder als Präses zur Verfügung stellen werde. Dann laufe aber alles auf Krusche als KKL-Vorsitzender hinaus. Rathke könne das Amt nicht bekleiden, da mit Wahrmann bereits ein Mecklenburger in der BEK-Spitze vertreten sei.

»Bischof Dr. Hempel habe nach wie vor viele Sorgen mit dem ›Pluralismus‹ in seiner Kirche und brauche auch viel Kraft für seine Funktion in der Ökumene. Bischof Dr. Leich sei noch nicht [so] profiliert genug, wie er es nach dem Lutherjubiläum sein wird«.

Ähnlich wie Stolpe bei früheren Gelegenheiten ließ Demke also alle anderen in Frage kommenden Kandidaten Revue passieren und vermittelte dem SED-Funktionär auf diese Weise den Eindruck, er sei in die personalpolitischen Überlegungen der Kirche mit einbezogen. Weiter fand sich – vornehmer als zuvor bei Stolpe – ein deutlicher Hinweis auf Leich als künftigen BEK-Spitzenmann[778].

Krusche ließ die BEK-Spitze wissen, sein Zögern gründe in der Vermutung, »er gelte beim Staat als Persona non grata und als ›westgesteuert‹«[779]. Nach der provinzsächsischen Synode fühlte er sich »von den staatlichen Stellen geschnitten«. Das Ost-CDU-Organ »Neue Zeit« druckte ein Interview mit Krusche nicht ab[780].

Am 30. Dezember 1981 richtete der neue BEK-Vorsitzende anläßlich des Jahreswechsels einen Brief an Gysi. Darin führte der Magdeburger Bischof aus:

»Sie haben auch im vergangenen Jahr als Anwalt für ein von Toleranz getragenes, deutliches, die Identität des Partners achtendes Gespräch zwischen den Kirchen und dem Staat gewirkt. Dafür bin ich Ihnen dankbar, gerade auch im Blick auf schwierige Gesprächsphasen, die sich ergaben und bei nüchterner Betrachtung wohl auch in Zukunft nicht ausbleiben werden.

Mir liegt am Herzen, daß es uns gelingen möge, die Grundlagen des Verhältnisses zwischen Staat und Kirche, wie sie im Gespräch zwischen dem Vorsitzenden des Staatsrates und dem Vorstand der Konferenz der Evangelischen Kirchenleitungen 1978 ausgesprochen worden sind, in der ganzen Breite der Begegnungsmöglichkeiten und der Probleme des Zusammenlebens von Marxisten und Christen zu bewähren. Sie haben in der letzten Zeit mehrfach von der Notwendigkeit gesprochen, zu einem tieferen gegenseitigen Verstehen zu gelangen. Das ist eine gute Grundlage für die Bewältigung der Aufgaben, die das neue Jahr bringt.

Unsere Kirchen messen dabei der Wahrnehmung der Friedensverantwortung besonderes Gewicht bei. Die Verschlechterung der internationalen Atmosphäre an dieser Jahreswende erfüllt uns mit Sorge. Um so mehr schätzen wir die ernsthaften Bemühungen um Fortsetzung der Entspannungspolitik, wie sie in den Gesprächen des Vorsitzenden des Staatsrates mit dem Kanzler der Bundesrepublik Deutschland zum Ausdruck gekommen sind. Mit allen unseren Kirchen, besonders in der ökumenischen Gemeinschaft gegebenen Möglichkeiten wollen wir dazu beitragen, daß nicht wieder der Geist der Konfrontation über die Bereitschaft zur Entspannung und Zusammenarbeit die Oberhand gewinnt.«[781]

Ende Januar richtete Krusche an den Staatssekretär nochmals mündlich auch seine Person betreffende Anfragen. Der Bischof sagte – dem staatlichen Protokoll zufolge – einleitend, »es gäbe auch bei ihnen Feststellungen, daß der Wind schärfer wehe. Sie seien beunruhigt darüber, daß die Unfreundlichkeit gegenüber Christen [...] wieder verstärkt zunehme. Er habe den Eindruck, daß der Staatssekretär in ihm einen Scharfmacher sehe. In Magdeburg werde in den Schulen von den Lehrern gesagt, er sei von der BRD gesteuert. Im Norden der DDR sage man noch Herr Bischof zu ihm. In Magdeburg rede man aber schon in einem anderen Ton. Wenn alles auf ihn personalisiert werde, müsse er nochmals hervorheben, den 6.3.1978 an der Seite von Schönherr mitgestaltet zu haben. Er spreche den Wunsch aus, es möchte beim Verstehen bleiben, und man möchte in der Sache weiterkommen.« Gysi entgegnete, ihn »interessiere bei der Person des Vorsitzenden der Konferenz der Kirchenleitungen, daß durch ihn die Gewähr einer offenen Zusammenarbeit im Interesse konstruktiver Beziehungen zwischen Staat und Kirche gewährleistet sei, im Interesse unseres Volkes und selbstverständlich der Christen im Lande. Wenn Bischof Krusche den Wunsch habe, auf der Grundlage des Gespräches vom 6.3.1978 weiterzukommen, stünde er selbstverständlich wie immer zur Verfügung. Unsere Position dazu sei doch wohl unbestritten klar«, schloß der Staatssekretär[782].

Auf der vom 29. bis zum 31. Januar 1982 in Herrnhut tagenden Bundessynode[783] wurde nach staatlicher Einschätzung »der politisch progressiv wirkende Siegfried Wahrmann« als Präses bestätigt. Den KKL-Vorstand bildeten neben Wahrmann Krusche als Vorsitzender, Hempel und Gienke als gleichberechtigte Stellvertreter und weiterhin Christina Schultheiß aus Thüringen. Sachsens LKA-Präsident Domsch verließ den Vorstand, wodurch in diesem Gremium aus staatlicher Perspektive »die loyalen bzw. realistischen Kräfte gestärkt« wurden. Unter den synodalen Mitgliedern der KKL wurden ebenfalls mehr loyale Vertreter als zuvor gewählt.

Nachdem der Staatssekretär am 28. Januar in einem persönlichen Gespräch Demke und Krusche Grundsatzpositionen zur Kirchenpolitik vorgestellt hatte[784], wurde der KKL-Bericht noch einmal überarbeitet und daraufhin von den Staatsvertretern für seine »Sachlichkeit« gelobt, »da man nicht an einer Zuspitzung im Verhältnis von Staat und Kirche interessiert ist und den Weg des 6.3. auf keinen Fall gefährden will.«

Allerdings »traten solche Synodale wie Sup. Große, die Pfarrer Wutzke, Stier[785] und Adolph sowie Dr. Wetzel offensiv mit politisch negativen Aussagen auf. An die Stelle der sachlichen Ausführungen im Bericht des Vorstandes der KKL wollten sie die Konfrontation mit dem Staat setzen. So sprach zum Beispiel Pfarrer Stier von ›Drangsalierungen‹ im Bereich der Volksbildung«.

Ein von Große eingebrachtes kritisches Dokument machte sich die Synode nach einer Intervention Stolpes, die von Mitzenheim, Martin Kramer und Hertzsch unterstützt wurde, nicht zu eigen[786].

Werner Krusche gab zu verstehen, er werde nur bis zu seinem 65. Geburtstag im Herbst 1982 amtieren. Als sein Nachfolger war nun Hempel, einer der beiden stellvertretenden KKL-Vorsitzenden, im Gespräch, der sich auch bereit erklärte, für ein Jahr das Amt zu übernehmen. Leich, den man ebenfalls gefragt hatte, entgegnete, er stünde erst nach Beendigung der Lutherfeierlichkeiten zur Verfügung[787].

Gegenüber Bellmann interpretierte Stolpe am 3. Februar 1982 die Herrnhuter Ergebnisse. Der SED-Funktionär berichtete:

»Am 3. Februar 1982 führte ich mit Konsistorialpräsident Stolpe[788] auf dessen Wunsch ein eineinhalbstündiges Gespräch. Daran nahm der Mitarbeiter der Arbeitsgruppe, Genosse Kraußer, teil.

Stolpe bemerkte einleitend, daß er zwei Fragen vortragen wolle:

1. Einige Informationen zur BEK-Synode in Herrnhut:

Die Synode habe in einer Phase innerkirchlicher Unsicherheiten, im Übergang von Bischof i. R. Schönherr zum ›übernächsten‹ Vorsitzenden des Kirchenbundes stattgefunden. Außerdem habe sich die Entscheidung der Berlin-Brandenburgischen Synode, den Vereinigungsprozeß der Landeskirchen vorübergehend zu stoppen, als Störfaktor erwiesen. (›Unser Schiff schlingert etwas.‹)

Stolpe erklärte, daß der jetzige BEK-Vorsitzende Bischof Krusche eindeutig und endgültig erklärt habe, daß er dieses Amt nur bis zu seinem 65. Geburtstag im November 1982 ausüben werde. Krusche sei in seiner Haltung zwar unberechenbar, aber er ließe sich beraten und sei von jeder Seite her beeinflußbar. Gegenwärtig sei Krusche die stärkste Autorität. Es komme immer darauf an, daß ihn ›die richtigen Leute in die Mitte nehmen‹; und dafür seien durch die Wahl der Bischöfe Gienke und Hempel als seine Stellvertreter günstige Voraussetzungen geschaffen worden.

Anläßlich der Wahlen auf der Synode seien von bestimmten Kräften Versuche unternommen worden, Bischof Gienke aus dem Vorstand des BEK herauszudrängen. Das sei verhindert worden, und damit hätten sich jene Kräfte durchgesetzt, die auf weitestgehende Kontinuität orientiert seien.

Mit der Wahl des Bischofs Hempel (Dresden) zum Stellvertretenden Vorsitzenden des BEK sei eine Vorentscheidung für die Nachfolge Krusches gefallen. Bischof Hempel habe sich bereits zur Nachfolge bereit erklärt. Wenn nicht gesundheitliche Erschwernisse oder besondere Vorkommnisse in seiner sächsischen Landeskirche dazwischenkämen, sei die Amtsübernahme durch Bischof Hempel sicher. Bischof Hempel habe dafür aber zur Vorbedingung gemacht, daß sodann die Funktion des freiwerdenden Stellvertreters des Vorsitzenden durch ihn, Stolpe, übernommen werde. Er sei auf der Synode – obwohl das unüblich sei – gefragt worden, ob er dazu bereit sei. Er habe zugesagt. (Weitere Kandidaten für diese Funktion seien Völz, Stellvertreter des Bischofs von Görlitz, und Konsistorialpräsident Kramer, Magdeburg.) Stolpe schloß mit der Bemerkung, daß damit der Ansatz für eine Stabilisierung innerkirchlich in Gang gekommen sei, denn sowohl Gienke als auch Hempel nähmen eine besonnene Haltung ein.

Den Bericht vor der Synode in Herrnhut schätzte Stolpe als ausgewogen ein. Darin würden zwar alle Fragen angesprochen, die in Gesprächen mit staatlichen Organen angestanden haben. Er lasse aber gleichzeitig erkennen, wo von staatlicher Seite die Grenzen gesetzt worden seien.

Das Auftauchen des ARD-Korrespondenten Pleitgen in Herrnhut habe zu einer gewissen Beunruhigung in der Leitung der Synode geführt. Man habe beraten, was zu tun sei. Er selber habe die Meinung vertreten, daß es besser sei, Pleitgen nicht von der Synode zu verweisen, denn dann hätte er ohnedies die Möglichkeit gehabt, die Synode unter den Gästen zu verfolgen. Damit sei nichts gebessert gewesen. Er habe Informationen, daß Pleitgen ohnehin Mitte dieses Jahres zur Berichterstattung nach den USA versetzt werde.

Wir haben diese Informationen kommentarlos zur Kenntnis genommen«, notierte Bellmann[789].

Die Fortsetzung der Friedenskonsultationen zwischen Ost und West (1981)

Am 9. Oktober 1981 legte EKD-Präses C. von Heyl den Versammelten der 8. Konsultation eine acht Seiten umfassende Thesenreihe über »Unsere Friedensaufgabe: Verhütung des Krieges«[790] vor. Auf besondere Aufmerksamkeit seitens der Teilnehmer aus der DDR stießen seine Überlegungen zum Bedingungsverhältnis von Friede, Gerechtigkeit und Freiheit. In der Diskussion wurde ihm entgegengehalten, eine »dauerhafte Friedenssicherung bedeute langfristig voraussichtlich Freiheitseinschränkung«[791]. Im übrigen referierte Heyl die strittigen Auffassungen innerhalb der EKD zur Sicherung des Friedens (verschiedene Variationen einseitiger Schritte zur Durchbrechung des Kreislaufs von Drohung und Gegendrohung oder Beibehaltung der Abschreckungsstrategie für eine begrenzte Zeit). Eigentlich weniger die Thesen als das, was Stolpe über die Diskussion in seinem Protokoll festhielt, sind interessant. Der Spitzensatz – wirkungsvoll am Ende plaziert – lautet:

»Nötig sei eigentlich ein gegenseitiges Respektierungsabkommen zwischen den deutschen Staaten, das für 20 Jahre geschlossen und die Anerkennung der Standpunkte und Sorgen der jeweiligen anderen Seite beinhalte.«[792]

Danach heißt es unmittelbar, von Heyl, Große und Falcke seien gebeten worden, ihre Thesenreihen zu überarbeiten. Da in C. von Heyls Thesen von einem »gegenseitigen Respektierungsabkommen« auch nicht von ferne die Rede war, muß dieser Satz als Diskussionseintrag interpretiert werden, über dessen Intention es Zweifel eigentlich nicht geben kann: Die Kirchenvertreter aus der DDR vertraten via »Konsultationsgruppe« die Deutschlandpolitik »ihres« Staates. Daß sie dies taten, wird erst heute offen zugegeben[793] – freilich aufgrund eigener Überzeugung und nicht im Auftrage der SED, sondern im Schulterschluß mit der westdeutschen Sozialdemokratie, wie gleichzeitig immer wieder betont wird.

Auf der in Güstrow tagenden Bundessynode war Albrecht Schönherr vom ARD-Korrespondenten Robert Röntgen direkt gefragt worden, »ob sich die Kirchenleitung zurückhält bei Äußerungen zur Friedensfrage, ob sie die Position der DDR-Führung vertrete?« Schönherr entgegnete laut staatlichem Vermerk:

»Angesichts des Einflusses der Westmedien haben viele Bürger der DDR eine andere Auffassung als die Regierung. Er sei um ein gewisses Gleichgewicht bemüht. Er bedauere, daß die Breschnew-Vorschläge von 1979 so schnell vom Tisch gewischt wurden. Deshalb habe er sie in seiner Rede aufgegriffen.«[794]

Über die von Röntgen gestellte Frage machte sich auch Staatssekretär Gysi seine Gedanken. An Paul Verner schrieb er:

»Innerhalb der Kirchenleitungen und auch unter den Bischöfen überwiegen nach unserer Einschätzung gegenwärtig die Realisten, denen an loyalen Beziehungen zum Staat gelegen ist. Für die mittleren Leitungsebenen und die Synodenmitglieder gilt das nicht. So werden die Bischöfe häufig von Synoden und Laien unter Druck gesetzt. [...] Dabei organisieren sich natürlich Leute wie Domsch u. a. den Druck bewußt selber, um ihn als Alibi dem Staat gegenüber zu benutzen. Andere leisten nicht genügend Widerstand. Nur wenige haben einen klaren Standpunkt. Aber alle versuchen gegenwärtig eine offene Konfrontation zu vermeiden, loyale Beziehungen zum Staat zu wahren, ohne jedoch ihre Absichten aufzugeben.«[795]

Während der 8. Konsultation wurde außerdem über drängende Fragen in beiden Teilen Deutschlands informiert. Binder berichtete über eine in Bonn anstehende Friedensdemonstration. Domsch setzte die westlichen Teilnehmer von der Initiative zur Einrichtung eines sozialen Friedensdienstes (SoFd) in Kenntnis[796].

Außerdem berichteten Stolpe und Hammer über die weitere Planung »zur Durchführung eines Bittgottesdienstes für den gefährdeten Frieden am 8. November 1981.«[797]

Nicht im Protokoll vermerkt ist eine Initiative, die von Landesbischof Lohse ausging und für deren Vermittlung er sich des Ostberliner Theologieprofessors Karl-Heinz Bernhardt bediente[798]. Bernhardt schrieb am 5. Oktober 1981 an Gysi, er habe anläßlich des Europäischen Theologenkongresses in Wien Lohse getroffen:

»Er läßt Ihnen herzliche Grüße übermitteln. An das letzte Gespräch mit Ihnen, das ihn offensichtlich sehr beeindruckt hat, denkt er gern zurück. Bischof Lohse bewegt nun der Gedanke, ob er Sie einmal zu einem Gespräch (Vortrag und Aussprache) mit führenden Repräsentanten des Rates der EKD in die BRD einladen könnte. Er erwartet von der Vermittlung eines Einblicks in die Kirchenpolitik der DDR ›aus erster Hand‹ einen Beitrag zur Korrektur mancher noch sehr verbreiteter falscher Vorstellungen und Fehlurteile sowie darüber hinaus auch eine politische Wirkung, die der weiteren Normalisierung des Verhältnisses zwischen den beiden deutschen Staaten dienlich sein könnte. Tatsächlich dürfte eine solche Begegnung ihre Perspektiven haben.«[799]

Wie gut Gysi bei Westdeutschen ankam, hatte Stolpe erst im April deutlich gemacht, als er Hans Wilke berichtete, Klaus Bölling, Nachfolger von Günter Gaus als Leiter der Ständigen Vertretung der Bundesrepublik in Berlin (Ost), habe ihn während eines Empfanges beiseite genommen[800] und ihm seinen Eindruck über ein gerade mit Klaus Gysi im Staatssekretariat für Kirchenfragen geführtes Gespräch mitgeteilt:

»Er sei nicht nur angetan von der Atmosphäre des Gespräches gewesen, beeindruckt habe ihn vor allem die allgemeine hohe Bildung des Staatssekretärs, seine Weltoffenheit und die Art, Probleme offensiv anzugehen. Er hätte nicht erwartet, eine ›so dynamische Persönlichkeit‹ in einer solchen Funktion zu finden. Darüber würde er sofort Bundeskanzler Schmidt unterrichten.«[801]

Auch Prälat Binder äußerte bei anderer Gelegenheit, die DDR verfüge in »Gestalt von Staatssekretär Gysi [...] über eine Persönlichkeit, die mit hohem Geschick die DDR-Regierung vertreten kann.«[802] Eberhard Natho betonte nach der ÖRK-Zentralausschußsitzung »die ›gekonnte Art‹ des Staatssekretärs – er sei ein faszinierender Mensch, der durch seine Sprachkenntnisse bestochen hat, sehr intelligent sei und eine gute Figur gemacht habe – Natho bezeichnete ihn als geprägte Persönlichkeit.«[803]

Im DDR-Bischofskonvent am 2. Oktober 1981 bedachten die kirchenleitenden Persönlichkeiten ihre Erfahrungen mit Gysi. Man kam überein, vonnöten sei eine gute Vorbereitung der kirchlichen Vertreter auf der Grundlage einer zuvor erfolgten verbindlichen Absprache der Themen mit dem Staatssekretariat. Sollte hier deutlich werden, daß Gysi auch Fragen anschneiden wolle, die den jeweiligen Verantwortungsbereich des Bischofs überschritten, sei der Staatssekretär schon im Vorfeld darauf aufmerksam zu machen, er möge diese Dinge zunächst mit dem KKL-Vorsitzenden oder dessen Stellvertreter besprechen. Außerdem vereinbarte man, Kurzvermerke über geführte Gespräche den Bischofskollegen zukommen zu lassen[804].

Polen-Krise und Treffen Schmidt-Honecker: Die Kirchen auf der diplomatischen Nebenbühne (1981)

Während der polnischen Krise im ersten Halbjahr 1981 erreichte die diplomatische Nebentätigkeit kirchlicher Amtsträger in Ost und West einen wirklichen Höhepunkt, nachdem schon im September des Vorjahres MfS-Major Roßberg aufgrund von Informationen des IM»Sekretär« hatte melden können, alle leitenden Personen in der evangelischen Kirche der DDR seien übereinstimmend der Meinung, daß»man sich diese polnische Jacke nicht anziehen wird«[805]. Mit Hilfe der»realistischen« Kräfte unter den kirchenleitenden Persönlichkeiten – genannt wurden Schönherr, Kramer, Plath, Hartmut Mitzenheim[806] und Stolpe – hatte die SED eine öffentliche Debatte über ihre Polen-Politik verhindern können[807]. Mehr noch: Stolpe bekundete am 15. Dezember 1980 gegenüber Bellmann, den leitenden Geistlichen sei deutlich geworden, daß sie»mehr Bereitschaft zum Mittragen der Politik der DDR«[808] zeigen müßten. Allerdings herrschte bei den Bischöfen wohl Übereinstimmung, daß im Falle einer militärischen Intervention durch die Nationale Volksarmee»Probleme in der Kirche [...] unvermeidbar«[809] wären. Über die Polendebatte, die kurz zuvor auf der Sitzung des Bischofskonventes geführt worden war, berichtete Stolpe weiter:

»Es sei ein ruhiges und sachliches Gespräch gewesen. Die Haltung der Staaten` des Warschauer Vertrages, besonders der DDR (13. Plenum), würden sich angenehm abheben von der Einmischung und dem Anheizen der NATO.
    Die Position, die sich die Bischöfe erarbeitet haben, bestünde in folgendem:
– Man wolle sich nicht infizieren lassen von der Nervosität des Westens und davon ausgehen, daß die beste Hilfe für Polen darin bestehe, daß die DDR ihren klaren Kurs fortsetze.
– In den Gemeinden gebe es, abgesehen von einigen wenigen Ausnahmen, keinerlei Unruhe. Die Meinung, man müsse ›polnisch lernen‹, bestehe nicht.
– Beunruhigt sei man kirchlicherseits lediglich durch bestimmte Mißtöne und Vorurteile, die jetzt in der Bevölkerung zu hören sind (Pollacken, polnische Wirtschaft etc.). Man wolle als Kirche mithelfen, daß nichts, was in Jahren an guten Beziehungen gewachsen sei, kaputt gehe.«
Zur kritischen Haltung einem eventuellen Einmarsch gegenüber wurde erläuternd hin-

zugefügt: »Es sei ein Unterschied, wenn so etwas von seiten der Sowjetunion geschehe oder von der DDR. Eine solche Lage sehe man aber zur Zeit nicht, und man wolle unqualifiziertem Gerede in dieser Richtung entgegenwirken.

OKR Stolpe wurde auf [...] unsere Grundposition hingewiesen, daß das polnische Volk seine Probleme selbst lösen müsse und davon auszugehen ist, daß Polen ein festes Glied der sozialistischen Völkerfamilie ist und bleibt. Mutmaßungen und Spekulationen über ein militärisches Eingreifen sei[en] gegenwärtig das Geschäft westlicher Medien und Politiker. Eindringlich wurde Stolpe deutlich gemacht, daß sich die Kirche aus solchen politischen Fragen heraushalten solle.«[810]

Dessenungeachtet verhielt sich Schönherr so, wie Bellmann es Stolpe nahegelegt hatte: »daß sich die Kirche aus solchen politischen Fragen heraushalten solle«[811]. In seinem »Vermächtnis«-Vortrag Ende Januar 1981 beim Jahresempfang der Evangelischen Akademie in Tutzing betonte der Altbischof, daß es im Blick auf Polen für die Kirchen und den Westen wichtig sei, Ruhe und Gelassenheit zu bewahren[812]. Gysi drückte dem Bischof in einem am 13. Februar 1981 geführten Gespräch seine »Zufriedenheit« über den Vortrag und auch die im Anschluß daran gegebenen Interviews aus. Der Staatssekretär wies darauf hin, »daß darin offensichtlich zum Ausdruck kommt, daß unsere harten Gespräche im November letztlich zu einer konstruktiven Veränderung beigetragen haben. Schönherr war sichtlich angetan«, bemerkte Gysi. Der Bischof äußerte, er habe seine Rede zum einen polemisierend »gegen die Hetzartikel in der BRD-Presse (besonders Peter-Jochen Winters, FAZ 13.12.1980)« eingesetzt, er sehe sie aber andererseits »als sein Vermächtnis« an und habe sie auch daraufhin konzipiert[813].

Auch Rudi Bellmann äußerte wenige Tage später gegenüber Stolpe, »daß mit der Rede des Bischofs Schönherr in Tutzing (BRD) eine politisch gute Linie zum Ausdruck gebracht werde, die es nun weiter zu verwirklichen gelte.«[814]

Einen Tag nach dem Gysi-Lob für den scheidenden Berliner Bischof empfing Schönherr den Ministerpräsidenten Nordrhein-Westfalens, Johannes Rau, und den Präses der Evangelischen Kirche im Rheinland, Karl Immer. Auf der Fahrt zu ihrem »Privatbesuch« nach Berlin schauten die beiden Rheinländer auch bei dem Magdeburger Bischof Krusche herein, der noch unter den Folgen eines Verkehrsunfalls litt. IM »Sekretär« berichtete über den Besuch in Magdeburg:

»Bischof Krusche machte Rau und Immer Vorhaltungen darüber, daß sie zu wenig gegen die durch die BRD in Verbindung mit den USA betriebene Hochrüstung unternehmen würden. Es fehle von der Kirche der BRD und auch von Positionen der Regierung der BRD eine klare Position zur Herstellung und Stationierung der Neutronenwaffe, die absolut unsinnig sei. Diese würde die Eskalation in Europa weiter verschärfen, und es sei erforderlich, etwas dagegen zu tun. Krusche schilderte die in der DDR von ihm unterstützte Jugendarbeit hinsichtlich des Friedensdienstes. Er forderte seine Gesprächspartner auf, stärker pazifistische Positionen zu beziehen. Ministerpräsident Rau und Präses Immer bezogen dazu eine übereinstimmende Haltung. Ein Kampf um Frieden ohne Waffen sei illusionär. Rau legte dar, daß es im Rheinland einige Städte gebe, wo die Mehrheit der Jugendlichen Wehrdienstverweigerer sei. Dadurch entstünden Sorgen für die Bundeswehr, besonders hinsichtlich des Offiziersnachwuchses.«[815]

Schönherr verhielt sich gegenüber seinen Gästen nach der Darstellung des IM »Sekretär« politisch tadellos. Zum Staat-Kirche-Verhältnis »machte [er ...] Darlegungen, welche die reale Situation widerspiegelten und keine Angriffe gegen die DDR enthielten«. Zu den Verhältnissen in Polen führte Rau aus,

»die BRD [würde] ökonomisch sehr viel für die VR Polen tun, was verdeckt geschehe. Es würden erhebliche Beträge über bestimmte Kanäle, welche, sagte er nicht, der Regierung der VR Polen gutgeschrieben. Das Interesse von Rau sei identisch mit der Führung der SPD, und es ginge darum, im Interesse der Entspannungspolitik in Europa die Situation in der VR Polen zu stabilisieren. Der neue Ministerpräsident Jaruzelski sei die letzte Instanz vor einem Chaos oder Bürgerkrieg. Sollte Jaruzelski die Situation in der VR Polen nicht in den Griff bekommen, dann blieb der SU keine andere Wahl, dann müßte sie eingreifen. Nach der Auffassung von Rau sei die SU jedoch an einem Eingreifen nicht interessiert. Rau führte weiter aus, daß durch die Wahl des neuen Präsidenten der USA, Reagan, eine Phase mit Komplikationen in der Welt, besonders hinsichtlich der Politik in Europa, eingetreten sei. Die Regierung der BRD müsse sich in dieser Situation Spielraum lassen, denn die USA hätten Interesse daran, die BRD an die Leine zu legen. Die BRD sei deshalb an weiteren bilateralen Zusammenkünften mit den verschiedenen Regierungen Europas interessiert. Sie sei zu diesen bilateralen Erörterungen mit den einzelnen Regierungen gezwungen, da die USA ihrerseits durch bilaterale Beratungen bestimmte Verbindungen unterlaufe. Der neue USA-Präsident sei besser als sein Image. Gegenwärtig würde er allerdings zu sehr seinen Expertenberatern und Ministern vertrauen. Er habe keinen politisch ausgewogenen exponierten Standpunkt. Bundeskanzler Schmidt sei in seinem Verhältnis zum neuen USA-Präsident noch unsicher und habe die Absicht, abwartend und zurückhaltend zu agieren. Rau sagte, er sei nicht sehr glücklich darüber, daß Wałesa die BRD besuchen wolle und beabsichtige, nach Düsseldorf zu kommen.«[816]

Am darauffolgenden Tag gab Gysi für das Staat-Kirche-Gespann aus dem Westen ein Frühstück im Gästehaus Johannishof. Nach einigem Geplauder über den »6. März« und seine Folgen besuchten Rau und Immer den Berliner Dom, um hernach im Hospiz mit Gysi eine Stärkung einzunehmen. Der beinharte Kommunist mit den bourgeoisen Manieren und dem Flair des weltläufigen Kulturmenschen verstand es wie so oft, seine Gäste vollkommen für sich einzunehmen. Beim Imbiß »äußerte Rau, daß Gysi ein angenehmer Gesprächspartner sei, mit dem er sehr gut zurecht gekommen wäre. Er brachte zum Ausdruck, daß sich viele in leitenden Positionen der BRD tätige Personen solche Gespräche wünschen.«[817]

Nachdem sie sich von Gysi getrennt hatten, eilten die beiden nach Potsdam und trafen sich dort mit dem Stellvertreter des Vorsitzenden für Inneres, der sie über den Wiederaufbau der Stadt und den Wohnungsbau informierte. Danach dinierte man im Hotel Schloß Cecilienhof und besah sich dort die Gedenkstätte sowie anschließend die Nikolaikirche.

»Es wurde außerdem bekannt, daß der als Privatbesuch deklarierte Aufenthalt von Rau und Immer beiden dazu diente, sich zu informieren, sich nach ihren Aussagen vor Ort exakt über die Verhältnisse in der DDR zu informieren, sich eine eigene Meinung zu bilden und mit dem Besuch ihr Image in ihren staatlichen bzw. kirchlichen Funktionen aufzuwerten. Rau trat insgesamt zurückhaltend auf und war mitunter in seinen Äußerungen befangen. Er betonte mehrfach, daß seine Ansicht die der Führung der SPD in der BRD sei und mit ihr abgesprochen wäre.«[818]

Zehn Tage später führte der EKD-Ratsvorsitzende Landesbischof Eduard Lohse ein Gespräch mit dem DDR-Vertreter in Bonn, Moldt, in dessen Verlauf er – nach dem Protokoll des SED-Mannes – seine Vermittlungsdienste zwischen Bonn und Ost-Berlin angeboten haben soll[819].

Der katholische Bischof Schaffran (Dresden) soll sich während seines Antrittsbesuches bei Honecker am 15. Januar 1981 von der polnischen Schwesterkirche wie im übrigen auch von der katholischen Kirche in der Bundesrepublik distanziert haben[820]. Gysi wertete im Januar 1982:

»Die katholischen Kirchen und generell die Katholiken sind gegenwärtig sehr zurückhaltend und ruhig. […] Bei dieser Lage [Haltung der West-Kath.] sind wir mit der Haltung unserer Katholiken nicht unzufrieden. Natürlich wissen wir, was sie denken und was sie wollen, aber bisher bleiben sie bei ihrer alten Haltung, sich politisch wenig einzumischen und auf die Seelsorge zu beschränken.«[821]

Gegenüber Hans Wilke schlug Stolpe am 12. Februar 1981 sogar eine innenpolitische Lösung der Krise vor, wie sie dann im Dezember des Jahres auch wirklich vorgenommen werden sollte:

»Er [Stolpe] hatte die Rede von Kania gelesen und meinte, daß unter der Leitung eines Militärs als Ministerpräsident vielleicht doch die kritische Situation zu lösen ist.«

Stolpe fügte diesem aus der Perspektive des späteren Betrachters gespenstisch wirkenden Vorschlag noch hinzu:»Es gäbe aber offensichtlich viele Leute in Polen – sowohl in der katholischen Kirche als auch in der Partei –, die ›völlig falsch denken und auf ein Chaos zusteuern‹.« Die evangelischen Kirchen in der DDR hätten»regelmäßig Kontakte mit polnischen Gästen und sind erschrokken, was für wirre Gedanken von dort vorgetragen werden. Sie haben aber gesehen, daß die Vertreter des polnischen Ökumenischen Rates durchweg realistische Positionen beziehen. Es sei äußerst gefährlich, wie Wałesa mit der KOR-Gruppe zusammen operiere und die Partei unter Druck setze.«[822]

In einer staatlichen Einschätzung vom Januar 1981 heißt es:

»Über die Ereignisse und die weitere Entwicklung in der VR Polen ist in kirchlichen Kreisen überwiegend sachlich diskutiert worden. Die Mehrzahl der Geistlichen geht davon aus, daß es Angelegenheit der VR Polen sei, mit der sie selbst zurechtkommen müsse und werde. Allerdings trügen die Ereignisse in Polen zu einer weiteren Verschärfung der internationalen Situation bei. Deshalb begrüßen sie die Sachlichkeit und Zurückhaltung der übrigen sozialistischen Länder.

Von vielen wird Besorgnis darüber zum Ausdruck gebracht, daß es zu weiteren negativen Auswirkungen für die polnische Bevölkerung als auch – bedingt durch die sozialistische ökonomische Integration – für andere sozialistische Staaten kommen könnte. Während die Mehrheit der Geistlichen die Erklärungen der UdSSR und der DDR zur verstärkten ökonomischen Unterstützung Polens begrüßt, wird von einzelnen die Befürchtung geäußert, daß dadurch auch bei uns verstärkte Versorgungsschwierigkeiten auftreten und zu Unzufriedenheit führen könnten.

Die Einmischungsversuche imperialistischer Kräfte werden entsprechend der allgemeinen Unklarheit über den Charakter des Imperialismus nur sehr vereinzelt erkannt und verurteilt. In einigen Fällen wurde in eindeutig politisch gegen die DDR gerichteter und auf Konfrontation mit dem Staat abzielender Weise der ›Mut der polnischen Arbeiter‹ und die neugeschaffene Gewerkschaft als ›freie und unabhängige Organisation‹ bei Gesprächen begrüßt und zum Ausdruck gebracht, die ›Morgenröte aus Danzig‹ möge ›auf die DDR übergreifen‹ und der ›Spuk DDR‹ werde ›spätestens im Jahr 2000 ein Ende finden‹.«[823]

Ende März 1981 fand sich der EKD-Bevollmächtigte in Bonn, Prälat Heinz-Georg Binder, nochmals zu einem Gespräch in der dortigen Ständigen Vertretung der DDR ein und äußerte die große Sorge, daß die polnische Krise sich auch auf die innerdeutschen Beziehungen auswirken könne. Hierzu erklärte er, die EKD »hoffe, daß zumindest keine Verschlechterung in den Beziehungen BRD-DDR eintrete, und sei weiterhin gegenüber Politikern der BRD aktiv, um ein friedliches Zusammenleben der beiden deutschen Staaten zu fördern. Die Sorge der Evangelischen Kirche gelte der Sicherung des Weltfriedens. Sie hoffe, daß das Gespräch zwischen Ost und West fortgeführt wird, und sei bemüht, mit ihren Mitteln zur Festigung des Friedens beizutragen.« Gegenüber der DDR »hoffe [man] auf eine Weiterführung der vertraglichen Vereinbarungen, mache sich aber keine Illusionen hinsichtlich weiterführender Schritte, Begegnungen auf höchster politischer Ebene oder auch gewünschter günstigerer Möglichkeiten für die Kirchenkontakte.«

Zur Situation in Polen führte er aus, »die EKD betrachte diese mit ausgesprochenem und noch anwachsendem Pessimismus. Man neige jetzt bereits zu der Auffassung, daß eine Lösung in Polen ›aus eigener Kraft‹ nicht mehr vorstellbar sei. Man stelle sich auf die Zeit danach ein.«

Seiner Meinung nach bestehe in einem Teil der EKD-Spitze die vage Hoffnung, daß »das polnische Volk erkennen müsse, die Erhaltung der bestehenden Ordnung sei der vernünftigere Weg und die Regierung Polens sei am ehesten fähig, für Brot, Kleidung und soziale Sicherheit zu sorgen.« Weiter äußerte Binder:

»Die Haltung der katholischen Kirche in Polen werde von der EKD keineswegs mit Wohlwollen verfolgt. Die Evangelische Kirche habe seit eh und je Vorbehalte gegen die Art der katholischen Kirche, Einflüsse auf die (weltliche) Politik auszuüben. Der Kirche sei nicht aufgetragen, die Geschichte zu korrigieren. Im übrigen sei aber Wałesa – der Schützling der katholischen Kirche in Polen – auch nicht mehr Herr der Dinge, und damit sei der katholischen Kirche in Polen möglicherweise auch bereits die Regie entglitten. Eine ›Drahtzieher-Rolle‹ könne man evtl. polnischen Emigranten in den USA zuordnen. Zu beweisen sei das schwerlich, aber Äußerungen eines Brzezinski seien nicht vergessen. In der Regierung Reagan gebe es möglicherweise auch Vertreter, denen das Schicksal Europas nur Mittel zum Zweck sei.«

Zu den Verhältnissen in den USA äußerte Binder, der gerade von einer Reise als Mitglied einer EKD-Delegation aus den Staaten zurückgekehrt war:

»Er bemerkte, man sei von vornherein ohne Illusionen in die USA gefahren. Im Ergebnis der Reise sei man aber doch deprimierter als vermutet zurückgekehrt. [...] Der Eindruck über die von den USA ausgehende Politik sei negativer als vor der Reise. Abgesehen von dem unverantwortlichen Auftreten von Politikern, glaube man in der EKD zu wissen, der einfache Amerikaner im Lande, unbeeinflußt von der noch politisch informierenden Presse an der Ostküste, sei unsagbar desinteressiert an Fragen der internationalen Politik. Für die Zeitungen im Landesinneren gäbe es das Thema internationale Politik im Grunde nicht. Den Politmanagern sei es ein leichtes, ›Meinungen zu bilden‹. Amerikanische Kirchen spielten dabei auch eine schlechte Rolle. [...] In den USA gelte es insbesondere bei den Mittelschichten, aber auch wenn man ein hohes Amt innehat, als wichtig, sich kirchlich engagiert zu geben. Hineinsehen könne man in diese Leute nicht, aber vermuten, daß deren Religiosität nicht besonders entwickelt sei.

Wenn in den USA politisches Denken an den Tag trete, dann betreffe es im geringsten Europa oder andere Überseegebiete. Die Reihenfolge der Interessen sei dann etwa: Die Vorgänge in El Salvador (›Hinterhofdenken‹), die Kürzung des Sozialbudgets in den USA und als dritter, weit abgeschlagener Punkt die internationale Politik in Übersee.«[824]

Im April 1981 reisten Stolpe und der Görlitzer Bischof Wollstadt nach Warschau. Am 10. April berichtete Stolpe Hans Wilke von der Reise. Darüber fertigte der SED-Mann eine Information an:

»Stolpe berichtete über seinen Besuch mit Bischof Wollstadt in Warschau:

Zur Motivation: Sie wollten herausfinden, was in Polen los sei. Wie stehe man dort zu den DDR-Kirchen? Was müsse man tun, um das Feld dort nicht anderen zu überlassen?

Einschätzungen zur Gesamtlage: Sie fanden ein erheblich angewachsenes Nationalbewußtsein und vor allem nach der Papstwahl ein übersteigertes Selbstwertgefühl. Es existiert eine katastrophale Wirtschaftslage, vor allem hervorgerufen durch Fehlinvestitionen, eine falsche Landwirtschaftspolitik sowie falsche Leitungsentscheidungen. Im Lande herrscht eine unverarbeitete ideologische Doppelherrschaft. Vorherrschend ist ein faktisches Tonangeben der katholischen Kirche. 75 % der Genossen sind Kirchenmitglieder. Weil man sich nicht ›rot einwickeln‹ lassen möchte, duldet man es lieber ›in schwarz‹. Man sei ratlos gegenüber einer ungeheuren Spontaneität. Es sei Praxis, daß Wyschinski und Jaruzelski in ihrer Konzeption übereinstimmen. Man fand allgemein die Auffassung, daß die katholische Kirche und die Armee die innere Stabilität Polens gewährleisten. Bei allen Entwicklungen der letzten Zeit spielen die Dreißigjährigen die Hauptrolle. Sie lassen sich schnell begeistern, sind aber nicht zu Konfrontationen bereit.

Zum Gesellschaftskonzept: Es gibt eine kleine Gruppe, die von KOR geführt wird. Sie treten für die Finnlandisierung ein und sind bereit, es auf einen Krieg ankommen zu lassen. Häufig begegnete ihnen die Vorstellung, daß die DDR beabsichtigte, ›die Russen zur Intervention zu bewegen‹. Man meine aber, daß das nicht gelingt. Die Ursache sehe man darin, daß man in der SU wisse: Eine Intervention würde den Kommunismus moralisch kaputtmachen. Das würde den KOR-Leuten zwar gefallen, aber sie versuchen lieber die negativen Kräfte im eigenen Land zu aktivieren. Wyschinski grenzt sich gegen KOR ab, weil die zum Teil kirchenfeindlich auftreten. Außerdem war der Leiter, Korun, in Polen Staatsanwalt und soll rechtlich gegen Wyschinski vorgegangen sein.

Die Menschen in Polen haben für den weiteren Weg kein Programm. Sie wollen aber keine Reprivatisierung der Wirtschaft. Sie wollen auch keinen Großgrundbesitz und keine Kollektivierung. Gegenwärtig ist die einmal erfolgte Landaufteilung ein wichtiger Hebel gegen den Versuch, das parzellierte Land den Großgrundbesitzern zurückzugeben. Auf Befragen über die Zukunft wird immer wieder erklärt, daß man den ungarischen Sozialismus wolle. Keiner könne aber erklären, was das sei. Gegenüber der DDR sei ein Stimmungsumschwung festzustellen. Man betrachtet ›die Deutschen‹, bezieht das aber vor allem auf die DDR-Bürger, als ›Förderer der Ordnung‹, die immer nur auffordern würden, mehr zu arbeiten. Im ökumenischen Rat Polens wurde gegenüber Stolpe und Wollstadt vor allem polnisch gesprochen, obwohl die dortigen Geistlichen deutsch können. Es wurde ihnen der Vorwurf gemacht, der BEK wolle die Polen

441

belehren, endlich wieder zu arbeiten. Plötzlich, mitten in einem polnischen Satz darüber, wie es mit den Kirchen weitergehen solle, wurde den Gästen auf deutsch gesagt ›denn Ordnung muß sein‹. Alle treten sehr unsicher auf, denn der Sender ›Freies Europa‹ hämmere pausenlos nach Polen, daß eine Invasion unmittelbar bevorstehe.

Die Vertreter der protestantischen Kirchen sind der Meinung, daß eine Stabilisierung durch die Organe der Regierung notwendig ist. Sie wollen Schutz vor der katholischen Kirche und sind daher interessiert an einer Unterstützung der Partei- und Staatsführung. In den Schulen sind alle Personenbilder abgehängt worden, an deren Stelle trat der polnische Adler und durch die Priester aufgehängt das Kreuz. Ihm sei im Zimmer des Gen. Duschik im Amt für Kirchenfragen in Warschau aufgefallen, daß dort 4 x der Adler hing, aber kein Bild eines Staatsmannes. Dieselbe Beobachtung habe er in anderen Dienststellen gemacht.

Bei Gesprächen mit staatlichen Vertretern, Vertretern der katholischen, evangelischen und orthodoxen Kirche habe er feststellen müssen, daß sie nur verworrene politische Vorstellungen haben und nicht in der Lage sind, klare Zielvorstellungen über den weiteren Weg in Polen zu entwickeln. Bei einem Gespräch in unserer Botschaft mit Gen. Horlacher habe er das einzige Mal während seines Besuches eine richtige Wertung der Situation erhalten.

Zur Situation im Lande hat ihn bestürzt, daß beispielsweise Protestanten und Atheisten, die ja beide nicht am katholischen Religionsunterricht teilnehmen, in den Schulen deswegen verprügelt werden. Ein Protestant gilt als Deutscher, ein Orthodoxer als Russe und nur ein Katholik als Pole. Der Metropolit der Orthodoxen Kirche in Polen, der in Eisenach zur CFK-Tagung war, bedankte sich bei den Vertretern des BEK für die gute Ordnung und Arbeit in der DDR. [...]

Auf meine Frage, ob er Kontakt zu Gewerkschaftsvertretern hatte, entgegnete er, daß es genügend Angebote gegeben habe. Er schätzte aber ein, daß Wałesa kein Gesellschaftsmodell habe, sondern einfach von der spontanen Stimmung an die Spitze getrieben sei. Jetzt werde er vernünftiger, weil man ihn verheizen will und er merkt, was er angerichtet habe. Überall spielen die sog. Beraterstäbe in den Streikkomitees und Gewerkschaftsausschüssen die Hauptrolle. Hier haben die katholischen Kirchen ihre Haupteinflußmöglichkeit und nutzen sie, um ihre Ziele zu verfolgen. Sie haben ›viel erreicht‹ und sind nicht bereit, davon zurückzutreten.«[825]

Abschließend kündigte Stolpe an, Schönherr werde vom 15. bis zum 19. Juni 1981 nach Warschau reisen, um dem Ökumenischen Rat in Polen einen Besuch abzustatten. Außerdem wolle der BEK einigen Altersheimen materielle Unterstützung zukommen lassen[826].

Als auf der Berlin-Brandenburgischen Frühjahrssynode von materiellen Hilfeleistungen nach Polen die Rede war, bestellte Gysi Stolpe zu sich, machte »einige[.] harte[.] Bemerkungen« zur Synodaltagung und hielt ihm vor, daß solche Hilfslieferungen nach Polen der Genehmigung durch das Staatssekretariat bedurft hätten. Darauf habe er auch schon Schönherr aufmerksam gemacht[827]. Stolpe wies darauf hin, daß dort »die alten Leute in den evangelischen Altersheimen tatsächlich Hunger litten. Deshalb habe er sich nach Rückkehr in die DDR entschlossen, eine erste Hilfe auf ›möglichst unbürokratische und operative Weise‹ zu schaffen.« Er habe mit einem Ostberliner Unternehmen verhandelt und Nahrungsmittellieferungen beantragt. Auf seine konkrete Nachfrage hin sei ihm von dort gesagt worden, weitergehende Genehmigungsanträge an andere staatliche Stellen seien nicht notwendig.

Immer noch sichtlich verschnupft, erklärte Gysi abschließend, »daß zu Geist und Buchstaben des Gesprächs vom 6. März 1978 auch der Satz ›Vertrauen gegen Vertrauen‹ gehöre und daß – gleichgültig, wie die juristische Seite der Sache beschaffen sei,« er »es in jedem Fall doch als einen groben Verstoß gegen diesen Grundsatz bewerten müsse.«[828]

Einen Tag später sprach Gysi mit Schönherr über die Synode und hielt dem Bischof dort gefallene Bemerkungen vor, wonach in der DDR eine polenfeindliche Stimmung herrsche. Nach seiner Information seien die Äußerungen sogar in einen Brief an die polnische Kirche eingeflossen[829]. Diese Einschätzung bezeichnete Gysi »als eine ungeheuerliche Diffamierung[830] unseres Staates. [...] Das sei Schützenhilfe für den, der sich von der alten Politik des deutschen Imperialismus gegenüber Polen in keiner Weise getrennt habe.« Ihm »sei das unfaßbar.« Er »müsse [s]ich fragen, ob sie Kirchen der DDR oder Kirchen der BRD in der DDR seien.«

Nachdem er sich wieder einmal kritisch über die Westpresse[831] ausgelassen hatte[832], bat der Bischof Gysi um eine genaue Lektüre des Briefes. Eine »Diffamierung der DDR [sei nicht] beabsichtigt gewesen«. Schönherr fügte hinzu:

»Auch er sehe die große Gefahr der Konterrevolution und der Streiks und könne in seiner politischen Auffassung keine Differenz zu unseren [den staatlichen] Auffassungen finden. Im Bewußtsein mancher DDR-Bürger seien aber noch uralte Vorurteile, die wieder hochkämen. Einige fänden die Dinge hervorragend. Das seien die Gefährlichsten. Aber auch von ›falschen Polacken‹ zu sprechen, sei seiner Meinung nach gefährlich. Nur das hätten sie sagen wollen. Ich müsse verstehen, daß nach der unseligen Rolle, die seine Kirche in der deutschen Geschichte Polen gegenüber gespielt habe, sie eine große Schuld abzutragen hätten. So hätten es offensichtlich auch die anderen Synodalen empfunden [...] Eine Diffamierung der DDR sei ausschließlich durch die BRD-Presse daraus gemacht worden. Er sei davon ausgegangen, daß es besser sei, wenn die Kirchenleitung das alles sage, als wenn das durch törichte Reden auf der Synode geschehe. Leider müsse er zugeben, daß sie gegen die provokatorischen Reden nicht offen und klar aufgetreten seien.«[833]

Greifswalds Bischof Gienke hatte am 6. April 1981 gegenüber Steinbach (RdB Rostock) die Situation in Polen damit zu erklären versucht, »daß die evangelischen und katholischen Kirchen in Polen einen großen Teil mit dazu beitrugen. In diesen kritischen Äußerungen beschuldigte er die Kirchen, nichts für die Versöhnung der Menschen untereinander getan zu haben, besonders hob er hervor, daß sie das Verhältnis VR Polen – UdSSR stets zu belasten versuchten. Von dieser Schuld würde er die Kirchen in Polen nicht freisprechen.«[834]

Mitte Mai 1981 informierte DDR-Kirchenstaatssekretär Klaus Gysi Schönherr »über die drei im Sekretariatsbeschluß enthaltenen Punkte für das Auftreten von ihm und seiner Delegation bei dem Treffen mit Bischof Kehler [sic!]«[835]. Er verlangte von Schönherr die Zusage, daß er aus Anlaß der vom Sekretariat des ZK der SED genehmigten Westreise[836] keine gesamtdeutschen oder gesamtkirchlichen Kommuniqués oder sonstige Festlegungen publiziere, eine klare Stellungnahme gegen die NATO-affine Position Lohses abgebe und selbst die Position der SED und KPdSU in der Abrüstungsfrage vertrete. Dem staatlichen

Protokoll zufolge akzeptierte Schönherr diese Bedingungen. Lohse betreffend, der der Konsultationsgruppe im übrigen gar nicht angehörte, sagte Schönherr einschränkend, »daß der einladende Bischof Keler eine andere Position einnehme und sich von Lohse schon bisher meist abgegrenzt habe.«[837] Bereits am 7. April 1981 hatte sich Gysi mit Schönherr über deutsch-deutsche Fragen unterhalten: »Trotz des ›Knatsches‹ müsse doch die Friedensarbeit weitergehen. Landesbischof Lohse sei sehr positiv zu beurteilen.« Der Staatssekretär hob außerdem hervor, daß Binder »in der DDR-Botschaft in Bonn vorgesprochen« und über die Reise von EKD-Vertretern in die USA informiert habe. Schönherr berichtete von Planungen für den Friedenssonntag – auf Anregung der EKD – und die Friedensdekade sowie von den Konsultationen[838].

Zwei Tage vor dem Konsultationstermin wies Gysi gegenüber Schönherr nochmals auf die drei Forderungen des Sekretariatsbeschlusses hin, wobei der KKL-Vorsitzende versicherte, er wolle sich bei der Konsultation den staatlichen Erwartungen entsprechend verhalten. Genauso habe er auch die anderen Teilnehmer aus der DDR instruiert.

»Danach äußerte er, daß die Lage in einem Gespräch in der BRD offensichtlich immer schwieriger werde, besonders nach Lohses Festlegung auf den NATO-Doppelbeschluß. Es werde zunehmend klar, daß das Maß an Gemeinsamkeit sehr beschränkt sei und noch schrumpfe. Die Haltung der Delegationsmitglieder sei ›realistisch und resignativ‹«, so der Bischof[839]. Das von Stolpe verfaßte Protokoll der 7. Konsultation vom 20. Mai 1981 läßt über diese Vorgeschichte freilich nichts verlauten[840].

Nach der Konsultation berichtete Schönherr dem SED-Funktionär Bellmann: »Es sei eine ›vernünftige Beratung‹ gewesen. Ein Gedankenaustausch über ›Rüstungsfragen‹. Dabei habe es weitgehend Übereinstimmung gegeben, denn ›es wollen‹ ja alle die Abrüstung‹.« Bellmann »widersprach seiner [Schönherrs] Behauptung mit dem Hinweis darauf, daß Bischof Lohse die Brüsseler NATO-Raketenbeschlüsse befürworte. Bischof Schönherr meinte dazu, Lohse sei bei den Beratungen nicht dabei gewesen, und es gebe unter den Bischöfen in der BRD auch andere Meinungen.« Mit der Bemerkung, »Lohse habe es deshalb schwer, weil er [als Ratsvorsitzender] ja die Militärseelsorge mit zu verantworten habe, und von daher […] er spürbar unter Druck« stehe, warb Schönherr um Verständnis für seinen hannoverschen Kollegen. Bellmanns Auffassung, »daß die gemeinsame Plattform des BEK mit der EKD in der Friedensfrage durch die Regierungspolitik in Bonn ohnehin immer schmaler werde, stimmte Bischof Schönherr zu.«[841]

Im Februar 1981 formulierte das Staatssekretariat für Kirchenfragen zur Situation der EKD:

»Als größtes Problem steht jetzt vor ihr [der EKD bzw. der Kammer für öffentliche Verantwortung], eine verbindliche Orientierung in der die Kirchen immer stärker angesichts des abenteuerlichen NATO-Kurses bewegenden Frage der Sicherung des Friedens zu geben. Die menschenrechtliche und ethisch-moralische Bewertung der Kirche kann dabei ein großes Gewicht haben. Das derzeitige ökumenische Menschenrechtsverständnis, wie es sich in den 70er Jahren entwickelt hat, kollidiert in verschiedener Hinsicht mit dem, was die Reagan-Administration in der Innen- und Außenpolitik bisher an Zielvorgaben formulierte[842] und auf Europa zu übertragen sucht. Eine Menschenrechtsdiskussion in der EKD würde gegenwärtig die inneren Widersprüche verstärken und könnte den bürgerlich-demokratischen und progressiven Kräften Auftrieb geben. Sie kann ein Ansatzpunkt für gemeinsame Aktionen werden.«[843]

Im Juli 1981 lief die MfS-Aktion »Reaktion« an, in deren Rahmen die Reaktionen kirchlicher Kreise und der Bundesregierung auf den Parteitag der PVAP beschafft werden sollten. Bezogen auf den IM »Sekretär« heißt es:

»Im Rahmen einer kirchlichen Dienstreise begibt sich der IM ›Sekretär‹ am 16.7.1981 nach Bonn. Er trifft mit dem Beauftragten der ›Evangelischen Kirche Deutschlands‹ bei der Bundesregierung, Prälat Binder[844], zusammen. Es wurde bekannt, daß von seiten des Bundeskanzleramtes (Schmidt, Genscher) Interesse besteht, mit dem IM zu Gesprächen zusammenzutreffen. Der IM wird besonders Informationen zu Reaktionen auf den Parteitag der PVAP erarbeiten. Eine Auswertung der Reise des IM erfolgt am 17.7.1981.«[845]

An dem Gespräch mit Schmidt am 16. Juli 1981 nahmen auf seiten der Bundesregierung noch Staatsminister Huonker und der Leiter für Deutschlandpolitik im Bundeskanzleramt, Hermann von Richthofen, teil. Für die EKD erschien Binder[846], aus dem Kirchenbund Schönherr[847] und Stolpe[848]. Bei dem Gespräch mit Bundesaußenminister Genscher war ein Mitarbeiter des Außenministeriums, von Braun, zugegen und ebenfalls Binder.

Während Schönherr in seinen Erinnerungen nur berichtet, daß Schmidt ihn gebeten habe, der DDR-Regierung mitzuteilen, im Falle eines Einmarsches von NVA-Truppen nach Polen »werde alles Bemühen um ein verbessertes Verhältnis zwischen beiden Staaten hinfällig«[849], hatte das Gespräch nach den staatlichen Akten noch ganz andere Facetten. Der Bundeskanzler gab danach – neben dem MfS, das stets zuerst unterrichtet wurde[850], informierte Stolpe am 20. Juli 1981 in getrennten Gesprächen auch Rudi Bellmann und Staatssekretär Gysi über seine diplomatische Mission in Bonn – zu erkennen, er könne verstehen, »wenn sich die Sowjetunion engagiert, denn sie muß als Führungsmacht ihren Laden reinhalten. Aber wenn sich die DDR einmischt, wenn sich ›Deutsche‹ einmischen, dann gäbe es absolutes Unverständnis«[851].

Gegenüber Rudi Bellmann erzählte Stolpe:

»H. Schmidt sei sehr schnell auf die Situation in der VRP zu sprechen gekommen. Er habe Unverständnis für die Wirtschaftspolitik der polnischen Regierung geäußert. Man habe sich gegenüber der VRP von seiten der BRD mit der Kredithilfe erheblich übernommen. Einigen Banken beginne das infolge der amerikanischen Hochzinspolitik Schwierigkeiten zu machen[852]. Die VRP versuche ständig, weitere Gelder zu bekommen, sei aber kaum in der Lage, die Zinsen zu bezahlen. In diesem Zusammenhang hätte Schmidt, meinte Stolpe, lobende Worte für Gierek geäußert. Das sei doch ein ›gestandener Mann‹ gewesen, der sich eingesetzt habe und nicht verdiene, sang- und klanglos zu verschwinden. Das sei für ihn unverständlich und unehrenhaft. Gierek habe zwar die Wirtschaftsfragen unterschätzt, habe Investitionen durch Importe bei Werften und Hütten zu verantworten, ohne daß geplant worden sei, wie man das in Valuta abdeckt. Trotzdem sei Gierek ›ein großartiger Mann‹, der am miserablen System in Polen kaputtgegangen sei[853]. Dieses System scheine, so Schmidt, ›nur bei Preußen[854] und Sachsen‹ zu funktionieren.«[855]

Aus dem Gespräch Stolpes mit Gysi geht noch hervor, daß Schmidt die Rede des SED-Politbüromitglieds Werner Felfe auf dem Parteitag der PVAP als »völlig richtig« bezeichnete; »er habe gut daran getan, herauszustellen, wie man bei uns arbeitet. Das müßten die Polen mal zur Kenntnis nehmen.«[856] Diese Äußerung erfolgte auf Schönherrs vorsichtig-kritische Anfrage, er »habe Zweifel gehabt, ob« Felfe gut daran getan habe, in seinem Redebeitrag so demonstrativ auf die ökonomischen Erfolge der DDR zu verweisen[857]. Hier behielt Schönherr seine auch zuvor schon gegenüber Gysi vertretene Linie bei und äußerte sich kritisch zu dem wiederauflebenden deutschen Überlegenheitsgefühl gegenüber dem östlichen Nachbarn. Sogar Bundeskanzler Schmidt – wohl auch aufgrund einschlägiger Erfahrungen – schien für solche Zwischentöne wenig Sensibilität entwickelt zu haben.

Genscher zeigte sich nach Stolpes Eindruck – an dem Gespräch mit dem Bundesaußenminister in dessen Privatwohnung nahmen von westlicher Seite noch Binder und Abteilungsleiter von Braun teil – im Blick auf Polen sehr viel gelassener als sein Regierungschef. »Er habe einen sachlichen, unkomplizierten Eindruck gemacht. Genscher habe herausgestellt, daß er die Position der DDR in diesen Fragen für sehr wichtig halte. Die Regierungen westeuropäischer Staaten würden stark auf die BRD hören. Die DDR habe im sozialistischen Bereich eine ähnliche Position«, schärfte Genscher den Kirchenvertretern ein und sprach sich für eine Fortsetzung der Kontakte zwischen Ost und West aus. »Das könne zuweilen hart sein, aber entscheidend sei, daß man miteinander spreche. [...] Angesichts der Lage in Europa, zur Sicherung des Friedens sei die Politik der beiden deutschen Staaten miteinander das wichtigste ›Instrumentennetz‹, denn sie könnten erheblich dazu beitragen, daß sich die Lage in Europa stabilisiere. Dabei erscheine ihm wichtig, daß die DDR mehr tun würde, um die Stimmungslage zu verändern. Ihre Politik sei gegenwärtig zu ablehnend und zu negativ«, kritisierte Genscher die Haltung der DDR und unterbreitete den Vorschlag, die DDR möge »spektakuläre Maßnahmen« ergreifen, wie z. B. die Herabsetzung der Altersgrenze für Westreisen auf 40 Jahre. »Das würde in Westeuropa die Stimmung erheblich verändern.« Hierzu äußerte sich, Stolpe zufolge, Schönherr skeptisch. Im übrigen meinte Stolpe, »er habe den Eindruck gewonnen, als ob Genscher selbst gerne [mit der DDR] ins Gespräch kommen wolle.« So ließ der Bundesaußenminister die Bemerkung fallen, er habe von Hermann Axen, mit dem er Gelegenheit hatte, in Helsinki zu sprechen, »einen starken Eindruck« erhalten. »Es sei ein unbefangenes, sachliches Gespräch gewesen.«

Gleichzeitig offerierte Schmidt, wie im übrigen wenige Tage zuvor auch durch Regierungssprecher Becker mitgeteilt worden war, ein Treffen mit Honecker ohne »Vorbedingungen«, was Schmidt zu den Voraussetzungen zählte, »›die vorher geklärt werden müßten‹«, um das Gespräch überhaupt stattfinden lassen zu können. Allerdings »müßte [der Kanzler] jedoch auch sagen [können], was ihm wichtig sei und worin er die Hoffnung sehe, daß etwas in

Bewegung komme«. Das waren die Weiterführung sogenannter humanitärer Maßnahmen wie Häftlingsfreikauf bzw. Familienzusammenführung, Erleichterungen bei Westreisen von DDR-Bewohnern und eine Herabsetzung des sogenannten Mindestumtauschsatzes für Rentner. Stolpe fügte gegenüber Bellmann hinzu: »Schmidt habe betont, daß bewährte Verbindungen und Kontakte zu den Verantwortlichen in der DDR bestünden. Er halte es für richtig, daß das, was er im Gespräch mit Schönherr gesagt habe, an verantwortliche Stellen weitergesagt werde. Aber das sei kein Verhandlungsweg. Schönherr habe das mit der Bemerkung unterstrichen: ›Wir sind keine Unterhändler‹.«

Zuvor war Schmidt auf seine Besuchsabsage aus dem Jahr 1980 eingegangen. Da sei »so manches falsch gelaufen. Das täte ihm leid.« Stolpe fügte erläuternd hinzu, »Prälat Binder hätte nach dem Schmidt-Gespräch diese Äußerung des Bedauerns hervorgehoben, denn es sei ›echt‹ und bei Schmidt selten.«

»Er, Schmidt, wisse, daß er Erich Honecker damit Schwierigkeiten bereitet habe. Aber er selber sei seinerzeit auch gegenüber der Presse und im Vorfeld der Wahlen in Schwierigkeiten geraten. Er wolle aber klipp und klar sagen, daß er an einem Besuch in der DDR ernsthaft interessiert sei und möchte gern, daß dieses Gespräch zustande komme.«

Dabei könne es auch gegenüber den früheren Programmplanungen Änderungen geben. So müsse die von Schmidt gewünschte Begegnung mit kirchlichen Vertretern nicht unbedingt in Rostock stattfinden. Der Besuchstermin könne allerdings erst nach der Bonn-Reise Breschnews liegen[858].

An der Vorbereitung für die 1980 geplante Besuchsreise des Bundeskanzlers war Stolpe ebenfalls beteiligt gewesen[859]. Davon zeugt unter anderem ein Vorbereitungsgespräch zwischen IM »Sekretär« und Wiegand vom Sommer 1980, in dem der Leiter des BEK-Sekretariats dem MfS-Offizier eine Beteiligung der Kirche an dem Besuchsprogramm offeriert.

»Dazu erwartet die Leitung des BEK von den Gastgebern, den zuständigen kompetenten staatlichen Einrichtungen in der DDR entsprechende Orientierungen, Wünsche, Order und dergleichen.«[860]
»Zur Erarbeitung von Informationen in Vorbereitung und Durchführung des Besuches von Bundeskanzler Schmidt«[861] wurden allein aus dem BEK elf Inoffizielle Mitarbeiter eingesetzt, darunter auch IM »Sekretär«. Dieser hatte gerade eine »vom Ltr. d. HA bestätigte Auszeichnung mit Sachgeschenk« in der ungewöhnlichen Höhe von 4 140,– Mark erhalten[862].

Klaus Gysi faßte Stolpes Bericht vom 20. Juli 1981 über die Begegnung mit Schmidt, Genscher und Binder folgendermaßen zusammen:

»Schmidt zittert um seine Politik und nicht um Polen. Im Gegensatz zur letzten Unterredung – Juli 1980 – war er diesmal wesentlich deprimierter, sorgenvoller und sah düster in die Zukunft. 1980 habe er noch auf hohem Roß gesessen. Im Ganzen habe er aber etwas mehr von der DDR begriffen. Das wichtigere Thema bei Schmidt sei ihm aber offensichtlich seine evtl. Reise in die DDR gewesen. Er habe erklärt, daß er an einer Weitergabe interessiert sei. […] Während Schmidt kämpft, um seine Position zu halten, macht

Genscher den Eindruck, weit ruhiger zu sein und noch mehr ›Land gewinnen‹ zu wollen. (Laut Binder: Genscher plant jetzt schon die nächste Koalition.) [...] Für Schönherr und Stolpe seien die Kommentare von Prälat Binder am aufschlußreichsten gewesen. Binder habe sehr viele und enge Verbindungen. Er sei ein Mann, den man auch schnell auf bestimmte Fragen und Kontakte ansetzen könne. Er sei offenbar daran interessiert, auch bei uns und mit uns einige interessante Gespräche zu führen.«[863]

Über die weltpolitische Lage sprach die Ständige Bonner Vertretung der DDR nochmals im September 1981 mit Binder, wobei dieser bekräftigte, der EKD sei weiterhin an einem aktiven friedenssichernden Beitrag gelegen,»und erklärte, daß es in der Tat nicht abwegig sei, von einem vielleicht mangelnden guten Willen der USA zu sprechen.«[864]

»Binder gab zu verstehen, die Evangelische Kirche in der BRD befinde sich hinsichtlich ihrer Meinungsbildung in einer nicht einfachen Position. Sie müsse auf unterschiedliche Kräfte Rücksicht nehmen. Trotzdem könne als weiterhin verbindlich folgendes gelten: Die evangelische Kirchenführung in der BRD sei für eine Fortführung der bisherigen Ostpolitik. Eine Politik der militärischen Drohung werde als gefährlich betrachtet, und zwar unabhängig davon, von welcher Seite sie ausgehe. Hierbei fühle man sich eng verbunden mit der Politik der gegenwärtigen Regierung. Apel und Schmidt, Rau, aber auch Eppler seien Repräsentanten auch [sic!] der Evangelischen Kirche. Mit dem bescheidenen Einfluß, den die Evangelische Kirche habe, sei sie auch bemüht, diese Politiker darin zu bestärken, daß die Politik der Verträge fortgeführt werden müsse. [...]

Zur Klarstellung der Auffassungen der evangelischen Kirchenführung in der BRD müsse ergänzt werden: Im innenpolitischen Bereich tendiere die Kirchenführung, so Lohse und wiederum auch Hild, – in einem bestimmten Gegensatz zur Außenpolitik – zur Haltung, die die CDU bevorzuge. Das bedeute u. a. ›mehr Marktwirtschaft‹, ›mehr Familie‹. Die Evangelische Kirche in der BRD sei stolz, daß sie mit oft jahrelangem Vorlauf sowohl im außen- als auch im innenpolitischen Bereich Grundsätze hart erarbeitet habe, die heute einerseits Regierung (Außenpolitik), andererseits Opposition (Gesellschaftspolitik) in ihrer politischen Praxis verfolgten.«

Außerdem betonte Binder, die EKD »wünsche« ein Treffen zwischen Honekker und Schmidt »und erhoffe sich davon Wirkungen über beide deutsche Staaten hinaus, aber auch für das Verhältnis zwischen den beiden Staaten.« Man »werde H. Schmidt darin bestärken, der DDR entgegenzukommen, wenn diese vor allem bei dem Mindestumtausch Gesprächsbereitschaft zeige. Es werde in der Kirche begriffen, daß auch bei Reisen nach Westeuropa 25,– DM nicht ausreichen. Das Problem Mindestumtausch stehe auch gar nicht bei den Verdienenden, sondern für die schlechter bemittelten Schichten.«[865] Binder berücksichtigte bei diesem Votum offenbar nicht, daß es nach Westeuropa hin wohl nur einen Bruchteil der Verwandtschaftsbeziehungen gab, die trotz der schon über dreißig Jahre währenden Teilung noch immer über die deutsch-deutsche Grenze hinweg bestanden.

Am 1. Dezember 1981 gab Binder schon wieder eine optimistischere Schilderung der weltpolitischen Lage. Zwar sei »die Darstellung gerade zu diesen Fragen in den Medien zur Zeit verwirrend«, so daß »selbst Politiker die tatsächliche Situation nicht mehr zu überschauen in der Lage seien. Davon ausgehend sei es zu begrüßen, daß die Verhandlungen UdSSR/USA über die Fragen atomarer Mittelstreckenraketen in Genf in einem vertraulichen Rahmen stattfinden. Das könne zu einer Beruhigung und Versachlichung der Diskussion führen. Dieses Vorgehen deute auch darauf hin, daß es beide Seiten mit den Verhandlungen ernst nehmen und nicht auf vordergründige Effekte aus sind.« Der gerade zurückliegende Besuch Breschnews in Bonn »sei für die BRD von hoher Bedeutung«, so Binder. »Nicht Frankreich oder Großbritannien, sondern die BRD sei von sowjetischer Seite besucht worden.« Es »sei nicht zu übersehen, daß die sich andeutende Forcierung der wirtschaftlichen Beziehungen der BRD und anderer westeuropäischer Länder mit der UdSSR die USA irritiere.«[866]

Als Honecker und Schmidt sich schließlich Mitte Dezember 1981 in der Schorfheide trafen, wurde in Polen gerade der Kriegszustand ausgerufen. Daß der Bundeskanzler daraufhin seinen Besuch nicht abbrach, wertete der ZK-Sekretär Hermann Axen als einen Erfolg der Differenzierungsstrategie zwischen den USA und Westeuropa[867].

Während der Beratergruppensitzung am 17. Dezember 1981 berichtete[868] Landesbischof Rathke über die Begegnung mit Bundeskanzler Schmidt und dem Staatsratsvorsitzenden Honecker im Güstrower Dom:

»Der Besuch des Bundeskanzlers in Güstrow war in der Vorbereitungsphase von starken Ängsten begleitet. Man fürchtete, es könne etwas schieflaufen: – die Sicherheit für maßgebende Personen mußte gewährleistet werden; – den westlichen Besuchern sollte ein Bild vom neuen Deutschland übermittelt werden; – die Perfektion im einzelnen führte zu übertriebenen Einzelmaßnahmen. Der DDR-Staat hat mit seiner vom Sicherheitsdenken und Prestigedenken geprägten Organisation seinem eigenen Ansehen bei den Bürgern in Güstrow einen schlechten Dienst erwiesen. Das Programm für den Besuch im Güstrower Dom lag, von Sicherheitsmaßnahmen abgesehen, voll in der Hand der Kirche. Während des Dombesuches gab es Gelegenheit zu Gesprächskontakten auch zwischen Rathke und Honecker. Hierbei hat Rathke die Themen Frieden, Volksbildung in großer Offenheit angesprochen.«[869]

Am 18. Dezember 1981 schrieb Bundeskanzler Helmut Schmidt an Rathke:

»Sehr geehrter Herr Landesbischof, lieber Herr Rathke, wirklich nicht grundlos ist der Text Ihrer Ansprache an Generalsekretär Honecker und an mich in vielen Zeitungen bei uns kurz oder ausführlich wiedergegeben worden. Sie haben mit sicherem Gefühl für das Besondere der Situation auf die gemeinsame Verantwortung verwiesen, die Marxisten und Christen in einer Zeit trugen und der sie sich gewachsen zu zeigen haben, in der sich Bürger beider deutscher Staaten um den Frieden sorgen. Ihre Worte haben mich angerührt. Für Ihr Bischofsamt wünsche ich Ihnen Gottes Segen und Wohlergehen für Sie und Ihre große Familie. Mit freundlichen Grüßen, Ihr sehr ergebener Helmut Schmidt.«[870]

Wahrmann berichtete auf der Beratergruppensitzung im Dezember 1981 außerdem von der diesjährigen Bundessynode[871] und den kirchlichen Bemühungen um einen »›Wehrersatzdienst im sozialen Bereich‹«. In diesem Zusammenhang wurde diesmal intensiv über die Aktivitäten der kirchlichen Jugend für einen sozialen Friedensdienst gesprochen[872].

Auf der Bundessynode vom 18. bis 22. September 1981 in Güstrow war die Polenkrise durch den aus der Greifswalder Kirche stammenden Synodalen Oswald Wutzke angesprochen worden. Laut staatlichem Vermerk »dankt[e] [er]

Schönherr für dessen Rede, er vermisse aber einige Probleme. Warum habe Schönherr nichts zu Polen gesagt? [...] Christen und Atheisten würden darunter leiden, daß keine Besuche mehr möglich seien. Man habe einen großen Zaun mehr – zum östlichen Nachbarn – errichtet. Hier könne man nicht mehr von deutsch-polnischer Freundschaft sprechen, sondern müsse deutlich machen, daß es sich um einen einseitigen Schritt unserer Regierung handele. [...] Die Synode reagierte mit betretenem Schweigen, es gab keinen Beifall.«[873]

Wahrmann ließ diese Episode in seinem Bericht für die Berater unerwähnt.

Hans von Keler informierte den Kreis über die Württembergischen Synodalbeschlüsse hinsichtlich der Beziehungen der Landeskirche zum ÖRK.[874] Daraufhin äußerte Hempel, »daß die Differenz zwischen der EKD und dem ÖRK bzw. der Württembergischen Kirche und dem ÖRK zu einer Belastung der Gemeinschaft zwischen den Kirchen der EKD und den Kirchen des Bundes werden kann. Die Gemeinschaft kann nur durchgehalten werden, wenn diese unter Berücksichtigung der geschichtlichen und kirchlichen Vergangenheit und in der Spannung zu den verschiedenen politischen Führungen immer wieder theologisch gesucht wird.«[875]

Die Unterbrechung des Weges zu einer verbindlicheren Gemeinschaft – Das »Nein« Berlin-Brandenburgs

Demke berichtete abschließend über den Verhandlungsstand in Sachen Vereinigte Evangelische Kirche (VEK) und informierte ausführlich über das Scheitern, in Berlin-Brandenburg die synodale Zustimmung für die gemeinsame Entschließung zu erlangen[876].

Am 23. und 24. Mai 1981 hatte die EKU-Synode (Bereich DDR) auf einer außerordentlichen Tagung in Berlin-Weißensee über die VEK gesprochen, ohne daß von ihr noch explizit die Rede war. Stattdessen sprach man von einer »verbindlicheren Kirchengemeinschaft«.[877] Im Bericht der Arbeitsgruppe Kirchenfragen beim ZK der SED heißt es dazu:

»Diese Zurücknahme ist offensichtlich auf das Betreiben der BRD-Kirchen[878] zurückzuführen. Deutlich herausgestellt wurde die geistige und geistliche Einheit mit den EKU-Kirchen in der BRD und Westberlin (›Vielmehr ist die Evangelische Kirche der Union in ihrer Gesamtheit betroffen‹). In Anspielung auf die im Jahre 1971 gefaßten Beschlüsse wurde darauf verwiesen, daß die unierten Kirchen in der DDR nach ihrer Ordnung nur dann einem Zusammenschluß der Kirchen in der DDR beitreten können, wenn die EKU-Kirchen in der BRD dem zustimmen (›Daher sind gleichlautende Beschlüsse beider Bereichssynoden‹ (DDR-BRD) ›notwendig‹).

Es zeigte sich auch, daß Kirchenvertreter, die in anderen Fragen einsichtige und loyale Positionen vertreten (Kirchenpräsident Natho und Oberkirchenrat Schulze aus Dessau), zu diesen ›gesamtdeutschen‹ Absichten stehen, weil es, wie sie sagen, nur ›eine EKU in Deutschland‹ gebe. Widerstand gegen einen engeren Zusammenschluß wird auch von den kleinen EKU-Kirchen in der DDR (Greifswald, Görlitz, Anhalt[879]) geleistet, da diese eine Majorisierung durch die großen Kirchen befürchten.«[880]

Zuvor hatte die Kirchenleitung der VELK DDR auf ihrer Sitzung am 16. Januar 1981 in Berlin festgehalten, eine weitere Befassung mit den Eisenacher Empfehlungen sei unrealistisch, wenn die EKU keine ernsthafte Bereitschaft erkennen lasse, sich aufzulösen. Eine Delegierung von einzelnen Aufgaben an die VEK reiche nicht aus. Andererseits könne eine vorzeitige Auflösung der VELK DDR ebenfalls keine Lösung sein, da sich durch einen solchen Schritt die EKU unter Druck gesetzt fühlen könnte. Außerdem schien man auf VELK-Seite auch ein Modell mit möglichst geringen föderalen Strukturen zu bevorzugen, da im Sitzungsprotokoll als Zielvorgabe von einer »Gesamtkirche« die Rede ist und ein »›verbesserter Bund‹« als indiskutabel bezeichnet wird. Die Lutheraner erwogen, ob nicht zur Forcierung des Zieles ihre drei Gliedkirchen schon vorab einige noch bei ihnen liegende Arbeitsbereiche und Aufgabenstellungen an die VELK abgeben sollten[881].

Auf der Herbstsynode Berlin-Brandenburg leisteten die Vertreter der äußersten Linken – vom Staatssekretariat als »kirchlich sektiererisch[.]« eingestuft und wohl identisch mit dem Weißenseer Flügel – und konservative Synodale energischen Widerstand gegen die Vereinigung. Die einen »fürchteten eine politisch negative Kanalisierung und zu starke zukünftige Katholisierung der ev. Kirche«, den anderen ging es darum, mit ihrer Entscheidung ein deutliches Signal für das Ende des Schönherr-Kurses in Berlin-Brandenburg zu setzen. Außerdem forderten sie eine Übertragung des Bereichsmodells der EKU und Berlin-Brandenburgs auf die VEK-Verfassung. Zudem wurde eine Dominanz der mitgliederstärksten sächsischen Kirche befürchtet[882]. Im übrigen spielten auch Befürchtungen einiger Synodaler eine Rolle, die VEK-Gründung könne zu einer Lockerung der Bindungen mit dem Westteil der Landeskirche führen[883].

Alle anderen Landessynoden, auch die BEK-Synode, hatten der »verbindlichere[n] Gemeinschaft« – von einer VEK war so direkt nicht mehr die Rede – im Herbst 1981 zugestimmt[884]. Dennoch wurden auch auf diesen Synodaltagungen Bedenken laut. Auf der Bundessynode äußerten sich einige Synodale aus Thüringen und Sachsen vor dem Hintergrund einer konfessionell-lutherischen Grundhaltung[885] kritisch. Auf der Greifswalder Synode sprach sich Bischof Gienke gegen die VEK aus; seine Synode entschied dennoch anders. Die kleineren EKU-Kirchen Greifswald, Görlitz und Anhalt brachten erneut ihre Besorgnis über eine angemessene Vertretung in der geplanten Großkirche vor. In Mecklenburg und Sachsen äußerten konservative Synodale konfessionelle Vorbehalte. In Sachsen wurde die für die Zustimmung erforderliche Zwei-Drittel-Mehrheit nur ganz knapp erreicht[886].

Dennoch war der 1979 gesteckte zeitliche Rahmen für eine verbindlichere Gemeinschaft durch die Ablehnung Berlin-Brandenburgs nicht mehr einzuhalten.

Der Vorstand der KKL, der am 24. November 1981 zu einer außerordentlichen Sitzung in Berlin zusammentraf, faßte, nachdem Stolpe als Gast von der Synodaltagung in Berlin berichtet hatte, den folgenden Beschluß:

»Der Vorstand [...] mußte mit großer Enttäuschung zur Kenntnis nehmen, daß die

Synode sich nicht in der Lage sah, mit der erforderlichen Mehrheit der Gemeinsamen Entschließung zuzustimmen. In der gegenwärtigen, äußerst komplizierten Gesamtsituation sieht der Vorstand hierin eine erhebliche Beeinträchtigung der Gemeinschaft unserer Kirchen und eine Gefährdung des Vertrauens untereinander.«

Die Beratungen über die bereits angefertigten Entwürfe zur Gemeinsamen Entschließung, denen ja auch Berlin-Brandenburgs Synode zugestimmt hatte, sollten weitergehen. Eine Sondertagung der Bundessynode, wie anscheinend gefordert wurde, sah man als nicht sinnvoll an[887].

Die Fortsetzung der Friedensdebatte in der Konsultationsgruppe

Am 17. Dezember 1981 traf sich die »Konsultationsgruppe« wieder. »Einziger Verhandlungsgegenstand waren die Thesen zum Friedensauftrag der Kirchen [...], die Superintendent Große auf Grund der Vorberatungen mit Propst Dr. Falcke und Präses von Heyl vorlegte und erläuterte.«[888] Es ging darum, eine Zwischenbilanz zu ziehen. Deshalb sollten auch die eigentlich schon ausgeschiedenen Mitglieder Schönherr und Stolpe nochmals an der Konsultation teilnehmen[889].

In dem von Heino Falcke in überarbeiteter Fassung vorgelegten »Versuch einer Bilanz der gemeinsamen Beratungen der Konsultationsgruppe zur Friedensverantwortung« vom Februar 1982 fällt wiederum auf, daß in struktureller Parallelität gedacht wird. So ist die Rede davon, daß die »Kirchen gemeinsam und je in ihrer Situation die ›babylonische Gefangenschaft‹ zu benennen« hätten, »in die das Denken, Fühlen und Handeln der Menschen in unseren Staaten individuell und kollektiv durch das Abschreckungssystem gerät«[890]. Ein in seiner ganzen »kulturkritischen Realität und Weite« aufgespannter »Fragehorizont relativiert zugleich den Ost-West-Gegensatz, weil in ihm deutlich wird, wie Ost und West miteinander (wenn auch auf verschiedene Weise) in der selben Gefangenschaft stecken und miteinander der Befreiung bedürfen«[891]. Auch eine »systemkritische Vereinnahmung der Friedensbewegung je auf der anderen Seite«[892] hielt Falcke für ein ausgemachtes Phänomen. Aus der von ihm gewählten Vogelperspektive verwischten sich die prinzipiellen Differenzen zwischen beiden Systemen und tauchten sie in jenes matte Licht ideologischer Verschwommenheit, das wirkliche Helligkeit nur aus theologischer Höhe verhieß. Diese distanzierte Perspektive mit ihrer grundsätzlich skeptischen Einstellung zum jeweils bestehenden Gesellschaftssystem verrät Falckes Orientierung an der »Wort-Gottes-Theologie« Karl Barths[893].

Ludwig Große sprach in seinen Thesen zum »Friedensauftrag der Kirchen« von deren »Verstrickung [...] in die soziologischen Strukturen ihrer Länder«, die sie daran hindere, »einmütig aus dem Frieden in Christus den Frieden für die Welt eindeutig zu bezeugen und ihn gemeinsam handelnd zu befördern«[894]. In seinen Konkretionsversuchen verstieg er sich im Rahmen »vertrauensbildender Schritte« zu dem Vorschlag einer »Reduzierung der SS 20 in der DDR und Abbau der Panzerüberlegenheit in der BRD«. Bemerkenswert freilich war sein letzter Abschnitt, in dem er die zusätzlichen Aufgaben thematisierte, die Christen in der DDR beträfen. Hier steht der mutige Satz: »Infragestellung der Gleichsetzung von Sozialismus und Frieden, Wehrdienst und Friedensdienst, Wehrerziehung und Friedenserziehung, wodurch die friedensgefährdenden Trends in unserer Gesellschaft verdeckt werden. Offenes Ansprechen dieser friedensgefährdenden Trends.«[895]

In der Diskussion über die Thesen wurde unterstrichen, daß sie nicht durch die Friedensdenkschrift der EKD[896] beeinflußt seien. Die Teilnehmer entschieden sich für eine Fortsetzung der Sachdiskussion, um dann eine Zwischenbilanz über den erreichten Konsens vorlegen zu können. Binder und Demke erhielten den Auftrag, Thesen zur »jeweiligen Systemeinbindung der Kirchen« zu formulieren.

Über die Weiterarbeit der Konsultationsgruppen sollte in den Leitungsgremien der deutschen Kirchenzusammenschlüsse EKD und BEK bis Ende Januar neu nachgedacht werden[897].

Zur EKD-Friedensdenkschrift äußerte Binder in der Bonner DDR-Vertretung, »man [habe] in der EKD begriffen, daß das allgemein positive Echo und Lob der Bundestagsparteien für die Denkschrift die Methode sei, eine ernsthafte Diskussion über die Denkschrift zu verhindern. Man habe in diesen Kreisen die Absicht, die Denkschrift dem Vergessen anheim fallen zu lassen. Ähnlich habe die große Presse gehandelt. Einzig die Springersche ›Welt‹ habe die Denkschrift ›verrissen‹. Sie habe wahrscheinlich die tatsächliche Auffassung der Kräfte von ›vielleicht Genscher bis Strauß‹ zur Denkschrift ausgedrückt. Das habe aber nicht gereicht, um eine kontroverse und gewünschte öffentliche Diskussion auszulösen.«[898]

Der wissenschaftliche Mitarbeiter im Staatssekretariat für Kirchenfragen, Horst Hartwig, nahm die Denkschrift zum Anlaß, im Januar 1982 eine umfangreiche Studie zur Friedensdiskussion in der EKD vorzulegen:

»Der vorjährige Kirchentag in Hamburg, die Demonstration am 10. Oktober in Bonn, zahlreiche Aktionen, Stellungnahmen und Diskussionen in der Kirche, nicht zuletzt auf fast allen Synoden, die rasche Entwicklung von Initiativgruppen kennzeichnen den tiefen Differenzierungsprozeß und die Dynamik der Friedensbewegung im gesamten Bereich der EKD. Die kirchliche Friedensbewegung in den kapitalistischen Ländern erweitert beträchtlich die Basis und den Aktionsradius der kommunistischen und Arbeiterparteien im Kampf um Frieden und Sicherheit, um Rüstungsbegrenzung und Abrüstung«, konnte Hartwig befriedigt feststellen. Weiter führte er zur Friedensbewegung und auch zur Taktik der EKD aus: »Zusammen mit den Kräften, die jetzt in den Gewerkschaften, in der SPD, in den bürgerlichen Parteien bis hinein in Kreise des Monopolkapitals aktiv werden, hat sie in der BRD im vergangenen Jahr über Erwarten an politischem Gewicht und Profil gewonnen. Dabei entwickeln die Kirchenleitungen eine weitgespannte *Integrationsideologie*, innerhalb derer vom radikalen Pazifismus bis hin zu den traditionellen Auffassungen der Militärkirche alles seinen Platz haben kann. Die Kirchen in der BRD sind gegenwärtig in höherem Maße als politische Parteien in der Lage, politisch inhomogene Kräfte in sich zusammenzuführen und zu vereinen. Sie gehen dabei nicht von einem grundsätzlich loyalen Standpunkt gegenüber ihrem Staat und ihrer Regierung, auch nicht gegenüber der NATO, ab und erfüllen damit eine gegenwärtig äußerst wichtige systemstabilisierende Funktion. Die dabei erforderliche Anpassung an realistische Positionen der Basis, verbunden mit den in den 70er Jahren auch in den Führungskreisen der Kirche relativ ausgeprägten Vorstellungen von der Notwendigkeit, den Entspannungsprozeß auf Dauer fortzusetzen und selbst zu fördern, berührte allerdings bereits die Grenze des von der BRD-Regierung noch Tolerierbaren. Die sich stärker als erwartet und mit qualitativ neuen Zügen entfaltende Friedensbewegung in der Kirche drängt spontan über den Rahmen staatsbürgerlicher Loyalität hinaus. Deswegen suchte der Bundeskanzler durch seine Äußerungen vor dem Kirchentag, in dem er die Einmischung der Kirchen in die Staatspolitik zurückwies, diese Grenzen deutlicher zu markieren. Die EKD-Führung ihrerseits aber war bestrebt, angesichts der wachsenden Widersprüche zur Sicherheitspolitik der BRD-Regierung bzw. der Reagan-Administration, der gegenüber maßgebende Führungskräfte selbst eine kritische Haltung einnehmen, unter Beachtung der Loyalität vor allem die Elastizität der Konzeption des kirchlichen Friedensengagements zu erhöhen. Dabei spielt nicht nur für die Kirche selbst, sondern auch für das gesamte staatsmonopolistische Herrschaftssystem in der BRD die Erhaltung des Einflusses auf große Teile der durch Arbeitslosigkeit und Zukunftsangst besonders in ihrer Haltung zum Staat verunsicherten Jugend eine große Rolle. Für die Kirche ist dies zugleich eine große Chance, mit ihrer angepaßten und konfliktdämpfenden Friedenskonzeption Jugendliche für sich zu gewinnen und auf Dauer an sich zu binden. Sie wirkt auch damit schließlich wieder systemintegrierend über die gegenwärtige Situation hinaus.«

Zur EKD-Friedensdenkschrift bemerkte Hartwig, sie zeige aufgrund der oben zur Sprache gekommenen Faktoren »ein höheres Maß an Flexibilität als frühere Stellungnahmen, zwangsläufig ein höheres Maß an Reflexion realistischer Positionen der Friedensbewegung in der BRD, zugleich aber auch ein verfeinerteres Instrumentarium zu ihrer Relativierung. Sie ist eine auf Konfliktbewältigung ausgerichtete Zusammenfassung der strategischen und taktischen Überlegungen in den Leitungsgremien der EKD, zum Teil in Kompromißformeln ausgeprägt. Die politische Bandbreite der Autoren der Denkschrift reicht von Eppler bis Richard von Weizsäcker. Sie formuliert nichts, was nicht bereits in der kirchlichen Friedensbewegung in der BRD zuvor festgehalten wurde. Die EKD-Führung gibt damit keine eigentlich neue Orientierung. Ihr eigentliches Verdienst aber«, so hob Hartwig hervor, »ist, realistischen und progressiven Positionen eine kirchliche Legitimation zu geben. Ihr Mangel [besteht darin], diese durch die Legitimation dazu widersprüchlicher Positionen zu relativieren und abzuwerten.«

Das Prinzip – nicht nur dieser – EKD-Denkschrift, unterschiedliche Positionen aus dem breiten Spektrum der Volkskirche zu einer bestimmten Thematik als durchaus denk- und vertretbar nebeneinanderzustellen, erwies sich für die Militärstrategen des Warschauer Paktes und die mit ihnen in Verbindung stehenden Ideologen als nahezu ideal: Ihre Konzeption und die damit verbundenen Forderungen wurden von einer bedeutenden Institution in der Bundesrepublik Deutschland in die öffentliche Diskussion eingebracht und damit hoffähig gemacht.

Hartwig fuhr fort:

»Bei aller durch den bürgerlichen Klassenhorizont und die theologische Sicht bedingten Begrenztheit der Analyse und der daraus resultierenden Inkonsequenz überwiegt insgesamt das Interesse an der Fortführung und Vertiefung der Entspannungspolitik und die Abgrenzung von politischem Abenteurertum, das die Entspannung bereits als gescheitert betrachtet und mit der Konfrontationspolitik die reaktionärste und auch risikoreichste Form bürgerlicher Krisenbewältigung anstrebt. [...] Dabei sind die eigentlichen, weitergehenden Impulse weniger von der Kirchenleitung als vielmehr von der *kirchlichen Basis* gekommen, zum großen Teil vermittelt über die progressiven Bündnispartner in der Friedensbewegung, denen gegenüber die Bündnisbereitschaft und Bündnisfähigkeit spürbar gewachsen ist. Die starke Bewegung an der kirchlichen Basis ist ein Anzeichen dafür, daß hier traditionell konservativ eingestellte Bereiche des Massenbewußtseins im Imperialismus beginnen, labiler zu werden. Sie ist Ausdruck der Systemkrise. [...] Die Denkschrift ist stärker an der SPD – teilweise an ihrem linken Flügel – als an der CDU/CSU orientiert. Aber sie ist gegenüber Elementen einer konservativ-reaktionären Politik nicht verschlossen. [...] Im Rahmen der Ökumene muß die in der Denkschrift aufgezeichnete Position der EKD zur Frage des Friedens zu den politisch realistischen gerechnet werden[899]. [...] Sie gibt realistischen und progressiven Positionen durch kirchliche Legitimation Rückhalt, in geringerem Maße aber auch reaktionären Auffassungen. [...] Das Wichtigste ist, daß die Denkschrift die Festigung realistischer Positionen im Bereich der EKD signalisiert, neue und breite Möglichkeiten für die weitere Aktivierung kirchlicher Friedenskräfte anzeigt.«

Im Hinblick auf den möglichen Umgang der DDR-Kirchen mit den in der EKD-Denkschrift enthaltenen Gedanken bestärke die Ausarbeitung allerdings einen Hang zur »Systemindifferenz«.

»Dabei spielt der falsche Analogieschluß eine Rolle, daß eigenständig-kritische Positionen der EKD gegenüber der imperialistischen Politik der eigenen Regierung eine Entsprechung haben müßten in gleicherweise kritischen Positionen des BEK gegenüber der sozialistischen Politik der DDR.«

Hartwig entwickelte zugleich eine Konzeption für weitere Friedensdialoge zwischen EKD und BEK:

»Erstrebenswert und in geeigneter Weise in unseren politischen Gesprächen zu fördern ist aufgrund dessen eine Haltung der Kirchen in der DDR zur Friedenskonzeption der BRD-Kirchen, die einerseits zur Bekräftigung der erreichten konstruktiven Positionen beiträgt und dabei weitergehende Konsequenzen ins Auge faßt, andererseits aber, ohne in sektiererische Enge zu verfallen, eine kritische und differenzierte Sicht bestärkt, die das kirchlich Eigenständige einer ›Kirche im Sozialismus‹ vom EKD-Eigenständigen trennt. Erforderlich ist, daß die *Kirchen der DDR eigene Maßstäbe* für ihr Friedensengagement entwickeln, die ihrer Situation als ›Kirchen im Sozialismus‹ in einem Staat im Herzen Europas und an der Nahtstelle beider Systeme sowie den besonderen historischen Erfahrungen angemessen sind, die der konkreten politischen und gesellschaftlichen Situation ihrer Kirchenmitglieder Rechnung tragen. Das schließt eine Orientierung an ökumenischen Konzeptionen ein, den Willen zur Kooperation mit kirchlichen und außerkirchlichen Friedenskräften, auch mit den kirchlichen Friedenskräften in der BRD wie im gesamten ökumenischen Bereich, wobei das Gewicht der ROK für die ökumenische Friedensarbeit in Rechnung zu stellen ist.
Vorauszusetzen ist aber bei alledem die Priorität der *Orientierung an der Friedenspolitik des eigenen Staates*. Das bedeutet nicht, als ›Verstärker der Außenpolitik des eigenen Staates‹ (Bischof Krusche) ständig Akklamation zu leisten. Es gibt aber auch keinen hinreichenden Grund, nach ernster Prüfung und im Ergebnis von Überzeugung mit Zustimmung und Unterstützung zurückzuhalten. Schließlich ist auch die Eigenständigkeit gegenüber der EKD zu wahren. [...]
Die Kirchen in der DDR sollten auf der Grundlage unserer sozialökonomischen Ordnung eher in der Lage sein zu erkennen: Stabilität und Dauerhaftigkeit werden in

erster Linie von den sozialistischen Staaten in die internationalen Beziehungen hineingetragen, gefördert und gefestigt. Es gibt keine ›Friedensordnung‹, die praktikabler wäre als die der friedlichen Koexistenz. Sie ist während der gesamten weiteren Dauer der jetzigen Epoche der Menschheit mit dem Ziel zu gewährleisten, den Frieden zur normalen Lebensform der Menschheit zu machen.«[900]

Die öffentliche Diskriminierung des »Sozialen Friedensdienstes« durch die Partei im November 1981 und die Bewegung »Schwerter zu Pflugscharen«

Nach kirchlicher Interpretation markierte das 3. Plenum des ZK der SED am 19./20. November 1981 eine Verschlechterung des Staat-Kirche-Verhältnisses. Insbesondere die Rede des 1. Sekretärs der SED-Bezirksleitung Cottbus, Werner Walde, war den kirchlichen Verantwortlichen auf den Magen geschlagen.

Walde hatte geäußert,»der Feind hat auch keine Chance, mit der Phrase des sogenannten ›sozialen Friedensdienstes‹ Front zu machen gegen die notwendige militärische Stärkung des Sozialismus, wer auch zu solchen friedens-, sozialismus- und verfassungsfeindlichen Aktionen aufrufen möge. Dabei vergessen diese Leute, daß unsere ganze Republik sozialer Friedensdienst ist.«[901]

Der KKL-Vorstand beschloß auf einer außerordentlichen Sitzung am 24. November 1981:

»Mit Betroffenheit nimmt er [der Vorstand] die Ausführungen von Werner Walde zum ›Sozialen Friedensdienst‹ zur Kenntnis. Das Einbringen der ›Feind‹-Problematik muß zurückgewiesen werden. Eine sachliche Klärung der anstehenden Fragen mit den Jugendlichen und mit staatlichen Stellen kann auf diese Weise erheblich behindert werden.«[902]

Christoph Demke, Stolpes Nachfolger als Leiter des BEK-Sekretariats, äußerte am 14. Dezember 1981 gegenüber Hans Wilke vom Staatssekretariat für Kirchenfragen, Waldes Rede »habe auch bei ›gutwilligen‹ Leuten große Unsicherheit hervorgerufen.«[903] Laut KKL-Beschluß seien im BEK nun Fälle zu sammeln, die belegen, »daß es an der Basis zu ungerechtfertigten Härten und politisch falschen Reaktionen in der Kirchenpolitik gekommen sei.«

Auch sei aufgefallen, so Demke, daß Honecker auf der gleichen Tagung nicht mehr von den Kirchen, sondern nur noch von Christen gesprochen habe. Hierin »sehe man [...] eine Bestätigung dafür, daß der Staat gegenwärtig nicht die Linie des 6.3.1978 nahtlos fortsetzen wolle.«[904]

Ausgerechnet am 24. Dezember 1981, trafen sich Demke und Dohle im Staatssekretariat. Der Leiter des BEK-Sekretariats war vom KKL-Vorstand beauftragt worden zu sondieren, ob der noch auf dem X. Parteitag der SED bekräftigte Kurs des 6. März nunmehr beendet sei. Außerdem gab er den Eindruck von Jugendlichen weiter, die sich in Sachen Sozialer Friedensdienst engagierten. Sie hatten geklagt, seit dem 3. ZK-Plenum würden sie aus der DDR-Gesellschaft herausgedrängt und zu Kriminellen abgestempelt. Dohle gab zu verstehen, daß die Aussagen auf dem 3. Plenum sich nicht von Gysis

Position, wie er sie gegenüber dem Vorstand und dessen Vorsitzendem vertreten habe, unterschieden. Es gehe im Staat-Kirche-Verhältnis »nicht um das betreffende Gespräch in der Kirche mit den betreffenden Jugendlichen [...], sondern für die Haltung der Kirche ist entscheidend ihre Position zu Recht, Gesetz und Verfassung der DDR. Was diese Jugendlichen selbst betreffe, so werde unser Staat sie nicht kriminalisieren, er werde ihre Aktion aber auch nicht legalisieren. Entscheidend sei und bleibe die Frage, wie die Kirchen zur Friedenspolitik der DDR stehen. Das habe durchaus etwas mit dem 6.3.1978 zu tun«, fügte Dohle hinzu[905].

Während der Friedensdekade 1981 verteilte man kirchlicherseits in Herrnhut hergestellte[906] Aufnäher, die mit der Aufschrift »Schwerter zu Pflugscharen« versehen waren. Diese Aufnäher wurden von christlich gebundenen Jugendlichen an ihre Anoraks genäht und – besonders im sächsischen Raum in der Stadt Dresden, in Freital sowie im Kreis Zittau – auch an den Schulen getragen[907]. In Sachsen entstanden den Schülern denn auch erste Schwierigkeiten, gegen die Landesbischof Hempel in einem Schreiben an den Bezirk Dresden protestierte[908]. Im Dezember 1981 ging man dann dazu über, die Aufnäher tragenden jungen Christen in den Schulen zur Rede zu stellen. Zum Teil schickte man sie auch nach Hause[909]. Nach der Teilnahme an Friedensgottesdiensten fanden Verhöre von Schülern statt[910]. Bis Mitte März 1982 wurden allein im Bezirk Dresden 591 Aufnäherträger an 152 Schulen nach oben weitergemeldet[911].

Das Walde-Referat hatte eine Reihe von Gemeindegliedern bewogen, den Kirchenleitungen ihre Sympathien für die SoFd-Initiative[912] zu bekunden. Mecklenburgs Landesbischof Rathke sowie Sachsens Landesbischof Hempel schrieben persönlich an Walde[913]. Auch auf dem DDR-Schriftstellerkongreß wurde die SoFd-Initiative erwähnt – ein Indiz dafür, daß sie den begrenzten innerkirchlichen Rahmen verlassen hatte[914].

Am 28. Januar machte Gysi Werner Krusche »darauf aufmerksam, daß nach jüngsten Informationen in der SoFd-Kampagne nun ganz offen gesetzwidrige organisatorische Formen[915] auftreten, forciert auch von Vertretern seiner Landeskirche[916]. Der Staat erwarte eine ganz klare Haltung der Kirchen und des Vorsitzenden der KKL, im Interesse der Fortsetzung der Politik des 6.3.1978 solche Aktivitäten strikt und schnell zu unterbinden.« In diesem Sinne verlangte Gysi von Krusche, er möge disziplinarisch gegen den Jugenddiakon Lothar Rochau (Halle-Neustadt) vorgehen; darauf wollte sich der Bischof aber nicht einlassen[917]. Schließlich wurde Rochau aber doch aus dem Kirchendienst entlassen und erhielt sogar Hausverbot für Veranstaltungen der Jungen Gemeinde in Halle. Die Hausverbots-Praxis soll dann auch auf mißliebige Jugendliche ausgedehnt worden sein[918].

Während des Gespräches mit Krusche gab Gysi deutlich zu erkennen, daß über den Sozialen Friedensdienst, einen Einsatz der Bausoldaten im zivilen Bereich und eine nachträgliche Kriegsdienstverweigerung für Reservisten mit dem Staat auch weiterhin nicht zu reden sei[919]. Es bleibe bei den drei »Nein«. »Krusche erklärte nach einigem Hin und Her rhetorisch resignierend, dann könne er auf der Synode nur sagen, entweder Wehrpflicht, Bausoldaten oder einsperren lassen, was Gen. Gysi bestätigte.« Allerdings wurde zugesagt, die Bitte um Seelsorgemöglichkeiten in Militärhaftanstalten zu überprüfen[920]. Auch Bischof Forck hatte sich am 25. Januar 1982 gegenüber Gysi nochmals für einen zivilen Wehrersatzdienst stark gemacht:»Man müsse doch den jungen Menschen eine Antwort geben, wenn sie sich für den Frieden engagieren wollen.« Der mitanwesende Stolpe schwächte die Ausführungen des Bischofs etwas ab, indem er den existierenden Bausoldatendienst begrüßte und um Prüfung bat,»ob diese nicht gezielter im Katastrophen- oder Umweltschutz eingesetzt werden könnten. ›Damit bliebe es nicht nur bei einem Nein‹«, gab der Konsistorialpräsident zu bedenken[921].

Der auf der Herrnhuter Bundessynode vorgetragene KKL-Bericht kritisierte in aller Schärfe das harte Vorgehen gegen die Aufnäher tragenden Jugendlichen[922].

Eine staatliche Einschätzung wertete im Februar 1982:

»Nur ein kleinerer Teil der kirchlichen Amtsträger hat das Wesen der gegen die sozialistische Verteidigungsgemeinschaft gerichteten SoFd-Aktionen erkannt und sich offen dagegen ausgesprochen, während die Mehrheit der Geistlichen darin einen ›Ausdruck des Willens junger Menschen, ›mehr für den Frieden tun‹ zu wollen‹, sieht und sich dem Staat gegenüber abwartend verhält. Dafür gibt es konzentrierte Aktivitäten in der Hauptstadt Berlin, in Dresden und in der Kirchenprovinz Sachsen.«[923]

Auf ihrer Sitzung vom 12. bis 14. März in Buckow verfaßte die KKL eine Stellungnahme, in der es hieß, das Zeichen symbolisiere das legitime christliche Verlangen nach Abrüstung und habe»die Bedeutung eines bildhaft ausgedrückten Leitspruches. Es ist keine für den Alltag empfohlene politische Anweisung, auch kein simples Rezept gegen die Atomwaffen. Es ist ein Wegweiser, der die Richtung weist, in die gehen muß, wer Abrüstung will.«[924] Diese Sätze wurden von staatlichen Stellen als ein gewisses Einlenken, zumindest als eine an einer Verschärfung nicht interessierte Stellungnahme gewertet.

Eine ähnliche Tendenz zur Beruhigung der Situation zeigten nach Auffassung des Mitarbeiters in der AG Kirchenfragen, Peter Kraußer, auch die folgenden Landessynoden, zu denen im übrigen Westjournalisten – mit Ausnahme des epd-Korrespondenten Röder in Berlin-Brandenburg – wieder einmal nicht zugelassen wurden[925]. Kraußer schrieb an Paul Verner, der wegen eines Kuraufenthaltes nicht in Berlin war[926]:

»Insbesondere die von der Sächsischen Synode[927] beschlossenen und von der Görlitzer Synode übernommenen Dokumente[928] vertreten eine harte Linie, was das Ziel bestimmter Kräfte in diesen Kirchen verdeutlicht, die Konfrontation gegen den sozialistischen Staat herbeizuführen.
Ich möchte aus unserer Sicht noch folgendes hinzufügen:
1. Die Beschlüsse sind Ausdruck harter innerkirchlicher Auseinandersetzungen und der fortschreitenden Differenzierungsprozesse. Negative Positionen und positive Aussagen in den einzelnen Dokumenten weisen auf den Kompromißcharakter dieser Beschlüsse[929] hin. Ein typisches Beispiel dafür ist der Beschluß der Provinzsächsischen Synode, wo das Eintreten[930] für diejenigen, die als Nichtchristen das Symbol tragen,

also damit politischen Mißbrauch treiben (Pkt. 1), neben der Unterstützung der Abrüstungs- und Verhandlungsinitiativen der Sowjetunion steht (Pkt. 3).

2. Auf allen Synoden ist deutlich geworden, daß vor allem die kirchenleitenden Kräfte nüchtern, realistisch und versachlichend in den Diskussionen aufgetreten sind[931]. Der soeben gewählte Präses der Mecklenburgischen Synode und Präses der Bundessynode, Wahrmann[932], drohte seinen sofortigen Rücktritt für den Fall an, daß der aggressive und feindliche Antrag des Synodalen Weiß die Zustimmung der Synode finden würde. Bischof Rathke[933] stellte sich zu ihm, was zur Absetzung des Antrages führte[934]. Bischof Leich argumentierte unseres Erachtens sehr ausgewogen[935]. Bischof Krusche verhielt sich in der öffentlichen Debatte äußerst zurückhaltend[936], während er in persönlichen Gesprächen sehr aggressiv reagierte.

Das alles deutet darauf hin, wie auch schon der Beschluß der Konferenz der Kirchenleitungen vom 13./14.3.1982, daß die Kirchenleitungen nicht an einer weiteren Zuspitzung der Situation interessiert sind. Nach unseren Informationen sind es vor allem Gruppen im Amt jüngerer Synodaler sowie die bekannten reaktionären Gruppen, die das versuchen. Gleichzeitig wird jedoch auch deutlich, daß unser konsequentes Vorgehen zu einer gewissen Solidarisierung zwischen den verschiedenen Gruppierungen in dieser Frage geführt hat. Vor allem an den Realitäten orientierte Amtsträger arbeiten mit dem Argument, daß hier die Bibel angegriffen werde und man das nicht hinnehmen könne.

3. Einer Reihe bislang realistischen, zum Teil loyal zu uns stehenden Amtsträgern ist offensichtlich das Anliegen und Ziel unserer Maßnahmen noch nicht hinreichend durch uns deutlich gemacht worden. Sie betrachten unser Vorgehen als einen Angriff gegen die Kirchen schlechthin, fürchten um die Fortsetzung der Linie des Gespräches vom 6.3.1978. So wurde in diesen Tagen von der ›Sächsischen Bruderschaft‹, einer bekannten progressiven Gruppierung, eine Stellungnahme veröffentlicht, in der Verständnis für das Verhalten der Sächsischen Synode geäußert, die Richtigkeit unseres Vorgehens angezweifelt und angekündigt wird, daß man jetzt über die weitere Haltung der Bruderschaft grundsätzlich nachdenken müsse. Mitunterzeichner dieses Schreibens sind: Pf. K. Ulrich, Vorsitzender der Bezirks-Arbeitsgruppe Christliche Kreise Dresden, Pf. Caffier, Mitglied des Komitees der Antifaschistischen Widerstandskämpfer, sowie Frau Feurich.

4. Es mehren sich Anzeichen dafür, daß bestimmte Kräfte in den evangelischen Kirchen verstärkte Anstrengungen anstellen, um Vertreter der katholischen Kirche sowie der kleineren Religionsgemeinschaften in der Frage der kirchlichen Friedensarbeit auf ihre Linie zu drängen und sie in ihre gegen unsere Friedenspolitik gerichteten Aktivitäten und Initiativen einzubeziehen. Von den gegnerischen Medien werden diese Dinge zum Protest der katholischen Basis an ihrer zu schweigsamen Hierarchie kultiviert (ähnlich wie das im Zusammenhang mit den sogenannten Basisgruppen in den katholischen Kirchen in Ungarn geschieht).

5. Die Kirchenleitung der Greifswalder Kirche hatte schon vor den entsprechenden staatlichen Maßnahmen die Durchführung der anstehenden Frühjahrssynode wegen der auftretenden Fälle der Maul- und Klauenseuche im Territorium ausgesetzt und die Behandlung des Themas auf die Frühjahrssynode 1983 vertagt. Internen Informationen zufolge will die Greifswalder Kirchenleitung Zeit gewinnen, um auf die anstehenden Fragen ausgewogener reagieren zu können.

6. Der aus der BRD eingereiste Altbischof Fränkel lehnte in einem Grußwort an die Görlitzer Synode einen generellen Pazifismus der Kirche als theologisch nicht zu rechtfertigen ab und bezog auch in weiteren Fragen realistische Positionen. In einem persönlichen Gespräch beklagte Fränkel den fehlenden Realitätssinn der Beteiligten.

Insgesamt zeigte sich, daß unser Vorgehen, bei konsequenter Beibehaltung der Grundlinie in einer Frage Druck auch auf die Kirchenleitungen auszuüben, richtig ist, der Prozeß der Polarisierung und Differenzierung damit vorangetrieben wird und die Kirchen zu Positionen der Vernunft und des Realismus gedrängt werden können. Jetzt gilt es, den Kirchenvertretern unser Anliegen noch einmal zu verdeutlichen und weiter ein differenziertes und ausgewogenes Vorgehen der staatlichen Organe bei der Durchsetzung unserer Maßnahmen zu sichern. Dazu sind entsprechende Maßnahmen geplant (Staatssekretär Gysi wird am 7.4. die Konferenz der Kirchenleitungen empfangen). Durch uns wurden in territorialen Beratungen noch einmal die für Kirchenfragen verantwortlichen Mitarbeiter der Bezirksleitungen der SED über das Ziel und Anliegen unserer Maßnahmen informiert.«[937]

Vorbereitet und begleitet wurden die innerkirchlichen Entscheidungen durch Gespräche, die Staatssekretär Gysi mit den einzelnen Bischöfen führte. Diese verbalen Bearbeitungen dienten dem zuvor auf höherer Ebene festgelegten Ziel, die kirchlichen Amtsträger nachdrücklich davor zu warnen, »sich durch die Organisatoren der Aufnäher-Aktion ›Schwerter zu Pflugscharen‹ [...] gegen den Sozialismus mißbrauchen zu lassen«[938]. Die isolierte Einzelbehandlung der Bischöfe fiel Werner Krusche so unangenehm auf, daß er durch seinen Freund Hempel anfragen ließ, ob nicht ein Gesprächstermin für alle Bischöfe gemeinsam zweckmäßiger sei. Gysi verwies auf die unterschiedliche Situation in den Landeskirchen und darauf, daß die Bischöfe auch Interesse daran hätten, bei solchen Anlässen einzelne Sachfragen vorzubringen[939].

Nach einem Vermerk Horst Dohles gestand Sachsens Landesbischof Hempel in einem Gespräch am 12. März 1982 »zu, daß sie als Kirchenleitung die Aufnäher-Bewegung nicht mehr im ›Griff‹ hätten, daß das Symbol eine nicht beabsichtigte und nicht vorgesehene Ausbreitung erfahren habe, daß sie eine Sammlung politisch oppositioneller Jugendlicher in der Kirche befürchten und deshalb in enger Fühlungnahme und Abstimmung mit den Staatsorganen an einer weiteren Bereinigung der Situation interessiert« seien[940]. »Er müsse realistisch einschätzen, daß die Kirchenleitung allein diese Aufnäher nicht herunterkriegen werde«, gab der Bischof zu verstehen, warnte aber zugleich vor scharfen staatlichen Maßnahmen: »Er habe Sorge, daß im Zuge einer zu harten Reaktion der Staatsorgane gegenüber den Jugendlichen ein gewisser Trend von keineswegs religiös oder kirchlich motivierten Jugendlichen, im Rahmen der Kirche einen Platz für ihre politische Opposition zu finden oder sich zu schaffen, noch verstärkt werde.«[941]

Während der sächsischen Landessynode baten Hempel und Domsch Gysi für den 22. März um ein Gespräch. In dieser Unterredung erklärten die beiden Kirchenvertreter zwar, sie könnten die Verabschiedung einer Kanzelabkündigung nicht verhindern, wollten sich aber für eine gemäßigte Diktion einsetzen. Außerdem sicherten sie dem Staatsvertreter eine klare Kontrolle des renitenten Pfarrers Wonneberger zu[942].

Hempel wie Natho setzten in der Folgezeit neue kirchenpolitische Akzente: »Die kirchliche Friedensarbeit muß aus der Gemeinde kommen und nicht von den ›Randsiedlern‹«, so Sachsens Landesbischof. Anhalts Kirchenpräsident Natho wandte sich »gegen eine offene Jugendarbeit der Kirchen«, denn durch diese Arbeitsform würde »zuviel Gelegenheit für das Wirken von Randsiedlern bleiben.«[943]

Folgerichtig veränderte sich die staatliche Einschätzung des sächsischen Landesbischofs:

»Bischof Hempel erweist sich zusehends als sachlicher Kirchenmann, der um die Bedeutung politischer Zusammenhänge weiß und diese in seine Pläne weitsichtig einordnet.«[944]

Im März 1982 thematisierte Hempel in einem Rundbrief die Gesamtproblematik:

»Mehrere Brüder aus dem Landeskirchenamt – und auch ich – haben mehrfach mit solchen engagierten Jugendgruppen und ihren Vertretern ausführlichen Kontakt gehabt, haben ihnen dabei zugehört, sie zu verstehen und mit ihnen mitzudenken versucht, gelegentlich auch unsere kritische Meinung vorgelegt.« Zunächst versuchte er, das Problem auf der seelsorgerlichen-psychologisierenden Ebene zu behandeln: »Nach allem, was wir spüren, hat die junge Generation (auch die in unseren Jungen Gemeinden) ein tiefes Verlangen nach Zuwendung, nach Ernstgenommensein und nach Nähe. [...] Aufschlußreicherweise sind viele Jugendliche, die unsere Nähe wünschen und brauchen, zugleich skeptisch, ja mißtrauisch gegenüber Gesprächen mit Erwachsenen«, um dann fortzufahren: »Das Friedensengagement der jungen Generation ist, im Kern jedenfalls, echt. [...] Ihnen ist bange, daß trotz aller aufrichtigen Friedenspolitik die Kriegsgefahr faktisch nicht ab-, sondern eher zunimmt; daß ein Atomkrieg ihr Leben beenden würde [...] Die Kirche darf sich nicht in die Innerlichkeit zurückziehen; sie muß aber ebenso aufpassen, daß sie die Dienerin des gekreuzigten Herrn ist, der die Welt durch sein Leiden, ohne weltliche Macht, anging.«[945]

Auch Bischof Wollstadt sicherte Gysi am 15. März Loyalität zu, während der Berliner Bischof Forck am gleichen Tag mit dem Argument, »die bewaffnete Sicherung des Friedens [sei] heute unmöglich geworden[946]«, um Verständnis für die Jugendlichen warb[947]. Wer den Frieden nur bewaffnet sichern wolle – die FDJ-Mitgliederversammlungen im März 1982 hatten unter dem Motto gestanden »Der Frieden muß verteidigt werden – Der Frieden muß bewaffnet sein!«[948] –, »blockiere die Friedensbewegung in Westeuropa. [...] Wenn wir zu scharf gegen die Aufnäher vorgingen, würde das zu einer Verdächtigung der Friedenspolitik unseres Staates führen. [...] Das Symbol meine: Was sei weiter zu tun möglich?«, protokollierte Gysi[949].

Einen Tag später reagierte auch Werner Krusche ausweichend[950]. Der Magdeburger Bischof erläuterte, die Kirche habe ebenfalls »ein Recht [...], sich auf den 6.3.1978 zu berufen. [...] In der Kirche gäbe es Stimmen, die fragen, ob der Staat bei seinen Zusagen geblieben sei.« »Im Protestantismus lasse sich Sakrales und Säkulares nicht absolut trennen«, fuhr Krusche fort und stellte im weiteren Verlauf des Gespräches die provozierende Frage, »›welches Gesetz verbietet das Tragen von Emblemen und Abzeichen auf persönlichen Anzügen‹?« Er bekräftigte, »daß er für das, was jetzt gegen die Träger dieser Abzeichen durch die VP unternommen werde, den staatlichen Organen die Verantwortung zuschiebe. ›Dieses Vorgehen ist unklug, unpsychologisch, die Leute würden verletzt, verwundet‹.«[951] Die KKL stehe zu diesem Abzeichen, äußerte Krusche und fügte hinzu, »daß er sich bei ›einer strafrechtlichen Verfolgung der jungen Leute, die dieses Abzeichen tragen, auch ein solches Abzeichen annähen würde. Damit wollte er sichtbar machen, daß er sich hinter diese jungen Leute stelle‹. Ich [Gysi] habe ihn aufgefordert, seriös zu bleiben. Krusche erklärte, daß der Staat es ihnen durch seine Entscheidungen oft sehr schwer mache. Manchmal verliere er [der Staat] dabei das Maß. Dazu zähle er auch den Hinweis, daß man strafrechtlich gegen Träger dieses Abzeichens vorgehen könne. Er habe in den nächsten Tagen eine Konferenz mit 120 jungen Leuten. Wenn er diese einfach mit dem Strafrechtsparagraphen konfrontiere, werde es einen Aufstand geben.«

Gysi wies Krusche darauf hin, er möge den Jugendlichen erklären, »ihre guten Absichten und ihre religiösen Gefühle [würden] nur für feindliche politische Zwecke mißbrauch[t]«. Dem könnten sie durch eine Vermeidung des demonstrativen Tragens des Aufnähers in der Öffentlichkeit entgehen. »Krusche erklärte nach einigem Zögern, das klinge anders, und er werde in dieser Richtung zu argumentieren versuchen.«

Abschließend las Krusche die auf der gerade zurückliegenden Klausurtagung erarbeitete KKL-Erklärung[952] vor. Gysi bemerkte im Protokoll sarkastisch: »Zur gleichen Zeit, als er die Erklärung bei mir verlas, wurde im Westfernsehen bereits darüber berichtet.« Im Gespräch kommentierte Gysi, er müsse den Text zwar noch genauer lesen, aber beim »ersten Hinhören [scheine ihm] [...] einiges relativ vernünftig und realistisch [...], einiges [jedoch] sehr ausweichend und einiges eine Verteidigung oder Einnahme negativer oder subversiver Positionen« zu sein.

»Die Einhaltung der Verfassung und die Einhaltung der Gesetze sei in jedem Staat eine Selbstverständlichkeit, auch bei uns. Und sie sei das mindeste, was man von kirchlichen und kirchenleitenden Persönlichkeiten sowie von jedem Mitglied der Kirche und jedem Bürger unserer Republik erwarten müsse«, fügte der Staatssekretär hinzu[953].

Positiv verliefen aus staatlicher Perspektive die mit Leich (10./11. März), Gienke[954] sowie Natho (beide am 2. April) geführten Unterredungen[955].

Ungefähr seit Mitte Februar waren die Gespräche von einem verschärften Vorgehen der Volkspolizei gegen Aufnäher-Träger begleitet[956]. Wer mit dem Abzeichen angetroffen wurde, hatte es abzutrennen, ansonsten drohte ihm die »Zuführung« genannte Verhaftung.

Der Bischofskonvent stellte am 9. März fest, das Vorgehen sei regional unterschiedlich, am schärfsten wohl in Berlin-Brandenburg. Die Versammelten beschlossen, – auch im Hinblick auf das weitere Verfahren – Zurückhaltung zu üben:

»Wir haben keinen Anlaß, die Abzeichen zurückzuziehen, sollten aber die Sache nicht besonders aktivieren. Wir werden die betroffenen Jugendlichen schützen, aber einer Ausweitung entgegentreten.«[957]

In einer am 22. März 1982 verfaßten Studie hielt der Wissenschaftliche Mitarbeiter im Staatssekretariat für Kirchenfragen, Hartwig, fest, der Pazifismus im DDR-Protestantismus basiere nicht ausschließlich auf der christlichen

Überlieferung oder auf global begründeten Motivationen, sondern sei noch auf andere Faktoren ideologischer Art zurückzuführen. Unter diesen spiele vor allem das »von den Kirchen in beiden deutschen Staaten besonders geförderte *Zusammengehörigkeitsgefühl über Systemgrenzen hinweg*« eine erhebliche Rolle. Diese besondere Verbundenheit habe in letzter Zeit »durch verstärkte Kontakte und später gemeinsame Erklärungen von BEK und EKD wieder einen gewissen Auftrieb« erhalten. Hartwig stellte fest, daß auf den Anti-Raketenbeschluß der Dessauer Bundessynode 1979[958] weitergehende Erklärungen nicht mehr gefolgt seien. Als offene Probleme benannte Hartwig auch »die Zurückhaltung des BEK gegenüber der CFK und gegenüber den weltweiten Friedensinitiativen der ROK«. Auch diese Schwächen seien auf die besondere Gemeinschaft mit der EKD zurückzuführen.

Es sei erforderlich, so Hartwig, »in der Friedensfrage das Bewußtsein der Eigenständigkeit einer ›Kirche im Sozialismus‹ auszuprägen und ihre konstruktiv-kritischen Potenzen gegenüber der EKD zu entwickeln. Es darf nicht verwischt werden, daß unterschiedliche gesellschaftliche und politische Bedingungen der Kirchen in beiden deutschen Staaten auch ein unterschiedliches kirchliches Engagement für den Frieden erfordern.« Die Kirchen in der DDR besäßen »das unverzerrte Wissen dessen, was alles ihr Staat und seine Bürger in die Waagschale des Friedens zu legen haben. Nicht die Relativierung dieses Wissens aufgrund zwischenkirchlicher Kontakte, sondern die Anwendung im Rahmen der Kontakte ist friedensfördernd, nicht eine von Opportunismus geprägte Gemeinsamkeit, sondern vom Ringen um politische Klarheit.«

Einen weiteren Faktor sah Hartwig in dem ökumenischen Engagement der DDR-Kirchen:

»Die system- und grenzüberschreitenden Organisationsformen der Ökumene in Verbindung mit entsprechenden, stark sozialreformistisch geprägten ökumenischen Vorstellungen einer künftigen Friedensordnung tragen dazu bei, die Illusion zu fördern, daß die Negierung realer Gegensätze im Bewußtsein, ihre Versöhnung, ein realer und wesentlicher Schritt zur Einrichtung dieser Friedensordnung sei.«

Die DDR-Kirchen müßten schon aus Gründen der Mitgliederbestandserhaltung daran interessiert sein, ihre eigene Basis, vor allem die Jugendlichen, zu halten und hätten deshalb auch bei speziellen politischen Fragen ihre Eigenständigkeit zu demonstrieren: »Die Sorge um eine zu weitgehende Anpassung der ›Kirche im Sozialismus‹, die ihre Eigenständigkeit substantiell verringern würde, trägt im Bereich der politischen Grundfragen die Tendenz zu Kontroversen in sich.«

Im Zusammenhang damit stellte Hartwig fest, vielen DDR-Kirchenvertretern gehe es nun – analog zu dem in den 70er Jahren propagierten »verbesserlichen Sozialismus« – um eine »verbesserliche Friedenspolitik«[959].

Bei der von Kraußer im Schreiben an Verner avisierten Unterredung Gysis mit der KKL am 7. April 1982 handelte es sich um ein Sachgespräch über die neuen Gesetze zu Wehrdienst und Grenze, in das dann auch der um die Aufnäher entstandene Staat-Kirche-Konflikt einbezogen wurde. Andernfalls hätte die kirchliche Seite in das Gespräch nicht eingewilligt[960]. Der KKL-Vorstand hatte sich im Blick auf das Gespräch auf folgendes verständigt:

»Der Einspruch gegen die Maßnahmen gegen das Symbol der Friedensdekade 1981 muß erneut deutlich gemacht werden. [...] Die Wirkungen des Vorgehens auf Jugendliche und in den Gemeinden sind zu verdeutlichen; es ist auf die Gefahr hinzuweisen, daß die Maßnahmen ungewollte Rückwirkungen auf beiden Seiten haben, die die Aussagen vom 6. März in Frage stellen. Schon jetzt ist festzustellen, daß an vielen Orten Verfahrens- und Redeweisen auftreten, die deutlich hinter den 6. März zurückführen.«[961]

Gysi, der auf eine Gesprächsempfehlung des MfS zurückgreifen konnte[962], sagte, der Staat habe gegen das Symbol an sich nichts einzuwenden; allerdings sei es verwendet worden, um die Wehrbereitschaft zu schwächen, so daß eine Duldung in der Öffentlichkeit nicht mehr möglich sei. Dort habe das Zeichen unverzüglich zu verschwinden. Die Träger des Aufnähers dürften aber nicht pauschal verurteilt werden. Für solche Fälle sagte er die Hilfe untergeordneter staatlicher Stellen und in besonders schwerwiegenden Fällen auch seine persönliche Unterstützung zu[963]. Unter Berufung auf Kommentare von Günter Gaus, Reinhard Henkys und die »Süddeutsche Zeitung« verwies Gysi darauf, daß die von den Kirchen ausgesprochenen Zweifel an der Friedenspolitik der DDR in der Bundesrepublik »von der falschen Seite« aufgegriffen würden: »Wer jubelt in der BRD, wenn bei uns Divergenzen in dieser Frage sich entwickeln?«[964]

Horst Dohle schätzte die Haltung der Bischöfe so ein:

»Obwohl die Kirchen gegen die in einigen staatlichen Bereichen eingeleiteten Maßnahmen protestierten, war bei ihrer Mehrheit die Bereitschaft erkennbar, die gegenwärtige Situation zu bereinigen und den Weg des 6.3. fortzusetzen.«[965]

Gysi gab seinen Besuchern zu bedenken, ob die Kirchen sich nicht in die mißliche Lage gebracht hätten, »von einer Minderheit terrorisiert und in einen Konflikt mit dem Staat gestürzt zu werden. Indem ich [Gysi] betonte, daß wir sehr wohl zwischen der Mehrheit der Kirchen, der Christen einerseits und diesen Kräften andererseits unterscheiden, habe ich zugleich betont, daß wir einen Konflikt keinesfalls wollen und zu einer Lösung der gegenwärtigen Situation bereit sind.«[966]

»Die meisten Christen tun ihren Dienst in der NVA. Man soll sie nicht verunsichern. Das ist nicht vertretbar, daß sie als Dummköpfe hingestellt werden«, warf der Staatssekretär den Kirchenvertretern vor und fügte hinzu: »Das geht doch nicht, daß auch Totalverweigerer Zeichen für Abrüstung geben. Hier wird dreierlei [Soldaten, Bausoldaten, Totalverweigerer] gleichberechtigt nebeneinandergestellt. Das stört die Beziehungen zwischen Staat und Kirche.«[967]

In einer Gesprächspause kamen die Bischöfe überein, ein zuvor formuliertes Protestschreiben gegen die Behandlung der Aufnäherträger durch Polizei und Schule nicht zu übergeben, sondern lediglich durch Leich verlesen zu lassen[968]. Leich trug den Brief dann in einer durch ihn persönlich entschärften Fassung vor, woraufhin ihn Werner Krusche nach der Besprechung mit Gysi heftig angriff[969]. Stolpe beklagte im Anschluß an Leichs Gesprächsbeitrag bei den Staatsorganen »ein[en] Rückfall in einen längst überwunden geglaubten Umgangston[970]. Das beziehe sich besonders auf die Maßnahmen der Transportpolizei, aber auch der VP. Er empfinde die staatlichen Besorgnisse wegen der Aufnäher durchaus mit, meine aber, hier liege eine staatliche Überreaktion vor. [...] Seine dringende Bitte sei, wieder zu normalen Umgangsformen zurückzukehren.«[971] Wörtlich fragte Stolpe:

»›Wird hier nicht mit Kanonen auf Spatzen geschossen, mit Haubitzen auf Schmetterlinge? Hier wird etwas in Gang gebracht – von wem? Wer hat den Nutzen davon? Bitte helfen Sie mit, daß im Staatsapparat respektiert wird, daß es verschiedene Auffassungen gibt. Bitte lassen Sie die winzige Zahl von Mißbrauchsfällen nicht dahin führen, daß die Atmosphäre vergiftet wird.‹«[972]

Domsch fügte hinzu, es »bestehe ›vor Ort‹ keine Zusammenarbeit zwischen Staat und Kirche mehr, an die Stelle gegenseitiger Aussprache sei die polizeiliche Aktion getreten.«[973]

»Die Versuche zu überzeugen nehmen ab, die Polizei handelt. Es gibt Taschenkontrollen in den Schulen durch die Kriminalpolizei. Die Dinge gehen weit über das Zeichen hinaus auf andere Bereiche. Die Polizei handelt ohne Wissen der Bezirke.«[974] »Eine Atmosphäre der Hektik bestimme inzwischen auch das staatliche Vorgehen gegenüber kirchlichen Veranstaltungen, die mit dem kirchlichen Symbol gar nichts zu tun hätten. Die jetzige Atmosphäre erzeuge eine Antihaltung, vor allem zerstöre sie das von uns gemeinsam so mühsam entwickelte Vertrauen und das Vertrauen der Christen in die Staatspolitik.«[975] Wörtlich sagte Domsch: »›Wir haben versucht, Vertrauen zu schaffen, wir haben versucht zu vertrauen, wir haben für Vertrauen geworben. Es war etwas gewachsen, was jetzt zerstört wird. Bitte wirken Sie auf die Sicherheitsorgane ein. Bitte sorgen Sie dafür, daß Schmetterlinge in unserem Lande fliegen können.‹«[976]

Krusche »bezeichnete die gegenwärtige Atmosphäre als neurotisch und erklärte, die betroffenen Jugendlichen fühlen sich eher an 1953 als an den 6.3.1978 erinnert. Er sei auch hinsichtlich der Friedensdekade 1982 ratlos, wie es weitergehen soll, denn er sei nicht mehr in der Lage, das staatliche Verhalten verständlich zu machen. Die Kirche wolle aber gern mit dem Staat gemeinsam überlegen, um wieder zu normalen Zuständen zu kommen.« Forcks erregt vorgebrachte Forderung, der Staat möge in der DDR-Presse eine Verlautbarung veröffentlichen, die eine Distanzierung gegenüber dem harten Vorgehen aussprechen solle, stieß auf kirchlicher Seite nur bei Werner Krusche auf den nötigen Widerhall.

Auf Gysis Ansinnen, sich »von bestimmten negativen Elementen zu trennen« und sich gegen den Mißbrauch des Symbols zu wenden, erwiderte Krusche scharf, es sei »nicht zumutbar [...], die Kirchen zum Transmissionsriemen der staatlichen Meinung zu machen. Einem förmlichen Verbot würden sie sich beugen, aber sie könnten nicht argumentieren dazu, warum das Symbol auch aus der Öffentlichkeit verschwinden müsse.«

Abschließend erklärte Stolpe, »daß die kirchlichen Teilnehmer etwa folgendes Ergebnis des heutigen Gesprächs an die kirchliche Basis weitergeben werden: Das Tragen des Symbols ist in den Schulen nicht erlaubt. Der Staat erwartet, daß das Symbol wegen seiner mißbräuchlichen Verwendung nicht mehr in der Öffentlichkeit erscheint. Örtliche Probleme sollten im Gespräch mit den örtlichen Staatsorganen besprochen werden. Bei drastischen Zwischenfällen haben die Kirchenleitungen die Möglichkeit, sich an die Dienststelle des Staatssekretärs für Kirchenfragen zu wenden. Stolpe bat die staatliche Seite noch einmal um Mithilfe, damit wir wieder zu ruhigen Formen der Zusammenarbeit und ›zu normalen Verhältnissen‹ kommen.«[977]

Abschließend gelangte Gysi in seinem Gesprächsvermerk zu der Wertung:

»Das Gespräch war sehr ernst, die kirchlichen Vertreter versuchten aber eine Zuspitzung der Lage zu vermeiden (bis auf Bischof Krusche und Forck[978]). Insbesondere Leich, Stolpe, Domsch und Gienke machten deutlich, daß sie aus der gegenwärtigen Situation, die auch sie für eine erhebliche Belastung des 6.3. halten, auf konstruktive Weise herauskommen wollen. […] Bei dem größten Teil der Teilnehmer war der Wille zur Überwindung der gegenwärtigen Lage spürbar, aber ebenso eine aus dem Festhalten an falschen Positionen resultierende Hilflosigkeit. Die offene Gesprächsatmosphäre, die allerdings bis zur Grenze des Möglichen ging, wollten die kirchlichen Vertreter als Zeichen ihres Vertrauens zum Staat verstanden wissen. Der Verlauf bestätigte eine wachsende Polarisierung innerhalb der Kirchenleitungen – insgesamt zu unseren Gunsten –, die durch die innerkirchliche Solidarität und die gewachsenen reaktionären Aktivitäten immer wieder überdeckt und überspielt wird.«[979]

Krusche schrieb am gleichen Tag in seiner Funktion als KKL-Vorsitzender an die Gemeinden:

»Die Konferenz […] bittet in den gegenwärtigen Belastungen das christliche Friedenszeugnis so auszurichten, daß es gehört und wirksam werden kann. […] An einer Verschärfung des Konfliktes kann angesichts unseres umfassenden Friedensauftrages niemandem gelegen sein.«[980]

Deutlicher als diese verschwommene, aber dennoch zur Mäßigung mahnende Formulierung sprach ein Brief Werner Leichs an die Thüringer Superintendenten aus, welchen Kurs die Kirche nehmen wollte:

»Die Besprechung endete damit, daß zwei miteinander nicht zu vereinende Standpunkte von den Gesprächspartnern vertreten wurden. Sie wurden allerdings durch den gemeinsamen Willen zusammengehalten, das Verhältnis von Staat und Kirche nicht vorschnell grundsätzlich in Frage zu stellen.« Die Regierung der DDR wolle einheitlich das »Verbot des Tragens [des Abzeichens] in Schulen und Ausbildungsstätten[981] und in der Öffentlichkeit« durchsetzen, machte der Bischof deutlich. »Dies ist bei allen Gesprächen, die wir zu führen haben, zu bedenken und besonders auch unseren Jugendlichen nahezubringen. Ich persönlich bin der Überzeugung, daß uns das Symbol der Friedensdekade 1981 mit seinem eindeutig auf den Frieden gerichteten Inhalt dazu anleiten sollte, auch dort, wo uns Unrecht geschieht, Frieden zu stiften und Konfrontation zu vermeiden. Wir werden andere Wege und Mittel finden, die Friedenssehnsucht der Menschen und die Verheißung des Friedensreiches Christi eindeutig zu bezeugen. Selbstverständlich werden wir all denen, die der Überzeugung sind, daß sie das Symbol der Friedensdekade 1981 nicht ablegen können, nicht in den Rücken fallen, sondern versuchen, sie weiter in ihrer guten Absicht zu decken. Ich rate aber allen, die seelsorgerliche Gespräche zu führen haben, im Sinne des Friedenszeichens versöhnend und mäßigend auf die entstandene Situation einzuwirken.« Ganz im Sinne des Gesprächs mit Gysi gab Leich abschließend das Versprechen, »alle vorgefallenen Übergriffe bei den Räten der Bezirke anzusprechen.«[982]

Um das Staat-Kirche-Verhältnis nicht zu gefährden, entschlossen sich die Bischöfe, von dem öffentlichen Tragen des Aufnähers abzuraten, ohne freilich die Initiative gänzlich fallenzulassen. Bischof Leich meinte überdies, mit seinem Verweis auf die Pflicht des Christen, an ihm selbst verübtes Unrecht geschehen zu lassen, auf dem Boden lutherischer Tradition zu stehen. Ob diese Haltung den betroffenen Jugendlichen verständlich zu machen war, schien dagegen fraglich[983]. War das Nachgeben in diesem Fall wirklich friedensstiftend oder handelte es sich um die Theologisierung eines kirchenpolitisch opportun erscheinenden Schrittes? Jedenfalls tolerierte die Kirche durch ihren Rückzug in den Augen der betroffenen Gemeindeglieder die weitere Militarisierung des gesellschaftlichen Lebens in der DDR.

Während der Thüringer Herbstsynode machte Leich anläßlich eines Berichts über eine gemeinsam mit seiner Frau und Oberkirchenrat Saft unternommene Reise nach Estland und Lettland deutlich, daß das sowjetische Modell einer Kultkirche ihn wenig schreckte:

»Auf dem Hintergrund dieser Beobachtung, eine Gemeinde will aus dem Wort Gottes leben, hatten wir nie den Eindruck, daß unseren Schwesterkirchen dadurch etwas Wesentliches fehlt, daß sie sich in ihren Lebensäußerungen auf den Gottesdienst konzentrieren müssen. [...] In zahlreichen Begegnungen ist uns nie ein Wort der Klage begegnet.« Den Thüringer Synodalen gab er mit auf den Weg: »Nachfolge heißt nicht, sich sehnsüchtig an Kirchen zu orientieren, denen es dem äußeren Anschein nach besser geht als uns. Nachfolge heißt, auf die zu schauen, die uns in der Bewährung vorangehen. [...] Ich finde darin bestätigt, was meine beiden Vorgänger im Bischofsamt wiederholt betont haben. Wir sind an unsere Schwesterkirchen in den Volksdemokratien gewiesen, nicht weil wir ihnen in einigen Dingen helfen, sondern weil wir viel von ihnen lernen können.« Den Bischof begeisterte auch, daß niemand ihn dort ermahnte, die Predigt dürfe nicht zu viel Zeit in Anspruch nehmen: »Immer wieder wurde gesagt, daß die Predigt nicht zu kurz sein dürfe.«[984]

Pfarrer Friedrich Schorlemmer brachte auf der BEK-Synode im September 1982 in Halle seine Betroffenheit darüber zum Ausdruck, »daß die Kirche den Konflikt über das Abzeichen den Jugendlichen überlassen hat.«[985] Der Dresdener Jugenddelegierte Frenzel, der sich der schwierigen Position der Kirche in Gesprächen mit dem Staat bewußt war, kritisierte auf der gleichen Tagung, daß die Kirche »über den Kopf der Jugend hinweg auf die Aufnäher verzichtet habe.«[986]

Der KKL-Vorstand gelangte am 19. April zu der Auffassung, an der eigenständigen kirchlichen Friedensverantwortung dürfe nicht gerüttelt werden. Der Staat müsse zur Bekräftigung und auch Durchsetzung der Gedanken des 6. März bereit sein, ebenso zum Vertrauen in die Ernsthaftigkeit des Anliegens der Jugendlichen und zur restlosen Anerkennung des Bausoldatendienstes, der keinen moralischen Diskreditierungen unterliegen dürfe[987].

Honecker schien dem Wirksamwerden des Kompromisses im kirchlichen Bereich noch zu mißtrauen. Am 16. April 1982 richtete er an die Ersten Sekretäre der SED-Bezirks- und Kreisleitungen ein ausführliches Telegramm, in dem es hieß:

»Wie Ihr wißt, versuchen in letzter Zeit einige Kräfte aus Kreisen der Evangelischen

Kirchen in der DDR das Verhältnis zwischen Staat und Kirche durch provokatorisches Auftreten zu belasten. Als Vorwand dient ihnen dabei oftmals die Unterbindung des Tragens nichtgenehmigter Abzeichen, besonders durch kirchlich stark beeinflußte Jugendliche. In Verbindung damit legen es die Inspiratoren dieser destruktiven Erscheinungen darauf an, das bis zu den Jahren 1978/80 bestehende, im großen und ganzen gute Verhältnis der Evangelischen Kirchen zum Staat zu stören.

Der Staatssekretär für Kirchenfragen, Genosse Klaus Gysi, führte am 7. April 1982 mit leitenden Vertretern der Evangelischen Kirchen in der DDR ein ausführliches Gespräch. In diesem Gespräch legte er dar, daß die Handlungen bestimmter Kirchenvertreter im Widerspruch zu früheren Erklärungen leitender Personen der Evangelischen Kirche stehen, wonach sich die von ihnen vertretenen Kirchen in der DDR nicht in die Rolle eines ›trojanischen Pferdes‹ drängen lassen, sondern sich als Kirche im Sozialismus verstehen. Von seiten leitender Vertreter der Evangelischen Kirchen in der DDR wurde erklärt, daß ihre Kirche weiterhin zu den Ergebnissen des Treffens des Vorsitzenden des Staatsrates der DDR mit dem Vorstand der Konferenz der evangelischen Kirchenleitungen in der DDR am 6. März 1978 stehe. In der Friedensfrage müßten sie jedoch in einer Reihe von Aspekten aus christlicher Sicht Auffassungen vertreten, die über den Rahmen der Friedenspolitik der DDR hinausgingen. Die evangelischen Kirchen seien, wie es in einer Mitteilung des Vorstandes der Konferenz der evangelischen Kirchenleitungen in der DDR heißt, ›nicht einfach Verstärker der Außenpolitik des Staates‹.

Es ist offensichtlich, daß bestimmte kirchliche Kräfte unter dem Vorwand einer ›eigenständigen‹, ›unabhängigen‹ Friedensbewegung bestrebt sind, im Interesse imperialistischer Kreise oppositionelle Kräfte gegen die Arbeiter- und Bauern-Macht zu organisieren. Das findet seinen Ausdruck nicht nur im provokatorischen Auftreten verschiedener kirchenleitender Personen, sondern auch im Flankenschutz, der ihnen dabei von westlichen Massenmedien gewährt wird. Am treffendsten kam dies in einem Leitartikel der ›Frankfurter Allgemeinen Zeitung‹, d. h. in einem Organ der westdeutschen Großbourgeoisie, zum Ausdruck, in dem unverfroren davon gesprochen wird, daß die Vertreter der Evangelischen Kirchen in der DDR ein Mitspracherecht verlangen sollen. Den Inspiratoren eines solchen Auftretens ist natürlich gut bekannt, daß in der Deutschen Demokratischen Republik seit ihrer Gründung Staat und Kirche getrennt sind. Das entspricht übrigens auch der biblischen Weisung, Gott zu geben, was Gottes ist, und dem Staat zu geben, was des Staates ist[988].

Bis zum Treffen am 6. März 1978[989] wurde von seiten leitender Vertreter der Evangelischen Kirche kein Wert darauf gelegt, außerhalb des Friedensrates der DDR eine, wie es jetzt heißt, ›eigenständige‹ Friedensbewegung zu entwickeln. Der Stellvertreter des Landesbischofs der Thüringischen Evangelischen Kirche, Dr. Gerhard Lotz, bekleidete bis zu seinem Tod im vergangenen Jahr die Funktion eines Vizepräsidenten des Friedensrates der DDR. In den Delegationen des Friedensrates zum Weltkongreß der Friedenskräfte in Moskau (1973), des Weltkongresses der Erbauer des Friedens in Warschau (1977) und zu anderen Anlässen befanden sich auch Amtsträger der Kirche. Auch Bischöfe nahmen daran teil. Es ist also ganz offensichtlich, daß die Behauptung von der Notwendigkeit einer ›eigenständigen‹ Friedensbewegung nur den Tarnmantel für Bestrebungen abgibt, die darauf gerichtet sind, die Friedenspolitik der DDR zu entstellen, dem internationalen Ansehen der DDR Schaden zuzufügen, und für Absichten, mit denen langfristig das Ziel verfolgt wird, negativ auf die innere Entwicklung der DDR einzuwirken. Aus diesem Grunde glauben ihre Inspiratoren, mit der Verbreitung des nicht genehmigten Abzeichens ›Schwerter zu Pflugscharen‹, einer nicht genehmigten Organisation, eine populäre Grundlage für ihre dunklen Absichten zu besitzen. Aus alledem ist offensichtlich, daß es ihnen nicht einmal um eine ›eigenständige‹ Friedensbewegung geht, sondern um eine Aktion, die, langfristig gesehen, zu einer Konfrontation mit dem Staat führen soll.

Der Staatssekretär für Kirchenfragen, Genosse Klaus Gysi, hat den Vertretern der Evangelischen Kirchen in der DDR klar und eindeutig gesagt, daß es in der gegenwärtigen Situation nicht um die Frage gehe, ob die Kirche über ein umfassenderes Friedensprogramm als der Friedensrat der DDR verfüge. Es gehe vielmehr darum, die Gefahren eines nuklearen Weltkrieges zu bannen. Diese Gefahr wird, wie das selbst von hervorragenden Persönlichkeiten der USA mit äußerster Präzision klargestellt wurde, durch die gegenwärtige USA-Politik hervorgerufen. [...] Aus diesen Gründen sei es unverständlich, daß entgegen früheren Auffassungen und Einsichten durch Vertreter der Evangelischen Kirchen in der DDR die Ursachen für das gegenwärtige Wettrüsten sowohl im Westen als auch im Osten gesehen würden. [...] Es wäre also Zeit zu begreifen, daß die Gefahr für den Frieden von den aggressiven Kreisen der USA und der NATO ausgehe. Wenn die Vertreter der Evangelischen Kirchen in der DDR – im Gegensatz zu Kirchenvertretern in den USA – nicht in der Lage seien, diese einfache Wahrheit zu erkennen, dann müsse der Staat von ihnen als Mindestes erwarten, daß sie die Gesetze der DDR einhalten, vor denen bekanntlich alle gleich seien.

Im Gespräch machten einige Vertreter der Evangelischen Kirchen darauf aufmerksam, daß sie von der ›kirchlichen Basis‹ her angeregt würden, sich schützend vor die Initiatoren einer ›eigenständigen‹ Friedensbewegung zu stellen. Es ist nicht von der Hand zu weisen, daß dies in diesem oder jenem Fall so ist. Insgesamt aber müssen wir davon ausgehen, daß man im Gegensatz zur Praxis in kapitalistischen Ländern von seiten einiger kirchenleitender Personen in der DDR unserem Staat das Recht auf Selbstverteidigung absprechen möchte.

Die gleichen Leute verlieren über die Segnung der Waffen und ihrer Träger in imperialistischen Staaten, über die Militärseelsorge in der BRD, über die Existenz und das Wirken von Militärbischöfen und -pfarrern in den kapitalistischen Ländern bemerkenswerterweise kein Wort.

Auf Grund dieses Sachverhaltes macht es sich gegenwärtig in besonderem Maße erforderlich, mit kirchlichen Kreisen auf allen Ebenen, besonders mit Pfarrern, Synodalen und Kirchgemeinderäten, aber auch mit aktiven Kirchgemeindegliedern in den Kreisen, Städten und Gemeinden Gespräche zu führen. [...] Der Einfluß destruktiver Positionen ist zielstrebig zurückzudrängen.«[990]

In einer wahrscheinlich für die Bezirke entworfenen staatlichen Argumentationshilfe heißt es:

»Die Abzeichenkampagne [...] ordnet sich in die illegale bzw. feindliche SoFd-Aktivität ein. Kirchliche Mitarbeiter inspirieren unter Mißbrauch religiöser Gefühle Bürger zu rechtswidrigen Handlungen. Der Staatssekretär für Kirchenfragen hat gegenüber leitenden Vertretern der Kirchen und Religionsgemeinschaften betont, ›daß wir uns nicht gegen das Symbol, sondern gegen den Mißbrauch dieses Symbols und die Initiatoren des Mißbrauchs wenden‹. Das zur Vorlage genommene sowjetische Denkmal ist seinem Inhalt nach Gegenstand unserer Friedensarbeit. Unsere Friedenspolitik wird damit in ihrem Grundanliegen zum Ausdruck gebracht. Insofern ist dieses Symbol legitim für die Friedensbewegung unserer sozialistischen Gesellschaft, darunter auch für spezielle christliche. Politisch negative Kräfte mißbrauchen das Abzeichen für eine Aufspaltung der Friedensbewegung in der DDR, eine gegen die Verfassung der DDR gerichtete Argumentation [...], eine Verächtlichmachung solcher Jugendlicher, die ihren Ehrendienst mit der Waffe leisten.

Die Abzeichenkampagne stellt die Ausformung eines politischen Programms gegen die Friedens- und Verteidigungskonzeption der DDR und der im Warschauer Pakt ver-

bündeten Staaten dar. Sie ist nicht als Synonym für Religionszugehörigkeit oder christlichen Glauben zu verstehen. [...]
    Westliche Massenmedien werten die Kampagne als ›erste Organisationsform für Dissidenten in der DDR‹.«[991]

Am 13. April 1982 beschwerten sich Stolpe und Forck bei Gysi über achtzehn »Zuführungen« von Aufnäher-Trägern an einem Wochenende allein in Berlin[992]. Gysi entgegnete, die zwischen Staat und Kirche getroffenen Absprachen würden von dieser nicht eingehalten, wobei allerdings zu berücksichtigen war, daß das entscheidende Gespräch noch nicht einmal eine Woche zurücklag[993], eine Weitergabe der Verabredungen bis an die Basis also noch nicht möglich war.
    Auch der sächsische LKA-Präsident Domsch hatte am 2. April 1982 »sein Entsetzen über die jetzt stattfindenden staatlichen Maßnahmen gegen die Aufnäher zum Ausdruck« gebracht. So hätten »an einer Schule zwei Kriminalisten und ein Polizist in Uniform eine Taschenkontrolle durchgeführt«[994].
    Am 20. April schickte das LKA Dresden einen durch Domsch unterzeichneten Brief an den Stellvertreter des Vorsitzenden für Inneres im Rat des Bezirkes Dresden. Darin wurde vermutet, daß den staatlichen Vertretern, die gegen Aufnäher-Träger vorgingen, der Hintergrund des Abzeichens offenbar nicht bekannt sei:

»Junge evangelische Christen haben sich freiwillig dieses Zeichen mit dem sowjetischen Denkmal aufgenäht, um ihrem Friedenswillen und ihrem Streben nach Frieden Ausdruck zu verleihen. [...] Durch polizeiliche und andere Zwangsmaßnahmen – etwa durch Schuldirektoren – wird das Tragen des Aufnähers [...] kriminalisiert. Wir weisen darauf hin, welcher Schaden damit bei den Jugendlichen angerichtet wird. Vordergründig wird zwar das Ziel erreicht, daß die Aufnäher aus dem Straßenbild verschwinden, aber Resignation und Verbitterung bei den Jugendlichen werden dadurch gefördert[995]. Es wird als Beispiel dafür empfunden, daß es riskant ist, eine Meinung zu äußern, die der staatlich gewünschten Meinung nicht entspricht. Heuchelei, Unaufrichtigkeit und günstigenfalls Schweigen können die Folgen sein.«

Außerdem wies Domsch in dem Schreiben auf die möglicherweise verheerenden außenpolitischen Folgen des gewaltsamen Vorgehens hin[996].
    Ende April mußten die Funktionäre des Regimes feststellen:

»Nach wie vor gibt es diese Symbole in Schaukästen und an Fensterscheiben von Pfarrhäusern und an den Autos von Geistlichen.« Weiterhin nehme die Diskussion über die Losungen »Frieden schaffen ohne Waffen« und »Schwerter zu Pflugscharen« zu, während ein sozialer Friedensdienst nicht mehr so deutlich propagiert werde. »Offensiv geführte Gespräche der staatlichen Organe zur Friedensproblematik haben die politische Differenzierung in den Kirchen weiter verstärkt, und die innerkirchlichen Auseinandersetzungen weisen deutlich eine Polarisierung der Kräfte aus. Geistliche, vor allem kirchenleitende Persönlichkeiten, beginnen zu erkennen, daß sich eine ›unabhängige Friedensbewegung‹ gegen die Interessen der Kirchen richtet. Sie sehen auch, daß bestimmte kirchliche Bereiche zu Sammelbecken ›unbesonnener Jugendlicher und oppositioneller Kräfte‹ werden, sind aber nicht oder nur völlig unzureichend dazu bereit, sich von ihnen [Randbemerkung Gysi: ›Sollen sich von Organisatoren trennen‹] zu trennen. [...]

Auch bei sonst loyal eingestellten Amtsträgern zeigt sich vielfach Unverständnis gegenüber den staatlichen Maßnahmen gegen die ›Aufnäher‹.«[997]

Im Frühsommer 1982 schien sich jedoch die Lage auch unter den Pfarrern entspannt zu haben. Lediglich einige Mitarbeiter aus dem Bereich der Jugendarbeit übten sich noch in Opposition gegen die Kirchenleitungen[998], fanden aber bei den Jugendlichen nur wenig Unterstützung[999]. Den Kirchenleitungen wurde vorgehalten, sich »›zum Büttel des Staates‹« gemacht zu haben, da die Kirchen auf Konsequenzen, die sich aus dem Tragen des Aufnähers ergeben könnten, hingewiesen hatten, ohne daß die DDR-Presse hierzu Anhaltspunkte hätte geben können. Dort stand nämlich nicht ausdrücklich, daß es verboten sei, sich mit dem Symbol in der Öffentlichkeit sehen zu lassen[1000].

Doch der Staat gab sich wieder einmal mit dem Erreichten nicht zufrieden. Gegenüber Gienke (15. Juni), Natho (24. Juni) und auch Forck (28. Juni) forderte Gysi jeweils die klare Abgrenzung von denjenigen, »die faktisch auf eine Spaltung der einheitlichen Friedensbewegung hinarbeite[te]n«, indem die Kirchenleitungen ihre Zustimmung zur »Friedenspolitik« der Sowjetunion und der DDR klar zu erkennen gäben. Er verwies die Kirchen nochmals darauf, sich auf den Begriff »Kirche im Sozialismus« und »auf den Weg vom 6.3.1978 zu besinnen.« Gienke und Natho reagierten verständnisvoll, bei Forck war dies anscheinend weniger der Fall[1001]. Im August konnte staatlicherseits festgehalten werden, daß sich die Mehrzahl der Pfarrer von Bestrebungen, eine kirchlich unabhängige Friedensbewegung zu bilden, distanzierten. Sie zeigten allerdings auch keine Bereitschaft, »ihre Aktivitäten als Teil der breiten Friedensbewegung in der DDR zu verstehen.«[1002]

Auf die virulente Bedeutung des Aufnähers ging Demke auch während der Beratergruppensitzung im Dezember 1982 ein[1003].

Weitere Auseinandersetzungen mit und um Rainer Eppelmann (1981/82)

Am 12. Februar 1982 ließ sich Lingner von Demke über die vorläufige Festnahme Rainer Eppelmanns informieren[1004]. Demke berichtete, er und Stolpe seien in dieser Angelegenheit bei dem Staatssekretär für Kirchenfragen vorstellig geworden und hätten ins Feld geführt, daß ein Strafverfahren gegen Eppelmann die Sachdiskussion erschwere und das Verhältnis zwischen den sozialistischen und westlichen Staaten belaste[1005].

Am 10. und 11. Februar hatten Gespräche zwischen Stolpe und Heinrich vom Staatssekretariat stattgefunden, bei denen Demke nicht zugegen war. Doch nach den Aufzeichnungen Heinrichs waren diese Unterredungen ganz anders verlaufen, als Demke zwei Tage später seinem westlichen Kollegen berichtete.

Am 10. Februar bezeichnete Stolpe die am Vortag erfolgte vorläufige Verhaftung Eppelmanns als »eine verständliche Maßnahme«. Die Berlin-Brandenburgische Kirchenleitung habe am 8. Februar beschlossen, über »Maßnahmen gegen Pfarrer Eppelmann und die Verbreitung seines »Berliner Appells« zu beraten. Stolpe führte nach dem staatlichen Protokoll zur Begründung dieses Schrittes an, Ausgangspunkt sei »die Überlegung, daß ein Pfarrer zu politischen Fragen persönlich Stellung nehmen könne, auch zu akuten Fragen, wie sie die Erhaltung des Friedens darstelle, allerdings sei es bedenklich, wenn bei politischen Ermessensfragen Leute verführt und in Gefahr gebracht werden.«

»Stolpe äußerte sich danach zu Auffassungen, die der Bischof und er zum weiteren Fortgang des Problems Eppelmann haben. Er bat die Möglichkeit zu prüfen, für Eppelmann ein Ermittlungsverfahren ohne Haft zu veranlassen. Weiter stellte er fest, daß der Berliner Appell eine private Sache von Eppelmann sei und keineswegs die Unterstützung der Kirchenleitung erfahre.

Der Bischof sei gewillt, bei einer eventuellen Freilassung von Eppelmann ein innerkirchliches Verfahren einzuleiten und innerkirchlich eine weitere Auseinandersetzung mit Eppelmann über das Problem des ›Berliner Appells‹ zu führen. Er vertritt die Auffassung, daß der entsprechende Beschluß der Kirchenleitung und die disziplinarischen Möglichkeiten des Bischofs und des Konsistorialpräsidenten Eppelmann zum ›Zurückgehen‹ veranlassen.

Stolpe hält Eppelmann als ›Märtyrer‹ für ein großes Problem innerhalb der Kirche. Darum müsse sich die Kirche ›vor den Menschen‹ stellen, sich um seine Familie kümmern und gegebenenfalls ›Fürbitte‹ halten. Ein weiteres Verbleiben in der Haft mache Eppelmann innerkirchlich interessant. Es ist der Kirche nicht daran gelegen, daß innerkirchliche Kreise für die Freilassung Eppelmanns aktiv werden.

Stolpe fixierte nochmals den Standpunkt von Bischof Dr. Forck[1006] und seinen eigenen zu den Aktivitäten Eppelmanns. Objektiv handele es sich dabei um eine friedensgefährdende Aktion. Die Kirche sei an einer störungsfreien Fortsetzung der Gesamtpolitik innen und außen interessiert. Bischof Dr. Forck sei gewillt, die Möglichkeiten des Kirchenrechtes voll auszunutzen. Stolpe äußerte die persönliche Auffassung, daß sich Eppelmann bei einem Beharren auf seiner Position außerhalb der Kirche bewegt und gegebenenfalls mit einem Ausschluß zu rechnen habe. Allerdings erfordere dieses Verfahren Monate, sei nicht erstrebenswert und bleibe wohl nur eine allerletzte Möglichkeit.

Stolpe informierte, daß ihm aus der Magdeburger Kirche Reaktionen zum Problem Eppelmann bekannt seien. Danach habe Konsistorialpräsident Kramer Unterzeichner des Berliner Appells aus der Kirchenprovinz Sachsen aufgefordert, ihre Unterschrift zurückzuziehen. Von den übrigen Gliedkirchen des Bundes, die vom Vorhaben betroffen sind, werde ein gleiches Vorgehen erwartet.

Zum Abschluß des Gespräches betonte Stolpe, daß der Bischof oder er jederzeit bereit sind, die vorgenannten Äußerungen gegenüber kompetenten Vertretern der Justizorgane oder des Staates zu wiederholen.«[1007]

Wenige Tage zuvor hatte Stolpe gegenüber Bellmann hinsichtlich der Blues-Messen in Aussicht gestellt, »daß innerkirchlich Maßnahmen getroffen worden sind, um diese Angelegenheit unter Kontrolle zu bringen.«[1008]

Einen Tag später, am 11. Februar 1982, teilte Heinrich Stolpe mit, Eppelmann werde aus der Untersuchungshaft entlassen. Zugleich werde das staatsanwaltliche Ermittlungsverfahren unter der Bedingung eingestellt, daß Eppelmann seine Aktionen nicht weiter fortsetze. Heinrich appellierte hierbei vor allem auf die von Stolpe zuvor in Aussicht gestellten innerkirchlichen Einflußnahmen auf Eppelmann. Daraufhin bedankte sich Stolpe für diese Lösung.

»Er erklärte, daß aus dieser Entscheidung der staatlichen Organe für die Kirche eine besondere Verpflichtung erwachse, den Weg des 6.3.1978 konstruktiv weiterzuführen. Die Kirchenleitung habe die Absicht, die innerkirchliche Basis gegen Aktivitäten wie den ›Berliner Appell‹ u. ä. zu verbreitern. In der Kirchenleitung müsse nunmehr darüber nachgedacht werden, wie bestimmte Dinge, darunter der ›Berliner Appell‹, in die ständige Auseinandersetzung stärker einbezogen werden. Wörtlich erklärte er: ›Wir dürfen solche Dinge nicht einfach schleifen lassen!‹

Auf Befragen erklärte Stolpe, daß die Kirchenleitung Berlin-Brandenburg am 12. und 13.2.1982 über das weitere Vorgehen gegen Pfarrer Eppelmann beraten und beschließen werde. Der Bischof und er gehen davon aus, daß der ›Berliner Appell‹ durch die Kirchenleitung zurückgewiesen wird und Maßnahmen zur Disziplinierung von Eppelmann beschlossen werden. Sofort nach seiner Haftentlassung wird Eppelmann durch den Bischof über das Vorgehen gegen ihn informiert. Eppelmann wird untersagt, sich vor Abschluß des innerkirchlichen Verfahrens zu den entstehenden Problemen öffentlich zu äußern. Vom Beschluß der Kirchenleitung wird Eppelmann offiziell am 15.2.1982 durch den Bischof und den Konsistorialpräsidenten in Kenntnis gesetzt.

Stolpe beschloß seine Erklärung mit der persönlichen Anmerkung, daß Eppelmann klug genug sei, um nach den gegen ihn verhängten Maßnahmen nicht weiter aktiv zu werden.«[1009]

Das Problem Eppelmann gärte seit langem. Über seine Blues-Messen hatte Gysi schon wiederholt mit Schönherr debattiert. Über eine Unterredung mit dem Berliner Bischof vom 13. Februar 1981 notierte der Staatssekretär:

»Ich habe ihm ebenso ruhig wie eindringlich gesagt, daß Provokationen dieser Art nicht mehr stattfinden können und werden. Sie dienen weder der Resozialisierung asozialer Elemente noch der Kirche oder der Religion. Da ich wisse, daß er im Grunde dagegen sei, könne ich ihm nur empfehlen, seine eigene Linie durchzusetzen. Um nicht sein Gesicht zu verlieren, solle er die Dinge zunächst bis zum Herbst hinausschieben. Vor den Wahlen am 14.6.1981[1010] könne sich sowieso nichts Derartiges abspielen, dann käme die Sommerpause, und inzwischen müssen sie sehen, wie das Ganze endgültig eingestellt werden kann. Im Grunde seien wir immer wieder in der Position, ihn vor seinen eigenen Leuten zu schützen.«

Gysis Offerte belegte die Bereitschaft des Regimes, im Falle einer Zusammenarbeit das kirchenleitende Interesse mit zu berücksichtigen und seine Kooperateure vor einem Gesichtsverlust zu bewahren.

»Schönherr entgegnete sehr ruhig und für seine Verhältnisse sehr bestimmt. Er sei gegen diese Blues-Messen. Derartige Aktionen führten im übrigen nur dazu, daß die Asozialen sich gegenseitig in ihrer Haltung bestärken. Auch die Mehrheit der Kirchenleitung sei im Grunde dagegen. Diese Jugendlichen seien für die Kirche kein Gewinn, und an der Religion läge ihnen überhaupt nichts. Hinzu käme, daß sie auf der Straße eine echte Gefahr darstellten[1011]. [...] Obwohl die Mehrheit der Kirchenleitung dagegen sei, wollten sie sich nicht dem Odium eines Verbots aussetzen und dem Vorwurf, ›Knechte des Staates‹ zu sein. Er habe mich aber gut verstanden und werde alles daran setzen, solche Veranstaltungen bis zum Herbst zu verschieben.

Ich habe noch hinzugefügt, daß diese Eppelmann-Veranstaltungen so dumm wie gefährlich seien und wir im übrigen ja die Veranstaltungsverordnung haben, von der wir jederzeit Gebrauch machen können. Wenn wir das nicht getan haben, dann um der Kirche Gelegenheit zu geben, die Dinge selbst in Ordnung zu bringen und ihm [Schönherr] die Möglichkeit, sein Gesicht zu wahren. Er sagte zu, sich voll einzusetzen und bat mich zu überprüfen, ob nicht durch einen Mitarbeiter der Dienststelle ein Gespräch mit Pfarrer Eppelmann geführt werden könne. Er verspräche sich davon einen gewissen Eindruck und evtl. auch die Erkenntnis, daß die Mitglieder der Kirchenleitung die wirkliche Lage richtig sehen und nicht aus Angst handelten.«

Resümierend bemerkte Gysi: »Ich habe einleitend nicht viel zur Person und zu den Absichten von Pfarrer Eppelmann gesagt. Das sehr harte Urteil über Eppelmann, das Bischof Schönherr dann aussprach, war sehr ausführlich und zeigte weitgehende Einsicht. Bei aller evtl. Doppelzüngigkeit ging er mit der festen Versicherung, alles zu tun, um diese Provokationen zu verhindern. […] Abschließend habe ich gesagt, daß die Beziehungen zwischen Staat und Kirche auch in gewissen Grenzen flexibel sind und daß wir doch häufig über einiges großzügig hinwegsehen. Diese Möglichkeit sei natürlich eine Sache des Vertrauens. Insofern seien auch einzelne Provokationsabsichten immer für die Gesamtsituation der Kirche von Bedeutung. Das solle man nicht vergessen. Schönherr versicherte mir, er habe mich völlig verstanden und würde alles tun, was in seiner Macht stünde.

[…] Nach meinem Eindruck wird Bischof Schönherr sich voll einsetzen, um die Eppelmann-Messen zu verhindern. Trotzdem ist es fraglich, wie ihm das gelingt.«

Der Staatssekretär schlug vor, auch mit den anderen Mitgliedern der Kirchenleitung Berlin-Brandenburg, unteren Leitungsebenen sowie mit Eppelmann persönlich zu reden[1012].

Wenige Tage später sprach Bellmann auch Stolpe auf das Problem der Blues-Messen an. Der Kirchenbund-Sekretär wies darauf hin, wie schwierig es für Schönherr sei, das Gysi gegebene Versprechen einzulösen und für eine Unterbrechung der Blues-Messen zumindest bis zu den Wahlen am 14. Juni zu sorgen.

»In der gegenwärtigen Kirchenleitung würden sich über diese Fragen die Diskussionen drehen wie ein Karussell. Pfarrer Eppelmann und seine Leute würden sich dabei immer wieder durchsetzen. So sei das gegenwärtige Kräfteverhältnis in dieser Kirchenleitung.«

Was ihn selbst betreffe, hob Stolpe hervor, habe er persönlich auf diese Dinge sowieso keinen Einfluß, da sie in den Kompetenzbereich der Evangelischen Kirche in Berlin-Brandenburg fielen. Allerdings wolle er sich dafür einsetzen, daß demnächst auf KKL-Ebene über die Blues-Messen entschieden werde.

»Dort gäbe es in dieser Frage und zu diesem Zeitpunkt mehr vernünftig denkende Leute. Sie haben erkannt, daß mit solchen Aktionen letztlich die kirchliche Jugendarbeit kaputtgemacht werde. Selbst die Vertreter der Landeskirche Sachsen seien dagegen.« Bereits im März könnte die Angelegenheit dort auf die Tagesordnung gesetzt werden.

Außerdem empfahl er, wie zuvor bereits Schönherr, im Staatssekretariat für Kirchenfragen ein ernstes Gespräch mit Eppelmann zu führen. »Das könnte seines Erachtens Wirkung haben.«[1013]

Am 5. März wurde Generalsuperintendent Grünbaum im Berliner Magistrat durch den dortigen Stellvertreter für Inneres, Hoffmann, gefragt, warum trotz der Zusicherung Schönherrs an Grünbaums eigener, der Lichtenberger Erlöserkirche – man war, um den Beschwerden der Anwohner Rechnung zu tragen, von Eppelmanns Samariterkirche in den Nachbarbezirk ausgewichen –, nun doch wieder eine Blues-Messe angesetzt sei. Grünbaum antwortete, Schönherr habe lediglich versichert, daß vor dem X. Parteitag der SED keine solchen Veranstaltungen mehr stattfinden würden. Deshalb habe man die Veranstaltung auf den 15. Mai verschoben. Von einem weitergehenden Versprechen seines Bischofs sei ihm nichts bekannt. Hoffmann drohte:

»Wir sind am 17. Juni 1953 mit der Konterrevolution fertig geworden und würden heute, 30 Jahre danach, niemals zulassen, daß an der Macht des Arbeiter- und Bauernstaates, die den Garant für den Frieden darstellt, auch nur gerüttelt wird. [...] Deshalb werden keine Blues-Messen mehr stattfinden, weder vor den Wahlen noch danach.« Grünbaum wies in seiner Entgegnung die aufgestellte Behauptung, die teilnehmenden Jugendlichen seien asozial, als »Diskriminierung« zurück: »Die Veranstaltungen haben eine positive Entwicklung zu verzeichnen. Darum haben wir uns bemüht. Die Kirchenleitung hat beschlossen, daß Blues-Messen nur im Kontakt mit ihr durchgeführt werden. Es gibt aber keinen Beschluß, Blues-Messen nicht durchzuführen. [...] Drei Veranstaltungen jährlich seien keine besondere Sache, sie dienen der Verkündigung und seien keine politischen Provokationen. Die Kirchenleitung kann sie deshalb nicht unterbinden. [...] Für uns ist eine Veranstaltung ein Gottesdienst, wenn in ihr Segen ausgesprochen wird. [...] Wenn Sie die Blues-Messen verbieten, verbieten Sie die Durchführung eines Gottesdienstes. Wir werden das auch der Vorbereitungsgruppe mitteilen.« Auf Hoffmanns Vorhaltungen, Eppelmann trage ein Abzeichen von »Solidarność«, reagierte Grünbaum mit der Bemerkung: »Ich kann mich nicht gegen einen Kollegen wenden, wenn es keine Disziplinarvorkommen gibt.« Mit deutlichen Worten beschrieb er auch die Grenzen bischöflicher Befugnisse: »Wenn der Bischof zugesagt hat, keine Blues-Messen mehr durchzuführen, hat er seine Kompetenzen überschritten. Auch er ist an Beschlüsse der Kirchenleitung gebunden. Das muß in der Kirchenleitung ausdiskutiert werden.«[1014]

Im Unterschied zu Schönherr stellte sich der Ostberliner Generalsuperintendent klar hinter Eppelmann und seine Blues-Messen und wies jeglichen staatlichen Einmischungsversuch in diese innerkirchliche Veranstaltungsreihe zurück[1015].

Die von Stolpe und Schönherr vorgeschlagene Aussprache mit Eppelmann im Staatssekretariat fand am 6. März 1981 statt. Die zweistündige Unterredung wurde durch Wilke und Handel, der, wie sich im Gesprächsverlauf herausstellen sollte, an einigen der Blues-Messen als kritischer Beobachter teilgenommen hatte, geführt. Nach den staatlichen Vorhaltungen betonte Eppelmann die Notwendigkeit der Blues-Messen. Er wolle die Menschen »zum Frieden und zur Gerechtigkeit [...] erziehen«. Er berichtete von einem unter den Jugendlichen vorhandenen »Trend [...] zum Aussteigen«; sie stellten sich die Frage »nach dem Sinn des Lebens und dem Sinn der Arbeit.«

»Diese Jugendlichen bekommen aber in der Gesellschaft keine geeigneten Lebensmodelle. Kirche will nicht schaden, sondern erreichen, daß junge Menschen Freude empfinden. Sie sollen lernen, Konflikte nicht mit Gewalt auszutragen. Er sei der Meinung, daß es sich lohne, als Christ in der DDR zu leben, es gehe darum, das Zusammenleben möglichst gut und tolerant zu gestalten. Angst und Mißtrauen müssen abgebaut werden. Eppelmann fühle sich verantwortlich für die gesellschaftlichen Verhältnisse und auch für ihre Veränderung.«

Wilke erwiderte, man sei »nicht gegen Gottesdienste, aber gegen politisches Kabarett mit antikommunistischem Inhalt. [...] der Applaus der Jugendlichen an gegen den Sozialismus gerichteten Stellen zeigt, daß es nicht um positive Orientierungshilfen geht, sondern um Bestärkung in bestimmten negativen Verhaltensweisen. Ob es Eppelmann wahrhaben will oder nicht, hier wird gegen den Staat aufgetreten. Seine Familie[1016] und er haben persönliche Schwierigkeiten, mit dem Sozialismus zurechtzukommen, das beweist sich bis in die jüngste Zeit.« Die »politisch negative Beeinflussung der Jugendlichen« sei »unerträglich«.

Unter Verweis auf seinen freiwilligen Verbleib in der DDR versicherte Eppelmann, kein Gegner der DDR-Gesellschaft zu sein. »Aber er nimmt für sich die Rechte wahr, die jeder DDR-Bürger hat, d. h. ›ich darf sagen, das ist gut und das ist schlecht‹. [...] Ein Kabarett gehört in den Gottesdienst, es ist eben notwendig, denn es hat Ventil- und stabilisierende Funktion. Er wehrt sich dagegen, ein Gegner des Sozialismus zu sein. Er sieht Mängel am Sozialismus, aber der ›Kapitalismus ist keine Alternative für mich‹«, so der Pfarrer wörtlich. Er unterbreitete den Vorschlag, er wolle mit staatlichen Verantwortlichen für die Jugendpolitik über Probleme der Jugend reden, und sagte nach dessen Ablehnung, der Staat habe keinen »Anspruch auf 100%ige Wahrheit.«[1017]

Das von Stolpe und Schönherr angestrebte Ziel, Eppelmann werde durch ein Gespräch im Staatssekretariat die Brisanz der von ihm verantworteten Veranstaltungen deutlich werden, wurde offensichtlich nicht erreicht. Eppelmann kündigte abschließend an, »daß er sich in der Kirche beraten werde«. Ein Zugeständnis des Pfarrers, die Blues-Messen künftig nicht mehr anzubieten, war nicht zu erreichen. Im Gegenteil: Der Gemeindepfarrer hatte wacker seine Positionen vertreten und den Staatsvertretern klar gesagt, wie er über sie dachte und wie es nach seiner Auffassung gegenwärtig um die DDR-Jugend stand.

Drei Tage später versuchte Wilke beim Kirchenbund etwas zu bewirken, indem er mit Dorgerloh, dem Vorsitzenden der Kommission für Kirchliche Jugendarbeit, ein Gespräch führte. Er bat den Kirchenmann, im Sinne guter Staat-Kirche-Beziehungen auf Berlin-Brandenburg einzuwirken. Dorgerloh gab zu verstehen, daß die Blues-Messen unter Mitarbeitern in der kirchlichen Jugendarbeit nicht unumstritten seien. Auf einer Wochenendberatung mit dieser Gruppe in Buckow am 4. und 5. April, zu der auch Eppelmann eine Einladung erhalten habe, wolle man über die Blues-Messen, aber auch ähnliche Vorhaben, wie z. B. die Rudolstädter JUNE oder die Hallenser Werkmessen[1018], diskutieren[1019]. Er sprach sich aber gegen eine harte Reaktion des Staates aus, indem er darauf hinwies, daß neben Eppelmann auch Jugendliche an der Vorbereitung der Sondergottesdienste beteiligt seien, mit denen er ebenfalls das Gespräch suchen wolle[1020].

Auf der KKL-Vorstandssitzung am 13. und 14. März 1981 in Buckow trug Dorgerloh einen systematisierten Bericht über die mit dem Staat bereits wegen der Blues-Messen geführten Gespräche vor und erreichte, daß sich nun der BEK einschaltete. Im Beschlußprotokoll heißt es:

»Der Vorstand unterstreicht die Bedeutung für die Kirchen des Bundes. Er beauftragt den Sekretär der Kommission für Kinder- und Jugendarbeit in Verbindung mit der Kirche Berlin-Brandenburg, die weitere Entwicklung zu begleiten, damit die kirchlichen Aufgaben an den Randgruppen der Jugend z. B. in jugendgemäßen Gottesdiensten sachgemäß wahrgenommen werden. Der Vorstand begrüßt es, wenn die von der KKJ vorgesehene Konsultation zu diesem Ziel beiträgt.«[1021]

Am 20. März 1981 teilte Berlin-Brandenburgs Synodalpräses Becker dem

Ostberliner Kirchenreferenten Hoffmann mit, die Kirchenleitung billige, daß auch weiterhin Blues-Messen stattfänden. Es bliebe beim 15. Mai 1981[1022]. Der Beschluß der Kirchenleitung wurde durch die Frühjahrstagung der Berlin-Brandenburger Synode bestätigt[1023].

Über Eppelmann wurde zwischen Gysi und Schönherr wieder am 7. April 1981 gesprochen[1024]. Gysi stellte klar, er habe nichts gegen »die Blues-Messen als solche, sondern nur [... gegen] ihre Umfunktionierung in ›politisches Kabarett‹.« Schönherr entgegnete, man müsse den Kirchen nun einmal die Entscheidung darüber überlassen, was sie als Gottesdienst gelten ließen[1025].

Stolpe vertrat am 11. Mai 1981 gegenüber Bellmann die Ansicht, »daß man innerkirchlich gegen bestimmte Absichten des Mißbrauchs (etwa Pfarrer Eppelmann) härter vorgehen müsse. Er, Stolpe, sei der Meinung, daß sowohl die Verbreitung pazifistischer Ideen als auch deren politischer Mißbrauch durch kabarettistische Darbietungen in diesen Veranstaltungen nicht vertretbar seien. Aber es gebe auch gegenwärtig in der Kirchenleitung Berlin-Brandenburg Kräfte, die solche Vorhaben weiterhin durchsetzen wollen.«[1026]

Bellmann erwähnte Ende Mai gegenüber Schönherr einen »Werkstatt-Gottesdienst« in Berlin-Friedrichshain, den »offene Hetze gegen die Staatsorgane, Stimmungsmache gegen die Volkspolizei[1027], Verächtlichmachung von Losungen des X. Parteitages« und andere Dinge gekennzeichnet hätten. »Es erhebe sich allen Ernstes die Frage, wie das nach der Vielzahl von Gesprächen mit ihm [Schönherr] und anderen kirchlichen Vertretern beim Staatssekretär für Kirchenfragen und dem Magistrat weitergehen soll«, mahnte der SED-Funktionär. »Das habe mit kirchlicher Jugendarbeit überhaupt nichts zu tun, sondern belaste die Staat-Kirche-Beziehungen.« Schönherr gab an, über den in Rede stehenden Gottesdienst keine Informationen zu besitzen, da er zu diesem Zeitpunkt gerade nicht in der DDR gewesen sei. »Er könne das nicht billigen«, gestand der Bischof dem Staatssekretär zu[1028].

Für den 26. Juni 1981 waren insgesamt drei Blues-Messen angesetzt, zu denen Hunderte von Einladungen in die gesamte DDR verschickt und zwischen fünf- und zehntausend Teilnehmer erwartet wurden. Den Gottesdiensten sollte der Brief Solschenizyns »Lebt nicht mit der Lüge« (Februar 1974) zugrundegelegt werden[1029]. Diese Informationen gelangten auch an das MfS und hierüber an das Staatssekretariat für Kirchenfragen[1030].

Am 17. Juni 1981 sprach Gysi mit Synodalpräses Manfred Becker, um die Kirchenleitung »erneut auf ihre Verantwortlichkeit zur Einhaltung der Gesetzlichkeit hinzuweisen. [...] Es handele sich auch um einen Versuch, die Linie des 6.3.1978 durch eine bewußte Provokation zu zerstören und die Konfrontation zu erreichen.« Die Veranstaltung besitze »eine eindeutig staatsfeindliche und konterrevolutionäre Zielsetzung«. Man erwarte eine deutliche Distanzierung von seiten der Kirchenleitung und ein kirchliches Verbot dieser und aller zukünftigen Blues-Messen. »Präses Becker wand sich während des ganzen Gesprächs, versuchte jeder klaren Fragestellung auszuweichen und vor allem alles herunterzuspielen und als Bagatelle darzustellen. Er war am Schluß sehr stark eingeschüchtert, aber guter Wille oder Einsicht waren nicht erkennbar[1031]«, bemerkte Gysi im Protokoll. Becker gab zu verstehen, daß nunmehr Stadtjugendpfarrer Martin-Michael Passauer der Hauptverantwortliche sei[1032], wodurch man eine Einbindung Eppelmanns erreicht habe. Dem Programm, das ihm auch bekannt sei, läge nach seiner Auffassung »keine grundsätzlich feindliche Konzeption« zugrunde. Im Vergleich zu früheren Blues-Messen seien die zu präsentierenden Texte eher weniger scharf, so daß man wohl kaum von einer Eskalation reden könne. Außerdem rechne er mit maximal 4 000 Teilnehmern. Alle anderen Zahlen seien zu hoch gegriffen.

Schließlich machte er Gysi klar, daß die Verantwortung für die Gottesdienste beim Stadtjugendpfarramt läge. Die Kirchenleitung besitze hier keine Eingreifmöglichkeiten. Er stellte in Aussicht, auf der nächsten Kirchenleitungssitzung am 19. Juni von dem mit Gysi geführten Gespräch zu berichten, »aber er glaube nicht, daß er die Kraft habe, die Dinge zu ändern.« Nachdem die Blues-Messe nun schon zweimal verschoben worden sei – zunächst auf einen Termin nach dem X. Parteitag und dann hinter die Volkskammerwahl –, könne er sich nicht vorstellen, daß der Vorbereitungskreis sich nun auf eine freiwillige Absage einlassen werde[1033].

Vor der Sitzung der Kirchenleitung gelang Gysi noch ein Gespräch mit Passauer, der eine Überprüfung der vorgesehenen Texte versprach. Er sei auch gegen eine »Mammutveranstaltung«. DDR-weite Einladungen seien nicht vom Vorbereitungskomitee ausgegangen. Er habe die Landesjugendpfarrer gebeten, in ihren Landeskirchen darauf hinzuweisen, daß Nicht-Berliner am 26. Juni besser nicht anreisen sollten. Auch habe man das Thema in »Hin und Her gerissen« verändert. »Die Aufgabe der Blues-Messen verstünde er so, daß sie auf Jugendliche, die die gesellschaftliche Eingliederung verweigerten, im Sinne einer positiven gesellschaftlichen Integration einwirken sollten. Das sei sein ehrliches Bestreben«, so Passauer.

Endlich habe man dieses Mal auf ein Vorprogramm, eine Band, das Auftreten von Außenseitern und auch Teilnehmern verzichtet, um das gottesdienstliche Geschehen in den Mittelpunkt zu rücken. Damit hoffe er diejenigen Besucher loszuwerden, »die sie auf keinen Fall bei sich zu sehen wünschten.« Die Predigt werde er, Passauer, selbst übernehmen. »Thema sei die Bergpredigt, und es werde bei ihm keinerlei Solschenizyn-Thesen geben.« Nach höchstens einer Stunde werde die Veranstaltung beendet sein.

Außerdem meinte er im Blick auf die Zukunft: »Er persönlich sei gegen die Fortführung der Blues-Messen.«

Gysi, der ja ansonsten nur mit Bischöfen, leitenden Kirchenjuristen und bisweilen auch Synodalpräsides zu tun hatte, notierte: »Ich kann Pfarrer Passauer nicht einschätzen. Bischof Schönherr beurteilt ihn als offen und zuverlässig.«[1034]

Etwa eine Stunde vor Beginn der Kirchenleitungs-Sitzung am 19. Juni folgte Schönherr einer Aufforderung Gysis zu einem Gespräch im Staatssekretariat. »Bischof Schönherr war sehr ernst und etwas bedrückt. Er sagte, daß es nicht möglich gewesen sei, nach zweimaliger Verschiebung die Blues-Messen ganz vom Tisch zu bekommen. Die Kirchenleitung sei in dieser Frage nicht einer Meinung. […] Er werde in der Kirchenleitung ganz in meinem

Sinne auftreten, was ja auch seiner Überzeugung entspräche«, berichtete der Staatssekretär«[1035].

In unmittelbarem zeitlichen Anschluß an die Kirchenleitungssitzung am 19. Juni wurden Schönherr, Becker und Passauer bei Gysi vorstellig. Passauer erklärte, die Vorbereitungsgruppe habe die Gottesdienst-Texte nochmals überprüft und im Anschluß daran »noch sehr wesentliche Änderungen durchgesetzt und vorgenommen«. »Er habe sich bemüht, ›mit den Augen des Staates‹ zu prüfen, und sehe nichts, was gegen den Staat gerichtet sei«. Vor Fehlinterpretationen sei man allerdings niemals geschützt, fügte Passauer hinzu. Mit »eine[r] sehr starke[n] Ordnungsgruppe« gedächten sie des großen Andrangs Herr zu werden. Schönherr fügte hinzu, er stimme mit Passauer völlig überein. Über den weiteren Umgang mit den Blues-Messen werde man demnächst in der Kirchenleitung grundsätzlich beraten.

Gysi, der im übrigen dieser kirchlichen Planung für die Veranstaltungen nicht widersprach, die Anwesenden aber nachdrücklich auf ihre Verantwortung gegenüber dem Staat auch in bezug auf die Blues-Messen hinwies, sagte den Kirchenvertretern, es gehe wohl auch um eine grundsätzliche Beratung der Konzeption kirchlicher Jugendarbeit[1036], die nicht zu einer Alternative zur staatlichen FDJ-Arbeit werden dürfe.

Abschließend hielt der Staatssekretär fest: »Das Gespräch zeigte nach meiner Auffassung, insbesondere wenn man die vorangehenden vergleicht, daß die realistischen Kräfte in der Kirchenleitung, die am Kurs des März 1978 festhalten, keinen Bruch mit uns riskieren und keine neuen großen Auseinandersetzungen haben wollen. Zugleich wollen sie innerhalb der Kirche und nach außen nicht ihr Gesicht verlieren und halten deshalb an der Veranstaltung fest und wollen evtl. für später den Ausdruck Blues-Messen retten. Aber es ist deutlich geworden, daß eine starke Gruppe (Schönherr, Passauer u. a.) genug von dieser provokativen, auf Konfrontation gerichteten Sache haben. So ist das Festhalten an einer grundsätzlichen Klärung zu verstehen.« Die »Kirchenleitung [sei nunmehr] gezwungen, die volle Verantwortung zu übernehmen, der sie bisher immer ausgewichen ist«, fügte Gysi mit einer gewissen Genugtuung hinzu.

Der Staatssekretär unterbreitete den Vorschlag, »die Veranstaltung trotz des damit verbundenen Risikos zuzulassen. Den Hinweis von Pfarrer Passauer auf die [zurückhaltende] Unterstützung unserer Polizei würde ich beachten.« Die »Anreise provokativer Jugendlicher« aus der DDR solle aber bereits vor Ort verhindert werden[1037].

Besondere Wirkung zeigte bei Schönherr der am 30. Juli von Staatssekretär Gysi gegebene Hinweis auf die in der Ostberliner Galiläa-Kirche durchgeführten Werkstattage, bei denen Texte mit staatsfeindlichem Inhalt kursiert hätten und sogar Punks aufgetreten seien.

»Abschließend habe ich [Gysi] ihm [Schönherr] die Frage gestellt, ob das so weitergehen soll oder ob nun irgend etwas von seiten der Kirche geschieht, bevor wir gezwungen sind, das endgültig mit staatlichen Mitteln in Ordnung zu bringen«, berichtete Gysi. »Schönherr reagierte so erregt«, fuhr der Staatssekretär in seinem Bericht fort, »wie ich ihn in unseren vielen – auch unangenehmen – Gesprächen noch nicht erlebt habe. Er erklärte, daß man ›diese ganze Truppe rausschmeißen müßte‹. Das sei ›der Tropfen, der das Faß zum Überlaufen bringe‹. Das sei nicht nur eine ständige Vergiftung der Beziehungen zwischen Staat und Kirche, sondern es sei von der Substanz her ›für die Kirche äußerst schädlich‹. Mit Gottesdienst habe das nichts mehr zu tun und ebensowenig mit einem echten religiösen Anliegen. Er werde versuchen, seine Position mit aller Kraft durchzusetzen, damit diese Dinge ein Ende nehmen. Er kenne [den verantwortlichen] Pfarrer Cyrus sehr genau: Der Mann ›sei so weich, daß ihn jeder in die Tasche stecken könne‹. Ihm [Schönherr] dürfe man glauben, daß er einfach überfahren worden sei. Die eigentlichen Initiatoren seien uns ja ebenso gut bekannt wie ihm.«[1038]

Dem neuen Berlin-Brandenburger Bischof Forck machte Gysi gleich bei dessen erstem Besuch am 15. Oktober 1981 deutlich, wie stark das Problem Eppelmann den Staat beschäftige:»[Ich] sagte, daß ich natürlich darauf warte, wie seine Kirchenleitung der öffentlichen Verbrüderung mit Gegnern bzw. Dissidenten ein Ende setzen würde«, berichtet Gysi. Diese Bemerkung des Staatssekretärs wurde von Forck bei seiner Erwiderung überhaupt nicht aufgegriffen[1039].

Trotz der im Juni gegebenen Zusicherung, über die Zukunft dieser Veranstaltungen nachzudenken, fand nach einer gewissen Schamfrist am 27. November 1981 wieder eine Blues-Messe mit staatskritischem Inhalt statt. Forck und Passauer lehnten staatliche Aufforderungen nach einer Absetzung der Veranstaltung unter Hinweis auf deren gottesdienstlichen Charakter ab[1040].

Eppelmanns »Berliner Appell«, den der Pfarrer am 24. Januar 1982 im Anschluß an den Gottesdienst im Gemeindesaal der Samariterkirche wörtlich verlesen hatte – von 50 anwesenden Gottesdienstbesuchern unterschrieben 30 sofort –[1041], wurde vor allem in Berlin, aber auch in den Bereichen Dresden und Magdeburg diskutiert und stieß bei einer Mehrheit der Pfarrer[1042] auf Sympathie. Die Kirchenleitung Berlin-Brandenburg distanzierte sich von dem Appell und riet von einer Unterschriftensammlung ab[1043]. Unter Verweis auf deren belastende Wirkung für das Staat-Kirche-Verhältnis teilte die Kirchenleitung Eppelmann mündlich mit, seine exzentrischen Unternehmungen fänden kirchlicherseits keine weitere Unterstützung mehr[1044]. Sachsen[1045] und Thüringen[1046] übernahmen diesen Beschluß[1047]. In Berlin wurde Jugendmitarbeitern aufgetragen, noch im Umlauf befindliche Unterschriftenlisten zu vernichten oder der Kirchenleitung zu übergeben. Auch ähnliche Aktivitäten werde die Kirchenleitung nicht mehr tolerieren[1048]. Das Berliner Konsistorium erhielt eine größere Anzahl von Briefen, die gegen die kirchliche Distanzierung vom »Berliner Appell« Protest erhoben. Die Absender gehörten sowohl der jungen als auch der mittleren und älteren Generation an[1049].

Bereits wenige Wochen nach der Haftentlassung Eppelmanns mußte der Staat allerdings feststellen, daß die Kirchenleitung nicht, wie von Stolpe versprochen, scharf gegen Eppelmann vorging. Darauf erläuterte Generalsuperintendent Grünbaum, die Kirchenleitung[1050] habe »keine Möglichkeiten für disziplinarische Maßnahmen gegen Pfarrer Eppelmann« gesehen. Eine Verletzung ihm obliegender Dienstpflichten liege nicht vor. Jedoch arbeite man an einer Isolierung bzw. Einschränkung von Eppelmanns Aktivitäten und wolle vor allem die Herausbildung »einer innerkirchlichen Opposition an der

Seite Eppelmanns [...] verhindern.« Er verwies darauf, daß die Kirche für alle ihre Glieder da sei, Eppelmann sich nun einmal als christlicher Pazifist verstehe und so auch wirken wolle. Außerdem müsse man, falls man Eppelmann wegen seiner politischen Äußerungen einen Maulkorb umhängen wolle, gleiches auch mit CDU-Pfarrern tun[1051].

Am 1. März 1982 zeigte die für Eppelmann zuständige Superintendentin Ingrid Laudien dem Kirchenreferenten von Berlin-Friedrichshain die Schreiben des Pfarrers an Honecker vom 7. Juli und 7. August 1981 sowie den Text des »Berliner Appells«, der nach ihrer Auffassung hauptsächlich von Eppelmanns Freund und Mitstreiter Robert Havemann formuliert worden war. An einigen Stellen könne sie sich mit diesem Text nicht einverstanden erklären, sagte Laudien, wobei sie vor allem Eppelmanns »›Ehe‹ mit dem ›Kommunisten‹ Havemann« kritisierte. Der Gemeindekirchenrat der Samaritergemeinde sei verärgert, daß der Pfarrer ohne jegliche Rücksprache mit der Kirchenleitung oder dem Gemeindekirchenrat den »Berliner Appell« einfach im Anschluß an den Gottesdienst verlesen habe[1052].

Heinrich hielt am 4. März 1982 Stolpe und Grünbaum vor, Eppelmann arbeite weiterhin gesetzwidrig, ja er habe noch nicht einmal die Unterschriftenlisten dem Staatsanwalt übergeben. Er wies die Kirchenvertreter auf die unbedingte Notwendigkeit einer kirchlichen Lösung der Angelegenheit hin, damit sich das Staat-Kirche-Verhältnis nicht zuspitze. Stolpe sicherte zu, mit Eppelmann weiter im Gespräch bleiben zu wollen. Grünbaum betonte, die Kirche besitze keine Mittel, die Gesprächsergebnisse durchzusetzen[1053].

Wie Bischof Forck am 15. März gegenüber Staatssekretär Gysi ankündigte, sollte Mitte März mit Eppelmann ein Gespräch im Konsistorium stattfinden. Forck führte nach den Aufzeichnungen Gysis weiter aus:

»Was Eppelmann beträfe, so solle er als Pfarrer arbeiten und nicht als kirchlicher Amtsträger seine politischen Auffassungen wie den Berliner Appell verbreiten. Er solle mehr und besser mit seiner Gemeindeleitung arbeiten. Sie hätten allen von der Unterschrift unter den Berliner Appell abgeraten. Mehr sei vorläufig nicht beabsichtigt. Sie lehnten nicht alles ab, was im Berliner Appell stände«[1054].

Mitte April mußte Gysi feststellen, daß die Kirchenleitung[1055] die gegebenen Zusagen nicht eingehalten hatte. Im Gegenteil:»In den letzten Tagen sei Eppelmann aktiver denn je.«[1056] Die Kirchenleitung kam dann auf die Idee, Eppelmann möge sein Eigenheim in Berlin-Hohenschönhausen verkaufen und in das Samaritergemeindehaus ziehen. Damit wäre er für die Kirche besser kontrollier- und auch disziplinierbar. Der Berliner Magistrat verweigerte diesem Vorhaben jedoch zunächst die Unterstützung[1057].

Am 24. Oktober 1982 richtete Bischof Forck einen Brief an Eppelmann und drohte mit einem Disziplinarverfahren, das die Amtsenthebung zur Folge haben könne, sollte sein Brief an den Sowjetbotschafter Abrassimow in den Westmedien erscheinen. Gysi, der von Stolpe über diesen Schritt des Bischofs informiert worden war, glaubte an »einen billigen Trick, um bei einem Erscheinen in der Westpresse sagen zu können, sie hätten informiert und versucht, es zu verhindern. M. E. rechnen sie mit dem Abdruck in der Westpresse und wollen sich auf diese Weise ein Feigenblatt verschaffen«, schrieb der Staatssekretär an Honecker[1058].

Ab 1. November 1982 wurde Eppelmann durch schriftliche Verfügung, die nach den Worten Stolpes als eine Verwarnung des Pfarrers zu verstehen war, von seinem Amt als Kreisjugendpfarrer entbunden. Mit seinen Eingaben an Honecker und Abrassimow – erstere erschien sogar in der Westpresse – habe Eppelmann kirchliche Interessen verletzt. Stolpe setzte sich außerdem für einen Wohnungstausch Eppelmanns mit einer in der Samariterstraße lebenden Familie ein[1059]. Hier stellten sich jedoch rechtliche Schwierigkeiten ein, da in der DDR Häuser von den Eigentümern nicht verkauft werden durften. Außerdem war die staatliche Seite der Auffassung, daß Eppelmann mit Wohnsitz in der Samariterstraße noch aktiver werden könne. So bestände die Gefahr des Anbringens von Plakaten oder Losungen an der Außenfassade. Stolpe wies darauf hin, eine Minderheit in der Kirchenleitung sei bereits der Auffassung, Eppelmann solle Berlin verlassen, weil sie kein Interesse daran hätten, daß seine Wohnung »ein Wallfahrtsort für alle möglichen Leute, darunter Bundesminister, bleibt.« »Stolpe betonte, daß eine Trennung der Kirche von Eppelmann dazu führen würde, daß dieser die DDR verlassen würde.« Sollte der Wohnungstausch nicht realisiert werden, bestehe die Gefahr einer größeren Solidarisierungsaktion mit Eppelmann, der inzwischen selbst an einem Umzug in die Gemeinde interessiert war[1060]. Im Juni 1983 konnte Eppelmann dann eine Dienstwohnung in der Samariterstraße beziehen, wofür sich Forck und Stolpe bei SED-Bezirkschef Konrad Naumann unter Hervorhebung der »stabilisierende[n] kirchenpolitische[n] Wirkung« dieser Entscheidung sehr herzlich bedankten[1061].

Neben den dargestellten offiziellen Ebenen – Kirche, Politbüro und Staatssekretär für Kirchenfragen – war auch die Abteilung XX des Ministeriums für Staatssicherheit mit dem »Fall« Eppelmann befaßt. In einer »Konzeption zur schwerpunktmäßigen politisch-operativen Bekämpfung des politischen Mißbrauchs kirchlicher Veranstaltungen« aus dem Jahr 1981 heißt es:

»Durch zielgerichtete politisch-operative Maßnahmen sind die Organisatoren solcher kirchlicher Veranstaltungen, die politisch mißbraucht werden, wie z. B. Pfarrer Eppelmann […] und deren Hintermänner aufzuklären und deren Aktivitäten vorbeugend zu verhindern […] mit Hilfe der vorhandenen IM in Schlüsselpositionen [ist] eine Einflußnahme auf die Evangelischen Kirchenleitungen in der DDR vorzunehmen und zu erreichen, daß […] die leitenden Positionen der kirchlichen Jugendarbeit mit echt kirchlich gebundenen gläubigen Laien und verantwortungsbewußten kirchlichen Amtsträgern besetzt werden. […] Dazu erhalten die IM ›Sekretär‹, ›Krone‹, ›Direktor‹, ›Meister‹, ›Brunhilde‹, ›Grube‹, ›Adel‹, ›Ferdinand‹ Aufträge. […] Die IM ›Anton‹, ›Bus‹, ›Fritz‹, ›Peter Meier‹ der Hauptabteilung XX/4 werden beauftragt, sich aus theologischer Sicht mit dem politischen Mißbrauch kirchlicher Veranstaltungen, insbesondere den ›Blues-Messen‹, auseinanderzusetzen, ein theologisches Gutachten dazu zu erarbeiten und sich damit an die Kirchenleitung der Evangelischen Kirche in Berlin-Brandenburg zu wenden. Damit soll ein offensives Vorgehen von Theologen gegen die ›Blues-Messen‹ erreicht und der innerkirchliche Differenzierungsprozeß fortgesetzt werden.«[1062]

Die meisten der in der »Konzeption« mit Decknamen genannten kirchenleitenden Persönlichkeiten und Theologieprofessoren sind inzwischen bekannt[1063]. Mit ihnen sprachen über denselben Gegenstand vielfach auch Partei- und Staatsfunktionäre, um sie mit Argumenten, Drohungen und Versprechungen auf den staatlichen Kurs zu bringen. Unterstellt man, daß die Diktatur über ihren Geheimdienst – wie in der »Konzeption« vorausgesetzt – eine inoffizielle Basis in der Kirche besaß[1064], der das MfS »Aufträge« erteilen konnte, ergibt sich die verrückte Situation einer unnötigen »Bearbeitung« von kirchenleitenden Personen durch Staat und Partei, weil diese Personen insgeheim dieselben Ziele verfolgten, ohne das offen sagen zu können. Wenn beispielsweise Heinrich vom Staatssekretariat für Kirchenfragen den brandenburgischen Konsistorialpräsidenten zu sich bestellte, um ihn auf ein bestimmtes Vorgehen gegen Eppelmann festzulegen, sprachen – ohne es voneinander zu wissen, also in verdeckter Kommunikation – ein OibE und ein IM miteinander. Um sich nicht zu dekonspirieren und allen Einfluß in seiner Institution zu verlieren, mußte der Inoffizielle Mitarbeiter nach der staatlichen wie der kirchlichen Seite hin den Eindruck erwecken, als vertrete er – wenn auch in »realistischer« Manier – die Position seiner Kirche.

Als die Berlin-Brandenburgische Kirchenleitung 1982 untersuchte, ob Eppelmann sich Pflichtverletzungen hatte zuschulden kommen lassen, war das MfS inoffiziell über den Vorgang informiert und hielt sich sogar für den Initiator dieser Disziplinaruntersuchung[1065]. Nur ein IM in kirchenleitender Position konnte diesen »Auftrag« erfüllt haben, ohne daß die Operation heute noch im einzelnen nachvollziehbar wäre. Stolpes Vorgehen unterschied sich gerade im Falle Eppelmann »erheblich von den Handlungen anderer kirchenleitender Persönlichkeiten«[1066] – etwa Grünbaum oder Forck – und läßt eine strategische Übereinstimmung mit den Plänen des MfS erkennen. Dabei fällt besonders das Zusammenwirken zwischen Stolpe und den staatlichen Stellen auf, denen der Konsistorialpräsident nach vorheriger Konsultation mit dem MfS diskrete Hinweise über Stimmungen in der Kirchenleitung und kommentierte Auskünfte über Äußerungen seiner bischöflichen Vorgesetzten ab. Der Gebrauch dieser Indiskretionen durch Gysi und andere zeigt, daß sie solche Mitteilungen ihren Handlungskonzepten zugrunde legten[1067].

Das Gedenken an die Zerstörung Dresdens im Februar 1945

Demke teilte Lingner in einem Gespräch Mitte Februar 1981 mit, daß die Junge Gemeinde an dem Aufruf zur Demonstration am 13. Februar, dem Gedenktag der Zerstörung Dresdens 1945, unter dem Motto »Frieden schaffen ohne Waffen« beteiligt sei. Daher habe sich die »Kirchenleitung in Dresden entschlossen, mit eigenen Veranstaltungen die Initiative ›aufzufangen‹«[1068].

Eine Gruppe von Jugendlichen hatte abends in einer staatlichen Druckerei Einladungen zu einem »Sit-in« am 13. Februar vor der Kirchenruine hergestellt und diese in die ganze DDR verschickt. Eine solche Aktion konnte dem MfS nicht verborgen bleiben[1069].

Hempel gab am 16. Dezember 1981 dem Bischofskonvent bekannt, er habe vor, die Jugendlichen zu einem Gottesdienst in die Kreuzkirche einzuladen und selbst die Predigt zu übernehmen[1070]. Seine Bischofskollegen rieten Hempel, diesen Gottesdienst nicht anzuberaumen, bevor er nicht mit den Jugendlichen selber gesprochen habe. Man vereinbarte, diesen Fall am Nachmittag in Forcks Bischofssitz Bischof Hermann Kunst vorzutragen[1071].

Am 29. Dezember machte auch Sektorenleiter Lewerenz Landesbischof Hempel und LKA-Präsident Domsch auf den Plan der Jugendlichen aufmerksam, am 13. Februar 1982 eine Demonstration vor der Dresdener Frauenkirchenruine durchzuführen; dabei unternahm er den Versuch, die Kirchenvertreter »nach Möglichkeit zum Eingreifen zu bewegen.« Hempel erwiderte, die Kirchenleitung könne für dieses Vorhaben kein Verbot aussprechen. Domsch fügte aber hinzu, man werde Überlegungen anstellen, »wie die Initiative in andere Bahnen gelenkt werden könne, ohne daß die Jugendlichen gegen den Staat oder die Kirchenleitung aufgebracht würden.«[1072]

Besorgt schrieb der CDU-Bezirksvorsitzende Krätzig am 4. Januar 1982 an Hans Modrow:

»Verstärkt wird in kirchlichen Kreisen über den geplanten Friedensgottesdienst in Dresden am 13.2.1982 gesprochen. Man ist sich durchaus klar darüber, daß es hier zur Entscheidung kommen soll. Man verweist auf die vielfältigen Friedensdemonstrationen in den kapitalistischen Ländern und glaubt, daß dies auch bei uns möglich sein sollte. Diese Kreise wollen nicht wahrhaben, daß in unserer Republik niemand auf die Straße zu gehen braucht, um für den Frieden zu demonstrieren. Die Spannung auf den 13.2.1982 wächst an. Wie wird der Staat reagieren?«[1073]

Am 7. Januar teilte Domsch den staatlichen Stellen mit, man plane für den 13. Februar, im Anschluß an die Kreuzkirchenvesper ein Forum zum Thema ›Frieden mit der Jugend‹ durchzuführen. Nach einem Kurzreferat Hempels solle die Möglichkeit zur Diskussion mit dem Bischof, Domsch, Bretschneider, Garstecki und Ziemer geboten werden. Auf ein gemeinsames Singen solle dann zum Abschluß des Abends bis 21.45 Uhr ein Friedensgebet folgen, woran sich das traditionelle Glockenläuten anschließen werde. Außerdem bestehe die Absicht, zuverlässige kirchliche Mitarbeiter parallel zu dieser Veranstaltung an die Ruine der Frauenkirche zu schicken, um dort »eventuell [sich] einfindende junge Leute aufzufordern, in die Kreuzkirche zu kommen.«[1074] Dieser Ankündigung war ein schon seit längerer Zeit geplantes, erstes offizielles Gespräch zwischen Modrow und Hempel vorausgegangen, an dem auch Domsch beteiligt war. Hier umriß Hempel kurz das geplante kirchliche Vorgehen. Modrow kündigte an, der Bezirk plane, an der Kirchenruine eine einfach und schlicht gehaltene Gedenkstätte zu errichten[1075], an der demnächst die bisher auf dem Heidefriedhof durchgeführte Kranzniederlegung erfolgen solle. Im übrigen stellte er für die weitere Zukunft auch den Wiederaufbau der Frauenkirche in Aussicht[1076].

Am 2. Februar 1982 reiste Staatssekretär Gysi nach Dresden, um mit Domsch und Hempel über die prekäre Angelegenheit zu reden: »Beide kirchlichen Vertreter sicherten zunächst zu, ihre ganze Autorität einzusetzen, damit die geplanten ›Friedensaktivitäten‹ von Jugendlichen am 13.2.1982 im Rahmen der Kirche bleiben. Mit [Pfarrer] Wonneberger sei eine harte Auseinandersetzung bereits im Gange, um ihn davon zu überzeugen, daß es nicht Mandat der Kirche sei, gegen Verfassung und Gesetze der DDR vorzugehen.« Horst Dohle wertete: »In dem sehr offenen Gespräch wurden konstruktive, ausbaufähige Ansätze deutlich.«[1077]

Von Wonneberger war auch im Zusammenhang mit seinen fortgesetzten SoFd-Aktivitäten – er plante zu Ostern 1982 eine Demonstration – die Rede. Hempel erklärte nach Gysis Bericht: »Die einzige Möglichkeit der Kirche zur Überzeugung eines Pfarrers sei das Gespräch. Allerdings hörten viele junge Geistliche einfach nicht zu. Mit Pfarrer Wonneberger habe er bereits mehrfach sehr hart gesprochen. Sie seien bestrebt, ohne Maßnahmen auszukommen (›abgesehen davon, daß ihnen solche kaum zur Verfügung stehen‹). Sie fürchten die Martyrologie. Von jeder kirchlichen oder staatlichen Zwangsmaßnahme befürchten sie eine forcierte Aktivität der Jugendlichen. Man müsse die Auffassungen von Pfarrer Wonneberger ändern und ihn für eine vernünftige Position gewinnen. Leider brauche das etwas Zeit. […] Sie hätten nicht die Absicht, allgemeine mehr oder weniger verbindliche Gespräche zu führen, aber sie wollten und wir sollten keinen Märtyrer aus ihm machen. Er wolle die Auseinandersetzung mit Pfarrer Wonneberger klar auf die Frage orientieren, welches Mandat die Kirche habe und was das Mandat eines Pfarrers sei. Daran solle und müsse er sich halten. Es sei nicht Mandat der Kirche, gegen den Staat, seine Verfassung und Gesetze vorzugehen oder zu wirken. Nur eine Extremsituation rechtfertige kirchlichen Widerstand. Sie sei unter dem Faschismus gegeben gewesen. Eine solche Situation sei nach seiner Meinung heute in der DDR keineswegs gegeben. Davon müsse man Pfarrer Wonneberger überzeugen.

Präsident Domsch ergänzte ab und zu im gleichen Sinne. Hier unterbrach er Hempel und sagte, daß ohne ihren Druck auf Pfarrer Wonneberger die Dinge nicht ins rechte Gleis kommen würden. Zu diesem Druck seien sie verpflichtet.

Hempel erklärte weiter, daß er faktisch folgendermaßen vorgehen wolle. Als Beispiel nannte er seine Aufforderung an die Jugendlichen in Dresden: Kommt in die Kreuzkirche statt zur Demonstration vor die Frauenkirche. Natürlich dürfe es nicht zu einer Massendemonstration zu Ostern durch die Weinbergweggemeinde kommen. Man solle aber auch nicht einfach verbieten, sondern er wolle es zu einer kleinen Veranstaltung mit einer richtigen Orientierung machen (nicht für SoFd). Das scheine ihm prinzipiell der richtige Weg, um solche Erscheinungen zu überwinden. In solchen Fragen solle es s. M. nach eine gewisse Abstimmung mit dem Staat geben.

Für die Kirche werde weitgehend immer die ›aussichtslose Ohnmacht‹ gelten, die auf die Methode des Gesprächs beschränkt sei. Disziplinierungsmaßnahmen innerhalb protestantischer Kirchen seien sehr schwierig. Aber diese Situation der Kirche gelte für ihr gesamtes Wirken, auch für das Wirken nach außen.

Was habe die Kirche den Jugendlichen, was ihren Gläubigen überhaupt zu bieten? Vor allem: das Gebet und die Diakonie. Das müsse man betonen. Zugleich müßten kirchliche Aktivitäten Jugendlicher bzw. Aktivitäten kirchlich eingestellter Jugendlicher ›außerhalb demonstrativer Gebärden‹ bleiben. Soweit seine grundsätzliche Haltung, die er sehr energisch und klar vertrete. Das sollte man ihm glauben.

Am 30. Januar sei die Aussprache, die Superintendent Fritz mit Pfarrer Wonneberger und seinem Kreis geführt habe, hart aber gut gewesen. Mehr als ein ›retardierender Schwebezustand‹ sei jedoch noch nicht erreicht.

Danach rückten Hempel und Domsch mit dem Vorschlag heraus, daß ein Gespräch von mir [Gysi] mit Wonneberger auf ihn einen stärkeren Eindruck haben könnte, als sie ihn hätten. Allerdings solle Wonneberger nicht allein, sondern in Begleitung von Superintendent Fritz kommen. Außerdem solle es nicht vor April, sondern erst nach Ostern geführt werden. Ich habe nur kurz erwidert, daß es unser Prinzip ist, daß die Kirche selbst für Ordnung sorgt, und bis Ostern sei noch viel in Ordnung zu bringen. Ich sähe dieses Gespräch nicht. Ich hatte nicht den Eindruck, daß der Vorschlag zu diesem Gespräch eine ›Falle‹ für mich sein sollte. Eher suchten sie tatsächlich nach einem Ausweg, um ihre Position zu verstärken, wobei sie natürlich einen Teil ihrer Verantwortung damit dem Staat zuschieben. Die Atmosphäre war sachlich, angenehm, korrekt, offen und von einer konstruktiven Grundhaltung.«

Gysi wertete abschließend: »Die Art Hempels unterschied sich stark von dem ständigen Ausweichen, das Bischof Krusche kennzeichnet. Er machte in dem Versuch, seine Haltung grundsätzlich zu fundieren, den Eindruck, daß er schon für den Vorsitz der KKL übt.

Domsch, der zweifelsohne ein Gegner ist, ist ein intelligenter Mann. Offensichtlich hat er das Risiko für die Kirchen, das durch die diskutierten, feindlichen Aktivitäten heraufbeschworen wird, besser erkannt als viele andere. Das würde sein Verhalten erklären.«[1078]

An der Veranstaltung in der Kreuzkirche nahmen – in Anwesenheit von ARD, ZDF und weiteren westlichen Journalisten – über 4 000 Menschen aus der gesamten DDR teil[1079]. Kirchliche Schätzungen beliefen sich sogar auf 5 000 Besucher[1080]. Größere Zwischenfälle – mit Ausnahme von vereinzelten »Buh-Rufen und Pfiffen« – ereigneten sich nicht[1081].

Dennoch wertete man im Bezirk Dresden die Veranstaltung und ihre Hintergründe einigermaßen besorgt aus:

»Es gab und gibt offensichtlich den Versuch des Gegners, sich hier auf Dresden zu konzentrieren und mit dem Gedanken der Schaffung einer ›unabhängigen Friedensbewegung‹[1082] einen weiteren Startschuß zu geben.« Außerdem zitierte man einen Artikel aus der »Welt« vom 15. Februar, dessen Spitzensatz hieß: »Sache der Kirche ist nicht die revolutionäre Explosion, sondern der geduldige evolutionäre Prozeß, der auch einen kommunistischen Staat verwandeln kann.‹«[1083]

Daran werden jedoch die kirchlichen Verantwortlichen kaum gedacht haben. Das recht kooperative Verhalten Hempels und auch Domschs, das »dazu geführt [hatte], daß provokatorische politische Aktivitäten in der Kirche zurückgedrängt werden konnten«, stand nach Ansicht des Staatssekretariats für Kirchenfragen in deutlichem Gegensatz zur Kirchenprovinz Sachsen, die immer noch wenig Loyalität an den Tag lege und durch das Aufzeigen von politischen Alternativen zu bestimmten politischen Problemen ein »Wächteramt« über den Staat beanspruche[1084]. In einer weiteren Einschätzung heißt es:

»Mit Hilfe der Kirchenleitung und besonders durch das Wirken von Landesbischof Hempel konnte eine Diffamierung der sozialistischen Friedenspolitik verhindert, die Veranstaltung politisch entschärft und in den Rahmen legitimer kirchlicher Friedensinitiativen eingeordnet werden.«[1085] Für »seinen persönlichen Einsatz bei der Einhaltung der in Dresden für den Tag der Zerstörung Dresdens getroffenen Vereinbarungen zwischen ihm und den staatlichen Organen« sprach Staatssekretär Gysi dem sächsischen Landesbischof persönlich seine Anerkennung aus[1086].

Allerdings hörte die Ruhe auf, als – analog zu Eppelmann – am 17. Februar Pfarrer Wonneberger zwecks einer Befragung kurzzeitig durch das MfS verhaftet wurde. Der Radebeuler Pfarrer hatte am 14. Februar, einem Sonntag, mit dem Hinweis, er müsse nachholen, was am Vortag in der Kreuzkirche versäumt worden sei, in einem Jugendgottesdienst den »Berliner Appell« verlesen und die 100 Teilnehmer um die Unterzeichnung des Schriftstücks gebeten. 26 Jugendliche kamen dieser Aufforderung nach. Der Staat gestattete und befahl Wonneberger, die Unterschriftenliste zu verbrennen und weitere noch nicht unterzeichnete Exemplare abzugeben. Domsch kommentierte, ihm sei »klar, daß die staatlichen Organe nicht anders handeln konnten.«[1087]

Im Blick auf die geplante Osterdemonstration war das LKA dem Wunsch Gysis nachgekommen und hatte Wonneberger am 3. Februar 1982 einen von Domsch unterzeichneten Mahnbrief geschickt:

»Ihr pfarramtlicher Auftrag, der durch das Mandat der Kirche bestimmt ist, bindet Sie [...] an die Weinbergskirchgemeinde. Sofern Sie geistliche Aufgaben über den personalen und örtlichen Bereich Ihrer Kirchgemeinde hinaus wahrnehmen, kann das nur im Rahmen der Bestimmungen des Pfarrergesetzes in Einzelfällen oder im Rahmen geordneter Vertretung oder Beauftragung erfolgen. Für die Organisation übergemeindlicher Zusammenkünfte, wie Sie sie für Ostern 1982 planen, liegt eine Beauftragung nicht vor. Sie sind daher verpflichtet, alle darauf gerichteten Aktivitäten, soweit Sie den Bereich Ihrer Kirchgemeinde überschreiten, zu unterlassen.« Außerdem wurde Wonneberger eingeschärft, er dürfe nur soviel Papier vervielfältigen, wie es für den Gemeindebedarf erforderlich sei. Inhaltlich müsse es mit dem kirchlichen Auftrag vereinbar sein. Das Schreiben schloß:»Wir machen Sie darauf aufmerksam, daß der Inhalt dieses Schreibens dienstliche Anordnungen im Sinne von § 35 des Pfarrergesetzes darstellt. Sollten Sie diese nicht befolgen, so verletzen Sie Ihre Amtspflicht, zu deren Einhaltung Sie sich anläßlich Ihrer Berufung zum Pfarrer verpflichtet haben, und haben die sich daraus ergebenden Konsequenzen zu tragen.«[1088]

Mit diesem Schreiben war dem Wunsch Gysis Genüge getan; Domsch, der ja disziplinarische Maßnahmen im Gespräch mit dem Staatssekretär in Aussicht gestellt hatte, war es offensichtlich gelungen, sich gegen Hempel durchzusetzen. Wohl um die Stärke der Landeskirche zu demonstrieren, aber auch, um ein deutliches Vorbild zur Nachahmung zu geben, sandte Kirchenamtsrat Steffen Heitmann im Auftrag von Domsch am 23. Februar eine Abschrift des Schreibens mit erläuternden Anmerkungen über dessen Rechtsgrundlagen – diese hatte man Wonneberger vorenthalten – über Kurier an Bischof Krusche sowie an Stolpe, Zeddies und Demke[1089].

Im Juni hielt der Vorsitzende des Rates des Bezirks Dresden, Scheler, Domsch vor, Wonneberger identifiziere sich nicht mit der von Hempel und der Kirchenleitung eingenommenen Haltung, und unterbreitete ihm den Vorschlag, an eine Versetzung des Pfarrers zu denken. Domsch attestierte Wonneberger »ein echtes Friedensbedürfnis«. Freilich sei der Pfarrer »ein unruhiger Geist, der auch mit jedem anderen Staat (BRD, Schweiz) in Kollision

kommen würde. Er wolle in die Gesellschaft eine ›fruchtbare Unruhe‹ hinein-
bringen. Wo solle man Wonneberger eventuell hinsetzen. Hier, wo man ihn
kenne, sei er doch besser aufgehoben. [...] Außerdem sei es doch so, wer einmal aufgefallen sei, habe es schwer, einen auf ihm lastenden Makel wieder zu
tilgen«, wich der Präsident dem staatlichen Anliegen aus[1090]. Das LKA-Kolle-
gium gelangte zu der Auffassung, Wonneberger sei in Dresden besser am
Platz als anderswo, weil er hier leichter kontrollierbar sei. Domsch fügte dem
hinzu, es »gebe [...] keinen kirchlichen Grund, um ihn zu versetzen.«[1091]

In beiden Fällen – Berlin wie Dresden – springt das taktische Lavieren und
das von politischen Erwägungen getragene Verhalten der Kirchenleitungen
ins Auge. Es stand in diametralem Gegensatz zu den theologischen Diskursen
über Frieden und Gerechtigkeit, wie sie in der Berater- und Konsultationsgruppe gepflegt wurden.

Zwischenbilanz in der Konsultationsgruppe (1982)

Im April 1982 erarbeitete die Konsultationsgruppe in Urach (Württemberg)
eine Zwischenbilanz ihrer gemeinsamen Tätigkeit. Dazu lag ihr neben den
Thesen von Falcke und Große auch ein gemeinsames Fazit aus der Feder
Hans von Kelers vor[1092]. Der daraus entstandene »Arbeitsbericht« betonte
den Auftrag beider Kirchenbünde, »in beiden deutschen Staaten bei der
Wahrnehmung der Friedensverantwortung zu helfen«[1093]. Darüber hinaus
wurden in einem als »vertraulich« gekennzeichneten Papier die »Aufgaben
für weitere Konsultationen« festgehalten. Darin findet sich – im Unterschied
zum »Arbeitsbericht« – wieder das problematische Reden in Entsprechungen:
»Besinnung über die spiegelgleiche Verwendung ähnlicher Argumente gegen
Friedensbemühungen und für die Aufrüstung seitens der staatlichen Organe
in den beiden deutschen Staaten.«[1094]

Die Konferenz der Kirchenleitungen in der DDR nahm Anfang Juli 1982
den »Arbeitsbericht« mit Dank entgegen und sprach sich einstimmig für die
Fortführung der Konsultationen aus. Gleichzeitig wurde beschlossen, den
Staatssekretär für Kirchenfragen zu unterrichten[1095] und nach einer Sperrfrist
den Arbeitsbericht zu veröffentlichen[1096], was die EKD gewünscht hatte[1097].
Dieser war nach den Worten Binders »ganz auf die gemeinsamen Aussagen
zur Friedensverantwortung der Kirchen ausgerichtet«[1098]. Horst Dohle
schätzte ein, das Papier enthalte »politisch neutralistische Positionen«[1099].
Nach Rücksprache mit Verner wurde Demke im Staatssekretariat wohl diese
Position übermittelt. Demke räumte ein, der Bericht sei »nicht als Positionspapier [...] zu verstehen.« Es handele sich lediglich um eine »Empfehlung an
die Kirchenleitungen«. Außerdem erzählte Demke: »Der Arbeitsbericht ist
ein Kompromißvorschlag, der [...] rechten Kräften in der EKD der BRD abgerungen werden mußte.« Vor allem Punkt 7 widerspreche deren Position.
»Mit dem Arbeitsbericht haben die Vertreter des BEK und der EKD den klein-

sten gemeinsamen Nenner gefunden, um ihre Auffassungen zur Notwendigkeit einer engagierten Arbeit für den Frieden zu formulieren.«[1100]

In Punkt 7 war als »Aufgaben für die Kirche« unter anderem gesagt:

»Unsere Kirchen müssen in ihren Entscheidungen und Stellungnahmen zum Ausdruck bringen, daß zu einer künftigen Friedensordnung unabdingbar gehört,

– daß jede Seite die Existenz der anderen Seite und die Koexistenz mit ihr glaubhaft bejaht,

– daß jede Seite auf die Maximierung der eigenen Macht verzichtet und der Optimierung beiderseitiger Sicherheit dient,

– daß jede Seite diejenigen Faktoren reduziert, die Mißtrauen erwecken und Bedrohungsängste vermehren, und den Aufbau von Vertrauen fördert,

– daß jede Seite eine Form der Rüstung anstrebt, die ihre defensiven Absichten möglichst glaubhaft erkennen läßt.«[1101]

Ende Juni 1982 diskutierte die Konsultationsgruppe über die von Demke und Binder vorgelegten Thesen zur »gesellschaftlichen Einbindung der Kirchen«. Demke ging von der Position der Kirche in der DDR-Gesellschaft als der eines »Fremdkörpers« aus. »Der Wunsch unter Mitarbeitern, diese Fremdheit zu überwinden, kann zu politischen Anpassungsprozessen führen.«[1102] Demgegenüber beschrieb er das angemessene Verhalten der Kirche vor dem Hintergrund ihrer Distanz zur DDR-Gesellschaft mit der Wendung »kritische Solidarität« und behauptete, der bezeichnete Abstand zur Gesellschaft gebe die Möglichkeit zu besseren analytischen Urteilen. Umgekehrt konzedierte er trotz kritischer Distanz eine »zum Teil unbewußte Einwirkung der geistigen Umwelt (Schule)« und formulierte als hervorgehobenes Beispiel: »Revolution wird weniger als Einbruch des Chaos denn als geschichtliche Notwendigkeit unter bestimmten gesellschaftlichen Konstellationen gesehen«. Die weiteren Beispiele – Solidarität mit Unterprivilegierten, Betonung des Kollektiven als Stärkung der Verantwortung füreinander – führten allerdings vollends vor Augen, daß sich Demke in seinen Sätzen unausgesprochen mit seinem Bild der westlichen Gesellschaftsordnung auseinandersetzte und positive Aspekte der »sozialistischen« Gesellschaft für den Christen hervorzuheben suchte. Dabei verschwieg er freilich manche problematischen Symptome der DDR-Gesellschaft nicht: »Die stark hierarchische Gliederung der Gesellschaft übt einen starken Anpassungsdruck aus. Die Kirchen haben an dem für die Gesellschaft charakteristischen Spannungsverhältnis von Basis und Leitung Anteil.«

Verglichen damit nahmen sich Binders Überlegungen harmlos aus, zumal er mit Recht auf die eher zufällige Wahrnahme politischer Verantwortung durch die Entscheidung einzelner Christen, auf diesem Feld tätig zu werden, hinwies.

Welche Stimmung hernach in dem Kreis herrschte, gibt möglicherweise Demkes Vermerk wieder. Nach seinem Protokoll wurde in der anschließenden Diskussion nämlich nicht die Funktionsfähigkeit der SED-Diktatur, sondern die der westlichen Gesellschaft in Frage gestellt: »Ferner wird die Frage angeschnitten, ob das parlamentarische System noch den gegenwärtigen Anforderungen gewachsen ist, läßt sich in den politischen Strukturen politische Vernunft verwirklichen?«[1103]

Das Aufeinanderzugehen von Kirche und Staat
in der Vorbereitung der Friedensdekade 1982
und die Moskauer Weltkonferenz

Werner Krusche informierte während der Juni-Konsultation 1982 über die bevorstehende Friedensdekade vom 7. bis zum 17. November zum Thema »Angst, Vertrauen, Frieden«, die Pfingstdemonstrationen der FDJ[1104] und die komplizierte ökonomische Situation[1105].

Die bevorstehende Friedensdekade ließ neue Spannungen mit dem Staat befürchten, da man einem KKL-Beschluß vom 7./8. Mai 1982 zufolge das Symbol »Schwerter zu Pflugscharen« erneut in Gebrauch nehmen wollte – wenn auch in verkleinerter Form und nur im innerkirchlichen Bereich[1106]. Auf diesen Sachverhalt machte am 1. Juli 1982 auch der Ost-CDU-Vorsitzende Götting seinen Freund Erich Honecker aufmerksam. Er argwöhnte, die Kirche wolle die Jungen Gemeinden zu einer eigenständigen Jugendorganisation ausbauen[1107].

Der KKL-Beschluß war unter den Bischöfen nicht unumstritten. So hatten Gienke und Hempel dagegen votiert, während sich der KKL-Vorsitzende Krusche wie sein Kollege Forck für die Wiederverwendung des Symbols im November eingesetzt hatten[1108]. Der KKL-Vorstand beschloß, den Gliedkirchen in einem Brief mitzuteilen, daß man während der kommenden Friedensdekade zwar an dem Symbol festhalten, aber auf den Aufnäher verzichten wolle[1109].

Demke hatte im Mai Hans Wilke darauf hingewiesen, daß der BEK »über Äußerungen bei Funktionärsversammlungen der FDJ, in der Volksbildung und in Betrieben« zutiefst beunruhigt sei.

»Seit November 1981 würden dort Warnungen vor Kontakten mit der Kirche ausgesprochen. Dabei würde zum Teil [...] aufgefordert, [...] lieber keine Kontakte zur Kirche zu halten. Zum Teil sei auch festgestellt worden, daß die Kirche die Position des Klassengegners in der Friedensfrage eingenommen habe. Seit Anfang Februar 1982 laufen diese Veranstaltungen verstärkt [diese Entwicklung hielt auch im Juni 1982 noch an[1110]]. Der Bund sei bis dahin der Meinung gewesen, daß es sich um ungesteuerte Einzelerscheinungen handelte. Jetzt konzentriert sich die Polemik auf Bischof Krusche. Nicht nur im Magdeburger Bereich, sondern in mehreren Gebieten der DDR habe man auf Versammlungen dazu gesprochen. Beispiel: Tag der politischen Bildung der FDJ, 30.4. Magdeburg. Beim Pfingsttreffen müsse man besonders aufmerksam auf die Unruhestifter aus der Kirche achten. Bischof Krusche sei ein alter Nazi, habe in der BRD studiert und sich dann auf geschickte Weise in der DDR hochgearbeitet. Seinen Ehrendoktor hätte er in der Schweiz für einen antikommunistischen Vortrag erhalten. Es ergibt sich die Frage, wo eine solche Biographie herstammt. Da aus dem gleichen Bezirk die Information kommt, daß man bei Jugendlichen, die die Aufnäher getragen haben, die Frage gestellt hätte: Warum trägst Du nicht gleich ein Hakenkreuz?, liege es nahe, daß hier eine besondere Aktion läuft, die auch zentral gesteuert ist.«[1111] Der Leiter des Sekretariats fuhr fort: »Wir sehen uns jetzt in der Lage, solche Äußerungen nicht mehr länger übersehen zu können. Wir setzen uns der Unglaubwürdigkeit gegenüber Gemeinden und Mitarbeitern aus, wenn wir in dieser Lage einfach die Politik des 6. März bekräftigen. [...] Es mehren sich [...] in der Mitarbeiterschaft [...] die Stimmen, die erklären, daß die Politik des 6. März verlassen worden sei.«[1112]

Demke informierte den Staatsfunktionär auch darüber, daß es in einigen Landeskirchen bereits Stimmen gebe, die aufgrund solcher Vorkommnisse für eine Beendigung der Kooperation mit dem staatlichen Lutherkomitee einträten[1113]. Eine so schrille Kampagne wie die gegen Krusche hatte die SED – abgesehen von der regional begrenzten Aktion gegen Bischof Fränkel – seit Otto Dibelius' Zeiten nicht mehr losgetreten. Der einzige Unterschied bestand darin, daß die Polemik der Staatspartei damals auch durch die Medien und nicht nur auf internen Versammlungen Verbreitung fand.

Auch eine Unterredung Krusches mit dem Stellvertreter des Vorsitzenden für Inneres beim RdB Magdeburg, Steinbach, endete höchst unbefriedigend. Steinbach notierte über das Gespräch:

»Er spricht über die DDR wie über ein beliebiges Land, nicht wie über seinen Staat. Die DDR müßte, die DDR könnte, die DDR sollte usw. Er bezog für keine grundsätzliche Frage Position für die DDR«.

»Seine Position: Die DDR müßte mehr ›Freiraum‹ für Kritiken und andere Auffassungen lassen. Die Kirche kann doch nicht der offizielle Verfechter der DDR-Politik sein. [...] Der Kirche muß man eine ›eigenständige‹ Meinung und Aussage zugestehen. Die Kirche könne nicht zusehen und schweigen, wie andere wegen geringen Kritiken am System verfolgt und benachteiligt würden. Er stellt die von der Kirche entwickelte pazifistische Bewegung als eine Bewegung dar, die sich spontan unter jungen Menschen entwickelt hätte. Die Kirche würde sich zu ihrem Fürsprecher machen. Mit der Herstellung der Abzeichen ›Schwerter zu Pflugscharen‹ hätte die Kirche keinerlei Gesetzwidrigkeiten begangen und keine Ordnung verletzt. Aber der Staat verletze ständig die Gesetzlichkeit und würde eine Atmosphäre der Hetze und Verfolgung von Christen und auch von ihm persönlich entwickeln. Der Staat hätte die Linie des 6.3.1978 verlassen.«

Wie zuvor schon Forck, verlangte Krusche vom Staat eine öffentliche Anerkennung des Symbols sowie eine selbstkritische Revision im Blick auf die zuvor erfolgten Übergriffe gegen Abzeichenträger. »Krusche glaubt allen Ernstes, dem Staat derartige politische Bedingungen stellen zu können«, kommentierte Steinbach. »Er [Krusche] selbst ist der Auffassung, daß es seit längerem zu einer bedeutsamen Verschlechterung der Staatspolitik in Kirchenfragen gekommen sei.«

Abschließend urteilte Steinbach:

»Die politischen Positionen, die er [...] bezog, waren die schlechtesten seit Jahren. Nach diesem Gespräch ist nach meiner Meinung nicht mit einer politischen Wende des Bischofs im Sinne ›Kirche im Sozialismus‹, im Sinne der Ausprägung der Positionen des Friedenskampfes und gegen die Aufrüstung der NATO zu rechnen.« Er bezweifele die Zweckmäßigkeit eines Gespräches zwischen Gysi und Krusche in nächster Zeit[1114].

Statt dessen sprach Hauptabteilungsleiter Heinrich am 15. Juni 1982 mit Demke und machte dem Leiter des Sekretariats deutlich, daß die von Krusche eingenommene Haltung alle Hoffnungen auf eine Bereinigung des Konflikts und eine Rückkehr zu den Positionen des 6. März nahezu aussichtslos mache. Sollte er weiter auf der Bedingung einer verbindlichen Erklärung des Staates zur Aufnäherfrage bestehen, könnte es während eines solchen Gespräches sogar »zu einer Konfliktsituation« kommen. Heinrich kritisierte, daß die Kirche mit der Planung der Friedensdekade 1982 den Staat vor vollendete Tatsachen gestellt und außerdem die Westpresse hierüber informiert habe – noch bevor der Staat von den kirchlichen Plänen in Kenntnis gesetzt worden sei. Mit der Erteilung einer Druckgenehmigung durch staatliche Stellen sei daher nicht zu rechnen. »Bei der Notwendigkeit des Zusammenschlusses aller Kräfte für den Frieden kann es nicht angehen, daß kirchliche Kräfte die Christen herausdividieren wollen.«

Demke entgegnete hierauf, er habe verstanden, daß Krusche als Gesprächspartner gegenwärtig nicht genehm sei. Da der BEK an einer Klärung der Probleme mit dem Staat interessiert sei, unterbreitete er das Angebot, ein solches Gespräch ohne Krusche zu führen, von dessen Auftreten und Aussagen in Magdeburg sich Demke distanzierte. Andererseits erwähnte er, Krusche sei beim 6. März dabeigewesen und habe auf ÖRK-Ebene »ein starkes Friedensengagement entwickelt«.

Sollte eine Klärung der Probleme mit dem Staat nicht möglich sein, fügte Demke hinzu, werde es auf den Herbstsynoden nicht zu einer Bekräftigung des 6. März kommen. Irritierend sei auch, daß die antikirchliche Propaganda in der FDJ, den Schulen und Betrieben staatlicherseits unkommentiert gelassen und auch nicht zurückgewiesen werde. »An der Basis ›zerbröselt‹ der Weg des 6.3.«, so Demke. »Es dürfe nicht zu einem Auseinandergehen der Friedenskräfte kommen.« Die KKL habe den Vorstand beauftragt, mit dem Staatssekretär über die Friedensdekade zu reden. Dies müsse bis Ende Juli geschehen sein. Im September finde ja auch die Bundessynode statt, deren Hauptthema die Friedensfrage sein werde.

»Für das Lutherkomitee gilt, daß es zu keinem Eklat kommt. Das Lutherkomitee der DDR soll nicht in die Spannungen einbezogen werden. Das ist auch aus ökumenischer Sicht wichtig.«[1115]

Als der DDR-Friedensrat den BEK nicht zur Auswertungsveranstaltung des Moskauer Weltkongresses einlud, obwohl er dort Teilnehmer war, reagierte der Bund betroffen[1116]. Christa Lewek bemerkte kritisch, es sehe nun so aus, als ob man den BEK nicht mehr »zur einheitlichen Friedensbewegung« hinzurechne. Sie »bat, nicht aus dem Verhalten ›schwarzer Schafe‹ in den Reihen der Kirche oder durch Meldungen in der Westpresse Schlußfolgerungen auf den Kurs der ganzen Kirche zu ziehen. Es gäbe verschärfte Auseinandersetzungen in den eigenen Reihen, und man bemühe sich, mit diesen Leuten fertig zu werden, was nicht einfach sei.«[1117] Auch zu der Vollsitzung des Friedensrates am 16. Juli 1982 erging keine Einladung an den BEK[1118]. Allerdings äußerte die Akademie der Wissenschaften im Spätsommer 1982 die Bitte, der BEK möge in ihre Arbeitsgruppe »Friede« zwei Vertreter entsenden, was auf eine gewisse Entspannung der Lage hindeutete. Der BEK-Vorstand benannte Domke und Lewek[1119].

Da die Suhler Pfarrerin Renate Müller auf der Tagung des Friedensrates im Juli 1982 mit einem Wortbeitrag in Erscheinung getreten war, erhielt sie einen bösen Brief von ihrem Bischof Krusche, der ihr vorhielt, sie sei mit ihrem Verhalten dem BEK »in den Rücken gefallen [...] und habe ihn ›ganz schön ausgetrickst‹«. Auch Falcke schrieb ihr einen ähnlich gehaltenen Brief.

Krusche sagte ihr wörtlich: »Wer Partei ergreift, sei nicht friedensfähig, könne folglich auch kein Friedensstifter sein.«[1120]

Am 27. Juni fand in der Erlöserkirche Berlin-Lichtenberg erstmals eine »Friedenswerkstatt« statt. Intention der Veranstaltung war laut Stolpe, »das Gesetz des Handelns innerhalb der Kirche bestimmten negativen [nach Stolpes Worten ›unruhigen‹] Kräften aus der Hand zu nehmen und durch eigenes Tätigwerden die Auseinandersetzung mit diesen zu führen.« Auch die Kirchenleitung und die CFK sollten mit einem Informationsstand präsent sein. Außerdem war ein Gesprächspodium mit Günter Krusche, Pfarrer Günther[1121], Lewek, Stolpe sowie evtl. Schönherr, Heinrich Albertz und dem Exarchen der ROK oder einem ungarischen Vertreter geplant. Von Albertz sei – so Stolpe – »politischer Realismus zu erwarten«[1122]. In einem späteren Gespräch stellte Stolpe auch die Einbeziehung der Sektion Theologie der Ostberliner Humboldt-Universität in Aussicht[1123].

Die zunächst wohlwollende Haltung des Staates veränderte sich, als bekannt wurde, daß auch Eppelmann mit einer Gruppe plane, an der Friedenswerkstatt teilzunehmen[1124]. Gysi teilte am 21. Juni 1982 Verner besorgt mit, Stolpe habe – auch am 18. Juni 1982 gegenüber Hauptabteilungsleiter Heinrich – nicht erwähnt, daß bereits seit Ende April eine Vorbereitungsgruppe um Eppelmann bestehe, – »mit der offensichtlichen Absicht, durch Einladung von ausländischen Persönlichkeiten, von für ihre negative Haltung bekannten Schriftstellern, von Vertretern der Westpresse in der durch die Berliner Blues-Messen bekannten negativen Weise wirksam zu werden.« Stolpe suchte zu beruhigen:

»Pfarrer Eppelmann habe er sich direkt unterstellt und auf organisatorische Arbeit beschränkt, so daß er ihn ständig unter Kontrolle habe.« Die innerkirchlichen Ordner seien berechtigt, unliebsame Personen von der Veranstaltung auszuschließen. »Da es sich bei dem Vorschlag von Stolpe um den Versuch handelt, die Wirksamkeit der negativen Kräfte zu begrenzen und zurückzudrängen, sollte man ihm und seinen Leuten nach meiner Meinung diese Chance geben«, schlug der Staatssekretär vor[1125].

Am 23. Juni 1982 sprachen Gysi und der Ostberliner Stadtrat Hoffmann mit Generalsuperintendent Grünbaum, Stadtjugendpfarrer Passauer und Konsistorialpräsident Stolpe. Den von Gysi unterbreiteten und zuvor mit Verner abgeklärten Bedingungen – Westpresse und Ausländer dürften nicht teilnehmen, die Veranstaltung müsse sich auf den kirchlichen Raum beschränken, die Friedensbewegung solle nicht gespalten werden, Gegner des Staates sowie auch Pfarrer Eppelmann dürften nicht auftreten, und es dürften keine neutralistischen Positionen vertreten werden – stimmten die kirchlichen Vertreter zu[1126]. An einer Spaltung der Friedensbewegung seien sie nicht interessiert, bekräftigten sie[1127].

Dennoch machte Gysi am 2. Juli 1982 gegenüber Stolpe seinem Ärger über die Veranstaltung Luft. Sie habe »den Gegnern der DDR genutzt [...]«[1128] und [sei] in den westlichen Medien zur Hetze gegen die DDR mißbraucht worden [...]«. Er äußerte die dringende staatliche Erwartung, daß die Kirchen sich derartig spektakulärer Großveranstaltungen enthalten und bei der Gestaltung des kirchlichen Lebens strikt Verfassung und Gesetzlichkeit einhalten. Das gelte auch für die am 4.7. geplante Blues-Messe«[1129].

Im Anschluß an Forcks Bericht über die Veranstaltung während der folgenden KKL-Sitzung wies Demke eindeutig auf die Beachtung der Vervielfältigungsordnung hin und ermahnte den Kreis, zuvor getroffene Absprachen über die Medienbeteiligung genau einzuhalten[1130].

Nachdem Gysi am 6. Juli 1982 eine prinzipielle Unterredung mit Werner Krusche geführt hatte[1131], kam es am 8. Juli 1982 zu dem gewünschten Gespräch zwischen Gysi und dem KKL-Vorstand. Gleich zu Beginn erklärten die Kirchenvertreter, daß das Symbol nur für die Dauer der Dekade benutzt werden solle. Außerdem wolle man auf Aufnäher verzichten[1132]. »Die Überlegung dabei sei, daß man nicht dem Staat den schwarzen Peter zuschieben wollte.« Statt dessen wollte man Lesezeichen und Gebetstexte enthaltende Faltblätter verwenden. Krusche erläuterte, der Kirche sei an einer Spaltung der Friedensbewegung nicht gelegen[1133]. Man werde den Mitarbeitern in der Jugendarbeit sagen, eine eigenmächtige Herstellung weiterer oder die Verteilung noch vorhandener Aufnäher stünde im Widerspruch zum Beschluß der KKL[1134]. Gysi, der nach einer am 2. Juli 1982 mit Honecker abgestimmten Gesprächskonzeption vorging[1135], bezeichnete eine innenpolitisch stabile DDR als »Balancefaktor« zwischen Ost und West. Er wies darauf hin, daß das Symbol, vorausgesetzt es werde rein eschatologisch verstanden[1136], auf staatliche Anerkennung stoße. Jeglicher politischer Mißbrauch, etwa die Verbindung mit einem politischen Programm, sei allerdings nicht möglich.

Gleichzeitig bedrängte er die Kirchen nochmals, sich doch von den Initiatoren der aus der SoFd-Bewegung hervorgegangenen »unabhängigen Organisation« zu trennen oder zumindest ein deutliches Wort der Distanzierung zu sprechen. Im übrigen bezweifelte er, ob die Lesezeichen und Schaukästen auch wirklich kirchlich kontrollierbar seien.

Weiter äußerte er nach der mündlichen Wiedergabe Dohles: »Eine Kirche, die in solch zugespitzter Situation öffentlich zum Staat steht, hätte eine große Chance. Sie haben zuviel Berührungsängste«[1137], rief er den Vorständlern zu.

Hempel vertrat in der sich anschließenden Diskussion »die Auffassung, daß bei Jugendlichen ein Überhang an Emotionen und ein Mangel an Rationalität und Geschichtsbewußtsein vorhanden sei«, und fand hier die Zustimmung des Staatssekretärs. Auf der anderen Seite äußerte der Bischof, wenn man die sowjetischen Positionen grundsätzlich bejahe, müsse man auch das Recht eingeräumt bekommen, kritische Anfragen zu stellen. Er versicherte[1138]:

»Die Kirche will nicht zum Sammelbecken der anderen werden, die ihre Kritik [in der Gesellschaft] nicht loswerden.«[1139] »Es ist ein wirklicher echter Schaden, daß es in unserer Gesellschaft keine öffentlichen und legitimen Orte der Kritik gibt. Kritik ist das beste Mittel, um Konfrontationen zu vermeiden. [...] Die Unterwanderung der Kirche liegt primär an der Westpresse und an Einzelpersonen, aber auch an der in der DDR fehlenden Kritikmöglichkeit«, bemerkte der sächsische Bischof[1140].

Horst Dohle urteilte:

»Nach der ernsten und sehr ausführlichen Argumentation des Staatssekretärs erklärten die Bischöfe Hempel und Gienke, daß sie nach diesen klaren und für sie hilfreichen Hinweisen den Gesamtkomplex erneut durchdenken werden mit dem Ziel zu zeigen, daß die Kirchen mit ihren Aktivitäten in der Friedensbewegung der DDR stehen.«[1141]

Werner Krusche erklärte jedoch, daß der KKL-Beschluß, zu den Symbolträgern zu stehen, weiterhin bestehen bleibe[1142]. Wenn der Staat zusage, die Maßnahmen gegen Aufnäher-Träger zu beenden, solle auf eine kirchenöffentliche Wiederholung dieses Beschlusses aber verzichtet werden, versprach Krusche, dem Hempels Vorschlag, die Jugendlichen zum Ablegen des Abzeichens aufzufordern, da es das kirchliche Anliegen nicht hinreichend deutlich mache, denn doch zu weit ging.

»Es sind doch nur noch ganz wenige, und man möge sie doch nicht weiter behindern.« Außerdem gab er zu bedenken: »Die Kirche kann nicht so reden wie politische Parteien. Solange in den USA eine kirchliche Friedensbewegung da ist und so breit wirkt, wäre es unökumenisch, ebenso zu reden, weil sonst die dortige Kirche in den Verdacht gerät, östlich gelenkt zu sein. [...] Die Reformatoren sehen den Menschen in allen Gesellschaftssystemen schlechthin als Sünder an. So kann man heute nicht die Sünde nur in einem Gesellschaftssystem sehen.« Die Kirchen könnten »nicht zustimmen, daß Sozialismus und Frieden identisch sind.« Er sei froh über die staatliche Respektierung der Benutzung des Symbols im kirchlichen Bereich[1143].

Die staatliche Wertung lautete:

»Die Bischöfe Hempel und Gienke beteiligten sich mit [...] konstruktiven Beiträgen an der Debatte [...] Das Gespräch verlief in einer sehr offenen, vertrauensvollen und konzentrierten Atmosphäre. Es ist wahrscheinlich, daß es zu eindeutigen und positiven kirchlichen Aussagen führt und Gefahren der Konfrontation im Herbst 1982 ausräumt.«[1144]

Seine wachsende staatsloyale Haltung stellte Hempel auch während der sächsischen Herbstsynode 1982 unter Beweis.

Er »orientierte [...] die Gemeinden seiner Landeskirche darauf, den Weg des 6.3.1978 konsequent fortzusetzen und aktiv am gesellschaftlichen Leben teilzunehmen. (›Möglich, ja notwendig ist eine Grundentscheidung für unser Land und für die Menschen darin, für diesen Staat mit seinem ›realen Sozialismus‹ in dem Sinne, daß Gott uns hierher nicht aus Zufall, Laune oder Strafe gebracht, sondern uns hier den von ihm bestimmten Bewährungsraum gegeben hat ...[1145] Eine solche Grundentscheidung ist klar abzuheben von Resignation, Arroganz oder Zynismus. Sie bedeutet für den Staat, daß er in den Christen und in den Kirchen Größen vor sich hat, denen er – bis zum Erweis des Gegenteils – trotz ihrer Eigenständigkeit im Prinzip vertrauen kann‹.)«[1146]

Auf die positive Entwicklung Hempels wurde auch der SED-Bezirkschef Modrow aufmerksam gemacht[1147]. Während eines Gesprächs am 5. November 1982 konnte er sich hiervon selbst überzeugen. In der abschließenden Bewertung wurde als mögliche Ursache für Hempels Wandel auf seine Tätigkeit in der Ökumene hingewiesen. Seine Mitgliedschaft im Zentralausschußes des ÖRK hätte »ihm zu realistischeren Einschätzungen über die Kirchen im Sozialismus« verholfen[1148].

Eine Woche nach dem Gespräch vom 8. Juli teilte Gysi dem Kirchenbund-Sekretär folgende Auflagen des Staates mit: Das Symbol dürfe nicht öffentlich verwendet werden; diese Einschränkung gelte auch für die kirchlichen Schaukästen; Lesezeichen und Faltblätter könnten nicht genehmigt werden. Für das von den Kirchen geplante zusätzliche Symbol der Weltkugel mit einem »Mann, der über seinem Kopf sein Gewehr zerbricht«, liege das Urheberrecht bei Prof. Voigt in Halle[1149].

Der Vorstand der KKL hielt daran fest, das Symbol auch in den Schaukästen zu verwenden, wobei allerdings die Losung der Friedensdekade »Angst, Vertrauen, Frieden« im Vordergrund der Gestaltung stehen müsse. Sollte der Staat in dieser Sache weiterhin unerbittlich bleiben, werde das Sekretariat dies in einem an alle Pfarrer gerichteten Brief offenlegen. Die Verhinderung der Schaukastengestaltung sei dann allein Sache des Staates, der von der Kirche keine Hilfe mehr erwarten könne. Gleichzeitig wurde der Druck von 100 000 Faltblättern, auf denen das Symbol nicht erscheinen sollte – dies beschloß das Gremium mit einer Gegenstimme –, und von 100 000 Lesezeichen, die das Symbol im Hintergrund enthalten sollten, beantragt[1150].

Demke und Lewek unterrichteten Gysi dann am 13. August von Befürchtungen seitens der Kirchenleitungen, »daß ein völliger Verzicht auf das Symbol zu Unmutsreaktionen bei einem Teil der Jugendmitarbeiter gegen den kirchlichen Leitungsapparat führen könne.«[1151]

Daraufhin schrieb Gysi am 14. September 1982 an Honecker einen ausführlichen Brief, unterrichtete ihn von den KKL-Beschlüssen, gab eine Bewertung ab und unterbreitete konkrete Vorschläge für das weitere Vorgehen des Staates:

»Durch intensive und gezielte Kontakte und Gespräche des Staatssekretärs für Kirchenfragen, seiner Mitarbeiter sowie der Stellvertreter der Vorsitzenden für Inneres der Räte der Bezirke mit realistischen Vertretern des Bundes der Evangelischen Kirchen in der DDR (BEK), wie den Bischöfen Hempel, Gienke, Leich, Kirchenpräsident Natho, dem Sekretär des BEK, Demke, Oberkirchenrätin Lewek, Konsistorialpräsident Stolpe u. a., aber ebenso auch mit den übrigen Bischöfen, deren Haltung sich unter dem Eindruck unserer Argumente veränderte, wie es z. B. bei Bischof Krusche deutlich wurde, sowie durch Gespräche mit weiteren kirchenleitenden Personen und Synodalen wurde eine wachsende Annäherung der Positionen des BEK an die von uns gestellten politischen Grundforderungen erreicht.

Zugleich hat sich die Polarisierung [gemeint ist Differenzierung, vgl. Randbemerkung] der Kräfte innerhalb des BEK verstärkt, in den Leitungsgremien des BEK wächst die Bereitschaft, sich mit Personen und Gruppen innerhalb der Kirche auseinanderzusetzen, die in politischer Opposition zum Staat stehen und die durch ihre Haltung und ihre Handlungen eine kontinuierliche Entwicklung des Verhältnisses zwischen Staat und Kirche belasten und stören.

Im Zusammenhang mit dem Beschluß der Konferenz der Kirchenleitungen (KKL), der den Gebrauch des Symbols ›Schwerter zu Pflugscharen‹ als ›Markenzeichen der kirchlichen Friedensdekade 1982‹ (7. bis 17.11.1982) vorsieht, ergibt sich folgende Situation:

1. Der BEK versucht, durch die Realisierung eines von der KKL gefaßten Beschlusses zu verhindern, daß das Symbol der Friedensdekade mißbräuchlich als ›Meinungsmarke‹ von Personen, die in Opposition zu unserer staatlichen und gesellschaftlichen Entwicklung stehen, in Form von Aufnähern, Ansteckern und Aufklebern genutzt wird.

Der Beschluß beinhaltet bzw. geht davon aus, daß jegliche Neuherstellung, Verbreitung bzw. Ausgabe vorhandener Bestände und illegale Einfuhr des ›Symbols‹ zu unterbleiben hat.

2. Die KKL geht davon aus, daß durch o. g. Beschluß keine weiteren ›Abzeichenträger‹ in Erscheinung treten. Durch die KKL und die Leitungen der Landeskirchen ist die Verfahrensweise bei denen, die bereits seit längerer Zeit das ›Symbol‹ noch tragen (›Altträger‹), nicht geklärt.

3. Unter der Voraussetzung, daß die o. g. Maßnahmen der Kirche zur Verhinderung einer erneuten Konfrontation zwischen Staat und Kirche (demonstratives Tragen des Symbols in der Öffentlichkeit) den Forderungen der staatlichen Organe entsprechen, möchte der BEK für die Friedensdekade 1982 folgende Möglichkeiten:

– Druck von 100 000 Lesezeichen (entsprechend der bekannten Vorlage – Text der Seligpreisungen mit unterlegtem stilisiertem Symbol),

– Druck von 100 000 Faltblättern (entsprechend bekannter Vorlage – Text der Seligpreisungen und Verkehrszeichen),

– Zustimmung zur Schaukastengestaltung und zur Plakatierung an kirchlichen Objekten unter Verwendung des ›Symbols und der Texte als Markenzeichen der Friedensdekade 1982‹.

Das ist die gegenwärtige Position.
Unsere Einschätzung zu o. g. Wünschen:

1. Realistische Kräfte in der KKL und in den Gliedkirchen des BEK bemühen sich offensichtlich, eine Wiederholung der Konfrontation in Sachen ›Aufnäher‹ nicht zuzulassen. Die Erkenntnis hat sich durchgesetzt, daß eine solche Konfrontation das Verhältnis zwischen Staat und Kirche schwer belastet, die Ergebnisse des 6.3.1978 in Frage stellt.

Es wird auch besser als bisher verstanden, daß bestimmte Kreise im Westen und die unwahre bzw. tendenziöse Darstellung in den Massenmedien (vor allem in der BRD) zur Verschlechterung des internationalen Klimas und zur Destabilisierung der inneren Lage der DDR dienen soll. Die meisten Bischöfe, auch Krusche und die Kirchenleitungen, sind inzwischen öffentlich von der Forderung nach einer eigenen, ›unabhängigen‹ Friedensbewegung der Kirchen abgerückt bzw. haben sie eindeutig zurückgewiesen (Leich, Gienke u. a.). Die Organisatoren sind noch da und zum Teil am Werk, aber die Bemühungen der Kirchenleitungen und der KKL damit fertig zu werden, haben zugenommen. Obwohl der alte Beschluß nicht ausdrücklich zurückgenommen wird, hat die KKL beschlossen, ihn nicht zu wiederholen, um das Tragen von Aufnähern, Abzeichen etc. nicht zu provozieren und um Möglichkeiten für einen gezielten Einfluß der KKL gegenüber bisherigen bzw. potentiellen Trägern des Symbols zu schaffen.

2. Der Druck rechter Kräfte aus den Kirchen auf die Kirchen zur Fortführung der Abzeichenkampagne ist stark. Die KKL befürchtet, daß ein weitergehender Beschluß gegen ›Abzeichenträger‹ eine Verweigerung zur Beschlußausführung durch eine Reihe kirchlicher Kreise nach sich zieht. Das ist nicht von der Hand zu weisen.

Unsere Vorschläge:

1. Der Vorsitzende (Bischof Dr. Krusche) oder ein Beauftragter der KKL erläutert dem Staatssekretär die entsprechenden Beschlüsse der KKL sowie die geplanten kirchlichen Maßnahmen zur Verhinderung eines Mißbrauchs von Symbol und Texten der Friedensdekade. Sollten dennoch staatliche Maßnahmen (gegen Gruppen außerhalb der Kirche, also in der Öffentlichkeit) notwendig werden, ist von der Kirche entsprechende Loyalität zu erwarten. Auf diese Weise können wir versuchen, Maßnahmen

der Volkspolizei in der Öffentlichkeit zu vermeiden. Die Kirchenleitungen müssen sich mit den entsprechenden Personen selbst auseinandersetzen.

Eine entsprechende Abmachung mit der KKL ist in einem internen Gespräch mit dem Staatssekretär zu treffen. Der KKL ist nahezulegen, mit einer entsprechenden Position während der Synode des BEK die Annäherung ihrer Haltung an die staatliche Grundposition zur Friedensfrage deutlich zu machen, etwa analog der Gratulation beim Genossen Honecker. Damit schafft die Synode Voraussetzungen für die nachstehend genannten staatlichen Entscheidungen zur Friedensdekade 1982. Von der KKL ist unter allen Umständen zu erwarten, daß sie mit gezielten Maßnahmen gegen Träger des Abzeichens vorgeht.

2. Der Druck von 100 000 Lesezeichen wird auf zentraler Ebene gestattet.
3. Der Druck von 100 000 Faltblättern wird auf zentraler Ebene gestattet.
4. Der Plakatierung in kirchlichen Schaukästen und an kirchlichen Objekten wird zugestimmt. Diese Zustimmung ist vom 1. bis 18.11.1982 zu begrenzen. Die Kirche sorgt für die Einhaltung dieser Frist. Dem BEK wird empfohlen, mit ca. 20 000 Plakaten[1152] (A3 zentrale Druckgenehmigung) eine unkontrollierte Gestaltung der Schaukästen zu vermeiden.
5. Sollte die Kirche von sich aus vorschlagen, ein anderes Symbol wie das Symbol des Hallenser Graphikers, Prof. Gerhard Voigt, das auf dem UNO-Wettbewerb als bestes Plakat zur Abrüstungssondertagung ausgezeichnet wurde, könnte man das akzeptieren, wenn wir uns entschließen würden, dieses Plakat durch die DEWAG herstellen zu lassen und über die Kirche hinaus zur Verfügung zu stellen. Nach meiner Meinung ist gemessen am verwandten Symbol dem ersten Symbol ›Schwerter zu Pflugscharen‹ der Vorzug zu geben.
6. Abgesehen von weiteren Verhandlungen, besteht die Alternative auch darin, bei unserer Festlegung nicht genehmigtes Abzeichen in der Öffentlichkeit auch in dem Sinne zu bleiben, daß Kirchentore, Schaukästen usw. als öffentlich und nicht kirchenintern betrachtet werden.
7. Entscheiden wir uns für eine gegenüber der Kirche großzügige Lösung, wäre der Genosse Generalsekretär anzufragen, ob er eine kurze Information an die Bezirkssekretäre für zweckmäßig hält.

Zu unserer Argumentation:

Bei allen Auseinandersetzungen um den Sozialen Friedensdienst, eigene Friedensbewegung der Kirche und das nicht genehmigte Abzeichen haben wir niemals gegen das Symbol selbst Stellung genommen. Wir haben im Gegenteil damit den Mißbrauch des Symbols verhindert. ›Schwerter zu Pflugscharen‹ meint die Endzeit, das Reich Gottes auf Erden und kann nicht als politische Kampagne gegen die allgemeine Wehrpflicht und gegen die Wehrbereitschaft und für die Spaltung unserer Friedensbewegung benutzt werden. Aus diesen Gründen ist das Abzeichen nicht für öffentliches Tragen genehmigt.

Die Einrichtung der Bausoldaten respektiert die Gewissensentscheidung einzelner. Sie bleibt wie bisher in Kraft. Etwas ganz anderes ist eine organisierte Kampagne für die Ablehnung der Wehrpflicht oder die Diffamierung der Wehrbereitschaft. Beides kann nicht zugelassen werden.

Diese Grundauffassung und diese Argumentation wurde den Kirchen gegenüber immer wieder dargelegt. So wenig wie auf eine prinzipielle Ablehnung des Symbols haben wir uns auch auf eine prinzipielle Diskussion über Pazifismus generell eingelassen.

Wir haben uns damit eine gewisse Bandbreite der Interpretation erhalten: Klar ist die Nichtgenehmigung des öffentlichen Tragens des Abzeichens. Ob wir dazu auch die Schaukästen vor der Kirche und kirchliches Material, wie Seligpreisungen, zählen, hängt von unserer Interpretation, also von unserer Entscheidung ab.

Ich empfehle, im Sinne unseres o. g. Vorschlages zu verfahren bzw. mit der Kirche weiter zu sprechen.«[1153]

Positiv wurde auf staatlicher Seite der KKL-Beschluß aufgenommen, die Kirchen verstünden ihr Friedensengagement keineswegs als »unabhängige« Friedensbewegung[1154].

Im Vorfeld der Dekade verweigerte die DDR vier BEK-Vertretern Reisegenehmigungen zum Interkirchlichen Friedensrat der Niederlande (IKV). Mit den holländischen Partnern hatten sie eine europäische Friedensplattform vorbereiten wollen, um sie Anfang November in Dresden der Öffentlichkeit vorzustellen[1155]. Im Gespräch mit Gysi bestritt Demke allerdings diese Zweckbindung der beantragten Reise und behauptete, die Initiative sei allein vom IKV ausgegangen. Gysi bezeichnete den IKV als »eine ausgesprochen antisozialistische Organisation [...], die ziemlich raffiniert versuche, unter der Friedensfahne aufzutreten.«[1156]

Über diesen Diskussionen trat ganz in den Hintergrund, daß auch die Friedensdekade 1982, wiederum am 7. November, dem drittletzten Sonntag des Kirchenjahres, mit einem »Bittgottesdienst für den Frieden der Welt« eingeleitet werden sollte, für den die Verwendung einer mit der EKD gemeinsam konzipierten Liturgie vorgesehen war[1157].

Gienke berichtete während der Konsultation Ende Juni 1982 über den Verlauf der Moskauer Weltkonferenz religiöser Friedenskräfte[1158] und die Rezeption der dort gefaßten Beschlüsse durch den BEK[1159], der im übrigen bei der kirchlichen Basis zum Bedauern des Staatssekretariats für Kirchenfragen nur geringe Resonanz fand[1160], was Gienke denn auch verschwieg. Am 18. August wurde Gysi durch Gienke im Hotel »Johannishof« ein in Moskau verabschiedeter »Appell an die Regierungen« und zwei andere Dokumente des Treffens überreicht. Über die Begegnung berichtete die DDR-Nachrichtensendung »Aktuelle Kamera«[1161]. Der BEK beteiligte sich auf Einladung von Metropolit Filaret auch an einer Sitzung des Arbeitspräsidiums der Konferenz am 24./25. November 1982 in Moskau[1162].

Die Staatsbürgerschaftsfrage in der Konsultationsgruppe als Zeichen für das Auseinanderleben der Kirchen in Deutschland, der Regierungswechsel in Bonn und die Bundestagswahl am 6. März 1983

Nach einer Reihe von Begegnungen, bei denen sich die Teilnehmer über theologische Grundlegungen des Friedensengagements der Kirchen sowie über historisch-politische Sachfragen zu verständigen suchten, zog man auf einer Konsultations-Tagung in Urach im April 1982 eine Bilanz in sieben Thesen, die jeweils mit einer Aufgabenbeschreibung für die Kirchen und die Konsultationsgruppe schlossen. Es gehe darum, am jeweiligen politischen Ort eine »Denkumkehr« vorzubereiten und zu fördern, hieß es unter anderem[1163].

Nach dieser ersten Arbeitseinheit zum Frieden wandte sich die Konsultationsgruppe in einem zweiten Anlauf der »Staatsbürgerschaftsfrage« zu. Auf der Beratergruppen-Sitzung im September 1982 wurde die Verabredung getroffen, daß vor der Vollversammlung des ÖRK in Vancouver ein Treffen der Delegierten aus den deutschen Kirchen in Ost und West stattfinden sollte[1164]. Gleichzeitig wurde eine Vorschau auf die kommenden Tagungen der Bundes- und EKD-Synoden gegeben[1165]. Im Juni 1982 hatte in Budapest ein Treffen der Vancouver-Delegierten aus den Ostblockstaaten stattgefunden. Der KKL-Vorstand beschloß: »Der Gefahr einer Fraktionsbildung ist auf jeden Fall zu widersetzen [sic!].«[1166]

Daß die Kirchenbund-Delegation, bezogen auf die Konsultationsgruppe, selbstkritisch verpackte, aber nichtsdestoweniger klare politische Zielvorstellungen eintrug, wurde erneut in der 13. Konsultation Anfang Dezember 1982 deutlich. Als nächster Themenkomplex wurde unter der Chiffre »Vorschläge zum Verhältnis der beiden deutschen Staaten«[1167] die Staatsbürgerschaftsfrage auf die Tagesordnung gesetzt. Welche politisch-ideologischen Voraussetzungen für einen solchen Schritt nötig waren, ergab – scheinbar zwanglos – die Diskussion: Aufgabe des Antikommunismus im Westen und Akzeptanz einer ideologischen Koexistenz seitens der »sozialistischen« Staaten. In diesem Zusammenhang wurde positiv hervorgehoben, »daß die Denkschrift der EKD das antikommunistische Weltbild deutlich zurücknahm, wofür sie auch zahlreiche Vorwürfe erntete«[1168].

Daß die Differenzen zwischen christlichem Glauben und marxistisch-leninistischer Ideologie weiterhin nahezu unüberbrückbar waren, hätte zumindest der Görlitzer Bischof Wollstadt in den innerkirchlichen Diskurs einbringen können. Dieser hatte im Herbst 1980 dem Dresdener Bezirksreferenten Lewerenz gegenüber geäußert, »der Marxismus-Leninismus könnte auch für Christen interessanter sein, wenn er den Atheismus fallen ließe.« Doch an dieser Stelle kannte der sonst so konziliante Lewerenz kein Pardon: »Die Darstellung, daß unsere Weltanschauung ihrem Wesen nach atheistisch ist, weil sie die Dinge und Prozesse aus sich selbst heraus erklärt, war ihm [Wollstadt] offensichtlich nicht bekannt«, faßte der Staatsfunktionär den weiteren Gesprächsverlauf zusammen[1169]. In einer SED-Einschätzung aus dem Jahre 1982 heißt es hierzu:

»Wir brauchen angesichts der sich verschärfenden Klassenauseinandersetzungen *jede fleißige Hand, jeden klugen Kopf und jeden schöpferischen Gedanken*, aber auch *das Herz und die Gefühle aller Bürger*. Wir tun das, ohne dabei den weltanschaulichen Gegensatz aufzuheben.«[1170]

Wie weit man zwischen den Kirchen Deutschlands in Wahrheit auseinander war, zeigte sich an der Aussprache über den im Auftrag der EKD angefertigten und anschließend dem BEK übermittelten Entwurf[1171] eines gemeinsamen Wortes zum 30. Januar 1933. Dabei wurde »deutlich, daß die Situationsunterschiede so tiefgreifend sind, daß eine gemeinsame Aktualisierung kaum möglich erscheint.«[1172] Im KKL-Vorstandsprotokoll heißt es, der EKD-Entwurf spreche »in seinen Schlußfolgerungen insbesondere auf Gegenwart und Zukunft sehr spezifisch die westdeutsche Situation an[.]. Die Konsultation mit der EKD hat ergeben, daß ein gemeinsames Wort die situationsgerechte Profilierung verwischen würde, so daß darauf verzichtet werden soll.« Aber auch ein eigenes Wort wollte der BEK nicht formulieren[1173]. Dabei war eine deutliche Orientierung zu dieser Frage auch in der DDR notwendig. So berichtete das Staatssekretatriat für Kirchenfragen, am 9. Juli 1983 habe man auf dem jüdischen Friedhof in Erfurt mit NS-Symbolen beschmierte Grabsteine entdeckt. Der Schaden muß so beträchtlich gewesen sein, daß es nicht gelang, den Friedhof nach 24 Stunden wieder in den alten Zustand zu bringen[1174].

Für einen erneuten Vorstoß in der »Staatsbürgerschaftsfrage« war die Situation denkbar günstig. Die EKD befand sich 1982 in ihrer wahrscheinlich schwächsten Position seit 1948, weil die »Friedensfrage« sie tief gespalten hatte. Die Erklärung des Moderamens des Reformierten Bundes »Das Bekenntnis zu Jesus Christus und die Friedensverantwortung der Kirche«[1175] entsprach in Wahrheit einer Stimmungslage im deutschen Protestantismus, die weit über den reformierten Anteil hinausreichte. In der Beratergruppensitzung am 2. Dezember 1982 gab der Berliner Bischof Kruse bekannt, »daß etwa die Hälfte der Synodalen in einer Stellungnahme, die nicht synodal verabschiedet worden ist, zu einem eindeutigen Nein zur Atomrüstung aufgerufen haben«[1176]. Da ein erheblicher Teil dieser Friedensbewegten mit dem vermeintlich eindeutigeren Weg des Kirchenbundes sympathisierte, besaß dieser in der Westkirche vielleicht einen höheren Einfluß als im eigenen Bereich, wo der real-existierende Sozialismus das Kirchenvolk zur Minderheit hatte schrumpfen lassen. Das wußten die kirchlichen Spitzengremien auf beiden Seiten. Dieses Bild wurde lediglich durch den Regierungswechsel in Bonn konterkariert und brachte in Erinnerung, daß in der Bundesrepublik eine gemischt konfessionelle Bevölkerung lebte. Doch Binder erklärte gewiß zutreffend, daß diese politische Veränderung kaum Auswirkungen auf die kirchliche Arbeit haben dürfte. In den Kirchen der DDR sah man das mit großer Mehrheit offenbar anders.

»Aus dem Bereich der Kirchen in der DDR wurde berichtet, daß der Machtwechsel mit Irritation und auch ein wenig Angst begleitet worden war. Die neue Begrifflichkeit in den politischen Reden der Regierung Kohl weckt die Befürchtung, die Regierung der Bundesrepublik wolle eine härtere Gangart. Allerdings gibt es auch in der DDR eine Reihe von Menschen, die mit Hoffnung auf die neue Regierung blicken. Das Bild der Bundesrepublik wirkt auf die Bürger der DDR diffus und bietet kein beeindruckendes Beispiel für eine funktionierende Demokratie. Es wird immer weniger zu einer erwünschten Alternative zur gesellschaftspolitischen Realität der DDR.«[1177]

Kaum ein anderes Votum belegt – gerade wegen seiner Unverfänglichkeit – den tiefen Graben, der 1982 zwischen »Basis« und Leitung bestand, und den hohen Grad des Identifikationsprozesses kirchlicher Führungselite mit dem SED-Staat.

Die Mehrheit der DDR-Pfarrer stufte nach staatlicher Einschätzung »den Regierungswechsel in der BRD als eine Wendung nach rechts, als eine Hinwendung zur USA-Politik ein« und fürchtete negative Auswirkungen auf die europäische Entspannungspolitik, »insgesamt also die weitere Zuspitzung der internationalen Lage«. Weiter hieß es, bezogen auf die innerdeutschen Beziehungen: »Der *Regierungswechsel in der BRD* wird im allgemeinen mit Besorgnis registriert. Man befürchtet, daß sich die Beziehungen zwischen der BRD und der DDR verhärten könnten, was auch die Bedingungen für die Ausgestaltung der Kontakte zu den BRD-Kirchen negativ beeinflussen würde (Ein- und Ausreisen)«[1178].

Binder hatte bereits im September 1982 die Bonner Ständige Vertretung der DDR über die kirchliche Einschätzung des bevorstehenden Regierungswechsels in Kenntnis gesetzt. Im DDR-Protokoll heißt es:

»Das Gespräch kam auf Wunsch von Binder zustande. Es fand in seiner Dienststelle statt.

Im Gespräch spielte die innenpolitische Entwicklung der BRD die herausragende Rolle. Dabei schälte sich als Standpunkt des Rates der EKD die Auffassung heraus, daß die SPD/FDP-Regierung auseinanderbrechen wird. Ein endloses Hinauszögern des Regierungswechsels könne sich die BRD in der jetzigen komplizierten innen- und außenpolitischen Situation nicht leisten. Ob die jetzige Regierung bereits 1982 abgelöst werde, sei aber fraglich.

Binder erklärte, Anliegen des Rates der EKD werde es im Falle einer CDU/CSU-Regierung sein, den Einfluß der Evangelischen Kirchenführung innerhalb der CDU/CSU geltend zu machen, um zu einer Beibehaltung des bisherigen Kurses, z. B. gegenüber der DDR und den anderen sozialistischen Ländern, zu ermutigen. Als Mittelsmann der EKD werde Herrn von Weizsäcker als Ratsmitglied der EKD eine besondere Rolle zukommen. Er könne Erfahrungen über den Umgang mit Vertretern sozialistischer Länder einbringen und nach Meinung von Bischof Lohse, dem Ratsvorsitzenden der EKD, im Sinne der ›Politik der Verständigung mit dem Osten‹ wirken.

Als günstig werde sich für den Rat der EKD die Kontaktpflege zur CDU innerhalb und außerhalb Bonns auszahlen. Es sei eine Reihe einflußreicher CDU-Politiker vorhanden, um das Gespräch Evangelische Kirche – CDU/ CSU-Regierung von Anfang an führen zu können. Zugleich sei man sich im Rat der EKD der Beschränktheit des Einflusses auf die CDU/CSU und auf H. Kohl bewußt. Binder meint, daß es falsch sei, H. Kohl in der eventuellen Aufgabe als BRD-Kanzler zu unterschätzen. Er werde sich das Heft nicht widerstandslos aus den Händen nehmen lassen. Das Gespräch mit ihm werde sich auch für die Evangelische Kirche komplizierter gestalten. Er habe eine Art ›Sendungsbewußtsein‹.

Nach Auffassung des Rates der EKD werde für das Verhältnis zwischen den beiden deutschen Staaten im Falle eines Regierungswechsels in Bonn zunächst die Besetzung der Funktion des Staatsministers im Kanzleramt von eminent praktischer Bedeutung sein. Diesem Mann werde für die Fortführung bzw. Unterbrechung der praktischen Dinge zwischen den beiden deutschen Staaten eine besondere Rolle zukommen.

Einen Wechsel der politischen Beamten werde es auch im Ministerium für ›Innerdeutsche Beziehungen‹ geben, das gegenwärtig als Domäne der SPD dastehe und zu dem die Evangelische Kirche gute Kontakte unterhalte. Ob es im Fall eines Regierungswechsels noch möglich sein werde, dort einen gewissen Einfluß auszuüben, sei fraglich. In diesem Zusammenhang meinte Binder, daß es gut wäre, Kontakt zu dem Westberliner CDU-Politiker Lorenz zu entwickeln.

Falls die FDP nicht Mitglied der neuen Regierung sein sollte, werde das Auswärtige Amt der BRD, so Binder, als Gesprächs- und Kontaktpunkt zwischen den beiden deutschen Staaten (Konsultationen) möglicherweise zunächst nicht zur Verfügung stehen.

Insgesamt werde wichtig sein, welche Richtung in der CDU/CSU künftig das Sagen hat. Gegenwärtig sei das noch nicht voll erkennbar. Die CDU/CSU sei außerordentlich vielschichtig. In ihr seien durchaus auch pragmatische Kräfte vorhanden. Dazu könne unter Umständen selbst ein Strauß gehören. Er habe viele Gesichter. Die Kräfte der Verneinung von realistischen Beziehungen mit den sozialistischen Ländern seien jedoch mit einiger Sicherheit erst einmal in der Vorderhand. Auf längere Sicht werde sich trotzdem der Flügel der CDU/CSU durchsetzen, der z. B. auf das Gespräch mit der DDR orientiere. Bis es soweit sei, könne jedoch ein längerer Abschnitt der Nichtbewegung zum Tragen kommen. Die Verträge könnten restriktiv ausgelegt werden.

Der Einfluß der amerikanischen Politik auf eine CDU/CSU-geführte Regierung sei, so Binder, von vornherein hoch zu veranschlagen. Auf längere Sicht sei jedoch der Reagansche Kurs angesichts des sich entwickelnden Widerstandes selbst in den USA nicht als der bestimmende Trend des Jahrzehnts zu erwarten. Der Gedanke, daß es auch volkswirtschaftlich unvertretbar ist, eine Politik militärischer Stärke zu betreiben, werde letztlich dominieren.

Zum 87. Katholikentag, Anfang September in Düsseldorf, befragt, meinte Binder, es sei ein Irrtum zu glauben, daß die Bischofskonferenz und das ZK der Katholiken aus den Düsseldorfer Vorgängen (z. B. ›Initiative Kirche von unten‹) Lehren gezogen hätten. Solche Vertreter der Katholischen Kirche wie der Bayrische Kultusminister Maier seien aufgrund der ›heilen Welt‹ in Bayern davon überzeugt, daß es nicht notwendig ist, sich den Forderungen der katholischen Jugend, vorgetragen in Düsseldorf, anzupassen. Die katholische Kirchenführung werde alles unternehmen, um ihre Jugend zu disziplinieren.

Im Zusammenhang mit den kürzlich von dem SPD-Vorsitzenden Brandt vor dem Bundestag vorgetragenen Gedanken, im Luther-Jahr gegebenenfalls eine Reise auch von Carstens in die DDR vorzusehen, meinte Binder, dieser Gedanke sei nicht neu. Bei dem Staatssekretär im Bundespräsidialamt, Neusel (Katholik), stoße er auf Ablehnung. Ein solches Vorhaben könne eine Chance nur dann haben, wenn keine Seite sie gegen die andere nutze.‹[1179]

Am 1. Oktober 1982, also vierzehn Tage nach diesem Gespräch, stürzte der Bundestag Helmut Schmidt und wählte mit den Stimmen der Unionsparteien und der FDP den CDU-Vorsitzenden Helmut Kohl zum neuen Bundeskanzler.

Mitte Dezember äußerte Binder »in einem vertraulichen Gespräch Meinungen zur politischen Situation der Regierung der BRD«. Sein Gesprächspartner gab alles brühwarm weiter – an das MfS.

»Demzufolge rechne Regierungschef Kohl und die gegenwärtige Führungsmannschaft der Regierung in Bonn fest damit, daß sie auch nach den angestrebten Neuwahlen im März 1983 im Amt bleiben. Kohl setze dabei personell vor allem auf Stoltenberg, Barzel und Jenninger als diejenigen, die absolut fest zu ihm stünden und ›Zieher‹ wären. Hinzu käme Strauß, der potentieller Nachfolger für Außenminister Genscher sei. Kohl beabsichtige keine außenpolitischen Änderungen, auch der DDR gegenüber nicht. Er wolle an den Verträgen mit der DDR festhalten und sie realisieren. Er erhoffe sich außerdem indirekte Wahlhilfe durch ein weiteres Vorantreiben eines Kulturabkommens mit der DDR und durch mehr sachlich und weniger scharfmacherisch gestaltete Beziehungen zwischen beiden deutschen Staaten. Kohl wolle im Frühjahr 1983 den Vorsitzenden der Konferenz der evangelischen Kirchenleitungen in der DDR, Bischof Hempel (Dresden), zu einem Sachgespräch einladen und empfangen. Binder brachte des weiteren zum Ausdruck, daß er aus Gesprächen mit führenden Persönlichkeiten der Regierung der BRD entnommen habe, daß innenpolitisch eine härtere Gangart eingeschlagen werden solle. Es bestehe bei Kohl die feste Absicht, die Rüstungsverträge und die mit der Regierung der USA ausgehandelten Abkommen zur Raketenstationierung einzuhalten. Das erzeuge in der Bevölkerung der BRD Widerstand, der mit allen Mitteln niedergehalten werden solle. Aus Kreisen der SPD gebe es in Bonn zunehmend die Auffassung, in der gegenwärtigen prekären politischen Situation der Arbeitslosigkeit und der Krisen die Regierungsverantwortung nicht zu übernehmen und in der Opposition zu bleiben. In der Führungsspitze der SPD gebe es Unklarheiten über das weitere Zusammengehen mit den ›Grünen‹, wobei die Mehrheit sich dagegen aussprechen würde.«[1180]

Im Dezember 1982 stellte Hans Wilke fest:

»Informationen aus der Landeskirche Sachsens sowie aus der Kirchenprovinz deuten im Zusammenhang mit dem *Regierungswechsel in der BRD* auf eine Verstärkung ›gesamtdeutscher‹ Tendenzen hin. Der BEK und die EKD müßten angesichts einer befürchteten Verschlechterung der Beziehungen zwischen den beiden deutschen Staaten ihre Beziehungen intensivieren, um im Rahmen der ›besonderen geistlichen Gemeinschaft‹ dem ›Antagonismus der Staaten‹ entgegenzuwirken.«[1181]

Hans Modrow machte Hempel Anfang November deutlich, der DDR gehe »es um die Fortsetzung der Beziehungen zur BRD, wir wissen um die Verantwortung der beiden deutschen Staaten in Europa und bewahren gegenüber der neuen BRD-Regierung Zurückhaltung. Das bedeute nicht, z. B. solche Probleme wie das Offenhalten der deutschen Frage unwidersprochen hinzunehmen. [...] Für den 6. März stehen uns, sollte Kohl gewinnen, schwere Jahre der Beziehungen zwischen den beiden deutschen Staaten bevor.« Hempel äußerte, nach seiner Auffassung, die auch in der Kirche verbreitet wäre, seien für den »Sturz Schmidts« die zunehmende Arbeitslosigkeit, die Uneinigkeit der SPD und das als Mißerfolg bewertete Treffen mit Honecker als Gründe anzusehen. Er selbst schätze die Spitzenbegegnung allerdings weiterhin als positiv ein. Der mitanwesende Domsch fragte, ob die DDR nicht mehr Möglichkeiten besessen hätte, Schmidt zu stützen, und spielte damit vielleicht auf das unglückliche Zusammentreffen zwischen Schmidts Werbellinsee-Besuch und der Verhängung des Kriegsrechts in Polen an[1182].

Die Wahlniederlage der SPD am 6. März 1983[1183] nahm ein Großteil der in der DDR lebenden Pfarrer mit Bedauern auf; viele äußerten die Furcht vor einer Verhärtung der deutsch-deutschen Beziehungen[1184].

Staatssekretär Gysi erklärte gegenüber Gienke und Demke im Blick auf die innerdeutsche Politik der Bonner Regierungskoalition:

»Es sei deutlich, daß diese anders ausgerichtet sei als bisher, wenn auch noch nicht klar erkennbar ist, wie es weiter gehen wird. Die DDR habe sich zurückweisend nur in denjenigen Punkten geäußert, wo dieses unbedingt nötig schien, würde aber sonst die Entwicklung abwarten. Für die Kirchen sähe man die folgende Gefahr: Die EKD muß sich auf den neuen Tenor der Regierung einstellen, die Kirchen in der DDR stellen sich wiederum auf die EKD ein. Dadurch könnte es zu einem Neutralismus kommen oder gar zu einem Schritt auf die andere Seite. Barzel habe den Kirchen wiederum die Aufgabe zugeschrieben, das nationale Zusammengehörigkeitsgefühl solange lebendig zu erhalten,. bis die Einheit in seinem Sinne wieder hergestellt werden könne; das sei das Konzept Adenauer-Dibelius.«[1185]

Honeckers Absage seines Besuches in der Bundesrepublik stieß bei den DDR-

Pfarrern zumeist auf Verständnis. Zugleich kritisierten sie, daß die Politik der neuen Bundesregierung sowie »der Kreise um F.J. Strauß« die Beziehungen zwischen den Staaten belaste[1186]. Um so überraschender war dann das Treffen zwischen Strauß und Honecker im Jahr 1983, auf das viele DDR-Pfarrer völlig verwirrt reagierten[1187]. Greifswalds Bischof Gienke meinte gegenüber dem Rostocker Staatsfunktionär Haß, er habe »den Eindruck [...], daß immer mehr Politiker der westlichen Länder erkennen, daß man um ein geordnetes Verhältnis zur DDR nicht herumkommt. Er sieht darin Anzeichen einer neuen Vernunft.«[1188]

Die Kirchen und die große Politik im Jahre 1982

Aufgrund von Meldungen westdeutscher Medien sorgte zu Beginn des Jahres 1982 eine für den 16. Januar angesetzte Begegnung der Bischöfe, der KKL-Vorstands- und Ratsmitglieder sowie der Leiter der Kirchenbehörden mit ihren Ehefrauen in Berlin (Ost)[1189] für Irritationen auf staatlicher Seite, zumal auch gemunkelt wurde, Richard von Weizsäcker sei anwesend.

Daraufhin fand am 8. Januar 1982 ein Gespräch zwischen Hauptabteilungsleiter Heinrich, Hans Wilke und Demke statt, in dessen Verlauf die Staatsfunktionäre ihrem Unmut über die westlichen Presseberichte freien Lauf ließen. Demke beteuerte, an einer »Veränderung der guten und vertrauensvollen Beziehungen zum Staat« sei im BEK niemanden gelegen. Solche Begegnungen hätten bereits 1980 und in den vorangegangenen Jahren stattgefunden. Beschlüsse würden im übrigen an diesem Tag nicht gefaßt[1190].

Auch 1982 hatten sich Kirchenvertreter aus der DDR wieder als deutschdeutsche Diplomaten betätigt. Den Anfang machten Demke und Stolpe, die im Januar 1982 nach Bonn gereist waren, um Bischof Kunst zu seinem 75. Geburtstag zu gratulieren. Demke erstattete anschließend am 26. Januar 1982 Staatssekretär Gysi einen Bericht, der noch am gleichen Tag Honecker über das Gehörte in Kenntnis setzte:

»Dr. Demke teilte folgendes mit: Sie hätten während der Gratulationscour ein 10minütiges Gespräch mit Bundeskanzler Schmidt gehabt, der sich sehr interessiert nach der Resonanz des Treffens mit Dir am Werbellinsee bei unseren Kirchen und in unserer Öffentlichkeit erkundigte. Dabei ging er speziell auf den Besuch im Güstrower Dom ein und fragte auch nach der Meinung von Bischof Dr. Rathke.

Als kurze Zeit danach die Gratulation vorüber war, bat Staatssekretär Huonker die beiden Herren noch eine halbe Stunde zu bleiben und setzte sich mit ihnen zusammen. Huonker erklärte folgendes: Der Bundeskanzler sei äußerst interessiert daran, den im Treffen am Werbellinsee erreichten Gesprächsstand beizubehalten. Er schätze die Gespräche bei allen Einschränkungen hoch ein. Zugleich seien er und seine Mitarbeiter in großer Sorge, ob die Grundlage der Weiterführung der Gespräche auch weiterhin möglich bzw. aufrechtzuerhalten sei. Diese Gefahr bzw. diese Schwierigkeit sei durch die Reaktion des Westens auf die polnischen Ereignisse entstanden.

Die BRD stände unter einem starken Druck der USA, aber auch der anderen NATO-Staaten. Die Bundesrepublik müsse sich in irgendeiner Weise in dieses Spektrum stellen. Es sei Schmidts große Sorge, daß dadurch bei uns eine ›Irritierung‹ eintrete in bezug darauf, ob Schmidt diese Gespräche weiterführen wolle bzw. ob sie weiter-geführt werden könnten. Deshalb teile er mit, daß man sich nicht an Sanktionen beteiligen wolle, aber evtl. zu einigem Manövrieren in dieser Frage gezwungen sei. Sie seien sich darüber klar, daß die Situation in Polen nur sehr langfristig zu stabilisieren sei. Die drei Forderungen, die an Polen gestellt werden, dürfe man nicht zu ›realistisch‹ verstehen. Sie wüßten, daß diese Forderungen nicht real seien.

Dr. Demke und Stolpe hatten den Eindruck, daß die Gelegenheit dieser Begegnung benutzt worden sei, um die gemachten Ausführungen uns zur Kenntnis zu bringen.«[1191]

Im Frühjahr 1982 forderten einige DDR-Pfarrer die Aufhebung des Kriegsrechtes in Polen[1192]. Gegenüber Hans Modrow soll Landesbischof Hempel geäußert haben, »er betrachte den Ausnahmezustand als ›das kleinere Übel‹, und aus dieser Sicht gebe es auch von seiten der Kirche dafür Verständnis.«[1193]

Am 2. Februar 1982 setzte Hempel Gysi davon in Kenntnis, daß er beabsichtige, nach seiner Reise zu einer Genfer ÖRK-Sitzung noch in die Bundesrepublik zu fahren:

»Prälat Binder habe ihn um einen Besuch gebeten und angedeutet, daß Bundeskanzler Schmidt ihn sehen wolle. Falls Presse auftauchen sollte, werde er sich entsprechend verhalten. Von sich aus werde er jeden Pressekontakt vermeiden. Über seine Begegnung mit Prälat Binder und mit Bundeskanzler Schmidt werde er mir selbstverständlich berichten«, versprach der Bischof dem protokollierenden Staatssekretär[1194].

Nach dem Besuch bei Schmidt informierte Hempel am 12. März 1982 Staatssekretär Gysi[1195]. Von seiner Berichtspflicht hatte der Bischof den Bundeskanzler auch einleitend in Kenntnis gesetzt. Hempel berichtete:

»Schmidt wirkte sehr müde.« Auf die Frage des Bundeskanzlers nach der Einschätzung seines Treffens mit Honecker in der DDR-Bevölkerung habe Hempel erwidert, er könne »nur für seine kirchlichen Kreise sprechen […]«, die »praktisch kaum Kontakte zur Arbeiterklasse hätten. Das sei in der BRD das gleiche und eine Schwäche der protestantischen Kirchen in Deutschland. Die Auffassung über das Treffen am Werbellinsee sei in seinen Kreisen sehr positiv.« Schmidt habe geäußert, er habe »gegenüber [Honecker] hohe Achtung und durchaus auch Sympathien. Hempel hatte den Eindruck, daß Schmidt sich als Dolmetscher zwischen den beiden großen militärischen und gesellschaftlichen Staatengruppen sehe.« Der Kanzler berichtete, »die Beziehungen zu Frankreich seien durch das Treffen am Werbellinsee etwas gespannt geworden. Die Angst vor einer evtl. Wiedervereinigung der zwei deutschen Staaten säße tief. […] Schmidt erwähnte dann, er sei der in den USA am schärfsten angegriffene Politiker. […] Dabei erklärte er auch, daß es völlig unmöglich sei, Reagan mit Breschnew zu vergleichen. Im Vergleich zu den ›internationalen Kenntnissen, der Geistigkeit und dem Verständnis‹ sowie dem ›hohen diplomatischen Niveau‹ und den ›Erfahrungen des alten Herrn aus der Sowjetunion‹ könne man Reagan gar nicht erwähnen. […] Schmidt erklärte ihm, daß ›Reagan ein guter Junge sei, der einem nicht die Brieftasche stehlen würde‹, aber in bezug auf internationale Verhältnisse und auch Umgangsformen ›nur als Nilpferd im Porzellanladen‹ zu charakterisieren sei. Er verstünde tatsächlich nichts von Politik. […] Im übrigen sagte Schmidt, daß für Reagan der alte Satz von den Hunden, die bellen, aber nicht beißen, gelte und daß er als Cowboy auftrete, der auf jeder Seite einen Colt habe, mit dem er aber nur in die Luft schieße. Er wolle in einem enormen Maße aufrüsten, aber er werde nie einen entscheidenden Beschluß fassen. Das sei seine Überzeugung. […]

Schmidt […] erklärte, daß er es gewesen sei, der die Kopplung des Aufrüstungsbeschlusses mit dem Beschluß zu Verhandlungen durchgesetzt habe. Das sei nur in scharfer Kontroverse mit Reagan und Haig möglich gewesen. Jetzt prügele man von allen Seiten auf ihn ein [...]. Landesbischof Hempel erklärte, seinem Eindruck sei Schmidt ernsthaft in Sorge oder sogar Angst in bezug auf die sowjetische Stärke (SS 20).« Hempel informierte Schmidt darüber, eine große unabhängige Friedensbewegung analog zur Bundesrepublik werde in der DDR nicht entstehen, worauf der Kanzler »sichtlich erleichtert« reagierte. »Hempel habe den Eindruck gehabt, einen echten Pastoralbesuch bei jemandem zu machen, der in einer Aussprache Erleichterung suche.«[1196]

Stolpe führte am 7. Mai 1982 die sozialdemokratischen Mitglieder des westdeutschen Kirchentagspräsidiums, Eppler und Simon, bei Staatssekretär Gysi ein[1197], wobei sich Eppler für eine übergreifende Friedensbewegung einsetzte. Gysi entgegnete: »Unsere Kirchen hätten bis Anfang 1981 in der allgemeinen Friedensbewegung der DDR mitgearbeitet[1198]. Das sei auch richtig, weil unsere Friedensbewegung für alle Platz habe.«[1199]

Prälat Binder informierte im Mai die DDR-Vertretung in Bonn über seine Sicht der aktuellen Lage und seine letzten Aktivitäten. Das staatliche Protokoll vermerkte:

»1. Binder berichtete über einen Besuch des amtierenden Ratsvorsitzenden der EKD, Hild, im März d. J. in Warschau, an dem er teilgenommen hatte. Es habe Gespräche mit den Vertretern der evangelischen Kirche in Polen und auch der katholischen Kirchenführung (Glemb) gegeben, wobei letzteres ein Novum bildete, auch wenn es in nüchterner und eher kühler Form abgelaufen sei. Beide Seiten – die evangelische Kirche der BRD, die katholische Kirche Polens – hätten noch Vorbehalte zueinander. Die nicht immer gerade christliche Haltung der katholischen Kirche Polens gegenüber der evangelischen Minderheit in Polen sei nicht einfach aus dem Gedächtnis zu streichen. Außerdem habe ein Gespräch mit dem polnischen Kirchenminister und dem polnischen Außenminister stattgefunden. Der wichtigste Eindruck der Reise sei gewesen, daß ein insbesondere wirtschaftlicher Ausweg für Polen noch nicht zu erkennen sei. Polen sei voll auf die Hilfe seiner sozialistischen Nachbarn angewiesen. Die Verantwortlichen des polnischen Staates und die katholische Kirche Polens seien erkennbar an einer Zusammenarbeit interessiert, wenn nicht dazu gezwungen. Beide Seiten seien in erster Linie Polen und würden danach handeln.
2. Die Kontakte zwischen der evangelischen Kirche in der BRD und der DDR seien gut entwickelt. Man sei mit der gegenseitigen Reisetätigkeit zufrieden, auch wenn man sich insgeheim eine Verstärkung auf unterer Ebene wünsche. Man wisse sich aber zu bescheiden. [...] Gespräche mit DDR-Kirchenvertretern bestätigen, daß die DDR-Kirchenführung mit Bemühungen solcher Kräfte wie Eppelmann, Repräsentant einer verschwindend geringen Minderheit, nichts im Sinn habe. Die evangelische Kirche der DDR werde sich nach Darstellung von DDR-Kirchenvertretern nicht als Vehikel gegen den Staat zur Verfügung stellen. Das mit dem Staat Erreichte sei zu kostbar, um es zerstören zu lassen. Solange Eppelmann mit Kirchenblues vor einem interessierten Publikum auftrete, sei er von der DDR-Kirchenführung geduldet. Alles, was darüber hinausgehe und zu antisozialistischem Handeln aufrufe, werde abgelehnt. Es stimme, daß die Medien der BRD bei der Ermutigung solcher Kräfte eine Rolle spielen.
3. Binder erklärte, daß die evangelische Kirchenführung in der BRD eine Entwicklung zu einer realistischeren Position der Reagan-Administration in den USA erwarte. Das könne die Chance der BRD-Regierung verbessern, ihre Konzeption der letzten Jahre fortzuführen. Es sei ungeachtet dessen wichtig, sich auch auf eine mögliche CDU-Regierung einzustellen. Die CDU-Haltung gegenüber den sozialistischen Ländern sei heute wenig hilfreich. Trotzdem müsse man mit ihr arbeiten. Das treffe viel-

leicht auch auf die sozialistischen Länder und deren Botschaften in Bonn zu. Die evangelische Kirche in der BRD habe ihr Gespräch mit der CDU forciert. Niemand wisse, ob die Zeit noch ausreiche, solche der evangelischen Kirche nahestehende Leute wie Rau und/oder Apel auf eine Fortführung der Regierungsgeschäfte unter SPD-Regie vorzubereiten.

4. Binder antwortete auf die Frage, ob offizielle staatliche und kirchliche Repräsentanten der BRD bzw. Institutionen der BRD zu den Luther-Feierlichkeiten hochrangige ausländische Gäste einladen werden und wer Einladungen erhalten wird, wie folgt: Eingeladen würden auf jeden Fall die Spitzen und Delegationen aller Bruderkirchen, zugleich die katholische Kirche in Rom, die Repräsentanten der anglikanischen Kirche. Die Einladung staatlicher Vertreter des Auslandes sei wohl nicht erwogen. Es böte sich sicher an, daß die Gäste auch die DDR, das eigentliche Luther-Land, besuchen. Er werde Kirchenpräsident Hild, den Herr Botschafter Moldt am 19. Mai besuche, von dieser Fragestellung informieren. Vielleicht könne dieser detaillierter antworten.«[1200]

In Darmstadt sprach am 19. Mai 1982 der Leiter der Ständigen Vertretung der DDR in Bonn mit Hessen-Nassaus Kirchenpräsident Hild. Zugegen war auch Oberkirchenrat Helmut Spengler. Hild bezweifelte, ob das Abschreckungssystem auch in Zukunft praktikabel sei:

»Auf längere Sicht sei der Grundsatz der Stärke falsch. Es gehe um politische Lösungen. Dazu sei ein Mindestmaß an Vertrauen erforderlich.« Hinsichtlich der unabhängigen DDR-Friedensbewegung warb Hild um Verständnis, indem er, auch auf die bundesrepublikanische Situation Bezug nehmend, äußerte, »die Kirche müsse Feststellungen treffen können, die möglicherweise als provokatorisch empfunden werden. Sie müsse Stellung nehmen und könne das nicht nur durch ihre Leitungen tun. Dabei sei die Kirche nicht Feind des Staates. Sie wisse um ihre Loyalitätsverpflichtung gegenüber dem Staat. Er (Hild) wisse durch den Dresdener Bischof Hempel, daß die Kirche in der DDR kein Feind ihres Staates sei. Hempel fühle sich seinem Staat in Loyalität verpflichtet. Andererseits möchte er sich einen Raum für die Diskussion mit dem Staat lassen. Diese Haltung vertrete Hempel auch gegenüber jungen Leuten in der Kirche.«

Die Begegnung Schmidt-Honecker vom Dezember des Vorjahres habe zu »eine[r] Verbesserung der Kontakte« beigetragen. »Die am Werbellinsee zum Ausdruck gebrachten Interessen der DDR-Staatsführung stimmten im wesentlichen auch mit denen seiner kirchlichen Freunde in der DDR überein. Hild verwies hier auf enge ›Bindungen‹ seiner Kirchenregion zum Bund Evangelischer Kirchen in der DDR im Raum Wittenberg.« Zu Polen äußerte der hessische Kirchenpräsident sein Unverständnis darüber, »wie die ›Gewerkschaft Solidarität‹ den Bogen habe derart überziehen können.«[1201]

Am 16. Juni 1982 sprach Gysi mit dem westdeutschen Präsidenten des internationalen Diakonieverbandes, Theodor Schober, auch über die Friedensfrage[1202].

Zum 70. Geburtstag Erich Honeckers gratulierten – neben Vertretern der Katholischen Kirche und der Jüdischen Gemeinden – auch eine Delegation des BEK und der Arbeitsgemeinschaft Christlicher Kirchen[1203], was Gysi zum Anlaß nahm, eine Kurzcharakteristik der angekündigten Besucher vorzunehmen. Zum Delegationsleiter Krusche hieß es:

»Bekannte negative Haltung. In jüngster Zeit etwas abgemildert.« Weiter lautete der Text: »*Hempel*: [...] Bemüht um loyale staatstreue Haltung. *Leich*: Um positive und staatstreue Haltung bemüht[1204]. Gewinnt als Vorsitzender des kirchlichen Lutherkomitees im In- und Ausland zunehmend Profil. *Petzold*: Loyal und staatstreu. [...] *Rogge*: [...] loyal, staatsbewußt, international bekannter Lutherforscher, zahlreiche Veröffentlichungen. Tritt im Ausland sehr positiv auf. *Schultheiß*: [...] zurückhaltend [...] *Lewek*: Gewissermaßen ›Außenminister‹ des DDR-Kirchenbundes. Steht zum 6.3.1978. Arbeitet intensiv an internationalen kirchlichen Stellungnahmen mit [...] Dabei im allgemeinen ziemlich loyal. [...] *Natho*: loyal, aber schwankend in seiner Haltung. Nicht berechenbar[1205]. In letzter Zeit positiv.«[1206]

Während der Gratulation unterstrich Werner Krusche die Bedeutung des Begriffs »Kirche im Sozialismus« als Teilnahme am gesellschaftlichen Leben[1207], was Staat und Partei ausgesprochen gern hörten[1208].

Staatssekretär Gysi hatte dem Bischof im Januar 1982 zu verstehen gegeben:

»Er [Gysi] müsse aber bei einigen Kirchenvertretern den Hang zu einem einseitigen Pflichtenabbau konstatieren. Die Pflicht zur Loyalität dem Staat gegenüber werde gelegentlich nur noch verbal erwähnt. Dagegen gäbe es Tendenzen einer wachsenden Einmischung in staatspolitische Fragen. Dann sagte Genosse Gysi zu Bischof Krusche, ihm sei aufgefallen, daß nach dem Ausscheiden von Bischof Schönherr nicht mehr von der Kirche im Sozialismus gesprochen werde. Ob das programmatisch sei. Bischof Krusche erwiderte, er habe einfach deshalb nichts dazu gesagt, weil er an der Seite von Schönherr diesen Kurs zum 6.3. mit herbeigeführt und realisiert habe.«[1209]

Bellmann stellte wenig später Stolpe die gleiche Frage, worauf der Berliner Konsistorialpräsident »antwortete,

daß sie nach wie vor bemüht seien, diesen Begriff auszufüllen. Er halte trotzdem meine Frage für berechtigt, denn dieser Begriff habe ›hohen Symbolwert‹ und diene der Standortfindung der Kirche. Es sei ›immer gut, wenn man den Straßennamen kennt und nennt, wenn man sich in einer ›neuen Stadt bewegt.‹ Er empfinde unseren Hinweis als hilfreich, wir sollten unsere Feststellung aber keinesfalls als kirchlichen Kurswechsel werten.«[1210]

Anfang Juni sagte Krusche in Magdeburg, die fehlende Verwendung der Formel in letzter Zeit sei »ihm [...] noch gar nicht aufgefallen.«[1211] Hauptabteilungsleiter Heinrich befürchtete gar, die Kirchen wollten zum »alten überholten [Begriff] der ›kritischen Distanz‹« zurückkehren.«[1212]

Honecker, der in der Erwiderung die Bedeutung des 6. März für die staatliche Kirchenpolitik bekräftigte[1213], machte wieder einmal auf die Kirchenführer den besten Eindruck. Werner Leich soll zu Professor Walter Saft, Jena, gesagt haben, »daß dieser Partei- und Staatsführer eine herausragende Persönlichkeit sei, dem er allerhöchsten Respekt zolle.« Für »diesen Politiker« verspüre er »größte[.] Bewunderung«[1214].

Nach Breschnews Tod wurde der sowjetische Premier von der Mehrzahl der kirchenleitenden Persönlichkeiten sowie vieler Pfarrer in Gesprächen mit Staatsfunktionären »als hervorragender Staatsmann gewürdigt, der einen wesentlichen Beitrag zur Erhaltung des Weltfriedens geleistet hat.«[1215] Werner Krusche stattete im Auftrag des BEK einen Kondolenzbesuch ab[1216]. Am 22. Dezember 1982 sprach Binder nochmals mit Klötzer von der Ständigen DDR-Vertretung und berichtete, »daß er in letzter Zeit eine große Zahl von Gesprächen mit Regierungsvertretern und Repräsentanten der regierenden Parteien geführt hat, um deren Auffassungen kennenzulernen und Ansatzpunkte für Einwirkungsmöglichkeit der EKD auszumachen.«

»Im Resultat dieser Gespräche sei er zu der Einschätzung gelangt, daß in der Regierung zwei Linien miteinander konkurrieren: Einerseits die Linie Kohls, gekennzeichnet durch den Begriff ›Kontinuität‹, und andererseits die zur Zeit nicht mit einem Namen fest umreißbare Linie, die einen stärker konfrontativen Kurs bevorzugt. Nach dem 6. März 1983 [dem Tag der Bundestagswahl] werde diese zuletzt genannte Linie schnell in den Vordergrund rücken, und deren Repräsentanten würden dann offen Position beziehen. Es werde sich dabei nicht nur um Strauß und Stoiber, sondern auch Leute handeln, von denen man das zur Zeit nicht unbedingt erwarten sollte. Die Gefahr bestehe darin, daß dann jetzt schwankende Kräfte sich von Kohl abwenden. Dazu könnten gehören Barzel und Mertes. Zur Person Barzels sei anzumerken, so Binder, daß diesem über sein Ressort hinausgehend Bedeutung zukomme. Er zähle neben Stoltenberg zu den starken Männern in der Regierung Kohl. Er sei als eine Schlüsselfigur in der BRD-Politik einzuordnen. Es sei nicht möglich, in der BRD an ihm vorbei Politik zu machen. Zur Zeit sei Barzel nicht auf eine Verschärfung der Beziehungen zu den sozialistischen Ländern aus. Das könne sich mit dem 6.3.1983 rasch ändern. Er sei im übrigen auch nachtragend. Er sei in der Lage, auf Kohl einzuwirken. Bei der Einschätzung der Person von Barzel sei dessen ›gesunder Ehrgeiz‹ zu berücksichtigen.«[1217]

Devisen zur Erhaltung volkskirchlicher Strukturen, für humanitäre Hilfe und Sonderbauprogramme (1969-1989)

Kirche und KoKo

Zwischen 1958 und 1972 vermehrten sich die »Transferleistungen« der EKD in die DDR von jährlich 23 Millionen in den ersten Jahren auf etwa 120 Millionen, wobei die von der Bundesregierung für den Häftlingsfreikauf bereitgestellten Gelder mit eingeschlossen waren[1]. Man unterschied zwischen dem »Kirchengeschäft A«, hochwertige Warenlieferungen an die DDR in Höhe von maximal 44 Millionen DM pro Jahr, deren Gegenwert in Mark der DDR an den Kirchenbund gegeben wurde[2], dem »Kirchengeschäft B«, Warenlieferungen für die Ausreisegenehmigung politischer Häftlinge in die Bundesrepublik, dem Valutamark-Programm und Sonderbauprogrammen. Ein unmittelbarer Bargeldtransfer war wegen der Devisenbewirtschaftungsbestimmungen nicht möglich[3]; zudem durften die Kirchen in der DDR keine Devisen besitzen.

Das seit 1965 laufende, sogenannte *Valutamark-Programm* ermöglichte es den östlichen Kirchen, über die Vermittlung des Diakonischen Werkes in Stuttgart Exportgüter aus der DDR zu erstehen beziehungsweise Güter aus den westlichen Ländern zu importieren[4]. Der Gegenwert von Warenlieferungen des Diakonischen Werkes der EKD an das DDR-Ministerium für Außenhandel und Innerdeutschen Handel (MAI) bzw. an den KoKo-Bereich wurde im Verhältnis 1:1 in Valuta-Mark (VM) auf von der Intrac HGmbH treuhänderisch und zweckgebunden für die evangelischen Kirchen in der DDR verwaltete Konten gutgeschrieben. Das Geschäft begann mit der Lieferung von 100 Fertighäusern – Projektierungsleistungen, Baumaterial und Aufstellung erfolgten durch DDR-Betriebe –, wofür das Diakonische Werk als Gegenleistung Kaffee lieferte. Mit Hilfe des VM-Programms wurden kirchliche Sozialbauten modernisiert und Neubauten im sozialen Bereich errichtet. Im Unterschied zum A-Geschäft brauchten sich die Geschäftspartner nicht an das durch Verfügung des Vorsitzenden des Ministerrates vom 27. November 1972 festgelegte Volumen von 15 Mio. VM pro Jahr zu halten; 1986 wurde der höchste Betrag in Höhe von 54 Mio. VM erreicht[5].

Während das »Sondergeschäft B« als rein humanitäre Hilfe für die Inhaftierten den DDR-Kirchen keinen unmittelbaren Gewinn einbrachte, erhielten sie durch das »Kirchengeschäft A«, das Valutamark-Programm, die Sonderbauprogramme, Genex-Lieferungen, Partnerschaftshilfe und zentrale Hilfslieferungen des Diakonischen Werkes, eine so umfangreiche Unterstützung aus dem Westen, daß ihr Selbständigkeits-Anspruch durch diesen Sachverhalt ständig konterkariert wurde und nach dem Eindruck zumindest eines unmittelbar Beteiligten aus dem Westen das Verhältnis beider Kirchenbünde erheblich tangierte.

Bei einer Anhörung der Enquete-Kommission des Deutschen Bundestages zu »Aufarbeitung von Geschichte und Folgen der SED-Diktatur in Deutschland« am 21. Januar 1994 sagte Walter Hammer, von 1958 bis 1990 am »Transfergeschäft« beteiligt, im Rückblick:

»Es gibt ein asiatisches Sprichwort: *Ich brauche ihn nicht zu hassen, denn ich brauche ihm nicht zu danken!*
Diese alte psychologische Erfahrung ist im deutschen Ost-West-Verhältnis m. E. wieder neu als zutreffend bestätigt worden (wie bereits zuvor z. B. im Rahmen des [Kirchlichen] Entwicklungsdienstes). Auch im Verhältnis der Kirchen in Ost und West zueinander könnte sie sich als wahr erwiesen haben, was nun zu erkennen wäre.

Wer sich etwas aus Not oder Mangel hat schenken lassen (müssen), wird sich (zumindest später) dessen bewußt, daß er damit (s)eine Schwäche offenbart hat.
(Ob es sich um verschuldete oder unverschuldete Schwächen handelt, ist dabei irrelevant!)
Anderen seine Schwächen zu zeigen, rührt tief an die Ehre der Menschen; auch Christen sind davon nicht frei.
Die Demut, sich etwas schenken lassen zu können ohne (Möglichkeit der adäquaten) Gegengabe (als eines Beweises der Stärke), setzt hohe geistliche Einsicht und Übung voraus, ist deshalb selten anzutreffen; sie kann nicht durchgängig erwartet werden.
Der Umschlag von (vermeintlicher) Dankesverpflichtung in Negativ-Haltung gegenüber dem Geber braucht nicht die extreme Form des Hasses anzunehmen. Er kann sich in verschiedenen Formen des Widerstandes, des Trotzes, der Verweigerung, der Rechthaberei etc. manifestieren oder in die Konstruktion eines ›Rechtsanspruchs‹ münden, der jede ›Dankesverpflichtung‹ als solche a limine ausschließt und damit entlastend wirkt.
Es ist m. E. nicht auszuschließen, daß solche Mechanismen im Rahmen des Verhältnisses zwischen Ost und West in Deutschland eine Rolle spielen und/oder gespielt haben. Das gilt auch für den kirchlichen Bereich.
Das heißt, daß die massiven wirtschaftlichen Hilfen des Westens im säkularen wie im kirchlichen Raum *auch negativ für das Zusammengehörigkeitsgefühl der Deutschen gewirkt haben können.*
Ich halte dieses nicht für eine theoretische Möglichkeit. Aus diesen Umständen und Zusammenhängen sind gegenüber keinem der Beteiligten Vorwürfe herzuleiten.
Niemand unter den Akteuren hat die hier beschriebenen Folgen seinerzeit erkannt oder bedacht.
Hätte man sie vorhergesehen, wäre es eine Frage der Güterabwägung gewesen, sie in Kauf zu nehmen oder nicht.
Im Rahmen einer solchen Güterabwägung hätte man angesichts
– der festen Erwartung aller, diese Situation werde noch geraume Zeit fortdauern, und
– der bestehenden bedrückenden Mangel-Lage sicherlich bei Empfängern und Gebern der aktuellen Hilfeleistung den Vorrang eingeräumt.
Im Grunde handelt es sich um eine klassisch tragische Situation, in der alle Beteiligten so oder so ein ›Schuldig‹-werden nicht umgehen können.
Vielleicht aber hilft die Einsicht in die wirksam gewordenen psychischen Mechanismen zu mehr wechselseitigem Verständnis, zu einer gewissen Entspannung und damit auch positiv für das Zusammengehörigkeitsgefühl der Deutschen.«[6]

Hinter diesen nur mühsam diplomatisch formulierten Sätzen stehen persönliche Enttäuschungen über das Verhalten führender Persönlichkeiten des BEK, die sich aus der Entwicklung des »Transfergeschäftes« seit den späten 60er Jahren leicht erklären lassen.

Am 1. April 1966 verfügte Willi Stoph in seiner Eigenschaft als Vorsitzender des Ministerrates, daß der Minister für Außen- und Innerdeutschen Handel einen Bevollmächtigten zu ernennen hatte[7]. Das war die Geburtsstunde der Abteilung »Kommerzielle Koordinierung« (KoKo) unter der Leitung von Alexander Schalck-Golodkowski, der bereits 1965 in seinem Brief an das Politbüro-Mitglied Hermann Matern das sog. Kirchengeschäft als einen wesentlichen Bereich der Devisenerwirtschaftung erkannt hatte[8]. Zusammen mit seinem engsten Vertrauten Manfred Seidel managte Schalck bis zur »Wende« nun alle »Kirchengeschäfte«. Während diese bis dahin stets nur auf Einzelgenehmigungen basierten, erfolgte die Abwicklung der Geschäfte nunmehr aufgrund einer Verfügung des Vorsitzenden des Ministerrates der DDR vom 11. März 1966[9]. Durch zwei Verfügungen des Ministerrates aus den Jahren 1972 bzw. 1975 wurden die sog. Kirchengeschäfte nochmals als wesentliche Quelle der Devisenerwirtschaftung im KoKo-Bereich bestätigt[10]. Erst unter den neuen Bedingungen konnte sich auch das schon seit 1957 bestehende A-Geschäft zu voller Blüte entfalten. Im gesamten Zeitraum wurden Rohstoffe und Konsumgüter im Gesamtumfang von 1,42 Mrd. Mark geliefert, der Anteil nach Übernahme durch die KoKo von 1966 bis 1990 belief sich auf 1,08 Mrd. DM[11].

Schalcks und Seidels Partner von der Kirche mußten nicht wissen, daß sie fortan mit zwei ranghohen MfS-Offizieren verhandelten. »Nur wenige leitende Mitarbeiter der beteiligten Unternehmen sowohl in der DDR als auch in der Bundesrepublik Deutschland kannten die Hintergründe ihrer [Schalcks und Seidels] Geschäftstätigkeit.«[12] Vor dem Untersuchungsausschuß sagte Geißel, er habe 1982/83 aufgrund der Mitteilung eines ihm nicht mehr erinnerlichen Mitarbeiters einer der sog. »Vertrauensfirmen« erfahren, daß Schalck für das MfS arbeite, doch habe man »nie darüber gesprochen«[13].

Manfred Seidel, Offizier im besonderen Einsatz (OibE) und seit 1954 bei der »Firma«, wurde 1966 aus der MfS-Hauptabteilung XVIII in das MAI versetzt. Hier trat er die Nachfolge von Horst Roigk an, der bis dahin für die Abwicklung der Kirchengeschäfte zuständig gewesen war. Bis zur Einsetzung von Schalck am 7. Dezember 1966 übernahm Roigk die Leitung des gesamten KoKo-Bereichs.

Die neue Abteilung war nur formal dem Außenhandelsministerium unterstellt, tatsächlich hatten der ZK-Sekretär für Wirtschaft, Günter Mittag[14], und MfS-Chef Erich Mielke das Sagen. Um dem Schalck-Unternehmen eine höhere Flexibilität zu ermöglichen als in der gelenkten Staatswirtschaft üblich, sorgte Mittag für eine Freistellung von den sonst angewandten, strengen Prüfverfahren; Mielke erklärte die Häftlingsgeschäfte gar zum Sicherheitsbereich[15].

Die westlichen Kirchenleute waren von dem neuen Stil sehr angetan und suchten das KoKo-Imperium in der Ost-Berliner Wallstraße ausgesprochen gerne auf. Der Chefunterhändler vom Diakonischen Werk, Ludwig Geißel[16], und seine Nachfolger[17], besonders Karl-Heinz Neukamm, priesen das Gespann Schalck-Seidel in den höchsten Tönen. Das Verhältnis entwickelte sich mit der Zeit so vertrauensvoll und freundschaftlich, daß der Präsident des Diakonischen Werkes, Neukamm, sich noch am 16. Oktober 1989 mit Schalck zu einem Gespräch treffen wollte und diesem nach dem staatlichen Vermerk folgendes sagte:

»Neukamm bedankte sich für die Möglichkeit des Gespräches und betonte, daß er in der Zusammenarbeit der vergangenen Jahre Genossen Schalck als zuverlässigen und seriösen Gesprächspartner schätzen gelernt hat. Er habe die Möglichkeit zu einem Gespräch gesucht, weil er der Auffassung ist, daß man auch in schwierigen Zeiten, wie sie sich gegenwärtig zwischen BRD und der DDR darstellen, den Kontakt behalten sollte. Seinerseits gibt es zwei Anliegen:
Erstens übermittelte er Grüße des Baden-Württembergischen Ministerpräsidenten Späth, der sich vergeblich um einen Kontakt bemüht hat, und möchte dessen Gesprächsbereitschaft signalisieren.
Zweitens möchte er die Frage stellen, was können die Kirchenvertreter der BRD gegenwärtig tun. Er selbst habe sich bekanntlich öffentlich geäußert, um dem Medienrummel eine realistische Position entgegenzusetzen. Diese Äußerungen haben ihm nicht nur Zustimmung eingebracht, aber es gibt auch seitens der Bundesregierung andere Töne, die jenen Anerkennung aussprechen, die in der DDR bleiben und bleiben wollen. Er wies darauf hin, daß realistische Politiker der BRD, auch Späth, nicht auf ›Bahnsteigen mit offenen Armen für DDR-Bürger‹ posierten.«[18]

Drei Wochen später schrieb der getreue Geißel an den seit Anfang der 60er Jahre von den Kirchen mandatierten Rechtsanwalt und Oberkonsistorialrat Reymar von Wedel[19], brachte seine Überzeugung zum Ausdruck, daß Seidel sich »in vielen Jahren seiner Tätigkeit große Verdienste für die Kirchen und die Diakonischen Werke in der DDR erworben«[20] habe, und beauftragte den Anwalt, einen Kollegen für die Verteidigung des Inhaftierten zu engagieren. Die Honorierung des Advokaten wollten er und Vertreter der sog. »Vertrauensfirmen« übernehmen.

Mit solchen Partnern mußten die Herren in der Wallstraße leichtes Spiel haben! So gelangten denn seit 1971 auch die meisten im Westen zum Zwecke des »Freikaufs« georderten Waren gar nicht mehr in die DDR, sondern wurden von ihrem Ursprungsort aus zu Weltmarktpreisen international weiterverkauft. Die von Geißel beauftragten »Vertrauensfirmen« schlossen Verträge mit der »Intrac«, dem größten Außenhandelskonzern der DDR, und stellten ihr die Waren dann zur »Verwertung auf dem internationalen Markt zur Verfügung«[21]. Der Erlös aus den lukrativen Warengeschäften – zweistellige Millionenbeträge pro Jahr – wurde auf das Konto »0528« bei der Deutschen Handelsbank überwiesen, seit März 1974 auch dem »Sonderkonto Erich Honecker« »0628« gutgeschrieben.

Ein Teil der Gelder wurde für die technische Ausrüstung des MfS und »operative Maßnahmen« in der Bundesrepublik verwendet[22], ein anderer zur Unterstützung der Regierung der VR Polen oder für Bedürfnisse der Politbüro-Siedlung Wandlitz[23]. Die westdeutschen »Vertrauensfirmen« erhielten 0,75 Prozent Provision und Steuervorteile[24], das Diakonische Werk bzw. seine Unterorganisation »Brot für die Welt« Spenden von einigen hunderttausend DM jährlich[25]. Neben der ostdeutschen »Intrac« selbst war auch ihre Briefkastenfirma »Esmolska« im liechtensteinischen Vaduz an der Abwicklung der Ost-West-Geschäfte mit dem Diakonischen Werk beteiligt. Dieser Firmensitz im westlichen Ausland hatte den Vorteil, daß die Geschäfte nicht an die Vorschriften des innerdeutschen Handels gebunden waren, wobei wohl allen Beteiligten deutlich sein mußte, »daß Elmsoka eine DDR-Firma«[26] war. Spätestens seitdem die Oberfinanzdirektion (OFD) Düsseldorf 1977 gegen einzelne »Vertrauensfirmen« wegen Verstoßes gegen Devisenbestimmungen ermittelte und wegen des Verdachts, »daß Gründung und Geschäftätigkeit [der ›Elmsoka‹] dem Ziel dienten, im Rahmen des Handels DDR/BRD-W[est-]B[erlin] V[errechnungs]E[inheiten] in konvertierbare Währungen umzuwandeln«, konnte es auch bei den kirchlichen Unterhändlern über die Briefkastenfirma eigentlich keinen Zweifel mehr geben. Jedenfalls informierte der damalige Geschäftsführer der Diedrich Kieselhorst/Seefahrt-Reederei, Jürgen Sievers, auch Ludwig Geißel in einem handschriftlichen Bericht über die Ermittlungen der OFD[27]. Doch vielleicht wollte es der Mann vom Diakonischen Werk – wegen des humanitären Charakters der Kirchengeschäfte – so genau gar nicht wissen[28]. Immerhin informierte Geißel die Bundesregierung über die Ermittlungen der OFD und setzte sich bei dem ehemaligen Bundesminister für gesamtdeutsche Fragen und SPD-Fraktionsvorsitzenden Herbert Wehner für die Einstellung des für alle Seiten unangenehmen Verfahrens ein. Die delikate Materie erforderte äußerste Diskretion, so daß auch seitens der Bundesregierung, die den Freikauf finanzierte, ein Teil der ansonsten üblichen Kontrollverfahren unterblieb[29]. Vor diesem Hintergrund scheint Geißels Intervention bei Wehner erfolgreich gewesen zu sein, denn ein KoKo-Mitarbeiter, wahrscheinlich der Hauptgeschäftsführer der Intrac HGmbH, Horst Steinbach, vermerkte in einer Aktennotiz: »Herr G.[eißel] unterrichtete mich davon, daß z. Z. in Bonn eine Beratung stattfindet, in der die zuständigen Staatssekretäre des Bundesfinanzministeriums und des Wirtschaftsministeriums ihren Beamten Anweisungen erteilen, die Elmsoka/Intrac-Aktivitäten sofort einzustellen.«[30] Tatsächlich wurden trotz unvermindert bestehender Verdachtsmomente aufgrund einer mündlichen Anweisung vom 24. Mai 1977 die Ermittlungen eingestellt bzw. gar nicht erst aufgenommen. Im Auftrag der Bundesregierung fuhr Geißel nach Liechtenstein zur Elmsoka und ließ danach gegenüber dem Geschäftsführer der Intrac und KoKo-Mann Horst Steinbach verlauten, er werde einen Bericht geben, der dazu angetan sei, alle Zweifel über die Ordnungsmäßigkeit der geschäftlichen Aktivitäten der Firma auszuräumen[31]. Geißel bestätigte gegenüber dem Untersuchungsausschuß, daß die Bundesregierung über eine Beteiligung der DDR an der Elmsoka Bescheid gewußt habe.

Ein Jahr später informierte der Bundesnachrichtendienst (BND) das Bundeskanzleramt und das Bundesministerium für Wirtschaft über Verstöße im innerdeutschen Handel durch den KoKo-Bereich. Gegen die abkommenswidrigen Geschäfte, insbesondere die Mitwirkung von staatlichen Außenhandelsbetrieben zur Tätigung von »Umgehungseinfuhren«, wurde beim Ministerium für Außenhandel der DDR protestiert und vorübergehend eine schärfere

Überwachung des Warenverkehrs vorgenommen. Wegen der offiziellen DM-Zahlungen an die DDR in Millionenhöhe seit Mitte der 70er Jahre (z. B Autobahn Helmstedt-Berlin) erschienen solche Maßnahmen jedoch kaum mehr gerechtfertigt. Aus dem abweichenden Bericht der Berichterstatterin der Gruppe Bündnis 90/Die Grünen im 1. Untersuchungsausschuß, Ingrid Köppe, geht hervor, daß der BND wie auch das Bundesamt für Verfassungsschutz (BfV) und damit die jeweilige Bundesregierung von Anfang an umfangreiche Kenntnisse über den KoKo-Bereich besaßen. Die 1990 gewählte Bundesregierung stellte dem Untersuchungsausschuß aber wesentliches Beweismaterial zu dem Komplex, das den bundesdeutschen Geheimdiensten zur Verfügung steht, wegen »Quellenschutz« nicht zur Verfügung.

»Die dem Untersuchungsausschuß dennoch vorliegenden Akten belegen, daß westliche Regierungen durch ihre Geheimdienste, die die internationale Tätigkeit des Bereiches KoKo überwachten, detaillierte Kenntnisse über den Bereich KoKo hatten. Struktur, Aufgaben, personelle Besetzung, geschäftliche Operationen, Verbindung zu ausländischen Firmen waren den Diensten nicht nur bekannt, sondern Geheimdienstleute wirkten bei KoKo-Firmen und deren Geschäftspartnern mit. [...] Die Geheimdienste bezogen ihre Informationen über den Bereich KoKo von Überläufern und von eigenen Agenten, die bei KoKo mitwirkten.«[32]

Dem Bericht zufolge waren gerade im KoKo-Bereich auch zahlreiche Doppelagenten beschäftigt. Mit Wissen und im Auftrag des MfS unterhielten sie Verbindungen zum BND oder zur CIA, um westliche Geheimdienstmitarbeiter »aufzuklären« und um herauszufinden, über welche Informationen die Gegenseite bereits verfügte.

Horst Schuster beispielsweise, MfS-Mitarbeiter, Doppelagent und schließlich DDR-Flüchtling, berichtete Mitte der 80er Jahre dem BND über den Bereich KoKo:

»Der Bereich [KoKo ...] hat sich im Lauf der letzten 15 Jahre eine wesentliche wirtschaftliche Bedeutung insbesondere bei der Devisenerwirtschaftung im NSW [Nichtsozialistisches Wirtschaftsgebiet] erarbeitet. Daraus erklären sich sowohl die auch heutige politische und wirtschaftspolitische Stellung des Bereichs KoKo wie auch die persönliche Position des StS Schalck. Die Valutaeinnahmen des Bereichs, die der Volkswirtschaft wieder zugeführt werden, sind auf 3 bis 5 Milliarden DM jährlich zu veranschlagen. Der Hauptanteil dieser Erlöse wird durch außerplanmäßige Exporte der Außenhandelsbetriebe durch Intrac und Zentralkommerz sowie einige kleinere Firmen realisiert. Aus den Provisionseinnahmen, allein vom Transinter-Verband, werden über 100 Mio. DM jährlich erwirtschaftet, währenddessen durch Intershop, Genex und Versina einen Reingewinn von ca. 1 Mrd. DM erzielt wird. [...] Der Bereich [KoKo ...] wird von der Regierung der DDR auch für die Realisierung sämtlicher kommerzieller Vereinbarungen zwischen den Regierungen der BR Deutschland und der DDR eingesetzt [...] In diesen Rahmen gehört auch die kommerzielle Regelung aller von den Kirchen der BR Deutschland finanzierten Bauten und Investitionen im kirchlich-sozialen Bereich. [...]«[33]

Im Gegensatz zu vielen anderen war Alexander Schalck-Golodkowski kein Doppelagent. Der BND nahm mit Schalck erst im Januar 1990 Kontakt auf und gab ihm den Decknamen »Schneewittchen«. Darüber hinaus erhielten er und seine Frau Decknamenpapiere auf den Namen Gutmann[34]. In der Folgezeit berichtete Schalck dem BND über aktuelle Interna und erteilte seinen neuen Arbeitgebern wichtige gesellschafts- und finanzpolitische Ratschläge, die diese freilich nicht immer beherzigten. Außerdem wies er auf weitere potentielle Überläufer hin. Auch Generalleutnant Günter Möller (MfS HA Kader und Schulung) und Generalmajor Gerhard Niebling (Leiter der Zentralen Koordinierungsgruppe ZKG des MfS) wiesen Anfang Juni 1991 im Auftrag des BND ihre ehemaligen Kollegen auf § 153 e StPO hin, der Möglichkeit des Verzichts auf Strafverfolgung. Die Antwortbriefe gingen über Niebling und Möller an das BfV, das daraufhin die »gesprächsbereiten« MfS-Mitarbeiter kontaktierte[35].

Im Falle der Anklageerhebung gegen MfS-Agenten durch den Generalbundesanwalt konnte es wie im Falle des HVA-Geheimdienstlers Harry Schütt zu dem Angebot der Kooperation kommen. Als Kostprobe seines Wissens, das Schütt für geeignet hielt, »die Interessen der BRD zu beeinträchtigen«, nannte er unter anderem »eine in Kirchenkreisen der DDR operierende BND-Quelle«[36].

Stasi-Überläufer arbeiteten zum Teil auch noch nach dem März 1990 für die Bundesregierung – etwa in Eppelmanns Ministerium für Abrüstung und Verteidigung[37]. Wie viele ehemalige MfS-Agenten bei den westlichen Geheimdiensten Unterschlupf und Weiterbeschäftigung fanden, ist unbekannt.

Die Arbeitsgruppe Regierungskriminalität der Berliner Staatsanwaltschaft untersuchte am 21. Juni 1994 nicht nur nochmals die Räumlichkeiten des Ex-Devisenbeschaffers Schalck-Golodkowski, sondern nunmehr auch die des Diakonischen Werkes Stuttgart, des ehemaligen Vizepräsidenten des Werkes, Ludwig Geißel, und diverser Partnerfirmen[38]. Die Ermittlungen der Staatsanwaltschaft gingen von dem Verdacht aus, bei der Abwicklung der »Kirchengeschäfte« A und B hätten alle Beteiligten nach einem »gemeinsamen Tatplan« gehandelt, um der DDR zu illegalen Devisen zu verhelfen. Die Lieferungen hochwertiger Waren wären aufgrund gemeinsamer Absprachen nur auf dem Papier erfolgt. Auf diese Weise seien der DDR allein ab Juni 1989 rund 155 Millionen Mark Devisen zugeflossen. Entsprechende Vorgänge vor dieser Zeit konnten wegen Verjährung nicht mehr verfolgt werden. Das Diakonische Werk wies die Vorwürfe zurück[39]. Die Verdachtsmomente konnten nicht erhärtet werden.

Das Sonderbauprogramm und der Wiederaufbau des Berliner Doms[40]

Der erste Anstoß für das sog. »Sonderbauprogramm« ging vom DDR-Ministerium für Außen- und Innerdeutschen Handel aus, das im Januar 1971 bei Geißel anfragen ließ, welche Möglichkeiten für eine Ausweitung des bisherigen Handels bestünden. Dabei zeigte die DDR erstmals Interesse am Abschluß eines Vertrages mit mehrjähriger Laufzeit[41]. »Die für Arbeit der Kirchen in der DDR so wichtigen Lieferungen im Rahmen der Position Valutamark«, so das Ministerium, »könnten nur noch als gesichert angesehen werden, wenn sie langfristig im Volkswirtschaftsplan verbindlich eingeplant werden«[42]. Die von der DDR ins Auge gefaßte Verdoppelung der Valuta-Mark-Beträge galt sicher in erster Linie einer Aufbesserung der eigenen Wirtschaftslage, wäre aber ohne die staatliche Anerkennung des BEK undenkbar gewesen. Denn von einer solchen Vereinbarung profitierten auch die DDR-Kirchen.

In seiner Funktionsweise war das Sonderbauprogramm identisch mit dem Valutamark-Programm. Im Unterschied zur bisherigen Praxis wurden jedoch die gewünschten Bauvorhaben – es handelte sich jetzt überwiegend um Mehrzweck-Kirchenbauten – nicht mehr einzeln vom Staat genehmigt, sondern en bloc in Projektlisten für einen bestimmten Zeitraum festgelegt. Diese Projektlisten reichte der Kirchenbund beim Staatssekretär für Kirchenfragen ein. Von hier aus erfolgte dann eine politische Abstimmung mit der Arbeitsgruppe Kirchenfragen beim ZK der SED, den Bezirksleitungen der SED, den Räten der Bezirke und den örtlichen Organen, die offiziell für die Genehmigung zuständig waren. Durch Ministerratsbeschluß erhielten dann die genehmigten Projekte die regierungsamtliche Zustimmung[43]. Während in den 70er Jahren wegen fehlender Baukapazitäten, weil genügend Bauten vorhanden waren oder die Baumaßnahme aus ideologischen Gründen nicht angezeigt erschien, auch bestimmte Projekte abgelehnt wurden, sorgten in den 80er Jahren »zentrale Entscheidungen« dafür, daß wegen der dringend notwendigen Devisenerwirtschaftung praktisch jede beantragte Baumaßnahme auch genehmigt wurde. Dies betraf sogar den Bau kirchlicher Kindergärten – ein schwerer Verstoß gegen das sozialistische Bildungsmonopol.

Der BEK schloß mit dem für den Bausektor zuständigen Außenhandelsbetrieb (AHB) Limex Bauleistungsverträge, deren Finanzierung über die kirchlichen Valutamark-Konten bei der Intrac HGmbH erfolgte. Der AHB Limex wiederum schloß mit den bauausführenden Betrieben in der DDR Verträge in Mark der DDR ab.

Das erste Sonderbauprogramm erstreckte sich über den Zeitraum von 1973 bis 1984 und war in zwei Teilabschnitte untergliedert. In der ersten Phase mußten sich die Kirchen auf eine Erweiterung bzw. Modernisierung vorhandener Objekte beschränken. Mit der Fortschreibung des Sonderbauprogramms I ab 1976 konnten aufgrund der Verfügung 84/72 vom 22. Juni 1972 des Vorsitzenden des Ministerrats auch Neubauten errichtet werden[44].

Das zweite Sonderbauprogramm sollte eine Laufzeit von 1980 bis 1992 haben und begann mit der Planungsphase für den Innenausbau des Berliner Doms. Die Überschneidung der beiden Sonderbauprogramme war auf den Sachverhalt zurückzuführen, daß der Innenausbau und der Abschluß der Außenhaut zeitweilig parallel nebeneinander herliefen.

Bis 1988 wurden in Neubaugebieten der DDR zwanzig neue Kirchen bzw. Gemeindezentren errichtet und 107 Kirchen instandgesetzt. Der AHB Limex verbaute jährlich ca. 35 Mio. VM. Nach einer von Manfred Seidel ausgearbeiteten »Information«, die über Günter Mittag zur Bestätigung an Honecker gelangte, sollten zwischen 1975 und 1985 im Rahmen des Sonderbauprogramms 265,4 Mio. VM investiert werden[45].

Obwohl bei dem Empfang des Kirchenbundvorstandes durch Staatssekretär Seigewasser am 24. Februar 1971 den Protokollen zufolge von kirchlichen Bauvorhaben nicht die Rede war[46], bildete die damit erfolgte offizielle Anerkennung des BEK eine wichtige Voraussetzung für die Investitionen. Die zwischen Hans Wilke und Stolpe in mehreren Gesprächen sorgfältig vorbereitete Begegnung[47], insbesondere die mit dem Staatssekretariat abgestimmte »Ansprache« Schönherrs[48], wurde seitens des Staates recht positiv aufgenommen. In diesem Sinne schrieb Willi Barth von der SED-Abteilung Kirchenfragen am 25. Februar auch an Paul Verner:

»Ich habe diese Rede [Schönherrs] noch einmal gründlich gelesen und möchte sie trotz der Dinge, in denen sie versuchen sich abzugrenzen, als im Ganzen positiv und von gutem Willen getragen bezeichnen. Sie bietet nach unserer Einschätzung gute Ansatzpunkte für eine vernünftige Entwicklung des Bundes und für die Regelung einer Reihe Sachfragen. Einige ihrer Positionen müssen noch gründlich analysiert und in der Konzeption zur Einflußnahme auf den Bund berücksichtigt werden.«[49]

Seit Jahren hatten die Kirchenvertreter dem Staat immer wieder in den Ohren gelegen, Baukapazitäten für die verfallenden Kirchengebäude und für den Wiederaufbau von Kirchenruinen zur Verfügung zu stellen. Als am 9. Juni 1970 Konsistorialpräsident Kupas und Präses Burkhardt dem Berliner Stadtrat Helbig ihre Probleme anhand konkreter Objekte – darunter auch den Berliner Dom[50] – vortrugen, reagierte dieser ausweichend. »Bezüglich des Berliner Doms führte Herr Stadtrat Helbig aus, daß noch keine klaren Vorstellungen für die Ausgestaltung bestünden. Er wisse von zwei Entwürfen, einem Dresdener und einem Berliner Architekten. Diese seien mit den Stadtplanern bereits im Gespräch.«[51]

Für den BEK war die Begegnung vom 24. Februar 1971 offenbar das Startsignal, dem Staat gegenüber auf eine Klärung von Sachfragen zu drängen[52]. Soweit die Lösung der kirchlichen Probleme mit Kapitalfragen verbunden war, sollte, wie gewohnt, die EKD einspringen. Folgerichtig äußerten die BEK-Vertreter – im Zusammenhang mit einem vertraulichen Bericht über den 24. Februar – gegenüber dem Kirchenamtspräsidenten Hammer ihren Wunsch nach »einem mittelfristigen Zusatzprogramm zur wirtschaftlichen Konsolidierung der evang. Kirchen in der DDR« mit dem Ziel, »einen Bauleistungsfonds anzureichern, aus dem sinnvolle Umbauten von Kirchen finanziert werden können«[53].

Mitte März 1971 berichtete Krummacher dem Sekretär des Kirchenbundes, Stolpe, über eine »offene Aussprache in guter Atmosphäre«, an der zwölf Mitglieder der Greifswalder und Mecklenburger Kirchenleitung und fünf Staatsfunktionäre, darunter auch Seigewasser, teilgenommen hatten. »Unsere Bauprobleme«, so der Greifswalder Bischof, »wurden im wesentlichen damit beantwortet, daß die Baukapazität auch für andere Bauvorhaben (z. B. Hotel in Greifswald) nicht ausreiche und daß Wohnraum allenthalben äußerst beengt sei. Aber [...] Einzelbesprechungen sollen folgen.«[54]

Fünf Monate später wandte sich Krummacher an Kunst und schilderte ihm in einem handschriftlichen Brief den beklagenswerten baulichen Zustand des Domes St. Nicolai und der Kirche von St. Marien in Greifswald sowie der Kirchen St. Marien und St. Nicolai in Stralsund[55]. Kunst reagierte umgehend. Eine Woche später ließ er seinen Finanzsachbearbeiter Schultz antworten, er wolle »sich gern um die gewünschte Unterstützung der Instandsetzungsarbeiten am Dom von St. Nicolai bemühen«[56].

Ende November 1971 teilte Geißel dem EKD-Bevollmächtigten mit, »daß allerhöchste Stellen des Staats- und Parteiapparates der DDR am Wiederaufbau des Doms [in Berlin] interessiert seien [...] Einem entsprechenden Antrag der Kirche sehe man entgegen.«[57] Das wiederhergestellte Gebäude »könne als Sitz des Bischofs von Berlin und seines Apparates (Konsistorium) und des Bundes vorgesehen werden«[58]. Das Hauptmotiv war klar: Die DDR wollte ihre Hauptstadt sanieren und konnte sich im Blick auf das Ausland keine Kirchenruine im Zentrum der sozialistischen Metropole leisten. Die staatliche Idee für die Nutzung des Prachtbaus hing wohl mit den Vorbereitungen zur Verabschiedung eines Kirchengesetzes zusammen[59], wonach ein förmliches Bischofsamt für den Ostteil der Berlin-Brandenburgischen Kirche eingerichtet wurde. Der bisherige Bischofsverweser und Vorsitzende des DDR-Kirchenbundes, Albrecht Schönherr, sollte hier residieren und repräsentieren. Der Gedanke verrät einiges über das Kirchenverständnis der sozialistischen Diktatur!

Mitte März 1972 berichtete Kunst vor der Konsistoriums- und Kirchenleitungssitzung West über das Ansinnen des Staates. der stellvertretende Propst Schröter (Berlin-Ost) bemerkte dazu:

»[...] ›paßt nicht in unsere kirchliche Landschaft‹ – in solcher Gestalt kann sich die Kirche nicht mehr in der Stadtmitte (innerhalb der DDR) präsentieren [...] Auch die Androhung des Abbruchs auf kirchliche Kosten sollte man eher in Kauf nehmen – geringere Kosten *und* Vermeidung eines falschen Bildes von Kirche in diesem Staat [...] Auch als Bischofskirche ist der Dom weder erwünscht noch als Kirche erforderlich.«[60]

Auch Bischof Schönherr (Berlin Ost) sprach sich im Rat der EKU entschieden gegen das Vorhaben aus.

»Der Dom ist ein Bauwerk, das einen Geist wiederspiegelt [sic!], den wir heute nicht mehr pflegen möchten. Es ist ein imperialer Dom, der dem, was die Kirche heute darstellt, nicht entspricht.«[61] Er wolle seine Kanzlei dort nicht haben.

Mittlerweile wuchs bei Geißel die Beunruhigung über die finanziellen Lasten der angemeldeten Bauwünsche, da außer Frage stand, wer letztlich zahlen sollte: die EKD und die Bundesregierung. Am 4. April 1972 schrieb er warnend an Hammer:

»Nicht nur in dieser Angelegenheit [scil. Restaurierung der Marienkirche in Greifswald] – auch auf anderen Gebieten – scheint mir einiges aus dem Ruder zu laufen, was u. a. darauf zurückzuführen ist, daß besonders Herr Stolpe sich mit seinen Wünschen an verschiedene Stellen wendet. Das ist sicherlich nicht böser Wille, sondern vielleicht darin zu suchen, daß wir das Gesamtprogramm zu wenig miteinander abstimmen. Auf jeden Fall habe ich in letzter Zeit vieles ausbügeln müssen, keinesfalls tragisch, aber es kostet Zeit und bringt unnötige Verzögerungen [...] Herr Stolpe bemüht sich mit den

Juristen und Finanzdezernenten der Landeskirchen um die Planung eines Sonderbauprogrammes zur Sanierung von Kirchen und Pfarrhäusern.«[62] »Können die Kirchen in der Bundesrepublik«, fragte er sorgenvoll, »zusätzlich zu den bisherigen Leistungen weitere ca. 100 Millionen DM in etwa acht Jahren für die Realisierung aufbringen?«[63]

Am 24. April 1972 traf sich unter dem Vorsitz des Präsidenten Hildebrandt der Kirchliche Dom-Ausschuß. Erstmals sprach man hier von einem »begrenzten Interesse an Räumen im Dom«, ging aber nach wie vor davon aus, daß im Falle eines Wiederaufbaus der Staat einen erheblichen Teil der Kosten tragen und das Gebäude in der Hauptsache nutzen werde. Oberbaurat Richter schätzte die Kosten für eine Restaurierung auf 60 Millionen DM[64].

Noch im Frühjahr 1972 bat Kunst den West-Berliner Rechtsanwalt Gotthard Vogel um eine gutachtliche Äußerung zu der Frage Abriß oder Wiederaufbau des Doms. Vogel vertrat die Überzeugung, die DDR könne sich politisch den Abriß der Ruine nicht leisten, denn eine solche Maßnahme würde »als anti-kirchlicher Willkürakt verstanden«[65]. Die Einwände, die von Bischof Schönherr und anderen Mitgliedern der Ost-Kirchenleitung gegen den Wiederaufbau erhoben würden, überzeugten nicht. »Es trifft nicht zu, daß das ›Kirchenvolk‹ für einen Wiederaufbau des Doms zu kirchlichen Zwecken kein Verständnis haben würde. Das Gegenteil ist der Fall. Das ›Kirchenvolk‹ und darüber hinaus der überwiegende Teil der Bevölkerung würde einen Wiederaufbau des Doms für einen anderen als einen kirchlichen Zweck nicht verstehen und würde in einer solchen Lösung nur ein weiteres Zeichen für die Schwäche der Kirche sehen.« Sodann gab er Anregungen für die rein kirchliche Nutzung des Gebäudes: Unterbringung der Theologischen Fakultät oder des Sprachenkonviktes und eines Teils des Konsistoriums. Bei sparsamer und auf das Notwendigste begrenzter Restaurierung würden die Kosten nach seiner Schätzung 20 Millionen DM nicht übersteigen und jedenfalls nicht die »Fantasieziffer von 60-70 Mill. DM erfordern«.

Während der Sitzung des Vorstandes der KKL am 19. Juni 1972 in Görlitz fand der Dom kurze Erwähnung. Im Protokoll heißt es:

»Der Bund ist nicht unmittelbar interessiert. Er könnte aber einer Wiederherstellung zustimmen, wenn vorher klar vereinbart ist, wer den Dom nutzt (Nutzungsvereinbarung), daß es sich um ein spezielles Sonderbauprogramm handelt, die weitere Unterhaltung aus staatlichen Mitteln erfolgt.«[66]

Auf dieser Grundlage führten Schönherr und Kirchenbundsekretär Stolpe Mitte Juli 1972 ein Gespräch mit Schalck und Seidel über die Zukunft des Berliner Doms[67]. »Minister Schalk [sic!] erklärte, er sei vom Vorsitzenden des Ministerrates bevollmächtigt, die Bereitschaft der Regierung auszusprechen, den Berliner Dom in einem angemessenen Zeitraum zu restaurieren. Diese Entscheidung sei nicht unkompliziert, da von den Werktätigen mit Hinweisen gerechnet werden müsse, daß es wichtigere Bauaufgaben gebe. Sorge bestünde auch angesichts einiger Westpressemeldungen in letzter Zeit. Deshalb sei klare Bedingung einer Restaurierung des Berliner Doms: 1. Es dürften keine Sammlungen in Westdeutschland organisiert werden. 2. Es dürften keine diskriminierenden Äußerungen in der Westpresse erscheinen; etwa in der Art, daß der Staat am Wiederaufbau des Doms verdienen wolle. Von staatlicher Seite bestünde Bereitschaft, auch andere Bauwünsche der Kirchen in angemessenem Umfange zu berücksichtigen. Man denke an soziale und andere Baupläne. Auf jeden Fall sollten durch eine Restaurierung des Domes keine Einschränkungen anderer Bauwünsche der Kirchen entstehen.«[68] Schönherr erklärte daraufhin, »daß grundsätzlich kirchliches Interesse an der Erhaltung des Objektes bestünde. Jedoch sei eine kirchliche Nutzung nur in begrenztem Rahmen, etwa in der Größenordnung von 20 %, denkbar. Vor allen weiteren Überlegungen müsse deshalb klar sein, daß für etwa 80 % der Nutzfläche des Doms auf vertraglicher Basis eine angemessene staatliche oder gesellschaftliche Nutzung festgehalten werden müsse.«

Schalck entgegnete, an eine staatliche Nutzung des Gebäudes sei nicht ernsthaft gedacht worden. Schönherr bekundete nochmals das kirchliche Interesse an einem Globalprogramm, in dessen Rahmen auch der Dom restauriert werden könne. Schalck stimmte diesen Überlegungen zu; der Gedanke eines kirchlichen »Sonderbauprogramms« für die DDR war nunmehr offiziell aus der Taufe gehoben, wobei eine klare Verbindung zwischen der Dom-Restaurierung und anderen Bauvorhaben hergestellt worden war[69].

Aus dem Protokoll geht hervor, daß Schönherr und Stolpe, offenbar im Blick auf die Aussichten eines »Sonderbauprogramms«, ihre Meinung zur Restaurierung des Doms in wichtigen Bereichen modifiziert hatten. Die Spitze des Kirchenbundes folgte ihnen. Laut Protokoll der KKL-Vorstandssitzung vom 28. Juli 1972 erhielt Stolpe das Plazet, auf dem eingeschlagenen Weg fortzuschreiten:

»Die vorgelegte Planung wird vom Vorstand zur Kenntnis genommen. Im Prinzip wird zugestimmt. Das Sekretariat erhält den Auftrag, die Verhandlungen im begonnenen Sinne weiterzuführen.«[70]

Am 10. August 1972 legte Stolpe in seiner Funktion als Leiter des Kirchenbundes ein Sonderbauprogramm für die Jahre 1973 bis 1979 vor, das ein Volumen von 85 Millionen DM umfaßte und 100 kirchliche Objekte einbezog[71]. Die Vorlage sandte er gleichzeitig an die EKD und Schalck-Golodkowski. Wie Geißel bei einer seiner Besprechungen im Ministerium für Außenwirtschaft von Schalck und Seidel erfuhr, »ist man sofort tätig geworden und hat Verhandlungen mit dem Staatssekretär für Kirchenfragen und dem Bauminister aufgenommen und die Räte für Inneres bei den Bezirken angeschrieben. Bei den Beratungen haben sich Schwierigkeiten ergeben, die durch Einschaltung von Paul Verner und den Ministerrat ausgeräumt wurden. Die grundsätzliche Genehmigung liegt vor; über Einzelheiten der Durchführung muß noch verhandelt werden.«[72]

Am 15. August 1972 beriet auch das Triumvirat Kunst-Geißel-Hammer über den Stolpe-Bauplan und gelangte zu folgender Kostenschätzung: »95 000 000,– zuzüglich 5 % von dieser Summe für jedes Jahr der Ausführung nach 1973!«[73] Darüber, wie diese Summe aufzubringen sei, fand man keine Antwort. Wieder war es der EKD-Bevollmächtigte in Bonn, auf dem das

Problem der Finanzierung lastete, und wieder brachte er das Kunststück zuwege, das Geld aufzutreiben.

Schon zehn Tage nach Erhalt der Stolpeschen Vorlage zum »Sonderbauprogramm« erwirkte Kunst in einer Besprechung mit Staatssekretär Karl Herold vom Bundesministerium für innerdeutsche Beziehungen die Zusage, »die erste und zweite Jahresrate des sogenannten ›Sonderbauprogramms‹ von hier aus zu fördern«[74].

Am 30. August tagte der Dom-Ausschuß. Sein Vorsitzender, Präsident Hildebrandt, berichtete ausführlich über die Verhandlungen zwischen Staat und Kirche. Zur Kostenfrage referierte er: »Nach staatlichen Schätzungen würden sich die Kosten für den Wiederaufbau auf rund 95 bis 100 Millionen DM belaufen. Der Staat möchte sich an diesen Kosten möglichst nicht beteiligen, sondern will die Finanzierung der Kirche überlassen.«[75] In der Aussprache über Hildebrandts Bericht gingen die Vermutungen und Schätzungen über die Kosten recht weit auseinander. Rechtsanwalt G. Vogel vertrat den »Standpunkt [...] daß das Gremium die Finanzierung am besten Sorge des Westens sein lassen solle, hier würden seines Erachtens keine Schwierigkeiten zu erwarten sein«. Dem widersprachen die anderen westlichen Teilnehmer entschieden; insbesondere Landeskirchenrat Jochen Dittrich (Düsseldorf) und Oberkirchenrat Gustav Steckelmann (Bielefeld) erklärten, »daß in ihren Landeskirchen außerordentlich starke Bedenken gegen eine Finanzierung des Domaufbaus bestehen. Wenn der Dom großenteils anderen als kirchlichen Zwecken dienen solle, so sei eine finanzielle Hilfe völlig ausgeschlossen. Sie sähen die Möglichkeit für ein finanzielles Engagement überhaupt nur dann, wenn der Domaufbau die conditio sine qua non für die Genehmigung sonstiger kirchlicher Bauvorhaben sei, wenn der Dom also nicht aus dem Sonderbauprogramm, das inzwischen erarbeitet worden ist, herausgestrichen werden könne.«[76] Trotz vieler skeptischer Stimmen ergab das Meinungsbild in diesem Kreis, daß 13 von 18 Anwesenden für den Wiederaufbau des Doms durch die Kirche, die alleinige kirchliche Nutzung und das Junktim Sonderbauprogramm – Domaufbau votierten; die meisten Kirchenvertreter aus dem Westen enthielten sich der Stimme. Aus den insgesamt 85 Millionen DM für das Sonderbauprogramm sollten 30 Millionen für die Restaurierung des Doms verwendet werden. In einem Handschreiben an Kunst vermerkte Hammer: »Dom-Aufbau-Auschuß hat gestern in Berlin-Ost getagt. Keine sehr weisen Beschlüsse, aber auch nicht sehr schädlich [...] Stolpe mit unseren Erwägungen voll einverstanden.«[77]

Am 14. September 1972 führten Stolpe und Schönherr ein weiteres Gespräch mit Schalck-Golodkowski und Seidel über die Restaurierung des Doms. Darin erklärte Schalck, der Staat sei prinzipiell zu einer »gesellschaftlichen Nutzung« eines großen Teils des Doms bereit und werde sich dementsprechend an den Unterhaltungskosten beteiligen. Die Liste des Sonderbauprogramms befinde sich noch im Stadium der Prüfung. »Bei den Hauptverantwortlichen im staatlichen Bereich bestünde eine gewisse Empfindlichkeit gegen ein kirchliches Junktim Berliner Dom – übrige Objekte. Es müsse auch gesehen werden, daß die Gesamtliste der Objekte für manchen etwas beunruhigend wäre. Dennoch sei das Ministerium zur Unterzeichnung bereit.«[78] Schönherr »nahm mit Genugtuung zur Kenntnis, daß eine gemeinsame Nutzung des Doms für möglich gehalten werde [...] Eine möglichst hohe Beteiligung des Staates an den Unterhaltskosten wäre sehr erwünscht. Er fragte sodann nach den Möglichkeiten einer staatlichen Beteiligung an den Aufbaukosten des Doms und führte aus, daß eine objektive Verkoppelung des Doms mit den übrigen Objekten bestünde, da die Spender, die der Unterbringung der Mittel für den Dom sehr skeptisch gegenüberstünden, nur dann eine Hoffnung hätten, auch die Domfinanzierung zu realisieren, wenn sie im Gesamtprogramm erfolgte. Man müsse deshalb nicht von einem Junktim reden, aber die Domfinanzierung sei nur in Gang zu bringen, wenn auch hinsichtlich der Objektliste des Sonderbauprogramms eine verbindliche Zusage erfolgte. Beides brauchte nicht in einem Brief zu geschehen; der zeitliche Abstand dürfe jedoch nicht zu groß sein. Minister Schalck zeigte Verständnis für die objektive Verkoppelung des Domprojektes mit dem Sonderbauprogramm. Die Möglichkeit einer staatlichen Beteiligung am Aufbau nannte er beschränkt und bezifferte sie vorsorglich auf 5-6 Millionen Mark«[79].

Wie einer »Information« Schalcks an Günter Mittag zu entnehmen ist, ging es dem unorthodoxen Devisenbeschaffer von vornherein vor allem darum, die kirchlichen Bauvorhaben als schier unerschöpfliche Geldquelle auszugestalten und den DM-West-Strom nicht mehr versiegen zu lassen[80]. Darin war er sich mit Politbüromitglied Mittag völlig einig, nicht aber mit den SED-Ideologen. Sie, in späteren Jahren allen voran Egon Krenz, gehörten nach Mittags Darstellung zu den »Scharfmachern«, die das Riesenprojekt – freilich vergeblich – zu Fall bringen wollten[81].

Das Ergebnis der Beratungen Schalck-Schönherr-Stolpe wurde auf der Sitzung des Dombauausschusses am 12. Oktober 1972 mitgeteilt; dabei gingen die »Erörterungen in der Ausschußsitzung [...] von der Voraussetzung aus, daß man am Wiederaufbau nicht vorbeikommt«[82]. Zur Haltung des Bereichsrates DDR der EKU wurde die Tendenz der Räte berichtet, »daß man sich wohl ins Unvermeidliche wird fügen müssen«[83].

Seitens des Staates wurde ein »Aufbaustab Berliner Dom« unter der Leitung von Dipl.-Architekt Pfennighaus gebildet; der Rat der EKU bestellte einen »Grundsatzausschuß« (Schönherr, Stolpe, Pietz, Hildebrandt) und einen »Detail-Ausschuß« (Stolpe, Oberbaurat Richter, Domprediger Schneider, Kirchenrat Hafa).

Am 8. Dezember 1972 legte Kirchenoberbaurat Karl Streckebach ein »Baufachliches Gutachten und Ermittlung der Kosten für den Wiederaufbau des Berliner Domes« vor. Die 25 000,– DM teure Expertise errechnete Gesamtkosten von rund 50 000 000,– DM.

Der Gang der Dinge zwischen November 1971 und 1972 vermittelt den Eindruck, als sei zwischen der Leitung des DDR-Kirchenbundes, dem Kirchenamt der EKD unter Einschluß des Bonner Büros und dem DDR-Ministerium für Außenwirtschaft Einvernehmen darüber hergestellt worden, unter bestimmten Kautelen – nämlich einem umfassenden Sonderbauprogramm –

die Restaurierung des Domes in Angriff zu nehmen. Vorbehalte wurden dagegen von westlichen Landeskirchen und dem Rat der EKU laut.

Auf seiner Sitzung vom 5. Dezember 1972 beschloß der Rat der Evangelischen Kirche der Union (Bereich DDR), der DDR-Regierung einen Eigentumsverzicht der Kirche auf den Berliner Dom anzubieten. In einem diesbezüglichen Schreiben vom 24. Januar 1973 an Schalck-Golodkowski heißt es zur Begründung für diesen Schritt:

»An der Erhaltung und Wiederherstellung des Berliner Doms besteht nur ein begrenztes kirchliches Interesse. Einerseits sollte der Domgemeinde eine Gottesdienststätte und sollten ihr eine Reihe von Verwaltungs- und Versammlungsräumen zu freier Verfügung stehen. Andererseits ist eine sinnvolle kirchliche Nutzung der zerstörten eigentlichen Domkirche, also der Halle unter der Kuppel, nicht zu erkennen. Auch ist das Interesse der Kirche an einer Wiederherstellung des Domkomplexes durch ihre eingeschränkte Finanzkraft notwendig begrenzt; zu den Aufbaukosten würden regelmäßige hohe Unterhaltskosten hinzukommen. In der kirchlichen Öffentlichkeit muß mit erheblichem Widerspruch gegen eine Wiederherstellung des überdimensionalen Gebäudes nicht nur aus finanziellen, sondern auch aus geistesgeschichtlichen Gründen gerechnet werden.«[84]

Dieser Brief mußte die bisherigen Verhandlungsergebnisse in Frage stellen! Alarmiert durch eine entsprechende Mitteilung Oberkirchenrat Knauts (Kirchenkanzlei der EKU [Bereich West]), sandte der Präsident des Kirchenamtes der EKD, Walter Hammer, alle einschlägigen Unterlagen in Kopie an Bischof Kunst und Direktor Geißel.[85]

Auf seiner 38. Sitzung am 3. November 1972 hatte sich der »Sonderausschuß« der EKD erstmals mit einem »sogenannten Sonderbauprogramm« befaßt, »das einmal die umfangreiche Instandsetzung kirchlicher Bauten und darüber hinaus die Schaffung multifunktionaler Räume (Gemeinderäume, Wohnungen etc.) in vorhandenen kirchlichen Gebäuden ermöglichen soll. Es umfaßt ein Volumen von 85 000 000,– Mark und erstreckt sich über einen Zeitraum von sieben Jahren. Da die Mittel dafür aus eigener Kraft nicht aufgebracht werden können, werden erhebliche Zuschüsse u. a. aus dem Kirchlichen Hilfsplan erwartet. Nach eingehenden Erörterungen beschließt der Sonderausschuß, einer Mitfinanzierung des Sonderbauprogramms aus den Mitteln eines Anhangs zum Hilfsplan grundsätzlich zuzustimmen.«[86] Aus dem Protokoll geht nicht hervor, daß die Problematik der Domrenovierung erörtert worden wäre.

Anfang Januar 1973 stellten dann Kunst, Hammer und Geißel in einer Besprechung mit Vertretern der Gliedkirchenleitungen, des Sonderausschusses und des Finanzbeirates der EKD in Bremen das Sonderbau-Programm vor und konnten eine prinzipielle Zustimmung der Anwesenden zu den Plänen erwirken. Nach Meinung des Kreises sollte Hammer »ab sofort Koordinator/Schaltstelle für die weiteren Verhandlungen, Vorarbeiten usw. sein, wobei die Zusammenarbeit zwischen Kunst, Geißel und Hammer sichergestellt ist und eine enge Koordination/Absprache mit den bisher im Gebiet der DDR kirchlicherseits Beteiligten ständig stattfinden muß«[87]. Entsprechend dieser Vereinbarung berichtete Hammer auf der 39. Sitzung des »Sonderausschusses« am 9. Februar 1973 über den Stand der Angelegenheit: »Das Sekretariat des Bundes der Ev. Kirchen in der DDR ist inzwischen in konkrete Verhandlungen mit den dortigen staatlichen Stellen eingetreten. Dabei wurde im Gegensatz zur Tendenz der bisherigen Kontakte von staatlicher Seite der Wunsch geäußert, das Projekt ›Berliner Dom‹ zurückzustellen. Als Grund für diese neue Haltung werden von kirchlicher Seite in erster Linie unzureichende Baukapazitäten vermutet. Es bleibt aber Teil der Gesamtplanung und sogar Junktim für die Bereitschaft der zuständigen staatlichen Stellen, die übrigen Objekte durchzuziehen.«[88]

In Vorbereitung der Tagung des Finanzbeirates am 7. März 1973 schrieb Hammer am 2. März 1973 an Kunst:»Die Liste [scil. der Bauobjekte], die Sie am 8. Februar 1973 drüben erhalten und mir freundlicherweise in Fotokopie zugesandt haben, hat insofern nur noch begrenzte Aussagekraft, als sie einerseits einen Verhandlungsstand vor dem Ministerratsbeschluß vom 20.12.1972 widerspiegelt, andererseits zwei zu unterscheidende Programme teilweise miteinander vermengt. (Die Herren von der Sicherheit scheinen in dieser Sache überhaupt nicht immer sehr zeitnahe von den übrigen beteiligten Stellen bedient zu werden. Eine interne Konkurrenzlage, für die man wohl schmunzelndes Verständnis haben muß).«[89]

Können diese Sätze anders verstanden werden, als daß Hammer zu wissen meinte, Kunst habe diese Liste vom Ministerium für Staatssicherheit erhalten, und er amüsiere sich über den (vermeintlichen) Informationsrückstand der »Sicherheit« und des Kollegen Kunst?

Weiter teilte Hammer mit, dem Ministerrat habe »am 20.12.1972 ein realisierbarer Teilplan vorgelegen, der mit einem Gesamtbetrag von ca. 19,2 Millionen Mark abschließt. Insofern ist Limex ermächtigt, mit einer ausländischen Stelle einen Vertrag zugunsten der Evangelischen Kirchen in der DDR abzuschließen. Dieser Teilplan ist dem Beschluß des Ministerrats [...] beigefügt. Ich habe diese Liste eingesehen und mir handschriftliche Notizen gemacht [...] (Diese Liste enthält nicht den Berliner Dom!) Sie wird von dem BEKDDR für angemessen und ausgewogen akzeptiert und kann die Grundlage für den Abschluß eines Globalvertrages bilden.«[90]

Am 16. März 1973 beschloß der Rat der EKD aufgrund der Verhandlungen im Finanzbeirat das Sonderbauprogramm im Gesamtvolumen von 85 Millionen Mark, wovon bis 1975 bis zu 20 Millionen eingesetzt werden sollten. Die Gliedkirchen der EKD wurden gebeten, ab 1974 »im Rahmen des Hilfsplans zusätzlich jährlich 8 Mio. DM aufzubringen. Die Notwendigkeit einer späteren Steigerung der Jahresraten kann nicht ausgeschlossen werden.«[91] Dabei gehörte das Junktim zwischen Berliner Dom und dem übrigen Bauprogramm zu den ausdrücklichen Voraussetzungen des EKD-Beschlusses, »obwohl dieses nicht Gegenstand des Vertrages über die erste Abwicklungsphase sein wird.«

Vierzehn Tage später entschloß sich der EKD-Bevollmächtigte am Sitz der Bundesrepublik an allen kirchlichen Gremien und den verantwortlichen Einzelpersonen – mit Ausnahme vielleicht von Geißel – vorbei, das »Geschäft« mit der DDR nunmehr verbindlich zu tätigen.

Am 28. März 1973 handelte Kunst in Ost-Berlin feste Vereinbarungen mit einem großen Unbekannten – wenn nicht Schalck-Golodkowski selbst, kommt

MfS-Oberst Hans Ludwig in Frage[92] – aus, die in einem Aktenvermerk »zwar gemeinsam formuliert, aber nicht unterschrieben«[93] wurden. Nach diesen »beschlossenen« Vereinbarungen[94] erklärte sich die EKD bereit, zwischen 1973 und 1979 85 Millionen DM für ein kirchliches Sonderbauprogramm zu Verfügung zu stellen. Bis zu 20 Millionen stünden bis 1975 zur Verfügung. Dazu könnten bis 1975 weitere 15 Millionen abgerufen werden, wenn für den Dom oder andere Projekte in der DDR noch Baukapazitäten vorhanden seien. Diese 15 Millionen seien gleichzeitig als Reserve dafür gedacht, daß die bewilligten 30 Millionen für den Dom nicht ausreichten. Zusammenfassend heißt es in Kunsts Vermerk: »Es soll auch in Zukunft ausgegangen werden von einem Volumen von 85 Millionen Mark. Dies würde heißen: 36 Millionen für Projekte aus dem Sonderbauprogramm, 30 Millionen für den Dom und 19 Millionen Reserve. Die [...] genannten 15 Millionen spielen bei dieser Berechnung keine Rolle. Sie sind eine Sonderzusage von mir.«[95]

Dieser in der Tat ungewöhnliche Vorgang sorgte zunächst auf seiten der DDR-Kirchen für heftige Verstimmungen, denn er schien nur zu deutlich offenzulegen, daß man in Hannover und Bonn – notfalls auch über die Köpfe der Betroffenen hinweg – bereit war, mit dem SED-Staat kirchenpolitische Entscheidungen von großer Tragweite auszuhandeln.

Mitte Mai 1973 wandte sich der Konsistorialpräsident der Evangelischen Kirche in Berlin-Brandenburg (Bereich West), Georg Flor, in einem persönlichen Brief an Hermann Kunst:

»Bei einem Besuch in Ostberlin haben mir heute die Herren Schönherr und Stolpe mit großem Ernst ihre Sorgen im Blick auf den Berliner Dom mitgeteilt [...] Mir wurde gesagt, Ihre Absprache mit dem Innenministerium vom März stehe in deutlichem Widerspruch zu der übereinstimmenden Auffassung des Bundes und der EKU. Durch diese Absprache sei das Thema Dom ohne Not hochgespielt worden. Auf meinen Hinweis, es bestehe doch ein Junktim zwischen dem Dom und dem sonstigen Sonderbauprogramm, wurde erwidert, ein derartiges Junktim bestehe nicht, und es sei daher auch nicht notwendig, das Thema Dom jetzt anzufassen. Durch weitere kirchliche Initiativen im Blick auf den Dom wachse die Gefahr, daß der Dom zu Lasten des Sonderbauprogramms aufgebaut würde. Im übrigen sei die Entscheidung über die Gestaltung des Berliner Zentrums zwar noch offen. Es gäbe aber Anzeichen dafür, daß der Errichtung eines neuen Volkskammergebäudes als eines staatlichen Repräsentativbaus der Vorrang gegeben wird. Ein gleichzeitiger Aufbau des Doms sei so gut wie ausgeschlossen. Die von Ihnen nach Auskunft der beiden Herren gemachte Zusage – 45 Mio. DM für die Herstellung der Außenhaut bei einer Bauzeit von drei Jahren – wurde für unrealistisch gehalten. Es sei gänzlich ausgeschlossen, 15 Mio. DM pro Jahr zu verbauen; schon ein Betrag von 5 Mio. DM pro Jahr übersteige die realen Möglichkeiten. Die EKU hat, wie Ihnen sicher bekannt ist, dem Staat offiziell die Übernahme des Domes angeboten. Eine Antwort stehe aus, die Annahme des Angebotes sei aber unwahrscheinlich. Dem Staat sei mitgeteilt worden, daß im Falle des Abbruchs mit Protesten seitens der Kirche nicht zu rechnen sei. Die Kirche hätte einfach nicht die Kraft, ein Projekt wie den Dom auszufüllen. Schönherr und Stolpe baten dringend, von weiteren Festlegungen abzusehen, solange wesentliche Vorfragen, so insbesondere die künftige Nutzung des Doms und die Aufbringung der Folgekosten, nicht hinreichend abgeklärt seien. Es sei wenig sinnvoll, die Außenhaut wiederherzustellen, wenn nicht über die Nutzung Klarheit herrscht.«[96]

Vierzehn Tage später, am 30. Mai 1973, schrieb auch der neue Präsident der Kirchenkanzlei der Evangelischen Kirche der Union (Region Ost), Reinhold Pietz, einen Brief an Kunst:

»Wir sind darüber informiert worden, daß Sie, Herr Bischof, anläßlich eines Besuches in der Hauptstadt der DDR Ende März mit staatlichen Gesprächspartnern eine Vereinbarung darüber abgeschlossen hätten, daß die Wiederherstellung der Außenfront des Domes in Angriff genommen werden sollte und daß dafür 45 Millionen Mark in Devisen zur Verfügung stünden. Wir wissen, daß Sie damit unserer Domgemeinde und der evangelischen Christenheit in der DDR überhaupt einen Verdienst zu erweisen versucht haben. Dennoch sind wir darüber betroffen, denn nicht nur die Domgemeinde und der Domaufbauausschuß, sondern auch Herr Bischof D. Schönherr, Herr Präsident i. R. D. Hildebrandt und Herr Oberkonsistorialrat Stolpe, die mit mir zu dem Kreis der zu Verhandlungen bevollmächtigten Mitglieder des Ausschusses gehören, sind über Ihren Schritt nicht unterrichtet gewesen. Wir haben stattdessen im Januar eine Anfrage über das Ministerium für Außenwirtschaft an die Regierung der DDR gerichtet, die dahin ging, ob die Regierung gegebenenfalls einem Eigentumsverzicht zustimmen würde, den wir unter bestimmten Kautelen (Dauerpacht für einige von der Gemeinde benötigte Räume) vorzunehmen erwägen. Sie werden verstehen, daß uns zu diesem Zeitpunkt Absprachen ganz anderen Inhalts ausgesprochen hinderlich erscheinen. Wir meinen auch, daß Sie sich selbst in eine unangenehme Lage bringen könnten, wenn der Eigentümer des Bauwerkes, also die Domgemeinde, und die Aufsichtsbehörde, also der Rat der Evangelischen Kirche der Union, etwa erklären müßten, daß sie die von Ihnen getroffenen Absprachen nicht anerkennen können und daß dieselben also null und nichtig sind. Um aus dieser unangenehmen Situation herauszukommen, möchten wir Sie bitten, uns über nähere Einzelheiten Ihrer Verhandlungen zu unterrichten und uns dabei besonders den Grad der Verbindlichkeit deutlich zu machen, den dieselben nach Ihrer Auffassung haben. Für die Zukunft sollten Sie die Kooperation mit uns suchen, wenn Sie sich noch einmal im Interesse der Domgemeinde zu verwenden gedenken.«[97]

Diesen Ton war der weltläufige Bischof, der sich auf der Bonner diplomatischen Bühne ebenso wie in Ost-Berlin so meisterhaft zu bewegen wußte und wie kein anderer über die Fähigkeit verfügte, der Bundesregierung wie der Industrie für kirchliche Anliegen Millionen zu entlocken, nicht gewohnt. Bekannt für seine liebenswürdigen, fein ziselierten Höflichkeitsschreiben, gab er in seiner Antwort vom 13. Juni 1973 eine Kostprobe davon, daß er auch ganz anders zu reden in der Lage war:

»Wiewohl ich Gegenstand wie Stil einschließlich Übermittlung Ihres Schreibens vom 30. Mai 1973 im Blick auf das in Rede stehende Projekt nur für mehr schädlich als hilfreich anzusehen vermag, möchte ich Ihnen alsbald nach Rückkehr von einer Dienstreise eine vorläufige Antwort geben. Die Frage der Wiederherstellung des Berliner Domes ist in Ihrem Kirchenbereich seit langer Zeit diskutiert worden. Nicht ohne Grund habe ich in Übereinstimmung mit dem Rat und führenden Männern aus den Landeskirchen der Evangelischen Kirche in Deutschland immer deutlich erkennbar gemacht, daß ich mit der gesamten Problematik nicht befaßt zu werden wünschte. Nach meiner Information sind im Frühjahr 1972 vom Bund der Evangelischen Kirchen in der Deutschen Demokratischen Republik Verhandlungen mit der DDR-Regierung geführt worden, ein Sonderbauprogramm, das alle Landeskirchen in der DDR betreffen sollte, für die Zeit von 1973 bis 1979 zu erreichen. In ihm war ein Betrag für den Berliner Dom in Höhe von DM 30 000 000,– eingesetzt. Von Anfang an wurde mir das Programm von allen mit ihm befaßten Dienststellen in der Weise präsentiert, daß die Wiederherstellung des Domes ein unerläßlicher Bestandteil des Sonderbauprogrammes sei. Bei allen Verhandlungen mit den Gliedkirchen der Evangelischen Kirche in Deutschland hat dieses Junktim eine entscheidende Rolle gespielt. Nur mit äußerster Mühe ist es gelungen, die Gliedkirchen der EKD zu ihrem größeren Teile für dieses Vorhaben zu gewinnen. Es bestand sofort Bereitschaft für ein umfassendes Sonderbauprogramm, aber daneben stand die entschlossene Abneigung, sich in irgend einer Weise am Wiederaufbau des Domes zu beteiligen. Sie würden nicht nur Rat und Gliedkirchen der EKD, sondern vor allem auch mir eine ungewöhnliche Hilfe und Ersparnis von schwer beschreibbarem Aufwand an Zeit und Kraft ermöglichen, sollte es Ihnen gelingen, das genannte Junktim aufzulösen und die Regelung der Domfrage in Ihrer eigenen Zuständigkeit zu belassen. Mir ist mitgeteilt worden, daß der Dom-Aufbauausschuß am 24. Januar 1973 ohne Kenntnis der Evangelischen Kirche der Union das von Ihnen zitierte Schreiben über den Minister für Außenwirtschaft an die Regierung der DDR gerichtet hat. Mir ist im März 1973 eröffnet worden, daß die Regierung der DDR einen Eigentumsverzicht nicht annehmen und Ihr Schreiben nicht beantworten würde, wie es offenkundig bis jetzt auch nicht geschehen ist. Statt dessen blieb es in gänzlicher Unzweideutigkeit bei dem Beharren auf dem Junktim von Sonderbauprogramm und Wiederaufbau des Domes. Der im Entwurf des Sonderbauprogramms vorgesehene Betrag von 30 000 000,– wurde als gänzlich illusionär bezeichnet. Ich habe schließlich zugesagt, mich bei Freunden der Kirchen in der DDR unter bestimmten Kautelen um einen Betrag von 15 Millionen DM zu bemühen. Mitnichten komme ich, wie Sie befürchten, in eine unangenehme Situation, wenn die verantwortlichen kirchlichen Dienststellen der DDR eine Hilfe für den Dom ablehnen. Im Gegenteil! Ich darf Sie darauf aufmerksam machen, daß ich mich in keinem Bereich in der geringsten Abhängigkeit von irgend einer staatlichen oder kirchlichen Dienststelle in der DDR weiß. Auf das Bestimmteste weise ich den in Ihrem Schreiben ausgesprochenen Vorhalt zurück, ich hätte mich in eine innere, ausschließlich in die Zuständigkeit von kirchlichen Dienststellen in der DDR befindliche Angelegenheit gemischt. Seit mehr als 20 Jahren habe ich mir eine große Mühe gegeben, den Kirchen in der DDR jede mögliche helfende Hand zu bieten. Sie sind der Erste, der mir vorhält, ich hätte mit einer geplanten Hilfe einen Einfluß auf Entscheidungen von Kirchen in der DDR versucht. Ich könnte aus den letzten beiden Jahrzehnten sehr leicht die Anerkennung aller führenden Männer in den Kirchen der DDR dokumentieren, daß ich es jeweils ausschließlich ihnen überließ, über die zur Verfügung stehenden Hilfen zu entscheiden. Sollten Sie auf Ihrem Vorwurf beharren, könnte dies umfassende Folgen für alle Hilfen der EKD für die Kirchen der DDR haben. Ich befürchte, Sie haben bei der Abfassung Ihres Briefes nicht ausreichend gewürdigt, in welch hohem Maße durch mangelhafte Informationsmöglichkeiten Mißverständnisse entstehen können.«[98]

Am 17. Juli 1973 führte Geißel im DDR-Ministerium für Außenwirtschaft weitere Beratungsgespräche über das Dombauprojekt und erhielt von seinen Vertragspartnern den Entwurf eines Bauvertrages zwischen dem Kirchenbund und dem Außenhandelsunternehmen Limex. Ganz nebenbei wurde auch über Pietz' Schreiben bezüglich der Eigentumsverzichts-Frage gesprochen. »Es wurde hier vereinbart, daß seine Anfrage schriftlich beantwortet wird, offen ist nur noch, welches Ressort dies tun wird. Erwähnter Brief war ja auch Gegenstand Ihrer Beratungen mit Bischof Schönherr.«[99] Drei Tage nach dem Gespräch erhielt Pietz vom Stellvertretenden Oberbürgermeister von Berlin (Ost), Helbig, einen Dreizeiler mit der Mitteilung, »der Magistrat von Groß-Berlin [sei] an einem Eigentumsverzicht der Evangelischen Kirche für den Berliner Dom nicht interessiert«[100]. Auch wenn Pietz nicht wußte, daß der Inhalt des Briefes im Ministerium für Außenwirtschaft konzipiert worden war und Geißel dabei Pate stand, und auch wenn ihm unbekannt geblieben sein sollte, daß Kunst eine Abschrift dieses Briefes beinahe zeitgleich mit ihm in Händen hielt, so hatte er aus dem Vorgang doch gelernt, daß nicht unwesentliche Teile der DDR-Kirchenpolitik unmittelbar zwischen der Bonner Fritz-Erler-Straße und dem Ost-Berliner Ministerium für Außenwirtschaft gemacht wurden. Er begegnete Kunst fortan in tiefer Ehrerbietung, die der Militärbischof in einer Weise beantwortete, die einem regierenden Kirchenfürsten wohl ansteht: Er gewährte dem mit den tatsächlichen Machtverhältnissen nicht vertraut Gewesenen brüderliche Verzeihung[101].

Allerdings neigte sich die »Ära Kunst« sichtlich ihrem Ende entgegen. Auch Hammer gab dem Bonner EKD-Bevollmächtigten deutlich zu verstehen, im Blick auf den Kirchenbund »müsse ein Übergang gefunden werden vom patriarchalischen zum partnerschaftlichen Denken und Handeln«[102]. Diese Bemerkung betraf freilich auch das Verhältnis Hammer – Kunst. In einem Briefwechsel zwischen beiden vom 3. bzw. 24. Dezember 1973 war einiger Konfliktstoff im Zusammenhang mit dem Sonderbauprogramm deutlich geworden, der dann in einem Dreier-Gespräch (Geißel, Hammer, Kunst) am 23. Februar 1974 ausgeräumt werden sollte.

In seinem Brief vom 3. Dezember 1973 hielt Hammer dem Bischof vor, er habe auch im nachhinein von ihm nichts über dessen Berliner Verhandlungen erfahren, geschweige denn, daß im Vorfeld Abstimmungen stattgefunden hätten. »Ich bin nach wie vor der Ansicht, daß die am 28. März ›beschlossene Vereinbarung‹ nicht dem Ratsbeschluß vom 16. März 1973 und auch nicht dem Willen der Brüder in der DDR entspricht.«[103] Abgesehen von dem persönlichen Umgangsstil bezögen sich die sachlichen »Differenzen« zwischen ihnen »vor allem auf [...] zwei Punkte: 1. Das Verhältnis zwischen dem eigentlichen Sonderbauprogramm und dem Wiederaufbau des Berliner Doms, 2. Die Verwendung der von Ihnen in Aussicht gestellten 15 Mio. DM«.[104] Erst durch seine Verhandlungsführung sei – gegen den Willen der DDR-Kirchen – der Wiederaufbau des Doms zeitlich nach vorne gerückt und mit einer besonderen, auch finanziellen Präferenz versehen worden. Doch die »Stimmungslage in den Gliedkirchen der EKD läßt eine gegenüber den bisherigen Plänen finanziell bevorzugte Behandlung des Berliner Doms keinesfalls zu. Selbst das ideelle und längerfristige Junktim zwischen Domaufbau und Sonderbauprogramm ist in manchen Kirchen auf entschiedenen, schwer überwindbaren Widerstand gestoßen [...] Keinesfalls werden die Gliedkirchen der EKD bereit sein, zur Domrekonstruktion mehr als im Verhältnis 30:55 im Gesamtplan über 85 Mio. DM beizutragen. Schon dieses war bisher kaum zu ›verkaufen‹. Dabei muß aber gleichzeitig sichergestellt sein, daß auch die Bauausführung jeweils im Verhältnis 30:55 zwischen dem Dom und den Projekten des Sonderbauprogramms gehalten wird. Es darf keinesfalls dazu kommen, daß eines Tages 30 Mio. DM für den Dom verbaut sind, während für die Projekte des Sonderbauprogramms weniger als 55 Mio. DM aufgewandt worden sind.«

Dieser Brief hatte es in sich, stellte er doch das gesamte kirchenpolitische

Konzept Kunsts im Blick auf das Sonderbauprogramm ebenso faktenorientiert wie grundlegend in Frage! Der Militärbischof ließ sich mit der Beantwortung des Schreibens denn auch Zeit. Er fertigte zunächst einen handschriftlichen Aufriß an und diktierte dann erst einen Entwurf, den er einer nochmaligen Überarbeitung unterzog. In dem Erwiderungsschreiben stellte er das Sonderbauprogramm in den deutschlandpolitischen Kontext der neuen Ostpolitik und beharrte hinsichtlich der Restaurierung des Domes auf der Erpressungsversion durch die DDR-Regierung: »Anders wurde die Lage, als das Verlangen nach Wiederaufbau des Domes gekoppelt wurde mit einer Bedrohung unseres Transfers. Es ist richtig, daß dieser Transfer für die DDR nützlich ist. Es ist auch richtig, daß die DDR möglichst viele Quellen, aus denen sie DM-West bekommt, erschließen möchte. Aber es ist auch zweifelsfrei, daß in jedem totalen Staat merkantile Erwägungen nicht pari passu mit politischen marschieren. Weil ich seit mehr als 20 Jahren Hilfen für die Kirchen in der DDR organisiere und seit mehr als 10 Jahren im laufenden Gespräch mit Männern der Ost-Regierung bin, kann es nicht ambitiös erscheinen, wenn ich meinte, die Drohung der DDR so einschätzen zu müssen, wie ich es tat.«[105] Zur »beschlossenen Vereinbarung« mit dem großen Unbekannten in Ost-Berlin vom 28. März 1973 bemerkte er, sie sei nicht unterschrieben und »also nicht einklagbar. Die Nichteinhaltung würde freilich für mich persönlich ziemlich weittragende Folgen haben. Sie würde ich selbstredend, sollten wir wegen dieser Vereinbarung nicht zu einer gemeinsamen Aktion kommen, ohne eine Schädigung der Position der Kirche auf mich nehmen.« Am Anfang wie am Schluß seines Briefes regte er an, die eingeschlafenen Besprechungen zwischen Hammer, Geißel und ihm wieder aufzunehmen, um eine »volle Klärung der anstehenden Fragen« anzustreben.

Im Verlauf des ersten dieser erneuerten »Dreier-Gespräche« am 26. Februar 1974 vertrat Hammer gegen Geißel und Kunst die Auffassung, ein förmliches Junktim zwischen dem Sonderbauprogramm und dem Dombauprojekt habe es seitens der DDR-Regierung nicht gegeben. »Es sei auch ein gewisses Interesse der DDR-Behörden erkennbar gewesen an den Einzelbauvorhaben, so insbesondere bei den Wiederaufbauprojekten für denkmalgeschützte Kirchen, also gewissermaßen an der Interessengrenze zwischen Staat und Kirche. Es sei der Dom auch in der ersten Phase der Wiederaufbauarbeiten nicht zu berücksichtigen gewesen.«[106] Mit anderen Worten: Hammer behauptete, der von den DDR-Kirchen wie der EKD gar nicht gewünschte und aus kirchlicher Perspektive unsinnige Wiederaufbau des Doms sei den DDR-Behörden ohne Not zugestanden worden, da auch ohne dieses Zugeständnis notwendige kirchliche Bauprojekte genehmigt worden wären. Kunst hielt dagegen: »Das dezidierte Interesse der DDR habe sich bei diesen Gesprächen [scil. mit der DDR-Regierung] nicht nur im Beharren auf dem Junktim von Dom und Einzelprojekten gezeigt, sondern auch in einer unverhohlenen Pression im Blick auf die Hilfsmaßnahmen für die Kirchen in der DDR. Diese Bedrohung des Transfers sei im wesentlichen aber das auslösende Moment gewesen für die Bemühungen von Bischof Kunst in dieser Sache.«[107]

Es blieb bei der unterschiedlichen Interpretation. Im Bedenken der personellen Konstellationen könnte man fragen, ob die Abschwächung des Junktims selbst im innerkirchlichen Bereich nur erfolgte, um die DDR-Regierung unter keinen Umständen zu düpieren. In diesem Falle hätte allein Kunst, ohne politische Rücksichten zu nehmen, geredet.

Vor dem Schalck-Golodkowski-Untersuchungsausschuß bestritt Manfred Seidel am 7. Oktober 1992, daß es ein Junktim zwischen dem Projekt »Berliner Dom« und den Sonderbauprogrammen gegeben habe, Stolpe hingegen widersprach bei seiner Anhörung am 26. November 1993 den Ausführungen des ehemaligen OibE[108].

Im Mai 1974 sorgte ein neuer Wiederaufbauplan der DDR-Regierung nochmals für einige Aufregung, weil er die Umgebung des Domes mit einbezog, was eine abermalige Verteuerung des Projektes um rund 20 Millionen Mark bedeutet hätte. In Verhandlungen mit Ost-Berlin gelang es Hammer jedoch, die DDR-Regierung erneut auf die ursprünglich vereinbarten Geschäftsbedingungen festzulegen[109].

Im Juli 1974 schien es dann endlich soweit zu sein, daß der vorbereitete Globalvertrag mit den staatlichen Stellen unterschrieben werden konnte. Aufgrund verschiedener kleinerer Unstimmigkeiten verzögerte sich die Paraphierung dann jedoch noch um einige Monate bis zum 11. November 1974. An diesem Tage unterschrieben Schönherr und Stolpe für den BEK die endgültige Fassung des Vertrages mit dem DDR-Außenhandelsunternehmen LIMEX GmbH[110].

Am 13. August 1974 bestätigte das ZK der SED die »Konzeption für die äußere Gestaltung des Doms«, beschloß eine Beteiligung der KoKo an den Baumaßnahmen und die Zahlung von jährlich 200 TM an den BEK »für die Unterhaltung des Berliner Doms«[111].

Mitte September 1974 führte Lingner Gespräche mit dem Domkirchenkollegium und dem Rat der EKU, die den Rat der EKD zur Besichtigung der Bausubstanz des Berliner Doms eingeladen hatten. Er mußte den östlichen Kollegen mitteilen, daß der Rat in nächster Zukunft keinen Termin freihabe, weil er nicht in Berlin (West) tage.

»Darüber hinaus seien im Rat [der EKD] atmosphärische Bedenken deutlich gewesen. Die Finanzfrage sei nach Wissen des Rats noch nicht endgültig geklärt. Vielleicht wäre eine Begehung der Domruine schon aus diesem Grunde z. Zt. nicht ratsam. Zunächst sollten die Absprachen über eine mögliche und nötige Beteiligung der EKD am Aufkommen der Finanzen eindeutig und abschließend geklärt sein. Darüber hinaus sei im Rat deutlich geworden, daß ein solcher offizieller Besuch aus anderen Erwägungen mit einem Fragezeichen versehen werden müßte. Die Wahrnehmung partnerschaftlicher Beziehungen zum Bund der Evangelischen Kirchen in der DDR wird staatlicherseits nur in Grenzen zugelassen. Es würde keinen sehr günstigen Eindruck erwecken, wenn der Besuch des ganzen Rates (zum erstenmal nach dem Bau der Mauer) aus einem Anlaß politisch hingenommen wird, der letztlich finanzielle Gründe hat.«[112]

Um einen Affront zu vermeiden, wurde Pietz der Vorschlag unterbreitet, die Konferenz der Kirchenleitungen in der DDR möge zu einem späteren Zeitpunkt den Rat der EKD einladen; einer der Punkte des Treffens beider ständigen Leitungsgremien könne dann die Besichtigung des Doms sein. .

Pietz zeigte Verständnis und erklärte zum Stand der Dinge, daß der Vertrag zwischen dem Rat der EKU und dem Domkirchenkollegium einerseits und der Firma LIMEX andererseits seit dem 1. August durch den Kirchenbund paraphiert vorliege.

»Der Vertragsvorschlag ist der Firma Limex zugestellt worden. Diese hat für den 25.9. um eine Besprechung gebeten. Der Vertrag sieht eine finanzielle Beteiligung von 45 Millionen durch die Kirchen vor. Der Vertrag umfaßt die Aufbauphase. Die Innenaufbauphase ist damit weder erledigt, noch geplant, noch finanziert. Mit Schreiben vom 15.8.1974 hat der Stellvertreter des Ministers für Außenhandel im Auftrag der Regierung der DDR bestätigt, daß das Verfügungsrecht und die Nutzung des wiederhergestellten Berliner Doms bei dem jetzigen Eigentümer verbleibt, daß die Möglichkeit des Innenausbaus zugesagt wird, daß für Unterhaltung des Berliner Doms als denkmalwertem Gebäude ab 1.1.1976 200 000,– Mark jährlich vom Staat zur Verfügung gestellt werden, daß Wohnraum für den Bauleiter in Berlin bereitgestellt wird, daß die Detailfragen aus diesem Regierungsbescheid durch Vereinbarung geregelt werden können. Dr. Pietz ist der Überzeugung, daß der Betrag zur Finanzierung der Außenaufbauphase von 45 Millionen feststeht und keine weitere Veränderung erfährt. Allerdings weist er darauf hin, daß mit dem Außenaufbau im wesentlichen lediglich das vollzogen ist, woran dem Staat liegt. Für eine kirchliche Nutzung des Doms müßte nach dem Außenaufbau ein Innenaufbau erfolgen. Der Innenaufbau würde wahrscheinlich noch einmal etwa 40 Millionen nach dem Stand der heutigen Preise erforderlich machen. Mit OKR Stolpe ist die Frage besprochen worden, ob an eine Einladung des Rates durch die Konferenz der Kirchenleitungen gedacht werden kann. OKR Stolpe wird diese Frage klären.«[113]

Zwischen Kunst und Hammer wurde Mitte November 1974 vereinbart, »alle unvermeidlicherweise der Öffentlichkeit zugänglich zu machenden Meldungen in dieser Sache über Herrn Henkys laufen« zu lassen, weil er »die besten Erfahrungen, die besten Informationsmöglichkeiten und das größte Geschick für die sachgerechte ›Verpackung‹ delikater Ost-West-Angelegenheiten« besitze[114]. Die Anregung dazu ging von Oberkirchenrat Olaf Lingner aus. In dessen Vermerk hieß es: »[D]er BEK-DDR bittet darum, bei der publizistischen Auswertung des Sonderbauprogramms im Bereich der Bundesrepublik Herrn Henkys die Steuerungsfunktion zuzuschreiben. Er wird über Einzelheiten laufend unterrichtet und wird Einsicht haben in die einschlägigen Unterlagen. Die publizistische Behandlung des Sonderbauprogramms bedeutet für die staatlichen Stellen in der DDR ein besonderes Problem. Das geht so weit, daß die verantwortlichen Herren für das Sonderbauprogramm in der DDR befürchten müssen, bei einem falschen Zungenschlag in der westlichen Presse ihre Positionen zu verlieren. Die Folgen wären unabsehbar.«[115] Der epd-Landesdienst Berlin berichtete am 1. November 1974 unter der Überschrift »Zahlreiche Kirchen in der DDR werden jetzt wiederhergestellt« über das Sonderbauprogramm. Welches Finanzvolumen für dieses Projekt veranschlagt war und welche binnenkirchlichen Kontroversen es ausgelöst hatte, darüber sagte der Artikel nichts.

Am 20. Januar 1977 fand ein Gespräch zwischen Hauptabteilungsleiter Weise vom DDR-Staatssekretariat für Kirchenfragen und Bischof Schönherr statt. Eines der Themen war Schönherrs Reise nach Bonn anläßlich des 70. Geburtstages von Bischof Kunst. Danach wurde vereinbart, daß Schönherr nach seiner Ankunft in Bonn »am Flugplatz vom Botschaftsrat der Vertretung in Empfang genommen« werde und unmittelbar nach dem Gratulationsakt dem Leiter der Ständigen Vertretung der DDR in Bonn, Michael Kohl, einen Besuch abstatte. Ferner bestand darin Einvernehmen, daß Schönherr keine Interviews geben sollte. »Er wird aber, wenn er aufgefordert wird, einiges über Kunst zu sagen, dies während der Gratulationscour tun und sich darauf beschränken, wie Kunst den DDR-Kirchen auch als Gesprächspartner mit Stellen in der DDR geholfen hat, ihr Bauprogramm und den Wiederaufbau des Berliner Doms in Angriff zu nehmen.«[116]

Anfang April 1977 schrieb Geißel an den neuen EKD-Bevollmächtigten in Bonn, Prälat Heinz-Georg Binder:

»Nach dem derzeitigen Stand der Leistungen wird sicherlich bereits 1979 mit dem Bauende an der Außenhaut zu rechnen sein. Wie Ihnen bekannt ist, wird die Regierung den Innenausbau des Domes genehmigen [...] Nach überschlägiger Schätzung muß dabei mit einem Aufwand von ca. 25 000 000,– DM gerechnet werden.«[117]

Ein knappes Jahr später stellte sich der neue Präsident der Kirchenkanzlei der EKU (Bereich Ost), Joachim Rogge, beim Staatssekretär für Kirchenfragen vor. Im Zusammenhang mit diesem Antrittsbesuch schnitt Rogge auch die Frage des Dom-Innenausbaus an und machte nach dem staatlichen Protokoll folgende Anliegen geltend:

»Der Domaufbau geht zügig voran. Er, Dr. Rogge, ist verantwortlich für den Innenausbau. Er möchte erreichen, daß zwischen dem Ministerrat und dem BEK eine Übereinstimmung erfolgt, daß die Kirche weitgehend den Innenraum selbst nutzen kann. – Er bittet darum, daß ihm hier ein geeigneter Gesprächspartner genannt wird.«[118]

Im Juni 1977 konstituierte sich im Zusammenhang mit dem erwähnten Amtswechsel des EKD-Bevollmächtigten in Bonn, unter Hinweis auf frühere Zusammenkünfte, auch das sog. »Dreiergespräch« wieder einmal neu[119]. Bei den hieran beteiligten Persönlichkeiten handelte es sich um den Präsidenten des Kirchenamtes der EKD, Walter Hammer (Hannover), den Vizepräsidenten des Diakonischen Werkes, Ludwig Geißel (Stuttgart), und um den Nachfolger Bischof Hermann Kunsts, Prälat Heinz-Georg Binder. Mit Hilfe von kirchlichen Verwaltungsbeamten, die bei diesen Spitzengesprächen ebenfalls zugegen waren, ging es um Absprachen hinsichtlich Planung und Koordinierung von Hilfsmaßnahmen der Bundesrepublik Deutschland und der EKD für die DDR-Kirchen. Die drei kirchlichen Dienststellenleiter versicherten sich Mitte des Jahres 1977 gegenseitig Einigkeit über die *gemeinsame* Zuständigkeit und Verantwortung für den Bereich der DDR-Hilfsmaßnahmen und gaben damit der »Ära Kunst« den Abschied. Binders Vorgänger hatte nämlich, zum Ärger der anderen Beteiligten, meist die Gewohnheit, ihm einleuchtende Hilfsmaßnahmen in souveräner Selbständigkeit zu tätigen.

Allerdings besaß der Bonner EKD-Bevollmächtigte in den 60er und 70er Jahren eine ganz singuläre Schlüsselrolle für die Beziehungen zwischen der Bundesrepublik und der DDR, auf die bislang noch kaum Licht gefallen ist[120]. Das von Kunst in zwanzig Jahren geschaffene Beziehungsgeflecht erwies sich freilich als so effektiv und dauerhaft, daß es im Prinzip bis zum Ende der DDR fortwirkte. Von kleinen Korrekturen, Verbesserungen und Ausweitungen einmal abgesehen, blieben die von Kunst geprägten Strukturen bis 1990 intakt. Das Stichwort der letzten dreizehn Jahre lautete »Mehrbedarf«. Stolpes »Programm zur Errichtung von Kirchen oder kirchlichen Räumen in Neubaugebieten« sollte anfangs weitere 15 bis 20 Millionen DM kosten. Seit 1977 wünschten »die Bischöfe des Kirchenbundes« standesgemäße Kraftfahrzeuge »vom Typ ›Volvo‹«[121] – Gefährte, die sich auch bei führenden SED-Funktionären großer Beliebtheit erfreuten. Als 1988 die EKD aus Kostengründen ihre Politik änderte und den Bischöfen die Marke VW Passat offerierte, weigerten sich immerhin zwei von ihnen, auf das volksnahe Verkehrsmittel umzusteigen. Im November 1979 beantragte Stolpe bei der EKD 50 000,– DM in »Devisen für Reisen in das westliche Ausland« zur Verfügung des BEK-Sekretariats[122].

Im Blick auf das Valutamarkprogramm existierte ein deutlich gleichgerichtetes Interesse von BEK und SED-Staat: Die ständig steigenden Wünsche der DDR-Kirchen an die Brüder im Westen kamen dem Devisenhunger der Diktatur entgegen[123]. Die beiden östlichen Nutznießer wußten natürlich voneinander und pflegten ein gewisses Zusammenspiel.

Im Rahmen des »Sonderbauprogramms« wirkte der Berliner Dom bis zuletzt wie eine große Saugpumpe, die der Provinz zunehmend die Baumittel entzog. Der sich hieraus ergebende Ärger innerhalb des Kirchenbundes konnte nur durch das »Einwerben« ständig neuer Beträge im Westen einigermaßen beigelegt werden[124]. Gab es keine innerkirchlichen Schwierigkeiten, machte der Kirchenbund Staat-Kirche-Probleme geltend[125]. Die ursprünglich vorgesehene Summe für den Dom-Innenausbau von 25 Millionen DM schraubte Stolpe bis 1983 auf mehr als das Doppelte hoch[126]. Die Mehrkosten begründete er während eines Besuches in Bonn Mitte Juni 1981 unter anderem mit der »Einziehung von Zwischendecken«[127] und später damit, daß »von staatlicher Seite im Zusammenhang mit dem Innenstadtausbau jetzt sehr auf eine abschließende Festlegung der Bauarbeiten am Dom gedrängt würde«[128].

Schalcks Stellvertreter, Manfred Seidel, suchte Ende Juli 1983 den noch unerfahrenen Nachfolger Geißels, Diplomvolkswirt Norbert Helmes, zu übervorteilen, indem er nunmehr 68 Millionen für den Dominnenausbau forderte und – um die Summe abzurunden – zusätzliche zwei Millionen für Instandsetzungsarbeiten an der Marienkirche und der Friedrichwerderschen Kirche verlangte[129]. Stolpe tat es ihm gleich, indem er mit kirchlichen Geldern auch noch die staatlich genutzte Schinkelkirche restaurieren lassen wollte[130].

Die DDR brauchte zu dieser Zeit noch dringender Devisen als sonst. Im Frühjahr 1983 verhandelte Schalck-Golodkowski mit dem bayerischen Ministerpräsidenten Franz Josef Strauß wegen eines Überbrückungskredites zur Entlastung der Zahlungsbilanz der DDR[131]. Auf diesen durch Strauß vermittelten Milliardenkredit folgte ein Jahr später ein Drei-Milliarden-Anschluß-Kredit.

Am 23. Dezember 1983 berichtete der stellvertretende Leiter der Intrac und Doppelagent Eberhard Seidel (IMB »Siegfried«) seinem Führungsoffizier

Fritz Teichfischer von einem Treffen mit dem Direktor der westlichen Partnerfirma Hanseatisches Baustoffkontor GmbH, Adolf Hilmer, und dem damaligen Ministerialdirigenten und Abteilungsleiter im Kieler Umweltministerium, Peter-Uwe Conrad. Hilmer besaß enge Verbindungen zur Regierung Barschel und wurde darum von Seidel auch als »Abschöpfungskontakt« genutzt. Während der Begegnung soll Conrad gegenüber Seidel unter vier Augen gesagt haben:

»Es ist nicht verständlich, daß sich die DDR mit ihren Kreditwünschen ausgerechnet nach Bayern an Herrn Strauß wendet; auch die Umweltaktivitäten, die eindeutig mit Bayern zustandegekommen sind, sind nicht verständlich. Viel loyaler als Strauß und die Bayern seien nämlich die Norddeutschen, die selbstverständlich auch an guten Beziehungen interessiert seien. Man faßt es hier als eine bestimmte Brüskierung auf, daß die Leute wie Barschel, Ministerpräsident Schleswig-Holstein, Albrecht, Stoltenberg und Donany [sic!] keine Möglichkeit erhalten, etwas zu tun. Er könnte mir versichern, daß insbesondere B[arschel] interessiert wäre, auch etwas politisch zu tun, und B[arschel] würde sich besonders eng mit Albrecht koordinieren.«[132]

Gegen Ende des Jahres 1984 schien Honecker von dem ursprünglichen Dombauvorhaben abweichen zu wollen. Das Politbüromitglied Werner Jarowinsky schrieb dem SED-Generalsekretär:

»Lieber Erich!
Entsprechend Deinem Auftrag, einen Weg zu finden, die ursprünglich schon bestätigte und vorbereitete Nutzung des Deutschen Doms mit der Maßgabe zu verändern, nunmehr eine ausschließlich staatliche Nutzung zu erreichen, erfolgten inzwischen Gespräche.
    Genosse Klaus Gysi hat über diese Fragen mit Konsistorialpräsident Stolpe ein internes Gespräch geführt. Dabei äußerte Stolpe sein Verständnis, das Gebäude für einen einheitlichen Zweck zu nutzen. Er war zugleich der Meinung, daß dieser staatliche Wunsch in der Berlin-Brandenburgischen Kirche auf Verständnis stößt. Stolpe hat sich bereit erklärt, falls das von uns gewünscht wird, vermittelnd tätig zu sein. Zugleich äußerte er die Meinung, daß der eigentliche Verhandlungspartner, die Christengemeinschaft, vermutlich ihrerseits bereit sein würde, ein Austauschobjekt zu akzeptieren.
    Das könnte ein geeignetes staatliches Objekt an einem anderen Standort sein. Stolpe hält es nicht für ausgeschlossen, selbst ein Objekt zur Verfügung zu stellen. Die Berlin-Brandenburgische Kirche ist auch ihrerseits bereit, einen Vorschlag zu unterbreiten und nannte in diesem Zusammenhang die Elisabeth-Kirche (Nähe Ackerhalle, Baulücke).
    In diesem Zusammenhang wurde auch darauf hingewiesen, daß die Christengemeinschaft lediglich 5 000 Mitglieder habe, die zudem über die ganze Republik verteilt sind.
    Stolpe war insgesamt der Meinung, daß sich daraus keine ernsthafte Beeinträchtigung des Verhältnisses Staat-Kirche ergeben könnte.
    Zugleich äußerte er die Erwartung, daß die im Zusammenhang mit dem vorgelegten ›Paket‹ beabsichtigten Umschreibungen der Grundstücke wie vereinbart erfolgen. Soweit ich informiert bin, ist das gegenwärtig im Gange, so daß das Grundstück ›Deutscher Dom‹ insgesamt staatliches Eigentum wird.
    Es gäbe dann aus den früher schon abgeschlossenen Vereinbarungen die Frage der weiteren Klärung bisher eingegangener Verpflichtungen, die Genosse Schalck übernommen hat. Dazu hat Genosse Schalck seinen Standpunkt dargelegt – noch ohne Kenntnis des Gesprächs Gysi-Stolpe.
    Es gäbe also zwei Möglichkeiten zu entscheiden:

- so wie von Dir beauftragt, die Verhandlungen fortzusetzen;
- den alten Zustand der Vereinbarung, zu belassen und ohne Veränderung die ursprüngliche Konzeption zu verfolgen.

Wenn die erste Entscheidung beibehalten würde, müßte Genosse Schalck – nach erfolgter Vorklärung Gysi-Stolpe – die notwendigen Änderungen erwirken. Das würde vor allem die weitere Sicherung der Valuta-Summe bedeuten. Weiterhin müßten bisher entstandene Valuta-Kosten (Punkt 5 des Schreibens von Genossen Schalck) dann – wie von Genossen Schalck vorgeschlagen – durch den Bereich Kommerzielle Koordinierung erstattet werden.«[133]

Am 21. November 1988, aus Anlaß von »Fünfzehn Jahre[n] Sonderbauprogramm«, hielt Stolpe in der Französischen Friedrichstadtkirche zu Berlin eine Festrede. Hier stattete er allen Dank ab, die zur Verwirklichung des Projektes beigetragen hatten. Neben Kirchenleuten wurden auch SED-Funktionäre wie Paul Verner und Hans Seigewasser genannt. Der krönende Abschluß dieser Passage lautet:

»Andere wichtige Helfer sind inzwischen im Ruhestand, und hier darf ich mit besonderem Dank Bischof Hermann Kunst aus Bonn und Vizepräsident Ludwig Geißel aus Stuttgart erwähnen. Beide haben die große Gabe, ungewohnte Möglichkeiten aufzuspüren und Menschen zu deren Realisierung zu gewinnen. Es ist bei uns aus gutem Grund nicht üblich, diejenigen herauszustellen, die auch mitwirkten, aber noch im aktiven Dienst sind. Nur eine Ausnahme sei mir gestattet: Der leitende Mitarbeiter des Ministeriums für Außenhandel der DDR, Manfred Seidel, wurde vor wenigen Tagen 60 Jahre alt. Lassen Sie mich meinen Dank an ihn auf die kurze Formel bringen: Ohne Seidels kundige, entschlossene und verläßliche Hilfsbereitschaft wäre das Sonderbauprogramm nicht geworden. Es darf hinzugefügt werden, daß Manfred Seidel allerdings hohe und höchste Chefs hatte und hat, die zu ihm standen, auch wenn er manchmal ohne Netz arbeiten mußte.«[134]

Das war nicht nur eine Hommage an Seidel, sondern auch an Schalck, Mittag und Honecker, die mit der letzten Bemerkung gemeint sein mußten!

Ende 1978 hatte Stolpe ADN ein Interview zum kirchlichen Neubauprogramm gegeben und dabei mit keinem Wort auf die aus der Bundesrepublik stammenden Hilfen verwiesen[135].

Altersversorgung kirchlicher Mitarbeiter, das Evangelische Diakoniewerk Königin Elisabeth und der »Domentlastungsbau«

Spätestens 1975 mußten die Kirchen in der DDR erkennen, daß die auf sie zukommende Pensionszahlung und Rentenversorgung ihre Kirchenhaushalte in erheblichem Maße belasten würden. Darum nahm Stolpe für den BEK mit der KoKo Verhandlungen auf, um die Möglichkeiten und Bedingungen des Eintritts in die staatliche Rentenversicherung zu eruieren.

Nach fünfjährigen Geheimverhandlungen zwischen KoKo, BEK und EKD über die »Altersversorgung für kirchliche Mitarbeiter« in der DDR konnte die Westkirche 1980 ihre Brüder im Osten schließlich für 80 Millionen Valutamark in die staatliche Altersversorgung des SED-Staates einkaufen. Wie üblich verfügte das MfS, also auch die KoKo, über interne Unterlagen des Verhandlungspartners[136]. Die DDR gab diesen für sie lukrativen Renten-Deal öffentlichkeitswirksam als Verhandlungsergebnis des Spitzengesprächs zwischen Honecker und dem BEK-Vorstand vom 6. März 1978 aus. In mühsamen Verhandlungen gelang es Geißel, der als Vertreter der westdeutschen Landeskirchen den Vertrag am 3. September 1980 unterzeichnet, wenigstens, den vereinbarten Betrag in zehn Jahresraten à 8 Millionen abzustottern[137] – auf das persönliche Verfügungskonto 0628 des Generalsekretärs[138]. Für die Begleichung der ersten Rate wurde sofort eine Vereinbarung über Warenlieferungen – Kupfer, Silber und Diamanten – abgeschlossen.

Die unerwartet lange Verhandlungszeit war dadurch zustande gekommen, daß das zuständige Staatssekretariat für Arbeit und Löhne rechtliche wie politische Bedenken gegen das Verfahren angemeldet hatte. Doch Schalck-Golodkowski schrieb in einem Brief an Günter Mittag: »Der ökonomische Vorteil für die DDR besteht darin, daß 60-80 Mio. VM im Verhältnis 1:1 dem Staat zur Verfügung stehen«[139]. Weder die Staatliche Versicherung noch die Arbeitsgruppe Kirchenfragen oder die Abteilung Gewerkschaft und Sozialpolitik im ZK der SED wußten übrigens, daß die Beitragsnachzahlungen an den KoKo-Bereich in DM West erfolgten[140].

Im Sommer 1982 fädelten Seidel und Stolpe trotz des noch nicht abgeschlossenen Dom-Abenteuers schon das zweites Großprojekt ein: das Evangelische Diakoniewerk Königin Elisabeth. Nach bewährter Strategie ließ Seidel von der KoKo Helmes wissen, daß das umfangreiche Erneuerungs-Vorhaben mit einem Finanzvolumen von nur 124 Millionen Mark[141] bereits der staatlichen Planungskommission vorgelegt worden sei, um die Westkirche vor vollendete Tatsachen zu stellen[142]. Doch aus Schaden klug geworden, reagierte Binder Anfang 1983 mit einer klaren Ablehnung und sprach gar von staatlichen »Pressionen«. Stolpe zeigte sich freilich wenig beeindruckt von der neuen Widerspenstigkeit der westlichen Partner. Er reiste zur EKD-Zentrale nach Hannover und machte seinen Kirchenkollegen heftige Vorhaltungen. »Zur Vermeidung anhaltender Verstimmungen« zwischen BEK und SED-Staat müsse die Kirche nun ihrerseits der KoKo »ein entsprechendes ›Angebot‹« unterbreiten[143]. Für eine Unterdrückung der DDR-Kirchen durch die SED-Diktatur – bloß wegen der Verweigerung von ein paar lumpigen Millionen – wollte die EKD nicht die Verantwortung übernehmen. Im Rahmen des Sonderbauprogramms II nahm sie das Königin-Elisabeth-Hospital als Großprojekt mit einem vorläufigen Finanzvolumen von 40-45 Millionen auf und mühte sich fortan um die Beschaffung der Mittel[144].

Einen weiteren Coup landeten KoKo und BEK-Sekretariat mit dem »Domentlastungsbau« in der Ziegelstraße unweit des Bahnhofs Friedrichstraße. Da man sich geweigert habe, im Dom Zwischendecken einziehen zu lassen, sei der Neubau nötig »zur Aufnahme von Bibelwochen der EKU und eines Gebetssaales für Herrnhut sowie für die Schaffung von Übernachtungsmöglichkeiten und für die Nutzung als Begegnungsstätte«[145].

Kurze Zeit schien es so, als erhielte die geschröpfte Westkirche unerwartete Unterstützung aus der Provinz im kirchlichen Osten. Mit wachsendem

Unmut verfolgten die anderen östlichen Gliedkirchen nämlich, daß ihr »Geschäftsführender Treuhänder« für die Hilfsgelder aus dem Westen, Stolpe, den Geldsegen einseitig nach Berlin-Brandenburg lenkte und nur Sorge für die Sanierung der Hauptstadt trug, während sie vergleichsweise leer ausgingen. In einer Art Palastrevolution wollten sie »einen regelmäßigen Wechsel in der Besetzung« der Treuhänderstelle erwirken, scheiterten aber an dem Verhandlungsgeschick des »Sekretärs«[146]. Stolpe blieb »Geschäftsführender Treuhänder«, und die EKD zahlte den zur 750-Jahresfeier der Stadt Berlin 1987 fertigzustellenden »Entlastungsbau«. Er erhielt sinnigerweise den Namen des BEK-Heiligen Dietrich Bonhoeffer.

In der zweiten Hälfte der 80er Jahre geriet die DDR zunehmend in Schwierigkeiten, vereinbarte und auch bereits gezahlte Bauleistungen auf dem Kirchensektor tatsächlich zu erbringen. Die Erfüllung der Baubilanzen wurde in Bonn zunächst nur als »schleppend«[147], dann schlicht »als äußerst schlecht«[148] bezeichnet. Gysi schrieb Mitte Oktober 1987 an Günter Mittag:

»Seit geraumer Zeit häufen sich die Beschwerden der kirchlichen Auftraggeber und der Finanzierungsgremien im NSW über zum Teil sehr schlechte Qualität und über Nichteinhaltung der vertraglich vereinbarten Termine weit über einen vertretbaren Zeitraum hinaus […] [Z]u Deiner Information möchte ich weiter mitteilen, daß einige Landeskirchen diese unbefriedigende Situation auf dem Gebiet des Inlandexportes ausnutzen wollen, um spezielle Bauvorhaben von Firmen aus dem NSW bei uns realisieren zu lassen. […] Vielleicht wäre eine Komplexberatung durch die beteiligten zentralen Organe möglich, um durch verbindliche Festlegungen zumindest im großen und ganzen eine termin- und qualitätsgerechte Realisierung zu sichern.«[149]

Die im Diakonischen Werk zuständige Sachbearbeiterin Edelgard Orth bezifferte Mitte 1988 die Planerfüllung so: »Die vertraglich vereinbarten Bauleistungen im Gesamtbereich Kirche und Diakonie seien zur Zeit lediglich zu 28 % erfüllt, die Diakonie-Bauvorhaben für sich betrachtet sogar nur zu 16 %«[150].

Um aus ihrer verzweifelten wirtschaftlichen Lage herauszukommen, ersann die DDR nun eine weitere Geldquelle: Die kirchlichen Hilfslieferungen sollten zusätzlich mit einer 5%igen »Einfuhrgebühr für Einfuhren aus der Bundesrepublik« belegt werden. Auf den Protest des neuen Finanzreferenten des Diakonischen Werkes, Weidenbach, hin machte das DDR-Außenhandelsministerium geltend, daß die übrigen Religionsgemeinschaften bereits seit Jahren solche Gebühren zahlten und die DDR schon aus Gründen der Gleichbehandlung die evangelische Seite davon nicht ausnehmen könne[151]. Nach Prüfung des Sachverhalts[152] ermächtigte der Dreierausschuß Weidenbach, dem Außenhandelsministerium für eine Laufzeit von zunächst drei Jahren, beginnend ab 1988, einen Pauschbetrag von 250 000,– DM anzubieten[153]. Das Außenhandelsministerium akzeptierte, wenngleich es einen »höheren Betrag für angemessen gehalten hätte«[154].

Genex Geschenkdienst GmbH, Partnerschaftshilfe und Zentrale Hilfslieferungen des Diakonischen Werkes

Neben dem Kirchengeschäft A und dem Valutamark-Programm gab es eine Reihe weiterer Zulieferungswege.

Über die 1956 in Berlin (Ost) gegründete Genex Geschenkdienst GmbH konnten Warenlieferungen aus dem Westen gegen Vorkasse auf Devisenbasis an Begünstigte in der DDR getätigt werden. Dieser Möglichkeit bedienten sich nicht nur Einzelpersonen, sondern auch die Kirchen und das Diakonische Werk, um Waren an Kirchengemeinden und diakonische Einrichtungen zu senden. Da die Genex in der Bundesrepublik keine Agentur betreiben durfte, liefen die Bestellungen über Unternehmen in Kopenhagen und Zürich. Das Warensortiment umfaßte in der DDR hergestellte Westprodukte, PKWs aus dem Westen und der DDR, Saatgut, Düngemittel und Benzingutscheine. Produktionsmittel durften die Kirchen über Genex nicht einführen. Seit 1966 wurde auch die Genex durch den KoKo-Bereich angeleitet – mit dem Ziel »der maximalen Erwirtschaftung kapitalistischer Valuten außerhalb des Staatsplanes«[155]. Die Genex-Einnahmen aus Geschäften mit den Religionsgemeinschaften sollten nach KoKo-Arbeitsplänen in der zweiten Hälfte der 80er Jahre etwa 10 Mio. VM pro Jahr betragen[156].

Kirchengemeinden in der Bundesrepublik Deutschland unterstützten ihre »Patengemeinden« in der DDR – später aus sozialhygienischen Gründen »Partnergemeinden« genannt – ebenfalls mit Geschenksendungen, die sich für den Gesamtzeitraum nach Schätzungen des Untersuchungsausschusses bei einer Größenordnung von 1,3 Mrd. DM bewegt haben dürften. Diese »Partnerschaftshilfe« betraf für gewöhnlich Lebensmittel, Textilien, Musikinstrumente und Gebrauchsgegenstände, konnte aber auch bis hin zu Baumaterial gehen.

Das Diakonische Werk versorgte über einundzwanzig westdeutsche Unternehmen seine Schwestereinrichtungen in der DDR direkt mit Medikamenten, medizinisch-technischen Geräten, Baumaterialien und Büroausstattungen. Die Bundesregierung gewährte für diese Waren nicht nur umsatzsteuerliche Vergünstigungen, sondern beteiligte sich auch etwa 50 % an den Kosten. Zwischen 1957 und 1990 gelangten auf diesem Weg Hilfslieferungen im Wert von ca. 346 Millionen DM in die DDR.

Die Kirchen und diakonischen Einrichtungen in der DDR durften von sich aus ebenfalls Waren einführen, wenn die KoKo dafür eine Einfuhrgenehmigung ausstellte. In den 80er Jahren stellte dann Manfred Seidel, um das aufwendige Genehmigungsverfahren zu umgehen, von Fall zu Fall personengebundene Zollkontrollbefreiungen aus, aufgrund derer die Privilegierten unkontrolliert einführen konnten, was notwendig erschien: medizinisch-technische Geräte, Ersatzteile, Baustoffe, Fachliteratur und vieles andere mehr[157]. Zu den Privilegierten gehörte auch Manfred Stolpe.

Über Umfang, Art und Transportwege der kirchlichen Hilfslieferungen von West nach Ost sowie über die Struktur, personelle Besetzung und Ar-

beitsweise der diakonischen Einrichtungen war der SED-Staat von vornherein bestens informiert, weil das Kirchliche Hilfswerk bzw. die Innere Mission
und das Diakonische Werk mit Inoffiziellen Mitarbeitern des MfS durchsetzt
waren. So arbeitete beispielsweise Bruno Hamann, Jurist und stellvertretender Leiter des Zentralbüros der Inneren Mission und des Hilfswerks der
Evangelischen Kirche in Berlin, von Anfang 1960 bis zu seiner Pensionierung
1979 als IMV »Bruno« für die »Firma«[158]. Im Auftrag des MfS betrieb er die
Loslösung der Zentrale von den West-Berliner Einrichtungen, suchte seine
Umgebung zugunsten der DDR zu beeinflussen, informierte über innerkirchliche Angelegenheiten und Personalfragen. In der nächsten Generation wurde
Wilfried Koltzenburg, ebenfalls Jurist beim Diakonischen Werk und einfluß-
reicher kirchlicher Amtsträger, als IM »Krone« für das MfS tätig[159]. Joachim
Manz, Geschäftsführender Direktor der Hoffbauer-Stiftung in Potsdam-Her-
mannswerder, berichtete als IMB »Hans« über »illegale Materialschleusen«,
das Bestellsystem und den Materialtransport von Innerer Mission bzw. Hilfswerk[160]. Er besaß besonders gute Verbindungen zu Stolpe und dem Potsdamer
Generalsuperintendenten Bransch, aber auch zu dem Berliner CDU-Politiker
Peter Lorenz. Aus dem Bereich der Inneren Mission berichtete unter dem
Decknamen IMV »Specht« auch Gerhard Bosinski, bis 1975 Leiter der Inneren Mission und des Hilfswerkes der Evangelischen Kirche in der DDR[161]. Er
war unter anderem von IMV »Bruno« für die Werbung »bearbeitet« worden,
wobei das MfS sich die Auseinandersetzungen Bosinskis mit der »Aktion
Sühnezeichen« (AS) zunutze machte. Es führte Zersetzungs- und Differen-
zierungsmaßnahmen gegen die AS durch.

Ebenfalls vom MfS geführt wurden der Direktor des Diakonischen Werkes,
Ernst Petzold[162], und der mit Schönherr sehr vertraute Leiter der Hoffnungs-
thaler Anstalten in Lobetal, Karl Pagel (IM »Karl«)[163]. Über den diakonischen
Bereich berichteten unter anderen auch Wolfgang Reckzeh (IM »Wolf«)[164]
und Gerd Bambowsky (GI »Gerd«)[165]. Unter diesen Umständen konnte dem
Regime kaum etwas auf dem Felde der Diakonie verborgen bleiben.

Der Handel mit politischen Häftlingen und Familienzusammenführung

Anfang der 60er Jahre bemühte sich der von den Kirchen mandatierte Rechts-
anwalt und Oberkonsistorialrat Reymar von Wedel über den in Ost- und
West-Berlin zugelassenen Anwalt Wolfgang Vogel um eine vorzeitige Haftentlassung kirchlicher Mitarbeiter[166]. Parallel dazu führte Rechtsanwalt Jürgen
Stange im Auftrag des Berliner Senates mit Vogel und Heinz Volpert vom MfS
Gespräche über die Freilassung Inhaftierter. Die Rechtsschutzstelle in Berlin
(West), eine Außenstelle des Bundesministeriums für gesamtdeutsche Fragen,
befaßte sich ebenfalls mit Fragen der Hafterleichterung, versuchte Informatio-
nen über verhaftete Bürger zu sammeln und beauftragte Anwälte in West und

Ost mit deren Verteidigung. Einer der Korrespondenzanwälte im Osten war Rechtsanwalt Wolfgang Vogel.

Als Vogel und Volpert den Anwälten Wedel und Stange im Jahr 1962 signalisierten, es gäbe seitens der DDR-Regierung die Bereitschaft, gegen eine Kali-Lieferung für die Wirtschaft fünfzehn kirchliche Mitarbeiter aus der Haft zu entlassen, gingen die Kirchen auf das Angebot ein. Geißel wickelte das Geschäft nach dem Muster der »A-Geschäfte« ab, das sich von diesen nur insofern unterschied, als die Kirchen in der DDR keine Auszahlung des Markgegenwertes für die Waren erhielten. In einigen Fällen wurden auch direkt Devisen an die DDR gezahlt. Nachdem auf diese Weise in den Jahren 1962/63 ca. 100 Häftlinge – darunter auch ein Mitarbeiter des Bundesamtes für Verfassungsschutz – freigekauft worden waren, mußten die Kirchen bald erkennen, daß diese Geschäfte ihre finanziellen Möglichkeiten weit überstiegen.

In Verhandlungen mit der Bundesregierung wurde erreicht, daß diese in die Freikaufaktionen einstieg. Nach Einzelmaßnahmen empfing der neue Bundesminister für gesamtdeutsche Fragen, Erich Mende, Mitte Mai 1964 in Gegenwart seines persönlichen Referenten, Rechtsanwalt Stange, und von Ludwig A. Rehlinger, damals Leiter des politischen Referats des Bundesministeriums für gesamtdeutsche Fragen in Berlin, den Ost-Berliner Anwalt Vogel. Dem MfS-Bericht Volperts zufolge soll Mende drei Möglichkeiten des Tauschgeschäfts mit Vogel besprochen haben: »Häftlinge gegen einsitzende Personen in der Bundesrepublik; Häftlinge gegen Geld; Häftlinge gegen Gegenleistungen im innerdeutschen Handel«[167]. Nach der Darstellung des Rechtsanwaltes Diether Posser gab es – wenn es sich um keinen Irrtum bezüglich des Datums handelt – Mitte Juni 1964 eine zweite Begegnung zwischen den genannten Personen, bei der im wesentlichen das Ergebnis der ersten Besprechung bekräftigt wurde[168]. Einen Tag später wurde dann in kleiner Kabinettsrunde – Bundeskanzler Erhard, Mende, Justizminister Ewald Bucher und Finanzminister Rolf Dahlgrün – dem Verhandlungsergebnis Mendes vom Vortag zugestimmt. Abgesehen von der unklaren Datierung, der Angabe, Staatssekretär Carl Krautwig sei ebenfalls bei der Besprechung mit Vogel zugegen gewesen, und des Ministers Diktum, künftig kämen keine Bargeld-, sondern nur noch Warenlieferungen in Betracht, stimmt Mendes Darstellung mit der Possers und Volperts überein[169]. Neben den Warenlieferungen wechselten bei »Sonderaktionen« immer einmal wieder auch Devisen den Besitzer. So wurden 1980 für 216 übersiedlungswillige DDR-Bürger 3 Millionen DM in bar gezahlt[170].

Seit Anfang Juli 1964 übernahm die Bundesregierung den Häftlingsfreikauf. Seither waren die Kirchen nicht mehr direkt beteiligt, wenn man davon absieht, daß bei Ludwig Geißel vom Diakonischen Werk, nunmehr auch Treuhänder der Bundesregierung für die Warenlieferungen im »B-Geschäft«, alle Fäden zusammenliefen. Daher ist es besonders unwahrscheinlich, daß ihm über all die Jahre hinweg unbekannt geblieben sein sollte, wer hinter seinen »Verhandlungspartnern« stand.

Die Abstimmung der freizukaufenden Häftlinge erfolgte mittels einer Personenliste, über die Stange in Zusammenarbeit mit der Berliner Rechtsschutzstelle mit Vogel verhandelte. Obwohl vermieden werden sollte, daß bei der Berechnung des Gefangenen-»Gegenwertes« von einem Pro-Kopf-Preis ausgegangen wurde, geschah dies faktisch bis Mitte der 70er Jahre und dann – nach einem Pauschalierungs-Interim – wieder von 1982 bis 1990. In dieser letzten Phase zahlte die Bundesregierung rund 96 000,– DM pro Kopf an die DDR[171].

Edgar Hirt, der von 1969 bis 1982 im Bundesministerium für innerdeutsche Fragen für den Freikauf zuständig war, sagte am 30. September 1993 vor dem Untersuchungsausschuß zur Rolle Heinz Volperts und Vogels:

>»Ich wußte, daß er eigentlich auf seiten der DDR die Hauptentscheidung mit getroffen hat als Beauftragter des MfS, und mir war auch bekannt, daß eben, wenn er ja gesagt hat, das eben ein Ja war, was eigentlich vor dem Ja von Herrn Dr. Vogel stand.«[172]

Wenn auch der Einfluß Volperts und der seines Nachfolgers, MfS-Generalmajor Gerhard Niebling, höher eingeschätzt wurde als der Wolfgang Vogels, so kann den Beteiligten aus dem Westen doch nicht verborgen geblieben sein, welche singuläre Position der Berliner Anwalt einnahm. Angesichts der Privilegien, die er genoß, mußte er – ähnlich wie Schalck – das volle Vertrauen seiner Auftraggeber im Osten genießen.

Vogel war stets zur Stelle und wurde fürstlich in DM honoriert. Nach Bekanntwerden einer Verhaftung wurde die Rechtsschutzstelle in Berlin beauftragt, einen in der DDR zugelassenen Anwalt – in der Regel Vogel – als Strafverteidiger zu engagieren. Auch wenn Vogel den Fall an einen Unterbevollmächtigten weitergab, rechnete er mit der Rechtsschutzstelle ab, die ihm sein Honorar in DM auf ein West-Berliner Konto überwies. Wurden die Häftlinge nach ihrer Verurteilung in die Freikauf-Liste aufgenommen, erhielt Vogel für seine Bemühungen – die Regelung aller verwaltungs- und familienrechtlichen Angelegenheiten – ein weiteres Honorar, das auf seinen Vorschlag hin ab 1984 als Pauschale in Höhe von jährlich 360 000,– DM abgegolten wurde. In seiner Funktion als Bevollmächtigter der DDR-Regierung erhielt Vogel von seinem Staat kein Honorar, sondern Steuervergünstigungen. Von seinem dritten Arbeitgeber, dem MfS, erhielt Vogel ebenfalls keine Zuwendungen. Allerdings war Vogel auch als Notar, speziell bei Verkäufen von Grundstücken und Häusern ausreisewilliger DDR-Bewohner, tätig, wobei er diesen auch Kaufinteressenten – darunter aus dem KoKo-Bereich – empfahl.

In dieser Funktion traf er ebenfalls auf Kirchenleute, die mit den Ausreisenden »Wechselgeschäfte« tätigten: Diese »verkauften« oder »spendeten« ihren Besitz einer kirchlichen Einrichtung und erhielten dafür – sobald sie in der Bundesrepublik angelangt waren – einen Bruchteil des Wertes in DM West. Im Untersuchungsbericht heißt es:

>»Es ist durchaus möglich, daß die einzelnen Mitarbeiter der Kirchen sich im eigenen Interesse, ohne daß dies immer der Kirchenleitung bekannt war, lukrative Objekte von Ausreisewilligen verschafft haben; dies liegt nahe, da die Kirchenmitarbeiter häufig auch genauestens über die persönliche Situation der Ausreisewilligen informiert waren. Die Vorwürfe, die Kirchen hätten einen überhöhten Gewinn aus diesen ›Wechselgeschäften‹ geschlagen, haben sich nicht bestätigt.«[173]

Um sich einen persönlichen Vorteil aus dem Schicksal der Emigranten zu verschaffen, bedurfte es freilich nicht einmal immer des Westgeldes, wie der Dresdener Hausverkauf an Bischof Hempel zeigt[174].

Am 11. November 1953 hatte sich Vogel bereit erklärt, als »Geheimer Informator« (GI) tätig zu werden und seine Berichte mit dem Decknamen »Eva« zu unterzeichnen. 1955 erfolgte eine Umregistrierung zum Geheimen Mitarbeiter (GM) mit dem Decknamen »Georg«. 1957 beendete das MfS zum Schein die Zusammenarbeit mit Vogel, um ihn »nicht weiter [zu] dekonspirieren und [...] nach außen hin absichern [zu] können«[175]. Am 2. September 1960 erfolgte die »Übergabe« des GM »Georg« an Heinz Volpert, der nunmehr als sein »Führungsoffizier« fungierte.

Trotz aller Vorsichtsmaßnahmen des MfS rissen die Gerüchte um Vogels Verbindungen zum DDR-Geheimdienst nicht ab. Im Oktober 1985 suchte Stolpe im Gespräch mit dem SPD-Bundestagsabgeordneten und EKD-Präses Jürgen Schmude den »Kollegen« in Schutz zu nehmen. Über das interne Gespräch in der Hoffbauer-Stiftung berichtete deren Direktor, Joachim Manz (IMB »Hans«), wiederum an das MfS:

»Es kam zu einem Gespräch zwischen Schmude und Stolpe [...] Zu Diepgen äußerte Schmude [...], Diepgen sei ein ›Mann mit Qualitäten, der jedoch nicht aus dem Fahrwasser eines ungewaschenen Kohl‹ herauskäme [...] Gegenüber Schmude ging Stolpe am Rande ein auf den diesjährigen Empfang des Rheinischen Merkur in einer Privatgaststätte in Berlin-Friedrichshagen. Ein solcher Empfang soll seit einigen Jahren regelmäßig dort stattfinden. In diesem Jahr soll erstmalig der bekannte Rechtsanwalt, Dr. Vogel, daran teilgenommen haben. Stolpe stellte gegenüber Schmude heraus, daß es eine nicht zulässige Vereinfachung sei, den Dr. Vogel als ›Mann des MfS‹ darzustellen. Stolpe legte dar, daß die Position des Dr. Vogel auch in entscheidenden staatlichen Gremien bereits mehrfach hinterfragt worden sein soll. Stolpe soll versucht haben, die westliche Darstellung einer etwaigen Verbindung des Dr. Vogel zum MfS abzuschwächen und zu entkräften.«[176]

Bei den Fällen Schalck, Seidel und Vogel[177] fällt auf, daß – als nach dem Zusammenbruch der DDR bundesrepublikanische Gerichte Ermittlungsverfahren gegen die drei anstrengten – hohe Repräsentanten der Kirchen ihnen ideelle und/oder materielle Unterstützung gewährten. Da die Kirchen nicht grundsätzlich allen straffällig Gewordenen dieses Ausmaß an Hilfe angedeihen lassen, muß es über humanitäre Aspekte hinaus noch andere Beweggründe gegeben haben. Sie dürften in der Überzeugung begründet liegen, daß es sich bei ihren ehemaligen Verhandlungspartnern um integre Persönlichkeiten handelte, die zu Unrecht in die Mühlen der Justiz geraten waren. Sollte ein solches Motiv vorliegen, bestätigte es mindestens die Qualität der MfS-Leute.

Bezogen auf Stolpe, der seit den 70er Jahren bei allen »Kirchengeschäften« Verantwortung trug, urteilte der Untersuchungsausschuß:

»Im Laufe der Jahre kam es durch dieses System bei einzelnen Repräsentanten der Kirchen auch zu dem von der Staatsführung der DDR gewünschten ›Arrangement‹ mit dem System. So war gerade bei dem vom Untersuchungsausschuß als Zeugen vernommenen Konsistorialpräsidenten Dr. Manfred Stolpe zu beobachten, daß er im Laufe der Jahre die gebotene Zurückhaltung zu dem kirchenfeindlichen SED-Regime aufgab.«[178]

Und in der abschließenden »Bewertung« des Untersuchungsausschusses heißt es über den heutigen Brandenburgischen Ministerpräsidenten:

»Dr. Manfred Stolpe hatte nicht nur gute Kontakte zum Bereich Kommerzielle Koordinierung und zu Dr. Schalck-Golodkowski und Manfred Seidel, sondern über einen langen Zeitraum hinweg auch enge Beziehungen zum Ministerium für Staatssicherheit. Dort war er, als IM »Sekretär« geführt, für das MfS wohl einer der wichtigsten Gesprächspartner aus dem Kirchenbereich [...] Nach dem Eindruck des 1. Untersuchungsausschusses scheint die Funktion von Dr. Stolpe über die eines normalen Inoffiziellen Mitarbeiters hinausgegangen zu sein. Offenbar hat Dr. Stolpe nicht nur Inhalte diverser Gespräche, Ergebnisse von Konferenzen und Synoden mitgeteilt, sondern auch seine Gesprächspartner vom MfS über die Haltung einzelner Teilnehmer zu einzelnen Themen unterrichtet. Darüber hinaus gibt es genügend Hinweise, daß Dr. Stolpe auch innerkirchliche Entscheidungsprozesse im Sinne seiner Gesprächspartner beim MfS zu beeinflussen versuchte.«[179]

Das Ende der »Kirchengeschäfte«

Nach dem Zusammenbruch der DDR bestanden die »Treuhänder« des BEK, allen voran Stolpe, auf einer Fortsetzung der Hilfsmaßnahmen, gestanden allerdings großzügig eine Kursverbesserung zu. Die von Hammer bei diesem Treffen in Hannover am 14. Januar 1990 geübte Kritik an der »Halbherzigkeit der ›Revolution‹ im wirtschaftlichen Bereich durch das Festhalten am sozialistischen Denken« und auch Binders Erinnerung an die bisher geleistete wirtschaftliche Unterstützung führten zu keiner Veränderung der über Dekaden eingeschliffenen Nehmer-Mentalität oder zu einer selbstkritischen Bilanzierung[180].

Im Westen dagegen dämmerte es einigen Verantwortlichen, daß sie jetzt mit unangenehmen Fragen rechnen mußten. Bischof Heinz-Georg Binder, einer der Sensibelsten für Fehler und Irrwege seiner Kirche, drückte schon am 7. Dezember 1989 »seine Sorge aus, daß die Kirche in die öffentliche Erörterung der Freikaufvorgänge, die über jene Abteilung des DDR-Ministeriums für Außenhandel abgewickelt worden sind, der der frühere Staatssekretär Schalck-Golodkowski vorstand, hineingezogen werden könnten. Da sollte man nichts hineinlegen, aber auch keine nachträglichen Distanzierungen vornehmen.«[181] Von der »Wende« scheinbar unberührt, liefen die alten »Geschäfte« auch im Jahr 1990 noch weiter.

Am 23. Januar 1990 unterzeichnete Karl-Heinz Neukamm das letzte »Kirchengeschäft A« mit der KoKo – Lieferungen von Kupfer, Erdöl und Kleintransportern in die DDR im Wert von 50 Millionen DM. Gut eine Woche vor der Wiedervereinigung – am 24. September 1990 – schloß er sein letztes Freikaufgeschäft ab[182].

Am 12. Juni 1991, also vierzehn Jahre nach Binders Entrée, fand das letzte »Dreier-Gespräch« statt. Dieser Anlaß bot Grund zu einem Rück- und Ausblick. Der neue Präsident des Kirchenamtes der EKD, Otto von Campenhausen, bemerkte, mit der »Heimlichkeit« des »Dreier-Gespräches« sei es nun vorbei. Doch nicht ohne eine gewisse Beklommenheit dachte man an die kirchliche »Öffentlichkeit«. Die im Protokoll festgehaltenen Stichworte deuten die Richtung der Besorgnisse an: »[T]raurige Geschichte mit dem Berl. Dom; müßte dem nicht entgegengewirkt werden; wer sollte wann etwas sagen? (Angriff beste Verteidigung) Hintergrund Buch von Geißel; [...] es wird ja den Schalck-Untersuchungsausschuß nun geben; [...] Unsere Firmen (West) sind keine Schein-Firmen der Stasi gewesen; Buch Geißel kommt im August; kann man vielleicht den Vorabdruck des Buches bekommen und diesen vielleicht Hammer zur Rezension geben? [...]«[183]

Geißels Buch »Unterhändler der Menschlichkeit«[184] fand – übrigens zu Unrecht – nur geringe Beachtung. Die Kritik Rainer Barzels – »Das Buch strotzt von Fehlern, die mir wehe tun«[185] – läßt sich mehr aus der persönlichen Betroffenheit des ungenügend Gewürdigten erklären als aus den für das Ganze belanglosen Verwechslungen und Irrtümern, die Geißel unterlaufen sind. Allerdings berichtete der versierte Kirchenpolitiker und Finanzfachmann Geißel bei weitem nicht über alles, was er wissen mußte, und auch das, worüber er Auskunft gibt, deckt sich nicht immer ganz mit der Aktenlage. So wurde auch aus der »traurigen Geschichte mit dem Berl. Dom« letztlich die Erfolgsstory schlitzohriger Kirchenmanager aus West und Ost. Immerhin notiert Geißel im Blick auf die Vereinbarung von 1974, daß die Form des Vertragsabschlusses »Wiederaufbau Berliner Dom« mit dem DDR-Ministerium für Außenwirtschaft, vertreten durch die Herren Schalck und Seidel, »das Vertrauensverhältnis zwischen den beiden Vertragsparteien« dokumentiere[186].

Der letzte Akt des insgesamt über 120 Millionen DM teuren Stücks ging am 6. Juni 1993, also knapp zwanzig Jahre später, über die Berliner Bühne: eine pompöse Wiedereinweihung des restaurierten Doms[187] vor der ebenfalls wiederhergestellten Kulisse »Volkskirche«[188].

Bischof Binder, einer der Hauptbeteiligten, den es gedrängt hatte, endlich reinen Tisch zu machen, schrieb im Frühjahr 1992:

»[...] das Problem der Schuld liegt tiefer – auch bei uns im Westen. Zugespitzt gesagt: Es liegt letztlich in der Frage, ob wir allezeit nüchtern genug waren oder doch wieder einmal anfällig für Ideologie. Und um auch dieses gleich hinzuzufügen: Es ist eine Frage, die sich jeder von uns ganz persönlich stellen muß – auch ich [...] Nein, das alles war nicht nur Opportunismus, aber es war auch nicht nur der redliche Versuch, der Kirche ihren Lebensraum in der Gesellschaft zu bewahren. Die Idee des Sozialismus selber war es, die faszinierte, der Gedanke, hier die Instrumente für die Gestaltung einer gerechteren und friedlicheren Gesellschaft zu finden. Die Grundidee schien gut, das ließ zwar über die Mängel in der Realität nicht hinwegsehen, man meinte aber, sie um des Zieles willen leichter ertragen zu können [...] Für beachtliche Kreise in der Kirche war der Westen mit seinem ›Imperialismus‹, mit seinem ›Kapitalismus‹ und mit seiner ›Ellbogengesellschaft‹, schließlich auch mit seiner Nato und seiner Abschreckungsdoktrin letzten Endes der schlimmere Feind des Menschen. Die Dokumente dazu stehen in unseren Bücherregalen, und unter den Autoren finden sich beachtliche Namen. Wer dem Menschen helfen wollte, mußte wenigstens auf einen ›dritten Weg‹ zwischen dem real existierenden Sozialismus und dem Kapitalismus setzen – aber letzten Endes kam man ohne wesentliche Elemente des Sozialismus bei seinen Zukunftsentwürfen nicht aus, und die Frage schloß sich an, ob nicht schließlich doch dem sozialistischen Osten die Zukunft gehörte. Was ist unsere Schuld? Wir haben nicht genau genug hingesehen und hingehört. Wir haben nicht genau genug gelesen. Und weil wir den Frieden in der Welt bewahren wollten und den Entspannungsprozeß, aber auch, weil wir die Verbindungen zwischen den Kirchen in Ost und West nicht gefährden wollten, haben wir zu oft und zu lange geschwiegen. Gewiß, in der Stille haben wir versucht, zu retten und zu helfen. Aber wenn wir Unrecht hätten beim Namen nennen sollen, dann haben wir nur oft uns verschluckt.«[189]

Zur Geschichte der
Theologischen Sektionen (1969-1989)

Die Rolle des Ministeriums für Staatssicherheit (MfS) bei der Kaderentwicklung an den theologischen Fakultäten der DDR

Bis etwa Mitte der 50er Jahre gelang es dem DDR-Ministerium für Hochschulwesen kaum, an den sechs theologischen Fakultäten des Landes Einfluß zu gewinnen[1]. Nicht, daß die akademische Theologie sich offen gegen das SED-Regime aufgelehnt hätte. Eigentlich wagte nur der Berliner Kirchenhistoriker Walter Elliger den offenen Widerspruch. Mit einer gewissen Geschmeidigkeit nach außen, bei gleichzeitig eisernem Festhalten an den überkommenen Regeln innerhalb der Fakultäten, bemühten sich jedoch die meisten theologischen Universitätslehrer um eine Konservierung des Bestehenden. Der an die größte theologische Fakultät nach Leipzig berufene Religiöse Sozialist Emil Fuchs spielte lediglich eine Außenseiterrolle, gleichermaßen von den Kollegen wie den Studierenden isoliert. Sogar die Berliner Fachreferentin beim Ministerium für Hochschulwesen, Krause, erlag dem bürgerlichen Charme der Theologenschaft, insbesondere dem des Berliner Neutestamentlers Erich Fascher, den das Ministerium für Staatssicherheit freilich als Geheimen Informator (GI) »Fred« führte[2].

Mit zunehmendem Ärger beobachteten die Genossen vom ZK der SED diesen letzten Hort »reaktionärer« Wissenschaft an ihren sozialistischen Universitäten. Allein ein kleiner Kreis junger Theologen an der Leipziger Fakultät, die dort die erste und zunächst einzige FDJ-Fakultätsgruppe an einer theologischen Fakultät bildeten, schien den SED-Funktionären ein hoffnungsvoller Ansatz für eine »fortschrittliche« Kaderentwicklung. Entsprechend intensiv bemühte man sich von Berlin aus um die »jungen Freunde«. Was man im Politbüro wohl nicht wußte, war die ebenfalls enge Anbindung der FDJ-Theologen an das Ministerium für Staatssicherheit.

Zu dem kleinen Kreis »fortschrittlicher« Jungtheologen gehörten drei Personen, die – teilweise bis Ende der 80er Jahre – den theologischen Fakultäten in der DDR ihre eigentümliche Prägung gaben.

Friederun Fessen, geb. Milde, zunächst eng befreundet mit dem FDJ-Fakultätsgruppenleiter Kurt Meier, ließ sich Anfang Mai 1955 als erste von dem MfS-Offizier Franz Sgraja anwerben. Die Verpflichtung erfolgte per Handschlag, mit der Unterzeichnung einer »Schweigeerklärung« und der Wahl des Decknamens »Irene«. Die Aufgaben der »Geheimen Informantin« (GI) waren vielfältig und erstreckten sich nicht nur auf die theologische Fakultät. So sondierte sie beispielsweise im Auftrag Gerald Göttings von der Ost-CDU auch die Lage im Blick auf die Gesamtdeutsche Volkspartei (GVP)[3] und berichtete über Gustav Heinemann, der durch »Wahlschulden persönlich stark belastet«[4] sei. Über ihre Fakultät berichtete Friederun Fessen ausgesprochen personenzentriert. Sie fertigte zum Teil vernichtende Psychogramme über ihre Kommilitonen, einschließlich ihres ehemaligen Freundes Kurt Meier[5], und gab schonungslose Einschätzungen der dort Lehrenden. Sie machte ihre Arbeit offenbar so gut, daß drei Jahre später nicht Kurt Meier, der die einflußreiche Stellung ebenfalls gerne bekommen hätte[6], sondern *sie* in Berlin avancierte:

»GI ›Irene‹ hat im Auftrage des MfS die Schlüsselposition im Staatssekretariat für Hochschulwesen Abteilung Theol. Fakultäten besetzt, die vorher von der Krause, der Pfarrerstochter, besetzt war. Diese Schlüsselposition wurde durch das MfS besetzt, da die Vergangenheit und die Vorkommnisse mit der Frau Krause zeigten, daß die Theologieprofessoren es im Laufe [der Zeit] verstanden hatten, mit einer geschickten Art und Weise so zu arbeiten, daß die Frau Krause, die ebenfalls Mitglied der SED war, ständig dem Einfluß der Professoren unterlag […] Die Perspektiven der ›Irene‹ sind für die kommende Zeit folgende: 1. Brechung des reaktionären Einflusses an den theologischen Fakultäten durch systematische Säuberung und Aufklärung von Assistenten, Aspiranten und Professoren […] 2. Die negativen Elemente, soweit sie durch fortschrittliche Lehrkräfte ersetzt werden können, werden von den theologischen Fakultäten verwiesen bzw. in solche Fakultäten versetzt, wo es möglich ist, eine ständige Kontrolle dieser Personen durchzuführen. 3. ›Irene‹ wird systematisch Aussprachen mit den wissenschaftlichen Nachwuchskräften führen und laufend Charakteristiken liefern, die uns Möglichkeiten bieten, unter den Professoren und Nachwuchskräften weitere Anwerbungen durchzuführen.«[7]

Friederun Fessen erfüllte bis Sommer 1965 den ihr vorgegebenen Perspektivplan vorbildlich. Allein an der zweitgrößten, der Berliner Fakultät, standen schließlich zehn Professoren, Dozenten und Assistenten als »Inoffizielle Mitarbeiter« im Dienst des MfS[8]. Ihre SED-Linientreue brachte Friederun Fessen allerdings in Konflikt mit den Berliner Ost-CDU-Theologen, die zu Recht den Einfluß ihrer Partei auf die Fakultätspolitik schwinden sahen. Fessen mußte darum auf Druck der Ost-CDU einem Juristen namens Schneider weichen, weil sie gegen die »Blockpolitik« verstoßen hatte[9]. Sie wechselte 1965 das Arbeitsfeld und ging an die Philosophische Fakultät[10].

Vier Jahre nach der »Wende«, im Dezember 1993, trat Friederun Fessen als gewiß kompetente Teilnehmerin einer Tagung der Evangelischen Akademie Berlin-Brandenburg über »Staat-Kirche-Beziehungen in der DDR […]« mit der Berufsbezeichnung »Theologin/Geschichtslehrerin« wieder in Erscheinung[11]. Das »Deutsche Allgemeine Sonntagsblatt« druckte am 18.3.1994 ihren langen Leserbrief zugunsten einer jüngeren Kollegin ab: der Berliner Pastorin Horsta Krum, vom MfS als IM »Helena« geführt[12].

Und Kurt Meier? Der Jugendfreund aus FDJ-Tagen und seit 1965 Ordinarius für Kirchengeschichte und kirchliche Zeitgeschichte an der Karl-Marx-Universität Leipzig, wurde 1992 emeritiert. Friederun Fessen hatte ihn wie andere »fortschrittliche« Theologen von ihrer Berliner »Schlüsselposition« aus emsig gefördert. Doch darauf alleine hatte sich Meier nicht verlassen. Auch er stand seit 1957 als IMS »Werner« im Dienst des MfS[13]. Von seinem zweiten Arbeitgeber erhielt er – neben der »Beobachtung« von Kollegen, insbesondere der »reaktionären« Kirchenhistorikerin Ingetraut Ludolphy[14], und Studierenden[15] – den Auftrag, »Tätigkeit, Ziel und Struktur«[16] der Zeitgeschichtler-Kommission der Evangelischen Kirche in Deutschland (EKD) auszuforschen. 1965 nutzte er die Leipziger Messe, um mit dem Geschäftsführer der Kommission, Carsten Nicolaisen, in Verbindung zu treten und über diesen eine »Charakteristik« anzufertigen[17]. Im weiteren Verlauf seines IM-Einsatzes verstand es Meier, seine kirchenhistorischen Interessen mit den investigativen des MfS aufs Harmonischste zu verbinden. Archivreisen in die Bundesrepublik wurden ihm gerne gewährt, da er gleichzeitig dort seine persönlichen Kontakte vertiefen bzw. erweitern konnte und sich im Laufe der Zeit das Vertrauen der einflußreichsten Mitglieder dieser Kommission (Wilhelm Niemöller, Georg Kretschmar), aber auch kirchenleitender Persönlichkeiten außerhalb des Kreises – wie Präses Wilm oder Oberkirchenrat Johann Frank (Hannover) – erwarb[18]. Sogar ohne Auftrag ließ Meier im Bundesarchiv Koblenz Dokumente – unter anderem über Eugen Gerstenmaier[19] – kopieren und gab das Material sowie das Bestandsverzeichnis »Reichsministerium für kirchliche Angelegenheiten«[20] des Bundesarchivs an das MfS weiter. Anfang September 1966 bat er seinen Führungsoffizier um Unterstützung für die Gründung einer Abteilung »Kirchliche Zeitgeschichte« an der Theologischen Fakultät[21]. Kurz darauf konnte sein Wunsch realisiert werden. Mitte August 1967 wurde Meier »beauftragt, die bevorstehende Berufung als Kommissionsmitglied [der EKD] entgegenzunehmen und nicht abzulehnen«[22]. Die Berufung scheiterte jedoch am Veto des Dresdener Landeskirchenamtes[23]. Die Verantwortlichen aus dem Westen – allen voran der Göttinger Dogmengeschichtler Ernst Wolf – überhörten dieses Alarmsignal nicht nur, sondern bedrängten die Dresdener auch noch mit peinlichen Fragen. Diese nannten schließlich als einzigen unverfänglichen Grund, daß – wie es im MfS-Protokoll heißt – »der IM nicht ordiniert sei«[24]. Durch die Trennung des DDR-Kirchenbundes von der EKD erledigten sich dann diese Zuwahlpläne. Meiers Auftrag blieb davon freilich unberührt. Er übergab seinem Führungsoffizier die Protokolle der später »Evangelische Arbeitsgemeinschaft für kirchliche Zeitgeschichte« genannten EKD-Kommission[25] und berichtete auch über die erheblichen Spannungen und über sonstige Interna der Kommission[26].

Am 7. März 1974 regte der Münchener Kirchenhistoriker Georg Kretschmar, nunmehr Vorsitzender der »Evangelischen Arbeitsgemeinschaft für kirchliche Zeitgeschichte« der EKD, in einem Gespräch mit Oberkirchenrat Hans-Jürgen Behm vom Sekretariat des Kirchenbundes die Parallelgründung einer Kommission für kirchliche Zeitgeschichte in der DDR an. Gemeinsam mit dem östlichen Pendant wollte Kretschmar die kirchliche Zeitgeschichtsforschung über die vergangenen fünfzig Jahre vorantreiben[27]. Als geeignete Persönlichkeiten aus dem östlichen Deutschland nannte er Kurt Meier, den Dozenten am katechetischen Oberseminar in Naumburg, Martin Onnasch, den Jenaer Assistenten Hartmut Ludwig und den Hallenser Dozenten Walter Bredendiek. Behm sagte zu, die Angelegenheit an den KKL-Vorstand weiterzuleiten, und besprach die Anregung mit Heinz Wagner von der Leipziger theologischen Fakultät. Dieser äußerte sich auch im Blick auf die Veröffentlichungsmöglichkeiten zurückhaltend. Stolpe gab am 21. März an Behm die Empfehlung des Vorstandes, den Reformationshistoriker Oberkirchenrat Joachim Rogge um ein Gutachten zu bitten[28]. Behm schrieb einen entsprechenden Brief an den Kollegen im Haus und teilte ihm gleichzeitig seinen Eindruck mit:

»Im ganzen scheinen die Experten bei uns das Anliegen von Prof. Kretschmar nicht recht aufnehmen zu wollen. Aber dazu erbitten wir nun gerade Ihr Gutachten. Helfen Sie uns bitte.«[29]

Rogge antwortete, er widerrate »zum gegenwärtigen Zeitpunkt der Institutionalisierung einer diesbezüglichen Arbeitsgemeinschaft«:

»Eine *institutionalisierte* Kooperation zwischen Ost und West, wahrscheinlich dann doch mit dem Ziel gemeinsamer Veröffentlichungen, scheint mir zum gegenwärtigen Zeitpunkt nicht angemessen, weil die Standortproblematik der einzelnen Beteiligten in mehrfacher Beziehung ein sachdienliches Miteinander beträchtlich erschweren würde. Die Votierung des Amtes für Literatur im Ministerium für Kultur wäre in diesem Zusammenhang nur ein Teilproblem.«[30]

Als weitere Argumente gegen eine Institutionalisierung nannte Rogge die »innerkirchlichen und außerkirchlichen Erwartungen« an ein solches Projekt, die Schwierigkeiten der Archivbenutzung in Merseburg[31] und die Tatsache, daß bereits Rosemarie Müller-Streisand, Kurt Meier und Walter Bredendiek an zeitgeschichtlichen Studien arbeiteten, die in absehbarer Zeit veröffentlicht würden.

Er plädierte stattdessen für einen »lockeren Austausch anstehender gemeinsamer Fragen [...], ein Bleiben auf Hörweite« und für die Bitte an landeskirchlich institutionalisierte, kirchengeschichtliche Arbeitsgemeinschaften, sich auch zeitgeschichtlichen Fragen zuzuwenden[32].

Im Sommer 1981 meldete Kurt Meier seinem Führungsoffizier die bei einer Tagung in Dänemark »entstandene Verbindung zu Prof. Trutz Rendtorff, München, der kürzlich zum Vorsitzenden der Kammer für öffentliche Verantwortung der EKD gewählt wurde«[33]. Er übermittelte dem Münchner Theologen die Einladung des Sektionsdirektors der theologischen Fakultät, Professor Hans Moritz, zu einem Gastvortrag nach Leipzig[34]. Auch Moritz, Kampfgefährte Meiers und Fessens aus alten FDJ-Tagen, arbeitete seit Ende der 50er Jahre unter dem Decknamen »Martin« nebenamtlich für das MfS. Seine »Einsetzung als Direktor des Bereichs Theologie in der Karl Marx-Universität«[35] war im September 1969 mit der Auflösung der alten Fakultät erfolgt. Meier hatte aus Anlaß der Umstrukturierung einen Vortrag zum Thema »20 Jahre evangelische Kirche in der DDR« im großen Hörsaal der Universität gehalten[36].

Rendtorff war den geheimen Auftraggebern der beiden Leipziger wichtig, weil er »Vorsitzender der Kammer für Öffentliche Verantwortung der EKD ist und sich entsprechende Kontakte zu diesen kirchlichen Kreisen der BRD in argumentativer wie effizienter Hinsicht in der Frage der Friedenssicherung, Entspannung und Abrüstung, aber auch sonst als relevant erweisen«[37]. Über die Betreuung der Gäste in Leipzig – vor Rendtorff betraf dies z. B. auch den

Gießener Kirchenhistoriker Martin Greschat oder den Basler Kirchenhistoriker Karl Hammer – wurde vorab mit dem MfS ein detailliertes Programm entworfen[38].

Zu den Theologischen Tagen 1984, die unter dem Thema »Religion und Religiosität« standen, lud Moritz neben Trutz Rendtorff auch den dänischen Theologen Jens-Holger Schjørring – einen Schüler des Münchener Kirchenhistorikers Georg Kretschmar – ein[39]. Ein Jahr später veranstaltete die Sektion Theologie ein wissenschaftliches Kolloquium zu Faschismus und Widerstand, an dem neben marxistischen Historikern der Karl-Marx-Universität und Theologen der Leipziger Sektion Theologie auch »hochrangige Referenten [...] der Universitäten Göttingen und Passau« – nämlich Hans-Walter Krumwiede und Peter Steinbach – teilnahmen. In seinem Bericht betonte Moritz die »wissenschaftliche und wissenschaftspolitische Bedeutung des Kolloquiums«, um dessentwillen auch allen Studierenden Gelegenheit gegeben worden sei, teilzunehmen[40]. Mitte November 1988 veranstalteten alle theologischen Sektionen in Leipzig ein Kolloquium zur Vorbereitung auf das Thomas-Müntzer-Jubiläum 1989. Das Gespräch, an dem auch Wissenschaftler aus den USA und der Bundesrepublik teilnahmen, stand unter dem Thema »Sozialethische Implikationen reformatorischer Theologien«. Moritz »betonte als Anliegen des Kolloquiums, Impulse aus dem Werk Müntzers für Gerechtigkeit und Gleichheit hinein in die Gesellschaft und die Kirche zu vermitteln«[41]. Im Bericht des zuständigen Referenten im Ministerium für Hoch- und Fachschulwesen, Berndt Winkler, heißt es: »[I]n selbstverständlicher Weise wurde die Kooperation mit marxistischen Historikern fortgeführt [...] Die ›westlichen‹ Gäste orientierten sich vor allem auf marxistische Reformationsforscher.«[42] Günter Wirth äußerte sich zwar enttäuscht darüber, daß Müntzer im Schatten Luthers geblieben sei, hielt aber seine Entscheidung, die Referate im »Standpunkt« gekürzt abzudrucken, »für absolut gerechtfertigt«[43]. Im Rahmen seiner Einzelbetrachtung erhielten Wartenberg[44] sowie »Meier und seine Schülerinnen und Schüler« und für den kirchlichen Bereich Helmut Zeddies von Wirth besonders gute Zensuren, während der CDU-Funktionär an Siegfried Bräuer kein gutes Haar ließ.

Meier, Mitglied des Pfarrerbundes[45], später dann auch des Kirchenvorstandes seiner Gemeinde[46], wandte sich bei allen persönlichen wie beruflichen Problemen an seinen Führungsoffizier, der stets zu helfen wußte. Umgekehrt hatte auch Meier keine Scheu, dem Mann von der Stasi interne Kirchenpapiere mit dem Vermerk »Nur für innerkirchlichen Dienstgebrauch«[47] auszuhändigen.

Bei der Veröffentlichung des dritten Bandes seines Werkes »Der evangelische Kirchenkampf« meinte Meier zunächst, ohne die Hilfe des MfS auskommen zu können. Darüber war sein Führungsoffizier ganz froh. In einem Treffbericht vom 1.6.1979 heißt es: »Zum Gutachten über 3. Band: Wir halten uns zurück wegen möglicher Dekonspiration; da doch alles hinsichtlich des Drucks läuft, sehen wir keinen Anlaß, um einzugreifen«[48]. Doch die Dinge entwickelten sich nicht gut[49]. Angesichts einer Kampagne der Berliner Kirchenhistorikerin Rosemarie Müller-Streisand gegen den ihrer Meinung nach zu »historistischen« Leipziger Kontrahenten wurden einflußreiche SED-Funktionäre aufmerksam[50].

Müller-Streisand hatte sich bereits am 21. Mai 1977 von ihrem Urlaubsort Schierke im Harz, einem im Sperrgebiet nahe der Grenze zu Niedersachsen gelegenen Ort, hilfesuchend an Seigewasser gewandt, da sie keine Möglichkeit erhalten hatte, eine kritische Rezension zu Meiers Opus in der DDR-Presse unterzubringen. Nach ihrer Auffassung nahm Meier eine westlich geprägte Interpretation von Ideologie und Herrschaftssystem des Nationalsozialismus vor. Außerdem verfolgte Meier schwerpunktmäßig zwei »›Traditionslinien‹, an deren Vereinigung er interessiert ist: einerseits die der klerikalsten Kräfte der rechten BK mitsamt dem klerikalfaschistischen Konfessionalismus (vertreten durch Namen wie Marahrens, Meiser, Künneth, Althaus), andererseits diejenigen, die er als ›Reformkräfte‹ der Deutschen Christen einschätzt: Hier hält er eine ›Frontverbreiterung‹ für notwendig und meint, ein christlicher Nationalsozialismus wäre nicht das geworden, was der unchristliche war«. Den Dahlemer Flügel der Bekennenden Kirche charakterisiere Meier hingegen als »›stur‹ und einen ›Alleinvertretungsanspruch‹ behauptend«[51]. Seigewasser antwortete, er habe keine Zeit, das so voluminöse Opus intensiv durchzuarbeiten, war jedoch der Auffassung, daß die von Müller-Streisand vertretene Kritik publiziert werden müsse, da auch Walter Feurich, Bassarak und Walter Bredendiek ähnliche Anfragen an das Werk Meiers hätten[52].

Die letztendlich doch noch publizierte Rezension der Müllers wurde von Albrecht Schönherr begrüßt. Einige Theologen aus Berlin (West) charakterisierten das Buch Meiers gar als faschistisch[53].

In Leipzig wurde für den 17. September 1979 ein Gespräch angesetzt, an dessen Vortrag Roland Krayer, Politischer Mitarbeiter der SED-Kreisleitung bei der Karl-Marx-Universität, dem Prorektor für Gesellschaftswissenschaften, Hans Piazza, ebenfalls SED-Genosse, persönliche Bemerkungen zu Meiers Opus zukommen ließ. Krayer gab zu verstehen, daß er sich am folgenden Tag nicht so scharf äußern werde. Krayer führte unter anderem aus:

»Selbstverständlich gehe ich davon aus, daß man von einem Theologen, auch einem an einer sozialistischen Universität, keine marxistische Darstellung erwarten darf. Wohl aber darf man, meine ich, hoffen, daß er politisch engagiert antifaschistische Positionen vertritt *und* verteidigt, die, weithin notwendige, Bewältigung der Vergangenheit in den evang. Kirchen bei uns voranzutreiben sucht, sich müht um die Erkenntnis der Ursachen, die zu der insgesamt verhängnisvollen Rolle der offiziellen evangelischen Kirchen in Deutschland während des Faschismus führten u. a. […] Immer wieder wird ersichtlich, meine ich, daß er nicht zu rechtfertigende Konzessionen an das bürgerliche Geschichtsbild über den Faschismus macht, namentlich dort, wo es um Ursachen, Bewertung, Haltung der Kräfte der Kirchen gegenüber dem Faschismus geht. […] Die rechten Kräfte (Dibelius, Wurm u. v. a.) kommen recht gut weg, während die Linken in ihrer deutlichen antifaschistischen Position kaum Würdigung erfahren. Da reduziert sich vieles nur auf Dietrich Bonhoeffer, andere bleiben unter dem Tisch. […] Und wo, notwendig wäre es m. E. gewesen, gibt es *Bemerkungen zu der Taktik und Strategie der KPD als Hauptkraft im antifaschistischen Widerstandskampf* und zu ihren enormen Bemühungen um ein Zusammenwirken mit kirchlichen Kreisen. […] Ich meine, daß wir das Recht haben, eine saubere Darstellung jener Zeit und der Rolle der Kirchen in dieser zu erwarten, an der sich unser Gegner nicht erfreuen kann. Ich werde mir sicher noch das Gesamtmanuskript des 3. Bandes ansehen, auch, weil ich mir darüber im klaren bin, daß manches hier Aufgeschriebene im Augenblick vielleicht noch zu oberflächlich oder zu allgemein ist.«[54]

Horst Dohle, wissenschaftlicher Mitarbeiter beim Staatssekretär für Kirchenfragen und vom MfS als IME »Horst«[55] geführt, wurde um ein Gutachten gebeten. Das 22seitige Papier war »nicht so eindeutig positiv [...], wie es sich IM dachte«, sondern stellte auch »bestimmte prinzipielle Mängel« fest. Meier bedankte sich zwar »in aller Form für unsere Hilfe, war aber vor allem darauf aus, uns zu ›einem kleinen Schubs‹ zu veranlassen«[56].

Bei der Kritik an Meiers Werk durch SED-Funktionäre spielten wissenschaftspolitisch der Widerstandsbegriff und seine Derivate eine herausragende Rolle[57]. Darum bildete der »Sachexkurs: Der evangelische Kirchenkampf als Widerstandsproblem«[58] in seiner dreibändigen Kirchenkampfdarstellung die entscheidende Diskussionsgrundlage im Zusammenhang mit der Druckgenehmigung. Am 17. September 1979 fand beim Prorektor für Gesellschaftswissenschaften der Karl-Marx-Universität Leipzig, Hans Piazza, eine »Aussprache« über Meiers Manuskript statt. In deren Verlauf erhielt der Kirchenhistoriker folgende »Empfehlungen«:

»Der evangelische Kirchenkampf ist besser als bisher geschehen in den Kontext des antifaschistischen Widerstandskampfes einzubetten. Die Strategie und Taktik der KPD als Hauptkraft des antifaschistischen Widerstandskampfes in Deutschland ist substantiell deutlich zu machen und ihre Position gegenüber kirchlichen Kräften ist unter Einbeziehung der grundlegenden Dokumente der Partei exakt herauszuarbeiten. Der Faschismus ist hinsichtlich seines ideologischen Wesens und seiner Ursachen klarer zu kennzeichnen. Die Beschränkung des ›evangelischen Widerstandsproblems‹ auf die Kräfte der BK sollte aufgehoben werden; der antifaschistische Kampf von Geistlichen und Laienchristen evangelischer Konfession außerhalb der BK ist zu würdigen und generell eine klarere Fassung des Begriffes ›Widerstand‹ vorzunehmen. Der Sachexkurs als das tragende und resümierende Kapitel des 3. Bandes ist insgesamt politisch und wissenschaftlich zu profilieren. Es ist deutlicher herauszuarbeiten, daß im antifaschistischen Widerstandskampf wichtige Voraussetzungen für das heutige Zusammenwirken von Marxisten und Christen im Sozialismus geschaffen wurden. Die Diskussionsteilnehmer seitens der Sektion Theologie hoben die Konstruktivität und Nützlichkeit des Gesprächs hervor. K. Meier nahm die Empfehlungen dankend zur Kenntnis und begrüßte ausdrücklich die gegebene Möglichkeit weiterer Konsultationen.«[59]

Am 25. Januar 1979 sandte Meier das überarbeitete Manuskript an Piazza, wobei er ihn auf die »rot angestrichenen Teile«, besonders auf den »Großexkurs« zum Widerstand, aufmerksam machte, der »konstitutive Bedeutung für die hiermit erstmals vorgelegte Gesamtdarstellung« habe[60].

Bei der Durchsetzung der Drucklegung seines Werkes kam Meier ein weiterer Umstand zugute. Der Tübinger Theologe Klaus Scholder saß an einem Konkurrenzwerk und hatte dafür ebenfalls Akten aus dem Potsdamer Staatsarchiv einsehen können, weil er als prominentes Mitglied der FDP über gute Verbindungen zu Hans-Dietrich Genscher und anderen hochrangigen FDP-

Politikern verfügte. Sie hatten ihm auf höchster Regierungsebene den Weg ins realsozialistische Staatsarchiv geöffnet, was damals auf beiden Seiten der Mauer noch als Sensation gewertet wurde.

Da man aber doch dem DDR-Bürger Meier die Priorität für die Veröffentlichung geben wollte[61], fand er in der Nomenklatura einflußreiche Unterstützung. Auch Moritz setzte sich unbeirrt für den Freund ein, obwohl man ihm mit »persönlichen Konsequenzen« drohte.

Am 26.10.1982 erhielt Meier als Ehrung für seine 25jährige Zusammenarbeit mit dem MfS ein »Sachgeschenk«, über das er sich nach dem Eindruck seines Führungsoffiziers sehr freute. Vielleicht kompensierte diese Anerkennung die fehlende Achtung seitens der Studierenden. Siegfried Wagner, ein Kollege Meiers an der Sektion, brachte in einer gemeinsamen Besprechung einmal hellsichtig zum Ausdruck, »daß die Studenten die Meinung haben, die Professoren der Theol. Fak. sind erbärmliche Wichte. Meiner Meinung nach sehen die Studenten das so, die Professoren werden vom Staat bezahlt und vertreten dadurch nicht so die Interessen der Kirche. Die Prof. sind gekaufte Leute«[62]. Meier meldete diese defätistische Äußerung seinem Führungsoffizier. Sie muß ihn sehr getroffen haben.

Übrigens nicht nur vom MfS, auch vom Rektor seiner Universität wurde Meier mehrfach zur Auszeichnung als »Verdienter Hochschullehrer der DDR« vorgeschlagen, zuletzt am 8. Februar 1989[63].

Zusammen mit Moritz[64] und in enger Absprache mit dem MfS betrieb Meier mit Erfolg die Ehrenpromotion des sächsischen Bischofs Johannes Hempel[65], um diesen enger an die Sektion zu binden[66]. Am 17. Juli 1982 schätzte das MfS den Stand der Dinge folgendermaßen ein:

»Die Vorbereitungen zur Ehrenpromotion von Bischof Hempel laufen gegenwärtig in Abstimmung der Dienststelle des Staatssekretärs für Kirchenfragen, dem Ministerium für Hoch- und Fachschulwesen und dem Rektor der Karl-Marx-Universität Leipzig. Entsprechend dem Plan zur Vorbereitung der Ehrenpromotion sprachen am 23.6.1982 die Professoren Moritz und Meyer [sic!] von der Sektion Theologie der Karl-Marx-Universität mit Bischof Hempel. Ihre inoffizielle Anfrage zur Bereitschaft der Annahme des Dr. h. c. wurde von Bischof Hempel tief beeindruckt angenommen.«[67]

Daß die Titelverleihung in den Gemeinden nicht nur auf Verständnis stieß, zeigt der Brief von Alexander Volk aus Lübben an den sächsischen Landesbischof:

»Sehr geehrter Herr Landesbischof,
bitte erlauben Sie mir, daß ich mich zur Ehrendoktorwürde durch die KMU-Leipzig an Sie äußere. In einer Zeit angespannter Lage, wir sogenannten ›Basis-Christen‹ merken das genauso wie Sie, vielleicht sogar noch stärker, finde ich so einen Akt überlegenswert, wenn nicht gar bedenklich. Die Friedensbewegung [...], die sich in unserer Kirche gebildet hat, wird angefeindet und sogar massiv behindert. Ich selbst habe wegen des Aufnähers ›Schwerter zu Pflugscharen‹ über eine halbe Stunde bei der Polizei zubringen müssen, und dann wurde ich noch vom Kreisarzt, ich arbeite im staatlichen Gesundheitswesen, aufgefordert, den Aufnäher zu entfernen. [...] Ich [...] bin auch weiter für Gespräche zwischen Kirche und Staat, doch finde ich Ehrungen von staatlicher Seite für Bischöfe und leitende Mitarbeiter der Kirche nicht angebracht. Fürchten Sie nicht,

daß dies zu einer Krise für manche Gemeindeglieder führen könnte? Welche Theologie wird an der KMU gelehrt? An der KMU wird u. a. auch Theologiestudenten eine militärische Ausbildung aufgezwungen, und es gibt Verpflichtungserklärungen dazu, ohne diese kann man dort nicht studieren. [...] Mir ist noch die Zeit in Erinnerung, als Bischöfe sogar Orden annahmen, ist dies Aufgabe und Amt des Bischofs?«[68]

Hempel antwortete:

»Die Anfrage [der Sektion] wurde ausschließlich mit meiner kirchlichen und theologischen Arbeit begründet. (Es wurde also – weder direkt noch indirekt – ein politischer Grund angeführt.) Seit mehr als 30 Jahren, also längst vor meiner Zeit, ist die sächsische Kirchenleitung mit der Sektion Theologie Leipzig darüber im Gespräch, ob es verantwortbar ist, daß diese Theologische Sektion keinen theologischen Ehrendoktor an einen Mann der *Kirche* verliehen hat. Bei der Ehrenpromotion, bei der ich ja einen Vortrag halten muß, habe ich das Thema ›Über das Verhältnis von Theologie und Kirche‹ gewählt. Es besteht kein Zweifel, daß ich dort als Mann der Kirche sagen kann und sagen werde, was ich zu dieser Lebensfrage für die Sektion und für die Landeskirche sagen möchte. Lassen Sie mich noch hinzufügen, daß mittlerweile die üblichen Gespräche zwischen der Sektion, auch dem Herrn Rektor, [und uns] über gelegentliche Probleme und Schwierigkeiten unvermindert weitergehen. Das heißt: Ich bleibe frei. [...] Ich kann Ihre Anfrage gut verstehen und finde es positiv, daß Sie an mich geschrieben haben«, schloß der Bischof[69].

Daß die Befürchtungen der Basis nicht ganz unberechtigt waren, zeigt das Schreiben Hempels an die Nachrichtenredaktion des DDR-Fernsehens, Aktuelle Kamera: »In Ihrer Nachrichtensendung am 18. Januar 1983 abends, sowohl im I. als auch später im II. Programm, haben Sie auch meine Ehrenpromotion in Leipzig erwähnt. Was Sie dabei aus meiner Erwiderungsrede ausgewählt haben, ist so extrem einseitig und entstellend, daß ich mich hierdurch dagegen verwahre. Ich kann mir nicht mehr verständlich machen, was Sie zu einer so willkürlichen Berichterstattung veranlaßt.«[70]

In einem Schreiben an den Stellvertreter des Ministers für Hoch- und Fachschulwesen vom 23. Mai 1985 urteilte der Leipziger Prorektor für Gesellschaftswissenschaften, Hans Piazza:

»Was das Verhältnis zur Landeskirche betrifft, so hat sich aus unserer Sicht in den letzten Jahren eine bestimmte ›Entkrampfung‹ vollzogen. Ich führe das nicht unwesentlich auf die Ehrenpromotion von Landesbischof Dr. Johannes Hempel zurück, die das Gewicht der Sektion Theologie erhöht und die Möglichkeit eröffnet hat, einen offeneren Dialog zwischen der Sektion und kirchlichen Stellen zu führen.«[71]

Entsprechend den ihnen gestellten Aufgaben förderten Moritz und Meier auch intensiv den »gesellschaftlich zuverlässigen« Nachwuchs und fertigten Kaderperspektivpläne für die nächste Hochschulgeneration, so daß im wesentlichen feststand, wer nach ihrer Emeritierung Anfang der 90er Jahre in ihre Funktionen einrücken würde[72]. Ein »Vertrauensverhältnis zum Sektionsdirektor Prof. Moritz und dem Fachbereichsleiter Prof. Meier«[73] war dafür die beste Voraussetzung.

So heißt es in einem Prospekt der Sektion Theologie aus den 80er Jahren: »Für das Amt des stv. Direktors für Forschung käme künftig sicher einmal Dozent Dr. Nowak in Betracht, da er vom derzeitigen stv. Forschungsdirektor

Meier seit Jahren als Oberassistent bereits in die Arbeitsaufgaben eingewiesen ist und insoweit vorbereitet ist.«[74]

Bereits in einer Einschätzung der staatlichen Leitungstätigkeit vom 24. Februar 1978 hatte Prorektor Piazza geschrieben, daß im »Interesse der Stabilisierung und Profilierung der Leitungstätigkeit an der Sektion Theologie« eine Reihe von Funktionsverlagerungen zugunsten des Nachwuchses vorgenommen werden sollten – offenbar, weil er meinte, den älteren Kollegen fehle es inzwischen an Elan. In diesem Sinne schlug er für etwa 1982 die Ablösung Moritz' durch Manfred Haustein[75] vor, »einen der politisch profiliertesten Wissenschaftler der Sektion«. »Prof. Meyer [sic!]« sollte noch im selben Jahr »durch K. Nowack [sic!], einen der wissenschaftlich potentesten und politisch aktiven jungen Wissenschaftler der Sektion ersetzt werden.«[76]

In einem undatierten kaderpolitischen Konspekt aus der zweiten Hälfte der 80er Jahre heißt es im Blick auf eine spätere Besetzung des religionswissenschaftlichen Bereiches:

»Für die Aufgaben der Religionswissenschaft soll der Assistent Dr. theol. Detlef Pollack gewonnen werden, der jetzt bereits einen Teil der Lehraufgaben übernommen hat, die durch den Weggang von Prof. Rudolf angefallen sind [...] Für Dr. Pollack ist jetzt die Aufnahme in die Reise- und Auslandskaderreserve beantragt. Er soll das Stipendium providentiae memor in Zürich bekommen, das in mehrjährigen Abständen traditionsgemäß an einen sächsischen Kandidaten der Theologie vergeben wird. Früher hat es Dr. Rostig und zuletzt Dr. Batjer wahrgenommen. Ausreise für ein Semester Frühjahr 1988 vorgesehen.«[77]

Nach Moritz' Emeritierung 1991, so der Konspekt, stünde als Sektionsdirektor »sicher Dozent Dr. Dr. Wartenberg [...] bereit, der sich aber erst noch in sein Fach Neues Testament etwas einarbeiten muß, da er vor drei Jahren einen Wechsel von der Kirchengeschichte zur Neutestamentlichen Wissenschaft vollzog, als der Dozent Dr. Karl-Martin Fischer gestorben war und die Dozentur wieder besetzt werden mußte. Dr. Wartenberg, der sicher in Kürze zum a. o. Professor ernannt werden wird, könnte zu Anfang der neunziger Jahre Sektionsdirektor werden. Er war früher eine Zeitlang wiss. Sekretär der Sektion.«[78]

Obwohl Peter Zimmermann aufgrund seiner »politisch verantwortungsvollen Aufgaben« – er war wissenschaftlicher Sekretär der Sektion, langjähriger CFK-Funktionär, dazu in der Pfarrertagsbewegung der Nationalen Front und in der CDU engagiert – »kaum Möglichkeiten einer konzentrierten wissenschaftlichen Arbeit« gehabt hatte, unterstützte der »Sektionsrat einstimmig« den Antrag, ihn zum Dozenten für Ökumenik zu berufen[79].

Ende Juni 1987 schrieb Oberstleutnant Wallner von der BV Leipzig für Staatssicherheit, Abteilung XX, anerkennend:

»Die langjährige stabile Besetzung des überwiegenden Anteils der Leitungsfunktionen in der Sektion mit profilierten und erfahrenen Kadern war eine wesentliche Voraussetzung für die in der Arbeit der Sektion erreichte Wirksamkeit und Kontinuität.« Später heißt es in seiner Analyse: »Für die perspektivische Schaffung neuer Quellen [nämlich inoffizieller Kräfte für das

MfS] an der Sektion Theologie der KMU Leipzig sind die anstehenden kaderpolitischen Veränderungen im notwendigen Maße zu berücksichtigen.«[80]
Mitte des Jahres 1988 schien die Kaderentwicklung für die 90er Jahre nahezu vollständig abgeschlossen:

»Die Sektion verfügt auf den Lehrgebieten Neues Testament (mit Doz. Wartenberg),
Systematische Theologie (mit Doz. Petzold), Ökumenik (mit Doz. Zimmermann), Kir-
chengeschichte (Prof. Nowak) über ausgewiesene Lehrstuhlnachfolgekandidaten [...]
Für die Religionswissenschaft wird als Lehrstuhlnachfolger Dr. Pollack vorbereitet.«[81]

Bereits im Jahr zuvor lagen für die Genannten »politisch-operative Aufklä-
rungsergebnisse« durch das MfS vor, die den Plänen nicht im Wege standen:

»Es kann davon ausgegangen werden, daß sich mit dem Einsatz der genannten Nach-
wuchskader keine neuen personellen politisch-operativen Schwerpunkte an der Sektion
entwickeln werden. Diesem Kaderkreis kann bei der zu beachtenden Differenziertheit
grundsätzlich politisch loyale Haltung zugestanden werden.«[82]

Im Blick auf die Besetzung der Fächer Praktische Theologie und Altes Testament standen mehrere Kandidaten zur Verfügung, ohne daß schon eine definitive Personalentscheidung getroffen worden wäre.

Als Moritz' Nachfolger für das Amt des Sektionsdirektors wurde weiterhin Wartenberg »in Aussicht genommen«[83].

»Es gibt aber verbreitete Bedenken, daß mit diesem Kandidaten die religiös-sozialisti-
sche Tradition der Sektion (Emil Fuchs) auslaufen könnte. Um einer solchen Entwicklung vorzubeugen, wird auch Doz. Zimmermann vorgeschlagen.«[84]

Diese Entwicklungspläne wurden in »vertrauensvolle[n]« Gesprächen mit der
Sektionsleitung, den Lehrstuhlinhabern und der FDJ-Leitung festgelegt.

Gegen Moritz' dezidierten Willen war eine Karriere an der Leipziger Sektion dagegen schwerlich möglich, wie der Fall Werner Wittenberger zeigte.
Trotz aller Bemühungen seitens des Ministeriums für Hoch- und Fachschulwesen sträubte sich der Religionssoziologe gegen die Beantragung einer
B-Aspirantur für den »fortschrittlichen«, bei der Kirche allerdings wenig ge-
littenen Pfarrer[85], weil er – so die Vermutung Hausteins – befürchten mußte,
in diesem Falle käme Wittenberger für die Nachfolge auf seinen Lehrstuhl in
Betracht, wodurch sich die Chancen für seinen Schüler natürlich vermindert
hätten[86].

Besonderen Wert legten Moritz und Meier auf eine Förderung der Aus-
landsverbindungen ihrer Schüler. In der Begründung für die Wahrnehmung
einer zusätzlichen Vortragsverpflichtung für Nowak heißt es in einer von diesem und dem Sektionsdirektor Moritz unterzeichneten »Erweiterung der
Reisedirektive« vom 9. Februar 1984:

»Das Jubiläum der Barmer Bekenntnissynode und ihrer Theologischen Erklärung ist
nicht lediglich von kirchenhistorischem Interesse. Die damals gefällten Entscheidungen
und theologischen wie politischen Markierungen besitzen unmittelbare Bedeutung für
die gegenwärtige Standortfindung der evangelischen Kirchen in der DDR, in der BRD
wie auch im ökumenischen Maßstab. Insofern gewinnt die Vortragseinladung nach Siegen einen unmittelbar bedeutsamen kirchenpolitischen Aspekt. Die kirchenpolitische

und staatsethische Entwicklung der evangelischen Landeskirchen in der DDR ist nicht zuletzt durch die Barmer Entscheidungen von 1934 mitgeprägt und beeinflußt worden, so daß sich vom Jubiläumsanlaß auch ganz direkte Brückenschläge zur ›Kirche im Sozialismus‹ ergeben. Auch aus diesem Grunde ist es wünschenswert, der Einladung des als kirchlich progressiv engagierten Prof. Dr. Broer zu entsprechen.«[87]

Über die Auslandskontakte der Leipziger Sektions-Theologen urteilte das MfS 1987:

»Durch mehrere Wissenschaftler der Sektion werden operativ interessante Kontakte zu NSW-Bürgern unterhalten, auf deren Grundlage in der zurückliegenden Zeit mehrere operativ-bedeutsame Personenhinweise und Lagebeurteilungen zu Wissenschaftlern und Einrichtungen im NSW erarbeitet werden konnten. Operativ-relevante Hinweise auf den Mißbrauch bestehender NSW-Kontakte wurden nicht erarbeitet.«[88]

In Seminaren, die vom Ministerium für Hoch- und Fachschulwesen veranstaltet wurden, bemühte man sich auch zentral um den wissenschaftlichen Nachwuchs. Mitte Januar 1984 trafen sich z. B. dreiunddreißig Forschungsstudenten, Assistenten und Aspiranten aller sechs Sektionen in Siebenlehn, um über die kirchliche und theologische Existenz in der DDR und die Geschichte der CFK Vorträge zu hören und miteinander zu diskutieren. Von der Leipziger Sektion nahm Haustein teil, der nach dem Protokoll die These vertrat, die Kirchen in der DDR vollzögen einen Wechsel der Klassenposition[89]. Walter Saft aus Jena beschrieb den »Thüringer Weg«, Konrad von Rabenau[90], Ausbildungsreferent im Sekretariat des Kirchenbundes, berichtete über die zunehmende Einbindung der Kirchen in die DDR-Gesellschaft, Günter Wirth gab einen Überblick über die Geschichte der CFK, Engel sprach über die »Verantwortung der Wissenschaft für unsere weitere gesellschaftliche Entwicklung«, und Dohle begleitete die Veranstaltung als Vertreter des marxistisch-leninistischen Grundlagenstudiums.

Die dritte Hochschulreform, die Bildung von Sektionen und die konzeptionellen Bedingungen von Lehre und Forschung

Die mit der Hochschulreform in der DDR gestellten Fragen an die theologischen Fakultäten wurden in einer »Konzeption für die Durchführung der Hochschulreform in den Bereichen Theologie der Universitäten«, die der Minister für Hoch- und Fachschulwesen (MHF) am 6. Mai 1970 bestätigte, beantwortet. In dieser mehrfach überarbeiteten Konzeption[91] wurden das Ausbildungs- und Erziehungsziel (Absolventenbild) sowie die Verantwortung des Lehrkörpers und der Studenten an der sozialistischen Hochschule festgelegt. Außerdem erhielten die theologischen Fakultäten eine neue Struktur; die Grundsätze für die Tätigkeit dieser neuen »theologischen Sektionen« wurden in einer »Ordnung«[92] ebenfalls festgeschrieben.

In den Sektionsleitungen saßen nunmehr auch Vertreter des Marxismus-Leninismus-Grundlagenstudiums (MLG), der Gewerkschaft, der FDJ sowie der »demokratischen Öffentlichkeit« (Nationale Front, Arbeitsgruppe Christliche Kreise). Auf Universitätsebene lag die Verantwortung für die Tätigkeit und Entwicklung der Sektionen Theologie bei den Prorektoren für Gesellschaftswissenschaften. Dabei stützten sich die Prorektoren wiederum auf die Informationen der Dozenten für das MLG an den Sektionen, da diese durch ihre ständigen Kontakte über Detailkenntnisse verfügten und in einem direkt beim MHF angebundenen, zentralen Arbeitskreis für ihre Arbeit mit den Theologen instruiert wurden. Die Prorektoren waren angehalten, über die gesellschaftlichen Aktivitäten der Sektionen ständige Gespräche mit den Sektionsdirektoren zu führen, die dem Rektor direkt unterstellt und rechenschaftspflichtig waren[93]. Die Sektionsdirektoren gehörten dem Wissenschaftlichen Rat und dem Senat der Universität an. Ihnen waren alle Angehörigen der Sektion unterstellt. Bei seiner Entscheidungsfindung konnte sich der Sektionsdirektor »auf die Hilfe seiner Leitungskräfte und Mitarbeiter sowie auf die Empfehlungen des Rates der Sektion«[94] stützen – etwa bei Personalangelegenheiten (Berufungen) oder der Verwendung finanzieller Mittel. Insbesondere stand dem Sektionsdirektor der ihm in direkter Weisung unterstellte stellvertretende Sektionsdirektor für Erziehung und Ausbildung zur Seite. Ihm oblag die politisch-ideologische Erziehung unter Einschluß der Vorbereitung zur sozialistischen Wehrerziehung und der Sicherung einer engen Zusammenarbeit mit der FDJ[95]. Sein zweiter Stellvertreter war für »Forschung« zuständig. Daneben wurden ständige oder zeitweilige Kommissionen gebildet, die die Arbeit des Sektionsdirektors und seiner Stellvertreter unterstützen sollten.

Der stellvertretende Sektionsdirektor für Erziehung und Ausbildung setzte sog. Studienjahresleitungen – bestehend aus ein bis zwei Hochschullehrern, ein bis zwei Mitarbeitern, dem Sekretär der FDJ-Gruppe des Studienjahres und den Seminargruppensekretären – ein, die das jeweilige Studienjahr von der Immatrikulation bis zum Examen organisatorisch sicherten und koordinierten. Jedes Studienjahr wurde in zwei Seminargruppen zusammengefaßt, für die je ein Seminargruppensekretär eingesetzt wurde. In Berlin bereiteten einige Seminargruppensekretäre dem SED-Flügel im Lehrkörper nicht geringe Schwierigkeiten, da sie – so Hanfried Müller – gelegentlich »die Rolle der Studentenvertretung an bürgerlichen Universitäten« einzunehmen suchten[96].

Die Umwandlung der Berliner Theologischen Fakultät in eine Sektion wurde im Benehmen mit dem amtierenden Dekan und zukünftigen Direktor Bernhardt für den 1. September 1970 ins Auge gefaßt[97]. Als Bedingung für die Übernahme auch des neuen Leitungsamts nannte Bernhardt die Schaffung und Besetzung einer wissenschaftlichen Sekretärsstelle mit Ilse Bertinetti und die Wiederbesetzung von deren Assistentenstelle mit Winfried Thiel. Das Amt des stellvertretenden Direktors für Erziehung und Ausbildung sollte Heinrich Fink übernehmen, der zu diesem Zwecke bereits zum Dozenten ernannt worden war[98]. Als stellvertretender Direktor für Forschung sollte Döpmann fungieren, den Bernhardt für eine Beförderung vom Dozenten zum außerordentlichen Professor vorgeschlagen hatte.

Seit dem 23. April 1971 existierte eine Kommission für alle Sektionen Theologie als beratendes Organ des Ministers. Sie bestand aus allen Sektionsdirektoren, fünf weiteren »progressiven« Theologen, zwei Vertretern des MLG und einem Vertreter der FDJ. Diese Kommission erhielt vom Minister Aufträge, unterbreitete ihm Vorschläge für die Tätigkeit der Sektionen in Ausbildung, Erziehung, Forschung und Weiterbildung, bei der Qualifizierung der Hochschullehrer, des wissenschaftlichen Nachwuchses und in anderen Fragen. Nachdem die Professoren Herbert Trebs (Berlin) wie auch Hans Moritz (Leipzig) abgelehnt hatten, den Vorsitz dieser Kommission zu übernehmen, faßte man Bernhardt (Berlin) ins Auge[99]. Neben den sechs Sektionsdirektoren sollten als ständige Mitglieder Trebs, Hanfried Müller (Berlin), Kehnscherper, Helmut Fritzsche[100] und Kurt Meier in der Kommission mitarbeiten.[101] Von seiten des M/L-Grundlagenstudiums sollten Hinrich Römer (Berlin)[102] und Mosler (Leipzig) berufen werden; »Ufrd.« Peter Zimmermann (Leipzig) kam als FDJ-Vertreter in die Kommission. Entgegen der ursprünglichen Absicht sollte Hans-Hinrich Jenssen (Berlin) nicht in die Kommission berufen werden.

Die erste Aufgabe der Kommission bestand darin, einen Rahmenstudienplan, einen Forschungsplan und einen Plan für die Durchführung des Praktikums zu erarbeiten. Unter der Leitung von Bernhardt sollten zu diesem Zweck Arbeitsgruppen an allen Sektionen gebildet werden.

Nach einem Aktenvermerk Quasts vom 4. Juni 1970 betonte der stellvertretende Minister, Schirmer, daß in der Konzeption für die Hochschulreform an den Theologischen Fakultäten »die Vorschläge des Hauptvorstandes der CDU zum Entwurf des Staatsrates Berücksichtigung gefunden hätten, und er hoffe, daß diese Konzeption Zustimmung finde [...] Für die Erarbeitung der Konzeption seien auch die von den Bereichen Theologie vorgelegten Entwürfe für Sektionsordnungen berücksichtigt worden.«[103] Die »Unionsfreunde« Fischer und Quast »begrüßten, daß die Vorschläge des Präsidiums des Hauptvorstandes zum Staatsratsentwurf ebenso wie die Ergebnisse der Besprechung vom 19.12.1969 mit den Koll. Bellmann und Dr. Hüttner vom ZK in der Konzeption Berücksichtigung gefunden hätten. Es wurde betont, daß es uns darum geht, durch Einflußnahme auf unsere Freunde zur Verwirklichung der Hochschulreform an den Theologischen Fakultäten und zur Erhöhung der gesellschaftlichen Effektivität beizutragen.«[104] Auch Schirmers Erklärung, die kirchliche Einflußnahme an den theologischen Fakultäten müsse ausgeschaltet werden, wurde von Unionsseite nicht widersprochen[105].

Als Bernhardt am 6. Januar 1971 mit Schönherr über das ein Jahr zuvor verabschiedete »Bild eines Absolventen der Sektion Theologie«[106] sprach, urteilte der Berlin-Brandenburgische Bischof lakonisch, darin komme die Theologie zu kurz[107]. Unter der Leitung Kaltenborns wurde das Berliner »Absolventenbild« in der Folgezeit immer wieder neu präzisiert und so zum Gradmesser für den »gesellschaftspolitischen Erziehungsprozeß« an der Sektion[108]. Die theologische Sektion in der »Hauptstadt der DDR« entwickelte sich von den 70er Jahren an, was ihre gesellschaftspolitische Orientierung anlangte, zur »fortschrittlichsten« theologischen Ausbildungsstätte des SED-Staates, obwohl die ganze Zeit über ein offener Kampf zwischen den SED- und den Ost-CDU-Hochschullehrern tobte[109]. Daher äußerte Sektionsdirektor Bernhardt im Januar 1980 die Sorge, die Landeskirchen könnten einen Boykott der »›linksgerichteten‹ Berliner Sektion«[110] organisieren. Doch derlei Befürchtungen erwiesen sich als völlig grundlos. Einzig die Studierenden störten noch das ansonsten perfekte Bild einer theologischen Muster-Sektion im Sozialismus. Sie reagierten auf die tiefen Widersprüche mit Mangel an Studiendisziplin, Übersiedlungsanträgen in den Westen, gingen 1978/79 in unerwartet hoher Zahl nicht zur Wahl und übten auch sonst gesellschaftspolitische Abstinenz[111]. Während einer zentralen Berliner Tagung aller Sektionen Theologie aus Anlaß des 30. Jahrestages der DDR Ende Mai 1979 verlas Bernhardt »im Namen aller Teilnehmer [...] eine politische Willenskundgebung zu unserem sozialistischen Staat«[112], die in der Folgezeit nicht von allen Studierenden unterzeichnet wurde. In der ersten Hälfte der 80er Jahre trat die Sektion mit Internationalen Fachkonferenzen zu »Diakonie in der sozialistischen Gesellschaft«, dem »Pfarrerbild in der sozialistischen Gesellschaft« o. ä. in Erscheinung.[113]

Mit der Hochschulreform war den Theologieprofessoren zunächst die Möglichkeit genommen, ihre Schüler zu habilitieren. Zwischen 1972 und 1975 erlangten die Sektionen dann die Lizenz zur Verleihung der »Promotion B«, doch blieb diese Qualifikation einem sehr begrenzten Personenkreis vorbehalten. Für eine Reihe von Wissenschaftlern, vor allem solche, die an den Kirchlichen Hochschulen lehrten, bedeutete die Hochschulreform daher einen massiven Eingriff in ihre akademische Karriere[114].

1975 wurde der Studienplan für die Grundstudienrichtung Theologie, erarbeitet von einer Arbeitsgruppe unter Leitung von Bernhardt, vorgelegt und in der Kommission für die Sektionen Theologie beim Ministerium für Hoch- und Fachschulwesen beraten[115]. Eingangs heißt es:

»Die staatsbürgerliche Erziehung ist Aufgabe aller Hochschullehrer und wissenschaftlichen Mitarbeiter der Sektionen. Dabei wirken sie mit den gesellschaftlichen Organisationen eng zusammen. Sie unterstützen vor allem die Arbeit der FDJ.«[116]

Mitte April 1975 fand dann im Ministerium für Hoch- und Fachschulwesen ein Gespräch zwischen Seigewasser, Wilke, Schirmer und Jürgen Janott[117] über den Studienplan und andere Probleme der Sektionen Theologie statt. Die Einführung des Studienplans, so Schirmer, werfe die Frage auf, »ob und in welcher Weise und durch wen dieser Plan der Kirche zur Kenntnis gegeben« werde. Man gelangte zu dem Ergebnis, daß Bernhardt »auf der Bundessynode zu Ausbildungs- und Erziehungsfragen sprechen und dabei Hauptgedanken des Studienplanes« vortragen sollte[118]. Weiterhin wurde vereinbart, daß Seigewasser dem BEK in einem Gespräch mitteilen sollte, »daß alle Kontakte des BEK zu den Sektionen nur über die Dienststelle des Staatssekretärs für Kirchenfragen geregelt werden«[119].

Da die Zahlen für Bewerber zum Theologiestudium an den Sektionen laufend zurückgingen, schlug Seigewasser vor, nach einer Aufnahmeprüfung Schüler bereits nach Abschluß der 10. Klasse zu einem Vorstudium von drei Semestern an die Universitäten aufzunehmen. Außerdem erneuerte er den alten Plan aus den 50er Jahren, zwischen 1990 und 1995 – mit der Emeritierung der lehrenden Professorengeneration – die theologischen Sektionen aus den Universitäten herauszulösen und sie gemeinsam mit den drei kirchlichen Ausbildungsstätten zu einer Evangelischen Akademie zu vereinigen.

Schirmer hatte gegen den ersten Vorschlag Bedenken, weil er befürchtete, die vorzeitige Möglichkeit, an die Universität zu kommen, werde »einen Ansturm Jugendlicher an die Sektion Theologie auslösen«[120].

Schließlich wurde vereinbart, nach Konsultation mit der Abt. Wissenschaften des ZK und der Arbeitsgruppe Kirchenfragen beim ZK durch Janott und Wilke bis Ende 1975 »eine Studie über die Perspektive der Sektionen Theologie«[121] erarbeiten zu lassen. Außerdem sollten beide eine Vorlage über die Vorbereitung Jugendlicher auf das Theologiestudium an den Universitäten anfertigen.

Die vorgelegte, fünfzehn Seiten umfassende »Entwicklungskonzeption der Sektionen Theologie« ergab im großen und ganzen ein beruhigendes Bild, denn das Papier empfahl nichts weiter als die intensivierte Fortsetzung des bisherigen Weges. So heißt es etwa über den Ist-Zustand des »Grundlagen«-Faches Marxismus-Leninismus:

»Der Unterricht wird gemäß den dafür geltenden Anweisungen des Ministeriums für Hoch- und Fachschulwesen von den Sektionen Marxismus-Leninismus durchgeführt. Die Zusammenarbeit zwischen den mit der Theologenausbildung in den Grundlagen Marxismus-Leninismus betrauten Fachleuten und den Lehrkräften der Sektionen Theologie bei der staatsbürgerlichen Erziehung der Studenten hat sich positiv entwickelt. Dies kommt u. a. auch in der Beteiligung des Grundlagenstudiums mit fachlich relevanten Themen an FDJ-Jugendobjekten zum Ausdruck.«[122]

Im Blick auf die Zukunft wird lediglich vorgeschlagen:

»Fachspezifische Gesichtspunkte sollten in den Lehrveranstaltungen des Grundlagenstudiums stärker berücksichtigt werden.«

Interessant ist auch Funktion und Bewertung von Lehrkräften aus dem kirchlichen Raum:

»Als erfolgreich erwies sich das Bemühen, wissenschaftlich qualifizierte Kader der kirchlichen Praxis als Honorarprofessoren und -dozenten oder Lehrbeauftragte zur Mitwirkung an Ausbildungsaufgaben der Sektionen zu gewinnen. Auf diese Weise wird sowohl die Praxisnähe der Ausbildung als auch der Ausbau der Beziehungen zwischen staatlicher Ausbildung und kirchlicher Praxis gefördert.«

Demgegenüber erscheinen die genannten Mängel als vergleichsweise geringfügig: Die »Kaderreserve« sei zahlenmäßig noch zu gering, und die schon gute marxistisch-leninistische Weiterbildung der theologischen Hochschullehrer sowie die intersektionelle Zusammenarbeit müsse weiter gefördert werden.

Ein zweites Papier über die »Zielstellung der Ausbildung und Erziehung an den Sektionen Theologie« gipfelt in dem bekenntnishaft formulierten Schlußsatz:

»Das Studium von Grundlagen des Marxismus-Leninismus hat den Absolventen angeleitet, die Gemeinsamkeiten zwischen Marxisten und Christen in ethischen Grundwerten und humanistischen Zielen deutlicher zu erkennen. Diese gleichermaßen von der theologischen Ausbildung geförderte Erkenntnis hilft ihm, den Weg der Kirche in der sozialistischen Gesellschaft in einer für das Ganze gedeihlichen Weise mitzugestalten, am weiteren Ausbau der sozialistischen Gesellschaft der DDR mitzuarbeiten und die Friedenspolitik des Arbeiter- und Bauernstaates in der Wahrnehmung christlicher Friedensverantwortung und in der Verpflichtung gegenüber dem antifaschistischen Vermächtnis aktiv zu unterstützen.«[123]

Etwa einmal im Jahr fand beim Kirchenbund ein Gespräch zwischen dem Leiter der Studienplan-Kommission der Sektionen Theologie, Bernhardt, und den kirchlichen Ausbildungsreferenten statt. Dabei ging es um Gemeindepraktika, die Ausbildung in den Predigerseminaren, Sprachprüfungen, Aufnahmebedingungen zum Studium und den Stand der Einführung des Studienplans[124].

Die Verlagerung der theologischen Ausbildung in den kirchlichen Bereich wurde nochmals in den achtziger Jahren aufgegriffen. Im Protokoll der KKL-Vorstandssitzung vom 9. Dezember 1983 heißt es unter dem Stichwort »Zukunft der Theologenausbildung«: »Stolpe berichtet: Es liegen Informationen vor, daß Vorstellungen entwickelt wurden, wie die Theologenausbildung ausschließlich in die Hände der Kirche gelangen kann. Dabei handelt es sich um einen inoffiziellen Vorgang, bei dem vom Sekretariat Dr. von Rabenau beteiligt ist. Vorstand zeigt sich von solchen Überlegungen überrascht. [...] Das Interesse der Kirche an den theologischen Fakultäten sollte immer wieder unterstrichen und durch symbolische Akte bekräftigt werden.«[125]

Einflußnahme auf die theologische Forschung

Im Zusammenhang mit verschiedenen CDU-Verlagsprojekten schlug der Referent für die Sektionen Theologie des MFH, Winkler, Ende 1982 dem Stellvertreter des Ministers vor, »die Einflußnahme des Ministeriums auf die theologische Forschung perspektivisch«[126] zu verstärken. Als besonders zu beachtende Themen nannte er »Christ und Gesellschaft«, »Christliches Menschenbild und sozialistische Lebensweise«, »Christliche Ethik und sozialistische Moral« und ähnliches. Um die Perspektivierung durchsetzen zu können, regte er unter Hinweis auf entsprechende Pläne, die er erarbeitet hatte, an, die »Kommission der Sektionen Theologie« neu zu berufen und von diesem Gremium »zentrale Themenstellungen ›vordenken‹«[127] zu lassen. Die Tatsache, daß ihm dazu ein personelles Revirement nötig erschien, deutet auf gewisse Widerstände der alten Kommission gegen solche Eingriffe in die Wissenschaftsfreiheit hin. Die drei Monate später im MHF erörterten »CDU-Vorschläge über die Weiterentwicklung der Sektionen Theologie«[128] zielten auf eine stärkere Vermittlung fachwissenschaftlicher Kenntnisse, aber auch auf eine intensivere Aktivierung der Studierenden in gesellschaftspolitischer Hinsicht. Schließlich setzte die CDU auf einen interdisziplinären Austausch an den Universitäten und eine Annäherung an das spätere kirchliche Arbeitsfeld. Dazu sollten einerseits Gemeindepraktika dienen, andererseits wollte man die Kontakte zu den Kirchenleitungen ausbauen, indem beispielsweise Bischöfe für Lehraufgaben gewonnen wurden. Statt auf Konfrontation oder Abgrenzung verlegten sich die CDU-Kirchenpolitiker also auf die Strategie der Integration und erfuhren im MHF Zustimmung.

Allerdings war der Konzeption, die Sektionen gezielt zur Unterstützung der kirchenpolitischen Maßnahmen in den jeweiligen Kirchenleitungen einzusetzen, nur geringer Erfolg beschieden. In einer Konzeption aus dem Jahr 1986 heißt es:

»Die Autorität der Universitätstheologie bei der Wegfindung der Evangelischen Kirchen im Sozialismus ist zu stärken [...] Einfluß ist darauf zu nehmen, daß den Sektionsleitungen gesellschaftlich zuverlässige, progressive und die Politik von Partei und Regierung aktiv unterstützende Wissenschaftler angehören, welche eine große Ausstrahlung auf die jeweiligen Kirchenleitungen und die Erziehung der Studenten haben. Vorgesehene, wichtige Kaderentscheidungen (Sektionsleitungsmitglieder und Hochschullehrer) werden langfristig zwischen der Hauptabteilung XX/4 und den zuständigen Diensteinheiten abgestimmt.«[129]

Demgegenüber heißt es zum Beispiel in den Leipziger Situationsanalysen nüchtern, es lasse sich seit Ende der 70er Jahre eine Normalisierung des Verhältnisses zwischen der Sektion Theologie und der Landeskirche beobachten, doch der theologische wie politische Einfluß der staatlichen Ausbildungsstätte auf die Kirchenleitung bleibe begrenzt[130].

Bemühungen seitens des MHF, die Forschungsrichtung der Sektionen Theologie in eine bestimmte Richtung zu drängen, lassen sich seit Mitte der 70er Jahre beobachten. Insbesondere die Nachkriegs-Kirchengeschichte bot sich für solche Versuche an. Walter Bredendiek legte Ende September 1978 unter dem Titel »Progressive Kräfte im ostdeutschen Protestantismus zwischen 1945 und 1968/69 – Pioniere auf dem Weg zur Neuorientierung und Standortbestimmung der evangelischen Kirche in der DDR«[131] fünf Thesen vor. Unter »progressiven Kräften« verstand er Personen und Gruppen, »die sich nach der Befreiung Deutschlands vom Faschismus praktisch und konkret für die antifaschistisch-demokratische Revolution, seit 1952 für den Aufbau und die Entwicklung des Sozialismus in der DDR engagierten und die die einmal getroffene Grundentscheidung durchhielten.«[132] Er erinnerte an seine Überlegungen, die er 1974 beim Leipziger Kolloquium »Zur Rezeption des ›progressiven Erbes‹ im deutschen Protestantismus des 19. und 20. Jahrhunderts« vorgetragen habe, an Wirths Beitrag über die Wechselbeziehungen zwischen geschichtlichen und kirchengeschichtlichen Vorgängen sowie an Herbert Trebs' Ausführungen bei dem Berliner Kolloquium des Jahres 1975. Damit markierte er eine Front der Ost-CDU-Geschichtsschreibung, die in Emil Fuchs ihren Nestor sah. Die Kirchenbundgründung bildete in allen diesen Konzepten die entscheidende Zäsur:

»Seit 1969 haben die Kirchenleitungen, Synoden usw. in der DDR (stillschweigend) den von den progressiven Kräften in den fünfziger und frühen sechziger Jahren umschriebenen Rahmen akzeptiert, in dem eine Kirche im Sozialismus glaubwürdige ›Zeugnis- und Dienstgemeinschaft‹ sein kann.«[133]

Hanfried Müller sah die »Tendenzwende zur Politik der Bundesgründung« sehr viel ambivalenter als Ergebnis widersprüchlicher »Kräfte von ›Wandel durch Annäherung‹ über ›realistische Anpassung‹ bis zu neuer Orientierung«[134]. Gert Wendelborn[135], der ebenfalls Thesen vorlegte, sollte der einzige bleiben, der zehn Jahre später seinen Part als Buch vorlegte. Die Grundentscheidungen seiner Darstellung der Kirchengeschichte von 1958 bis 1969 waren – wie er in der Einleitung schreibt – im »Kollektiv der Kommission« für Neuere und Neueste Kirchengeschichte der Sektionen Theologie »genau durchdacht« worden und konzentrierten sich auf die »progressiven Neuansätze«[136]. Im Hintergrund dieses Konzepts stand die Entfaltung des sozialistischen Charakters des Staatswesens in der DDR einerseits und die Profilierung der »BRD zu einer der imperialistischen Hauptmächte« andererseits[137].

Dozent Helmut Fritzsche von der Wilhelm-Pieck-Universität Rostock reichte 1986 den Entwurf eines Forschungsprojektes im Zusammenhang eines sich gerade konstituierenden »Universitäts-Forschungszentrums für Frieden und christlich-marxistischen Dialog« ein. Als politische Zielsetzung des Unternehmens formulierte der Theologe, das Zentrum verstünde sich »als einen Beitrag zur Verwirklichung der Friedenspolitik der DDR und der sozialistischen Länder, insbesondere als Aktivität, die das neue Denken im Herangehen an die Frage der Erhaltung des Friedens und des antiimperialistischen Kampfes auf dem speziellen Gebiet der christlich-marxistischen Zusammenarbeit fördert«[138]. Kirchenpolitisch meinte er, mit der Gründung des Zentrums »den Kirchen der DDR und den ökumenischen Einrichtungen im Ausland ein deutliches Zeichen für die geistige Führungsrolle und Führungskraft der Universitätstheologie«[139] geben zu können. Das paßte voll ins Bild. In der positiven Stellungnahme zu Fritzsches Antrag, der eine Laufzeit von 1987 bis 1992 umfaßte, heißt es, das Projekt solle in »konstruktiver Zusammenarbeit mit kirchlichen Gremien« durchgeführt werden, wobei die Greifswalder und Mecklenburger Landeskirche genannt wurden[140]. Auch der Leiter der MfS-HA XX/4, Oberst Wiegand, unterstützte »aus politisch-operativen Gesichtspunkten« Fritzsches Forschungsprojekt[141]. Die Stellungnahme des Staatssekretärs für Kirchenfragen war ebenfalls positiv[142], wobei auffällt, daß alle Expertisen sich für die Zusammenarbeit mit der Greifswalder Kirche, aber gegen eine – und sei es auch nur publizistische – Kooperation mit der Ost-CDU wandten.

Im August 1989 berichtete Fritzsche unter seinem Decknamen »Helmut« über seine eigenen »Vorstellungen [...] zur Arbeit des Universitätszentrums für Frieden und Verständigung der WPU Rostock vom 4.8.1989« an das MfS[143]. Diese Ausarbeitung wie auch die Berichte Fritzsches aus dem letzten Jahr der DDR zeugen von einer tiefen Ernüchterung über den Zustand des Sozialismus in der DDR.

Mitte der 80er Jahre mußten die Prorektoren für Gesellschaftswissenschaften – in Vorbereitung des Prorektorenseminars – über die Realisierung der SED-Kirchenpolitik an den Theologischen Sektionen einen Bericht an das Ministerium für Hoch- und Fachschulwesen schreiben.

Der Berliner Prorektor pries die Mitarbeit Horst Dohles und berichtete über die regelmäßigen Beratungen mit Heinrich Fink und Carl-Jürgen Kaltenborn über »Ergebnisse und Probleme in der politisch-ideologischen Erziehung der Studenten [...] Ihrerseits wird unsere Arbeit inhaltlich unterstützt.«[144] Außerdem hob er die fruchtbare Zusammenarbeit zwischen Universitätsleitung und Sektion Theologie bei der Bonhoeffer-, Harnack- und Schleiermacher-Ehrung[145] hervor.

»Die Universitätsleitung unterstützt in starkem Maße die politisch außerordentlich wirkungsvollen Konferenzen der Sektion Theologie, zeigt dies auch durch Konferenzeröffnung und durch Teilnahme an den Empfängen.«[146]

Die theologische Sektion sei stark in die »Hauptforschungslinie« der Universität eingebunden: Frieden. Auch fördere die Sektion die CFK-Arbeit.

Die scharfe Kritik Wolfgang Kleinigs an der Eröffnungsveranstaltung der Berliner Sektion Theologie, die am 24. Februar 1986 im Französischen Dom stattfand, zeigt freilich, daß der Prorektor die Verhältnisse einseitig positiv gezeichnet hatte[147].

Auch der Rostocker Prorektor konnte nur Gutes über die theologische Sektion seiner Universität berichten, wobei er die besonderen gesellschaftlichen Aktivitäten der Professoren Helmut Fritzsche, Ernst-Rüdiger Kiesow und Gert Wendelborn in den Vordergrund rückte.

Ganz ähnlich war der Tenor des Jenaer Prorektors. Als gesellschaftlich aktiv beschrieb er die Professoren Hertzsch, Saft und Seils.

»Prof. Saft ist politisch außerordentlich aufgeschlossen und ist bemüht, die Positionen unserer Staatspolitik in seinem Verantwortungsbereich konsequent durchzusetzen [...] Der Direktor der Sektion Theologie, Prof. Dr. Seils, ist Mitglied der CDU. Er vertritt einen klaren politischen Standpunkt. Große Resonanz hat sein öffentliches Auftreten auf dem Jenaer Markt am 19.3.1985 auf der Großkundgebung anläßlich des Gedenkens der Opfer der Bombardierung Jenas gefunden[148]. [...] Oberkirchenrat Mitzenheim ist seit Jahren als Vertreter der Arbeitsgruppe ›Christliche Kreise‹ beim Bezirksausschuß der Nationalen Front Mitglied des Rates der Sektion.«[149]

Selbst der Studentenpfarrer in Jena arbeitete nach der Darstellung des Prorektors für die Zusammenarbeit von Staat und Kirche in der sozialistischen Gesellschaft. »Pfarrer Dorsch ist Mitglied der Bundessynode und als Studentenpfarrer stark an dem politischen Dialog zwischen Christen und Kommunisten interessiert.«[150]

Auch der Prorektor für Gesellschaftswissenschaften in Leipzig, Hans Piazza, stimmte in den Jubelchor der anderen Prorektoren über ihre theologischen Sektionen ein.

»Zwischen dem Sektionsdirektor und der zentralen Leitung der Universität besteht ein gutes Verhältnis. Prof. Moritz sucht stets den Kontakt zum Prorektor, und es kommt häufig zu vertrauensvollen Gesprächen. Vom Direktor für Studienangelegenheiten wird der Kontakt zum stellv. Direktor für Erziehung und Ausbildung, Prof. Haustein, ebenfalls als gut eingeschätzt.«[151]

Ein wesentlicher Grund für die durchweg positive Bewertung der Situation mag darin zu suchen sein, daß die Prorektoren für die gesellschaftliche Entwicklung der Sektionen verantwortlich waren und etwaige Mängel im sozialistischen Lernprozeß daher auf sie selbst zurückfielen.

Ende Januar 1986 erzielte die Kommission für die Sektionen Theologie in einer Reihe von Fragen Einigung über die Arbeitskonzeption für die nächsten zwei Jahrzehnte[152]. Ausgangspunkt bildete die Festschreibung des Status quo hinsichtlich der Ausbildungsplätze und der Lehrkräfte. Der Studienplan aus dem Jahr 1975 wurde bestätigt und die Absicht bekräftigt, alle drei alten Sprachen beibehalten zu wollen. Überhaupt legte der Kreis Wert auf ein Fortschreiten in den bewährten Bahnen und proklamierte lediglich die Intensivierung bereits bestehender Schwerpunkte. Zu diesen gehörte die »Förderung der Religionssoziologie in Leipzig [...], da sie für die Weiterführung und Planung der Arbeit auch der Sektionen wichtig« sei. Der Gedanke, an jeder der sechs Sektionen Theologie einen Arbeitsschwerpunkt besonders zu fördern, stammte aus den Endsechzigern und wurde von Hanfried Müller einerseits und Hans Moritz andererseits auch über MfS-Kanäle betrieben[153].

Am 7. Oktober 1987 berichtete Bernhardt dem Ministerium für Hoch- und Fachschulwesen über die Gründung eines »Theologischen Forschungsrates des Bundes der Evangelischen Kirchen in der DDR«. In diesen kirchlichen Forschungsrat würden auch vier Professoren aus den Sektionen Theologie berufen. Als Namen nannte er Holtz, Junghans, Seils und sich selbst. Seine Einschätzung der Gründung war überwiegend positiv:

»Kirchenpolitisch hat die Gründung des Forschungsrates immerhin zwei Vorteile: 1. Die verstreuten (und manchmal fragwürdigen) wissenschaftlichen Auslandsbeziehungen der einzelnen Landeskirchen und kirchlichen Ausbildungsstätten werden straff zusammengefaßt. Es geht dann nur noch über den Forschungsrat (Delegationsprinzip!). 2. Der immer stärker wahrnehmbaren Bewegung ›Systemkritische Laienkirche von unten‹ wird durch Hervorhebung des grundlegenden und zentralen Charakters der wissenschaftlichen Arbeit begegnet. Es wird möglich sein, unsere Anliegen im Forschungsrat zur Geltung zu bringen, zumal ihm kirchliche Repräsentanten angehören werden, die unserer Arbeit eng verbunden sind (die Bischöfe Demke, Rogge, Schönherr). Sekretär wird Dr. Winter sein. Ich nehme an, daß Schönherr den Vorsitz übernimmt. Andernfalls wird diese Funktion wohl auf Demke zukommen.«[154]

Nach 1990 wurden Bemühungen deutlich, im Blick auf die staatlichen Eingriffe zwischen den einzelnen Sektionen zu differenzieren. Auf eine sehr offene und selbstkritische Darstellung des Dekans der theologischen Fakultät in Greifswald, Bernd Hildebrandt, im März 1992[155] reagierte der Leipziger Theologe Kurt Nowak mit folgendem Diskussionsbeitrag:

»In meinen Leipziger Ohren hat sich das Referat von Herrn Hildebrandt dargestellt aus dem Erfahrungshorizont der Berliner und der Greifswalder theologischen Fakultät. Herr Jüngel hat bereits unterstrichen, daß man zwischen den Fakultäten stark differenzieren muß. Das möchte ich auch für Leipzig in Anspruch nehmen. Mich hat Ihre Feststellung überrascht, daß die Lehre Restriktionen unterworfen gewesen ist. Das mag in Berlin, vielleicht auch in Greifswald (das weiß ich nicht) der Fall gewesen sein. In Leipzig gab es keine Restriktionen [...]«[156]

Die Entwicklung der theologischen Sektionen in den 70er und 80er Jahren aus der Perspektive des Staates

Nicht nur in Leipzig und Berlin[157], sondern auch an anderen Sektionen »begleitete« das MfS sorgfältig alle personellen Veränderungen, Wandlungen und politischen Äußerungen, was beispielsweise aus den Unterlagen über die Sektion Theologie der Friedrich-Schiller-Universität Jena hervorgeht[158]. Die Sektion galt Ende der 60er Jahre als Beispiel für eine gelungene Verzahnung des »Thüringer Weges« der Landeskirche mit der Fakultät. Die Spitze dieser Entwicklung bildete das doppelte Unterstellungsverhältnis von Walter Saft als Oberkirchenrat und Universitätsprofessor; außerdem wirkte Oberkirchenrat Hartmut Mitzenheim im Rat der Sektion als gesellschaftlicher Vertreter mit. Das Verhältnis zwischen Sektion und Thüringer Landeskirche drohte sich jedoch mit der Wahl Leichs zum Landesbischof zu verschlechtern[159], da sich der synodale Vertreter der Sektion, Prof. Meyer, bis zum letzten Wahlgang der Synode für Saft eingesetzt hatte. Um dieselbe Zeit wandte sich Prof. Hertzsch, »entgegen seinem früheren Verhalten, mehrfach gegen staatliche Leitungsmethoden«[160]. Zwei Jahre zuvor, im Zusammenhang mit den studentischen Protesten gegen die Biermann-Ausbürgerung, war Klaus-Peter Hertzsch noch positiv als einer derjenigen erwähnt worden, durch deren »besonderen Einsatz [...] wieder Ruhe in der Sektion« und ein normaler Lehrbetrieb hergestellt werden konnten[161]. Beruhigt konnten der für Theologie zuständige Referent des Ministeriums für Hoch- und Fachschulwesen auch feststellen, daß es sich bei den Brüsewitz- und Biermann-Demonstrationen jeweils um unterschiedliche Zielgruppen von Theologiestudierenden handele.

Werner Leich empfahl nach den Angaben Safts Thüringens Theologiestudierenden regelmäßig ein Studium in Jena und gab somit der Sektion noch den Vorzug vor den kirchlichen Ausbildungsstätten. Das in Jena vorhandene Niveau schätzte Thüringens Bischof als »außerordentlich hoch« ein. In der Folge bat Saft, unterstützt von der Sektionsleitung, das Hochschulministerium um die Möglichkeit der Verleihung der Ehrendoktorwürde durch die Jenaer Universität an Leich. Der Bischof habe geäußert, »daß eine derartige Ehrung ihn persönlich sehr beglücken würde.« Für 1984 – zum Jenaer Universitätsjubiläum – war eine Ehrenpromotion ohnehin vorgesehen gewesen[162]. Die feierliche Überreichung der Urkunde an Leich erfolgte nach Safts geschickter Einfädelung bereits am 12. September 1983 in Jena[163].

In der zweiten Hälfte der 80er Jahre spielte in der Sektion nicht nur der Protest gegen den »Tag der Wehrbereitschaft«[164], sondern auch die Diskussion über die Ausbildung zur Zivilverteidigung eine gewisse Rolle, da die Studierenden sich in einer offenbar konzertierten Eingaben-Aktion einerseits über das fehlende Fachpersonal im medizinisch-technischen Bereich und andererseits über »die absolut unklare Abgrenzung zur NVA«[165] beschwerten.

Eine MfS-Information vom 8. Juli 1987 suchte die »kadermäßige Zusammensetzung des Lehrkörpers und der Sektionsleitung« zu erfassen. Danach wurde in Jena »eine religiös-theologisch fundierte, konventionell-konservativ geprägte Linie« verfolgt. Der Lehrkörper vermeide sowohl positives als auch negatives Engagement und unterhalte keine Beziehungen zu regimekritisch eingestellten Personen oder Gruppen.

»Es kann derzeit keine begründete Aussage getroffen werden, wer von den Nachwuchstheologen progressiv förderungswürdig ist. Von den Sektionsangehörigen gehört Prof. Klaus-Peter Hertzsch der Synode der ELKT an. Hertzsch vertritt eine realistisch-gemäßigte, loyale Position mit starker theologischer Ausprägung. Die im Sektionsrat mitarbeitenden Landeskirchenmitglieder OKR Saft und OKR Kirchner vertreten ebenfalls realistische Positionen.«[166]

1987 sprachen die MfS-Offiziere Specht und Fränkel wieder von »traditionell engen Beziehungen« zwischen Landeskirchenrat und theologischer Sektion.

»Die Mitglieder des LKR OKR Saft und OKR Kirchner arbeiten im Sektionsrat mit. Vielfältige Arbeitsbeziehungen bestehen in Ausbildung und Lehre, im Aufnahme- und Prüfungsverfahren.«[167]

Besonders positiv wurde das im Herbst 1987 von der Sektion ausgerichtete Kolloquium aller Sektionen Theologie in der DDR zum »Darmstädter Wort« von 1947 erwähnt, zu dem Landesbischof Leich ein Grundsatzreferat hielt.

Leich berücksichtigte in seinem Vortrag den Standort. So attestierte er dem Wort gleich eingangs »prophetische Scharfsicht für kommende Entwicklungen«[168]. Des weiteren geißelte der Thüringer Bischof »[...] die religiöse Verbrämung der Ziele der herrschenden Klasse« als »konkreten Irrweg der Kirche«. Sie habe sich »nicht gegen den Antibolschewismus gewandt [...] Dabei hat die Kirche den Wahrheitsgehalt des ökonomischen Materialismus aus dem Marxismus nicht wahrgenommen. Sie hat versäumt, auch das Leben der Menschen in dieser Welt ernst zu nehmen und die Sache der Armen und Entrechteten zur Sache der Christenheit zu machen.«[169] Diese Einschätzung verband er – im Blick auf die Berichterstattung über die Görlitzer Bundessynode[170] – mit einer Journalisten- und »BRD«-Schelte.

»Da westliche Medien sich stark am Verkaufswert ihrer Nachrichten orientieren, muß es eine nicht unbedeutende Gruppe von Menschen in der BRD geben, die mit ausgesprochen DDR-kritischen Nachrichten versorgt werden will. Diese Erwartungshaltung liegt auf der gleichen Ebene wie der zitierte Antibolschewismus.«[171]

Leich ging dann auf den KKL-Bericht vor der Bundessynode 1985 in Dresden ein. Hier werde »das Darmstädter Wort ausdrücklich als wesentlich ›für die Bestimmung des Weges unserer Kirchen und ihres Standortes als ›Kirche im Sozialismus‹‹« hervorgehoben. Die Kurzformel »Kirche im Sozialismus« müsse immer vom »Darmstädter Wort« aus interpretiert werden.

»›Sozialismus‹ beschreibt in Kürze die Auftragsrichtung, aber nicht die Bindung unserer evangelischen Kirche in der DDR. Daraus ergibt sich, daß unsere Kirchen den Versuch im Lichte des Evangeliums begleiten, eine ›gerechtere Form des Zusammenlebens‹ in einer sozialistischen Gesellschaft anzustreben [...] Dabei will die Kirche allen Menschen nahe sein und alle standesmäßigen Schranken überwinden. Darin kommt ihr die sozialistische Gesellschaftsordnung mit ihrer Grundidee der Gleichheit aller Menschen entgegen.«[172]

Nach Leich sprach der Bonner Theologe Walter Kreck, der beklagte, daß in der Bundesrepublik die NS-Vergangenheit nicht »hinreichend erkannt oder gar bewältigt«[173] sei. »Der Geist des Darmstädter Worts hat sich noch keineswegs bei uns durchgesetzt.«[174]

Klaus-Peter Hertzsch formulierte »unser Problem« als »unsre Unentschiedenheit zwischen den Fronten, die Mühe, uns für eine Seite der Alternative zu entscheiden«[175]. Und als ob dies noch nicht deutlich genug gewesen sei, wiederholte er »im Klartext: die Parteilichkeit, die sich entscheidet für eine Seite und eine Sache. Wahrscheinlich ist die Gefahr heute unter uns eher das, was Manfred Stolpe die ›Äquidistance‹ genannt hat.«[176] In den Arbeitsgruppen droschen die Sektionstheologen und Saft ähnliches Stroh. So wurden Verbindungslinien vom Darmstädter Wort zum 6. März 1978 gezogen[177] und vor einer politischen Verwässerung des Darmstädter Wortes gewarnt.

Von da aus verwundert das Schlußurteil der Stasi-Offiziere im Blick auf die theologischen Lehrer kaum:

»Die inoffizielle Sicherung im Bereich Lehrkörper/Sektionsleitung ist gewährleistet. Im Bereich Studentenschaft müssen qualitativ und quantitativ die im Plan ausgewiesenen Zielstellungen realisiert werden, um den bis jetzt nicht befriedigenden Bearbeitungsstand zu überwinden.«[178]

Der auch anwesende Horst Dohle wertete das Jenaer Kolloquium überaus positiv:

»Das Kolloquium hat bewiesen, daß das antifaschistische Erbe des kirchlichen Widerstandes gegen den Faschismus in den DDR-Kirchen stärker positionsbestimmend wirkt als in den BRD-Kirchen. Eine grundsätzliche kirchliche Frage an uns formulierte OKR Ziegler[179] in einer kleinen Arbeitsgruppe: Was erwartet der Staat DDR von den Kirchen grundsätzlich, nur zur Stabilisierung beizutragen oder auch an künftigen Entwicklungsprozessen teilzuhaben.«[180]

Unruhe unter den Theologiestudierenden in den 70er und 80er Jahren

Das eigentliche Problem bildete also – und zwar in allen theologischen Sektionen – der Unruheherd Studentenschaft[181]. Der Protest von Theologiestudierenden gegen das Regime und einzelne seiner Maßnahmen gehört im Bereich der Theologie zu den wenigen Kontinuitäten über vierzig Jahre DDR-Geschichte hinweg. So begannen auch die letzten zwanzig Jahre DDR mit der Inhaftierung von Theologiestudenten »wegen Verbreitung selbstgefertigter Hetzschriften« gegen die »neue sozialistische Verfassung«[182] und endeten mit Protesten gegen den Dienst als Bausoldat, gegen Ausbürgerungsmaßnahmen und die Verfolgung von Regimegegnern. »Im politischen Interesse der Studenten der Sektion«, heißt es Ende Juni 1987 über die an sich sehr ruhigen Leipziger Theologiestudierenden, »stehen vor allem die Themen, wie sie vor allem von kirchlichen Basisgruppen aufgegriffen werden, und unterliegen deutlich den dortigen Akzentuierungen.«[183] Während 1986 die letzte operative Personenkontrolle gegen einen Lehrer der Theologie abgeschlossen wurde, gab es 1987 in Leipzig immerhin vier OPKs gegen Studierende[184].

Ende März 1988 schickte der Staatssekretär für Kirchenfragen zur Beantwortung einer studentischen Eingabe wegen der Ereignisse in Berlin Mitte Januar 1988 seinen Bürochef Horst Dohle an die wankende Front.

Mitte Juni 1986 hatte der gewiefte Funktionär, der auch als Honorardozent im Rahmen des Berliner Grundlagenstudiums für das ML-Oberseminar »Sozialistischer Staat und Kirche« verantwortlich war, vor der Arbeitsgruppe des MLG einen Vortrag über »Kirchenpolitik« (KP) gehalten, von dem ein Mitschrieb existiert. Danach soll er folgendes ausgeführt haben:

»Über KP [Kirchenpolitik] können wir unter unseren Kampfbedingungen nicht in der breiten Öffentlichkeit informieren, wir informieren oft geglättet, weil wir stets die westl. Mediengeier in Rechnung stellen müssen. KP darf nicht als bloße Aneinanderreihung von Provokationen gesehen werden, das möchte der Gegner. Kirche ist für ihn nur als Spannungsfeld in der Gesell[schaft] interessant, deshalb wird Kirche zunehmend uninteressanter [...] KP: langfristige Strategie und flexible Taktik. Kommunist[ischer] Aufbau mit nichtkomm[unistischer] Kräften (Integrations-Konzept). Rückgang von Kirchenzugehörigkeit ist nicht linear. Geborgenheit, Kommunikationsbedürfnis u. a. m. führt der Kirche Jugendliche zu. Wir haben über Jahre Kirche tabuisiert und damit das Fragen der Jugend selbst provoziert, Kirche hat nämlich nicht wenige human[istische] Werte einzubringen. Kirche in der soz[ialistischen] Gesellschaft ist keine Situation intellektueller Verlegenheit. Wir müssen KP unter internationalist. Aspekt sehen. Atheist[ische] Regionen sind nur wenige weiße Flecke auf dieser Welt. Wir müssen für rev[olutionäre] Arbeiterbewegung KP als Schularbeiten einbringen, wir haben die Besonderheit einer protest[antischen] Majoritätskirche. In SU sind gesetzl[iche] Regelungen geschaffen worden. ROK Status [...] festigen (60 Mill. russ. Orth. nach 70 Jahren Oktoberev. [...] Wir müssen durch unsere KP beantworten, z. B. für III. Welt, können protest. Kirchen im Soz.[185] lebendig existieren. Siehe auch Entwicklungen im Weltkirchenrat (3 000 kirchl. Dienstreisende). Soz. war für Kirchen im Osten Deutschlands ungeheure Herausforderung. Wir mußten ihnen Zeit lassen, den Soz. kennenzulernen, anzunehmen (50er u. 60er Jahre). Ende 1968 traten die Kirchen in Verwurzelungsetappe [...] Tausende Geistliche nahmen an antifa[schistischer] Umwälzung teil (Bodenreform, Volksentscheid) [...] Wir haben den Eindruck, daß die Kirchen in der DDR nach Mitwirkung in der Soz. Gesell. suchen (s. 1978 [...]). Die alte Funktion, Ausbeutung mit Blumen zu garnieren, haben sie nicht mehr, und die neue ist noch nicht umrissen. Kirchen sind bereit, heute Provokateure aus ihren Reihen (100-200) selbst zu disziplinieren. Sie suchen freilich über gesell. Mitwirkung interessant zu bleiben, ›Jesus Christus‹ reicht nicht mehr als Zukunftssicherung. Faktor innerer Stabilität kann Kirche werden.«[186]

Im März 1988 barst Dohle noch immer vor sozialistischem Selbstbewußtsein und brachte im Gespräch mit den Studierenden gleich eingangs zum Ausdruck, er hoffe »bei seinem für Herbst vorgesehenen Besuch in Jena wieder ein ruhigeres Fahrwasser [...] vorzufinden.«[187]

Hiermit spielte Dohle auf seinen Auftritt zur Eröffnung des Wintersemesters im September 1988 in der thüringischen Universitätsstadt an. Der Staatsfunktionär bezeichnete die Diskussion zwar als »konstruktiv und vertrauensvoll«, mußte aber auch berichten, »daß sich einige Studenten des neuen 1. Studienjahres in Jena als Vertreter des Kirchentages von unten zu profilieren versuchten. [...] Ihr Auftreten war intolerant, lautstark und ohne Bereitschaft, sich den Mühen einer Antwort auf ihre Fragen zu unterziehen.« Sie sprachen von einer jahrzehntelangen Einschüchterung und Terrorisierung der Menschen durch Faschismus und Stalinismus, kritisierten das Fehlen politischer Grundrechte in der DDR, forderten eine Öffnung der Gesellschaft nach innen und bezeichneten die Spaltung Berlins als dem Willen der Bevölkerung widersprechend. »Der Kirchentag von unten ist ein Übungsraum für Demokratieverhalten, weil der Toleranzbereich der DDR-Gesellschaft, insbesondere der Volksbildung, viel zu klein ist.«[188]

Dann redete er in seinem Vortrag über eine saubere Trennung zwischen »sozialistischer Offenheit und antifaschistischer Ordnung« und wies darauf hin, daß die »Kirche [...] sich hilfsbereit gezeigt« habe. Er empfahl den Studierenden die Lektüre des Gesprächs zwischen Honecker und Leich vom 4. März 1988. Das dort Gesagte »habe langfristig Gültigkeit, bildet die Zukunftsorientierung zur Problematik Staat – Kirche (Linie für die nächsten 10 Jahre – beide Seiten müssen lernen!).«[189] Die Kirche müsse »vor Leuten geschützt werden, die sich als fragwürdige Elemente einschleichen«. Zitate eines Studenten aus sowjetischen Broschüren, wonach die Religion als Hauptgegner des Sozialismus bezeichnet worden war, wies Dohle »entschieden zurück«.

Auf die freche Frage eines Studierenden, wie er denn gerne Kirche hätte, antwortete der SED-Funktionär in einer Weise, die erklärt, warum es Verständigungsmöglichkeiten mit Kirchenleitungen gab:

»Als christliche Kirche. Kirche darf nicht auswechselbar sein mit irgendjemand oder irgendetwas. Keinen Ausverkauf der christlichen Kirche dulden. Nicht jeder, der sich nicht einfach anpaßt, ist schon ein Feind, aber in Berlin waren die Feinde der Republik am Werk: Sie wollten die andere Republik.«[190]

Weiter meinte Dohle, die »Auffassung vom Freiraum Kirche sei eine riesige Verführung«[191]. Mit äußerster Beweglichkeit reagierte Dohle auf studentische Kritik an den DDR-Medien, indem er einräumte, »er könne sich das ND und die ›Aktuelle Kamera‹ ebenfalls anders vorstellen«[192]. Neben dieser Demonstration eigener Kritikfähigkeit und auch der immer wieder gezeigten Offenheit für Reformen verstand es Dohle mit großem Geschick, sich die Argumentation kirchenleitender Persönlichkeiten zu eigen zu machen. So wiederholte er Leichs Diktum »Kirche ist für alle da, aber nicht für alles« und fügte hinzu: »Wird dieser Grundsatz nicht beachtet, müßte die Kirche zum Schluß für alles verantwortlich sein.«[193] Ferner versicherte er den Studierenden, daß er den Ernst spüre, mit dem diese Fragen in Jena behandelt würden, und teilte ihnen mit, daß sich die DDR »in Zukunft psychosozialen Problemen in stärkerem Maße« zuwenden werde, indem sie sich um die »Heranbildung von Sozialfürsorgern« bemühen werde.

Dann warnte er – unwidersprochen – vor den »faschistischen« Einflüssen aus der Bundesrepublik bereits auf Kinder, die in der DDR lebten, und kehrte schließlich die Vorwurfs-Verteidigungs-Struktur des bisherigen Gesprächsverlaufs um:

»Wenn Kirche für alle da ist, ist sie dann auch für mich (den Kommunisten) da? Wie solidarisch seid ihr Christen mit uns Kommunisten? Oder seid Ihr nur noch kritisch. Seelsorge ist doch wohl etwas anderes als eine Demonstration mit 600 Mann [...] Kommunisten sind grimmig entschlossen, das bisher gute Staat-Kirche-Verhältnis weiterhin aufrechtzuerhalten.«[194]

Der in der MfS-Kreisdienststelle Jena zuständige Mitarbeiter fertigte ein eigenes Protokoll über das Gespräch Dohles mit den Studierenden an und legte das von Schönberg, dem Beauftragten des Jenaer Rektors, bei. Der MfS-Mann schätzte ein, »daß im Grunde genommen eine vollständige Klärung nicht erzielt wurde [...] und auch nicht erzielt werden kann«[195].

Aus gegebenem Anlaß legte Schönberg, Beauftragter für Kirchenpolitik des Jenaer Rektors, ein Dossier über die Theologiestudierenden seiner Universität vor. Darin gelangte er zu dem Ergebnis, daß die zum Tragen kommenden »negativen Einflüsse« nicht auf das Elternhaus, sondern in erster Linie auf die Junge Gemeinde und die Evangelische Studentengemeinde zurückzuführen seien. Gleichwohl sah er aufgrund zahlreicher positiver Beispiele Ansatzpunkte, die Studierenden für den Sozialismus zu gewinnen:

»Wenn wir an den Interessen der Theologiestudenten anknüpfend sie zu eigenständiger, schöpferischer Mitarbeit anregen, kann es uns bei der Mehrheit der zukünftigen kirchlichen Amtsträger von morgen gelingen, sie zu konstruktiven Dialogpartnern zu gewinnen und sie dabei formen zu helfen.«[196]

Zur Entwicklung der theologischen Sektion Halle

Über die theologische Sektion der Martin Luther-Universität (MLU) in *Halle* lag dem MfS Ende der 70er Jahre eine optimistische Einschätzung seitens eines Mitarbeiters vor:

»Mit erfolgtem Generationswechsel 1968/69 an der Sektion ist feststellbar, daß jetzt zumeist loyal eingestellte Personen den Lehrkörper bilden. Der Eintritt in die CDU einer ganzen Reihe von Dozenten sowie ein offenes Verhältnis innerhalb der MLU auf Grund ihrer Stellung und ihres Ansehens kennzeichnen die Atmosphäre. Als Zeichen einer gewissen Wirksamkeit des Lehrkörpers haben bestimmte Beispiele in der Vergangenheit gezeigt [sic!] (Eintritt in die FDJ, Wahlen). Hierzu muß aber gesagt werden, daß diese als Ausnahmeerscheinungen angesehen werden müssen. Polit.-ideol. Wirksamkeit ist schwer einschätzbar.«[197]

Gleichzeitig heißt es freilich auch, von seiten des CDU-Bezirksvorstandes gehe keine politische Wirksamkeit aus; trotz der hohen Zahl der CDU-Mitglieder an der Sektion werde »nur geringer Einfluß ausgeübt. Wirksamkeit bezieht sich auf Einzelpersönlichkeiten in bestimmten Situationen (Brüsewitz etc.)«[198].

Das Ministerium für Hoch- und Fachschulwesen forderte immer wieder von den Sektionen statistische Angaben, die es in Kopie an das MfS weitergab[199]. Auch die Korrespondenz des Hochschulministeriums mit einzelnen Theologen gelangte offenbar an das MfS, so daß dessen Abteilung XX/4 über alle Wünsche, Hoffnungen und Enttäuschungen der Lehrkräfte bestens informiert war und entsprechende »corriger la fortune«-Schritte einleiten konnte[200].

Als Ende September 1980 der DDR-Kirchenbund ein Hearing zu Fragen des Theologiestudiums mit Vertretern kirchlicher Ausbildungsstätten und staatlicher Universitäten veranstaltete, war das MfS auch dabei. Heinrich von der BV Halle notierte, wer wann was gesagt hatte, und schickte seinen Bericht an die HA XX/4 nach Berlin[201].

Besonders aufmerksam wurden die Kontakte zwischen den Sektionen und den Kirchenleitungen beobachtet. So registrierte das MfS im Oktober 1980 eine »Zunahme der organisierten Treffen auf Initiative des Bischofs Dr. Krusche und des [Hallenser] Sektionsdirektors Prof. Wallis« und »Abstimmungen zwischen der KPS [Kirchenprovinz Sachsen] und der Sektion bei Sachfragen, wie z. B. Entwicklung von Theologiestudenten in zukünftigen Pfarrämtern [...] Besetzung der Konvikte mit Inspektoren u. a.«[202] Nichts, was der Magdeburger Bischof in seinem Wochenendhaus mit dem Sektionsdirektor besprochen hatte, blieb dem MfS verborgen. Wallis verhielt sich nach dem Bericht außerordentlich diplomatisch. So beklagte er, daß die Theologiestudierenden ihre Sonderstellung ausnutzten, indem sie »vor Studienbeginn aktiv in der FDJ und anderen gesellschaftlichen Organisationen mitarbeiten, nach Studienaufnahme jedoch die Mitgliedschaft in der FDJ und anderen gesellschaftlichen Organisationen nicht mehr existiert. Um zu garantieren, daß zukünftig die Sektion Theologie an der MLU bestehen bleibt, gilt es den Studenten klarzumachen, daß es solche Erscheinungen an einer staatlichen Ausbildungsstätte nicht geben kann. Die Theologiestudenten müssen sich ständig bewußt sein, daß sie an einer staatlichen Ausbildungsstätte studieren, was ihre Studienhaltung beeinflussen müsse.«[203] Weiter heißt es:

»Inoffiziell wurde bekannt, daß Bischof Krusche seine Zufriedenheit über den Lehrkörper der Sektion Theologie folgendermaßen zum Ausdruck brachte:
– der Lehrkörper besitze ein Herz für die Kirche
– es bestehe keine Sorge, daß die Sektion Theologie in Halle, wie z. B. in Berlin, zu stark von staatlicher Seite beeinflußt werde
– Vertreter der Sektion Theologie treten sehr stark für kirchliche Interessen ein.«[204]

Auch an der Theologischen Sektion Halle protestierten einige Studierende gegen den Wehrsport, indem sie ihre Nichtteilnahme mit Gewissensgründen verweigerten[205]. Zum Ärger des MfS bagatellisierten die Lehrenden den Vorgang als »studentische Dummheit« und ignorierten die »angestrebte politische Absicht« der Verweigerung[206].

In einer vierzehnseitigen Einschätzung der Hallenser Sektion Theologie vom August 1981 heißt es, diese Sektion habe »bis ca. 1970 den unrühmlichen Ruf« besessen, »von den sechs Sektionen Theologie an den Universitäten der DDR die konservativste, reaktionärste« zu sein[207]. Als weitere Minuspunkte wurden »die enge Zusammenarbeit mit dem Konsistorium Magdeburg« und der »Einfluß des als reaktionär und konservativ bekannten Bischofs Dr. Krusche« sowie die guten Kontakte zu dem Katechetischen Oberseminar Naumburg[208] und dem Predigerseminar Wittenberg genannt.

In den vergangenen zehn Jahren habe sich aber einiges getan: »Durch kadermäßige Veränderungen bzw. den Einfluß verschiedener staatlicher und gesellschaftlicher Institutionen sowie durch die Einflußnahme der vorhandenen inoffiziellen Basis konnte erreicht werden, daß in der Leitung der Sektion staatliche Maßnahmen durchgesetzt bzw. die Sektion in das Gesamtgefüge der MLU integriert werden konnte.«[209] Andererseits gebe es nach wie vor unübersehbare Tendenzen, sich an der Kirche und westlichen Einflußgrößen wie den dortigen theologischen Fakultäten zu orientieren. Unter den Studierenden sei die Inaktivität im Blick auf die gesellschaftliche Arbeit auffällig.

»Zur Rolle und Wirksamkeit der drei Direktoren der Sektion ist einzuschätzen, daß sie stets um die Erfüllung ihrer funktionellen Pflichten mit unterschiedlichem Engagement bemüht sind. In diesem Zusammenhang ist feststellbar, daß der Sektionsdirektor Prof. Wallis den staatlichen Forderungen aus taktischen Erwägungen, im Interesse der Vermeidung einer Konfrontation, Genüge trägt. Deutlich zum Ausdruck kam diese Feststellung beim Wohlverhalten der Studenten anläßlich der Wahlen zur Volkskammer und den Bezirkstagen am 14.6.1981. Die Abnahme der Zahl der Nichtwähler ist darauf zurückzuführen, daß die Sektionsleitung durch Einzel- und Gruppengespräche die Studenten unter taktischen Gesichtspunkten beeinflußte.«[210]

Von dem zwanzig Personen umfassenden Lehrkörper wird ein Viertel als »progressive Kräfte« bezeichnet, deren Wirksamkeit Gröger allerdings als »zu gering« einstuft[211].

Demgegenüber betonte Gröger die steigende Tendenz zu Partnerschaftstreffen mit westdeutschen Theologen, die der langfristigen persönlichen Kontaktaufnahme dienten. Die Einreisen aus dem nichtsozialistischen Ausland seien von 12 im Jahre 1976 auf 43 im Jahr 1977 angestiegen.

Die Theologischen Konvikte bildeten einen Konzentrationspunkt der studentischen Meinungsbildung und damit eine Quelle der kirchlichen Beeinflussung. Allerdings sei ein »gewisser Drang der Studenten zu verzeichnen, aus dem Konvikt auszubrechen und möblierte Zimmer im Stadtgebiet zu nehmen«[212]. Während Gröger diesen Trend positiv bewertete, empfahl er, den Einflüssen von seiten der Kirche und des Westens mit operativen Mitteln entgegenzuwirken. Insbesondere sprach er sich für eine stärkere Personenaufklärung aus.

In den meisten politischen Fragen, so beklagte das MfS, bestehe auf seiten der Studierenden der »Grundmangel [...] im Zurückziehen auf rein theologische Positionen«[213]; diese ermöglichten es ihnen nicht, »den Friedenskampf als einen Teil der internationalen Klassenkampfauseinandersetzung zu begreifen«[214].

In die »Operative Personenkontrolle« eines Studierenden, die im Juni 1983 eingeleitet wurde, war auf seiten des MfS auch ein Theologieprofessor einbezogen: IMS »Prof. Baum«[215]. Ein Jahr später erhielt das MfS durch »IM in Schlüsselposition an der MLU Halle-Wittenberg« Informationen über acht Theologiestudenten, die »in undisziplinierter und provokativer Weise bei der studienplanmäßigen Ausbildung im ZV-Lager Templin in Erscheinung« getreten waren[216]. In Abstimmung mit dem Direktorat für Studienangelegenheiten wurden drei »Rädelsführer exmatrikuliert«, gegen fünf ein Disziplinarverfahren[217] eingeleitet. Die harten Maßnahmen hatten offenbar keinen abschrekkenden Effekt, denn Anfang Juli 1985 mußte Gröger feststellen, »daß sich unter den Studenten des 1. Studienjahres der Sektion Theologie zunehmend ablehnende Haltungen zur ZV-Ausbildung« abzeichneten. Wiederum äußerten drei Studierende offen »negative Meinungen zur ZV-Ausbildung«[218]. Bedauernd wurde erwähnt, daß nur die Professoren Friedrich de Boor und Traugott Holtz »konsequente Positionen zur Durchsetzung der Studienaufgaben im Rahmen der ZV-Ausbildung« verträten, »während der übrige Lehrkörper keinen bewußten Einfluß auf die Studenten zu diesen Fragen nimmt«[219].

Bis in den persönlichsten Bereich hinein wurden auch Dossiers über Lehrende angefertigt, deren Detailgenauigkeit im wissenschaftlich-theologischen Bereich darauf schließen läßt, daß der Informant aus dem Kollegenkreis stammte[220].

Im Jahr 1986 thematisierte eine Hallenser Theologiestudentin »Sinn und Zweck der Teilnahme von Studentinnen an der Woche des Wehrsports«. Ausgesprochen hintersinnig argumentierte sie, daß Frauen in der DDR für die dort vorgenommenen militärischen Übungen wie Schießen und Handgranatenwerfen keine militärische Vorbildung erhielten, und fragte, auf welche Praxis die Übungen hinzielten[221]. Auch diese Anfrage wurde ein Fall für das MfS. Jahr für Jahr ergaben sich so neue »Fälle«, in denen unangepaßte Studierende aufgrund verschiedener »Auffälligkeiten« in operativen Vorgängen erfaßt und »bearbeitet« wurden[222]. Abgesehen von wenigen Ausnahmen, beteiligten sich in Halle die Lehrenden an den eingeleiteten offiziellen und inoffiziellen Maßnahmen gegen Studierende nicht, sondern verhielten sich politisch weitgehend passiv loyal und suchten die Vorkommnisse eher zu bagatellisieren. Dieser Taktik des Sichheraushaltens und Verharmlosens suchte die Universitätsleitung mit »Gesprächen« zu begegnen. Anfang März 1988 fand eine solche »Aussprache« zwischen dem Prorektor für Gesellschaftswissenschaften, Bauermann, und der theologischen Sektionsleitung statt. Darin »informierte« Bauermann »ausführlich und unmißverständlich über die Position von Partei und Staat«[223]:

»Wir wollen, daß es im Sinne des bewährten Konsens vom 8. März 1978 ›Kirche im Sozialismus‹ und nicht neben oder gegen den Sozialismus weitergeht. Daher setzen wir auf alle besonnenen Kräfte in der Kirche – zu denen wir auch den Lehrkörper der Sektion Theologie rechnen –, daß sie ihre Stimme offen dagegen erheben, die Kirche und ihre Strukturen im Sinne einer Opposition gegen den Sozialismus, gegen den Arbeiter- und Bauernstaat und gegen die Partei der Arbeiterklasse zu mißbrauchen; [...] die Leitung der MLU erwartet daher, daß die Angehörigen der Sektion, vor allem die Professoren und Dozenten, die auch zum Teil Synodale sind, offen Position beziehen und sich vom verfassungswidrigen Mißbrauch kirchlicher Einrichtungen distanzieren; [...] das schließt auch in sich ein, den Studenten sehr klar vor Augen zu führen, daß an der Sektion Pfarrer für die Kirche im Sozialismus ausgebildet werden, damit sie wissen, was von ihnen erwartet wird. Wer eben partout nicht für die Kirche im Sozialismus ist, der sollte dann auch die Konsequenzen ziehen, anderswo als an einer staatlichen Universität Theologie zu studieren. Das, so unterstrich der Prorektor, ist aber keineswegs als ein Aufruf zur Exmatrikulation solcher Studenten zu verstehen, sondern als eindeutige Orientierung für das Ausbildungsziel; [...] diese Klarheit muß auch dahin führen, daß eine öffentliche Meinung an der Sektion entsteht, die Aktionen einiger Studenten künftig unmöglich macht, die darauf zielen, eine Art ›Studentenrat‹ neben der FDJ zu bilden, d.h. unsere politischen Strukturen, die als Konsequenz aus den Lehren der deutschen Arbeiter- und Jugendbewegung entstanden sind, zu zerstören und uns in die 50er Jahre zurückzuzerren, [die] Bekundungen der Gegnerschaft mit dem sozialistischen Staat darstellen, wie sich das an der Teilnahme an bekannten Demonstrationen in Halle zeigt, [die] darauf hinauslaufen, anläßlich der FDJ-Studententage die ›Kirche von unten‹ zu thematisieren und zu propagieren. Dazu gehört auch, den negativen Aktivitäten des Studentenpfarrers auf die Studierenden der Sektion im Rahmen der Evangelischen Studentengemeinde entgegenzuwirken. Hier muß klar gezeigt werden, wo der Lehrkörper der Sektion steht.«[224]

Der Lehrkörper reagierte dem staatlichen Protokoll zufolge elastisch. Der vollen verbalen Zustimmung zur programmatischen Rede des Prorektors folgten keine oder nur halbherzige Taten. Die angeführten Vorkommnisse wurden meist erklärend entschuldigt, Ratlosigkeit artikuliert oder die Ereignisse politisch motivierten Randgruppen zugeschoben. Voller Eifer berichteten die Hochschullehrer über ihre gesellschaftlichen Initiativen und mahnten ihrerseits den Staat, er müsse auch »von sich aus rechtzeitig klare Grenzen abstecken«[225].

An den »defätistischen« studentischen Eingaben änderte sich auch in der Folgezeit nichts. So erhoben die Studierenden weiterhin kritische Fragen gegen die Zivilverteidigungsausbildung[226], bemühten sich unverdrossen um die Bildung einer unabhängigen Studentenvertretung[227], zweifelten unter Hinweis auf die innenpolitische Situation in Rumänien die Richtigkeit der Entscheidung an, den dortigen Diktator Ceauşescu mit dem Karl-Marx-Orden der DDR zu ehren[228] und sammelten Unterschriften gegen die Kommunalwahlen vom Frühjahr 1989[229].

Ehrenpromotionen in Halle und Greifswald (1988/89) – akademische Abgesänge auf den Sozialismus

Auf der anderen Seite gab es auch in den beiden letzten Jahren der DDR auch an der theologischen Sektion in Halle Zeugnisse vordergründigen Einvernehmens mit dem Staat, die den gesellschaftlichen Erosionsprozeß ignorierten.

Über die Ehrenpromotion Bischof Werner Krusches an der Sektion Theologie der MLU Halle am 13. April 1988 berichtete der wissenschaftliche Mitarbeiter Berndt Winkler in einer Weise, die frühere Vorwürfe gegen den Magdeburger Bischof vergessen ließ. Sowohl der Sektionsdirektor als auch der Rektor hoben danach die großen Verdienste Krusches im Zusammenhang mit der Staat-Kirche-Entwicklung und den Beziehungen der DDR-Kirchen zur Russisch-Orthodoxen Kirche hervor[230]. Ursprünglich noch für dasselbe Jahr war in Halle auch die Ehrenpromotion von Kirchenpräsident Eberhard Natho geplant. Am 28. Mai 1987 hatte der Direktor der theologischen Sektion, Friedrich de Boor, zur Begründung der beabsichtigten Ehrung unter anderem geschrieben:

Natho »gehört zu den Pionieren der positiven Zusammenarbeit von Kirche und Staat in den Lebensfragen unserer Gesellschaft und ist zur Zeit im Bereich der DDR kirchenleitend verantwortlich für die Vorbereitung eines europäischen kirchlichen Friedenskongresses [...] In den fast zwei Jahrzehnten seiner Leitungstätigkeit trug Herr Kirchenpräs[ident] Natho unter starkem persönlichem Einsatz erheblich dazu bei, die Beziehungen zwischen Staat und Kirche positiv zu gestalten und vertrauensvoll zu entwickeln. Er gehört auf kirchlicher Seite zu den Wortführern einer Koalition der Vernunft aller Friedenskräfte und trat immer für deren Einheit und gegen Tendenzen zu ihrer Zersplitterung ein«[231].

Der Stellvertreter des Ministers für Hoch- und Fachschulwesen, Gerhard Engel, stimmte in einem Brief an Gysi dem Vorhaben zu. Die Sektionsleitung sei der Auffassung, daß Natho sich desavouiert vorkäme, wenn auf die geplante Ehrenpromotion Werner Krusches nicht alsbald eine akademische Gleichbehandlung des anhaltischen Kirchenpräsidenten erfolgte[232].

Ein Brief von Gysis Nachfolger, Kurt Löffler, an Engel, läßt keinen Zweifel an der Funktion solcher »Ehrenpromotionen« in der DDR. Löffler begrüßte die ins Auge gefaßte Ehrung für Natho mit folgender Begründung:

»Aus kirchenpolitischer Sicht halte ich eine solche Ehrung für gut geeignet, um die staatliche Anerkennung für realistische und besonnene Kräfte in den Leitungen der evangelischen Landeskirchen und des Kirchenbundes öffentlichkeitswirksam zu dokumentieren und damit konstruktive Positionen zu stärken. Für die Abstimmung eventuell notwendiger Unterstützung durch meine Dienststelle steht Gen. Prof. Dr. Dohle zur Verfügung.«[233]

Mitte März 1988 fand eine Beratung der Sektionsdirektoren mit dem Stellvertreter des Ministers, Engel, statt, an dem auch Winkler und Dohle teilnahmen. »Das Diskussionsklima nimmt manchmal resignative Züge an«[234], berichtete ein Sektionsdirektor und beschrieb damit wider Willen auch die Atmosphäre der Begegnung. Bei den Theologiestudierenden rücke »zunehmend der Bereich der Bürgerrechte ins Zentrum ihres politischen Denkens«. Das Thema »Friedenskampf« trete in den Hintergrund. Lehrende wie Lernende stünden fest auf dem Boden des Sozialismus. Aber gerade auch die FDJ-Mitglieder fragten nach den »Möglichkeiten und Perspektiven des Sozialismus«. Kritik übten die Sektionsdirektoren sowohl an den Kirchen, die sich politisch anmaßend verhielten und die Gruppen aufwerteten, als auch am Vorgehen der Polizei, der Abschiebepraxis rechtmäßig Verurteilter und der Berichterstattung durch die Medien. Die »politisch-ideologische Situation an den Sektionen Theologie« war nach diesem Bericht nicht schlecht, doch waren andererseits Erosionserscheinungen, ein gewisses sozialismusimmanentes Unruhepotential unter den Studierenden nicht mehr zu übersehen.

Mitte Juli 1989 informierte der Rektor der Universität Greifswald Stolpe über das Vorhaben, den Konsistorialpräsidenten im November den Ehrendoktortitel zu verleihen[235]. Der stellvertretende Hochschulminister, Professor Engel, hatte Gysi bereits Mitte Februar 1988 wissen lassen:

»Im November 1989 begeht die Sektion Theologie der Ernst-Moritz-Arndt-Universität Greifswald ihr 450jähriges Gründungsjubiläum. Aus diesem Anlaß soll zu dem Thema

›450 Jahre Evangelisch-Theologische Fakultät an der Universität Greifswald – Erbe und Auftrag‹ eine akademische Festveranstaltung stattfinden. Der Veranstaltungsvorschlag sieht u. a. einen Festgottesdienst mit einer Predigt von Bischof Dr. Gienke und eine Ehrenpromotion vor. Als Kandidat für die Ehrenpromotion wurde der stellvertretende Vorsitzende des Bundes der Evangelischen Kirchen in der DDR, Konsistorialpräsident Manfred Stolpe, in Aussicht genommen.

Ich bitte um Ihre Rückäußerung, vor allem hinsichtlich der vorgeschlagenen Ehrenpromotion.«[236]

Stolpe zeigte sich über dieses Ansinnen hoch erfreut, obwohl es für ihn nicht überraschend kam, da er laut eigener Auskunft inoffiziell über die staatlichen Pläne bereits seit dem Sommer 1988 gut Bescheid wußte. Allerdings hatte er nach den Querelen um einige seiner zuletzt getätigten öffentlichen Äußerungen kaum mehr mit einer Realisierung dieser Idee gerechnet: »Es ist schön, daß ich mich geirrt habe, und ich bin bereit, die Auszeichnung anzunehmen«, antwortete der stellvertretende KKL-Vorsitzende. Allerdings fügte er noch hinzu:

»Bitte erlauben Sie mir noch die Nachbemerkung, daß ich zwischen Absicht und Vollzug unterscheiden kann. Kein Mensch weiß, welche Herausforderungen die nächsten drei Monate den Kirchen stellen und auch mich fordern werden. Bitte haben Sie Verständnis, falls ich Sie durch öffentliche Äußerungen verwundern sollte. Es ist dann sicher nicht meine Absicht, dem verehrten Wissenschaftlichen Rat Probleme zu bereiten. Sie behalten jedenfalls auch von mir aus die volle Freiheit Ihrer Entscheidung bis zum 14. November und können meiner aufrichtigen Wertschätzung unter allen Umständen sicher sein!«[237]

Ganz unberechtigt waren Stolpes Befürchtungen keineswegs. Anfang Juni hatte Staatssekretär Löffler gegenüber dem Ministerium für Hoch- und Fachschulwesen stärkste Bedenken geäußert:

»Aus kirchenpolitischer Sicht überwiegen zum gegenwärtigen Zeitpunkt die Argumente gegen die Durchführung dieses Vorhabens. In Anbetracht der jüngeren Ereignisse könnte eine solche Demonstration falsch verstanden werden und auch Fragen aufwerfen.«[238]

Zu seinem Bedauern konnte sich der Staatssekretär jedoch nicht durchsetzen, da einen Tag vor Abgang seines Schreibens die Greifswalder Sektion Theologie ihr Vorhaben während eines Kolloquiums der Sektionen zum 40. Jahrestag in Berlin (Ost) öffentlich verkündet hatte. So mußte Löffler notgedrungen dem Vorschlag zustimmen, ebenso wie wohl auch Politbüromitglied Kurt Hager, der die Entscheidung wahrscheinlich abgesegnet hatte. Wegen zeitweiser »realistischer« Äußerungen Stolpes konnte sich Löffler im Spätsommer 1989 denn auch mit der geplanten Auszeichnung halbwegs abfinden[239]. Auch das für Kirchenfragen zuständige Politbüromitglied Werner Jarowinsky hatte im Mai 1989 die Ehrung für zeitlich ungünstig und ein eher falsches Signal gehalten[240].

Mitte Oktober 1989 bereitete Winkler in Greifswald die geplante Ehrenpromotion Stolpe einen Monat später intensiv vor:

»Die Urkunde wird die Verdienste von Stolpe bei der Konstituierung des Bundes der evangelischen Kirchen in der DDR, bei der Wegfindung der Kirchen in der sozialistischen Gesellschaft unseres Landes sowie zur Förderung eines konstruktiven Dialoges von Christen und Marxisten ausweisen.«[241]

Weiter heißt es, westliche Medienvertreter dürften an der Stolpe-Ehrung nicht teilnehmen, nur östliche. Das Unternehmen war gleichzeitig als Gienke-Rettungsaktion geplant, wie aus Winklers Bericht hervorgeht.

»Die Ehrenpromotion soll die fruchtbare Wechselbeziehung von akademischer Theologie und Praxispartner Kirchen dokumentieren, die Grundposition von kirchlicher Wegfindung im sozialistischen gesellschaftlichen Kontext der DDR, nicht gegen und nicht neben dem Sozialismus, bekräftigen und dazu beitragen, die innerkirchlichen, kirchenpolitisch relevanten Auseinandersetzungen um Bischof Gienke endgültig zu beenden. Herausgestellt werden soll die geachtete integrierte Stellung der Sektion Theologie innerhalb der Universität.«[242]

Daß die Ehrenpromotion Stolpes mindestens auch den Nebeneffekt haben sollte, die angefochtene Position Gienkes zu festigen, geht auch aus dem MfS-»Maßnahmeplan vom 3. August 1989« hervor. Hier heißt es unter anderem:

»Durch den Einsatz der kirchenleitenden IM in Schlüsselpositionen ›Ferdinand‹; ›Roland‹; ›Hirte‹; ›Sekretär‹; ›Direktor‹; ›Krone‹; ›Malteser Falke‹ (alle Hauptabteilung XX/4), ›Orion‹ (BV Rostock), ›Hesselbarth‹ (BV Gera) und ›Hermann Keller‹ (BV Halle) wird in unterschiedlichen kirchenleitenden Gremien in geeigneter und differenzierter Form Bischof Gienke Unterstützung gewährt. Verantwortlich: Leiter der HA XX/4, Gen. Oberst Wiegand«.[243]

1987 hatte Staatssekretär Gysi auch die Ehrenpromotion von Christa Lewek durch die Karl-Marx-Universität Leipzig vorgeschlagen. Er würdigte vor allem die von Lewek mitgetragene »spezifisch[.] kirchliche[.] Unterstützung der Friedenspolitik der DDR und der SU« im ökumenischen Bereich und fügte hinzu: »Dieses internationale Wirken von Christa Lewek hatte zugleich positive Rückwirkungen auf die Ausprägung realistischer friedenspolitischer Positionen der Kirchen in der DDR.«[244] Zwei Jahre später war es dann soweit – wenn auch nicht in Leipzig. Im Rahmen der Begründung des »Universitätszentrums für Frieden und Verständigung« verlieh die Wilhelm-Pieck-Universität Rostock am 25. April 1989 Christa Lewek die Ehrendoktorwürde. Die Laudatio hielt Dekan Fritzsche. Die Geehrte bedankte sich mit einem Festvortrag zum Thema: »Sprache des Friedens – Kultur des Streits. Verständigung im gemeinsamen Haus Europa«.[245]

In einem Kadergespräch, das Winkler mit den Greifswalder Hochschullehrern führte, erklärten diese, warum sie nicht die »Erklärung der Universitätstheologen zum 40. Jahrestag der DDR«[246] unterschrieben hätten. Ihre Abstinenz habe keine Ursache in grundsätzlichen inhaltlichen Bedenken. Sie hätten vielmehr Zurückhaltung geübt, um als Vermittler zwischen Gienke und der Kirchenbasis auftreten zu können. Günther Kehnscherper teilte »seinen festen Willen mit, in der gegenwärtigen Situation politische Positionen für den Sozialismus deutlich zu machen«. Er leide »unter den abgebrochenen Beziehungen zu den führenden Genossen der Kirchenpolitik«[247]. Allein der Kirchenhistoriker Hans-Günter Leder, Ost-CDU-Mitglied wie Kehnscherper, wandte sich in scharfer Kehrtwendung gegen die bisherige DDR-Politik und kündigte an, er werde eine Initiative zur Einberufung eines CDU-Sonderparteitages unterstützen. Diese Haltung entsprach ganz seiner Lebensphilosophie. 1972 hatte Leder als Oberassistent die Funktion des stellvertretenden Direktors für Erziehung, Aus- und Weiterbildung an der Greifswalder Sektion übernommen und sich als IMS »Hans Günter« werben lassen[248]. 1976 wurde er Hochschullehrer für das Fachgebiet Kirchengeschichte, Ende 1977 lehnte er aus Gewissensgründen eine weitere Zusammenarbeit mit dem MfS ab. Etwa im selben Zeitraum übte er die Funktion des stellvertretenden Vorsitzenden der CDU im Kreisvorstand aus. Hauptmann Krüger vom MfS, KD Greifswald, urteilte am 13. Mai 1986 über den Vorgang:

»Es ist einzuschätzen, daß Leder mit seinem zeitweiligen Kontakt zum MfS, verbunden mit den durch die CDU gegebenen Förderverbindungen, in der Annahme war, seine wissenschaftliche Entwicklung progressiv zu beeinflussen. Bei Einstellung dieses Zieles hat Leder objektiv seine karrieristischen Interessen systematisch verwirklicht. Mit der Berufung zum Professor fiel der Abbruch des inoffiziellen Kontaktes zusammen.«[249]

Wegen diverser Kontakte »zu operativ-bedeutsamen Personen im Operationsgebiet« leitete das MfS 1986 eine OPK zu Leder ein, die eineinhalb Jahre später mit positivem Ergebnis abgeschlossen wurde[250].

Noch Anfang November 1989 äußerten bei der turnusmäßigen Beratung im Ministerium für Hoch- und Fachschulwesen alle Vertreter der theologischen Sektionen ein grundsätzliches Ja zum Sozialismus und zur DDR. Winkler schrieb: »Die meist ethisch begründete Grundoption für den Sozialismus ist bei den Studenten noch gegeben.«[251] Nach seiner »Information« soll Heinrich Fink Kritik an der Gründung einer sozialdemokratischen Partei durch Pastoren geübt haben. Moritz sinnierte über »verschiedene Zugänge zum Sozialismus« und wußte über die Verhältnisse in Leipzig und Dresden folgendes zu berichten:

»In den öffentlichen Leipziger Diskussionen versucht Dr. Zimmermann guten Einfluß zu nehmen. Prof. Amberg trat unlängst in der Moritzbastei vor Hunderten Studenten zum Thema ›Demokratie in der Kirche‹ auf und fand dabei großen Widerhall. Überhaupt ist die Mitarbeit von Theologiestudenten im Clubrat der Moritzbastei eine gute Sache. Ein Versuch, während der Vorlesungszeit eine Friedensgebetsveranstaltung zu organisieren, wurde von der Sektionsleitung zurückgewiesen. Das Gesamt ist weitgehend unbeeinträchtigt gut. Die sächsische Landeskirche will in Dresden versuchen, die Kirchen nach und nach für politische Kundgebungen zu schließen.«[252]

Auch wenn viele Äußerungen während dieser Sitzung sich als Selbstberuhigung tief in das System Verstrickter interpretieren lassen, gibt der Tenor bis heute an den Fakultäten Lehrender zu denken. Es scheint so, als sei man sich über den Kreis der »gesellschaftlich« besonders Aktiven hinaus auch unter den Universitätstheologen darin einig gewesen, an einer reformierten sozialistischen DDR und ihren »Errungenschaften« festhalten zu wollen. Ein weiteres Indiz für den Willen zur Eigenständigkeit war auch die Überlegung, eine »Wissenschaftliche Gesellschaft für Theologie in der DDR« gründen zu wollen. Die Verwirklichung dieses Plans wurde dann freilich »vorerst noch zu-rückgestellt«[253].

Einflußnahme durch Ost-West-Wissenschafts-Kontakte

In den 70er und 80er Jahren kam es zwischen Hochschullehrern aus der DDR und aus der Bundesrepublik immer häufiger zu Begegnungen, deren Bedingungen und Folgewirkungen unklar blieben[254]. In der »Wissenschaftlichen Gesellschaft für Theologie«[255] beispielsweise, einem überwiegend von der EKD finanzierten, eingetragenen Verein, trafen sich alljährlich die Kollegen der theologischen Einzeldisziplinen im Ost-Berliner Sprachenkonvikt, um den wissenschaftlichen Austausch zu pflegen. Auf informellem Wege in Pausengesprächen und bei Spaziergängen spielten auch wissenschaftspolitische Fragen und Überlegungen zu Stellenbesetzungen eine gewisse Rolle. Dabei wurden Einladungen hinüber und herüber ausgesprochen und stets unterstellt, mit welchen Schwierigkeiten die Kollegen aus der DDR wegen derlei Arrangements rechnen mußten[256]. In nicht wenigen Fällen handelte es sich freilich um die Wahrnehmung wohl abgesprochener Termine, wie sich an Beispielen zeigen läßt.

Bei dem Erfurter Lutherforscherkongreß im August 1983 traf Gert Wendelborn unter anderem auf den konservativen Kirchenhistoriker Manfred Jacobs (Münster). Arglos erzählte der Westprofessor seinem Rostocker Kollegen – so in dessen Bericht an das MfS –, »daß die Kirchengeschichtler der DDR und der BRD sich regelmäßig in der Hauptstadt der DDR treffen, wovon ich bisher kein Wort gewußt hatte. Er äußerte seine große Verwunderung darüber, daß ich niemals eingeladen worden sei. Ich habe ihm offen gesagt, daß vermutlich konservative Kollegen meines Landes nicht an meiner Gegenwart interessiert seien und daß vermutlich auch andere progressive Kirchengeschichtler nicht einbezogen würden. Aber ich entnahm daraus, daß sie sich regelmäßig treffen und auch wissenschaftlichen Austausch halten und daß Prof. Haend ler dort eine recht große Rolle spielen soll. Er [Jacobs] hat sich dann aber an den folgenden Tagen distanzierter verhalten, weil er offenbar mit Haendler oder einem anderen inzwischen Verbindung aufgenommen hatte und über mich Näheres in Erfahrung gebracht hat.«[257] Natürlich wußte man im MfS durch andere längst von den Treffen und unternahm gar nichts.

Auch das Ende August 1988 durch die Zeitschrift »Kirchliche Zeitgeschichte« (KZG) veranstaltete Symposium im Potsdamer Hotel Schloß Cecilienhof wurde durch zahlreiche Inoffizielle Mitarbeiter aus der Theologen-Zunft »begleitet«[258] und beschäftigte sogar eine MfS-Arbeitsgruppe, die auch die Einladungen an DDR-Bürger kritisch sichtete[259]. Selbst die SED-Bezirksleitung Potsdam, der Staatssekretär für Kirchenfragen und die Arbeitsgruppe Kirchenfragen im ZK der SED befaßten sich mit der kleinen Tagung. H. Mirtschin schrieb an den »werten Genossen« Rudi Bellmann in einer SED-Hausmitteilung am 18. August 1988:

»In der Anlage übersende ich Dir eine Information der Bezirksleitung Potsdam über ein beabsichtigtes Internationales Wissenschaftliches Symposium vom 27. bis 30. August 1988 in Potsdam zu Deiner Kenntnis.«[260]

Handschriftlich setzte Mirtschin hinzu: »22.8.88 Gen. K. Löffler vom Inhalt Kenntnis gegeben. Maßnahmen mit RdB Potsdam absprechen (Gen. Löffler), MfS absichern.«

Aus der »Information« geht hervor, daß von irgendeiner Seite dem Rat des Bezirkes die Angelegenheit zugetragen worden war und man sich daraufhin bemühte, weitere Einzelheiten in Erfahrung zu bringen. Dabei stellte sich heraus, daß die zuständigen Stellen bereits ordnungsgemäß durch Stolpe, Mitglied des Herausgeberkreises der Zeitschrift[261], informiert worden waren. »Nach erneuten Rückfragen in der Bezirksleitung Potsdam über den Ursprung einer solchen Information konnte uns mitgeteilt werden, daß am 12.8.1988 Stolpe den Mitarbeiter für Kirchenfragen beim Rat des Bezirkes informiert hat und daß das Staatssekretariat für Kirchenfragen Bescheid weiß.«[262]

Der neue Staatssekretär für Kirchenfragen, Kurt Löffler, nahm die Einladung zu einem von der Evangelischen Kirche in Berlin-Brandenburg für die Symposionsteilnehmer ausgerichteten Empfang nicht an. Er begründete seine Entscheidung mit der auf kommerzieller Basis erfolgten Organisation der Tagung. Zudem erscheine die betreffende Zeitschrift in der Bundesrepublik, demnach handle es sich um keine Aktivität der DDR-Kirchen[263].

Außerdem kritisierte er, Stolpe habe ihn nur beiläufig über das Stattfinden der Konferenz informiert und dies damit begründet, daß es sich um keine offizielle kirchliche Angelegenheit, sondern um eine »Privatsache« handle. Den Staatssekretär störte, daß die Veranstaltung als kommerzieller Vorgang behandelt worden sei, ohne die »politisch verantwortliche[.] Leitungsebene« um Zustimmung gebeten zu haben. Dies dürfe zukünftig nicht mehr vorkommen. Darüber hinaus sei es dem Staat auch nicht möglich gewesen, die inhaltliche Gestaltung der Tagung zu beeinflussen[264].

Das Unternehmen geriet zusätzlich wegen Nichtberücksichtigung einer neuen Einrichtung, von der die Veranstalter zunächst gar nichts wußten, in einige Bedrängnis.

Anfang 1988 wurde – als Spätfolge des Lutherjahres – innerhalb des Nationalkomitees der Historiker der DDR eine Kirchengeschichtskommission geschaffen, in der marxistische Gesellschaftswissenschaftler zusammen mit Kirchenhistorikern der theologischen Sektionen sowie der Kirchlichen Hochschulen zu gemeinsamer Arbeit zusammentrafen. An der Bildung dieser Kommission hatte der Herausgeber des Monatsmagazins »Standpunkt«, Günter Wirth, gleichzeitig Honorarprofessor für Kirchengeschichte an der Berliner Sektion Theologie, erheblichen Anteil; der marxistische Lutherforscher Gerhard Brendler von der Akademie der Wissenschaften übernahm den geschäftsführenden Vorsitz der Kommission.

Als weder Wirth noch Brendler eine Einladung nach Potsdam erhielten, wandte sich ersterer nach Rücksprache mit Berndt Winkler an den Präsidenten der EKU-Kirchenkanzlei (Bereich DDR), Friedrich Winter, und erhob den

Vorwurf, daß die Kirchenhistoriker von den Sektionen Theologie unterrepräsentiert seien. Dann verlangte er von dem Kirchenmann, er möge dafür Sorge tragen, »die an unseren Universitäten längst mit dieser Thematik befaßten und auch mit Arbeiten hervorgetretenen Historiker – auf Vorschlag der auf DDR-Seite mit der Potsdamer Konferenz befaßten Persönlichkeiten – einzubeziehen«[265]. Um seiner Forderung Nachdruck zu verleihen, erwähnte er, wie zuvorkommend man in der staatlichen Kirchenhistoriker-Kommission »alle zusätzlichen Wünsche aus dem Umkreis der Kirchlichen Hochschulen berücksichtigt« habe, und nannte als Motiv für seine Intervention, er wolle nur »verhüten, daß diese August-Tagung einen Schatten auf die so gut angelaufene Arbeit in unserer Kommission werfen könnte«. Der Görlitzer Bischof Joachim Rogge, als Kirchenhistoriker mit Honorarprofessur an der Sektion Theologie in Berlin ebenfalls Mitglied der staatlichen Kirchenhistoriker-Kommission, aber auch Mitherausgeber der das Symposium veranstaltenden Zeitschrift KZG, erhielt eine Kopie des Wirthschen Schreibens. Darauf reagierte er in einem Vermerk vom 21. Juli 1988 so, daß er das Symposium als »erweiterte Redaktionssitzung« hinstellte, auf der lediglich die zu veröffentlichenden Aufsätze verlesen würden. »Auf die Beschwerde von Herrn Ludwig [Dozent für Kirchengeschichte an der Berliner Sektion Theologie] und eine Anfrage von Herrn Novak [sic!] hat Herr Onasch [sic!] beide noch zusätzlich eingeladen. Dr. Winter – soeben aus dem Krankenhaus wieder entlassen – wird Prof. Wirth ausführlich die Sachlage erklären und ihm empfehlen, sich direkt an Stolpe oder Onasch [sic!] zu wenden, die sicherlich seinem Anliegen entsprechen werden.«[266] Außerdem wies er nachdrücklich auf die Teilnahme des Leipziger Kirchenhistorikers Kurt Meier hin.

Ludwig und Wirth nahmen zwar nicht mehr an der Potsdamer »Redaktionssitzung« teil, wohl aber wurden sie auf Vermittlung von Winter zur Folgekonferenz nach Loccum im Juli 1989 eingeladen. Von dort zurückgekehrt, schrieben sie ihre kritischen Reiseberichte, die ebenfalls erhalten geblieben sind[267]. Wirth, der seinen Loccumer Beitrag über »Die Beteiligung der CDU an der Umgestaltung der DDR in den fünfziger Jahren« in der KZG[268] veröffentlichen ließ, brachte das Kunststück fertig, bis Dezember 1989 sein Manuskript – entsprechend der gerade aktuellen politischen Lage – mehrfach zu verändern.

Die in großem Umfang erhalten gebliebenen Reiseberichte akademischer Theologen belegen übrigens, wie unterschiedlich man mit dieser Pflichtübung umgehen konnte, ohne durch sparsame Berichterstattung direkte Nachteile auf sich nehmen zu müssen. Neben nichtssagenden Aneinanderreihungen alltäglicher Selbstverständlichkeiten[269] finden sich auch glühende Bekenntnisse zur »konsequenten Politik unserer Regierung«[270], Horrorporträts der bundesrepublikanischen Verhältnisse und deutlich abwertende Zeugnisse über Kollegen aus der DDR wie der Bundesrepublik. Über die kirchliche Berichtsfreudigkeit urteilte das Staatssekretariat für Kirchenfragen 1984: »Bei den Auslandsreisen ist eine offene Bereitschaft zu verzeichnen, sich nach der Rückkehr mit den staatlichen Organen auszutauschen. Dabei werden vielfach an Hand der Erlebnisse gewachsene politische Einsichten deutlich, die auch im innerkirchlichen Raum verbreitet werden (Verurteilung und Abgrenzung von Antikommunismus, Würdigung der sozialen Sicherheit in der DDR usw.).«[271]

Das Staatssekretariat für Kirchenfragen sprach Anfang Januar 1983 die staatliche Besorgnis über die Intensität der Ost-West-Wissenschaftlerkontakte im Bereich der Theologie aus. Im Vermerk Christoph Demkes heißt es:»Heinrich spricht den theologischen Austausch mit westdeutschen Fakultäten an, der nicht mehr in der gleichen Weise durchgeführt werden könne wie bisher, weil das Kulturabkommen noch fehle. Außerdem habe man den Eindruck, daß Dozenten von kirchlichen Ausbildungsstätten unverhältnismäßig stärker zu Gastvorlesungen in die Bundesrepublik Deutschland eingeladen werden, als dies bei Lehrkräften der Sektionen der Fall ist. Hier müsse auf eine Parität geachtet werden. Der Staat sei an einer Profilierung der theologischen Arbeit in der DDR durchaus interessiert, auch daß die theologische Arbeit in der DDR international vertreten wird; es dürfe aber der Theologenaustausch nicht in den Sog einer gesamtdeutschen Stimmung hineingeraten, die jetzt insbesondere vom Vorsitzenden der CSU wieder entwickelt wird.«[272]

Gleiches sagte auch Hans Wilke im Herbst 1984:»Es sei im Augenblick eine Profilveränderung der kirchlichen Ausbildungsstätten im Gange. Das werde sichtbar an den vielen Einladungen zu Gastvorlesungen herüber und hinüber. Die kirchlichen Ausbildungsstätten gäben sich dadurch den Anschein einer kirchlichen Universität.« Ziegler entgegnete, die »zunehmende[.] Einladung zu Gastvorlesungen [sei] auch ein Zeichen dafür, daß die theologische Arbeit in evangelischen Kirchen in der DDR Anerkennung finde.« Wilke beharrte auf seiner Auffassung, hier würden bewußt Parallelstrukturen entwickelt, gegen die – sollte diese Tendenz sich noch verstärken – »eines Tages [...] von seiten des Hochschulministeriums Einspruch erhoben werden müsse. Es sei zu fragen, wie denn die Absolventen der kirchlichen Ausbildungsstätten ihre Ausbildung in Philosophie und Gesellschaftswissenschaften erhielten. Unter der Hand laufe alles darauf hinaus, die kirchlichen Ausbildungsstätten den Universitäten gleichzustellen. Dieser Entwicklung müsse widersprochen werden.«[273]

Ende November 1984 hakte auch Hauptabteilungsleiter Heinrich in dieser Frage nach:»Die kirchlichen Hochschulen veränderten gegenwärtig ihr Profil. Es käme die Frage auf, ob überhaupt noch theologische Sektionen gebraucht würden. In den Unterrichtsplan finden Disziplinen Eingang, die nicht im bisherigen Rahmen liegen. Dadurch stelle sich die Frage nach dem Lehrplan und nach den Studentenzahlen an den kirchlichen Ausbildungsstätten. Durch diese Entwicklungen sei [...] nicht mehr zu umgehen, die Frage nach dem Status der Ausbildungsstätten zu stellen. Entweder würden die gegenwärtigen Entwicklungen sofort gestoppt, oder aber die Klärung der anstehenden Fragen sei unvermeidlich.«[274]

Das Problem blieb jedoch bestehen bzw. verschärfte sich aus der Perspektive des SED-Staates noch. 1987 schrieb das Staatssekretariat für Kirchenfragen:

»Deutlich intensiviert werden Bestrebungen, neue Wege zum Meinungsaustausch zu erschließen. Als bemerkenswert hat sich die Zusammenarbeit von kirchlichen und theologischen Ausbildungsstätten entwickelt. Dies zeigt sich an der Ausdehnung der Kontakte zu kirchlichen Ausbildungsstätten, Evangelischen Akademien und vor allem zu Theologischen Fakultäten der Universitäten in der BRD. Dozenten kirchlicher Ausbildungsstätten der Evangelischen Kirche in Berlin-Brandenburg, vor allem Sprachenkonvikt und der Predigerschule Paulinum, treten regelmäßig in der BRD auf. Dabei handelt es sich vorrangig um die Universitäten in Tutzingen[275], Tübingen, Heidelberg, Würzburg, Bonn und die Westfälische Wilhelms-Universität Münster.

Professoren, vor allem der Universitäten Tübingen, Heidelberg, Göttingen, Hamburg und der Ruhr-Universität Bochum, wirkten als Gastreferenten vor allem in der Evangelischen Akademie Berlin, Sprachenkonvikt und Pfarrerfortbildungsveranstaltungen in den einzelnen Sprengeln. Die Gastreferate haben vorrangig theologische Fragestellungen und Abhandlungen zum Inhalt, weniger Themen von politischer und gesellschaftlicher Relevanz. Herausragend ist allerdings die zunehmende Behandlung religionspädagogischer Fragen, die unter den Bedingungen eines sozialistischen Umfeldes reflektiert werden.«[276]

Insbesondere aus Berlin (West) suchten immer wieder junge Theologen aus der linksprotestantischen Szene den Weg an die Ost-Berliner theologische Fakultät. In keinem Fall gelang der »Transfer«.

Anfang November 1982 stellte der West-Berliner Pfarrer Bernd Krebs an den Sektionsdirektor Heinrich Fink einen Antrag auf Promotion und bat gleichzeitig, die Professoren Gerhard Bassarak und Rosemarie Müller-Streisand mit der Betreuung seiner Arbeit zu betrauen.

Ganz in der Diktion der Drei-Staaten-Theorie begründete der »Bürger West-Berlins« sein Verlangen so:

»Im Rahmen der Friedens- und Verständigungsarbeit der CFK-West-Berlin und der Ev. Martin-Luther-King Kirchengemeinde, deren Gemeindepfarrer ich bin, bemühe ich mich um die Aufarbeitung der jüngeren Zeitgeschichte; dazu gehört auch der regelmäßige Besuch mit Jugendgruppen in den Nationalen Mahn- und Gedenkstätte Sachsenhausen sowie in den ehemaligen Konzentrationslagern Auschwitz und Stutthof. Im Februar diesen Jahres konnte ich an einer von der CFK-DDR und der CFK-West-Berlin veranstalteten Ehrung zum 40. Todestag von Julius Bursche in Sachsenhausen teilnehmen. Die Auseinandersetzung mit der Geschichte des deutschen Faschismus bedeutet für mich auch, nach der Rolle der Kirchen vor und während des Hitlerfaschismus zu fragen. Die angestrebte Promotion soll hierzu einen kleinen Beitrag liefern – auf einem Teilgebiet, das in hiesigen wissenschaftlichen Veröffentlichungen bisher nur ungenügend beachtete, zumeist von ›Zeitzeugen‹ (ehemalige deutsche Pfarrer und Amtsträger in Polen) in apologetischer Tendenz bearbeitet wurde. Da Herr Prof. Dr. Bassarak als Ökumeniker (vgl. u. a. die Bearbeitung des Buches von Gastpary über Bursche) und Frau Prof. Dr. Müller-Streisand (vgl. u. a. Veröffentlichungen zu Barmen und dem Kirchenkampf) als Zeitgeschichtlerin den genannten Themenkreis in einem meinem theologischen und historischen Verständnis entsprechenden Ansatz bearbeitet haben, bin ich an einer Promotion an der Sektion Theologie der Humboldt-Universität sehr interessiert.«[277]

Der für den Gesellschaftwissenschaftlichen Bereich an der Sektion Theologie Zuständige, Winkler, schrieb am 16. Dezember 1982: »Die Antragstellung sollte nach Abstimmung mit dem ZK positiv beantwortet werden.«[278]

Der Antragsteller hatte das Glück, daß er aufgrund seiner Belastung im Pfarramt nur langsam vorankam und der Abschluß seiner Arbeit sich derart verzögerte, daß ihn die »Wende« davor bewahrte, seiner darob sorgenvollen

Kirche diese Pein zu bereiten. Im Frühjahr 1991 reichte er seine Dissertation bei der Christlich-Theologischen Akademie Warschau ein[279].

Am 4. März 1987 hielt der West-Berliner Theologe Friedrich-Wilhelm Marquardt, Schüler und Nachfolger Helmut Gollwitzers[280] auf dem Lehrstuhl für Systematische Theologie am Fachbereich Philosophie der Freien Universität[281], auf Einladung der Sektion Theologie der Humboldt-Universität in der Friedrichstadtkirche eine Gastvorlesung zum Thema »Wer ist Jesus Christus für uns heute?«[282] Unter den etwa achtzig Zuhörern waren Bischof Rogge, Vertreter der Studienabteilung des BEK, vier Superintendenten, zahlreiche Pfarrer, Theologen vom Sprachenkonvikt sowie Angehörige der theologischen Sektion. Gegenüber Berndt Winkler vom Ministerium für Hoch- und Fachschulwesen soll Marquardt bei der vorangegangenen Besichtigung der Ost-Berliner Universität geäußert haben, »daß er hier gespürt habe, was die eigentliche Berliner Universität sei«[283]. Winkler notierte über die Bedeutung der Veranstaltung:

»[...] Die inhaltliche Aussage des Vortrages als auch die Diskussion war eindeutig gegen die USA-Hochrüstung und gegen theologische Rechtfertigung von reaktionärer Politik gerichtet sowie deutlich gesellschaftskritisch gegenüber der BRD und WB [...] Die theologischen Kernaussagen sind von bündnispolitischer Bedeutung. Es wurde u. a. der Zusammenhang von Politik und Theologie herausgearbeitet [...] Beachtlich war die breite kirchliche Vertretung bei dieser Nachmittagsveranstaltung und die interessierte, gesprächsoffene Teilnahme von führenden Kräften der sogenannten unabhängigen Friedensbewegung [...] Prof. M[arquardt] weilte erstmals an der Humboldt-Universität. Er zählt zu den namhaften kämpferischen Theologen, die sich dem Erbe von Karl Barth und Dietrich Bonhoeffer verpflichtet fühlen [...] Eine auffällig interessierte Teilnahme von Theologiestudenten war festzustellen. Prof. M[arquardt] sollte als ständiger politischer und theologischer Gesprächspartner gewonnen werden.«[284]

Zwei Jahre später wurde der Versuch einer festeren Verknüpfung der Bande zwischen den fortschrittlichen FU- und den Sektions-Theologen der Humboldt-Universität unternommen.

Im April 1989 bemühte sich nämlich Hanfried Müller – Träger des Titels »Verdienter Hochschullehrer des Volkes«[285] – darum, einen jungen Wissenschaftler aus dem Schülerkreis Marquardts als Dozenten an die Berliner Sektion Theologie zu holen. Weil sein eigener Assistent aus Überzeugungsgründen kein theologisches Lehramt mehr übernehmen wollte und der Dozent für Systematische Theologie, Dieter Kraft[286], nach Müllers Emeritierung zum 31. August 1990 in dessen Professur nachrücken sollte, gab es wegen des knappen »Kaderreservoirs« einen Engpaß, den Müller durch »die Berufung eines Ausländers«[287] überbrücken wollte. Zu diesem Zweck schrieb er an Kurt Rätz vom ZK der SED, trug ihm seinen Gedanken vor und bat um eine »interne Prüfung« des politisch brisanten Plans, den übrigens auch der Sektionsdirektor, Heinrich Fink, unterstützte.

Er stellte – wohl an seine eigene Biographie denkend – dem Funktionär vor Augen, welche positive erzieherische Wirkung auf die Studierenden durch einen sozialistischen Theologen aus dem Westen ausgeübt werden könne, der freiwillig in die DDR umsiedele und zu den vor Ort üblichen Bedingungen arbeiten wolle. Im Falle von Schwierigkeiten sei es ein leichtes, den Zugewinn aus dem Westen »in sein Heimatland zurückkehren«[288] zu lassen. Bezogen auf das Verhältnis zwischen Sektion und Kirche, meinte er in diesem Zusammenhang:

»Letztlich hat die kirchliche Integration der Sektion Theologie in jüngerer Zeit erheblich zugenommen, und der Einfluß der Sektion auf die Gesamtkirche in der Richtung vertrauensvoller Kooperation statt einer Konfrontation im Blick auf das Verhältnis Kirche/Staat/sozialistische Gesellschaft kann durchaus künftig noch Bedeutung gewinnen.«[289]

Wissenschaftlich pries er den aus einem schwäbischen Pfarrhaus stammenden und in der ESG zum »Christen für den Sozialismus«[290] gewordenen Theologen Andreas Pangritz als exzellenten Bonhoeffer-Forscher, der »insbesondere warme Zustimmung« des im Internationalen Bonhoefferkomitee »führenden Altbischof D. Albrecht Schönherr« finde.[291] Schönherr habe an Pangritz' Dissertation über »Dietrich Bonhoeffers Forderung einer Arkandisziplin«[292] »besonders rühmlich« hervorgehoben, daß der Marquardt-Schüler »(im Unterschied zu sonst in der BRD Üblichem) [...] gerade die recht bedeutende Bonhoefferforschung der DDR voll berücksichtigt und gewürdigt habe«[293].

Rätz wandte sich mit Müllers Anliegen an Kraußer von der SED-Arbeitsgruppe für Kirchenfragen. Dieser schrieb am 31. Mai 1989 an den Genossen einen abschlägigen Brief[294]. Im Kulturabkommen mit der Bundesrepublik seien seines Wissens keine Gastprofessuren vorgesehen[295]. »Wenn ich die kirchenpolitische Situation, die Rolle der Theologischen Sektionen in der innerkirchlichen Auseinandersetzung und die Lage in den Theologischen Sektionen selbst, soweit sie mir bekannt sind, nehme, halte ich ein solches Projekt für überhaupt nicht opportun und zeitgemäß [...] [S]o mancher Theologe ›ganz links‹ nützt uns [...] im Theologenstreit in der innerkirchlichen Auseinandersetzung recht wenig.«[296] Er halte es überdies für angebracht, nicht nur einen klaren Befürworter in dieser Angelegenheit zu hören, sondern auch skeptische Stimmen. »Ich würde also Prof. Hanfried Müller in keiner Weise Hoffnung machen und vielleicht den Zusammenhang zu den Gesamtfragen, die damit verknüpft sind, herausstellen.«[297] Die »Wende« machte alle weiteren Überlegungen überflüssig.

ANMERKUNGEN ZUR EINLEITUNG

1 St. Heitmann, Die Revolution verkommt zur »Wende«. Über die Mängel des Gemeinwesens muß gesprochen, der Kommunismus muß delegitimiert werden, in: FAZ Nr. 204 vom 2.9.1994. Weiter heißt es hier: »Es mangelt am politischen Willen zu konsequenter Strafverfolgung der SED-Täter. Da sind sich ostdeutsche ›Überleiter‹ und westdeutsche ›Einfüger‹ merkwürdig einig [...] Ein Ministerpräsident, der unbestritten unzählige konspirative Gespräche mit der Staatssicherheit geführt, von ihr Orden und Geschenke erhalten hat, bleibt nach einer großangelegten Reinwaschaktion unerschüttert im Amt und einer der beliebtesten Politiker im Osten.«

2 Dieses und die folgenden Zitate: Debatte zum Bericht des Parlamentarischen Untersuchungsausschusses 1/3 des Landtages »Aufklärung der früheren Kontakte des Ministerpräsidenten Dr. Manfred Stolpe zu Organisationen des Staatsapparates der DDR, der SED sowie zum Staatssicherheitsdienst und der in diesem Zusammenhang erhobenen Vorwürfe«. Wortprotokoll der Plenarsitzung vom 16.6.1994.

3 Vgl. FAZ Nr. 215 vom 15.9.1994, 1 f.

4 Vgl. den offiziösen Artikel von R. Henkys, Kirchengeschichte im Bundestag. Anmerkungen zu einem Teilergebnis der Enquete-Kommission, in: EK 27 (1994), 450-453. Siehe auch U.-P. Heidingsfeld, Zur Einführung in diese Dokumentation, Berlin, Juli 1994, epd-Dok 32-33/94, 1-7.

5 Bericht der Enquete-Kommission des Deutschen Bundestages zu »Aufarbeitung von Geschichte und Folgen der SED-Diktatur in Deutschland« vom 31.5.1994, Drucksache 12/7820, 158-178, Zitat: 161.

6 Vgl. idea-Dokumentation 21/94.

7 Vgl. hierzu und zum folgenden idea-spektrum Nr. 38 vom 11.9.1994, 7.

8 Ebd. Vgl. auch P. Maser, SED und Kirche.

9 Vgl dazu Helmut Schmidt in den Ev. Komm. 14 (1981), 209-216.

10 Vgl. dazu G. Besier, Die evangelische Kirche in den Umbrüchen des 20. Jahrhunderts. Gesammelte Aufsätze, Bd. 2, Neukirchen-Vluyn 1994, bes. 3-132.

11 Vgl. dazu P. Lösche/F. Walter, Die SPD. Klassenpartei – Volkspartei – Quotenpartei, Darmstadt 1992, 332-336.

12 Vgl. KJ 1965, 47 ff.

13 So Willy Brandt in seinen »Erinnerungen«, 341 f.

14 DAS vom 11.1.1987. Hervorhebungen im Original.

15 Ebd. Vgl. zur Diskussion über die Wahlwerbung, KJ 1988, 147-154.

16 Vgl. z. B. H. Schmidt, Die Deutschen und ihre Nachbarn. Menschen und Mächte, Bd. 2, 57.

17 Vgl. z. B. die Wählerinitiative des Bochumer Sozialethikers Günter Brakelmann »Für eine konsequente Reform- und Friedenspolitik. Evangelische Christen zur Bundestagswahl 1980«. Vgl. auch F.J. Strauß, Erinnerungen, 506 f.

18 Vgl. N. Sommer, Der Sozialismus ist tot, es lebe der Sozialismus. Plädoyer für ein unaufgebbares Humanum. Denn die Idee ist älter als ihre Perversionen in der Politik, in: DAS vom 7.8.1992; vgl. ders. (Hg.), Der Traum aber bleibt.

19 K. Popper, Utopie und Gewalt, in: A. Neusüss (Hg.), Utopie. Begriff und Phänomen des Utopischen, 313-326, Zitat: 324. Siehe auch J. Fest, Der zerstörte Traum.

20 Vgl. dazu den Leserbrief Trutz Rendtorffs in der FAZ vom 8. September 1994.

21 Vgl. hierzu W. Pannenberg, Der Sozialismus – das wahre Gottesreich?, in: W. Teichert (Hg.), Müssen Christen Sozialisten sein?, 60-65; ders., Heiligung und politische Ethik – Ein kritischer Blick auf einige Grundlagen der Befreiungstheologien im Protestantismus, in: Herausforderung. Die Dritte Welt und die Christen Europas, Regensburg 1980, 79-107.

22 Vgl. dazu U. Wickert (Hg.), Angst vor Deutschland, Hamburg 1990.

23 Vgl. dazu J. Hempel, Wohin geht Gottes Volk? Vortrag zu den Theologischen Tagen »Gemeindebild – Gemeindewirklichkeit« der Sektion Theologie der Karl Marx-Universität zu Leipzig am 11./12. November 1987, in: ders., Kirche wird auch in Zukunft sein, 184-192, hier: 189. Vgl. auch das Grußwort des ÖRK, unterzeichnet von dem gegenwärtigen ÖRK-Generalsekretär, Konrad Raiser, aaO., 15.

ANMERKUNGEN ZU KAPITEL 1: Spaltungen

1 Im Ostteil der evangelischen Kirche Berlin-Brandenburg etwa ging der dortige Bischofsverweser, Günter Jacob, ungewöhnliche Wege. Ohne Rücksprache mit seiner Kirchenleitung nahm er 1966 beispielsweise am Staatsempfang Walter Ulbrichts zum 17. Jahrestag der DDR teil, was in einer Kirchenleitungssitzung am 8.10.1966 zu schweren Auseinandersetzungen mit dem Vorsitzenden der Kirchenleitung, Präses Fritz Figur, führte. Jacobs Nachfolger im Amt des Bischofsverwalters, der Eberswalder Generalsuperintendent Albrecht Schönherr, sprang dem Gescholtenen bei, indem er erklärte, er habe ebenfalls ohne Wissen der Kirchenleitung an einer Tagung des Staatssekretärs für Kirchenfragen teilgenommen. Als sich daraufhin die Empörung Figurs auch gegen ihn richtete, verließ er »unter lautem Zuknallen der Tür das Sitzungszimmer« (Information der Chefsekretärin des Konsistoriums, Ute Steinmetzger, alias GM »Birke«, an das MfS vom 15.10.1966, BStU Berlin, AIM 2834/88, II/1). Umgekehrt waren vertrauliche Gespräche zwischen DDR-kritischen kirchenleitenden Mitgliedern in Ost und West, die jene hätten stützen können, nur noch unter schwersten Bedingungen möglich. So trafen sich Ende Dezember 1966 im Prager Hotel »Paris« Bischof Kurt Scharf (West-Berlin) mit den Ost-Berliner Widersachern des Jacob-Schönherr-Kurses, Propst Siegfried Ringhandt und Fritz Figur. Das MfS war über die Begegnung informiert und ließ sich vom tschechischen Geheimdienst berichten (BStU Berlin, MfS AP 2352/79 Z; vgl. auch Information Steinmetzger, BStU Berlin, AIM 2834/88, II/1). Kurz darauf, am 5.1.1967, konnte sich Schönherr mit acht Stimmen knapp gegen seinen Mitkandidaten (Generalsuperintendent Lahr, Potsdam, der sechs Stimmen erhielt) für das Amt des Bischofsverwalters durchsetzen – eine Niederlage für die Befürworter einer Abgrenzung vom SED-Staat. Im West-Berliner Konsistorium war man über den Ausgang der Wahl »verzweifelt« (vgl. BStU Berlin, AIM 2834/88, II/1). Mit dieser Personalentscheidung war die definitive Spaltung der Berlin-Brandenburgischen Kirche vorprogrammiert.

2 Vgl. hierzu und zum folgenden G. Besier, Der SED-Staat und die Kirche. Der Weg in die Anpassung, 633 ff. Nach »Fürstenwalde« schrieb der neugewählte Oldenburger Bischof Heinrich Harms an Krummacher: »Darf ich die Gelegenheit dieses Briefes benutzen, um Ihnen auch ganz persönlich zu danken für das, was Sie in Fürstenwalde für die Synode der ganzen Evangelischen Kirchen in Deutschland ausgesprochen haben? Sie werden ja wissen, wie sehr Synode und Kirchenkonferenz Anteil genommen haben an Ihrem Tun und an Ihrem Zeugnis. Ich möchte es aber auch noch einmal persönlich zum Ausdruck bringen dürfen. Ich hoffe, daß auch unsere persönliche Verbindung erhalten bleibt« (Harms an Krummacher vom 12.4.1967, BStU Berlin, MfS 11318/92, Handakte Krummacher 1966-1968). Theodor Schober, Präsident des Diakonischen Werkes in Stuttgart, schrieb am

21.4.1967 an Frau Krummacher: »Ich weiß nicht, ob ich Ihren Herrn Gemahl in den kommenden Tagen in Dachau sehen werde. Auf jeden Fall bitte ich, ihm meine ehrerbietigen Grüße zu übermitteln. Was sein Wort auf der Synode für uns alle bedeutet, wird wohl erst später einmal ganz deutlich werden. Jedenfalls danke ich ihm sehr« (a.a.O., 40). Krummacher nutzte einen Aufenthalt in der ČSSR vom 7.-12.12.1966, um sich mit Bischof Kurt Scharf zu treffen. Auf einen entsprechenden Hinweis des MfS hin beobachteten die »Sicherheitsorgane der ČSSR« die beiden Theologen (BStU Berlin, MfS, XX/4, 13848/66).

3 Vgl. dazu H. Kremser, Der Rechtsstatus der evangelischen Kirchen in der DDR, 43 ff.; Th. Boese, Die Entwicklung des Staatskirchenrechts in der DDR von 1945 bis 1989, 168 ff.

4 Notizen (Lotz) über die Konferenz der Kirchenleitungen vom 12.3.1968, BStU Berlin, MfS AIM 3043/86, Bd. II/4, 223 f. Vgl. auch Niederschrift Stolpe über die Sitzung der Konferenz der Evangelischen Kirchenleitungen in der Deutschen Demokratischen Republik am 12. März 1968 in Berlin-Weißensee [...] [Krummacher] nimmt zu Fragen der gesamtkirchlichen Organisation Stellung. EZA Berlin, 102/13.

5 Der Beitrag Mitzenheims auf der Bürgervertreterkonferenz in Weimar am 29.2.1968 ist abgedruckt in KJ 1968, 176 f., Zitat: 177.

6 Treffbericht Sgraja mit Lotz vom 20.3.1968, BStU Berlin, MfS AIM 3043/86, Bd. II/4.

7 Ebd.

8 Ebd.

9 Vgl. dazu G. Besier, Auf der politischen Nebenbühne, 232. Es entsprach Mitzenheims Verständnis des Verhältnisses von Staat und Kirche, daß er als Bischof persönliche Briefe an Staatssekretäre und Minister richtete, ohne daß dies öffentlich bekannt wurde. So schrieb er beispielsweise am 26.11.1969 einen Protestbrief an Seigewasser wegen Verächtlichmachung des christlichen Glaubens im sozialistischen Bildungssystem (BStU Berlin, Handakte Mitzenheim 11364/92, 44-47). Am 10.1.1969 hatte er an Stasi-Minister Mielke geschrieben und um die Freilassung inhaftierter Jenaer Theologiestudenten gebeten, die gegen den Verfassungsentwurf protestiert hatten (a.a.O., 62 f.). Vgl. hierzu Linke, Theologiestudenten, 212-220, insbes. 216-218. Vgl. auch die anderen Mitzenheim-Akten des MfS: BStU Berlin, MfS 334/66; 11226/92; 12650/92. Mitzenheim verfuhr hier ähnlich wie der hannoversche Landesbischof Marahrens im NS-Staat. Götting war über die SED-Religionspolitik wenig glücklich. Am 12.8.1967 brachte er gegenüber Quast »zum Ausdruck, daß es sich als Stellvertreter des Vorsitzenden des Staatsrates und Generalsekretär der CDU nicht leisten könne, das Auf und Ab in der Kirchenpolitik von einigen Partei- und Staatsfunktionären mitzumachen. Das habe bisher nur Autoritätsverlust eingebracht. Die ständigen Änderungen in der staatlichen Kirchenpolitik würden sich auf die Stellung eines Sekretärs nicht so negativ auswirken«. Darum trete er von der Kirchenpolitik zurück und überlasse sie einem Sekretär des Hauptvorstandes. Bericht Quast (GI »Otto«) an seinen Führungsoffizier, BStU Berlin, 3010/68, II/2, 103.

10 NZ vom 31.3.1968.

11 Niederschrift GI »Elfie« vom 15.4.1968 über eine Aussprache mit Lotz am 11.4.1968, BStU Berlin, MfS AIM 3043/86, Bd. I/1.

12 Auf dem Pflugensberg befindet sich der Dienstsitz der Thüringer Kirchenleitung.

13 Niederschrift GI »Elfie« vom 15.4.1968 über eine Aussprache mit Lotz am 11.4.1968, BStU Berlin, MfS AIM 3043/86, Bd. I/1.

14 Vgl. dazu C. Vollnhals, Oberkirchenrat Gerhard Lotz und das Ministerium für Staatssicherheit.

15 Vgl. Lotz' Würdigung und Auszeichnungen in einem Papier des Staatssekretariats für Kirchenfragen vom 15.3.1965, BA, Abt. Potsdam, O-4, 478. 1970 erhielt er von Mielke die Verdienstmedaille der NVA in Gold, 1976 den Ehrentitel »Verdienter Mitarbeiter der Staatssicherheit«, BStU Berlin, MfS AIM 3043/86, Bd. I/2.

16 Vgl. dazu Information 354/68 des MfS HA XX/4 vom 1.4.1968 über die Frühjahrssyn-

oden der Evangelischen Kirchen der Kirchenprovinz Sachsens und Thüringens, BStU Berlin, ZAIG Z 1466.

17 LKA Hannover, D 15 XII, K 66/343/III.

18 Ebd.

19 Vgl. Suche den Frieden. Texte der Prager Friedenskonferenz vom März 1968.

20 Niederschrift GI »Elfie« vom 15.4.1968 über eine Aussprache mit Lotz am 11.4.1968, BStU Berlin, MfS AIM 3043/86, Bd. I/1.

21 Vgl. zu Krummacher G. Besier, Der SED-Staat und die Protestanten.

22 Vgl. Niederschrift Stolpe über die Sitzung der Konferenz der Evangelischen Kirchenleitungen in der Deutschen Demokratischen Republik am 12.3.1968 in Berlin-Weißensee, EZA Berlin, 102/13. Vgl. auch Schreiben Beste an Seigewasser vom 1.8.1968, EZA Berlin, 102/4.

23 Das Tabu der Einheit. Erwägungen zur Ost-West-Gemeinschaft in der EKD (Redaktionsartikel), in: Evangelische Kommentare 1 (1968), 180-186.

24 Information Geplante Strukturveränderungen der sogenannten Evangelischen Kirche in Deutschland vom 21.5.1968, BStU Berlin, MfS AIM 3043/86, Bd. II/4.

25 Vgl. BStU Berlin, MfS AIM 3043/86, Bd. II/4 und BStU Berlin, MfS A 1822/64, Bd. 5.

26 Text der »Ordnung«: BStU Berlin, MfS AIM 3043/86, Bd. II/5.

27 Vgl. Treffbericht Sgraja-Roßberg vom 2.8.1968 mit Lotz am 30.7.1968, BStU Berlin, MfS AIM 3043/86, Bd. II/4.

28 Bericht Flint vom 24.7.1968 über Gespräch mit Lotz am 23.7.1968, BStU Berlin, MfS AIM 3043/86, Bd. II/5.

29 BStU Suhl, AIM 915/88.

30 Vgl. Bericht aus Uppsala 1968, Offizieller Bericht über die vierte Vollversammlung des Ökumenischen Rates der Kirchen, Uppsala, 4.-20.7.1968, hg. von Norman Goodall, Genf 1968.

31 Reg.-Nr. MfS 1387/59 bzw. 10679/60.

32 BStU Berlin, MfS AIM 3043/86, Bd. II/4. Ähnliche Berichte über Scharfs Tätigkeit in Uppsala erhielten die staatlichen Stellen auch von Klages, Trebs, Ordnung und Bassarak; Scharf habe sich während der Konferenz »vermutlich ausschließlich mit Kader- und Strukturfragen beschäftigt« (Kurzbericht Flint vom 1.8.1968 über Gespräch mit Lotz am 31.7.1968, BStU Berlin, MfS AIM 3043/86, Bd. II/5).

33 Kurzbericht Flint vom 1.8.1968 über Gespräch mit Lotz am 31.7.1968, BStU Berlin, MfS AIM 3043/86, Bd. II/5; vgl. auch Bericht Flint vom 24.7.1968 über Gespräch mit Lotz am 23.7.1968, a.a.O. Safts Nominierung wurde im thüringischen Landeskirchenrat neben Braecklein von den Oberkirchenräten Walter Sieber (IM »Günter«), Hartmut Mitzenheim (IM »Klinger«) und Wolfram Johannes (IM »Nettelbeck«) gestützt. Vgl. dazu W. Schilling u. a. (Hgg.), Die »andere« Geschichte, 201 f.

34 Auszug aus einem IM-Bericht »Elfie« über Gespräch mit Lotz, o. D., BStU Berlin, MfS AIM 3043/86, Bd. II/5.

35 Vgl. zur SED-Sicht der Okkupation die Propagandaschrift: Antwort auf brennende Fragen. Zur Vorgeschichte des 21. August 1968. Was wollten die Feinde von Frieden und Fortschritt? Mit wem – gegen wen? Der Standpunkt der DDR, Berlin (Ost) 1968. Zum Gesamtkomplex vgl. A. Mitter/St. Wolle, Untergang auf Raten, 367 ff.

36 Vgl. dazu A. Schönherr, ... aber die Zeit war nicht verloren, 234 f.

37 Vgl. dazu Einzel-Information Nr. 920/68 des MfS HA XX/4, BStU Berlin, ZAIG Z 1549. Bereits während der IV. Vollversammlung des Ökumenischen Rates der Kirchen im Juli 1968 hatte Schönherr die beabsichtigte Trennung mit Präses Wilm und anderen Kirchenmännern erörtert. Vgl. Schönherr, ... aber die Zeit war nicht verloren, 251.

38 Vgl. Besier, Der SED-Staat und die Kirche. Der Weg in die Anpassung, 684 ff. Mitzenheim teilte unter dem 5. September 1968 dem Leipziger Rektor Siegfried Krügel mit, sein Landeskirchenrat habe beschlossen, »in der gegenwärtigen weltpolitischen Situation keine Abkündigung an die Gemeinde oder sonstige Äußerung ausgehen zu lassen, auch keine besondere Formulierung des Gebets um Frieden, da die in der Agende angebotenen

Formulierungen wie bisher als ausreichend angesehen werden«. BStU Berlin, 11364/92. Am 10.9.1968 übermittelte Major Meiler von der BV Leipzig, MfS Abt. XX, an die HA XX/4 den Wortlaut dieses Briefes und vermerkte, Mitzenheim habe ihn am 5.9.1968 an IM »Lorac« geschrieben (a.a.O.).

39 Treffbericht Roßberg vom 30.9.1968 mit Konrad Müller vom 26.9.1968, BStU Berlin, MfS A 1822/64, Bd. 5.

40 Vgl. Besier, Der SED-Staat und die Kirche. Der Weg in die Anpassung, 685 ff. Eine detaillierte Darstellung der Vorgänge enthält die Berichtsakte Steinmetzger, BStU Berlin, AIM 2834/88, II/2, 86-111. Aufgrund der genauen Informationen des Staatssekretärs für Kirchenfragen über alle internen Belange der Kirchenleitung Berlin-Brandenburg vermutete man im Konsistorium, es befänden sich überall Abhörgeräte (a.a.O., 114). Günter Jacob betrachtete sich als geistiger Urheber des Briefes an die Böhmischen Brüder (a.a.O., II/3, 92; 148 f.). Zur Würdigung anläßlich seines 80. Geburtstages vgl. KiS 1/86.

41 Wegen seiner oppositionellen Haltung – insbesondere hinsichtlich der Spaltung der Berlin-Brandenburgischen Kirche – wurde Ringhandt fortwährend von IM's in seiner Umgebung beobachtet, um ihn zu kontrollieren und mit anonymen Briefen zu diskreditieren. Unter den IM's befand sich auch Schönherrs Sekretärin Anita Steinmetzger. Vgl. deren Berichte: BStU Berlin AIM 2834/88, II/3, 97 ff.; 198 und II/4, 12.

42 Einzel-Information 1031/68 des MfS HA XX/4 vom 12.9.1968 über die Haltung verschiedener Landeskirchen der evangelischen Kirche der DDR zu den Ereignissen in der ČSSR vom 12.9.1968, BStU Berlin, ZAIG Z 1573.

43 BStU Berlin, Bericht Quast (GI »Otto«) an seinen Führungsoffizier vom 19.9.1968, AIM 3010/68, II/2.

44 Vgl. Bericht Steinmetzger vom 20.9.1968, BStU Berlin, AIM 2834/88, II/2.

45 Aktenvermerk Pabst vom 24.1.1969 über Teilnahme an der Tagung der Synode der Ev.-Luth. Kirche in Thüringen vom 5.-8.12.1968, LKA Hannover, D 15 XII, K 66/343/III.

46 Einzel-Information 1031/68 des MfS HA XX/4 vom 12.9.1968 über die Haltung verschiedener Landeskirchen der evangelischen Kirche der DDR zu den Ereignissen in der ČSSR vom 12.9.1968, BStU Berlin, ZAIG Z 1573, und speziell zur provinzsächsischen Kirche: Einzel-Information Nr. 921/68 vom 27.8.1968, BStU Berlin, ZAIG Z 1550. Vgl. dazu auch J. Jänicke, Ich konnte dabei sein, 219-224.

47 Abschrift des »Wortes«: Einzel-Information 1031/68 des MfS HA XX/4 vom 12.9.1968 über die Haltung verschiedener Landeskirchen der evangelischen Kirche der DDR zu den Ereignissen in der ČSSR vom 12.9.1968, BStU Berlin, ZAIG Z 1573.

48 Bericht Günther über Persönliche Stellung des IMS »Cornelius« (alias M. Haustein) zu Fragen der ČSSR vom 8.10.1968, BStU Leipzig, 571/86, II/1, 45 f., Zitat: 46.

49 Vgl. Einzel-Information Nr. 927/68 vom 28.8.1968, BStU Berlin, ZAIG Z 1567.

50 Vgl. Besier, Der SED-Staat und die Kirche. Der Weg in die Anpassung, 672 ff.

51 Vgl. a.a.O., 676 ff.

52 Treffbericht Roßberg vom 30.9.1968 mit Müller am 26.9.1968, BStU Berlin, MfS A 1822/64, Bd. 5.

53 Vgl. BStU Berlin, MfS AIM 3010/68.

54 Vertraulicher Vermerk Stolpe vom 1.11.1968 über Gespräch mit Götting am 31.10.1968, EZA Berlin, 102/33.

55 Ebd.

56 Ebd.

57 Die Schmähartikel und anonymen Briefe sind mitsamt allen Entwürfen im Ordner BStU Berlin, HA XX/4-15, 396-422, abgelegt. Vgl. BStU Berlin, MfS 10668/92; 11319/20; 11320/92; 11365/92; 11422/92. Sie bezichtigten Krummacher einer »faschistischen« Vergangenheit, waren von MfS-Offizieren aufgrund der ihnen vorliegenden Akten verfaßt und wurden – um von den wahren Urhebern abzulenken – in Westdeutschland in den Briefkasten gesteckt.

58 Vgl. dazu auch die Information 1393/68 des MfS HA XX/4 über die Konferenz der evangelischen Bischöfe der DDR am 9.12.1968 und über die Konferenz der evangelischen

Kirchenleitungen der DDR am 10.12.1968 in Berlin, BStU Berlin, ZAIG Z 1624. Bei diesen »Informationen« handelt es sich um Zusammenstellungen aus IM-Berichten. Da – wie etwa bei den Bischofskonferenzen – nur wenige Personen anwesend waren, enthalten die »Informationen« oft den Schlußvermerk: »Diese Information darf im Interesse der Sicherheit der Quellen nicht öffentlich ausgewertet werden.«

59 Es handelte sich um den juristischen Oberlandeskirchenrat Dr. Reinhard Fritsch aus der Evangelisch-lutherischen Landeskirche Hannovers.

60 BStU Berlin, MfS A 1822/64, Bd. 5.

61 Vgl. Niederschrift Stolpe über die Sitzung der Konferenz der Evangelischen Kirchenleitungen in der Deutschen Demokratischen Republik am 10.12.1968 in Berlin-Weißensee. Dort hieß es lapidar: »Die Kirchenleitungen aller evangelischen Kirchen in der DDR [...] halten einen Zusammenschluß für notwendig.« EZA Berlin, 102/13.

62 BStU Berlin, MfS A 1822/64, Bd. 5.

63 Reg.-Nr. MfS 1683/57 bzw. MfS. 10672/60; BStU Berlin, AIM 1377/62. Vgl. dazu G. Besier, Evangelische Kirche in der DDR: Der Fall Hans-Joachim Weber; C.M. Raddatz, IM »Bastler« in Greifswald. Buchhaltung für das MfS. OKR Dr. Weber als Informant, in: ZdZ 48 (1994), 145-149.

64 Vgl. Information Sgraja-Laux vom 12.12.1968 über Bischofskonferenz vom 9.12.1968 und Konferenz evangelischer Kirchenleitungen am 10.12.1968, BStU Berlin, MfS 3043/86, Bd. II/5.

65 Ebd.

66 Ebd.

67 Ebd.

68 Ebd.

69 So die Kritik von Präsident Schnell vom Lutherischen Kirchenamt Hannover, Vertrauliche Anlage zur Niederschrift Zeddies über die regionale Sitzung der Kirchenleitung der Vereinigten Kirche am 28.2.1968, LKA Hannover, D 15 XII, K 35/224/V.

70 Ebd.

71 Ebd.

72 Ebd.

73 Ebd.

74 Niederschrift über die regionale Sitzung der Kirchenleitung der VELK am 9.4.1968 in Ost-Berlin, a.a.O.

75 Niederschrift über die regionale Sitzung der Kirchenleitung der VELK am 7.6.1968 in Ost-Berlin, a.a.O. Einige Zeit vor der für den Juni 1968 in Freiberg geplanten 2. regionalen Tagung der IV. Generalsynode der VELKD hatte Seigewasser gegenüber Braecklein bemerkt, man solle »einen Schritt nach vorn tun. Man wisse um die verschiedenen Vorschläge, die es kirchlicherseits gebe (EKD einbezogen), die aber von westlichen kirchlichen Stellen aufgehalten würden« Vermerk Grauheding vom 29.5.1968 über Gespräch Seigewasser-Braecklein am 28.5.1968, LKA Hannover, D 15 XII, K 25/21411.

76 Niederschrift über die regionale Sitzung West der Kirchenleitung der Vereinigten Kirche am 2.9.1968, LKA Hannover, D 15 XII, K 35/224/V.

77 Niederschrift über die Sitzungen der Kirchenleitung der Vereinigten Kirche am 2.9.1968 in Berlin, a.a.O.

78 Ebd. In einer anderen Niederschrift dieser Sitzung heißt es außerdem: »Die Notwendigkeit einer regionalen Ordnung der Vereinigten Kirche im Sinne des beschlossenen Entwurfes müßte nach Ansicht der Kirchenleitung auch gegenüber der Strukturkommission vertreten werden« (a.a.O.). Dieser Satz läßt erkennen, daß man wohl wußte, welche Probleme man dem im Entstehen begriffenen Kirchenbund mit diesem Schritt bereitet hatte.

79 Information des RdB Schwerin vom 27.1.1969 über einige aktuelle kirchenpolitische Aspekte, BStU Berlin, MfS A 1822/64, Bd. 5.

80 Zitiert nach Abt. Internationale Beziehungen, Information Hans Weise vom 9.4.1981 über die ökumenischen Beziehungen zwischen dem Bund der Evangelischen Kirchen

und der Evangelischen Kirche in Deutschland unter besonderer Beachtung »gesamt-deutscher Intentionen bei der Schaffung der VEK«, BA, Abt. Potsdam, O-4, 4871.

81 Generalsynode 1968, LKA Hannover, D 15 XII, K 24/21410 E 1.

82 A.a.O.

83 A.a.O.

84 A.a.O.

85 Vgl. auch den Tätigkeitsbericht der regionalen Kirchenleitung der VELKD (DDR-Be-reich). Berichtszeit: Juni 1967-November 1968, LKA Hannover, D 15 XII, K 25/21411. Auch vom MfS HA XX/4 liegt eine Einzel-Information Nr. 1376/68 über die VELK-Synode Ende November 1968 in Freiberg vor: BStU Berlin, ZAIG Z 1620.

86 Niederschrift Heidler über die Sitzung der Kirchenleitung der Vereinigten Kirche in der DDR am 11.12.1968 in Berlin, LKA Hannover, D 15 XII, K 35/224/V.

87 Langfassung der Niederschrift über die Sitzung der Kirchenleitung der VELK DDR am 11.12.1968, a.a.O.

88 A.a.O., 62.

89 Ebd.

90 Ebd.

91 Niederschrift Zeddies über die Sitzung der Vereinigten Kirche in der DDR am 14.1.1969, LKA Hannover, D 15 XII, K 35/224/V.

92 Vgl. dazu Niederschrift der Sitzung der Kirchenleitung der VELK DDR am 9.3.1969, a.a.O.

93 Beste an Heidler vom 10.2.1969, a.a.O.

94 Ebd.

95 Vgl. Entschließung der Generalsynode der VELK DDR vom 6.7.1969. Abgedruckt in KJ 1969, 344 f. Abschrift des Oberkirchenrats Schwerin für die Landessuperintendenten, BStU Berlin, MfS A 1822/64, Bd. 5.

96 Vgl. Information über die Bischofskonferenz am 27.2.1969, BStU Berlin, MfS 3043/86, Bd. II/5, 91. Vgl. auch Niederschrift Stolpe vom 10.12.1968 über die Sitzung der Konfe-renz der evangelischen Bischöfe in der DDR am 9.12.1968 in Berlin, EZA Berlin, 102/15. Zu einer Diskussion über Art. 4,4 macht das Protokoll keine Angabe. Vgl. ebd. Vgl. auch überarbeiteter Entwurf der Strukturkommission vom 6.2.1969, Ordnung des Bundes der Evangelischen Kirchen in der Deutschen Demokratischen Republik, EZA Berlin, 102/34.

97 Aktenvermerk Pabst über Frühjahrstagung 1969 der Synode der Ev.-Luth. Kirche in Thüringen, LKA Hannover, D 15 XII, K 66/343/III. Auch auf der VELKD-Generalsyn-ode in Augsburg beschloß man die Beibehaltung des Namens »VELKD«, um die Konti-nuität zu bewahren, wie Frank (Hannover) auf der VELK DDR-Kirchenleitungssitzung am 2.4.1969 bereits vorab mitteilte. Vgl. LKA Hannover, D 15 XII, K 35/224/V.

98 Aktenvermerk Pabst über Frühjahrstagung 1969 der Synode der Ev.-Luth. Kirche in Thüringen, LKA Hannover, D 15 XII, K 66/343/III. Die folgenden Zitate ebd.

99 Ebd.

100 Ebd.

101 Ebd.

102 Während der thüringischen Synode Anfang Dezember 1969 teilte Mitzenheim offiziell mit, daß er im Laufe des Jahres 1970 in den Ruhestand treten werde. Vgl. Aktenver-merk Pabst über Tagung der Synode der Ev.-Luth. Kirche in Thüringen vom 7./8.12.1969, LKA Hannover, D 15 XII, K 66/343/III. Während der 6. KKL-Tagung am 9.5.1970 würdigte Schönherr die Arbeit des aus dem Amt scheidenden Mitzenheim. Vgl. EZA Berlin, 102/45.

103 Aktenvermerk Pabst über Frühjahrstagung 1969 der Synode der Ev.-Luth. Kirche in Thüringen, LKA Hannover, D 15 XII, K 66/343/III.

104 Vgl. hierzu und zum folgenden Information vom 14.6.1969, BStU Berlin, MfS 3043/86, Bd. II/5, 126.

105 Zu Pabst, den das MfS vergeblich zu werben suchte, vgl. dessen Akte BStU Berlin, AP 20940/92, II.

106 Gemeint ist die Barmer Theologische Erklärung vom Mai 1934 und die damit verbundene Formierung der Bekennenden Kirche.

107 Gemeint ist das ena-Interview Albrecht Schönherrs. Abgedruckt bei R. Henkys, Bund der Evangelischen Kirchen, 127 ff.

108 Vgl. Interview mit Mitzenheim, Rudolf Lotz, Gerhard Lotz und Hermann Kalb in NZ 109 vom 11.5.1969, abgedruckt in KJ 1969, 268-271.

109 Griech.: Kraft, Stärke.

110 EZA Berlin, 4/67.

111 Zur außerordentlichen Provinzialsynode der Evangelischen Kirche in Berlin-Brandenburg im Frühjahr 1969 wurden Batik-Protesttücher gegen die Kirchenbundgründung verteilt; zahlreiche Synodale hatten sich ebenfalls gegen den Kirchenbund ausgesprochen. Vgl. BStU Berlin, AIM 2834/88, II/3, 62; 64 f.

112 Vgl. Protokoll der Sitzung Nr. 29/69 des Politbüros des ZK der SED vom 25.7.1969, Punkt 10 und Anlage Nr. 8, SAPMO-BA ZPA J IV 2/2A/1382.

113 Ebd.

114 Treffbericht Sgraja vom 14.7.1969 mit Müller am 10.7.1969, BStU Berlin, MfS A 1822/64, Bd. 5.

115 Treffbericht Sgraja vom 16.7.1969 über Treff mit Lotz am 15.7.1969, BStU Berlin, MfS 3043/86, Bd. II/6, 4-6.

116 Vgl. Abteilung XX, Information vom 16.9.1969 zur Synode des Bundes der ev. Kirche der DDR in Hermannswerder, BStU Berlin, AIM, 2834/88, Bd. 3. Das MfS war über die Verhältnisse im Konsistorium in der Neuen Grünstraße bestens informiert. Von der in diesem Fall als Quelle dienenden Schönherr-Sekretärin Anita Steinmetzer (IM »Birke«) bis hin zur Reinigungskraft Ingeborg Günther (IM »Theater«), BStU Berlin, AIM 4987/73, I/1; waren im Konsistorium in allen Diensträngen Inoffizielle Mitarbeiter vertreten.

117 Vgl. E. Neubert, Untersuchung zu den Vorwürfen gegen den Ministerpräsidenten des Landes Brandenburg Dr. Manfred Stolpe, 23 ff.

118 Zeugenaussage des MfS-Mannes Kurt Schimpf, Bericht des Brandenburgischen Landtages vom 29.4.1994, Drucksache 1/3009, Bd. 1, 144.

119 Vgl. Besier, Der SED-Staat und die Kirche. Der Weg in die Anpassung, 509 ff.

120 Bericht des Brandenburgischen Landtages vom 29.4.1994, Drucksache 1/3009, Bd. 1, 145 f.

121 So Neubert, Untersuchung, 28.

122 Einschätzung E. Hüttner vom 20.10.1969 der ersten BEK-Synode am 10.-14.9.1969 in Potsdam-Hermannswerder, SAPMO-BA ZPA J IV 2/2/J-2742.

123 Vgl. T. Krone/R. Schult (Hgg.), Seid untertan der Obrigkeit, 25.

124 Information vom 10.9.1970 über ein vertrauliches Gespräch zwischen Bischof Schönherr, Berlin, und Oberkirchenrat Lotz, Eisenach, am 28.8.1970, BStU Berlin, MfS 3043/86, Bd. I/2.

125 Vgl. Protokoll Schönherr-Stolpe-Pabst über 4. Tagung der KKL DDR am 10.1.1970, EZA Berlin, 102/45.

126 Vgl. z. B. Vermerk Behm über die Sitzung des Präsidiums und des Vorbereitenden Ausschusses der Synode am 18.1.1971, EZA Berlin, 101/33.

127 Schreiben Ringhandt an Stolpe vom 2.2.1970, EZA Berlin, 102/4. Vgl. auch KJ 1971, 332-335. Am 31.10.1980 soll Kirchenpräsident Eberhard Natho Abteilungsleiter Hans Wilke im Staatssekretariat folgende Information gegeben haben: »OKR Stolpe ist die Funktion des Konsistorialpräsidenten in Berlin angeboten worden. Da ›viele Leute‹ versuchen, ihm im ›Bund‹ die Arbeitsmöglichkeiten zu beschränken, ihm auch sein Titel ›Generalsekretär‹ auf Bitten von Schönherr – ›der keine solche Funktionsbezeichnung ertragen kann‹ – in ›Leiter des Sekretariats‹ verändert wurde und er in vielen innerkirchlichen Dingen keine positive Entwicklung erkennen kann, erwägt Manfred Stolpe, die Berliner Funk-

tion anzunehmen und dem Wunsch dieser Kirchenleitung zu entsprechen, die ihn ja einmal für die Tätigkeit im BEK ›befristet freigegeben‹ hat« (Vertrauliche Zusatzinformation Wilke vom 4.2.1980 über Besuch bei Natho am 31.1.1980, BA, Abt. Potsdam, O-4, 414). Die staatlichen Stellen benutzten im Zusammenhang mit Stolpes Funktion grundsätzlich die Amtsbezeichnung »Generalsekretär«.

128 Treffbericht vom 28.1.1970 über Treffen Sgraja und Buhl mit Lotz am 23.1.1970, BStU Berlin, 3043/86, Bd. 5.

129 Aktenvermerk Pabst (von Ende September/Anfang Oktober 1970) über Staatsakt zum 21. Geburtstag der DDR, EZA Berlin, 102/82.

130 Aktenvermerk Pabst über eine Unterredung im Staatssekretariat für Kirchenfragen am 18.9.1969, EZA Berlin, 102/34.

131 Ebd. Vgl. auch Vermerk Stolpe vom 1.10.1969 über ein Gespräch von Vertretern des Vorstandes der KKL in der DDR mit Seigewasser am 25.9.1969, a.a.O.

132 Treffbericht GI »Otto« vom 9.10.1969, BStU Berlin, AIM 3010/68, II/2.

133 Folgende Kommissionen wurden gegründet: Ausbildung, Ökumene, Publizistik, Unterweisung, Finanzen (Vermögen, Grundstücke, Forst- und Landwirtschaft), Organisations-, Verwaltungs- und Rechtsfragen, Gestalt und Gestaltwandel der Gemeinden (Leben in den Gemeinden) und Kirche und Gesellschaft (Institute, gesamtkirchliche Forschungsstelle).

134 Vgl. dazu Besier, Der SED-Staat und die Kirche. Der Weg in die Anpassung, 715 ff.

135 Information [Müller] vom 29.10.1969 über die Sitzung der Konferenz der Kirchenleitungen in der DDR am 25.10.1969, BStU Berlin, A 1822/64, Bd. 5.

136 Vgl. Vermerk Pabst über ein Gespräch im Staatssekretariat für Kirchenfragen am 18.11.1969, EZA Berlin, 102/34.

137 Niederschrift über die Besprechung betr. Nomenklatur am 23.3.1970, EZA Berlin, 102/35.

138 Kurzvortrag Willi Barth über den BEK während einer Beratung mit dem Staatsamt für Kirchenfragen der ČSSR vom 2.-4.2.1970, SAPMO-BA ZPA IV A2/14/16.

139 Ebd.

140 Ebd.

141 Vgl. dazu Besier, Auf der kirchenpolitischen Nebenbühne, bes. 232 ff.

142 Vermerk Pabst vom 16.2.1970 über Gespräch mit Quast am 13.2.1970, EZA Berlin, 102/833.

143 Grußwort Pabst am 26.6.1970, a.a.O.

144 Vermerk Pabst/Stolpe vom 10.9.1970, a.a.O.

145 Vgl. unten, 125 ff.

146 Vertraulicher Vermerk Stolpe vom 18.6.1970 über Gespräch Seigewasser-Schönherr am 10.6.1970, EZA Berlin, 102/641, Bd. III.

147 Vgl. Information der Arbeitsgruppe Kirchenfragen an die Mitglieder und Kandidaten des Politbüros und des Sekretariats des ZK der SED vom 18.6.1970 über die EKU-Synode in Magdeburg vom 22.-24.5.1970, SAPMO-BA ZPA J IV 2/2/J-3013.

148 Vermerk Lewek über die erste Tagung der 4. Synode der EKU vom 22.-24.5.1970 in Magdeburg, EZA Berlin, 102/67.

149 Ebd. Vor diesem konfessionspolitischen Hintergrund ist auch Heidlers Ausarbeitung zum Verhältnis von Staat und Kirche in der DDR interessant. Darunter befanden sich folgende Fragenkomplexe: »Die wirtschaftlich-gesellschaftliche und die ethisch-ideologische Seite des Marxismus-Leninismus. Die positiven Elemente der marxistischen Ethik. [...] Die Frage der Veränderbarkeit des Marxismus-Leninismus. Können wir durch unsere Mitarbeit Einfluß auf die künftige Gestaltung des Sozialismus nehmen?« Niederschrift über die Sitzung der Kirchenleitung der VELK DDR am 7.1.1972 in Berlin, LKA Hannover, D 15 XII, K 35/224/VII.

150 Anlage zum Protokoll der Sitzung der Kirchenleitung der VELK DDR vom 12.3.1971: Vertraulicher Bericht Zeddies über den Stand des Lehrgesprächs in der DDR, LKA Hannover, D 15 XII, K 35/224/VI. Die folgenden Zitate ebd.

151 Vermerk Stolpe über Informationsbesprechung am 30.5.1970, EZA Berlin, 102/41. Vgl. auch Vermerk Zeddies über die Teilnahme an der Landessynode der Evangelischen Landeskirche Anhalts am 16.4.1971, EZA Berlin, 101/238. Hier warnte Natho davor, den Kirchenbund »als eine Zauberformel zu verstehen. Man könne vom Bund nicht die Lösung aller Probleme erwarten, die die Kirchen bisher nicht hätten bewältigen können. Der Bund sei darauf angewiesen, daß die Kirchen Anstöße geben und selber mitarbeiten«.

152 Vermerk Stolpe über Informationsbesprechung am 30.5.1970, EZA Berlin, 102/41.

153 Ebd.

154 Aktenvermerk Pabst über Informationsbesprechung am 30.5.1970 im Gemeinderaum der Jakobikirche in Karl-Marx-Stadt, a.a.O.

155 Information der Arbeitsgruppe Kirchenfragen an die Mitglieder und Kandidaten des Politbüros und des Sekretariats des ZK der SED vom 9.7.1970 über die 2. Tagung der BEK-Synode vom 26.-29.6.1970, SAPMO-BA ZPA J IV 2/2/J-3056.

156 Stolpe an Natho vom 23.11.1970, EZA Berlin, 101/238.

157 Ebd.

158 Natho an Stolpe vom 11.1.1971 mit Anlagen, a.a.O.

159 Auswertung Behm der Informationsbesprechung am 23.1.1971 in Berlin, Halle, Dresden, EZA Berlin, 101/79.

160 Vgl. z. B. Bericht Grengel über die Informationstagung der Synodalen am 23.1.1971 in Halle, EZA Berlin, 101/33.

161 Vermerk Zeddies-Grengel über die Informationsbesprechung der Synodalen am 29.1.1972 in Berlin-Weißensee, Stephanus-Stiftung, EZA Berlin, 101/79.

162 Die Lage der Vertriebenen und das Verhältnis des deutschen Volkes zu seinen östlichen Nachbarn. Eine evangelische Denkschrift, in: Die Denkschriften der Evangelischen Kirche in Deutschland und Die Friedensaufgaben der Deutschen. Eine Studie, vorgelegt von der Kammer für öffentliche Verantwortung der EKD, in: a.a.O., Bd. I/2.

163 Vgl. Protokoll der Arbeitsgruppe Kirchenfragen vom 4.11.1970 über ein Gespräch zwischen W. Barth, Hüttner, Stolpe und Schönherr am 3.11.1970, SAPMO-BA ZPA IV A2/14/11.

164 Rede Paul Verner auf einem Lehrgang der für Kirchenpolitik Verantwortlichen aus SED- und Staatsapparat der gesamten DDR am 30.10.1970, SAPMO-BA ZPA NL 281/36.

165 Abgedruckt in: Paul Verner/Gerald Götting, Christen und Marxisten in gemeinsamer Verantwortung. Auszüge in KJ 1971, 212-217.

166 Protokoll Schönherr-Kramer der Sitzung des Vorstandes der Konferenz der Evang. Kirchenleitungen in der DDR am 3.2.1971 in Dresden, EZA Berlin, 101/114.

167 Vgl. Aktenvermerk Wilke über Gespräch mit Stolpe am 11.2.1971, BA, Abt. Potsdam, O-4, 1437.

168 Vertraulicher Vermerk Stolpe vom 9.3.1971 über ein Gespräch des Staatssekretärs für Kirchenfragen mit dem Vorstand der Konferenz am 24.2.1971, EZA Berlin, 101/114.

169 BStU Berlin, MfS Reg.-Nr. Berlin 2607/54.

170 Zu Grüber vgl. Besier, Der SED-Staat und die Kirche. Der Weg in die Anpassung, 61 ff. Dem Frauenfreund Heinrich Grüber, von 1949 bis 1958 EKD-Bevollmächtigter bei der Regierung der DDR, wurde seine bekannte Schwäche im Umgang mit der Diktatur zum Verhängnis: Das MfS setzte die hübsche Kunsthistorikerin Waltraud Volk (GMV »Waltraud«) auf ihn an (vgl. Aktenvermerk Utln. Braune vom 4.9.1958, BStU Berlin, AIM 4862/65, I,1, 28-30). Nicht immer hatte Frau Volk mit ihren Verführungskünsten Erfolg. Erzbischof Jaan Kiivit (Tallinn/Estland), auf den das MfS sie ebenfalls angesetzt hatte, »war gegenüber intimen Beziehungen sehr reserviert u. legt Wert auf gute Umgangsformen« (a.a.O., II,4, 22).

171 Vgl. dazu vertraulicher Vermerk Wilke für Seigewasser vom 9.6.1981 über Besuch bei Stolpes am 6.6.1981, SAPMO-BA ZPA IV B2/14/42.

172 Aktenvermerk Wilke vom 11.2.1971 über Gespräch mit Stolpe, BA, Abt. Potsdam, O-4, 1437.
173 Aktenvermerk Wilke über Gespräch mit Pabst am 12.2.1971, a.a.O.
174 Ebd.
175 Ebd.
176 Ebd.
177 Konzept Wilke vom 15.2.1971, a.a.O.
178 Aktenvermerk Wilke über Gespräch mit Stolpe am 18.2.1971, a.a.O.
179 Ebd.
180 Ebd.
181 Vgl. Treffliste 1971, »Wendenschloß«, 19.2.1971, 16-18 Uhr, Sgraja/»Sekretär«, Recher-cheergebnisse zum IM »Sekretär«, Stand 12.4.1994, 241.
182 Treffbericht Roßberg vom 3.3.1971 über Gespräch mit Lotz am 2.3.1971, BStU Berlin, MfS 3043/86, II/6.
183 Ebd.
184 Ebd.
185 Ebd. Vgl. auch Protokoll Schönherr-Stolpe-Borgmann der außerordentlichen Tagung der Konferenz der Evangelischen Kirchenleitungen in der DDR am 20.2.1971 in Berlin, EZA Berlin, 101/94: »D. Schönherr erläutert den Anlaß der heutigen Beratung. Stolpe berichtet über die Vorgespräche und das Zustandekommen der Einladung. D. Schönherr legt den Entwurf einer Ansprache vor, die er am 24.2.1971 verlesen will. In der sich an-schließenden, mehrstündigen lebhaften Aussprache, an der sich alle Mitglieder und Be-rater der KKL beteiligten, geht es um die folgenden Themenbereiche:
1. Grundsatzerwägungen über die Zweckmäßigkeit, die Einladung zum gegenwärtigen Zeitpunkt anzunehmen.
2. Bedeutung der vom Vorsitzenden zu haltenden Ansprache.
3. Einzelfragen zum Text der Ansprache.
4. Einzelfragen zum technischen Ablauf der Begegnung.
Zu 1: Es wird Übereinstimmung darin erzielt, daß die Einladung zum vorgesehenen Termin wahrgenommen werden soll, unbeschadet der Tatsache, daß der Präses der Syn-ode, Landesbischof D. Braecklein, wegen Krankheit nicht teilnehmen kann. Vertreter: Präses Waitz
Zu 2: Die Ansprache, zu deren Textentwurf der Vorsitzende der KKL die brüderliche Beratung der Konferenzmitglieder erbittet, soll nicht als ›Wort der Konferenz‹ verstan-den werden. Die Konferenz stellt sich hinter die Intention des Entwurfs; die einzelnen Formulierungen aber hat der Vorsitzende zu verantworten.
Zu 3: Es werden zahlreiche Ergänzungs- und Veränderungsvorschläge zum Textent-wurf eingebracht. Die Konferenz stimmt darin überein, daß der Vorsitzende diese Vor-schläge im Rahmen des Möglichen berücksichtigt und den endgültigen Text noch ein-mal mit dem Vorstand abspricht.
Zu 4: Die Konferenz stimmt darin überein, daß am Schluß der Begegnung kein Kom-muniqué, wohl aber eine im Text mit dem staatl. Gesprächspartner gemeinsam verab-redete Presseverlautbarung herausgegeben werden soll.
Der Text der Aussprache soll später den Mitgliedern der KKL zugänglich gemacht, je-doch nicht zur Veröffentlichung in der Presse freigegeben werden.«
186 Aktenvermerk Wilke vom 21.2.1971 über Gespräch mit Stolpe vom selben Tag, BA, Abt. Potsdam, O-4, 1437.
187 Ebd.
188 Ebd.
189 Vgl. Ökumenischer Rat der Kirchen, Zentralausschuß: Protokoll und Berichte der 24. Tagung, Addis Abeba, Äthiopien.
190 Vgl. unten, 142.
191 Evian 1970. Offizieller Bericht der 5. Vollversammlung des Lutherischen Weltbundes. Vgl. auch G. Krusche, Bekenntnis und Weltverantwortung.

192 Der Synodalbeschluß ist auszugsweise abgedruckt in KJ 1970, 249.

193 Der Brief an Ulbricht ist abgedruckt in KJ 1968, 181 f.

194 Das »Wort des Bruderrates der Evangelischen Kirche in Deutschland zum politischen Weg unseres Volkes« vom 8.8.1947 ist u. a. abgedruckt in KJ 1945-48, 220-222.

195 Vertraulicher Vermerk Stolpe über ein Gespräch des Staatssekretärs für Kirchenfragen mit dem Vorstand der Konferenz am 24.2.1971, EZA Berlin, 101/114.

196 Vgl. dazu auch Information der Arbeitsgruppe Kirchenfragen vom 3.12.1971 an die Mitglieder und Kandidaten des Politbüros des ZK der SED über Aktivitäten kirchlicher Kreise wegen angeblicher Benachteiligung von Kindern kirchlich gebundener Eltern, SAPMO-BA ZPA IV A2/14/2. Darin heißt es, die Proteste kirchlicher Amtsträger hätten den Charakter von Kampagnen angenommen, wobei Bischof Krusche an der Spitze stünde.

197 Zit. nach KJ 1971, 217-221.

198 SED-Hausmitteilung W. Barth an Verner vom 25.2.1971, SAPMO-BA ZPA IV A2/14/19.

199 EZA Berlin, 4/68.

200 So Braecklein auf der Sitzung der Kirchenleitung der VELK DDR am 12.3.1971, LKA Hannover, D 15 XII, K 35/224/VI, und bei der Frühjahrssynode der Evangelisch-Lutherischen Kirche in Thüringen vom 17.-19.4.1971, Aktenvermerk Zeddies, LKA Hannover, D 15 XII, K 66/343/IV.

201 Vgl. Aktenvermerk Wilke vom 16.3.1971 über Gespräch zwischen Stolpe und Fitzner am 15.3.1971, BA, Abt. Potsdam, O-4, 1437. Verordnung über die Durchführung von Veranstaltungen, in: Gesetzblatt der DDR, II, Nr. 10 vom 22.1.1971, 69. Text und Interpretation der VVO: KJ 1971, 232-240.

202 Information der Arbeitsgruppe Kirchenfragen vom 16.8.1971 an die Mitglieder und Kandidaten des Politbüros des ZK der SED über die 3. Tagung der BEK-Synode vom 2.-6.7.1971, SAPMO-BA ZPA J IV 2/2/J-3621. Vgl. zur Synodaltagung KJ 1971, 261-287; 353-355.

203 Information der Arbeitsgruppe Kirchenfragen vom 16.8.1971 an die Mitglieder und Kandidaten des Politbüros des ZK der SED über die 3. Tagung der BEK-Synode vom 2.-6.7.1971, SAPMO-BA ZPA J IV 2/2/J-3621.

204 Ebd.

205 Vgl. dazu Information der Arbeitsgruppe Kirchenfragen vom 3.12.1971 an die Mitglieder und Kandidaten des Politbüros des ZK der SED über Aktivitäten kirchlicher Kreise wegen angeblicher Benachteiligung von Kindern kirchlich gebundener Eltern, SAPMO-BA ZPA IV A2/14/2.

206 Treffbericht Roßberg vom 17.1.1972 mit Lotz am 14.1.1972, BStU Berlin, MfS 3043/86, II/6. Vgl. auch Protokoll Schönherr-Stolpe-Behm der 16. Tagung der Konferenz der der Evangelischen Kirchenleitungen in der DDR am 7./8.1.1972: Dr. Johannes berichtet über das Gespräch, das Vertreter der Kirchen am 5. Januar d. Js. beim Staatssekretär geführt haben. Ein entsprechender Vermerk wird verteilt. [...] Es wird festgestellt, daß es sich bei diesem Gespräch nicht um das vom Vorstand der Konferenz nachgesuchte vertrauliche Gespräch gehandelt hat. Nach eingehender Erörterung der Situation und aller möglichen Konsequenzen beschließt die Konferenz: Konferenz nimmt den Bericht über die Besprechung kirchlicher Vertreter am 5. Januar 1972 zu Fragen von Bibelrüstzeiten zur Kenntnis. (Drei Gegenstimmen). EZA Berlin, 101/96.

207 Niederschrift über die Sitzung der Kirchenleitung der VELK DDR am 12.11.1971 in Berlin, LKA Hannover D 15 XII, K 35/224/VI.

208 Aktenvermerk Pabst über Herbsttagung der Synode der Evangelisch-Lutherischen Kirche in Thüringen vom 3.-6.12.1971, LKA Hannover, D 15 XII, K 66/343/IV.

209 Vgl. ND vom 11.11.1972.

210 Vgl. epd-Dok 12/72 vom 20.3.1972.

211 Vgl. KJ 1972, 233; 377 f.

212 Niederschrift Behm vom 13.1.1972 über die 1. Sitzung des Vorbereitenden Ausschusses der Synode des Bundes am 12.1.1972 in Berlin, EZA Berlin, 101/34.

213 Niederschrift Behm über die 2. Sitzung des Vorbereitenden Ausschusses der Synode am 18.3.1972 in Berlin. Vgl. auch die 3. Sitzung des Vorbereitenden Ausschusses am 21.4.1972, a.a.O.

214 Protokoll Schönherr-Kramer der Sitzung des Vorstandes der KKL in der DDR am 25.1.1972, EZA Berlin, 101/114. Vgl. auch Protokoll Schönherr-Kramer der Sitzung des Vorstandes der KKL in der DDR am 20.4.1972, a.a.O. Hier heißt es unter dem Punkt CFK: »Die Ökumenische Kommission hat vorgeschlagen, der Vorstand möge mit dem Regionalausschuß ein Gespräch vorsehen. Das wird z. Zt. nicht für sinnvoll gehalten. Das Sekretariat soll eine Antwort auf den Brief an D. Schönherr entwerfen.« Vgl. auch Protokoll Schönherr-Stolpe-Pabst der 17. Tagung der Konferenz der Evangelischen Kirchenleitungen in der DDR am 11.3.1972, TOP 1.4.: Der Vorstand befaßte sich mit dem Verhältnis der Gliedkirchen zur CFK. Es besteht z. Z. kein Anlaß, an diesem Status Änderungen vorzunehmen. EZA Berlin, 101/94.

215 Treffbericht Roßberg vom 15.3.1972 über Gespräch mit Lotz am 13.3.1972, BStU Berlin, MfS 3043/86, II/6. Im Protokoll der Sitzung des Vorstandes der KKL am 19.6.1972 heißt es:»CFK-Gespräch. Zu Sachgesprächen ist der Bund bereit. Der Ausschuß Kirche und Gesellschaft wird unter Hinzuziehung des Facharbeitskreises Friedensfragen und der Ökumenischen Kommission ausdrücklich dazu ermächtigt. Der Vorstand selbst hat es nicht eilig, zu Gesprächen auf institutioneller Ebene zu kommen«. EZA Berlin, 101/114. Zu den beiden erwähnten Punkten vgl. Protokoll Schönherr-Stolpe-Pabst der 17. Tagung der Konferenz der Evangelischen Kirchenleitungen in der DDR am 11.3.1972, TOP 1.4., EZA Berlin, 101/94.

216 Treffbericht Roßberg vom 15.3.1972 über Gespräch mit Lotz am 13.3.1972, BStU Berlin, MfS 3043/86, II/6.

217 Ebd.

218 Vgl. dazu auch Treffbericht Roßberg vom 18.5.1972 über Gespräch mit Lotz am 16.5.1972, a.a.O. Als auf der KKL-Sitzung vom 12./13.5.1972 die Nichtanmeldung der Rüstzeiten beschlossen wurde, verließen die Vertreter der thüringischen Kirche, Braecklein und Lotz, die Tagung.

219 Eine Ausnahmeregelung für christliche Ärzte und kirchliche Gesundheitseinrichtungen befreite diese von der Verpflichtung, den Schwangerschaftsabbruch vornehmen zu müssen. Vgl. dazu Protokoll des Gesprächs zwischen Seigewasser und Vertretern des Ministeriums für Gesundheitswesen am 6.1.1972, SAPMO-BA ZPA, A 11429.

220 Information [Lotz] über Interne Besprechung der evangelischen Bischöfe der DDR am 11.3.1972, BStU Berlin, MfS 3043/86, II/6.

221 Vgl. Information Nr. 2/72 des Staatssekretärs für Kirchenfragen vom 15.4.1972 über Gespräch mit der Magdeburger Kirchenleitung am 9.2.1972, BA, Abt. Potsdam, O-4, Altreg. Vgl. auch Krusches Referat auf der Vollversammlung der Konferenz Europäischer Kirchen in Nyborg im Frühjahr 1971, KJ 1971, 355-364.

222 Treffbericht Otto vom 27.4.1972 über Gespräch mit Lotz am 26.4.1972, BStU Berlin, MfS 3043/86, II/6.

223 Ebd.

224 Vgl. KJ 1972, 357-365.

225 Niederschrift über die Sitzung der Kirchenleitung der VELK DDR am 12.5.1972 in Berlin, LKA Hannover, D 15 XII, K 35/224/VII.

226 Information 401/72 des MfS, HA XX/4 vom 28.4.1972 über die 2. Tagung der 4. Synode der EKU vom 21.-23.4.1972 in Magdeburg, BStU Berlin, ZAIG Z 2035.

227 Ebd.

228 Ebd. Zu Hildebrandts scharfer Kritik an Schönherr, der Kirche Berlin-Brandenburg und der Gründung des Kirchenbundes vgl. auch Steinmetzgers Berichte an das MfS: BStU Berlin, AIM 2834/88, II/3, 26 ff. und II/4, 19 ff.

229 Treffbericht Roßberg vom 18.5.1972 über Gespräch mit Lotz am 16.5.1972, BStU Berlin, MfS 3043/86, II/6.

230 Ebd.

231 Ebd.

232 Ebd.

233 Ebd. Vgl. auch Protokoll Schönherr-Stolpe-Borgmann der 18. Tagung der Konferenz der Evangelischen Kirchenleitungen in der DDR am 12./13.5.1972, insbes. TOP 4 »Berichte aus den Kirchen« und TOP 5 »Bibelrüstzeiten«: »Die Konferenz ist nach ernsthafter Prüfung der Auffassung, daß Bibelrüstzeiten nicht auf Vordruck anzumelden sind.« EZA Berlin, 101/94.

234 Staatssekretär für Kirchenfragen, streng vertrauliche Information Seigewasser über das Gespräch des Staatssekretariats mit dem Vorstand des Bundes der ev. Kirchen in der DDR am 26.6.1972, BA, Abt. Potsdam, O-4, 1437. Die folgenden Zitate ebd. Vgl. auch Abt. I, Information Wilke über das Gespräch des Staatssekretärs für Kirchenfragen mit dem Vorstand des Bundes der ev. Kirchen in der DDR am 26.6.1972, BA, Abt. Potsdam, O-4, 1437. Grundsätzliche Bemerkungen des Staatssekretärs zum Thema: Der Platz der Kirchen in der sozialistischen Gesellschaft der DDR, a.a.O.; Vermerk Stolpe über Gespräch des Vorstandes der Konferenz mit dem Staatssekretär für Kirchenfragen am 26.6.1972, BA, Abt. Potsdam, O-4, 1437.

235 Information W. Barth vom 5.7.1972 über den Verlauf und die Ergebnisse der 4. Tagung der BEK-Synode vom 30.6.1972 bis 4.7.1972, SAPMO-BA ZPA J IV 2/2/J-4195. Die folgenden Zitate ebd.

236 H. Falcke, Christus befreit – darum Kirche für andere, in: KJ 1972, 242-255.

237 Vgl. dazu Niederschrift der VELK DDR-Kirchenleitungssitzung vom 8.9.1972, LKA Hannover, D 15 XII, K 35/224/VII.

238 Aktenvermerk Siegert über den Besuch von OKR Stolpe in Schwerin am 26.7.1972, EZA Berlin, 101/253.

239 Zit. nach KJ 1972, 228 f. Hervorhebung vom Verf.

240 Vgl. dazu Besier, Auf der kirchenpolitischen Nebenbühne, 264.

241 Vermerk Behm vom 15.11.1972 über 1. Sitzung des Sonderausschusses der Synode am 13.11.1972, EZA Berlin, 101/34. Es mag nur ein Zufall sein, daß sich am 17.11.1972 zwischen 15 und 18 Uhr IM »Sekretär« mit Sgraja und Roßberg im Objekt »Wendenschloß« traf (Rechercheergebnisse zum IM »Sekretär«, Stand 12.4.1994, 108).

242 Vermerk Behm über die 2. Sitzung des Sonderausschusses der Synode am 15.12.1972 in Berlin, EZA Berlin, 4/69.

ANMERKUNGEN ZU KAPITEL 2: Die »Kirche im Sozialismus«

1 Vgl. Treffbericht Roßberg vom 11.1.1973 über Gespräch mit Lotz am 10.1.1973, BStU Berlin, MfS II/3043/86, Bd. 6.

2 Treffbericht Roßberg vom 24.5.1974 über Gespräch mit Lotz am 24.5.1974, a.a.O.

3 Ebd.

4 Ebd.

5 Vgl. dazu W. Leich, Wechselnde Horizonte, 122 ff.

6 Treffbericht Roßberg vom 5.4.1973 über Gespräch mit Lotz am 3.4.1973, BStU Berlin, MfS II/3043/86, Bd. 6.

7 Ebd.

8 Protokoll Nr. 33/73 der Sitzung des Sekretariats des ZK vom 28.3.1973, SAPMO-BA ZPA J IV 2/3/1988.

9 Vgl. Information über ein Gespräch Seigewassers mit Schönherr und Stolpe am 6.4.1973, BA, Abt. Potsdam, O-4, Altreg.

10 Abgedruckt in KJ 1973, 182-190.

11 Einschätzung der Arbeitsgruppe Kirchenfragen des Vortrages des Bischofs der Evangelischen Kirche des Görlitzer Kirchengebietes Fränkel am 1.4.1973, SAPMO-BA ZPA J IV 2/2/J-4618.

12 LKA Hannover D 15 XIII, K 83/50324.

13 Information der Arbeitsgruppe Kirchenfragen vom 15.6.1973 über die 5. Tagung der 1. BEK-Synode in Schwerin vom 25.-29.5.1973, SAPMO-BA ZPA J IV 2/2/J-4763.

14 Vgl. ebd.

15 Bericht Lotz über die Konferenz der Kirchenleitungen am 21./22.7.1973, BStU Berlin, MfS II/3043/86, Bd. 6. Vgl. auch Protokoll Schönherr-Stolpe-Lewek über die 25. Tagung der Konferenz der Ev. Kirchenleitungen in der DDR am 13./14.7.1973 in Berlin, EZA Berlin, 101/94: »*Versetzung von Pfarrern und Übergang von Pfarrern in eine andere Landeskirche*. Dr. Lotz trägt vor: Die Thüringer Landessynode hat das Landeskirchenamt Eisenach beauftragt, sich für ein zwischenkirchliches Abkommen einzusetzen, das die Frage der Übernahme von Pfarrern, die sich einer Versetzung im Interesse des Dienstes durch Bewerbung in eine andere Landeskirche entziehen wollen, regelt. *Konferenz beschließt:* Die Frage wird zur Prüfung an den Rechtsausschuß im Benehmen mit dem Facharbeitskreis Pfarrerdienstrecht überwiesen. 1 Gegenstimme.«

16 Vgl. Aktenvermerk Seigewasser für Arbeitsgruppe Kirchenfragen über Gespräch mit Schönherr am 19.9.1973, SAPMO-BA ZPA IV B2/14/39.

17 Rechercheergebnisse zum IM »Sekretär«, Stand 12.4.1994, 133.

18 Vgl. Information der Pressestelle der Bundessynode Nr. 3 vom 28.10.1973. Vgl. auch Einschätzung durch die Arbeitsgruppe Kirchenfragen, SAPMO-BA ZPA IV B2/14/39.

19 Protokoll Nr. 46/73 des Politbüros des ZK der SED vom 30.10.1973 und Anlage Nr. 8, SAPMO-BA ZPA J IV 2/2/1474.

20 Vgl. zu U. v. Brück BStU Dresden, MfS AIM 4066/86.

21 Protokoll Nr. 46/73 des Politbüros des ZK der SED vom 30.10.1973 und Anlage Nr. 8, SAPMO-BA ZPA J IV 2/2/1474.

22 Abgedruckt in KJ 1973, 161-167.

23 Vgl. epd-Nachrichtenspiegel Nr. 4/73 vom 23.1.1974, 9a.

24 Vgl. Bericht der Arbeitsgruppe Kirchenfragen vom 20.12.1973 an Paul Verner über den Stand der Verwirklichung des Politbürobeschlusses vom 30.10.1973, SAPMO-BA ZPA, AR 18275.

25 Treffbericht Roßberg vom 23.1.1974 über Gespräch mit Lotz am 16.1.1974, BStU Berlin, MfS II/3043/86, Bd. 6.

26 Zit. nach dem Bericht des Untersuchungsausschusses 1/3 des brandenburgischen Landtages vom 29.4.1994, Drucksache 1/3009, Anlagen, Teil B, 69.

27 Zum Begriff der »Koexistenz« vgl. H. Neubert, Zum gemeinsamen Ideologie-Papier, 10.

28 Information Flint vom 24.1.1974 über Gespräch mit dem KKL-Vorstand am 23.1.1974, BA, Abt. Potsdam, O-4, Altreg. Die folgenden Zitate ebd. Vgl. auch Staatssekretär für Kirchenfragen, Kurzbericht vom 24.1.1974 über das Gespräch mit dem Vorstand des Bundes Evangelischer Kirchen am 23.1.1974 von 9.30-12.30 Uhr, SAPMO-BA ZPA IV B2/14/79.

29 Vermerk Flint vom 9.8.1974 über ein Gespräch zwischen Seigewasser und Stolpe am 8.8.1974 über den Entwurf einer Erklärung der KKL anläßlich des 25. Jahrestages der DDR, BA, Abt. Potsdam, O-4, Altreg. Die folgenden Zitate ebd.; auch a.a.O., O-4, 1437.

30 In der Jahresanalyse 1974 des Staatssekretärs für Kirchenfragen vom 23.1.1975, adressiert an den Vorsitzenden des Ministerrates der DDR (Information 2/75, BA, Abt. Potsdam, O-4, Altreg.), heißt es: »Die drei letzten Jahre gehören zu den erfolgreichsten in der Geschichte der DDR.«

31 Maßnahmeplan vom 29.7.1974 zur Realisierung einer politisch-operativen Zielstellung in Vorbereitung des 25. Jahrestages der DDR, abgedruckt als Anlage 29 in: Bericht des Untersuchungsausschusses 1/3 des brandenburgischen Landtages vom 29.4.1994, Drucksache 1/3009, Anlagen, Teil B.

32 Als IM »Orion« wurde Bischof Horst Gienke, Greifswald, geführt.

33 Gemeint ist der Kirchenjurist Detlef Hammer, Magdeburg.

34 Ebd. Vgl. auch

35 Information der HA XX/4 zu »Aktivitäten kirchlicher Kreise im Zusammenhang mit dem 25. Jahrestag der DDR«, zit. nach Bericht des Untersuchungsausschusses 1/3 des brandenburgischen Landtages vom 29.4.1994, Drucksache 1/3009, Anlagen, Teil B, Anlage 29.

36 Vgl. Information des Politbüromitgliedes Albert Norden vom 24.6.1974 an Erich Honekker über ein Gespräch mit Horst Gienke, Eberhard Natho und Christa Lewek am 21.6.1974, SAPMO-BA ZPA J IV 2/2/J-534.

37 Das MfS sammelte im Zusammenhang mit dieser Bundessynode an Berichten und sonstigen Materialien aus dem Bereich von MfS, Partei, Staat und Kirche 439 Blatt: BStU Berlin, MfS HA XX/4-76.

38 In einer Einschätzung der Synode für Paul Verner heißt es, ihre Aussagen bildeten das »bisher weitestgehende Votum der Kirchen in der DDR« (SAPMO-BA ZPA IV B2/2/036/48 und IV B2/14/39).

39 Information 2/75, BA, Abt. Potsdam, O-4, Altreg.

40 Bericht des Untersuchungsausschusses 1/3 des brandenburgischen Landtages vom 29.4.1994, Drucksache 1/3009, Anlagen, Teil B, Anlage 29.

41 Protokoll der Sitzung Nr. 8/75 des Sekretariats des ZK der SED vom 28.1.1975, SAPMO-BA ZPA J IV 2/3/2260.

42 Information Seigewasser an Verner vom 25.2.1975 über Gespräch mit Schönherr am 12.2.1975, BA, Abt. Potsdam, O-4, Altreg. Die folgenden Zitate ebd.

43 Treffbericht Roßberg vom 14.3.1975 über Gespräch mit Lotz am 13.2.1975, BStU Berlin, MfS II/3043/86, Bd. 6.

44 Als IM »Dietrich« wurde Wolf-Dietrich Gutsch geführt (Reg.-Nr. XV/799/68).

45 Ebd.

46 Vgl. Schreiben Schönherr an Seigewasser vom 28.2.1975 und 24.3.1975; Aktenvermerk über Gespräch zwischen Seigewasser und Schönherr am 4.3.1975, BA, Abt. Potsdam, O-4, Altreg.

47 Op. Information vom 17.4.1975 über die Tagung des Bischofskonvents am 3.4.1975, BStU Berlin, MfS II/3043/86, Bd. 6, 71 ff. Die folgenden Zitate ebd. Vgl. Auch Protokoll Schönherr-Stolpe-Behm der 31. Tagung der Konferenz der Evangelischen Kirchenleitungen in der DDR am 12. und 13. Juli 1974 in Berlin, EZA Berlin, 101/98: »[TOP] 1.3. 25. Jahrestag der DDR – D. Schönherr erläutert, daß möglicherweise Anfang September 1974 eine Begegnung des Vorstandes mit dem Vorsitzenden des Staatsrates zustande kommen könnte. Dabei schiene eine Erklärung zum 1. September – 35. Jahrestag des Kriegsbeginns und 25. Jahrestag der DDR – sinnvoll. In der Aussprache besteht Übereinstimmung, daß eine Erklärung der Konferenz nötig ist; es sollte nicht bis zur Bundessynode gewartet werden. [...] Über die Frage eines eigenen Wortes an die Gemeinden muß die Bundessynode entschließen. Der Wortlaut der Erklärung der Konferenz ist auf geeignet erscheinendem Wege den Gemeinden zur Kenntnis zu bringen. [TOP] 2.5. Vorbereitung des Berichtes der Konferenz an die Synode [KKL] stimmt bei 4 Enthaltungen Besetzung der Untergruppen zu [Staat und Gesellschaft und Gesellschaft Braecklein, Kramer, Fritz].« Vgl. weiter Schreiben Stolpe an die Glieder der Konferenz der Kirchenleitungen vom 8.8.1974, Betr.: Tagesordnungspunkt 1.3. der 31. Tagung der Konferenz: Sehr geehrte Damen und Herren! In der o. g. Frage haben sich neue Aspekte ergeben, die die Darstellung eines Entwurfs an Sie bzw. die Durchführung einer Sondertagung der Konferenz erübrigen. A.a.O.

48 KJ 1975, 318-320; vgl. auch den Bericht der Kirchenleitung der Kirchenprovinz Sachsen (Auszug), a.a.O., 320 f.

49 Op. Information vom 17.4.1975 über die Tagung des Bischofskonvents am 3.4.1975, BStU Berlin, MfS II/3043/86, Bd. 6, 71 ff. Die folgenden Zitate ebd.

50 Treffbericht Roßberg vom 26.5.1975 über Gespräch mit Lotz am 23.5.1975, BStU Berlin,

MfS II/3043/86, Bd. 6. Die einschlägige Akte EZA Berlin, 101/23 enthält keinen Konferenzvermerk.

51 Erinnerung und Vermächtnis, hg. vom Nationalrat der Nationalen Front der DDR, Berlin (Ost) 1975. Vgl. auch die kirchlichen Beiträge in epd-Dok 20/75, 9-20.

52 Zitat: KJ 1975, 327; vgl. auch a.a.O., 325 ff.; KiS 2/1975, 11 ff.; epd-Dok 20/75, 33 ff.

53 Treffbericht Roßberg vom 26.5.1975, über Gespräch mit Lotz am 23.5.1975, BStU Berlin, MfS II/3043/86, Bd. 6. Das Protokoll Schönherr-Stolpe-Borgmann der 36. Tagung der Konferenz der Evangelischen Kirchenleitungen in der DDR am 9./10.5.1975 in Eisenach erwähnt, Nathos Ausführungen nicht. EZA Berlin, 101/99.

54 Protokoll der Sitzung Nr. 119/75 des Sekretariats des ZK der SED vom 17.10.1975, SAPMO-BA ZPA J IV 2/3A/2748.

55 Ebd. Vgl. auch KJ 1975, 297-299.

56 Vgl. den Text der Erklärung der Leitenden Geistlichen in KJ 1975, 267.

57 Information Seigewasser an Verner vom 4.12.1975 über Gespräch mit Schönherr und Stolpe am gleichen Tag, SAPMO-BA ZPA IV B2/2.036/47. Schönherrs Sekretärin berichtete ihrem Führungsoffizier:»Nach seiner Rückkehr [scil. von dem Gespräch mit Seigewasser] war er völlig niedergeschlagen und sprach kein Wort«. BStU Berlin, AIM 2834/88, II/5.

58 Analyse der Arbeitsgruppe Kirchenfragen im ZK der SED vom 8.12.1975, SAPMO-BA ZPA IV B2/2.036/47.

59 Schreiben Schönherr an Seigewasser vom 26.3.1976 mit Anlage, epd-Dok 49/76. Das folgende Zitat ebd. Vgl. auch Protokoll Borgmann-Stolpe-Schönherr der 41. Tagung der Konferenz der Ev. Kirchenleitungen in der DDR (Klausurtagung) vom 12.-14.3.1976 in Buckow: »[TOP] 3.4. Weltanschauungsfragen – Kramer referiert einen vorbereiteten Diskussionsbeitrag zu den Dokumenten für den IX. Parteitag der SED. [...] Der Trend der Ausführungen wird nach Überarbeitung gebilligt. Vorstand soll entscheiden, in welcher Weise mit dieser Meinungsäußerung der Konferenz verfahren werden soll. Kontaktaufnahme mit den Freikirchen und der Römisch-katholischen Kirche erscheint nützlich.« Weiter heißt es im Protokoll:»Im Verlauf der Konferenz verabschiedet der Vorsitzende das Mitglied der Konferenz, Oberkirchenrat Dr. Lotz, und dankt ihm für seine Mitarbeit als ›kräftiger Mahner und Widersprecher‹, die helfend und konstruktiv in manch brisanter Situation gewesen sei.« EZA Berlin, 101/101.

60 Vgl. Arbeitsmaterial für die Programmkommission des IX. Parteitages der SED, SAPMO-BA ZPA IV 1/IX/15-07. Siehe das Programm der SED, Berlin (Ost) 1976, 41.

61 Vgl. Honeckers Randglossen auf dem KKL-Text: SAPMO-BA ZPA IV B2/14/12. Vgl. auch ND vom 30./31.10.1976, 1.

62 Vgl. Information der Arbeitsgruppe Kirchenfragen im ZK der SED vom 1.6.1976, BA, Abt. Potsdam, O-4, Altreg.

63 Vgl. Information Seigewasser in einer Arbeitsberatung vom 22.1.1976 an alle Mitarbeiter für Kirchenfragen der 15 Bezirke, a.a.O.

64 So Paul Verner auf einer Beratung mit den für Kirchenpolitik Verantwortlichen aus den Bezirksleitungen der SED und den Stellvertretenden Vorsitzenden für Inneres der Räte der Bezirke am 22.7.1976, SAPMO-BA ZPA NL 281/46. Vgl. SED-Bezirksleitung Dresden, Abteilung Staat und Recht, Niederschrift vom 28.7.1976 über die am 22.7.1976 im ZK der SED stattgefunde Beratung mit Mitarbeitern der BL der SED für Kirchenpolitik und den Stellv. d. Vors. d. Räte der Bezirke für Inneres, PDS-Archiv Dresden, IV C-2.14-675.

65 Ebd.

66 Vgl. KiS 5/76, 3.

67 Vgl. R. Berbig u. a. (Hgg.), In Sachen Biermann. Zur Haltung der Evangelischen Kirche in Berlin-Brandenburg zum Fall Biermann vgl. die Berichte der Schönherr-Sekretärin Steinmetzger an das MfS: BStU Berlin, AIM 2834/88, II/5, 84 ff.

68 Vgl. H. Müller-Enbergs u. a., Das Fanal; H. Schultze (Hg.), Das Signal von Zeitz. In der 1. Auflage von Schultzes »Signal« (S. 150) fehlt das Schlußvotum Seigewassers aus dem

staatlichen Protokoll über das Gespräch Seigewassers mit den Vertretern der Kirchenleitung in Magdeburg am 18.8.1976; vgl. vollständig in: Das Fanal, 285.

69 Vgl. zu dem Brüsewitz-Komplex auch unten, 200 ff.

70 Vgl. Schultze, Das Signal, 222-224. Für Eberhard Klages, den Verfasser des NZ-Kom-
mentars, gab es noch ein interessantes Nachspiel. Klages, der auch als IM »Ehrlich« für
das MfS arbeitete, erhielt nach den Volkskammer-Wahlen vom 17.10.1976 einen Anruf
des Genfer Journalisten Friedrich König. Dieser fragte, ob die Behandlung des Falles Brüsewitz ein Grund für die Gegenstimmen bei den Wahlen gewesen sein könnten und
warum die Gegendarstellung der Magdeburger Kirchenleitung vom 2.9.1976 nicht veröffentlicht worden sei. Klages erwiderte, was bereits in der bundesrepublikanischen Presse veröffentlicht sei, werde in der DDR nicht nachträglich abgedruckt. König verwickelte
dann Klages in ein Gespräch über Brüsewitz' Gesundheitszustand und fragte, warum der
Brief der KKL vom 11.9.1976 nicht in der kirchlichen Presse hätte erscheinen können.
Klages antwortete, dieser Brief enthalte unzutreffende Aussagen, und verwies auf den
ND-Kommentar. Darauf fragte König, ob Klages den ND-Kommentar für besser halte
als seinen eigenen, woraufhin Klages erwiderte, der NZ-Kommentar sei eine Gemein-
schaftsarbeit gewesen. Am 20.10.1976 rief König wieder an und teilte Klages mit, er habe
von dem vorangegangenen Gespräch einen Tonbandmitschnitt gemacht und werde dieses im LWB-Informationsdienst veröffentlichen. Klages war entsetzt. Er habe das Gespräch nicht als Interview verstanden, sagte er dem Kollegen, und schon gar nicht als offizielle Stellungnahme der NZ-Redaktion. König fragte, ob es sich denn bei Klages'
Ausführungen um »vertrauliche Informationen« gehandelt habe. Als Klages das verneinte, versprach er, den Gesprächsinhalt als Klages' persönliche Meinung zu kennzeichnen, und legte auf (BStU Berlin, 3541/92, 103 f.).

71 Vgl. Schultze, Das Signal, 231.

72 Vgl. LKA Hannover, D 15 XII, K 78/416.

73 Rechercheergebnisse zum IM »Sekretär«, Stand 12.4.1994, 251. Stolpe stritt vor dem
Untersuchungsausschuß ab, jemals Zuwendungen erhalten zu haben, mit Ausnahme
von Buchgeschenken. Da die Behörde des Bundesbeauftragten nur Kopien der Auszah-
lungsanordnungen vorlegen konnte, besaßen sie einen eingeschränkten Wert. Vgl. Bericht des Untersuchungsausschusses des Landtages Brandenburg, Drucksache 1/3009,
Bd. 1, 142.

74 Über die KKL-Sitzung vom 10./11.9.1976 liegt eine MfS-Information (Nr. 629/76) vor
(BStU Berlin, ZAIG 2561, 1-9). Sie schildert detailliert das Zustandekommen des »Wortes an die Gemeinden«. Zur Diskussion des Falles »Brüsewitz« in der Berlin-Brandenburgischen Kirche vgl. Steinmetzgers Berichte: BStU Berlin, AIM 2834/88, II/5, 46-50.

75 Vgl. Schultze, Das Signal, 249-251. Die KKL beschloß den Brief an die Gemeinden einstimmig. Vgl. Protokoll Schönherr-Stolpe-Demke-Küntscher-Grengel der 44. Tagung der
Konferenz der Evangelischen Kirchenleitungen in der DDR am 10./11.9.1976 in Berlin.
Dort heißt es unter »[TOP] 1.2. Selbstverbrennung Pfarrer Brüsewitz – Dr. Schultze berichtet über das intensive Echo und die Reaktionen, die der Tod von Pfarrer Brüsewitz
und die Erklärungen der Kirchenleitung Magdeburg ausgelöst haben, sowie über die
Verhandlungen mit staatlichen Organen. Stolpe gibt einen Überblick über die Tätigkeit
des Sekretariats. In der Aussprache wird bemängelt, daß die Weitergabe von Informationen zu schleppend erfolgt sei. Der Konferenz liegen mehrere Schreiben von Pfarrern vor,
die sich im gleichen Sinne äußern (Anlagen 1-5). Es wird angeregt, zu gegebener Zeit die
Frage gesondert zu beraten, wie in Eilfällen gemeinsames Handeln ermöglicht werden
kann.« EZA Berlin 101/102.

76 Pfarrer Wolfram Schröder an KKL vom 16.9.1976, LKA Hannover, D 15 XII, K 78/416.

77 Vgl. Schreiben Pfr. Alexander Richter, zit. bei Heike Schmoll, Die Reaktionen der evangelischen Kirchen, in: Das Fanal, 155-210, hier: 186.

78 Erstmals abgedruckt bei Schultze, Das Signal, 372-399.

79 Tonbandbericht IM »Günther« vom 20.4.1977, BStU Berlin, MfS 1143/78, II/V, 44. Am
24.3.1977 hatte »Günther« berichtet: »Meines Erachtens ist für die Situation bezeich-

nend, daß die gesamte Arbeit, die angefertigt worden ist von Pfr. Onnasch, zwar völlig abgeschlossen, aber in keiner Weise veröffentlicht oder dokumentiert werden soll« (a.a.O., 22). Vgl. auch Tonbandbericht Hammer vom 28.11.1976 über die Kirchenleitungssitzung der ev. Kirche der Kirchenprovinz Sachsen vom 26./27.11.1976, BStU Berlin, MfS 1143/78, II/IV. Über die Magdeburger Kirchenleitungssitzung am 10.6.1977 berichtete »Günther«: »Im Ergebnis einer sehr langwierigen Aussprache legte die Kirchenleitung fest, daß zunächst auf eine Zeit von vier Wochen keine Veröffentlichung dieser Dokumentation erfolgen soll. Auch später, wenn eine evtl. Berichtigung vorgesehen ist, soll es nur zu einer sehr geringen Verteilung kommen. Im wesentlichen ist an die Provinzialpfarrstellen, an die EKU, an den Bund und die EKiD gedacht. Auf keinen Fall soll eine Verteilung in die Kirchenkreise und Superintendenten vorgenommen werden« BStU Berlin, MfS 1143/78, II/V.

80 Vgl. Tonbandbericht Hammer an MfS vom 13.1.1977, BStU Berlin, MfS 1143/78, II/IV. Ein weiterer Gesprächsgegenstand war auch der Brief der Magdeburger Kirchenleitung vom 27.11.1976 an Seigewasser, für den Tögel, Falcke, Mieth und Höppner einen Entwurf erarbeitet hatten (BStU Berlin, MfS 1143/78, II/IV, 133 f.; vgl. Schultze, Das Signal, 336 f.). Ferner mußte das Vier-Augen-Gespräch auch das unmögliche Gespräch beim Rat des Bezirkes Magdeburg vom 10.12.1976 auffangen: vgl. Hammers Tonbandbericht über die Kirchenleitungssitzung vom 17./18.12.1976, BStU Berlin, MfS 1143/78, II/IV, 143-152, bes. 149; Schmoll, Die Reaktionen der evangelischen Kirchen, in: Das Fanal, 180 f.

81 So MfS-Information Nr. 629/76 vom 13.9.1976, BStU Berlin, ZAIG 2561. Vgl. auch Das Fanal, 219; Schultze, Das Signal, 285; 299.

82 Vgl. dazu Wolfgang Stock, Der Westen und die Selbstverbrennung, in: Das Fanal, 211-244, insbes. 217 ff. Vgl. auch KJ 1976/77, 418-421.

83 Gegen Stock, Der Westen und die Selbstverbrennung, in: Das Fanal, 211-244, hier: 224.

84 EZA Berlin, 101/257.

85 In der Registratur des Lutherischen Kirchenamtes der VELKD in Hannover befindet sich einschlägiges Aktenmaterial, das den Unwillen gegen Höffkes' Engagement und die Interventionsüberlegungen der VELKD dokumentiert. Das Material konnte zwar eingesehen werden, doch erteilte der Präsident des Kirchenamtes, Scharbau, nicht die Genehmigung, die Unterlagen zu kopieren.

86 Tonbandbericht »Günther« vom 25.5.1977, BStU Berlin, MfS 1143/78, II/V. Vgl. auch KJ 1976/77, 419 f.

87 EZA Berlin, 101/257.

88 Schultze, Das Signal, 250.

89 A.a.O., 252; vgl. 253 f.

90 Protokoll der Sitzung Nr. 17/76 des Politbüros des ZK der SED vom 14.9.1976, SAPMO-BA ZPA J IV 2/2/1636. Verners Ausarbeitung wurde als Nr. 145 in der Reihe »Informationen« unter dem Titel »Über die Freiheit der Religionsausübung in der DDR« vom ZK der SED herausgegeben.

91 Fernschreiben Honecker vom 15.9.1976, SAPMO-BA ZPA J IV 2/2/7324; auch a.a.O., IV B2/14/81; PDS-Archiv Dresden, IV C-2.14-675.

92 Vgl. Vermerk Weise vom 22.11.1976 über Gespräch zwischen Seigewasser, Weise, Schönherr und Stolpe am 22.11.1976, SAPMO-BA ZPA IV B2/14/39.

93 Vgl. dazu auch den beschwichtigenden Bericht Paul Verners an Erich Honecker vom 20.9.1976 über den Kirchentag in Halle vom 17.-19.9.1976, SAPMO-BA ZPA J IV 2/2/J-7328. Insbesondere das Auftreten von Bischof Krusche wurde als »in seinen politischen und sozialen Bezügen abgewogen« dargestellt. Entsprechend der »übernommenen Verpflichtung« habe man »Konfrontationen mit dem Staat« vermieden und sei auf Brüsewitz direkt nicht eingegangen. Die Bischöfe Krusche und Hempel sowie Kirchenpräsident Natho hätten in ihren Gottesdiensten den KKL-Brief nicht verlesen.

94 Vgl. Information Nr. 657/76 vom 21. September 1976 über den Kirchentag der Evangelischen Kirche der Kirchenprovinz Sachsen (Magdeburg) vom 17.-19.9.1976 in Halle/S., BStU Berlin, Z 2567; Information Nr. 754/76 vom 5.11.1976 über den Verlauf der 2. Ta-

gung der 8. Synode der evangelischen Kirche der Kirchenprovinz Sachsen vom 28.-31.10.1976 in Magdeburg, BStU Berlin, ZAIG Z 2590.

95 Vermerk über den Verlauf der Herbsttagung 1976 der Synode der Ev.-Luth. Kirche in Thüringen vom 4.-7.11.1976, LKA Hannover, D 15 XII, K 66/343/V.

96 Zit. nach Zusammenstellung für die Berichterstattung der Synodalen, a.a.O.

97 EZA Berlin, 101/603.

98 Schönherr an Böer vom 5.1.1977, a.a.O. Der Brief schließt:»Ich danke Ihnen nochmals für Ihr brüderlich-kritisches Mitdenken.« Böers kritischer Brief führte immerhin dazu, daß Schönherr vor dem nächsten Wahltermin mit Schreiben vom 7.5.1979 Seigewasser mitteilte:»Bei der vorigen Wahl sind die Namen der Bischöfe, die zur Wahl gegangen sind, darunter auch der meine, durch die Massenmedien der DDR bekanntgemacht worden. Ich werde an der kommenden Wahl nur teilnehmen, wenn mir von maßgeblicher Seite versichert wird, daß dies nicht wieder geschieht.« EZA Berlin, 101/338; auch SAPMO-BA ZPA IV B2/14/16. Daraufhin lud Seigewasser Schönherr zu einem »ganz persönliche[n] Gespräch« für den 16.5.1979 ein, in dem der Staatssekretär hervorhob, in »vielen Staaten der Welt, besonders auch in kapitalistischen, sei es durchaus nicht ungewöhnlich, wenn über die Wahlbeteiligung von hervorragenden Persönlichkeiten des öffentlichen Lebens während des Wahlvorganges berichtet werde. Er habe das sicher selbst im Fernsehen des öfteren feststellen können.« Seigewasser versprach jedoch, die DDR-Medien würden das Wahlverhalten der Bischöfe diesmal nicht besonders hervorheben. Schönherr selbst äußerte, ihm seien aus der Berichterstattung nach den letzten Wahlen gerade infolge der Brüsewitz-Affäre besondere Schwierigkeiten erwachsen. Außerdem habe er etwas dagegen, wenn man auf diese Weise einzelne Bischöfe gegeneinander ausspiele. Allerdings sagte er zu, wiederum wählen zu gehen. Information Seigewasser vom 16.5.1979 über ein Gespräch mit Bischof Schönherr, SAPMO-BA ZPA IV B2/14/40; vgl. auch Vermerk Schönherr vom 22.5.1979. Hier fehlt allerdings die Zusage des Bischofs, sich an der Wahl zu beteiligen. Außerdem heißt es hier:»Der Staatssekretär erklärte, daß ihn mein Schreiben bedrückte [...] [und] bezeichnete es als eine ›ultimative Angelegenheit‹.« EZA Berlin, 101/118. Zu den 1979er Wahlen vgl. Einschätzung Wilke vom 25.6.1979 der Teilnahme kirchlicher Amtsträger an den Wahlen zu den örtlichen Volksvertretungen vom 20.5.1979 (BA, Abt. Potsdam, O-4, 407) sowie SED-BL Halle (Saale), Mitarbeiter für Kirchenfragen, Gerngroß, Hausmitteilung vom 22.5.1979 an W. Felfe, Information über die Beteiligung kirchlicher Amtsträger an den Wahlen am 20.5.1979, LPA Halle, IV D-2/14/478.

99 Aktenvermerk Seigewasser an Verner vom 26.10.1976 über Gespräch mit Stolpe und Lewek am 26.10.1976, SAPMO-BA ZPA IV B2/14/79. Die folgenden Zitate ebd.

100 Vgl. Schultze, Das Signal, 327 f.

101 Rechercheergebnisse zum IM »Sekretär«, Stand 12.4.1994, 254.

102 Vgl. auch Aktenvermerk Wilke vom 22.11.1976 über Gespräch zwischen Weise, Wilke und Stolpe am 22.11.1976, SAPMO-BA ZPA IV B2/14/39.

103 Bericht Seigewasser über Gespräch mit Stolpe am 23.11.1976, a.a.O.

104 Schönherr an Seigewasser vom 14.12.1976, BA, Abt. Potsdam, O-4, Altreg. Vgl. auch Vertrauliches Protokoll Schönherr-Kramer der 71. Sitzung des Vorstandes der Konferenz der Evangelischen Kirchenleitungen in der DDR am 16. Dezember 1976 in Berlin:»[TOP] 1.2. Grundsatzgespräch – Die Vorbereitung soll durch den Vorstand an einem noch festzulegenden Ort erfolgen, wenn der Termin feststeht. Es müßte dafür am späteren Nachmittag des Vortages begonnen werden. Magdeburg soll gefragt werden, ob eine Beteiligung Bäumes erforderlich erscheint, falls das Gespräch vor der Konferenz im Januar stattfindet. Die Konferenz muß im anderen Fall klären, ob diese Zusammensetzung verändert wird.« EZA Berlin, 101/116.

105 Vgl. Hinweise Verner an Arbeitsgruppe Kirchenfragen vom 6.10.1976: Maßnahmen zur Weiterführung der Kirchenpolitik gegenüber der evangelischen Kirche, a.a.O.

106 Vorlage für das Politbüro des ZK der SED über »Weiterführung der kirchenpolitischen

Arbeit gegenüber den evangelischen Kirchen in der DDR« vom 13.12.1976, SAPMO-BA ZPA IV B2/14/17.

107 So Information Hartwig Nr. 4/77 vom 8.2.1977, BA, Abt. Potsdam, O-4, 504.

108 Ebd.

109 Vertrauliche Gedächtnisniederschrift Weise vom 17.1.1977 über Gespräch mit Stolpe am 14.1.1977, BA, Abt. Potsdam, O-4, 479.

110 Information Weise vom 21.1.1977 über Gespräch mit Schönherr am 20.1.1977, BA, Abt. Potsdam, O-4, 425.

111 Protokoll Nr. 5/77 der Sitzung des Politbüros des ZK der SED vom 1.2.1977 mit Anlagen, SAPMO-BA ZPA J IV 2/2/16/55.

112 Schönherr an Honecker vom 15.3.1977, SAPMO-BA ZPA J IV J/4. Vgl. auch Harry Tisch an Honecker vom 18.3.1977, a.a.O.; Honecker an Schönherr vom 21.3.1977, a.a.O.; Schönherr an Honecker vom 2.8.1977, a.a.O.

113 Vgl. Norden an Honecker vom 10.2.1977 mit Anlage, SAPMO-BA ZPA IV B2/2.036/49; vgl. auch Aktennotiz des Generalsekretärs des Friedensrates der DDR, Werner Rümpel, vom 28.2.1977 über ein Gespräch mit Lewek am 25.2.1977, SAPMO-BA ZPA IV B2/14/77. Siehe auch Aktenvermerk Weise über Gespräch mit Stolpe am 14.1.1977, BA, Abt. Potsdam, O-4, 425.

114 Vgl. Vermerk Pabst vom 29. April über Gespräch im Staatssekretariat für Kirchenfragen am 25.3.1977, LKA Hannover, D 15 XII, K 102/5910/II. Vgl. auch Gedächtnisprotokoll Gerhard Thomas über ein Gespräch in der Dienststelle des Staatssekretärs für Kirchenfragen am 26.4.1977, a.a.O.

115 Siehe dazu auch unten, 157 ff.

116 Aktenvermerk Dohle vom 11.2.1977 über Gespräch mit Stolpe am 8.2.1977, BA, Abt. Potsdam, O-4, 425. Die Jahresanalyse der Staatspolitik in Kirchenfragen 1976 vom 31.1.1977 enthält hinsichtlich der genannten kirchenleitenden Persönlichkeiten dieselbe Einschätzung: Information Nr. 2/77, BA, Abt. Potsdam, O-4, 462. Vgl. auch Information Weise vom 3.3.1977 über Gespräch zwischen Seigewasser und dem Sekretär des Patriarchats der ROK, Bujewski, am 28.2.1977, SAPMO-BA ZPA IV B2/14/191. Zur Situation in der provinzsächsischen Kirche vgl. auch die Tonbandberichte von OKR Detlef Hammer (IM »Günther«) an das MfS HA XX/4, BStU Berlin, MfS 1143/78, II/V, bes. 21; 53.

117 Hüttner an Verner vom 1.3.1977, SAPMO-BA ZPA IV B2/14/79.

118 Vermerk Harder vom 31.3.1977 über Gespräch zwischen Kirchenleitung und Rat des Bezirks Rostock am 30.3.1977, EZA Berlin, 101/251.

119 Ebd.

120 Stolpe an Seigewasser vom 31.3.1977, SAPMO-BA ZPA IV B2/2.036/49.

121 Vgl. Information Seigewasser vom 12.4.1977 über Gespräch mit Schönherr am 12.4.1977, BA, Abt. Potsdam, O-4, 424. Zur Haltung der verschiedenen Landeskirchen in bezug auf eine Teilnahme an der Konferenz zum 60. Jahrestag der Oktoberrevolution vgl. die Tonbandberichte von OKR Detlef Hammer (IM »Günther«) an das MfS HA XX/4, BStU Berlin, MfS 1143/78, II/V, bes. 54.

122 Vgl. Seigewasser an Verner vom 12.4.1977, SAPMO-BA ZPA IV B2/2.036/48.

123 ZK-Hausmitteilung Verner an Honecker vom 5.5.1977, SAPMO-BA ZPA IV B2/2.036/49.

124 P. Verner: Zur Linie des Auftretens im Gespräch mit den Vertretern des Bundes der Evangelischen Kirchen in der DDR vom 10.5.1977, SAPMO-BA ZPA IV B2/2.036/49.

125 Auszahlungs-Anordnung, datiert (10.5.1977) und unterschrieben von Roßberg, der auch die Zweckbestimmung eintrug, Rechercheergebnisse zum IM »Sekretär«, Stand 12.4.1994, 255. Am 16. Mai 1977 feierte Stolpe seinen 41. Geburtstag.

126 Vermerk Stolpe vom 12.5.1977 über Gespräch des Vorstandes der Konferenz mit dem Staatssekretär für Kirchenfragen am 11.5.1977, LKA Hannover, D 15 XII, K 102/5910/II. Die folgenden Zitate ebd.

127 Ebd. Zur Weitergabe dieses Protokolls durch IM »Sekretär« an das MfS vgl. Neubert, Untersuchung, 32 f.

128 Vgl. Interview Honeckers mit der Saarbrücker Zeitung vom 17.2.1977.

129 Vermerk Stolpe vom 12.5.1977 über Gespräch des Vorstandes der Konferenz mit dem Staatssekretär für Kirchenfragen am 11.5.1977, LKA Hannover, D 15 XII, K 102/5910/II. Die folgenden Zitate ebd.

130 Vgl. Information Seigewasser vom 12.5.1977, SAPMO-BA ZPA IV B2/14/40.

131 Gemeinsame Information der Arbeitsgruppe Kirchenfragen im ZK der SED und des Staatssekretärs für Kirchenfragen vom 12.5.1977 an Paul Verner über das Gespräch Seigewasser mit dem BEK-Vorstand am 11.5.1977, SAPMO-BA ZPA IV B2/2.036/49.

132 Ebd.

133 Wilke: Probleme, die sich für die Abt. I aus dem Gespräch mit dem BEK am 11.5.1977 ergeben, BA, Abt. Potsdam, O-4, 424.

134 Mittigs Rundschreiben vom 3.9.1976 ist wiedergegeben bei Besier/Wolf, ›Pfarrer, Christen und Katholiken‹, 296. Weiterhin nannte er seine Ausführungen auf der Dienstkonferenz am 27.9.1976.

135 BStU Berlin, MfS HA XX/4, 1005, 1 f.

136 Im nachhinein sahen die Kirchen in dem Mai- und allen folgenden Gesprächen »Vorverhandlungen« zum 6.3.1978; vgl. Sekretariat des Bundes der Evangelischen Kirchen in der DDR. Material zur Schnellinformation vom 13.3.1978 (Maschinenmanuskript). Vgl. KJ 1976/77, 425 ff.; 501 ff.

137 Information über eine Tagung der Synode des Bundes der Evangelischen Kirchen in der DDR (BEK), SAPMO-BA ZPA IV B2/14/86; BA, Abt. Potsdam, O-4, 786.

138 Information Seigewasser vom 2.6.1977 über Gespräch mit Schönherr am 31.5.1977, BA, Abt. Potsdam, O-4, 424. Vgl. auch Konzeption für eine Veranstaltung mit kirchlichen Amtsträgern aus Anlaß des 60. Jahrestages der Oktoberrevolution, a.a.O. Siehe auch epd-Dok 46/77, 13.

139 Information Seigewasser vom 2.6.1977 über Gespräch mit Schönherr am 31.5.1977, BA, Abt. Potsdam, O-4, 424.

140 Es handelte sich allerdings nicht um den Pfarrer, sondern um den Betriebsleiter Günter Hanff aus Köthen.

141 Information Bellmann vom 18.7.1977 über Gespräch mit Stolpe am 15.7.1977, SAPMO-BA ZPA IV B2/14/40. Zu den möglichen Varianten der kirchlichen Gratulationscour für Honecker vgl. Vermerk Stolpe vom 2.8.1977, EZA Berlin, 101/342. Der von Lewek entworfene und von Schönherr unterzeichnete Geburtstagsbrief vom 25.8.1977 befindet sich ebd.

142 Vgl. z. B. Information Wilke vom 27.9.1977 über Gespräch mit Stolpe am 26.9.1977, BA, Abt. Potsdam, O-4, 424.

143 Vgl. Vermerk Stolpe vom 2.8.1977, EZA Berlin, 101/342.

144 Das Schreiben endet mit der Wendung: »Mit dem Ausdruck meiner vorzüglichen Hochachtung, Schönherr.« Schönherr an Honecker vom 25.8.1977, a.a.O. Den Entwurf Leweks sowie die von der Kirchenbund-Delegation ausgesprochene Gratulation, die auch wesentliche Passagen aus dem Brief Schönherrs anführte, vgl. a.a.O.

145 Information zur Situation in den Evangelischen Kirchen in der DDR vom 13.4.1977, SAPMO-BA ZPA B2/14/11.

146 Information zu aktuellen kirchenpolitischen Problemen vom 22.7.1977, PDS-Archiv Dresden, IV D-2.14-690.

147 Vgl. zu dem Vorgang G. Besier, Der SED-Staat und die Kirche. Der Weg in die Anpassung, 237.

148 Streit und Seigewasser an Honecker vom 14.7.1977, SAPMO-BA ZPA IV B2/14/115.

149 SAPMO-BA ZPA IV B2/14/86.

150 Tonbandbericht OKR Detlef Hammer (IM »Günther«) an die MfS HA XX/4 vom 8.9.1977, BStU Berlin, MfS 1143/78, II/V, 76.

151 Ebd., 77. Vgl. auch Tonbandbericht »Günther« vom 19.10.1977, a.a.O., 96. Noch im

März 1977 hatte Krusche dem Staat im Zusammenhang der Verfolgung von ESG-Mitgliedern wegen einer Flugblattaktion freilich »eine Verletzung der Menschenrechte« vorgeworfen und gedroht, er wolle die KEK mit dieser Angelegenheit befassen (Information Nr. 198/77 vom 1.4.1977 über negative Aktivitäten der Kirchenleitung der Evangelischen Kirchenprovinz Sachsen gegen die DDR, BStU Berlin, Z 2697). Die SED war derart fixiert auf BRD-kritische Voten, daß sie offenbar Krusches Abneigung gegen westliche Mediengepflogenheiten generalisierte und seine entsprechende Kritik gar als Zustimmung zum politischen Kurs der DDR umwertete.

152 Aktennotiz Kalb o. D., SAPMO-BA ZPA IV B2/14/115.

153 Vermerk Schönherr vom 14.2.1978 über Gespräch mit Kalb am 13.2.1978, EZA Berlin, 101/348.

154 Information der Arbeitsgruppe Kirchenfragen im ZK der SED vom 24.10.1977, SAPMO-BA ZPA IV B2/14/86 und BA, Abt. Potsdam, O-4, 558. Vgl. auch KJ 1976/77, 394 f.

155 Vgl. BStU Rostock, Reg.-Nr. 2330/75; 02772/91.

156 Vgl. BStU Dresden, AIM 6830/90, I/1-3 und II/11.

157 Vgl. z. B. Tonbandbericht IM »Winter« vom 28.9.1974: Bundessynode, Meinungen zum Bericht der KKL, Teil III, BStU Berlin, MfS HA XX, 76, 395 f. Neben »Winter« waren bei der Bundessynode in Potsdam-Hermannswerder 1974 noch folgende IM im Einsatz: »Sekretär«, »Prinz«, »Micha«, »Forell«, »Rat«, »Beyer«, »Dietrich«, »Friedrich«, »Ehrlich«, »Orion«, »Hans Werner«, »Hörsel« und IMV-Kandidat »Domino«, a.a.O., 73 ff.; 393 f.; 390 ff.

158 Vgl. KJ 1976/77, 421-423. Siehe auch unten, 226 ff.

159 Verner an Honecker vom 27.10.1977 mit Anlage, SAPMO-BA ZPA IV B2/2.036/49.

160 Information Bellmann vom 8.11.1977 über Gespräch mit Stolpe am 8.11.1977, SAPMO-BA ZPA IV B2/14/7.

161 Ebd.

162 Protokoll der 83. Sitzung des Vorstandes am 11./12.11.1977 in Berlin, EZA Berlin, 101/116.

163 Stolpe an Bellmann vom 25.11.1977, SAPMO-BA ZPA IV B2/14/81.

164 A.a.O.

165 Information Bellmann über zwei Gespräche mit Stolpe am 8.11. und 25.11.1977, SAPMO-BA ZPA IV B2/14/7.

166 Ebd.

167 Vgl. Anlage zur Information Bellmann vom 28.11.1977 über Gespräch mit Stolpe am 25.11.1977, a.a.O.

168 Vgl. Information Hüttner vom 8.12.1977 über Gespräch Verner mit Schönherr am 6.12.1977, a.a.O. Die folgenden Zitate ebd.

169 Am 1.2.1978 erschien die Direktive Nr. 3 des Ministeriums für Volksbildung zur Einführung und Gestaltung des Wehrunterrichts für die Schüler der 9. und 10. Klassen der allgemeinbildenden polytechnischen Oberschule der DDR, BA, Abt. Potsdam, O-4, 425.

170 Vgl. Besier, Der SED-Staat und die Kirche. Der Weg in die Anpassung, 575 ff.

171 Information Hüttner vom 8.12.1977 über Gespräch Verner mit Schönherr am 6.12.1977, SAPMO-BA ZPA IV B2/14/7. Die folgenden Zitate ebd.

172 Albrecht Schönherr, Horizont und Mitte. Aufsätze, Vorträge, Reden 1953-1977, Berlin (Ost)-München 1979.

173 Hausmitteilung Bellmann an Verner vom 19.12.1977, SAPMO-BA ZPA IV B2/14/193.

174 Niederschrift Bellmann vom 28.12.1977 über Gespräch mit Stolpe und Lewek am 22.12.1977, SAPMO-BA ZPA IV B2/14/7.

175 Ebd.

176 Im Protokoll der 84. Sitzung des Vorstandes am 21.12.1977 heißt es: »Spitzengespräch. Stolpe berichtet über seine Sondierungen: gesamter Vorstand soll eingeladen, Details vorher geklärt, Gesichtspunkte für eine Pressemitteilung vorher zusammengestellt werden. D. Schönherr berichtet über sein Gespräch mit Verner: grundsätzliche Offenheit,

aber Konfrontation solle ausgeschlossen werden. *Beschluß*: Die KKL soll unterrichtet werden. Bei weiteren Sondierungen ist die Dauer des Gespräches vorzuklären und klarzustellen, daß der Vorstand auf der Basis des KKL-Berichtes von Görlitz einige Punkte deutlich anzusprechen beabsichtigt: Das Verhältnis zwischen Staat und Kirche ist so gut, wie für den einzelnen christlichen Bürger sich dieses Verhältnis im Alltag zeigt.« EZA Berlin, 101/338. Der der Ost-CDU übergebenen Abschrift des »Spitzengesprächs« lag ein Papier mit dem Titel »Aufriß Spitzengespräch (Vorstellung des Bundes)« bei, das außer den schon genannten die Punkte »Fragen der Druckgenehmigung theologischer Literatur« und »Theologiestudium an den Universitäten« enthält (ACDP St. Augustin, VII, 013/2555). Beide Punkte waren bereits Gesprächsgegenstand zwischen Schönherr und Verner gewesen, der sie schroff zurückgewiesen hatte.

177 Information Schumann-Fitzner für Seigewasser vom 10.1.1978, BA, Abt. Potsdam, O-4, 6253. Vgl. auch Information Schumann-Fitzner für den Staatssekretär vom 10.1.1978 zur 2. Fassung des »Aufrisses des Vorstandes der Konferenz des Bundes der ev. Kirchen in der DDR zum Spitzengespräch«, BA, Abt. Potsdam, O-4, 6253 sowie Vermerk Küntscher vom 17.2.1978 über Gespräch am 17.2.1978 zwischen Schumann-Fitzner, Arlt, Dietrich, Stolpe, Küntscher, EZA Berlin, 101/348. Weitere Punkte sprach Schönherr gegenüber Hermann Kalb, dem Stellvertreter Seigewassers, am 13.2.1978 an. Zudem wurde über die Modalitäten des Einladungsschreibens gesprochen. Vgl. Vermerk Schönherr vom 14.2.1978, EZA Berlin, 101/348.

178 Vermerk Schönherr vom 16.1.1978 über Bischofskonvent in Bad Saarow vom 9.1. abends bis 12.1.1978 abends, EZA Berlin, 101/1190, Bd. II.

179 Vgl. R.G. Reuth, IM Sekretär, 161.

180 Vgl. Rechercheergebnisse zum IM »Sekretär«, Stand 11.9.1992, Anlage II.

181 Vgl. z. B. BStU Berlin, ZAIG 2796; 2800.

182 Protokoll der 53. KKL-Tagung am 13./14.1.1978, EZA Berlin, 101/342. Vgl. auch das ausführliche MfS-Protokoll, BStU Berlin, MfS ZAIG 2790. Danach berichtete Schönherr dem Kreis, daß er Verner »bereits eine schriftliche Fassung dieser Gesprächskonzeption übergeben« habe (ebd.). Ein wichtiger Gesprächsgegenstand war ein Brief der Pfarrer des Kirchenkreises Aue vom 28.11.1977 an die KKL. In diesem warfen die Pfarrer Schönherr vor, er sei auf der EKD-Synode in Saarbrücken zu staatsloyal aufgetreten und habe die reale Situation in der DDR falsch dargestellt. Vgl. ebd.

183 Information Kalb über Gespräch mit Schönherr am 14.2.1978, SAPMO-BA ZPA IV B2/14/115. Vgl. auch Vermerk Schönherr vom 14.2.1978 über Gespräch mit Kalb am 13.2.1978, EZA Berlin, 101/348.

184 Eichler an Schönherr vom 14.2.1978, a.a.O.

185 Stolpe an Eichler vom 20.2.1978, a.a.O.

186 Vgl. Mitteilung Steinmetzger an das MfS vom 22.2.1978, BStU Berlin, AIM 2834/88, II/5.

187 Stolpe an Bellmann vom 27.2.1978 mit Anlage der Schönherr-Rede, SAPMO-BA ZPA IV B2/14/115.

188 Vgl. SAPMO-BA ZPA IV B2/14/49.

189 Vgl. Reuth, IM »Sekretär«, 161. Siehe Information über die Vorbereitung seitens der KKL des BEK zum Gespräch beim Generalsekretär der SED am 6.3.1978, BStU Berlin, ZAIG 2796.

190 Ebd.

191 Vgl. Niederschrift vom 10.3.1978 über das Gespräch des Vorstandes der Konferenz mit dem Vorsitzenden des Staatsrates am 6.3.1978 (13 Seiten), EZA Berlin, 101/342. Siehe insgesamt auch KJ 1978, 347-355.

192 Vgl. Stolpe an Bellmann vom 27.2.1978 mit Anlage der Schönherr-Rede, EZA Berlin, 101/342. Schönherrs Rede ist u. a. in epd-Dok 15/78 wiedergegeben.

193 Niederschrift vom 10.3.1978 über das Gespräch des Vorstandes der Konferenz mit dem Vorsitzenden des Staatsrates am 6.3.1978 (13 Seiten), EZA Berlin, 101/342.

194 Jetzt nochmals wiedergegeben bei Th. Boese, Die Entwicklung des Staatskirchenrechts in der DDR von 1945 bis 1989, 315 f.

195 Schönherr an Honecker vom 7.3.1978, EZA Berlin, 101/342. Einen Durchschlag des Briefes schickte Schönherr an Seigewasser, der ihm am 17.3.1978 antwortete (a.a.O.).

196 Vgl. BStU Rostock, AIM 272/91.

197 Vgl. Reuth, IM »Sekretär«, 161; BStU Berlin, MfS HA XX/4, 1005, 6-8.

198 Vgl. Rechercheergebnisse zum IM »Sekretär«, Stand 12.4.1994, 161.

199 Das kommt – wenn auch sehr abgeschwächt – noch in Schönherrs Autobiographie zum Ausdruck. Vgl. Schönherr, ... aber die Zeit war nicht verloren, 395.

200 BStU Berlin, MfS HA XX/4, 1005, 6-8.

201 Zit. nach Rechercheergebnisse zum IM »Sekretär«, Stand 11.9.1992, 12; vgl. auch a.a.O., 75 f.

202 Protokoll Nr. 10/78 der Sitzung des ZK der SED vom 14.3.1978, SAPMO-BA ZPA J IV 2/2/1716.

203 Vgl. Besier, Auf der kirchenpolitischen Nebenbühne des SED-Staates. Evangelische Kirche und Ost-CDU, in: ders., Die evangelische Kirche in den Umbrüchen des 20. Jahrhunderts, Bd. 2, 190-270, hier: 260 f.

204 Vgl. SAPMO-BA ZPA NL 281/48. Vgl. auch Honeckers Darstellung des Treffens vom 6.3. im Bericht des Politbüros an die 8. ZK-Tagung am 24./25.5.1978, 48.

205 Vgl. R. Steinlein, Die gottlosen Jahre, 119 ff. Kritik an der »Geheimniskrämerei« übte auch Propst Friedrich Winter Bericht Steinmetzer über Ephorenkonvent am 16.3.78, BStU Berlin, AIM 2834/88, II/5.

206 Vgl. Steinlein, Die gottlosen Jahre, 121.

207 Vgl. dazu Schönherr, ... aber die Zeit war nicht verloren, 400 ff.

208 Steinlein, Die gottlosen Jahre, 122.

209 Bericht Steinmetzger (IM »Birke«) über die Berlin-Brandenburgische Kirchenleitungssitzung am 10.3.1978, BStU Berlin, AIM 2834/88, Bd. II/5.

210 Ebd.

211 Steinlein, Die gottlosen Jahre, 122.

212 LKA Hannover, D 15 XII, K 102/5904.

213 Vgl. den Bericht Fränkels an die Görlitzer Synode, in: epd-Dok 30/78, 62 ff.

214 Vgl. dazu Neubert, Untersuchung, 140-145, Zitate: 143.

215 Vgl. Bericht des Brandenburgischen Landtages vom 29.4.1994, Drucksache 1/3009, Bd. 3, Teil B, 69-71.

216 Tonbandbericht »Günther« vom 18.4.1977, BStU Berlin, MfS 1143/78, II/V.

217 LKA Hannover, D 15 XII, K 102/5904.

218 MfS-Information über die Tagung der Konferenz der Kirchenleitungen des Bundes evangelischer Kirchen in der DDR am 11./12.3.1978 in Bad Saarow, zit. nach Bericht des Untersuchungsausschusses 1/3 des Brandenburgischen Landtages vom 29.4.1994, Drucksache 1/3009, Anlagen, Teil B, Anlage 42.

219 Ebd.

220 Vgl. Protokoll der 54. Tagung der Konferenz am 10./12.3.1978 in Bad Saarow, EZA Berlin, 101/342. Vgl. auch die MfS-Information über die KKL-Tagung am 11./12. März 1978, BStU Berlin, ZAIG, 2800.

221 Protokoll Stolpe vom 6.4.1978 über die 87. Sitzung des Vorstandes am 30.3.1978, EZA Berlin, 101/117.

222 Im Bereich ideologieferner sozialer Lösungen funktionierten die Absprachen aufgrund des 6.3. noch am besten. Vgl. dazu den Beschluß der Politbüros vom 22.8.1978 zur Erstattung der in Verbindung mit der Erhöhung der Mindestlöhne entstandenen finanziellen Mehraufwendungen für die evangelischen Landeskirchen, Protokoll Nr. 33/78 des ZK der SED vom 22.8.1978, SAPMO-BA ZPA J IV 2/2/1740.

223 Zit. nach Bericht des Untersuchungsausschusses 1/3 des Brandenburgischen Landtages vom 29.4.1994, Drucksache 1/3009, Teil B, Anlage 19/2.

224 Gegenüber Schönherr äußerte Verner im Dezember 1978: »Das Gespräch am 6.3. sei in

großer Offenheit und gegenseitiger Achtung geführt worden. Gewisse realistische Entwicklungen der Kirche seien die Grundlage gewesen. Der Staat habe keinen Widerspruch zwischen Verfassung und Wirklichkeit zu korrigieren. Die Entwicklung sei reif geworden auf der Grundlage des Prinzips der Trennung von Staat und Kirche. Diese Grundlage sei in beiderseitigem Interesse. Die Kirche solle mit allen Möglichkeiten und Kräften die Sicherung des Friedens unterstützen. [...] Das Verhältnis von Kirche und Staat muß [...] als wesentlich verbessert angesehen werden. In den 30 Jahren ist Großes erreicht worden.« Schönherr bemerkte abschließend:»Das Gespräch fand in einem freundlichen Ton statt, auch in den Partien, in denen Herr Verner Beschwernisse gegen Kirchenleute vorbrachte. Es scheint die vorherrschende Meinung zu sein, daß das Verhältnis zwischen Staat und Kirche nach dem 6.3. gut ist. Das Gespräch endete mit Wünschen für ein gutes Weihnachtsfest und ein gesundes neues Jahr.« EZA Berlin, 101/93/14, Vermerk Schönherr vom 20.12.1978 über ein Gespräch mit Herrn Paul Verner am 18.12.1978 in seinen Diensträumen im ZK. Vgl. auch den vor der Bezirksparteischule »Georg Wolff« am 21.9.1978 gehaltenen Vortrag zum Thema »Aktuelle Probleme der Politik in Kirchenfragen durch unsere Partei (Stand: September 1978)«: »Das Gespräch vom 6.3. ist über die kirchenpolitische Seite hinaus von politischer Bedeutung. Zu einem Zeitpunkt, da unsere imperialistischen Gegner bestrebt sind, den Sozialismus von innen her in Frage zu stellen, demonstrieren wir mit dem Gespräch innere Stabilität. Unsere Gegner mußten erkennen, daß die Kirchen schwerlich als innerer Störfaktor und Speerspitze gegen den Sozialismus zu mißbrauchen sind. Zu einem Zeitpunkt, da die Entspannungsgegner mit ihrer Menschenrechtskampagne die sozialistischen Staaten zu diffamieren suchten, traf die Parteiführung eine Reihe großzügiger Entscheidungen, die die Freiheit der Religionsausübung in der DDR großzügig unterstreichen.« PDS-Archiv Dresden, IV D-2.14-693.

225 Im Rat des Bezirkes Magdeburg hatte Krusche sich am 7.2.1978 für die Prüfung gewisser »Härtefälle««, die vor allem Fragen der Familienzusammenführung betreffen, eingesetzt. »Er betonte nochmals seine Position, die darin besteht, daß jeder Bürger der DDR in diesem Staat sein Auskommen hat und leben kann.« Information, BA, Abt. Potsdam, O-4, 793. Der Vorstand der KKL erteilte Stolpe auf seiner 88. Sitzung am 19.4.1978 in Berlin den Auftrag, gemeinsam mit von Brück, Schultze und Winter eine Kriterienliste für eine mögliche kirchliche Unterstützung von Ausreiseanträgen zu erarbeiten und über ein kirchliches Procedere in solchen Fällen Erwägungen anzustellen. Hervorgehoben wurde die Dringlichkeit dieses Projektes. Vgl. Sitzungsprotokoll Schönherr-Stolpe, EZA Berlin, 101/117.

226 Niederschrift in PDS-Archiv Dresden, IV D-2.14-690. Vgl. auch die kürzer gehaltene Hausmitteilung in der SED-Bezirksleitung Halle durch den Mitarbeiter für Kirchenfragen, Gerngroß, an den 1. Sekretär Werner Felfe vom 23.3.1978, LPA Halle, IV D-2/14/477, auch a.a.O. sowie Bezirksleitung Halle der SED, Mitarbeiter für Kirchenfragen, Gerngroß, 30.3.1978, Information über den Inhalt und die Festlegungen des Gesprächs des Generalsekretärs des ZK der SED und Vorsitzenden des Staatsrates der DDR, Genossen Erich Honecker, mit dem Vorstand der Evangelischen Kirchenleitungen in der DDR am 6.3.1978: »Bedeutung und Wirkung dieses Gesprächs geht über die Grenzen unseres Landes hinaus.« A.a.O. Vgl. auch den Entwurf des Referats des Genossen Paul Verner zur Auswertung des Gesprächs vom 6. März 1978, SAPMO-BA ZPA IV B2/14/7.

227 Thema: Aktuelle Probleme der Politik in Kirchenfragen durch unsere Partei (Stand: September 1978), PDS-Archiv Dresden, IV D-2.14-693.

228 SED-Bezirksleitung Dresden, Abteilung Staat und Recht, Niederschrift vom 27.12.1978 über eine am 21.12.1978 stattgefundene Aussprache zu Problemen unsres Verhaltens gegenüber der Evangelischen Kirchenleitung Görlitz, PDS-Archiv Dresden, IV D-2.14-690.

229 Text der Direktive 3: BA, Abt. Potsdam, O-4, 425. Vgl. KJ 1978, 355-357. Siehe dazu näher unten, 252 ff.

230 Siehe unten, 243 ff.

231 Vgl. Besier, Der SED-Staat und die Kirche. Der Weg in die Anpassung, 693.

232 Schönherr an Bellmann vom 9.7.1979, SAPMO-BA ZPA IV B2/14/80.

233 Dissemond an Lewek vom 10.7.1978, EZA Berlin, 101/343. Vgl. hierzu Schreiben Lewek an Dissemond vom 2.3.1978 und Vermerk Lewek für Stolpe betr. Anruf von Herrn Prälat Dissemond am 22.3.1978, 10.30 Uhr, EZA Berlin 101/371. Vgl. Schönherr, ... aber die Zeit war nicht verloren, 402. Zu Paul Dissemond vgl. Ute Haese, Katholische Kirche in der DDR und MfS, in: DA 27 (1994), 130-140, derzufolge der Prälat »13 Jahre lang den Kontakt zum MfS« hielt (a.a.O., 140).

234 Unter dem 21.11.1978, 14 Uhr, enthält Stolpes Terminkalender laut Mitteilung Ernst Bendas den Eintrag »Ho« (sein Kürzel für MfS-Treffen) und die Abbildung eines »Eisernen Kreuzes«. Ebenfalls für den 21.11.1978, 14-17 Uhr, weist die Belegungsliste des »Konspirativen Objektes Wendenschloß« den Eintrag für ein Treffen »Sekretär«-Wiegand-Roßberg auf. Christa Lewek sagte demgegenüber aus, für die fragliche Zeit finde sich in ihrem Terminkalender ein Eintrag, demzufolge eine Sitzung zwischen Stolpe, ihr und Demke in den Räumen des Bundes-Sekretriats stattgefunden habe. Vgl. Bericht des Brandenburgischen Landtages vom 29.4.1994, Drucksache 1/3009, Bd. 1, 177-180.

235 Vgl. Ausschußprotokoll 1/530 des Untersuchungsausschusses 1/3 des Brandenburgischen Landtages vom 27.10.1992, 65-81, bes. 67-71.

236 Am 22.11.1978 zahlte Stolpe den Betrag für einen kirchlichen Zweck ein, vgl. Neubert, Untersuchung, 40.

237 Vgl. Rechercheergebnisse zum IM »Sekretär«, Stand 12.4.1994, 161.

238 Vgl. zur Behandlung dieser Erklärung durch den Untersuchungsausschuß Ausschußprotokoll 1/530 des Untersuchungsausschusses 1/3 des Brandenburgischen Landtages vom 27.10.1992, 63 f.

239 Abschrift im Besitz des Verf. Kopien der Erklärung gingen an Stolpe, Gauck, O. v. Campenhausen und den Stolpe-Untersuchungsausschuß. Vgl. auch Roßbergs Anhörung vor demselben am 23.10.1992: Ausschußprotokoll 1/530 des Untersuchungsausschusses 1/3 des Brandenburgischen Landtages vom 27.10.1992, 37 ff. Der Vorsitzende des Untersuchungsausschusses, Lothar Bisky (PDS-LL), Frau Fuchs (FDP) und Zarneckow (SPD), suchten – mit Erfolg – durch insistierendes Fragen nach dem von SAT 1 erhaltenen Honorar die Glaubwürdigkeit des Zeugen Roßberg zu erschüttern (vgl. a.a.O., 44-47; 84-89; 102-106). Später nahm Roßberg vor dem Untersuchungsausschuß eine geringfügige Änderung an dem Dokument vor. Der Satz im Blick auf Wiegands Beteiligung an der Verleihung sollte nun lauten: »Ich kann nicht mehr sicher sagen, zu welchem Zeitpunkt Herr Wiegand hinzukam«. A.a.O., 83.

240 Vgl. a.a.O., 2 ff.

241 Ausschußprotokoll 1/529 des Untersuchungsausschusses 1/3 des Brandenburgischen Landtages vom 27.10.1992, 134.

242 Hans Wilke, GMS »Horst«, BStU Berlin, MfS 2968/70; Horst Dohle, IME »Horst«, BStU Berlin, Reg.-Nr. XII/745/73.

243 Vgl. Bericht des Brandenburgischen Landtages vom 29.4.1994, Drucksache 1/3009, Bd. 1, 175.

244 Abgedruckt in: Rechercheergebnisse zum IM »Sekretär«, Stand 11.9.1992, 90-94.

245 Vgl. Neubert, Untersuchung, 39 f.

246 Vgl. Bericht des Brandenburgischen Landtages vom 29.4.1994, Drucksache 1/3009, Bd. 1, 174; 181.

247 Rechercheergebnisse zum IM »Sekretär«, Stand 11.9.1992, 6.

248 Vgl. dazu auch Wiegands Äußerungen in M. Beleites, Untergrund, 219 f.

249 Rechercheergebnisse zum IM »Sekretär«, Stand 12.4.1994, 246.

250 Information Verner an Honecker vom 21.12.1978 (Protokollant: Bellmann) über Gespräch mit Schönherr am 18.12.1978, SAPMO-BA ZPA IV B2/2.036/50. Die folgenden Zitate ebd.

251 Ebd.

252 Information der Arbeitsgruppe Kirchenfragen im ZK vom 29.12.1978 zu den Wirkungen des Gesprächs Honecker mit KKL-Vorstand am 6.3.1978, SAPMO-BA ZPA IV B2/14/49.

253 Ebd.

254 Vgl. dazu Steinlein, Die gottlosen Jahre; Richard Schröder, Versuch einer eigenständigen Standortbestimmung der Evangelischen Kirchen in der DDR am Beispiel der »Kirche im Sozialismus«, scheint mir diesen Aspekt eifrigen Bemühtseins unter den genannten Randbedingungen zu wenig zu berücksichtigen.

255 Information der Arbeitsgruppe Kirchenfragen im ZK vom 29.12.1978 zu den Wirkungen des Gesprächs Honecker mit KKL-Vorstand am 6.3.1978, SAPMO-BA ZPA IV B2/14/49.

256 Einige grundsätzliche Bemerkungen [...], o. D., BStU Berlin, MfS HA XX/4, 488, 23.

257 A.a.O., 24.

258 Ebd.

259 A.a.O., 25.

Anmerkungen zu Kapitel 3:
»Besondere Gemeinschaft« und »Sozialdemokratismus«

1 Vgl. M. Heckel, Die Vereinigung der evangelischen Kirchen in Deutschland, 31 ff. Der Text der Ordnung des Bundes der Evangelischen Kirchen in der Deutschen Demokratischen Republik ist abgedruckt in KJ 1969, 255-261. Zur Entstehung der Ordnung des Kirchenbundes vgl. G. Besier, Der SED-Staat und die Kirche. Der Weg in die Anpassung, 672-683; 694-713.

2 Vgl. den reformprogrammatischen Beschluß der EKD-Synode vom Mai 1970, in: M. Ahme, Der Reformversuch der EKD 1970-1976, 22 ff.

3 Vgl. EGO I, 1971, Art. 5, Abs. 4: »Die Evangelische Kirche in Deutschland bekennt sich zu ihrer Mitverantwortung für die besondere Gemeinschaft der ganzen evangelischen Christenheit in Deutschland« (Ahme, Reformversuch, 65). In EGO 1974, Art. 3, Abs. 3 heißt es: »Die Evangelische Kirche in Deutschland bejaht ihre Mitverantwortung für die besondere Gemeinschaft der ganzen evangelischen Christenheit in Deutschland« (Ahme, a.a.O., 90; 131 ff.).

4 Art. 1, Abs. 2 der EGO lautet: »Die evangelische Kirche in Deutschland bekennt sich zu der besonderen Gemeinschaft der ganzen evangelischen Christenheit in Deutschland. In der Mitverantwortung für diese Gemeinschaft nimmt sie die Aufgaben, die sich daraus ergeben, in freier Partnerschaft mit dem Bund der Evangelischen Kirchen in der Deutschen Demokratischen Republik wahr.«

5 Zur Leuenberger Konkordie vgl. J. Track, Leuenberger Konkordie, in: EKL ³1992, Bd. 3, 80-82 (Lit.!).

6 Zu den Beratungen des Kirchenbundes vgl. KJ 1979, 392-402; siehe auch H. Kremser, Der Rechtsstatus der evangelischen Kirchen in der DDR und die neue Einheit der EKD, Tübingen 1993, 146-150.

7 So P. Kraske, Was ist die »besondere Gemeinschaft«?, in: KiS 2, 1987, 51.

8 Vgl. zum folgenden U.-P. Heidingsfeld, Die »besondere Gemeinschaft« der Kirchen – Stabilisierung der DDR?, in: T. Rendtorff (Hg.), Protestantische Revolution?, 79-110.

9 Vermerk Lingner vom 11.10.1969 über Gespräch mit Stolpe am 26.9.1969, EZA Berlin, 4/67.

10 Vgl. Vertraulicher Anhang Hammer »Zur Ost-West-Lage«: »Hammer berichtet über die Entwicklung der Ost-West-Situation. Der Bund der Evangelischen Kirchen in der DDR ist entschlossen, Artikel 4,4 seiner Ordnung zu praktizieren; die Organe der EKD im Westen müssen bereit sein, dem spiegelbildlich zu entsprechen. Das Zusammenwirken kann nur praktiziert werden, wenn Begegnungen möglich sind. Da das auf der Ebene des

Rates z. Z. nicht der Fall ist, müssen Hilfs- und Übergangslösungen erwogen werden. Die Konferenz der Kirchenleitungen in der DDR hat um Benennung und Entsendung von ›Bevollmächtigten‹ gebeten, die mit der Konferenz verbindliche Gespräche zu führen berechtigt sind. Die ›Bevollmächtigten‹ müssen an allen Ratssitzungen teilnehmen, so daß eine Art ›Superrat‹ entstehen könnte. Da die ›Grenzfähigkeit‹ ein wichtiges Kriterium darstellt, könnten von daher künftige Ratswahlen beeinflußt werden. Es empfiehlt sich deshalb eine Zwischenlösung. Der Bitte der Konferenz der Kirchenleitungen in der DDR sollte in der Weise entsprochen werden, daß zwar keine ›Bevollmächtigte‹ entsandt werden, sondern eine beauftragte Besuchergruppe, der wie bisher Wilm und Heintze angehören sollen, die aber nach dem Ausscheiden von Riedel und Benn wieder aufgefüllt werden muß. Die weitere Beteiligung von Vertretern der Kirchenkanzlei wird dabei auch für die Zukunft als selbstverständlich vorausgesetzt.

Der Rat beschließt, Oberkirchenrat Schmitz-Bielefeld und Vizepräsident Füllkrug-Kassel zu bitten, der beauftragten Besuchergruppe beizutreten.

Falls Wilm an einer Begegnung oder einer Ratssitzung nicht teilnehmen kann, wird ein anderes Mitglied der Besuchergruppe gebeten, dem Rat zu berichten.« EZA berlin, 2/93/751. Vgl. auch Vermerk Lingner vom 11.10.1969 über Gespräch mit Stolpe am 26.9.1969, EZA Berlin, 4/67 sowie Aktenvermerk Lingner vom 10.10.1969 über das Ergebnis der Referentenbesprechung vom 9.10.1969, a.a.O.

11 Schreiben Lingner vom 28.10.1969 an die genannten Herren, a.a.O.

12 Schreiben Lingner vom 13.11.1969 an die Mitglieder der Gruppe, a.a.O.

13 Protokoll Lingner der Sitzung vom 2.2.1970, a.a.O.

14 Am 3.11.1970 klagte Lingner allerdings gegenüber Stolpe, seine Dienststelle habe bislang keine KKL-Protokolle erhalten. EZA Berlin, 101/358.

15 Dies wurde auch in der KKL-Sitzung vom 27.4.1970 festgestellt und drei Schwerpunkte der gemeinsamen Arbeit betont: »Gegenseitige Information, gemeinsame Vorschläge bei anstehenden Fragen, um zwischen den östlichen und westlichen Kirchen einen Konsens herbeizuführen, Beobachtung der Entwicklungen in den Kirchen in der DDR und in der BRD mit dem Ziel, festzustellen, wo gemeinsames Vorgehen oder gegenseitige Abstimmung erforderlich ist«. A.a.O.

16 So Abschnitt XV »Besuchergruppe« der Niederschrift über die 38. Sitzung des Rates der EKD vom 20.-23. April 1970 in Bonn, EZA Berlin, 4/67.

17 Schreiben Lingner an die Mitglieder der Beratergruppe vom 3.4.1970, EZA Berlin, 4/67.

18 Laut Auskunft von U.-P. Heidingsfeld vom 9.2.1994 handelte es sich bei den Protokollen der Beratergruppe um Aufzeichnungen, die allein von westlicher Seite vorgenommen und nicht mit dem östlichen Gesprächspartner abgestimmt wurden. Bei den Protokollen der »Konsultationsgruppe« dagegen handelte es sich um gemeinsam verantwortete Niederschriften, die freilich »grenzfähig« gestaltet, also vorsichtig gehalten sein mußten.

19 Protokoll Lingner über die Sitzung des Vorstandes der Konferenz der Kirchenleitungen der evangelischen Kirchen in der DDR mit der Beratergruppe des Rates der EKD (West) am 15.12.1969, EZA Berlin, 4/67.

20 Protokoll der Dienstbesprechung beim Staatssekretär am 20.10.1969, 9.00 Uhr, vom 23.10.1969, BA, Abt. Potsdam, O-4, 401. Vgl. auch die Wertung Fitzners: »Mit der Bildung des Bundes ist lediglich eine organisatorische Trennung von der EKD erfolgt. Eine inhaltliche Aussage über die geistige Trennung, im Sinne einer politisch-ideologischen Trennung, enthält die gesamte Ordnung des Bundes nicht (besonders typisch dafür ist die Aussage des Absatzes 4 des Artikels 4).« Überarbeitete Fassung vom 27.10.1969 der Vorlage für die Dienstbesprechung vom 8.9.1969 im Staatssekretariat für Kirchenfragen (Dr. Fitzner), BA, Abt. Potsdam, O-4, 1455.

21 Protokoll Lingner über die Sitzung des Vorstandes der Konferenz der Kirchenleitungen der evangelischen Kirchen in der DDR mit der Beratergruppe des Rates der EKD (West) am 15.12.1969, EZA Berlin, 4/67. Vgl. auch das Protokoll der Konferenz der evangelischen Kirchenleitungen am 22.11.1969 in Berlin, EZA Berlin, 102/45. In einem Maßnahmeplan des Arbeitsgebietes Ev. Kirche im Staatssekretariat für Kirchenfragen zur Durch-

führung der Herbstsynoden der Ev. Landeskirchen in der DDR vom 15.10.1969 war festgelegt worden:»Nach der Bildung des Bundes [...] ist deutlich, daß innerhalb der einzelnen Kirchen die Auseinandersetzungen zu politischen Grundfragen weiterzuführen sind. Der Bund besteht als innerkirchlicher Zusammenschluß und stellt die Form dar, in der sich die ev. Kirchen in der DDR unabhängig von den westdeutschen Stellen organisierten. In dieser Hinsicht hat die EKD für das Territorium der DDR aufgehört, wirksam zu sein.« BA, Abt. Potsdam, O-4, 401.

22 Die Thüringer Synode, die Anfang Dezember 1969 in Eisenach tagte, faßte bei vier Gegenstimmen und einer Enthaltung den entsprechenden Beschluß, nachdem Mitzenheim den Synodalen den Hinweis gegeben hatte, daß eine Ablehnung der Vorlage die Nichtanerkennung des Kirchenbundes durch den Staat für eine gewisse Zeit oder gar für immer zur Folge haben könnte. Im übrigen handle es sich hierbei um eine klare Konsequenz aus der im Frühjahr einstimmig gefaßten Entscheidung, dem Bund beizutreten. Vgl. Aktenvermerk Pabst über Teilnahme an der Tagung der Synode der Ev.-Luth. Kirche in Thüringen vom 7./8.12.1969 in Eisenach, LKA Hannover, D 15 XII, K 66/343/III. Vgl. auch die Niederschrift über die Besprechung betr. Nomenklatur am 23.3.1970 in Berlin, EZA Berlin, 102/35.

23 Protokoll Lingner über die Sitzung des Vorstandes der Konferenz der Kirchenleitungen der evangelischen Kirchen in der DDR mit der Beratergruppe des Rates der EKD (West) am 15.12.1969, EZA Berlin, 4/67.

24 Vgl. Information zu Entwicklungstendenzen des Bundes der Evangelischen Kirchen in der Deutschen Demokratischen Republik, SAPMO-BA ZPA IV A2/14/19. Dort vermutete man im übrigen, beide Bischöfe würden weiterhin eine mögliche Wiedervereinigung ins Kalkül ziehen.

25 Vgl. z. B. Schreiben Lingner an die Teilnehmer der Beratergruppe vom 23.1.1970, EZA Berlin, 4/67.

26 Vgl. KJ 1970, 20 f.; 269-281.

27 Vgl. Maßnahmeplan des Arbeitsgebietes Ev. Kirche im Staatssekretariat für Kirchenfragen zur Durchführung der Herbstsynoden der Ev. Landeskirchen in der DDR vom 15.10.1969. Dort hieß es zur EKU:»In den unierten Kirchen ist besonderer Schwerpunkt darauf zu legen, daß die Existenz dieser Dachorganisation nicht mehr möglich ist.« BA, Abt. Potsdam, O-4, 401. Vgl. auch die überarbeitete Fassung der Vorlage für die Dienstbesprechung vom 8.9.1970 im Staatssekretariat für Kirchenfragen (Dr. Fitzner) vom 27.10.1969:»Auch nach der Bildung [...] des Bundes bestehen folgende Widersprüche zwischen der Existenz des Bundes in unserem sozialistischen Staat und den bekannten Fakten: Es besteht nach wie vor eine gesamtdeutsche EKU-Organisation.« BA, Abt. Potsdam, O-4, 1455.

28 Vermerk Lingner über die EKU-Ratssitzung am 2./3.2.1970 (KB I 166/70), EZA Berlin, 4/67.

29 Vgl. auch KJ 1973, 268 ff. Für eine Trennung hatten sich die Synodalen Kupas, Langhoff, Franke und Hanfried Müller stark gemacht. Vgl. Vermerk Lewek 1. Tagung der 4. Synode der Evangelischen Kirche der Union, EZA Berlin, 102/67.

30 Arbeitsgebiet Ev. Kirche (Staatssek. für Kirchenfragen), Einschätzung der Synode der EKU Mai 1970 in Magdeburg vom 27.5.1970, BA, Abt. Potsdam, O-4, 401. Vgl. auch SAPMO-BA ZPA IV A2/14/23. Hinsichtlich Hamels wurde beschlossen:»Die bisher festgelegte Linie, daß Bischof Fränkel kirchenpolitische Persona non grata ist, wird auf Pfarrer Hamel ausgedehnt.« Ebd. Schönherr soll gegenüber Willi Barth und Eberhard Hüttner am 3.11.1970 geäußert haben:»Solche Kräfte wie Hamel hätten keine starken Positionen mehr.« Gedächtnisprotokoll vom 4.11.1970, SAPMO-BA ZPA IV A2/14/11.

31 Vgl. Vermerk Lewek 1. Tagung der 4. Synode der Evangelischen Kirche der Union, EZA Berlin, 102/67.

32 Arbeitsgruppe Kirchenfragen, Gedächtnisprotokoll vom 4.11.1970 über ein Gespräch mit Bischof D. A. Schönherr am 3.11.1970, SAPMO-BA ZPA IV A2/14/11.

33 Information Steinmetzger an das MfS über »Kleine Hausmusik« am 8.12.1972, BStU Berlin, AIM 2834/88, II/4, 132 f.

34 Information der Arbeitsgruppe Kirchenfragen beim ZK der SED über die Tätigkeit der Kommission der EKU zur Überprüfung der organisatorischen Struktur vom 26.3.1971. Es ist anzunehmen, daß die detaillierten Kenntnisse über den Diskussionsverlauf von Auskünften des Ost-Berliner Theologieprofessors Hanfried Müller, der auch Mitglied des Ausschusses war, herrührten. Als Konsequenz aus dieser Entwicklung beschloß der SED-Staat, den westdeutschen Kommissionsmitgliedern für die kommende Sitzung am 14.4.1971 die Einreise nach Ost-Berlin zu verweigern. SAPMO-BA ZPA IV A2/14/23. Eine Gleichschaltung mit dem Staat war seitens einiger EKU-Vertreter bereits auch im Vorfeld der Begegnung zwischen dem Vorstand der KKL und Seigewasser befürchtet worden. Vgl. Aktenvermerk Wilke vom 21.2.1971 über ein Gespräch mit OKR Stolpe in Vorbereitung des Gespräches mit dem Vorstand des Bundes Ev. Kirchen in der DDR (21.2.1971), BA, Abt. Potsdam, O-4, 1437. Zusätzlich führte Seigewasser am 16.6.1971 ein Gespräch mit Waitz, Präses der EKU-Synode, in dem er auf »klare Entscheidungen bezüglich der Eigenständigkeit der EKU in der DDR« drängte. Der Staatssekretär »wandte sich gegen die Praxis, die Fortführungskommission zur Änderung der Grundordnung gesamtdeutsch tagen zu lassen [...] Präses Waitz war nicht bereit, die Argumentation anzuerkennen. Er erklärte, daß sie nicht in der Lage wären, die 50jährige Geschichte der EKU zu ignorieren. Sie können die westdeutschen Kirchen nicht allein lassen, und es gäbe für sie keinen Grund, diesen bestehenden Bund der Kirchen in beiden deutschen Staaten zu trennen. Er bezeichnete die gegenwärtige Arbeit im Ausschuß zur Veränderung der Grundordnung als einen Fortschritt. Die Regionalisierung des Rates der EKU sieht er als Weiterentwicklung der auf der Magdeburger Synode getroffenen Festlegungen an.« Information Wilke vom 28.6.1971, BA, Abt. Potsdam, O-4, 1437. Vgl. auch Aktenvermerk Waitz vom 23.6.1971 über eine Unterredung mit dem Staatssekretär für Kirchenfragen am 16.6.1971, EZA Berlin, 101/341. Vgl. auch Verwaltung für Staatssicherheit, Groß-Berlin, Abteilung XX, Information Bronder vom 4.10.1971 zu Problemen der Leitung der Evangelischen Kirche Berlin-Brandenburg: »3. Präsident der EKU *Hildebrandt* – Am 28. September 1971 tagte ein Ausschuß der Evangelischen Kirche der Union im Hospiz Auguststraße. Im Anschluß daran gab Präsident Hildebrandt einen Bericht zur Lage. Er betonte darin, daß die Spaltung der Kirche immer weiter fortschreiten würde. Vom Berlin-Vertrag würde die Kirche nichts halten. Ihm persönlich sei von den Organen der DDR die Reise zu seinem Sohn nach Köln verweigert worden, obwohl er sich im Rentenalter befindet. Persönlich verstehe er überhaupt nicht, daß sich ein Bischof vom Staat der DDR ein Auto schenken lassen könne oder gar einen Orden umgehangen bekommt. Den Bischof *Schönherr* würde er überhaupt nicht mehr verstehen, weil dieser dem Staat nur zu Munde redet. Die Bildung des Bundes der Evangelischen Kirchen der DDR sei ebenfalls ein Fehler gewesen. Auf der Bundessynode habe Bischof *Schönherr* überhaupt nichts kritisches zum Staat gesagt. Eines stehe jedenfalls fest; mit der Evangelischen Kirche der Union würde diese Trennung, wie mit der EKD, nie passieren.« BStU Berlin, AIM 2834/88.

35 Vgl. KJ 1972, 358-365.

36 Information Wilke vom 20.3.1972 über ein Gespräch mit OKR Stolpe zur Vorbereitung des Informationsgesprächs mit dem Vorstand des Bundes am 9.3.1972, BA, Abt. Potsdam, O-4, 1437.

37 Vgl. die Information der Arbeitsgruppe Kirchenfragen beim ZK der SED an die Mitglieder und Kandidaten des Politbüros über die Ergebnisse der EKU-Synode vom 3.5.1972, SAPMO-BA ZPA IV B2/14/147.

38 Niederschrift über die Sitzung der Kirchenleitung der VELK in der DDR am 10.3.1972 in Berlin, LKA Hannover, D 15 XII, K 35/224/VII. Auf der folgenden Sitzung am 12.5.1972 wurde der EKU-Beschluß begrüßt und als der Freiberger Entscheidung der VELKD 1968 »ähnlich« eingestuft. Niederschrift a.a.O.

39 Schreiben Hamel an die Mitglieder der Kirchenleitung der Ev. Kirche der Kirchenprovinz Sachsen vom 29.6.1969, a.a.O.

40 Hamel am 16.11.1969 vor der provinzsächsischen Synode in Halle, EZA Berlin, 4/67.

41 Vgl. Abschrift aus der Aussprache über den Bischofsbericht in öffentlicher Sitzung der Synode der Evangelischen Kirche der Kirchenprovinz Sachsen in Halle/S. am 16.11.1969, a.a.O.

42 Vermerk Stolpe, EZA Berlin, 102/41.

43 Aktenvermerk Pabst. Der Oberkirchenrat fügte hinzu: »Alle diese Fragen wurden ohne Schärfe vorgebracht.« A.a.O. Ein Jahr später bezeichnete ein Synodaler die Bundesgründung als »Zangengeburt«. Bericht Grengel über die Informationstagung der Synodalen am 23.1.1971 in Halle, EZA Berlin, 101/79.

44 Vgl. Schreiben Puttfarcken an Schönherr vom 26.2.1970, EZA Berlin, 4/67.

45 Vermerk Lingner vom 18.3.1970 über Gespräch mit Stolpe am 17.3.1970, a.a.O.

46 Schreiben Schönherr an Puttfarcken vom 22.4.1970, a.a.O. Über diese Entscheidung unterrichtete Schönherr die KKL auf ihrer 6. Tagung am 9.5.1970 in Berlin. Gleichzeitig wurde beschlossen, an die EKD-Synode ein Grußtelegramm zu schicken. Vgl. das Sitzungsprotokoll in EZA Berlin, 102/45. Vgl. auch die KKL-Vorstandsprotokolle in EZA Berlin, 102/47.

47 Information des Staatssekretärs für Kirchenfragen Nr. 6/70, Zur EKD-Synode in Stuttgart vom 7.7.1970 (VD-Sache), SAPMO-BA ZPA IV A2/14/26.

48 KJ 1970, 4. Vgl. auch Information des Staatssekretärs für Kirchenfragen Nr. 6/70, Zur EKD-Synode in Stuttgart vom 7.7.1970 (VD-Sache): »Puttfarcken [...] war wegen Meinungsverschiedenheiten über die Rechtslage der EKD bereits vor der Synode zurückgetreten. Er befürwortete eine Umstellung der EKD in mehreren Etappen unter dem Gesichtspunkt einer durch die Trennung notwendigen Verfassungsänderung. Damit hatte er sich gegenüber den maßgebenden Kräften in der EKD isoliert.« SAPMO-BA ZPA IV A2/14/26.

49 Zu L. Raiser vgl. K. Scholder, Die theologischen und kirchlichen Bezüge im Wirken Ludwig Raisers, in: Ludwig Raiser zum Gedächtnis, Tübingen 1982, 23-29. Das Staatssekretariat für Kirchenfragen sah in Raisers Schritt, gegenüber dem Deutschlandfunk die Abschaffung des Namens EKD zu fordern (abgedruckt in KJ 1970, 246-248), ein Zeichen dafür, »daß der neue Synodalpräses der EKD eine flexiblere Taktik anstrebt. [...] Prof. Raiser gehört zu den Kräften, die schon vor Jahren für eine beweglichere Ostpolitik eingetreten sind. [...] Nicht im Widerspruch dazu steht, daß Prof. Raiser auf der EKD-Synode 1958 ausdrücklich die Militärkirche verteidigte. Wir sehen ja, daß die flexiblere Ostpolitik der SPD auch verbunden ist mit einer aggressiven Militärpolitik. Als systemkonformer Ideologe und Rechtswissenschaftler erhielt Raiser 1955 das Große Bundesverdienstkreuz. Vertraut mit Problemen wissenschaftlicher Planung und Leitung, verbunden mit den Interessen der westdeutschen Monopolherren und ihrem Staat und geübt in den Methoden der klerikalen Führungszentren, politisch oppositionelle kirchliche Kreise zu neutralisieren und in der Kirche eine systemkonforme Linie durchzusetzen, erscheint Prof. Raiser den EKD-Politikern die geeignete Persönlichkeit zu sein, den Weg aus der gegenwärtigen Krise zu bahnen.« Information des Staatssekretärs für Kirchenfragen Nr. 6/70, Zur EKD-Synode in Stuttgart vom 7.7.1970 (VD-Sache), SAPMO-BA ZPA IV A2/14/26.

50 Vgl. ebd.: »Charakteristisch für die sich in der Personalpolitik widerspiegelnde gegenwärtige Konzeption der EKD-Führung ist u. a. das politische Profil eines der drei neugewählten Ratsmitglieder, der Heidelberger Wissenschaftlerin Frau Gerta Scharffenroth, die als Referentin in der Forschungsstätte der Evangelischen Studiengemeinschaft ›mit Ostfragen und der Friedensforschung vertraut ist‹«.

51 Vgl. Stuttgart 1970. Bericht über die zweite Tagung der vierten Synode der EKD vom 10.-15.5.1970, Hannover 1971, 288 ff.

52 Information des Staatssekretärs für Kirchenfragen Nr. 6/70, Zur EKD-Synode in Stuttgart vom 7.7.1970 (VD-Sache), SAPMO-BA ZPA IV A2/14/26. Man berief sich hierbei auf einen Artikel der FAZ vom 16.5.1970, in dem es hieß: »Das Bestimmende in der Kirche ist der Eindruck einer Zeit heilloser Zersetzung. Verloren ist die Selbstsicherheit,

die das Bild des deutschen Protestantismus in den fünfziger Jahren prägte und ihn instandsetzte, seinen Beitrag zum öffentlichen Leben zu leisten. [...] Ohne Aussicht auf ein rettendes Ufer sieht man sich in einem Wirbel der Konflikte treiben. Alles ist in Zweifel gesetzt, was bislang selbstverständlich für Wahrheit genommen wurde und Halt gab, sittlich, politisch, wissenschaftlich, in Glaubensdingen und im Umgang miteinander. Die Kirche weiß sich selbst nicht mehr zu raten. Es ist nur folgerichtig, daß ihr der Öffentlichkeit zugerufenes Wort fortschreitend auf taube Ohren stößt.«» Zitiert nach ebd.

53 So auch Behm in seinem Vermerk vom 20.5.1970, EZA Berlin, 102/67.

54 Zit. nach KJ 1970, 15 f.

55 Zit. nach a.a.O., 249. Die Erklärung war im Berichtsausschuß von der Synode mit zwei Enthaltungen angenommen worden. In der vorangegangenen Diskussion hatten sich vor allem Natho und Günther für den Text engagiert. Vgl. Arbeitsgruppe Kirchenfragen, Information über die 2. Tagung des Bundes der Evangelischen Landeskirchen in der DDR, SAPMO-BA ZPA IV A2/14/18.

56 Vertraulicher Vermerk vom 18.6.1970, EZA Berlin, 102/641, Bd. III.

57 Vgl. Arbeitsgruppe Kirchenfragen, Information über die 2. Tagung des Bundes der Evangelischen Landeskirchen in der DDR, SAPMO-BA ZPA IV A2/14/18.

58 Vgl. epd ZA Nr. 121 vom 24.6.1970, 4; epd ZA Nr. 122 vom 25.6.1970, 6. Vgl. auch Arbeitsgruppe Kirchenfragen, Information über die 2. Tagung des Bundes der Evangelischen Landeskirchen in der DDR, SAPMO-BA ZPA IV A2/14/18. Außerdem hatte es sieben »Eingaben progressiver kirchlicher Persönlichkeiten« gegeben. Ebd.

59 Information zu Entwicklungstendenzen des Bundes der Evangelischen Kirchen in der Deutschen Demokratischen Republik, SAPMO-BA ZPA IV A2/14/19.

60 Information Nr. 7/70 von der Dienststelle des Staatssekretärs für Kirchenfragen. Einschätzung der 2. Tagung der Synode des Bundes Evangelischer Kirchen in der DDR in Potsdam-Hermannswerder. Abschrift vom 24.7.1970 durch den RdB Dresden, Referat Kirchenfragen, PDS-Archiv Dresden, IV B-2.14-636. Vgl. auch das Protokoll der Sitzung des Rechtsausschusses der Synode des Bundes der Evangelischen Kirchen in der DDR am 27.6.1970: »Es wird ausführlich über die Eingaben diskutiert. Die Eingaben [...] beziehen sich alle auf Art. 4 (4) der Ordnung des Bundes und fordern eine Überprüfung der Interpretation dieses Artikels. Zu den Eingaben stellt der Rechtsausschuß [...] einstimmig fest [...]: ›Den Anliegen der Eingaben zu Art. 4 (4) der Ordnung des Bundes ist Rechnung getragen durch den Absatz 5 des Berichtes der Konferenz der Ev. Kirchenleitungen in der DDR vom 27.6.1970 in Verbindung mit der der Synode vorliegenden Erklärung [...] vom 15. Mai 1970 in Stuttgart. Eine Behandlung der Eingaben zu Art. 4 (4) im Plenum der Synode ist deshalb nicht erforderlich.« EZA Berlin, 101/44.

61 Arbeitsgruppe Kirchenfragen, Information über die 2. Tagung des Bundes der Evangelischen Landeskirchen in der DDR, SAPMO-BA ZPA IV A2/14/18. Vgl. auch Information Nr. 7/70 von der Dienststelle des Staatssekretärs für Kirchenfragen, Einschätzung der 2. Tagung der Synode des Bundes Evangelischer Kirchen in der DDR in Potsdam-Hermannswerder, Abschrift vom 24.7.1970 durch den RdB Dresden, Referat Kirchenfragen. Dort hieß es zu der Erklärung: »In einigen Grundfragen enthält also die Stellungnahme der Synode [...] eine positive Weiterentwicklung. Das zeigt sich auch in der Zurückweisung von Einmischungsversuchen und falschen Interpretationen zu Fragen der Selbständigkeit des Bundes. [...] Für die staatliche Leitungstätigkeit und die weitere Wirksamkeit der gesellschaftlichen Kräfte muß aber von daraufgeachtet werden, daß mit dieser weiten Formulierung die Möglichkeit gegeben ist, helfende Hinweise aus der gesellschaftlichen Praxis der sozialistischen Menschengemeinschaft in der DDR abzuwarten oder abzuweisen. [...] Zusammenfassend kann festgestellt werden: Durch die gesamtgesellschaftliche Entwicklung in der DDR und die aktive, differenzierte Einflußnahme auf die Synode konnte erreicht werden, daß eine politisch realere Positionsbestimmung der Kirchen in der sozialistischen DDR vorgenommen und so der Verfassungswirklichkeit mehr Rechnung getragen wurde.« PDS-Archiv Dresden, IV B-2.14-636.

62 Ebd. Probleme hinsichtlich der Ergebnisse der 2. Synode des Bundes evangelischer Kir-

chen in der DDR (26.-30.6.1970); Leipzig, den 11.8.1970; Vertraulich! Nur für den eigenen Gebrauch als Arbeitsgrundlage! PDS-Archiv Leipzig, IV B-2/14/669. In dem stichwortartig verfaßten Papier heißt es weiter: »für Verselbständigung der Kirchen in der DDR – freimachen von der EKD«.

63 epd ZA Nr. 118 vom 20.6.1970, 2. Auch abgedruckt in KJ 1970, 260-262, hier: 261.

64 epd ZA Nr. 120 vom 23.6.1970, 1.

65 epd ZA Nr. 122 vom 25.6.1970, 2.

66 Lingner an Hammer vom 8.7.1970, EZA Berlin, 4/67.

67 Arbeitsgruppe Kirchenfragen, Information über die 2. Tagung des Bundes der Evangelischen Landeskirchen in der DDR, SAPMO-BA ZPA IV A2/14/18. In der Information Nr. 7/70 von der Dienststelle des Staatssekretärs für Kirchenfragen, Einschätzung der 2. Tagung der Synode des Bundes Evangelischer Kirchen in der DDR in Potsdam-Hermannswerder, hieß es: »Kirchenpolitisch waren Vertreter der Kirchen bemüht, das 1969 erreichte Ziel, die kirchenorganisatorische und kirchenrechtliche Trennung der Landeskirchen in der DDR von den westdeutschen [Kirchen], inhaltlich nicht positiv weiterzuführen, sondern im Gegenteil eine Rückinterpretation des Artikels 4,4 vorzunehmen. Besonders aggressiv trat der westdeutsche stellvertretende Ratsvorsitzende der EKD, Bischof Scharf, auf.« Abschrift vom 24.7.1970 durch den RdB Dresden, Referat Kirchenfragen, PDS-Archiv Dresden, IV B-2.14-636. Vgl. auch die Information Nr. 6/70, Zur EKD-Synode in Stuttgart vom 7.7.1970 (VD-Sache) des Staatssekretärs für Kirchenfragen: »Scharf [...] versuchte durch sein Auftreten die Synode weitgehend auf traditionelle, unrealistische Positionen festzulegen. [...] Daß Bischof Scharf ganz bewußt und ausdrücklich mit seiner kirchenpolitischen Linie die gegenwärtige Ostpolitik der Bonner Regierung unterstützen will, geht aus seinen Äußerungen auf der Spandauer ›Regionalsynode [...]‹ vom Juni 1970 hervor. [...] Den Empfehlungen Bischof Scharfs entsprechend stimmte die [EKD]-Synode für die Beibehaltung des Namens EKD.« SAPMO-BA ZPA IV A2/14/26.

68 Information Nr. 7/70 von der Dienststelle des Staatssekretärs für Kirchenfragen. Einschätzung der 2. Tagung der Synode des Bundes Evangelischer Kirchen in der DDR in Potsdam-Hermannswerder. Abschrift vom 24.7.1970 durch den RdB Dresden, Referat Kirchenfragen, PDS-Archiv Dresden, IV B-2.14-636.

69 Probleme hinsichtlich der Ergebnisse der 2. Synode des Bundes evangelischer Kirchen in der DDR (26.-30.6.1970); Leipzig, den 11.8.1970; Vertraulich! Nur für den eigenen Gebrauch als Arbeitsgrundlage! PDS-Archiv Leipzig, IV B-2/14/669.

70 Vermerk Lingner vom 19.8.1970 über Gespräch zwischen ihm, Behm, Stolpe und Schönherr am 17.8.1970, EZA Berlin, 4/67.

71 Niederschrift über die Sitzung des Vorstandes der Konferenz der Kirchenleitungen und des Bundes der Evangelischen Kirchen in der DDR und der vom Rat der EKD entsandten Gruppe am 15.9.1970, a.a.O.

72 Staatssekretär für Kirchenfragen, Information 11/70, Präambel zum Arbeitsplan der Dienststelle des Staatssekretärs für Kirchenfragen zum 1. Halbjahr 1971 vom 15.12.1970 (Vertraulich! VD-Sache!), SAPMO-BA ZPA IV A2/14/7. Vgl. auch die Äußerung Weises auf der Dienstbesprechung im Staatssekretariat für Kirchenfragen am 13.11.1970, seitens der DDR-Kirchen verfolge man »die Absicht, sich in allen Entscheidungen und Äußerungen an der Grenze dessen zu halten, was im westdeutschen Rat der EKD festgelegt wird.« Protokoll Rogowski vom 11.11.1970 [sic!], BA, Abt. Potsdam, O-4, 401.

73 Vgl. dazu die in das Jahr 1970 zu datierende Information zu Entwicklungstendenzen des Bundes der Evangelischen Kirchen in der Deutschen Demokratischen Republik: »Es bleibt auch zu beachten, daß weiterhin zahlreiche Verbindungen, Beziehungen und Kontakte zwischen den Kirchen der DDR und denen der BRD, zum Teil über Tagespassierscheine in der Hauptstadt der DDR, realisiert werden.« SAPMO-BA ZPA IV A2/14/19. Vgl. hinsichtlich der EKU z. B. die durch das Arbeitsgebiet Ev. Kirche beim Staatssekretariat für Kirchenfragen (Wilke) am 27.5.1970 vorgenommene Einschätzung der Synode der EKU Mai 1970 in Magdeburg (22.-24.5.1970): »Es erfolgte über westdeutsche Kirchenvertreter, vor allem durch Mitglieder des Rates der EKU, die illegal ihre private Ein-

reisemöglichkeit als westdeutsche Bürger in die Hauptstadt der DDR zur Durchführung von offiziellen gesamtdeutschen Ratstagungen der EKU nutzten, eine umfassende Einflußnahme auf die leitenden Vertreter der unierten Kirchen in der DDR.« BA, Abt. Potsdam, O-4, 401. Deshalb setzte man sich die Zielvorgabe: »Ausgehend von Artikel 39 der Verfassung sind eine Reihe von Fragen des Verhältnisses von Staat und Kirche in der sozialistischen DDR neu zu prüfen und Vorschläge vorzulegen, mit welchen langfristigen Konzeptionen und qualifizierten administrativen Maßnahmen auf die Entwicklung in den Kirchen Einfluß zu nehmen ist. Das sind z. B. Probleme [...] des Mißbrauchs kirchlicher Einrichtungen der Hauptstadt der DDR, Berlin, für ›gesamtdeutsche‹ Veranstaltungen.« Konzeption für eine langfristige Einflußnahme auf den Bund der Evangelischen Kirchen in der DDR vom 2.9.1970, SAPMO-BA ZPA IV A2/14/19. Auch am 11.2.1971 wurde in einem Papier der Arbeitsgruppe Kirchenfragen beim ZK der SED (Maßnahmen zur Einflußnahme auf den Bund der Evangelischen Kirchen in der DDR) vermerkt: »Gesamtdeutsche kirchliche Kontakte werden weiterhin unter Mißbrauch der Tagespassierscheine in der Hauptstadt der DDR realisiert.« SAPMO-BA ZPA IV A2/14/44 sowie BA, Abt. Potsdam, O-4, 1437. Vgl. auch noch Bezirksleitung Halle der SED, Mitarbeiter für Kirchenfragen, Information vom 23.11.1973 über eine Beratung der Arbeitsgruppe Kirchenfragen beim ZK der SED. Dort ist von gemeinsamen Sitzungen der EKU-Bereichsräte West und Ost die Rede. LPA Halle, IV D-2/14/474.

74 Lingner an Lindow vom 1.12.1970, EZA Berlin, 4/67. Dieses Problem sollte sich auch in den folgenden Jahren stellen: Am 22.3.1978 schrieb Lingner an Binder, Flor, Groscurth, Heidingsfeld, Henkys, Lindow, Runge und Schönherr: »Wir weisen darauf hin, daß die Kirchen in der DDR die Bitte ausgesprochen haben, Vermerke dieser Art nur einem begrenzten Personenkreis auszuhändigen. Wir bitten – wie bisher – die Vermerke mit Vertraulichkeit zu behandeln.« Betrifft: Vermerke über Sitzungen der Beratergruppe, EZA Berlin, 101/360.

75 EZA Berlin, 4/67. Auf der Thüringer Frühjahrssynode 1970 hatte Lotz geäußert: »Gleiches Recht im kapitalistischen und im sozialistischen Bereich ist nur begrenzt möglich.« Vermerk Pabst über Teilnahme an der Tagung der Synode der Ev.-Luth. Kirche in Thüringen vom 12./13.6.1970 in Eisenach, EZA Berlin, 102/94.

76 Abgedruckt bei H.-J. Gabriel, Die Sektion Theologie von ihrer Gründung bis zur Gegenwart (1971-1984). Vgl. auch die Information über die politisch-ideologische Lage und die Aufgabe an den Sektionen Theologie der Universitäten, die wahrscheinlich aus dem Jahre 1971 stammt, SAPMO-BA ZPA IV A2/9.04/512. Am 26.3.1971 hatte Braecklein mit Prof. Herbert Steininger von der Humboldt-Universität gesprochen, in dem es auch um die einen Tag zuvor erfolgte Sektionsbildung gegangen war. Dabei führte Braecklein aus, die »Absolventen der Universitäten hätten einen viel besseren Blick für die gesellschaftlichen Erfordernisse, die in der DDR an einen Pfarrer im Gemeindeamt gestellt werden, als die Absolventen anderer Ausbildungsstätten.« Bericht Steiningers vom 1.4.1971, SAPMO-BA ZPA IV A2/9.04/512. Schönherr führte im Auftrag der Kirchenleitung mit dem Sektionsdirektor Bernhardt ein Gespräch über das »Absolventenbild«. Dabei teilte ihm Bernhardt mit, der 1. Entwurf stamme von der FDJ und sei hernach vom Theologischen Rat »schon ›abgemildert‹ worden«. BStU Berlin, AIM 2834/88, II/1, 172; vgl. 166.

77 Lingner an Kunst vom 21.1.1971, EZA Berlin, 4/68.

78 Braecklein trat am 1.5.1933 in die NSDAP ein und spielte auch als SA-Mann in seiner Gemeinde Allendorf eine führende Rolle. An Feiertagen hißte er die Hakenkreuzfahne am Kirchturm. Im Entnazifizierungsverfahren wurde er als »Mitläufer« eingestuft, machte unter Mitzenheim eine steile Kirchen-Karriere, erhielt 1971 von der DDR den »Vaterländischen Verdienstorden in Gold« verliehen und wurde vom MfS als IM »Ingo« (BStU Berlin, MfS XX/4 10679/60 – der Vorgang wurde gelöscht – und AP 4448/92) geführt. Vgl. zu diesem atemberaubenden Lebenslauf Stefan Berg, Wege und Umwege führten zum Ziel, in: DAS Nr. 23 vom 5.6.1992, 19. Vor der Wahl Braeckleins protestierte die Junge Gemeinde: »Wenn man uns fragt? Wir wollen keinen Nazi-Offizier zum Bischof!« Der zweite Satz wurde sechsmal wiederholt. Vgl. Bericht über die Tagung des

Sup.-Konvents mit der Synode und der Wahlsynode am 24./25.4.1970 in Eisenach vom 25.4.1970, PDS-Archiv Leipzig, IV B-2/14/670. Daß dem SED-Regime bei ihm positiv gegenüberstehenden Personen deren NS-Vergangenheit recht gleichgültig war, belegt die Information zu Veränderungen in evangelischen Kirchenleitungen in der DDR im Jahre 1970 der Abteilung I im Staatssekretariat für Kirchenfragen vom 4.1.1971. Dort heißt es lapidar: »In der Zeit des Faschismus gehörte er dem christlichen ›Wittenberger Bund‹ an, der sich gegen die nazistisch orientierten ›Deutschen Christen‹ wandte. Im 2. Weltkrieg war er Soldat.« SAPMO-BA ZPA IV A2/14/10.

79 Lingner an Kunst vom 21.1.1971, EZA Berlin, 4/68.

80 Ebd.

81 Vgl. Auszug aus Niederschrift Hammer-v. Harling vom 7.1.1971 des Rates der EKD über die 47. Sitzung des Rates der EKD am 9. und 11.12.1970 in Frankfurt/M., EZA Berlin, 4/68.

82 Vgl. Niederschrift über die Sitzung des Vorstandes der Konferenz der Kirchenleitungen des Bundes der Ev. Kirchen in der DDR und der vom Rat der EKD entsandten Gruppe am 8.1.1971, a.a.O.

83 Vgl. Auszug aus Niederschrift Hammer-Dibelius über die 49. Sitzung des Rates der EKD am 17./18.2.1971 in Berlin, a.a.O.

84 Vermerk Lingner vom 22.6.1971, EZA Berlin, a.a.O.

85 Lingner an Hild vom 13.9.1971, EZA Berlin, a.a.O.

86 Vgl. KJ 1971, 217-222. Stolpe war am 11.2.1971 durch Hans Wilke über Seigewassers Vorhaben, das Gespräch am 24.2.1971 durchzuführen, informiert worden. Zugleich teilte Wilke mit, »daß im Grundsatzgespräch keine Einzelfragen und Diskussionen geführt werden sollen. Das bleibe späteren Gesprächen vorbehalten.« Aktenvermerk Wilke vom 11.2.1971, BA, Abt. Potsdam, O-4, 1437. Stolpe und Schönherr hatten am 3.11.1970 gegenüber Barth und Hüttner einen solchen förmlichen Antrittsbesuch mit dem Hinweis, daß erst dann eine völlige Anerkennung des Bundes durch die Ökumene möglich sei, ausdrücklich gewünscht. Vgl. Gedächtnisprotokoll der Arbeitsgruppe Kirchenfragen vom 4.11.1970, SAPMO-BA ZPA IV A2/14/11; vgl. auch den streng vertraulichen Entwurf einer Konzeption Wilkes für das Gespräch des Staatssekretärs mit dem Vorstand des Bundes ev. Kirchen in der DDR am 24.2.1971, BA, Abt. Potsdam, O-4, 1437. In einer Besprechung zwischen Wilke und Stolpe wurde das Gespräch am 18.2.1971 sowie am 21.2.1971 endgültig vorbereitet. Vgl. Aktenvermerke Wilke vom 18.2.1971 und vom 21.2.1971, a.a.O. Vgl. auch den Vorspann des Vertraulichen Vermerks Stolpe vom 9.3.1971 über ein Gespräch des Staatssekretärs für Kirchenfragen mit dem Vorstand der Konferenz am 24.2.1971, EZA Berlin, 101/114. Stolpe kündigte beim letzteren Gespräch an, es werde »die Selbständigkeit des Bundes als ›Zeugnis- und Dienstgemeinschaft‹ noch einmal formuliert werden. Dabei soll deutlich werden, daß man sich von westlichen Interpretationen abgrenze. [...] Es soll formuliert werden, wie sich die Kirche in der DDR als Kirche im Sozialismus versteht. Dabei wird die Formulierung ›Kirche in der sozialistischen Gesellschaft‹ Aufnahme finden. [...] Ausgehend von den ›gemeinsamen Blutopfern von Christen und Marxisten im Faschismus‹ soll über die Gemeinsamkeiten gesprochen werden.« A.a.O. Vgl. Niederschrift Rogowski vom 1.3.1971 zum Verlauf des ersten Gesprächs mit der Leitung des ›Bundes der evangelischen Kirchen in der DDR‹ beim Staatssekretär für Kirchenfragen am 24.2.1971, BA, Abt. Potsdam, O-4, 1437. Vgl. auch den Entwurf des Protokolls, a.a.O. Hinsichtlich des Verhältnisses zur EKD führte Seigewasser aus: »Eine besondere ›innerkirchliche Gemeinschaft‹ zwischen den Kirchen in der DDR und in der Bundesrepublik nach der Version der besonderen ›innerdeutschen Beziehungen‹ kann selbstverständlich nicht anerkannt werden. In dieser Frage müsse im kirchlichen Bereich eine völlige Klarheit geschaffen werden. [...] Die Verselbständigung der DDR-Kirchen hat weithin optimistische Erwartungen ausgelöst, zumal sich jetzt schon gezeigt habe, daß von den DDR-Kirchen eigenständige Impulse zur ökumenischen Bewegung ausgehen können. Die verantwortlichen Männer des ÖRK messen, wie sich ergeben hat, der eigenständigen Mitarbeit der DDR-Kirchen in der Ökumene große Bedeutung zu. Es gibt gute

Ansätze zu einer solchen nutzbringenden Arbeit. Dabei würdigte der Staatssekretär die zustimmende Erklärung des Kirchenbundes zu den Beschlüssen des Ökumenischen Rates der Kirchen zur Unterstützung von nationalen Befreiungsbewegungen (Anti-Rassismus-Programm). Ebenso anerkannte der Staatssekretär, daß sich die Kirchenbundleitung in ihrer Erklärung [es handelte sich um eine zuvor verlesene Rede Schönherrs; abgedruckt in KJ 1971, 217-221] auch für die Forderung nach völkerrechtlicher Anerkennung durch die Bonner Regierung ausgesprochen hat. [...] Weiter würdigte der Staatssekretär das, was in der Erklärung zum Friedensauftrag der Kirchen gesagt wurde. [...] Schließlich dankte der Staatssekretär auch für die Bezugnahme der Erklärung auf die Gemeinsamkeiten im antifaschistischen Widerstandskampf. Er endete mit dem Hinweis darauf, daß der Hauptgegensatz unserer Epoche nicht der von Christentum und Marxismus, sondern der von Kapitalismus und Sozialismus ist. Wir strecken jedem, der mit uns gehen will, aufrichtig die Hand entgegen.« In seiner Entgegnung unterstrich Schönherr, »daß er alle Initiativen der Staatsführung zum Zustandekommen der europäischen Sicherheitskonferenz begrüße, ebenso wie er sich gleichzeitig für die gleichberechtigte Aufnahme beider deutscher Staaten in die UNO und für die allgemeine Anerkennung der DDR durch alle Staaten aussprach.« Niederschrift Rogowski, a.a.O. Vgl. auch vertraulicher Vermerk Stolpe vom 9.3.1971 über ein Gespräch des Staatssekretärs für Kirchenfragen mit dem Vorstand der Konferenz am 24.2.1971, EZA Berlin, 101/114. Am 30.3.1971 schloß sich noch ein Gespräch des Vorstandes der KKL mit Götting an. Vgl. KJ 1971, 222. Vgl. auch die von Quast am 7.4.1971 übermittelten Gesprächsprotokolle in BA, Abt. Potsdam, O-4, 1437 sowie die kurze Niederschrift in EZA Berlin, 101/354. Auf der Sitzung der Kirchenleitung der VELK DDR am 12.3.1971 berichtete Braecklein, »daß der Bund nunmehr beim Staat akkreditiert« sei. Protokoll in LKA Hannover, D 15 XII, K 35/224/VI. Vgl. auch Braeckleins Äußerung auf der Landessynode Thüringens. Aktenvermerk Pabst über Teilnahme an der Frühjahrstagung der Synode der Evangelisch-Lutherischen Kirche in Thüringen vom 17.-19.4.1971, LKA Hannover, D 15 XII, K 66/343/IV. Kirchenpräsident Natho erhoffte sich von diesem Gespräch »einen Schritt nach vorn«. Vermerk Zeddies vom 11.5.1971 über die Teilnahme an der Landessynode der Evangelischen Landeskirche Anhalts am 16.4.1971, EZA Berlin, 101/238.

87 Kurzprotokoll Lingner über Beratergruppengespräch am 24.3.1971, EZA Berlin, 4/68.

88 Vgl. zu diesem Punkt auch das Schreiben von dem sächsischen Pfarrer Johannes Schwartze aus Netzschkau an Oberlandeskirchenrat Fritz Heidler vom 13.8.1971: »Bei der Wachablösung [scil. Bischofswahl in Sachsen] bedrückt uns nur die brennende Sorge um unsere Kirche! Sind genügend Kräfte da, die sich dafür gerufen wissen, daß ›Kirche Kirche bleibt‹, oder bekommen die Experimentierer die Überhand? Der Bayernbischof hat die Dinge erfaßt und stirbt nicht an Herzdrücken. Das umstrittene Wort anläßlich der Eröffnungsansprache zur Synode in Berlin ›Die Kirche steht in einem Glaubenskampf unerhörten Ausmaßes, demgegenüber der Kirchenkampf im 3. Reich nur ein Vorhutgefecht gewesen ist‹ trifft in die Mitte. Wir Netzschkauer haben es an den Schluß unserer Turmbotschaft für kommende Generationen gesetzt.« LKA Hannover, D 15 XII, K 62/332/IV. Dietzfelbinger hatte geäußert: »Anders gesagt: wenn nicht alles täuscht, so stehen wir heute in einem Glaubenskampf, einem Kirchenkampf, gegenüber dem der Kirchenkampf des Dritten Reiches ein Vorhutgefecht war.« KJ 1971, 3-12, hier: 3 f.

89 Vgl. vertraulicher Vermerk vom 1.7.1971, EZA Berlin, 4/68. Die Verordnung über die Durchführung von Veranstaltungen vom 26.11.1970 (vgl. Gesetzblatt der DDR, Teil II, Nr. 10 vom 22.1.1971, 69) ist abgedruckt in KJ 1971, 233-236. Danach waren alle kirchlichen Veranstaltungen mit Ausnahme von »Gottesdienste[n], Messen, Metten, Vespern, Abendmahlsfeiern, Bibelstunden, Andachten, Beichten, Christenlehre, [Konfirmandenunterricht], Exerzitien, Taufen und Trauungen« spätestens fünf Tage vor deren Stattfinden polizeilich anzumelden. Vgl. a.a.O., 234. Gegenüber Hans Wilke hatte Stolpe am 15.3.1971 das Interesse des Bundes bekundet, mit dem Staat auch über die Veranstaltungsverordnung ins Gespräch zu kommen. Vgl. Aktenvermerk Wilke für den Gen. Staatssekretär vom 16.3.1971, BA, Abt. Potsdam, O-4, 1437.

90 SAPMO-BA ZPA IV A2/14/19.

91 Auszug aus Niederschrift Hammer-v. Harling vom 27.4.1971 über die 52. Sitzung des Rates der EKD am 14./15.4.1971 in Berlin, EZA Berlin, 4/68. Neun Tage nach dieser Sitzung, am 23.4.1971 zwischen 16.30 und 19.00 Uhr, traf sich IM »Sekretär« im Konspirativen Objekt »Wendenschloß« mit Sgraja. Vgl. Rechercheergebnisse zum IM »Sekretär«, Stand 12.4.1994, 241.

92 Einschätzung der 3. Tagung der 1. Synode des Bundes der Evangelischen Kirchen in der DDR (Information-Nr. 6/1) vom 9.8.1971, BA, Abt. Potsdam, O-4, 50. Vgl. auch die Vorlage für die Dienstbesprechung, Erste Schlußfolgerungen und Maßnahmen in Auswertung der 3. Tagung der Synode des Bundes der Evangelischen Kirchen in der DDR (Arbeitsgebiet Ev. Kirche) vom 11.8.1971 (BA, Abt. Potsdam, O-4, 402) sowie die Information der Arbeitsgruppe Kirchenfragen beim ZK der SED (Willi Barth) über die 3. Tagung der Synode des Bundes der Evangelischen Kirchen in der DDR vom 16.8.1971. Dort heißt es: »Indem die Bundessynode auf ihrer Eisenacher Tagung ihr Verhältnis zu Staat und Gesellschaft in der DDR im Prinzip positiv bestimmte und die Berufung auf eine spezifische Gemeinschaft mit den Kirchen in der BRD unterließ, ist de facto der Abgrenzungsprozeß zwischen den evangelischen Kirchen in der DDR und den westdeutschen Kirchen weitergeführt worden.« SAPMO-BA ZPA IV A2/14/18.

93 Vgl. Einschätzung der 3. Tagung der 1. Synode des Bundes der Evangelischen Kirchen in der DDR (Information-Nr. 6/1) vom 9.8.1971, BA, Abt. Potsdam, O-4, 50 sowie den Auszug in KJ 1971, 353-355; hier: 355. Dies forderte auch die im Spätsommer tagende Synode der VELK DDR. Vgl. Arbeitsgebiet Ev. Kirche, Vorlage an die Dienstbesprechung: Einschätzung der 3. Tagung der I. Generalsynode der Vereinigten Evangelisch-Lutherischen Kirchen in der Deutschen Demokratischen Republik vom 15.-19.9.1971, 22.9.1971, BA, Abt. Potsdam, O-4, 402. Oberkirchenrat Pabst war am 26.10.1970 seitens des Staatssekretariats für Kirchenfragen empfohlen worden: »Die DDR-Kirchen sollten die ökumenischen Weltgremien ermuntern, sich für die Aufnahme der DDR in die UNO und in deren Untergremien einzusetzen.« Aktenvermerk Pabst G 641 – 4238/70, LKA Hannover, D 15 XII, K 102/5910/I. Auch auszugsweise in EZA Berlin, 101/346.

94 Information des Stellvertreters des Vorsitzenden für Inneres beim Rat des Bezirkes Schwerin, Hintz, vom 30.6.1971, SAPMO-BA ZPA IV A2/14/22.

95 Zitiert nach Information der Arbeitsgruppe Kirchenfragen beim ZK der SED (Willi Barth) über die 3. Tagung der Synode des Bundes der Evangelischen Kirchen in der DDR vom 16.8.1971, SAPMO-BA ZPA IV A2/14/18.

96 Weiter hieß es jedoch: »Es gibt eine Minderheit reaktionärer Kräfte, die die vom Bund bezogene realistische Linie, diesen Kurs der Anpassung, verurteilen und ihn als Opportunismus und Verrat am Evangelium diskreditieren.« Einschätzung der Entwicklung des Bundes der Evangelischen Kirchen in der Deutschen Demokratischen Republik (1972), BA, Abt. Potsdam, O-4, 1455.

97 AG Kirchenfragen, Konzeption zur Einflußnahme auf die 4. Tagung der Synode des Bundes der Evangelischen Kirchen in der DDR vom 31.5.1972, SAPMO-BA ZPA IV B2/14/85. In der Information Wilke (Abteilung I) zur politischen Situation und zu aktuellen Tendenzen in den evangelischen Kirchen in der DDR vom 4.12.1972 hieß es: »Die Kirchen sind fortlaufend bemüht, sich der Entwicklung in der sozialistischen Gesellschaft anzupassen, um einen bestimmten Einfluß in der Gesellschaft behalten zu können. Die Kirchen sehen sich einem deutlichen Rückgang an kirchlicher Aktivität und religiösen Vorstellungen konfrontiert.« BA, Abt. Potsdam, O-4, 402; auch SAPMO-BA ZPA IV B2/14/11.

98 Vgl. hierzu den Vermerk über das Telefongespräch Bischof Dr. Krusche – Schwerin (Sekretariat BEK) am 18.1.1971, EZA Berlin, 101/33.

99 Vermerk Behm vom 18.1.1971 über die Sitzung des Präsidiums und des Vorbereitenden Ausschusses der Synode, a.a.O.

100 Bericht Grengel über die Informationstagung der Synodalen am 23.1.1971 in Halle, EZA Berlin, 101/79. Ähnlich lautete der Kommentar auch auf den am gleichen Tag in

Berlin und Dresden durchgeführten Informationsbesprechungen. Manche Synodale bezeichneten das Thema als so umfangreich, daß es während einer Synodaltagung kaum zu bewältigen sei. Außerdem wurde betont: »Die Synode sollte nicht vor allem darauf sehen, daß nur eine Konzeption zum Tragen kommt, sondern sollte der Pluralität Raum lassen. Ziel der Synode kann es nur sein, einen Lern- und Denkprozeß in den Kirchen anlaufen zu lassen.« Vgl. die durch Behm am 16.3.1971 vorgenommene Auswertung der Informationsbesprechungen, a.a.O.

101 Lingner an Scharf vom 23.10.1971, EZA Berlin, 4/68.

102 Aktennotiz J. Schmidt vom 11.10.1971, a.a.O.

103 Die Akademie unterhielt auch Kontakte zum Friedensrat der DDR. In einem Vermerk aus dem Jahr 1975 hieß es: »Die Westberliner Gäste informierten dann über einige Arbeitsvorhaben bzw. konkrete Wünsche nach Unterstützung durch den Friedensrat der DDR: [...] Der ›DDR-Arbeitskreis‹ der Ev. Akademie in Westberlin (alles allgemein und auch hinsichtlich der DDR-Kenntnis hochqualifizierte, auf eine realistische Politik Westberlins zur DDR orientierte Leute, die in der Erwachsenenbildung Westberlins arbeiten) möchte gern im nächsten Jahr (1976) eine Informationsreise (informativ, nicht touristisch) in die DDR durchführen und nach Möglichkeit sozialpolitische Errungenschaften in Industrie und Landwirtschaft kennenlernen und dabei durch qualifizierte Gesprächspartner vertiefende Eindrücke sammeln.« Auszug aus: Bericht über ein Gespräch mit Vertretern der Evangelischen Akademie in Westberlin, SAPMO-BA ZPA IV B2/14/77. Ulrich Heilmann, geführt als IM »Eigenhorst« (Reg.-Nr. Potsdam IV 656/78), gehörte bis zuletzt zu den Mitarbeitern der Evangelischen Akademie (BStU Potsdam, AIMV 5144; AIM 5144/61; AP 12833/92).

104 Vgl. dazu G. Besier, Ein Kirchenjournalist will nach Wittenberg.

105 Den Anschlag für Springers Übertritt von der Volkskirche zu den Altlutheranern gab allerding ein Streit um die Verwendung der Kirchensteuermittel, den er mit Bischof Kurt Scharf führte. Vgl. dazu W.-D. Zimmermann, Kurt Scharf, 168 f. Zu den Auseinandersetzungen zwischen konservativen Christen und Neuerern in der Berliner Kirche Ende der 60er/Anfang der 70er Jahre vgl. a.a.O., 155-182.

106 EZA Berlin, 4/68.

107 Schreiben Scharf an Lingner vom 5.11.1971, EZA Berlin, 4/68.

108 Ebd.

109 Schreiben Lingner an Scharf vom 23.10.1971, a.a.O.

110 Vgl. KJ 1971, 240-247. Diese Problematik hatte auch Schönherr am 3.11.1970 in einem mit Willi Barth und Eberhard Hüttner geführten Gespräch angeschnitten. Vgl. das Gedächtnisprotokoll vom 4.11.1970, SAPMO-BA ZPA IV A2/14/11. Auch ein Gespräch zwischen Seigewasser, Schönherr, Braecklein, Rathke und Stolpe am 17.6.1971 befaßte sich mit der Bildungsfrage. Hierbei »wies [Seigewasser] entschieden die Versuche zurück, sich in Angelegenheit der Volksbildung einzumischen und stellt[e] fest, daß, wenn es von reaktionären kirchlichen Kräften zu einem Affront auf der Bundessynode kommen würde, keine Möglichkeiten zur weiteren Klärung von Sachfragen gegeben sind. Der Schaden träte einzig und allein für die Kirchen ein. Die staatlichen Organe werden jede Einmischung konsequent zurückweisen. [...] Der Staatssekretär wies in diesem Zusammenhang nochmals darauf hin, daß in der sozialistischen Gesellschaft Einzelfälle von Sektierertum [seitens staatlicher Vertreter] nicht zu konterrevolutionärem Verhalten von Geistlichen führen können.« Schönherr gab daraufhin zu verstehen, »daß die Konferenz der Kirchenleitungen die Synode nicht manipulieren kann. [...] ›Wir werden die sehr bedrängenden Unterlagen nicht verschweigen können.‹« Der Bischof sprach gar von einer »negative[n] Grundtendenz gegenüber Christen [...] [und] wünscht[e] ein Gespräch mit Vertretern der Volksbildung.«
Braecklein äußerte: »Die Kinder werden in den Klassen angesprochen, weil sie zur Konfirmation gehen. Emotional angeregt sprach er in diesem Zusammenhang mehrfach davon, daß Christen in dieser Hinsicht Angst empfinden. [...] Es häufen sich die Empfehlungen, daß ›wenn man weiter will‹ man aus der Kirche austreten solle, nicht zur

ESG gehen könne oder auf die Konfirmation verzichten solle. Auch er wünscht Gespräche mit Vertretern der Volksbildung.« Stolpe drohte gar: »Die Leitung des Bundes hat versucht, in dieser Frage ordentlich vorzugehen. Aber die Häufung von Fällen in den Bezirken hat dem Bund jeden Boden entzogen, hier an Vernunft zu appellieren. Die Fälle, die vorgetragen werden, gehen weit über politische Klassenentscheidungen hinaus. Diese Fragen könnten von ihm nicht mehr gedeckt werden, die starke Beunruhigung in den Gemeinden wächst an.« Information Wilke vom 22.6.1971, SAPMO-BA ZPA IV A2/14/44. Die von Braecklein verfaßte kirchliche Niederschrift vom 18.6.1971 befindet sich in EZA Berlin, 101/346. Vgl. auch die von der Dienststelle des Staatssekretärs für Kirchenfragen vorgenommene Einschätzung der 3. Tagung der 1. Synode des Bundes der Evangelischen Kirchen in der DDR (Information-Nr. 6/1) vom 9.8.1971: »Die staatlichen Maßnahmen, die vor Stattfinden der Synode unternommen wurden, um zu verhindern, daß die angebliche Behinderung von Kindern kirchlich gebundener Eltern beim Besuch der EOS und weiterführender Bildungseinrichtungen auf der Synode hochgespielt würde, konnten nicht bewirken, daß trotzdem im Rechenschaftsbericht verhältnismäßig breit auf angebliche Benachteiligungen eingegangen wurde. Es wird faktisch die Verwirklichung des verfassungsmäßigen Rechts auf Bildung für alle in Zweifel gezogen. In dieser Frage wurde dem Druck reaktionärer Kräfte nachgegeben.« BA, Abt. Potsdam, O-4, 50. Die Arbeitsgruppe Kirchenfragen beim ZK der SED bemängelte, als Kritikpunkt »aufgeführte Benachteiligungen junger Christen bei der Aufnahme in die zum Abitur führenden Erweiterten Oberschulen seien nicht belegt worden.« Information über die 3. Tagung der Synode des Bundes der Evangelischen Kirchen in der DDR vom 16.8.1971, SAPMO-BA ZPA IV A2/14/18. Der DDR-Staat legte fest, diese Thematik, wie auch die Wehrerziehung und die Veranstaltungsverordnung, in offiziellen Gesprächen nicht zu behandeln. Außerdem ging man davon aus, daß unter den kirchenleitenden Persönlichkeiten hinsichtlich des weiteren Vorgehens in der Bildungsfrage keine völlige Einigkeit bestehe: »Realistisch denkende Kräfte haben kein Interesse daran, diese Problematik weiter zu forcieren.« Vorlage für die Dienstbesprechung, Erste Schlußfolgerungen und Maßnahmen in Auswertung der 3. Tagung der Synode des Bundes der Evangelischen Kirchen in der DDR (Arbeitsgebiet Ev. Kirche) vom 11.8.1971, BA, Abt. Potsdam, O-4, 402. Vgl. auch Information über Aktivitäten kirchlicher Kreise wegen angeblicher Benachteiligung von Kindern kirchlich gebundener Eltern durch die Arbeitsgruppe Kirchenfragen beim ZK der SED an die Mitglieder und Kandidaten des Politbüros vom 3.12.1971, SAPMO-BA ZPA IV A2/14/1. Mit den »bedrängenden Fragen auf dem Gebiet der Volksbildung (vor allem Behinderung christlicher Jugendlicher bei der Zulassung zu den EOS)« befaßte sich die Kirchenleitung der VELK DDR am 12.11.1971 in Berlin. Niederschrift in LKA Hannover, D 15 XII, K 35/224/VI. Eine kirchliche Dokumentation zu Schul- und Erziehungsfragen aus dem Jahre 1971 findet sich in EZA Berlin, 101/341.

111 Vermerk Lingner über Beratergruppen-Treffen am 18.11.1971, EZA Berlin, 4/68; vgl. auch Vermerk Behm vom 25.11.1971 über Sitzung der Berlin-Gruppe am 18.11.1971, EZA Berlin, 101/358 sowie auch Vermerk Lingner vom 12.1.1972 über die östlichen Kirchen, EZA Berlin, 4/68. Die Konferenz der Kirchenleitungen hatte in einem am 26.6.1971 gefaßten Beschluß festgelegt, daß Bibelrüstzeiten nicht polizeilich anzumelden seien. Vgl. auch Protokoll Schönherr-Stolpe-Grengel der 13. Tagung der Konferenz der Evangelischen Kirchenleitungen in der Deutschen Demokratischen Republik am 25./26.6.1971 in Berlin, EZA Berlin, 101/95. Vgl. dagegen KJ 1971, 239 f. Vgl. auch Aktenvermerk Fitzner über ein Gespräch mit Stolpe und Küntscher, Justitiar des Bundes evangelischer Kirchen in der DDR am 2.11.1971, in dem Fitzner Stolpe vorhielt, die Kirchen seien nicht befugt, »gesetzliche Bestimmungen nach ihren eigenen Auffassungen zu kommentieren.« Stolpe führte aus: »Ein großer Teil der Geistlichen würde weiter versuchen, ihre Veranstaltungen so einzukleiden, daß sie eine Anmeldung umgehen können. Derartige Praktiken sind der Konferenz bekannt. Prinzipiell sei sie damit nicht einverstanden.« Allerdings sei es umstritten, ob Bibelrüsten angemeldet werden soll-

ten. Hier gebe es auf seiten der KKL doch ernsthafte Bedenken, die man auch vorbringen wollte. BA, Abt. Potsdam, O-4, 478; auch in BA, Abt. Potsdam, O-4, 1437. Vgl. auch Vermerk Küntscher vom 3.11.1971, EZA Berlin, 101/346. Ein weiteres Gespräch mit Stolpe und Mönch, dem Sekretär des Jugendausschusses des BEK, führte Fitzner am 8.12.1971, wo letztere darauf drängte, Bibelrüstzeiten anzumelden. Stolpe erwiderte, »die Bibelrüsten seien eine traditionelle Form der Religionsausübung in den örtlichen kirchlichen Gemeinden [...] und den Exerzitien gleichzustellen.« Vermerk Fitzner vom 9.12.1971, BA, Abt. Potsdam, O-4, 1437. Im übrigen bestand kirchlicherseits der begründete Verdacht, daß den Kreisämtern der Volkspolizei eine interne Dienstanweisung vorlag, da man kirchliche Mitarbeiter für die Durchführung bislang nicht anmeldepflichtiger kirchlicher Veranstaltungen mit Geldstrafen belegte. Dies betraf vor allem Kirchenkonzerte, Bibelrüstzeiten mit Jugendlichen und die sogenannten »Gottesdienste einmal anders«. Vgl. Niederschrift über die Sitzung der VELK in der DDR am 12.11.1971 in Berlin, LKA Hannover, D 15 XII, K 35/224/VI. Eine »Belehrung« der leitenden Juristen der Gliedkirchen sowie der Mitglieder des Vorstandes der KKL fand am 5.1.1972 in Gegenwart eines Vertreters des Ministeriums des Innern im Staatssekretariat für Kirchenfragen statt. Am 8.1.1972 befaßte sich auch die KKL nochmals mit dieser Thematik. Vgl. Niederschrift über die Sitzung der Kirchenleitung der VELK in der DDR am 7.1.1972 in Berlin, LKA Hannover, D 15 XII, K 35/224/VII.

112 Information über die 3. Tagung der Synode des Bundes der Evangelischen Kirchen in der DDR vom 16.8.1971, SAPMO-BA ZPA IV A2/14/18.

113 Auszug aus Niederschrift Hammer-Linnewedel über die 61. Sitzung des Rates der EKD am 19./20.1.1972 in Berlin, EZA Berlin, 4/68.

114 Protokoll der Dienstbesprechung beim Staatssekretär am 20.10.1969, 9.00 Uhr, vom 23.10.1969, BA, Abt. Potsdam, O-4, 401.

115 Vorlage der Wissenschaftlichen Arbeitsgruppe im Staatssekretariat für Kirchenfragen (Hartwig) zur Konzeption der prognostischen Arbeit für die Staatspolitik in Kirchenfragen vom 9.1.1970, BA, Abt. Potsdam, O-4, 255. Die Schlußfolgerung lautete: »Aus dieser Entwicklungstendenz ergibt sich, daß der Aufgabenbereich der Staatspolitik in Kirchenfragen u. a. zunehmend Auseinandersetzung mit aktueller, in die imperialistische Globalstrategie sich einfügender oder bewußt eingeordneter spätbürgerlicher Ideologie und klerikaler Politik sein wird. So wird der Charakter der Staatspolitik in Kirchenfragen als ein Teilbereich der Systemauseinandersetzung künftig noch deutlicher hervortreten.« Ebd.

116 Probleme hinsichtlich der Ergebnisse der 2. Synode des Bundes evangelischer Kirchen in der DDR (26.-30.6.1970); Leipzig, den 11.8.1970; Vertraulich! Nur für den eigenen Gebrauch als Arbeitsgrundlage! PDS-Archiv Leipzig, IV B-2/14/669.

117 Protokoll Rogowski vom 11.11.1970 [sic!], BA, Abt. Potsdam, O-4, 401.

118 Staatssekretär für Kirchenfragen, Information 11/70, Präambel zum Arbeitsplan der Dienststelle des Staatssekretärs für Kirchenfragen zum 1. Halbjahr 1971 vom 15.12.1970 (Vertraulich! VD-Sache!), SAPMO-BA ZPA IV A2/14/7.

119 Einschätzung der politisch-ideologischen Situation im Bereich der Leitungstätigkeit der Staatspolitik in Kirchenfragen und in den evangelischen Landeskirchen in der DDR im Jahre 1970. Entwurf des Arb. Geb. Ev. Kirche beim Staatssekretär für Kirchenfragen vom 19.1.1971, bestätigt auf der Dienstbesprechung am 28.1.1971 (Durchschlag an Willi Barth), SAPMO-BA ZPA IV A2/14/10.

120 Protokoll Rogowski vom 11.11.1970, BA, Abt. Potsdam, O-4, 401.

121 Schönherr versuchte wenig später Willi Barth und Hüttner für Krusche einzunehmen. Dieser habe »zwar Fehler gemacht [...], die den Staat verärgert hätten. Aber man solle ihn nicht abweisen, wenn er dies in Ordnung bringen möchte.« Arbeitsgruppe Kirchenfragen, Gedächtnisprotokoll vom 4.11.1970 über ein Gespräch mit Bischof D. A. Schönherr am 3.11.1970, SAPMO-BA ZPA IV A2/14/11.

122 Protokoll Rogowski vom 11.1.1971, BA, Abt. Potsdam, O-4, 401.

123 Arb. Geb. Ev. Kirche beim Staatssekretariat für Kirchenfragen, Einschätzung der Aktivi-

täten bei den Wahlen zur Volkskammer und den Bezirkstagen und der Ergebnisse der politisch-ideologischen Arbeit mit Geistlichen und kirchlichen Amtsträgern vom 24.11.1971, SAPMO-BA ZPA IV A2/14/4.

124 Vgl. Abt. Intern. Beziehungen (Staatssekretariat) 16.1.1973, Tendenzen der Bremer »EKD«-Synode zum verstärkten Eindringen in die DDR und zum allgemeinen Einschwenken auf die SPD/FDP-Linie des Reformismus, BA, Abt. Potsdam, O-4, 403. Weiter heißt es in dem Bericht: »Es ist zu erwarten, daß bei den Neuwahlen der Leitungsgremien der ›EKD‹ im Mai auf der Synode in Coburg das Einschwenken auf SPD/FDP auch personell zum Ausdruck kommen wird, was das Tempo der Strukturreform wahrscheinlich beschleunigen wird.« Ebd. Vgl. Bremen 1973; Coburg 1973. Zu den vergeblichen Bemühungen des Kirchenbundes, für Bischof Braecklein eine Ausreisegenehmigung zum Besuch der Synode zu erreichen, vgl. Aktenvermerk Pabst vom 27.12.1972 über eine Unterredung im Staatssekretariat für Kirchenfragen am 22.12.1972, EZA Berlin, 101/347. Vgl. hierzu auch Aktenvermerk Pabst über eine Unterredung im Staatssekretariat für Kirchenfragen am 15.1.1973 sowie Schreiben Schönherr an Seigewasser vom 16.1.1973: »Zu den ›gutnachbarlichen Beziehungen‹, die als Ziel von dem Ersten Sekretär der SED, Herrn Erich Honecker, hervorgehoben worden sind, würde nach unserer Meinung auch der wechselseitige Besuch von Synoden zählen, und zwar unabhängig von deren Thematik.« A.a.O.

125 Bezirksleitung Halle der SED, Mitarbeiter für Kirchenfragen, Information vom 23.11.1973 über eine Beratung der Arbeitsgruppe Kirchenfragen beim ZK der SED, LPA Halle, IV D-2/14/474.

126 Vermerk Lingner über das Treffen vom 24.1.1972, EZA Berlin, 4/68.

127 Ebd.

128 Jacob an Brandt vom 23.3.1972, EZA Berlin, 101/599. Vgl. auch Verwaltung für Staatssicherheit Groß-Berlin, Abteilung XX, Information Bronder vom 20.5.1972 über Probleme der Ev. Kirchenleitung Berlin-Brandenburg: »Auf einer Kirchenleitungssitzung im Mai 1972 verlas der Generalsuperintendent Jacob seinen Brief, welchen er an den Bundeskanzler Brandt geschrieben hatte. Er betonte dabei, daß dies ein reiner Privatbrief sei und keine Stelle ihn gesteuert oder angehalten habe, diesen Brief zu schreiben. Bundeskanzler Brandt habe bei der Popularisierung dieses Briefes auf die Stellen verzichtet, in denen Jacob gegen die CDU/CSU Stellung nimmt. Die Mitglieder der Kirchenleitung nahmen den Brief zur Kenntnis, ohne Meinungen darüber zu äußern.« BStU Berlin, AIM 2834/88.

129 Vgl. Vermerk Lingner über das Treffen Beratergruppe – KKL-Vorstand vom 24.1.1972, EZA Berlin, 4/68.

130 Information Wilke (Abteilung I) zur politischen Situation und zu aktuellen Tendenzen in den evangelischen Kirchen in der DDR vom 4.12.1972, BA, Abt. Potsdam, O-4, 402; auch SAPMO-BA ZPA IV B2/14/11.

131 Vermerk Lingner über das Treffen Beratergruppe – KKL-Vorstand vom 24.1.1972, EZA Berlin, 4/68. Vgl. auch Einschätzung der Entwicklung des Bundes der Evangelischen Kirchen in der Deutschen Demokratischen Republik (1972): »Eine Koordinierung der Aktivitäten des Bundes zu aktuellen Fragen der Friedenssicherung mit dem Regionalausschuß der Christlichen Friedenskonferenz in der DDR ist noch nicht erreicht. Über einen Beobachterstatus in der CFK ist der Bund bisher nicht hinausgegangen. Unlängst hat der Vorsitzende des Bundes, Bischof Schönherr, erklärt, daß er trotz einiger sachlicher und personeller Vorbehalte seine persönliche Mitgliedschaft im Regionalausschuß der CFK aufrecht erhält.« BA, Abt. Potsdam, O-4, 1455. Gegenüber Carl Ordnung hatte Schönherr am 6.11.1970 geäußert, »seine grundsätzlich positive Haltung zur CFK« sei weiterhin unverändert. Bericht Ordnung vom 11.11.1970, BA, Abt. Potsdam, O-4, 173.

132 Vertrauliches Protokoll, Punkt 10, EZA Berlin, 101/114. 1973 beklagte der CFK-Generalsekretär Tóth gegenüber Seigewasser, Schönherr habe eine konkrete Auskunft bezüglich einer korporativen Mitarbeit der Evangelischen Kirchen in der DDR in der CFK vermieden und »die Angelegenheit als noch nicht reif« bezeichnet. Protokoll Rode vom

2.12.1973 über die Dienstbesprechung beim Stellvertreter des Staatssekretärs, Koll. Flint, am 26.11.1973, 9.00 Uhr, BA, Abt. Potsdam, O-4, 403.

133 Brief Wilm an Lingner vom 7.3.1972, EZA Berlin, 4/68. Der Vorstand der KKL hatte auf seiner Sitzung am 16.12.1971 in Halle den DDR-Bischofskonvent gebeten, über eine kirchliche Reaktion auf das Vorhaben der europäischen Sicherheitskonferenz zu beraten. An einer von der Ost-CDU-Zeitung »Neue Zeit« durchgeführten Umfrage zu dieser Thematik beteiligte sich das Sekretariat des BEK nicht. Vgl. das vertrauliche Protokoll, EZA Berlin, 101/114.

134 Lingner an Stolpe vom 7.3.1972, EZA Berlin, 4/68.

135 Lingner an Wilm vom 7.3.1972, a.a.O.

136 Der erste Besuch von Vertretern des Vorstandes der KKL (Schönherr, Noth und Braecklein) in Genf hatte vom 28. bis zum 30.1.1970 stattgefunden. Vgl. KJ 1970, 296-301. Vgl. hierzu auch die staatliche Konzeption (Betr.: Anträge der Bischöfe Schönherr, Noth und OKR Braecklein auf Ausreise nach Genf; undatiert), SAPMO-BA ZPA IV A2/14/29. Vgl. auch das Protokoll der 4. Tagung der KKL am 10.1.1970 in Berlin, EZA Berlin, 102/45. Ein weiterer Besuch des gesamten Vorstandes der KKL, der von Stolpe begleitet wurde, bei allen ökumenischen Körperschaften sowie dem Schweizerischen Ev. Kirchenbund in Genf fand vom 14. bis zum 20.3.1972 statt. Vgl. das ausführliche Protokoll Schönherrs und Stolpes (22 Seiten), LKA Hannover, D 15 XII, K 87/5043. Vgl. auch die Niederschrift über die Sitzung der Kirchenleitung der VELK in der DDR am 10.3.1972 in Berlin, LKA Hannover, D 15 XII, K 35/224/VII. Weise informierte hierzu auf einer am 1.6.1972 abgehaltenen Dienstbesprechung im Staatssekretariat für Kirchenfragen: »Insbesondere richteten sich die Anstrengungen der Abteilung [Internationale Beziehungen] darauf, die Reisekader der Kirchen und des Kirchenbundes zu befähigen, im Ausland die Prinzipien der sozialistischen Außenpolitik der DDR würdig zu vertreten. Koll. Weise konnte darauf hinweisen, daß auf diesem Gebiet der Arbeit einige Erfolge erzielt worden sind. So seien die Delegationen des Kirchenbundes und der VELK DDR in der Genfer Zentrale der Ökumene durchaus im Sinne der Hinweise aufgetreten, die ihnen in den Reisevorbesprechungen gegeben worden sind.« Streng vertrauliches Protokoll des Persönlichen Referenten, Hermann Rode, vom 1.6.1971 von der Dienstbesprechung beim Staatssekretär am Donnerstag, dem 18.5.1972, 9.00 Uhr, vom 1.6.1971, BA, Abt. Potsdam, O-4, 402.

137 An der Vollversammlung der Konferenz Europäischer Kirchen in Nyborg (26.4.-3.5.1971) nahm auch eine DDR-Delegation teil. Werner Krusche hielt das Hauptreferat zum Thema »Diener Gottes, Diener der Menschen«, abgedruckt in KJ 1971, 355-364. Vgl. auch das Papier VI. Vollversammlung der Konferenz Europäischer Kirchen vom 26. April-3. Mai 1971 in Nyborg/Dänemark der Arbeitsgruppe Kirchenfragen beim ZK der SED vom 11.3.1971, in dem hervorgehoben wurde, daß die Vertretung der DDR »einen selbständigen, von den westdeutschen Kirchen getrennten Status« einnehmen würde. Gewürdigt wurde auch das unter Beteiligung der DDR-Vertreter Hinz, Schicketanz (beide Magdeburg) und Falcke erarbeitete Vorbereitungsdokument, insbesondere daß dort »antikommunistische Positionen diesmal vermieden« wurden. SAPMO-BA ZPA IV A2/14/42. In einem Bericht über die Konferenz kritisierte der Ost-CDU-Journalist Eberhard Klages die nach seiner Auffassung zu häufigen Kontakte ostdeutscher Delegierter mit Vertretern westdeutscher Kirchen: »Bischof Scharf soll bei einem Gemeindeabend in der Nähe von Nyborg geäußert haben, die ›EKD‹ zahle deswegen so viel Geld für die KEK, und sie werde dies in Zukunft noch umfangreicher tun, weil die KEK eine der wenigen Möglichkeiten des Kontaktes mit den DDR-Kirchen sei.« Bericht über VI. Vollversammlung der Konferenz Europäischer Kirchen (Nyborg, 26.4.-2.5.1971), SAPMO-BA ZPA IV A2/14/41. Vgl. auch Aktenvermerk Pabst vom 19.5.1971 über eine Unterredung zwischen Generalsekretär Dr. Williams und Staatssekretär Seigewasser am 13.5.1971 in Berlin, EZA Berlin, 101/346. Noch drei Jahre später lobte Seigewasser Krusches »Einsatz in Nyborg für die völkerrechtliche Anerkennung der DDR«. Vermerk Schultze über ein Gespräch beim Rat des Bezirkes Magdeburg zwi-

schen Staatssekretär Seigewasser und Bischof Dr. Krusche am 10.4.1974, EZA Berlin, 101/257.

Gegenüber KEK-Generalsekretär Williams war Seigewasser bezüglich des Auftretens des Magdeburger Bischofs noch skeptisch gewesen: In Erfurt habe sich Krusche »bis in den Wortlaut hinein zu politischen Parolen der Regierung Brandt-Scheel bekannt: ›Anerkennung der Existenz zweier deutscher Staaten, aber unterhalb der Schwelle der völkerrechtlichen Anerkennung der DDR‹. Dies sei unerträglich. Man müsse damit rechnen, daß diese Frage in Nyborg zur Sprache komme. Sollte dann Bischof Dr. Krusche dazu seine bisherige Position vortragen oder auch nur schweigen, so würde eine unmögliche Situation entstehen. Es sei vom Standpunkt der DDR-Regierung nicht erforderlich, daß Bischof Dr. Krusche in allen Einzelfragen mit ihr übereinstimme, hier aber handle es sich um eine Grundfrage der europäischen Sicherheit. Die Bischöfe D. Braecklein und D. Schönherr hätten sich ausdrücklich für die völkerrechtliche Anerkennung der DDR ausgesprochen, er – der Staatssekretär – sei überzeugt, daß auch die übrigen DDR-Bischöfe so dächten. Man wolle Bischof Dr. Krusche nicht zumuten, sich in der politischen Presse hierzu zu äußern, es genüge eine Äußerung in der innerkirchlichen Öffentlichkeit, etwa in einem Interview mit dem ENA oder beim Vortrag auf einem Superintendenten-Konvent. Bischof Dr. Krusche habe geäußert, es gäbe in der Politik der DDR Dinge, für die er Gott danken und andere Dinge, für die er Gott nicht danken könne. Soweit er – der Staatssekretär – das NT verstanden habe, dürfe der Christ Gott für alles danken, auch für das, was ihm nicht gefalle.« Aktenvermerk Pabst über eine Unterredung im Staatssekretariat für Kirchenfragen am 5.2.1971, EZA Berlin, 101/346. Aus einem sowjetischen Geheimbericht vom 5.3.1969 über die KEK wird deutlich, daß man diese Konferenz als Basis für politische Beeinflussungen nutzen wollte. So wurden folgende Maßnahmen vorgeschlagen:»Durchführung von Maßnahmen zur Beeinflussung der Präsidiumsmitglieder Wilm (Westdeutschland), Schanti (Italien) u. a., die für den Frieden eintreten und eine loyale Haltung zu sozialistischen Staaten haben, um in der Perspektive mit einigen von ihnen operativen Kontakt herzustellen [...] Stärkung der Positionen der IM in solchen Arbeitsgruppen der KEK, die Fragen des Friedens und der europäischen Sicherheit sowie wie die Vertreter der Kirchen zur Minderung der internationalen Spannung beitragen können, behandeln« (BStU Berlin, MfS HA XX/4, 234, 71 f.).

138 Auszug aus Niederschrift Hammer-Becker über die 63. Sitzung des Rates der EKD am 16. und 17.3.1972 in Berlin, EZA Berlin, 4/68.

139 Betr.: Anträge der Bischöfe Schönherr, Noth und OKR Braecklein auf Ausreise nach Genf; undatiert, SAPMO-BA ZPA IV A2/14/29.

140 Zusammenfassung des Vortrages des Genossen Barth, Leiter der Arbeitsgruppe Kirchenfragen beim ZK der SED, »Zum Bund Evangelischer Landeskirchen in der DDR« (Prag, 2.-4.2.1970), vom 20.2.1970, SAPMO-BA ZPA IV A2/14/16.

141 Vgl. Evian 1970.

142 Weiter hieß es:»Landesbischof Braecklein protestierte gegen die Diskriminierung der DDR durch einen westdeutschen Delegierten.« Staatssekretär für Kirchenfragen, Information Nr. 8/70, VD-Sache: Einschätzung der Ergebnisse der V. Vollversammlung des Lutherischen Weltbundes (LWB) vom 14.7. bis zum 24.7.1970 in Evian-les-Bains (Frankreich), SAPMO-BA ZPA IV A2/14/28. Vgl. auch den Bericht von Eberhard Klages, a.a.O.

143 Konzeption für eine langfristige Einflußnahme auf den Bund der Evangelischen Kirchen in der DDR vom 2.9.1970, SAPMO-BA ZPA IV A2/14/19.

144 Arbeitsgruppe Kirchenfragen, Gedächtnisprotokoll vom 4.11.1970, SAPMO-BA ZPA IV A2/14/11.

145 AG Kirchenfragen, Konzeption zur Einflußnahme auf die 4. Tagung der Synode des Bundes der Evangelischen Kirchen in der DDR vom 31.5.1972, SAPMO-BA ZPA IV B2/14/85.

146 SED Bezirksleitung Halle, Mitarbeiter für befreundete Organisationen und Kirchenfra-

gen, Information über die zentrale Arbeitsberatung der Arbeitsgruppe für Kirchenfragen beim ZK der SED und des Staatssekretariats für Kirchenfragen vom 14.9.1972, LPA Halle, IV D-2/14/473.

147 Vermerk Lingner über eine Besprechung mit Stolpe am 25.4.1972, EZA Berlin, 4/68.

148 Es handelte sich um eine Tagung der Arbeitsgruppe Frieden der KEK. Vgl. das vertrauliche Protokoll der Sitzung des Vorstandes der KKL am 25.1.1972 in Berlin, EZA Berlin, 101/114. Vgl. auch Aktenvermerk Pabst vom 1.9.1972 über eine Unterredung im Staatssekretariat für Kirchenfragen am 29.8.1972, EZA Berlin, 101/347. Darauf, daß Stolpe sich vor ökumenischen Sitzungen die Delegierten aus der DDR zur Brust nahm, deutet der staatliche Sachstandsbericht KEK-Konsultation Buckow, 27.-31.10.1975, hin: »Gestern bei Gen. Seigewasser ein Gespräch mit Stolpe. Stolpe erklärt, seine Leute seien angewiesen, daß nichts in die Diskussion gebracht werde, was innere Angelegenheiten der DDR sind.« SAPMO-BA ZPA IV B2/14/196.

149 Vermerk Lingner über eine Besprechung mit Stolpe am 25.4.1972, EZA Berlin, 4/68.

150 Vgl. auch das staatliche Protokoll in LPA Halle, IV D-2/14/473. Der Wortlaut weicht von dem von Krusche präsentierten Text an einigen Stellen, insbesondere, was deren kritischere Passagen betrifft, ab.

151 Auszug aus Diskussionsbeitrag Krusche, EZA Berlin, 4/68.

152 Ebd.

153 Ebd.

154 Einschätzung der Entwicklung des Bundes der Evangelischen Kirchen in der Deutschen Demokratischen Republik (1972), BA, Abt. Potsdam, O-4, 1455. Zu dieser Thematik wurde auch ein Informationsgespräch des Staatssekretärs für Kirchenfragen mit dem Vorstand des BEK und dem Präsidium der Bundessynode am 10.5.1972 durchgeführt. Vgl. die staatliche Vorlage vom 6.2.1972, BA, Abt. Potsdam, O-4, 1437, in der die neu eingeführte Gattung eines Informationsgespräches folgendermaßen skizziert wurde: »Gezielten politisch-ideologischen Einfluß auf die Entwicklung leitender Gremien des Bundes Evangelischer Kirchen in der DDR zu nehmen ist eine Notwendigkeit.« Aufgabe dieses speziellen Gespräches war, das kirchliche Gegenüber für die Grundprinzipien der DDR-Außenpolitik zu gewinnen. Die kirchlichen Vertreter »müssen in ihrem Denken davon ausgehen, daß die Wünsche der Christen nach Frieden und Brüderlichkeit heute durch das bewußte Handeln aller friedliebenden Menschen verwirklicht werden können. Es besteht für sie die zwingende Notwendigkeit, für den Sozialismus und sein Friedensprogramm zu optieren.« Ebd. Vgl. das vertrauliche Protokoll der Sitzung des Vorstandes der KKL in Berlin am 18.2.1972: »Trotz mancher Bedenken erscheint dem Vorstand eine runde Ablehnung des Gesprächs nicht möglich.« EZA Berlin, 101/114. Vgl. auch Information Wilke vom 22.2.1972 über die Vorbereitung des Informationsgespräches mit dem Bund sowie seine Informationen über Gespräch mit OKR Stolpe in Vorbereitung des Informationsgesprächs am 9.3.1972 (20.3.1972) und am 28.3.1972 (29.3.1972), BA, Abt. Potsdam, O-4, 1437. Der BEK strebte an, auch über Seelsorge an ausländischen Arbeitnehmern zu sprechen: »Es darf nicht dazu kommen, daß die kirchlichen Vertreter lediglich ihr akklamatorisches Ja äußern.« Vertrauliches Protokoll der Sitzung des Vorstandes der KKL am 20.4.1972 in Halle, EZA Berlin, 101/114. Stolpe berief mit Eilschreiben vom 4.5.1972 die Bischöfe und Vorstandsmitglieder für den 9.5.1972 zu einem Vorgespräch in Schönherrs Dienstsitz ein. Der KKL-Vorsitzende sei der Auffassung, daß ein so massives außenpolitisches Engagement [...] vor der Ökumene und den Gemeinden nur glaubwürdig sein kann, wenn auch zu akuten Sorgen der Kirchen klärende Äußerungen erfolgen.« EZA Berlin, 101/338. Zum Gespräch vgl. den Vermerk Stolpe vom 17.5.1972. Demnach äußerte Braecklein: »Deutlich sei [...] geworden, daß die Glaubwürdigkeit kirchlicher Äußerungen beachtet werden müsse. Immer wieder werde versucht, kirchliche Äußerungen im Westen als ›Auftragsarbeit‹, ›Äußerungen verkappter SED-Genossen‹ usw. abzuqualifizieren. Die Glaubwürdigkeit der kirchlichen Aussagen hänge im Ausland davon ab, wie weit erkennbar sei, daß die Christen ein echt integrierter Be-

standteil in der DDR-Gesellschaft seien. Je deutlicher diese Integration mit allen Pflichten, aber auch mit allen Rechten für die christlichen Bürger und die Kirchen sei, um so größer sei ihre Glaubwürdigkeit.« A.a.O.

155 Auszug aus Niederschrift Hammer-Gundert über die 66. Sitzung des Rates der EKD vom 7./8.7.1972 in Mauloff, EZA Berlin, 4/68. Die Zusage war, wie Braecklein während der Sitzung der Kirchenleitung der VELK DDR am 12.5.1972 ausführte, während des am 10.5.1972 durchgeführten Informationsgespräches gegeben worden, nachdem die kirchlichen Vertreter »ihre Erwartung zum Ausdruck gebracht [hatten], es möge bald zu einem Grundsatzgespräch kommen, über die brennenden, die Kirche betreffenden Fragen.« Dies wurde auch in dem Gesprächskommuniqué festgehalten. Gesprächsthemen sollten sein Bildungswesen, Veranstaltungsverordnung und das christliche Schrifttum. Niederschrift in LKA Hannover, D 15 XII, K 35/224/VII.

156 Einschätzung der Entwicklung des Bundes der Evangelischen Kirchen in der Deutschen Demokratischen Republik (1972), BA, Abt. Potsdam, O-4, 1455. Gegenüber Dohle, Leiter des Referats Kirchenfragen beim RdB Dresden, hatte der Präsident des sächsischen Landeskirchenamts, Kurt Johannes, am 31.7.1972 ausgeführt, falls er »das Glück habe, im Herbst mit nach Frankreich zu fahren, so wolle er genau in diesem Sinne auftreten, d. h. die Aufnahme beider deutscher Staaten in die UNO, die europäische Sicherheitskonferenz und anderes nachdrücklich befürworten.« Protokoll Dohle vom 4.8.1972, PDS-Archiv Dresden, IV C-2.14-682. Im übrigen konnte Dohle einen Wandlungsprozeß bei dem sächsischen Kirchenmann konstatieren: »Dr. Johannes bemüht sich offenbar, sowohl im Bund wie gegenüber dem Staat vermittelnde Lösungen und Kompromisse anzustreben und dadurch seine persönliche Stellung zu verbessern. Es ist ganz deutlich, daß Dr. Johannes im Gegensatz zu früheren Jahren kein Vertreter der Kräfte ist, die eine Konfrontation mit dem Staat wollen. Er vertritt eine loyale, z. T. in Worten sogar progressive Linie und nutzt alle Möglichkeiten, kirchliche Substanz zu erhalten.« Ebd.

157 Vgl. zur Vorbereitung der Unterredung auch das vertrauliche Protokoll der Sitzung des Vorstandes der KKL am 19.6.1972 in Görlitz (TOP 2.1.), EZA Berlin, 101/114.

158 Im kirchlichen Protokoll Stolpes fehlt diese Äußerung, EZA Berlin, 101/338; auch BA, Abt. Potsdam, O-4, 1437. Das Gespräch war auch Gegenstand einer außerordentlichen Tagung der KKL am 1.7.1972 in Dresden, vgl. das Protokoll in EZA Berlin, 101/338.

159 Staatssekretär für Kirchenfragen, Information Nr. 7/72, VD-Sache, Information vom 6.7.1972 über das Gespräch des Staatssekretärs mit dem Vorstand des Bundes der ev. Kirchen in der DDR am 26.6.1972, BA, Abt. Potsdam, O-4, 1437. Vgl. auch die diesem Protokoll als Vorlage dienende Information Wilke vom 28.6.1972 über das Gespräch des Staatssekretärs mit dem Vorstand des Bundes der ev. Kirchen in der DDR am 26.6.1972. Vgl. auch die als staatliche Gesprächsvorlagen dienenden Papiere »Grundsätzliche Bemerkungen des Staatssekretärs zum Thema: Der Platz der Kirchen in der sozialistischen Gesellschaft der DDR«; »Argumentation zur Durchsetzung der Veranstaltungsverordnung vom 26.11.1970«; »Argumentation zur kirchlichen Polemik in Fragen der Bildung und Erziehung«; »Argumentation zu Problemen der sozialistischen Landesverteidigung im Rahmen der Ausbildung der Direktstudenten an den Hochschulen«. Alle Texte a.a.O. Vgl. auch den kirchlichen Vermerk Stolpe, EZA Berlin, 101/338; auch BA, Abt. Potsdam, O-4, 1437. Im übrigen war es im Frühjahr 1972 möglich gewesen, Konfirmandenfreizeiten frei von Behinderungen durchzuführen. Vgl. Niederschrift über die Sitzung der Kirchenleitung der VELK in der DDR am 10.3.1972 in Berlin, LKA Hannover, D 15 XII, K 35/224/VII.

160 Vermerk Lingner über Beratergruppensitzung am 14.9.1972, EZA Berlin, 4/68. Das Referat »Christus befreit – darum Kirche für andere« ist vollständig abgedruckt in KJ 1972, 242-256 sowie in H. Falcke, Mit Gott Schritt halten, 12-32. Der zentrale, von staatlicher Seite hauptsächlich kritisierte Satz lautete: »Unter der Verheißung Christi werden wir unsere Gesellschaft nicht loslassen mit dem engagierten Hoffnung eines verbesserlichen Sozialismus.« Zit. nach KJ 1972, 251.

Das Referat Falckes widersprach der staatlichen Vorgabe für die Synode in ihrem ersten

Punkt: »Auf die Synode muß so eingewirkt werden, daß dort keine Aussagen getroffen werden, die ideologischen Positionen des Sozialdemokratismus oder des Nationalismus Vorschub leisten.« AG Kirchenfragen, Konzeption zur Einflußnahme auf die 4. Tagung der Synode des Bundes der Evangelischen Kirchen in der DDR vom 31.5.1972, SAPMO-BA ZPA IV B2/14/85. In der an die Mitglieder und Kandidaten des Politbüros gerichteten »Information über den Verlauf und die Ergebnisse der 4. Tagung der Synode des Bundes der Evangelischen Kirchen in der DDR« (Verfasser war der Leiter der Arbeitsgruppe Kirchenfragen, Willi Barth) vom 5.7.1972 hieß es dann:

»Es zeigte sich im Verlauf der Tagung, daß der Versuch unternommen wurde, die Stellung der Kirche im Sozialismus sowohl vom Standpunkt der Anpassung her als auch in Form der Abgrenzung gegenüber Grundprinzipien der sozialistischen Entwicklung und Ideologie zu bestimmen. Mit Hilfe des Hauptreferates von Pfarrer Dr. Falcke, Gnadau, sollte offensichtlich getestet werden, inwieweit es im Zusammenhang mit der Standortbestimmung der Kirchen im Sozialismus möglich ist, Theorien und Auffassungen der bürgerlichen Ideologie, besonders des Sozialdemokratismus und Revisionismus, zur Geltung zu bringen. In diesem Referat hat eine Gruppe von Kirchenvertretern, die in besonderem Maße für die Bonner Ostpolitik anfällig sind, ihre Position dargelegt. Sie ist vor allem im Bereich der Kirchenprovinz Sachsen (Magdeburg) konzentriert. [...] Das Referat ist ein Versuch der klerikalen Auseinandersetzung mit Grundpositionen der marxistisch-leninistischen Weltanschauung. So werden geschickt und vorsichtig formuliert Alternativvorstellungen dargelegt gegen die marxistische Auffassung vom Menschen, von der Arbeit, von der führenden Rolle der Partei, dem Wesen des Sozialismus und dem demokratischen Zentralismus. Es wird die Hoffnung nach einem ›verbesserlichen‹ Sozialismus ausgesprochen, in welchem der ›Spielraum an offener Diskussion erweitert‹ und mehr Partnerschaftlichkeit und Pluralismus gewährt werden. Bestandteil eines ›verbesserten‹ Sozialismus soll es sein, daß Christen besonders dort mitarbeiten, ›wo die sozialistische Gesellschaft enttäuscht und das sozialistische Ziel entstellt oder unkenntlich wird.‹ – Der Sozialismus wird im Referat als ›Leistungsgesellschaft‹ diskreditiert [...] Das Referat von Dr. Falcke wurde von den Synodalen unterschiedlich bewertet. Es gab offene Befürwortung der darin entwickelten politisch-ideologischen Positionen, und es gab eine Minderheit von Synodalen, die ihre Bedenken anmeldeten. Der größte Teil der Synodalen anerkannte die darin dargelegten Auffassungen und erkannte nicht die Gefährlichkeit der genannten politisch-ideologischen Positionen. Zu den hartnäckigen Verteidigern des Referates gehörten z. B. Superintendent Steinlein, Nauen; Pfarrer Mendt, Karl-Marx-Stadt [zu Mendt vgl. die Einschätzung Dohle vom 2.8.1974, PDS-Archiv Dresden, IV C-2.14-681]; Dr. Kühn, Leipzig; Dr. Hinz, Gnadau; Werbeleiter Schur, Zeuthen; Dipl.-Ing. Röder, Berlin; Pfarrer Uhle-Wettler, Magdeburg. Gegen die negativen Seiten des Referates traten mit unterschiedlicher Konsequenz auf die Bischöfe Braecklein, Eisenach, und Schönherr, Berlin; Kirchenpräsident Natho, Dessau; Propst Münker, Halle; Pfarrer Günther, Potsdam; Dr. Seils, Naumburg; Dipl.-Geophysiker Semper, Oranienburg, und Dipl.-Ing. Gehlsen, Schkopau; Ing. Hanff, Köthen.« SAPMO-BA ZPA IV B2/14/85; auch BA, Abt. Potsdam, O-4, 786. Falcke dankte in einem Schlußwort für die geführte Aussprache: »Die kritische Anfrage, ob nicht vieles im Referat mißverständlich formuliert sei, meine ich, ist ernst zu nehmen. Diese Anfrage signalisiert einen kritischen Punkt. [...] Wenn ich dennoch in diesem Referat gerade den mithörenden marxistischen und sozialistischen Freunden einige kritische Fragen zugemutet habe, so bitte ich dies als einen Ausdruck der Hoffnung zu verstehen. Ich meine, daß wir gerade unter diesem Thema ›Christus befreit‹ vor diesen Barrieren des Mißverstehens nicht kapitulieren dürfen, daß wir uns gegenseitig es zumuten müssen, die kritischen Fragen, die wir aneinander haben, auch zu stellen. [...] Ich fühle mich restlos mißverstanden, wenn dieses Referat als ein Angriff auf den Sozialismus interpretiert wird. Dieses Referat will, wenn es nicht zu unbescheiden für Christen formuliert ist, eine kritische Assistenz für unsere sozialistische Gesellschaft sein.« EZA Berlin, 101/52.

So wurde eine direkte staatliche Intervention erforderlich: »Da in Einschätzung des
Verlaufes der Diskussion nicht vorausgesetzt werden konnte, daß die realistischen
Kräfte aus eigener Kraft imstande sein würden zu verhindern, daß die im Referat genannten Positionen als Grundlage der weiteren Arbeit bestätigt und in die Kirchengemeinden der DDR gesandt und dort propagiert würden, machte es sich erforderlich, mit
verantwortlichen Vertretern des Bundes Gespräche zu führen, in denen die prinzipiellen Bedenken des Staates zum Ausdruck gebracht und auf die Folgen aufmerksam gemacht wurde (Schönherr, Braecklein, Natho, Stolpe). Es wurde eine Beratung mit dem
verantwortlichen Präsidium der Synode (Pastorin Radke, Präses Cieslak, Waitz, Wahrmann) beim Stellvertreter des Vorsitzenden für Inneres des Rates des Bezirkes Dresden
[Horst Dohle] durchgeführt, in der der staatliche Standpunkt zum Verlauf der Synode
dargelegt wurde. Es wurde die Erwartung ausgesprochen, daß
1. dieses Referat nicht als Grundlage für die Arbeit der Kirchen in der DDR bestätigt
wird,
2. dieses Referat in der kirchlichen Öffentlichkeit nicht propagiert und verbreitet werden kann,
3. die konstruktive Linie der 3. Bundessynode 1971 in Eisenach weitergeführt wird.«
SAPMO-BA ZPA IV B2/14/85; auch BA, Abt. Potsdam, O-4, 786.
Nach dem Protokoll Cieslaks und Waitz' liest sich das staatliche Vorgehen so: »Am
2.7.1972 erreichte das Büro ein Anruf vom Rat des Bezirks Dresden. Es wurde gebeten,
das Präsidium möge sich gegen 21.00 Uhr zur Entgegennahme einer Stellungnahme
des Rates des Bezirkes einfinden. [...] Die andere Seite legte [...] Wert darauf, daß das
Gespräch noch am gleichen Tage stattfände. Es wurde dann tatsächlich das Gespräch am
Abend des 2. Juli gegen 21.40 Uhr gehalten. Anwesend waren von staatlicher Seite
Herr Hauptabteilungsleiter Weise vom Staatssekretariat für Kirchenfragen, der erste
Stellv. des Vorsitzenden für Innere Angelegenheiten vom Rat des Bezirks Dresden,
Herr Riedel, und der Sachbearbeiter für Kirchenfragen beim Rat des Bezirks Dresden,
Herr Dr. Dohle.« Sofort kam die Sprache auf das Falcke-Referat: »Die im Referat gegebenen Darstellungen entstellten die gesellschaftliche Wirklichkeit der DDR und diffamierten den sozialistischen Staat. Eine Reihe von Grundpositionen des Referats stünden im Widerspruch zu den Zielen und Normen der Verfassung der DDR. Das sei
besonders problematisch, weil das Referat im Beisein einer größeren Zahl ökumenischer Gäste gehalten worden sei.« Die Ausführungen endeten mit den oben wiedergegebenen Erwartungen. Cieslak entgegnete, es »könne nicht anerkannt werden, daß das
Referat von Dr. Falcke in der in der Erklärung des Vorsitzenden formulierten Art interpretiert werde.« Vermerk vom 3.7.1972, EZA Berlin, 101/51.
Weiter hieß es im staatlichen Bericht: »Diese Maßnahmen wurden, wie viele Gespräche
bestätigen, von den realistischen Kräften unter den Synodalen als hilfreich und sachlich
eingeschätzt. Die Übermittlung der staatlichen Auffassungen zu diesen Fragen förderte
im Laufe der Tagung die Auseinandersetzung über politisch-ideologische Grundfragen
und beschleunigte die Differenzierung zwischen den Synodalen. Die positive Wirkung
dieser Maßnahmen zeigte sich in einer betont freundlichen Haltung zu den in der Synode anwesenden staatlichen Vertretern und in einer sehr aufgeschlossenen, vertrauensvollen Atmosphäre während des festgelegten Empfanges [über die Absicht, in Dresden
am 3.7.1972 einen Empfang zu geben, hatte Hans Wilke Manfred Stolpe am 13.6.1972
informiert: ›OKR Stolpe war erfreut über die Entscheidung und versprach, die Teilnahme zu organisieren‹; vgl. Information Wilke vom 19.6.1972; BA, Abt. Potsdam, O-4,
1437; vgl. auch Aktenvermerk Pabst vom 16.6.1972 über ein Gespräch im Staatssekretariat für Kirchenfragen am 15.6.1972; EZA Berlin, 101/347], den der Staatssekretär für
Kirchenfragen und der Vorsitzende des Rates des Bezirkes Dresden für die ökumenischen Gäste und für die Leitung des Kirchenbundes gaben. Das drückte sich darin aus,
daß der Beigeordnete Generalsekretär des Ökumenischen Rates der Kirchen, Pfarrer
Philip *Potter*, und andere ökumenische Gäste das Bemühen des DDR-Kirchenbundes
würdigten, den gesellschaftlichen und politischen Existenzbedingungen der Kirchen in

der DDR in vollem Umfange Rechnung zu tragen. Pfarrer *Potter* hob das Eintreten der Vertreter des DDR-Kirchenbundes für Frieden, Sicherheit und Zusammenarbeit der Völker hervor. Er führte aus, daß es das erklärte Ziel des Ökumenischen Rates der Kirchen sei, dazu beizutragen, daß jeder Staat – also auch die DDR – den ihm gebührenden Platz in der Völkerwelt einnehme. [...]

In den bis zum Ende der Synode anhaltenden Auseinandersetzungen über den Weg der Kirchen im Sozialismus setzte sich unter dem Druck gesellschaftlicher Tatsachen ein realistischer Standpunkt durch, so daß kein Bruch gegenüber der in Eisenach eingeschlagenen Linie erfolgte. Allerdings handelt es sich um Zugeständnisse, die durch unsere Einwirkung erreicht wurden. [...] Das Referat von Dr. Falcke wurde von der Synode als Arbeitsgrundlage für den Bund nicht bestätigt. Es wurde nicht festgelegt, es in der Kirche und ihren Gremien zu verbreiten.« SAPMO-BA ZPA IV B2/14/85; auch BA, Abt. Potsdam, O-4, 786. Seigewasser wertete auf der Dienstbesprechung im Staatssekretariat am 6.7.1972, in Falckes Referat hätte sich »die Absicht [ausgedrückt], jeden Schritt über Eisenach hinaus zu verhindern. Interessant ist, daß drei Bischöfe (D. Schönherr, D. Braecklein und Kirchenpräsident Natho) gegen die reaktionären Vorstöße der Gruppe um Steinlein/Falcke aufgetreten sind. [...] Die Erfahrungen zeigen, [...] daß sich innerhalb des Kirchenbundes wie in den Kirchen überhaupt Entwicklungen anbahnen, denen eine gewisse Brisanz innewohnt.« Streng vertrauliches Protokoll vom 13.7.1972, BA, Abt. Potsdam, O-4, 402. Seigewasser und Barth sprachen in bezug auf das Falcke-Referat während der zentralen Arbeitsberatung der Arbeitsgruppe für Kirchenfragen des ZK der SED und des Staatssekretariats für Kirchenfragen im Spätsommer 1972 folgendes aus: Der Hauptimpetus des Vortrages habe darin bestanden, »den gesellschaftlichen Status der Kirche zu erhöhen; sie wollen in Grundfragen der gesellschaftlichen Entwicklung mitbestimmen. [...] Im Referat wurde der Versuch gemacht, inwieweit es mit der Standortbestimmung in der DDR möglich ist, den Revisionismus und Sozialdemokratismus zur Geltung zu bringen. [...] Es wurde ein angeblicher Gegensatz von Demokratie und Freiheit im real existierenden Sozialismus in der DDR herausgearbeitet. [...] Eine versteckte Polemik wurde gegen die führende Rolle der Arbeiterklasse entwickelt, die angeblich zu autoritär herrsche. [...] Es wird versucht, die Kirche in die Rolle einer politischen Opposition gegenüber der sozialistischen Gesellschaft und besonders gegenüber der marxistisch-leninistischen Weltanschauung zu bringen. [...] Die Hoffnung nach verbesserlichem Sozialismus wurde ausgesprochen [...] Das Referat stellt den Versuch der Auseinandersetzung mit der marxistisch-leninistischen Weltanschauung dar. Polemik wird geführt gegenüber dem sozialistischen Menschenbild [...], indem darauf verwiesen wird, daß angeblich der Sozialismus die Menschenwürde negiert.« Information des Mitarbeiters für befreundete Organisationen und Kirchenfragen der SED-Bezirksleitung Halle, Gerngroß, vom 14.9.1972, LPA Halle, IV D-2/14/473.

Carl Ordnung sollte im Januar 1973 (»Standpunkt«, Heft 1) schreiben: »In dieser Beziehung wird die gegenwärtige Aufgabe kirchlicher Neubesinnung verfehlt, wenn es Kirchenmänner gibt, die aus dem Evangelium abgeleitete Ratschläge zur ›Verbesserung des Sozialismus‹ erteilen wollen. Solche Ratschläge zeugen nicht von einer wirklichen Neuorientierung, sondern eher von einer ›Modernisierung‹ bürgerlicher Positionen mit Hilfe einiger revisionistischer Vokabeln. Das scheint heute die große Versuchung unserer Kirchen zu sein, mit Hilfe einer bloßen Modernisierung überholter Positionen an einer Erneuerung vorbeizukommen, die tiefgreifende Veränderungen einschließt.« Zit. nach KJ 1972, 260-262; hier: 262. (Zur Zeitschrift »Standpunkt«, einer Fusion von »Glaube und Gewissen« und »Evangelischem Pfarrerblatt« vgl. das Papier »Einige konzeptionelle Gesichtspunkte der Zeitschrift Standpunkt« mit einer handschriftlichen Notiz Günter Wirths [SAPMO-BA ZPA IV B2/14/193], das Protokoll Rode vom 26.9.1972 der Dienstbesprechung beim Stellvertreter des Staatssekretärs für Kirchenfragen, Flint, am 22.9.1972, 9.00 Uhr [BA, Abt. Potsdam, O-4, 402], Wirths vertrauliches Schreiben an Bellmann vom 27.9.1972 [SAPMO-BA ZPA IV B2/14/193] sowie die

Aktenvermerk Wirths vom 3.10.1972 und 2.11.1972 [beide a.a.O.]). Auch aus dem
kirchlichen Raum heraus erfuhr Falcke Kritik im Sinne des DDR-Staates. So schrieb
Kirchenrat Schnoor in der Mecklenburgischen Kirchenzeitung (Nr. 31, 30.7.1972):
»Wenn der Sozialismus verbesserlich ist – und kein Marxist wird das bestreiten –, werden die Marxisten das besorgen, und wir Christen werden in der Praxis des gesellschaftlichen Lebens gern und tatkräftig dabei mithelfen. Wer an Revisionismus denkt
oder von einem ›Prager Frühling‹ träumt, muß das für sich verantworten, er kann sich
dabei nur nicht auf das Evangelium berufen. Kein Marxist würde übrigens auf den Gedanken kommen – und schon gar nicht unser Staat –, einer verbesserlichen Kirche entsprechende Ratschläge zu erteilen.« Zit. nach KJ 1972, 255. Auf diese Äußerung
Schnoors reagierte das Sekretariat des Bundes, wahrscheinlich durch Stolpe, mit Schreiben vom 21.8.1972 außergewöhnlich scharf: »Wir haben mit etwas Erschrecken Ihren
Artikel […] gelesen. […] Angesichts staatlicher Angriffe gegen den Hauptreferenten,
die im wesentlichen auf seine Isolierung zielen, fürchten wir jedoch sehr, daß diese Absicht durch Äußerungen in der Art, wie es in Ihrem Artikel geschah, unterstützt werden könnte; insbesondere auch deshalb, weil u. E. Falcke so nicht verstanden werden
will.« EZA Berlin, 101/52. Während der Sitzung der Kirchenleitung der VELK DDR am
8.9.1972 in Berlin betonte Landesbischof Rathke, »daß dieser Artikel in keiner Weise
als offizielle Äußerung des Oberkirchenrates Schwerin anzusehen sei.« Vgl. die Sitzungsniederschrift, LKA Hannover, D 15 XII, K 35/229/VII. Vgl. auch die nicht zur
Veröffentlichung bestimmte ausführliche Analyse des Falcke-Referats, die Schnoor am
10.10.1972 Oberkirchenrat Zeddies vom Lutherischen Kirchenamt Berlin zukommen
ließ, LKA Hannover, D 15 XII, K 83/50323. Günter Krusche erklärte gegenüber Dohle
am 12.7.1972, er »sei erschrocken über den Charakter des Referats von Dr. Falcke, wie
es der Staat einschätzt«, obwohl er den Wortlaut des Vortrages nicht kannte (Vermerk
Dohle, PDS-Archiv Dresden, IV C-2.14-682). Im übrigen kam man kirchlicherseits
auch der staatlichen Forderung, das Referat nicht zu verbreiten, weitestgehend entgegen. Am 28.7.1972 behandelte der Vorstand der KKL auf seiner Sitzung in Potsdam die
Problematik: »Stolpe informiert über die geplante Information. Eine Zusammenfassung des Referates Dr. Falcke soll an die Landeskirchen für die Superintendenturen gehen, die Präsides der Landessynoden und die stellvertretenden Synodalen sollen bedacht werden. Wenn Anfragen an das Sekretariat nach dem Referat kommen, sollen sie
an die Landeskirchen weitergegeben werden. Wenn eine Landeskirche sich nicht in der
Lage sieht, das Referat weiterzugeben, dann übernimmt der Bund die Verantwortung«
(TOP 1.1.; vgl. das vertrauliche Protokoll, EZA Berlin, 101/114). Während der KKL-Sitzung am 8./9.9.1972 kam es diesbezüglich zu einer heftigen Debatte. Borgmann hatte
geäußert, aufgrund von Papiermangel könne das Referat nicht wie gewünscht verschickt werden, und an die Gliedkirchen appelliert, dem Bund für diesen Zweck Papier
zur Verfügung zu stellen. Der Görlitzer Bischof Fränkel erklärte, »man solle von dem
Grundsatz ausgehen, daß öffentlich gehaltene Referate keine geheime Verschlußsache
seien.« Der abschließende Beschluß lautete: »Die Konferenz stellt fest, daß einer Verbreitung des Referates Falcke im Sinne des Synodenbeschlusses nichts im Wege steht.«
Vgl. den Protokollauszug, EZA Berlin, 101/52.

Pastor Gatz aus Altwigshagen über Torgelow (Ev. Landeskirche Greifswald) schrieb am
21.8.1972 an das Sekretariat: »Was sollen wir zu dem Referat sagen, wenn die Synode
es abgelehnt hat und wir nur einen Auszug zugeschickt bekommen, nicht aber den
ganzen Wortlaut. Ich nehme an, daß Dr. Falcke manche Dinge beim Namen genannt
hat, was als Angriff auf die sozialistische Gesellschaft mißverstanden werden konnte. […] Ich halte nicht viel von Synoden. Sie kosten Zeit und Geld, es wird viel diskutiert und debattiert, die Gemeinden haben nichts davon.« A.a.O. Vgl. auch den kritischen Brief des Hallenser Propstes Münker an das Sekretariat des Kirchenbundes vom
17.8.1972, der sich besonders kritisch mit der Haltung des Synodalpräses Braecklein
auseinandersetzt. A.a.O.

161 Vermerk Lingner über Beratergruppensitzung am 14.9.1972, EZA Berlin, 4/68.

6. März 1970: Regionalsynode Ost im ev. Stephanusstift, Berlin Weißensee. Bischof D. Albrecht Schönherr (r.), Verwalter des Bischofsamtes in der Ostregion der Berlin-Brandenburgischen Kirche, während seines Rechenschaftsberichtes, links am Tisch Präses Gerhard Burkhardt und Vize-Präses Erwin Thiede (2. v. l.). *(Foto: dpa)*

21. November 1970: Regionalsynode West der evangelischen Kirche zu Berlin-Brandenburg im Spandauer Johannesstift (v. l. Generalsuperintendent D. Hans-Martin Helbich, Bischof D. Kurt Scharf, Konsistorialpräsident Hansjürg Ranke und Propst Dr. Wilhelm Dittmann). *(Foto: dpa)*

26. *Februar 1971:* Gespräch des Staatssekretärs für Kirchenfragen, Hans Seigewasser, mit Amtsträgern der Ev.-Luth. Kirche in Thüringen (2. v. l. Landesbischof D. Ingo Braecklein). *(Foto: dpa)*

4. *November 1972:* Wahl eines eigenen Bischofs für die Ostregion der Berlin-Brandenburgischen Kirche auf der Regional-Synode Ost im Berliner Bezirk Weißensee (Plenarsitzung im ev. Stephanus-Stift, 1. v. l. Pfarrer Jürgen Lorenz (jetzt Superintendent), 2. v. r. Pfarrer Konrad Vogel (Sohn von Heinrich Vogel, jetzt Superintendent). *(Foto: dpa)*

4. Januar 1973: 4. Synode der EKD in Bremen (Pressekonferenz). Einer der Schwerpunkte waren Beratungen über Hilfsmöglichkeiten für Entwicklungsländer (v. l. Prof. D. Dr. Ludwig Raiser, Präses der Synode; Erhard Eppler, Minister für wirtschaftliche Zusammenarbeit, D. Dr. Rudolf Weeber, Vorsitzender der Arbeitsgemeinschaft kirchlicher Entwicklungsdienst). *(Foto: dpa)*

11. Januar 1973: Bischofskonferenz Bad Saarow (Werner Krusche, Hans Joachim Fränkel, Ingo Braecklein, Helmut Zeddies, Albrecht Schönherr, Horst Gienke, Heinrich Rathke, Johannes Hempel, Eberhard Natho). *(Foto: Bernd Blohm)*

26. bis 28. Oktober 1973: Synode des Bundes der ev. Kirchen in der DDR in Elbingerode/
Harz. Die 57 Synodalen wählten den mecklenburgischen Landessuperintendenten Otto
Schröder (r.) zum neuen Präses, hier im Gespräch mit dem Berlin-Brandenburgischen
Bischof Albrecht Schönherr. *(Foto: dpa)*

8. November 1974: EKD-Synode im Berliner Johannesstift. Im Sitzungssaal v. l. Richard
von Weizsäcker, Präses Hans Thimme (Westfalen) und der Bischof von Berlin, D. Kurt
Scharf, dahinter der Vizepräsident der Kanzlei der EKD, Erwin Wilkens (r.), und Oberkirchenrat Hilmar Koch (Frankfurt/M.). *(Foto: dpa)*

April 1975: Arbeitsgespräch mit dem Vorsitzenden des Bundes Evangelischer Kirchen in der DDR Bischof Albrecht Schönherr (r.) in Berlin. An der Sitzungen nahmen u. a. der Generalsekretär des Ökumenischen Rates des Kirchen, Philip Potter (Mitte), und Boumann (l.) teil. *(Foto: Bernd Blohm)*

26. bis 30. September 1975: II. Synode des Bundes Evangelischer Kirchen in der DDR in Eisenach (l.: Bischof Albrecht Schönherr). *(Foto: epd)*

29. *Oktober 1975:* Konsultativtreffen Europäischer Kirchen (KEK) in Buckow (Bezirk Frankfurt/O.) zu den Ergebnissen der Konferenz für Sicherheit und Zusammenarbeit in Europa (KSZE) in Helsinki. Der Leiter der finnischen UN-Gruppe für die Nacharbeit der KSZE, Botschafter Rajakowski (l.), im Gespräch mit dem Generalsekretär der KEK, Dr. Williams (Großbritannien), dem Präsidenten des KEK, Dr. André Appel (Frankreich), und Bischof D. Albrecht Schönherr (DDR). *(Foto: dpa)*

26. *August 1976:* Der ev. Pfarrer Oskar Brüsewitz, der sich am 18.8. aus Protest gegen die Kirchenpolitik seines Staates verbrannte, wurde am 26.8. in Drossdorf/Rippicha (Bezirk Halle) beigesetzt. Etwa 400 Menschen, darunter etwa 100 ev. Pfarrer, nahmen an der Trauerfeier teil. Amtskollegen tragen den Sarg des Verstorbenen, dahinter v. l. die Töchter Dorothea (16) und Esther (18), neben ihnen (verdeckt) Frau Christa Brüsewitz, rechts im Hintergrund Stolpe und vor dem Sarg Propst Friedrich Wilhelm Bäumer (l.). *(Foto: dpa)*

25. *September 1976:*
Der Ratsvorsitzende der
EKD, Bischof D. Helmut
Claß (r.), traf in Züssow
bei Greifswald ein, um an
der Synode des BEK teil-
zunehmen.
Claß wurde die Einreise
erst verwehrt. Nach
mehrmaliger Intervention
des Bonner Ständigen
Vertreters in Berlin (Ost),
Staatssekretär Günter
Gaus, erhielt er die Ein-
reiseerlaubnis vom DDR-
Außenministerium.
Links: Bischof Albrecht
Schönherr.
(Foto: dpa)

7. *November 1976:* EKD-Synode in Braunschweig. Zum Hauptthema der Synode gehörte
das Umsiedlerproblem. Bundeskanzler Helmut Schmidt (Mitte) begrüßte das angekündig-
te stärkere Engagement der EKD zugunsten der Umsiedler aus Polen und anderen osteu-
ropäischen Staaten. Links. der stellv. Ratsvorsitzende Kirchenpräsident D. Helmut Hild
(Darmstadt), r. der Ratsvorsitzende, Landesbischof D. Helmut Claß (Stuttgart). *(Foto: dpa)*

16. Mai 1977: BEK-Synode in Görlitz. Vom BEK wird eine Verbesserung der Kontakte zwischen den Menschen in beiden deutschen Staaten gefordert. Im Wartburghaus v. l. der Präses der DDR-Synode, Otto Schröder, der Vorsitzende der Konferenz der Kirchenleitungen, Bischof D Albrecht Schönherr, und der Vizepräses der EKD-Synode und »Sprecher« der Beratergruppe auf seiten der EKD, Prälat Hans von Keler aus Ulm. *(Foto: dpa)*

6. März 1978: Empfang des Vorstandes der KKL durch Honecker (v. l. Rudi Bellmann, Paul Verner, Erich Honecker, Hans Eichler, Hermann Kalb, Manfred Stolpe, Christina Schultheiß, Werner Krusche, Albrecht Schönherr). *(Foto: Bernd Blohm)*

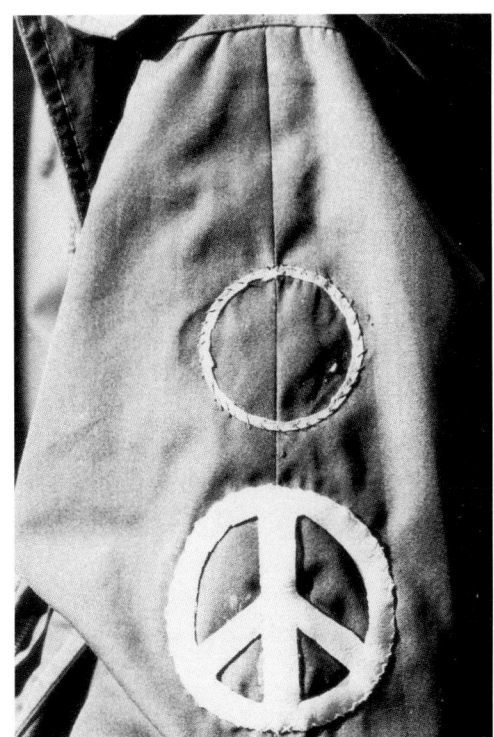

*Kirchliche Friedensbewegung
in der DDR:*
Als Ausdruck des Protestes lassen
Jugendliche, denen der Aufnäher
weggenommen wurde, den Rand
am Ärmel.
(Foto: epd)

19. Juni 1978: Der Vorsitzende des Ministerrates der DDR, Willi Stoph (l.), bei der Begrüßung von Bischof Dr. D. Albrecht Schönherr. Im Hintergrund: Staatssekretär Hans Seigewasser (l.) und sein Stellvertreter Hermann Kalb. *(Foto: epd)*

5. *November 1978:* Jahrestagung der EKD-Synode in den Bodelschwinghschen Anstalten in Bethel bei Bielefeld. Von links Rektor Ehrenfried Fuhrmann aus Greifswald (BEK), Metropolit Irineos aus Bonn (Griechisch-orthodoxe Metropolie), EKD-Ratsvorsitzender, Landesbischof D. Helmut Claß, EKD-Ratsmitglied Richard von Weizsäcker, Bundesbildungs- und Wissenschaftsminister Dr. Jürgen Schmude und NRW-Ministerpräsident Johannes Rau. *(Foto: dpa)*

Juli 1979 in Weimar/Buchenwald: Bischof Werner Leich geleitet Frau Margarete Schneider zur Gedenkfeier (v. r. Hans Seigewasser, Staatssekretär für Kirchenfragen Berlin (Ost); Heinz Hartmann, Stellv. Vorsitzender für Inneres des Rates des Bez. Erfurt; Bischof Werner Leich, Thüringen; Margarete Schneider, Witwe von Paul Schneider). *(Foto: epd)*

27. Januar bis 1. Februar 1980: 6. EKD-Synode in Garmisch-Partenkirchen. Bei der Eröffnung der bayerische Ministerpräsident Franz Josef Strauß (r.) und der Vorsitzende des Rates der EKD, Landesbischof Eduard Lohse (Hannover). *(Foto: dpa)*

17. März 1980: Der Vorsitzende des Rates der EKD, der hannoversche Landesbischof Eduard Lohse (2. v. l.), und der Vorsitzende des Bundes der Evangelischen Kirchen in der DDR, Bischof Albrecht Schönherr (3. v. l.), gaben zum Abschluß ihres Treffens in Berlin (Ost) eine Pressekonferenz (v. l. Manfred Stolpe). *(Foto: dpa)*

29. Januar 1980: EKD-Synode in Garmisch-Partenkirchen. Bundesverteidigungsminister Hans Apel hatte vor der EKD-Synode auf die beträchtlich gestiegene »Angstschwelle« in der Bundesrepublik vor dem Hintergrund der jüngsten internationalen Ereignisse hingewiesen: Nachdem im vergangenen Spätherbst 17 % der Bevölkerung einen Krieg für möglich hielten, sind es jetzt mehr als 50 %. Aufgabe der Politiker und Christen muß es nach Apel sein, sich der Panik zu widersetzen und für den Verstand und Rationalität zu kämpfen. *(© dpa)*

17. April 1980: Treffen zwischen Bischof Albrecht Schönherr (r.) und dem nordrhein-westfälischen Ministerpräsidenten Johannes Rau (l.) in der Düsseldorfer Staatskanzlei (Mitte: Präses Karl Immer). *(Foto: dpa)*

Herrnhut 1982: Der neue Vorstand: v. l. Christoph Demke, Siegfried Wahrmann, Werner Krusche, Christina Schultheiß, Johannes Hempel, Horst Gienke. *(Foto: Bernd Blohm)*

1. Oktoberhälfte 1982: Delegation des BEK beim Nationalen Christenrat in Moçambique: Stolpe im Gespräch. *(Foto: Bernd Blohm)*

26. November 1982: Gespräch des Präsidiums des Evangelischen Kirchentages in der DDR mit dem Staatssekretär für Kirchenfragen Berlin (3. v. l. Staatssekretär Klaus Gysi, an der Stirnseite Manfred Stolpe). *(Foto: Bernd Blohm)*

10. Juli 1983: Kirchentag der sächsischen Landeskirche in Dresden, an dem mehr als 100 000 Menschen teilnahmen. Hier bei einem Forum in der Christuskirche (v. l.) der Ost-Berliner Konsistorialpräsident Manfred Stolpe, der sächsische Landesbischof Johannes Hempel, Superintendent Johannes Richter, Bischof Hans Joachim Wollstadt und der Vorsitzende des Kirchentages Johannes Cieslak. *(Foto: dpa)*

Der SPD-Vorstand (1973) im Reichstag in Berlin (West), v. l. Klaus Schütz, Willy Brandt, Günter Guillaume, Holger Börner, Herbert Wehner, Karl Wienand.

27. Januar 1981: Der Vorsitzende des BEK in der DDR, der Berliner Bischof D. Albrecht Schönherr (r.), wurde auf dem trad. Jahresempfang der Evangelischen Akademie in Tutzing von Landesbischof Dr. D. Johannes Hanselmann und in Vertretung des bayerischen Ministerpräsidenten von Justizminister Dr. Karl Hillermeier (l.) begrüßt. *(© dpa)*

162 EZA Berlin, 101/51.

163 SED Bezirksleitung Halle, Mitarbeiter für befreundete Organisationen und Kirchenfragen, Information über die zentrale Arbeitsberatung der Arbeitsgruppe für Kirchenfragen beim ZK der SED und des Staatssekretariats für Kirchenfragen vom 14.9.1972, LPA Halle, IV D-2/14/473.

164 Vgl. Vermerk Lingner über Beratergruppensitzung am 14.9.1972, EZA Berlin, 4/68. Im Staatssekretariat reagierte man auf Pabsts Mitteilung, der ÖRK habe dem Tagungsort zugestimmt, mit Bedauern. Man äußerte die Vermutung, Richard von Weizsäcker trage für diese ÖRK-Entscheidung die Hauptverantwortung. Vgl. Aktenvermerk Pabst vom 15.5.1973 über eine Unterredung am 10.5.1973 im Staatssekretariat für Kirchenfragen, EZA Berlin, 101/347. Ebenfalls am 10.5.1973 trafen sich zwischen 15 und 18 Uhr Sgraja und Roßberg mit IM »Sekretär« (Rechercheergebnisse zum IM »Sekretär«, Stand 12.4.1994, 132).

165 Vgl. Vermerk Lingner über Beratergruppensitzung am 20.12.1972, EZA Berlin, 4/68. Zur Gesamtproblematik vgl. KJ 1973, 120-123.

166 Bericht Lingner vom 14.2.1973 über Beratergruppensitzung am 20.12.1972, EZA Berlin, 4/68.

167 Zu dieser Formel vgl. Besier, Auf der kirchenpolitischen Nebenbühne des SED-Staates, 264 f. Vgl. auch Protokoll Rode vom 14.5.1973 über die Dienstbesprechung vom 9.5.1973 beim Stellvertreter des Staatssekretärs, Koll. Flint, 8.30 Uhr, BA, Abt. Potsdam, O-4, 403: »In der Formel ›sozialistischer Staatsbürger christlichen Glaubens‹ liegt der Arbeitsauftrag unserer Dienststelle eingeschlossen.« Vgl. auch das Papier der Abteilung Staat und Recht beim RdB Dresden vom 12.8.1974 »Zum Begriff ›Sozialistischer Staatsbürger christlichen Glaubens‹ (Aus der Wochenschulung der Arbeitsgruppe Kirchenpolitik des ZK der SED in Kleinmachnow vom 1.-5.7.1974)«, in dem eine unstatthafte Begriffsverschiebung kritisiert wurde: »Der Inhalt dieses Begriffes sollte die gesellschaftlich engagierten Christen und ihre Stellung bei der Festigung der politisch-moralischen Einheit der Bevölkerung der DDR charakterisieren. In der Folgezeit wurde insbesondere durch die CDU-Kreise eine unzulässige Auslegung hineingedeutet und durch ihre generelle Ausweitung auf alle Christen der ursprüngliche Gedanke entstellt. Diesen Gedanken bedingungslos zu folgen, würde u. a. bedeuten:
1. Einer bestimmten Gruppe von Menschen in unserer DDR den Status einer besonderen Gruppe zuzuerkennen.
2. Dieser Gruppe staatlicherseits eine Perspektive weltanschaulicher Art zu geben, obwohl objektiv und somit gesetzmäßig der Einfluß der Kirche sowohl inhaltlich als auch zahlenmäßig immer mehr zurückgeht. Es kann demnach keine Differenzierung der Bevölkerung nach weltanschaulichen Bedingungen geben.
Verfassungsgemäß und somit staatsrechtlich gibt es den Bürger der DDR. Zusammenfassend wurde empfohlen, diesen Begriff in der politischen Arbeit nicht mehr zu verwenden.« PDS-Archiv Dresden, IV C-2.14-679.

168 AG Kirchenfragen, Konzeption vom 31.5.1972 zur Einflußnahme auf die 4. Tagung der Synode des Bundes der Evangelischen Kirchen in der DDR, SAPMO-BA ZPA IV B2/14/85.

169 EZA Berlin, 4/68. Vgl. hierzu auch den Beschluß des KKL-Vorstandes am 7.8.1973: »Es erscheint sinnvoll, bei einer Gruppe von ca. zweimal acht Personen zu bleiben, damit der Gesprächscharakter gewahrt bleiben kann. Dabei soll von uns der Vorstand ständig dabei sein und durch andere Teilnehmer jeweils ergänzt werden. Dem Rat könnte zu bedenken gegeben werden, ob er aus seiner Mitte auch eine kontinuierliche Gruppe bestimmt, die dann jeweils verstärkt wird.« Protokollauszug in EZA Berlin, 101/358.

170 Auszug aus Niederschrift Hammer-Wilkens über die 75. Sitzung des Rates der EKD am 15. und 16.2.1973 in Bonn, EZA Berlin, 4/69.

171 Protokoll der Sitzung des Vorstandes der KKL in Berlin am 22.3.1973, EZA Berlin, 101/115.

172 Schreiben Lingner an die Mitglieder der Beratergruppe vom 2.4.1973, EZA Berlin,

4/69. Am 13.6.1973 ging Lingner wieder zur Verschickungspraxis über, erinnerte aber an die Vertraulichkeit seiner Vermerke und die Bedenken aus dem Bereich der Kirchen in der DDR. Vgl. a.a.O.

173 Vermerk Lingner über die Sitzung der Beratergruppe am 22.3.1973, a.a.O.

174 Vgl. Entwurf Wissenschaftlicher Mitarbeiter, Hartwig, Zum Einfluß und zur Aktivität der Kirchen und Religionsgemeinschaften in der weltanschaulichen Auseinandersetzung vom 18.10.1973, SAPMO-BA ZPA IV B2/14/11. Die gleichen Zahlen enthält auch die Information der Arbeitsgruppe Kirchenfragen »Über Wesen und Ursachen der kirchlichen Angriffe auf das sozialistische Bildungssystem der DDR« vom 3.9.1973. Die Studie wurde von Dohle, Hartwig, Hüttner und Wilke verfaßt, PDS-Archiv Dresden, IV C-2.14-677.

175 Grundsätzliche Bemerkungen des Staatssekretärs zum Thema: Der Platz der Kirchen in der sozialistischen Gesellschaft der DDR, BA, Abt. Potsdam, O-4, 1437.

176 AG Kirchenfragen, Konzeption zur Einflußnahme auf die 4. Tagung der Synode des Bundes der Evangelischen Kirchen in der DDR vom 31.5.1972, SAPMO-BA ZPA IV B2/14/85.

177 Vgl. Rat des Bezirkes Halle, Arbeitsplan für den Bereich Kirchenfragen für das I. Halbjahr 1973 vom 15.1.1973, LPA Halle, IV D-2/14/474.

178 KJ 1972, 233-235, hier: 233.

179 Vorlage Hermann Rode vom 18.1.1973 für die Dienstbesprechung beim Staatssekretär am 22.1.1973, BA, Abt. Potsdam, O-4, 403.

180 Bezirksleitung Halle der SED, Mitarbeiter für Kirchenfragen, Information vom 23.11.1973 über eine Beratung der Arbeitsgruppe Kirchenfragen beim ZK der SED, LPA Halle, IV D-2/14/474.

181 »Offenbar sind die Äußerungen im Kirchenleitungsbericht nicht ganz zutreffend verstanden worden. Die Kirchenleitung wollte mit diesem Passus lediglich die staatliche Politik kennzeichnen und damit vor unrealistischen Folgerungen aus dem Vertragswerk des vorigen Jahres warnen. Sie meinte, dies insbesondere gewisser Meinungen, die in Westberlin lautgeworden sind, tun zu sollen.« Schreiben an Seigewasser vom 16.1.1973, EZA Berlin, 101/347.

182 Zu Weise vgl. Schönherrs Gratulationsschreiben zu dessen 60. Geburtstag vom 12.5.1972: »In den zurückliegenden Jahren waren Sie in mannigfacher Weise mit den Fragen des Verhältnisses von Staat und Kirche befaßt, und Sie führten zahlreiche wichtige Verhandlungen mit uns, die nicht immer einfach waren. Für das Verständnis, das Sie – unbeschadet der zwischen uns bestehenden noch ungelösten Probleme – dem Anliegen der Kirche entgegenbrachten, möchte ich Ihnen heute danken.« A.a.O.

183 Information Wilke vom 8.1.1973 über ein Gespräch mit dem Leiter der Kirchenkanzlei der EKU am 4.1.1973, BA, Abt. Potsdam, O-4, 424. Über ein halbes Jahr später gab der neugewählte EKU-Ratsvorsitzende Gienke – der bisherige Amtsinhaber Fränkel hatte sich anscheinend als zu staatskritisch erwiesen – gemeinsam mit Synodalpräses Krause, Magdeburg, gegenüber Seigewasser die feste Zusage, mit Pietz »eine ernste Auseinandersetzung zu führen mit dem Ziel, den Apparat der EKU zu einem loyalen Verhältnis zu den staatlichen Organen zu veranlassen.« Information Seigewasser vom 6.9.1973 über ein Gespräch mit Bischof Gienke und Präses Dr. Krause, SAPMO-BA ZPA IV B2/14/147. Dennoch wurde 1975 festgestellt: »Hervorzuheben ist, daß der Präsident der EKU-Kanzlei, Dr. Pietz, bei der politischen Ausrichtung der negativen Kräfte eine besondere Rolle spielt. In Berlin-Brandenburg war er einer der Organisatoren der Provokationen. Er forderte ein einheitliches Handeln der Kirchen gegenüber dem Staat.« Information Wilke vom 4.7.1975 zur Vorlage an die Dienstbesprechung im Juli 1975 über die Situation in den evangelischen Landeskirchen auf der Grundlage der Synoden im 1. Halbjahr 1975, BA, Abt. Potsdam, O-4, 404.

184 Protokoll Rode vom 14.5.1973 über die Dienstbesprechung vom 9.5.1973 beim Stellvertreter des Staatssekretärs, Koll. Flint, 8.30 Uhr, BA, Abt. Potsdam, O-4, 403.

185 Zur Bundessynode in Schwerin (26.-29.5.1973) vgl. KJ 1973, 175-177; 181; 213-220; 257.

186 Vermerk Lingner über die Sitzung der Beratergruppe am 5.6.1973, EZA Berlin, 4/69. Dieser Personalaustausch wurde auch von Seigewasser als deutliches Problem erkannt. Den am 21.9.1973 von der Abt. II seiner Dienststelle vorgelegten Entwurf einer Analytischen Einschätzung der Synodalen des Bundes Evangelischer Kirchen in der DDR bezeichnete er als »vorläufige Einschätzung«, da lediglich bei 36 Synodalen eine klare Zuordnung zu drei gewählten Kategorien möglich war. SAPMO-BA ZPA IV B2/14/85.

187 Vermerk Lingner über die Sitzung der Beratergruppe am 5.6.1973, EZA Berlin, 4/69.

188 Information Hüttner über die 5. Tagung der 1. Synode des Bundes der Evangelischen Kirchen in der DDR, SAPMO-BA ZPA IV B2/14/85. Vgl. auch Bezirksleitung Halle der SED, Mitarbeiter für Kirchenfragen, Gerngroß, Information vom 2.7.1973 über die Synode der Evangelischen Kirche der DDR vom 25.5.-29.5.1973 in Schwerin, die sich auf ein am 27.6.1973 gehaltenes Referat Hüttners stützte. LPA Halle, IV C-2/14/0550.

189 Vgl. Information Hüttner über die 5. Tagung der 1. Synode des Bundes der Evangelischen Kirchen in der DDR, SAPMO-BA ZPA IV B2/14/85.

190 Protokoll Rode vom 13.4.1973 der Dienstbesprechung beim Staatssekretär am 9. und 10.4.1973, 9.00 und 10.00 Uhr, BA, Abt. Potsdam, O-4, 403. Vgl. auch Konzeption zur Vorbereitung auf die 5. Tagung der 1. Synode des Bundes der Evangelischen Kirchen in der DDR (BEK), SAPMO-BA ZPA IV B2/14/85.

191 Protokoll Rode vom 14.5.1973 über die Dienstbesprechung vom 9.5.1973 beim Stellvertreter des Staatssekretärs, Koll. Flint, 8.30 Uhr, BA, Abt. Potsdam, O-4, 403.

192 Information Hüttner über die 5. Tagung der 1. Synode des Bundes der Evangelischen Kirchen in der DDR, SAPMO-BA ZPA IV B2/14/85. »Die Aussage auf der Eisenacher Synode (1971): ›Wir wollen nicht Kirchen neben, nicht gegen, sondern im Sozialismus sein; Kirche für andere‹ wurde auf der Schweriner Tagung dahingehend konkretisiert: Kirche im Sozialismus will ihren Gliedern helfen, ›das Beste für alle und für das Ganze‹ suchen, mit vollem Einsatz mitzutun‹«. Bezirksleitung Halle der SED, Mitarbeiter für Kirchenfragen, Gerngroß, Information vom 2.7.1973 über die Synode der Evangelischen Kirche der DDR vom 25.5.-29.5.1973 in Schwerin, LPA Halle, IV C-2/14/0550. Vgl. auch KJ 1973, 181.

193 Bezirksleitung Halle der SED, Mitarbeiter für Kirchenfragen Gerngroß, Information vom 2.7.1973 über die Synode der Evangelischen Kirche der DDR vom 25.5.-29.5.1973 in Schwerin, LPA Halle, IV C-2/14/0550. Die entsprechende Passage findet sich in KJ 1973, 216. Der KKL-Bericht war auf der Tagung der Konferenz im März 1973 vorbereitet und auf der Sitzung des KKL-Vorstands am 6.2.1973 in Halle bereits angedacht worden. Vgl. das Protokoll, TOP 1, EZA Berlin, 101/115. Mit der Ausarbeitung eines Entwurfs waren im März Juergensohn, Gerhard (Anhalt), Semper, Lewek und Zeddies beauftragt worden. Kramer war für die Erstellung einer Feingliederung zuständig. Vgl. das Protokoll der Sitzung des Vorstandes der KKL in Berlin am 22.3.1973, a.a.O.

194 Information der Arbeitsgruppe Kirchenfragen »Über Wesen und Ursachen der kirchlichen Angriffe auf das sozialistische Bildungssystem der DDR« vom 3.9.1973. Die Studie wurde von Dohle, Hartwig, Hüttner und Wilke verfaßt, PDS-Archiv Dresden, IV C-2.14-677.

195 Potter hatte 1972 an der Dresdener Synode des Kirchenbundes teilgenommen, was wegen seines hohen Ranges in der Ökumene von seiten der Arbeitsgruppe Kirchenfragen beim ZK der SED positiv vermerkt wurde. Vgl. Information über den Verlauf und die Ergebnisse der 4. Tagung der Synode des Bundes der Evangelischen Kirchen in der DDR (Verfasser war der Leiter der Arbeitsgruppe Kirchenfragen, Willi Barth) an die Mitglieder und Kandidaten des Politbüros vom 5.7.1972, SAPMO-BA ZPA IV B2/14/85.

196 Vgl. KJ 1971, 131-146; KJ 1972, 198-203; KJ 1973, 77-93; G. Linn, Ökumene. Hoffnung für eine gespaltene Menschheit? 67-73; Hoover Institution Archives, Stanford, South African Subject Collection, Box 12 (WCC).

197 Vermerk Lingner über die Sitzung der Beratergruppe am 5.6.1973, EZA Berlin, 4/69.

198 Ebd.

199 Schreiben Gerngroß, Mitarbeiter für Kirchenfragen bei der SED-Bezirksleitung Halle, an das ZK der SED, Arbeitsgruppe Kirchenfragen, z. Hd. Rudi Bellmann, vom 6.7.1973, LPA Halle, IV D-2/14/474.

200 Abgedruckt in KJ 1971, 325 f.

201 A.a.O., 326 f. Der Aufruf war von einer Gruppe erarbeitet worden, der laut Beschluß des Vorstandes der KKL Lewek, Elisabeth Adler, Erdmann, von Brück, Ringhandt, Juergensohn und Schönherr angehören sollten. Vgl. das vertrauliche Protokoll der Sitzung des Vorstandes der KKL am 3.2.1971 in Dresden, EZA Berlin, 101/114.

202 Aktenvermerk Pabst G 641 – 4238/70, LKA Hannover, D 15 XII, K 102/5910/I.

203 Das Referat Fränkels ist auszugsweise abgedruckt in KJ 1971, 327-331.

204 A.a.O., 331 f.

205 Vgl. Aktenvermerk Pabst über Teilnahme an der Frühjahrstagung der Synode der Evangelisch-Lutherischen Kirche in Thüringen vom 17.-19.4.1971, LKA Hannover, D 15 XII, K 66/343/IV.

206 Vgl. Aktenvermerk Wilke vom 18.2.1971 über ein Gespräch mit Oberkonsistorialrat Stolpe am 18.2.1971, BA, Abt. Potsdam, O-4, 1437.

207 Vgl. KJ 1971, 332. Diese Summe nannte auch der ÖRK-Direktor Baldwin Sjollema während eines Gesprächs im Staatssekretariat für Kirchenfragen am 11.10.1971. Vgl. Aktenvermerk Pabst vom 13.10.1971, EZA Berlin, 101/346.

208 Arb. Geb. Ev. Kirche beim Staatssekretariat für Kirchenfragen, Einschätzung der Aktivitäten bei den Wahlen zur Volkskammer und den Bezirkstagen und der Ergebnisse der politisch-ideologischen Arbeit mit Geistlichen und kirchlichen Amtsträgern vom 24.11.1971, SAPMO-BA ZPA IV A2/14/4. In einem Gespräch mit dem stellvertretenden Staatssekretär Flint, bei dem auch Hans Weise sowie von kirchlicher Seite Pabst zugegen waren, betonte der beigeordnete ÖRK-Generalsekretär Philip Potter, durch ihre Beteiligung am Antirassismus-Programm sei »das Ansehen der DDR-Kirchen in der Dritten Welt erheblich gewachsen […] Zugleich wies er auf die ablehnende bzw. zögernde Haltung der meisten evang. Landeskirchen in der BRD hin. Lediglich die Hessen-nassauische Kirche habe einen Betrag überwiesen, von der Rheinischen Kirche sei vielleicht noch ein Betrag zu erwarten.« Aktenvermerk Pabst vom 29.6.1971, EZA Berlin, 101/346.

209 Information Wilke (Abteilung I) zur politischen Situation und zu aktuellen Tendenzen in den evangelischen Kirchen in der DDR vom 4.12.1972, BA, Abt. Potsdam, O-4, 402; auch SAPMO-BA ZPA IV B2/14/11.

210 Auswertung des Besuches des Generalsekretärs des Ökumenischen Rates der Kirchen (ÖRK) Philip Potter vom 31.5.-3.6.1973 in der Deutschen Demokratischen Republik, BA, Abt. Potsdam, O-4, 403.

211 EZA Berlin, 101/342. Abschrift in SAPMO-BA ZPA IV B2/14/195. Vgl. auch Schönherrs Brief in seiner Funktion als KKL-Vorsitzender an Ulbricht zu dessen 80. Geburtstag vom Juni 1973: »Zu dem Tage, an dem Sie Ihr 80. Lebensjahr vollenden, spreche ich Ihnen im Namen des Bundes der Evangelischen Kirchen in der DDR unsere Segenswünsche aus. Ein an Kampf, Arbeit und schwerwiegenden Entscheidungen reiches Leben liegt hinter Ihnen, und auch jetzt, in Ihrem hohen Alter, tragen Sie noch umfassende Verantwortung in der Leitung des Staates. Evangelische Christen in unserem Lande schließen alle, die in dem verantwortlichen Amt der Staatsführung stehen, in ihre Fürbitte ein. Sie gilt Ihnen, sehr geehrter Herr Vorsitzender des Staatsrates, besonders auch an diesem Tage, der in der Heiligen Schrift als bedeutsames persönliches Datum im Leben eines jeden Menschen hervorgehoben ist. Wir sagen Ihnen gute Wünsche für Ihr Amt und für Ihr persönliches Wohlergehen.« EZA Berlin, 101/342. Abschrift in LKA Hannover, D 15 XII, K 103/59164A. Zum Tod Ulbrichts hatte Schönherr dem Vorsitzenden des Ministerrats Stoph am 2.8.1973 geschrieben: »Im Namen des Bundes der Evangelischen Kirchen der Deutschen Demokratischen Republik spreche ich Ihnen und der Regierung der Deut-

schen Demokratischen Republik unsere Anteilnahme zum Tode des Vorsitzenden des Staatsrates Walter *Ulbricht* aus. Ein an Arbeit, Kampf und Verantwortung reiches Leben liegt hinter dem Verstorbenen, der bis zu seinem Tode in der Leitung des Staates gestanden hat. Die evangelischen Kirchen und Christen gedenken seiner als eines Mannes, der sie an manchen entscheidenden Stellen ihrer jüngsten Geschichte in die Auseinandersetzung mit neuen Gedanken und Vorstellungen über das Verhältnis von Staat und Kirche, Christen und Marxisten rief und sie damit zum Lernen aufforderte. Dieser Prozeß eines immer besseren Erkennens der Verantwortung der Kirchen in einer sozialistischen Gesellschaft soll auch mit seinem Ableben nicht beendet sein. Wir empfehlen den Entschlafenen und seine Familie in die Gnade des Herrn, der wir Menschen alle im Leben und Tod gehören.« EZA Berlin, 101/342. Am 18. März 1982 wurde Potter an der theologischen Sektion der Berliner Humboldt-Universität ehrenpromoviert (vgl. BStU Berlin, MfS HA XX/4,312, 40-43).

212 Vgl. Beschlußvorschlag Lingner für den Rat vom 2.10.1973 mit Begleitschreiben an Wilkens vom selben Tag, EZA Berlin, 4/69. Vgl. auch Protokoll der Sitzung des Vorstandes der KKL am 7.8.1973, TOP 5 »Künftige Arbeit der Berlin-Gruppe (Zusammensetzung, Themen, Termine)«, EZA Berlin, 101/115.

213 Gienke wurde von seiten der politisch Verantwortlichen auf Bezirksebene positiv eingeschätzt:»Bischof Gienke ist bestrebt und bemüht, mit seiner evangelischen Landeskirche einen positiven Standpunkt in der sozialistischen Gesellschaft zu finden [...] Seit seiner Einführung als Bischof am 17.6.1972 in Greifswald ist er stets bemüht, mit den staatlichen Organen einen engen Kontakt zu halten. Nach eigener Meinung sagt er, er ist kein Kämpfertyp, es geht ihm darum, die Beziehungen der Kirche zum sozialistischen Staat möglichst frei von stärkeren Belastungen und größeren Konflikten zu halten. Sein Bestreben ist es, mit seiner Landeskirche einen positiven Standpunkt in der sozialistischen Gesellschaft zu finden. In der Diskussion mit ihm zu politischen Grundfragen ist er aufgeschlossen und läßt einen realistischen Standpunkt erkennen. Bischof Gienke gehört zu der Minderheit in der Konferenz der Kirchenleitungen in der DDR, die um eine positive Positionsbestimmung der Kirche im sozialistischen Staat ringt.« Man nahm an,»daß der verhältnismäßig junge Bischof eine Kirchenleitung aufbauen wird, die seinen Vorstellungen entspricht, Kirche in unserer sozialistischen Gesellschaft zu sein.« Im Gespräch für ein Amt in der Kirchenleitung war Superintendent Plath. RdB Neubrandenburg, Stellvertreter des Vorsitzenden für Inneres, Kirchenfragen, Konzeption vom 27.9.1973 für das Gespräch des Vorsitzenden des Rates des Bezirkes mit Bischof Gienke von der evangelischen Landeskirche Greifswald, BA, Abt. Potsdam, O-4, 789. Auf Gienkes Einfluß wurde auch das Wahlverhalten der im Greifswalder Kirchengebiet lebenden Pfarrer und Kirchenleitungsmitglieder während der Kommunalwahl am 24.5.1974 zurückgeführt. Mitsamt Gienke beteiligte sich die Kirchenleitung komplett an der Wahl, sämtliche »Superintendenten wählten offen«. Von den Pfarrern gaben 96,6 % ihre Stimme ab. Damit stand die Greifswalder Kirche an der Spitze der DDR-Landeskirchen. Arbeitsgruppe Kirchenfragen, Erste Information vom 24.5.1974 an die Mitglieder und Kandidaten des Politbüros über die Beteiligung von Geistlichen an den Kommunalwahlen vom 19.5.1974, SAPMO-BA ZPA IV B2/14/12. Gienkes Bereitschaft zu verstärkter Kooperation machte sich auch in einer staatlichen Einschätzung aus dem Jahre 1974 bemerkbar: »Seit der Amtseinführung von Bischof Gienke am 17.6.1972, der Konstituierung der neuen Synode und der Kirchenleitung im März 1974 zeigt sich eine größere Aufgeschlossenheit und realistisches Denken zu den politischen Grundfragen unserer Zeit. [...] Die Vorbereitung auf den Weltkongreß und die Teilnahme Bischof Gienkes haben wesentlich dazu beigetragen, seine staatsbürgerliche Haltung zu festigen. Das findet seinen Ausdruck in der Bereitschaft, zu den Fragen des Friedens, der Entspannungspolitik der sozialistischen Staatengemeinschaft unter Führung der Sowjetunion, der Politik der friedlichen Koexistenz und der Wahrung der Menschenrechte öffentlich Stellung zu nehmen. Sein Auftreten vor Amtsträgern der Kirche im Rahmen der Nationalen Front in Rostock und Neubrandenburg sowie vor der Synode und Kirchgemeinden hat dazu

beigetragen, daß es bei der Mehrheit der Pfarrer eine positive Resonanz zur Friedenspolitik der sozialistischen Staatengemeinschaft gibt. [...] Durch die Mehrheit der Synodalen und die Mitglieder der Kirchenleitung wird das Engagement des Bischofs unterstützt. [...] Die Stimmen kirchlicher Amtsträger, daß die sozialistische Gesellschaftsordnung die gerechtere Ordnung ist, in der der Christ seinen humanistischen Zielen gerecht werden kann, mehren sich. In der Landeskirche ist man immer darauf bedacht, Konfliktsituationen mit den staatlichen Organen zu vermeiden. Während diffamierende Äußerungen gegenüber unserem Staat bei Kirchentagen in der Vergangenheit zu den Praktiken der Kirche gehörten, war man in diesem Jahr bemüht, negative Kräfte sofort in die Schranken zu verweisen. [...] Seit seiner Einführung im Juni 1972 ist Gienke stets bemüht, mit den staatlichen Organen einen engen Kontakt zu halten. Er zeigt ständig die Bereitschaft zu Gesprächen mit den verantwortlichen Genossen der Partei und Staatsführung des Bezirkes. [...] Seine Haltung zu den politischen Problemen ist aufgeschlossen und läßt einen realistischen Standpunkt erkennen. Die in den Gesprächen gewonnenen Erkenntnisse widerspiegeln sich in seinem Auftreten innerhalb der Landeskirche und der EKU. Daher kam es in diesen kirchlichen Gremien zu positiven Stellungnahmen. Sein Bestreben ist es, mit seiner Landeskirche sich der sozialistischen Gesellschaft anzupassen. Es ist auch sein Bemühen, die Beziehungen der Kirche zum sozialistischen Staat möglichst frei von größeren Belastungen und stärkeren Konflikten zu halten. In diesem Sinne nimmt er auch Einfluß auf die Arbeitsweise des Konsistoriums, der Kirchenleitung und der Superintendenten. Durch seine relativ positive Haltung ist er auch innerhalb seiner Landeskirche Angriffen negativer Kräfte ausgesetzt. Sie versuchen, die positive Entwicklung der Landeskirche zu stören. Ein geringerer Teil von ihnen geht soweit, daß sie offen von der Kanzel Fürbittengebete verkündigen, in denen gefordert wird, daß der Bischof nicht vom ›rechten Weg‹ abkommen möge. Trotzdem versteht er es, taktisch klug und durch vertretbare Kompromisse seine realistische Position im kirchlichen Raum durchzusetzen. Innerhalb der Landeskirche gewinnt er immer mehr an Autorität. Progressive Kräfte fühlen sich zu ihm hingezogen, loyale Amtsträger erkennen immer mehr, daß eine derartige Haltung des Bischofs der Kirche in der sozialistischen Gesellschaft zum Vorteil ist. Uneinsichtige Kirchenvertreter dagegen vertreten die Auffassung, ›daß der Preis, den die Kirche zu zahlen habe, zu hoch sei.‹« Einige Aspekte zur Einschätzung der politischen Situation in der Landeskirche Greifswald nach dem VIII. Parteitag der SED, Juli 1974, R. Brüssow. SAPMO-BA ZPA IV B2/14/130. Am 30.7.1974 äußerte Gienke gegenüber dem Referenten für Kirchenfragen beim RdB Rostock seine Freude darüber, »daß sich das Verhältnis zu den staatlichen Organen im vergangenen Jahr weiterhin verbessern konnte. Er finde in dieser Entwicklung die Bestätigung dafür, daß man sich über die Grundfragen verständigen müsse, um das Anliegen des sozialistischen Staates im Raum der Kirche besser verstehen zu können.« Aktenvermerk Brüssow vom 6.1.1974, BA, Abt. Potsdam, O-4, 789.

214 In einem Gespräch im Staatssekretariat für Kirchenfragen war Oberkirchenrat Pabst am 15.6.1972 signalisiert worden, »das Auftreten von Frau Oberkirchenrätin Lewek innerhalb der DDR-Delegation beim Brüsseler Forum für Sicherheit und Zusammenarbeit in Europa werde positiv beurteilt, ferner ihre Mitarbeit bei dem soeben beendeten CFK-Seminar in Berlin.« Aktenvermerk Pabst vom 15.6.1972, EZA Berlin, 101/347.

215 Vgl. KJ 1973, 192-198. Somit wurden erstmals offizielle kirchliche Vertreter der evangelischen Kirche in der DDR zu einer solchen Konferenz entsandt. Vorausgegangen waren diesem Entschluß etliche Gespräche zwischen Seigewasser und Schönherr mit der staatlichen Zielvorgabe, »die Zurückhaltung der Kirchenleitungen zum Weltkongreß zu überwinden.« Information der Arbeitsgruppe Kirchenfragen über die Konferenz mit Amtsträgern von Religionsgemeinschaften in der DDR in Vorbereitung auf den Weltkongreß der Friedenskräfte in Moskau am 12.9.1973 in der Hauptstadt Berlin vom 17.9.1973, SAPMO-BA ZPA IV B2/14/50. »Das eindeutige Friedensengagement der evangelischen Kirchen der DDR zeigte sich besonders in der Teilnahme von Vertretern des Bundes der evangelischen Kirchen der DDR am Weltkongreß der Friedenskräfte in

Moskau«, lautete die Wertung auf einer Beratung der Arbeitsgruppe Kirchenfragen beim ZK der SED laut einer Information des Mitarbeiters für Kirchenfragen bei der Bezirksleitung Halle der SED vom 23.11.1973, LPA Halle, IV D-2/14/474. In dem vom RdB Halle, Referat Kirchenfragen, verantworteten Arbeitsplan für den Bereich Kirchenfragen für das I. Halbjahr 1973 vom 15.1.1973 hatte die Zielvorgabe gelautet: »Besondere gesellschaftliche und politische Höhepunkte wie [...] die 25. *Wiederkehr der Gründung der Weltfriedensbewegung* müssen in der politisch-ideologischen Arbeit mit den kirchlichen Amtsträgern aller Konfessionen genutzt werden, um ihnen Rang und Bedeutung der weltweiten antiimperialistischen Kampfbewegung verständlich und die Triebkräfte sichtbar zu machen, die allein imstande sind, der Menschheit den Frieden zu sichern und Humanität, sozialen Fortschritt und soziale Gerechtigkeit zu gewährleisten.« LPA Halle, IV D-2/14/474. In der Dienstbesprechung im Staatssekretariat am 9.5.1973 hieß es: »Neue Etappen des revolutionären antiimperialistischen Friedenskampfes stehen bevor«. Hierzu wurde auch das Moskauer Oktober-Treffen gerechnet. Protokoll Rode vom 14.5.1973, BA, Abt. Potsdam, O-4, 403. Auf einer Beratung der AG Kirchenfragen beim ZK der SED lautete die Wertung: »Das eindeutige Friedensengagement der evangelischen Kirchen der DDR zeigte sich besonders in der Teilnahme von Vertretern des Bundes der evangelischen Kirchen in der DDR am Weltkongreß der Friedenskräfte in Moskau.« Information des Mitarbeiters für Kirchenfragen bei der SED-Bezirksleitung Halle vom 23.11.1973, LPA Halle, IV D-2/14/474. Vgl. auch Protokoll Rode vom 2.12.1973 über die Dienstbesprechung beim Stellvertreter des Staatssekretärs, Koll. Flint, am 26.11.1973, 9.00 Uhr: »Als ein Schritt vorwärts ist vor allem die Delegierung von zwei Amtsträgern im Bischofsrang und einer Oberkirchenrätin in die DDR-Delegation zum Weltkongreß der Friedenskräfte in Moskau zu werten.« Äußerung Seigewasser vor den »verantwortlichen politischen Mitarbeitern« im Staatssekretariat am 19.11.1973, BA, Abt. Potsdam, O-4, 403. Vgl. auch das Kommuniqué über eine Beratung der Leiter der Staatsämter für religiöse Angelegenheiten vom 4.-8.6.1974: »Die Beratung stellte fest, daß in der letzten Zeit verstärkte Anstrengungen zur Mobilisierung religiöser Kräfte zur Unterstützung der Friedenspolitik der sozialistischen Staatengemeinschaft und des internationalen Entspannungsprozesses unternommen wurden. Die Beratungsteilnehmer hoben hervor, daß in diesem Zusammenhang der Weltkongreß der Friedenskräfte in Moskau, an dem über 300 Vertreter religiöser Organisationen aus 64 Ländern der Welt teilnahmen, eine bedeutende Rolle spielte.« SAPMO-BA ZPA IV B2/14/26. Im Bezirk Frankfurt/Oder wurde über den Weltkongreß in vielen Pfarrkonventen und Veranstaltungen auf Kirchenkreisebene gesprochen, »wobei allgemein eine wachsende Bereitschaft zu konstruktiver Mitarbeit im Friedenskampf im Rahmen der Nationalen Front festzustellen« war. RdB Frankfurt (Oder), Referat Kirchenfragen, Konzeption zur Arbeit mit der Evangelischen Kirche Berlin-Brandenburg im Bezirk Frankfurt (Oder) vom 24.1.1974, SAPMO-BA ZPA IV B2/14/119.

216 Weiter hieß es: »Bei seinen Besuchen in den Kirchgemeinden stelle er immer wieder fest, daß der überwiegende Teil der Gemeindeglieder die Politik unseres Staates aufmerksam verfolgen und zu ihr stehen. Dabei stehe immer der humanistische Charakter im Mittelpunkt. Bischof Gienke würdigte in diesem Zusammenhang die sozialpolitischen Maßnahmen, die in der letzten Zeit durchgeführt wurden. Das Wohnungsbauprogramm, welches auf dem 10. Plenum des ZK entwickelt wurde, fand durch ihn seine besondere Beachtung.« Die Schlußfolgerungen lauteten: »Das Gespräch fand in einer vertrauensvollen und aufgeschlossenen Atmosphäre statt und charakterisiert nach unserer Auffassung den positiven Entwicklungsprozeß Bischof Gienkes seit seiner Amtseinführung. Dabei konnte in der letzten Zeit auch festgestellt werden, daß negative kirchliche Erscheinungen in der Greifswalder Landeskirche nicht mehr zu verzeichnen waren.« Aktenvermerk Steinbach über Gespräch mit Gienke am 11.10.1973, BA, Abt. Potsdam, O-4, 789; auch SAPMO-BA ZPA IV B2/14/130. An anderer Stelle war von dem »positiven Standpunkt der Leitung der Evangelischen Landeskirche Greifswald, die bestrebt ist, realistisch und progressiv zu Grundfragen der sozialistischen DDR Po-

sitionen zu beziehen«, die Rede. Durch seine Beteiligung an der Moskauer Konferenz sei Gienke »mehr oder weniger gezwungen [...], sich noch stärker in bestimmten Fragen zu äußern und anzupassen. Wir sind der Meinung, daß man bestimmte Äußerungen und Beteuerungen als Ausdruck einer stärkeren Anpassung werten muß, ohne die Positionen der Kirche, die bisher eingenommen wurden, zu verändern.« RdB Neubrandenburg, Stellvertreter des Vorsitzenden für Inneres, Kirchenfragen, Information vom 17.10.1973 über das Gespräch des Vorsitzenden des Rates des Bezirkes Neubrandenburg mit Bischof Gienke am 12.10.1973, BA, Abt. Potsdam, O-4, 789. 1975 erreichten die Staat-Kirche-Beziehungen im Greifswalder Raum ein neues Stadium: Am 4.11.1975 machte Gienke dem Stellvertreter des Vorsitzenden für Inneres beim RdB Rostock, Steinbach, die Mitteilung, die Kirchenleitung habe den Beschluß gefaßt, Gienke möge vor der Landessynode Steinbach mit den wichtigsten Verhandlungsgegenständen vertraut machen. Allerdings hatte sich eine Minderheit in der Kirchenleitung gegen diesen Beschluß ausgesprochen. Weiter bekräftigte Gienke, »alles zu tun, daß das Vertrauensverhältnis zu den staatlichen Organen nicht belastet wird, sondern daß es ihm darum geht, dies weiter auszubauen, auch auf der Ebene Pfarrer-Bürgermeister.« Aus diesem guten Verhältnis zum Staat konnte sich Gienke auch persönliche Vorteile verschaffen: Im weiteren Verlauf des Gespräch sprach er über die »Projektierung seines Wochenendhauses«, wobei er auf »Stimmen in der Landeskirche« verwies, »die meinen, daß er sich dieses Haus politisch erkauft habe. [...] Nach wie vor ging es ihm darum, das Haus mit seiner Familie zu nutzen, aber auch sich persönlich Gäste einzuladen, auf die er seinen Einfluß in positivem Sinne seines Engagements für die sozialistische Gesellschaft geltend machen will. Er versicherte nochmals, daß nur er als Bischof über die Nutzung dieses Hauses verfügt.« Das Haus sollte »eine 2 1/2-Zimmer-Wohnung für die Familie des Bischofs und drei 2-Bett-Zimmer für Gäste besitzen. Im Blick auf die kirchenpolitische Entwicklung in der Greifswalder Landeskirche schlagen wir vor, das Projekt auf dieser Grundlage zu bestätigen.« Aktenvermerk Steinbach vom 6.11.1975, a.a.O.

217 RdB Rostock, Referat Kirchenfragen, Aktenvermerk Macht vom 6.1.1975 über ein Gespräch mit dem Bischof Gienke am 30.12.1974, a.a.O.

218 Rat der Stadt Dessau, Stellvertr. d. Vors. für Inneres, Information vom 28.7.1973 über die kirchenpolitische Lage – 1. Halbjahr 1973, LPA Halle, KL Dessau, IV C-4/06/155.

219 Die Ausführungen Honeckers wurden im gleichen Dokument als »Delikatesse« bezeichnet. Weiter hieß es: »Deshalb kommt es darauf an, alles zu tun, um die christlichen Friedensorganisationen und Kirchen in die Realisierung des Friedensprogramms der KPdSU und der SED einzubeziehen.« Aufzeichnungen vom 16.4.1975 (Halle) über die Beratung mit den verantwortlichen Genossen für Kirchenfragen der Partei- und Staatsapparates am 10.4.1975, LPA Halle, IV D-2/14/475.

220 Vgl. J. Hamel, Wahrnehmung gesellschaftlicher Verantwortung durch die evangelischen Kirchen in Deutschland – ein Rückblick.

221 Information vom 24.6.1974 über ein Gespräch mit Vertretern der Leitung des Bundes der Evangelischen Kirchen in der DDR, SAPMO-BA ZPA IV B2/14/79. Im Januar hatte bereits ein Gespräch Leweks mit dem Friedensrat über das Moskauer Treffen stattgefunden: »Frau Lewek unterstrich noch einmal die positive Einschätzung des Weltkongresses und seiner Ergebnisse durch den Bund. [...] Es habe sich mit der Vorbereitung des Weltkongresses« auch ein neues Verhältnis der ev. Kirchen zur gesellschaftlichen Umgebung herausgebildet. Eine neue Erscheinung sei hierbei auch das Auftreten offizieller Vertreter des Bundes mit Referaten und Beiträgen auf Veranstaltungen gesellschaftlicher Organisationen, wie z. B. der Nationalen Front, des Friedensrates, des DFD u. a., die von den Kirchenvertretern soweit wie möglich mit Freude wahrgenommen werden. [...] Frau Lewek wies jedoch gleichzeitig darauf hin, daß die Entscheidung des Bundes zur Teilnahme und sein Engagement beim Weltkongreß in den Kreisen der Kirche und ihrer Anhänger nicht nur ein positives und zustimmendes Echo gefunden hat. Der etwas sehr plötzliche, unvorbereitete Schritt des Bundes ist nicht überall rich-

tig verstanden worden, und es findet eine lebhafte Auseinandersetzung darüber statt. Dies wäre jedoch nicht negativ, sondern positiv anzusehen. [...] Frau Lewek unterstrich noch einmal, daß sie die Verbindung und Zusammenarbeit mit dem Friedensrat für wichtig und notwendig hält und die ständige Einladung des Bundes zu Tagungen des Friedensrates sowie die gegenseitigen Gespräche hoch geschätzt würden. Sie sei ebenfalls der Meinung, daß in nächster Zukunft eine Entscheidung über das weitere Verhältnis Bund und Friedensrat getroffen werden müßte. Von der Sache her wäre dies eigentlich logisch und würde keinerlei Probleme aufwerfen. Es wäre jedoch das erste Exempel, wo der Bund ordentliches Mitglied einer gesellschaftlichen Organisation werden würde, und darum möchte sich mancher noch herumdrücken.« Information Werner Rümpel vom 24.1.1974 über ein Gespräch mit Frau Oberkirchenrat Lewek vom Bund der ev. Kirchen in der DDR am 23.1.1974 im Friedensrat der DDR, SAPMO-BA ZPA IV B2/14/77. Hier ergibt sich eine Affinität zum Handeln der Kirche im NS-Staat. Landesbischof Marahrens konstatierte in seinem Rechenschaftsbericht vor der hannoverschen Landessynode am 15.4.1947: »Mein Ziel, die Kirche durch die Bedrohung des Staates hindurchzuführen, den Gemeinden die Predigt des Evangeliums, den Pfarrhäusern den Frieden und die Ruhe der Arbeit zu erhalten, war erreicht.« Abgedruckt in E. Kügel, Die lutherische Landeskirche Hannovers und ihr Bischof. Dokumente, 205-215.

222 EZA Berlin, 101/247. Schönherr antwortete am 6.6.1974, die Kirche sage auch oft genug »das freie Nein«. Der Ökumenische Rat der Kirchen und der Lutherische Weltbund seien ebenfalls nach Moskau eingeladen worden. Zudem habe sich auch eine Arbeitsgruppe mit der Menschenrechtsthematik befaßt. »Letztlich bestimmend aber war für die Konferenz der Kirchenleitungen, daß, wenn es für uns Christen um unsere Mitarbeit in Sachen des Friedens geht, die Frage nicht lauten kann: Besteht eine Veranlassung mitzumachen? Sie kann nur lauten: Besteht eine wichtige Veranlassung, die Mitarbeit zu verweigern? Ein Grund dafür könnte z. B. die Gewißheit sein, daß wir durch unsere Teilnahme die Freiheit des Evangeliums und den Dienst am Nächsten verleugneten. In dieser Fragestellung und nicht in irgend einem staatlichen Druck (der tatsächlich nicht vorhanden war) lag die Verpflichtung, nach der Sie fragen.« Ferner habe man die römisch-katholische Kirche informiert; mit dem ÖRK hätten intensive Konsultationen stattgefunden. »Bei dem Kongreß herrschte die zugesagte und auch stark genutzte Freiheit, von allen den Frieden hindernden Fakten zu sprechen. Unsere Delegierten haben nicht ›so gut wie geschwiegen‹, sondern manche Gelegenheit gehabt, ihren Beitrag einzubringen.« Allerdings konnte dies wegen der großen Zahl von Teilnehmern nicht im Plenum geschehen. Andererseits betonte der Bischof: »Es ist zu befürchten, daß das Befremden der Gemeinde, von der Ihr Brief spricht, nicht selten aus einer tiefen Antihaltung entstanden ist. Natürlich spiegeln sich auch manche schweren Erfahrungen der letzten Jahre darin wider. [...] Ich glaube aber und hoffe, mit Ihnen darin einig zu sein, daß eine Kirchenleitung *auch* im Auge haben muß, Überkommenes zu bewahren und, so viel an ihr ist, ihre Gemeinden abzuschirmen, damit diese so ungestört wie möglich aufbauen können.« EZA Berlin, 101/247.

223 Aktenvermerk Krusche vom 10.4.1974 über das Gespräch mit Staatssekretär Seigewasser und dem stellvertr. Vorsitzenden des Rates des Bezirkes Magdeburg Steinbach vom heutigen Tage; Durchschrift in EZA Berlin, 101/257.

224 Im staatlichen Protokoll hieß es nur lapidar: »Bischof Krusche ging dann aber sehr schnell zu Fragen über, die nach seiner Auffassung das Leben der Kirchen in der DDR beschweren.« Gedächtnisprotokoll Arlt vom 11.4.1974 über ein Gespräch am 10.4.1974 in Magdeburg, BA, Abt. Potsdam, O-4, 413.

225 Krusche äußerte weiter, er »hätte solchen Anfragen gegenüber die Teilnahme der Kirchenvertreter am Moskauer Kongreß verteidigt, weil ich [Krusche] der Meinung sei, daß der Versuch der Mitarbeit unternommen werden müßte, solange auch nur die geringste Chance bestehe, daß die eigenen Anliegen wirksam zur Geltung kommen könnten.« Aktenvermerk Krusche vom 10.4.1974 über das Gespräch mit Staatssekretär Sei-

gewasser und dem stellvertr. Vorsitzenden des Rates des Bezirkes Magdeburg Steinbach vom heutigen Tage; Durchschrift in EZA Berlin, 101/257.

226 Information Wilke vom 23.5.1975 zur Vorlage an die Dienstbesprechung am 26.5.1975 über die Situation in den evangelischen Landeskirchen auf der Grundlage der Synoden und anderer kirchlicher Veranstaltungen im 1. Halbjahr 1975, BA, Abt. Potsdam, O-4, 404. Dies bezieht sich auf den Informationsbericht, den Natho auf der Frühjahrssynode Anhalts vortrug. Laut staatlichem Protokoll heißt es, Natho habe konstatiert, »daß es viele Mitarbeiter gibt, die die Arbeit der Kirche behindern. Das kommt vor allem dadurch, daß diese jeglichen Realitätssinn verloren haben, pauschale Urteile abgeben und sich in den Verhältnissen der sozialistischen Gesellschaft nicht zurechtfinden. [...] Abschließend betonte Kirchenpräsident Natho, daß die Stilformen des kirchlichen Lebens als Fremdkörper im gesellschaftlichen Leben empfunden werden können und deshalb überprüft werden müssen. (Damit ist die Weltfremdheit vieler Pfarrer und kirchlicher Mitarbeiter gemeint).« Rat der Stadt Dessau, Stellv. d. OB f. Inneres, Sachgeb. Staatspolitik für Kirchenfragen, Information Hauschild vom 31.3.1975 über die Frühjahrssynode der Ev. Landeskirche Anhalt, PDS-Archiv Halle, SED-Kreisleitung Dessau, IV C-4/06/155.

227 Ebd.

228 Dienstreisebericht Dohle vom 5.7.1975, BA, Abt. Potsdam, O-4, 415.

229 Vermerk Lingner über die Sitzung der Beratergruppe am 12.9.1973, EZA Berlin, 4/69.

230 Ebd.

231 In den 80er Jahren galt Münnich als »konsequenter Verfechter der Linie der CFK«. RdB Leipzig, Stellvertreter des Vorsitzenden des Rates für Inneres, Informationsbericht Reitmann vom 10.10.1984 zur Staatspolitik in Kirchenfragen, BA, Abt. Potsdam, O-4, 1116.

232 Münnich war auf der Sitzung des Vorstands der KKL am 6.2.1973 für die ÖRK-Zentralausschuß-Tagung in Helsinki nominiert worden. Vgl. das Protokoll, TOP 6, EZA Berlin, 101/115.

233 Vgl. Schreiben Henkys an Runge vom 17.9.1973, EZA Berlin, 4/69. Während der vom 27.9. bis zum 1.10.1974 in Potsdam tagenden Bundessynode bedankte sich Konrad Raiser, Stellvertretender Generalsekretär des ÖRK, im Namen Potters während einer persönlichen Unterredung mit staatlichen Vertretern »für das Angebot des Vorsitzenden des Ministerrates, die Ökumenische Tagung in Leipzig durchführen zu können. Leider waren die Entscheidungen über den Tagungsort schon gefallen. Der ÖRK wisse dieses Angebot zu schätzen und würde gerne zu einer späteren Konferenz Leipzig wählen. Im Verlaufe des Gespräches zeigte sich eine große Aufgeschlossenheit Dr. Raisers zu Fragen der Entwicklung in der DDR.« Zum Grußwort Raisers hieß es im übrigen: »In seinem Grußwort an die Synode hob Dr. Raiser die ständig wachsende Verbundenheit zwischen dem ÖRK und dem BEK hervor und wies dankbar auf die Übereinstimmung in solchen Konfliktfragen wie das Antirassismusprogramm und die Menschenrechtsdiskussion zwischen diesen beiden Institutionen hin.« Information vom 30.9.1974 über die 2. Tagung der 2. Synode des Bundes der Ev. Kirchen in der DDR (BEK), BA, Abt. Potsdam, O-4, 786. Zu Raiser vgl. auch den durch Hans Weise am 24.8.1977 angefertigten Vermerk: »Zur Person von Dr. Konrad Raiser: Dr. Konrad Raiser ist einer der beiden stellvertretenden Generalsekretäre des ÖRK und zählt in dieser Funktion zu den profiliertesten Vertretern des ÖRK, die politisch realistische Positionen vertreten. Dr. Raiser vertritt realistische Auffassungen zur Lage und zu den Wirkungsmöglichkeiten der Christen und Kirchen in den sozialistischen Ländern. Er war mehrfach Gast in sozialistischen Ländern, darunter der DDR, wo er wiederholt mit dem Staatssekretär für Kirchenfragen zusammentraf. Dr. Raiser gehört zu den aktiven Vertretern der konsequenten Realisierung des Anti-Rassismus- und des Anti-Militarismus-Programms des ÖRK. Das Auftreten Dr. Raisers in der DDR im Rahmen einer Predigt würde die realistischen Kräfte im ÖRK und besonders in dessen Genfer Stab stärken.« SAPMO-BA ZPA IV B2/14/101.

234 Vermerk Behm-Pabst vom 14.1.1974: TOP 5: We.-Berlin als Tagungsort des ZA des ÖRK, EZA Berlin, 101/358. Im Vermerk Lingner vom Januar 1974 fehlt ein Hinweis auf diese durch ihn getätigte Äußerung, EZA Berlin, 4/70.

235 Vgl. Abt. Intern. Beziehungen (Staatssekretariat), Tendenzen der Bremer »EKD«-Synode zum verstärkten Eindringen in die DDR und zum allgemeinen Einschwenken auf die SPD/FDP-Linie des Reformismus vom 16.1.1973, BA, Abt. Potsdam, O-4, 403.

236 Vgl. EZA Berlin, 4/69. Über die Dokumentation war auf der KKL-Vorstandssitzung am 19. und 20.6.1973 gesprochen worden. Dabei wurde festgelegt, man möge im historischen Teil des Papiers auf einen ausführlichen Kommentar verzichten. Der Entwurf sollte von jedem Vorstandsmitglied kritisch durchgesehen werden. Vgl. das Sitzungsprotokoll, EZA Berlin, 101/115.

237 Schreiben Lingner an Wilkens vom 21.9.1973, EZA Berlin, 4/69.

238 Vermerk Lingner über Sitzung der Beratergruppe am 19.12.1973, EZA Berlin, 4/70.

239 Ebd.

240 Ebd. Nach dem von Behm und Pabst angefertigten Sitzungsvermerk wurde wohl von seiten der EKD-Vertreter um einen »bessere[n] gegenseitige[n] Kontakt in diesen Fragen« gebeten. Zum Vietnam-Papier heißt es: »Grundsätzliche Aussprache über politisches Reden der Kirchen, gegenseitige Befragung notwendig.« EZA Berlin, 101/358.

241 Wilkens an Lingner vom 4.2.1974, EZA Berlin, 4/70.

242 LKA Hannover, D 15 XII, K 62/332/IV.

243 Vgl. VIII. Parteitag der SED: Juni 1971.

244 Der Verlauf der Beratungen zu dem Papier »Gewalt, Gewaltfreiheit und der Kampf um soziale Gerechtigkeit« ist dokumentiert in Ökumenischer Rat der Kirchen, Zentralausschuß. Protokoll und Berichte der 26. Tagung, 17-22. Der Text des Papiers ist abgedruckt in H. Krüger (Hg.), Genf 1973, 83-101.

245 Vgl. z. B. Synodal-Bericht der KKL vom Mai 1973, in: KJ 1973, 176 ff.

246 Vgl. z. B. Stellungnahme der KKL vom 9.10.1973, in: a.a.O., 1979 f.

247 Bei Braecklein mußte man trotz aller positiven Einschätzungen an anderer Stelle allerdings einräumen, bei ihm werde »der Sozialdemokratismus immer stärker spürbar.« RdB Erfurt, Stellvertreter des Vorsitzenden für Inneres, Analyse über die Entwicklung der Thüringer Kirche vom 23.5.1973, SAPMO-BA ZPA IV B2/14/63. Zum Phänomen des Sozialdemokratismus vgl. auch Staatssekretär für Kirchenfragen, Information Nr. 4 vom 8.2.1977, Ideologische Probleme des Sozialdemokratismus bei kirchenleitenden Persönlichkeiten und in Leitungsgremien der protestantischen Kirchen in der DDR, BA, Abt. Potsdam, O-4, 504.

248 Vgl. auch Information Seigewasser vom 12.4.1977 über ein Gespräch mit Bischof Schönherr am gleichen Tag: »Ich hatte den Eindruck, den ich bereits neulich im Gespräch mit dem Genossen Paul Verner äußerte, daß Schönherr aus persönlichsten Gründen (Freundschaft mit Scharf) an dessen Einladung [zur Berlin-Brandenburger Synode] interessiert sei.« BA, Abt. Potsdam, O-4, 424.

249 Wort zur öffentlichen Verantwortung der Kirchen in der gegenwärtigen Stunde, Vortrag von Fränkel auf der Görlitzer Provinzialsynode am 30.3.1973, abgedruckt in KJ 1973, 182-190.

250 Zur Einschätzung der Führungskräfte in der evangelischen Kirche und den sich daraus ergebenden Schlußfolgerungen, SAPMO-BA ZPA IV B2/14/11.

251 Vgl. Schreiben Lingner an die alten Mitglieder der Beratergruppe vom 11.1.1973, EZA Berlin, 4/70.

252 Vgl. Schreiben Flor an Scharf mit Durchschlag an Lingner vom 20.12.1973, a.a.O.

253 Vgl. Beschlußvorschlag Lingner für die Februar-Sitzung 1974 des Rates der EKD und das Berufungsschreiben der EKD vom 20.2.1974, a.a.O. Zu Flor vgl. auch G. Flor, Rückschau und Einsichten – Statt einer Bilanz.

254 Vermerk Lingner über Sitzung der Beratergruppe am 21.3.1974, a.a.O. In den Ratsprotokollen fehlt ein Hinweis auf den Heinemann-Besuch. Auskunft EZA Berlin, Januar 1995.

255 Ebd.

256 O. Lingner, Konkretes politisches Reden der Kirche – Analyse der Erklärungen des Bundes, EZA Berlin, 4/70.

257 Die staatliche Reaktion lautete: »Ihnen [den Kirchen] wurde klargemacht, daß sie ein großes Versäumnis in dieser Frage aufgewiesen haben, daß ihr Schweigen nicht zu verantworten ist und daß die von ihnen hier vorgenommene Kopplung von Mord in Vietnam und inneren Problemen der DDR ein politisch nicht zu verantwortender Fakt ist.« Information Wilke über ein Gespräch mit dem Leiter der Kirchenkanzlei der EKU am 4.1.1973, BA, Abt. Potsdam, O-4, 424.

258 Vgl. Gedächtnisniederschrift Weise vom 18.12.1973, BA, Abt. Potsdam, O-4, 797.

259 Vgl. KJ 1974, 481.

260 Vermerk Lingner über Sitzung der Beratergruppe am 21.3.1974, EZA Berlin, 4/70.

261 Ebd.

262 Gesprächsvermerk Dohle vom 22.4.1974. Das Fazit Dohles lautete: »Das Gespräch verlief sachlich, wenn auch kein wesentlicher politischer Fortschritt erreicht werden konnte.« PDS-Archiv Dresden, IV C-2.14-681.

263 Aktenvermerk Steinbach vom 6.11.1975 über Gespräch mit Gienke am 4.11.1975, BA, Abt. Potsdam, O-4, 789. Viel differenzierter äußerte sich Schönherr gegenüber den für Kirchenfragen zuständigen Referenten der Berlin-Brandenburg zugeordneten DDR-Bezirke: »Dann folgte ein Bericht über seine Reise in die USA, in der er die bürgerliche Demokratie in den USA lobte, objektivistisch die ökonomische Situation schilderte [und] eine vorsichtige Kritik am Rassismus übte, ohne zu einer politischen Stellungnahme gegen den Imperialismus zu kommen. In diesem Zusammenhang hob Bischof Schönherr hervor, daß es in der DDR dem Einzelnen gut ginge, weil es der Gesellschaft gut geht, die Gleichberechtigung von Mann und Frau durchgesetzt sei und in der DDR den kollektiven Menschenrechten der Vorrang gilt.« Information Wilke vom 14.12.1976 über ein Gespräch mit der Kirchenleitung Berlin-Brandenburg am 26.11.1976 in Cottbus, BA, Abt. Potsdam, O-4, 434. Vgl. auch den Brief Winter (Ev. Konsistorium Berlin-Brandenburg) an die Superintendenten der Evangelischen Kirche in Berlin-Brandenburg vom 6.12.1976, in dem er die Äußerungen Schönherrs folgendermaßen wiedergab: »Positive Beziehungen zu den dortigen Kirchen, in denen freimütige Äußerungen mehr üblich sind als bei uns. Neben einem großen Freiheitsbewußtsein der Menschen in den USA sind Verunsicherungstendenzen spürbar. Kollektive und individuelle Menschenrechte müssen sich in der Welt durchsetzen, um die Würde des Menschen zu wahren.« EZA Berlin, 101/244.

264 RdB Dresden, Stellvertreter des Vorsitzenden für Inneres, Ullmann, Aktennotiz vom 10.1.1975, PDS-Archiv Dresden, IV C-2.14-681.

265 Vermerk Lingner vom 24.9.1974 über Kontaktgespräch am 23.9.1974, EZA Berlin, 4/92/702.

266 Ebd.

267 Vgl. Gesprächsskizze für eine Besprechung mit dem Sekretariat, ohne Angabe des Verfassers, o. O. und o. D., EZA Berlin, 4/92/1.

268 Ebd.

269 Im November 1974 informierte Stolpe auf der provinzsächsischen Synode in Halle »über die Arbeit des Bundes. [...] Der Erwartungsdruck der Kirchen und internationalen kirchlichen Zusammenschlüsse gegenüber dem Bund als der größten protestantischen Kirchengemeinschaft im sozialistischen Lager sei weiter gewachsen. Allen Fragen zu entsprechen, würde Kräfte und Möglichkeiten überfordern. [...] In seinen Ausführungen zu den Beziehungen von Staat und Kirche hob er hervor, daß es vor fünf Jahren kaum Kontakte gegeben habe. Es gab nur Aussprachen zwischen Einzelpersonen zu Detailfragen. Heute hat der Bund gute Kontakte zum Staatssekretär für Kirchenfragen und verschiedenen Ministerien. Durch die Hilfe des Staates konnten viele Probleme gelöst werden. Als Beispiel dazu nannte Stolpe die Verhandlungen über die Abgabe von Kirchen an den Staat. Als ungelöste Probleme bezeichnete Stolpe den kontinuierlichen Bezug von Lite-

ratur aus dem kapitalistischen Ausland und Volksbildungsfragen.« Bericht über die 4. Tagung der VII. Synode der evangelischen Kirche der Kirchenprovinz Sachsen vom 15.-19.11.1974 in Halle, SAPMO-BA ZPA IV B2/14/114.

270 Vermerk über eine Aussprache im Sekretariat des Kirchenbundes zwischen Lewek, Schwerin und Behm am 6.11.1974, EZA Berlin, 4/92/1; auch EZA Berlin, 101/358.

271 Vgl. epd-Dok 5/75 vom 20.1.1975. Vgl. auch Christoph Link, Menschenrechte und Christliche Verantwortung. Zugleich ein Bericht über eine Konsultation des Ökumenischen Rates, in: KJ 1973, 102-104.

272 Abgedruckt in KJ 1974, 97-102.

273 Auszugsweise abgedruckt in KJ 1974, 486-495.

274 Am 18.9.1974 hatte Lingner an Scheuner geschrieben, die »EKD ist anscheinend sehr spät und wohl nur auf Anmahnung eingeladen worden. Der Bund der Evangelischen Kirchen der DDR hat ein Interesse daran, daß die Stellungnahmen der EKD und des Bundes aufeinander abgestimmt werden. Dies halte ich für unbedingt notwendig«. EZA Berlin 4/92/1.

275 Vermerk Lingner über Treffen der Beratergruppe am 1.10.1974, a.a.O.

276 Die zentralen theologischen Thesen der Ausarbeitung sind abgedruckt in KJ 1974, 495 f.

277 Vgl. hierzu Gottfried Maron, Art. Bauernkrieg, in: TRE, Bd. 5, 319-338, insbes. 327-329 (Lit.!).

278 Vermerk Lingner über Treffen der Beratergruppe am 1.10.1974, EZA Berlin, 4/92/1. Gegenüber dem Stellvertreter des Staatssekretärs für Kirchenfragen, Fritz Flint, hatte der Direktor der ÖRK-Kommission für Internationale Angelegenheiten, Leopoldo Niilus, zum Problem der Menschenrechte am 10.10.1973 geäußert, »daß man sich der Tatsache bewußt sein muß, daß die Menschenrechtserklärung bisher oft westlich interpretiert worden ist, dabei auch als Mittel des kalten Krieges verwandt wurde und eine sachgemäße international und ökumenisch verantwortbare Behandlung der Menschenrechte deshalb einen neuen Ansatz finden muß.« Hauptabteilungsleiter Weise »würdigte [...] diesen Grundansatz und hob hervor, daß dieser sehr beachtlich sei und eine neue Gesprächsbasis böte.« Aktenvermerk Althausen vom 15.10.1973, EZA Berlin, 101/347. Vgl. auch Vermerk Ramsetter vom 12.5.1977 über ein Gespräch des Präsidenten der Liga für Völkerfreundschaft, Gerald Götting, mit dem Direktor der Kommission der Kirchen für Internationale Angelegenheiten (KKIA) des Ökumenischen Rates der Kirchen (ÖRK) in Genf, Dr. Leopoldo Niilus, in den Räumen der Liga am 12.5.1977: »Zur Person und zum Engagement von Dr. Niilus in Sachen Menschenrechte ist zu erwähnen: Dr. Niilus ist maßgeblich beteiligt an der Erarbeitung einer neuen Menschenrechtskonzeption innerhalb des Ökumenischen Rates der Kirchen. Bereits auf einer ökumenischen Publizistentagung 1973 in Warschau sprach er sich dafür aus, daß die sozialistischen Länder Europas gegenüber den einseitigen ›nordatlantischen‹ Auffassungen über die Verwirklichung der Menschenrechte ihre eigene Konzeption international zur Geltung bringen‹. Diese Aufgeschlossenheit gegenüber dem realen Sozialismus zeigte sich auch in der von Dr. Niilus vorbereiteten und durchgeführten KKIA-Konsultation ›Menschenrechte und christliche Verantwortung‹ im Oktober 1974 in St. Pölten (Österreich). In den Berichten von Arbeitsgruppen, die sich in der ersten Phase der Konsultation mit Grundrechten wie denen auf Leben und Arbeit, auf nationale Souveränität und Selbstbestimmung beschäftigten, wurde die flagrante Beeinträchtigung von Menschenrechten im südlichen Afrika, in Lateinamerika, im Nahen Osten, in Südostasien wie auch in den USA offen kritisiert. Indessen unterblieb jegliche Polemik gegen die UdSSR und die anderen sozialistischen Staaten. In Gruppenberichten der zweiten Konsultationsphase wurde u. a. ein Sechs-Punkte-Katalog grundlegender Menschenrechte aufgestellt. Den ersten Platz erhielt dabei das ›grundlegende Recht auf Leben‹, sodann wurden die Grundrechte auf nationale Selbstbestimmung und reale Demokratie genannt, dann folgten die Rechte auf freie (abweichende) Meinungsäußerung und auf Unversehrtheit der Person (Verbot der Folter). Erst an letzter Stelle rangiert die Re-

ligionsfreiheit (die im ÖRK von 1945 bis 1970, also dem Amtsantritt von Dr. Niilus, als das wichtigste Menschenrecht behandelt worden war). Diese Prioritätensetzung von ökonomisch-sozialen und politischen Menschenrechten gegenüber individuellen Rechten ist auch auf der ÖRK-Vollversammlung Ende 1975 in Nairobi beibehalten und 1976 auf der KKIA-Konsultation in Montreux auf der ersten Jahrestagung des neuen ÖRK-Zentralausschusses in Genf bestätigt worden. ›Ohne das Grundrecht auf Leben und damit auf Arbeit, auf ausreichende Ernährung, auf Gesundheitspflege, auf angemessene Unterbringung und auf Bildung sowie Ausbildung und Nutzung aller Fähigkeiten des Menschen sind keine Rechte denkbar‹, wurde in Nairobi erklärt. Neben dieser neuen ökumenischen Menschenrechtskonzeption ist vornehmlich auf Initiative von Dr. Niilus seit St. Pölten über Nairobi 1975 bis Genf 1976 zugleich der Versuch gemacht worden, ein ökumenisches Instrumentarium zur Unterstützung der UNO bei der Aufdeckung und Überwindung massiver, friedensgefährdender Menschenrechtsverletzungen zu entwickeln. Solche Beihilfe ist insofern als legitim zu bewerten, als der ÖRK und seine KKIA einen NGO-Status bei ECOSOC und damit auch Einfluß auf dessen Menschenrechtskommission haben, die sich in Übereinstimmung mit der UNO-Charta mit massenhaften Menschenrechtsverletzungen im südlichen Afrika, im Nahen Osten und in Lateinamerika befaßt. Dr. Niilus [...] ist Argentinier und von Beruf Rechtsanwalt. [...] Das heutige Gespräch zeige ihm, wie wünschenswert es ist, mehr Experten aus den sozialistischen Ländern in die Arbeit der KKIA einzubeziehen. Es gehe ihm dabei nicht nur um Kirchenvertreter. Ausdrücklich sprach Dr. N. die Bitte aus, nach Möglichkeiten zu suchen, um in dieser Richtung zu einer stärkeren Zusammenarbeit zu kommen (Abrüstung, neue Weltwirtschaftsordnung). Auf diese Weise könnten die Positionen der sozialistischen Länder wirksamer auf den unterschiedlichen Gremien des ÖRK vorgetragen werden. Bisher sei das dort gezeichnete Bild oft nicht genügend dreidimensional (West, Ost, Dritte Welt) gewesen. [...] Die Unterstützung durch Experten aus sozialistischen Staaten für die Beratungen der unterschiedlichen Gremien des ÖRK war offenbar das Hauptanliegen seines Gespräches.« SAPMO-BA ZPA IV B2/14/155.

279 Aufzeichnungen Scheuner vom 5.10.1974 über eine Besprechung zur Vorbereitung der Konsultation des ÖRK über Menschenrechte in St. Pölten, EZA Berlin, 4/92/1.

280 Niederschrift Heidler über eine Besprechung im Staatssekretariat für Kirchenfragen am Donnerstag, 21.3.1974, 10.30 Uhr-11.45 Uhr, LKA Hannover, D 15 XII, K 102/5910/A I.

281 Information der Arbeitsgruppe Kirchenfragen »Über Wesen und Ursachen der kirchlichen Angriffe auf das sozialistische Bildungssystem der DDR« vom 3.9.1973. Die Studie wurde von Dohle, Hartwig, Hüttner und Wilke verfaßt. PDS-Archiv Dresden, IV C-2.14-677.

282 Abgedruckt in KJ 1974, 456-471.

283 A.a.O., 463. Staatliche Stellen kritisierten, daß auf Betreiben der DDR-Vertreter in den Entwurf der Konkordie »die These von der Notwendigkeit des Leidens für den Christen hinzugefügt worden« war. Information Wilke (Abteilung I) vom 4.12.1972 zur politischen Situation und zu aktuellen Tendenzen in den evangelischen Kirchen in der DDR, BA, Abt. Potsdam, O-4, 402; auch SAPMO-BA ZPA IV B2/14/11.

284 Eine ähnliche Vermutung äußerte auch Thüringens Landesbischof Braecklein in einem Gespräch mit dem Stellvertreter des Vorsitzenden für Inneres beim RdB Erfurt, Herrmann, am 6.12.1973: »Über die Bedeutung der Annahme der Leuenberger Konkordie durch die Synoden der evangelischen Kirchen in der DDR befragt, erklärte der Bischof, obwohl es sich bei der Leuenberger Konkordie um eine theologische Problematik handelt, gibt es doch bestimmte kirchliche Kräfte, die hoffen, mit der Annahme dieser Konkordie durch alle Landeskirchen den Weg zu einer ›Großkirche‹ in der DDR geebnet zu haben. Die Thüringer Kirche wird einer solchen Entwicklung nicht zustimmen. Nach seiner Meinung sind auch eine Reihe anderer Bischöfe nicht bereit, den Bund als zentrale Leitung zu akzeptieren.« Information Herrmann vom 7.12.1973, BA, Abt. Potsdam, O-4, 797. Vgl. auch Information vom 30.9.1974 über die 2. Tagung der 2. Synode

des Bundes der Ev. Kirchen in der DDR: »Ein weiterer Gegenstand auf der Synode waren Überlegungen zur *Zentralisierung der Tätigkeit im BEK*. Er hat die Absicht, auf der Grundlage der ›Leuenberger Konkordie‹ eine weitere Zentralisierung dadurch zu erreichen, daß er stärkere Kompetenzen und Aufgaben der Landeskirchen übernimmt, wobei aber die Existenz der Landeskirchen bestehen bleiben soll. Die Beratungen zu diesem Gegenstand lassen erneut erkennen, daß der Prozeß der Herausbildung einer einheitlichen Kirche in der Zukunft forciert werden soll. Der Bund soll ›Vertretungsfunktion für alle die Gesamtheit der Gliedkirchen berührenden Fragen gegenüber der Ökumene sowie gegenüber Staat und Gesellschaft‹ übernehmen.« BA, Abt. Potsdam, O-4, 786.

285 Vgl. M. Ahme, Der Reformversuch der EKD 1970-1976, 12 ff.

286 Vermerk Lingner über das Treffen der Beratergruppe am 25.3.1975, EZA Berlin, 4/92/1. Vgl. auch Vermerk Behm über die Sitzung der Beratergruppe am 25.3.1975, EZA Berlin, 101/358.

287 Sitzungsniederschrift in LKA Hannover, D 15 XII, K 35/224/VII. Über die mit dem Papier »Zwischen Konkordie und Kirche« verbundenen Probleme beriet der Bereichsrat DDR der EKU auf seiner Sitzung am 7.4.1976 nochmals. Vgl. Bericht R. Groscurth vom 8.4.1976, EZA Berlin, 4/92/5. Auf der Frühjahrssynode der Görlitzer Kirche (2.-5.4.1976) wurde nach einem Vermerk Demkes vom 9.4.1976 zum Thema »Kirchwerdung des Bundes« geäußert: »Das Thema findet keine Resonanz […]: Bund soll Gemeinschaft vertiefen, über ›Kirche‹ reden wir später. Bundesordnung selbst hat schon ekklesiale Bedeutung. […] Warnung vor Übereilungen. Auffällig war das Interesse von Laien an den Lehrgesprächen.« EZA Berlin, 101/247.

288 Vgl. KJ 1974, 486-502, bes. 501 f.

289 Vermerk Lingner über die Sitzung der Beratergruppe am 17.12.1974, EZA Berlin, 4/92/1.

290 Ebd.

291 Vgl. insgesamt Offizieller Bericht über die Fünfte Vollversammlung des ÖRK Nairobi, Genf 1976; siehe auch: Von Uppsala nach Nairobi.

292 Vermerk Lingner über die Sitzung der Beratergruppe am 17.12.1974, EZA Berlin, 4/92/1.

293 BStU Berlin, MfS HA XX/4, 234.

294 Vermerk Lingner über die Sitzung der Beratergruppe am 17.12.1974, EZA Berlin, 4/92/1. Aus dem Briefwechsel Lingner-Vogt vom 10.12.1974 bzw. 12.2.1975 geht freilich hervor, daß Christa Grengel in der Bundesrepublik Gespräche führte und Unterlagen getauscht wurden. Vgl. a.a.O.

295 Lingner an Vogt vom 12.12.1974, a.a.O.

296 Vgl. Vermerk Behm über die Sitzung der Beratergruppe am 25.3.1975, EZA Berlin, 101/358. Im Vermerk Lingner heißt es lediglich: »Die Vorbereitung einer gemeinsamen Besprechung zwischen der Nairobi-Tagung aus der EKD und aus der DDR werden von Groscurth und Pabst außerhalb der Beratergruppe weiter betrieben.« EZA Berlin, 4/92/2.

297 Vgl. Vermerk Behm vom 16.10.1975 über die Sitzung der Beratergruppe am 8.10.1975, EZA Berlin, 101/358.

298 Vgl. EZA Berlin, 4/92/1.

299 Vgl. Wilkens an Lingner vom 24.2.1975, a.a.O.

300 Lingner an Schönherr vom 17.3.1975, a.a.O.

301 Schreiben Lingner an die Mitglieder der Beratergruppe vom 14.1.1975, EZA Berlin, 4/92/1.

302 Schreiben Lingner an Hammer und Wilkens vom 10.3.1975, a.a.O.

303 Ebd. Vgl. auch Vermerk Eckhard Krüger über das Gespräch zwischen der Kommission des Kirchenbundes in der DDR »Kirche und Gesellschaft« und Vertretern der Kammer für öffentliche Verantwortung am 9.12.1976 in Berlin (Ost), EZA Berlin, 4/91/532.

304 Vermerk Heidingsfeld über Treffen zwischen Nairobi-Delegierten der EKD und dem Kirchenbund am 29./30.8.1975, EZA Berlin, 4/92/5; auch a.a.O., 101/358.

305 Bericht aus Nairobi 75, 178-185, Zitat: 178.

306 A.a.O., 183 f.

307 Vgl. E. Adler, Ein erster Anfang.

308 Abgedruckt in KJ 1975, 267.

309 Die Erklärung ist abgedruckt in KJ 1975, 267.

310 Abt. Internationale Beziehungen, Information Weise vom 5.2.1976 über Verlauf und Ergebnisse der V. Vollversammlung des Ökumenischen Rates der Kirchen in Nairobi auf der Grundlage bisher vorliegender Materialien, BA, Abt. Potsdam, O-4, 405.

311 Von dem Angebot Forcks, eine Auswertung der Nairobi-Tagung vor CDU-Funktionären vorzunehmen, wurde kein Gebrauch gemacht. Vgl. Abt. II, Streng vertraulich! Nur für den innerdienstlichen Gebrauch! Bericht Schumann-Fitzner vom 19.3.1976 über eine Beratung am 19.3.1976 der Genossen in Cottbus über die weitere politische Arbeit dem Generalsuperintendenten Forck gegenüber, BA, Abt. Potsdam, O-4, 413.

312 Dies erwähnte Seigewasser auch am 21.1.1976 gegenüber Schönherr, der erwiderte, in seiner mit Niilus geführten Korrespondenz seien von dessen Seite solche Äußerungen nicht gefallen. Vgl. das streng vertrauliche Schreiben Schönherrs an die Mitglieder des Vorstandes der KKL vom 21.1.1976, EZA Berlin, 101/603. Metropolit Filaret meinte, diese Erklärung »hätte für Nairobi zu einer schweren Belastung [...] werden können.« Dem Magdeburger Bischof Krusche machte er deutlich, »daß eine solche Stellungnahme nicht abgegeben werden könne, ohne sich mit den staatlichen Organen zu konsultieren. Außerdem sei der Ausgangspunkt falsch gewesen, indem die Bischöfe Zionismus mit Judentum und Staat Israel gleichgesetzt haben.« Abteilung Staat und Recht, SED-Bezirksleitung Dresden, 7.2.1977, Information Konopka an den 1. Sekretär der BL, Genossen Modrow, an Genossen Stammnitz und Genossen Hübner: Besuch des Metropolit Filaret im Bezirk Dresden und das am 21.1.1977 erfolgte Gespräch mit Genossen Gottfried Ullmann, Stellvertreter des Vorsitzenden des Rates des Bezirkes. Abschließend erläuterte der Gast noch, »wie die Arbeit der staatlichen Behörden der UdSSR mit der ROK gestaltet werde.« PDS-Archiv Dresden, IV D-2.14-692.

313 Information vom 6.2.1976 über Verlauf und Ergebnis der 5. Vollversammlung des Ökumenischen Rates der Kirchen (ÖRK) in Nairobi/Kenia, SAPMO-BA ZPA IV B2/14/195.

314 Niederschrift über die Beratung der Genossen Titow (UdSSR), Hruza (ČSSR), Seigewasser (DDR) am 11./12.5.1976 in Kleinmachnow, SAPMO-BA ZPA IV B2/14/73.

315 Niederschrift Dohle vom 22.3.1976 über ein Gespräch mit Landesbischof Dr. Hempel am 19.3.1976 beim Stellvertreter Inneres des Rates des Bezirkes Dresden, PDS-Archiv Dresden, IV C-2.14-675. An anderer Stelle sagte Hempel, im Ausland äußere »er sich mit dem notwendigen Takt [...], der außerhalb der DDR nötig ist, zumal [wenn] Westjournalisten dabei« sind. RdB Dresden, Sektor Staatspolitik in Kirchenfragen, Lewerenz, 18.11.1976, betr.: Gespräch mit Bischof Hempel, Präsident Domsch und OLKR von Brück am 17.11.1976, a.a.O., IV C-2.14-689.

316 Niederschrift Dohle vom 22.3.1976 über ein Gespräch mit Landesbischof Dr. Hempel am 19.3.1976 beim Stellvertreter Inneres des Rates des Bezirkes Dresden, PDS-Archiv Dresden, IV C-2.14-675. In einem Vortrag vor dem Sekretariat des Bezirksausschusses der Nationalen Front Dresden am 17.5.1977 hieß es kritisch: »Außerdem dringt über ökumenische Beziehungen zusätzlich bürgerliche Ideologie ein, wenn auch als kirchliche Aufgabenstellung formuliert. So sind z. B. die Dokumente der V. Vollversammlung des Weltrates der Kirchen 1976 durch klassenindifferente und ›wertneutrale‹ Formulierungen wie ›Supermächte‹, ›Industrienationen‹, ›arme und reiche Länder‹ usw. charakterisiert.« Gleiches gelte für die Beschreibung der Weltwirtschaftsordnung. »Wenn nun diese Aufgabenstellung von Nairobi an die Kirchen ohne Bezug auf unsere gesellschaftlichen Verhältnisse unter dem Anspruch ›Nairobi für Sachsen‹ als Orientierung an die Gemeinden gegeben wird, dann erfolgt keine Orientierung, sondern eine Desorientie-

rung,« lautete die Schlußfolgerung. Lage und Tendenzen in der kirchenpolitischen Arbeit im Bezirk Dresden, PDS-Archiv Dresden, IV D-2.14-693.

317 Schreiben Lingner an Hammer und Wilkens vom 26.3.1975, EZA Berlin, 4/92/1.

318 Ebd. Vgl. auch Lingners Brief an Kruse vom 26.1.1977, in dem er um »strikte Diskretion« bittet. »Die Befürchtungen bei den Brüdern im Osten bestehen wohl darin, daß bestimmte Äußerungen von kirchenleitenden Männern in der DDR mit Namensangabe in den Vermerken festgehalten werden. Dies könnte nachteilig für die Betroffenen ausfallen«. EZA Berlin, 4/92/5.

319 Vgl. Hans v. Keler an Lingner vom 29.3.1975, EZA Berlin, 4/92/1.

320 Schreiben Lingner an das Missionswerk der Ev.-Luth. Kirche in Bayern vom 8.4.1975, a.a.O.

321 Vgl. Schreiben Lingner an die Mitglieder der Beratergruppe vom 21.5.1975 mit Vorbereitungsmaterialien zur »Theologie der Befreiung«, insbesondere Gustavo Gutiérrez, EZA Berlin, 4/92/4. Siehe auch Groscurth an Lingner vom 30.5.1975 und Heidingsfeld an Lingner vom 5.5.1975, a.a.O., sowie Lingner an Linnenbrink vom 5.2.1975, EZA Berlin, 4/92/1, Linnenbrink an Lingner vom 17.6.1975, EZA Berlin, 4/92/4 und schließlich Vermerk Behm über Aussprache der Beratergruppe zur »Theologie der Befreiung« am 17.6.1975, a.a.O. Vgl. auch Vermerk Lingner über die Sitzung der Beratergruppe am 17.6.1975 sowie Behm zum gleichen Betreff, EZA Berlin, 101/358. Lingner hielt in seinem Protokoll fest: »Die Kirchen in der EKD und ihre Vertreter haben es schwer, in ökumenischen Versammlungen Gesprächsbeiträge zu geben. Dies hängt damit zusammen, daß die EKD-Kirchen und andere westliche Kirchen auf der Seite der politischen Kräfte gesehen oder vermutet werden, die von den jungen Kirchen bekämpft werden. Die Kirchen in der DDR und ihre Vertreter können eher das reformatorische Anliegen in das ökumenische Gespräch einbringen. Ihnen wird als Kirchen im Sozialismus ein Vertrauensvorschuß entgegengebracht.« Auch die Evangelische Verlagsanstalt in Berlin (Ost) begann von westlichen Einflüssen freizuwerden: »Der Plan der Ev. Verlagsanstalt zeigt als Folge der stabilen Entwicklung des Sozialismus und der Krise des Kapitalismus geringere Abhängigkeit von der BRD als bisher. Die materielle Unterstützung geht zurück«. Abt. Wissenschaftliche und Fachliteratur, Protokoll vom 25.10.1974 der Beratung beim Stellvertreter des Ministers für Kultur und Leiter der HV Verlage und Buchhandel, Gen. Klaus Höpcke, am 18. Oktober 1974 über die »Einschätzung der Themenpläne der Kirchenverlage und der Verlage der CDU 1975«, SAPMO-BA ZPA IV B2/14/193.

322 Nach staatlichen Informationen gab nur ungefähr die Hälfte der Pfarrer den Abkündigungstext bekannt, was als Ausdruck »einer erheblichen Differenzierung unter den Geistlichen« zu werten sei. »Es gelang den reaktionären Kräften nicht, die Kirche in eine Front gegen den Staat zu führen.« Information Wilke vom 4.7.1975 zur Vorlage an die Dienstbesprechung im Juli 1975 über die Situation in den evangelischen Landeskirchen auf der Grundlage der Synoden im 1. Halbjahr 1975, BA, Abt. Potsdam, O-4, 404. Zunächst hatte Wilke sogar vermerkt, daß der Text vor von 40 % der Pfarrer in den Gottesdiensten verlesen wurde. Allerdings wurde diese Information von Seigewasser, der um eine Überarbeitung des Papiers bat, am Rand mit einem Fragezeichen versehen. Information Wilke vom 23.5.1975 zur Vorlage an die Dienstbesprechung am 26.5.1975 über die Situation in den evangelischen Landeskirchen auf der Grundlage der Synoden und anderer kirchlicher Veranstaltungen im 1. Halbjahr 1975, a.a.O. Nach der Einschätzung eines ungenannten Pfarrers aus Anhalt soll Krusche alleiniger Verfasser des Wortes gewesen und bei einem Teil seiner Kirchenleitung auf Widerstand gestoßen sein. Rat der Stadt Dessau, Stellv. d. OB f. Inneres, Sachgeb. Staatspolitik für Kirchenfragen, Information Hauschild vom 31.3.1975 über die Frühjahrssynode der Ev. Landeskirche Anhalt, LPA Halle, SED-Kreisleitung Dessau, IV C-4/06/155.

323 Abgedruckt in KJ 1975, 318 f.

324 Vgl. Vermerk Lingner über das Treffen der Beratergruppe am 25.3.1975, EZA Berlin,

4/92/2. Vgl. auch Vermerk Behm über Sitzung der Beratergruppe am 25.3.1975, EZA Berlin, 101/358.

325 Information Wilke vom 4.7.1975 zur Vorlage an die Dienstbesprechung im Juli 1975 über die Situation in den evangelischen Landeskirchen auf der Grundlage der Synoden im 1. Halbjahr 1975, BA, Abt. Potsdam, O-4, 404. Vgl. auch Rat der Stadt Dessau, Stellv. d. OB f. Inneres, Sachgeb. Staatspolitik für Kirchenfragen, Information Hauschild vom 31.3.1975 über die Frühjahrssynode der Ev. Landeskirche Anhalt: »Er [Natho] betonte, daß es keine Veranlassung gibt, ein derartiges Wort in der anhaltischen Landeskirche zu verfassen und zu veröffentlichen. Er kritisierte vor der Synode die Haltung des Bischofs Dr. Krusche und der Kirchenleitung der Kirchenprovinz Sachsen, weil Dr. Krusche die Vereinbarung der Bischöfe der DDR durchbrochen hat, wonach festgelegt war, anstehende Probleme in Fragen der Volksbildung in sachlicher Art und Weise mit staatlichen Organen zu beraten. Er erklärte, daß dieses auch die Auffassung des Bischof Schönherr sei [...] Abschließend gab der Kirchenpräsident zu verstehen, daß es keine Solidarisierung der anhaltischen Landeskirche mit dem Hirtenwort der Kirche der Kirchenprovinz Sachsen gibt. Dies wurde auch durch die Synode bestätigt.« LPA Halle, SED-Kreisleitung Dessau, IV C-4/06/155.

326 Vgl. J. Pilvousek (Bearb.), Kirchliches Leben im totalitären Staat, 358 ff.

327 RdB Rostock, Referat Kirchenfragen, Aktenvermerk Macht vom 6.1.1975 über ein Gespräch mit dem Bischof Gienke am 30.12.1974, BA, Abt. Potsdam, O-4, 789. Der Hallenser Theologieprofessor Konrad Onasch hatte am 23.2.1976 auf der Tagung des CDU-Hauptvorstandes in Burgscheidungen geäußert, Kanzelabkündigungen gefährdeten gute Staat-Kirche-Gespräche. Der Hallenser Propst Münker sagte daraufhin Onasch im persönlichen Gespräch, er sei »tieftraurig über diese indirekte und ganz und gar nicht hilfreiche Apostrophierung der Magdeburger Kirchenleitung«. Schreiben Münker an Stolpe vom 24.2.1976, EZA Berlin, 101/354.

328 Aufzeichnungen vom 16.4.1975 (Halle) über die Beratung mit den verantwortlichen Genossen für Kirchenfragen des Partei- und Staatsapparates am 10.4.1975, LPA Halle, IV D-2/14/475. Zur Gesamtthematik vgl. auch Information der Arbeitsgruppe Kirchenfragen »Über Wesen und Ursachen der kirchlichen Angriffe auf das sozialistische Bildungssystem der DDR« vom 3.9.1973. Die Studie wurde von Dohle, Hartwig, Hüttner und Wilke verfaßt, PDS-Archiv Dresden, IV C-2.14-677.

329 EZA Berlin, 101/259.

330 Abschrift in EZA Berlin, 101/601. Das Papier hatte der Erfurter Propst Heino Falcke Christa Lewek mit Schreiben vom 24.6.1975 zukommen lassen. Lewek antwortete am 28.7.1975: »Es ergibt sich die Frage, was wir nun damit tun sollen, nachdem wir neulich im Ausschuß [Kirche und Gesellschaft] nicht zur Besprechung der Sache gekommen sind. [...] Ich bin sehr dafür, daß wir Äußerungen dieser Art im Ausschuß behandeln, zumal wir das in diesem Fall in der Form eines Paketes machen können, da uns auch noch einige andere Stellungnahmen im Zusammenhang mit dem 30. Jahrestag der Befreiung zugegangen sind.« Beide Schreiben a.a.O.

331 Berichte der Berliner Stelle vom Dezember 1975, EZA Berlin, 4/91/770.

332 Hierbei handelte es sich um eine Veranstaltung des Nationalrats der Nationalen Front zum 30. Jahrestag der Befreiung in Berlin (Ost). Schönherr, Filaret, Lewek, Altbischof Mitzenheim und Seigewasser ergriffen hier das Wort. Abgedruckt in epd-Dok 20/75, 9-20, sowie in: Erinnerung und Vermächtnis. Letztere Dokumentation erschien im Staatsverlag der DDR. Die Auswertung im Staatssekretariat für Kirchenfragen lautete: »Die zentrale Veranstaltung vom 15.4.1975 mit Leitungen und Amtsträgern der evangelischen Kirche und anderer Religionsgemeinschaften in der DDR war Teil und Höhepunkt der ideologischen Arbeit zum 30. Jahrestag der Befreiung. [...] Die Teilnahme machet deutlich, daß sich die realistischen Kräfte durchsetzen konnten. [...] Bischof Hempel hingegen trat gegen die Beteiligung auf und führte an diesem Tag eine Kirchenleitungssitzung durch.« Information zur Haltung der evangelischen Kirchen in der DDR und ihrer Amtsträger zum 30. Jahrestag der Befreiung vom Hitlerfaschismus durch die Sowjet-

union vom 22.5.1975 (Abt. I), BA, Abt. Potsdam, O-4, 404. Auf der am 3.4.1975 tagenden Bischofskonferenz hatte es Differenzen über das gemeinsame Vorgehen an diesem Tag gegeben, was aus einer Aktennotiz Bellmanns vom 4.4.1975 deutlich wird: »Gen. Dr. Wilke (Dienststelle Staatssekretär für Kirchenfragen) rief an und informierte über folgendes: Gestern hat der Bischofskonvent getagt und sich mit Fragen der Veranstaltung am 15.4. beschäftigt. Bischof Schönherr habe Gen. Dr. Wilke kurzfristig um eine Unterredung gebeten. Sie hat stattgefunden. Bischof Schönherr hat folgendermaßen informiert: Die Bischöfe haben sich dafür eingesetzt, daß alle Kirchenleitungen zur Veranstaltung kommen. [...] Nach den ersten Absprachen seien jedoch neue Fakten hinzugekommen. Die Teilnahme an der Kranzniederlegung und der Brief an die Botschaft der UdSSR seien nicht vorberaten. Die Mitglieder des Bischofskonvents respektieren den Entschluß ihres Vorsitzenden Bischof Schönherr, an der Kranzniederlegung teilzunehmen. Sie müßten aber auch darauf bestehen, daß auf der Veranstaltung nichts geschieht, was über die ursprüngliche Verabredung hinausgeht.« SAPMO-BA ZPA IV B2/14/79. Die einschlägige Akte EZA Berlin, 101/23 enthält über die hier erwähnte Sitzung keinen Vermerk. Von dem Studiendirektor im Predigerseminar Lückendorf (Sachsen), Winkelried Gähler, erhielt Schönherr nach der Veranstaltung mehrere von Günter Krusche nach den Worten Horst Dohles als »persönlich beleidigend[.] und reaktionär[.]« gekennzeichnete Briefe, worin »er dem Bischof Verrat am Jahrgang 22 und an den deutschen Kriegsopfern vorwarf. Krusche ist bekannt, daß Bischof Schönherr diese Briefe persönlich sehr getroffen haben.« Dienstreisebericht Dohle vom 16.3.1976, BA, Abt. Potsdam, O-4, 415.

333 Ende 1973 war im Staatssekretariat für Kirchenfragen festgelegt worden: »Ziel der politisch-ideologischen Überzeugungsarbeit vor allem mit den Kirchenleitungen für 1974, dem Jahr, in das der 25. Jahrestag der Gründung der DDR fällt, ist, eine gemeinsame Treueerklärung der Kirchen gegenüber der DDR zu erreichen. (Dieses Ziel ist unter *allerstrengster Vertraulichkeit* so zu verfolgen, daß darüber nichts gegenüber Geistlichen verlautbart wird.)« Protokoll Rode vom 2.12.1973 über die Dienstbesprechung beim Stellvertreter des Staatssekretärs, Koll. Flint, am 26.11.1973, 9.00 Uhr, BA, Abt. Potsdam, O-4, 403. Zu Beginn des Jahres 1974 richtete Seigewasser an Natho die Frage, was man kirchlicherseits hinsichtlich dieses Jahrestages unternehmen werde: »Ob sie wohl bereit sein werden, ein Wort an die kirchlich gebundenen Menschen zu richten, aus dem zu ersehen sein müßte, daß sie diesen großen Feiertag auch als den ihren akzeptieren? Herr Natho gab daraufhin zurück: Für ihn sei die Sache klar. Er akzeptiere die DDR als seinen Staat. Er fügte aber sogleich hinzu: Aber es gibt viele widerstrebende Kräfte unter den Geistlichen und in den Kirchenleitungen.« Protokoll Rode vom 6.2.1974 der Dienstbesprechung beim Staatssekretär am Dienstag, dem 5.2.1974, 13.00 Uhr. Außerdem stellte man nach dem Gespräch mit dem KKL-Vorstand bei Seigewasser am 23.1.1974 fest, man habe, um »zu einem positiven [kirchlichen] Bekenntnis zum 25. Geburtstag der DDR« zu gelangen, noch eine mühsame Kleinarbeit vor sich. Vgl. Kurzbericht vom 24.1.1974, SAPMO-BA ZPA IV B2/14/79 (das kirchliche Protokoll Stolpe zu diesem Gespräch vom 21.2.1974 findet sich in EZA Berlin, 101/115. Am 14.2.1974 zwischen 17 und 20 Uhr hatten Sgraja und Roßberg einen Gesprächstermin mit IM »Sekretär«). Auch mit Schönherr und Gienke wurde am 12.3.1974 das staatliche Vorhaben, die Kirchen zu einer staatsloyalen Erklärung zu bringen, besprochen:

»Der Gastgeber [Seigewasser] zeigte auf, daß staatlicherseits die Vorstellung bestehe, zum 25. Jahrestag der DDR eine gute, klare Stellungnahme der Kirchen (vielleicht als ›Wort an die Gemeinden‹ von seiten der Konferenz der Kirchenleitungen) zu diesem Jubiläumstag auf den Tisch zu bekommen; eine solche Adresse könnte einem führenden Repräsentanten des Staates offiziell kirchenseitig übergeben werden. Bischof Schönherr ging positiv auf die Darlegungen des Staatssekretärs ein und erklärte dabei, daß es zweifellos vielerlei gute Erlebnisse in der DDR gebe, die auch von den Kirchen günstig dargestellt werden können. Schönherr meinte dann weiter, daß es bei ihm schon bestimmte Überlegungen gegeben habe, ob vielleicht die Bundessynode eine solche Erklärung verabschieden könne, die dann von den danach folgenden Herbstsynoden übernommen werden könnte. Kollege Flint gab hierbei einen Hinweis auf eine Grußadresse ungarischer protestantischer Kirchen an den Staat zum Jubiläumstag staatlicher Vereinbarungen mit den Kirchen (vgl. hierzu auch Gedächtnisprotokoll Arlt vom 11.4.1974 über ein Gespräch zwischen Seigewasser und Bischof Krusche am 10.4.1974 in Magdeburg, wo Seigewasser ausführte: ›So wurde z. B. in einer Erklärung ungarischer Bischöfe aus Anlaß des 25. Jahrestages zum Abschluß des Vertrages zwischen Staat und Kirche zum Ausdruck gebracht, daß sie fest verbunden mit ihrem Staat sind, nicht nur neben der Gesellschaft stehen, sondern aktiv in der Gesellschaft mitarbeiten‹.« BA, Abt. Potsdam, O-4, 413; Bischof Werner Krusche notierte, Seigewasser habe gesagt, in dieser Erklärung »würde eindeutig Stellung bezogen, und die Kirche stellte sich dem Aufbau des Sozialismus zur Verfügung« [Aktenvermerk Krusche vom 10.4.1974 über das Gespräch mit Staatssekretär Seigewasser und dem stellvertr. Vorsitzenden des Rates des Bezirkes Magdeburg Steinbach vom heutigen Tage; Durchschrift in EZA Berlin, 101/257]; nach dem Vermerk Schultze über ein Gespräch beim Rat des Bezirkes Magdeburg zwischen Staatssekretär Seigewasser und Bischof Dr. Krusche am 10.4.1974 sagte Seigewasser außerdem: »Dies[.] müsse als Leitbild dienen für die künftige Stellung der evangelischen Kirchen in der DDR«; EZA Berlin, 101/257). Bischof Schönherr griff noch einmal die staatliche Anregung auf und meinte, »es möchten verschiedene Hemmnisse beseitigt werden, die z. Zt. immer noch Ärger bringen. Schönherr wollte damit wiederum auf Fragen des sozialistischen Bildungssystems eingehen, was staatlicherseits aber sofort und eindeutig unterbunden wurde. [...] – Bemerkenswert war, daß Bischof Schönherr zum ersten Mal in dem heutigen Gespräch die Formulierung Albert Nordens ›Sozialistischer Staatsbürger christlichen Glaubens‹ verwendete. [...] Zum Abschluß dieses Fragenkomplexes konnte geschlußfolgert werden, daß beide kirchenleitende Persönlichkeiten sich positiv um die Realisierung des staatlichen Anliegens bemühen werden.« Kurzbericht Flint vom 12.3.1974 über das Gespräch des Staatssekretärs mit den Bischöfen Schönherr und Gienke am 12.3.1974 von 11 bis 13 Uhr, SAPMO-BA ZPA IV B2/14/130.

Die Arbeitsgruppe Kirchenfragen beim ZK der SED traf am 23.5.1974 die folgende Vorplanung:

»*Betr.:* Erklärung des BEK zum 25. Jahrestag der DDR

In der Festlegung vom 30.10.1973 wurde unter Punkt 3 formuliert, daß mit dem Ziel der Stärkung und Profilierung der Positionen realistischer Führungskräfte im BEK eine grundsätzliche Erklärung des Kirchenbundes aus Anlaß des 25. Jahrestages angestrebt wird, in der die Politik der DDR zum Wohle der Menschen bejaht und unterstützt und zur Entwicklung unseres Staates positiv Stellung genommen wird. Diese Erklärung soll dem Vorsitzenden des Staatsrates der DDR in Vorbereitung des 25. Gründungstages der DDR von einer Delegation kirchenleitender Persönlichkeiten übergeben werden. Der Verwirklichung dieser Festlegung kommt unter folgenden Gesichtspunkten eine besondere Bedeutung zu: Vom 27.9.-1.10., also eine Woche vor dem Jahrestag der DDR, tagt die Synode des BEK. Dieser Synodaltagung wurde von der Elbingeroder Tagung 1973 der Auftrag gegeben, erneut zu den Fragen der Volksbildung Stellung zu nehmen. Dieser Auftrag wurde erhärtet durch provokatorische Aussagen verschiedener Synoden der Landeskirchen zur Bildungspolitik der DDR und entsprechende Eingaben an den Bund. Bischof Schönherr als der Vorsitzende des BEK hat auf der Frühjahrssynode seiner eigenen Landeskirche in scharfer Weise gegen unsere Bildungspolitik Stellung genommen. Das heißt nichts anderes, als daß von der Bundessynode Ende September 1974 erneut Angriffe gegen unser sozialistisches Bildungssystem und die DDR zu erwarten sind. Erfahrungsgemäß führten Appelle an Bischof Schönherr nicht zur Einstellung dieser Polemik. Würde es gelingen, die Leitung des BEK zur Abgabe einer positiven Grundsatzerklärung zu bringen, würden ihr Ausfälle gegen unseren Staat auf der Bundessynode fast unmöglich gemacht oder zumindest erschwert werden. *Zur Situation:* Bischof Schönherr und andere leitende Geistliche wie Bischof Braecklein, Gienke und Natho wurden schon vor längerer Zeit durch den Staatssekretär auf die Abgabe

einer solchen Erklärung angesprochen. Das führte auch zu einer Reihe positiver Aussagen im Blick auf den 25. Jahrestag durch die Bischöfe Braecklein, Gienke und Natho, und auch Bischof Schönherr hat positive Aussagen zur DDR und ihrer Politik auf der Synode seiner Landeskirche im April dieses Jahres gemacht. Dabei zeigte sich die Tendenz, daß man sich stärker zur 25jährigen Existenz der Kirchen in der DDR äußern will, um dem Grundproblem eines klaren Votums für den sozialistischen deutschen Staat und seine sozialistische Gesellschaftsordnung auszuweichen. Bemühungen der Leitung des Kirchenbundes, sich durch eine Grundsatzerklärung im Verhältnis zu unserem Staat festzulegen, sind zur Zeit nicht zu erkennen. Schönherr äußerte in einem Gespräch, daß man das auf der Tagung der Bundessynode im September tun wolle (was aber das eingangs erwähnte erneuten Angriffs gegen unser Bildungssystem nicht ausschließen würde). Informationen zufolge ist man in Kreisen des Kirchenbundes nicht ausreichend darüber informiert, daß diese Erklärung dem Vorsitzenden des Staatsrates überreicht werden könnte, woran der BEK seit längerem interessiert ist. Es könnten in der Erwiderung durch Genossen Stoph Aussagen gemacht werden, die – ohne daß der Spielraum der Kirchen erweitert oder Zugeständnisse gemacht würden – sich günstig auf das Verhältnis von Staat und Kirche und auf die Isolierung reaktionärer Kräfte [aus]wirken könnten. Für die Lösung dieser Fragen bleibt wenig Zeit, und es sollte eine Klärung herbeigeführt werden, ob der BEK auf die gebotene Möglichkeit einzugehen bereit ist. Dazu sollte in Kürze ein Gespräch zwischen Gen. Seigewasser und Bischof Schönherr stattfinden, in dem das Angebot noch einmal klar ausgesprochen und die Voraussetzungen für das Zustandekommen der Erklärung sondiert werden. Bei positivem Resultat der Aussprache wären Maßnahmen in folgender Richtung erforderlich:
– Zur Einwirkung auf leitende Geistliche wie Braecklein, Natho, Gienke und andere Mitglieder der Konferenz der Kirchenleitungen;
– auf die inhaltliche Abfassung der kirchlichen Erklärung;
– auf die Modalitäten der Übergabe der Erklärung an den Vorsitzenden des Staatsrates;
– hinsichtlich der Erarbeitung des Inhalts der Erwiderung des Genossen Stoph.«
SAPMO-BA ZPA IV B2/14/79.
Eine positive Erklärung zum 25. Jahrestag der DDR hatte die anhaltische Kirche vorbereitet. Dieser Plan war auf der DDR-Bischofskonferenz scharf kritisiert worden. Dies mag jedoch zum Teil der innerkirchlichen Konkurrenz um die staatliche Gunst zuzurechnen sein, da ausgerechnet Braecklein Natho »der Eigenmächtigkeit und politischen Kurzsicht [bezichtigte].« Hierüber war Natho insbesondere deshalb zutiefst verärgert, da Braecklein wenig später in Eisenach gegenüber Seigewasser sich günstig zum DDR-Jubiläum äußerte, so daß sogar eine Presseveröffentlichung erfolgte. Ing. Hanff, Mitglied des Rates der EKU, sowie Kreisoberpfarrer Schindler »sprachen sich gegen die heuchlerische Haltung des Bischofs Braecklein aus.« Information des RdB Halle, Referat Kirchenfragen (Biertümpel) vom 7.6.1974, LPA Halle, IV D-2/14/475.
Am 13.6.1974 bat Seigewasser vormittags Schönherr und nachmittags Braecklein zu sich, um »die profiliertesten Bischöfe für ein Wort der Würdigung der DDR anläßlich dieses Ereignisses [25. Jahrestag] zu gewinnen.« Dabei erklärte Seigewasser, auf welche Punkte es dem Staat besonders ankam: Zusammenarbeit von Christen und Marxisten, Friedenspolitik der DDR, Entspannungspolitik. »Daß die DDR als Staat der sozialen Gerechtigkeit und des sozialen Fortschritts, eben als sozialistischer Staat, die Sorge um den Menschen stets in den Vordergrund stellt und daß Menschenwürde und Menschenrecht im sozialistischen Staat eine Garantie finden, wie sie in keinem kapitalistischen Staat geboten werden kann, sollte ebenfalls Maßstab für eine derartige Adresse sein. Im Gegensatz zur ökonomischen und sozialen Entwicklung im kapitalistischen Bereich kennt das sozialistische Wirtschaftssystem und damit auch die DDR keine Furcht vor Krisen, Inflation, Arbeitslosigkeit oder Kurzarbeit. Das hervorragende Gesundheitswesen und die vorbildliche Sozialfürsorge für Alte und Schwache seien ebenfalls in der ganzen Welt anerkannt worden. Es gäbe also für die Kirchen echte gemein-

same Interessen und Überlegungen, die einen gesellschaftlichen Vorschlag dieser Art berücksichtigen sollten.« Schönherr bekräftigte, »daß eine Erklärung dieser Art keinerlei Halbheiten enthalten dürfe, vor allen Dingen keine versteckten oder gar offenen Angriffe auf Teilabschnitte unserer politischen Entwicklung (Volksbildungswesen, Verteidigungspolitik u. a.).« Sollte die Erklärung positiv ausfallen, wollte Seigewasser ein Gespräch mit dem Staatsratsvorsitzenden Stoph vorschlagen. »Schönherr ließ erkennen, daß er gerade an diesem Gespräch sachlich und persönlich das größte Interesse hätte.« Auch Braecklein erklärte seine Bereitschaft, für das Zustandekommen einer solchen Äußerung Sorge zu tragen, meinte jedoch, daß solche Aktivitäten auch auf Widerstand in den Kirchen stoßen könnten:

»Ob Bischof Krusche [I.] und Bischof Hempel [II.] mit vollem Herzen mitmachen würden, sei ihm noch nicht klar. Auch Bischof Rathke [III.] wäre problematisch.«

I. Krusche hatte gegenüber Seigewasser am 10.4.1974 deutlich gemacht, daß er »den 25. Jahrestag der DDR *nicht* zum Anlaß nehmen wird, ein persönliches Bekenntnis zu unserem Staat abzulegen. Sowohl er als auch [Konsistorialpräsident] Dr. Krause erklärten, daß die Synode des Bundes ein der Bedeutung dieses Tages entsprechendes Wort an die Gemeinden richten wird. Beide sahen in dieser Form die kirchlich legitime Möglichkeit für eine derartige Stellungnahme.« Gedächtnisprotokoll Arlt vom 11.4.1974 über ein Gespräch am 10.4.1974 in Magdeburg, BA, Abt. Potsdam, O-4, 413; nach eigener Darstellung hatte Krusche gesagt: »Der Jahrestag der DDR sei [...] in der Tat kein kirchliches Thema. [...] Der Bund der Evangelischen Kirchen werde [...] auf seiner Synodaltagung den 25. Jahrestag zum Anlaß nehmen, etwas über unsere Stellung in diesem Staate zu sagen. [...] Eine besondere Unternehmung der Kirchenprovinz Sachsen aus Anlaß des 25. Jahrestages würde von den Gliedern der Kirche indessen nicht verstanden werden, sie könnte nur als eine Arbeit auf Bestellung angesehen werden.« Seigewasser äußerte, er »vermöge nicht einzusehen, was eine Kirche oder eine Kirchenleitung davon abhalten könne, zum 25. Jahrestag der DDR zu erklären, daß sie die Politik dieses Staates bejahe, seine Erfolge begrüße und sich in den Dienst des Aufbaus des Sozialismus als einer Gesellschaft neuer Qualität einsetze.« Krusche entgegnete, »daß solch eine Zustimmungserklärung von den Gemeinden nicht verstanden würde. Sie würden es als eine bloße Akklamation ansehen können. Wir müßten dann in jedem Falle auch die Dinge sagen, die uns in unserer Gesellschaft beschweren.« Aktenvermerk Krusche vom 10.4.1974 über das Gespräch mit Staatssekretär Seigewasser und dem stellvertr. Vorsitzenden des Rates des Bezirkes Magdeburg, Steinbach, vom heutigen Tage; Durchschrift in EZA Berlin, 101/257; vgl. auch Vermerk Schultze über ein Gespräch beim Rat des Bezirkes Magdeburg zwischen Staatssekretär Seigewasser und Bischof Dr. Krusche am 10.4.1974, wo es abschließend hieß: »Insgesamt war deutlich, daß das Gespräch werbend und positiv geführt wurde, weil man eine positive Stellungnahme des Bischofs zum 25. Jahrestage erreichen wollte. Darum wurden kritische Fragen zwar angerührt, aber nicht ausgeführt. Der Staatssekretär hatte z. B. offenbar auch eine Zusammenstellung von kritischen Äußerungen des Bischofs in seiner Mappe vorbereitet, hat diese aber nicht verlesen und den Bischof darüber nicht zur Rede gestellt«; EZA Berlin, 101/257.

II. Hempel hatte am 16.4.1974 gegenüber dem Stellvertreter des Vorsitzenden für Inneres beim RdB Dresden, Ullmann, erklärt: »Die Kirchen der DDR werden sich mit ziemlicher Sicherheit zum 25. Jahrestag der DDR äußern. Das generelle Thema wird nicht heißen ›25 Jahre DDR‹, sondern ›25 Jahre Kirche in der DDR‹. Es soll eine Art Inventur sein. Erwarten Sie von uns bitte keine Grußadressen und politische Akklamationen. Ich wünsche der DDR noch weitere 25 Jahre Entwicklung, vor allem auch ein größeres Selbstvertrauen. Vor allem ist die Machtfrage doch eindeutig beantwortet.« Gesprächsvermerk Dohle vom 22.4.1974, PDS-Archiv Dresden, IV C-2.14-681]

III. Sollte Rathke dem Vorhaben positiv gegenüberstehen, was mit Hilfe Gienkes wohl erreicht werden könne, würden sich gewiß auch Hempel und Krusche dem Willen der Mehrheit nicht versperren. Seigewasser wertete: »Insgesamt muß festgestellt werden, daß die beiden Aussprachen mit den Bischöfen Schönherr und Braecklein, die je unter vier Augen stattfanden, das Vertrauen dieser Vertreter in unsere Politik vertieft haben. Ihnen ist klar geworden, daß auf keinen Fall Halbheiten ausgesprochen werden können, die unter Umständen von den Gegnern der DDR verzerrt wiedergegeben werden. Das Neue in der Haltung der beiden Bischöfe besteht darin, daß sie die ursprüngliche Absicht, nur ein Wort über den Weg der Kirchen in der DDR während der zurückliegenden 25 Jahre zu sprechen und damit die Orientierung nach innen, in den Raum der Kirchen zu geben, als nicht unseren Vorstellungen entsprechend anerkannt haben. Sie seien jetzt davon überzeugt, daß es im Interesse der Kirchen in der sozialistischen Gesellschaft sei und für sie notwendig geworden ist, den Gruß und die Würdigung direkt an den Staat und die Gesellschaft zu übermitteln.« Information Seigewasser vom 13.6.1974, BA, Abt. Potsdam, O-4, 1437.

Schönherr informierte die KKL über die Möglichkeit, daß es Anfang September eine Begegnung des KKL-Vorstandes mit dem Staatsratsvorsitzenden geben könne.»Dabei schiene eine Erklärung zum 1. September – 35. Jahrestag des Kriegsbeginns – und 25. Jahrestag der DDR sinnvoll. In der Aussprache besteht Übereinstimmung, daß eine Erklärung der Konferenz nötig ist; es sollte nicht bis zur Bundessynode gewartet werden.« Der KKL-Vorstand wurde beauftragt, bis Anfang August einen Text vorzubereiten. Auszug aus dem Protokoll der 31. Tagung der Konferenz der Evangelischen Kirchenleitungen in der DDR am 12./13.7.1974 in Berlin, EZA Berlin, 101/116.

Im August führte Stolpe mit dem Staatssekretariat drei Gespräche. Während des dritten Gesprächs am 8.8. äußerten sich Seigewasser, Flint und Wilke über einen zuvor vorgelegten ersten Entwurf der geplanten Erklärung höchst unzufrieden. Seigewasser monierte, die von seiner Seite gegebenen Hinweise hätten nahezu gar keine Beachtung gefunden. In dieser Form könne der Text nicht »dem Staatsoberhaupt der DDR zum Jubiläum übergeben [...] werden.« Deshalb möge man die Beratung und Planung einer Grußadresse besser aufgeben.»Generalsekretär Stolpe bedauerte diese Entscheidung und fügte an, daß man auf der Bundessynode versuchen würde, eine ähnliche oder etwas modifiziertere Erklärung zustandezubringen. [...] Der Staatssekretär [...] betonte, daß die an diesem Exposé mitarbeitenden Autoren offensichtlich die Gelegenheit gesucht hätten, mancherlei Vorbehalte, Gravamina etc. wieder einmal ans Licht der Öffentlichkeit zu« bringen. Wilke gab Stolpe abschließend den Hinweis, weder die Öffentlichkeit noch die Westpresse über Stattfinden und Resultat dieser Unterredung zu informieren. Vermerk Flint über die Aussprache mit dem Generalsekretär des Bundes der evangelischen Kirchen in der DDR, Oberkirchenrat Stolpe, am 8.8.1974 von 16.15 bis 16.45 Uhr in der Dienststelle des Staatssekretärs für Kirchenfragen, BA, Abt. Potsdam, O-4, 1437. Vgl. auch Vermerk Stolpe vom 8.8.1974:»In der Begegnung am 8. August hat dann der Staatssekretär für Kirchenfragen, nach offensichtlicher Rückkoppelung mit anderen Organen, verbindlich erklärt, daß zum gegenwärtigen Zeitpunkt eine solche Begegnung [mit Stoph] nicht möglich wäre. Er bedauerte, daß die Erwägungen im kirchlichen Raum über eine Erklärung gegenüber dem Staatsratsvorsitzenden stark profilierte theologische Gedanken mit indirekten Vorbehalten bedeuteten, die dem Staatsratsvorsitzenden nicht zugemutet werden könnten. In dieser Situation wäre lediglich eine eindeutige staatsbürgerliche Erklärung angebracht. Eine solche sei nach dem Gang der Überlegungen jetzt nicht zu erwarten, so daß von dem Programm einer Begegnung mit dem Staatsratsvorsitzenden am 3. oder 4. September abgesehen werden müsse.« EZA Berlin, 101/116. Hempel sagte später zu diesem Gespräch: »Wir haben fairerweise das Konzept dieser Erklärung mit dem Staatssekretär bzw. seinen Beauftragten durchgesprochen. In dieser Erklärung haben wir übrigens das Wort von der Befreiung Deutschlands 1945, welches Sie in der sächs. Erklärung vermissen, mit drin. Sie kennen sicher das Schicksal des Entwurfs des Kirchenbundes: Wir sind damit schroff, prinzipiell und ohne ein bekundetes Interesse zur Weiterarbeit daran weggeschickt worden. Daraus folgt für uns eine große Enttäuschung und die Bestätigung, daß wir politische Aussagen nicht in religiöse Worte formen dürfen, denn das können Sie offenbar nicht hören.« RdB Dresden, Referat Kirchenfragen, 27.9.1974,

Vermerk Dohle betr. Gespräch mit Landesbischof Hempel am 26.9.1974, PDS-Archiv Dresden, IV C-2.14-681.

Der vor der vom 27. September bis zum 1. Oktober 1974 tagenden Potsdamer Bundessynode vorgetragene KKL-Bericht – die Endredaktion war von Stolpe vorgenommen worden (vgl. Protokoll der 45. Sitzung des Vorstandes der Konferenz der Evangelischen Kirchenleitungen in der DDR in Berlin am 3.9.1974: »Er [Stolpe] bemüht sich, in einem Teil alles zusammenzustellen, was an positiven Aussagen gemacht werden kann.« EZA Berlin, 101/115) – formulierte: »Wir stehen wenige Tage vor dem Datum, an dem die Deutsche Demokratische Republik ihren 25. Jahrestag festlich begehen wird. Umfangreiche Vorarbeiten, diesen Tag würdig und als einen Höhepunkt des politischen und gesellschaftlichen Lebens zu gestalten, sind seit Monaten im Gange. Auch für die Kirchen in der Deutschen Demokratischen Republik ist dieser Tag Anlaß zur Besinnung, zu Rückblick und Ausblick. Er stellt einen Anstoß dar, unseren Standort in einer sozialistischen Gesellschaft erneut zu reflektieren. Wir sehen in unserem Staat den Ort, an dem wir als Zeugnis- und Dienstgemeinschaft arbeiten wollen und unsere christliche Existenz zu bewähren haben. [...] Viel ist in den vergangenen 25 Jahren dank der Arbeit aller Bürger erreicht worden. Die Deutsche Demokratische Republik ist ein international anerkannter Staat. Große Bemühungen galten und gelten den Menschen: Eine umfassende Gesundheitsfürsorge wurde aufgebaut. Gesicherte Arbeitsplätze für alle wurden geschaffen. Ein weitgespanntes Wohnungsbauprogramm wird verwirklicht. Die Fürsorge für Kinder und alte Menschen ist besonders im Blick. Der Grundsatz der Gleichberechtigung der Frau wurde konsequent durchgesetzt. Vielfältige sozialpolitische Maßnahmen sind ergriffen worden, das Leben der Bürger von sozialer Unsicherheit und Ungerechtigkeit zu befreien. Für solche Ziele sich einzusetzen, die darauf gerichteten Bemühungen zu unterstützen, ist auch das Anliegen der Christen und Kirchen. Menschen zu Helfern von Menschen zu machen, ist ein Grundzug christlicher Ethik. Unsere Welt braucht im Zeitalter des unvorstellbar gespeicherten Vernichtungspotentials nichts so nötig wie den Frieden. Wir stellen dankbar fest, daß die 25 Jahre des Bestehens der Deutschen Demokratischen Republik für uns zugleich ein Vierteljahrhundert im Frieden waren und daß es gelungen ist, diesen nicht immer ungefährdeten Frieden durchzuhalten. Friede auf Erden ist nächst dem Lobpreis Gottes ein Grundanliegen der Kirche Christi. Wir begrüßen als Kirchen eine Außenpolitik, die auf Frieden, Verständigung, Entspannung und Abrüstung zielt, und bleiben bemüht, mit unseren Mitteln und Möglichkeiten zu helfen, daß der Frieden sicherer wird und der Prozeß der Entspannung voranschreitet. Darum war es konsequent, daß der Bund der Evangelischen Kirchen die Entscheidung traf, zum Weltkongreß der Friedenskräfte im Oktober 1973 eine repräsentative Delegation zu entsenden. [...] Für den Nächsten einzutreten und nach dem Frieden zu suchen und für ihn zu wirken, ist bleibende Aufgabe der Kirche und aller ihrer Glieder. Wir hoffen zuversichtlich, daß die Kirchen und Christen in der Deutschen Demokratischen Republik für solche Dienste ohne Mißtrauen und Vorbehalte in Anspruch genommen werden.« KJ 1974, 502-505, hier: 504 f.

Die staatliche Wertung lautete, der Bericht »enthielt [...] Stellungnahmen zu einer Reihe aktueller politischer und kirchenpolitischer Probleme und insbesondere einen längeren Abschnitt, in dem die Leitung des BEK den *erfolgreichen Weg der DDR, die Fortschritte auf verschiedenen Gebieten des gesellschaftlichen Lebens, ihre Friedenspolitik und die sozialpolitischen Maßnahmen in positiver Weise würdigt.* Diese Aussagen sind, gemessen an anderen Synoden, das bisher weitgehendste Votum von Kirchen für die DDR.« Hervorgehoben wurde auch »die Übereinstimmung mit der Friedenspolitik der DDR und die Bereitschaft zur Mitarbeit an den Grundfragen des Friedens«. Bischof Fränkel kritisierte während der Synodaltagung im Plenum den positiven und einseitigen Tenor des Berichtes scharf: »Er warf der Konferenz der Kirchenleitungen vor, daß der Bericht nur die halbe Wahrheit enthalte, daß man nur ausspreche, was der Staat gern höre, daß man die ernsten Probleme verharmlose. Fränkel bestritt die Richtigkeit der Feststellung im Bericht, daß der Gegensatz von Christentum und Marxismus kein gesellschaftlicher Antagonismus sei, der die Mitarbeit der Christen in der sozialisti-schen Gesellschaft ausschließe. Christlicher Glaube könne auch ›Störfaktor‹ im Sozia-lismus bedeuten.« Auch Vertreter der Jugendarbeit sowie der Saalfelder Superintendent Ludwig Große äußerten Kritik. Daraufhin setzte sich Schönherr für den Bericht ein: »Der Bischof wies nach, daß alle Aussagen des Berichtes nicht Liebedienerei gegenüber dem Staat sind, sondern ein legitimes Anliegen der Christen. [...] Unser Staat bestehe 25 Jahre, also 11 Jahre länger als die Weimarer Republik. Das ist kein Staatswesen, das von einem Hauch hinweggeweht werden könnte, wie das in den 50er Jahren angenom-men wurde. Niemand dürfe beim gegenwärtigen Kräfteverhältnis damit rechnen, daß die DDR und das sozialistische Lager zu schwächen seien. Verfassung und Staat neh-men die Kirche ernst, und man könne nicht so tun, als ob sich hinsichtlich eines positi-ven Vertrauens von Staat und Kirche in den 25 Jahren nichts ereignet habe. [...] Er setzte sich auch erstmalig auf einer Synode mit Bischof Fränkel auseinander und lehnte eine ideologische Konfrontation mit der sozialistischen Gesellschaft ab. Gleichzeitig ließ er erkennen, daß der bevorstehende 25. Jahrestag Anlaß für diese Würdigung der DDR sei und daß nicht daran gedacht ist, dies zur Praxis in den Kirchen zu machen. Unklarheiten in Schönherrs Schlußwort zeigten sich in der Frage der Unmöglichkeit einer ideologischen Koexistenz von Christentum und Marxismus. Er unterstellt, daß unsere Ablehnung der Koexistenz von Religion und wissenschaftlicher Weltanschau-ung die Intoleranz gegenüber religiösen Überzeugungen bedingt.« Auch der Synodal-präses Schröder würdigte in seinem Schlußwort das anstehende Staatsjubiläum. Ar-beitsgruppe Kirchenfragen, Information über die 2. Tagung der 2. Synode des Bundes der Ev. Kirchen in der DDR (BEK), SAPMO-BA ZPA IV B2/14/85; Information vom 30.9.1974 über die 2. Tagung der 2. Synode des Bundes der Ev. Kirchen in der DDR, BA, Abt. Potsdam, O-4, 786. Vgl. auch Information zum 25. Jahrestag der DDR, BA, Abt. Potsdam, O-4, 2525. Zu Fränkel vgl. Abteilung Staat und Recht beim RdB Dresden, In-formation vom 22.1.1975 über die Erfüllung des Beschlusses des Sekretariats der Be-zirksleitung vom 3.5.1974 über die Situation und die Aufgaben im Bereich der Görlit-zer Kirche: »Während der jüngsten Synode [...] versuchte er ein relativ realistisches und positives Wort dieses Gremiums zum 25. Jahrestag der DDR reaktionär zu beein-flussen. Er wurde nur durch einen Synodalen unterstützt.« SAPMO-BA ZPA IV B2/14/134; auch PDS-Archiv Dresden, IV C-2.14-680. Am 4.10.1974 schickte – laut Konferenzbeschluß vom 3.9.1974, als klar war, daß es keinen Empfang des KKL-Vor-standes beim Staatsratsvorsitzenden geben würde (vgl. Protokoll der 45. Sitzung des Vorstandes der Konferenz der Evangelischen Kirchenleitungen in der DDR in Berlin, EZA Berlin, 101/116) – Schönherr in seiner Eigenschaft als KKL-Vorsitzender dem Staatsratsvorsitzenden Stoph ein Glückwunschtelegramm: »Zum 25. Geburtstag der Gründung der Deutschen Demokratischen Republik gedenken wir unseres Staates, sei-ner Regierung und seiner Bürger mit guten Wünschen. Wir sind dankbar für alles, was zum Wohle der Menschen im vergangenen Vierteljahrhundert erreicht wurde. Glieder unserer Kirchen nehmen als Bürger der Deutschen Demokratischen Republik vielfälti-ge gesellschaftliche Verantwortung wahr. Sie sehen sich von ihrem Glauben her vor die Aufgabe gestellt, den Sozialismus als eine Gestalt gerechteren Zusammenlebens zu verwirklichen. Wir wünschen unserem Staat weitere Fortschritte in seinem Bemühen um das Wohl aller Bürger und den Frieden der Welt.« EZA Berlin, 101/342. Abschrift in BA, Abt. Potsdam, O-4, 1437.

Der Text des Telegramms war auf der 32. Tagung der KKL am 13./14.9.1974 in Berlin verabschiedet worden. Vgl. Protokollauszug in EZA Berlin, 101/342. Anhalts Kirchen-präsident Natho übergab am 25.9.1974 dem Vorsitzenden des RdB Halle, Helmut Klapp-roth, eine Erklärung, in der es u. a. hieß: »Zum 25. Jahrestag unseres Staates möchte ich Ihnen im Namen der Evangelischen Landeskirche Anhalts unsere herzliche Gratu-lation aussprechen. An diesem besonderen Feiertag unseres Staates überblicken wir mit Ihnen gemeinsam eine Wegstrecke, die gemessen am langen Weg menschlicher Ge-schichte kurz ist, bedacht von ihrem Ausgangspunkt aber von großer Bedeutung für alle Bürger unseres Staates. Nach den ungeheuerlichen Verwüstungen des 2. Weltkrieges galt es, aus einem Chaos aller menschlichen, materiellen und ideellen Verhältnisse einen Wiederaufbau zu beginnen, der zugleich Grundlage einer politischen Ordnung sein sollte, die Krieg, Rassen- und Völkerhaß ebenso ausschließen sollte wie die ungerechte Verteilung des Besitzes und des Einkommens. Unter der Führung der Arbeiterklasse ist diese Aufgabe in einem revolutionären Prozeß in Angriff genommen worden. [...] Wir wünschen der Deutschen Demokratischen Republik und allen in ihr lebenden Bürgern Wohlergehen und Frieden.« Telegramm SED-Bezirksleitung Halle an Willi Barth, vom 25.9.1974, LPA Halle, IV C-2/14/0550.

334   EZA Berlin, 101/601; auch a.a.O., 4/91/770. An anderer Stelle schrieb Lingner: »Die Betonung der vielfältigen Übereinstimmung in den kirchlichen und staatlichen Redebeiträgen zwischen den Zielen des Sozialismus und der Kirche kann auf den ersten Blick verwirren. Besteht wirklich ein so hohes Maß an Gemeinsamkeiten zwischen sozialistischem Staat und Kirche? Muß es nicht überraschen, vielleicht sogar befremden, wenn Schönherr in seinem Referat ›Erinnerungen und Vermächtnis – Gedanken eines Christen zum 8. Mai 1945 und 1975‹ seine speziell christliche Erinnerung mit Briefen eines Kommunisten, eines Christen und nochmal eines Marxisten belegt und sein christliches Verständnis vom Frieden an Hand von Zitaten aus den Reden Breschnews erläutert?« Zwar habe Christa Lewek in »unauffälliger Weise [...] in die Frage nach der politischen Befreiung Christus als Subjekt der Befreiung für die Kirche gebracht und von der Befreiung der Kirche durch ihn gesprochen«, man müsse jedoch die Frage stellen, »ob die vorsichtige und behutsame Weise in den kirchlichen Redebeiträgen, christliche Akzente zu setzen, von den Gemeinden, Christen und kirchlichen Mitarbeitern in der DDR verstanden wird oder ob der Eindruck vorherrscht, in den Reden der Repräsentanten des Bundes wird das Verhältnis von Kirche und Staat in einer grundsätzlichen Harmonie gesehen, die Spannungen allenfalls am Rande kennt.« KJ 1975, 327.

335   Hans Wilke stellte fest: »In der sächsischen Kirche [...] haben negative Kräfte aus der Kirchenleitung, Superintendenten, Geistliche und Synodale deutlich werden lassen, daß sie nicht bereit sind, dem vom Bund der Ev. Kirchen beschrittenen realistischen Weg des gesellschaftlichen Engagements zu folgen.« Information Wilke vom 4.7.1975 zur Vorlage an die Dienstbesprechung im Juli 1975 über die Situation in den evangelischen Landeskirchen auf der Grundlage der Synoden im 1. Halbjahr 1975, BA, Abt. Potsdam, O-4, 404.

336   Aufzeichnungen vom 16.4.1975, LPA Halle, IV D-2/14/475.

337   Zu Thüringen vgl. Frühjahrssynode 1975 der Ev.-Luth. Kirche in Thüringen vom 11.-13. April. Zusammenstellung für die Berichterstattung der Synodalen, insbes. 2 f., LKA Hannover, D 15 XII, K 66/343/V.

338   Vgl. auch die konzeptionelle Gedankenführung Schumann-Fitzner vom 7.3.1975 zur Vorbereitung auf die Beratung am 11.3.1975 in Görlitz – bevorstehende Frühjahrssynode der evangelischen Landeskirche in Görlitz, BA, Abt. Potsdam, O-4, 413.

339   Information Wilke vom 4.7.1975 zur Vorlage an die Dienstbesprechung im Juli 1975 über die Situation in den evangelischen Landeskirchen auf der Grundlage der Synoden im 1. Halbjahr 1975, BA, Abt. Potsdam, O-4, 404. Hierbei handelt es sich um die auf Anweisung Seigewassers überarbeitete Form der Information Wilke vom 23.5.1975 zur Vorlage an die Dienstbesprechung am 26.5.1975 über die Situation in den evangelischen Landeskirchen auf der Grundlage der Synoden und anderer kirchlicher Veranstaltungen im 1. Halbjahr 1975, die aus staatlicher Perspektive zu noch positiveren Einschätzungen gekommen war, a.a.O.

340   Lingner an Hammer und Wilkens vom 25.7.1975, EZA Berlin, 4/91/774.

341   Bericht über die Kirchen in der DDR und die Beziehungen der EKD zum Bund der Evangelischen Kirchen in der DDR, a.a.O.

342   Einschätzung der politisch-ideologischen Situation im Bereich der Leitungstätigkeit der Staatspolitik in Kirchenfragen und in den evangelischen Landeskirchen in der DDR im Jahre 1970. Entwurf des Arb. Geb. Ev. Kirche beim Staatssekretär für Kirchenfragen

vom 19.1.1971, bestätigt auf der Dienstbesprechung am 28.1.1971 (Durchschlag an Willi Barth), SAPMO-BA ZPA IV A2/14/10.

343 Bericht über die Kirchen in der DDR und die Beziehungen der EKD zum Bund der Evangelischen Kirchen in der DDR, EZA Berlin, 4/91/774.

344 In einem Gespräch mit den für Kirchenfragen zuständigen Mitarbeitern im RdB Cottbus, Deysing und Kappelt, am 16.4.1974 erläuterte der Cottbusser Generalsuperintendent Forck hinsichtlich der Finanzsituation der Berlin-Brandenburger Kirche, der »Haushaltsetat der Kirche setze sich gegenwärtig zu 45 % aus den Kirchensteueraufkommen, zu 10 % aus den staatlichen Zuschüssen und zu 45 % aus Geldern zusammen, die aus der BRD kommen. Die Kirchenleitung hat einen Finanzreformausschuß eingesetzt, der prüfen soll, welche Einsparungen vorgenommen werden können, um nach und nach finanziell selbständig zu werden. Die Gestaltung der künftigen Beziehungen zu den Kirchen der BRD wird [sic!] durch die finanzielle Seite stark belastet.« Niederschrift Deysing vom 17.4.1974, SAPMO-BA ZPA IV B2/14/119.

345 Schreiben Foerster an Lingner vom 19.8.1975, EZA Berlin, 4/91/774.

346 Foersters recht nüchterne Einstellung gegenüber der SED-Herrschaft schien aber nur im fernen Westen zu gelten. So plauderte er im Frühjahr 1977 während der Leipziger Frühjahrsmesse im Gebäude der Leipziger Mission recht offen über personelle Perspektiven in der VELK DDR: »Im weiteren Verlauf des Gespräches schätzte Foerster die personelle Situation in der VELK der DDR sehr negativ ein, vor allem im Bezug auf einzelne Bischöfe. So würde Braecklein bald abtreten, wobei die Nachfolge noch offen wäre. Rathke sei zwar ein guter Kerl, aber sonst ist mit ihm nichts los. Hempel sei ihm persönlich zu professionell (d. h. zu intellektuell und zu kontaktschwach). Dr. Zeddies, Leiter des Lutherischen Kirchenamtes in Berlin, ist zwar klug und auch diplomatisch, aber keine Persönlichkeit in geistlicher Hinsicht.« Rat der Stadt Leipzig, Sektor Kirchenfragen. Information Sektorenleiter Müller vom 20.3.1977, PDS-Archiv Leipzig, IV D-2.13-524.

347 Vorlage Hartwig zur Konzeption der prognostischen Arbeit für die Staatspolitik in Kirchenfragen vom 9.1.1970, BA, Abt. Potsdam, O-4, 255.

348 AG Kirchenfragen, Konzeption zur Einflußnahme auf die 4. Tagung der Synode des Bundes der Evangelischen Kirchen in der DDR vom 31.5.1972, SAPMO-BA ZPA IV B2/14/85.

349 Zitiert nach der von der Dienststelle des Staatssekretärs für Kirchenfragen vorgenommenen Einschätzung der 3. Tagung der 1. Synode des Bundes der Evangelischen Kirchen in der DDR (Information-Nr. 6/1) vom 9.8.1971, BA, Abt. Potsdam, O-4, 50.

350 Abteilung Staat und Recht beim RdB Dresden, 12.8.1974, »Zum Begriff ›Sozialistischer Staatsbürger christlichen Glaubens‹ (Aus der Wochenschulung der Arbeitsgruppe Kirchenpolitik des ZK der SED in Kleinmachnow vom 1.-5.7.1974)«, PDS-Archiv Dresden, IV C-2.14-679.

351 RdB Dresden, Referent für Kirchenfragen (Dohle), 7.5.1974, betr. Treffen des sächsischen Ephorenkonvents mit Bischof Schönherr am 14.3.1974 in Dresden, PDS-Archiv Dresden, IV C-2.14-681. Ein Jahr später hielt Dohle fest: »Es ist tatsächlich so, daß Schönherr in Sachsen keinen guten Ruf hat. Die Geistlichen geben zu, daß dies nicht in theologischen Unterschieden begründet ist, sondern daß die politische Haltung Schönherrs in Sachsen als bedenklich angesehen wird. [...] Schönherr möge doch endlich ruhig sein«, sei eine nicht selten auftretende Ansicht in den Gemeinden. Der Synodale Pilz äußerte: »Politische Dinge entscheidet Schönherr leider zu oft allein, bzw. er spricht sie mit Greifswald, Anhalt und Thüringen ab, aber nicht mit Sachsen. Aber in Sachsen leben nun einmal ein drittel der Christen in der DDR.« Dienstreisebericht Dohle vom 5.7.1975, BA, Abt. Potsdam, O-4, 415.

352 Vgl. Vorlage für die 35. Sitzung des Rates der EKD am 26. und 27.9.1975, EZA Berlin, 4/91/774.

353 Vermerk Behm vom 20.6.1975 über die Sitzung der Beratergruppe am 17.6.1975, EZA Berlin, 101/358. Hierauf schrieb Thüringens Bischof Braecklein Behm am 7.7.1975

einen empörten Brief: »Der letzte Vermerk über die Sitzung der Beratergruppe vom 17. Juni gefällt mir nicht. Abgesehen davon, daß für jeden der drei Mitglieder des Vorstandes Begründungen für die Abwesenheit vorhanden waren – ich selbst habe mich am Tage nach einer langen Sitzung um 16.00 Uhr in der Auguststraße entschuldigt –, kann man bei Anwesenheit von zwei Bischöfen auf unserer Seite und zwei Bischöfen auf der anderen Seite durchaus nicht von einer einseitigen Besetzung reden. Die Fluktuation der anderen Seite ist immer wieder sehr stark, und es müßte Verständnis darüber sein, daß auch auf unserer Seite terminliche Schwierigkeiten eintreten. Bei einer Teilnehmerzahl von elf Teilnehmern auf unserer Seite und acht Teilnehmern auf der anderen Seite ist zudem die Ausgewogenheit gegeben. Im Blick auf die Reise kann ich nur feststellen, daß es für eine erhebliche Anzahl von Teilnehmern der anderen Seite schneller und einfacher ist, an den Tagungsort zu kommen, als z. B. für mich.« Albrecht Schönherr schrieb am 9.7.1975 an das Sekretariat des Bundes: »In dem Protokoll des letzten Ost-West-Gespräches kam am Schluß ein Seufzer des Protokollanten heraus, daß wir DDR-Leute diese Begegnung nicht ernst genug nähmen. Wir haben darüber im Bischofskonvent ein wenig geredet. Es ist von Anfang an so gewesen, daß der Vorstand als das eigentliche Gegenüber in diesem Gespräch angesehen wurde, andere sind nur zeitweise dazugekommen. Eine Ausnahme machte Bischof D. Fränkel, der sein ständiges Interesse von vornherein angemeldet hatte. Ich möchte bemerken, daß ich selbst fast bei jeder Zusammenkunft dabeigewesen bin, was man von Ratsmitgliedern der anderen Seite nicht unbedingt sagen kann. Natürlich gibt es dann einmal die Situation, daß zwei Vorstandsmitglieder fehlen müssen. Das ist ja offenbar auch auf westlicher Seite so gewesen. Von mangelndem Interesse kann gar keine Rede sein. Andererseits wurde auf dem Bischofskonvent aber deutlich, daß die Einladungen nicht sehr weit gestreut sind. Z. B. ist Bruder Bischof Rathke überhaupt noch niemals eingeladen worden. Ich bin der Meinung, man sollte den Bischofskonvent auf jeden Fall einladen. Es werden immer einige sein, die nicht kommen können.« Beide Schreiben in EZA Berlin, 101/358. Ein Protokoll der entsprechenden Sitzung des Bischofskonvents fehlt in der einschlägigen Akte EZA Berlin, 101/23.

354 Vermerk Lingner über die Sitzung der Beratergruppe am 24.3.1976, EZA Berlin, 4/92/5. Vgl. auch den an die Mitglieder der AGK gerichteten Kurzvermerk Behm vom 25.3.1976: »Zu TOP 4 Status der Beratergruppe. Es wird vereinbart, daß je drei Vertreter aus Bund und EKD über diese Frage weiterarbeiten.« EZA Berlin, 101/360. Der Vorstand der KKL hatte auf seiner 63. Sitzung am 19.2.1976 beschlossen: »3.1. Arbeit der Beratergruppe: Die Arbeit soll im bisherigen Rahmen weiter geschehen. Verabredungen sollen schriftlich fixiert werden, weitergehende Protokolle erscheinen nicht nötig. Kerngruppe ist der Vorstand, dazu sollen Interessenten aus der Konferenz und Experten kommen.« Protokollauszug in EZA Berlin, 101/360. Der Beschluß der 64. Sitzung am 24.3.1976 lautete dann: »2.2. Beratergruppe: Der Vorstand […] sieht in der Beratergruppe eine der Möglichkeiten, unter den gegebenen Umständen dem Auftrag von Artikel 4, Abs. 4 der Ordnung des Bundes nachzukommen. Unter dieser Voraussetzung stimmt der Vorstand der Aufgabenstellung des Rates der EKD für die Mitglieder aus dessen Bereich zu: a) Die Gruppe nimmt Berichte über die kirchliche Arbeit und besondere kirchliche Probleme aus dem Bereich der EKD und dem Bereich des BEK entgegen und bespricht sie; b) sie regt theologische Gespräche über wichtige Themen zwischen den Kirchen in der EKD und denen des Bundes an und fördert diese; c) sie erörtert Fragen, die die ganze evangelische Christenheit in Deutschland angehen und trägt dafür Sorge, daß die Organe der EKD und des Bundes der Evangelischen Kirchen in der DDR in partnerschaftlicher Arbeit ihre jeweilige Mitverantwortung für die besondere Gemeinschaft der ganzen evangelischen Christenheit in Deutschland wahrnehmen können. – Der Vorstand schlägt aber vor, in a) zu formulieren: Die Gruppe berichtet gegenseitig über die kirchliche Arbeit und besondere kirchliche Probleme aus dem Bereich der EKD und dem Bereich des Bundes. An dem Anfang des Punktes c) sollte gesagt werden: Sie erörtert Fragen, die die ganze evangelische Christenheit in Deutschland an-

gehen, und trägt dazu bei, daß die Organe [...] – Der Vorstand hat das Sekretariat gebeten, in Zusammenarbeit mit der Kirchenkanzlei der EKD (Berliner Stelle) die Beratungen vorzubereiten.« Protokollauszug in EZA Berlin, 101/360. Der Vorstandsbeschluß wurde mit Schreiben vom 25.3.1976 dem Rat der EKD übermittelt, vgl. a.a.O. Entsprechend den Vorgaben des KKL-Vorstands beschloß der Rat dann am 20.6.1976. Vgl. die Randbemerkung Hammer an dessen Tischvorlage für die Ratssitzung:»Manfred. Beschlossen am 20.6.1976.« A.a.O. Vgl. auch die Mitteilung auf der 67. Sitzung des KKL-Vorstands am 4. August 1976 in Halle »2.6. Berlin-Gruppe«. Protokollauszug in a.a.O.

355 Die AFA-Tagung hatte vom 16.-20.9.1975 in Siófok (Ungarn) stattgefunden. Zur Konferenz vgl. JK 36 (1975), 537-540 sowie A.J. Rasker, Die Frucht der Gerechtigkeit wird Friede sein. Eindrücke von der Tagung der Christlichen Friedenskonferenz in Siófok, in: a.a.O., 626-629. Hinsichtlich dieser Tagung hatte Seigewasser gegenüber Pabst »sein Befremden über die Art« zum Ausdruck gebracht, »in der die von Metropolit Nikodim im April an Bischof Schönherr gerichtete Einladung zur Teilnahme an der Tagung der AFA in Ungarn behandelt worden sei. Der Bund habe monatelang mit der Antwort gewartet. Dann habe Bischof D. Schönherr keine Verhinderungsgründe genannt, vielmehr sei mitgeteilt worden, der Bund habe beschlossen, OKR Pabst und Referent Garstecki zu entsenden. Er, der St.S., sei überzeugt, daß dies von der CFK als unfreundlicher Akt betrachtet werde. Er betonte, daß seine Ausführungen sich nicht gegen meine [Pabsts] Person richteten, auch nicht gegen die Person des Herrn Garstecki. Der Bund könne frei entscheiden, wen er entsenden wolle; doch fühle der St.S. sich verpflichtet, darauf hinzuweisen, daß beide in Siófok in eine schwierige Lage kommen würden.« Vermerk Pabst vom 27.8.1975 über ein Gespräch im Staatssekretariat für Kirchenfragen am 26.8.1975, EZA Berlin, 101/917.

356 Vgl. Vermerk Behm vom 16.10.1975 über die Sitzung der Beratergruppe am 8.10.1975, EZA Berlin, 101/358. Der Vermerk Lingner über Beratergruppensitzung am 8.10.1975 erwähnt die um Immer entstandene Debatte mit keinem Wort. EZA Berlin, 4/92/2.

357 Bei einem Besuch einer von Schönherr geleiteten Abordnung des Kirchenbundes in der Sowjetunion vom 26.5. bis zum 8.6.1972 (vgl. hierzu auch Protokoll der Sitzung des Vorstandes der KKL am 16.12.1971, EZA Berlin, 101/114) war auch über das Verhältnis zur CFK gesprochen worden. Nach einem Bericht des Leiters des Rates für religiöse Angelegenheiten beim Ministerrat der UdSSR, Kurojedow, verwiesen dabei Schönherr und auch weitere Delegationsmitglieder »auf die Absicht der Christen in der DDR, an der Friedensbewegung, besonders an der Arbeit der CFK, aktiver teilzunehmen, und sie sprachen in diesem Zusammenhang davon, daß deshalb engere Beziehungen zwischen den beiden Kirchen wünschenswert wären.« Brief an Seigewasser vom 27.7.1972, SAPMO-BA ZPA IV B2/14/79. Die Reise in die Sowjetunion war im übrigen von seiten des Staatssekretariats für Kirchenfragen initiiert worden, wobei eine der Zielvorgaben lautete, »über die ROK, die in der Friedenspolitik der Sowjetunion eine beachtliche Rolle spielt, den BEK enger an die CFK-Arbeit heranzuziehen.« Während der offiziellen Verabschiedung in Berlin hatte Schönherr darüber hinaus geäußert, der BEK werde »wohl auch nicht ›darum herumkommen‹, korporativ beizutreten und einen entsprechenden finanziellen Beitrag zu leisten.« In ähnlicher Richtung soll Schönherr sich auch gegenüber Metropolit Nikodim geäußert haben. So konnte das Staatssekretariat auch zufrieden feststellen:»Man kann einschätzen, daß die Zielsetzung der Reise weitgehend erreicht worden ist. In dem ›Lernprozeß‹ des BEK wurden die politische Standortbestimmung, antiimperialistische Parteinahme, darunter auch die Abgrenzung zur BRD (EKD), die Notwendigkeit eines Engagements für den Frieden (CFK-Mitarbeit) und die Zurückweisung der antikommunistischen Ausfälle des politischen Klerikalismus in der imperialistisch orientierten Ökumene bestärkt.« Abt. Internationale Beziehungen, Vorlage Weise für Dienstbesprechung am Mittwoch, 9.8.1972, Tagesordnungspunkt »Einschätzung der Reise einer Delegation des Bundes der Ev. Kirchen in der DDR in die Sowjetunion zum Besuch der ROK«, BA, Abt. Potsdam, O-4, 402. Vgl. auch den kirchlichen Aktenvermerk über einen Empfang des Staatssekretariats für Kirchen-

fragen am 25.5.1972 in Berlin, EZA Berlin, 101/347. Aufgrund einer Intervention von seiten des Staatssekretariats für Kirchenfragen war die von der KKL festgelegte kirchliche Delegation noch verändert worden. Vgl. Aktenvermerk Pabst vom 14.8.1972 über die Unterredung im Staatssekretariat für Kirchenfragen am 10.8.1972, a.a.O. Die positive staatliche Einschätzung über die Reise wurde auch Oberkirchenrat Pabst am 15.6.1972 im Staatssekretariat für Kirchenfragen übermittelt. Außerdem wies man ihn darauf hin, daß einer Intensivierung der kirchlichen Verbindungen zur CFK staatlicherseits große Bedeutung beigemessen werde, Aktenvermerk Pabst vom 16.6.1972, a.a.O. Der Vorstand der KKL beschloß nach Beendigung der Reise, eine Einladung an eine Delegation der russisch-orthodoxen Kirche auszusprechen und auch theologische Sachgespräche anzustreben. Vgl. das vertrauliche Protokoll der Sitzung des Vorstandes der KKL am 19.6.1972 in Görlitz (TOP 3.5.), EZA Berlin, 101/114.

358 Vermerk Lingner über Beratergruppensitzung am 8.10.1975, EZA Berlin, 4/92/2.

359 Persönlicher Referent, Aktennotiz (zugleich Dienstreisebericht) Dohle vom 13.5.1976, BA, Abt. Potsdam, O-4, 415; auch PDS-Archiv Dresden, IV C-2.14-681.

360 Staatssekretär für Kirchenfragen, Information Nr. 2/77 vom 31.1.1977, Jahresanalyse der Staatspolitik in Kirchenfragen 1976, BA, Abt. Potsdam, O-4, 462.

361 Vermerk Lingner über Beratergruppensitzung am 8.10.1975, EZA Berlin, 4/92/2.

362 Vgl. auch Dienstreisebericht des Persönlichen Referenten Seigewassers, Dohle, über einen operativen Einsatz im Bezirk Karl-Marx-Stadt am 10.3.1976, in dem er auch über ein mit Günter Krusche am 9.3.1976 im Staatssekretariat geführtes Gespräch berichtete: »Krusche erwartet, daß es während der Synode die Auseinandersetzungen um den wesentlichsten Gegensatz geben wird, der gegenwärtig im sächsischen Raum formuliert wird und der besagt, daß die Kirche wählen müsse zwischen Anpassung, wie sie der Bund betreibt, und Festhalten am Bekenntnis, wie es Sachsen betreibt. Krusche sieht deutlich, daß diese sächsische Konzeption eine antikommunistische Komponente hat.« BA, Abt. Potsdam, O-4, 415. Dohle plante daraufhin für das für den 19.3.1976 vorgesehene Gespräch mit dem sächsischen Landesbischof, »Hempel zu konfrontieren mit der äußersten Rechten in seiner Kirche, die derartige realistische Entscheidungen behindern will. Es ist eine Auseinandersetzung über die falsche Alternative ›Anpassung oder Bekenntnis‹ zu führen, wobei auf Angriffe von Pfarrern im Raum Karl-Marx-Stadt auf von Brück wegen seiner Unterstützung der Arbeit des DDR-Solidaritätskomitees für die chilenischen Emigranten in der DDR eingegangen wird, aber auch auf die Aussagen Cieslaks vor der Kamenzer Bezirks-Synode.« PDS-Archiv Dresden, IV C-2.14-675.

363 Information vom 30.9.1975 über den Verlauf der 3. Tagung der 2. Synode des Bundes der Evangelischen Kirchen in der Deutschen Demokratischen Republik, SAPMO-BA ZPA IV B2/14/86.

364 Protokoll Dohle vom 14.10.1975, BA, Abt. Potsdam, O-4, 404.

365 Vgl. EZA Berlin, 101/322.

366 Berichte der Berliner Stelle (Materialien 1-46) vom 10.12.1975, EZA Berlin, 4/91/770.

367 Vgl. das staatliche Protokoll (Abt. Internationale Beziehungen) vom 2.10.1975 der Veranstaltung der Leitung des Bundes der Evang. Kirchen in der DDR und des Vorstandes der Synode zu Fragen der KSZE am 4.9.1975, BA, Abt. Potsdam, O-4, 1437. Das kirchliche Protokoll ist in den einschlägigen Akten nicht überliefert.

368 Berichte der Berliner Stelle (Materialien 1-46) vom 10.12.1975, EZA Berlin, 4/91/770.

369 Zu dpa beispielsweise meinte Greifswalds Bischof Gienke: »Er wisse, daß dpa ihnen schon des öfteren das Wort im Munde umgedreht hat. Selbst Bischof Krusche habe sich unlängst im kleinen Kreis der Bischöfe über die Praktiken der dpa beschwert. Gienke ist der Meinung, daß sich hinter dpa mancher kalter Krieger versteckt.« Aktenvermerk Macht-Brüssow vom 12.11.1975 über Gespräch mit Gienke am 11.11.1975 in Stralsund, BA, Abt. Potsdam, O-4, 789.

370 Information Schumann-Fitzner für den Staatssekretär vom 9.12.1975 zur Weiterfüh-

rung der politischen Einflußnahme gegenüber der Leitung der Evangelischen Kirche des Görlitzer Kirchengebietes, SAPMO-BA ZPA IV B2/14/134.

371 EZA Berlin, 4/91/770. Vgl. auch die Niederschrift über das Gespräch mit der Leitung der Evangelisch-Lutherischen Landeskirche Sachsen am 8.10.1975 in Dresden, an dem auch Seigewasser beteiligt war. PDS-Archiv Dresden, IV C-2.14-681.

372 Aktenvermerk Steinbach vom 6.11.1975 über Gespräch mit Gienke am 4.11.1975, BA, Abt. Potsdam, O-4, 789. Vgl. auch die Sitzungsprotokolle in EZA Berlin, 101/99.

373 Information der Arbeitsgruppe Kirchenfragen über den Verlauf der 3. Tagung der 2. Synode des Bundes der Evangelischen Kirchen in der Deutschen Demokratischen Republik vom 30.9.1975, SAPMO-BA ZPA IV B2/14/86.

374 Vgl. dagegen das von dem KJ-Herausgeber Wolf-Dieter Hauschild als »der Behauptung einer Affinität zwischen Christentum und Sozialismus zuneig[end]« charakterisierte von neun Professoren und sechzehn Assistenten der Theologischen Fakultät der Universität Göttingen, darunter Manfred Josuttis, Hans-Georg Geyer, Ulrich Luz, Hans-Joachim Kraus, Adolf-Martin Ritter und Karl Fritz Daiber, unterzeichnete Votum vom Juni 1977, auszugsweise abgedruckt in KJ 1976/77, 103 f. Vgl. auch insgesamt KJ 1976/77, 98-104 sowie Manfred Josuttis (Hg.), Pfarrer in der DKP?; H. Gollwitzer, Zur Frage der DKP-Pfarrer.

375 Dies betraf neuerdings sogar den Görlitzer Bischof Fränkel, wie aus einer vertraulichen Information vom 20.6.1976 hervorgeht: »Am Sonntag vormittag führte Genosse Weise ein Gespräch unter vier Augen mit Bischof Fränkel während der Synode der EKU. Auf Grund der Ausführungen des Bischofs zu außenpolitischen Fragen stellte Genosse Weise die Frage, ob er nicht bereit sei, zu diesen Problemen ein Interview für ADN zu geben. Bischof Fränkel antwortete sehr umfassend darauf, bat aber darum, seine Gedanken als vertraulich zu behandeln. Für ihn sind diese ganzen Fragen ein Problem. Was wir mit seinen Ausführungen machen wollen – nämlich sie zu popularisieren –, das ist richtig und findet seine Zustimmung. Er könne aber zum gegenwärtigen Zeitpunkt kein Interview geben. Er habe Schwierigkeiten mit seiner eigenen Leitung. Beim letzten Gespräch mit dem Rat des Bezirkes war ein Mitglied seiner Kirchenleitung nicht dabei. Der mache ihm jetzt Schwierigkeiten und Vorhaltungen gegen sein Auftreten. Jetzt sind seine politischen Sätze ein Problem in der Kirche. Einige Leute betrachten ihn als Verräter. Weil ich den Führungsanspruch der SED anerkenne, greifen mich Vertreter der Magdeburger Kirchenleitung an. Es ist doch ein Unterschied zwischen der politischen und der ideologischen Führungsrolle. In der ideologischen werden wir uns nie verstehen, sagte der Bischof, in der politischen aber ja. So wie ihm ginge es auch Bischof Schönherr. Er sei ein guter Mann, ist aber von allem Möglichen umgeben und bekomme auch von dorther Schwierigkeiten, woher er seine habe. [...] Seit Helsinki gibt es doch eine völlig neue Situation [vgl. hierzu RdB Cottbus, Stellvertreter d. Vorsitzenden f. Inneres, Deysing, Niederschrift vom 19.3.1976 über ein Gespräch mit Bischof Fränkel, Görlitz, und dem Mitglied der Kirchenleitung, Superintendent Ernst, Gersdorf, am 16.3.1976 in Hoyerswerda; Fränkel hatte hier dieser Einschätzung nach hinzugefügt, »daß nach seiner Erfahrung wichtige Menschenrechte, die in Helsinki eine Rolle gespielt haben, in der DDR verwirklicht sind«, PDS-Archiv Dresden, IV C-2.14-689, auch a.a.O., IV C-2.14-675], die viele in der Kirche noch nicht begreifen. [...] Es gibt eine Reihe von Leuten, die sagen: Fränkel fängt an zu kapitulieren. Er wolle aber nicht isoliert werden.« SAPMO-BA ZPA IV B2/14/147. Werner Krusche äußerte am 4.3.1976: »Wir sind Kirche und Christen in der DDR – nicht gegen - nicht neben, sondern Kirche im Sozialismus. Er erklärte, daß er den Sozialismus ehrlich bejaht und bewußt als Staatsbürger in diesem Staat lebt, was aber nicht heißt, daß alles, was um ihn herum geschieht, er unkritisch aufnehmen und absolut bejahen kann. [...] Er ging darauf ein, daß er als einer der Präsidenten der Konferenz Europäischer Kirchen auf internationalen ökumenischen Veranstaltungen bestrebt war, die Außenpolitik der DDR aktiv zu unterstützen.« Bezirksleitung der SED Halle (Saale), Mitarbeiter für Kirchenfragen, an Genossen Felfe, 1. Sekretär, Information vom 5.4.1976 über das Gespräch mit

dem Bischof der Evangelischen Kirchenprovinz Sachsen, Dr. Krusche, LPA Halle, IV C-2/14/0550. Krusche berichtete am 7. 4.1976 auf der Sitzung des Rates der EKU, Bereich DDR: »Die Unterhaltung war *sehr* freundlich.« Bericht R. Groscurth vom 8.4.1976, EZA Berlin, 4/92/5. Über Anhalt hieß es: »[...] bekannten die kirchlichen Amtsträger, daß die sozialistische DDR ihre Heimstatt ist. Sie würdigten das bewährte Vertrauensverhältnis zum Staat und sprachen sich für die kontinuierliche Fortsetzung dieser Beziehungen aus.« Hausmitteilung Bezirksleitung der SED Halle (Saale), Mitarbeiter für Kirchenfragen, Gerngroß, an Gen. Felfe, 1. Sekretär, vom 22.3.1976, LPA Halle, IV C-2/14/0550.

376 Vgl. hierzu auch Aktenvermerk Rode zur Berichterstattung der Delegation des BEK über ihre Reise nach Frankreich zum Besuch der dortigen protestantischen Kirchen vom 20.10.1972. Die Gesprächspartner Lahr und Pabst überbrachten von den mit Pfarrern und Gemeindegliedern der protestantischen Kirchen Frankreichs geführten Gesprächen den frischen Eindruck, »daß die Existenz der DDR in Frankreich allgemein bekannt ist und auch mit freundlichen Gefühlen registriert wird. Man identifiziert zumeist die DDR als Staat mit dem nach dem Hitlerkrieg entstandenen völlig Neuen in Deutschland. Deshalb begegnet die französische Bevölkerung Bürgern der DDR fast durchweg mit Offenheit und Freundlichkeit. [...] Die Haltung der französischen Bevölkerung gegenüber der Bundesregierung ist allgemein skeptisch, weil die BRD mit der militaristischen Vergangenheit Deutschlands belastet ist und bleibt. Diese Haltung resultiert auch aus dem Unverständnis vieler Franzosen, die nicht einsehen wollen und können, daß die BRD als Nachfolger des deutschen Staates, der den Krieg verloren und folglich auch von den Kriegsfolgen betroffen sein müßte, Frankreich wirtschaftlich überflügelt hat und daß infolgedessen der Lebensstandard in der BRD über dem in Frankreich liege.« SAPMO-BA ZPA IV B2/14/79. Der Vermerk Pabst vom 13.11.1972 über eine Unterredung betreffs Frankreich-Delegation am 26.10.1972 im Staatssekretariat für Kirchenfragen hält fest, daß über die obigen Themen gesprochen wurde, gibt zu diesen Punkten jedoch keine Inhaltsangabe des Gesprächsverlaufs, EZA Berlin, 101/347. Vgl. auch das vertrauliche Protokoll der Sitzung des Vorstandes der KKL am 19.6.1972 in Görlitz (TOP 3.1.), EZA Berlin, 101/114 sowie Aktenvermerk Pabst vom 14.8.1972 über die Unterredung im Staatssekretariat für Kirchenfragen am 10.8.1972. Dort heißt es u. a.: »Um so nachdrücklicher wurde betont, es müßten der Delegation mehrere Mitglieder sein, die den fortschrittlichen politischen Auffassungen der französischen Protestanten nahestünden. Dabei wurde gesprochen vom Vietnam-Krieg, von der Frage der Anerkennung der DDR und von der Europäischen Sicherheitskonferenz. [...] Es wurde auch auf die Gesellschaft Frankreich-DDR hingewiesen, die in zahlreichen Städten Frankreichs organisiert sei, auch werde es doch wohl zu Begegnungen mit kommunistischen Bürgermeistern kommen.« EZA Berlin, 101/347. Zur staatlichen Einflußnahme auf die personelle Besetzung der Delegation vgl. Aktenvermerk Pabst über eine Unterredung am 8.9. im Staatssekretariat für Kirchenfragen betreffs Frankreich-Delegation, a.a.O.

377 Lingner an Claß vom 24.5.1976, EZA Berlin, 4/92/5.

378 Dienstreisebericht Dohle vom 16.3.1976, BA, Abt. Potsdam, O-4, 415.

379 Vgl. W. Feurich, Lebensberichte eines Dresdner Gemeindepfarrers.

380 Lewerenz ist Verfasser einer 1983 bei der Philosophischen Fakultät des Wissenschaftlichen Rates der Pädagogischen Hochschule »Liselotte Herrmann« in Güstrow eingereichten Dissertation über »Das Selbstverständnis evangelischer Landeskirchen in der DDR von ›Kirche im Sozialismus‹, vor allem untersucht und dargestellt am Bund der Evangelischen Kirchen in der DDR und an der Evangelisch-Lutherischen Landeskirche Sachsens – eine kritische Analyse«.

381 Bezirksleitung Dresden der SED, Hausmitteilung vom 4.12.1976 von Abteilung Staat u. Recht an Genossen Hans Modrow, betr. Aussprache mit Pastor Niemöller in der Wohnung des Pfarrers Feurich am 3.12.1976 (16.00-19.00 Uhr), PDS-Archiv Dresden, IV C-2.14-675.

382 Vgl. Vermerk Lingner über die Sitzung der Beratergruppe am 30.6.1976, EZA Berlin,
4/92/5. In einem Gespräch mit Seigewasser am 30.3.1976 hatte der Generalsekretär des
LWB, Mau, »beeindruckt vom Wohnungsbauprogramm der DDR [...] zwar die
Notwendigkeit von Kirchenbauten in Neubaugebieten [betont], [er] hatte aber auch
Verständnis für die ökonomischen Schwierigkeiten, die der Verwirklichung solcher
Vorhaben entgegenstehen.« Andererseits hielt Mau in einem später auf einer Presse-
konferenz verteilten Kommuniqué die Forderung nach der Errichtung von kirchlichen
Bauten in den Trabantenstädten offiziell aufrecht. Vgl. auch Abt. Intern. Beziehungen,
Information vom 21.4.1976 über den Besuch des Generalsekretärs des Lutherischen
Weltbundes (LWB), D. Mau, vom 20.-31.3.1976 in der DDR, BA, Abt. Potsdam, O-4,
405.

383 Vermerk Behm vom 2.7.1976, EZA Berlin, 101/360. Siehe dazu auch unten, Kapitel 5.

384 Abteilung Staat und Recht, Dresden, Niederschrift vom 28.7.1976 über die am
22.7.1976 im ZK der SED stattgefundene Beratung mit Mitarbeitern der BL der SED
für Kirchenpolitik und den Stellv. d. Vors. d. Räte der Bezirke für Inneres, PDS-Archiv
Dresden, IV C-2.14-675.

385 Vgl. Vermerk Behm vom 2.7.1976, EZA Berlin, 101/360.

386 Vgl. Vermerk Lingner über die Sitzung der Beratergruppe am 30.6.1976, EZA Berlin,
4/92/5. Paul Verner bezeichnete auf einer am 22.7.1976 im ZK-Gebäude vor in der Kirchenpolitik tätigen Partei- und Staatsfunktionären durchgeführten Versammlung die
»Herbeiführung einer zustimmenden Haltung bedeutender Vertreter der Kirchenleitungen und deren Teilnahme an der im Mai 1977 in Moskau stattfindenden Konferenz
religiöser Friedenskräfte« als bedeutende Aufgabe, Abteilung Staat und Recht, Dresden,
Niederschrift vom 28.7.1976, PDS-Archiv Dresden, IV C-2.14-675.

387 Ähnlich hatte bereits die von Werner Krusche auf der Sitzung des Rates der EKU, Bereich DDR, am 7.4.1976 abgegebene Wertung gelautet. Vgl. Bericht R. Groscurth vom
8.4.1976, EZA Berlin, 4/92/5.

388 Konzeption zur Vorbereitung der »Weltkonferenz religiöser Vertreter für dauerhaften
Frieden, Abrüstung und gerechte Beziehungen unter den Völkern« (6.-10.6.1977 in
Moskau), SAPMO-BA ZPA IV B2/14/191.

389 Information Seigewasser vom 20.12.1976 über Gespräch mit Schönherr am gleichen
Tag, BA, Abt. Potsdam, O-4, 1437.

390 Hausmitteilung Bezirksleitung der SED Halle (Saale), Mitarbeiter für Kirchenfragen,
Gerngroß, an Gen. Felfe, 1. Sekretär, vom 22.3.1976, LPA Halle, IV C-2/14/0550. Natho
informierte am 7.4.1976 auf der Ratstagung der EKU, Bereich DDR, über das Gespräch:
»Er hat theologische Bedenken gegen den Weltkongreß der Friedenskräfte ausgesprochen«, notierte R. Groscurth in seinem Bericht vom 8.4.1976, EZA Berlin, 4/92/5.

391 Vgl. Information über das Gespräch des Vorsitzenden des Rates des Bezirkes Halle,
Gen. Helmuth Klapproth, mit der Leitung der Ev. Landeskirche Anhalts am 28.12.1976
in Halle, LPA Halle, IV D-2/14/475. Vgl. auch Protokoll Schönherr-Stolpe-Pabst der 46.
Tagung der Konferenz der Evangelischen Kirchenleitungen in der DDR am
14./15.1.1977 in Berlin: »[TOP] 2.3. Moskauer Weltkongreß der religiösen Friedenskräfte – Stolpe und Lewek suchten inzwischen den Exarchen des Moskauer Patriarchats
auf und erhielten von ihm zusätzliche Informationen. Dr. Falcke und Lewek wurden zu
der im März bevorstehenden zweiten Tagung des Vorbereitungsausschusses eingeladen [...] Keine Gliedkirche sprach sich dafür aus, dem Weltkongreß fernzubleiben, doch
differieren die Voten, ob Delegiertenstatus oder Beobachterstatus angestrebt werden
soll.« EZA Berlin, 101/102.

392 Niederschrift Dohle vom 22.3.1976 über ein Gespräch mit Landesbischof Dr. Hempel
am 19.3.1976 beim Stellvertreter Inneres des Rates des Bezirkes Dresden, PDS-Archiv
Dresden, IV C-2.14-675. In eine ähnliche Richtung ging die Äußerung Rathkes, er
würde »eine solche Konferenz begrüßen [...], wenn sichergestellt sei, daß alle Kirchen
daran teilnehmen, also die gesamte Ökumene, und dadurch ein für die gesamte Christenheit offenes Gespräch geführt wird [...] die einhellige Stellungnahme aller Dele-

gierten sei wichtig.« Vermerk Schill vom 20.2.1976 über Gespräch beim RdB Schwerin am 17.2.1976, EZA Berlin, 101/255.

393 Persönlicher Referent, Aktennotiz (zugleich Dienstreisebericht) Dohle vom 13.5.1976, BA, Abt. Potsdam, O-4, 415; auch PDS-Archiv Dresden, IV C-2.14-681. Vgl. auch das kirchliche Protokoll über die KKL-Sitzung am 7./8.5.1976 in EZA Berlin, 101/101.

394 Bezirksleitung der SED Halle (Saale), Mitarbeiter für Kirchenfragen, Gerngroß, an Genossen Felfe, 1. Sekretär, Information vom 5.4.1976 über das Gespräch mit dem Bischof der Evangelischen Kirchenprovinz Sachsen, Dr. Krusche, LPA Halle, IV C-2/14/0550.

395 In einer im RdB Rostock vorgenommenen Einschätzung zu Plath hieß es im August 1977: »Oberkonsistorialrat Plath ist leitendes theologisches Mitglied des Konsistoriums und damit engster Berater des Bischofs. Mit der Übernahme dieser Funktion wurde er Mitglied der Kirchenleitung. Gleichzeitig bedeutet dies, daß die positiven Kräfte gestärkt wurden. Als Mitglied der Konferenz der Kirchenleitungen ist er in diesem Gremium für Gienke eine Stütze. OKR Dr. Plath steht unseren gesellschaftlichen Problemen offen gegenüber und zeigt immer Bereitschaft, das Engagement der Kirche für den Frieden zu fördern.« Über den neuen juristischen Kollegen Oberkonsistorialrat Harder schrieb man: »Harder ist leitendes juristisches Mitglied des Konsistoriums. Er beendete 1976 sein juristisches Studium an der Humboldt-Universität Berlin und wurde danach in dieser Funktion eingesetzt. Er ist vom Bischof beauftragt, ständigen Kontakt zu den Mitarbeitern für Kirchenfragen bei den Räten der Bezirke zu halten und die erforderlichen Gespräche zu führen. In dieser Tätigkeit ist er flexibel und ein sachlicher Gesprächspartner. Politischen Grundfragen steht er aufgeschlossen gegenüber und vertritt realistische Positionen. Überlebten Auffassungen in der Kirche steht er ablehnend gegenüber. Harder kann zu den realistisch denkenden Kräften in der Kirchenleitung gezählt werden.« Einige Aspekte über die kirchenpolitische Situation in der Evangelischen Landeskirche Greifswald. Ausgearbeitet von: Genossen Brüssow, Mitarbeiter des Sekretariats, Genossen Macht, Referat Kirchenfragen, Rat des Bezirks, Rostock, August 1977, SAPMO-BA ZPA IV B2/14/130.

396 Aktenvermerk Steinbach vom 27.12.1976 über ein Gespräch mit Gienke und Plath am 22.12.1976, BA, Abt. Potsdam, O-4, 789. Gegenüber Seigewasser hob Gienke am 15.2.1977 äußerst betont hervor, »daß er selbstverständlich für eine volle Beteiligung mit entsprechender Verantwortung an der Konferenz in Moskau sei. Er werde auf jeden Fall mit großem Nachdruck in der Sitzung der Konferenz der Kirchenleitungen auf diese Notwendigkeit verweisen«. Seigewasser wertete: »Nach meiner Einschätzung ist Gienke der gegenwärtig klarste Kopf unter den Bischöfen der DDR. Er hat ein großes Vertrauen in die Geradlinigkeit und Aufrichtigkeit der Politik von Partei und Regierung.« Information Seigewasser vom 18.2.1977 über ein Gespräch bei Bischof Gienke, Greifswald, BA, Abt. Potsdam, O-4, 789.

397 Staatssekretär für Kirchenfragen, Information Nr. 2/77 vom 31.1.1977, Jahresanalyse der Staatspolitik in Kirchenfragen 1976, BA, Abt. Potsdam, O-4, 462.

398 Vgl. KJ 1977, 474-485.

399 Abt. Intern. Beziehungen, Information vom 24.6.1977 über den Moskauer Weltkongreß, BA, Abt. Potsdam, O-4, 405. Vgl. auch Arbeitsgruppe Kirchenfragen, 6.6.1977, betr. Weltkongreß religiöser Friedenskräfte in Moskau, SAPMO-BA ZPA IV B2/14/191. Jedoch konnte Schönherr dem Präsidenten des DDR-Friedensrates Drefahl am 28.3.1977 mitteilen, daß die KKL den Beschluß gefaßt habe, Christa Lewek und Oberkonsistorialrat Plath, Greifswald, zu der in Warschau vom 6.-11.5.1977 stattfindenden Weltversammlung der Erbauer des Friedens als Teilnehmer zu delegieren. SAPMO-BA ZPA IV B2/14/77.

400 Vgl. Information Wilke vom 24.6.1977 über den Verlauf und die Ergebnisse der Frühjahrssynoden der Landeskirchen 1977: »In Anhalt stellte Kirchenpräsident Natho fest, daß ein Christ nicht politischen Fragen vorbeigehen könne. Man müsse sich gesellschaftlich engagieren. Diese Synode beschloß, daß offizielle Delegierte zur Konferenz nach Moskau fahren.« BA, Abt. Potsdam, O-4, 405.

401 Abteilung I beim Staatssekretariat für Kirchenfragen, Information zur Situation in den Evangelischen Kirchen in der DDR vom 13.4.1977, SAPMO-BA ZPA IV B2/14/11. Vgl. auch Protokoll Schönherr-Stolpe-Gremgel der 47. Tagung der Konferenz der Evangelischen Kirchenleitungen in der Deutschen Demokratischen Republik am 11.-13.3.1977 in Bad Saarow: »[TOP] 3.1. Moskauer Weltkongreß der religiösen Friedenskräfte – Als problematisch wird jedoch angesehen, wie eigentlich verschiedene Religionen hier zu gemeinsamen Appellen an Gläubige und Regierungen kommen wollen (Gefahr des Synkretismus). Auch die starke Agitation staatlicher Stellen an diesem religiösen Kongreß wird von einigen als problematisch empfunden. Hinsichtlich des Status sind die Voten der Gliedkirchen unterschiedlich (drei für Delegiertenstatus, fünf für Beobachterstatus).« Die anschließende Abstimmung ergab fünf BEK-Vertreter im Beobachterstatus zu entsenden. Für einen regulären Delegiertenstatus hatten immerhin acht der 22 KKL-Mitglieder votiert. EZA Berlin, 101/102.

402 Aktenvermerk Weise vom 17.1.1977, BA, Abt. Potsdam, O-4, 425.

403 Als mögliche Konferenzbeobachter wurden Lewek, Falcke, Rathke oder Natho genannt. Vgl. den vertraulichen Vermerk Schönherr, EZA Berlin, 101/1190, Bd. II.

404 Vgl. Vortrag: Aktuelle Probleme der Partei bei der Verwirklichung der Politik in Kirchenfragen (Stand: Sept. 1977). Das Papier vermerkte außerdem die bislang fehlende Kritik der DDR-Kirchen an der von der US-amerikanischen Regierung geplanten Neutronenbombe. PDS-Archiv Dresden, IV D-2.14-693. Vgl. hierzu auch Abt. IB (Hans Weise), zu einigen Problemen der politischen Entwicklung im Ökumenebereich, 21.11.1977. Weise wertete: »Hier [wie auch an der Einstellung gegenüber dem Moskauer Kongreß sowie der CFK] wird deutlich, daß der BEK vielfach im ökumenischen Fahrwasser insbesondere der EKD sowie von Kirchen in den USA segelt.« BA, Abt. Potsdam, O-4, 462.

405 Information Weise vom 21.1.1977 über ein Gespräch mit Bischof Schönherr am 20.1.1977, BA, Abt. Potsdam, O-4, 425. Vgl. auch Vermerk Schönherr vom 28.1.1977 über ein Gespräch mit Hauptabteilungsleiter Weise am 20.1.1977 in meinen Diensträumen: »Ich deutete an, daß eine volle Beteiligung des Bundes kaum zu erwarten sei. Ich wies aber hin, daß es mir noch an einem Vorgespräch mit Metropolit Juvenali läge.« EZA Berlin, 101/348. Zu Herbert Mochalski vgl. auch BStU Berlin, AIMVorl. 327/65.

406 Vgl. Information Weise vom 21.1.1977 über ein Gespräch mit Bischof Schönherr am 20.1.1977, BA, Abt. Potsdam, O-4, 425.

407 Information Seigewasser vom 25.1.1977 über ein Gespräch mit dem Staatssekretär, Genossen H. Seigewasser, und dem Metropoliten der russisch orthodoxen Kirche, Filaret, am 24.1.1977 in Karlshorst, SAPMO-BA ZPA IV B2/14/191.

408 Aktenvermerk Dohle vom 11.2.1977, BA, Abt. Potsdam, O-4, 425. Vgl. auch Vertrauliches Protokoll Schönherr-Kramer der 73. Sitzung des Vorstandes der Konferenz der Evangelischen Kirchenleitungen in der Deutschen Demokratischen Republik am 10.2.1977 in Berlin: [TOP] 2.10. Vorbereitung der Konferenzentscheidung zum Moskauer Welttreffen religiöser Friedenskräfte – Zum CFK-Seminar wird Bujewski nach Berlin kommen (1./2.3.). Mit dem Exarchen soll Verbindung aufgenommen werden, damit der Termin zu einem Gespräch genutzt werden kann.« Vertrauliches Protokoll Braecklein-Kramer der 74. Sitzung des Vorstandes der Konferenz der Evangelischen Kirchenleitungen in der DDR am 30.3.1977 in Dessau: »[TOP] 3.2. Weltkonferenz religiöser Vertreter – D. Schönherr wird gebeten, einen formellen Antwortbrief an den Metropoliten Juvenali zu schreiben, dieser Brief soll von Stolpe an den Metropoliten Filaret übersandt werden. Tenor könnte u. a. sein: Wir beteiligen uns an der Sachthematik aufgrund unserer Beziehungen zum Thema und unserer bisherigen Bemühungen in unterschiedlichen Bezügen.« EZA Berlin, 101/116.

409 Information Weise über ein Gespräch des Staatssekretärs für Kirchenfragen, Gen. Seigewasser, mit dem Sekretär des Patriarchats der ROK, Herrn Bujewski, Moskau, am 28.2.1977, SAPMO-BA ZPA IV B2/14/191.

410 Vgl. ebd. Gegenüber dem Wissenschaftlichen Mitarbeiter im Staatssekretariat für Kir-

chenfragen, Hartwig, hatte Anhalts Synodalpräses Kootz am 18.5.1977 bekräftigt, Natho begegne der CFK »nicht nur tolerant und aufgeschlossen«, sondern würde gewiß auch »eine Mitarbeit von Vertretern der Anhaltischen Kirche in der CFK fördern«. Bericht Hartwig vom 23.5.1977 zur Dienstreise in den Bezirk Halle, nach Roßlau und Dessau, am 18.5.1977, BA, Abt. Potsdam, O-4, 415.

411 Maßnahmeplan der HA XX/4 vom 14.3.1977, unterzeichnet von Sgraja, BStU Berlin, ZAIG 3840.

412 Die meisten hier genannten Decknamen sind im Literaturverzeichnis am Ende des Buches entschlüsselt.

413 Vgl. Information Seigewasser vom 12.4.1977 über ein Gespräch mit Bischof Schönherr am gleichen Tag, BA, Abt. Potsdam, O-4, 424.

414 Zu Leweks Kontakten zum DDR-Friedensrat vgl. Aktennotiz Werner Rümpel vom 28.2.1977 über ein Gespräch mit Oberkirchenrätin Christa Lewek am 25.2.1977 im Friedensrat der DDR: »Im Namen des Bundes der Evangelischen Kirchen bedauerte Frau Lewek die Unterbrechung der Kontakte mit dem Friedensrat. Sie brachte den Wunsch ihrer Leitung zum Ausdruck, die mit dem Moskauer Weltkongreß der Friedenskräfte eingeleitete Zusammenarbeit in Fragen des Friedens fortzusetzen. Im Namen des Friedensrates betonte ich auch unsererseits den Willen zur Fortführung dieser Zusammenarbeit.« SAPMO-BA ZPA IV B2/14/77.

415 Über das Auftreten von Fritz und Rathke informierte Hermann Kalb, der als Vertreter der DDR-CDU anwesend war, eingehend: »Superintendent Fritz sprach über Fragen der Erziehung zum Frieden und spezielle Aspekte religiös motivierten Friedenszeugnisses und Friedensdienstes. Dabei wandte er sich gegen die Zeichnung von ›Feindbildern‹, gegen eine ›Erziehung zum Haß‹ und gegen ›Wehrbereitschaft als höchste Idee‹. Er bemängelte die Behandlung von Bausoldaten in der DDR und sprach sich für Wehrdienstverweigerung aus. – Die Rede von Fritz wurde von der Mehrheit der Teilnehmer aus der DDR als töricht empfunden; auch bei den übrigen Teilnehmern der Arbeitsgruppe fand sie keinen Widerhall. [...] Bischof Dr. Rathke: Unser deutsches Volk ist mit der Schuld des Rassismus schwer belastet durch die Verfolgung und Vernichtung der Juden. So konnten wir im Rahmen des Anti-Rassismus-Programms des ÖRK in unserem Land und in unserer Kirche die öffentliche Meinung schärfen, daß durch eine neue Haltung und konkrete Aktionen Rassismus heute bekämpft wird. Wir können ebensowenig an der Ungerechtigkeit in unserem eigenen Land und unserer eigenen Region und Kirche vorbeigehen. Wir begrüßen es sehr, daß die KSZE-Schlußakte hierzu bestimmte Punkte verpflichtend festgelegt hat. Ich beziehe mich jetzt speziell auf die Religionsfreiheit im Rahmen der Menschenrechte. Warum sollten wir nicht zugeben, daß wir auch Probleme mit der Religionsfreiheit in einem sozialistischen Land haben.« Weltkonferenz religiöser Vertreter für dauerhaften Frieden, Abrüstung und gerechte Beziehungen unter den Völkern, Moskau, 6.-10. Juni 1977, SAPMO-BA ZPA IV B2/14/191. Der Mitarbeiter für Kirchenfragen bei der Abteilung Staat und Recht der SED-Bezirksleitung Dresden wertete: »Mit derartigen Beiträgen bewegten sich die Vertreter des BEK – sehr freundlich ausgedrückt – *unter dem allgemeinen* Niveau des Weltkongresses.« Trotz der erfreulichen Beiträge Leweks und Falckes »bleibt aber der Eindruck einer insgesamt unbefriedigenden Repräsentation des BEK bzw. Grundhaltung des BEK zur Friedensfrage.« Vortrag: Aktuelle Probleme der Partei bei der Verwirklichung der Politik in Kirchenfragen (Stand: Sept. 1977), PDS-Archiv Dresden, IV D-2.14-693. Thüringens Landesbischof Braecklein sprach sich gegenüber Seigewasser am 21.7.1977 »gegen die provokatorischen Passagen in den Diskussionsbeiträgen der Vertreter des Bundes Rathke und Fritz aus. Er verwies darauf, daß es ihm stets ein wichtiges Anliegen gewesen sei, sein ökumenisches Wirken darauf auszurichten, gleichsam Zeugnis zu geben von der auf das Wohl aller Bürger gerichteten humanistischen Politik unseres sozialistischen Staates. [...] Der Staatssekretär brachte eine frühere Äußerung des Landesbischofs in Erinnerung, wonach dieser den Wunsch ausgesprochen hatte, auch nach seinem Ausscheiden aus dem Amt des Bischofs im Rahmen der

Ökumene tätig zu bleiben. Braecklein bestätigte diese Absicht und erwähnte, daß er dankbar wäre, wenn ihm die Möglichkeit hierzu geboten würde.« Information Seigewasser-Kalb vom 25.7.1977, BA, Abt. Potsdam, O-4, 797; auch SAPMO-BA ZPA IV B2/14/20.

416 Abt. Intern. Beziehungen, Information vom 24.6.1977 über den Moskauer Weltkongreß, BA, Abt. Potsdam, O-4, 405.

417 So Horst Dohle am 20.7.1977 vor den Sektorenleitern Kirchenfragen der sächsischen Bezirke. Abteilung Staat und Recht, Dresden, Information vom 20.7.1977 zu aktuellen kirchenpolitischen Problemen, PDS-Archiv Dresden, IV D-2.14-690.

418 BStU Berlin, MfS HA XX/4, 234, 240. Vgl. auch den Bericht über die Moskauer Tagung, a.a.O., 243-245.

419 Arbeitsgruppe Kirchenfragen, 8.7.1976, betr.: Informationstätigkeit auf dem Gebiet der Kirchenfragen, SAPMO-BA ZPA IV B2/14/11.

420 Abteilung I beim Staatssekretariat für Kirchenfragen, Information zur Situation in den Evangelischen Kirchen in der DDR vom 13.4.1977, a.a.O.

421 Vgl. das streng vertrauliche Schreiben Schönherrs an die Mitglieder des Vorstandes der KKL vom 21.1.1976, EZA Berlin, 101/603.

422 Vgl. Abt. Intern. Beziehungen, Vertrauliche Gedächtnisniederschrift Weise vom 17.1.1977 über Gespräch mit Stolpe am 14.1.1977, BA, Abt. Potsdam, O-4, 479.

423 Vgl. Abteilung Staat und Recht, Dresden, Niederschrift vom 28.7.1976, PDS-Archiv Dresden, IV C-2.14-675.

424 Vgl. auch Staatssekretär für Kirchenfragen, Information Nr. 5/77 vom 14.2.1977, Zur Haltung der Kirchen im Bundestagswahlkampf 1977, BA, Abt. Potsdam, O-4, 4870. Dabei kam man zu dem Ergebnis, die Katholische Kirche habe sich für die CDU/CSU engagiert, während die Evangelische Kirche parteipolitische Neutralität bewiesen habe.

425 Vgl. auch Rat des Bezirkes Magdeburg, Sektor Kirchenfragen, Analyse vom 20.12.1976 über die Tätigkeit des Rates des Bezirkes Magdeburg und der Räte der Kreise zur Verwirklichung der Beschlüsse des IX. Parteitages der SED auf dem Gebiet der Staatspolitik in Kirchenfragen im Jahre 1976: »Mit dieser schwankenden und keineswegs konsequenten Haltung überließ die Kirchenleitung westdeutschen Massenmedien das Feld für eine skrupellose Hetze gegen die DDR und unterstützte indirekt die Wahlbewegung in der BRD. Der Fall Brüsewitz diente ihnen nicht nur zur Diskriminierung unseres Bildungswesens, unserer sozialistischen Lebensweise insgesamt, sondern es ging ihnen durch die falsche Darstellung unserer Kirchenpolitik darum, die Kirchen in eine Konfrontationsstellung zu unserem Staat zu bringen. Wir müssen feststellen, daß die Magdeburger Kirchenleitung auf die Position unserer Gegner übergegangen ist. Die reaktionären Kräfte haben an Boden gewonnen, treten mit ihrer Haltung offen in Erscheinung und nehmen Einfluß auf die derzeitige Lage.« SAPMO-BA ZPA IV B2/14/114.

426 RdB Halle, Stellvertreter des Vorsitzenden für Inneres, Pöhner, Information vom 14.9.1976 über die Grundsatzausführungen zur kirchenpolitischen Situation des Gen. Dr. Hüttner, Mitarbeiter in der Abt. Kirchenfragen beim ZK der SED, am 13.9.1976, LPA Halle, IV D-2/14/475.

427 Aktenvermerk Seigewasser vom 26.10.1976 über ein Gespräch mit Stolpe und Lewek am 26.10.1976, BA, Abt. Potsdam, O-4, 1437. Diese Äußerung Stolpes ist im kirchlichen Vermerk Lewek, der allerdings knapper gefaßt ist und nur die Ausführungen Seigewassers ausführlich referiert, nicht enthalten, EZA Berlin, 101/348.

428 Abgedruckt bei H. Schultze u. a. (Hgg.), Das Signal von Zeitz, 249-251. Über die KKL-Tagung, auf der dieser Brief verabschiedet wurde, berichtete OKR Ernst-Eugen Meckel als IMF »Prinz« dem MfS (AIM 3165/79, II/1, 94-98). Dabei stellte er klar heraus, daß Schönherr »sich grundsätzlich gegen einen solchen Brief« (a.a.O., 95) ausgesprochen und auch OKR Hartmut Mitzenheim »grundsätzliche Bedenken gegen den Entwurf« erhoben habe. Ebd. vgl. auch Protokoll Schönherr-Stolpe-Demke-Küntscher-Grengel der 44. Tagung der Konferenz der Evangelischen Kirchenleitungen in der DDR am

10./11.9.1976 in Berlin, EZA Berlin, 101/102. Vgl. auch Schreiben Pfarrer Hansjürgen Havenstein vom 31.8.1976: »Ich bin der Meinung, Bruder Brüsewitz würde noch leben, wenn kirchenleitende Stellen reden würden zu dem, was viele, viele Pfarrer in unserem Staat beschwert. Ich bedauere, daß auch im Fall von Brüsewitz zu langsam und vielleicht auch unverantwortlich gehandelt wurde. Daß wir Pfarrer erst so spät über die Sache informiert wurden, ist traurig. Leider vermißte ich bei der Beerdigung Gesichter, die bei anderen Anlässen sehr oft zu sehen sind. Durch die Pfarrerschaft geht ein Gären.« A.a.O.

429 Greifswald, 28.9.1976, Information über den Verlauf der Synode des Bundes der Ev. Kirchen in der DDR in Züssow, SAPMO-BA ZPA IV B2/14/86. Vgl. epd-Dok 49/76. Die Eröffnungsandacht von Kühn ist abgedruckt a.a.O., 103.

430 Rechercheergebnisse zum IM »Sekretär«, Stand 12.4.1994, 252.

431 A.a.O., 253.

432 Schreiben vom 1.10.1976, BA, Abt. Potsdam, O-4, 424.

433 Barth an Verner vom 12.10.1976, SAPMO-BA ZPA IV B2/14/199.

434 Vgl. dazu H. Müller-Enbergs/H. Schmoll/W. Stock, Das Fanal, 214 f.

435 Vermerk Lingner über die Sitzung der Beratergruppe am 20.10.1976, EZA Berlin, 4/92/5.

436 Abgedruckt in KJ 1976/77, 400.

437 EZA Berlin, 4/92/5.

438 Dpa vom 23.8.1976.

439 Zit. nach H. Müller-Enbergs u. a., Das Fanal, 230 f.

440 Vgl. dazu H. Schultze u. a. (Hgg.), Das Signal von Zeitz, 314 (Darstellung in dem Bericht der Kirchenleitung vor der Synode der KPS am 28.10.1976 durch Krusche).

441 Das Wort an die Gemeinden vom 21.8.1976 ist abgedruckt in epd-Dok 41a/76, 2. Vgl. auch KJ 1976/77, 399 und H. Schultze u. a. (Hgg.), Das Signal von Zeitz.

442 Vermerk Lingner über die Beratergruppe am 20.10.1976, EZA Berlin, 4/92/5. Gegenüber den kirchenpolitisch tätigen Staatsfunktionären der Bezirke Halle und Magdeburg äußerte Krusche am 10.12.1976: »Die Kirchenleitung hätte eine Vielzahl von Anfragen und Briefen zu der Angelegenheit Brüsewitz bekommen, aus denen hervorgeht, daß sich diese Bürger mit Brüsewitz solidarisch erklärten, da nach Meinung von Krusche diese Bürger anderswo nicht frei und offen reden können, hätte sich die Kirchenleitung zum Fürsprecher dieser Leute gemacht.« RdB Magdeburg, Stellvertreter des Vorsitzenden für Inneres, 10.12.1976, BA, Abt. Potsdam, O-4, 793.

443 In der von Schultze u. a. herausgegebenen, kirchlichen Dokumentation »Das Signal von Zeitz«, a.a.O., wird Hempels Referat gar nicht erwähnt.

444 Persönliches Wort des Landesbischofs zu den Ereignissen im Zusammenhang mit der Selbstverbrennung von Pfarrer Oskar Brüsewitz in Zeitz am 23.10.1976, in: J. Hempel, Kirche wird auch in Zukunft sein, 58 f. Die folgenden Zitate ebd. Zu Hempels Auftreten vor der Synode vgl. auch die Einschätzung der Dresdener Abteilung Staat und Recht vom 3.11.1976: »Der Hauptangriff richtet sich gegen die staatliche Kirchenpolitik sowie gegen das sozialistische Bildungswesen und stellt eine grobe Anmaßung und Einmischung in die Belange des Staates dar. Insgesamt ist das Wort des Landesbischofs als Versuch der Konfrontation in den Beziehungen zwischen Staat und Kirche einzuschätzen. [...] Seiner weiteren Darstellung nach sind die kirchlichen Aktivitäten im Gefolge des Falles Brüsewitz vor allem ein Ergebnis spontan ausgebrochener Bewegungen in den Gemeinden, indem lange ›aufgestaute Bekümmerungen [...] wie eine Woge herausbrachen‹. Kritik, Vorwürfe und Klage richten sich vor *allem* gegen die Kirchenpolitik unseres Staates. Im weiteren geht er auf Vorwürfe der Gemeinden an die kirchlichen Leitungsgremien ein. Es liegt nahe, daß er damit einer Kritik der Synodalen in dieser Richtung vorbeugen wollte. Aber auch diese Passagen werden genutzt, um Anti-Haltungen gegen unseren Staat vorzubereiten bzw. zu begründen und sie als Forderungen der Gemeinden darzustellen. Wenn Hempel als Vorwurf der Gemeinden formuliert, die kirchenleitenden Gremien seien zu diplomatisch, sie vertreten die Belange der

Gemeinden nicht deutlich genug, sie würden zu viele schöne Worte machen, die in den Zeitungen gedruckt werden, die Gemeinden seien mißtrauisch, dann bleiben als Konsequenz für die kirchenleitenden Organe, die laut Hempel diese Vorwürfe ernstnehmen müssen, nur ein härterer Kurs und weniger schöne Worte (gemeint sind sicher positive politische Aussagen) übrig. [...] Hempels ›Wort‹ faßt also insgesamt die politisch negativen Aussagen der letzten Zeit, besonders nach Brüsewitz, zusammen, auch wenn er in manchen Formulierungen sehr allgemein bleibt und z. B. das Problem Volksbildung nicht konkret nennt. Es bringt (im Unterschied zu Krusches Rede beim Kirchentag in Halle bzw. zu Aussagen der Bundessynode in Züssow) keine Formulierungen, die eine Tendenz des Einlenkens oder der Entspannung des Verhältnisses seiner Kirchenleitung zu den Staatsorganen erkennen ließen. [...] Hervorzuheben ist, daß die Sächsische Landeskirche gegenwärtig im Vergleich zu den anderen Landeskirchen den härtesten Kurs gegenüber den Staatsorganen fährt.« PDS-Archiv Dresden, IV C-2.14-675. Vgl. auch RdB Dresden, Sektor Staatspolitik in Kirchenfragen, Einschätzung Lewerenz vom 2.11.1976 der Herbstsynode der Ev.-Luth. Landeskirche Sachsens in Dresden vom 16.-20.10.1976, SAPMO-BA ZPA IV B2/14/101. Der Stellvertreter des Vors. f. Inneres d. RdB Dresden, Ullmann, bat am 17.11. Hempel, »die Kirchenleitung möge im Dezembergespräch klären, ob sie die These des Bundes, die Kirchen in der DDR seien Kirchen im Sozialismus, nicht neben dem oder gegen den Sozialismus, akzeptieren bzw. wie sie die These interpretieren.« Hempel erwiderte: »Im Gefolge von Brüsewitz seien eine Reihe von Problemen aus den Gemeinden gekommen, die er einfach nicht bagatellisieren dürfe. Hempel habe keine Lust, Schatten auf das Verhältnis Staat-Kirche fallen zu lassen. ›Aber wenn das so ist, dann können wir nicht anders!‹ Die Haltung der Vertreter der Kirchenleitung war ausgesprochen distanziert. Sie zeigten keinerlei Anzeichen einer Bereitschaft, wieder auf ein normales Verhältnis zu den staatlichen Organen hinzuarbeiten«, wertete Lewerenz abschließend. RdB Dresden, Sektor Staatspolitik für Kirchenfragen, Lewerenz, 18.11.1976, Gespräch mit Bischof Hempel, Präsident Domsch und OLKR von Brück am 17.11.1976, PDS-Archiv Dresden, IV C-2.14-681.

445 Der Metropolit der russisch-orthodoxen Kirche, Filaret, gab am 21.1.1977 über Hempel die Wertung ab, daß dieser »nach seinem Eindruck [...] stark unter dem Druck rechter Kräfte stehe und seine Haltung (eigene) nicht so darstellen könne, wie er es möchte.« Abteilung Staat und Recht, SED-Bezirksleitung Dresden, 7.2.1977, Information Konopka an den 1. Sekretär der BL, Genossen Modrow, an Genossen Stammnitz und Genossen Hübner: Besuch des Metropoliten Filaret im Bezirk Dresden und das am 21.1.1977 erfolgte Gespräch mit Genossen Gottfried Ullmann, Stellvertreter des Vorsitzenden des Rates des Bezirkes, PDS-Archiv Dresden, IV D-2.14-692.

446 Dies war auch Gegenstand der Plenaraussprache während der Thüringer Herbstsynode vom 4.-7.11.1976 in Eisenach. Im von Pabst angefertigten Vermerk heißt es stichwortartig: »Gefahr, daß durch unsere Äußerungen zu politischen Fragen unser Vertrauen bei den Gemeindegliedern zerstört wird (Appell zu einem Rede- und Äußerungsstopp)«. LKA Hannover, D 15 XII, K 66/343/V.

447 Vgl. das streng vertrauliche Schreiben Schönherrs an die Mitglieder des Vorstandes der KKL vom 21.1.1976, EZA Berlin, 101/603.

448 In einer Einschätzung des RdB Dresden, Sektor Staatspolitik in Kirchenfragen, vom 5.4.1977 hieß es zu Hempel: »Landesbischof Dr. Hempel nimmt eine zwiespältige Position ein. Einerseits erliegt er massivem Druck reaktionärer Kräfte, die bis zu persönlichen Angriffen und Beleidigungen geht, anderseits vertritt er in der Ökumene realistische Positionen, vermeidet nicht nur Angriffe gegen die gesellschaftlichen Verhältnisse in der DDR, sondern stellt Wirkungsmöglichkeiten der Kirchen in der DDR positiv dar«. SAPMO-BA ZPA IV B2/14/101.

449 Vermerk Lingner über die Sitzung der Beratergruppe am 15.12.1976, EZA Berlin, 4/92/5. Hingegen würdigte Schönherr am 26.11.1976 während eines Gespräches der Kirchenleitung Berlin-Brandenburg mit den für diese Landeskirche zuständigen Kirchenreferenten auf Bezirksebene, »daß die Gespräche zwischen Staat und Kirche ver-

trauensvoller geworden sind. Darin zeige sich die Wertschätzung des Staates für die Vertreter der Kirchen. Dankbar wurden die Informationen durch den Staat zu gesellschaftlichen Grundfragen entgegengenommen.« Information Wilke vom 14.12.1976, BA, Abt. Potsdam, O-4, 434.

450 EZA Berlin, 4/92/5.

451 Die »Frustration von Pfarrern, die meinen, nicht mehr gebraucht zu werden«, wurde auch auf der Herbsttagung der Thüringer Synode vom 4.-7.11.1976 in Eisenach in der Plenardebatte thematisiert. Vermerk Pabst, LKA Hannover, D 15 XII, K 66/343/V. Während der Görlitzer Provinzialsynode vom 2.-5.4.1976 hieß es nach einem Vermerk Demkes vom 9.4.1976: »Der Minorisierungsprozeß ist noch voll im Gange, so daß manche Pastoren um die Erhaltung eines unwirksam gewordenen Image kämpfen.« EZA Berlin, 101/247.

452 Seigewassser äußerte zu diesem Bereich gegenüber Stolpe: »Hier haben wir als Vertreter des Staates die Frage, warum ist das so? Gesellschaft und Staat sind nicht dazu da, Komplexe, die bei Geistlichen vorhanden sind, zu beantworten. Das muß die Kirche selbst tun.« Aktenvermerk Seigewasser vom 26.10.1976 über ein Gespräch mit Stolpe und Lewek am 26.10.1976, BA, Abt. Potsdam, O-4, 1437.

453 EZA Berlin, 4/92/5. Günter Krusche äußerte gegenüber Horst Dohle am 9.3.1976, sächsische Superintendenten erwögen eine Eingabe an Hempel »mit der Forderung, er möge sich einen Stellvertreter als Bischof benennen, damit ›wenigstens dieser ständig im Lande ist‹.« Dienstreisebericht Dohle vom 16.3.1976, BA, Abt. Potsdam, O-4, 415. Greifswalds Bischof Gienke bedauerte gegenüber dem Rostocker Kirchenreferenten Steinbach, »daß es immer noch eine Reihe von Mitarbeitern in der Kirche gäbe, die durch ihr naives Denken und durch ihre Verhaltensweisen sich subjektiv nicht bewußt sind, daß sie der Kirche und der Gesellschaft schaden. Gienke bezog diese Aussage auch auf leitende Kirchenvertreter außerhalb seiner Landeskirche.« Steinbach warf Gienke vor, er verharmlose und unterschätze dieses Resistenzpotential. Aktenvermerk Steinbach vom 27.12.1976 über ein Gespräch mit Gienke und Plath am 22.12.1976, BA, Abt. Potsdam, O-4, 789. Vgl. als Beispiel für die herbe Kritik von Pfarrern an ihrer Kirchenleitung das Schreiben des emeritierten Superintendenten Johannes Böer aus Reichenbach (Vogtland) an Schönherr vom 17. November 1976, oben S. 83.

454 Vgl. auch Lage und Tendenzen in der kirchenpolitischen Arbeit im Bezirk Dresden, Vortrag vor dem Sekretariat des Bezirksausschusses der Nationalen Front Dresden am 17.5.1977: »Der Atheist Reiner Kunze war nach seinem Ausschluß aus dem Schriftstellerverband gefragter Gesprächspartner in Räumen der Landeskirche, was er nach seiner Übersiedlung in die BRD in einem Interview auch besonders hervorhob.« PDS-Archiv Dresden, IV D-2.14-693.

455 Vgl. hierzu das Protestschreiben von sechs Pfarrern aus dem Hallenser Raum, darunter Richard Schröder, Wiedersedt, an Honecker vom 22.11.1976: »Wir haben die Geschehnisse um Wolf Biermann verfolgt. Wir möchten uns nicht dazu äußern, was Biermann gesagt oder gesungen hat. Wir sind bestürzt darüber, daß ein Bürger der Deutschen Demokratischen Republik, der in unserem Lande leben will, seine Staatsbürgerschaft verliert zu einem Zeitpunkt, da er nicht auf dem Gebiet der DDR sich befand. Es schadet dem Ansehen unseres Staates, wenn eine solche Entscheidung ohne Rücksprache mit dem Betreffenden gefällt wird. Wir bitten Sie, darauf hinzuwirken, daß diese menschlich sehr harte Entscheidung noch einmal überprüft wird.« LPA Halle, IV C-2/14/0550. Der EKU-Präsident Pietz sagte in der kurz vor seinem Tod am 12.12.1976 im Berliner Dom gehaltenen Predigt: »Zu allen Zeiten gibt es besonders gefährdete Berufe, in denen es schwer ist, ein Mensch Gottes zu sein. Heute gehören dazu ganz sicher die Mitarbeiter im Staatsapparat, der Journalist, der Lehrer, auch der Volkspolizist und Grenzsoldat. [...] Daß Menschen in solchen Berufen besonders gefährdet sind, bleibt bestehen – wem fielen nicht die Grenzposten ein, die in diesem Jahr einen unschuldigen italienischen Lastwagenfahrer erschossen, wem nicht die Politiker, die einen unbequemen Bänkelsänger und Kritiker gegen seinen Willen heimatlos machten und aus-

bürgerten? Aber das kann für uns nur ein Aufruf sein, sie auch besonders in unsere Fürbitte einzuschließen. Kein Beruf, der für die Gemeinschaft eines Volkes notwendig oder förderlich ist, ist an und für sich gottlos – nur kann jeder Beruf freilich durch gottlose Menschen belastet und verdorben werden! Für einen, der auf Gottes Heil wartet, kommt es darauf an, in seinem Beruf den geänderten Sinn zu beweisen, indem er sich von typischen Standessünden fernhält und Gerechtigkeit übt.« LKA Hannover, D 15 XII, K 73/412/II.

456 Vgl. auch Staatssekretär für Kirchenfragen, Information Nr. 2/77 vom 31.1.1977, Jahresanalyse der Staatspolitik in Kirchenfragen 1976: »Im Verlaufe der letzten Monate des Jahres, besonders nach dem Auftreten von Biermann in der Prenzlauer Kirche, ist eine politisch negative Entwicklung bei kirchlichen Jugendveranstaltungen in verschiedenen Bezirken der DDR festzustellen, wo versucht wird, religiös gebundene Jugendliche dafür zu mißbrauchen, sozialismusfeindliche Thesen und Konzeptionen zu vertreten und zu verbreiten.« BA, Abt. Potsdam, O-4, 462. Auf die wachsende Kritik der jungen Generation sollten auch die Jugendwochen der sächsischen Landeskirche eingehen, die vom 25. bis zum 30.4.1977 in der Dresdener Annenkirche durchgeführt wurden. Von staatlicher Seite wurden sie sorgenvoll betrachtet, »weil hier in gottesdienstlichen Veranstaltungen antisozialistische Politik gemacht wird. Anders lassen sich solche Aussagen wie ›In der Bibel stünde, daß der Mensch bösartig und egoistisch sei. Deshalb habe der Kommunismus keine Chance. Oder: Die Unmoral nimmt bei uns immer größeren Umfang an‹ […] nicht denken.« Lage und Tendenzen in der kirchenpolitischen Arbeit im Bezirk Dresden, Vortrag vor dem Sekretariat des Bezirksausschusses der Nationalen Front Dresden am 17.5.1977, PDS-Archiv Dresden, IV D-2.14-693.

457 In einem Gespräch mit dem Vorsitzenden des RdB Halle, Klapproth, »verurteilte [Natho] das Auftreten von Biermann, wäre aber nicht gegen das Auftreten von Kunze vor der ESG gewesen«. Bezirksleitung der SED Halle, Hausmitteilung Mitarbeiter für Kirchenfragen, Gerngroß, an Gen. Felfe, 1. Sekretär, sowie Gen. Rau, Sekretär, vom 30.12.1976, LPA Halle, IV C-2/14/0550. Werner Krusche führte am 10.12.1976 vor den staatlichen Kirchenreferenten der Bezirke Halle und Magdeburg aus: »Eine Gruppe von DDR-Bürgern hat sich an Krusche gewandt mit dem Ersuchen, Krusche möge die Protestresolution an die Regierung der DDR in bezug auf Biermann unterschreiben. Krusche hätte dieses Ansinnen abgelehnt.« RdB Magdeburg, Stellvertreter des Vorsitzenden für Inneres, 10.12.1976, BA, Abt. Potsdam, O-4, 793. In einem weiteren Protokoll heißt es: »Zu uns sind ja manche jetzt im Zusammenhang mit der Biermann-Angelegenheit mit Unterschriften gekommen, bitte nehmen Sie öffentlich Stellung und so. Ich habe es nicht gemacht, ich habe nicht öffentlich Stellung genommen.« Magdeburg, 15.12.1976, Wörtliches Protokoll des Gesprächs mit Bischof Dr. Krusche und Vertretern der Magdeburger Kirchenleitung am 10.12.1976, SAPMO-BA ZPA IV B2/14/63.

458 EZA Berlin, 4/92/5.

459 Aktenvermerk Steinbach vom 27.12.1976 über ein Gespräch mit Gienke und Plath am 22.12.1976, BA, Abt. Potsdam, O-4, 789. Gegenüber Hans Wilke im Staatssekretariat für Kirchenfragen äußerte Gienke am 21.12.1976, er sei »sehr froh darüber, daß in der DDR ein offenes Klima herrscht und sich zunehmend weiter ausbreitet. Aus dem Grunde betrachtet er es als falsch, wenn in so einer Situation der Westen und bestimmte Leute in der DDR versuchen, auf der Grundlage des existierenden Freiheit im Sozialismus gegen diese Entwicklung antikommunistisch aufzutreten. Sie versuchen, die Machtverhältnisse in der DDR zu verändern. Das lehne er konsequent ab, und er könne auch nicht verstehen, daß sich Leute mit solchen Bewegungen solidarisieren. (Es war aber deutlich, daß er einer bestimmten Liberalisierung aufgeschlossen gegenüberstünde).« Abt. I, Ergänzung Wilke zum Vermerk über ein Gespräch mit Bischof Gienke am 21.12.1976, BA, Abt. Potsdam, O-4, 789.

460 Über die Entführung Hanns Martin Schleyers wurde auch auf der in Herrnhut tagenden Bundessynode erregt diskutiert. Schönherr informierte daraufhin über seinen erst kurze Zeit zurückliegenden Lübeck-Besuch, wo er sich in einer Predigt auch zur Frage

des Terrorismus geäußert hatte. Vgl. Predigtskizze, EZA Berlin, 101/116. Vgl. Information über die 1. Tagung der 3. Synode des Bundes der Evangelischen Kirchen in der DDR, BA, Abt. Potsdam, O-4, 558.

461 Schon am 9.12.1974 schrieb Schönherr an den EKD-Ratsvorsitzenden Claß und bat darum, Pfarrer, die ohne Dienstentlassung in den Westen gingen, zu disziplinieren: »Wenn eine Übersiedlung betrieben oder vollzogen wird, ohne daß eine Genehmigung der zuständigen Kirchenleitung dafür vorliegt, muß an disziplinarische Maßnahmen gedacht werden. Dazu werden die Kirchen der BRD um Hilfe gebeten.« EZA Berlin, 4/92/1. Auf das Problem ausreisewilliger Geistlicher ging Sachsens Landesbischof Hempel in seinem in der Passionszeit 1976 verfaßten Rundbrief an die Amtsbrüder ein, den er unter 2. Kor 5,17 (Ist jemand in Christus, so ist er eine neue Kreatur: Das Alte ist vergangen, siehe, es ist alles neu geworden) stellte: »Ihr wißt, liebe Brüder und Schwestern, daß eine Reihe von Pfarrern und anderen Mitarbeitern unserer Kirche für sich und ihre Familien den Antrag auf Übersiedlung in die Bundesrepublik gestellt haben und z. T. schon übergesiedelt sind. Dieser Sachverhalt umschreibt eine der größten inneren Belastungen, die unsere Kirche zur Zeit auszuhalten hat. Ich schreibe an Euch wegen dieser Sorge, die viele bewegt; ich wende mich an Betroffene und Nichtbetroffene, und ich meine Euch als Familien. Laßt mich gleich auf das kommen, was ich für das Wesentliche halte. Ich bin überzeugt, daß die Frage, ob ich meinen kirchlichen Dienst in der DDR verlasse und mit meiner Familie in die BRD übersiedle, in entscheidender Weise eine *geistliche* Frage ist. Das heißt, eine Frage, deren Beantwortung uns unausweichlich mit dem Evangelium selbst und mit dem Zentrum unseres christlichen Glaubens in spannungsvolle Berührung bringt. Wir kommen an Christus nicht vorbei, an seinem Anspruch nicht und noch weniger an seinem Trost, wenn wir die Entscheidung suchen. ›… in Christus … neue Kreatur … Altes vergangen … alles neu geworden…‹: Vermögen wir das als *uns* geltend zu glauben? Diese Frage kommt – nicht nur letztlich! – in den Blick, wenn wir über die Möglichkeit der Übersiedlung in die BRD in der Liebe und in der Wahrheit Christi miteinander nachzudenken versuchen. Das ist meine Überzeugung. Ich möchte sie noch genauer begründen. Der Ort, an dem ich als Diener der Kirche meinen Auftrag auszuführen mich bemühe, ist niemals zufällig, sondern hängt immer mit Führungen Gottes zusammen. Wohl legt es sich uns oft nahe, äußere Umstände, Zufälle, ja Kleinigkeiten aufzuführen, die uns schließlich an den Ort gebracht haben, an dem wir nun seit Jahren Dienst tun. Aber müssen wir nicht von unserem Glauben her dagegenstellen, daß Gott dennoch, ja oft gerade gegen den Augenschein *führt*? Ich glaube auch, daß keiner von uns sich einreden kann, sein Dienst sei ohne Segnungen Gottes geblieben. Wenn aber Gott gesegnet, also seine Verheißungen an uns wahrgemacht hat, dann verlassen wir nicht nur einen Ort, sondern ein Stück Geschichte Gottes mit mir und den mir anvertrauten Menschen. Das ist ein geistlich schwerer Schritt. Wenn wir sagen: ›Du wirst *hier* gebraucht!‹, dann ist das nicht nur ein formaler Hinweis auf Mitarbeitermangel. Es ist vielmehr ein ernstes Erinnern daran, daß der durch Gottes Gnade von unserem Dienst ausgegangene Segen gebraucht wird und nicht leicht aufgekündigt, ausgetauscht, ersetzt werden kann. Wir Pfarrer sind ordiniert. Ich möchte im Zusammenhang mit der Frage der Übersiedlung in die BRD von unserer Ordination sprechen. Wir Pfarrer werden zur öffentlichen Wortverkündigung und Sakramentsverwaltung ordiniert. Und wir werden zu diesem Dienst in eine jeweils konkrete Gemeinde hinein ordiniert. Wir Pfarrer sind also Leute, die in der uns möglichen Öffentlichkeit Menschen durch das Evangelium und durch die Sakramente stärken, trösten und für das Leben mit Christus gewinnen dürfen. ›… so bitten wir nun an Christi statt: Laßt Euch versöhnen mit Gott!‹ (V. 20).

Wenn wir heute darüber nachdenken, ob und wie etwa auch für Katecheten, Diakone, Kantoren usw. eine besondere Ordination notwendig sei, dann zeigt sich, daß auch unsere nicht ordinierten Mitarbeiter in die gleiche Verantwortung gestellt sind. Wir tragen vor Gott eine große Verantwortung für unsere Gemeinden. Wer in die BRD übersiedeln will, muß sich die Frage stellen, ob er damit nicht Gottes Berufung überhört und Gottes Trost zurückweist. Wieder stehen wir vor der Glaubensfrage: ›Wer ist Christus für *mich wirklich?‹*, wie Bonhoeffer es schrieb. Wer in Christus ist, kann nicht wegschieben, daß es erneuerte Hoffnung und erneuerten Glauben und erneuerte Freude gibt, und zwar *für mich*. Ich möchte nun zu Euch als *Familien* sprechen. Die wichtigsten Gründe für den Wunsch, in die BRD überzusiedeln, kommen zumeist aus dem Bereich der Familie, insbesondere aus der liebenden Sorge um den Weg unserer Kinder. Unsere Kinder wachsen in dem konsequent atheistisch geprägten Erziehungssystem unserer Schulen auf, das für sie nicht nur eine Belastung ihres oft ungefestigten Glaubens mit sich bringt, sondern auch als ein sie beanspruchender Machtfaktor erlebt wird, gegen den sie nicht viel machen zu können meinen. Ich weiß aus eigener Erfahrung, daß es für uns Eltern leichter ist, selbst Belastungen zu tragen, als zu sehen, wie unsere Kinder sie tragen, denen wir wünschen, daß sie Christen bleiben oder werden. Hier stehen wir in einem stark existentiellen geistlichen Konflikt: Wir sind als Mann oder als Frau Diener Christi, und sind Vater bzw. Mutter. Beides sind Mandate Gottes. Es ist schwer, in diesem Konflikt zu bestehen. Aber gerade deshalb werden wir in unserem Zusammenleben als christliche Familie von Gott in unserem Glauben an sein barmherziges Durchtragen geprüft. Es ist uns im Evangelium verheißen, daß Gott auch in auferlegten Belastungen nichts Böses mit uns vorhat. Erlaubt mir noch die Frage: Wissen wir wirklich, ob es unseren Kindern unter den ganz anderen Verhältnissen in der BRD leichter wird, Christen zu werden oder zu bleiben? Manchmal sind bei dem Wunsche, in die BRD überzusiedeln, auch noch andere Gründe familiären Charakters wirksam, die uns schwerer bewußt werden. Vielleicht erleben wir unsere Ehe als eine Beziehung, die uns nichts Neues mehr bringt und uns nicht mehr trägt; vielleicht sehnen wir uns gerade auch von daher nach einem neuen Anfang. Vielleicht merken wir auch einfach, daß wir selbst älter und mit unserer Endlichkeit konfrontiert werden und von daher den Wunsch in uns wachsen fühlen, den mutmaßlich letzten Lebensabschnitt unter neuen Bedingungen beginnen und vollenden zu können. Das sind wichtige Faktoren, deren Bedeutung ich nicht bestreiten möchte. Aber um der Wahrheit unseres Glaubens willen muß ich euch daran erinnern: Unser Leben wird durch Christus erneuert. Das Vertrauen zu Christus erneuert unser Leben so, daß wir dankbar leben können. Alles andere kommt nur dazu.« Außerdem ging Hempel auf das Problem der Einsamkeit ein, das manchen dazu bewog, einen Ausreiseantrag zu stellen. Abschließend erinnerte der Bischof noch an die beruflichen Konsequenzen, die solch ein Schritt mit sich bringen konnte: »Ich darf diesen Brief nicht beschließen, ohne auszusprechen, daß die Brüder im Landeskirchenamt und ich, wie die Vertreter der anderen Kirchen in der DDR, es in den allermeisten Fällen nicht für möglich halten, daß Pfarrer und kirchliche Mitarbeiter nach einer Übersiedlung in die BRD ihren Dienst dort so unmittelbar weiterführen, als wäre diese Übersiedlung kein schweres Problem. Ich weiß aus Erfahrung, daß diese unsere Haltung, vor allem von den Betroffenen, oft nicht verstanden und als unbillige Härte abgelehnt wird. Wir sind hier aber in unserem Gewissen gebunden und müssen die Verantwortung dafür auf uns nehmen. Unter anderem deshalb schrieb ich eingangs, daß die Frage der Übersiedlungen in die BRD zu den gegenwärtig schwersten inneren Belastungen unserer Kirche gehört.« LKA Hannover, D 15 XII, K 37/230/V. Vgl. staatlicherseits RdB Dresden, Sektor Staatspolitik in Kirchenfragen, Informationsbericht vom 7.9.1976 für Monat August 1976.

Nach der Schilderung einzelner Fälle heißt es: »Der RdStadt Dresden hat Sup. Dr. Schwintek auf die sich häufenden Ausreiseanträge von Pfarrern aus einzelnen Kirchenbereichen aufmerksam gemacht und gefordert, daß er seinen Einfluß geltend macht, diese Antragstellungen einzuschränken.« PDS-Archiv Dresden, IV C-2.14-682. Im Jahresbericht 1976 für den Bezirk Dresden ist eine Übersicht über die Ausreiseantragsteller unter den Pfarrern des Distrikts enthalten. Vgl. RdB Dresden, Sektor Staatspolitik in Kirchenfragen, Jahreseinschätzung 1976 vom 1.2.1977, a.a.O.

462 Eine weitere Schlußfolgerung des Papiers lautete: »Bei allem, was im ÖRK von St. Pölten bis hin zur ZA-Tagung im August 1976 konzeptionell für die nächsten Jahre erarbeitet wurde, kann unter Berücksichtigung des gegenwärtigen Kräfteverhältnisses in den ökumenischen Gremien davon ausgegangen werden, weitere und neue koordinier-

te Aktivitäten des klerikalen Antikommunismus unter dem Deckmantel des Kampfes für die Menschenrechte im Sozialismus, der Unterstützung der KSZE und der allgemeinen ökumenischen Arbeit zu entwickeln. Daraus ergibt sich die Aufgabe, derartige Erscheinungen in ihrer inhaltlichen Zielstellung, aber auch in ihrer tatsächlichen Effektivität ständig einzuschätzen und die progressiven Kräfte, insbesondere auch Vertreter der CFK, noch besser zu befähigen, offensiv dagegen aufzutreten.« Vorlage für die Dienstbesprechung am Mittwoch, dem 17.11.1976, um 13.00 Uhr beim Staatssekretär, BA, Abt. Potsdam, O-4, 671.

463 Persönlicher Referent, Protokoll Dohle vom 24.11.1976 der Dienstbesprechung am 17.11.1976, 13.00 Uhr, beim Staatssekretär, BA, Abt. Potsdam, O-4, 405.

464 Zum Auftritt Biermanns in der Nikolaikirche Prenzlau am 11.9.1976 vgl. KJ 1976/77, 364.

465 Hans Weise regte an, in der ersten Hälfte des Jahres 1977 eine Studie über kirchliche Einflußnahmen aus der Bundesrepublik und den USA auf die DDR-Kirchen zu verfassen. Persönlicher Referent, Protokoll Dohle vom 24.11.1976 der Dienstbesprechung am 17.11.1976, 13.00 Uhr, beim Staatssekretär, BA, Abt. Potsdam, O-4, 405.

466 Staatssekretär für Kirchenfragen, Information Nr. 2/77 vom 31.1.1977, Jahresanalyse der Staatspolitik in Kirchenfragen 1976, BA, Abt. Potsdam, O-4, 462.

467 Vorlage Willi Barth über Weiterführung der kirchenpolitischen Arbeit gegenüber dem ev. Kirchenbund i.d. DDR vom 13.12.1976, SAPMO-BA ZPA IV B2/14/17. Vgl. auch Staatssekretär für Kirchenfragen, Information Nr. 2/77 vom 31.1.1977, Jahresanalyse der Staatspolitik in Kirchenfragen 1976, BA, Abt. Potsdam, O-4, 462.

468 SED-Bezirksleitung Leipzig, Abteilung Staat und Recht, den 7.2.1977, Hinweise für den 1. Sekretär der Bezirksleitung, Genossen Horst Schumann, zur Information des Rates des Bezirkes zur Staatspolitik in Kirchenfragen, PDS-Archiv Leipzig, IV D-2.13-524.

469 Information Seigewasser vom 20.12.1976 über Gespräch mit Schönherr am gleichen Tag, BA, Abt. Potsdam, O-4, 1437.

470 Ebd.

471 Weise fügte hinzu:»Abschließend ist zu bemerken, daß Bischof Schönherr sehr aufgeschlossen war. Er brachte den Wunsch zum Ausdruck, alle Fragen, die das Verhältnis Staat-Kirche betreffen, auch in Zukunft auf dem Wege gegenseitiger Aussprachen zu klären. Die Kirchen in der DDR hätten keine Absicht, so sagte er, irgendwie das Verhältnis zu trüben.« Information Weise vom 21.1.1977 über ein Gespräch mit Bischof Schönherr am 20.1.1977, BA, Abt. Potsdam, O-4, 425. Vgl. auch Vermerk Schönherr vom 28.1.1977 über ein Gespräch mit Hauptabteilungsleiter Weise am 20.1.1977 in meinen Diensträumen. Dort heißt es knapp:»Er fragte mich, ob ich eine Einladung des Botschafters der DDR in Bonn, Herrn Michael Kohl, anläßlich meiner Fahrt zum 70. Geburtstag von Bischof Kunst annehmen würde. Ich sagte zu.« EZA Berlin, 101/348.

472 Information Nr. 2/77 vom 31.1.1977, BA, Abt. Potsdam, O-4, 462.

473 Vgl. Schreiben Hüttner an Verner betr. Empfang einer Delegation des Bundes der Evangelischen Kirchen in der DDR zu einem Grundsatzgespräch vom 1.3.1977, SAPMO-BA ZPA IV B2/14/79.

474 Information Seigewasser vom 11.1.1977 über ein Gespräch mit Bischof Dr. Krusche, Magdeburg, am 7.1.1977, BA, Abt. Potsdam, O-4, 424. Vgl. hierzu auch die SED-Hausmitteilung Bellmann an Verner vom 1.4.1977 betr. Konzeption für die Arbeit gegenüber der Magdeburger Kirche, man möge»Krusche keinen Anlaß geben, auf Konfrontationskurs zu gehen«, andererseits»eine Stärkung seiner Positionen in der Konferenz der Kirchenleitungen oder Anlässe für Solidarisierungen mit ihm vermeiden«. SAPMO-BA ZPA IV B2/14/114. In der beiliegenden Konzeption für die Weiterführung der politisch-ideologischen Arbeit gegenüber der Evangelischen Kirche der Kirchenprovinz Sachsen hieß es zur»Situation in der Evangelischen Kirche der Kirchenprovinz Sachsen: 1. Die Evangelische Kirche der Kirchenprovinz Sachsen gehört zu den größten Landeskirchen in der DDR. Sie ist eine unierte Kirche. Ihre Bemühungen gehen dahin, in der EKU und

im Bund der DDR zur Durchsetzung ihrer konzeptionellen Vorstellungen Einfluß zu gewinnen. Sie zeigen sich z. B. in solchen Auffassungen wie: Kirche muß zur Gesellschaft in kritischer Distanz stehen, übt kritische Solidarität, geht auf dem schmalen Pfad zwischen Opportunismus und Opposition. Hier wird das Wächteramt mit anderen Worten formuliert. Nach der Wahl zum Bischof im Jahre 1968 hat Krusche zielgerichtet daran gearbeitet, einen Apparat aufzubauen, der personell und strukturell die Möglichkeit bietet, seine Strategie im kirchlichen Raum und gegenüber dem Staat durchzusetzen. Um diese Zielsetzung von Anfang an systematisch verwirklichen zu können, nutzte er seine Einflußmöglichkeiten in Leitungsgremien der Ökumene und im Bund der Evangelischen Kirchen in der DDR aus. Dabei konnte er sich auf Kräfte innerhalb seiner Kirche, aber auch auf Mitglieder der Konferenz der Kirchenleitungen stützen, so daß zu bestimmten politischen Fragen eine Einmütigkeit aller evangelischen Bischöfe gegenüber unserem Staat demonstriert werden konnte (Hirtenbrief vom 26.2.75 zu Bildungsfragen oder das Wort des Bundes an die Gemeinden vom September 1976). Durch eine straffe Leitung des Apparates, eine seinen Zielen dienende Strukturpolitik und durch den Einsatz ergebener Mitarbeiter wurden die positiven Kräfte innerhalb des Konsistoriums immer mehr eingeengt, ihre Stimmen verloren an Gewicht. Die Linie des Rates der Kirchenleitung (Krusche, Krause, Waitz) setzte sich immer mehr durch. Die politische Haltung der Evangelischen Kirchenleitung der Kirchenprovinz Sachsen hat auf der Synode im Oktober 1976 erneut bestätigt, daß Bischof Krusche eine auf sozialdemokratischen Positionen basierende langfristige Konzeption besitzt, die er mit Hilfe maßgebender kirchenleitender Persönlichkeiten durchzusetzen versucht. Eine grundlegende These dieser Konzeption ist z. B., daß der Kirche die Aufgabe zufallen würde, den Sozialismus zu ›vermenschlichen‹. Hier ist die ganze Palette der ›Menschenrechtskonzeption des Imperialismus‹ und der Leidenstheorie enthalten. Der Selbstmord von Brüsewitz wurde benutzt, um eine gezielte Hetze gegen die politische und kirchenpolitische Entwicklung in der DDR zu betreiben. Dazu nutzten sie sowohl die Kanzel wie auch offene Briefe, Erklärungen, Abkündigungen und Petitionen. Durch diese Aktivitäten ist ein kirchenpolitisch stark negativ wirkender Faktor geschaffen worden, der bei einem Teil der Geistlichen eine negative Wirkung hinterließ. Das beweist u. a. die Tatsache, daß eine erhebliche Anzahl von Geistlichen in den Monaten August bis Dezember 1976 nicht mehr bereit war, Gespräche mit den Vertretern des Staates zu führen, oder sie nutzten diese Gespräche, die Positionen der Kirchenleitung zu vertreten. Auch die Wahlbeteiligung der Pfarrer der Kirchenprovinz Sachsen am 17.10.1976 lag allgemein niedriger als bei vorherigen Wahlen. Eine Anzahl von Geistlichen, die sich in der Vergangenheit loyal gegenüber unserem Staat verhielt, wurden durch das provozierende Handeln der Kirchenleitung verunsichert. Die Kirchenleitung versuchte den Fall Brüsewitz zu nutzen, um vom Staat Zugeständnisse in Fragen der Bildungspolitik zu erreichen. Diese Konzeption ging nicht auf. Die staatlichen Organe ließen sich auf eine Konfrontation nicht ein. Es gab keine Veränderung der von der Partei beschlossenen Staatspolitik in Kirchenfragen. 1.1. Die bisherige politische Haltung von Bischof Krusche zu unserem Staat ist widersprüchlich. Einerseits unterstützt er sowohl im Ausland als auch in der DDR die Außenpolitik unseres Staates und die Friedensbemühungen der sozialistischen Staatengemeinschaft. Er unterstützt auch die Politik der friedlichen Koexistenz, stellt dabei aber u. a. in den Vordergrund die sozialdemokratische Auffassung von der Freiheit der Persönlichkeit, freie Meinungsäußerung, Freizügigkeit im Reiseverkehr. Dabei wird deutlich, daß er trotz mehrfacher Beteuerungen die Schlußakte von Helsinki nicht in ihrer Gesamtheit anerkennt, sondern dem Korb 3 einen Vorrang einräumt. Diese widersprüchliche Haltung von Bischof Krusche zeigt sich auch in Äußerungen zur gesellschaftlichen Entwicklung unseres Staates. Seine Taktik besteht darin: ›sich einzupassen ohne sich anzupassen‹. Die von Krusche Vertretern des Staates gegenüber mehrfach abgegebenen Loyalitätserklärungen tragen demagogischen Charakter und dienen ihm und seiner Kirchenleitung als ›Schutzfunktion‹. Einerseits bringt Krusche seine Wertschätzung gegenüber den ökonomischen und sozialen Leistungen zum Ausdruck, andererseits nimmt er Stellung gegen das Leistungsprinzip in unserer Gesellschaft und fordert, unsere Gesellschaft zu ›vermenschlichen‹. Krusche erkennt auch die Vorteile des sozialistischen Bildungssystems in seiner Gesamtheit, wendet sich aber gleichzeitig gegen eine ›Monopolisierung‹ der sozialistischen Weltanschauung in den Schulen. Diese Widersprüchlichkeit wurde deutlich sichtbar auf der Herbstsynode 1976 im Zusammenhang mit einer Darstellung zum Fall Brüsewitz. Dort betonte Krusche zwar, daß die Kirchen in der DDR auch ihren Staat sehen zu dem sie sich zugehörig fühlen, warf aber gleichzeitig die Frage auf, ob es gerechtfertigt wäre, daß die Kirchen mit dazu beitragen, die gesellschaftlichen Verhältnisse zu stabilisieren. Die Kirche kann auch keine Rücksicht darauf nehmen, wie ihre Äußerungen bei den Vertretern des Staates oder bei anderen gesellschaftlichen Kräften ankommen würden. Es gäbe keine Theologie ›des Gesichts der Vertreter des Staates‹.« SAPMO-BA ZPA IV B2/14/114.

475 Thema: Aktuelle Probleme der Politik in Kirchenfragen durch unsere Partei (Stand: September 1978); Vortrag, gehalten vor der Bezirksparteischule Georg Wolff am 21.9.1978, PDS-Archiv Dresden, IV D-2.14-693.

476 Eberhard Hüttner hatte in einem Brief an Paul Verner bereits am 1.3.1977 ein »Grundsatzgespräch mit Vertretern des Staates«, das auch Schönherr, Stolpe und Braecklein sich erbeten hatten, für den Juni 1977 vorgeschlagen: »Ohne Zweifel würde ein Gespräch auf höchster Ebene die Position Bischof Schönherrs festigen, der erneut für das höchste kirchliche Amt kandidiert und dessen Wiederwahl von den reaktionären Kräften angefochten wird. Als möglicher Gegenkandidat käme Bischof Krusche (Magdeburg) in Frage, was im Falle seiner Wahl eine ernste Verschlechterung der kirchenpolitischen Situation bedeuten würde.« SAPMO-BA ZPA IV B2/14/79.

477 Information Seigewasser vom 12.5.1977 über das Gespräch mit dem Vorstand des Bundes Evangelischer Kirchen in der DDR am 11.5.1977, SAPMO-BA ZPA IV B2/14/40.

478 Vermerk Stolpe vom 12.5.1977 über ein Gespräch des Vorstandes der Konferenz mit dem Staatssekretär für Kirchenfragen am 11.5.1977, LKA Hannover, D 15 XII, K 102/5910/II.

479 Ebd. Diese Äußerungen Schönherrs enthält das staatliche Protokoll nicht. Schon 1972 äußerte Schönherr, dem Bericht seiner Sekretärin Anita Steinmetzger zufolge, ihm »sei völlig klar, daß das MfS im Bund der Ev. Kirchen der DDR mindestens 3-4 Mitarbeiter habe […] Auch im Evangelischen Konsistorium Berlin-Brandenburg würden mit Sicherheit mehrere Spitzel des MfS sitzen.« BStU Berlin, AIM 2834/88, II/4, 50 f. Vgl. hierzu auch die Reinigungsfrau Ingeborg Günther, IMS »Theater«, BStU, AIM 4987/73, I,1 und 2.

480 Vermerk Stolpe vom 12.5.1977 über ein Gespräch des Vorstandes der Konferenz mit dem Staatssekretär für Kirchenfragen am 11.5.1977, LKA Hannover, D 15 XII, K 102/5910/II (vgl. oben, 90 ff.). Auch diese Äußerung fehlt im staatlichen Protokoll. Auf dem Anfang Januar 1978 in Bad Saarow tagenden DDR-Bischofskonvent war die »Schweigepflicht des Seelsorgers bei Beichte, seelsorgerlichem Gespräch und Amtsverschwiegenheit von kirchlichen Mitarbeitern« ein eigener Tagesordnungspunkt. Vermerk Schönherr vom 16.1.1978, Bischofskonvent in Bad Saarow vom 9.1. abends bis 12.1.1978 abends, EZA Berlin, 101/1190, Bd. II.

481 Die abschließende Wertung des Staatssekretärs lautete: »Insgesamt darf festgestellt werden, daß in dem Gespräch das positive Element überwog und daß es für die Vertiefung der Beziehungen, vor allem für die Stärkung der realistischen Kräfte, nützlich gewesen ist.« Information Seigewasser vom 12.5.1977 über das Gespräch mit dem Vorstand des Bundes Evangelischer Kirchen in der DDR am 11.5.1977, SAPMO-BA ZPA IV B2/14/40. Hans Wilke legte nach dem Gespräch fest, der Staat solle auf die von der Kirche angesprochenen Problemkomplexe Partnerschaft Staat-Kirche, schulische Benachteiligung von jungen Christen sowie atheistische Erziehung nicht reagieren. Auch auf die kirchliche Forderung, bei Presseberichten über das Verhalten der Kirchen oder kirchlicher Persönlichkeiten in der Öffentlichkeit – zum Beispiel bei Wahlen – die Kirchen mit einzubeziehen, solle man nicht eingehen. Jedoch sei es möglich, auf hohe

kirchliche Feiertage im Fernsehen mit speziellen Sendungen einzugehen. Abt. I, 1.7.1977, Probleme, die sich für die Abt. I aus dem Gespräch mit dem BEK am 11.5.1977 ergeben, BA, Abt. Potsdam, O-4, 424.

482 Seigewasser gestand somit indirekt zu, daß er über Kontakte gegenüber dem MfS verfügte. Vermerk Stolpe vom 12.5.1977 über ein Gespräch des Vorstandes der Konferenz mit dem Staatssekretär für Kirchenfragen am 11.5.1977, LKA Hannover, D 15 XII, K 102/5910/II. Auch diese Passagen fehlen im staatlichen Protokoll. Im übrigen wird auch Manfred Stolpe (»IM Sekretär«) von Fall zu Fall auf seine MfS-Kontakte hingewiesen haben. So geht aus dem Brief des Pfarrers Dietrich Ninnemann an Stolpe vom 25.8.1978 hervor, daß letzterer ihn von einer ihm gegenüber durch Mitarbeiter des MfS geäußerten Befürchtung, Ninnemann sei Verfasser eines im »SPIEGEL« veröffentlichten Manifestes der DDR-Opposition, in Kenntnis gesetzt hatte. Vgl. EZA Berlin, 101/245. Auf der Bischofsrüste in Bad Saarow vom 5. bis zum 8.2.1979 berichteten Natho und Krusche über »einige Erfahrungen mit Angestellten des M.f.S.« Vermerk Schönherr vom 12.2.1979, EZA Berlin, 101/1190, Bd. II.

483 Vgl. die Stenografische Niederschrift der Begegnung von kirchlichen Amtsträgern und Theologen auf Einladung des Nationalrates der Nationalen Front der DDR und des Staatssekretärs für Kirchenfragen am Dienstag, dem 5.7.1977, in Potsdam, SAPMO-BA ZPA IV B2/14/75, Bl. 2-134. Vgl. auch KJ 1976/77, 485-495. Lingner wertete dort: »Die Annahme der Einladung war problematisch, eine Ablehnung so gut wie unmöglich. Der Bund beugte sich dem situationsbedingten Zwang und benannte Vertreter. Auch die Redebeiträge vom 5. Juli von den Vertretern des Bundes – wieder äußerst sorgfältig abgestimmt und formuliert, verdienen Beachtung und Respekt. Ein Kniefall kirchlicher Repräsentanten vor dem Phänomen Oktober-Revolution und den Repräsentanten des Sozialismus fand nicht statt. Die Presse in der DDR verzichtete auf ihre Veröffentlichung.« A.a.O., 485 f. Auf einem Treffen der Sektorenleiter Kirchenfragen in Sachsen mit Dohle am 20.7.1977 wurde die Potsdamer Veranstaltung wie folgt eingeschätzt:»Es gab eine Reihe positiver Darlegungen, zum Beispiel durch Pfarrer Haustein oder Dozent Günter Krusche, die Schlußfolgerungen aus den Leninschen Dekreten (Frieden, Boden) für das Menschenrechtsverständnis, vor allem nach der KSZE, zogen. Es gab auch Beiträge, die nicht befriedigen konnten. Hier war der negative Einfluß des Bundes auf die Diskussionsredner nicht zu übersehen.« Information der Abteilung Staat und Recht (RdB Dresden) zu aktuellen kirchenpolitischen Problemen vom 22.7.1977, PDS-Archiv Dresden, IV D-2.14-690.

484 Konzeption für eine Veranstaltung mit kirchlichen Amtsträgern aus Anlaß des 60. Jahrestages der Oktoberrevolution, BA, Abt. Potsdam, O-4, 424.

485 Lage und Tendenzen in der kirchenpolitischen Arbeit im Bezirk Dresden, Vortrag vor dem Sekretariat des Bezirksausschusses der Nationalen Front Dresden am 17.5.1977, PDS-Archiv Dresden, IV D-2.14/693.

486 Information Seigewasser vom 12.4.1977 über ein Gespräch mit Bischof Schönherr, BA, Abt. Potsdam, O-4, 424. Vgl. auch Vertrauliches Protokoll Schönherr-Kramer der 75. Sitzung des Vorstandes der Konferenz der Evangelischen Kirchenleitungen in der DDR am 13.4.1977 in Berlin:»[TOP] 1.10. Gespräch mit dem Staatssekretär – Der Vorsitzende berichtet von seinem Gespräch mit dem Staatssekretär. Als Zwischenantwort soll Stolpe an Weise mitteilen, es sei alles offen. Die Verkoppelung einer Ausweitung des Moskauer Welttreffens mit einer gesellschaftlichen Feier anläßlich des 60. Jahrestages der Oktoberrevolution kompliziere die Angelegenheit. Bei der Konferenz muß das Projekt besprochen werden.« EZA Berlin, 101/116.

487 Information Weise vom 2.5.1977 über ein Gespräch mit dem Generalsekretär des Bundes der Evangelischen Kirchen, M. Stolpe, am 28.4.1977, a.a.O.

488 Protokollauszug in EZA Berlin, 101/338.

489 Vgl. Protokollauszug in EZA Berlin, 101/348.

490 Information Seigewasser vom 2.6.1977, BA, Abt. Potsdam, O-4, 424. Vgl. auch Akten-

notiz Seigewasser vom 6.6.1977 über ein Gespräch des Staatssekretärs mit Bischof Schönherr und Oberkonsistorialrat Stolpe, a.a.O.

491 Schreiben Sekretariat des BEK, Stolpe, an die Leitungen der Gliedkirchen des Bundes vom 3.6.1977, EZA Berlin, 101/603. Im Protokoll Behm der außerordentlichen Tagung der KKL am 18.6.1977 wurde die Vorstandsentscheidung wie folgt wiedergegeben: Es wurde beschlossen, »den Gliedkirchen zu empfehlen, daß eine Gruppe aus den Gliedkirchen des Bundes an der Veranstaltung teilnimmt und drei Sachbeiträge gegeben werden.« EZA Berlin, 101/604.

492 Vermerk Ziemer über Votum der Ev.-Luth. Landeskirche Sachsens zur Teilnahme an der Veranstaltung am 5. Juli, EZA Berlin, 101/603.

493 Vgl. a.a.O.

494 Insgesamt wurde die Vorstandsempfehlung bei vier Enthaltungen und keiner Gegenstimme angenommen. Zugleich wurden die Referenten und die Arbeitstitel für ihre Beiträge benannt. Als wie brisant man die Entscheidung empfand, zeigt der Beschluß, eine Vorabinformation des Sekretariats möge an alle Superintendenten gehen. Protokoll Behm der außerordentlichen Tagung der KKL am 18.6.1977, EZA Berlin, 101/604.

495 Vgl. Vermerk Stolpe vom 23.6.1977, EZA Berlin, 101/603.

496 Vgl. hierzu auch das von Heino Falcke im Herbst 1977 erarbeitete Papier »Gesichtspunkte für eine kirchliche Urteilsbildung zum 60. Jahrestag der Russischen Oktoberrevolution«, EZA Berlin, 101/604, sowie den von Lewek am 28.10.1977 versandten Entwurf, a.a.O.

497 Vermerk vom 22.6.1977 über die Aussprache Steinbachs mit dem evangelischen Bischof Dr. Krusche am 21.6.1977 im Rat des Bezirkes Magdeburg, SAPMO-BA ZPA IV B2/14/114.

498 Abgedruckt in KJ 1976/77, 488-495. Vgl. auch die stenografische Niederschrift der Begegnung von kirchlichen Amtsträgern und Theologen auf Einladung des Nationalrates der Nationalen Front der DDR und des Staatssekretärs für Kirchenfragen am Dienstag, dem 5.7.1977, in Potsdam, SAPMO-BA ZPA IV B2/14/75.

499 Seine abschließende Wertung lautete: »Das Gespräch wurde von beiden Seiten sehr offen und vertrauensvoll geführt.« Information Bellmann vom 18.7.1977 über ein Gespräch mit Oberkonsistorialrat Stolpe, Generalsekretär des Bundes der Evangelischen Kirchen in der Deutschen Demokratischen Republik, SAPMO-BA ZPA IV B2/14/40.

500 EZA Berlin, 101/604. In ihrer Antwort vom 8.8.1977 ging Lewek auf die Vorbehalte Gäbels nicht ein, zeigte sich aber bereit, mit ihm bei Gelegenheit in Berlin ein ausführliches Gespräch zu führen. Vgl. a.a.O.

501 SED-BL Halle, Hausmitteilung an Felfe vom 6.5.1977, LPA Halle IV D-2/3/229. Zum Brüsewitz-Zentrum vgl. auch die ausführliche Darstellung des Wissenschaftlichen Mitarbeiters im Staatssekretariat für Kirchenfragen, Hartwig, Positionen und Argumente des klerikalen Antikommunismus – Differenzierungen in der klerikalen Menschenrechtskonzeption: »Die Haltung zum B.-Z. und seiner politischen Konzeption ist für kirchliche Kreise bis zu einem gewissen Grade ein Kriterium dafür geworden, wie sie zur Entspannungspolitik stehen. Von den entspannungsfeindlichen, zum kalten Krieg zurück tendierenden Kräften des B.-Z. beginnen sich jetzt deutlicher die realistisch eingestellten Kräfte zu distanzieren. Damit kündigte sich ein neuer bzw. vertiefter Differenzierungsprozeß an […] Sämtliche 15 Ratsmitglieder der EKD verweigerten ihre Unterschrift unter den Gründungsaufruf des B.-Z.« BA, Abt. Potsdam, O-4, 406. In der Dienstbesprechung im Staatssekretariat für Kirchenfragen am 13.12.1977 fügte Hartwig noch hinzu, »daß heute die gleichen leitenden Geistlichen gegen den vordergründigen Antikommunismus des Brüsewitz-Zentrums auftreten, die 1972 für die sogenannten Ostverträge eingetreten sind (Hild, Heintze, Lohse). […] Es muß bei allen Differenzierungen deutlich bleiben, daß jene, die in der EKD für die friedliche Koexistenz eintreten, trotzdem nicht frei von Antikommunismus sind, trotzdem unsere Gegner bleiben.« Protokoll Dohle vom 6.1.1977, a.a.O. Schönherr hatte Seigewasser erzählt, die DDR-Kirchen hätten bei der EKD hinsichtlich einer Beteiligung an dem

Zentrum warnend interveniert. Vgl. Information Seigewasser vom 12.5.1977 über das Gespräch mit dem Vorstand des Bundes Evangelischer Kirchen in der DDR am 11.5.1977, SAPMO-BA ZPA IV B2/14/40.

502 Vgl. dazu Deutscher Evangelischer Kirchentag Berlin 1977.

503 Die staatliche Genehmigung der Beteiligung der vom Kirchenbund benannten Vertreter am Berliner Kirchentag war Schönherr am 31.5.1977 durch Seigewasser mitgeteilt worden. Schönherr soll in diesem Zusammenhang geäußert haben, »daß auch nach seiner Meinung die EKD besser beraten wäre, wenn sie diesen Kirchentag in einer Stadt der BRD und nicht in Westberlin durchgeführt hätte. Er habe das sowohl dort als auch gegenüber dem Präsidenten des Kirchentages, Dr. Simon, zum Ausdruck gebracht. Der habe ihm zugesagt, daß die Kirchentagsleitung kein Interesse hat, daß es zu Provokationen während der Veranstaltung gegen die DDR komme. [...] Er [Schönherr] selbst habe eine Bitte abgelehnt, am Abschlußtag des Kirchentags in der Hauptstadt einen großen Gottesdienst in der Marienkirche abzuhalten.« Information Seigewasser vom 6.6.1977, BA, Abt. Potsdam, O-4, 424. Vgl. auch Aktennotiz Seigewasser vom 6.6.1977 über ein Gespräch des Staatssekretärs mit Bischof Schönherr und Oberkonsistorialrat Stolpe, a.a.O.

504 In einem Gespräch mit dem Stellvertreter des Vorsitzenden für Inneres beim RdB Cottbus, Deysing, bezeichnete Generalsuperintendent Forck den neuen Berliner Bischof »als einen realistisch denkenden Mann, durch den es zur sogenannten ›Klammerfunktion‹ der Kirche keine Aktivitäten geben wird, zumal sich diese Frage nicht mehr so stark stellt und immer mehr unter den Pfarrern und Synodalen in den Hintergrund tritt. Forck kennt Kruse aus dem gemeinsamen Studium in Heidelberg und hatte zu Kruse Verbindung, als dieser Leiter des kirchlichen Seminars [scil. Predigerseminar] in Loccum war.« Niederschrift Deysing vom 15.4.1977, SAPMO-BA ZPA IV B2/14/119.

505 Arbeitsgruppe Kirchenfragen, Information vom 13.6.1977 über den 17. Deutschen Evangelischen Kirchentag, SAPMO-BA ZPA IV B2/14/199.

506 Vermerk vom 22.6.1977 über die Aussprache Steinbachs mit dem evangelischen Bischof Dr. Krusche am 21.6.1977 im Rat des Bezirkes Magdeburg, SAPMO-BA ZPA IV B2/14/114. Zur einjährigen Wiederkehr des Todes von Brüsewitz vgl. Aktennotiz über Beratung bei Bellmann am 27.7.1977, BA, Abt. Potsdam, O-4, 424; Schreiben der SED-Kreisleitung Zeitz, Heerklotz, an die SED-Bezirksleitung Halle, Gerngroß, vom 2.8.1977, LPA Halle, IV C-2/14/0725; Information der Arbeitsgruppe Kirchenfragen beim ZK der SED vom 22.8.1977, SAPMO-BA ZPA IV B2/14/60.

507 Deutscher Evangelischer Kirchentag Berlin 1977, 34.

508 Text der Rede KiS 2/1978, 21-32.

509 Information, BA, Abt. Potsdam, O-4, 793.

510 Vermerk Heidingsfeld über die Sitzung der Beratergruppe am 6.7.1977, EZA Berlin, 4/92/5. In einem Gespräch des Wissenschaftlichen Mitarbeiters im Staatssekretariat für Kirchenfragen, Hartwig, mit der anhaltischen Kirchenleitung am 27.1.1978 wandte sich Natho gegen die »antikommunistische[.] Hetze gegen die DDR [...] Der Kirchenpräsident unterstrich die Nützlichkeit ökumenischer Kontakte für die Zurückdrängung des Antikommunismus. Er führte als Beispiel den Besuch von Vertretern der Anhaltischen Kirche bei den schweizerischen Kirchen an. Hier seien sie mit militantem Antikommunismus konfrontiert gewesen, der soweit gehe, daß der Kirchenpräsident Sigrist ihm mitgeteilt habe, seine Wiederwahl sei allein wegen der von ihm geförderten Kontakte zu den Kirchen in der DDR gefährdet.« Bericht Hartwig vom 30.1.1978 zur Dienstreise in den Bezirk Halle am 27.1. – Gespräch mit der Leitung der Anhaltischen Kirche, BA, Abt. Potsdam, O-4, 415.

511 Gegenüber dem Stellvertreter des Vorsitzenden für Inneres beim RdB Magdeburg, Steinbach, klagte Krusche, »die Massenmedien der BRD [wollten] erneut die Angelegenheit ›Brüsewitz‹ zur Hetze gegen die DDR benutzen.« Vermerk vom 22.6.1977 über die Aussprache mit dem evangelischen Bischof Dr. Krusche am 21.6.1977, SAPMO-BA ZPA IV B2/14/114.

512 EZA Berlin, 4/92/5.

513 H. v. Keler an Lingner vom 26.7.1977, EZA Berlin, 4/92/5. Bezüglich Krusches und auch Schönherrs hegte Horst Dohle, Persönlicher Referent Seigewassers, die Befürchtung,»daß sich der Gegner« vor allem um diese beiden Bischöfe intensiv bemühe. Abteilung Staat und Recht, Dresden, Information vom 22.7.1977 zu aktuellen kirchenpolitischen Problemen, PDS-Archiv Dresden, IV D-2.14-690.

514 K. Löw, Die Grundrechte, 231 f.; vgl. auch 219 ff.

515 Text: KiS, 1978, 41 f.

516 Heidingsfeld an Löw, Datum unleserlich, EZA Berlin, 101/604. Nach dessen Auskunft vom 6.3.1994 hat Löw dieser Brief nie erreicht.

517 Vgl. dazu Schreiben Henkys an Lingner vom 26.11.1973 und Rundschreiben Lingner an das Lutherische Kirchenamt, die Kirchenkanzlei der EKU, die Geschäftsstelle der Arnoldshainer Konferenz, das Kirchenamt der EKD, den EKD-Bevollmächtigten in Bonn und die Mitglieder der Beratergruppe vom 4.12.1973, Registratur des Lutherischen Kirchenamtes in Hannover, 5970-17, Verhältnis zum Staat (DDR). Im Zusammenhang mit KiS gab es über die formale Zuständigkeit, Verfahrens- und Kompetenzfragen erhebliche Unstimmigkeiten zwischen der EKD auf der einen und EKU und VELKD auf der anderen Seite. Vgl. a.a.O.

518 Lingner an Lewek vom 3.8.1977, EZA Berlin, 101/604.

519 Vermerk Lingner vom 8.8.1977, EZA Berlin, 4/92/5.

520 Information über die 3. Tagung der Synode des Bundes der Evangelischen Kirchen in der DDR vom 16.8.1971, SAPMO-BA ZPA IV A2/14/18.

521 Vgl. dazu H. Müller-Enbergs u. a., Das Fanal, 211; H. Schultze u. a. (Hgg.), Das Signal, 86 ff.

522 Siehe z. B. unten, 533 ff.

523 Vgl. R. Henkys, Kirche im Sozialismus – Knotenpunkte im Verhältnis von Evangelischer Kirche und Staat in der DDR, in : T. Rendtorff (Hg.), Protestantische Revolution?, 17-39, Zitat: 33. Auch nach seiner Pensionierung setzte er – im Auftrag der Friedrich-Ebert-Stiftung, der EKU, bestimmter kirchlicher Kreise und Einzelpersönlichkeiten wie Jürgen Schmude oder Manfred Stolpe – seine eigenartige Tätigkeit als publizistischer Helfer bedrängter Gesinnungsgenossen fort. So konnte Stolpe auch dem Untersuchungsausschuß Henkys' kritische »Anmerkungen und Hinweise zu: Ehrhart Neubert, Untersuchung zu den Vorwürfen gegen […] Stolpe« übersenden, vgl. Bericht des Untersuchungsausschusses 1/3 des Brandenburgischen Landtages vom 29.4.1994, Drucksache 1/3009, 18.

524 Vermerk Lingner vom 8.8.1977, EZA Berlin, 4/92/5.

525 Ebd. Vgl. auch den östlichen Vermerk: »Auf entsprechende Anfragen von Dr. Krusche findet eine Aussprache über das Verhältnis Bund-EKD statt.« EZA Berlin, 101/360.

526 An anderer Stelle hieß es im gleichen Text: »Unsere ökonomischen Erfolge und vor allem unsere sozialpolitischen Errungenschaften waren auch eine gute Grundlage, das Verhältnis von Staat und Kirche zu verbessern, auch und vor allem auf der Ebene der Kirchenleitungen.« PDS-Archiv Dresden, IV D-2.14-693.

527 Schreiben Lingner vom 16.9.1977 an Mitglieder der Beratergruppe, EZA Berlin, 4/92/6. Auch in EZA Berlin, 101/360.

528 Vgl. auch Lage und Tendenzen in der kirchenpolitischen Arbeit im Bezirk Dresden, Vortrag vor dem Sekretariat des Bezirksausschusses der Nationalen Front Dresden am 17.5.1977:»Bei den evangelischen Kirchen in der DDR ist der Prozeß der Anpassung an die gesellschaftlichen Gegebenheiten deutlich sichtbar. Bei der Differenzierungsarbeit wurden weitere Fortschritte erreicht. Daran konnten auch die Ereignisse um Pfarrer Brüsewitz nichts ändern. Die beharrliche Friedenspolitik unseres Staates veranlaßte auch kirchliche Kräfte, sich verstärkt für den Frieden zu engagieren.« PDS-Archiv Dresden, IV D-2.14-693.

529 Schreiben Lingner vom 16.9.1977 an Mitglieder der Beratergruppe, EZA Berlin, 4/92/6.

530 Arbeitsgruppe Kirchenfragen, 9.11.1977, Information über weitere Fragen im Gespräch mit dem Sekretär des Bundes Evangelischer Kirchen in der DDR, Oberkonsistorialrat

Stolpe, am 8.11.1977, SAPMO-BA ZPA IV B2/14/7. Vgl. auch Arbeitsgruppe Kirchenfragen, Information Bellmann vom 26.11.1977 über zwei Gespräche mit dem Generalsekretär des Bundes der Evangelischen Kirchen in der DDR, Oberkonsistorialrat Stolpe,
am 8.11. und 25.11.1977, a.a.O.

531 Arbeitsgruppe Kirchenfragen, 28.11.1977, Information Bellmann über das Gespräch
mit dem Generalsekretär des Bundes der Evangelischen Kirchen in der DDR, Oberkonsistorialrat Stolpe, am 25.11.1977, a.a.O. Vgl. auch Arbeitsgruppe Kirchenfragen, Information Bellmann vom 26.11.1977 über zwei Gespräche mit dem Generalsekretär des
Bundes der Evangelischen Kirchen in der DDR, Oberkonsistorialrat Stolpe, am 8.11.
und 25.11.1977, a.a.O.

532 Bericht Hartwig vom 30.1.1978 zur Dienstreise in den Bezirk Halle am 27.1. – Gespräch mit der Leitung der Anhaltischen Kirche, BA, Abt. Potsdam, O-4, 415.

533 Schreiben Lingner vom 16.9.1977 an Mitglieder der Beratergruppe, EZA Berlin, 4/92/6.

534 Staatssekretär für Kirchenfragen, Information Nr. 2/77 vom 31.1.1977, Jahresanalyse
der Staatspolitik in Kirchenfragen 1976, BA, Abt. Potsdam, O-4, 462.

535 Vgl. Information Wilke vom 24.6.1977 über den Verlauf und die Ergebnisse der Frühjahrssynoden der Landeskirchen 1977, BA, Abt. Potsdam, O-4, 405.

536 Schreiben Lingner vom 16.9.1977 an Mitglieder der Beratergruppe, EZA Berlin, 4/92/6.

537 Die Abteilung I beim Staatssekretariat für Kirchenfragen gelangte in ihrer am
13.4.1977 erstellten Information zur Situation in den Evangelischen Kirchen in der
DDR zu folgender Einschätzung: »In den Evangelischen Kirchen vollzog sich ein differenzierter Prozeß der Anpassung an die entwickelte sozialistische Gesellschaft in der
DDR. Verstärkt sahen sich kirchenleitende Vertreter veranlaßt, realistische Positionen
in ihrer Haltung zum sozialistischen Staat zu beziehen. In dieser Haltung drückte sich
sowohl eine Würdigung der hervorragenden sozialpolitischen Maßnahmen wie auch
die breite Zustimmung zur Politik des Friedens und der Sicherheit in Europa aus. Auch
die vorbildliche Entwicklung im Gesundheitswesen der DDR fand große Anerkennung.
Andererseits wurden aber starke Vorbehalte deutlich, wo es um Probleme der Bewußtseinsentwicklung, der sozialistischen Bildung und Erziehung sowie um das sozialistische Menschenbild geht. [...] Entsprechend der Generallinie der Politik der Partei gelang es, besonders in Durchsetzung des Beschlusses des Politbüros vom 30. Oktober
1973, das Verhältnis von Staat und Kirche so zu gestalten, daß sich insgesamt die Kräfte
durchzusetzen vermochten, die nicht an einer Konfrontation der Kirche mit dem Staat
interessiert sind.« SAPMO-BA ZPA IV B2/14/11.

538 Lingner an die gen. Herren vom 23.9.1977, EZA Berlin, 4/91/771.

539 Lewek an Lingner vom 27.10.1977, EZA Berlin, 101/604.

540 Vermerk Lingner vom 18.11.1977, EZA Berlin, 4/91/772.

541 H.-W. Heßler (Hg.), Protestanten und ihre Kirche in der Bundesrepublik Deutschland.

542 Hierbei handelte es sich um eine Broschüre mit Vorschlägen zur Gestaltung von Für-
bittgebeten. Vgl. Leiden von Christen in der Welt.

543 Heidingsfeld an Lingner vom 2.12.1977, EZA Berlin, 4/91/772.

544 Schreiben Lingner vom 16.9.1977 an Mitglieder der Beratergruppe, EZA Berlin, 4/92/6.

545 Zu Staar vgl. auch Information Wilke an den Staatssekretär vom 2.7.1979: Auftreten
von Ministerialrat Winfried Staar, Vertretung der BRD in der DDR. Aus diesem Papier
geht hervor, daß es sich bei den Kirchen um eines der Aufgabengebiete handelte, mit
denen Staar sich zu befassen hatte. Dabei konnte er seine Tätigkeit im Laufe der Zeit
intensivieren: »Bereits seit 1978 nimmt er an offiziellen Tagungen der Kirchen und Religionsgemeinschaften teil«, nehme dabei aber keinen offiziellen Gaststatus ein. »Die
Pausen werden von ihm dazu genutzt, sowohl mit Vertretern der ausländischen Presse,
vor allem aus der BRD, aber auch mit kirchenleitenden Persönlichkeiten oder Synodalen das Gespräch zu suchen und zu führen. Dabei ist er auch bemüht, ihm bekannte
evtl. anwesende Vertreter anzusprechen, ohne jedoch dabei über Höflichkeitsfloskeln
hinauszugehen.« BA, Abt. Potsdam, O-4, 425. Vgl. auch Aktenvermerk Seigewasser
vom 3.7.1979 über ein Gespräch mit Bischof D. Schönherr am 2.7.1979. Seigewasser

fragte an, »ob es von seiten kirchlicher Stellen initiiert oder gefördert werde, daß der Mitarbeiter der BRD-Vertretung in unserer Hauptstadt, Staar, jede öffentliche Tagung kirchenleitender Gremien (insbesondere Synoden) sowohl in Berlin als auch an anderen Orten der Republik wahrnehme. Seine Anwesenheit finde in diesen Kreisen auffallende Beachtung. Auch sei festzustellen, daß Staar jeweils intensive Kontaktpflege betreibe.« Schönherr entgegnete, die »Kirchenleitung sehe keine Handhabe, dem akkreditierten Mitarbeiter der Bonner Vertretung die Teilnahme an öffentlichen kirchlichen Veranstaltungen zu verweigern.« A.a.O.

546 Weise wertete: »Ich hatte den Eindruck, daß Stolpe oft mit Mitarbeitern der Bonner Vertretung in Verbindung steht. Er sagte im Gespräch nebenbei, daß er auch Herrn Dr. Bräutigam gut kennen würde von gelegentlichen Begegnungen in der Vertretung in der Hannoverschen Straße, aber keinen guten Eindruck von ihm habe. Staar hingegen wäre nach Meinung von Stolpe der DDR gegenüber aufgeschlossener. Mein Eindruck ist weiter, daß Stolpe nicht alles uns gegenüber offen darstellt, es zweifelhaft ist, wenn er sagt, daß er von sich aus unsere Dienststelle aufsucht, oder ob nicht dahinter ein Auftraggeber steht.« Vertrauliche Gedächtnisniederschrift Weise vom 17.12.1977, BA, Abt. Potsdam, O-4, 479.

547 EZA Berlin, 101/1190, Bd. II.

548 Vermerk vom 22.6.1977 über die Aussprache Steinbachs mit dem evangelischen Bischof Dr. Krusche am 21.6.1977 im Rat des Bezirkes Magdeburg, SAPMO-BA ZPA IV B2/14/114.

549 Auszug aus dem Informationsgespräch mit Kirchenpräsident E. Natho am 1.9.1977, SAPMO-BA ZPA IV B2/14/128.

550 Weiter äußerte Natho: »Ich habe wiederholt mein positives Verhältnis und Einstellung zu unserem Staat und den staatlichen Organen zum Ausdruck gebracht. Dies erneut beim heutigen Gespräch, auch im Namen von Oberkirchenrat Schulze, zu bekräftigen, ist uns ein Bedürfnis. [...] Wir als Kirche und besonders der neugewählte Landeskirchenrat hat den festen Willen, den Weg des guten Einvernehmen Kirche im sozialistischen Staat der DDR weiter zu beschreiten. Wir wollen dabei einen aktiven Beitrag leisten.« Rat der Stadt Dessau, Oberbürgermeister, Gedächtnisprotokoll über das Gespräch des OB und Vorsitzenden des Rates der Stadt Dessau, Genossin Thea Hauschild, mit dem Kirchenpräsidenten der ev. Landeskirche Anhalt am 25.2.1977, LPA Halle, KL Dessau, IV D-4/06/113.

551 Niederschrift über die 49. Sitzung des Rates der EKU – Bereich DDR – am 2.2.1977 in Berlin, LKA Hannover, D 15 XII, K 73/412/II.

552 Vgl. Niederschrift Krusche-Jungklaus-Küntscher über die 35. gemeinsame Sitzung der Bereichsräte der EKU am 9.3.1977, LKA Hannover, D 15 XII, K 73/412/II.

553 Information vom 23.7.1980, BA, Abt. Potsdam, O-4, 797.

554 Vgl. RdB Halle, Sektor Kirchenfragen, Information Voigt vom 12.9.1980 zum Gespräch des Stellvertreters des Vorsitzenden des Rates des Bezirkes Halle für Inneres, Gen. Pöhner, mit dem Kirchenpräsidenten der Ev. Landeskirche Anhalts, Eberhard Natho, am 10.9.1980, LPA Halle, IV D-2/14/478.

555 Vgl. auch Vorlage Handel vom 18.2.1980 an die Dienstbesprechung am 25.2.1980, Information zur Situation in den evangelisch-missionarischen Gruppierungen in der DDR. In dem Papier geht es hauptsächlich um die Evangelische Allianz, die »seit Beginn der 70er Jahre weitgehend Loyalität dem Staat gegenüber geübt« habe. BA, Abt. Potsdam, O-4, 408.

556 Vgl. dazu KJ 1976/77, 421-423.

557 Vermerk Lingner über die Sitzung der Beratergruppe am 3.10.1977, EZA Berlin, 4/92/6.

558 Schönherr soll sich auch gegenüber dem westdeutschen Fernsehen apologetisch zu diesem Fall geäußert haben. Vgl. Information über die 1. Tagung der 3. Synode des Bundes der Evangelischen Kirchen in der DDR, BA, Abt. Potsdam, O-4, 558.

559 Vermerk Lingner über die Sitzung der Beratergruppe am 3.10.1977, EZA Berlin, 4/92/6.

560 Ebd. Vgl. auch den Vermerk des BEK-Sekretariats vom 6.10.1977: »In einer sehr langen Aussprache wird der Fall Defort und das Verhalten der drei Pfarrer aus Berlin-Brandenburg besprochen. Allgemein wird die Handlung der drei Pfarrer nicht gebilligt. Auch in dem vorliegenden Notstand durfte so nicht verfahren werden.« EZA Berlin, 101/360. Siehe auch »Report Baden-Baden« vom 5.10.1992: »DDR-Pfarrer verraten Flüchtling an Stasi: Der Fall Defort und die ›Kirche im Sozialismus‹«.

561 Positionen und Argumente des klerikalen Antikommunismus – Differenzierungen in der klerikalen Menschenrechtskonzeption, BA, Abt. Potsdam, O-4, 406.

562 EZA Berlin, 101/244.

563 Stolpe an Schönherr vom 28.10.1977. EZA Berlin, 101/244.

564 RdB Halle, Sektor Kirchenfragen, Information Voigt vom 12.9.1980 zum Gespräch des Stellvertreters des Vorsitzenden des Rates des Bezirks Halle für Inneres, Gen. Pöhner, mit dem Kirchenpräsidenten der Ev. Landeskirche Anhalts, Eberhard Natho, am 10.9.1980, LPA Halle, IV D-2/14/478.

565 Am 28.12.1977 schrieb Heidingsfeld an Lingner: »Ist sie [die Beratergruppe] ein ›Bischofs-Stammtisch‹? Oder ein sachbezogen arbeitendes Gremium?« EZA Berlin, 4/92/6. Das Thema war auch im Jahr darauf auf der Tagesordnung: Am 12.4.1978 berichtet Lingner Wilkens über ein Gespräch mit Zeddies, der die Gründung einer »Theologischen Arbeitsgruppe« angeregt habe. Kirchenrat Schmale (VELKD) und Präsident Kraske (Kirchenkanzlei der EKU) erhielten ähnliche Nachrichten, EZA Berlin, 4/92/6. Wilkens antwortete am 11.5.1978: »Zugespitzt könnte man fragen, ob die EKD solche theologischen Gespräche mit dem Kirchenbund in der DDR einrichten kann, wenn viele ihr das Recht bestreiten, im eigenen Bereich etwas Vergleichbares zu tun« EZA Berlin, 4/92/7. Am 6.10.1978 schrieb H. v. Keler an Lingner, die »personelle Stabilität dieses Kreises« müsse gestärkt werden, da das Gespräch sonst »nicht mehr vertrauensvoll und ertragreich« sein könne EZA Berlin, 4/92/8.

566 Lingner an Hammer vom 14.10.1977, EZA Berlin, 4/91/774.

567 Gesprächsskizze Lingner für eine Besprechung mit dem Sekretariat, a.a.O.

568 Vgl. Lingner an v. Keler vom 19.8.1977, EZA Berlin, 4/91/771.

569 Lingner, Praktische Probleme der DDR-Kirchen als Kirchen in einem sozialistischen Staat, Vortrag in Pullach 1977, a.a.O.

570 Auf der Tagung der Görlitzer Synode im Frühjahr 1977 grenzte sich Bischof Fränkel »von der feindlichen Haltung Biermanns [ab] und behandelte die Probleme um Brüsewitz sowie um Volksbildungsfragen mit sehr zurückhaltenden sachlichen Formulierungen. Die Formulierung, daß man die DDR verlassen müsse, bezeichnete er als einen für Christen ›gottlosen Satz‹.« Information Wilke vom 24.6.1977 über den Verlauf und die Ergebnisse der Frühjahrssynoden der Landeskirchen 1977, BA, Abt. Potsdam, O-4, 405.

571 Dieses und die folgenden Zitate aus Lingner, Praktische Probleme der DDR-Kirchen als Kirchen in einem sozialistischen Staat, EZA Berlin, 4/91/771.

572 Information Wilke vom 24.6.1977 über den Verlauf und die Ergebnisse der Frühjahrssynoden der Landeskirchen 1977, BA, Abt. Potsdam, O-4, 405.

573 Information Wilke vom 27.9.1977 über ein Gespräch mit OKR Stolpe am 26.9.1977, BA, Abt. Potsdam, O-4, 405.

574 Vgl. auch Lage und Tendenzen in der kirchenpolitischen Arbeit im Bezirk Dresden, Vortrag vor dem Sekretariat des Bezirksausschusses der Nationalen Front Dresden am 17.5.1977: »Es gab eine Reihe von Anlässen unsererseits (z. B. [...] Eingreifen der Kirchenleitung bei politisch negativen Erscheinungen in der Kirche, wo Vertreter der Kirchenleitung vernünftige und sachliche Positionen einnahmen.« PDS-Archiv Dresden, IV D-2.14-693. Ähnlich verhielt sich die Berlin-Brandenburger Kirche im Fall des Pfarrers Johannes Meinel. Schönherr schrieb am 11.10.1979 an den amtierenden Staatssekretär Kalb einen persönlichen Brief: »Auf unser Gespräch hin habe ich mit Pfarrer M. gesprochen. Er leugnet strikt, die ihm zur Last gelegte Rolle zu spielen. Er selbst hatte sich be-

reits mit dem Gedanken befaßt, die Pfarrstelle zu wechseln. Ich habe ihn darin nachdrücklich unterstützt. Er hat mir zugesagt, das Ergebnis seiner Überlegungen bald mitzuteilen.« BA, Abt. Potsdam, O-4, 1272. Letztendlich scheiterte der Wechsel Meinels nach Berlin-Friedrichshagen nicht an der Haltung der Kirchenleitung, sondern an der fehlenden Kompromißbereitschaft des Staates in der Wohnungsfrage. Vgl. die Schreiben Schönherrs an Kalb vom 14.3.1980 (»Dabei erlaube ich mir, noch einmal darauf hinzuweisen, daß es mir sehr daran liegen würde, daß der betreffende Pfarrer an seinem neuen Dienstort wirklich auch neu anfangen kann.«) und vom 23.5.1980, a.a.O. Schönherr erklärte dann die Bereitschaft der Kirchenleitung, für Meinel ein Einfamilienhaus zu errichten. Vgl. Anlage Kalb zur Information über ein Gespräch mit Bischof D. Dr. Schönherr am 10.7.1980, a.a.O. Auch dieser Versuch scheiterte an »Versäumnissen der staatlichen Organe, in deren Interesse ja seine Umsiedlung erfolgte«, wie der amtierende Konsistorialpräsident Pettelkau am 2.3.1981 Hans Wilke gegenüber darlegte. Meinel werde nun in Grünheide wohnen bleiben. Abtl. I, Aktenvermerk Wilke vom 9.3.1981 an den Staatssekretär, SAPMO-BA ZPA IV B2/14/122. Gysi bezeichnete gegenüber Schönherr am 7.4.1981 die Angelegenheit als »›eine große Schweinerei‹. Man habe von Friedrichshagen aus ›alle an der Nase herumgeführt‹, das Staatssekretariat, auch den 1. Sekretär von Berlin. Es handele sich um einen Akt der Sabotage. ›Das kommt ganz oben an‹. Alle hätten sich für eine positive Lösung verwandt und darauf vertraut, daß alles im Lot sei. Auf jeden Fall bleibe das Angebot bestehen. Der Staatssekretär entschuldigte sich für die Verschleppung.« Vermerk Schönherr, EZA Berlin, 101/655.

Im gleichen Vermerk hieß es: »Bischof Schönherr war bekannt, daß Pfarrer Heinz Giesel, Dobbrikow, Kreis Luckenwalde, sich um die Entlassung aus der Staatsbürgerschaft der DDR bemüht. Schönherr charakterisierte Giesel als eine unstete Persönlichkeit mit teilweise undurchschaubarem Verhalten. Wie er erfahren habe, bestünden erhebliche Spannungen im Verhältnis zu seinem Vater. Schönherr vertrat die Auffassung, daß es für den Antrag des Giesel auf Übersiedlung in die BRD keine zu rechtfertigenden politischen Beweggründe gebe. Deshalb werde die Kirche auch aus prinzipiellen Gründen heraus Giesel im Falle einer Übersiedlung in die BRD die Ordinationsrechte aberkennen. Dies hätte zur Folge, daß Giesel in den nächsten zwei Jahren kein Amt als Pfarrer bekleiden könne. Nach Ablauf dieser Frist müsse zwischen den zuständigen kirchlichen Stellen in der DDR und der BRD über eine Wiedereinsetzung in die Rechte der Ordination verhandelt werden. Trotz dieser kirchlichen Haltung empfahl Schönherr jedoch den staatlichen Organen, Giesel ›ziehen zu lassen‹. Er vertrat die Auffassung, daß dieser nie Ruhe geben werde und sich sein Fall eines Tages zum Politikum entwickeln könne.« Anlage Kalb zur Information über ein Gespräch mit Bischof D. Dr. Schönherr am 10.7.1980, BA, Abt. Potsdam, O-4, 1272. Vgl. auch den Fall des Neutestamentlers Wolfgang Schenk, zu dem es in einem Vermerk des Staatssekretariats heißt, dieser habe »Antrag auf Ausbürgerung gestellt. Bischof Schönherr begrüßt ausdrücklich diesen Weg der ›Lösung‹ des Falles. Dem Antrag von Schenk wird mit großer Wahrscheinlichkeit entsprochen werden.« BA, Abt. Potsdam, O-4, 426. Schönherr hatte gegenüber Kalb geäußert, »daß der Fall Dr. Schenk, bisher Dozent am Oberseminar Naumburg, ähnlich gelagert sei. Schenk sehe in seinem eng begrenzten Wissenschaftsgebiet in der DDR keine Wirkungsmöglichkeit und betreibe deshalb mit allen Mitteln seine Ausbürgerung. Werde dem nicht entsprochen, sei zu befürchten, daß er die Öffentlichkeit auf seinen Fall aufmerksam macht. Schenk stehe zwar nicht mehr im Dienst der Kirche, er, Schönherr, sehe es jedoch als seine Pflicht an, die staatlichen Organe zu informieren.« Anlage Kalb zur Information über ein Gespräch mit Bischof D. Dr. Schönherr am 10.7.1980, BA, Abt. Potsdam, O-4, 1272.

575 Rat der Stadt Dresden, Stellv. d. Oberbürgermeisters für Inneres, Jörke, an den 1. Sekretär der SED-Stadtleitung, Gen. Schubert, vom 21.3.1977, PDS-Archiv Dresden, IV D-5.01-195. Zu Burkhardt vgl. auch Rat der Stadt Dresden, Abt. Innere Angelegenheiten, Kirchenfragen, Information Hollert vom 9.7.1975 betr. Verhalten des Burkhardt, Frieder, geb. 28.1.1943, verheiratet, Beruf: Pfarrer, wohnhaft: 8023 Dresden, Weinbergstr.

49: »Jugendabende, die außerordentlich gut besucht sind, werden mit moderner kirchlicher Beatmusik untermalt, und die Themen erwecken die Neugier der Jugendlichen. In geschickter Form tritt der B. dabei gegen unseren Staat auf. B. versteht es, durch Redegewandtheit und Intelligenz die Jugendlichen für sich zu gewinnen und seine Hörer für kirchliche Dinge und seine Ansichten zu begeistern. Er ist besonders bestrebt, labile Jugendliche um sich zu sammeln, um ihnen ›Hilfe‹ zu geben. [...] Auch die von B. durchgeführten Gottesdienste werden in neuen Formen gehalten. So ist es vorgekommen, daß in diesen Veranstaltungen von den Jugendlichen geklatscht und Beifall getrampelt wurde. Pf. Dr. Laue – als Pfarramtsleiter – und fast alle älteren Gemeindemitglieder lehnen diese neuen Formen ab und bringen ihr Mißfallen in Gesprächen zum Ausdruck, da sie die Kirche noch als Ort der Ruhe und Besinnung haben möchten [vgl. z. B. RdB Dresden, Sektor Staatspolitik in Kirchenfragen, Abschrift vom 21.12.1976, Bericht Gerhard Müller über das persönliche Gespräch mit Pfarrer Dr. Laue von der Weinbergskirche am 2.12.76 durch Gen. Müller, Stadtbezirk Dresden Nord: ›Pfarrer Dr. Laue sei sehr beunruhigt, daß nach der Versetzung von Pfarrer Burkhardt, infolge seiner Gesetzesverletzungen, die Arbeit der Jungen Gemeinde immer noch beherrscht werde von Gammlern, die zum größten Teil nicht im Weinberggebiet wohnen. Sie treffen sich jede Woche in den Kirchenräumen und verhindern eine echte Glaubensarbeit mit den Jugendlichen. <...> Gegen die Ausbürgerung <Biermanns> habe er keine Einwände, zumal Biermann auf die Jugend einen ähnlichen negativen Einfluß ausübe wie Pfarrer Burkhardt, wodurch die Jugendlichen an einem guten Verhältnis mit ihrem Staat gehindert werden.‹ PDS-Archiv Dresden, IV C-2.14-681]. [...] Durch [...] Dr. Dohle wurde gegenüber dem bisherigen Präsidenten der Sächs. Landeskirche, Dr. Johannes, die Forderung erhoben, den B. anderweitig einzusetzen. Johannes sagte eine Versetzung zu, die bisher jedoch noch nicht erfolgte. [...] Unsere Bemühungen für die Zukunft laufen darauf hinaus, daß der B. durch die Kirchenleitung eine Tätigkeit erhält, in der er nicht massenwirksam, insbesondere gegenüber den Jugendlichen, auftreten kann.« PDS-Archiv Dresden, IV C-2.14-682. Am 16.7.1976 konnte Hollert dann den staatlichen Erfolg festhalten: »Pfarrer Burkhardt, Weinbergskirche (3 OSV [scil. Ordnungsstrafverfahren]) – dieser Pfarrer sammelt um sich Gefährdete, Asoziale, straffällig Gewesene, dazu Jugendliche aus ganz Dresden und will dabei die kapitalistische ›antiautoritäre Erziehungsmethode‹ anwenden. Diese Machenschaften wurden von uns nicht mehr geduldet, das Landeskirchenamt war daher gezwungen, den Burkhardt nunmehr ab Sept. 1976 in eine unbedeutende Erzgebirgsgemeinde zu versetzen. Alle anderen Kirchengemeinden mußten angehalten werden, sich nur auf rein christliche Arbeit und dies nur mit christlich gebundenen Kindern zu beschränken. Um das zu erreichen, waren prinzipielle politisch-ideologische Auseinandersetzungen mit den kirchlichen Leitungen auf allen Ebenen durch den Staatsapparat erforderlich.« Rat der Stadt Dresden, Abt. Inneres – Kirchenfragen –, Zuarbeit zu einem Referat des Gen. H. Schubert, PDS-Archiv Dresden, IV C-5.01-235.

576 Vgl. RdB Dresden, Sektor Staatspolitik in Kirchenfragen, Abschrift vom 21.12.1976, Bericht Gerhard Müller über das persönliche Gespräch mit Pfarrer Dr. Laue von der Weinbergskirche am 2.12.1976 durch Gen. Müller, Stadtbezirk Dresden Nord. Laue führte dies darauf zurück, »daß Bischof Hempel sich nicht energisch genug gegen diese reaktionären Kräfte durchsetze, weil ihm das von seinem Charakter her nicht liege.« PDS-Archiv Dresden, IV C-2.14-681. 1978 kam auch Pfarrer Eduard Berger, der spätere Greifswalder Bischof, nach Radebeul und betrieb dort ebenfalls eine staatskritische Jugendarbeit: »Bereits die erste Aussprache mit Pf. Berger zeigte, daß seine politische Einstellung zu unserem sozialistischen Staat im allgemeinen und besonders zur führenden Rolle der SED und zur sozialistischen Demokratie negativ ist.« So bezeichnete er während eines Gesprächs mit staatlichen Vertretern die DDR als »›eine totale Diktatur der SED-Clique, die mit einem riesigen Macht- und Unterdrückungsapparat die Arbeiter und die gesamte Bevölkerung ständig unter Druck und Angst halten, es gibt keine öffentliche Meinung, keiner kann frei sprechen oder schreiben, was er will, selbst die

kirchlichen Publikationsorgane schreiben nur, was die SED genehmigt. Das Bildungssystem vermittelt nur solche Kenntnisse, die der Aufrechterhaltung der Diktatur der Parteiclique dient. Die DDR erzieht die Jugend zur Aggressivität und nicht zum Frieden.‹« Rat der Stadt Dresden, Stellv. des Oberbürgermeisters für Inneres, Jörke, Dresden, den 30.11.1978, Provokationen durch Pfarrer Berger, Ev. Luth. Weinbergskirche im Stadtbezirk Dresden-Nord, PDS-Archiv Dresden, IV D-2.14-690.

577 Thema: Aktuelle Probleme der Politik in Kirchenfragen durch unsere Partei (Stand: September 1978); Vortrag, gehalten vor der Bezirksparteischule Georg Wolff am 21.9.1978, PDS-Archiv Dresden, IV D-2.14-693. Vgl. auch Information der Abteilung I des Staatssekretariats für Kirchenfragen vom 7.12.1978 über den Verlauf der Herbstsynoden der evangelischen Landeskirchen in der DDR:»Die Mecklenburger Landessynode hat umfangreiche Diskussionen über die kirchliche Jugendarbeit geführt. Dabei wurde nicht nur deutlich, daß man bemüht ist, die Tätigkeit mit der Jugend zu intensivieren und auszubreiten, sondern es wurden mehrfach mit politisch negativer Konzeption einzelne Fehlhaltungen von Jugendlichen in der DDR unzulässig verallgemeinert, um die Aktivitäten der Kirche zu begründen. Es wurde ein sogenannter Jugendausschuß gebildet.« BA, Abt. Potsdam, O-4, 406.

578 Lingner, Praktische Probleme der DDR-Kirchen als Kirchen in einem sozialistischen Staat, EZA Berlin, 4/91/771. Zur gerade wenige Monate zurückliegenden Vollversammlung des LWB in Daressalam wertete Hans Weise hinsichtlich des Verhaltens der Delegierten aus der DDR: »Die Mitglieder der Delegation waren zwei Jahre hindurch auf die Vollversammlung vorbereitet worden. […] Es sind keine Äußerungen gegen die DDR und ihre Politik durch DDR-Delegierte bekannt geworden. Andererseits gab es auch kein nennenswertes Eintreten für die staatlichen Interessen unseres Landes. Positiv auf die Haltung der DDR-Delegation wirkten die Aktivitäten der DDR-Botschaft in Tansania. […] Versuchen, DDR-Bürger zum Empfang in die BRD-Botschaft mitzunehmen, kamen diese nicht nach. […] Dr. Zeddies fungierte als Delegationssekretär und kontrollierte in dieser Funktion auch die Kontakte zur Botschaft. Insgesamt realisierte die DDR-Delegation eine recht eigenständige Position, die Möglichkeiten für eine weitere zielgerichtete Arbeit mit dem Nationalkomitee bietet. Das Bemühen um eine relativ eigenständige Haltung birgt für das Nationalkomitee die latente Gefahr zu gewissen Spannungen mit westlichen lutherischen Kirchen.« Bericht der Abteilung Internationale Beziehungen beim Staatssekretariat für Kirchenfragen vom 2.8.1977 über die 6. Vollversammlung des Lutherischen Weltbundes (LWB) vom 13.6.-26.6.1977 in Daressalam, BA, Abt. Potsdam, O-4, 406, auch SAPMO-BA ZPA IV B2/14/155. Über die Einschätzung der LWB-Vollversammlung durch westdeutsche Lutheraner informiert eingehend der Bericht des Leiters des Fachbereichs Ökumenik an der Sektion Theologie der Martin-Luther-Universität Halle-Wittenberg, Dozent Dr. Siegfried Krügel, vom 20.8.1977 betr. Studienaufenthalt in der BRD (Hannover, Oldenburg, Wilhelmshaven), 2.-15.8.1977, BA, Abt. Potsdam, O-4, 4894. Vgl. die Dokumente aus Daressalam in epd-Dok 30/77 sowie Daressalam 1977.

579 Zu einigen Problemen der politischen Entwicklung im Ökumenebereich, 21.11.1977, BA, Abt. Potsdam, O-4, 462.

580 So bemerkte Hans Wilke anläßlich von Äußerungen des Magdeburger Bischofs Krusche: »Schließlich zog er die gesellschaftliche Praxis der gemeinsamen Arbeit aller Menschen im Sozialismus, unabhängig von ihrer Religion oder Weltanschauung, in Zweifel, wenn er formulierte: ›Wirkliche Gemeinschaft von Christen und Marxisten in der DDR‹ gibt es ›vermutlich‹ erst, ›wenn die Generation der heute Zwanzigjährigen maßgebliche Bedeutung gewonnen haben dürfte.‹ Hier zeichnet sich deutlich ab, daß bestimmte Kräfte in den Kirchen ihr Bemühen darin verstärken, die Formulierung ›Kirche in der sozialistischen Gesellschaft‹ zu verstehen als eine Form der inneren Veränderung des Sozialismus, als notwendige Liberalisierung der Führungsrolle der marxistisch-leninistischen Partei und ihrer Weltanschauung, ohne es zu einer offenen Polemik zwischen Staat und Kirche kommen zu lassen. Hier werden vor allem bei Bischof

Krusche politisch geschickt formulierte Langzeitvorstellungen für die gesellschaftliche Wirksamkeit der Kirchen im Sozialismus deutlich.« Information Wilke vom 24.6.1977 über den Verlauf und die Ergebnisse der Frühjahrssynoden der Landeskirchen 1977, BA, Abt. Potsdam, O-4, 405. Wilke hielt auch fest, daß den Kirchen immer noch an der staatlichen Akzeptanz als gleichwertige Partner gelegen sei. Vgl. ebd.

581 W.I. Lenin, Über das Verhältnis der Arbeiterpartei zur Religion, 26. Vortrag: Aktuelle Probleme der Partei bei der Verwirklichung der Politik in Kirchenfragen (Stand: Sept. 1977), PDS-Archiv Dresden, IV D-2.14-693.

582 Wiss. Mitarbeiter, Hartwig, Positionen und Argumente des klerikalen Antikommunismus – Differenzierungen in der klerikalen Menschenrechtskonzeption. Lohse wurde hier neben Hild, Thimme, Immer, Eppler und Kruse den »stärker abgrenzenden, realistisch eingestellten Kräfte[n] in der EKD« zugerechnet. BA, Abt. Potsdam, O-4, 406.

583 Weiter heißt es im Protokoll:»B. deutete an, daß er im Elternhaus mit einer kritischen Einstellung zum Faschismus erzogen wurde. Er hält viel von dem Erfahrungswert unserer Generation, die Faschismus, Krieg und Nachkriegszeit noch persönlich kennengelernt hat. [...] Wir kamen überein, den Gesprächskontakt fortzusetzen.« Telegramm Kohl an Seigewasser und Seidel vom 20.6.1977, BA, Abt. Potsdam, O-4, 4894.

584 Telegramm Kohl an Seigewasser, Nier und Seidel vom 10.1.1978, a.a.O.

585 Vgl. Telegramm vom 17.5.1978. Eine Kopie ging an Außenminister Oskar Fischer und Werner Krolikowski. BA, Abt. Potsdam, O-4, 634.

586 Vgl. Anruf von Michael Kohl, a.a.O.

587 Vgl. Berlin, den 25.5.1978, Präses Lic. Karl Immer, Evangelische Kirche im Rheinland, a.a.O. Der vom gleichen Tag stammende Entwurf der Einschätzung befindet sich a.a.O.

588 AV Bonn, Vermerk Lucas vom 9.6.1978 über ein Gespräch des Ratsvorsitzenden der EKU und Präses der Evangelischen Kirche im Rheinland, Lic. Karl Immer, mit Genossen Botschafter Dr. Kohl am 7.6.1978, SAPMO-BA ZPA IV B2/147.

589 RdB Halle, Informationsbericht Voigt vom 11.5.1979, BA, Abt. Potsdam, O-4, 4877.

590 Zur Stellung des BEK zu Vietnam vgl. auch den Bericht Christa Leweks und Ulrich von Brücks über den Besuch in der SR Vietnam vom 3.-12. Dezember 1978 anläßlich der Übergabe von Hilfsgütern aus der Aktion »Brot für die Welt«, LKA Hannover, D 15 XII, K 112/734.

591 Vgl. Israel im Nahen Osten. Materialien zur Information und Orientierung, auszugsweise abgedruckt in KJ 1976/77, 469 f.

592 Vgl. KJ 1976/77, 468 f. Allerdings meint Lingner hier auch schreiben zu müssen: »Durchgehalten wird die schon früher erkennbare euphorische Einschätzung der Befreiungsbewegungen, wie sie auch im ÖRK üblich ist.« Ebd.

593 Die Studie »Identität und Pluralität« ist auszugsweise abgedruckt in KJ 1976/77, 505-510. In englischer Sprache liegt sie vor in: The identity Church and it's service to the whole human being, 573 ff.

594 Lingner, Praktische Probleme der DDR-Kirchen als Kirchen in einem sozialistischen Staat, EZA Berlin, 4/91/771.

595 RdB Cottbus, Stellv. d. Vors. f. Inneres, Deysing, Niederschrift vom 15.4.1977 über ein Gespräch mit Generalsuperintendent Forck, Cottbus, am 11.4.1977 im Rat des Bezirkes. Deysing fügte hinzu:»Bemerkenswert ist, daß sich Forck in diesem Gespräch betont sachlich und zurückhaltend benommen hat und von seiner sonstigen Aggressivität nichts zu spüren war.« SAPMO-BA ZPA IV B2/14/119.

596 Am 15.7.1977 hatte Stolpe gegenüber Rudi Bellmann, nunmehr Leiter der AG Kirchenfragen beim ZK, sowie Horst Hüttner die personellen Perspektiven hinsichtlich der auf der konstituierenden Tagung der 3. Bundessynode in Herrnhut zu fällenden Personalentscheidungen dargelegt. Da es für den KKL-Vorstand zuweilen mühsam gewesen sei, in der KKL selbst seine Vorhaben und Auffassungen durchzusetzen, habe man vor, einige der Hauptkritiker in die Vorstandsarbeit einzubinden. Man denke hier an Werner Krusche, Domsch sowie vielleicht auch an Heinrich Rathke. Stolpe versicherte, er werde alles tun, damit eine Wiederwahl Schönherrs gelänge. Er deutete an, es sei damit

zu rechnen, daß Teile der KKL Werner Krusche als Gegenkandidaten präsentierten. Bellmann bedankte sich bei Stolpe »für die offene und vertrauensvolle Darlegung der Probleme [...] St. wurde verdeutlicht, daß eine konstruktive, für alle Seiten vorteilhafte Kirchenpolitik günstig beeinflußt wird, wenn Männer an der Spitze der Kirche stehen, die sich im Engagement für Frieden und Entspannung und im Bemühen um gute Beziehungen von Staat und Kirche bewährt haben, und daß wir es darum sehr begrüßen würden, wenn es zur Wiederwahl Bischof Schönherrs käme. Es wurde darauf hingewiesen, daß es gegenwärtig mehr denn je darum geht, nicht zuletzt im kirchlichen Interesse, die Position der politisch vernünftigen Kräfte im Kirchenbund und in den Landeskirchen gegen jene zu verteidigen, die auf Konfrontation mit dem Staat gehen wollen.« Information Bellmann vom 18.7.1977 über ein Gespräch mit Oberkonsistorialrat Stolpe, Generalsekretär des Bundes der Evangelischen Kirchen in der Deutschen Demokratischen Republik, SAPMO-BA ZPA IV B2/14/40.

Der Greifswalder Bischof Gienke hatte sich am 15.2.1977 »vorbehaltlos für eine neue Kandidatur von Schönherr als Vorsitzenden des Bundes« ausgesprochen, da ansonsten die Gefahr bestünde, »daß unter Umständen Bischof Krusche oder Bischof Hempel die Leitung übernehmen könnten. Gienke kam zu dieser Einschätzung, obwohl er vom Grundsatz her einen turnusmäßigen Wechsel als zweckmäßiger ansehen würde. Bei der politischen Lage im Bund sei jedoch dieser Wechsel gegenwärtig ein Experiment, das unter Umständen böse Folgen für das Verhältnis von Staat und Kirche haben könnte. Gienke tritt dafür ein, daß Braecklein, Natho und er in Verbindung mit Schönherr einen aufeinander abgestimmten Kurs in der weiteren Orientierung des Bundes der Evangelischen Kirchen auf ein gutes und vertrauensvolles Verhältnis zwischen Kirche und Staat einschlagen.« Information Seigewasser vom 18.2.1977 über ein Gespräch mit Bischof Gienke, Greifswald, BA, Abt. Potsdam, O-4, 789. Daß eine Wiederwahl Schönherrs nicht ganz einfach sein würde, hatte bereits am 15.4.1977 der Cottbusser Generalsuperintendent Gottfried Forck klargemacht: »Den Lutheranern von Thüringen und Sachsen sei der Weg zu den Beratungen nach Berlin zu weit. Selbst OKR Mitzenheim habe erklärt, daß man aufgrund der Entfernung schon ›sauer‹ sei, bevor Berlin erreicht ist. Andere vertreten den Standpunkt, in Abständen von 2 Jahren den Vorsitz im Bund zu wechseln. Nach Forcks Auffassung sei das ungünstig, weil dadurch die Position des Sekretariats des Bundes zu sehr aufgewertet würde. Auch die Kirchenleitung von Berlin-Brandenburg sei an einem Wechsel im Vorsitz des Bundes interessiert, da der Bischof für die eigene Kirche zu wenig Zeit habe. Im Interesse der Sache, so informierte Forck, sei jedoch die Kirchenleitung bereit, eigene Gründe zurückzustellen, um Schönherr die Wiederwahl zu ermöglichen.« RdB Cottbus, Stellv. d. Vors. f. Inneres, Deysing, Niederschrift vom 15.4.1977 über ein Gespräch mit Generalsuperintendent Forck, Cottbus, am 11.4.1977 im Rat des Bezirkes, SAPMO-BA ZPA IV B2/14/119.

Horst Dohle hatte hierzu am 20.7.1977 vor den Sektorenleitern für Kirchenfragen bei den sächsischen Räten der Bezirke formuliert: »Nach ersten Aussprachen und Einschätzungen bestehen berechtigte Aussichten, daß Bischof Schönherr wiedergewählt wird. Das entspricht den Auffassungen der Genossen des Zentralkomitees. Von weiteren Kandidaten hat nur Bischof Krusche, Kirchenprovinz Sachsen, Aussicht, Vorsitzender des Bundes zu werden. Obwohl er, wie er zum Ausdruck brachte, eine Kandidatur aufgrund seiner Funktionen ablehnte, bleibt er Gegenkandidat. Er hat in letzter Zeit durch seine klare Haltung [Ablehnung des Brüsewitz-Zentrums in Bad Oeynhausen] deutlich an Profil gewonnen.« Abteilung Staat und Recht, Dresden, Information vom 22.7.1977 zu aktuellen kirchenpolitischen Problemen, PDS-Archiv Dresden, IV D-2.14-690. Vgl. auch Arbeitsgruppe Kirchenfragen, Konzeption zur Einflußnahme auf die 1. Tagung der 3. Synode des Bundes der Evangelischen Kirchen in der Deutschen Demokratischen Republik: »In der Zeit vom 21.-23. Oktober 1977 konstituiert sich auf ihrer 1. Tagung die 3. Synode des BEK. [...] Als Kandidat für das höchste Amt hat Bischof Schönherr gute Aussichten. Die Bischöfe Braecklein und Fränkel sind zu alt. Rathke ist zu wenig profiliert. Gienke und Natho haben durch ihr positives Auftreten zu wenig Rückhalt in der Konferenz der Kirchenleitungen. Hempel kommt wahrscheinlich nicht in Frage, da er als Bischof der größten evangelischen Kirche und Inhaber des höchsten ökumenischen Amtes (Mitglied des Exekutivkomitees des Weltkirchenrates) im Falle seiner Wahl zu viele kirchliche Funktionen auf sich vereinigen würde. Ausreichend profiliert wäre Bischof Krusche, der sich in jüngster Zeit durch seine Haltung in der Auseinandersetzung um das Brüsewitz-Zentrum und durch größere Gesprächsbereitschaft mit dem Staat in eine günstige Position gebracht hat. […] Die Situation im Kirchenbund ist so, daß die Befürworter einer Konfrontation von Staat und Kirche kaum eine Chance haben, mit ihrer Linie durchzukommen. Andererseits haben die Kräfte im BEK in letzter Zeit ihre Positionen festigen können, die gegen eine zu starke Anpassung der Kirchen an den sozialistischen Staat und seine Politik sind und darum zur Zurückhaltung im politischen Engagement raten. Bei solchen Entscheidungen, wie der Teilnahme an der Moskauer Weltkonferenz ›Religiöser Vertreter für dauerhaften Frieden, Abrüstung und gerechte Beziehungen unter den Völkern‹ und der Beteiligung an der Potsdamer Veranstaltung aus Anlaß des 60. Jahrestages der Oktoberrevolution, setzten sich die Vertreter dieser Linie in der Konferenz der Evangelischen Kirchenleitungen durch. Ausgehend von der Bedeutung der Herrnhuter Tagung der Bundessynode, ist die kirchenpolitische Arbeit so durchzuführen, daß sie der Festigung der Positionen realistisch denkender Kirchenvertreter im BEK dient.« SAPMO-BA ZPA IV B2/14/86.

Über die weitere Entwicklung der Personaldebatte vor der Synode informierte Stolpe Hans Wilke am 26.9.1977: Nun sei auch damit zu rechnen, daß Hempel den KKL-Vorsitz anstrebte. Zugleich versuchten einige Berlin-Brandenburger, den Generalsuperintendenten Forck als zukünftigen Präses ins Gespräch zu bringen, um somit eine Wiederwahl Schönherrs zu verhindern – beide Spitzenpositionen im Bund konnten nicht von Vertretern aus der gleichen Landeskirche besetzt werden. Die Anhänger Krusches vertraten die Auffassung, daß eine Wiederwahl Schönherrs der Errichtung eines »Erzbischofamt[s]« gleichkäme (vgl. auch Aktenvermerk Schumann-Fitzner vom 30.9.1977 über ein Gespräch mit OKR Petzold am 30.9. um 11.00 Uhr: »Er hält jedoch auch Gegenstimmen für sehr wahrscheinlich, weil ihm einige Stimmen bekannt sind, die sich in der Richtung aussprechen, daß Bischof Schönherr, nachdem er das 65. Lebensjahr bereits überschritten hat, sich auch seine Ruhe verdient hätte.« BA, Abt. Potsdam, O-4, 424). Außerdem solle man Krusche, der demnächst das Ruhestandsalter erreichte, wegen seiner hohen ökumenischen und theologischen Qualifikation »doch damit belohnen, daß man ihn jetzt noch einmal zum Vorsitzenden der Konferenz der Kirchenleitungen macht.« Allerdings verteile sich die Sympathie der Gegner Schönherrs auf die Kandidaten Krusche, Hempel und Rathke, was zu einer Kräftezersplitterung führe. »Die Mehrheit der Kirchenleitungen habe sich aber bereits intern auf die Kandidatur Schönherrs geeinigt. Stolpe wolle in den nächsten Tagen noch einmal Kontakt mit den anderen Kräften aufnehmen, um die Lage zu sondieren. Es sei positiv vermerkt worden, daß der Staat sich offiziell in die Diskussion bisher nicht eingemischt habe. Auf der Konferenz der Kirchenleitungen habe eine ruhige Atmosphäre geherrscht, und man habe Sachargumente austauschen können. Die Hauptgefahr für das Ausgangsergebnis sieht Stolpe darin, daß Schönherr bei einer nur geringen Stimmenmehrheit für ihn die Wahl nicht annimmt. Er hätte stark pessimistische Tendenzen, zeige Unlust zu Auseinandersetzungen und ist nicht bereit, um die Weiterführung dieser seiner Funktion zu kämpfen.« Weiter informierte Stolpe, daß die KKL während der Synode am Nachmittag des 23.10. zusammenkommen werde, um den Vorsitzenden der Synode zu wählen. Information Wilke vom 27.9.1977, BA, Abt. Potsdam, O-4, 424. Zum Verlauf der Synode vgl. aus staatlicher Perspektive die Information über die 1. Tagung der 3. Synode des Bundes der Evangelischen Kirchen in der DDR: »Die Synode weist hinsichtlich ihrer politischen Zusammensetzung gegenüber der vorangegangenen keine Verbesserungen auf. Verschiedentlich wurden positive, an einem guten Verhältnis zum Staat interessierte Synodale nicht wiedergewählt. Die Wahl der Leitungsorgane des Kirchenbundes stand, wie erwartet, im Zeichen harter Auseinandersetzungen zwischen den gegensätzlichen Kräften. Solche negativen Kräfte wie die Synodalen Große (Saalfeld), Kramer (Magdeburg), Teichmann (Karl-Marx-Stadt u. a.) unternahmen alles, um die Wahl progressiver Synodaler in die leitenden Funktionen des Kirchenbundes zu verhindern.« Zum Präses wurde Wahrmann, Mecklenburg, gewählt, was staatlicherseits mit völliger Zufriedenheit wahrgenommen wurde (vgl. hierzu auch Vermerk Weise vom 14.9.1977 über ein Gespräch mit dem Präses der Synode des Bundes der Evang. Kirchen in der DDR, Landessuperintendent Schröder, am 9.9.1977. Dort hatte Weise Schröder ermutigt, noch einmal für das Präsesamt zu kandidieren, sollte er wieder vorgeschlagen werden. Dies galt nach Schröders Einschätzung nicht als sicher, da die bisherigen Synodalen für die Wahl einer anderen Person eintraten.»Er selbst – das war zu merken – möchte weiter diese Funktion einnehmen. Gesundheitlich fühle er sich durchaus in der Lage, aber man müsse eben abwarten«, schätzte Weise die Situation ein. A.a.O).

»Im neugewählten Präsidium dominieren eindeutig positive Kräfte. Sowohl die Kandidaten der sächsischen als auch der Magdeburger Kirche erhielten nicht die erforderliche Mehrheit an Stimmen«. Die Wahl der synodalen KKL-Vertreter fiel aus staatlicher Perspektive äußerst schlecht aus:»Die Stellung Bischof Schönherrs in der Konferenz ist dadurch schwieriger geworden. […] Daß Bischof Schönherr zum 3. Mal in das höchste Amt des Bundes berufen wurde, muß angesichts des Drucks reaktionärer Kräfte als Erfolg gewertet werden. Eine Verschlechterung gegenüber dem bisherigen Stellvertreter Bischof D. Braecklein bedeutet die Wahl Bischof Krusches. Insgesamt aber kann das Kräfteverhältnis im Vorstand als ausgeglichen betrachtet werden.« BA, Abt. Potsdam, O-4, 558. Vgl. die ähnlich lautende Information der Arbeitsgruppe Kirchenfragen vom 24.10.1977 über die 1. Tagung der 3. Synode des Bundes der Evangelischen Kirchen in der DDR, die ergänzend mitteilte:»Wie intern bekannt wurde, leitete Bischof Fränkel, Görlitz, die geschlossene Sitzung der Konferenz. Er hat entschlossen für die Wiederwahl Schönherrs plädiert. Dadurch konnte verhindert werden, daß ein Gegenkandidat aufgestellt wurde. Bischof Schönherr erhielt 20 Stimmen bei vier Gegenstimmen. Daß Schönherr angesichts des Drucks reaktionärer Kräfte mit solcher Eindeutigkeit zum dritten Mal das Vertrauen erhielt, ist eine Bestätigung seines Kurses, der darauf gerichtet ist, die Beziehungen zwischen Staat und Kirche vernünftig zu gestalten.« SAPMO-BA ZPA IV B2/14/86. Auf der Dienstbesprechung im Staatssekretariat für Kirchenfragen gab Hans Weise am 24.10.1977 die folgende Wertung ab:»Er schilderte die angespannte Situation während dieser Wahlsynode und die Manipulierungsversuche von Vertretern aus der Landeskirche Sachsen und der Provinzsächsischen Kirche. Genosse Weise hob das gute Einwirken von Bischof Fränkel als Vorsitzender des Wahlausschusses hervor, der durch sein eindeutiges Votum die Wiederwahl von Bischof Schönherr zum Vorsitzenden des BEK entscheidend beeinflußte. Des weiteren wurden in positiver Weise erwähnt der Synodale Hanff, Vorsitzender des Nominierungsausschusses, OKR Mitzenheim und OKR Stolpe. Anerkennende Worte fand Genosse Weise für das Referat von OKR Petzold. Genosse Weise erwähnte im Verlaufe seiner kurzen Darlegungen, daß Pfarrer Kramer, Magdeburg, wieder einmal unrühmlich in Erscheinung getreten ist. Seine Resonanz in der Synode ist nicht sehr groß. Das zeigte sich darin, daß er nicht wieder in ein Leitungsgremium gewählt wurde, sondern nur noch Synodaler in der Konferenz der KL ist. Erfreulich ist die Tatsache, daß Bischof Schönherr mit großer Mehrheit zum Vorsitzenden des BEK wiedergewählt worden ist.« Protokoll Arlt vom 10.11.1977, BA, Abt. Potsdam, O-4, 406.

Nach Beendigung der Synodaltagung äußerte sich Manfred Stolpe gegenüber Bellmann zufrieden über die Wiederwahl Schönherrs, die nicht ganz einfach gewesen sei. »In der Konferenz der Kirchenleitungen hätte sich jedoch das Kräfteverhältnis zugunsten jener Kirchenvertreter verändert, die dem bisherigen Kurs des Kirchenbundes kritisch gegenüberstehen. Es würde für Bischof Schönherr künftig nicht einfacher werden, seine Positionen zur Geltung zu bringen.« Arbeitsgruppe Kirchenfragen, 9.11.1977, Information über weitere Fragen im Gespräch mit dem Sekretär des Bundes Evangelischer Kirchen in der DDR, Oberkonsistorialrat Stolpe, am 8.11.1977, SAPMO-BA ZPA

IV B2/14/7. Vgl. auch Arbeitsgruppe Kirchenfragen, Information Bellmann vom 26.11.1977 über zwei Gespräche mit dem Generalsekretär des Bundes der Evangelischen Kirchen in der DDR, Oberkonsistorialrat Stolpe, am 8.11. und 25.11.1977, a.a.O.

597 Die Bedeutung der KSZE-Schlußakte hatte Bischof Fränkel auf der Görlitzer Frühjahrssynode 1977 nochmals unterstrichen. Vgl. die Information Wilke vom 24.6.1977 über den Verlauf und die Ergebnisse der Frühjahrssynoden der Landeskirchen 1977, BA, Abt. Potsdam, O-4, 405.

598 Vermerk Lingner vom 10.11.1977, EZA Berlin, 4/91/532.

599 Ebd.

600 Gesichtspunkte [...] für Begegnung am 8.12.1977, a.a.O.

601 Hiermit ist wohl der der Görlitzer Bundessynode (13.-17.5.1977) vorliegende Bericht der KKL gemeint. Vgl. KJ 1976/77, 423-432, bes. 430-432. Vgl. auch Stellungnahme der Synode des Bundes der Evangelischen Kirchen in der DDR zum Bericht der Konferenz der evangelischen Kirchenleitungen für die fünfte Tagung der II. Synode vom 13.-17.5.1977 in Görlitz, abgedruckt in epd-Dok 24/77, 55-57, bes. 57 (Punkte 4 und 5) sowie die Anlage zur Stellungnahme »An die Mitgliedskirchen der Konferenz Europäischer Kirchen«, a.a.O., 58-60. Vgl. auch die staatliche Information über eine Tagung des Bundes der Evangelischen Kirchen in der DDR (BEK): »Vom 13.-17.5.1977 tagte in Görlitz die 5. Tagung der 2. Synode des BEK. [...] Die realistischen Kräfte bestimmten weitgehend das Ergebnis der Synode. Sie haben ihre Position stärken können. Bischof Schönherr hat sich im gesamten Verlauf kämpferisch verhalten und sich als ein Kirchenvertreter gezeigt, der konsequent den Weg guter Beziehungen zwischen Staat und Kirche zu gehen gewillt ist. Bischof Fränkel hat seine positiven Positionen zu politischen Grundfragen in den Dokumenten der Synode zur Geltung bringen können. Er hat seine seit einiger Zeit sichtbar gewordene vernünftige Haltung erneut unter Beweis gestellt. Die reaktionären Kräfte befanden sich auf der Synode nicht in der Offensive. Sie versuchten, die positive Linie des Berichtes in Frage zu stellen. Zu diesem Zweck wurde von ihnen die gleichberechtigte Stellung der Christen in der sozialistischen Gesellschaft in Zweifel gezogen und Kritik an der parteilichen und klassenmäßigen Erziehung der Jugend in den Schulen geübt.« BA, Abt. Potsdam, O-4, 786; auch SAPMO-BA ZPA IV B2/14/86. Der Brief des Präsidiums der KEK von der Tagung in Jasi an die Mitgliedkirchen ist abgedruckt in epd-Dok 5/78, 49-51.

602 Werner Krusche hatte zuvor in Magdeburg gegenüber dem dortigen Stellvertreter des Vorsitzenden für Inneres, Steinbach, angefragt, ob das intensivierte Werben für den NVA-Dienst nicht gegen Helsinki verstoße. Vgl. Vermerk vom 22.6.1977 über die Aussprache Steinbachs mit dem evangelischen Bischof Dr. Krusche am 21.6.1977 im Rat des Bezirkes Magdeburg, SAPMO-BA ZPA IV B2/14/114. Zur Vorbereitung des Sachgesprächs vgl. Vermerk Stolpe vom 23.6.1977, EZA Berlin, 101/604. Vgl. auch Mitteilung Stolpe an Lewek vom 4.7.1977 (Information über Telefonanruf Wilkes), a.a.O., sowie Telegramm Stolpe an die vorgesehenen Gesprächsteilnehmer, a.a.O.

603 Zu Lewek hieß es in einer wohl Willi Stoph vorgelegten Einschätzung aus dem Jahre 1978: »Sie vertritt in der Leitung des Bundes OKR Stolpe und nimmt im Auftrage seines Vorstandes ökumenische Aufgaben wahr. Sie wirkt in den Gremien der nationalen und internationalen Friedensbewegung konstruktiv, aber kritisch mit. Sie nahm an wichtigen europäischen Treffen zur Sicherung des Friedens wie z. B. an der Weltkonferenz der Friedenskräfte in Moskau teil und wertete sie auch in der DDR aus.« Information vom 15.6.1978 zur Person der Gesprächspartner, BA, Abt. Potsdam, O-4, 1437.

604 Ihmels zählte laut Einschätzung des RdB Dresden, Sektor Staatspolitik in Kirchenfragen, vom 5.4.1977 zu den sächsischen Kirchenleitungsmitgliedern, die »den gesellschaftlichen Realitäten aufgeschlossener gegenüber[standen] und [...] an geordneten und sachlichen Beziehungen zu den Staatsorganen interessiert« waren. Zu dieser Gruppe zählte auch Siegfried Bräuer, später Leiter der Evangelischen Verlagsanstalt. SAPMO-BA ZPA IV B2/14/101.

605 Auf der Görlitzer Frühjahrssynode 1977 hatte Thüringens Bischof Braecklein während

eines Gesprächs mit Seigewasser im Hotel »Erfurter Hof« in Erfurt am 21.7.1977 die Auffassung vertreten, »daß bis zu einem gewissen Grad auch D. Fränkel positiv einzuschätzen sei. Fränkel habe einen erkennbaren Wandlungsprozeß durchgemacht.« Information Seigewasser-Kalb vom 25.7.1977, BA, Abt. Potsdam, O-4, 797; auch SAPMO-BA ZPA IV B2/14/38.

606 BA, Abt. Potsdam, O-4, 424.

607 Lage und Tendenzen in der kirchenpolitischen Arbeit im Bezirk Dresden, Vortrag vor dem Sekretariat des Bezirksausschusses der Nationalen Front Dresden am 17.5.1977, PDS-Archiv Dresden, IV D-2.14-693.

608 Den gleichen Vorschlag unterbreitete der Marburger Theologieprofessor Ernst-Wilhelm Kohls dem EKD-Ratsvorsitzenden Claß, was aber auf seiten der EKD auf Ablehnung stieß. Vgl. Aktennotiz über Gespräch bei Bellmann am 27.7.1977, BA, Abt. Potsdam, O-4, 424.

609 Bericht Bellstedt über den Verlauf der 3. Tagung der VIII. Synode der Evangelischen Kirche der Kirchenprovinz Sachsen vom 3.-6.11.1977 in Erfurt, SAPMO-BA ZPA IV B2/14/115. Der Bericht der Kirchenleitung ist abgedruckt in epd-Dok 5/78, 28-59.

610 Vgl. auch das Protokoll der 83. Sitzung des KKL-Vorstandes am 11. und 12.11.1977 in Berlin, wo es unter »11. Begegnung mit EKD-Vertretern« hieß: »Vorstand und Bischofskonvent werden am 8.12. mit dem Ratsvorsitzenden der EKD, seinem Stellvertreter und den Amtsstellenleitern zusammentreffen.« EZA Berlin, 101/116.

611 Abgedruckt in KJ 1976/77, 497 f.

612 A.a.O., 498.

613 Hans Weise gab Ende 1977 zur Menschenrechtsdebatte im Bereich des Kirchenbundes die folgende Analyse: »Politisch realistische Kräfte im Bund vertreten die Auffassung, daß die Verwirklichung gesellschaftlicher und individueller Menschenrechte eine Einheit bildet. Sie betonen dabei den Vorrang von sogenannten Basisrechten (Recht auf Frieden, Recht auf Arbeit). In offiziellen Erklärungen des Bundes finden vor allem die Meinungen der Kirchenvertreter Ausdruck, die die ›Beschwernisse‹ im Sozialismus beseitigen wollen (Bildung – Reisen – Übersiedlungen). Diese Differenzierung schließt ein, daß auch in den Leitungen der Landeskirchen und des Bundes geteilte Auffassungen zu diesen Problemen vorhanden sind. Die Notwendigkeit einer gezielten politischen und ideologischen Arbeit zu diesen Problemen besteht in jedem Fall.« Abt. IB, Zu einigen Problemen der politischen Entwicklung im Ökumenebereich, 21.11.1977, BA, Abt. Potsdam, O-4, 462. Auch Hartwig legte zum gleichen Termin wiederum eine umfangreiche Studie zum Thema »Positionen und Argumente des klerikalen Antikommunismus – Differenzierungen in der klerikalen Menschenrechtskonzeption« vor: »Da der reale Sozialismus in seiner ökonomischen Entwicklung, in seiner Innen- und Außenpolitik sich insgesamt stabil und erfolgreich entwickelt, verlagern seine Gegner ihre ideologischen Angriffe immer stärker auf Bereiche des Überbaus. [...] Es geht vor allem um den Komplex bürgerlicher und kleinbürgerlicher Vorstellungen von Demokratie und Freiheit, um nationalistische, revisionistische, pazifistische und mit alledem verbundene religiösweltanschauliche Bewußtseinsinhalte, die durch gezielte Beeinflussung gefestigt und aktiviert werden sollen. Dies wird unter weitgehender Einbeziehung der Kirchen gegenwärtig unter der Flagge des Kampfes für die Menschenrechte weltweit organisiert, um damit der wachsenden Anziehungskraft der Ideen des Sozialismus entgegentreten zu können, insbesondere auch der vom Sozialismus geprägten Menschenrechtskonzeption. Aber je weiter die Kirchen ihre spezifische Konzeption zur Frage der Menschenrechte entwickeln, desto differenzierter werden die konkreten Positionen bis hin zu offenen Widersprüchen zwischen den extrem reaktionären und antikommunistischen Kräften und denjenigen, die realistischer und flexibler die Menschenrechtsfrage nicht gegen die Politik der friedlichen Koexistenz stellen, sondern sie mit ihr verbinden wollen, um damit einen allmählichen Prozeß der ›Liberalisierung‹ und ideologischen Veränderung im Sozialismus zu fördern, eine verfeinerte Form des Antikommunismus. [...] Der BEK und die Landeskirchen der DDR vertreten gegenwärtig in der Menschenrechtsfrage im allge-

meinen einen realistischen Standpunkt und lehnen es ab, Kontroversen in diesem Bereich zum Gegenstand des kalten Krieges zu machen. Trotzdem kann keineswegs davon ausgegangen werden, daß in dieser Frage im allgemeinen und im Detail schon Klarheit herrscht. Deswegen ist es erforderlich, auf weitere Diskussionen vorbereitet zu sein.« BA, Abt. Potsdam, O-4, 406.

614 Vgl. Information Wilke vom 24.6.1977 über den Verlauf und die Ergebnisse der Frühjahrssynoden der Landeskirchen 1977, BA, Abt. Potsdam, O-4, 405.

615 Claß hatte sich am 1.12.1977 bei Günter Gaus »über gewisse Erschwernisse bei Einreisen in die DDR beklagt […]. So dauere die Abfertigung über Gebühr lange, offenkundig müsse jedesmal zurückgefragt werden.« Gegenüber dem Leiter der Abteilung BRD beim DDR-Außenministerium, Seidel, gab Gaus zu »bedenken, daß Claß zu denjenigen gehöre, die der Entspannungspolitik aufgeschlossen gegenüberstehen. Die DDR schade sich selbst, wenn sie Claß ›schlecht‹ behandle.« Schreiben Seidel an Weise vom 5.12.1977. Im Staatssekretariat wurde handschriftlich angemerkt: »Eine länger zurückliegende Sache, bei letzter Einreise 8.12. gut geklappt. Höflich bevorzugt abgefertigt.« BA, Abt. Potsdam, O-4, 634

616 Vgl. Aktennotiz Dohle vom 7.12.1977. Dohle fügte hinzu, daß Weise auch Rudi Bellmann von dem Telefonat in Kenntnis gesetzt habe. BA, Abt. Potsdam, O-4, 424. Die Resolution der KEK von der Konsultation »Die KSZE und die Kirchen« vom 27.-31.10.1975 in Buckow ist auszugsweise abgedruckt in KJ 1975, 295 f.

617 Protokoll Dohle vom 6.1.1978 über die am 13.12.1977 durchgeführte Dienstbesprechung, BA, Abt. Potsdam, O-4, 406.

618 Zur Wahl Leichs vgl. auch die VELK-Bestände im LKA Hannover, D 15 XII, K 65/340. Zu den Kandidaten Professor Klaus-Peter Hertzsch (Jena), Superintendent Werner Leich (Lobenstein), OKR Professor Walter Saft (Gotha) und OKR Hans Schäfer (Weimar) nahm der Leitende Bischof der VELK DDR, Heinrich Rathke, am 28.10.1977 so Stellung, daß er überhaupt nur auf Hertzsch und Leich einging und die beiden anderen mit keinem Wort erwähnte. Darauf reagierte OKR Hartmut Mitzenheim (IM »Hans Klinger«) am 3.11.1977 mit einer empörten Zurückweisung dieser Empfehlung, die die nach § 6 der VELK-Verfassung vorgeschriebene »Fühlungnahme« weit überschritten habe. Mitzenheim wußte, daß der Staat Saft favorisierte. Siehe auch das Antwortschreiben Rathkes vom 11.11.1977, a.a.O. Darin heißt es: »Für die [VELK-] Kirchenleitung ist bei ihrer Meinungsbildung maßgebend gewesen, daß die Wahl eines Bischofs über den Bereich einer Landeskirche hinaus für die Vereinigte Kirche und die Gemeinschaft der evangelischen Kirchen in der DDR insgesamt von Bedeutung ist. […] Der sich daraus für die Kirchenleitung ergebenden Verantwortung hat sie in der Weise gerecht zu werden versucht, wie sie ihr angemessen erschien.« Über die Schwierigkeiten, für einen der vier Kandidaten eine Mehrheit zu finden, informiert H. Mitzenheims Brief vom 7.11.1977 an alle Geistlichen und Mitarbeiter der Evangelisch-Lutherischen Kirche in Thüringen (a.a.O.).

619 Schreiben Krätzschmar an Regierung der DDR, Staatssekretär für Kirchenfragen, vom 12.12.1977, SAPMO-BA ZPA IV B2/14/80. Von seiten des Staates wurden zur Thüringer Bischofswahl starke Aktivitäten entwickelt, um möglichst durch die Nominierung von Walter Saft die Fortsetzung des Thüringer Wegs zu gewährleisten. Diesem Ziel diente bereits ein am 22.7.1977 von Seigewasser mit Braecklein in Erfurt geführtes Gespräch. Vgl. BA, Abt. Potsdam, O-4, 797; auch SAPMO-BA ZPA IV B2/14/20. Vgl. auch Konzeption zur Einflußnahme auf die Bischofswahl der Landeskirche Thüringen, BA, Abt. Potsdam, O-4, 797, Konzeption für die weitere Einflußnahme auf die Bischofswahl der Landeskirche Thüringen, a.a.O.; auch SAPMO-BA ZPA IV B2/14/98. Zur kirchlichen Perspektive vgl. Bericht Pabst über Teilnahme an der Tagung der Frühjahrs-Tagung der Synode der Ev.-Luth. Kirche in Thüringen vom 21.-24.4.1977. Dort heißt es u. a.: »D. Braecklein erklärte, nicht sein Gesundheitszustand nötige ihn, um die Vorverlegung der Wahl seines Nachfolgers auf Herbst 1977 zu bitten, sondern das unerträgliche Gerede im Lande, verbunden mit Unterschriftensammlungen.« LKA Hannover, D 15 XII, K

66/343/VI; Rundschreiben der Lutherischen Bekenntnisgemeinschaft in Thüringen an die Mitglieder vom 15.8.1977 (Große) [das implizit für Klaus-Peter Hertzsch plädierte]: »Als Bekenntnisgemeinschaft werden wir darauf zu achten haben, daß in der Person des kommenden Bischofs keine von vornherein erkennbare Anfälligkeit für außerkirchliche Einflüsse gegeben ist. [...] Die starke Stellung, die dem Bischof nach der Verfassung unserer Landeskirche zukommt, fordert eine gründliche Sachüberlegung vor der Personalentscheidung.« LKA Hannover, D 15 XII, K 81/457. Auch der KKL-Vorstand befaßte sich am 11./12.11.1977 auf seiner 83. Sitzung mit der Lage in Thüringen. Im Protokoll heißt es unter »18. Bischofswahl in Thüringen«: »Vorstand wird vom Leiter des Sekretariats über den Sachstand informiert. Vorstand ist sehr besorgt über Gerüchte im Lande, es gäbe massive Einmischungsversuche gesellschaftlicher Kräfte. D. Schönherr wird beauftragt, mit Landesbischof D. Braecklein Fühlung zu nehmen und erforderlichenfalls weitere Schritte einzuleiten.« EZA Berlin, 101/116. Zur staatlichen Einschätzung der Wahl Leichs vgl. Berlin, d. 12.12.1977, Superintendent Werner Leich, BA, Abt. Potsdam, O-4, 797; auch SAPMO-BA ZPA IV B2/14/80. Zur Situation nach der Bischofswahl in der Landeskirche Thüringen, BA, Abt. Potsdam, O-4, 797; Abt. Intern. Beziehungen, Erste Information über die Wahl des Landesbischofs der Thüringer Kirche vom 19.12.1977, a.a.O. Zur erfolgten Bischofswahl vgl. den von Ludwig Große verfaßten Rundbrief der Lutherischen Bekenntnisgemeinschaft in Thüringen vom 11.1.1978, LKA Hannover, D 15 XII, K 81/457.

620 Arbeitsgruppe Kirchenfragen, Information vom 1.11.1978 über die VELK-Synode in Weimar, SAPMO-BA ZPA IV B2/14/148.

621 Hans Wilke äußerte begründet: »Die inhaltlichen Fragen in Belgrad sind noch nicht klar; die verantwortlichen Leute des MfAA sind entweder in Belgrad oder durch Vorarbeiten zur Konferenz nicht abkömmlich. Eine Veranstaltung mit minderer Informationsqualität sei aber weder im Interesse des Staatssekretärs noch der Kirchen.« Information Wilke vom 27.9.1977 über ein Gespräch mit OKR Stolpe am 26.9.1977, BA, Abt. Potsdam, O-4, 424. Das anvisierte Gespräch fand letztendlich am 30.3.1978 statt. Botschafter Krabatsch informierte dabei die kirchlichen Vertreter, darunter Schönherr, Hempel, Natho, Stolpe, Wahrmann, über Vorbereitung und Beteiligung an der Belgrader Konferenz seitens der DDR-Delegation. Dabei wurde kirchlicherseits neben der Übereinstimmung in zahlreichen Punkten die Frage nach einer Erziehung zum Frieden (Hempel) und dem defensiven Auftreten der sozialistischen Länder gestellt so daß westliche, das Individualprinzip hervorhebende Menschenrechtskonzeptionen dominierten (Stolpe). Vgl. Information Weise vom 31.3.1978 über das am 30.3.1978 geführte Informationsgespräch mit dem Bund der Evangelischen Kirchen in der DDR, BA, Abt. Potsdam, O-4, 1437; auch SAPMO-BA ZPA IV B2/14/40.

622 Vermerk Heidingsfeld vom 26.12.1977, EZA Berlin, 101/360. Vgl. auch den Vermerk des BEK-Sekretariats vom 22.12.1977, a.a.O.

623 In Presseinterviews hatte sich Schönherr nach eigener Aussage »als Repräsentant der DDR« zu erkennen gegeben. AV Bonn, Aktenvermerk Martin vom 11.11.1977 über ein Zusammentreffen des Genossen Dr. Kohl [Ständiger Vertreter der DDR in Bonn] mit Bischof Schönherr am 10.11.1977 in Saarbrücken. BA, Abt. Potsdam, O-4, 4894. Vgl. auch Christsein in der DDR. Gespräch mit dem Ostberliner Bischof D. Albrecht Schönherr, in: EK 10 (1977), H. 3, 159-162. Dort hatte Schönherr gemeint, daß er »Kirche für den Sozialismus« zwar für eine unmögliche Formulierung halten, fügte aber hinzu: »›Christen für den Sozialismus‹: ja; das ist möglich.« A.a.O., 159. »[...] es gibt eine Menge Gemeinsamkeiten. Wir bejahen den Sozialismus [...] als den Versuch, eine größere Gerechtigkeit zu schaffen. [...] warum hat Pfarrer Brüsewitz diesen Weg des Protestes gewählt? Ihm ist ja der Mund nicht verboten worden, er war nicht im Gefängnis. Er hatte also die Möglichkeit, sich verbal zu äußern, und hat das ja auch oft genug getan.« A.a.O., 162. Auch die Erklärung des Rates der EKD zum Fall Brüsewitz fand Schönherrs Kritik. Es hätte die DDR-Kirchen »zunächst verblüfft, daß der Rat sich zu einer Sache äußerte, die eigentlich zuerst einmal von uns angesprochen werden mußte.« Ebd.

624 Vgl. Arbeitsgruppe Kirchenfragen, Information Bellmann vom 26.11.1977 über zwei Gespräche mit dem Generalsekretär des Bundes der Evangelischen Kirchen in der DDR, Oberkonsistorialrat Stolpe, am 8.11. und 25.11.1977, SAPMO-BA ZPA IV B2/14/7.

625 Schönherr hatte am 16.10.1977 anläßlich des »Tages der öffentlichen Mitverantwortung« im Lübecker Dom über Röm 12,1 f.; 9-21 gepredigt und zur Situation in der Bundesrepublik gesagt: »Ihr Staat befindet sich, wenn ich es richtig sehe, in einer enormen Krisis. Er ist einmal ausgezogen, um Wohlstand, Sicherheit, Freiheit und Gerechtigkeit für alle zu schaffen. Nun ist das Böse in einer elementaren Form in ihm aufgebrochen. Die Sicherheit ist dahin. Das erste Gefühl der Unsicherheit beschlich viele damals bei der Ölkrise. Aber diese äußerte sich zunächst nur in der Einschränkung, daß man an gewissen Sonntagen nicht Auto fahren durfte. Jetzt aber geht es um fast 100 Menschenleben. Wer weiß, ob es nicht bald mehr sein werden.« Predigtskizze, EZA Berlin, 101/116.

626 Nochmals befaßte sich der KKL-Vorstand auf seiner 96. Sitzung am 11.12.1978 in Dresden mit dem Fall:»Vorstand nimmt fortgesetzte westliche Propaganda zur Situation der Witwe Brüsewitz zur Kenntnis. Es wird wichtig sein, ihr eine angemessene Aufgabe zu vermitteln. Frau Brüsewitz ist gut geeignet, ein kleineres Heim zu leiten.« Protokoll Schönherr-Stolpe vom 19.12.1978, EZA Berlin, 101/117.

627 Arbeitsgruppe Kirchenfragen, Information über ein Gespräch mit dem Sekretär des Bundes Evangelischer Kirchen in der DDR, Oberkonsistorialrat Stolpe, am 8.11.1977, betr.: Beabsichtigte Gespräche des Vorsitzenden des Kirchenbundes, Bischof D. Albrecht Schönherr, mit politischen Persönlichkeiten in der BRD, SAPMO-BA ZPA IV B2/14/7.

628 Eine ähnliche Position vertrat der Direktor für Ausbildung und Erziehung an der Sektion Theologie der Humboldt-Universität in Berlin, Heinrich Fink, der bezüglich ausreisewilliger Studierender differenziert vorging, indem er unterschied zwischen denjenigen, die aus familiären Gründen den Antrag gestellt hatten, und den anderen, die nach seiner Auffassung provozieren wollten. Letztere ließ er exmatrikulieren. Vgl. Information über ein Gespräch mit Prof. Hanfried Müller und Professor Rosemarie Müller-Streisand am 18.8.1978, SAPMO-BA ZPA IV B2/14/139.

629 AV Bonn, Aktenvermerk Martin vom 11.11.1977 über ein Zusamentreffen des Genossen Dr. Kohl mit Bischof Schönherr am 10.11.1977 in Saarbrücken. BA, Abt. Potsdam, O-4, 4894.

630 Arbeitsgruppe Kirchenfragen, Anlage zur Information über das Gespräch mit dem Generalsekretär des BEK, Oberkonsistorialrat Stolpe, am 25.11.1977, SAPMO-BA ZPA IV B2/14/7. Über seine in Saarbrücken geknüpften Kontakte informierte Schönherr den KKL-Vorstand auf dessen 83. Sitzung am 11./12.11.1977 in Berlin. Vgl. das Protokoll »17. Begegnung mit christlichen Politikern«, EZA Berlin, 101/116.

631 Schreiben Lingner an die Beratergruppe vom 8.3.1978, EZA Berlin, 4/92/6.

632 Vgl. auch Bericht der Abteilung Internationale Beziehungen beim Staatssekretariat für Kirchenfragen vom 2.8.1977 über die 6. Vollversammlung des Lutherischen Weltbundes (LWB) vom 13.6.-26.6.1977 in Daressalam:»Bedeutsam ist, daß die Vertreter der sozialistischen Länder und der Staaten der Dritten Welt zahlenmäßig ihre Position verbessern konnten. Aus der Personalbesetzung des LWB erwachsen deutliche Möglichkeiten, diesen zu einer realistischen Haltung in wesentlichen politischen Fragen zu veranlassen.« SAPMO-BA ZPA IV B2/14/155.

633 Paul Verner wertete am 22.3.1978:»Die Haltung der Kirchen seit den Ergebnissen von Helsinki, insbesondere der leitenden Bischöfe Schönherr, Krusche und Fränkel, die Prinzipien als Ganzes zu verwirklichen, stimmen mit unserer Außenpolitik überein. Dem entspricht auch die ökumenische Tätigkeit im Ausland, bei denen die Interessen der DDR durch die Kirchenvertreter gewahrt werden.« Niederschrift über die am 22.3.1978 bei Genossen Paul Verner stattgefundene Beratung zur Auswertung des Gesprächs des Genossen Erich Honecker mit dem Vorstand der Konferenz der evangelischen Kirchenleitungen in der DDR am 6.3.1978, PDS-Archiv Dresden, IV D-2.14-690.

634 Aktenvermerk Münchow vom 3.3.1978 über ein Gespräch mit Pastor Paul Hansen, Eu-

ropasekretär des LWB, am 2.3.1978 in der Dienststelle des Staatssekretärs für Kirchenfragen, SAPMO-BA ZPA IV B2/14/155.

635 Vgl. Schreiben Lingner an die Beratergruppe vom 8.3.1978, EZA Berlin, 4/92/6. Siehe auch Bericht über das Gespräch des Vorstandes der Konferenz der Evangelischen Kirchenleitungen in der Deutschen Demokratischen Republik und dem Vorsitzenden des Staatsrates am 6. März 1978, BA, Abt. Potsdam, O-4, 6253; Niederschrift Schönherr-Krusche-Domsch-Wahrmann-Schultheiß-Stolpe vom 10.3.1978 über das Gespräch des Vorstandes der Konferenz mit dem Vorsitzenden des Staatsrates am 6.3.1978, EZA Berlin, 101/342. Zu dem Text der Ausführungen Schönherrs vgl. a.a.O. Vgl. abschließend auch Schreiben Schönherr an Honecker vom 7.3.1978, in dem sich der Bischof nochmals »für die gute Begegnung am gestrigen Tage und die Atmosphäre« bedankte und zugleich wegen des Todes des Politbüromitgliedes Werner Lamberz kondolierte (vgl. zu diesem Typus auch das an Schönherr gerichtete Dankesschreiben Seigewassers vom 17.3.1978; EZA Berlin, 101/353). Abschrift Stolpe an die Herren Leitenden Geistlichen und die Mitglieder des Vorstandes vom 8.3.1978, EZA Berlin, 101/342. Gegenüber Rudi Bellmann hatte Stolpe am 15.7.1977 geäußert, er hielte ein Gespräch zwischen Honekker und Schönherr vor der Herrnhuter Synode wegen des noch ungewissen Wahlausgangs für problematisch. »Für den Fall der Wiederwahl Schönherrs wäre ein Antrittsbesuch beim Vorsitzenden des Staatsrates eine gute Sache, die große Wirkung hätte. Die inhaltliche Seite einer solchen Begegnung müßte vorher genau abgesprochen werden (was geht und was nicht geht). Man brauche keine großen philosophischen Probleme über das Verhältnis von Marxismus und Religion ansprechen. Vielleicht wäre es möglich, ein paar gemeinsamer Interessen oder auch von gesamtgesellschaftlicher Bedeutung darzulegen. ›Wir möchten gern unsere Positionen zwischen Helsinki und Belgrad darlegen: Wir würden evtl. darum ersuchen, daß uns zu den bewilligten 10 Kirchenbauten weitere drei genehmigt werden. Vielleicht könnten wir die Bitte vorbringen, daß in wenigen – nur in echten Fällen – der Übersiedlung geholfen wird. Aber wie gesagt, das muß genau abgesprochen werden.‹« Information Bellmann vom 18.7.1977 über ein Gespräch mit Oberkonsistorialrat Stolpe, Generalsekretär des Bundes der Evangelischen Kirchen in der Deutschen Demokratischen Republik, SAPMO-BA ZPA IV B2/14/40. Auf der Herrnhuter Bundessynode sprach Stolpe den anwesenden Hans Weise in dem Moment, als Schönherrs Wiederwahl feststand, wegen eines möglichen Antrittsbesuchs des neugewählten KKL-Vorstandes bei Honecker an. Stolpe »nannte als möglichen Zeitpunkt Dezember 1977. Im November könnten die inhaltlichen Fragen abgeklärt werden. Von Kirchenseite würde nichts angesprochen werden, was nicht vorher geklärt sei.« Information der Arbeitsgruppe Kirchenfragen vom 24.10.1977 über die 1. Tagung der 3. Synode des Bundes der Evangelischen Kirchen in der DDR, SAPMO-BA ZPA IV B2/14/86.

Am 8.11.1977 besprach Stolpe das Vorhaben nochmals mit Bellmann. Er wiederholte, daß es für Schönherrs Position sicher günstiger sei, wenn der gesamte KKL-Vorstand sich beteilige. »Zu diesem Antrittsbesuch solle nichts behandelt werden, wo es vorher keine abgestimmte Position gebe.« An Sachgegenständen könne sich Stolpe die Begehung von Luthers 500. Geburtstag 1983, kirchliche Fernsehsendungen, Fragen der Pachtzahlungen für durch LPGs genutzten kirchlichen Grundbesitz sowie Fragen des Arbeitsrechts und der Sozialversicherung für kirchliche Mitarbeiter vorstellen. »Man könne auch über Fragen der theologischen Ausbildung in der DDR sprechen«, schlug Stolpe außerdem vor, um jedoch gleich einschränkend zu bemerken: »Aber diese Fragen seien kompliziert, und das Ergebnis solcher Gespräche könnte nur ein Auftrag sein, gemeinsam darüber nachzudenken.« Arbeitsgruppe Kirchenfragen, 9.11.1977, Information über weitere Fragen im Gespräch mit dem Sekretär des Bundes Evangelischer Kirchen in der DDR, Oberkonsistorialrat Stolpe, am 8.11.1977, SAPMO-BA ZPA IV B2/14/7. Vgl. auch Arbeitsgruppe Kirchenfragen, Information Bellmann vom 26.11.1977 über zwei Gespräche mit dem Generalsekretär des Bundes der Evangelischen Kirchen in der DDR, Oberkonsistorialrat Stolpe, am 8.11. und 25.11.1977, a.a.O. Am 25.11.1977 erschien Stolpe wieder bei Bellmann:»Weiter informierte OKR Stolpe darüber, daß der Vorstand der Konferenz der Kirchenleitungen sich auf der ersten Sitzung nach seiner Wahl mit der Frage eines Antrittsbesuches beim Vorsitzenden des Staatsrates Erich Honecker beschäftigt und das Bemühen darum einmütig gebilligt habe [vgl. hierzu das Protokoll der 83. Sitzung des Vorstandes am 11./12.11.1977 in Berlin, TOP 12, EZA Berlin, 101/116]. An Bischof Schönherr und OKR Stolpe sei der Auftrag ergangen, die Möglichkeit eines solchen Gespräches und seines Inhaltes vorzuklären. Bischof Schönherr sei auch selbst bereit, in die Verständigung über den Inhalt einzutreten, wenn das erwünscht sei. Er stünde gern für ein Gespräch mit Genossen Paul Verner bereit. Bei dieser Gelegenheit könnte er selbst und ausführlicher über seine Gespräche in der BRD informieren. Der Vorstand des BEK ginge grundsätzlich positiv an das Gespräch beim Vorsitzenden des Staatsrates heran. Es sollen nur lösbare Probleme behandelt werden, über die man sich vorher einig geworden ist. Der Vorstand des BEK habe Bischof Schönherr und OKR Stolpe beauftragt, einen Aufriß der Probleme und der zu behandelnden Gegenstände anzufertigen. Stolpe sei bereit, diesen Aufriß schriftlich in der kommenden Woche uns vorzulegen. Dies hätte den Charakter einer Anfrage, und wir hätten zu prüfen und zu entscheiden, ob die aufgeführten Gegenstände behandelt werden könnten. Als weiteres Problem warf Stolpe die Frage auf, ob für Besuchsreisen von Bürgern der DDR in die BRD als Begründung auch die Feier der Konfirmation oder der 65. Geburtstag anerkannt werden könnte. Die zu behandelnden Gegenstände würden sich in zwei Gruppen gliedern: 1. Gegenstände, die man abschließen könne und über die generelle Aussagen möglich wären; 2. Gegenstände, die nur angesprochen werden sollten und die zur weiteren Verhandlung und Entscheidung zu anderen Instanzen verwiesen werden könnten. Genosse Bellmann erwiderte, daß ein solcher Antrittsbesuch früher oder später sicherlich möglich sein werde, wobei der Termin gegenwärtig noch offen bleiben müsse. Es bestehe Verständnis für den Wunsch des Bischofs Schönherr, den gesamten Vorstand und nicht nur einzelne Persönlichkeiten für diesen Besuch vorzusehen. Im Vorfeld des Gespräches seien eine Reihe von Sachinformationen von Kirchenseite erforderlich, so z. B. aus welchen Gründen für die etwa 50 000 ha durch die LPG genutztes Land Nutzungsverträge nicht abgeschlossen werden konnten. – Ein Gespräch des Bischofs Schönherr in Vorbereitung eines solchen Antrittsbesuches und ausführlichen Information über die durch den Bischof in der BRD geführten Gespräche bei Genossen Paul Verner werde für möglich erachtet.« Arbeitsgruppe Kirchenfragen, 28.11.1977, Information Bellmann über das Gespräch mit dem Generalsekretär des Bundes der Evangelischen Kirchen in der DDR, Oberkonsistorialrat Stolpe, am 25.11.1977, SAPMO-BA ZPA IV B2/14/7. Bellmann fügte dem Vermerk hinzu:»OKR Stolpe dankte auch im Namen des Bischofs Schönherr für die Möglichkeit direkter Absprachen mit der Partei. Eine solche Möglichkeit, komplizierte Gegenstände auch einmal direkt gegenüber Vertretern des ZK der SED zu äußern und vorzusondieren, werde von ihnen sehr geschätzt. Damit soll nicht am Staatsorgan vorbei ein zweites Gleis der Gesprächsführung eröffnet werden.« Ebd. Am 6.12.1977 eröffnete das für Kirchenfragen zuständige Politbüromitglied Paul Verner seinem Gast Schönherr, daß es zu einer Begegnung mit Honecker unter den mit Stolpe abgeklärten Bedingungen kommen werde. Weiter heißt es in der Information Verners vom 8.12.1977:

»Bischof Schönherr wurde entsprechend unserer Argumentation eine klare Antwort zum Punkt 1 des Aufrisses (Erweiterung der Reisemöglichkeiten) gegeben. Dabei wurde auch auf die ständige Verletzung des Transitabkommens durch die BRD hingewiesen; daß die Menschenhändlerbanden staatliche Unterstützung finden und der Bundesgerichtshof durch seine Urteile diese verbrecherische Tätigkeit noch legalisiert. Es sei Sache des Staates, die Reisemöglichkeiten festzulegen, und wenn einige kirchenleitende Persönlichkeiten Vorleistungen verlangen, so habe die DDR viele Vorleistungen erbracht, die jedoch von der anderen Seite mit dem Mißbrauch der Transitwege und dem Menschenhandel ›honoriert‹ wurden. Zur Frage der Chancengleichheit für alle Bürger, unabhängig von Weltanschauung, Religion und Bekenntnis – einem weiteren Punkt des Aufrisses –, wurde unsererseits auf die verfassungsmäßigen Rechte verwiesen und an Hand von Beispielen bewiesen, daß in der DDR auf allen Gebieten, insbesondere auch in den Fragen der Bildungsmöglichkeiten und der Berufsausbildung, Chancengleichheit besteht. Es sei deshalb nicht zu verstehen und noch weniger gerechtfertigt, wenn z. B. die Magdeburger Synode in ihrem Bericht von einem angeblichen Klima der Verängstigung, des Drucks auf Jugendliche und der Verunsicherung christlicher Bürger redet. Unter den von kirchlicher Seite aufgeworfenen Fragen, die entweder schon gesetzlich oder durch Verordnung geregelt sind, nannte Genosse Verner die Seelsorge in Haftanstalten, das Druckgenehmigungsverfahren und die Einfuhr von religiöser Literatur. Für den im Jahre 1983 bevorstehenden 500. Geburtstag Martin Luthers wurde eine sinnvolle Koordinierung der staatlichen und kirchlichen Maßnahmen empfohlen. Bezüglich der Regelung der Theologenausbildung wurde unsererseits darauf hingewiesen, daß das nicht das Problem der staatlichen Universitäten sei, sondern vielmehr das der kirchlichen Ausbildungsstätten, wo bis heute die staatlichen Organe – wie z. B. das Ministerium für Hoch- und Fachschulwesen – keinerlei Möglichkeiten der Einflußnahme auf Erziehung und Ausbildung haben. Genosse Verner meinte, daß folgende Vorschläge nach Prüfung einer Klärung zugeführt werden könnten: die Ausstrahlung von Sendungen zu kirchlichen Feiertagen wie Ostern, Pfingsten, Weihnachten, Reformationsfest im Fernsehen der DDR; die Zahlung von Nutzungsgebühren für kircheneigene, durch sozialistische Landwirtschaftsbetriebe genutzte landwirtschaftliche Nutzflächen. Voraussetzung dafür sei, daß die Kirchenseite eine Aufstellung übergibt, aus der die betreffenden Flächen und die Gründe hervorgehen, die einer Zahlung von Nutzungsgebühren bisher entgegenstanden.

In diesem Zusammenhang wurde Bischof Schönherr darauf aufmerksam gemacht, daß die durch die Anhebung der Mindestlöhne von den Kirchen angeforderten Mehrkosten von rund 2 Millionen Mark bisher nicht realisiert werden konnten, weil die Kirchen die dafür notwendigen Unterlagen noch nicht – wie zugesichert – übergeben haben. Was den Vorschlag betrifft, die staatliche Altersversorgung der Pfarrer und anderer kirchlicher Amtsträger einzuführen, so könne man sich darüber nach gründlicher Prüfung sicherlich verständigen. Es gehe allein um die Festlegung einer Abschlagssumme in Valuta, die Höhe der laufenden Zahlungen und die Klärung anderer Fragen. Bischof Schönherr informierte, daß die kirchlichen Amtsträger zwar eine zusätzliche staatliche Versicherung abgeschlossen haben, daß eine Abschlagssumme in Valuta möglich sei. Er werde Oberkonsistorialrat Stolpe mit der Klärung der offenen Fragen beauftragen. Bischof Schönherr bedankte sich für die grundsätzliche Bereitschaft des Vorsitzenden des Staatsrates, den Vorstand des Kirchenbundes zu einem Antrittsbesuch zu empfangen. Er stimmte den Ausführungen des Genossen Verner insbesondere zu Charakter und Inhalt des Gesprächs zu. Der vorgelegte Aufriß der Probleme wäre nicht als endgültige Tagesordnung für das Spitzengespräch gedacht gewesen. Schönherr bekräftigte seinerseits, daß sich in den Beziehungen von Staat und Kirche sehr viel in positiver Hinsicht verändert habe und daß sie keine Konfrontation wünschten. Die komplizierte Situation, die durch den Fall Brüsewitz entstanden sei, sei gemeistert worden, nicht zuletzt durch den Hinweise, die er vor einem Jahr durch Genossen Verner erhalten habe. Es gäbe zwar noch Spannungen in den Kirchen, aber es sei kein Dampf mehr drin. Das Gespräch bei Genossen Honecker, in der Bedeutung nur zu vergleichen mit dem Wartburg-Gespräch zwischen Bischof Moritz Mitzenheim und Walter Ulbricht, hätte heute ganz andere Voraussetzungen. Mitzenheim hätte damals nur für seine Landeskirche sprechen können. Der Vorstand der Konferenz der Evangelischen Kirchenleitungen in der DDR aber habe die Legitimation aller Landeskirchen. Damals wäre das Gespräch aus einem Spannungsverhältnis zustande gekommen und hätte einen demonstrativen Charakter gehabt. Diesmal ordne sich das Gespräch ein in eine Phase der positiven Entwicklung der Beziehung von Staat und Kirche. Hier warf Genosse Verner ein, daß sich Bischof Mitzenheim große Verdienste erworben hat. Als die Mehrheit der kirchenleitenden Persönlichkeiten die DDR als Provisorium betrachtete und viele andere danach handelten, erkannte Bischof Mitzenheim die Realitäten und die Perspektiven der geschichtlichen Entwicklung.

Bischof Schönherr bat zu verstehen, daß der von ihm und seinen Freunden beschrittene Kurs in den evangelischen Kirchen noch umstritten sei. Darum müsse das Gespräch auch einige Ergebnisse zeitigen, die ihm helfen könnten, sich mit jenen auseinanderzusetzen, die ihm ständig unkritische Anpassung vorwerfen. Schönherr bestätigte, daß zu den Kräften, die ihn stützen, auch Bischof Fränkel gehört. Es wäre gut, so führte der Bischof aus, wenn beim Antrittsbesuch nicht nur schöne Worte gewechselt würden, sondern etwas gesagt wird, was Wirkung hinterläßt. Er seinerseits werde nichts sagen, was zur Konfrontation Anlaß geben könnte. ›Wir gehen davon aus, daß das Gespräch dem Ziel dienen muß, daß die christlichen Bürger unseres Staates ihren Weg in der DDR finden.‹ Genosse Verner wies im weiteren Gespräch auf einige sehr bedenkliche Positionen hin, die in letzter Zeit in kirchenleitenden Kreisen sichtbar wurden. Er verwies dabei auf den Bericht Bischof Krusches an die Synode der Evangelischen Kirche der Kirchenprovinz Sachsen, in dem Angriffe auf die Wehrerziehung in der DDR geführt werden. Genosse Verner erläuterte Schönherr sehr eingehend, daß die Verhinderung eines dritten Weltkrieges und die bisher längste Friedensperiode seit 1945 nur dadurch möglich werde, weil die sozialistischen Staaten politisch, ökonomisch und militärisch zum Schutze des Friedens stark sind und eine große Kraft die Friedensbewegung in der Welt darstellt. Der Generalsekretär der KPdSU, Leonid Breschnew, habe in seiner Rede zum 60. Jahrestag der Oktoberrevolution erneut weitgehende Vorschläge für die Abrüstung unterbreitet, bis zu dem Vorschlag, daß ein Moratorium für Kernexplosionen zu friedlichen Zwecken verhängt wird. Man braucht also diesen Vorschlägen nur zuzustimmen. Bei der Abrüstung handelt es sich um einen harten und langwierigen Kampf, den wir alle führen müssen, auch die Kirchen. Dabei geht es nicht um einseitige Vorleistungen, sondern um echte Abrüstungsmaßnahmen, die die Sicherheitsinteressen keiner Seite in Frage stellen. Angesichts der Forcierung der Rüstung durch die NATO könne der Schutz unseres Staates auf keinen Fall vernachlässigt werden. Die Erziehung der Jugend zur Verteidigungsbereitschaft ist notwendig, ebenso die Werbung junger Menschen für den Offiziersberuf und für den Beruf des Soldaten auf Zeit. Das ist ausschließlich eine Sache des Staates. Nebenbei gesagt, sei nichts darüber bekannt, daß kirchliche Gremien in der BRD gegen die Aufrüstung der NATO protestiert hätten.

Die Forderung auf der Synode nach einer breiteren Handhabung der Familienzusammenführung hat keinerlei Berechtigung, nicht nur nicht … weil das die Angelegenheit staatlicher Organe ist, sondern deshalb … weil die DDR großzügig und im Geiste von Helsinki echte Familienzusammenführungen ermöglicht. Es gehe aber nicht an, daß Personen, die die DDR auf ungesetzlichem Wege verlassen, danach die Forderung nach Familienzusammenführung stellen. Die DDR ist für Familienzusammenführung und nicht für die Zerreißung von Familien. Unter Bezug auf die auf einer Beratung staatlicher Organe mit der Kirchenleitung der Berlin-Brandenburgischen Kirche geäußerten Bitte, daß die im Zusammenhang mit den Vorkommnissen vom 7. Oktober verurteilten Rowdys amnestiert werden sollten, wurde Bischof Schönherr darauf hingewiesen, daß die Kirche sich für Menschen einsetzt, die sie selbst als Rowdys bezeichnet und die dem Gesetz entsprechend wegen wiederholter Verbrechen verurteilt wurden. Gleichzeitig wurde die Gelegenheit genutzt, Schönherr die Jugendpolitik von Partei und Regierung darzulegen und ihm zu zeigen, daß wir eine gesunde, hochgebildete Jugend haben, die große Leistungen bei der Erfüllung unserer wirtschaftlichen, wissenschaftlichen und kulturellen Aufgaben sowie bei der Verteidigung ihres Vaterlandes vollbringt. Manche Besucher und Delegationen aus dem westlichen Ausland beneiden uns um unsere Jugend, die ohne Sorge um einen Lehrplatz und späteren Arbeitsplatz, um ihre Perspektive, ohne Arbeitslosigkeit und ohne Rauschgift aufwächst. Man darf die Jugend nicht nach ein paar Rowdys messen. Wo Erziehung und Ermahnung nicht helfen, wo Rowdys wiederholt die Gesetze verletzen, müssen sie zur Verantwortung gezogen werden. Genosse Verner bezeichnet das Gespräch, das sich durch Offenheit, Sachlichkeit und eine vertrauensvolle Atmosphäre auszeichnete, als nützlich. Er werde Genossen Honecker nach seiner Rückkehr unterrichten. Wir sind in der Entwicklung unseres sozialistischen Staates seit dem VIII. Parteitag der SED gut vorangekommen. Daran haben alle Bürger ihren Anteil. Dem stimmte Bischof Schönherr zu.« SAPMO-BA ZPA IV B2/14/7.

Nach der Sitzung des KKL-Vorstandes, der einen Tag zuvor getagt hatte (Stolpe hatte dort darüber berichtet, der gesamte Vorstand solle eingeladen werden, vgl. den Protokollauszug, EZA Berlin, 101/338), sprachen am 22.12.1977 Lewek und Stolpe bei Verner vor und äußerten ihr Bedauern darüber, daß die staatliche Seite nicht über Reiseerleichterungen sprechen wolle, bezeichneten aber andererseits die von Verner hierzu vorgebrachte Argumentation als überzeugend. Stolpe versprach, bis zum 6.1.1978 einen veränderten Gesprächsaufriß zu präsentieren. Vgl. Arbeitsgruppe Kirchenfragen, Niederschrift Bellmann vom 28.12.1977, SAPMO-BA ZPA IV B2/14/7. Anfang Januar 1977 »diskutiert[e]« der DDR-Bischofskonvent über das Gesprächsvorhaben. Vermerk Schönherr vom 16.1.1978, Bischofskonvent in Bad Saarow vom 9.1. abends bis 12.1.1978 abends, EZA Berlin, 101/1190, Bd. II. Auf der anschließenden KKL-Sitzung wurde dem anvisierten Spitzengespräch einstimmig zugestimmt. Vgl. Auszug aus dem Protokoll Schönherr-Stolpe-Pahl der 53. Tagung der Konferenz der Ev. Kirchenleitungen in der DDR am 13./14.1.1978 in Berlin, EZA Berlin, 101/342. Vgl. auch epd-Dok 15/78.

636 Vgl. den auf der 83. KKL-Sitzung am 11.11.1977 verabschiedeten Aufriß Spitzengespräch, SAPMO-BA ZPA IV B2/14/81. Vgl. Vermerk Schönherr vom 14.2.1978, EZA Berlin, 101/348. Das durch den Sekretär des Staatsrats, Eichler, an Schönherr gerichtete Einladungsschreiben vom 14.2.1978 – Schönherr wurde hierin gebeten, den Gesprächstermin auch die anderen namentlich aufgeführten Vorstandsmitglieder, darunter auch Stolpe, obwohl er dem KKL-Vorstand gar nicht angehörte, zu informieren – wurde durch Stolpe bestätigt und angenommen. Das Schreiben Eichler sowie das Schreiben Stolpe an Sekretär des Staatsrats der DDR, Eichler, vom 20.2.1978 in EZA Berlin, 101/342.

637 Schreiben Lingner an die Beratergruppe vom 8.3.1978, EZA Berlin, 4/92/6.

638 EZA Berlin, 101/360.

639 Schreiben Lingner an Lohse vom 10.3.1978, EZA Berlin, 4/92/6.

640 Ebd.

641 Einen ersten kirchlichen Entwurf hatte Stolpe Bellmann am 27.2.1978 zukommen lassen, EZA Berlin, 101/342.

642 Schreiben Lingner an Lohse vom 10.3.1978, EZA Berlin, 4/92/6. Über das »Spitzengespräch« führte Lingner je ein Gespräch mit dem Präses der Bundessynode, Wahrmann, und mit Demke. Beide äußerten sich beeindruckt darüber, daß Honecker fast frei gesprochen habe. Demke betonte den außenpolitischen Aspekt des »Spitzengesprächs« nach »Belgrad«: »Schriftsteller und Kirche als Gesprächspartner des Vorsitzenden des Staatsrates – das hat sein außenpolitisches Gewicht.« Das Ehepaar Behm habe ihm berichtet, in der Bevölkerung werde das »Gespräch« vielfach als Niederlage des Staates gegenüber der Kirche gewertet. Vgl. Vermerk Lingner vom 22.3.1978 über Gespräche in der August-Straße, a.a.O.

643 Ebd.

644 Text: epd-Dok 31a/78, 47.

645 »Südafrika – Hoffnung um welchen Preis?«, Text: epd-Dok 6/78, 4-22. Der dem Papier beigefügte Begleitbrief Baldwin Sjollemas, Leiter der Antirassismusabteilung des Weltkirchenrates, vom Dezember 1977 ist abgedruckt in a.a.O., 3.; vgl. auch B. Sjollema, Isolation der Apartheid.

646 Vgl. Vermerk Lingner über das Treffen der Beratergruppe am 14.3.1978, EZA Berlin, 101/360; Vermerk Demke vom 23.3.1978, a.a.O.

647 Auf ihrer 54. Tagung am 10./12.3.1978 hatte sich die KKL im Rahmen einer Klausurta-

gung in Bad Saarow mit dem 6. März befaßt. Vgl. Protokollauszug Schönherr-Stolpe-Demke/Borgmann, EZA Berlin, 101/342.

648 Das MfS hatte den SED-Generalsekretär regelmäßig über das kirchliche Geschehen informiert.

649 In einer wahrscheinlich Willi Stoph vorgelegten staatlichen Einschätzung heißt es zu Domsch: »Domsch gehört zu den konservativen Kräften in den Kirchen, er lehnt die Wehrerziehung ab. Seine Haltung zum 6.3. wurde durch seine Teilnahme am Gespräch nachhaltig geprägt. Er zeigt realistische Positionen, wertet die Anerkennung, die die Kirchen durch den Vorsitzenden des Staatsrates erfahren haben, sehr hoch. Zum Kirchentag in Leipzig im Mai 1978 hielt er alle mit dem Staat getroffenen Festlegungen strikt ein.« Information vom 15.6.1978 zur Person der Gesprächspartner, BA, Abt. Potsdam, O-4, 1437. Ein ähnlicher Wandel infolge des 6. März konnte auch bei Mecklenburgs Landesbischof Rathke festgestellt werden. Ein mit dem Stellvertreter für Inneres des RdB Rostock, Steinbach, am 18.4.1978 geführtes Gespräch ließ letzteren zu der Wertung gelangen, »daß Landesbischof Rathke realistischere Positionen einnahm. Es war offensichtlich, daß diese Haltung auf das Gespräch, das der Staatsratsvorsitzende mit dem Vorsitzenden des Bundes geführt hat, zurückzuführen ist.« Aktenvermerk Steinbach, SAPMO-BA ZPA IV B2/14/63.

650 Vermerk Lingner, EZA Berlin, 101/360. Fränkel berichtete auch während der Görlitzer Synodaltagung vom 31.3.-3.4.1978 positiv über das Spitzengespräch und setzte sich mit innerkirchlichen Positionen, die den Sinn bzw. gar die Möglichkeit solcher Begegnungen anfragten, kritisch auseinander. In einer staatlichen Einschätzung heißt es: »Er tritt gegen Resignation auf und verweist darauf, daß das im Gespräch vom 6.3.1978 angesprochene Ziel, zum Wohle aller in unserer Gesellschaft und im Interesse des Friedens in der Welt zu wirken, auch Aufgabe der Kirche sei. Sie werde sich als ›Kirche im Sozialismus‹ zu bewähren haben. [...] Insgesamt war in den Ausführungen des Bischofs deutlich zu spüren, daß er unter Bezugnahme auf das Gespräch vom 6.3.1978 eine vorwärtsweisende Orientierung für seine Kirche geben wollte. Dabei wurde er von der Mehrzahl der Diskussionsredner unterstützt.« RdB Dresden, Sektor Staatspolitik in Kirchenfragen, Dresden, den 7.4.1978, Gespräch des Vorsitzenden des Staatsrates der DDR, Gen. Erich Honecker, mit dem Vorstand der Konferenz der Evangelischen Kirchenleitungen in der DDR am 6.3.1978, PDS-Archiv Dresden, IV D-2.14-692. Vgl. den Vortrag Fränkels in epd-Dok 30/78, 62-70. Vgl. auch RdB Dresden, Sektor Staatspolitik in Kirchenfragen, Lewerenz, Dresden, den 18.1.1979, Situation in der Evangelischen Kirche des Görlitzer Kirchengebietes, PDS-Archiv Dresden, IV D-2.14-690; auch in Abschrift a.a.O., IV D-2.14-692. Vgl. hierzu auch den vor der Bezirksparteischule Georg Wolff am 21.9.1978 gehaltenen Vortrag zum Thema Aktuelle Probleme der Politik in Kirchenfragen durch unsere Partei (Stand: September 1978), PDS-Archiv Dresden, IV D-2.14-693.

651 Im östlichen Vermerk Demke vom 23.3.1978 heißt es: »Natho, D. Fränkel berichten, daß die Aufnahme in den Gemeinden mitunter ein hohes Maß an Resignation erkennen läßt. Berichterstattung in der BRD ist positiv.« EZA Berlin, 101/360.

652 Vgl. auch Bericht der Mitarbeiter für Kirchenfragen in den drei Dresdener Stadtbezirken über die Auswertung des Gesprächs des Genossen Erich Honecker mit der Kirchenleitung des Bundes der Evangelischen Kirchen der DDR vom 15.3.1978: »Von den meisten Gesprächspartnern wurde die Hoffnung zum Ausdruck gebracht, daß sich diese progressive Entwicklung der Beziehungen zwischen Staat und Kirche fortsetzt.« Lediglich die Pfarrer Wonneberger (Weinbergkirche, Radebeul), und Müller (Kreuzkirche), äußerten sich skeptischer, man »müsse[.] erst einmal abwarten, wie sich das konkret auf der untersten Ebene auswirkt, wir wollen nicht zu optimistisch sein. [...] Unsere Einschätzung zur Haltung dieser Pfarrer ist, daß sie befürchten, durch diese Entwicklung immer mehr an Einfluß zu verlieren«. PDS-Archiv Dresden, IV D-2.14-692. Vgl. auch Abteilung Staat und Recht bei der SED-Bezirksleitung Dresden, Ergänzende Information vom 16.3.1978 über die Auswertung des Gespräches des Genossen Erich Honecker

mit dem Vorstand der Konferenz der evangelischen Kirchenleitungen in der DDR am 6. März 1978. Dort hieß es u. a.: »Bischof Hempel äußerte sich, daß er der weiteren Entwicklung mit nüchterner Hoffnung entgegensehe. In einem Jahr werde man mehr wissen. Präsident Domsch habe einen hervorragenden Eindruck vom Vorsitzenden des Staatsrates gewonnen [der ja auch den westlichen Mitgliedern der Beratergruppe nicht verborgen geblieben war]. Einige Pfarrer äußerten ›Sorge‹ über den progressiven Kurs [...] [von] Schönherr.« Weiter hieß es: »Durch katholische Amtsträger gibt es eine offensichtliche Zurückhaltung. Es wurden Stimmen bekannt, daß es scheine, Bischof Schönherr wolle eine gewisse Nachfolge von Bischof Mitzenheim anstreben. Auch sei kaum anzunehmen, daß die Ordinarien der DDR im Nachgang ein gleiches gemeinsames Gespräch anstreben, da sie alleinige Aufgabe von Kardinal Bengsch sei.« Die abschließende Wertung lautete: »Es wird eingeschätzt, daß das Gespräch des Genossen Erich Honecker einen auf dem Gebiet der Verwirklichung der Politik in Kirchenfragen neuen Abschnitt eingeleitet hat, der sich unter anderem in einer zu beobachtenden größeren Aufgeschlossenheit gegenüber der Politik unserer Partei und des sozialistischen Staates und der erhöhten Gesprächsbereitschaft äußert.« PDS-Archiv Dresden, IV D-2.14-690. Vgl. auch RdB Dresden, Sektor Staatspolitik in Kirchenfragen, Dresden, den 7.4.1978, Gespräch des Vorsitzenden des Staatsrates der DDR, Gen. Erich Honecker, mit dem Vorstand der Konferenz der Evangelischen Kirchenleitungen in der DDR am 6.3.1978. Dort hieß es auch, im katholischen Bereich werde geäußert, »die evangelischen Kirchen hätten sich schon immer beim Staat angebiedert, sie würden das auch heute tun.« PDS-Archiv Dresden, IV D-2.14-692. Zur Einschätzung der Dresdner Ost-CDU vgl. Fernschreiben der CDU Dresden an SHV-Parteiorgane vom 16.3.1978, 10.25 Uhr, a.a.O.

Greifswalds Bischof Gienke äußerte am 17.5.1978 gegenüber Steinbach (RdB Rostock), »daß überall in seiner Landeskirche große Freude über den Inhalt und die Ergebnisse des Gespräches herrschte. Auch wenn nicht von allen Vertretern der Kirche die Bedeutung des Gespräches vom 6.3.1978 erkannt wird und es deshalb in verschiedenen Kirchenleitungen zu Auseinandersetzungen gekommen ist, wird der Geist des Gespräches nicht herabgewürdigt werden können. Nach seiner Ansicht geht es darum, das Vertrauen, das der Staat den Kirchen entgegenbringt, anzunehmen und mit Leben zu erfüllen. In seiner Tätigkeit als Bischof würde er in den Gemeinden spüren, daß ein von Vertrauen getragener Optimismus vorhanden ist. Bis auf wenige, für unsere Gesellschaft aber nicht typische Belastungen des Verhältnisses Staat-Kirche würde es keine Probleme geben.« Solche Ausnahmen gebe es im Bereich der Volksbildung wie auch in der Armee. Gienke erwähnte, sein Sohn, der seit sieben Monaten als regulärer Wehrpflichtiger in der NVA Dienst tue, habe noch nie die Gelegenheit erhalten, einen Gottesdienst zu besuchen. Aktenvermerk Steinbach vom 19.5.1978 über ein Gespräch mit Vertretern der Kirchenleitung der Greifswalder Landeskirche, BA, Abt. Potsdam, O-4, 789.

Werner Krusche sagte am 3.4.1978 gegenüber dem Magdeburger Stellvertretenden Vorsitzenden für Inneres, Steinbach, »daß er persönlich, aber auch die Mitglieder seiner Kirchenleitung sowie viele Amtsträger, dem Gespräch vom 6.3.1978 eine hohe Wertschätzung beimessen. Bezugnehmend auf den Bezirk Magdeburg führte der Bischof aus, daß in unserem Bezirk keine neue Epoche beginne. Wörtlich sagte er, ›diese neue Epoche wurde besonders im Jahre 1977 bestimmt und geprägt. In diesem Jahr gab es viele vertrauensvolle und nutzbringende Gespräche mit den Vertretern des Staates. Es konnte über alles gesprochen werden, wenn auch dabei unterschiedliche Standpunkte zu manchen Fragen dargelegt wurden.‹« Vermerk vom 4.4.1978 über das Gespräch mit dem Bischof der Evangelischen Kirche der Kirchenprovinz Sachsen, Dr. Krusche, am 3.4.1978 beim Rat des Bezirkes Magdeburg, BA, Abt. Potsdam, O-4, 793; auch SAPMO-BA ZPA IV B2/14/115; Abschrift in LPA Halle, IV D-2/14/477.

653 Vermerk Lingner über das Treffen der Beratergruppe am 14.3.1978, EZA Berlin, 101/360.

654 Bezirksleitung Halle der SED, Mitarbeiter für Kirchenfragen, Gerngroß, 30.3.1978, In-

formation über den Inhalt und die Festlegungen des Gesprächs des Generalsekretärs des ZK der SED und Vorsitzenden des Staatsrates der DDR, Genossen Erich Honecker, mit dem Vorstand der Evangelischen Kirchenleitungen in der DDR am 6.3.1978, LPA Halle, IV D-2/14/477. In der einschlägigen Akte EZA Berlin, 101/23 befindet sich kein Vermerk über diese Sitzung.

655 Berlin, den 29.5.1978. Erste Meinungsäußerungen von kirchlichen Amtsträgern zum vom Generalsekretär Gen. Erich Honecker erstatteten Bericht des Politbüros auf der 8. Tagung des ZK der SED, SAPMO-BA ZPA IV B2/14/7.

656 Vgl. den vor der Bezirksparteischule Georg Wolff am 21.9.1978 gehaltenen Vortrag zum Thema Aktuelle Probleme der Politik in Kirchenfragen durch unsere Partei (Stand: September 1978), PDS-Archiv Dresden, IV D-2.14-693.

657 Vermerk vom 4.4.1978 über das Gespräch mit dem Bischof der Evangelischen Kirche der Kirchenprovinz Sachsen, Dr. Krusche, am 3.4.1978 beim Rat des Bezirkes Magdeburg, BA, Abt. Potsdam, O-4, 793; auch SAPMO-BA ZPA IV B2/14/115; Abschrift in LPA Halle, IV D-2/14/477. Eine positive Veränderung in der Haltung Werner Krusches stellte der anhaltische Präses Kootz im September 1978 fest. Vgl. Wissenschaftlicher Mitarbeiter, Hartwig, Bericht vom 20.9.1978 zur Dienstreise am 19.9.1978 in den Bezirk Halle nach Dessau, BA, Abt. Potsdam, O-4, 415.

658 Ergänzung zum Protokoll der 103. Sitzung des Vorstandes am 28.6.1979 in Berlin, EZA Berlin, 101/118.

659 Vgl. Information Wilke vom 11.7.1978 über den Verlauf der Frühjahrssynoden der evangelischen Landeskirchen und der Synode der EKU 1978, BA, Abt. Potsdam, O-4, 406. Auf der Thüringer Synode äußerte der scheidende Landesbischof Braecklein nach einem vom Synodenbeobachter Walter Pabst verfaßten Bericht:»Ein Konkordat ist dieses Gespräch nicht. Ein Privileg für die Kirche ist nicht erzielt worden und war auch nicht beabsichtigt. [...] Es muß deutlich sein, daß dieses Gespräch auf dem Hintergrund der politischen und wirtschaftlichen Lage der DDR zu sehen ist. Was wir als besonders bemerkenswert aus diesem Gespräch festhalten müssen: Es enthält ›zitierfähige Äußerungen‹ über die Gleichachtung der Christen in der DDR. Wir sollten für das Gespräch dankbar sein und unsere Gemeinden ermutigen, damit umzugehen.« Zur anschließenden Aussprache bemerkte Pabst:»Im übrigen machte die Synode einen ›zur Ruhe gekommenen Eindruck‹. Das Pulver ist sicher bei der zurückliegenden Bischofswahl verschossen worden.« Bericht Pabst über Teilnahme an der Frühjahrstagung der Synode der Evangelisch-Lutherischen Kirche in Thüringen vom 6.-9.4.1979 in Eisenach, Haus Hainstein, LKA Hannover, D 15 XII, K 66/343/VI. Stolpe sagte vor der Berlin-Brandenburger Frühjahrssynode, es handele sich beim 6. März im Grundsatz um »ein normale[s], nicht prinzipiell ungewöhnliche[s]« Ereignis, das als »Symbol einer Normalisierung, die sich auf der Spitzenebene vollzogen hat«, angesehen werden könne. »Es gibt kein neues Bündnis von Thron und Altar«, wies Stolpe offensichtlich befürchtete Vorwürfe zurück. Die großen weltanschaulichen Differenzen zwischen Staat und Kirche blieben bestehen:»Auch nach dem 6. März 1978 werden die Kirchen keine sozialistischen Massenorganisationen sein. [...] Und ich möchte Sie ganz persönlich bitten, vom 6. März als einer Ermutigung weiter zu berichten. Einer Ermutigung, fester zu glauben und fröhlicher zu bekennen. Und darauf, vor allem, kommt es an!« Aus den Ausführungen von Oberkonsistorialrat Stolpe zum Antrittsbesuch des Vorstandes der Konferenz der Kirchenleitungen beim Staatsratsvorsitzenden am 6. März 1978, LKA Hannover, D 15 XII, K 102/590 A.

660 Vgl. Information Wilke vom 11.7.1978 über den Verlauf der Frühjahrssynoden der evangelischen Landeskirchen und der Synode der EKU 1978, BA, Abt. Potsdam, O-4, 406.

661 Vgl. Information vom 26.9.1978 über den Verlauf und die Ergebnisse der 2. Tagung der 3. Synode des Bundes der Evangelischen Kirchen in der DDR, BA, Abt. Potsdam, O-4, 786. In der Einschätzung der Arbeitsgruppe Kirchenfragen beim ZK heißt es hierzu: »Die Mitglieder der Synode haben nahezu ausnahmslos das Gespräch des Genossen

Honecker mit dem Vorstand des Kirchenbundes vom 6. März begrüßt«. Information vom 29.9.1978 über den Verlauf und die Ergebnisse der 2. Tagung der 3. Synode des Bundes der Evangelischen Kirchen in der DDR (mit handschriftlichem Vermerk Honeckers, Umlauf PB, EH, 3.10.1978), SAPMO-BA ZPA IV B2/14/87. Über den 6. März war bereits auf der Informationsbesprechung am 17.6.1978 zur Vorbereitung der Tagung der Bundessynode, an der 35 Synodale teilnahmen, ausgiebig gesprochen worden. Vgl. Vermerk von Rabenau-Pabst vom 21.8.1978, EZA Berlin, 101/80.

662 Die gleiche Tendenz wurde auf Landessynodalebene auch in der Information der Abteilung I des Staatssekretariats für Kirchenfragen vom 7.12.1978 über den Verlauf der Herbstsynoden der evangelischen Landeskirchen in der DDR festgestellt. BA, Abt. Potsdam, O-4, 406. Vgl. auch RdB Dresden, Sektor Staatspolitik in Kirchenfragen, Dresden, den 6.12.1978, Gespräch des Stellv. d. Vors. f. Inneres, Gen. Ullmann, mit Präsident Domsch und OLKR von Brück am 3.11.1978, PDS-Archiv Dresden, IV D-2.14-692. Werner Krusche hatte im RdB Magdeburg bekräftigt, er werde »stets solchen Auffassungen entgegentreten, wo Pfarrer der Meinung sind, sie könnten aus der Begegnung des Vorstandes des Bundes mit dem Staatsratsvorsitzenden persönliche Vorteile erlangen. […] Ihm persönlich gehe es um das gesamte Klima Staat/Kirche und dessen positive Gestaltung.« Vermerk vom 4.4.1978 über das Gespräch mit dem Bischof der Evangelischen Kirche der Kirchenprovinz Sachsen, Dr. Krusche, am 3.4.1978 beim Rat des Bezirkes Magdeburg, BA, Abt. Potsdam, O-4, 793; auch SAPMO-BA ZPA IV B2/14/115; Abschrift in LPA Halle, IV D-2/14/477.

663 Information vom 26.9.1978 über den Verlauf und die Ergebnisse der 2. Tagung der 3. Synode des Bundes der Evangelischen Kirchen in der DDR. In dem Bericht heißt es außerdem: »Der Vertreter der EKD, Präses von Heyl, bezog sich in seinen Ausführungen auf das internationale Jahr des Kindes und polemisierte in diesem Zusammenhang gegen die Zustände in der BRD. Er sagte: Angesichts der Tatsache, daß in Westdeutschland in den letzten 10 Jahren nur noch halb soviel Kinder geboren werden, müsse man sich fragen, ›was ist das für eine Gesellschaft, der das Ja zum Kind in jeder Hinsicht so schwer fällt?‹« BA, Abt. Potsdam, O-4, 786.

664 Rechercheergebnisse zum IM »Sekretär«, Stand 12.4.1994, 260. Die MfS-HA XX/4 begleitete diese Synode besonders intensiv. Die Berichte und Tonband-Abschriften umfassen 376 Blatt (BStU Berlin, MfS-HA XX/4, 637). In der abschließenden Pressekonferenz bezeichnete Schönherr die westliche Berichterstattung über seine Äußerungen auf der Synode »als einfach unerträglich« (a.a.O., 362). Zu den Beschlüssen dieser Synode vgl. epd-Dok 42-43/78 und KJ 1978, 297 ff.

665 Vgl. Abteilung I des Staatssekretariats für Kirchenfragen, Information vom 7.12.1978 über den Verlauf der Herbstsynoden der evangelischen Landeskirchen in der DDR, BA, Abt. Potsdam, O-4, 406. Auf der Landessynode Berlin-Brandenburg verglich Pfarrer Brod (Bezirk Potsdam) »die progressiven Geistlichen von heute mit den ›Deutschen Christen‹ […], die auch ihre Kirche, ›nur in einem anderen Farbton‹, verraten hätten.« Ebd.

666 RdB Dresden, Stellvertreter des Vorsitzenden für Inneres, Ullmann, Niederschrift vom 15.12.1978 über ein Gespräch mit Bischof Fränkel am 8.12.1978, SAPMO-BA ZPA IV B2/14/63. Das folgende Zitat in EZA Berlin, 101.

667 Vgl. Vermerk Lingner über das Treffen der Beratergruppe am 14.3.1978, EZA Berlin, 101/360. Zum Kirchentagskongreß Leipzig, 26./27.5.1978, und Erfurt, 2.-4.6.1978, vgl. epd-Dok 30/78.

668 Hierüber informiert jedoch eher die Korrespondenz als das Protokoll Lingners, das diesen Punkt in den von Lohse erstatteten Bericht zur Situation in der EKD integriert. Vgl. insgesamt epd-Dok 31a/78 »EKD-Texte zu Südafrika«; der Brief des Rates der EKD vom 24./25.2.1978 ist dort ebenfalls abgedruckt (a.a.O., 47). Vgl. auch ZdZ Nr. 11/78. Hier ist das Sjollema-Hintergrundpapier und die Stellungnahme des BEK-Facharbeitskreises Ökumenische Diakonie vom 17.5.1978 an den ÖRK abgedruckt; letzteres ebenfalls in KJ 1978, 336 f.

669 Schreiben Groscurth an Held vom 15.3.1978, EZA Berlin, 4/92/6.

670 Vermerk Flor für Kruse mit Durchschlag an Lingner vom 14.3.1978, a.a.O. Vgl. auch Schreiben H. v. Keler an Lingner vom 20.3.1978, a.a.O.

671 Vgl. Schreiben Lingner an Lohse vom 30.3.1978, a.a.O.

672 Ebd.

673 Gewalt und Gewaltanwendung in der Gesellschaft.

674 Schreiben Lingner an die Teilnehmer der Beratergruppe vom 1.6.1978, EZA Berlin, 4/92/7.

675 Ebd.

676 Vermerk Lingner an Groscurth betr. Schreiben Groscurth vom 12.5.1978, o. D., a.a.O. In dem nicht vorliegenden Brief Groscurths an Lingner ging jener auch auf die Argumentation Konrad Raisers ein, der das Verhalten des ÖRK als Wahrnehmung seines »Mandates« verteidigt hatte. Dies bestreitet Lingner.

677 Lingner an Hoerschelmann vom 12.6.1978, a.a.O.

678 Ebd.

679 Vermerk Lingner über die Zusammenkunft der Beratergruppe am 12.6.1978, a.a.O.

680 Texte: Hoover Institution Archives, South African Subject Collection, Box 19.

681 Diesen Zwischenbescheid des Facharbeitskreises ökumenische Diakonie sandte Christa Lewek an den ÖRK. Text: KJ 1978, 337.

682 Vgl. Protokoll Demke der 89. Sitzung des KKL-Vorstandes am 11.5.1978 in Potsdam: »Die materialen Hinweise zur Frage des ›gerechten Kampfes‹ sollen nach Empfehlung des Sekretariates durch einen Einschub berücksichtigt werden, der eine Arbeit an dieser Frage ankündigt. Daraufhin erklärt sich der Vorstand mit dem Entwurf einer Antwort auf das Schreiben von Direktor Sjollema vom Dezember 1977 einverstanden. Er beauftragt den FAK Ökumenische Diakonie, ein Votum zu der in Teil 3 des Hintergrunddokumentes aufgeworfenen Frage des ›gerechten Kampfes‹ zu erstellen. Dieses Votum soll zugleich für die Gliedkirchen des Bundes und den ÖRK bestimmt sein.« EZA Berlin, 101/117.

683 Schreiben Wilkens an Claß vom 15.6.1978, EZA Berlin, 4/92/7.

684 Ebd.

685 Vgl. Vermerk Heidingsfeld an Lingner vom 15.8.1978, a.a.O.

686 Auszahlungs-Anordnung für Operativgelder vom 18.5.1978, unterzeichnet von Roßberg, Rechercheergebnisse zum IM »Sekretär«, Stand 12.4.1994, 257.

687 Vermerk Lingner über die Zusammenkunft der Beratergruppe am 12.6.1978, EZA Berlin, 4/92/7. Vgl. auch Information Schumann-Fitzner vom 13.10.1978 für den Staatssekretär zum Vortrag vor den Stellvertretern für Inneres der Räte der Bezirke am 18.10.1978, BA, Abt. Potsdam, O-4, 1245 sowie Information Schumann-Fitzner vom 20.11.1978 zur Strafgefangenenseelsorge durch evangelische Geistliche, BA, Abt. Potsdam, O-4, 425. Vgl. hierzu auch Protokoll Demke der 89. Sitzung des KKL-Vorstandes am 11.5.1978 in Potsdam, TOP 2.8. Strafgefangenenseelsorge, EZA Berlin, 101/117 sowie Protokoll Schönherr-Stolpe-Demke vom 11.1.1979 über die 97. Sitzung des Vorstandes am 3.1.1979 in Berlin, EZA Berlin, 101/118. Vgl. auch Vermerk Küntscher vom 21.5.1979 über ein am gleichen Tag in der Dienststelle des Staatssekretariats für Kirchenfragen geführtes Gespräch (Teilnehmer: Arlt, Schumann-Fitzner, von Brück, Stolpe, Küntscher), EZA Berlin, 101/349. Ebenfalls am 21.5.1979 traf sich IM »Sekretär« zwischen 19 und 21 Uhr im konspirativen Objekt »Wendenschloß« (Rechercheergebnisse zum IM »Sekretär«, Stand 12.4.1994, 168). Am 31.5.1978 tauschte der Bischofskonvent erste Erfahrungen mit den am 6.3. zugesagten kirchlichen Fernsehsendungen sowie den erweiterten Rundfunksendungen aus und entwickelte Perspektiven. Vgl. Vermerk Schönherr, EZA Berlin, 101/1190, Bd. II. Der KKL-Vorstand hatte sich auf seiner 88. Sitzung am 19.4.1978 in Berlin mit der »knappe[n] und einseitig politisch-ideologische[n] Berichterstattung« des FDJ-Blattes »Junge Welt« zum 6. März befaßt und beschlossen, an die Zeitungsredaktion einen entsprechenden Brief zu richten. Vgl. Sitzungsprotokoll Schönherr-Stolpe, EZA Berlin, 101/117. Über die einzelnen Punkte des 6. März sprach

Albrecht Schönherr zum Jahresausgang mit Paul Verner. Vgl. Vermerk Schönherr vom 20.12.1978 über ein Gespräch mit Herrn Paul Verner am 18.12.1978 in seinen Diensträumen im ZK, EZA Berlin, 101/93/14.

688 Vgl. Protokoll über die außerordentliche Tagung der Konferenz der Ev. Kirchenleitungen am 14.6.1978 in Berlin, TOP 1, EZA Berlin, 101/654. Vgl. das bereits im Sommer/Herbst 1977 durch den Wissenschaftlichen Mitarbeiter im Staatssekretariat für Kirchenfragen, Hartwig, verfaßte Papier »Die Haltung der Kirchen in der DDR zur Frage der Wehrerziehung bzw. Wehrdienstverweigerung«. Dort heißt es u. a.: »Auf die Haltung der Kirchen in der DDR zum Wehrdienst in der NVA wirken in verschiedener Weise Einflüsse aus der Ökumene, vor allem aber aus den Kirchen in der BRD ein. Relikte und aktualisierte Formen gesamtdeutscher Vergangenheit sind gegenwärtig auch in dieser Frage wirksam.« BA, Abt. Potsdam, O-4, 406; auch a.a.O., O-4, 495.

689 BA, Abt. Potsdam, O-4, 425. Vgl. den Vortrag Fränkels in epd-Dok 30/78, 62-70, insbes. 67.

690 Zu Fränkels Position im Frühjahr 1978 vgl. auch RdB Dresden, Sektor Staatspolitik in Kirchenfragen, Lewerenz, vom 31.5.1978 betr. Information durch Bischof D. Fränkel am 24.5.1978: »Als ich während des Empfangs für den Nordisch-Deutschen Konvent in Görlitz am 24.5.1978 Bischof D. Fränkel begrüßte, teilte er mir mit, daß er eine wichtige Information habe. Während seiner jüngsten BRD-Reise habe ihn Alterspräses Wilm, Espelkamp, mit der Tatsache überrascht, daß eine Veranstaltung mit früheren Gliedern der ›Schlesischen‹ Kirche organisiert worden sei, in er, Fränkel, als ›schlesischer‹ Bischof auftreten sollte. Sicher habe Wilm damit keine schlechte politische Absicht verbunden, aber ihm, Fränkel, sei sofort klar gewesen, daß das eine politisch hochbrisante Angelegenheit sei, zumal auch die Massenmedien der BRD ausführlich darüber berichten sollten. Da Fränkel seine Mitwirkung an einer solchen Veranstaltung abgelehnt habe, sei mit Eilgesprächen und Blitztelegrammen alles kurzfristig wieder rückgängig gemacht worden. Bezugnehmend auf die Unterstützung, die wir Bischof Fränkel bei Erlangung der Reisegenehmigung gegeben hatten, sagte er: ›Natürlich habe ich bei meiner Entscheidung auch an Sie gedacht. Es wäre doch auf Ihr Haupt niedergegangen, wenn drüben etwas schiefgegangen wäre‹.« SAPMO-BA ZPA IV B2/14/134. Bei der Gratulation durch Lewerenz anläßlich seines 69. Geburtstages deutete Fränkel an, er werde demnächst zurücktreten [staatlicherseits wurde diesbezüglich festgelegt: »Es muß der Versuch unternommen werden, daß Bischof Fränkel als Bischof weiterhin im Amt bleibt. Im Moment ist kein profilierter Mann da, der den Vorstellungen als Mann der Kirche als auch im Verhalten gegenüber dem sozialistischen Staat entspricht.« SED-Bezirksleitung Dresden, Abteilung Staat und Recht, Niederschrift vom 27.12.1978 über eine am 21.12.1978 stattgefundene Aussprache zu Problemen unsres Verhaltens gegenüber der Evangelischen Kirchenleitung Görlitz, PDS-Archiv Dresden, IV D-2.14-690; Anfang Januar 1979 hieß es dann: »Es kann eingeschätzt werden, daß auch nach Fränkels Rücktritt das bisherige gute Verhältnis fortgesetzt und die überwiegend positive Entwicklung weitergeführt werden kann«. Zum Bischofskandidaten Wollstadt lautete die Einschätzung: Er »entstammt der Görlitzer Kirche, wird offenbar vom Bischof als ›Kronprinz‹ betrachtet und wurde in letzter Zeit von sämtlichen Funktionen und Ämtern befreit, so daß er mit Sicherheit kandidieren wird. <...> Bischof Fränkel brachte <...> zum Ausdruck: Sein Nachfolger solle ein Mann sein, der den gesellschaftlichen Problemen Aufmerksamkeit schenken müsse. Eine andere Lösung sei überhaupt nicht möglich und auch nicht gewollt. <...> Der staatliche Standpunkt besteht darin, daß als Nachfolger für Bischof Fränkel im Interesse des guten Einvernehmens von Staat und Kirche nur ein Mann in Frage kommt, wer auf den Positionen des 6. März steht. Es wäre zu begrüßen, wenn Bischof D. Fränkel seine Amtszeit auf eigenen Entschluß verlängert.« Zu Wollstadt hieß es im gleichen Papier auch: »Eine Konzentration negativer Meinungen und Handlungen dazu <Wehrkundeunterricht> Aushänge, ›Eingaben‹ an Ministerien u. a.] besteht im Rothenburger Kreis um Pfarrer Dr. Wollstadt.« RdB Dresden, Sektor Staatspolitik in Kirchenfragen, Lewerenz, Dresden, den 18.1.1979, Situation in der

Evangelischen Kirche des Görlitzer Kirchengebietes, PDS-Archiv Dresden, IV D-2.14-690; auch in Abschrift a.a.O., IV D-2.14-692.]. Er äußerte außerdem, er »sei schon immer gegen das bürgerliche Demokratieverständnis gewesen, das rühre noch von der BK-Zeit her. Er habe eine Aversion dagegen, daß die Stimme der Masse die gesellschaftliche Ordnung bestimmt. Das habe ja auch Hitlers Machtantritt ermöglicht. Es sei durchaus legitim, daß eine bestimmte gesellschaftliche Gruppe die politische Führung beansprucht. Das habe es früher in der Geschichte ja auch schon gegeben. Aber er würde das dann konsequent durchsetzen. [...] Die Verfassung hätte er vom Führungsanspruch der SED her konzipiert. Herrn Honeckers Worte vom 6.3.1978 seien nach seiner Überzeugung ganz ehrlich, im Sinne einer strategischen Konzeption, nicht aber eine taktische Erklärung. Deshalb schmerze ihn das Mißtrauen mancher Amtsträger und Gemeindeglieder, und er versuche, dagegen anzugehen.« Andererseits sprach sich der Bischof dafür aus, »daß der Jugend mehr Freiraum zu gewähren. Natürlich müsse die Sicherheit des Staates stets gewahrt sein. Aber er sehe z. B. keine Gefahr, wenn einige Jugendliche über Bahros Schrift im kleinen Kreise diskutieren. Natürlich dürfe das nicht für öffentliche Propaganda verwendet werden.« Außerdem stellte Fränkel Anfragen an die staatliche Medienpolitik. Zum Wehrunterricht erklärte er, »er habe heftige Auseinandersetzungen zu bestehen [...]. Seine Generation und besonders jene, die von der BK her kommen, sehen manches anders als die heutige Generation.« Vermerk Lewerenz vom 4.9.1978, SAPMO-BA ZPA IV B2/14/134.

691 In einer im Staatssekretariat für Kirchenfragen angefertigten Studie hieß es zur Frage der Wehrdienstverweigerung: »Seit der Unterzeichnung der Schlußakte von Helsinki, die breite Resonanz auch in den Kirchen der europäischen Staaten gefunden hat, sind einige Vertreter der Kirchen in der DDR, auch solche, die grundsätzlich die Politik der Entspannung und Abrüstung bejahen, mit größerem Nachdruck als je zuvor bestrebt, spezifische, aus christlichem Glauben begründete, aber politisch fragwürdige Auffassungen vom Kampf um Frieden und Sicherheit zu verbreiten. Niemand außer den entspannungsfeindlichen Kräften kann grundsätzlich etwas dagegen einwenden, daß die Kirchen und Religionsgemeinschaften für die Erhaltung und Festigung des Friedens einen eigenständigen Beitrag zu dem gemeinsamen Ziel aller Friedenskräfte leisten und dies theologisch begründen. [...] Andererseits besteht aber auch die Möglichkeit, in diesen Fragen bestimmte politische Ziele und Zusammenhänge durch das Hervorkehren von Glaubensgründen zu verdecken bzw. negative oder reaktionäre Intentionen durch eine vordergründig christliche Argumentation zu verbergen. Eine dieser Fragen ist die Wehrdienstverweigerung aus Glaubensgründen. Sie wird in bestimmten kirchlichen Kreisen als eine Gewissensentscheidung interpretiert, die mehr Achtung als bisher verdiene, weil sie eine besonders konsequente Haltung gegenüber dem Rüstungswettlauf, der Militarisierung, kurz eine Alternative zu der unheilvollen Politik sei, die den Frieden auf ein Gleichgewicht der Rüstung gründe. Nun ist auf Grund der Erziehung der Jugendlichen durch unser sozialistisches Bildungssystem diese Frage für die DDR kein akutes Problem, weil sie seitens der wehrpflichtigen Jugendlichen nicht stärker als bisher gestellt wurde. Es sind bestimmte Kreise in den Kirchen bzw. in den Kirchenleitungen, die eine derartige Diskussion fördern. Wir würden deswegen unseren Gegnern einen großen Gefallen erweisen, wenn wir, statt an die Kirchen erhöhte Anforderungen hinsichtlich eines Engagements für Rüstungsbegrenzung und Abrüstung zu stellen, einer Problemdiskussion zur Wehrdienstverweigerung Raum geben würden. Trotzdem geht es dabei um eine Frage von äußerst prinzipieller Bedeutung, die einer unmißverständlichen Antwort bedarf, wenn sie im Gespräch auftaucht. Unklarheiten in dieser Frage haben auch dann negative ideologische Auswirkungen, wenn sie nicht zur persönlichen Entscheidung der Wehrdienstverweigerung oder der Wehrersatzdienstverweigerung führen. Sie stören die Herausbildung einer klaren staatsbürgerlichen Haltung zur Friedenspolitik unseres sozialistischen Staates wie der sozialistischen Staatengemeinschaft und die klassenmäßige Erziehung zum sozialistischen Patriotismus und proletarischen Internationalismus; denn die entspre-

chende Begründung aus dem christlichen Glauben geht immer von einer klassen- und systemindifferenten Position, von der Ignorierung des Klassenkampfes, aus. Sie verkennt die Bedeutung der Veränderung des Kräfteverhältnisses für die Sicherung des Friedens, die Einheit von Sozialismus und Frieden.« Wiss. Mitarbeiter, Die Haltung der Kirchen in der DDR zur Frage der Wehrdiensterziehung bzw. Wehrdienstverweigerung, BA, Abt. Potsdam, O-4, 495; auch a.a.O., O-4, 406. Hier wurde die von den DDR-Politikern vertretene Position zur sogenannten »Friedensfrage« deutlich. Erst nach der erfolgreichen Durchsetzung des Sozialismus in der Welt konnte Frieden möglich werden. Zuvor war jedoch ein unerbittlicher Klassenkampf angesagt. Pazifismus nützte nur der anderen Seite, die niemals Garantin für den Frieden sein konnte.

692 RdB Dresden, Sektor Staatspolitik in Kirchenfragen, Dresden, den 7.4.1978, Gespräch des Vorsitzenden des Staatsrates der DDR, Gen. Erich Honecker, mit dem Vorstand der Konferenz der Evangelischen Kirchenleitungen in der DDR am 6.3.1978, PDS-Archiv Dresden, IV D-2.14-692. Fränkel setzte sich durch diese prononcierte Position starken Angriffen im Görlitzer Bereich aus und erfuhr auch von staatsloyalen Mitgliedern der Kirchenleitung keine Unterstützung. Vgl. RdB Dresden, Sektor Staatspolitik in Kirchenfragen, Lewerenz, Dresden, den 18.1.1979, Situation in der Evangelischen Kirche des Görlitzer Kirchengebietes, PDS-Archiv Dresden, IV D-2.14-690; auch in Abschrift a.a.O., IV D-2.14-692. Vgl. auch Arbeitsgruppe Kirchenfragen, Information vom 2.4.1979, SAPMO-BA ZPA IV B2/14/136. In einer staatlichen Konzeption der Arbeit mit der Evangelischen Kirche des Görlitzer Kirchengebietes, die vermutlich aus der zweiten Hälfte des Jahres 1979 stammt, heißt es, es sei eine »kirchenpolitische[.] und politische[.] Profilierung durch Bischof Fränkel« zu verzeichnen. PDS-Archiv Dresden, IV D-2.14-690. Ein Jahr später sprach Fränkel zwar weiterhin von unterschiedlichen Positionen, auf welchem Wege der Frieden wirksam zu sichern sei, stellte aber auch die Anfrage, ob Jugendliche im Alter von 15 oder 16 Jahren »'der Dialektik von Wehrdienst und Friedenserziehung gewachsen'« seien. Bezirksleitung Dresden der SED, Hausmitteilung von Abteilung Staat und Recht, Konopka, an Modrow, Stammnitz, Neumann vom 2.4.1979, betr. 8. Provinzialsynode der Görlitzer Kirche vom 30.3.-2.4.1979, PDS-Archiv Dresden, IV D-2.14-689.

693 Vgl. Information Wilke vom 11.7.1978 über den Verlauf der Frühjahrssynoden der evangelischen Landeskirchen und der Synode der EKU 1978, BA, Abt. Potsdam, O-4, 406.

694 Vgl. Handmaterial. Hinweise und Hilfen für die weitere Arbeit mit den Genossen der BL bezüglich der Einführung des Wehrunterrichtes, SAPMO-BA ZPA IV B2/14/52.

695 Weiter hieß es im Protokoll: »Er unterstrich noch einmal, daß er unsere Position, auf der einen Seite den Friedenswillen zu stärken und auf der anderen Seite für Eventualitäten vorbereitet zu sein, gut verstehe. Wohin solche Eventualitäten führen könnten, hat bereits die Geschichte bewiesen. Bischof Dr. Krusche nannte dafür das Beispiel des Überfalls der Sowjetunion 1941 durch den Faschismus.« Vermerk vom 4.4.1978 über das Gespräch mit dem Bischof der Evangelischen Kirche der Kirchenprovinz Sachsen, Dr. Krusche, am 3.4.1978 beim Rat des Bezirkes Magdeburg, BA, Abt. Potsdam, O-4, 793; auch SAPMO-BA ZPA IV B2/14/115; Abschrift in LPA Halle, IV D-2/14/477.

696 Vgl. Argumentationshilfe Hartwig zu ideologischen Problemen bei Geistlichen und kirchlichen Amtsträgern im Zusammenhang mit der Einführung des Wehrunterrichtes an den allgemeinbildenden polytechnischen Oberschulen der DDR vom 22.5.1978, BA, Abt. Potsdam, O-4, 425. Vgl. auch RdB Halle, Sektor Kirchenfragen, Information Biertümpel vom 8.6.1978 über eine Anleitung beim Staatssekretär für Kirchenfragen zu Fragen der Vorbereitung und Einführung des Faches »Sozialistische Wehrerziehung« für die 9. und 10. Klassen der POS, LPA Halle, IV D-2/14/477.

697 Vgl. EZA Berlin, 101/654. Vgl. RdB Halle, Sektor Kirchenfragen, Information Biertümpel vom 8.6.1978 über eine Anleitung beim Staatssekretär für Kirchenfragen zu Fragen der Vorbereitung und Einführung des Faches »Sozialistische Wehrerziehung« für die 9. und 10. Klassen der POS, a.a.O.

698 Vgl. auch Protokoll Schönherr-Stolpe-Demke/Borgmann über die 55. Tagung der Konferenz am 19./20.5.1978 in Kühlungsborn: »[TOP] 4.2. Militarisierung – 4.2.2. Wehrkundeunterricht – Der Vorstand hat die Eingaben ausgewertet und am 5. Mai 1978 einen Brief an den Staatssekretär für Kirchenfragen gerichtet. Zur Stunde liegt noch keine Antwort vor […] Beschluß: 1. Die Konferenz stimmt dem Brief des Vorstandes zu. (2 Enthaltungen) 2. Ende Mai soll das Staatssekretariat erinnert und um Antwort gebeten werden. (3 Gegenstimmen, 1 Enthaltung) 3. Über die Tatsache des Briefes können die Gemeinden sofort unterrichtet werden. (einstimmig) […] 5. Der Vorstand beschließt zu gegebener Zeit über die Freigabe des vollen Textes. (1 Gegenstimme, 4 Enthaltungen) 6. Das Sekretariat soll zusammen mit dem Vorstand den Text für eine Information der Gemeinden vorbereiten und auf einer Sondersitzung der Konferenz am 14. Juni 1978 vorlegen. (2 Enthaltungen).« EZA Berlin, 101/104. Weiter hatte Plath berichtet, daß die Lage in der Greifswalder Kirche ruhig sei. »Pl. ließ durchblicken, daß er und seine Freunde nicht wollen, daß Spektakuläres geschieht«, hieß es abschließend. Vgl. Aktennotiz Kraußer, Wiedergabe Telefongespräch mit Genossen R. Brüssow am 22.5.1978, SAPMO-BA ZPA IV B2/14/52. Gienke hatte am 17.5.1978 Steinbach (RdB Rostock) darüber informiert, in »seiner Landeskirche sei noch keine große Bewegung dazu festzustellen, aber er befürchtet, daß die ›Lawine‹ auf die Kirchenleitung erst zukommt.« Er sagte aber auch, »die Einführung des Wehrunterrichts [würde] ihn als Bischof in Verlegenheit bringen. Seine Sorge würde auch darin bestehen, wie diese Entscheidung international aufgenommen wird. Der Gegner würde nach seiner Auffassung die Einführung dieses Unterrichtsfaches für sich politisch ausnutzen. Auch in den Kirchen der DDR wären Kräfte vorhanden, die eine spektakuläre Meinung von der Kirche verlangen. Nach Äußerungen von Gienke habe er sich dagegen verwahrt und habe deshalb schon ›ziemlich viel Prügel bekommen‹. Nach Meinung des Bischofs wird die Kirchenleitung Mühe haben, diesen Prozeß in geordnete Bahnen zu lenken. Erschwerend wirkt, daß die Motive der vorhandenen Unruhe zur Zeit noch nicht bekannt sind. Der Bischof versicherte, daß die Kirchenleitung alles unternehmen werde, daß es keine Eingaben dazu von der Greifswalder Landeskirche geben wird. Ihr Bestreben wird es sein, in vertrauensvollen Gesprächen mit den staatlichen Organen evtl. entstehende Fragen zu klären. Der Präses der Synode, Affeld, vertrat die Auffassung, daß bei der Durchführung dieses Unterrichtsfaches die Erziehung zur Liebe zum sozialistischen Vaterland im Vordergrund stehen müsse. Dies würde die Notwendigkeit der Verteidigungsbereitschaft einschließen. Würde aber die Erziehung zum Haß im Vordergrund stehen, würde mancher christliche Bürger in Gewissenskonflikte kommen.« Steinbach schloß: »Das Gespräch verlief in einer vertrauensvollen Atmosphäre und zeigte, daß die Vertreter der Greifswalder Landeskirche bemüht sind, das bestehende Verhältnis zwischen Staat und Kirche in keiner Weise zu belasten.« Aktenvermerk Steinbach vom 19.5.1978 über ein Gespräch mit Vertretern der Kirchenleitung der Greifswalder Landeskirche, BA, Abt. Potsdam, O-4, 789.

699 Zum unmittelbaren Gesprächsverlauf vgl. RdB Halle, Sektor Kirchenfragen, Information Biertümpel vom 8.6.1978 über eine Anleitung beim Staatssekretär für Kirchenfragen zu Fragen der Vorbereitung und Einführung des Faches »Sozialistische Wehrerziehung« für die 9. und 10. Klassen der POS, LPA Halle, IV D-2/14-477.

700 Der Text der Ausführungen Seigewassers ist unter »Gespräch am 1.6.1978« enthalten in SAPMO-BA ZPA IV B2/14/40. Seigewasser sagte abschließend: »Unter Bezugnahme auf Ihr Wort, Herr Bischof D. Schönherr, gegenüber dem Staatsratsvorsitzenden, daß die Christen die Gesetze unseres Landes nicht nur formal achten, sondern sich für das Ganze mitverantwortlich fühlen, und aus unseren gemeinsamen Erfahrungen der vergangenen dreißig Jahre bitte ich Sie, meine Dame und meine Herren, sich auch dem Erfordernis dieser Maßnahmen nicht zu verschließen.« Ebd.

701 Dementsprechend hieß es auch im staatlichen Protokoll: »Das Gespräch verlief trotz teilweise grundsätzlicher Meinungsunterschiede in einer vertrauensvollen und offenen

Atmosphäre, in der den kirchlichen Vertretern ausdrücklich eingeräumt wurde, ihre Position darzulegen.« Gespräch mit Vertretern des DDR-Kirchenbundes am 1.6.1978 (Niederschrift Seigewasser), SAPMO-BA ZPA IV B2/14/40.

702 In der kirchlichen Niederschrift Lewek vom 14.6.1978 heißt es: »Bischof Dr. Krusche gibt zunächst der Betroffenheit über bisher mangelnde Information staatlicherseits Ausdruck. Wir seien auf Gerüchte angewiesen gewesen.« EZA Berlin, 101/342.

703 Zu Krusche hieß es in einer wahrscheinlich Willi Stoph vorgelegten Einschätzung: »Bischof Krusche gehört zu den profiliertesten Geistlichen, die ökumenische leitende Funktionen bekleiden. Er unterliegt in seiner Haltung sozialdemokratischen Tendenzen. Offen unterstützt er die Einheit der 10 Prinzipien von Helsinki und lehnt jede Konfrontation von Staat und Kirche ab. Auf ökumenischen Tagungen trat er in diesem Sinne auf, wies antikommunistische Angriffe z. B. in der Frage des sogenannten Brüsewitz-Zentrums in der BRD und Verleumdungen gegen die Kirchenpolitik in der DDR zurück. Die Wehrerziehung in den Schulen wird von Bischof Krusche als ›Militarisierung des Lebens‹ abgelehnt.« Information vom 15.6.1978 zur Person der Gesprächspartner, BA, Abt. Potsdam, O-4, 1437.

704 Gespräch mit Vertretern des DDR-Kirchenbundes am 1.6.1978 (Niederschrift Seigewasser), SAPMO-BA ZPA IV B2/14/40. Vgl. auch Niederschrift Lewek vom 14.6.1978 über das Gespräch in der Dienststelle des Staatssekretärs für Kirchenfragen über das Schreiben des Vorstandes der Konferenz der Evangelischen Kirchenleitungen zur Frage der Wehrerziehung vom 5.5.1978 am 1.6.1978, EZA Berlin, 101/342.

705 Vgl. Bezirksleitung Dresden der SED, Hausmitteilung von Abteilung Staat und Recht, Konopka, vom 28.6.1978 an Modrow betr. Kurzfassung der Ausführungen des Gen. Hans Seigewasser zu gegenwärtigen kirchenpolitischen Problemen, PDS-Archiv Dresden, IV D-2.14-690.

706 Domsch erwähnte im Gespräch mit Seigewasser, »Bischof Dr. Hempel und er hätten sich während des Leipziger Kirchentages mit der gebotenen Zurückhaltung auf entsprechende Fragen der Westpresse geäußert«. Gespräch mit Vertretern des DDR-Kirchenbundes am 1.6.1978 (Niederschrift Seigewasser), SAPMO-BA ZPA IV B2/14/40. Auch für den Stralsunder Kirchentag wurde von seiten der Greifswalder Kirchenleitung am 17.5.1978 erklärt, »daß sie alles unternehmen würden, damit es zu keinerlei politisch negativen Äußerungen oder zu Situationen kommt, die das Verhältnis Staat-Kirche in irgendeiner Weise belasten könnten. Die Teilnehmer des Gespräches erklärten, daß sie an einer ständigen Verbindung mit Vertretern des Staates während des Kirchentages interessiert sind.« Aktenvermerk Steinbach vom 19.5.1978 über ein Gespräch mit Vertretern der Kirchenleitung der Greifswalder Landeskirche, BA, Abt. Potsdam, O-4, 789. Zum Stralsunder Kirchentag vgl. auch epd-Dok 30/78, 54 ff. Zur Vorbereitung eines Jugendkirchentages der anhaltischen Landeskirche am 17./18.6. 1978 in Dessau vgl. Aktennotiz über eine Beratung bei Gen. Tandetzki am 13.6.1978. Dabei war staatlicherseits vor allem der 17. Juni als gewählter Termin für dieses Kirchentreffen kritisiert worden. KL Dessau, IV D-4/06/113.

707 Vgl. RdB Halle, Sektor Kirchenfragen, Information Biertümpel vom 8.6.1978 über eine Anleitung beim Staatssekretär für Kirchenfragen zu Fragen der Vorbereitung und Einführung des Faches »Sozialistische Wehrerziehung« für die 9. und 10. Klassen der POS, LPA Halle, IV D-2/14/477.

708 Vgl. Thema: Aktuelle Probleme der Politik in Kirchenfragen durch unsere Partei (Stand: September 1978), Vortrag, gehalten vor der Bezirksparteischule Georg Wolff am 21.9.1978. Dort heißt es weiter: »Was innerhalb der Kirchen verlesen wird, das interessiert uns weniger, doch die Öffentlichkeit beeinflussen, *freundlich ausgedrückt*, da müssen wir uns rühren und für Ordnung sorgen. [...] Wir fassen diese Aktivitäten sehr ernst auf. Sie stellen die Friedenspolitik der DDR in Zweifel und äußern sich als grobe Einmischung in staatliche Angelegenheiten.« PDS-Archiv Dresden, IV D-2.14-693. Vgl. auch SED-BL Dresden, Abt. Staat und Recht, Information an Genossen Oswin

Forker vom 17.8.1978 betr. Aktivitäten der Jungen Gemeinde gegen die Einführung des Wehrunterrichts an den POS, PDS-Archiv Dresden, IV D-2.14-690.

709 Vgl. hierzu SED-BL Dresden, Abt. Staat und Recht, Information an Genossen Oswin Forker vom 17.8.1978 betr. Aktivitäten der Jungen Gemeinde gegen die Einführung des Wehrunterrichts an den POS. Dort heißt es auch: »Briefe sind [...] eine große Einmischung in die Angelegenheiten des Staates.« A.a.O.

710 Von einem gegen den Wehrkundeunterricht gerichteten Appell der ESG Dresden, der auch an die Westpresse weitergeleitet wurde, distanzierte sich Dresdens LKA-Präsident Domsch: »Man halte die Aktion der ESG für falsch. Durch Eingreifen der Kirchenleitung sei eine Verabschiedung im Semesterabschluß-Gottesdienst verhindert worden. Es habe auch keine Verabschiedung des Appells zu einem späteren Zeitpunkt gegeben. Daher sei auch niemand aus der ESG bevollmächtigt worden, den Text an ein Presseorgan zu versenden.« RdB Dresden, Sektor Staatspolitik in Kirchenfragen, Dresden, den 6.12.1978, Gespräch des Stellv. d. Vors. f. Inneres, Gen. Ullmann, mit Präsident Domsch und OLKR von Brück am 3.11.1978, PDS-Archiv Dresden, IV D-2.14-692.

711 Vgl. Handmaterial. Hinweise und Hilfen für die weitere Arbeit mit den Genossen der BL bezüglich der Einführung des Wehrunterrichtes, SAPMO-BA ZPA IV B2/14/52.

712 Information über ein Gespräch mit Professor Hanfried Müller und Professor Rosemarie Müller-Streisand am 18.8.1978, SAPMO-BA ZPA IV B2/14/139.

713 RdB Halle, Sektor Kirchenfragen, Information Biertümpel vom 8.6.1978 über eine Anleitung beim Staatssekretär für Kirchenfragen zu Fragen der Vorbereitung und Einführung des Faches »Sozialistische Wehrerziehung« für die 9. und 10. Klassen der POS, LPA Halle, IV D-2/14/477.

714 Vgl. Protokoll Schönherr-Stolpe-Mönch über die außerordentliche Tagung der Konferenz der Ev. Kirchenleitungen am 14.6.1978 in Berlin. Dabei wurde das Wort an die Gemeinden bei einer Stimmenthaltung verabschiedet. Die Empfehlung der Verlesung des Wortes in den Gottesdiensten erfolgte »mit Mehrheit«, was darauf hindeutet, daß es hier zu mehr Gegenstimmen kam. Der Brief an die DDR-Regierung konnte einstimmig die Sitzung passieren. EZA Berlin, 101/654. Vgl. auch Stellungnahme der Kommission Kirchliche Jugendarbeit für die Beratung der Konferenz der Kirchenleitungen am 14.6.1978: »Wir fürchten, daß aktive Wehrerziehung in dieser Form eine langfristige Erziehung zum Frieden unmöglich macht. [...] Wir fürchten, daß die Einführung von Wehrunterricht für Schüler die Politik der Friedenssicherung, wie sie von der DDR offiziell vertreten wird, unglaubwürdig machen wird. [...] Wir fürchten, daß der Wehrunterricht, der die Jugendlichen in militärisches Reglement einbezieht, zusätzlich der Disziplinierung der jungen Generation dienen soll. Wir halten eine Disziplinierung dieser Art zur Lösung innergesellschaftlicher Probleme für höchst problematisch. In unseren Überlegungen machen wir deutlich, daß es bei der Frage der Wehrerziehung nicht um das Problem einzelner Christen geht, sondern um Fragen der Gesellschaft, für die wir auch als Christen Verantwortung tragen.« EZA Berlin, 101/93/105.

715 Bezirksleitung der SED Halle (Saale), Hausmitteilung von Abt. Mitarbeiter f. Kirchenfragen, Gerngroß, an Gen. W. Felfe, 1. Sekretär, vom 16.6.1978 betr. Gespräch am 15.6.1978, LPA Halle, IV D-2/3/229.

716 EZA Berlin, 101/654.

717 Hinweise des Genossen Rudi Bellmann (für Stellv.-Inneres-Beratung im Mai 78), BA, Abt. Potsdam, O-4, 425.

718 Bezirksleitung Dresden der SED, Hausmitteilung von Abteilung Staat und Recht, Konopka, vom 28.6.1978 an Modrow betr. Kurzfassung der Ausführungen des Gen. Hans Seigewasser zu gegenwärtigen kirchenpolitischen Problemen, PDS-Archiv Dresden, IV D-2.14-690. Vgl. auch Seigewassers Äußerung während der Dienstbesprechung Ende Juni im Staatssekretariat, der Brief wolle »trotz harter Aussagen in Fragen des Wehrunterrichtes keine Verschärfung in die Beziehungen von Staat und Kirche hineintragen«. Protokoll Dohle vom 15.7.1978 über die am 22.6.1978 durchgeführte Dienstbesprechung, BA, Abt. Potsdam, O-4, 406.

719 Aktenvermerk, Berlin, den 10.7.1978. Einige Merkmale der kirchenpolitischen Situation in den Bezirken Erfurt, Gera und Suhl. Im Text heißt es außerdem, Leich werde durch Altbischof Braecklein und sämtliche acht Oberkirchenräte erfolgreich im Sinne des Thüringer Weges beeinflußt. SAPMO-BA ZPA IV B2/14/51. Demgegenüber äußerte sich Martin Kirchner über Leich äußerst kritisch: »Es kann heute festgestellt werden, daß Bischof Leich eine Reihe von Hoffnungen nicht erfüllt hat und zur Zeit im Landeskirchenrat die reaktionären Kräfte überwiegen.« Diese Wertung wurde im Staatssekretariat für Kirchenfragen mit einer negierenden Randbemerkung versehen. RdB Leipzig, Sektor Kirchenfragen, Vermerk Jakel über Gespräch des Stellvertreters des Vorsitzenden des Rates des Bezirks Leipzig, Genossen Bitterlich, mit dem Vertreter der Landeskirchenrat Thüringen, Kreiskirchenrat Kirchner, am 18.12.1978, BA, Abt. Potsdam, O-4, 652. Vgl. zu Kirchner auch W. Schilling u. a. (Hgg.), Die »andere« Geschichte.

720 Vgl. KJ 1978, 320-322. Ein solches Gespräch hatte der KKL-Vorstand auf seiner 89. Sitzung am 11.5.1978 in Potsdam anvisiert. Vgl. Sitzungsprotokoll Demke, EZA Berlin, 101/117. Um die Möglichkeit, Voten des DDR-Kirchenbundes zu Abrüstungsinitiativen des ÖRK offiziell der DDR-Regierung aushändigen zu dürfen, hatte Schönherr dann Seigewasser gebeten. Vgl. Gespräch mit Vertretern des DDR-Kirchenbundes am 1.6.1978 (Niederschrift Seigewasser), SAPMO-BA ZPA IV B2/14/40. Vgl. auch Schreiben Stolpe an Seigewasser vom 16.6.1978 sowie den handschriftlichen Vermerk Stolpe über Gespräch mit Kalb am 16.6.78, EZA Berlin, 101/338.

721 So Hermann Kalb. Vgl. Protokoll Dohle vom 15.7.1978 über die am 22.6.1978 durchgeführte Dienstbesprechung, BA, Abt. Potsdam, O-4, 406.

722 Vgl. Protokoll Schönherr-Stolpe-Mönch über die außerordentliche Tagung der Konferenz der Ev. Kirchenleitungen am 14.6.1978 in Berlin, EZA Berlin, 101/654.

723 Vgl. Protokoll Dohle vom 15.7.1978 über die am 22.6.1978 durchgeführte Dienstbesprechung. Seigewasser zog aus dem Gesprächsverlauf den Schluß, »daß wir vor einer breiten Kampagne gegen die Wehrerziehung stehen«, schränkte aber ein, die kirchenleitenden Persönlichkeiten hätten kein Interesse, einen Konfrontationskurs gegen den Staat einzuschlagen. BA, Abt. Potsdam, O-4, 406. Vgl. auch Niederschrift Lewek vom 6.7.1978 über das Gespräch mit dem Vorsitzenden des Ministerrats der Deutschen Demokratischen Republik zur Überreichung ökumenischer Dokumente zu Fragen des Friedens und der Abrüstung am 19.6.1978 im Büro des Präsidiums des Ministerrats sowie die Ausführungen Schönherrs, EZA Berlin, 101/343.

724 Vermerk Abt. Intern. Beziehungen, Weise, vom 20.6.1978. Weise hatte seine Informationen von Goltsch, der im Kirchenfunk bei Radio DDR tätig war. BA, Abt. Potsdam, O-4, 425.

725 Information Wilke vom 26.6.1978, a.a.O.

726 Der Brief schloß mit der Wendung: »In der Hochachtung vor Ihrem gewiß nicht leichten Amt«, EZA Berlin, 101/654. Stolpe antwortete wegen urlaubsbedingter Abwesenheit erst am 1.8.1978: »Ich danke Ihnen für Ihren Hinweis. Es ist für unsere Überlegungen wichtig, Empfindungen und Wirkungen hinsichtlich unseres Redens und Handelns zu kennen. Bei dem Kommentar am 25.6. war u. a. an ein Gegengewicht zu den erwarteten überzogenen Reaktionen westlicher Massenmedien auf das Kirchenwort zum Wehrunterricht gedacht worden. Das Gespräch mit dem Vorsitzenden des Ministerrates hat nach meiner Überzeugung auch ohne den Punkt Wehrunterricht einen beachtlichen Stellenwert, so daß seine Hervorhebung mir wichtig erschien. Bei vergleichbaren Situationen wird es aber wohl nötig sein, noch umfassender auch die innerkirchliche Wirkung zu bedenken.« A.a.O.

727 Bezirksleitung Dresden der SED, Hausmitteilung von Abteilung Staat und Recht, Konopka, vom 28.6.1978 an Modrow betr. Kurzfassung der Ausführungen des Gen. Hans Seigewasser zu gegenwärtigen kirchenpolitischen Problemen, PDS-Archiv Dresden, IV D-2.14-690.

728 Protokoll Dohle vom 15.7.1978 über die am 22.6.1978 durchgeführte Dienstbesprechung, BA, Abt. Potsdam, O-4, 406.

729 Auch Eberhard Natho versicherte, die Tatsache, »›daß die Verantwortlichen der Kirche
zu einem speziellen Problem Fragen haben, stellt nicht das Vertrauen und die Loyalität
der Kirche zum Staat in Frage.‹« Bezirksleitung der SED Halle (Saale), Hausmitteilung
von Abt. Mitarbeiter f. Kirchenfragen, Gerngroß, an Gen. W. Felfe, 1. Sekretär, vom
16.6.1978 betr. Gespräch am 15.6.1978, LPA Halle, IV D-2/3/229.

730 Information vom 4.7.1978 über ein Gespräch des Mitglieds des Politbüros und Sekretärs des ZK der SED, Genossen Paul Verner, mit Bischof D. Albrecht Schönherr am
3.7.1978, SAPMO-BA ZPA IV B2/14/7.

731 Information vom 26.9.1978 über den Verlauf und die Ergebnisse der 2. Tagung der 3.
Synode des Bundes der Evangelischen Kirchen in der DDR, BA, Abt. Potsdam, O-4,
786. In einer anderen Einschätzung heißt es: »Auch nach der erfolgreichen Durchführung der ersten Unterrichtsstunden setzen die evangelischen Kirchen in der DDR ihre
Polemik gegen den Wehrunterricht fort. Die kirchenleitenden Kräfte sind jedoch darum
bemüht, trotz der Betonung der gegensätzlichen Positionen, eine Zuspitzung zu vermeiden. Die vorhandenen Meinungsverschiedenheiten in dieser Frage seien in keiner
Weise als Konfrontation zum sozialistischen Staat zu verstehen.« SAPMO-BA ZPA IV
B2/14/52. In einem Vortrag, den er am 13.9. in Dessau vor ungefähr 50 Zuhörern hielt,
bedauerte Natho zwar, daß die Kirche sich mit ihren Vorstellungen nicht habe durchsetzen können, »erklärte aber gleichzeitig, daß zu dieser Problematik von seiten der Kirche
keine Polemik geführt wird. Es gilt für die Kirche, sich weiterhin verstärkt für die Erhaltung und Festigung des Friedens in der Welt mit allen ihr zur Verfügung stehenden
Mitteln einzusetzen. Weiterhin erklärte er, daß sein Sohn inzwischen die erste Unter-
richtsstunde des Wehrunterrichts absolviert hätte. Er könnte sie durchaus als positiv
einschätzen.« Schreiben Tandetzki (für Inneres Dessau) an RdB Halle, Stellv. d. Vors.
für Inneres, Gen. Pöhner, betr.: Information über die kirchenpolitische Lage im Stadtkreis Dessau vom 18.9.1978, LPA Halle, KL Dessau, IV D-4/06/113. Synodalpräses
Kootz erwähnte, Natho ginge es auf der anhaltischen Herbstsynode um eine weitere
Versachlichung der Debatte: »Die neue Situation ist, daß jetzt erste Erfahrungen mit
dem Wehrunterricht vorliegen. Präses Kootz meinte, daß nach den ihm bekannten Erfahrungen mit dem Wehrunterricht die ursprüngliche Erregung in der Tat zu hoch angesetzt erscheint.« Wissenschaftlicher Mitarbeiter, Hartwig, Bericht vom 20.9.1978 zur
Dienstreise am 19.9.1978 in den Bezirk Halle nach Dessau, BA, Abt. Potsdam, O-4, 415.

732 Diese Zahl ist dem Vermerk Schönherr-Lewek vom 5.12.1978 über das Gespräch betr.
Wehrunterricht am 22.11.1978, 11.00-13.15 Uhr, beim Staatssekretär für Kirchenfragen
entnommen. EZA Berlin, 101/655.

733 In diesen Bezirken war neben dem das überwiegend katholische Eichsfeld enthaltenden
Bezirk Erfurt in einer 1980 angefertigten Statistik auch mit ca. 95 % die niedrigste Zahl
an Jugendweiheteilnehmern zu verzeichnen. Vgl. Zentraler Ausschuß für Jugendweihe
in der DDR, Abschlußstatistik für das Jugendstundenjahr 1979/80, SAPMO-BA ZPA
IV B2/14/51.

734 Vgl. Abteilung Volksbildung, Sektor I, Information vom 13.11.1978 zu Problemen des
Wehrunterrichts. Dort heißt es auch: »Auffällig war, daß einige Kinder von kirchlichen
Amtsträgern ausführlich im Unterricht mitgeschrieben haben.« SAPMO-BA ZPA IV
B2/14/52. Ende September war aufgrund einer Angabe des Volksbildungsministeriums
noch von 30 nichtteilnehmenden Schülern die Rede gewesen. Vgl. Arbeitsgruppe Kir-
chenfragen, Information vom 29.9.1978 über den Verlauf und die Ergebnisse der 2. Tagung der 3. Synode des Bundes der Evangelischen Kirchen in der DDR (mit hand-
schriftlichem Vermerk Honeckers, Umlauf PB, EH, 3.10.1978), SAPMO-BA ZPA IV
B2/14/87. Stolpe sprach am 3.7.1979 von 150 Unterrichtsverweigerern und 1 000-1 500
Schülern, die unter erheblichen Gewissenskonflikten den Unterricht besucht hätten.
Vgl. Aktenvermerk Wilke vom 3.7.1979 über ein Gespräch mit OKR Stolpe am
3.7.1979, BA, Abt. Potsdam, O-4, 425. Zur Illustration vgl. den Brief eines Vaters, Joachim Werdin, aus Eberswalde-Finow vom 31.10.1978 an Simonides, der wahrscheinlich
Schuldirektor war. Werdin meldete seine Tochter nach Durchsicht des neu eingeführten

Lehrbuches »Zivilverteidigung« vom Unterricht ab, da der dort zu behandelnde Stoff »im Widerspruch zu der christlichen Grundüberzeugung unserer Familie steht.« EZA Berlin, 101/655. Am 22.11.1978 fand noch ein weiteres Gespräch zwischen Lewek und Schönherr von seiten des BEK und Seigewasser und Kalb zur Wehrunterrichtsthematik statt. Hier teilte Seigewasser mit, daß man bei einer Nichtbeteiligung am Unterricht auf Ordnungsstrafen verzichten werde, allerdings werde es einen Vermerk im Zeugnis wegen unentschuldigten Fehlens geben, ohne daß jedoch das Fach als solches erwähnt werde. Die letztere Maßnahme bezeichneten die kirchlichen Vertretern als diskriminierend. Vgl. Vermerk Schönherr-Lewek vom 5.12.1978 über das Gespräch betr. Wehrunterricht am 22.11.1978, 11.00-13.15 Uhr, beim Staatssekretär für Kirchenfragen, EZA Berlin, 101/654. Vgl. auch Protokoll Schönherr-Demke vom 7.12.1978 der 95. Sitzung des KKL-Vorstandes am 27.11.1978 in Berlin, EZA Berlin, 101/117; Vermerk Schönherr vom 1.12.1978 über den Bischofskonvent in Berlin am 23.11.1978, a.a.O, 101/1190, Bd. II. Das Gesprächsergebnis wurde den Kirchenleitungen der Gliedkirchen des Bundes mit Schreiben vom 19.12.1978 mitgeteilt. Vgl., a.a.O., 101/654.

735 Vgl. Protokoll Schönherr-Stolpe-Lewek vom 25.10.1978, EZA Berlin, 101/117. Vgl. hierzu das Schreiben Schönherrs an die Kirchenleitungen der Gliedkirchen des Bundes der Evangelischen Kirchen in der Deutschen Demokratischen Republik vom 19.10.1978. Vgl. auch das Schreiben Schönherrs an Seigewasser vom gleichen Tage. Beide Texte in EZA Berlin, 101/653. Volksbildungsministerin Honecker ließ am 16.7.1980 durch Staatssekretär Lorenz Hans Wilke mitteilen: »Wer nicht zum Wehrunterricht geht, kommt jetzt schon nicht zur EOS und das wird konsequent weitergeführt.« Vertrauliche Information Wilke an Gysi vom 17.7.1980, BA, Abt. Potsdam, O-4, Altreg. 00-010-00.

736 Protokoll Schönherr-Demke vom 7.12.1978 der 95. Sitzung des KKL-Vorstandes am 27.11.1978 in Berlin. EZA Berlin, 101/117.

737 Schreiben Lingner an die Mitglieder der Beratergruppe vom 19.9.1978, EZA Berlin, 4/92/8. Der Görlitzer Bischof Fränkel kritisierte auf der Oktobersitzung des Rates der EKU »die isolierte Zitation eines Satzes von Bischof Dibelius in der Dokumentation ›Kristallnacht‹ (S. 16) und bedauert, daß ›die einzige öffentliche Stellungnahme der Kirche zu der Ermordung der Juden, nämlich das Wort der Bekenntnissynode der Evangelischen Kirche der Altpreußischen Union an die Gemeinden zum Buß- und Bettag 1943, nicht aufgenommen worden ist. Die Kirchenleitung Görlitz hat die Dokumentation mit einer entsprechenden Berichtigung weitergegeben.« Niederschrift über die 67. Sitzung des Rates der EKU – Bereich DDR am 1.11.1978 im Kloster Stift zum Heiligengrabe, LKA Hannover, D 15 XII, K 73/412/II.

738 Auf der Dienstbesprechung im Staatssekretariat für Kirchenfragen Ende Juni 1978 wurde, vorbereitet durch Hans Wilke, »festgelegt, daß dieser Jahrestag politisch so groß und verantwortlich wie möglich vorbereitet werden muß.« Protokoll Dohle vom 15.7.1978 über die am 22.6.1978 durchgeführte Dienstbesprechung, BA, Abt. Potsdam, O-4, 406. Über das Pogromnachtgedenken war bereits auf der 42. gemeinsamen Sitzung Bereichsräte der EKU am 8.2.1978 in Berlin gesprochen worden. Vgl. Niederschrift Krusche-Rogge-Küntscher, LKA Hannover, D 15 XII, K 73/412/II.

739 Information vom 26.9.1978 über den Verlauf und die Ergebnisse der 2. Tagung der 3. Synode des Bundes der Evangelischen Kirchen in der DDR, BA, Abt. Potsdam, O-4, 786. Der Vortrag von Große »Ich leide an meinem Land« vom 23.9.1978 ist auszugsweise abgedruckt in epd-Dok 42-43/78, 113 f.

740 Vgl. Arbeitsgruppe Kirchenfragen, Information vom 29.9.1978 über den Verlauf und die Ergebnisse der 2. Tagung der 3. Synode des Bundes der Evangelischen Kirchen in der DDR (mit handschriftlichem Vermerk Honeckers, Umlauf PB, EH, 3.10.1978), SAPMO-BA ZPA IV B2/14/87.

741 Information vom 26.9.1978 über den Verlauf und die Ergebnisse der 2. Tagung der 3. Synode des Bundes der Evangelischen Kirchen in der DDR, BA, Abt. Potsdam, O-4, 786. Die Antwort der KKL auf den Vortrag Großes durch Schönherr ist abgedruckt in

epd-Dok 42-43/78, 115. Die Arbeitsgruppe Kirchenfragen beim ZK der SED nahm zu Schönherrs Beitrag die folgende Einschätzung vor: »Bischof Schönherr nahm zu diesen Ausführungen eine zwiespältige Haltung ein, die im Grunde genommen die Stellungnahme Großes zu rechtfertigen suchte.« Arbeitsgruppe Kirchenfragen, Information vom 29.9.1978 über den Verlauf und die Ergebnisse der 2. Tagung der 3. Synode des Bundes der Evangelischen Kirchen in der DDR (mit handschriftlichem Vermerk Honeckers, Umlauf PB, EH, 3.10.1978), SAPMO-BA ZPA IV B2/14/87. Auch Sachsens LKA-Präsident Domsch sprach gegenüber staatlichen Vertretern »von bedenklichen Entwicklungen bei der Jugend«. RdB Dresden, Sektor Staatspolitik in Kirchenfragen, Dresden, den 6.12.1978, Gespräch des Stellv. d. Vors. f. Inneres, Gen. Ullmann, mit Präsident Domsch und OLKR von Brück am 3.11.1978, PDS-Archiv Dresden, IV D-2.14-692

742 Information vom 26.9.1978 über den Verlauf und die Ergebnisse der 2. Tagung der 3. Synode des Bundes der Evangelischen Kirchen in der DDR, BA, Abt. Potsdam, O-4, 786. Der Rechtsanwalt Kaul bat Große, ihm schriftlich konkrete Fälle zu benennen, die seine auf der Synodaltagung aufgestellte These belegen könnten. Darüber wurde am 16.10.1978 auf der 94. Sitzung des KKL-Vorstandes beraten. Vgl. Protokoll Schönherr-Stolpe-Lewek vom 25.10.1978, EZA Berlin, 101/117. Paul Verner äußerte am 18.12.1978 gegenüber Schönherr: »So gebe es einzelne kirchliche Amtsträger, die gegen die DDR hetzten. Hier wurde noch einmal auf den Fall Große hingewiesen. Generalsuperintendent D. Jacob habe in der Wochenzeitung ›Die Zeit‹ zum Ausdruck gebracht: Im Osten und Westen gäbe es nur unterschiedliche Formen der Verdrängung der Vergangenheit. In der DDR stehe die Bewältigung der Vergangenheit noch aus. Herr Verner brachte dann ein längeres Zitat von Pastor Scheel in Teltow anläßlich einer Predigt am 2. Advent. In diesem Zitat kommt der Satz vor, die DDR sei ein großes Gefängnis. Pfarrer Gümbel, Brandenburg, der seit langem für seine Haltung bekannt sei, habe die Aufrüstung der DDR verurteilt und dies als eine Verletzung der Menschenrechte dargestellt. Das seien alles Ungeheuerlichkeiten. Leider gebe es nicht immer eine konsequente Zurückweisung solcher provokatorischen Ausfälle. [...] [In ›Glaube und Heimat‹ sei in einem Artikel über kirchliche Straßensammlungen] bereits im ersten Satz gesagt, daß bei einer kirchlichen Straßensammlung ein Passant geantwortet habe, man solle die Geschädigten und Behinderten aller Art an die Wand stellen. Dieser Artikel mußte herausgenommen werden. Solche Fälle gebe es noch mehr. Man kann nicht die DDR verteufeln. Man kann nicht einzelne Entgleisungen als Stempel für die ganze Republik nehmen.« Vermerk Schönherr vom 20.12.1978 über ein Gespräch mit Herrn Paul Verner am 18.12.1978 in seinen Diensträumen im ZK, EZA Berlin, 101/93/14. Das Gesprächsprotokoll war nicht in den normalen Aktenregistraturbestand des Sekretariats übernommen worden. Martin Ziegler übergab es dem Archiv im Berliner Bonhoefferhaus im April 1991. Vgl. die Randbemerkung von Walter Pabst mit dem Zusatzvermerk »z. d. A. 23.4.91«. Ebd.

743 Abteilung I des Staatssekretariats für Kirchenfragen, Information vom 7.12.1978 über den Verlauf der Herbstsynoden der evangelischen Landeskirchen in der DDR, BA, Abt. Potsdam, O-4, 406.

744 Vgl. Wort der Konferenz der Evangelischen Kirchenleitung in der DDR an die Gemeinden anläßlich des 40. Jahrestages der sogenannten Kristallnacht, in: Mitteilungsblatt des Bundes der Evangelischen Kirchen in der DDR 5-6/1978, 68 f. Vgl. auch Protokoll Schönherr-Stolpe-Winkel der außerordentlichen Tagung der Konferenz der Ev. Kirchenleitungen am 22. und 24.9.1978 in Berlin. Als Vorlagen dienten das Wort das Magdeburg und ein Entwurf der Arbeitsgemeinschaft Kirche und Judentum, EZA Berlin, 101/105.

745 EZA Berlin, 101/605.

746 Vgl. Schreiben Groscurth an Lingner vom 10.10.1978, EZA Berlin, 4/92/8.

747 Vgl. Information Wilke vom 11.7.1978 über den Verlauf der Frühjahrssynoden der evangelischen Landeskirchen und der Synode der EKU 1978, BA, Abt. Potsdam, O-4,

406. Über diese Fragen sprach auch Hans Wilke mit dem EKU-Kirchenkanzlei-Präsidenten Joachim Rogge am 28.3.1976. In Rogges Aufzeichnungen heißt es:»Das Hauptthema, so wurde seitens Dr. Wilke ausgeführt, sei zwischen den beiden Bereichsräten formuliert, und man könne erwarten, daß auch die Behandlung des Themas in völliger Übereinstimmung geschehen würde. In diesem Zusammenhang wurde geltend gemacht, daß die Ordnung der Evangelischen Kirche der Union von 1972, die eine Bereichsregelung vorsieht, durch diesen für den Staatsapparat schwierigen Gleichschritt als nicht realisiert betrachtet werden könnte. [...] Der Bund und die VELK DDR hätten in ihrem Namen keinen gesamtdeutschen Bezug mehr, so daß die Evangelische Kirche der Union durch ihre Zusätze für die einzelnen Organe der Kirche (Bereich DDR bzw. Bereich Bundesrepublik und Berlin-West) anachronistisch wirke.« Wilke schlug vor, doch den Namen »Evangelische Kirche der Union in der DDR« zu wählen. Vgl. Gedächtnisprotokoll Rogge vom 23.3.1978, LKA Hannover, D 15 XII, K 102/5910/II.

748 Vgl. hierzu auch Arbeitsgruppe Kirchenfragen, Information vom 1.11.1978 zur bevorstehenden Synode der Berlin-Brandenburgischen Kirche, SAPMO-BA ZPA IV B2/14/121.

749 Vgl. Information vom 7.12.1978 über den Verlauf der Herbstsynoden der evangelischen Landeskirchen in der DDR. Im gleichen Papier heißt es, auf der mecklenburgischen Landessynode habe OKR Pagenkopf (Nordelbien) »politische Angriffe gegen die DDR« geführt,»als er als ehemaliger Republikflüchtling aus der DDR davon sprach, daß die Kirchen in der DDR Bedrängnissen ausgesetzt seien.« Diese Äußerung blieb allerdings eine Ausnahme. BA, Abt. Potsdam, O-4, 406.

750 Information Wilke vom 2.2.1978 über das Gespräch des Staatssekretärs am 10.1.1978 mit Dr. Rogge und Kirchenrätin Grengel, BA, Abt. Potsdam, O-4, 425. Vgl. auch Vermerk Rogge-Grengel über den Antrittsbesuch des Präsidenten der Kirchenkanzlei der EKU – Bereich DDR – Dr. Rogge mit der Ökumenereferentin Kirchenrätin Grengel beim Staatssekretär Seigewasser am 10.1.1978, LKA Hannover, D 15 XII, K 73/412/II.

751 Vermerk Lingner über das Treffen der Beratergruppe am 2.10.1978, EZA Berlin, 4/92/8. Für den Bereich der sächsischen Landeskirche erklärte der LKA-Präsident Domsch: »Die Kirchenleitung habe die Situation in der Hand.« RdB Dresden, Sektor Staatspolitik in Kirchenfragen, Dresden, den 6.12.1978; Gespräch des Stellv. d. Vors. f. Inneres, Gen. Ullmann, mit Präsident Domsch und OLKR von Brück am 3.11.1978, PDS-Archiv Dresden, IV D-2.14-692. Wichtige Dokumente und Pressestimmen zur Selbstverbrennung Günthers sind abgedruckt in epd-Dok 41/78.

752 SAPMO-BA ZPA IV B2/14/54, 93 ff.

753 Ebd.

754 Ebd.

755 Mitteilung Arbeitsgruppe Kirchenfragen (Rudi Bellmann) vom 18.10.1978, a.a.O.

756 Vgl. Information vom 26.9.1978 über den Verlauf und die Ergebnisse der 2. Tagung der 3. Synode des Bundes der Evangelischen Kirchen in der DDR, BA, Abt. Potsdam, O-4, 786. Der Bericht Domsch vor der Bundessynode ist abgedruckt in epd-Dok 41/78, 3 f. Dem sächsischen Oberlandeskirchenrat Werner Tannert, zugleich Gebietsdezernent für den Bereich Karl-Marx-Stadt, hatte Günther nach Auskunft von Anneliese Feurich (Kirchliche Bruderschaft Sachsen) seine Selbstmordabsichten bereits vier Wochen vor seinem Tod offenbart, falls der Kirchenvorstand sich für seine Versetzung entscheide. Tannert setzte von diesem Wissen weder die Kirchenleitung in Kenntnis und wurde auch nicht anderweitig aktiv. Nach der Selbstverbrennung Günthers äußerte Tannert seine tiefe Betroffenheit über den Vorfall, der für ihn zu einer starken Belastung wurde. Anscheinend kam es dann zu starken Auseinandersetzungen zwischen sächsischen Pfarrern und dem Oberlandeskirchenrat. Am 11.11.1978 verstarb Tannert an Herzversagen. Vgl. RdB Dresden, Sektor Staatspolitik in Kirchenfragen, Lewerenz, 13.11.1978, Selbstverbrennung von Pfarrer Günther, Falkenstein, Abschrift in PDS-Archiv Dresden, IV D-2.14-690. Der KKL-Vorstand befaßte sich auf seiner 94. Sitzung am 16.10.1978 in Berlin auch mit dem Fall Günther, wobei Domsch auf die bevorstehende

sächsische Synodaltagung verwies. Vgl. Protokoll Schönherr-Stolpe-Lewek vom 25.10.1978, EZA Berlin, 101/117. Vgl. auch Protokoll Schönherr-Stolpe-Winkel der außerordentlichen Tagung der Konferenz der Ev. Kirchenleitungen am 22. und 24.9.1978 in Berlin:»[TOP] 1. Information des LKA Dresden – Domsch berichtet über die näheren Umstände der Selbsttötung des Pfarrers Günther in Falkenstein. Er schildert den Ablauf des Geschehens und charakterisiert die Persönlichkeit des Pfarrers. [...] Die Konferenz versichert den Vertretern der sächsischen Landeskirche die ernste Teilnahme und ihre Solidarität.« EZA Berlin, 101/105. Am 24.9.1978 predigte Landesbischof Hempel in Falkenstein (abgedruckt in »Sonntag« Nr. 41 vom 8.10.1978). Implizit ging Hempel in seinem Adventsrundbrief an Pfarrer und Mitarbeiter der Landeskirche auf die Falkensteiner Vorgänge ein:»Aufs Ganze gesehen aber hat das Jahr 1978 uns härtere Belastungen zugemutet als das vorangegangene. Die Härten sind innerkirchlich gemeint. Für mein Urteil wurden die Belastungen des vergangenen Jahres vorwiegend durch uns selbst verursacht. [...] Ich möchte damit keinen Vorwurf erheben, sondern eine Feststellung treffen. Wenn Menschen anderen das Leben härter gestalten, als es nötig wäre, dann liegt die Ursache dafür zumeist nicht in bewußter Bosheit, dann sind tiefer verwurzelte Anfechtungen und Nöte die Ursache. [...] Im letzten Jahr ist oft der Wunsch bzw. die Klage zu mir gedrungen: ›Komm zu uns und hilf uns‹, oder auch der Vorwurf: ›Sie (der Bischof, das Landeskirchenamt, der Superintendent, die Amtsbrüder, der Kirchenvorstand) haben uns alleingelassen.‹ Wir müssen uns prüfen, wo wir versagt haben.« LKA Hannover, D 15 XII, K 61/331. Auch der Rundbrief Hempels zur Passionszeit 1979 befaßte sich – nunmehr explizit – mit den Falkensteiner Vorgängen:»Ich bin in den vergangenen Wochen des öfteren – schriftlich und mündlich, auf Falkenstein angesprochen worden. [...] Es ist uns deutlich geworden, daß die Gründe für den Selbstmord Pfarrer Günthers vom Kirchenvorstand und der Mitarbeiterschaft oft und mit Ernst meditiert und geprüft worden sind. Wir sind uns darin einig geblieben, daß die Schuldfrage in einem irgendwie einseitigen Sinn nicht zu entscheiden ist. Wir müssen das Schreckliche der Tat Pfarrer Günthers im Blick auf das Kreuz Christi gemeinsam tragen, und wir müssen ebenso die Frage nach unserem eigenen Versäumnis im Blick auf das Kreuz aushalten und weiter zu verarbeiten suchen. In den Gesprächen mit dem Kirchenvorstand zeigten sich auch Punkte, in denen uns ein wechselseitiges Verstehen nicht gegeben wurde. Wir vermochten nicht die Sorge zu überwinden, daß auf Menschen der Anschein einer ungerechten Bestrafung gelegt werden könnte. Ich bin betroffen, daß es auch unter uns Christen so schwer ist, einen geistlichen Rat zu beherzigen. Das ist sicher für beide Seiten schwer, auch für die Falkensteiner, deren Glaubensernst ich nicht bezweifle.« Rundbrief an alle Pfarrer und Pastorinnen, an alle Mitarbeiterinnen und Mitarbeiter der sächsischen Landeskirche, LKA Hannover, D 15 XII, K 37/230/V. Am 17.10.1977 unterschrieb Roßberg im Zusammenhang mit IMV »Sekretär« wegen eines »op. Einsatz[es] Bez. Dresden« eine Auszahlungs-Anordnung für Operativgelder über 300,– Mark.

757 Zur Situation im BEK nach dem 6. März 1978, BA, Abt. Potsdam, O-4, 6253.
758 Überlegungen und Feststellungen des Rates der EKD zum Hintergrund Papier ›Südafrika heute – Hoffnung um welchen Preis?‹ vom 8./9.9.1978. Vgl. epd-Dok 38a/78.
759 Vermerk Lingner über die Konsultation am 12.10.1978, EZA Berlin, 4/92/8.
760 Ebd.
761 Ebd.
762 Vermerk Heidingsfeld vom 13.10.1978 über das Gespräch am 12.10.1978, a.a.O.
763 Ebd.
764 Schreiben Lingner an Bischof Petersen vom 17.10.1978, EZA Berlin, 4/92/8.
765 Ebd.
766 In einem Gespräch über das Belgrader KSZE-Treffen äußerte Schönherr seine Beunruhigung wegen des Bürgerkrieges »in ›Abbessinien‹« und sprach die intensiven Kontakte der DDR-Regierung nach Äthiopien an. Zeddies unterstützte Schönherrs Besorgnisse und erwähnte die gegen dort lebende Christen erhobene Verdächtigung, sie unterstütz-

ten die »Konterrevolution«. Information Weise vom 31.3.1978 über das am 30.3.1978 geführte Informationsgespräch mit dem Bund der Evangelischen Kirchen in der DDR, BA, Abt. Potsdam, O-4, 1437. Auch SAPMO-BA ZPA IV B2/14/40. Vgl. auch Protokoll Demke der 89. Sitzung des Vorstandes der KKL am 11.5.1978 in Potsdam. Dort berichtete Schönherr über ein Gespräch, das er mit dem Generalsekretär der äthiopischen Mekane-Jesu-Kirche geführt hatte. Vgl. EZA Berlin, 101/117. Die KKL verabschiedete im Mai 1978 ein Fürbittengebet betreffs Südafrika, Namibia sowie Äthiopien, das nach Aussage des Greifswalder Oberkirchenrats Plath dem Staat gewiß nicht gefallen würde. Vgl. Aktennotiz Kraußer, Wiedergabe Telefongespräch mit Genossen R. Brüssow am 22.5.1978, SAPMO-BA ZPA IV B2/14/52. Der ÖRK schaltete den BEK nach der Verhaftung des Generalsekretärs der Mekane-Jesu-Kirche, Gudina Tumsa, am 11.10.1978, die in Addis Abeba erfolgt war, sofort ein. Am 13.10. rief Konrad Raiser in Berlin an und übermittelte die Bitte von ÖRK und LWB, »der Regierung der DDR äußerste Sorge und Beunruhigung der Ökumene zu übermitteln und sie zu bitten, ihren Einfluß geltend zu machen, daß Tumsa freigelassen wird.« Der KKL-Vorstand beschloß, in Form eines Briefes entsprechend zu verfahren: »Hinweis auf ökumenisches Ansehen Tumsas, zu befürchtender Eklat in Weltöffentlichkeit, freundschaftliche Beziehungen der Regierung der DDR zur Regierung Äthiopiens.« Protokoll Schönherr-Stolpe-Lewek vom 25.10.1978 der 94. Sitzung des Vorstandes am 16.10.1978 in Berlin, EZA Berlin, 101/117. Die Politik in Äthiopien wurde auch auf einigen Herbstsynoden 1979 scharf kritisiert bzw. angefragt. Vgl. Information Wilke vom 5.12.1979 über den Inhalt der Herbstsynoden der Evangelischen Landeskirchen in der DDR, BA, Abt. Potsdam, O-4, 407. 1981 entschied die DDR, wegen Vorbehalten der äthiopischen Regierung jeden Reiseantrag in das afrikanische Land einzeln zu bearbeiten. »Der Vorrang sollte dabei den außenpolitischen Interessen der DDR und den innenpolitischen Zielsetzungen der o.g. Staaten [gleiches galt nämlich auch für Angola und Moçambique] zukommen.« Einen Ausreiseantrag nach Äthiopien, der im Auftrag des LWB gestellt worden war, hatte man zuvor abgelehnt. Vgl. Abt. Internationale Beziehungen, Vorlage Will vom 4.8.1981 an die Dienstbesprechung, Leitungsinformation 4/81, BA, Abt. Potsdam, O-4, 409. Das Nationalkomitee des LWB und der BEK protestierten mit Schreiben von Demke und Zeddies gegenüber Gysi am 24.11.1981 gegen die Enteignung und Zwangsräumung des Dienstgebäudes der Mekane-Jesu-Kirche in Addis Abeba: »Die Maßnahme und die damit verbundene weitgehende Beeinträchtigung der Arbeit […] beunruhigt uns außerordentlich.« Man werde gegenüber dem äthiopischen Botschafter in Berlin (Ost) »die Bestürzung und die Sorge zum Ausdruck bringen, die uns angesichts dieser gegen die Mekane-Jesu-Kirche gerichteten Anordnung erfüllen.« LKA Hannover, D 15 XII, K 102/5910/II. Der BEK entwarf außerdem ein Fürbittgebet. Vgl. Protokoll Krusche-Demke vom 30.11.1981 über die außerordentliche Sitzung des Vorstandes am 24.1.1981 in Berlin, EZA Berlin, 101/121.

767 Zu Aktivitäten des Bundes der Evangelischen Kirchen in der DDR (BEK) im südlichen Afrika – Positionen und Probleme, BA, Abt. Potsdam, O-4, 406. Im Entwurf der Rede Seigewassers anläßlich des staatlichen Empfangs für die Dessauer Bundessynode 1979 hieß es allerdings: »Mit Genugtuung haben wir das deutliche Votum des DDR-Kirchenbundes für das Antirassismusprogramm des Weltkirchenrates zur Kenntnis genommen. Ich meine, daß sich diese Haltung gut in das solidarische Bild unserer Republik in der Welt einfügt.« BA, Abt. Potsdam, O-4, 426.

768 Viering an Lingner vom 30.11.1978, EZA Berlin, 4/92/8.

769 Schreiben Lingner an Viering vom 7.12.1978, a.a.O.

770 Ebd.

771 Vgl. z. B. Bankkredite für die Apartheid und der ÖRK.

772 Thema: Aktuelle Probleme der Politik in Kirchenfragen durch unsere Partei (Stand: September 1978); Vortrag, gehalten vor der Bezirksparteischule Georg Wolff am 21.9.1978, PDS-Archiv Dresden, IV D-2.14-693.

773 Vgl. Schreiben Lingner an Hammer vom 17.1.1979, EZA Berlin, 4/92/9.

774 Vgl. Schreiben Lingner an Demke vom 17.1.1979, a.a.O. An der Tagung des Zentralaus-

schusses des ÖRK in Kingston, Jamaika, vom 1.-11.1.1979 nahm aus der DDR Sachsens Landesbischof Hempel teil. Vgl. KJ 1979, 439. Vgl. auch epd-Dok 6-8/79. Hempel hatte auf dessen Sitzung am 23.11.1978 den DDR-Bischofskonvent um Beratung gebeten, wobei insbesondere über den Sonderfonds und auch anstehende Personalfragen kontrovers diskutiert wurde. Hervorgehoben wurde, daß Lukas Vischer weiterhin dem Genfer Stab angehören möge. Vgl. Vermerk Schönherr vom 23.11.1978, EZA Berlin, 101/1190, Bd. II. Die auf der Dienstbesprechung im Staatssekretariat für Kirchenfragen am 26.2.1979 vorgenommene staatliche Einschätzung des Tagungsverlaufs fiel differenziert aus: Hempel sei daran gelegen, »die politische Arbeit des Weltkirchenrates zu theologisieren«. Bei erforderlichen Abstimmungen haben sie [die DDR-Vertreter] sowohl für die Fortsetzung des Antirassismusprogramms, aber auch für die Verlängerung des Vertrages für Lukas Vischer gestimmt. [...] Die DDR-Delegierten haben sich nicht um Absprachen und Kontakte zu den Delegierten der Dritten Welt bemüht. Demgegenüber haben die Vertreter der ROK sehr ausgezeichnet und aktiv diese Kontakte gesucht und auch entsprechende Abstimmungserfolge erreichen können. [...] Es muß befürchtet werden, daß die DDR-Kirchen, auch wenn sie vorbehaltlos der Fortsetzung des Antirassismusprogramms zustimmen, diese Haltung doch als einen Einzelfall verstanden wissen möchten, nicht unbedingt als eine prinzipielle politische Position.« Die Tagung selbst habe »politische Aussagen getroffen [...], die in einigen Bereichen (Südafrika, Mittelamerika, Nahe[r] Osten) zu einer fast völligen Deckungsgleichheit mit der sowjetischen Außenpolitik führen.« Festgelegt wurde, staatlicherseits stärker als bislang geschehen auf die personelle Zusammensetzung ökumenischer Delegationen aus der DDR Einfluß zu nehmen. Dies sollte auch unter Zuhilfenahme der »direkten Beziehungen zwischen unseren Staatsorganen und dem Genfer Stab« geschehen: »Gegebenenfalls an den DDR-Kirchen vorbei. Es sei um so notwendiger, als zahlreiche Aktivitäten des Genfer Stabes direkt außen- und innenpolitische Interessen der DDR berühren.« Protokoll Dohle vom 19.3.1979, BA, Abt. Potsdam, O-4, 407.

775 Hier gehörte er offenbar dem linken Flügel der Partei an. Denn im Zusammenhang mit der Kandidatur Franz Josef Strauß' zum Bundeskanzler 1980 verließ er die CDU.

776 Vermerk Demke vom 20.2.1979, EZA Berlin, 101/40.

777 Vgl. Schreiben Lingner an Lewek vom 7.3.1979, a.a.O.

778 Vgl. Schreiben Lewek an Lingner vom 19.3.1979, a.a.O.

779 Vermerk Lingner über Gespräch mit Demke und Lewek am 7.5.1979, EZA Berlin, 4/92/9.

780 Vgl. Schreiben Hammer an Lingner vom 17.6.1979 mit Anlage, a.a.O.

781 So Demke nach einem Vermerk über die Beratergruppe am 2.7.1979 und über das Nachgespräch am 4.7.1979, a.a.O.

782 Ebd.

783 Seigewasser hatte gegenüber Schönherr am 2.7.1979 kritisiert, daß geplant war, zu den Verhandlungen über die Bildung einer Vereinigten Evangelischen Kirche jeweils »einen Vertreter von EKD, EKU (Bereich BRD) und VELKD als mitarbeitende Gäste hinzuzuziehen«. Diesen Plan bezeichnete der Staatssekretär »als den Versuch einer Zurückdrängung der Position des Bundes hinter das Jahr 1971. Über diesen Weg solle offenbar den BRD-Kirchen ein Mitspracherecht über Vorgänge gewährt werden, die ausschließlich in der Zuständigkeit der Organe und Repräsentanten der Kirchen in der DDR liegen. Dieser Vorgang berühre auch die Souveränität unseres Staates.« Schönherr »äußerte [...] Zustimmung zu dem vorgetragenen Standpunkt. Er charakterisierte das Eisenacher Papier [vgl. Empfehlung der Delegierten-Versammlung in Eisenach vom 28.1.1979, abgedruckt in epd-Dok 19/79, 29 ff.] als übereilt und nicht ausreichend durchdacht. [...] Die staatlichen Stellen könnten sicher sein, daß er – wie auch andere leitende Männer der Kirche – bestrebt bliebe, die Entwicklung der evangelischen Kirche in der DDR auf der Grundlage der Positionen weiterzuführen, die die Gründung und den bisherigen Weg des Bundes bestimmt haben. Davon ausgehend, sehe er in Übereinstimmung mit der staatlichen Auffassung keinen Sinn darin, Vertretern der EKD ein

Mitspracherecht in der Entscheidung von Fragen einzuräumen, die die Beziehungen der Kirche zu unserem Staat und ihren Dienst in der sozialistischen Gesellschaft zum Inhalt haben. Freilich dürfe nicht ausgeschlossen werden, daß so wie bisher auch künftig im Rahmen der ökumenischen Arbeit mit Gliedern und Persönlichkeiten der EKD Kontakte gepflegt werden und Konsultationen zur Verständigung über gemeinsame Glaubensanliegen wünschenswert bleiben.« Seigewasser kommentierte: »Die Ausführungen des Bischofs zu diesen Fragen blieben insgesamt unklar, insbesondere im Blick auf seine persönliche Positionsbestimmung. Es entstand der Eindruck, daß er sich nicht eindeutig festlegen wollte oder konnte. Offenbar war er auch auf dieses Thema unzureichend vorbereitet.« Aktenvermerk Seigewasser vom 3.7.1979, BA, Abt. Potsdam, O-4, 425. Am 3.7. fand ein Gespräch zwischen Wilke und Stolpe statt, in dem es ebenfalls um diese Thematik ging. Stolpe informierte, daß er nach einer geführten Besprechung in der Arbeitsgruppe Kirchenfragen [im Protokoll Wilkes heißt es nur »Arbeitsgruppe«, nach dessen Gesamtduktus ist jedoch offensichtlich, daß es sich hier um die AG Kirchenfragen beim ZK handelte] »sofort eine Konsultation zwischen sich und OKR Dr. Rogge und Dr. Zeddies herbeigeführt habe. In diesem Gespräch wurde deutlich, daß Dr. Zeddies die Schaffung von ›mitarbeitenden Gästen‹ nicht für richtig hält, während Dr. Rogge unter ›dem Druck seiner EKU-Leute‹ nach einer Modifizierung sucht, aber vom Fakt nur schwer zurück könne. OKR Stolpe behauptete [gegenüber Wilke], in diesem Gespräch habe man herausgefunden zu haben, mit wem er eine Beratung geführt hatte, um zu vermeiden, daß ›in der ganzen Kirche erzählt würde, er ginge mit allen Fragen zum ZK‹. Im anschließenden Meinungsaustausch wurde deutlich, daß gegenwärtig die Meinung besteht, die im Artikel 4/4 der Grundordnung des BEK enthaltene Festlegung ›neu aufzuarbeiten‹, aber keine Bereitschaft in der Leitung des Bundes besteht, hier neue Festlegungen zu treffen.« Aktenvermerk Wilke vom 3.7.1979, BA, Abt. Potsdam, O-4, 425. Mit Zeddies hatte Wilke am 2.7.1979 gesprochen. Zeddies gestand zu: »Wenn der Staat die Absprachen mit den BRD-Kirchen und ihre Einbeziehung in Entscheidungsgremien der DDR kritisch sieht und als Belastung des Verhältnisses zwischen Staat und Kirche besonders nach dem 6.3.78 versteht, dann würden die Kirchen etwas falsch machen. Eine solche Belastung darf es nicht geben. [...] Die VELK will gerade keinen gesamtdeutschen Charakter, sondern nur die Fragen, in denen die BRD-Kirchen unmittelbar betroffen sind, besprechen. [...] Er beschloß seine Gedanken mit dem Satz: ›Die gewachsene Eigenständigkeit unserer Kirchen wird nicht dazu führen, daß wir uns von Gästen beeinflussen lassen.‹« Aktenvermerk Wilke vom 3.7.1979, a.a.O. Wilke hatte zuvor über den 24er-Ausschuß notiert: »In diesem Gremium soll die besondere Beziehung zu den ›Partnerkirchen in der BRD ausformuliert werden‹. Weiterhin sollen zu den Beratungen dieses Gremiums jeweils ein Vertreter aus den gleichen Teilbereichen in der BRD als ›mitarbeitende Gäste‹ eingeladen werden.« Information Wilke vom 29.6.1979 über die Haltung der evangelischen Kirchen zur Bildung einer Vereinigten Evangelischen Kirche in der DDR, BA, Abt. Potsdam, O-4, 425.

784 Vermerk über die Beratergruppe vom 2.7.1979 und über das Nachgespräch am 4.7.1979, EZA Berlin, 4/92/9. Darüber beklagte sich auch Zeddies in der mit Wilke am 2.7.1979 geführten Unterredung. »Dr. Zeddies [...] machte darauf aufmerksam, daß in dieser Aussprache [von seiten Wilkes] Mitteilungen gegeben wurden, die nur auf Informationen beruhen können, die im innerkirchlichen Kreis zur Diskussion stünden.« Aktenvermerk Wilke vom 3.7.1979, a.a.O.

785 Von Domsch, bis zu seinem Amtsantritt Mitglied der Blockpartei LDPD (vgl. Information von Jagow über das am 28.8.1975 geführte Gespräch mit Herrn Kurt Domsch – dort hatte Domsch auch geäußert: »Er begrüßt sehr die Trennung der Kirche der DDR von der Kirche der BRD und betonte, daß erst dadurch es möglich wurde, als Kirche der DDR aktiv z. B. im Sinne der Friedenspolitik unseres Staates zu wirken«; PDS-Archiv Dresden, IV C-2.14-681), hatte man sich staatlicherseits einen Kurswechsel in Sachsen verhofft, »da Domsch ein Mann aus der Wirtschaft und insofern realistisch sei.« Dienstreisebericht Dohle vom 5.7.1975, BA, Abt. Potsdam, O-4, 415.

786 Vermerk über die Beratergruppe vom 2.7.1979 und über das Nachgespräch am 4.7.1979, EZA Berlin, 4/92/9.

787 Vgl. Aktenvermerk Wilke über ein Gespräch mit OKR Stolpe am 3.7.1979 vom 3.7.1979. BA, Abt. Potsdam, O-4, 425. Zugleich hatte Stolpe auch die von Wilke geäußerte Bitte, »doch zu prüfen, wie der Staatssekretär künftig über [...] im Bund erarbeitete[.] Materialien informiert werden könne, ohne erst aus der Westpresse davon erfahren zu müssen«, eindeutig positiv beschieden. Ebd.

788 Vermerk über die Beratergruppe am 2.7.1979 und über das Nachgespräch am 4.7.1979, EZA Berlin, 4/92/9.

789 Niederschrift über die geschlossene Sitzung des Rates der EKD am 6.7.1979 in Hannover, EZA Berlin, 4/92/9. Vgl. auch a.a.O., 101/313.

790 So Lingner in einem Brief an Kruse vom 25.9.1979, EZA Berlin, 4/92/10.

791 So Lingner in einem Schreiben an H. v. Keler vom 19.9.1979, a.a.O.

792 So Lingner in einem Brief an Flor vom 3.10.1979, a.a.O.

793 Votum der Konferenz der Evangelischen Kirchenleitungen in der DDR vom 6./7. Juli 1979 zur Frage der Gewaltanwendung im Kampf gegen den Rassismus im südlichen Afrika, abgedruckt in: Kirche als Lerngemeinschaft, 228-239. Lingner hielt diese Dokumentation für »rundum gelungen« (Lingner an Hammer vom 17.9.1981, EZA Berlin, 4/91/772) und schlug vor, 300 Exemplare für alle EKD-Synodalen, die Mitglieder der Kirchenkonferenz und einige Journalisten anzuschaffen. Löwe willigte ein (Schreiben Löwe an Lingner vom 7.10.1981, a.a.O.); in letzter Minute erreichte den Berliner EKD-Mann dann die telefonische Nachricht, es sei kein Geld für die Anschaffung vorhanden.

794 Schreiben Lingner an Hammer vom 16.7.1979, EZA Berlin, 4/92/9. Vgl. auch Vermerk Demke vom 28.6.1979 Theologische Konsultationen zwischen dem Bund und der EKD. Besprechung am 22.6.1979 in Berlin, EZA Berlin, 101/322.

795 Leitungsinformation Weise Nr. 4/79 vom 30.8.1979, Vorlage für die Dienstbesprechung am 3.9.1979, BA, Abt. Potsdam, O-4, 407. Vgl. auch Aktenvermerk Kalb-Seigewasser vom 23.8.1979 über ein Gespräch des Staatssekretärs Genossen Hans Seigewasser und seines Stellvertreters mit dem stellvertretenden Außenminister Genossen Kurt Nier im Ministerium für Auswärtige Angelegenheiten am 15.8.1979, BA, Abt. Potsdam, O-4, 1268.

796 Burgsmüller an Lingner vom 23.7.1979, EZA Berlin, 4/92/9.

797 Vgl. allgemein: J. Walther/G. von Prittwitz, Staatssicherheit und Schriftsteller.

798 Information Seigewasser vom 12.6.1979 über ein Gespräch mit Bischof Schönherr, BA, Abt. Potsdam, O-4, 425.

799 Aktenvermerk Seigewasser vom 3.7.1979 über ein Gespräch mit Bischof D. Schönherr am 2.7.1979, a.a.O.

800 Abt. I, Leitungsinformation Nr. 5/79, Handel, vom 30.10.1979, Erste Informationen über kirchliche Aktivitäten zum 30. Jahrestag der DDR, BA, Abt. Potsdam, O-4, 407. Horst Dohle bemerkte, Hempel gehöre gegenwärtig »nicht zu [den] realistischen Kräften im Bund«. Dresden, den 17.12.1979, Genosse Dr. Dohle: Aktuelle kirchenpolitische Situation in der DDR, PDS-Archiv Dresden, IV D-2.14-690.

801 Abt. I, Leitungsinformation Nr. 5/79, Handel, vom 30.10.1979, Erste Informationen über kirchliche Aktivitäten zum 30. Jahrestag der DDR, BA, Abt. Potsdam, O-4, 407.

802 Vgl. auch Auszug aus dem Informationsbericht für den Bezirk Potsdam vom Oktober 1979, der mit einem undatierten Begleitschreiben vom Leiter der Arbeitsgruppe für Organisation und Inspektion des Ministerrats an Hermann Kalb (Eingangsstempel 23.10.1979) weitergeleitet wurde. In dem Bericht ist von einem Auftritt »der als feindlich und negativ bekannten Chansonsängerin Bettina Wegener [sic!]« in der Klosterkirche Neuruppin am 8.9.1979 die Rede. »Das Auftreten der Wegener zielte darauf ab, unsere gesellschaftlichen Verhältnisse zu verunglimpfen. [...] Ihr Grundthema ist das angeblich gestörte Verhältnis Mensch/sozialistischer Staat.« In einem später geführten Gespräch gestand der zuständige Generalsuperintendent Bransch (Potsdam) zu, »daß diese Veranstaltung über die kirchliche Aufgabenstellung hinausging und die Kirche als Plattform

gegen den Staat genutzt wurde. Damit sei ein Punkt erreicht worden, wo es auch für ihn kein Weitergehen gibt. [...] Die jetzige Situation versuchte Bransch damit zu erklären, daß in der Vergangenheit die Kirche der Erfüllungsgehilfe des Staates gewesen sei. Davon will sie jetzt weg, will aber auch gleichzeitig nicht ›5. Kolonne‹ sein. Im Prozeß des Suchens nach dem Platz der Kirche im Sozialismus befindet man sich in einem Lernprozeß. Bei vielen Pfarrern gibt es aus den Erfahrungen der Vergangenheit eine gewisse ›Antihaltung‹ gegen den Staat, die es zu überwinden gilt. Das ist auch ein psychologischer Prozeß, den die Kirche durchstehen müsse. Bransch bestätigte, daß die Kirche in der DDR die volle Freiheit für die Durchführung ihrer Aufgaben und ihres Dienstes habe. Er ist aber der Meinung, auch solche Art von Veranstaltungen, wenn auch nicht so wie in Neuruppin, seien ein Anliegen der Kirche. Nach seiner Meinung würde im ökumenischen Raum der Freiheitsstatus der Kirche in der DDR unterstrichen.« BA, Abt. Potsdam, O-4, 587. Bereits am 3.12.1978 war Wegner vor 800 Besuchern in der Leipziger Bethanienkirche aufgetreten. Eine größere Zahl von dort anwesenden Jugendlichen trug »an ihrer Kleidung Symbole bzw. Fahnen der BRD und anderer imperialistischer Staaten.« Rat des Stadtbezirkes Südost, Abteilung Inneres, Leipzig, den 4.12.1978, Jugendveranstaltung des ev.-luth. Jugendpfarramtes Leipzig in der Bethanienkirche am 3.12.1978, 18.30 Uhr bis 20.30 Uhr, BA, Abt. Potsdam, O-4, 652. Daraufhin fand am 18.12.1978 ein Gespräch beim RdB Leipzig mit LKA-Präsident Domsch und OLKR Mendt statt. Der Stellvertreter des Vorsitzenden des Rates für Inneres, Bitterlich, äußerte, diese Veranstaltung sei »nicht im Sinne des Gesprächs vom 6.3.78 [...], sondern eine Verunglimpfung und Beleidigung unserer Gesellschaftsordnung«. RdB Leipzig, Sektor Kirchenfragen, Vermerk Jakel vom 19.12.1978, BA, Abt. Potsdam, O-4, 652. Das LKA Dresden schrieb am 10.1.1979: »Der Abend wurde mit einem Psalm und Gebet umrahmt, um ihm einen eindeutig kirchlichen Charakter zu geben. Wir bedauern es aber, daß nicht die Möglichkeit genutzt worden ist, die zu Gehör gebrachten literarischen Beiträge von der Bibel her zu deuten und zu interpretieren. Wir haben das den Verantwortlichen gegenüber kritisch zum Ausdruck gebracht.« Im übrigen stehe Bettina Wegners Bestreben in Kongruenz zu einem biblischen Anliegen: »die Wahrheit zu sagen auch dann, wenn sie nicht gern gehört wird.« Außerdem möge der Staat doch dafür sorgen, »daß in den Schulen eine Atmosphäre herrscht, die es den Kindern möglich macht zu sagen, was sie denken.« Anhand von Zitaten aus Wegners Liedern wurden die staatlicherseits vorgebrachten Vorwürfe als kaum haltbar dargestellt: »Wir halten die Veranstaltung nicht in allem für glücklich, wir glauben aber auf der anderen Seite, daß die wirklichen gesungenen Texte Bettina Wegners nicht eine staatsfeindlich, starre Haltung zum Inhalt haben, wie Sie das befürchteten.« Schreiben Domsch an Bitterlich vom 10.1.1979, BA, Abt. Potsdam, O-4, 652. Hierüber urteilte Jakel (RdB Leipzig, Sektor Kirchenfragen): »Widersprüche [...] anzusprechen, das ist identisch mit der Haltung und Position Domschs und entspricht deutlich einer gegenwärtigen kirchlichen Haltung. [...] Wer eine solche Position vertritt, der wird die politisch negativen Aussagen der Wegner keineswegs als antisozialistisch und staatsfeindlich bezeichnen, sondern solche Tendenzen werden ihm u. E. sogar gefallen. [...] Zusammenfassend schätzt Unterzeichnender ein, daß in der Stellungnahme von Domsch das theologische Konzept der Kirchen ›Relativierung dieser Welt‹ offenbar wird, was in seinem Inhalt auf das Recht des Wächteramtes hinzielt. In der Stellung des Präsidenten [...] Domsch [...] wird Forderung nach weltanschaulichem Pluralismus in der Gesellschaft gestellt, ein Angriff gegen das Bildungswesen und die kommunistische Erziehung versucht, eine Relativierung der marxistischen Positionen des Klassenkampfes vorgenommen. Das sind auch die gegenwärtigen Maßstäbe zur Einschätzung der sehr aktuellen Tendenzen in der Ev.-Luth. Kirche.« Stellungnahme des Sektors Kirchenfragen (Jakel) vom 24.1.1979 zum Schreiben des Präsidenten der Landeskirche Sachsen zu den Vorfällen in der Bethanienkirche Leipzig, a.a.O.

803   Vermerk Kalb vom 5.9.1979 über ein Gespräch mit Bischof D. Dr. Schönherr am Sonnabend, den 1.9.1979, im Büro des Bischofs, Weißensee, BA, Abt. Potsdam, O-4, 425. Wegen einer für den 28.9.1979 geplanten Veranstaltung in der Ostberliner Eliaskirche mit

Bettina Wegner führte der Magistrat Ostberlins gemeinsam mit Hans Wilke am
27.9.1979 ein Gespräch mit dem Generalsuperintendenten Grünbaum, um diesen zur
Absetzung der Veranstaltung zu bewegen. Wilke sagte: »Vom Inhalt her sind diese Veranstaltungen kein Gottesdienst, sondern eine Plattform zur Diffamierung der gesellschaftlichen Entwicklung in der DDR.« Obwohl er auch solche Veranstaltungen nicht
gutheißen könne, sprach sich Grünbaum gegen deren Verbot aus. Er trat allerdings dafür ein, daß weitere solche Vorhaben in Berlin nicht folgen sollten. Magistrat von Berlin, Hauptstadt der DDR, Stellvertreter des Oberbürgermeisters für Inneres, Hoffmann,
Information an Bezirksleitung der SED Berlin, Leiter der Arbeitsgruppe Staats- und
Rechtsfragen, Genossen Horst Grunwald, vom 27.9.1979 über das Gespräch des Gen.
Hoffmann mit Generalsuperintendenten Grünbaum am gleichen Tag, SAPMO-BA
ZPA IV B2/14/119.

804 BStU Potsdam, MfS, HA XX/4-768, 31.

805 Gedächtnisniederschrift Kalb vom 30.10.1979 über ein Gespräch mit Bischof D. Dr.
Schönherr anläßlich der Aushändigung der Lizenzurkunde für die Herausgabe eines
Gemeindeblattes der Berlin-Brandenburgischen Kirche durch den Leiter des Presseam-
tes, Dr. Kurt Blecha, am 24.10.1979, SAPMO-BA ZPA IV B2/14/193.

806 KJ 1979, 483-485.

807 Information Wilke vom 5.12.1979 über den Inhalt der Herbstsynoden der Evangelischen Landeskirchen in der DDR, BA, Abt. Potsdam, O-4, 407. Der Synodale Urmaneit
»forderte, eine deutliche Sprache zu sprechen. Es genüge nicht mehr, daß man sich immer nur mit guten Worten tröste. In diesem Zusammenhang nannte er die Namen
›Biermann‹ und ›Bahro‹. Abschließend forderte er, daß die Synode für die absolute
Wehrdienstverweigerung eintrete.« Bischof Krusche wies diese Forderungen zurück,
woraufhin ihm der Synodale Tschiche widersprach und Urmaneit Unterstützung zukommen ließ. »Er verlangte darüber hinaus, daß die hauptberuflich im kirchlichen
Dienst tätigen Mitarbeiter handeln müß[t]en. ›Sie sind es, die dazu die Möglichkeit haben.‹ Er bezog sich dabei auf den Freiraum und die Unabhängigkeit der Kirche.« Bericht
über den Verlauf der VIII. Synode (5. Tagung) der Evangelischen Kirche der Kirchenprovinz Sachsen vom 14.11.-18.11.1979 in Halle, SAPMO-BA ZPA IV B2/14/115.

808 EZA Berlin, 101/1190, Bd. II.

809 Vgl. Evangelisches Konsistorium an die Gemeindekirchenräte und Werke in unserem
Kirchengebiet. Dort hieß es, Reimanns Verurteilung sei nicht wegen seiner Stellung
zum Wehrunterricht erfolgt, sondern weil er das im »SPIEGEL« veröffentlichte Manifest weitergereicht haben soll. Wegen der Nichtöffentlichkeit der Gerichtsverhandlung
sei es der Kirchenleitung nicht möglich, genauere Angaben zu machen. Allerdings sei
man »über die Höhe des Strafmaßes betroffen.« A.a.O. Vgl. dazu das Manifest des
Bundes Demokratischer Kommunisten Deutschlands, in: »Der Spiegel« 1/1978, 21-24
und »Der Spiegel« 2/1978, 26-30.

810 Schreiben Stolpe vom 19.1.1979, EZA Berlin, 101/1190, Bd. II.

811 Vgl. Monatsinformation Handel-Wilke vom 28.12.1979, BA, Abt. Potsdam, O-4, 408.

812 Vermerk über die Beratergruppe am 2.7.1979 und über das Nachgespräch am 4.7.1979,
EZA Berlin, 4/92/9. Gegenüber Hermann Kalb berichtete Schönherr über das »zunehmende Interesse und Verlangen, insbesondere junger Christen, in Gemeindeveranstaltungen über Sinnfragen des Lebens Diskussionen zu führen. Er vertrat den Standpunkt, daß Elternhaus, FDJ und Schule teils infolge Überlastung (Eltern) oder aber aus
Unbehagen sich den Fragen junger Menschen hierzu zumeist nicht stellten. So sei es
nur folgerichtig, wenn die Zahl der Jugendlichen ansteigt, die in der Kirche Antwort suchen.« Vermerk Kalb vom 5.9.1979 über ein Gespräch mit Bischof D. Dr. Schönherr am
Sonnabend, den 1.9.1979, im Büro des Bischofs, Weißensee, BA, Abt. Potsdam, O-4,
425. Die kirchliche Jugendarbeit war auch Thema eines Gespräches mit OLKR Fritz und
Landesjugendpfarrer Kreß im RdB Dresden am 22.1.1979. Dort wurde vor allem auch
bemängelt, daß die ev. Kirche nicht analog zu dem katholischen Bistum Meißen jährli-
che Pläne über kirchliche Jugendveranstaltungen aufstelle. Die kirchlichen Gesprächs-

partner erwiderten, ein solches Vorgehen töte jegliche Form von freier Initiative, die nun einmal Jugendarbeit auszeichne und sie oft erst ermögliche. RdB Dresden, Sektor Staatspolitik in Kirchenfragen, Vermerk Johne vom 22.1.1979, PDS-Archiv Dresden, IV D-2.14-690. Vgl. auch Frühjahrs-Synode (Thüringen) 26.-29.4.1979, Zusammenstellung für die Berichterstattung der Synodalen: »Der kirchlichen Jugendarbeit erwächst in der sogenannten ›offenen Arbeit‹ an sozialgefährdeter Jugend eine neue und komplizierte Aufgabe. Ursache ist eine gesellschaftsbedingte Einengung der Kinder und Jugendlichen in einen oft ungewollten vorgegebenen Lebenslauf. Bei der Suche nach sich selbst und einem Freiraum entstehen Fragen, Konflikte, Abhängigkeiten bis hin zu Selbstmordversuch. Die Verantwortlichen und die Glieder der Gemeinden stehen dieser Entwicklung in großer Unkenntnis oder gar Ablehnung gegenüber. Es muß um ihre Bereitschaft geworben werden, das, was an Hilfe geschehen kann und soll und auch schon geschieht, zu verstehen, mitzutragen und verstärkt in die Fürbitte aufzunehmen. Die Fachkräfte, die in dieser offenen Arbeit stehen, bedürfen der vielfältigsten Unterstützung.« LKA Hannover, D 15 XII, K 66/343/VI.

813 Wolf-Dietrich Gutsch, Referent bei der Jugendkammer Ost und Beauftragter der Ökumene für die Jugendarbeit, wurde vom MfS als IMF »Dietrich« (Reg.-Nr. XV/799/68) geführt.

814 »Die katholische Kirche unterbreitete gar das Angebot, falls ihr Läuten [Hedwigskathedrale] Veranstaltungen stören würde, darauf zu verzichten.« Abteilung I, Information Wilke vom 24.5.1979 über kirchliche Aktivitäten während der Zeit des Nationalen Jugendfestivals in Berlin, SAPMO-BA ZPA IV B2/14/143.

815 Information Wilke vom 26.9.1979 über die Gemeindeveranstaltung am 24.9.1979 in der Samariterkirche in Berlin, BA, Abt. Potsdam, O-4, 587.

816 In einem Gespräch mit Konopka von der Abteilung Staat und Recht der SED-BL Dresden äußerte Hempel,»›ja, das ist so, der 6.3. brachte uns weiter, und eigentlich sei das der konkrete Ausdruck der vertrauensvollen Beziehungen, die es seit Jahren zwischen dem Staat und der Kirche im Bezirk gibt.‹« Im übrigen sei es für ihn neu, auf Bezirksebene nunmehr mit SED-Funktionären zu tun zu haben.»Insgesamt wird eingeschätzt, daß es im Rahmen der politischen Differenzierung richtig und für die weiteren Beziehungen von Bedeutung war, Landesbischof Dr. Hempel zu beglückwünschen. Er war beeindruckt, gelöster und aufgeschlossener als sonst.« Abteilung Staat und Recht, Niederschrift Konopka vom 26.3.1979 über den Gratulationsbesuch von Landesbischof Dr. Hempel in seinem Haus, Tauscherstr. 44, am 23.3.1979 anläßlich seines 50. Geburtstages, PDS-Archiv Dresden, IV D-2.14-689. Ein Jahr später schrieb Konopka an den SED-Bezirkschef Modrow:»Anläßlich seines 50. Geburtstages wurden ihm [Hempel] persönliche Glückwünsche durch den Generalsekretär des ZK der SED, Genossen Erich Honecker, den Vorsitzenden des Ministerrates, Genossen Willi Stoph, durch Dich und den Vorsitzenden des Rates des Bezirkes Dresden übermittelt, die mit Dank und Bewegung angenommen wurden. Es ist seitdem auch eine spürbare Entspannung im persönlichen Umgang mit ihm zu verzeichnen.« Weiter schrieb Konopka über den Landesbischof:» Trotz mancher bekannter Vorbehalte gegenüber konkreten gesellschaftlichen Erscheinungen unseres Bezirkes gibt es durch den Landesbischof Dr. Hempel Bemühungen, persönliche Kontakte und sachliche Beziehungen zu den staatlichen Organen (Vorsitzende der Räte der Bezirke bzw. deren Stellvertreter für Inneres) der Bezirke Leipzig, Karl-Marx-Stadt und Dresden zu unterhalten. [...] Für die positive Weiterentwicklung der Beziehungen zwischen Staat und Kirche in unserem Bezirk halten wir den Zeitpunkt für reif und geeignet, Dir vorzuschlagen, ein Gespräch mit dem Landesbischof Dr. Hempel zu führen. Gespräche der Genossen 1. Sekretäre der Bezirksleitung der SED mit den leitenden Bischöfen fanden bisher in den Bezirken Rostock, Magdeburg und Halle statt.« Bezirksleitung Dresden der SED, Hausmitteilung Abt. Staat und Recht, Konopka, an Modrow vom 16.7.1980, betr.: Gespräch mit Landesbischof Dr. Hempel, PDS-Archiv Dresden, IV D-2.14-692.

817 Vermerk über die Beratergruppe am 2.7.1979 und über das Nachgespräch am 4.7.1979, EZA Berlin, 4/92/9.

818 Rat des Bezirkes Dresden, Sektor Staatspolitik in Kirchenfragen, Lewerenz, Dresden, den 16.4.1979, Informationen über Wirkungen und Probleme seit dem Gespräch des Vorsitzenden des Staatsrates, Gen. Erich Honecker, mit dem Vorstand der Konferenz der Evangel. Kirchenleitungen in der DDR am 6.3.1978, PDS-Archiv Dresden, IV D-2.14-689; auch SAPMO-BA ZPA IV B2/14/101. Vgl. auch RdB Dresden, Sektor Staatspolitik in Kirchenfragen, Lewerenz, Dresden, den 18.1.1979, Situation in der Evangelischen Kirche des Görlitzer Kirchengebietes, PDS-Archiv Dresden, IV D-2.14-690; auch in Abschrift a.a.O., IV D-2.14-692. Ratsinformation über die gegenwärtige kirchenpolitische Lage (Ende 1979): »[…] hat sich die Zahl derer, die realistische, sachliche und loyale Positionen einnehmen, vergrößert.« PDS-Archiv Dresden, IV D-2.14-689.

819 Fränkel äußerte: »»Was damals gesagt wurde, ist als Zukunftsperspektive ganz ernst gemeint und stellt eine echte Chance dar, die nicht verspielt werden darf.‹« Abgedruckt in epd-Dok 19/79, 9-18, hier: 12. Vgl. auch Bezirksleitung Dresden der SED, Hausmitteilung von Abteilung Staat und Recht, Konopka, an Modrow, Stammnitz, Neumann vom 2.4.1979, betr. 8. Provinzialsynode der Görlitzer Kirche vom 30.3.-2.4.1979, PDS-Archiv Dresden, IV D-2.14-689.

820 Arbeitsgruppe Kirchenfragen, Information vom 2.4.1979. Im übrigen war man sich in Berlin sicher, daß der Görlitzer Kurs auch unter dem neugewählten Bischof seine Fortsetzung finden würde: »Wollstadt gilt als ein sachlicher, an guten Beziehungen zum Staat interessierter Kirchenvertreter, der aber Schwankungen unterliegt.« SAPMO-BA ZPA IV B2/14/136. Vgl. auch RdB Dresden, Sektor Staatspolitik in Kirchenfragen, Vermerk Lewerenz vom 31.10.1979, Gespräch des Vorsitzenden des Rates des Bezirkes Dresden mit den Bischöfen Dr. Wollstadt und D. Fränkel der Evangelischen Kirche des Görlitzer Kirchengebietes am 23.10.1979, PDS-Archiv Dresden, IV D-2.14-692; Bezirksleitung Dresden der SED, Hausmitteilung von Abteilung Staat und Recht, Konopka, an Modrow, Stammnitz, Neumann vom 2.4.1979, betr. 8. Provinzialsynode der Görlitzer Kirche vom 30.3.-2.4.1979. Hieraus geht auch hervor, daß die Mitglieder der Kirchenleitung Ernst und Hirthe Havenstein anschließend zurechtwiesen. Nach Auffassung von Sektorenleiter Lewerenz handelte es sich hier um eine »Verächtlichmachung der Ergebnisse des Gespräches am 6.3.1978«. PDS-Archiv Dresden, IV D-2.14-689.

821 Ebd. Vgl. auch Konzeption der Arbeit mit der Evangelischen Kirche des Görlitzer Kirchengebietes: »Die Polarisierung wurde besonders im Verlauf der Frühjahrssynode 1979 spürbar, als es in einem bis dahin noch nicht gekannten Ausmaß zu Differenzen zwischen Bischof Fränkel und einem Teil der Synodalen kam.« PDS-Archiv Dresden, IV D-2.14-690.

822 Vermerk Demke vom 8.3.1979 über Teilnahme an der Kreissynode Finsterwalde am 3.3.1979, EZA Berlin, 101/601.

823 Bericht Pabst über die Teilnahme an der Frühjahrstagung der Synode der Ev.-Luth. Kirche in Thüringen vom 26.-29.4.1979 im Haus Hainstein in Eisenach, LKA Hannover, D 15 XII, K 66/343/VI.

824 Frühjahrs-Synode 26.-29.4.1979, Zusammenstellung für die Berichterstattung der Synodalen, a.a.O.

825 Information vom 14.6.1979 über ein Gespräch zwischen dem Mitglied des ZK der SED und 1. Sekretär der BL der SED Rostock, Gen. Timm, dem Vorsitzenden des RdB Rostock und Bischof Gienke am 13.6.1979, SAPMO-BA ZPA IV B2/14/66.

826 In der kirchlichen Jugendarbeit wurde 1979 dieser Bereich intensiviert. Für den Thüringer Raum heißt es in einem internen kirchlichen Bericht: »Die Zahl der Veranstaltungen der Jungen Gemeinde in Form von Jugendgottesdiensten, Ausstellungen bis hin zur Umtauschaktion von Kriegsspielzeug ist groß. Eine stärkere Beteiligung der Gesamtgemeinde für dieses Anliegen ist erwünscht.« Frühjahrs-Synode 26.-29.4.1979, Zusammenstellung für die Berichterstattung der Synodalen, LKA Hannover, D 15 XII, K 66/343/VI.

827 Vgl. Information Wilke vom 5.12.1979 über den Inhalt der Herbstsynoden der Evange-
lischen Landeskirchen in der DDR, BA, Abt. Potsdam, O-4, 407. Vgl. auch Schreiben
Schönherr an Seigewasser vom 29.5.1979, in dem der KKL-Vorsitzende den Staatsse-
kretär an seine diesbezüglichen Zusagen erinnerte, damit »jeder Konfliktstoff von
vornherein vermieden wird.« EZA Berlin, 101/655. Auf der Frühjahrssynode 1979 in
Anhalt war der Wehrunterricht keiner Kritik unterzogen worden. Vgl. Rat der Stadt
Dessau, Inneres, Information Tandetzki zur kirchenpolitischen Situation im Stadtkreis
Dessau vom 4.4.1979, PDS-Archiv Halle, KL Dessau, IV D-4/06/113. Der DDR-Bischofskonvent beschloß am 6.12.1979 betreffs der Zivilverteidigung in diakonischen
Einrichtungen: »Eine prinzipielle Ablehnung [...] kann es nicht geben, solange die
staatlichen Gesetze, die auch für uns gelten, nicht gegen Gottes Gebot verstoßen.« Ver-
merk Schönherr vom 11.12.1979, EZA Berlin, 101/1190, Bd. II.

828 Das Gespräch war auf der 97. Sitzung des KKL-Vorstands am 3.1.1979 in Berlin anvisiert worden. Dabei wurde festgelegt, es gehe vor allem um Information – »der Eindruck von Akklamation soll vermieden werden«. Protokoll Schönherr-Stolpe-Demke
vom 11.1.1979, EZA Berlin, 101/118.

829 Ratsinformation über die gegenwärtige kirchenpolitische Lage (Ende 1979), PDS-Archiv Dresden, IV D-2.14-689.

830 Hierzu war auf der Dienstbesprechung im Staatssekretariat für Kirchenfragen am
26.2.1979 vermerkt worden: »Hinsichtlich der übernächsten ZA-Tagung in der DDR
verhielten sich die DDR-Vertreter [in Jamaika] korrekt, d. h. sie weisen stets darauf hin,
daß noch keine endgültige Entscheidung über den Tagungsort in der DDR getroffen ist.«
Protokoll Dohle vom 19.3.1979, BA, Abt. Potsdam, O-4, 407. Am 22.6.1979 fand hierzu
ein Gespräch zwischen Konrad Raiser, stellvertretender Generalsekretär des ÖRK, und
Seigewasser statt. Raiser war vom 16. bis zum 18.6. vor Ort in Dresden gewesen. Seigewasser sagte während des Gespräches zu, daß alle Antragsteller die Einreisevisa erhalten
würden. Gleiches galt für die vom ÖRK akkreditierten Pressevertreter, denen freie Arbeitsmöglichkeiten garantiert wurden. Vgl. Vermerk Pabst vom 22.6.1979, LKA Hannover, D 15 XII, K 102/5910/II. Seigewassers Nachfolger Gysi sagte am 9.4.1980 zu, man
werde sich bemühen, daß der ÖRK nicht von Genf aus alle für die Tagung entstehenden
Kosten in Devisen zu begleichen habe. Vgl. Information Gysi vom 9.4.1980 über ein Gespräch mit Bischof Schönherr am gleichen Tag, BA, Abt. Potsdam, O-4, 1437; vgl. auch
Vermerk Stolpe vom 22.4.1980 über ein Gespräch des Vorsitzenden der Konferenz mit
dem Staatssekretär für Kirchenfragen am 9.4.1980. Dort heißt es: »D. Schönherr bat
dringend, die Angelegenheit sehr ernst zu nehmen. Die Kirchen in der DDR seien nicht
in der Lage, Ausländerpreise, geschweige denn Valuta-Mark zu zahlen.« EZA Berlin,
101/349. Zuvor hatte sich der Vorstand der KKL auf seiner 111. Sitzung am 7.2.1980 in
Halle mit der Angelegenheit befaßt. Eine Leitgruppe hatte sich konstituiert. Insbesondere über die Kostenfragen müsse der Vorstand noch beraten. »Domsch unterstreicht die
Dringlichkeit einer Klärung der Währungsfrage im Blick auf Interhotels.« Protokoll
Schönherr-Stolpe-Demke vom 19.2.1980, EZA Berlin, 101/118. Am 31.3.1980 wurde notiert: »Die Tagung des Zentralausschusses wird die bisher bedeutendste ökumenische
Veranstaltung in der DDR sein. (Es ist die erste Zusammenkunft des Zentralausschusses
in einem sozialistischen Land.) [...] Dem Bund für Ev. Kirchen und seinen Mitgliedskirchen sind damit umfangreiche Möglichkeiten der Selbstdarstellung in der Ökumene gegeben. [...] Die Zusammenkunft des Zentralausschusses läßt einen großen Widerhall
unter Kirchen und Christen der DDR und darüber hinaus im ökumenischen Raum erwarten. Diese Resonanz wird sich in einem noch größeren Selbstbewußtsein und dem
Anspruch auf noch ausgedehntere ökumenische Kontakt- und Wirkungsmöglichkeiten
ausdrücken. [...] Ein weiterer Stellenwert kommt der Sitzung des Zentralausschusses
auch im Rahmen der Tätigkeit des ÖRK zu. Diese Tagung in einem sozialistischen Land
durchzuführen, bedeutet auch eine Anerkennung der Wirkungsmöglichkeiten der Kirchen in einem sozialistischen Staat. Die Bemühungen der Persönlichkeiten im ÖRK, die
die Linie von Generalsekretär Ph. Potter unterstützen, um normale Beziehungen des

ÖRK auch zu den staatlichen Stellen in den sozialistischen Ländern herzustellen, erfahren eine wesentliche Bestätigung. Mit der Wahl des Tagungslandes werden ebenfalls die Positionen der Kirchen aus sozialistischen Ländern im Weltrat der Kirchen gefestigt.« Abt. Intern. Beziehungen, Bericht über den Stand der Vorbereitung der Zentralausschußtagung des ÖRK vom 17.8.-26.8.1981 in Dresden (Arb. Plan Punkt 26), BA, Abt. Potsdam, O-4, 408. Vgl. auch SED-BL Dresden, Abteilung Staat und Recht, Niederschrift vom 14.7.1980 über eine am 10.7.1980 stattgefundene Beratung zu Problemen der Vorbereitung der Tagung des Zentralausschusses des Ökumenischen Rates der Kirchen (ÖRK) vom 14.-16.8. (Exekutivausschuß) und vom 17.-26.8.1981 (Zentralausschuß). Dort heißt in einem von Eberhard Hüttner gehaltenen Referat zur Situation im ÖRK: »In den letzten Jahren wurde die politische Szene im besonderen durch die Vertreter der ›dritten Welt‹ und eine antiimperialistische Haltung beeinflußt. Charakteristisch hierfür ist das Antirassismusprogramm [...] In realistischer Weise ist einzuschätzen, daß es neben Potter auch nicht zu unterschätzende und starken Einfluß ausübende Kräfte gibt, die die prowestliche Linie und somit die US-Strategie offen vertreten. Für die Konferenz in Dresden ist zu erwarten, daß es auch hier zu heftigen Auseinandersetzungen zwischen diesen Strömungen kommt. Wenn es auch Hoffnungen durch die Kirchen sozialistischer Länder auf eine weitere progressive Entwicklung durch vorwärtsweisende Beschlüsse gibt, muß dennoch vor übertriebenen Erwartungen gewarnt werden. [...] Für uns besteht die Möglichkeit der Vermittlung eines realen Sozialismusbildes.« PDS-Archiv Dresden, IV D-5.01-195; auch a.a.O., IV D-2.14-691.

831 Vermerk über die Beratergruppe am 2.7.1979 und über das Nachgespräch am 4.7.1979, EZA Berlin, 4/92/9.

ANMERKUNGEN ZU KAPITEL 4: Neue Krisen und Kompromisse

1 In besonderer Gemeinschaft, setzt erst mit diesem Text ein, ohne die erste Gemeinsame Erklärung zwischen BEK und EKD vom 8.12.1977 (KJ 1976/77, 497 f.) zu berücksichtigen. Deren Fehlen in dieser Publikation läßt sich wohl nur dadurch erklären, daß man nicht wahrhaben wollte, daß bereits vor dem Staat-Kirche-Gespräch am 6. März 1978 gemeinsam verantwortete Äußerungen der evangelischen Kirchen in der Bundesrepublik und in der DDR ohne größere Probleme möglich waren. Auch Uwe-Peter Heidingsfeld geht in seiner 1993 veröffentlichten Arbeit davon aus, daß es sich beim »Wort zum Frieden« aus dem Jahre 1979 um die erste gemeinsame Äußerung von BEK und EKD handelte (vgl. ders., Die »besondere Gemeinschaft« der Kirchen – Stabilisierung der DDR?, in: T. Rendtorff (Hg.), Protestantische Revolution?, 79-110, hier: 92), obwohl der Autor im gleichen Beitrag angibt, es handle sich bei ihm seit »Mitte der 70er Jahre« um einen ausgesprochenen Kenner auf der deutsch-deutschen Ebene geführten kirchlichen Gespräche«, vgl. a.a.O., 79.

2 Text: Kirche als Lerngemeinschaft, a.a.O., 260-262, hier: 260.

3 Lingner an von Keler vom 6.9.1979, EZA Berlin, 4/91/745. Diesem Brief war die Anfrage von Kelers an Lingner vom 28.8.1979 vorangegangen, welche Punkte er bei seinem Grußwort vor der Bundessynode in Görlitz erwähnen solle. Vgl. a.a.O.

4 EZA Berlin, 101/349; Abschrift in SAPMO-BA ZPA IV B2/14/80.

5 Zum »Wort zum Frieden« des Bundes der Evangelischen Kirchen in der Deutschen Demokratischen Republik und der Evangelischen Kirche in Deutschland zum 40. Jahrestag des Beginns des 2. Weltkrieges, BA, Abt. Potsdam, O-4, 426.

6 Dresden, den 17.12.1979, Genosse Dr. Dohle: Aktuelle kirchenpolitische Situation in der DDR, PDS-Archiv Dresden, IV D-2.14-690. Vgl. ND vom 24.8.1979.

7 Leitungsinformation Weise Nr. 4/79 vom 30.8.1979, Vorlage für die Dienstbesprechung am 3.9.1979, BA, Abt. Potsdam, O-4, 407.

8 Vermerk Kalb vom 5.9.1979 über ein Gespräch mit Bischof D. Dr. Schönherr am Sonn-

abend, den 1.9.1979, im Büro des Bischofs, Weißensee, BA, Abt. Potsdam, O-4, 425. Gegenüber dem Potsdamer Generalsuperintendenten Bransch wurde staatlicherseits an dem »Gemeinsamen Wort« Kritik geübt, der Bransch nicht widersprach. Bransch sagte außerdem: »Nach seiner Auffassung bestehen die staatlichen Aufgaben vor allem darin, politisch und diplomatisch den Frieden abzusichern. Die Aufgabe der Kirche sei es, die Erziehung zum Frieden zu forcieren und über ihre ökumenische Arbeit weltweit an der Erhaltung des Friedens mitzuarbeiten. Besonders betonte er das wachsende Vertrauensverhältnis zwischen Staat und Kirche. Vertrauen kann und muß dem Frieden dienen. Vertrauen auch bei den anderen suchen, als Voraussetzung für offene Zusammenarbeit. In der ökumenischen Arbeit sollen die Kirchenleute, wenn sie sich im Ausland befinden, sagen können: Wir kommen aus einem Staat, zu dem wir Vertrauen haben und zu dem auch die anderen Vertrauen haben können.« RdB Potsdam, Referat Kirchenfragen, Vermerk Klein vom 10.9.1979 über das Gespräch der Genossen Selinger, Klein und Pohl mit dem Generalsuperintendenten Bransch und Sup. Viebeg am 4.9.1979, BA, Abt. Potsdam, O-4, 791.

9 Ratsinformation über die gegenwärtige kirchenpolitische Lage (Ende 1979), PDS-Archiv Dresden, IV D-2.14-689.

10 Information Hüttner-Wilke über die 3. Tagung der 3. Synode des Bundes der Evangelischen Kirchen in der DDR, SAPMO-BA ZPA IV B2/14/86; auch als Vorlage Wilke vom 3.10.1979 an die Dienstbesprechung im Staatssekretariat für Kirchenfragen am 8.10.1979, BA, Abt. Potsdam, O-4, 407 und LPA Halle, IV D-2/14/478. An anderer Stelle wertete Wilke: »Von großer Bedeutung ist, daß die Versuche, die Kirchen in der DDR mit denen in der BRD wieder enger zu verbinden, zurückgewiesen wurden.« Interner Entwurf vom 11.10.1979, Gedanken zur Weiterführung der Arbeit nach dem 30. Jahrestag der DDR unter besonderer Berücksichtigung der Ergebnisse der Synode des Bundes der Evangelischen Kirchen, BA, Abt. Potsdam, O-4, 425.

11 Information Wilke vom 5.12.1979 über den Inhalt der Herbstsynoden der Evangelischen Landeskirchen in der DDR. Weiter hieß es dort: »Auf allen Synodaltagungen wurden *gesamtdeutsche Bestrebungen* ausgesprochen. Das taten vor allem die Gäste aus der BRD, aber auch Bischof Rathke (Schwerin) hob die ›besondere Gemeinschaft mit den Kirchen in der BRD‹ hervor. Bei der Diskussion um die neue Grundordnung in der Kirchenprovinz Sachsen spielte sie eine besondere Rolle«. BA, Abt. Potsdam, O-4, 407. Vgl. den Vortrag Rathkes vor der Herbstsynode in schwerin in epd-Dok 51/79, 4-17, insbes. 15.

12 In einem Brief Lingners an Schmale vom 25.9.1979 schrieb jener: »Herr v. Keler und ich haben so viele Jahre eng und intensiv zusammengearbeitet, daß ich mir erlauben kann, ihm Briefe zu schreiben, die nicht auf Punkt und Komma ausgewogen sind«. EZA Berlin 4/92/10.

13 Lingner an von Keler vom 19.9.1979, a.a.O.

14 epd/Kirche und Rundfunk Nr. 61 vom 8.8.1979. Vgl. auch K. Weiß, An einen der Sascha hieß.

15 Votum der Konferenz der Evangelischen Kirchenleitungen zur Frage der Gewaltanwendung im Kampf gegen den Rassismus in Südafrika vom 6./7.7.1979, abgedruckt in KJ 1979, 486-492.

16 Text: Kirche als Lerngemeinschaft, 266-275. Die Zusammenstellung der diesbezüglichen Materialen wurde auf der 94. Sitzung des KKL-Vorstandes am 16.10.1978 in Berlin beschlossen. Vgl. Protokoll Schönherr-Stolpe-Lewek vom 25.10.1978, EZA Berlin, 101/117.

17 Vgl. O. Klohr, Anmerkungen zur Rolle der Religion in der sozialistischen Gesellschaft.

18 Auf der sächsischen Herbstsynode 1979 war kritisch angefragt worden, »ob es stimme, daß Gelder aus dem Antirassismusprogramm auch für Waffen ausgegeben werden«. Information Wilke vom 5.12.1979 über den Inhalt der Herbstsynoden der Evangelischen Landeskirchen in der DDR, BA, Abt. Potsdam, O-4, 407. In einer staatlichen Einschätzung heißt es auch: »Nicht unbeträchtliche Mittel wurden auch für ›gewalteinsetzende‹ Bewegungen, z. B. für den Kampf in Simbabwe, eingesetzt. Es gibt jedoch auch eine Anzahl Kirchen in imperialistischen Ländern, die dagegen protestieren, daß gespendete

Mittel auch für Zwecke der Gewalt verwendet werden könnten.« SED-BL Dresden, Abteilung Staat und Recht, Niederschrift vom 14.7.1980 über eine am 10.7.1980 stattgefundene Beratung zu Problemen der Vorbereitung der Tagung des Zentralausschusses des Ökumenischen Rates der Kirchen (ÖRK) vom 14.-16.8. (Exekutivausschuß) und vom 17.-26.8.1981 (Zentralausschuß), PDS-Archiv Dresden, IV D-5.01-195; auch a.a.O., IV D-2.14-691. Lingner hatte ein besorgtes Schreiben Coenens vom Frankfurter Kirchlichen Außenamt vom 30.11.1979, der nach der Verwendung der in der DDR für den Sonderfonds gespendeten Gelder fragte, nach Berlin (Ost) weitergeleitet. Demke schrieb am 10.1.1980: »Es ist zumindest verständlich, wenn man die durch unsere Kirchen unterstützten Hilfsmaßnahmen als ›ausgesprochen diakonische Hilfsmaßnahmen für rassische Minderheitengruppen‹ beschreibt. Vielmehr sind die in unseren Kirchen in diesem Zusammenhang aufgebrachten Mittel für Projekte im Ausbildungs-, Sozial- und Gesundheitswesen an Organisationen rassisch unterdrückter Gruppen (nicht unbedingt Minderheiten), die diese Unterdrückung beseitigen wollen, gegeben worden; dabei hatten Unterrichtsmittel ein besonderes Gewicht. Es wäre also zutreffender, von der Unterstützung humanitärer Programme afrikanischer Befreiungsbewegungen zu sprechen. [...] Wichtig war auch der Gesichtspunkt, daß die Vergabe der Mittel nicht in der Weise einer Bevormundung erfolgt [...] Die Realisierung kann nur in Form von Sachwerten erfolgen. Dabei arbeiten wir mit dem Solidaritätskomitee der DDR und dem DRK der DDR zusammen. [...] Weiterhin werden auch Einzelprojekte unterstützt.« EZA Berlin, 101/323.

19 Lingner an von Keler vom 19.9.1979, EZA Berlin, 4/92/10.

20 Lingner an von Keler vom 25.9.1979, a.a.O. Vgl. auch von Keler an Lingner vom 28.9.1979, a.a.O.

21 Lingner an von Keler vom 25.9.1979, a.a.O.

22 Vgl. Schmale an Lingner vom 28.9.1979, a.a.O.

23 Brief Lingners an die Teilnehmer der Beratergruppe vom 19.9.1979, a.a.O. Vgl. den Artikel »Um des Friedens willen. Regelmäßige Symposien von Christen und Marxisten« von Hans Heinrich Jenssen, in: Neue Zeit vom 25.7.1979.

24 Vgl. F.Chr. Schröder, Die neue Strafrechtsreform der DDR, in: Deutschland-Archiv, 10/1979, 1064 ff. Der Bericht der KKL zur Dessauer Bundessynode hatte Aussagen zum Strafrecht gemacht, die den Staats- und Parteistellen mißfielen. Vgl. Information Hüttner-Wilke über die 3. Tagung der 3. Synode des Bundes der Evangelischen Kirchen in der DDR, SAPMO-BA ZPA IV B2/14/86. Vgl. KKL-Bericht in epd-Dok 44-45/79, 4-59, insbes. 22 ff. An anderer Stelle wurde notiert: »Es wird behauptet, daß dieses Gesetz die Freiheit der Bürger zur Meinungsäußerung beschränkt. Besonders der Paragraph über Herabwürdigung sei zu ungenau formuliert und diene dazu, die Leute einzuschüchtern. Man schließt an diese Behauptung die provokatorische Frage an, ob denn die DDR das im 30. Jahr ihres Bestehens nötig hätte (Bischof Hempel).« Abt. I, Leitungsinformation Nr. 5/79, Handel, vom 30.10.1979, Erste Informationen über kirchliche Aktivitäten zum 30. Jahrestag der DDR, BA, Abt. Potsdam, O-4, 407. Kritisch setzte sich auch der Potsdamer Generalsuperintendent Bransch mit diesem Komplex auseinander. Bransch wies darauf hin, das Gesetz habe »in der Kirche Unruhe gebracht [...], insbesondere fühle sich die Kirche in ihrer ökumenischen Arbeit bedrängt.« RdB Potsdam, Referat Kirchenfragen, Vermerk Klein vom 10.9.1979 über das Gespräch der Genossen Selinger, Klein und Pohl mit dem Generalsuperintendenten Bransch und Sup. Viebeg am 4.9.1979, BA, Abt. Potsdam, O-4, 791. Horst Dohle wertete, das kirchliche Agieren in dieser Frage ginge »schon auf Konfrontation zu.« Dresden, den 17.12.1979, Genosse Dr. Dohle: Aktuelle kirchenpolitische Situation in der DDR, PDS-Archiv Dresden, IV D-2.14-690.

25 Hiergegen bestanden von seiten des KKL-Vorstandes zunächst Bedenken. Vgl. Protokoll Schönherr-Stolpe-Demke vom 11.1.1979 über die 97. Sitzung des Vorstandes am 3.1.1979 in Berlin, EZA Berlin, 101/118. Vgl. auch Ministerium für Auswärtige Angelegenheiten, Abteilung Journalistische Beziehungen, Information Clau vom 2.5.1980 über den Cocktail des Evangelischen Pressedienstes zur Eröffnung des epd-Büros in der DDR

am 30.4.1980 im IPZ. epd-Chefredakteur Heßler »bedankte sich ausdrücklich bei den Behörden der DDR, daß die Akkreditierung und Einrichtung des Büros so reibungslos erfolgt« sei. »Von einigen BRD-Korrespondenten wurde Verwunderung darüber geäußert, daß kein Bischof gekommen sei«, hieß es abschließend. BA, Abt. Potsdam, O-4, 479.

26 Vermerk Lingner über die Beratergruppen-Sitzung am 8.10.1979, EZA Berlin, 4/92/10.

27 Mit dem 30. Jahrestag der DDR fiel das zehnjährige Bestehen des BEK zusammen. Hierzu hatte der KKL-Vorstand auf seiner 95. Sitzung am 27.11.1978 den folgenden Beschluß gefaßt: »Im Zusammenhang mit der Bundessynode 1979 sollte die Konferenz einen Empfang geben zur Konstituierung des Bundes vor 10 Jahren, dabei kann der 30. Jahrestag der DDR einbezogen werden. D. Schönherr wird diesen Plan gelegentlich dem Staatssekretär zur Kenntnis bringen.« Protokoll Schönherr-Demke vom 7.12.1978, EZA Berlin, 101/117. Paul Verner äußerte gegenüber Schönherr: »Der Gedanke liegt nahe, daß auch die Kirchen ihren Beitrag zum 30. Jahrestag leisten. Es bestünden, so habe man ihm berichtet, Überlegungen, zum Jubiläum der DDR Eigenständiges zu sagen, was weitergeht als alle bisherigen Aussagen. Ein Wort, das die Loyalität voll ausdrücken würde, wäre gewiß weiterführend. Also man sei sehr für ein klares Wort zum 30. Jahrestag. Das müßte dann aber auch nicht ›kleinkariert‹ und nicht ›halbseiden‹ sein. Es müsse eine klare Stellung zur DDR beinhalten. Ich [Schönherr] fragte, ob eine solche eigenständige Handlung der Kirche dann ein vom Staat oder der Nationalen Front initiiertes Geschehen unnötig mache. Das wurde bejaht, freilich würden die Bezirke der Nationalen Front dennoch irgend etwas veranstalten. [...] [Verner:] Wir brauchen den Frieden wie das Amen in der Kirche. Frieden und soziale Entwicklung, das seien die Hauptpunkte, worauf die Kirche hinweisen könne.« Vermerk Schönherr vom 20.12.1978 über ein Gespräch mit Herrn Paul Verner am 18.12.1978 in seinen Diensträumen im ZK, EZA Berlin, 101/93/14. Während der Bischofsrüste vom 5. bis zum 8.2.1979 in Bad Saarow waren noch keine Festlegungen getroffen worden. Man bewegte sich zwischen den Möglichkeiten einer eigenen Veranstaltung oder der Beteiligung an einem staatlichen Termin. Vgl. Vermerk Schönherr vom 12.2.1979, EZA Berlin, 101/1190, Bd. II. Die KKL entschied auf ihrer 60. Tagung am 9./11.3.1979 in Buckow (Klausurtagung) bei drei Enthaltungen: »Aus grundsätzlicher Respektierung des Prinzips der Trennung von Staat und Kirche wird von einer eigenen Veranstaltung der Kirche aus Anlaß des 30. Jahrestages der DDR abgesehen. Einer Initiative des Staates sollte nicht vorgegriffen werden. Einer Einladung, die dem jetzt gewonnen Verhältnis von Staat und Kirche entspricht, sollte Folge geleistet werden.« Protokollauszug in EZA Berlin, 101/605. Der KKL-Vorstand präzisierte auf seiner 99. Sitzung am 22.3.1979 in Dresden: »Wenn Einladungen zu staatlichen Empfängen angenommen werden, sollten dabei kirchlicherseits keine Grundsatzreferate gehalten werden.« Protokollauszug in EZA Berlin, 101/605. Auf seiner 102. Sitzung am 1.6.1979 in Potsdam beschloß der KKL-Vorstand konkret: »Eine repräsentative Begegnung kommt nur in Frage, wenn die Möglichkeit eigenständiger Artikulierung besteht.« Protokollauszug a.a.O.

28 Vgl. das Wort der Synode des Bundes der Evangelischen Kirchen zur Stationierung von Mittelstreckenraketen vom 22./25.9.1979. Die Äußerung richtete sich an beide Militärbündnisse. Abgedruckt in KJ 1979, 402 f. Hans Wilke hielt Ende Juni den staatlichen Informationsstand hinsichtlich der Bundessynodaltagung fest: »Fragen der Ökologie, des Wettrüstens und der gerechten Verteilung sollen behandelt werden.« Vertrauliche Information vom 22.6.1979 in Vorbereitung der Synode des Bundes der Evangelischen Kirchen in der DDR (BEK) vom 21. bis zum 25.9.1979 in Dessau, BA, Abt. Potsdam, O-4, 1437. Vgl. auch Konzeption vom 5.7.1979 zur Einflußnahme auf die 3. Tagung der III. Synode des Bundes der Evangelischen Kirchen in der DDR (BEK), SAPMO-BA ZPA IV B2/14/88. Am 1.8.1979 fand in der SED-Bezirksleitung Halle zur Vorbereitung der Synode eine Beratung unter der Leitung von Eberhard Hüttner und Hans Wilke statt. Vgl. Aktennotiz für den Gen. Horst Erdmann, LPA Halle, Best. KL Dessau, IV D-4/06/113. Von staatlicher Seite wurde an dem friedenspolitischen Teil des KKL-Berichts Kritik geübt: Neben einer positiven Einstellung zu den SALT II-Verhandlungen werde »auch

deutlich, daß der unauflösbare Zusammenhang von Frieden und Sozialismus einerseits, Imperialismus und Krieg andererseits noch immer verkannt wird. So wird auf die Anhäufung von Massenvernichtungsmitteln, die Forcierung der Rüstungen und die damit verbundene sinnlose Verschleuderung intellektueller und materieller Potenzen nur im allgemeinen hingewiesen. Es gibt bei der Darstellung der Haltung der Kirche zur Friedenssicherung keinen Hinweis auf Übereinstimmung mit der Friedenspolitik der DDR. Es wird sogar von der Notwendigkeit gesprochen, Auffassungen auszusprechen, die von der Meinung der Regierung abweichen[;] in diesem Zusammenhang [werden] erneut Einwände gegen den Wehrunterricht und die Erziehung der Jugend zum ›Freund-Feind-Denken‹ vorgebracht«. Information Hüttner-Wilke über die 3. Tagung der 3. Synode des Bundes der Evangelischen Kirchen in der DDR, SAPMO-BA ZPA IV B2/14/86. Hans Wilke urteilte jedoch wenig später: »Eine der wichtigsten Positionen der weiteren Arbeit ist das Friedensengagement und das Bekenntnis zur Friedenspolitik durch die Kirchen. Die positivsten Aussagen auf der Bundessynode beziehen sich auf die Friedenssicherung. Es gibt gute Ergebnisse kirchlicher Tätigkeit; so ist der Bund z. B. bei seiner Reise in die USA eindeutig im Sinne unserer Friedenspolitik aufgetreten und hat klare Positionen zu SALT II bezogen. Neu ist, daß sich die Synode gegen Pläne der NATO in bezug auf die Mittelstreckenraketen gewandt hat.« Interner Entwurf vom 11.10.1979, Gedanken zur Weiterführung der Arbeit nach dem 30. Jahrestag der DDR unter besonderer Berücksichtigung der Ergebnisse der Synode des Bundes der Evangelischen Kirchen, BA, Abt. Potsdam, O-4, 425.

29 Gleiches war bereits auf der 54. gemeinsamen Beratung der Bereichsräte der EKU am 3.10.1979 in Berlin geschehen. Vgl. die Niederschrift, LKA Hannover, D 15 XII, K 73/412/II.

30 EZA Berlin, 4/92/10. Demke fertigte ein Kurzprotokoll über die Beratergruppen-Sitzung am 10.10.1979, das er durchschriftlich an Lingner gehen ließ. Vgl. a.a.O. Am 16.10.1979 versandte Lingner an die Teilnehmer der Beratergruppe ein Formular mit Begleitschreiben, in dem er ihnen anbot, die Vermerke über die Sitzungen zuzusenden, wenn sie in dem vorbereiteten Bogen schriftlich versicherten, die Protokolle vertraulich zu behandeln und dafür Sorge zu tragen, daß keine Unbefugten sie einsehen könnten. Vgl. a.a.O.

31 Auf der VIII. Vollversammlung der KEK vom 15. bis zum 25.10.1979 in Griechenland enthielt sich der größere Teil der DDR-Delegierten »in der Frage der weiteren Zusammenarbeit der KEK mit [der] CFK« der Stimme. Vgl. Abt. Intern. Beziehungen, Information vom 11.12.1979, BA, Abt. Potsdam, O-4, 407.

32 Interner Entwurf Wilke vom 11.10.1979, Gedanken zur Weiterführung der Arbeit nach dem 30. Jahrestag der DDR unter besonderer Berücksichtigung der Ergebnisse der Synode des Bundes der Evangelischen Kirchen, BA, Abt. Potsdam, O-4, 425.

33 Abt. Intern. Beziehungen, Information vom 11.12.1979 über Verlauf und Ergebnisse der VIII. Vollversammlung der Konferenz Europäischer Kirchen vom 15. bis zum 25.10.1979 in Griechenland, BA, Abt. Potsdam, O-4, 407.

34 RdB Halle, Stellvertreter des Vorsitzenden für Inneres, Pöhner, Information vom 15.11.1979 über das Gespräch mit Kirchenpräsident Eberhard Natho am 14.11.1979, LPA Halle, IV D-2/14/478.

35 In Moers war der SPD-Politiker und spätere EKD-Präses Jürgen Schmude ein aktives Gemeindeglied. Seine Frau nahm in der Gemeinde das Presbyteramt wahr. Vgl. Vermerk vom 26.6.1985 an Bellmann über 1. Tagung der 7. Synode der Evang. Kirche in Deutschland (EKD) 21.-24.5.1985, Johannesstift, Westberlin, SAPMO-BA ZPA IV B2/14/200.

36 Vermerk Lingner vom 11.10.1979, EZA Berlin, 4/92/702.

37 Ebd.

38 Vgl. dazu auch die Äußerung Berndt Seites, mittlerweile Ministerpräsident von Mecklenburg, vor der mecklenburgischen Landessynode: »Lassen Sie mich zum Abschluß etwas zum Abrüstungsvorschlag von Leonid Breschnew sagen. Ohne den politischen Hintergrund abzuleuchten, begrüße ich den Abzug von 1 000 Panzern und 20 000 Soldaten

aus der DDR. Als Christ wäre ich unglaubwürdig, würde ich nicht jedem Abrüstungsvorschlag zustimmen.« Zitiert nach KJ 1979, 439.

39 Vgl. hierzu KJ 1979, 386. Vgl. auch die Ankündigung in Niederschrift über die 54. gemeinsame Beratung der Bereichsräte der EKU am 3.10.1979 in Berlin, LKA Hannover, D
15 XII, K 73/412/II. Schönherr und Natho saßen dabei – wohl zu ihrer eigenen Überraschung (KJ 1979, 479 f.) – direkt hinter Honecker und Breschnew, was bei Gemeindegliedern aus der DDR deutliches Mißfallen auslöste. Vgl. a.a.O., 386. Auf der sächsischen
Landessynode wurde an Schönherr unter der Parole »Wir wollen ›keine neue Ehe zwischen Staat und Kirche‹« scharfe Kritik geäußert. Information Wilke vom 5.12.1979 über
den Inhalt der Herbstsynoden der Evangelischen Landeskirchen in der DDR, BA, Abt.
Potsdam, O-4, 407. Auf einen entsprechenden Brief des sächsischen Synodalpräses Cieslak vom 23.10.1979, Schönherrs Teilnahme stehe im Widerspruch zur Trennung von
Staat und Kirche, antwortete der Bischof am 9.11.1979, auch die Vertreter der Katholiken
sowie der Jüdischen Gemeinde seien zugegen gewesen. »Die Kritik, die mir auch aus den
Reihen unserer eigenen Kirche reichlich begegnet, scheint mir mehr aus einem ziemlich
verbreiteten Unbehagen überhaupt zu kommen, das gar nicht ausschließlich kirchliche
Gründe zu haben braucht«, meinte Schönherr und setzte hinzu: »Ich denke, daß auch
das am vergangenen Sonntag verlesene Wort an die Gemeinden gezeigt hat, daß wir uns
noch ein gewisses Maß an Freiheit bewahrt haben.« EZA Berlin, 101/338. Eine staatliche
Einschätzung vermerkte: »Zum 30. Jahrestag wurden die Bischöfe im Präsidium der
Festveranstaltung in der 2. Reihe plaziert. Das weist aus, welche optimistische Sicht die
Parteiführung zur Kirchenpolitik hat.« Interner Entwurf Wilke vom 11.10.1979, Gedanken zur Weiterführung der Arbeit nach dem 30. Jahrestag der DDR unter besonderer Berücksichtigung der Ergebnisse der Synode des Bundes der Evangelischen Kirchen, BA,
Abt. Potsdam, O-4, 425. Horst Dohle verriet, die Entscheidung, die Bischöfe im Präsidium zu plazieren, sei erst in letzter Minute gefallen. Es »stellte [eine] Bewährungsprobe
dar, [mit der] die Kirchen [...] bis heute noch nicht fertig geworden« seien. Dohle bemerkte, daß es nicht nur Druck von seiten der kirchlichen Basis gebe, sondern auch verbündete Parteien, insbesondere die CDU, Anfragen gestellt hätten. Dresden, den
17.12.1979, Genosse Dr. Dohle: Aktuelle kirchenpolitische Situation in der DDR, PDS-
Archiv Dresden, IV D-2.14-690. Schönherr soll am 11.10.1979 im Staatssekretariat geäußert haben, er »habe mit großer Aufmerksamkeit die Plazierung im Präsidium während des Festaktes zur Kenntnis genommen. Ihm sei klar, welche politische Bedeutung
diese Entscheidung habe, denn ›sie sei sicherlich an höchster Stelle getroffen worden‹. Er
werte dies als eine Fortsetzung der Politik des 6.3.1978.‹« Hausmitteilung Bellmann an
Verner vom 2.11.1979. Bellmann zitiert hier aus einer ihm vorliegenden Gesprächsniederschrift aus dem Staatssekretariat, SAPMO-BA ZPA IV B2/14/193. Für den Bezirk
Dresden vgl. BL Dresden der SED, Hausmitteilung von Abteilung Staat und Recht an
Modrow, Stammnitz, Neumann vom 8.10.1979 betr. Teilnahme kirchenleitender Persönlichkeiten an der Festveranstaltung am 3.10.1979. In dem Text wurde auch auf folgenden
Sachverhalt hingewiesen: »Pf. em. Dr. Feurich, Vorsitzender des Leiterkreises der kirchlichen Bruderschaften Sachsens und Mitglied des Bezirkskomitees der antifaschistischen
Widerstandskämpfer, wies unter anderem darauf hin, daß er keine Einladung erhalten
hat, und kam zu der Schlußfolgerung: ›Sie brauchen wohl die progressiven Leute nicht
mehr?‹ Er knüpfte damit an die Schlußfolgerungen anderer progressiver Pfarrer an, die
auf die verstärkte Orientierung auf leitende kirchliche Amtsträger im Ergebnis des Gesprächs Erich Honeckers mit dem Vorstand des Bundes der evangelischen Kirchen in der
DDR hinwies. Diese Auffassungen sind uns bekannt.« PDS-Archiv Dresden, IV D-2.14-
689. Eberhard Natho soll vor Jugendlichen in Dessau geäußert haben: »›Ich habe es mir
nicht ausgesucht, in der 1. Reihe neben Margot Honecker und Gromyko zu stehen. Das
war so festgelegt.‹« Informationsbericht Tandetzki (Abt. Inneres, Dessau) vom 5.11.1979
über das Reformationstreffen der Jugend am 3./4.11.1979 in Dessau, LPA Halle, KL Dessau, IV D-4/06/113. Über die kontroverse Diskussion auf der sächsischen Herbstsynode
informierte Hempel auf dem Bischofskonvent am 25.10.1979. Man nahm sich vor, auf

der in Herrnhut vorgesehenen Bischofsrüste ausgiebig über den hiermit verbundenen Gesamtkomplex zu sprechen. Vgl. Vermerk Schönherr vom 26.10.1979, EZA Berlin, 101/1190, Bd. II.

Ende Juni 1979 hielt Hans Wilke fest: »Die Tagung der Bundessynode erhält besondere Bedeutung dadurch, daß sie unmittelbar vor dem 30. Jahrestag der DDR stattfindet. Sie ist von ihrer inhaltlichen Zielsetzung jedoch bisher noch so gestaltet, daß nicht mit einer Aussage zu diesem politischen Höhepunkt in der Entwicklung unserer Gesellschaft Stellung genommen werden soll. [...] Die Konferenz der Kirchenleitungen wird einen Bericht vorlegen, der von Bischof Gienke (Greifswald), OKR Müller (Schwerin), Physiker Domke (Potsdam) und Referent Dr. Demke (Sekretariat des Bundes) ausgearbeitet wird. Es ist an vier Punkte gedacht, in deren Mittelpunkt 10 Jahre BEK stehen soll [positive Erfahrungen, Erfahrungen von Gemeinden, erledigte Aufgaben, Hoffnungen]. [...] In allen vier Punkten soll das Verhältnis von Staat und Kirche mit dargestellt werden. Der Entwurf des Berichts wird auf der Sitzung der KKL im September zur Diskussion gestellt; er soll im Verlaufe des Monats Juli erarbeitet werden. In der Vorarbeit zu dieser Thematik sind keine Hinweise auf eine Aussage hinsichtlich des 30. Jahrestages der DDR erfolgt.« Vertrauliche Information vom 22.6.1979 in Vorbereitung der Synode des Bundes der Evangelischen Kirchen in der DDR (BEK) vom 21. bis zum 25.9.1979 in Dessau, BA, Abt. Potsdam, O-4, 1437. »Bei der Abfassung des Tätigkeitsberichtes der Konferenz der Evangelischen Kirchenleitungen – dem Hauptdokument der Synode – hatte es heftige Auseinandersetzungen gegeben, wobei Aussagen zum 30. Jahrestag der DDR am meisten umstritten waren. Ein erster, von Bischof Gienke, Greifswald, OKR Müller, Schwerin, dem Synodalen Domke, Potsdam, und Dr. Demke, Berlin, verfaßter und in gesellschaftlichen Bezügen positiv gehaltener Bericht wurde verworfen und mehrfach überarbeitet. Als Kontrahenten traten dabei Propst Falcke, Erfurt, Bischof Krusche, Magdeburg, Propst Haberecht, Anklam, und Superintendent Große, Saalfeld, in Erscheinung. Der vorgelegte Bericht ist ein Kompromiß der gegensätzlichen Kräfte in der Synode. Er spiegelt sowohl die konstruktive Linie der realistischen und loyalen Vertreter der Kirche als auch jener Kräfte wider, die Kirche als kritisches Korrektiv zur sozialistischen Gesellschaft betrachten.« Information Hüttner-Wilke über die 3. Tagung der 3. Synode des Bundes der Evangelischen Kirchen in der DDR, SAPMO-BA ZPA IV B2/14/86. Weiter heißt es in dieser Einschätzung: »Der Bericht spart aufgrund des Drucks einer Gruppe negativer Kräfte in der KKL detaillierte Aussagen zum 30. Jahrestag der DDR aus. Da man sich einer Stellungnahme zum Staatsjubiläum nicht entziehen konnte, erfolgte dies bei Anlaß des Empfanges, den der Staatssekretär für Kirchenfragen, Hans Seigewasser, und der Oberbürgermeister der Stadt Dessau, Thea Hauschild, für das Präsidium der Synode, die Mitglieder der KKL sowie die ökumenischen Gäste in Schloß Mosigkau gab. Dieser Empfang gestaltete sich zu einer eindrucksvollen Begegnung, die das gewachsene Vertrauen zwischen Staat und Kirche, die Bereitschaft der Kirchen und Christen zur konstruktiven Mitarbeit bei der Gestaltung der sozialistischen Gesellschaft sichtbar machte. [...] Die [...] Ausführungen von Schönherr stellen eine bemerkenswerte Würdigung der Leistungen der DDR und ihrer internationalen Anerkennung dar. Er anerkannte die großen Möglichkeiten des Wirkens der Kirchen in unserem Staat und schilderte den komplizierten, aber stetig in Richtung wachsenden Vertrauens gehenden gemeinsamen Weg. [...] ›In diesen 30 Jahren ist unsere DDR ein wichtiger Industriestaat geworden, einer, der in der vorderen Reihe der Welt steht. In dieser Zeit hat dieser Staat auch wahr gemacht, was er versprach, wenn er den Aufbau des Sozialismus verkündete und das wirtschaftliche Wachstum für soziale und kulturelle Zwecke einsetzte und nicht dazu, einige zu bereichern‹. Unter Bezug auf die immer neu zu verwirklichende Toleranz zwischen Marxisten und Christen stellt er fest: ›Wir haben gelernt, daß man miteinander gehen muß, nicht gegeneinander, daß uns vieles unterscheidet, aber nicht scheidet. Das ist die einzige Möglichkeit, auf gute Weise miteinander zu leben. Unser Staat hat anerkannt, daß es auf die konstruktive Mitarbeit der Christen ankommt, und wir haben erkannt, daß wir, wenn wir wirklich Christen sein wollen, niemals nur unser eigenes

Wohl, auch nicht nur das Wohl der Kirche, sondern das Wohl des ganzen Volkes im Auge haben müssen. Ich denke, daß die Basis, die uns verbindet, groß genug ist. Diese Basis ist gekennzeichnet durch Gerechtigkeit, Solidarität und Frieden. Wir haben über die Verwirklichung dieser Ideale nicht immer die gleiche Vorstellung. Wir haben aber einen Blick, daß eine Welt nur überleben kann, wenn sie zum Frieden findet‹. [...] Er schloß seine Rede mit den Worten: ›Ich bitte meine Brüder und Schwestern mit mir zu trinken auf das Wohl unserer Deutschen Demokratischen Republik, auf das Wohl des Vorsitzenden des Staatsrates der Deutschen Demokratischen Republik‹.« Ebd. Vgl. auch Grußwort von Bischof D. Dr. Schönherr beim Empfang der Stadt Dessau am 22.9.1979 in Mosigkau (Tonbandabschrift). Die von Hüttner und Wilke wiedergegebenen Auszüge weichen von dieser Fassung an einigen Stellen geringfügig ab. LKA Hannover, D 15 XII, K 78/419. [Den Entwurf der Ansprache Seigewassers vgl. in BA, Abt. Potsdam, O-4, 426.] In einer abschließenden Beurteilung Wilkes heißt es: »Der Bund hat keine klare Option für den Staat gezogen. Das hat uns enttäuscht.« Interner Entwurf vom 11.10.1979, Gedanken zur Weiterführung der Arbeit nach dem 30. Jahrestag der DDR unter besonderer Berücksichtigung der Ergebnisse der Synode des Bundes der Evangelischen Kirchen, BA, Abt. Potsdam, O-4, 425. Vgl. auch Abt. I, Leitungsinformation Nr. 5/79, Handel, vom 30.10.1979, Erste Informationen über kirchliche Aktivitäten zum 30. Jahrestag der DDR. Aus diesem Text geht auch hervor, daß Schönherr sich auf der Synode Berlin-Brandenburg ebenfalls positiv zum DDR-Jubiläum äußerte. Auch in den Gottesdiensten in Ostberlin am 7.10. gab es positive Äußerungen. BA, Abt. Potsdam, O-4, 407. Von den anschließend tagenden Landessynoden wurde lediglich in Greifswald »von einem 30jährigen Lernprozeß gesprochen und davon, daß die Kirchen und Christen eigenständig Verantwortung in der sozialistischen Gesellschaft tragen können.« Information Wilke vom 5.12.1979 über den Inhalt der Herbstsynoden der Evangelischen Landeskirchen in der DDR, BA, Abt. Potsdam, O-4, 407. Horst Dohle hob hervor, daß im Gegensatz zu Bund und Landeskirchen die Freikirchen »ausgezeichnet[e]« Erklärungen zum DDR-Jubiläum abgegeben hätten. Dresden, den 17.12.1979, Genosse Dr. Dohle: Aktuelle kirchenpolitische Situation in der DDR, PDS-Archiv Dresden, IV D-2.14-690.

40 Vertraulicher Vermerk Wilkens vom 18.10.1979, EZA Berlin, 4/92/702.

41 Abt. I, Leitungsinformation Nr. 5/79, Handel, vom 30.10.1979, Erste Informationen über kirchliche Aktivitäten zum 30. Jahrestag der DDR, BA, Abt. Potsdam, O-4, 407. Der scheidende Görlitzer Bischof Fränkel äußerte gegenüber dem Vorsitzenden des RdB Dresden, Scheler, »daß man sich für die Ratifizierung von SALT II entschlossen einsetzen müsse. Er sehe für sich persönlich darin auch eine wichtige Aufgabe, die er nach seiner Übersiedlung in die BRD wahrnehmen werde. Die Vorschläge des Gen. Breschnew vom 6. Oktober 1979 bezeichnete er als ein Beispiel, von dem alle lernen können. Unter Bezug auf ablehnende Stimmen aus NATO-Ländern meinte er, man müsse die Vorschläge sachgerecht prüfen und dürfe nicht mit einer vorgefaßten Meinung herangehen.« RdB Dresden, Sektor Staatspolitik in Kirchenfragen, Vermerk Lewerenz vom 31.10.1979, Gespräch des Vorsitzenden des Rates des Bezirkes Dresden mit den Bischöfen Dr. Wollstadt und D. Fränkel der Evangelischen Kirche des Görlitzer Kirchengebietes am 23.10.1979, PDS-Archiv Dresden, IV D-2.14-692. Über dieses Gespräch informierte die Görlitzer Kirchenleitung die im April tagende Synode und wertete es als ein Zeichen, »›daß das durch das Gespräch vom 6. März 1978 gekennzeichnete beiderseitige Bemühen, die Beziehungen zwischen Staat und Kirche offen zu gestalten und die anfallenden Fragen in einem guten, sachlichen Miteinander zu behandeln, sich weiterhin positiv auswirkt‹«. Arbeitsgruppe Görlitzer Synode, Görlitz, den 22.4.1980, Einschätzung der 3. ordentlichen Tagung der 8. Provinzialsynode der Evangelischen Kirche des Görlitzer Kirchengebietes vom 18.-21.4.1980, Abschrift in PDS Archiv Dresden, IV D-2.14-696.

42 Hausmitteilung Bellmann an Verner vom 2.11.1979. Bellmann zitiert hier aus einer ihm vorliegenden Gesprächsniederschrift aus dem Staatssekretariat, SAPMO-BA ZPA IV B2/14/193.

43 EZA Berlin, 4/92/702.

44 Vermerk Kalb vom 5.9.1979 über ein Gespräch mit Bischof D. Schönherr am Sonnabend, den 1.9.1979, im Büro des Bischofs, Weißensee, BA, Abt. Potsdam, O-4, 425.

45 Der außerordentliche und bevollmächtigte Botschafter der Deutschen Demokratischen Republik in den USA, Dr. Grunert, an Seigewasser vom 7.9.1979, BA, Abt. Potsdam, O-4, 479. In der Ansprache Seigewassers anläßlich des Empfanges für die Bundessynode in Dessau hieß es: »Wir hoffen [...] sehr, daß der Dialog des DDR-Kirchenbundes mit den Kirchen der USA diese veranlassen wird, in wirksamer Weise für die Ratifizierung des SALT-II-Vertrages in den USA einzutreten. Ein Scheitern dieses Vertragswerkes hätte zweifellos schwere Folgen für die Weiterentwicklung der nächsten Jahre.« Abgedruckt in »Standpunkt« 7 (1979), 291; Entwurf der Reden in BA, Abt. Potsdam, O-4, 426.

46 Im staatlichen Gesprächsvermerk (Gedächtnisniederschrift Kalb vom 30.10.1979 über ein Gespräch mit Bischof D. Dr. Schönherr anläßlich der Aushändigung der Lizenzurkunde für die Herausgabe eines Gemeindeblattes der Berlin-Brandenburgischen Kirche durch den Leiter des Presseamtes, Dr. Kurt Blecha, am 24.10.1979, SAPMO-BA ZPA IV B2/14/193) ist zwar von einem Gemeindeblatt die Rede, gemeint sein kann jedoch nur das Amtsblatt. Der hierfür wiederholt gestellte Antrag war im Frühjahr 1979 durch Seigewasser an das Presseamt weitergeleitet worden. Vgl. Vermerk Schönherr vom 22.5.1979, EZA Berlin, 101/118.

47 Gedächtnisniederschrift Kalb vom 30.10.1979 über ein Gespräch mit Bischof D. Dr. Schönherr anläßlich der Aushändigung der Lizenzurkunde für die Herausgabe eines Gemeindeblattes der Berlin-Brandenburgischen Kirche durch den Leiter des Presseamtes, Dr. Kurt Blecha, am 24.10.1979, SAPMO-BA ZPA IV B2/14/193.

48 Vgl. auch Niederschrift über die Sitzung der Kirchenleitung der VELK in der DDR vom 30.10. bis zum 1.11.1979 in Bärenfels, Klausurtagung, LKA Hannover, D 15 XII, K 36/224/IX a.

49 EZA Berlin, 101/343; auch SAPMO-BA ZPA IV B2/14/80. Zum Scheitern des Versuchs, Mecklenburgs Bischof Rathke zur Unterschrift zu bewegen, vgl. Aktenvermerk Wilke an den Staatssekretär vom 22.11.1979, BA, Abt. Potsdam, O-4, 425.

50 Dresden, den 17.12.1979, Genosse Dr. Dohle: Aktuelle kirchenpolitische Situation in der DDR, PDS-Archiv Dresden, IV D-2.14-690.

51 Vgl. Monatsinformation Handel-Wilke vom 28.12.1979, BA, Abt. Potsdam, O-4, 408.

52 Vgl. Einschätzung Wilke der Herbstsynoden der Evangelischen Landeskirchen vom 18.12.1979, BA, Abt. Potsdam, O-4, 407. Dem widerspricht jedoch Leichs Angabe, er habe sich wegen eines Urlaubs durch OKR Zilz vertreten lassen. Vgl. Bericht des Landeskirchenrates für die 3. Tagung der VI. Synode der Evang.-Luth. Kirche in Thüringen vom 29.11.-2.12.1979, LKA Hannover, D 15 XII, K 66/343/VI. Leich erklärte im übrigen, er könne die Willenserklärung nicht unterzeichnen, da er sich an den KKL-Beschluß gebunden fühle. Vgl. Monatsinformation Handel-Wilke vom 28.12.1979, BA, Abt. Potsdam, O-4, 408.

53 Einschätzung Wilke der Herbstsynoden der Evangelischen Landeskirchen vom 18.12.1979, BA, Abt. Potsdam, O-4, 407. Dies lag nach Leichs Angaben aber auf der Linie des Wortes an die Gemeinden. Vgl. Bericht des Landeskirchenrates für die 3. Tagung der VI. Synode der Evang.-Luth. Kirche in Thüringen vom 29.11.-2.12.1979, LKA Hannover, D 15 XII, K 66/343/VI. Vgl. aber das von Leich unterzeichnete Schreiben des Landeskirchenrats der Evang.-Luth. Kirche in Thüringen an alle Pfarrämter vom 6.11.1979, das das Wort an die Gemeinden »zur weiteren Verwendung« weiterleitet. LKA Hannover, D 15 XII, K 65/341/I. Dies geschah allerdings verspätet. Vgl. Monatsinformation Handel-Wilke vom 28.12.1979, BA, Abt. Potsdam, O-4, 408.

54 Information Kalb vom 8.11.1979. In den Verteiler des Schreibens waren auch Honecker und Stoph aufgenommen. BA, Abt. Potsdam, O-4, 425; auch SAPMO-BA ZPA IV B2/14/40, in verkürzter Fassung vom 7.11.1979 in BA, Abt. Potsdam, O-4, 1437. Vgl. auch Vermerk Lewek über das Gespräch beim amtierenden Staatssekretär für Kirchenfragen in der Angelegenheit des Schreibens an die Regierung vom 1.11.1979 betr. Unterschriftensammlung zu der »Willenserklärung der Deutschen Demokratischen Repu-

blik«. Der Vermerk wurde am 9.11.1979 durch Stolpe den KKL-Mitgliedern zugänglich gemacht, EZA Berlin, 101/343.

55 Informationsbericht Tandetzki (Abt. Inneres, Dessau) vom 5.11.1979 über das Reformationstreffen der Jugend am 3./4.11.1979 in Dessau, LPA Halle, KL Dessau, IV D-4/06/113.

56 RdB Halle, Stellvertreter des Vorsitzenden für Inneres, Pöhner, Information vom 15.11.1979 über das Gespräch mit Kirchenpräsident Eberhard Natho am 14.11.1979, LPA Halle, IV D-2/14/478.

57 Die Mitarbeiterin im Staatssekretariat für Kirchenfragen, Janott, hielt fest: »Der WAK hat seine Tätigkeit wieder aufgenommen, jedoch verfolgt die Leitung noch immer einen sehr ›engen‹ und zum Teil sogar sektiererischen Kurs. [...] Diese Entwicklung ist im Hinblick auf die Bischofswahl im Jahre 1981 von besonderer Bedeutung.« Vorlage Janott vom 29.5.1980 an die Dienstbesprechung am 2.6.1980, Information zum Stand der Arbeit mit dem Evangelischen Pfarrertag in der DDR und den innerkirchlichen Gruppierungen entsprechend der am 12.11.1979 bestätigten Konzeption, BA, Abt. Potsdam, O-4, 408. Hans Wilke berichtete am 26.2.1980: »Die ersten Ergebnisse der differenzierten Arbeit mit Mitgliedern des WAK beweisen, daß es uns gelingt, sie in die differenzierte positive Arbeit hineinzuführen und ihre zu pauschale Antihaltung gegenüber Bischof Schönherr abzubauen. Oft ist es allerdings so, daß sie nicht erkennen, wie man Schritt für Schritt und auch taktisch gut überlegend die realistischen Positionen unter den Geistlichen verbreitern muß. Es gibt noch zu viele, die meinen, mit einer Kritik an der Kirchenleitung ihre Aufgabe bereits erfüllt zu haben.« Kurzbericht über die Beratung der Bezirke Berlin-Brandenburg am 6.2.1980 beim Magistrat von Berlin, BA, Abt. Potsdam, O-4, 414. Im September 1980 schrieb Janott: »Die Gespräche mit dem engeren Leiterkreis zur Zurückdrängung von sektiererischen Tendenzen sind fortzusetzen.« Außerdem sollte über die Tätigkeit des WAK ein Beitrag in der Zeitschrift »Standpunkt« erscheinen. Vorlage Janott vom 26.9.1980 für die Dienstbesprechung am 29.9.1980, Maßnahmeplan zur weiteren Arbeit gegenüber den innerkirchlichen Gruppierungen, BA, Abt. Potsdam, O-4, 408. Zum Weißenseer Arbeitskreis vgl. auch den ca. 1980 angefertigten Bericht über die staatliche Tätigkeit auf dem Gebiet der Kirchenpolitik in der Hauptstadt der DDR, Berlin: »Ferner wirken vereinzelte, aber aktive linkssektiererische Kräfte in der Kirche, die zum Teil bis heute noch nicht die Bedeutung des Gesprächs des 6.3.1978 anerkennen, es als gegen die progressiven Kräfte und ihre kirchenpolitische Tätigkeit gerichtet betrachten.« SAPMO-BA ZPA IV B2/14/119. Ähnlich hieß es in einer Dresdener Einschätzung über den Vorsitzenden der Kirchlichen Bruderschaft Sachsens, Walter Feurich: »Dr. Feurich neigt dazu, Meinungen von staatlicher Seite, die mit seinen Auffassungen nicht übereinstimmen, dahingehend zu interpretieren, der Staat habe sich mit den Kirchen arrangiert und lasse die progressiven Kräfte im Stich. Diese These wird von Dr. Feurich dann auch bei jeder sich bietenden Gelegenheit verbreitet.« RdB Dresden, Sektor Staatspolitik in Kirchenfragen, Information Lewerenz vom 19.11.1980 über Aktivitäten des Leiterkreises der »Kirchlichen Bruderschaft Sachsens«, PDS-Archiv Dresden, IV D-2.14-692.

58 Monatsinformation Handel-Wilke vom 28.12.1979, BA, Abt. Potsdam, O-4, 408.

59 Vgl. ebd. Vgl. auch Konzeption Wilke zur weiteren Arbeit mit innerkirchlichen Gruppierungen vom 8.11.1979, Vorlage an die Dienstbesprechung am 12.11.1979, BA, Abt. Potsdam, O-4, 407. Vgl. auch Vorlage Janott vom 29.5.1980 an die Dienstbesprechung am 2.6.1980, Information zum Stand der Arbeit mit dem Evangelischen Pfarrertag in der DDR und den innerkirchlichen Gruppierungen entsprechend der am 12.11.1979 bestätigten Konzeption. Dort heißt es: »Im gegenwärtigen Prozeß der kirchenpolitischen Entwicklung wurde eine stärkere Aktivierung aller realistischen und fortschrittlich orientierten Kräfte in den Kirchen als unerläßliche Potenz für eine wirksamere Durchsetzung unserer kirchenpolitischen Linie erkannt.« BA, Abt. Potsdam, O-4, 408. Vgl. auch Vorlage Janott vom 26.9.1980 für die Dienstbesprechung am 29.9.1980, Maßnahmeplan zur weiteren Arbeit gegenüber den innerkirchlichen Gruppierungen, a.a.O.

60 Vgl. Monatsinformation Handel-Wilke vom 28.12.1979, BA, Abt. Potsdam, O-4, 408.

61 Information Wilke vom 5.12.1979 über den Inhalt der Herbstsynoden der Evangelischen Landeskirchen in der DDR, BA, Abt. Potsdam, O-4, 407. Vgl. auch Einschätzung Wilke der Herbstsynoden der Evangelischen Landeskirchen vom 18.12.1979, BA, Abt. Potsdam, O-4, 407.

62 Information Wilke vom 5.12.1979 über den Inhalt der Herbstsynoden der Evangelischen Landeskirchen in der DDR, BA, Abt. Potsdam, O-4, 407. In einer Einschätzung des RdB Dresden heißt es: »Die vom 20.-24.10.1979 tagende Synode der Landeskirche Sachsens bezog trotz eindringlicher Mahnung durch den anwesenden Leiter des Sekretariats des Bundes der Evangelischen Kirchen in der DDR keine Stellung zu den Breschnew-Vorschlägen«. Ratsinformation über die gegenwärtige kirchenpolitische Lage (Ende 1979), PDS-Archiv Dresden, IV D-2.14-689.

63 Bischof Gienke unterzeichnete als einziger DDR-Bischof die Willenserklärung. Vgl. Monatsinformation Handel-Wilke vom 28.12.1979, BA, Abt. Potsdam, O-4, 408. Die Greifswalder Kirchenleitung hatte auch positive Gespräche mit der CFK geführt.»)Dabei zeigte sich, daß beide Gesprächspartner in einer Reihe von Problemen Übereinstimmung erzielten.«‹ Information Wilke vom 5.12.1979 über den Inhalt der Herbstsynoden der Evangelischen Landeskirchen in der DDR, BA, Abt. Potsdam, O-4, 407.

64 Information Wilke vom 5.12.1979 über den Inhalt der Herbstsynoden der Evangelischen Landeskirchen in der DDR, a.a.O.

65 Vgl. Monatsinformation Handel-Wilke vom 28.12.1979, BA, Abt. Potsdam, O-4, 408.

66 Ebd.

67 Das Schreiben schloß mit »Freundliche Grüße!« SAPMO-BA ZPA IV B2/14/80.

68 Schreiben Lingner an Wilkens vom 12.11.1979, EZA Berlin, 4/92/702.

69 Vgl. Schreiben Lingner an von Keler vom 19.10.1979, a.a.O. Vgl. auch Schreiben Lingner an Wilkens vom 12.11.1979, a.a.O.

70 Die Konferenz fand vom 12.-24.7.1979 in Cambridge (nahe Boston)/Mass. USA statt. Heino Falcke hielt ein vielbeachtetes Referat, abgedruckt in KJ 1979, 432-436. Horst Dohle kritisierte die hier vorgenommene Gleichsetzung westlicher und östlicher Umweltpolitik. Vgl. Dresden, den 17.12.1979, Genosse Dr. Dohle: Aktuelle kirchenpolitische Situation in der DDR, PDS-Archiv Dresden, IV D-2.14-690.

71 Hierbei handelte es sich um ein von der KEK verantwortetes Programm. Abt. Intern. Beziehungen, Information vom 11.12.1979 über Verlauf und Ergebnisse der VIII. Vollversammlung der Konferenz Europäischer Kirchen vom 15. bis zum 25.10.1979 in Griechenland, BA, Abt. Potsdam, O-4, 407.

72 Vermerk Lingner vom 16.12.1979 über das Treffen zwischen Mitgliedern der Kammer für Öffentliche Verantwortung und Mitgliedern des Ausschusses Kirche und Gesellschaft am 15.12.1979, EZA Berlin, 4/91/532.

73 AV Bonn, Pol. Abteilung, Vermerk Schindler vom 5.6.1979 über ein Treffen des Botschafters, Gen. Ewald Moldt, mit dem Vorsitzenden des Rates der EKU der BRD, Präses Karl Immer, und dem stellv. Ratsvorsitzenden der EKD, Kirchenpräsident Helmut Hild, am 2. Juni 1979, SAPMO-BA ZPA IV B2/14/155.

74 Schreiben Stolpe an Binder vom 17.3.1978 mit Anlage, ABB Bonn, Akte Berliner Stelle der EKD.

75 Vgl. E. Mende, Von Wende zu Wende. 1962-1982, 269.

76 Forschungsverbund SED-Staat der FU, zit. nach WamS vom 9.1.1994. Nach WamS vom 16.1.1994, 41, erfolgten diese inoffiziellen Kontakte zur DDR-Regierung »offenbar mit Billigung von Willy Brandt«. Laut eines MfS-Papiers vom 2.12.1970 teilte eine westdeutsche Quelle mit, »daß der inoffizielle Kontakt auch von Bahr wahrgenommen werden könne« – dem Chefunterhändler der Bundesregierung bei den Gesprächen zum Grundlagenvertrag mit der DDR (a.a.O.). Siehe zur SED-Strategie in bezug auf die Kontakte zu westlichen Politikern auch J. Staadt, Die geheime Westpolitik der SED 1960-1970; ders., Die SED-Kampagne gegen Herbert Wehner. Neue historische Quellen und der Umgang mit ihnen, in: DA 27 (1994), 345-354.

77 Zit. nach Michael Lemke, Als Wehner »irgendwie mit der SED ins Gespräch kommen« wollte, in: FAZ Nr. 168 vom 23.7.1993, 8.

78 Zit. nach ebd.

79 So Hans-Peter Schwarz (War die Bundesrepublik ein penetriertes System?, RhM vom 4.2.1994, 3 f.) als deutsche Übersetzung des Kissinger-Wortes von den »back channels«.

80 Vgl. FAZ vom 10.1.1994, 3; »Der Spiegel« Nr. 2 vom 10.1.1994, 58-64. Siehe aber auch »Die Zeit« Nr. 8 vom 18.2.1994 und WamS Nr. 8 vom 20.2.1994, 26. Zu Wehners Moskauer Zeit vgl. jetzt auch A. Vaksberg, Hotel Lux. Aus den hier veröffentlichten Dokumenten geht hervor, daß der SED das Material für Erpressungsversuche nicht tauglich schien. Vgl. auch K. Wiegrefe/C. Tessemer, Deutschlandpolitik in der Krise. Herbert Wehners Besuch in der DDR 1973, in: DA 27 (1994), 600-627. Der Wehner-Vertraute Karl Wienand, von 1967 bis 1974 Parlamentarischer Geschäftsführer der SPD-Bundestagsfraktion, steht unter dem Verdacht, als IM »Streit« gegen Zahlung von Honoraren mit dem MfS zusammengearbeitet zu haben (vgl. FAZ vom 14.1.1994; WamS 16.1.1994). 1972 wurde Wienand beschuldigt, den CDU-Bundestagsabgeordneten Julius Steiner mit 50 000 DM bestochen zu haben, um den Sturz Willy Brandts als Bundeskanzler der sozialliberalen Koalition durch ein konstruktives Mißtrauensvotum der CDU/CSU-Opposition zu verhindern. Die Bestechungssumme stammte vom MfS, wie Markus Wolf bestätigte (a.a.O.). Inzwischen ist ein Vermerk Willy Brandts aus dem Jahr 1992 aufgetaucht, wonach Valentin Falin dem SPD-Vorsitzenden mitgeteilt haben soll, daß Wienand seit 1975 für den KGB gearbeitet haben soll (FAZ vom 20.1.1995). Der FR (21.1.1995) zufolge haben Wehner und Wienand »in den 70er und 80er Jahren hinter dem Rücken von Kanzler Brandt und Helmut Schmidt als Geheimkuriere zwischen Bonn, Ost-Berlin und Moskau gewirkt«. Siehe auch »Der Spiegel« 4/95 vom 23.1.1995; FR vom 25.1.1995; FAZ vom 26.1.1995. Vgl. zu dem Vorgang auch F.J. Strauß, Die Erinnerungen, 447 ff. Siehe insgesamt R. Müller, Die Akte Wehner.

81 F.J. Strauß, Erinnerungen, 403.

82 R. Reitz, Christen und Sozialdemokratie.

83 A.a.O., 327.

84 A.a.O., 326.

85 R. Reitz (Hg.), Herbert Wehner.

86 A.a.O., 14.

87 A.a.O., 17.

88 A.a.O., 23.

89 Ebd.

90 G. Scholz, Herbert Wehner, 57-68.

91 A.a.O., 66.

92 A.a.O., 64.

93 W. Brandt, Erinnerungen, 341 f.

94 Vgl. Brandt-Nachruf von E. Eppler, in: »Der Spiegel« 42/1992, 26-28.

95 K. Scharf, Politiker und Christ, in: G. Jahn (Hg.), Herbert Wehner, 244.

96 Ebd.

97 Zit. nach epd ZA Nr. 19 vom 26.1.1990, 6 f.

98 H. Soell, Der junge Wehner, 84.

99 A.a.O., 102.

100 A.a.O., 224.

101 Vgl. a.a.O., 205 f. Hier zitiert Soell u. a. ein Wehner-Diktum aus dem Jahr 1926: »Was den Christen Gott bedeutet, ist für die Marxisten die Geschichte. Sie machten aus ihr eine Person und mystifizierten sie. Wer aber solche Anschauungen hat von der Welt, der kann unmöglich tatkräftig und wahrhaft revolutionär sein. Wenn man sich geleitet fühlt von einem höheren Wesen, dann ist man unfähig, kühn voranzugehen und auf sich allein zu vertrauen«. A.a.O., 206.

102 Vgl. Selbstbesinnung und Selbstkritik.

103 H. Soell, Der junge Wehner, 505.

104 A.a.O., 506.
105 A.a.O., 508.
106 So Scharf, Politiker und Christ, 244.
107 So Scholz, Herbert Wehner, 62.
108 Vgl. E. Lohse, Erneuern und Bewahren, 113. Von seiten des Rates nahmen Lohse, von Keler und Kruse an dem Gespräch teil. Vgl. Protokoll in EZA Berlin, 2/93/881.
109 Zit. nach Reitz, Herbert Wehner, 134 f.
110 A.a.O., 157.
111 A.a.O., 168. H. Wehner, Evangelische Kirche und deutsche Wiedervereinigung, in: LM 7 (1968), 224-227, Zitat: 227.
112 Vgl. der Streit der Ideologien und die gemeinsame Sicherheit. Vgl. auch H. Neubert, Zum gemeinsamen Ideologie-Papier von SED und SPD aus dem Jahr 1987.
113 Schreiben vom 10.7.1986, EZA Berlin, 101/93/247.
114 Zu dieser Fragestellung ist aus diesem Zeitraum in den Akten des Staatssekretärs für Kirchenfragen sowie der Abteilung Kirchenfragen beim ZK der SED kein Gesprächsvermerk überliefert.
115 Stolpe an Binder vom 12.7.1978, ABB Bonn, Akte Berliner Stelle.
116 Vermerk Binders für Wischnewski vom 12.7.1978, a.a.O.
117 Ebd.
118 Vermerk Schönherr vom 20.12.1978 über ein Gespräch mit Herrn Paul Verner am 18.12.1978 in seinen Diensträumen im ZK, EZA Berlin, 101/93/14.
119 Vgl. H. Schmidt, Menschen und Mächte, 72 ff.
120 Vgl. Besier/Wolf, Pfarrer, Christen und Katholiken, 43; 734 f. Vgl. auch Schreiben von Botschaftsrat Schindler, Ständige Vertretung der DDR in Bonn, Politische Abteilung, an Hans Weise vom 20.2.1980. Schindler berichtete, eine Delegation der Kommission kirchlicher Jugendarbeit beim BEK sowie des Ökumenischen Jugendrates der DDR hätte sich am 19.2. bei einem für sie durch Binder gegebenen Empfang unter anderem mit Huonker und Schmude getroffen: »Das ist für eine derartige Veranstaltung eine ungewöhnlich hohe Besuchsebene. Nach unserem Überblick haben die Mitglieder der Delegation aus der DDR« die Veranstaltung »genutzt, um mit ihren Partnern vertiefende Gespräche zu führen. Sie traten eindeutig im Sinne der Sicherung des Friedens und der Entspannung auf. Die kirchlichen Vertreter aus der BRD zeigten sich überwiegend sehr aufgeschlossen und waren zu politischen Gesprächen bereit. Der Aufenthalt derartiger Delegationen bietet gute Möglichkeiten, mit unserer Argumentation Kreise zu erreichen, mit denen nicht ständig Gespräche geführt werden können. Wir bitten daher, daß wir künftig beim Besuch kirchlicher Delegationen rechtzeitig informiert werden, um die Veranstaltungen entsprechend vorbereiten zu können.« BA, Abt. Potsdam, O-4, 4872.
121 Urteil des Bundesverfassungsgerichtes zum Grundvertrag vom 31.7.1973 (2 BvF 1/73), in: DA 6 (1973), 1211-1228, Zitat: 1211 f.
122 So E. Lohse, Erneuern und Bewahren, 113.
123 »Der Spiegel« 6/77, 22. Vgl. auch G. Gaus, Die Welt der Westdeutschen, bes. 188 ff.; ders., Deutschland im Juni.
124 In: Deutscher Evangelischer Kirchentag: Berlin 1977. Dokumente, 580.
125 Ansprache Krusches am 15.6.1979 in der Frauenkirche Nürnberg, abgedruckt in epd-Dok 33-34/79, 111 f.
126 Vermerk Schönherr vom 20.12.1978 über ein Gespräch mit Herrn Paul Verner am 18.12.1978 in seinen Diensträumen im ZK, EZA Berlin, 101/93/14.
127 Kirchenpräsident Eberhard Natho (Dessau): Bericht des Ratsvorsitzenden. Gehalten vor der 5. Synode der Evangelischen Kirche der Union – Bereich DDR – auf ihrer 3. Tagung vom 16. bis zum 18. Mai 1980 in Ost-Berlin, in: epd-Dok 30/80, 10-33, hier: 24.
128 Vgl. zur Wertung der »Geraer Forderungen« J. Roesler, Der Einfluß der Außenwirtschaftspolitik auf die Beziehungen DDR-Bundesrepublik. Die achtziger Jahre, in: DA 26 (1993), 558-572, Zitat: 562 f., Anm. 30.
129 Vgl. E. Lohse, Erneuern und Bewahren, 125.

130 Bericht O. Lingner am 19. 6.1985 vor der Beratergruppe, ABB, Bonn, Akte Beratergruppe. Vgl. auch das Interview mit Olaf Lingner, in: G. Helwig/D. Urban (Hgg.), Kirchen und Gesellschaft in beiden deutschen Staaten, 210 ff.

131 Lingner, Dienststellenleiter – 18.11.1985. Erfahrungen – Perspektiven des Referenten der »BlSt« 1970 bis 1985, EZA Berlin, 101/93/815.

132 Heidingsfelds Reiseberichte befinden sich u. a. im Archiv des EKD-Bevollmächtigten in Bonn.

133 So auch Heidingsfeld, Die »besondere Gemeinschaft« der Kirchen – Stabilisierung der DDR?, in: T. Rendtorff (Hg.), Protestantische Revolution?, 79-110, hier: 92.

134 Die DDR sprach immer von »Staatsbürgerschaft«, die Bundesrepublik hielt dagegen an dem Terminus »Staatsangehörigkeit« fest.

135 Vgl. E. Lohse, Erneuern und Bewahren, 50 f.

136 MfS-Information »Sekretär« über Gespräche des Vorsitzenden des Bundes der Evangelischen Kirchen in der DDR […] Schönherr mit leitenden Bischöfen der BRD und des SPD-Vorsitzenden W. Brandt, zit. nach Bericht des Brandenburgischen Untersuchungsausschusses 1/3 vom 29.4.1994, Anlagen Teil B, Anlage, 19.31.

137 Ebd.

138 Ebd.

139 Ebd.

140 Vgl. Meinungen staatlicher und kirchlicher Persönlichkeiten der BRD zu den NATO-Beschlüssen und zum Besuch von Bundeskanzler Schmidt in der DDR (Information »Sekretär«), in: Bericht des Brandenburgischen Untersuchungsausschusses 1/3 vom 29.4.1994, Anlagen Teil B, Anlage, 19.32.

141 Ebd.

142 Vgl. Protokoll Schönherr-Stolpe-Demke der 65. Tagung der Konferenz der Ev. Kirchenleitungen in der DDR am 11./12.1.1980: »[TOP] 3.2. Kontakte zur EKD – Die Konferenz beauftragt den Vorsitzenden mit dem Ratsvorsitzenden Verbindung aufzunehmen und dem Rat unter Bezug auf das Wort zum Frieden (1.9.1979) und im Blick auf die gegenwärtige Gefährdung der Entspannung die Bildung einer kleinen Gruppe für Konsultationen zur Frage der Friedenssicherung vorzuschlagen. Ziel der Konsultationen soll die gegenseitige Verdeutlichung der Probleme und der Vorhaben der Kirchen sein. Etwa sechs Mitglieder der Konferenz sollten für diese Konsultationen bereitstehen. Der Vorstand wird um eine entsprechende Nominierung gebeten.« Sollte der Rat der EKD den Konsultationen zustimmen, beschloß man, Schönherr, Gienke, Falcke, Große, Domsch und Stolpe zu entsenden. EZA Berlin, 101/307.

143 Abgedruckt in: Kirche als Lerngemeinschaft, 262-265.

144 Wilfried Koltzenburg, Reg.-Nr.XV-4029/65.

145 Ernst Petzoldt, Reg.-Nr. XV-4086/79.

146 MfS-Information über Tagung der Konferenz der Evangelischen Kirchenleitungen am 11./12.1.1980 in Berlin, zit. nach Bericht des Brandenburgischen Untersuchungsausschusses 1/3 vom 29.4.1994, Anlagen Teil B, Anlage, 19.33.

147 A.a.O.

148 A.a.O.

149 Schreiben Schönherr an Lohse vom 24.1.1980, ABB Bonn, Akte Konsultationsgruppe. Auszugsweise zitiert in KJ 1980, 376.

150 Vgl. Garmisch-Partenkirchen 1980.

151 H. Küng, Christ sein.

152 Zit. nach KJ 1980, 114-116, hier: 115.

153 Schreiben Lohse an Schönherr vom 5.2.1980, ABB Bonn, Akte Konsultationsgruppe.

154 Vgl. dazu Kirche als Lerngemeinschaft, 262 ff. Auch diese Erklärung des Kirchenbundes, erarbeitet vom Präsidium des KKL-Vorstandes wurde »durch inoffizielle Kräfte beeinflußt und abgesichert – über ihren Verlauf wird informiert« – durch IMV »Sekretär«. Vgl. MfS-Information vom 29.1.1980, zit. nach Bericht des Brandenburgischen Untersuchungsausschusses 1/3 vom 29.4.1994, Anlagen Teil B, Anlage 19.34.

155 Pressemeldung, ABB Bonn, Akte Konsultationsgruppe. Auch in ena XXXIII/12 vom 19.3.1980.

156 EZA Berlin, 101/338; auch LKA Hannover, D 15 XII, K 102/5910/II. Abgedruckt in »Standpunkt« 7 (1979), 290 f. Das Schreiben wurde im November 1979 durch Seige-wassers Nachfolger Klaus Gysi beantwortet: »Sie dürfen gewiß sein, daß sein Wirken fortleben wird in unserem stetigen Streben, die vertrauensvollen Beziehungen zwi-schen Staat und Kirche zu festigen und den Anliegen der Kirchen und Religionsge-meinschaften mit hohem Verständnis zu begegnen.« EZA Berlin, 101/338. Vgl. auch Nachdruck des ZK der SED und des Ministerrats der DDR auf Seigewasser, abgedruckt in »Standpunkt« 7 (1979), 290 f.

157 Vgl. Schönherrs Gratulationsschreiben an Lohse zu dessen Wahl zum Ratsvorsitzenden vom 23.5.1979: »Ich hoffe – und ich freue mich darauf –, daß Ihr neues Amt uns ver-mehrte Möglichkeiten der Begegnung und des Austausches bringen wird.« EZA Berlin, 101/322.

158 LKA Hannover, D 15 XII, K 102/5910/II.

159 Das Telegramm gab das Sekretariat des BEK mit Schreiben vom 6.11.1979 den Mitglie-dern und Beratern der KKL durch Franke bekannt, EZA Berlin, 101/338.

160 Anruf aus Genf am 22.10.1979 betr. Kondolenzschreiben von Generalsekretär D. Carl Mau an die Regierung der DDR zum Tode von Staatssekretär Hans Seigewasser, LKA Hannover, D 15 XII, K 102/5910/II. Heinrich Rathke, Leitender Bischof der VELK DDR, schrieb am 19.10.1979 der Witwe, Gerda Seigewasser, einen Brief, in dem es u. a. hieß: »Die Nachricht vom Tod Ihres Gatten erreichte uns in Berlin während einer Sitzung. Wir haben sofort innegehalten, haben in der Stille an Ihren verehrten Gatten und an alle, die um ihn trauern, gedacht. Wir haben dann so, wie wir es unter Christen halten, gebetet und miteinander ein gemeinsames Vaterunser gesprochen und darin unserer Anteilnahme besonderen Ausdruck verliehen. Ihr Mann hat manches Mal, wenn er un-ter uns war, erlebt, wie wir als Christen miteinander beteten und hat dies zu achten ge-wußt.« LKA Hannover, D 15 XII, K 102/5910/II.

161 Vgl. Vermerk Schönherr vom 26.10.1979, EZA Berlin, 101/1190, Bd. II.

162 Gedächtnisniederschrift Kalb vom 30.10.1979 über ein Gespräch mit Bischof D. Dr. Schönherr gelegentlich der Aushändigung der Lizenzurkunde für die Herausgabe eines Gemeindeblattes der Berlin-Brandenburgischen Kirche durch den Leiter des Presseam-tes, Dr. Kurt Blecha, am 24.10.1979, SAPMO-BA ZPA IV B2/14/193. Vgl. auch Ver-merk Schönherr, EZA Berlin, 101/338. Dort heißt es außerdem, Kalb habe noch gefragt, »ob wir den Wunsch hätten, ›offizielle Kränze‹ durch Offiziere der NVA niederlegen zu lassen. Ich erwiderte, daß ich solche Wünsche für unwahrscheinlich halte. Herr Kalb war offensichtlich erleichtert, weil sich ja dann auch einige protokollarische Fragen er-geben würden bezüglich der Behandlung anderer kirchlicher Gruppierungen.« Ebd.

163 Zum Verhältnis Leich-Seigewasser vgl. auch Gesprächsbeitrag von Landesbischof W. Leich anläßlich der Begegnung zwischen dem Staatssekretär für Kirchenfragen und dem Landeskirchenrat am 23.1.1979, LKA Hannover, D 15 XII, K 102/5910/II.

164 Im Oktober 1980 wurde eine Eisenacher Straße in Dr.-Moritz-Mitzenheim-Straße um-benannt. Vgl. Abt. I, Leitungsinformation 6/80 Janott-Handel vom 6.1.1981, Vorlage für die Dienstbesprechung am 12.1.1981, BA, Abt. Potsdam, O-4, 409.

165 Bericht des Landeskirchenrates für die 3. Tagung der VI. Synode der Evang.-Luth. Kir-che in Thüringen vom 29.11.-2.12.1979, LKA Hannover, D 15 XII, K 66/343/VI.

166 Vgl. ebd.

167 Vermerk Stolpe Trauerfeier Seigewasser, Sachstand 30.10.1979, EZA Berlin, 101/338.

168 Ein Jahr nach Amtsantritt unterbreitete Gysi Honecker den Vorschlag, die Arbeits- und Organisationsstruktur der von ihm geleiteten Dienststelle effizienter zu gestalten. Es ginge »im Kern darum, aus einer überwiegend als Verwaltungsorgan konzipierten Dienststelle […] ein leistungsfähiges politisch-ideologisches Führungsorgan der Kir-chenpolitik zu machen, das gleichzeitig die Verwaltungsaufgaben korrekt erledigt.« Schreiben vom 16.12.1980, SAPMO-BA ZPA IV B 2/14/37.

169 Information über ein Gespräch mit dem Kirchenpräsidenten der Evangelischen Landeskirche Anhalts, Eberhard Natho, am 28.3.1980, PDS-Archiv Halle, IV D-2/14/478.
170 Abt. Intern. Beziehungen, Vermerk Weise vom 26.1.1980, BA, Abt. Potsdam, O-4, 4894.
171 Vgl. handschriftliche Randbemerkung Weise vom 1.2.1980, a.a.O.
172 Auch Eberhard Natho fragte auf Bezirksebene besorgt an, ob ein Spitzentreffen zwischen Honecker und Schmidt wegen der zugespitzten politischen Situation gefährdet sei. Vgl. Information über ein Gespräch mit dem Kirchenpräsidenten der Evangelischen Landeskirche Anhalts, Eberhard Natho, am 28.3.1980, PDS-Archiv Halle, IV D-2/14/478.
173 Vermerk Gysi vom 19.3.1980 über Gespräch in der Dienststelle des Staatssekretärs für Kirchenfragen am 17.3.1980, SAPMO-BA ZPA IV B 2/14/40.
174 Stolpe informierte später die AG Kirchenfragen beim ZK, er habe gemeinsam mit Schönherr darauf eingewirkt, daß der Britische Kirchenrat den Olympiaboykott nicht unterstützte. »Bischof Schönherr habe argumentiert: Die Nichtteilnahme in Moskau wäre ein ›zweites Brüssel‹. Mit der EKD gebe es in dieser Hinsicht keine Probleme«, so Stolpe. Arbeitsgruppe Kirchenfragen, Information vom 7.4.1980 über ein Gespräch mit Oberkonsistorialrat Stolpe am 3.4.1980, a.a.O. In einer staatlichen Einschätzung hieß es 1980 zu Schönherr: »Bischof Schönherr [...] gehört zu den realistisch denkenden und handelnden kirchenleitenden Persönlichkeiten in der DDR. Er bemüht sich um sachliche und vertrauensvolle Beziehungen zu den staatlichen Organen. In der Berlin-Brandenburgischen Kirche hatte er wesentlichen Anteil daran, daß die Abgrenzung und relative Verselbständigung zu der Kirche in Berlin (West) vollzogen wurde. Obwohl er in innerkirchlichen Auseinandersetzungen dem Druck politisch-negativer Kräfte nachgibt, hat er sich um die Entwicklung der Beziehungen Staat-Kirche verdient gemacht.« Bericht über die staatliche Tätigkeit auf dem Gebiet der Kirchenpolitik in der Hauptstadt der DDR, Berlin [ca. 1980], SAPMO-BA ZPA IV B2/14/119. An anderer Stelle hieß es, daß Schönherr sich geweigert habe, einer zum 100. Geburtstag seines Vorvorgängers Otto Dibelius in Berlin (West) geplanten Festschrift einen Beitrag beizusteuern. Vgl. Kurzbericht Wilke vom 26.2.1980 über die Beratung der Bezirke Berlin-Brandenburg am 6.2.1980 beim Magistrat von Berlin, BA, Abt. Potsdam, O-4, 414.
175 Vermerk Gysi vom 19.3.1980 über Gespräch in der Dienststelle des Staatssekretärs für Kirchenfragen am 17.3.1980, SAPMO-BA ZPA IV B 2/14/40.
176 Schreiben Gysi an Verner vom 3.4.1980, BA, Abt. Potsdam, O-4, 1437. Vgl. auch Steinbach an Gysi vom 31.3.1980, a.a.O.
177 Vgl. Vermerk Wilke vom 8.4.1980, a.a.O.
178 Information Gysi vom 2.5.1980 über ein Gespräch mit Bischof Schönherr am 25.4.1980, BA, Abt. Potsdam, O-4, 426; auch SAPMO-BA ZPA IV B2/14/40.
179 Ministerium für Auswärtige Angelegenheiten, AV-Mitteilung von Botschaft London, Kulturattaché Lange, vom 28.4.1980 an Staatssekretariat für Kirchenfragen, Abteilung für internationale Beziehungen, betr. Gespräch mit dem britischen Kirchenfunktionär Oestreicher, BA, Abt. Potsdam, O-4, 634. Zu Oestreicher vgl. auch dessen Selbstdarstellung »Aufs Kreuz gelegt.
180 Schreiben Weise an Lange vom 20.5.1980, BA, Abt. Potsdam, O-4, 634. Oestreichers Verhältnis zum Staatssekretariat für Kirchenfragen war so gut, daß er die Genossen sofort informierte, wenn im Ausland Aktivitäten gegen Maßnahmen des SED-Staates geplant oder entwickelt wurden. Bellmann berichtete Paul Verner am 10.1.1984: »Der Hauptabteilungsleiter in der Dienststelle des Staatssekretärs für Kirchenfragen, Genosse Peter Heinrich, teilte mir telefonisch soeben folgendes mit: Der Leiter des Außenamtes des Britischen Kirchenrates, Rev. Paul Oestreicher, der mit Genossen Gysi bekannt ist und die Dienststelle wiederholt aufsuchte, hat aus London angerufen und mitgeteilt, daß am Wochenende in Stockholm anläßlich der Konferenz über vertrauens- und sicherheitsbildende Maßnahmen und Abrüstung Aktivitäten zur Freilassung der in der DDR inhaftierten Bärbel Bohley und Ulrike Poppe zu erwarten seien (Bildung eines Komitees mit dieser Zielsetzung oder ähnliches). In der vergangenen Woche

wären in London ›dubiose Friedensfreunde aus dem Westen‹ beisammen gewesen und hätten solche Aktionen beraten. Die Genossen des MfS sind darüber informiert worden.« SAPMO-BA ZPA IV B2/14/197. Während der Friedensdekade 1984 solle sich Oestreicher »gegen die sogenannte Freiheitsideologie des Westens« ausgesprochen haben, »da sie einen Angriff gegen die sozialistischen Staaten einschließe.« Abt. II, Abschlußinformation vom 22.11.1984 über den Verlauf der Friedensdekade 1984, BA, Abt. Potsdam, O-4, 949; auch SAPMO-BA ZPA IV B2/14/96. Andererseits soll der Brite aber auch die Erstschlagkonzeption der USA bezweifelt haben. Vgl. Bericht zur kirchenpolitischen Situation in Berlin, Hauptstadt der DDR (entsprechend Rahmenplan der Dienststelle des Staatssekretärs für Kirchenfragen), Oktober/November 1984, BA, Abt. Potsdam, O-4, 1129.

181 Vgl. dazu die Auseinandersetzung um die Rolle Martin Niemöllers als »der prominenteste nichtkommunistische Anwalt kommunistischer Friedenspolitik« (idea spektrum 50/1994, 9). Darauf reagierte die Evangelische Kirche in Hessen und Nassau mit einer empörten Pressemitteilung: »Friedensbotschaft Jesu wichtigster Maßstab. Keine Kontroverse in der EKHN um Martin Niemöller« (Nr. 53/94). Siehe auch Peter Schütt, Marionetten an roten Fäden, in: RhM Nr. 48 vom 2.12.1994.

182 Vgl. AV Bonn, Abt. IAP, Vermerk Schröder, I. Sekretär, vom 15.1.1980, BA, Abt. Potsdam, O-4, 479. Vgl. auch den Brief Honeckers an Niemöller zu dessen 90. Geburtstag vom 14.1.1982, BA, Abt. Potsdam, O-4, 2714.

183 Vorlage Janott-Handel vom 21.8.1980 für die Dienstbesprechung am 25.8.1980, Leitungsinformation IV/80. Dort heißt es außerdem: »Auf die Afghanistan-Problematik angesprochen, konstruierte Schönherr einen angeblichen Gegensatz zwischen der Staatsführung der DDR und der SU, denn die DDR-Führung sehe das Vorgehen der SU in Afghanistan ›nicht mit Begeisterung‹, könne sich aber ihren Bündnisverpflichtungen nicht entziehen.« BA, Abt. Potsdam, O-4, 408.

184 Lingners Artikel erschien zunächst anonym. Vgl. ders., »Die besondere Gemeinschaft der ganzen evangelischen Christenheit in Deutschland«, in: Th. Schober (Hg.), Das Recht im Dienst einer diakonischen Kirche. Ebenfalls anonym wiederabgedruckt in KiS 3/80, 33-39. Im KJ 1981/82, 455, Anm. 79, gab sich Lingner dann als Verfasser zu erkennen.

185 Vermerk Demke vom 4.2.1980 über Gespräch mit Oberkirchenrat Lingner am 2.2.1980, EZA Berlin, 101/323.

186 Schreiben Demke an Lingner vom 17.6.1980, a.a.O. Vgl. auch Lingner an Demke vom 16.7.1980, a.a.O.

187 Anlage zum Schreiben Lingner an Demke vom 21.11.1980, a.a.O.

188 Schreiben a.a.O.

189 Kundgebungen, Worte, Erklärungen und Dokumente der EKD. 1959-1969, Hannover 1994.

190 RhM Nr. 44 vom 4.11.1994, 24.

191 Abgedruckt in epd-Dok 19/80 vom 28.4.1980; vgl. EZA Berlin, 4/92/11.

192 Abgedruckt in Kirche als Lerngemeinschaft, 262-265.

193 EZA Berlin, 4/92/11.

194 Ebd.

195 Ebd.

196 Vgl. ena XIII/2 vom 9.1.1980. Auch hinsichtlich der Haltung der EKD zur CFK konnte anläßlich einer in Arnoldshain im Juli 1977 stattfindenden CFK-Tagung aus östlicher Perspektive ein erster Erfolg verzeichnet werden: »Erstmalig seit zwanzig Jahren nahm die EKD zum CFK-Regionalausschuß in der BRD […] offizielle Kontakte auf. Kirchenpräsident Hild, der stellvertretende Vorsitzende des Rates der EKD, und der Vizepräsident der Kirchenkanzlei der EKD in Hannover, Erwin Wilkens, führten ein Gespräch mit den Vertretern der CFK. (DPA 11.7.1977)« Dies ist ein bemerkenswertes Anzeichen dafür, daß sich gegenwärtig auch in der Leitung der EKD zumindest bei einigen Vertretern des realistisch eingestellten Flügels die Tendenz abzeichnet, den Friedenskräften in

der Kirche gegenüber aufgeschlossener zu sein«. Wiss. Mitarbeiter, Hartwig, Positionen und Argumente des klerikalen Antikommunismus – Differenzierungen in der klerikalen Menschenrechtskonzeption, BA, Abt. Potsdam, O-4, 406. Diese Entwicklung wird man zu einem Gutteil auch der Arbeit des MfS zuschreiben müssen, denn in den 70er und 80er Jahren übte der DDR-Geheimdienst einen starken Einfluß auf den Kurs der CFK aus; vgl. dazu BStU Berlin, MfS-HA XX/4 420; 421; 463; 595; 344; 349; 847; 1149.

197 Vgl. Vermerk Lingner vom 4.2.1980, EZA Berlin, 4/92/11.

198 So die Erklärung des Kirchenbundes, abgedruckt in: Kirche als Lerngemeinschaft, 262-265.

199 So KiS 1/80, 11 f.

200 Lingner an Mitglieder der Beratergruppe vom 27.2.1980, EZA Berlin, 4/92/11.

201 Vgl. hierzu und zum folgenden R. Eppelmann, Fremd im eigenen Haus, 91 ff.

202 Vermerk Lingner über Gespräch mit Demke am 14.9.1980, EZA Berlin, 4/91/746. In einem Gespräch beim Rat der Stadt Dresden wurde Superintendent Ziemer gebeten, daß er »seinen Einfluß auf den ordnungsgemäßen Verlauf der Jugendwoche in der Annenkirche ausübt. Das wurde zugesichert.« Bereich Inneres, Staatliche Kirchenpolitik, Aktenvermerk Schulze vom 15.2.1980 über eine Aussprache am 11.2.1980 mit den Superintendenten Ziemer, Scheibner und Dr. Wetzel, PDS-Archiv Dresden, IV D-5.01-195. Einen Monat später konnte Ziemer berichten, die Jugendwoche »sei ohne besondere Vorkommnisse verlaufen, wobei er besonders die Disziplin der Teilnehmer lobte.« Bereich Inneres, Staatliche Kirchenpolitik, Aktenvermerk Schulze vom 10.3.1980 über Aussprache am 6.3.1980 mit Herrn Superintendenten Ziemer, a.a.O. (Horst Dohle vermerkte am 16.9.1980, Ziemer vertrete »vernünftige[.] und realistische[.] Positionen«, Persönlicher Referent, Information an den Staatssekretär vom 16.9.1980, Abschrift in PDS-Archiv Dresden, IV D-2.14-689) Große Schwierigkeiten hatten dort arbeitende Jugendliche mit dem Direktor der Samariteranstalten in Fürstenwalde, Pfarrer Matzke. Der Sektorenleiter für Kirchenfragen beim RdB Frankfurt (Oder), Naundorf, führte mit Matzke am 11.6.1980 ein Informationsgespräch: »Zwischen Matzke, der Mehrheit des Leitungskollektivs [der Anstalten] einerseits und Forck [als Vorsitzendem des Beirats] mit einer kleinen Gruppe negativer Kräfte andererseits besteht schon lange ein ›gestörtes‹ politisches und menschliches Verhältnis auf Grund gegensätzlicher Auffassungen zur Innen- und Außenpolitik der DDR und damit ihrer grundsätzlichen unterschiedlichen Einstellung zum Verhältnis von Staat und Kirche. Forck und eine kleine Gruppe von Mitarbeitern der Einrichtung verteidigen Provokationen und Konfrontationen gegenüber der Politik von Partei und Regierung, so z. B. in der Angelegenheit Havemann-Biermann u. a. Sie arbeiten z. Teil offen und versteckt gegen Pfarrer Matzke und versuchen, Maßnahmen zur Ordnung und Sicherheit abzuschwächen. In jüngster Vergangenheit haben das Verhalten der Pastorin Hintz, Fürstenwalde, die Vorkommnisse in der Domgemeinde (s. Protokoll vom 14.2.1980), in die die Hintz auch die Seminaristen u. a. Jugendliche der Samariteranstalten (Flugblattaktion der Tochter der Ärztin Stachat) mit hineingezogen und damit das Ansehen der Samariteranstalten geschädigt hat, die Auseinandersetzungen mit Forck weiter verschärft. Matzke hat den Seminaristen und den jugendlichen Mitarbeitern die Teilnahme an ›Veranstaltungen‹, für die Pastorin Hintz verantwortlich und die nichts mit legitimer kirchlicher Jugendarbeit zu tun haben, untersagt. Dagegen ist Forck im Vorstand aufgetreten. Forck, unterstützt von Sup. Kuhn, verteidigt die Hintz, ›so schlecht ist sie nicht, sie hat es gut und christlich gemeint ..., sie wird nur von den Staatsorganen unter Druck gesetzt, weil ihre Arbeit ihnen unbequem ist ... Matzke sollte mehr die Interessen der Kirche als die des Staates vertreten ... M. soll seinen Standpunkt zur ›Jungen Gemeinde‹ erklären und sich wegen des Verbotes vor der KL verantworten.‹

– Matzke stellte in diesem Zusammenhang im Gespräch die Frage nach dem Aufsichtsrecht und der Aufsichtspflicht des Rates des Bezirkes als ›Stiftungsaufsicht‹. Nach seiner Meinung könnte und sollte der Rat des Bezirkes den Rechtsschutz in Fragen

Ordnung und Sicherheit konkreter wahrnehmen. Für ihn wäre das keine Belastung, sondern eine Hilfe, für die er als Leiter dankbar wäre.

2. Pfarrer Matzke äußerte sich zur bevorstehenden Bischofswahl der Evangelischen Kirche in Berlin-Brandenburg wie folgt:

– Sollte sich Dr. Forck zur Wahl stellen, gibt er ihm von allen Kandidaten die wenigsten Chancen, Bischof zu werden. Wörtlich sagte er: ›Wer Forck kennt, weiß, daß er ein Blender ist, daß er ›unfähig‹ ist, eine fundierte Meinung zu haben und durchzusetzen. Als Probst habe er versagt, und auch im Sprengel Cottbus hat er in der Seelsorge nichts geschaffen, vieles schiebt er vor sich her. Seine negative Grundhaltung entspringt einem Komplex.‹

– Sollte sich Generalsuperintendent Bransch, Potsdam, zur Kandidatur stellen, gibt er ihm die größte Chance, gewählt zu werden. Wörtlich sagte er: ›Bransch ist von einflußreichen Kräften in aller Stille aufgebaut. Als *Vorsitzender der Michaelsbruderschaft in der DDR* verfügt B. über großen Einfluß und hat mächtige Gönner hinter den Kulissen, auch in der Ökumene. Der Bruderschaft gehören Bischöfe und weitere namhafte und einflußreiche liturgisch-geistige Kapazitäten in der DDR und BRD an, bis hinein in westeuropäische Kirchen, die ihren Einfluß bei der Bischofswahl geltend machen werden. Bransch sei ein kluger und realitätsaufgeschlossener Mann, der versteht, die Situation einzuschätzen und ohne Konfrontationshaltung gegenüber dem Staat die Interessen der Kirche zu wahren und durchzusetzen.« Aktenvermerk Naundorf vom 16.2.1980, SAPMO-BA ZPA IV B2/14/146.

Die Leiterin der Geschäftsstelle der Evangelischen Studentengemeinden in der DDR, Renate Bernau, kritisierte in einem Gespräch mit dem DDR-Bischofskonvent die »›Westlastigkeit‹ mancher« Studentenpfarrer. »Es sei unmöglich, daß sich ein Pfarrer über das Verhältnis des Christen zur Gesellschaft, die uns umgibt, keine Gedanken macht«, fügte sie hinzu. Andererseits erwähnte sie, daß auf ökumenischer Ebene »der theologische Beitrag der Studentengemeinden aus der DDR von großer Wichtigkeit ist (›Theologie des Widerstandes‹!)«. Vermerk Schönherr vom 21.3.1980 über den Bischofskonvent am 20.3.1980 in Berlin, EZA Berlin, 101/1190, Bd. II.

203 Vgl. Vorlage Handel vom 26.6.1980 an die Dienstbesprechung am 30.6.1980, Information über aktuelle Tendenzen und Inhalte der Jugendarbeit der evangelischen Kirchen in der DDR, BA, Abt. Potsdam, O-4, 408.

204 Bericht über die staatliche Tätigkeit auf dem Gebiet der Kirchenpolitik in der Hauptstadt der DDR, Berlin [ca. 1980], SAPMO-BA ZPA IV B2/14/119.

205 Zur Einschätzung der Kirchenleitung heißt es in dem gleichen Text: »Der Mehrzahl der Mitglieder der Kirchenleitung und die kirchenleitenden Kräfte der Hauptstadt unterstützen den Kurs vom 6.3. [...] Die Kirchenleitung der evangelischen Kirche Berlin-Brandenburg zählt 17 Mitglieder, von ihnen sind acht progressive Kräfte, fünf nehmen eine schwankende Haltung ein und vier haben eine eindeutige politisch-negative Haltung.« SAPMO-BA ZPA IV B2/14/119. Vgl. auch RdB Potsdam, Sektor Kirchenfragen, Kräfteverhältnis Kirchenleitung vom 7.10.1980: »Entgegen der subjektiven Meinung rechter Kräfte z. B. in der Frage der Ergebnisse des Gesprächs vom 6.3.1978 setzt Schönherr in den Sitzungen der Kirchenleitungen und in den Beschlüssen die Linie des 6.3.1978 im Verhältnis Staat-Kirche durch. Hier wagen die rechten Kräfte nicht, offensiv aufzutreten. Das machen sie dann außerhalb der Kirchenleitung (Furian/Teilnahme von Pfarrern an politischen Veranstaltungen). [...] Die Lage in der Kirchenleitung kann sich schlagartig nach rechts ändern, wenn ein neuer Bischof gewählt wird, der nicht über die Autorität wie Schönherr verfügt. Unter diesen Bedingungen bilden solche Kräfte wie Winter, Forck, Furian, Pettelkau und andere [...] eine reale Gefahr für die weitere sachliche und vertrauensvolle Zusammenarbeit von Staat und Kirche.« Eine Aufstellung ergab folgendes Kräfteverhältnis:

»– Positive Kräfte neben Schönherr: Heilmann, Böhme
– Schwankend, zu Schönherr neigend: Günther, Grüber
– Mitte: Schuppan, Bransch, Graewe

    – Mitte, nach rechts neigend: Grünbaum, Becker, Kupas, Forck
    – Rechts: Winter, Furian, Boelke«
Keine Einschätzung konnte für Scholz und Karpinski gegeben werden. Zu Furian hieß
es: »Furian ist reaktionär. Er erhielt vom Bischof mehrmals Rügen wegen seines unbe-
herrschten Auftretens in Fragen Schulpolitik, Wehrerziehung, Jugendweihe u. a. m.
Gegner des Kurses der Kirche nach dem 6.3.1978. Örtlich versucht er, den Eindruck
eines gesprächsbereiten und einsichtsvollen Verhandlungspartners zu erwecken. Enge
Beziehungen zu westlichen Kirchenkräften. Vertritt im Konvent die Dibelius-Linie.«
BA, Abt. Potsdam, O-4, 791.

206   Zu Winter hieß es: »In der Zeit, wo noch Generalsuperintendent Schmitt in Berlin amtierte, ist die Einsetzung von Winter [1973] auch als Angebot gegenüber den staatlichen
Organen zu werten, die Beziehungen zu normalisieren. Dr. Winter hatte neben Dr.
Rogge mit dazu beigetragen, daß vom Sprachenkonvikt, der Leitung und dem Lehrkörper, akzeptierbare Positionen zu unserem Staat bezogen wurden. In seiner Grundhaltung zum Sozialismus und unserem Staat gehört Dr. Winter zu den konservativen negativen Kräften in der Kirche in Berlin-Brandenburg, die die Kirche als ›kritisches
Korrektiv‹ zum sozialistischen Staat verstehen bzw. Partner sein möchten. [...] Dr.
Winter tritt mit seinen Haltungen nicht selbst in der Öffentlichkeit in Erscheinung.
Unter Ausnutzung seiner Funktion als Propst und Kirchenleitungsmitglied, Verantwortlicher für die gesamte kirchliche Jugendarbeit in der Kirchenleitung und in den
Synodalausschüssen wirkt er im Hintergrund [Handschriftliche Randbemerkung: Verantwortlich für alle internen Dienstvorgänge (Graue Eminenz)]. Er toleriert und ermuntert die Pfarrer und kirchlichen Mitarbeiter, über ›neuen Formen‹ kirchlicher Tätigkeit Veranstaltungen durchzuführen, wo es zu ›Äußerungen gegenüber unserem Staat
kommt. Gespräche, die nach Vorkommnissen mit ihm geführt wurden, zeigten, daß er
Einfluß nimmt, Konfrontationen zu verhindern. Als Propst hat er nach der Selbstverbrennung von Brüsewitz einen Fragebogen als ›Hilfe zur Aufarbeitung von Verdrän-
gungen‹ herausgegeben, in dem u. a. Probleme des Verhältnisses Kirche-Staat [der] sozialistische[n] Gesellschaft und der Bildungspolitik behandelt wurden. An den Wahlen
zu den Volksvertretungen nimmt Dr. Winter teil. In seinem Verhalten gegenüber den
staatlichen Organen im Gespräch ist er korrekt, sachlich und höflich, aber auch ein
hartnäckiger Partner. [Handschriftlich: Nähe zu Furian, Steinlein, Knecht. Versucht pol.
Probleme in KL zu tragen und negativ zu beraten.]« Magistrat von Berlin, Hauptstadt
der DDR, Sektor Kirchenfragen, Evangelische Kirche Berlin-Brandenburg, Dr. Winter,
Friedrich, geb. 4.3.1927 in Soest/Westf., Propst der Evangelischen Kirche Berlin-Brandenburg seit 1973 und Mitglied der Kirchenleitung, a.a.O. Vgl. auch die nahezu identische Einschätzung im Bericht über die staatliche Tätigkeit auf dem Gebiet der Kirchenpolitik in der Hauptstadt der DDR, Berlin [ca. 1980], SAPMO-BA ZPA IV B2/14/119.

207   Vgl. Schreiben Grunwald an Naumann vom 25.2.1980, BA, Abt. Potsdam, O-4, 426.

208   Information Gysi vom 10.4.1980 über ein Gespräch mit Bischof Schönherr, SAPMO-
BA ZPA IV B2/14/40. Im kirchlichen Protokoll Stolpe heißt es zusätzlich: »D. Schönherr würdigte die Bemühungen von Pfarrer Eppelmann um asoziale Jugendliche. Die
Kirchenleitung vertrete den Standpunkt, daß eine Blues-Messe nicht anmeldepflichtig
sei. Er werde sich den Vorgang jedoch noch einmal genauer ansehen und auch mit Pfarrer Eppelmann reden.« Vgl. Vermerk Stolpe vom 22.4.1980 über ein Gespräch des Vorsitzenden der Konferenz mit dem Staatssekretär am 9.4.1980, EZA Berlin, 101/349.

209   Vermerk Gysi vom 6.6.1980. Gysi schloß seine Information ab: »Abschließend sagte er
[Schönherr], daß er sofort überlegen müsse, was noch zu machen möglich sei, und daß
er, wenn sich etwas ergebe, mit uns in Verbindung bleiben wolle. Er bat mich persönlich, ihn zu informieren, falls ich irgend etwas in der Angelegenheit erfahren würde.«
BA, Abt. Potsdam, O-4, 426; auch SAPMO-BA ZPA IV B2/14/40.

210   Undatierter Vermerk, BA, Abt. Potsdam, O-4, 587.

211   Nationale Front der DDR Berlin-Friedrichshain, Wohnbezirksausschuß 25, 1035 Berlin,
an Grünbaum vom 16.9.1980, BA, Abt. Potsdam, O-4, 434.

212 Vorlage Dohle vom 27.10.1980 für die Dienstbesprechung am 27.10.1980, Leitungsinformation 5/80, BA, Abt. Potsdam, O-4, 408.
213 Vgl. Vermerk Lingner über Gespräch mit Demke am 14.9.1980, EZA Berlin, 4/91/746.
214 Das Interview wurde am 27.9.1980 gesendet. Vorlage Janott-Handel vom 23.10.1980 für die Dienstbesprechung am 27.10.1980, Leitungsinformation Nr. 5/80, BA, Abt. Potsdam, O-4, 408.
215 LKA Hannover, D 15 XII, K 62/332/VI.
216 Information Kalb vom 14.7.1980 über ein Gespräch mit Bischof D. Dr. Schönherr am 10.7.1980, SAPMO-BA ZPA IV B2/14/40.
217 Die Problematik war von Schönherr bereits am 9.4.1980 gegenüber Gysi angesprochen worden. Vgl. Information Gysi vom 10.4.1980 über ein Gespräch mit Bischof Schönherr, SAPMO-BA ZPA IV B2/14/40; vgl. auch Vermerk Stolpe vom 22.4.1980 über ein Gespräch des Vorsitzenden der Konferenz mit dem Staatssekretär am 9.4.1980, EZA Berlin, 101/349. Staatlicherseits urteilte man:»Außerdem sind selbst progressive Vertreter der Kirchen bei neuen Begriffen in der Erziehungskonzeption der Schule, wie z. B. durch Formulierung der ›kommunistischen Erziehung‹, in ihrer Haltung verunsichert.« Vorlage Handel vom 26.6.1980 an die Dienstbesprechung am 30.6.1980, Information über aktuelle Tendenzen und Inhalte der Jugendarbeit der evangelischen Kirchen in der DDR, BA, Abt. Potsdam, O-4, 408. Am 10.7.1980 äußerte sich Stolpe gegenüber Wilke ausführlich über die Volksbildungsproblematik:»Entsprechend der Vereinbarung mit Bischof Schönherr, daß intern darüber vorinformiert wird, wie seine Konzeption in Fragen der Volksbildung aussieht und welche Probleme bei einem eventuellen Gespräch mit Vertretern des BEK zur kommunistischen Erziehung durch die Kirche vorgetragen würden, teilte OKR Stolpe gestern folgende Überlegungen mit:
1. Nach wie vor ist man sich darüber klar, daß es sich hier um eine komplizierte Frage handelt. Sie haben den Eindruck, daß es sowohl in den Kirchen als auch bei solchen Menschen, die im Bereich der Volksbildung tätig sind, ein gewisses Unvermögen gibt, die Aussagen des 6.3.1978 für die Volksbildung anzuwenden.
Sie sind sich darüber klar, daß es ein kompliziertes Unternehmen ist, die kommunistische Erziehung als Zielvorstellung in Einklang zu bringen mit der Gleichberechtigung und Gleichachtung von Christen. Hier scheint es auf beiden Seiten eine Bewußtseinsbarriere zu geben. Außerdem verstehen sie völlig, daß die Lehrer in der kommunistischen Erziehung ihrer Sache treu bleiben wollen. Für viele Leute, sowohl solche, die politisch realistisch sind, als auch für negative Kräfte, wird die Gretchenfrage über die Wirksamkeit des 6.3.1978 für Verständigung und Zusammenarbeit daran gemessen, wie es gelingt, die Fragen im Bereich der Bildung und Erziehung zu lösen. Schulprobleme sind immer Fragen der Kinder, d. h. sie sind existentiell wirksam bis in die Familien leitender Kirchenmänner und darum auch auf beiden Seiten immer emotional bestimmt.
2. Das Ziel des BEK wäre es, eine problemarme Praktizierung von Gleichberechtigung und Gleichachtung zu gewährleisten. Man ist sich im BEK darüber klar, daß deutlich bleiben muß: Die Vollendung ist Sache des Staates. In Staat und Gesellschaft ist die führende Rolle der Partei der Arbeiterklasse gegeben, und deren marxistische Weltanschauung bestimmt die Entwicklung. Sie muß auch bei der Ausprägung des Erziehungsziels die notwendige Beachtung finden.
Nun gehen sie davon aus, daß im Laufe der Jahre erreicht werden muß: Christliche Bindung von Kindern und Eltern ist aus der Sicht von Vertretern der Schule nicht ein ›Webfehler‹, sondern die persönliche Entscheidung, das persönliche Interesse des Einzelnen. Man muß Christ sein können, ohne daß man eine Sonderrolle spielt. Die Schule sollte das zur Kenntnis nehmen als eine wertfreie Aussage ohne positive oder negative Folgerungen daraus zu ziehen.
3. Stolpe legte dann dar, wie sie meinen, daß dieses Ziel zu erreichen wäre:
– Faktor Zeit;
– Die Grundformen von Gleichberechtigung und Gleichachtung müßten immer wie-

der wiederholt werden, wie E. Honecker das mit den Aussagen des 6.III. auch immer wieder tut;

– Solche Erkenntnisse müßten auch ausgesprochen werden von Vertretern aus dem Bildungsbereich. Das könnte z. B. im Gespräch des Staatssekretärs mit Vertretern des BEK geschehen;

– Man müsse sich überlegen, wie das schulpraktisch aussehen könne, daß diese Linie bis in die einzelne Schule herunter käme. Man müßte mitteilen, daß dort, wo Kinder und Eltern religiös gebunden sind, eine Achtung und Gleichberechtigung der Gläubigen erreicht wird. Man müsse natürlich auch diese Schüler nach persönlichen, fachlichen und gesellschaftlichen Kriterien beurteilen. (Hier fügte Stolpe persönlich hinzu, daß bestimmte Kräfte in den Kirchen dieser Konzeption noch nicht bereit sind zu folgen.) Es geht darum, die Lehrer für ihre Entscheidungen sicher zu machen. Sie sollen ein gutes Gewissen haben und wissen, daß auch in der kommunistischen Gesellschaft Christen einen ehrlichen und schöpferischen Beitrag leisten können. Bei ihnen in der Kirche setzt sich langsam die Erkenntnis durch, daß auch die Christen, auch wenn sie bei ihrem Glauben bleiben, entscheidend durch die sozialistische Erziehung mit geprägt werden. Es geht also neben der prinzipiellen Aussage um die beste Möglichkeit, sie in ›kleiner Münze‹ umzusetzen.

– Für sie ist es unbefriedigend, in den Landeskirchen herumzureisen, und wenn solche Einzelfälle auftreten, bei denen sich Christen benachteiligt fühlen, zu erklären, daß sie dagegen angehen sollen, weil diese prinzipielle Linie Gleichberechtigung garantiert. Sie möchten zu Sachlichkeit und Ruhe kommen und würden es begrüßen, wenn sie z. B. wüßten, daß ›an jeder Schule der Parteisekretär für Glaubensfragen zuständig ist‹. Sie sind der Meinung, daß die ›großartige und ernstgemeinte Sache der Gleichberechtigung und Gleichachtung‹ an der Basis durchführbar ist. Sie würden den christlichen Eltern und Schülern empfehlen, bei ihrem Eintritt in die Schule dem Klassenlehrer zu erklären, daß sie Christen seien, d. h. sich offen von ihrem Glauben her zu erkennen geben, und gleichzeitig zur verantwortlichen Mitarbeit bereit seien.

4. Es gibt Übereinstimmung zwischen Bischof Schönherr und OKR Stolpe, daß ein solches Gespräch des Staatssekretärs erst Ende September/Anfang Oktober, d. h. nach der Synode des BEK, stattfinden kann. Es wird aber angeregt, ein kleines Vorgespräch auf Abteilungsleiterebene zu führen, eine »Ideenkonferenz« durchzuführen, in der Stolpe und ein weiterer Vertreter des BEK, ein Abteilungsleiter unserer Dienststelle und ein entsprechender Mitarbeiter des Ministeriums für Volksbildung die Problematik vorbesprechen. So wäre es möglich, auf der Synode negative Positionen abzublocken, wenn man vom Beginn der Gespräche berichten und verweisen könnte, daß die offizielle Aussprache auf Grund von Urlaub und Kur des Staatssekretärs erst zum genannten Termin möglich ist. Außerdem hat es sich als günstig erwiesen, daß bei anderen Gesprächen mit dem BEK die geplanten Ziele vorabgestimmt waren und von vornherein mit gegenseitig bekannten Positionen aufgetreten werden kann. OKR Stolpe bat um eine Rückäußerung unserer Seite. Da er selbst in Urlaub geht und auch ich bis Mitte August nicht da bin, wurde ihm vorgeschlagen, wenn diese Überlegungen die Zustimmung des Staatssekretärs finden, nach unserem Urlaub die Problematik weiter zu bearbeiten.« Information Wilke vom 11.7.1980 über ein Gespräch mit OKR Stolpe am 10.7.1980, SAPMO-BA ZPA IV B2/14/40. Auch Schönherr sprach am gleichen Tag gegenüber Kalb unter Bezugnahme auf seinen Brief vom 1.7.1980 diese Thematik an. Für Ende September bzw. Anfang Oktober 1980 wurde ein offizielles Gespräch mit Gysi hierzu anvisiert. Vgl. Information Kalb vom 14.7.1980 über ein Gespräch mit Bischof D. Dr. Schönherr am 10.7.1980, a.a.O. Für den 10.11.1980 wurde dann ein Gespräch zwischen Gysi und dem KKL-Vorstand zu Erziehungsfragen angesetzt. Vgl. Vorlage Janott-Handel vom 23.10. 1980 für die Dienstbesprechung am 27.10.1980, Leitungsinformation Nr. 5/80, BA, Abt. Potsdam, O-4, 408. Hierzu fand am 27.10.1980 ein Vorgespräch zwischen Lewek, Stolpe, Schwerin und Dorgerloh sowie Wilke, Handel und Dohle statt. Dohle vermerkte ab-

schließend in seinem Protokoll: »Stolpe entwickelte zum bevorstehenden Gespräch unter Hinweis auf die Bevollmächtigung durch den Vorstand der Konferenz der Kirchenleitungen folgende Vorstellungen: Der kirchliche Wunsch, sich zu diesem Thema zu verständigen, sei ausgelöst worden durch die neue Schulordnung vom Dezember 1979, durch den Beschluß des Politbüros zur Entwicklung des Hochschulwesens und natürlich auch durch einige Briefe an unsere Dienststelle mit bekannten Vorfällen (z. B. Perleberg). Die zentrale Frage sei nun für die kirchliche Seite, warum eine solche Forcierung von sozialistischer zu kommunistischer Erziehung erforderlich sei und wie sich diese Erziehung mit der von Erich Honecker am 6.3.1978 erneut zugesicherten Gleichberechtigung und Gleichverpflichtung vertrage. Die zentrale Frage sei für sie also, wie dieses Spannungsfeld, welches immer bleiben werde, aushaltbar sei. Ihr gedanklicher und inhaltlicher Beitrag zu diesem Gespräch sei in den folgenden Thesen zusammengefaßt:

– Ist ein Appell an die Erzieher denkbar, in einfühlender Weise die Glaubensbindung von Kindern und ihren Eltern zu beachten?
– Ist es möglich, in der Schule bei der Vermittlung des Marxismus-Leninismus Gewissensbedrängung zu vermeiden und die Tatsache einer christlichen Gewissensbindung auch im Lernprozeß zu beachten?
– Ist es möglich zu respektieren, daß es bei christlichen Kindern auch entsprechende Verhaltensweisen gibt, zum Beispiel hinsichtlich der Stellung zur Jugendweihe, der Mitgliedschaft in gesellschaftlichen Organisationen oder beim Wehrdienst. Ist eine solche Respektierung dieser Verhaltensweisen auch möglich, wenn andere Christen in den genannten Fragen ganz anders entscheiden.
– Ist es denkbar, daß bei der Vergabe von Zensuren, bei Beurteilungen, bei Zulassungen für weiterführende Bildungswege so entschieden wird, daß die Glaubensbindung des betreffenden Bewerbers nicht als negativer Faktor herangezogen wird?
– Ist es denkbar, daß die eigenständige christliche Erziehung sowohl im Elternhaus wie durch kirchliche Einrichtungen respektiert wird?
– Kann christliche Ethik einen Beitrag zur Herausbildung von Verhaltensweisen leisten, die auch gesellschaftlich als positiv angesehen werden, z. B. Erziehung zum Frieden, zur Gemeinschaftsfähigkeit, gegen den Egoismus, verantwortliches Verhalten gegenüber älteren Bürgern und in Ehe und Familie?
– Ist eine Beteiligung von Eltern am Bildungsprozeß denkbar, auch im Wissen um ihre andere weltanschauliche Bindung?

Stolpe erklärte weiter, daß die kirchliche Seite natürlich an einer Definition des Begriffs kommunistische Erziehung interessiert sei, auch wenn sie die Schwierigkeiten dieser Fragestellung kenne. Der BEK gehe davon aus, daß es sich bei dieser Begegnung um einen Anfang handele, daß man keine Wunderdinge erwarte, daß man aber weg wolle von der Diskussion von Einzelfällen. Sowohl Stolpe wie Frau Lewek betonen ausdrücklich, daß sie keinerlei Interesse an einer Konfrontationshaltung haben, auch bei einem so schwierigen Thema nicht. Stolpe wolle noch einmal darauf hinweisen, daß man natürlich auch Fachleute erwartet hätte, sicherlich nicht vom Ministerium für Volksbildung oder einer pädagogischen Bildungseinrichtung, aber beispielsweise vom Institut für Gesellschaftswissenschaften beim ZK. Stolpe erklärt aber ausdrücklich, daß man auch im innerkirchlichen Verständnis die Zusammenkunft am 10. nicht als ein Gespräch über Bildungsfragen interpretiert. Man bitte aber um Interpretationshilfen für den Begriff ›kommunistische Erziehung‹. Daß kein Vertreter vom Ministerium für Volksbildung teilnimmt, wurde von Stolpe ausdrücklich akzeptiert. Hinsichtlich der Teilnehmer erklärte Stolpe, daß Vorstandsmitglieder erscheinen werden, ferner ein Vertreter des Sekretariats des Bundes und ein Experte aus der kirchlichen Jugend- und Konfirmandenarbeit. Die maximale Teilnehmerzahl werde sieben Personen betragen. Hinsichtlich der Modalitäten erklärt Stolpe:
Das Gespräch werde von ihnen als vertraulich betrachtet. Im innerkirchlichen Bereich wird nur über die Tatsache des Stattfindens ohne inhaltliche Angaben informiert. Der Vorstand der Konferenz der Kirchenleitungen wird auch über den Inhalt informiert, so-

weit seine Mitglieder nicht am 10.11.1980 teilnehmen. Es sollte über das Gespräch keinerlei Veröffentlichungen geben. Eine innerkirchliche Mitteilung werde zum Zwecke der Orientierungshilfe für die Synoden und Kirchenleitungen abgefaßt. Sie sei keinesfalls öffentlich.« Aktennotiz Dohle vom 28.10.1980, BA, Abt. Potsdam, O-4, 426; SAPMO-BA ZPA IV B2/14/80. Das Gespräch fand dann zwar wie vorgesehen am 10.11. statt, jedoch verdrängte das gespannte Staat-Kirche-Verhältnis die ursprünglich geplante Gesprächsthematik nahezu völlig.

218 Abgedruckt in ND vom 20.3.1980.

219 Schreiben Schönherr an Gysi vom 1.7.1980, EZA Berlin, 101/344; auch BA, Abt. Potsdam, O-4, 1437; auch SAPMO-BA ZPA IV B2/14/81.

220 EZA Berlin, 101/344.

221 Vgl. zu diesem Punkt auch RdB Frankfurt/Oder, Stellvertreter des Oberbürgermeisters für Inneres, Koltzk, Gedächtnisniederschrift vom 2.3.1981 zum Gespräch mit Superintendent Hanschel am 26.2.1981 von 8-9 Uhr im Rat der Stadt. Es ging um eine geplante Lesung des aus dem Schriftstellerverband der DDR ausgetretenen Literaten Stade in einem kirchlichen Raum. Der Superintendent äußerte laut staatlichem Protokoll:»Mit dieser Veranstaltung befände man sich in Übereinstimmung mit Bischof Schönherr«. BA, Abt. Potsdam, O-4, 4587. Vgl. auch SED-BL Dresden, Abteilung Staat und Recht, Zuarbeit vom 6.10.1981, wo von einer von 900 Menschen, vor allem Jugendlichen, besuchten Dichterlesung in der Dresdener Versöhnungskirche am 12.9.1981 die Rede ist, auf der Uwe Kolbe »ein Plädoyer für einen Schriftstellerkollegen (Hegewald)« abgab, der unter Publikations- und Reiseverbot litt. PDS-Archiv Dresden, IV D-2.14-690. Vgl. auch Schreiben SED-BL Dresden, Stammnitz, 2. Sekretär, vom 8.10.1981 an das Politbüromitglied Horst Dohlus, PDS-Archiv Dresden, IV D-2.14-692. Vgl. auch die Notiz zu einer »Lesung junger Autoren« Anfang März 1981 in Aschersleben und zu einem Liederabend am 25.3.1981 in Halle, RdB Halle, Sektor Kirchenfragen, Informationsbericht Voigt vom 3.6.1981 zur kirchenpolitischen Situation April/Mai 1981, LPA Halle, IV D-2/14/478.

222 Zu dieser Thematik hatte am 6.3.1980 ein dreistündiges Sachgespräch zwischen dem BEK und der DDR-Regierung stattgefunden. Vgl. Vermerk Stolpe, EZA Berlin, 101/349.

223 Vorlage Handel vom 26.6.1980 an die Dienstbesprechung am 30.6.1980, Information über aktuelle Tendenzen und Inhalte der Jugendarbeit der evangelischen Kirchen in der DDR, BA, Abt. Potsdam, O-4, 408. In einem Interview mit dem SFB anläßlich der Leipziger Bundessynode soll Hempel »die Behauptung, die Kirchen in der DDR seien vor allem ein Ventil für Unzufriedene, als unrichtig zurück[gewiesen] und erklärt[.] [haben], dies sei gewiß ein Aspekt, könne aber nicht Programm der Kirchen sein, deren Hauptaufgabe im Verkündigungsdienst bestehe.« Vorlage Janott-Handel vom 23.10.1980 für die Dienstbesprechung am 27.10.1980, Leitungsinformation Nr. 5/80, BA, Abt. Potsdam, O-4, 408. Vgl. auch die ca. 1980 wahrscheinlich im ZK erstellte Information zu politischen Tendenzen und Aktivitäten der Kirchen in der DDR unter der Jugend. Dort heißt es u. a.:»Einzeluntersuchungen zeigen, daß die Zahl der Jugendlichen, die einer Kirche oder Religionsgemeinschaft angehören, deutlich rückläufig ist. Nach Ergebnissen der Volkszählung 1964 waren das noch 42 % der 14jährigen, 30 % der 14- bis 21jährigen und 34 % der 21- bis 28jährigen. Nach Angaben aus dem Staatssekretariat für Kirchenfragen wirken die Kirchen gegenwärtig in ca. 2 580 Gruppen der Jungen Gemeinde und erfassen dabei ca. 61 000 Jugendliche (ohne Studenten). In der katholischen Kirche sind ca. 720 Gruppen mit ca. 26 700 Jugendlichen in der DDR zwischen 14 und 25 Jahren. Dabei darf nicht übersehen werden, daß die ideologische Wirksamkeit der Kirche über den Kreis der Jugendlichen hinausgeht, die organisatorisch bei den Kirchen erfaßt sind. Nach Ergebnissen der Jugendforschung bezeichnen sich im Durchschnitt 10 % der jungen Werktätigen und 8 % der Hochschulstudenten selbst als religiös. Im Vergleich zu früheren Untersuchungen wird auch hier eine positive Tendenz sichtbar. Gleichzeitig machen Ergebnisse der Jugendforschung sichtbar, daß der Teil Jugendlicher, der an Veranstaltungen der Kirche interessiert ist und auch daran teil-

nimmt, größer ist als die Zahl derjenigen, die sich als religiös bezeichnen. [...] Die Erfahrungen zeigen, daß nach wie vor die Kirche vor allem dort einen gewissen Einfluß unter Teilen der Jugend hat, wo die gesellschaftlichen Kräfte der Arbeit mit den Jugendlichen, besonders der Entwicklung einer sinnvollen Freizeitgestaltung, nicht die notwendige Aufmerksamkeit widmen. [...] Negative Tendenzen in der kirchlichen Arbeit unter der Jugend haben sich vor allem im Zusammenhang mit der Verschärfung der ideologischen Klassenauseinandersetzung mit dem Imperialismus nach der Konferenz für Sicherheit und Zusammenarbeit in Helsinki verstärkt. [...] Die Hauptangriffe richten sich gegen den sozialistischen Bildungsinhalt und das auf die kommunistische Erziehung gerichtete Erziehungsziel.« SAPMO-BA ZPA IV B2/14/142.

224 Vgl. »Die Welt« vom 19.5.1980 sowie Vorlage Janott-Handel vom 21.8.1980 für die Dienstbesprechung am 25.8.1980, Leitungsinformation IV/80, BA, Abt. Potsdam, O-4, 408.

225 Information Gysi vom 10.4.1980 über ein Gespräch mit Bischof Schönherr, SAPMO-BA ZPA IV B2/14/40; vgl. auch Vermerk Stolpe vom 22.4.1980 über ein Gespräch des Vorsitzenden der Konferenz mit dem Staatssekretär am 9.4.1980. Hiernach antwortete Gysi, »die Entlassung aus der Staatsbürgerschaft der DDR sei generell mit einer Einreisesperre verbunden. Diese Maßnahme sei innenpolitisch zwingend. Es bestehe keine Möglichkeit, Ausnahmen zu machen, da die Summe der Ausnahmen erhebliche Unruhe verbreitet hätte.« EZA Berlin, 101/349.

226 Information Gysi vom 6.6.1980 über das Gespräch zwischen Bischof Schönherr und Staatssekretär Gysi am 5.6.1980 in der Dienststelle des Staatssekretärs, BA, Abt. Potsdam, O-4, 426; auch SAPMO-BA ZPA IV B2/14/40. Das durch Udo Hahn für den »Rheinischen Merkur« (RhM Nr. 51 vom 23.12.1994, 23) gefertigte Porträt Nathos aus Anlaß seiner Pensionierung nach 24 Dienstjahren als Kirchenpräsident wird der schillernden Rolle des anhaltischen Kirchenleiters im SED-Staat nicht gerecht.

227 Information Gysi vom 3.7.1980 über ein Gespräch Kirchenpräsident Natho und Staatssekretär Gysi am 2.7.1980 in der Dienststelle des Staatssekretärs, Dauer: ca. 30 Minuten, SAPMO-BA ZPA IV B2/14/128.

228 Lingner an von Keler vom 27.2.1980, EZA Berlin, 4/92/11.

229 Lingner an Mitglieder der Beratergruppe vom 27.2.1980, a.a.O.

230 Auf seiner 111. Sitzung am 7.2.1980 in Halle hatte sich der KKL-Vorstand auch mit der Zusammensetzung der Beratergruppe befaßt und die bislang angewandte Regelung bestätigt: »Eingeladen werden die Mitglieder des Vorstandes und die leitenden Geistlichen. Die Leiter der Verwaltungsbehörden und der zentralen Dienststellen haben die Möglichkeit der Teilnahme.« Protokoll Schönherr-Stolpe-Demke vom 19.2.1980, EZA Berlin, 101/118.

231 Vermerk Stolpe vom 21.8.1978 über Beratung des Bischofskonventes mit den Chefs der leitenden Verwaltungsbehörden zu grundsätzlichen finanziellen Fragen am 31.5.1978, EZA Berlin, 101/1190, Bd. II. Der Bischofskonvent beriet am 23.11.1978 in Berlin auch »über die Weiterentwicklung zu einer intensiveren Zusammenarbeit im Bund, besonders im Blick auf die kommende Delegiertenversammlung.« Vermerk Schönherr vom 1.12.1978, a.a.O.

232 Abt. I, Vorlage Wilke vom 12.2.1981 an die Dienstbesprechung am 23.2.1981, Information zu Fragen der Herausbildung einer »Vereinigten Evangelischen Kirche in der DDR« (VEK), BA, Abt. Potsdam, O-4, 409. Vgl. auch die historische Rückschau in Abt. II, Schriftliche Information vom 17.5.1988 zu einer verbindlicheren Gemeinschaft zwischen den evangelischen Landeskirchen in der DDR: »Der Übergang von der traditionellen Volkskirche zur Diasporakirche hat sich infolge des Voranschreitens des Säkularisierungsprozesses weiter vertieft. Dem historisch gewachsenen, großen und kompliziert strukturierten kirchlichen Verwaltungsapparat stehen zunehmend kleiner und überschaubarer werdende Gemeinden gegenüber. Von einer wachsenden Zahl kirchlicher Vertreter wird deshalb die gegenwärtige Struktur der kirchlichen Institution als überholt betrachtet.« Bei den Gemeindegliedern bestehe kein ausgeprägtes Bewußtsein

hinsichtlich der Zusammenschlüsse EKU und VELK: »Sie verstehen sich in erster Linie als evangelische Christen, in deren konkretem Gemeindeleben bekenntnismäßige Unterschiede unter den Gliedern der evangelischen Kirchen in der DDR keine praktische Bedeutung mehr haben.« BA, Abt. Potsdam, O-4, 1460. Paul Verner wertete: Die Gründung einer VEK »bedeute[.] de facto eine von der Kirchenstruktur in der BRD unterschiedliche Entwicklung, einen Akt eigenständiger, kirchenorganisatorischer und rechtlicher Entwicklung.« Rede Verner am 16.5.1980 während eines vom Sekretariat des ZK der SED beschlossenen Lehrgangs der für Kirchenpolitik Verantwortlichen aus den östlichen SED- und Staatsorganen, SAPMO-BA ZPA NL 281/110.

233 Vgl. das Gesprächsprotokoll Brinkel, LKA Hannover, D 15 XII, K 73/492/II.

234 Vgl. dazu G. Besier, Das Verhältnis von Barth und Asmussen im Blick auf Barmen I, in: W. Hüffmeier, Das eine Wort Gottes – Botschaft für alle. Barmen I und VI, Bd. 1. Vorträge aus dem Theologischen Ausschuß der Evangelischen Kirche der Union, Gütersloh 1994, 166-186. Vgl. hierzu und zum folgenden insgesamt auch die Veröffentlichungen des Theologischen Ausschusses der EKU zu »Barmen«. A. Brugsmüller (Hg.), Zum politischen Auftrag der christlichen Gemeinde (Barmen II).

235 Zu Becker heißt es in einer staatlichen Einschätzung, er sei »zu den loyalen und realistisch denkenden Kirchenleitungsmitgliedern zu zählen, doch ist seine politische Haltung undurchsichtig. Er weicht Gesprächen mit Vertretern des Staates aus.« Bericht über die staatliche Tätigkeit auf dem Gebiet der Kirchenpolitik in der Hauptstadt der DDR, Berlin [ca. 1980], SAPMO-BA ZPA IV B2/14/101.

236 Zu Berlin-Brandenburg heißt es in einer 1980 verfaßten Einschätzung: »Die Zahl der gemeinsamen Beratungen der kirchenleitenden Gremien und Teilnehmer aus Westberlin nimmt zu. Für den 7.3.1980 soll eine gemeinsame Sitzung bei der Kirchenleitung in der Hauptstadt geplant sein.« Kurzbericht Wilke vom 26.2.1980 über die Beratung der Bezirke Berlin-Brandenburg am 6.2.1980 beim Magistrat von Berlin, BA, Abt. Potsdam, O-4, 414.

237 Niederschrift Brinkel, LKA Hannover, D 15 XII, K 36/224/VIII. Das Gespräch mag der Grund dafür gewesen sein, daß auf der VELK-Synode 1979 stärker als auf den zuvor stattgefundenen Landessynoden die Beziehungen zu den Kirchen im EKD-Bereich stark hervorgehoben wurde. »Es gehe dabei um ›Wege und Brücken zueinander‹ und ›über Erfahrungen des Bundes hinaus‹, wie Bischof Rathke formulierte.« Information Wilke vom 29.6.1979 über die Haltung der evangelischen Kirchen zur Bildung einer Vereinigten Evangelischen Kirche in der DDR, BA, Abt. Potsdam, O-4, 425.

238 Niederschrift in LKA Hannover, D 15 XII, K 36/224/IX a.

239 Abt. II, Schriftliche Information vom 17.5.1988 zu einer verbindlicheren Gemeinschaft zwischen den evangelischen Landeskirchen in der DDR, BA, Abt. Potsdam, O-4, 1460.

240 Vgl. Abt. I, Vorlage Wilke vom 12.2.1981 an die Dienstbesprechung am 23.2.1981, Information zu Fragen der Herausbildung einer »Vereinigten Evangelischen Kirche in der DDR« (VEK), BA, Abt. Potsdam, O-4, 409.

241 Niederschrift Kruse-Rogge-Küntscher über die 49. gemeinsame Beratung der Bereichsräte der EKU am 31.1.1979 in Berlin, LKA Hannover, D 15 XII, K 73/412/II. Dementsprechend beschloß der Bereichsrat DDR der EKU auf seiner 70. Sitzung am 7.3.1979: »In bezug auf die Ausarbeitung der Verfassung einer zukünftigen Vereinigten Evangelischen Kirche in der DDR wird geklärt, daß die diesbezügliche Gruppe nicht mit den die Gemeinschaft der EKU betreffenden Fragen befaßt sein kann.« Niederschrift in a.a.O. Zur Behandlung der Eisenacher Empfehlungen auf der Thüringer Landessynode vgl. Frühjahrs-Synode 26.-29.4.1979, Zusammenstellung für die Berichterstattung der Synodalen, LKA Hannover, D 15 XII, K 66/343/VI.

242 Information Wilke vom 29.6.1979 über die Haltung der evangelischen Kirchen zur Bildung einer Vereinigten Evangelischen Kirche in der DDR, BA, Abt. Potsdam, O-4, 425. 1981 schätzte Hans Wilke aus der weiteren Retrospektive die Eisenacher Empfehlungen wie folgt ein: »Die ›Empfehlungen‹ von Eisenach bleiben hinter bereits ausgesprochenen und erprobten realistischen Positionen im Verhältnis von Staat und Kirche zu-

rück. Nur das theologische und bekenntnismäßige Selbstverständnis einer zukünftigen VEK wird formuliert; selbst die Aussage: ›Wir sind nicht Kirche gegen, nicht neben, sondern im Sozialismus‹ wird nur verkürzt aufgenommen. In Artikel 3/4 wird von ›kirchenzerstörender Irrlehre‹ gesprochen, die zu bekämpfen sei. Diese Aussage richtet sich nicht nur gegen bestimmte innerkirchliche, charismatische Gruppen, sondern kann auch gegen solche Geistliche angewandt werden, die sich – religiös motiviert – zu Optionen für den Sozialismus entscheiden.« Abt. I, Vorlage Wilke vom 12.2.1981 an die Dienstbesprechung am 23.2.1981, Information zu Fragen der Herausbildung einer »Vereinigten Evangelischen Kirche in der DDR« (VEK), BA, Abt. Potsdam, O-4, 409.

243 Vgl. Information über die 3. Tagung der 3. Synode des Bundes der Evangelischen Kirchen in der DDR, SAPMO-BA ZPA IV B2/14/86.

244 Ebd. Zu dieser Gruppe gehörten nach Wilkes Beobachtungen Domsch, Kramer, Hempel, Rathke und Zeddies. Zurückhaltender seien die »progressiven und loyalen Kräfte« Schönherr, Gienke, Leich, Mitzenheim, OKR Müller, Grüber, Natho und auch Stolpe. Vgl. Abt. I, Vorlage Wilke vom 12.2.1981 an die Dienstbesprechung am 23.2.1981, Information zu Fragen der Herausbildung einer »Vereinigten Evangelischen Kirche in der DDR« (VEK), BA, Abt. Potsdam, O-4, 409.

245 Ähnlich äußerte sich auch Horst Dohle. Vgl. Dresden, den 17.12.1979, Genosse Dr. Dohle: Aktuelle kirchenpolitische Situation in der DDR, PDS-Archiv Dresden, IV D-2.14-690.

246 Interner Entwurf Wilke vom 11.10.1979, Gedanken zur Weiterführung der Arbeit nach dem 30. Jahrestag der DDR unter besonderer Berücksichtigung der Ergebnisse der Synode des Bundes der Evangelischen Kirchen, BA, Abt. Potsdam, O-4, 425.

247 Vgl. auch die genauere Aufschlüsselung der einzelnen Positionen in der Vorlage Wilke an die Dienstbesprechung vom 24.1.1980, Information zum gegenwärtigen Stand der Diskussion in den Kirchen zur Herausbildung einer Vereinigten Evangelischen Kirche (VEK) in der DDR, BA, Abt. Potsdam, O-4, 408. Vgl. die Beschlüsse der einzelnen Landeskirchen in: epd-Dok 19/80 vom 28.4.1980.

248 Vgl. Arbeitsgruppe Görlitzer Synode, Görlitz, den 22.4.1980, Einschätzung der 3. ordentlichen Tagung der 8. Provinzialsynode der Evangelischen Kirche des Görlitzer Kirchengebietes vom 18.-21.4.1980, Abschrift in PDS-Archiv Dresden, IV D-2.14-696. Auf der 63. gemeinsamen Beratung der Räte der EKU am 3.12.1980 wurde »die Notwendigkeit hervor[gehoben], Grundfragen der EKU im Blick auf die Entwicklung zu einer größeren Gemeinschaft der Evangelischen Kirchen in der DDR ausführlich und im einzelnen zu behandeln«. Niederschrift in LKA Hannover, D 15 XII, K 73/412/III.

249 Information Wilke vom 5.12.1979 über den Inhalt der Herbstsynoden der Evangelischen Landeskirchen in der DDR, BA, Abt. Potsdam, O-4, 407.

250 Vorlage Wilke an die Dienstbesprechung vom 24.1.1980, Information zum gegenwärtigen Stand der Diskussion in den Kirchen zur Herausbildung einer Vereinigten Evangelischen Kirche (VEK) in der DDR, BA, Abt. Potsdam, O-4, 408.

251 Abt. Intern. Beziehungen, Information Weise vom 9.4.1981 über die ökumenischen Beziehungen zwischen dem Bund der Evangelischen Kirchen und der Evangelischen Kirche in Deutschland unter besonderer Beachtung ›gesamtdeutscher Intentionen bei der Schaffung der VEK‹, BA, Abt. Potsdam, O-4, 4871.

252 Niederschrift zur Sitzung der Kirchenleitung der VELK DDR am 9.5.1980 in Güstrow, LKA Hannover, D 15 XII, K 36/224/IX a. Das Staatssekretariat für Kirchenfragen wertete Ende 1981: »Gleichzeitig gab es […] auch starke Polarisierungen zur Bekenntnisfrage, die mehrfach dazu führten, daß sich lutherische und unierte Gruppen auf kirchlichen Tagungen in offenen Auseinandersetzungen gegenübertraten.« Abt. I, Information vom 14.12.1981 über den Stand der Herausbildung einer zukünftigen verbindlicheren Gemeinschaft in den evangelischen Kirchen in der DDR, BA, Abt. Potsdam, O-4, 410.

253 Vgl. Information Wilke vom 18.6.1980 über ein Gespräch mit Dr. Demke vom Sekr. des BEK am 11.6.1980, BA, Abt. Potsdam, O-4, 425.

254 Information Wilke vom 5.6.1980 über ein Gespräch des Staatssekretärs für Kirchenfragen mit der Leitung der Vereinigten Evangelisch-Lutherischen Kirche in der DDR (VELK DDR), BA, Abt. Potsdam, O-4, 426; auch SAPMO-BA ZPA IV B 2/14/148.

255 RdB Halle, Sektor Kirchenfragen, Information Voigt vom 12.9.1980 zum Gespräch des Stellvertreters des Vorsitzenden des Rates des Bezirkes Halle für Inneres, Gen. Pöhner, mit dem Kirchenpräsidenten der Ev. Landeskirche Anhalts, Eberhard Natho, am 10.9.1980, LPA Halle, IV D-2/14/478.

256 Man bat auch zu erwägen, ob die größeren Gliedkirchen an die beiden kleineren östlichen, ehemals Schlesien und Pommern umfassenden Kirchen nicht einzelne Kirchenkreise abtreten könnten. Niederschrift über die 88. Sitzung des Rates der EKU – Bereich DDR – am 7.11.1980 in Berlin, LKA Hannover, D 15 XII, K 73/412/II. Laut Belegplan des konspirativen Objekts »Wendenschloß« traf sich IM »Sekretär« am 7.11.1980, 11-13 Uhr mit seinem Führungsoffizier Roßberg, Rechercheergebnisse zum IM »Sekretär«, Stand 12.4.1994, 243.

257 Abt. I, Vorlage Wilke vom 12.2.1981 an die Dienstbesprechung am 23.2.1981, Information zu Fragen der Herausbildung einer »Vereinigten Evangelischen Kirche in der DDR« (VEK), BA, Abt. Potsdam, O-4, 409.

258 Interner Entwurf, zitiert nach ebd.

259 Ebd.

260 Ebd.

261 So Stolpe gegenüber Wilke. Vgl. Al. I, Aktenvermerk Wilke vom 12.2.1981 für den Staatssekretär über ein Gespräch mit Stolpe am 12.2.1981, BA, Abt. Potsdam, O-4, 427; auch a.a.O., O-4, 1437. Auf der Grundlage der strukturellen Neuüberlegungen wurde auf BEK-Seite auch über eine Neuregelung für die Aufgabenbeschreibung der Beratergruppe nachgedacht. Vgl. Auszug aus dem Protokoll Krusche-Demke-Lewek/Stolpe über die 132. Sitzung des Vorstandes am 1.10.1981 in Berlin, Auszug aus Protokoll Krusche-Demke-Radke über die 76. Tagung der Konferenz der Evangelischen Kirchenleitungen am 13./14.11.1981 in Berlin und das Papier Regelung für die Bildung einer Beratergruppe, alle Dokumente in EZA Berlin, 101/358.

262 Vgl. Lutherehrung in der DDR. Hintergründe und Herausforderungen. Christoph Demke, EZA Berlin, 4/92/12. Überarbeitete Fassung des ersten Teiles von Lutherehrung in der DDR – Hintergründe und Herausforderungen. Vortrag von Ch. Demke zur Vorbereitung auf das Lutherjahr (1980), in: Gemeinsam unterwegs, 192-200; vgl. auch: Die Kirche und das christliche Kulturerbe. Eine Ausarbeitung der theologischen Kommission (1983), in: a.a.O., 173-192. Vgl. auch Vermerk Lingner über die Sitzung der Beratergruppe am 12.3.1981, EZA Berlin, 4/92/12. Das staatliche Luther-Komitee sollte sich am 13.6.1980 konstituieren. An dieser Veranstaltung nahmen kirchliche Vertreter als Gäste teil und wurden bevorzugt behandelt, was an der kirchlichen Basis auf zum Teil scharfe Kritik stieß. Vgl. KJ 1980, 321 f. Zur Konstituierung des Martin-Luther-Komitees vgl. Protokoll der Sitzung des Sekretariats des ZK der SED vom 12.3.1980, TOP 4 und Anlage 3. SAPMO-BA J IV 2/3/3031. Vgl. auch Martin Luther und unsere Zeit. Über Vorhaben zum Luther-Jahr hatte der Präsident der EKU-Kirchenkanzlei (Bereich DDR), Joachim Rogge, bereits am 10.1.1978 mit Seigewasser gesprochen. Vgl. Information Wilke vom 2.2.1978 über das Gespräch des Staatssekretärs am 10.1.1978 mit Dr. Rogge und Kirchenrätin Grengel, BA, Abt. Potsdam, O-4, 425. Vgl. Beschluß des Sekretariats des ZK der SED vom 16.5.1979 Vorbereitung und Durchführung der Martin-Luther-Ehrung der DDR 1983 aus Anlaß seines 500. Geburtstages am 10. November 1983, TOP 8 und Anlage Nr. 3: »Zur Vorbereitung der Martin-Luther-Ehrung der DDR 1983 ist ein repräsentatives Komitee zu bilden, dem Vertreter staatlicher Organe […] sowie Vertreter kirchenleitender Gremien angehören sollten.« SAPMO-BA ZPA J IV 2/3/2909. Hans Wilke bezeichnete »die Einbeziehung der Kirchen in das Luther-Komitee [als] eine grundsätzliche und wichtige Aufgabe« und als Konsequenz des 6. März, der die »Einbeziehung der Kirchen in unsere politische Arbeit« mit sich gebracht habe. Interner Entwurf Wilke vom 11.10.1979, Gedanken zur Weiterführung der Arbeit nach

dem 30. Jahrestag der DDR unter besonderer Berücksichtigung der Ergebnisse der Synode des Bundes der Evangelischen Kirchen, a.a.O. Am 1.9.1979 signalisierte Hermann Kalb nochmals gegenüber Schönherr den staatlichen Wunsch, daß die Kirchen im offiziellen Lutherkomitee mitarbeiten mögen. Schönherr entgegnete, einem solchen Schritt stünden die Mehrheitsverhältnisse in der KKL entgegen. Dies hatte Leich Seigewasser bereits signalisiert. Kalb meinte, bei dieser Lage solle noch keine endgültige Abstimmung in der KKL gewagt werden. Schönherr »äußerte, daß er sich persönlich einer Einladung zur Mitarbeit nicht verschließen werde. Um eine Mehrheit in der Konferenz der Kirchenleitungen zu gewinnen, empfehle er unserer Dienststelle«, so Kalb in seinem Vermerk, »in persönlichen Gesprächen mit kirchenleitenden Persönlichkeiten auch staatlicherseits Einfluß zu nehmen. Hierbei nannte er die Namen Leich, Krusche und Rogge.« Vermerk Kalb vom 5.9.1979 über ein Gespräch mit Bischof D. Schönherr am Sonnabend, den 1.9.1979, im Büro des Bischofs, Weißensee, a.a.O. Positiv wurde von seiten des Staatssekretariats gewürdigt, daß Werner Krusche am 25.6.1980 gegenüber dem epd nicht gegen das staatliche Komitee polemisierte. Vgl. Vorlage Janott-Handel vom 21.8.1980 für die Dienstbesprechung am 25.8.1980, Leitungsinformation IV/80, BA, Abt. Potsdam, O-4, 408. Vgl. zum Problem der sog. Kulturerbe-Rezeption auch H. Süssmuth (Hg.), Das Luther-Erbe in Deutschland; A. Fischer/G. Heydemann (Hgg.), Geschichtswissenschaft in der DDR, Bd. 2. Zur Problematik aus Kirchenbund-Perspektive: J. Rogge, Luther heute; S. Bräuer, Martin Luther in marxistischer Sicht; A. Schönherr, Abenteuer der Nachfolge, 326.

263 Das kirchliche Lutherkomitee schlug die Einrichtung einer Verbindungskommission zwischen dem staatlichen und dem kirchlichen Gremium vor, was von der Kirchenleitung trotz einiger Bedenken positiv aufgenommen wurde. Vgl. Niederschrift zur Sitzung der Kirchenleitung der VELK in der DDR am 6.7.1979, LKA Hannover, D 15 XII, K 36/224/IX a. Vgl. auch Niederschrift über die Sitzung der Kirchenleitung der VELK i. d. DDR am 7.9.1979 in Berlin: »Die Kirchenleitung bestätigt ihre Auffassung vom 6.7.1979, in der sie sich für die Bildung einer Verbindungskommission im Sinne der Vorstellungen des Lutherkomitees aussprach. Diese Struktur ermöglicht eine sachbezogene und punktuelle eigenständige Beteiligung an staatlichen Aktivitäten.« A.a.O. Seigewasser hatte am 26.7.1979 gegenüber Leich die Bitte wiederholt, kirchlicherseits das staatliche Lutherkomitee möglichst mit ein bis zwei Bischöfen zu beschicken. Es »würde nicht nur die Möglichkeit für eine ständige Selbsteinschätzung bieten, sondern wäre auch ein guter Ausdruck dafür, wie Staat und Kirche gemeinsam dem bedeutenden Jubiläum Rechnung tragen«, so Seigewasser. »Ein Verbindungsausschuß würde dieser Lage nicht gerecht werden.« Weiter äußerte Seigewasser, »er könne von Freund zu Freund mitteilen, daß der Staatsratsvorsitzende das Komitee leiten werde. Es geht um ein Bild der Harmonie, deshalb wären zwei Bischöfe willkommen.« Leich sprach sich unter Verweis auf Luthers Zwei-Reiche-Lehre gegen eine zu enge Form der Kooperation aus. Dies würde außerdem in der Ökumene auf Unverständnis stoßen und die römisch-katholische Kirche sowie die ihr angehörenden Glieder in der DDR verprellen. Dennoch sollten bei der Beratung von Fragen allgemeiner Relevanz Glieder des jeweils anderen Komitees herangezogen werden. Seigewasser entgegnete, das kirchliche Komitee gebe es ohnehin. Es gehe doch nur um die zusätzliche Beteiligung kirchlicher Vertreter am staatlichen Komitee. Außerdem sei 1967 ähnlich verfahren worden, so daß das diesmalige Vorgehen gar als Rückschritt in den Staat-Kirche-Beziehungen angesehen werden könnte. Vermerk Demke, LKA Hannover, D 15 XII, K 82/485/I. Über die Form der Kooperation führte Zeddies ein Gespräch mit Seigewasser und Löffler. Die staatlichen Vertreter machten deutlich, daß sie weiterhin eine sehr viel weitgehendere Zusammenarbeit erwarteten. Vgl. Niederschrift über die Sitzung der Kirchenleitung der VELK in der DDR vom 30.10. bis zum 1.11.1979 in Bärenfels – Klausurtagung, LKA Hannover, D 15 XII, K 36/224/IX a. Der DDR-Bischofskonvent hatte auf seiner Sitzung am 25.10.1979 die Auffassung vertreten, »daß unter der Formel ›Mitwirkung von Fall zu Fall‹ eine kontinuierliche Zusammenarbeit durchaus möglich« sei. Vermerk

Schönherr vom 26.10.1979, EZA Berlin, 101/1190, Bd. II. Letztendlich akzeptierte der Staat die kirchliche Vorstellung über eine Mitwirkung ihrer Vertreter im staatlichen Lutherkomitee. Vgl. Niederschrift über die Sitzung der Kirchenleitung der VELK in der DDR am Freitag, dem 7.3.1980, LKA Hannover, D 15 XII, K 36/224/IX a.

264 Vgl. Erich Honecker, Unsere Zeit verlangt Parteinahme für Fortschritt, Vernunft und Menschlichkeit. Abgedruckt in epd-Dok 46-47/80, 116-119; zitiert nach »Neues Deutschland« vom 14.6.1980, 3.

265 Vgl. Werner Leich, Die Sicherung des Friedens ist ein Hauptthema der Zeit. Abgedruckt in epd-Dok 46-47/80, 121-123; zitiert nach »Neues Deutschland« vom 14.6.1980, 4. Siehe auch KJ 1980, 398 ff. Zur Vorbereitung des Lutherjahres vgl. auch das streng vertrauliche Teilprotokoll der Sitzung des Rates der Kirchenleitung der Kirchenprovinz Sachsen am 23.1.1979, TOP 16 Luthergedenkstätten in der Kirchenprovinz Sachsen, EZA Berlin, 101/348.

266 Auch die Niederschrift über die Sitzung der Kirchenleitung der VELK in der DDR am 4.7.1980 in Berlin spricht von »bei manchen Gemeindegliedern bestehenden Bedenken«. LKA Hannover, D 15 XII, K 36/224/IX a.

267 Vorlage Janott-Handel vom 23.10.1980 für die Dienstbesprechung am 27.10.1980, Leitungsinformation Nr. 5/80, BA, Abt. Potsdam, O-4, 408.

268 Über das Gespräch, das auf Einladung Gysis, der sich über Aufgaben, Struktur und Arbeit der VELK informieren wollte, zustandegekommen war, hatte die Sitzung der VELK-Kirchenleitung am 7.3.1980 beraten. Vgl. die Niederschrift in LKA Hannover, D 15 XII, K 36/224/IX a.

269 Information Wilke vom 5.6.1980 über ein Gespräch des Staatssekretärs für Kirchenfragen mit der Leitung der Vereinigten Evangelisch-Lutherischen Kirche in der DDR (VELK DDR), BA, Abt. Potsdam, O-4, 426; auch SAPMO-BA ZPA IV B 2/14/148.

270 RdB Erfurt, Stellvertreter des Vorsitzenden für Inneres, Hartmann, Information vom 23.7.1980, BA, Abt. Potsdam, O-4, 797. Leichs eigene Ansprache anläßlich der Konstituierung des Martin-Luther-Komitees der DDR am 13.6.1980 ist abgedruckt in Amtsblatt der Evangelisch-Lutherischen Kirche in Thüringen vom 10.7.1980.

271 Niederschrift über die Sitzung der Kirchenleitung der VELK in der DDR am 4.7.1980 in Berlin, LKA Hannover, D 15 XII, K 36/224/IX a.

272 Man beschloß weiterhin, sich zweimal jährlich mit dem staatlichen Komitee zu Arbeitsgesprächen zu treffen (zum Treffen am 19.3.1981 unter Leitung von Gerald Götting vgl. Büro des Staatssekretärs, Vorlage Dohle vom 22.4.1981 an die Dienstbesprechung vom 27.4.1981, Leitungsinformation 2/81, BA, Abt. Potsdam, O-4, 409; ein weiterer Termin wurde für den 25.9.1981 angesetzt, vgl. Leiter des Büros, Vorlage Dohle vom 1.9.1981 an die Dienstbesprechung vom 7.9.1981, Leitungsinformation 4/1981, a.a.O.; sowie ders., Leitungsinformation 5/1981: »Neben Absprachen der Arbeitsvorhaben spielte vor allem der Stellenwert und die Verbindlichkeit der veröffentlichten marxistischen Thesen über Luther eine Rolle«, BA, Abt. Potsdam, O-4, 410). Außerdem nahm man eine Aufgabenverteilung vor: »Für theologisch-wissenschaftliche Fragen: Dr. Rogge; Lutherstätten: Dr. Rogge; Medien- und Öffentlichkeitsarbeit: Dr. Zeddies; Journalistische Fragen: Günther; kirchliche Rundfunk- und Fernsehsendungen: Borgmann; Öffentlichkeitsarbeit (Werbung/Souvenirs): Günther; Bau- und Rechtsfragen: Stolpe, Hafa; Fragen der ökumenischen Beteiligung: Dr. Zeddies; Ausstellungen: Dr. Blaschke; Verbindung zur Konferenz der Kirchentagsausschüsse: Stolpe; Kirchenmusik: Dr. Schultze. Die Gesamtkoordinierung liegt bei Dr. Demke.« Niederschrift Demke über die 6. Sitzung des Komitees am 23.9.1980, EZA Berlin, 4/91/689.

273 Der Bischof fügte hinzu: »Das gelte auch [...] für die Diakonie und für die Sachgespräche beim Staatssekretär, den er sehr schätze (so wie er früher den ganz anderen Herrn Seigewasser geschätzt habe).« Aktenvermerk Wirth vom 6.1.1981, SAPMO-BA ZPA IV B2/14/82.

274 Vermerk Klötzer vom 6.11.1980 über ein Gespräch mit Binder am 4.11.1980, BA, Abt. Potsdam, O-4, 4877. Zu dem Binder-Gesprächen können nur die von seiten der DDR-

Vertretung angefertigten Vermerke herangezogen werden, da sich im ABB Bonn keine Gesprächsprotokolle aus der Feder Binders befinden.

275 Vermerk Klötzer vom 26.11.1980 über ein Gespräch mit Oberkirchenrat Kalinna von der Evangelischen Kirche der BRD am 25.11.1980, BA, Abt. Potsdam, O-4, 4871.

276 Vermerk Lingner vom 27.2.1980, EZA Berlin, 4/92/11. Zur ökumenischen Konsultation der europäischen Mitgliedskirchen des ÖRK in Budapest vom 28.-31.1.1980 vgl. KiS 2/80, 5.

277 Vorlage Will vom 1.4.1980 für die Dienstbesprechung am 7.4.1980, Information über die Beziehungen des Bundes der Evangelischen Kirchen in der DDR zum Ökumenischen Rat der Kirchen, zum Lutherischen Weltbund und zur Konferenz Europäischer Kirchen, BA, Abt. Potsdam, O-4, 408.

278 Zu einigen Aspekten der Beziehungen des BEK (Bund der Evangelischen Kirchen) in der Sowjetunion, SAPMO-BA ZPA IV B 2/14/80.

279 Hg. im Auftrag des Sekretariats des Bundes der Ev. Kirchen in der DDR von Christa Lewek, Manfred Stolpe und Joachim Garstecki. Menschenrechte in christlicher Verantwortung.

280 Vgl. oben, 171 ff.

281 Vgl. die Beiträge Stolpes: »Menschenrechte – Herausforderung und Hoffnung«, in: Menschenrechte in christl. Verantwortung, 6-23 sowie »Universale Menschenrechte«, a.a.O., 51-62.

282 Vgl. G. Krusche, Menschenrechte in theologischer Perspektive. Ein Gesprächsbeitrag aus der DDR, in: a.a.O., 63-70.

283 Vgl. J. Garstecki, Theologische Gesichtspunkte zu den Menschenrechten. Problemskizze für die Arbeit am Thema Theologie und Menschenrechte, in: a.a.O., 71-94.

284 »Sachstandsbericht« abgedruckt in epd-Dok 21/81, 4-8.

285 Zu einigen Problemen der gegenwärtigen Auseinandersetzung um die Menschenrechte unter besonderer Berücksichtigung der Haltung der Kirchen, BA, Abt. Potsdam, O-4, 495.

286 Schreiben Löwe an Lingner vom 22.7.1980, EZA Berlin, 4/92/11; vgl. Löwe an Lingner vom 1.4.1980; Lingner an Demke vom 2.5.1980; Lingner an Löwe vom 2.5.1980, a.a.O.

287 Vgl. Niederschrift Demke über die 7. Sitzung des Lutherkomitees der Evangelischen Kirchen am 11./12.11.1980 in Berlin. Dort hieß es zum Verhältnis zur EKD: »Das Komitee begrüßt es, wenn ein enger Informationsaustausch stattfindet. Es hält eine Abstimmung für außerordentlich wichtig. Dr. Demke wird beauftragt, Möglichkeiten einer Gasteinladung zu beachten.« EZA Berlin, 4/91/698.

288 EZA Berlin, 4/91/689.

289 Schreiben Schmale an Lingner vom 10.4.1980, EZA Berlin, 4/92/11.

290 Vgl. Schreiben Hammer an Schmale vom 21.5.1980 und Schmale an Hammer vom 28.5.1980, a.a.O.

291 Lingner an Schmale vom 4.6.1980, a.a.O.

292 Vermerk Stolpe über die 3. Konsultation am 12.6.1980, EZA Berlin, 101/653.

293 Institut für Internationale Politik und Wirtschaft der DDR, Direktor Max Schmidt, an Bellmann vom 20.6.1980, SAPMO-BA ZPA IV B2/14/155.

294 Information Gysi vom 10.4.1980 über ein Gespräch mit Bischof Schönherr, SAPMO-BA ZPA IV B2/14/40. Das kirchliche Protokoll enthält diese Äußerung nicht. Vgl. Vermerk Stolpe vom 22.4.1980 über ein Gespräch des Vorsitzenden der Konferenz mit dem Staatssekretär am 9.4.1980, EZA Berlin, 101/349.

295 Information Wilke vom 5.6.1980 über ein Gespräch des Staatssekretärs für Kirchenfragen mit der Leitung der Vereinigten Evangelisch-Lutherischen Kirche in der DDR (VELK DDR), BA, Abt. Potsdam, O-4, 426; auch SAPMO-BA ZPA IV B 2/14/148. Vom 26.5. bis zum 19.6.1981 besuchte eine Studiendelegation des USA-Nationalkomitees des LWB lutherische Kirchen in der DDR und stattete auch Staatssekretär Gysi einen Besuch ab. »Die Delegationsteilnehmer, vornehmlich Studenten, zeigten sich von dem Erlebten beeindruckt und an der Fortsetzung intensiver Kontakte zwischen den Kirchen

der USA und DDR interessiert.« Vgl. Abt. Internationale Beziehungen, Vorlage Will vom 4.8.1981 an die Dienstbesprechung, Leitungsinformation 4/81, BA, Abt. Potsdam, O-4, 409. Vgl. im übrigen auch die USA-kritischen Äußerungen des Vertreters der EKD in Bonn, Heinz-Georg Binder, in der Ständigen Vertretung der DDR. AV Bonn, Abt. IAP, Vermerk Klötzer (I. Sekretär) vom 1.4.1981 über ein Gespräch mit Prälat Binder, Bevollmächtigter des Rates der EKD am Sitz der BRD, am 31.3.1981, Abschrift in BA, Abt. Potsdam, O-4, 4871; auch SAPMO-BA ZPA IV B 2/14/200.

296 Information über ein Gespräch mit dem Kirchenpräsidenten der Evangelischen Landeskirche Anhalts, Eberhard Natho, am 28.3.1980, PDS-Archiv Halle, IV D-2/14/478.

297 Vgl. z. B. G. Besier, Auf der kirchenpolitischen Nebenbühne des SED-Staates. Evangelische Kirche und Ost-CDU, in: ders., Die evangelische Kirche in den Umbrüchen des 20. Jahrhunderts. Gesammelte Aufsätze, Bd. 2, 190-270, hier: 254 f.

298 Vermerk Lingner über ein Gespräch mit Demke u. a. am 30.9.1980, EZA Berlin, 4/92/702. Vgl. auch Vermerk Dohle vom 15.9.1980 über ein Gespräch mit EKU-Präsident Rogge am 8.9.1980 sowie am 15.9.1980, in dem Rogge berichtete, daß sich die Bischöfe der DDR mit der Flucht des EKU-Archivars Viergutz befaßt und die Bitte geäußert hatten, die DDR-Regierung möge »aus der Republikflucht des Viergutz keine Generalkrise zwischen Staat und Kirche werden […] lassen und ihr Vertrauen aufrecht[.]erhalten. Sie distanzier[t]en sich 100%ig von Viergutz' Verhalten. Sie distanzier[t]en sich nicht nur, sie verurteil[t]en es scharf.« BA, Abt. Potsdam, O-4, 426. Vgl. auch Vermerk Schumann-Fitzner über das Verbleiben des Glockentechnikers Buchholz in der BRD vom 22.9.1980, a.a.O. Nach der Flucht eines Pfarrers, der von einer privaten Besuchsreise in die Bundesrepublik nicht zurückkehrte, nutzte Bischof Demke – allerdings vergeblich – eine Westreise, um mit dem Emigranten zu reden. Vgl. RdB Halle, Sektor Kirchenfragen, Information Voigt vom 17.5.1984 zum Gespräch des Stellvertreters für Inneres des Rates des Bezirkes Halle, Gen. Pöhner, mit dem Bischof der Ev. Kirche der Kirchenprovinz Sachsen, Dr. Demke, und Oberkonsistorialrat Dr. Schultze am 16.5.1984 in Halle, BA, Abt. Potsdam, O-4, 793.

299 Vermerk Demke vom 10.10.1980 über Sitzung der Beratergruppe am 9.10.1980, EZA Berlin, 4/92/11. Vgl. auch den sehr viel ausführlicheren Vermerk Lingner vom 28.10.1980 über das Treffen der Beratergruppe am 9.10.1980, a.a.O.

300 Bericht vom 15.11.1980 über die 2. Tagung der 9. Synode der Ev. Kirche der Kirchenprovinz Sachsen, die vom 13.-16.11.1980 in Halle tagte, SAPMO-BA ZPA IV B2/14/115. Vgl. auch die Aussage des Zwickauer Superintendenten Günter Mieth vor der Hallenser Bundessynode im September 1982: »Es ist gut, daß es kirchliche Dienstreisen gibt, die sind unaufgebbar. Doch wir müssen mehr Reisen für Gemeindeglieder fordern, die nicht bei der Kirche angestellt sind. Die Privatreisen sind begrenzt. Leider ist die Zunahme der Ablehnungen angewachsen, ohne daß Gründe genannt werden. Die Bürger werden verunsichert, ihre Mündigkeit wird nicht beachtet.« Halle, den 25.9.1982, 2. Information zur 2. Tagung der 4. Synode, SAPMO-BA ZPA IV B2/14/90.

301 Über das Gespräch berichtete Schönherr am 6.3.1981 dem Bischofskonvent. Vgl. Vermerk Schönherr, EZA Berlin, 101/1190, Bd. II.

302 Information Gysi vom 13.2.1981, BA, Abt. Potsdam, O-4, 427; auch SAPMO-BA ZPA IV B2/14/42. Z. B. wurde bei der Ev. Landeskirche Anhalts ein deutlicher Anstieg der kirchlichen Reisen ins westliche Ausland registriert. Zudem fiel auf, daß die Reisen auf eine breite Anzahl von Personen verteilt wurden: »Eine Überprüfung dieser Situation läßt nur den Schluß zu, daß man einer Vielzahl von Personen eine Reise in das NSW ermöglichen möchte. Von ›echten‹ Ökumenekadern kann [in der Ev. Landeskirche Anhalts] nur bei Kirchenpräsident Natho und Oberkirchenrat Schulze gesprochen werden.« RdB Halle, Sektor Kirchenfragen, Informationsbericht Voigt vom 3.6.1981 zur kirchenpolitischen Situation April/Mai 1981. Vgl. auch die dort gemachten ähnlichen Angaben zur Kirchenprovinz Sachsen. Die katholische Kirche im Bezirk nahm nur wenige ökumenische Dienstreisen im Jahr in Anspruch. LPA Halle, IV D-2/14/478. Auf dem Bischofskonvent

am 6.3.1981 befaßte man sich auch mit der Reisestatistik der Gemeinsamen Einrichtung Ökumene. Vgl. Vermerk Schönherr, EZA Berlin, 101/1190, Bd. II.

303 Aktenvermerk Tschoerner über ein Gespräch im Staatssekretariat für Kirchenfragen am 27.1.1982 mit Abteilungsleiter Dr. Will, EZA Berlin, 101/917.

304 Vgl. Vermerk Demke vom 16.2.1982 über die Besprechung im Staatssekretariat für Kirchenfragen über Fragen der ökumenischen Dienstreisen am 10.2.1982. Dort heißt es weiter: »Heinrich erklärt, daß man den Antrag Berlin-Treptow zu einem Gemeindebesuch in den Niederlanden nicht befürworten könne. Das Risiko, daß unüberlegte Erklärungen z. B. gegenüber der Presse abgegeben werden, sei zu groß.« EZA Berlin, 101/351.

305 Sekretariat, Vermerk Herrbruck vom 28.6.1982 über ein Gespräch zwischen Mitarbeitern der Dienststelle des Staatssekretärs für Kirchenfragen und Vertretern der Gemeinsamen Einrichtung Ökumene am 25.6.1982, EZA Berlin, 101/917.

306 Vgl. Vermerk Demke vom 16.2.1982 über die Besprechung im Staatssekretariat für Kirchenfragen über Fragen der ökumenischen Dienstreisen am 10.2.1982, EZA Berlin, 101/351.

307 Vgl. Vermerk Demke vom 10.10.1980 über Sitzung der Beratergruppe am 9.10.1980, EZA Berlin, 4/92/11.

308 Vorlage Janott-Handel vom 23.10.1980 für die Dienstbesprechung am 27.10.1980, Leitungsinformation Nr. 5/80, BA, Abt. Potsdam, O-4, 408.

309 Information Dohle vom 23.10.1980 über Gespräch zwischen Gysi, Kalb, Schönherr und Stolpe am 20.10.1980, BA, Abt. Potsdam, O-4, 426; auch SAPMO-BA ZPA IV B2/14/40.

310 Nach einer staatlichen Analyse zu Berlin-Brandenburg vertraten die Pfarrer zu Afghanistan westliche Positionen, hielten sich aber mit öffentlicher Kritik zurück. Vgl. Kurzbericht Wilke vom 26.2.1980 über die Beratung der Bezirke Berlin-Brandenburg am 6.2.1980 beim Magistrat von Berlin, BA, Abt. Potsdam, O-4, 414. Gegenüber Horst Dohle erklärten Studierende der ESG Dresden: »Die Bereitschaft der Sowjetunion, einseitig und von sich aus Truppen und Militärtechnik aus der DDR abzuziehen, sei höchst lobenswert, aber die Bereitschaft sei durch die Ereignisse in Afghanistan wieder aufgehoben. Deshalb sei auch keine positive Antwort auf die sowjetische Truppenreduzierung aus dem Westen erfolgt.« Persönlicher Referent, Information an den Staatssekretär vom 16.9.1980, Abschrift in PDS-Archiv Dresden, IV D-2.14-689. Vgl. auch Bezirksleitung Dresden der SED, Hausmitteilung Abt. Staat und Recht (Konopka) an Modrow vom 9.10.1980, a.a.O.

311 Vgl. Vermerk Lingner vom 28.10.1980 über das Treffen der Beratergruppe am 9.10.1980, EZA Berlin, 4/92/11. Vgl. zur 4. Tagung der III. Synode des Bundes in Leipzig epd-Dok 46-47/80, 4 ff.; KJ 1980, 327 ff.

312 Vgl. hierzu Niederschrift Küntscher vom 10.7.1980 über die Besprechung in der Dienststelle des Staatssekretärs für Kirchenfragen am 10.7.1980 in Berlin; Niederschrift Küntscher vom 21.7.1980 über die Besprechung in der Dienststelle des Staatssekretärs für Kirchenfragen am 21.7.1980 in Berlin; Schreiben Schönherr an Gysi vom 6.8.1980; Entwurf, Niederschrift Küntscher über die Besprechung in der Dienststelle des Staatssekretärs für Kirchenfragen am 20.8.1980 in Berlin, alle EZA Berlin, 101/350.

313 Vgl. auch die Äußerung des Dresdner Superintendenten Ziemer in einem Gespräch beim Rat der Stadt, die DDR möge »doch nicht überall danach streben […], an der Spitze zu stehen. Nach seiner Meinung sollten wir etwas kürzer treten und auf manches verzichten. Sicher meinte er damit, wir sollten eine bescheidenere Lebensweise führen.« Bereich Inneres, Staatliche Kirchenpolitik, Aktenvermerk Schulze vom 15.2.1980 über eine Aussprache am 11.2.1980 mit den Superintendenten Ziemer, Scheibner und Dr. Wetzel, PDS-Archiv Dresden, IV D-5.01-195.

314 Von Brück fand sich am 29.10.1980 bei Gysi zu einem Abschiedsbesuch ein. Dort sagte er, »daß er inzwischen selbst bezweifle, ob es glücklich war, während der Bundessynode in Leipzig so aufzutreten, wie er es tat. Er habe es aber keinesfalls böse gemeint, habe ver-

sucht, von [einem] DDR-Standpunkt [aus] zu sprechen und sei über den unguten Zusammenhang, in den er gekommen sei, und die Darstellung in den Westmedien sehr betroffen. Er habe weder bisher noch künftig die Absicht, sein Hemd oder ›die Fahne‹ zu wechseln. Er habe seinen Dienst hier bewußt getan.« Im Resümee seiner Tätigkeit für »Brot für die Welt« hob von Brück »besonders den Zusammenhang zwischen der Aktion und dem Antirassismusprogramm und der Unterstützung von nationalen Befreiungsbewegungen hervor (Angola, Moçambique).« Aktennotiz Dohle vom 30.10.1980, BA, Abt. Potsdam, O-4, 426.

315 Information über die 4. Tagung der 3. Synode des Bundes der Evangelischen Kirchen in der Deutschen Demokratischen Republik (BEK), SAPMO-BA ZPA IV B 2/14/88.

316 Das Interview wurde am 27.9.1980 gesendet. Vorlage Janott-Handel vom 23.10.1980 für die Dienstbesprechung am 27.10.1980, Leitungsinformation Nr. 5/80, BA, Abt. Potsdam, O-4, 408.

317 Vgl. zur Frage der Wahlen in der DDR die langfristig angelegte staatliche Information zur Wahlbeteiligung von Geistlichen und kirchlichen Amtsträgern über den Zeitraum 1957-1981. Dort wird keine Erfolgsmeldung geboten, sondern es heißt kritisch einschränkend: »Die Wahlbeteiligung darf nicht überbewertet werden, da Geistliche aus unterschiedlichen Gründen an den Wahlen teilnehmen, auch um sich nicht zu sehr von ihren Gemeinden zu isolieren. Die Beteiligung sagt noch nichts über die inhaltliche Entscheidung aus.« Die 1981 bei einer Volkskammerwahl höchste Wahlbeteiligung von Pfarrern in der DDR-Geschichte wurde mit der Erfahrung des 6. März begründet, die »wesentlich dazu bei[trug], die Wahlbeteiligung der Geistlichen positiv zu beeinflussen und damit das sich entwickelnde offene und vertrauensvolle Klima in den Beziehungen zwischen Staat und Kirche zu bestätigen.« BA, Abt. Potsdam, O-4, 948.

318 Vgl. Abt. Intern. Beziehungen, Information Weise vom 9.4.1981 über die ökumenischen Beziehungen zwischen dem Bund der Evangelischen Kirchen und der Evangelischen Kirche in Deutschland unter besonderer Beachtung ›gesamtdeutscher Intentionen bei der Schaffung der VEK‹, BA, Abt. Potsdam, O-4, 4871.

319 Bellmann bemerkte: »Die BRD-Journaille war mit einem starken Aufgebot wie zu einer politischen Großveranstaltung erschienen und wartete auf das entsprechende Stichwort.« Deshalb sei auch einigen BEK-Vertretern »unwohl« geworden. Zur Bundessynode sagte der SED-Funktionär: »Die provokatorischen Handlungen durch Synoden und kirchliche Amtsträger erfuhren mit der Durchführung der Bundessynode, die im September in Leipzig stattfand, eine weitere Verschärfung.« Bezirksleitung Dresden der SED, Hausmitteilung von Abteilung Staat und Recht, Konopka, an Modrow vom 14.11.1980, Information über eine am 12.11.1980 von der Arbeitsgruppe Kirchenfragen beim ZK der SED durchgeführte dezentrale Beratung in der Bezirksleitung Leipzig der SED, PDS-Archiv Dresden, IV D-2.14-698; auch a.a.O., IV D-2.14-690. Vgl. auch Informationsmaterial Zusammenarbeit BEK-EKD vom 29.12.1980, BA, Abt. Potsdam, O-4, 4871.

320 Vgl. Vorlage Dohle vom 27.10.1980 für die Dienstbesprechung am 27.10.1980, Leitungsinformation 5/80, BA, Abt. Potsdam, O-4, 408. Vgl. auch Gesprächsvermerk Gysi vom 1.10.1980, BA, Abt. Potsdam, O-4, 426; auch SAPMO-BA ZPA IV B2/14/40.

321 Gesprächsvermerk Gysi vom 1.10.1980, BA, Abt. Potsdam, O-4, 426; auch SAPMO-BA ZPA IV B2/14/40. Nach der Aussage von Kirchenpräsident Natho gab es im kirchlichen Raum große Ängste vor einem Wahlerfolg des bayerischen Politikers, insbesondere wegen einer befürchteten Verschlechterung der innerdeutschen Beziehungen. Vgl. Information über ein Gespräch mit dem Kirchenpräsidenten der Evangelischen Landeskirche Anhalts, Eberhard Natho, am 28.3.1980, PDS-Archiv Halle, IV D-2/14/478.

322 Vgl. Vorlage Dohle vom 27.10.1980 für die Dienstbesprechung am 27.10.1980, Leitungsinformation 5/80, BA, Abt. Potsdam, O-4, 408. Vgl. auch Gesprächsvermerk Gysi vom 1.10.1980. Gysi schrieb einleitend über das Gespräch: »Es war von mir aus hart und klar, insgesamt von beiden Seiten relativ offen, blieb im Rahmen eines gemeinsamen Bemühens, den richtigen Weg durchzusetzen und fortzuführen, und war ohne

jede persönliche Schärfe.« Abschließend sagte Gysi: »Ich freue mich, daß sie unsere Maßnahmen begrüßen. Auch uns sei die außerordentliche, sehr aktive, direkten Einfluß nehmende Rolle der BRD-Presse besonders auf dieser Synode aufgefallen. In diesem Punkt stimmten wir überein. Aber sie könnten die Verantwortung nicht ausschließlich der BRD-Presse zuschieben; es ginge primär auch um die Verantwortung der Kirchen.« BA, Abt. Potsdam, O-4, 426; SAPMO-BA ZPA IV B2/14/40.

323 Gesprächsvermerk Gysi vom 1.10.1980, BA, Abt. Potsdam, O-4, 426; SAPMO-BA ZPA IV B2/14/40.

324 Information Dohle vom 23.10.1980 über Gespräch zwischen Gysi, Kalb, Schönherr und Stolpe am 20.10.1980, a.a.O. Im übrigen führte auch Prälat Binder, geprägt vom Strukturkonservativismus, aus, die »Presse erweise sich immer mehr als Hindernis jeglicher Diplomatie und solider Politik. Dies betreffe die Beziehungen zwischen den Staaten und, wie sich zeige, auch die Kirchenpolitik.« Vermerk Klötzer vom 6.11.1980 über ein Gespräch mit Binder am 4.11.1980, BA, Abt. Potsdam, O-4, 4877.

325 Information Kalb vom 14.7.1980, SAPMO-BA ZPA IV B 2/14/40.

326 Vgl. Vorlage Dohle vom 27.10.1980 für die Dienstbesprechung am 27.10.1980, Leitungsinformation 5/80, BA, Abt. Potsdam, O-4, 408.

327 Vgl. Bezirksleitung Dresden der SED, Hausmitteilung von Abteilung Staat und Recht, Konopka, an Modrow vom 14.11.1980, Information über eine am 12.11.1980 von der Arbeitsgruppe Kirchenfragen beim ZK der SED durchgeführte dezentrale Beratung in der Bezirksleitung Leipzig der SED. Zur Begründung hieß es dort, sie hätten die Zwangsumtauscherhöhung und den Einmarsch der sowjetischen Truppen in Afghanistan kritisch behandelt. Dies dürfte sich jedoch auf das Abschlußdokument der BEK-Synode beziehen. PDS-Archiv Dresden, IV D-2.14-698; auch a.a.O., IV D-2.14-690. Bei der Mecklenburgischen Kirchenzeitung scheint auch der geplante Abdruck des Programms der Friedensdekade beanstandet worden zu sein. Vgl. Information Dohle vom 23.10.1980 über Gespräch zwischen Gysi, Kalb, Schönherr und Stolpe am 20.10.1980, BA, Abt. Potsdam, O-4, 426; auch SAPMO-BA ZPA IV B2/14/40.

328 Vgl. Vorlage Dohle vom 27.10.1980 für die Dienstbesprechung am 27.10.1980, Leitungsinformation 5/80, BA, Abt. Potsdam, O-4, 408. Vgl. auch Information Dohle vom 23.10.1980 über Gespräch zwischen Gysi, Kalb, Schönherr und Stolpe am 20.10.1980. Dort heißt es, die Journalisten hätten in ihrem hierfür erforderlichen Antrag nicht angegeben, was sie in Dresden eigentlich vorhätten. BA, Abt. Potsdam, O-4, 426; auch SAPMO-BA ZPA IV B2/14/40.

329 Beschluß der Konferenz der Evangelischen Kirchenleitungen in der DDR auf ihrer außerordentlichen Tagung am 23. Oktober 1980, Abschrift in EZA Berlin, 4/92/12; auch SAPMO-BA ZPA IV B 2/14/81. Gegenüber Staatssekretär Gysi hatte Schönherr am 9.4.1980 bereits Bedenken der KKL vorgebracht, »daß durch das Ministerium für Kultur bei der Drucklegung von Büchern mit religiösem Inhalt Maßstäbe angelegt werden, die eine Einmischung in kirchliche und religiöse Belange darstellen bzw. zu Behinderungen kirchlicher Tätigkeit führen.« So könnten Resultate kirchlicher Tagungen nicht als Buch erscheinen, zum Teil sei es nicht möglich, ökumenische Dokumente im Wortlaut zu drucken. Außerdem monierte Schönherr: »Bereiche und Begriffe, in denen die kirchliche Ideologie von der des Marxismus-Leninismus abweiche, werden nicht akzeptiert und müssen in Manuskripten gestrichen oder verändert werden, z. B. Umweltfragen, Leistungsproblematik, Altersvereinsamung, Sklavenproblematik, Nordsüdkonflikt, Christ ist vom Glauben her in der Gesellschaft angefochten, man muß aus dem Glauben heraus leiden können, Liebe, Haß, Versöhnung; es gibt Autoren, deren Namen tabu sind, die weder zitiert noch erwähnt werden dürfen.« Weiter fragte Schönherr, ob das für die EVA zur Verfügung stehende Papierkontingent erweitert werden könne, worauf Gysi eine abschlägige Antwort gab. Entwurf Information Gysi vom 9.4.1980 über ein Gespräch mit Schönherr am gleichen Tag, BA, Abt. Potsdam, O-4, 1437; vgl. auch Vermerk Stolpe vom 22.4.1980 über ein Gespräch des Vorsitzenden der Konferenz mit dem Staatssekretär am 9.4.1980. Danach entgegnete Gysi: »Man wolle verhindern, daß spätbürgerliche Philoso-

phie theologisch verbrämt angeboten wird, und habe so versucht, zwischen ›echter‹ und ›unechter‹ Theologie zu differenzieren.« EZA Berlin, 101/349

330 Vgl. Informationsmaterial Zusammenarbeit BEK-EKD vom 29.12.1980, BA, Abt. Potsdam, O-4, 4871.

331 Vgl. Vorlage Dohle vom 30.12.1980, Leitungsinformation 6/80, BA, Abt. Potsdam, O-4, 409. Vgl. auch Anruf MfAA, 14.11.1980, 11.20 Uhr, Gen. Vincenz, Anfrage von Mark Wood am 14.11., 11.00 Uhr, SAPMO-BA ZPA IV B 2/14/80. Laut Protokollentwurf Wilke wies Gysi zu Beginn des Gespräches am 17.11. »die Verleumdung und Hetze in ›Die Welt‹ vom 17.11.1980 zurück, nach der der Vorsitzende des Ministerrates der DDR angeblich ein Gespräch zu Abrüstungsfragen mit der Kirche zugesagt und dann ohne Begründung abgesetzt hätte. Die heutige Information und Aussprache wurde bereits seit mehreren Monaten vorbereitet und wird termingemäß mit den vorher durch den Genossen Stoph festgelegten Gesprächspartnern durchgeführt.« Entwurf Wilke vom 19.11.1980, Information über das Informationsgespräch des Staatssekretärs mit Mitgliedern der Konferenz der Kirchenleitungen in der DDR (BEK) am 17.11.1980, BA, Abt. Potsdam, O-4, 426; auch a.a.O., O-4, 1437.

332 Information Gysi vom 2.5.1980 über ein Gespräch mit Bischof Schönherr am 25.4. 1980, BA, Abt. Potsdam, O-4, 426; auch SAPMO-BA ZPA IV B2/14/40.

333 Vgl. Information Gysi vom 6.6.1980. Schönherr entgegnete, die »Hauptschwierigkeit für ihn sei, daß solche Aufforderungen meist während seiner Auslandsreisen an ihn gerichtet und Absage wie Zusage gleich schlecht interpretiert würden. Ich [Gysi] sagte ihm, daß man sich dann vorher über die Linie verständigen müsse.« A.a.O.

334 RdB Dresden, Sektor Staatspolitik in Kirchenfragen, Vermerk Lewerenz vom 27.11. 1980 über Gespräch des Stellvertreters für Inneres, Gen. Ullmann, mit Landesbischof Dr. Hempel am 25.11.1980, 14.00 Uhr, PDS-Archiv Dresden, IV D-2.14-692.

335 Vgl. hierzu KJ 1980, 376. Im Gespräch mit Gysi behauptete Schönherr, die Liturgie sei in der DDR entwickelt worden. Vgl. Information Dohle vom 23.10.1980 über Gespräch zwischen Gysi, Kalb, Schönherr und Stolpe am 20.10.1980, BA, Abt. Potsdam, O-4, 426; auch SAPMO-BA ZPA IV B2/14/40.

336 Vgl. Schreiben Schönherr an Gysi vom 8.10.1980, in dem er abschließend um die Befürwortung seiner Ausreise bat. Abschrift in SAPMO-BA ZPA IV B 2/14/80.

337 Vgl. Notiz Schubert, Arbeitsgebiet Reisefragen, vom 27.10.1980, a.a.O.

338 Abschrift aus: Grüne Information 30.10.1980, *SPD-Arbeitskreis veranstaltet Friedenskonferenz in Hannover*, Hannover, 29. Oktober 1980, a.a.O.

339 Vgl. unten.

340 Vgl. Bezirksleitung Dresden der SED, Hausmitteilung von Abteilung Staat und Recht, Konopka, an Modrow vom 14.11.1980, Information über eine am 12.11.1980 von der Arbeitsgruppe Kirchenfragen beim ZK der SED durchgeführte dezentrale Beratung in der Bezirksleitung Leipzig der SED, PDS-Archiv Dresden, IV D-2.14-698; auch a.a.O., IV D-2.14-690.

341 Weiter schrieb Gysi: »Im ganzen hat er laviert, und sicher ist manches nur die halbe Wahrheit. Er war aber etwas erschüttert, daß ich ihn so direkt angesprochen habe.« Information Gysi vom 2.5.1980 über ein Gespräch mit Bischof Schönherr am 25.4.1980, BA, Abt. Potsdam, O-4, 426; auch SAPMO-BA ZPA IV B2/14/40. Zu Carstens vgl. auch K. Carstens, Erinnerungen und Erfahrungen.

342 Vgl. auch Bezirksleitung Dresden der SED, Hausmitteilung von Abteilung Staat und Recht, Konopka, an Modrow vom 14.11.1980, Information über eine am 12.11.1980 von der Arbeitsgruppe Kirchenfragen beim ZK der SED durchgeführte dezentrale Beratung in der Bezirksleitung Leipzig der SED, PDS-Archiv Dresden, IV D-2.14-698; auch a.a.O., IV D-2.14-690. Rudi Bellmann urteilte, die Friedensdekade »förder[e] objektiv die ›Deutschtümelei‹ sowie die Partnerbeziehungen zwischen den Gemeinden.« Ebd. Auf dem Pfarrkonvent Dresden-Ost in der Dresdener Versöhnungskirche äußerte sich Superintendent Ziemer zur Überraschung des wohl vom MfS stammenden Oberstleutnants Lehmann, dem von einem anwesenden IM Bericht erstattet worden war, zu den

»Partnerbeziehungen‹ der Pfarrer bzw. Gemeinden nach der BRD [...] Er vertritt den Standpunkt, daß wir keine ›Kirchentouristik‹ brauchen. Die Einreisen zu den Dresdner Gemeinden hätten Formen angenommen, die nicht mehr den ökumenischen Anliegen und karitativen Aufgaben entsprechen. Der Superintendent forderte die anwesenden Pfarrer auf, diese Kontakte einzuschränken bzw. wieder zu echt kirchlichen Kontakten zu machen. Der Superintendent sprach die Erwartung aus, daß die Partnerbeziehungen generell reduziert werden, daß keine größeren Gruppen mehr einreisen und daß alle Einreisenden von dem jeweiligen Pfarrer eingeladen werden und nicht die Besucher auf die ganze Gemeinde verteilt werden. Es ist nicht ersichtlich, aus welchen Motiven heraus der Superintendent diese Forderungen erhebt. Bei den Anwesenden gab es Verblüffung, jedoch keine Gegenargumentation.« Information Lehmann über aktuelle Probleme der evangelischen Kirche in Dresden an den 1. Sekretär der SED-Stadtleitung, Genossen Hübner, persönlich vom 17.12.1980, PDS-Archiv Dresden, IV D-5.01-195.

343 Schreiben vom 13.10.1980, SAPMO-BA ZPA IV B 2/14/80.

344 Bericht des Untersuchungsausschusses 1/3 vom 29.4.1994, Teil B, Anlage Dokument 19.37.

345 Vgl. Vorlage Dohle vom 27.10.1980 für die Dienstbesprechung am 27.10.1980, Leitungsinformation 5/80, BA, Abt. Potsdam, O-4, 408.

346 Vorlage Dohle vom 27.10.1980 für die Dienstbesprechung am 27.10.1980, Leitungsinformation 5/80, BA, Abt. Potsdam, O-4, 408.

347 Bereits am 20.3.1980 hatte sich der Bischofskonvent mit diesem Vorschlag befaßt. Im Protokoll heißt es hierzu:»Die Bischöfe nehmen einen Vorschlag der Landesjugendpfarrämter KPS [Kirchenprovinz Sachsen] und BB [Berlin-Brandenburg] zur Kenntnis, den Bußtag zum ›Tag der Abrüstung‹ zu gestalten. Da der Bußtag selbst schon besetzt ist, soll der Landesjugendpfarrämtern anheimgestellt werden, einen anderen Termin in Aussicht zu nehmen. Wert wird darauf gelegt, daß das Ganze auf Bundesebene stattfindet und also auch von der Konferenz der Kirchenleitungen beschlossen werden muß und daß die Gesamtgemeinde in die Veranstaltungen einbezogen wird.« Vermerk Schönherr vom 21.3.1980 über den Bischofskonvent am 20.3.1980 in Berlin, EZA Berlin, 101/1190, Bd. II.

348 Information Dohle vom 23.10.1980 über Gespräch zwischen Gysi, Kalb, Schönherr und Stolpe am 20.10.1980, BA, Abt. Potsdam, O-4, 426; auch SAPMO-BA ZPA IV B2/14/40.

349 Beschluß der Konferenz der Evangelischen Kirchenleitungen in der DDR auf ihrer außerordentlichen Tagung am 23. Oktober 1980, Abschrift in EZA Berlin, 4/92/12; auch SAPMO-BA ZPA IV B 2/14/81.

350 Schönherr lobte gegenüber Gysi Leichs Verhalten auf der KKL-Sitzung, ohne jedoch Einzelheiten zu nennen. Vgl. Information Gysi vom 27.10.1980, BA, Abt. Potsdam, O-4, 426; auch SAPMO-BA ZPA IV B2/14/40.

351 Vgl. Vorlage Dohle vom 27.10.1980 für die Dienstbesprechung am 27.10.1980, Leitungsinformation 5/80, BA, Abt. Potsdam, O-4, 408.

352 Vgl. unten, 356 f.

353 Information Dohle vom 24.10.1980 über Gespräch zwischen Staatssekretär, Genossen Gysi, und Oberkonsistorialrat Stolpe am 24.10.1980, BA, Abt. Potsdam, O-4, 426; auch SAPMO-BA ZPA IV B2/14/40.

354 EZA Berlin, 101/350.

355 Vgl. Übersicht über Aktivitäten der Evangelischen Landeskirchen in der DDR zur Friedensdekade, BA, Abt. Potsdam, O-4, 409 sowie Bezirksleitung Dresden der SED, Hausmitteilung von Abteilung Staat und Recht, Konopka, an Modrow vom 14.11.1980, Information über eine am 12.11.1980 von der Arbeitsgruppe Kirchenfragen beim ZK der SED durchgeführte dezentrale Beratung in der Bezirksleitung Leipzig der SED, PDS-Archiv Dresden, IV D-2.14-698; auch a.a.O., IV D-2.14-690.

356 Übersicht über Aktivitäten der Evangelischen Landeskirchen in der DDR zur Friedensdekade, BA, Abt. Potsdam, O-4, 409.

357 Vgl. Bezirksleitung Dresden der SED, Hausmitteilung von Abteilung Staat und Recht, Konopka, an Modrow vom 14.11.1980, Information über eine am 12.11.1980 von der Arbeitsgruppe Kirchenfragen beim ZK der SED durchgeführte dezentrale Beratung in der Bezirksleitung Leipzig der SED, PDS-Archiv Dresden, IV D-2.14-698; auch a.a.O., IV D-2.14-690.

358 Persönlicher Referent Dohle, Vermerk vom 5.11.1980 über Anruf des Genossen Lewerenz, Dresden, im Auftrag des Genossen Ullmann, BA, Abt. Potsdam, O-4, 426.

359 Vgl. Übersicht über Aktivitäten der Evangelischen Landeskirchen in der DDR zur Friedensdekade, BA, Abt. Potsdam, O-4, 409.

360 Schreiben Felfe an Honecker vom 14.11.1980 über Gespräch mit Natho am 5.11.1980, LPA Halle, IV D-2/3/229.

361 Abt. I, Leitungsinformation 6/80 Janott-Handel vom 6.1.1981, Vorlage für die Dienstbesprechung am 12.1.1981, BA, Abt. Potsdam, O-4, 409.

362 In der der Einschätzung beigefügten Anlage 1, »Übersicht über Aktivitäten der Evangelischen Landeskirchen in der DDR zur Friedensdekade« heißt es: »Politische Provokationen wurden in diesen Sonntagsgottesdiensten, deren Besucherzahlen in der Regel denen der sonstigen Gottesdienste am Sonntag entsprachen, von der überwiegenden Mehrheit der Geistlichen unterlassen. Vor allem im Raum der Thüringer Landeskirche nahmen einzelne Geistliche in diesen Gottesdiensten eine ausdrückliche Würdigung der Friedenspolitik der DDR vor und riefen die Christen auf, diese zu unterstützen.« Im Bezirk Potsdam waren die Sonntagsgottesdienste am 9.11. allerdings zu 30 % stärker besucht als an vergleichbaren Sonntagen, wobei ca. die Hälfte der Teilnehmer Jugendliche und Erwachsene unterhalb des Rentenalters waren. A.a.O.

363 Abt. I, Leitungsinformation 6/80 Janott-Handel vom 6.1.1981, Vorlage für die Dienstbesprechung am 12.1.1981, a.a.O.

364 Vgl. Vorlage Dohle vom 27.10.1980 für die Dienstbesprechung am 27.10.1980, Leitungsinformation 5/80, BA, Abt. Potsdam, O-4, 408. Vgl. auch R. Henkys, Irritationen im Herbst, in: KiS 5-6/1980, 53-62.

365 Rede auf der Aktiv-Tagung zur Eröffnung des Parteijahres 1980/81 in Gera am 13.10.1980, in: ND vom 14.10.1980; Auszüge auch in DA 11/1980, 1220 ff.; dokumentiert in: BMin f. innerdeutsche Beziehungen Nr. 19/1980, 19 ff.

366 So erreichten das sächsische LKA viele Bitten aus den Gemeinden, gegen die Erhöhung der Umtauschsätze tätig zu werden. Vgl. RdB Dresden, Sektor Staatspolitik in Kirchenfragen, Vermerk Lewerenz vom 27.11.1980 über Gespräch des Stellvertreters für Inneres, Gen. Ullmann, mit Landesbischof Dr. Hempel am 25.11.1980, 14.00 Uhr, PDS-Archiv Dresden, IV D-2.14-692.

367 Bischof Wollstadt, Görlitz, führte hierzu in einem Gespräch mit Lewerenz, RdB Dresden, an, »daß durch die Erhöhung der Mindestumtauschsätze die Kontakte mit Bürgern aus westlichen Ländern reduziert und erschwert werden, diese Kontakte hätten aber gerade in den Friedensbemühungen der Kirchen einen hohen Stellenwert.« RdB Dresden, Sektor Staatspolitik in Kirchenfragen, Vermerk Lewerenz vom 31.10.1980 über Gespräch mit Bischof Dr. Wollstadt und OKR Dr. Winde am 29.10.1980 in Görlitz, PDS-Archiv Dresden, IV D-2.14-692.

368 Vorlage Dohle vom 27.10.1980 für die Dienstbesprechung am 27.10.1980, Leitungsinformation 5/80, BA, Abt. Potsdam, O-4, 408. Vgl. auch R. Henkys, Irritationen im Herbst, in: KiS 5-6/1980, 53-62.

369 RdB Rostock, Aktenvermerk Steinbach vom 31.10.1980, SAPMO-BA ZPA IV B2/14/105.

370 Abschrift an Zeddies vom 20.10.1980, LKA Hannover, D 15 XII, K 102/5910/II.

371 Vgl. Informationsmaterial Zusammenarbeit BEK-EKD vom 29.12.1980, BA, Abt. Potsdam, O-4, 4871. Das Gespräch wurde auf Anweisung des Sekretariats des ZK der SED geführt: Der ZK-Sekretär sollte Schönherr »mit Nachdruck darauf aufmerksam [...] machen, daß das Auftreten der Vertreter der Kirchen gegen staatliche Maßnahmen und Gesetze der DDR eine schwere Belastung des Verhältnisses zwischen unserem Staat

und der Kirche darstellt« und sich gegen den 6.3.1978 richte. Protokoll der Sitzung des Sekretariats des ZK der SED vom 22.10.1980, TOP 2, SAPMO-BA ZPA J IV 2/3/3134.

372 Bellmann ergänzte später: »unter dem Mantel der gemeinsamen Verantwortung«. Bezirksleitung Dresden der SED, Hausmitteilung von Abteilung Staat und Recht, Konopka, an Modrow vom 14.11.1980, Information über eine am 12.11.1980 von der Arbeitsgruppe Kirchenfragen beim ZK der SED durchgeführte dezentrale Beratung in der Bezirksleitung Leipzig der SED, PDS-Archiv Dresden, IV D-2.14-698; auch a.a.O., IV D-2.14-690.

373 Arbeitsgruppe Kirchenfragen, 10.11.1980, BA, Abt. Potsdam, O-4, 426.

374 Bezirksleitung Dresden der SED, Hausmitteilung von Abteilung Staat und Recht, Konopka, an Modrow vom 14.11.1980, Information über eine am 12.11.1980 von der Arbeitsgruppe Kirchenfragen beim ZK der SED durchgeführte dezentrale Beratung in der Bezirksleitung Leipzig der SED, PDS-Archiv Dresden, IV D-2.14-698; auch a.a.O., IV D-2.14-690.

375 Arbeitsgruppe Kirchenfragen, 10.11.1980, BA, Abt. Potsdam, O-4, 426.

376 Weiter sagte Bellmann: »Er erwies sich in Bewährungssituationen im wesentlichen immer als progressiver Kirchenmann.« Außerdem schätzte er von den Bischöfen Leich und Gienke als progressiv ein. Als positiv galten Schönherr, Stolpe, Mitzenheim und Falcke. Bezirksleitung Dresden der SED, Hausmitteilung von Abteilung Staat und Recht, Konopka, an Modrow vom 14.11.1980, Information über eine am 12.11.1980 von der Arbeitsgruppe Kirchenfragen beim ZK der SED durchgeführte dezentrale Beratung in der Bezirksleitung Leipzig der SED, PDS-Archiv Dresden, IV D-2.14-698; auch a.a.O., IV D-2.14-690.

377 SAPMO-BA ZPA J IV 2/3/118. Vgl. auch Information des Sekretariats des ZK der SED vom 2.12.1980 über das Verhältnis von Staat und Evangelischen Kirchen in der DDR an die 1. Sekretäre der Bezirks- und Kreisleitungen der SED und an alle Abteilungsleiter im ZK. SAPMO-BA ZPA IV 2/37119.

378 Stolpe machte gegenüber Hans Wilke am 10.7.1980 die folgende Ankündigung: »OKR Stolpe informierte darüber, daß die KKL am 5. Juli einen Beschluß gefaßt habe, am Wochenende vor der KSZE-Konferenz in Madrid einen Bittgottesdienst in allen Kirchen durchzuführen. Der Rat der EKD sei gebeten worden, einen ähnlichen Beschluß zu fassen. Bis zur Stunde steht noch nicht fest, ob man sich dazu entschließt.›In Vorgesprächen haben wir feststellen müssen, daß bei bestimmten Leuten die Vokabel Frieden schon als kommunistische Propaganda gilt«. Da man sich zu einer gemeinsamen Liturgie entschlossen hat und nur getrennte Predigthinweise geben will, kann wieder der Versuch unternommen werden, den Friedensgedanken und die Überlegungen der KSZE-Tagung von westlicher Seite wegzulassen und nur von einer gesamtdeutschen Aktion zu sprechen. Am Montag, d. 14.7.1980, wird am Mittag die kirchliche Presse informiert. OKR Stolpe will am Montag morgen ADN und unsere Dienststelle über den endgültigen Stand informieren und bittet um sachliche und dem Vorgenannten entgegenwirkende Berichterstattung. Es wurde durch mich darauf hingewiesen, daß natürlich wichtigste Voraussetzung eine solche Form der Pressemeldung ist, die in ihrem Inhalt eindeutig klar macht, daß es sich um eine Aktivität der evangelischen Kirchen in der DDR handelt und daß deutlich politisch zu akzeptierende Positionen ausgedrückt werden. OKR Stolpe wird diese Frage noch einmal mit Bischof Schönherr besprechen und uns Montag informieren.« Information Wilke vom 11.7.1980 über ein Gespräch mit OKR Stolpe am 10.7.1980, SAPMO-BA ZPA IV B 2/14/40. Zum KSZE-Nachfolgetreffen in Madrid fand am 17.11.1980 ein Informationsgespräch mit Botschafter Krabatsch statt. Vgl. Entwurf Wilke vom 19.11.1980, Information über das Informationsgespräch des Staatssekretärs mit Mitgliedern der Konferenz der Kirchenleitungen in der DDR (BEK) am 17.11.1980, BA, Abt. Potsdam, O-4, 426; auch a.a.O., O-4, 1437; vgl. auch Vorlage Dohle vom 30.12.1980, Leitungsinformation 6/80, BA, Abt. Potsdam, O-4, 409. Zuvor hatte Schönherr mit Schreiben vom 12.5.1980 in der Hoffnung auf »neue[.] Ansätze[.] einer echten Entspannung« in Madrid Willi Stoph das Ende Februar im zypriotischen Lanarca verab-

schiedete Papier »Alle Anstrengungen für den Frieden« zukommen lassen. EZA Berlin, 101/341. Gleiches geschah mit Dokumenten der Konsultation der KEK in Madrid vom Juni 1980. Vgl. Schreiben Stoph an Schönherr vom 31.8.1980: »Aufmerksam habe ich seitdem [seit der Begegnung vom Juni 1978] verfolgt, wie sich beispielsweise die Synode des DDR-Kirchenbundes im September 1979 in Dessau zu den konkreten Aufgaben von Abrüstung und Entspannung in Europa äußerte und wie sich die Delegierten der Kirchen aus unserer Republik während der Vollversammlung der Konferenz Europäischer Kirchen im Oktober 1979 hierfür einsetzten. [...] In den mir überreichten Empfehlungen sind parallele oder übereinstimmende Gedanken zur Position der DDR zu finden [...] Die von Ihnen übersandten Empfehlungen und alle bisherigen entsprechenden Aktivitäten sind Ausdruck dafür, daß die konsequente und konstruktive Friedenspolitik der DDR von den Christen und Kirchen unseres Landes mitgetragen wird. Das ist angesichts der komplizierten internationalen Lage wichtiger denn je, gilt es doch, alle Menschen guten Willens für die elementaren Ziele der Friedenssicherung zu aktivieren. [...] Ich möchte diese Gelegenheit benutzen, Sie meiner vorzüglichen Hochachtung zu versichern.« EZA Berlin, 101/341. Vgl. auch Schreiben Lewek an Gysi vom 3.2.1981, in dem sie dem Staatssekretär die ›Botschaft für Madrid‹ (Menschenrechtsprogramm der Kirchen zur Verwirklichung der Schlußakte von Helsinki) zugänglich machte. BA, Abt. Potsdam, O-4, 1437.

379 Beschluß der Konferenz der Evangelischen Kirchenleitungen in der DDR auf ihrer außerordentlichen Tagung am 23. Oktober 1980, Abschrift in EZA Berlin, 4/92/12; auch SAPMO-BA ZPA IV B 2/14/81.

380 Information Dohle vom 24.10.1980 über Gespräch zwischen Staatssekretär, Genossen Gysi, und Oberkonsistorialrat Stolpe am 24.10.1980, BA, Abt. Potsdam, O-4, 426; auch SAPMO-BA ZPA IV B2/14/40. Das Argument, die Kirche unterstütze in dieser Frage die Westmedien, wurde auch von Lewerenz, Dresden, vorgebracht, der aber hinzufügte, »auch wenn das [kirchlicherseits] subjektiv nicht gewollt sei.« RdB Dresden, Sektor Staatspolitik in Kirchenfragen, Vermerk Lewerenz vom 31.10.1980 über Gespräch mit Bischof Dr. Wollstadt und OKR Dr. Winde am 29.10.1980 in Görlitz, PDS-Archiv Dresden, IV D-2.14-692.

381 Information Gysi vom 27.10.1980, BA, Abt. Potsdam, O-4, 426; auch SAPMO-BA ZPA IV B2/14/40.

382 Aktennotiz über ein Gespräch mit Bischof Dr. Gienke am 24.10.1980, SAPMO-BA ZPA IV B2/14/130.

383 Vorlage Janott-Handel vom 23.10.1980 für die Dienstbesprechung am 27.10.1980, Leitungsinformation Nr. 5/80, BA, Abt. Potsdam, O-4, 408.

384 Abt. I, Leitungsinformation 6/80 Janott-Handel vom 6.1.1981, Vorlage für die Dienstbesprechung am 12.1.1981, BA, Abt. Potsdam, O-4, 409.

385 Anlage Nr. 9 zum Protokoll der Sitzung des Sekretariats des ZK Nr. 129/80 vom 22.10.1980 in SAPMO-BA ZPA J IV 2/3/118 – der dazugehörige Beschluß findet sich a.a.O., J IV 2/3/3134. Vgl. auch Vorlage Dohle vom 27.10.1980 für die Dienstbesprechung am 27.10.1980, Leitungsinformation 5/80, BA, Abt. Potsdam, O-4, 408.

386 So auch Rudi Bellmann. Vgl. Bezirksleitung Dresden der SED, Hausmitteilung von Abteilung Staat und Recht, Konopka, an Modrow vom 14.11.1980, Information über eine am 12.11.1980 von der Arbeitsgruppe Kirchenfragen beim ZK der SED durchgeführte dezentrale Beratung in der Bezirksleitung Leipzig der SED, PDS-Archiv Dresden, IV D-2.14-698; auch a.a.O., IV D-2.14-690. Vgl. Bezirksleitung der SED Halle (Saale), Hausmitteilung Mitarbeiter für Kirchenfragen, Gerngroß, an 1. Sekretär W. Felfe vom 13.11.1980, LPA Halle, IV D-2/14/580; auch a.a.O., IV D-2/14/478.

387 Mitteilung Gerngroß an Felfe vom 27.10.1980, LPA Halle, IV D-2/14/580.

388 Vgl. Bezirksleitung Dresden der SED, Hausmitteilung von Abteilung Staat und Recht, Konopka, an Modrow vom 14.11.1980, Information über eine am 12.11.1980 von der Arbeitsgruppe Kirchenfragen beim ZK der SED durchgeführte dezentrale Beratung in der Bezirksleitung Leipzig der SED, PDS-Archiv Dresden, IV D-2.14-698; auch a.a.O.,

IV D-2.14-690. Im übrigen erhielt auch das eingeladene Mitglied der Kirchenkanzlei der EKU, Bereich DDR, keine Ausreisegenehmigung zur Teilnahme an der rheinischen Synode im Januar 1981. Vgl. Niederschrift über die 63. gemeinsame Beratung der Räte der EKU am 3.12.1980 in Berlin, LKA Hannover, D 15 XII, K 73/412/III.

389 epd-Dok 50/80, 27. Den Wortlaut des Telegramms ließ Stolpe am 3.11.1980 Staatssekretär Gysi zukommen. BA, Abt. Potsdam, O-4, 426.

390 Vermerk Weise vom 3.11.1980, BA, Abt. Potsdam, O-4, 426; auch SAPMO-BA ZPA IV B2/14/80

391 LPA Halle, IV D-2/14/478; auch a.a.O., IV D-2/3/229.

392 Schreiben Felfe an Honecker vom 14.11.1980, LPA Halle, IV D-2/3/229. Natho gab in einer kirchlichen Sitzung zu verstehen, »daß in Kontakten mit dem Staat zu vordergründig, zu oft eine zustimmende Haltung durch die staatlichen Vertreter erwartet wird, wodurch weniger Gespräch miteinander möglich sei.« RdB Halle, Sektor Kirchenfragen, Informationsbericht Voigt vom 3.6.1981 zur kirchenpolitischen Situation April/Mai 1981, LPA Halle, IV D-2/14/478.

393 SAPMO-BA ZPA IV B 2/14/80.

394 Dies mag der Wahrheit auch nahe kommen, da das staatliche Protokoll über Schönherrs Reaktion schweigt.

395 Büro, 1. Sekretär, Frankfurt/O., den 25.11.1980, Vermerk Schmidt. SAPMO-BA ZPA IV B2/14/80.

396 Informationsmaterial Zusammenarbeit BEK-EKD vom 29.12.1980, BA, Abt. Potsdam, O-4, 4871.

397 RdB Dresden, Sektor Staatspolitik in Kirchenfragen, Vermerk Lewerenz vom 27.11.1980 über Gespräch des Stellvertreters für Inneres, Gen. Ullmann, mit Landesbischof Dr. Hempel am 25.11.1980, 14.00 Uhr. Lewerenz vermerkte abschließend: »Beim Landesbischof fiel auf, daß er seine grundsätzlichen Auffassungen mit größerer Entschiedenheit vortrug, als man es sonst von ihm kennt. [...] Der Aussage des Bischofs, er wünsche, daß der Geist vom 6.3.1978 erhalten bleibt, kommt angesichts der anderen von ihm vertretenen Auffassungen nur der Wert einer unbewiesenen verbalen Aussage zu.« PDS-Archiv Dresden, IV D-2.14-692.

398 RdB Dresden, Sektor Staatspolitik in Kirchenfragen, Vermerk Lewerenz vom 31.10.1980 über Gespräch mit Bischof Dr. Wollstadt und OKR Dr. Winde am 29.10.1980 in Görlitz, PDS-Archiv Dresden, IV D-2.14-692.

399 Information Gysi vom 27.10.1980, BA, Abt. Potsdam, O-4, 426; auch SAPMO-BA ZPA IV B2/14/40.

400 Belegplan des KO »Wendenschloß«, Rechercheergebnisse zum IM »Sekretär«, Stand 12.4.1994, 243.

401 Niederschrift Bellmann vom 10.11.1980 über ein Gespräch mit dem Leiter des Sekretariates des Kirchenbundes, Oberkonsistorialrat Stolpe, am 7.11.1980, SAPMO-BA ZPA IV B2/14/40.

402 So der kirchliche Vermerk Schwerin über ein Gespräch des Vorstandes der KKL mit dem Staatssekretär für Kirchenfragen am 10.11.1980 (10.30-14.00 Uhr). Hiernach beurteilte Gysi die augenblickliche Situation »als sehr ernst«. EZA Berlin, 101/120.

403 Gegenüber dem Görlitzer Bischof Wollstadt äußerte Gerhard Lewerenz, Dresden, das kirchliche Friedensengagement sei zwar grundsätzlich zu begrüßen, zu kritisieren seien jedoch »die Einseitigkeit (nur eine Frage der Erziehung) und die klassenneutralen Positionen«. RdB Dresden, Sektor Staatspolitik in Kirchenfragen, Vermerk Lewerenz vom 31.10.1980 über Gespräch mit Bischof Dr. Wollstadt und OKR Dr. Winde am 29.10.1980 in Görlitz, PDS-Archiv Dresden, IV D-2.14-692.

404 Vgl. Vorlage Dohle vom 30.12.1980, Leitungsinformation 6/80, BA, Abt. Potsdam, O-4, 409.

405 Vermerk Schwerin über ein Gespräch des Vorstandes der KKL mit dem Staatssekretär für Kirchenfragen am 10.11.1980 (10.30-14.00 Uhr), a.a.O.

406 Nach dem kirchlichen Protokoll äußerte Schönherr: »Die Äußerungen der Kirche über

ihr Selbstverständnis und ihre Aufgaben in der DDR in den vergangenen Jahren weisen den Willen zur Loyalität und zum Kirchsein in der DDR aus, so daß es überraschen muß, wenn diesen Vorgängen auf einmal ein so starkes Gewicht zugewiesen wird.« Vermerk Schwerin über ein Gespräch des Vorstandes der KKL mit dem Staatssekretär für Kirchenfragen am 10.11.1980 (10.30-14.00 Uhr), EZA Berlin, 101/120.

407 Wenige Tage später betonte Schönherr, für »Frieden und Sicherheit in Europa ist die Ruhe und Sicherheit an der Grenze zwischen der DDR und der BRD Voraussetzung. In diesem Geiste möchten sie die Gespräche zwischen BEK und der westdeutschen EKD verstanden wissen. Dabei sind hier die DDR-Kirchen die Vorwärtstreibenden.« Entwurf Wilke vom 19.11.1980, Information über das Informationsgespräch des Staatssekretärs mit Mitgliedern der Konferenz der Kirchenleitungen in der DDR (BEK) am 17.11.1980, BA, Abt. Potsdam, O-4, 426; auch a.a.O., O-4, 1437.

408 Im kirchlichen Protokoll heißt es gar:»Hinsichtlich des Verhältnisses zur EKiD sollte nicht der Begriff der Eigenständigkeit, sondern der der Selbständigkeit der Kirchen des Bundes gebraucht werden. Wir bejahen Kirche im Sozialismus nicht nur als Standortbestimmung, sondern in erster Linie als Aufgabe.« Vermerk Schwerin über ein Gespräch des Vorstandes der KKL mit dem Staatssekretär für Kirchenfragen am 10.11.1980 (10.30-14.00), EZA Berlin, 101/120.

409 Diese Praxis wurde auch 1981 fortgesetzt. So wurden zur Herbstsynode in Berlin-Brandenburg westliche Journalisten nicht zugelassen, was von dem dortigen Synodalpräses, der daraufhin eine »illegale Pressekonferenz« durchführte, scharf kritisiert wurde. Abt. I, Information vom 16.12.1981 über politisch-ideologische Probleme und Tendenzen auf den Synoden der evangelischen Kirchen in der DDR im Jahr 1981, BA, Abt. Potsdam, O-4, 410. Schönherr hatte am 13.2.1981 Gysi die Frage gestellt, so der Staatssekretär in dem von ihm verfaßten Protokoll, »ob die ablehnende Regelung auf die Dauer gelten solle. Ich habe ihm erwidert, daß er und Stolpe uns um Schutz gebeten hätten und daß ich keinen Grund sehe, unsere Meinung zu ändern. [...] Bischof Schönherr meinte, er habe den Eindruck, die BRD-Journalisten hätten die Lektion verstanden.« Information Gysi vom 13.2.1981, BA, Abt. Potsdam, O-4, 427; auch SAPMO-BA ZPA IV B2/14/42.

410 Ähnlich äußerte sich wenige Tage später Landesbischof Hempel:»Die Alten schaden der DDR nicht. Es sind sicher auch keine Agenten darunter.« RdB Dresden, Sektor Staatspolitik in Kirchenfragen, Vermerk Lewerenz vom 27.11.1980 über Gespräch des Stellvertreters für Inneres, Gen. Ullmann, mit Landesbischof Dr. Hempel am 25.11.1980, 14.00 Uhr, PDS-Archiv Dresden, IV D-2.14-692.

411 Information Wilke vom 11.11.1980 über ein Gespräch des Staatssekretärs mit Mitgliedern des Vorstandes des Bundes der Evangelischen Kirchen in der DDR (BEK) am 10.11.1980, BA, Abt. Potsdam, O-4, 1437; auch a.a.O., O-4, 426; Entwurf in a.a.O., O-4, 1437.

412 Entwurf Wilke vom 19.11.1980, Information über das Informationsgespräch des Staatssekretärs mit Mitgliedern der Konferenz der Kirchenleitungen in der DDR (BEK) am 17.11.1980, BA, Abt. Potsdam, O-4, 426; auch a.a.O., O-4, 1437.

413 Vermerk Lewek über das Sachgespräch mit der Regierung zum Thema 2. Folgetreffen der Konferenz über Sicherheit und Zusammenarbeit in Europa, Madrid 1980/81, am 17.11.1980, EZA Berlin, 101/341.

414 Bezirksleitung der SED Halle (Saale), Hausmitteilung Mitarbeiter für Kirchenfragen, Gerngroß, an 1. Sekretär W. Felfe vom 13.11.1980, LPA Halle, IV D-2/14/580; auch a.a.O., IV D-2/14/478.

415 Hüttner starb im März 1981. Vgl. hierzu das Kondolenzschreiben Stolpes im Namen des BEK an Bellmann vom 20.3.1981, in dem Stolpe den SED-Funktionär »als einen aufgeschlossenen Gesprächspartner [...], der sich um Verständnis für die Anliegen unserer Kirchen und unserer christlichen Bürger bemühte«, charakterisierte. EZA Berlin, 101/353.

416 Information vom 16.12.1980 über ein Gespräch mit dem Leiter des Sekretariats des

Bundes der Evangelischen Kirchen in der DDR (BEK), Oberkonsistorialrat Stolpe, SAPMO-BA ZPA IV B2/14/40.

417 Bezirksleitung Dresden der SED, Hausmitteilung von Abteilung Staat und Recht, Konopka, an Modrow vom 14.11.1980, Information über eine am 12.11.1980 von der Arbeitsgruppe Kirchenfragen beim ZK der SED durchgeführte dezentrale Beratung in der Bezirksleitung Leipzig der SED, PDS-Archiv Dresden, IV D-2.14-698; auch a.a.O., IV D-2.14-690. In einer Analyse der kirchenpolitischen Situation in Berlin (Ost) heißt es: »Obwohl zum Bistum Berlin der katholischen Kirche auch Berlin (West) gehört, wird von kirchenleitenden Kräften des Bistums darauf geachtet, keine Gemeinsamkeiten zu demonstrieren.« Bericht über die staatliche Tätigkeit auf dem Gebiet der Kirchenpolitik in der Hauptstadt der DDR, Berlin [ca. 1980], SAPMO-BA ZPA IV B2/14/119. Ein halbes Jahr später äußerte Bellmann jedoch auch, »Grundproblem« bleibe nach wie vor die »ausstehende[.] Regelung der Diözesangrenzen, besonders zur BRD.« BL Halle der SED, Mitarbeiter für Kirchenfragen Gerngroß an Achim Böhme am 6.5.1981, LPA Halle, IV D-2/14/580.

418 Vermerk Stolpe vom 10.10.1980, EZA Berlin, 101/653.

419 Vgl. Vorlage Dohle vom 27.10.1980 für die Dienstbesprechung am 27.10.1980, Leitungsinformation 5/80, BA, Abt. Potsdam, O-4, 408.

420 Vermerk Stolpe vom 10.10.1980, EZA Berlin, 101/653.

421 Vermerk Klötzer vom 6.11.1980 über ein Gespräch mit Binder am 4.11.1980, BA, Abt. Potsdam, O-4, 4877.

422 Materialien aus dem BEK. Vgl. KJ 1980, 356.

423 Leistung und Wettbewerb – Sozialethische Überlegungen zur Frage des Leistungsprinzips und der Wettbewerbsgesellschaft (1978), in: Die Denkschriften der Evangelischen Kirche in Deutschland, 2/2, 107-173.

424 Schreiben Lingner an die Mitglieder der Beratergruppe vom 20.11.1980, EZA Berlin, 4/92/12.

425 Lingner an C. von Heyl vom 20.11.1980, a.a.O.

426 Vorlage Janott-Handel vom 21.8.1980 für die Dienstbesprechung am 25.8.1980, Leitungsinformation IV/80, BA, Abt. Potsdam, O-4, 408.

427 Abt. I, Leitungsinformation 6/80 Janott-Handel vom 6.1.1981, Vorlage für die Dienstbesprechung am 12.1.1981, BA, Abt. Potsdam, O-4, 409.

428 So Lingner in seinem Schreiben an die Mitglieder der Beratergruppe vom 20.11.1980, EZA Berlin, 4/92/12.

429 T. Winkler, »Ökonomie – Leistung – Persönlichkeit«/«Leistung und Wettbewerb«. Zwei kirchliche Ausarbeitungen im Vergleich. Einige Thesen, 10.12.1980, a.a.O.

430 G. Planer-Friedrich, Thesen zur gesellschaftsbezogenen Urteilsbildung in den Kirchen, a.a.O.

431 Ebd.

432 Ebd.

433 Ebd.

434 Hinsichtlich von Anträgen auf ständige Ausreise legten Kirchenvertreter Staats- oder Parteistellen bisweilen einzelne Anträge mit der Empfehlung um Überprüfung vor. Vgl. z. B. Arbeitsgruppe Kirchenfragen, Niederschrift Bellmann vom 28.5.1981 über ein Gespräch mit Bischof Dr. Schönherr am 28.5.1981, BA, Abt. Potsdam, O-4, 427.

435 Vermerk Stolpe über die 5. Konsultation am 11.12.1980, EZA Berlin, 4/92/12. 1981 ließ das sächsische Landeskirchenamt durch eine interne Anweisung die Pfarrer durch den Staat abgelehnte Reiseanträge in die Bundesrepublik sammeln. Vgl. Vorlage Janott vom 3.9.1981 an die Dienstbesprechung am 7.9.1981, Leitungsinformation Nr. 4/1981, BA, Abt. Potsdam, O-4, 409. Janott berief sich auf eine Information des Bezirks Karl-Marx-Stadt an das Staatssekretariat für Kirchenfragen.

436 BA, Abt. Potsdam, O-4, 4871.

437 Vgl. KiS 3/80, 5.

438 Im März 1981 gehörten der Beratergruppe von westlicher Seite an von Heyl, von Keler,

Kruse, Lohse, Hild, Heintze, Begemann, Lohff, die Oberkirchenräte Heckel und Becker, die Präsidenten Hammer, Held (als ständiger Vertreter Heidingsfeld), Flor sowie als ständige Gäste Groscurth, Schmale und Henkys. Lingner fungierte als Geschäftsführer. Vgl. Mitglieder der Beratergruppe (Stand März 1981), EZA Berlin, 4/92/12.

439 Das betreffende Urteil ließ sich in den einschlägigen Veröffentlichungen nicht nachweisen.

440 Lingner an von Heyl vom 2.2.1981, EZA Berlin, 4/92/12.

441 Ebd.

442 Information Gysi vom 2.5.1980 über ein Gespräch mit Bischof Schönherr am 25.4.1980, BA, Abt. Potsdam, O-4, 426; auch SAPMO-BA ZPA IV B2/14/40.

443 Information Dohle vom 23.10.1980 über Gespräch zwischen Gysi, Kalb, Schönherr und Stolpe am 20.10.1980, aaO.

444 Information über ein Gespräch des Stellvertreters des Oberbürgermeisters für Inneres, Hoffmann, mit Bischof Dr. Forck und Oberkonsistorialrat Pettelkau am 2.4.1986, SAPMO-BA ZPA IV B2/14/125.

445 Information über ein Gespräch mit dem Kirchenpräsidenten der Evangelischen Landeskirche Anhalts, Eberhard Natho, am 28.3.1980. Dort heißt es abschließend: »Natho erklärte nach der offenen Beantwortung seiner Fragen, daß er in allen innen- und außenpolitischen Einschätzungen und Wertungen unseren Argumenten zustimme und sich dieser Auffassung prinzipiell anschließe.« PDS-Archiv Halle, IV D-2/14/478.

446 Dieser optimistischen Einschätzung stand eine Äußerung des Synodalen Wutzke (Greifswalder Kirche) auf der Güstrower Bundessynode im September 1981 entgegen. Wutzke äußerte laut staatlichem Vermerk: »Vor Ort sei es leider oft nicht so, wie im Bischofsbericht [Schönherrs] ausgeführt. Lehrer und Bürgermeister täten so, als wollten oder könnten sie nichts davon wissen.« Tagesinformation, Freitag, den 18.9.1981, 1. Tag; SAPMO-BA ZPA IV B2/14/89.

447 Vermerk Lingner über die Sitzung der Beratergruppe am 12.3.1981, EZA Berlin, 4/92/12.

448 Klaus Gysi hielt am 14.1.1981 einen Vortrag zum Thema »3 Jahre 6. März 1978« vor dem Lehrkörper und den Studierenden der Sektion Theologie an der Humboldt-Universität Berlin. Vgl. Vorlage Dohle vom 30.12.1980, Leitungsinformation 6/80, BA, Abt. Potsdam, O-4, 409.

449 EZA Berlin, 4/92/12.

450 Auch Klaus Gysi betonte am 17.3.1981 gegenüber Schönherr und Lewek unter Berufung auf ein von ihm kurz zuvor in der CDU-Parteischule Burgscheidungen gehaltenes Referat, »daß sich der Kurs des 6.3.1978 bewährt habe und staatlicherseits alles Notwendige getan werde, um diese Linie weiterzuführen.« Information Handel vom 18.3.1981 über ein Gespräch zwischen Staatssekretär Gysi und Bischof Schönherr am 17.3.1981 in der Dienststelle, BA, Abt. Potsdam, O-4, 427; auch SAPMO-BA ZPA IV B2/14/42. Schönherr hatte die dort erfolgte Verwendung des Wortes »Nichteinmischung« für die Staat-Kirche-Beziehungen durch den Staatssekretär aufgestoßen. »Was sollen die Termini aus der Diplomatie?«, fragte der Bischof. »Dieser Sprachgebrauch aus der Diplomatie erweckt völlig unzutreffende Vorstellungen von dem Verhältnis von Staat und Kirche als zwei nebeneinanderstehenden diplomatischen Größen« und widerspreche der Konzeption von »Kirche im Sozialismus.« Schönherr fragte an, ob dies das Signal für die Vorbereitung einer neuen kirchenpolitischen Linie im Hinblick auf den X. Parteitag sein sollte. Gysi verneinte diese Befürchtung und sagte, es hätte sich um ein teilweise frei gesprochenes Grußwort gehandelt. Unter Bezugnahme auf einen Kommentar des Kirchenjournalisten Reinhard Henkys sagte Gysi: »›Wenn Herr Henkys da etwas gerochen hat, hat er vielleicht CDU-Politik gerochen, aber keinesfalls unsere Politik.‹ [...] Auch die Kirche sei eine reale gesellschaftliche Kraft, und zwar im Gegensatz zu anderen invertierten gesellschaftlichen Kräften eine nichtintegrierte. Entsprechend muß sie sich äußern und wirksam werden können. [...] ›Wir können Ihre Äußerungen zu gesellschaftlichen Fragen nicht immer nur akzeptieren, wenn Sie mit

unserer Politik einverstanden sind. Wir müssen Sie auch hören, wenn Sie anderer Meinung sind.«« Vermerk Lewek vom 19.3.1981, EZA Berlin, 101/656. Der Vermerk Handel vom 18.3.1981, a.a.O., besteht zu diesem Aspekt des Gesprächs nur aus dem zitierten einen Satz und entbehrt weiterer Ausführlichkeit.

451 Arbeitsgruppe Kirchenfragen, Niederschrift Bellmann vom 16.2.1981 über ein Gespräch mit Oberkonsistorialrat Stolpe, Leiter des Sekretariats des BEK, am 16.2.1981, BA, Abt. Potsdam, O-4, 427.

452 Arbeitsgruppe Kirchenfragen, Niederschrift Bellmann vom 13.5.1981 über ein Gespräch mit dem Leiter des Sekretariats des Bundes Evangelischer Kirchen, Oberkonsistorialrat Manfred Stolpe, am 11.5.1981, a.a.O.

453 Gysi war vom 11.-16.5.1981 nach London gereist und hatte dort einen Vortrag vor dem Königlichen Institut für Internationale Angelegenheiten gehalten (in überarbeiteter Fassung abgedruckt in: Das LKA [Dresden] informiert Nr. 3/81, August 1981 sowie in epd-Dok 28/81, 4-10) sowie sich mit dem Erzbischof von Canterbury getroffen. Die Reise war durch das Sekretariat des ZK der SED am 4.4.1981 genehmigt worden. Vgl. das Sitzungsprotokoll (TOP 16), SAPMO-BA ZPA J IV 2/3/3210. Der KKL-Vorstand hatte auf seiner 134. Sitzung am 13./14.3.1981 in Buckow Christa Grengel gebeten, Mitte Mai 1981 einen ohnehin schon geplanten Arbeitsbesuch in London durchzuführen; vgl. Sitzungsprotokoll Schönherr-Stolpe-Demke vom 18.3.1981, EZA Berlin, 101/120. Über Gysis Londoner Rede sprach auch der DDR-Bischofskonvent. Vgl. Vermerk Schönherr über den Bischofskonvent am 22.5.1981 in Elbingerode, EZA Berlin, 101/1190, Bd. II. Vgl. auch Vermerk Schönherr über den Bischofskonvent am 29.6.1981 in Gera, a.a.O.

454 Arbeitsgruppe Kirchenfragen, Niederschrift Bellmann vom 28.5.1981 über ein Gespräch mit Bischof Dr. Schönherr am 28.5.1981. Bellmann notierte außerdem zum Abschluß seines Protokolls: »Bischof Schönherr äußerte abschließend die persönliche Bitte, ihn bei der Regelung des Energie-Kontingentes für eine Warmwasserheizung mit Nachtstrom in seiner neuen Wohnung zu unterstützen. (Er befindet sich im Umzug in seine Pensionärswohnung.) Ihm wurde Prüfung zugesagt.« BA, Abt. Potsdam, O-4, 427.

455 Vgl. unten, Anm. 725.

456 Vgl. aber den Beschluß des Sekretariats des ZK vom 25.11.1981 über die Erstattung der Mehraufwendungen, die sich durch die Erhöhung des Sozialversicherungsbeitrages der Betriebe für die evangelischen Landeskirchen ergeben (TOP 4), SAPMO-BA ZPA J IV 2/3/3301.

457 Vgl. Entwurf, Bund der Ev. Kirchen in der DDR, Aufriß vom 6.8.1981 für ein Gespräch mit dem Vorsitzenden des Staatsrates, BA, Abt. Potsdam, O-4, 1230.

458 Vermerk Kalb vom 3.9.1981 über ein Gespräch mit Oberkonsistorialrat Manfred Stolpe am 2.9.1981 in der Dienststelle, BA, Abt. Potsdam, O-4, 427.

459 Vgl. ZK-Hausmitteilung Verner an Honecker vom 10.11.1981. Dort heißt es: »Der Abschiedsbesuch Bischof Schönherr und der Antrittsbesuch von Bischof Krusche als Vorsitzender der Konferenz der Kirchenleitungen der evangelischen Kirchen der DDR beim Vorsitzenden des Staatsrates der DDR wird zunächst nicht durchgeführt. Ich bitte um Zustimmung.« BA, Abt. Potsdam, AR, 00-10-00. So auch Dohle gegenüber Demke am 24.12.1981. Dohle fügte dieser Information – er hatte Krusches Ausfälle als alleinverantwortlich für die Absage hingestellt – hinzu: »Schließlich sei nicht der Staat es gewesen, der diese Möglichkeit vom Tisch genommen habe.« Leiter des Büros des Staatssekretärs, Vermerk Dohle vom 30.12.1981, BA, Abt. Potsdam, O-4, 427.

460 Vermerk Lingner über die Sitzung der Beratergruppe am 12.3.1981, EZA Berlin, 4/92/12. Der Brief kritisierte die Schulpolitik und die Jugendweihe. Vgl. Hirtenwort der katholischen Bischöfe der DDR zurösterlichen Bußzeit 1981, abgedruckt in epd-Dok 21/81, 85 f. Vgl. auch die kritische Wertung in Information und Einschätzung über die kirchenpolitische Situation im Bezirk Dresden vom 27.11.1981, PDS-Archiv Dresden, IV D-2.14-690.

461 Vermerk Lingner über die Sitzung der Beratergruppe am 12.3.1981, EZA Berlin, 4/92/12.

462 AV Bonn, Abt. IAP, Vermerk Klötzer, I. Sekretär, vom 3.12.1981 über ein Gespräch des Genossen Klötzer mit dem Bevollmächtigten des Rates der EKD am Sitz der BRD, Heinz-Georg Binder, am 1.12.1981, BA, Abt. Potsdam, O-4, 4894.

463 Vgl. Vermerk Demke vom 14.7.1981, EZA Berlin, 101/323.

464 Vgl. Protokoll Hempel-Demke vom 27.4.1983 über die 151. Sitzung des Vorstandes am 26.4.1983 in Berlin, EZA Berlin, 101/93/243.

465 Vermerk Demke vom 18.3.1981 über die 6. Konsultation am 12.3.1981, EZA Berlin, 101/653. Demkes Thesen a.a.O.

466 Das der Debatte wohl zugrundeliegende Papier Falckes – der inhaltliche Duktus gleicht den im Protokoll Lingners wiedergegebenen Hauptgedanken – »Anmerkungen zur gegenwärtigen Diskussion um den christlichen Friedensauftrag«, abgeschlossen im April 1981, findet sich in BA, Abt. Potsdam, O-4, 571.

467 Vermerk Stolpe über die 7. Konsultation am 20.5.1981, EZA Berlin, 101/653.

468 Vorlage Janott-Handel vom 21.8.1980 für die Dienstbesprechung am 25.8.1980, Leitungsinformation IV/80. Weiter heißt es hier: »In vielen Gesprächen mit Geistlichen und kirchlichen Amtsträgern gleich zu welcher von uns vorgegebenen Problematik ist festzustellen, daß sie sich stark den Argumentationen westlicher Medien zuwenden und sich zum Teil damit identifizieren. Diese Orientierung führt bei vielen von ihnen zu Zurückhaltung und Skepsis gegenüber unseren Argumenten.« BA, Abt. Potsdam, O-4, 408. Vgl. auch Vorlage Janott-Handel vom 23.10.1980 für die Dienstbesprechung am 27.10.1980, Leitungsinformation Nr. 5/80, in der es heißt, die Einstellung und auch die Argumentation der kirchlichen Amtsträger zu dieser Frage hätten sich nicht verändert. Zur konkreten Frage von militärischen Manövern wird gesagt: »Ein sehr großer Teil von Amtsträgern lehnt Manöver als eine militärische Demonstration der Verteidigungsfähigkeit strikt ab. Von vielen wurde dabei – unterschiedlich formuliert – der Grundgedanke zum Ausdruck gebracht, ›in der DDR wird nicht zum Frieden, sondern auch zum Kriege erzogen‹. Das wurde verbunden mit einer Ablehnung des Wehrunterrichtes und der Wehrpflicht.« A.a.O. Ein Jahr später schrieb Janott: »In den Gesprächen zeichnet sich deutlich ab, daß es einer großen Zahl von Geistlichen nach wie vor nicht gelingt, die Gefährlichkeit der Entwicklung in der internationalen Lage richtig zu erkennen. Sie verwechseln häufig Ursache und Wirkung, wenden sich gegen die imperialistische Rüstungskonzeption, lehnen aber auch die Verteidigungsmaßnahmen der sozialistischen Länder ab. Formen des Friedensengagements in den kapitalistischen Ländern, vor allem auch in der BRD, werden einfach für die DDR übernommen, so die gesellschaftlich prinzipiell unterschiedlichen Entwicklungen negiert und Pazifismus als Ausweg aus dieser Situation propagiert. Andere versuchen, konkreten Antworten zu ihrer Verantwortung für die Sicherung des Friedens auszuweichen, indem sie sich formal auf erfolgte ökumenische Stellungnahmen und Aussagen des BEK berufen oder auf andere Probleme wie zwischenmenschliche Beziehungen, Fragen der Ethik und Moral sowie des Umweltschutzes hinweisen, sie in den Vordergrund stellen und zum Teil erklären, daß nur über die Lösung dieser Fragen erste Friedensgarantien geschaffen werden könnten.« Vorlage Janott vom 3.9.1981 an die Dienstbesprechung am 7.9.1981, Leitungsinformation Nr. 4/1981, BA, Abt. Potsdam, O-4, 409.

469 Vgl. Augsburg 1530 – Und wie bekennen wir heute?, in: Amtsblatt der Ev.-Luth Landeskirche Sachsens, 1980, Nr. 19 B 63; Nr. 20 B 65 und Nr. 31 B 69; vgl. auch KiS 4/80, 6.

470 Vorlage Janott-Handel vom 21.8.1980 für die Dienstbesprechung am 25.8.1980, Leitungsinformation IV/80, BA, Abt. Potsdam, O-4, 408.

471 Gegenüber Staatssekretär Gysi äußerte Hempel am 6.3.1981, »daß zwischen Staat und Kirche insofern ein Widerspruch bestehe, als nach seiner Auffassung Frieden ohne Versöhnung nicht denkbar sei.« Büro des Staatssekretärs, Vorlage Dohle vom 22.4.1981 an

die Dienstbesprechung vom 27.4.1981, Leitungsinformation 2/81, BA, Abt. Potsdam, O-4, 409.

472 Für den August 1980 war eine Predigt Kruses, der auch der Frühjahrstagung der Synode Berlin-Brandenburg an deren erstem Verhandlungstag als Gast beigewohnt hatte (Bericht Major Roßberg vom 25.4.1981, Tagung der Synode der evangelischen Landeskirche Berlin-Brandenburg vom 24.4.1981 bis 28.4.1981 in Berlin-Weißensee, BStU Berlin, XX/4-736), in einer kleineren Brandenburger Gemeinde vorgesehen. Schönherr verbürgte sich gegenüber Gysi, »daß weder Demonstrationen noch Provokationen erfolgen würden.« Gysi entgegnete, er müsse noch über die Zweckmäßigkeit dieses Vorhabens nachdenken. Information Gysi vom 22.5.1981, BA, Abt. Potsdam, O-4, 427; SAPMO-BA ZPA IV B2/14/42. Zuvor hatte Gysi den Bischof am 7.4.1981 dringlichst gebeten, auf eine Predigt Kruses zu Pfingsten 1981 in Frankfurt (Oder) zu verzichten. Schönherr schlußfolgerte, die Weisung für diese Bitte sei von höchster Stelle gekommen. Vgl. Büro des Staatssekretärs, Vorlage Dohle vom 22.4.1981 an die Dienstbesprechung vom 27.4.1981, Leitungsinformation 2/81, BA, Abt. Potsdam, O-4, 409. Vgl. auch Vermerk Schönherr, EZA Berlin, 101/655.

473 BA, Abt. Potsdam, O-4, 495.

474 Vgl. Vermerk Demke vom 18.3.1981 über die 6. Konsultation am 12.3.1981, EZA Berlin, 101/653. Der DDR-Bischofskonvent hatte sich auf seiner Sitzung am 6.3.1981 in Berlin auf Anregung der kirchlichen Jugendarbeit mit der Frage befaßt und sich mit der Veranstaltung einer Friedensdekade für 1981 einverstanden erklärt. »Gemeinsamkeit ist zu erstreben.« In einem Votum kam noch Kritik am Bußtag 1980 zum Vorschein: »Es wird der Einwand weitergegeben, daß wir am letzten Bußtag lediglich den anderen Buße gepredigt haben, ohne zu artikulieren, daß die Kirche sich bisher unfähig gezeigt hat, selber Frieden zu machen.« Vermerk Schönherr, EZA Berlin, 101/1190, Bd. II.

475 Vermerk Lingner über die Sitzung der Beratergruppe am 12.3.1981, EZA Berlin, 4/92/12.

476 Hammer schrieb außerdem, auf die Bundesrepublik bezogen: »Nach einer Anregung der Kirchenkonferenz sollten in dem o. a. Zeitraum nicht ausschließlich Gefährdungen des Weltfriedens oder kriegerische Auseinandersetzungen zwischen Völkern ins Auge gefaßt werden. Vielmehr sollten auch die Gefährdungen des inneren Friedens in unserem Volk (etwa Anti-Atomkraftsdemonstrationen und Hausbesetzungen) Berücksichtigung finden können.« EZA Berlin, 101/653.

477 Vgl. auch Vermerk Schönherr über den Bischofskonvent am 22.5.1981 in Elbingerode, EZA Berlin, 101/1190, Bd. II. Die Synode Berlin-Brandenburg (Ost) unterstützte auf ihrer Frühjahrstagung die Friedensdekade 1981 mit einem gesonderten Beschluß und rückte sie »in den Zusammenhang der sogenannten besonderen Friedensverantwortung der Christen und Kirchen in der DDR und BRD«. Arbeitsgruppe Kirchenfragen, Information vom 5.5.1981 zum Verlauf und zu den Ergebnissen der 3. Ordentlichen Synode der Evangelischen Kirche in Berlin-Brandenburg, SAPMO-BA ZPA IV B2/14/123.

478 Vermerk Stolpe, EZA Berlin, 101/653.

479 Vgl. Randvermerk Lewek vom 6.6.1981 auf Schreiben Hammer an die Leitungen der Gliedkirchen der EKD vom 27.3.1981, EZA Berlin, 101/653.

480 Arbeitsgruppe Kirchenfragen, Niederschrift Bellmann vom 28.5.1981 über ein Gespräch mit Bischof Dr. Schönherr am 28.5.1981, BA, Abt. Potsdam, O-4, 427.

481 Vgl. Cottbus, den 18.11.1981, Information an das Sekretariat der BL, Aktivitäten der evangelischen Kirchen im Bezirk Cottbus im Rahmen der »Friedensdekade« vom 8.11.-18.11.1981, SAPMO-BA ZPA IV B2/14/69. Vgl. auch RdB Cottbus, Sektor Kirchenfragen, Zuarbeit Erbe vom 27.5.1982, Konzeption zur Arbeit gegenüber der Kirche Berlin/Brandenburg (1. Entwurf), a.a.O. Zur Situation im Bezirk Dresden vgl. Information und Einschätzung über die kirchenpolitische Situation im Bezirk Dresden vom 27.11.1981, PDS-Archiv Dresden, IV D-2.14-690, Unterlagen für das Gespräch mit dem Landesbischof und dem Präsidenten des Landeskirchenamtes am 6.1.1982, PDS-Archiv

Dresden, IV E-2.14-673, sowie Schreiben des Vorsitzenden des CDU-Bezirksverbandes Dresden, Krätzig, in einem Schreiben an Hans Modrow, 1. Sekretär der SED-BL Dresden, vom 4.1.1982, a.a.O.; auch a.a.O., IV E-2.14-671. Vgl. auch den Brief von Georg, Meusel, Werdau, an Christa Lewek vom 16.12.1981, der über den Verlauf der Friedensdekade in seiner Gemeinde berichtet. EZA Berlin, 101/647.

482 Vgl. Vermerk Wollstadt über den Bischofskonvent am 29.6.1981 in Berlin, EZA Berlin, 101/1190, Bd. II.

483 Schönherr und Lewek waren mit der Wahrnehmung des Gesprächs durch die KKL beauftragt worden. Vgl. Auszug aus dem Protokoll Schönherr-Stolpe-Borgmann über die 71. Tagung der Konferenz der Evangelischen Kirchenleitungen in der DDR am 9./10.1.1981, EZA Berlin, 101/656.

484 Greifswalds Bischof Gienke »verurteilte« am 6.4.1981 gegenüber dem RdB Rostock »die weitverbreiteten pazifistischen Auffassungen in der Kirche, da solche Haltungen nicht dazu beitragen könnten, den Frieden zu sichern.« RdB Rostock, Stellvertreter des Vorsitzenden für Inneres, Aktenvermerk Steinbach vom 7.4.1981, Abschrift Gutsche vom 5.6.1981, SAPMO-BA ZPA IV B2/14/131.

485 Büro des Staatssekretärs, Vorlage Dohle vom 22.4.1981 an die Dienstbesprechung vom 27.4.1981, Leitungsinformation 2/81, BA, Abt. Potsdam, O-4, 409.

486 Vermerk Lewek vom 19.3.1981, EZA Berlin, 101/656.

487 Büro des Staatssekretärs, Vorlage Dohle vom 22.4.1981 an die Dienstbesprechung vom 27.4.1981, Leitungsinformation 2/81, BA, Abt. Potsdam, O-4, 409. Vgl. auch das ausführlichere Protokoll, Information Handel vom 18.3.1981 über ein Gespräch zwischen Staatssekretär Gysi und Bischof Schönherr am 17.3.1981 in der Dienststelle, BA, Abt. Potsdam, O-4, 427; auch SAPMO-BA ZPA IV B2/14/42.

488 Information Handel vom 18.3.1981 über ein Gespräch zwischen Staatssekretär Gysi und Bischof Schönherr am 17.3.1981 in der Dienststelle, BA, Abt. Potsdam, O-4, 427; auch SAPMO-BA ZPA IV B2/14/42. Vgl. auch Vermerk Lewek vom 19.3.1981, EZA Berlin, 101/656. Am 13.2.1981 hatte Schönherr gegenüber Gysi moniert, der Wehrkundeunterricht sei in seiner Perspektive völlig auf den Krieg ausgerichtet, und hatte gefordert, »auch die Möglichkeit der Friedensbewahrung und der friedlichen Koexistenz« in die Stoffvermittlung einzubeziehen. Information Gysi vom 13.2.1981, BA, Abt. Potsdam, O-4, 427; auch SAPMO-BA ZPA IV B2/14/42. Das Gespräch war auf der 124. Sitzung des KKL-Vorstands am 13./14.3.1981 in Buckow vorbereitet worden. Vgl. Protokoll Schönherr-Stolpe-Demke vom 18.3.1981, EZA Berlin, 101/120. Für seine Gespräche mit Staatsvertretern über den Wehrunterricht wurde Schönherr durch die am 21./22.5.1981 in Halle tagende Bundesratstagung des Bundes Evangelisch-Freikirchlicher Gemeinden in der DDR gedankt. Vgl. Schreiben Bund Evangelisch-Freikirchlicher Gemeinden in der DDR, Herbert Morét, an Schönherr vom 22.6.1981, EZA Berlin, 101/656. Vgl. auch Schreiben des Evangelischen Konsistoriums Berlin-Brandenburg, Winter, an das Sekretariat des BEK vom 20.7.1981, in dem ein Auszug aus dem Vermerk über ein Gespräch zwischen Generalsuperintendent Bransch, Cottbus, und dem RdB Potsdam wegen des Wehrkundeunterrichts mitgeteilt wurde. A.a.O. Auch 1982 hatte sich Gysis Position in dieser Frage nicht geändert. Gegenüber Bischof Krusche erläuterte der Staatssekretär, die Behandlung der Friedensthematik in diesen Unterrichtsstunden sei nicht notwendig, da das sonstige schulische Leben sowie die Politik von ihr durchdrungen sei. »Der Wehrunterricht sei äußerst nötig. Unser Staat mache jedem klar, daß er für den Frieden sei, aber das ändere nichts daran, daß man gewappnet und vorbereitet sein müsse. Dazu diene auch der Wehrunterricht.« Information Behncke vom 28.1.1982 über das Gespräch Staatssekretär Gysi mit Bischof Krusche am 28.1.1982 in der Dienststelle des Staatssekretärs, BA, Abt. Potsdam, O-4, 427; auch a.a.O., O-4, 1437; auch SAPMO-BA ZPA IV B2/14/42.

489 Abt. I, Aktenvermerk Wilke vom 5.3.1981 an den Staatssekretär, BA, Abt. Potsdam, O-4, AR, 00-10-00.

490 Vgl. Vermerk Schönherr über den Bischofskonvent am 22.5.1981 in Elbingerode. Dort

heißt es weiter: »Dabei sind die Zahlen der verweigernden Jugendlichen relativ klein, in der Greifswalder Kirche sind 18 Fälle bekannt.« EZA Berlin, 101/1190, Bd. II.

491 Vermerk Schönherr, EZA Berlin, 101/655. Ähnlich äußerte sich Gysi am 21.4.1981 gegenüber der Greifswalder Kirchenleitung. Vgl. Vermerk Harder vom 21.4.1981, EZA Berlin, 101/350.

492 Gysi bezeichnete dies als »ein ›gentleman agreement‹« seines Vorgängers Seigewasser. Ebd.

493 Andererseits sagte der Bischof auch, er würde niemand zur Wehrdienstverweigerung raten. Hierbei gehe es doch »um die Verteidigung unserer Errungenschaften«. Vgl. Aktennotiz, Kreiskirchentag des Kirchenkreises Bad Liebenwerda am 21.6.1981 mit Bischof Dr. Krusche, SAPMO-BA ZPA IV B2/14/135.

494 Zu diesem Begriff äußerte sich auch Mecklenburgs Landesbischof Rathke am 2.9.1981 im Hotel »Stadt Schwerin« gegenüber Staatssekretär Gysi. Sie »wollten [...] Kirche als Kirche sein, mit eigenem spezifischen Ansatz. Und er fügte hinzu: ›Wir haben hier die Chance, Kirche zu sein!‹« RdB Schwerin, Kirchenfragen, Aktenvermerk Franze, Leitender Mitarbeiter, vom 3.9.1981 über ein Gespräch, zu dem der Vorsitzende des Rates des Bezirkes Schwerin, Genosse Fleck, Landesbischof Dr. Rathke und Mitglieder der Kirchenleitung der Evangelisch-Lutherischen Landeskirche Mecklenburgs eingeladen hatte, und an dem der Staatssekretär für Kirchenfragen, Genosse Gysi, teilnahm, SAPMO-BA ZPA IV B2/14/111. Vgl. auch Aktenvermerk Siegert über das Gespräch zwischen Staatssekretär Gysi und der Kirchenleitung der Ev.-Luth. Landeskirche Mecklenburgs am 2.9.1981 in Schwerin, der an dieser Stelle allerdings nicht ausführlich wird. EZA Berlin, 101/350; auch LKA Hannover, D 15 XII, K 102/5910/II.

495 EZA Berlin, 101/653.

496 Der sog. Kretzelder Appell ist u. a. abgedruckt in A. Mechtersheimer (Hg.), Nachrüsten?, 250.

497 Evangelische Landeskirche in Württemberg, Landesbischof Hans von Keler, BA, Abt. Potsdam, O-4, 427; auch SAPMO-BA ZPA IV B2/14/42. Der Text erwähnt bereits die Reise einer EKD-Delegation in die USA, die im März 1981 stattfand. Von daher ist er diesem Jahr zuzuordnen.

498 Vgl. z. B. RdB Halle, Sektor Kirchenfragen, Information Voigt vom 3.4.1981 zu einem Treffen der Kreisoberpfarrer der Ev. Landeskirche Anhalts mit den Dekanen der Ev. Kirche der Pfalz am 25./26.3.1981 in der Hauptstadt Berlin: »Die aus der BRD erschienenen Dekane [...] waren ›biedere Leute‹. [...] Als gut wird gewertet, daß die Begegnung nicht den Charakter der Entgegennahme von Zuwendungen hatte.« BA, Abt. Potsdam, O-4, 4871. Interessant ist, daß das Treffen organisierende Kreisoberpfarrer Birkner (Bernburg) den Landeskirchenrat und auch Kirchenpräsident Natho in das Treffen nicht einbezog. Von dieser Seite nahm nur OKR Schulze, der auch über das Treffen dem Staat Bericht erstattete, an der Begegnung teil. Vgl. ebd. sowie hierzu auch RdB Halle, Sektor Kirchenfragen, Informationsbericht Voigt vom 3.6.1981 zur kirchenpolitischen Situation April/Mai 1981, LPA Halle, IV D-2/14/478.

499 Vgl. auch RdB Cottbus, Stellv. d. Vors. f. Inneres, Information Deysing vom 8.2.1983 zur kirchenpolitischen Arbeit in den Monaten Dezember 1982/Januar 1983, SAPMO-BA ZPA IV B2/14/69.

500 Das Referat von Günter Krusche »Missionarische Kirche heute – hörende, lebende, bezeugende Gemeinde« vor der EKD-Synode-Garmisch am 28.1.1980 ist abgedruckt in epd-Dok 9-10/80, 39-53.

501 Positiv wurde staatlicherseits registriert, daß Anhalts Kirchenpräsident Natho auf der Dessauer Herbstsynode 1981 den BEK aufforderte, er möge seiner Landeskirche »eine Kirche aus einem sozialistischen Land als Partnerkirche« zuweisen. 1. Information über die Herbstsynoden der Ev. Landeskirchen in der DDR, SAPMO-BA ZPA IV B2/14/82.

502 Vgl. Vgl. den Redebeitrag Immers vor der EKD-Synode, in: Osnabrück 1980, Bericht über die 3. Tagung der 6. Synode der EKD vom 2.-7.11.1980, 157 f., Zitat: 157.

503 Abt. Intern. Beziehungen, Information Weise vom 9.4.1981 über die ökumenischen Be-

ziehungen zwischen dem Bund der Evangelischen Kirchen und der Evangelischen Kirche in Deutschland unter besonderer Beachtung ›gesamtdeutscher Intentionen‹ bei der Schaffung der VEK‹, BA, Abt. Potsdam, O-4, 4871.

504 Tatsächlich war in Schwäbisch-Hall auch ein Terminplan für die nächsten Sitzungen festgelegt worden. Abgesehen von einer viermonatigen Sommerpause beließ man es aber bei einem Dreimonatsrhythmus. Vgl. Vermerk Stolpe über die 7. Konsultation zwischen dem Bund der Evangelischen Kirchen in der DDR und der Evangelischen Kirche in Deutschland am 20.5.1981 in Schwäbisch-Hall, EZA Berlin, 101/653.

505 Arbeitsgruppe Kirchenfragen, Niederschrift Bellmann vom 13.5.1981 über ein Gespräch mit dem Leiter des Sekretariats des Bundes Evangelischer Kirchen, Oberkonsistorialrat Manfred Stolpe, am 11.5.1981, BA, Abt. Potsdam, O-4, 427.

506 Schreiben der »Rheinischen Post« (J. Sobotta) vom 24.3.1981, EZA Berlin, 4/92/12. Seit 1974 stand die »Rheinische Post« unter MfS-Beobachtung, weil ihr in der DDR akreditierter Journalist Kontakte zu Kirchenvertretern pflegte und »Material von Westberlin in die Hauptstadt der DDR« transportierte (Bericht IMV »Gerd« vom 24.9.1974, BStU Berlin, A-324/75, II,2).

507 Lingner an Kurt Briest vom 25.5.1981, a.a.O.

508 Vgl. Stolpe-Günther an Sobotta vom 5.5.1981, EZA Berlin, 4/92/13.

509 Abteilung I, Information Handel vom 3.9.1981 über die Kirchentage und Landesjugendtage 1981, BA, Abt. Potsdam, O-4, 409.

510 Abt. I, Vermerk Wilke vom 18.5.1981 über ein Gespräch mit Pfarrer Günther, Sekretariat des BEK, BA, Abt. Potsdam, O-4, 427; Abschrift in SAPMO-BA ZPA IV B2/14/42.

511 Vgl. hierzu Information Gysi vom 30.4.1981 über ein Gespräch Staatssekretär Gysi mit Bischof Schönherr am 30.4.1981 in der Dienststelle, BA, Abt. Potsdam, O-4, 427; auch SAPMO-BA ZPA IV B2/14/18; a.a.O., IV B2/14/42.

512 Information Gysi vom 22.5.1981, SAPMO-BA ZPA IV B2/14/151.

513 Ebd.

514 Schreiben Centre for Television Communication (CTVC), Watford, Bill Stevenson, Producer, z. Z. Eisenach, vom 9.4.1983 an das Internationale Pressezentrum z. H. von Herrn Eberhard Herzog, Berlin, mit Durchschlägen an Gysi, Hempel und Stolpe, EZA Berlin, 101/93/79.

515 Vermerk Lingner vom 12.6.1981 über die Zusammenkunft der Beratergruppe am 3.6.1981, EZA Berlin, 4/92/12. Die entscheidenden Passagen aus dem Rechenschaftsbericht Honeckers sind abgedruckt in epd-Dok 28/81, 82 f.

516 Vgl. Büro des Staatssekretärs, Vorlage Dohle vom 22.4.1981 an die Dienstbesprechung vom 27.4.1981, Leitungsinformation 2/81, BA, Abt. Potsdam, O-4, 409.

517 Al. I, Aktenvermerk Wilke vom 12.2.1981 für den Staatssekretär, BA, Abt. Potsdam, O-4, 427; auch a.a.O., O-4, 1437.

518 Vermerk Schönherr, EZA Berlin, 101/655.

519 Vgl. Vermerk Lewek vom 8.4.1981 über Gespräch mit Wilke am 6.4.1981, EZA Berlin, 101/350.

520 Abt. I, Information Wilke vom 14.4.1981 über ein Gespräch mit OKR Stolpe am 10.4.1981, BA, Abt. Potsdam, O-4, 427; auch a.a.O., O-4, 1437.

521 SED-BL Dresden, Hausmitteilung Abt. Staat und Recht, Konopka, an Modrow vom 24.4.1981 betr. Auffassungen kirchlicher Amtsträger zu den Ergebnissen des X. Parteitages, PDS-Archiv Dresden, IV D-2.14-689. Gleiches wurde auch für die Ev. Landeskirche Anhalts festgestellt. Vgl. RdB Halle, Sektor Kirchenfragen, Informationsbericht Voigt vom 3.6.1981 zur kirchenpolitischen Situation April/Mai 1981, LPA Halle, IV D-2/14/478.

522 Vgl. Abt. I, Information Wilke vom 14.4.1981 über ein Gespräch mit OKR Stolpe am 10.4.1981, BA, Abt. Potsdam, O-4, 427; auch a.a.O., O-4, 1437. Bereits auf seiner 124. Sitzung am 13./14.3.1981 in Buckow hatte der KKL-Vorstand »die Anregung zu einem Sachgespräch nach dem 10. Parteitag« aufgenommen und klargestellt, daß es dort über die aktuelle politische Lage gehen solle. Vgl. Protokoll Schönherr-Stolpe-Demke vom

18.3.1981, EZA Berlin, 101/120. Die KKL hatte auf ihrer 72. Tagung am 13./15. März in Buckow, einer Klausurtagung, ergänzt: »Sie bittet zu beachten, daß das erstgenannte Gespräch nicht in die mißverständliche Nähe zu anderen Gesprächen der Regierung nach dem Parteitag gerät.« Auszug aus Niederschrift Schönherr-Stolpe-Herrbruck, EZA Berlin, 101/350. Vgl. auch Vermerk Lewek vom 8.4.1981 über Gespräch mit Wilke am 6.4.1981: »Hinsichtlich der Thematik habe ich deutlich gemacht, daß wir den bevorstehenden Gedankenaustausch als ein Sachgespräch über aktuelle außen- und innenpolitische Fragen verstehen. Dies sei vor allem bei einer Pressemitteilung strikt zu beachten.« A.a.O. Der BEK hatte einmal wieder Angst vor der kirchlichen Basis.

523 Vgl. Problemanzeigen, die der Regierung im Blick auf die Dokumente des X. Parteitages für das Sachgespräch vorher gegeben wurden, a.a.O. Mecklenburgs Landesbischof Rathke, der an dem Gespräch nicht teilnehmen konnte, wies in einem Schreiben vom 21.4.1981 an das BEK-Sekretariat noch auf die Betonung des Militärischen hin, so die »Durchdringung aller Lebensbereiche mit den politischen Aktivitäten« und das »Verschweigen verschiedener, in unserer Gesellschaft vorhandener Probleme, vor allem innerhalb der Jugend, Alkoholismus usw.« A.a.O.

524 So Gysi gegenüber der Kirchenleitung Mecklenburgs. Vgl. Aktenvermerk Siegert über das Gespräch zwischen Staatssekretär Gysi und der Kirchenleitung der Ev.-Luth. Landeskirche Mecklenburgs am 2.9.1981 in Schwerin, a.a.O.; auch LKA Hannover, D 15 XII, K 102/5910/II.

525 Vgl. Information Gysi vom 30.4.1981 über ein Gespräch Staatssekretär Gysi mit Bischof Schönherr am 30.4.1981 in der Dienststelle, BA, Abt. Potsdam, O-4, 427; auch SAPMO-BA ZPA IV B2/14/18; SAPMO-BA ZPA IV B2/14/42. Auch gegenüber der Greifswalder Kirchenleitung hatte der Staatssekretär am 21.4.1981 auf die durch den Parteitag bestätigte Stabilität der Kirchenpolitik verwiesen. Vgl. Vermerk Harder vom 21.4.1981, EZA Berlin, 101/350.

526 RdB Rostock, Stellvertreter des Vorsitzenden für Inneres, Aktenvermerk Steinbach vom 7.4.1981, Abschrift Gutsche vom 5.6.1981, SAPMO-BA ZPA IV B2/14/131.

527 BL Halle der SED, Mitarbeiter für Kirchenfragen Gerngroß an Achim Böhme am 6.5.1981, LPA Halle, IV D-2/14/580.

528 Vgl. Vermerk Lingner vom 12.6.1981 über die Zusammenkunft der Beratergruppe am 3.6.1981, EZA Berlin, 4/92/12.

529 Vgl. den vertraulichen Bericht Werner Krusche über das 4. theologische Gespräch zwischen Vertretern der Russ.-Orthodoxen Kirche und des Bundes der Evangelischen Kirchen in der DDR vom 10.-13.5.1981 in Güstrow (Sagorsk IV), gegeben vor der KKL im September 1981, LKA Hannover, D 15 XII, K 101/5732.

530 Vgl. Abt. Internationale Beziehungen, Vorlage Will vom 4.8.1981 an die Dienstbesprechung, Leitungsinformation 4/81, BA, Abt. Potsdam, O-4, 409.

531 Vertraulicher Bericht Werner Krusche über das 4. theologische Gespräch zwischen Vertretern der Russ.-Orthodoxen Kirche und des Bundes der Evangelischen Kirchen in der DDR vom 10.-13.5.1981 in Güstrow (Sagorsk IV), gegeben vor der KKL im September 1981, LKA Hannover, D 15 XII, K 101/5732. Der DDR-Bischofskonvent vermerkte: »Kritische gesellschaftliche Fragen wurden nicht besprochen.« Vermerk Schönherr über den Bischofskonvent am 22.5.1981 in Elbingerode, EZA Berlin, 101/1190, Bd. II.

532 Vgl. Vermerk Lingner vom 12.6.1981 über die Zusammenkunft der Beratergruppe am 3.6.1981, EZA Berlin, 4/92/12.

533 Vgl. Information Hauptabteilungsleiter Weise vom 6.10.1981, BA, Abt. Potsdam, O-4, 427.

534 Vgl. Vermerk Lingner vom 12.6.1981 über die Zusammenkunft der Beratergruppe am 3.6.1981, EZA Berlin, 4/92/12.

535 Vgl. Schreiben Demke an Lingner vom 17.6.,1981. Demke bezieht sich auf einen Beschluß der 73. Tagung der KKL am 8./9.5.1981, EZA Berlin, 101/40.

536 EZA Berlin, 4/92/13.

537 Auf der provinzsächsischen Herbstsynode äußerte Bischof Krusche: »Die Benachteili-

gung von Schülern mit christlichem Bekenntnis sei eine Tendenz, bei der man sich fragen müsse, ob man sich am 6.3.1978 nicht habe täuschen lassen.« Abt. I, Information vom 16.12.1981 über politisch-ideologische Probleme und Tendenzen auf den Synoden der evangelischen Kirchen in der DDR im Jahr 1981, BA, Abt. Potsdam, O-4, 410.

538 Vgl. auch Vermerk Gysi vom 26.10.1981 über ein Gespräch mit dem Vorstand der KKL am 23.10.1981. Hier überreichte der KKL-Vorsitzende Krusche ein Dokument der Dresdener Zentralausschußtagung unter dem Hinweis auf bisherige Gepflogenheiten der Übergabe von Verlautbarungen zu Frieden und Abrüstung an die DDR-Regierung. BA, Abt. Potsdam, O-4, 427; auch SAPMO-BA ZPA IV B2/14/42.

539 Vermerk Lingner über die Sitzung der Beratergruppe am 3.9.1981, EZA Berlin, 101/323. Kommunikationsschwierigkeiten zwischen Kirchenleitungen und Basis wurden auch auf einigen DDR-Landessynoden im Herbst 1981 thematisiert. Vgl. Abt. I, Information vom 16.12.1981 über politisch-ideologische Probleme und Tendenzen auf den Synoden der evangelischen Kirchen in der DDR im Jahr 1981, BA, Abt. Potsdam, O-4, 410.

540 Abschließend sagte Hempel: »›Bitte betrachten Sie mich aufrichtig als einen herben Kameraden für unser gemeinsames Anliegen.‹« RdB Karl-Marx-Stadt, Sektor Kirchenfragen, Aktenvermerk Sektorenleiter G. Müller vom 6.8.1981 über ein Gespräch des Vorsitzenden des Rates des Bezirkes, Genossen Lothar Fichtner, mit dem Bischof der Ev.-Luth. Landeskirche Sachsens, Dr. Hempel, am 5.8.1981, BA, Abt. Potsdam, O-4, 771.

541 Vermerk Lingner über die Sitzung der Beratergruppe am 3.9.1981, EZA Berlin, 101/323.

542 So Pfarrer Schaarschmidt aus Sosa, Kreis Aue. Der Pfarrer äußerte weiter: »Wenn Eingaben von der Basis, bestätigt durch Unterschriften der Masse, zunehmen, dann liegt dies am Staatssekretariat für Kirchenfragen und anderen Persönlichkeiten selbst. Im Gespräch mit den Bischöfen schenkt man ihnen und ihren Ersuchen (Beispiele Bildungspolitik) keinen Glauben und unterstellt ihnen, daß ggf. Forderungen nur in den Köpfen einiger Leute entstanden sind und jeglicher Massenbasis entbehren. Um den Wahrheitsgehalt nachzuweisen, entstehen dann solche Eingaben.« RdB Karl-Marx-Stadt, Sektor Kirchenfragen, 24.8.1981, Stand zu »SoFd« per 21.8.1981, BA, Abt. Potsdam, O-4, 771.

543 Wonneberger galt als Hauptinitiator der Bewegung.

544 Das Dresdener Papier zum Sozialen Friedensdienst trug die Unterschriften der drei Genannten. Es ist abgedruckt in epd-Dok 35/81, 4. Vgl. Vermerk Schönherr über den Bischofskonvent am 22.5.1981 in Elbingerode, EZA Berlin, 101/1190, Bd. II.

545 Nach einer Information durch den Leipziger Pfarrer Weiß hatte die sächsische Kirchenleitung die Initiative ausdrücklich gebilligt. Vgl. RdB Leipzig, Sektor Kirchenfragen, Information Ebisch vom 19.8.1981 über erste Gespräche mit ausgewählten kirchlichen Amtsträgern zur Problematik »Sozialer Friedensdienst«, BA, Abt. Potsdam, O-4, 771.

546 Einem Bericht Stolpes zufolge, den er Hans Wilke am 6.6.1981 gegeben hatte, hatte der Beschluß der sächsischen Kirchenleitung vorgesehen, ein Christ dürfe nicht Waffendienst leisten. »Alle werden dazu aufgerufen, ›Friedensdienst‹ zu leisten, d.h. entweder als Bausoldat, am besten aber in einem zivilen Ersatzdienst. Der Bund solle sich dafür einsetzen, die KKL den sächsischen Empfehlungen Folge leisten und sie in den Kirchenzeitungen publizieren.« Wilke bemerkte: »Es gelang durch zielgerichtetes Auftreten von Schönherr und Stolpe, diesen Antrag abzulehnen.« Abt. I, Vertraulicher Vermerk Wilke vom 9.6.1981 für den Staatssekretär, BA, Abt. Potsdam, O-4, 427; Abschrift in SAPMO-BA ZPA IV B2/14/42.

547 Schönherr hatte sich ebenso wie Greifswalds Bischof Gienke deutlich gegen die Initiative ausgesprochen. Vgl. RdB Dresden, Sektor Staatspolitik in Kirchenfragen, Vermerk Lewerenz vom 10.8.1981 über Dienstberatung der Sektorenleiter Kirchenfragen der Räte der Bezirke beim Staatssekretär für Kirchenfragen am 30.7.1981 wegen der in den Kirchen ausgelösten Initiative eines »Sozialen Friedensdienstes« (SoFd), PDS-Archiv Dresden, IV D-2.14-690.

548 Vgl. Abteilung I, Wilke-Handel, Berlin, den 7.7.1981, Argumentationen, Sachstandsin-

formationen und Schlußfolgerungen zum »Sozialen Friedensdienst (SoFd), BA, Abt. Potsdam, O-4, 771.

549 Vermerk Schönherr, EZA Berlin, 101/1190, Bd. II.

550 Abgedruckt in epd-Dok 35/81, 4.

551 Dort fand am 9.7.1981 auch eine ESG-Veranstaltung im Remter des Domes statt, in der Kritik an der Praxis an der DDR-Grenze und dem Wehrdienst vorgebracht wurde. Vgl. RdB Magdeburg, Stellvertreter des Vorsitzenden für Inneres, Steinbach, an Gysi vom 10.8.1981, BA, Abt. Potsdam, O-4, 771. Aus Anlaß der 20jährigen Wiederkehr des Mauerbaus verteilte am 13.8.1981 eine Berliner Jugendgruppe im thüringischen Pößneck Flugblätter. Vgl. RdB Gera, Der Stellvertreter des Vorsitzenden für Inneres, Krätzschmar, an Gysi vom 14.8.1981, a.a.O.

552 Gysi mußte sich im Anschluß an einen von ihm gehaltenen Vortrag vor Lehrenden und Studierenden der Sektion Theologie der Humboldt-Universität am 7.9.1981 auch eine Frage nach seiner Einstellung zum SoFd gefallen lassen. Über die von Gysi erteilte Antwort berichtete dann auch die Westpresse. Vgl. Leiter des Büros, Vorlage Dohle vom 5.11.1981 an die Dienstbesprechung vom 2.11.1981 [sic!], Leitungsinformation 5/81, BA, Abt. Potsdam, O-4, 410. Am Katechetischen Oberseminar Naumburg hatte es vor Semesterende noch keine Diskussionen über SoFd gegeben. Vgl. RdB Halle, Sektor Kirchenfragen, 2. Informationsbericht Voigt vom 10.8.1981 zu Gesprächen mit kirchlichen Amtsträgern und Laien zu Bestrebungen für einen »sozialen Friedensdienst«, BA, Abt. Potsdam, O-4, 771. Vgl. auch allgemeiner Abteilung II, Vorlage Handel vom 25.3.1982 an die Dienstbesprechung am 29.3.1982, Schriftliche Information zur politischen Situation in den – und zur Einflußnahme auf die kirchlichen Ausbildungsstätten für evangelische Geistliche. Dort heißt es: »Waren kirchliche Ausbildungsstätten noch bis zur Mitte der sechziger Jahre Zentren politisch negativer Kräfte in den Kirchen, die eine aktive Störarbeit gegen Staat und Gesellschaft in der DDR betrieben und konstruktive Schritte in den Beziehungen zwischen Staat und Kirche zu hintertreiben versuchten, so *kann gegenwärtig eingeschätzt werden, daß politisch loyale Kräfte das Klima an der Mehrzahl der Ausbildungsstätten bestimmen.* […] Dort auch wirkende politisch negative Kräfte im Lehrkörper vertreten ihre Positionen offensiv, ohne das Klima an diesen Einrichtungen dadurch zu bestimmen. Insbesondere am KOS Naumburg verfügen diese Kräfte aber über starke Positionen und üben großen Einfluß auf Diskussionen zu politischen und gesellschaftlichen Problemen aus«, BA, Abt. Potsdam, O-4, 410.

553 Vgl. Koordinierungsgruppe Görlitzer Kirchentag, Einschätzung Müller, Stellvertreter des Oberbürgermeisters für Inneres, Leiter der Koordinierungsgruppe des 5. Evangelischen Kirchentages und Kirchentagskongresses vom 19.-21.6.1981 in Görlitz: »Beratungen im Plenum […] wurden oft von Beifall unterbrochen, wenn sich dieser oder jener als Wehrdienstverweigerer oder Bausoldat vorstellte.« Eine direkte Veranstaltung zur SoFd-Initiative konnte durch staatliches Einwirken auf die Kirchentagsverantwortlichen verhindert werden. PDS-Archiv Dresden, IV D-2.14-697.

554 Zu den zuletzt genannten vier Veranstaltungen und anderen 1981 durchgeführten kirchlichen Großveranstaltungen vgl. Abteilung I, Information Handel vom 3.9.1981 über die Kirchentage und Landesjugendtage 1981. Demnach konnte staatlicherseits »erreicht werden, daß auf allen durchgeführten Kirchentagen eine positive Bewertung des Verhältnisses von Staat und Kirche erfolgte. Die Bischöfe Gienke und Natho würdigten den 6.3.1978 und das seitdem gewachsene vertrauensvolle Verhältnis zwischen Staat und Kirche und sprachen sich für die Fortsetzung dieses Weges aus. Es ist aber nicht gelungen, auf den Kirchentagen konkrete Stellungnahmen zu den Friedensvorschlägen der sozialistischen Staaten und zur Fortsetzung des Entspannungsprozesses zu erhalten. Hier blieb man bei allgemeiner Bekräftigung der Notwendigkeit kirchlichen Friedensengagements stehen. […] Der *Inhalt der Kirchentage* war insgesamt so gestaltet, daß Konfrontationsversuche negativer Kräfte in den Kirchen weitgehend von vornherein ausgeschaltet wurden. Der insgesamt ruhige Verlauf dieser Veranstaltungen bestätigt unsere Einschätzung, daß die Organisation der Kirchentage gegenwärtig in den

Händen loyaler Kräfte liegt.« Mit Hilfe von kulturellen Veranstaltungen wurde versucht, auch nicht kirchlich gebundene Personen zu erreichen. Weiterhin wurde festgestellt: »Es wird dazu übergegangen, jene Elemente, die auf den Kirchentagen in der BRD die Attraktivität dieser Veranstaltungen garantieren sollen, auch in das Programm der Kirchentage in der DDR hineinzunehmen. Damit wird auch am Beispiel der Kirchentage deutlich, wie die Kirchen in der DDR unter Berücksichtigung und als Reaktion auf den sich in der sozialistischen Gesellschaft vollziehenden Säkularisierungsprozeß immer mehr dazu übergehen, religiöse Inhalte und Anliegen in verflachter Form und verknüpft mit attraktiven Kultur- und Freizeitangeboten (die als eigentlicher Magnet für einen Großteil der Teilnehmer wirken) darzubieten. Daneben sollen die Kirchentage den Teilnehmern das Erlebnis einer großen Gemeinschaft vermitteln und sie zu missionarischem Handeln aktivieren. [...] Die Kirchentage waren besonders intensiv auf die *Erfassung von Kindern und Jugendlichen* ausgerichtet. [...] Auf dem Jugendtag in Potsdam wurden Vertreter der Initiativgruppe für einen *SoFd* aktiv, die am Rande des eigentlichen Veranstaltungsgeländes durch ein Plakat Teilnehmer zur Unterschriftsleistung aufforderten. Den Jugendlichen wurde der Brief der Dresdner Initiativgruppe vorgetragen und erklärt, daß sie gegen Hinterlegung ihrer Adressen das Programm für einen SoFd zugeschickt bekämen, das bald gedruckt vorliege. Durch die staatlichen Organe wurden die Veranstalter daraufhin aufgefordert, diese Aktivität umgehend zu unterbinden. Sie kamen dieser Aufforderung nach. [...] Für die *Teilnehmer* an den Landesjugendtagen gilt, daß es sich hier in der Mehrzahl um Jugendliche mit festen kirchlichen Bindungen handelt. [...] Alle Landesjugendtage wurden mit hoher Disziplin durchgeführt. Sogenannte Randsiedler wurden nur vereinzelt registriert. [...] Auf dem Jugendtag in Burg wurde den Jugendlichen Gelegenheit gegeben, Fragen an den neugewählten Bischof der Berlin-Brandenburger Kirche, Dr. Forck, zu richten. Dabei wurde Forck durch einzelne Jugendliche aufgefordert, Blues-Messen für Cottbus zu organisieren und sich für ›mehr Reisefreiheit in den Westen‹ einzusetzen.« BA, Abt. Potsdam, O-4, 409.

555 Gysi informierte am 30.7., Natho habe selbst »veranlaßt[.] [...], daß ein auf dem Kirchentag in Dessau angebrachter Aufsteller entfernt wurde, obwohl er die Stimmung anwesender Jugendlicher dabei gegen sich hatte.« RdB Dresden, Sektor Staatspolitik in Kirchenfragen, Vermerk Lewerenz vom 10.8.1981 über Dienstberatung der Sektorenleiter Kirchenfragen der Räte der Bezirke beim Staatssekretär für Kirchenfragen am 30.7.1981 wegen der in den Kirchen ausgelösten Initiative eines »Sozialen Friedensdienstes« (SoFd), PDS-Archiv Dresden, IV D-2.14-690. OKR Bitzmann berichtete, »Natho, der verspätet am Veranstaltungsort eintraf, [habe] diese Gruppe, die mit Sichtwerbung um eine Gesprächsmöglichkeit warb, recht barsch des Platzes verwies[en]. Seine Begründung dafür war, daß nichts durchgeführt wird, was nicht abgesprochen wurde.« Bitzmann selbst äußerte die Befürchtung, »daß sich mit dieser Sache Leute in der Kirche deutlich und ›breitmachen‹, die mit der Kirche wenig oder nichts zu tun haben.« RdB Halle, Sektor Kirchenfragen, 4. Informationsbericht Voigt vom 26.8.1981 über Gespräche mit kirchlichen Amtsträgern und Laien zu Bestrebungen für einen sozialen Friedensdienst, BA, Abt. Potsdam, O-4, 771. Zum Dessauer Kirchentag vgl. auch Bericht vom 28.6.1981 über den Verlauf des Kirchentages der Evangelischen Landeskirche Anhalts in Dessau [26.6.-28.6.1981]: »Gesellschaftspolitisch diskriminierende Diskussionen« seien von progressiven kirchlichen Laien, Ost-CDU-Mitgliedern und Mitgliedern der Dessauer Kirchenleitung zurückgedrängt worden, LPA Halle, KL Dessau, IV D-4/06/113. Aus einem anderen staatlichen Dokument geht hervor, daß Natho den Kurs in seiner Kirche 1981 verschärfte: »Kirchenpräsident Natho hat unter dem Eindruck von Vorkommnissen in anderen Kirchen angeordnet, daß die Jugendmitarbeiter in Vorbereitung ihrer Veranstaltungen durch den Kreisoberpfarrer zu ›vergattern‹ sind und sich an die gesetzlichen Bestimmungen zu halten haben. Die [für den 30./31.5.] vorgesehene ›ohne Auto Sternfahrt‹ [auf Vorschlag des Kirchlichen Forschungsheims Wittenberg wurde an diesem Datum ein Wochenende unter dem Motto »Mobil ohne

Auto« durchgeführt; hiervon nahm der KKL-Vorstand auf seiner 134. Sitzung am 13./14.3.1981 in Buckow Kenntnis; vgl. Sitzungsprotokoll Schönherr-Stolpe-Demke vom 18.3.1981, EZA Berlin, 101/120] bezeichnete er als eine Maßnahme von Leuten mit ›unvorstellbarer Blindheit‹ und warnte vor derartigen Aktivitäten. Gleichzeitig verlangte er, daß solche Maßnahmen – wenn sie zum Tragen kommen – unbedingt polizeilich angemeldet werden müssen.« Abt. II, Vorlage Arlt vom 27.8.1981 an die Dienstbesprechung am 7.9.1981, Leitungsinformation 4/81, BA, Abt. Potsdam, O-4, 409; vgl. auch RdB Halle, Sektor Kirchenfragen, Informationsbericht Voigt vom 3.6.1981 zur kirchenpolitischen Situation April/Mai 1981, LPA Halle, IV D-2/14/478. Der RdB Halle schätzte allgemein ein: »Das Verhältnis zwischen den staatlichen Organen und der Leitung der Landeskirche ist nach wie vor als gut zu bezeichnen und stabilisiert sich weiter. Mit großer Bereitwilligkeit nimmt Kirchenpräsident Natho staatliche Einladungen zu Gesprächen wahr«. RdB Halle, Sektor Kirchenfragen, Informationsbericht Voigt vom 3.6.1981 zur kirchenpolitischen Situation April/Mai 1981, a.a.O.

556 Zu Domschs Haltung vgl. RdB Dresden, Sektor Staatspolitik in Kirchenfragen, Vermerk Lewerenz vom 10.8.1981 über Dienstberatung der Sektorenleiter Kirchenfragen der Räte der Bezirke beim Staatssekretär für Kirchenfragen am 30.7.1981 wegen der in den Kirchen ausgelösten Initiative eines »Sozialen Friedensdienstes« (SoFd), PDS-Archiv Dresden, IV D-2.14-690.

557 Abteilung I, Wilke-Handel, Berlin, den 7.7.1981, Argumentationen, Sachstandsinformationen und Schlußfolgerungen zum »Sozialen Friedensdienst« (SoFd), BA, Abt. Potsdam, O-4, 771.

558 RdB Dresden, Sektor Staatspolitik in Kirchenfragen, Vermerk Lewerenz vom 10.8.1981 über Dienstberatung der Sektorenleiter Kirchenfragen der Räte der Bezirke beim Staatssekretär für Kirchenfragen am 30.7.1981 wegen der in den Kirchen ausgelösten Initiative eines »Sozialen Friedensdienstes« (SoFd), PDS-Archiv Dresden, IV D-2.14-690.

559 Vgl. RdB Karl-Marx-Stadt, Sektor Kirchenfragen, 24.8.1981, Stand zu »SoFd« per 21.8.1981. Hieraus geht auch hervor, daß der Glauchauer Pfarrer Jacob unter Deckung seines Superintendenten Kröhnert in der Jungen Gemeinde das Papier zur Unterschrift vorlegte, wobei die meisten der Mitglieder auch unterschrieben. Weitere Unterschriften wurden von einer hauptamtlichen Mitarbeiterin in Jacobs Gemeinde im Bekanntenkreis und in der Nachbarschaft gesammelt. BA, Abt. Potsdam, O-4, 771.

560 Information Gysi vom 22.5.1981, BA, Abt. Potsdam, O-4, 427; SAPMO-BA ZPA IV B2/14/42.

561 Arbeitsgruppe Kirchenfragen, Niederschrift Bellmann vom 28.5.1981 über ein Gespräch mit Bischof Dr. Schönherr am 28.5.1981, BA, Abt. Potsdam, O-4, 427.

562 Weiter schrieb Tschiche, was Wilke nicht zitiert: »Hier kann und soll uns Christen in der DDR niemand von außen helfen, denn wir können der Verantwortung für die innenpolitischen Verhältnisse nicht dadurch entgehen, daß wir ökumenische Ausweichbewegungen machen. Der entscheidende Beitrag der evangelischen Christen und Kirchen in der DDR besteht eben nicht in erster Linie darin, daß wir wohlklingende Deklarationen zum Frieden mit Kirchen aus anderen Gesellschaftsordnungen verfassen und unterschreiben und so einem verlogenen Resolutionismus, den wir gerade bei uns in der Friedensfrage häufig finden, Vorschub leisten. Der Weltfriede wird nicht ohne eine außerordentliche moralische Anstrengung zu erreichen sein, aber er beginnt in der Humanisierung und Demokratisierung der innenpolitischen Verhältnisse.« Ders., Das Trauma der Bedrohung. Einsichten und Erfahrungen eines Christen in der DDR auf der Suche nach einer sinnvollen Friedensordnung, in: Literatur (L 80), 23-30.

563 Vgl. auch die von Janott im September 1981 vorgenommene Einschätzung kirchlicher Jugendarbeit: »Die Tendenz des allgemeinen Ansteigens der Aktivitäten in der kirchlichen Jugendarbeit hält an. Es werden dabei in immer stärkerem Maße solche Formen wie Meditationsgottesdienste, Veranstaltungen mit Rock- und Beatmusik angewendet und damit auch außerhalb der Kirche stehende Jugendliche herangezogen, wie es sich

in einer Reihe von Veranstaltungen gezeigt hat«. Vorlage Janott vom 3.9.1981 an die Dienstbesprechung am 7.9.1981, Leitungsinformation Nr. 4/1981, BA, Abt. Potsdam, O-4, 409.

564 Abteilung I, Wilke-Handel, Berlin, den 7.7.1981, Argumentationen, Sachstandsinformationen und Schlußfolgerungen zum »Sozialen Friedensdienst« (SoFd), BA, Abt. Potsdam, O-4, 771.

565 Weiterhin betonten sie: »Die duldsame Haltung des Staates zu solchen negativen Aktionen ist für progressive und realistische Kräfte kein Ansporn, dagegen aufzutreten. Sie fühlen sich durch den Staat nicht unterstützt.« A.a.O.

566 Berlin, den 20.7.1981, Sofortmaßnahmen zur Zurückweisung der von politisch-negativen Kräften im kirchlichen Raum initiierten Bewegung für einen »Sozialen Friedensdienst« (SoFd), a.a.O.

567 Gysi fügte hinzu: »Aus seinem Verhalten geht eindeutig hervor, daß auch innerhalb der Kirchenleitungen es nicht mehr um vage Ideen, sondern um ziemlich klare Absichten geht. Die Härte unserer Reaktion hat ihn wahrscheinlich doch etwas überrascht.« Information Gysi vom 21.7.1981 über die Unterredung mit Oberkonsistorialrat Stolpe am 20.7.1981, BA, Abt. Potsdam, O-4, 427; auch SAPMO-BA ZPA IV B2/14/18.

568 Handels Schlußfolgerungen lauteten: »Insgesamt kann davon ausgegangen werden, daß den Initiatoren der Forderung nach einem SoFd in realistischer Einschätzung ihrer Möglichkeiten durchaus klar ist, daß diesem Verlangen vom Staat nicht entsprochen werden kann. Die Bewegung wird vielmehr mit dem Ziel geführt, den realistischen und progressiven Kräften in den Kirchen eine Zustimmung zum SoFd abzupressen, indem die politisch negativen Kräfte einige der im Zuge der Diskussion eingetretenen Verschärfungen der Ausgangsforderungen zurücknehmen und als Gegenleistung eine Kompromißlösung im Sinne der ursprünglichen Forderung der Dresdner Initiativgruppe durchsetzen. Damit sollen die Kirchen auf einen Konfrontationskurs mit dem Staat gedrängt werden, der die Ergebnisse des 6.3.1978 in Frage stellen und westlichen Massenmedien Material für eine Verleumdungskampagne gegen die DDR liefern würde. Nicht zufällig haben politisch negative Kräfte in der Sächsischen Landeskirche die Kampagne um einen SoFd zu einem Zeitpunkt begonnen, wo die DDR durch ihre konsequente Friedenspolitik und ihre stabile innenpolitische und ökonomische Entwicklung an internationalem Ansehen gerade in der BRD und den anderen westeuropäischen NATO-Staaten gewonnen hat, in denen starke Friedensbewegungen gegen die Stationierung neuer amerikanischer nuklearer Mittelstreckenraketen und den mit Hochrüstung verbundenen Sozialabbau kämpfen. In dieser Situation, in der die Autorität insbesondere der Regierung der BRD unter Schmidt-Genscher wegen ihres eindeutigen Bekenntnisses zu dem von den USA initiierten Brüssler NATO-Beschluß spürbar gesunken ist, würde eine Verleumdungskampagne gegen die DDR, der man bei Ablehnung der Forderung nach einem SoFd unterstellen könnte, sie gehe gegen Friedensinitiativen im Inneren vor, nicht nur unser internationales Ansehen untergraben, sondern auch die Friedenskräfte in Westeuropa schwächen und eine politische Entlastung der BRD-Regierung bedeuten.
Die Zustimmung zu dem geplanten SoFd käme der Aufhebung der in der Verfassung festgelegten allgemeinen Wehrpflicht gleich und würde die Verteidigungskräfte der DDR schwächen. In der Konsequenz wäre die Erfüllung der von der DDR übernommenen Bündnisverpflichtungen im Warschauer Vertrag nicht mehr gewährleistet, was eine Schwächung des sozialistischen Militärkoalition und eine Verschiebung der Kräfteverhältnisse in Europa zugunsten der NATO bewirken würde. Die Akzeptierung eines SoFd würde jedem Bürger die Möglichkeit geben, sich im Falle einer Mobilmachung oder im Verteidigungszustand einer Einberufung zur NVA legal zu widersetzen.« Abt. Evangelische Kirchen und Religionsgemeinschaften, Entwurf Handel vom 21.7.1981, Argumentation zur Forderung nach einem »Sozialen Friedensdienst« (SoFd), BA, Abt. Potsdam, O-4, 771.

569 RdB Dresden, Sektor Staatspolitik in Kirchenfragen, Vermerk Lewerenz vom 10.8.1981

über Dienstberatung der Sektorenleiter Kirchenfragen der Räte der Bezirke beim Staatssekretär für Kirchenfragen am 30.7.1981 wegen der in den Kirchen ausgelösten Initiative eines »Sozialen Friedensdienstes« (SoFd), PDS-Archiv Dresden, IV D-2.14-690. Vgl. auch Leiter des Büros, Vorlage Dohle vom 1.9.1981 an die Dienstbesprechung vom 7.9.1981, Leitungsinformation 4/1981, BA, Abt. Potsdam, O-4, 409.

570 Vgl. RdB Leipzig, Stellvertreter des Vorsitzenden für Inneres, Bitterlich, an Gysi vom 4.8.1981; RdB Magdeburg, Sektor Kirchenfragen, Bellstedt, an Wilke vom gleichen Tag; RdB Frankfurt (Oder), Sektor Kirchenfragen, Namentliche Aufstellung realistischer kirchlicher Amtsträger, mit denen in nächster Zeit Einzelgespräche geführt werden in Auswertung der Dienstberatung des Staatssekretärs mit den Sektorenleitern der Räte der Bezirke am 30.6.1981 [die Beratung fand am 30.7.1981 statt]; alle Schreiben BA, Abt. Potsdam, O-4, 771.

571 Vgl. W. Schilling u. a., Die »andere« Geschichte, I f.

572 Das geht auch aus einer Äußerung des der Initiative positiv gegenüberstehenden OKR Höser, Leiter des Diakonischen Amtes Eisenach, hervor. Vgl. RdB Gera, Der Stellvertreter des Vorsitzenden für Inneres, Krätzschmar, an Gysi vom 14.8.1981, BA, Abt. Potsdam, O-4, 771. Oberkirchenrat Schäfer und Prof. Saft hingegen lehnten einen SoFd ab. Vgl. RdB Erfurt, Stellvertreter des Vorsitzenden für Inneres, Hartmann, an Gysi vom 27.8.1981, a.a.O.

573 Der neugewählte Vorsitzende des staatstreuen Weimarer Arbeitskreises – ihm gehörten 1981 nunmehr auch fünf Mitglieder der Thüringer Kirchenleitung an –, Superintendent Bär, Ebeleben, erklärte gegenüber dem RdB Erfurt, »daß sich der Weimarer Arbeitskreis künftig auch mit bestimmten politisch negativen Aktivitäten der Bekenntnis-Gemeinschaft unter Leitung von Sup. Große auseinandersetzen werde.« Vorlage Janott vom 3.9.1981 an die Dienstbesprechung am 7.9.1981, Leitungsinformation Nr. 4/1981, BA, Abt. Potsdam, O-4, 409.

574 Zu Schultheiß meinte Kirchner außerdem, daß »seitdem sie aus dem Arbeitsprozeß ausgeschieden ist, damit zu rechnen sei, daß sie jetzt noch weit mehr Schwierigkeiten machen wird als zuvor.« RdB Gera, Stellvertreter des Vorsitzenden für Inneres, Krätzschmar, an Gysi vom 4.8.1981, BA, Abt. Potsdam, O-4, 771. Eine Woche später wurde aus Gera berichtet, u. a. Kirchner, OKR Thurm und Sup. Paulin wären dezidiert gegen den SoFd eingestellt. Aber auch diese loyalen Kirchenvertreter meinten, es liege im Bereich des Möglichen, daß die thüringische Synode der Initiative Unterstützung zukommen lassen würde. Vgl. RdB Gera, Der Stellvertreter des Vorsitzenden für Inneres, Krätzschmar, an Gysi vom 14.8.1981, a.a.O.

575 Vgl. RdB Erfurt, Schreiben des Stellvertreters des Vorsitzenden für Inneres, Hartmann, an Gysi vom 6.8.1981 über Gespräch mit Leich und OKR Mitzenheim am 4.8.1981, a.a.O.

576 RdB Leipzig, Sektor Kirchenfragen, Information Ebisch vom 19.8.1981 über erste Gespräche mit ausgewählten kirchlichen Amtsträgern zur Problematik »Sozialer Friedensdienst«, a.a.O. Vgl. auch Rat des Kreises Schmölln, Stellv. d. Vors. d. Rates für Inneres, Niederschrift Seifert vom 13.11.1981 über das Gespräch mit dem Vizepräsident und Superintendent Zunkel vom 13.11.1981, PDS-Archiv Leipzig, IV D-2/13/524.

577 Vgl. RdB Erfurt, Stellvertreter des Vorsitzenden für Inneres, Hartmann, an Gysi vom 27.8.1981, BA, Abt. Potsdam, O-4, 771. Hingegen erklärte der Erfurter Studentenpfarrer Haupt, Kirchenprovinz Sachsen, »daß er sich an die Briefschreiber gewandt habe und seine Meinung dahingehend artikuliere, daß eine solche Aktion in der jetzigen angespannten internationalen Lage völlig sinnlos wäre.« Ebd.

578 Anfang August handelte es sich laut Aussage von Mitzenheim um vier Schreiben. Vgl. RdB Erfurt, Schreiben des Stellvertreters des Vorsitzenden für Inneres, Hartmann, an Gysi vom 6.8.1981 über Gespräch mit Leich und OKR Mitzenheim am 4.8.1981, a.a.O.

579 Diese Informationen gab OKR Thurm, Gera, am 28.7.1981 weiter. Vgl. RdB Gera, Stellvertreter des Vorsitzenden für Inneres, Krätzschmar, an Gysi vom 4.8.1981, a.a.O. Auch die Superintendenten im Bezirk Erfurt erwarteten, daß die Initiative auf der kommen-

den Landessynodaltagung zur Sprache kommen werde. Vgl. RdB Erfurt, Stellvertreter des Vorsitzenden für Inneres, Hartmann, an Gysi vom 27.8.1981, a.a.O.

580 Vgl. RdB Magdeburg, Stellvertreter des Vorsitzenden für Inneres, Steinbach, an Gysi vom 10.8.1981, a.a.O. Der Rektor des Katechetischen Oberseminars Naumburg, Genest, versprach, sich auf der Synodaltagung mit diesen Bestrebungen kritisch auseinanderzusetzen. Vgl. RdB Halle, Sektor Kirchenfragen, 2. Informationsbericht Voigt vom 10.8.1981 zu Gesprächen mit kirchlichen Amtsträgern und Laien zur Bestrebungen für einen »sozialen Friedensdienst«, a.a.O. Diese Zusage machte auch Pfarrer Dr. Martin Gabriel, Halberstadt, Mitglied der provinzsächsischen Kirchenleitung. Vgl. RdB Magdeburg, Stellvertreter des Vorsitzenden für Inneres, Steinbach, an Gysi vom 14.8.1981, a.a.O.

581 RdB Halle, Sektor Kirchenfragen, 2. Informationsbericht Voigt vom 10.8.1981 zu Gesprächen mit kirchlichen Amtsträgern und Laien zu Bestrebungen für einen »sozialen Friedensdienst«, a.a.O. Ähnlich – insgesamt positiv gegenüber der Initiative – reagierte auch der Hallenser Kreisjugendpfarrer Neher. Der dortige Studentenpfarrer Großhennig lehnte das Vorhaben hingegen rundherum ab. Vgl. ebd. Vgl. auch RdB Halle, Sektor Kirchenfragen, 4. Informationsbericht Voigt vom 26.8.1981 über Gespräche mit kirchlichen Amtsträgern und Laien zu Bestrebungen für einen sozialen Friedensdienst. Die dort aufgeführten Gespräche, unter anderem mit dem Hallenser Neutestamentler Traugott Holtz und der Oberin Demke, Bundessynodale und Schwester des Oberkirchenrats im Sekretariat des BEK, Christoph Demke, ergaben sämtlich ablehnende Stimmen zur SoFd-Initiative. Holtz »ließ erkennen, daß er seine Verbindungen und sein offizielles Auftreten sowohl an der Universität wie auch in der Synode und gegenüber der Kirchenleitung dazu nutzen wird, diese Aktivität sich nicht weiter ausdehnen zu lassen.« A.a.O. Zu Holtz vgl. auch unten, 576, Anm. 215.

582 Dies betraf insbesondere die Kreise Schönebeck, Wanzleben, Wernigerode, Kalbe/Milde, Salzwedel, Zerbst und Klötze. Vgl. RdB Magdeburg, Stellvertreter des Vorsitzenden für Inneres, Steinbach, an Gysi vom 14.8.1981, a.a.O. Aus dem Schreiben geht auch hervor, daß die Katholiken sowie die Freikirchen des Bezirks sich der Initiative nicht anschlossen. Vgl. ebd.

583 Vgl. RdB Leipzig, Sektor Kirchenfragen, Information Ebisch vom 19.8.1981 über erste Gespräche mit ausgewählten kirchlichen Amtsträgern zur Problematik »Sozialer Friedensdienst«, a.a.O. Vgl. RdB Erfurt, Stellvertreter des Vorsitzenden für Inneres, Hartmann, an Gysi vom 27.8.1981, wo es heißt, von Magdeburg seien keine zentralen Informationen über die Initiative ausgegangen. A.a.O.

584 Vgl. RdB Erfurt, Stellvertreter des Vorsitzenden für Inneres, Hartmann, an Gysi vom 27.8.1981, a.a.O.

585 Vgl. RdB Karl-Marx-Stadt, Sektor Kirchenfragen, G. Müller, Sektorenleiter, 7.9.1981, Stand zu »SoFd« per 4.9.1981, a.a.O.

586 Kootz gehörte der Blockpartei NDPD an und unterstützte auch die CFK-Arbeit im Bereich der Landeskirche. Vgl. SED-BL Halle, Hausmitteilung Gerngroß an Böhme vom 6.1.1982, LPA Halle, IV D-2/14/580 sowie Wisenschaftlicher Mitarbeiter, Bericht Hartwig vom 5.4.1982 zur Dienstreise nach Dessau am 24.3.1982, BA, Abt. Potsdam, O-4, 416. 1984 kritisierte der Präses, daß »die befreundeten Parteien nicht gleichberechtigt bzw. ausreichend an der Machtausübung beteiligt würden (bezugnehmend auf seine angeblichen Erfahrungen in der NDPD)«. RdB Halle, Stellvertreter des Vorsitzenden für Inneres, Information Pöhner vom 30.4.1984 zum Gespräch des Vorsitzenden des Rates des Bezirkes Halle, Gen. Kolodniak, mit Kirchenpräsident D. Natho und weiteren leitenden Amtsträgern der Ev. Landeskirche Anhalts am 27.4.1984 im Gästehaus des Rates des Bezirkes, LPA Halle, IV E-2/14/580.

587 Vgl. RdB Halle, Sektor Kirchenfragen, Information Voigt vom 5.8.1981 zu Gesprächen mit kirchlichen Amtsträgern und Laien über Bestrebungen für einen »sozialen Friedensdienst«, BA, Abt. Potsdam, O-4, 771.

588 RdB Frankfurt (Oder), Referat Kirchenfragen, Aktennotiz Naundorf vom 7.8.1981, a.a.O.

589 Besondere Gefahren könnten von Pfarrer Wutzke (Hohenreinkendorf, Kreis Angermünde) ausgehen, so Plath. RdB Rostock, Sektor Kirchenfragen, Aktenvermerk Macht vom 18.8.1981, a.a.O.

590 Bericht Macht, Rostock, vom 3.9.1981 über geführte Gespräche mit Pfarrern und kirchenleitenden Personen über kirchliche Aktivitäten zum Sozialen Friedensdienst (»SoFd«), a.a.O.

591 In Rostock stellte sich dann heraus, daß die Pfarrer Lohmann, Bohrmann, Stier, Pistor, Kleemann (ESG) die Initiative unterstützten. Sie vertraten die Auffassung, auch Christen hätten staatsbürgerliche Rechte und könnten deshalb Vorschläge mit dem Ziel der Verbesserung der Verfassung unterbreiten. Es handele sich hier um »praktizierte Demokratie in der DDR«. Sie kritisierten ferner, daß bisweilen Bausoldaten die Rolle eines »Hausmädchens« für Offiziere einnehmen müßten und forderten einen effektiveren Einsatz. Vgl. Bericht Macht, Rostock, vom 3.9.1981 über geführte Gespräche mit Pfarrern und kirchenleitenden Personen über kirchliche Aktivitäten zum Sozialen Friedensdienst (»SoFd«), a.a.O.

592 RdB Rostock, Sektor Kirchenfragen, Aktenvermerk Macht vom 18.8.1981, a.a.O.

593 Abschließend notierte Lewerenz: »Dr. Wetzel bedankte sich dafür, daß ihm der staatliche Standpunkt so klar und eindeutig dargelegt worden sei und daß das Gespräch trotz der politischen Brisanz nicht laut und lärmend, sondern sachlich und besonnen geführt worden sei.« RdB Dresden, Sektor Staatspolitik in Kirchenfragen, Vermerk Lewerenz vom 13.8.1981 über Gespräch mit Superintendent Dr. Wetzel wegen des »Sozialen Friedensdienstes«, a.a.O.

594 Mit Natho redete Gysi am 28. Juli, mit Schönherr am 30. Juli und 12. August, mit Hempel am 7. August, mit Gienke am 11. August, mit Rathke am 12. August und mit Werner Krusche Ende Juli/Anfang August 1981. Vgl. Leiter des Büros, Vorlage Dohle vom 1.9.1981 an die Dienstbesprechung vom 7.9.1981, Leitungsinformation 4/81, BA, Abt. Potsdam, O-4, 409.

595 Leiter des Büros, Vorlage Dohle vom 1.9.1981 an die Dienstbesprechung vom 7.9.1981, Leitungsinformation 4/1981, BA, Abt. Potsdam, O-4, 409. Zitiert mit den von Gysi vorgenommenen Korrekturen.

596 Gysi faßte zusammen:»Die offene und freundliche Atmosphäre zu Beginn des Gespräches hat durch seinen Verlauf nicht gelitten, sondern hat sich sogar noch verstärkt.« Zu Beginn hatte Natho von seinem Urlaub in einem FDGB-Ferienheim in Oberwiesenthal am Fichtelberg geschwärmt, zu dem ihm der SED-Funktionär Werner Felfe verholfen hatte. Information Gysi vom 29.7.1981 über das Gespräch Staatssekretär Gysi mit Kirchenpräsident Natho am 28.7.1981 in der Dienststelle des Staatssekretärs, BA, Abt. Potsdam, O-4, 427.

597 RdB Halle, Sektor Kirchenfragen, 3.9.1981, Voigt, Inhaltliche Probleme der Kreisoberpfarrer-Tagung vom 2.9.1981 in der Ev. Landeskirche Anhalts, BA, Abt. Potsdam, O-4, 771.

598 Vgl. Besier, Der SED-Staat und die Kirche. Der Weg in die Anpassung, 490 ff.

599 »Bericht zur Lage der Kirche in der DDR«, gehalten von Kirchenpräsident Natho auf der Tagung der Synode der Ev. Landeskirche Anhalts am 15.5.1982/Dessau, LPA Halle, IV E-2/14/578.

600 Außerdem kritisierte der Bischof, daß den Bausoldaten zuweilen sinnlose Arbeiten zugewiesen würden, die an »Beschäftigungstherapie« erinnerten. Information Gysi vom 31.7.1981 über das Gespräch Staatssekretär Gysi mit Bischof Schönherr am 30.7.1981 in der Dienststelle des Staatssekretärs, BA, Abt. Potsdam, O-4, 427. Generalsuperintendent Forck sagte, nach diesem Gespräch Schönherrs mit Gysi sei die SoFd-Diskussion in Berlin-Brandenburg »eingestellt worden. Man müsse im Augenblick akzeptieren, daß Bausoldaten das Maximum seien, was der Staat gestatten könne. Es sei nicht ausgeschlossen, daß man später darauf zurückkomme.« Er persönlich »verteidigte […] die

Idee für den ›sozialen Friedensdienst‹.« RdB Cottbus, Stellv. d. Vors. f. Inneres, Information Deysing vom 14.8.1981 über ein Gespräch des Stellvertreters des Vorsitzenden für Inneres mit Generalsuperintendent Dr. Forck am 11.8.1981, SAPMO-BA ZPA IV B2/14/137. Generalsuperintendent Grünbaum, Berlin (Ost), äußerte, »man solle die Dresdner Initiative als Alternative sehen, sinnvollen sozialen Dienst zu leisten, er sehe darin keine Diskriminierung der Streitkräfte. [...] Über die Machbarkeit eines solchen Dienstes hat man sicher nicht zu Ende gedacht, denn neben dem guten Willen braucht man dazu Fachkräfte. Hier war eine bestimmte Zurückhaltung bzw. Vorbehalte gegenüber dem Dresdner Aufruf spürbar«, vermerkte der Vertreter des Stellvertreters des Oberbürgermeisters für Inneres, Alfred Meyer. Vermerk Meyer vom 19.8.1981 über Gespräch mit dem Generalsuperintendenten Grünbaum am 17.8.1981 zu dem Dresdener Aufruf über einen »sozialen Friedensdienst« als Ersatz für den Wehrdienst, BA, Abt. Potsdam, O-4, 771.

601 Gysi bemerkte abschließend: »Ich hatte den Eindruck einer relativen Ehrlichkeit. Die Atmosphäre war ruhig und freundlich.« Information Gysi vom 11.8.1981 über das Gespräch Staatssekretär Gysi mit Landesbischof Dr. Johannes Hempel am 7.8.1981 in der Dienststelle des Staatssekretärs, BA, Abt. Potsdam, O-4, 427. Zwei Tage zuvor hatte Hempel beim RdB Karl-Marx-Stadt geäußert: »Er wünsche sich jedoch auch eine solche Möglichkeit wie den Sozialen Friedensdienst, wobei er wisse, daß dabei die Gefahr für manchen Christen bestünde, man könne zu der Auffassung kommen, der Dienst in der NVA sei Sünde. Das könne er auf keinen Fall akzeptieren.« RdB Karl-Marx-Stadt, Sektor Kirchenfragen, Aktenvermerk Sektorenleiter G. Müller vom 6.8.1981 über ein Gespräch des Vorsitzenden des Rates des Bezirkes, Genossen Lothar Fichtner, mit dem Bischof der Ev.-Luth. Landeskirche Sachsens, Dr. Hempel, am 5.8.1981, BA, Abt. Potsdam, O-4, 771.

602 Nach einer Äußerung von Präses Wahrmann (Mecklenburg) sollte die Unterschriftensammlung am 7./8.8.1981 stattfinden. Vgl. RdB Rostock, Sektor Kirchenfragen, Aktenvermerk Macht vom 18.8.1981, a.a.O.

603 Vgl. Abt. II, Vorlage Arlt vom 27.8.1981 an die Dienstbesprechung am 7.9.1981, Leitungsinformation 4/81, BA, Abt. Potsdam, O-4, 409. Eine dort für den 6.8.1981 angesetzte Demonstration wurde durch staatliches Eingreifen wohl schon im Vorfeld verhindert. Vgl. Bezirksleitung Dresden der SED, Hausmitteilung Abt. Staat und Recht, Abteilungsleiter Göpfert, an Stammnitz, zu den kirchlichen Aktivitäten, den ›sozialen Friedensdienst‹ zu verbreiten, vom 21.8.1981, PDS-Archiv Dresden, IV D-2.14-690.

604 Abt. II, Vorlage Arlt vom 27.8.1981 an die Dienstbesprechung am 7.9.1981, Leitungsinformation 4/81, BA, Abt. Potsdam, O-4, 409.

605 Auch der Ostberliner Stadtjugendpfarrer Martin-Michael Passauer sympathisierte, wie im übrigen die Mehrzahl der Ostberliner Pfarrer (vgl. Magistrat von Berlin, Hauptstadt der DDR, Sektor Kirchenfragen, Bericht vom 15.12.1981 zur kirchenpolitischen Situation in Berlin – Hauptstadt der DDR, 10.10.-10.12.1981, BA, Abt. Potsdam, O-4, 1129), mit der SoFd-Initiative. Gleichzeitig mahnte er: »Die Gespräche, die jetzt von staatlichen Organen mit Vertretern der Kirche zu diesem Aufruf geführt werden, würden den ›sozialen Friedensdienst‹ nur interessant machen (ähnlich reagierte auch Kreisoberpfarrer Franke [Zerbst], dem Kirchenpräsident Natho beipflichtete; RdB Halle, Sektor Kirchenfragen, 3.9.1981, Voigt, Inhaltliche Probleme der Kreisoberpfarrer-Tagung vom 2.9.1981 in der Ev. Landeskirche Anhalts, BA, Abt. Potsdam, O-4, 771), wie die Gespräche zu den Blues-Messen diese auch ›brisant und bei den Jugendlichen nur interessanter gemacht haben‹. Er ist der Auffassung, diese Initiative findet breite Zustimmung. Sie ist schon zu breit, als daß sie noch überwunden werden kann.« Berlin, 11.8.1981, Gespräch mit dem Stadtjugendpfarrer Passauer am 10.8.1981, BA, Abt. Potsdam, O-4, 771.

606 Vgl. allgemeiner Abteilung Wissenschaften, Information vom 8.9.1982 über kirchliche Einflüsse an den Universitäten und Hochschulen (besonders unter den Studenten): »Der Anteil kirchlich gebundener Studenten liegt an den Universitäten und Hochschulen im Durchschnitt bei 1-3 %. [...] Überdurchschnittlich hoch ist der Anteil vor allem

bei den Studenten der Medizin und Stomatologie sowie an einigen medizinischen Fachschulen [...] Als weitere Schwerpunktfachrichtungen mit Konzentrationen kirchlich gebundener Studenten werden von mehreren Hochschulen die Mathematik, Physik, Chemie, Biologie, Psychologie und Architektur genannt. Wie einige Vorfälle zeigen, gibt es auch in einigen sprach-, literatur- und kunstwissenschaftlichen Bereichen kleinere Gruppen aktiv tätiger religiöser Studenten. [...] Zugleich wird eingeschätzt, daß sich die kirchlich gebundenen Studenten in den letzten Jahren offener zu ihrer Bindung bekennen und nicht mehr wie früher versuchen, sie zu verbergen. [...] Die Mehrzahl der christlich gebundenen Mitarbeiter und Studenten bekennt sich offen und klar zum Sozialismus und zur Politik unserer Partei und ist aktiv in das Leben ihrer Gewerkschafts- bzw. FDJ-Kollektive einbezogen. Sie erreichen in der Regel gute und sehr gute fachliche Leistungen. Eine größere Gruppe befindet sich fachlich und politisch unauffällig im Mittelfeld, beteiligt sich kaum an politischen Diskussionen und versucht, sich aus gesellschaftlichen Aktivitäten herauszuhalten. Von dieser Gruppe geht keine offen religiöse oder antisozialistische Propaganda aus. Lediglich vereinzelt treten kirchlich beeinflußte Mitarbeiter und Studenten aggressiv und provokativ gegen die Politik unseres Staates auf. In diesen Fällen ist es immer gelungen, die Auseinandersetzungen in den Kollektiven zu führen und diese Kräfte politisch zu isolieren. [...] In den meisten Hochschulstädten sind die Evangelischen bzw. Katholischen Studentengemeinden (ESG bzw. KSG) straff organisiert. Der dort aktiv tätige Kreis von Studenten ist namentlich bekannt und bleibt im Verlauf des Studiums im wesentlichen konstant.« Der Einfluß an den Hochschulen sei jedoch gering – nicht »massengewinnend[.]«. BA, Abt. Potsdam, O-4, 484.

607   Rudi Bellmann sagte Anfang 1981 zu Stolpe, er halte diese Losung für »eine illusionäre Position« angesichts der militärischen Bedrohung der DDR. »In der BRD werde zur gleichen Zeit kirchenoffiziell der Dienst mit der Waffe in der westdeutschen Bundeswehr als für die Christen legitim erklärt. Ich [Bellmann] stelle mir die Frage, wie angesichts solcher konträrer Positionen die mit der westdeutschen EKD gemeinsamen Worte für den Frieden kirchlicherseits motiviert werden können.« Arbeitsgruppe Kirchenfragen, Niederschrift Bellmann vom 16.2.1981 über ein Gespräch mit Oberkonsistorialrat Stolpe, Leiter des Sekretariats des BEK, am 16.2.1981, BA, Abt. Potsdam, O-4, 427.

608   Vgl. RdB Leipzig, Sektor Kirchenfragen, Information Ebisch vom 19.8.1981 über erste Gespräche mit ausgewählten kirchlichen Amtsträgern zur Problematik »Sozialer Friedensdienst«, BA, Abt. Potsdam, O-4, 771.

609   Die Leitung dieser linkskirchlichen Gruppierung hatte sich nach dem Tod ihres Vorsitzenden Feurich (vgl. hierzu RdB Dresden, Sektor Staatspolitik in Kirchenfragen, Vermerk Lewerenz vom 13.2.1981 über Beerdigung von Pfarrer Dr. Walter Feurich [Vom LKA nahm OLKR Fritz zwar an der von 300 Menschen besuchten Beerdigung, aber nicht am anschließenden Mittagessen im Hotel »Astoria« [Teilnehmer u. a. Weise, Dohle, Ullmann [RdB Dresden], Lewerenz, Jörke [Rat der Stadt Dresden], Günter Wirth, Ordnung, Bredendiek, Johne und Breitmann] teil. Lewerenz vermerkte: »Die Landeskirche Sachsens dokumentierte durch ihr Verhalten, daß sie Dr. Feurich auch nach dessen Tod die ihm gebührende Anerkennung versagt«]; PDS Archiv Dresden, IV D-2.14-692) neu konstituiert, so daß einer geregelten Fortsetzung ihrer Arbeit nichts im Wege stand. Gegen die NATO-Hochrüstung verabschiedete sie 1981 eine »Dresdener Erklärung« und verfaßte ein Papier »Gedanken zum weiteren Weg der Kirchlichen Bruderschaft Sachsens«. Vgl. Vorlage Janott vom 3.9.1981 an die Dienstbesprechung am 7.9.1981, Leitungsinformation Nr. 4/1981, BA, Abt. Potsdam, O-4, 409. Vgl. auch Leiter des Büros, Dienstreisebericht Dohle vom 18.11.1981: »Es kann durchaus eingeschätzt werden, daß der Leiterkreis [...] auf dem Weg zu einer aktiveren Wirksamkeit in der sächsischen Landeskirche ist.« BA, Abt. Potsdam, O-4, 416. Die Bruderschaft führte auch mit Pfarrer Berger (Radebeul) Gespräche, die »ergaben, daß dieser eine völlig illusionäre Haltung zur Friedensfrage einnimmt, keinerlei Lernbereitschaft zu erkennen gibt und im Grunde als unverbesserlicher Antikommunist eingeschätzt werden

muß.« SED-BL Dresden, Abteilung Staat und Recht, Zuarbeit vom 6.10.1981, PDS-Archiv Dresden, IV D-2.14-690. Nachfolger Feurichs war der Mittweidaer Studentenpfarrer Christoph Körner geworden. Vgl. SED-BL Dresden, Abteilung Staat und Recht, 10.8.1982, Progressive Gruppierungen innerhalb der Evangelischen Kirche in der DDR, PDS-Archiv Dresden, IV E-2.14-666.

610 Bericht Geistlinger, Mitglied des Bezirkssekretariats Dresden der CDU, über Abendveranstaltung im Rahmen der Weltkirchenratstagung in der Reformierten Gemeinde Dresden, Am Brühlschen Garten 4, Donnerstag, den 20. August, 20.00 Uhr, PDS-Archiv Dresden, IV D-2.14-691. Die Organisatoren der Veranstaltung hatten während der ZA-Tagung ein Ökumenisches Café eingerichtet, in dem dieser Abend auch stattfand. Vgl. Abteilung Parteiorgane, Sektor Parteiinformation, Fernschreiben i. V. Vogel-Stammnitz, 2. Sekr., an Zentralkomitee der SED, Abteilung Parteiorgane, Sektor Parteiinformation vom 23.8.1981, PDS-Archiv Dresden, IV D-2.14-691.

611 Ebd. Weiter soll Hempel gesagt haben:»»Wir werden über die Initiative in der Kirche Gespräche führen und selbstverständlich mit den Jugendlichen weitersprechen. Wir werden im Gespräch und im Gebet über die Initiative nachdenken. Was dabei herauskommt, läßt sich nicht sagen, der Prozeß ist noch im Gang.‹« Bezirksleitung Dresden der SED, Hausmitteilung Abt. Staat und Recht, Abteilungsleiter Göpfert, an Stammnitz, zu den kirchlichen Aktivitäten, den ›Sozialen Friedensdienst‹ zu verbreiten, vom 21.8.1981, PDS-Archiv Dresden, IV D-2.14-690. Nach einem vom LKA Dresden verbreiteten Auszug von Zitaten auf der Pressekonferenz sagte Hempel:»Wir werden ihnen [den Jugendlichen] sagen, wie die Argumente des Staates sind, das ist völlig normal.« Das LKA informiert. 4/81. Dresden, im Oktober 1981, LKA Hannover, D 15 XII, K 61/331. In einer weiteren Einschätzung durch die SED heißt es:»Bei Journalisten, insbesondere aus den kapitalistischen Ländern, war eine deutliche Abwehr gegenüber der primitiven und diskriminierenden Berichterstattung durch BRD-Vertreter Karutz zu verzeichnen.« SED-BL Dresden, Abteilung Staat und Recht, Kurzeinschätzung der ÖRK-Tagung in der Stadt Dresden vom 11.9.1981, PDS-Archiv Dresden, IV D-2.14-691. Vgl. auch Information und Einschätzung über die kirchenpolitische Situation im Bezirk Dresden vom 27.11.1981:»Die Kirchenvertreter aus der DDR traten in den Pressekonferenzen korrekt und staatsbürgerlich loyal auf.« PDS-Archiv Dresden, IV D-2.14-690. Auf der Jugendveranstaltung zum Thema »Kirche für den Frieden« am 18.8. wies ein Teilnehmer auf die SoFd-Initiative hin. Der Leiter der Veranstaltung, Giselher Hickel vom Ökumenischen Jugenddienst, verhinderte eine Diskussion zu dieser Thematik und ließ auch den anwesenden LKA-Präsidenten Domsch nicht zu Wort kommen. Vgl. Bezirksleitung Dresden der SED, Hausmitteilung Abt. Staat und Recht, Abteilungsleiter Göpfert, an Stammnitz, zu den kirchlichen Aktivitäten, den ›Sozialen Friedensdienst‹ zu verbreiten, vom 21.8.1981, a.a.O.

612 Protokoll Lewek vom 8.9.1981 der 130. Sitzung des Vorstands der KKL am 21./22.8. 1981 in Dresden, EZA Berlin, 101/121.

613 Vermerk Kalb vom 3.9.1981 über ein Gespräch mit Oberkonsistorialrat Manfred Stolpe am 2.9.1981 in der Dienststelle, BA, Abt. Potsdam, O-4, 427.

614 1. Information über die Herbstsynoden der Ev. Landeskirchen in der DDR, SAPMO-BA ZPA IV B2/14/82. Stolpe hatte am 19. oder 20.8.1981 – die beiden Protokoll geben über das Datum unterschiedlich Auskunft – Hans Wilke über Vorschläge einer Sekretariatsarbeitsgruppe für die KKL-Sitzung am 22./23.8.1981 in Dresden zum Umgang mit der SoFd-Initiative auf den kommenden Synoden unterrichtet. Darin werde das Friedensanliegen als solches und dessen innerkirchliche Diskussion zwar begrüßt, andererseits aber auch »den jungen Leuten von Unbedachtsamkeiten und von Auftritten in der Öffentlichkeit dringend ab[ge]raten.« Die vorhandene Bausoldatenregelung sei »eine gute Basis zum Bedenken und für interne Gespräche, wie man ausschöpfen kann, was das Gesetz ermöglicht. Es kann nicht angehen, Gesetze ändern zu wollen.« Es müsse erreicht werden, daß weder Synoden noch Kirchenleitungen zu inhaltlichen Beschlußfassungen zu SoFd gelangten. Für den 9.9.1981 sei eine Beratung des Sekretariats mit den

Präsidenten der Landessynoden mit entsprechendem Inhalt und Akzentuierung geplant. Al. I, Aktenvermerk Wilke vom 20.8.1981 für den Staatssekretär, BA, Abt. Potsdam, O-4, 427; vgl. auch Aktenvermerk Gysi vom 20.8.1981 über ein Gespräch von Genossen Dr. Wilke (Staatssekretariat für Kirchenfragen) mit Oberkonsistorialrat Stolpe am 20.8.1981, BA, Abt. Potsdam, O-4, 427; auch SAPMO-BA ZPA IV B2/14/82. Vgl. den Beschluß der BEK-Synode zur Frage des zivilen Ersatzdienstes, in: epd-Dok 43/81, 75-79, insbes. 79.

615 Letzteres wurde auch laut Aussage von Kurt Domsch von den Freikirchen, die Mitglied in der AGCK der DDR waren, unterstützt. Vgl. Information Gysi vom 26.10.1981, a.a.O.

616 Schreiben Gysi an Verner vom 28.10.1981, a.a.O.

617 Leiter des Büros, Vorlage Dohle vom 5.11.1981 an die Dienstbesprechung vom 2.11.1981 [sic!], Leitungsinformation 5/81, BA, Abt. Potsdam, O-4, 410. Vgl. auch die ausführliche Information Gysi vom 26.10.1981, BA, Abt. Potsdam, O-4, 427; auch SAPMO-BA ZPA IV B2/14/42.

618 Vgl. auch Protokoll Krusche-Demke vom 12.11.1981 der 133. Sitzung des Vorstands am 11.11.1981 in Berlin, EZA Berlin, 101/121.

619 Er fügte hinzu: »Das gelte auch für das alte Thema der Volksbildung. Es gab und es werde keine Gespräche mit dem Ministerium oder den Organen der Volksbildung geben. Die Volksbildung sei eine rein staatliche Angelegenheit.« Information Gysi vom 26.10.1981, BA, Abt. Potsdam, O-4, 427; auch SAPMO-BA ZPA IV B2/14/42.

620 Hierzu stellte Werner Krusche fest: »Wenn ein DDR-Bürger in diesem Zusammenhang Kirchenvertreter um Rat frage, ob und wie er die DDR verlassen könne, dann seien die Kirchenvertreter verpflichtet, zunächst klarzustellen, daß sie in der DDR bleiben sollen. Erst, wenn sie davon nicht abzubringen wären, müßte die Kirche vor Gott, den Menschen und dem Gesetz ihre Verantwortung wahrnehmen. Man würde dann darauf hinweisen, in sachlicher Weise und keinesfalls gegenüber ausländischen Organen dem zuständigen DDR-Organ das Anliegen vorzutragen. Wenn es nämlich in dieser Weise geschehe, könnte man auch mit einer sachlichen Prüfung rechnen.« RdB Halle, Stellvertreter des Vorsitzenden für Inneres, Bericht Trautmann-Pöhner vom 14.9.1981 über das Gespräch mit dem Bischof der Ev. Landeskirche der Kirchenprovinz Sachsen, Dr. Krusche, und dem Konsistorialpräsidenten Kramer am gleichen Tag, BA, Abt. Potsdam, O-4, 793. Auf seiner Sitzung am 6.3.1981 in Berlin hatte der DDR-Bischofskonvent auf Anregung Rathkes auch über Ausreiseanträge gesprochen. Schönherr teilte mit, gehört zu haben, »Ausreisewillige wollten ein ›sit-in‹ in seiner Wohnung machen.« Vermerk Schönherr, EZA Berlin, 101/1190, Bd. II.

621 Anfang August wurde beim RdB Karl-Marx-Stadt zwischen Domsch und Hempel differenziert: »Es ist möglich, daß Bischof Dr. Hempel unter vier Augen zu weitergehenden Aussagen bereit ist. Offensichtlich nahm er Rücksicht auf die Anwesenheit Domschs, dessen Funktion als einer der beiden Stellvertreter des Vorsitzenden des Bundes er im Auge behalten muß. Die taktische Variante, sich gezielt immer wieder an den Bischof zu wenden, ihm relativ positive Aussagen in dem Mund zu legen und gleichzeitig Domsch in gewisser Hinsicht zu übergehen, ist aufgegangen. Dadurch kam Domsch so gut wie nicht zum Zuge.« RdB Karl-Marx-Stadt, Sektor Kirchenfragen, Aktenvermerk Sektorenleiter G. Müller vom 6.8.1981 über ein Gespräch des Vorsitzenden des Rates des Bezirkes, Genossen Lothar Fichtner, mit dem Bischof der Ev.-Luth. Landeskirche Sachsens, Dr. Hempel, am 5.8.1981, BA, Abt. Potsdam, O-4, 771. Diese Strategie fiel übrigens dem sächsischen Bischof bald auf. Gegenüber Sektorenleiter Müller äußerte Hempel am 23.12.1981: »Es sei doch überall Prinzip, daß der Leiter auch wichtige Fragen auf seine Stellvertreter delegiert. Er könne einfach physisch nicht alles alleine machen. [...] Für ihn gäbe es mehrere Anzeichen, daß staatliche Stellen in jüngster Zeit die sogenannten heißen Eisen nur noch mit ihm persönlich besprechen möchten. [...] Besteht darin eine bestimmte Absicht, fragte Hempel«. Aktenvermerk

Müller, Sektorenleiter, – Böhm, Staatsanwalt, vom 23.12.1981 über eine Aussprache mit Dr. Hempel, SAPMO-BA ZPA IV B2/14/56.

622 Gysis abschließende Wertung lautete: »Das Gespräch verlief sehr offen, und gleichzeitig bemühte sich die kirchliche Seite, jeden Anschein einer Konfrontation zu vermeiden und atmosphärisch alles auf kleine und kleinste Kompromißschritte zu richten.« Information Gysi vom 26.10.1981, BA, Abt. Potsdam, O-4, 427; auch SAPMO-BA ZPA IV B2/14/42. Vgl. auch Kurzvermerk Demke vom 4.11.1981 zum Stand des Gespräches über aktuelle Fragen zwischen dem Staatssekretär für Kirchenfragen und dem Vorstand der Konferenz der Evangelischen Kirchenleitungen, EZA Berlin, 101/121 sowie Vermerk Demke vom 30.11.1981 über Gemeindeabend Kirchgemeinde Alt-Pankow am 27.11.1981, EZA Berlin, 101/650. Zur Ablösung Schönherrs durch Krusche vgl. unten, 416 ff.

623 Dies ergab sich aus einem Gespräch Gienkes beim RdB Rostock am 18.11.1981. Vgl. Aktenvermerk Haß vom 20.11.1981, BA, Abt. Potsdam, O-4, 789.

624 Vgl. Schreiben Gysi an Verner vom 26.10.1981, SAPMO-BA ZPA IV B2/14/42.

625 Vgl. Abt. I, Information vom 16.12.1981 über politisch-ideologische Probleme und Tendenzen auf den Synoden der evangelischen Kirchen in der DDR im Jahr 1981, BA, Abt. Potsdam, O-4, 410.

626 Vgl. Information und Einschätzung über die kirchenpolitische Situation im Bezirk Dresden vom 27.11.1981, PDS-Archiv Dresden, IV D-2.14-690.

627 Gysi fuhr fort: »Auch wenn bei einigen ehrliche Motive vorliegen sollten, so fielen doch unter den Initiatoren viele Pfarrer auf, die wir bisher noch nicht in der Nähe von [staatlich gelenkten] Friedensinitiativen gesehen hätten.« Information Gysi vom 26.10.1981, BA, Abt. Potsdam, O-4, 427; auch SAPMO-BA ZPA IV B2/14/42.

628 Diese Milde geschah im übrigen nicht aus plötzlichen humanitären oder liberalen Anwandlungen heraus, sondern aus einem klaren Kalkül: Gysi wollte somit »den Kirchenleitungen Gelegenheit [.]geben […], die Dinge in eigener Verantwortung in Ordnung zu bringen. Das werde immer dringlicher«, so der Staatssekretär am 23.10.1981 gegenüber dem KKL-Vorstand. Vgl. ebd.

629 Schreiben Gysi an Verner vom 26.10.1981, a.a.O. Vgl. auch Schreiben Gysi an Verner vom 28.10.1981, a.a.O.

630 Schreiben des BEK-Sekretariats, Demke, vom 4.11.1981 an die Mitglieder des Vorstandes, EZA Berlin, 101/121. Vgl. auch die von Demke daraufhin verfaßten Stichworte für Mitteilungen in der Öffentlichkeit der Synoden über Gespräche mit dem Staat zur Initiative für einen Wehrersatzdienst im sozialen Bereich, deren Kernsatz hieß: »Der Staatssekretär erklärte, daß er die Motive der Initiative als Ausdruck des Friedenswillens nicht in Frage stelle und die Initiative als *ein* Ausdruck christlicher Identität angesehen werden könne.« A.a.O.

631 Staatssekretär Gysi kritisierte gegenüber dem KKL-Vorstand, »der Brief an die Einsender der SoFd-Vorschläge sei so vage gehalten, daß er nur als Ermutigung wirken könne, und der Auftrag der Synode, diese Punkte der Regierung vorzutragen, könne nur Illusionen verstärken.« Information Gysi vom 26.10.1981, BA, Abt. Potsdam, O-4, 427; auch SAPMO-BA ZPA IV B2/14/42.

632 Am 30.9.1981 hatte ein Gespräch Gysis mit der sächsischen Kirchenleitung stattgefunden, wozu erstmals Landesbischof Hempel angeregt hatte, was für den sächsischen Bereich im Staatssekretariat für Kirchenfragen als Fortschritt gewertet wurde. Gleiches galt für den »konstruktive[n] Verlauf dieses Treffens selbst«. Leiter des Büros, Vorlage Dohle vom 5.11.1981 an die Dienstbesprechung vom 2.11.1981 [sic!], Leitungsinformation 5/81, BA, Abt. Potsdam, O-4, 410.

633 1. Information über die Herbstsynoden der Ev. Landeskirchen in der DDR, SAPMO-BA ZPA IV B2/14/82. Vgl. auch Unterlagen für das Gespräch mit dem Landesbischof und dem Präsidenten des Landeskirchenamtes am 6.1.1982, wo der von der Synode verabschiedete Brief als »angemessener Kompromiß« bezeichnet wurde. PDS-Archiv Dres-

den, IV E-2.14-673. Vgl. auch die Texte der sächsischen Herbstsynode in epd-Dok 51/81, 26-38, insbes. 38.

634 Die Information über Hempels Anfragen stammt vom Studentenpfarrer Hans-Jochen Vogel (Karl-Marx-Stadt). Leiter des Büros, Dienstreisebericht Dohle vom 18.11.1981. Dohle berichtete außerdem, Prof. Haustein (Leipzig) habe mitgeteilt, die dortige Sektion Theologie wolle Hempel mit der theologischen Ehrendoktorwürde auszeichnen. BA, Abt. Potsdam, O-4, 416. Vgl. hierzu auch unten, 555 ff.

635 In einer Gesamteinschätzung der Herbstsynoden hieß es: »Die Gäste aus der BRD würdigten besonders die Friedensarbeit der DDR-Kirchen.« Abt. I, Information vom 16.12.1981 über politisch-ideologische Probleme und Tendenzen auf den Synoden der evangelischen Kirchen in der DDR im Jahr 1981, BA, Abt. Potsdam, O-4, 410. Greifswalds Bischof Gienke erklärte nach der Synode gegenüber dem RdB Rostock: »Die Mehrheit der Synodalen erkennt auch in zunehmendem Maße, daß Sachlichkeit und realistisches Reagieren bei politischen Fragen die Voraussetzungen des anstehenden Klärungsprozesses seien. Die Vertreter der staatlichen Organe sollten auch weiterhin die Gewißheit haben, daß die Kirche nicht beabsichtigt, sich in die Verantwortung staatlicher Kompetenz einzumischen.« Der Bischof äußerte jedoch ebenfalls, »daß die Kirche aber auch den kirchlich gebundenen Jugendlichen eine Antwort geben müsse.« Aktenvermerk Haß vom 20.11.1981, BA, Abt. Potsdam, O-4, 789. vgl. den Kirchenleitungsbericht in epd-Dok 51/81, 46-49 sowie die Synodenbeschlüsse, a.a.O., 50 f.

636 Vgl. auch Wissenschaftlicher Mitarbeiter, Bericht Hartwig vom 23.11.1981 zur Dienstreise am 11.11.1981 nach Köthen. Dort wurde auch über die Herbstsynode Anhalts gesprochen. BA, Abt. Potsdam, O-4, 416.

637 Vgl. RdB Halle, Sektor Kirchenfragen, 3.9.1981, Voigt, Inhaltliche Probleme der Kreisoberpfarrer-Tagung vom 2.9.1981 in der Ev. Landeskirche Anhalts, BA, Abt. Potsdam, O-4, 771. Vgl. auch Vermerk Forck über Bischofskonvent am 16.12.1981 in der Augustraße 80, EZA Berlin, 101/1190, Bd. II. Allerdings erhielt Synodalpräses Kootz – eventuell aber erst nach der Synodaltagung – einen von zwei Unterzeichnern verfaßten Brief zu der Frage. Vgl. SED-BL Halle, Hausmitteilung Gerngroß an Böhme vom 6.1.1982, LPA Halle, IV D-2/14/580.

638 Hartwig berichtete: »Es hat den Anschein, daß in der Anhaltischen Kirche unsere Konzeption gegenüber der SoFd-Bewegung mit Erfolg angewendet wird. Es wurde von Beispielen berichtet, wo durch sachliche Diskussion Jugendliche ohne Dramatik zur Abwendung von derartigen Aktivitäten veranlaßt wurden. Die Haltung des Kirchenpräsidenten und des größten Teils der Geistlichen erleichtert die Zurückdrängung. Wachsamkeit ist aber gegenüber einigen Jugendpfarrern weiterhin erforderlich.« Wissenschaftlicher Mitarbeiter, Bericht Hartwig vom 5.4.1982 zur Dienstreise nach Dessau am 24.3.1982, BA, Abt. Potsdam, O-4, 416.

639 So Bischof Wollstadt. Vermerk Forck über Bischofskonvent am 16.12.1981 in der Auguststraße 80, EZA Berlin, 101/1190, Bd. II. Vgl. aber Information und Einschätzung über die kirchenpolitische Situation im Bezirk Dresden vom 27.11.1981, wo von lediglich 11 Eingaben die Rede ist, PDS-Archiv Dresden, IV D-2.14-690.

640 Vgl. den Beschluß der Synode in epd-Dok 51/81, 53.

641 Zu Wahrmann hieß es hinsichtlich seiner Rolle in der Bundessynode: »Offen und aktiv wirkt der Präses der Synode, Präses Wahrmann, im Sinne eines guten Verhältnisses von Staat und Kirche.« Abteilung I, Wilke, Vorlage Handel vom 26.11.1981 an die Dienstbesprechung am 30.11.1981, Einschätzung des Kräfteverhältnisses in der Synode des BEK, BA, Abt. Potsdam, O-4, 410.

642 Insgesamt handelte es sich um 30 Eingaben, nach der Synodaltagung bis Mitte Dezember 1981 kamen noch einmal 15 hinzu. Vgl. Vermerk Forck über Bischofskonvent am 16.12.1981 in der Auguststraße 80, EZA Berlin, 101/1190, Bd. II. Der Brief ist abgedruckt in epd-Dok 51/81, 44.

643 Vgl. den KL-Bericht in a.a.O., 3-16.

644 1. Information über die Herbstsynoden der Ev. Landeskirchen in der DDR, SAPMO-BA

ZPA IV B2/14/82. Horst Dohle bemerkte am 21.12.1981: »Obwohl dem Vorstand der Konferenz der Kirchenleitungen zu den aktuellen Anfragen an die Regierung der DDR der staatliche Standpunkt durch das Gespräch mit dem Staatssekretär am 23. Oktober 1981 bekannt war […], hat Bischof Dr. Krusche während der provinz-sächsischen Synode Aussagen zugelassen bzw. mitverantwortet, die zu einer erheblichen Belastung des Verhältnisses von Staat und Kirche führten.« Leiter des Büros, Vorlage an die Dienstbesprechung, Leitungsinformation 6/81, BA, Abt. Potsdam, O-4, 410. Der Dessauer Oberkirchenrat Beel sagte gegenüber staatlichen Vertretern in Halle, eine Synode sei nicht mit einem Parteitag zu verwechseln, da sie keinen programmatischen Charakter aufweise. Vgl. SED-BL Halle, Hausmitteilung Gerngroß an Böhme vom 6.1.1982, LPA Halle, IV D-2/14/580.

645 Nach einem Bericht Carl Ordnungs vom 4.3.1985 trat Meusel 1984 der CFK bei. Vgl. SAPMO-BA ZPA IV B2/14/96.

646 Lewek vermerkte, unter Verweis auf den oben zitierten Teil des Briefes: »Sollten wir hierzu irgendwie eingehen [sic!]s?«, worauf Demke antwortete: »Wichtig wäre zu wissen, wie die Sache kommentiert und motiviert wurde.« Am 3.4.1982 verfügte Lewek: »Bis auf weitere Anregung zu den Akten.« EZA Berlin, 101/647. Zu einer Zivilverteidigungsübung im märkischen Buckow am 16.4.1983, in die sogar Kindergartenkinder einbezogen wurden, vgl. den Schriftverkehr in EZA Berlin, 101/93/107.

647 Vgl. ZK-Hausmitteilung Verner an Honecker vom 10.11.1981, BA, Abt. Potsdam, AR, 00-10-00.

648 Hierzu sagte Berlin-Brandenburgs Bischof Forck gegenüber Hans Wilke: »Die Dokumente des Weltkirchenrates fordern die Kirchen auf, daß sie sich jede in ihrem Land an ihre Regierungen wenden müssen. Dort sollen sie ihre Gedanken äußern. Also, die Kirchen in den USA wenden sich gegen Pershing-II-Raketen; die Kirchen in der DDR gegen SS 20 und Panzertruppen.« Zum SoFd sagte er, »daß man den Erwartungen der christlich gebundenen Jugendlichen Rechnung tragen müsse […], denn hier handele es sich um echte Friedensbemühungen« […] Wenn die DDR-Regierung sich entschließen könnte, eine Form der Verweigerung in dieser Art anzuerkennen, würde der Westen sehen, daß wir es ernst mit der Abrüstung meinen.« Vermerk Wilke vom 13.11.1981 über ein Gespräch mit Bischof Dr. Forck am 12.11.1981, BA, Abt. Potsdam, O-4, 434; auch a.a.O., O-4, 1437.

649 Hierzu äußerte Forck unterstützend, hier »gäbe es […] ein totales Defizit. […] Ansonsten gelte wohl der 6.3. in diesem Bereich nicht, und es würde sich zeigen, wie ernst es der Regierung damit sei. Die Kirche erwarte weiterhin das Gespräch mit dem Ministerium für Volksbildung. Wenn es das nicht gibt, wird der 6.3. unglaubwürdig.« Vermerk Wilke vom 13.11.1981 über ein Gespräch mit Bischof Dr. Forck am 12.11.1981, BA, Abt. Potsdam, O-4, 434; auch a.a.O., O-4, 1437. Ähnlich votierte auch Werner Krusche während eines Empfangs der sowjetischen Botschaft am 6.11.1981 gegenüber Paul Verner und stellte »die Schulfrage [als] die Testfrage für die Gültigkeit der Verabredung vom 6.3.1978« hin. Vgl. Vermerk Forck über Bischofskonvent am 16.12.1981 in der Auguststraße 80, EZA Berlin, 101/1190, Bd. II. Vgl. auch Protokoll Krusche-Demke vom 12.11.1981 der 133. Sitzung des Vorstands am 11.11.1981 in Berlin. Nachdem Krusche berichtet hatte, beschloß das Gremium: »Der Vorstand bittet den Vorsitzenden, beim bevorstehenden Gespräch mit dem Staatssekretär nochmals nachdrücklich die Bedeutung zu unterstreichen, die die Situation im Volksbildungswesen und im Hochschulwesen für die Bewährung des Gespräches vom 6. März hat.« EZA Berlin, 101/121. Eberhard Natho schrieb am 4. Advent 1981 an seine Amtsschwestern und -brüder: »Auch in diesem Jahr haben wir erleben müssen, daß unsere Jüngsten in der Schule nach ihrem Glauben befragt und bloßgestellt wurden, daß ihnen das Tragen eines Kettchens mit dem Kreuz zum Vorwurf gemacht und sie aufgefordert wurden, dies zu unterlassen. Mir sind böse und mich bitter stimmende Bemerkungen von Lehrern berichtet worden.« LPA Halle, IV D-2/14/580. Staatlicherseits wurde der Brief als Provokation bzw. unverschämte Diskriminierung der DDR-Politik betrachtet. Vgl. Abteilung II, Vorlage

Janott vom 17.2.1982 an die Dienstbesprechung am 22.2.1982, Leitungsinformation Nr. 1/1982, BA, Abt. Potsdam, O-4, 410 sowie SED-BL Halle, Hausmitteilung Gerngroß an Böhme vom 6.1.1982, LPA Halle, IV D-2/14/580.

650 Dies geschah anscheinend aber nur auf der provinzsächsischen Synode. Vgl. Abt. I, Information vom 16.12.1981 über politisch-ideologische Probleme und Tendenzen auf den Synoden der evangelischen Kirchen in der DDR im Jahr 1981, BA, Abt. Potsdam, O-4, 410. Schönherr hatte am 13.2.1981 Staatssekretär Gysi berichtet: »In der Kirche gäbe es eine Diskussion über die Information durch unsere Presse. Sie werde von vielen kritisiert. Er und andere kirchenleitende Persönlichkeiten lehnten diese Diskussion mit dem Hinweis ab, daß diese Politik Sache des Staates und nicht der Kirche sei.« Information Gysi vom 13.2.1981, BA, Abt. Potsdam, O-4, 427; auch SAPMO-BA ZPA IV B2/14/42. Hingegen äußerte Rainer Eppelmann am 6.3.1981 im Staatssekretariat, »wenn er die Tageszeitungen aufschlägt, denkt er, daß die Journalisten in einer anderen Welt leben. Wie können da Menschen Vertrauen haben? Man informiert sich daher größtenteils im Westfernsehen.« Abt. I, Vermerk Wilke vom 9.3.1981 über ein Gespräch mit Pfarrer Eppelmann am 6.3.1981 durch Gen. Dr. Wilke und Gen. Handel, BA, Abt. Potsdam, O-4, 434. Sachsens Bischof Hempel sagte im August 1981, »er sei bedrückt über die Praktiken der Massenmedien der DDR, die an den Schwierigkeiten des tagtäglichen Lebens der Menschen vorübergehen würden. Er warte auf den Tag, da wir nicht mehr aus Rücksicht auf mögliches böswilliges Aufgreifen eigener Probleme durch die Massenmedien der BRD auch in unseren Medien zu offenen Fragen freimütig Stellung nehmen können.« RdB Karl-Marx-Stadt, Sektor Kirchenfragen, Aktenvermerk Sektorenleiter G. Müller vom 6.8.1981 über ein Gespräch des Vorsitzenden des Rates des Bezirkes, Genossen Lothar Fichtner, mit dem Bischof der Ev.-Luth. Landeskirche Sachsens, Dr. Hempel, am 5.8.1981, BA, Abt. Potsdam, O-4, 771. Vgl. auch Hempels Hinweis gegenüber Hans Modrow am 6.1.1982, »daß in den Massenmedien der DDR nach seiner Auffassung manches zu rosarot, ohne Beachtung der wirklichen Probleme und Konflikte behandelt wird; die Menschen in unserem Lande aber doch sehr klug seien, die Dinge in der Gesellschaft durchschauen und sich daher oft nicht richtig bzw. nicht ausreichend informiert fühlen.« Niederschrift über ein Gespräch des 1. Sekretärs der Bezirksleitung Dresden der SED, Genossen Hans Modrow, mit dem Landesbischof der Evangelischen Kirche Sachsens, Dr. Johannes Hempel, vom 11.1.1982, PDS-Archiv Dresden, IV E-2.14-671; auch a.a.O., IV E-2.14-673. Auch in Anhalt wurde häufig kritisiert, daß die DDR-Presse »nur positiv berichtet[e], ohne die Probleme zu beachten, die die Bürger unmittelbar bewegen, und ohne auf die sichtbaren Schwierigkeiten und Mängel einzugehen.« RdB Halle, Sektor Kirchenfragen, Informationsbericht Voigt vom 3.6.1981 zur kirchenpolitischen Situation April/Mai 1981, LPA Halle, IV D-2/14/478. Hinsichtlich des Cottbusser Studentenpfarrers Dr. Lux, 1993 Bischofskandidat in Berlin-Brandenburg, wurde Generalsuperintendent Forck signalisiert, »man dürfe seine Informationen nicht einseitig aus dem Westen beziehen«, da der pazifistisch eingestellte Pfarrer in einem Gespräch mit der Leitung der Schule seines Sohnes den Einsatz von Napalm durch sowjetische Truppen in Afghanistan kritisiert hatte. Vgl. Abschrift aus dem Gedächtnisprotokoll aus dem Gespräch mit dem Rat des Bezirkes Cottbus am 29.1.1981 von Generalsuperintendent Dr. Forck, EZA Berlin, 101/655. Der Dessauer Oberkirchenrat Beel fragte Anfang 1982 gar an, warum Presseerzeugnisse aus der Bundesrepublik in der DDR nicht frei verkäuflich seien. Im übrigen sprach er sich dafür aus, allen DDR-Bewohnern Westreisen zu genehmigen. Vgl. SED-BL Halle, Hausmitteilung Gerngroß an Böhme vom 6.1.1982, LPA Halle, IV D-2/14/580.

651 Mit Unterschrift Honeckers in SAPMO-BA ZPA IV 2/3/125. Das von Dresdens Bezirkschef Modrow zur Kenntnis genommene Schreiben befindet sich im PDS-Archiv Dresden, IV D-2.14-689. Vgl. auch SED-BL Dresden, Abteilung Staat und Recht, Einschätzung vom 21.12.1981 der ausgelösten kirchenpolitischen Aktivitäten im Ergebnis des Fernschreibens des Generalsekretärs des ZK der SED, Genossen Erich Honecker, vom 10.11.1981 (Ergänzung der kirchenpolitischen Information vom 27.11.1981),

a.a.O. Vgl. auch die Information vom 17.12.1981 an das Sekretariat der Bezirksleitung zur politischen Situation in den evangelischen Kirchen des Bezirks Cottbus, SAPMO-BA ZPA IV B2/14/69.

652 Information Gysi über ein Gespräch zwischen Staatssekretär Gysi und Bischof Krusche am 11.11.1981, BA, Abt. Potsdam, O-4, 427; auch SAPMO-BA ZPA IV B2/14/42.

653 Auf Krusches scharfe Kritik an von der Westpresse vorgenommenen »Fälschungen«, die er mit dem Schimpfwort »Infamie« belegte, reagierte Gysi folgendermaßen: »Ich habe ihn unterbrochen und ihm aus den Dokumenten der Synode und seiner Rede die Passagen vorgelesen, die von der BRD-Presse leider richtig zitiert worden sind.« Information Gysi über ein Gespräch zwischen Staatssekretär Gysi und Bischof Krusche am 11.11.1981, BA, Abt. Potsdam, O-4, 427; auch SAPMO-BA ZPA IV B2/14/42.

654 So äußerte der Bischof unmittelbar auf die Vorhaltungen Gysis: »Er habe so harte Worte noch nie gehört, er habe nie beabsichtigt, gegen die Verfassung und die Gesetze der DDR zu verstoßen. Das alles seien Irrtümer, und er habe vielleicht manches nicht übersehen. Ich [Gysi] solle verstehen, daß er so schnell auf das alles gar nicht antworten könne und Zeit brauche, um das zu verarbeiten. Er könne nur sagen, er habe nie das beabsichtigt, was ich ihm vorgeworfen hätte.« Ebd.

655 Gysi schreibt: »Er erklärte nun plötzlich, daß er mit den Formulierungen auf der Synode auch nicht ganz einverstanden gewesen sei und gerne ihre eigentliche Meinung, das Aufgreifen der Friedensvorschläge des Genossen Breschnew, deutlicher zum Ausdruck gebracht hätte. Er sei aber überstimmt worden und bäte mich zu glauben, daß er voll hinter der Friedenspolitik der DDR und der Sowjetunion stünde.« Auch hinsichtlich der synodalen Anfragen an die Zivilverteidigung sei er anderer Auffassung. Ebd.

656 Krusche äußerte: »Sie hätten nicht die Absicht gehabt, etwa die Nichtzulassung der Presse zu unterlaufen. Es sei der Presse ausdrücklich gesagt worden, sie dürfe über das dort Gesagte nicht berichten. Leider habe sich die BRD-Presse nicht daran gehalten. Ich [Gysi] habe ihn unterbrochen und ihn gefragt, was er mir an Naivität eigentlich noch zumuten wolle. Dann habe ich ihn eindringlich auf die Anmeldepflicht von Pressekonferenzen und auf die Pflicht der Bischöfe hingewiesen, Interviews vorher abzustimmen.« Ebd.

657 Leiter des Büros, Dohle, Vorlage vom 21.12.1981 an die Dienstbesprechung, Leitungsinformation 6/81, BA, Abt. Potsdam, O-4, 410. Vgl. auch die ausführliche Information Gysi über ein Gespräch zwischen Staatssekretär Gysi und Bischof Krusche am 11.11.1981, BA, Abt. Potsdam, O-4, 427; auch SAPMO-BA ZPA IV B2/14/42.

658 Ebd.

659 In Thüringen gab es ca. 60 Eingaben – Mitte August 1981 hatten bereits 40 vorgelegen (vgl. Protokoll Lewek vom 8.9.1981 der 130. Sitzung des Vorstands der KKL am 21./22.8.1981 in Dresden, EZA Berlin, 101/121) –, die Bischof Leich auf Beschluß der Synode beantwortete. Vgl. Vermerk Forck über Bischofskonvent am 16.12.1981 in der Auguststraße 80, EZA Berlin, 101/1190, Bd. II.

660 Allerdings bezeichnete Berlin-Brandenburg den SoFd als eine »vertrauensfördernde Maßnahme« im Sinne der in Helsinki verabschiedeten Dokumente (Beschluß der Synode zum Thema »Friedensdienst«, abgedruckt in epd-Dok 51/81, 68 f., Zitat: 68). Der Synodale Heinrich Fink [seine Frau Ilsegret erhielt 1981 den Vaterländischen Verdienstorden der DDR; vgl. Abteilung I, Aktennotiz Handel vom 24.6.1981 an den Staatssekretär, BA, Abt. Potsdam, O-4, 434] äußerte hingegen, »SoFd ist ein Traum, aber er ist gefährlich, da man aus ihm nicht mehr aufwachen kann.« Abt. I, Information vom 16.12.1981 über politisch-ideologische Probleme und Tendenzen auf den Synoden der evangelischen Kirchen in der DDR im Jahr 1981, BA, Abt. Potsdam, O-4, 410. Vor Beginn der Synodaltagung hatte Gysi mit Forck am 13.11.1981 ein Gespräch geführt und dem Bischof verdeutlicht, das Staat-Kirche-Verhältnis dürfe nicht weiter belastet werden. Vgl. Leiter des Büros, Dohle, Vorlage vom 21.12.1981 an die Dienstbesprechung, Leitungsinformation 6/81, a.a.O. Vgl. aber auch Vermerk Wilke über ein Ge-

spräch mit Bischof Dr. Forck mit der gleichen Forderung am 12.11.1981, BA, Abt. Potsdam, O-4, 434; auch a.a.O., O-4, 1437.

661 Abt. I, Information vom 16.12.1981 über politisch-ideologische Probleme und Tendenzen auf den Synoden der evangelischen Kirchen in der DDR im Jahr 1981, BA, Abt. Potsdam, O-4, 410.

662 Vgl. Zentralausschuß 1981 in Dresden: Berichte und Dokumente, in: ZdZ 35 (1981), 451-466 sowie die Dokumentensammlung in epd-Dok 38-39/81.

663 So der Vorsitzende des CDU-Bezirksverbandes Dresden, Krätzig, in einem Schreiben an Hans Modrow, 1. Sekretär der SED-BL Dresden, vom 4.1.1982, PDS-Archiv Dresden, IV E-2.14-673; auch a.a.O., IV E-2.14-671.

664 Prälat Binder, Bonn, meinte »kein Geheimnis« zu verraten, wenn er mitteile, »daß die Kirchenführung der BRD nicht so gut wie die Evangelische Kirche in der DDR in den Augen vieler Teilnehmer in Dresden abschnitt. Das resultiere [...] aus der Mehrheit, über die die Entwicklungsländer bei der Tagung in Dresden verfügten. Die kirchlichen Vertreter der Entwicklungsländer hätten schwer abzubauende Vorbehalte gegen die BRD als einem typischen kapitalistischen, d. h. marktwirtschaftlich orientierten Land. Hinzu kämen fortbestehende Vorbehalte gegen alles ›Deutsche‹, wobei hier die ›Leidtragenden‹ die Kirchenvertreter der BRD gewesen seien.« AV Bonn, Abt. IAP, Vermerk Klötzer, I. Sekretär, vom 10.9.1981 über ein Gespräch des Genossen Klötzer mit Prälat Binder, Bevollmächtigter des Rates der EKD am Sitz der BRD, am 8.9.1981, BA, Abt. Potsdam, O-4, 4877.

665 Vermerk Lingner über die Sitzung der Beratergruppe am 3.9.1981, EZA Berlin, 101/323.

666 Lingner schrieb am 9.9.1981 an von Keler: »Die Sitzung war streckenweise lebhaft. Besonders die Sorge der Brüder, das unterschiedliche Verhältnis des Ökumenischen Rates zu den deutschen Kirchen könnte zwischen ihnen einen Graben aufreißen, scheint erheblich zu sein. Darauf müßte man wohl auch bei anderen Gelegenheiten achten und ihnen deutlich machen: ›das bringt uns nicht auseinander‹ (Hammer). Mich selbst hat die Sorge ein wenig überrascht. Frau Lewek bestätigte mir am nächsten Tag, daß an dieser Stelle ernste Befürchtungen vorhanden sind.« Abschrift a.a.O.

667 Vermerk Lingner über die Sitzung der Beratergruppe am 3.9.1981, a.a.O.

668 Lingner fuhr fort: »Ich muß gestehen, daß mir die Anfragen des KA berechtigt erscheinen. Unsererseits sind wir bemüht, z. B. auch unfertige Ausarbeitungen (der Kammer für öffentliche Verantwortung u. a.) bekanntzugeben. Wir aber erhalten vergleichbare Ausarbeitungen seitens des Bundes nicht. Das gilt [auch] von den im o. a. Protokoll genannten schriftlichen Vorlagen für die Konferenz [der Kirchenleitungen]. Natürlich wäre ich damit einverstanden, wenn klargestellt wird, daß uns solche Vorlagen nicht zugänglich gemacht werden. Bisher aber gilt eine andere Regelung. Und es ist mühsam, hinter solchen Papieren herzulaufen. Überdies, lieber Herr Dr. Demke, sollten wir einmal unsere Meinungen austauschen. Ich möchte wissen, woran ich bin. [...] Fehlende und lückenhafte Informationen erschweren die Arbeit und kosten Zeit.« Abschließend schlug Lingner vor, sich in nächster Zeit in Demkes Privatwohnung zu treffen. Schreiben Lingner an Demke vom 27.3.1981, EZA Berlin, 101/323.

669 Vgl. Information an das Sekretariat des ZK der SED für dessen Sitzung am 13.4.1981, Anlage Nr. 3 zum Sekretariats-Protokoll, SAPMO-BA ZPA J IV 2/3A/3618.

670 Hauptabteilungsleiter Hans Weise ging Ende 1981 in den Ruhestand. Am 28.12.1981 schrieb das Sekretariat des BEK dem altgedienten Staatsfunktionär einen von Werner Krusche und Demke unterzeichneten Brief: »Am Schluß dieses Jahres beenden Sie aus Altersgründen Ihre jahrzehntelange verantwortungsvolle Tätigkeit als Hauptabteilungsleiter in der Dienststelle des Staatssekretärs für Kirchenfragen. Der Eintritt in Ihren wohlverdienten Ruhestand ist ein einschneidendes Ereignis nicht nur für Ihr persönliches Leben, sondern auch für das Verhältnis von Staat und Kirche in der Deutschen Demokratischen Republik. Durch die – von vielen Erfahrungen bereicherte – Art Ihrer Amtsführung haben Sie wesentlich beigetragen zur Schaffung eines Klimas sach-

licher und verständnisvoller Zusammenarbeit, gegründet auf gegenseitiger Achtung vor dem Standpunkt des Partners. Bei vielen unserer Begegnungen ist uns deutlich geworden, daß Sie immer wieder bemüht waren, auch in komplizierten Situationen gangbare Wege zu finden. Es liegt uns am Herzen, dies am Ende Ihrer Dienstzeit auszusprechen und Ihnen dabei herzlich zu danken für alle hilfreichen Brückenschläge, die – wie wir wissen – für Sie nicht immer leicht waren. Sie haben sich um die Ermöglichung geordneter Arbeitsbedingungen für die Kirchen in unserem Staat verdient gemacht. Ihrer Zukunft gelten unsere besten Wünsche.« EZA Berlin, 101/351; auch BA, Abt. Potsdam, O-4, 1207.

Zeddies schrieb einen Tag später an die Privatadresse des Jubilars:»Auch ich kann es mir noch gar nicht so richtig vorstellen, daß Sie in der Dienststelle des Staatssekretärs nun nicht mehr zu finden sein werden, Ihren Platz nicht mehr in Ihrem mir inzwischen ja vertraut gewordenen Büro haben, wo wir so manches Gespräch zusammen geführt haben. […] Als wir dann häufiger miteinander zu tun hatten, hat uns beiden, so denke ich, daran gelegen, daß gegenseitige Offenheit unsere Gespräche bestimmte. Das war vielleicht nicht immer bequem, aber es ist ein Stück Vertrauen daraus gewachsen, ohne daß Beziehungen dieser Art zwischen eigenständigen und in ihren Grundpositionen ganz verschiedenen Partnern nicht gedeihen können. Ich möchte Ihnen danken für alles, was Sie dazu getan haben, daß über die Jahre hinweg dieses Vertrauen entstehen konnte. […] Daß Sie sich Ihrer Aufgabe mit innerem Engagement und zugleich mit einem großen Maß an Verständnis für die Arbeit unserer Kirchen gewidmet haben, ist uns immer deutlich gewesen und hat Ihnen Achtung und Respekt eingetragen. Rückschauend werden Sie vielleicht feststellen, daß Ihr Leben ohne die Kirche eigentlich nicht zu denken ist.« LKA Hannover, D 15 XII, K 102/5910/II.

671 Internationale Beziehungen, Information Weise vom 9.2.1981 über die Dienstreise von Genossen Weise und Genossen Dr. Will vom 28.1. bis zum 30.1.1981 nach Moskau, SAPMO-BA ZPA IV B2/14/27.

672 Nach der Tagung des Zentralausschusses des ÖRK vom 14. bis zum 23.8.1980 in Genf hatte man noch feststellen können,»der progressivere Kurs der Kräfte um den jetzigen Generalsekretär Philip Potter« habe sich durchsetzen können. Vgl. Information an das Sekretariat des ZK der SED für dessen Sitzung am 13.4.1981, Anlage Nr. 3 zum Sekretariats-Protokoll, SAPMO-BA ZPA J IV 2/3A/3618. Die Information war aber bereits »unlängst« nach der Genfer Tagung des Zentralausschusses erstellt worden.

673 Arbeitsgruppe Kirchenfragen, Niederschrift vom 24.3.1981 über die Ausführungen des Genossen W. Fizew, Stellvertreter des Vorsitzenden des Rates für religiöse Angelegenheiten beim Ministerrat der UdSSR, anläßlich der Beratung der Staatsämter für Kirchenfragen am 24.3.1981 in Berlin, SAPMO-BA ZPA IV B2/14/74. Die Tagung ist auch erwähnt in Büro des Staatssekretärs, Vorlage Dohle vom 22.4.1981 an die Dienstbesprechung vom 27.4.1981, Leitungsinformation 2/81, BA, Abt. Potsdam, O-4, 409. Vgl. auch den sich zeitlich bald anschließenden Beschluß des Sekretariats des ZK der SED vom 13.4.1981 über Maßnahmen zur Durchführung der Zentralausschußtagung des Weltkirchenrates (ÖRK) vom 17.-26.8.1981 in der DDR, TOP 6, SAPMO-BA ZPA J IV 2/3/3205.

674 Vgl. Büro des Staatssekretärs, Vorlage Dohle vom 22.4.1981 an die Dienstbesprechung vom 27.4.1981, Leitungsinformation 2/81, BA, Abt. Potsdam, O-4, 409. Die Reise nach Genf, zu der Philip Potter den Staatssekretär eingeladen hatte, sowie ein von Gysi anvisierter Vortrag in der ÖRK-Zentrale waren am 4.4.1981 auf der Sitzung des Sekretariats des ZK der SED genehmigt worden. Vgl. das Sitzungsprotokoll (TOP 14), SAPMO-BA ZPA J IV 2/3/3210. Zum gleichen Zeitpunkt weilte auch Lewek zu einer Sitzung der Menschenrechtsgruppe des ÖRK in Genf, was der KKL-Vorstand auf seiner 134. Sitzung am 13./14.3.1981 in Buckow begrüßte; vgl. Sitzungsprotokoll Schönherr-Stolpe-Demke vom 18.3.1981, EZA Berlin, 101/120. Gysi betonte nach der Reise,»daß die Mitarbeit der Kirchen aus der DDR in Genf besonders anerkannt würde und daß die Kirchen durch ihre ökumenische Mitarbeit auch einen offenen Blick für die internatio-

nalen Probleme bekämen.« Aktenvermerk Siegert über das Gespräch zwischen Staatssekretär Gysi und der Kirchenleitung der Ev.-Luth. Landeskirche Mecklenburgs am 2.9.1981 in Schwerin, EZA Berlin, 101/350; auch LKA Hannover, D 15 XII, K 102/5910/II. Gysi wurde in Genf auch hinsichtlich der konkreten Mitarbeit der BEK-Kirchen in den ökumenischen Zusammenschlüssen angesprochen. Dies betraf den Genfer Stab, den Mitarbeiteraustausch mit anderen Kirchen, die Entsendung von Fachkräften zur Mitarbeit an speziellen Entwicklungsprojekten, die Mitarbeit am Ökumenischen Institut in Bossey, direkte Materialhilfe, die Versorgung von im ökumenischen Bereich tätigen Personen sowie kirchlicher Einrichtungen mit ökumenischer Literatur und den Finanztransfer zur Unterstützung bestimmter Vorhaben des ÖRK und des LWB. Vgl. Schreiben des BEK und des Nationalkomitees des LWB in der DDR, Lewek-Tschoerner, an Gysi vom 24.7.1981 sowie das Memorandum zu Fragen der Beteiligung der evangelischen Kirchen in der DDR an der Arbeit der Ökumene, beide Dokumente in LKA Hannover, a.a.O. Als von Gysi keine Reaktion kam, sandten Gienke als Vorsitzender des Nationalkomitees des LWB und der KKL-Vorsitzende Krusche am 23.10.1981 ein weiteres Schreiben an Gysi: »Recht dringlich möchten wir jetzt noch einmal unser Schreiben vom 24. Juli 1981, dem ein Memorandum zu ökumenischen Angelegenheiten beigefügt war, in Erinnerung bringen. Wie Sie, sehr geehrter Herr Staatssekretär, wissen, handelt es sich hier um Gesprächsgegenstände von allgemeiner Bedeutung und internationaler Relevanz. Sie haben für uns zugleich ihre besondere Bedeutung für unsere Stellung als Mitgliedskirchen des Ökumenischen Rates in einem sozialistischen Land. Wir wären dankbar, wenn der bereits seit längerer Zeit in Aussicht gestellte Termin für ein Gespräch darüber nunmehr bald realisiert würde.« A.a.O. Zu dem Gespräch mit dem Ökumenereferenten Dr. Will vom Staatssekretariat für Kirchenfragen kam es dann am 18.11.1981. Hier ging es um von seiten des Staates von der Kirche gewünschte Erläuterungen des Memorandums. Vgl. Vermerk Tschoerner, a.a.O. Am 5.1.1982 sprach Gysi mit Krusche, Gienke, Zeddies, Lewek und Linn über das Memorandum. Vgl. Leiter des Büros, Vorlage Dohle vom 1.3.1982 an die Dienstbesprechung vom 22.2.1982, Leitungsinformation Nr. 1/82, BA, Abt. Potsdam, O-4, 41; Vermerk Lewek-Zeddies über ein Gespräch mit dem Staatssekretär für Kirchenfragen am 5.1.1982, LKA Hannover, D 15 XII, K 102/5910/II. In einem Schreiben vom 23.6.1982 unterbreiteten Krusche für den BEK und Gienke für das Nationalkomitee des LWB Gysi einen Vorschlag für eine graduelle Erhöhung der an den ÖRK zu entrichtenden Mitgliedsbeiträge sowie eine finanzielle Unterstützungen der bevorstehenden Vollversammlungen in Vancouver (1983) und Budapest (1984) sowie des Nordirland-Fonds der KEK. Vgl. BA, Abt. Potsdam, O-4, 1207; vgl. auch die Anlage, die die für Vancouver (6 931 000,– Schweizer Franken) vorgesehenen Gesamtaufwendungen aufweist, ebd. Zur Reise Gysis nach Genf vgl. auch epd-Dok 28/1981.

675 Vgl. Büro des Staatssekretärs, Vorlage Dohle vom 22.4.1981 an die Dienstbesprechung vom 27.4.1981, Leitungsinformation 2/81, BA, Abt. Potsdam, O-4, 409.

676 Vgl. Abt. Internationale Beziehungen, Vorlage Will vom 4.8.1981 an die Dienstbesprechung, Leitungsinformation 4/81, a.a.O.

677 Vgl. Leiter des Büros, Vorlage Dohle vom 1.9.1981 an die Dienstbesprechung vom 7.9.1981, Leitungsinformation 4/1981, a.a.O.

678 Vgl. Information an das Sekretariat des ZK der SED für dessen Sitzung am 13.4.1981, Anlage Nr. 3 zum Sekretariats-Protokoll, SAPMO-BA ZPA J IV 2/3A/3618.

679 Vgl. Dienststelle des Staatssekretärs für Kirchenfragen, Information-Nr. 5 vom 20.8.1981, PDS-Archiv Dresden, IV D-2.14-691.

680 Abteilung Parteiorgane, Sektor Parteiinformation, Fernschreiben i. V. Vogel-Stammnitz, 2. Sekr., an Zentralkomitee der SED, Abteilung Parteiorgane, Sektor Parteiinformation vom 23.8.1981, PDS-Archiv Dresden, IV D-2.14-691. Eine weitere, undatierte und unbetitelte, aber nach dem Ende der Tagung verfaßte Information schrieb: »Die Leitung verhielt sich loyal und äußerte keine dem Sozialismus widerstrebenden Posi-

tionen bzw. ›Beschwernisse‹. Sie vermied aber auch die Darstellung des Wirkens der ›Kirche im Sozialismus‹.« PDS-Archiv Dresden, IV D-2.14-692.

681 Das Grußschreiben war am 17.8.1981 durch Staatssekretär Gysi überbracht worden. Vgl. Leiter des Büros, Vorlage Dohle vom 1.9.1981 an die Dienstbesprechung vom 7.9.1981, Leitungsinformation 4/1981, BA, Abt. Potsdam, O-4, 409. In einer abschließenden Wertung des Treffens durch die SED heißt es zu diesem Punkt:»Neben der Würdigung des Wirkens des ÖRK fand dabei die Feststellung ›Europa braucht keine neuen Waffen, keine nuklearen Waffen und keine Neutronenbomben, sondern eine Begrenzung, einen Abbau des Wettrüstens jeder Art. Die DDR wird auch in Zukunft konsequent dafür wirken, daß Vernunft und Gerechtigkeit in den internationalen Beziehungen siegen‹, besondere Beachtung.« SED-BL Dresden, Abteilung Staat und Recht, Kurzeinschätzung der ÖRK-Tagung in der Stadt Dresden vom 11.9.1981, PDS-Archiv Dresden, IV D-2.14-691.

682 In einer anderen Information heißt es hierzu ergänzend:»Davon konnten sich fast 300 Gäste ›vor Ort‹ überzeugen, die in 90 Gemeinden an gut besuchten Gottesdiensten teilnahmen.« PDS-Archiv Dresden, IV D-2.14-692. Umgekehrt bewirkten die Gemeindebesuche der ökumenischen Gäste nach Einschätzung der Partei»in vielen Fällen, daß teilnehmende Christen aus der DDR ihre eigenen angeblichen Schwierigkeiten relativieren mußten angesichts der Probleme, vor denen Kirchen, vor allem in Afrika und Lateinamerika, stehen.« Information und Einschätzung über die kirchenpolitische Situation im Bezirk Dresden vom 27.11.1981, PDS-Archiv Dresden, IV D-2.14-690.

683 Abteilung Parteiorgane, Sektor Parteiinformation, Fernschreiben i. V. Vogel-Stammnitz, 2. Sekr., an Zentralkomitee der SED, Abteilung Parteiorgane, Sektor Parteiinformation vom 23.8.1981, PDS-Archiv Dresden, IV D-2.14-691. Auch Prälat Binder, Bonn, sprach der DDR-Regierung»wegen des Verständnisses und des Entgegenkommens, das sie in Dresden gezeigt habe,« seine »Anerkennung« aus. AV Bonn, Abt. IAP, Vermerk Klötzer, I. Sekretär, vom 10.9.1981 über ein Gespräch des Genossen Klötzer mit Prälat Binder, Bevollmächtigter des Rates der EKD am Sitz der BRD, am 8.9.1981, BA, Abt. Potsdam, O-4, 4877.

684 Vgl. die Resolution »Zunehmende Bedrohung des Friedens und die Aufgabe der Kirchen«, in: epd-Dok 38-39/81, 181-184, insbes. 181. Zur Planung der Herstellung einer Neutronenbombe durch die USA wurden im Bezirk Erfurt zahlreiche Pfarrer befragt, die allesamt ihre Ablehnung äußerten. Vgl. RdB Erfurt, Stellvertreter des Vorsitzenden für Inneres, Hartmann, an Gysi vom 27.8.1981, BA, Abt. Potsdam, O-4, 771. Das Staatssekretariat für Kirchenfragen bemängelte an dieser Untersuchung, daß wieder einmal»nur ›progressive‹ Geistliche um ihre Meinung gefragt worden sind.« Vorlage Janott vom 3.9.1981 an die Dienstbesprechung am 7.9.1981, Leitungsinformation Nr. 4/1981, BA, Abt. Potsdam, O-4, 409.

685 Vgl. die Resolution »Zunehmende Bedrohung des Friedens«, in: epd-Dok 38-39/81, 181-184, insbes. 182. Auch das Exekutivkomitee des LWB nahm auf seiner Tagung vom 4.-13.8.1981 im finnischen Turku, an der aus der DDR unter anderem Günter Krusche und Helmut Zeddies teilnahmen, zur Friedensfrage Stellung, verurteilte gegen den deutlichen Protest der leitenden Bischofs der Lutherischen Kirche in den USA, Preuss [auf ähnliche Weise scheiterte Preuss auch auf der Dresdener Tagung des ÖRK-Zentralausschusses; vgl. SED-BL Dresden, Abteilung Parteiorgane, Sektor Parteiinformation, Fernschreiben i. V. Vogel-Stammnitz, 2. Sekr., an Zentralkomitee der SED, Abteilung Parteiorgane, Sektor Parteiinformation vom 23.8.1981, PDS-Archiv Dresden, IV D-2.14-691], die Reagansche Rüstungspolitik, deren Beendigung man forderte, und sprach sich für»dem Frieden dienende Beschlüsse« in Madrid aus. Abt. Internationale Beziehungen, Vorlage Stephan vom 3.9.1981 an die Dienstbesprechung am 7.9.1981, Leitungsinformation 4/81, BA, Abt. Potsdam, O-4, 409.

686 Vgl. die Erklärung zur Lage in Namibia , in: epd-Dok 38-39/81, 188-191 sowie das Telegramm Potters an Waldheim zum Einmarsch Südafrikas in Angola, a.a.O., 191. Vgl. die

undatierte und unbetitelte Information, PDS-Archiv Dresden, IV D-2.14-692. Zur Tagung des ÖRK-Zentralausschusses in Dresden 1981 vgl. auch epd-Dok 38-39/1981.

687 Vgl. Leiter des Büros, Vorlage Dohle vom 1.9.1981 an die Dienstbesprechung vom 7.9.1981, Leitungsinformation 4/1981, BA, Abt. Potsdam, O-4, 409.

688 Potter wurde am 18. März 1982 durch die Humboldt-Universität Berlin der Ehrendoktortitel verliehen. Vgl. Vermerk Lingner vom 15.2.1982 über ein Gespräch mit Dr. Demke am 12.2.1982, EZA Berlin, 4/91/702 sowie Vermerk Forck über Bischofskonvent am 9.3.1982, EZA Berlin, 101/1190, Bd. II

689 Vermerk Gysi vom 3.9.1981 über den Empfang einer Delegation des Zentralausschusses des ÖRK durch den Vorsitzenden des Staatsrates der DDR, Erich Honecker, am 28.8.1981, BA, Abt. Potsdam, O-4, 1037.

690 Schnellinformation des BEK-Sekretariats vom 3.9.1981, EZA Berlin, 101/323.

691 Natho berichtete seinen Kreisoberpfarrern, nach seiner Auffassung bestünde »zwischen dem Staatsratsvorsitzenden und dem Staatssekretär ein sehr enges Verhältnis«. Zur Tagung äußerte er u. a.: »Wichtig ist zu wissen, daß die Ökumene ›linkslastig‹ ist – dadurch werden bestimmte Erwartungen aus den Kirchen heraus nicht erfüllbar [...] was im Verhältnis von Staat und Kirche in der DDR problematisch erscheint, spielt auf solch einer Konferenz keine Rolle, sei im Gegensatz zu den genannten Problemen gar nicht im Blick, sei dazu gesehen lächerlich.« RdB Halle, Sektor Kirchenfragen, 3.9.1981, Voigt, Inhaltliche Probleme der Kreisoberpfarrer-Tagung vom 2.9.1981 in der Ev. Landeskirche Anhalts, BA, Abt. Potsdam, O-4, 771.

692 Abschließend notierte Gysi: »Man kann einschätzen, daß diese Begegnung im Staatsrat im Ablauf der Dresdner Tagung einen Höhepunkt und eine Bestätigung in der Begegnung der Leitung des ÖRK mit der Realität der DDR war und ihre Erfahrungen und positive Einstellung vertieften und festigten. Die Atmosphäre bei dem abschließenden Essen war dementsprechend sehr aufgeschlossen, frei und offen.« Vermerk Gysi vom 3.9.1981 über den Empfang einer Delegation des Zentralausschusses des ÖRK durch den Vorsitzenden des Staatsrates der DDR, Erich Honecker, am 28.8.1981, BA, Abt. Potsdam, O-4, 1037. Vgl. auch Schnellinformation des BEK-Sekretariats vom 3.9.1981, EZA Berlin, 101/323. Später berichtete Gysi: »Das Ausmaß der Übereinstimmung wäre überraschend groß gewesen, nicht nur aus Höflichkeit.« Aktenvermerk Siegert über das Gespräch zwischen Staatssekretär Gysi und der Kirchenleitung der Ev.-Luth. Landeskirche Mecklenburgs am 2.9.1981 in Schwerin, EZA Berlin, 101/350; auch LKA Hannover, D 15 XII, K 102/5910/II.

693 Vgl. Aktenvermerk Siegert über das Gespräch zwischen Staatssekretär Gysi und der Kirchenleitung der Ev.-Luth. Landeskirche Mecklenburgs am 2.9.1981 in Schwerin, EZA Berlin, 101/350; auch LKA Hannover, D 15 XII, K 102/5910/II.

694 Gysi äußerte weiter: »Nach unserer Einschätzung ist es in den letzten Jahren gelungen, das Friedensengagement unserer Kirchen zu erhöhen und zu festigen. Aber diese Entwicklung verläuft nicht gradlinig und nicht ohne Widersprüche. Das kann nicht anders sein, um so mehr, als bei uns eine ständige direkte Einflußmöglichkeit reaktionärer politischer und kirchlicher Kreise aus der BRD faktisch gegeben ist. [...] Wir können also Erfolge unserer Arbeit mit den Amtsträgern und dem Kirchenvolk konstatieren und zugleich Einflüsse des Gegners feststellen. Das ist eine Spezifik, mit der wir seit der Gründung unserer Republik leben, kämpfen und uns entwickeln. [...] Wir haben keine Illusionen über die Haltung der evangelischen Kirchen zu einer ganzen Reihe staatlicher Positionen. Fragen wie kommunistische Erziehung, Wehrerziehung oder andere neue aktuelle Fragen, wie jetzt die Haltung zu Polen, werden auch in Zukunft Anlaß zu Auseinandersetzungen sein. Deshalb wird die Weiterentwicklung des Verhältnisses zum Staat auch immer wieder einmal die Form der Auseinandersetzung annehmen. [...] Es ist unnötig, hier unter uns etwas zu sagen über die Bedeutung und Brisanz der polnischen Frage für die DDR. Es gibt Kreise und Amtsträger in den evangelischen Kirchen, die unter dem Vorwand einer Kritik an unserer Informationspolitik die polnische Solidarno , die Konterrevolution also, verteidigen wollen. Diese Angriffe

werden häufig mit pazifistischen, gegen unsere Verteidigungsbereitschaft gerichteten Aufforderungen verbunden. Wir gehen ständig dagegen vor und stellen fest, daß diese Versuche sich auf kleine Kreise beschränken und kein weiteres Echo finden.« Rede Staatssekretär Gysi während der Staatsämtertagung im Januar 1982 in Prag [19.-21.1.], SAPMO-BA ZPA IV B2/14/27.

695   So der Vorsitzende des CDU-Bezirksverbandes Dresden, Krätzig, in einem Schreiben an Hans Modrow, 1. Sekretär der SED-BL Dresden, vom 4.1.1982, PDS-Archiv Dresden, IV E-2.14-673; auch a.a.O., IV E-2.14-671.

696   Vgl. Vermerk Stolpe über die 8. Konsultation zwischen BEK und EKD in Berlin, EZA Berlin, 101/653.

697   Vertrauliche Zusatzinformation Wilke vom 4.2.1980 zum Bericht über den Besuch bei Kirchenpräsident Natho (Dessau) am 31.1.1980, BA, Abt. Potsdam, O-4, 414. Im übrigen machte man sich auch über den Fall Gedanken, daß Stolpe die Position nicht übernehmen sollte. Für diesen Fall galt OKR Pettelkau als derjenige mit den besten Aussichten auf dieses hohe Amt. Vgl. Kurzbericht Wilke vom 26.2.1980 über die Beratung der Bezirke Berlin-Brandenburg am 6.2.1980 beim Magistrat von Berlin, a.a.O. Vgl. auch RdB Potsdam, Sektor Kirchenfragen, Kräfteverhältnis Kirchenleitung vom 7.10.1980. Hier wurde von einem Verzicht Stolpes auf die Position in letzter Minute ausgegangen und Pettelkau als neuer Konsistorialpräsident angeführt. BA, Abt. Potsdam, O-4, 791.

698   Protokoll Schönherr-Stolpe-Demke der 111. Sitzung des KKL-Vorstandes am 7.2.1980 in Halle vom 19.2.1980, EZA Berlin, 101/120.

699   Vermerk Schönherr vom 21.3.1980 über den Bischofskonvent am 20.3.1980 in Berlin, EZA Berlin, 101/1190, Bd. II.

700   Protokoll Schönherr-Stolpe-Demke der 112. Sitzung des Vorstandes am 27./28.3.1980 in Berlin vom 2.4.1980, EZA Berlin, 101/120.

701   Aktenvermerk Wilke für den Staatssekretär vom 23.12.1980, Neuwahl des Bischofs der Evangelischen Kirche Berlin-Brandenburg, BA, Abt. Potsdam, O-4, 791; auch SAPMO-BA ZPA IV B2/14/119. Forck hatte noch im Oktober 1980 beim RdB Cottbus für Verärgerung gesorgt, als er einen Pfarrer verteidigte, der die verordneten Jubeldemonstrationen der DDR-Bevölkerung scharf kritisiert hatte: »Im weiteren Gespräch wurde Dr. Forck der Brief von Pfarrer Metzner [Lauta] an den Staatsbürgerkundelehrer zum Besuch S. Machels in Cottbus zur Kenntnis gegeben. [Wortlaut der darin gestellten Fragen: ›1. Welchen Sinn hat es, Schüler gegen ihren Willen nach Hoyerswerda zur Begrüßung von Herrn Honecker und ausländischen Gästen zu kommandieren? 2.Welchen Sinn hat es, Jugendlichen vorzuschreiben, was sie bei der Begrüßung in Sprechchören zu rufen haben? 3. Welchen Sinn hat es überhaupt, daß Schüler und Erwachsene am 18.9.1980 in Hoyerswerda an der Straße stehen, wenn sie durch Auflagen des Kreises oder Bezirks erscheinen müssen. Die Stadt Lauta mit ihren Betrieben und Schulen hat in einer Auflage genaue Zahlen bekommen, wieviel Leute nach Hoyerswerda zu kommen haben. 4. Welchen Sinn hat in unserer wirtschaftlich so angespannten Lage solch eine Aktion (Bereitstellung von Bussen, Renovierung von ›Treff 8‹), wo sonst in den Betrieben Sparsamkeit erwartet wird? Ich kann in diesen ›Potemkinschen Dörfern‹ kein gewachsenes Vertrauensverhältnis von Bevölkerung und Regierung entdecken, und was sollen unsere Schüler davon halten, wenn bei ähnlichen Gelegenheiten im Fernsehen eine jubelnde Bevölkerung an den Straßen zu sehen ist?‹; Information über das provokatorische Verhalten des Pfarrers Metzner anläßlich des Freundschaftsbesuches des Präsidenten der FRELIMO-Partei und Präsidenten der VR Moçambique, Samora Moises Machel, im Bezirk Cottbus, SAPMO-BA ZPA IV B2/14/134]. Dr. Forck: [...] Ich begrüße eine solche Äußerung. [...] Ich verstehe zwar die freundliche Begrüßung dieses Vertreters, beobachte aber mit Sorge, wie in Windeseile alles in Ordnung gebracht und dadurch auch für den Staatsratsvorsitzenden ein falsches Bild vermittelt wird. Leute werden von anderen wichtigen Aufgaben abgezogen, nur damit ein guter Eindruck entsteht. Der Staatsratsvorsitzende ist Staatsbürger wie jeder andere; er sollte wissen, wie es wirklich ist. Ich hal-

te das für einen schlechten Stil. Er müßte unvorbereitet auftauchen. Einige Dinge sind nämlich nicht so, wie sie sein müßten. Darüber müßte er schonungslos informiert werden. Von daher halte ich den Brief für berechtigt. [...] Unser Staat wäre schlecht beraten, wenn er wie beim Zaren ein Bild vorgaukelt, das der Realität widerspricht. Kommandierter Jubel ist von Übel. Mir ging es bei dieser Behauptung darum: Was hat es für einen Sinn, wenn der Staatsratsvorsitzende kommt und man für Dinge Leute abzieht, nur um hier etwas aufzubauen, was nicht wahrhaftig ist. [...] Der Staat sollte auch auf kritische Stimmen hören.« RdB Cottbus, Stellv. d. Vors. f. Inneres, Protokoll vom 13.10.1980 über das Gespräch mit dem Generalsuperintendent Forck vom 3.10.1980, SAPMO-BA ZPA IV B2/14/134.

702 Zur Zusammensetzung des Bischofswahlkollegiums vgl. auch Protokoll Schönherr-Stolpe-Demke der 111. Sitzung des KKL-Vorstandes am 7.2.1980 in Halle vom 19.2.1980. Dort wurde beschlossen, Heinrich Rathke als BEK-Vertreter in das Wahlgremium zu entsenden. EZA Berlin, 101/120.

703 In die nähere Auswahl kamen Falcke (13 Stimmen), Forck (17 Stimmen), Demke (16 Stimmen) und Bransch (10 Stimmen). Da Demke und Falcke letztendlich an einer Wahl nicht interessiert waren, blieben nur noch Bransch und Forck übrig. Martin Ziegler, Propst Winter und Superintendent Richter waren mit jeweils vier Stimmen aus dem Rennen vorzeitig ausgeschieden. Vgl. Aktenvermerk Wilke für den Staatssekretär vom 23.12.1980, Neuwahl des Bischofs der Evangelischen Kirche Berlin-Brandenburg, BA, Abt. Potsdam, O-4, 791; auch SAPMO-BA ZPA IV B2/14/119.

704 Auch am 28.3.1980 erklärte Natho, Hempel werde »wahrscheinlich« Nachfolger Schönherrs werden. Information in LPA Halle, IV D-2/14/478.

705 Ähnlich sprach Natho auch im September 1980, wo er zusätzlich anführte, daß nach dem EKU-Mann Schönherr nun ein Vertreter aus der VELK an der Reihe sei. Das staatliche Protokoll vermerkte: »In diesem Zusammenhang ließ Natho sehr deutlich erkennen, daß er ja eigentlich der am längsten im Amt eines Bischofs tätige Geistliche in einer Landeskirche ist (außer dem ebenfalls bald ausscheidenden Krusche) und damit dieses Amt eigentlich ihm zustünde. Damit sei aber auch schon wegen der geringen Größe der Landeskirche Anhalt nicht zu rechnen.« Über Forck (Berlin-Brandenburg) sagte Natho, dieser würde »ein wohl doch unangenehmer Bischof sein«. Für die Kirchenprovinz Sachsen rechnete Natho fest mit Heino Falcke als Krusche-Nachfolger. Vgl. RdB Halle, Sektor Kirchenfragen, Information Voigt vom 12.9.1980 zum Gespräch des Stellvertreters des Vorsitzenden des Rates des Bezirkes Halle für Inneres, Gen. Pöhner, mit dem Kirchenpräsidenten der Ev. Landeskirche Anhalts, Eberhard Natho, am 10.9.1980, a.a.O.

706 Vertrauliche Zusatzinformation Wilke vom 4.2.1980 zum Bericht über den Besuch bei Kirchenpräsident Natho (Dessau) am 31.1.1980, BA, Abt. Potsdam, O-4, 414.

707 Arbeitsgruppe Kirchenfragen, Information vom 7.4.1980 über ein Gespräch mit Oberkonsistorialrat Stolpe am 3.4.1980, SAPMO-BA ZPA IV B 2/14/80.

708 Information Gysi vom 27.10.1980, BA, Abt. Potsdam, O-4, 426; auch SAPMO-BA ZPA IV B2/14/40.

709 Persönlicher Referent, Dohle, Information für den Staatssekretär vom 16.1.1981, BA, Abt. Potsdam, O-4, 427; auch SAPMO-BA ZPA IV B2/14/82.

710 Al. I, Aktenvermerk Wilke vom 12.2.1981 für den Staatssekretär, BA, Abt. Potsdam, O-4, 427; auch a.a.O., O-4, 1437.

711 Information Gysi vom 13.2.1981, BA, Abt. Potsdam, O-4, 427; auch SAPMO-BA ZPA IV B2/14/42.

712 Arbeitsgruppe Kirchenfragen, Niederschrift Bellmann vom 16.2.1981 über ein Gespräch mit Oberkonsistorialrat Stolpe, Leiter des Sekretariats des BEK, am 16.2.1981, BA, Abt. Potsdam, O-4, 427.

713 Vgl. Vermerk Schönherr über den Bischofskonvent am 6.3.1981 in Berlin, EZA Berlin, 101/1190, Bd. II.

714 Abt. I, Information Wilke vom 14.4.1981 über ein Gespräch mit OKR Stolpe am 10.4.1981, BA, Abt. Potsdam, O-4, 427; auch a.a.O., O-4, 1437.

715 Vgl. ebd.

716 Vgl. Arbeitsgruppe Kirchenfragen, Niederschrift Bellmann vom 13.5.1981 über ein Gespräch mit dem Leiter des Sekretariats des Bundes Evangelischer Kirchen, Oberkonsistorialrat Manfred Stolpe, am 11.5.1981, BA, Abt. Potsdam, O-4, 427. Auch der Bischofskonvent sprach »sich einstimmig für Demke aus«. Vermerk Schönherr über den Bischofskonvent am 29.6.1981 in Gera, EZA Berlin, 101/1190, Bd. II.

717 Vgl. Information Gysi vom 22.5.1981, BA, Abt. Potsdam, O-4, 427; auch SAPMO-BA ZPA IV B2/14/42.

718 Da Grünbaum bereits 1982 in den Ruhestand gehen mußte, konnte Demke nicht bereits wieder die Funktion wechseln. Nachfolger Grünbaums wurde dann Günter Krusche.

719 Vgl. RdB Cottbus, Stellvertreter der Vorsitzenden für Inneres, Information Deysing zur Amtseinführung des Generalsuperintendenten Richter, SAPMO-BA ZPA IV B2/14/69; vgl. auch RdB Cottbus, Stellvertreter d. Vors. f. Inneres, Aktennotiz Deysing vom 16.3.1982 zum Antrittsbesuch von Generalsuperintendent Richter beim Stellvertreter d. Vorsitzenden für Inneres am 25.2.1982. Dort berichtete Richter, er habe kirchlichen Mitarbeitern, die Angst vor einer Bespitzelung durch das MfS geäußert hätten, gesagt, »daß alles, was im kirchlichen Raum geschieht, das Licht der Öffentlichkeit nicht zu scheuen braucht.« A.a.O. Vgl. auch die Einschätzung Richters durch den RdB Cottbus: »Vom Sektor Kirchenfragen beim Magistrat von Berlin wurde Generalsuperintendent Richter als politisch loyal eingeschätzt. Insgesamt nahm er eine positive Haltung zur DDR ein [...] In seiner kurzen Amtszeit in Cottbus bestätigte Gen.-Sup. Richter bisher, daß er durch Loyalität geprägt ist in seinem politischen Verhalten und sich um Verständnis unserer Politik bemüht. [...] In allen bisher geführten Gesprächen bemühte sich Richter um ein weitestgehendes Verständnis unserer Politik.« RdB Cottbus, Sektor Kirchenfragen, Zuarbeit Erbe vom 27.5.1982, Konzeption zur Arbeit gegenüber der Kirche Berlin/Brandenburg (1. Entwurf), a.a.O. Ähnlich auch RdB Cottbus, Stellv. d. Vors. f. Inneres, Informationsbericht Deysing vom 5.8.1982 zur kirchenpolitischen Arbeit in den Monaten Juni/Juli 1982, a.a.O. Vgl. auch Grußwort des Generalsuperintendenten Reinhard Richter an die 15. Bezirksdelegiertenkonferenz der CDU Ende August/Anfang September 1982, a.a.O. Aufgrund dieser staatsloyalen Rede kritisierten Pfarrer und Superintendenten unter der Anführung des Cottbusser Superintendenten Koch Richter scharf. Vgl. SED-BL Cottbus, Sekretariat, Schreiben Icking, Mitarbeiter, an AG Kirchenfragen beim ZK vom 13.10.1982, a.a.O. Vgl. Aktenvermerk des CDU-Bezirksvorsitzenden Dölling vom 11.10.19882 über das Gespräch mit Generalsuperintendent Richter am 11.10.1982, a.a.O. Richter zeigte sich bereits im ersten Amtsjahr als Generalsuperintendent sehr interessiert an der regionalen CDU- und auch CFK-Arbeit. Vgl. RdB Cottbus, Stellv. d. Vors. f. Inneres, Information Deysing vom 8.2.1983 zur kirchenpolitischen Arbeit in den Monaten Dezember 1982/Januar 1983, a.a.O.

720 Abt. I, Vertraulicher Vermerk Wilke vom 9.6.1981 für den Staatssekretär, BA, Abt. Potsdam, O-4, 427; Abschrift in SAPMO-BA ZPA IV B2/14/42.

721 Vgl. Vermerk Schönherr über den Bischofskonvent am 29.6.1981 in Gera, EZA Berlin, 101/1190, Bd. II.

722 Vgl. Al. I, Aktenvermerk Wilke vom 20.8.1981 für den Staatssekretär, BA, Abt. Potsdam, O-4, 427.

723 Auszug aus dem Protokoll Schönherr-Stolpe-Lewek über die außerordentliche Tagung der Konferenz der Ev. Kirchenleitungen am 20.9.1981 in Güstrow, EZA Berlin, 101/113.

724 BA, Abt. Potsdam, O-4, 1271.

725 Arbeitsgruppe Kirchenfragen, Niederschrift Bellmann vom 16.2.1981 über ein Gespräch mit Oberkonsistorialrat Stolpe, Leiter des Sekretariats des BEK, am 16.2.1981, BA, Abt. Potsdam, O-4, 427. Die Anfrage Stolpes, Schönherr bitte anläßlich seines Geburtstages um die Genehmigung für die »Einrichtung eines ›Kirchlich-theologischen

Forschungswerkes«, an dessen Spitze sich Schönherr stellen möchte, und das in enger Zusammenarbeit mit den Theologischen Sektionen an unseren Universitäten wissenschaftliche Forschungsarbeit betreiben, Literatur herausgeben und wissenschaftliche Qualifikationen (Promotionsarbeiten) bestätigen könne«, an dessen Planung in Schönherrs Auftrag schon einige Mitarbeiter säßen, wurde von Bellmann abschlägig beschieden: »Ich habe Stolpe eindeutig erklärt, daß ein solcher Plan unsere staatliche Bildungs- und Hochschulpolitik sowie das Prinzip der Trennung von Kirche und Staat berühren.« Ebd. Dennoch wagte Stolpe am 11.5.1981, eine nochmalige Anfrage bezüglich dieser Überlegungen zu einem »Martin-Luther-Forschungswerk«, so sollte die Institution benannt werden, bei Bellmann vorzubringen. Dieser verwies Stolpe auf seine im Februar deutlich geäußerte Position, riet ihm aber, in dieser Angelegenheit bei Gysi vorstellig zu werden. Vgl. Arbeitsgruppe Kirchenfragen, Niederschrift Bellmann vom 13.5.1981 über ein Gespräch mit dem Leiter des Sekretariats des Bundes Evangelischer Kirchen, Oberkonsistorialrat Manfred Stolpe, am 11.5.1981, a.a.O. Am 28.5.1981 sprach Schönherr in der gleichen Angelegenheit bei Bellmann vor, ohne allerdings konkret etwas zu erreichen. Bellmann meinte, beispielsweise berühre das Vorhaben das einzig und allein den staatlichen Sektionen zustehende Promotionsrecht. Vgl. Arbeitsgruppe Kirchenfragen, Niederschrift Bellmann vom 28.5.1981 über ein Gespräch mit Bischof Dr. Schönherr am 28.5.1981, a.a.O. Gegenüber Hermann Kalb im Staatssekretariat wiederholte Stolpe nochmals Anfang September 1981 das Anliegen und präzisierte, es solle die »bestehenden kirchlichen Aktivitäten zur Förderung eigenständiger theologisch-wissenschaftlicher Forschung« zusammenfassen, einen Forschungsaustausch leisten, den Austausch zwischen akademisch-theologischer Theorie und kirchlicher Praxis verbessern und Graduierungen für den innerkirchlichen theologischen Nachwuchs zum Erwerb des Titels Lic. theol. durchführen können. Vermerk Kalb vom 3.9.1981 über ein Gespräch mit Oberkonsistorialrat Manfred Stolpe am 2.9.1981 in der Dienststelle, a.a.O.

726 Weiter hieß es: »Er wolle mir offen sagen, daß ihm eine Auszeichnung lieber sei, die seinen Namen mit einem bleibenden Werk verbände, wie z. B. der vorgeschlagenen Einrichtung für Lutherforschung, die auch ›kirchlich etwas einbringe‹. Er bat uns zu prüfen, ob man dieser Bitte entsprechen könne.« Information Gysi vom 31.7.1981 über das Gespräch Staatssekretär Gysi mit Bischof Schönherr am 30.7.1981 in der Dienststelle des Staatssekretärs, a.a.O.

727 In einer handschriftlichen Randbemerkung, die vermutlich von Gysi stammt, heißt es, der Grund bestehe darin, daß Schönherr noch ökumenisch tätig sein und deswegen noch nicht zu diesem Zeitpunkt ausgezeichnet werden wolle.« Vgl. Vermerk Kalb vom 3.9.1981 über ein Gespräch mit Oberkonsistorialrat Manfred Stolpe am 2.9.1981 in der Dienststelle, a.a.O. Fünf Jahre später holte Rudi Bellmann diese Pläne wieder aus der Schublade. Vgl. Arbeitsgruppe Kirchenfragen, Rudi Bellmann, Vermerk vom 4.6.1986 für Genossen Jarowinsky, Auszeichnung zum 75. Geburtstag des Bischofs i. R. D. Albrecht Schönherr: »Am 11. September 1986 begeht Bischof i. R. D. Albrecht Schönherr seinen 75. Geburtstag. […] Ich schlage vor, daß eine Auszeichnung des Bischofs zu diesem Anlaß mit dem Orden ›Stern der Völkerfreundschaft‹ in Gold vorbereitet wird. Nach Auskunft des Büros für staatliche Auszeichnungen beim Ministerrat hat Schönherr bisher *keine* staatlichen Auszeichnungen erhalten. Ich erinnere mich, daß Schönherr vor zehn Jahren, als eine Auszeichnung vorgesehen war, darum gebeten hatte, davon Abstand zu nehmen. Er befürchtete seinerzeit wohl innerkirchliche Querelen gegen ihn. Es wäre rechtzeitig und in geeigneter Weise zu klären, ob Schönherr gegenwärtig seine damals geäußerten Bedenken noch aufrecht erhält. Ich bitte um Deinen Hinweis.« SAPMO-BA ZPA IV B2/14/20.

728 Protokoll Lewek vom 8.9.1981 der 130. Sitzung des Vorstands der KKL am 21./22.8. 1981 in Dresden, EZA Berlin, 101/121.

729 Vgl. Kirche als Lerngemeinschaft.

730 EZA Berlin, 4/91/772.

731 Vgl. Schreiben Löwe an Lingner vom 7.10.1981, a.a.O.

732 A.a.O.

733 Vgl. BStU Berlin, MfS OPK 603/88, Bd. 1. Vgl. auch Vorlage Wilke vom 26.9.1980 für die Dienstbesprechung des Staatssekretärs für Kirchenfragen am 29.9.1980, BA, Abt. Potsdam, O-4, 408. Darin schlug Wilke vor, den Weißenseer Arbeitskreis in Vorbereitung auf die Bischofswahl ein Positionspapier erarbeiten zu lassen. Außerdem teilte er die Mitglieder der Berlin-Brandenburgischen Kirchenleitung in »positive Kräfte« (Schönherr, Heilmann, Böhme), »schwankend, zu Schönherr neigend« (Günther, Grüber), »Mitte« (Schuppan, Bransch, Graewe), »Mitte, nach rechts neigend« (Grünbaum, Becker, Kupas, Forck) und »Rechts« (Winter, Furian, Boelke) ein.

734 Dem Staatssekretär für Kirchenfragen lag ein Biogramm über Winter vor, das vom Sektor Kirchenfragen des Berliner Magistrats angefertigt worden war. Darin heißt es: »In der Zeit, wo noch Generalsuperintendent Schmitt in Berlin amtierte, ist die Einsetzung von Winter auch als Angebot gegenüber den staatlichen Organen zu werten, die Beziehungen zu normalisieren. Dr. Winter hatte neben Dr. Rogge mit dazu beigetragen, daß vom Sprachenkonvikt, der Leitung und dem Lehrkörper, akzeptierbare Positionen zu unserem Staat bezogen wurden. In seiner Grundhaltung zum Sozialismus und zu unserem Staat gehört Dr. Winter zu den konservativen negativen Kräften in der Evangelischen Kirche Berlin-Brandenburg, die die Kirche als ›kritisches Korrektiv‹ zum sozialistischen Staat verstehen bzw. Partner sein möchten. Das zeigt sich unter anderem in seinen Positionen zur sozialistischen Bildungspolitik, dem Wehrunterricht, Jugendgesetz u. a.« BA, Abt. Potsdam, O-4, 791; vgl. auch einen Bericht über die staatliche Tätigkeit auf dem Gebiet der Kirchenpolitik in der Hauptstadt der DDR aus dem Jahr 1980, SAPMO-BA ZPA IV B2/14/119.

735 Vgl. BStU Berlin, MfS OPK 603/88, Bd. 1. Vgl. auch Aktenvermerk Wilke vom 23.12.1980 zur Sitzung des Bischofswahlkollegiums am 21.11.1980, BA, Abt. Potsdam, O-4, 791.

736 Aktenvermerk Domeyer vom 20.12.1980 über Koordinierungsberatung am 8.12.1980 in der BV Berlin, BStU Berlin, MfS OPK 603/88, Bd. 1.

737 Ebd.

738 Ebd.

739 Vgl. hierzu auch Abt. IV, Vorlage Braemer vom 25.10.1985 an die Dienstbesprechung am 28.10.1985, Information über die Arbeit der »Niederländischen Ökumenischen Gemeinde in den DDR«: »Die ›NÖG in der DDR‹ gehört zu den progressiven kirchlichen Gruppierungen.« BA, Abt. Potsdam, O-4, 951.

740 Aktenvermerk Domeyer vom 20.12.1980 über Koordinierungsberatung am 8.12.1980 in der BV Berlin, BStU Berlin, MfS OPK 603/88, Bd. 1.

741 Rechercheergebnisse zum IM »Sekretär«, Stand 12.4.1994, 243.

742 Aktenvermerk Hasse vom 28.1.1981 über Koordinierungsberatung in der BV Berlin am 22.1.1981, BStU Berlin, MfS OPK 603/88, Bd. 1.

743 Ebd.

744 Ebd.

745 Ebd. Vgl. zu Stolpe: M. Stolpe, Schwieriger Aufbruch, Berlin 1992; R.G. Reuth, IM Sekretär. Die ›Gauck-Recherche‹ und die Dokumente zum ›Fall Stolpe‹, Frankfurt/M.-Berlin 1992; E. Neubert, Untersuchung zu den Vorwürfen gegen den Ministerpräsidenten des Landes Brandenburg Dr. Manfred Stolpe, Potsdam 1993.

746 In Aktenvermerk Wilke vom 23.12.1980 für Staatssekretär Gysi heißt es: »Die Kirchenleitung hat sich mit der Frage beschäftigt, ob OKR Stolpe nun im Jahre 1981 als Konsistorialpräsident nach Berlin-Brandenburg zurückkehren soll. Es wurde nahezu einmütig festgelegt, daß Stolpe ernsthaft gebeten werden soll, noch im Jahre 1981 diese Funktion zu übernehmen. Die progressiven Kräfte engagieren sich hier sehr stark, denn sie wünschen sich Stolpe dann als ›Gegengewicht‹ zu dem vermutlich dann neu gewählten Bischof Dr. Forck«. BA, Abt. Potsdam, O-4, 791.

747 Aktenvermerk Hasse vom 28.1.1981 über Koordinierungsberatung in der BV Berlin am 22.1.1981, BStU Berlin, MfS, OPK 603/88, Bd. 1.

748 Aktenvermerk Wilke vom 23.12.1980, BA, Abt. Potsdam, O-4, 791.

749 Horst Dohle (geb.1935) wurde zunächst in Dresden (Reg.-Nr. XII 775/89), dann in Berlin als IM geführt. Die Berliner Akten wurden aufgrund eines Löschbefehls, datiert vom 9.12.1989, vernichtet. Außerdem liegt eine Teilablage vor (BStU, A 95/89, Teil II, Bd. 1).

750 Aktenvermerk Dohle vom 16.1.1981 über Gespräch mit Stolpe am 15.1.1981, BA, Abt. Potsdam, O-4, 427.

751 Aktenvermerk Hasse vom 28.1.1981 über Koordinierungsberatung in der BV Berlin am 22.1.1981, BStU Berlin, MfS OPK 603/88, Bd. 1.

752 Ebd.

753 Aktenvermerk Dölling vom 20.1.1981 über Gespräch mit Schüler, SAPMO-BA ZPA IV B2/14/82.

754 Aktenvermerk Dölling vom 20.1.1981, a.a.O.

755 Information Gysi vom 30.4.1981 über ein Gespräch Staatssekretär Gysi mit Bischof Schönherr am 30.4.1981 in der Dienststelle, BA, Abt. Potsdam, O-4, 427; auch SAPMO-BA ZPA IV B2/14/42; SAPMO-BA ZPA IV B2/14/18. Vgl. jedoch Arbeitsgruppe Kirchenfragen, Information vom 5.5.1981 zum Verlauf und zu den Ergebnissen der 3. Ordentlichen Synode der Evangelischen Kirche in Berlin-Brandenburg: »In Beiträgen ließ Dr. Forck Teile seiner Arbeitskonzeption erkennen. Die Seelsorge will er in den Mittelpunkt seiner Tätigkeit stellen. Ein bestimmtes Verhältnis zum Staat sei wichtig, komme für ihn aber erst an zweiter Stelle. Er ist hier für kritische Kontinuität. [...] Forck propagierte ein sozialreformerisches Konzept, den Sozialismus von innen her zu verbessern.« SAPMO-BA ZPA IV B2/14/123.

756 Einschätzung Generalsuperintendent Dr. Forck (Cottbus), SAPMO-BA ZPA IV B2/14/69.

757 Arbeitsgruppe Kirchenfragen, Information vom 5.5.1981 zum Verlauf und zu den Ergebnissen der 3. Ordentlichen Synode der Evangelischen Kirche in Berlin-Brandenburg, SAPMO-BA ZPA IV B2/14/123.

758 SED-BL Dresden, Abteilung Staat und Recht, 10.8.1982, Progressive Gruppierungen innerhalb der Evangelischen Kirche in der DDR, PDS-Archiv Dresden, IV E-2.14-666.

759 Vgl. zu Müller alias IM »Hans Meier« D. Linke, Theologiestudenten der Humboldt-Universität, 41 ff.

760 Vgl. dazu D. Linke, Theologiestudenten. Gegen Müller wurde wegen des Verdachts nachrichtendienstlicher Tätigkeit in der Bundesrepublik ein Verfahren eingeleitet. Vgl. DAS Nr. 51 vom 23.12.1994.

761 In diesem Fall schöpften auch die Kirchen zumindest kurzzeitig Verdacht. In einem Vermerk Zieglers über ein mit Heinrich geführtes Gespräch heißt es: »Ziegler trägt die Beschwerde vor, daß Herrn Enger der Sichtvermerk für das Seefahrtsbuch mit der Begründung verweigert worden sei, daß er als ehemaliger Bausoldat die DDR nicht im Ausland vertreten könne. Der Vorgang war Heinrich bereits bekannt. Er meinte, es sei zugunsten von Herrn Enger bereits entschieden. Aber er werde es noch einmal prüfen. (Vermerk für das Sekretariat: Es ist nachzuforschen, woher Herrn Heinrich dieser Vorgang bereits bekannt war. Falls das Landeskirchenamt Dresden sich bereits direkt an das Staatssekretariat gewendet haben sollte, wäre eine Klärung nötig, wieso der Vorgang dann dem Sekretariat noch einmal übergeben wird mit der Bitte, in dieser Sache tätig zu werden.)« Vermerk Ziegler vom 23.9.1983 über Gespräch mit Hauptabteilungsleiter Heinrich am 22.9.1983 (15.15-17.45 Uhr), EZA Berlin, 101/93/3.

762 BA, Abt. Potsdam, O-4, 1207.

763 Vgl. dazu R. Eppelmann, Fremd im eigenen Haus, 189 ff.

764 Vgl. Vorlage Röfke-Behnke vom 25.9.1987 an die Dienstbesprechung am 28.9.1987, Thema: Information zum Inhalt der »Weißenseer Blätter«, BA, Abt. Potsdam, O-4, 955.

765 Vgl. Abt. II, Vorlage vom 29.4.1982 an die Dienstbesprechung am 3.5.1982, Leitungsinformation 2/1982, BA, Abt. Potsdam, O-4, 410.

766 SED-BL Dresden, Abteilung Staat und Recht, 10.8.1982, Progressive Gruppierungen innerhalb der Evangelischen Kirche in der DDR, PDS-Archiv Dresden, IV E-2.14-666.

767 Abteilung II, Maßnahmeplan vom 20.12.1982 zur weiteren politischen Profilierung der progressiven kirchlichen evangelischen Gruppierungen, BA, Abt. Potsdam, O-4, 410.

768 Vgl. auch Abt. II, Wilke, 22.12.1982, Leitungsinformation 6/82, a.a.O.

769 Vgl. Abt. II, Vorlage vom 3.11.1982 an die Dienstbesprechung am 8.11.1982, a.a.O. Kreß sagte 1986, wenn die Landessynode Sachsen vorhabe, mit den Friedensgruppen zu reden, müßte sie in das Gespräch auch die CFK-Basisgruppe Königswartha einbeziehen. Vgl. RdB Dresden, Sektor Staatspolitik in Kirchenfragen, Dresden, den 12.10.1986, Tagesinformationen zur Herbsttagung der Landessynode der Ev.-Luth. Landeskirche Sachsens vom 11.-15.10.1986 in Dresden, PDS-Archiv Dresden, IV E2.14-680.

770 Vorlage Janott vom 3.9.1981 an die Dienstbesprechung am 7.9.1981, Leitungsinformation Nr. 4/1981, BA, Abt. Potsdam, O-4, 409.

771 Information über Pressegespräch am Sonnabend, den 19.9.1981, SAPMO-BA ZPA IV B2/14/89.

772 Vgl. Leiter des Büros, Vorlage Dohle vom 5.11.1981 an die Dienstbesprechung vom 2.11.1981 [sic!], Leitungsinformation 5/81, BA, Abt. Potsdam, O-4, 410. Die Einführung sollte Werner Krusche vornehmen. Vgl. Vermerk Wollstadt über den Bischofskonvent am 29.6.1981 in Berlin, EZA Berlin, 101/1190, Bd. II.

773 Information Gysi vom 19.10.1981 über das Gespräch von Staatssekretär Gysi mit Bischof Dr. Forck am 15.10.1981 in der Dienststelle des Staatssekretärs, BA, Abt. Potsdam, O-4, 434; auch SAPMO-BA ZPA IV B2/14/122.

774 Leiter des Büros, Vorlage Dohle vom 5.11.1981 an die Dienstbesprechung vom 2.11.1981 [sic!], Leitungsinformation 5/81, BA, Abt. Potsdam, O-4, 410.

775 Vgl. Leiter des Büros, Dohle, Vorlage vom 21.12.1981 an die Dienstbesprechung, Leitungsinformation 6/81, a.a.O. Am 8.12.1981 kam es noch zu einem Abschiedsbesuch Schönherrs bei Gysi, ebd. Die erste im Ostberliner Magistrat vorgenommene kirchenpolitische Gesamteinschätzung seit Forcks Amtsantritt lautete: »Der Wechsel im Bischofsamt [...] hat die Kräfte in der Kirchenleitung gestärkt, die weniger geneigt sind, zu konstruktiven Lösungen mit dem Staat zu kommen. Dies zeigt sich z. B. an der Weigerung von Bischof Forck, zu einem Gespräch mit dem Stellvertreter des Oberbürgermeisters für Inneres, Genossen Hoffmann, ins Rathaus zu kommen.« Magistrat von Berlin, Hauptstadt der DDR, Sektor Kirchenfragen, Bericht vom 15.12.1981 zur kirchenpolitischen Situation in Berlin Hauptstadt der DDR, 10.10.-10.12.1981, BA, Abt. Potsdam, O-4, 1129. Allerdings wurde hier auch vermerkt, daß Forck am 6.11.1981 gemeinsam mit Schönherr bei Oberbürgermeister Krack im Roten Rathaus vorstellig wurde. Vgl. ebd. Unter Berufung auf Gysis Grußwort trug der Bischof dem Staatssekretär mit Schreiben vom 25.1.1982 fünf Anliegen von Gemeindegliedern betreffend Ausreisegenehmigungen und Benachteiligungen in Schule, Hochschule und Beruf vor. Vgl. BA, Abt. Potsdam, O-4, 434. Vgl. auch Abteilung II, Information Wilke vom 27.1.1982 über ein Gespräch des Staatssekretärs mit Bischof Forck und OKR Stolpe am 25.1.1982, a.a.O., auch a.a.O., O-4, 1437; Vermerk Stolpe vom 29.1.1982 über ein Gespräch mit dem Staatssekretär für Kirchenfragen am 25.1.1982, EZA Berlin, 101/245. Auch Sachsens LKA-Präsident Domsch trug auf bezirklicher Ebene am 11.5.1982 Reiseanliegen von Gemeindegliedern vor. Vgl. RdB Dresden, Stellvertreter des Vorsitzenden für Inneres, Vermerk Ullmann vom 17.5.1982 über Gespräch mit Präsident Domsch am 11.5.1982, an dem OKR Zweynert und Genn. Fischer, Sektor Staatspolitik in Kirchenfragen, teilnahmen. PDS-Archiv Dresden, IV E-2.14-671.

776 Abt. I, Information vom 16.12.1981 über politisch-ideologische Probleme und Tendenzen auf den Synoden der evangelischen Kirchen in der DDR im Jahr 1981, BA, Abt. Potsdam, O-4, 410.

777 Abteilung I, Wilke, Vorlage Handel vom 26.11.1981 an die Dienstbesprechung am 30.11.1981, Einschätzung des Kräfteverhältnisses in der Synode des BEK, a.a.O.

778 Abteilung I, Information Wilke vom 14.12.1981 an den Staatssekretär, BA, Abt. Potsdam, O-4, 427.

779 Leiter des Büros des Staatssekretärs, Vermerk Dohle vom 30.12.1981, a.a.O.

780 Vermerk Forck über Bischofskonvent am 16.12.1981 in der Auguststraße 80, EZA Berlin, 101/1190, Bd. II.

781 Krusche an Gysi vom 30.12.1981, EZA Berlin, 101/350.

782 Information Behncke vom 28.1.1982 über das Gespräch Staatssekretär Gysi mit Bischof Krusche am 28.1.1982 in der Dienststelle des Staatssekretärs, BA, Abt. Potsdam, O-4, 427; auch a.a.O., O-4, 1437; auch SAPMO-BA ZPA IV B2/14/42.

783 Auf der 135. Sitzung des KKL-Vorstands am 16.1.1982 in Berlin hatte Wahrmann den vorgesehenen Synodenablauf vorgestellt. Vgl. Protokoll Krusche-Demke-Lewek vom 26.1.1982, EZA Berlin, 101/121. Vor der Bundessynode, am 26.1.1982, zwischen 18 und 20 Uhr, traf sich IM »Sekretär« mit Wiegand und Roßberg, Rechercheergebnisse zum IM »Sekretär«, Stand 12.4.1994, 177.

784 Vgl. Leiter des Büros, Vorlage Dohle vom 1.3.1982 an die Dienstbesprechung vom 22.2.1982, Leitungsinformation Nr. 1/82, BA, Abt. Potsdam, O-4, 410; vgl. auch die ausführliche Information Behncke vom 28.1.1982 über das Gespräch Staatssekretär Gysi mit Bischof Krusche am 28.1.1982 in der Dienststelle des Staatssekretärs, BA, Abt. Potsdam, O-4, 427, auch a.a.O., O-4, 1437; auch SAPMO-BA ZPA IV B2/14/42. Im Vorfeld der Bundessynode hatte Gysi am 25. 1. auch mit Bischof Forck sowie am 27.1. mit Kirchenpräsident Natho gesprochen. Vgl. Leiter des Büros, Vorlage Dohle vom 1.3.1982 an die Dienstbesprechung vom 22.2.1982, Leitungsinformation Nr. 1/82, BA, Abt. Potsdam, O-4, 410.

785 Zu Stier vgl. auch RdB Rostock, Sektor Kirchenfragen, Ergänzung Macht vom 28.1.1982 zur Einschätzung des Bundessynodalen der Evangelischen Landeskirche Mecklenburgs, Stier, Christoph: »In den mit ihm geführten politischen Gesprächen zeigte sich, daß P. Stier zu den Grundfragen unserer Zeit eine positive Haltung zum Ausdruck brachte. Die Einführung des Wehrunterrichts an unseren Schulen wurde von Stier nicht gerade begrüßt, er brachte aber andererseits zum Ausdruck, daß das eine staatliche Maßnahme sei, womit man sich abzufinden habe.« Da sein Sohn jedoch den Wehrunterricht prinzipiell ablehne und sich auch an wehrsportlichen Übungen nicht beteiligte, wurde festgestellt: »An der Haltung des Sohnes kommt der Erziehungseinfluß und die politische Einstellung des Vaters eindeutig zum Ausdruck. Daraus kann man schlußfolgern, daß die bisherigen politischen Aussagen von Stier in der Vergangenheit angezweifelt werden müssen und nur pragmatische Erklärungen waren. Mit dieser Haltung zeigt er, daß er sich mit den negativen Kräften dieser Landeskirche solidarisch erklärt. Somit kann eingeschätzt werden, daß Stier auch in der Bundessynode nicht zu den realistischen Kräften gehören wird«. BA, Abt. Potsdam, O-4, 790. Einer der Söhne Stiers wurde wegen Tragens des Aufnähers »Schwerter zu Pflugscharen« von der Erweiterten Oberschule auf die normale Zehn-Klassen-Schule strafversetzt. Vgl. Protokoll Lewek-Demke über das Sachgespräch Staatssekretär Gysi-Konferenz der Evangelischen Kirchenleitungen am 7.4.1982, EZA Berlin, 101/351.

786 Görlitz, den 31.1.1982, Information über die konstituierende Tagung der 4. Synode des BEK vom 29.1. bis zum 31.1.1982 in Herrnhut, SAPMO-BA ZPA IV B2/14/90.

787 Vgl. SED-BL Dresden, Abt. Staat und Recht, Göpfert, Abteilungsleiter, Information an Modrow vom 5.2.1982. Dort hieß es abschließend: »Das wäre für uns eine perspektivisch günstige Lösung in kirchenpolitischer Hinsicht.« PDS-Archiv Dresden, IV E-2.14. Leich profiliere sich in seinem gesellschaftlichen Engagement, stellte das Staatssekretariat für Kirchenfragen über Thüringens Bischof fest. Vgl. Abteilung II, Vorlage Janott vom 17.2.1982 an die Dienstbesprechung am 22.2.1982, Leitungsinformation Nr. 1/1982, BA, Abt. Potsdam, O-4, 410.

788 Zu Stolpes Amtsantritt vgl. Wir sind aufeinander angewiesen. Gespräch mit Konsistorialpräsident Manfred Stolpe, in: Potsdamer Kirche vom 7.3.1982.

789 Arbeitsgruppe Kirchenfragen, Niederschrift Bellmann vom 3.2.1982 über ein Gespräch mit Konsistorialrat Manfred Stolpe am 3.2.1982, SAPMO-BA ZPA IV B2/14/55.

790 C. von Heyl, 8.10.1981, Thesemreihe: Unsere Friedensaufgabe: Verhütung des Krieges, EZA Berlin, 101/653.

791 Vermerk Stolpe über die 8. Konsultation zwischen dem Bund der Evangelischen Kirchen in der DDR und der Evangelischen Kirche in Deutschland am 9.10.1981 in Berlin, a.a.O.

792 Ebd.

793 Vgl. z. B. Schönherr, »... aber die Zeit war nicht verloren«, 361 f.

794 Information über Pressegespräch am Sonnabend, den 19.9.1981, SAPMO-BA ZPA IV B2/14/89. Vgl. den Bericht Schönherrs in epd-Dok 43/81, 2-13, insbes. 10.

795 Schreiben Gysi an Verner vom 26.10.1981, SAPMO-BA ZPA IV B2/14/42.

796 Vgl. Vermerk Stolpe, EZA Berlin, 101/653.

797 Vermerk Stolpe, EZA Berlin, 101/653.

798 Zu Bernhardt vgl. D. Linke, Theologiestudenten, 377 ff.; 472 f.; 477 ff.; 487 ff. Zu den Kontakten zwischen Bernhardt und Lohse vgl. a.a.O., 422.

799 BA, Abt. Potsdam, O-4, 484.

800 Bölling war um intensive Kontakte mit den Kirchen bemüht. So besuchte er am 30. Juli 1981 den Thüringer Landeskirchenrat in Eisenach. Vor allem zeigte sich Bölling während dieses Gespräches an der kirchlichen Position zur Staatsbürgerschaftsfrage interessiert. »Auf diese Frage habe OKR Mitzenheim als Volkskammerabgeordneter geantwortet. (OKR Zilz sagte später, Mitzenheim habe ›rumgedruckst‹).« RdB Erfurt, Schreiben des Stellvertreters des Vorsitzenden für Inneres, Hartmann, an Gysi vom 6.8.1981 über Gespräch mit Leich und OKR Mitzenheim am 4.8.1981, BA, Abt. Potsdam, O-4, 771.

801 Abt. I, Information Wilke vom 14.4.1981 über ein Gespräch mit OKR Stolpe am 10.4.1981, BA, Abt. Potsdam, O-4, 427; auch a.a.O., O-4, 1437.

802 AV Bonn, Abt. IAP, Vermerk Klötzer, I. Sekretär, vom 10.9.1981 über ein Gespräch des Genossen Klötzer mit Prälat Binder, Bevollmächtigter des Rates der EKD am Sitz der BRD, am 8.9.1981, BA, Abt. Potsdam, O-4, 4877.

803 RdB Halle, Sektor Kirchenfragen, 3.9.1981, Voigt, Inhaltliche Probleme der Kreisoberpfarrer-Tagung vom 2.9.1981 in der Ev. Landeskirche Anhalts, BA, Abt. Potsdam, O-4, 771.

804 Vgl. Vermerk Wollstadt, EZA Berlin, 101/1190, Bd. II.

805 Zit. nach M. Wilke u. a., Die SED-Führung und die Unterdrückung der polnischen Oppositionsbewegung 1980/81, 116. Vgl. auch ders., SED-Politbüro und polnische Krise 1980-82.

806 Über Mitzenheim hatte es im Juli 1977 freilich, ohne dessen Progressivität in Frage zu stellen, in einer gesprächsweise erarbeiteten Einschätzung geheißen: »OKR Mitzenheim hat die in ihn als Nachfolger von OKR Dr. Lotz gesetzten Erwartungen nicht erfüllt. Seine fachlichen Leistungen reichen über Mittelmaß nicht hinaus. Sein gesellschaftliches Engagement bleibt ohne nennenswerte Wirkung. Dadurch ist, gemessen an seinem Vorgänger, in dieser Funktion ein Autoritätsschwund eingetreten, so daß er für den Landesbischof nicht die erhoffte Stütze sein kann. Hinzu kommt, daß Mitzenheim seine Leistungen unkritisch beurteilt und offenbar gestützt auf sein Mandat als Abgeordneter der Volkskammer zur Überheblichkeit neigt.« Information Seigewasser-Kalb vom 25.7.1977 über ein Gespräch des Staatssekretärs für Kirchenfragen Hans Seigewasser, mit dem Landesbischof der Evangelisch-Lutherischen Kirche in Thüringen, D. Ingo Braecklein, am 21.7.1977 in Erfurt, Hotel »Erfurter Hof« (geschlossener Raum), BA, Abt. Potsdam, O-4, 797; auch SAPMO-BA ZPA IV B2/14/20.

807 Vgl. M. Wilke u. a., Die SED-Führung und die Unterdrückung der polnischen Oppositionsbewegung 1980/81, 117 f.

808 Arbeitsgruppe Kirchenfragen, Information Bellmann vom 16.12.1980 über ein Gespräch

mit dem Leiter des Sekretariats des Bundes der Evangelischen Kirchen in der DDR (BEK), Oberkonsistorialrat Stolpe, vom 16.12.1980, SAPMO-BA ZPA IV B2/14/80.

809 Ebd.

810 Ebd.

811 Ebd.

812 Vgl. M. Wilke u. a., Die SED-Führung und die Unterdrückung der polnischen Oppositionsbewegung 1980/81, 120.

813 Information Gysi vom 13.2.1981, BA, Abt. Potsdam, O-4, 427; auch SAPMO-BA ZPA IV B2/14/42.

814 Arbeitsgruppe Kirchenfragen, Niederschrift Bellmann vom 16.2.1981 über ein Gespräch mit Oberkonsistorialrat Stolpe, Leiter des Sekretariats des BEK, am 16.2.1981, BA, Abt. Potsdam, O-4, 427.

815 Information »Sekretär«-Wiegand über Privatbesuch Raus und Immers bei Schönherr am 14./15.2.1981, Bericht des Untersuchungsausschusses 1/3 des Brandenburgischen Landtages vom 29.4.1994, Drucksache 1/3009, Teil B, Anlage 19.38. Zum Besuch der beiden Rheinländer vgl. auch Niederschrift über die 65. gemeinsame Beratung der Bereichsräte der EKU am 4.3.1981 in Berlin, LKA Hannover D 15 XII, K 73/412/III.

816 Information »Sekretär«-Wiegand über Privatbesuch Raus und Immers bei Schönherr am 14./15.2.1981, Bericht des Untersuchungsausschusses 1/3 des Brandenburgischen Landtages vom 29.4.1994, Drucksache 1/3009, Teil B, Anlage 19.38.

817 Ebd.

818 Ebd.

819 Vgl. Vermerk aus der DDR-Vertretung in Bonn vom 26.2.1981 über das Gespräch zwischen Lohse und Moldt, SAPMO-BA ZPA IV B 2/14/200. Lohse erwähnt in seiner Darstellung (Erneuern und Bewahren, 125) die Bereitschaft zu diplomatischen Vermittlungsdiensten nicht.

820 Vgl. Internationale Beziehungen, Information Weise vom 9.2.1981 über die Dienstreise von Genossen Weise und Genossen Dr. Will vom 28.1. bis zum 30.1.1981 nach Moskau, SAPMO-BA ZPA IV B2/14/27. Die Begegnung war nach staatlicher Einschätzung »durch Aufgeschlossenheit und eine vertrauensvolle Atmosphäre gekennzeichnet.« Information und Einschätzung über die kirchenpolitische Situation im Bezirk Dresden vom 27.11.1981, PDS-Archiv Dresden, IV D-2.14-690.

821 Rede Staatssekretär Gysi während der Staatsämtertagung im Januar 1982 in Prag, SAPMO-BA ZPA IV B2/14/27. Zu den Beziehungen zwischen polnischem und DDR-Episkopat vgl. auch Arbeitsgruppe Kirchenfragen, Bericht Bellmann vom 20.1.1983 über die Konsultationen zu Problemen der Kirchenpolitik der PVAP in Warschau: »Im Rahmen der Vereinbarung über den Delegations- und Erfahrungsaustausch zwischen der SED und der PVAP fand vom 10.-13.1.1983 in Warschau eine Konsultation zu kirchenpolitischen Fragen statt. [...] Im Staatsamt für Kirchenfragen gaben die Genossen folgende Einschätzung der Entwicklung der Beziehungen zwischen dem hohen Klerus der DDR und VRP: Die Kontakte des Episkopates der VRP zu dem der DDR waren jahrzehntelang ziemlich schwach. Die polnischen Bischöfe vertraten den Standpunkt, daß die deutsche katholische Kirchenleitung ihren Sitz in der BRD habe und die Priester in der DDR zu stark mit der Regierung liiert seien bzw. unter dem Druck der Regierung ständen. Bis zum Besuch von Bischof Meisner im November 1982 gab es de facto keine Kontakte auf der Ebene der Bischofskonferenzen.« SAPMO-BA ZPA IV B2/14/28.

822 Al. I, Aktenvermerk Wilke vom 12.2.1981 für den Staatssekretär, BA, Abt. Potsdam, O-4, 427; auch a.a.O., O-4, 1437.

823 Abt. I, Leitungsinformation 6/80 Janott-Handel vom 6.1.1981, Vorlage für die Dienstbesprechung am 12.1.1981, BA, Abt. Potsdam, O-4, 409.

824 AV Bonn, Abt. IAP, Vermerk Klötzer (I. Sekretär) vom 1.4.1981 über ein Gespräch mit Prälat Binder, Bevollmächtigter des Rates der EKD am Sitz der BRD, am 31.3.1981, Abschrift in BA, Abt. Potsdam, O-4, 4871; auch SAPMO-BA ZPA IV B 2/14/200. Auch

Schönherr sagte Ende Mai zu Gysi: »Alles, was er aus dem internationalen Kirchenleben höre, zeige tiefstes Entsetzen über Reagan und seine Mitarbeiter. Man höre allenthalben, und es herrsche darüber Einigkeit, daß die neue amerikanische Administration ohne Besinnen die schlimmsten Blutregime der Welt unterstütze, deren blutige Opfer jeder kenne, wenn sie meine, daß es im militärischen und ökonomischen Interesse der USA liege. Sie trampele auf den Menschenrechten herum, und es sei eine unerträgliche Lüge, wenn sie diese Rechte in den Mund nehmen.« Information Gysi vom 22.5.1981, BA, Abt. Potsdam, O-4, 427; auch SAPMO-BA ZPA IV B2/14/42.

825 Abt. I, Information Wilke vom 14.4.1981 über ein Gespräch mit OKR Stolpe am 10.4.1981, BA, Abt. Potsdam, O-4, 427; auch a.a.O., O-4, 1437.

826 Vgl. ebd.

827 Vgl. Information Gysi vom 13.2.1981, BA, Abt. Potsdam, O-4, 427; auch SAPMO-BA ZPA IV B2/14/42.

828 Information Gysi vom 29.4.1981, BA, Abt. Potsdam, O-4, 427. In einem weiteren Gespräch mit Gysi bezeichnete Stolpe die Berlin-Brandenburger Synode als »›drittklassiges Provinztheater‹«. Vgl. Information Gysi vom 30.4.1981 über ein Gespräch Staatssekretär Gysi mit Bischof Schönherr am 30.4.1981 in der Dienststelle, BA, Abt. Potsdam, O-4, 427; auch SAPMO-BA ZPA IV B2/14/42; SAPMO-BA ZPA IV B2/14/18.

829 Dabei handelte es sich um ein Schreiben, das die Ost-Berliner Synode auf ihrer Tagung im April 1981 verabschiedet hatte. Darin heißt es, daß in der DDR »gelegentlich alte Vorurteile wieder aufleben und abwertende Äußerungen über Polen zu hören sind« (KiS 4/81, 3). Diese Äußerung war auch in dem von Generalsuperintendent Schuppan vorgetragenen Kirchenleitungsbericht enthalten. Vgl. Bericht Major Roßberg vom 25.4.1981, Tagung der Synode der evangelischen Landeskirche Berlin-Brandenburg vom 24.4.1981 bis 28.4.1981 in Berlin-Weißensee, BStU Berlin, XX/4-736.

830 Vgl. auch Arbeitsgruppe Kirchenfragen, Information vom 5.5.1981 zum Verlauf und zu den Ergebnissen der 3. Ordentlichen Synode der Evangelischen Kirche in Berlin-Brandenburg, SAPMO-BA ZPA IV B2/14/123.

831 Am Vormittag des ersten Synodaltages hatte Gysi Schönherr mitgeteilt, das Außenministerium habe Westjournalisten keine Genehmigungen zur Synodenberichterstattung erteilt. Darauf antwortete der Bischof, »daß die Synode öffentlich sei und die Kirche sich nicht in der Lage sähe, ordnungsgemäß in der DDR akkreditierte Journalisten des Raumes zu verweisen.« Bericht Major Roßberg vom 25.4.1981, Tagung der Synode der evangelischen Landeskirche Berlin-Brandenburg vom 24.4.1981 bis 28.4.1981 in Berlin-Weißensee, BStU Berlin, XX/4-736.

832 »Er wolle in aller Ernst und ganz offiziell zurückweisen, daß bei ihnen die Absicht bestände, über BRD-Medien mit unserem Staat zu verkehren. Die Medien seien schon in den 50er und 60er Jahren außerordentlich lästig gewesen, auch wenn die Kirche selbst nicht unbedingt schuldlos daran sei. In aller Form aber müsse er mir [Gysi] sagen, daß sie nicht daran denken, Druck über die BRD-Presse auszuüben bzw. sich über die BRD-Presse mit uns zu verständigen. Die BRD-Presse beabsichtige eindeutig, die Kirche als Oppositionspartei gegen unseren Staat aufzubauen. Das sei offensichtlich. Innenpolitisch solle das alles (besonders Springer-Presse) die Linie von Strauß unterstützen. [...] Die BRD-Presse habe alles auf unmoralischste Weise entstellt. [...] Er sei bereit, bei nächster Gelegenheit – z. B. im Ausland – vor der BRD-Presse klar und hart zu ihrer Rolle Stellung zu nehmen, die direkt gegen uns, indirekt aber genauso gegen unsere Kirche gerichtet sei, und auf ihre unmoralische, unwahre und unchristliche Berichterstattung hinzuweisen.« Information Gysi vom 30.4.1981 über ein Gespräch Staatssekretär Gysi mit Bischof Schönherr am 30.4.1981 in der Dienststelle, BA, Abt. Potsdam, O-4, 427; auch SAPMO-BA ZPA IV B2/14/42; a.a.O., IV B2/14/18. Schönherrs Nachfolger Forck sagte hingegen im November 1981 zu Hans Wilke: »Zur Presseberichterstattung in den Westmedien meinte er, daß es doch auch loyale Berichterstattungen gäbe. Außerdem müsse man doch sehen, daß die Leute sich ›interessante Stellen‹ heraussuchen müssen, wenn sie aus dem Alltag heraus deutlich reden wollen.« Vermerk

Wilke vom 13.11.1981 über ein Gespräch mit Bischof Dr. Forck am 12.11.1981, BA, Abt. Potsdam, O-4, 434; auch a.a.O., O-4, 1437.

833 Information Gysi vom 30.4.1981 über ein Gespräch Staatssekretär Gysi mit Bischof Schönherr am 30.4.1981 in der Dienststelle, BA, Abt. Potsdam, O-4, 427; auch SAPMO-BA ZPA IV B2/14/18; a.a.O., IV B2/14/42. Vgl. auch Arbeitsgruppe Kirchenfragen, Information vom 5.5.1981 zum Verlauf und zu den Ergebnissen der 3. Ordentlichen Synode der Evangelischen Kirche in Berlin-Brandenburg: »Bischof Schönherr war offensichtlich nicht bereit, die Auseinandersetzungen mit den negativen Kräften zu führen und von ihm bereits vertretene Standpunkte zu verteidigen. Er verhielt sich nachgiebig und kompromißlerisch und vergab die Möglichkeit, konsequent im Sinne des Gespräches vom 6.3.1878 aufzutreten.« SAPMO-BA ZPA IV B2/14/123. Während eines Gesprächs mit Bellmann am 11.5.1981 entschuldigte sich Stolpe für den Verlauf der Berlin-Brandenburger Synode. »Die von unseren staatlichen Organen zu recht beanstandeten Vorgänge seien durch eine mangelhafte Vorbereitung, durch ein sorgloses Herangehen der politisch vernünftigen Kräfte in der Kirchenleitung verursacht und von der Westpresse mißbraucht worden.« Bellmann entgegnete: »Es sei z. B. unerträglich, daß ein Synodaler unseren Staat durch Vergleiche mit faschistischen Losungen verleumde. Noch unerträglicher sei, daß niemand, auch er [Stolpe] selbst nicht, das Wort genommen habe, um diese Ungeheuerlichkeit zurückzuweisen.« Arbeitsgruppe Kirchenfragen, Niederschrift Bellmann vom 13.5.1981 über ein Gespräch mit dem Leiter des Sekretariats des Bundes Evangelischer Kirchen, Oberkonsistorialrat Manfred Stolpe, am 11.5.1981, BA, Abt. Potsdam, O-4, 427.

834 RdB Rostock, Stellvertreter des Vorsitzenden für Inneres, Aktenvermerk Steinbach vom 7.4.1981, Abschrift Gutsche vom 5.6.1981, SAPMO-BA ZPA IV B2/14/131. Vgl. auch Schreiben Icking, SED-BL Cottbus an ZK der SED, AG Kirchenfragen, vom 2.10.1981, in dem berichtet wurde, 31 evangelische Pfarrer aus dem Bezirk seien als Gruppe zu protestantischen Kollegen nach Polen gereist. Abschließend wurde von ihnen berichtet: »Die ev. Pfarrer der VRP betrachten die Solidarno   als Einrichtung der kath. Kirche. Da sie von der kath. Kirche bekämpft werden, sind sie gegen die Solidarno . Die Solidarno   dürfe nach Meinung der polnischen ev. Pfarrer keinen weiteren Boden gewinnen, da ihre Beschlüsse nicht dazu angetan seien, um Ruhe und Ordnung im Lande zu schaffen.« SAPMO-BA ZPA IV B2/14/69.

835 Information Gysi vom 8.5.1981 zum Sekretariatsbeschluß des ZK 1./618 6/81 vom 6.5.1981, SAPMO-BA ZPA IV B2/14/42 und BA, Abt. Potsdam, O-4, 427. Schönherr hatte Gysi bereits am 13.2.1981 von dem Konsultationstermin am 20.5.1981 in Kenntnis gesetzt, ohne allerdings den direkten Zweck zu erwähnen. In Gysis Protokoll heißt es: »Am 20.5. möchte er einer Einladung von Bischof von Keler nach Stuttgart folgen, mit dem er in Fragen der Friedenssicherung in Kontakt stände.« Information Gysi vom 13.2.1981, BA, Abt. Potsdam, O-4, 427; auch SAPMO-BA ZPA IV B2/14/42.

836 Vgl. SAPMO-BA ZPA J IV 2/3-3211, 5 (Tagesordnungspunkt 9).

837 Information Gysi vom 8.5.1981 zum Sekretariatsbeschluß des ZK 1./618 6/81 vom 6.5.1981, SAPMO-BA ZPA IV B2/14/42 und BA, Abt. Potsdam, O-4, 427.

838 Vgl. Vermerk Schönherr, EZA Berlin, 101/655.

839 Information Gysi vom 22.5.1981, BA, Abt. Potsdam, O-4, 427; auch SAPMO-BA ZPA IV B2/14/42.

840 Vgl. Vermerk Stolpe über die 7. Konsultation am 20.5.1981, EZA Berlin, 101/653.

841 Arbeitsgruppe Kirchenfragen, Niederschrift Bellmann vom 28.5.1981 über ein Gespräch mit Bischof Dr. Schönherr am 28.5.1981, BA, Abt. Potsdam, O-4, 427.

842 Einen vom Regionalsekretär der CFK der DDR, Carl Ordnung, unterbreiteten Vorschlag, der BEK möge aufgrund von Äußerungen von amerikanischen Regierungsmitgliedern die ökumenischen Reisen in die USA einstellen, stieß bei den DDR-Bischöfen »auf Ablehnung. Gerade jetzt sei Solidarität mit den befreundeten Kirchen dort nötig.« Vermerk Schönherr über den Bischofskonvent am 6.3.1981 in Berlin, EZA Berlin, 101/1190, Bd. II.

843 Wiss. Mitarbeiter, Februar 1981, Zu einigen Problemen der gegenwärtigen Auseinandersetzung um die Menschenrechte unter besonderer Berücksichtigung der Haltung der Kirchen, BA, Abt. Potsdam, O-4, 495.

844 Offizieller Anlaß für die Reise war die Verabschiedung des aus dem Amt scheidenden Schönherr von Prälat Binder. Vgl. Information Gysi vom 21.7.1981 über die Unterredung mit Oberkonsistorialrat Stolpe am 20.7.1981, BA, Abt. Potsdam, O-4, 427; auch SAPMO-BA ZPA IV B2/14/18.

845 Politisch operative Maßnahmen im Rahmen der Aktion »Reaktion«, BStU Berlin, Lieferung V/II, 177. Vgl. auch Bericht des Untersuchungsausschusses 1/3 des Brandenburgischen Landtages, Drucksache 1/3009, Anlagen Teil A, Anlage 116.

846 Binder soll gegenüber der Ständigen Vertretung der DDR in Bonn im März 1981 Schmidts Interview in den Evangelischen Kommentaren (Ev. Komm. 14 [1981], 209-216) dahingehend kritisiert haben, er halte die Aufforderung des Kanzlers, die Kirche möge »sich nicht in der Politik betätigen«, für »völlig unangebracht«. Die Äußerungen Schmidts, die noch nicht publiziert vorlägen, hätten »bereits für viel Unruhe in der Kirchenleitung [ge]sorgt[.] [...] Im übrigen sei hier wieder einmal zutage getreten, daß die evangelischen Journalisten ein Völkchen seien, das es nicht nötig habe, sich mit der Kirchenleitung abzustimmen.« AV Bonn, Abt. IAP, Vermerk Klötzer (I. Sekretär) vom 1.4.1981 über ein Gespräch mit Prälat Binder, Bevollmächtigter des Rates der EKD am Sitz der BRD, am 31.3.1981, Abschrift in BA, Abt. Potsdam, O-4, 4871; auch SAPMO-BA ZPA IV B 2/14/200.

847 Bezüglich seiner vielen geplanten Westreisen für das Jahr 1981, über deren beabsichtigte Folge der Bischof Gysi am 13.2.1981 informiert hatte, fragte der Staatssekretär sarkastisch, »wann er als Oberhirte der hiesigen Schafe eigentlich seine Herde in der DDR zu hüten gedenke.« Information Gysi vom 13.2.1981, BA, Abt. Potsdam, O-4, 427; auch SAPMO-BA ZPA IV B2/14/42.

848 Vgl dazu A. Schönherr, »... aber die Zeit war nicht verloren«, 296. Vgl. auch Arbeitsgruppe Kirchenfragen, Niederschrift Bellmann vom 20.7.1981 über ein Gespräch mit Oberkonsistorialrat Stolpe am 20.7.1981, BA, Abt. Potsdam, O-4, 427.

849 Schönherr, »... aber die Zeit war nicht verloren«, 297.

850 Am 17.7.1981 hatte es ein von Stolpe vor dem Untersuchungsausschuß bestätigtes Treffen mit Wiegand gegeben. Auf dieser Grundlage wurde tags darauf eine »Information über Gespräche von Bischof Schönherr/Berlin mit dem Bundeskanzler der BRD, Schmidt, und dem Außenminister der BRD, Genscher« angefertigt. Vgl. dazu Untersuchungsausschuß des Brandenburgischen Landtages 1/3 vom 29.4.1994, Drucksache 1/3009, Anlage Teil B, 31-34; Anlage Teil A, Anlage 117 (Dokument).

851 BStU Berlin, Lieferung V/II, 173-177. Zu Gysi sagte Stolpe: »Die Hauptsorge von Schmidt war jedoch offenbar, daß ein ›Handlungszwang‹ die SU und die DDR zu einem ›Eingreifen‹ in Polen zwingen könne. Die Stimmung in Frankreich, Skandinavien und der BRD sei so für Polen, daß er (Schmidt) in diesem Fall handlungsunfähig werde. (Laut Binder. Schmidt meinte, daß danach keine Ostpolitik mehr möglich sei.) Dabei müsse man zwischen DDR und SU (›Rußland‹) noch unterscheiden. Bei der SU sei es eher zu verkraften als bei uns.« Information Gysi vom 21.7.1981 über die Unterredung mit Oberkonsistorialrat Stolpe am 20.7.1981, BA, Abt. Potsdam, O-4, 427; auch SAPMO-BA ZPA IV B2/14/18.

852 In der Sprache Klaus Gysis heißt es: »Die BRD habe Polen viel geholfen, aber sie könne kein Geld mehr geben. Zurück bekämen sie sowieso nichts, könnten es gleich abschreiben. Außerdem sei ihre internationale Finanzsituation (BRD) so, daß sie kaum noch die Zinsen zahlen könnten (USA-Hochzinspolitik).« Ebd.

853 Gegenüber Gysi sagte Stolpe: »Schmidt sprach sehr freundlich über Gierek als einen gestandenen Politiker, der aber leider von Ökonomie nichts verstanden habe. Es sei ehrenrührig, ihn einfach in die Wüste zu schicken. [...] Ihm sei schleierhaft, wie jemand in Polen die Lage meistern wolle. Das System habe Gierek fertiggemacht und würde

auch jeden anderen zum Scheitern bringen. Nur die Preußen und die Sachsen könnten offensichtlich aus diesem System etwas machen.« Ebd.

854 Die Preußenrenaissance in der DDR veranlaßte die Greifswalder Kirchenleitung, die Rückbenennung der Landeskirche in Pommersche evangelische Kirche bei staatlichen Stellen ins Gespräch zu bringen. Vgl. RdB Rostock, Stellvertreter des Vorsitzenden für Inneres, Aktenvermerk Steinbach vom 7.4.1981, Abschrift Gutsche vom 5.6.1981, SAPMO-BA ZPA IV B2/14/131.

855 Arbeitsgruppe Kirchenfragen, Niederschrift Bellmann vom 20.7.1981 über ein Gespräch mit Oberkonsistorialrat Stolpe am 20.7.1981, BA, Abt. Potsdam, O-4, 427.

856 Information Gysi vom 21.7.1981 über die Unterredung mit Oberkonsistorialrat Stolpe am 20.7.1981, a.a.O.; auch SAPMO-BA ZPA IV B2/14/18.

857 Arbeitsgruppe Kirchenfragen, Niederschrift Bellmann vom 20.7.1981 über ein Gespräch mit Oberkonsistorialrat Stolpe am 20.7.1981, BA, Abt. Potsdam, O-4, 427.

858 Arbeitsgruppe Kirchenfragen, Niederschrift Bellmann vom 20.7.1981 über ein Gespräch mit Oberkonsistorialrat Stolpe am 20.7.1981, BA, Abt. Potsdam, O-4, 427.

859 Wegen des geplanten DDR-Besuchs Schmidts 1980 war auch von westlicher Seite die evangelische Kirche eingeschaltet worden. So gab Binder Stolpe den Hinweis, Schmidt sei an einem Besuch der Rostocker Marienkirche interessiert.»Der BEK habe der Schweriner Kirchenleitung bereits einen entsprechenden Wink gegeben«, so Stolpe. Aktenvermerk Arbeitsgruppe Kirchenfragen vom 11.8.1980 über Mitteilung Weise, SAPMO-BA ZPA IV B2/14/80.

860 Bericht Wiegand vom 20.8.1980, zit. nach Bericht des Untersuchungsausschusses 1/3 vom 29.4.1994, Drucksache 1/3009, Teil B, Dokument 19.36.

861 Plan der MfS-HA XX/4 zur Durchführung operativer Maßnahmen im Zusammenhang mit dem Besuch des Bundeskanzlers der BRD, Schmidt vom 18.3.1980, a.a.O., Dokument 19.8.

862 Auszahlungs-Anordnung für Operativgelder, unterzeichnet von Roßberg vom 24.7.1980, Rechercheergebnisse zum IM »Sekretär«, Stand 12.4.1994, 261.

863 Information Gysi vom 21.7.1981, SAPMO-BA ZPA IV B2/14/18. Das Gesprächsprotokoll ging direkt an Honecker und Verner. Vgl. ebd.

864 Kritisch gegenüber der von den USA verfolgten Militärpolitik äußerte sich Greifswalds Bischof Gienke beim RdB Rostock im November 1981, indem er sie als friedensgefährdend bezeichnete. Vgl. Aktenvermerk Haß vom 20.11.1981, BA, Abt. Potsdam, O-4, 789. Am 1.4.1982 zeigte sich der Greifswalder Bischof betroffen »darüber, daß es noch nicht gelungen ist, den Konfrontationskurs der Reagan-Administration abzubauen. Nach wie vor würde diese Politik von Regierungen des Westens weiterhin unterstützt. Er habe aber die Hoffnung, daß reale Politiker in den USA zu vernünftigen Lösungen drängen. Gienke bedauerte, daß die unterbreiteten Moratoriumsvorschläge der Sowjetunion bei den westlichen Regierungen keine Resonanz gefunden haben. Wiederum habe die Sowjetunion einseitige Abrüstungsschritte gewagt, die aber westlicherseits als Propagandatrick abqualifiziert werden.« Vermerk Macht, Rostock, vom 2.4.1982 über ein Gespräch mit leitenden Vertretern der Greifswalder Landeskirche, BA, Abt. Potsdam, O-4, 789. Diese Äußerungen sind im kirchlichen Vermerk vom 2.4.1982 nicht enthalten. EZA Berlin, 101/252. Vgl. aber auch entsprechende Äußerungen des Greifswalder Bischofs in RdB Rostock, Stellvertreter des Vorsitzenden für Inneres, Information Haß vom 3.1.1984 über die am 29.12.1983 stattgefundene Begegnung des Stellvertreters des Vorsitzenden des Rates des Bezirkes für Inneres, Gen. Haß, mit dem Bischof der Greifswalder Landeskirche, Dr. Gienke, BA, Abt. Potsdam, O-4, 789.

865 AV Bonn, Abt. IAP, Vermerk Klötzer, I. Sekretär, vom 10.9.1981 über ein Gespräch des Genossen Klötzer mit Prälat Binder, Bevollmächtigter des Rates der EKD am Sitz der BRD, am 8.9.1981, BA, Abt. Potsdam, O-4, 4877.

866 AV Bonn, Abt. IAP, Vermerk Klötzer, I. Sekretär, vom 3.12.1981 über ein Gespräch des Genossen Klötzer mit dem Bevollmächtigten des Rates der EKD am Sitz der BRD, Heinz-Georg Binder, am 1.12.1981, BA, Abt. Potsdam, O-4, 4894.

867 Vgl. Bericht über das Treffen Honecker-Schmidt vor dem Politbüro, SAPMO-BA ZPA J IV 2/2/A-2447. Vgl. auch H. Schmidt, Die Deutschen und ihre Nachbarn, 58 ff.

868 Der Vorstand der KKL hatte beschlossen, den Sitzungsschwerpunkt »auf Berichte zu legen.« Protokoll Krusche-Demke vom 12.11.1981 der 133. Sitzung des Vorstands am 11.11.1981 in Berlin, EZA Berlin, 101/121.

869 Vermerk Lingner vom 2.2.1982 über die Zusammenkunft der Beratergruppe am 17.12.1981, EZA Berlin, 4/92/13; auch a.a.O., 101/363. Zur Reaktion der Pfarrer auf den Besuch vgl. z. B. Information vom 17.12.1981 an das Sekretariat der Bezirksleitung zur politischen Situation in den evangelischen Kirchen des Bezirks Cottbus: »Viele Pfarrer würdigten die Gespräche [...] in ihren Predigten am 14.12.1981 als ermunternd für die Erhaltung des Friedens. Die meisten von ihnen hoben die konstruktive Friedenspolitik der DDR hervor und riefen zum Gebet für die Fortsetzung der Friedenspolitik auf. Darunter auch solche, die sich in der Friedensdekade für den sozialen Friedensdienst aussprachen. Bereits in der Zeit vor dem Treffen brachten einige Pfarrer in persönlichen Gesprächen zum Ausdruck, daß es zu Vereinbarungen in bezug auf Reiseerleichterungen und die Herabsetzung der Umtauschsätze kommen möge. Es ist kein Fall bekannt, daß es in den Gottesdiensten am 14.12.1981 zu Forderungen oder Wünschen in dieser Art gekommen wäre. Die Predigten wurden oft verbunden mit persönlichen Meinungsäußerungen zu den Maßnahmen des Militärrates in der VR Polen. Dabei wurde der verkündete Ausnahmezustand für die Herstellung von Ruhe und Ordnung begrüßt, da er die Lage für das Wohl der Menschen verändert und es zu keinem Blutvergießen kommt.« SAPMO-BA ZPA IV B2/14/69. Vgl. auch Abteilung II, Vorlage Janott vom 17.2.1982 an die Dienstbesprechung am 22.2.1982, Leitungsinformation Nr. 1/1982, BA, Abt. Potsdam, O-4, 410.

870 BStU AS Rostock AOPK 664/87 (Rathke), Bd. 2, 389. Am Schluß des Briefes findet sich der handschriftliche Randvermerk Rathkes: »Ich habe Bundeskanzler Schmidt geantwortet. Mitgl. des OKR z.Kts z. d. A. 16.2.1982 [Paraphe Ra].« Aus der Tatsache der Bearbeitungsvermerke auf der Kopie des Briefes geht zweifelsfrei hervor, daß das MfS ihn aus der Mecklenburgischen Kirchenleitung haben mußte. Das ganze Treffen mit allen Reden etc. ist dokumentiert in: Bulletin der Bundesregierung Nr. 121 vom 15.12.1981, 1036-1044.

871 Vgl. auch Information der Arbeitsgruppe Kirchenfragen vom 24.9.1981 über die 5. Tagung der 3. Synode des Bundes der Evangelischen Kirchen in der DDR. Dort heißt es u. a.: »Vom 18.-22. September 1981 fand in Güstrow die letzte Tagung dieser Synode statt. Im Vorfeld der Synode zeichneten sich in der innerkirchlichen Diskussion zwei Tendenzen ab. Die überwiegende Mehrheit der kirchlichen Amtsträger war deutlich darum bemüht, die durch die Dresdener ÖRK-Tagung vertiefte konstruktive und sachliche Atmosphäre zu festigen. Gleichzeitig waren eine Reihe negativer Kräfte in den Kirchen bestrebt, eine öffentliche Diskussion der SoFd-Problematik zu erzwingen und damit das Staat-Kirche-Verhältnis entschieden zu belasten. [...] Der Versuch einer Gruppe um den ehemaligen Güstrower Pfarrer Heiko Lietz, den Gemeindeabend im Zusammenhang mit westlichen Journalisten zu Provokationen zu nutzen und in dieser Veranstaltung am Rande der Synode eine Konfrontation zum sozialistischen Staat herbeizuführen, mißlang. Die Einflußnahme der staatlichen Organe auf kirchenleitende Kräfte zeigte positive Wirkungen. [...] Die Diskussionen im Plenum verliefen äußerst widersprüchlich. Nur sehr wenige Synodale vertraten in ihren Beiträgen politisch und kirchenpolitisch konstruktive Positionen. Die positiven Aussagen des Schönherrberichtes fanden in der Diskussion sowie in den Abschlußdokumenten eine ungenügende Würdigung. Die Diskussionsbereitschaft der zahlreichen Laiensynodalen war unzureichend.« SAPMO-BA ZPA IV B2/14/89. Zum Kräfteverhältnis auf der von 1977 bis 1981 dauernden 3. Periode der Bundessynode urteilte Hans Wilke im November 1981: »Neun der [50] gewählten Synodalen vertreten politisch realistische Positionen, zeigen ein überwiegend loyales Verhalten, unterliegen aber bei Einzelproblemen größeren Schwankungen. Demgegenüber vertreten 14 Synodale politisch negative Positionen.

Da die Bischöfe und ihre juristischen Stellvertreter beratend wirken, tragen sie ihr jeweiliges politisches Profil in die Tagungen. Das geschieht vor allem intern. Sie treten vorwiegend in den Ausschüssen in Erscheinung.« Zur Rolle der kirchenleitenden Persönlichkeiten hieß es weiter: »Sie wirken in der Öffentlichkeit überwiegend mit politisch realistischen Positionen. Sie und führende Vertreter der KKL lassen in ihrem Auftreten auf den Synodaltagungen das Bemühen erkennen, abgewogene, sachliche, das Verhältnis von Staat und Kirche nicht belastende Aussagen und Beschlüsse der Tagungen zu erreichen, ohne auf die ›Nennung‹ von ›Beschwernissen‹ und ›Härtefällen‹ zu verzichten. Hinweise von den Vertretern der staatlichen Organe werden, um Provokationen und Konfrontationen abzubauen oder zu verhindern, aufgenommen.« Hingegen würden Mitglieder des kirchlichen Leitungsapparats erheblich negativer auftreten. »Für die Diskussionen auf den Synodaltagungen ist kennzeichnend, daß die politisch negativen Kräfte ihre Positionen offensiv und z. T. organisiert vertreten, während es den positiven Kräften nur schwer gelingt, ihr Auftreten untereinander abzustimmen und ihm Nachdruck zu verleihen. Die Mehrzahl der Synodalen, die auf loyalen Positionen steht, beteiligt sich vorrangig an der Diskussion zu kirchlichen Problemen, greift aber in die Auseinandersetzungen um politische Stellungnahmen der Synode kaum ein. Bis auf wenige Synodale sind die Laien nicht bereit, ihre politisch realistische Einstellung aus dem Arbeitsleben in die Synode hineinzunehmen. Sie üben hier weitgehend politische Abstinenz, trennen gesellschaftliches Engagement und kirchliche Funktion und zeigen daher auch starke Unterschiede in ihren politischen und kirchenpolitischen Aussagen.« Dennoch zeigte die nunmehr zu Ende gehende Periode, »daß Versuche politisch negativer Kräfte, offene Provokationen zu unternehmen oder eine Konfrontation mit dem Staat herbeizuführen, weiter abgebaut wurden. [...] Das hat dazu geführt, daß gegenwärtig in den öffentlichen Plenarsitzungen eine sachliche, die Beziehungen von Staat und Kirche nicht belastende Atmosphäre vorherrscht.« Abteilung I, Wilke, Vorlage Handel vom 26.11.1981 an die Dienstbesprechung am 30.11.1981, Einschätzung des Kräfteverhältnisses in der Synode des BEK, BA, Abt. Potsdam, O-4, 410.

872 Vgl. Vermerk Lingner über die Zusammenkunft der Beratergruppe am 17.12.1981, EZA Berlin, 101/363.

873 Tagesinformation, Freitag, den 18.9.1981, 1. Tag, SAPMO-BA ZPA IV B2/14/89.

874 Vgl. dazu epd-Dok 9a/81.

875 Vgl. Vermerk Lingner über die Zusammenkunft der Beratergruppe am 17.12.1981, EZA Berlin, 101/363.

876 Ebd.; vgl. zur Geschichte und zum Stand der VEK-Verhandlungen insgesamt Lingners Bericht im KJ 1981/82, 430-471.

877 Vgl. KJ 1981/82, 453 ff.

878 In der Niederschrift Natho-Rogge-Küntscher über die 67. gemeinsame Beratung der Bereichsräte der EKU am 6.5.1981 in Berlin heißt es hierzu: »Die sich für die bestehende Gemeinschaft der EKU in ihren beiden Bereichen möglicherweise ergebenden Konsequenzen wurden deutlich markiert.« LKA Hannover, D 15 XII, K 73/412/III. Auch die VELKD äußerte »Bedenken und Befürchtungen«. Niederschrift der Sitzung der Kirchenleitung der VELK DDR am 13.3.1981 in Berlin, LKA Hannover, D 15 XII, K 36/224/IX b.

879 Vgl. auch »Bericht zur Lage der Kirche in der DDR«, gehalten von Kirchenpräsident Natho auf der Tagung der Synode der Ev. Landeskirche Anhalts am 15.5.1982/Dessau, LPA Halle, IV E-2/14/578. Auf dem Bischofskonvent am 9.3.1982 kam es hinsichtlich der VEK zu einer längeren Aussprache mit Natho. Vgl. Vermerk Forck, EZA Berlin, 101/1190, Bd. II

880 Arbeitsgruppe Kirchenfragen, Information vom 25.5.1981 über die Ergebnisse der Synode der Evangelischen Kirche der Union, SAPMO-BA ZPA IV B2/14/151.

881 Sitzungsniederschrift in LKA Hannover, D 15 XII, K 36/224/IX b. Vgl. auch das Papier Zeddies »Vorlagen der GVG – Folgerungen für die VELK in der DDR«, Anlage 2 zum Protokoll über die Sitzung der Kirchenleitung am 16.1.1981, a.a.O. Auf ihrer Sitzung

am 13.3.1981 nahm die VELK-Kirchenleitung die Beschlußvorlage der Gemeinsamen Vorbereitungsgruppe zur besonderen Gemeinschaft ohne Gegenstimme an. Vgl. die Sitzungsniederschrift in a.a.O.

882 Abt. I, Information vom 14.12.1981 über den Stand der Herausbildung einer zukünftigen verbindlicheren Gemeinschaft der evangelischen Kirchen in der DDR, BA, Abt. Potsdam, O-4, 410.

883 Vgl. Magistrat Berlin, Sektor Kirchenfragen, Information über ein Gespräch Sektorenleiter Mußler am 19.1.1982 mit Manfred Becker, Präses der Synode der Evangelischen Kirche Berlin-Brandenburg und der Synode der EKU – Bereich DDR –. Weiter heißt es in dem Vermerk:»Zum Problem der ›gesamtdeutschen‹ kirchlichen Verbindungen angesprochen, erklärte Becker, diese aufrechtzuerhalten gebiete schon allein die Tradition; außerdem fließen auch eine ganze Menge Gelder in die Kirchen unseres Landes – eine Tatsache, die auch dem Staat zupasse kommen würde. Im übrigen – so Becker – brauchte die Kirche in dieser Frage dem Staat gegenüber durchaus kein schlechtes Gewissen zu haben, der Staat würde nämlich dort, wo es finanzielle Vorteile bringt, auch nicht auf einer klaren Abgrenzung bestehen.« BA, Abt. Potsdam, O-4, 1418. Vgl. auch Konzeption für die langfristige, koordinierte Arbeit gegenüber der evangelischen Kirche Berlin-Brandenburg, SAPMO-BA ZPA IV B2/14/68.

884 Information über die Herbstsynoden der Ev. Landeskirchen in der DDR, SAPMO-BA ZPA IV B2/14/82.

885 Vor allem im Lutherischen Einigungswerk der DDR bestanden Bedenken wegen der VEK-Verhandlungen. Dessen Generalsekretär Hertramp, trat sogar aus Protest gegen das Streben nach einer größeren kirchlichen Gemeinschaft im Herbst 1981 zu den Altlutheranern über. Vgl. Niederschrift über die Sitzung der VELK in der DDR am 13.11.1981 in Berlin, Auguststr. 80, LKA Hannover, D 15 XII, K 36/224/IX b. Außerdem spaltete sich die Kirchengemeinde Wünschendorf von der Thüringer Kirche ab und erklärte ebenfalls den Übertritt zu den Altlutheranern. Vgl. Vermerk Forck über Bischofskonvent am 16.12.1981 in der Auguststraße 80, EZA Berlin, 101/1190, Bd. II.

886 Vgl. Abt. I, Information vom 14.12.1981 über den Stand der Herausbildung einer zukünftigen verbindlicheren Gemeinschaft der evangelischen Kirchen in der DDR, BA, Abt. Potsdam, O-4, 410. Vgl. auch Abt. I, Information vom 16.12.1981 über politisch-ideologische Probleme und Tendenzen auf den Synoden der evangelischen Kirchen in der DDR im Jahr 1981, a.a.O.

887 Protokoll Krusche-Demke vom 30.11.1981, EZA Berlin, 101/121.

888 Vermerk Demke über die 9. Konsultation am 17.12.1981, EZA Berlin, 101/653.

889 Vgl. Protokoll Krusche-Demke vom 12.11.1981 der 133. Sitzung des Vorstands am 11.11.1981 in Berlin, EZA Berlin, 101/121.

890 H. Falcke, Versuch einer Bilanz …, Februar 1982, EZA Berlin, 101/653.

891 Ebd.

892 Ebd.

893 Falcke war zu Beginn der fünfziger Jahre bei Barth als studentischer Mitarbeiter beschäftigt gewesen und u. a. mit Korrekturarbeiten sowie der Erstellung der Register für den Band III/4 der Kirchlichen Dogmatik betraut worden. Vgl. K. Barth, Die kirchliche Dogmatik, Bd. III: Die Lehre von der Schöpfung, Teil 4, X.

894 L. Große, Thesen zum Friedensauftrag der Kirchen …, EZA Berlin, 101/653.

895 Ebd.

896 Frieden wahren, fördern und erneuern. Eine Denkschrift der Evangelischen Kirche in Deutschland 1981, in: Die Denkschriften der Evangelischen Kirche in Deutschland, Bd. 1: Frieden. Menschenrechte. Weltverantwortung, Teil 3, 15-110.

897 Vgl. auch Protokoll Krusche-Demke vom 12.11.1981 der 133. Sitzung des Vorstands am 11.11.1981 in Berlin, EZA Berlin, 101/121.

898 AV Bonn, Abt. IAP, Vermerk Klötzer, I. Sekretär, vom 3.12.1981 über ein Gespräch des Genossen Klötzer mit dem Bevollmächtigten des Rates der EKD am Sitz der BRD, Heinz-Georg Binder, am 1.12.1981, BA, Abt. Potsdam, O-4, 4894.

899 Zur Haltung der konservativen und evangelikalen Opposition innerhalb der EKD vgl.
aber Abteilung IV, Vorlage Stephan vom 18.2.1982 an die Dienstbesprechung am
22.2.1982, Information über die Einflußnahme konservativ-reaktionärer Gruppierungen in der EKD auf die ökumenische Bewegung, BA, Abt. Potsdam, O-4, 410.

900 Wissenschaftlicher Mitarbeiter, Januar 1982, Zur Grundkonzeption der EKD in der Frage des Friedens – Zur Denkschrift der EKD – im Blick auf die Beziehungen zu den Kirchen in der DDR, BA, Abt. Potsdam, O-4, 495.

901 3. Tagung des Zentralkomitees der SED 19./20.11.1981, 72.

902 Man beauftragte Demke, Erkundigungen über die Interpretation der Walde-Äußerung
einzuholen. Protokoll Krusche-Demke vom 30.11.1981, EZA Berlin, 101/121.

903 Im Bezirk Cottbus wurde hierzu bemerkt:»Die meisten derjenigen kirchlichen reaktionären Kräfte, die den sozialen Friedensdienst propagierten, faßten die Worte als eindeutige Warnung an ihre Adresse auf. [...] Es wird sichtbar, daß dieser Diskussionsbeitrag
zur weiteren Polarisierung der kirchlichen Kräfte und bei vielen zum Nachdenken über
ihr Verhältnis zum Staat führt.« Information vom 17.12.1981 an das Sekretariat der
Bezirksleitung zur politischen Situation in den evangelischen Kirchen des Bezirks Cottbus, SAPMO-BA ZPA IV B2/14/69. Superintendent Scheibner, Dresden, äußerte,»daß
damit [mit Waldes Rede] das Kind mit dem Bade ausgeschüttet wurde. Viele junge
Menschen, die diese Initiative unterstützen, hätten durchaus ein gutes Verhältnis zu
unserem Staat. Durch diesen Beitrag würden sie jedoch als Feinde des Friedens, des Sozialismus und der Verfassung abgestempelt.« Unterlagen für das Gespräch mit dem
Landesbischof und dem Präsidenten des Landeskirchenamtes am 6.1.1982, PDS-Archiv
Dresden, IV E-2.14-673.

904 Abteilung I, Information Wilke vom 14.12.1981 an den Staatssekretär, BA, Abt. Potsdam, O-4, 427.

905 Leiter des Büros des Staatssekretärs, Vermerk Dohle vom 30.12.1981, a.a.O.

906 Vgl. Rat des Stadtbezirks Berlin-Friedrichshain, Stellv. für Inneres, Vermerk Kunth
vom 1.3.1982 über Gespräch mit Frau Superintendentin Laudien am 1.3.1982, BA, Abt.
Potsdam, O-4, 1192. Allein 110 000 Aufnäher wurden an den sächsischen Landesjugendpfarrer Bretschneider ausgeliefert. Vgl. Bericht über die Jugend, PDS-Archiv Dresden, IV E-2.14-669. Am 21.4.1982 wies Kirchenreferent Lewerenz den Pfarrer, der das
Emblem entworfen hatte, darauf hin, künftig für ein solches Herstellungsverfahren
eine Druckgenehmigung einzuholen. Der Pfarrer sagte zu, die gesetzlichen Vorschriften einzuhalten, weil er an einer Belastung des Staat-Kirche-Verhältnisses nicht interessiert sei. Vgl. RdB Dresden, Sektor Staatspolitik in Kirchenfragen, Vermerk Lewerenz
vom 21.4.1982 über Gespräch mit Landesjugendpfarrer Bretschneider, PDS-Archiv
Dresden, IV E-2.14-671.

907 Vgl. Unterlagen für das Gespräch mit dem Landesbischof und dem Präsidenten des
Landeskirchenamtes am 6.1.1982, PDS-Archiv Dresden, IV E-2.14-673, sowie Information und Einschätzung über die kirchenpolitische Situation im Bezirk Dresden vom
27.11.1981, PDS-Archiv Dresden, IV D-2.14-690. Vgl. auch Vermerk Forck über Bischofskonvent am 16.12.1981 in der Auguststraße 80, EZA Berlin, 101/1190, Bd. II. Zur
Situation im Kirchenkreis Zittau vgl. auch Schreiben des Vorsitzenden des CDU-Bezirksverbandes Dresden, Krätzig, an Hans Modrow, 1. Sekretär der SED-BL Dresden,
vom 4.1.1982, PDS-Archiv Dresden, IV E-2.14-673; auch a.a.O., IV E-2.14-671.

908 Vgl. Vermerk Forck über Bischofskonvent am 16.12.1981 in der Auguststraße 80, EZA
Berlin, 101/1190, Bd. II.

909 Vgl. Rundbrief Natho vom 4. Advent 1981, LPA Halle, IV D-2/14/580. Nach Aussage
von Hempel soll der Aufnäher sogar als »faschistoid[.]« bezeichnet worden sein. Niederschrift über ein Gespräch des 1. Sekretärs der Bezirksleitung Dresden der SED, Genossen Hans Modrow, mit dem Landesbischof der Evangelischen Kirche Sachsens, Dr.
Johannes Hempel, vom 11.1.1982, PDS-Archiv Dresden, IV E-2.14-671; auch a.a.O., IV
E-2.14-673.

910 So in Mecklenburg. Vgl. Vermerk Forck über Bischofskonvent am 16.12.1981 in der

Auguststraße 80, EZA Berlin, 101/1190, Bd. II. Wegen der zunehmenden Beschwerden schlugen die staatlichen Mitarbeiter für Kirchenfragen aus dem Raum Dresden vor, ob in die Lehrerausbildung nicht auch eine Information über die Kirchenpolitik der SED integriert werden könne. Vgl. Leiter des Büros, Dienstreisebericht Dohle vom 8.2.1982, BA, Abt. Potsdam, O-4, 416. Gysi stellte am 6.1.1983 dem BEK-Vorstand in Aussicht, man habe vor, »Kreisschulräten die staatliche Kirchenpolitik zu erläutern.« Vermerk Demke vom 8.1.1983 über das Gespräch des Staatssekretärs für Kirchenfragen und des Vorstandes der Konferenz am 6.1.1983, EZA Berlin, 101/93/3.

911 Dabei konnte keine besondere Konzentration von Kindern von Pfarrern oder weiteren kirchlichen Mitarbeitern festgestellt werden. Vgl. Bericht über die Jugend, PDS-Archiv Dresden, IV E-2.14-669. Die Berliner Angaben von DDR-weit bis Mitte 1982 lediglich 280 gemeldeten Fällen von Aufnäherträgern an den Schulen dürfte demnach stark untertrieben sein. Vgl. Magistrat Berlin, Berlin, den 13.9.1982, zur aktuellen politischen Situation in den Kirchen der Hauptstadt (insbesondere Evangelische Kirche), BA, Abt. Potsdam, O-4, 1129.

912 Hingegen fand die SoFd-Aktion in den der AGCK angehörenden Freikirchen nur spärliche Resonanz, wie eine Studie des Staatssekretariats für Kirchenfragen feststellen konnte. Hier werde »die SoFd-Problematik nicht gefördert und hochgespielt wie in den evangelischen Landeskirchen. [...] Nur in wenigen Fällen wurde er als eine ›praktikable Form echter Friedensbemühungen‹ befürwortet.« Aus Gesprächen mit Führungspersönlichkeiten der Freikirchen und aus lokalen Informationen ergab sich. »daß die Leitungen von Religionsgemeinschaften an ihrer loyalen Haltung zum Staat keine Abstriche machen wollen und ihrem Prinzip der Trennung von Staat und Kirche entsprechend jegliche Einmischung in staatliche Angelegenheiten ablehnen. Sie erkennen an, daß solche Aktionen wie SoFd in einer Situation der Verschärfung der internationalen Lage und der erhöhten Kriegsgefahr vom Staat nicht toleriert werden können. So ist auch bisher kein Fall bekannt, in dem sie sich dazu bereitgefunden haben, als Interessenvertreter von SoFd gegenüber dem Staat aufzutreten. [...] SoFd-Aktivitäten zeigen sich bei den Methodisten und Baptisten. Beiden Leitungen liegen schriftliche Anfragen mit je ca. 150 Unterschriften einschließlich Einzelanfragen vor. Diese wurden dahingehend beantwortet, daß für das Anliegen Verständnis vorliege, aber akzeptiert werden müsse, daß der Staat gegenwärtig dafür keine Möglichkeit sieht. [...] Es sollte nach Möglichkeit verhindert werden, daß sie [die Freikirchen] über Arbeitskontakte zum BEK von der Ev. Kirche negativ vereinnahmt werden.« Abteilung II, Vorlage Janott vom 27.1.1982 an die Dienstbesprechung am 1.2.1982, Information über die Wirksamkeit der SoFd-Konzeption in Kirchen und Religionsgemeinschaften, BA, Abt. Potsdam, O-4, 410.

913 Vgl. Vermerk Forck über Bischofskonvent am 16.12.1981 in der Auguststraße 80, EZA Berlin, 101/1190, Bd. II. Die sächsische Kirchenleitung erhielt auf einen Protestbrief, in dem sie die Äußerungen des SED-Funktionärs als diskriminierend zurückwies, keine Antwort. Vgl. Abteilung Staat und Recht, Bericht Göpfert vom 4.11.1982 über Auffassungen und Probleme, die aus den gegenwärtigen Beziehungen zum Landesbischof Dr. Hempel und dem Präsidenten Domsch bekannt sind, PDS-Archiv Dresden, IV E-2.14-666; auch a.a.O., IV E-2.14-671.

914 Vgl. Vermerk Forck über Bischofskonvent am 16.12.1981 in der Auguststraße 80, EZA Berlin, 101/1190, Bd. II.

915 Hiermit meinte Gysi Aktivitäten Wonnebergers in der Dresdener Weinbergsgemeinde und die Verbreitung von zehn »Thesen zur ›gewaltlosen Aktion‹« durch einen Studenten in der Technischen Hochschule Magdeburg. Letzteres Vorhaben strebe eine Veränderung der DDR-Verfassung und der geltenden Gesetze in der DDR an. »Das könne in der Konsequenz nur auf konterrevolutionäre Aktionen hinauslaufen«. Information Behncke vom 28.1.1982 über das Gespräch Staatssekretär Gysi mit Bischof Krusche am 28.1.1982 in der Dienststelle des Staatssekretärs, BA, Abt. Potsdam, O-4, 427; auch a.a.O., O-4, 1437; auch SAPMO-BA ZPA IV B2/14/42.

916 Hiermit war Lothar Rochau gemeint: »Er [Gysi] müsse unmißverständlich feststellen, daß die Suche nach Leuten, die ein gestörtes Verhältnis zum Staat haben, und ihre organisatorische Zusammenfassung die Bildung einer politischen Organisation sei. Wonneberger, Rochau u. a. machen sich zu Wortführern und verbreiten gesetzwidrige Forderungen und organisieren diese Leute zu einer politischen Opposition. Damit müsse schnellstens Schluß gemacht werden.« Ebd.

917 »Rochau und andere habe er schon zu anderen Gelegenheiten offen und hart getroffen. [...] Rochau müsse aber auf seinem Platz bleiben, da es sonst unüberwindbare Schwierigkeiten und Komplikationen geben könne. Krusche könne aber verstehen, daß der Staat Sorge bei dieser Problematik habe. [...] Man habe keinerlei Absicht, etwas zu unterstützen, was sich zu einer politischen Aktion ausbilden könne [...] er halte es nicht für eine kirchliche Aufgabe, eine eigene Sozialismus-Konzeption gegen die DDR zu entwerfen. Das habe er wiederholt erklärt und auch Rochau geschrieben«, heißt es – im ersten Satz sprachlich etwas verquer – im staatlichen Vermerk. Zwei Monate später sagte Krusche, ein disziplinarisches Vorgehen gegen politisch oppositionell eingestellte Mitarbeiter »würde ihre [der Kirchenleitung] Situation innerkirchlich erschweren.« Zugleich klagte der Bischof, Rochau »wollte Silvester 1981 junge Leute von der Straße holen. Natürlich wurde in der Kirche auch getanzt und getrunken. Rochau bekam dafür eine Ordnungsstrafe. [...] Er sei für eine gute Absicht bestraft worden. Allerdings hätte diese Veranstaltung wirklich angemeldet werden müssen«, bemerkte der Bischof einschränkend. Information Gysi vom 18.3.1982 über das Gespräch Staatssekretärs Gysi mit Bischof Krusche am 16.3.1982 in der Dienststelle des Staatssekretärs, a.a.O. Die Ordnungsstrafe hatte 300 Mark betragen. Vgl. Protokoll Pöhner-Trautmann vom 2.2.1982 über die Aussprache vom 2.2.1982 mit dem Bischof Dr. Krusche und dem Superintendenten (Name durch das Archiv geschwärzt), LPA Halle, IV E-2/14/578. Ebensowenig distanzierte sich Krusche vom Leiter der Evangelischen Akademie, Tschiche, räumte aber ein, er bereite der Kirche Unannehmlichkeiten. Vgl. RdB Magdeburg, Stellvertreter des Vorsitzenden für Inneres, Aktennotiz Steinbach vom 2.6.1982 über ein Gespräch mit Bischof Dr. Dr. Krusche am 1.6.1982, BA, Abt. Potsdam, O-4, 793.

918 Vgl. tageszeitung (TAZ) vom 3.1.1983. Rochau reiste 1983 in die Bundesrepublik aus. Sein Vater erklärte Ende 1983 seinen Austritt aus der SED. Vgl. Auszug aus Aktenvermerk Heinrich vom 28.12.1983, BA, Abt. Potsdam, O-4, 771.

919 Gleiches gelte für ein direktes Gespräch mit der Volksbildung wie auch eine Veränderung des dem Wehrkundeunterricht zugrundeliegenden Konzepts, sagte Gysi. Vgl. Leiter des Büros, Vorlage Dohle vom 1.3.1982 an die Dienstbesprechung vom 22.2.1982, Leitungsinformation Nr. 1/82, BA, Abt. Potsdam, O-4, 410. Vgl. auch die ausführliche Information Behncke vom 28.1.1982 über das Gespräch Staatssekretär Gysi mit Bischof Krusche am 28.1.1982 in der Dienststelle des Staatssekretärs, BA, Abt. Potsdam, O-4, 427, auch a.a.O., O-4, 1437; auch SAPMO-BA ZPA IV B2/14/42.

920 Ebd.

921 Abteilung II, Information Wilke vom 27.1.1982 über ein Gespräch des Staatssekretärs mit Bischof Forck und OKR Stolpe am 25.1.1982, BA, Abt. Potsdam, O-4, 434; auch a.a.O., O-4, 1437. Vgl. auch Vermerk Stolpe vom 29.1.1982 über ein Gespräch mit dem Staatssekretär für Kirchenfragen am 25.1.1982. Hier fehlt die Befürwortung der Bausoldatenregelung durch Stolpe. EZA Berlin, 101/245.

922 Vgl. Görlitz, den 31.1.1982, Information über die konstituierende Tagung der 4. Synode des BEK vom 29.1. bis zum 31.1.1982 in Herrnhut, SAPMO-BA ZPA IV B2/14/90.

923 Abteilung II, Vorlage Janott vom 17.2.1982 an die Dienstbesprechung am 22.2.1982, Leitungsinformation Nr. 1/1982, BA, Abt. Potsdam, O-4, 410.

924 Abgedruckt in KiS 2/1982, 69 f. Auch in BA, Abt. Potsdam, O-4, 771.

925 Vgl. Abt. II, Wilke, 3.6.1982, Einschätzung der politisch-ideologischen Schwerpunkte der Frühjahrssynoden, BA, Abt. Potsdam, O-4, 410.

926 Darauf deutet der abschließende Satz »Alle Mitstreiter der Arbeitsgruppe Kirchenfragen wünschen Dir, Genosse Verner, weiter gute Erholung« hin. Schreiben Arbeitsgrup-

pe Kirchenfragen an Verner vom 2.4.1982, SAPMO-BA ZPA IV B2/14/82. Vgl. auch Abt. II, Wilke, 3.6.1982, Einschätzung der politisch-ideologischen Schwerpunkte der Frühjahrssynoden, BA, Abt. Potsdam, O-4, 410.

927 Abgedruckt in epd-Dok 19/82, 45-54. Im Bericht Wilkes heißt es: »Auf der Tagung der Ev.-Luth. Landeskirche Sachsens konnten vor allem durch das engagierte Auftreten von Bischof Hempel, Präsident Domsch und Präses Cieslak Konfrontationsversuche negativer Kräfte in der Diskussion und in der Fragestunde der KL zurückgewiesen und durchgesetzt werden, daß die Erörterung der Aufnäherproblematik und anderer politisch relevanter Fragen in einer ruhigen und weitgehend sachlichen Atmosphäre erfolgte. Hier machten diese kirchenleitenden Kräfte ihre politisch loyale Haltung erneut deutlich. Sie versuchten, eine pauschale Verurteilung des staatlichen Handelns in der Kanzelabkündigung zu verhindern und loyale Aussagen zu erreichen. Es gelang aber den negativen Kräften, sich durch ein offensives und emotionales Auftreten in der Diskussion (bis hin zur Falldiskussion in der Aufnäherfrage), bei der Formulierung der Kanzelabkündigung und des Briefes an die Gemeinden weitgehend durchzusetzen.« Ebd. Der Bautzener Superintendent Kreß soll danach geäußert haben: »›Er selbst ist gegen diese Symbolgeschichte. Seiner Meinung wäre es sinnvoller gewesen, wenn die Kirche [die Synode] der Jugend empfohlen hätte, die Aufnäher abzumachen, denn die Kirche hätte diese Dinger ja auch verteilt.‹« Information zu aktuellen Fragen der Kirchenpolitik, PDS-Archiv Dresden, IV E-2.14-666, auch a.a.O., IV E-2.14-669.

928 Die verabschiedete Kanzelabkündigung wurde im Görlitzer Bereich aber nicht von allen Pfarrern befolgt. Vgl. RdB Cottbus, Stellv. d. Vors. f. Inneres, Informationsbericht Deysing vom 13.4.1982 für die Monate Februar und März 1982, SAPMO-BA ZPA IV B2/14/69.

929 So widerspricht den Ausführungen Kraußers nicht die Einschätzung der Abt. II des Staatssekretariats, in der es heißt: »Auf den Frühjahrstagungen aller Synoden wurde die kirchliche Auffassung in der Friedensfrage behandelt. Sie führte zu stark emotional geprägten und zum Teil kontroversen Diskussionen. Es konnten nur wenige politisch realistische Aussagen zur sozialistischen Friedenspolitik erreicht werden. Alle Synoden haben ihr Unverständnis gegenüber den staatlichen Maßnahmen erklärt und den ›Aufnäher‹ als legitimes kirchliches Friedenssymbol darzustellen versucht. Es wurde erklärt, daß man hinter den Trägern stehe, diese aber die Konsequenzen aus dem Tragen des ›Aufnähers‹ selbst tragen müßten.« Abt. II, Vorlage vom 29.4.1982 zur Dienstbesprechung am 3.5.1982, Leitungsinformation 2/1982, BA, Abt. Potsdam, O-4, 410. Man urteilte einen Monat später: »Diese mit der Absicht, eine Konfrontation mit dem sozialistischen Staat in dieser Frage herbeizuführen, unternommenen Angriffe erzielten in Dresden, Görlitz und Berlin [handschriftliche Ergänzung: ›nur teilweise‹] die beabsichtigte Wirkung.« Abt. II, Wilke, 3.6.1982, Einschätzung der politisch-ideologischen Schwerpunkte der Frühjahrssynoden, a.a.O.

930 Abgedruckt in epd-Dok 19/82, 47. Hans Wilke hielt fest: »Alle Synoden, mit Ausnahme der Anhaltinischen, stellten sich ›hinter die Jugendlichen‹ und unterstellten dem Staat, daß er Christen in ungerechter Weise zu Verfassungs- und Staatsfeinden stemple, sie dadurch diffamiere und ihr Gewissen unter Druck setze.« Ebd.

931 Vgl. auch die Aufzeichnungen Wilkes: »Zum Auftreten der Bischöfe auf den Synoden gilt, daß die Berichte der leitenden Geistlichen durch das Bemühen geprägt waren, eine Zuspitzung der Auseinandersetzungen zur Aufnäherproblematik nicht zuzulassen. Die Mehrzahl der Bischöfe war auch in den Diskussionen persönlich um eine sachliche Behandlung dieser politisch relevanten Probleme bemüht.« Dies führte er auf die im Vorfeld mit Gysi geführten Gespräche zurück. »Lediglich Bischof Forck machte in seinem Bericht an die Synode neben sachlichen Informationen eine Reihe politisch negativer Ausführungen«, bemerkte Wilke einschränkend. Ebd.

932 Erstmals setzten sich »die Präsidien aller Landessynoden für eine ruhige und sachliche Behandlung der politisch relevanten Probleme ein«. Ebd.

933 Vgl. aber den Brief Rathkes vom 19.2.1982 an die Mitarbeiter der Evangelisch-Lutheri-

schen Landeskirche Mecklenburgs, Katecheten, Küster, Kirchenmusiker, Pastoren, Verwaltungsmitarbeiter, Mitarbeiter in der Diakonie: »Zu diesem Wort der Bibel [›Schwerter zu Pflugscharen‹] wollen wir stehen und zu denen, die es damit ernst machen. Wir können nicht schweigen, bis es zu spät ist.« LKA Hannover, D 15 XII, K 37/230/VI.

934 Hans Wilke berichtet, daß der Synodale Bernd Seite, späterer Ministerpräsident von Mecklenburg, den Antrag eingebracht hatte. Auch der Rostocker Pastor Stier und der Jugenddiakon Wergin sowie der Synodale Seite traten staatskritisch auf. Vgl. Abt. II, Wilke, 3.6.1982, Einschätzung der politisch-ideologischen Schwerpunkte der Frühjahrssynoden, BA, Abt. Potsdam, O-4, 410. Vgl. auch RdB Schwerin, Stellv. des Vorsitzenden für Inneres, Bericht Schwoerke vom 28.3.1982 über die 1. Tagung der X. ordentlichen Landessynode der Evangelisch-Lutherischen Landeskirche Mecklenburgs vom 25. bis zum 28.3.1982 in Schwerin, Apothekerstraße 48, Wichernsaal: »Mit einem weiteren Grußwort trat gleich am Eröffnungsabend Kirchenrat Heitmann aus Dresden auf. […] Er führte aus, daß die Sächsische Landessynode gestern gerade beendet worden sei. […] Hauptthema sei vielmehr die Situation der letzten Tage gewesen nach Aktionen gegen das Tragen des Aufnähers ›Schwerter zu Pflugscharen‹. Die Synode in Sachsen sei betroffen von den jüngsten Äußerungen des Staates, daß dieses Abzeichen nicht mehr geduldet werden kann. Synode und Bischof hätten eine Kanzelabkündigung beschlossen, die am kommenden Wochenende in der ganzen Landeskirche verlesen werden soll, außerdem sei ein offener Brief an die Gemeinden geschrieben worden. […] Heitmanns Vortrag wirkte politisch sehr negativ. […] Bezeichnend war auch, daß nach diesem Grußwort in einer Pause Pastor Stier bei Heitmann am Gästetisch stand. […] Es zeigte sich von Anfang an eine Gruppierung vorwiegend jüngerer Synodaler, die gewissermaßen einen ›harten Kern‹ politisch oppositioneller Kräfte in der Landeskirche bilden. Zu diesen Synodalen gehören Vogt, Stier, Wergin, Borchardt, Dr. Weiß sowie der Jugenddelegierte Heinrich. Demgegenüber gruppierten sich einige ältere, besonnene Synodale, die sich um die Vermeidung von Konfrontationen mit dem Staat bemühten. Zu ihnen zählen unter anderem Präses Wahrmann, Vizepräses Weinrebe, Vizepräses Gürtler, Frau Degner. Auch Landesbischof Dr. Rathke und Oberkirchenratspräsident Müller wirkten im Sinne dieser Gruppierung. […] Entgegen den Erwartungen und entgegen den Versuchen der zum Teil massiert auftretenden negativen Gruppierung ist es gelungen, daß sich loyale Kräfte mit einem besonnenen und gemäßigten Kurs in der Frage ›Friedensverantwortung der Kirche‹ durchsetzen konnten. Es ist sicher ein politisch positives Ergebnis, daß eine Kanzelabkündigung in der Mecklenburgischen Landeskirche verhindert werden konnte.« SAPMO-BA ZPA IV B 2/14/109.

935 Wilke würdigte Leichs »politisch realistische[s] Auftreten«. Leich hob den eschatologischen Charakter der Bibellosung »Schwerter zu Pflugscharen« hervor. Abt. II, Wilke, 3.6.1982, Einschätzung der politisch-ideologischen Schwerpunkte der Frühjahrssynoden, BA, Abt. Potsdam, O-4, 410. Vgl. auch den von Leich vorgetragenen Bericht zur Lage/Frühjahrssynode 1982: »Die Kirche steht zu den jugendlichen Trägern dieses Abzeichens. Sie muß aber den Jugendlichen gegenüber aussprechen, daß sie keine Macht hat, die Jugendlichen vor Schwierigkeiten zu schützen. Daher muß jeder die Folgen seiner Entscheidung in seine Überlegungen einbeziehen und sich prüfen, ob er bereit ist zum Leiden. Auf keinen Fall darf das Symbol der Friedensdekade zu einem Unterscheidungsmerkmal für ›standhafte‹ oder ›gefallene‹ Christen innerhalb der Kirche werden. […] Ein Zeichen, das nichts anderes als Friedenshoffnung und Friedensgesinnung ausdrücken will, sollte nicht zum Anlaß von Streit und Auseinandersetzungen werden, auch dann nicht, wenn diese aus Mißdeutungen des Zeichens von anderen ausgelöst werden. Daher rate ich, sich der Anordnung, das Zeichen nicht in der Ausbildungsstätte oder der Schule zu tragen, zu beugen.« LKA Hannover, D 15 XII, K 67/343/VIII.

936 In seinem Interesse an einer sachlich und gemäßigt geführten Debatte wurde Krusche durch Konsistorialpräsident Kramer und Präses Reinhard Höppner unterstützt. Vgl. Abt. II, Wilke, 3.6.1982, Einschätzung der politisch-ideologischen Schwerpunkte der Frühjahrssynoden, BA, Abt. Potsdam, O-4, 410.

937 Schreiben Arbeitsgruppe Kirchenfragen an Verner vom 2.4.1982, SAPMO-BA ZPA IV B2/14/82. Vgl. auch Information vom 6.6.1982 über die 1. Tagung der 6. Synode der EKU in der DDR vom 4.6. bis zum 6.6.1982 in Berlin:»1. Der Bericht von Kirchenpräsident Natho, Aussagen der Bischöfe Dr. Gienke und Dr. Wollstadt in persönlichen Gesprächen mit den staatlichen Vertretern sowie das Wirken realistischer Kräfte in der Synode wie Professor Dr. Fink, die Präsides Kootz und Affeld, das auch vom Präsidenten der Kirchenkanzlei der EKU, Dr. Rogge, und dem neu gewählten Präses Karpinski unterstützt wurde, bestimmten wesentlich die Atmosphäre im Plenum. Eine weitere Polarisierung kirchenleitender Kräfte zeigte sich deutlich. Die zunehmende Differenzierung wurde auch spürbar in der politisch negativen Haltung von Vertretern aus der Ev. Kirchenprovinz Sachsen unter Verantwortung von Präses Dr. Höppner (Bischof Dr. Krusche hat Urlaub) und von Bischof Forck sowie einiger Synodaler seiner Landeskirche. Das wurde besonders bei der Behandlung des Antrages von Prof. Fink deutlich, der die Synode bat, sich der Erklärung der Sektionsdirektoren gegen die NATO-Hochrüstung anzuschließen. Bereits im Ausschuß wurde dieser Antrag abgelehnt. [...] 2. Zum Bericht des Vorsitzenden des Rates der EKU, Kirchenpräsident Eberhard Natho. In seinem Bericht, der sich zu mehr als zwei Dritteln mit theologischen und kirchlichen Problemen beschäftigt, bezieht Natho in einem dritten, politisch relevanten Teil realistische Positionen zu einem kirchlichen Friedensengagement, weist die Forderung politisch negativer Kräfte nach Schaffung einer alternativen Friedensbewegung im kirchlichen Raum offensiv zurück, nimmt in sachlicher und zurückhaltender Form zur Diskussion um die Aufnäher Stellung und betont das Festhalten am Weg des 6.3.1978 und der weiteren Ausgestaltung der Formel von einer ›Kirche im Sozialismus‹. [...] Offensiv wendet sich Natho gegen die Versuche politisch negativer Kräfte innerhalb und außerhalb der Kirchen, eine gegen den sozialistischen Staat gerichtete ›Friedensbewegung‹ aufzubauen. Natho tritt offen gegen Verleumdungskampagnen der westlichen Massenmedien, die dem wirklichen Einsatz der Kirchen für den Frieden geschadet haben, auf. ›Wir haben weder die Möglichkeit noch das Recht, darauf einzuwirken, was jenseits unserer Grenzen gesagt und geschrieben wird. Aber ich möchte es nicht in Klarheit darüber fehlen lassen, daß zur Verschärfung der Situation die mit beigetragen haben, die wider besseres Wissen anderen einzureden suchten, es handele sich im Friedensengagement junger Christen um eine selbständige und vom Staat ›unabhängige Friedensbewegung‹. Diese unabhängige und selbständige Friedensbewegung gibt es nicht, nicht in unseren Kirchen und auch sonst nicht in der DDR. Die evangelische Kirche ist keine Oppositionspartei, der man zu bestimmtem politischen Verhalten und zu Machtansprüchen gegenüber dem Staat raten müßte.‹« SAPMO-BA ZPA IV B2/14/51.

938 Leiter des Büros, Vorlage Dohle vom 4.5.1982 an die Dienstbesprechung vom 17.5.1982, Leitungsinformation 2/82, BA, Abt. Potsdam, O-4, 410.

939 Vgl. Information Gysi vom 18.3.1982 über das Gespräch Staatssekretär Gysi mit Landesbischof Hempel am 12.3.1982 in der Dienststelle des Staatssekretärs, BA, Abt. Potsdam, O-4, 1437.

940 Leiter des Büros, Vorlage Dohle vom 4.5.1982 an die Dienstbesprechung vom 17.5.1982, Leitungsinformation 2/82, BA, Abt. Potsdam, O-4, 410. Vgl. auch die ausführliche Information Gysi vom 18.3.1982 über das Gespräch Staatssekretär Gysi mit Landesbischof Hempel am 12.3.1982 in der Dienststelle des Staatssekretärs, BA, Abt. Potsdam, O-4, 1437.

941 Ebd. Gysi bemerkte abschließend: »Trotz dem Ernst und der Spannung, die in dem Gespräch lag, war die Atmosphäre sehr gut.« Ebd.

942 Vgl. Leiter des Büros, Vorlage Dohle vom 4.5.1982 an die Dienstbesprechung vom 17.5.1982, Leitungsinformation 2/82, BA, Abt. Potsdam, O-4, 410.

943 Niederschrift Richter, Dresden, vom 22.7.1982 über eine Information von Genossen Horst Dohle, persönlicher Mitarbeiter des Staatssekretärs für Kirchenfragen, in einer Zusammenkunft mit den Sektorenleitern für Kirchenfragen des Bezirkes Dresden, Karl-Marx-Stadt und Leipzig am 14.7.1982, PDS-Archiv Dresden, IV E-2.14-666. Na-

tho soll vor der Frühjahrssynode seiner Landeskirche 1982 sich über das Wirken der Mitarbeiter der offenen Arbeit beklagt haben:»Diese Figuren wären an sich schon eine schlimme Sache, sie seien selber Ausdruck des Asozialen. Es ginge hier nicht schlechthin um ein Generationsproblem, sondern diese Mitarbeiter hätten ein völlig anderes Lebensgefühl, zu dem er keinen Zugang hat.« Mit so exponierten Personen wie Eppelmann könne man freie Jugendarbeit nicht gestalten, meinte der Kirchenpräsident. Landesschülerpfarrer Seifert bedauerte hingegen, daß in Anhalt keine offene Jugendarbeit gefördert wurde.»Bericht zur Lage der Kirche in der DDR«, gehalten von Kirchenpräsident Natho auf der Tagung der Synode der Ev. Landeskirche Anhalts am 15.5. 1982/Dessau, LPA Halle, IV E-2/14/578. Natho bezog sich hier wahrscheinlich auf ein mit Pfarrer Schilling (Braunsdorf) und bis zu acht weiteren für die offene Jugendarbeit Verantwortlichen für den 6.5.1982 in der Berliner Auguststraße anvisiertes Gespräch. Vgl. Vermerk Forck über Bischofskonvent am 9.3.1982, EZA Berlin, 101/1190, Bd. II. An dem Gespräch mit dem Bischofskonvent am 6.5.1982 nahmen u. a. teil: Eppelmann, Schilling (Braunsdorf), Grund (Jena), Eigenfeld (Halle-Neustadt) sowie Rochau. Der Bischofskonvent entschied, darauf hinzuwirken, daß die Gemeinden der Offenen Arbeit auch Räume vergaben, und für diesen Arbeitsbereich mehr Mitarbeiter bereitzustellen. Vgl. Protokoll Forck über den Bischofskonvent am 6.5.1982 in Berlin, Augustraße 80, EZA Berlin, 101/1190, Bd. II. OKR Schulze (Dessau) sagte gegenüber Hartwig vom Staatssekretariat für Kirchenfragen zu, sich um die Jugendarbeit im Kreis Bernburg zu kümmern, da dort nicht gemäß der von der Kirchenleitung ausgegebenen Konzeption und staatskritisch gearbeitet werde. Vgl. Wissenschaftlicher Mitarbeiter, Bericht Hartwig vom 22.11.1982 zur Dienstreise nach Dessau am 16.11.1982, BA, Abt. Potsdam, O-4, 416. Ähnlich ablehnend gegenüber der offenen Jugendarbeit äußerte sich Natho auch auf der Frühjahrssynode Anhalts 1983. Vgl. Abt. II, Vorlage Handel-Braemer vom 22.6.1983 an die Dienstbesprechung am 27.6.1983, Information über die Frühjahrstagungen von Synoden der Ev. Landeskirchen der DDR, von der außerordentlichen Synode der EKU-Bereich DDR und der Generalsynode der VELK in der DDR, BA, Abt. Potsdam, O-4, 411.

944 Information zu aktuellen Fragen der Kirchenpolitik, PDS-Archiv Dresden, IV E-2.14-666, auch a.a.O., IV E-2.14-669.

945 Dresden, im März 1982, Der Landesbischof der Ev.-Luth. Landeskirche Sachsens, An alle Pfarrer und Pastorinnen, an alle Mitarbeiterinnen und Mitarbeiter der sächsischen Landeskirche, LKA Hannover, D 15 XII, K 61/331.

946 Ähnlich äußerten sich auch der Hoyerswerdaer Superintendent Müller und der Wittenberger Propst Treu. Vgl. RdB Cottbus, Stellv. d. Vors. f. Inneres, Informationsbericht Deysing vom 13.4.1982 für die Monate Februar und März 1982, SAPMO-BA ZPA IV B2/14/69; zur Äußerung Treus vgl. auch RdB Cottbus, Stellv. d. Vors. f. Inneres, Aktennotiz Deysing vom 13.3.1982 zum Gespräch mit den Superintendenten der Kirche der Kirchenprovinz Sachsen am 9.3.1982 in Elsterwerda. Treu sagte außerdem,»die Sowjetunion habe ein überzogenes Sicherheitsbedürfnis.« A.a.O. Anhalts Kirchenpräsident Natho hingegen äußerte,»es sei ein Grundirrtum, daß man durch das Wegwerfen von Waffen den Frieden sichern könne«. RdB Halle, Stellv. des Vorsitzenden für Inneres, Information Pöhner zum Gespräch des Vorsitzenden des Rates des Bezirkes Halle, Gen. Klapproth, mit dem Landeskirchenrat und dem Präses der Synode der Ev. Landeskirche Anhalts am 21.12.1982 im Gästehaus des Rates des Bezirkes, LPA Halle, IV E-2/14/578.

947 Vgl. Leiter des Büros, Vorlage Dohle vom 4.5.1982 an die Dienstbesprechung vom 17.5.1982, Leitungsinformation 2/82, BA, Abt. Potsdam, O-4, 410. Vgl. auch die ausführlichere Information Gysi vom 18.3.1982 über das Gespräch Staatssekretär Gysi mit Bischof Dr. Forck am 15.3.1982 in der Dienststelle des Staatssekretärs, BA, Abt. Potsdam, O-4, 434.

948 Vgl. z. B. Bericht über die Jugend, PDS-Archiv Dresden, IV E-2.14-669.

949 Information Gysi vom 18.3.1982 über das Gespräch Staatssekretär Gysi mit Bischof Dr. Forck am 15.3.1982 in der Dienststelle des Staatssekretärs, BA, Abt. Potsdam, O-4, 434.

Bei der Einführung des Cottbusser Generalsuperintendenten Reinhardt Richter am 28.3.1982, 14.00 Uhr, nahm Forck in der Predigt einleitend zur Aufnäherfrage Stellung und zeigte für die staatlichen Maßnahmen tiefstes Unverständnis. »Der Staat wäre gut beraten, wenn er seine Entscheidung überdenkt und seinerseits mit dazu beiträgt, die Friedensbekundungen der Jugend zu fördern.« RdB Cottbus, Stellvertreter der Vorsitzenden für Inneres, Information Deysing zur Amtseinführung des Generalsuperintendenten Richter, SAPMO-BA ZPA IV B2/14/69.

950 Vgl. Leiter des Büros, Vorlage Dohle vom 4.5.1982 an die Dienstbesprechung vom 17.5.1982, Leitungsinformation 2/82, BA, Abt. Potsdam, O-4, 410. Gysi hatte Forck vorgehalten, »er versuche, von dem, was ich [Gysi] ihm gesagt hatte, abzulenken, um uns [dem Staat] falsche Fragestellungen und Absichten zu unterschieben.« Gysi wertete: »Die Gesprächsatmosphäre war relativ ruhig, aber sehr ernst. Forck versuchte immer wieder auszuweichen und entschlossene Gegenpositionen zu vermeiden. Er bemühte sich, keine offene Konfrontation zuzulassen. Ich habe seine Ausweichmanöver nicht zugelassen und habe immer wieder unsere Grundforderungen wiederholt.« Information Gysi vom 18.3.1982 über das Gespräch Staatssekretär Gysi mit Bischof Dr. Forck am 15.3.1982 in der Dienststelle des Staatssekretärs, BA, Abt. Potsdam, O-4, 434.

951 Vgl. auch die Äußerungen des Dresdener Pfarrers Kanig, der zwei Fälle von schulischen Übergriffen schilderte und urteilte, man müsse festhalten, »daß es sich in beiden Fällen um ehrliche, voll in ihrem Glauben stehende junge Christen handelt, deren auf Wahrung des Friedens im kleinen wie im großen gerichtete Haltung nicht nur mir, sondern auch der Gemeinde gut bekannt ist, daß beide Male also genau die falschen Exempel statuiert wurden, und daß leider genau das Gegenteil dessen erreicht wurde, was – hoffentlich – erreicht werden sollte: Nach dem jetzigen Stand der Dinge ist auf lange Zeit ein sachliches, auf gegenseitigem Vertrauen beruhendes, offenes Gespräch verbaut. Beide jungen Mädchen sind tief verletzt und werden sich voraussichtlich auf lange Zeit hüten, offen und frei ihre religiösen Gefühle zu äußern. Das aber halte ich für sehr, sehr schade. [...] Ich frage mich dabei, ob eine solche Erziehung nicht sehr gefährlich ist. Keinesfalls ist sie dem offenen Meinungsaustausch förderlich.« RdB Dresden, Sektor Staatspolitik in Kirchenfragen, Informationen Lewerenz vom 7.4.1982 gegenüber Trägern des Aufnähers »Schwerter zu Pflugscharen«, PDS-Archiv Dresden, IV E-2.14-669.

952 Vgl. oben, 458.

953 Abschließend heißt es in Gysis Gesprächsvermerk: »Die Ausführungen von Krusche unterschieden sich durch ihre ausweichende und ausschweifende Art und ihre negativen Positionen durchaus von dem Gespräch mit Landesbischof Hempel und auch mit anderen Bischöfen.« Information Gysi vom 18.3.1982 über das Gespräch Staatssekretär Gysi mit Bischof Krusche am 16.3.1982 in der Dienststelle des Staatssekretärs, BA, Abt. Potsdam, O-4, 427; auch a.a.O., O-4, 1437; auch SAPMO-BA ZPA IV B2/14/42.

954 Am 1. April hatte Gienke im RdB Rostock zu erkennen gegeben, er respektiere staatliche Maßnahmen gegen Abzeichenträger, bat aber um eine behutsame und verantwortliche Durchsetzung. »Wenn es Märtyrer gibt, die emotional aufgeladen werden, wird es eine schwere innerkirchliche Belastung geben. Den Bischof würde es betrüben, wenn dadurch die Ergebnisse des 6.3. in Frage gestellt werden, sie wollen auch weiterhin an diesem guten Weg festhalten. [...] Die Kirche darf die pazifistische Haltung nicht favorisieren. Es wäre weise für manchen kirchlichen Vertreter, die pazifistische Diskussion nicht hoch zu spielen.« Der Gienke begleitende Hans-Martin Harder erklärte während des Gespräches, »daß die kirchliche Jugendarbeit ihnen aus der Hand geglitten ist.« Vermerk Macht, Rostock, vom 2.4.1982 über ein Gespräch mit leitenden Vertretern der Greifswalder Landeskirche, BA, Abt. Potsdam, O-4, 789. Laut kirchlichem Protokoll sagt der Bischof: »Die Kirche könne für diese Entscheidung [gegen die Aufnäher ›Schwerter zu Pflugscharen‹ mit Zwang vorzugehen], die sie für unangemessen halte, kein Verständnis aufbringen.« Vermerk vom 2.4.1982 (betr. Gespräch mit dem Stellv. des Vors. für Inneres, Rostock, EZA Berlin, 101/115. Ende 1982 sagte Gienke, er könne zwar niemand zu einer Wehrdienstverweigerung ermutigen, aber andererseits »werde

die Kirche sich zu allen Gewissensentscheidungen stellen.« RdB Rostock, Stellvertreter des Vorsitzenden für Inneres, Information Haß vom 4.1.1983 über das am 30.12.1982 geführte Gespräch mit Vertretern der Kirchenleitung der Greifswalder Landeskirche, BA, Abt. Potsdam, O-4, 789.

955 Vgl. Leiter des Büros, Vorlage Dohle vom 4.5.1982 an die Dienstbesprechung vom 17.5.1982, Leitungsinformation 2/82, BA, Abt. Potsdam, O-4, 410.

956 Vgl. Hauptabteilungsleiter, Aktennotiz Heinrich vom 9.3.1982 über ein Gespräch von Gen. HAL Heinrich mit Konsistorialpräsident Stolpe und Generalsuperintendent Grünbaum am 4.3.1982, BA, Abt. Potsdam, O-4, 434; auch a.a.O., O-4, 1220.

957 Man kam außerdem überein, auf der Klausurtagung der KKL die Angelegenheit nochmals zu behandeln und dort möglichst auch einen hilfreichen Text zu verabschieden. Vermerk Forck über Bischofskonvent am 9.3.1982, EZA Berlin, 101/1190, Bd. II.

958 Abgedruckt in epd-Dok 44-45/79, 139.

959 Zum Pazifismus in den protestantischen Kirchen der DDR, BA, Abt. Potsdam, O-4, 594; auch a.a.O., O-4, 1943.

960 Vgl. hierzu Protokoll Krusche-Demke vom 14.4.1982 über die außerordentliche Sitzung des Vorstandes am 2.4.1982 in Potsdam, EZA Berlin, 101/121. Vgl. auch Stichworte für das Sachgespräch mit dem Staatssekretär für Kirchenfragen am 7.4.1982, 2. Teil, Friedensarbeit der Kirchen – »Schwerter zu Pflugscharen«, EZA Berlin, 101/351.

961 Protokoll Krusche-Demke vom 14.4.1982 über die außerordentliche Sitzung des Vorstandes am 2.4.1981 in Potsdam, EZA Berlin, 101/121.

962 Abgedruckt bei Besier/Wolf, »Pfarrer, Christen und Katholiken«, 333-336.

963 vgl. Mitteilung Krusche vom 7.4.1982 an die Gliedkirchen über ein Gespräch der Konferenz der Evangelischen Kirchenleitungen mit dem Staatssekretär für Kirchenfragen am 7.4.1982, EZA Berlin, 101/351; auch BA, Abt. Potsdam, O-4, 719; Leiter des Büros, Vorlage Dohle vom 4.5.1982 an die Dienstbesprechung vom 17.5.1982, Leitungsinformation 2/82, BA, Abt. Potsdam, O-4, 410. Vgl. auch die ausführliche Information Gysi vom 8.4.1982, BA, Abt. Potsdam, O-4, 1232; eine noch detailliertere Version vom gleichen Tag mit einer Gesprächsteilnehmerliste in der Anlage, die neben den üblichen Adressaten Bellmann und Verner auch an Honecker und Hager ging, befindet sich in SAPMO-BA ZPA IV B2/14/18; auch a.a.O., IV B2/14/42; kirchliches Protokoll Lewek-Demke über das Sachgespräch Staatssekretär Gysi – Konferenz der Evangelischen Kirchenleitungen am 7.4.1982, EZA Berlin, 101/351.

964 Ebd.

965 Leiter des Büros, Vorlage Dohle vom 4.5.1982 an die Dienstbesprechung vom 17.5.1982, Leitungsinformation 2/82, BA, Abt. Potsdam, O-4, 410.

966 Information Gysi vom 8.4.1982, BA, Abt. Potsdam, O-4, 1232; in der an Honecker gerichteten Version heißt es abweichend: »[...] wo eine Minderheit ihr das Gesetz des Handelns aufzwingt und einen Konflikt mit dem Staat heraufbeschwört. [...] Zugleich habe ich betont, daß wir an einer gemeinsamen Überwindung der gegenwärtigen Situation interessiert sind.« SAPMO-BA ZPA IV B2/14/18; auch a.a.O., IV B2/14/42.

967 Protokoll Lewek-Demke über das Sachgespräch Staatssekretär Gysi – Konferenz der Evangelischen Kirchenleitungen am 7.4.1982, EZA Berlin, 101/351.

968 Vgl. Information Gysi vom 8.4.1982, SAPMO-BA ZPA IV B2/14/18; auch a.a.O., IV B2/14/42. In der anderen Information Gysis ist nicht von den Bischöfen, sondern von »der kirchlichen Seite« die Rede. BA, Abt. Potsdam, O-4, 1437. Wegen der zeitlichen Kürze einer Pause dürfte jedoch eine nur durch die Bischöfe geführte taktische Lagebesprechung plausibler sein.

969 Vgl. Information Gysi vom 8.4.1982, SAPMO-BA ZPA IV B2/14/18; auch a.a.O., IV B2/14/42.

970 Im nur im Staatssekretariat vorliegenden Protokoll heißt es: »in einen scheinbar längst überwundenen Umgangston«. BA, Abt. Potsdam, O-4, 1437.

971 Information Gysi vom 8.4.1982, SAPMO-BA ZPA IV B2/14/18; auch a.a.O., IV B2/14/42.

972 Protokoll Lewek-Demke über das Sachgespräch Staatssekretär Gysi – Konferenz der Evangelischen Kirchenleitungen am 7.4.1982, EZA Berlin, 101/351.

973 Information Gysi vom 8.4.1982, SAPMO-BA ZPA IV B2/14/18; auch a.a.O., IV B2/14/42.

974 Protokoll Lewek-Demke über das Sachgespräch Staatssekretär Gysi – Konferenz der Evangelischen Kirchenleitungen am 7.4.1982, EZA Berlin, 101/351.

975 Information Gysi vom 8.4.1982, SAPMO-BA ZPA IV B2/14/18; auch a.a.O., IV B2/14/42.

976 Protokoll Lewek-Demke über das Sachgespräch Staatssekretär Gysi – Konferenz der Evangelischen Kirchenleitungen am 7.4.1982, EZA Berlin, 101/351.

977 Information Gysi vom 8.4.1982, SAPMO-BA ZPA IV B2/14/18; auch a.a.O., IV B2/14/42. Diese Kompromißformel Stolpes fehlt im kirchlichen Protokoll Lewek-Demke über das Sachgespräch Staatssekretär Gysi – Konferenz der Evangelischen Kirchenleitungen am 7.4.1982, EZA Berlin, 101/351.

978 In Berlin-Brandenburg schätzten »loyale[.] kirchliche[.] Kreise[.] […] [ein], daß die sachliche und vertrauensvolle Atmosphäre zwischen Staat und Kirche von Bischof Schönherr [unter Forck gegenwärtig] nicht fortgesetzt wird.« RdB Cottbus, Stellv. d. Vors. f. Inneres, Informationsbericht Deysing vom 13.4.1982 für die Monate Februar und März 1982, SAPMO-BA ZPA IV B2/14/69. In einer staatlichen Einschätzung heißt es: »Während Altbischof Schönherr seine Kirchenleitung in so manchen Fragen beschwichtigen konnte, wird sie durch Bischof Forck zu negativen Äußerungen und Handlungen animiert, wie das in Synodenpapieren, Gemeindebriefen des Bischofs oder politisch-negativen Veranstaltungen der letzten Zeit seinen Ausdruck findet. […] Bischof Forck, der zwar seine verbale Zustimmung zum 6.3.1978 häufig betont, setzt sich seit Übernahme des Bischofsamtes engagiert für eine negative politische Meinungsbildung, vor allem in solchen Situationen ein, in denen das Staat-Kirche-Verhältnis besonderen Belastungen ausgesetzt ist, entwickelt eine große Toleranz gegenüber reaktionären Kräften in der Synode oder an der kirchlichen Basis, begünstigt direkt oder indirekt Tendenzen der Politisierung kirchlicher Arbeit, insbesondere auf dem Gebiet der Jugendarbeit, reagiert unbefriedigend auf Proteste, Empfehlungen und Ratschläge, die ihm von staatlichen Stellen zur Einhaltung der sozialistischen Gesetzlichkeit gegeben werden, und versucht hier persönlicher Verantwortung auszuweichen. Gegen diesen negativen Einfluß sollte die Autorität von Konsistorialpräsident Stolpe gestärkt werden, der zwischen den progressiven und reaktionären kirchenleitenden Kreisen und zwischen Staat und Kirche zu vermitteln sucht. Dabei ist er daran interessiert, Belastungen des Staat-Kirche-Verhältnisses mit allen Mitteln zu vermeiden, wobei es ihm als einem Pragmatiker natürlich in erster Linie um kirchliche Interessen geht.« Konzeption für die langfristige, koordinierte Arbeit gegenüber der evangelischen Kirche Berlin-Brandenburg, undatiert, jedoch vom Spätsommer 1982, da die Friedenswerkstatt bereits eingearbeitet ist. SAPMO-BA ZPA IV B2/14/68.

979 Information Gysi vom 8.4.1982, SAPMO-BA ZPA IV B2/14/18; auch a.a.O., IV B2/14/42. Unter Berufung auf das Gespräch richtete der KKL-Vorsitzende Krusche an Gysi am 19.4.1982 ein Schreiben mit konkreten kirchlichen Anfragen zum veränderten Wehrgesetz. Vgl. EZA Berlin, 101/351. Vgl. auch Vermerk von Rabenau vom 25.1.1983 betr. Immatrikulation an kirchl. Ausbildungsstätten und Einberufung, EZA Berlin, 101/93/96.

980 Mitteilung Krusche vom 7.4.1982 an die Gliedkirchen über ein Gespräch der Konferenz der Evangelischen Kirchenleitungen mit dem Staatssekretär für Kirchenfragen am 7.4.1982, BA, Abt. Potsdam, O-4, 771.

981 Auch an Universitäten wurde das Abzeichen im Frühjahr 1982 von einzelnen Studierenden präsentiert. »Diskussionen zu einem ›sozialen Friedensdienst‹ spielten an den Universitäten und Hochschulen keine größere Rolle, da sie nirgends Massenbasis fanden. Auch die kirchlich gebundenen Studenten sind dazu kaum in Erscheinung getreten.« Abteilung Wissenschaften, Information vom 8.9.1982 über kirchliche Einflüsse an

den Universitäten und Hochschulen (besonders unter den Studenten), BA, Abt. Potsdam, O-4, 484.

982 Schreiben Leich an alle Superintendenten vom 8.4.1982, BA, Abt. Potsdam, O-4, 771.

983 Vgl. hierzu Information Gerngroß über das traditionelle Petersberg-Treffen des Evangelischen Jungmännerwerks Magdeburg am 16.5.1982, wo »mehrfach darauf verwiesen [wurde], daß man die staatliche Grundsatzentscheidung akzeptieren muß.« Eine große Zahl der 1 500 angereisten Jugendlichen wanderte im Laufe des Nachmittags enttäuscht ab. SAPMO-BA ZPA IV B2/14/145. Für den Landesjugendsonntag am 14.6.1982 in Eisenach hatten die kirchlichen Veranstalter die Zusage gegeben, daß kirchliche Ordner aufnähertragende Jugendliche dahingehend beeinflussen würden, die Symbole von ihrer Kleidung zu entfernen. So nahmen nur wenige Jugendliche mit Aufnähern an der Veranstaltung teil. Allerdings äußerte sich Landesjugendpfarrer Spengler öffentlich pazifistisch. Vgl. RdB Erfurt, Stellvertreter des Vorsitzenden für Inneres, Information Hartmann vom 14.6.1982 über die Durchführung des Landesjugendsonntages der Evangelisch-Lutherischen Kirche in Thüringen und der zwei Propsteien Erfurt und Südharz der Evangelischen Kirche der Kirchenprovinz Sachsen am 13.6.1982 in Eisenach, SAPMO-BA ZPA IV B2/14/70.

984 Synodalbericht, LKA Hannover, D 15 XII, K 67/343/VIII.

985 Halle, den 25.9.1982, 2. Information zur 2. Tagung der 4. Synode, SAPMO-BA ZPA IV B2/14/90. Vgl. auch Schreiben Manfred Sachs, 2. Sekretär der SED-Kreisleitung Merseburg, an SED-BL Halle, Abteilung Parteiorgane, Sektor Parteiinformation vom 25.5.1982, Information zu dem von der evangelischen Kirche durchgeführten »Friedensseminar« am 22.5.1982 in Leuna: »Schmidt [Dramaturg aus Berlin], Schorlemmer und Noack brachten im Referat bzw. in der Diskussion aggressiv gegen unseren Staat gerichtete Gedanken und Grundsätze zum Ausdruck.« LPA Halle, IV E-2/14/578.

986 Halle, den 25.9.1982, 2. Information zur 2. Tagung der 4. Synode, SAPMO-BA ZPA IV B2/14/90. Der Rechtsausschuß der Synode weigerte sich während der BEK-Synode 1983 in Potsdam-Hermannswerder, den Jugenddelegierten auf den Antrag des Synodalen Jaeger (Nordhausen) hin das Stimmrecht zuzuerkennen. Vgl. 3. Sitzung der 4. Synode des Bundes der Ev. Kirchen in der DDR in Potsdam-Hermannswerder 16.-20.9.1983, Protokoll Huhn-Senff der Beratung des Rechtsausschusses am 18.9.1983 in Potsdam-Hermannswerder, EZA Berlin, 101/93/729; auch a.a.O., 101/93/845.

987 Vgl. Auszug aus dem Protokoll Krusche-Demke-Herrbruck über die 138. Sitzung des Vorstandes am 19.4.1982 in Berlin, EZA Berlin, 101/351.

988 Honecker bezieht sich hier auf die neutestamentliche Textstelle Markus 12, 17.

989 Vgl. hierzu Hinweise zu den Ergebnissen des Gesprächs des Vorsitzenden des Staatsrates der DDR, Genossen Erich Honecker, mit dem Vorstand der Konferenz der Evangelischen Kirchenleitungen in der DDR am 6.3.1978 (siehe Konzeption zur weiteren Arbeit mit den Evangelischen Landeskirchen im Bezirk Dresden vom 23.4.1982, II. Punkt 1.2.): »Seit zirka 1980 legen es die Inspiratoren destruktiver Erscheinungen (siehe ›sozialer Friedensdienst‹ und Embleme) darauf an, das bestehende im großen und ganzen gute Verhältnis zum Staat zu stören. Aus den Denklinien des Gegners wurde und ist ersichtlich, daß sie nicht am 6.3.1978 vorbeikönnen. Sie sind nach wie vor gezwungen, den Erfolg dieses Ereignisses einzugestehen. So erklärten sie, der deutliche kirchenpolitische Gewinn für den Staat sei offensichtlich. Manche Amtsträger wiederum stellten das Gespräch als ›Sensation‹ hin, verfälschten den Sinn der Beratung und sprachen in diesem Zusammenhang von einem neuen Bündnis von ›Thron und Altar‹. […] Ein gutes Verhältnis zwischen Staat und Kirche hat jedoch nichts mit Partnerschaft zu tun«, wurde festgehalten. PDS-Archiv Dresden, IV E-2.14-671.

990 SAPMO-BA ZPA IV 2/3/127; auch a.a.O., IV B2/14/57; auch PDS-Archiv Dresden IV E-2.14-666. Vgl. auch SED-BL Dresden, Abteilung Staat und Recht, Konzeption Göpfert vom 23.4.1982 zur weiteren Arbeit mit den evangelischen Landeskirchen im Bezirk Dresden, PDS-Archiv Dresden, IV E-2.14-666; auch Abteilung Staat und Recht, Dresden, den 15.11.1982, I. Wie gelang es, die vertrauensvollen Staat-Kirche-Beziehungen insbe-

sondere in Verwirklichung der Aufgabenstellung im Fernschreiben des Generalsekretärs vom 16.4.1982 zu fördern?, a.a.O.; auch Abteilung Staat und Recht, Handmaterial Göpfert zur kirchenpolitischen Information der Genossen Ullmann und Bohlig, a.a.O.

991 Argumentationshilfe, BA, Abt. Potsdam, O-4, 594. Auf einer gemeinsamen erweiterten Sitzung des Rates der EKU am 24.4.1982 in Berlin (Ost) sollen die westlichen Teilnehmer im Zusammenhang mit einer Diskussion über die Friedensbewegung in Ost und West »Bedenken gegen die Art der Information in westlichen Medien über die Kirchen in der DDR« geäußert haben. »Sie machten den Kirchen ›nur das Leben schwer‹.« Abteilung II, Information Wilke vom 30.4.1982 über ein Gespräch mit Präsident Dr. Rogge, Kirchenkanzlei der EKU, am 26.4.1982, BA, Abt. Potsdam, O-4, 1437.

992 Vgl. auch Magistrat Berlin, Berlin, den 13.9.1982, Zur aktuellen politischen Situation in den Kirchen der Hauptstadt (insbesondere Evangelische Kirche): »Ihren Höhepunkt hatten diese [Spannungen] im Februar, März, April. Das Vorgehen der Volkspolizei stieß auf breites Unverständnis, selbst bei den ansonsten als loyal einzuschätzenden Kräften.« BA, Abt. Potsdam, O-4, 1129. Im Bezirk Cottbus wurde in den Monaten Februar und März 1982 »das Symbol etwa vierhundertmal in der Öffentlichkeit, in den Einrichtungen der Volksbildung und der Berufsbildung festgestellt«, davon griff die Polizei in 142 Fällen ein und nahm insgesamt 25 »Zuführungen« vor. Vgl. RdB Cottbus, Stellv. d. Vors. f. Inneres, Informationsbericht Deysing vom 13.4.1982 für die Monate Februar und März 1982, SAPMO-BA ZPA IV B2/14/69. Im Bezirk Dresden gab es bis zum 2. April 1982 308 Eingriffe der Polizei, wobei es einundzwanzigmal zu »Zuführungen« kam. Vgl. Bericht über die Jugend, PDS-Archiv Dresden, IV E-2.14-669.

993 Vgl. Information Wilke vom 25.4.1982 über ein Gespräch Staatssekretär Gysi mit Bischof Dr. Forck am 13.4.1982 in der Dienststelle des Staatssekretärs, BA, Abt. Potsdam, O-4, 434. Auch im Berliner Magistrat hatte Stolpe am 8.4.1982 gegenüber dem Stellvertreter des Oberbürgermeisters für Inneres, Hoffmann, sich besorgt über das staatliche Vorgehen gegen die Aufnäherträger geäußert und bezeichnete dieses als »teilweise überzogen. In ihnen kommt nicht das notwendige Fingerspitzengefühl zum Ausdruck. Stolpe äußerte, daß er in dieser Frage ratlos ist und hofft, daß sich die zur Zeit unvereinbaren Standpunkte annähern.« Generalsuperintendent Grünbaum hob hervor, »daß Jugendliche, indem sie von der Volkspolizei so ›hart‹ angefaßt würden, mißverstanden und damit verprellt würden. Dann führte er aus, daß auch er die gegenwärtige Situation als sehr kompliziert ansieht und erkennt, daß der US-Imperialismus versucht, eine Überlegenheit gegenüber dem Sozialismus zu erreichen.« Information über ein Gespräch mit dem Konsistorialpräsidenten der Evangelischen Kirche Berlin-Brandenburg, Manfred Stolpe, und dem Generalsuperintendenten des Sprengels Berlin, Hartmut Grünbaum, BA, Abt. Potsdam, O-4, 741.

994 RdB Dresden, Sektor Staatspolitik in Kirchenfragen, Vermerk Lewerenz vom 6.4.1982 mit Präsident Domsch und OLKR Rau am 2.4.1982, PDS-Archiv Dresden, IV E-2.14-671.

995 Der Dresdener OLKR Fritz sagte: »»Die Enttäuschung bei den jungen Menschen« über das ihnen entgegengebrachte massive Mißtrauen »ist nicht überwunden, und ich weiß nicht, wie wir sie heilen können‹«. Superintendent Ziemer äußerte, er sei besorgt, »wie [...] die Jugend das verkraften [soll], was ihr zugemutet wird an Reaktionen. In den letzten Jahren wurden ihr laufend Neins gesagt zu ihrem Willen, Frieden zu bekunden. [...] Es ist für die Jugend schwer zu verkraften: die erklärte Friedenspolitik einerseits und das Gewicht des Militärischen in der Gesellschaft andererseits. Das macht uns zu schaffen!« RdB Dresden, Sektor Staatspolitik in Kirchenfragen, Vermerk vom 14.6.1982 über Gespräch mit den Superintendenten der sächsischen Landeskirche am 10.6.1982, a.a.O.

996 In der Anlage war dem Brief eine Liste von Einzelfallschilderungen beigefügt. Vgl. PDS-Archiv Dresden, IV E-2.14-669. Das Schreiben wurde erst am 15.6.1982 mündlich beantwortet, und zwar wegen dessen schwerwiegendem Inhalt durch den Ratsvorsitzenden des Bezirkes selbst. Vgl. RdB Dresden, Sektor Staatspolitik in Kirchenfragen,

Vermerk Lewerenz vom 16.6.1982 über Gespräch des Vorsitzenden des Rates des Bezirkes, Genossen Manfred Scheler, mit dem Präsidenten des Landeskirchenamtes der Ev.-Luth. Landeskirche Sachsens, Kurt Domsch, am 15.6.1982, PDS-Archiv Dresden, IV E-2.14-671. Auch der Pfarrkonvent des Kirchenkreises Halle (Saale) richtete eine Eingabe an den Leiter des dortigen Volkspolizeikreisamtes. Vgl. SED-BL Halle, Abteilung Parteiorgane, Information vom 14.4.1982 über weitere kirchliche Aktivitäten im Bezirk Halle, LPA Halle, IV E-2/14/578. Vgl. auch RdB Dresden, Sektor Staatspolitik in Kirchenfragen, Vermerk Lewerenz vom 9.7.1982 über Gespräch mit Oberkonsistorialrat Dr. Winde und Landesjugendpfarrer Liedtke am 16.6.1982: »Dr. Winde sagte, daß nach ihrer Auffassung der Beweis des Mißbrauchs der Aufnäher nicht erbracht sei. Die Kirchenleitung sei betroffen über den Mangel an Einschätzungsvermögen bei staatlichen Stellen. Die staatliche Reaktion werde im kirchlichen Raum als töricht angesehen. Vertrauen hinsichtlich der Friedenspolitik, das im Keimen war, sei gestört worden. [...] Bei jungen Leuten sei die Enttäuschung außerordentlich groß. [...] Durch diese Art von Reaktion schade sich die DDR auch in der Weltöffentlichkeit. Die Kirchenleitung habe den Eindruck, daß es jetzt leichter sei, in der Gesellschaft etwas gegen Kirche und christlichen Glauben zu sagen.« PDS-Archiv Dresden, IV E-2.14-671.

997 Abt. II, Vorlage vom 29.4.1982 an die Dienstbesprechung am 3.5.1982, Leitungsinformation 2/1982, BA, Abt. Potsdam, O-4, 410. Altbischof Schönherr äußerte am 22.5.1982 im badischen Rastatt, »er halte es nicht für richtig, wie die Staatsorgane reagieren«, sprach der Initiative der Jugendlichen aber den Charakter einer Friedensbewegung ab. Unter Verweis auf den 13.2.1982 in Dresden sprach er sich dafür aus, solche Bewegungen innerhalb der Kirche zu halten. Ständige Vertretung der DDR, Vermerk Olaf Nieckelsen, I. Sekretär, vom 27.5.1982 zum Auftreten von Bischof Schönherr und Heym in Rastatt am 22.5.1982, BA, Abt. Potsdam, O-4, 427. Gegenüber Verner wertete Gysi Schönherrs Auftreten »überwiegend als positiv«. Schreiben vom 3.6.1982, SAPMO-BA ZPA IV B2/14/42. Auf seiner Mai-Sitzung befaßte sich auch der Bischofskonvent nochmals mit der Situation und sprach über »mögliche nächste Schritte zur Normalisierung.« Protokoll Forck über den Bischofskonvent am 6.5.1982 in Berlin, Auguststraße 80, EZA Berlin, 101/1190, Bd. II.

998 Sie wurden z. B. durch Propst Falcke, Erfurt, unterstützt. Vgl. Abt. II, Vorlage vom 31.8.1982 an die Dienstbesprechung am 6.9.1982, Leitungsinformation 4/1982, BA, Abt. Potsdam, O-4, 410.

999 Vgl. Abt. II, Vorlage vom 23.6.1982 an die Dienstbesprechung am 28.6.1982, a.a.O. Allerdings hatte Demke am 15.6.1982 im Staatssekretariat berichtet: »Die Spannungen zwischen Staat und Kirche, die durch das Festhalten am Aufnäher da sind, werden nicht weniger, sondern an der Basis breiter.« Abteilung II, Information Wilke vom 15.6.1982 über ein Gespräch mit Dr. Demke beim Hauptabteilungsleiter, Gen. Heinrich, am 15.6.1982, BA, Abt. Potsdam, O-4, 427; auch a.a.O., O-4, 1437.

1000 So Kurt Domsch. RdB Dresden, Sektor Staatspolitik in Kirchenfragen, Vermerk Lewerenz vom 16.6.1982 über Gespräch des Vorsitzenden des Rates des Bezirkes, Genossen Manfred Scheler, mit dem Präsidenten des Landeskirchenamtes der Ev.-Luth. Landeskirche Sachsens, Kurt Domsch, am 15.6.1982, PDS-Archiv Dresden, IV E-2.14-671.

1001 Leiter des Büros, Vorlage Dohle vom 24.6.1982 an die Dienstbesprechung am 28.6.1982, BA, Abt. Potsdam, O-4, 410.

1002 Abt. II, Vorlage vom 31.8.1982 an die Dienstbesprechung am 6.9.1982, Leitungsinformation 4/1982, a.a.O.

1003 Vgl. Vermerk Lingner über die Zusammenkunft der Beratergruppe am 2.12.1982, EZA Berlin, 4/92/14.

1004 Eppelmanns Inhaftierung hatte vom 9. bis zum 11.2.1982 gedauert und stand in ursächlichem Zusammenhang mit dem von ihm initiierten Berliner Appell (abgedruckt in: W. Büscher u. a. [Hgg.], Friedensbewegung in der DDR, 242-244), der die Aufnahme von Verhandlungen über eine atomwaffenfreie Zone in Deutschland und den Abschluß eines Friedensvertrages mit den beiden deutschen Staaten verbunden mit einem Abzug der Besatzungstruppen forderte. Vgl. KiS 1/1982, 58.

1005 Vgl. Vermerk Lingner vom 15.2.1982 über Gespräch mit Demke am 12.2.1982, EZA Berlin, 4/92/702. Siehe insgesamt R. Eppelmann, Fremd im eigenen Haus, 91 ff.

1006 Forck hatte am 25.1.1982 gegenüber Gysi zu verstehen gegeben, »er [sei] auch bei einigen Leuten in der Kirche nicht damit einverstanden [...], wie sie ihre Friedensposition mit der Kirche verquicken.« Abteilung II, Information Wilke vom 27.1.1982 über ein Gespräch des Staatssekretärs mit Bischof Forck und OKR Stolpe am 25.1.1982, BA, Abt. Potsdam, O-4, 434, auch a.a.O., O-4, 1437.

1007 Vermerk Heinrich vom 10.2.1982 über ein Gespräch zwischen Konsistorialpräsident Stolpe und Hauptabteilungsleiter Heinrich in der Dienststelle des Staatssekretärs für Kirchenfragen, Dauer: 45 Minuten, BA, Abt. Potsdam, O-4, 434.

1008 Niederschrift Bellmann vom 3.2.1982 über ein Gespräch mit Konsistorialrat Manfred Stolpe am 3.2.1982, SAPMO-BA ZPA IV B2/14/55.

1009 Vermerk Heinrich vom 11.2.1982 über Gespräch von HAL, Genossen Heinrich, mit Konsistorialpräsident Stolpe in der Dienststelle des Staatssekretärs für Kirchenfragen am 11.2.1982, BA, Abt. Potsdam, O-4, 427; auch a.a.O., O-4, 434 sowie a.a.O., O-4, 1220.

1010 Bezüglich der Wahlen sprach Bellmann Schönherr am 28.5.1981 an, wegen der DDR-Friedens-, Sozial- und Kirchenpolitik müsse eine Beteiligung »der kirchlichen Amtsträger« an den kommenden Wahlen erwartet werden. Schönherr entgegnete, »für ihn persönlich sei das gar keine Frage, obwohl er früher auch einmal anders gedacht habe.« Jedoch gab er auch »die Bitte des Bischofskonvents [weiter] [Vgl. Vermerk Schönherr über den Bischofskonvent am 22.5.1981 in Elbingerode: ›Die politisch Verantwortlichen sollen durch den Vorsitzenden nachdrücklich darauf hingewiesen werden, daß Veröffentlichungen über den Wahlgang von Bischöfen unbedingt zu unterlassen sind‹, EZA Berlin, 101/1190, Bd. II], daß unsere Massenmedien über Wahl oder Nichtwahl von Bischöfen am Wahltag nicht berichten sollten. Das hätte bereits zur letzten Wahl zu gewissen Verstimmungen geführt. Meiner Frage, ob er denn Wahlenthaltungen von Bischöfen überhaupt für möglich halte, wich er aus«, so Bellmann. Arbeitsgruppe Kirchenfragen, Niederschrift Bellmann vom 28.5.1981 über ein Gespräch mit Bischof Dr. Schönherr am 28.5.1981, BA, Abt. Potsdam, O-4, 427. Fünf der acht Bischöfe beteiligten sich an der Volkskammerwahl 1981. Vgl. Information zur Wahlbeteiligung von Geistlichen und kirchlichen Amtsträgern über den Zeitraum 1957/81, BA, Abt. Potsdam, O-4, 948. Im Vorfeld der Wahlen hatte es im LKA Dresden durch Ihmels und Rau geführte Gespräche mit den für die Bezirkstage kandidierenden Pfarrern Pech (Riesa) und Melzer (Dippoldiswalde) gegeben. Gegen Pech wurden »schwere Vorwürfe« wegen seines CDU-Eintritts und seinem öffentlichen politischen Auftreten erhoben. Man drohte auch mit dem Pfarrerdienstgesetz. Bellmann empfahl, der Stellvertreter des Vorsitzenden für Inneres beim RdB Dresden möge sich gegenüber Domsch und Fritz gegen »diese[.] grobe[.] Einmischung in die inneren Angelegenheiten des Staates und [die] Verletzung staatsbürgerlicher Rechte« verwahren. SED-BL Dresden, Hausmitteilung Abteilung Staat und Recht, Konopka, an Modrow vom 29.5.1981 betr. Einmischung des Landeskirchenamtes in staatliche Angelegenheiten, PDS-Archiv Dresden, IV D-2.14-689. Bei der nun folgenden Aussprache erklärte Domsch, ein Pfarrer »sei [...] nicht Privatperson, sondern Pfarrer und müsse auf die Belange aller Gemeindeglieder Rücksicht nehmen.« Dies wollte man den beiden Amtsbrüdern zu bedenken geben. Ein direktes Verbot der Kandidatur sei nicht ausgesprochen worden. Fritz äußerte, man rede mit den Pfarrern »über alle Fragen [...], die den Dienst des Pfarrers tangieren.« Lewerenz bemerkte in dem von ihm verfaßten Protokoll abschließend, Pech könne in seiner Darstellung auch übertrieben haben. »Außerdem ist OLKR Ihmels, den wir persönlich recht gut kennen, nicht der Typ, der ein Gespräch unsachlich und mit Schärfe führt. Es wird notwendig sein, in weiteren Kontakten mit Pfarrer Pech darauf hinzuwirken, eine evtl. vorhandene Konfrontationshaltung gegenüber Mitgliedern der Kirchenleitung oder Mitarbeitern des LKA abzubauen.« RdB Dresden, Sektor Staatspolitik in Kirchenfragen, Vermerk Lewerenz vom 2.6.1981 über Gespräch mit Präsident Domsch und OLKR Fritz am 1.6.1981, a.a.O. Vgl. auch Vermerk Schönherr über den Bischofskonvent am 29.6.1981 in Gera, EZA Berlin, 101/1190, Bd. II. Zum Wahltag selbst vgl. Magistrat von Berlin, Hauptstadt der DDR, Sektor Kirchenfragen, Information vom 14.6.1981 aus Gottesdiensten am 14.6.1981. Darin heißt es, die meisten Pfarrer hätten sich in den 35 kontrollierten Gottesdiensten bezüglich der Wahlen nicht geäußert. Günter Krusche, Dozent am Sprachenkonvikt, äußerte in der mit 350 Besuchern stark besetzten Marienkirche, er werde vielleicht noch zur Wahl gehen, die »ja keine richtige Wahl ist, denn die Auswahl wurde ja bereits getroffen. Er ermahnte die Gläubigen, keine Lippenbekenntnisse abzugeben und weder in der Kirche noch in der Gesellschaft zu heucheln. Man solle sich gegenseitig Mut machen und alles sagen, was zur Gesundung beiträgt.« Eppelmann äußerte sarkastisch, nur derjenige solle sich an der Wahl beteiligen, »der von sich sagen kann, daß die Kandidaten sich für seine ureigensten Interessen einsetzen werden. Keiner solle heucheln und schweigen.« Der Baptistenprediger Schreiter »rief die ca. 300 Gläubigen zur Wahl der Kandidaten der Nationalen Front auf.« BA, Abt. Potsdam, O-4, 1129. Mecklenburgs Landesbischof Rathke, der sich offenbar diesmal an der Wahl nicht beteiligt hatte, protestierte gegenüber dem Vorsitzenden für Inneres des RdB Schwerin, Schwoerke, am 3.7.1981 gegen eine von Bellmann im Vorfeld der Wahl getätigte Äußerung, eine bischöfliche Nichtbeteiligung werde Konsequenzen haben. »Das sei wiederum eine Art Nötigung, denn vor der Wahl schon Nachteile für den Fall der Nichtteilnahme an der Wahl anzukündigen, sei sehr bedenklich. Auf diese Weise habe Herr Bellmann der Sache sicher einen ›Bärendienst‹ erwiesen.« RdB Schwerin, Kirchenfragen, Information Franze, Leitender Mitarbeiter, vom 6.7.1981, SAPMO-BA ZPA IV B2/14/111. Vgl. auch den kritischen Brief Werner Krusches an Gysi vom 15.6.1981, der sogar mit der Drohung, das Bischofamt niederzulegen, endete: »Sie werden sicher inzwischen über das Wahlverhalten der Bischöfe und der Pfarrerschaft informiert worden sein und also wissen, daß ich mein Wahlrecht nicht in Anspruch genommen habe. An sich sehe ich bei einer ausdrücklich als ›frei‹ gekennzeichneten Wahl keine Veranlassung, mein Verhalten zu erläutern. Da ich aber weiß, welchen Mißdeutungen ich ausgesetzt bin, war ich dankbar für die Gelegenheit, Ihrem Stellvertreter, Herrn Kalb, und dem Stellvertreter des Vorsitzenden für Inneres des Rates des Bezirkes Magdeburg, Herrn Steinbach, die Gründe darlegen zu können, die es mir als Bischof nicht möglich machen, mich an der Wahl zu beteiligen. Es ist vor allem der pastorale Grund, daß ich unter allen Umständen vermeiden muß, daß unter Berufung auf mich irgendein Druck auf Pfarrer oder andere Gemeindeglieder ausgeübt werden kann, die – aus welchen Gründen auch immer – sich nicht in der Lage sehen, an der Wahl teilzunehmen. Die Befürchtung, daß dies geschehen könne, ist leider nicht aus der Luft gegriffen. An meiner grundsätzlichen Einstellung zu unserem Staat und seiner Regierung, die hinlänglich bekannt und von Vertretern unseres Staates mir gegenüber als positiv erklärt worden ist, hat sich durch meine Entscheidung am Sonntag nichts geändert. Selbstverständlich sind die am 14. Juni gewählten Volksvertreter die von mir anerkannte und geachtete ›Obrigkeit‹.

Was mich sehr besorgt macht und weswegen ich diesen Brief schreibe, ist folgendes: Herr Bischof Dr. Schönherr hat mir und einigen anderen Bischöfen die Mitteilung gemacht, daß der Leiter der Arbeitsgruppe Kirchenfragen beim ZK der SED, Herr Rudi Bellmann, ihm erklärt habe, diese Wahl zu den Volksvertretungen sei die erste nach dem 6. März 1978; am Wahlverhalten der kirchlichen Amtsträger werde sich zeigen, ob sie auf dem Boden der dort erfolgten Klärungen stehen, und das Ergebnis werde sich selbstverständlich auf die Beziehungen von Staat und Kirche auswirken. Ich habe mir ernsthaft überlegt, ob ich unter dieser Pression nicht mein Amt als Bischof niederlegen und eine Erklärung über die Gründe für meinen Rücktritt abgeben sollte. Da hier aber Mißverständnisse in der Übermittlung nicht auszuschließen waren, habe ich davon Abstand genommen. Ich werde aber beobachten, ob meine Wahlenthaltung nachteilige Folgen für die Kirchenprovinz Sachsen hat. Sollte dies der Fall sein, würde ich daraus die Konsequenzen ziehen.« Abschrift in SAPMO-BA ZPA IV B2/14/102. Vgl. auch Vermerk Schönherr über den Bischofskonvent am 29.6.1981 in Gera, EZA Berlin, 101/1190, Bd. II.

1011 Andererseits äußerte Schönherr wenig später gegenüber Gysi die Ansicht, »daß bei der Behandlung Jugendlicher, die zum Teil nur unter einem Verdacht ständen, das Prinzip der Angemessenheit der Mittel nicht immer beachtet würde. Sie würden mit Kriminellen zusammen eingesperrt, sehr hart behandelt usw. Er halte das für eine Gefahr, weil es die negative Haltung der Jugendlichen sehr verstärke. Das sei aber als seine Befürchtung zu verstehen, nicht als Gesprächsthema oder Kirchensache.« Information Gysi von 30.4.1981 über ein Gespräch Staatssekretär Gysi mit Bischof Schönherr am 30.4.1981 in der Dienststelle, BA, Abt. Potsdam, O-4, 427; auch SAPMO-BA ZPA IV B2/14/42; a.a.O. Im Görlitzer Bereich bekamen einige Gemeindeglieder wegen ihrer Nichtteilnahme an der Wahl Schwierigkeiten. Vgl. Vermerk Wollstadt über den Bischofskonvent am 29.6.1981 in Berlin, EZA Berlin, 101/1190, Bd. II.

1012 Information Gysi vom 13.2.1981, BA, Abt. Potsdam, O-4, 427; auch SAPMO-BA ZPA IV B2/14/42.

1013 Arbeitsgruppe Kirchenfragen, Niederschrift Bellmann vom 16.2.1981 über ein Gespräch mit Oberkonsistorialrat Stolpe, Leiter des Sekretariats des BEK, am 16.2.1981, BA, Abt. Potsdam, O-4, 427.

1014 Notiz über das Gespräch des Stellvertreters des Oberbürgermeisters für Inneres, Genossen Hoffmann, mit dem Generalsuperintendenten, Herrn Grünbaum, am 5.3.1981, BA, Abt. Potsdam, O-4, 587.

1015 Hoffmann hatte zudem von Schönherr gegenüber Gysi getätigte Äußerungen wiedergegeben, die dieser – von Grünbaum in der Kirchenleitung zur Rede gestellt – bestritt. Daraufhin schrieb die Kirchenleitung einen bösen Brief an den Staatsfunktionär. Klaus Gysi äußerte diesbezüglich am 7.4.1981 gegenüber Schönherr, »Hoffmann habe ihn mißverstanden. Gysi habe offenbar zu differenziert geredet. Manche Leute verständen das nicht. Der Staatssekretär bescheinigte mir [Schönherr] in aller Form, ich hätte nichts von dem gesagt, was der Stadtrat im Gespräch mit Generalsuperintendent Grünbaum über mich behauptet habe. Er sei ärgerlich über Hoffmann.« Vermerk Schönherr, EZA Berlin, 101/655. Auch Hempel berichtete auf dem Bischofskonvent am 2.10.1981 in Berlin, Gysi habe sich in einem Gespräch mit der sächsischen Kirchenleitung »kritisch zu Verhaltensweisen auf staatlicher Seite« geäußert. Vermerk Wollstadt, EZA Berlin, 101/1190, Bd. II.

1016 Im Gespräch mit Grünbaum war darauf hingewiesen worden, Frau Eppelmann habe am 15.2.1981 ein Plakat mit den Umrissen der DDR, das die Aufschrift trug »Wo das Volk keine Stimme hat, hört man es am Singen der Nationalhymne« [In der DDR wurde die weiterhin gültige Becher-Hymne wegen der dort enthaltenen Passage ›Deutschland, einig Vaterland‹ nicht mehr gesungen.], aus dem Fenster gehängt, um zu erreichen, endlich einmal ihre in der Bundesrepublik lebende Mutter besuchen zu dürfen. Außerdem sei sie verärgert, weil ihrer Mutter ständig die Einreise in die DDR verweigert werde und sie so ihre Enkelkinder nicht besuchen könne. Vgl. Notiz über das Gespräch des Stellvertreters des Oberbürgermeisters für Inneres, Genossen Hoffmann, mit dem Generalsuperintendenten, Herrn Grünbaum, am 5.3.1981, BA, Abt. Potsdam, O-4, 587.

1017 Abt. I, Vermerk Wilke vom 9.3.1981 über ein Gespräch mit Pfarrer Eppelmann am 6.3.1981 durch Gen. Dr. Wilke und Gen. Handel, BA, Abt. Potsdam, O-4, 434.

1018 Diese wurden von dem dortigen Jugenddiakon Rochau organisiert. Daraufhin verlangte der Staat von Krusche die Versetzung Rochaus. Der Bischof sagte, dies sei rechtlich nicht möglich, da der Hallenser Kreiskirchenrat Rochaus Arbeitgeber sei. »Sein Wort und seine Meinung würden aber im allgemeinen immer beachtet«, fügte der Bischof beruhigend hinzu. Außerdem versicherte er, daß solche Veranstaltungen nicht mehr stattfinden würden. RdB Halle, Information Trautmann-Pöhner vom 30.3.1981 zum Gespräch des Stellvertreters des Vorsitzenden des RdB Halle für Inneres, Gen. Pöhner, und dem Bezirksstaatsanwalt, Gen. Dr. Trautmann, mit Bischof Dr. Krusche und Propst Abel am 30.3.1981 in Halle, LPA Halle, IV D-2/14/478. In einem weiteren Gespräch sagte Krusche, eine Versetzung Rochaus durch die Kirchenleitung sei nicht möglich, da »das nur neuen Zündstoff unter Jugendlichen geben [»Man habe Sorge, daß durch einen plötzlichen Bruch mit Herrn Rochau Jugendliche Suizid verüben oder anderes mehr«, sagte Krusche Anfang 1982. Protokoll Pöhner-Trautmann vom 2.2.1982 über die Aussprache vom 2.2.1982 mit dem Bischof Dr. Krusche und dem Superintendenten (Name durch das Archiv geschwärzt), LPA Halle, IV E-2/14/578]« könne. »Der Bischof erklärte weiter, daß man ihn auch verstehen müsse, weil man ihm sonst den Vorwurf mache, ›Erfüllungsgehilfe des Staates‹ zu sein und er damit das Vertrauen bei den Gläubigen verlieren könnte. […] So habe er sich bei den Verantwortlichen [der Werkstattwochen] über Inhalt und Ablauf erkundigt, und man habe ihm dabei schon gesagt. daß das schon wie beim Rat des Bezirkes zuginge.« RdB Halle, Protokoll Trautmann-Pöhner vom 21.4.1981 über die Aussprache mit dem Bischof Dr. Krusche und Herrn Oberkonsistorialrat Dr. Schultze, LPA Halle, IV D-2/14/478. Dennoch wurden für den 19./20.6.1981 weitere Werkstattage angesetzt. RdB Halle, Sektor Kirchenfragen, Informationsbericht Voigt vom 3.6.1981 zur kirchenpolitischen Situation April/Mai 1981, a.a.O. In einem weiteren Gespräch mit den gleichen Partnern sagte Krusche jedoch auch, »er [sei] nach wie vor der Auffassung, daß unser Staat bei jeglicher kritischer Haltung überempfindlich und nervös reagiere. Man müßte doch zulassen, daß man sich auch kritisch aussprechen könne. Es sei nicht richtig, daß z. B. in Halberstadt Jugendliche unter 30 Jahren allesamt im Zug kontrolliert würden mit dem Ziel, festzustellen, ob sie die DDR ungesetzlich verlassen wollen. Er stellte die Frage – wie schon bei den letzten Gesprächen – wer denn überhaupt in der DDR die Macht kontrolliere, und er sagte, es bestehe immer die Gefahr, die Macht zu überziehen. Es sei notwendig, daß möglichst viele an der Macht beteiligt würden.« RdB Halle, Stellvertreter des Vorsitzenden für Inneres, Bericht Trautmann-Pöhner vom 14.9.1981 über das Gespräch mit dem Bischof der Ev. Landeskirche der Kirchenprovinz Sachsen, Dr. Krusche, und dem Konsistorialpräsidenten Kramer am gleichen Tag, BA, Abt. Potsdam, O-4, 793.

1019 Auch auf dem Petersbergtreffen bei Halle am 24.5.1981, dem 1 000 Jugendliche beiwohnten, kritisierte Diakon Schreiter aus Zerbst während des von ihm gehaltenen Gottesdienstes scharf die DDR, indem er ein »verantwortliches Nein der Christen« bei den kommenden Wahlen propagierte und zur Wehrdienstverweigerung aufforderte. RdB Halle, Sektor Kirchenfragen, Informationsbericht Voigt vom 3.6.1981 zur kirchenpolitischen Situation April/Mai 1981, LPA Halle, IV D-2/14/478.

1020 Vgl. Abt. I, Aktennotiz Wilke vom 10.3.1981 über ein Gespräch mit Pfarrer Dorgerloh am 9.3.1981, BA, Abt. Potsdam, O-4, 587.

1021 Protokoll Schönherr-Stolpe-Demke vom 18.3.1981, EZA Berlin, 101/120.

1022 Vgl. Schreiben des Ostberliner Oberbürgermeisters Krack an Mitglied des Politbüros und 1. Sekretär der BL Berlin der SED, Konrad Naumann, Genossen Gysi zur Kenntnis, vom 1.4.1981. Eine Abschrift erhielt auch der Leiter der BV Berlin des MfS, Schwanitz. Krack fügte hinzu: »Offensichtlich überwiegen in der Kirchenleitung Kräfte, die es auf eine Kraftprobe ankommen lassen und sich in die Rolle eines Märtyrers begeben möchten«. BA, Abt. Potsdam, O-4, 434.

1023 Vgl. Arbeitsgruppe Kirchenfragen, Information vom 5.5.1981 zum Verlauf und zu den Ergebnissen der 3. Ordentlichen Synode der Evangelischen Kirche in Berlin-Brandenburg, SAPMO-BA ZPA IV B2/14/123.

1024 Vgl. Büro des Staatssekretärs, Vorlage Dohle vom 22.4.1981 an die Dienstbesprechung vom 27.4.1981, Leitungsinformation 2/81, BA, Abt. Potsdam, O-4, 409. Ein größerer Vermerk über das Gespräch von staatlicher Seite scheint in den Akten nicht zu existieren. Dohle weist in dem genannten Papier mehrere Gespräche nach, bei denen er im Anschluß an seine Kurznotiz jeweils angibt, ob ein ausführlicherer Vermerk vorliegt. Eine solche Angabe fehlt bei diesem Gespräch.

1025 Vermerk Schönherr, EZA Berlin, 101/655.

1026 Arbeitsgruppe Kirchenfragen, Niederschrift Bellmann vom 13.5.1981 über ein Gespräch mit dem Leiter des Sekretariats des Bundes Evangelischer Kirchen, Oberkonsistorialrat Manfred Stolpe, am 11.5.1981, BA, Abt. Potsdam, O-4, 427.

1027 Dies hing wohl auch mit einem harten Auftreten der Volkspolizei gegen Jugendliche in den Monaten davor zusammen. Vgl. Vermerk Schönherr über den Bischofskonvent am 22.5.1981 in Elbingerode, EZA Berlin, 101/1190, Bd. II. Es handelte sich um am 15./16. Mai de facto an Stelle der nochmals auf einen Termin nach den Volkskammerwahlen verschobenen Blues-Messe durchgeführte Gottesdienste. Das geht aus der Information Gysi vom 18.6.1981 über das Gespräch Staatssekretär Gysi mit Becker, Präses der Berlin-Brandenburgischen Synode, am 17.6.1981 in der Dienststelle des Staatssekretärs hervor. BA, Abt. Potsdam, O-4, 434. Die Tatsache, daß diese Gottesdienste nicht in Lichtenberg stattfanden und auch nicht als Blues-Messe gekennzeichnet waren, deutet darauf hin, daß die Kirchenleitung dem Staat gegenüber doch zu gewissen Kompromissen bereit gewesen war. Schönherr bestritt allerdings, daß sie die Blues-Messen direkt hätten ersetzen sollen. Vgl. Information Gysi vom 19.6.1981 über das Gespräch Staatssekretär Gysi mit Bischof Schönherr am 19.6.1981 in der Dienststelle des Staatssekretärs, a.a.O.

1028 Arbeitsgruppe Kirchenfragen, Niederschrift Bellmann vom 28.5.1981 über ein Gespräch mit Bischof Dr. Schönherr am 28.5.1981, BA, Abt. Potsdam, O-4, 427. Zu Gysi sagte Schönherr später, nicht Eppelmann, sondern ein Diakon, der nach seiner Ansicht solche Veranstaltungen gar nicht durchführen dürfe, habe für die Werkstattgottesdienste die Verantwortung getragen.»Er habe die Texte inzwischen gelesen und könne nur sagen, daß es sich um äußerst ›schlimme Dinge‹ handele und daß hier alles ›zum Aufstacheln‹ der Jugend benutzt werde.« Information Gysi vom 19.6.1981 über das Gespräch Staatssekretär Gysi mit Bischof Schönherr am 19.6.1981 in der Dienststelle des Staatssekretärs, BA, Abt. Potsdam, O-4, 434.

1029 Vgl. Konzeption, a.a.O.

1030 Gysi spricht in der von ihm verfaßten Information Gysi vom 18.6.1981 über das Gespräch Staatssekretär Gysi mit Herrn Becker, Präses der Berlin-Brandenburgischen Synode, am 17.6.1981 in der Dienststelle des Staatssekretärs von Quellenschutz, der zu gewährleisten war. Dies läßt den Schluß zu, daß er vom MfS Informationen erhielt, die mit einer Gesprächskonzeption verbunden waren. Vgl. a.a.O.

1031 Ein Jahr später gab Becker sich auch als Sympathisant der SoFd-Initiative zu erkennen, die er »für durchaus geeignet [hielt], den Frieden ein wenig sicherer zu machen.« Andererseits äußerte er, die Blues-Messen trügen nicht gerade zu einer Verbesserung der Staat-Kirche-Beziehungen bei. Zum Gesprächsverlauf hieß es: »Es war zwar durch eine bestimmte Offenheit und Bereitschaft zum Dialog gekennzeichnet, führte aber nicht zu einer Annäherung der Positionen. Becker trat zwar nicht provokativ auf, wich aber dem Versuch, ihn auf loyale Positionen festzulegen, jedesmal aus.« Magistrat Berlin, Sektor Kirchenfragen, Information über ein Gespräch Sektorenleiter Mußler am 19.1.1982 mit Manfred Becker, Präses der Synode der Evangelischen Kirche Berlin-Brandenburg und der Synode der EKU – Bereich DDR –, BA, Abt. Potsdam, O-4, 1418.

1032 Dies war bereits auf der Frühjahrssynode Berlin-Brandenburg mitgeteilt worden. Vgl. Bericht Major Roßberg vom 25.4.1981, Tagung der Synode der evangelischen Landeskirche Berlin-Brandenburg vom 24.4.1981 bis 28.4.1981 in Berlin-Weißensee, BStU Berlin, XX/4-736.

1033 Information Gysi vom 18.6.1981 über das Gespräch Staatssekretär Gysi mit Herrn Becker, Präses der Berlin-Brandenburgischen Synode, am 17.6.1981 in der Dienststelle des Staatssekretärs, BA, Abt. Potsdam, O-4, 434.

1034 Information Gysi vom 19.6.1981 über das Gespräch Staatssekretär Gysi mit Stadtjugendpfarrer Passauer am 19.6.1981 betr. Blues-Messen, a.a.O. Der vor der Begegnung mit Schönherr und der Kirchenleitungs-Sitzung liegende Zeitpunkt des Gesprächs geht aus den im Protokoll getätigten Bemerkungen Gysis hervor.

1035 Information Gysi vom 19.6.1981 über das Gespräch Staatssekretär Gysi mit Bischof Schönherr am 19.6.1981 in der Dienststelle des Staatssekretärs, a.a.O.

1036 Der Bischofskonvent legte wenig später fest, es sei notwendig, demnächst über »Inhalt und Ziel der Jugendarbeit« zu sprechen. Vgl. Vermerk Wollstadt über den Bischofskonvent am 29.6.1981 in Berlin, EZA Berlin, 101/1190, Bd. II.

1037 Information Gysi vom 23.6.1981 über das Gespräch Staatssekretär Gysi mit Bischof Schönherr, Präses Becker und Stadtjugendpfarrer Passauer am 19.6.1981, BA, Abt. Potsdam, O-4, 434. Am 24.6.1981 sprach Gysi im Sinne des Gesprächs vom 19.6.1981 nochmals mit Passauer: »Er dankte für das erneute Gespräch und machte auf mich einen erleichterten und zugleich etwas geschmeichelten Eindruck«, bemerkte Gysi. Information Gysi vom 24.6.1981 über das Gespräch Staatssekretär Gysi mit Stadtjugendpfarrer Passauer am 24.6.1981 in der Dienststelle des Staatssekretärs, BA, Abt. Potsdam, O-4, 434. Vgl. auch Berlin [wahrscheinlich Magistrat Berlin], 11.8.1981, Gespräch mit dem Stadtjugendpfarrer Passauer am 10.8.1981. Hier ging es um die Terminmitteilung des für den Nachmittag des 11. Oktober in der Sophienkirche (Berlin-Mitte) angesetzten Stadtjugendsonntag. BA, Abt. Potsdam, O-4, 771.

1038 Information Gysi vom 31.7.1981 über das Gespräch Staatssekretär Gysi mit Bischof Schönherr am 30.7.1981 in der Dienststelle des Staatssekretärs, BA, Abt. Potsdam, O-4, 427.

1039 Information Gysi vom 19.10.1981 über das Gespräch von Staatssekretär Gysi mit Bischof Dr. Forck am 15.10.1981 in der Dienststelle des Staatssekretärs, BA, Abt. Potsdam, O-4, 434; auch SAPMO-BA ZPA IV B2/14/122.

1040 Vgl. Magistrat von Berlin, Hauptstadt der DDR, Sektor Kirchenfragen, Bericht vom 15.12.1981 zur kirchenpolitischen Situation in Berlin – Hauptstadt der DDR, 10.10.-10.12.1981, BA, Abt. Potsdam, O-4, 1129.

1041 Rat des Stadtbezirks Berlin-Friedrichshain, Stellv. für Inneres, Vermerk Kunth vom 1.3.1982 über Gespräch mit Frau Superintendentin Laudien am 1.3.1982, BA, Abt. Potsdam, O-4, 1192.

1042 Der staatliche Vermerk spricht von »einer größeren Zahl von Geistlichen«, die wegen der hierdurch drohenden Gefährdung des Staat-Kirche-Verhältnisses den Appell ablehnten. Die Wortwahl deutet darauf hin, daß die Mehrheit anders dachte. Abt. II, Vorlage vom 29.4.1982 an die Dienstbesprechung am 3.5.1982, Leitungsinformation 2/1982, BA, Abt. Potsdam, O-4, 410.

1043 Vgl. Abt. II, Vorlage vom 29.4.1982 an die Dienstbesprechung am 3.5.1982, Leitungsinformation 2/1982, a.a.O. Hierüber informierte Forck auch den Bischofskonvent. Vgl. Vermerk Forck über Bischofskonvent am 9.3.1982, EZA Berlin, 101/1190, Bd. II. Stolpe teilte den Beschluß mit Schreiben des Konsistoriums vom 15.2.1982 den KKL-Mitgliedern mit und fügte hinzu: »Pfarrer Eppelmann hat uns nach seiner Haftentlassung zugesagt, jetzt von politischen Aktionen und öffentlichen Erklärungen abzusehen.« Dem Schreiben legte Stolpe die Kirchenleitungsentscheidung und den Text des Berliner Appells samt der publizierten Unterschriften bei. EZA Berlin, 101/647.

1044 Vgl. Vermerk vom 25.2.1982 über ein Gespräch mit dem Generalsuperintendenten der Kirche Berlin-Brandenburg Hartmut Grünbaum mit dem Hauptabteilungsleiter Peter Heinrich am 25.2.1982, Gesprächsdauer 70 Minuten, BA, Abt. Potsdam, O-4, 434; auch a.a.O., O-4, 1220.

1045 Am 13.2.1982 war der »Berliner Appell« der sächsischen Kirchenleitung noch nicht bekannt gewesen. Vgl. RdB Dresden, Stellvertreter des Vorsitzenden für Inneres, Ullmann, Information vom 15.2.1982 über Gespräch mit Domsch und Fritz am gleichen Tag, PDS-Archiv Dresden, IV E-2.14-671

1046 Werner Leich sagte vor der Synode Thüringens: »Mir ist bekannt, daß die Kirchenleitung Berlin-Brandenburg in großem Ernst um eine Stellungnahme gerungen hat. Ich gebe sie weiter in der Bereitschaft, sie mit zu vertreten.« Bericht zur Lage/Frühjahrs-synode 1982, LKA Hannover, D 15 XII, K 67/343/VIII.

1047 Vgl. Abt. II, Vorlage vom 29.4.1982 an die Dienstbesprechung am 3.5.1982, Leitungs-information 2/1982, BA, Abt. Potsdam, O-4, 410.

1048 Vgl. Vermerk vom 25.2.1982 über ein Gespräch mit dem Generalsuperintendenten der Kirche Berlin-Brandenburg Hartmut Grünbaum mit dem Hauptabteilungsleiter Peter Heinrich am 25.2.1982, Gesprächsdauer 70 Minuten, BA, Abt. Potsdam, O-4, 434; auch a.a.O., O-4, 1220.

1049 So Bischof Forck. Vgl. Information Gysi vom 18.3.1982 über das Gespräch Staatsse-kretär Gysi mit Bischof Dr. Forck am 15.3.1982 in der Dienstelle des Staatssekretärs, BA, Abt. Potsdam, O-4, 434.

1050 Eine staatliche Einschätzung aus dem Jahre 1982 kam zu dem Ergebnis, von den 16 Kirchenleitungsmitgliedern gehörten lediglich sechs dem realistisch (Pfarrer Heil-mann, Potsdam; Superintendent Karpinski, Berlin) – loyalen (Stolpe, Günther, Pfarrer Grüber, Potsdam, Pfarrer Böhme, Frankfurt/Oder) Flügel an, während vier Mitglieder nur verbal mit der staatlichen Politik übereinstimmten, sich aber »leicht zu negativen Handlungen verleiten ließen«, und fünf weitere unter Einschluß von Forck negativ eingestellt seien. Konzeption für die langfristige, koordinierte Arbeit gegenüber der evangelischen Kirche Berlin/Brandenburg, SAPMO-BA ZPA IV B2/14/68.

1051 Vermerk vom 25.2.1982 über ein Gespräch mit dem Generalsuperintendenten der Kirche Berlin-Brandenburg Hartmut Grünbaum mit dem Hauptabteilungsleiter Peter Heinrich am 25.2.1982, Gesprächsdauer 70 Minuten, BA, Abt. Potsdam, O-4, 434; auch a.a.O., O-4, 1220.

1052 Rat des Stadtbezirks Berlin-Friedrichshain, Stellv. für Inneres, Vermerk Kunth vom 1.3.1982 über Gespräch mit Frau Superintendentin Laudien am 1.3.1982, BA, Abt. Potsdam, O-4, 1192.

1053 Vgl. Hauptabteilungsleiter, Aktennotiz Heinrich vom 9.3.1982 über ein Gespräch von Gen. HAL Heinrich mit Konsistorialpräsident Stolpe und Generalsuperintendent Grünbaum am 4.3.1982, BA, Abt. Potsdam, O-4, 434; auch a.a.O., O-4, 1220. Im zu-letzt genannten Exemplar ist lediglich die Datierung der Abfassung des Schreibens handschriftlich vom 9. auf den 4.3.1982 korrigiert worden.

1054 Information Gysi vom 18.3.1982 über das Gespräch Staatssekretär Gysi mit Bischof Dr. Forck am 15.3.1982 in der Dienstelle des Staatssekretärs, BA, Abt. Potsdam, O-4, 434.

1055 Auf ihrer 73. gemeinsamen Beratung am 3.3.1982 befaßten sich auch die Bereichsräte der EKU mit Eppelmann. Vgl. Niederschrift in LKA Hannover, D 15 XII, K 73/412/IV.

1056 Information Wilke vom 25.4.1982 über ein Gespräch Staatssekretär Gysi mit Bischof Dr. Forck am 13.4.1982 in der Dienstelle des Staatssekretärs, BA, Abt. Potsdam, O-4, 434. Diese Bemerkung Gysis bezog sich wohl auch schon auf die für den 23.4.1982 be-vorstehende Blues-Messe, an der dann insgesamt 2 700 vor allem jugendliche Besu-cher aus der gesamten DDR teilnahmen. Die Arbeitsgruppe Kirchenfragen wertete: »Die Grundtendenz der ›Blues-Messen‹ bleibt weiter eine destruktive, gegen unsere sozialistische Ordnung gerichtete Wühlarbeit. Zu ihren Organisatoren zählt vorran-gig Jugendpfarrer Eppelmann«. Die nächste Blues-Messe war für den 2.7.1982 vorge-sehen. Die Analyse schloß, letztendlich sei »zu erwägen, ob gegen die ›Blues-Messen‹ durch die staatlichen Organe ein offizielles Verbot ausgesprochen werden soll. Im Blick auf mögliche außenpolitische Wirkungen und darauf, daß wir alles vermeiden, was sich evtl. in der BRD negativ auf die Entwicklung der breiten Friedensbewegung auswirken könnte, sollte dies nur dann in Erwägung gezogen werden, wenn sich ande-re Maßnahmen als untauglich erweisen.« Arbeitsgruppe Kirchenfragen, 18.5.1982, Betr.: »Blues-Messen«, a.a.O.

1057 Vgl. Magistrat von Berlin, Hauptstadt der DDR, Information über ein Gespräch mit dem Präsidenten des Konsistoriums der Evangelischen Kirche Berlin-Brandenburg, Manfred Stolpe, am 11.5.1982, BA, Abt. Potsdam, O-4, 791.

1058 Schreiben vom 27.10.1982, BA, Abt. Potsdam, O-4, 427; auch SAPMO-BA ZPA IV B2/14/82.

1059 Vgl. Magistrat Berlin, Notiz über ein Gespräch Hoffmann mit dem Präsidenten des Konsistoriums der Evangelischen Kirche Berlin-Brandenburg, Manfred Stolpe, am 1.11.1982, BA, Abt. Potsdam, O-4, 791.

1060 Information über ein Gespräch des Stellvertreters des Oberbürgermeisters für Inneres, Genossen Hoffmann, mit dem Präsidenten des Konsistoriums der Evangelischen Kirche Berlin-Brandenburg, Manfred Stolpe, am 18.11.1982, BA, Abt. Potsdam, O-4, 766. Mit ähnlichen Argumenten setzte sich Stolpe nochmals am 24.11.1982 im Gespräch mit dem Sektorenleiter Kirchenfragen beim Magistrat, Mußler, für eine Genehmigung des Wohnungstauschanliegens ein. Vgl. Notiz über ein Gespräch mit Konsistorialpräsident Stolpe, a.a.O.

1061 Vgl. Die Evangelische Kirchenleitung Berlin-Brandenburg, der Bischof, Schreiben Forck-Stolpe an SED-Bereichsleitung-Erster Sekretär, Herrn Konrad Naumann, Berlin, vom 7.6.1983, SAPMO-BA ZPA IV B2/14/122.

1062 Rechercheergebnisse zum IM »Sekretär«, Stand 11.9.1992, Anlage 2, 32 f.

1063 Vgl. das Literaturverzeichnis am Ende des Buches.

1064 So E. Neubert, Untersuchung zu den Vorwürfen gegen … Stolpe, passim.

1065 Vgl. Rechercheergebnisse zum IM »Sekretär«, Stand 31.3.1992, Anlage III, 65 f.

1066 So Neubert, Untersuchung zu den Vorwürfen gegen … Stolpe, 98; vgl. 105; 109.

1067 Vgl. a.a.O., 104.

1068 Vgl. Vermerk Lingner vom 15.2.1982 über Gespräch mit Demke am 12.2.1982, EZA Berlin, 4/92/702.

1069 Vgl. Vermerk Forck über Bischofskonvent am 16.12.1981 in der Auguststraße 80. Forck gibt hier irrtümlicherweise den 12.2.1981 als vorgesehenen Gedenktag an. EZA Berlin, 101/1190, Bd. II.

1070 Vgl. ebd. Die Frage ist, ob hier ursprünglich der Abend oder der Morgen des Tages gemeint war.

1071 Vgl. ebd.

1072 RdB Dresden, Sektor Staatspolitik in Kirchenfragen, Vermerk Lewerenz vom 30.12.1981 über Gespräch mit Landesbischof Hempel und Präsident des LKA Domsch am 29.12.1981, SAPMO-BA ZPA IV B2/14/102.

1073 Schreiben des Vorsitzenden des CDU-Bezirksverbandes Dresden, Krätzig, an Hans Modrow, 1. Sekretär der SED-BL Dresden, vom 4.1.1982, PDS-Archiv Dresden, IV E-2.14-673; auch a.a.O., IV E-2.14-671.

1074 Hausmitteilung der Abteilung Staat und Recht der SED-Bezirksleitung Dresden, Abteilungsleiter Göpfert, an Modrow vom 7.1.1982 betr. Kirchliches Jugendtreffen am 13. Februar 1982 vor der Frauenkirche. PDS-Archiv Dresden, IV E-2.14-666.

1075 Gegen die staatlicherseits geplante Aufschrift für die Gedenktafel, die die Losung »Kampf gegen imperialistische Barbarei« enthalten sollte, führte Sachsens LKA-Präsident Domsch mit Schreiben vom 9.7.1982 Beschwerde. Gegenüber Ullmann beim Rat des Bezirks äußerte Domsch: »Die Weltmächte, damit meine er auch die SU, seien nicht frei von Herrschaftsformen, ›die wir nicht gutheißen‹. Afghanistan habe einen Schock versetzt, der nur schwer und in sehr langer Zeit zu überwinden sei.« RdB Dresden, Stellvertreter des Vorsitzenden für Inneres, Vermerk Ullmann vom 15.7.1982 über Gespräch mit Präsident Domsch und Oberkirchenrat Rau am 14.7.1982 von 16.00 bis 18.00 Uhr, PDS-Archiv Dresden, IV E-2.14-671. Vgl. auch RdB Dresden, Sektor Staatspolitik in Kirchenfragen, Vermerk Lewerenz vom 31.7.1982 über Gespräch mit OKR Rau und Pfarrer Sauer am 20.7.1982, a.a.O.

1076 Vgl. Niederschrift über ein Gespräch des 1. Sekretärs der Bezirksleitung Dresden der SED, Genossen Hans Modrow, mit dem Landesbischof der Evangelischen Kirche Sachsens, Dr. Johannes Hempel, vom 11.1.1982, PDS-Archiv Dresden, IV E-2.14-671; auch a.a.O., IV E-2.14-673 sowie SED-BL Dresden, Abteilung Staat und Recht, Niederschrift über ein Gespräch des 1. Sekretärs der Bezirksleitung Dresden der SED, Genossen Hans Modrow, mit dem Landesbischof der Evangelischen Kirche Sachsens, Dr. J. Hempel, a.a.O. Vgl. auch »Zu einer 3. ›Dresdner Initiative‹«, a.a.O., IV E-2.14-666 sowie RdB Dresden, Stellvertreter des Vorsitzenden für Inneres, Ullmann, Information vom 15.2.1982 über Gespräch mit Domsch und Fritz am gleichen Tag, PDS-Archiv Dresden, IV E-2.14-671. Zum Gespräch Hempel-Modrow vgl. SED-BL Dresden, Abteilung Staat und Recht, Konzeption vom 4.11.1981 für ein Gespräch des 1. Sekretärs der Bezirksleitung der SED mit dem Landesbischof Dr. Hempel und dem Präsidenten des Landeskirchenamtes Domsch am ... 1981, PDS-Archiv Dresden, IV D-2.14-692; vgl. auch SED-BL Dresden, Abteilung Staat und Recht, Aktennotiz Helmut Richter vom 29.12.1981 über ein Gespräch mit dem Präsidenten des Landeskirchenamtes Domsch am 29.12.1981, a.a.O. Vgl. auch Unterlagen für das Gespräch mit dem Landesbischof und dem Präsidenten des Landeskirchenamtes am 6.1.1982, PDS-Archiv Dresden, IV E-2.14-673.

1077 Leiter des Büros, Vorlage Dohle vom 1.3.1982 an die Dienstbesprechung vom 22.2.1982, Leitungsinformation Nr. 1/82, BA, Abt. Potsdam, O-4, 410. Vgl. auch die ausführliche Information Gysi vom 12.2.1982 über das Treffen Staatssekretär Gysi mit Landesbischof Dr. Hempel und Präsident Domsch am 2.2.1982 im Landeskirchenamt in Dresden, Dauer: 2 Stunden, BA, Abt. Potsdam, O-4, 1437; auch SAPMO-BA ZPA IV B2/14/102.

1078 Information Gysi vom 12.2.1982 über das Treffen Staatssekretär Gysi mit Landesbischof Dr. Hempel und Präsident Domsch am 2.2.1982 im Landeskirchenamt in Dresden, Dauer: 2 Stunden, BA, Abt. Potsdam, O-4, 1437; auch SAPMO-BA ZPA IV B2/14/102.

1079 Vgl. »Zu einer 3. ›Dresdner Initiative‹«, PDS-Archiv Dresden, IV E-2.14-666.

1080 Vgl. RdB Dresden, Stellvertreter des Vorsitzenden für Inneres, Ullmann, Information vom 15.2.1982 über Gespräch mit Domsch und Fritz am gleichen Tag, PDS-Archiv Dresden, IV E-2.14-671

1081 Vgl. ebd.

1082 Diesen Begriff verwendete der ARD-Korrespondent Fritz Pleitgen im Fernsehen nach der Veranstaltung. Eberhard Natho wertete dies als »äußerst unverantwortlich[.]«. Es gäbe keine unabhängige Friedensbewegung, auch wenn Eppelmann einen solchen Unsinn redet«, soll der Kirchenpräsident hinzugefügt haben. »Bericht zur Lage der Kirche in der DDR«, gehalten von Kirchenpräsident Natho auf der Tagung der Synode der Ev. Landeskirche Anhalts am 15.5.1982/Dessau, LPA Halle, IV E-2/14/578.

1083 Zu einer 3. »Dresdner Initiative«, PDS-Archiv Dresden, IV E-2.14-666.

1084 Abteilung II, Vorlage Janott vom 17.2.1982 an die Dienstbesprechung am 22.2.1982, Leitungsinformation Nr. 1/1982, BA, Abt. Potsdam, O-4, 410.

1085 Abt. II, Vorlage vom 29.4.1982 an die Dienstbesprechung am 3.5.1982, Leitungsinformation 2/1982, a.a.O.

1086 Information Gysi vom 18.3.1982 über das Gespräch Staatssekretär Gysi mit Landesbischof Hempel am 12.3.1982 in der Dienststelle des Staatssekretärs, BA, Abt. Potsdam, O-4, 1437.

1087 RdB Dresden, Stellvertreter des Vorsitzenden für Inneres, Information vom 19.2.1982 über Gespräch mit Domsch und Fritz am 18.2.1982, PDS-Archiv Dresden, IV E-2.14-671. Zu weiteren Aktivitäten Wonnebergers im Frühjahr 1982 vgl. Information zu aktuellen Fragen der Kirchenpolitik. Unter anderem stellte der Pfarrer ein Abzeichen für Schüler mit der Aufschrift »Kopfarbeit statt Kriegsarbeit« her. PDS-Archiv Dresden, IV E-2.14-666, auch a.a.O., IV E-2.14-669. Vgl. auch RdB Dresden, Sektor Staatspolitik in Kirchenfragen, Vermerk Lewerenz vom 6.4.1982 über Gespräch mit Präsident Domsch und OLKR Rau am 2.4.1982 sowie Gespräch Lewerenz mit Präsident Domsch und OLKR Fritz am 6.4.1982, PDS-Archiv Dresden, IV E-2.14-671.

1088 Betr.: Ihren Dienst als Pfarrer, LKA Hannover, D 15 XII, K 62/332/VI.

1089 Vgl. a.a.O.

1090 RdB Dresden, Sektor Staatspolitik in Kirchenfragen, Vermerk Lewerenz vom

16.6.1982 über Gespräch des Vorsitzenden des Rates des Bezirkes, Genossen Manfred Scheler, mit dem Präsidenten des Landeskirchenamtes der Ev.-Luth. Landeskirche Sachsens, Kurt Domsch, am 15.6.1982, PDS-Archiv Dresden, IV E-2.14-671.

1091 Außerdem versprach man sich durch Wonnebergers baldige Eheschließung »eine mäßigende Wirkung« auf den Pfarrer. RdB Dresden, Sektor Staatspolitik in Kirchenfragen, Vermerk Lewerenz vom 6.9.1982 über Gespräch des Stellvertreters für Inneres, Genosse Ullmann, mit Präsident Domsch und OLKR Rau am 3.9.1982, PDS-Archiv Dresden, IV E-2.14-671. Vgl. zum Schicksal Wonnebergers nach der Wende seine eigene Darstellung in: B. Lindner (Hg.), Für ein offenes Land mit freien Menschen, 192 ff.

1092 Vgl. Vermerk Demke über die 10. Konsultation vom 20. bis zum 23.4.1982 in Urach, EZA Berlin 101/2320, Bh. 2, Bd. I.

1093 Arbeitsbericht, in: In besonderer Gemeinschaft, 8-11.

1094 Aufgaben für weitere Konsultationen, EZA Berlin, 101/653.

1095 Dies erfolgte am 15.7.1982 durch Demke in einem Gespräch mit Gysi. In der staatlichen Information hierzu hieß es: »Dr. Demke übergab Gen. Gysi einen Arbeitsbericht, der über die Konsultationen der vergangenen Jahre zwischen EKD und BEK unterrichtet. Dieser Bericht soll um den 19.8.1982 herum gleichzeitig in ena und epd als Dokument im Wortlaut veröffentlicht werden. Der Bericht wird gegenwärtig in der Dienststelle geprüft.« BA, Abt. Potsdam, O-4, 1437. Hauptabteilungsleiter Heinrich vom Staatssekretariat für Kirchenfragen leitete den Bericht am 26.7.1982 an Paul Verner weiter. BA, Abt. Potsdam, O-4, 427.

1096 Auszug aus Protokoll Krusche-Demke-Radke über die 81. Tagung der Konferenz der Evangelischen Kirchenleitungen in der DDR am 2./3.7.1982 in Berlin, EZA Berlin, 101/653.

1097 Vgl. Protokoll Krusche-Demke-Lewek vom 27.5.1982 der 139. Sitzung des Vorstandes am 18.5.1982 in Leipzig, EZA Berlin, 101/121.

1098 Vermerk Ziegler vom 2.6.1988 über die 34. Sitzung der Konsultationsgruppe vom 1.-4.5.1988, EZA Berlin, 101/93/817.

1099 Leiter des Büros, Vorlage Dohle vom 3.9.1982 an die Dienstbesprechung am 6.9.1982, BA, Abt. Potsdam, O-4, 410.

1100 Schreiben Heinrich an Verner vom 28.7.1982, BA, Abt. Potsdam, O-4, 1188.

1101 Arbeitsbericht, in: In besonderer Gemeinschaft, 8-11, hier: 10 f.

1102 Demke, Die gesellschaftliche Einbindung der evangelischen Kirchen in der DDR, EZA Berlin, 101/93/259. Die folgenden Zitate ebd.

1103 Vermerk Demke über die 11. Konsultation zwischen BEK und EKD am 30.6.1982 in Berlin, EZA Berlin, 101/653.

1104 Dort wurden Teilnehmer, die den »Schwerter zu Pflugscharen«-Aufnäher trugen, durch FDJler in einer konzertierten Aktion in Seitenstraßen abgedrängt. Vgl. Halle, den 25.9.1982, 2. Information zur 2. Tagung der 4. Synode (Aussage Schorlemmer), SAPMO-BA ZPA IV B2/14/90. Vgl. auch Magistrat Berlin, Berlin, den 13.9.1982, Zur aktuellen politischen Situation in den Kirchen der Hauptstadt (insbesondere Evangelische Kirche), BA, Abt. Potsdam, O-4, 1129. Dem Sohn eines Pfarrers aus dem Kirchenkreis Senftenberg wurde untersagt, ein Plakat mit der Aufschrift »Brot für die Welt statt Tod für die Welt« zu tragen. Vgl. RdB Cottbus, Stellv. d. Vors. f. Inneres, Information Deysing vom 15.11.1982 über den Verlauf der kirchlichen Friedensdekade am 14.11.1982, SAPMO-BA ZPA IV B2/14/69. Vgl. auch RdB Dresden, Sektor Staatspolitik in Kirchenfragen, Vermerk Lewerenz vom 16.6.1982 über Gespräch des Vorsitzenden des Rates des Bezirkes, Genossen Manfred Scheler, mit dem Präsidenten des Landeskirchenamtes der Ev.-Luth. Landeskirche Sachsens, Kurt Domsch, am 15.6.1982. Domsch kritisierte hier die Praxis, nur zuvor offiziell proklamierte Losungen auf Transparenten zu verwenden, PDS-Archiv Dresden, IV E-2.14-671. Mit der Beteiligung von Christen mit eigenen Losungen an den Demonstrationen hatte sich zuvor der KKL-Vorstand befaßt und ein Auftreten von Christen en bloc abgelehnt und für das geplante Auftreten von einzelnen Plakatträgern zu vorherigen Absprachen mit den jeweiligen Veranstaltern vor Ort geraten. Vgl. Protokoll Krusche-Demke-Lewek vom 27.5.1982 der 139. Sitzung des Vorstandes am 18.5.1982 in Leipzig, EZA Berlin, 101/121. Vgl. auch RdB Halle, Sektor Kirchenfragen, Information Voigt vom 2.5.1983 zum Gespräch des Stellvertreters des Vorsitzenden für Inneres, Gen. Pöhner, mit dem Bischof der Ev. Kirche der Kirchenprovinz Sachsen, Dr. Krusche, am 2.5.1983 beim Rat des Bezirkes Halle, LPA Halle, IV E-2/14/579.

1105 Vgl. Vermerk Demke über die 11. Konsultation zwischen BEK und EKD am 30.6.1982 in Berlin, EZA Berlin, 101/653. Zu dem letzteren Punkt schätzte das Staatssekretariat Ende August 1982 ein, es »zeigte sich, daß viele Amtsträger die komplizierter gewordenen Bedingungen auf ökonomischem Gebiet nicht richtig einordnen können und zu Fehleinschätzungen gelangen. Sie drücken ihr mangelndes Vertrauen in die Realisierbarkeit unserer Wirtschaftspolitik aus und greifen in diesem Zusammenhang unsere Informationspolitik an. Nach ihrer Auffassung müsse die Partei- und Staatsführung zugeben, daß eine ›Korrektur‹ der Hauptaufgabe notwendig ist und ernste Fehler in der Landwirtschaftspolitik begangen wurden.« Abt. II, Vorlage vom 31.8.1982 an die Dienstbesprechung am 6.9.1982, Leitungsinformation 4/1982, BA, Abt. Potsdam, O-4, 410.

1106 Vgl. Leiter des Büros, Vorlage Dohle vom 24.6.1982 an die Dienstbesprechung am 28.6.1982, a.a.O. Die Thematik der Sitzung war am 7.5.1982 durch Demke gegenüber Hans Wilke angesprochen worden: »Es geht den realistischen Kräften darum, dieses belastende Kapitel abzuschließen; sie haben dafür aber auch noch keinen Weg gefunden und erhoffen sich die Hilfe des Staates«, informierte der Oberkonsistorialrat. Abteilung II, Vermerk Wilke vom 11.5.1982 über ein Gespräch mit Dr. Demke am 7.5.1982, BA, Abt. Potsdam, O-4, 427. Nach der Sitzung teilte Demke im Staatssekretariat deren Ergebnisse mit und fragte nach der »Möglichkeit zum Druck von Faltblättern mit moderner Übersetzung der Seligpreisungen«. Er bat außerdem darum, daß der Vorstand ein vertrauliches Gespräch mit Gysi zu diesen Fragen führen könne. Abt. Ev. Kirchen, Information Wilke vom 17.5.1982 über ein Gespräch Abteilungsleiter Dr. Wilke mit dem Leiter des Sekretariats des BEK, Herrn Dr. Demke, am 13.5.1982. In der wahrscheinlich von Gysi stammenden Randbemerkung heißt es: »Betrug. [...] Auf dem Steg brechen sie ein.« A.a.O.; auch a.a.O., O-4, 1437; Vermerk Demke vom 13.5.1982 über Gespräch mit Dr. Wilke am 13.5.1982 über Beschlüsse der Konferenz zur Friedensdekade 1982, EZA Berlin, 101/121.

1107 Ausführlich zitiert in G. Besier, Auf der kirchenpolitischen Nebenbühne des SED-Staates: Evangelische Kirche und Ost-CDU, in: ders., Die evangelische Kirche in den Umbrüchen des 20. Jahrhunderts, 190-270, hier: 268 f. Eine Einladung zur Teilnahme Krusches und Wahrmanns als Ehrengäste am 15. CDU-Parteitag wurde vom KKL-Vorstand als »gegenwärtig nicht für sinnvoll« betrachtet und deshalb abgelehnt. Protokoll Gienke-Demke vom 15.9.1982 über die 144. Sitzung des Vorstandes am 9.9.1982 in Berlin, EZA Berlin, 101/121.

1108 Vgl. Niederschrift Richter, Dresden, vom 22.7.1982 über eine Information von Genossen Horst Dohle, persönlicher Mitarbeiter des Staatssekretärs für Kirchenfragen, in einer Zusammenkunft mit den Sektorenleitern für Kirchenfragen des Bezirkes Dresden, Karl-Marx-Stadt und Leipzig am 14.7.1982, PDS-Archiv Dresden, IV E-2.14-666.

1109 Vgl. Protokoll Krusche-Demke-Lewek vom 27.5.1982 der 139. Sitzung des Vorstandes am 18.5.1982 in Leipzig, EZA Berlin, 101/121. Vgl. Schreiben des Sekretariats, Demke, an die leitenden Verwaltungsbehörden der Gliedkirchen betr. Friedensdekade 1982, Erläuterung des Beschlusses der Konferenz am 7./8.5.1982 für Jugendmitarbeiter vom 2.6.1982. Darin heißt es u. a.: »Das Symbol soll ein Zeichen des Friedens sein, es soll aufmerksam machen auf die uns geschenkten Hoffnungen und den uns gegebenen Auftrag, Es zielt auf das Gespräch. Das begonnene Gespräch würde zugeschüttet, wenn jetzt hartnäckig und demonstrativ auf dem Aufnäher beharrt wird. Daß wir diesen Verzicht um des Friedens willen vollziehen, sollte im Gespräch deutlich gemacht werden. Nach Lage der Dinge müßte von uns ein ausdrücklicher Antrag gestellt werden, das Symbol als Aufnäher erneut herstellen zu können. Ein solcher Antrag würde der Ablehnung verfallen. Wir sind nicht der Meinung, staatliche Stellen dazu nötigen zu sollen. Hier gilt es redlich, die ethische Dimension des Machbaren (Bonhoeffer) zu beachten und kein Schwarzes-Peter-Spiel zu inszenieren.« EZA Berlin, 101/648.

1110 Vgl. Abteilung II, Information Wilke vom 15.6.1982 über ein Gespräch mit Dr. Demke beim Hauptabteilungsleiter, Gen. Heinrich, am 15.6.1982, BA, Abt. Potsdam, O-4, 427; auch a.a.O., O-4, 1437.

1111 Abt. Ev. Kirchen, Information Wilke vom 17.5.1982 über ein Gespräch Abteilungsleiter Dr. Wilke mit dem Leiter des Sekretariats des BEK, Herrn Dr. Demke, am 13.5.1982, a.a.O.; auch a.a.O., O-4, 1437.

1112 Vermerk Demke vom 13.5.1982 über Gespräch mit Dr. Wilke am 13.5.1982 über Beschlüsse der Konferenz zur Friedensdekade 1982, EZA Berlin, 101/121.

1113 Vgl. Abt. Ev. Kirchen, Information Wilke vom 17.5.1982 über ein Gespräch Abteilungsleiter Dr. Wilke mit dem Leiter des Sekretariats des BEK, Herrn Dr. Demke, am 13.5.1982, BA, Abt. Potsdam, O-4, 427; auch a.a.O., O-4, 1437. Über das mit Wilke geführte Gespräch berichtete Demke dem KKL-Vorstand auf seiner 139. Sitzung am 18.5.1982 in Leipzig. Vgl. Protokoll Krusche-Demke-Lewek vom 27.5.1982, EZA Berlin, 101/121.

1114 RdB Magdeburg, Stellvertreter des Vorsitzenden für Inneres, Aktennotiz Steinbach vom 2.6.1982 über ein Gespräch mit Bischof Dr. Dr. Krusche am 1.6.1982, BA, Abt. Potsdam, O-4, 793.

1115 Abteilung II, Information Wilke vom 15.6.1982 über ein Gespräch mit Dr. Demke beim Hauptabteilungsleiter, Gen. Heinrich, am 15.6.1982, BA, Abt. Potsdam, O-4, 427; auch a.a.O., O-4, 1437.

1116 Vgl. Friedensrat der DDR, Information W. Rümpel vom 23.6.1982 über einen Anruf von Christa Lewek am 23.6.1982, 15.00 Uhr, SAPMO-BA ZPA IV B2/14/77.

1117 Friedensrat, Notiz vom 29.6.1982 über ein Gespräch mit Oberkirchenrätin Christa Lewek am 29.6.1982 im Friedensrat, a.a.O.

1118 Der Vorstand der KKL beschloß daraufhin: »Die weitere Entwicklung ist sorgfältig zu beobachten. Die Bereitschaft und das Recht der Kirchen, sich zu gesellschaftlich relevanten Fragen in der Öffentlichkeit eigenständig zu äußern, sind festzuhalten.« Protokoll Krusche-Demke vom 2.8.1982 über die 142. Sitzung des Vorstandes am 30.7.1982 in Dresden, EZA Berlin, 101/121.

1119 Vgl. Protokoll Gienke-Demke vom 15.9.1982 über die 144. Sitzung des Vorstandes am 9.9.1982 in Berlin, a.a.O.

1120 Friedensrat der DDR, Information vom 7.3.1983 über Schwierigkeiten, denen Pastoren ausgesetzt sind, die im Rahmen des Friedensrates der DDR wirksam sind und öffentlich auftreten, SAPMO-BA ZPA IV B2/14/77.

1121 Günther hatte am 23.1.1982 auf der CFK-Regionalkonferenz BRD in Essen einen Vortrag gehalten, wofür er vom BEK jedoch keine offizielle Dienstbefreiung erhielt, sondern seinen Urlaub in Anspruch nehmen mußte. Vgl. Protokoll Krusche-Demke-Lewek vom 26.1.1982 der 135. Sitzung des Vorstandes am 16.1.1982 in Berlin, EZA Berlin, 101/121.

1122 Information über ein Gespräch Hoffmann mit dem Präsidenten des Konsistoriums der Evangelischen Kirche Berlin-Brandenburg, Manfred Stolpe, am 11.6.1982. Klaus Gysi bemerkte am Rand »Gegenveranstaltung gegen Eppelmann« und beschied den anvisierten Podiumsteilnehmern Loyalität und Realismus. BA, Abt. Potsdam, O-4, 434.

1123 Vgl. Information vom 23.6.1982 über ein Gespräch des Staatssekretärs für Kirchenfragen am 23.6.1982 mit Konsistorialpräsident Stolpe, Generalsuperintendent Grünbaum und Stadtjugendpfarrer Passauer in der Dienststelle des Staatssekretärs, a.a.O.; dort auch der vom gleichen Tag stammende 1. Entwurf der Information.

1124 Vgl. Abteilung II, Aktennotiz Handel vom 17.6.1982, betr.: Telefonische Rückfrage zum Gespräch des Gen. Stadtrat Hoffmann mit Konsistorialpräsident OKR Stolpe am 11.6.1982, a.a.O.

1125 Schreiben Gysi an Verner vom 21.6.1982, a.a.O.; auch a.a.O., O-4, 1188.

1126 Vgl. Leiter des Büros, Vorlage Dohle vom 24.6.1982 an die Dienstbesprechung am 28.6.1982, BA, Abt. Potsdam, O-4, 410. Vgl. auch die ausführliche Information vom 23.6.1982 über ein Gespräch des Staatssekretärs für Kirchenfragen am 23.6.1982 mit Konsistorialpräsident Stolpe, Generalsuperintendent Grünbaum und Stadtjugendpfarrer Passauer in der Dienststelle des Staatssekretärs, BA, Abt. Potsdam, O-4, 434; dort auch der vom gleichen Tag stammende 1. Entwurf der Information.

1127 Vgl. Information vom 23.6.1982 über ein Gespräch des Staatssekretärs für Kirchenfragen am 23.6.1982 mit Konsistorialpräsident Stolpe, Generalsuperintendent Grünbaum und Stadtjugendpfarrer Passauer in der Dienststelle des Staatssekretärs, a.a.O.

1128 Teilnehmer der Friedenswerkstatt hatten in einem Brief an die Kirchenleitung Berlin-Brandenburg die Einrichtung eines Sozialen Friedensdienstes gefordert. Vgl. Konzeption für die langfristige, koordinierte Arbeit gegenüber der evangelischen Kirche Berlin-Brandenburg, SAPMO-BA ZPA IV B2/14/68. Der KKL-Vorstand empfahl, den Unterzeichnern dahingehend zu antworten, der Staat sei weiterhin nicht für einen zivilen Ersatzdienst zu gewinnen, und bat die Kirchenleitung Berlin-Brandenburg, keine eigenen Gesprächsinitiativen in dieser Frage zu ergreifen. Vgl. Protokoll Gienke-Demke vom 15.9.1982 über die 144. Sitzung des Vorstandes am 9.9.1982 in Berlin, EZA Berlin, 101/121.

1129 Vgl. Leiter des Büros, Vorlage Dohle vom 3.9.1982 an die Dienstbesprechung am 6.9.1982, BA, Abt. Potsdam, O-4, 410.

1130 Vgl. Auszug aus Protokoll Krusche-Demke-Radke über die 81. Tagung der Konferenz der Evangelischen Kirchenleitungen in der DDR am 2./3.7.1982 in Berlin, EZA Berlin, 101/245.

1131 Vgl. Leiter des Büros, Vorlage Dohle vom 3.9.1982 an die Dienstbesprechung am 6.9.1982, BA, Abt. Potsdam, O-4, 410.

1132 »Es ist ein bewußter Verzicht, ein Zeichen guten Willens. Das Symbol soll ein Zeichen des Friedens und nicht der Konfrontation sein. [...] Die Friedensdekade soll Friedensdekade bleiben und nicht Krieg oder Aufnäherkrieg werden«, so Bischof Krusche. Abteilung II, Information Wilke vom 9.7.1982 über das Gespräch des Staatssekretärs mit dem Vorstand der Konferenz der Kirchenleitungen des BEK am 8.7.1982, BA, Abt. Potsdam, O-4, 1437.

1133 Hans Wilke protokollierte: »Abschließend erklärte Krusche, daß sie zum Frieden beitragen wollen und nicht beabsichtigen, die Stimmen für die Sicherung des Friedens zu zersplittern. Die Kirchen haben einen eigenen Beitrag und unterschiedliche Auffassungen über Wege zum Frieden, das dürfte aber die gemeinsamen Ziele nicht beeinträchtigen.« Ebd.

1134 Vgl. Vermerk Demke vom 14.7.1982 über das Gespräch des Vorstandes mit dem Staatssekretär zur Friedensdekade 1982 am 8.7.1982, EZA Berlin, 101/116.

1135 Vgl. Information 15.7.1982, Gespräch des Staatssekretärs für Kirchenfragen mit dem Vorstand der Konferenz der evangelischen Kirchenleitungen in der DDR am 8.7.1982, BA, Abt. Potsdam, O-4, 427; auch a.a.O., O-4, 1456.

1136 Vgl. auch das Kommuniqué der CFK-Arbeitsgruppe DDR und Berlin (West), die vom 16.-18.6.1982 in Berlin (West) zusammentraf: »Angesichts der Auseinandersetzung um das prophetische Bild ›Schwerter zu Pflugscharen‹ befragten die Teilnehmer die biblische Tradition. Jesaja 2 und Micha 4 sprechen vom endzeitlichen Handeln Gottes. Wer aus dieser Verheißung die Forderung an die sozialistischen Staaten ableitet, einseitig abzurüsten, mißbraucht die Bibel als Waffe im politischen Kampf.«« Zit. nach SED-BL Dresden, Abteilung Staat und Recht, Informationen und Argumentationshinweise zu aktuellen kirchenpolitischen Problemen, PDS-Archiv Dresden, IV E-2.14-666.

1137 Vgl. auch Information vom 9.7.1982: »Die Kirchen haben heute die große Chance, auf ihre Zukunft positiv dadurch Einfluß zu nehmen, daß sie sich in dieser zugespitzten Situation eindeutig auf die Seite des Staates stellen.« BA, Abt. Potsdam, O-4, 1437.

1138 Vgl. auch ebd.: »Aber er wolle nicht, daß die Kirche zum Beichtspiegel derjenigen wird, die mit dem Sozialismus unzufrieden sind.« Zitat auch in Information 15.7.1982, Gespräch des Staatssekretärs für Kirchenfragen mit dem Vorstand der Konferenz der evangelischen Kirchenleitungen in der DDR am 8.7.1982, BA, Abt. Potsdam, O-4, 427; auch a.a.O., O-4, 1456.

1139 Niederschrift Richter, Dresden, vom 22.7.1982 über eine Information von Genossen Horst Dohle, persönlicher Mitarbeiter des Staatssekretärs für Kirchenfragen, in einer Zusammenkunft mit den Sektorenleitern für Kirchenfragen des Bezirkes Dresden, Karl-Marx-Stadt und Leipzig am 14.7.1982, PDS-Archiv Dresden, IV E-2.14-666; vgl. auch Leiter des Büros, Vorlage Dohle vom 3.9.1982 an die Dienstbesprechung am 6.9.1982, BA, Abt. Potsdam, O-4, 410. Vgl. auch die ausführlicheren Gesprächsprotokolle Abteilung II, Information Wilke vom 9.7.1982 über das Gespräch des Staatssekretärs mit dem Vorstand der Konferenz der Kirchenleitungen des BEK am 8.7.1982, BA, Abt. Potsdam, O-4, 1437; Information vom 9.7.1982, a.a.O.; Information vom 15.7.1982, Gespräch des Staatssekretärs für Kirchenfragen mit dem Vorstand der Konferenz der evangelischen Kirchenleitungen in der DDR am 8.7.1982, BA, Abt. Potsdam, O-4, 427; auch a.a.O., O-4, 1456. Kirchliches Protokoll: Vermerk Demke vom 14.7.1982 über das Gespräch des Vorstandes mit dem Staatssekretär zur Friedensdekade 1982 am 8.7.1982, EZA Berlin, 101/116.

1140 Abteilung II, Information Wilke vom 9.7.1982 über das Gespräch des Staatssekretärs mit dem Vorstand der Konferenz der Kirchenleitungen des BEK am 8.7.1982, BA, Abt. Potsdam, O-4, 1437.

1141 Leiter des Büros, Vorlage Dohle vom 3.9.1982 an die Dienstbesprechung am 6.9.1982, BA, Abt. Potsdam, O-4, 410.

1142 Vgl. Abteilung II, Information Wilke vom 9.7.1982 über das Gespräch des Staatssekretärs mit dem Vorstand der Konferenz der Kirchenleitungen des BEK am 8.7.1982, BA, Abt. Potsdam, O-4, 1437.

1143 Ebd.

1144 Information vom 9.7.1982, a.a.O.

1145 Der Bericht läßt den Zwischensatz »Er will uns mit diesem Bewährungsraum in unserem Glauben prüfen und reifen lassen und schließlich gerade so in sein ewiges Reich hinein erretten« aus. Vgl. J. Hempel, Weiteres Nachdenken über christliche Friedensverantwortung. Vortrag auf der Herbstsynode am 17.10.1982, in: ders., Kirche wird auch in Zukunft sein, 113-124, hier: 119.

1146 Nur die von Hempel getroffene Feststellung, »daß pazifistische Initiativen ihren Ausgangspunkt in der ›ungelösten Frage nach der Nation‹ hätten«, erschien problematisch: »Dem Staat wird in diesem Zusammenhang unterstellt, er erkläre BRD-Bürger zu ›unseren Feinden‹ und plädiere für den Abbruch von Kontakten in die BRD.« Abteilung II, Einschätzung Wilke vom 16.12.1982 der politisch-ideologischen Schwerpunkte der Herbstsynoden 1982 der evangelischen Landeskirchen in der DDR, BA, Abt. Potsdam, O-4, 410. Hempel hatte gesagt: »Es ist unter Christen akzeptiert, daß zwei souveräne deutsche Staaten entstanden sind. Es ist aber nicht akzeptiert, daß die Menschen in dem anderen deutschen Staat unsere Feinde sein sollen.« Zit. nach SED-BL Dresden, Abteilung Staat und Recht, Gedanken zum Bericht des Landesbischofs Dr. Hempel vor der Herbstsynode 1982; J. Hempel, Weiters Nachdenken, 122. »Hiermit stellt er sich offensichtlich in Widerspruch zur Politik unserer Partei und liegt auf der Linie der Regierungserklärung Kohls«, lautete das SED-Urteil [fast genauso urteilte auch Anhalts Kirchenpräsident Natho, der von einer »Nähe« zur Regierungserklärung des Kanzlers sprach; RdB Halle, Stellvertreter des Vorsitzenden für Inneres, Information Pöhner vom 15.11.1982 zum Gespräch des Stellvertreters des Vorsitzenden für Inneres des Rates des Bezirkes Halle, Gen. Pöhner, mit dem Kirchenpräsidenten der Evangelischen Landeskirche Anhalts, Natho, am 15.11.1982 beim Rat des Bezirkes, LPA Halle, IV E-2/14/578]. Dennoch fiel auch hier die Gesamtwertung überaus positiv aus: »Der Bericht hebt sich im Sinne vernünftiger Staat-Kirche-Beziehungen positiv von denen der vergangenen Jahre ab. [...] Der Bericht läßt, bei aller Widersprüchlichkeit aus marxistisch-leninistischer Sicht, das ernsthafte Bemühen deutlich werden, Kirche im Sozialismus zu sein, in sachlicher Weise mit dem sozialistischen Staat zu verkehren, die DDR als die politische Heimat der Christen zu akzeptieren, erforderliche Auseinandersetzungen in gegenseitiger Achtung auszutragen und als Teil der Friedensbewegung einen eigenständigen Beitrag leisten zu wollen. [...] Insgesamt ist seit Herbst des Jahres 1981 abzusehen, daß sich Landesbischof Dr. Hempel maßvoll zurückhält und sich zusehends zu einem Mann der Kirche profiliert, der sich von engen subjektivistischen Denk- und Verhaltensweisen in bezug auf die Beziehungen von Staat und Kirche löst. Ausgehend von den Grundfragen unserer Zeit, ordnet er die Rolle und Funktion der Kirche als ›Kirche im Sozialismus‹ immer deutlicher in objektiver Weise ein. Das befähigt ihn, in zielstrebiger Weise bestimmte Probleme anzupacken und die hierzu erforderlichen, von Realismus und Weitsichtigkeit getragenen Entscheidungen zu treffen. Wir vertreten die Auffassung, daß seine im Bericht enthaltenen Überlegungen vom Bemühen und der Bereitschaft geprägt sind, nach neuen Wegen zu suchen, die eine gewisse Kompromißbereitschaft zum Inhalt haben und Konfrontationen ausschließen. Der Verlauf der Synode und die geführten Diskussionen lassen erkennen, daß die Mehrzahl der Synodalen diese Linie des Landesbischofs begriffen hat und ihr folgt.« PDS-Archiv Dresden, IV E-2.14-671. Hempel selbst erklärte am 6.1.1983 gegenüber Staatssekretär Gysi, »daß er in seinem Synodalvortrag in Dresden stark auf die noch lange Zeit bestehende emotionale Ebene sich bezogen habe, nicht aber auf aktuelle politische Konstellationen.« Vermerk Demke vom 8.1.1983 über das Gespräch des Staatssekretärs für Kirchenfragen und des Vorstandes der Konferenz am 6.1.1983, EZA Berlin, 101/93/3.

1147 Vgl. SED-BL Dresden, Hausmitteilung Abteilung Staat und Recht, Göpfert, an Modrow vom 1.11.1982, Herbstsynode der SLK 1982. Dort hieß es allerdings auch, man möge die profiliertere Haltung des Bischofs auch nicht überschätzen. PDS-Archiv Dresden, IV E-2.14-666.

1148 SED-BL Dresden, Abteilung Staat und Recht, Niederschrift vom 8.11.1982 über ein Gespräch des 1. Sekretärs der Bezirksleitung Dresden der SED, Genossen Hans Modrow, mit dem Landesbischof der Evangelischen Kirche Sachsens, Dr. Johannes Hempel am 5.11.1982, PDS-Archiv Dresden, IV E-2.14-673. Zum Abschluß des Gespräches bat Hempel, solche Begegnungen nicht zur Regel für die Staat-Kirche-Beziehungen werden zu lassen. Dies ließ die SED-Verantwortlichen darauf schließen, daß Hempel wegen seiner Begegnungen mit Modrow innerkirchlich angegriffen wurde. Vgl. ebd.

1149 Niederschrift Richter, Dresden, vom 22.7.1982 über eine Information von Genossen Horst Dohle, persönlicher Mitarbeiter des Staatssekretärs für Kirchenfragen, in einer Zusammenkunft mit den Sektorenleitern für Kirchenfragen des Bezirkes Dresden, Karl-Marx-Stadt und Leipzig am 14.7.1982, PDS-Archiv Dresden, IV E-2.14-666. Vgl. auch Leiter des Büros, Vorlage Dohle vom 3.9.1982 an die Dienstbesprechung am 6.9.1982, BA, Abt. Potsdam, O-4, 410. Vgl. auch Information, BA, Abt. Potsdam, O-4, 1437. Vgl. auch Aufriß für die Unterrichtung der Jugendmitarbeiter über die Friedensdekade 1982, den Demke Gysi zur Kenntnisnahme überreichte. A.a.O. Auch die Idee für die Verwendung dieses Symbols kam von Landesjugendpfarrer Bretschneider, Dresden. Vgl. RdB Dresden, Sektor Staatspolitik in Kirchenfragen, Vermerk Lewerenz vom 21.4.1982 über Gespräch mit Landesjugendpfarrer Bretschneider, PDS-Archiv Dresden, IV E-2.14-671.

1150 Vgl. Protokoll Krusche-Demke vom 2.8.1982 über die 142. Sitzung des Vorstandes am 30.7.1982 in Dresden, EZA Berlin, 101/121.

1151 Leiter des Büros, Vorlage Dohle vom 3.9.1982 an die Dienstbesprechung am 6.9.1982, BA, Abt. Potsdam, O-4, 410. In einem weiteren Gespräch zwischen Lewek und Heinrich am 28.8.1982 forderte letzterer, der Druck des reinen Bibelzitats »und sie werden die Schwerter zu Pflugscharen schmieden« reiche nicht aus, da so der eschatologische Charakter der Stelle nicht hinreichend deutlich werde. Hauptabteilungsleiter, Aktennotiz Heinrich vom 25.8.1982, BA, Abt. Potsdam, O-4, 427; auch a.a.O., O-4, 1220.

1152 Der KKL-Vorstand hatte auf seiner 144. Sitzung am 9.9.1982 in Berlin entschieden: »Die Herstellung von Plakaten, die zu Schaukastengestaltung verwendet werden können, wäre wünschenswert.« Protokoll Gienke-Demke vom 15.9.1982, EZA Berlin, 101/121.

1153 BA, Abt. Potsdam, O-4, 1206; auch SAPMO-BA ZPA IV B2/14/82.

1154 Vgl. RdB Dresden, Sektor Staatspolitik in Kirchenfragen, Vermerk Lewerenz vom 6.9.1982 über Gespräch des Stellvertreters für Inneres, Genosse Ullmann, mit Präsident Domsch und OLKR Rau am 3.9.1982, PDS-Archiv Dresden, IV E-2.14-671.

1155 Vgl. Auslandsinformation Fe/Bö an Genossen Paul Verner vom 9.7.1982, BA, Abt. Potsdam, O-4, 1188. Christa Lewek hatte gegenüber dem Friedensrat der DDR am 29.6.1982 berichtet: »Frau Lewek informierte auch über Versuche von außen, den Bund in eine oppositionelle Rolle zu drängen, was besonders aus den Niederlanden und speziell vom IKV erfolge. Sie verurteilte das Verhalten des IKV-Vertreters beim Kongreß in Moskau und betonte, daß auch Herr Faber – der auf Touristenvisa die DDR besuchte und bei Bischof Krusche vorsprach – von diesem eine klare Absage erhalten habe, die Kirche für irgendwelche feindliche Aktivitäten zu mißbrauchen. In ähnlicher Richtung wäre auch ein Brief an die niederländische Kirche geschrieben worden.« Friedensrat, Notiz vom 29.6.1982 über ein Gespräch mit Oberkirchenrätin Christa Lewek am 29.6.1982 im Friedensrat, SAPMO-BA ZPA IV B2/14/77.

1156 Information, BA, Abt. Potsdam, O-4, 1437.

1157 Vgl. Protokoll Gienke-Demke vom 15.9.1982 über die 144. Sitzung des Vorstandes am 9.9.1982 in Berlin. Der Vorstand empfahl der KKL, dies als Beschluß zu fassen. EZA Berlin, 101/121.

1158 Die DDR-Teilnehmer waren vor dem Abflug durch Staatssekretär Gysi verabschiedet worden. Vgl. Leiter des Büros, Vorlage Dohle vom 24.6.1982 an die Dienstbesprechung am 28.6.1982, BA, Abt. Potsdam, O-4, 410. Vgl. auch Sekretariat des BEK (Hg.), »Moskau 82«. Domke fungierte in der Gruppe als Pressebeauftragter. Vgl. hierzu Protokoll Krusche-Demke vom 14.4.1982 über die außerordentliche Sitzung des Vorstandes am 2.4.1981 in Potsdam, EZA Berlin, 101/121. Gienke berichtete auch dem KKL-Vorstand. Vgl. Protokoll Krusche-Demke-Lewek vom 27.5.1982 der 139. Sitzung des Vorstandes am 18.5.1982 in Leipzig, EZA Berlin, 101/121.

1159 Vgl. Vermerk Demke über die 11. Konsultation zwischen BEK und EKD am 30.6.1982 in Berlin, EZA Berlin, 101/653.

1160 Vgl. Abt. II, Vorlage vom 23.6.1982 an die Dienstbesprechung am 28.6.1982, BA, Abt. Potsdam, O-4, 410. Vgl. auch Abt. II, Vorlage vom 31.8.1982 an die Dienstbesprechung am 6.9.1982, Leitungsinformation 4/1982, a.a.O.

1161 Vgl. SED-BL Dresden, Abteilung Staat und Recht, Informationen und Argumentationshinweise zu aktuellen kirchenpolitischen Problemen, PDS-Archiv Dresden, IV E-2.14-666; vgl. auch Leiter des Büros, Vorlage Dohle vom 3.9.1982 an die Dienstbesprechung am 6.9.1982, BA, Abt. Potsdam, O-4, 410. Der Vorstand der KKL hatte zuvor beschlossen, es müsse deutlich sein, daß die Übergabe durch die Delegierten des BEK im Auftrage der KKL erfolge. Vgl. Protokoll Krusche-Demke vom 2.8.1982 über die 142. Sitzung des Vorstandes am 30.7.1982 in Dresden, EZA Berlin, 101/121.

1162 Vertreter war Demke. Rathke und Günter Krusche sollten zunächst im März 1983 den BEK bei einem Moskauer Rundtischgespräch zum Einfrieren der Nuklearrüstung vertreten. Vgl. Protokoll Hempel-Demke-Lewek vom 29.12.1982 der 147. Sitzung des Vorstandes am 8.12.1982 in Berlin, EZA Berlin, 101/121. Wenig später beschloß der KKL-Vorstand, statt Günter Krusche, der den Termin nicht wahrnehmen konnte, Lewek nach Moskau zu entsenden. Vgl. Protokoll Hempel-Demke-Lewek vom 8.2.1983 über die 149. Sitzung des Vorstandes am 1.2.1983 in Berlin, EZA Berlin, 101/93/243. Zur Auswertung des Gespräches vgl. Protokoll Stolpe-Demke-Lewek vom 24.3.1983 über die 150. Sitzung des Vorstandes am 16.3.1983 in Berlin, a.a.O. Den Bericht Rathkes und Leweks bestätigte die KKL bei einer Enthaltung. Vgl. Protokoll Stolpe/Gienke-Demke-Doyé/Kupas über die 85. Tagung der Konferenz der Evangelischen Kirchenleitungen in der DDR am 11.-13.3.1983 (Klausurtagung) in Bad Saarow, a.a.O. sowie Beschluß der Konferenz der Evangelischen Kirchenleitungen zu dem Bericht über das Rundtisch-Gespräch über ökonomische und moralische Folgen einer Einfrierung von Nuklearwaffen, Moskau, 7.-9.3.1983, vom 12.3.1983, a.a.O. Staatssekretär Gysi »wertet[e] den Bericht von Dr. Rathke und Lewek [...] als außerordentlich wichtig. Man begrüße und befürworte, daß das Material von Moskau zur Verfügung gestellt wird, auch für die Gemeinden. Er werde dies dem Vorsitzenden des Staatsrates weitergeben.« Vermerk Demke über ein Gespräch mit dem Staatssekretär für Kirchenfragen am 20.4.1983, EZA Berlin, 101/93/3. Vgl. auch Schreiben Lewek an den Chefredakteur der Evangelischen Monatsschrift »Zeichen der Zeit«, Heinz Blauert, vom 3.5.1983: »Das Schlußdokument dieser Veranstaltung ist nach übereinstimmendem Eindruck ›beim Bund‹ so ausgezeichnet – grundsätzlich und praktisch –, daß wir es für notwendig halten, daß es an einer Stelle im vollen Wortlaut dokumentiert wird.« Lewek vermerkte am 18.6.1983 die Annahme des Textes durch die Zeitschrift. EZA Berlin, 101/93/63.

1163 Mitteilungsblatt des BEK vom 25.4.1983. Der in seiner endgültigen Fassung auf den 30.6.1982 datierte »Arbeitsbericht« ist auch veröffentlicht in: In besonderer Gemeinschaft, 8-11.

1164 Vgl. Vermerk Demke vom 24.9.1982 über Sitzung der Beratergruppe am 23.9.1982, EZA Berlin, 101/363.

1165 Ebd.

1166 Protokoll Krusche-Demke-Lewek vom 27.5.1982 der 139. Sitzung des Vorstandes am 18.5.1982 in Leipzig, EZA Berlin, 101/121.

1167 Vermerk Demke über die 13. Konsultation zwischen BEK und EKD am 1./2.12.1982 in Berlin/DDR, EZA Berlin, 101/93/259.

1168 Ebd.

1169 RdB Dresden, Sektor Staatspolitik in Kirchenfragen, Vermerk Lewerenz vom 31.10.1980 über Gespräch mit Bischof Dr. Wollstadt und OKR Dr. Winde am 29.10.1980 in Görlitz, PDS-Archiv Dresden, IV D-2.14-692. Sachsens Landesbischof Hempel äußerte ein Jahr später, »daß auch er eine hohe Meinung über den Marxismus-Leninismus habe, mit dem er sich ausführlich befaßt hätte. Die marxistisch-leninistische Weltanschauung beantworte sehr viele Fragen des Lebens in einer richtigen Weise, ließe aber doch auch manche Frage offen.« RdB Karl-Marx-Stadt, Sektor Kirchenfragen, Aktenvermerk Sektorenleiter G. Müller vom 6.8.1981 über ein Gespräch des Vorsitzenden des Rates des Bezirkes, Genossen Lothar Fichtner, mit dem Bischof der Ev.-Luth. Landeskirche Sachsens, Dr. Hempel, am 5.8.1981, BA, Abt. Potsdam, O-4, 771.

1170 SED-BL Dresden, Abteilung Staat und Recht, Informationen und Argumentationshinweise zu aktuellen kirchenpolitischen Problemen, PDS-Archiv Dresden, IV E-2.14-666.

1171 Dieses Vorgehen war auf der Beratergruppensitzung am 23.9.1982 festgelegt worden. Vgl. Vermerk Demke vom 24.9.1982, EZA Berlin, 101/363.

1172 Vermerk Demke über die 13. Konsultation zwischen dem Bund der Evangelischen Kirchen in der DDR und der Evangelischen Kirche in Deutschland am 1./2.12.1982 in Berlin/DDR, EZA Berlin, 101/93/259.

1173 Protokoll Hempel-Demke-Lewek vom 29.12.1982 der 147. Sitzung des Vorstandes am 8.12.1982 in Berlin, EZA Berlin, 101/121.

1174 Vgl. Abt. II, Sofort-Information Handel vom 18.8.1983, BA, Abt. Potsdam, O-4, 411.

1175 Zahlreiche Reaktionen dokumentiert R. Wischnath (Hg.), Frieden als Bekenntnisfrage.

1176 Vermerk Lingner über Zusammenkunft der Beratergruppe am 2.12.1982, EZA Berlin, 4/92/14.

1177 Ebd.

1178 Abt. II, Vorlage vom 3.11.1982 an die Dienstbesprechung am 8.11.1982, BA, Abt. Potsdam, O-4, 410.

1179 AV Bonn, Abt. IAP, Vermerk Botschaftsrat Klötzer vom 14.9.1982 über ein Gespräch des Genossen Klötzer mit Prälat Binder, Bevollmächtigter des Rates der EKD am Sitz der BRD, am 13.9.1982, BA, Abt. Potsdam, O-4, 4877.

1180 MfS-Information vom 13.12.1982, zit. nach Bericht des Untersuchungsausschusses 1/3 vom 29.4.1994, Drucksache 1/3009, Teil B, Anlage 19.41.

1181 Abt. II, Wilke, 22.12.1982, Leitungsinformation 6/82, BA, Abt. Potsdam, O-4, 410.

1182 SED-BL Dresden, Abteilung Staat und Recht, Niederschrift vom 8.11.1982 über ein Gespräch des 1. Sekretärs der Bezirksleitung Dresden der SED, Genossen Hans Modrow, mit dem Landesbischof der Evangelischen Kirche Sachsens, Dr. Johannes Hempel, am 5.11.1982, PDS-Archiv Dresden, IV E-2.14-673.

1183 Kurz vor der Bundestagswahl erklärte Generalsuperintendent Richter (Cottbus) gegenüber dem CDU-Bezirksvorsitzenden Dölling, er rechne mit einem Sieg der Bundesregierung. »Er ist darüber besorgt und befürchtet eine Verschärfung im Verhältnis zwischen den beiden deutschen Staaten, wozu die Äußerungen aus der Führung dieser Parteien [CDU/CSU] Anlaß sind. Ein solches Wahlergebnis würde zudem die USA bestärken, bei den Verhandlungen in Genf die Frage von Ergebnissen offenzuhalten, um über die jetzigen Zusagen der Kohl-Regierung zu einer Stationierung der Nuklearwaffen in der BRD zu kommen.« Aktenvermerk Dölling vom 3.3.1983 über ein Gespräch mit Generalsuperintendent Richter am 3.3.1983, SAPMO-BA ZPA IV B2/14/69.

1184 Vgl. Abt. II, Gräfe, Leitungsinformation 2/83 vom 21.4.1983, BA, Abt. Potsdam, O-4, 411.

1185 Vermerk Demke über ein Gespräch mit dem Staatssekretär für Kirchenfragen am 20.4.1983, EZA Berlin, 101/93/3.

1186 Abt. II, Vorlage Gräfe vom 24.6.1983 an die Dienstbesprechung am 27.6.1983, Leitungsinformation 3/83, BA, Abt. Potsdam, O-4, 411.

1187 Vgl. Abt. II, Sofort-Information Handel vom 18.8.1983, a.a.O. Vgl. F.J. Strauß, Die Erinnerungen, 470 ff.

1188 Information Haß über die am 10.8.1983 stattgefundene Begegnung zwischen dem Stellvertreter des Vorsitzenden für Inneres des Rates des Bezirkes, Gen. Haß, und Bischof Dr. Gienke, BA, Abt. Potsdam, O-4, 789.

1189 Der DDR-Bischofskonvent hatte festgelegt, jede der Seiten möge einen Lagebericht geben. Vgl. Vermerk Forck über Bischofskonvent am 16.12.1981 in der Auguststraße 80, EZA Berlin, 101/1190, Bd. II. Vgl. auch Vermerk Wollstadt über den Bischofskonvent am 2.10.1981 in Berlin, a.a.a.O.

1190 Information Wilke vom 8.1.1982 über ein Gespräch mit dem Leiter des Sekretariats des BEK, Dr. Demke, am 8.1.1982, BA, Abt. Potsdam, O-4, 427. Vgl. auch Schreiben Demke an Gysi vom 8.1.1982, EZA Berlin, 101/324.

1191 BA, Abt. Potsdam, O-4, 427; Honecker gab das Schreiben an Bellmann weiter. Vgl. SAPMO-BA ZPA IV B2/14/82.

1192 Vgl. Abt. II, Vorlage vom 29.4.1982 an die Dienstbesprechung am 3.5.1982, Leitungsinformation 2/1982, BA, Abt. Potsdam, O-4, 410.

1193 Niederschrift über ein Gespräch des 1. Sekretärs der Bezirksleitung Dresden der SED, Genossen Hans Modrow, mit dem Landesbischof der Evangelischen Kirche Sachsens, Dr. Johannes Hempel, vom 11.1.1982, PDS-Archiv Dresden, IV E-2.14-671; auch a.a.O., IV E/2.14-673.

1194 Information Gysi vom 12.2.1982 über das Treffen Staatssekretär Gysi mit Landesbischof Dr. Hempel und Präsident Domsch am 2.2.1982 im Landeskirchenamt in Dresden, Dauer: 2 Stunden, BA, Abt. Potsdam, O-4, 1437; auch SAPMO-BA ZPA IV B2/14/102.

1195 Eine Woche zuvor hatte Gysi seinen 70. Geburtstag gefeiert. Zu Gratulationsbestrebungen und -planungen des BEK vgl. Schreiben Sekretariat, Demke, an die leitenden Verwaltungsbehörden der Gliedkirchen vom 11.2.1982; Schreiben Sekretariat, Demke, an Rogge und Zeddies vom 11.2.1982 sowie Vermerk Pabst (von Demke am 10.2. abgezeichnet), EZA Berlin, 101/351. Werner Krusche sagte am Geburtstag des Staatssekretärs: »Sehr geehrter Herr Staatssekretär! Wir sind gekommen, um Ihnen sehr herzlich zu dem besonderen Geburtstag zu gratulieren, den Sie heute feiern können. Es ist Ihnen sicher nicht an der Wiege gesungen worden, daß Sie es in dem – vermutlich – letzten Abschnitt Ihres dienstlichen Lebens ausgerechnet mit Kirchenleuten zu tun bekommen würden. Natürlich hat die Kirche als eine kulturelle und soziale Einrichtung auch schon vor dem Beginn Ihrer Tätigkeit als Staatssekretär für Kirchenfragen zu ihrem Bildungsgut gehört; aber es ist eben doch ein Unterschied, ob man eine Größe wie die Kirche aus der Distanz kulturgeschichtlicher Betrachtung zur Kenntnis nimmt oder ob man es mit ihren lebendigen Vertretern zu tun bekommt. Ich kann nur hoffen, daß es Ihnen nicht so geht wie dem Propheten Jeremia, der den Tag seiner Geburt verwünscht hat, weil ihm eine so undankbare Aufgabe zugemutet worden war.

Es hat in den reichlich zwei Jahren, in denen Sie das Amt des Staatssekretärs für Kirchenfragen innehaben, viele Gespräche, Begegnungen zwischen Ihnen und uns gegeben –, aus unterschiedlichen Anlässen, mit unterschiedlichen Inhalten und in unterschiedlicher personeller Zusammensetzung – vom Gespräch mit einzelnen von uns über Gespräche mit dem Vorstand der Konferenz der Kirchenleitungen oder mit einzelnen Kirchenleitungen bis zu einem Empfang der ganzen Bundessynode. Wir haben uns dabei immer von Ihnen ernstgenommen gefühlt, haben Ihre Hörbereitschaft erlebt und Ihr Bemühen, uns von unseren Voraussetzungen her zu verstehen in dem, worum es uns im Eigentlichen geht. Die vielen Gespräche mit ökumenischen Besuchern, die Sie empfangen haben, aber auch die Besuche, die Sie selbst gemacht haben, wie im vergangenen Jahr den im Ökumenischen Zentrum in Genf und beim Britischen Kirchenrat, haben Ihnen vermutlich nicht nur gezeigt, wie bunt – und von Merkwürdigkeit keineswegs frei – die Christenheit ist, sondern wohl auch, wieviel redliches, verantwortliches und opferbereites Bemühen um den Menschen und seine Welt in ihr lebendig ist.

Mir ist ein Wort von Ihnen sehr im Gedächtnis geblieben. Bei dem Empfang der Bundessynode im Schloß zu Güstrow hatte ich in meiner Dankesrede gesagt, daß das von uns bejahte Prinzip der Trennung von Staat und Kirche nicht so verstanden werden kann, als habe es die Kirche nur mit der Seele und der Staat mit allem übrigen zu tun, als sei die Kirche für den Menschen in seiner Individualität und der Staat für ihn in seiner Sozialität zuständig. Sie haben dem zugestimmt und gesagt: Wir haben es beide mit dem ganzen Menschen zu tun – das ist unsere Chance und unsere Schwierigkeit. Ich denke, daß damit das bestehende Problem und die damit gegebene Aufgabe sehr präzis formuliert ist. Würde der Satz ›Wir haben es beide mit dem ganzen Menschen zu tun‹ im Sinne eines Anspruchs verstanden – wir erheben beide einen totalen Anspruch auf den Menschen –, dann könnte es nur zu einer totalen Konfrontation kommen, bei der der Mensch auf der Strecke bliebe. Wenn der Satz ›Wir haben es beide mit dem ganzen Menschen zu tun‹ indessen im Sinne der Hingabe, des Für-Seins zu verstehen ist – und ich denke, daß sowohl Sie als auch wir Ihn so verstehen: ›Wir möchten alles tun, was dem Menschen als ganzem gerecht wird und ihm als ganzem zugute kommt, was ihm hilft, ganz als Mensch zu leben‹ – dann gibt es hier einen echten modus convivendi, wie er in dem Gespräch am 6. März 1978 markiert worden ist, und dann gibt es bei bestimmten Aufgabenstellungen in bestimmten Bereichen einen fruchtbaren modus cooperandi – wie etwa zwischen dem Gesundheitswesen des Staates und der Diakonie der Kirche – dem Menschen zugute. Sie dürfen versichert sein, sehr geehrter Herr Staatssekretär, daß wir von uns aus weiterhin alles tun werden, daß das Zusammenleben von Christen und Marxisten und die gemeinsame, wenn auch unterschiedlich fundierte und praktizierte Wahrnehmung von Verantwortung für die Menschen in unserer Gesellschaft immer besser gelingt. Ihre eigenen Bemühungen hierum haben in diesen Tagen eine hohe staatliche Auszeichnung erfahren, zu der wir Ihnen gratulieren.

Wir möchten diesen besonderen Geburtstag zum Anlaß nehmen, Ihnen, sehr geehrter Herr Staatssekretär, herzlich zu danken für viel Verständnis, das Sie uns entgegengebracht haben, für Ihr Entgegenkommen und für so manche Hilfe im einzelnen, die wir von Ihnen erfahren haben, wenn wir an Sie herangetreten sind; und daß es, auch wenn es komplizierte Situationen zu besprechen gab und Sie unseren Auffassungen nicht zuzustimmen vermochten, bei Ihnen immer menschlich zugegangen ist.

Wir wünschen Ihnen, sehr geehrter Herr Staatssekretär, daß Ihnen noch viele gute Jahre beschieden sein möchten, in denen Sie Freude haben können an dem, was Ihnen an Verantwortung anvertraut ist, in denen Sie auch die Begegnungen mit uns Vertretern der Kirchen zu dem zu zählen vermögen, was Sie als bereichernd empfinden, Jahre, in denen es auch noch außer dem Dienst vieles Schöne zu erleben gibt. Kurzum: Jahre, in denen Sie viel von dem erfahren, was die Bibel unter dem Wort ›Segen‹ zusammenfaßt. Das wird alles nur möglich sein, wenn der Frieden in der Welt erhalten bleibt. Und darum gehört auch er in unseren Geburtstagswunsch hinein.« Ansprache des Vorsitzenden der Konferenz der Evangelischen Kirchenleitungen in der DDR, Bischof Dr. Krusche, anläßlich des Geburtstagsempfangs des Staatssekretärs für Kirchenfragen, Klaus Gysi, am 3.3.1982, a.a.O.; auch BA, Abt. Potsdam, O-4, 1226.

1196 Information Gysi vom 18.3.1982 über das Gespräch Staatssekretär Gysi mit Landesbischof Hempel am 12.3.1982 in der Dienststelle des Staatssekretärs, SAPMO-BA ZPA IV B2/14/18. Ebenso hatte Hempel im Bischofskonvent über den Besuch in Hamburg berichtet: »Das Gespräch hatte einen nahezu pastoralen Charakter«, sagte der Bischof auch hier. Vermerk Forck über Bischofskonvent am 9.3.1982, EZA Berlin, 101/1190, Bd. II. Joachim Rogge berichtete Ende April, auf der gemeinsamen, erweiterten EKU-Sitzung sei von westlicher Seite darüber informiert worden, »daß Bundeskanzler Schmidt zunehmend stärker versucht, die Kirchen in der BRD in der Friedensfrage ›zur Ruhe zu bringen‹.« Abteilung II, Information Wilke vom 30.4.1982 über ein Gespräch mit Präsident Dr. Rogge, Kirchenkanzlei der EKU, am 26.4.1982, BA, Abt. Potsdam, O-4, 1437. Auf der gleichen Sitzung hielt der Historiker Rudolf von Thadden, Göttingen, ein Referat zum Thema »Das Problem der Kulturerberezeption auf deutschem Boden«. LKA Hannover, D 15 XII, K 73/412/IV.

1197 Vgl. Leiter des Büros, Vorlage Dohle vom 24.6.1982 an die Dienstbesprechung am 28.6.1982, BA, Abt. Potsdam, O-4, 410.

1198 Ähnlich auch gegenüber einer Delegation der lutherischen Kirchen in den USA am 28.6.1982: »Daß die Christen hier [in der DDR-Friedensbewegung] ihren festen Platz haben, habe sich erst 1980 mit der Zuspitzung der internationalen Lage geändert. [...] Die Regierung sei offen für alle Friedensinitiativen, aber sie sei nicht bereit, eine weitere Friedensbewegung zu akzeptieren.« Vermerk Zeddies vom 29.6.1982 über Ausführungen des Staatssekretärs für Kirchenfragen, LKA Hannover, D 15 XII, K 102/5910/II.

1199 Information Gysi vom 14.5.1982 über das Gespräch des Staatssekretärs für Kirchenfragen mit den Mitgliedern des Präsidiums des Evangelischen Kirchentages in der BRD, Dr. Erhard Eppler (amt. Präsident), Helmut Simon (Bundesrichter) und dem Präsidiumsmitglied der Evangelischen Kirchentage in der DDR, Manfred Stolpe (Konsistorialpräsident), BA, Abt. Potsdam, O-4, 427.

1200 AV Bonn, Abt. IAP, Vermerk Botschaftsrat Klötzer vom 14.5.1982 über ein Gespräch des Genossen Klötzer mit dem Bevollmächtigten des Rates der EKD am Sitz der BRD, Prälat Binder, am 13. Mai 1982, BA, Abt. Potsdam, O-4, 4877.

1201 AV Bonn, Abt. IAP, Vermerk Botschaftsrat Klötzer vom 21.5.1982 über den Besuch von Genossen Botschafter Moldt beim stellv. Vorsitzenden des Rates der EKD, Kirchenpräsident der Evangelischen Kirche in Hessen und Nassau, D. Helmut Hild, am 19.5.1982 in Darmstadt, a.a.O.

1202 Vgl. Leiter des Büros, Vorlage Dohle vom 24.6.1982 an die Dienstbesprechung am

28.6.1982, BA, Abt. Potsdam, O-4, 410. Auf dem Dresdener Kirchentag soll sich Schober in einer Predigt besorgt über die US-Militärpolitik geäußert haben. Vgl. Christlich-Demokratische Union Deutschlands, SHV und BV Dresden, Abschließende Einschätzung vom 10.7.1983 des Gesamtverlaufs und der politisch-ideologischen Aussagen des Kongresses und Kirchentages Dresden, 7.-10.7.1983, PDS-Archiv Dresden, IV E-2.14-676. An Schobers Verabschiedung 1984 sollten laut KKL-Beschluß Stolpe (mit Grußwort) und Hempel (mit Geschenk) teilnehmen. Vgl. Protokoll Hempel-Ziegler-Kupas vom 16.4.1984 über die 162. Sitzung des Vorstandes am 2.4.1984 in Berlin, EZA Berlin, 101/93/244.

1203 Vgl. Auszug aus dem Protokoll Krusche-Demke-Radke über die 81. Tagung der Konferenz der Evangelischen Kirchenleitungen in der DDR am 2./3.7.1982 in Berlin, wo es heißt, Schultheiß, Lewek, Leich und Krusche sollten Honecker die Glückwünsche überbringen. EZA Berlin, 101/342; vgl. auch Protokoll Krusche-Demke vom 2.8.1982 über die 142. Sitzung des Vorstandes am 30.7.1982 in Dresden. Hier kamen noch Hempel, Rogge und ein Vertreter des Diakonischen Werkes hinzu. Außerdem hieß es: »Der Vorstand hält eine Beteiligung von D. Schönherr an der Delegation nicht für angemessen.« EZA Berlin, 101/121; auch Protokollauszug in EZA Berlin, 101/342. Vgl. außerdem Auszug aus dem Protokoll Gienke-Lewek über die 143. Sitzung des Vorstandes am 19.8.1982 in Berlin, a.a.O. Schönherr gratulierte Honecker mit Schreiben vom 21.8.1982 schriftlich und fügte hinzu, da er sich am Geburtstag des Staatsratsvorsitzenden im Ausland befinde, könne er nicht persönliche Glückwünsche überbringen. Vgl. a.a.O.

1204 Auf der Thüringer Herbstsynode 1982 stellte Leich nach einem Bericht Hans Wilkes »eine grundsätzliche Übereinstimmung seiner Kirche mit der Friedenspolitik der DDR fest.« Abteilung II, Einschätzung Wilke der politisch-ideologischen Schwerpunkte der Herbstsynoden 1982 der evangelischen Landeskirchen in der DDR vom 16.12.1982, BA, Abt. Potsdam, O-4, 410.

1205 Hans Wilke formulierte im Dezember 1982: »Für Kirchenpräsident Natho gilt, daß er nicht aus der Verantwortung für seine immer wiederkehrenden ›Entgleisungen‹ entlassen werden kann.« Ebd.

1206 Die Auslassungen des Verfassers betreffen keine Charakterisierungen, sondern lediglich kurze Funktions- und Tätigkeitsbeschreibungen. Zu den katholischen Teilnehmern hieß es: »Bischof Bernhard Huhn: [...] An sich aufgeschlossen. Aber politisch beschränkt und leicht beeinflußbar. Bemüht um staatsbewußte Haltung. Prälat Paul Dissemond: [...] Steht im ganzen positiv zu uns. Prälat Gerhard Lange: Jongliert zwischen Ost und West.« Gysi an Honecker vom 24.8.1982, BA, Abt. Potsdam, O-4, 427.

1207 Den gesamten Wortlaut der Rede vgl. in Schnellinformation des Sekretariats vom 26.8.1982. Krusches Äußerungen muten sich aus der späteren Perspektive geradezu gespenstisch an: »Sie können auf ein Leben zurückschauen, das der einmal gewonnenen Grundüberzeugung treu geblieben und durch eine beeindruckende Gradlinigkeit des beschrittenen politischen Weges gekennzeichnet ist. [...] Wir haben einen hohen Respekt vor Menschen, die bereit sind, für ihre Überzeugung und die Sache des Menschen mit Leib und Leben einzutreten.« LKA Hannover, D 15 XII, K 103/59164 A.

1208 Außerdem äußerte sich der Bischof zur Friedensfrage und zum 6. März. Vgl. auch SED-BL Dresden, Abteilung Staat und Recht, Informationen und Argumentationshinweise zu aktuellen kirchenpolitischen Problemen, PDS-Archiv Dresden, IV E-2.14-666.

1209 Information Behncke vom 28.1.1982 über das Gespräch Staatssekretär Gysi mit Bischof Krusche am 28.1.1982 in der Dienststelle des Staatssekretärs, BA, Abt. Potsdam, O-4, 427; auch a.a.O., O-4, 1437; auch SAPMO-BA ZPA IV B2/14/42.

1210 Arbeitsgruppe Kirchenfragen, Niederschrift Bellmann vom 3.2.1982 über ein Gespräch mit Konsistorialrat Manfred Stolpe am 3.2.1982, SAPMO-BA ZPA IV B2/14/55.

1211 RdB Magdeburg, Stellvertreter des Vorsitzenden für Inneres, Aktennotiz Steinbach vom 2.6.1982 über ein Gespräch mit Bischof Dr. Dr. Krusche am 1.6.1982, BA, Abt. Potsdam, O-4, 793.

1212 Abteilung II, Information Wilke vom 15.6.1982 über ein Gespräch mit Dr. Demke beim Hauptabteilungsleiter, Gen. Heinrich, am 15.6.1982, BA, Abt. Potsdam, O-4, 427; auch a.a.O., O-4, 1437.

1213 Vgl. Vermerk Lewek vom 26.8.1982 über die Gratulationscour beim Vorsitzenden des Staatsrates am 25.8.1982, EZA Berlin, 101/342; auch LKA Hannover, D 15 XII, K 103/59164 A. Vgl. auch Vermerk zur Gratulation durch die AGCK, EZA Berlin, 101/342; LKA Hannover, D 15 XII, K 103/59164 A.

1214 Gen. Winkler an Stellv. d. Ministers [für Hoch- und Fachschulwesen], Gen. Prof. Engel, vom 10.9.1982, SAPMO-BA ZPA IV B2/14/99.

1215 Abt. II, Wilke, 22.12.1982, Leitungsinformation 6/82, BA, Abt. Potsdam, O-4, 410.

1216 Vgl. Protokoll Forck über den Konvent der Bischöfe am 6.12.1982 in der Auguststraße 80, EZA Berlin, 101/1190, Bd. II.

1217 Abt. IAP, Vermerk Klötzer vom 22.12.1982 über ein Gespräch des Genossen Klötzer mit dem Bevollmächtigten des Rates der EKD am Sitz der BRD, Prälat Binder, am 22.12.1982, BA, Abt. Potsdam, O-4, 4871.

ANMERKUNGEN ZU KAPITEL 5: Westgeld

1 Vgl. hierzu und zum folgenden A. Boyens, »Den Gegner irgendwo festhalten«; G. Besier, Der SED-Staat und die Kirche. Der Weg in die Anpassung, 240-248; 537-540.

2 Die Warenlieferungen der katholischen Kirche rubrizierten nicht unter »A-Geschäft«, sondern wurden als »Kirchengeschäft C« bezeichnet. Vgl. hierzu und zum folgenden Abschlußbericht des 1. Untersuchungsausschusses des 12. Deutschen Bundestages vom 27.5.1994, 293 ff.

3 Einschlägig sind das Alliierte Militärregierungsgesetz Nr. 53, die für Berlin geltende Verordnung 500 und das ab 1951 geltende Berliner Abkommen.

4 Vgl. hierzu A. Volze, Kirchliche Transferleistungen in die DDR, in: DA 24 (1991), 60 ff.

5 Vgl. Abschlußbericht des 1. Untersuchungsausschusses des 12. Deutschen Bundestages vom 27.5.1994, 298.

6 W. Hammer, Schriftlich vorgelegtes Votum anläßlich einer Podiumsdiskussion im Rahmen einer Anhörung bei der 59. Sitzung der Enquete-Kommission »Aufarbeitung von Geschichte und Folgen der SED-Diktatur in Deutschland« am 21.1.1994 (Ms.).

7 Vgl. Verfügung Nr. 61/68 »Vertrauliche Verschlußsache B-2-56/66« des Vorsitzenden des Ministerrates vom 1.4.1966, zit. nach Deutscher Bundestag 12. Wahlperiode, Drucksache 12/3920 vom 9.12.1992, Dokument 3, 96 ff.

8 Vgl. erster Teilbericht, BT-Drucksache 12/3462, Dokument-Nr. 4, 48; vgl. auch Dokument-Nr. 6, 55.

9 Es handelt sich um die Verfügung Nr. 44/66 »zur Regelung der kommerziellen Beziehungen zu den in der DDR zugelassenen Religionsgemeinschaften, die aus dem Ausland, der Bundesrepublik Deutschland und Berlin (West) materielle Unterstützung erhalten«. Sie wurde durch die Verfügung Nr. 102/67 des Vorsitzenden des Ministerrates vom 6.7.1967 ergänzt. Vgl. Erster Teilbericht, BT-Drucksache 12/3462, Dokument-Nr. 5, 51; Dokument-Nr. 11, 78 und Dokument-Nr. 12, 80.

10 Verfügung des Vorsitzenden des Ministerrates Nr. 166/72 vom 23.11.1972 und Nr. 15/1975 vom 23.8.1975, vgl. Erster Teilbericht, BT-Drucksache 12/3462, Dokument-Nr. 36, 369; Dokument-Nr. 67, 502.

11 Abschlußbericht des 1. Untersuchungsausschusses des 12. Deutschen Bundestages vom 27.5.1994, 297.

12 A.a.O., 295.

13 A.a.O., 316.

14 Vgl. G. Mittag, Um jeden Preis, bes. 258 f.

15 Vgl. dazu W. Brinkschulte/H.J. Gerlach/Th. Heise, Freikaufgewinnler, bes. 105.

16 Vgl. dazu L. Geißel, Unterhändler der Menschlichkeit, 347; 358.

17 Nach Geißels Pensionierung 1982 übernahm bis 1985 Norbert Helmes diese Aufgabe; ihm folgten Hans-Joachim Zieger (bis 1986), Peter Weidenbach (bis 1988) und schließlich Neukamm.

18 Zit. nach Brinkschulte u. a., Freikaufgewinnler, Dokumentenanhang; vgl. auch E.R. Koch, »Das geheime Kartell«, 21.

19 Vgl. dazu R. v. Wedel, Als Kirchenanwalt durch die Mauer. Ende 1969 schied von Wedel aus dem Konsistorium aus und gründete ein eigenes Anwaltsbüro (a.a.O., 106 f.).

20 Geißel an von Wedel vom 7.12.1989, zit. nach Abschlußbericht des 1. Untersuchungsausschusses des 12. Deutschen Bundestages vom 27.5.1994, 317.

21 So Seidel lt. Vernehmungsprotokoll, zit. nach a.a.O., 113.

22 Peter Przybylski, Tatort Politbüro, Band 2: Honecker, Mittag und Schalck-Golodkowski, 293.

23 Vgl. Abschlußbericht des 1. Untersuchungsausschusses des 12. Deutschen Bundestages vom 27.5.1994, 285 ff.

24 Lt. Erlaß Nr. 1 des Bundesfinanzministeriums vom 1.9.1967 waren die Lieferungen der »Vertrauensfirmen« bis 1970 umsatzsteuerbefreit. Danach galt eine teilweise Befreiung von der Umsatzsteuer bzw. der ermäßigte Satz von 6 % (Dokument-Nr. 647-648). Erster Teilbericht, BT-Drucksache 12/3462, Dokument-Nr. 5, 51; Dokument-Nr. 11, 78 und Dokument-Nr. 12, 80.

25 So Brinkschulte u. a., Freikaufgewinnler, 125.

26 So ein Intrac-Mitarbeiter, zit. nach a.a.O., 117.

27 Abschlußbericht des 1. Untersuchungsausschusses des 12. Deutschen Bundestages vom 27.5.1994, 315.

28 Vgl. Brinkschulte u. a., Freikaufgewinnler, 126.

29 Vgl. L.A. Rehlinger, Freikauf.

30 Abschlußbericht des 1. Untersuchungsausschusses des 12. Deutschen Bundestages vom 27.5.1994, 315.

31 Vgl. a.a.O., 316.

32 Abweichender Bericht der Berichterstatterin der Gruppe Bündnis 90/Die Grünen im 1. Untersuchungsausschuß, Ingrid Köppe, MdB (Bonn, den 27.5.1994), 4.

33 A.a.O., 30.

34 Vgl. a.a.O., 22 f.

35 Vgl. a.a.O., 48.

36 A.a.O., 49.

37 Vgl. a.a.O., 46.

38 Vgl. dazu idea-spektrum Nr. 28/29 vom 13.7.1994, 10.

39 Vgl. auch RhM Nr. 45 vom 11.11.1994, 24.

40 Zur Geschichte des Berliner Doms vgl. insgesamt R. Hoth, Der Berliner Dom.

41 Vgl. hierzu Boyens, »Den Gegner irgendwo festhalten«, 401.

42 A.a.O., 402.

43 Vgl. dazu auch die Akte SAPMO-BA ZPA IV B 2/14/58.

44 Vgl. Abschlußbericht des 1. Untersuchungsausschusses des 12. Deutschen Bundestages vom 27.5.1994, 300.

45 Vgl. a.a.O., 301. Zur Entwicklung nach 1985 (Preiserhöhungen, Materialverschlechterungen) vgl. Abteilung V, Vorlage Behncke-Arndt-Bein vom 23.6.1986 an die Dienstbesprechung am 20.6.1986, BA, Abt. Potsdam, O-4, 952.

46 Niederschrift Rogowski vom 1.3.1971 zum Verlauf des ersten Gesprächs mit der Leitung des »Bundes der evangelischen Kirchen in der DDR« beim Staatssekretär für Kirchenfragen am 24.2.1971, BA, Abt. Potsdam, O-4, 1437; Vertraulicher Vermerk Stolpes vom 9.3.1971 über Gespräch des Staatssekretärs für Kirchenfragen mit dem Vorstand der Konferenz am 24.2.1971, EZA Berlin, 101/114.

47 Vgl. Gesprächskonzeption Wilke vom 15.2.1971, BA, Abt. Potsdam, O-4, 1437; Akten-
    vermerk Wilke vom 18.2.1971 über Gespräch mit Stolpe am 18.2.1971, a.a.O.; Aktenver-
    merk Wilke vom 21.2.1971 über Gespräch mit Stolpe am 21.2.1971, a.a.O.

48 KJ 1971, 217-222.

49 W. Barth an Verner vom 25.2.1971, SAPMO-BA ZPA IV A2/14/19.

50 Wiederaufbau-Absichten des Berliner Doms waren freilich schon viel älter. Bereits 1964
    berichtete Hammer an Kunst, daß die EKU und die Berlin-Brandenburgische Kirche mit
    westdeutscher und ökumenischer Hilfe den Wiederaufbau bewerkstelligen wollten. Vgl.
    Hammer an Kunst vom 3./4.2.1964, ABB Bonn, Akte Kirchliche Hilfsmaßnahmen-
    Transfer, Allgemeiner Schriftwechsel, Rj. 1964-1973.

51 Aktenvermerk Burkhardt vom 9.6.1970, EZA Berlin, 102/83.

52 Vgl. Aktenvermerk Wilke vom 16.3.1971 über Gespräch mit Stolpe am 15.3.1971, BA,
    Abt. Potsdam, O-4, 1437.

53 Hammer an Kunst vom 22.3.1971 (vertraulich), ABB Bonn, Akte Kirchliche Hilfsmaß-
    nahmen-Transfer, Rj. 1969-1972. Schon im April 1968 hatten Krummacher und sein Vi-
    zepräsident Willy Woelke gegenüber dem Rat des Bezirks Rostock die Frage »der Wert-
    erhaltung an Kirchen und kirchlichen Gebäuden und der damit zusammenhängenden
    Baukapazität aufgeworfen«. Bericht über die Aussprache mit Bischof Krummacher und
    Vizepräsident Woelke am 24.4.1968 beim Rat des Bezirks Rostock, BStU Berlin, MfS
    11318/92.

54 Krummacher an Stolpe vom 9.3.1971, EZA Berlin, 101/251.

55 Vgl. Krummacher an Kunst vom 23.8.1971, ABB Bonn, Akte Sonderbauprogramm
    1971/72.

56 Schultz an Krummacher vom 30.8.1971, a.a.O.

57 Aktenvermerk Kunst vom 7.12.1971, ABB Bonn, Akte Sonderbauprogramm/Berliner
    Dom 1970-1974.

58 A.a.O.

59 Vgl. Kirchengesetz über das Bischofsamt der Evangelischen Kirche in Berlin-Branden-
    burg vom 26.3.1972, in: KJ 1972, 366.

60 Aktenvermerk Kunst vom 16.3.1972, ABB Bonn, Sonderbauprogramm, a.a.O.

61 Vertraulicher Vermerk vom 9.3.1972, a.a.O.

62 Geißel an Hammer vom 4.4.1971, ABB Bonn, Akte Sonderbauprogramm 1971/72.

63 Ebd.

64 Vermerk über die Besprechung des Kirchlichen Domausschusses am 24.4.1972 im Dom,
    a.a.O.

65 Gutachten G. Vogel für Kunst vom 5.6.1972, a.a.O.

66 Protokoll der Sitzung des Vorstandes der KKL am 19.6.1972 in Görlitz, EZA Berlin,
    101/114.

67 Am 6.12.1989 erschien in der »Welt« ein Interview mit M. Stolpe. Welt-Redakteur
    Hans-Rüdiger Karutz fragte u. a.: »Hatten Sie jemals mit Herrn Schalck zu tun?« Stolpe
    antwortete: »Ja, ich kenne Herrn Schalck persönlich und bin ihm vielleicht fünf- oder
    sechsmal begegnet. Zu verhandeln hatte ich mit ihm aber nichts.« Vor dem Untersu-
    chungsausschuß des Deutschen Bundestages sagte Schalck: »Ein wichtiger Teil meiner
    Arbeit betrifft die Beziehungen zum Diakonischen Werk und zur Evangelischen Kirche
    und zu allen anderen Religionsgemeinschaften, die in der DDR zugelassen waren. Ich
    möchte hier die wichtigsten Personen herausstellen, die mit mir oder mit meinem Stell-
    vertreter Manfred Seidel diesen Komplex verhandelt haben: Herrn Ludwig Geißel, da-
    mals Vizepräsident des Diakonischen Werks, Herrn Präsidenten Pfarrer Neukamm, der
    jetzt noch Präsident des Diakonischen Werkes Stuttgart ist, Herrn Konsistorialpräsiden-
    ten Manfred Stolpe, Herrn Oberkirchenrat Petzold und Altbischof Schönherr«. »Die
    Zeit« Nr. 41 vom 3.10.1991, 17.

68 Vermerk Stolpe vom 13.7.1972 über das Gespräch mit Schalck am 10.7.1972, ABB Bonn,
    Akte Sonderbauprogramm 1971/72.

69 Ebd.

70 Protokoll der Sitzung des Vorstandes der KKL in der DDR in Potsdam am 28.7.1972, EZA Berlin, 101/114.

71 Vgl. Vermerk Sonderbauprogramm, Sekretariat des Kirchenbundes, Berlin, den 10.8.1972, ABB Bonn, Akte Sonderbauprogramm/Berliner Dom 1970-1974.

72 Geißel an Kunst vom 17.10.1972, a.a.O.

73 Notizen Schultz über Besprechung Kunst-Geißel-Hammer am 15.8.1972, ABB Bonn, Akte Kirchliche Hilfsmaßnahmen-Transfer, Rj. 1973-1975.

74 Aktenvermerk Schultz vom 23.8.1972, a.a.O.

75 Vermerk: Betr. Dom-Ausschuß Berlin vom 4.9.1972, a.a.O.

76 Ebd.

77 Hammer an Kunst vom 31.8.1972, a.a.O.

78 Vermerk Stolpe vom 25.9.1972, Betr.: Berliner Dom, a.a.O.

79 Ebd.

80 Vgl. Information Schalck an Mittag vom 4.8.1975 mit 5 Anlagen, SAPMO-BA ZPA IV/2/2, ZK der SED, Büro Mittag 42068.

81 Vgl. G. Mittag, Um jeden Preis, 258.

82 Vermerk Betr. Dombauausschuß o. D., ABB Bonn, Akte Sonderbauprogramm/Berliner Dom 1970-1974.

83 Ebd.

84 Der Bevollmächtigten-Ausschuß für Verhandlungen über den Berliner Dom an Schalck vom 24.1.1973, a.a.O.

85 Brief Knaut an Hammer vom 27.2.1973, a.a.O.

86 Niederschrift über die achtunddreißigste Sitzung des Sonderausschusses der EKD am 3.11.1972 in Berlin, ABB, Bonn, Akte Kirchlicher Hilfsplan, Allg. Schriftwechsel, 1964-1973.

87 Niederschrift Hammer-Klopsch vom 5.2.1973 über die Besprechung betr. das Sonderbau-Programm des Bundes der evangelischen Kirchen in der DDR am 3.1.1973 in Bremen, ABB Bonn, Sonderbauprogramm/Dom.

88 Niederschrift über die neununddreißigste Sitzung des Sonderausschusses der EKD am 9.2.1973 in Berlin, a.a.O.

89 Schreiben Hammer an Kunst vom 2.3.1973, a.a.O.

90 Ebd.

91 Protokoll der Ratssitzung vom 13.3.1973, ABB Bonn, Sonderbauprogramm/Dom.

92 Der rege Kontakt zwischen Kunst und Oberst Hans Ludwig, bis 1983 stellvertretender Leiter der MfS-Hauptabteilung XX ist inzwischen belegt. Ausweislich der Nutzerliste des Objekts »Wendenschloß« war Kunst, von der Stasi als K[ontakt]P[erson] »Hermann« geführt, seit 1966 drei- bis viermal pro Jahr Gast in der Stasi-Villa im Ost-Berliner Bezirk Köpenick. Bei seinen meist ganztägigen Besuchen wurde er laut Stasi-Belegen mit Cognac zum Frühstück, Wein zum Mittagessen und Zigarren zum Kaffee bewirtet. Stasi-Quittungen über Präsente an »KP Hermann« liegen vor; Kunst bestritt gegenüber dem »SPIEGEL« nicht die Kontakte, wohl aber, von der Stasi je Geschenke angenommen zu haben (»Der Spiegel« Nr. 22 vom 30.5.1994, 14). Eine in der »Gauck«-Behörde aufgefundene Allgemeine Personenablage über Kunst (BStU Berlin, AP 20280/92, 1 Bd.) gibt keinerlei Aufklärung über den Sachverhalt. Wohl aber findet sich in einem Stasi-Bericht der Schönherr-Sekretärin Anita Steinmetzger folgende Passage: »Am 27.6.1973 gegen 15 Uhr traf der ehemalige Militärbischof der BRD Kunst zu einem Besuch bei Bischof Schönherr ein. Die Anmeldung des Kunst erfolgte über den Bund. Bei dem ca. 3stündigen Gespräch waren Superintendent Pietz und Herr Stolpe vom Bund zugegen. Nach Äußerungen von Bischof Schönherr soll es eine ›harte Aussprache‹ gewesen sein. Der amtierende Propst Schröter, welcher zwar anwesend war, sich aber nicht an der Begegnung beteiligen durfte, äußerte, daß Kunst gute Beziehungen zum MfS habe, weshalb er auch in die DDR einreisen könne. Nach Vermutungen des Schröter hänge der Besuch des Kunst mit der Frage der ›Düse‹ zusammen [...]«. Information Steinmetzger an MfS-Hptm. Bronder vom 2.7.1973, BStU Berlin, 2834/88, II,4, 179. Bei der »Düse« handelt es

sich um den jeweiligen reformierten Pfarrer der französischen Armee in Berlin (Aumonier), der »in regelmäßigen Abständen mit Taschen und Koffern« von West- nach Ost-Berlin fuhr (vgl. R. v. Wedel, Als Kirchenanwalt durch die Mauer, 32).

93 Schreiben Kunst an Hammer vom 24.12.1973, ABB Bonn, Sonderbauprogramm/Dom, a.a.O.

94 So die Formulierung des Aktenvermerkes.

95 Aktenvermerk Kunst über Vereinbarung am 28.3.1973, ohne Datum und ohne Unterschrift, a.a.O.

96 Schreiben Flor an Kunst vom 18.5.1973, a.a.O.

97 Schreiben Pietz an Kunst vom 30.5.1973, a.a.O.

98 Schreiben Kunst an Pietz vom 13.6.1973, a.a.O.

99 Schreiben Geißel an Kunst vom 17.7.1973, a.a.O.

100 Abschrift des Vermerks vom 20.7.1973, a.a.O.

101 Vgl. Handschreiben Pietz an Kunst vom 3.5.1974 und Kunsts Antwortbrief vom 27.5.1974, a.a.O. und Pietz' Dankschreiben an Kunst vom 21.4.1976, ABB Bonn, Akte Grundsatzangelegenheiten bis 1976.

102 Aktenvermerk vom 26.2.1974 über Dreier-Gespräch in Bonn am 23.2.1974, ABB Bonn, Akte Sonderbauprogramm/Berliner Dom.

103 Schreiben Hammer an Kunst vom 3.12.1973, a.a.O.

104 Ebd.

105 Schreiben Kunst an Hammer vom 24.12.1973, a.a.O. Schon zu Beginn seiner Hilfstätigkeit für die DDR schrieb Kunst unter dem 8.12.1957 an Geißel: »Ich werde aus Anlaß der Ratstagung am 12./13. Dezember Klarheit für ein abschließendes Urteil gewinnen, ob wir auf neue Verhandlungen mit der Zone zugehen sollen. Prima vista kann ich nur ja sagen. Totale Staaten haben immer mit Zuckerbrot und Peitsche regiert. Ich weiß, man kann sich diesen Regeln als Kirchenmann nur in Grenzen anschließen. Es kann aber kein Schade sein, wenn wir den Gegner irgendwo festhalten«. ABB, Bonn, Kirchliche Hilfsmaßnahmen, 1957 ff.

106 Aktenvermerk vom 26.2.1974 über Dreier-Gespräch in Bonn, ABB Bonn, Akte Sonderbauprogramm/Berliner Dom 1970-1974.

107 Ebd.

108 Vgl. Abschlußbericht des 1. Untersuchungsausschusses des 12. Deutschen Bundestages vom 27.5.1994, 300.

109 Vgl. Vermerk Hammer vom 3.6.1974, ABB Bonn, Akte Sonderbauprogramm/Berliner Dom 1970-1974. Vgl. auch Geißel an Kunst vom 21.3.1974, a.a.O. Darin hieß es: »[W]ir wurden dahingehend unterrichtet, daß sich der Vertragsabschluß über den Wiederaufbau Dom Berlin weiter verzögern wird. Dies ist darauf zurückzuführen, daß seitens des Kirchenbundes – Baurat Richter – ein geänderter Wiederaufbauplan (neue Variante) vorgelegt wurde. Da man von staatlicher Seite mit dieser Variante nicht einverstanden ist, sollen erneut Verhandlungen aufgenommen werden mit dem Ziel, eine für alle zufriedenstellende Lösung zu finden.«

110 So Boyens, »Den Gegner irgendwo festhalten«, 408.

111 Deutscher Bundestag 12. Wahlperiode, Drucksache 12/3462 vom 14.10.1992 Sachgebiet 1101, Dokument 57, 469 ff.

112 Vermerk Lingner vom 12.9.1974 über Gespräche am 11./12.9.1974 in der Auguststraße, EZA Berlin 4/91/702.

113 Ebd.

114 Schreiben Hammer an Kunst vom 14.11.1974, ABB Bonn, Sonderbauprogramm/Dom.

115 Vermerk Lingner für Kunst vom 8.11.1974, a.a.O.

116 Information über ein Gespräch mit Bischof Schönherr am 20.1.1977 vom 21.1.1977, BA, Abt. Potsdam, O-4, 425.

117 Geißel an Binder vom 5.4.1977 mit Durchschrift an Hammer, ABB Bonn, Akte Kirchliche Hilfsmaßnahmen-Transfer, Rj. 1976-1978.

118 Information Wilke vom 2.2.1978 über ein Gespräch zwischen Staatssekretär, Rogge und Grengel am 10.1.1978, BA, Abt. Potsdam, O-4, 425.

119 Protokoll über die Besprechung vom 29.6.1977 in Bonn, Archiv des Büros des Bevollmächtigten (ABB), Bonn, Akte Kirchliche Hilfsmaßnahmen »Dreiergespräche« 1976-1981.

120 Vgl. z. B. die Hinweise bei M. Meyer, Freikauf – Menschenhandel in Deutschland, 159 ff.; J. Schmidthammer, Rechtsanwalt Wolfgang Vogel, 87 f.; 92 ff.; 199; D. Posser, Anwalt im kalten Krieg, 426 ff.; L.A. Rehlinger, Freikauf, 50 f.

121 Vgl. Aktenvermerke vom 28.6.1976, ABB Bonn, Akte Kirchliche Hilfsmaßnahmen Dreiergespräche 1976 bis 1981, 3 ff.

122 Protokoll vom 15.11.1979, ABB Bonn, Akte Dreiergespräche 1976-1981.

123 Vgl. dazu Boyens, »Den Gegner irgendwo festhalten«, 411.

124 Vgl. hierzu Protokoll vom 2.7.1979, ABB Bonn, Akte Dreiergespräche 1976-1981.

125 Vgl. Protokoll vom 25.6.1981, a.a.O.

126 Protokoll vom 29.4.1983, ABB Bonn, Akte Dreiergespräche 1982-1983.

127 Protokoll vom 25.6.1981, ABB Bonn, Akte Dreiergespräche 1976-1981.

128 Protokoll vom 29.4.1983, ABB Bonn, Akte Dreiergespräche 1982-1983.

129 Vgl. Anlage zum Protokoll vom 19.8.1983 Vermerk betr. Besprechung im DDR-Ministerium für Außenhandel am 29.7.1983.

130 Das lehnte Binder ab: vgl. Protokoll vom 24.1.1983, ABB Bonn, Akte Dreiergespräche 1982-1983.

131 Vgl. F.J. Strauß, Die Erinnerungen, 470 ff.

132 Zit. nach Abweichender Bericht der Berichterstatterin der Gruppe Bündnis 90/Die Grünen im 1. Untersuchungsausschuß, Ingrid Köppe, 35. Vgl. auch »Der Spiegel« Nr. 2 vom 9.1.1995, 30-32.

133 Schreiben Jarowinsky an Honecker vom 5.12.1984 mit »Einverstanden, E. Honecker«, 5.12.1984. Die Unterstreichungen zeigen, daß sich Honecker für die Variante der Fortsetzung der Verhandlungen aussprach. BA, Abt. Potsdam, O-4, 995.

134 Manfred Stolpe, Den Menschen Hoffnung geben. Reden, Aufsätze, Interviews aus zwölf Jahren, Berlin 1991, 177.

135 Vgl. Protokoll Schönherr-Stolpe-Demke vom 11.1.1979 über die 97. Sitzung des Vorstandes am 3.1.1979 in Berlin, EZA Berlin, 101/118.

136 Vgl. BStU Berlin, MfS HA XX/4, 769, 2 ff.

137 Vgl. Protokoll vom 2.7.1979, ABB Bonn, Akte Dreiergespräche 1976-1981, 13.

138 Vgl. Vermerk Schalck an G. Mittag vom 6.5.1975; Vermerk G. Mittag an E. Honecker vom 5.6.1975 mit Paraphe »Einverstanden E. Honecker«, SAPMO-BA ZPA, IV/2/2, ZK der SED, Büro Mittag 42068, und in 42069 Schreiben G. Mittag an E. Honecker vom 2.8.1979.

139 Zit. nach Abschlußbericht (Schalck-Golodkowski-Ausschuß) des 1. Untersuchungsausschusses des 12. Deutschen Bundestages vom 27.5.1994, 303.

140 Vgl. ebd.

141 Vgl. Protokoll vom 21.7.1982, ABB Bonn, Akte Dreiergespräche 1982-1983.

142 Vgl. Protokoll vom 25.11.1982

143 Protokoll vom 29.4.1983, a.a.O.

144 Vgl. Protokoll vom 31.7.1984, ABB Bonn, Akte Dreiergespräche 1984-1985.

145 Protokoll vom 19.11.1984, a.a.O.

146 Vgl. Protokoll vom 25.7.1985, a.a.O.

147 Vgl. Protokolle vom 25.7.1985 und 28.11.1985, ABB Bonn, Akte Dreiergespräche 1984-1985.

148 Vgl. Protokolle vom 18.7.1986, 27.11.1986, 1.7.1987 und 25.11.1987, ABB Bonn, Akte Dreiergespräche 1986-1991.

149 Schreiben Gysi an Politbüromitglied Günter Mittag vom 22.10.1987, BA, Abt. Potsdam, O-4, 1000.

150 Protokoll vom 22.6.1988, ABB Bonn, Akte Dreiergespräche 1986-1991. Vgl. aber auch

Schreiben Schalck an Gysi vom 12.10.1987, das über eine Bestätigung von zehn Bauvorhaben und deren Aufnahme in das II. Valutasonderbauprogramm 1986-1990 durch Entscheid Honeckers informiert. BA, Abt. Potsdam, O-4, 1000. Anläßlich dieses Briefes wurden Unterschiede in der Parteiführung deutlich. Abteilungsleiter Behncke, Abteilung V, notierte am 21.10.1987 in einem an Gysi gerichteten Vermerk: »Auf Grund der Tatsache, daß vom Genossen Jarowinsky niemals die erbetenen Zustimmungen bestätigt wurden, werden künftig bei allen Nachträgen zum laufenden Valutabauprogramm die Auflistungen dem Generalsekretär zur Bestätigung vorgelegt. Das wird in der Regel zwei Mal im Jahr sein.« Hiervon dürften die Kirchen aber nichts erfahren. A.a.O.

151 Vgl. Protokoll vom 27.11.1986, ABB Bonn, Akte Dreiergespräche 1986-1991.

152 Vgl. Protokoll vom 1.7.1987, a.a.O., Anlage 1a.

153 Vgl. ebd.

154 Protokoll vom 25.11.1987, a.a.O.

155 Abschlußbericht (Schalck-Golodkowski-Ausschuß) des 1. Untersuchungsausschusses des 12. Deutschen Bundestages vom 27.5.1994, 302.

156 Vgl. ebd.

157 Vgl. ebd. Vgl. dazu auch ein Schreiben Stolpes vom 3.3.1975 an Willi Barth und das Memorandum betr. Einfuhr theologischer Fachliteratur, Zeitschriften und Bücher vom 20.2.1975, Bericht des Untersuchungsausschusses 1/3 des brandenburgischen Landtages vom 29.4.1994 Drucksache 1/3009, Anlagen, Teil Anlage 58, 135-138.

158 Vgl. BStU Berlin, Reg.-Nr. MfS 14128/60, Archiv-Nr. 6036/79, 5 Bde. Hamann, Jahrgang 1909, wurde »unter Ausnutzung kompromittierenden Materials«, also unter Druck, geworben.

159 Vgl. BStU Berlin, Reg.-Nr. XV-4029/65; Teilablage 491/85.

160 Vgl. BStU Berlin, Potsdam AIM 1034/88. In einer Einschätzung Manz' durch die MfS-Abt. XX Potsdam vom 16.11.1982 heißt es: »Moralische Bedenken gegenüber der Kirche bezüglich der Kontakte zum MfS kennt der Kandidat nicht. Zielstrebig und beharrlich nutzt der Kandidat jede Möglichkeit, seinen Handlungsspielraum und seinen Einfluß im kirchlichen Bereich auszuweiten. Hieraus erklärt sich auch die unbedingte Bereitschaft des Kandidaten zur Einhaltung der Konspiration. Eine Dekonspiration würde nach Einschätzung des Kandidaten seine innerkirchliche Karriere endgültig abschließen«. BStU Berlin, 1034/88 I,1, 92 f.

161 Vgl. BStU Berlin, MfS AIM 15716/76.

162 Petzold wurde unter dem Decknamen IMB/IMS »Direktor« geführt (Reg.-Nr. XV 4086/79). Der gesamte Vorgang wurde 1989 gelöscht.

163 Vgl. BStU Berlin, Frankfurt/O. 679/87.

164 Vgl. BStU Berlin, XII, 2007/63.

165 Vgl. BStU Berlin, A 324/75.

166 Vgl. hierzu und zum folgenden G. Besier, Der SED-Staat und die Kirche. Der Weg in die Anpassung, 537 ff. sowie den Abschlußbericht des 1. Untersuchungsausschusses des 12. Deutschen Bundestages vom 27.5.1994, 305 ff. und R. v. Wedel, Als Kirchenanwalt durch die Mauer, 40 ff.

167 Zit. nach Abschlußbericht des 1. Untersuchungsausschusses des 12. Deutschen Bundestages vom 27.5.1994, 307.

168 Vgl. D. Posser, Anwalt im Kalten Krieg, 426 ff.

169 Vgl. E. Mende, Von Wende zu Wende, 140 f.

170 Vgl. Abschlußbericht des 1. Untersuchungsausschusses des 12. Deutschen Bundestages vom 27.5.1994, 317.

171 Vgl. a.a.O., 309.

172 A.a.O., 308.

173 A.a.O., 321.

174 Vgl. idea-Dokumentation 25/94, 11-20.

175 Zit. nach Abschlußbericht des 1. Untersuchungsausschusses des 12. Deutschen Bundestages vom 27.5.1994, 319.

176 BStU Berlin, MfS AIM 1034/88, II,2, 140 f.
177 Vgl. dazu Abschlußbericht des 1. Untersuchungsausschusses, a.a.O., 321.
178 A.a.O., 501.
179 A.a.O., 503.
180 Vgl. Protokoll vom 14./15.1.1990, ABB Bonn, Dreiergespräche 1986-1991.
181 Vermerk Heidingsfeld vom 11.12.1989 über die Zusammenkunft der Beratergruppe am 7.12.1989, EZA Berlin, 4/92/22.
182 Vgl. Brinkschulte u. a., Freikaufgewinnler, 130.
183 Protokoll des erweiterten Dreier-Gesprächs am 12.6.1991, ABB Bonn, Akte Kirchliche Hilfsmaßnahmen,»Dreiergespräche« 1986-1991.
184 Vgl. L. Geißel, Unterhändler der Menschlichkeit. Erinnerungen.
185 Barzel an Binder vom 10.8.1991, ABB, Bonn, Kirchliche Hilfsmaßnahmen, Korrespondenz 1989-1991; siehe auch den kritischen Leserbrief von Kurt Plück im»Rheinischen Merkur« Nr. 35 vom 30.8.1991. Vgl. schließlich R. Barzel, Es ist noch nicht zu spät, 34 ff.; E. Mende, Von Wende zu Wende, 139 ff.; L. Rehlinger, Freikauf, 9 ff.
186 L. Geißel, Unterhändler der Menschlichkeit, a.a.O., 407 f.
187 Vgl. die Berichte über die Wiedereinweihung des Doms in idea-spektrum Nr. 23 vom 9.6.1993 und in epd-Dok 26a/93. Sie sind auch darum interessant, weil sie die Tumulte des unter starken Polizeischutz gestellten Kirchenfestes ganz unterschiedlich interpretieren und damit die innere Zerrissenheit des deutschen Protestantismus in einem Teilbereich spiegeln. idea-Redakteur Helmut Matthies schildert eingehend die gewaltsamen Versuche von Demonstranten, Bundeskanzler Helmut Kohl am Betreten des Domes zu hindern, und gibt, stellvertretend für die evangelische Kirche, seinem Bedauern über den Vorfall Ausdruck, der den Bundeskanzler – als katholischer Christ in zweifacher Hinsicht Gast einer evangelischen Kirche – zutiefst verletzt haben mußte. Im selben Monat erst hatten sich die Bischöfe und Kirchenpräsidenten aller acht evangelischen Landeskirchen im östlichen Deutschland an den Bundeskanzler gewandt und ihn um Finanzhilfe für die Restaurierung von verfallenden Kirchen gebeten (idea-spektrum Nr. 28/29 vom 14.7.1993, 4). Die epd-Redakteure Hartmut Lorenz und Hans-Jürgen Röder schreiben über die Umstände der Dom-Einweihung:»Dabei kann dahingestellt bleiben, ob die Teilnahme des Bundeskanzlers klug war. Kirchlich fragwürdig war sie allemal. Denn sie erforderte nicht nur deutlich strengere Sicherheitsmaßnahmen, die sich dann doch als ungenügend erwiesen. Sein Besuch erinnerte auch an das vergangen geglaubte Bündnis von Thron und Altar, dem der Dom sein Entstehen verdankt.« (epd-Dok 26a/93, 20). Vgl. auch die Predigt des rheinischen Präses, Peter Beier, in: Ev. Komm. 26 (1993), 401 f.
188 Vgl. zur Einschätzung der Größe »Volkskirche« in der ehemaligen DDR M. Stolpe, Den Menschen Hoffnung geben, 112-115. Das Manuskript des ursprünglich 12 Seiten umfassenden Vortrages trug den Titel»Evangelische Kirche in der DDR. Unterwegs zum Jahr 2000«. Diesen am 18.3.1987 in Leipzig gehaltenen Vortrag kommentierte Enno von Loewenstern am 21.3.1987 in der»Welt«.
189 H.-G. Binder,»Wir haben zu oft und zu lange geschwiegen«, FAZ vom 6.5.1992. Vgl. auch ders., Die finanziellen Hilfen der westlichen Landeskirchen für die evangelischen Kirchen in der DDR. Votum zur 59. Sitzung der Enquete-Kommission »Aufarbeitung von Geschichte und Folgen der SED-Diktatur in Deutschland« zum Thema »Die Beziehungen zwischen den Kirchen im geteilten Deutschland und die deutsche Frage« am 21.1.1994.

ANMERKUNGEN ZU KAPITEL 6: Protestantische Kaderbildung

1 Vgl. dazu G. Besier, Der SED-Staat und die Kirche. Der Weg in die Anpassung, 381-418.
2 Im Treffbericht Hübner vom 21.2.1958 heißt es:»Durch Hinweise von einem Mitarbeiter im Staatssekretariat habe sie [Fessen] erfahren, daß Prof. Fascher mit erotischen Dingen

alles bei der Krause erreicht haben soll«, BStU Berlin, 2023/60, Bd. II,2. Zu Faschers MfS-Tätigkeit vgl. BStU Berlin, AIM 2849/59, 2 Bde. Die Werbung erfolgte 1957 unter Druck. Schon in einem Vermerk der HA V/4/B vom 25.6.1955 heißt es: »Es ist einwandfrei ersichtlich, daß Prof. Fascher V-Mann des SD-Hauptamtes gewesen ist« (a.a.O.). In den ersten Jahren des »Dritten Reiches« war Fascher (bis 1936 Hochschullehrer in Jena) Mitglied bei den Thüringer Deutschen Christen. Von 1937 bis 1950 lehrte er dann in Halle. Nach 1945 hatte sich Fascher stark in der Ost-CDU Kaisers und Lemmers engagiert, mußte diese politische Tätigkeit mit seinem Wechsel nach Berlin 1950 auf Anweisung des Staates aber aufgeben. Die Hauptreferentin Krause betraute ihn zeitweilig mit der Leitung der Arbeitstagungen der Aspiranten, über die Fascher gegenüber dem MfS dann seine Urteile abgab.

3 Akte »Irene«, BStU Berlin, MfS 2023/60, Bd. II,1, 72.

4 Treffbericht vom 16.7.1955, a.a.O.

5 Am 17.10.1955 übermittelte sie ihrem MfS-Offizier folgendes Bild von Meier: »Sicher ehrlich fortschrittlich, dabei aber sehr auf eigenes Fortkommen und gutes Einkommen (Wissenschaftler besser als Pfarrer) bedacht. Sehr von sich überzeugt, eitel und ehrgeizig. Dabei nicht sehr klug, aber ausgezeichnetes Gedächtnis, neigt zum Intrigieren, gibt sich betont freundlich, verbeugt sich vor allen, legt viel Wert auf das, was die Leute sagen, Opportunist. Schüler von Prof. Fuchs, der viel von ihm hält«, a.a.O.

6 Treffbericht mit Meier vom 14.10.1957, BStU Leipzig, XIII 1361/60, Bd. II,1.

7 Perspektivplan vom 2.5.1958, BStU Berlin, MfS 2023/60.

8 Vgl. dazu D. Linke, Theologiestudenten der Humboldt-Universität.

9 Treffbericht Nordt vom 27.4.1965, BStU Berlin, MfS 2023/60, Bd. II,3.

10 Vgl. MfS-Abschlußbericht vom 16.6.1965, a.a.O.

11 Ausgerichtet war die vom 16.-19.12.1993 dauernde Tagung vom »Institut für vergleichende Staat-Kirche-Forschung über die DDR und andere ehemals realsozialistische Staaten e. V.«. Der »stellvertretende Institutsdirektor« ist Joachim Heise, bis 1989 stellvertretender Direktor des Instituts für die Geschichte der deutschen Arbeiterbewegung der Akademie für Gesellschaftswissenschaften beim ZK der SED. Allen Teilnehmern wurde ein »Informationsbulletin zum Forschungsprogramm« gereicht. Neben dem Initiator Horst Dähn und anderen weniger auffälligen Gästen wurden folgende illustre Teilnehmer auf der Liste vermerkt: Uwe Funk, Bernd Krebs, Annemarie und Albrecht Schönherr, Christa Lewek, Horst Dohle, Günter Krusche, Bé Ruys, Paul Östreicher, Gerhard Lange, Detlef Pollack und Hans-Jürgen Röder. Daß die Veranstaltung in der Evangelischen Akademie stattfand, kann niemanden wundern, der das Programmangebot dieser Einrichtung in den letzten 25 Jahren verfolgt hat.

12 BStU Potsdam, AIM 1552/84.

13 BStU Leipzig, XIII 1361/60, Bd. I,1. Der Anwerbungsbericht datiert vom 20.7.1957.

14 Ingetraut Ludolphy wurde als OV »Nonne«, BStU Leipzig, XIII 550/63, geführt. Neben »Werner« und »Martin« wurde sie von den GIs »Rose«, »Stern« (BStU Leipzig, AIM 10843/87, 6 Bde.), »Fritz«, »Kurt«, »Blume« und »Lorac« observiert. Lt. Protokoll Heindtke vom 6.2.1976 soll IMS »Martin« am 5.2.1976 mündlich berichtet haben: »Die L[udolphy] erzählte dem Dr. Nowack [sic!], von diesem weiß es der IM, daß sie diesem amerikanischen Professor ihre gesamte persönliche Situation geschildert hat in einem ausführlichen Brief [...]« (BStU Leipzig, XIII 1097/60, Bd. II,1, 168). Auf Antrag von Ingetraut Ludolphy vom Februar 1992 befaßte sich die »Rehabilitationskommission« der Universität Leipzig mit ihrem »Fall«. Am 26.4.1993 erhielt sie vom Rektor der Universität, Cornelius Weiss, folgenden Bescheid: »Seit Ihrer Habilitation im Jahre 1960 bis zu Ihrer Emeritierung im Jahre 1981 haben alle Dekane der Theologischen Fakultäten wiederholt Ihre Berufung zum Professor beantragt. Dem wurde nicht stattgegeben. Dabei fällt besonders ins Gewicht, daß in der Begründung für die Zurückweisung der Anträge mangelnde gesellschaftliche und politische Betätigung sowie fehlendes Eintreten für die politischen Ziele des DDR-Sozialismus gegenüber den Studenten angeführt wurden. Das Rektorat bedauert die auf diese Weise an der Universität erfolgte Behinderung und entschuldigt sich im

Namen der Universität für das zugefügte Unrecht. Für den in Ihrem Schreiben formulierten Antrag auf Ernennung zum Professor ist zunächst die Theologische Fakultät zuständig, die von mir entsprechend informiert wurde [...]« (Kopie des Briefes im Besitz des Verfassers.) 1994 wurde Ludolphy rehabilitiert und nachträglich zum Professor ernannt (DAS Nr. 50 vom 18.12.1994).

15 Neben ständigen Berichten über Studierende verfaßte Meier mit Datum vom 7.12.1965 auch einen »Entwurf zu einem Erziehungsprogramm für das 1. Studienjahr«, BStU Leipzig, XIII 1361/60, Bd. II,2.

16 Treffbericht vom 10.3.1965, BStU Leipzig, XIII 1361/60, Bd. II,2.

17 Treffbericht vom 15.3.1965, a.a.O. Am 4.10.1972 erhielt »Werner« den Auftrag: »Die Verbindung mit Dr. Nicolaisen festigen, daß dieser dem IM alle Protokolle und sonstige Informationen zusendet«. A.a.O.

18 Vgl. z. B. Treffbericht vom 23.4.1965, a.a.O.

19 A.a.O. Zur DDR-Propaganda gegen Gerstenmaier vgl. auch Nationalrat der Nationalen Front des Demokratischen Deutschland (Hg.), Vom SD-Agenten P 38/546 zum Bundestagspräsidenten.

20 Treffbericht vom 10.12.1975, BStU Leipzig, XIII 1361/60, Bd. II,1.

21 Treffbericht Kunth vom 9.9.1966, a.a.O.

22 Treffbericht Kunth vom 15.8.1967, a.a.O.

23 Vgl. Treffbericht Bürgel vom 18.11.1967, a.a.O., 124. Hier heißt es: »Die Ratsmitglieder aus der DDR seien dagegen gewesen. Das ginge vom LKA Dresden aus. Man habe dafür den Oberkirchenrat Fuß vom LKA Dresden reingewählt. Fuß ist also jetzt für den verstorbenen Landeskirchenrat Klügel/Hannover Mitglied der Kommission.«

24 Treffbericht Bürgel vom 15.12.1967, BStU Leipzig, XIII 1361/60, Bd. II,1.

25 A.a.O., Bd. II,1. Vgl. zur Geschichte der »Evangelischen Arbeitsgemeinschaft« das Vorwort von Kretschmar und Klaus Scholder, in: J. Thierfelder, Das Kirchliche Einigungswerk des württembergischen Landesbischofs Theophil Wurm, XI-XIII.

26 Vgl. Treffbericht vom 2.9.1972, BStU Leipzig, XIII 1361/60, Bd. II,1 und Treffbericht am 2.10.1972, a.a.O.

27 Vgl. Vermerk Behm vom 18.3.1974 über Gespräch mit Kretschmar am 7.3.1974, EZA Berlin, 101/115.

28 Vgl. Handschriftlicher Vermerk Stolpe vom 21.3.1974, a.a.O.

29 Behm an Rogge vom 3.4.1974, a.a.O.

30 Schreiben Rogge an Behm vom 15.4.1974, a.a.O.

31 Vgl. hierzu Vermerk der Abteilung II, Arlt, vom 12.9.1975 über ein Gespräch mit Herrn OKR Dr. Rogge und Herrn KR Hafa am 10.9.1975: »Das Gespräch führte der Stellvertreter des Staatssekretärs, Kollege Flint, im Beisein der Kollegin Arlt. Herrn Dr. Rogge wurde mitgeteilt, daß sich die Ablehnung des Benutzungsantrages für das Archiv Merseburg weder gegen seine Person noch gegen die Institution Kirche richtet. Die Entscheidung ist durch das MdI auf der Grundlage der VO über das staatliche Archivwesen – Benutzungsordnung (BLB II/75, S. 572) – getroffen worden. Herrn Dr. Rogge wurde noch einmal deutlich gemacht, daß unsere Dienststelle keine Möglichkeiten besitzt, in den Verantwortungsbereich anderer Ministerien einzugreifen, und daß ein erneuter Antrag zwecklos wäre. Dr. Rogge zeigte sich als verständigungsbereiter Gesprächspartner. Er wies aber darauf hin, daß eine Reihe von wissenschaftlichen Vorhaben nicht in Angriff oder zu Ende geführt werden können, weil die Benutzung des Archivs in Merseburg nicht genehmigt wird. Es besteht andererseits die berechtigte Forderung, daß die wissenschaftlich arbeitenden Theologen in der DDR die Kirchengeschichte unter dem Gesichtspunkt einer Kirche im Sozialismus aufarbeiten. In diesem Zusammenhang richtete Dr. Rogge an den Stellvertreter des Staatssekretärs die Frage, ob es denn möglich wäre, einen geeigneten theologischen Mitarbeiter einige Tage in einem Archiv in Westberlin arbeiten zu lassen, in dem für sie notwendige Materialien lagern. Dr. Rogge wurde erwidert, daß ein entsprechender Antrag vom Vorsitzenden der EKU in der DDR, Herrn Bischof Gienke, gestellt werden könnte. Eine Zusage sei aber zum gegenwärtigen Zeitpunkt nicht

möglich. Das Gespräch wurde in einer sachlichen und freundlichen Atmosphäre geführt.« Flint setzte den Nachtrag:»Vielleicht wäre es zweckmäßig, den kommenden Antrag von Bischof Gienke wohlwollend zu behandeln.« BA, Abt. Potsdam, O-4, 434. Vgl. jedoch auch Vermerk Hafa vom 10.9.1975, nach dem Rogge geäußert hatte:»Rogge wirft ein, daß die gesetzlichen Vorschriften grundsätzlich eine Benutzung staatlicher Archivbestände gestatteten. Er führt weiter aus, daß die kirchengeschichtliche Forschung an einem Punkt angelangt sei, wo sie ohne eine solche Benutzung nicht weiterarbeiten könne.« Weiter führte Rogge aus,»daß es einmal im internationalen Bereich schwer verständlich zu machen sei, daß die DDR-Archive verschlossen seien, und zum anderen gäbe es Kollegen von den Sektionen der Universitäten, denen die Arbeit im Zentralarchiv gestattet worden sei; insofern sei es nicht verständlich, wieso hier ein Präzedenzfall vorliege.« LKA Hannover, D 15 XII, K 73/412/I. Eine Benutzung des EZA Berlin wurde jedoch ermöglicht. Nunmehr Präsident der EKU-Kirchenkanzlei der EKU (Bereich DDR), fragte Rogge am 10.1.1978 bei Seigewasser an, ob nochmals durch einen DDR-Vertreter Akten im EZA eingesehen werden könnten, und bat außerdem um die Einsichtnahme in die in Merseburg und Potsdam liegenden Aktenbestände. Vgl. Information Wilke vom 2.2.1978 über das Gespräch des Staatssekretärs am 10.1.1978 mit Dr. Rogge und Kirchenrätin Grengel, BA, Abt. Potsdam, O-4, 425.

32 Die Forschungsstelle für kirchliche Zeitgeschichte des BEK wurde auf eine Initiative der Synode der Kirchenprovinz Sachsen hin erst sehr viel später ins Leben gerufen. Nach einer Vorgeschichte, die von 1979 bis 1984 reichte, nahm die in Naumburg lokalisierte Forschungsstelle unter Leitung von Martin Onnasch im Januar 1985 ihre Arbeit auf. Vgl. auch Ordnung der Forschungsstelle für kirchliche Zeitgeschichte vom 7.1.1984, EZA Berlin, 101/93/230 sowie Protokoll Hempel-Ziegler-Kupas/Dorgerloh über die 97. Tagung der Konferenz der Evangelischen Kirchenleitungen in der DDR vom 8. bis zum 10.3.1985 in Buckow. Vorsitzender des Leitungskreises wurde Kurt Domsch. Zu seinem Stellvertreter bestimmte die KKL Harald Schultze (Magdeburg). EZA Berlin, 101/93/237. Finanziert wurde die Stelle durch BEK, EKU, VELK und Diakonisches Werk/Innere Mission und Hilfswerk mit jeweils jährlich 5 000,– DDR-Mark. Vgl. Protokoll Stolpe-Ziegler-Radke über die 99. Tagung der Konferenz der Evangelischen Kirchenleitungen in der DDR am 5./6.7.1985 in Berlin, a.a.O.

33 Treffbericht vom 8.7.1981, BStU Leipzig, XIII 1361/60, Bd. II,2.

34 Die Verbindung Leipzig-München fand bis zum Ende der DDR 1989 durch das Staatssekretariat für Kirchenfragen intensive Unterstützung. Vgl. RdB Leipzig, Kirchenfragen, Information Ebisch vom 10.4.1989 über Gespräch mit der Leitung der Sektion Theologie der KMU Leipzig am 4.4.1989, BA, Abt. Potsdam, O-4, 1031.

35 Treffbericht mit Moritz vom 5.10.1969, BStU Leipzig, XIII 1097/60, Bd. II,1.

36 Ebd.

37 BStU Leipzig, XIII 1361/60, Bd. II,2, 157.

38 So heißt es zum Beispiel in Moritz' Konzeption für die Gastvorlesung Hammers am 26.8.1976:»Die Betreuung von Dr. Hammer wird seinem Fach entsprechend vom Wissenschaftsbereich Kirchengeschichte (Leitung: Prof. Meier) durch den Wiss. OASs. Dr. Kurt Nowak erfolgen, der in wissenschaftlicher und gesellschaftspolitischer Hinsicht bestens bewährt ist.« BStU Leipzig, XIII 1097/60, Bd. II,1. Greschat war zu den Leipziger»Theologischen Tagen« Mitte November 1979 eingeladen (vgl. Bericht Kurt Meier, BStU Leipzig, XIII 1361/60, Bd. II,2). Am 10.3.1981 gab Günter Wirth in einem Aktenvermerk an das Ministerium für Hoch- und Fachschulwesen Briefausschnitte des Gießener Prof. Jürgen Redhardt weiter. Danach hatte Redhardt an Wirth geschrieben:»Unser Kirchenhistoriker Martin Greschat (früher Münster!) ist interessiert an einer Teilnahme an entsprechenden Veranstaltungen im Luther-Jahr. Greschat hat (für seine Prom.- o. Habil.-Arbeit) einmal längere Zeit bei den Theologen in Halle gearbeitet, auch in der DDR schon referiert und spielt bei uns in politischer Hinsicht einen sehr positiven Part. Was soll er tun? […] Greschat beabsichtigt, u. U. Kurt Meier einmal nach Gießen einzuladen.« BA, Abt. Potsdam,

R-3, 1215. Zur Gastvorlesung des Bochumer Sozialethikers Günter Brakelmann in Leipzig am 3. April 1986 vgl. BStU Leipzig, XIII 1361/60, Bd. II,2, 346 f.

39 Vgl. Bericht Moritz an Piazza vom 27.11.1984, BA, Abt. Potsdam, R-3, 1221.

40 Vgl. Bericht Moritz vom 30.10.1985, a.a.O.

41 So die undatierte »Information« von B. Winkler, BA, Abt. Potsdam, R-3, 1222.

42 Ebd.

43 Aktenvermerk Wirth vom 1.12.1988, a.a.O. Vgl. die Referate in Standpunkt 17 (1989), 62-83.

44 Zur Einschätzung Wartenbergs durch Meier vgl. BStU Leipzig, XIII 1361/60, Bd. II,2

45 Am 9.10.1958 berichtete »Werner« seinem Führungsoffizier, »daß er nun auch Mitglied des ›Ev. Pfarrerbundes‹ geworden ist.« Treffbericht Knuth vom 10.10.1958, BStU Leipzig, XIII 1361/60, Bd. II,1.

46 Im Herbst 1978 wurde Meier Mitglied des Kirchenvorstandes der Versöhnungsgemeinde Leipzig-Gohlis, a.a.O., Bd. II,2.

47 BStU Leipzig, XIII 1361/60, Bd. II,1, 296 ff.

48 Treffbericht vom 1.6.1979, a.a.O., Bd. II,2. Zum Verfahren der Drucklegungsgenehmigung in der DDR vgl. S. Bräuer, »In der DDR gibt es keine Zensur!« Das Druckgenehmigungsverfahren für die Titel der Evangelischen Verlagsanstalt bis 1989, in: ZdZ 48 (1994), 222-226.

49 Vgl. Treffbericht vom 4.7.1979, BStU Leipzig, XIII 1361/60, Bd. II,2, 43 f.; vgl. 11. Der Historiker Werner Berthold, mit Meier gut bekannt, lehnte wegen Arbeitsüberlastung die Anfertigung eines Gutachtens ab. Am 19.9.1979 berichtete Meier dem Führungsoffizier Rolf Sandner, am 7.9.1979 habe es eine Diskussionsrunde gegeben, an der außer dem Prorektor Piazza die Professoren Berthold, Friederici und der Dozent Brahmke teilgenommen hätten. Von der Sektion Theologie waren Meier, Moritz und Nowak dabei […] [I]nsgesamt sieht er [Meier] diese Besprechung als für ihn und die Sache positiv verlaufend an; er zeigte sich sichtlich zufrieden über den Ausgang der Diskussion. – Ich [Sandner] übermittelte meinen Glückwunsch.«

50 Treffbericht mit Moritz vom 26.10.1978, BStU Leipzig XIII 1097/60, Bd. II,1.

51 BA, Abt. Potsdam, O-4, 483.

52 Vgl. Schreiben Seigewasser an Müller-Streisand vom 8.6.1977, a.a.O.

53 Vgl. Information über ein Gespräch mit Professor Hanfried Müller und Professor Rosemarie Müller-Streisand am 18.8.1978. Der staatliche Gesprächspartner notierte:»Meier vertritt Positionen, die sogar weit hinter denen bürgerlich-liberaler Historiker zurückbleiben. Ich persönlich halte es für eine politische Schweinerei, daß so etwas überhaupt bei uns geschrieben und gedruckt wird. […] [W]äre das das Buch eines Westdeutschen, so würde ich brutal sagen, das ist der Versuch, den Hitlerfaschismus unter dem Deckmantel einer Kirchengeschichte zu verbrämen und zu rechtfertigen. […] Meier – das beweist das Buch – ist nicht zu bekehren. […] Es wäre zu prüfen, ob man den angekündigten 3. Band nur in der BRD herausbringt (daß et dort kommt, ist vertragliche Verpflichtung) und nicht in der DDR.« SAPMO-BA ZPA IV B2/14/139.

54 PDS-Archiv Leipzig, IV D-4/14/159.

55 Durch Löschauftrag vom 9.12.1989 wurde nur der Berliner Bestand vernichtet. Die Dresdener Teilablage blieb erhalten (Reg.-Nr. XII-745/73).

56 Treffbericht vom 1.10.1980, BStU Leipzig, XIII 1361/60, Bd. II,2, 120 f.

57 Darauf habe ich bereits 1988 aufmerksam gemacht: G. Besier, Widerstand im Dritten Reich – ein kompatibler Forschungsgegenstand für gegenseitige Verständigung heute?

58 K. Meier, Der Evangelische Kirchenkampf, Bd. 3, 587-616. Siehe auch ders., Kreuz und Hakenkreuz, bes. 225 ff.

59 Protokollnotiz vom 2.10.1979, SAPMO-BA ZPA IV B2/14/193. Vgl. auch Prof. Dr. sc. Friederici, Zum Manuskript von Prof. Kurt Meier, Der Kirchenkampf als Widerstandsproblem, a.a.O.

60 Meier an Piazza, BStU Leipzig, MfS HA XX/4, 655, 6. Vgl. auch Schreiben Elmar Fabers

(Edition Leipzig. Verlag für Kunst und Wissenschaft), der für die Lektorierung des Meierschen Gesamtwerkes zuständig war, an Piazza vom 18.1.1979, a.a.O.

61 Vgl. Treffbericht vom 23.10.1980, BStU Leipzig, XIII 1361/60, Bd. II,2.

62 Treffbericht vom 18.4.1968, a.a.O., Bd. 1.

63 Vgl. Schreiben H. Hennig an G. Engel vom 8.2.1989, BA, Abt. Potsdam, R-3, 1221.

64 BStU Leipzig, XIII 1097/60, Bd. II,2.

65 BStU Leipzig, XIII 1361/60, Bd. II,2.

66 Vgl. Operativ-Information Nr. 4/84 vom 10.1.1984, BStU Leipzig, MfS-HA XX/4, 655, 29-31. Im gleichen Atemzug mit der Promotion Hempel werden hier die Promotionen OKR Petzold/Berlin und Generalsuperintendent Günter Krusche/Berlin als Beispiele für die Einflußnahme der Leipziger Sektion Theologie »auf kirchenleitende Personen aus anderen Landeskirchen« genannt.

67 Einschätzung Oltn. Jaschke, HA XX/4 vom 17.7.1982, BStU Leipzig, 571/86, I,1, 150. Zur Vorbesprechung der Anfrage an den Bischof vgl. Bericht Brand vom 3.5.1982 über Treff mit IME »Cornelius«. BStU Leipzig, 571/86, II,1, 112-115.

68 Schreiben vom 23.9.1982, EZA Berlin, 101/93/759.

69 Schreiben Hempel an Volk vom 23.12.1982, a.a.O. Volk schrieb nochmals am 5.1.1983 und behandelte dort friedensethische Probleme. Vgl. a.a.O. Der Ostberliner Generalsuperintendent Günter Krusche schloß 1983 seine theologische Promotion an der Karl-Marx-Universität ab. Vgl. das Gratulationsschreiben Ziegler vom 27.12.1983. EZA Berlin, 101/93/103.

70 Eine Anrede und ein Gruß fehlen in dem Schreiben des KKL-Vorsitzenden. EZA Berlin, 101/93/758.

71 Piazza an Engel vom 23.5.1985, BA, Abt. Potsdam, R-3, 1216 und BStU Leipzig, MfS-HA XX/4, 655. Vgl. auch Engel an Böhme vom 3.3.1983, BA, Abt. Potsdam, R-3, 1227. Darin äußerte sich Engel außerordentlich positiv über Hempels Vortrag anläßlich seiner Ehrenpromotion und schloß: »Seitens der KMU besteht die Absicht, den Vortrag in ihrer wiss. Zeitschrift zu veröffentlichen. Eine Veröffentlichung wird auch durch den ›Standpunkt‹ erwogen. An einer breiten Publikation des Auftretens von Dr. Hempel besteht m. E. kirchen- und hochschulpolitisches Interesse.« Mitte 1987 spricht eine MfS-Analyse von dem »persönlich gute[n] Verhältnis zwischen […] Hempel und […] Moritz«, das »eine wirksame Möglichkeit für die gegenseitige Abstimmung und Verständigung« bilde (Analyse Wallner der BV Leipzig MfS A XX vom 29.6.1987, BStU Leipzig, MfS HA XX 655). Zu seinem 65. Geburtstag ehrte die Theologische Fakultät Leipzig ihren Ehrendoktor Hempel mit einer Festgabe. Im Vorwort heißt es, Hempels Vortrag vom 30.10.1993 aufnehmend (Was hat uns in der Kirchenleitung beschäftigt und wird uns wohl auch weiterhin beschäftigen? Vortrag auf der Herbstsynode am 30. Oktober 1993, in: ders., Kirche wird auch in Zukunft sein, 253-261, hier: 259): »Johannes Hempel war außerhalb der Grenzen der ehemaligen DDR hochangesehen, und er hat nach der Wende unter den nachträglichen ›Besserwissern‹ gelitten, die nicht wahrhaben wollten, wie die christliche Kirche zu jeder Zeit ›Anteil am Geist ihrer Zeit‹ hat […]«, in: U. Kühn (Hg.), Kirche als Kulturfaktor, 7.

72 So heißt es etwa im Treffbericht mit Moritz vom 6.7.1970, BStU Leipzig XIII 1097/60, Bd. II,1: »Dr. Zimmermann soll in der Praktischen Theologie die Ökumene übernehmen. An seine Stelle soll jetzt bei Meier der Forschungsstudent Nowak treten. Nowak ist Schöffe am Jugendgericht. Er soll dann Assistent werden.« Am 27.3.1968 hatte Meier an Schneider vom Ministerium für Hoch- und Fachschulwesen geschrieben: »Angesichts meiner Lehr- und Forschungsaufgaben und den damit verbundenen umfangreichen Publikationsvorhaben zur kirchlichen Zeitgeschichte beabsichtige ich, im Jahre 1969 den vorzüglich begabten und wissenschaftlich-methodisch sehr befähigten stud. theol. Kurt Nowak aus Leipzig in die Doktorantur aufnehmen zu lassen. Herr Nowak, der bei der Leistungsschau der Karl-Marx-Universität mit einer bei mir gefertigten Praktikumsarbeit über die sogenannte Euthanasie-Aktion (›Aktion Gnadentod‹) der Jahre 1939-1941 vertreten war, unterstützt mich bereits gegenwärtig bei meinen Forschungen. Dem

873

Leiter unserer Kader-Abteilung, Herrn Jäschke, ist mein Anliegen bereits vorgetragen worden. Es wurde mir empfohlen, Anfang 1969 einen entsprechenden Antrag zu stellen. Die Wichtigkeit dieses Vorhabens wurde anerkannt. Herr Nowak, der zur Zeit für ein Jahr in Jena studiert und dort in einem überfakultativen Rahmen kulturpolitisch wichtige Arbeit leistet, wird ab Herbst 1968 wieder in Leipzig sein und als mein verantwortlicher Sekretär in der von mir anläßlich des Gedenkjahrs der Oktober-Revolution neubegründeten Fakultätsgruppe der Deutsch-Sowjetischen Freundschaft tätig sein. Ich darf Sie darum bitten, auch Ihrerseits gelegentlich der Kaderabteilung unserer Karl-Marx-Universität gegenüber mein Vorhaben zu befürworten«. BA, Abt. Potsdam, R-3, 1230.

73 So im Treffbericht mit Meier vom 6.9.1975, BStU Leipzig, XIII 1361/60, Bd. II,1, 196.

74 A.a.O., 214. Wie weit die Planungen in die Zukunft reichten, geht aus einem Schreiben des Staatssekretärs für Kirchenfragen, Kurt Löffler, vom 5.9.1988 an den Stellvertreter des Vorsitzenden für Inneres vom Rat des Bezirks Leipzig, Hartmut Reitmann, hervor: »Ihr Hinweis aus der jüngsten Informationsbericht über die Besetzung der Funktion des Direktors der Sektion Theologie an der Karl-Marx-Universität Leipzig war Gegenstand einer Beratung mit den zuständigen Genossen des Ministeriums für Hoch- und Fachschulwesen. In deren Ergebnis teile ich Ihnen zur vertraulichen Information mit: [...] Mittelfristig, also etwa bis 1990, ändert sich in der Besetzung der Funktion nichts. Danach muß mit dem planmäßigen Ausscheiden von Prof. Dr. Moritz gerechnet werden. Für etwa 3 bis 4 Jahre ist dann vorgesehen, als Sektionsdirektor Dr. Wartenberg zu berufen, weil er sowohl durch sein wissenschaftliches wie gesellschaftliches Engagement die Gewähr bietet, alle Kräfte der Sektion zu integrieren. Etwa ab 1993/94 ist dann geplant, Dr. Peter Zimmermann die Leitung der Sektion zu übertragen. Mit dieser Entscheidung dürften sowohl die kirchenpolitischen Interessen unseres Staates wie jene der von Ihnen genannten progressiven Kräfte gewahrt sein. Alle Entscheidungen des Ministeriums für Hoch- und Fachschulwesen in dieser Richtung werden auch künftig im engen Zusammenwirken mit meiner Dienststelle getroffen«. BA, Abt. Potsdam, O-4, 1025.

75 Haustein arbeitete unter dem Decknamen GI bzw. IME »Cornelius« auch für das MfS (BStU Leipzig, 571/86) und erhielt Prämien. Der überzeugte Sozialist schrieb religiöse und politische Gedichte, so z. B. zum 1. Mai 1970: »Rote Nelken, Millionen, die ganze Republik ein einziges flammendes Bucket. Rot, wie der Himmel im Anbruch des Tages, rot, wie die Flamme, wie das Erz aus der Schlacke brennt, wie die Arbeiterfahne und das Blut der geopferten Kämpfer [...]« A.a.O., I,1, 91.

76 Einschätzung Piazza der staatlichen Leitungstätigkeit an der Sektion Theologie« vom 24.2.1978, BStU Leipzig, XX/4-655. In einem Bericht der Lehrgruppe Theologie der Sektion Marxismus-Leninismus aus den 80er Jahren heißt es: »An der positiv orientierten Diskussion beteiligten sich solche führenden Professoren wie Moritz, Haustein, Meier Amberg (der zugleich Synodaler ist). Aus dem Kreis der jüngeren Wissenschaftler nahm unter anderem Dozent Dr. Zimmermann das Wort [...] Auch zu den Dozenten der Sektion gibt es gute Kontakte. Außerordentlich politisch engagiert wirkt Dr. Zimmermann. Mit ihm gibt es weitreichende Übereinstimmung zu den politischen Fragen unserer Zeit. Ein guter Kontakt bahnt sich zwischen unserem Lehrgruppenleiter und Dr. Nowak an«. A.a.O., 50-53, Zitate: 50; 52.

77 BStU Berlin, MfS HA XX/4-655, 58. Dietmar Rostig (IM »Hagen Trinks«) arbeitete nach eigenem Eingeständnis »aus Idealismus« für das MfS. »Rostig offenbarte sich Anfang September [1994] gegenüber einem G2W-Mitarbeiter, dem Historiker Gerd Stricker. Seinen Angaben zufolge war Rostig 1975 als Austauschstudent nach Zürich gekommen. Da die Universität Leipzig ausdrücklich verlangt habe, daß er und kein anderer aufgenommen werden solle, habe man in Zürich eine Spitzeltätigkeit Rostigs vermutet, ohne jedoch andere Stellen darüber zu informieren. Deshalb habe Rostig danach mindestens drei Mal die G2W besuchen können. Nach der Gaststudentenzeit ging Rostig nach Leipzig zurück« (idea spektrum 36/94 vom 7.9.1994, 12). 1976 wurde Rostig an der Leipziger Sektion Theologie wiss. Assistent, 1978 Oberassistent. 1991 wurde ihm der Boden zu heiß. Er ging in die Schweiz und wurde von den reformierten Kirchengemeinden Luzern

und Pany im Kanton Graubünden als Aushilfspfarrer angestellt. Im Juli dieses Jahres lehnte die Graubündener Synode seinen Antrag auf endgültige Übernahme in den Pfarrdienst unter Hinweis auf seine frühere Agententätigkeit ab.

78 BStU Berlin, MfS HA XX/4-655.

79 Schreiben Winkler vom 10.1.1985 an die Abt. Kader, BA, Abt. Potsdam, R-3, 1227. Zimmermann wurde nach eigenem Eingeständnis als IMB »Karl Erb« geführt (vgl. »Der Spiegel« 52/44, 1990, 41-51 und »taz« vom 25.2.1991). Er gehörte zu den »Leipziger Sechs«, die sich am 9.10.1989 mit einem Aufruf zur »Besonnenheit« an die Leipziger Bürger gewandt und so möglicherweise ein Blutvergießen verhindert haben (Text: H.J. Sievers, Stundenbuch einer deutschen Revolution, 81.

80 Analyse Wallner der BV Leipzig MfS A XX vom 29.6.1987, BStU Leipzig, MfS HA XX 655.

81 Information vom 6.6.1988 über ausgewählte Entwicklungsprobleme der Sektion Theologie der Karl-Marx-Universität Leipzig, BStU Leipzig, a.a.O.

82 Analyse Wallner der BV Leipzig MfS A XX vom 29.6.1987, BStU Leipzig, a.a.O.

83 A.a.O. Ein Jahr zuvor heißt es über Wartenberg: »Der W. wird als ein profilierter Wissenschaftler eingeschätzt, der ein klares politisches Bekenntnis zeigt, in seiner Tätigkeit in der AG Christl. Kreise der Nationalen Front der Stadt Leipzig gesellschaftliches Engagement beweist und sich in der Wahrnehmung von Leitungsverantwortung bereits bewährt.« Analyse Wallner der BV Leipzig MfS A XX vom 29.6.1987, a.a.O.

84 Information vom 6.6.1988 über ausgewählte Entwicklungsprobleme der Sektion Theologie der Karl-Marx-Universität Leipzig, a.a.O.

85 In seiner Analyse vom 29.6.1987 meinte Oberstleutnant Wallner sogar, Wittenberger sei am Widerspruch Hempels gescheitert (BV Leipzig MfS A XX vom 29.6.1987, BStU Leipzig, MfS HA XX 655, 81).

86 Vermerk Winkler über Arbeitsgespräch mit Moritz und Haustein am 4.10.1984, BA, Abt. Potsdam, R-3, 1227.

87 BA, Abt. Potsdam, R-3, 1221.

88 Analyse Wallner der BV Leipzig MfS A XX vom 29.6.1987, BStU Leipzig, MfS HA XX 655.

89 Vgl. hierzu und zum folgenden Information Winkler über Seminar mit dem wissenschaftlichen Nachwuchs der Sektionen Theologie vom 16.-19.1.1984, BA, Abt. Potsdam, R-3, 1227.

90 K. von Rabenau wurde vom MfS als IM »Adel« geführt, BStU Berlin, MfS AIM 1944/89, I/1; II/1.

91 Zur Rolle Hanfried Müllers in diesem Prozeß heißt es in einem Aktenvermerk Quasts vom 26.6.1968: »Gestern hatte ich ein Gespräch mit Dr. Schneider, der sich bei mir bitter über Hüttner und Wilke vom Staatssekretariat beklagte. Er hätte alle Konzeptionen in enger Zusammenarbeit mit beiden ausgearbeitet. Trotzdem seien sie anschließend immer wieder von den gleichen Stellen verworfen worden. Offensichtlich sei es sein Fehler gewesen, die Entwürfe nicht mit Hanfried Müller abzustimmen, der Tag und Nacht an den Strippen ziehe, um das, was nicht seiner Meinung entspreche, wieder zu Fall zu bringen, und am liebsten die Theologischen Fakultäten überhaupt liquidieren würde.« ACDP, VII-013, 2164.

92 Vgl. Ordnung der Sektion Theologie an der HUB vom 3.12.1970, BA, Abt. Potsdam, R-3, 1215.

93 Vgl. Funktionsplan des Direktors der Sektion Theologie der HUB vom 3.12.1970, a.a.O.

94 Ebd.

95 Vgl. Funktionsplan des stellvertretenden Direktors für Erziehung und Ausbildung der Sektion Theologie der HUB vom 3.12.1970, a.a.O.

96 BStU Berlin, MfS A 387/85, Bd. 1, 153.

97 Vgl. hierzu Schreiben Bernhardt an Rektor Wirzberger vom 23.2.1970 und Aktennotiz Wirzberger für Minister Schirmer vom 19.3.1970, BA, Abt. Potsdam, R-3, 1215.

98 Zu Heinrich Fink vgl. B. Maleck, Heinrich Fink: »Sich der Verantwortung stellen«.

99   Vgl. Aktenvermerk Quast vom 4.6.1970 über Aussprache zwischen Schirmer, Schneider, Fischer und Quast am 3.6.1970, ACDP, VII-013, 2164.

100 Fritzsche wurde vom MfS als IMS »Helmut« geführt (Reg.-Nr. Rostock XV/1633/65). Er kam über seinen Bruder Hans-Georg (GI »Fritz«) zur »Firma«. Vgl. BStU Berlin, AIM 2672/77 und AIM 440/90 (IMS »Helmut«) sowie AIM 112/85 (GI »Fritz«).

101 Vgl. Protokoll Quast vom 16.12.1970 über Aussprache mit Dr. Schneider vom 11.12.1970, ACDP, VII-013, 2164.

102 Am 1.10.1971 wurde Römer wieder durch Dressler ersetzt, der diese Funktion bereits von 1960 bis September 1967 innehatte. Römer vermerkte selbstkritisch, es sei sein Fehler gewesen, »sich von vornherein zu sehr auf die Familie Müller orientiert zu haben, von deren Einflüssen er dann nicht mehr losgekommen sei«. Aktenvermerk Quast vom 21.10.1971 über Gespräch mit Schneider am 19.10.1971, ACDP, VII-013, 2121. In einem Aktenvermerk vom 4.10.1971, a.a.O., hielt Quast fest, Dressler habe »damals [scil. zwischen 1960 und 1966] eng mit Jenssen zusammen[gearbeitet]«.

103 Aktenvermerk Quast vom 4.6.1970 über Aussprache zwischen Schirmer, Schneider, Fischer und Quast am 3.6.1970, ACDP, VII-013, 2164. Vgl. dazu das CDU-Papier »Zur Weiterentwicklung der Theologischen Fakultäten im Zuge der 3. Hochschulreform«, a.a.O.

104 Aktenvermerk Quast vom 4.6.1970 über Aussprache zwischen Schirmer, Schneider, Fischer und Quast am 3.6.1970, ACDP, VII-013, 2164.

105 Vgl. ebd.

106 Abgedruckt bei H.-J. Gabriel, Die theologische Fakultät in den Jahren 1961 bis 1971, 609 f.

107 Vgl. Bericht »Birke«, BStU Berlin, AIM 2834/88, Bd. II,2.

108 Analyse Bernhardt der gesellschaftspolitischen Situation an der Sektion Theologie der Humboldt-Universität zu Berlin vom 25.1.1980, BA, Abt. Potsdam, R-3, 1222.

109 Vgl. dazu G. Besier, Auf der kirchenpolitischen Nebenbühne, a.a.O., 210 ff. Jenssen etwa versuchte mit allen Mitteln zu verhindern, daß Finks Arbeit über »Karl Barth und die Bewegung Freies Deutschland in der Schweiz« als Diss. B für das Fach Praktische Theologie anerkannt würde. Vgl. Eingabe Jenssen mit Begleitschreiben Bernhardt an Klein vom 4.9.1978; Klein an Jenssen vom 15.11.1978; Ausarbeitung für Janott: Die Gruppierungen an der Sektion Theologie der Humboldt-Universität, BA, Abt. Potsdam, R-3, 1227. Vgl. auch die von Herbert Trebs verfaßte Gewerkschaftliche Stellungnahme zu der in Aussicht genommenen Berufung von Koll. Dozent Dr. Heinrich Fink zum ordentlichen Professor. Trebs monierte, daß das Thema der von Fink vorgelegten Dissertation B in keinem Zusammenhang zu der Disziplin Praktische Theologie stehe, auf die sich die für Fink vorgesehene Professur erstrecken sollte. Hinzu komme noch, daß er das Zweite Theologische Examen nicht bestanden hatte, »was bei dem Fach Praktische Theologie besonders gravierend ist.« SAPMO-BA ZPA IV B2/14/139.

110 Analyse Bernhardt der gesellschaftspolitischen Situation an der Sektion Theologie der Humboldt-Universität zu Berlin vom 25.1.1980, BA, Abt. Potsdam, R-3, 1222.

111 Vgl. Analyse Bernhardt, a.a.O. und Einschätzung Fink der Situation an der theologischen Sektion der Humboldt-Universität im Rahmen der Wahlvorbereitung vom 2.6.1981, a.a.O. Vgl. auch D. Linke, Theologiestudenten, bes. 280 ff.

112 Information über eine zentrale Tagung aller Sektionen Theologie der Universitäten der DDR aus Anlaß des 30. Jahrestages der DDR vom 21.-23.5.1979, BA, Abt. Potsdam, R-3, 1227. Zu dieser Tagung vgl. Neue Zeit vom 24.5.1979 und vom 30.5.1979.

113 Vgl. Information Winkler vom 8.6.1982, BA, Abt. Potsdam, R-3, 1227.

114 Vgl. z. B. das Schicksal des Habilitanden Wolfgang Schenk, der 1969/70 bei M. Weise in Jena seine neutestamentliche Habilitationsschrift vorlegte und nicht mehr habilitiert wurde, BA, Abt. Potsdam, R-3, 1221.

115 Ebd. BA, Abt. Potsdam, R-3, 1216.

116 Ebd.

117 Auch Janott arbeitete seit Mitte 1968 als IMV »Student« für das MfS (BStU Berlin,

MfS AIM 8939/91, 4 Bde). Nach dem ersten theologischen Examen an der theologischen Sektion der Berliner Humboldt-Universität wechselte er 1966 an die Philosophische Fakultät. Von 1968 bis 1971 war das SED-Mitglied dort als Aspirant im Bereich Geschichte der Philosophie beschäftigt. Am 15.11.1971 trat er als Referent für die Sektion Theologie im Ministerium für Hoch- und Fachschulwesen die Nachfolge von Schneider an. Janotts harsche Strategien gegenüber den Theologieprofessoren wich derart von dem konzilianten Stil seines Vorgängers ab, daß Fritzsche (Rostock), Amberg und Moritz mit allen Mitteln seine Ablösung betrieben (a.a.O., I/1, 76). 1982 wurde Janott Direktor für internationale Beziehungen an der HUB und zur MfS-Abteilung XX/3 umregistriert. 1983 wurde er wegen finanzieller Unregelmäßigkeiten aus der Partei ausgeschlossen. Seine Frau, Barbara Janott, war seit 1.1.1972 im Staatssekretariat für Kirchenfragen beschäftigt.

118 Aktennotiz Janott vom 29.4.1975, a.a.O.

119 Ebd.

120 Ebd.

121 Ebd.

122 Ebd.

123 Ebd.

124 Vgl. z. B. Aktennotiz Bernhardt vom 19.3.1978, BA, Abt. Potsdam, R-3, 1215.

125 Protokoll Hempel-Ziegler-Lewek vom 14.12.1983 über die 158. Sitzung des Vorstandes am 9.12.1983 in Berlin, EZA Berlin, 101/93/243.

126 Vermerk Winkler an Engel vom 28.12.1982, BA, Abt. Potsdam, R-3, 1215.

127 Ebd.

128 Anmerkungen Winkler vom 16.3.1983, a.a.O.

129 Konzeption der HA XX/4 vom 30.9.1986 zur operativen Absicherung und politisch-operativen Einflußnahme an den Sektionen Theologie der Universitäten der DDR, BStU Berlin, HA XX/4, 678.

130 Vgl. Analyse BV MfS, Abteilung XX, Wallner, vom 29.6.1987, BStU Berlin, MfS, HA XX/4, 655.

131 BA, Abt. Potsdam, R-3, 1215.

132 Ebd.

133 Ebd.

134 Müller an den Berliner Sektionsdirektor vom 13.9.1978, a.a.O.

135 Vgl. zu Wendelborn, der als IM»Heinz Graf« (Reg.-Nr. Rostock 1167/60) geführt wurde, BStU Rostock, AIM 0240/91, I,1; II, 7; III,1.

136 G. Wendelborn, Kompendium für Neuere und Neueste Kirchengeschichte 1958-1969.

137 Im Westen übernahm Hans Prolingheuer mit seiner »Kleinen politischen Kirchengeschichte. Fünfzig Jahre Evangelischer Kirchenkampf von 1919 bis 1969« (Köln 1984) genau dieses Konzept.

138 Entwurf Fritzsche, BStU Leipzig, MfS HA XX 655.

139 Ebd.

140 Stellungnahme, a.a.O.

141 Schreiben Wiegand an BV Rostock MfS, Abteilung XX vom 17.3.1987, BStU Berlin, MfS HA XX/4, 655.

142 A.a.O., 200-202.

143 BStU Berlin, AIM 440/90, II,2.

144 BA, Abt. Potsdam, R-3,1216.

145 Zur Schleiermacher-Ehrung vgl. Information Winkler über das Schleiermacher-Kolloquium vom 29.-31.10.1984, BA, Abt. Potsdam R-3, 1227. Auffällig sind die hier berichteten Kooperationsangebote seitens der Schleiermacher-Forschungsstelle der Kirchlichen Hochschule Berlin.

146 BA, Abt. Potsdam, R-3,1216.

147 Vgl. Einschätzung Kleinig für Helmut Klein vom 4.3.1986, BA, Abt. Potsdam, R-3, 1222.

148 Zu Seils' Beitrag vgl. Standpunkt 13 (1985), 87.

149 BA, Abt. Potsdam, R-3,1216.

150 Ebd.

151 Ebd. Vgl. auch RdB Leipzig, Kirchenfragen, Information Ebisch vom 10.4.1989 über Gespräch mit der Leitung der Sektion Theologie der KMU Leipzig am 4.4.1989: »Der Nachwuchs beim Ausscheiden von älteren Dozenten sei vorhanden. […] Das Verhältnis der Landeskirche Sachsens zur Sektion ist in den letzten Jahren gewachsen, man kann sagen, hat sich freundlich entwickelt. Nicht nur mit dem Landesbischof Hempel, auch mit anderen, so zum Beispiel OLKR Ihmels, kann man nüchtern reden und wird akzeptiert. Durch die Sektion wird eine wirkungsvolle Mitarbeit in gesellschaftlichen Organisationen geleistet«. BA, Abt. Potsdam, O-4, 1031.

152 Vgl. Vermerk Bernhardt vom 25.1.1986 über die Beratung der Kommission für die Sektionen Theologie vom 22.-23.1.1986 in Siebenlehn, BA, Abt. Potsdam, R-3, 1215.

153 Vgl. Anlage zum Treffbericht Sgraja mit GI »Meier« (Hanfried Müller) vom 20.2.1968, BStU Berlin, MfS A-387/85, Bd. I. Gegen Müller wurde Ende 1994 von der Generalbundesanwaltschaft ein Verfahren wegen des Verdachts nachrichtendienstlicher Tätigkeit in der Bundesrepublik eingeleitet (vgl. DAS Nr. 51 vom 23.12.1994). Vgl. H. Müller (Hg.), Wider die Resignation der Linken. Zu seiner Auseinandersetzung mit Moritz vgl. H. Moritz, Religion und Gesellschaft in der DDR, in: ThLZ 110 (1985), 573-588; H. Müller, Religio rediviva oder die Beschwörung der Kontingenz. Zum Thema: Religion in der Moderne und in der DDR-Gesellschaft, Weißenseer Blätter 1985/4, 2-20; H. Moritz, Resonanz. Beginn eines Dialogs, in: a.a.O., 1985/5, 45-48; H. Müller, Religio rediviva im Gespräch. Antwort an Hans Moritz, in: a.a.O., 1986/1, 26-30; ders., Zwischenbilanz zum »Religionsgespräch« in den Weißenseer Blättern, a.a.O., 1986/6, 4-10.

154 Vermerk Bernhardt vom 7.10.1987, BA, Abt. Potsdam, R-3, 1215.

155 Vgl. B. Hildebrandt, »Wir alle mußten Kompromisse schließen.« Integrationsprobleme Theologischer Fakultäten an staatlichen Universitäten der DDR, in: T. Rendtorff (Hg.), Protestantische Revolution?, 121-136.

156 A.a.O., 143.

157 Vgl. dazu D. Linke, Theologiestudenten.

158 BStU Berlin, XX/4-654.

159 Eine Verschlechterung stellt Werner Leich in seiner Autobiographie fest. Vgl. ders., Wechselnde Horizonte, 122 ff.

160 Einschätzung der politisch-operativen Lage an der Sektion Theologie der Friedrich-Schiller-Universität Jena vom 6.4.1978, BStU Berlin, MfS-HA XX/4-654.

161 Aktivitäten an der Sektion Theologie der Friedrich-Schiller-Universität Jena im Zusammenhang mit dem Fall »Biermann«, Janott vom 4.12.1976, SAPMO-BA ZPA IV B2/14/139; auch BStU Berlin, MfS-HA XX/4-654.

162 Schreiben Winkler an Stelllv. d. Ministers [für Hoch- und Fachschulwesen], Gen. Prof. Engel, vom 10.9.1982, SAPMO-BA ZPA IV B2/14/99.

163 Vgl. Protokoll Gienke-Ziegler-Günther über die 88. Tagung der Konferenz der Evangelischen Kirchenleitungen in der DDR am 2./3.9.1983 in Berlin, EZA Berlin, 101/93/234.

164 Vgl. Aktennotiz Riebel vom 24.3.1987, BStU Berlin, MfS-HA XX/4-654.

165 Brief eines Theologiestudenten an das Ministerium für Hoch- und Fachschulwesen der DDR vom 28.5.1987, a.a.O. Weitere Schreiben von Studierenden a.a.O.

166 Information Fränkel vom 8.7.1987 zur Einschätzung von Schwerpunktproblemen der Lage an der Sektion Theologie der Universität Jena, a.a.O.

167 Ebd. Zu OKR Martin Kirchner, der als IME »Franke« bzw. IMB »Hesselbarth« geführt wurde, vgl. W. Schilling u. a. (Hgg.), So bestehet nun in der Freiheit, zu der uns Chistus befreit hat.

168 Umkehr zu Gott und Hinkehr zum Nächsten, 11.

169 A.a.O., 14 f.

170 Zur Görlitzer Bundessynode beantragte die Kirchliche Bruderschaft Sachsens die Aufnahme des Darmstädter Wortes in die Grundordnung des BEK. Da die Bruderschaft

kein Antragsrecht besaß, konnte das Vorhaben nur als Eingabe behandelt werden. Vgl. Protokoll Riese vom 14.9.1987 der Präsidiumssitzung am 4.9.1987 in Berlin, EZA Berlin, 101/93/208.

171 Umkehr zu Gott und Hinkehr zum Nächsten, 16 f.

172 A.a.O., 20.

173 A.a.O., 33.

174 Ebd.

175 A.a.O., 37.

176 Ebd.

177 A.a.O., 53.

178 BStU Berlin, MfS-HA XX/4-654.

179 Ziegler nahm im Auftrag des KKL-Vorstandes an dem Kolloquium teil. Vgl. Protokoll Leich-Ziegler-Lewek vom 2.6.1987 der 198. Sitzung des Vorstands am 20.5.1987 in Berlin, EZA Berlin, 101/93/249.

180 Leiter des Büros, Dienstreisebericht H. Dohle vom 13.10.1987, BA, Abt. Potsdam, O-4, 963.

181 Zur »Aufklärung« des studentischen Milieus durch Kommilitonen, die für das MfS arbeiteten vgl. den Fall Wieland Scharnbeck (GI »Amadeus«), stud. theol an der Humboldt-Universität (BStU Berlin, AIM 2389/60, 7 Bde).

182 Einzel-Information Nr 261/69 des MfS vom 13.3.1969 und Nr. 349/69 vom 9.4.1969, BStU Berlin, ZAIG 1671.

183 Analyse Wallner der BV Leipzig MfS A XX vom 29.6.1987, BStU Leipzig, MfS HA XX 655.

184 Vgl. ebd.

185 Zu einem Vortrag Dohles in Leipzig 1985, in dem der Funktionär nach einem Bericht der Wochenzeitung »Die Kirche« (Nr. 47/1985 vom 24.11.1985) die Kirche zur theologischen Verarbeitung der Herausforderungen, vor die sie der Sozialismus stellt, aufgefordert hatte, schrieb der Ruheständler Fritz Heidler, Vorgänger von Zeddies im Lutherischen Kirchenamt, einen zustimmenden Brief: »Der Inhalt erscheint mir nach der gegebenen Zusammenfassung wegen der Präzision Ihrer Analyse und Verhältnisbestimmung dessen, was ›erst begriffen werden muß‹, so bedeutungsvoll und wichtig, daß ich gern den Wortlaut Ihres Vortrages zur Kenntnis nehmen würde. Wenn es Ihnen möglich wäre, mir einen Durchschlag oder eine Photokopie oder einen Sonderdruck zukommen zu lassen, wäre ich Ihnen außerordentlich dankbar. Vielleicht darf ich zu Ihrer in dem Bericht erwähnten Forderung, die Kirche müsse die Herausforderung Sozialismus theologisch verarbeiten, auf meinen bereits vor 37 Jahren in den ›Zeichen der Zeit‹ (Nr. 2/3, 1948, S. 78-81) erschienen Artikel (Thesen zur Frage Christentum und Sozialismus) verweisen, der nach meiner Kenntnis die theologisch reflektierte[ste] und weitestgehende Stellungnahme in Richtung Sozialismus ist, die bis jetzt kirchlicherseits abgegeben wurde.« Schreiben Heidler an Dohle vom 27.11.1985, BA, Abt. Potsdam, O-4, 962. Dohle antwortete am 13.12.1985: »Der von mir in Leipzig gehaltene Vortrag ist ein ›Unterwegsprodukt‹ und liegt nur handschriftlich und in Thesenform vor. Zu einer maschinenschriftlichen Überarbeitung oder gar einer Druckfassung werde ich nach Lage der Dinge wohl nicht kommen, so daß ich Ihrer Bitte leider schon aus technischen Gründen nicht entsprechen kann.« Der Staatsfunktionär fügte leicht erzürnt hinzu: »Der Artikel darüber in ›Die Kirche‹ vom 24.11.1985 ist von einer Studentin der Theologie des 1. Studienjahres in Leipzig verfaßt und gibt meine Ausführungen bis zur Unkenntlichkeit entstellt wieder. Der Text ist nicht autorisiert, seine Veröffentlichung hat zu einigen Komplikationen mit der Sektion Theologie in Leipzig und dem Chefredakteur einerseits und unserem Haus andererseits geführt. Ich freue mich aber, daß Sie trotz der oberflächlichen Wiedergabe eines der Grundanliegen herausgelesen haben.« Der Brief schloß: »Ich danke Ihnen dafür, daß Sie die Überlegungen unserer Tage aus der Sicht Ihrer reichen Erfahrungen so aufmerksam begleiten.« A.a.O.

186 Mitschrieb Vortrag Dr. Dohle, 11.6.1986, BA, Abt. Potsdam, R-3,1216.

187 Information des Beauftragten des Rektors für Kirchenpolitik an der Universität Jena, Dr. H. Schönberg vom 30.3.1988, BStU Berlin, MfS-HA XX/4-654.

188 Dohle notierte weiter: »Die Auseinandersetzung mit diesen Argumenten erfolgte z. T. durch andere Studenten, die am Kirchentag von unten teilgenommen hatten, ihn aber, weil sie Kleinkinder dabei hatten, wegen akuter Lebensbedrohung für diese Kinder vorzeitig verlassen mußten.« Leiter des Büros, Dienstreisebericht H. Dohle vom 13.10.1987, BA, Abt. Potsdam, O-4, 963.

189 Information des Beauftragten des Rektors für Kirchenpolitik an der Universität Jena, Dr. H. Schönberg vom 30.3.1988, BStU Berlin, MfS-HA XX/4-654.

190 Ebd.

191 Ebd.

192 Ebd.

193 Ebd.

194 Ebd.

195 Kreisdienststelle Jena, Ref. PUT I, Tonbandabschrift vom 13.4.1988, a.a.O.

196 Die Theologiestudenten von heute – kirchliche Amtsträger von morgen. Über die Verantwortung der Mitarbeiter des MLG in ihrer Arbeit mit den Theologiestudenten, a.a.O.

197 Lehrkörper der Sektion Th MLU Halle, a.a.O.

198 Ebd. Vgl. dazu auch Information über die Veranstaltung zu Problemen der Kirchenpolitik an der Sektion Theologie im Rahmen der 1. Studienwoche am 16.9.1976, BA, Abt. Potsdam, R-3, 1227 und: »Zur Durchführung der 1. Studienwoche an der Sektion Theologie« (BA, Abt. Potsdam, R-3, 1215). Darin heißt es, Brüsewitz sei für den Theologen keineswegs erledigt. »Das zeigte sich an der allergischen Reaktion sowohl der Lehrkräfte [nämlich den Professoren Winkler und Wiefel] als auch der Studenten auf die Bemerkung des Gen. Dohle, Brüsewitz habe in einer Anwandlung von pathologischem Fanatismus gehandelt [...] Die Veranstaltungen machten deutlich: ein großer Teil der Studenten – besonders der höheren Studienjahre – steht offenbar auf der Linie der Kanzelabkündigung und vertritt sie aktiv.«

199 Vgl. z. B. Wallis' Brief an Janott mit Stand vom 10.5.1978, BStU Berlin, MfS-HA XX/4-654.

200 Vgl. z. B. Schreiben Hermann Goltz an Janott vom 22.11.1979, a.a.O.

201 Bericht Heinrich vom 30.10.1980 mit Laufzettel, a.a.O., 153-154.

202 Operative Information Gröger BV Halle, vom 15.10.1980, a.a.O. Zur Rolle der Konvikte als »geistiger Heimat« der Theologiestudierenden vgl. Bericht Gröger, MfS, BV Halle, vom 15.10.1980, 174.

203 Operative Information Gröger BV Halle, vom 15.10.1980, a.a.O., 178.

204 Ebd.

205 Vgl. zur Greifswalder Sektion auch Aktennotiz Kottowski über die Aussprachen am 30.3.1983 an der EMAU Greifswald mit 6 Theologiestudenten, die sich – ihre Teilnahme an wehrsportlichen Übungen betreffend – mit persönlichen Eingaben an Minister Prof. Dr. Böhme gewandt haben, BA, Abt. Potsdam, O-4, 1394; vgl. kirchlicher Vermerk Greifswald, den 31.3.1983, EZA Berlin, 101/93/96; Schreiben Demke an die Leiter der gliedkirchlichen Verwaltungsbehörden vom 3.5.1983, a.a.O. Vgl. z. B. Eingabe Thomas Neumann an das Ministerium f. Hoch- und Fachschulwesen, Minister Prof. Dr. Böhme, vom 19.3.1983, a.a.O.

206 Bericht Schmidt, BV Halle, vom 26.1.1981, BStU Berlin, MfS-HA XX/4-654, 181-183.

207 Einschätzung Gröger vom 6.8.1981, a.a.O., 184-197.

208 Zur staatlichen Einschätzung des Oberseminars Naumburg vgl. die Vorlage der Abt. I im Staatssekretariat für Kirchenfragen (Hans Wilke) vom 21.1.1976, Zur Gesprächsführung mit Vertretern des Oberseminar Naumburg beim Staatssekretär am 23.1.1976: »Seit Existenz des Seminars gibt es Probleme bei der Bestimmung seines politischen Profils in der DDR [...] [D]er politisch negative Charakter des Inhalts der Ausbildung und Erziehung hat sich nicht gewandelt. [...] Noch niemals hat man sich von den poli-

tisch provokatorischen Auffassungen Pf. Hamels im Seminar distanziert. […] Es ist in Eisenach bei der BEK-Synode deutlich geworden, wie ordentlich, sauber und gewissenhaft die Ausbildung an den staatlichen theologischen Sektionen verläuft. Wann kommt die Zeit, daß auch an diesem kirchlichen Seminar eine Einheit von theologischer Ausbildung und staatsbürgerlicher Erziehung einsetzen wird?« BA, Abt. Potsdam, O-4, 483. Zum Lehrbetrieb an den kirchlichen Ausbildungsstätten vgl. z. B. den von Richard Schröder am 25.8.1982 vorgelegten instruktiven »Bericht über meine bisherige philosophische Lehrtätigkeit am Sprachenkonvikt Berlin und am Katechetischen Oberseminar Naumburg«, LKA Hannover, D 15 XII, K 73/412/IV.

209 Einschätzung Gröger vom 6.8.1981, BStU Berlin, MfS-HA XX/4-654.

210 Ebd.

211 Ebd.

212 Ebd.

213 Bericht Gröger vom 4.5.1982 über den Verlauf und Inhalt der Veranstaltungen der Sektion Theologie der MLU Halle-Wittenberg im Rahmen der FDJ-Studententage der Stadt Halle, a.a.O.

214 Ebd. Vgl. auch Operative Information Gröger vom 5.5.1982, a.a.O.

215 Maßnahmeplan Albert zur OPK »Epistel« vom 21.6.1983, a.a.O., 210-213, hier: 211. Vgl. zu Traugott Holtz epd ZA Nr. 165 vom 28.8.1991. Holtz wurde als IMS »Prof. Baum« unter Reg.-Nr. XIII/1807/71 geführt (BStU Halle, AIM 3452/89). Siehe auch den »Fall« eines Hallenser Theologiestudenten, der sich aus Gewissensgründen vom Fahneneid entbinden lassen wollte, BStU Berlin, MfS-HA XX/4-654, 215 ff.

216 Operative Information Gröger Nr. 221/84 vom 26.10.1984, a.a.O.

217 Hiervon berichtete Demke auch der KKL. Vgl. Protokoll Hempel-Ziegler-Doyé über die 95. Tagung der Konferenz der Evangelischen Kirchenleitungen in der DDR am 9./10.11.1984 in Berlin, EZA Berlin, 101/93/236. Vgl. auch Protokoll Hempel-Ziegler-R. Schulze über die 96. Tagung der Konferenz der Evangelischen Kirchenleitungen in der DDR am 11./12.1.1985 in Berlin: »Im Disziplinarverfahren gegen Theologiestudenten in Halle sind differenzierte Urteile ausgesprochen worden. Es erscheint nicht sinnvoll, den Vorgang zum Gesprächsgegenstand mit dem Staat zu machen, aber das Grundsatzproblem, das sichtbar geworden ist, nämlich der militärische Charakter der Zivilverteidigungsausbildung, wäre weiterhin zu erörtern.« A.a.O.

218 Operative Information Gröger Nr. 92/85 vom 4.7.1985, BStU Berlin, MfS-HA XX/4-654.

219 Ebd.

220 Beispiel für Halle: Kurzeinschätzung eines Dozenten vom 15.7.1986, a.a.O. Vgl. dort auch einige Berichte des Betroffenen über seine dienstlichen Auslandsreisen, die Ablichtung eines Briefes von einem Kollegen aus dem Westen, und die Prozedur für eine Ausreisegenehmigung in die Schweiz, a.a.O.

221 Schreiben einer Studentin an den Minister für Hoch- und Fachschulwesen mit Durchschlag an den Prorektor für Erziehung und Ausbildung der MLU Halle und den Direktor der Sektion Theologie vom 10.12.1986, a.a.O.

222 Vgl. Operativplan zum OV »Allianz« vom 4.2.1988, a.a.O. Vgl. auch Information über die politische Lage unter den Theologiestudenten der MLU Halle vom 26.2.1988, a.a.O.

223 Ausführliche Sachinformation zu einem Gespräch des Prorektors für Gesellschaftswissenschaften, Prof. Bauermann, mit der Leitung der Sektion Theologie am 3.3.1988, a.a.O.

224 Ebd.

225 So Holtz, a.a.O.

226 Vgl. Mitteilung vom 13.12.1988, a.a.O.

227 Vgl. Sachstandsbericht Saal zum OV »Allianz«, Reg.-Nr. VIII 420/08 vom 10.8.1989, a.a.O.

228 Vgl. Operative Information Gröger vom 12.1.1989, a.a.O.

229 Ergänzung zur operativen Information Nr. 37/89 vom 5.5.1989, a.a.O.

230 Information Berndt Winkler vom 18.4.1988, a.a.O. Vgl. auch Abteilung Wissenschaft und Volksbildung, Halle, 25.4.1988, Zuarbeit für den Brief an Genossen Erich Honecker im April 1988: »Mit der Ehrenpromotion für Altbischof Werner Krusche am 13. April 1988 an der Martin-Luther-Universität Halle-Wittenberg wurde eindrucksvoll demonstriert, wie der Inhalt der Kirchenpolitik von Partei und Regierung auch auf diesem Gebiet realisiert wird. [...] Bischof Krusche legte in seinem Vortrag ›Die Kirche in der Spannung zwischen Charisma und Institution‹ Positionen zur gegenwärtigen innerkirchlichen Diskussion dar, die praktisch eine Absage an ›die Kirche von unten‹ darstellten. Die Kirche müsse bei allen Auseinandersetzungen Kirche bleiben und dürfe sich nicht auf Gebiete abdrängen lassen, die nichts mit dem Auftrag aus dem Evangelium zu tun hätten. Seitens der Sektion Theologie der MLU wurde Unverständnis geäußert, warum kein Vertreter des Staatssekretariats für Kirchenfragen an dieser Veranstaltung teilgenommen habe.« LPA Halle, IV F-2/3/159.

231 SAPMO-BA ZPA IV B 2/14/47. Vgl. auch mit zum Teil gleichem Wortlaut Martin-Luther-Universität Halle-Wittenberg, Sektion Theologie, Kurzbegründung vom 28.5.1987 für den Vorschlag zur Verleihung des Doctor honoris causa, Antragsteller: Fakultät für Theologie der MLU, BA, Abt. Potsdam, O-4, 1024.

232 Vgl. Schreiben Engel an Gysi vom 16.6.1987, a.a.O.

233 Schreiben Löffler an Engel vom 1.11.1988, BA, Abt. Potsdam, O-4, 1023; auch a.a.O., R-3, 1222.

234 Information Winkler vom 17.3.1988, BA, Abt. Potsdam, R-3, 1215. Die nächsten Zitate ebd.

235 Das Schreiben datiert vom 14.7.1989. Vgl. Schreiben Stolpe an Rektor der Ernst-Moritz-Arndt-Universität Greifswald vom 10.8.1989, BA, Abt. Potsdam, O-4, 1025; auch a.a.O., O-4, 1476.

236 Schreiben Engel an Gysi vom 15.2.1988, BA, Abt. Potsdam, O-4, 1025.

237 Vgl. Schreiben Stolpe an Rektor der Ernst-Moritz-Arndt-Universität Greifswald vom 10.8.1989, BA, Abt. Potsdam, O-4, 1476.

238 Schreiben vom 1.6.1989. Zitiert nach Schreiben Löffler an Jarowinsky vom 12.9.1989, SAPMO-BA ZPA IV B2/14/47.

239 Vgl. Schreiben Löffler an Jarowinsky vom 12.9.1989, a.a.O. Vgl. auch das Einladungsschreiben von Prof. Peter Richter, Rektor der Ernst-Moritz-Arndt-Universität an Staatssekretär Löffler vom 28.9.1989, BA, Abt. Potsdam, O-4, 1476. Der Staatssekretär nahm jedoch an der Ehrung nicht teil. Vgl. das Glückwunschschreiben Löffler an Konsistorialpräsident Dr. h.c. Manfred Stolpe vom 15.11.1989, BA, Abt. Potsdam, O-4, 2715.

240 Vgl. Vermerk über Beratung bei Genossen Jarowinsky am 9.5.1989, SAPMO-BA ZPA IV B2/14/9.

241 Dienstreisebericht Berndt Winkler, BStU Berlin, MfS HA XX/4, 655.

242 Ebd.

243 Rechercheergebnisse zum IM »Sekretär«, Stand 11.9.1992, Anlage I, 69.

244 »Angesichts dieses jahrzehntelangen Einsatzes von Frau Christa Lewek im Interesse sowohl der realistischen kirchlichen Führungskräfte wie unserer friedens- und außenpolitischen Generallinie wäre ich für eine positive Entscheidung meiner Anfrage dankbar.« Schreiben Gysi an Hans-Joachim Böhme, Minister für Hoch- und Fachschulwesen, BA, Abt. Potsdam, O-4, 1023.

245 EZA Berlin, 101/93/752. Vgl. auch Ehrendoktor für OKR Christa Lewek, in: Standpunkt 17 (1989), 171.

246 NZ vom 25.9.1989.

247 Dienstreisebericht Berndt Winkler, BStU Berlin, MfS HA XX/4, 655, 305. Vgl. zu Kehnscherper auch BStU Rostock, AP 20064/92.

248 Vgl. BStU Rostock, AIM 2987/79, Bd. II,1.

249 Einleitungsbericht der KD Greifswald zur OPK »Bittsteller« am 13.5.1986, BStU Berlin, MfS HA XX/4, 655. Die Karriereförderung war ein wichtiges Motiv für die Zusam-

menarbeit mit dem MfS. Auch Manfred Punge (IMV »Manfred«), der sich während seiner Greifswalder Assistentenzeit werben ließ, rechnete offenbar mit solchen Vorteilen (BStU Berlin, AIM 1855/71, I/1, 28-30). Seit September 1966 war Punge dann als Studienleiter bei der Evangelischen Akademie der Landeskirche von Berlin-Brandenburg tätig. Von 1972 an gehörte er zum Netz des Führungs-IM »Beckmann«.

250 Vgl. Abschlußbericht der KD Greifswald zur OPK »Bittsteller« vom 5.10.1987, a.a.O.

251 Information B. Winkler über Beratung mit den Sektionsdirektoren Theologie und über die Sitzung der Kommission für die Sektionen Theologie am 1.bzw. 2.11.1989, a.a.O.

252 A.a.O. Amberg wurde von 1977 bis 1979 operativ bearbeitet und von 1979 bis 1982 als IM-Vorlauf geführt. Am 24.5.1985 schlug die BV Leipzig des MfS, Abteilung XX/4, vor, zu Amberg eine OPK einzuleiten (MfS HA XX/4, 655). Diese wurde 1986 »mit der Bestätigung von loyalen Positionen des A. abgeschlossen« (Analyse Wallner der BV Leipzig MfS A XX vom 29.6.1987, BStU Leipzig, MfS HA XX/4, 655). Ansonsten gab es in der Leipziger Sektion keine OPK oder die Anlage eines OV (ebd.).

253 Information B. Winkler über Beratung mit den Sektionsdirektoren Theologie und über die Sitzung der Kommission für die Sektionen Theologie am 1. bzw. 2.11.1989, BA, Abt. Potsdam, R-3, 1215.

254 Versuche der Einflußnahme auf westliche Wissenschaftler sind natürlich auch für die beiden Jahrzehnte davor nachweisbar. Die Juristin im DDR-Kulturministerium Karin Spaeth (IM »Karin«) sollte Anfang der 60er Jahre beispielsweise für die Stasi die Evangelische Akademie Loccum »aufklären«. Sie nahm Kontakt zu allen Studienleitern und dem Akademiedirektor Bolewski auf, aber auch zu Gästen wie Rudolf von Thadden, dem Predigerseminar-Direktor Martin Kruse und anderen. Zu dem damaligen Loccumer Studienleiter Joachim Matthes und dessen Frau hielt »Karin« die freundschaftliche Verbindung aufrecht, als der Soziologe die Akademie verlassen hatte und seine akademische Karriere in Bonn und Münster startete (BStU Berlin, AIM 12429/69, 4 Bde). Eine weitere Aufgabe von »Karin« war die »Aufklärung« des Hauskreises von Bruno Schottstedt, Direktor der Goßner Mission (a.a.O.).

255 Vgl. zur »Wiss. Gesellschaft für Theologie«, die entsprechend den theologischen Unterdisziplinen in »Fachgruppen« gegliedert ist, die Satzung dieses Vereins mit Sitz in Göttingen, die Mitgliederlisten, die Rundbriefe an die Mitglieder sowie die Veröffentlichungen der von der »Gesellschaft« organisierten »Europäischen Theologenkongresse« (Gütersloher Verlagshaus). Als Geschäftsstelle fungierte die Berliner Stelle des Kirchenamts der EKD.

256 Vgl. z. B. Schreiben Hans-Ulrich Delius an Winkler vom 11.11.1987 (BA, Abt. Potsdam, R-3, 1215). Darin heißt es: »Die Luther-Gesellschaft wird jetzt einen DDR-Hochschullehrer mit in den Vorstand wählen. Es wird sicher Herr Junghans sein. Es ging ja seinerzeit um die von Ihnen angesprochene Möglichkeit, als DDR-Lutherforscher auch in den entsprechenden BRD-Gremien präsent zu sein. Wichtig war dann ja noch der Verein für Reformationsgeschichte, dessen Vorsitzender Bernd Moeller (Göttingen) ist. Hier wäre nur die Möglichkeit, daß wir nach den Satzungen dieses Vereins regelrechte Mitglieder würden mit 24,– DM Jahresbeitrag. Diesen Jahresbeitrag würde die Ev. Kirche der Union für bis zu fünf DDR-Lutherforscher übernehmen.«

257 Treffbericht Wendelborn (IMS »Heinz Graf«) vom 8.9.1983 an seinen Führungsoffizier, BStU AS Rostock, 0240/91, Bd. 7, 82.

258 Vgl. KZG 2 (1989) mit dem Themenschwerpunkt »Die Kirchen Europas in der Nachkriegszeit«, Teilnehmerliste a.a.O., 290.

259 BStU Berlin, ZMA 40227. Beispielsweise mußte ein Archivar des Zentralen Staatsarchivs Potsdam mit der Begründung absagen, er befinde sich zu dieser Zeit in Urlaub, BStU Berlin, MfS XX/4-47.

260 SAPMO-BA ZPA B2/14/194.

261 Vgl. Protokoll Leich-Ziegler-Lewek vom 4.9.1987 der 201. Sitzung des Vorstandes am 26.8.1987 in Berlin: »Stolpe ist von Dr. Onnasch um Mitgliedschaft im Herausgeberkreis ›Kirchliche Zeitgeschichte‹ gebeten worden. Vorstand stimmt der Übernahme die-

ses Amtes zu vorbehaltlich eines positiven Votums des Leitungskreises der Forschungsstelle für kirchliche Zeitgeschichte.« EZA Berlin, 101/93/249.

262 SAPMO-BA ZPA IV B2/14/194.

263 Vgl. Schreiben Löffler an Jarowinsky vom 16.8.1988, BA, Abt. Potsdam, O-4, 996. Dennoch schickte Löffler den neuen Leiter seines Büros, Bertram Handel, und den Leiter der Abteilung Internationale Beziehungen im Staatssekretariat, Gerd Will, zum Empfang, damit die Symposiumteilnehmer sich aus erster Hand über den Stand des Verhältnisses zwischen Staat und Kirche informieren könnten. Vgl. ebd.

264 Schreiben Löffler an Jarowinsky vom 19.8.1988. Der Staatssekretär vermerkte später handschriftlich am Rand: »Gen. Jarowinsky hat zur Ktn. genommen – gilt als erledigt für uns.« BA, Abt. Potsdam, O-4, 995.

265 Wirth an Winter vom 24.6.1988, BA, Abt. Potsdam, R-3, 1227.

266 Vermerk Rogge vom 21.7.1988, a.a.O.

267 G. Wirth, Die Beteiligung der CDU an der Umgestaltung der DDR un den fünfziger Jahren, in: KZG 3 (1990), 125-151.

268 Ludwigs Sofort-Bericht Nr. 771252 vom 27.7.1989, a.a.O.; Vermerk Wirth vom 25.7.1989, BA, Abt. Potsdam, O-4, 1031; auch a.a.O., O-4, 4875.

269 Vgl. z. B. H. Beintkers Bericht über Montreal vom 16.2.1964, BA, Abt. Potsdam, R-3, 2102/2.

270 Vgl. BA, Abt. Potsdam, R-3, 1227 u. ö. Vgl. weitere Berichte von Gottfried Kretzschmar, Helmut Fritzsche, Kiesow u. a., BStU Berlin, MfS-HA XX/4, 655, 42 ff.; 113 ff. Vgl. auch den Reisebericht Kurt Nowaks zur Studienreise nach Westberlin in das Evangelische Zentralarchiv, Jebensstraße 3, im September 1987 vom 9.10.1987, BA, Abt. Potsdam, O-4, 4851.

271 Abt. II, Vorlage Gräfe vom 20.8.1984 an die Dienstbesprechung am 27.8.1984-Sofort-Information an den Staatssekretär vom 31.8.1984, BA, Abt. Potsdam, O-4, 949; vgl. auch Abt. II, Vorlage Gräfe vom 19.12.1984 an die Dienstbesprechung am 14.12.1984 (entsprechend der Festlegung im Umlaufverfahren nachgereicht), Leitungsinformation 6/84: »Die Bezirke […] weisen darauf hin, daß eine Reihe kirchlicher Dienstreisender nach ihrer Rückkehr in die DDR besonders auf das in den westlichen Ländern vorherrschende verzerrte Bild von den Verhältnissen in der DDR aufmerksam machen und die in der DDR gegebene soziale Sicherheit ausdrücklich würdigen.« A.a.O.

272 Vermerk Demke vom 6.1.1983 über Gespräch mit Hauptabteilungsleiter Heinrich am 5.1.1983, EZA Berlin, 101/93/3.

273 Vermerk Ziegler vom 28.11.1984 über Gespräch im Staatssekretariat für Kirchenfragen am 31.10.1984, 13.00 bis ca. 14.45 Uhr, EZA Berlin, 101/93/4.

274 Vermerk Ziegler vom 29.11.1984 über Gespräch im Staatssekretariat für Kirchenfragen am 28.11.1984, 8.00 bis 10.15 Uhr, a.a.O.

275 Gemeint ist die Ev. Akademie Tutzing.

276 Abteilung IV, Vorlage Braemer vom 23.7.1987 an die Dienstbesprechung am Montag, dem 27.7.1987, Schriftliche Information über die Beziehungen der Evangelischen Kirche Berlin-Brandenburg zu Mitgliedskirchen der EKD, BA, Abt. Potsdam, O-4, 954.

277 Schreiben Krebs an Fink vom 2.11.1982, BA, Abt. Potsdam, R-3, 1221.

278 Winkler an Gomill vom 16.12.1982, a.a.O.

279 Vgl. B. Krebs, Nationale Identität und kirchliche Selbstbehauptung.

280 Abgedruckt in ZdZ 41 (1987), 270-275.

281 Zur von Aktion Sühnezeichen und CFK ausgerichteten Nachfeier von Gollwitzers 80. Geburtstag im Berliner Französischen Dom regte Staatssekretär Löffler an, im Auftrage Honeckers dem Jubilar ein Grußschreiben zu übergeben: »Prof. Gollwitzer nimmt realistische Positionen zu den Beziehungen DDR-BRD ein. Er gilt als Begründer des christlich-jüdischen Dialogs und leistet eine anerkannte Friedensarbeit.« An seinem Geburtstag Ende Dezember 1988 hatten dem Theologen bereits Günter Wirth für die Ost-CDU, Heinrich Fink für die CFK sowie Forck und Schönherr gratuliert. Löffler

schickte nachträglich ein Glückwunschschreiben. Schreiben Löffler an Jarowinsky vom 4.1.1989, BA, Abt. Potsdam, O-4, 999.

282 Zum »Fall« Marquardt vgl. W. Schmithals (Hg.), Gutachten und Stellungnahmen zu der Habilitationsschrift von Dr. Friedrich-Wilhelm Marquardt »Theologie und Sozialismus – Das Beispiel Karl Barths«.

283 Information Winkler vom 9.3.1987, SAPMO-BA ZPA IV B 2/14/47.

284 A.a.O. Siehe auch BStU Berlin, MfS HA XX/4, 312, 163-165. Nach diesem Bericht, der übrigens auch von Winkler stammte, soll Marquardt u. a. gesagt haben, die »kirchenpolitische Entwicklung in der BRD« sei »von einer Gebrauchswertmentalität geprägt«.

285 Vgl. den Vorschlag zur Auszeichnung, BA, Abt. Potsdam, R-3, 1227.

286 Zu Krafts Wohnungsproblemen, die sich mit der von dem fleißigen CFK-Theologen propagierten DDR-Wirklichkeit nur schwer vereinbaren ließen, vgl. Schreiben Dieter Kraft an den Stellvertreter des Oberbürgermeisters für Inneres, Herrn Günter Hofmann, vom 26.10.1987, Kopie in BA, Abt. Potsdam, O-4, 1024. Krafts Wohnungsantrag fand mit Schreiben vom 2.11.1987 auch die Unterstützung Gysis (Schreiben an OB Krack): »Dr. Kraft war 1980 bis 1984 mit Zustimmung der zuständigen Staatsorgane im internationalen Sekretariat der Christlichen Friedenskonferenz in Prag tätig. Er hat dort eine ausgezeichnete politische und kirchenpolitische Arbeit geleistet und die DDR würdig vertreten. Auch heute ist er noch in der CFK aktiv tätig und vertritt sowohl in seiner Tätigkeit als Hochschullehrer und bei zahlreichen Auslandsaufenthalten, auch im westlichen Ausland, eine klare, positive politische Position. Aus seiner internationalen Arbeit entstehen viele politisch wichtige Verbindungen. Aber um so peinlicher ist die unwürdige Wohnungssituation seiner Familie, wenn er ausländische Gäste in seiner Wohnung empfängt.« BA, Abt. Potsdam, O-4, 1024. Vgl. auch den positiven Bescheid Kracks vom 30.12.1987, a.a.O.

287 Müller an Rätz vom 26.4.1989, SAPMO-BA ZPA IV B2/14/35.

288 Ebd.

289 Ebd.

290 Ebd.

291 Ebd.

292 Erschienen im Pahl-Rugenstein-Verlag Köln 1988.

293 Entwicklungsbericht, SAPMO-BA ZPA IV B2/14/35.

294 Vgl. Kraußer an Rätz vom 31.5.1989, a.a.O.

295 Kulturabkommen vom 7.5.1986, abgedruckt in: DA 19 (1986), 219-221.

296 Kraußer an Rätz vom 31.5.1989, SAPMO-BA ZPA IV B2/14/35.

297 Ebd.

ABB	Archiv des Bevollmächtigten der EKD bei der Bundesregierung in Bonn
Abs.	Absatz
Abt., Abtlg.	Abteilung
ACDP	Archiv für Christlich-Demokratische Politik
ACK	Arbeitsgemeinschaft Christlicher Kirchen
AGCK	Arbeitsgemeinschaft Christlicher Kirchen (DDR)
AE	Arbeitseinheit
aej	Arbeitsgemeinschaft Evangelischer Jugend
AFA	Allgemeiner Fortsetzungsausschuss der CFK
AfNS	Amt für Nachrichtensicherheit
AG	Arbeitsgruppe
AHB	Außenhandelsbetrieb
AK	Arbeitskreis
AKl	Arbeiterklasse
AKZG, B	Arbeiten zur Kirchlichen Zeitgeschichte Reihe B. Darstellungen
Anh.	Anhalt
APU	Evangelische Kirche der Altpreußischen Union
APrTh	Arbeiten zur Praktischen Theologie
AS, ASF	Aktion Sühnezeichen/Friedensdienste
BA	Bundesarchiv
BA, Abt. Potsdam	Bundesarchiv, Abteilungen Potsdam
BdPB	Büro des Politbüros
BDJ	Bund Deutscher Jugend
BEK	Bund evangelischer Kirchen in der DDR
Best.	Bestand
BF	Bildung und Forschung
BfV	Bundesamt für Verfassungsschutz
BGL	Betriebsgewerkschaftsleitung
BiLi	Bibel und Liturgie, Klosterneuburg bei Wien
BK	Bekennende Kirche
BL	Bezirksleitung
BMin	Bundesministerium
BStU	Behörde des Bundesbeauftragten für die Unterlagen des Staatssicherheitsdienstes der ehemaligen DDR
BThZ	Berliner Theologische Zeitschrift
BTSEKD	Berichte über die Tagungen der Synode der Evangelischen Kirche in Deutschland
BV	Bezirksverwaltung
BVfS	Bezirksverwaltung für Staatssicherheit
CCIA	Commission of the Churches on International Affairs
CFK	Christliche Friedenskonferenz
ComSoc	Communication socialis. Zeitschrift für Publistik in Kirche und Welt
ČSR	Tschechoslowakische Republik
ČSSR	Tschechoslowakische Sozialistische Republik
CVJM	Christlicher Verein Junger Männer
DA	Deutschlandarchiv. Zeitschrift für die Fragen der DDR und der Deutschlandpolitik.

Daed.	Daedalus. Journal of American Academy of Arts and Science
	Deutsches Allgemeines Sonntagsblatt
DBD	Demokratische Bauernpartei Deutschlands
DC	Deutsche Christen
DDP	Deutsche Demokratische Partei
DDRV	DDR-Verfassung
DEK	Deutsche Evangelische Kirche
DEKT	Deutscher Evangelischer Kirchentag
DFD	Demokratischer Frauenbund Deutschlands
Diak.	Internationale Zeitschrift für Praktische Theologie
Diakomie	Diakonie. Impulse, Erfahrungen, Theorien
DNVP	Deutsch-Nationale Volkspartei
Dok.	Dokument
DSB	Deutscher Sportbund
DSF	Deutsch-Sowjetische Freundschaft
DtPfrBl	Deutsches Pfarrerblatt, Stuttgart
DVdI	Deutsche Verwaltung des Inneren
DVP	Deutsche Volkspolizei
DVV	Deutsche Verwaltung für Volksbildung
DWK	Deutsche Wirtschaftskommission
DZPh	Deutsche Zeitschrift für Philosophie
EGO	Entwurf einer Grundordnung für die EKD
EK	Evangelische Kommentare
EKiBB	Evangelische Kirche in Berlin-Brandenburg
EK(i)D	Evangelische Kirche in Deutschland
EKHN	Evangelische Kirche in Hessen und Nassau
EKU	Evangelische Kirche der Union
ELKT	Evangelisch-Lutherische Kirche Thüringens
ELLKM	Evangelisch-Lutherische Landeskirche Mecklenburg
ena	Evangelischer Nachrichtendienst in der DDR
eno	Evangelischer Nachrichtendienst Ost
epd	Evangelischer Pressedienst
epd ZA	Evangelischer Pressedienst-Zentralausgabe
epd-Dok	Evangelischer Pressedienst-Dokumentation
EOK	Evangelischer Oberkirchenrat
EOS	Erweiterte Oberschule
ESG	Evangelische Studentengemeinde
EStL	Evangelisches Staatslexikon
ev., evgl., evang.	evangelisch
EvTh	Evangelische Theologie
EVG	Europäische Verteidigungsgemeinschaft
Ex.	Exemplar
EYCE	Ecumenical Youth Committee in Europe
EZA	Evangelisches Zentralarchiv (Berlin)
FAZ	Frankfurter Allgemeine Zeitung
FDGB	Freier Deutscher Gewerkschaftsbund
FDJ	Freie Deutsche Jugend
FdR(dA)	Für die Richtigkeit (der Abschrift)
FESG	Texte und Materialien der Forschungsstätte der Evangelischen Studentengemeinschaft
FIM	Führungs-IM
FR	Frankfurter Rundschau

FS	Festschrift
FU	Freie Universität (Berlin)
GAW	Gustav-Adolf-Werk
GeGe	Geschichte und Gesellschaft, Göttingen
gem.	gemäß
Gen.	Genosse
Generalsup.	
Gen. Sup. (Int.)	Generalsuperintendent
GI	Geheimer Informator
GlLern	Glauben und Lernen
GM	Geheimer Mitarbeiter
GMH	Gewerkschaftliche Monatshefte
GMS	Gesellschaftlicher Mitarbeiter Sicherheit
GO	Grundordnung
Greifsw.	Greifswald
GuG	Geschichte und Gesellschaft
GVG	Gemeinsame Vorbereitungsgruppe
GVP	Gesamtdeutsche Volkspartei
GWU	Geschichte in Wissenschaft und Unterricht
H.	Heft
HA	Hauptabteilung
HA I/MfNV	Hauptabteilung I/Ministerium für Nationale Verteidigung
HAL	Hauptabteilungsleiter
He.	Herr(n)
Hgg.	Herausgeber (Plural)
HICOG	High Commissioner for Germany
HIM	Hauptamtlicher Inoffizieller Mitarbeiter
HVA	Hauptverwaltung Aufklärung
IfGA ZPA	Institut für die Geschichte der Arbeiterbewegung, Zentrales Parteiarchiv der SED
IM	Inoffizieller Mitarbeiter
IMB	Inoffizieller Mitarbeiter zur Bearbeitung im Verdacht der Feindtätigkeit stehender Personen
IMF	Inoffizieller Mitarbeiter mit Feindverbindung
IMS	Inoffizieller Mitarbeiter zur Sicherung des Verantwortungsbereiches
IMV	Inoffizieller Mitarbeiter zur Vorgangsbearbeitung
IMVorl.	Inoffizieller Mitarbeiter Vorlauf
insbes.	insbesondere
JBBKG	Jahrbuch für Berlin-Brandenburgische Kirchengeschichte
JCV	Jahrbuch des Caritasverbandes
JG	Junge Gemeinde
Jhrs.	Jahres
JK	Junge Kirche
JP	Junge Pioniere
JusEcc	Jus ecclesiasticum. Beiträge zum evangelischen Kirchenrecht und zum Staatskirchentum
KA	Kirchliches Außenamt
KBS	Kirchliche Bruderschaft Sachsen
KD	Kreisdienststelle

KD	Die Kirchliche Dogmatik Karl Barths
KEK	Konferenz Europäischer Kirchen
KGB	Komitet Gossudarstwennoj Besopasnosti (KFS; sowjetischer Geheimdienst)
KidZ	Kirche in der Zeit
kirchenpol.	kirchenpolitisch
KiS	»Kirche im Sozialismus«
KJ	Kirchliches Jahrbuch
KKiA	Kommission der Kirchen für internationale Angelegenheiten
K(d)KL	Konferenz der Kirchenleitungen
KL	Kirchenleitung
KMU	Karl-Marx-Universität, Leipzig
KNA	Katholische Nachrichtenagentur
KO	Konspiratives Objekt
KoKo	Kommerzielle Koordinierung
Kons.	Konsistorium
Kons.Ass.	Konsistorialassessor
KPČ	Kommunistische Partei der Tschechoslowakei
KPdSU(B)	Kommunistische Partei der Sowjetunion (Bolschewiken)
KPI	Kommunistische Partei Italiens
KP	Kirchenpolitik
KP	Kontaktperson
KPS	Kirchenprovinz Sachsen
KR	Konsistorialrat/Kirchenrat
KSG	Katholische Studentengemeinde
KSZE	Konferenz für Sicherheit und Zusammenarbeit in Europa
KuD	Kerygma und Dogma
KV	Kirchenvorstand
KVP	Kasernierte Volkspolizei
KZ	Konzentrationslager
KZG	Kirchliche Zeitgeschichte
KZSS	Kölner Zeitschrift für Soziologie und Sozialpsycologie
LaBi	Landesbischof
LDP(D)	Liberal-Demokratische Partei (Deutschlands)
LKA	Landeskirchenamt
LKA Hannover	Landeskirchliches Archiv Hannover
LKS	Landeskirche Sachsen
LKW	Lutherische Kirche in der Welt. Jahrbuch des Martin Luther Bundes, Neuendettelsau
LPA	Landesparteiarchiv
LuMo	Lutherische Monatshefte
LWB	Lutherischer Weltbund
Ltr.	Leiter
MAI	Ministerium für Außenhandel und innerdeutschen Handel
MdI	Ministerium des Inneren
MdJ	Ministerium der Justiz
MDN	Mark der Deutschen Notenbank
MfAA	Ministerium für Auswärtige Angelegenheiten
MfIA	Ministerium für Innere Angelegenheiten
MfS/M.f.St.	Ministerium für Staatssicherheit
MGM	Militärgeschichtliche Mitteilungen
MHF	Ministerium für Hoch- und Fachschulwesen

Min.	Ministerium
M.-L.	Marxismus-Leninismus
MLF	Multilateral Force
MLG	Marxismus-Leninismus-Grundlagenstudium
MLU	Martin-Luther-Universität, Halle-Wittenberg
MR	Ministerrat
MR-Problematik	Menschenrechtsproblematik
ND	»Neues Deutschland«
NDPD	National-Demokratische Partei Deutschlands
NKFD	Nationalkomitee Freies Deutschland
NL	Nachlaß
NOrd	Die Neue Ordnung in Kirche, Staat, Gesellschaft, Kultur
NS	Nationalsozialismus
NStim	Neue Stimme. Evangelische Monatsschrift zu Fragen in Kirche, Gesellschaft und Politik
NSW	Nicht-sozialistisches Wirtschaftsgebiet
NVA	Nationale Volksarmee
NVR	Nationaler Verteidigungsrat
NZ	»Neue Zeit«
NZSTh	Neue Zeitschrift für Systematische Theologie und Religionsphilosophie
Oberkons.Rat	Oberkonsistorialrat
OdF	Opfer des Faschismus
ÖEH	Ökumenische Existenz Heute
OFD	Oberfinanzdirektion
OiBE	Offizier im besonderen Einsatz
OKR	Oberkirchenrat
OLKR	Oberlandeskirchenrat
op.	operativ
OPK	Operative Personenkontrolle
OPREE	Occasional Papers on Religion in Eastern Europe
Org.	Organisation
ÖR	Ökumenische Rundschau
ÖR.B	Beiheft zur Ökumenischen Rundschau
ÖRK	Ökumenischer Rat der Kirchen
OV	Operativer Vorgang
PAB	Privatarchiv Besier
PCFK	Prager Christliche Friedenskonferenz
Pf(r).	Pfarrer
Pg.	Parteigenosse
POLZG	Aus Politik und Zeitgeschichte
POS	Politechnische Oberschule
ppp	parlamentarisch-politischer pressedienst
Protest.	Protestantesimo, Rom
PTh	Pastoraltheologie. Wissenschaft und Praxis
PUT	Politische Untergrundfähigkeit
PVAP	Polnische vereinigte Arbeiterpartei
PVS	Politische Vierteljahresschrift
RA	Regionalausschuß
RAF	Rote-Armee-Fraktion

RdB.	Rat des Bezirkes
Ref.	Referat
ReHe	Religion Heute
RGG	Die Religion in Geschichte und Gegenwart
RGW	Rat für gegenseitige Wirtschaftshilfe
RhM	Rheinischer Merkur. Christ und Welt
Rj.	Rechnungsjahr
RKZ	Reformierte Kirchenzeitung. Reformierter Bund für Deutschland
RL(Rl)	Richtlinie
ROK	russisch-orthodoxe Kirche
russ.-orth.	russisch-orthodox
S.	Saale
S.	Seite
S./s.	siehe
Sa.	Sachsen
Sa.-Anh.	Sachsen-Anhalt
SAPMO-BA	Stiftung Archiv der Parteien und Massenorganisationen der DDR im Bundesarchiv
SBZ	Sowjetische Besatzungszone
Schl.	Schlesien
SD	Sicherheitsdienst
SED(-KL)	Sozialistische Einheitspartei Deutschlands (Kreisleitung)
SFB	Sender Freies Berlin
SfS	Staatssekretariat für Staatssicherheit
SKK	Sowjetische Kontrollkommission
SMA(D)	Sowjetische Militäradministration
SoFd	Sozialer Friedensdienst
soz.	sozialistisch
SSD	Staatssicherheitsdienst
StGB	Strafgesetzbuch
StPO	Strafprozeßordnung
St.S	Staatssekretariat
StZ	Stimme der Zeit. (Katholische) Monatsschrift für das Geistesleben der Gegenwart
Sup(erint).	Superintendent
SZ	Süddeutsche Zeitung
s. Zt.	seinerzeit
taz	»Tageszeitung«
ThBeitr	Theologische Beiträge
ThExh	Theologische Existenz heute
ThLZ	Theologische Literaturzeitung
ThR	Theologische Revue
ThSA	Theologische Studienabteilung
Thür.	Thüringen
ThZ	Theologische Zeitschrift der Theologischen Fakultät Basel
TM	Transfermark
TRE	Theologische Realenzyklopädie
UP	United Press
UVR	Ungarische Volksrepublik
VD-Sache	Vertrauliche Dienstsache

VdgB	Vereinigung der gegenseitigen Bauernhilfe
VEB	Volkseigener Betrieb
VEK	Vereinigte Evangelische Kirche
VELK(D)	Vereinigte Evangelisch-Lutherische Kirche (Deutschlands)
Verf.	Verfassung
Verw.	Verwaltung
VF	Verkündigung und Forschung. Theologischer Jahresbericht
VZG	Vierteljahreshefte für Zeitgeschichte
VKL	Vorläufige Kirchenleitung
VM	Valutamark
Vol.	Volume
VP	Volkspolizei
VR	Volksrepublik
VRB	Volksrepublik Bulgarien
VRP	Volksrepublik Polen
VVN	Vereinigung der Verfolgten des Naziregimes
VVO	Veranstaltungsverordnung
VVS	Vertrauliche Verschlußsache
WAK	Weißenseer Arbeitskreis
WamS	Welt am Sonntag
WB	Berlin (West)
WCC	World Council of Churches
WD	Kurzform für Bundesrepublik Deutschland
WJ	Wichmann-Jahrbuch für Kirchengeschichte im Bistum Berlin
WRV	Weimarer Reichsverfassung
WU	Wehrunterricht
WZ(B).G	Wissenschaftliche Zeitschrift der Humboldt-Universität zu Berlin, Ge-sellschaftswissenschaftliche Reihe
WZ(L).G	Wissenschaftliche Zeitschrift der Karl-Marx-Universität Leipzig, Ge-sellschaftswissenschaftliche Reihe
YLBI	Year Book. Leo Baeck Institution of Jews from Germany
ZA	Zentralausgabe
ZA	Zentralausschuß
ZdZ	Die Zeichen der Zeit
ZEE	Zeitschrift für Evangelische Ethik
ZEKHN	Zentralarchiv der Evangelischen Kirche in Hessen und Nassau
ZEvKR	Zeitschrift für Evangelisches Kirchenrecht
ZfG	Zeitschrift für Geschichtswissenschaft
ZfS	Zeitschrift für Soziologie
ZK	Zentralkomitee
ZKG	Zentrale Koordinierungsgruppe
ZMiss	Zeitschrift für Mission
ZThK	Zeitschrift für Theologie und Kirche
Zw	Zeitwende. Die Furche

QUELLEN- UND LITERATURVERZEICHNIS

A. UNVERÖFFENTLICHTE QUELLEN UND STUDIEN

1. Archiv des Bevollmächtigten der EKD bei der Bundesregierung (ABB) in Bonn

Akten: Beratergruppe; Berliner Stelle der EKD; Dreiergespräch 1982-1983; Dreiergespräch 1984-1985; Dreiergespräch 1986-1991; Grundsatzangelegenheiten bis 1976; Kirchliche Hilfs-maßnahmen, 1957 ff.; Kirchliche Hilfsmaßnahmen »Dreiergespräch« 1976-1981; Kirchliche Hilfsmaßnahmen »Dreiergespräch« 1986-1991; Kirchliche Hilfsmaßnahmen, Korrespondenz 1989-1991; Kirchliche Hilfsmaßnahmen-Transfer, Allgemeiner Schriftwechsel, Rj. 1964-1973; Kirchliche Hilfsmaßnahmen-Transfer, Rj. 1969-1972; Kirchliche Hilfsmaßnahmen-Transfer, Rj. 1973-1975; Kirchliche Hilfsmaßnahmen-Transfer, Rj. 1976-1978; Kirchlicher Hilfsplan, All. Schriftwechsel, 1964-1973; Konsultationsgruppe; Sonderbauprogramm 1971/72; Sonderbauprogramm/Berliner Dom; Sonderbauprogramm Berliner Dom 1970-1974; Sonderbauprogramm Dom.

2. Archiv für Christlich-Demokratische Politik (ACDP), St. Augustin

Bestand: VII-010, 3252.
VII-013, 0529; 1754; 2113; 2121; 2130; 2138; 2145; 2156; 2164; 2514; 2553; 3007; 3036; 3050; 3053; 3062; 3148; 3260; 3283; 3385; 3927.

3. Behörde des Bundesbeauftragten für die Unterlagen des Staatssicherheitsdienstes der ehemaligen DDR (BStU)

3.1 Personenbezogene Bestände
Althausen, Wolfgang (IMS »Wolfgang«), Zentralarchiv Berlin (ZA) MfS AIM 16306/81.
Angermann, Werner (IMV »Rene«), ZA MfS AIM 23489/80, 3 Bde.
Bambowsky, Gerd (GI »Kornelius Hammer« alias »Gerd«), Reg.-Nr. XV, 1088/65; ZA AIM 324/75, 5 Bde.
Bassarak, Gerhard (IM »Buss«), ZA Reg.-Nr. MfS 1005/69.
Beckmann, Paul (IM »Roland«), ZA AIM 4841/59.
Bernhard, Karl-Heinz (IM »Jäger« alias »Förster«), ZA AIM 7218/91, 4 Bde.
Bosinski, Gerhard (IMV »Specht«), ZA MfS AIM 15716/79, I,1; II,1.
Braecklein, Ingo (IM »Ingo«) MfS XX/4 1387/59 bzw. 10679/60 (gelöscht); AP 4448/92.
Brink, Wilhelm (GI »Dr. Brücke«), ZA AIM 12712/69, 3 Bde.
Brück, Wilhelm (IM »Dr. Brücke«), ZA MfS AIM 12712/69.
von Brück, Ulrich (IM »Zwinger«), ASt. Dresden MfS AIM 4066/86.
Brüggemann, Ernst (FIM »Erich«), ASt. Potsdam AIM 443/66.
Dohle, Horst (IME »Horst«), Reg.-Nr. XII/745/73; ASt. Dresden A 35/89
Dressler, Helmut (IM »Harry«), Reg.-Nr. XV/14157/60; ZA A 186/85, 4 Bde.
Ellmer, Ingrid (Im »Christine«), ZA MfS AIM 18060/64, 3 Bde.
Fascher, Erich (GI »Fred«), ZA MfS AIM 2849/59, 2 Bde. AP 21991/92, 1 Bd.
Fessen, Friederun (GI »Irene«)), ZA MfS AIM 2023/60, T I,1; T II/1-3.
Forck, Gottfried (OV), ZA MfS OPK 603/88, Bd. 1.
Frielinghaus, Dieter (IM »Dieter«), ASt. Dresden AIM, 1509/76.
Fritzsche, Hans-Georg (IM »Fritz«), ZA MfS A112/85.
Fritzsche, Helmut (IMS »Helmut«), Reg.-Nr. Rostock XV/1633/65; ASt. Rostock AIM 2672/77, T I,1; T II,1-2.
Gartenschläger, Gottfried (IMB »Barth«), Reg.-Nr. BV Berlin XV/1295/74, ZA AIM 8875/91.

Giebeler, Eckart (IMB »Roland«), Reg.-Nr. Potsdam 3471/60; ASt. Potsdam 5/91.

Gienke, Horst (IM »Orion«), Reg.-Nr. Rostock 1066/72.

Grundmann, Siegfried (IM »Berg«) ZA AIM 2455/69.

Günther, Ingeborg (und Herbert) (IMS »Theater«), ZA AIM 4987/73, I,1; A, 1 und 2.

Günther, Rolf-Dieter (IMB »Wilhelm«), Reg.-Nr. Potsdam IV, 879/68; ASt. Potsdam AIM XX 30/91.

Gutsch, Wolf-Dietrich (IMF »Dietrich«), Reg.-Nr. XV/799/68; ZA AIM 11870/85. I,1; II, 1-3.

Gysi, Gregor (IMVorl.»Notar«), ZA AIM 9564/86.

Gysi, Klaus (IM »Kurt«), ZA MfS AIM 3803/65.

Harder, Hans-Martin (IME »Dr. Winzer«), ASt. Rostock I 1588/88.

Hamann, Bruno (IM »Bruno«), ZA MfS 6036/79, I,1; II,1.

Hammer, Detlef (IM »Detlef«, dann IME »Günther«, ab 1.12.1977 OibE), BV Halle Reg.-Nr. VIII,809/70; ASt. Halle MfS AIM 1143/78; T I, 1-2; T II, 1-5.

Haustein, Manfred (GI »Cornelius«), XIV/1236/65, I,1; ASt. Chemnitz AIM 571/86.

Heilmann, Ulrich (IMF/IMB »Eigenhorst«), Reg.-Nr. Potsdam IV 656/78; Ast. Potsdam AIMVorl. 5144/61; AIM 140/89; MfS XX AP, 12833/92.

Heinrich, Peter ZA MfS 3570/87; Arbeitsakte OibE HA XX/4.

Hien, Johann (GM »Wilhelm Fröhlich«), ZA MfS AIM 11488/69, 6 Bde.

Holtz, Traugott (IMS »Prof. Baum«), ASt. Halle MfS AIM 3452/89.

Ihmels, Folkert (IMS-Vorl. »Moritz«), ASt. Dresden AIM 1660/81.

Janott, Jürgen (IMV »Student«), ZA MfS AIM 8939/91, 4 Bde.

Kalb, Hermann (GI »Hug«, »Hermann«, »Schütz«) ZA MfS AIM 12983/63.

Kapiske, Jürgen (IMB »Walter«), Frankfurt/O. 212/86; ASt Frankfurt/O. AIM V 603/73; 1446/88, 11 Bde.

Kehnscherper, Günther, ASt. Rostock AIM 1217/81.AP 20064/92, 1 Bd.

Klages, Eberhard (IM »Ehrlich«), Reg.-Nr. MfS 14133/60; ZA MfS 3541/92. AP-471/79, T I,1; T II, 5Bde.

Koltzenburg, Wilfried (IM »Krone«), Reg.-Nr. XV-4029/65; ZA T 491/85, 2 Bde (Rest gelöscht am 11./12.1989)

Krügel, Siegfried (IM »Lorac«), Reg.-Nr. Leipzig XIII 1396/62, ASt. Leipzig MfS AIM 5/92, 5 Bde.

Krummacher, Friedrich Wilhelm (»Martin«), ZA MfS Berlin, AP 11422/92; 11318; 11319/92; 11320; 11321/92; 11322/92; 11365/92; 10653/92; 10667/92; 10668/92; 10688/92.

Krum, Horsta (IM Helena«), ASt. Potsdam MfS AIM 1552/84.

Kunst, Hermann ZA AP 20280/92, 1Bd.

Leder, Hans-Günter (IMS »Hans-Günter«), ASt. Rostock, AIM 2987/79, Bd. II,1.

Leich, Werner ZA AP 11252/92, 1 Bd.

Löffler, Helmut (IM »Hans Gabel«), ASt. Dresden AIM 2640/91, 5 Bde.

Lotz, Gerhard (IM »Karl«) Reg.-Nr. MfS 820/55 bzw. 10687760; ZA AIM 3043/86, T I 2 Bde, T II 6 Bde.

Ludolphy, Ingetraut (OV »Nonne«), ASt. Leipzig XIII 550/63.

Manz, Joachim (IM »Hans«), ASt. Potsdam MfS AIM 1034/88; I,1 u.3; II,1-3.

Meier, Kurt (IMS »Werner«), ASt. Leipzig 1361/60, I,1-2; II,1-5.

Meckel, Ernst-Eugen (IMF »Prinz«), ZA MfS AIM 3165/79, I,1; II,1.

Meitz, Günter (IM »Horst«), Reg.-Nr. XV/1057/68; ZA MfS AIM 8020/91; A11/80, I,2; II,2; A,I.

Mitzenheim, Hartmut (IMV »Hans Klinger«), MfS AIM 12940/89; MfS AP 11363/92.

Mochalski, Herbert (IM-Vorlauf »Diener«), ZA AIMVorl. 327/65.

Moritz, Hans (IM »Martin«), ASt. Leipzig XIII 1097/60, 3 Bde.

Müller, Hanfried (IM »Hans Meier«), ZA MfS 14186/60: T MfS A387/85.

Müller, Konrad (GM »Konrad«), Reg.-Nr. MfS 1822/64, ASt. Rostock MfS A 1822/64 und MfS AIM 3043/86, I,1-2: II,1-5.

Natho, Eberhard AP 20457/92, 1 Bd.

Pabst, Walter AP 20940/92, 2 Bde.

Pagel, Karl (IM »Karl«), ASt. Frankfurt/O, 679/87.
Pätsch, Gertrud, geb. Kettler (IM »Gertrud«), ZA MfS AIM 13943/72, 2 Bde.
Petzold, Ernst (IMB/IMS »Direktor«), Reg.-Nr. XV 4086/79; Leipzig AOP 293/61 I,1; II,1-2 (gelöscht, 8.12.89).
Plath, Siegfried (IMS »Hiller«), Reg.-Nr. Rostock I, 4844/60; ASt. Rostock AIM 243/91.
Punge, Manfred (IM »Manfred« alias »Goldmann«), ZA AIM 1855/71, 3 Bde.
Quast, Gerhard (GI »Otto«), Reg.-Nr. 299/56; ZA MfS AIM 3010/68.
von Rabenau, Konrad (IM »Adel«), ZA MfS AIM 1944/89 I,1; II,1.
Rathke, Heinrich AOPK 664/87, 4 Bde.
Reckzeh, Johann-Wolfgang (GI »Wolf«), Reg.-Nr. Dresden XII, 2007/63, 7 Bde.
Rogge, Joachim AP 21253/92, 1 Bd.
Rohde, Joachim MfS AP 16091/84.
Saft, Walter (IM »Salzmann«), ASt. Suhl, AIM 915/88.
Scharnbeck, Wieland (GM »Amadeus«), ZA MfS AIM 2389/60, I,1; II,1-6.
Schenke, Hans-Martin MfS AOP, 5082/69.
Schmauch, Werner MfS BV Rostock, AP 553/67.
Schreiner, Stefan (IMVorl.) AIM 47/87. AOPK Halle 286/75.
Schunk, Klaus-Dietrich (IMS »Lehmann«), Reg.-Nr. Rostock 1590/71; ASt. Rostock AIM 4272/90, I,1; II,2.
Seidowsky, Joachim (IM »Gerhard«), ZA MfS AIM 3654/71 (gesperrt).
Spaeth, Karin (GM »Karin«), ZA MFS AIM 12429/69, 4 Bde.
Stachat, Kurt Friedrich ZA MfS AIM 7611/65.
Steinmetzger, Ute (IM »Birke«), ZA AIM 2834/88, T I,1-4; T II, 1-5.
Stolpe, Manfred (IM »Sekretär«), Rechercheergebnisse zum IM »Sekretär«, I-III (Stand: 31.3.1992; 11.9.1992 und 12.4.1994); Sonderakte Stolpe
Trebs, Herbert (IM »Anton«), ZA MfS AIM 10990/68, 9 Bde.
Vogel, Wolfgang (GM »Eva« bzw. GM »Georg«), ZA MfS AIM 4148/53.
Volk, Waltraud (GMV »Waltraud«), ZA MfS AIM 4862/65, I,1; II,1-5.
Walter, Erwin (IMF »Winter«), ASt. Dresden AIM 6830/90, 11 Bde.
Wahrmann, Siegfried (IMS »Lorenz«), ASt. Rostock 7411/702772/91, 5 Bde.
Weber, Hans-Joachim (IM »Bastler«), Reg.-Nr. MfS 1683/57 bzw. 10672/60; Archiv-Sign. MfS AIM 1377/62, 2 Bde Personal-, 18 Bde Berichtsakten.
Wendelborn, Gerd (IM »Heinz Graf«), Rostock 1167/60; ASt. Rostock AIM 0240/91, I,1; II,7; III,1.
Werner, Jürgen (IME »Michael«), ZA AIM 8865/90.
Wilke, Hans (GMS »Horst«), ZA MfS 2968/70, T I,1-2; II,1-6.
Wirth, Günter MfS AP 878/54.

3.2 Sachbezogene Bestände
Zentrale Auswertungs- und Informationsgruppe (ZAIG)
Z 105; Z 712; Z 738; Z 1023; Z 1026; 1085; Z 1120; Z 1166; Z 1188; Z 1224; 1293; Z 1295; Z 1342; Z 1365; Z 1466; Z 1549; Z 1550; Z 1567; Z 1573; Z 1620; Z 1624; 1671; Z 2035; Z 2561; Z 2590; 2790; 2800; 3143; 3197; Z 3254; Z 3296; 3392; Z 3628; Z 3633; 4883; 5592; 5597.
ZMA XX, 40227
Ministerium für Staatssicherheit (MfS)
HA XX/4, 4-7: 76; 98; 108; 110; 114; 244; 303; 312; 344; 349; 360-362; 364; 420; 421; 425; 438; 449; 463; 498; 528; 595; 600; 637; 655; 678; 736; 768; 769; 777; 809; 837; 838; 847; 1005; 1439; 1449; 5570; 6098; AKG 124.
Allgemeine Sachablage (AS)
Vorgangsheft Bartnizek
Vorgangsheft Klaus Roßberg (2061), MfS AS 2341/92.
Vorgangsheft Franz Sgraja
Vorgangsheft Joachim Wiegand
Vorgangsheft Heinritz

Vorgangsheft Hans Ludwig
MfS BV Halle
Abt. XX., Sachakten: 119; 125; 138; 142; 1543.

4. Bundesarchiv (BA) – Abteilungen Potsdam.

Bestand O-4: Altreg.; AR 00-10-00; 41; 50; 173; 255; 401-411; 413-418; 424-428; 431; 432; 434-436; 438-446; 462; 473; 476-481; 483; 484; 485-495; 504; 507; 508; 527-531; 533; 537, 538; 558; 560; 570; 572; 580; 581; 583; 584; 586; 587; 593; 594; 596-598; 601; 606; 607; 609; 622; 627-631; 634; 635; 638-643; 649-655; 658; 659; 671; 709; 741; 746; 766; 769-771; 777; 783-786; 789; 790; 791; 793; 797; 798; 801; 807-812; 816-818; 938; 944; 948; 949; 951; 952; 954; 955; 962; 963; 973; 982; 995; 996; 998-1000; 1023-1025; 1031; 1037; 1068; 1073-1075; 1115-1143; 1175; 1185; 1188; 1189; 1192; 1204-1207; 1212; 1220; 1224-1226; 1230; 1232; 1239; 1240; 1244-1246; 1261; 1265; 1266; 1268; 1270-1272; 1274-1279; 1358-1361; 1375; 1376; 1380; 1381; 1391; 1393; 1394; 1396; 1397; 1407; 1418; 1431; 1432; 1437-1439; 1449-1451; 1455-1457; 1459; 1460; 1476; 1495; 1497; 1498; 1505; 1510; 1933; 1934; 1943; 2380; 2493; 2497-2501; 2525; 2553; 2554; 2620; 2624; 2630; 2631; 2643; 2656; 2710; 2714; 2715; 2934; 2936; 2939; 2941; 2969; 2973; 2979; 2981; 4087; 4587; 4719; 4851; 4870-4872; 4875; 4877; 4894; 4993; 4994; 4997; 6253; 6273.
Bestand R-3: 1025; 1215; 1216; 1221; 1222; 1227; 1230; 2102/2.

5. Evangelisches Zentralarchiv (EZA) in Berlin

Bestand 2, Abgabe 1993: 751; 842; 881.
Bestand 4: 67-70.
Bestand 4, Abgabe 1991 (4/91): 1, 12, 532, 689, 698, 702, 745, 746, 770-772, 774.
Bestand 4, Abgabe 1992 (4/92): 1, 2, 4-14, 22, 702.
Bestand 101: 33; 34; 40; 44; 51; 79; 80; 94-96; 98; 99; 101; 102; 104-107; 113-118; 120; 121; 238; 244; 245; 247; 251-253; 257; 259; 322-324; 338; 341-344; 346-351; 353; 354; 358; 360; 363; 371; 599; 601; 603-605; 647; 648; 650; 653-656; 917; 1114; 1190, Bd. II.
Bestand 101, Abgabe 1993 (101/93): 3; 4; 14; 63; 79; 96; 103; 105; 107; 208, 230; 233; 236; 237; 243; 244; 247; 249; 259; 313; 729; 752; 758; 759; 815; 817.
Bestand 102: 4; 13; 15; 33-35; 41; 45; 47; 67; 82; 94; 641, Bd. III; 833.

6. Hoover Institution Archives Stanford/Cal.

6.1 German Subject Collection
boxes 6; 27-29; Jürgen Perduss; Gerhard Ritter.

6.2 Russian State Archival Service and Hoover Institution (record groups: the State Archives of the Russian Federation [GARF], the Russian Center for the Preservation and Study of Documents of Most Recent History [RTsKhIDNI], the Center for Preservation of Contemporary Documentation [TsKhSD]
– Party Congresses and Conferences.
– Central Committee Plenums.
– Politburo.
– Secretariat of the Central Committee.
– Apparat of the Central Committee.
– Committee for Party Control of the Central Committee.

6.3 South African Subject Collection
boxes 1-3; 12; 19 (ANC and WCC).

6.4 Soviet Union Subject Collection
– Committee for the Free World, 89 boxes.
– Committee on the present Danger, 494 boxes.
– Committee for the Free World, 386 boxes.

7. Landeskirchliches Archiv (LKA) Hannover

Bestand D15 XII: K 15/343; K 24/21410E1; K 25/21411; K 35/224/V-VII; K 35/229/VII; K 36/224/VIII.IX a-b; K 37/230/V-VI; K 61/331; K 62/332/IV.VI; K 65/340; K 65/341/I; K 66/343/III-VI; K 67/343/VIII; K 73/412/I-IV; K 78/416; K 78/419; K 81/457; K 82/485/I; K 83/50323; K 87/5043; K 101/5732; K 102/590A; K 102/1800/I; K 102/5910/A; K 102/5910/I-II; K 102/5904; K 103/59164A; K 112/734.

8. Landesverband Sachsen-Anhalt der PDS, Landesparteiarchiv (LPA) Halle
[Bestände jetzt im Staatsarchiv Merseburg]

Bestand IV: C-2/14/0550; C-2/14/0725; D-2/3/229; D-2/14/473-475; D-2/14/477-478; D-2/14/580; E-2/14/578-580; F-2/3/159.
Bestand Kl. Dessau IV: C-4/06/155; D-4/06/113.

9. PDS-Archiv Dresden
[Bestände jetzt im Sächsischen Hauptstaatsarchiv Dresden]

Bestand IV B-2.14: 636.
Bestand IV C-2.14: 675; 677; 679-682; 689.
Bestand IV C-5.01: 235.
Bestand IV D-2.14: 689-693.696-698.
Bestand IV D-5.01: 195.
Bestand IV E-2.14: 666; 669; 671; 673; 676; 680.

10. PDS Archiv Leipzig
[Bestände jetzt im Staatsarchiv Leipzig]

Bestand IV: B-2/14/669-670; 524; D-2/13/524; D-4/14/159.

11. Sächsisches Hauptstaatsarchiv Dresden (SHSA)

BT/RdB Dresden (Zwibo): 45932; 45940; 46614.

12. Stiftung Archiv der Parteien und Massenorganisationen der DDR im Bundesarchiv
[ehem. Institut für die Geschichte der Arbeiterbewegung, Zentrales Parteiarchiv der SED]
(SAPMO-BA ZPA)

Bestand IV A2: 14/1-48; 9.04/512.
Bestand IV B2: 14/1-201; 2.036/47-50.

Bestand IV 1/IX/15-07.
Bestand IV 2/2, ZK der SED, Büro Mittag 42068-42069.
Bestand A 11429.
Bestand AR 18275.
Bestand J IV 2/2: J-534; J-2742; J-3013; J-3056; J-3621; J-4195; J-4618; J-4763; J-7328; 16/55; 1474; 1636; 1716; 1740; 7324.
Bestand J IV 2/2A: 1382; 2447,6.
Bestand J IV 2/3: 118; 119; 125; 127; 1988; 2260; 2904; 3205; 3210; 3211,5; 3301; 3134.
Bestand J IV 3/3A: 2748; 3618.
Bestand NL 281: 36; 46; 48; 110.

B. Gedruckte Quellen und Darstellungen

Abschlußbericht des 1. Untersuchungsausschusses (Schalck-Golodkowski-Bericht) des 12. Deutschen Bundestages vom 27.5.1994, Drucksache 12/7600.

Abweichender Bericht der Berichterstatterin der Gruppe Bündnis 90/Die Grünen im 1. Untersuchungsausschuß, Ingrid Köppe, MdB.

VIII. Parteitag der SED: Juni 1971. Aus Reden und Dokumenten, Berlin (Ost) 1971.

Adler, E., Ein erster Anfang. Bilanz der ersten fünf Jahre des Programms zur Bekämpfung des Rassismus, Berlin (Ost) 1975.

Adriányi, G., Geschichte der Kirche Osteuropas im 20. Jahrhundert, Paderborn-München-Wien-Zürich 1992.

Ahme, M., Der Reformversuch der EKD 1970-1976, Stuttgart-Berlin-Köln 1990.

Ahrens, W., Hilferufe von drüben. Die DDR vertreibt ihre Kinder. Authentische Berichte, Huglfing 1978.

Albertz, H. u. a. (Hgg.), Konsequenzen, Thesen, Analysen. Dokumente zur Deutschlandpolitik, Reinbek 1969.

Albinus, W./Heilsberg, P.-J./Bendel, A., Die Entwicklung der Evangelisch-Lutherischen Kirche Sachsens und ihre Stellung im kirchenpolitischen Bereich sowie politisch-operative Schlußfolgerungen für die schwerpunktmäßige Bearbeitung, Potsdam 1985 (Ms.).

Aleksandrowicz, D., The Road of Emptiness: The Dynamics of Polish Marxism, in: Studies in Sovjiet Thought 43 (1992), 101-115.

Als Boten des gekreuzigten Herrn. Festgabe für Bischof Dr. Dr. Werner Krusche zum 65. Geburtstag. Hg. von H. Falcke, M. Onnasch und H. Schultze, Berlin (Ost) 1981.

Alt, H., Die Stellung des Zentralkomitees der SED im politischen System der DDR, Köln 1987.

Althausen, J., Kirchliche Beziehungen aus der DDR nach Afrika dargestellt an den Verbindungen der Berliner Mission zum südlichen Afrika, in: U. v. d. Heyden/I. und H.-G. Schleicher (Hgg.), Die DDR und Afrika. Zwischen Klassenkampf und neuem Denken, Münster-Hamburg 1993, 63-78.

Ders., The Churches In The GDR Between Accommodation And Resistance, in: OPREE XIII (1993), 21-35.

Altvater, E./Neusüss, C., Bürokratische Herrschaft und gesellschaftliche Emanzipation, in: Neue Kritik 51/52 (1969), 19-51.

Ammer, Th./Memmler, H.-J. (Hgg.): Staatssicherheit in Rostock. Zielgruppen, Methoden, Auflösung, Köln 1991 (Edition Deutschland Archiv).

Amtsblatt der Ev.-Luth. Landeskirche Sachsens, 1980, Nr. 19 B 63; Nr. 20 B 65, Nr. 31 B 69.

Amtsblatt der Evangelisch-Lutherischen Kirche in Thüringen vom 10. 7. 1980.

Arnold, H.-L./Meyer-Gosan, F., Die Abwicklung der DDR, Göttingen 1992.

Ash, T.G., Im Namen Europas. Deutschland und der geteilte Kontinent, München-Wien 1993.

898

Aycoberry, P., De quelques marxistes et novateurs de l'historiographie est-allemande, in: Vingtième siècle 34 (1992), 25-31.

Azaryahn, M., Von Wilhelmsplatz zu Thälmannplatz. Politische Symbole im öffentlichen Leben der DDR, Gerlingen 1992 (Schriftenreihe des Instituts für Deutsche Geschichte Universität Tel Aviv).

Badstübner, R., DDR. Gescheiterte Epochenalternative, Aufbruch in die Sackgasse oder was sonst? Versuch einer Annäherung, Berlin 1994 (hefte zur ddr-geschichte 19).

Ders. u. a., DDR-Werden und Wachsen. Zur Geschichte der Deutschen Demokratischen Republik, Frankfurt/M. 1975.

Ders. u. a., Geschichte der Deutschen Demokratischen Republik, Berlin (Ost) 1981.

Bahro, R., Die Alternative. Zur Kritik des real existierenden Sozialismus, Köln 1979.

Bankkredite für die Apartheid und der ÖRK, Frankfurt/M. 1978.

Barron, J., KGB. Arbeit und Organisation des sowjetischen Geheimdienstes in Ost und West. Mit einer ausführlichen Dokumentation und mit einem Bericht von Alexander Solschenizyn, Bern-München 1974.

Barth, K., Die kirchliche Dogmatik Bd. III. Die Lehre von der Schöpfung, Teil 4, Zürich 1951.

Bartnizek, G./Grimm, W., Lösungswege zur offensiven Bekämpfung und vorbeugenden Verhinderung von subversiven Aktionen klerikaler Organisationen kapitalistischer Länder, insbesondere sog. christlicher Ostmissionen, welche die Transitwege und die erleichterten Einreisebedingungen in die DDR sowie andere sozialistische Länder mißbrauchen, Potsdam 1982 (Ms.).

Barzel, R., Es ist noch nicht zu spät, München-Zürich 1977.

Beckmann, A./Kusch, R., Gott in Bautzen. Gefangenenseelsorge in der DDR, Berlin 1994.

Bedeutung und Funktion des Antifaschismus. Hg. von Bundesminister des Inneren, Bonn 1990.

Begegnungen. Zur Konfessionslosigkeit in (Ost-) Deutschland. Ein Werkstattbericht, Begegnungen 1994/4 und 5.

Begreifen wie es gewesen ist. Zur Diskussion um den Umgang mit der DDR-Vergangenheit. Hg. von der Katholischen Akademie in Berlin, Leipzig 1992.

Beintker, M., Die Idee des Friedens als Waffe im Kalten Krieg, in: KZG 4 (1991), 249-259.

Ders., Die Schuldfrage im Erfahrungsfeld des gesellschaftlichen Umbruchs im östlichen Deutschland. Annäherungen, in: KZG 4 (1991), 445-461.

Beiträge zur Geschichte der Sozialistischen Einheitspartei Deutschlands. Hg. vom Institut für Gesellschaftswissenschaften beim ZK der SED, Berlin (Ost) 1961.

Beiträge zur Geschichte der Theologischen Fakultät Berlins. Zum 175. Jahrestag der Gründung der Berliner Universität, in: WZ(B).G 34, 1985, H. 7.

Beiträge zur Geschichte der Kirchenpolitik der SED. Auszüge aus Materialien eines wissenschaftlichen Kolloquiums des Instituts für Geschichte der deutschen Arbeiterbewegung der Akademie für Gesellschaftswissenschaften beim ZK der SED am 4. Juli 1986. Hg. von der Akademie für Gesellschaftswissenschaften beim ZK der SED, Berlin (Ost) 1987.

Belezki, V.N., Die Politik der Sowjetunion in den deutschen Angelegenheiten 1945-1976, Berlin (Ost) 1977.

Belikat, W., Die politisch-operative Lageeinschätzung zum »Friedensseminar Meißen« und Erfordernisse der politisch-operativen Bearbeitung seiner Organisatoren zur vorbeugenden Verhinderung und Zurückdrängung ihres feindl.-negativen Wirksamwerdens, Potsdam 1985 (Ms.).

Bender, P., Neue Ostpolitik. Vom Mauerbau bis zum Moskauer Vertrag, München ²1989.

Ders., Unsere Erbschaft. Was war die DDR – was bleibt von ihr?, Hamburg 1992.

Bent, A.J. v. d., Christian Response in a World of Crisis. A brief history of WCC's Commission of the Churches on International Affairs, Geneva 1986.

Ders., Der Dialog zwischen Christen und Marxisten. Eine kommentierte Bibliographie 1959-1969, Geneva 1969.

Berbig, R. u. a. (Hgg.), In Sachen Biermann. Protokolle, Berichte und Briefe zu den Folgen einer Ausbürgerung, Berlin 1994.

Berger, Chr., Vom ökumenisch-missionarischen Zentrum/BMG zum Berliner Missionswerk, in: ZMiss 19 (1993), 148-156.

Bergmann, P., Subversive Bestrebungen im kirchlichen Gruppentourismus aus nichtsoz. Staaten und WB und Methoden ihrer Aufdeckung, Potsdam 1984 (Ms.).

Bericht der Enquete-Kommission »Aufarbeitung von Geschichte und Folgen der SED-Diktatur in Deutschland« (Drucksache des Deutschen Bundestages, 12. Wahlperiode, Drucksache 12/7820 vom 31.5.1994).

Bericht des Brandenburgischen Landtages vom 29.4.1994, Drucksache 1/3009, Bd. 1, 145 f.

Bericht des Parlamentarischen Untersuchungsausschusses 1/3 des Brandenburgischen Landtages »Aufklärung der früheren Kontakte des Ministerpräsidenten Dr. Manfred Stolpe zu Organisationen des Staatsapparates der DDR, der SED sowie zum Staatssicherheitsdienst und der in diesem Zusammenhang erhobenen Vorwürfe« vom 29.4.1994, Berichtsband, Anlagenband A und B sowie Wortprotokoll der Debatte zum Bericht am 16.6.1994.

Bericht des Politbüros an die 8. ZK-Tagung am 24./25.5.1978, Berlin (Ost) 1978.

Bericht über Nairobi 75, Frankfurt/M. 1976.

Berlin-Fürstenwalde 1967. Bericht über die 1. Tagung der IV. Synode der EKD, Hannover 1969.

Besier, G., Art.: Lilje, Hanns, in: Staatslexikon der Görres-Gesellschaft, Bd. 3, Freiburg-Basel-Wien 1987, 923-925.

Ders., »Denn Gott soll man trauen allein.« Eine Erwiderung auf Richard Schröder: Die Kirchen in der DDR, in: ThRv 89 (1993), 265-274.

Ders., Der SED-Staat und die Kirche, Bd. I. Der Weg in die Anpassung, München 1993.

Ders., Der SED-Staat und die Kirchen, in: Bonner Theologische Gespräche 1989-1992. Hg. vom Evangelischen Arbeitskreis der CDU/CSU, Bonn 1993, 109-135.

Ders., Der SED-Staat und die Protestanten. Drohungen, Schmähbriefe und Intrigen. Ein Zeugnis kirchlicher Selbstbehauptung. Zum Weg des früheren Greifswalder Bischofs Friedrich Wilhelm Krummacher; in: SZ Nr. 180 vom 7./8. 8. 1993.

Ders., Die evangelische Kirche in den Umbrüchen des 20. Jahrhunderts. Gesammelte Aufsätze, Bd. 1, Kirche am Übergang vom Wilhelminismus zur Weimarer Republik. Von der Weimarer Republik ins »Dritte Reich« – der »Kirchenkampf«, Neukirchen-Vluyn 1994 (Historisch-Theologische Studien zum 19. und 20. Jahrhundert, 5,1).

Ders., Die evangelische Kirche in den Umbrüchen des 20. Jahrhunderts. Gesammelte Aufsätze, Bd. 2, Von der ersten Diktatur in die zweite Demokratie – Kirchlicher Neubeginn in der Nachkriegszeit. Kirchen, Parteien und Ideologien im Zeichen des Ost-West Konflikts, Neukirchen-Vluyn 1994 (Historisch-Theologische Studien zum 19. und 20. Jahrhundert, 5,2).

Ders., Die Evangelischen Landeskirchen, in: Deutschland in Gegenwart und Zukunft. Der demokratische und soziale Rechtsstaat Bundesrepublik Deutschland. Hg. vom Bundesministerium für innerdeutsche Beziehungen, Bonn 1990, 146-158.

Ders., Ein Kirchenjournalist will nach Wittenberg. Kirchliche Journalisten und das SED-Regime, in: Matthies, H. (Hg.), Die Medien-Herausforderung. Christen und die Publizistik, Gießen-Basel 1994, 110-115.

Ders., Evangelische Kirche in der DDR. Der Fall Hans-Joachim Weber. Ein eifriger Partner der Staatssicherheit, in: SZ Nr. 272 vom 25.11.1993, 10.

Ders., Kirche unter zwei Diktaturen: Widerstand im NS- und im SED-Regime. Mit Beispielen versehene Anmerkungen zu einem komplexen Thema, in: KZG 6 (1993), 250-256.

Ders., Psychophysiologie und Oral History als Faktoren der Sozietät. Anmerkungen zur Akkuratesse von Erinnerungen, in: KZG 7 (1994), 102-116.

Ders., Soll die Schuld im Erfolg vernarben? Über den Schmerz alter und neuer historischer Wunden, in: KZG 4 (1991), 493-511.

Ders. (Hg.), Staatssicherheit in Kirche und Theologie, in: KZG 4 (1991), 293-312.

Ders./Sauter, G., Wie Christen ihre Schuld bekennen. Die Stuttgarter Erklärung 1945, Göttingen 1985.

Ders./Wolf, St. (Hgg.), »Pfarrer, Christen und Katholiken«. Das Ministerium für Staatssicherheit der ehemaligen DDR und die Kirchen, Neukirchen-Vluyn ²1992.

Bethge, E., Dietrich Bonhoeffer. Theologe – Christ – Zeitgenosse, München 1967.

Beyer, F.-H., Theologiestudium und Gemeinde. Zum Praxisbezug der theologischen Ausbildung im Kontext der DDR, Göttingen 1994.

Bickhardt, Ch., »Wir sind das Volk« – »Wir sind das Volk Gottes«, in: BiLi 66 (1993), 97-103.

Ders., Stellvertretung für die abwesende Gesellschaft. Zum unreflektierten Verhältnis von Kirche und Gesellschaft in der DDR, in: Zwie-Gespräche 17 (1993), 7-14.

Blaschke, K.H., Geschichtswissenschaft im SED-Staat, Erfahrungen eines »bürgerlichen« Historikers in der DDR, in: Aus Politik und Zeitgeschichte B 17-18 (1992), 14-27.

Ders. (Hg.), Warten in Geduld. Momentaufnahmen, Hannover 1991.

Blask, F./Scholze, Th., Halt! Grenzgebiet! Leben im Schatten der Mauer, Berlin 1992.

Bleibender Auftrag unter neuen Herausforderungen. Überlegungen zum Weg unserer Kirche in das vereinigte Deutschland. Hg. vom Sekretariat des BEK, Berlin (Ost) 1990.

Blühm, R., Die staatliche Bildungspolitik und die evangelische Kirche in der DDR, in: Die Christenlehre/Berlin (Ost) 46 (1993), 238-256.

Bluhm, H./Brie, A./Brie, M. u. a., Texte zu Politik, Staat, Recht, Berlin (Ost) 1990.

Bock, H., Partei – Staat – bürokratische Kaste. Zu einigen strukturanalytischen Aspekten des staatsmonopolistischen Sozialismus in der DDR, in: ZfG 41 (1993), 5-23.

Böhme, W., Widerstand, Schuld und Vergebung. Über die Bewältigung der deutschen Vergangenheit, in: ZW 63 (1992), 72-77.

Börger, B./Kröselberg, M., Die Kraft wuchs im Verborgenen. Katholische Jugend zwischen Elbe und Oder 1945-1990, Düsseldorf 1993.

Boese, Th., Die Entwicklung des Staatskirchenrechts in der DDR von 1945 bis 1989. Unter besonderer Berücksichtigung des Verhältnisses von Staat, Schule und Kirche, Baden-Baden 1994.

Böttcher, H.R. (Bearb.), Vergangenheitsklärung an der Friedrich-Schiller-Universität Jena. Beiträge zur Tagung »Unrecht und Aufarbeitung« am 19. und 20. 6. 1992, Leipzig 1994.

Borgmann, L., Zwischen gestern und morgen. Evangelische Gemeinden in der DDR, Berlin (Ost) ³1970.

Borkowski, D., Für jeden kommt der Tag … Stationen einer Jugend in der DDR, Berlin (Ost) 1990.

Boyens, A., »Den Gegner irgendwo festhalten« – »Transfergeschäfte« der Evangelischen Kirche in Deutschland mit der DDR-Regierung 1957-1990, in: KZG 6 (1993), 379-426.

Ders., Gespräche im Schaufenster. Das Gipfeltreffen zwischen Honecker und den evangelischen Kirchenführern der DDR vom 6. März 1978, in: KZG 7 (1994), 209-235.

Brakelmann, G., Das Darmstädter Wort von 1947 und die Tradition der neuzeitlichen Protestantismus, in: Flugblätter zur Versammlung europäischer Christen, Nr. 9/10, Darmstadt, 7. bis 9. Oktober 1977, hg. von der Theologischen Kommission der ESG, Stuttgart 1977.

Brandt, H.-J./Dinges, M., Kaderpolitik und Kaderarbeit in den »bürgerlichen« Parteien und den Massenorganisationen der DDR, Berlin (West) 1984.

Brandt, W., Erinnerungen. Mit einem aktuellen Vorwort, Frankfurt/M.-Berlin ³1992.

Bransch, G., Kirche auf dem Wege. Perspektiven der evangelischen Kirche in der sozialistischen Gesellschaft. Versuch einer Einschätzung, Berlin (Ost) 1987.

Bräuer, S., Martin Luther in marxistischer Sicht von 1945 bis zum Beginn der achtziger Jahre, Berlin (Ost) ²1983.

Braun, J., Volk und Kirche in der Dämmerung. Ein Einblick in die vier Jahrzehnte des Sozialismus in der DDR, Leipzig 1992.

Breaking down the walls. World Council of Churches' Statements and Actions on Racism 1948-1985, Geneva 1986.

Brecht, M., Weder leichtfertige Überheblichkeit noch Verzweiflung. Luthers Umgang mit der Schuld. Beobachtungen zu einem aktuellen Thema, in: KZG 4 (1991), 462-475.

Bremen 1973. Bericht über die 6. Tagung der 4. Synode der EKD vom 3. bis 6. 1. 1973, Hannover 1973.

Brinks, J. H., Die DDR-Geschichtswissenschaft auf dem Weg zur deutschen Einheit. Luther, Friedrich II. und Bismarck als Paradigmen politischen Wandels, Frankfurt/M. 1992 (Campus Forschungen, 685).

Brinkschulte, W./Gerlach, H.J./Heise, Th., Freikaufgewinnler. Die Mitverdiener im Westen, Frankfurt/M.-Berlin 1993.

Brunner, G., Einführung in das Recht der DDR, München ²1979.

Ders. (Hg.), Menschenrechte in der DDR, Baden-Baden 1989.

Buch, G., Namen und Daten wichtiger Personen der DDR, Berlin (Ost) ⁴1987.

Buck, H.F./Reuter, U., Das Scheitern des SED-Wohnungsbauprogramms und die infrastrukturellen und ökologischen Erblasten für die Wohnumwelt in den neuen Bundesländern. Vom Mißbrauch der Statistik unter dem SED-Regime. Analysen und Berichte des Gesamtdeutschen Instituts Bonn, Bonn 1991.

Bull, C., Mit wehendem Talar dem Zeitgeist entgegen, in: die andere 27/91 vom 3.7.1991, 8 f.

Bulletin der Bundesregierung Nr. 121 vom 15.12.1981.

Bundesministerium für Innerdeutsche Beziehungen Nr. 19 (1980).

Bündnispolitik im Sozialismus. Hg. von H. Hümmler, Berlin (Ost) 1981.

Burgsmüller, A. (Hg.), Zum politischen Auftrag der christlichen Gemeinde (Barmen II). Votum des Theologischen Ausschusses der Evangelischen Kirche der Union, Gütersloh 1974.

Busch, E., Karl Barths Lebenslauf. Nach seinen Briefen und autobiographischen Texten, München ³1978.

Büscher, W. (Hgg.), Friedensbewegung in der DDR, Hattingen 1982.

Ders./Wensierski, P., Null Bock auf DDR. Aussteigerjugend im anderen Deutschland, Reinbek 1984.

Carstens, K., Erinnerungen und Erfahrungen. Hg. von K. v. Jena und R. Schmoeckel, Boppard am Rhein 1993.

Casalis, G. u. a. (Hgg.), Christliche Friedenskonferenz 1968-1971. Dokumente und Berichte, Wuppertal 1971.

Cerny, J. (Hg.), Wer war wer – DDR. Ein biographisches Lexikon, Berlin 1992.

Chaix, G., Pavane pour une histoire défente dans l'ancienne Allemagne de l'Est, in: Vingtième Siècle 31 (1991), 75-84.

Childs, D., The GRD. Moscow's German Ally, London 1983.

Christen und Marxisten verbinden gemeinsame Ziele und Ideale, Berlin (Ost) 1964.

Christliche Existenz im sozialistischen Staat. Zeugnisse zu Weg und Wirken von Christen in der DDR. Hg. vom Sekretariat des Hauptvorstandes der CDU (Ost), Berlin (Ost) 1987 (Hefte aus Burgscheidungen 243).

Chronik der Auseinandersetzungen zwischen Staat und Kirche im Bereich der DDR, in: Unterwegs 7 (1953), 149-164.

Chronik der Ereignisse in der DDR, Köln 1989.

Coburg 1991. Bericht über die erste Tagung der achten Synode der Evangelischen Kirche in Deutschland vom 28. bis 30. Juni 1991. Hg. im Auftrag der Synode der EKD vom Kirchenamt der EKD, Hannover 1991 (BTSEKD, 46).

Ders., Kirche im Sozialismus. East German Protestantism's Political and Theological Witness, 1945-1990, in: OPREE XIII/4, (1993), 1-21.

Cordell, K., The Role of the Evangelical Church in the GDR, in: Government and Opposition, 25/1 (1990).

Cornelsen, D., Die Industrie der DDR, in: Der X. Parteitag der SED: 35 Jahre SED-Politik. Versuch einer Bilanz. 14. Tagung zum Stand der DDR-Forschung in der BRD, Köln (1981), 46-62.

Dähn, H., Das politische System der DDR, Berlin (West) 1985.

Ders., DDR-Protestantismus und Kriegsdienstverweigerung. Interpretation eines bisher nicht veröffentlichten Dokuments, in: Berliner Dialog-Hefte, Sonderheft 1993, 24-31.

Ders., Die Kirchen im Spannungsfeld von Loyalität und Opposition in der DDR, in: Deutsche Studien, Heft 88 (1984), 321 ff.

Ders. (Hg.), Die Rolle der Kirchen in der DDR. Eine erste Bilanz, München 1993 (Geschichte und Staat, 291).

Ders., Konfrontation oder Kooperation? Das Verhältnis von Staat und Kirche in der SBZ/DDR 1945-1980. Mit einem Vorwort von R. Henkys, Wiesbaden 1982.

Daiber, K.-F., Kirche und religiöse Gemeinschaften in der DDR, in: Kaufmann, F.-X./Schäfers, B., Religion, Kirche und Gesellschaft in Deutschland, Opladen 1988 (Gegenwartskunde, Sonderheft 5), 75-88.

Damus, M., Malerei der DDR. Funktionen der bildenden Kunst im Realen Sozialismus, Hamburg 1991.

Daressalam 1977. In Christus eine neue Gemeinschaft. Offizieller Bericht der 6. Vollversammlung des Lutherischen Weltbundes, Frankfurt 1977 (epd-Dokumentation, 18).

Das Bekenntnis zu Jesus Christus und die Friedensverantwortung der Kirche. Eine Erklärung des Moderamens des Reformierten Bundes. Hg. von H.-J. Kraus, Gütersloh ²1983.

Demke, Chr. u. a. (Hgg.), Zwischen Anpassung und Verweigerung. Dokumente aus der Arbeit des Bundes der Evangelischen Kirchen in der DDR, Leipzig 1994.

Denzler, G./Fabricius, V., Christen und Nationalsozialisten. Darstellung und Dokumente. Mit einem Exkurs: Kirche im Sozialismus, Frankfurt/M. 1993, 234-239.

Der Freie Deutsche Gewerkschaftsbund. Geschichte und Organisation. Hg. von der Friedrich-Ebert-Stiftung, Bonn-Bad Godesberg 1970.

»Der Stern«, Hamburg passim.

DER SPIEGEL, Hamburg.

Desel, J., Das Leben und Sterben des Oskar Brüsewitz. Ein Pfarrerschicksal in der DDR, Berlin (West) 1984.

Deuerlein, E./Schmollinger, H., Deutschland 1963-1970, Hannover 1972.

Deutscher Evanglischer Kirchentag, Stuttgart 1969, Dokumente. Hg. vom Präsidium des DEKT, Stuttgart 1970.

Deutscher Evanglischer Kirchentag, Düsseldorf 1973, Dokumente. Hg. vom Präsidium des DEKT, Stuttgart 1973.

Deutscher Evanglischer Kirchentag, Frankfurt 1975, Dokumente. Hg. vom Präsidium des DEKT, Stuttgart 1975.

Deutscher Evanglischer Kirchentag, Berlin 1977, Dokumente. Hg. vom Präsidium des DEKT, Stuttgart 1977.

Deutscher Evanglischer Kirchentag, Nürnberg 1979, Dokumente. Hg. im Auftrag des Präsidium des DEKT von H. Uhl, Stuttgart 1979.

Deutscher Evanglischer Kirchentag, Hamburg 1981, Dokumente. Hg. im Auftrag des Präsidium des DEKT von H.-J. Luhmann und G. Neveling, Stuttgart 1981.

Deutscher Evanglischer Kirchentag, Hannover 1983, Dokumente. Hg. im Auftrag des Präsidium des DEKT von H.-J. Luhmann und G. Neveling-Wagner, Stuttgart 1984.

Deutscher Evanglischer Kirchentag, Düsseldorf 1985, Dokumente. Hg. im Auftrag des DEKT von K. v. Bonin, Stuttgart 1985.

Deutscher Evanglischer Kirchentag, Frankfurt 1987, Dokumente. Hg. im Auftrag des DEKT von K. v. Bonin, Stuttgart 1987.

Deutscher Evanglischer Kirchentag, Berlin 1989, Dokumente. Hg. im Auftrag des DEKT von K. v. Bonin, Stuttgart 1989.

Deutscher Evanglischer Kirchentag, Ruhrgebiet 1991, Dokumente. Hg. im Auftrag des DEKT von K. v. Bonin, München 1991.

Deutsches Allgemeines Sonntagsblatt, Hamburg 1968 ff.

Deutschland-Archiv. Zeitschrift für Fragen der DDR und der Deutschlandpolitik, Köln 1967 ff.

Deutz-Schroeder, M./Staadt, J. (Hgg.), Teurer Genosse! Briefe an Erich Honecker, Berlin 1994.

Die Barmer Theologische Erklärung von 1934 und unser Christusbekenntnis von 1984. Tagungsbericht. Hg. von Kirchliche Bruderschaft Sachsens, Dresden 1984.

Die DDR-Verfassungen. Bearb. von H. Roggemann, Berlin (West) ³1980.

Die Denkschriften der Evanglischen Kirche in Deutschland. Hg. von Kirchenamt der EKD, 1/2: Frieden, Menschenrechte, Weltverantwortung, Gütersloh ³1991.

Die Denkschriften der Evangelischen Kirche in Deutschland. Hg. von Kirchenamt der EKD, 2/2: Soziale Ordnung, Wirtschaft, Staat, Gütersloh 1992.

Die DDR im Entspannungsprozeß 1980. Lebensweise im realen Sozialismus, 13. Tagung zum Stand der DDR-Forschung in der BRD, Köln 1980.

Die Deutsche Demokratische Republik im Lichte der Grundrechte und der Rechtsstaatsidee. Deutsche Sektion der Internationalen Juristen-Kommission. Arbeitstagung vom 16./17. Oktober 1987 in Göttingen, Heidelberg 1989.

Die Geschichte der CDU. Programm und Politik der Christlich-Demokratischen Union Deutschlands seit 1945, Bonn 1980.

Die gesellschaftlichen Organisationen in der DDR. Stellung, Wirkungsrichtungen und Zusammenarbeit mit dem sozialistischen Staat. Hg. von der Akademie für Staats- und Rechtswissenschaft der DDR, Berlin (Ost) 1980.

Die Kirche für andere und die Kirche für die Welt 1967. Hg. von Ökumenischen Rat der Kirchen, Genf 1967.

Die Kirchen im Kampf gegen den Rassismus. Eine Materialsammlung, Frankfurt/M. 1980.

Die Neue Verfassung der DDR. Mit einem einleitenden Kommentar von D. Müller-Römer, Köln 1974.

DIE ZEIT, Hamburg passim.

Dittrich, B., »nicht die Bekämpfung des Kommunismus, sondern der Aufbau des Leibes Christi …« Zur Pastoraltheologie des Erfurter Bischofs Hugo Aufderbeck (1909-1981), in: Ernst, W./Feiereis, K. (Hgg.), Denkender Glaube in der Geschichte und Gegenwart. FS aus Anlaß der Gründung der Universität Erfurt vor 600 Jahren und aus Anlaß des 40jährigen Bestehens des philosophisch-theologischen Studiums Erfurt, Leipzig 1992, 130-148 (EThSt, 63).

Ders., Priesterlicher Dienst unter den Bedingungen der säkularisierten, materialistischen Gesellschaft der DDR, in: *Ernst, W. u. a.* (Hgg.), Denkender Glaube in der Geschichte und Gegenwart, Leipzig 1992 (EThSt, 63), 149-162.

Dietrich, Chr./Schwabe, U. (Hgg.), Freunde und Feinde. Dokumente zu den Friedensgebeten in Leipzig zwischen 1981 und dem 9. Oktober 1989, Leipzig 1994.

Dietzfelbinger, H., Veränderung und Beständigkeit. Erinnerungen, München 1984.

Ditfurth, Chr. v., Blockflöten. Wie die CDU ihre realsozialistische Vergangenheit verdrängt, Köln 1991.

Dohle, H., Grundzüge der Kirchenpolitik der SED zwischen 1968 und 1978, Diss. phil. B, Berlin (Ost), Akademie für Gesellschaftswissenschaften beim ZK der SED, 1988 (Ms.).

Ders., Wissenschaftlicher Atheismus und praktische Kirchenpolitik, in: Wissenschaftlicher Atheismus: Forschungsbericht 41. Hg. von der Ingenieurhochschule für Seefahrt Warnemünde/Wustrow 1987, 27-41.

Ders., Zum Verhältnis von Staat und Kirche in der DDR zwischen 1968 und 1971, in: Berliner Dialog-Hefte 2 (1992), 23 ff.

Ders., Zur Grundstruktur einer Geschichte des Verhältnisses von Staat und Kirche in der DDR, in: Beitrage zur Theorie und Geschichte der Religion und des Atheismus 5 (1989), 9-23.

Ders., Zur Kirchenpolitik der SED in den 70er Jahren, in: Berliner Dialog-Hefte 4 (1993/1), 11-21.

Ders., u. a. (Hgg.), Beiträge zur Theorie und Geschichte der Religion und des Atheismus, Berlin (Ost), H. 1 (1988) bis H. 6 (1989).

Dokumente der Sozialistischen Einheitspartei Deutschlands, Bd. 1 ff., Berlin (Ost) 1948 ff.

Donat, H., Abschlußbericht der Arbeitsstelle für pastorale Medien in Erfurt. Medienarbeit im Osten Deutschlands von 1954 bis 1991, in: ComSoc 26 (1993), 378 ff.

Dorgerloh, F., Das Stichwort »Freiraum«, in: Die Christenlehre/Berlin (Ost) 38 (1985), 230-232.

Drechsel, J., Evangelistische Arbeit in einer sozialistischen Gesellschaft am Beispiel der ehemaligen DDR – Vortrag des langjährigen Sekretärs des früheren Evangelisch-Kirchlichen Gnadauer Gemeinschaftswerkes in der DDR, Wetzlar, idea-Dokumentation 17/1992.

Drescher, H., Fehlschlüsse im Kalten Krieg. Das Fiasko klerikal-antikommunistischer Anfeindungen der DDR in drei Jahrzehnten ihres Bestehens, Berlin (Ost) 1979.

3. Tagung des Zentralkomitees der SED 19./20.11.1981, Berlin (Ost) 1981.

Duchhardt, H., (Wieder-)Vereinigungen, in: GWU 44 (1993), 135-145.

Dust, W., Erfahrungen bei der Gewährleistung der operativen Kontrolle sog. mobiler Friedensseminare der Evangelisch-Lutherischen Landeskirche Mecklenburgs im Bezirk Neubrandenburg, Potsdam 1987 (Ms.).

Ebel, M. u. a. (Hgg.), Zur Entwicklung des sozialistischen Dorfes, Berlin (Ost) 1984.

Ebert, Th., Soziale Bewegungen in der etablierten Demokratie, in: Gewaltfreie Aktion 3, 4/12 (1980), 1-8.

Eckert, R., Entwicklungschancen und -barrieren für den geschichtswissenschaftlichen Nachwuchs in der DDR, in: Aus Politik und Zeitgeschichte B 17-18 (1992), 28-34.

Eggenburger, O., Die Kirchen, Sondergruppen und religiösen Vereinigungen. Ein Handbuch, Zürich ⁴1986.

Ehring, K./Dallwitz, M. (Hgg.), Schwerter zu Pflugscharen. Friedensbewegung in der DDR, Reinbek 1982.

Eifler, G./Saame, O. (Hgg.), Gegenwart und Vergangenheit deutscher Einheit, Wien 1992.

Eisenfeld, B., Kriegsdienstverweigerung in der DDR – ein Friedensdienst? Genesis, Befragung, Analyse, Dokumente, Frankfurt/M. 1978.

Ders., Stabilisierung oder Destabilisierung – das ist hier die Frage! Ein drittes Bild über Manfred Stolpe (Ms.).

Eisenmann, P./Hirscher, G. (Hgg.), Dem Zeitgeist geopfert. Die DDR in Wissenschaft, Publizistik und politischer Bildung, Mainz-München 1992.

ena (Evangelischer Nachrichtendienst in der DDR) [zuvor eno (Evangelischer Nachrichtendienst Ost)], Berlin (Ost) 1968 ff.

Engler, W., Die zivilisatorische Lücke. Versuche über den Staatssozialismus, Frankfurt/M. 1992.

epd (Evangelischer Pressedienst. Zentralausgabe), Frankfurt/M. 1968 ff.

epd Landesdienst Berlin.

epd-Dokumentation. Ein Informationsdienst, Frankfurt/M. 1968 ff.

Eppelmann, R., Fremd im eigenen Haus. Mein Leben im anderen Deutschland, Köln 1993.

Ders., Wendewege. Briefe an die Familie. Hg. von D. Herbst, Bonn 1992.

Ders. u. a. (Hgg.), Die Diktatur der SED – Geschichte und Folgen, Bonn-St. Augustin 1994 (Aktuelle Fragen der Politik, 18).

Erfahrungsaustausch mit Organisationen, die sich ebenfalls mit der Aufarbeitung der SED-Diktatur befassen. Enquete Kommission »Aufarbeitung von Geschichte und Folgen der SED-Diktatur in Deutschland« am 30. September 1992. Hg. vom Deutschen Bundestag, Referat Öffentlichkeitsarbeit, Bonn 1993.

Erinnerung und Vermächtnis. Veranstaltung mit kirchlichen Amtsträgern und Theologen am 25.4.1975 in Berlin zum 30. Jahrestag der Befreiung vom Hitler-Faschismus. Hg. vom Nationalrat der Nationalen Front der DDR, Berlin (Ost) 1975.

Erk, W. (Hg.), Kurt Scharf. Für ein politisches Gewissen der Kirche. Aus Reden und Schriften 1932-1972, Stuttgart 1972.

Erler, D., Erfahrungen und Vorgehensweisen bei der Einbeziehung von Inoffiziellen Mitarbeitern und gesellschaftlichen Kräften in der politisch-operativen Arbeit zur vorbeugenden Verhinderung des Mißbrauchs der Kirche für politische Untergrundtätigkeit, Potsdam 1988 (Ms.).

Eschwege, H., The Churches and the Jews in the German Democratic Republic, in: YLBI 37 (1992), 497-513.

Ester, H./Häring, H./Poettgens, E./Sonnberger, K. (Hgg.), Dies ist nicht unser Haus. Die Rolle der katholischen Kirche in den politischen Entwicklungen der DDR, Amsterdam/Atlanta 1992. (German Monitor, 28).

Evangelische Kommentare, 1968 ff.

Evangelisches Pfarrerblatt. Hg. vom Bund Evangelischer Pfarrer in der DDR (e. V.), Leipzig-Berlin 1968-1974.

Evian 1970. Offizieller Bericht der 5. Vollversammlung des Lutherischen Weltbundes, Witten-Berlin (West) 1970 (epd-Dokumentation, 3).

Exner, Charakteristik wesentlicher kirchlicher bzw. religiöser Organisationen und Einrichtungen, die subversive Handlungen gemäß StGB gegen die DDR durchführen, Potsdam 1981 (Ms.).

Falbisaner, C., Les élections législatives du 2 decembre 1990 dans les anciens Länder, in: Revue d'Allemagne 23 (1991), 145-160.

Falcke, H., Mit Gott Schritt halten. Reden und Aufsätze eines Theologen in der DDR aus zwanzig Jahren, Berlin (West) 1986.

Ders., Zum Weg der Kirche in Staat und Gesellschaft der DDR. Rückblick und Bestandsaufnahme. Unveröffentlichtes Manuskript 1971.

Falkenau, M., Kirchliche Sozialstation. Fragen zur Sozialgestalt der Gemeinde in der gesellschaftlichen Wirklichkeit der DDR, in: außer der Reihe 1974/1984. Hg. von der Theologischen Studienabteilung beim Bund der Evangelischen Kirchen in der DDR, Berlin (Ost) (1984), 1-7.

Fehr, H., Politisches System und Interessenpolitik im »real existierenden« Sozialismus. Zum Verhältnis von Staat und evangelischen Kirchen in der DDR, in: Aus Politik und Zeitgeschichte B 27 (1986), 35-45.

Feiereis, K., Kirche und Marxismus vor Ort – eine Aufgabe für die christliche Philosophie, in: Muck, O. (Hg.), Sinngestalten. Metaphysik in der Vielfalt menschlichen Fragens. FS für E. Coreth, Innsbruck u. a. 1989, 174-191.

Feil, E. (Hg.), Glauben lernen in einer Kirche für andere. Der Beitrag Dietrich Bonhoeffers zum Christsein in der Deutschen Demokratischen Republik. Mit Beiträgen von A. Schönherr, F.G. Friemel, K. Gysi, H. Dohle, M. Onnasch, J. Henkys, E. Feil, C. Strohm, Gütersloh 1993.

Feist, M., Die rechtliche Situation der Evangelischen Studentengemeinden, 2 Bde., Frankfurt/M.-Bern 1982.

Feldmann, J., Geschichte der Diakonie in der sowjetischen Besatzungszone und der ehemaligen DDR. Ein Forschungsprojekt, in: Diakonie 1993, 341-344; ebenfalls in: Diakonie-Jahrbuch '93. Hg. von Karl Heinz Neukamm, Reutlingen 1993, 125-128.

Fencik, J., Probleme der Suche, Auswahl und Gewinnung von jugendlichen Inoffiziellen Mitarbeitern zur politisch-operativen Durchdringung der »Jungen Gemeinde« der evangelischen Kirche sowie Vorbereitung und Einsatz zur inoffiziellen Arbeit unter den Bausoldaten der NVA in Zusammenarbeit mit der HA I, Potsdam 1989 (Ms.).

Fest, J., Der zerstörte Traum. Vom Ende des utopischen Zeitalters, Berlin 1992.

Feurich, W., Lebensbericht eines Dresdner Gemeindepfarrers, Berlin (Ost) 1982.

Fiedler, J., Erfahrungen beim Zusammenwirken mit staatlichen und gesellschaftlichen Kräften zur Realisierung wirksamer Zurückdrängungs- und Zersetzungsmaßnahmen gegen feindliche bzw. negative Personenkreise aus dem kirchlichen Bereich am Beispiel sog. Friedenskreise, Potsdam 1986 (Ms.).

Fink, H./Kaltenborn, C.-J./Kraft, D. (Hgg.), Dietrich Bonhoeffer – Gefährdetes Erbe in bedrohter Welt. Beiträge zur Auseinandersetzung um sein Werk, Berlin (Ost) 1987.

Fischer, A./Heydemann, G. (Hgg.), Geschichtswissenschaft in der DDR, Bd. 2, Berlin (West) 1990.

Fischer, G., Die CDU der DDR und die Kirchenpolitik der sechziger Jahre, in: Berliner Dialog-Hefte 2 (1992), 35 ff.

Ders., Die CDU der DDR und die Kirchenpolitik der sechziger Jahre, in: Berliner Dialog-Hefte, Sonderheft 1993, 41-44.

Fischer, P., Kirche und Christen in der DDR, Berlin (West) 1978.

Fischer Weltalmanach 1990. Sonderband DDR, Frankfurt/M. 1990.

Flammer, H. (Hg.), Kirche und Sozialismus, Gütersloh 1981.

Fleischer, F., Analyse des gegnerischen Vorgehens zur Inspirierung und Organisierung politischer Untergrundtätigkeit am Beispiel des Bezirkes Neubrandenburg insbesondere unter Nutzung der Friedenskreise, Potsdam 1989 (Ms.).

Flor, G., Rückschau und Einsichten, Stuttgart 1992.

Forck, G., Karl Barth und der Weg der Kirche in der DDR, in: H. Köckert/W. Krötke (Hgg.), Theologie als Christologie. Zum Werk und Leben Karl Barths. Ein Symposium, Berlin (Ost) 1988, 147-158.

Förster, P./Roski, G., DDR zwischen Wende und Wahl. Meinungsforscher analysieren den Umbruch, Berlin 1991.

Förtsch, E. (in Zusammenarbeit mit R. Mann), Die SED, Stuttgart 1969.

Frankfurter Allgemeine Zeitung, Frankfurt/M. passim.

Frankfurter Rundschau, Frankfurt/M. passim.

Freiburg, A./Marad, Chr., FDJ. Der sozialistische Jugendverband der DDR, Opladen 1982.

Fricke, K.W., Die DDR-Staatssicherheit. Entwicklung, Strukturen, Aktionsfelder, Köln ³1989.

Ders., MfS intern. Macht, Strukturen, Auflösung der DDR-Staatssicherheit. Analyse und Dokumentation, Köln 1991.

Ders., Opposition und Widerstand in der DDR. Ein politischer Report, Köln 1984.

Ders., Politik und Justiz in der DDR. Zur Geschichte der politischen Verfolgung 1945-1968. Bericht und Dokumentation, Köln 1979.

Ders.: »Schild und Schwert der Partei«. Das Ministerium für Staatssicherheit – Herrschaftsinstrument der SED, PolZG B 21 (1992), 3-10.

Friebel, Th., Kirche und politische Verantwortung in der sowjetischen Zone und der DDR 1945-1969. Eine Untersuchung zum Öffentlichkeitsauftrag der evangelischen Kirchen in Deutschland, Gütersloh 1992.

Friedensnobelpreis für 140 000 Ärzte. Dokumente aus der medizinischen Friedensbewegung. Zusammengestellt von T. Bastian, Reinbek bei Hamburg 1985.

Friedrich, W.-U. (Hg.), Special Issue: Totalitäre Herrschaft – totalitäres Erbe, Aricona 1994 (German Studies Review, Fall 1994).

Fuchs, J., »… Und wann kommt der Hammer?« Psychologie, Opposition und Staatssicherheit, Berlin 1991.

Ders., Unter Nutzung der Angst. Die »leise Form« des Terrors – Zersetzungsmaßnahmen des MfS, Berlin 1994 (BF informiert 2/94).

Ders., Vernehmungsprotokolle, Reinbek 1978.

Führer, W., Der internationale Friede. Theologisch-ethische Studien zum Problem der politischen Friedenssicherung, Frankfurt/M. etc. 1993.

Fulbrook, M., The Divided Nation. A History of Germany 1918-1990, New York-Oxford, 1992.

25 Jahre DDR – 25 Jahre Mitarbeit der CDU. Hg. vom Sekretariat des Hauptvorstandes der CDU, Berlin (Ost) 1974.

Funk, U., DDR-Kirchenpolitik zwischen ideologischem Anspruch und politischer Wirklichkeit, Heidelberg 1992 (TFESG, B, 16, 1992).

Ders., Die achtziger Jahre – der Anfang vom Ende oder das Ende eines Anfangs. Allgemeines und Besonderes in der Politik von Staat und SED gegenüber den evangelischen Kirchen nach 1978, in: Berliner Dialog-Hefte, Sonderheft 1993, 71-83.

Galluci, R.L., Neither Peace nor Honor. The Politics of American Military Policy in Viet-Nam, Baltimore 1975.

Garmisch-Partenkirchen 1980. Bericht über die zweite Tagung der sechsten Synode der Evangelischen Kirche in Deutschland vom 27. Januar bis 1. Februar 1980. Hg. im Auftrag der Synode der EKD vom Kirchenamt der EKD, Hannover 1980 (BTSEKD, 32).

Gatow, H.H., Vertuschte SED-Verbrechen. Ein Spur von Blut und Tränen, Berg am See ⁶1991.

Gauck, J., Die Stasi-Akten. Das unheimliche Erbe der DDR, Reinbek 1991.

Gaus, G., Die Welt der Westdeutschen. Kritische Betrachtungen, Köln 1986.

Ders., Porträts in Frage und Antwort, Berlin 1991.

Ders., Wo Deutschland liegt. Eine Ortsbestimmung, Hamburg 1983.

Geiger, M., Christsein in der DDR, München 1975.

Geiss, I., Die deutsche Frage 1806-1990, Mannheim-Leipzig-Wien-Zürich 1992.

Geißel, L., Unterhändler der Menschlichkeit. Erinnerungen, Stuttgart 1991.

Geißler, R., Die Sozialstruktur Deutschlands. Ein Studienbuch zur Entwicklung im geteilten und vereinten Deutschland, Opladen 1992.

Gemeinsam unterwegs. Dokumente aus der Arbeit des Bundes der Evangelischen Kirchen in der DDR 1980-1987. Hg. vom Bund der Evangelischen Kirchen in der DDR, Berlin (Ost) 1989.

Gemeinsam zum Sozialismus. Zur Geschichte der Bündnispolitik der SED. Hg. vom Institut für Gesellschaftswissenschaften beim ZK der SED, Berlin (Ost) 1969.

Genthe, H.J., Die evangelische Kirche in Erfurt 1945-1990, in: U. Weiß (Hg.), Erfurt 742-1992. Stadtgeschichte – Universitätsgeschichte, Weimar 1992, 613-634.

Gerstenberger, P., Das Friedensengagement der CFK 1978 bis 1985 unter den Bedingungen der Konfrontations- und Hochrüstungspolitik der aggressivsten Kreise des Imperialismus – politische Programmatik und weltanschaulicher Gehalt, Diss. phil. Berlin (Ost) 1986.

Geschichte der deutschen Arbeiterbewegung. Hg. vom Institut für Marxismus-Leninismus beim ZK der SED, Berlin (Ost) 1978.

Geschichte der Deutschen Demokratischen Republik, von einem Autorenkollektiv unter Leitung von R. Badstübner. Hg. vom Wissenschaftlichen Beirat für Geschichtswissenschaft beim Ministerium für Hoch- und Fachhochschulwesen unter Leitung von M. Kossok, Berlin (Ost) 1984.

Geschichte der Deutschen Volkspolizei, Bd. 2: 1961-1985. Hg. vom Ministerium des Innern, Kommission zur Erforschung und Ausarbeitung der Geschichte der Deutschen Volkspolizei, Berlin (Ost) ²1987.

Geschichte der Freien Deutschen Jugend. Hg. vom Zentralrat der FDJ, Berlin (Ost) 1982.

Geschichte des Freien Deutschen Gewerkschaftsbundes. Hg. vom Bundesvorstand des FDGB, Berlin (Ost) 1982.

Geschichte des Staates und des Rechts der DDR. Hg. vom Institut für Theorie des Staates und des Rechts der Akademie der Wissenschaften der DDR, Bd. 1: 1945-1949; Bd. 2: 1949-1961, Berlin (Ost) 1984.

Gesetzblatt der DDR, Berlin (Ost) 1949 ff.

Getty, J.A./Kozlov, V.P. (ed.), The State Archival Service of the Russian Federation. Russian Center for Preservation and Study of Documents of Contemporary History formerly the Central Party Archive. A Research Guide, Moscow 1993.

Gewalt und Gewaltanwendung in der Gesellschaft. Eine theologische Thesenreihe zu sozialen Konflikten. Erarbeitet von der Kammer für öffentliche Verantwortung, Gütersloh 1973.

Giebeler, E., Hinter verschlossenen Türen. Vierzig Jahre als Gefängnisseelsorger in der DDR, Wuppertal-Zürich 1992 (ABC-Team, 4).

Gieseke, J., Die Hauptamtlichen 1962. Zur Personalstruktur des Ministeriums für Staatssicherheit, Berlin 1994 (BF informiert 1/94).

Gildemeister, J., Der politische Auftrag der Kirche. Kritisches Potential der evangelischen Kirchen in der DDR am Beispiel ihres Friedensengagements 1962 bis 1978. Diplomarbeit am Fachbereich Politische Wissenschaft der FU Berlin, Berlin 1991 (Ms.).

Gill, D./Schröter, U., Das Ministerium für Staatssicherheit. Anatomie des Mielke-Imperiums, Berlin 1991.

Ginsburg, J., Wem droht sein Schwert, wen schützt sein Schild heute? Die Methoden des sowjetischen Geheimdienstes werden feiner, in: Das Parlament 41 (1991) vom 19./26.7.1991.

Glaeßner, G.-J., Die andere deutsche Republik. Gesellschaft und Politik in der DDR, Wiesbaden 1989.

Glaube und Gewissen. Eine protestantische Monatsschrift, 1968-1973.

Goebel, H.-Th., »Kirche im Sozialismus«. Als die DDR noch die DDR war, in: RKZ 133 (1992), 153-155.

Goeckel, R.F., The Catholic Church in East Germany, in: Christianity under Stress, Vol. 2 of 2. Press, 1991.

Ders., The GDR Legacy and the German Protestant Church, in: German Politics and Society, Issue 31 (1994), 84-108.

Ders., The Lutheran Church and the East German State. Political Conflict and Change under Ulbricht and Honecker, Ithaca-London 1990.

Gollwitzer, H., Zur Frage der DKP-Pfarrer, in: ders., Ausgewählte Werke, Bd. 7/Aufsätze zu christlichem Glauben und Marxismus, Bd. 2. Hg. von Chr. Keller, München 1988 (Kaiser-Taschenbücher, 48), 246-255.

Gorholt, M./Kunz, N.W. (Hgg.), Deutsche Einheit – Deutsche Linke. Reflexionen der politischen und gesellschaftlichen Entwicklung, Köln 1991.

Grabner, W.-J./Heinze, Ch./Pollack, D. (Hgg.), Leipzig im Oktober. Kirchen und alternative Gruppen im Umbruch der DDR. Analysen zur Wende, Berlin (West) 1990.

Gräf, D., Handbuch der Rechtspraxis in der DDR, Düsseldorf 1988.

Graf, F.W., Antikapitalismus oder Illiberalismus? Zur Debatte über die Traditionsbewahrung in der sozialistischen Provinz, in: ZEE 37 (1993), 231-234.

Ders., Traditionsbewahrung in der sozialistischen Provinz. Zur Kontinuität antikapitalistischer Leitvorstellungen im neueren deutschen Protestantismus, in: ZEE 36 (1992), 175-191.

Gransow, V., Konzeptionelle Wandlungen der Kommunismus-Forschung. Vom Totalitarismus zur Immanenz, Frankfurt/M.-New York 1980.

Gries, S./Voigt, D., Manfred Stolpe in Selbstzeugnissen. Eine kritische Untersuchung von Veröffentlichungen, Schriften und Reden aus den Jahren 1972 bis 1990, Frankfurt/M.-Berlin 1993.

Grmic, V., Christentum und Sozialismus. Beiträge zu einer weltverantwortlichen Theologie unter besonderer Berücksichtigung der Situation in Slowenien, Klagenfurt 1988.

Grohs, G., Das Engagement des Ökumenischen Rates der Kirchen (ÖRK) und der Evangelischen Kirche in Deutschland (EKD) für die Dritte Welt, in: Baadte, G./Rauscher, A. (Hgg.), Dritte Welt und Entwicklung Kirche heute, 6, Graz-Wien-Köln 1992, 29-44.

Grosser, A., Geschichte Deutschlands seit 1945. Eine Bilanz, München 1977.

Grote, M./Kienbaum, B., East German Youth Policy, in: East European Quarterly 24 (1990), 457-473

Grünzinger, G., Die evangelischen Kirchen und der SED-Staat – Ein Thema Kirchlicher Zeitgeschichte, Mitteilungen der Ev. Arbeitsgemeinschaft für Kirchliche Zeitgeschichte 13 (1993), 116-123.

Günther, H., Wie Spione gemacht wurden, Berlin 1992.

Günther, K.-H., Das Bildungswesen der DDR, Berlin (West) 1983.

Guillaume, G., Die Aussage. Wie es wirklich war, München 1990.

Gysi, G./Heuer, U.-J./Schurmann, M. (Hgg.), Zweigeteilt. Über den Umgang mit der SED-Vergangenheit, Hamburg 1992.

Gysi, K., Gedanken für weitere Forschungen zur Kirchenpolitik der SED, in: Beiträge zur Theorie und Geschichte der Religion und des Atheismus, Heft 5 (1989), 37-41.

Ders., Telegraph Dokument Sonderausgabe, Berlin 1992.

Haase, N./Oleschinski, B. (Hgg.), Das Torgau-Tabu. Wehrmachtsstrafsystem, NKWD-Speziallager, DDR-Strafvollzug, Leipzig 1993.

Habermas, J., Die nachholende Revolution, Frankfurt/M. 1990.

Hacke, Chr., Die deutschlandpolitische Konzeption von CDU und CSU in der Oppositionszeit (1969-82), in: Historisch-Politische Mitteilungen. Archiv für christlich-demokratische Politik 1 (1994), 33-48.

Hacker, J., Deutsche Irrtümer. Schönfärber und Helfershelfer der SED-Diktatur im Westen, Berlin-Frankfurt/M. ²1994.

Ders., Der Ostblock. Entstehung, Entwicklung und Struktur 1939-1980, Baden-Baden 1983.

Ders., Vom »deutschen Volk« zum »Volk der DDR«, in: Bundeszentrale für politische Bildung (Hg.), Deutsche Verfassungsgeschichte 1849-1919-1949, Bonn o. J.

Haese, U., Katholische Kirche in der DDR zwischen Staat und Gesellschaft, StZ 211/4 (1993), 241-254.

Hahn, U., Bemerkungen zur Formel »Kirche im Sozialismus«, in: ZW 63 (1992), 51-61.

Hallberg, B., Die Jugendweihe. Zur deutschen Jugendweihetradition, Göttingen ²1979.

Hamel, J., Christ in der DDR, Berlin (West) 1957.

Hamacher, H.P., DDR-Forschung und Politikberatung 1949-1990. Ein Wissenschaftszweig zwischen Selbstbehauptung und Anpassungszwang, Köln 1991.

Hammel, W., Die Ostpolitik Johannes Pauls II. Beziehungen zwischen Kurie und Ostblock, Bern 1984.

Hamta, Die politisch-operative Arbeit der KD Quedlinburg zum rechtzeitigen Erkennen und wirksamen Unterbinden von Ursachen des subversiven Mißbrauchs des rechtlich gesicherten Handlungsraumes diakonischer und caritativer Einrichtungen und Ausbildungstätten, dargestellt am Beispiel der Neinstedter Anstalten und der Neinstedter Lindenhofsbrüderschaft, Potsdam 1985 (Ms.).

Hartweg, F., Vom Fürstenknecht zum Wegbereiter und Mitbeweger unserer Geschichte. Das marxistische Lutherbild und das Lutherjubiläum in der DDR, in: Revue d'Allemagne XV (1983), 348-386.

Hattenhauer, H., Martin Luther in der DDR, in: Geschichte und nationale Identität. Schriftenreihe Gegenwartsfragen der Landeszentrale für Politische Bildung Schleswig Holstein, 53/1986, 45-48.

Havemann, R., Ein deutscher Kommunist. Rückblicke und Perspektiven aus der Isolation. Die Fragen an den Autor stellte Manfred Wilke. Mit einem Nachwort von Lucio Lombardo Radice, Reinbek 1978.

Ders., Fragen, Antworten, Fragen. Aus der Biographie eines deutschen Marxisten, München 1979.

Heckel, M., Die Vereinigung der evangelischen Kirchen in Deutschland, Tübingen 1990 (Jus Ecc, 40).

Heimann, Th. (Bearb.), Forschungsprojekte zur DDR-Geschichte. Ergebnis einer Umfrage des Arbeitsbereiches DDR-Geschichte im Mannheimer Zentrum für Europäische Sozialforschung (MZES) der Universität Mannheim. Hg. von der Enquete-Kommission des Deutschen Bundestages zu »Aufarbeitung von Geschichte und Folgen der SED-Diktatur in Deutschland«, Mannheim 1994.

Heimbach, W., Geschichte des Görlitzer Kirchengebietes seit 1945. Materialsammlung und Manuskript, Görlitz o. J.

Hein, C., Diskussionsgrundlage für den X. Schriftstellerkongreß der DDR, in: Schriftstellerkongreß der DDR: Arbeitsgruppen, Berlin-Weimar 1988, 224-247.

Heinemann, G.W., Glaubensfreiheit-Bürgerfreiheit. Reden und Aufsätze. Kirche-Staat-Gesellschaft 1945-1975. Hg. von D. Koch, München 1990.

Heinemann-Grüder, C.-J., Pfarrer in Ost und West. Kirche zwischen Herausforderung und Anpassung. Textband mit Anlagen, Frankfurt/M. 1988.

Heinrich, B., Die Kenntnis über die Evangelischen Studentengemeinden der Evangelischen Kirche der Kirchenprovinz Sachsen im Verantwortungsbereich der BV Halle – Voraussetzung für eine wirksame politisch-operative Arbeit, Potsdam 1985 (Ms.).

Heise, J., Das Gespräch vom 6. März 1978 und seine Perspektiven, in: Beiträge zur Theorie und Geschichte der Religion und des Atheismus, Heft 5 (1989), 71-75.

Ders., Gedanken zur Geschichte der Kirchenpolitik der SED. Ein Diskussionsbeitrag, Juni 1990 (Ms.).

Heitzer, H., DDR. Geschichtlicher Überblick, Berlin (Ost) 1979.

Helwig, G., Zu einigen Fragen jüdischer Identität in der DDR, in: Lux, R. (Hg.), »… und Friede auf Erden«. FS Christoph Hinz, Berlin (West) 1988, 35-50.

Dies./Urban, D. (Hgg.), Kirchen und Gesellschaft in beiden deutschen Staaten, Köln 1987 (Edition Deutschland Archiv).

Hempel, J., Kirche wird auch in Zukunft sein. Vorträge und Predigten zum 65. Geburtstag. Hg. vom Ev.-Luth. Landeskirchenamt Sachsens, Leipzig 1994.

Ders., Über Kirche, über uns. Fragen und Antworten eines Bischofs, Berlin 1992.

Hengel, M., Christus und die Macht. Die Macht Christi und die Ohnmacht der Christen. Zur Problematik einer »Politischen Theologie« in der Geschichte der Kirche, Stuttgart 1974.

Henke, K.-D., Zu Nutzung und Auswertung der Unterlagen des Staatssicherheitsdienstes der ehemaligen DDR, in: VZG 40 (1993), 575-587.

Henkys, R., Bund der Evangelischen Kirchen in der DDR. Dokumente zu seiner Entstehung ausgewählt und kommentiert, Witten-Berlin (West) 1970 (end-Dokumentation, 1).

Ders. (Hg.), Die evangelischen Kirchen in der DDR. Beiträge zu einer Bestandsaufnahme, München 1982.

Ders., Gottes Volk im Sozialismus. Wie Christen in der DDR leben, Berlin (West) 1983.

Hennig, F., Die Vorgehensweise westlicher Journalisten zur Diffamierung der Politik der SED in Kirchenfragen und bei der Inspirierung und Organisierung politischer Untergrundtätigkeit in der DDR, Potsdam 1989 (Ms.).

Herausforderungen. Die Dritte Welt und die Christen Europas. Heiligung und politische Ethik – Ein kritischer Blick auf einige Grundlagen der Befreiungstheologie im Protstantismus, Regensburg 1980.

Herbst, U., Untersuchungen zur Entwicklung und Gestaltung der kirchlichen Jugendarbeit des Bundes der evangelischen Kirchen in der DDR, Potsdam 1983 (Ms.).

Herder-Korrespondenz, Orbis catholicus, Freiburg/Br. 1968 ff.

Hermann, A., Die Kenntnis der Evangelisch-Luth. Kirche in Thüringen, Voraussetzung für eine wirksame politisch-operative Arbeit, Potsdam 1983 (Ms.).

Herms, E., Schuld in der Geschichte. Zum »Historikerstreit«, in: ZThK 85 (1988), 349-370.

Herzberg, G./Meier, K., Karrieremuster. 15 Wissenschaftlerportraits, Berlin 1992.

Herzberg, W./Mühlen, P. v. z. (Hgg.), Auf den Anfang kommt es an. Sozialdemokratischer Neubeginn in der DDR 1989. Interviews und Analysen, Bonn 1993.

Heß, W., Der wesentliche Beitrag der Arbeitskreise »Friedensdienst« bei den Jungmännerwerken des Bundes der Ev. Kirchen in der DDR zur geistigen und ideologischen Vorbereitung eines »sozialen Friedensdienstes«, Potsdam 1982 (Ms.).

Ders., Möglichkeiten und Versuche zum Mißbrauch der »Jungen Gemeinde« sowie anderer Strukturen und Arbeitsformen kirchlicher Jugendarbeit für antisozialistische Aktivitäten dargestellt an Erfahrungen der politisch-operativen Abwehrarbeit im Bereich der Evangelisch-Lutherischen Kirche in Thüringen, Potsdam 1985 (Ms.).

Heßler, H.-W. (Hg.), Protestanten und ihre Kirche in der Bundesrepublik Deutschland, München-Wien 1976 (Geschichte und Staat, 203/205).

Heydemann, G./Kettenacker, L. (Hgg.), Kirchen in der Diktatur. Drittes Reich und SED-Staat, Göttingen 1993.

Heyen, R., Jugend in der DDR, Auf dem Weg zur sozialistischen Leistungsgesellschaft, Bad Honnef-Darmstadt 1972.

Hickel, H., Sammlung und Sendung. Die Brüdergemeine gestern und heute. Hg. auf Veranlassung der Direktion der Evangelischen Brüder-Unität in Herrnhut, Berlin (Ost) 1978.

Hildebrandt, R., Die Evangelische Kirche im DDR-Sozialismus, Neue Gesellschaft/Frankfurter Hefte 40 (1993).

Hilferufe von drüben. Arbeitsgemeinschaft ehemaliger politischer Häftlinge in Deutschland, 1977 ff.

Hillgruber, A., Deutsche Geschichte 1945-1972. Die »deutsche Frage« in der Weltpolitik, Frankfurt/M.-Berlin (West)-Wien 1974.

Hirsch, R./Kopelew, L., Grenzfall – Vollständiger Nachdruck aller in der DDR 1986-1987 erschienenen Ausgaben, Berlin (West) 1989.

Hochstrate, W., 21 Thesen und Erfahrungen zum Thema: »Stasi und Kirche«, in: Zwie-Gespräch 1993/14, 26-29.

Ders., 49 bittere Anmerkungen zum Thema »Stasi und Kirche«, in: Zwie-Gespräch 1993/19, 17-24.

Höhn, B., Analyse bestehender Partnerschaftsbeziehungen der evangelischen Kirche im Verantwortungsbereich der Kreisdienststelle Hildburghausen und politisch-operative Schlußfolgerungen zu deren operativer Kontrolle und Bearbeitung, Potsdam 1988 (Ms.).

Hömig, H., Von der deutschen Frage zu der Einheit Europas. Studien zur Geschichte des 19. und 20. Jahrhunderts; Bochum 1991 (Dortmunder Historische Studien, 1).

Hoenen, R., Jugend und Religion in der DDR. Beobachtungen aus der Sicht kirchlichen Gemeindeaufbaus, in: Jugend und Religion in Europa. Hg. von U. Nembach, Frankfurt/M. 1987, 69-82.

Hoff, P., Continuity and Change. Television in the GDR from Autumn 1989 to Summer 1990, in: German History 9 (1991), 184-196.

Hohlfeld, J. (Bearb.), Dokumente der Deutschen Politik und Geschichte von 1848 bis zur Gegenwart, Bd. 7, Teil 1, Berlin (West) 1955.

Honecker, E., Aus meinem Leben, Berlin (Ost) 1980.

Ders., Moabiter Notizen. Letztes schriftliches Zeugnis und Gesprächsprotokolle vom BRD-Besuch 1987 aus dem persönlichen Besitz Erich Honeckers, Berlin 1994.

Hoth, R., Der Berliner Dom – Geschichte und Gegenwart, München 1991.

Huber, W., Kirche und Öffentlichkeit, Stuttgart 1973.

Hübner, P., Balance des Ungleichgewichts. Zum Verhältnis von Arbeiterinteressse und SED-Herrschaft, GeGe 19 (1993), 15-28.

Hüffmeier, W., Das eine Wort Gottes – Botschaft für alle. Barmen I und VI, Bd. 1. Vorträge aus dem Theologischen Ausschuß der Evangelischen Kirche der Union, Gütersloh 1994.

Hungerland, H., Erkenntnisse zu Angriffsrichtungen, Plänen, Absichten und Maßnahmen kirchlicher Zentren, Einrichtungen und Kräfte aus dem nichtsozialistischen Ausland, insbesondere der BRD, mittels sog. Gesamtdeutscher Aktivitäten politischer Untergrundtätigkeit im Bereich der Evangelisch-Lutherischen Landeskirche Mecklenburg zu inspirieren und organisieren sowie sich daraus ergebende politisch-operative Aufgabenstellungen, Potsdam 1986 (Ms.).

idea (Informationsdienst der Evangelischen Allianz), Wetzlar.

idea-Dokumentation, Wetzlar passim.

idea-spektrum, Wetzlar passim.

Iggers, G.G., Ein anderer historischer Blick. Beispiele ostdeutscher Sozialgeschichte, Frankfurt/M. 1991.

Ders., L'histoire sociale et l'historiographie est-allemande des années 1980, in: Vingtième siècle 34 (1992), 5-24.

In besonderer Gemeinschaft. Gemeinsame Worte des Bundes der Evangelischen Kirchen in der DDR und der EKD. Hg. vom Kirchenamt der EKD, Hannover 1989 (EKD Texte, 26).

Informations- und Dokumentationsstelle der EKD, Recht und Versöhnung II. Texte aus den Kirchen zum Stand der Aufarbeitung der Vergangenheit. Staatssicherheitsproblematik. Januar 1992, Berlin 1992 (Informationen und Texte, 6).

Israel, J. (Hg.), Zur Freiheit berufen. Die Kirche in der DDR als Schutzraum der Opposition 1981-1989, Berlin 1991.

Jacob, G., Der Christ in der sozialistischen Gesellschaft. Theologische Probleme und Folgerungen. Ein Sagorsker Vortrag, Stuttgart 1975.

Ders., Gericht und Gnade. Zum Weg der christlichen Gemeinden in unserem Jahrhundert, Berlin (Ost) 1986.

Jänicke, J., Ich konnte dabei sein. Lebensweg des Johannes Jänicke (1900-1979), Berlin (West) 1984.

Jänisch, D., Das operative Zusammenwirken ausgewählter Kräfte und Mittel des MfS zur Kontrolle und Verhinderung des politischen Mißbrauchs kirchlicher Partnerschaftsarbeit, Potsdam 1988 (Ms.).

Jahn, G. (Hg.), Herbert Wehner. Beiträge zu einer Biographie, Köln 1976.

Jahnke, K.-H., Die Gründung der Freien Deutschen Jugend, in: ZfG 19 (1971), 733-751.

Ders., Geschichte der Freien Deutschen Jugend. Chronik, Berlin (Ost) 1976.

Jahrbuch für Historische Kommunismusforschung 1993.

Janson, C.-H., Totengräber der DDR. Wie Günter Mittag den SED-Staat ruinierte, Düsseldorf-Wien-New York 1991.

Jarausch, K.H., The Rush to German Unity, New York-Oxford 1994.

Jarmatz, K. (Hg.), Ravensbrücker Ballade oder Faschismusbewältigung in der DDR. Mit einem Essay von Hedda Zinner, Berlin 1992.

Jaschke, P./Höhne, A., Die Kenntnis über die Evangelische Kirche in Berlin-Brandenburg, eine Voraussetzung für die wirksame politisch-operative Arbeit, Potsdam 1988 (Ms.).

Jonak, Die Kenntnis der Evangelischen Kirche der Kirchenprovinz Sachsen – Voraussetzung für eine wirksame politisch-operative Arbeit, Potsdam 1983 (Ms.).

Josuttis, M. (Hg.), Pfarrer in der DKP?, München 1977 (ThExH, 197).

Junge Kirche, Dortmund 1968 ff.

Kabus, A., Auftrag WINDROSE. Der militärische Geheimdienst der DDR, Berlin (Ost) 1993.

Kaelble, H./Kocka, J./Zwahr, H. (Hg.), Sozialgeschichte der DDR, Stuttgart 1994.

Kafurke, W., Zur Rolle und zu den Möglichkeiten einer KD im Kampf gegen den Mißbrauch der Kirche durch gegnerische Kräfte sowie zur komplexen Beeinflussung der kirchenpolitischen Lage im Verantwortungsbereich, Potsdam 1986 (Ms.).

Kaiser, G. (Hg.), Bibliographie zum Arbeitskreis Christen, Staat und Gesellschaft in der DDR. Berichtszeitraum 1993. Zusammengestellt und kommentiert von Ewald Frie, Düsseldorf o. J.

Ders. (Hg.), Bibliographie zum Arbeitskreis Christen, Staat und Gesellschaft in der DDR. Zusammengestellt von Ulrich Kuhnke, Düsseldorf 1994.

Ders./Frie, E. (Hgg.), Christen, Staat und Gesellschaft in der DDR. Vorträge und Diskussionen 1993/94, Düsseldorf 1994.

Kaiser, K.-D., »Kirche für andere«? Die Kirche in der DDR zwischen Konspiration und Recht, in: Evangelische Aspekte 4/1992, 32 f.

Kandler, K.-H., Die Kirchen und das Ende des Sozialismus. Betrachtungen eines Betroffenen, Asendorf 1991.

Ders., Utopie und Sozialismus in theologischer Sicht, in: KuD 38 (1992), 82-104.

Kaufmann, Chr./Mundus, D./Nowak, K. (Hgg.), Sorget nicht, was ihr reden werdet. Kirche und Staat in Leipzig im Spiegel kirchlicher Gesprächsprotokolle (1977-1989). Dokumentation, Leipzig 1993.

Kaul, W., Kirchen und Religionsgemeinschaften in der DDR. Hg. von der Hochschule für Seefahrt Warnemünde/Wustrow, Rostock-Warnemünde 1990.

Keesing's Archiv der Gegenwart, 1948 ff. [fortgesetzt als: Archiv der Gegenwart].

»Keine Überraschung zulassen«. Berichte und Praktiken der Staatssicherheit in Halle bis Ende November 1989. Hg. von Redaktion Das Andere Blatt, Halle/S. [2]1991.

Keler, H. v., »Später Sieg der Stasi«? Orientierungen in einem Labyrinth, in: ZW 63 (1992), 65-71.

Keller, D. u. a. (Hgg.), Ansichten zur Geschichte der DDR, 4 Bde., Bonn-Berlin 1994.

Kemper, C., Art. Konferenz Europ. Kirchen (KEK), EStL[3]1 (1987), 1831-1843.

Kirche als Lerngemeinschaft. Dokumente aus der Arbeit des Bundes der Evangelischen Kirchen in der DDR. Hg. vom Sekretariat des Bundes der Evangelischen Kirchen in der DDR, Berlin (Ost) 1981.

Kirche im Sozialismus. Zeitschrift zu Entwicklungen in der DDR, Berlin (West) 1 (1974/16) (1990).

Kirchen und Zeitgeschichte im Spiegel der *Weißenseer Blätter*. Nachdrucke aus den Jahren 1982 bis 1992, Köln 1994.

Kirchen und Christen in der DDR, Berlin (Ost) 1978.

Kirchhoff, W., Im Bündnis mit allen Kräften des Volkes, in: Einheit 41 (1986), 531-536.

Kirchliches Jahrbuch, Gütersloh 1949 ff.

Kirchner, H., Charismatische Erneuerung und Kirche, Berlin (Ost) 1983.

Ders. (Hg.), Freikirchen und konfessionelle Minderheitskirchen. Ein Handbuch. Im Auftrag der Theologischen Studienabteilung beim Bund der Evangelischen Kirchen in der DDR, Berlin (Ost) 1987.

Kistenbrügge, A., Wahrnehmungsfelder der Situation von Kirche und Theologie in den neuen Ländern der Bundesrepublik Deutschland anhand der Evangelischen Kommentare, der Lutherischen Monatshefte und der Dokumentationen des Evangelischen Pressedienstes. Nachlese und Versuch eines Überblicks, in: VF 38/2 (1993), 29-58.

Ders./Sauter, G., Die »Theologischen Versuche« als Spiegel der Theologie in der DDR, in: VF 38/2 (1993), 15-29.

Klappert, B., Bekennende Kirche in ökumenischer Verantwortung, Die gesellschaftliche und ökumenische Bedeutung des Darmstädter Wortes, München 1988 (ÖEH, 4).

Ders., Die ökumenische Bedeutung des Darmstädter Wortes, in: ders. (Hg.), Richte unsere Füße auf den Weg des Friedens. FS H. Gollwitzer, München 1979, 629-656.

Klassenkampf und Koexistenz. Pfarrer und Theologen in der politisch-geistigen Auseinandersetzung, Berlin (Ost) 1973 (Reihe: Fakten und Argumente).

Kleine, R./Seyfarth, P./Stark, G./Thiemig, G./Ehrhardt, F./Grimm, W./Paulitz, G./Jäger, D./Wagner, B., Die politisch-operative Bearbeitung von feindlich-negativen Personenzusammenschlüssen, die im Sinne politischer Untergrundtätigkeit wirken, in Operativen Vorgängen, Potsdam 1989 (Ms.).

Klemm, V., Korruption und Amtsmißbrauch in der DDR, Stuttgart 1991.

Kleßmann, Ch. (Hg.), Kinder der Opposition. Berichte aus Pfarrhäusern in der DDR, Gütersloh 1993.

Ders., Opposition und Dissidenz in der Geschichte der DDR, in: Aus Politik und Zeitgeschehen 5 (1991), 52-62.

Ders., Zur Sozialgeschichte des protestantischen Milieus in der DDR, in: GeGe 19 (1993), 29-53.

Ders., Zwei Staaten, eine Nation. Deutsche Geschichte 1955-1970, Göttingen 1988.

Ders./Wagner, G. (Hgg.), Das gespaltene Land. Leben in Deutschland 1945-1990. Texte und Dokumente zur Sozialgeschichte, München 1993.

Kliem, W., Gemeinsamkeiten von Marxisten und Christen im Ringen um Frieden und eine gerechte Welt, in: Beiträge zur Theorie und Geschichte der Religion und des Atheismus 4 (1989), 2-12.

Ders., Kommunisten und Christen gemeinsam im Kampf um den Frieden, in: DZPh 32 (1984), 767-775.

Klingebeil, B., Spezifische Anforderungen und Erfahrungen bei der Gewinnung von Inoffiziellen Mitarbeitern aus Kreisen der katholischen Würdenträger, Potsdam 1984 (Ms.).

Klingenberg, K.-H., Der Berliner Dom. Bauten, Ideen und Projekte vom 15. Jahrhundert bis zur Gegenwart, Berlin (Ost) 1987.

Klohr, O., Anmerkungen zur Rolle der Religion in der sozialistischen Gesellschaft, in: Forschungsberichte und Beiträge des Forschungskollektivs »Wissenschaftlicher Atheismus«. Hg. von der Pädagogischen Hochschule »Liselotte Herrmann« Güstrow 1980/23, 37-51.

Ders., Nicht Taktik, sondern objektive Notwendigkeit. Anmerkungen zum Dialog von Marxisten und Christen, in: Begegnung 27 (1987/5), 3-5.

Ders., Zu politischen und weltanschaulichen Problemen der Zusammenarbeit von Marxisten und Christen, in: Wissenschaftlicher Atheismus. Forschungsbericht 30 (1984), 5-17.

Klügel, E., Die lutherische Landeskirche Hannovers und ihr Bischof 1933-1945. Dokumente, Berlin (West)-Hamburg 1965.

Könnecke, H.-D., Politisch-operative Lageeinschätzung zum Schwerpunktbereich – offene Jugendarbeit – innerhalb der Jungen Gemeinden der Evangelischen Landeskirche Anhalts im Verantwortungsbereich der KD Roßlau – perspektivische Erfordernisse der rechtzeitigen Aufdeckung, Bekämpfung und vorbeugenden Verhinderung feindlich-negativer Aktivitäten durch den Einsatz von Inoffiziellen Mitarbeitern, Potsdam 1986 (Ms.).

Körner, T., Spezifische Anforderungen an die Auswahl und den Einsatz von Inoffiziellen Mitarbeitern, die in feindlich-negative, pseudopazifistische Personenzusammenschlüsse eingeschleust werden sollen, Potsdam 1988 (Ms.).

Koltzenburg, W., Vereinbarungen zwischen Staat und Kirche in der ehemaligen DDR zur diakonischen Arbeit, in: ZEvKR 38 (1993), 429-452.

Knabe, H., Bewegung im Osten, in: Forschungsjournal Neue Soziale Bewegung 3 (1990/2), 21-32.

Ders., Neue soziale Bewegungen im Sozialismus. Zur Genesis alternativer politischer Orientierunng in der DDR, in: KZSS 40 (1988), 551-569.

Ders., Opposition in einem halben Land, in: Forschungsjournal Neue Soziale Bewegungen 5 (1992), 9-15.

Ders., Politische Opposition in der DDR. Ursprünge, Programmatik, Perspektiven, in: Aus Politik und Zeitgeschichte B. 1-2 (1990), 21-32.

Ders., Politischer Umbruch und soziale Bewegungen in der DDR, in: Forschungsjournal Neue Soziale Bewegungen 3 (1990/2), 71-78.

Knauft, W., Katholische Kirche in der DDR. Gemeinden in der Bewährung 1945-1980, Mainz [2]1980.

Knopp, G./Kuhn, E., Die deutsche Einheit. Traum und Wirklichkeit, Erlangen-Bonn-Wien 1990.

Knütter, H.-H., Die Faschismus-Keule. Das letzte Aufgebot der deutschen Linken, Frankfurt/M.-Berlin 1993.

Koch, D., Heinemann und die Deutschlandfrage, München 1972.

Koch, E.R., »Das geheime Kartell«, Hamburg 1992.

Koch, H.G., Staat und Kirche in der DDR. Zur Entwicklung ihrer Beziehungen von 1945-1974. Darstellung, Quellen, Übersichten, Stuttgart 1975.

Kocka, J., Revolution und Nation 1989. Zur historischen Einordnung der gegenwärtigen Ereignisse, in: Tel Aviver Jahrbuch für deutsche Geschichte 19 (1990), 479-500.

Köckert, H./Krötke, W. (Hgg.), Theologie als Christologie. Zum Werk und Leben Karl Barths. Ein Symposium, Berlin (Ost) 1988.

Köckert, M. (Hg.), Der Wahrheit Gottes verpflichtet. Theologische Beiträge aus dem Sprachenkonvikt Berlin für Rudolf Mau, Berlin 1993.

Körner, Chr., Die Bedeutung des 8. Mai 1945, des Tages der Befreiung vom Faschismus für uns heute, in: Kirchliche Bruderschaft Sachsens, Dresden 1985, 30-52.

Ders., 40 Jahre Ringen um Befreiung, in: NStim 4 (1985), 13-18.

Kofler, L., Stalinismus und Bürokratismus, Neuwied-Berlin (West) 1970.

Kowalski, N., Kommunisten und Christen im Nuklearzeitalter, in: Probleme des Friedens und des Sozialismus 30 (1987), 1374-1378.

Krause, B., Geschichte der Goßner-Mission in der ehemaligen DDR, in: ZMiss 19 (1993), 157-161.

Krebs, B., Nationale Identität und kirchliche Selbstbehauptung. Julius Bursche und die Auseinandersetzung um Auftrag und Weg des Protestantismus in Polen 1917-1939, Neukirchen-Vluyn 1994 (Historisch-Theologische Studien zum 19. und 20. Jahrhundert, 6).

Kremser, H., Der Rechtsstatus der evangelischen Kirchen in der DDR und die neue Einheit der EKD, Tübingen 1993 (JusEcc, 46).

Krenz, E., Wenn Mauern fallen. Die Friedliche Revolution: Vorgeschichte – Ablauf – Auswirkungen, Wien 1990.

Kretzschmar, G., Volkskirche im Umbruch, Berlin (Ost) 1967.

Ders., Die Unterschiedlichkeit der Gemeindesituation in den Kirchen der DDR, in: WZ(L).G 37 (1988/1), 82-91.

Krötke, W., Dietrich Bonhoeffer als »Theologe der DDR«. Ein kritischer Rückblick, in: ZEE 37 (1993), 94-105.

Krone, T./Kukutz, I./Leide, H., Wenn wir unsere Akten lesen. Handbuch zum Umgang mit den Stasi-Akten, Berlin 1992.

Ders./Schult, R. (Hgg.), Seid untertan der Obrigkeit. Originaldokumente der Stasi-Kirchenabteilung XX/4, Berlin 1992.

Krüger, H. (Hg.), Genf 1973. Vorträge und Berichte bei der Tagung des Zentralausschusses des Ökumenischen Rates der Kirchen, Korntal 1974 (ÖR.B, 24).

Krüger, H.P., Moderne Gesellschaft und »Marxismus-Leninismus« schließen einander aus, in: Initial 1990, 149-154.

Ders., Zur Differenz zwischen kapitalistischer und moderner Gesellschaft, in: DZPh 38 (1990), 202-217.

Krusche, G., Bekenntnis und Weltverantwortung. Die Ekklesiologiestudie des Lutherischen Weltbundes. Ein Beitrag zur ökumenischen Sozialethik, Berlin (Ost) 1986.

Ders., Die Kirche und die Gruppen. Ein kritischer Rückblick, in: Berliner Dialog-Hefte 4 (1993/4), 40-45.

Krusche, W., Kirche der Zukunft. Kirche für die anderen, in: PTh 58 (1969), 84-93.

Ders., Schritte und Markierungen. Aufsätze und Vorträge zum Weg der Kirche, Berlin (Ost) 1972.

Ders., Schuld und Vergebung - der Grund christlichen Friedenshandelns, in: Greschat, M. (Hg.), Im Zeichen der Schuld, 40 Jahre Stuttgarter Schuldbekenntnis. Eine Dokumentation, Neukirchen-Vluyn 1985, 87-114.

Ders., 6. März 1978-1988 Ein Lernweg. Hg. vom Bund der Evangelischen Kirchen in der DDR – Sekretariat, Berlin (Ost) 1988 (Ms.).

Ders., Verheißung und Verantwortung. Orientierung auf dem Weg der Kirche, Berlin (Ost) 1990.

Kühn, U. (Hg.), Kirche als Kulturfaktor. Festgabe der Theologischen Fakultät Leipzig für Landesbischof Johannes Hempel zum 65. Geburtstag, Hannover 1994 (zur Sache, 34).

Kühnrich, H., »Verordnet« – und nichts weiter? Nachdenken über Antifaschismus in der DDR, in: ZfG 40 (1992), 819-833.

Küttler, W., Neubeginn in der ostdeutschen Geschichtswissenschaft, in: Aus Politik und Zeitgeschichte, B 17-18 (1992), 3-13.

Kuhrt, E., Wider die Militarisierung der Gesellschaft: Friedensbewegung und Kirche in der DDR, Melle 1984.

Ders./Löwis, H. v., Griff nach der deutschen Geschichte. Erbaneignung und Traditionspflege in der DDR, Paderborn-München-Wien-Zürich 1988.

Kukutz, I./Havemann, K., »Geschützte Quelle«. Gespräch mit Monika H. alias Karin Lenz, Berlin 1990.

Kundgebungen. Bd 2: Worte, Erklärungen und Dokumente der Evangelischen Kirche in Deutschland 1959-1969. Hg. von Christoph, J.E., Hannover 1994.

Kullik, H., Zur Anwendung von Maßnahmen der Zersetzung in der operativen Vorgangsarbeit zur Einschränkung und Verhinderung feindlicher Aktivitäten in den Kirchen der DDR, Potsdam 1978 (Ms.).

Kunze, R., Deckname »Lyrik«. Eine Dokumentation, Frankfurt/M. 1990.

Kuppe, J., Die Beziehung der DDR zu Polen und der ČSSR, in: DDR Report 10 (1980), 645-648.

Kusch, G./Montag, R./Specht, G./Wetzker, K., Schlußbilanz – DDR. Fazit einer verfehlten Wirtschafts- und Sozialpolitik, Berlin 1991.

Lang, J. v., Erich Mielke. Eine deutsche Karriere, Berlin 1991.

Lange, G./Pruß, U./Schrader, F./Seifert, S. (Hgg.), Katholische Kirche. Sozialistischer Staat DDR. Dokumente und öffentliche Äußerungen 1945-1990, 2. durchg. erw. Aufl., Leipzig 1992.

Lange, W./Peine, G., Moral – Marxismus – Religion, Warnemünde-Wustrow 1981.

Langer, J., Leben – Glauben – Gemeinde. Positionen im Gemeindeaufbau, in: Die Christenlehre, Berlin (Ost) 38 (1985), 7-17.

Ders., Übergang zwischen Christlichem und Weltlichem. Zu Fragen von kirchlicher Sozialgestalt und Ekklesiologie unter den Bedingungen der Säkularität, in: BThZ 3 (1986), 293-306.

Langmaack, G., Evangelischer Kirchenbau im 19. und 20. Jahrhundert. Geschichte – Dokumentation – Synopse, Kassel 1971.

Lapp, P.J., Die »befreundeten Parteien« der SED. DDR-Blockparteien heute, Köln 1988.

Ders., Die Volkskammer der DDR, Opladen 1975.

Ders., Wahlen in der DDR. Wählt die Kandidaten der Nationalen Front!, Berlin (West) 1982.

Laßt uns Zeichen setzen! Die ersten vierzig Jahre des Ökumenischen Rates der Kirchen, Genf 1988.

Latk, K.-R., Stasi-Kirche, Uhldingen 1992.

Lau, K. (Hg.), Deutschland auf dem Weg zur Einheit. Dokumente zur Wiedervereinigung Deutschlands, Braunschweig 1990.

Leben und Bleiben in der DDR. Gedanken zu einem neuen/alten Thema. Hg. von der Aktion Sühnezeichen/Friedensdienste. Theologische Studienabteilung, Berlin (West) 1985.

Lehmann, H.G., Chronik der DDR 1945/49 bis heute, München 1989.

Lehrbuch Strafrecht. Besonderer Teil, 2 Bde., Potsdam 1985 (Ms.).

Leich, W., Wechselnde Horizonte. Mein Leben in vier politischen Systemen, Wuppertal-Zürich 1992.

Leiden von Christen in der Welt. Empfehlungen zur Fürbitte. Hg. vom Kirchenamt der EKD. Neuausgabe, Hannover 1988.

Leif, Th., Die Friedensbewegung zu Beginn der achtziger Jahre. Themen und Strategien, in: Aus Politik und Zeitgeschichte B. 26/89, 28-40.

Lemke, C., Die Ursachen des Umbruchs 1989. Politische Sozialisation in der ehemaligen DDR, Opladen 1991.

Lenin, W.I., Sozialismus und Religion, in: Lenin Werke, Bd. 10, Berlin (Ost) 1967, 70-75.

Ders., Über das Verhältnis der Arbeiterpartei zur Religion, Berlin (Ost) 1958.

Lenski, K./Schön, A./Schilling, W. u. a. (Hgg.), So besteht nun in der Freiheit, zu der Christus befreit hat. Die »andere« Geschichte. Kirche und MfS in Thüringen, Erfurt 1993.

Leonhard, W., Das kurze Leben der DDR. Berichte und Kommentare aus vier Jahrzehnten, Stuttgart 1990.

Lesematerial Grundorientierungen: Sektion Politisch-operative Spezialdisziplin, Hg. vom Lehrstuhl VI, Potsdam 1983 (Ms.).

Lethio, P., Religionsunterricht ohne Schule. Die Entwicklung der Lage und des Inhalts der evangelischen Christenlehre in der DDR, Münster 1983.

Leugners-Scherzberg, A.H. (Hg.), Herbert Wehner. Selbstbesinnung und Selbstkritik. Gedanken und Erfahrungen eines Deutschen. Mit einem Geleitwort von Greta Wehner, Köln 1994.

Lewek, Chr., Gespräch mit Klaus Gysi, in: KZG 3 (1990), 440-468.

Dies./Stolpe, M./Garstecki, J. (Hgg.), Menschenrechte in christlicher Verantwortung, Berlin (Ost) ²1981.

Lewerenz, G., Das Selbstverständnis evangelischer Landeskirchen in der DDR von »Kirche im Sozialismus«, vor allem untersucht und dargestellt am Bund der Evangelischen Kirchen in der DDR und an der Evangelisch-Lutherischen Landeskirche Sachsens – eine kritische Analyse, Diss. phil. A, Güstrow, Philosophische Fakultät des Wissenschaftlichen Rates der Pädagogischen Hochschule »Liselotte Herrmann«, 1983 (Ms.).

Liebusch, G., Politisch-operative Aufgabenstellung zur effektiven Bearbeitung und Kontrolle der kirchlichen Partnerschaftsbeziehungen zwischen der Evangelischen »Martin-Luther-King«-Gemeinde Hoyerswerda-Neustadt (DDR) und der Ev. Johannesgemeinde Bad Kreuznach (BRD), Potsdam 1988 (Ms.).

Lilje, H., Memorabilia. Schwerpunkte eines Lebens, Stein-Nürnberg 1973.

Linke, D., Niemand kann zwei Herren dienen. Als Pfarrer in der DDR, Hamburg 1988.

Ders., »Streicheln, bis der Maulkorb fertig ist«. Die DDR-Kirche zwischen Kanzel und Konspiration. Mit einem Vorwort von J. Fuchs, Berlin 1992.

Ders., Theologiestudenten der Humboldt-Universität. Zwischen Hörsaal und Anklagebank, Neukirchen-Vluyn 1994 (Historisch-Theologische Studien zum 19. und 20. Jahrhundert, Quellen, 3).

Linkert, J., Erfahrungen und Probleme bei der langfristigen Entwicklung und des Einsatzes von Inoffiziellen Mitarbeitern unter reaktionären Kirchenkreisen, Potsdam 1988 (Ms.).

Linn, G., Ökumene. Hoffnung für eine gespaltene Menschheit?, Leipzig 1992.

Lippmann, H., Honecker. Porträt eines Nachfolgers, Köln 1971.

Lochen, H.-H./Meyer-Seitz, Chr. (Hgg.), Die geheimen Anweisungen zur Diskriminierung

Ausreisewilliger. Dokumente der Stasi und des DDR-Ministeriums des Innern, Bonn 1992.

Lösche, P./Walter, F., Die SPD. Klassenpartei-Volkspartei-Quotenpartei, Darmstadt 1992.

Loeser, F., Zu erkenntnistheoretischen Problemen des Glaubens, in: DZPh 30 (1982), 114-120.

Löser, F., Die unglaubwürdige Gesellschaft. Quo vadis, DDR?, Köln 1984.

Loest, E., Durch die Erde ein Riß. Ein Lebenslauf, München ²1991.

Ders., Die Stasi war mein Eckermann, oder: Mein Leben mit der Wanze, Göttingen 1991.

Löw, K., ... bis zum Verrat der Freiheit. Die Gesellschaft der Bundesrepublik und die »DDR«, München 1993.

Ders., Die Grundrechte. Verständnis und Wirklichkeit in beiden Teilen Deutschlands, München 1977 (Uni-Taschenbücher, 735).

Lohmann, U., Gerichtsverfassung und Rechtsschutz in der DDR, Opladen 1986.

Lohse, E., Erneuern und Bewahren. Evangelische Kirche 1970-1990, Göttingen 1993.

Loth, W., Ost-West-Konflikt und deutsche Frage. Historische Ortsbestimmungen, München 1989.

Lotz, G. (Hg.), Moritz Mitzenheim. Berlin (Ost) ²1969.

Luchterhandt, O., Die Gegenwartslage der evangelischen Kirche in der DDR. Eine Einführung, Tübingen 1982 (JusEccl 28).

Ders., Der verstaatlichte Mensch. Die Grundpflichten des Bürgers in der DDR, Köln 1985.

Ludz, P.C., Die DDR zwischen Ost und West 1961-1976, München 1977.

Ders., Parteielite im Wandel, Köln-Opladen ³1970.

Lüdde, M.-E., Die Rezeption, Interpretation und Transformation biblischer Motive und Mythen in der DDR-Literatur und ihre Bedeutung für die Theologie, Berlin-New York 1993 (APrTh, 4).

Luft, Chr., Zwischen Wende und Ende. Eindrücke, Erlebnisse, Erfahrungen eines Mitglieds der Modrow-Regierung, Berlin 1991.

Lutherische Monatshefte, Hannover 1968 ff.

Lutter, H., Atheismus, Religion und Kirche in der sozialistischen Gesellschaft, in: Wissenschaftliche Zeitschrift: Philosophische Fakultät. Hg. von der Pädagogischen Hochschule »Liselotte Herrmann« Güstrow 22 (1984/1), 5-63.

Ders., Der christlich-marxistische Dialog. Vergangenheit – Gegenwart – Zukunft, Berliner Dialog-Hefte 4 (1993/3), 12-18.

Ders., Die Hinwendung der Christen zum Sozialismus – eine Gesetzmäßigkeit des historischen Fortschritts, in: Forschungsberichte und Beiträge des Forschungskollektives »Wissenschaftlicher Atheismus«. Hg. von der Pädagogischen Hochschule »Liselotte Herrman« Güstrow 1980/23, 7-36.

Ders., Evangelische Christen und Kirche in der sozialistischen Gesellschaft der DDR, in: DZPh 37 (1989), 385-393.

Ders., Religiosität im Sozialismus, in: Forschungsberichte und Beiträge des Forschungskollektives »Wissenschaftlicher Atheismus«. Hg. von der Pädagogischen Hochschule »Liselotte Herrman« Güstrow 1987/51, 1-23.

Ders., Überlegungen zum Dialog zwischen Marxisten und Christen, in: Wissenschaftlicher Atheismus: Forschungsbericht 41. Hg. von der Ingenieurhochschule für Seefahrt Warnemünde-Wustrow 1987, 16-21.

Ders., Zu einigen Problemen der wissenschaftlich-atheistischen Propaganda und Agitation, in: Wissenschaftliche Zeitschrift der Pädagogischen Hochschule »Liselotte Herrmann« Güstrow. Aus der Gesellschafts- und Sprachwissenschaftlichen Fakultät 2 (1976).

Ders./Klohr, O., Aktuelle Probleme der Zusammenarbeit von Kommunisten und Gläubigen, in: DZPh 33 (1985), 875-883.

Ders./Winter, G., Evangelische Theologie in der DDR zur Zukunft von Religion und Kirche in der sozialistischen Gesellschaft. Eine kritische Analyse, in: Forschungsberichte und Beiträge des Forschungskollektivs »Wissenschaftlicher Atheismus« der Pädagogischen Hochschule »Liselotte Herrmann« Güstrow 1988/54, 199-224.

Maaz, H.-J., Der Gefühlsstau. Ein Psychogramm der DDR, Berlin (West) 1990.

Ders., Evangelische Kirchen und das Problem des Autoritarismus in der DDR, in: KZG 7 (1994), 117-128.

Mackenbach, W. (Hg.), Das KOR und der »polnische Sommer«. Analysen, Dokumente, Artikel und Interviews 1976-1981, Hamburg 1982.

Mäder, H., Ausgewählte Orientierungen zur op. Sicherung des konzentrierten Einsatzes von Bausoldaten auf der Grundlage einer Sicherungskonzeption, Potsdam 1984 (Ms.).

Mäding, K.-D., Die klerikalen politisch-negativen Kräfte in der Evangelischen Landeskirche Greifswald im System der gegnerischen Angriffe gegen die sozialistische Staats- und Gesellschaftsordnung, Potsdam 1986 (Ms.).

Maizière, L. de, Zwischen Anpassung und Verweigerung. Konsequenzen aus dem Leben in einem totalitären Staat, in: KZG 4 (1991), 412-422.

Maleck, B., Heinrich Fink.»Sich der Verantwortung stellen«, Berlin-Bonn 1992.

Ders., Die sozialistischen Verfasungen der Deutschen Demokratischen Republik. Text und Kommentar, Berlin (West) ²1982.

Mand., R. (Hg.), Handbuch gesellschaftlicher Organisationen in der DDR. Hg. von der Akademie für Staats- und Rechtswissenschaft der DDR, Berlin (Ost) 1985.

Margull, H.J. (Hg.), Mission als Strukturprinzip. Ein Arbeitsbuch zur Frage missionarischer Gemeinden, Genf 1968.

Markert-Wizisla, Chr., Feministische Theologie aus der ehemaligen DDR – Tradition und Perspektive, in: Jahrbuch der Europäischen Gesellschaft für die Theologische Forschung von Frauen, Kampen-Mainz 1 (1993), 140 ff.

Martin Luther und unsere Zeit. Konstituierung des Martin-Luther-Komitees der DDR am 13. Juni 1980 in Berlin, Berlin (Ost) 1980.

Martin-Luther-Ehrung 1983. Bewahrung und Pflege des progressiven Erbes in der Deutschen Demokratischen Republik. Arbeitstag am 29.10.1982. Hg. vom Organisationskomitee des Martin-Luther-Komitees der DDR, Berlin-Weimar 1982.

Marxistische Veröffentlichungen in der DDR zum Atheismus und zur marxistischen Religionskritik von 1945 bis 1973, in: Wissenschaftlicher Atheismus, Reihe 2, Heft 1 und 2. Ingenieurhochschule für Seefahrt Warnemünde-Wustrow, 8 (1974) und 9 (1974).

Maser, P., Glauben im Sozialismus. Kirchen und Religionsgemeinschaften in der DDR, Berlin (West) 1989.

Ders., Kirchen und Religionsgemeinschaften in der DDR 1949-1989. Ein Rückblick auf vierzig Jahre in Daten, Fakten und Meinungen, Konstanz 1992.

Materialien zum Bericht zur Lage der Nation. Hg. vom Bundesministerium für innerdeutsche Beziehungen, Bonn 1971, 1972, 1974.

Matern, H., Unser gemeinsamer Weg zur sozialistischen Menschengemeinschaft, in: Auf dem Weg der sozialistischen Menschengemeinschaft 1971, 53-85.

Ders., Unser gemeinsamer Weg zur sozialistischen Menschengemeinschaft. Zwanzig Jahre Deutsche Demokratische Republik – die Entwicklung einer festen Zusammenarbeit von Marxisten und Christen, Berlin (Ost) 1969.

Matthies, H. (Hg.), Zwischen Anpassung und Widerstand. Interviews mit Bischöfen und Kommentare zur Situation der evangelischen Kirchen in der DDR, Wiesbaden 1980.

Mau, R., Das »Sprachenkonvikt«. Theologische Ausbildungsstätte der Evangelischen Kirche in Berlin-Brandenburg (Kirchliche Hochschule Berlin-Brandenburg) 1950-1991, in: BThZ 9 (1992), 107-118.

Ders., Eingebunden in den Realsozialismus? Die Evangelische Kirche als Problem der SED, Göttingen 1994 (Sammlung Vandenhoeck).

Mayer, H., Ein Deutscher auf Widerruf. Erinnerungen, Bd. 2, Frankfurt/M. 1984.

Mechtenberg, Th., Das Modell einer Steuerung verdrängter Bewußtseinsinhalte am Beispiel der Evangelischen Kirchen in der DDR, in: deutsche studien 1988/104, 391-396.

Ders., Die Lage der Kirchen in der DDR, München 1985.

Meckel, M./Gutzeit, M., Opposition in der DDR. Zehn Jahre kirchliche Friedensarbeit – kommentierte Quellentexte, Köln 1994.

Mehlhausen, J., Die Evangelische Arbeitsgemeinschaft für kirchliche Zeitgeschichte und die Erforschung der Kirchengeschichte der DDR, in: Mitteilungen der Ev. Arbeitsgemeinschaft für Kirchliche Zeitgeschichte 13 (1993), 1-6.

Mehner, R., Einschätzung der politisch-operativen Lage in den Baueinheiten der HA I/MfNV zur Herausarbeitung von Sicherheitserfordernissen und Aufgabenstellungen für die weitere Qualifizierung der vorbeugenden Verhinderung, Aufdeckung und Bekämpfung der PUT in den Baueinheiten, Potsdam 1986 (Ms.).

Meier, K., Der Evangelische Kirchenkampf, Bd. 3, Göttingen 1984.

Ders., Kreuz und Hakenkreuz. Die evangelische Kirche im Dritten Reich, München 1992.

Meinel, R./Wernicke, Th. (Hgg.), Mit tschekistischem Gruß. Berichte der Bezirksverwaltung für Staatssicherheit Potsdam 1989, Potsdam 1990.

Mende, E., Von Wende zu Wende 1962-1982, München-Berlin (West) 1986.

Menge, M., »Ohne uns läuft nichts mehr«. Die Revolution in der DDR, Stuttgart 1990.

Meuschel, S., Legitimation und Parteiherrschaft. Zum Paradox von Stabilität und Revolution in der DDR 1945-1989, Frankfurt/M. 1992.

Dies., Überlegungen zu einer Herrschafts- und Gesellschaftsgeschichte der DDR, in: GeGe 19 (1993), 5-14.

Dies., Wandel durch Auflehnung. Thesen zum Verfall bürokratischer Herrschaft in der DDR, in: Berliner Journal für Soziologie. Sonderheft 1991, 15-27.

Meyer, G., Bürokratischer Sozialismus. Eine Analyse des sowjetischen Herrschaftssystems, Stuttgart 1977.

Ders., Die DDR-Machtelite in der Ära Honecker, Tübingen 1991.

Ders., Sozialistische Systeme. Theorie- und Strukturanalysen. Ein Studienbuch, Opladen 1979.

Ders./Schröder, J. (Hgg.), DDR heute. Wandlungstendenzen und Widersprüche einer sozialistischen Industriegesellschaft, Tübingen 1988.

Meyer, H., Innovation oder Stagnation. Bedingungen der Wirtschaftsreform in den sozialistischen Ländern, Köln 1987.

Meyer, M., Freikauf – Menschenhandel in Deutschland, Wien-Hamburg 1978.

Micewski, A., Kirche, »Solidarno « und Kriegszustand in Polen, Mainz-München 1988.

Mittag, G., Um jeden Preis. Im Spannungsfeld zweier Systeme, Berlin-Weimar 1991.

Mitteilungsblatt des Bundes der Evangelischen Kirchen in der DDR, Berlin (Ost) passim.

Mitter, A./Wolle, St., Untergang auf Raten. Unbekannte Kapitel der DDR-Geschichte, München 1993.

Moderow, H.M./Sens, M. (Hgg.), Orientierung Ökumene. Ein Handbuch, Berlin (Ost) ²1987.

Mommsen, W.J., Die Geschichtswissenschaft in der DDR. Kritische Reflexionen, in: Aus Politik und Zeitgeschichte B 17-18 (1992), 35-43.

Moritz, H., Religion und Gesellschaft in der DDR, in: ThLZ 110 (1985), 573-588.

Moseleit, K., Die »zweite« Phase der Entspannungspolitik der SPD 1983-1989. Eine Analyse ihrer Entstehungsgeschichte, Entwicklung und der konzeptionellen Ansätze mit einem Vorwort von Willy Brandt, Frankfurt/M. 1991 (Europäische Hochschulschriften, Reihe XXXI, Politikwissenschaften, 180).

»Moskau 82«, I: Dokumente, II: Apparate, III: Berichte der BEK-Delegation. Hg. vom Sekretariat des BEK, Berlin (Ost) 1982 (Ms.).

Motschmann, J., Die Pharisäer. Die evangelische Kirche, der Sozialismus und das SED-Regime, Frankfurt/M.-Berlin 1993.

Ders./Matthies, H., Rotbuch Kirche, Stuttgart ²1976.

Müller, E., Widerstand und Verständigung. Fünfzig Jahre Erfahrungen in der Kirche und Gesellschaft 1933-1983, Stuttgart 1987.

Müller, H., Evangelische Dogmatik im Überblick. 2 Teile, Berlin (Ost) 1978.

Müller, Hei., Krieg ohne Schlacht. Leben in zwei Diktaturen, Köln 1992.

Ders. (Hg.), Wider die Resignation der Linken. Stimmen gegen Antikommunismus, Konterrevolution und Annexion. Geleitwort von Heinz Kamnitzer, Köln 1994.

Müller, H.-G., Versuche des Mißbrauchs der ev. Kirche der DDR zur Schaffung einer oppositionellen Bewegung, Potsdam 1985 (Ms.).

Müller, K., Staatsgrenzen und evangelische Kirchengrenzen. Gesamtdeutsche Staatseinheit und evangelische Kircheneinheit nach deutschem Recht, Tübingen 1988.

Müller, M., Protestanten. Begegnung mit Zeitgenossen, Halle-Leipzig 1990.

Müller, R., Die Akte Wehner, Berlin 1993.

Müller-Enbergs, H., Das Zusammenspiel von Staatssicherheitsdienst und SED nach der Selbstverbrennung des Pfarrers Oskar Brüsewitz aus Rippicha am 18. August 1976, Berlin 1993 (Der Bundesbeauftragte für die Unterlagen des Staatssicherheitsdienstes der ehemaligen DDR, Abt. Bildung und Forschung: Reihe B, Analysen und Berichte, 2/93).

Ders./Schmoll, H./Stock, W., Das Fanal. Das Opfer des Pfarrers Brüsewitz und die Evangelische Kirche, Frankfurt/M.-Berlin 1993 (Ullstein-Report 36616).

Ders./Schulz, M./Wielgohs, J. (Hgg.), Von der Illegalität ins Parlament. Werdegang und Konzepte der neuen Bürgerbewegung, Berlin 1991.

Die Nationale Front der DDR. Hg. von der Parteihochschule »Karl Marx« beim ZK der SED/Lehrstuhl Geschichte der SED, Berlin (Ost) 1984.

Muhrmann-Kahl, M., Ein Prophet des wahren Sozialismus? Zur Rezeption Karl Barths in der ehemaligen DDR, in: Zeitschrift für Neuere Theologiegeschichte, Berlin 1 (1994), 139 ff.

Neubert, E., Das MfS und die Kirchen. Enquete-Kommission 14.12.1993. Vervielfältigt.

Ders., Untersuchung zu den Vorwürfen gegen den Ministerpräsidenten des Landes Brandenburg, Dr. Manfred Stolpe. Hg. von Fraktion BÜNDNIS im Landtag Brandenburg, Potsdam 1993.

Ders., Vergebung oder Weißwäscherei? Zur Aufarbeitung des Stasiproblems in den Kirchen, Freiburg/Br. 1993.

Neubert, H., Zum gemeinsamen Ideologie-Papier von SED und SPD aus dem Jahr 1987, Berlin 1994 (Hefte zur ddr-geschichte, 18).

Neue Zeit. Zentralorgan der CDU, Berlin (Ost) 1968-1994.

Neues Deutschland, Berliner Ausgabe. Zentralorgan des Zentralkomitees der SED, Berlin (Ost) 1968-1989.

Neugebauer, G., Partei und Staatsapparat in der DDR. Aspekte der Instrumentalisierung des Staatsapparates durch die SED, Opladen 1978.

Neumann, Th., Die Maßnahme. Eine Herrschaftsgeschichte der SED, Reinbek 1991.

1945-1985. Befreite Kirche auf Um- und Abwegen. Hg. von Kirchliche Bruderschaft Sachsens, Dresden 1985.

Neusüss, A. (Hg.), Utopie. Begriff und Phänomen des Utopischen Zeitalters, Berlin 1992.

Niethammer, L./Plato, A. v./Wierling, D. (Hgg.), Die volkseigene Erfahrung. Eine Archäologie des Lebens in der Industrieprovinz der DDR. 30 biographische Eröffnungen, Berlin 1991.

Nitsche, H., Zwischen Kreuz und Sowjetstern. Zeugnisse des Kirchenkampfes in der DDR (1945-1981), Aschaffenburg 1983.

Nixdorf, W., Prinzip Durchschaubarkeit. Rückblick auf die kirchliche Öffentlichkeitsarbeit in der DDR, in: Medium 3 (1992), 45-49.

N.N., Keine billige Gnade! Staatssicherheitsstrukturen in der Thüringer Kirche, in: telegraph (Berlin) vom 25.7.1991, 9-15.

Noack, A., Die evangelischen Studentengemeinden in der DDR. Ihr Weg in Kirche und Gesellschaft 1945-1985, Merseburg 1984 (Ms.).

Ders., Die Rolle der evangelischen Kirche im gesellschaftlichen und politischen Umbruch in der DDR, in: KZG 6 (1993), 138-147.

Nollau, V., Unterwegs zu einer Kirche derer, die »Etwas müssen« nicht mehr wollen?, in: Amtsblatt der Evangelisch-Lutherischen Landeskirche Sachsens 1986/21, B 81-83.

Nolte, E., Deutschland und der Kalte Krieg, (Stuttgart 1965) München 1974.

Nopirakowski, R., Mittel und Methoden zum Erkennen von operativ bedeutsamen Kontakten aus kirchlichen Partnerschaftsbeziehungen und Vorschläge für ihre differenzierte und vorbeugend wirksame operative Bearbeitung im Rahmen der Bekämpfung politischer Untergrundtätigkeit, Potsdam 1986 (Ms.).

Nowak, K., Die evangelische Kirche im politischen Umbruch der DDR 1989/90. Ein Beitrag zum Problem protestantischer Identität, in: ThZ 47 (1991), 171-182.

Ders., Der Protestantismus in der DDR. Erfahrungen und Schwierigkeiten auf dem Weg zur Demokratie, in: ZEE 34 (1990), 165-173.

Ders., Der Protestantismus in Ostdeutschland. Erfahrungen und Schwierigkeiten auf dem Weg zur Demokratie, in: Christentum und Demokratie im 20. Jahrhundert. Hg. von M. Greschat und J.-C. Kaiser, Stuttgart 1992, 206-218.

Ders., Jenseits des mehrheitlichen Schweigens. Texte von Juni bis Dezember des Jahrs 1989, Berlin (Ost) 1990.

Ders., Protestantismus und Nationalstaat im 20. Jahrhundert Weimarer Republik-Drittes Reich-DDR/Bundesrepublik Deutschland, in: PTh 80 (1991), 446-458.

Ders., Zum Widerstreit um die »Kirche im Sozialismus«, in: ZEE 37 (1993), 235-238.

Ökumenischer Rat der Kirchen, Zentralausschuß, Protokoll und Berichte der 26. Tagung, Genf 22. bis 29. August 1973, Genf 1973.

Ökumenische Versammlung für Gerechtigkeit, Frieden und Bewahrung der Schöpfung: Dresden – Magdeburg – Dresden. Eine Dokumentation. Hg. von Aktion Sühnezeichen/Friedensdienste, Berlin (West) 1990.

Oestreicher, P., »Aufs Kreuz gelegt.« Erfahrungen eines kämpferischen Pazifisten, Berlin 1993.

Offizieller Bericht über die Fünfte Vollversammlung des ÖRK Nairobi 23.11.-10.12.1975, Genf 1976.

Okunowski, R., Zur Spezifik der Arbeit mit dem evangelischen Pfarrer für ein engagiertes Handeln für Frieden und Fortschritt, in: Forschungsberichte und Beiträge des Forschungskollektivs »Wissenschaftlicher Atheismus«. Hg. von Pädagogische Hochschule »Liselotte Herrmann« Güstrow 1988/58.

Olbert, R., Analyse konkreter Erscheinungsformen der politischen Untergrundtätigkeit im Rahmen der »offenen« und sozialdiakonischen Jugendarbeit der Evangelisch-Lutherischen Landeskirche Mecklenburgs sowie Mittel und Methoden der vorbeugenden Verhinderung und Bekämpfung derartiger relevanter Erscheinungen im Verantwortungsbereich der Linie XX/4 im Bezirk Schwerin, Potsdam 1987 (Ms.).

Onnasch, M., Kirchenpolitik in den siebziger Jahren. Acht Anmerkungen, in: Berliner Dialog-Hefte 4 (1993/1), 22-27.

Ders., »Wir bitten um Frieden«. Lothar Kreyssigs Versöhnungsarbeit und die Aktion Sühnezeichen in der DDR, GlLern 8 (1993), 59-68.

Opp, K.-D., DDR '89. Zu den Ursachen einer spontanen Revolution, in: KZSS 43 (1991), 302-321.

Ders., Wie erklärt man die Revolution in der DDR?, in: Forschungsjournal Neue Soziale Bewegungen 5 (1992), 16-24.

Ders./Voß, P./Gern, Chr., Die volkseigene Revolution, Stuttgart 1993.

Ordnung, C., Verantwortung für Frieden und Wohlfahrt der Völker. Die Aktualität des Darmstädter Wortes von 1947, Berlin (Ost) 1987.

Osterloh, T., Die Anwendung des Differenzierungsprinzips bei der politisch-operativen Bearbeitung eines »Friedenskreises« im Verantwortungsbereich der BVfS Neubrandenburg, Potsdam 1989 (Ms.).

Ottensmeier, H., Faschistisches Bildungssystem in Deutschland zwischen 1933 und 1989. Kontinuität zwischen Drittem Reich und DDR, Hamburg 1992.

Ottlyk, E., Der Weg einer evangelischen Kirche im Sozialismus. Die Entwicklung des ungarischen Luthertums seit 1945, Berlin (Ost) 1982.

Pahnke, R., Überlegungen und Einsichten nach einer ersten Auswertung von Akten des FDJ-Zentralarchivs, in: Die Christenlehre/Berlin (Ost) 45 (1992), 113-120.

Pangritz, A., Dietrich Bonhoeffers Forderung einer Arkandisziplin. Eine unerledigte Anfrage an Kirche und Theologie, Köln 1988.

Pannen, St., Die Weiterleiter. Funktion und Selbstverständnis ostdeutscher Journalisten, Köln 1992. (Edition Deutschland Archiv).

Pannenberg, W., Heiligung und politische Ethik - ein kritischer Blick auf einige Grundlagen im Protestantismus, in: Herausforderungen. Die Dritte Welt und die Christen Europas, Regensburg 1980, 79-110

Pfannschmidt, Die Analyse und marxistisch-leninistische Wertung der durch den Leiter des »Evangelischen Einkehrhauses« Bischofsrod erarbeiteten feindlich-negativen theoretischen Konzeption und die Ableitung politisch-operativer Konsequenzen für die weitere operative Bearbeitung, Potsdam 1989 (Ms.).

Peace and Disarmament. Documents of the World Council of Churches and the Roman Catholic Church, Geneva-Roma 1982.

Pilvousek, J. (Bearb.), Kirchliches Leben im totalitären Staat. Seelsorge in der SBZ/DDR 1945-1976. Quellentexte aus den Ordinariaten und Bischöflichen Ämtern, Leipzig 1994.

Pirson, D., Art. Öffentlichkeitsanspruch der Kirche, in: EStL³, 2, 2278-2284.

Planer-Friedrich, G., Luthererinnerungen und Gemeindeerneuerung. Sozialethische Aspekte und Wirkungen des Lutherjubiläums in der DDR, in: ZEE 29 (1985), 371-409.

Plato, A. v., Eine zweite »Entnazifizierung«? Zur Verarbeitung politischer Umwälzungen in Deutschland 1945 und 1989, in: GMH 7 (1991), 415-428.

Pollack, D., Das Ende einer Organisationsgesellschaft. Systemtheoretische Überlegungen zum Umbruch in der DDR, in: ZfS 19 (1990), 292-307.

Ders., Der Staatssicherheitsdienst und die evangelischen Kirchen in der DDR, in: Mitteilungen der evangelischen Arbeitsgemeinschaft für kirchliche Zeitgeschichte 13 (1993), 62-94.

Ders., Der Staatssicherheitsdienst und die evangelischen Kirchen in der DDR, in: RKZ 134 (1993), 243-249.

Ders., Die Legitimität der Freiheit. Politisch alternative Gruppen in der DDR unter dem Dach der Kirche, Frankfurt/M. 1990.

Ders., Integration vor Entscheidung. Zur Entwicklung von Religiosität und Kirchlichkeit in der ehemaligen DDR, in: GlLern 6 (1991), 144-156.

Ders., Religion und Kirche in der DDR, in: WZ(L).G 37 (1988/1), 92-104.

Ders., Sozialismus-Affinität im deutschen Protestantismus. Sozialistische Leitvorstellungen des Kirchenbundes in der DDR. Bemerkungen zu einem Interpretationsvorschlag von Friedrich Wilhelm Graf, in: ZEE 37 (1993), 226-230.

Ders., Überblick über den Stand der Forschung zum Thema Kirche und Religion in der DDR, in: ZEE 35 (1991), 306-317.

Ders., Zum Stand der DDR-Forschung, in: PVS 34 (1993), 119-139.

Poppe, J., Einige Aspekte gegenwärtiger Mensch-Natur-Interpretation durch die protestantische Theologie – die Fundamentaltheologie und Theologie der Natur, in: Forschungsberichte und Beiträge des Forschungskollektivs »Wissenschaftlicher Atheismus«. Hg. von der Pädagogischen Hochschule »Liselotte Herrmann« Güstrow 1987/55, 312-320.

Posser, D., Anwalt im Kalten Krieg. Ein Stück deutscher Geschichte in politischen Prozessen 1951-1968, München ²1991.

Prauß, H., Reflexionen zur Problematik von Stasi-Verstrickungen katholischer Amtsträger, in: Ost-West-Informationsdienst des katholischen Arbeitskreises für zeitgeschichtliche Fragen 179 (1993), 12-18.

Presseinformation. Arbeitsergebnis der Kommission für Zeugnis und Gestalt der Gemeinde des Bundes der Evangelischen Kirchen Nr. 17/89 vom 31. Mai 1989, Berlin (Ost).

Probst, L., Bürgerbewegungen, politische Kultur und Zivilgesellschaft, in: Aus Politik und Zeitgeschichte B 19 (1991), 30-35.

Programm und Statut der SED vom 22. Mai 1976, Köln.

Protokoll der Parteitage und Parteikonferenzen von KPD, SPD und SED seit 1945, Berlin (Ost) 1946 ff.

Prolingheuer, H., Kirchenwende oder Wendekirche? Die EKD nach dem 3. November 1989 und ihre Vergangenheit, Bonn 1991.

Ders., Kleine politische Kirchengeschichte. 50 Jahre Evangelischer Kirchenkampf von 1919 bis 1969, Köln 1984.

Przybylski, P., Tatort Politbüro. Die Akte Honecker, Berlin 1991.

Ders., Tatort Politbüro, Bd. 2: Honecker, Mittag, Schalck-Golodkowski, Berlin 1992.

Püttmann, A., Mißliebige Zwischentöne im Blockflötenkonzert. Neues zur Geschichte der Ost-CDU, in: NOrd 47 (1993), 46 ff.

Puschmann, H., Möglichkeiten und Grenzen der Caritasarbeit in der ehemaligen DDR, in: Ost-West-Informationsdienst für zeitgeschichtliche Fragen 177 (1993), 3-10.

Rabe, K.K., Umkehr in die Zukunft. Die Arbeit der Aktion Sühnezeichen/Friedensdienste, Bernheim-Merten 1983.

Ramet, S., Protestantism in East Germany, 1949-1989: A Summing up, in: Religion in Communist Lands 19, nos. 3-4 (Winter 1991), 161-195.

Dies., Social Currents in Eastern Europe, Durham 1991.

Ratzmann, W., Gemeinde für andere – Gemeinde mit den anderen, in: Die Christenlehre/Berlin (Ost) 39 (1986), 275-283.

Rausch, H./Stamm, Th. (Hgg.), DDR: das politische, wirtschaftliche und soziale System, München ⁴1978.

Rehlinger, L.A., Freikauf. Die Geschäfte der DDR mit politisch Verfolgten 1963-1989, Berlin-Frankfurt/M. 1991.

Reichenbach, A., Chef der Spione. Die Markus-Wolf-Story, Stuttgart 1992.

Reiher, D. (Hg.), Kirchlicher Unterricht in der DDR von 1949-1990. Dokumentation eines Weges, Göttingen 1992.

Reitinger, H., Die Rolle der Kirche im politischen Prozeß der DDR 1970-1990, München 1991.

Reitz, R., Christen und Sozialdemokratie. Konsequenzen aus einem Erbe, Stuttgart 1983.

Ders. (Hg.), Herbert Wehner. Christentum und Demokratischer Sozialismus. Beiträge zu einer unbequemen Partnerschaft, Freiburg/Br. 1985.

Rendtorff, T. (Hg.), Protestantische Revolution? Kirche und Theologie in der DDR: Ekklesiologische Voraussetzungen, politischer Kontext, theologische und historische Kriterien. Vorträge und Diskussionen eines Kolloquiums in München, 26.-28.3.1992, Göttingen 1993 (AKZG, B, 20).

Ders., Unkirchlichkeit? Historisch-theologische Überlegungen zu einem unklaren Begriff aus Anlaß des Endes der DDR, in: Hardtwig, W./Brandt, H.-H. (Hgg.), Deutschlands Weg in die Moderne. Politik, Gesellschaft und Kultur im 19. Jahrhundert, München 1993.

Repgen, K., Kirchliche Führung im Sozialismus, in: Die politische Meinung/St. Augustin 237/37 (1992), 19-21.

Reuth, R.G., IM »Sekretär«. Die »Gauck«-Recherche und die Dokumente zum »Fall Stolpe«, Berlin 1992.

Revolutionärer Prozeß und Staatsentstehung. Hg. von Akademie der Wissenschaften der DDR, Berlin (Ost) 1976.

Richter, E., Christentum und Demokratie in Deutschland. Beiträge zur geistigen Vorbereitung der Wende in der DDR, Leipzig-Weimar 1991.

Ders., »Sozialistische Universität«. Die Hochschulpolitik der SED, Berlin (West) 1967.

Richter, K., Jugendweihe und andere profane Symbolhandlungen, in: Diak. 7 (1976), 38-44.

Richter, M./Zylla, E., Mit Pflugscharen gegen Schwerter. Erfahrungen in der Evangelischen Kirche in der DDR 1949-1990, Bremen 1992.

Richter, P./Rösler, K., Wolfs West-Spione. Ein Insider-Report, Berlin 1992.

Riecker, A./Schwarz, A./Schneider, D. (Hgg.), Stasi intim. Gespräche mit ehemaligen MfS-Angehörigen, Leipzig 1990.

Riese, H.P. (Hg.), Bürgerinitiativen für die Menschenrechte. Die tschechoslowakische Opposition zwischen dem »Prager Frühling« und der »Charta '77«. Vorwort: Heinrich Böll. Nachwort: Arthur Miller, Köln-Frankfurt/M. 1987.

Riesenberger, D., Geschichte und Geschichtsunterricht in der DDR. Aspekte und Tendenzen, Göttingen 1973.

Ders., Soziale Bewegungen in der DDR. Die Entwicklungen bis Mai 1990, in: Roth, R./Rucht, D. (Hgg.), Neue soziale Bewegungen in der Bundesrepublik Deutschland, Bonn 1991, 54-70.

Rißmann, M., Zur Rolle der Ost-CDU im politischen System der DDR, in: Historisch-Politische Mitteilungen. Archiv für christlich-demokratische Politik 1 (1994), 69-88.

Röhl, K.R., Linke Lebenslügen. Eine überfällige Abrechnung, Frankfurt/M.-Berlin 1994.

Roer, I., Die Christliche Friedenskonferenz. Ein Ort ökumenischer Friedensarbeit, Prag 1974.

Rösler, J., Der Handlungsspielraum der DDR-Führung gegenüber der UdSSR. Zu einem Schlüsselproblem des Verständnisses der DDR-Geschichte, in: ZfG 41 (1993), 293-304.

Roesler, J., The Rise and Fall of the Planned Economy in the German Democratic Republic, 1945-1989, in: German History 9 (1991), 46-61.

Rogge, J., Luther heute, Duisburg 1983.

Ders./Zeddies, H. (Hgg.), Kirchengemeinschaft und politische Ethik. Ergebnis eines theologischen Gespräches zum Verhältnis von Zwei-Reiche-Lehre und Lehre von der Königsherrschaft Christi, Berlin (Ost) 1980.

Roggemann, H. (Bearb.), Die DDR-Verfassungen, Berlin (West) [2]1976.

Rommel, K.W., Religion und Kirche im sozialistischen Staat DDR, Kiel 1975.

Roos, P. (Hg.), Exil. Die Ausbürgerung Wolf Biermanns aus der DDR. Eine Dokumentation. Mit einem Vorwort von Günter Wallraff, Köln 1977.

Rottke, P., Die Arbeit einer Kreisdienststelle des MfS mit den Partnern des politisch-operativen Zusammenwirkens zur vorbeugenden Verhinderung, Aufklärung, Bekämpfung der Versuche des Feindes zum Mißbrauch der katholischen Kirche im Eichsfeld für politische Untergrundtätigkeit, Potsdam 1986 (Ms.).

Rüddenklau, W. (Hg.), Störenfried. DDR-Opposition 1986-1990. Mit Texten aus den »Umweltblättern«, Berlin 1992 (Edition ID-Archiv/Basis-Druck-Dokument, 7).

Rudolph, H., Die Gesellschaft der DDR – eine deutsche Möglichkeit? Anmerkungen zum Leben im anderen Deutschland, München 1972.

Ruf und Antwort. Festgabe für Emil Fuchs zum 90. Geburtstag, Leipzig 1964.

Rudorf, R., Die Vierte Gewalt. Das linke Medienkartell, Frankfurt/M.-Berlin 1994.

Rychlik, R., Ärzte in der DDR. Ausbildung, Beruf und gesellschaftliche Stellung, Stuttgart 1983.

Rytlewski, R., Ein neues Deutschland? Merkmale, Differenzierungen und Wandlungen in der politischen Kultur der DDR, in: Der Bürger im Staat 39 (1989), 151-156.

Ders. (Hg.), Politik und Gesellschaft in sozialistischen Ländern, Opladen 1990.

Ders., Soziale Kultur als politische Kultur: die DDR, in: Politische Kultur in Deutschland: Bilanz und Perspektiven der Forschung. Hg. von D. Berg-Schlosser/J. Schissler, Opladen 1987, 238-246.

Sauer, H./Plumeyer, H.-O., Der Salzgitter Report. Die Zentrale Erfassungstelle berichtet über Verbrechen im SED-Staat, Esslingen 1991.

Sauter, G., Bekannte Schuld, in: EvTh 50 (1990), 498-511.

Ders., Verhängnis der Theologie? Schuldwahrnehmung und Geschichtsanschauungen im deutschen Protestantismus unseres Jahrhunderts, in: KZG 4 (1991), 475-492.

Saß, V. v./Suchodoletz, H., »feindlich-negativ«. Zur politischen Arbeit einer Stasi-Zentrale, Berlin (Ost) 1990.

Schabowski, G., Das Politbüro. Ende eines Mythos. Eine Befragung. Hg. von F. Sieren und L. Koehne, Reinbeck 1990.

Schädlich, H.-J. (Hg.), Aktenkundig. Mit Beiträgen von W. Biermann, J. Fuchs, J. Gauck, L. Rathenow, V. Wollenberger u. a., Berlin 1992.

Schäfer, A., Erfahrungen bei der Gestaltung des Zusammenwirkens mit gesellschaftlichen Kräften zur vorbeugenden Verhinderung des Mißbrauchs kirchlicher Einrichtungen durch feindlich-negative Kräfte für subversive Zielstellungen gegen die DDR, Potsdam 1988 (Ms.).

Schäfer, B., Grenzen von Staat und Kirche. Zur Diplomatie zwischen DDR und Vatikan von 1972 bis 1979; in: StZ 119 (1994), 121-129.

Ders.: »Inoffizielle Mitarbeiter« und »Mitarbeiter«. Zur Differenzierung von Kategorien des Ministeriums für Staatssicherheit im Bereich der katholischen Kirche, in: KZG 6 (1993), 447-466.

Schäfer, H., Öffentliche Anhörung. Zur Rolle der Kirchen in der ehemaligen DDR; in: RKZ 135 (1994), 43-48.

Scharbau, F.-O. (Hg.), Konkordie Reformatorischer Kirchen in Europa, Frankfurt/M. 1993.

Scharf, K., Brücken und Breschen. Biographische Skizzen. Hg. von W.-D. Zimmermann, Berlin 1977.

Ders., Widerstehen und Versöhnen. Rückblicke und Ausblicke, Stuttgart 1987.

Scheler, W./Kießling, G., Gerechte und Ungerechte Kriege in unserer Zeit, Berlin (Ost) 1981.

Schell, M./Kalinka, W., Stasi und kein Ende. Die Personen und Fakten, Frankfurt/M.-Berlin 1991.

Schelske, W., Zum Verhältnis von evangelischen Kirchen und Randgruppen, in: Forschungsberichte und Beiträge des Forschungskollektivs »Wissenschaftlicher Atheismus« der Pädagogischen Hochschule »Liselotte Herrmann« Güstrow 188/58, 484 f.

Schenke, U., Beobachtungen zur feministischen Theologie in der früheren DDR, in: Materialdienst der Evangelischen Zentralstelle für Weltanschauungsfragen 55 (1992), 220 f.

Scheuer, Erfahrungen der KD Weimar bei Suche, Auswahl und Gewinnung von Inoffiziellen Mitarbeitern in der politisch-operativen Bearbeitung von Versuchen feindlich-negativer Kräfte zur Organisierung politischer Untergrundtätigkeit unter Mißbrauch kirchlicher Handlungsräume, Potsdam 1985 (Ms.).

Schilling, F./Stengel, F., Die theologischen Sektionen im »real-existierenden« Sozialismus der DDR, in: KZG 5 (1992), 100-112.

Schimnick, R., Die Hauptaufgaben des Einsatzes inoffizieller Mitarbeiter bei der Aufspürung und Bekämpfung unter dem Deckmantel des Pazifismus vorgetragener subversiver Angriffe, dargestellt am Beispiel der ESG Rostock, Potsdam 1983 (Ms.).

Schlegel, J., Evangelische Mission in und nach 40 Jahren DDR, in: ZMiss 19 (1993), 140-147.

Schlippes/Weißleder, W., Kirche und Politik in der BRD – analytische Dokumentation zur Fundierung der politisch-operativen Arbeit des MfS, Potsdam 1983 (Ms.).

Schlomann, F.W., Die Maulwürfe. Die Stasi-Helfer im Westen sind immer noch unter uns, Frankfurt/M.-Berlin 1993.

Schmidt, E., Kirche zwischen Anpassung und Verweigerung. Versuch einer Urteilsfindung für den Weg der evangelischen Kirche in der Zeit des Sozialismus, in: DtPfrBl 93 (1993), 371-376.

Schmidt, H., Geistige Gemeinsamkeiten und Unterschiede zwischen Kommunisten und Protestanten im Verständnis von Verantwortung und ihre Potenzen für die weitere bewußte Ausgestaltung der Zusammenarbeit von Kommunisten und Christen in der DDR. Dissertation Güstrow 1987.

Schmidt, H., Menschen und Mächte, Berlin (West) 1987.

Ders., Die Deutschen und ihre Nachbarn. Menschen und Mächte II, Berlin 1990.

Schmidt, J., »Anreise reibungslos … Große Freude.« Noch einmal. Ein reformierter »Fall«. Anmerkungen zu möglichen Stasi-Kontakten von H. Krum; RKZ 135 (1994), 140 f.

Schmidt, T., Die Nutzung von Inoffiziellen Mitarbeitern zur zielgerichteten Bearbeitung und Zersetzung von Formierungsbestrebungen feindlich-negativer Personengruppen, die unter Ausnutzung von Handlungsräumen der evangelischen Kirche im Verantwortungsbereich der KD Eisenach politisch-operativ in Erscheinung treten, Potsdam 1989 (Ms.).

Schmidt, W., Geschichte zwischen Professionalität und Politik. Zu zentralen Leitungsstrukturen und -mechanismen in der Geschichtswissenschaft der DDR, ZfG 40 (1992), 1013-1030.

Schmidthammer, J., Rechtsanwalt Wolfgang Vogel. Mittler zwischen Ost und West, Hamburg 1987.

Schmithals, W. (Hg.), Gutachten und Stellungnahmen zu der Habilitationsschrift von Dr. Friedrich-Wilhelm Marquardt »Theologie und Sozialismus – Das Beispiel Karl Barths«, Berlin-Zehlendorf 1972.

Schmitt, K., Kirche im Weltanschauungsstaat. Zur Situation in der DDR, in: D. Oberndör-fer/K. Schmitt (Hgg.), Kirche und Demokratie, Paderborn 1983, 123-152.

Schmitz, E. Deutsche Vinzenz-Konferenzen unter sozialistischer Herrschaft, in: JCV '93 (1992), 332-337.

Schmolze, G., Das Elend der Ost-CDU, in: G.-K. Kaltenbrunner, Das Elend der Christdemo-kraten. Ortsbestimmung der politischen Mitte Europas, Freiburg 1977.

Schmutzler, G.-S., Gegen den Strom. Erlebtes aus Leipzig unter Hitler und der Stasi, Göttin-gen 1992.

Schneider, E., Die DDR. Geschichte, Politik, Wirtschaft, Gesellschaft, Stuttgart 1975.

Ders., Die SED der 80er Jahre. Das neue Programm und Statut der Partei, Köln 1977.

Schneider, G., Die private Stasi-Akte in meinem Schrank (Teil I und II), in: Ost-West-Infor-mationsdienst des katholischen Arbeitskreises für zeitgeschichtliche Fragen 178/179 (1993), 18-27.24-30.

Schneider, G., Wirtschaftswunder DDR – Anspruch und Realität, Köln ²1990.

Schnitzer, E., Die Entwicklung von Inoffiziellen Mitarbeitern unter der studentischen Jugend für den Einsatz in der Evangelischen Studentengemeinde Greifswald und die Gewährlei-stung ihres gesellschaftlich effektiven Einsatzes zur wirksamen Aufklärung und Bekämp-fung von Erscheinungsformen der politischen Untergrundtätigkeit, Potsdam 1988 (Ms.).

Schober, Th. (Hg.), Das Recht im Dienst einer diakonischen Kirche. Freiheit und Bindung. Wolfgang Güldenpfennig zum 75. Geburtstag, Stuttgart o. J.

Schönbohm, J.: Zwei Armeen und ein Vaterland. Das Ende der Nationalen Volksarmee, Ber-lin 1992.

Schönherr, A., Abenteuer der Nachfolge. Reden und Aufsätze 1978-1988, Berlin (West) 1988.

Ders., … aber die Zeit war nicht verloren. Erinnerungen eines Altbischofs, Berlin 1993.

Ders., Die Entstehung der Evangelischen Kirche in der DDR, in: JBBKG 58 (1991), 315-326.

Ders., Gratwanderung. Gedanken über den Weg des Bundes der Evangelischen Kirchen in der Deutschen Demokratischen Republik, Leipzig 1992.

Ders., Horizont und Mitte. Aufsätze, Vorträge, Reden 1953-1977, München-Berlin (Ost) 1979.

Ders., 1945-1985. Befreite Kirche auf Um- und Abwegen (Vortrag vor der Kirchlichen Bru-derschaft Sachsens am 21.4.1985 in Freiberg/S.), in: Kirchliche Bruderschaft Sachsens, Dresden 1985.

Ders., Zum Weg der evangelischen Kirchen in der DDR, Berlin (Ost) 1986.

Scholder, K., Die Kirchen und das Dritte Reich, Bd. 1: Vorgeschichte und Zeit der Illusionen, Frankfurt/M.-Berlin (West) 1986.

Scholz, G., Herbert Wehner, Düsseldorf-Wien 1986.

Schorlemmer, F., Träume und Alpträume. Einmischungen 1982-90, Berlin 1990 und Mün-chen 1993.

Ders., Versöhnung in der Wahrheit. Nachschläge und Vorschläge eines Ostdeutschen, Mün-chen 1992.

Ders., Worte öffnen Fäuste. Die Rückkehr in ein schwieriges Vaterland, München 1992.

Schrader, F., Erfahrungen mit der Herausgabe einer wissenschaftlichen Festschrift zum 1000jährigen Jubiläum der Gründung des Erzbistums Magdeburg. Ein Beitrag zur Zeit-geschichte, in: WJ 32/33 (1992/93), 147-155.

Schritte auf dem Weg des Friedens. Orientierungspunkte für Friedensethik und Friedenspoli-tik. Ein Beitrag des Rates der EKD. Hg. vom Kirchenamt der EKD, Hannover 1994 (EKD Texte, 48).

Schröder, R., Antwort auf Besiers Kritik, in: ThRv 89 (1993), 273-276.

Ders., Denken im Zwielicht. Vorträge und Aufsätze aus der Alten DDR, Tübingen 1990.

Ders., Die Kirchen in der DDR, in: ThRv 89 (1993), 3-10.

Schröter, U., Die Selbstverbrennung des Pfarrers Oskar Brüsewitz. Interpretationsregeln. Zum Umgang mit MfS- und SED-Schrifttum, in: Zwie-Gespräch 1993/16, 22-39.

Ders., Gescheiterte Kontaktaufnahme – ein aufschlußreiches Dokument, in: Zwie-Gespräch 1993/18, 1-9.

Ders., Unverzichtbar beim Nachdenken über die Vergangenheit. Der gelernte DDR-Bürger, in: Zwie-Gespräch 1993/19, 1-10.

Ders., Versöhnung und unsere Stasi-Vergangenheit, in: Die Christenlehre/Berlin (Ost) 45 (1992), 169-212.

Schubert, K. v. (Hg.), Heidelberger Friedensmemorandum. Aus der Evangelischen Studiengemeinschaft, Reinbek 1983.

Schütt, P., Marionetten an roten Fäden. Die bundesdeutschen Linksintellektuellen: Jahrzehntelang ließen sie sich als Handlanger der kommunistischen Aggression mißbrauchen, in: RhM Nr. 48 vom 2.12.1994, 15.

Schultze, G./Schmelhaus, F., Schlußfolgerungen und Konsequenzen für die erfolgreiche Entwicklung von IM-Vorläufen auf der Linie XX/4 aus der Ursachenanalyse eingestellter IM-Vorläufe, Potsdam 1986 (Ms.).

Schultze, H., Das Signal von Zeitz. Reaktionen der Kirche, des Staates und der Medien auf die Selbstverbrennung von Oskar Brüsewitz 1976. Eine Dokumentation. Hg. in Verbindung mit F.-W. Bäumer, S. Bräuer, R. Henkys, W. Krusche und M. Onnasch, Leipzig 1993.

Ders./Zachhuber, M. (Hgg.), Spionage gegen eine Kirchenleitung. Detlef Hammer – Stasi-Offizier im Konsistorium Magdeburg, Magdeburg 1995.

Schulze, H.-P., Die zielgerichtete Entwicklung und Qualifizierung eines IM bei der Heranführung an den Leiter einer kirchlichen Gruppe mit der Vorbereitung des perspektivischen Einsatzes als hauptamtlicher Mitarbeiter der Kirche zur Verhinderung ihres Mißbrauchs durch den Gegner, Potsdam 1986 (Ms.).

Schuster, D., Die deutschen Gewerkschaften seit 1945, Stuttgart 1973.

Schuster, R. (Hg.), Deutsche Verfassungen, München [17]1985.

Seidel, J.J., Christen in der DDR. Zur Lage der evangelischen Kirche, Bern o. J. [1986].

Seiffert, W./Treutwein, N., Die Schalck-Papiere. DDR-Mafia zwischen Ost und West. Die Beweise, München 1991.

Seils, M., Zweireichelehre in der Wende. Erfahrungen und Gedanken aus der ehemaligen DDR, in: NZSTh 35 (1993), 85-106.

Seiterich-Kreuzkamp, Th. (Hg.), Helden oder Schurken? »Richtig« im »Falschen« gelebt? Kirchen in der DDR: Das Ringen um die Wahrheit. Was aus dem Streit um die »Kirche im Sozialismus« zu lernen ist. Analysen, Positionen, Gespräche, Zukunftsperspektiven? Mit Beiträgen von J. Garstecki, A. Schönherr, G. Besier u. a., Frankfurt/M. 1992.

Sektion politisch-operative Spezialdisziplin, Lehrstuhl VI, Dokumentation zu einigen wichtigen antikommunistisch-klerikalen Institutionen imperialistischer Staaten Europas, insbesondere der BRD, Potsdam 1983 (Ms.).

Sélitrenny, R./Weichert, Th., Das unheimliche Erbe. Die Spionageabteilung der Stasi, Leipzig 1991.

Siegele-Wenschkewitz, L. (Hg.), Die evangelische Kirche und der SED-Staat – ein Thema kirchlicher Zeitgeschichte, Frankfurt/M. 1993 (Arnoldshainer Texte, 77).

Siegler, B., Auferstanden aus Ruinen … Rechtsextremismus in der DDR, Berlin 1991.

Sikkema, R., »De ware schuldigen zitten niet in de archieven«. KGB en Stasi op Genèvés Heilige Berg, in: Kerk 3/2 (1992), 4-9.

Sjollema, B., Isolation der Apartheid. Die Zusammenarbeit des Westens mit Südafrika. Richtlinienentscheidungen des ÖRK und die Antworten der Kirchen, Frankfurt/M. 1983.

Skilling, H.G., Charter 77 and Human Rights in Czechoslovakia, London 1981.

Soell, H., Der junge Wehner. Zwischen revolutionärem Mythos und praktischer Vernunft, Stuttgart 1991.

Sommer, M., Die Gemeinde und ihre Kirchensteuer, in: Amtsblatt der Kirchenprovinz Sachsen 1984, 3 ff.

Sommer, N., Der Traum aber bleibt. Sozialismus und christliche Hoffnung. Eine Zwischenbilanz, Berlin 1992.

Sontheimer, M./Bleek, W., Die DDR-Politik, Gesellschaft, Wirtschaft, Hamburg 1975.

Sorg, R., Marxismus und Protestantismus in Deutschland, Köln 1974.

Spanger, H.-J., Die SED und der Sozialdemokratismus. Ideologische Abgrenzung in der DDR, Köln 1982 (Bibliothek Wissenschaft und Politik, 28).

Spieker, M. (Hg.), Vom Sozialismus zum demokratischen Rechtsstaat. Der Beitrag der katholischen Soziallehre zu den Transformationsprozessen in Polen und in der ehemaligen DDR, Paderborn 1992 (Politik- und Kommunikationswissenschaftliche Veröffentlichungen der Görres-Gesellschaft, 11).

Spittmann, I. (Hg.), Die SED in Geschichte und Gegenwart, Köln 1987.

Dies./Helwig, G. (Hgg.), Die DDR im vierzigsten Jahr. Geschichte – Situation – Perspektiven. 22. Tagung zum Stand der DDR-Forschung in der Bundesrepublik Deutschland 16. bis 19. Mai 1989, Köln 1989 (Edition Deutschland Archiv).

Dies. (Hgg.), Die DDR auf dem Weg zur deutschen Einheit. Probleme, Perspektiven. 23. Tagung zum Stand der DDR-Forschung in der Bundesrepublik Deutschland, Köln 1990.

Dies. (Hgg.), Lebensbedingungen in der DDR. 17. Tagung zum Stand der DDR-Forschung in der Bundesrepublik Deutschland, Köln 1984.

Dies. (Hgg.), Veränderungen in Gesellschaft und politischem System der DDR. Ursachen, Inhalte, Grenzen. 21. Tagung zum Stand der DDR-Forschung der Bundesrepublik Deutschland, Köln 1988.

Spotts, F., Kirchen und Politik in Deutschland, Stuttgart 1976.

St. Hedwigsblatt. Katholisches Kirchenblatt im Bistum Berlin. Sonntagsblatt für die katholische Bevölkerung des Bistums Berlin, Leipzig passim.

Staadt, J., Die geheime Westpolitik der SED 1960-1970, Berlin 1993.

Staatliche Kirchenpolitik im »real existierenden Sozialismus« in der DDR. Hg. vom Evangelischen Bildungswerk Berlin. Wissenschaftliches Kolloquium im Adam-Trott-Haus vom 1. bis 3. Oktober 1992, Berlin 1993.

Staatslexikon der Görres-Gesellschaft, 5 Bde., Freiburg/Br.-Basel-Wien [7]1985-1989.

Standpunkt. Evangelische Monatsschrift, Berlin (Ost) 1973-1990.

Stappenbeck, Chr., Kirche als Partei, Kirche auf der Siegerseite? Gedanken im Rückblick, in: Berliner Dialog Hefte 1993/1, 41-45.

Staritz, D. (Hg.), Abweichler, Verräter, Staatsfeinde. Opposition in der DDR 1945-1990, München 1991.

Ders., Geschichte der DDR 1949-1985, Frankfurt/M. 1985 (Neue Historische Bibliothek).

Stasi intern. Macht und Banalität. Hg. vom Leipziger Bürgerkomitee zur Auflösung des MfS/AfNS, Leipzig 1991.

Statistisches Jahrbuch der DDR, Berlin (Ost) 1969 ff.

Steigerwald, R., Marxismus – Religion – Gegenwart, Berlin (Ost) 1973.

Ders., Zu einigen Aspekten des Dialogs von Marxisten und Christen, in: Probleme des Friedens und des Sozialismus 22 (1979), 626-633.

Steiniger, Zu einigen Grundfragen und Erfordernissen der Durchsetzung des sozialistischen Rechts bei der Aufdeckung, vorbeugenden Verhinderung und Bekämpfung des Mißbrauchs der Kirchen in der DDR (Staatliche Archivverwaltung Berlin, Zwischenarchiv Normannenstraße, MfS, VVS-Nr. 106/84).

Steinlein, R., Die gottlosen Jahre, Berlin 1993.

Stern-Magazin, Hamburg passim.

Stieler, H.-G., Theoretisch-methodologische Bemerkungen zum Religionsbegriff, in: Beiträge zur Theorie und Geschichte der Religion und des Atheismus 1989/6, 49-65.

Stolpe, M., Anmerkungen zur besonderen Gemeinschaft der evangelischen Kirche in der Bundesrepublik, Berlin West und in der DDR. Vortrag in der Evangelischen Akademie Tutzing am 24. März 1984; in: Tutzinger Materialien 1984/1.

Ders., Den Menschen Hoffnung geben. Reden, Aufsätze, Interviews aus zwölf Jahren, Berlin 1991.

Ders., »Kirche im Sozialismus« – Anmerkungen zu Zeugnis und Dienst Evangelischer Kirche in der Deutschen Demokratischen Republik, in: Kirche im Übergang. FS für Nikolaus Becker zum sechzigsten Geburtstag. Hg. im Auftrag der Leitung der Evangelischen Kirche im Rheinland von Oberkirchenrat E. Krause, Düsseldorf, und Landeskirchenrat D. Dehnen, Duisburg, Neuwied-Frankfurt/M. 1989, 115-125.

Ders., Kirche »1985« und »2000« – Sammlung, Öffnung, Sendung. Ein Gespräch mit Günter Wirth zum 80. Geburtstag von D. G. Jacob, Berlin (Ost) 1986.

Ders., Schwieriger Aufbruch, Berlin 1992.

Stoltenberg, K., Stasi-Unterlagen-Gesetz. Kommentar, Baden-Baden 1992.

Stoppe, B., Theoretische Anmerkungen zum Dialog zwischen Marxisten und Christen in unserer Zeit, in: WZ(L).G 37 (1988/2), 166-107.

Storck, M., Akteneinsicht – oder: Die Entartung der Zukunft. Aus dem Bericht eines Freigekauften, ReHe 1993, 138 ff.

Ders., Karierte Wolken. Lebensbeschreibungen eines Freigekauften, Moers 1993.

Strafgesetzbuch der Deutschen Demokratischen Republik – StGB – und angrenzende Gesetze und Bestimmungen. Textausgabe mit Anmerkungen und Sachregister. Hg. vom Ministerium der Justiz, Berlin (Ost) 1969.

Strafrecht der Deutschen Demokratischen Republik. Kommentar zum Strafgesetzbuch. Hg. vom Ministerium der Justiz, Akademie für Staats- und Rechtswissenschaft der DDR, Berlin (Ost) [4]1984.

Strauß, F.J., Die Erinnerungen, Berlin (West) 1989.

Strützel, A., Der Fortschrittsgedanke in der protestantischen Theologie unter den Bedingungen der wissenschaftlich-technischen Revolution im Sozialismus, in: Wissenschaftlich-technischer Fortschritt – Humanismus – Religion 1988, 42-47.

Studienmaterial zur Geschichte des Ministeriums für Staatssicherheit Teil I bis VII (Hg. von der Juristischen Hochschule Potsdam), Potsdam 1980.

Stuttgart 1970. Bericht über die zweite Tagung der vierten Synode der EKD vom 10. bis 15.5.1970, Hannover 1971.

Suche den Frieden. Texte der Prager Friedenskonferenz vom März 1968, Zürich 1969.

Süssmuth, H. (Hg.), Das Luther-Erbe in Deutschland. Vermittlung zwischen Wissenschaft und Öffentlichkeit, Düsseldorf 1985.

tageszeitung (taz) passim.

Teichert, W., (Hg.), Müssen Christen Sozialisten sein? Zwischen Glaube und Politik, Hamburg 1976.

Tetzner, R., Leipziger Ring. Aufzeichnungen eines Montagsdemonstranten, Oktober 1989 bis 1. Mai 1990, Frankfurt/M. 1990.

Thaa, W./Häuser, I./Schenel, M./Meyer, G., Gesellschaftliche Differenzierungen und Legitimitätsverfall des DDR-Sozialismus. Das Ende des anderen Wegs in die Moderne, Tübingen 1992 (Tübinger Mittel- und Osteuropastudien – Politik, Gesellschaft, Kultur, 4).

Thadden, R. v., Luther und die DDR, in: G. Besier u. a. (Hgg.), Martin Luther. Theologisch-Pädagogische Entwürfe, Göttingen 1984, 86-93.

The identity Church and it's service to the whole human being. Final Volume I Reports on 35 self study projects in 46 churches. Lutheran World Federation Department of Studies, Genf 1977.

Thomas, R., Aspekte der DDR-Forschung: Konzepte – Probleme – Perspektiven, in: Politik, Gesellschaft und Wirtschaft in der DDR. Politische Bildung 2/1972 (Neubearbeitungv 1982), 3-13.

Ders., Modell DDR. Die kalkulierte Emanzipation, München 1982.

Ders., Von der DDR-Forschung zur kooperativen Deutschland-Forschung. Bilanz und Perspektive eines umstrittenen Wissenschaftsfeldes, in: Zeitschrift für Parlamentsfragen 1990, 126-136.

Timmermann, H., Sozialstruktur und sozialer Wandel in der DDR, Saarbrücken 1988.

Tischner, W., Quellenveröffentlichungen zur katholischen Kirche in der DDR, in: ThRv 89 (1993), 9-12.

Torpey, J., Two Movements. Not a Revolution: Exodus and Opposition in the East German Transformation, 1988-1990, in: German Politics and Society 26 (1992), 21-42.

Tóth, K., 25 Jahre CFK, Prag 1983.

Tronicke/Weißleder/Roßberg/Steiniger/Stirzel/Ehrhardt/Härtel/Hermann/Jonak/Groch/ Schlippes, Grundorientierungen für die politisch-operative Arbeit des MfS zur Aufdekkung, vorbeugenden Verhinderung und Bekämpfung der Versuche des Feindes zum Mißbrauch der Kirchen für die Inspirierung und Organisierung politischer Untergrundtätigkeit und die Schaffung einer antisozialistischen »inneren Opposition« in der DDR, Potsdam 1983 (Ms.).

Tschiche, H.J., Das Trauma der Bedrohung. Einsichten und Erfahrungen eines Christen der DDR auf der Suche nach einer sinnvollen Friedensordnung, in: Literatur (L80), 23-30.

Tschoerner, H., Volkskirche oder Bekenntniskirche – Erfahrungen und Perspektiven der Christen in der früheren DDR, in: LKW 40 (1993), 53 ff.

Übergänge, Berlin (West) 1990, früher: Kirche im Sozialismus: Zeitschrift zum Weg der Kirchen in der DDR, Berlin (West).

Ullrich, L., Diaspora konkret. Theologische Aspekte im Blick auf die heutige Situation der Kirche in der DDR, in: Universität Passau. Nachrichten und Berichte. Sonderheft Nr. 8 (1991), 53-72.

Umkehr zu Gott und Hinkehr zum Nächsten. Bedeutung und Wirkung des Darmstädter Wortes des Bruderrates (1947) in den evangelischen Kirchen heute. Gemeinsames Kolloquium der Sektionen Theologie in der DDR am 8. und 9. Oktober 1987 an der Friedrich-Schiller-Universität Jena, Jena 1988.

Umweltprobleme und Umweltbewußtsein in der DDR. Hg. von Redaktion Deutschland Archiv, Köln 1985.

Unser Staat. DDR-Zeittafel 1949-1983. Hg. von der Akademie für Staats- und Rechtswissenschaft der DDR, Berlin (Ost) 1989.

Urban, D./Weinzen, H.W., Jugend ohne Bekenntnis? 30 Jahre Konfirmation und Jugendweihe im anderen Deutschland 1954-1984, Berlin (West) 1984.

Uschner, M., Die Macht der Ohnmächtigen, Berlin 1992.

Ders., Die Ostpolitik der SPD. Sieg und Niederlage einer Strategie, Berlin 1991.

Vaksberg, A., Hotel Lux. Les partis frères au service de l' Internationale communiste, Paris 1993.

Vater, E., Spurensicherung – Gemeindearbeit in der DDR im Zeichen ökumenischer Offenheit, in: ÖR 42 (1993), 369-378.

Verfassung der DDR 1969: Dokumente, Kommentare. Hg. von K. Sorgenicht, 2 Bde., Berlin (Ost) 1969.

Vergleich von Bildung und Erziehung in der Bundesrepublik Deutschland und in der Deutschen Demokratischen Republik. Hg. vom Bundesministerium für innerdeutsche Beziehungen, Köln 1990.

Verner, P./Götting, G., Christen und Marxisten in gemeinsamer Verantwortung, Berlin (Ost) 1971.

Völker, M., Praktische Erfahrungen und Erkenntnisse der Vermittlung eines realen und aufgabenbezogenen Feindbildes an Inoffizielle Mitarbeiter. Untersucht und dargestellt an einem Inoffiziellen Mitarbeiter der Linie XX/4, Potsdam 1989 (Ms.).

Vogel, G., Als Pfarrer in der DDR. Erlebnisse zwischen 1948 und 1990, Berlin 1992.

Vogler, W. (Hg. in Verbindung mit *H. Seidel/U. Kühn*), Vier Jahrzehnte kirchlich-theologische Ausbildung in Leipzig. Das Theologische Seminar. Die Kirchliche Hochschule, Leipzig 1993.

Voigt, D. (Hg.), Die Gesellschaft der DDR: Untersuchungen zu ausgewählten Bereichen, Berlin (West) 1984.

Ders./Voß, W./Meck, S., Sozialstruktur der DDR. Eine Einführung, Darmstadt 1987.

Volland, H., Evangelische Theologie zur Mensch-Natur-Dialektik, in: Forschungsberichte und Beiträge des Forschungskollektivs »Wissenschaftlicher Atheismus«. Hg. von der Pädagogischen Hochschule »Liselotte Herrmann« Güstrow 1988/58, 490.

Von der DDR zu den FNL. Soziale Bewegungen vor und nach der Wende. Forschungsjournal Neue Soziale Bewegungen 1/92, Marburg-Berlin 1992.

Wagner, H., Zeugenschaft. Glaubenserfahrungen in meinem Leben, Leipzig 1992.

Walther, J./Prittwitz, G. v., Staatssicherheit und Schriftsteller. Bericht zum Forschungsprojekt; Berlin 1993 (BF informiert 2/1993).

Waterkamp, D., Handbuch zum Bildungswesen der DDR, Berlin (West) 1987.

Waterkamp, R., Herrschaftssystem und Industriegesellschaft: BRD und DDR, Stuttgart 1972.

Wawrzyn, L., Der Blaue. Das Spitzelsystem der DDR, Berlin 1990.

Weber, H., Aufbau und Fall einer Diktatur. Kritische Beiträge zur Geschichte der DDR, Köln 1991.

Ders., Die DDR 1945-1986, München 1988.

Ders., Die Geschichte der DDR. Versuch einer vorläufigen Bilanz, in: ZfG 41 (1993), 195-203.

Ders., Die Sozialistische Einheitspartei Deutschlands 1946-1971, Hannover 1971.

Ders., Geschichte der DDR, München ²1986.

Ders., Kleine Geschichte der DDR, Köln 1980 (Edition Deutschland Archiv).

Ders. (Hg.), Dokumente zur Geschichte der DDR 1945-1985, München 1986.

Ders./Oldenburg, F., 25 Jahre SED – Chronik einer Partei, Köln 1971.

Weberling, J., Stasi-Unterlagengesetz. Kommentar, Köln-Berlin-Bonn-München 1993.

Wedel, R. v., Als Kirchenanwalt durch die Mauer. Erinnerungen eines Zeitzeugen, Berlin 1994.

Wehner, H., Christentum und demokratischer Sozialismus. Beiträge zu einer unbequemen Partnerschaft. Hg. von R. Reitz, Freiburg/Br. 1985.

Ders., Selbstbestimmung und Selbstkritik. Gedanken und Erfahrungen eines Deutschen. Hg. von A.H. Leugers-Scherzberg. Mit einem Geleitwort von Greta Wehner, Köln 1994.

Weißenseer Blätter. Hg. im Auftrag des Weißenseer Arbeitskreises, Berlin (Ost) passim.

Weidenfeld, W./Korte, K.-R. (Hg.), Handwörterbuch zur deutschen Einheit, Frankfurt/M.-New York 1992.

Ders./Zimmermann, H. (Hgg.), Deutschland Handbuch: eine doppelte Bilanz 1949-1989, Bonn 1989.

Weiß, K., An einen der Sascha hieß, in: Die Weltbühne vom 17.7. 1979.

Weißmann, K., Rückruf in die Geschichte. Die deutsche Herausforderung: Alte Gefahren – Neue Chancen, Berlin-Frankfurt/M. ²1993.

Welsch, F., Christliche Positionen zum Zusammenhang von Frieden und Gerechtigkeit, in: DZPh 36 (1988), 619-628.

Wendelborn, G., Kompendium für Neuere und Neueste Kirchengeschichte 1958-1969, Rostock-Berlin (Ost) 1988.

Wengst, U. (Hg.): Historiker betrachten Deutschland. Beiträge zum Vereinigungsprozeß und zur Hauptstadtdiskussion, Bonn 1992.

Wensierski, P., Friedensbewegung in der DDR, in: Aus Politik und Zeitgeschichte B 17 (1983), 3-15.

Ders., Von oben nach unten wächst gar nichts. Umweltzerstörung und Protest in der DDR, Frankfurt/M. 1986.

Ders./Büscher, W. (Hgg.), Beton ist Beton. Zivilisationskritik in der DDR, Hattingen 1981.

Werdin, J. (Hg.), Unter uns: Die Stasi. Berichte des Bürgerkomitees zur Auflösung der Staatssicherheit im Bezirk Frankfurt/O.,Berlin (Ost) 1990.

Weyhrauch, G., Die Kenntnis des Kirchlichen Forschungsheimes Wittenberg (KFHW) – Voraussetzung für eine wirksame und effektive Koordinierung der politisch-operativen Arbeit zum rechtzeitigen Erkennen und Unterbinden von Versuchen feindlich-negativer Kräfte zur Schaffung einer »Inneren Opposition« bzw. der Organisierung der Politischen Untergrundtätigkeit, Potsdam 1986 (Ms.).

Wielgohs, J./Schulz, M., Von der illegalen Opposition in die legale Marginalität. Zur Entwicklung der Binnenstruktur der ostdeutschen Bürgerbewegung, in: Berliner Journal für Soziologie 1 (1991), 383-392; 2 (1992), 119-128.

Wilhelmi, B. (Hg.), Umkehr zu Gott und Hinkehr zum Nächsten. Bedeutung und Wirkung des Darmstädter Wortes des Bruderrates (1947) in den evangelischen Kirchen heute, Jena 1988.

Wielke, M. u. a. (Hgg.), SED-Politbüro und polnische Krise 1980-82. Aus den Protokollen des Politbüros des ZK der SED zu Polen, den innerdeutschen Beziehungen und der Wirtschaftskrise der DDR, Berlin 1993 (Arbeitspapiere des Forschungsverbundes SED-Staat, 3/1993).

Ders./Gutsche, R./Kubina, M., Die SED-Führung und die Unterdrückung der polnischen Oppositionsbewegung 1980/81, in: German Studies Review XVII (1994), 105-152.

Wilkening, Ch., Staat im Staate. Auskünfte ehemaliger Stasi-Mitarbeiter, Berlin-Weimar 1990.

Wilkens, E., Bekenntnis und Ordnung. Ein Leben zwischen Kirche und Politik, Hannover 1993.

Winkler, E., Die neue ländliche Diaspora als Frage an die Praktische Theologie, in: ThLZ 112 (1987), 162-169.

Winter, F., Die Evangelische Kirche in Berlin-Brandenburg im Spiegel staatlicher Akten der DDR. Hg. vom Konsistorium der Evangelischen Kirche in Berlin-Brandenburg, Berlin 1994.

Ders., Öffentlich Schuld bekennen. Schuld und Vergebung vor und nach der »Wende« im Bund der Evangelischen Kirchen in der DDR, in: KZG 4 (1991), 422-445.

Winter, G., Perspektiven und Perspektivlosigkeit der Religion. Ein Beitrag zur marxistisch-leninistischen Theorie von der Überwindung der Religion, in: Forschungsberichte und Beiträge des Forschungskollektivs »Wissenschaftlicher Atheismus«. Hg. von der Pädagogischen Hochschule »Liselotte Herrmann« Güstrow 1987/52, 59-127.

Wirth, G. (Hg.), Auf dem Wege der sozialistischen Menschengemeinschaft. Eine Sammlung von Dokumenten zur Bündnispolitik und Kirchenpolitik 1967-1970, Berlin (Ost) 1971.

Wischnath, R. (Hg.), Frieden als Bekenntnisfrage. Zur Auseinandersetzung um die Erklärung des Moderamens des Reformierten Bundes »Das Bekenntnis zu Jesus Christus und die Friedensverantwortung der Kirche«, Gütersloh 1984.

Wischnewski, H.-J., Mit Leidenschaft und Augenmaß. In Mogadischu und anderswo. Politische Memoiren, München 1989.

Wittich, D., Der Marxismus-Leninismus als theoretische und praktizierte Weltanschauung, in: DZPh 27 (1979), 1169-1183.

Witney, C., Advocatus diaboli. Wolfgang Vogel – Anwalt zwischen Ost und West, Berlin 1993.

Wöllner, L., Die Arbeit der SED mit evangelischen Gläubigen. Ein Beitrag zur marxistisch-leninistischen Theorie von der Überwindung der Religion. Forschungsbericht und Beiträge des Forschungskollektivs »Wissenschaftlicher Atheismus«. Hg. von der Pädagogischen Hochschule »Liselotte Herrmann« Güstrow 1987/52.

Wössner, J. (Hg.)., Religion im Umbruch. Soziologische Beiträge zur Situation von Religion und Kirche in der gegenwärtigen Gesellschaft, Stuttgart 1972.

Wolf, H., Hatte die DDR je eine Chance? Der ehemalige Wirtschaftszar Günter Mittag »enthüllt« die ökonomischen Probleme der Vergangenheit, Hamburg 1991.

Wolf, S., Einblicke. Geschichte und Verflechtung des MfS in der ehemaligen DDR, Berlin 1990.

Wolle, St., Die Akten der DDR-Archive. Giftmülldeponie oder Fundgrube für den Historiker?, in: GMH 7 (1991), 428-435.

Ders., Die DDR-Bevölkerung und der Prager Frühling, in: PolZG B 36 (1992), 35-45.

Wollenberger, V., The Role of the Lutheran Church in the Democratic Movement in the GDR, in: Religion in Communist Lands, 3-4 (1991), 207-210.

Wolschner, K., Kirche in den Armen der Krake Stasi. Leipzig zum Beispiel, in: taz, 25.2.1991.

Wortprotokoll der Plenarsitzung vom 16.6.1994, Potsdam 1994 (Schriften des Landtages Brandenburg, 2).

Wrona, V., Sozialismus – Humanismus – Toleranz, in: DZPh 32 (1984), 756-766.

Wünschmann, W., Gemeinsames stärker als Trennendes. Erfahrungen der CDU zur Zusammenarbeit von Christen und Marxisten in der DDR, Berlin (Ost) 1986.

Wulf, C.-D., Die klerikalen politisch-negativen Kräfte in der Ev.-Luth. Landeskirche Mecklenburg im System der gegnerischen Angriffe gegen die sozialistische Staats- und Gesellschaftsordnung der DDR, Potsdam 1983 (Ms.).

Wurl, E. (Hg.), Politikwissenschaftliche Aspekte von Krise, Revolution und Transformation der DDR. Materialien des Kolloquiums vom 27. September 1990, Masch. vervielf. Leipzig, Karl-Marx-Universität.

Zander, H., Die Christen und die Friedensbewegung in beiden deutschen Staaten. Beiträge zu einem Vergleich für die Jahre 1978 bis 1987, Berlin (West) 1989.

Ders., Zum Vergleich christlicher Friedensarbeit in der Bundesrepublik und in der DDR (1978-1987), Berlin (West) 1989.

Zapf, W., Modernisierung und Modernisierungstheorien, Papers hg. vom Wissenschaftszentrum Berlin für Sozialforschung, Berlin (West) 1990.

Ders. (Hg.), Die Modernisierung moderner Gesellschaften. Verhandlungen des 25. Deutschen Soziologentages 1990 in Frankfurt am Main, Frankfurt/M.-New York 1991.

Zeddies, H., Das Jahr nach der Wende. Die Rolle der Kirche im gesellschaftlichen Umbruch der DDR, in: Becker, Josef (Hg. unter Mitarbeit von G. Kronenbitter), Wiedervereinigung in Mitteleuropa. Außen- und Innenansichten zur staatlichen Einheit Deutschlands, München 1992, 201-217.

Zeichen der Zeit, 1968 ff.

Zeitansage. 40 Jahre Deutscher Evangelischer Kirchentag. Hg. von R. Runge u. a. im Auftrag des Deutschen Evangelischen Kirchentages, Stuttgart 1989.

Zimmer, M., Nationales Interesse und Staatsräson. Zur Deutschlandpolitik der Regierung Kohl 1982-1989, Paderborn-München-Wien-Zürich 1992.

Zimmermann, B./Schütt, H.-D. (Hgg.), Ohnmacht. DDR-Funktionäre sagen aus, Berlin 1992.

Zimmermann, W.-D., Kurt Scharf, Göttingen 1992.

Zitelmann, R., Wohin treibt unsere Republik?, Frankfurt/M.-Berlin 1994.

Zöllner, N., Funktionen der Religion im Sozialismus, in: Forschungsberichte und Beiträge des Forschungskollektivs »Wissenschaftlicher Atheismus«. Hg. von der Pädagogischen Hochschule »Liselotte Herrmann« Güstrow 1988/58, 494.

Zwahr, H., Ende einer Selbstzerstörung. Leipzig und die Revolution in der DDR, Göttingen 1991.

C. Expertisen und Anhörungen der Enquete-Kommission des
Deutschen Bundestages Aufarbeitung von Geschichte und folgen der
SED-Diktatur in Deutschland« (1992-1994)

Beintker, M., Die Schuldfrage und das Verhältnis zum gespaltenen Deutschland (Anhörung am 14./15.12.1993).

Besier, G., Die Rolle des MfS bei der Durchsetzung der Kirchenpolitik der SED und die Durchdringung der Kirchen mit geheimdienstlichen Mitteln (Expertise zu Themenfeld 5).

Binder, H.-G., Die Bedeutung der finanziellen Transfers und der humanitären Hilfe zwischen den Kirchen im geteilten Deutschland (Expertise zu Themenfeld 5).

Ders., Die Beziehungen der EKD zum BEK und ihre Bedeutung für das Zusammengehörigkeitsgefühl der Deutschen (Anhörung am 21.1.1994).

Bleek, W., Die Deutschlandpolitik der SPD/FDP-Koalition 1969-1982 (Expertise zu Themenfeld 4).

Chaker, I., Die Arbeit der Hauptverwaltung Aufklärung (HV A) im »Operationsgebiet« und ihre Auswirkungen auf oppositionelle Bestrebungen in der DDR (Expertise zu Themenfeld 1).

Feiereis, K., Weltanschauliche Strukturen in der DDR und die Folgen für die Existenz der katholischen Christen (Expertise zu Themenfeld 5).

Fischer, H.-F., Kirchen und Christen im Alltag der DDR (2. Anhörung am 8./9.2.1994).

Goerner. M.G./Kubina, M., Die Phasen der Kirchenpolitik der SED und die sich darauf beziehenden Grundlagenbeschlüsse der Partei- und Staatsführung in der Zeit von 1945/46 bis 1971/72 (Expertise Themenfeld 5).

Görtz, J./Tautz, L., Arbeitskreis »Solidarische Kirche« (2. Anhörung am 8./9.2.1994).

Hacker, J., Die Deutschlandpolitik der SPD/FDP-Koalition 1969-1982 (Expertise zu Themenfeld 4).

Ders., Evangelische Christenheit unter der marxistisch-leninistischen Diktatur 1945-1989. Bewährung und Versagen (Anhörung am 14./15.12.1993).

Hammer, W., Die Rolle der Kirchen im geteilten Deutschland am Beispiel der finanziellen Unterstützung, ihre Zweckbestimmung und Formen (Anhörung am 21.1.1994).

Heitmann, St., Die Sonderausbildung der Kirchenjuristen (Expertise).

Hehl, U. v./Tischner, W., Die katholische Kirche in der SBZ/DDR 1945-1989 (Expertise zu Themenfeld 5).

Homeyer, J., Die katholische Kirche im geteilten Deutschland und ihre Bedeutung für das Zusammengehörigkeitsgefühl der Deutschen (Anhörung am 21.1.1994).

Jäger, W., Die Deutschlandpolitik der Bundesregierungen der CDU/CSU/FDP-Koalition sowie die diesbezügliche Diskussion in den Parteien und in der Öffentlichkeit (Expertise Themenfeld 4).

Jüngel, E., Wege und Aporien der evangelischen Kirchen in der DDR (Anhörung am 14./15.12.1993).

Kirchner, H., Die Freikirchen und Religionsgemeinschaften in der DDR in ihrer Zusammenarbeit in der AGCK und in ihrem Verhältnis zum SED-Staat (Expertise zu Themenfeld 5).

Krötke, W., Christlicher Glaube und marxistische Weltanschauung im Alltag der DDR (2. Anhörung am 8./9.2.1994).

Leich, W., Erfahrungen mit der Formel »Kirche im Sozialismus« (Anhörung am 14./15.12.1993).

Lohse, E., Der Bund der Evangelischen Kirchen in der DDR (BEK) und die Evangelische Kirche in Deutschland (EKD) in ihrem Verhältnis zueinander und zu den beiden deutschen Staaten (Expertise zu Themenfeld 5).

Loth, W., Internationale Rahmenbedingungen der Deutschlandpolitik 1962-1989 (Expertise zu Themenfeld 4).

Maser, P./Wilke, M., Die Gründung des Bundes der Evangelischen Kirchen in der DDR. Materialien aus dem Zentralen Parteiarchiv der SED und dem Archiv der Ost-CDU, Berlin Januar 1994 – (Anhörung am 21.1.1994).

Neubert, E., Die Rolle des MfS bei der Durchsetzung der Kirchenpolitik der SED und die Durchdringung der Kirchen mit geheimdienstlichen Mitteln (Expertise zu Themenfeld 5).

Noack, A., Die Phasen der Kirchenpolitik der SED und die sich darauf beziehenden Grundlagenbeschlüsse der Partei- und Staatsführung in der Zeit von 1972 bis 1989 (Expertise zu Themenfeld 5).

Pahnke, R., Die Kirchen des Bundes der Evangelischen Kirche in der DDR und ihr Verhältnis zu den Friedens-, Umwelt- und Menschenrechtsgruppen (Anhörung am 14./15.12.1993).

Pilvousek, J., »Innenansichten«. Von der »Flüchtlingskirche« zur »katholischen Kirche in der DDR« (Expertise zu Themenfeld 5).

Planer-Friedrich, G., Die ökumenische Arbeit des Kirchenbundes aus politischer Perspektive (Anhörung am 14./15.12.1993).

Potthoff, H., Die Deutschlandpolitik der Bundesregierungen der CDU/CSU/FDP-Koalition sowie die diesbezügliche Diskussion in den Parteien und in der Öffentlichkeit (Expertise zu Themenfeld 4).

Puschmann, H., Die Rolle der Katholischen Kirche im geteilten Deutschland am Beispiel der finanziellen Unterstützung. Ihre Zweckbestimmung und Formen (Anhörung am 21.1.1994).

Rathke, H., Die Beziehungen des BEK zur EKD und ihre Bedeutung für das Zusammengehörigkeitsgefühl der Deutschen (Anhörung am 21.1.1994).

Schmidt, K.-H., Die Deutschlandpolitik der SED (Expertise zu Themenfeld 4).

Schmoll, H., Die ökumenische Arbeit der Kirchen in der DDR unter politischen Aspekten [FAZ vom 15.12.1993] (Anhörung am 14./15.12.1993).

Schröder, R., Der Versuch einer eigenständigen Standortbestimmung der Evangelischen Kirchen in der DDR am Beispiel der »Kirche im Sozialismus«, (Expertise zu Themenfeld 5).

Staadt, J., Versuche der Einflußnahme der SED auf die politischen Parteien der Bundesrepublik nach dem Mauerbau (Expertise Themenfeld 4).

Volze, A., Interzonen, Innerdeutscher Handel, Zahlungsverkehr (Transferleistungen) (Expertise zu Themenfeld 4).

Wanke, J., Die Beziehungen zwischen den Kirchen im geteilten Deutschland und die deutsche Frage (Anhörung am 21.1.1994).

Ziemer, Chr., Der konziliare Prozeß in den Farben der DDR – Ökumenische Versammlung der Christen und Kirchen in der DDR für Gerechtigkeit, Frieden und Bewahrung der Schöpfung 1988/89, ihre politische Einordnung und Bedeutung (Expertise zu Themenfeld 5).

947

Bitte beachten Sie folgende Seiten

Jens Motschmann

Die Pharisäer

Die evangelische Kirche,
der Sozialismus und das SED-Regime

320 Seiten, Broschur

Erneut packt der streitbare Bremer Pfarrer JENS MOTSCHMANN ein »heißes Eisen« an. Neben der notwendigen Kritik an der Rolle der evangelischen Kirche in der DDR nimmt er vor allem die Haltung der evangelischen Kirchenführer in Westdeutschland kritisch unter die Lupe: Sie übernahmen Parolen des SED-Regimes, widersetzten sich der Wiedervereinigung, förderten marxistische »Befreiungsbewegungen« in aller Welt, verteufelten die Marktwirtschaft und beschönigten die Verhältnisse im unfreien Teil Deutschlands. Auch die evangelische Kirche in Westdeutschland, so Motschmann, muß ihre Vergangenheit im geteilten Deutschland bewältigen.

Ullstein Report

Sabine Gries / Dieter Voigt

Manfred Stolpe

in Selbstzeugnissen

208 Seiten, Broschur

»Das Buch zeigt, daß der Weg Stolpes zu dem von der Stasi geführten ›IM Sekretär‹ keine Verirrung, sondern eher logische Konsequenz eines von der sozialistischen Ideologie überzeugten Mannes
war.«

Michael J. Inacker
Welt am Sonntag

Ullstein Report

Ralf Georg Reuth

IM Sekretär

Die »Gauck-Recherche« und die Dokumente zum »Fall Stolpe«

224 Seiten, Broschur

»Ein längst überfälliger Beitrag, der die ganze Dimension der Stasi-Affäre um Stolpe erhellt.«

Freya Klier

Ullstein Report

Helmut Müller-Enbergs /
Heike Schmoll / Wolfgang Stock

Das Fanal

Das Opfer des Pfarrers Brüsewitz
und die evangelische Kirche

320 Seiten, Broschur

Die Autoren »geben einen schmerzhaften Einblick in das unselige
Zusammenspiel von SED, Staatssicherheitsdienst der DDR,
Führungskreisen der evangelischen Kirche sowie westdeutschen
Kirchenjournalisten, die ... glaubten, dem brennenden Protest eines
evangelischen Pfarrers gegen das Regime und gegen die rückgrat-
lose Zusammenarbeit mit ihm die Spitze nehmen zu müssen.«

Welt am Sonntag

Ullstein Report